HEYNE
BÜCHER

Tip des Monats

W0074775

In derselben Reihe
erschienen außerdem als Heyne-Taschenbücher:

Philippa Carr

besser bekannt als

Victoria Holt

Die venezianische Tochter
Die Halbschwestern

WILHELM HEYNE VERLAG
MÜNCHEN

HEYNE TIP DES MONATS
Nr. 23/83

Inhalt

Die venezianische Tochter

Seite 7

Die Halbschwestern

Seite 285

Die venezianische Tochter

I
Das Komplott

Als mein Vater, der bis dahin von meiner Existenz keine Notiz genommen hatte, plötzlich fand, daß Mistreß Philpots, die bis zu diesem Zeitpunkt meine Gouvernante gewesen war, nicht mehr über die für diese Aufgabe erforderlichen Fähigkeiten verfüge und ersetzt werden müsse, war ich verblüfft. Ich hatte nie angenommen, daß er sich über meine Erziehung Gedanken machen würde. Wenn es sich um meinen Bruder Carl gehandelt hätte, der um vier Jahre jünger war als ich, dann wäre es etwas anderes gewesen. Carl war der Mittelpunkt der Familie; er trug den gleichen Namen wie mein Vater – Carl als Abkürzung von Carleton – und wurde zum genauen Ebenbild meines Vaters erzogen. Mein Vater nannte es »einen Mann aus ihm machen«. Carl mußte ein perfekter Reiter sein; er mußte die Jagd anführen; er mußte mit Pfeil und Bogen genauso gut umgehen können wie mit einer Büchse, und er mußte auch ein guter Pall-Mall-Spieler sein. Es war unwichtig, daß er in Latein und Griechisch eher schwach war und daß Reverend George Helling, der ihn unterrichtete, die Hoffnung aufgegeben hatte, aus ihm einen Gelehrten zu machen. Carl mußte vor allem ein Mann werden, das heißt, unserem Vater gleichen. Als Vater seinen Entschluß bekanntgab, war meine erste Reaktion daher nicht »Was wird Mistreß Philpots dazu sagen?« oder »Wie wird die neue Gouvernante aussehen?«, sondern Verwunderung darüber, daß er mich überhaupt bemerkt hatte.

Für meine Mutter war es typisch, daß sie daraufhin fragte: »Und was soll aus Emily Philpots werden?«

»Meine liebe Arabella«, antwortete mein Vater, »dir sollte die Erziehung deiner Tochter am Herzen liegen und nicht das Wohlergehen einer dummen alten Frau.«

»Emily Philpots ist keineswegs dumm, und ich lasse meine Diener nicht auf die Straße setzen, nur weil es dir gerade so beliebt.«

So sprachen sie immer miteinander. Manchmal schien es, als haßten sie einander, aber das stimmte nicht. Wenn er abwesend war, wartete sie besorgt auf seine Rückkehr, und wenn er heimkam, suchte er zuerst sie auf – sogar vor Carl; war sie nicht anwesend, blieb er unruhig und besorgt, bis sie wieder eintraf.

»Ich habe nicht gesagt, daß sie hinausgeworfen werden soll«, betonte er.

»Soll sie auf die Weide geschickt werden wie ein altes Pferd?« wollte meine Mutter wissen.

»Ich hänge an meinen Pferden, und meine Zuneigung endet nicht zugleich mit ihrer Nützlichkeit. Die alte Philpots soll sich zur Ruhe setzen und zusammen mit Sally Nullens vor dem Kamin dösen. Sally ist ja glücklich, nicht wahr, soweit ihr das möglich ist, wenn sie nicht ein Baby zu betreuen hat.«

»Sally macht sich nützlich, und die Kinder lieben sie.«

»Ich nehme an, daß die Philpots sich ebenso nützlich machen kann, obwohl ich das mit der Liebe bezweifle. Jedenfalls habe ich beschlossen, Priscillas Erziehung nicht länger zu vernachlässigen. Sie braucht jemanden, der ihr höhere Bildung beibringt und ihr eine Gesellschafterin ist, eine gebildete, selbstsichere, erfahrene Frau.«

»Und wo willst du diesen Ausbund finden?«

»Ich habe sie schon gefunden. Christabel Connalt wird Ende der Woche eintreffen. Somit hast du genügend Zeit, Emily Philpots die Neuigkeit beizubringen.«

Er sprach sehr entschieden, und meine Mutter, die auf ihre unschuldige Art sehr klug und vernünftig war, begriff, daß es keinen Sinn hatte zu protestieren. Sie war offensichtlich ebenfalls der Meinung, daß Emily Philpots mir alles beigebracht hatte, was sie mir beibringen konnte, und daß ich auf eine höhere Bildungsebene vorrücken mußte. Außerdem hatte mein Vater sie vor ein *Fait accompli* gestellt, das sie akzeptierte.

Sie fragte ihn über diese Christabel Connalt aus. Dabei betonte sie, daß Christabel ihr zusagen müsse, sonst würde sie sie nicht behalten. Sie hoffte, sich klar ausgedrückt zu haben.

»Sie weiß natürlich, daß sie sich nach der Herrin des Hauses zu richten hat«, erklärte mein Vater. »Sie ist eine sympathische junge Frau; Lady Westering hat sie mir empfohlen. Sie ist wohlerzogen und kommt aus einem Pfarrhaus. Jetzt muß sie sich ihren Lebensunterhalt selbst verdienen. Ich fand, daß das eine Gelegenheit ist, ihr und gleichzeitig uns etwas Gutes zu tun.«

Sie debattierten noch eine Weile, und schließlich erklärte sich meine Mutter bereit, sich Christabel Connalt anzusehen. Dann unterzog sie sich der unangenehmen Aufgabe, Mistreß Philpots taktvoll beizubringen, daß eine neue Gouvernante ins Haus kam.

Emily Philpots reagierte genauso, wie Mutter und ich es erwartet hatten. Sie fiel, wie Sally Nullens sich ausdrückte, »aus allen Wolken«. Sie war also nicht mehr gut genug, um die Miß zu unterrichten. Die Miß mußte von jemand Gelehrtem unterrichtet werden, so, so. Wir würden schon sehen, was dabei herauskam. Sie beriet sich mit Sally Nullens, der es vor einiger Zeit ähnlich ergangen war. Man hatte ihr Master Carl weggenommen, weil mein Vater auf dem Standpunkt stand, daß es einem Jungen nicht guttat, von einer Schar Frauen verzärtelt zu werden. Außerdem war sie darüber empört gewesen, daß meine Eltern nicht mehr Kinder in die Welt gesetzt hatten – beide waren ja noch in dem Alter, in dem man leicht eine Kinderstube bevölkern konnte.

Emily erklärte, sie würde sofort ihre Sachen packen und das Haus verlassen, und dann würden wir schon sehen. Aber nach dem ersten Schock begann sie darüber nachzudenken, wie schwer es für sie in ihrem Alter sein würde, eine neue Stellung zu finden; gleichzeitig wies meine Mutter darauf hin, daß sie ohne Emily verraten und verkauft war, denn niemand konnte so wunderbare Kreuzstichstickereien anfertigen wie sie oder Flicken aufsetzen, die beinahe nicht zu sehen waren. Schließlich ließ sie sich zum Bleiben überreden, schniefte selbstgerecht, gab in Sally Nullens Zimmer vor dem Feuer mit dem Teekessel düstere Prophezeiungen von sich und bereitete sich auf ihr neues Leben und Christabels Eintreffen vor.

»Sei freundlich zu der armen Emily«, mahnte meine Mutter. »Für sie ist es ein harter Schlag.«

Meine Mutter stand mir viel näher als mein Vater. Wahrscheinlich bemerkte sie seine Gleichgültigkeit mir gegenüber und versuchte mich dafür zu entschädigen. Ich liebte sie innig, hatte aber zu meinem Vater eine viel stärkere Bindung, was unter diesen Umständen beinahe pervers war. Ich bewunderte ihn so sehr. Er war eine starke, dominierende Persönlichkeit, die so gut wie jedermann Ehrfurcht einflößte – sogar Leigh Main, der vom gleichen Schlag war wie er. Ich kannte Leigh, seit ich auf der Welt war, und er hatte immer erklärt, er habe vor nichts auf Erden oder in der Hölle Angst. Das war einer seiner Lieblingssprüche. Aber selbst er hütete sich vor meinem Vater.

Vater herrschte über die Familie – und sogar über meine Mutter, die sicherlich keine willensschwache Frau war. Sie stellte sich ihm auf eine Art, die ihm insgeheim Spaß machte. Anscheinend hatten sie Freude daran, einander in die Haare zu geraten. Das ergab einen nicht gerade sehr friedlichen Haushalt, aber es war nicht zu übersehen, daß sie einander gern hatten.

Wir waren überhaupt ein komplizierter Haushalt – wegen Edwin und Leigh. Als ich vierzehn war, waren sie einundzwanzig; ihre Geburtstage lagen nur wenige Wochen auseinander. Edwin war Lord Eversleigh und der Sohn meiner Mutter aus ihrer ersten Ehe. Sein Vater – der Cousin *meines* Vaters – war vor Edwins Geburt getötet, auf unserem Besitz ermordet worden, was mir sehr geheimnisvoll und romantisch vorkam. Edwin hatte jedoch nichts Geheimnisvolles oder Romantisches an sich. Er war nur mein Halbbruder, nicht ganz so groß oder so kräftig wie Leigh, in dessen Schatten er stand.

Leigh war eigentlich nicht mit uns verwandt, obwohl er von Geburt an in unserem Haus gelebt hatte. Er war der Sohn einer alten Freundin meiner Mutter, Lady Stevens, die unter dem Namen Harriet Main als Schauspielerin aufgetreten war. Leighs Geburt schien irgendwie anstößig zu sein. Meine Mutter sprach nicht darüber, doch Harriet selbst klärte mich auf.

»Leigh ist ein uneheliches Kind«, erzählte sie mir, »und ich bin jetzt sehr froh, daß ich ihn habe. Damals mußte ich ihn allerdings deiner Mutter anvertrauen, die ihn großzog – natürlich tat sie es viel besser, als ich es gekonnt hätte.«

Ich war nicht davon überzeugt, daß sie damit recht hatte. Ihrem zweiten Sohn, Benjie, ging es sehr gut, und ich stellte mir oft vor, was für eine aufregende Mutter Harriet sein mußte. Ich fand sie sehr anziehend, und sie lud mich oft zu sich ein, denn sie liebte Bewunderung, ganz gleich, von wem sie kam. Ich konnte mit ihr besser reden als mit allen anderen Erwachsenen.

Edwin und Leigh waren Offiziere, das war Familientradition. Edwins Großväter waren beide berühmte Offiziere im Dienst der royalistischen Sache gewesen. Seine Eltern hatten einander in der Zeit kennengelernt, da sich der König im Exil befand. Meine Mutter erzählte mir oft von den Tagen vor der Restauration und dem Leben im baufälligen alten Schloß von Congrève, wo sie darauf gewartet hatte, daß der König auf den Thron zurückkehrte.

An meinem sechzehnten Geburtstag sollte ich die Familien-Tagebücher zu lesen bekommen, dann würde ich alles verstehen, kündigte meine Mutter an. Inzwischen sollte ich damit beginnen, selbst ein Tagebuch zu führen. Zuerst war ich erschrocken, dann machte ich mich an die Arbeit und gewöhnte mich bald daran, alles, was mir widerfuhr, schriftlich festzuhalten.

Das war also unser Haushalt – Edwin, Leigh, ich – um sieben Jahre jünger als die beiden – und Carl, der um vier Jahre jünger war als ich.

Wir hatten eine zahlreiche Dienerschaft, darunter unsere alte Nurse Sally Nullens und Jasper, den Obergärtner, mit seiner Frau Ellen, unserer Wirtschafterin. Jasper war ein eingefleischter Puritaner und daher unglücklich, daß sich das Commonwealth aufgelöst hatte; sein Vorbild war Oliver Cromwell. Ellen wäre eine hübsche Frau gewesen, wenn sie den Mut dazu gehabt hätte. Sie hatten eine Tochter, Chastity, die einen der Gärtner geheiratet hatte und immer noch für uns arbeitete, wenn sie nicht gerade schwanger war, was alljährlich mit schöner Regelmäßigkeit eintrat.

Menschen unserer Gesinnung führten nach der Restauration ein angenehmes Leben. Ich war zu jung, um zu begreifen, welch ungeheure Erleichterung sich der Bevölkerung anläßlich der Wiedereinführung der Monarchie bemächtigt hatte. Mistreß Philpots erzählte mir einmal, daß die Menschen beinahe verrückt vor Freude geworden waren, als endlich alle Einschränkungen der persönlichen Freiheit fielen. Nach dem Übermaß an Religion waren sie beinahe religionslos geworden, und daher herrschte jetzt allgemein Leichtfertigkeit. Es war ja gut und schön, daß man die Theater wieder geöffnet hatte, aber nach Ansicht von Philpots waren einige Stücke ausgesprochen unzüchtig. Auch mit dem Benehmen der Damen war sie nicht einverstanden, die sich nach dem Vorbild des Hofes richteten.

Emily Philpots war Royalistin und wollte die Lebensführung des Königs nicht kritisieren, aber seine zahlreichen Mätressen fand sie skandalös.

Mein Vater hielt sich oft bei Hofe auf, denn er war ein Freund des Königs. Beide interessierten sich für Architektur, und nach dem großen Brand erforderte der Wiederaufbau Londons viel Arbeit. Die Geschichten, die mein Vater erzählte, wenn er vom Hof zurückkam, waren sehr aufregend. Er war mit dem unehelichen Sohn des Königs, dem Herzog von Monmouth, befreundet und meinte einmal, es sei ein Jammer, daß Old Rowley (der Spitzname des Königs) diesen Sohn nicht für ehelich erklärte, denn er wäre ein viel besserer Thronfolger als sein humorloser, griesgrämiger Bruder, der noch dazu Katholik war.

Mein Vater war merkwürdigerweise überzeugter Protestant. Er pflegte zu sagen, daß die Church of England der Religion den ihr zustehenden Platz angewiesen habe. »Laßt die Katholiken herein, und wir haben die Inquisition im Land, und die Menschen leben wieder in Angst und Schrecken, wie zur Zeit Cromwells. Beide sind Extremfälle. Wir ziehen einen Kurs der Mitte vor.«

Wenn er darüber sprach, daß Karl sterben und Jakob seinen Platz einnehmen könnte, wurde er sehr ernst. Die Heftigkeit, mit der er dieses Thema behandelte, überraschte mich.

Wenn mein Vater an den Hof reiste, begleitete ihn meine Mutter. Sally Nullens behauptete, mein Vater habe die Aufsicht seiner Frau nötig, und ich entnahm daraus, daß es vor seiner Heirat in seinem Leben etliche Damen gegeben hatte.

So sah es also bei uns zu jener Zeit aus, als Christabel Connalt kam.

Sie traf an einem nebligen Tag Ende Oktober ein. Mit der neuen Postkutsche war sie bis Dover gereist, von wo sie mein Vater abholte. Ich fand, daß er meiner Erziehung zuliebe sehr viel auf sich nahm. Die Diener hatten das Zimmer für die Erzieherin hergerichtet und erwarteten neugierig ihre Ankunft – eine Abwechslung im sonst einförmigen Dasein der Dienerschaft. Außerdem hatte Emily Philpots viel Aufhebens von der Sache gemacht und war sich in düsteren Prophezeiungen über das Unheil ergangen, das die neue Gouvernante über uns bringen würde. Wahrscheinlich wurde die Ankommende von der Hälfte der Bediensteten daraufhin für eine Hexe gehalten.

Carl übte in seinem Zimmer auf dem Flageolett, und die traurigen Klänge von ›Barbary Allen‹ drangen bis in den letzten Winkel. Um dem Grabgesang zu entgehen, schlenderte ich durch den Garten bis dorthin, wo sich einmal eine Laube befunden hatte und wo der erste Mann meiner Mutter ermordet worden war. An der Stelle wuchsen jetzt rote Blumen. Meine Mutter wollte andere Farben haben, aber ganz gleich, was sie anpflanzen ließ, die Blüten waren immer rot. Ich war überzeugt, daß der alte Jasper dabei seine Hand im Spiel hatte, denn er fand, daß die Menschen bestraft werden müßten und Vergangenes nicht vergessen dürften. Seine Frau behauptete von ihm, er sei so gut, daß er überall Böses sähe. Ich war von seiner Güte nicht so ganz überzeugt, denn ich mißtraute seiner übertriebenen Tugendhaftigkeit; aber es stimmte, daß er in allem das Böse sah. Obwohl meine Mutter sich einredete, daß diese Ereignisse in Vergessenheit geraten waren, hafteten sie im Gedächtnis der Diener, die behaupteten, daß es an dem Ort spuke.

Während ich diesen Gedanken nachging, hörte ich die Kutsche

vorfahren. Ich wartete und lauschte. Mein Vater rief nach den Stallknechten, dann herrschte Stille. Wahrscheinlich waren sie ins Haus gegangen.

Ich überlegte, wie sich die Veränderung auswirken würde. Christabel Connalt würde zweifellos sehr streng und sehr gelehrt sein und versuchen, mir Bildung einzutrichtern, was Emily Philpots nie gelungen war. Rückblickend wurde mir bewußt, daß sie nicht sehr tüchtig war und daß Carl und ich diese Tatsache ausgenützt hatten, denn Kinder sind in solchen Dingen durchtrieben. Carl war Emilys Schüler gewesen, bis er der Erziehung des Vikars anvertraut wurde. Die arme Emily hatte sehr unter uns gelitten. Carl hatte ihr einmal eine Spinne auf den Rock gesetzt und dann kreischend auf das Tier gezeigt. Danach hatte er sie heldenhaft von dem Insekt befreit, und ich tadelte ihn später, weil er sich gemein benommen hatte. Carl faltete die Hände, blickte zum Himmel und sagte im Ton Jaspers, daß er das alles nur zu Carls Besten getan hätte.

Im Geist hatte ich mir ein Bild von Christabel Connalt gemacht. Da sie in einem Pfarrhaus aufgewachsen war, war sie sicherlich sehr religiös und stand wahrscheinlich den herrschenden Sitten noch kritischer gegenüber als Mistreß Philpots. Ich stellte sie mir ältlich vor, mit ergrauenden Haaren und harten Augen, denen nichts entging.

Ein Schauder überlief mich, weil ich überzeugt war, daß ich mich noch nach Emilys sanftem Regiment zurücksehnen würde.

Sie und Sally Nullens sprachen über nichts anderes als über meine Gouvernante. Wenn ich in Sallys Wohnzimmer trat, das Carl ›Nullens Salon‹ nannte, spürte ich sofort die gespannte, geheimnisvolle Atmosphäre. Die beiden Frauen pflegten am Kamin zu sitzen, die Köpfe zusammenzustecken und zu tuscheln. Sally Nullens glaubte felsenfest an Hexerei, und wenn jemand starb oder an einer geheimnisvollen Krankheit litt, suchte sie immer nach der Person, die für das Unheil verantwortlich war. Carl behauptete, sie sehne sich nach den Tagen der Hexenjagd zurück.

»Kannst du dir denn nicht vorstellen, wie die alte Sal herumgeht und die hübschen Mädchen untersucht... überall, um Spuren zu finden, die ihre Liebhaber hinterlassen haben? Heißen sie bei Mädchen eigentlich *Sukkubus* oder *Inkubus*?«

Carl brachte zwar Reverend George Helling beim Latein- und Griechischunterricht zur Verzweiflung, aber bei den Tatsachen des Lebens kannte er sich sehr gut aus. Obwohl er nicht einmal zehn war, begutachtete er die jungen Mädchen, die das Essen auftrugen, sachkundig und versuchte herauszubekommen, wer was mit wem trieb.

Sally Nullens sagte: »Genau wie sein Vater. Steckt noch in den Windeln und denkt schon an Dummheiten.«

Das war natürlich übertrieben, aber es stimmte, daß Carl auf dem besten Weg war, ein Mann zu werden – was meinen Vater natürlich freute.

Meine Gedanken kreisten weiterhin um die Veränderungen, die sich durch Christabel Connalt ergeben würden.

»Der Herr war anscheinend froh darüber, daß er sie hier unterbringen konnte«, hatte Emily zu Sally gesagt, als ich an Sallys Tür stand – Sally flickte, und Emily verzierte ein Unterkleid meiner Mutter mit Kreuzstichen.

Auf die Bemerkung folgte ein Schnüffeln, das andeutete, daß mehr dahintersteckte; daraufhin lauschte ich schamlos. Es ging ja um meinen Vater.

»Es würde mich interessieren, wer sie überhaupt ist«, fuhr Emily fort.

»Ach, er hat es längst aufgegeben, Weiberröcken nachzulaufen. Die Mistreß duldet es nicht.«

»Manche geben es nie auf. Ich wäre wirklich nicht überrascht...«

»Die Wände haben Ohren«, sagte Sally betont. »Auch die Türen. Ist da jemand?«

Ich trat ins Zimmer und sagte, daß ich meinen Reitrock gebracht hätte; ich hatte ihn am Vortag zerrissen – konnte Sally ihn, bitte, flicken?

Sie warf Emily einen vielsagenden Blick zu und griff nach dem Rock.

»Ganz schön schmutzig ist er obendrein. Ich werde ihn auch reinigen. Sie machen uns schon sehr viel Arbeit, Mistreß Priscilla.«

Irgendwie stimmte mich diese Bemerkung traurig. Sie betonte immer, wie nützlich sie war, und wollte hören, daß wir ohne sie verloren wären. Emily Philpots würde von nun an in das gleiche Horn stoßen, und die beiden waren jetzt schon davon überzeugt, daß ihnen die Neue nicht sympathisch sein würde.

Ich sah zum Haus hinüber und betrachtete es, als sehe ich es zum erstenmal. Eversleigh Court, der Wohnsitz der Familie. Eigentlich gehörte es Edwin, obwohl mein Vater den Besitz verwaltete und in Gang hielt. Ich fragte mich, ob er etwas gegen Edwin hatte. Edwin gehörte alles – der Titel und der Besitz, und dabei wäre es gerechter gewesen, wenn sie meinem Vater gehört hätten. Mein Vater hatte sich während des Bürgerkriegs als Anhänger Cromwells ausgegeben und dadurch den Besitz gerettet. Edwin war damals noch nicht auf der Welt gewesen. Meine Mutter nannte ihn das Restaurationsbaby, denn er wurde im Januar 1660 geboren, nur wenige Monate, ehe der König zurückkehrte.

Es war ein schönes altes Haus, das, wie alle diese Häuser, im Laufe der Jahre noch gewonnen hatte. So viele Generationen von Eversleighs hatten an ihm gebaut; hier hatten sich Tragödien und Komödien abgespielt; und Sally behauptete, daß alle, die keine Ruhe finden konnten, zurückkamen und unsichtbar durch das Haus geisterten.

Es gab viele solche Häuser auf dem Land. Unseres war in der Zeit der Königin Elisabeth erbaut worden, und zwar zu Ehren Glorianas mit dem typischen E-Grundriß. Ostflügel, Westflügel, Mitte; die Halle war so hoch wie das ganze Haus und hatte eine gewölbte Decke mit breiten Eichenbalken. Einige Räume waren elegant getäfelt, aber die Halle hatte Steinmauern, an denen Waffen hingen, um die künftigen Generationen an die Rolle zu erinnern, die Eversleigh in der Geschichte des Landes gespielt hatte. Oberhalb des großen Kamins hing der gemalte Familienstammbaum, der sich immer weiter verästelte und sich zweifellos im Laufe der Zeit über die ganze Halle ausbreiten würde. Auch ich schien darin auf – natürlich nicht im Hauptzweig. Der gehörte Edwin, und wenn er heiratete, würden sich seine Kinder genau im Mittelpunkt befinden. Leigh ärgerte sich darüber, daß man ihn nicht auch aufgenommen hatte. Er konnte damals noch nicht verstehen, warum man ihn ausgeschlossen hatte. Wahrscheinlich versuchte er deshalb, Edwin in jeder Beziehung zu übertreffen.

Doch ich befaßte mich nicht wirklich mit diesen Dingen, während ich neben dem von Gespenstern heimgesuchten Blumenbeet stand; ich schob nur den Augenblick hinaus, in dem ich die Frau kennenlernen sollte, die mein bisheriges Leben verändern würde.

Chastity kam in den Garten; sie watschelte leicht, denn sie war schon wieder schwanger.

»Wo stecken Sie denn, Mistreß Priscilla? Sie wollen, daß Sie die neue Gouvernante kennenlernen. Ihre Mutter sagt, Sie sollen sofort in den Salon kommen.«

»Schön, Chastity, ich komme. Du solltest nicht laufen, weißt du, sondern an deinen Zustand denken.«

»Ach, es ist alles ganz natürlich, Mistreß.«

Es war ihr sechstes Kind, und dabei war sie noch jung. Meiner Berechnung nach war sie für mindestens weitere zehn Kinder gut.

»Du bist wie eine Bienenkönigin, Chastity«, meinte ich vorwurfsvoll.

»Was ist das, Mistreß?«

Ich erklärte ihr es nicht. Ich dachte darüber nach, wie ungerecht das Schicksal war: es schenkte Chastity jedes Jahr ein Kind, während meine Eltern nur Carl und mich hatten (Edwin zählte nicht, er gehörte nur meiner Mutter). Wenn sie mehr Kinder gehabt hätten, würde Sally Nullens jetzt nicht überall Hexen sehen, und Emily Philpots wäre für die Kleineren gut genug. Außerdem hätten mich ein paar jüngere Brüder und Schwestern gefreut.

»Hast du sie gesehen, Chastity?«

»Eigentlich nicht, Mistreß. Man hat sie in den Salon geführt. Meine Mutter sagte, ich solle Sie suchen, weil Ihre Mutter nach Ihnen gefragt hat.«

Ich ging direkt in den Salon, und meine Mutter sagte: »Ach, da ist Priscilla. Komm, Priscilla, ich will dich Mistreß Connalt vorstellen.«

Christabel Connalt stand auf und kam auf mich zu. Sie war groß, schlank und sehr einfach gekleidet; aber sie verfügte über eine gewisse angeborene Eleganz. Sie trug einen Umhang aus blauem Wollstoff, der am Hals von einer Brosche zusammengehalten wurde, die vielleicht aus Silber war. Das Mieder des Kleides war aus dem gleichen blauen Stoff; es war tief ausgeschnitten, aber sie trug ein Leinentuch um den Hals, so daß das Mieder sittsam wirkte; es war mit einer silbernen Kordel verschnürt. Der in Falten gelegte Rock war ebenfalls aus dem gleichen Stoff. Am Umhang war eine Kapuze befestigt, die sie abgestreift hatte, so daß man das dunkle, nicht modisch gekräuselte Haar sah; sie trug es in offenen, aus dem Gesicht gekämmten Locken.

Es war jedoch nicht ihre Kleidung, die mir sofort auffiel – sie war mehr oder weniger so gekleidet, wie man es von der Tochter eines Pfarrers erwartete, dessen Gehalt so bescheiden ist, daß seine Tochter sich ihren Lebensunterhalt selbst verdienen muß. Es war ihr Gesicht. Sie war nicht schön, aber sie besaß Würde. Sie war keineswegs so alt, wie ich angenommen hatte. Ich schätzte sie auf Mitte zwanzig – im Vergleich zu mir natürlich alt, aber eigentlich in der Blüte ihres Lebens. Ihr Gesicht war oval, die Haut glatt und samtig wie ein Blütenblatt, die Augenbrauen dunkel und schön geschwungen, die Nase etwas zu lang, die Augen groß, mit kurzen, dichten, dunklen Wimpern, der Mund immer in Bewegung. Ich fand später heraus, daß man an ihrem Mund ihre Gefühle viel besser erkennen konnte als an ihren Augen. Die Augen blickten vollkommen ruhig, die Lider zuckten nicht, aber um den Mund lag eine Spannung, die sie nicht unterdrücken konnte.

Ich war so erstaunt, daß ich nicht sprechen konnte, denn ich hatte sie mir ganz anders vorgestellt.

»Ihre Schülerin, Mistreß Connalt«, sagte mein Vater. Während er uns beobachtete, zuckten seine Mundwinkel leicht; das hieß, daß er sich innerlich amüsierte und es nicht zeigen wollte.

»Ich hoffe, daß wir uns gut verstehen werden«, sagte ich.

»Das hoffe ich ebenfalls.«

Ihr Blick ruhte auf mir, und ihre Lippen bewegten sich leicht. Sie preßte den Mund zusammen, als ob ihr etwas an mir nicht ganz gefiele.

»Mistreß Connalt hat uns ihren Lehrplan auseinandergesetzt«, sagte meine Mutter. »Er klingt sehr vielversprechend. Du solltest ihr jetzt ihr Zimmer zeigen, Priscilla, und dann anschließend das Schulzimmer. Mistreß Connalt möchte so bald wie möglich mit dir zu arbeiten beginnen.«

»Möchten Sie Ihr Zimmer sehen?« fragte ich.

»Ja, gern«, antwortete sie, und ich führte sie hinauf.

Während wir die Treppe hinaufstiegen, meinte sie: »Ein schönes Haus. Ein Glück, daß es während des Krieges nicht zerstört wurde.«

»Mein Vater hat sich sehr bemüht, es zu erhalten.«

»Ach!« Sie holte überrascht Luft.

»Wie ich gehört habe, sind Sie in einem Pfarrhaus aufgewachsen«, bemerkte ich beiläufig.

»Ja, in Westering. Kennst du den Ort?«

»Leider nicht.«

»Er liegt in Sussex.«

»Hoffentlich ist es Ihnen hier nicht zu öde, wie man vielfach meint. Wir sind nahe der Küste, und deshalb bekommen wir auch den Ostwind mit voller Wucht zu spüren.«

»Das klingt wie eine Geographiestunde«, stellte sie fest; in ihrer Stimme schwang Lachen mit. Das gefiel mir, und ich fühlte mich daraufhin wohler. Ich zeigte ihr ihr Zimmer, das neben dem Schulzimmer lag und nicht sehr groß war. Emily Philpots hatte darin gewohnt, aber sie war jetzt in das nächste Stockwerk, neben Sally Nullens, übersiedelt. Meine Mutter hatte es so haben wollen und die arme Emily damit schwer getroffen.

»Ich hoffe, daß es Ihnen zusagt«, meinte ich.

Sie wandte sich mir zu und antwortete: »Im Vergleich zum Pfarr-haus ist es luxuriös.« Ihr Blick wanderte zum Kamin, in dem auf Anordnung meiner Mutter ein Feuer brannte. »Im Pfarrhaus war es so kalt, daß ich vor dem Winter richtiggehend Angst hatte.«

Ich ließ sie allein, damit sie auspacken und sich waschen konnte. In einer Stunde wollte ich sie abholen, ihr das Schulzimmer und meine Bücher zeigen und ihr erklären, was ich bis jetzt gelernt hatte. Wenn sie wollte, konnte ich sie auch durch Haus und Garten führen.

Sie dankte mir mit einem beinahe scheuen Lächeln. »Ich glaube, daß ich hier sehr glücklich sein werde.«

Danach ging ich zu meinen Eltern hinunter, die, wie nicht anders zu erwarten, von der neuen Gouvernante sprachen.

»Eine Frau mit Selbstbeherrschung«, sagte meine Mutter.

»Sie verfügt zweifellos über Haltung«, antwortete mein Vater.

Meine Mutter lächelte mir zu. »Da ist Priscilla. Nun, meine Liebe, was hältst du von ihr?«

»Es ist noch zu früh, etwas zu sagen.«

»Seit wann bist du so vorsichtig mit deinem Urteil? Ich halte sie für sehr tüchtig.«

»Sie ist offensichtlich gut erzogen«, fügte mein Vater hinzu. »Meiner Meinung nach, Bella, sollte sie die Mahlzeiten mit uns ein-nehmen.«

»Die Mahlzeiten mit uns einnehmen! Die Gouvernante!«

»Aber du siehst ja, daß sie ganz anders ist als die alte Philpots.«

»Zweifellos. Doch mit uns essen! Und was ist, wenn wir Gäste haben?«

»Sie wird sich anpassen. Sie kann sich sehr klar ausdrücken.«

»Und wenn die Jungen nach Hause kommen?«

»Wieso?«

»Glaubst du nicht...«

»Ich glaube, daß man eine junge Frau mit ihrer Erziehung nicht dazu verurteilen kann, das Essen allein in ihrem Zimmer einzuneh-men. Mit der Dienerschaft kann sie natürlich auch nicht essen.«

»So ist es mit den Gouvernanten immer. Wie ich das hasse!«

»Was meinst du, Priscilla?« wandte sich mein Vater an mich und überraschte mich dadurch sehr, da er mich zum erstenmal in mei-nem Leben um meine Meinung fragte, so daß ich zu stottern be-gann und nicht wußte, was ich antworten sollte. »Versuchen wir es«, fuhr er fort, »wir werden ja sehen, was dabei herauskommt.«

Die Diener würden es sicherlich für sehr merkwürdig halten, daß jemand, der auf der sozialen Stufenleiter nur knapp über ihnen stand, die Mahlzeiten am Familientisch einnahm, und es würde Nullens und Philpots wieder neuen Stoff für Klatsch liefern.

Es war ja wirklich sehr merkwürdig, daß mein Vater sich zuerst um meine Erziehung und dann auch noch um das Wohlergehen meiner Gouvernante kümmerte. Natürlich fragte ich mich, was eigentlich dahintersteckte. Christabel Connalt würde Veränderungen mit sich bringen, das lag in der Luft.

In den nächsten Tagen stand sie im Mittelpunkt des allgemeinen Interesses. Sally Nullens und Emily Philpots sprachen endlos über sie, und die übrige Dienerschaft stand den beiden in nichts nach. Ich war natürlich mehr mit ihr zusammen als die anderen und versuchte sie kennenzulernen, was gar nicht einfach war. Zeitweise hielt ich sie für vollkommen selbstsicher. Dann wieder glaubte ich eine gewisse Verletzlichkeit an ihr zu entdecken. Es war der verräterische Mund, der alle möglichen Gefühle ausdrückte. Gelegentlich bildete ich mir ein, daß sie einen geheimen Groll hegte.

Ihr Allgemeinwissen und ihre pädagogischen Fähigkeiten standen außer Zweifel. Reverend William Connalt hatte, bevor er sie in die Welt hinausschickte, dafür gesorgt, daß sie sich ihren Lebensunterhalt verdienen konnte. Sie war gemeinsam mit den Söhnen des dortigen Gutsherrn unterrichtet worden, und ich nahm an, daß sie sich bemüht hatte, nicht nur mit ihnen Schritt zu halten, sondern sie sogar zu übertreffen. Sie wollte nämlich nicht bloß ebenso gut sein wie alle anderen, sondern besser.

Zuerst herrschte zwischen uns eine gewisse Zurückhaltung, aber ich war entschlossen, die Schranken zu überwinden, und es gelang mir auch – vor allem deshalb, weil sie bald herausfand, wie gering mein Wissen war. Mein Vater hatte anscheinend wirklich recht gehabt, denn wenn ich noch lange Emily Philpots überantwortet gewesen wäre, hätte es schlecht mit meiner Bildung ausgesehen.

Das sollte alles anders werden.

Wir nahmen Latein, Griechisch und Mathematik vor, und ich glänzte in keinem dieser Fächer. In englischer Literatur war ich nicht so schlecht. Infolge meiner Besuche bei Tante Harriet (ich nannte sie so, obwohl sie nicht meine richtige Tante war) interessierte ich mich für Theaterstücke und konnte ganze Shakespeareszenen auswendig. Obwohl Tante Harriet vor langer Zeit von der Bühne Abschied genommen hatte, arrangierte sie immer noch kleine Unterhaltungen und setzte uns dabei als Schauspieler ein. Das machte mir Spaß und steigerte mein Interesse für die Literatur.

Während der Literaturstunden wirkte Christabel nicht so zufrieden wie sonst. Ich begriff, daß sie nur dann glücklich war, wenn sie mir zeigen konnte, um wieviel gescheiter sie war als ich. Dabei hatte sie das gar nicht nötig. Sie war ja zu uns gekommen, um mich zu unterrichten. Außerdem war sie um zehn Jahre älter als ich, also verfügte sie zwangsläufig über ein größeres Wissen.

Es war sehr merkwürdig. Wenn ich dumme Fehler machte, sprach sie zwar sehr ernst zu mir, aber ihre Mundwinkel verrieten mir, daß sie sich eigentlich darüber freute; und wenn ich brillierte – zum Beispiel in Literatur –, sagte sie regelmäßig: »Das war ausgezeichnet, Priscilla«, preßte aber die Lippen zusammen, und ich wußte, daß sie sich ärgerte.

Ich hatte mich immer schon für Menschen interessiert und mir Aussprüche gemerkt, die Aufschluß über ihren Charakter gaben. Meine Mutter pflegte mich deshalb auszulachen, und Emily Philpots meinte: »Wenn du dir wichtige Dinge genauso gut merken könntest, würde ich mit dir mehr Ehre einlegen.« Aber mich interessierten die längsten Flüsse oder die höchsten Berge nicht, mich interessierte nur, was die Menschen dachten.

Deshalb fand ich bald heraus, daß Christabel einen geheimen Groll hegte; und wenn es nicht so absurd gewesen wäre, hätte ich angenommen, daß er sich gegen mich richtete.

Mein Vater hatte Christabel vorgeschlagen, sich im Stall ein Pferd auszusuchen und mit mir auszureiten. Das machte ihr Freude. Sie erzählte mir, daß sie zu Hause die Pferde der Westerings hatte reiten dürfen, um sie zu bewegen.

Wenn wir ausritten, legten wir oft bei einem Gasthof eine Rast ein, tranken Apfelwein und aßen Käse mit Haferbrot oder mit frisch gebackenem Roggenbrot.

Manchmal ritten wir zum Meer hinunter und galoppierten den Strand entlang. Wenn ich bei solchen Gelegenheiten einen Wettritt vorschlug und sie gewinnen ließ, strahlte sie vor Freude.

Ich nahm an, daß dieses Verhalten die Folge ihrer unglücklichen Kindheit war; wahrscheinlich beneidete sie mich, weil ich stets ein so behütetes, angenehmes Leben geführt hatte.

Carl hatte sie in sein Herz geschlossen. Gelegentlich kam er sogar während der Unterrichtsstunden ins Schulzimmer und lernte mit uns, was mich sehr wunderte, denn in das Pfarrhaus schlich er immer wie eine Schnecke. Er erkundigte sich nach ihrem Lieblingslied und versuchte es zu spielen; allerdings war die Wirkung auf alle in Hörweite Befindlichen verheerend.

Zuerst weigerte sich Christabel, von sich zu erzählen, aber allmählich gewann ich ihr Vertrauen, und als sie erst einmal zu sprechen begonnen hatte, war es, als ob ein Damm geborsten wäre.

Bald sah ich den liebeleeren Haushalt vor mir: das Pfarrhaus war immer kalt und feucht, außerdem lag es direkt neben dem Friedhof, so daß sie nur Grabsteine sah, wenn sie aus dem Fenster blickte. Als sie noch ein Kind war, hatte ihr die Wäscherin erzählt, daß die Toten bei Nacht aus den Gräbern hervorkämen und tanzten, und wenn jemand ihnen dabei zusah, mußte er noch im gleichen Jahr sterben.

»Ich lag schaudernd im Bett«, erinnerte sie sich, »und kämpfte gegen die Versuchung an, aus dem Bett zu steigen und nachzusehen, ob sie wirklich tanzten. Ein paarmal tat ich es, und ich weiß heute noch, wie kalt die Dielen waren und wie der Wind am Fenster rüttelte. Ich fror, aber ich war nicht imstande, wieder ins Bett zurückzugehen.

Du kannst dir überhaupt nicht vorstellen, was für eine Kindheit ich gehabt habe. Sie hielten sich für gute Menschen und waren davon überzeugt, daß man nur dann ein guter Mensch ist, wenn man sich elend fühlt. Sie hielten es für tugendhaft zu leiden.«

»Wir haben hier auch jemanden, der so ist, Jasper, den alten Gärtner. Er ist nämlich Puritaner. Er war schon während des Krieges hier, als mein Vater so tat, als wäre er ein Anhänger Cromwells.«

»Erzähl mir davon«, rief sie, und ich erzählte ihr alles, was ich wußte. Sie hörte mir gebannt zu, und um ihre Lippen lag dabei ein leichtes Lächeln, das sie verschönte.

Manchmal hatte ich das Gefühl, daß sie ihre Eltern haßte.

Einmal sagte ich zu ihr: »Ich glaube beinahe, Sie sind froh, daß Sie von zu Hause fortgekommen sind.«

Sie preßte die Lippen zusammen: »Es war nie ein Zuhause ... wie dieses hier. Wie glücklich bist du doch, Priscilla, weil dich deine Mutter hier geboren hat.«

Mir kam diese Feststellung merkwürdig vor.

Ich ließ mir gern vom Pfarrhaus und dem Leben dort erzählen. Wie das Kaninchen-Stew mit Wasser verlängert wurde, bis es nach nichts mehr schmeckte; wie sie Gott für diese Mahlzeit danken mußten; wie sie ihre Leibwäsche stopften und flickten, bis man kaum mehr erkennen konnte, wie sie ursprünglich ausgesehen hatte; wie sie stundenlang bei endlosen Morgengebeten im kalten Wohnzimmer knieten; wie sie Kleider für die Armen nähte, denen es ganz bestimmt besser ging als ihr. Und der Unterricht im Wohnzimmer, das im Winter eiskalt und im Sommer unerträglich heiß war. Sie lernte ohne Unterlaß, denn nur so konnte sie Gott dafür danken, daß er so gut zu ihr war.

Wieviel Bitterkeit ihr Mund ausdrückte! Die arme Christabel! Denn am Leben im Pfarrhaus hatten sie nicht so sehr die Entbehrungen und Strapazen gestört, sondern vielmehr die Lieblosigkeit – das wurde mir sehr bald klar. Die arme Christabel sehnte sich so sehr danach, geliebt zu werden.

Ich konnte sie sehr gut verstehen, denn ich befand mich meinem Vater gegenüber in einer ähnlichen Lage. Meine Mutter umhegte mich liebevoll, und Tante Harriet machte kein Geheimnis daraus, daß sie mich allen anderen vorzog; ich konnte also nicht behaupten, daß ich nicht genug Liebe bekam. Auch mein Vater war nicht unfreundlich zu mir; er war nur gleichgültig und kümmerte sich kaum um mich, weil ich nicht der Sohn war, den Männer seines Schlages sich immer so sehr wünschen. Deshalb war es bei mir zu einer fixen Idee geworden, daß ich irgendwie seine Anerkennung erringen und seine Aufmerksamkeit erregen mußte.

Christabels Verbitterung schwand, wenn sie von Westering erzählte. Ich sah das Dorf in Sussex vor mir – es gibt überall in England solche Orte, und unsere Gemeinde war sehr ähnlich. Die Kirche, das zugige, düstere Pfarrhaus, der Friedhof mit den schiefen Grabsteinen, die kleinen Hütten, das Herrenhaus, das über dem Dorf thronte – das Heim von Sir Edward Westering und Lady Letty, Tochter eines Grafen. Lady Letty tauchte in Christabels Erzählungen häufig auf; sie war offensichtlich eine markante Persönlichkeit. Ich konnte mir vorstellen, wie sie an der Spitze der Familie Westering Einzug in die Kirche hielt – Sir Edward ein paar Schritte hinter ihr und dann die Jungen, die gemeinsam mit Christabel im Pfarrhaus unterrichtet wurden, bevor sie auf die Schule kamen. Ich sah auch Christabel in ihrem blauen Sergekleid vor mir, das an den Ellbogen schon fadenscheinig war, wie sie die Familie scheinbar gleichgültig beobachtete, während ihre Mundwinkel zuckten. Wahrscheinlich wünschte sie sich nichts sehnlicher, als ein Mitglied dieser Familie zu sein und in ihrem Kirchenstuhl zu sitzen.

Gelegentlich sah Lady Letty sie im Vorbeigehen an, und dann pflegte Christabel einen Knicks zu machen. Darauf Lady Letty: »Ach, die Tochter des Pfarrers. Christabel, nicht wahr?« Man konnte von ihr doch nicht erwarten, daß sie sich den Namen einer so unbedeutenden Person merkte. Also nickte Christabel, Lady Letty musterte sie genau und ging dann weiter.

Lady Letty hatte vorgeschlagen, daß die Tochter des Pfarrers reiten lernen sollte, um die Pferde der Westerings zu bewegen. »Wird den Pferden guttun«, hatte sie hinzugefügt. »Damit ich nicht auf die Idee käme«, meinte Christabel, »daß es zu meinem Besten geschah.«

Die Westerings waren überhaupt die Wohltäter des Dorfs. Zu Weihnachten schickten sie Decken und Gänse ins Pfarrhaus, die Mrs. Connalt mit Christabels Hilfe verteilte. Lady Letty gab zu verstehen, daß das Pfarrhaus auch Anspruch auf eine Decke und eine Gans habe – aber natürlich kein Aufhebens davon machen sollte. »Wir nahmen uns die fetteste Gans und die wärmste Decke«, erzählte Christabel mit gequältem Lächeln.

Zu Ostern und zum Erntedankfest suchte Christabel im Küchengarten der Westerings Blumen und Gemüse aus, die die Gärtner dann in die Kirche brachten. Bei dieser Gelegenheit verwickelte Lady Letty sie oft in ein Gespräch und erkundigte sich dabei nach ihren Fortschritten. Christabel wurde jedesmal verlegen und fragte sich, warum Lady Letty sie immer wieder ins Herrenhaus kommen ließ; denn kaum war sie dort, hatte Lady Letty nichts Eiligeres zu tun, als sie wieder fortzuschicken.

Lady Lettys Verhalten gab tatsächlich Rätsel auf. Es war merkwürdig, daß sie sich für das Leben und Treiben im Dorf interessierte, denn sie war sehr häufig bei Hof. Gelegentlich fanden in Westering Manor Feste statt, wenn Adelige aus London zu Besuch kamen. Einmal war sogar der König bei ihnen zu Gast gewesen.

»Ich hatte das Gefühl, daß mein Leben immer in den gleichen Bahnen weitergehen und sich nie ändern würde«, erwähnte Christabel einmal. »Ich sah vor mir, wie ich immer älter und Mrs. Connalt immer ähnlicher wurde... vertrocknet, verschrumpelt, wie ein lebender Leichnam, freudlos und in jedem unschuldigen Vergnügen schon eine Sünde witternd.«

Ich fand es merkwürdig, daß sie von ihrer Mutter als von Mrs. Connalt sprach – als distanziere sie sich von der Verwandtschaft.

Ich konnte sie verstehen. Ihr Äußeres war ungewöhnlich anziehend, und sie war überdurchschnittlich intelligent; sie sehnte sich nach einem abwechslungsreicheren Leben und fühlte sich benachteiligt. Sie haßte die gönnerhafte Haltung der Westerings, und sie war einsam, weil niemand sie liebte, weil sie mit niemandem über ihre Probleme sprechen konnte.

Zwei Wochen nach Christabels Ankunft begaben sich meine Eltern in unser Haus in London, weil sie bei Hofe anwesend sein mußten.

»Das muß wirklich aufregend sein«, meinte Christabel. »Ich würde so gern einmal bei Hofe vorgestellt werden.«

»Meine Mutter macht sich eigentlich nichts daraus«, antwortete ich. »Sie kommt nur mit, weil mein Vater es gern sieht.«

»Wahrscheinlich hält sie es für besser, wenn sie bei ihm ist.« Christabel preßte die Lippen zusammen. »Ein Mann wie er...«

Ich war verblüfft. Das klang wie eine Kritik an meinem Vater, und ich hatte seit einiger Zeit beobachtet, daß sie in seiner Gegenwart befangen war. Das wunderte mich, denn schließlich hatte er sie in unser Haus gebracht, und wenn sie sich bei uns wohler fühlte als im Pfarrhaus, so verdankte sie es ausschließlich ihm.

Mein Tagesablauf war nun genau geregelt. Am Vormittag unterrichtete mich Christabel, nach dem Mittagessen ritten wir aus oder gingen spazieren, und gegen fünf Uhr nachmittags kehrten wir wieder ins Schulzimmer zurück. Um diese Zeit war es schon finster, so daß wir bei Kerzenlicht weiterarbeiteten; für gewöhnlich stellte sie Fragen zum Stoff des Vormittags.

Einmal fragte ich sie, ob sie sich bei uns wohl fühle, und sie antwortete zornig: »Wie kommst du nur auf die Idee, daß ich mich nicht wohl fühle? Es ist das angenehmste Haus, das ich kenne.«

»Das freut mich.«

»*Du* gehörst zu den Glücklichen.« Ihr Ton klang vorwurfsvoll, und ich wußte, daß sie die Lippen wieder einmal zusammenpreßte.

Als wir eines Nachmittags von unserem Ausritt zurückkehrten, wußte ich in dem Augenblick, in dem wir zum Stall kamen, daß etwas vorgefallen war, denn überall herrschte geschäftiges Treiben. Zuerst glaubte ich, daß meine Eltern zurückgekehrt waren. Dann begriff ich, daß es sich nicht um meine Eltern handelte, und geriet in Erregung. Ich konnte es kaum erwarten, aus dem Sattel und ins Haus zu kommen.

Ich hörte ihre Stimmen und rief: »Leigh! Edwin! Wo seid ihr?«

Leigh stand oben auf der Treppe. In Uniform sah er wundervoll aus. Er war groß, hatte ein hageres Gesicht und strahlend blaue Augen, die einen faszinierenden Gegensatz zum schwarzen Haar bildeten, genau wie bei seiner Mutter. Als er mich sah, leuchteten seine Augen auf, und ich empfand wieder die Erregung, die mich bei jedem Wiedersehen mit ihm überkam.

Er lief die Stufen herunter, hob mich hoch und drehte sich mit mir im Kreis. »Hör sofort auf!« befahl ich ihm. Er gehorchte, umschloß mein Gesicht mit beiden Händen und drückte mir einen schallenden Kuß auf die Stirn.

»Du bist doch tatsächlich gewachsen, schöne Base«, stellte er fest.

Er nannte mich immer ›schöne Base‹. Wenn ich darauf hinwies, daß wir überhaupt nicht verwandt wären, erklärte er: »Aber wir sollten es sein. Ich habe zugesehen, wie sich das häßliche kleine Entlein zu einem schönen Schwan entwickelt hat. Als du auf die Welt kamst, sahst du aus wie ein kleiner Affe, und jetzt bist du eine Gazelle, meine schöne Base.«

Leigh neigte zu Übertreibungen. Bei ihm war alles entweder wunderbar oder entsetzlich. Meinem Vater ging er damit auf die Nerven, aber mir gefiel seine Art, wie mir überhaupt alles an ihm gefiel; er war der vollkommene ältere Bruder, und ich wünschte mir oft, daß er es wirklich wäre. Natürlich liebte ich Edwin. Er war sanft und immer bestrebt, niemanden zu verletzen. Er war den Dienern gegenüber sehr höflich, und sie waren ihm ergeben; aber die Frauen zogen Leigh vor.

Inzwischen hatte Leigh Christabel bemerkt, die mit leicht geröteten Wangen und ein wenig zerzausten Locken hinter mir hereingekommen war.

Ich stellte sie einander vor, und er verneigte sich galant. Christabel musterte ihn, und ich erwähnte nicht, daß sie meine Gouvernante war; ich wollte es ihm zu gegebener Zeit erzählen. Ich hatte nämlich das Gefühl, daß es ihr Spaß machte, für einen Gast des Hauses gehalten zu werden, wenn auch nur für kurze Zeit.

»Wir sind ausgeritten«, erklärte ich. »Wann bist du angekommen? Ist Edwin auch hier?«

»Wir sind zusammen gereist. Edwin!« rief er. »Wo bist du? Priscilla fragt nach dir.«

Edwin tauchte auf der Treppe auf. Auch er sah sehr gut aus, sogar besser als Leigh, obwohl er kleiner und nicht so kräftig gebaut war.

»Priscilla!« Er kam die Treppe herunter. »Es tut gut, dich zu sehen. Wo ist Mutter?« Er hatte sich Christabel zugewandt.

»Mistreß Connalt«, stellte ich vor. Und dann zu Christabel: »Mein Bruder, Lord Eversleigh.«

Edwin verbeugte sich.

»Sie sind bei Hof«, beantwortete ich seine Frage.

Edwin zuckte enttäuscht die Schultern.

»Vielleicht kommen sie zurück, während ihr noch da seid. Könnt ihr lange bleiben?«

»Eine Woche, vielleicht auch etwas länger.«

»Drei, vier Wochen«, schlug Leigh vor.

»Ich freue mich so sehr. Ich lasse eure Zimmer herrichten...«

»Ist nicht notwendig«, unterbrach mich Leigh. »Sally Nullens hat uns schon gesehen und flattert aufgeregt herum. Sie freut sich so sehr, ihre kleinen Lieblinge wieder bei sich zu haben.«

»Sie wissen ja, wie Kinderfrauen sind, Mistreß Connalt«, sagte Edwin, »wenn sie ihre Schutzbefohlenen wieder um sich haben.«

Er hatte erkannt, daß Christabel unsicher und zurückhaltend war, und wollte ihr die Befangenheit nehmen.

»Ich hatte nie eine, also kann ich nicht mitreden«, antwortete sie.

»Dann sind Sie dieser Unterdrückung entgangen«, warf Leigh leichthin ein.

»Wir waren zu arm«, fuhr Christabel beinahe herausfordernd fort.

Ich fühlte mich unbehaglich; jetzt war die Erklärung fällig. »Christabel ist hier, um mich zu unterrichten. Sie hat vorher in einem Pfarrhaus in Sussex gelebt.«

»Wie geht es Carl im Pfarrhaus?« erkundigte sich Edwin. »Und wo steckt er überhaupt?«

»Wahrscheinlich im Sommerhaus, um Flageolett zu spielen.«

»Der arme Junge! Er muß ja ganz erfroren sein.«

»Wenigstens verschont er uns mit dem entsetzlichen Lärm, den er produziert«, bemerkte Leigh.

»Was wolltest du eigentlich jetzt tun?« fragte Edwin.

»Waschen, umziehen und dann ist es Zeit fürs Abendessen.«

»Wir werden unsere Uniformen ablegen«, sagte Leigh. Er grinste Christabel und mich an. »Ich weiß, daß wir in ihnen verführerisch aussehen, und Sie werden über die Verwandlung entsetzt sein, Mistreß Connalt. Priscilla ist daran gewöhnt, deshalb muß ich sie nicht erst warnen.«

Ich freute mich darüber, daß er versuchte, Christabel in die Unterhaltung einzubeziehen. Sie erinnerte mich an ein Kind, das die Zehen ins Wasser taucht – es möchte hinein, getraut sich aber nicht.

Ich musterte die beiden: ihre breitkrempigen Hüte mit den prächtigen Federn, die prunkvollen Mäntel, die Kniehosen, die glänzenden Stiefel, die Degen.

»Ihr seht recht gut aus, aber keineswegs verführerisch«, dämpfte ich Leighs Übermut, »und wir wissen ohnehin, daß ihr das gute Aussehen nur der Uniform verdankt, nicht wahr, Christabel?«

Sie lächelte. Die beiden hatten es tatsächlich geschafft, ihren Unmut zu vertreiben.

»Kommt jetzt«, forderte ich sie auf. »Wir müssen uns waschen und umziehen... wir alle. Das Essen wird sonst kalt, und ihr wißt, daß das die Köchin kränkt.«

»Befehle«, rief Leigh. »Mein Gott, du bist ärger als unser Kommandant. Nicht zu übersehen, daß wir wieder zu Hause sind, was, Edwin?«

»Es tut gut, wieder hier zu sein«, konstatierte Edwin freundlich.

An diesem Abend sah Christabel sehr hübsch aus. Vielleicht war es das Kerzenlicht, vielleicht eine andere Ursache. Meine Mutter behauptete immer, daß Kerzenlicht einer Frau mehr schmeichle als alle Schönheitsmittel. Außerdem trug sie eine wundervolle Robe. Das lange, spitz zulaufende Mieder war tief ausgeschnitten und ließ ihre makellosen Schultern frei. Eine Locke hatte sich aus dem Knoten in ihrem Nacken gelöst und hing auf eine Schulter herab. Das Kleid war aus lavendelfarbiger Seide und das Unterkleid aus grauem Satin. Ich fragte mich, wie sie in dem knickrigen Pfarrhaus zu so einem Kleid gekommen war, und erfuhr später, es sei eines der abgelegten Kleider von Lady Letty.

Edwin und Leigh waren aus ihren prächtigen Uniformen geschlüpft, sahen aber auch in den knielangen Hosen und den kurzen Jacken gut aus. Der Mode entsprechend waren ihre Jacken mit Schleifen besetzt, wobei Edwin eher des Guten zuviel getan hatte, denn er richtete sich sklavischer nach der Mode als Leigh. Letzterer hielt nicht viel von den Spitzen und Bändern, die als Reaktion auf die früheren puritanischen Kleidervorschriften en vogue waren.

Carl war vor Freude ganz aus dem Häuschen, so daß wir eine fröhliche Tischrunde bildeten. Ich mußte daran denken, wie enttäuscht meine Mutter darüber sein würde, daß sie die beiden versäumt hatte.

Sie erzählten von ihren Abenteuern, denn sie waren geradewegs aus Frankreich gekommen. Von den Gesprächen an diesem Abend prägten sich mir jedoch am nachhaltigsten die Bemerkungen über

Titus Oates und die papistische Verschwörung ein, dem Vorspiel zu den Ereignissen, die kurz darauf folgten.

»Die Stimmung in England ist heute anders als zu der Zeit, da wir uns nach Frankreich einschifften«, bemerkte Leigh.

»Veränderungen ergeben sich oft sehr rasch«, stimmte Edwin zu, »und wenn man aus dem Ausland zurückkehrt, merkt man sie deutlicher als die Daheimgebliebenen, die sich allmählich daran gewöhnt haben.«

»Veränderungen?« fragte ich. »Was für Veränderungen?«

»Der König ist nicht alt«, meinte Edwin. »Er ist erst fünfzig.«

»Fünfzig!« rief Carl. »Das ist ja uralt.«

Alle lachten.

»Nur für ein Kind, mein Junge«, meinte Leigh. »Nein, Old Rowley wird noch eine gute Weile am Leben bleiben. Er *muß* am Leben bleiben. Ein Jammer, daß er keinen Sohn hat.«

»Ich war der Meinung, daß er mehrere Söhne hat«, warf Christabel ein.

»Leider sind sie alle unehelich.«

»Mir tut die Königin leid«, sagte Edwin. »Die arme, sanfte Frau.«

»Es ist einfach idiotisch zu behaupten, daß sie an einer Verschwörung beteiligt ist, die sich den Tod des Königs zum Ziel gesetzt hat«, fügte Leigh hinzu.

Carl beugte sich vor. Er war so aufgeregt, daß er sogar seine Lieblingsspeise, die Lammpastete, vergaß. Er war frühreif, denn mein Vater hatte immer darauf bestanden, ihn als Erwachsenen zu behandeln. Er wußte über den König, seine Mätressen und seine unehelichen Kinder genau Bescheid.

»War sie denn nicht daran beteiligt?« fragte er. »Wollte sie den König denn nicht töten? Hat sie keinen Liebhaber?«

»Was bist du doch für ein blasierter alter Knabe«, rief Leigh. »Die Königin ist die tugendhafteste Frau von England – Anwesende ausgenommen. Wenn sich dieser Titus Oates nicht vorsieht, wird er sich noch selbst an den Galgen bringen.«

»Vorerst hat er es geschafft, etliche andere an den Galgen zu bringen«, bemerkte Christabel.

»Wenn man nur beweisen könnte, daß der König Lucy Walter geheiratet hat. Dann wäre nämlich Jimmy Monmouth der nächste in der Thronfolge.«

»Eignet er sich denn zum König?« wollte Christabel wissen.

»Ich habe gehört, daß er ziemlich wild ist«, bemerkte ich.

»Er liebt weibliche Gesellschaft, das ist richtig«, gab Leigh zu.

»Aber wer tut das nicht? Der König selbst ist ein großer Damenfreund. Aber Karl ist verschlagen, klug, listig und geistreich. Er hat erklärt, daß er nie mehr ein flatterhaftes Leben führen wird, wenn er nach dem langen Exil nach England zurückkehrt, und damit war es ihm sicherlich ernst.«

»Das Volk liebt ihn«, sagte Edwin. »Er besitzt den unverkennbaren Charme der Stuarts, und solchen Menschen wird leicht vergeben.«

Leigh ergriff meine Hand und küßte sie. »Vergibst du eigentlich mir meines Charmes wegen, schöne Base?«

Wir lachten alle; es war schwierig, in dieser Stimmung ein Thema ernsthaft zu erörtern, und wie hätten wir damals wissen können, daß die Politik unseres Landes noch eine so große Rolle in unserem Leben spielen würde?

Christabel strahlte an diesem Abend. Lady Lettys Kleid stand ihr ausgezeichnet, und Leigh und Edwin halfen ihr, ihre innere Unsicherheit zu überwinden. Sie wollte unbedingt beweisen, daß sie in der Geschichte des Landes besser bewandert war als ich, und lenkte das Gespräch wieder auf aktuelle Ereignisse.

»Vielleicht läßt sich der König scheiden, heiratet wieder und zeugt einen Sohn«, meinte sie.

»Das würde er nie tun«, widersprach Leigh.

»Zu bequem?« fragte Christabel.

»Zu sanftmütig«, wies Edwin sie zurecht. »Sind Sie je bei Hof eingeführt worden, Mistreß Connalt?«

Das bittere Lächeln erschien wieder für einen Augenblick. »In meiner Stellung, Lord Eversleigh?«

»Denn wenn Sie vorgestellt worden wären«, fuhr Edwin fort, »hätten Sie sofort erkannt, was für ein toleranter Mann er ist. Wir sprechen hier freimütig über ihn – unter einem anderen Herrscher wäre das lebensgefährlich. Wenn er uns jetzt zuhören könnte, würde er sich an der Diskussion über seinen Charakter beteiligen und sogar selbst auf seine Fehler aufmerksam machen. Unsere Behauptungen würden ihn amüsieren, nicht ärgern. Er ist zu klug, um ein falsches Bild von sich selbst zu haben. Nicht wahr, Leigh?«

Leigh stimmte ihm zu. »Ich bin ganz deiner Meinung. Eines Tages wird allen bewußt werden, wie klug er ist. Wir haben in Frankreich gesehen, wie geschickt er ist. Der französische König glaubt, daß er Karl völlig beherrscht, aber eigentlich ist es genau umgekehrt. Nein, solange Karl unser König ist, ist alles in Ordnung. Das Problem ist die Thronfolge. Deshalb beklagen wir, daß er so viele

Söhne hat, die eigentlich nicht hätten zur Welt kommen dürfen – und die obendrein die Staatskasse ganz schön belasten – und nicht fähig ist, den einen zu zeugen, der die Antwort auf die brennende Frage ›Wer ist der nächste?‹ wäre.«

»Hoffen wir, daß er ewig lebt«, sagte ich. »Trinken wir!«

»Ein Hoch auf Seine Majestät!« rief Leigh, und wir hoben unsere Gläser.

Carl wurde allmählich schläfrig und bemühte sich verzweifelt, wach zu bleiben. Meine Mutter hatte dagegen protestiert, daß er so viel Wein trinken durfte, wie er wollte, aber mein Vater war der Meinung gewesen, Carl müsse dazu erzogen werden, Alkohol zu vertragen. Diese Erziehung war in vollem Gang.

Christabel trank genauso mäßig wie ich, und die leichte Röte ihrer Wangen sowie ihre leuchtenden Augen waren nicht auf den Wein zurückzuführen. Sie war vollkommen verändert, und sie genoß den Abend beinahe wie in einer Art Fieber. Sie tat mir leid, denn solche Abende gab es in unserem Haus oft. Wie eintönig mußte ihr Leben in dem düsteren Pfarrhaus verlaufen sein.

Sie kannte sich in der Politik weit besser aus als ich und war bestrebt, es den beiden Männern zu beweisen.

»Eigentlich handelt es sich um einen religiösen Konflikt«, sagte sie, »wie bei fast allen politischen Konflikten. Es geht nicht so sehr um Monmouths Legitimierung als um die Frage, ob wir einen Katholiken auf dem Thron haben wollen.«

»Richtig«, Edwin lächelte ihr zu. »Daß Jakob katholisch ist, steht zweifelsfrei fest.«

Leigh beugte sich vor und flüsterte: »Ich habe gehört, daß Seine Majestät mit dem Gedanken an diesen Glauben spielt – aber behaltet es für euch.«

Ich warf Carl, der vor seinem Teller eingenickt war, einen Blick zu. Leigh neigte dazu, leichtsinnig zu sein.

Edwin sagte rasch: »Es handelt sich nur um eine Vermutung. Der König hat es bestimmt nicht darauf angelegt, das Mißfallen seiner Untertanen zu erregen.«

»Was wird er also tun?« wollte ich wissen. »Monmouth legitimieren oder seinen katholischen Bruder als Thronfolger akzeptieren?«

»Ich hoffe inbrünstig, daß es Monmouth sein wird«, antwortete Leigh, »den wenn ein katholischer König den Thron besteigt, kommt es zu einer Revolution. Seine Untertanen sind dagegen. Erinnern wir uns doch nur an die Scheiterhaufen von Smithfield.«

»Auf beiden Seiten gab es religiöse Verfolgungen«, warf Christabel ein.

»Aber die Menschen werden Smithfield, den Einfluß Spaniens und die drohende Gefahr der Inquisition nie vergessen. Sie werden sich an Bloody Mary erinnern, solange England ein Königreich ist. Deshalb bleibt Old Rowley nichts anderes übrig, als weitere zwanzig Jahre zu leben.« Leigh erhob sein Glas. »Noch einmal, auf das Wohl Seiner Majestät.«

Danach sprachen wir über Titus Oates, der dadurch Aufsehen erregt hatte, daß er angeblich die papistische Verschwörung aufgedeckt hatte.

Edwin erzählte uns, daß Titus die geistlichen Weihen empfangen und vom Herzog von Norfolk eine kleine Pfründe erhalten hatte, bis er in einen Prozeß verwickelt wurde, im Anschluß daran sein Amt aufgab und schließlich Kaplan in der Flotte wurde.

»Ich bin davon überzeugt, daß er sich auf mehr oder weniger ehrliche Weise durchs Leben schlägt«, griff Leigh ein, »und die Aufdeckung der papistischen Verschwörung sollte ihm sicherlich zum Vorteil gereichen.«

»Das Volk war bereit, ihm zu glauben«, erklärte Christabel, »weil die Menschen immer schon Angst vor einer Bedrohung des Protestantismus hatten. Nun ist der Herzog von York Thronerbe, man weiß allgemein, welcher Seite er zuneigt, und da ist es natürlich leicht, den Unmut der breiten Masse zu wecken.«

»Genau«, bestätigte Edwin und lächelte ihr bewundernd zu. »Angeblich wollten die Verschwörer, lauter Katholiken, die Protestanten umbringen – so wie in der Bartholomäusnacht in Frankreich die Hugenotten umgebracht wurden –, den König ermorden und seinen Bruder Jakob auf den Thron setzen. Es ist Oates gelungen, die Massen aufzuwiegeln, und die Situation spitzt sich zu.«

»Ich könnte schwören, daß kein Wort davon wahr ist«, fügte Leigh hinzu.

»Ja, es ist blanker Unsinn«, pflichtete ihm Edwin bei.

»Aber ein gefährlicher Unsinn«, meinte Leigh. »Wenn man bedenkt, was er Oates eingetragen hat – eine Pension von neunhundert Pfund jährlich und eine Wohnung in Whitehall, von der aus er die Untersuchung führt.«

»Wie konnte das geschehen?« rief ich.

»Das Volk verlangte es«, antwortete Leigh, »so geschickt hat er die Protestanten gegen die Katholiken aufgebracht. Man hinterbrachte mir eine schreckliche Neuigkeit, die sich leider als richtig herausstellte. Sir Jocelyn Frinton, ein Freund unserer Familie und katholischer Familienvater, wurde in seinem Haus verhaftet, der Beteiligung an der Verschwörung beschuldigt und hingerichtet.«

»Entsetzlich«, rief Edwin. »Man begreift erst, worum es geht, wenn jemand betroffen ist, den man kennt.«

»War er an der Verschwörung beteiligt?« fragte Christabel.

»Ach, Mistreß Connalt«, antwortete Leigh, »hat es überhaupt eine Verschwörung gegeben?«

»Ihr Freund muß aber doch etwas Unrechtes getan haben.«

»O ja, er dachte anders als Titus Oates.«

»Ich habe nie verstanden und verstehe heute noch nicht«, warf Edwin ein, »warum Menschen, die den christlichen Glauben auf ihre Weise auslegen, so erbittert jene bekämpfen, die die gleiche Religion auf etwas andere Art ausüben.«

Eine Zeitlang schwiegen wir, dann sagte Leigh: »Schluß mit diesem düsteren Gespräch. Erzählt uns, was ihr getan habt.«

Es gab nicht viel zu erzählen, und Leigh schlug vor, am nächsten Tag ans Meer zu reiten. Wir konnten im Old Boar's Head einkehren, wo es den besten Apfelwein der Welt gab.

Christabel erinnerte mich daran, daß wir am Vormittag Unterricht hatten.

»Unterricht!« widersprach Leigh. »Ich versichere Ihnen, daß wir den Tag für Ihre Schülerin äußerst lehrreich gestalten werden.«

Wir lachten. An diesem Abend waren wir alle in bester Stimmung.

Am nächsten Tag ritten wir zum Old Boar's Head. Wir tranken Apfelwein, der uns zu Kopf stieg, so daß wir über jede Kleinigkeit übermäßig lachten. Wir galoppierten die Küste entlang, und Edwin blieb stets in Christabels Nähe, weil er bemerkt hatte, daß sie nicht so sicher im Sattel saß wie die anderen.

Am nächsten Tag schlug Leigh einen Ausflug in eine andere Richtung vor, und obwohl Christabel Einwände erhob, wurde sie überstimmt – worüber sie offensichtlich sehr glücklich war.

Im Laufe dieser Tage wurde sie immer hübscher, denn Edwin und Leigh hatten anscheinend vergessen, daß sie ›nur die Gouvernante‹ war, wie sie sich selbst leicht verbittert bezeichnete, und benahmen sich ihr gegenüber, als wäre sie ein Gast und zugleich eine vertraute Freundin der Familie. Beide schenkten ihr sehr viel Beachtung. Zu mir waren sie freundlich wie immer, aber Christabel wollten sie gefallen. Christabels Augen funkelten unter den dichten Wimpern, ihre Wangen hatten sich gerötet, und ihr Mund zitterte und zuckte nicht mehr, sondern war voller und weicher geworden.

Beunruhigt fragte ich mich: Ist sie im Begriff, sich zu verlieben? In Edwin? In Leigh? Ich war besorgt, denn Leigh ver- und entliebte sich leicht, und ich fragte mich, ob Christabel ihn durchschaute. Edwin war anders, ernster. Aber er war auch Lord Eversleigh, Erbe eines bedeutenden Namens und eines großen Besitztums. Meine Eltern erwarteten von ihm, daß er eine passende Partie machen würde, das heißt, ein Mädchen seines adeligen Ranges und seines Reichtums heiraten würde. Es gab bereits zwei Anwärterinnen auf den Platz an Edwins Seite. Die eine war Jane Merridew, die Tochter des Grafen von Milchester, und die zweite Caroline Egham, die Tochter von Sir Charles Egham. Beide Familien hatten schon Kontakte aufgenommen, und eine Verlobung lag im Bereich der Möglichkeit. Edwin kannte beide Mädchen und mochte sie gut leiden. Meine Mutter hatte angenommen, daß der immer so fügsame Edwin tun würde, was man von ihm erwartete. Er hatte es ja immer getan.

Christabel sah gut aus und war auch klug. Sie war eine genauso repräsentative Erscheinung wie Jane oder Caroline, aber sie stammte aus einem mittellosen Pfarrhaus und war deshalb als Lady Eversleigh nicht akzeptabel.

Diese unbestimmte Sorge überschattete das Glück jener Tage; doch dann geschah plötzlich etwas so Unerwartetes, daß ich alles andere vergaß.

Es war gegen fünf Uhr nachmittags, eine Woche nach der Rückkehr von Leigh und Edwin. Der Mond stand am Himmel, und sein Licht fiel immer wieder durch die dunklen Wolken, die der heftige Südwestwind vor sich hertrieb.

Es war ein schöner Tag gewesen. Wir waren durch den Wald geritten, in dem ein paar Eichen und Weißbuchen immer noch Blätter trugen. Bald würden sie ganz kahl sein, und ihre Zweige würden vor dem hellen Himmel kunstvolle Muster bilden. Wir ritten über braune Felder, in denen ein zarter Hauch von Grün anzeigte, daß der Weizen aufgegangen war. Bald würde der Winter und damit das Weihnachtsfest kommen. Die meisten Blumen waren verschwunden, nur gelegentlich blühte noch ein Ginsterstrauch. Leigh zeigte ihn uns vergnügt und erinnerte an das alte Sprichwort, daß man die Mädchen küssen soll, wenn der Ginster blüht – also das ganze Jahr hindurch. Ab und zu sang ein Vogel, aber es klang traurig. Eine Amsel flötete ein paar Töne und schwieg dann, als wäre sie über das Ergebnis enttäuscht. Im Wald hörte ich einen Specht, der uns beinahe auszulachen schien.

Ja, dachte ich, in der Luft liegt eine Warnung. Der Winter kommt – vielleicht wird es ein strenger Winter, weil es so viele Beeren gibt; es heißt ja, daß die Natur dadurch Vorsorge für ihre Kinder trifft.

Als wir bei einem Wirtshaus haltmachten, half Edwin Christabel beim Absitzen, und ich fand, daß er ihre Hand länger als notwendig hielt, Edwin war anscheinend in Hochstimmung, aber ernst; Christabel strahlte.

O ja, ich sah Schwierigkeiten voraus.

Als wir durch den Wald zurückkehrten, ritt ich ihnen absichtlich davon. Es war eine Art Spiel, und bis jetzt hatten sie mich noch jedesmal eingeholt. Diesmal taten sie es nicht, so daß ich allein zu Hause ankam. Ich hatte keine Lust, hineinzugehen, sondern wollte über alles nachdenken. So kam es, daß ich mich um diese Zeit im Garten aufhielt.

Meine Eltern würden bald zurückkommen, denn sie blieben nie lang bei Hof. Meine Mutter haßte es, lange von zu Hause abwesend zu sein. Überdies war bald Weihnachten, und sie mußte ihre Vorbereitungen treffen. Für gewöhnlich hatten wir während dieser zwölf Tage das Haus voller Gäste. Ich fragte mich, wer es diesmal sein würde. Da Edwin und Leigh zu Hause waren, würden sicherlich die Merridews und die Eghams kommen.

Auf Weihnachten freute ich mich. Da gingen wir in den Wald und brachten Stechpalmenzweige und Efeu nach Hause. Damit schmückten wir die Halle; die Weihnachtssinger und die Masken kamen; es gab heißen Punsch und üppigen Braten. Jeder schenkte jedem etwas – wunderbare Überraschungen und auch ein paar Enttäuschungen; wir tanzten, veranstalteten Gesellschaftsspiele, vor allem spielten wir im ganzen Haus Verstecken. Diesmal würden Christabel, Edwin und Leigh das alles mitmachen.

Einerseits sehnte ich mich danach, daß meine Mutter bald nach Hause käme, andererseits war ich froh darüber, daß sie noch in London blieb. Wenn sie wieder da war, würde die ganze Affäre bald ein Ende haben. Vielleicht würde sie Christabel fortschicken. Wohin? Zurück in das düstere Pfarrhaus? Christabel hatte es mir so anschaulich beschrieben; mich hatte ein Schauder überlaufen, wenn sie von der Kälte sprach; ich hatte das geschmacklose Stew auf meiner Zunge gespürt; meine Knie hatten infolge der langen

Gebete geschmerzt. Ich hatte Christabel ins Herz geschlossen und bekam Angst, daß man sie wieder dem Elend aussetzen würde.

Ohne es zu bemerken, war ich zu dem Blumenbeet gekommen, bei dem es spukte. Ein düsterer Ort – aber nur wegen der Assoziationen, die er weckte. In Wirklichkeit war er schön. Ein paar späte Rosen blühten noch, die die Winterkälte und der Wind entblättern würden. Jenseits des Rosenbeetes standen Büsche, und mir fiel auf, daß sie wahrscheinlich am Entstehen der Spukgeschichten schuld waren. Sie wirkten im wechselhaften Mondlicht unwirklich, und man konnte sich leicht einreden, daß in ihrem Schatten Gespenster lauerten. Plötzlich hörte ich zwischen den Büschen ein Geräusch, das Rascheln von Blättern, das Knacken eines Zweiges. Es hätte ein Kaninchen sein können, aber irgendwie wußte ich, daß es etwas anderes war. Mein Herz klopfte wild; zwischen den Büschen befand sich etwas.

Mein erster Impuls war, kehrtzumachen und zum Haus zurückzulaufen, aber meine Neugierde war größer als meine Angst, und ich blieb stehen, starrte die Büsche an und lauschte den Geräuschen.

Stille. Die dunklen Bäume verbargen ... was? Der Mond war jetzt beinahe zur Gänze hinter Wolken verschwunden. Plötzlich befürchtete ich, daß hier übernatürliche Kräfte am Werk waren. Es würde sofort stockfinster sein, und dann würden mich geheimnisvolle Hände ins Gebüsch ziehen.

Da war sie wieder – die vorsichtige Bewegung. Jemand beobachtete mich.

Ich rief: »Wer ist da?«

Keine Antwort.

»Ich weiß, daß Sie da sind«, rief ich. »Kommen Sie heraus, sonst hole ich die Hunde.«

Unsere Hunde waren zwei rote Setter – Castor und Pollux –, die alle Menschen liebten und nur dann bellten, wenn sie um Knochen rauften.

Da sagte eine Stimme: »Ich *muß* mit Lord Eversleigh sprechen.«

Ich war sehr erleichtert, denn es handelte sich um einen Menschen, keinen Geist.

»Wer sind Sie?« fragte ich.

»Bitte holen Sie Lord Eversleigh. Ich weiß, daß er sich jetzt im Haus befindet.«

»Warum kommen Sie nicht ins Haus, wenn Sie mit ihm sprechen wollen?«

»Sind Sie seine Schwester Priscilla?«

Offensichtlich kannte der Betreffende, dessen Stimme angenehm klang, meine Familie.

»Ich bin Priscilla Eversleigh«, antwortete ich. »Und wer sind Sie? Kommen Sie heraus, und zeigen Sie sich.«

»Das ist zu gefährlich. Bitte sprechen Sie leise, und bitte, *bitte* bringen Sie Lord Eversleigh hierher.«

Ich machte ein paar Schritte auf das Gebüsch zu. Vielleicht war er ein Räuber, ein Mörder oder ein Geist; aber ich war immer schon leichtsinnig gewesen und neigte dazu, voreilig zu handeln.

Wieder hörte ich seine eindringliche Stimme. »Ja, bitte, kommen Sie unter die Bäume, es ist sicherer.«

Ich folgte dem Pfad ein Stück, und dann sah ich ihn, denn der Mond war inzwischen wieder hinter den Wolken hervorgekommen. Er trug einen Mantel, einen dunklen Filzhut und eine kurze Perücke – eine Mode, die der Bruder des Königs eingeführt hatte.

»Ich bin Jocelyn Frinton«, sagte er.

Ich hatte immer geglaubt, daß man in einem solchen Augenblick eine Vorahnung haben müsse. Ich zitterte wohl vor Aufregung, aber nur, weil ich mich an das Gespräch beim Abendessen erinnerte, bei dem ich den Namen gehört hatte, und weil ich das Gefühl hatte, hier in unserer Abgeschiedenheit in eine Intrige verwickelt zu werden.

»Ich habe von Ihnen gehört«, antwortete ich.

»Sie haben meinen Vater ermordet und sind jetzt hinter mir her. Bitte... Ich weiß, daß Eversleigh hier ist. Er wird mir ganz bestimmt helfen. Bitte, sagen Sie ihm Bescheid. Denken Sie daran... sprechen Sie nur mit Eversleigh... oder mit Leigh Main, falls er sich auch hier befindet... sprechen Sie mit niemand anderem. Es ist gefährlich... es geht um Leben und Tod. Wenn sie mich fangen...«

»Ich habe verstanden. Bis zum Morgen sind Sie hier in Sicherheit. Die Leute glauben, daß es an diesem Ort spukt, deshalb kommt nachts niemand hierher. Und jetzt verständige ich meinen Bruder.«

Er lächelte, und mir fiel jetzt erst auf, wie gut er aussah. Ich hatte noch nie einen so gutaussehenden Mann kennengelernt, und plötzlich wollte ich ihm um jeden Preis helfen.

Als ich ins Haus kam, sah ich, daß die anderen inzwischen eingetroffen waren.

»Wo warst du denn?« fragte Leigh. »Und was ist mit dir los? Du siehst aus, als hättest du ein Gespenst gesehen.«

»Komm herein, ich muß mit dir sprechen. Es ist sehr wichtig. Ich habe wirklich etwas gesehen.«

Leigh legte mir liebevoll den Arm um die Schultern. »Ich habe ja gewußt, daß es ein Gespenst war.«

»Gefährlicher.«

Edwin, Leigh, Christabel und ich gingen ins Schulzimmer. Kaum hatten wir die Tür hinter uns geschlossen, platzte ich heraus: »Jocelyn Frinton hält sich im Gebüsch versteckt.«

»Was!« rief Leigh.

»Er ist doch tot«, sagte Edwin.

»Nein, es ist der Sohn des Toten. Sie machen Jagd auf ihn. Als ich nach Hause kam, ging ich noch in den Garten und bemerkte, daß sich jemand zwischen den Sträuchern bewegte. Ich brachte ihn dazu, mit mir zu sprechen; er will Edwin oder Leigh sehen... er bittet euch, ihm zu helfen. Sie haben seinen Vater umgebracht, sagt er, und ihm würde es nicht besser ergehen, wenn sie ihn fassen.«

»Gott steh uns bei!« rief Leigh. »Daran ist dieses Ungeheuer Titus Oates schuld.«

»Was sollen wir jetzt tun?« fragte Christabel.

»Wir müssen ihm natürlich helfen«, antwortete Leigh.

»Aber wie?« wollte Edwin wissen.

»Zuerst einmal müssen wir ihm etwas zu essen bringen, und dann ein Versteck für ihn finden.«

»Im Gebüsch kann er jedenfalls nicht bleiben«, warf ich ein.

»Nein«, stimmte mir Edwin zu, »aber dieser Wahnsinn wird früher oder später aufhören. Oates fängt an, sein wahres Gesicht zu zeigen. Im Laufe der Zeit wird sich das Volk gegen ihn wenden.«

»Es kann aber noch ein oder zwei Jahre dauern, bis es soweit ist«, gab Christabel zu bedenken.

»Trotzdem müssen wir Jocelyn zunächst an einen sicheren Ort bringen«, erklärte Leigh, der immer schon ein Mann der Tat gewesen war.

»Neben der Bibliothek befindet sich die Geheimkammer, in der mein Vater während des Krieges unsere Familienschätze versteckt und sie so gerettet hat«, sagte ich.

Edwin überlegte. »Wenn man ihn entdeckt, würde die Familie in diese Angelegenheit mit hineingezogen.«

»Vater haßt die Papisten ohnehin«, erklärte ich.

»Da hast du es«, meinte Edwin. »Das Land ist gespalten. Daran ist Oates mit seinen Lügen schuld. Die Menschen machen sich Sorgen wegen der Thronfolge, es gehen Gerüchte über den Bruder des Königs und seine Religionszugehörigkeit um...«

»Ich weiß, ich weiß«, unterbrach ihn Leigh ungeduldig, »aber inzwischen müssen wir etwas wegen Jocelyn unternehmen. Wenn sie ihn erwischen, ist es aus mit ihm. Wo können wir ihn unterbringen?«

»Wir müssen sehr vorsichtig sein«, mahnte ich. »Jasper ist ein Fanatiker. Er würde Frinton sofort entdecken, wenn er weiterhin im Gebüsch bleibt, und es ist ganz klar, wie er reagieren würde. Er hält die Katholiken für Werkzeuge des Teufels und spricht immer wieder von der großen Hure Babylon.«

»Dann kommen weder das Haus noch der Garten in Frage«, stellte Leigh fest.

»Ich weiß einen Ort!« rief ich. »Mutter zeigte ihn mir. Eine Zeitlang geht es sicherlich, denn dein Vater versteckte sich dort, Edwin, als er während des Commonwealths hierher flüchtete.«

»Gut, gut«, unterbrach mich Leigh. »Woran denkst du?«

»An die White-Cliff-Höhle am Strand. Dorthin verirrt sich kaum jemand. Sie wäre ein gutes Versteck.«

»Das ist bis jetzt der vernünftigste Vorschlag«, stellte Leigh anerkennend fest. »Nur müssen wir uns beeilen.«

Plötzlich verstummte er, legte einen Finger an die Lippen und lauschte. Dann schlich er zur Tür und riß sie auf. Carl fiel beinahe ins Zimmer herein.

Er grinste uns an. »In der Speisekammer habe ich eine Fleischpastete gesehen. Ich werde ein großes Stück für ihn abschneiden. Und Ale werde ich ihm auch bringen.«

Wir waren alle sprachlos, als uns klar wurde, wie unvorsichtig wir gewesen waren. Der Lauscher hätte ebensogut einer der Diener, unter Umständen sogar Jasper sein können.

Leigh schubste Carl liebevoll.

»Weißt du, was mit Leuten geschieht, die an Türen lauschen?« fragte er.

»Ja«, antwortete Carl, »sie treten ein und machen mit.«

Es war nicht weiter schwierig, Jocelyn Frinton in die Höhle zu bringen. Sobald im Haus alles schlief, ritten Leigh und Edwin mit ihm hinunter. Falls jemand entdeckte, daß sie fort gewesen waren, würden die Diener die Schultern zucken und annehmen, sie seien hinter irgendwelchen Mädchen hergewesen. Jasper würde den Kopf schütteln und mit dem Höllenfeuer drohen, aber das wäre auch schon alles.

Carl hatte die Speisekammer geplündert; es war allgemein bekannt, wie gefräßig er war, und niemand, der ihn dabei erwischte, hätte sich gewundert. Christabel und ich hatten Jocelyn ein paar Decken mitgegeben.

Es war Mitternacht, als Edwin und Leigh zurückkehrten, denn bis zur White-Cliff-Höhle waren es etwa drei Meilen. Christabel und ich hatten am Fenster gesessen und auf sie gewartet. Wir hatten Carl dazu gebracht, zu Bett zu gehen, indem wir ihm versprachen, ihn zu holen, sobald Edwin und Leigh wiederkamen – falls er dann noch wach war.

»Natürlich werde ich noch wach sein«, hatte er erklärt, aber als ich um elf Uhr nach ihm sah, schlief er schon tief und fest.

»Mein Vater ist zwar im allgemeinen sehr tolerant, aber nicht den Katholiken gegenüber«, erklärte ich Christabel. »Er mag den Herzog von York nicht, denn er ist davon überzeugt, daß es zu einer Katastrophe kommt, wenn er den Thron besteigt, zu einer Revolution. Er ist unbedingt dafür, daß Monmouth als Thronerbe eingesetzt wird.«

»Was wäre passiert, wenn er Jocelyn Frinton entdeckt hätte?«

»Ich weiß es nicht. Er kannte Jocelyns Vater und wußte sicherlich, daß es sich um eine katholische Familie handelt. Aber bis vor kurzem kümmerte sich ja niemand darum. Erst als Titus Oates die Sache mit der papistischen Verschwörung aufbrachte, begannen die Leute, sich Gedanken zu machen. Wenn es zu einem Konflikt käme, würde mein Vater wahrscheinlich zu Monmouth halten, aber aus politischen Gründen. Mein Vater ist kein sonderlich religiöser Mann.«

»Das ist nicht zu übersehen«, stimmte mir Christabel zu.

»Ich weiß nicht, ob er Jocelyn ausliefern würde, aber er würde ihm bestimmt nicht helfen und auch uns daran hindern. Was Edwin tut, ist seine Sache, denn er ist erwachsen und außerdem nicht der Sohn meines Vaters. Ich weiß auch nicht, was meine Mutter tun würde. Sie hätte Angst um uns, weil wir uns in Gefahr begeben. Aber es geht vor allem um Carl. Mein Vater liebt ihn zärtlich, und Carl ist jetzt in die Sache verstrickt.«

»Es macht ihm Spaß, denn er betrachtet es als herrliches Abenteuer.«

»Wahrscheinlich war mein Vater in seiner Jugend genauso.«

»Da kannst du sicher sein.« Ihre Stimme klang wieder hart und erinnerte mich daran, wie Christabel gewesen war, ehe Edwin und Leigh heimgekommen waren.

Doch wir wurden unterbrochen, denn Edwin und Leigh ritten in den Hof. Wir lauerten ihnen auf und führten sie in mein Schlafzimmer.

»Alles in Ordnung«, berichtete Leigh. »Das war eine ausgezeichnete Idee von dir, Priscilla.«

Ich strahlte vor Freude.

»Er hat Essen für einen Tag und befindet sich in Sicherheit, vorausgesetzt, daß niemand dort ein Picknick abhalten will.«

»Ein Picknick im November, an diesem öden Ort!«

»Wie lang kann er dort bleiben?« fragte Christabel.

»Natürlich nicht allzu lange«, antwortete Edwin. »Wir müssen ein anderes Versteck finden, bevor der Winter ernstlich einsetzt.«

»Priscilla macht sich Sorgen, weil Carl in die Sache verwickelt ist«, sagte Christabel.

»Ja, das bereitet auch mir Kopfschmerzen«, meinte Edwin.

»Er ist ein braver Junge«, sagte Leigh, »aber sein Überschwang könnte ihn verraten.«

»Ich werde morgen früh mit ihm reden«, versprach Edwin. »Wir müssen aber Frinton auf jeden Fall fortbringen, bevor dein Vater zurückkehrt, Priscilla.«

Ich war seiner Meinung.

Leigh mahnte: »Es ist spät, wir müssen auf unsere Zimmer gehen. Vielleicht beobachtet uns jemand. Ich glaube zwar nicht, daß man uns gesehen hat, aber es handelt sich um kein Spiel, sondern um blutigen Ernst. Es geht um das Leben des jungen Mannes, und auch wir könnten in ernsthafte Schwierigkeiten kommen. Deshalb müssen wir vorsichtig sein und uns möglichst unauffällig benehmen. Für heute haben wir genug getan. Er ist in Sicherheit, und wenn wir morgen ausreiten, werden wir ihm weitere Lebensmittel bringen.«

Sie schlichen auf Zehenspitzen aus meinem Zimmer. Ich konnte nicht einschlafen; wahrscheinlich ging es den anderen nicht besser. Leigh hatte recht, wir hatten uns auf etwas sehr Schwerwiegendes eingelassen. Ich mußte immerzu an den jungen Mann denken. Er hatte so edel gewirkt, daß ich nicht anders konnte, ich mußte ihm helfen.

Am nächsten Morgen ritten wir aus. Ich hatte dem Küchenpersonal erklärt, daß wir Proviant mitnehmen würden, weil wir nicht einkehren wollten. Das klang zwar einleuchtend, aber wir konnten diese Ausrede nicht jeden Tag gebrauchen. Ich war dabei, als der Picknickkorb zurechtgemacht wurde, und erschrak ein bißchen, als Ellen sagte: »Damit können Sie ein ganzes Regiment satt kriegen.«

»Wir müssen drei hungrige Männer füttern«, widersprach ich, »denn Carl steht in dieser Beziehung niemandem nach. Außerdem macht Reiten Appetit.«

Sally Nullens, die danebenstand, weil Carl mit uns kam und sie in ihm immer noch ihren Schutzbefohlenen sah, musterte die Vorräte genau, und ich wurde unruhig. Ich hatte Angst vor Sally Nullens und Emily Philpots. Emily grollte, weil Christabel als Familienmitglied behandelt wurde – ein Status, den Emily nie erreicht hatte. »Nach allem, was ich für die Kinder getan habe«, jammerte sie ständig und spionierte Christabel nach, um sie bei einer Unkorrektheit zu ertappen. Normalerweise lachten wir über sie, aber nun konnte sie uns gefährlich werden.

Endlich waren wir unterwegs, und ich fragte mich, ob wir Carl zur Vorsicht mahnen oder lieber nichts sagen sollten. Er war Feuer und Flamme für das Abenteuer, und gerade dieser Eifer konnte uns verraten.

Ich werde diesen Novembertag nie vergessen; leichter Dunst lag über der Landschaft, die Möwen schrien über unseren Köpfen, und der Wind trug den Geruch von Seetang vom Meer herein. Wir stiegen ab, banden die Pferde fest und stiegen zur Höhle hinunter.

Leigh trat an den Höhleneingang. »Alles in Ordnung«, rief er.

Daraufhin kam Jocelyn heraus, und ich sah ihn deutlicher als in der vergangenen Nacht. Er war groß und schlank, hatte eine sehr helle Haut, Sommersprossen, hellblaue Augen und strahlend weiße Zähne. Er sah wirklich gut aus. Seine Kniehosen waren aus hellbraunem Samt, in spanischem Schnitt, dazu trug er lederne Halbstiefel in der gleichen Farbe. Sein Samtmantel reichte ihm bis zu den Knien. Er war nach der in der Höhle verbrachten Nacht zerknittert. Jocelyn war offensichtlich ein modischer junger Herr, der in aller Eile aufgebrochen war und keine Zeit mehr gehabt hatte, Reisekleidung anzulegen.

Leigh sagte: »Kommen Sie ins Freie, wir werden tun, als hielten wir ein Picknick. So können wir hören, ob sich jemand nähert, und haben auch freien Ausblick. Notfalls verstecken sie sich wieder in der Höhle, aber es wird nicht notwendig sein.«

Wir ließen uns nieder, und ich öffnete den Korb.

»Ich weiß nicht, wie ich Ihnen allen danken soll«, sagte Jocelyn.

»Zum Glück fiel mir Ihr Besitz ein, Eversleigh, und ich hoffte, daß Sie mir helfen würden.«

»Das ist doch selbstverständlich«, antwortete Edwin. »Es war ein Glück, daß Priscilla noch in den Garten ging.«

Jocelyn wandte sich lächelnd mir zu. »Ich fürchte, ich habe Sie erschreckt.«

»Ich hielt Sie für ein Gespenst«, gestand ich. »Aber ich hatte mir immer schon gewünscht, einmal ein Gespenst zu sehen. Jedenfalls bin ich froh, daß ich Sie entdeckt habe und nicht unser alter Gärtner.«

»Sind Sie von zu Hause bis hierher durchgeritten?« erkundigte sich Leigh.

»Nicht von unserem Gut, ich komme aus London. Sie suchten mich in der Stadt. Oates und seine Männer haben etwas beinahe Obszönes an sich.«

»Das stimmt«, pflichtete ihm Edwin bei.

»Wohin soll das führen?« fragte Jocelyn. »Ich verstehe nicht, daß niemand erkannt, was für ein Schurke er ist.«

»Es ist schrecklich, wie leicht die Menschen zu Gewalttaten aufgestachelt werden können«, meinte Edwin traurig. »Als Einzelpersonen wären sie nie jener Handlungen fähig, die sie in der Masse begehen.«

»Philosophieren ist sicher eine nützliche Beschäftigung«, unterbrach ihn Leigh, »aber jetzt müssen wir ans Praktische denken. Die Höhle eignet sich für kurze Zeit recht gut als Zufluchtsort, aber auf die Dauer müssen wir uns etwas Besseres einfallen lassen. Sie können nicht hierbleiben, denn man würde Sie entdecken.«

»Ich komme hierher und bewache Sie«, rief Carl. »Ich werde die Hunde mitnehmen und sie darauf dressieren, jeden zu vertreiben, der die Höhle betreten will.«

»Ich erwarte in erster Linie etwas ganz Bestimmtes von dir, Carl«, sagte Leigh.

»Was ist es? Du mußt es nur sagen.«

»Sehr einfach. Du mußt alle meine Befehle genau befolgen.«

»Aye, aye, Sir. Du bist unser Hauptmann, Leigh, und wir müssen tun, was du sagst.«

»Wir sind hier, um Jocelyn zur Flucht zu verhelfen«, mischte sich Edwin ein. »Das ist im Augenblick das einzige, woran wir denken müssen.«

»Es ist das einzige, woran ich denke«, stellte Carl fest.

»Carl!« ermahnte ich ihn, »du darfst niemandem etwas erzählen, denk daran, *niemandem*.«

»Natürlich werde ich daran denken. Es ist ein großes Geheimnis, das niemand erfahren darf.«

Ich sah Leigh an. »Wir müssen uns rasch etwas einfallen lassen. Ich fragte mich, ob Jocelyn nicht als verirrter Wanderer ins Haus kommen könnte.«

»Dann würde man von uns erwarten, daß wir ihm sofort den richtigen Weg zeigen«, warf Christabel ein.

»Oder vielleicht könnte er eine Arbeit im Haus annehmen.«

»Als was?« fragte Leigh. »Als Gärtner? Verstehen Sie etwas von Gartenarbeit, Frinton?«

»Als mein Erzieher«, rief Carl. »Es heißt immer, daß ich bei Reverend Helling nichts lerne.«

»Das ist aber deine Schuld, lieber Bruder, nicht die von Reverend Helling«, mischte ich mich ein. »Wenn wir einen Gelehrten in der Familie haben wollen, müssen wir uns einen neuen Bruder zulegen, nicht einen neuen Erzieher. Bei näherer Überlegung halte ich es für gefährlich, wenn Jocelyn ins Haus kommt. Meine Eltern haben ihn sicherlich irgendwo kennengelernt.«

»Das stimmt«, bestätigte Jocelyn.

Leigh lächelte nachdenklich vor sich hin. Offensichtlich brütete er etwas aus. Aber wie ich ihn kannte, würde er es uns erst erzählen, wenn er alles reiflich überdacht hatte.

Wir schmiedeten an diesem Tag am Strand noch viele Pläne, aber Leigh verriet noch immer nicht, was ihn beschäftigte.

Wir wollten Jocelyn Kleider zum Wechseln bringen – er brauchte Reisekleidung, falls er überstürzt aufbrechen mußte. Jeden Tag würde ihm einer von uns Essen bringen, bis wir einen Plan gefaßt hatten. Wir konnten keine Picknicks mehr abhalten, denn die würden Verdacht erregen. Wahrscheinlich hielt uns Emily Philpots ohnehin für verrückt, weil wir zu dieser Jahreszeit auf eine solche Idee kamen, und Sally war sogar imstande, jemanden hinter uns herzuschicken, um sicher zu sein, daß Carl sein Lederwams anbehielt.

Wir verließen uns alle auf Leigh, der ein geborener Führer war. Er war kühner und bedenkenloser als der oft übervorsichtige Edwin. Leigh hatte im Scherz betont, daß er der Ältere sei; tatsächlich war er einige Wochen vor Edwin geboren.

Gegen fünf Uhr nachmittags kehrten wir nach Hause zurück. Es war schon dunkel, und wir schlichen uns möglichst leise ins Haus, wie Verschwörer.

Ellen musterte den leeren Korb.

»Ihr habt also alles aufgegessen«, stellte sie fest.

»Es war die beste Lammpastete, die du je gemacht hast, Ellen«, sagte Carl.

»An dich war sie aber verschwendet«, antwortete Ellen, »denn es war eine Taubenpastete.«

Eine Kleinigkeit nur, aber ein Hinweis darauf, wie vorsichtig wir sein mußten.

Sally Nullens machte viel Aufhebens um Carl.

»Ich hoffe nur, du hast dich nicht am Strand herumgetrieben, Master Carl. Bei diesem Wind...«

»Ach, wir waren gar nicht am Strand.«

»Ihr wolltet doch dorthin reiten?«

»Na ja, wir sind ihn nur entlanggeritten.«

»Und du hast dich nicht auf den Kies gesetzt? Woher hast du dann den Seetangfleck auf deiner Jacke?«

Carl war verlegen. »Na ja, vielleicht haben wir uns kurz hingesetzt.«

Er sah mich verzweifelt an.

Ich kam ihm zu Hilfe. »Du träumst immer, Carl. Natürlich haben wir eine Zeitlang am Strand gerastet.«

Dann kam Jasper. »Jemand hat die Bäumchen niedergetrampelt, die ich eingesetzt habe; beinahe hätte er sie abgebrochen. Gesindel.«

Ich war froh, daß sich Jocelyn nicht in der Nähe des Hauses befand und ging in mein Zimmer hinauf. Kurz darauf klopfte es. Auf mein »Herein« trat Leigh ein.

Er grinste. »Eigentlich dürfte ich das Schlafzimmer einer jungen Dame nicht betreten. Aber du bist meine kleine Schwester, folglich ist nichts dabei. Sogar die alte Philpots hätte kaum etwas einzuwenden.«

»Sei nicht kindisch! Was willst du?«

Er wurde sofort ernst. »Ich wollte es zuerst mit dir besprechen.«

Der unerklärliche Zorn, der in mir hochgestiegen war, als er mich als seine kleine Schwester bezeichnete, verflog, weil er mich zur Vertrauten erwählt hatte.

»Du kennst sie nämlich besser als wir alle, sogar als ich«, sagte er.

»Wen denn?«

»Harriet. Meine Mutter.«

»Harriet! Was hat sie damit zu tun?«

»Ich habe mir gedacht, daß sie uns helfen könnte. Sie ist die einzige, der das Risiko nichts ausmachen würde. Denn wir gehen ein großes Risiko ein, Priscilla.«

»Was hätten wir denn sonst tun sollen?« Ich dachte an den gutaussehenden Jocelyn und hätte noch viel mehr für ihn riskiert. Aber Leigh hatte recht, wir mußten an die Familie denken.

»Ich habe es mir genau überlegt. Ich müßte Harriet zuerst fragen, ob sie bereit ist, uns zu helfen. Dann kommt Jocelyn in ihr Haus. Er ist ein Schauspieler, mit dem sie in London verkehrt hat, und heißt John... Fellows... oder so ähnlich. Es ist nämlich immer gut, wenn man die Anfangsbuchstaben des Namens beibehält. Sie bekommt oft Besuch, und niemandem würde ein neues Gesicht auffallen. Sie könnte ihn eine Weile bei sich behalten, ihn in den kleinen Stücken einsetzen, die sie aufführen läßt. Das wäre ein sichereres Versteck als die Höhle, die überdies nicht mehr in Frage kommt, sobald es erst richtig kalt wird. Also, was sagst du dazu?«

»O Leigh, eine großartige Idee.«

»Glaubst du, daß sie einverstanden sein wird?«

»Ganz bestimmt. Sie liebt Intrigen und haßt Intoleranz. Leute wie Titus Oates kann sie überhaupt nicht ausstehen.«

»Ich bin froh, daß du meiner Meinung bist und werde also meine Mutter besuchen. Ich werde nicht länger als eine Woche fortbleiben. Inzwischen müßt ihr Frinton irgendwie Nahrungsmittel zukommen lassen. Seid vorsichtig. Mir wäre es am liebsten, wenn er schon fort wäre, sobald deine Eltern zurückkommen. Dein Vater würde sehr rasch Verdacht schöpfen.«

»Ich bin davon überzeugt, daß Harriet uns helfen wird. Wann willst du reiten?«

»Sofort, wir dürfen keine Zeit verlieren. Ich möchte ihn so rasch wie möglich aus der Höhle fortschaffen. Du kannst es den anderen erklären.«

»Carl werde ich besser nichts erzählen. Er meint es gut, könnte uns aber unabsichtlich verraten.«

»Eine gute Idee.« Er legte mir die Hände auf die Schultern und küßte mich. »Ich habe ja gewußt, daß ich mich auf meine kleine Schwester verlassen kann.«

»Allerdings, aber da ist noch etwas, Leigh.«

»Und zwar?«

»Ich bin weder besonders klein, noch deine Schwester.«

Er grinste. »Ich werde es mir merken.«

Eine Stunde später war er unterwegs nach Eyot Abbas, dem Landhaus seiner Mutter in Sussex, und wir beteten alle, daß Harriet zu Hause sein möge und nicht zu Besuch in London. Harriet schätzte das Landleben nicht übermäßig; sie hielt sich gern bei Hof auf, liebte schöne Kleider, die Bewunderung der Kavaliere und vor allem das Theater. Da ihr ergebener Mann, Sir Gregory Stevens, immer genau das tat, was sie wollte, war es sehr leicht möglich, daß sie nicht zu Hause war. Dann mußte Leigh nach London weiterreiten, was eine weitere Woche Verzögerung bedeutete.

Die Zeit verging. Jeden Tag brachte einer von uns Jocelyn etwas zu essen, und wir bemühten uns, ihn bei guter Laune zu halten. Er war unglaublich dankbar – vor allem mir gegenüber, denn er bezeichnete mich als seine Retterin. Ich erklärte ihm zwar, daß Leigh der Kopf des Unternehmens war, aber das nützte nichts.

In diesen Tagen gab es immer wieder Aufregungen. Ellen erwischte Carl, als er gerade mit einem großen Stück Speck aus der Küche schlich. Sie nannte ihn einen Dieb und fragte ihn, ob er am Verhungern wäre. Dann nahm sie ihm den Speck weg, und ich war überzeugt, daß sie von nun an besonders scharf über ihre Vorräte wachen würde.

Leigh war nun eine Woche fort. Es war Dezember, und Sally Nullens behauptete, sie könne in ihren Knochen fühlen, daß es ein harter Winter werden würde. Es schneite noch nicht, regnete aber ununterbrochen. Jasper versicherte jedem, der es hören wollte, daß es nicht so bald aufhören würde – er würde sich nicht wundern, wenn uns wieder eine Sintflut bevorstünde. Die Welt sei so verderbt, daß Gott sie bestimmt ertränken wolle.

»Er würde dich warnen«, meinte ich ironisch, »und zwar rechtzeitig, so daß du eine Arche bauen und die Rechtschaffenen retten könntest. Wahrscheinlich wärst du ohnehin der einzige, der in Frage käme.«

Er sah mich böse an, denn seiner Meinung nach würde ich ganz bestimmt einmal im Höllenfeuer schmoren. Der Herr verabscheue Frauen mit spitzer Zunge, erklärte er mir; Ellen war immer beunruhigt, wenn ich Jasper schlagfertig entgegnete. Aber im Augenblick zerbrach sie sich den Kopf darüber, wohin die Reste eines Puddings geraten waren.

»Die Rache des Herrn wird über sie kommen«, prophezeite Jasper. »Sie werden alle im Höllenfeuer braten! Master Titus Oates sorgt dafür, daß wenigstens einige von ihnen das bekommen, was sie verdienen.«

Zwischen durch:

Bewachte Vorräte und ein geheimnisvoller, fremder Mann, der Verpflegung braucht; das ist eine große Aufgabe für diese jungen Menschen …
Glücklicherweise steht uns Lesern die Küche immer zur Verfügung, wenn uns der kleine Hunger quält.
Wir bedienen uns einfach aus unseren Vorräten, und hier darf auf keinen Fall die kleine Stärkung für zwischendurch fehlen – die …

Zwischen durch:

Die kleine, warme Mahlzeit in der Eßterrine.
Nur Deckel auf, Heißwasser drauf, umrühren,
kurz ziehen lassen und genießen.
Die 5 Minuten Terrine gibt's in vielen leckeren
Sorten – guten Appetit!

Normalerweise hätte ich ihm widersprochen. Aber ich begriff, daß wir uns auf gefährliches Terrain begaben.

Während ich zur White Cliff-Höhle ritt, dachte ich an die Szene in der Küche. Der Regen, den Sally Nullens' Knochen vorausgesagt hatten, hatte eingesetzt. Emily Philpots hatte auch noch Donner prophezeit, denn immer, wenn sie niedergeschlagen war, gab es Donner, und Japser murmelte: »Der Weltuntergang kommt... die Zeit ist reif.«

»Reiten Sie schon wieder aus, Mistreß Priscilla?« Das war Sally, meine frühere Nurse.

»Bewegung ist gesund, Sally.«

»Meiner Meinung nach sollten Sie heute lieber zu Hause bleiben.«

Bildete ich es mir nur ein, oder beobachteten sie in letzter Zeit schärfer, was ich tat? Hatte Ellen die geplünderte Speisekammer Jasper gegenüber erwähnt? Wenn *er* mißtrauisch wurde, waren wir verloren.

Ich ritt also mit meinem Korb zur Höhle und fragte mich, wann Leigh endlich zurückkommen würde. Wir hatten ihn bitter nötig.

Als ich den Strand erreichte, war zu meiner Erleichterung niemand in Sicht. Ich band das Pferd an einen Felsen und ging in die Höhle. Die Laterne, die wir Jocelyn gebracht hatten, brannte, und er lag daneben und schlief. Er sah aus wie ein junger, griechischer Held; seine Perücke lag neben ihm, und sein kurzgeschnittenes, gelocktes, blondes Haar verlieh ihm ein merkwürdig wehrloses Aussehen. Ich zitterte um ihn. Wenn jetzt jemand in die Höhle gekommen wäre und ihn gefunden hätte!

Um ihn nicht zu erschrecken, trat ich ein paar Schritte zurück und rief leise seinen Namen. Er setzte sich auf, lächelte und sprang dann auf die Füße.

»Ich habe von dir geträumt, Priscilla. Ich träumte, daß du hereinkommst und mich ansiehst.«

»Das tat ich wirklich. Ich hatte Angst um dich, weil deine Laterne noch brannte, während du schliefst, und dich verraten konnte.«

»Seit ich hier bin, habe ich noch keine Menschenseele gesehen.«

»Im Sommer kommen öfter Leute hierher. Aber bis dahin bist du längst fort. Ich habe dir ein Rebhuhn und ein Stück Spanferkel gebracht.«

»Das klingt köstlich.«

»Ich glaube, wir können ins Freie gehen; als ich kam, war der

Strand vollkommen verlassen. Es hat aufgehört zu regnen, und du solltest ein bißchen frische Luft schnappen. Das wird dir gut tun.«

Wir verließen die Höhle, und er machte sich über die Speisen her. Ich hatte auch Ale mitgebracht, das er gierig trank.

Dann meinte er lächelnd: »Vergangene Nacht war ich beinahe froh darüber, daß es so gekommen ist. Dadurch habe ich dich kennengelernt.«

»Du hast diese Bekanntschaft ziemlich teuer bezahlt.«

Er griff nach meiner Hand und küßte sie. »Sie ist das Wichtigste in meinem Leben.«

»Du bist zu viel allein, deshalb denkst du dir solche Sachen aus. Ich hoffe, daß Leigh bei seiner Rückkehr eine Lösung vorschlagen kann.«

»Wenn das alles vorbei ist, werden wir beide einander wiedersehen, davon bin ich überzeugt.«

»Das glaube ich auch. Edwin behauptet, daß sich die Stimmung allmählich gegen Titus Oates wendet, und das bedeutet das Ende dieser Verfolgungen. Die Zeiten werden sich wieder normalisieren, und unsere Familien werden gelegentlich zusammenkommen.«

»Ich werde mich sehr bemühen, solche Begegnungen herbeizuführen. Ich habe dich unter außergewöhnlichen Umständen kennengelernt und würde die Bekanntschaft gerne fortsetzen... zum Beispiel in einem Ballsaal. Bist du oft bei Hof?«

»Noch nicht, ich bin noch zu jung.«

»Den Eindruck habe ich nicht.«

»Wirklich? Für wie alt hältst du mich?«

»Siebzehn. Es ist das schönste Alter – ich war vor zwei Jahren siebzehn.«

Ich war selig, weil er mich für älter hielt, als ich war. Alle jungen Menschen sind so – man kann es nicht erwarten, seine Jugendzeit hinter sich zu lassen, und nachher sehnt man sich nach ihr zurück.

»Warum interessiert dich eigentlich mein Alter?«

»Weil ich mehr über dich wissen möchte.«

»Horch«, unterbrach ich ihn, »ich höre etwas.«

Wir schwiegen und lauschten. Ja, der Wind trug uns Stimmen zu.

»Gehen wir zurück in die Höhle«, schlug ich vor, »und nehmen wir alles mit.«

Wir sammelten rasch die Reste des Picknicks ein, kehrten in die Höhle zurück und lauschten. Jocelyn wirkte gespannt, genau wie ich. Ich sah Jasper vor mir und hörte seine Stimme: »Sie führen etwas im Schild. Aus der Speisekammer verschwindet Essen... sie verstecken jemanden. Sicherlich jemanden, der gesündigt hat.«

Die Stimmen kamen zweifellos näher; ich sah Jocelyn an und zitterte vor Angst. Wenn nur Leigh dagewesen wäre...

Wir hörten, wie der Kies unter Schritten knirschte. Dann bellten Hunde.

Wir hatten uns nebeneinander auf den felsigen Boden gesetzt, und plötzlich griff Jocelyn nach meiner Hand, küßte sie und hielt sie fest.

»Jocelyn, glaubst du...«

Er nickte. »Man hat uns verraten, Priscilla. Das ist das Ende... für mich... für uns.«

»Vielleicht sind es bloß Spaziergänger.«

Spaziergänger! dachte ich. An einem wolkenverhangenen Wintertag! Ein Spaziergang mit Hunden, den Strand entlang! Das nächste Haus lag eine Meile entfernt.

Ich flüsterte: »Komm weiter in die Höhle hinein.« Wir griffen nach unseren Habseligkeiten und schlichen in die Tiefe der Höhle. Dann ließen wir uns auf alle viere nieder und krochen so weit unter den überhängenden Felsen wie möglich. Dabei legte Jocelyn die Arme um mich, und wir warteten.

Ich hörte unsere Herzen pochen. Die Schritte kamen näher, die Hunde bellten.

Jocelyns Gesicht war dem meinen sehr nahe, seine Lippen streiften meine Wange.

»Du solltest nicht hier sein«, flüsterte er. »Du solltest nicht...«

»Still«, warnte ich ihn.

»Bruno! Bruno!« Es war eine Männerstimme. »Was hast du denn?« Die Hunde bellten.

Mir war schlecht vor Angst um Jocelyn. Sie würden ihn mit sich schleppen und ihn töten, wie sie seinen Vater getötet hatten. Sie kamen immer näher.

Jocelyn flüsterte: »Ich muß es dir jetzt sagen, es ist meine letzte Chance. Ich liebe dich.«

Ich legte ihm die Hand auf den Mund.

Im Höhleneingang tauchte ein Schatten auf. Es war einer der Hunde, der sofort zu uns lief.

Jemand rief: »Bruno!«

Der Hund stand vor uns. Ich dachte an unsere Hunde zu Hause und sagte sehr leise: »Guter Bruno, braver Bruno.«

Der Hund bellte einmal kurz, drehte sich um und lief hinaus. Jemand lachte. »Hierher, Bosun, Bruno!«

Keiner von uns wagte sich zu bewegen, bis uns klar wurde, daß niemand dem Hund in die Höhle folgte. Die Stimmen verklangen allmählich.

»Sie sind fort«, flüsterte ich. »Sie haben uns gar nicht gesucht, sondern wirklich nur einen Spaziergang unternommen.«

Ich begann zu lachen, verstummte aber abrupt. »Vielleicht ist es nur ein Trick – aber nein, das ist nicht möglich. Sie hätten uns gefangennehmen können, wenn sie uns wirklich gesucht hätten.«

Ich kroch unter dem Überhang hervor und stand auf. Jocelyn folgte mir.

»Ich sehe nach«, sagte ich.

»Ich werde hinausgehen.«

»Nein. Mich werden sie nicht beachten, denn falls sie auf der Suche sind, so halten sie nach einem Mann Ausschau.«

Ich trat ins Freie. Zwei Männer mit Hunden gingen den Strand entlang. Einer von ihnen hob einen Stein auf und warf ihn mit kräftigem Schwung von sich. Die Hunde jagten dem Stein nach.

Die Angst war vorbei, aber etwas Neues war da.

Jocelyn griff nach meiner Hand und küßte sie. »Jetzt verstehst du, nicht wahr?«

Ich hatte mich abgewandt und sah aufs Meer hinaus. Die Wellen trugen weiße Schaumkronen, und der Wind schleuderte den Gischt weit auf den Strand. »Ich sehe ein, daß es hier zu gefährlich ist. Leigh wird bald zurück sein.«

»Dann muß ich fort.«

»Vielleicht nimmt dich Tante Harriet auf.«

»Besuchst du sie oft?«

»O ja, sehr oft.«

Plötzlich küßte er mich. »Es war ein aufregendes Abenteuer.«

»Es ist noch nicht ausgestanden.«

»Setzen wir uns, damit wir in Ruhe miteinander sprechen können. Mir wäre es lieber, wenn du älter wärst.«

»Warum?«

»Weil wir dann heiraten könnten.«

»Meine Familie würde sagen, daß ich zu jung dazu bin.«

»Die meisten Menschen heiraten jung. Wenn das alles vorbei ist, werde ich deine Eltern um deine Hand bitten. Darf ich?«

»Kann ich dich daran hindern?«

»Wahrscheinlich nicht. Aber ich brauche deine Zustimmung, nicht wahr?«

»Ich kenne Leute, die gegen ihren Willen verheiratet wurden.«

»Das würde dir nie widerfahren. Ich bin überzeugt, daß du nie eine Bindung eingehen würdest, die du nicht wünschst. Priscilla, du fühlst doch auch etwas für mich?«

»Ja.«

»Und du hast nichts dagegen, daß ich so zu dir spreche? Du hörst mir gerne zu.«

»Im Augenblick kann ich nur daran denken, wie wir deine Flucht bewerkstelligen wollen.«

»Diese Männer mit den Hunden... »Er schauderte.

»Ich hatte schreckliche Angst, Jocelyn; du nicht?«

Er schwieg eine Weile, dann sagte er: »Ich habe angenommen, daß sie hinter mir her waren, daß mein Ende gekommen sei. Als sie meinen Vater gefangennahmen und ermordeten – sie nannten es Hinrichtung, ich nenne es Mord –, geschah etwas mit mir. Es war mir, als hätte es keinen Sinn, gegen das Schicksal anzukämpfen. Als ich dich vorhin in den Armen hielt, dachte ich: Das ist mein Ende. Aber ich habe vor meinem Tod noch Priscilla kennengelernt, und ohne diese Ereignisse wäre ich nie mit ihr zusammengekommen. Man ergibt sich irgendwie in sein Schicksal.«

»Du bist ja ein Philosoph.«

»Vielleicht. Wenn ich sterben soll, dann muß ich mich eben damit abfinden, aber wenn es das Schicksal gut mit mir meint und mich verschont, dann muß ich an meine weitere Zukunft denken. Ich möchte, daß du sie mit mir teilst, Priscilla.«

»Du kennst mich doch kaum.«

»Unter solchen Umständen entwickelt sich aus einer Bekanntschaft rasch Freundschaft und daraus Liebe. Du bist für mich ein großes Risiko eingegangen.«

»Genau wie die anderen.«

»Aber ich schätze deinen Einsatz am höchsten. Was immer geschieht – die Augenblicke, in denen ich mit dir in der Höhle lag und dein Herz aus Angst um mich so heftig klopfte, sind auf immer mein. Ich werde sie nie vergessen; und ich hätte sie ohne die damit verbundene Angst nie erlebt. Für alles im Leben muß man bezahlen.«

»Du bist wirklich ein Philosoph.«

»Die Ereignisse formen uns. Ich weiß, daß ich dich bis zu meinem Tod lieben werde. Wenn das alles vorbei ist, Priscilla...«

Ich war in Hochstimmung; in letzter Zeit war zu viel auf mich eingestürmt. Dieses schreckliche Erlebnis und dann ein Heiratsantrag. Dabei war ich erst vierzehn! Zu Hause hielten sie mich für ein Kind, Edwins kleine Schwester. Auch Leigh sah mich so. Kleine Schwester! Diese Bemerkung hatte mich geärgert.

»Priscilla«, sagte Jocelyn gerade, »wirst du immer daran denken? Wollen wir einander jetzt und hier ewige Treue schwören?«

Ich lächelte ihm zu. Er sah so gut aus und wirkte gleichzeitig so melancholisch – ein junger Mann, mit dem das Schicksal grausam verfahren war und der sein Los auf sich genommen hatte, statt sich dagegen aufzulehnen. Ich bewunderte ihn, und als er mich küßte, empfand ich eine bis dahin unbekannte Erregung.

Es war so ermutigend, geliebt zu werden. Außerdem hielt *er* mich nicht für ein Kind – am liebsten hätte ich Leigh davon erzählt.

»Ich glaube, ich liebe dich ebenfalls, Jocelyn«, antwortete ich daher. »Wenn die beiden Männer wirklich hinter dir her gewesen wären und dich gefangengenommen hätten, wäre ich so unglücklich gewesen wie nie zuvor.«

»Natürlich liebst du mich, Priscilla, und unsere Liebe wird noch wachsen und uns für den Rest unseres Lebens einhüllen.«

Wir küßten einander und gelobten einander ewige Treue. Er gab mir den goldenen Ring mit dem Lapislazulistein, den er am kleinen Finger trug. Der Ring war weit und paßte nur auf meinen Mittelfinger, und selbst dort saß er locker.

Es fiel mir schwer, Jocelyn zu verlassen, aber ich mußte fort, wenn ich noch vor Einbruch der Dunkelheit zu Hause sein wollte.

»Laß deine Laterne nicht wieder brennen, wenn du dich schlafen legst«, ermahnte ich ihn. »Der Schein könnte Menschen anlocken. Ach bitte, sei vorsichtig, Jocelyn.«

»Das werde ich«, versprach er. »Ich muß jetzt an unsere gemeinsame Zukunft denken.«

An diesem Abend kehrte Leigh zurück.

Während des Essens erstattete er uns Bericht. Obwohl die Diener den Raum verlassen hatten, sprach er nur flüsternd, forderte uns auf, das gleiche zu tun, und ging immer wieder zur Tür, um sich zu vergewissern, daß niemand lauschte.

»Harriet nimmt ihn auf. Er soll sich John Frisby nennen und als Sohn einer Schauspielerin ausgeben, mit der sie zusammen in London aufgetreten ist. Er kann so lange bleiben wie er will. Bei seinem Eintreffen wird er genaue Anweisungen von ihr erhalten, und wenn Londoner Schauspieler zu Besuch kommen, wird sie ihn verstecken. Sie war sofort Feuer und Flamme für den Plan, denn sie behauptete, sie hätte sich auf dem Land schon gelangweilt, hätte jetzt aber wieder das Gefühl, in einem Stück mitzuwirken. Ich werde sofort zu ihm reiten, aber auf dem Weg ein Pferd für ihn kaufen. Er muß so rasch wie möglich fort.«

»Brauchen wir Proviant für ihn?« erkundigte sich Christabel. »Das Küchenpersonal wird allmählich mißtrauisch.«

»Nein«, erklärte Leigh, »ich gebe ihm Geld, und er kann unterwegs einkehren. Der Ritt nach Eyot Abbas ist nicht lang, und damit ist unser Anteil an diesem Drama so gut wie erledigt.«

Ich erzählte von den beiden Männern mit den Hunden, von unserer Angst – aber nicht von der Wendung, die das Gespräch dann genommen hatte.

»Ja«, bestätigte Edwin, »die Höhle eignet sich nicht für einen längeren Aufenthalt. Ich werde erleichtert sein, wenn er erst einmal bei Harriet ist.«

Sobald wir gegessen hatten, machte sich Leigh auf den Weg. Ich hörte, wie einer der Diener sagte: »Kaum ist Master Leigh zu Hause, reitet er schon wieder fort.«

»Er muß sich um sein Mädchen kümmern. Sie war ganz allein, während er seine Mutter besucht hat.«

»Wenn es die ist, an die ich denke, dann war sie nicht ganz allein... nur war nicht Master Leigh bei ihr.«

Das darauf folgende Gelächter ärgerte mich, aber ich mußte mich beherrschen. Leighs Ruf als Casanova hatte uns in dieser Angelegenheit gute Dienste geleistet, gleichzeitig war ich aber wegen dieses Rufs gereizt – um so mehr, als ich wußte, daß er ihn verdiente.

Ich wartete am Fenster auf seine Rückkehr. Ungefähr eine Stunde nach Mitternacht ritt er in den Hof. Ich mußte wissen, was geschehen war, also nahm ich einen Umhang, schlüpfte in meine Pantoffeln und lief in die Halle hinunter. Er trat durch die Tür; der abnehmende Mond erhelte die Halle schwach.

»Leigh!«

»Ach, du bist es.«

»Ich konnte es nicht erwarten.«

»Alles in Ordnung. Ich habe das Pferd bekommen, und er ist schon unterwegs. Wenn er vorsichtig ist, kann ihm eigentlich nichts zustoßen. Jetzt ist er John Frisby, der seine alte Freundin Lady Stevens besucht, die mit seiner Mutter zusammen aufgetreten ist. Sobald er bei Harriet eintrifft, ist alles in Ordnung.«

»Gott sei Dank.«

Ich hielt meinen Umhang mit einer Hand zusammen, und Leigh sagte: »Du trägst ja einen neuen Ring. Den habe ich noch gar nicht gesehen. Sieht wie ein Siegelring aus und ist für dich viel zu groß.«

Ich zögerte nur kurz. »Jocelyn gab ihn mir. Nach dem Schrecken in der Höhle.«

»Jocelyn! Darf ich ihn sehen?«

Ich reichte ihm den Ring.

»Natürlich, ein Siegelring mit dem Wappen der Frintons. Den kannst du nicht tragen.«

»Warum denn nicht?« Ich entriß ihm den Ring. »Er hat ihn mir geschenkt.«

»Der Kerl muß wahnsinnig sein! Und wenn man den Ring bei dir entdeckt? Verstehst du denn nicht? Man würde wissen wollen, woher du ihn hast. Und was würdest du darauf antworten?«

»Daß man ihn mir geschenkt hat.«

»Wer? Wann? Wieso? Das würde man dich fragen, und was würdest du dann sagen? Jocelyn Frinton, als wir ihm zur Flucht verhalfen! Gib mir den Ring.«

»Nein. Er gehört mir.«

»Ich muß euch nur einen Augenblick den Rücken kehren, und schon macht ihr nichts als Dummheiten. Er hatte nicht das Recht, ihn dir zu schenken.«

»Er kann mit seinem Eigentum tun, was er will.«

»Nicht, wenn er dich dadurch als Dank für deine Hilfe in Gefahr bringt. Gib mir den Ring! Ich werde ihn Jocelyn zurückgeben und ihm dabei sagen, was ich von ihm halte.«

»Ich behalte den Ring. Hab keine Angst, ich habe schon begriffen und werde ihn nicht tragen.«

»Er sieht an deiner Hand ohnehin lächerlich aus und würde jedermann auffallen.«

»Ich werde ihn aufheben.«

»Versteck ihn, bitte. Wie idiotisch von ihm! Warum mußte er dir überhaupt etwas schenken? Noch dazu etwas so Kompromittierendes! Er muß verrückt gewesen sein. Du übrigens auch.«

Ich schwieg. Wahrscheinlich konnte man es wirklich Wahnsinn nennen. Wir waren beide erregt gewesen. Ich war davon überzeugt, daß es nicht zu Jocelyns Liebeserklärung gekommen wäre, hätten uns nicht die beiden Männer mit den Hunden solche Angst eingejagt.

»Na schön, sei vorsichtig«, meinte Leigh. »In einem Haus mit soviel Dienerschaft wird immer spioniert und getratscht.«

»Ich werde vorsichtig sein, Leigh, wirklich. Und ich bin froh, daß du mich darauf aufmerksam gemacht hast. Du weißt, daß ich alles für seine Sicherheit tun würde.«

»Ich gebe ja zu, daß er ein netter junger Mann ist. Ich bin neugierig, wie er Harriet gefallen wird.« Er lächelte, als er an seine Mutter dachte. »Aber jetzt ist es Zeit für dich, zu Bett zu gehen. Du kannst aufatmen – unser gefährliches Abenteuer ist zu Ende.«

Natürlich war das nicht der Fall. Es hatte erst begonnen.

II
Die Liebenden auf der Insel

Wir waren alle ungeheuer erleichtert, als Jocelyn fort war, denn meine Mutter schrieb, daß sie und Vater demnächst heimkommen würden, und einer von ihnen hätte sicherlich entdeckt, daß etwas Ungewöhnliches vor sich ging.

Wir hatten Carl immer wieder ermahnt, seine Zunge im Zaum zu halten, aber für ihn war das Abenteuer jetzt ohnehin vorbei und er konzentrierte sich ganz auf einen neuen Falken, den er bekommen hatte und den er mit Hilfe eines Falkners abrichtete. Carl sprach von nichts anderem als von diesem Vogel.

Leigh zeigte uns den Brief, den Harriet ihm geschrieben hatte. In Eyot Abbas war alles in Ordnung. Sie hatte die Reise nach London, die sie mit Gregory unternehmen wollte, verschieben müssen. Benjie ging es gut. Er hatte sich an einen Besucher angeschlossen, der bei ihnen wohnte – den Sohn einer Schauspielerin, mit der sie befreundet war. Er hatte sich auch als Schauspieler betätigt, doch ohne besonderen Erfolg. Er war aber sehr amüsant und unterhaltsam, fügte sich gut in den Haushalt ein, und sie hoffte, daß er recht lang bleiben konnte. Leigh wußte ja, wie gern sie auf dem Land Besuche empfing. Gregory war ein wenig verkühlt und wollte wissen, wann wir zu ihnen hinüberkommen würden.

Leigh war mit dem Brief sehr zufrieden. »Man kann sich darauf verlassen, daß sie ihre Sache richtig macht.«

An diesem Abend kam Christabel in mein Zimmer; sie wirkte aufgeregt und sah sehr schön aus.

»Ich möchte mit dir sprechen, Priscilla. Es tut mir leid, daß ich dich um diese Zeit noch stören muß, aber ich wollte mit dir allein sein. Macht es dir etwas aus?«

»Natürlich nicht. Komm nur herein!« Seit der Sache mit Jocelyn duzte ich sie ebenfalls.

Sie setzte sich. »Ich habe den Ring bemerkt, den du neuerdings trägst. Wo ist er geblieben?«

»Leigh wollte, daß ich ihn verstecke.« Ich sagte ihr nicht, daß ich ihn an einer Kette um den Hals trug.

Sie zog die Augenbrauen hoch und lächelte. »Jocelyn hat ihn dir geschenkt, nicht wahr?«

Ich nickte.

»Er scheint dich zu lieben.«

»Wie kommst du darauf?«

»Man konnte es kaum übersehen, und an dem Tag, als ihr durch die Hunde erschreckt wurdet, erriet ich, daß er etwas gesagt hatte.«

»Ich weiß, daß es lächerlich klingt, aber er bat mich, ihn zu heiraten, wenn...«

Sie nickte verständnisinnig. »Sehr romantisch. Ich begreife dich gut, denn...«

Jetzt sah ich sie forschend an, und sie platzte heraus: »Mir ist noch nie so etwas widerfahren. Ich habe mich immer gefragt, wie ich es je ertragen würde, wieder in das Pfarrhaus zurückzukehren, und jetzt... jetzt werde ich hierbleiben. Ich werde zu euch gehören.«

»Was willst du damit sagen? Du gehörst doch schon zu uns. Wir alle betrachten dich als unsere Freundin... vor allem nach dieser gemeinsamen Rettungsaktion.«

»Es ist merkwürdig... aber dieses Abenteuer... die Gefahr... die Intrige... das hat sich auf jeden von uns ausgewirkt.«

»Auch auf dich, Christabel?«

»Ja, auch auf mich und Edwin.«

»Ihr liebt einander also.«

»Ich liebe ihn.«

»Dann liebt er dich ebenfalls. Wieso habe ich es nicht bemerkt? Es ist so augenscheinlich.«

»Genauso augenscheinlich wie bei dir und Jocelyn.«

»Ach, Christabel, du siehst so glücklich aus.«

»Ich bin glücklich, es bedeutet so viel für mich. Nicht nur, daß ich Edwin liebe und weiß, daß er mich ebenfalls liebt. Es bedeutet mir viel mehr. Vielleicht sollte ich nicht so denken, aber wenn du unter den gleichen Umständen aufgewachsen wärst wie ich...«

»Ich weiß, was du meinst. Für dich wird sich alles ändern. Natürlich mußt du genauso daran denken wie an deine Liebe zu Edwin. Hat er mit dir gesprochen? Hat er dich gebeten, ihn zu heiraten?«

»Er hat mir auf hundert verschiedene Arten gezeigt, daß er mich liebt. Er hat es mir aber auch gesagt.«

Ich wußte, daß Edwin nicht der Mann war, der leichtfertig ein Versprechen gab. Er war nicht wie Leigh. Wenn Edwin sich verliebte, dann war es ihm ernst. Über seine Lebensweise hatten die Diener nie Bemerkungen gemacht.

»Ich freue mich so für dich«, sagte ich. »Damit wirst du beinahe meine Schwester und brauchst nicht mehr fürchten, einmal von hier fort zu müssen. Ich bin so froh, daß du zu uns gekommen bist, Christabel.«

»Es war der Wendepunkt in meinem Leben.« Sie lachte glücklich. Sie war nicht mehr das Mädchen, das vor gar nicht so langer Zeit in unser Haus gekommen war. Die Mauer, die sie um sich errichtet hatte, bröckelte immer mehr ab. »Und dabei hatte ich solche Angst vor euch«, fuhr sie fort. »Ich weiß noch, wie ich deinen Eltern gegenübersaß...« Ihr Gesicht wurde ernst. »Glaubst du, daß deine Eltern einverstanden sein werden?«

Ich bezweifelte es, denn ich erinnerte mich an die Gespräche über die Merridew- und Egham-Mädchen. Ich fragte mich, wie sie reagieren würden. Zuerst hatte ich mich über die Haltung meiner Eltern Christabel gegenüber gewundert. Mein Vater hatte sehr großen Wert darauf gelegt, daß sie sich wohlfühlte, hatte sich ihr gegenüber sehr rücksichtsvoll betragen und ihr mehr Interesse entgegengebracht, als sie füglich verlangen durfte. Meine Mutter behandelte jedes neue Mitglied des Haushalts sehr entgegenkommend, aber sie stand Christabel sicherlich etwas mißtrauisch gegenüber und fragte sich, warum mein Vater sie zu uns geholt hatte.

Nein, ich hatte keine Ahnung, wie sie reagieren würden, wollte aber Christabels glückliche Stimmung nicht trüben.

Deshalb sagte ich: »Ich bin überzeugt, daß sie Edwin glücklich sehen wollen. Außerdem ist Edwin mündig.«

Diese Antwort schien sie zu befriedigen; wir plauderten noch etwa eine halbe Stunde, dann verließ mich Christabel.

Bald darauf schwand meine euphorische Stimmung und ich fragte mich, wie es mit uns weitergehen würde – Christabel und Edwin, die vielleicht auf Widerstand stoßen würden, und ich, die ich einen Flüchtling liebte, der sich zur Zeit unter einem falschen Namen verstecken mußte.

Meine Eltern waren zurückgekehrt, und wie üblich sollten sie mit einem kleinen Fest empfangen werden. Deshalb duftete es im ganzen Haus nach Pasteten und Braten. Ellen platzte vor Geschäftigkeit, Chastity half ihr, und alle waren emsig am Werk.

Wir erwarteten sie in der Halle – Carl, Edwin, Leigh, Christabel, die sich im Hintergrund hielt, und ich.

Meine Mutter umarmte mich zärtlich. Mein Vater beachtete mich kaum, widmete sich aber eingehend Carl. Wir alle waren Carls wegen besorgt, obwohl wir ihn ermahnt hatten, mit seinen Äußerungen vorsichtig zu sein. Zum Glück dachte er jetzt ausschließlich an seinen Falken, und außerdem sollte Pollux Junge werfen. In mir stieg der alte Groll auf. Mein Vater sah so vornehm aus, er unterschied sich so sehr von den anderen Männern, und ich war so stolz auf ihn. Ich sehnte mich nach einem anerkennenden oder wenigstens liebevollen Blick, den ich aber nie erhielt. Natürlich bemerkte er mich; er wußte, daß er eine Tochter hatte und wie sie hieß, aber wahrscheinlich hatte er keine Ahnung, wie alt ich war – während er über Carl genau Bescheid wußte.

Seine erste Bemerkung war: »Ich glaube, der Junge ist ein Stück gewachsen.«

»Anderthalb Zoll«, antwortete Carl. »Du kannst am Schrank nachmessen.«

Er bezog sich auf den Schrank im Schulzimmer, an dem immer schon seine Größe festgehalten worden war. Auch Edwin und mein Vater waren dort verewigt, denn beide waren in Eversleigh aufgewachsen. Carl hatte den Ehrgeiz, größer zu werden als sein Vater. Manchmal glaubte ich sogar, daß auch mein Vater sich das wünschte. Es verletzte mich, daß man Mädchen ihres Geschlechts wegen geringer achtete, und ich war beinahe froh darüber, daß ich an einem Abenteuer beteiligt gewesen war, das er nicht gebilligt hätte.

»Das ist gut«, antwortete mein Vater. »Du wirst einmal beinahe so groß werden wie ich.«

»Ich werde größer als du«, prahlte Carl. Vater stupste ihn liebevoll.

Mutter hängte sich bei mir ein. Sie war immer bestrebt, mich für die kühle Behandlung durch Vater zu entschädigen, aber mir wäre es lieber gewesen, wenn sie davon überhaupt keine Notiz genommen hätte.

Nun normalisierte sich das Leben im Haus, und mir wurde klar, wie schwierig es geworden wäre, Jocelyn weiterhin zu versorgen. Ich hatte an diesem Tag die Kette mit dem Ring getragen, da ich aber am Abend ein Kleid anlegte, das Hals und Arme freiließ, nahm ich die Kette ab und versteckte sie sorgfältig in einer Lade hinter meiner Wäsche.

Auf der Treppe traf ich meine Mutter, und sie begann mir zu erzählen, welche Frisuren zur Zeit bei Hof in Mode waren.

»Sie tragen jetzt nur Locken. Ich glaube nicht, daß dir die in die Stirn fallenden Locken stehen würden, aber ich mag es, wenn die Haare mit einer Schleife festgehalten werden und seitlich herunterhängen. Man nennt diese Locken Herzensbrecher – sie sollen verführerisch wirken.«

Sie hatte ich mir zugewandt und fuhr mir über mein hellbraunes Haar, das zwar fein, aber dicht war und sich ganz bestimmt nicht lockte.

»Oh«, fuhr sie fort, »was hast du da für Spuren auf der Haut? Ach ja, das muß deine Kette sein, anscheinend hat sie sich in die Haut eingedrückt. Ich hatte gar nicht bemerkt, daß du sie umgelegt hattest.«

»Doch, das tat ich«, antwortete ich und hoffte nur, daß ich dabei nicht rot wurde.

»Aber ich habe sie nicht bemerkt, mein Liebling.«

»Ach, ich trug sie nur eine Zeitlang.«

Es war eine Kleinigkeit, aber sie war ein Hinweis darauf, wie vorsichtig wir sein mußten. Vielleicht dachte meine Mutter darüber nach und kam darauf, daß ich die Kette *unter* dem Kleid getragen haben mußte. Warum sollte ein Mädchen aber eine goldene Kette so tragen, daß man sie nicht sah?

Während der Mahlzeit verbreitete sich mein Vater ausführlich darüber, was bei Hof vor sich ging. Monmouth schien sicher zu sein, daß er seinen königlichen Vater dazu bringen würde, ihn anzuerkennen.

»Das wäre das Beste«, meinte mein Vater. »Damit hätte York das Nachsehen.«

Edwin fragte: »Hast du mit dem König darüber gesprochen?«

»Ich? Mein lieber Junge, Karl würde weder auf mich noch auf sonst jemand hören. Er würde mir – natürlich äußerst liebenswürdig – erklären, ich solle mich um meine eigenen Angelegenheiten kümmern. Und wer weiß, vielleicht würde er mir dann seine Gunst allmählich entziehen. Nein, Karl weiß, was er will, und wird sich von niemandem etwas einreden lassen. Im Augenblick behauptet er steif und fest, daß er nie mit Lucy Walter verheiratet war und Monmouth folglich ein Bastard ist.«

»In diesem Fall heißt unser nächster König Jakob«, meinte Leigh.

»Das wird nicht jedermann akzeptieren, denn es bedeutet eine Stärkung des Pfaffentums.«

»Wie steht es um Titus Oates?«

»Er wohnt noch immer in Whitehall, obwohl Stimmen gegen ihn laut geworden sind. Er ist keineswegs beliebt.«

»Glaubst du, daß die Verhaftung von Katholiken eingestellt wird, sobald er in Ungnade fällt?« fragte ich.

Mein Vater sah mich an, und sein kühler, abschätzender Blick traf mich tief. Ich sehnte mich so sehr danach, daß er mich einmal interessiert betrachten möge.

Er zuckte die Schultern. »Karl ist es eigentlich gleichgültig. Er ist der toleranteste Mensch von der Welt und verabscheut den ganzen Wirbel.«

»Warum unternimmt er dann nichts dagegen?«

»Weil er zu faul ist«, erklärte Leigh. »Aber er rettete wenigstens die Königin. Oates hätte sie am liebsten aufs Schafott geschleppt.«

»Der ist eine wahre Bestie«, rief ich.

Meine Mutter mischte sich ein. »Es wird vorübergehen, wie alle diese Auswüchse.«

»Ja«, antwortete ich leidenschaftlich, »aber inzwischen werden Menschen verfolgt und hingerichtet. Es ist grausam.«

»Es heißt, daß der König insgeheim katholisch ist«, warf Christabel ein.

Einige Augenblicke herrschte Schweigen am Tisch, dann sagte mein Vater: »Er würde es nie zugeben. Dazu ist er zu schlau, zu klug. Er weiß, daß das Volk dagegen ist, und ist entschlossen, sich nach dem Volk zu richten. Aber der nächste König muß ein glaubensfester Protestant sein – also Monmouth.«

»Der Herzog von York wird das nie zulassen«, widersprach meine Mutter. »Und ich glaube auch nicht, daß es klug ist, wenn wir über Dinge debattieren, über die wir zu wenig wissen. Ich habe einen langen Brief von Harriet bekommen. Sie bleibt eine Weile auf dem Land, denn bei ihr ist ein sehr amüsanter junger Mann zu Besuch – ein Schauspieler.«

Mein Vater sagte: »Harriet hat immer amüsante junge Männer zu Besuch, und immer sind es Schauspieler.« Es klang sehr kalt, denn er mochte Harriet nicht – was auf Gegenseitigkeit beruhte. Er war einer der wenigen Männer, die von ihr nicht fasziniert gewesen waren. »Wann müßt ihr beide wieder euren Dienst antreten?« fuhr er fort.

»Wir warten auf unsere Befehle«, antwortete Leigh. »Es kann nicht mehr lange dauern.«

»Ihr habt uns noch gar nicht erzählt, was ihr während unserer Abwesenheit getan habt«, forderte meine Mutter uns auf.

Es folgte verlegenes Schweigen, und mein Vater lachte. »Anscheinend haben sie etwas angestellte, Bella«, meinte er.

Wir stimmten in das Gelächter ein, und ich murmelte: »Wir

sind öfter ausgeritten. Einmal haben wir sogar ein Picknick veranstaltet.«

»Genau das richtige Wetter dafür«, bemerkte mein Vater.

»Es war ein besonderes Picknick«, rief Carl.

Vier Augenpaare richteten sich warnend auf ihn. Er senkte den
Kopf. »Na ja, so besonders war es auch wieder nicht«, murmelte er.
»Eigentlich ein ganz gewöhnliches Picknick.«

Diener sind die geborenen Spione. Sie wissen jederzeit, was wir
tun, kennen unsere Gewohnheiten und merken sofort, wenn wir
einmal aus dem Rahmen fallen. Ich kam an Sally Nullens' Zimmer
vorbei, hörte sie mit Emily Philpots sprechen, und als mir klar
wurde, worüber sie sich unterhielten, lauschte ich schamlos.

»So eine Unverschämtheit! Wofür hält sie sich denn? Ich habe ja
sofort gesagt, als sie unser Haus betrat, daß ich diese Art von Mädchen kenne. Eine Abenteurerin, das ist sie.« Das war Emily Philpots.

Dann Sally Nullens: »Ich kann es nicht glauben, daß sie sich meinen Lord Edwin geschnappt hat. Doch nicht ihn! Er war ein so lieber kleiner Junge, ganz anders als dieser Leigh. Wenn sie sich an
den herangemacht hätte...«

»Ich weiß, worauf sie aus ist: sie will Lady Eversleigh werden.
Wenn ihr das glücken sollte, würde ich noch im Grab keine Ruhe
finden, das kannst du mir glauben, Sally.«

»Es ist schon deshalb nicht in Ordnung, wenn man bedenkt, auf
welche Art sie hergekommen ist.«

»Ja, was sagst du dazu? Es sieht ihm gar nicht ähnlich, sich so um
Priscillas Erziehung zu kümmern. Sie hat ihm doch nie viel bedeutet.«

»Stimmt! Ich erinnere mich, wie enttäuscht er bei ihrer Geburt
war. Er wollte einen Jungen, und als dann Carl kam... er schlug ein
Rad wie ein Pfau. Und jetzt schleppt er *sie* daher. Warum nimmt er
sich ihrer so an? Glaubst du wirklich...«

»Allerdings, Sally, das glaube ich.«

»Was er wohl sagen wird, wenn seine Freundin Lord Edwin heiratet?«

»Was wird es ihm schon ausmachen? Er hat sich nie um Edwin
gekümmert. Er wird darüber lachen, daß Edwin sich mit dem begnügt, was er übriggelassen hat.«

Mein erster Impuls war, ins Zimmer zu stürzen und die zwei bösartigen, bissigen alten Weiber zu ohrfeigen. Wie konnten sie wagen, so etwas von Christabel und meinem Vater zu behaupten? Ein

solcher Unsinn! Ich konnte keinen Augenblick glauben, daß Christabel die Geliebte meines Vaters war – denn das deuteten die beiden Alten an. Aber ich zügelte meinen Zorn und ging weiter. Ich wollte nichts mehr hören.

Als ich an diesem Abend zu Bett ging, mußte ich immerzu an das Erlauschte denken; ich fragte mich, ob nicht vielleicht doch ein Körnchen Wahrheit darin steckte. Nein! Ich konnte es weder von Christabel noch von meinem Vater glauben. Wahrscheinlich wäre ich nicht überrascht gewesen, wenn ich entdeckt hätte, daß er eine Geliebte hatte, aber ich war davon überzeugt, daß er meine Mutter zu sehr achtete und liebte, um je eine solche Frau ins Haus zu bringen. Sally und Emily waren boshafte alte Weiber; irgendwie konnte ich sie verstehen. Sie wurden von niemand mehr gebraucht und haßten deshalb alle Welt.

Ich machte mir Sorgen, wenn ich an Jocelyn dachte, und fragte mich, wie lange er wohl bei Harriet bleiben konnte, ohne Verdacht zu erregen. Sein Aufenthalt in Eyot Abbas stellte auch keine dauernde Lösung des Problems dar.

Ich nahm die Kette mit dem Ring aus der Lade, zog den Ring herunter, steckte ihn mir an den Finger und betrachtete ihn. Leigh hatte recht, der Ring war wirklich auffallend. In das Lapislazuli war das Wappen in Gold eingelegt und an der Innenseite der Familienname eingraviert.

Ich drückte den Ring an meine Lippen und dachte an die Augenblicke in der Höhle und an die tiefe Zärtlichkeit in seiner Stimme, als er gesagt hatte, daß er mich liebe. Und mein Vater hatte mich in der Halle kaum zur Kenntnis genommen. Wie alle Menschen wollte auch ich geliebt werden.

Es klopfte, und meine Mutter rief leise: »Priscilla!«

Hastig streifte ich den Ring ab, griff nach der Kette und schob beides in eine Schublade.

Meine Mutter trat ein. »Du bist noch nicht ausgezogen.« Sie lächelte liebevoll. »Du gefällst mir in diesem Kleid, die Spitzen sind so weich und weiblich und passen zu deinen braunen Augen. Aber es ist ein bißchen zu kurz und zu eng. Chastity soll den Saum auslassen und es auch ein bißchen weiter machen, sie ist eine sehr geschickte Näherin. Ich möchte, daß Emily weiter an meinem Unterkleid stickt. Du wirst erwachsen, Priscilla, das ist es.« Sie küßte mich. »Ich muß mit dir sprechen.«

Mein Herz klopfte schneller. Wenn man ein Geheimnis hat, erschrickt man leicht.

»Du brauchst nicht zu erschrecken. Es handelt sich um etwas Heikles, und ich weiß nicht, wie weit es schon gediehen ist.«

»Worum geht es denn?«

»Um Edwin und Christabel Connalt.«

»Oh!«

»Also weißt du es auch. Das muß ein Ende haben.«

»Warum?«

»Weil es ungehörig ist.«

»Sie lieben einander.«

»Sei nicht so kindisch, Priscilla.«

»Ist es kindisch, wenn man an die Liebe glaubt?«

»Natürlich nicht. Aber diese Gouvernante…«

»Mutter, sie ist nur deshalb Gouvernante, weil sie ihren Lebensunterhalt selbst verdienen muß. Sie hat eine sehr gute Erziehung genossen. Sie unterscheidet sich überhaupt nicht von den Leuten, mit denen wir verkehren. Wenn Edwin sie liebt…«

Das Gesicht meiner Mutter wurde hart. Es sah ihr nicht ähnlich, streng oder besonders klassenbewußt zu sein. Aber ich verstand sie. Sie war Christabel gegenüber mißtrauisch, weil mein Vater sie ins Haus gebracht hatte. Wenn es stimmte, daß Christabel und mein Vater ein Verhältnis gehabt hatten, war es absolut begreiflich, daß meine Mutter gegen eine Verbindung zwischen ihrem Sohn und diesem Mädchen war. Ich glaubte keinen Augenblick an dieses Verhältnis, da ich Christabel kannte, aber einige der Diener waren davon überzeugt und bestärkten wahrscheinlich meine Mutter in ihrer Meinung.

Sie wiederholte: »Es muß ein Ende haben. Sie muß fort.«

»Wohin soll sie denn? Du hast keine Ahnung, wie ihr Zuhause wirklich aussieht. Sie hat mir davon erzählt.« Ich versuchte, meiner Mutter das Pfarrhaus zu schildern und ihr damit klar zu machen, daß Christabel nie in der Lage gewesen wäre, mit jemandem ein Verhältnis zu haben. Aber meine Mutter hörte mir gar nicht zu. Sie war entschlossen, die Heirat zu verhindern.

Zum Glück lag die Entscheidung bei Edwin, und ich wies darauf hin.

»Edwin ist vernünftig«, sagte meine Mutter. »Er hat immer auf mich gehört.«

»Es hängt davon ab, was er für vernünftig hält. Ich weiß, daß er dich zärtlich liebt, aber er liebt auch Christabel.«

»Es ist also noch weiter gediehen, als ich angenommen habe. Und dabei kennen sie einander erst so kurze Zeit.«

»Ja, aber es ist so viel passiert...« Ich unterbrach mich. Wie wütend wäre Leigh, und wie leicht war es, ein Geheimnis zu verraten!

»Was ist denn passiert?«

»Na ja, ich wollte sagen, Edwin und Leigh kamen aus Frankreich zurück und sahen in ihren Uniformen so großartig aus... und es war so romantisch...« Es klang nicht sehr überzeugend.

»Ich wollte nur wissen, ob das, was Sally Nullens mir erzählt hat, stimmt.«

»Es war also Sally Nullens, die alte Klatschbase?«

»Du bist Sally gegenüber ungerecht. Sie liebt Edwin und macht sich seinetwegen Sorgen. Sie will nicht, daß ihn eine Abenteurerin einfängt. Er ist ohnehin viel zu jung zum Heiraten.«

»Er ist einundzwanzig.«

»Du bist sehr unerfahren, Priscilla. Edwin ist Träger eines großen Namens und muß standesgemäß heiraten.«

»Ich bin sehr überrascht, daß du so sprichst. Nie hätte ich angenommen, daß du hart, gewissenlos und von gesellschaftlichem Ehrgeiz besessen sein könntest. Du warst sonst anders.«

»Ich werde alles tun, um die Ehe zwischen Edwin und Christabel Connalt zu verhindern«, erklärte meine Mutter entschlossen.

»Hast du mit Vater darüber gesprochen?«

Sie wurde rot, und ich wußte Bescheid. Sie glaubte also wirklich das Gerede, warum mein Vater Christabel ins Haus gebracht hatte. Dann antwortete sie kühl: »Dein Vater hat nichts damit zu tun. Edwin ist nicht sein Sohn.«

Als sie bemerkte, wie verzweifelt ich war, wurde sie wieder die liebevolle Mutter, die sie mir immer gewesen war.

»Du darfst nicht so unglücklich sein, Kind. Ich hätte wahrscheinlich nicht mit dir darüber sprechen sollen, aber ich nahm an, daß du besser Bescheid weißt als die anderen, und wir hatten ja nie Geheimnisse voreinander, nicht wahr?«

Auf diese Bemerkung konnte ich nicht antworten, denn ich wäre mir verlogen vorgekommen, wenn ich ihr zugestimmt hätte. Um wieviel leichter das Leben doch gewesen war, ehe ich erwachsen wurde.

»Vergiß es«, sagte sie, »es ist bald Weihnachten. Wir müssen allmählich mit den Vorbereitungen beginnen.«

Ich ergriff ihre Hände. »Bitte, schick sie nicht fort«, bat ich. »Sie würde so elend sein. Das Pfarrhaus ist entsetzlich, ich glaube, sie bekommen nicht einmal genug zu essen. *Bitte*, schick sie nicht fort.«

»Du hast ein weiches Herz, Priscilla, und das ist schön. Du kannst dich darauf verlassen, daß ich eine Lösung suchen werde, die für Edwin und Christabel tragbar ist.«

Ich warf mich in ihre Arme, und sie tröstete mich, wie immer. Dann küßte sie mich und ließ mich allein. Als sie fort war, setzte ich mich vor den Spiegel und betrachtete mich. Ich fragte mich, ob sie eine Veränderung an mir bemerkt hatte. Vielleicht sah ich für sie immer noch so aus wie vorher: dichtes, glattes Haar, ovale braune Augen, eine kurze Nase, ein breiter Mund, ein Gesicht, das mehr durch seinen Ausdruck als durch die Ebenmäßigkeit der Züge wirkte. Und doch stellte ich Unterschiede fest. Die Augen bewahrten ein Geheimnis, um die Lippen lag ein entschlossener Zug. Ja, die letzten Wochen hatten mich verändert, und wenn jemand mich genauer ansah, mußte er es bemerken.

Ich schlüpfte aus meinem Kleid – es war wirklich zu eng – und zog das Nachthemd an. Dann erinnerte ich mich an den Ring und die Kette, die ich rasch in die Schublade gesteckt hatte.

Ich öffnete die Lade. Die Kette war da, aber ich sah den Ring nicht. Ich räumte die Lade aus, fand ihn aber nicht.

Ich hatte ihn doch hineingeworfen, als meine Mutter kam. Ich suchte fieberhaft, kniete nieder und untersuchte den Fußboden. Der Ring blieb verschwunden.

Es war besser, wenn ich die Suche bei Tageslicht fortsetzte. Wahrscheinlich war er mir aus der Hand gefallen, weil ich mich beeilt hatte. Das war die einzig mögliche Erklärung.

Immer wieder durchsuchte ich den Inhalt der Schubfächer. Handschuhe, Taschentücher, Kragen und Manschetten. Aber kein Ring.

Schließlich gab ich die Suche auf und ging zu Bett. Ich konnte nicht einschlafen. Die starre Haltung meiner Mutter und der Verlust des Ringes hatten mich zu sehr erregt.

Bei Tagesanbruch suchte ich weiter, aber der Ring blieb wie vom Erdboden verschluckt.

Im Haus herrschte eine gespannte Atmosphäre. Meine Mutter sprach im Garten ernst auf Edwin ein. Dann schickte sie einen Boten fort, und ich fragte mich, wohin.

Christabel wurde unruhig, denn die Haltung meiner Mutter war unmißverständlich. Vier Tage, nachdem der Ring verschwunden war, erhielten Edwin und Leigh Befehl, zu ihrem Regiment zurückzukehren.

Jetzt begriff ich, an wen Mutter eine Botschaft gesandt hatte. Sie hatte sich hilfesuchend an ihre Freunde bei Hof gewandt und die Rückberufung der beiden erwirkt.

Sie reisten ab. Edwin hatte nicht um Christabels Hand angehalten und hatte immer unglücklicher ausgesehen. Sicherlich erwog auch er alle Nachteile dieser Verbindung, die meine Mutter ihm geschildert hatte. Wahrscheinlich hatte sie ihm die Trennung von Christabel vorgeschlagen, damit er sich in Ruhe überlegen konnte, was er machen wollte. Edwin war leicht beeinflußbar, hing sehr an meiner Mutter und war stets bemüht, ihr keinen Kummer zu bereiten. Als er fortritt, ohne Christabel einen Heiratsantrag gemacht zu haben, wußte ich, daß er es nie tun würde.

Die arme Christabel! Sie war jetzt noch unglücklicher als vor Edwins Heimkehr.

Wir beschäftigten uns ziemlich lustlos mit den Weihnachtsvorbereitungen. Harriet verbrachte die Feiertage sonst oft bei uns oder wir bei ihr. Diesmal gebrauchte sie jedoch Ausreden – Jocelyns wegen. Wenn Harriet eine Rolle spielte, dann ging sie ganz in ihr auf.

Von den Freunden, die meine Eltern bei Hof hatten, kamen etliche zu Besuch. Es gab also die üblichen Festivitäten und Jagden. Zur allgemeinen Enttäuschung war es jedoch noch nicht kalt genug zum Eislaufen. Doch die reichlichen Mahlzeiten trösteten uns darüber hinweg; außerdem tanzten wir und veranstalteten Gesellschaftsspiele, wie immer in der Weihnachtszeit.

Christabel nahm daran teil, als wäre sie ein Gast oder ein Familienmitglied, und bestimmt wurde sie oft dafür gehalten.

Die Merridews und die Eghams besuchten uns. Meine Mutter bedauerte sehr, daß Edwin und Leigh nicht mehr im Haus waren. Es war wirklich sehr unangenehm, daß Lord Carson, ihr strenger General, sie gerade während der Feiertage mit einem Auftrag ins Ausland geschickt hatte. Sobald sie Gelegenheit dazu hatte, würde sie ihm ihre Meinung sagen.

Einige Tage nach dem Heiligen Abend ging ich, als Schlafenszeit war, zu Christabels Zimmer, denn sie hatte an diesem Abend besonders traurig ausgesehen.

»Ich wollte nur nachsehen, ob alles in Ordnung ist«, sagte ich.

Sie lächelte müde. »Es wird nicht soweit kommen, Priscilla. Ich hätte mir denken können, daß es zu schön war, um wahr zu sein.«

Ich versuchte sie zu trösten. Manchmal dachte ich, daß es besser gewesen wäre, wenn meine Eltern während Edwins und Leighs Urlaub zu Hause gewesen wären. Meine Mutter hätte die wachsende Neigung zwischen den beiden jungen Leuten bemerkt und sie im Keim erstickt.

Eines Tages erhielt ich einen Brief von Harriet.

»Liebste Priscilla,

es ist so lange her, daß wir einander gesehen haben. Ich würde mich freuen, wenn du mich für eine Woche besuchen könntest. Nur du allein... oder bring die nette Christabel mit, von der du mir in deinen Briefen erzählt hast. Ich weiß, daß deine Mutter dich entbehren kann. Wir wollen ein kleines Theaterstück aufführen. John Frisby, der junge Mann, von dem ich euch geschrieben habe, ist ein ausgezeichneter Schauspieler, und ich habe dir auch eine kleine Rolle zugedacht. Er wird vielleicht bald wieder abreisen, und ich würde mich freuen, wenn du ihn noch kennenlernst. Also komm bald, Priscilla, laß mich nicht im Stich. Ich schreibe auch an deine Mutter...«

Die liebe, bezaubernde Harriet, die schönste und attraktivste Frau, die ich je kennengelernt hatte. Als sie jung war, mußte sie unwiderstehlich gewesen sein. Als ich einmal eine diesbezügliche Bemerkung machte, lachte sie. »Mein Liebling, ich war nie so unwiderstehlich wie heute. Ich habe Erfahrung, und die Kunst ist ein ausgezeichneter Ausgleich für die Natur.«

Ich mußte zugeben, daß sie ihr Gesicht mit künstlerischem Geschick bemalte, bis sie in blendender Schönheit erstrahlte.

Es war bezeichnend für sie, daß sie sich mit Leib und Seele für Jocelyns Rettung eingesetzt hatte. Ich fragte mich ein bißchen eifersüchtig, ob er sich in sie verliebt hatte; die meisten Männer taten es.

Dann zeigte ich meiner Mutter Harriets Brief.

»Natürlich mußt du die Einladung annehmen«, sagte sie. »Es wird dir gut tun, denn in letzter Zeit bist du etwas blaß, als hättest du Kummer. Mach dir Edwins wegen keine Sorgen, Cilla, es wird sich alles zum Besten wenden, du wirst schon sehen.«

Sie küßte mich zärtlich, und ich klammerte mich an sie. Ich empfand das beinahe unwiderstehliche Bedürfnis, ihr alles zu gestehen, ihr zu erklären, wie sehr mich der Verlust des Rings traf, und zu erzählen, was aus Jocelyn geworden war.

Es wäre Wahnsinn gewesen. Ich konnte mir vorstellen, wie wütend Leigh darauf reagiert hätte.

Also sagte ich nichts und drückte sie nur an mich.

»Harriet und ihr Theaterstück«, fuhr sie fort. »Was es wohl diesmal sein wird? Ich kann mich noch daran erinnern, wie wir lang vor der Restauration *Romeo und Julia* aufgeführt haben. Damals war

Harriet ein kleiner Racker, und ich bin nicht so sicher, daß sie heute vernünftiger ist. Gregory betet sie natürlich an, genau wie Benjie. Die Männer sind ihr immer nachgelaufen; ich glaube, sogar Leigh mag sie.«

»Natürlich, genau wie ich.«

»Sie ist ja auch seine Mutter, und sie hat es verstanden, sich die Liebe ihres Kindes zu bewahren, obwohl sie es verlassen hat. Ja, fahr nur zu ihr und nimm Christabel mit. Auch ihr wird das guttun. Harriet bringt die Menschen in Schwung. Ich möchte wissen, wie dieser junge Schauspieler aussieht. – Was wirst du mitnehmen? Wir hätten dir schon längst ein paar neue Kleider machen sollen. Wenn du zurückkommst, müssen wir darüber reden. Allerdings glaube ich, daß du noch wachsen wirst.«

In mir tobten die widersprüchlichsten Gefühle: Mitleid mit Christabel, Angst wegen des verlorenen Rings, Scham, weil ich meine geliebte Mutter belog, und vor allem Vorfreude auf das Wiedersehen mit Jocelyn.

Mitte Januar trafen wir in Eyot Abbas ein. Es war ein schönes altes Haus, das Gregory Stevens beim Tod seines älteren Bruders geerbt hatte. Es lag in einer lieblichen Gegend, die viel fruchtbarer war als jene um Eversleigh, denn sie war vor dem kalten Ostwind geschützt.

Das Haus lag zwischen Hügeln, etwa eine Meile vom Meer entfernt, das man aus dem oberen Stockwerk sehen konnte. Man erblickte von dort auch die Insel Eyot, von der das Haus seinen Namen bezog. Einmal war die Insel ziemlich groß und Sitz eines Klosters gewesen, das nach der Loslösung von Rom zerstört worden war. Inzwischen hatte das Meer Teile der Insel weggerissen und von dem Kloster waren nur noch ein paar Ruinen übrig. Wir hatten dort einige Male Picknicks veranstaltet. Es war ein verwilderter, faszinierender, etwas unheimlicher Ort; und natürlich gab es die üblichen Geschichten über Lichter, die plötzlich auftauchten, und Glocken, die zu läuten begannen.

Eyot Abbas war ein weitläufiges elisabethanisches Haus mit Toren und Türmchen. Seine roten Backsteinmauern paßten gut in das leuchtende Grün der Landschaft. Der Park war schön, obwohl nicht sehr gepflegt. Neben dem Sattelplatz gab es einen Obstgarten, in den man sich zurückziehen konnte, wenn man allein sein wollte. Bei meinen Besuchen hatte ich mich oft mit einem Buch unter meinem Lieblingsapfelbaum niedergelassen.

Es war ein sehr gemütlicher Haushalt. Harriet herrschte wie eine

Königin, und die Diener benahmen sich, als wäre es eine Auszeichnung, ihr dienen zu dürfen. Gregory betete sie an wie am ersten Tag, Benjie neckte sie und hing ebenfalls an ihr, obwohl sie sich nie allzusehr um ihn kümmerte. Es störte sie nicht, wenn er triefend naß vom Reiten heimkam oder beinahe einen der Gärtner erschoß, als er mit Pfeil und Bogen übte. Er war elf Jahre alt und konnte tun und lassen, was er wollte.

In diesem Haushalt gab es keine Spannungen. Harriet behandelte uns Kinder wie Erwachsene. In ihrer Gegenwart durfte man das Alter nicht erwähnen, denn sie wollte nicht daran erinnert werden.

Als wir eintrafen, war Harriet mit ihrem Besuch ausgeritten.

»Sie kennen ja Ihr Zimmer, Mistreß Priscilla«, sagte Merder, Harriets Zofe, die schon im Theater bei ihr gewesen war. »Und ich habe Mistreß Connalt neben Ihnen untergebracht.«

»Das ist fein, Mercer. Ich werde Mistreß Connalt hinaufführen.«

Wir stiegen die Treppe zu unseren Zimmern hinauf. Harriet hatte Eyot Abbas neu eingerichtet, als sie als Herrin einzog, und zwar war alles in Scharlachrot, Purpur und Gold gehalten. »Man hätte darauf wetten können, daß Harriet königliche Farben wählen würde«, hatte meine Mutter bemerkt.

In meinem Schlafzimmer war alles purpurrot – purpurrote Bettdecken, purpurrote Teppiche, purpurrote Gardinen. Nur der Bettüberwurf war lila und paßte ausgezeichnet dazu. In Christabels Zimmer herrschte bläuliches Mauve vor.

Die prächtige Einrichtung beeindruckte sie sehr, und sie war glücklich, weil man sie nicht als Gouvernante behandelte. Das war sehr wichtig für sie – besonders seit der Beziehung zu Edwin.

Mercer brachte uns Wasser, also wuschen wir uns und zogen uns um; und inzwischen kam Harriet zurück. Ihre Stimme war nicht zu überhören – sie klang wie eine Trompetenfanfare.

Ich lief aus dem Zimmer zur Treppe.

Sie stand in der Halle und neben ihr Jocelyn, der noch besser aussah, als ich ihn in Erinnerung hatte. Einige Sekunden lang blieb ich unbeweglich stehen, weil meine Empfindungen mich überwältigten.

Dann entdeckte mich Harriet. »Ach, Priscilla, da bist du ja; bitte komm sofort herunter. Ich möchte dich begrüßen und dir John Frisby vorstellen.«

Ich lief die Treppe hinunter, direkt in ihre Arme, und ihr Duft hüllte mich ein.

In ihrem Reitkleid sah sie großartig aus. Es war hellgrau, und sie trug eine dunkelblaue Halsbinde, die genau zu ihren Augen paßte. »Harriets Augen sind einmalig«, hatte meine Mutter gesagt. »Wahrscheinlich sind sie die Erklärung für ihre Wirkung.« Ihre Augen waren tiefblau, mit schwarzen Wimpern; die Augenbrauen waren ebenfalls schwarz und schön geschwungen; ihr dichtes, sehr dunkles Haar legte sich in kleine Löckchen. Der Gegensatz zwischen den blauen Augen, dem dunklen Haar und der hellen Haut, die lustige Nase und die weißen Zähne machten Harriet zu einer Schönheit. Aber vor allem infolge ihrer überschwenglichen Art, ihres herzlichen Wesens sah man ihr Dinge nach, die man jedem anderen nicht durchgehen hätte lassen.

»Harriet ist überlebensgroß«, pflegte meine Mutter zu sagen. »Man kann sie nicht mit normalen Maßstäben messen.«

Das stimmte. Sie war ränkesüchtig und ichbezogen, aber sie war großzügig. Sie bezauberte durch ihre Vitalität, ihre Fähigkeit, mit unangenehmen Situationen fertig zu werden, und vor allem durch ihre Lebensfreude. Sie genoß das Leben in vollen Zügen und riß alle um sich mit. Niemand, der Harriet in die Nähe kam, konnte sich langweilen.

Keiner ihrer beiden Söhne war ehelich. Leigh war zur Welt gekommen, bevor sie heiratete. Sein Vater war mit meiner Mutter verheiratet, und es spricht für Harriets Charme, daß meine Mutter, die ihren ersten Mann innig geliebt hatte, Harriet gegenüber keinen Groll hegte. Da Harriet Leigh als unerträgliche Belastung empfang, hatte sie ihn nach wenigen Monaten der Obhut meiner Mutter anvertraut. Jahre später heiratete sie in die Eversleigh-Familie ein, und zwar einen Onkel meines Vaters, der viel älter war als sie. Dann brachte sie Benjie zur Welt, aber es stellte sich heraus, daß nicht ihr Ehemann sein Vater war, sondern Gregory Stevens. Als Harriets Mann starb und Gregory Titel und Vermögen erbte, heiratete sie ihn, Benjie hieß plötzlich nicht mehr Eversleigh, sondern Stevens, und Harriet spielte eine neue Rolle: die der angebeteten Ehefrau und Mutter.

Ich hatte Angst, den jungen Mann neben ihr anzuschauen, deshalb sagte ich: »Du siehst immer gleich bezaubernd aus, Harriet.«

»Ich danke dir, mein liebes Kind. Ich möchte dir meinen lieben Freund John Frisby vorstellen. John, das ist meine ... also es ist eine komplizierte Verwandtschaft, und ich würde Papier und Feder brauchen, um sie genau zu erklären. Aber ich liebe Priscilla innig und möchte, daß ihr einander kennenlernt.«

Die schönen blauen Augen blitzten spöttisch, als Jocelyn mir die Hand küßte. Wir lächelten einander zu, und ich dachte selig: Nichts hat sich verändert, er liebt mich immer noch.

Ich war unglaublich glücklich.

Christabel kam die Treppe herunter, und Harriet musterte sie. »Das ist Mistreß Connalt; Christabel, das ist Lady Stevens.«

Harriet war überaus liebenswürdig, so daß Christabel vor Freude errötete.

»Willkommen, meine Liebe«, sagte Harriet, »ich freue mich immer, wenn ich Jugend im Haus habe. Priscilla hat mir so viel von Ihnen erzählt. Und jetzt möchte ich Ihnen John vorstellen, der sich darauf freut, Sie kennenzulernen.«

Dann wandte sie sich an uns beide. »Seid ihr gut untergebracht? Hat Mercer für alles gesorgt, was ihr braucht? Ich nahm an, daß ihr nebeneinander wohnen wollt.«

»Es war sehr freundlich von Ihnen, mich einzuladen«, bemerkte Christabel etwas förmlich.

»Unsinn. Ich freue mich, daß Sie hier sind. Hat Mercer Ihre Sachen ausgepackt? Ihr müßt hungrig sein.«

»Eigentlich nicht«, antwortete ich. »Wir aßen im Stag's Head Pastete und tranken Apfelwein.«

»Wirklich? Wir werden dennoch zeitig essen. John, gehen Sie bitte in die Küche und sagen Sie dort, man solle sich beeilen. Wir werden um sechs Uhr dinieren.«

Er verbeugte sich und ging.

»Kommt, meine Lieben«, sagte Harriet, »ich möchte mich davon überzeugen, daß es euch an nichts fehlt.«

Sie ging zu meinem Zimmer voran und schob uns hinein. Dann schloß sie die Tür und lehnte sich daran. Ihre Stimmung hatte sich verändert; ihre Augen blitzten vor Erregung.

»Jetzt können wir sprechen. Wir müssen nämlich sehr vorsichtig sein. Die Diener haben ihre Augen und Ohren überall.« Sie wandte sich an Christabel. »Ich bin so froh, daß Sie gekommen sind, meine Liebe. Ich weiß über Ihre Rolle in dieser Intrige Bescheid ... und auch über die von Leigh und Edwin. Auch mein guter Gregory war uns eine große Hilfe. Wer hätte geglaubt, daß er je in eine solche Sache verwickelt werden würde. Er ist der sanftmütigste Mensch, den es gibt, und er sehnt sich nach einem einfachen, unkomplizierten Leben. Dabei bringe ich ihn immer wieder in die aufregendsten Situationen. Der liebe Gregory! ... Aber ihr wartet auf Neuigkeiten bezüglich eures Freundes John.«

»O ja, bitte«, bat ich inbrünstig.

»Und ich schwatze immerzu. Also hört mir genau zu, meine Lieben. John wird gesucht. Ihr dürft ihn in diesem Haus nur John Frisby nennen. Gregory weiß genau, was vorgeht; er war erst kürzlich in London. Oates hat jetzt Angst, weil er sieht, daß seine Herrschaft zu Ende geht, aber er ist entschlossen, keines seiner Opfer entkommen zu lassen. Oates hegt einen besonderen Groll gegen die Frintons. Er hat den Vater an den Galgen gebracht und ist entschlossen, die ganze Familie auszulöschen. Das heißt, daß er mit dem Sohn beginnen wird. Unser John Frisby befindet sich also in akuter Lebensgefahr.«

Mein Atem stockte, und ich fuhr mir mit der Hand an den Hals. Harriet lächelte mir liebevoll zu und fuhr fort: »Ich weiß, was ihr empfindet und teile eure Ängste. Im Augenblick verdächtigt niemand dieses Haus, das weiß ich. Aber wenn sie etwas auf die richtige Spur brächte... dann würden sie Fragen stellen... und ich bin nicht so sicher, daß unsere Tarnung einer genauen Prüfung standhalten würde.«

»Was sollen wir denn tun, Harriet?«

»Natürlich habe ich mir Verschiedenes überlegt und bin zu dem Entschluß gekommen, John nach Frankreich hinüberzuschmuggeln. Ich halte es für den einzigen Ausweg. Wir haben Verbindungen geknüpft, und ich hoffe, daß wir bis Ende der Woche ein Boot auftreiben, das ihn hinüberbringt. Ich wollte, daß ihr euch vor seiner Abreise noch von ihm verabschiedet.«

»Harriet«, rief ich, »du bist wunderbar!«

Ich war so gerührt, daß es mir schwerfiel, meine Tränen zu unterdrücken, deshalb warf ich mich ihr an den Hals und vergrub mein Gesicht an ihrer Schulter.

Sie strich mir über das Haar und sagte zu Christabel: »Dieses Kind ist immer schon mein Liebling gewesen. Ihre Mutter hat mir sehr geholfen.«

Ich mußte lächeln, denn ich konnte mir genau vorstellen, wie sie in diesem Augenblick aussah; natürlich posierte sie, wie immer. Ich fragte mich oft, wieviel sie von dem, was sie sagte, wirklich meinte.

»Aber jetzt«, fuhr sie fort, als sie fand, daß die Szene lang genug gedauert hatte, »müssen wir vernünftig sein. Du darfst John Frisby nicht zu viel Beachtung schenken... aber du darfst ihn auch nicht völlig ignorieren. Du mußt Interesse für ihn zeigen, doch nicht zu viel Interesse. Du mußt vorsichtig sein, ohne daß die anderen es bemerken.«

»Wir verstehen Sie sehr gut, Lady Stevens«, sagte Christabel.

»Nennen Sie mich Harriet, wie alle meine Bekannten.« Sie wandte sich an mich. »Deine Mutter hält mich für das unkonventionellste Wesen, das es gibt, aber du magst mich dennoch, nicht wahr?«

»Du bist die liebste Frau auf der Welt«, rief ich dankbar.

»Ich mußte es tun, denn sonst hätte Leigh wissen wollen, warum ich es nicht getan habe. Ich fürchte mich vor meinem energischen Sohn, Christabel.«

»Ich kann mir nicht vorstellen, daß Sie sich vor irgend jemand fürchten«, wandte Christabel ein.

»Ich darf nicht zu lange bei euch bleiben. Ihr wollt euch sicherlich umziehen, und dann können wir essen... ganz formlos. Gregory wird zum Essen dasein; er muß jeden Augenblick kommen. Er ist mit den Vorbereitungen für Johns Flucht beschäftigt. John kann in Frankreich bleiben, bis das ganze Theater hier vorbei ist. Gregory nimmt an, daß in einem Jahr alles vergessen ist. Kommt herunter, sobald ihr umgezogen seid. Ich muß jetzt John zur Vorsicht mahnen. Als er dich sah, wirkte er wie ein liebeskranker Romeo. Ein romantischer Anblick, aber unter diesen Umständen keineswegs wünschenswert.«

Als sie fort war, rief Christabel: »Was für eine prachtvolle Frau! Ich habe noch nie jemanden wie sie kennengelernt.«

»Das stimmt genau. Es gibt nur eine Harriet.«

Es wurde ein herrlicher Abend, den ich nie vergessen werde. Wir aßen in einem kleinen Zimmer, und im Kerzenlicht gewannen die Gestalten der Wandteppiche ein geheimnisvolles Leben.

Gregory war anwesend. Er war ein großer, ruhiger Mann, der sich ständig darüber zu wundern schien, daß er das Glück gehabt hatte, ein so herrliches Geschöpf wie Harriet zur Frau zu bekommen. Sicherlich wäre er nie auf die Idee gekommen, einen Verfolgten nach Frankreich zu schmuggeln, wenn nicht sie es gewünscht hätte. Ganz bestimmt war sein Leben bis zu dem Augenblick, als er Harriet kennenlernte, in genau festgelegten Bahnen verlaufen.

Ich fragte mich oft, warum sie ihn geheiratet hatte. Aber sie hatte ihn gern – soweit sie dazu fähig war – und es war eine überraschend glückliche Ehe.

Er saß an einem Ende des Tisches, Harriet am anderen. Jocelyn befand sich zu ihrer Rechten, ich zu ihrer Linken, so daß wir einander gegenübersaßen und einander betrachten konnten.

Während die Diener die Speisen auftrugen und uns vorlegten,

drehte sich das Gespräch um Ereignisse bei Hof. Der König zeigte sich überall mit der Königin – das war seine Reaktion auf die Behauptungen, sie wäre an der papistischen Verschwörung beteiligt gewesen und hätte den Tod ihres Mannes angestrebt.

»Sie ist eine brave Frau«, sagte Gregory, »und es war blanker Unsinn, solche Beschuldigungen gegen sie zu erheben. Sie war ihm immer eine treue, ergebene Gattin.«

»Und außerdem brachte sie Bombay und Tanger in die Ehe«, rief Harriet. »Ich konnte nicht so eine Mitgift mitbringen, Gregory.«

»Du brachtest dich selbst, und das war alles, was ich wollte«, antwortete der galante Liebhaber.

Sie warf ihm über den Tisch hinweg eine Kußhand zu. Ich fragte mich, ob sie ihm treu war. Sie war die Art Frau, die nicht zögert, sich einen Liebhaber zu nehmen, wenn sie dazu Lust hat. Aber sie würde es immer so arrangieren, daß sie Gregory damit nicht unglücklich machte.

Gregory sprach inzwischen über Theater und Schauspieler.

»Bis jetzt hat noch niemand Nell Gwynns Stelle eingenommen. Es gibt sogar Leute, die bedauern, daß der König sie entdeckt und der Bühne entrissen hat.«

»Ich glaube nicht, daß Nelly der gleichen Meinung ist«, wandte Harriet ein. »Sie verfügt über eine große Begabung, aber es muß nicht unbedingt Schauspieltalent sein. Es war die Art, wie sie lachte, wie sie tanzte... es war unvermeidlich, daß eines Tages ein Frauenkenner auf sie aufmerksam wurde. Ich mochte sie, alle mochten sie... außer jenen, die eifersüchtig auf sie waren. Obwohl sie jetzt reich ist, mag das Volk sie immer noch, denn sie ist nicht hochnäsig geworden.«

»Sie drängt den König, in Chelsea ein Hospiz für alte und invalide Soldaten einzurichten«, sagte Gregory. »Sie bittet immer nur für andere, nie für sich.«

»Eine seltene Eigenschaft«, bemerkte Christabel.

»Zu der sie zu beglückwünschen ist«, meldete sich Jocelyn.

»Wir Theaterleute verdanken ihr viel«, sagte Harriet.

»Natürlich«, stimmte Jocelyn zu, »ich erinnere mich.«

»Nelly und Monmouth sind nicht gerade Freunde«, sagte Gregory.

»Natürlich nicht«, bestätigte Harriet. »Sie weiß, daß er nach dem Thron strebt, den er aber erst dann besteigen kann, wenn Karl tot ist, und diesen Gedanken erträgt sie nicht.«

»Sie hat einen Spitznamen für ihn erfunden – Prince Perkin«, fuhr Gregory fort.

»Wobei sie zweifellos auf Perkin Warbeck anspielt, der einen Thron beanspruchte, auf den er kein Recht hatte«, fügte Harriet hinzu.

»Er zahlte es ihr heim, indem er öffentlich wissen wollte, wie sein Vater ein Geschöpf von so niedriger Abstammung ständig um sich haben könne. Daraufhin erinnerte sie ihn daran, daß Monmouth's Mutter, Lucy Walter, nichts Besseres ist als sie. Wie du siehst, herrscht zwischen ihnen offener Krieg, obwohl beide für die protestantische Sache eintreten.«

»Ich weiß, daß sie sich die protestantische Hure nennt. Ihr müßt mir verzeihen«, Harriet lächelte mich und Christabel an. »Aber der Umgang bei Hof ist keineswegs fein, und das bedeutet, daß wir ebenfalls ein bißchen unfein sein müssen, wenn wir über ihn sprechen. Es herrscht ein wahrer Aufruhr der Meinungen, und wenn der König stirbt, wird die Unruhe noch größer werden. Daher... auf das Wohl des Königs.«

Das Gespräch ging weiter, aber ich wollte eigentlich wissen, was für Pläne sie in bezug auf Jocelyn hatten. Doch das konnte natürlich nicht bei Tisch besprochen werden. Harriet erlaubte mir auch nicht, mit Jocelyn allein zu sein. Sie glaubte, daß im Augenblick alles in Ordnung war und daß niemand Jocelyns wegen Verdacht geschöpft hatte. Außer Gregory und ihr durfte niemand im Haus wissen, daß Jocelyn und ich einander kannten.

»Vor einigen Tagen fuhren wir mit einem Ruderboot nach Eyot«, erzählte Harriet. »Es war ein schöner, windstiller Tag, und John ist ein guter Ruderer. Sie könnten die Damen morgen hinüberrudern, John, wenn das Wetter gut ist.«

»Das wäre herrlich«, stimmte ich mit leuchtenden Augen zu, als ich begriff, daß Harriet uns Gelegenheit geben wollte, miteinander zu sprechen.

»Dann wollen wir um einen windstillen Tag beten«, sagte Harriet. »Ich werde euch einen Korb mit Essen mitgeben. Zwischen den Ruinen gibt es ein paar geschützte Plätzchen, an denen ihr ein Picknick veranstalten könnt.«

Ich sehnte mich danach, mit Jocelyn allein zu sein, mit ihm zu sprechen, Pläne zu schmieden. Ich hatte keine Ahnung, wohin er sich in Frankreich wenden würde.

Als ich mich auf mein Zimmer zurückzog, war ich zu aufgeregt, um einschlafen zu können. Ich zog meinen Morgenrock an und kämmte mein Haar, als mein erster Besucher kam. Es war Christabel. Sie war wieder so wie damals, als sie nach Eversleigh gekommen war. Das strahlende Mädchen, das ich kurz erlebt hatte, hatte sich neuerlich hinter einer undurchdringlichen Maske versteckt.

Sie setzte sich. »Darf ich ein paar Minuten hier bleiben und mit dir plaudern?« fragte sie.

»Natürlich.«

»Es war ein so merkwürdiger, aufregender Tag. Harriet ist die ungewöhnlichste Frau, die ich je gesehen habe. Sie ist wunderschön und anziehend, also alles, was ich nicht bin. Wenn ich sie sehe, wird mir erst bewußt, wie ungeschickt und häßlich ich bin.«

»Neben Harriet kommt sich jeder so vor.«

»Es ist ungerecht, daß einige von uns... Manchen Menschen wird einfach alles in die Wiege gelegt, und andere...«

»Das war bei Harriet nicht der Fall. Sie war arm; meine Mutter erwähnte einmal, daß sie die uneheliche Tochter eines Wanderschauspielers und eines Bauernmädchens sei. Allerdings fügte meine Mutter hinzu, daß man bei Harriet nie weiß, wann sie fabuliert. Jedenfalls hat sie ihren Weg gemacht.«

»Harriet ist unehelich!«

»Behauptete jedenfalls meine Mutter. Genau werde ich es erst erfahren, wenn ich das Tagebuch meiner Mutter lese. Dennoch hat Harriet immer alles erreicht, was sie wollte.«

»Sie ist auch ungewöhnlich schön.«

»Ja, aber sie verdankt ihren Aufstieg nicht nur ihrer Schönheit, sondern ihrer Persönlichkeit, ihrer Vitalität. Sie mag noch so skrupellos sein, man wird es ihr immer verzeihen. Meine Mutter hat ihr schon lange vergeben, aber ich glaube nicht, daß mein Vater mit ihr ausgesöhnt ist. Er ist da anders...«

Ich schwieg, und Christabel fragte: »Wir fahren also morgen mit Jocelyn nach Eyot?«

»Ja. Dort werden wir offen miteinander reden können. Er wird bald nach Frankreich fahren.«

»Was für ein Glückskind du bist, Priscilla! Wenn ich mir vorstelle, was für ein behütetes Leben du gehabt hast... du wurdest in einem schönen Haus geboren, deine Mutter liebt dich innig, die alte Sally Nullens betreut dich wie eine Glucke ihr Küken... und dann kommt auch noch dieser romantische Liebhaber... für dich geht wirklich alles gut aus.«

»Aber er muß nach Frankreich fliehen, weil sein Leben hier in Gefahr ist.«

»Auch das wird klappen, weil es mit dir zusammenhängt. Andere Menschen haben nicht so viel Glück.«

Meine Aufregung über das Wiedersehen mit Jocelyn, die Freude über den Aufenthalt in Eyot Abbas wurden durch diese Bemerkung etwas gedämpft. Sie hatte mich daran erinnert, daß Edwin sie verlassen hatte, und daß meine Mutter dahintersteckte. Nein, das Leben meinte es mit der armen Christabel nicht gut, denn Edwin war nicht der Mensch, der sich über Konventionen hinwegsetzte. Er wollte möglichst konfliktlos durchs Leben kommen.

Christabel sprach in meine Gedanken hinein: »Ich werde jetzt gehen, du bist sicherlich müde. Hoffen wir, daß es morgen ein schöner Tag wird.«

Ich versuchte nicht, sie zurückzuhalten.

Fünf Minuten später kam Harriet herein. Sie trug einen losen blauen Morgenrock, der mit unzähligen Schleifen besetzt war.

»Habe ich mir doch gedacht, daß du noch nicht schläfst«, sagte sie. »Dazu bist du viel zu aufgeregt. Ich bin so froh, daß ihr noch rechtzeitig gekommen seid und du noch ein wenig mit Jocelyn beisammen sein kannst. Zwei verliebte junge Menschen. Du bist zum erstenmal verliebt, nicht wahr? Weiß deine Mutter davon?«

»Nein, sie hält mich noch für ein Kind.«

»Die liebe Arabella! Sie hat sich immer leicht täuschen lassen. Mich hat sie überhaupt nie verstanden. Aber ich verdanke ihr sehr viel. Mein Leben änderte sich an dem Tag, da ich mit einer Wandertruppe zu dem Schloß kam, in dem sie während ihres französischen Exils lebte. Ich hatte zum erstenmal einen Geliebten, als ich in deinem Alter war – vielleicht sogar etwas jünger. Damals lebte ich in einem großen Haus, in dem meine Mutter Haushälterin und Gesellschafterin eines alten Landedelmanns war, der sie anbetete. Einer seiner Freunde fand an mir Gefallen, und obwohl er mir uralt vorkam, mochte ich ihn. Es war natürlich keine so romantische Angelegenheit wie zwischen dir und Jocelyn, aber er lehrte mich viel über die Liebe und das Leben, und ich bin ihm immer dankbar gewesen.«

»Du bist so verständnisvoll, Harriet. Das Ganze ist für mich allzu plötzlich gekommen.«

»So ist es meist.«

»Wir waren in der Höhle…«

»Ich weiß, er hat es mir erzählt. Er betet dich an. Ich weiß genau, wie es ist, wenn man jung und verliebt ist.«

»Harriet, hältst du es für möglich, daß wir heiraten?«

»Warum nicht?«

»Meine Eltern würden finden, daß ich zu jung bin.«

»Viele Mädchen heiraten in deinem Alter, warum also du nicht?«

»Mein Vater...«

Sie lachte. »Dein Vater ist ein typischer Mann. Ich könnte schwören, daß er in deinem Alter schon auf Abenteuer aus war. Männer wie er glauben, daß ihnen Rechte zustehen, die für Frauen nicht gelten. Es liegt an uns, ihnen zu beweisen, daß sie sich irren.«

»Ich habe eigentlich noch nicht an eine Ehe gedacht... eher an eine Verlobung.«

»Hüte dich vor Verlobungen, auf die Trennungen folgen. Sie halten nur in den seltensten Fällen. Trotzdem müssen wir uns bemühen, ihn außer Landes zu bringen.«

»Wann, Harriet?«

»Noch im Laufe dieser Woche. Gregory ist mit den Vorbereitungen beinahe fertig. Genießt also den morgigen Tag. Auf Eyot könnt ihr ungestört miteinander sprechen; nur die Möwen und die Gespenster werden euch Gesellschaft leisten. Christabel wird natürlich als Anstandsdame mitkommen, aber sie kann ja inzwischen die Ruinen erforschen.«

»Christabel wird uns sicherlich allein lassen, sie ist an der Sache von Anfang an beteiligt gewesen.«

»Erzähl mir mehr über Christabel.«

Ich gehorchte.

»Also dein Vater brachte sie ins Haus. Was hat deine Mutter dazu gesagt?«

»Sie hielt Christabel für eine sehr gute Gouvernante.«

»Die liebe Arabella! Ich muß dir etwas sagen, Priscilla: Mistreß Christabel beneidet dich.«

»Beneidet mich?«

»Das spürt man. Woher kommt sie? Aus einem Pfarrhaus. Und ihr Vater war der Pfarrer.«

»Sie hatte eine sehr unglückliche Kindheit.«

»Vielleicht liegt es daran. Aber jetzt ist Schlafenszeit. Gott segne dich, Priscilla, gute Nacht.« Sie küßte mich zärtlich.

Ich schlief nur wenig. Ich war zu aufgeregt und freute mich zu sehr auf den nächsten Tag.

Am nächsten Morgen war ich zeitig wach. In der Luft lag leichter Nebel, und der Wind hatte sich gelegt. Wir beschlossen, zu Mittag aufzubrechen, und Harriet ließ einen Korb mit Essen für uns vorbereiten.

Kurz nach elf Uhr ging ich auf mein Zimmer, um mich für den Ausflug umzuziehen. Zufällig schaute ich zum Fenster hinaus und sah im Garten Christabel, die mit einem Gärtner sprach. Sie blickten zum Himmel auf, und ich nahm an, daß sie über das Wetter redeten. Hoffentlich kam nichts dazwischen! Jocelyn würde sehr bald den Kanal überqueren – und wann konnte ich ihn dann wiedersehen?

Um halb zwölf trat Christabel in mein Zimmer. »Ich habe solche Kopfschmerzen«, klagte sie. »Schon seit dem Morgen. Ich hoffte, daß es vorübergehen würde, aber es wird immer ärger.«

Ich bekam Angst. Wollte sie damit sagen, daß sie nicht mitfahren konnte? Tatsächlich fuhr sie fort: »Würde es dir sehr viel ausmachen, Priscilla...«

Ich unterbrach sie: »Wenn du dich nicht wohl fühlst, kannst du natürlich nicht mitkommen.«

Sie war sehr bekümmert. »Daß es gerade heute kommen muß...« sagte sie leise. Es war das erste Mal, daß sie ein Leiden erwähnte.

»Ich habe früher oft Kopfschmerzen gehabt«, erklärte sie, »ganz schreckliche Kopfschmerzen. Aber ich hatte geglaubt, daß das vorüber ist. Das letzte Mal hatte ich sie vor einem Jahr, und da mußte ich in einem verdunkelten Zimmer liegen, bis sie vergingen.«

»Dann lege dich jetzt in deinem Zimmer nieder.«

»Aber ich weiß, wie wichtig dieser Ausflug für dich ist. Du willst ja mit ihm sprechen.«

»Ich fahre auf jeden Fall.«

Sie war verblüfft. Eigentlich war ich über mich selbst erstaunt. Noch vor wenigen Tagen hätte ich es für unmöglich gehalten, mit einem jungen Mann allein zu sein. Ich dachte an mein Gespräch mit Harriet. Harriet würde fahren, sie lebte ihr Leben voll aus. Auch ich war fest entschlossen.

Jocelyn freute sich offensichtlich. Er trug den Picknickkorb, und wir gingen miteinander zum Strand hinunter.

»Du weißt, was ich fühle«, sagte er.

»Ich fühle das gleiche.«

»Wir müssen so viel besprechen.«

»Warten wir, bis wir auf der Insel sind.«

»Auch jetzt kann uns niemand hören.«

»Ich werde mich erst sicher fühlen, wenn wir drüben sind.«

Wir bestiegen das Boot. Ich konnte die Insel sehen, aber weiter draußen lag Nebel über dem Meer.

Jocelyn ruderte gleichmäßig, und nach nicht einmal einer halben Stunde knirschte unser Kiel auf dem sandigen Ufer. Ich mußte zugeben, daß die Insel in dem fahlen Licht unheimlich wirkte.

Jocelyn reichte mir die Hand, half mir aus dem Boot, und dann küßte er mir die Hand.

Ich sah mich verstohlen um, und er lachte. »Außer uns ist niemand hier, Priscilla.«

»Ich habe solche Angst um dich.«

»Aber wir sind hier ganz allein.«

»Ich meine, wegen deiner Zukunft.«

Er ließ mich los und machte das Boot fest. Dann gingen wir zu den Ruinen hinauf.

»Ich werde bald nach Frankreich segeln«, sagte er, »wo ich in Sicherheit bin. Du mußt mir nachkommen, Priscilla.«

»Meine Eltern würden das nie erlauben.«

»Ich habe mit Harriet darüber gesprochen. Wir könnten heiraten, dann könntest du mich begleiten.«

»Meine Eltern wären nie damit einverstanden.«

»Ich meine, wir können heiraten und es ihnen nachher beichten.«

Mein Glücksgefühl schwand. Es würde meine Mutter schwer treffen, wenn ich heimlich heiratete. Sollte ich diesen wichtigen Schritt ohne ihr Wissen unternehmen, würde sie das Gefühl haben, daß sie aus meinem Leben ausgeschlossen sei.

Ich schüttelte den Kopf.

»Ich werde dir alle Gründe aufzählen, die dafür sprechen«, meinte Jocelyn.

»Ich weiß, daß Harriet findet, wir könnten auch ohne Zustimmung meiner Eltern heiraten.«

»Harriet ist ein wunderbarer Mensch. Sie hat ihr Leben lang nur das getan, was sie für richtig hielt, und sie ist dabei wirklich gut gefahren.«

»Meiner Meinung nach hat sie sehr viel Glück gehabt.«

»Sie war wagemutig. Das, was sie im Leben erreichen wollte, hat sie sich geholt.«

»Man kann nicht immer haben, was man will. Man muß auch an die anderen denken.«

»Es geht um uns beide.«

»Und um meine Mutter.«

»Wahrscheinlich hat sie schon eine passende Partie für dich in Aussicht. Ich gebe zu, daß sie im Augenblick gegen eine Verbindung unserer beiden Familien wäre. Aber dieser Wahnsinn wird vorübergehen. Und die Frintons genießen ein gewisses Ansehen.«

»Ach, Jocelyn, wenn es doch möglich wäre!«

»Wir werden es in Ruhe besprechen. Es ist wunderbar, daß wir Zeit füreinander haben.«

Wir waren zu den Überresten der Mauer gekommen und kletterten hinüber. Es war ein eindrucksvoller Anblick – die hohen Steinwände, die einst die Mönche beherbergt hatten, waren zerstört, aber dennoch war so viel von der Abtei übrig, daß man sich die Anlage im Geist vorstellen konnte. Steinerne Bogen, durch die man jetzt den Himmel sah, erinnerten an vergangene Größe, manche der Steinplatten waren unbeschädigt, zwischen anderen wuchs Gras. Wir fanden einen Raum, dessen Holztür irgendwie dem Wind und dem salzigen Gischt der Jahrhunderte widerstanden hatte. Er war oben offen, da das Dach längst eingefallen war, aber sonst gut erhalten. Durch die langen, schmalen Fenster sah man aufs Meer hinaus.

»Diese Ruinen haben mich fasziniert«, sagte Jocelyn, »als ich vor einiger Zeit zum erstenmal hier war. Ich halte sie für ein gutes Versteck, deshalb untersuchte ich sie genau. In diesem Raum wäre man sogar halbwegs geschützt, obwohl der Wind durch die offenen Fensterhöhlen pfeift. Allerdings glaube ich, daß sich nie Fenster in ihnen befunden haben, denn die Mönche führten ein spartanisches Leben.« Er wandte sich mir zu und schloß mich in die Arme. »Jetzt fühlst du dich sicher, Priscilla, nicht wahr? Wir beide befinden uns ganz allein auf dieser Insel, diese Vorstellung entzückt mich. Die Zeit ist mir so lang geworden, und manchmal fragte ich mich, ob ich dich jemals wiedersehen würde.«

In diesem Augenblick erinnerte ich mich an den Ring, und mir lief ein Schauder über den Rücken. Ich mußte es ihm sofort gestehen, also erzählte ich ihm, was geschehen war.

»Bist du sicher, daß er hinter der Kommode liegt?«

»Vollkommen sicher. Er kann sonst nirgends sein. Weil sie sehr schwer ist, wird sie nur einmal im Jahr weggeschoben.«

»Wirst du ihn tragen, wenn du ihn findest?«

»Natürlich. Zuerst hatte ich Angst, und deshalb habe ich ihn verloren. Leigh behauptet, daß er Aufsehen erregen würde; noch dazu ist dein Familienname eingraviert.«

»O ja, er befindet sich seit Generationen im Besitz unserer Familie. Deshalb wollte ich ja, daß du ihn bekommst.«

Ich war erleichtert, weil er nicht verärgert war, und beschloß, meine Angst zu vergessen und den Tag zu genießen.

»O Jocelyn«, rief ich, »ist es nicht wunderbar, daß wir hier sind... ganz allein.«

Er küßte mich zärtlich. »Und zu wissen, daß wir ein paar Stunden für uns haben.«

»Es ist Mittagszeit. Was wollen wir tun?«

»Die Insel erforschen und dabei miteinander sprechen. Dann werden wir unser Picknick abhalten und weitersprechen. Und ich werde dich die ganze Zeit über ansehen. Ich will dich lächeln sehen. Dann hast du nämlich ein winziges Grübchen in der Wange. Ich liebe die Art, wie du dein Haar trägst. Ich liebe deine braunen Augen; sie sind um so viel schöner als blaue.«

»Du bist voreingenommen. Du magst diese Dinge nur, weil sie zu mir gehören.«

»Kann es einen besseren Grund geben?«

Wir hatten wahrscheinlich beide ein wenig Angst vor den Gefühlen, die wir in dem anderen weckten. Ich war glücklich, weil ich mit ihm beisammen war, aber ich konnte nicht vergessen, daß er verfolgt wurde und daß er nur vorübergehend hier Zuflucht gefunden hatte. Die Vorstellung, daß wir heiraten könnten, war überaus aufregend; es schien unmöglich zu sein, aber andererseits – warum nicht? Es handelte sich ja um außergewöhnliche Umstände.

Wenn er nach Frankreich ging, konnte ich ihn begleiten – sobald wir verheiratet waren. Aber durfte ich das meiner Familie antun?

Es wäre schön gewesen, wenn Leigh mich beraten hätte. Dieser Gedanke kam mir merkwürdig vor, denn als ich klein gewesen war, hatte ich mir vorgenommen, später einmal Leigh zu heiraten.

Wir erforschten die Reste der Abtei und entdeckten das Refektorium und den Lesesaal.

Jocelyn schien sich nicht sehr für das alte Gemäuer zu interessieren. Die Tatsache, daß wir allein waren, war ihm wichtiger als alles andere.

Auf der einsamen Insel herrschte eine seltsame Atmosphäre. Es war ein vollkommen windstiller Tag, die Nebelstreifen bewegten sich nicht. Sie sahen merkwürdig aus – grau und gespenstisch.

»Dort ist der Kirchturm«, machte ich ihn aufmerksam. »Ich wäre nicht überrascht, wenn die Glocke zu läuten begänne und die dunklen Gestalten der Mönche zur Vesper schritten.«

»Es ist nicht die rechte Tageszeit dafür«, antwortete Jocelyn prompt, und mir fiel ein, daß er katholisch war und daß diese Tatsache meine Familie ebenfalls gegen ihn einnehmen würde. Mein Vater war überzeugter Protestant, obwohl im eigentlichen Sinne nicht religiös. Er wäre bestimmt nicht begeistert, wenn ich in eine katholische Familie einheiratete, noch dazu in eine gefährdete.

Merkwürdigerweise dachte ich genauso oft an ihn wie an meine Mutter. Ich stellte mir vor, wie ich ihm sagte: »Was macht es dir schon aus? Du hast dich nie um mich gekümmert. Was macht es dir aus, wen ich heirate?«

»Wo wollen wir unser Picknick abhalten?« fragte Jocelyn.

Ich lachte glücklich. »Diesen Winter scheine ich zu mehr Picknicks zu kommen als sonst in einem ganzen Sommer.«

»Ich werde nie das Picknick bei der Höhle vergessen.«

»Ich glaube, ich habe noch nie solche Angst ausgestanden wie in dem Augenblick, als der Hund in die Höhle kam.«

»Aber ich war auch noch nie so glücklich, denn in diesem Augenblick erkannte ich, daß du mich liebst.«

»Ich erkannte es auch. Erst die Gefahr gab mir Klarheit über meine Gefühle.«

»Du bist sehr jung, Priscilla.«

»Aber nicht zu jung.«

Er nahm mich in die Arme und küßte mich, zuerst zärtlich, dann leidenschaftlich.

»Wollen wir in diesen Raum zurückkehren? Dort wären wir geschützt. Ich hole die Decken aus dem Boot, wir breiten sie auf den Steinplatten aus, und dann essen wir in unserem dachlosen Refugium. Was hältst du davon?«

»Es klingt wunderbar.«

Wir lachten und scherzten, während ich das Tischtuch ausbreitete und Fleisch und Pasteten aus dem Korb holte; auch Apfelwein war dabei.

»Wir haben sehr viel mit«, sagte ich. »Genug für drei, denn Christabel hätte ja mitkommen sollen.«

»Es war schön, daß sie uns Zeit für uns gegeben hat.«

»Nimmst du an, daß sie es absichtlich getan hat?«

»Davon bin ich überzeugt.«

Ich war nicht ganz so sicher wie er.

Wir lehnten uns an die Wand, und ich blickte zum grauen Nebel hinauf. »Was für ein merkwürdiger Ort«, bemerkte ich. »Die Diener behaupten, daß es hier spukt.«

»Diener behaupten viel. Fürchtest du dich?«

»Nicht, wenn du bei mir bist.«

»Das höre ich gern. Solange ich da bin, um dich zu beschützen, mußt du nie Angst haben, Priscilla.«

»Was für ein beruhigender Gedanke. Hier, nimm noch von der Pastete, sie ist köstlich.«

»Harriet hat eine gute Köchin.«

»Harriet bekommt von allem das Beste.«

Dann sprachen wir darüber, wie wunderbar es war, daß wir einander kennengelernt hatten, und über eine mögliche Heirat. Ich hatte von Mädchen gehört, die von zu Hause fortgelaufen waren, um zu heiraten. Einmal war ein Mädchen mit einem Mann durchgegangen, der um zwanzig Jahre älter war als sie. Er war ein Mitgiftjäger, und die Familie hatte die Heirat nicht verhindern können. Das Mädchen war erst vierzehn.

Ich war vierzehn und hatte die Absicht, einen Flüchtling zu heiraten. Aber ich war eben verliebt. Ich wollte mein eigenes Leben leben, auch wenn ich meiner Mutter damit Kummer bereitete. Was meinen Vater betraf, so konnte er toben, so viel er wollte... aber vielleicht würde er es gar nicht tun. Vielleicht würde er bloß die Schultern zucken und sagen: »Ach, es ist ja nur Priscilla.«

Wir waren so glücklich, als wir so miteinander sprachen und Pläne schmiedeten – obwohl ich mich fragte, ob er genau wie ich das Gefühl hatte, daß sie unrealistisch waren und wir sie nie in die Tat umsetzen könnten.

Wir würden nach Eyot Abbas zurückkehren, Harriet erklären, daß wir heiraten wollten, sie würde einen Priester auftreiben, und er würde uns trauen. Dann würde das Boot kommen, und wir würden gemeinsam nach Frankreich segeln. Meine Familie wäre zwar entsetzt, aber eines Tages würden sie begreifen, daß es keinen Sinn hatte, sich wegen einer vollzogenen Tatsache aufzuregen.

»Meine Mutter lebte als junges Mädchen in Frankreich im Exil«, erzählte ich Jocelyn. »Wie merkwürdig! Als würde sich die Geschichte wiederholen.«

»Aber diesmal wird es ganz anders.«

»Ich weiß, ich bin die erste, die so etwas erlebt.«

Wir sprachen darüber, was wir tun würden, wenn wir erst einmal verheiratet waren: zunächst gemeinsam das schöne Frankreich erforschen, dann nach England zurückkehren und bei seiner Familie in Devonshire leben. Devonshire sei der schönste Teil von England, behauptete Jocelyn, nirgends sonst sei das Gras so grün, nirgends sonst die Erde so rot und so fruchtbar, die Milch so fett, das Fleisch so saftig. »Du wirst die Lady von Devon sein, Priscilla, sobald du mich heiratest.«

So verging eine Stunde; er hatte den Arm um mich gelegt, und wir spannen unsere Träumereien aus.

Dann bemerkte ich, daß es dunkel geworden war. Es konnte nicht später als drei Uhr sein, und das bedeutete, daß wir noch eine gute Stunde Tageslicht haben mußten.

Ich sagte: »Wie dunkel es ist. Es muß später sein, als wir annahmen. »Ich stand auf, und dabei wurde mir bewußt, wie feucht die Luft war.

»Es ist der Nebel«, sagte Jocelyn, und als wir ins Freie traten, sahen wir, daß er recht hatte.

»Man kann nur ein paar Schritt weit sehen«, rief er verzweifelt. »Wir finden nicht einmal das Boot.«

»Suchen wir es!«

Ich stolperte über einen Stein, und er fing mich gerade noch rechtzeitig auf.

»Wir müssen vorsichtig sein«, sagte er. »Du hättest dich verletzen können.«

Ich hängte mich bei ihm ein. Die Insel war wirklich unheimlich, wenn der Nebel sie einhüllte und uns mit grauen Mauern umgab. Es ging überhaupt kein Wind, und das Meer war vollkommen ruhig. Uns war, als befänden wir uns auf einem fremden Planeten.

Wir blickten einander verzweifelt an, als uns unsere Lage bewußt wurde. Ich sah die Feuchtigkeitstropfen auf seinen Wimpern und Augenbrauen, und mein Gefühl für ihn überwältigte mich, denn ich erkannte, wie groß die Gefahr war, in der er schwebte. Die Zeit auf der Insel war für uns eine kostbare Atempause, denn wenn seine Feinde ihn fingen, würden sie wahrscheinlich seinen schönen Kopf vom Rumpf trennen oder ihm einen Strick um den Hals legen. Ich hatte ihn nie gefragt, wie sein Vater gestorben war, ich wollte es nicht wissen. Ich wollte vergessen, was geschehen war, und auch Jocelyn sollte nicht daran denken.

»Was sollen wir tun?« fragte ich.

»Wir können nichts tun. Es ist besser, wenn wir wieder in den geschützten Raum zurückkehren. Wir haben ja Decken.«

»Sollten wir nicht doch versuchen, das Boot zu finden?«

»Wir würden es kaum schaffen, und du bist eben erst gestolpert.

Wir wissen gar nicht, in welche Richtung wir gehen sollen. Nein, es ist besser, wenn wir hierbleiben, bis sich der Nebel lichtet. Und selbst wenn wir das Boot fänden, wäre es Wahnsinn, loszurudern. Wir könnten, ohne es zu merken, aufs Meer hinaustreiben.«

Er hatte natürlich recht. Wir kehrten zu unseren Decken zurück, setzten uns, und er legte den Arm um mich.

»Das Schicksal meint es gut mit uns. Wir sind allein, von der übrigen Welt durch eine Nebelmauer getrennt. Findest du das nicht aufregend, Priscilla?«

»Natürlich. Ich frage mich nur, wie es weitergeht.«

»Sie wissen, wo wir sind, und sie wissen, daß wir so vernünftig sein werden zu warten, bis sich der Nebel hebt. Sie werden sich unseretwegen keine Sorgen machen.«

»Es könnte aber sehr lang dauern, Jocelyn.«

»Kaum. Bald wird sich der Wind erheben und den Nebel vertreiben.«

»Wie spät es sein mag?«

»Es ist Nachmittag.«

Wir saßen dicht beieinander, lehnten uns an eine Mauer und sprachen wieder über unsere Hochzeit, die am besten sofort nach unserer Rückkehr erfolgen sollte. In dieser stillen, nebelverhangenen Atmosphäre schien uns alles möglich.

Wir hatten keine Ahnung, wie spät es war, aber es wurde dunkel, und wir konnten nicht einmal mehr den Nebel sehen. Aber er war noch da – feucht, dicht und kalt. Jocelyn drückte mich an sich.

»Wie wäre es, wenn wir den Rest unseres Lebens hier verbringen? Keine schlechte Idee!«

»Wie sollten wir das anstellen?«

»Wir könnten uns ein Haus bauen, den Boden bestellen und ein einfaches Leben führen, wie Adam und Eva.«

»Die Insel ist aber kaum der Garten Eden.«

»Wo du bist, ist für mich das Paradies.«

Es war das Gespräch zweier Liebenden – nichts Tiefschürfendes, aber beruhigend und tröstlich. Wir wurden von Naturkräften hier festgehalten und konnten diese Stunden ohne Gewissensbisse genießen.

Als es ganz finster wurde, aßen wir, was vom Picknick übrig war. Um uns herrschte tiefste Stille. Es war merkwürdig, so nahe am Meer zu sein und nicht den Wellenschlag zu vernehmen.

Jocelyn breitete eine Decke aus, und wir legten uns darauf. Mit der zweiten deckte er uns zu. Dann nahm er mich in die Arme.

Wahrscheinlich war das, was dann geschah, unvermeidlich. Wir waren jung, und unser Blut war heiß.

»Wir werden zusammenbleiben, solange wir leben«, sagte Jocelyn. »Jetzt sind wir verheiratet, meine süße Priscilla. Ist denn eine Zeremonie so wichtig? Wenn wir zurückkommen, werden wir sie sofort nachholen, wir werden uns trauen lassen. Harriet hilft uns, und dann kannst du mit mir nach Frankreich kommen.«

Ich glaubte inbrünstig daran, weil ich es glauben wollte.

Ich leistete Widerstand... zuerst. Es war der Gedanke an meine Mutter, der mich zurückhielt. Aber als ich an meinen Vater dachte, überkam mich der Trotz. Er hatte sich nie um mich gekümmert, warum sollte ich jetzt auf ihn Rücksicht nehmen? Und andererseits – wenn ich verheiratet war, war ich kein unnützes Mädchen mehr und also keine Last für ihn.

Jocelyn küßte mich leidenschaftlich. »Priscilla, meine süße Priscilla, weißt du, was Glück ist? Eine nebelverhangene Insel, auf der ich mit dir allein bin.«

Auf dieser Insel wurden wir wahre Liebende.

Ich war verwirrt, glücklich und hingerissen. Ich hatte mein bisheriges Leben hinter mir gelassen und war nicht mehr Carleton Eversleighs Tochter, sondern Jocelyn Frintons Frau.

Am Morgen weckte mich strahlender Sonnenschein. Meine Glieder waren steif vor Kälte. Jocelyn schlief noch, und ich empfand tiefe Zärtlichkeit für ihn, als ich ihn betrachtete. Ohne seine Perücke sah er so jung und wehrlos aus.

Ich beugte mich zu ihm und küßte ihn.

Er nahm mich in die Arme. »Meine Priscilla«, murmelte er und zog mich zu sich hinunter.

»Es ist Tag«, sagte ich. »Der Nebel ist fast verschwunden.«

Er setzte sich auf. »Dann ist es also zu Ende. Ach, Liebste, du und ich ein ganzes Leben lang zusammen.«

»Möge es ein langes Leben sein. Oh, Jocelyn, ich habe Angst.«

»Das sollst du nicht. Ich bin entschlossen, mich durchzuschlagen. Wir sind jetzt zu zweit, mein Liebling. Du ahnst nicht, was das für einen Unterschied macht.«

»Doch. Weil ich einer der beiden bin.«

Er küßte mich.

»Wir müssen uns auf den Weg machen«, mahnte ich.

»Nur noch ein Weilchen.«

»Sieh doch, die Sonne bricht schon durch. Sie werden uns erwarten.«

»Nur noch ein paar Minuten.« Er drückte mich an sich. »Sag mir bitte, daß du nichts bedauerst.«

»Ich bedaure nichts.«

»Wir werden es Harriet erzählen. Sie wird uns helfen – jetzt bleibt ihr gar nichts anderes übrig.«

»Sie würde uns auf jeden Fall helfen. Ich weiß schon, was sie sagen wird. Seid kühn, seid wagemutig. Nehmt euch, was ihr haben wollt, und wenn es schiefgeht, beklagt euch nicht. Das dürfte ihr Motto sein.«

»Sie ist gut damit gefahren. Liebling, bleiben wir noch ein wenig.«

Ich legte mich neben ihn, und seine Arme umschlangen mich. Wir umarmten einander voll verzweifelter Leidenschaft, als hätte uns das Tageslicht klargemacht, daß im Nebel geborene Träume im harten Licht der Wirklichkeit verschwinden.

Ich richtete mich auf. »Wir *müssen* hinüber. Vielleicht kommen sie uns holen.«

»Vielleicht tun sie es nicht. Harriet wird dafür sorgen.«

Ich schüttelte den Kopf. »Komm, Jocelyn, wir dürfen nicht länger warten.«

Wir trugen die Decken und den Korb zum Boot. Wahrscheinlich hofften wir beide, daß es verschwunden war, so daß wir unsere Inselidylle fortsetzen konnten. Aber es lag dort, wo wir es an Land gezogen hatten. Jocelyn band es los und ruderte uns hinüber.

Er half mir beim Aussteigen und band das Boot fest, dann gingen wir zum Haus hinauf.

Wir waren noch nicht weit gekommen, als uns Christabel entgegengelaufen kam.

»Macht schnell«, sagte sie, »es gibt Schwierigkeiten. Wo seid ihr gewesen?«

»Du hast doch sicherlich den Nebel bemerkt, Christabel?«

»Du mußt sofort weg, Jocelyn. Harriet und Gregory sind fürchterlich aufgeregt. Das Schiff ist da... es wartet auf dich. Es hat heute früh Anker geworfen. Warum seid ihr nicht früher zurückgekommen? Der Nebel ist bei Tagesanbruch gewichen. Sie sind sehr besorgt.«

Wir liefen zum Haus. Gregory kam uns schon entgegen.

»Gott sei Dank, daß ihr da seid. Sie sind Jocelyn auf der Spur, wie ich erfahren habe. Du mußt unverzüglich fort, sie können jeden Augenblick hier sein.«

Harriet, die jetzt in die Halle kam, sah aus wie die Heldin in einem Abenteuerstück.

»Mein lieber Junge«, rief sie dramatisch, »du mußt dich sofort auf den Weg machen. Es ist keine Zeit zu verlieren.«

»Ich hole meine Sachen«, wandte Jocelyn ein. »Ich muß mich umziehen.«

»Deine Sachen liegen bereit«, antwortete Harriet. »Und umziehen kannst du dich in Frankreich.«

Gregory griff ein. »Du mußt das Haus möglichst rasch verlassen, sonst ziehst du uns alle mit hinein. Harriet hat recht, du darfst keinen Augenblick verlieren. Ein paar deiner Sachen befinden sich in der Tasche. Schau, daß du möglichst rasch zum Strand kommst. Du kennst die Lime-Bucht. Dort erwartet dich das Schiff.«

Ich sagte: »Ich muß...«

Harriet unterbrach mich. »Du mußt mit mir kommen, Kind. Du bist ganz durchfroren. Der Nebel ist gefährlich, und du warst ihm die ganze Nacht ausgesetzt. Geh jetzt, mein Junge, und Gott mit dir.«

So geschah es. Er mußte unverzüglich zur Bucht, und niemand begleitete ihn. In der Bucht warteten seine Feinde auf ihn und nahmen ihn gefangen.

Einer der Diener erzählte uns, daß man ihn gesehen hatte. Er saß mit gefesselten Händen auf einem Pferd, und eine Kompanie Soldaten brachte ihn nach London zurück.

Die darauffolgenden Wochen waren die schrecklichsten meines Lebens. Der Prozeß, der ihm gemacht wurde, war kurz, und das Urteil wurde beinahe sofort vollzogen. Seine Schuld stand fest, hieß es. Warum wäre er sonst geflohen? Ich litt an Alpträumen. Ich stand neben dem Schafott und sah zu, wie er sein schönes Haupt auf den Richtblock legte. In meinen Träumen sah ich die blutigen Hände des Henkers, die das geliebte Haupt in die Höhe hielten.

Ich war verzweifelt. Niemand konnte ermessen, wie sehr ich litt. Jocelyn war tot! Nie würde ich ihn wiedersehen! Nie mehr seine Arme um mich fühlen!

Wäre ich doch bei ihm gewesen! Hätten sie mich doch gemeinsam mit ihm gefangengenommen! Dann hätte ich mit ihm sterben können. Denn ohne ihn weiterzuleben, war sinnlos.

Wie rasch sich alles geändert hatte! Ich war so glücklich gewesen. Ich hatte davon geträumt, mit ihm nach Frankreich zu fliehen, dort in Frieden mit ihm zu leben und später als Mann und Frau zurückzukehren.

Ich würde nie wieder Ruhe finden, denn ich hatte meinen Geliebten verloren. Mein Leben war zu Ende, mit meinem Glück war es vorbei.

Ich konnte nicht essen, schlief unruhig und wurde von Alpträumen gequält! Immer wieder stand ich neben dem Schafott und hörte die Stimme: »Sehet das Haupt eines Verräters.«

Er war kein Verräter. Er war ein guter, freundlicher Mensch... und der Mann, den ich liebte.

Harriet benahm sich wunderbar. Sie kümmerte sich in diesen Wochen um mich und erlaubte mir nicht, nach Hause zurückzukehren.

Allmählich erfuhr ich, was geschehen war, und meine Verzweiflung wurde noch größer, als ich erkannte, daß ich an seiner Gefangennahme schuld war.

Harriet brachte es mir bei: »Du mußt erfahren, wie sie ihn fanden, aber du darfst dir keine Vorwürfe machen. Du schenktest ihm das größte Glück, das ein Mensch einem anderen geben kann. Du hast ihn und er hat dich geliebt. Du darfst dich nicht kränken. Du wirst es überleben. Erinnerst du dich an den Ring, den er dir gab?«

»Der Ring, ja, der Ring. Er muß noch hinter der Kommode liegen. Ich werde ihn immer an meinem Herzen tragen.«

»Du wirst ihn nie wiedersehen, Kind.«

»Was willst du damit sagen, Harriet?«

»Er lag nicht hinter der Kommode.«

»Also hat ihn jemand gefunden! Aber das ist nicht möglich, ich habe überall gesucht.«

»Deine Mutter hat mir erzählt, wie alles kam. Sie nahm ein Kleid aus der Kommode und gab es Chastity, die es länger und weiter machen sollte. Chastity nahm es mit nach Hause, ging aber noch auf einen Sprung in die Küche, um mit ihrer Mutter zu sprechen. Sie hatte sich das Kleid über den Arm gelegt, und in den Spitzen hatte sich ein Ring verfangen.«

Ich war niedergeschmettert. Warum hatte ich das Kleid nicht untersucht? Warum war ich so unvernünftig und sorglos gewesen und hatte mir eingeredet, daß der Ring hinter die Kommode gefallen war?

»Jasper befand sich zur gleichen Zeit in der Küche«, fuhr Harriet fort.

»O nein!« rief ich.

»Leider ja. Er nahm den Ring, weil er allen Schmuck für sündig hält, untersuchte ihn und sah das Wappen und die Inschrift. Dann erinnerte er sich daran, daß aus der Speisekammer Lebensmittel verschwunden waren... und zog seine Schlüsse daraus. Er sagte niemandem im Haus, was er vorhatte. Er ritt mit dem Ring nach London und suchte Titus Oates auf.«

»Ich hasse Jasper, ich hasse seine schwarze, bigotte Seele.«

»Er behauptet, daß er nur seine Pflicht getan hat. Du kannst dir ja denken, wie es weiterging. Natürlich verdächtigte man sofort dich. Deine Eltern wußten nichts davon, weil Jasper niemandem etwas gesagt hatte. Oates wollte wissen, wohin du gereist warst, und Jasper führte sie hierher. Sie zogen in der Nachbarschaft Erkundigungen ein und erfuhren, daß sich ein junger Schauspieler namens John Frisby in unserem Haus aufhielt. Die Beschreibung paßte auf Jocelyn.«

»Sind sie ins Haus gekommen, Harriet?«

»Nein, weil ich Freunde habe, die mich schützten. Deshalb nahmen sie ihn erst gefangen, als er das Haus verlassen hatte und stellten keine Fragen darüber, wie weit wir beteiligt waren. Wahrscheinlich hat auch dein Vater interveniert. Du bist ja noch ein Kind, deshalb wollten sie nicht so hart gegen dich vorgehen... noch dazu, da dein Vater ein Vertrauter des Königs ist. So kam es also zur Tragödie, Priscilla. Du hast deinen ersten Geliebten verloren, aber du wirst erkennen, daß das Leben trotzdem weitergeht. Du bist noch so jung – du weißt noch gar nicht, was Liebe wirklich bedeutet.«

»Ich weiß es, Harriet, oh, und wie ich es weiß.«

Sie ergriff meine Hände und musterte mich aufmerksam. »Mein armes Kind«, sagte sie nur. Dann schloß sie mich zärtlich in die Arme.

»Du weißt, daß ich immer für dich da bin, Priscilla. Du mußt aufhören, dich zu kränken.«

»Ich werde nie vergessen können, daß mein Leichtsinn an seiner Gefangennahme schuld war.«

»Nie hätte er dir den Ring schenken dürfen. Er hat das Unheil selbst heraufbeschworen, denn der Ring war zu auffallend. Aber es ist geschehen und nicht mehr zu ändern. Und du wirst demnächst nach Hause zurückkehren müssen, deine Eltern warten auf dich.«

»Ich weiß, Harriet. Am liebsten würde ich bei dir bleiben.«

»Du wirst mich bald wieder besuchen.«

»Wissen sie... zu Hause...«

»Sie wissen natürlich, daß er dir den Ring gab.«

»Mein Vater wird sehr zornig sein.«

»Auch er hat Abenteuer erlebt. Er tat, wozu er Lust hatte, und das hast du jetzt auch getan. Übrigens warst du ja nicht die einzige, die dem Flüchtling half, nicht wahr? Leigh, Edwin, ich... wir sind alle beteiligt.«

»Du bist so gut, Harriet.«

Sie lachte. »Es gibt eine Menge Menschen, die da anderer Meinung sind. Das Kompliment, daß ich eine gute Frau bin, hat man mir selten gemacht. Aber ich verstehe zu leben, das Leben zu genießen. Ich vermeide nach Möglichkeit Schwierigkeiten... für mich und für meine Umwelt. Wahrscheinlich ist das eine gute Art zu leben – auf diese Weise bin ich vielleicht wirklich gut.«

Ich klammerte mich an sie, denn zu meinem Elend war ein neues Gefühl hinzugekommen. Angst vor der Heimkehr. Aber ich begriff, daß mir nichts anderes übrigblieb.

Ich war noch nicht fünfzehn und hatte schon geliebt. War das so ungewöhnlich? Wenn mein Geliebter am Leben geblieben wäre, wäre er mein Mann geworden.

Ich werde nie heiraten, dachte ich. Ich habe den Menschen, den ich geliebt habe, vor Gott geheiratet und werde ihn immer lieben.

Christabel stand mir treu zur Seite; mein Unglück schien mich ihr nähergebracht zu haben. Vielleicht kamen ihr die schwere Zeit im Pfarrhaus und Edwins Schwäche jetzt nicht mehr so tragisch vor, wenn sie ihr Schicksal mit dem meinen verglich.

Am Tag vor unserer Abreise ging ich in den Garten. In der Luft lag ein leichter Nebel, der mich an den Tag auf der Insel erinnerte.

Einer der Gärtner war bei der Arbeit, und als ich näher kam, lehnte er sich auf den Spaten und sah in meine Richtung.

»Einen schönen guten Tag, Mistreß Priscilla.«

Ich erwiderte den Gruß.

»Wie ich höre, verlassen Sie uns, Mistreß.«

»Ja.«

»Eine traurige Geschichte! Viele von uns würden es gern sehen, wenn dieser Titus Oates seine eigene Medizin zu schmecken bekäme. O ja, es war eine schreckliche Angelegenheit. Wäre der Nebel nicht so dicht gewesen, hätten Sie am gleichen Tag zurückkommen können, und der junge Gentleman wäre auf hoher See gewesen, bevor sie hier eintrafen. Warum ruderten Sie hinüber, Mistreß, da ich Sie doch davor warnte?«

»Warnte? Wovor warnten Sie mich?«

»Ich habe mein ganzes Leben hier verbracht, und das sind beinahe fünfzig Jahre. Ich weiß genau, wie das Wetter sein wird und irre mich nie... na ja, vielleicht ein- oder zweimal. Ich sagte, daß vor Einbruch der Nacht dichter Nebel einfallen würde. Außer, es kommt plötzlich Wind auf... was natürlich möglich ist, weil man sich auf den Wind nicht verlassen kann. Aber wenn kein Wind weht, dann wird der Nebel Eyot einhüllen. ›Rudern Sie heute nicht hinüber, Mistreß‹, sagte ich.«

»Das stimmt nicht, ich habe an diesem Tag nicht mit Ihnen gesprochen.«

»Nein, es war die andere. Sie kam ja mit, nicht wahr? Es sollten drei im Boot sein – Mary sagte, daß sie einen Korb für drei hergerichtet hatte.«

Er hatte es also Christabel gesagt!

»Ja, ich sehe ein, es wäre besser gewesen, wenn wir hiergeblieben wären. Guten Tag, Jem.«

»Einen schönen guten Tag, Mistreß. Und ich freue mich darauf, Sie in glücklicheren Zeiten wiederzusehen.«

Ich ging ins Haus zurück und fragte mich, warum mir Christabel nicht gesagt hatte, daß der Gärtner sie wegen des Nebels gewarnt hatte. Wie merkwürdig.

Sie hatte allerdings arges Kopfweh gehabt und es vielleicht deshalb vergessen. Aber das stimmte auch nicht, denn die Kopfschmerzen waren der Grund gewesen, warum sie nicht mitgefahren war.

Das alles kam mir sehr seltsam vor, also suchte ich sie sofort auf und fragte sie.

Sie wurde rot, und ihre Mundwinkel zuckten. »Ich hatte solche Gewissensbisse. Ich sprach mit Jem, und er erwähnte den Nebel. In meinem Kopf hämmerte es. Ich erinnerte mich erst daran, als ihr zurückkamt. Ich fühle mich verantwortlich...«

»Es hat keinen Sinn, sich jetzt noch Gedanken darüber zu machen. Es ist vorbei und geschehen. Er ist tot; ich habe ihn für immer verloren.«

»Aber wenn ihr nicht auf die Insel gefahren wärt, wäre er rechtzeitig entkommen.«

»Ja. Wenn ich den Ring nicht verloren hätte... Wenn er ihn mir nicht geschenkt hätte... So viele Wenn, Christabel. Was sollen diese Gewissensbisse? Es ist vorbei.«

Als ich nach Eversleigh Courth zurückkehrte, war mein Vater

nicht anwesend. Meine Mutter schien darüber sehr erleichtert. Sie fühlte mit mir, war aber zugleich zutiefst erschrocken, weil ich mich ohne ihr Wissen auf ein so gefährliches Abenteuer eingelassen hatte.

Gleich am ersten Tag sorgte sie dafür, daß wir allein blieben und wollte dann von mir alles erfahren.

Ich war so verzweifelt, daß ich zuerst kaum sprechen konnte und nur immerfort wiederholte: »Ich habe ihn geliebt. Ich habe ihn geliebt. Und sie haben ihn getötet.«

Sie nahm mich in ihre Arme, als wäre ich ein kleines Kind, aber es tröstete mich nicht, ich wurde nur ungeduldig. Sie schien zu glauben, daß sie nur »Heile, heile, Segen« sagen mußte, wie seinerzeit, wenn ich hingefallen war und mir das Knie aufgeschlagen hatte.

»Du bist noch so jung, meine kleine Cilla«, murmelte sie.

Ich wollte mich von ihr losreißen. Ich wollte sagen: Ich bin kein Kind mehr, ich bin erwachsen. Ich bin beinahe fünfzehn, da kann man schon erwachsen sein. Ich habe geliebt und gelebt – ich bin kein Kind mehr.

Sie sprach weiter. »Das Ganze war so romantisch. Wahrscheinlich sah er sehr gut aus. Und die Umstände, unter denen er hierherkam... Es war nicht richtig von ihm, daß er kam.«

»Er suchte Edwin, weil er sein Freund war.«

»Edwin hätte ihn nicht verstecken dürfen.«

»Was hätte er sonst tun sollen? Ihn an Titus Oates ausliefern?«

Sie schwieg und streichelte mein Haar. »Du weißt, daß dein Vater sehr verärgert ist. Du kennst seine Gefühle.«

»Er hat *mir* nie viel Gefühl entgegengebracht, immer nur Gleichgültigkeit.«

»Mein liebes Kind...«

Ich unterbrach sie. »Es hat keinen Sinn, mit dir zu sprechen, du verstehst es ja doch nicht. Jocelyn kam her, wir halfen ihm, und wir schämen uns dessen nicht. Wir würden es wieder tun... jeder von uns. Er und ich verliebten uns ineinander und wollten heiraten.«

»Mein armer Liebling! Aber das Ganze ist vorbei, und wir müssen dir helfen zu vergessen.«

»Ich werde immer daran denken.«

»Ich weiß, was du heute empfindest, aber glaube mir, du wirst es vergessen.«

»Du weißt überhaupt nichts, und es wäre besser, nicht mehr darüber zu sprechen. Ich habe dir nichts zu sagen, weil du mich nicht verstehst. Harriet...«

»Harriet hat natürlich alles verstanden.«

»Harriet verhielt sich mir gegenüber wunderbar.«

»Und nahm ihn auf und ließ dich kommen! Von ihr konnte man nichts anderes erwarten. Sie ist vollkommen gedankenlos.«

»Ich bin nicht deiner Meinung.«

»Natürlich fasziniert sie dich, wie jeden, der mit ihr zu tun hat. Das kenne ich.«

»Harriet war gut zu mir, und ich werde nie vergessen, was sie für mich getan hat. Bitte, Mutter, laß mich allein.«

Ihr vorwurfsvoller Blick traf mich tief, und ich warf mich in ihre Arme. Sie sprach nicht, sondern hielt mich nur fest, und zwischen uns war alles wieder so, wie es immer gewesen war.

Carl war über das Geschehene empört. Er empfand zum erstenmal in seinem Leben wirklichen Kummer, und ich schloß ihn dafür ins Herz. Er sah mich verständnislos an und sagte: »Das können sie mit Jocelyn nicht getan haben!«

Ich wandte mich ab, er ergriff meine Hand und drückte sie.

»Wäre ich nur dabeigewesen«, jammerte er, »dann hätte ich es nicht zugelassen. Du hättest mir verraten müssen, daß er bei Tante Harriet ist.«

»Du hättest nichts tun können, Carl, überhaupt nichts.«

»Ich hasse Titus Oates.«

Merkwürdigerweise war Carl ein besserer Tröster als meine Mutter.

Mein Vater kehrte zurück und verhielt sich mir gegenüber äußerst kühl. Am ersten Abend sprach er kaum ein Wort mit mir. Am nächsten Tag ging ich in den Garten, und er folgte mir.

»Du hast dich ganz schön in die Nesseln gesetzt«, stellte er fest.

»Wieso?« fragte ich herausfordernd.

»Sei nicht kindisch. Du weißt genau, wovon ich spreche ... von deinem romantischen Abenteuer. Ihr alle wart Narren, aber du ganz besonders. Du läßt dir einen verräterischen Ring schenken und verlierst ihn dann, so daß ihn ein Unbefugter findet.«

»Du würdest mich ja doch nicht verstehen.«

»Da müßte ich reichlich dumm sein. Ein hübscher junger Mann kommt daher, und du hältst es für einen Riesenspaß, ihn zu verstecken, zu füttern und einen Ring mit seinem Wappen und seinem Namen von ihm anzunehmen. Dabei verdächtigt man ihn, sich an einer Verschwörung gegen den König beteiligt zu haben.«

»Du weißt sehr gut, daß es keine Verschwörung gibt. Du weißt, daß das Ganze eine Erfindung deines Freundes Titus Oates ist.«

Er packte mich am Handgelenk, und ich schrie vor Schmerz auf. Sein Griff war wie Eisen.

»Er ist nicht mein Freund, ich verachte ihn. Aber ich bin so vernünftig, daß ich Leuten, die er verfolgt, kein Obdach gewähre. Wer kann sagen, wer sein nächstes Opfer ist? Beinahe wären wir es geworden. Du hast die ganze Familie in Gefahr gebracht. Es war nicht leicht, dich da herauszuholen, das kann ich dir sagen. Und alle diese Schwierigkeiten entstanden nur, weil ein kleines Mädchen jemandem einen Streich spielen will.«

»Es war kein Streich.« Ich riß mich los. »Ich würde es sofort wieder tun.«

»Ich muß mit den anderen auch noch ein ernstes Wort reden. Wenn sie ihr Leben aufs Spiel setzen wollen, ist das ihre Sache, aber sie hätten nicht ein dummes Mädchen hineinziehen dürfen, das uns alle um Kopf und Kragen bringen konnte.«

»Du gibst mir die Schuld an allem?«

»Wenn du schon seinen Ring angenommen hast, hättest du ihn wenigstens verstecken können.«

»Es war ein unglücklicher Zufall.«

»Davon bin ich überzeugt. Aber jetzt hör mir gut zu: Falls du noch einmal einen solchen Unsinn machst, verlasse dich nicht darauf, daß ich dich wieder rette.«

»Ich wundere mich, daß du es diesmal getan hast.«

»Ich mußte uns alles retten.«

Ich drehte mich um und lief ins Haus, wo ich mich in mein Zimmer sperrte. Wenn er mir wenigstens ein einziges liebevolles Wort gesagt hätte! Wenn er sich wenigstens um *mich* Sorgen gemacht hätte! Aber er hatte mir zu verstehen gegeben, daß er sich nicht die Mühe gemacht hätte, mich zu retten, wenn es um mich allein gegangen wäre.

Er hatte mich verächtlich angesehen, und ich fragte mich, warum ein Mann wie er, der Frauen mochte, nichts für seine eigene Tochter übrig hatte. Ich fragte mich auch, was er gesagt hätte, wenn er erfahren hätte, wie weit meine Beziehung mit Jocelyn gegangen war. Er wäre bestimmt entsetzt gewesen. Dabei hatte er schon in früher Jugend Liebesabenteuer. Was für ihn und seine Partnerinnen natürlich war, fand er bei seiner Tochter empörend. Das war merkwürdig, denn er war sonst ein logisch denkender Mann.

Ein paar Tage vergingen, und als mir der Gedanke kam, ich könnte ein Kind erwarten, erwachte ich aus meiner Erstarrung. Daran hatte ich nicht gedacht, weil ich mich ganz in meinen Kummer eingesponnen hatte. Jetzt stand ich einem Problem gegenüber. Was sollte ich tun?

Ich konnte den Vater meines Kindes nicht heiraten, weil er tot war. Ich wollte es meiner Mutter nicht erzählen und wagte nicht, daran zu denken, wie mein Vater darauf reagieren würde. Wenn Leigh oder Edwin dagewesen wären, hätte ich mich ihnen anvertrauen können. Aber sie waren fort, ich wußte nicht einmal, wohin.

In mir herrschte ein wilder Aufruhr der Gefühle. Ich wußte nicht, ob ich mich darüber freuen sollte oder nicht. Einen Augenblick empfand ich es noch als Wunder, und im nächsten hatte ich Angst.

Ein Kind – die Folge der Nacht, die wir auf der in Nebel gehüllten Insel verbracht hatten. Jocelyn hatte sie als unsere Hochzeitsnacht bezeichnet.

Merkwürdigerweise wurde ich wieder ruhiger, was angesichts meines Problems kaum verständlich war. Es war, als spräche Jocelyn aus dem Grab zu mir.

Als ich dann endgültig Gewißheit hatte, begann ich zu überlegen. Ich brauchte Hilfe, wollte aber meiner Mutter nicht beichten. Beim Gedanken an meinen Vater überlief mich ein Schauer. Auch mit Christabel konnte ich nicht darüber reden, denn ich hatte sie seit unserer Rückkehr gemieden. Ich fragte mich immer wieder, warum sie mich nicht vor dem Ausflug gewarnt hatte. Sie hatte eine unklare Rolle in der Tragödie gespielt, und ich traute ihr nicht.

Dann fiel mir Harriet ein. Ich schrieb ihr und umschrieb vorsichtig, worum es ging; ich hoffte, daß eine so erfahrene Frau wie sie die Wahrheit erraten würde. Ich müsse mit ihr sprechen, teilte ich ihr mit, und ich wäre ihr für eine Einladung in ihr Haus dankbar.

Sie antwortete unverzüglich.

Meine Mutter kam mit einem Brief in mein Zimmer. »Er ist von Harriet. Sie möchte, daß du sie besuchst, weil sie glaubt, daß es dir guttäte. Hättest du Lust dazu?«

»O ja«, antwortete ich rasch.

»Vielleicht ist das gar keine schlechte Idee.«

»Vater wäre sicherlich froh, wenn er mich eine Weile loswürde.«

»So etwas darfst du nicht sagen, Priscilla.«

»Aber es ist wahr.«

»Nein, das stimmt nicht.«

»O doch. Warum machen wir uns etwas vor? Er wollte mich von Anfang an nicht, weil ich ein Mädchen war. Er wollte einen Jungen nach seinem Ebenbild. Anscheinend muß ich mich mein Leben lang dafür entschuldigen, daß ich kein Junge bin.«

»Du bist überreizt, mein Kind.«

»Ich möchte gerne zu Harriet fahren«, wiederholte ich.

Mutter legte den Arm um mich, aber ich machte mich steif. Sie seufzte und meinte: »Christabel wird dich begleiten.«

Ich protestierte nicht, obwohl ich lieber allein gefahren wäre.

In Eyot Abbas begrüßte mich Harriet herzlich.

»Ich hatte Angst, daß du nie wieder herkommen würdest. Die Erinnerung könnte zuviel für dich sein.«

»Ich mußte kommen. Und ich will mich erinnern... an jede einzelne Minute.«

Harriet begrüßte auch Christabel sehr freundlich, aber ich war nicht davon überzeugt, daß sie sie mochte. Doch sie war eine zu gute Schauspielerin, um sich etwas anmerken zu lassen.

Harriet sorgte dafür, daß wir allein miteinander sprechen konnten – sie brachte Christabel ein Stockwerk über mir unter. Ich war fünf Minuten im Zimmer, als sie mit Verschwörermiene hereinkam. »Erzähl mir alles, mein Liebling, erzähl nur.«

»Ich bekomme ein Kind.«

»Ja, das habe ich mir schon gedacht. Wir werden sehen, was sich tun läßt. Es gibt Leute, die da helfen können.«

»Du meinst, ich soll es abtreiben lassen. Nein, das möchte ich nicht, Harriet.«

»Auch das habe ich mir gedacht. Schön, was schlägst du vor? Was werden deine Eltern sagen?«

»Sie würden entsetzt sein, und mein Vater würde mich verachten.«

»Und ob. Er hat oft genug die männliche Rolle in einem solchen Drama gespielt, wäre aber empört, wenn seine Tochter die weibliche übernimmt. So sind die Männer.«

»Ich weiß, daß du ihn nicht magst, Harriet. Er ist einer der wenigen Menschen, über die du schlecht sprichst.«

»Du hast recht, ich mag ihn nicht. Wahrscheinlich beruht das auf Gegenseitigkeit.«

»Aber dich mögen doch alle Männer, Harriet.«

»Die meisten. Doch er sah mich kaum an. Er hatte nur Augen für deine Mutter. Aber jetzt beschäftigen wir uns lieber mit unserem Problem.«

Es war typisch für Harriet, daß sie es »unser Problem« nannte. Sie war überhaupt nicht empört, sondern bereit, ihre ganze Erfindungsgabe zu meiner Hilfe einzusetzen.

Mir traten Tränen in die Augen, daraufhin tätschelte sie mir die Hand und meinte sachlich: »Wir müssen uns ernsthaft damit beschäftigen. Du bist deiner Sache sicher, nicht wahr?«

»Ja.«

»Und du willst das Kind behalten?«

»O ja.«

»Hast du dir überlegt, was das bedeutet? Das Kind wird dein Leben lang vorhanden sein. Die Affäre mit Jocelyn ist dann nicht mit seinem Tod zu Ende, sondern er wird durch sein Kind weiterleben. Du hast aber noch dein ganzes Leben vor dir, es hat ja kaum erst begonnen. Deshalb solltest du dich fragen, ob du wirklich dein Leben mit diesem Kind belasten willst. Du kannst es loswerden. Ich weiß, was man dazu tun muß, aber man muß es jetzt tun. Später ist es zu gefährlich...«

»Das kann ich nicht, ich will das Kind haben. Für mich hat sich dadurch schon etwas geändert. Ich habe nicht mehr das Gefühl, zugleich mit ihm gestorben zu sein, sondern ich glaube an meine Zukunft.«

»Schön, das wäre erledigt. Was sollen wir jetzt unternehmen? Willst du es deinen Eltern sagen?«

»Nein. Ich würde lieber von zu Hause weglaufen.«

»Weiß noch jemand davon? Zum Beispiel Christabel?«

»Nein, niemand.«

»Also ist es vorläufig dein und mein Geheimnis.«

Ich nickte.

»Du könntest es deiner Mutter erzählen. Sie würde sich mit deinem Vater beraten, und dann würden sie eine der beiden Alternativen wählen: Entweder sie schicken dich irgendwohin, wo du das Kind geheim zur Welt bringst und du adoptierst es nachher, oder sie verheiraten dich mit einem willigen jungen Mann, der sich dafür bezahlen läßt und behauptet, daß es sich um eine Frühgeburt handelt. Natürlich wird das niemand glauben, aber es entspricht den Konventionen. Willst du dich für einen dieser Wege entscheiden?«

»Ich würde mich mit keinem von beiden einverstanden erklären.«

»Du bist eine sehr entschlossene junge Frau, Priscilla, und ich kann deine Gefühle nachempfinden – mir ging es bei Leigh nicht anders. Aber für eine Frau wie mich ist es viel leichter, weil mich alle für verderbt halten. Ich habe viel über dich nachgedacht. Ich werde nie vergessen, wie verzweifelt du ausgesehen hast, als du von Jocelyns Gefangennahme erfuhrst. Ich wußte, was auf der Insel geschehen war, denn man sieht es einem jungen Mädchen an der Nasenspitze an, wenn es einen Liebhaber hat. Ich freute mich für dich, denn er war ein reizender Junge. Doch jetzt ist es vorbei, und du hast das Leben kennengelernt, seine Süße und seine Bitterkeit. Und jetzt muß ich aufhören zu philosophieren, denn wir müssen einen Plan entwerfen.«

»Ich wußte, daß du mir helfen wirst, Harriet.«

»Natürlich werde ich dir helfen, ich habe dich immer schon sehr gern gehabt. Und ich mag deine Mutter. Gelegentlich habe ich sie sehr schlecht behandelt, zum Beispiel, als ich mit einem Liebhaber auf und davon ging und ihr meinen kleinen Leigh überließ. Aber was sollte ich tun? Ihre Eltern und auch die Eversleighs wußten, daß ich eine Abenteurerin war. Allerdings wußten sie nicht, daß Leigh ein Eversleigh ist, sie machten einen armen, jungen, wehrlosen Mann dafür verantwortlich. Ach, das Ganze ist sehr kompliziert, du wirst es erst verstehen, wenn du das Tagebuch liest. Allerdings wirst du mich dann nicht mehr mögen, es wirft kein sehr gutes Licht auf mich.«

»Ich werde dich bei jeder Beleuchtung lieben.«

»Gott segne dich, Kind. Aber jetzt müssen wir ernsthaft überlegen, denn es handelt sich um ein schwerwiegendes Problem.«

»Was soll ich tun, Harriet?«

»Als ich deinen Brief las, kam mir ein Gedanke. Wärst du bereit, deine Mutter zu hintergehen?«

»Ich verstehe dich nicht, Harriet.«

»Wenn deine Mutter es erfährt, weiß es auch dein Vater, und das willst du ja vermeiden.«

»Um jeden Preis.«

»Eigentlich stehst du ihm sehr nahe, Priscilla.«

»Ich ihm nahe? Er kümmert sich überhaupt nicht um mich.«

»Vielleicht hängst du eben deshalb so sehr an ihm. Du willst, daß er dich liebt. Er ist der Typ Mann, den alle Frauen bewundern. Stark, rücksichtslos, männlich ... ein richtiger Mann, wenn du verstehst, was ich meine. Mein ruhiger, liebevoller Gregory ist ein viel angenehmerer Partner. Ich selbst bin gegenüber der Anziehungskraft deines Vaters nicht unempfindlich. Du mußt mich richtig verstehen, ich will ihn nicht verführen. Ich möchte ihm nur einmal eins auswischen. Es macht mir zum Beispiel Spaß, daß seine Tochter *mich* um Hilfe bittet und daß ich weiß, was los ist, während er keine Ahnung hat. Ich rede heute aber arg viel Unsinn zusammen.«

»Nein, es klingt alles sehr vernünftig. Ich glaube, du erkennst meine Beziehung zu ihm besser als jeder andere ... sogar besser als ich. Ich könnte es nicht ertragen, wenn er erfährt, was geschehen ist. Er würde die Schultern zucken, wenn er hört, daß wir eine Nacht miteinander verbracht haben, aber wüten und toben, wenn ich ein Kind bekomme. Ich könnte es nicht ertragen.«

»Dann wird dir mein Plan vielleicht zusagen.«

»Sag ihn mir endlich, Harriet.«

»Vielleicht geht es schief. Wir müssen sehr genau planen und ein Komplott schmieden.«

»Und du liebst Komplotte.«

»Ja. Die Durchführung wird unser Leben sehr interessant gestalten.«

»Ich bin gespannt.«

»Sehr einfach. *Ich* werde die Mutter deines Kindes sein.«

»Wie willst du das bewerkstelligen?«

»Das weiß ich noch nicht genau. Wir müssen natürlich Gregory ins Vertrauen ziehen, sonst ist es unmöglich. Er soll ja der Vater sein.«

»Das ist doch Wahnsinn, Harriet!«

»Überlege, bevor du sprichst. Du gehörst doch nicht zu den Leuten, die sich geschlagen geben, bevor sie überhaupt gekämpft haben. Du wirst sehr viel mit mir zusammen sein. Warum nicht? Ich werde allen erzählen, daß du Luftveränderung brauchst. Du fühlst dich nicht wohl, siechst dahin. Ich werde für einige Monate mit dir verreisen, nach Frankreich, nach Italien. Benjie kommt auf die Schule, das trifft sich gut. Ich werde ihn vermissen, und deshalb gehe ich mit dir auf Reisen. Von unterwegs schreibe ich deiner Mutter, daß Gregory und ich selig sind, weil ich ein Kind erwarte. Und du mußt mir in all diesen Monaten Gesellschaft leisten. Dann wird mein, beziehungsweise dein Kind auf die Welt kommen, und wir kehren nach England zurück.«

»Was ist das für eine Idee, Harriet?«

»Ich sehe nichts Schlechtes daran. Wir dürfen nur nicht aus der Rolle fallen, und das werden wir schon nicht, keine Angst.«

»Und wenn wir nach England zurückkehren?«

»Wird das Kind in Eyot Abbas leben, und du wirst an ihm hängen. Du wirst es lieben, als wäre es dein eigenes, und deine Mutter und ich werden dich deshalb necken. Du wirst immer öfter zu mir kommen und immer länger bleiben, und niemand muß die Wahrheit erfahren, wenn du dein Geheimnis nicht selbst ausplauderst.«

Ich fiel ihr um den Hals. »Ach Harriet, du hast die unglaublichsten Einfälle.«

»Aber sie funktionieren. Der schwierigste Teil ist der Anfang. Du mußt nach Eversleigh zurückkehren, aber nicht allzulange dortbleiben. Ihr habt zu viel neugierige Dienerschaft. Niemand darf von deinem Zustand erfahren, niemand. Bis jetzt ist es unser Geheimnis, und das soll es auch bleiben.«

»Ich zerbreche mir den Kopf wegen Christabel. Wenn ich dich besuche...«

»Christabel sollte nicht mitkommen. Je weniger Leute eingeweiht sind, desto sicherer ist die Sache. Christabel wird gehen müssen.«

»Sie kommt aus ärmlichen Verhältnissen, und sie hat immer Angst davor, daß man sie dorthin zurückschickt.«

»Ich muß es mir noch überlegen, in bezug auf Christabel bin ich mir meiner Sache nicht sicher. Sie kam ja auf etwas geheimnisvolle Weise in euer Haus und wird eigentlich nicht wie eine Gouvernante behandelt. Vorläufig sage ihr also kein Wort. Du mußt überhaupt auf der Hut sein. Vor allem vor eurem frömmelnden Jasper, seiner schwachsinnigen Frau und der bigotten Tochter. Ich werde in meinen Briefen nichts davon erwähnen, es ist nie gut, wenn man solche Dinge zu Papier bringt. Ich werde dich nur in einiger Zeit wieder zu mir einladen und inzwischen alles vorbereiten.«

Ihre Augen blitzten vor freudiger Erwartung.

»Es ist ein wunderbares Gefühl«, sagte ich, »zu wissen, daß du für mich da bist.«

»Wir werden es schaffen; ich habe schon das Gefühl, schwanger zu sein und mich auf das Kind zu freuen. Wir beide werden unsere Rollen ausgezeichnet spielen. Denk immer daran: Du stehst nicht allein in der Welt.«

III
Intrige in Venedig

Meine Mutter bemerkte bei meiner Rückkehr, daß sich meine Stimmung gebessert hatte und war wahrscheinlich gekränkt, weil Harriet mich besser trösten konnte als sie. Dennoch war sie froh, mich nicht mehr so verzweifelt zu sehen.

Einige Tage später trat sie mit einem Brief in der Hand in mein Zimmer.

»Harriet verläßt England, Freunde haben ihr einen Palast in Venedig angeboten. Sie will mehrere Monate fortbleiben.«

Ich senkte den Blick, denn ich wußte, was nun kam.

»Sie hat dich sehr lieb, Priscilla, und deshalb schlägt sie vor, daß du sie auf diese Reise begleitest.«

»Sie begleiten!« Meine Stimme klang müde. Es fiel mir schwer, vor meiner Mutter die Überraschte zu spielen.

»Ich lese dir ihren Brief vor:

›Ich habe die Carpori-Familie dir gegenüber sicherlich schon erwähnt. Ich lernte sie vor vielen Jahren kennen, als ich noch beim Theater war, und bin seither mit der Contessa befreundet. Jetzt hat sie mir ihren Palast in Venedig zur Verfügung gestellt. Ich habe ihn einmal besucht; er ist sehr angenehm. Wahrscheinlich ist es ihnen lieb, wenn jemand während ihrer Abwesenheit in dem Palazzo wohnt.

Gregory hält es für eine gute Idee. Einen Teil der Zeit wird er sich ebenfalls unten aufhalten. Ich nehme an, daß wir ein ziemlich ruhiges Leben führen werden. Jetzt hätte ich aber eine große Bitte an dich. Könntest du unsere liebe Priscilla entbehren? Vielleicht ist es selbstsüchtig von mir, aber ich glaube wirklich, daß sie gerade jetzt Veränderung braucht. Sie hat vor kurzem einen schweren Schlag erlitten, und als sie bei mir war, machte ich mir ernstlich Sorgen um sie. Diese unglückliche Affäre hat sie schwer getroffen. Könntest du es ihr beibringen? Frage sie, was sie davon hält. Natürlich könnte es sein, daß sie absolut dagegen ist, und in diesem Fall darfst du sie keineswegs drängen. Sie soll ausschließlich aus freien Stücken mitkommen...‹«

Sie unterbrach sich und sah mich an. Ich stammelte: »Venedig! Ein Palazzo!«

Meine Mutter runzelte die Stirn. Sie wollte immer das Beste für mich und fragte sich sicherlich, ob Harriet recht hatte und diese Reise mir helfen würde, über den schweren Verlust hinwegzukommen.

»Für wie lange?« fragte ich.

Meine Mutter blickte wieder auf den Brief. »Das schreibt sie nicht, aber ich nehme an, daß es einige Monate sein werden. Ich bezweifle, daß sie die weite Reise wegen eines kurzen Aufenthaltes auf sich nehmen würde. Außerdem schreibt sie, daß Gregory nach England zurückkehren und sie dann ganz allein sein wird. Was hältst du davon, Priscilla?«

Ich schwieg eine Weile, um nicht zu begeistert zu wirken.

Dann sagte ich langsam: »Ich weiß nicht, es ist so...«

»Unerwartet«, ergänzte meine Mutter. »Man kann sich immer darauf verlassen, daß Harriet etwas Unerwartetes tut.«

Nach kurzem Schweigen sagte ich: »Ich glaube, es würde mir wirklich wohltun, von hier fortzukommen.«

Sie nickte. »Außerdem hast du Harriet gern, und sie mag dich... soweit sie überhaupt imstande ist, jemanden zu mögen.«

Ich mußte sie verteidigen. »Sie war immer gut zu mir, und Gregory und Benjie beten sie an.«

»Sie versteht es, die Menschen einzufangen. Du glaubst also wirklich, daß es dir Spaß machen würde?«

»O ja. Venedig möchte ich gern kennenlernen. Es soll eine wunderschöne Stadt sein.«

»So heißt es allgemein.«

»Und was ist mit Christabel, Mutter?«

»Eigentlich müßtest du bei einer längeren Abwesenheit weiter unterrichtet werden.«

»Aber ich würde gern allein fahren.«

»Ich werde mit deinem Vater sprechen.«

Ich lächelte bitter. »Ach, ihm wird es gleichgültig sein, was ich tue. Wahrscheinlich wird er froh sein, mich loszuwerden.«

»Du verstehst ihn nicht, Priscilla.«

»O doch, ich verstehe ihn sehr gut.«

Um eine Auseinandersetzung zu vermeiden, schüttelte sie nur den Kopf, küßte mich und verließ das Zimmer.

Mein Vater hatte nichts dagegen, daß ich mit Harriet nach Venedig fuhr. Allerdings stellte er eine Bedingung: Christabel mußte mich begleiten. Ich bemerkte ironisch, daß er sich um Christabels Wohlergehen mehr Sorgen mache als um das meine.

»Unsinn«, wies mich meine Mutter zurecht. »Sie kommt deinetwegen mit.«

Ich diskutierte nicht weiter darüber. Ich war sehr froh, weil ich Harriet hatte, und wenn ich daran dachte, was ich ohne sie angefangen hätte, brach mir der kalte Schweiß aus.

Es war jetzt Ende Februar, und Harriet erwähnte in ihren Briefen immer wieder ›Pläne‹. Es bereitete ihr sichtlich Vergnügen sich in Andeutungen zu ergehen, die außer mir niemand verstehen konnte. Eine Intrige war für sie ebenso wichtig wie die Luft zum Atmen.

Ende März sollten wir reisen. »Eine sehr günstige Zeit«, schrieb sie und meinte damit, daß bis dahin die Existenz meines Mitte Januar gezeugten Kindes ohne weiteres geheimzuhalten war. »Dann ist Frühling, Blumen und Bäume werden in Blüte stehen. Wir werden den Sommer über dort bleiben, was ich mir schön vorstelle, da das Wetter in Italien viel beständiger ist als bei uns.«

»Ich habe den Eindruck«, sagte meine Mutter, »daß du dich auf die Reise wirklich freust.«

»Venedig lockt mich immer mehr.«

Meine Mutter hatte offensichtlich das Gefühl, daß ich begann, über diese »unglückliche Episode«, wie sie sich ausdrückte, hinwegzukommen. Auch Christabel war aufgeregt.

Sie bereitete mir allerdings Kopfzerbrechen. Früher oder später mußte ich sie in mein Geheimnis einweihen. Bis jetzt hatte ich ihr nichts gesagt, sondern gewartet, bis ich mit Harriet darüber sprechen konnte.

Es gab auch Neuigkeiten vom Hof: Titus Oates verlor an Einfluß. Die Menschen wagten immer häufiger, ihn zu kritisieren. Er hatte einen großen Fehler begangen, als er so verächtlich vom Herzog von York sprach und damit den Eindruck erweckte, daß er ihn als sein nächstes Opfer ausersehen hatte. »Er ist ein Narr«, sagte mein Vater, »wenn er annimmt, daß der König sich gegen seinen eigenen Bruder stellen wird. Oates hätte begreifen sollen, daß er sich auf gefährlichen Boden begab, als er versuchte, die Königin zu beschuldigen. Der Mann legt sich noch selbst den Strick um den Hals.«

Ich hoffte es von ganzem Herzen, und dann war ich wieder unglücklich, weil die Wendung zu spät kam.

Es tröstete mich jedoch, daß dieser böse Mann, der für so viel Unglück verantwortlich war, jetzt die Macht verlor, die er sich auf so lächerliche Weise angemaßt hatte. Unglaublich, daß das Parlament den Herzog von Monmouth für seine Sicherheit, den Lord Chamberlain für seine Unterbringung und den Schatzkanzler für seine finanziellen Bedürfnisse haftbar gemacht hatte. Angeblich standen ständig drei Diener für ihn bereit, und zwei oder drei Edelleute warteten ihm auf und stritten um die Ehre, seine Waschschüssel zu halten.

Aber wie es bei solchen Männern oft der Fall ist, war Oates etwas zu weit gegangen. Aus dem Untergrund erhoben sich Stimmen gegen ihn. Mein Vater brachte ein von Sir Robert L'Estrange verfaßtes Pamphlet, in dem dieser fragte, wie lange es das Land noch dulden würde, daß Titus Oates die Tränen von Witwen und Waisen trank.

»Er hat sich viele Feinde gemacht«, erklärte mein Vater, »die nur darauf warten, sich gegen ihn zu stellen.«

Aber auch das brachte mir Jocelyn nicht zurück.

Mitte März waren wir soweit, zu Harriet zu reisen. Es war beschlossen worden, daß ich die letzten zwei Wochen vor der Abreise nach Italien bei ihr verbringen sollte.

Ich verabschiedete mich von meiner Mutter, die über meine Abreise sehr traurig war. Sie bemerkte sicherlich, daß ich es nicht erwarten konnte, endlich fortzukommen, und schloß daraus, daß ich mich bei Harriet wohler fühlte als bei ihr. Ich war in Versuchung, ihr den wahren Grund für diese Reise zu verraten, beherrschte mich dann aber doch.

Der Tag, an dem wir aufbrachen, war strahlend schön. Tau funkelte auf den Wiesen, obwohl es noch kalt war. Der Frühling lag in der Luft, und mein Herz frohlockte. Ich war mir des in mir wachsenden Lebens bewußt und freute mich trotz der vor mir liegenden Schwierigkeiten auf mein Kind, das mich für den Verlust des Geliebten entschädigen würde.

Ich musterte Christabel. Auch sie wirkte glücklich und schien allmählich darüber hinwegzukommen, daß Edwin sich nicht über den Wunsch seiner Eltern hinwegsetzte und sie heiratete.

Harriet begrüßte uns so überschwenglich wie alle ihre Gäste, ergriff meine Hände und drückte sie vielsagend. Wir waren Verschworene.

Wir wurden in unsere Zimmer geführt, und fünf Minuten später stand Harriet in dem meinen. Sie stützte die Hände in die Hüften, und ihre Augen funkelten übermütig.

»Laß dich ansehen. Man merkt nichts, überhaupt nichts. Außer vielleicht eine gelassene Heiterkeit, die angeblich jede werdende Mutter zur Schau trägt. Hier ist alles bereit, Kind. Gregory wird seine Rolle so gut spielen, wie es ihm möglich ist. Er ist zwar kein hervorragender Schauspieler . . . aber ich werde ihm schon soufflieren, wenn er nicht weiterweiß. Deine Rolle ist schwierig . . . beinahe so schwierig wie meine . . . aber ich habe natürlich schon viele Rollen gespielt.«

»Wir müssen doch erst in Venedig damit beginnen.«

»Der Meinung bin ich nicht. Es muß die vollkommene Täuschung werden – ein guter Titel für ein Stück, findest du nicht? Das Leben steckt voller Zufälle. Du gehst über die Rialto-Brücke und läufst jemandem in die Arme, den du von zu Hause kennst. ›Meine liebe Priscilla, wie geht es Ihnen? Sie sehen wunderbar aus. Nicht wahr, Sie haben zugenommen?‹«

Ich mußte lachen, so gut spielte sie die neugierige, boshafte Klatschbase.

»›Die Bekannten zu Hause werden sich so dafür interessieren, daß ich Sie getroffen habe und daß Sie so gut aussehen‹«, fuhr sie fort. »Verstehst du, was ich meine? Wir müssen das Stück richtig spielen und vor allem auf Sicherheit bedacht sein.«

»Glaubst du wirklich, daß wir meinen Zustand bis zum Schluß geheimhalten können?«

Sie nickte. »Ich habe einige entzückende Kleider entworfen. Sie werden in Venedig der letzte Schrei sein . . . weil ich sie trage, das genügt. Man wird annehmen, daß ich meine Schwangerschaft kaschieren will, über die ich überall sprechen werde. Siehst du, worauf ich hinaus will?«

»Du bist wunderbar, Harriet.«

»Dabei ist es erst der Anfang. Das wird eine der erfolgreichsten Rollen meines Lebens. Leider wird niemand erfahren, wie fabelhaft ich sie spiele. Ironie des Schicksals, mein Kind.«

»Ich weiß nicht, was ich ohne dich täte, Harriet.«

»Ach, es findet sich immer etwas. Aber ich bin froh, daß ich dir helfen kann.«

»Du bist so gut.«

»Bleib nur auf dem Boden der Tatsachen. Ich bin kein guter Mensch. Ich mag dich, ich muß mich bei deiner Mutter dafür revanchieren, daß sie sich um Leigh gekümmert hat, ich muß mich bei deinem Vater dafür revanchieren, daß er mich verachtet und meine Freundschaft nicht annimmt. Meine Motive sind gemischt, sind nicht alle edel – aber ich glaube, der Hauptgrund ist meine Liebe zu dir. Ich habe nie eine Tochter gehabt, und dabei wäre sie für mich das gewesen, was ein Sohn für einen Mann bedeutet. Sie hätte so sein müssen wie ich – mein Ebenbild, wie man so sagt. – Jetzt aber müssen wir uns mit praktischen Dingen beschäftigen. Was ist mit Christabel?«

»Mein Vater bestand darauf, daß sie mitkommt und mich weiterhin unterrichtet.«

»Er interessiert sich sehr für Christabel. Na ja, wir haben noch Zeit, es uns zu überlegen. Ahnt sie etwas?«

»Es scheint nicht so.«

Nach einer kurzen Pause meinte Harriet: »Sie ist nicht leicht zu durchschauen, ich kenne mich bei ihr nicht aus.«

»Ich verstehe Sie. Sie hat eine Kindheit voller Entbehrungen hinter sich. Dann hoffte sie, daß Edwin sie heiraten würde. Natürlich ist sie jetzt ein wenig verbittert.«

»Ich habe keine Geduld mit verbitterten Menschen. Wenn ihnen die Lage, in der sie sich befinden, nicht gefällt, dann sollen sie etwas dagegen unternehmen.«

»Nicht alle verfügen über deine Geschicklichkeit, Harriet, ganz zu schweigen von deiner Schönheit und deinem Charme.«

»Also findest du, daß wir es ihr sagen sollen.« Sie zuckte die Schultern. »Wir werden aber damit warten, bis wir in Venedig sind, und es ihr erst im letzten Augenblick beibringen.«

Es war eine lange Reise, aber wir waren so in der Vorfreude auf fremde Länder, daß wir die Strapazen gern auf uns nahmen. Wir überquerten den Kanal und reisten durch Frankreich nach Basel. Harriet hatte viele Freunde in Frankreich, weil sie vor der Restauration dort gelebt hatte. Die meisten davon waren Schauspieler gewesen. Einige hatten in reiche Familien eingeheiratet, und wir nächtigten oft in Schlössern. Auf manchen blieben wir sogar zwei Tage. Gregory, der uns begleitete, war freundlich und rücksichtsvoll, was ich als sehr angenehm empfand. Außerdem hatten wir zwei Diener mit, so daß für unsere Sicherheit gesorgt war.

Harriet hatte meiner Mutter von unterwegs geschrieben, sie nehme an, daß sie schwanger sei. Sie zeigte mir den Brief.

»Wie du dir vorstellen kannst, meine liebe Arabella, reagierte ich mit ziemlich gemischten Gefühlen darauf. Die Mutter in mir frohlockt, die Dame von Welt ist nicht gerade begeistert. Gregory, der liebe, unvernünftige Mann, ist außer sich vor Freude. Wenn ich klug wäre, hätte ich die Reise wahrscheinlich abgebrochen, aber wie du genau weißt, meine Liebe, bin ich nicht immer klug.«

»So«, sagte sie, während sie den Brief versiegelte. »Der erste Schritt in unserem Feldzug ist getan.«

In einem Schloß in der Nähe von Basel zog ich Christabel ins Vertrauen. Die Entscheidung wurde mir aufgezwungen, denn ich hatte sie so lange aufgeschoben wie möglich. Ich stand vor dem Frisiertisch, als ich plötzlich ohnmächtig wurde.

Es dauerte nur ein paar Minuten. Sie half mir ins Bett und beobachtete mich besorgt, und als ich die Augen aufschlug, erkannte ich, daß sie die Wahrheit erraten hatte.

»Du weißt es also?« fragte ich.

»Ich frage mich seit etwa einer Woche, ob es sich darum handeln könnte.«

»Du fragst dich!«

»Na ja, wegen der Nacht, die du auf der Insel verbracht hast.« Sie zuckte die Schultern. »Solche Dinge passieren eben. Es gab auch ein paar Anzeichen... Aber Priscilla, du hättest diese Reise nie unternehmen dürfen.«

»Ich unternehme die Reise ausschließlich deshalb, weil ich mich in diesem Zustand befinde.«

»Du willst sagen, daß Harriet...«

»Harriet hat sie geplant.«

»Sie weiß es also.«

»Sie war die erste, die es erfahren hat. Ich ging zu ihr, weil ich nicht wußte, was ich tun sollte.«

»Ich hätte dir auch geholfen.«

»Wie?«

»Mir wäre schon etwas eingefallen.«

»Harriet hat diese Pläne geschmiedet und verfügt auch über genügend Geld, um sie durchzuführen. Sie hat meiner Mutter erzählt, daß *sie* schwanger ist. Wenn das Kind auf die Welt kommt, wird sie es wie ihr eigenes behandeln, und ich werde sie oft besuchen. Es ist ein großartiger Plan.«

»Er scheint mir etwas gefährlich.«

»Harriet wird es schon schaffen.‹«

»Ach, meine arme Priscilla.«

»Bedaure mich nicht. Ich liebte Jocelyn, und ich hatte diese eine Nacht. Wir wollten heiraten, und dann wäre es herrlich gewesen. Aber...«

»Ich habe mit dir geweint, Priscilla. Ich wußte, wie dir zumute war. Weißt du...«

»Ja. Du und Edwin.«

»Jocelyn hat dich wenigstens nicht verlassen«, bemerkte sie mit zuckenden Lippen. »Ich hatte das Gefühl, du wolltest nicht, daß ich euch begleite.«

»Wenn ich diesen Eindruck erweckte, so nur wegen der Schwierigkeiten. Ich wollte nicht mehr Personen hineinziehen als unbedingt notwendig.«

»Du hättest dir denken können, daß ich dir beistehen will.«

»Danke, Christabel.«

Sie sah beinahe glücklich aus. Als freute sie sich über das Geschehene. Vielleicht hatte sie ebenfalls das Bedürfnis gehabt, Eversleigh zu verlassen.

Es war Mitte April, als wir im Palazzo Carpori eintrafen. Ich wußte, daß Venedig als Perle und Krone der Adria bezeichnet wird, aber ich war auf diesen einmaligen Zauber und auf diese Schönheit nicht gefaßt. Wir hatten in Padua übernachtet und erreichten Venedig am Nachmittag; es lag vor uns... die Inseln in der Lagune, die durch Steinbrücken miteinander verbunden waren, während die Gondolieri unzählige, bunt bemalte Boote durch die Kanäle ruderten oder hoffnungsvoll am Kai auf Kunden warteten. Eine zauberhafte Stadt! Das Licht war golden, im Wasser glitzerten unzählige Diamanten, und die Häuser und Paläste sahen aus wie Märchenschlösser.

Harriet genoß unser Staunen mit einer Art selbstgefälliger Zufriedenheit. Sie war ausgezeichneter Laune, auch eine Wirkung des Plans, der so gefährlich war, daß nur sie es sich zutraute, ihn zum Erfolg zu führen.

Gregory, Harriet, Christabel und ich fuhren mit einer Gondel zum Palazzo; der Rest unserer Reisegruppe folgte mit dem Gepäck nach.

Unser Gondoliere sprach ein bißchen Englisch, das bei ihm merkwürdig und melodiös klang, und er freute sich offensichtlich, seine Kenntnisse bei uns anwenden zu können. Er sah Harriet mit unverhohlener Bewunderung an, was ihr nicht mißfiel, obwohl sie weiß Gott eigentlich schon genug davon haben mußte. Er wandte sich immer wieder an die *bella Signora* und erklärte uns immerzu, wie glücklich es ihn mache, daß wir gekommen waren.

»Venedig ist die schönste Stadt der Welt. Sehen, *bella Signora... bella Signorina...* hier Rialto. Bald Carpori. Sehr schöner Palazzo; Contessa sehr liebe Dame. Sie benützen meine Gondel... manchmal. Sehr freundlich.«

Er deutete damit natürlich an, daß er von uns die gleiche Freundlichkeit erwartete, und ich war davon überzeugt, daß er sie bekommen würde. Harriet zeigte sich gegenüber allen, die ihr huldigten, äußerst großzügig.

»Carpori nahe von St. Marcus. Mich lassen, ich zeigen.«

Endlich legte die Gondel an den Stufen des Palazzos an. Im Sonnenschein wirkte er wie aus Zuckerguß. Er war ganz von goldenem Licht umflossen, und ich hatte das Gefühl, aus der Wirklichkeit in eine verzauberte Welt zu treten.

Der Conte und die Contessa, denen dieser prächtige Bau gehörte, mußten offensichtlich vermögend sein. An jedem Ende der Fassade befanden sich Türme, von denen Arkaden zu einer langen Veranda führten. Die Wände waren mit zartrosa Marmor verkleidet. Hinter der Veranda befand sich eine große Halle mit sehr schönen Wand- und Deckengemälden. Der Fußboden bestand aus blaugoldenem Marmor.

Christabel schnappte überwältigt nach Luft, und ich verstand sie. Noch nie hatte ich etwas so Herrliches gesehen.

Eine schön geschwungene Freitreppe führte in den ersten Stock. Hier reichten Arkaden von einem Ende des Gebäudes zum anderen.

Als wir den Palazzo betraten, begrüßte uns die Dienerschaft mit dem Majordomus an der Spitze. Giuseppe war ein geschwätziger, wichtigtuerischer Mann mit funkelnden schwarzen Augen und liebenswürdigem Benehmen. Er klatschte in die Hände, und die Diener führten eiligst seine Befehle aus, während er sich geschäftig um uns bemühte.

Unsere Zimmer waren schon vorbereitet. Meines enthielt ein reizendes Bett mit silberfarbenen Vorhängen, und von der Veranda aus hatte ich den Blick über den Kanal.

Harriet kam bald mit vor Aufregung funkelnden Augen zu mir. Sie wollte sich davon überzeugen, daß das Quartier, das sie für uns aufgetrieben hatte, mich gebührend beeindruckte.

»Es ist zu luxuriös!« rief ich.

»Was hast du erwartet? Hast du geglaubt, ich bringe dich in eine elende Hütte?«

»Du hast sehr gute Freunde.«

»Ach ja. Ich habe der Contessa einmal einen großen Dienst erwiesen. Sie war ein lustiges Mädchen, aber jetzt ist sie dick – ein Schicksal, vor dem auch ich mich hüten muß. Sie ißt so gern, die liebe Contessa. Sie hieß Marie Giscard, war Französin und spielte in unsere Truppe; sie war nicht gerade schön, nicht einmal hübsch, aber sie hatte dieses gewisse Etwas. Die Männer gefielen Marie, und Marie gefiel den Männern. Sie gefielen ihr so sehr, daß ihr die Männer nicht widerstehen konnten, und sie war wie ein Schmetterling, der von einer Blume zur nächsten flattert. Doch der Schmetterling verhielt sich sehr klug, als der Conte Carpori auftauchte. Er meinte es ernst, er wollte heiraten. Leider stand Marie in diesem Augenblick André sehr nahe, und André war entschlossen, Marie um jeden Preis zu behalten. Das hätte sie den Conte kosten können. André war bereit, alle zu töten, einschließlich Maries und seiner selbst, er war darauf aus, Schwierigkeiten zu machen. Aber ich übernahm ihn in genau dem richtigen Augenblick. Infolge meines prompten Eingreifens konnte Marie ihr flatterhaftes Dasein aufgeben und war frei, um den Conte zu heiraten. Sie hat zwei Söhne und vergißt die Gefälligkeit ihrer lieben Freundin Harriet nie. Wenn ich ihr also schreibe, daß ich für einige Zeit verreisen möchte, steht mir der Palazzo jederzeit zur Verfügung. ›Du kannst hierbleiben, so lange du willst‹, schrieb Marie. Sie haben Domizile in ganz Italien. Meist halten sie sich in Florenz oder einem ihrer zahllosen Landsitze auf.«

»Ach, Harriet, du hast ein so aufregendes Leben geführt.«

»Es könnte sehr gut sein, mein Kind, daß auch du ein aufregendes Leben führen wirst. Der Anfang ist jedenfalls nicht langweilig, findest du nicht?«

Ich stimmte in ihr Lachen ein, und auch wenn das meine etwas hysterisch klang, war es besser, als wenn ich geweint hätte. Meine Gefühle waren so verworren, daß ich mich überhaupt nicht mehr auskannte.

Die ersten Wochen in Venedig vergingen wie im Traum, auch für Christabel. Wir hatten noch nie eine Stadt erlebt, in der man Boote statt Kutschen benützt. Wir gewöhnten uns rasch daran, in die Gondeln einzusteigen, denn zu dem Palazzo gehörten mehrere Gondeln sowie zwei Gondolieri.

Gelegentlich vergaß ich beinahe, warum ich mich eigentlich in Venedig aufhielt, so sehr überwältigte mich die Schönheit der Stadt. Wie sehr genoß ich in diesen ersten Wochen die Stadt! Ich blieb auf der Rialto-Brücke stehen und ließ den Blick über den Canale Grande schweifen. Ich verbrachte Stunden auf dem Markusplatz. Die farbigen Glasmosaiken bezauberten mich. Der Dogenpalast flößte mir durch seine Pracht Ehrfurcht ein; ich blickte zur traurigsten Brücke der Welt, zur Seufzerbrücke, hinüber und dachte an die Gefangenen, die aus dem Dogenpalast auf dem Weg ins Gefängnis über diese Brücke gingen und einen letzten Blick auf die Stadt warfen.

Es gab viele kleine Geschäfte, die für mich eine Wunderwelt waren. Ich fand dort Glas- und Emailkunstwerke, Ringe und Broschen aus Edelsteinen und Halbedelsteinen, Bänder und Seidenstoffe in wunderbaren Farben. Es gab schöne Wandteppiche und reizende Pantöffelchen, und Christabel und ich vergaßen unsere Sorgen.

An einem herrlichen Sonnentag brachte uns Marco, unser Gondoliere, zum Markusplatz, und Christabel und ich durchwühlten die Geschäfte. Ich wollte mir Pantoffeln kaufen, und mehrere Paare lagen vor mir auf dem Ladentisch. Noch schwankte ich zwischen lavendelfarbenen Blumen auf schwarzer Seide und dunkelblauen Blumen auf dunklem Rostrot, als mir bewußt wurde, daß mich durch die Tür ein Mann beobachtete. Er musterte mich so unverwandt, daß ich Angst bekam.

Er war mittelgroß und wirkte ausnehmend gut. Er trug spitzenbesetzte, mit blauen Bändern geschmückte Kniehosen und war offensichtlich ein Dandy. Sein Rock saß knapp, und man konnte das weiße Rüschenhemd und die kunstvolle Krawatte bewundern. Als Hemdknöpfe trug er funkelnde Edelsteine, und der Hut über der dunklen Perücke war mit einer blauen Feder geschmückt.

Ich wurde rot, befaßte mich wieder mit den Pantoffeln und wählte die schwarzen mit den lavendelfarbigen Blumen. Während ich zahlte, ließ mich der Mann nicht aus den Augen.

Als wir im Begriff waren zu gehen, kam er herein, trat zur Seite, um uns vorüberzulassen, und verbeugte sich tief.

Ich ging dicht an ihm vorbei; seine Augen waren unverwandt auf mich gerichtet, und in seinem Blick lag Bewunderung, die zu kühn war, um als Kompliment zu gelten. Sie enthielt eine Spur Unverschämtheit.

Ich war sehr froh, als ich auf der Straße stand, und sagte zu Christabel: »Ich möchte in den Palazzo zurück.«

»Jetzt schon? Ich dachte, du wolltest noch mehr einkaufen.«

»Ich bin müde und möchte lieber direkt nach Hause fahren.«

Wir stiegen in die Gondel.

»In den Palazzo zurück?« fragte der Gondoliere überrascht.

»Ja, bitte«, antwortete ich.

Während wir den Kanal entlangfuhren, sah ich den Mann aus dem Geschäft. Er stand am Ufer und beobachtete uns.

Vielleicht hätte ich ihn nach einigen Tagen vergessen, denn es gab sehr viele kühne junge Männer, die sich an alleinstehende

Frauen heranmachten. Meine Mutter hätte natürlich nie zugelassen, daß Christabel und ich allein ausgingen. Venedig war angeblich die Stadt der romantischen Liebe und des Abenteuers, aber gelegentlich fand ich, daß die kleinen Gäßchen und die engen Kanäle etwas Düsteres an sich hatten. Selbst in den stillen Dörfern Englands konnte das Leben gewalttätig sein. Aber hier hatte man das Gefühl, daß die Gefahr unerwartet aus einem Winkel hervortreten konnte.

Es war früh am Abend. Ich hatte am Nachmittag geruht, weil Harriet darauf bestanden hatte. Sie erinnerte mich daran, was vor mir lag und daß wir keine Komplikationen brauchen konnten. Wir mußten unser Möglichstes tun, damit alles glatt verlief. Ich hatte ihrer Überredungskunst nachgegeben und war zu Bett gegangen, wo ich las oder an mein Kind dachte.

Als ich dann aufgestanden war, hatte ich ein langes, loses Kleid angelegt, das ich am Tag zuvor gekauft hatte. Das gehörte zu Harriets Plan: Wir wollten lose Kleider in unsere Garderobe aufnehmen, bevor wir sie brauchten.

Ich bürstete gerade mein Haar, als ich plötzlich den Wunsch empfand, auf die Veranda zu treten. Die Sonnenuntergänge in Venedig waren immer besonders schön, und ich beobachtete sie, so oft ich konnte. Als ich hinaustrat, erblickte ich ihn . . . den Mann aus dem Geschäft. Er befand sich in einer Gondel, die regungslos vor dem Palast lag, und blickte zur Veranda herauf.

Mich schauderte. Es war beinahe, als hätte er mich mit seinem Willen gezwungen, herauszukommen.

Er bewegte sich nicht, und sobald mir klar war, wer er war, trat ich ins Zimmer zurück.

Mein Herz klopfte schnell. Er wußte, wo ich wohnte!

Dann bürstete ich wieder mein Haar. Wovor hatte ich eigentlich Angst? Das wußte ich nicht genau.

Aber ich wußte, daß ich Angst hatte.

Harriet war aufgeregt. Wir hatten eine Einladung zu einem Maskenball im Palazzo Faliero erhalten. Die Duchessa persönlich hatte Harriet besucht und war ebenso bezaubert von ihr wie alle anderen. Sie bestand darauf, daß Harriet und Gregory an dem Ball teilnahmen und die beiden Mädchen mitbrachten, die sich in ihrer Obhut befanden. Harriet hatte die Einladung auch in unserem Namen angenommen.

»Ich habe der Duchessa erzählt, daß ich mich in anderen Umständen befinde, und das hat sie sehr amüsiert«, berichtete uns Harriet. »Sie hat mir ihre Hebamme empfohlen, die auch ihre beiden Sprößlinge entbunden hat. Ich muß mich mit der Frau näher befassen, denn ich muß noch den letzten Akt unseres Stückes ausarbeiten, der ja der schwierigste wird. Doch das hat noch ein bißchen Zeit.«

»Manchmal glaube ich«, sagte ich, »daß es besser gewesen wäre, wenn wir uns einen ruhigeren Ort ausgesucht hätten. Das Ganze wäre dann vielleicht einfacher gewesen.«

»Unsinn«, wies Harriet mich zurecht. »Man bewahrt ein Geheimnis am besten, indem man sich gar nicht bemüht, es zu verbergen. Wenn wir uns in ein entlegenes Nest zurückgezogen hätten, wären wir sofort im Mittelpunkt der Aufmerksamkeit gestanden. Die Menschen in ruhigen kleinen Städten sehnen sich nach Abwechslung und beobachten ihre Nächsten genau. Dabei wird der dümmste Bauernlümmel zum scharfsinnigen Detektiv. Hier hingegen beschäftigt sich jeder mit seinen eigenen Angelegenheiten. Heute hat meine Schwangerschaft die Duchessa amüsiert, morgen hat sie sie vergessen, weil sie ausschließlich an ihren neuen Liebhaber denkt. Angeblich wechselt sie die Galans wie die Hemden. Glaub mir, ich weiß, was für uns am besten ist.«

»Du hast recht, ich hätte deine Klugheit nie in Frage stellen dürfen.«

Sie küßte mich. »Und jetzt, mein Liebling, was tragen wir auf dem Ball? Es wäre doch eine glänzende Idee, eine neue Mode zu kreieren: lose griechische Gewänder. Es ist durchaus möglich, daß die Franzosen noch immer enganliegende Mieder über geschnürten Taillen tragen. Wir hingegen werden zur griechischen Tracht zurückkehren, die um so vieles kleidsamer ist und so wunderbar verhüllt. Wir werden die Stoffe sehr sorgfältig wählen, denn in diesem Fall ist das Material entscheidend. Ich werde pflaumenblaue Seide tragen, weil sie gut zu meinen Augen paßt. Bei dir, meine Liebe, habe ich an Zartrosa gedacht. Christabel verfügt leider nicht über deinen Charme. Das kommt von ihrer Verbitterung, die ihre angeborene Anziehungskraft übertönt. Wenn sie sich weniger darüber ärgerte, daß sie etwas im Leben versäumt hat, würde sie eher etwas erreichen. Aber das kommt vielleicht noch. Nehmen wir also Grün für sie... die Farbe der Hoffnung.«

Wir gerieten in Begeisterung, als wir die Stoffe aussuchten; Harriet ließ schwarze Seidenmasken für uns anfertigen, und wir waren alle sehr gespannt. Ein- oder zweimal sah ich den Mann wieder, der mich so erschreckt hatte. Er tauchte in einem Geschäft auf, in dem wir gerade einkauften, beachtete uns aber überhaupt nicht. Einmal entdeckte ich ihn allerdings wieder in einer Gondel, von der aus er den Palazzo beobachtete, doch ich vergaß ihn bald.

Ein paar Tage vor dem Ball erlebten wir eine große Überraschung. Leigh traf in Venedig ein.

Christabel und ich waren nicht im Palazzo, als er ankam. Wir machten Besorgungen, und als wir zurückkehrten, erwartete uns Harriet schon voll Ungeduld.

»Leigh ist hier«, rief sie. »Ich schickte ihn aus, um euch zu suchen, und sagte ihm, er solle sich in der Nähe des Rialtos umsehen.«

»Aber wir waren doch am Markusplatz.«

»Ich weiß. Deshalb habe ich ihn ja zum Rialto geschickt. Ich wollte dich zuerst sprechen, weil die Situation heikel ist. Leigh darf nicht erfahren, weshalb wir hier sind.«

Ich sah ein, daß sie recht hatte, aber es würde mir schwerfallen, Leigh nichts zu erzählen. Wir waren immer vollkommen offen zueinander gewesen.

»Du mußt sehr vorsichtig sein, Priscilla, obwohl er bestimmt keinen Verdacht schöpfen wird. Wenn keine von uns etwas verrät, wird er gar nicht auf die Idee kommen.« Sie sah Christabel unverwandt an. »Ich möchte nicht, daß jemand etwas erfährt; je weniger Menschen um die Sache wissen, desto besser. Leigh wäre zwar absolut vertrauenswürdig, aber er ist ein Heißsporn, und es würde ihn aus dem Häuschen bringen. Er ist dir ergeben, Priscilla. Sei also vorsichtig.«

Wir versprachen es ihr, aber ich fühlte mich unbehaglich.

Leigh kehrte bald zurück. Er hob mich hoch und sah mich forschend an.

»Du siehst blühend aus.«

Harriet lächelte wohlwollend.

Beim Essen erwähnte Leigh, daß er nur eine Woche in Venedig bleiben könne. Er hatte einen Teil seines Urlaubs damit verbraucht, daß er zuerst nach Eversleigh gefahren war, wo er erfahren hatte, daß wir uns in Venedig befanden. Die Reise hierher sowie die Rückfahrt zu seinem Truppenteil waren natürlich langwierig. Edwin beneidete ihn, er hatte nicht mitkommen können.

»Du kannst aber am Maskenball teilnehmen«, meinte Harriet. »Die Duchessa würde es sehr übelnehmen, wenn du uns nicht begleitest. Sie hat ein Faible für gutaussehende junge Männer.«

Leigh berichtete uns, daß Titus Oates sich allmählich Zurückhaltung bei seinen Verdächtigungen auferlegte und daß die Stimmung schon sehr zu seinen Ungunsten umgeschlagen hatte.

Es war wunderbar, wieder mit Leigh zusammenzusein, obwohl ich mich sehr beherrschen mußte, wenn ich mit ihm allein war. Er hatte mir immer ein Gefühl der Sicherheit vermittelt, und ich hatte bei ihm die Zuneigung gefunden, die mir mein Vater vorenthielt. Ich war mit all meinen Problemen zu ihm gekommen, und es hatte ihm Freude gemacht, eine Lösung zu finden. Und jetzt mußte ich ihm mein größtes Geheimnis verschweigen.

Wir saßen auf der Veranda und beobachteten die Gondeln, die auf dem Kanal vorbeiglitten, als er plötzlich sagte: »Du solltest nicht mehr um Jocelyn Frinton trauern. Ich weiß wegen des Ringes Bescheid. Er hätte ihn dir nicht schenken dürfen. Aber jetzt ist es vorbei, und ich bin froh, daß du dich bei Harriet aufhältst. Sie übt einen guten Einfluß auf dich aus.«

»Sie hat so viel für mich getan. Ich werde es ihr nie vergelten können.«

»Meine liebe Priscilla, Freunde erwarten keine Revanche. Harriet möchte, daß du über diese Geschichte hinwegkommst... und du wirst es schaffen. Es war ja nur ein romantisches Abenteuer, und du bist noch so jung.«

»Ich fühle mich keineswegs mehr so jung.«

»Aber du bist es, und es ist gut für dich, daß Harriet dich nach Venedig mitgenommen hat. Hat sie dir übrigens das Neueste erzählt?«

»Das Neueste?«

»Sie bekommt ein Kind.«

»Oh!« Mehr brachte ich nicht heraus.

»Sie freut sich sehr und kann es angeblich kaum mehr erwarten. Ich muß gestehen, daß ich überrascht bin, denn ich habe sie nie für einen mütterlichen Typ gehalten. Ausgerechnet Harriet! Aber sie wird sicherlich noch mit dir darüber sprechen. Übrigens, ich habe Benjie in der Schule besucht. Er will in den Ferien zu euch nach Venedig kommen.«

Das bereitete mir Sorgen. Die Lage wurde für mich immer schwieriger.

»Ich freue mich, daß du am Ball teilnehmen wirst«, lenkte ich ab.

»Die Vergnügungen Venedigs, was? Also ich finde, daß du eigentlich nicht hingehen solltest, du bist noch zu jung für Bälle.«

Es war immer die gleiche Geschichte mit ihm, er hielt mich nach wie vor für ein Kind. Ich fragte mich, was er sagen würde, falls er die Wahrheit erfuhr, und obwohl es mir schwerfiel, ihm etwas zu verschweigen, war ich froh darüber, daß er nichts wußte.

Dann kam die Ballnacht. Wie romantisch war es doch, als wir maskiert und kostümiert über den Kanal zum Palazzo der Duchessa fuhren. Die große Halle des Palastes wurde von unzähligen Fackeln erhellt. Dank seiner Marmorwände – malvenfarbig, grün und golden – sah er aus wie ein Feenpalast. Auf dem Kanal vor dem Gebäude drängten sich die Gondeln, und weithin hörte man die Musik.

Es sah aus, als wäre ganz Venedig zu dem Maskenball gekommen. Es gab keinen formellen Empfang durch die Duchessa, weil die Gäste unter ihren Kostümen und Masken unkenntlich waren, was das Vergnügen erhöhte. Um Mitternacht sollten alle zur Demaskierung in die Halle kommen.

Gregory befürchtete, daß sich etliche ungeladene Gäste einschleichen würden.

Bei Leigh war es immer die gleiche Leier: »Du mußt bei mir bleiben, Priscilla. Du bist wirklich noch zu jung für solche Vergnügungen.«

»Unsinn«, widersprach Harriet. »Man ist nie zu jung dafür. Priscilla ist schon seit einiger Zeit den Kinderschuhen entwachsen.«

»Leigh wird mich noch als seine kleine Schwester bezeichnen, wenn ich fünfzig bin.«

Seine Stimme sank zu einem Flüstern herab. »Dann werde ich dich ganz anders bezeichnen.«

Die Festbeleuchtung und die Musik wirkten berauschend. Die Fackeln auf der Veranda spiegelten sich im Wasser des Kanals, und Eversleigh lag sehr fern.

Leigh blieb an meiner Seite. Wir tanzten miteinander... nicht sehr gut, denn keiner von uns war ein geübter Tänzer, und das Gedränge war so groß, daß man einander gegenseitig behinderte.

Leigh sagte: »Ich weiß nicht, warum die Menschen solche Feste besuchen, außer sie wollen neue Bekanntschaften schließen.«

»Vielleicht solltest du das auch tun«, schlug ich vor.

»Ich bleibe bei dir.«

»Das ist absolut nicht notwendig.«

»Mein liebes Kind, du glaubst doch nicht wirklich, daß ich dich ausgerechnet hier allein lassen werde.«

»Ich kann selbst auf mich achtgeben.«

»Es schleichen merkwürdige Gestalten umher. Abenteurer,

Diebe, Verführer. Und ich glaube *nicht*, daß du auf dich achtgeben kannst, du hast bewiesen...«

»Du meinst Jocelyn!«

»Du bist ja noch so jung«, schloß er sanft.

Ich wollte ihn anschreien: Hör auf, mir immer meine Jugend vorzuhalten. Ich bin kein Kind mehr, ich werde bald Mutter. Er stellte meine Geduld auf eine harte Probe.

In einem Raum neben der Halle war ein Büffet aufgestellt, und die Gäste bedienten sich, wenn sie eine Erfrischung nötig hatten. Leigh und ich begaben uns mit unseren Getränken auf die Veranda, setzten uns auf freie Stühle und sahen auf den Kanal hinaus.

»Hier ist es etwas friedlicher«, konstatierte Leigh. »Es tut mir leid, daß ich übermorgen schon abreisen muß.«

»Wie geht es Edwin? Ist er glücklich?«

»Meinst du die Sache mit Christabel?«

»Die arme Christabel!«

»Es wäre eine sehr unpassende Verbindung gewesen.«

»Warum?«

»Sie ist nicht die Richtige für Edwin.«

»Du meinst, weil sie nicht reich genug ist? Nicht aus der richtigen Familie kommt?«

»Keineswegs, sondern weil sie ein merkwürdiges Mädchen ist. Sie grübelt zu viel, und Edwin braucht eine temperamentvollere Frau. Er ist selbst eher ruhig und sollte jemanden zur Gattin wählen, der ganz anders ist als er.«

»Hat er Christabel wirklich geliebt?«

»Er hat sie sehr gern gehabt, wahrscheinlich hat sie ihm leid getan. Edwin hat sich immer von Mitgefühl leiten lassen.«

»Das hat ihr aber nicht viel genützt, nicht wahr? Es hat keinen Sinn, wenn man für jemanden eine Zeitlang Mitgefühl empfindet, dann Schluß macht und es dadurch für den anderen noch schlimmer wird.«

»Man hat ihm erklärt, daß es falsch wäre, die Beziehung fortzusetzen, und er hat es eingesehen.«

»Sie war sehr unglücklich!«

»Sie wird darüber hinwegkommen. Besser, ein paar Monate unglücklich als ein ganzes Leben.«

»Es wäre besser gewesen, wenn er sich von Anfang an weniger um sie gekümmert hätte.«

»Jeder von uns hat irgendwann in seinem Leben etwas getan, das er besser unterlassen hätte.«

»Auch du?«

»Auch ich.«

Nach einiger Zeit kehrten wir in den Ballsaal zurück, und Leigh hielt sich dabei dicht an meiner Seite. Ich weiß nicht, was in diesem Augenblick über mich kam. Vielleicht war es der Anblick eines Paares, das sich in einem stillen Winkel des Ballsaales umarmte. Ich hatte das Gefühl, daß viele Ballbesucher hier eine Liebesaffäre, ein Abenteuer suchten und die Anonymität ausnützten, die ihnen die Masken verliehen. Plötzlich hatte ich Lust, Leigh zu beweisen, daß ich sehr wohl auf mich achtgeben konnte.

Ich wartete einen günstigen Augenblick ab und benützte dann das Gedränge, um ihm zu entschlüpfen.

Ich kämpfte mich durch die Menge zurück auf die Veranda. Sie war menschenleer, und mir tat die frische Luft gut. Plötzlich berührte mich jemand am Arm; ich drehte mich um und sah eine fremde Maske vor mir. Ich stieß einen leisen, erstaunten Ausruf aus, und der Mann lüftete kurz seine Maske. Es war der Fremde, der den Palazzo vom Kanal aus beobachtet hatte.

»Endlich«, sagte er.

Seine Nationalität stand außer Zweifel; er war Engländer.

»Wer sind Sie?« fragte ich.

»Lassen Sie mich vorläufig Ihr geheimnisvoller Verehrer bleiben.«

»Aus welchem Grund?«

»Weil unser Zusammentreffen dadurch an Reiz gewinnt. Liebesaffären brauchen das Geheimnis, um zu gedeihen.«

»Ich verstehe Sie nicht«, entgegnete ich kühl und raffte mein Kleid zusammen, um in den Ballsaal zurückzukehren.

»Nicht so schnell, meine spröde Schöne. Ich möchte mich mit Ihnen unterhalten.«

»*Ich* möchte in den Ballsaal zurückkehren.«

»Zuerst werden Sie mir zuhören.«

Ich war beunruhigt. Dieser Mann hatte mir vom ersten Augenblick an Angst eingeflößt, und jetzt schienen sich meine Befürchtungen zu bewahrheiten.

Er packte meinen Arm. Ich versuchte mich loszureißen, aber sein Griff wurde fester, und ich begriff, daß mir Gefahr drohte.

»Lassen Sie mich los«, befahl ich.

Er näherte sein Gesicht dem meinen. Er roch zart nach Parfüm – Moschus oder Sandelholz –, trug Ringe an den Fingern und eine juwelenbesetzte Krawattennadel. »Soll das ein Befehl sein?« fragte er.

»Ja.«

»Wie reizend! Aber im Augenblick erteile ich die Befehle!«

»Sie sprechen in Rätseln, Sir. Und mich interessieren die Antworten nicht.«

»Sie haben eine scharfe Zunge, meine Dame. Aber ich habe es gern, wenn meine Gesprächspartnerinnen geistvoll sind. Sie müssen vor allem schön sein und außerdem müssen sie mich innig lieben. Aber ich habe nichts gegen schlagfertige Antworten, sie machen eine Auseinandersetzung erst reizvoll.«

»Sie reden Unsinn.«

Er beugte sich vor und preßte seine Lippen auf die meinen.

Ich wehrte ihn ab. »Wie können Sie es wagen?« stammelte ich empört. »Sie sind ja verrückt.«

»Verrückt nach Ihnen. Sie sind jung, und die Jugend ist überaus anziehend. Ich schätze den Umgang mit jungen Damen über alles.«

Ich drehte mich um, aber er hielt mich fest. Er war sehr kräftig und geschickt, und all mein Sträuben half mir nichts. Er zog mich von der Veranda die Stufen zum Kanal hinunter.

»Leigh! Leigh!« schrie ich. »Komm schnell...«

Unter mir schaukelte eine Gondel. Plötzlich wurde ich hochgehoben und einem Mann übergeben, der im Boot wartete.

Das alles war so schnell gegangen, daß mir gar nicht zu Bewußtsein kam, daß ich entführt wurde. Ich schrie, doch meine Schreie gingen in den Klängen der Musik unter. Ein paar Gondeln glitten vorbei, aber niemand schien sich für das widerspenstige Mädchen zu interessieren.

Mein Entführer sprang in die Gondel neben mich.

»Los, Bastiani«, rief er, und wir setzten uns in Bewegung.

Ich wollte schreien, aber er legte mir die Hand auf den Mund.

»Zu spät, mein Vögelchen, du bist mir auf den Leim gegangen. Oh, wie hochmütig du warst, nicht ein Lächeln für mich. Doch ich werde dich schon noch zum Lächeln bringen, ich habe so meine Methoden. Ein bißchen Widerstreben am Anfang macht mir Spaß... aber nur am Anfang.«

Was er vorhatte, war unschwer zu erraten. Angst und Verzweiflung übermannten mich. Was für eine Närrin war ich gewesen! Leigh hatte recht, ich war ein Kind, nicht fähig, sich in acht zu nehmen. Ich hatte Leigh eine Lehre erteilen wollen, und jetzt wurde sie mir erteilt.

Aber ich würde mich wehren, ich würde diesem Mann Widerstand leisten. Er mußte mich ja noch aus der Gondel in sein Haus schaffen, und das würde ich ihm nicht leicht machen, denn ich würde meine ganze Kraft gegen ihn einsetzen.

Wir hatten den Hauptkanal verlassen, fuhren unter einer Brücke durch, und der Gondoliere machte eine Bemerkung.

»Weiter, weiter«, befahl der Fremde.

Der Gondoliere gehorchte.

Ich versuchte zu schreien, aber sofort legte sich wieder seine Hand auf meinen Mund.

Die Gondel hielt. Mein Entführer sprang hinaus und drehte sich zu mir um. Weil ich mich nicht rührte, packte mich der Gondoliere und versuchte, mich in Reichweite des Fremden hinaufzuheben, damit dieser mich zu sich ziehen konnte. Ich wehrte mich aus Leibeskräften und bemerkte deshalb die Gondel nicht, die an uns vorbeischoß und dann anlegte.

Plötzlich stürzte sich eine dunkle Gestalt auf den Mann, der sich umdrehte und aufschrie. Es folgte ein kurzer Kampf, dann stürzte einer der beiden in den Kanal.

Der Gondoliere hatte mich losgelassen. Er wollte die Gondel vom Ufer abstoßen, als jemand laut »Halt!« rief. Ich jubelte auf, denn es war Leighs Stimme.

Der Gondoliere hielt unschlüssig an. Mein Entführer klammerte sich an die Gondel; aber Leigh streckte mir seine Hand entgegen, und ich sprang ans Ufer.

Leigh sprach kein Wort. Wir bestiegen das Boot, mit dem er gekommen war, und wenige Sekunden später fuhren wir rasch den Kanal entlang.

Ich blickte ängstlich zurück und sah, wie der Gondoliere den Fremden aus dem Wasser zog. Ich rief erschrocken »Leigh!«, aber er legte mir den Arm um die Schultern und wies den Gondoliere an, uns zum Palazzo Carpori zu bringen.

Leigh schwieg, bis wir am Ziel waren. Dann sagte er: »Gott sei Dank sah ich dich.«

»Du sahst, wie er mich in die Gondel zerrte?«

»Ja, ich suchte dich. Zum Glück kam ich noch zurecht.«

»Ich hatte solche Angst, Leigh.«

»Ich habe Harriet ja gesagt, daß sie dich nicht auf den Ball mitnehmen soll. Du bist für solche Veranstaltungen zu jung. Diese Menschen... ach, das verstehst du noch nicht. Sie sind zu jeder Schurkerei fähig.«

»Wer war der Mann?«

»Ich kenne seinen Ruf – er ist leider unser Landsmann und war schon zu Hause in allerlei Skandale verwickelt. Er ist ein Freund des Grafen von Rochester – und du weißt, was das bedeutet. Seine Lieblingsbeschäftigung ist das Entführen junger Mädchen. Am liebsten würde ich ihm den Hals umdrehen. Ich hätte ihm schon vorhin einen Denkzettel verpaßt, aber ich wollte dich vor allem in Sicherheit bringen.«

»Ach, Leigh, du bist mein Schutzengel. Wenn du nicht dagewesen wärst...« Ich legte ihm die Arme um den Hals.

»Aber ich bin dagewesen. Solange ich in deiner Nähe bin, hast du nichts zu befürchten. Wieso wurdest du überhaupt von mir getrennt?«

»Es war meine Schuld.«

»Dummerchen«, sagte er zärtlich. »Ich werde mit Harriet sprechen. Mit den Maskenbällen ist Schluß. Du sollst dich nicht in Gefahr begeben, wenn ich nicht da bin, um dich zu beschützen.«

Er küßte mich liebevoll, und ich hätte ihm so gern von meiner Liebe zu Jocelyn und dem Grund meines Hierseins erzählt. Aber es war nicht nur mein Geheimnis, sondern ich teilte es mit Harriet, und sie hatte ausdrücklich gesagt, daß Leigh nichts davon erfahren dürfe.

Leigh erzählte mir, daß der Mann Beaumont Granville heiße und ein Spieler, Verschwender und Frauenheld sei. »Er hat ein Vermögen durchgebracht und lebt jetzt auf dem Kontinent. Einst entführte er eine Vierzehnjährige aus reichem Haus. Er wollte sie dadurch zu einer Heirat zwingen, weil er ihr Vermögen brauchte. Zum Glück traf ihr Vater noch rechtzeitig ein, und Granville mußte aus England fliehen.«

»Es war wirklich mein Glück, daß du auch auf dem Ball warst, Leigh. Aber was wollte er mit mir, ich bin doch keine reiche Erbin.«

»Er hat eine Vorliebe für junge Mädchen. An Heirat denkt er nur bei Erbinnen. Du hast ja keine Ahnung, was für schlechte Menschen es gibt, Priscilla, deshalb laß dir den heutigen Abend eine Lehre sein. Aber wo war Christabel? Sie hätte sich doch um dich kümmern müssen.«

»Wahrscheinlich ist sie diskret verschwunden, als du diese Aufgabe übernahmst. Sie werden uns bei der Demaskierung vermissen.«

»Ich habe Harriet gesagt, daß ich dich nach Hause bringen werde, falls die Stimmung zu zügellos wird.«

Ich lächelte dankbar, denn seine Fürsorge tat mir gut.

»Du warst sehr aufgeregt«, sagte er. »Das Ganze hat dich mehr mitgenommen, als du dir eingestehen willst.«

Ich wurde rot. Würde er sich noch solche Sorgen um meine Unschuld machen, wenn er über meinen Zustand Bescheid wußte? Aber die Nacht mit Jocelyn voller Süße und Zärtlichkeit war doch etwas ganz anderes gewesen als das heutige Erlebnis.

Ich lenkte ab. »Du wirst wohl kaum nur mit einem Kratzer davongekommen sein.«

»Doch. Ich packte ihn von hinten, und er lag im Wasser, ehe er sich's versah. Das wird ihn ein bißchen abkühlen, aber es tut mir leid, daß er so billig davongekommen ist.«

»Wir sollten jedes Aufsehen vermeiden. Ihm ist nichts passiert, ich sah, wie er in die Gondel kletterte.«

»Hör mir jetzt zu, Priscilla. Du mußt hier sehr vorsichtig sein, du bist nicht in Eversleigh. Ich werde mit Harriet und Christabel sprechen; du darfst auf keinen Fall allein ausgehen.«

»Das habe ich auch bis jetzt nicht getan.«

»Zu dumm, daß ich schon übermorgen abreisen muß.«

»Ich werde sehr vorsichtig sein, Leigh.«

»Es gibt heutzutage viele Leute wie ihn bei Hof. Der König ist diesen Männern gegenüber zu nachsichtig, weil sie geistreich sind und ihn unterhalten. Beau Granville wird sich jedenfalls noch eine Weile an den heutigen Abend erinnern und nicht mehr versuchen, meine kleine Schwester zu belästigen.«

»Ich bin nicht deine Schwester, Leigh.«

Er lachte und küßte mich auf die Stirn.

Ich legte ihm wieder die Arme um den Hals, und er hielt meine Hände einen Augenblick fest. Dann sagte er: »An deinen Armen sind blutunterlaufene Stellen; am liebsten würde ich ihn dafür umbringen.«

»Sie werden vergehen.«

»Du solltest jetzt lieber zu Bett gehen, es ist spät.«

»Kleine Mädchen sollten um diese Zeit schon schlafen, nicht wahr?« fragte ich neckend.

»Genau, du hast einen Schock gehabt, auch wenn du es nicht erkennst. Ich werde dafür sorgen, daß man dir etwas aufs Zimmer bringt. Gute Nacht, Priscilla.«

»Gute Nacht, Leigh, und vielen Dank.«

Als er gegangen war, überwältigte mich die Erinnerung an das Geschehene so sehr, daß ich davon überzeugt war, ich würde nicht einschlafen können. Aber einer der Diener brachte mir warmen Wein, und bald nachdem ich ihn getrunken hatte, schlief ich tief und fest.

Am nächsten Morgen erwachte ich erst spät, wie alle übrigen Ballbesucher. Und Harriet tauchte überhaupt erst am Nachmittag auf.

Leigh war mit Reisevorbereitungen beschäftigt, und ich erzählte niemandem von meinem Abenteuer. Ich hätte es nicht über mich bringen können, darüber zu sprechen. Als Harriet endlich erschien, erwähnte sie, daß Leigh sie und Christabel im Palazzo erwartet hatte, als die beiden um drei Uhr früh heimkamen.

»Er hatte von Anfang an vorgehabt, dich nach Mitternacht nach Hause zu bringen.« Sie lächelte spöttisch. »Er findet es ungehörig, wenn kleine Mädchen nach dieser Zeit noch außer Haus sind.«

Leigh reiste am nächsten Tag zeitig früh ab. Er machte sich Sorgen um uns, und Harriet erzählte mir, daß er versucht hatte, sie zur Rückkehr nach England zu bewegen.

»Er hält es für abnormal, daß ich das Kind hier zur Welt bringen will. Als guter Engländer ist er davon überzeugt, daß nur englische Hebammen wirklich gute Geburtshelferinnen sind. Anscheinend fällt ihm gar nicht auf, daß auf der ganzen Welt Kinder geboren werden. Ich muß allerdings zugeben, daß ich unter normalen Umständen das Kind lieber zu Hause bekommen hätte. Aber es hat sicherlich auch etwas für sich, es einmal in Venedig zu versuchen.«

Sie hatte sich schon so sehr in ihre Rolle eingelebt, daß sie ganz selbstverständlich von ›ihrem‹ Kind sprach, selbst wenn wir unter uns waren. Zuerst hatte es mich ein bißchen verwirrt, aber ich hatte mich bald daran gewöhnt.

Nach Leighs Abreise suchten wir die Duchessa auf, um uns persönlich für den Abend in ihrem Palazzo zu bedanken.

Die Duchessa erzählte uns begeistert den neuesten Gesellschaftsklatsch. Es gab so aufregende Neuigkeiten – der böse Granville hielt sich in Venedig auf. Ein faszinierender Mann, geradezu unwiderstehlich, aber durch und durch verderbt. Keine Frau war vor ihm sicher. Er hatte ein Talent dafür, die hübschesten Mädchen aufzuspüren, und vor allem hatten es ihm Jungfrauen angetan. »Na ja, es wäre interessant zu erfahren, wer es getan hat. Man nimmt an, daß es ein eifersüchtiger Ehemann oder Liebhaber war. Jedenfalls sieht unser Beau nicht ganz so gut aus wie gewöhnlich. Haben Sie denn nichts davon gehört?«

»Nein«, antwortete Harriet, »wir haben keine Ahnung.«

»Er wurde halb totgeprügelt! Noch dazu in seinem eigenen Haus! Er mußte sogar den Arzt kommen lassen. Jedenfalls wird er nicht so bald wieder Frauen belästigen. Natürlich hat er es sich selbst zuzuschreiben. Eines Tages mußte es ja so kommen. Ich bin nur neugierig, ob es irgendwelche Auswirkungen auf seinen Lebenswandel haben wird. Wahrscheinlich nicht; er wird in Zukunft genau so lasterhaft sein wie bisher.

»Es tut mir leid, Duchessa«, meinte Harriet, »daß der Ball mein letztes Vergnügen für längere Zeit war. Von nun an werde ich wohl zurückgezogen leben müssen. Aber wir bedauern es nicht, ganz im Gegenteil, nicht wahr, Gregory?«

Gregory bestätigte, wie sehr er sich darauf freue und daß er von nun an streng darauf achten würde, daß seine Frau sich schone.

»Was für einen herrschsüchtigen Mann Sie doch haben, meine Liebe«, stichelte die Duchessa boshaft.

»Ich würde nie wagen, seinen Unwillen zu erregen«, sagte Harriet und lächelte ihm liebevoll zu.

Christabel beteiligte sich wie immer nicht an der Unterhaltung.

Als wir wieder im Palazzo angelangt waren, kam Harriet zu mir ins Zimmer.

»Du weißt ja, daß es Leigh war, nicht wahr?«

»Ich habe es jedenfalls angenommen.«

»Er hat mir alles erzählt. Er konnte sich nicht beherrschen; er mußte vor seiner Abreise die Rechnung mit Beau Granville begleichen. Allerdings bin ich froh, daß er nicht mehr hier ist; Granville ist sicher rachsüchtig. Ich hoffe nur, daß er Venedig verlassen wird, sobald er dazu imstande ist, denn er wird es nicht ertragen, die Zielscheibe des allgemeinen Spotts zu sein.«

»Das alles ist schrecklich.«

»Gregory hat auch erfahren, was geschehen ist, und befürchtet, daß es dir geschadet haben könnte.«

»Geschadet?«

»Ja, wegen des Kindes. Er findet, daß du dich untersuchen lassen solltest. Es wird ein bißchen schwierig werden, aber ich bin auch seiner Ansicht. Die Duchessa hat mir eine Hebamme empfohlen, und du wirst während der Untersuchung Lady Stevens sein. Eine Art Generalprobe.«

Ich mußte zuviel an Leigh und an die Folgen dieser Affäre denken, um mir wegen der Hebamme Sorgen zu machen.

Harriet inszenierte den Auftritt großartig. Sie hatte mich ein bißchen geschminkt, damit ich älter wirkte, und spielte selbst die Rolle des jungen Mädchens ausgezeichnet. Christabel und Gregory unterstützten uns nach Kräften.

Ich wurde von der Hebamme untersucht, die mir bestätigte, daß alles in Ordnung sei und die Schwangerschaft normal verlaufe.

Harriet war begeistert – nicht nur vom Ergebnis der Untersuchung, sondern auch darüber, daß alles so glatt über die Bühne gegangen war.

Auch andere Entwicklungen trugen zu unserer Beruhigung bei. Beau Granville hatte Venedig verlassen, sobald er die Folgen des Überfalls überwunden hatte.

»Er wird bestimmt nicht wiederkommen«, meinte Harriet. »Venedig dürfte ihm für immer verleidet sein.«

Damit begann für mich eine ruhige Zeit des Wartens.

Der Sommer war schön. Es war zwar heiß, aber infolge unserer ruhigen Lebensweise störte uns das nicht weiter. Christabel zeigte mir, wie ich Kindersachen anfertigen sollte, und Harriet beobachtete uns lächelnd. Ich wunderte mich oft darüber, daß sie trotz ihres lebhaften Temperaments den Mangel an Geselligkeit so gut ertrug. Aber sie hatte sich derart in ihre Rolle eingelebt, daß sie sogar das als selbstverständlich empfand.

Sie ruhte am Nachmittag, ging langsam durch den Palazzo und sprach mit der Haushälterin Caterina, die fünf Kinder hatte, über Schwangerschaften.

Dann mußte Gregory nach England an den Hof zurückkehren, was ihm gar nicht recht war, aber Harriet bestand darauf. Er sollte sich bemühen, möglichst bald wieder zu uns zurückzukommen; vielleicht würde dann das Kind schon auf der Welt sein, und wir konnten alle gemeinsam die Heimfahrt antreten.

»Weihnachten könnten wir wieder zu Hause feiern«, sagte Harriet. »Das Kind ist Mitte Oktober fällig, und Anfang Dezember sollte man schon mit ihm eine Reise unternehmen können.«

Im August verließ uns Gregory. Bis zur Geburt waren es noch zwei Monate, und allmählich wurde es für mich schwierig, meinen Zustand zu verbergen. Die losen Kleider, die wir trugen, halfen mir sehr dabei, und ich hielt mich hauptsächlich in meinem und Harriets Zimmer auf. Harriet fiel es jedenfalls leichter, die Schwangere zu spielen, als mir, meine Schwangerschaft geheimzuhalten.

Andererseits waren es glückliche Monate. Mich erfüllte heitere Gelassenheit, und ich dachte beinahe ausschließlich an das Kind. Es kam vor, daß ich wochenlang Jocelyn und meine Trauer um ihn vergaß.

Auch die Erinnerung an das Abenteuer in der Ballnacht verblaßte, und Zentrum meines Lebens war nur mehr das Kind, das in mir wuchs.

Ich zerbrach mir nicht einmal mehr den Kopf über die Zeit nach der Geburt. Ich wußte, daß das Kind mein Leben lang in meiner Nähe sein würde, und obwohl ich Jocelyn sehr geliebt hatte, liebte ich das Kind jetzt schon über alles in der Welt.

Christabel und ich sprachen darüber, und sie gestand, daß sie sich immer sehnsüchtig ein Kind gewünscht hatte. Nur einmal bemerkte sie bitter: »Wenn ich in deine Lage gekommen wäre, hätte mir niemand aus meinen Schwierigkeiten geholfen.«

Es klang, als beneide sie mich um die Unterstützung, die Harriet mir zuteil werden ließ.

Andererseits sorgte sie aber rührend für mich und hatte entzückende Kindersachen genäht. Auch Harriet hatte Kleidchen gekauft; sie hatte eine Ladeninhaberin auffordern lassen, mit ihren schönsten Stücken in den Palazzo zu kommen. Als die Frau eintraf, empfing Harriet sie im Bett. Ich saß neben ihr.

»Legen Sie die Sachen nur auf das Bett, damit ich sie begutachten kann«, befahl Harriet. »Manchmal muß ich einfach im Bett bleiben, weil es bei mir bald soweit ist. Ich habe zwei Söhne, aber damals, als sie unterwegs waren, war ich noch viel jünger.«

»Sie werden nie alt, Lady Stevens«, antwortete die Frau.

Harriet lächelte geschmeichelt und kaufte großzügig ein.

So verging die Zeit, und als der September kam, war es immer noch sehr warm. Ich ging überhaupt nicht mehr aus, sondern ließ Christabel meine Besorgungen erledigen. Sie unterrichtete mich wieder, wie meine Mutter es von uns erwartete, und ich empfand die Situation als widersinnig. Im Juli war ich fünfzehn geworden.

Anfang Oktober begann Harriet plötzlich, sich Sorgen zu machen. Ich war jung, es war mein erstes Kind, und sie hatte Angst, daß es zu Komplikationen kommen könnte. Deshalb wollte sie, daß die Hebamme in den Palazzo übersiedelte; das bedeutete aber, daß sie ihr reinen Wein einschenken mußte.

Nach reiflichen Überlegungen suchte Harriet die Hebamme auf und kehrte sehr erleichtert zurück.

»Die Frau lebt in einem Loch, in einem armseligen Loch. Daher wird es uns nicht schwerfallen, mit ihr einig zu werden, indem wir ihr Geld geben. Diesmal können wir ihr nicht das gleiche Theater wie bei der Untersuchung vorspielen, sondern müssen sie in das Geheimnis einweihen. Natürlich würde sie auf jeden Fall gut bezahlt werden, wenn sie die letzten Tage vor der Geburt im Palazzo verbringt. Aber wenn wir sie ins Vertrauen ziehen und ihr eine für sie horrende Geldsumme bieten, damit sie den Mund hält, wird sie sicherlich darauf eingehen.«

»Glaubst du, daß man ihr vertrauen kann?«

»Ich werde sowohl Bestechung als auch Drohungen anwenden. Eine unwiderstehliche Kombination, kann ich dir versichern.«

Ich ging zu ihr und küßte sie, denn das hatte sie gern. Sie liebte es, wenn man ihr Zuneigung zeigte. »Ich bin dir ja so dankbar, Harriet.«

»Du bist für mich wie ein eigenes Kind, Priscilla. Du weißt ja, daß ich mir immer eine Tochter gewünscht habe. Deshalb hör auf, von Dankbarkeit zu reden, damit wir uns mit dringenderen Problemen befassen können. Ich werde die Hebamme kommen lassen und mit ihr sprechen, und du wirst dabei sein.«

Sie schickte unverzüglich einen Boten zur Hebamme, denn, wie sie sagte: »Ich werde erst beruhigt sein, wenn die Frau im Haus ist. Ich möchte sicher sein, daß sie sofort zur Hand ist, wenn sie gebraucht wird.«

Die Hebamme war rundlich, hatte ein blasses Gesicht und lebhafte schwarze Augen; sie trug ein geflicktes Kleid und einen Mantel, der sicherlich bessere Zeiten gesehen hatte. Wahrscheinlich hatte ihn ihr ein Kunde vor etlichen Jahren geschenkt. Sie hieß Maria Caldori und hatte selbst fünf Kinder.

Harriet brachte sie in mein Zimmer und schloß die Tür energisch hinter ihr.

»Ich muß etwas sehr Wichtiges mit Ihnen besprechen«, fing sie an. »Wenn ich Ihnen viel Geld biete, damit Sie ein Geheimnis bewahren – sind Sie dann bereit, das zu tun?«

Die Frau sah Harriet erschrocken an und in ihre Wangen stieg leichte Röte. Harriet nannte einen Betrag, und die Hebamme fing an zu blinzeln; wahrscheinlich hatte sie noch nie von so viel Geld gehört.

»Ich bin davon überzeugt, daß Sie bereit wären, für eine so große Summe viel zu tun, Signora.«

»Ich würde nichts tun, was gegen das Gesetz verstößt«, antwortete die Frau zitternd.

»Es hat nichts mit dem Gesetz zu tun, Sie müssen sich nur verpflichten, nicht darüber zu sprechen. Sie verdienen sich das Geld, indem Sie schweigen.«

»Worum geht es, Mylady? Bitte spannen Sie mich nicht auf die Folter.«

»Zuerst müssen Sie mir versprechen, daß Sie schweigen werden. Ich bitte Sie um nichts Unrechtes, im Gegenteil, Sie werden ein gutes Werk tun.«

»Geht es um das Baby, Mylady?«

Harriet ging nicht auf die Frage ein. »Sie bekommen die Hälfte des Betrages jetzt und die andere Hälfte, wenn alles vorbei ist. Aber zuerst müssen Sie mir bei Gott und der heiligen Jungfrau schwören, daß Sie unter keinen Umständen über das sprechen werden, was Sie in diesem Haus erfahren.«

»Ich schwöre es, Mylady. In meinem Beruf gibt es immer wieder Geheimnisse, und ich war stets verschwiegen.«

»Diese Verschwiegenheit erwarte ich auch jetzt von Ihnen. Vielleicht denken Sie sich, daß Sie an Ihr Versprechen nicht mehr gebunden sind, sobald wir Sie bezahlt und Venedig verlassen haben, doch wenn Sie Ihr Wort brechen, werde ich dafür sorgen, daß Sie bestraft werden. Wissen Sie, was vor gar nicht so langer Zeit einem englischen Gentleman namens Granville zugestoßen ist?«

Ich sah die Schweißperlen auf der Stirn der Frau.

»Ja, ich habe davon gehört. Er war ein sehr schlechter Mensch.«

»Es könnte auch Ihnen widerfahren, Signora, wenn Sie mein Vertrauen täuschen. Aber dazu sind Sie viel zu klug. Sie werden sich das Geld redlich verdienen, nicht wahr?«

Die Frau hob das Kreuz, das sie um den Hals trug, an die Lippen und schwor darauf. Nichts würde ihr das Geheimnis entreißen können.

Es war wieder einmal eine von Harriets großen Szenen, und natürlich spielte sie sie vollendet.

»Ich vertraue Ihnen«, sagte sie. »Und jetzt werden Sie feststellen, daß die ganze Sache sehr einfach ist. Als Sie vor einiger Zeit hier waren, haben Sie nicht mich, sondern diese junge Dame untersucht. Sie ist die werdende Mutter, aber aus ganz bestimmten Gründen wollen wir nicht, daß das Kind als das ihre gilt. Sie müssen sich nur um sie kümmern, sie betreuen, sie möglichst geschickt von einem gesunden Kind entbinden, *und den Mund halten.*«

Auf dem Gesicht der Hebamme zeichnete sich Erleichterung ab.

»Mylady, das ist gar nichts, das ist überhaupt nicht schwierig...«

Dann unterbrach sie sich, denn sie hatte offensichtlich Angst, daß Harriet den Betrag vermindern würde, wenn es zu leicht klang. Also fuhr sie fort: »Ihr Geheimnis ist bei mir sicher, ich werde nichts sagen, sondern alle glauben lassen, daß es sich um Ihr Kind handelt, Mylady.«

»Ich bin davon überzeugt, daß Sie in Ihrem Beruf oft von Geheimnissen erfahren, aber denken Sie daran, wie gut Sie bezahlt werden, um dieses Geheimnis zu bewahren, und auch, daß Venedig für Sie ein sehr ungesunder Aufenthaltsort werden könnte, wenn Sie reden. Und jetzt können Sie sich um Ihre Patientin kümmern.«

Harriet ließ mich mit Maria Caldori allein, die mir viele Fragen stellte, mich untersuchte und sich mit meinem Zustand sehr zufrieden zeigte.

»Vielleicht in zwei Wochen, oder auch etwas früher. Babys bestimmen die Zeit selbst.«

Harriet hatte veranlaßt, daß ich in ihrem Zimmer schlafen sollte, und ein schmales Bett aufstellen lassen. Tatsächlich benützte sie dieses Bett und ließ mich in dem großen Bett schlafen, in dem das Kind zur Welt kommen sollte.

Maria Caldori war im Nebenzimmer untergebracht und bemühte sich ständig um mich. Sie schien sogar ihre Rolle in der Verschwörung zu genießen und spielte sie auch allen Besuchern gegenüber ausgezeichnet.

Christabel war sehr freundlich und achtete darauf, daß ich mich nicht überanstrengte. Sie wirkte in dieser Zeit sehr ausgeglichen, beinahe glücklich, und ging oft mit Francesca Leonardi aus, einer Italienerin, mit der sie Freundschaft geschlossen hatte. Sie verbrachte sogar gelegentlich die Nacht bei ihr.

Das Wetter war noch immer warm, und die Hitze machte mir sehr zu schaffen. Meist saß ich an der Verandatür und sah auf den Kanal hinaus.

Eines Tages, kurz nach Sonnenuntergang, glitt eine Gondel vorüber. Der Mond war schon aufgegangen und in seinem hellen Licht konnte ich den Gondoliere in seiner malerischen Tracht sehen, aber eigentlich fiel mir der Fahrgast auf.

Er blickte nämlich zum Palazzo hinauf, und als er sich unter meinem Fenster befand, konnte ich sein Gesicht deutlich erkennen.

Es war Beaumont Granville.

Eine Welle des Entsetzens überfiel mich. Ich stand auf, drehte mich abrupt um und trat ins Zimmer.

Dann setzte der Schmerz ein.

Mein Kind war im Begriff, das Licht der Welt zu erblicken.

In den nächsten Stunden vergaß ich Beaumont Granville völlig. Der Schmerz verdrängte alle anderen Gedanken, obwohl ich mir immer wieder vorsagte, daß alles bald vorüber sein und ich dann das Kind in den Armen halten würde, nach dem ich mich sehnte.

Es war keine besonders schwere Geburt, aber mir kam die Zeit sehr lang vor, bis ich den ersten Schrei meines Kindes hörte.

In diesem Augenblick brach ich in Jubel aus. Ich war Mutter, das war mein einziger Gedanke. Ich war erschöpfter als je zuvor in meinem Leben, aber ich war glücklich.

Harriet stand bei meinem Bett – die liebe, hilfreiche Harriet.

»Alles in Ordnung, mein Kind«, flüsterte sie. »Ein süßes kleines Mädchen... *unser* kleines Mädchen.«

Ein kleines Mädchen! Das hatte ich mir so sehr gewünscht.

Ich streckte die Arme aus.

»Schlaf zuerst«, befahl Harriet, »du brauchst jetzt deinen Schlaf. Maria hat es angeordnet; sie ist eine großartige Hebamme. Ruhe dich aus, mein Kind, ruhe dich aus, und inzwischen werden wir das kleine Wesen versorgen und es dann seiner Mutter präsentieren.«

Ich wollte protestieren, war aber zu erschöpft und schlief ein.

Es war später Nachmittag, als ich aufwachte. Harriet trat rasch ans Bett und küßte mich. »Du hast dich wunderbar gehalten. Jetzt willst du sicherlich deinen kleinen Engel sehen. Maria ist eine Tigerin, sie will nicht einmal mich in die Nähe des Kindes lassen. Man könnte annehmen, es wäre ihr eigenes. Aber jetzt bestehe ich darauf: geben Sie mir das Kind, Maria.«

Harriet brachte mir das Baby und legte es mir in die Arme. Ich war ganz schwach vor Glück. Für mich war noch nie etwas so wichtig gewesen wie dieses Kind mit dem roten Gesicht, dem spärlichen dunklen Haar und der Stupsnase. Die Kleine hatte leise gewimmert, und als ich sie in die Arme nahm, verstummte sie und verzog das Gesicht, als wolle sie lächeln. Wie ich sie liebte! Ich untersuchte die kleinen Finger, bewunderte die winzigen Nägel und spielte mit ihren Füßchen.

»Sie ist in jeder Beziehung vollkommen«, bestätigte Harriet. »Mir wäre es lieber, wenn ihre Lungen nicht ganz so kräftig wären, aber Maria bewundert sogar ihre Lautstärke. Sie verwöhnt die Kleine jetzt schon.«

Ich hielt sie in den Armen und dachte: Dieses Kind ist alles wert, was ich seinetwegen durchgemacht habe.

Harriet und ich debattierten lange über den Namen. Schließlich entschieden wir uns für Carlotta, weil er uns am passendsten schien. Sie hatte dunkle Haare und entzückende blaue Augen. »Als ob sie wüßte«, meinte Harriet, »daß sie als meine Tochter blaue Augen haben muß.« Harriet hatte veilchenblaue Augen, die das Auffallendste an ihr waren, und ich fragte mich, ob Carlottas Augen später auch diese Farbe annehmen würden.

Harriet nahm die Kleine in ihre Obhut. Die Hebamme bekam ihr Geld und verließ den Palazzo unter der wiederholten Versicherung, wie dankbar sie sei. Niemals würde jemand von ihr erfahren, wer in Wirklichkeit die Mutter des Kindes war.

Harriet suchte die Amme für das Kind unter der weiblichen Dienerschaft des Hauses aus. Die Wahl fiel auf eine etwa dreißigjährige Frau, die mehrere Kinder hatte.

Christabel interessierte sich sehr für Carlotta und war sichtlich von ihr gerührt. Das überraschte mich, denn ich hatte eigentlich nicht angenommen, daß sie sich viel aus Kindern machte.

Die Wochen vergingen. Ich widmete mich ausschließlich meinem Kind und fürchtete mich vor dem Tag, an dem wir Venedig verlassen würden, denn dann würde Harriet Carlotta übernehmen, und ich mußte nach Eversleigh zurückkehren.

»Ich werde deiner Mutter erzählen, was für eine große Hilfe du mir gewesen bist, daß ich mich nicht allzusehr zur Mutter eigne und daß sie dich deshalb oft zu mir herüberschicken muß.«

»Du bist lieb, Harriet, aber ich werde Carlotta trotzdem für längere Zeitabschnitte entbehren müssen.«

»Uns wird schon etwas einfallen, mach dir nur keine Sorgen.«

Merkwürdigerweise gelang es Carlotta, Harriet in ihren Bann zu ziehen, obwohl sie bis dahin kaum etwas für Kleinkinder übrig gehabt hatte. Vielleicht hatte ihre Rolle als werdende Mutter auf ihr Gemüt abgefärbt.

»Sie wird eine Schönheit«, prophezeite Harriet. »Sieh dir doch die Augen an. Dieses tiefe, leuchtende Blau. Und die süße Stupsnase. Ich bin davon überzeugt, daß sie es auch weiß. Sieh doch nur, wie energisch sie sich durchsetzt.«

»Wirklich, Harriet, du bist in das Kind vernarrt.«

»Bei ihr ist es kein Wunder, wenn man vernarrt ist.«

Dann sprach sie über das Kinderzimmer in Abbas, das vollkommen neu eingerichtet werden mußte. »Wäre es nicht eine gute Idee, wenn ich mir die alte Sally Nullens herüberholte?«

»Sie ist eine Klatschbase.«

»Wir werden ihr keinen Stoff zum Klatschen liefern, und deine Mutter behauptet, daß sie wunderbar mit Kindern umgehen kann.«

»Vielleicht ist das wirklich eine gute Idee. Wir hatten sie sehr gern, als wir klein waren.«

»Dann werden wir Sally Nullens nehmen. Ich habe genug von dieser Stadt. Sie ist ja sehr romantisch, aber man darf keinen ausgeprägten Geruchssinn haben. Die Leute werfen alle Abfälle in die Kanäle. Ich möchte keinesfalls im Winter hier sein, also fangen wir lieber an, Pläne zu schmieden.«

Natürlich hatte sie recht.

Als Gregory Ende Oktober nach Venedig zurückkehrte, eroberte Carlotta mit ihrem Charme auch ihn.

Er war damit einverstanden, sofort mit uns heimzureisen. Ein Aufschub würde nur bedeuten, daß wir Gefahr liefen, in wirklich schlechtes Wetter zu geraten.

Wahrscheinlich war er nur Harriets Sprachrohr, die jetzt, nachdem das Baby auf der Welt und der schwierigste Teil der Intrige geschafft war, genug von dem eintönigen Leben hatte und nach England zurückkehren wollte.

Ich traf also Reisevorbereitungen, obwohl ich kein sehr gutes Gefühl dabei hatte. Während Christabel mir beim Packen half, erinnerte ich mich daran, daß ich Beaumont Granville am Abend von Carlottas Geburt gesehen hatte. Merkwürdigerweise hatte ich diesen Zwischenfall vollkommen vergessen.

Jetzt sagte ich zu Christabel: »Als die Wehen einsetzten, hatte ich kurz vorher einen Schock gehabt. Ich sah Beaumont Granville.«

»Beaumont Granville«, wiederholte sie, als versuche sie, sich zu erinnern, um wen es sich handelte.

»Der Mann, der mich entführte. Den Leigh beinahe umbrachte.«

»Und du hast ihn wirklich gesehen?«

»Ganz bestimmt. Ich sah ihn deutlich; er fuhr in einer Gondel am Palazzo vorbei und sah zu meinem Fenster herauf.«

»Vielleicht hast du dich geirrt. Glaubst du, daß er nach allem, was hier geschehen ist, nach Venedig zurückkehren würde?«

»Eigentlich habe ich es nicht angenommen.«

»Du lebtest damals in ständiger Spannung, das Baby konnte jeden Augenblick kommen ... und wahrscheinlich war es nur jemand, der ihm ähnlich sah.«

»Das könnte sein«, pflichtete ich ihr bei.

Ich war nur zu gern bereit, ihr zu glauben.

IV
Der Preis für ein Leben

Christabel und ich trafen kurz vor Weihnachten 1682 in Eversleigh ein. Ich war zwei Wochen bei Harriet in Abbas geblieben, konnte aber meinen Aufenthalt bei ihr nicht noch länger ausdehnen. Mir brach das Herz, als ich mich von meinem Kind trennen mußte, obwohl ich wußte, daß es umhegt und umsorgt würde.

Carlotta war ein außergewöhnliches Kind. Christabel lächelte zwar verständnisvoll, wenn ich davon sprach, aber Harriet war ganz meiner Meinung. Mein Töchterchen beobachtete schon, was in seiner Umgebung vorging, hatte einen sehr ausgeprägten Willen und schrie, bis es blau anlief und das bekam, was es wollte.

Während der zwei Wochen in Abbas war ich ständig mit ihr beisammen, aber ich wußte, daß der Tag der Abreise bevorstand. Die zeitweiligen Trennungen von meiner Tochter waren der Preis, den ich für mein kurzes Glück zu bezahlen hatte.

Meine Mutter begrüßte mich herzlich.

»Wie konntest du nur so lange fortbleiben!« meinte sie vorwurfsvoll. »Laß dich nur einmal ansehen. Du bist schlanker geworden und siehst erwachsener aus.«

»Hast du wirklich erwartet, daß ich ewig ein Kind bleibe, Mutter?«

»Du bist so weit gereist und hast so lange im Ausland gelebt! Diese Abwechslung wird dir hier wahrscheinlich fehlen. Ich nehme an, daß Harriet bald wieder auf Reisen gehen wird, sie war immer schon ein unruhiger Geist. Daß sie jetzt noch ein Kind bekommen hat, paßt gar nicht zu ihr; ich bin davon überzeugt, daß sie zuerst nicht sehr begeistert war.«

»Harriet liebt Carlotta innig. Ach, Mutter, sie ist ein reizendes kleines Mädchen.«

»Es war ja zu erwarten, daß Harriets Tochter schön ist. Wenn sie nur halb so gut aussieht wie ihre Mutter, wird sie bei Hof Furore machen.«

»Sie wird ganz bestimmt eine Schönheit.«

»Anscheinend hat sie auch dich bezaubert. Aber komm jetzt ins Haus; es tut so gut, Cilla, daß du wieder da bist.«

Eigentlich hätte ich jetzt sagen müssen, daß es auch mir gut tat, wieder zu Hause zu sein. Ich konnte es aber nicht, denn ich fühlte mich nur dort wohl, wo Carlotta war.

Ich erzählte meiner Mutter, daß Harriet am liebsten Sally Nullens als Nurse für das Baby anstellen wollte.

»Das ist eine großartige Idee«, meinte meine Mutter. »Sally wird verrückt sein vor Freude. Seit Carl dem Kinderzimmer entwachsen ist, geht sie herum wie eine Glucke, der man ihre Küken weggenommen hat.«

»Soll ich es ihr sagen?«

»Ja. Gute Nachrichten soll man möglichst schnell überbringen.«

Ich ging in Sallys Zimmer. Es sah genauso aus wie vor meiner Abreise. Sie saß vor dem Teekessel und lauschte, wie er zu singen begann; und neben ihr saß Emily Philpots. Die beiden erschraken, als ich so plötzlich vor ihnen stand; sie waren während meiner Abwesenheit gealtert.

»Das ist ja Miß Priscilla«, sagte Emily.

»Zurück aus dem Ausland«, fügte Sally hinzu. »Ich begreife nicht, warum die Menschen herumreisen müssen und noch dazu im Ausland ein Kind bekommen... wahrscheinlich hat es einen Schaden für sein Leben davongetragen. Das alles ist direkt heidnisch.«

»Ich bin davon überzeugt, daß du bald eine kleine Christin aus der Kleinen machen wirst, Sally«, sagte ich.

Der Unterton in meiner Stimme wirkte, sie spitzte die Ohren und hielt den Atem an. Für Sally Nullens waren Babys wichtiger als ein Stück Brot.

Ich fügte rasch hinzu: »Lady Stevens bat mich, dich zu fragen, ob du nach Abbas hinüber kommen und ihr Kind betreuen willst. Ich halte das für eine gute Idee.«

Sallys Nase hatte sich leicht gerötet. Sie flüsterte etwas, das wie »ein süßes kleines Baby« klang.

»Könntest du dich dazu entschließen, Sally?«

Die Frage war unnötig. Im Geist stellte sie schon die Einrichtung des Kinderzimmers zusammen.

Sie tat, als müsse sie überlegen. »Ein Mädchen, nicht wahr?«

»Das süßeste kleine Mädchen der Welt, Sally.«

»Ich habe mir nie viel aus Schönheiten gemacht«, mischte sich Emily Philpots ein. »Sie werden immer hochmütig.« Ihr Gesichtsausdruck ließ keinen Zweifel daran, daß sie Sally glühend beneidete und sich vor der Zukunft fürchtete, in der sie nicht einmal mehr mit Sally plaudern konnte.

Plötzlich empfand ich Mitleid mit den beiden. Es war traurig, alt und unnütz zu sein.

»Das Kind wird auch eine Gouvernante brauchen«, sagte ich deshalb. »Ich glaube, man kann nicht früh genug damit beginnen, ein Kind zu unterrichten.«

»Das stimmt«, pflichtete mir Emily eifrig bei. »Kinder brauchen die leitende Hand, noch ehe sie gehen können.«

»Lady Stevens wird sicherlich wollen, daß du mit Sally nach Abbas kommst.«

»Wer hätte das gedacht!« rief Sally und setzte ihren Schaukelstuhl in heftige Bewegung. »Wieder ein Baby!«

»Ich schreibe also Lady Stevens, daß du einverstanden bist. Gleichzeitig werde ich ihr vorschlagen, daß Mistreß Philpots dich begleitet.«

Das Glück war in dem kleinen Zimmer eingezogen; rote Nasen, feuchte Augen und der quietschende Schaukelstuhl waren deutliche Anzeichen dafür.

Mein Leben war unbefriedigend. Nur die Zeiten, in denen ich bei Carlotta weilen konnte, zählten für mich. Natürlich konnte ich nicht allzu oft hinüberfahren.

Harriet unterstützte mich; sie besuchte uns und blieb ziemlich lang. Sally herrschte schon uneingeschränkt über das Kinderzimmer, und Emily Philpots beschäftigte sich mit Carlottas Kleidung und verzierte alle ihre Sachen mit exquisiten Stickereien.

Carlotta war sich ihrer Bedeutung bald bewußt. Wenn sie in der Wiege lag, strampelte und zufrieden lächelte, war sie wie ein Monarch, der die Huldigung seiner Höflinge entgegennimmt; sie betrachtete die hingerissene Menge, die verzückt in die Wiege starrte, mit einer gewissen Herablassung. Benjie war ihr ergebener Sklave, er fand es aufregend, eine kleine Schwester zu haben und war froh, daß seine Mutter wieder zu Hause war. Gregory liebte Carlotta zärtlich, Harriet spielte weiterhin die stolze Mutter, und Sally Nullens sah täglich jünger aus und wurde uns gegenüber immer aggressiver. »Ich lasse nicht zu, daß mein Baby in seiner Ruhe gestört wird«, zischte sie uns an und versuchte, uns aus dem Zimmer zu scheuchen. Merkwürdigerweise, als hätte sie einen sechsten Sinn, hatte sie nie etwas dagegen, daß ich mich im Kinderzimmer aufhielt. Sie sagte, es wäre ein zu reizendes Bild, wenn ich das Kind auf den Schoß nahm und mit ihm spielte. »Mistreß Carlotta hängt wirklich an dir«, erklärte sie mir, »und das will bei Ihrer Hoheit etwas heißen.« Zu Sally gesellte sich Emily

Philpots, die es nicht ertragen konnte, wenn Carlottas Kleidchen nicht makellos sauber waren.

»Die beiden werden das Kind restlos verziehen«, behauptete Christabel.

Carlotta fand, daß ihr all diese Aufmerksamkeit zustand.

Mein Vater schenkte Carlotta kaum einen Blick. Es wäre interessant gewesen, seine Reaktion zu beobachten, wenn er erfuhr, daß sie seine Enkelin war.

Ein einziges Mal machte er eine Bemerkung über sie: »Sie wird genauso werden wie ihre Mutter«, und das war nicht als Kompliment gedacht. Die Antipathie zwischen ihm und Harriet war nicht geringer geworden.

Es wurde Sommer, und ich bemühte mich, wieder so zu leben wie vor dem großen Abenteuer. Christabel und ich saßen im Schulzimmer, aber meine Gedanken waren immer in Eyot Abbas bei meinem Kind. Auch Christabel war geistesabwesend; sie sah wieder unglücklich aus, und ihre bitteren Bemerkungen ließen darauf schließen, daß sie mit ihrem Los unzufrieden war.

Einmal sagte sie: »Was wird aus mir werden, wenn du keinen Unterricht mehr brauchst?«

»Du kannst so lange bei mir bleiben, wie du willst.«

»Damit ich genauso werde wie Sally Nullens oder Emily Philpots.«

»Das würde nie der Fall sein, wir bleiben Freundinnen.« Sie wandte sich ab und ihre Lippen zitterten.

In diesem Jahr trat ein Ereignis ein, das meine Mutter sehr erschreckte. Sie war seit der papistischen Verschwörung, die uns gezeigt hatte, wie gefährdet unser angenehmes Leben war, wegen meines Vaters besorgt.

Er war ein tatkräftiger Mann, der mit seinen Ansichten nicht hinter dem Berg hielt. Außerdem war er ein überzeugter Anti-Papist, und da der katholische Jakob, Herzog von York, Thronerbe war und mein Vater kein Hehl aus seiner Überzeugung machte, sah meine Mutter Schwierigkeiten voraus. Mein Vater war mit dem Herzog von Monmouth befreundet, von dem meine Mutter immer behauptete, er besäße das Talent, ständig in Schwierigkeiten zu geraten.

Monmouth, Sohn von Karl dem Zweiten und Lucy Walter, war nach seinem Vater der auffallendste Mann bei Hof. Er sah im Gegensatz zu seinem Vater gut aus und verfügt über Charme; doch besaß er nicht die Schläue und Verschlagenheit seines Vaters. Er war kühn, unerschrocken und tapfer, jedoch kaum auf seine Sicherheit oder die der anderen bedacht.

Der König liebte ihn über alles, und solange Karl am Leben war, vergab man Monmouth seine unbesonnenen Handlungen. Aber seine Umgebung befürchtete, daß er einmal zu weit gehen würde. In diesem Sommer schien das der Fall zu sein.

Verständlicherweise beobachtete meine Mutter die Freundschaft zwischen meinem Vater und Monmouth mit einiger Besorgnis. Mein Vater erklärte immer wieder, er hätte nicht das Commonwealth durchgestanden und treu zur royalistischen Sache gehalten, damit ein bigotter Katholik König wurde und binnen kurzem die Inquisition in England einführe.

Er geriet in Hitze, wenn er über dieses Thema sprach, und meine Mutter, die sich normalerweise in ein Wortgefecht mit ihm eingelassen hätte, verhielt sich dabei ungewöhnlich schweigsam.

Als wir zum erstenmal von der Rye House-Verschwörung hörten, wurde sie vor Angst beinahe krank.

Es war eine kindische Verschwörung, von Anfang an zum Scheitern verurteilt. Die Verschwörer wollten den König und seinen Bruder ermorden, wenn die beiden vom Rennen in Newmarket nach London zurückritten. Die Straße führte an einem einsamen Bauernhaus vorbei, das unter dem Namen Rye House bekannt war, und der Verschwörung den Namen gab. Es gehörte einem Mann namens Rumbold, einem der Hauptträdelsführer.

Zwei Ereignisse vereitelten den Anschlag. In dem Haus in Newmarket, in dem der König und der Herzog wohnten, brach Feuer aus, und die beiden beschlossen, keine neue Unterkunft zu suchen, sondern nach London zurückzukehren. Deshalb kamen sie viel früher an Rye House vorbei, als die Verschwörer erwartet hatten.

Außerdem wurde ein an Lord Dartmouth gerichteter Brief gefunden, der den Plan in allen Einzelheiten enthielt.

Die papistische Verschwörung war vor nicht allzu langer Zeit erloschen wie ein herabgebranntes Feuer, und das Volk stürzte sich mit Begeisterung auf diese neue Verschwörung. Der König erließ eine Proklamation, in der er seine Untertanen aufforderte, Verdächtige festzunehmen, und setzte eine Belohnung von hundert Pfund für jeden aus, der einen Verschwörer der Gerechtigkeit überlieferte.

Doch nun war meine Mutter beunruhigt. Sie befürchtete, daß mein Vater an dem Komplott beteiligt war und daß eine Ergreiferprämie von hundert Pfund für jemand Geldgierigen eine Versuchung darstellte, ihn zu verraten.

Ich hörte, wie sie darüber sprachen.

»Ich habe dir schon gesagt«, erklärte er ihr, »daß ich damit nichts zu tun habe. Ich war nicht daran beteiligt. Es war ohnehin ein vollkommen aussichtsloses Unternehmen... von Anfang an zum Scheitern verurteilt. Außerdem glaubst du, daß ich mich einer Verschwörung anschließen würde, die den Tod von Karl zum Ziel hat?«

»Ich weiß, daß du ihn magst... und er dich...«

»Und du nimmst an, daß ich mich an einer Verschwörung gegen einen Menschen beteiligen würde, den ich mag?«

»Ich weiß, wie sehr du an Monmouth hängst, und daß du ihn auf dem Thron sehen möchtest.«

»Du überraschst mich wirklich, Bella. Ich will Monmouth nur dann auf den Thron bringen, wenn Jakob die Krone für sich beansprucht. Im Grunde möchte ich am liebsten das, was für das Land, für dich, für mich, für uns alle am besten ist: daß Karl noch zehn oder zwanzig Jahre lang König bleibt.«

»Ich habe ja gewußt, daß du ihm nichts antun willst.«

Sie gingen Arm in Arm durch den Garten – diesmal verbargen sie ihre Zuneigung für einander nicht.

Da ich ständig an mein Kind dachte und mir überlegte, wie wir beisammen sein konnten, hatte ich kaum Zeit, mich mit dieser Verschwörung zu befassen. Ich wußte nun, daß mein Vater nichts mit ihr zu tun hatte, und konnte sie deshalb vergessen. Man hatte versucht, den König zu ermorden; die Schuldigen waren der gerechten Strafe zugeführt worden, und damit war die Sache erledigt.

Leider stellte sich zur allgemeinen Beunruhigung heraus, daß es sich nicht um eine ländliche Verschwörung handelte, die ein einfacher Mälzer in einem Bauernhaus angezettelt hatte. Man fand heraus, daß eine große Zahl von wohlhabenden und einflußreichen Angehörigen des Adels an ihr beteiligt war. Lord Howard von Escrick und William Lord Russell gehörten zu ihnen. Köpfe begannen zu rollen, und meine Mutter machte sich immer mehr Sorgen.

Es dauerte nicht lang, bis der Name Monmouth fiel.

Der König zeigte bei der ganzen Untersuchung seine übliche Zurückhaltung. Mein Vater behauptete, daß Karl sich mehr für seine Mätressen als für Angriffe auf seine Person interessierte. Sein Standpunkt war: der Aufruhr ist fehlgeschlagen, warum soll ich mich also weiterhin darum kümmern? Er liebte keine Konflikte, sondern wollte in Frieden leben. Geistreiche Gespräche und ein Kranz schöner Frauen waren ihm viel wichtiger als die Gefangennahme seiner Feinde.

»Er fürchtet den Tod nicht«, bemerkte mein Vater. »Wahrscheinlich stellt er sich den Himmel wie Whitehall ohne Verschwörungen oder schwierige Probleme vor, als einen Ort, an dem er sich unbeschwert dem Vergnügen hingeben kann, das ihm schöne Frauen zu bieten vermögen.«

»Dennoch heißt es, daß er die Verhandlungen mit Frankreich äußerst geschickt führt.«

»Allerdings. Er lenkt den französischen König in die Richtung, in der er ihn haben will; das wirklich Amüsante daran ist, daß er dem König einredet, die wichtigsten Fäden befänden sich in französischen Händen. Eine großartige Leistung. Karl ist schlau, Karl ist klug, aber vor allem ist er faul und strengt sich nur dann an, wenn er eine Frau erobern will. Wenn er sich nur dazu entschließen könnte, Monmouth zu legitimieren. Das wäre das Vernünftigste.«

»Und was geschieht jetzt?« fragte meine Mutter. »Monmouth ist an dieser...«

»Jemmy wäre nie bereit, seinen Vater zu töten. Das weiß ich.«
»Wie will er es beweisen?«

Monmouth überzeugte den König davon, daß er zwar von der Verschwörung gewußt hatte, aber nie damit einverstanden gewesen wäre, daß sein Vater getötet wurde. Niemand wußte, ob der König ihm wirklich glaubte. Außerdem konnte niemand mit Bestimmtheit sagen, ob Monmouth um des Thrones willen zu einem Vatermord bereit gewesen wäre. Fest stand nur, daß Karl sich nicht dazu entschließen konnte, seinen eigenen Sohn hinrichten zu lassen – auch wenn er vielleicht ein Verräter war.

Natürlich konnte der König das Geschehene nicht einfach übersehen, und deshalb wurde Monmouth vom Hof verbannt. Als wir erfuhren, daß er nach Holland abgereist war, war meine Mutter unendlich erleichtert. Mein Vater lachte sie aus. Sie sei eine alte Glucke, behauptete er, die immerzu um ihre Küken besorgt ist.

Zwei Menschen, die in unserer Nähe wohnten, hatten sich an der Verschwörung beteiligt. Sie hatten uns gelegentlich nachbarliche Besuche abgestattet, und es war deshalb ein Schock, als wir erfuhren, daß man sie verhaftet hatte.

Einer davon war John Enderby, der mit seiner Frau und seinem Sohn in einem schönen Haus namens Enderby Hall gelebt hatte, und der zweite war Gervaise Hilton, der Besitzer von Grassland Manor und unser unmittelbarer Nachbar.

Darüber wurde viel geredet. Die Besitztümer würden zweifellos beschlagnahmt und verkauft werden. Ich wollte die betroffenen Familien besuchen, aber meine Mutter verbat es mir.

»Man könnte daraus schließen, daß dein Vater dich geschickt hat. Wir müssen uns aus all dem heraushalten.«

Ich gehorchte, hätte aber gern gewußt, wie es den Familien erging. Sie verschwanden aus der Gegend, und ihre Häuser sahen im Laufe der Monate immer verwahrloster aus.

Die Zeit war wirklich vergangen. Carlotta war jetzt über ein Jahr alt – eine sehr ausgeprägte Persönlichkeit, die von Tag zu Tag hübscher wurde. Die leuchtend blauen Augen – die nicht ganz so dunkel waren wie die Harriets – erregten die Aufmerksamkeit aller Besucher, und ich lächelte nur, wenn die Leute behaupteten, sie sehe ihrer Mutter immer ähnlicher. Harriet unterhielt sich darüber königlich.

»Du kannst dich darauf verlassen, daß Carlotta ihre Rolle richtig spielen wird«, bemerkte sie. »Das Kind wird sicherlich einmal eine Schauspielerin, denk an meine Worte.«

Harriets Interesse an Carlotta hatte etwas nachgelassen. Man konnte von ihr nicht erwarten, daß sie vollkommen in einem Kind aufging – noch dazu, wenn es das Kind einer anderen war. Außerdem bewachte Sally Nullens das Kinderzimmer wie ein feuerspeiender Drache aus einem Märchen, damit sich niemand ihrem Kind näherte. Das störte mich nicht, denn ich wußte, daß sie Carlotta wirklich liebevoll betreute. Sie würde die geringste Unpäßlichkeit sofort entdecken und behandeln. Sally war keineswegs mehr die mürrische, alternde Frau, die sich über den singenden Teekessel gebeugt und verdrossen vor dem Feuer im Schaukelstuhl gewiegt hatte. Das Leben hatte jetzt wieder einen Sinn für sie. Genauso erging es Emily Philpots. Carlotta war für sie kein gewöhnliches Kind, sondern geradezu eine Retterin. Sie betete sie an, doch Sally ließ zum Glück nicht zu, daß Carlotta zu sehr verwöhnt wurde. Sie wußte, daß es schlecht für das Kind war, wenn seinen Launen nachgegeben würde. Sie stellte zwar Regeln auf, denen das Kind gehorchen mußte, war Carlotta jedoch gleichzeitig bedingungslos ergeben.

Carlotta konnte sich nicht in besseren Händen befinden, und ich hätte zufrieden sein müssen, aber ich sehnte mich danach, sie für mich zu haben.

Zu Weihnachten kamen Harriet und Gregory zu uns nach Eversleigh, so daß das Kind und ich unter dem gleichen Dach wohnten, was wunderbar war. Harriet machte mich darauf aufmerksam, daß ich mich nicht so benehmen dürfe, als gebe es auf der Welt nichts außer Carlotta.

»Es könnte die Leute auf dumme Gedanken bringen«, ermahnte sie mich. »Schließlich war es ziemlich ungewöhnlich, daß ich mein Kind ausgerechnet in Venedig bekommen wollte. Versuche, dich ein wenig zu beherrschen.«

Ich begriff, was sie meinte, als meine Mutter bemerkte: »Priscilla wird einmal eine gute Mutter sein. Wenn man sieht, wie sie sich mit Carlotta befaßt, könnte man annehmen, daß sie die Mutter ist und nicht Harriet.«

Ja, Harriet hatte recht. Ich befand mich auf trügerischem Grund.

Zu Weihnachten war es außergewöhnlich kalt, und im Januar teilte uns mein Vater mit, daß wir alle nach London reisen würden. Wir hatten eine Einladung an den Hof erhalten, der wir nachkommen mußten.

Er sah Christabel und mich nachdenklich an; anscheinend hatte er erkannt, daß ich kein Kind mehr war. Ich war sechzehn, würde im Juli siebzehn sein. Ich konnte geradezu sehen, wie er überlegte, und obwohl er sich mir gegenüber genauso gleichgültig gab wie eh und je, kannte er seine väterlichen Pflichten und wußte, daß er demnächst einen geeigneten Ehemann für mich finden mußte.

Die Vorstellung stieß mich ab, war mir sogar widerlich. Wie konnte ich heiraten, ohne meinem Mann zu gestehen, daß ich ein Kind hatte? Ich begann mir Sorgen zu machen.

Es war der kälteste Winter seit Menschengedenken. Von Anfang Dezember an hatte strenger Frost geherrscht, und als wir London erreichten, sah es wie eine fremde Stadt aus. Die Themse war so fest gefroren, daß Verkäufer Buden auf ihr aufgestellt hatten wie auf einem Jahrmarkt. Das Aussehen der Stadt hatte sich dadurch verändert, und die Besucher staunten. Die Einwohner von London hatten sich bereits daran gewöhnt und benützten den Fluß ganz selbstverständlich für Spaziergänge und Einkäufe.

Es gab viele Belustigungen auf dem Fluß, denn man mußte die Gelegenheit wahrnehmen. So etwas hatte es noch nie gegeben und würde es wahrscheinlich nie wieder geben. Das Eis war fest wie Stein; man fuhr mit Kutschen von Westminster zum Temple, und wenn ein Ochse auf dem Eis gebraten wurde, verursachte das Feuer nur eine kleine Grube.

Einige Puritaner – es gab immer noch genug – waren der Ansicht, daß das Wetter noch kälter würde und wir alle erfrieren würden – natürlich mit Ausnahme der Gerechten. Gott hatte die Pest und das große Feuer gesandt, und auch dies hier war eine Warnung.

Die Flußschiffer ärgerten sich. Sie konnten ihren Beruf nicht ausüben. Etliche von ihnen stellten ebenfalls Buden auf und arbeiteten als Verkäufer.

»Was für den einen gut ist, ist für den anderen schlecht«, war der philosophische Kommentar.

Meine Mutter, Christabel und ich machten auf der Themse Einkäufe. Die Kälte war beißend, aber die Budenbesitzer waren recht fröhlich; wir waren sehr vorsichtig, während wir über das Eis gingen. Es war jedoch durch den vielen Verkehr nicht mehr ganz so glatt.

Alle warteten auf Tauwetter; aber das Eis war so dick und die Eisschicht hielt sich schon so lange, daß kaum anzunehmen war, daß es rasch schmelzen würde.

Auf dem Eis lernten wir Thomas Willerby kennen. Er war ein Mann in den besten Jahren, hatte eine rundliche Figur und ein rundes, rosiges Gesicht. Er stand bei einer Bude und trank heißen Likör. Auf dem Eis gab es viele Verkaufsstände, die heiße Getränke anboten, denn bei dem kalten Wetter waren sie ein willkommenes Mittel zum Aufwärmen.

Als wir an der Bude vorbeikamen, glitt Christabel aus und fiel Thomas Willerby buchstäblich in die Arme. Dabei wurde ihm das Glas aus der Hand geschlagen; zum Glück ergoß sich der Likör nicht über Thomas' Gesicht, sondern nur über seinen prächtigen Rock.

Christabel war zutiefst erschüttert. »Es tut mir so leid, mein Herr«, rief sie. »O mein Gott. Es war ausschließlich meine Schuld. Ihr schöner Rock ist ruiniert.«

Mr. Willerby hatte ein freundliches Gesicht. »Aber, aber, meine Liebe, machen Sie sich doch deswegen keine Sorgen«, beruhigte er Christabel. »Es war nicht Ihre Schuld; wir bewegen uns hier ja auf unnatürlichem Boden.«

»Aber Ihr Rock...«, mischte sich meine Mutter ein.

»Es spielt keine Rolle, werte Dame, überhaupt keine Rolle.«

»Wenn man den Fleck nicht sofort herauswäscht, bleibt er für immer drin.«

»Dann wird eben ein Fleck drinbleiben. Ich möchte nicht, daß sich diese Dame«, er lächelte Christabel zu, »wegen eines Rocks

Gedanken macht. Sie ist nicht daran schuld. Wie schon gesagt, dieses Eis ist unnatürlich glatt.«

»Sie sind sehr liebenswürdig«, bedankte sich Christabel ruhig. »Bitte, machen Sie sich keine weiteren Sorgen.«

»Sie müssen uns in unser Haus begleiten«, erklärte meine Mutter. »Ich bestehe darauf. Dort werde ich den Rock reinigen lassen.«

»Sie sind zu gütig, werte Dame.«

Aber es war deutlich zu merken, daß er die Einladung sehr gern annahm. Wir brachten ihn in unser Londoner Haus, das in der Nähe des Palastes von Whitehall lag, und dort sorgte meine Mutter dafür, daß er den Rock auszog und schickte einen Diener um einen Hausrock meines Vaters. Mr. Willerby zog ihn an, während der Diener seinen Rock mitnahm, um ihn zu reinigen. Dann wurde Glühwein serviert und dazu Kekse, die wir als Weinkekse bezeichnen – sie waren fein gewürzt, duftend und noch ofenwarm.

»Bei meiner Seele«, stellte Thomas Willerby fest, »es war wirklich ein Glücksfall für mich, daß jemand auf dem Eis in mich hineinrannte.«

Mein Vater gesellte sich zu uns und wurde ebenfalls über den Zusammenstoß informiert. Willerby gefiel ihm offensichtlich. Mein Vater hatte von ihm gehört. War er nicht ein Londoner Kaufmann, der zehn Jahre zuvor vom Land in die Stadt gezogen war und sich in die Höhe gearbeitet hatte?

Thomas Willerby war offenbar sehr gesellig – und liebte es auch, von sich zu sprechen. Ja, er war der Mann, von dem mein Vater gehört hatte. Ein Jahr zuvor hatte ihn ein schwerer Verlust getroffen, denn seine liebe Frau war gestorben. Sie waren kinderlos gewesen, worüber sie beide unglücklich gewesen waren. Jetzt wollte er sich jedoch vom Geschäftsleben zurückziehen. Er hatte ein kleines Vermögen erworben und wollte sich auf dem Land niederlassen, nicht zu weit von der Stadt entfernt, in Reichweite von London. Vielleicht würde er auch eine kleine Landwirtschaft betreiben. Er wußte es noch nicht genau, denn zunächst brauchte er das passende Haus.

Sie unterhielten sich eine Zeitlang über die Staatsaffären und natürlich auch über die letzte Verschwörung. Sie waren sich darüber einig, daß der Tod des Königs einen schweren Schlag für das Land bedeuten würde, da es außer dem Bruder des Königs und seinem fragwürdigen unehelichen Sohn keine Thronerben gab.

Thomas Willerby war auf jeden Fall dagegen, daß das Land wieder papistisch wurde, und in dieser Beziehung war mein Vater ganz seiner Meinung.

Als der Rock endlich gereinigt hereingebracht wurde und genauso frisch und sauber aussah wie vor dem Zwischenfall, hatten wir uns mit Thomas angefreundet, und mein Vater hatte vorgeschlagen, daß Thomas sich einmal die beiden Besitztümer in der Nähe von Eversleigh Court ansehen sollte.

Thomas Willerby entschloß sich tatsächlich dazu, Enderby Hall und Grassland in Augenschein zu nehmen.

Es war ein ereignisreicher Morgen gewesen.

Die Kälte hielt bis Februar an. Dann verschwanden die Buden vom Fluß, und allmählich bildeten sich Spalten im Eis.

Inzwischen hatte Thomas Grassland Manor gekauft, das nur eine halbe Meile von uns entfernt lag. Mein Vater freute sich darüber, ihn zum Nachbarn zu bekommen, und gab sich ihm gegenüber sehr freundschaftlich.

Thomas besuchte uns häufig und widmete uns allen seine Aufmerksamkeit, meiner Meinung nach aber vor allem Christabel. Er freute sich aufrichtig darüber, daß er sozusagen in den Kreis unserer Familie aufgenommen wurde.

Mein Vater war natürlich ein sehr beliebter Mann. Er war reich, besaß Einfluß bei Hof und war ein Vertrauter des Königs und des Herzogs von Monmouth – letzteres war allerdings nicht so günstig, da sich der Herzog im Augenblick im Exil befand. Es war jedoch allgemein bekannt, daß der König meinen Vater sehr schätzte, weil mein Vater es verstand, ihn zu unterhalten.

Willerby hatte sich nie in solchen Kreisen bewegt. Er war reich, obwohl er nichts geerbt hatte. Er war ein Bauer, der nach London gekommen war, um hier sein Glück zu machen, und dank harter Arbeit und Ehrlichkeit war ihm das auch gelungen. Da er großen Respekt vor Menschen empfand, die einer höheren Gesellschaft angehörten als er, war er darüber entzückt, daß er in Eversleigh als Freund des Hauses galt.

Er und Christabel kamen oft zusammen. Christabel litt nach wie vor unter der fixen Idee, daß sie nicht voll gesellschaftsfähig war – obwohl sie mit dieser Ansicht allein dastand. Doch Thomas Willerby gegenüber gab sie sich natürlich und vollkommen unbefangen; und eines Tages kam sie glückstrahlend zu mir.

»Ich muß mit dir sprechen. Priscilla. Es ist etwas Wunderbares geschehen.«

»Spann mich nicht auf die Folter.«

»Dein Vater hat mich zu sich gerufen. Thomas Willerby hat um meine Hand angehalten, und dein Vater findet, daß er eine gute Partie ist. Ich werde ihn also heiraten.«

»Liebst du ihn?«

»Ja, von ganzem Herzen.«

Ich umarmte sie. »Dann freue ich mich für dich.«

»Ich verdiene dieses Glück gar nicht.«

»Unsinn, Christabel, natürlich verdienst du es.«

Sie schüttelte den Kopf. »Dadurch wird jedenfalls alles in Ordnung kommen.«

Ich wußte nicht genau, was sie damit meinte. Sie zögerte kurz, dann sagte sie: »Er hat es jetzt zugegeben, und du sollst es auch erfahren. Ich habe es natürlich erraten, als ich hierher kam.«

»Wovon sprichst du eigentlich, Christabel?«

»Ich bin nicht das Kind der Connalts. Dein Vater ist auch der meine, und meine Mutter war Lady Letty.«

»Christabel!«

»Ja. Es war eine Liebesbeziehung, die unglücklicherweise Folgen hatte – mich. Unser Vater war damals mit seiner ersten Frau verheiratet, und es war undenkbar – wie du ja selbst genau weißt –, daß eine unverheiratete Dame ein Kind bekommt. Deshalb kam ich im geheimen zur Welt, wie deine Carlotta, und da wurde ich bei den Connalts in Pflege gegeben, die mich wie ihre eigene Tochter großziehen sollten. Lady Letty arrangierte alles, und sie kamen mit dem neugeborenen Kind in das Pfarrhaus.«

»Liebe Christabel!« Ich schlang die Arme um sie und küßte sie. »Dann sind wir also Schwestern.«

»Halbschwestern«, stellte sie richtig. »Aber mein Leben verlief ganz anders als das deine. Du warst anerkannt, erwünscht, ehelich geboren. Das macht einen großen Unterschied aus.«

Ich mußte an Carlotta denken und beschloß sofort: Für sie soll es keinen Unterschied ausmachen. Sie soll alles bekommen, was ihr zusteht.

»Und du hast es die ganze Zeit gewußt, Christabel?«

»Ich war meiner Sache nicht sicher, aber ich nahm es an. Unser Vater besuchte gelegentlich die Connalts und beobachtete mich dann. Das fiel mir auf. Auch Lady Letty interessierte sich für mich. Sie pflegte Kleider für mich zu schicken – obwohl ich nicht erfahren sollte, daß sie von ihr stammten. Und als ich hierherkam und merkte, wie man mich behandelte... nicht eigentlich als Erzieherin und doch wieder nicht als Familienmitglied... war ich davon überzeugt.«

»Warum hast du mir gegenüber nie eine Andeutung gemacht?«

»Und wenn du mich verraten hättest? Vielleicht hätte man mich dann wieder weggeschickt.«

Jetzt verstand ich alles... ihre Bitterkeit, ihre Launen. Die arme Christabel!

»Es ist merkwürdig«, bemerkte sie. »Menschen meiner Art werden Kinder der Liebe genannt. Und dabei fehlt uns gerade diese Liebe so oft.«

Auch Carlotta ist ein Kind der Liebe, dachte ich. Aber ihr soll es nicht an Liebe fehlen, dafür werde ich sorgen.

»Es ist wunderbar, daß ich plötzlich eine Schwester habe«, sagte ich.

»Ich war so eifersüchtig auf dich«, bemerkte sie.

»Ich weiß.«

»Das war nicht schön von mir.«

»Aber ich kann dich verstehen. Von nun an mußt du nicht mehr eifersüchtig sein.«

»Natürlich nicht. Thomas liebte mich vom ersten Augenblick an. Das werde ich ihm nie vergessen.«

»Ich halte ihn für einen sehr guten Menschen, Christabel.«

»Das ist er auch. Ich bin ja so glücklich, Priscilla.«

Es gab keinen Grund, die Hochzeit aufzuschieben, stellte mein Vater fest, und deshalb fand die Trauung beinahe unmittelbar danach statt. Christabel blühte auf und jeder konnte sehen, daß sie sehr glücklich war. Sie war eifrig damit beschäftigt, Grassland Manor einzurichten, und wenn sie uns besuchte, was häufig der Fall war, strahlte sie vor hausfraulichem Glück. Sie kümmerte sich um ihre Vorratskammer und ihren Blumengarten und machte so viel Aufhebens um Thomas Willerby, daß ich überrascht war. Sie hatte vorher immer ein bißchen kühl gewirkt, hatte ihre Gefühle nie gezeigt. Ich hatte noch nie erlebt, daß sich jemand in so kurzer Zeit so veränderte. Natürlich war ihr Mann von ihr entzückt, und es gab nicht den geringsten Zweifel darüber, daß sie eine glückliche Ehe führte.

Bald erzählte sie mir bei einem ihrer Besuche in Eversleigh, daß sie ein Kind bekommen würde. Damit war der letzte Wunsch erfüllt, der noch zu ihrem Glück gefehlt hatte.

Sie zeigte mir stolz das Kinderzimmer, und Thomas schnurrte

wie ein Kater, strahlte und sah sie an, als ob sie, wie Carl es respektlos ausdrückte, die Jungfrau Maria wäre.

Es war eine Freude, ihr Glück mitzuerleben, und jetzt war es an mir, Neid zu empfinden. Wie anders hätte alles ausgesehen, wenn Jocelyn und ich verheiratet gewesen wären und ich meine Vorbereitungen für die Geburt meines Kindes in aller Öffentlichkeit hätte treffen können wie Christabel, statt mich auf ein Abenteuer einzulassen, das rückblickend wie ein frivoles Spiel wirkte. Überdies lebte ich immer wieder für lange Zeit von meinem Kind getrennt, so daß ich mit meinem Schicksal haderte. Ich wollte mich mit Harriet deswegen beraten; vielleicht fand sie eine Lösung, die mir ermöglichte, Carlotta zu adoptieren.

Im Dezember kam Christabels Kind zur Welt. Meine Mutter und ich gingen nach Grassland Manor hinüber und waren während der Geburt anwesend. Wir mußten Thomas beruhigen, der eine panische Angst davor hatte, daß es Komplikationen geben könnte. Seine Liebe zu Christabel war rührend; das Schicksal hatte es wirklich gut mit uns gemeint, als es uns damals diese Begegnung auf dem Eis beschert hatte.

Die Geburt war lang und schwer. Doch dann hörten wir den ersten Schrei des Kindes. Thomas' glücklicher Gesichtsausdruck rührte mich zutiefst.

Wir warteten gespannt. Endlich tauchte die Hebamme auf. »Es ist ein Junge.«

Thomas war so glücklich, daß er kein Wort herausbrachte.

Dann fragte er: »Und meine Frau?«

»Sie ist sehr, sehr müde. Sie dürfen vorläufig noch nicht zu ihr hinein.«

Ihre Stimme klang besorgt, und mich ergriff fürchterliche Angst. Ich sah Thomas an; die Freude war aus seinem Gesicht wie weggewischt.

»Sie hat eine schwere Geburt hinter sich«, meinte meine Mutter. »Sie braucht nur Ruhe, dann wird alles wieder gut.«

In den darauffolgenden Tagen bangten wir um Christabels Leben. Sie hatte Fieber bekommen und brauchte sorgfältige Pflege. Mein Vater sandte ihr unseren Doktor und brachte auch einen Arzt vom Hof zu uns. Das freute mich, denn es bewies, daß er doch etwas für seine Tochter übrig hatte.

Meine Mutter und ich hielten uns mehr in Grassland Manor als in Eversleigh Courts auf. Wir pflegten Christabel gemeinsam und waren sehr glücklich, als es ihr endlich etwas besser ging. Mein Vater hatte meiner Mutter gestanden, daß Christabel seine Tochter war. Sie hatte es sich schon gedacht und wollte alles tun, um Christabel die vielen unglücklichen Jahre im Pfarrhaus vergessen zu lassen.

Dann konnte ich Thomas endlich sagen, daß Christabel gesund werden würde.

Er schloß mich in die Arme und drückte mich an sich. Ich war gerührt und erstaunt, weil er so an Christabel hing.

Das Baby, das Thomas getauft worden war, gedieh, ohne zu ahnen, welche Tragödie seine Geburt beinahe ausgelöst hätte.

Die Ärzte erklärten uns, daß Christabel sich sehr schonen müsse und vorläufig keine Kinder bekommen dürfe – wenn überhaupt.

Weihnachten war beinahe unbemerkt vorübergegangen, und das Neue Jahr stand vor der Tür. Wir hatten eine Amme für den kleinen Thomas gefunden, und er bereitete uns kaum Schwierigkeiten. Er war ein zufriedenes, gesundes Kind, die Freude seiner Eltern.

Das hatte Christabel ihr Leben lang gebraucht – daß man sie liebte. Sie war durchaus bereit, diese Zuneigung zu erwidern, und ich hatte noch nicht erlebt, daß eine Frau mit ihrem Schicksal so zufrieden war wie Christabel in jener Zeit.

An einem kalten Nachmittag im Januar, als der Nordwind um das Haus heulte und es wohltat, vor dem warmen Feuer zu sitzen, vertraute sie sich mir an.

»Wie seltsam doch das Leben spielt, Priscilla. Noch vor kurzer Zeit besaß ich nichts und sah die Zukunft grau in grau. Ich hatte Angst. Und dann änderte sich mit einem Schlag alles. Ich erlebte ein Glück, das ich nie zu erhoffen wagte.«

»So ist das Leben, Christabel. Laß es dir zur Lehre dienen. Man sollte nie zu kleinmütig sein.«

»Und vielleicht auch nie zu glücklich.«

»Dieser Meinung bin ich nicht. Wenn wir glücklich sind, sollten wir dieses Gefühl voll auskosten und nicht an die Zukunft denken.«

»Waren das auch deine Überlegungen, als du mit Jocelyn auf der Insel warst?«

»Ich habe keine bewußten Überlegungen angestellt. Ich war einfach glücklich darüber, daß ich ihn liebte und von ihm wiedergeliebt wurde. Ich genoß den Augenblick und dachte nicht an morgen.«

»Doch die Folgen!«

»Ich würde um nichts in der Welt auf Carlotta verzichten.«

»Das verstehe ich, Priscilla. Doch ich fürchte, daß ich ein böser Mensch bin.«

»Was für einen Unsinn erzählst du da?«

»Ich verdiene mein Glück nicht.«

»Aber natürlich verdienst du es. Glaubst du denn, Thomas wäre so in dich verliebt, wenn du wirklich so schlecht wärst, wie du behauptest?«

»Ihm gegenüber verhalte ich mich anders. Ich liebte ihn von dem Augenblick an, als er so reizend auf den beschmutzten Rock reagierte. Er liebte seine erste Frau, aber sie konnte ihm keine Kinder schenken, und jetzt haben wir den kleinen Thomas. Das macht ihn so glücklich. Er wollte immer Kinder haben, und jetzt besitzt er einen Sohn. Und an all dem ist das glatte Eis schuld.«

»Siehst du, alles hat sich von selbst ergeben, und du mußt nur dafür dankbar sein und euch euer Glück erhalten.«

»Ich habe nicht die Absicht, es durch meine Schuld zu zerstören.«

»Dann solltest du nie davon reden, nicht einmal daran denken.«

»Gut. Aber ich kann erst dann unbeschwert glücklich sein, wenn du mir verziehen hast.«

»Was soll ich dir denn verzeihen?«

»Ich war neidisch, wahrscheinlich habe ich dich sogar gelegentlich gehaßt. Du warst immer freundlich zu mir, aber ich konnte nichts gegen meine Gefühle. Ich hatte dich oft gern, aber ich neidete dir deine Geborgenheit. Es war schrecklich. Dieses Gefühl war so stark, daß ich dir schaden wollte.«

»Was redest du da?«

»Es bedrückte mich so sehr, daß ich die Ausgestoßene, die nur Geduldete war, das Kind, dessen bloße Existenz schon Ungelegenheiten bereitete – wie etwas, dessen man sich schämt und es unter einem Stein versteckt. Einem empfindsamen Kind bricht das Herz, wenn es erfährt, daß seine Eltern es verleugnen. Ich empfing nie Liebe. Den Connalts war dieses Gefühl überhaupt fremd. Sie waren die denkbar schlechtesten Zieheltern, die ein Kind in meiner Lage haben konnte.«

»Das alles ist nun vorbei, Christabel, und kommt niemals wieder. Du hast es hinter dir. Du hast deinen Sohn und deinen Mann, der dich anbetet, und du hast ein schönes Zuhause. Vergiß, was du früher erduldet hast... jetzt hast du einen festen Platz in der Gesellschaft hier.«

»Du wirst mich bestimmt verstehen, Priscilla, aber erlaube mir, daß ich dir alles beichte. So kann ich mein Gewissen erleichtern.«

»Schön, dann beichte.«

»Ich stand unter dem schrecklichen Zwang, dich so zu demütigen, wie es mir geschehen war. Du warst die eheliche Tochter, ich die uneheliche. Wie du siehst, bin ich kein guter Mensch. Ich wußte, was zwischen dir und Jocelyn vorging, und auch, wie unschuldig du warst. Außerdem wußte ich auch, aus eigener leidvoller Erfahrung, was verzweifelte Menschen empfinden. Du weißt ja noch, daß wir zu dritt auf die Insel fahren sollten. Dann schützte ich Kopfschmerzen vor und blieb zu Hause. Ich wußte, daß Nebel einfallen würde – einer der Gärtner hatte es mir gesagt. Ich ließ euch beide absichtlich allein hinüberfahren.«

»Warum?«

»Weil sich der Gedanke in mir festgesetzt hatte, daß sich alles so ergeben würde, wie es dann auch wirklich geschah. Der Neid bringt einen auf die ausgefallensten Ideen, er ist eine tödliche Leidenschaft. Außerdem bereitet er dem Menschen, der von ihm beherrscht wird, mehr Qualen als dem Opfer. Deshalb erriet ich auch, was sich abspielen würde. Ihr wart zwei verzweifelte Menschen, und es war unvermeidlich, daß ihr die wenigen Stunden des Glücks nützen würdet, die euch geschenkt waren. Ich dachte nicht daran, daß du ein Kind empfangen würdest, aber die Möglichkeit bestand selbstverständlich. Du siehst, wie gemein ich dachte und handelte. Und ausgerechnet dir gegenüber, die immer so freundlich zu mir war.«

»Ist das dein ganzes Geständnis?«

»Ja. Reicht es nicht?«

Ich küßte sie. »Bitte vergiß es, Christabel. Ich weiß das alles seit langem. Aber Carlotta ist für mich so wichtig, daß es mir gleichgültig ist, welchen Umständen sie ihr Leben verdankt. Ich kann dem Geschick nur dankbar dafür sein.«

»Es wäre besser gewesen, wenn du Leigh geheiratet hättest. Er liebt dich. Dann hättet ihr Kinder bekommen und sie selbst aufziehen können. Das ganze Versteckenspiel wäre unnötig gewesen.«

»Du hast immer Schwierigkeiten heraufbeschworen, Christabel, als würdest du sie anziehen. Man würde beinahe glauben, daß du Kränkungen provozierst. So war es auch bei Edwin.«

»Ich habe mir nie wirklich etwas aus Edwin gemacht, das weiß ich heute. Ich wollte nur meiner Armut und Bedeutungslosigkeit entkommen. Edwin ist schwach. Ich ziehe starke Männer vor.«

»Und jetzt hast du deinen Mann und dein Kind. Sei glücklich, Christabel, du mußt alles, was dir das Leben bietet, genießen. Wenn du es nicht tust, verlierst du es vielleicht eines Tages.«

Sie fröstelte, und ich legte ihr einen Schal um die Schultern.

»Ich bin verderbt, Priscilla«, sagte sie. »Wenn du wüßtest...«

Ich küßte sie.

»Schluß mit diesen trübsinnigen Gedanken. Soll ich Thomas zu dir bringen lassen?«

Sie nickte.

Als wir nach Eversleigh Court zurückkehrten, erwartete uns ein Schock. Mein Vater ging aufgeregt und gespannt in der Halle auf und ab.

»Was ist geschehen?« rief meine Mutter.

»Der König ist tot«, antwortete er.

Meine Mutter griff sich ans Herz und wurde blaß.

»Was bedeutet das, Carleton?« flüsterte sie.

»Das werden wir sehen, meine Liebe.«

»Und was wirst du unternehmen?«

»Auch das werden wir sehen.«

»O Gott«, betete meine Mutter inbrünstig, »bewahre uns vor der Rebellion.«

»Aber es kam nicht unerwartet«, fuhr sie dann fort. »Er kränkelte in letzter Zeit.«

»Das stimmt«, bestätigte mein Vater. »Er war seit über einem Jahr leidend und nicht mehr so wie früher. Einst strotzte er vor Gesundheit und Kraft, übertraf seine Freunde bei allen Sportarten. Doch in letzter Zeit war er manchmal gereizt... was früher nie vorkam. Ich habe es eigentlich erwartet, aber nicht so plötzlich.«

»Er war nicht alt. Mit fünfundfünfzig müßte man noch nicht sterben.«

»Vielleicht hat er zu intensiv gelebt. Er hat die ihm zugemessene Spanne Leben voll ausgekostet und die Jahre besser genützt als die meisten Menschen.«

Sie redeten um das eigentliche Problem herum; wie würde sich Monmouth jetzt verhalten, und vor allem, was würde mein Vater unternehmen?

Mein Vater berichtete dann noch über den Tod des Königs, wie er den Abend, bevor er erkrankte, inmitten einer fröhlichen Runde verbracht hatte. Er hatte mit seinen Mätressen – den Herzoginnen von Portsmouth, Cleveland und Mazarin – getafelt und ihnen seine

Zuneigung durch Liebkosungen bewiesen, wie es seine Art war. Dann hatte er wie üblich Karten gespielt und der Musik gelauscht, und alle waren von einem kleinen französischen Sängerknaben begeistert gewesen, den der König von Frankreich an Karls Hof geschickt hatte.

Der König hatte die Gemächer der Herzogin von Portsmouth aufgesucht, und dann hatten ihn die Lakaien mit Lichtern zu seinen Gemächern zurückgeleitet, wobei er wie immer harmlose Scherze gemacht hatte. Der königliche Kammerherr, zu dessen Pflichten es gehörte, gemeinsam mit den Spaniels, die den König stets begleiteten, auf einer Matratze im Zimmer des Königs zu schlafen, hatte berichtet, daß Karl im Schlaf gestöhnt und nach dem Erwachen unpäßlich gewirkt hätte. Er hatte ein paar Tropfen der Medizin eingenommen, die er selbst erfunden hatte und die ›Königstropfen‹ genannt wurde. Mein Vater hatte sie ihm mehr als einmal bringen müssen, und der König hatte ihm die Ingredienzen aufgezählt: Opium, Holunderrinde, Sassafras, alles mit Wein vermischt. Fünfzehn Tropfen davon in einem Glas Sherry als Heilmittel für alle Krankheiten. Es hatte jedoch den König nicht geheilt, und als seine Diener ihn rasierten, bemerkten sie entsetzt, daß sein Gesicht plötzlich rot anlief, seine Augäpfel sich nach innen verdrehten und er im Stuhl zusammensank. Er versuchte, seinen Lakaien etwas zu sagen, aber sie verstanden ihn nicht. Sie hatten den Eindruck, daß er erstickte. Er versuchte aufzustehen, und sank in ihre Arme. Sie befürchteten, daß er jeden Augenblick sterben würde.

Der Herzog von York – der Thronerbe – stürzte an das Bett seines Bruders; an einem Fuß trug er einen Pantoffel, an dem anderen einen Schuh. Sie wußten nicht, ob Karl ihn erkannt hatte.

»York!« rief mein Vater zornig. »Es ist ein trauriger Tag für dieses Land, wenn es einen solchen König bekommt. Karl wußte, daß das Volk Jakob ablehnt. Er hat sogar einmal bemerkt: ›Sie werden mich nie vom Thron stürzen, Jakob, weil du dadurch an die Herrschaft kämst. Deshalb brauche ich mich nicht um die Krone zu sorgen.‹ Ach, warum hat er Monmouth nicht legitimiert.«

»Das hätte Jakobs Anhänger nicht zum Schweigen gebracht.«

»Ja, die Katholiken«, erwiderte mein Vater zornig. Dann erzählte er von den Versuchen, das Leben des Königs zu retten. Alle bekannten Mittel waren angewendet worden: heiße Eisen waren an seine Stirn gedrückt worden, man hatte ihm einen Extrakt aus den Schädeln von toten Männern und Frauen in den Hals geschüttet. Er hatte große Schmerzen gelitten, aber die Sprache wiedergefunden und sogar in der für ihn typischen Weise gescherzt.

»Wir nahmen an, daß er am Leben bleiben würde«, erklärte mein Vater. »Ihr hättet sehen sollen, wie sich die Menschen freuten. Sie wollten schon überall Freudenfeuer entfachen. Doch leider kam ihre Freude zu früh. Er erlitt einen Rückfall, und nun bestand kein Zweifel daran, daß er im Sterben lag. Er war vor allem um seine Mätressen und seine unehelichen Kinder besorgt.«

»Und Monmouth?« fragte meine Mutter.

»Er hat seinen Namen nicht erwähnt.«

»Also ist jetzt Jakob der Zweite König von England.«

»Gott stehe uns bei, ja.«

»Carleton, du wirst dich da nicht einmischen. Du bleibst hier auf dem Land.«

»Da solltest du mich besser kennen, Arabella.«

»Bedeutet dir das alles denn gar nichts? Dein Heim, deine Familie?«

»Es bedeutet mir so viel, daß ich es notfalls mit meinem Leben verteidigen werde.«

Sie schienen mich nicht zu bemerken, also entfernte ich mich. Er tröstete sie, versuchte, ihre Befürchtungen zu zerstreuen. Aber ich kannte ihn zu gut. Wenn er einmal von einer Sache überzeugt war, konnte ihn nichts daran hindern, sich für sie einzusetzen. Er war während des Commonwealth in England geblieben, um den Boden für die Rückkehr des Königs vorzubereiten. Er hatte inmitten seiner Feinde gelebt und sich royalistischer gebärdet als sie alle.

Er hatte sein Leben tagtäglich aufs Spiel gesetzt und würde es wieder tun.

Ich war außerordentlich beunruhigt.

Von diesem Augenblick an fanden wir nur noch wenig Frieden. Meine Mutter ging wie ein bleiches Gespenst im Haus herum. Mein Vater hielt sich oft bei Hof auf, und meine Mutter wurde immer nervöser. Jedesmal, wenn vor unserem Tor Pferdegetrappel ertönte, zuckte sie zusammen.

Wir erfuhren, daß der König öffentlich der Messe in der Kapelle der Königin beigewohnt hatte. Die Quaker entsandten eine Abordnung zu ihm, die ihrer Betrübnis über den Tod von Karl Ausdruck verlieh und den neuen König ihrer Loyalität versicherte. Der Wortlaut der Petition war vielsagend.

»Wir haben erfahren, daß Ihr ebensowenig dem Glauben der Kirche von England anhängt wie wir, und deshalb hoffen wir, daß Ihr uns die gleiche Freiheit gewähren werdet, die Ihr Euch selbst zugesteht.«

Im April 1685 wurden der König und die Königin gekrönt. Jakob ließ keinen Zweifel daran, woher der Wind wehte, indem er Titus Oates verhaften ließ, und obwohl niemand deswegen sonderlich traurig war, war es ein deutlicher Hinweis darauf, daß der König keine gegen die Katholiken gerichteten Äußerungen hören wollte. Titus Oates mußte eine Buße von eintausend Mark bezahlen, ihm wurde die Ausführung des Priesteramtes verboten, und er wurde dazu verurteilt, zweimal öffentlich ausgepeitscht zu werden und alljährlich fünfmal am Pranger zu stehen. Die letzte Strafe war wahrscheinlich die schlimmste von allen, da er sich während seiner Schreckensherrschaft viele Feinde gemacht hatte.

Es war Mai – ein schöner Monat. Vor fünfundzwanzig Jahren war Karl zurückgekehrt, um sein Königreich wieder zu übernehmen, und seither hatte sich das Land im Gefühl der Sicherheit und des Wohlstandes gewiegt. Die puritanische Herrschaft war vorbei; das Vergnügen stand im Zentrum des Lebens. Der König ging mit seinem Beispiel voran, und die Bevölkerung machte es ihm begeistert nach. Seine Regierungszeit war nur durch die Papistische Verschwörung und die Rye-House-Verschwörung getrübt worden; und beide waren von unbedachten, arglistigen Männern angezettelt worden.

Jetzt waren die Tage des Wohllebens vorbei. Auf dem Thron saß ein neuer König, und er war ein katholischer Herrscher in einem Land, dessen Bevölkerung hauptsächlich dem Protestantismus anhing. Angeblich war auch Karl Katholik gewesen; aber selbst wenn dies zutraf, war er zu klug gewesen, um es offen zu zeigen. Jakob verfügte nicht über die gleiche zynische Weisheit, und im Wonnemonat Mai hingen deshalb dunkle Wolken über unserem Haus.

Mein Vater bemerkte eines Tages beiläufig: »Monmouth ist mit einer Fregatte und zwei kleinen Schiffen von Texel aus in See gestochen.« Hinter seiner äußerlichen Ruhe verbarg sich Erregung.

»Er kommt also nach England«, antwortete meine Mutter verblüfft.

Mein Vater nickte.

»Er wird doch nicht so unvernünftig sein...«, begann sie.

Mein Vater unterbrach sie. »Er ist der Sohn des Königs. Es gibt Leute, die behaupten, daß Karl mit Lucy Walter verheiratet war.

Wichtiger ist jedoch, daß er für die protestantische Sache Partei ergreifen wird.«

»Carleton!« rief sie. »Du wirst doch nicht...!«

»Meine Liebe«, wandte er sehr ernst ein, »du kannst sicher sein, daß ich das tun werde, was für uns das Beste ist.«

Darüber hinaus wollte er nichts sagen. Aber er wartete. Und wir wußten, daß die Aufforderung eines Tages kommen würde.

Beinahe drei Wochen später war es so weit.

Monmouth war bei Lyme in Dorset gelandet und rief alle seine Freunde auf, zu ihm zu stoßen. Er wollte versuchen, Jakob die Krone zu entreißen.

An dem Tag, an dem mein Vater sich auf den Weg ins West Country machte, wurde der Herzog geächtet und eine Belohnung von fünfhundert Pfund dafür ausgesetzt, daß man ihn lebend oder tot der Gerechtigkeit überlieferte.

Meine Mutter war untröstlich.

»Warum mußte er das nur tun?« rief sie. »Es kommt zum Bürgerkrieg. Warum müssen wir Partei ergreifen? Was kümmert es mich, wer auf dem Thron sitzt?«

»Aber es kümmert meinen Vater«, wandte ich ein.

»Ist ihm denn wirklich die Politik wichtiger als sein Heim, seine Familie?«

»Er ist immer für die Sache eingetreten, die er für gerecht gehalten hat.«

Sie nickte, und ein bitteres Lächeln lag um ihren Mund. Sie dachte sicherlich daran, wie sie mit ihrem ersten Mann – Edwins Vater – hierhergekommen war und meinen Vater kennengelernt hatte, der damals in größter Gefahr lebte – weil er für die Sache eintrat, die er für richtig hielt.

»Monmouth wird scheitern«, erklärte sie heftig. »Ich weiß es.«

»Und ich weiß, daß mein Vater ein Mensch ist, der sich durchsetzt.«

Es war ein schwacher Trost. Wir konnten nichts tun als warten. Damals gab mir meine Mutter die Familientagebücher zu lesen, und ich erfuhr daraus soviel über sie und meinen Vater, daß mich neue Zuneigung für meine Eltern erfüllte.

Aus dem West Country kamen Nachrichten. Monmouth hatte Taunton eingenommen, und es sah so aus, als würde sich der Westen ihm anschließen. Im Hochgefühl seines Sieges hatte er eine Gegenproklamation zu dem Erlaß des Königs verfaßt, in der er fünftausend Pfund für Jakobs Kopf bot und das Parlament als staatsgefährdende Versammlung bezeichnete.

»Er ist ein Großtuer«, stellte meine Mutter fest. Er war jung und ungestüm. Auch wenn er Karls Sohn war, würde er nie seinem Vater gleichen.

»Wie kann sich dein Vater nur an seine Seite stellen? Monmouth ist zum Scheitern verurteilt. Ich bete zu Gott, er möge deinen Vater beschützen.«

Von meinem Vater kam eine Freudenbotschaft. Monmouth war in Taunton zum König ausgerufen worden und marschierte auf Bristol zu.

Wir erfuhren später, daß er Bristol nicht erreicht hatte, da die Armee des Königs näherrückte. Er kehrte nach Bridgewater zurück und bereitete sich dort auf die große Entscheidungsschlacht vor.

Mein Vater schrieb uns am Vorabend der Schlacht und sandte uns den Brief mit einem Boten.

»Seid guten Mutes. Bald wird ein neuer König auf dem Thron sitzen, und obwohl sein Name ebenfalls Jakob lautet, wird es nicht Jakob Stuart sein. Jakob Scott wird König von England sein.«

Als meine Mutter den Brief las, wurde sie zornig.

»Wie unvernünftig von ihm, so etwas zu schreiben. Er geht damit ein ungeheures Risiko ein! Ach, Priscilla, ich habe solche Angst um ihn.«

Ich wiederholte, daß ich davon überzeugt sei, er würde sich in jeder Situation durchsetzen. »Ganz gleich, was auch geschieht, ihm wird nichts zustoßen, das weiß ich.«

Sie lächelte schwach. »Er hat immer erreicht, was er wollte«, stimmte sie mir zu.

Der Ausgang der verhängnisvollen Schlacht von Sedgemoor ist allgemein bekannt. Monmouth hatte zu keinem Zeitpunkt eine Chance gegen die Armee des Königs, die unter dem Befehl des Earls von Faversham und seines stellvertretenden Kommandeurs John Churchill stand. Monmouths Heer bestand aus Bauern und aus Männern wie meinem Vater, die zwar tapfer und treu, aber keine Berufssoldaten waren.

Monmouths Armee wurde mühelos geschlagen, und als Monmouth erkannte, daß die Schlacht verloren war, war er nur darauf bedacht, das eigene Leben zu retten, statt an der Seite jener Männer weiterzukämpfen, die ihm so loyal zur Seite gestanden hatten.

Viele seiner Parteigänger wurden gefangengenommen – darunter auch mein Vater.

Wir waren wie betäubt, obwohl meine Mutter die Katastrophe seit dem Tod des Königs erwartet hatte, aber daß unser angenehmes Leben so plötzlich zu Ende sein sollte, konnten wir kaum fassen.

Die eintreffenden Nachrichten wurden immer schlechter. Mein Vater wurde in Dorchester gefangengehalten, und als meine Mutter erfuhr, daß der Lord-Oberrichter Baron George Jeffreys den Vorsitz bei seinem Prozeß führen würde, verfiel sie in tiefe Verzweiflung.

»Er ist ein böser Mensch«, schluchzte sie. »Dazu ist er unglaublich grausam, ich habe schreckliche Gerüchte über ihn gehört. Und dein Vater ist ihm auf Gnade und Ungnade ausgeliefert. Als Jeffreys zum Lord-Oberrichter ernannt wurde, sagte dein Vater, er verstehe diese Ernennung nicht. Auch Karl konnte Jeffreys nicht leiden. Er behauptete einmal von ihm, er besitze keine Bildung, keinen Verstand, keine Manieren, dafür aber mehr Unverschämtheit als zehn gewerbsmäßige Freudenmädchen. Er widersetzte sich lange der Ernennung und gab schließlich nur nach, weil er körperlich immer schwächer wurde. Ach, ich habe solche Angst. Er haßt Männer wie deinen Vater. Er beneidet sie um ihr gutes Aussehen, ihre Erziehung und ihren Mut. Er wird keine Milde walten lassen. Seine größte Freude ist, einen Mann zum Tode zu verurteilen.«

Der Schmerz meiner Mutter war mehr, als ich ertragen konnte. Ich schmiedete unsinnige Pläne, um meinen Vater zu retten. Die Vorstellung, daß er mit unzähligen anderen ins Gefängnis getrieben wurde, war zu schrecklich.

Thomas und Christabel besuchten uns, sobald sie von der Entwicklung erfuhren; sie waren ebenfalls tief bekümmert. Thomas machte uns ein bißchen Hoffnung. »Jeffreys ist ein gieriger Mensch. Es heißt, daß er Nachsicht übt, wenn für ihn dabei etwas herausschaut. Anscheinend hofft er, daß er durch diese Prozesse ein kleines Vermögen erwirbt, denn unter den Angeklagten befinden sich ein paar sehr vermögende Männer.«

»Dann gibt es doch noch Hoffnung auf Rettung«, rief meine Mutter.

»Man müßte es sehr vorsichtig anfangen, und er wird sicherlich eine sehr hohe Summe verlangen.«

»Ich würde alles hergeben, was ich besitze.«

Doch der Besuch der Willerbys hatte ihr wieder Mut gemacht, denn sie kam am Abend in mein Zimmer. Sie sah sehr gebrechlich aus und unter ihren Augen lagen dunkle Schatten. Sie lehnte sich an die Tür und ich hatte das Bedürfnis, sie zu trösten, denn ohne meinen Vater war ihr Dasein für sie nicht mehr lebenswert.

»Ich habe mich entschlossen«, erklärte sie mir. »Ich reise morgen ins West Country ab.«

»Nimmst du an, daß man seinen Richter bestechen kann?«

»Es ist offensichtlich möglich, also werde ich es versuchen.«

»Ich werde dich begleiten.«

»Ich wußte, daß du so reagieren würdest, mein liebes Kind«, rief sie.

»Wir können zeitig am Morgen unsere Sachen packen und uns auf den Weg machen, sobald wir fertig sind«, schlug ich vor.

Die folgenden Ereignisse waren für mich wie ein Alptraum – und sind es heute noch.

Wir fuhren mit der Postkutsche, weil das am einfachsten war. Es war eine traurige Reise, und in dem Wirtshaus, in dem wir übernachteten, sprachen alle über die sogenannte Monmouth Rebellion. Richter Jeffreys Name wurde nur im Flüsterton genannt; offensichtlich bedauerten alle seine Opfer.

Angeblich verhängte er nicht nur die schwersten anwendbaren Strafen, sondern tat es auch mit unübersehbarem Vergnügen und konnte dazu die Tatsachen so geschickt verdrehen, daß der Unschuldige schuldig wurde.

Je weiter wir kamen, desto dichter wurde der Nebel. Monmouths Armee hatte nur in Dorset und Somerset gekämpft, und alle Gefangenen wurden in diesen beiden Grafschaften abgeurteilt.

Jeffreys und seine Statthalter waren in ihrem Element. Er genoß die Autorität seines grausamen Amtes. Sobald ein Mann verurteilt war, gewährte er keinen Aufschub. Vierundzwanzig Stunden nach der Urteilsverkündung hing der Häftling am Galgen oder erduldete die Strafe, die der blutrünstige Richter über ihn verhängt hatte.

»O Gott«, betete meine Mutter, »laß uns rechtzeitig eintreffen.«

Ich empfand für sie mehr Mitleid als für meinen Vater. Wenn er verurteilt wurde, würde sein Tod rasch kommen, während die Tragödie den Rest ihres Lebens überschatten würde. Sie war beinahe wahnsinnig vor Kummer. Wir würden ihn retten, versprach ich ihr immer wieder. Es war nicht unmöglich, und sie durfte nicht am Erfolg unserer Bemühungen zweifeln. Wir würden rechtzeitig eintreffen und, falls es erforderlich war, alles opfern, was wir besaßen.

Sie fand keine Ruhe, wenn wir in einem Wirtshaus übernachteten. Am liebsten wäre sie die Nächte durchgefahren.

Als wir uns unserem Ziel näherten, wuchs unser Entsetzen.

Der Richter, dessen Name in aller Mund war und von allen mit Abscheu genannt wurde, hatte befohlen, der Bevölkerung vor Augen zu führen, was mit Verrätern geschah. Wir kamen oft an Gliedmaßen vorbei, die an Bäumen hingen, und auch an Gehängten. Süßlicher Verwesungsgeruch lag in der Luft.

»Was sollen wir tun, wenn wir ankommen?« fragte meine Mutter.

Eines Abends wurde in einem Wirtshaus über eine Lady Lisle gesprochen, deren ganzes Verbrechen darin bestand, daß sie zwei von Monmouths Gefolgsleuten, die dem Schlachtfeld entkommen waren, Essen gegeben hatte.

Jeffreys hatte sich der armen Frau gegenüber so unsagbar grausam verhalten, daß überall über diesen Fall diskutiert wurde.

Der Richter brachte durch seine Unerbittlichkeit die Geschworenen dazu, das Urteil zu fällen, das er erreichen wollte. Wenn sie nachsichtig wirkten, starrte er sie mit seinen bösen Augen so durchdringend an, daß sie vor Angst zitterten und sich fragten, was er gegen sie vorbringen würde, wenn sie ihm nicht zu Willen waren.

Die arme Lady wurde als Verräterin bezeichnet und sollte den ihr gebührenden Tod erleiden. Er verurteilte sie zum Scheiterhaufen.

Das war zuviel. Noch dazu hieß es, daß das unerhörte Urteil von einer hochgestellten Persönlichkeit veranlaßt worden war, denn sie war die Witwe von John Lisle, der einer der Richter im Prozeß gegen Karl I. gewesen war.

Anscheinend wollte sich der König an den Mördern seines Vaters rächen, und Lady Lisles Freunde wiesen darauf hin, daß sie nur zwei Verbrechen begangen hatte: sie hatte zwei Männern, die von Sedgemoor flüchteten, Nahrung gegeben, und war die Frau eines der Richter, die Karl I. verurteilt hatten.

Jakob wurde aufgefordert, das Urteil zu überdenken. Wie hätte sein Bruder Karl an seiner Stelle gehandelt? Er hätte nie zugelassen, daß eine Frau so schmählich behandelt wurde.

Jakob war nicht darüber erfreut, daß man ihn mit seinem Bruder verglich, aber er war klug genug einzusehen, daß es ihm nicht zur Ehre gereichen würde, wenn er eine zarte Frau zu dieser schrecklichen Strafe verurteilte, die nur für ein wirklich schweres Verbrechen vorgesehen war. Gleichzeitig wollte er jedoch allen zeigen, daß es unklug war, sich gegen ihn zu stellen.

Lady Lisle wurde begnadigt – sie wurde geköpft.

Meine Mutter hatte kaum etwas gegessen, seit wir von zu Hause fort waren. Sie war sehr blaß und abgemagert. Ich fürchtete um ihre Gesundheit.

Es gab weitere Nachrichten. Monmouth war noch vor dem Ende der Schlacht in den New Forest geflüchtet. Er hatte sich dort ein paar Tage lang verborgen gehalten, war dann aber gefangen genommen und nach London gebracht worden. Dort hatte er den König angefleht, sein Leben zu schonen. »Um meines Vaters willen«, hatte er gebeten. »Du bist mein Onkel, denk daran.«

Doch Jakob dachte nur, daß Monmouth versucht hatte, ihm die Krone zu entreißen. Jede Bitte um Strafaufschub war sinnlos.

Wir erfuhren in Dorchester von Monmouths Tod. Er hatte seine Armee im Stich gelassen; er hatte sich vor dem König gedemütigt; aber als er erkannte, daß er dem Tod nicht entrinnen konnte, bewies er Mut und bekannte sich auf dem Schafott zur Kirche von England. Es muß eine grauenvolle Szene gewesen sein, denn der Henker schlug fünfmal zu, ehe er den Kopf völlig vom Rumpf trennte und so den zügellosen, ehrgeizigen und charakterlich schwachen Herzog von Monmouth ins Jenseits beförderte.

Er war jedoch wenigstens als tapferer Mann gestorben.

Wir quartierten uns in einem Wirtshaus in dem alten Marktflecken ein – es war ein belebter Ort, denn er lag an der Straße nach Devon und Cornwall. Die als Maiden Castle bezeichneten Erdwälle, die viertausend Jahre alt waren, lockten viele Schaulustige an. Aber wir dachten nicht an solche Sehenswürdigkeiten.

Meine Mutter war außer sich vor Angst und Verzweiflung, weil sie nicht wußte, wie sie es anstellen sollte, meinen Vater zu befreien; an dem Abend, an dem wir das Gasthaus erreichten, bekam sie hohes Fieber und fantasierte. Ich hatte ihretwegen große Angst und ließ am Morgen einen Arzt kommen. Er gab ihr eine Mixtur, damit sie einschlafen konnte, und ordnete absolute Bettruhe für sie an.

»Sie sind hier, weil ein Verwandter von Ihnen gefangen ist?« fragte er.

Ich nickte.

Der Arzt schüttelte traurig den Kopf. »Lassen Sie sie so lange wie möglich schlafen; ihre Angst ist die Ursache für das Fieber. Ich habe viele solche Fälle erlebt, seit unsere Stadt zum Gerichtshof und zum Schlachthaus wurde.«

Sein Mitgefühl tröstete mich. Ich fragte mich, was ich tun sollte. Wen konnte ich bestechen? Ich mußte es geschickt anfangen.

Als der Arzt gegangen war, begab ich mich in die Gaststube hinunter. Ich überlegte, ob ich mit dem Wirt sprechen sollte. Vielleicht kannte er jemanden – jemanden, der in der Armee diente und mir helfen konnte. Edwin und Leigh waren in der Armee. Es wäre eine Ironie des Schicksals gewesen, wenn sie in England gewesen wären und gegen meinen Vater gekämpft hätten.

Das war uns wenigstens erspart geblieben.

Mein verstorbener Großvater mütterlicherseits war General Tolworthy gewesen; die Eversleighs besaßen ebenfalls Verbindungen zur Armee. Ja, es mußte einen hochrangigen Offizier in der Stadt geben, der mir helfen konnte.

In der Gaststube saß ein Mann in Uniform; seinen Rangabzeichen nach war er ein höherer Offizier. Anscheinend wurden meine Gebete erhört.

Ich grüßte.

Er drehte sich um – und ich blickte Beaumont Granville ins Gesicht.

Mich fröstelte.

»Entschuldigen Sie, ich habe Sie für einen Bekannten gehalten«, stammelte ich, drehte mich um und lief die Treppe hinauf.

Mir war übel vor Angst. Der Alptraum hatte begonnen.

Meine Mutter schlief; sie war blaß und sehr ruhig. Ich kniete neben dem Bett nieder und vergrub mein Gesicht in den Laken.

Nach ein paar Augenblicken erhob ich mich. Er hatte mich bestimmt nicht erkannt, redete ich mir ein. Er hatte überhaupt nicht reagiert. Allerdings mußte ich von nun an auf der Hut sein und ihm aus dem Weg gehe.

Welcher Zufall hatte ihn nach Dorchester geführt? Ich war nicht auf den Gedanken verfallen, daß er ein Soldat, einer der Männer des Königs sein konnte.

Ich betrachtete mich kritisch im Spiegel. Seit der Zeit in Venedig hatte ich mich verändert. Nein, er konnte mich nicht erkannt haben, denn ich hatte den Raum beinahe sofort verlassen, nachdem er sich umgedreht hatte.

Ich setzte mich hin und ließ die ganze Zeit in Venedig im Geist an mir vorüberziehen.

Was kann ich tun? fragte ich mich.

Die Situation wurde immer verzweifelter.

Jemand klopfte an die Tür. Ich erschrak und rief: »Wer ist draußen?«

Es war der Wirt.

Ich öffnete die Tür, und er reichte mir einen Brief. »Ein Herr hat mir aufgetragen, Ihnen dies zu überbringen.«

Ich nahm den Brief und fragte: »Was für ein Herr?«

»Er wartet unten in der Gaststube auf Ihre Antwort, Mylady.«

»Danke.« Ich schloß die Tür und hörte, wie seine Schritte auf der Treppe verklangen.

Einige Augenblicke lang hatte ich Angst davor, den Brief zu öffnen. Dann trat ich ans Fenster und las ihn:

»Ich kenne Sie und weiß, warum Sie hier sind. Vielleicht kann ich Ihnen helfen. Würden Sie in die Gaststube hinunterkommen und Ihr Anliegen mit mir besprechen?

Beaumont Granville.«

Ich starrte das Papier an. Er hatte mich also doch erkannt. Was bedeutete dieser Brief? Konnte er mir helfen? Mein erster Impuls war, das Blatt zu zerreißen.

Doch dann zögerte ich und blickte zu meiner Mutter hinüber.

Ich durfte nichts unversucht lassen. Mein Instinkt warnte mich davor, mich diesem Mann anzuvertrauen. Doch was sollte ich sonst tun? Ich wußte nicht, an wen ich herantreten sollte. In Eversleigh hatte es so einfach geklungen: »Bestecht jemanden. Andere haben es auch getan. Jeffreys wird dank dieser Prozesse zu einem reichen Mann.«

Aber wie besticht man jemanden? Es war nicht so einfach, man konnte ja nicht offen darüber sprechen, sondern mußte Andeutungen machen. Die Bestechung mußte so geheim durchgeführt werden, als hätte sie nie stattgefunden.

Mir blieb keine Wahl; ich mußte mit Granville sprechen.

Ich ging in die Gaststube hinunter.

Er drehte sich um, als ich eintrat, und lächelte mich triumphierend an. Dann erhob er sich und verbeugte sich vor mir.

»So sehen wir uns also wieder.«

»Sie wollten mir etwas vorschlagen?«

»Allerdings. Wollen Sie nicht Platz nehmen? Der Wirt weiß, daß wir nicht gestört werden dürfen.«

Ich setzte mich ihm gegenüber an den Tisch und sah ihm ins Gesicht. Beau Granville. Der Name paßte zu ihm. Er sah großartig aus und nahm deshalb an, daß die ganze Welt ihm gehörte. Wahrscheinlich achtete er auch sorgfältig auf sein Äußeres. Seine Kleidung duftete nach einem Parfüm, an das ich mich sofort erinnerte. Es war ein Gemisch aus Moschus und Sandelholz, das mir nicht zusagte.

»Ich weiß, weswegen Sie hier sind. Ihr Vater befindet sich im Gefängnis dieser Stadt, und sein Prozeß findet in zwei Tagen statt.«

»Zwei Tage«, wiederholte ich.

Er lächelte. Er hatte prachtvolle Zähne und zeigte sie gern.

»Das gibt uns ein bißchen Zeit.«

»Ja«, bestätigte ich.

»Ich könnte Ihnen helfen.«

»Wie?«

Er zuckte die Achseln. »Mein Landsitz liegt am Stadtrand. Ich kenne den Richter gut, und er ist oft bei mir zu Gast. Ein Wort von mir hätte großes Gewicht bei ihm.«

»Wir sind bereit zu zahlen«, erklärte ich eifrig.

Er legte den Finger auf die Lippen. »Erwähnen Sie niemals etwas dieser Art, es ist ungemein gefährlich.«

»Ich weiß aber, daß es diese Möglichkeit gibt. Ich habe gehört...«

»Meine liebe junge Dame, Sie sind äußerst unvorsichtig. Wenn es diese Möglichkeit gibt, dann ist es in Ordnung, aber es ist ein Verbrechen, über sie zu sprechen.«

»Bitte, ziehen Sie die Angelegenheit nicht ins Lächerliche. Für mich ist das Ganze von größter Wichtigkeit... für uns beide.«

»Natürlich«, beruhigte er mich. »Ihrem Vater droht die Höchststrafe. Er ist genau die Art Mensch, die mein Freund haßt. Wenn er eine Möglichkeit hat...«

»Bitte, wir sind bereit, alles zu tun.«

»Wirklich?«

»Wir tun alles«, wiederholte ich.

»Es liegt nur an Ihnen.«

»Was wollen Sie damit sagen?« fragte ich leise.

Natürlich hatte ich ihn verstanden. Seine lauernden lasziven Augen musterten mich.

Ich habe Sie vom ersten Augenblick an bewundert und es zutiefst bedauert, daß wir uns in Venedig nicht nähergekommen sind. Ich hege den brennenden Wunsch, dieses Versäumnis nachzuholen.« den Sie bitte klar und deutlich sagen, was Sie wollen.«

»Ich glaube, daß ich mich klar genug ausgedrückt habe.«

Ich stand auf.

»Übereilen Sie nichts«, warnte er mich. »Sie würden es Ihr Leben lang bereuen. Denken Sie an Ihren Vater und auch an Ihre Mutter.«

Ich schloß die Augen und überlegte. Ich muß ihn retten, nein, beide. Mir bleibt nichts anderes übrig. Und dieser Mann weiß das ganz genau. O Leigh, wo bist du?

Aber Leigh konnte meinen Vater auch nicht retten.

»Kommen Sie«, redete er mir zu, »setzen Sie sich. Seien Sie vernünftig und hören Sie mir zu.«

Ich setzte mich; die grausamen bernsteinfarbenen Augen mit den langen, beinahe weiblichen Wimpern und den schön geschwungenen goldbraunen Brauen hypnotisierten mich.

»Sie haben mich in Venedig gefoppt«, fuhr er fort. »Dieser brutale Kerl hat Sie mir entrissen. Wenn Sie mir gefolgt wären, hätte ich Ihnen eine so herrliche Nacht bereitet, daß Sie sie nie vergessen hätten. Aber ich habe Sie verloren und seither immer an Sie gedacht. Dann sah ich Sie heute wieder und wußte, daß Ihr Vater hier ist. Ich kann ihn retten. Ich kann Leuten, die mich um Hilfe bitten, viele Gefälligkeiten erweisen, denn meine Familie ist überaus einflußreich. Ich verspreche Ihnen, daß ich Ihren Vater retten werde, aber ich verlange eine Belohnung dafür.«

»Und Ihre Belohnung...«

»Sind Sie.« Er beugte sich vor und sprach beinahe atemlos weiter. »Bei Sonnenuntergang wird mein Wagen Sie abholen und Sie in mein Haus bringen. Sie werden bis zum Morgengrauen bei mir bleiben. Während dieser Zeit werden Sie meine geliebte, kleine Sklavin sein. Sie werden ganz mir gehören, mir keinen Wunsch verweigern, sondern die ganze Nacht nur bestrebt sein, mir gefällig zu sein.«

»Sie sind wirklich ein verachtenswerter Mensch. Sie sind in der Lage, ein Menschenleben zu retten, und verlangen dafür eine derartige Gegenleistung.«

»Ach, lassen Sie es gut sein, Sie sind eine junge Frau, die sicherlich zu stolz ist, ein Almosen anzunehmen. Sie wollen doch Ihre Schulden bezahlen, nicht wahr?«

»Ich hasse Sie.«

»Das ist ganz gut möglich, aber es geht hier nicht um Ihre Gefühle, sondern um die meinen. Ich bin derjenige, der bezahlt werden muß.«

»Das ist nicht möglich.«

Er zuckte die Schultern. »Sie lassen Ihren Vater also sterben?«

Ich sah ihn verzweifelt an. »Gibt es keine andere Möglichkeit? Wir verfügen über beträchtliche Geldmittel.«

»Ich brauche Geld, ich brauche immer Geld, denn ich bin angeblich verschwenderisch. Aber in diesem Fall gibt es eine Gegenleistung, die ich mehr begehre als Geld, und ich muß leider für den Dienst, den Sie von mir verlangen, auf diesem Preis bestehen.«

»Wir würde es durchgeführt werden – ich meine die Freilassung meines Vaters?«

»Ich werde dafür sorgen, daß er am nächsten Tag in dieses Gasthaus kommt.«

»Können Sie dafür bürgen.«

Er nickte.

»Welche Sicherheit hätte aber ich?«

»Sie müßten es eben riskieren.«

»Dann muß ich eine andere Möglichkeit suchen.«

»So? Wie wollen Sie das anfangen?«

»Ich werde schon einen Weg finden.«

»Sie haben nicht viel Zeit. Wollen Sie den Richter aufsuchen und ihm sagen: ›Sir, ich biete Ihnen dies... oder das... für das Leben meines Vaters?‹ Ich warne Sie, sein Preis könnte der gleiche sein wie der von mir geforderte.«

Mir schwindelte. Ich dachte immerzu an meinen Vater und sah ihn an einem Strick baumeln... oder ein noch schlimmeres Los erleiden. Ich dachte auch an meine Mutter, und mir wurde klar, wie sehr ich beide liebte. Mein Leben lang hatte ich versucht, die Liebe meines Vaters zu erringen, mich vor ihm auszuzeichnen. Er sollte stolz auf mich sein, und seine Gleichgültigkeit mir gegenüber hatte meine Liebe zu ihm nie beeinflußt. Im Gegenteil, wahrscheinlich hatte sie mich zusätzlich angespornt, mich noch mehr um ihn zu bemühen.

»Und was ist, wenn Sie sich nicht an unsere Abmachung halten?« fragte ich.

»Ich gebe Ihnen mein Wort darauf, daß ich meinen Teil der Vereinbarung erfüllen werde.«

»Wie kann ich Ihnen vertrauen?«

»Sie sind nicht sicher, nicht wahr? Sie wissen natürlich, daß ich kein Tugendbold bin, aber es ist bekannt, daß ich meine Spielschulden immer bezahle. Wenn ich etwas verspreche, ist es für mich Ehrensache, das Versprechen zu halten.«

»Sie sprechen von Ehre?«

»Von meinem Begriff von Ehre. Jeder von uns legt da seine persönlichen Maßstäbe an. Nun, wofür entscheiden Sie sich?«

Ich schwieg und brachte es nicht fertig, ihm ins Gesicht zu sehen. Doch eigentlich war ich schon entschlossen, meinen Vater zu retten.

»Ich werde meinen Wagen in der Abenddämmerung hierher schicken«, sagte er. »Er wird Sie am Morgen wieder in den Gasthof bringen. Und einen Tag später werden Sie mit Ihren Eltern nach Hause zurückkehren.«

Ich war wie betäubt. Ich hatte um Hilfe gebetet, und hier bot sie sich mir, aber um welchen Preis?

Er sah mich mit glitzernden Augen an. Ich erinnerte mich an unser erstes Zusammentreffen am Markusplatz und daß alles eigentlich die Folge meiner Liebe zu Jocelyn gewesen war.

Ich drehte mich um und lief verzweifelt aus dem Zimmer.

Das Fieber meiner Mutter war nicht gesunken, und der Arzt kam wieder.

»Wie geht es ihr?« erkundigte ich mich. »Kann man denn nichts für sie tun?«

»Sie braucht nur eines: daß ihr Mann zu ihr zurückkehrt.«

Auch das war ein Hinweis darauf, daß ich es tun mußte.

Was mich erwartete, war nichts im Vergleich zu dem Glück meiner Mutter. Ich mußte beide retten, ganz gleich, was es mich kostete.

Ich haßte diesen Mann mit einer Heftigkeit, die ich nie zuvor empfunden hatte. Es lag in seiner Macht, meine Eltern zu retten, dennoch bestand er darauf, mich dafür zutiefst zu demütigen. Ich bedauerte, daß ich ihn jemals kennengelernt hatte, doch im nächsten Augenblick fiel mir ein, daß dann vielleicht überhaupt keine Möglichkeit bestanden hätte, meinen Vater zu retten.

Mein Leben war tatsächlich ein kompliziertes Netz, in dem jedes Geschehen mit vielen anderen verknüpft war. Ich versuchte, nicht an die kommende Nacht zu denken.

Für einen Umstand war ich dankbar. Ich würde meiner Mutter keine Erklärung geben müssen. Sie würde die Nacht durchschlafen, und falls sie doch etwas brauchte, mußte sie nur am Klingelzug ziehen, der über ihrem Bett hing, dann würde sofort ein Dienstmädchen kommen. Aber ich war davon überzeugt, daß sie nicht aufwachen würde.

Der Arzt hatte ihr ein starkes Schlafmittel gegeben, denn seiner Meinung nach war es für sie am besten, wenn sie ihren Kummer wenigstens für einige Zeit vergaß.

Als es dunkelte, hüllte ich mich daher in meinen Umhang und ging in die Gaststube hinunter.

Ich mußte nicht lange warten. Ein livrierter Diener kam herein, fragte nach mir und führte mich zu dem vor dem Wirtshaus wartenden Wagen.

Wir fuhren durch die Straßen der alten Stadt, die hunderte Jahre vor dem Eintreffen der Römer in Britannien errichtet worden war. Die Straßen wimmelten von Fremden, und überall trieben sich Soldaten herum. Wir fuhren an den Nappes Mite genannten Armenhäusern, an der von Königin Elisabeth errichteten Volksschule und an der alten Kirche mit dem zweihundert Jahre alten Turm vorbei.

Ich erlebte alles wie in einem Traum. Wenn ich meinen Vater retten kann, dachte ich, will ich diesen Ort nie mehr in meinem Leben wiedersehen. Dann betete ich stumm um Hilfe, um diese Nacht zu überstehen.

Am Stadtrand lag ein Herrensitz. Wir fuhren durch das Tor hinein und die Auffahrt hinauf. Das Haus ragte düster vor uns empor, wie ein verhextes, von bösen Geistern errichtetes Gebäude.

Ich versuchte, ruhig zu wirken, als ich aus dem Wagen stieg und die Halle betrat.

Sie erinnerte mich an unsere Halle in Eversleigh – die hohe, gewölbte Decke, der große Eßtisch mit dem Zinngeschirr darauf, die Schwerter und Hellebarden, die an den Wänden hingen – das typische Schloß eines Edelmannes.

Eine Frau kam mir entgegen. Sie war rundlich, nicht mehr jung, stark geschminkt und trug je ein Schönheitspflästerchen auf Wange und Schläfe.

»Wir haben Sie erwartet, Mistreß«, sagte sie. »Bitte folgen Sie mir.«

Mit wild pochendem Herzen ging ich hinter ihr die Treppe hinauf, an der Ahnengalerie vorbei.

Sie führte mich über eine Galerie zu einer Tür, hinter der sich ein Raum mit einer Estrade befand, die durch halb zugezogene Vorhänge verdeckt war.

Ein Dienstmädchen mit aufgerollten Ärmeln, das offensichtlich hinter den Vorhängen gewartet hatte, zog sie zur Seite.

Neben dem Mädchen standen eine Badewanne und zwei große Tonkrüge, aus denen aromatischer Dampf aufstieg. Ich nahm an, daß sie heißes Wasser enthielten.

»Ich bin soweit, Mistreß«, meldete das Mädchen.

»Ich verstehe nicht«, widersprach ich.

Die Frau, die mich heraufgeführt hatte, nickte. »Füll das Bad«, befahl sie dem Mädchen und wandte sich dann zu mir. »Ziehen Sie Ihre Kleider aus.«

»Sie sind hier, um unseren Befehlen zu gehorchen«, stellte die Frau mit einem Lächeln fest, das die erste der Demütigungen darstellte, die mich in dieser Nacht erwarteten. Sie eignete sich ideal für die Rolle, die sie spielte: sie war eine Kupplerin.

Das Mädchen hatte das Bad gefüllt und sah mich kichernd an. Ich empfand das Bedürfnis, kehrtzumachen und wegzulaufen. Doch dann sah ich schreckliche Bilder vor mir. Mein Vater... meine Mutter. Ich mußte mich mit allem abfinden, was mir bevorstand, denn nur so konnte ich sie vor der Tragödie retten.

Die Zeit vergeht, und einmal hat alles ein Ende, redete ich mir zu.

»Kommen Sie, meine Liebe«, wiederholte die Frau. Sie hatte eine tiefe, heisere Männerstimme. »Wir haben nicht die ganze Nacht zur Verfügung.« Sie lachte, und das Mädchen stimmte ein.

»Ich brauche kein Bad«, widersprach ich. »Ich bin sauber.«

»Es wird aber gewünscht. Schämen Sie sich, Ihre Kleider abzulegen? Sind Sie vielleicht mißgestaltet? Ach, kommen Sie schon, Sie sehen recht wohlgeformt aus. Wir wollen einmal diese Knöpfe vorsichtig öffnen, sehr vorsichtig, wir wollen sie ja nicht abreißen.«

Dann stand ich nackt da.

»Ganz ordentlich«, stellte die Frau fest. Das Mädchen kicherte immer noch.

Ich stieg in die Wanne und wusch mich.

Das Mädchen holte ein großes Handtuch und trocknete mich ab, während die Frau lächelnd zusah.

Dann brachte sie eine Flasche mit einer Lotion, mit der sie mich einrieb. Sie roch nach Moschus und Sandelholz und erinnerte mich an Beaumont Granville.

»Und jetzt«, erklärte die Frau, vor der ich immer mehr Abscheu empfand, »etwas für Ihre persönliche Note. Er hat die Rose für Sie gewählt, denn er findet, daß zu jeder Frau ein anderer Duft paßt.« Sie rieb mir eine weitere Lotion auf Arme und Hals.

»So, jetzt ist es gut«, murmelte sie, »er wird zweifellos zufrieden sein.« Sie wandte sich zu dem Mädchen. »Der Morgenrock.«

Ich wurde eingehüllt. Es war ein Morgenrock aus blaßrosa Seide, auf die schwarze Rosen gestickt waren.

»Jetzt müssen wir aber gehen. Mylord wird leicht ungeduldig.«

Ich hatte das Gefühl, daß ich in einem Harem im Orient gelandet war. Den ganzen Vorgang empfand ich als entsetzlich.

Ich folgte der Frau eine weitere Treppe hinauf; sie klopfte an eine Tür, stieß sie auf und ließ mich ein.

Dann schloß sie die Tür hinter mir.

Er trat auf mich zu. Auch er trug einen Morgenrock und duftete nach Moschus und Sandelholz.

Er ergriff meine Hand und küßte sie.

»Ich wußte, daß Sie kommen würden. Hat man Sie gut behandelt?«

»Demütigend.«

Er lachte. »Es kommt ausschließlich darauf an, von welchem Standpunkt aus man es sieht. Man hat Sie doch nicht mißhandelt?«

»Nur erniedrigt. Aber das geschah ohnehin auf Ihren Befehl, nicht wahr?«

»Ich habe sehr viel fürs Baden übrig. Und ich beschäftige mich auch mit Parfüms, stelle sie sogar selbst her. Mögen Sie Rosenöl?«

»In diesem Haus mag ich nichts.«

»Sie dürfen bei unserem kleinen Abenteuer etwas nicht vergessen: Sie müssen mich zufriedenstellen.«

»Das weiß ich.«

»Dazu sind Sie ja hergekommen. Sie dürfen nicht beleidigt sein, weil Sie baden mußten und gesalbt wurden. Die heutige Nacht werden Sie nie vergessen.«

»Das dürfte leider stimmen, obwohl ich mich sehr bemühen werde, sie aus meinem Gedächtnis zu löschen, sobald sie vorbei ist.«

»Sie hat kaum begonnen, also sprechen Sie nicht schon vom Ende.«

»Schwören Sie mir, daß Sie meinen Vater retten werden?«

»Ich habe Ihnen mein Wort gegeben und Ihnen versichert, daß ich meine Schulden immer bezahle. Wenn Sie mir geben, was ich will, verspreche ich Ihnen, daß auch Sie von mir bekommen, was Sie wollen. Sie brauchen sich deswegen keine Sorgen zu machen. Ich habe sogar schon diesbezügliche Schritte eingeleitet. Ihr Vater ist im Gefängnis in einen kleinen Raum gebracht worden, in dem er die Nacht verbringen wird. Wenn Sie gut zu mir sind, wird morgen früh die Tür dieses Raums geöffnet werden und er wird das Gefängnis als freier Mann verlassen.«

»Sie scheinen großen Einfluß auf den Mann zu haben, der Männer und Frauen einzig und allein deshalb ermordet, weil sie auf Seite der Verlierer stehen.«

Er legte mir den Finger auf die Lippen. »Sie sprechen viel zu freimütig, Sie müssen vorsichtiger sein. Sie wollen doch noch diese Woche mit Ihren Eltern nach Hause zurückkehren?«

»Ja, das möchte ich mehr als alles auf der Welt.«

»Sehr gut. Ich anerkenne, daß Sie hierhergekommen sind. Tugendhafte Frauen sind bewundernswert – aber Tugend ist nicht das

Wichtigste. Die heutige Nacht gehört mir, und Sie gehören mir mit Haut und Haaren. Das ist Ihnen doch klar?«

»Als Gegenleistung für das Leben meines Vaters.«

»Ich werde Sie für Ihre Dienste belohnen, keine Angst. Kommen Sie näher. Sie duften köstlich. Ich habe für Sie eine Mischung aus Rosen und Moschus komponiert. Sie sind ein äußerst begehrenswertes Geschöpf, Priscilla. Ihr Name gefällt mir. Es ist ein spröder Name. Sprödigkeit kann sehr anziehend wirken, wenn die Person weiß, wann sie sie aufgeben muß. Doch das ist Ihnen sicherlich klar. Zunächst möchte ich Ihnen einige meiner Bilder zeigen. Ich bin nämlich ein vielseitig begabter Künstler. Es gibt vieles, das ich tun könnte, wenn ich nicht als Gentleman geboren wäre. Ich kann Parfüms erfinden, und ich bin auch ein Maler. Kommen Sie.«

Der Abend nahm einen unerwarteten Verlauf. Auf diese Vorbereitungen war ich nicht gefaßt gewesen. Obwohl sein Verlangen nicht zu übersehen war und ich wußte, was mir bevorstand, verstand ich nicht, warum er das Unvermeidliche mit solcher Grausamkeit hinauszögerte.

Er führte mich in den nächsten Raum, der noch kleiner war und an dessen Wänden Bilder hingen. Es waren Zeichnungen von Frauen, alle nackt und in verschiedenen Stellungen.

»Ich zeichne Damen, die ich mit meiner Gunst beglückt habe. Sie müssen zugeben, daß ich begabt bin.«

»Allerdings.« Ich wandte mich ab.

»Sie würden nicht glauben, was für eine gute Gedächtnisstütze diese Zeichnungen sind. Ich erlebe in diesem Raum noch einmal die Stunden, die ich mit jeder dieser Frauen verbracht habe.«

»Zweifellos eine sehr befriedigende Beschäftigung.«

»Sehr. Sehen Sie den freien Platz an der Wand?«

Ich war entsetzt, denn ich wußte, was kommen würde.

»Er ist für Sie bestimmt.«

»Nein!«

»Haben Sie unser Abkommen bereits vergessen?«

»Wozu soll es gut sein?«

»Es bereitet mit Vergnügen, und das ist der einzige Zweck dieser Nacht, nicht wahr?«

»Davon war nie die Rede.«

»Ich habe Ihnen gesagt, daß Sie alles befolgen müssen, was ich von Ihnen verlange. Ich erweise Ihnen einen großen Dienst. Es ist heutzutage gar nicht so leicht, einen Menschen vor dem Strick des Henkers zu retten.«

»Ich will fort.«

»Wie Sie wollen, ich halte Sie nicht zurück. Soll ich nach der Frau läuten? Sie wird Ihnen Ihre Kleider wiedergeben, und der Wagen bringt Sie in das Wirtshaus zurück.«

Er beobachtete mich amüsiert.

»Meine arme Priscilla! In zwei Tagen ist alles vorbei. Dann können Sie nach Hause zurückkehren – vaterlos, aber mit unangetasteter Ehre. Wie Sie sehen, mache ich nicht den geringsten Versuch, Sie zurückzuhalten. Ich werde keine Gewalt anwenden, obwohl es mir ein Leichtes wäre. Nein, denn ich habe mir vorgenommen, daß Sie aus freiem Willen kommen müssen.«

»Wo wollen Sie die Zeichnung anfertigen?«

»Ich zeige es Ihnen.«

Er führte mich in den nächsten Raum, der nur eine mit schwarzem Samt bedeckte Couch enthielt.

»Der Gegensatz zwischen dem Schwarz und der hellen Haut ist delikat«, stellte er fest, »Ihr Morgenrock, meine Liebe.«

Er nahm ihn mir ab und musterte mich mit glitzernden Augen. Ich nahm an, daß er sich jetzt auf mich stürzen würde, aber er beherrschte sich. Er ließ nur die Hände über meinen Körper gleiten, holte tief Luft und sagte: »Später. Zuerst die Kunst.«

Ich mußte mich auf die Couch legen und eine bestimmte, obszöne Stellung einnehmen. Am anderen Ende des Raums stand eine Staffelei.

Es war ein unmöglicher, wirrer Alptraum – ich lag nackt auf einer Couch, und der fremde Mann, der bestimmt verrückt war, zeichnete mich bei flackerndem Kerzenlicht.

Ich fragte mich, was die Nacht noch bringen würde.

Es ist gleich, was kommt, dachte ich. Wenn es wahr ist, daß mein Vater bereits den Raum verlassen hat, den er mit so vielen anderen Gefangenen geteilt hat, dann habe ich ihm schon eine gewisse Erleichterung verschafft.

Granville sprach wieder. »Es ist nur eine Rohskizze, die ich später ausarbeiten werde, wenn wir miteinander näher bekannt geworden sind. Das ist für den Künstler wichtig.«

Ich betrachtete die Skizze nicht, und er zeigte sie mir auch nicht.

»Jetzt werden wir erst einmal zu Abend essen«, erklärte er, »es muß schon gedeckt sein. Sie sind sicherlich sehr hungrig.«

»Ich war noch nie so appetitlos wie heute.«

Ich zog den Morgenrock wieder an, und wir kehrten in das Schlafzimmer zurück. Obwohl Sommer war, brannte Feuer im Kamin, und ich starrte gedankenverloren in die Flammen. Kerzen brannten, und der Tisch war gedeckt. Die Speisen waren gefällig arrangiert, und auch eine Karaffe mit Wein fehlte nicht.

Er bedeutete mir, ihm gegenüber Platz zu nehmen.

»Es ist ein besonderer Anlaß für mich«, erklärte er mir. »Ich habe Sie nämlich nie vergessen. Sie sahen damals so jung, so unschuldig aus – ganz anders als die meisten Frauen, die man auf dem Markusplatz trifft. Als ich Sie im Geschäft sah, empfand ich sofort den Wunsch, Sie zu meiner Geliebten zu machen.«

»Ist das etwas so Außergewöhnliches? Dieser Gedanke ist Ihnen doch sicherlich unzählige Male bei unzähligen anderen Frauen gekommen.«

»Ich gebe zu, daß ich eine Schwäche für das schöne Geschlecht habe, vor allem für unberührte Mädchen, sie besitzen so viel Liebreiz. Jeder von uns hat das Bedürfnis zu lehren, und wenn wir eine Kunst besonders gut beherrschen, ist das Bedürfnis um so stärker. Ich liebe die Frauen seit meinem zehnten Lebensjahr; damals wurde ich von einem unserer Dienstmädchen verführt. Damit hatte ich meine eigentliche Lebensaufgabe entdeckt.«

»Sich verführen lassen?«

»Man könnte es so ausdrücken. Aber ich bin ein solcher Meister in der Liebeskunst geworden, daß ich kein Schüler mehr, sondern der Lehrer bin.«

»Und auch der Verführer.«

»Wenn es notwendig ist. Aber ein Mann mit Charme ist sehr gefragt, wie Sie sich vorstellen können.«

»Ich kann es mir schwer vorstellen, denn ich würde Ihnen gegenüber nie diesen Wunsch empfinden.«

»Ich werde also mein Bestes geben müssen. Wer weiß, vielleicht verlieben Sie sich sogar in mich, und dann werde nicht ich Sie dafür bezahlen, daß Sie mir Gesellschaft leisten, sondern Sie mich.«

»Das ist vollkommen unmöglich.«

»Woher wollen Sie das wissen? Der Abend ist bis jetzt nicht so verlaufen, wie Sie es erwartet haben.«

»Das stimmt.«

»Sie nahmen an, daß ich mich auf Sie stürzen und Sie nehmen würde, und daß damit die Angelegenheit erledigt wäre.«

Ich schwieg.

»Aber ich bin ein kultivierter Mensch«, fuhr er fort. »Sie und ich werden heute nacht dieses Bett teilen, doch unser Zusammensein wird im Zeichen besonderen Raffinements stehen.«

»Bitte, wenn Sie ein gebildeter, kultivierter Mensch sind, dann lassen Sie mich jetzt gehen. Beweisen Sie Ihren Edelmut, Ihre Galanterie, Ihre vollendete Erziehung, indem Sie sich wie ein Gentleman verhalten und meinem Vater großzügig das Leben retten, ohne etwas dafür zu verlangen.«

Er stand auf und ging auf und ab.

In mir erwachte ein Funken Hoffnung. Er ist merkwürdig, dachte ich, vielleicht sogar verrückt. Ist es möglich, daß ich seinen wunden Punkt berührt habe?«

Er nahm die Perücke ab, und sah ohne sie noch besser aus. Sein kurzes Haar ringelte sich um seinen Kopf, und er wirkte jünger und weniger bedrohlich.

Doch als er an den Tisch trat und ich ihn deutlicher sah, erkannte ich das fanatische Leuchten in seinen Augen.

»Sehen Sie mich an«, befahl er. »Sehen Sie mich genau an.«

Er deutete auf seine Augenbrauen, und ich erblickte eine Narbe, die vom Haaransatz aus über die Stirn verlief. Sie war durch die Perücke verdeckt gewesen.

»Diese Narbe stammt aus Venedig. Vielleicht erinnern Sie sich noch an die Nacht nach dem Ball bei der Herzogin.«

Jetzt wußte ich, daß meine Hoffnung, dieses Haus ungeschoren verlassen zu können, lächerlich gewesen war. Er wollte nicht nur meinen Körper besitzen, sondern er wollte sich auch für unsere Begegnung in Venedig rächen.

»Es war ein Scherz«, fuhr er fort, »ein harmloses Abenteuer. Ein junges, für die Liebe geschaffenes Mädchen, das noch unberührt war, wie ich glaubte. Ich wollte sie in die Kunst der Liebe einführen, sie keineswegs roh behandeln.«

»Nicht roh behandeln!« rief ich. »Sie zogen mich aus dem Ballsaal, ich hatte am ganzen Körper blaue Flecken. Und Sie behaupten, daß Sie nicht roh mit mir umgegangen sind.«

»Ich wäre zärtlich mit Ihnen gewesen. Noch bevor die Nacht zu Ende ging, hätten Sie mich geliebt.«

»Sie haben eine zu hohe Meinung von Ihren Fähigkeiten und kennen mich überhaupt nicht.«

»Ich habe sehr viel über Sie erfahren, meine spröde Priscilla. Der Mann, der Sie rettete, entriß Sie mir und stieß mich in den Kanal. Doch das war noch nicht alles. In der darauffolgenden Nacht drang er gewaltsam in mein Haus ein. Ich habe nichts für solche Schlägereien übrig, und er war mir gegenüber im Vorteil. Ich kann Ihnen noch weitere Narben zeigen. Er faselte etwas von einem unschuldigen Mädchen, seiner kleinen Schwester, die noch die Schulbank drückt, einer unberührten Jungfrau und so weiter.«

»Was sie tun wollten, war abscheulich.«

»Deshalb bin ich jetzt für mein Leben gezeichnet. Und dann entdeckte ich die Wahrheit.«

»Was für eine Wahrheit?«

»Aber, aber. Unser unschuldiges, jungfräuliches Schulmädchen befand sich aus einem ganz bestimmten Grund in Venedig. Sie hatte einen Fehltritt begangen. Das kommt bei jungen Damen öfter vor und hat manchmal peinliche Folgen. Wenn das Mädchen aus einer guten Familie stammt, wird dann Kriegsrat abgehalten und beschlossen, wie man die leidige Angelegenheit aus der Welt schaffen kann. Die Jungfrau in Venedig befand sich in der gleichen üblen Lage. Während ich also Narben davontrug, weil ich dem frommen Kind unsittliche Anträge gemacht hatte, hielt es sich in Venedig auf, um den kleinen Bastard heimlich zur Welt zu bringen... die Folge eines Abenteuers mit einem, vielleicht mit mehreren...«

Ich war aufgesprungen. »Wie können Sie es wagen?« rief ich. »Hören Sie mit diesen Beleidigungen auf.«

»Meine liebe kleine Möchtegern-Jungfrau, das heute ist meine Nacht. Ich gebe den Ton an. Vergessen Sie das nicht.«

»Woher wissen Sie überhaupt darüber Bescheid?«

»Das ist ohne Belang; Tatsache ist, daß ich es weiß. Ich erfuhr es jedoch erst später. Damals fand ich mich mit meinen Verletzungen ab, weil ich der Meinung war, daß sie nicht ganz unverdient waren. Ein empörter Bruder oder naher Verwandter, der zweifellos selbst genügend Abenteuer dieser Art erlebt hat, ist aufgebracht, weil jemand ein ähnliches Vergnügen mit seiner Schwester erleben möchte. Das verstehe ich. Und dann erfahre ich, daß das Mädchen eine kleine Hure ist... noch dazu in Ihrem zarten Alter.«

»Das ist nicht wahr.«

»O doch, meine Liebe, ich bin sehr genau im Bilde. Ich hatte einen kompetenten Informanten.«

»Wer war es?«

»Ich verrate ihn doch nicht. Das Kind kam zur Welt, und Ihre Freundin Lady Stevens behauptete, daß es das ihre wäre. Was für eine Komödie! Doch das geht mich ja nichts an. Mich stört nur, daß meine spröde kleine Hure das junge Unschuldslämmchen spielte.«

Der Alptraum wurde immer schlimmer. Ich widersprach. »Wir wollten heiraten. Aber er starb.«

»Ja, das tun sie immer. Sie sind sehr rücksichtslos. Sie könnten doch wenigstens bis nach der Zeremonie warten, das würde den Mädchen sehr viele Schwierigkeiten ersparen.«

»Es hat keinen Sinn, wenn ich mit Ihnen darüber spreche.«

»Die Zeit für Gespräche ist auch schon vorbei. Trinken wir auf die heutige Nacht. Sie und ich haben einander bestimmt viel zu geben.«

»Von mir können Sie nur Haß und Verachtung erwarten.«

»Das verspricht interessant zu werden. Wie zornig und überrascht Sie sind. Ihre Wangen haben richtig Farbe bekommen, sind aufgeblüht wie die Rosen, nach denen Sie so zart duften. Wenn ich Zeit hätte, würde ich Ihnen mein Laboratorium zeigen. Der verstorbene König und ich benützten es gemeinsam – nur war er mehr an Pillen interessiert. Wir hatten überhaupt viele gemeinsame Interessen, vor allem die Freuden der Liebe. Er war ein Experte auf diesem Gebiet, Gott habe ihn selig. Doch Sie werden feststellen, daß ich ihm in nichts nachstehe. Sie erschauern? Vor Abscheu? Ich verspreche Ihnen, daß Sie vor Wollust erschauern werden.«

»Das wird nie der Fall sein. Sie haben mich von unserem ersten Zusammentreffen an nur beleidigt.«

»Und als Revanche täuschen Sie mich . . . jedenfalls zunächst. Ein unartiges kleines Mädchen, das schwanger ist und dabei die Unschuld spielt. Wer hätte das gedacht. Sie sind mir Revanche dafür schuldig, und auch für diese Narbe und für eine zweite, die ich Ihnen noch zeigen werde. Doch essen Sie jetzt. Der Wildbraten ist ausgezeichnet, er stammt aus meinen Wäldern. Und trinken Sie.«

»Alles, was auf Ihrem Tisch steht, widert mich an.«

»Sie scheinen Angst vor dem Nachher zu haben.«

»Ich bin nur um meines Vaters willen hier.«

»Sie werden feststellen, daß Sie noch nie einen solchen Liebhaber wie mich gehabt haben.«

»Auf diese Feststellung lege ich keinen Wert.«

»Dabei mache ich Ihnen alles so leicht. Sie haben in duftendem Wasser gebadet und wurden mit Parfüms gesalbt. Mögen Sie Moschus? Er verfügt über besondere Eigenschaften, regt angeblich die Sinne und das Verlangen an. Wußten Sie das?«

»Nein, es trifft bei mir sicherlich nicht zu.«

»Wissen Sie überhaupt, was Moschus ist? Er stammt vom Moschushirsch und ist das Sekret einer Drüse. Der Moschushirsch lebt in den Bergen Indiens und strömt während der Paarungszeit einen besonders starken Geruch aus, wodurch er für das weibliche Tier unwiderstehlich wird. Natürlich verwenden wir Moschus nicht im

Rohzustand. Damen sind ja keine Tiere, nicht wahr? Aber sie empfinden das gleiche Verlangen und können durch den gleichen Duft in Erregung versetzt werden. Im Körper des Moschushirsches befindet sich ein kleiner Beutel. In die Haut wird ein kleines Loch geschnitten, so daß ein Mann mit dem Finger hineinlangen und den Beutel herausholen kann. Sehen Sie nicht so angewidert drein. Es schadet dem Tier nicht. Es lebt weiter, fragt sich aber wahrscheinlich, warum es solche Mühe hat, eine Gefährtin zu finden. Inzwischen wird aus der Drüse ein Parfüm gewonnen, das so manche Dame vom Pfad der Tugend lockt.«

»Das Ganze ist genauso widerlich wie Sie. Jetzt hasse ich den Geruch mehr als je zuvor.«

»Das behaupten Sie, aber Sie sprechen nicht immer die Wahrheit, nicht wahr? Sie haben die Rolle der Jungfrau damals wirklich großartig gespielt, obwohl Sie sich deutlich in anderen Umständen befanden. Trotzdem gefallen Sie mir als intrigierende Frau besser als damals in Venedig. Doch jetzt werde ich ungeduldig: trinken Sie endlich Ihr Glas aus.«

Ich schüttelte den Kopf.

»Der Wein verfügt über aphrodisische Eigenschaften, wie der Moschus. Falls Sie sich tatsächlich nicht auf die Nacht freuen, könnte er Ihnen helfen.«

Ich schüttelte immer noch den Kopf.

»Trinken Sie«, befahl er, sein Ton hatte sich verändert. »Sie sind hier, um mir zu gehorchen. Das gehört zu unserer Abmachung.«

Plötzlich war mir gleichgültig, was mit mir geschah. Ich war aus einem bestimmten Grund hier und mußte mich an unsere Vereinbarung halten. Diesmal würde mir niemand zu Hilfe kommen, und ich wollte auch nicht gerettet werden, denn ich mußte ja meinen Vater retten.

Ich trank den Wein. Weil ich nichts gegessen hatte, machte er ein bißchen schwindlig. Granville hatte recht, der Wein würde mir helfen.

Er lachte leise. »Kommen Sie, ich bin bereit.«

Ich stand auf. Er griff nach meinem Morgenrock, der auf den Boden fiel. Er warf seinen Morgenrock ab und zeigte auf die rote Narbe auf seiner Brust. »Ein Andenken an Ihren Beschützer. Dafür werden Sie mir büßen.« In seiner Stimme lag blanker Haß. Ich unterdrückte den Drang, mich umzudrehen und wegzulaufen. Aber er hatte mich schon hochgehoben und auf das Bett geworfen.

Noch heute ertrage ich es nicht, an diese Nacht zu denken. Er war entschlossen, mich für die Prügel büßen zu lassen, die Leigh ihm verabreicht hatte, und dafür, daß ich ihn getäuscht und ihm die unschuldige Jungfrau vorgespielt hatte.

Der Mann war amoralisch. Er hatte kein Gefühl für Recht und Unrecht. Im Laufe der Nacht erinnerte er mich immer wieder daran, daß ich mich seinem Willen unterwerfen mußte, und ich wagte nicht, mich aufzulehnen.

Ich versuchte, meinen Geist von meinem Körper loszulösen, mich selbst wie ein Außenstehender zu sehen, der mit den Geschehnissen nichts zu tun hatte. Granville versuchte, meinen Geist ebenso zu unterjochen wie meinen Körper, und es ärgerte ihn – und erregte gleichzeitig seine Bewunderung –, daß er es nicht fertigbrachte. Er war ein merkwürdiger Mann. Seltsamerweise war ich davon überzeugt, daß er sein Versprechen halten würde. Wie er erwähnt hatte, verfügte er wirklich über einen raffinierten Geschmack. Seine duftende Unterwäsche und sein sauberer Körper bewiesen das. Ich mußte wenigstens keinen schmutzigen Wüstling ertragen. Ich fühlte mich körperlich und geistig wie zerschlagen und dachte immer nur daran, daß es vorübergehen würde.

Als der erste Streifen der Morgenröte am Himmel auftauchte, war meine Tortur zu Ende.

Er versuchte nicht, mich zurückzuhalten. Ich hüllte mich in den Morgenrock und zog am Klingelstrang. Die Frau, die mich in Empfang genommen hatte, trat in den Raum. Ohne ihr Toupet und die Schönheitspflästerchen sah sie verändert aus, aber sie war wenigstens sauber. Anscheinend mußte seine ganze Umgebung peinlich rein sein.

Sie brachte mich wortlos in den Raum, in dem ich gebadet hatte und in dem sich meine Kleider befanden. Ich zog mich an, und sie führte mich hinaus. Der Wagen wartete schon und brachte mich ins Gasthaus zurück.

Ich ging sofort ins Zimmer meiner Mutter und bemerkte zu meiner Erleichterung, daß sie noch schlief. Hoffentlich hatte sie mich im Laufe der Nacht nicht vermißt.

Ich legte den Umhang ab, setzte mich und schloß die Augen. Die Bilder der vergangenen Nacht tauchten immer wieder vor meinem Geist auf.

Mein Vater wird heute kommen, sagte ich mir, und das war das Opfer wert.

Auch mein Vater war ein merkwürdiger Mann, der viele Frauen

gekannt hatte, bevor er meine Mutter heiratete. Ich nahm an, daß er ihr treu gewesen war. Christabel war seine Tochter – vielleicht besaß er noch andere uneheliche Kinder.

Wenn ich an meinen Vater dachte, verschwanden die Bilder der Nacht. Sein Gesicht trat an die Stelle von Granvilles schönem, laszivem Antlitz.

Und dann frohlockte ich, den wenn mein Vater wiederkam, konnte ich mir sagen: Ich habe dich gerettet, ich habe dich nach Hause gebracht. Die Tochter, die für dich nie wichtig war, hat dir das Leben gerettet.

In diesem Augenblick war mir gleichgültig, was ich getan hatte. Ich war froh darüber. Ich hatte die Demütigung um meines Vaters willen auf mich genommen und würde es jederzeit wieder tun.

Meine Mutter warf sich unruhig im Bett hin und her. Ich saß neben ihr und spürte Angst in mir aufsteigen.

Würde Granville sein Wort halten? Oder lachte er mich aus, weil diesmal er mich betrogen hatte?

Er hatte mir versichert, daß er seine Schulden bezahlte, und ich war ihm auf Treu und Glauben ausgeliefert. Doch je mehr Zeit verstrich, desto größer wurden meine Zweifel.

Wenn er mich betrogen hat, töte ich ihn, nahm ich mir vor.

Am frühen Nachmittag betrat mein Vater das Zimmer.

Er war schmutzig, ungekämmt, roch nach Gefängnis, war blaß und hatte abgenommen. Aber er war bei uns und damit in Sicherheit.

»O Vater!« rief ich. »Du bist wieder da.«

Er nickte. »Deine Mutter...«

Ich blickte zum Bett hinüber, und er stürzte hin und kniete neben ihr nieder. Sie schlug die Augen auf. Ich werde nie ihr Lächeln vergessen. Sie war wieder jung und schön, und sie lagen einander in den Armen.

Ich beobachtete sie, aber sie hatten mich vergessen.

V
Carlottas Alkoven

Meine Mutter genas sehr rasch. Der Arzt hatte recht gehabt, sie brauchte nur die Gegenwart meines Vaters, um das Fieber zu überwinden.

Wir trafen einige Reisevorbereitungen, denn meine Mutter behauptete, daß sie sich erst in Eversleigh wirklich in Sicherheit fühlen würde. Um ihren Mund lag ein entschlossener Zug. Sie hatte sich offensichtlich vorgenommen, daß sich niemand von der Familie mehr an Revolutionen beteiligen würde. König Jakob II. saß auf dem Thron; er war katholisch, und mein Vater wollte keinen katholischen König, wie so viele andere Männer und Frauen auch. Doch meine Mutter stand auf dem Standpunkt, daß Jakob nun einmal unser Herrscher war und wir uns mit ihm abfinden mußten. Unsere Familie würde keine Risiken mehr eingehen.

Wahrscheinlich war mein Vater tief gerührt gewesen, als sie so krank und elend vor ihm gelegen hatte. Während der Tage bis zur Abreise ließen sie einander keinen Moment aus den Augen. Es war rührend, und trotz meines geschändeten, zerschlagenen Körpers frohlockte ich, denn ohne mich hätte alles schlimm geendet.

Wir nahmen die erste Postkutsche und fuhren in Etappen heim. Mein Vater hielt es für ratsam, so wenig Aufsehen wie möglich zu erregen.

Erst in Eversleigh wagten sie, offener zu sprechen.

»Ich habe keine Ahnung, wer mein Wohltäter ist«, erklärte mein Vater. »Alles ging so schnell. Man holte mich in einen Raum, in dem ich die Nacht allein verbrachte. Das war schon eine Erleichterung. Ich werde den Gestank im großen Raum nie vergessen. Und am nächsten Tag war ich frei.«

Mein Vater war fest davon überzeugt, daß meine Mutter den Richter mit einer großen Geldsumme bestochen hatte. Sie versicherte ihm, daß das nicht der Fall war. Schließlich hatte sie hohes Fieber gehabt, als wir in Dorset eintrafen, und nicht einmal gewußt, wo sie sich befand.

»Es muß aber jemand gewesen sein«, meinte mein Vater. »Ich werde es schon noch herausbekommen. Wahrscheinlich habe ich irgendwo einen sehr guten Freund.«

»Jemand, dem du einmal einen Dienst erwiesen hast«, sagte meine Mutter.

»Daran müßte ich mich erinnern, aber mir fällt niemand ein. Dabei muß es ganz schön viel gekostet haben. Jeffreys wird durch die Prozesse zum reichen Mann.«

Keiner von ihnen bemerkte mich, und dabei war ich davon überzeugt, daß ich mich durch diese Nacht körperlich und seelisch verändert hatte. Ich würde nie wieder so sein wie vorher. Es hatte sich um die tiefste Demütigung, um die völlige Unterwerfung unter den Willen eines Mannes gehandelt, dessen sexuelle Lüste untrennbar mit dem Bedürfnis nach Rache verbunden waren. Ich würde sein hämisches Lachen nie vergessen. Wie tief mußten die Prügel, die er von Leigh bezogen hatte, ihn seelisch getroffen haben! Und er mußte Unmengen von Lotionen für seine Wunden verbraucht haben.

Meine Mutter bestand darauf, daß wir die Heimkehr meines Vaters feierten. Harriet sollte mit Carlotta zu uns herüberkommen.

»Ich weiß, daß du dich über diesen Besuch freuen wirst«, sagte meine Mutter. »Auch für dich war es eine schwere Zeit, Priscilla.«

»Doch jetzt ist Vater in Sicherheit.«

»Wenn ich nur wüßte, wer unser unbekannter Wohltäter ist, ich würde ihm auf den Knien danken. Doch ich glaube, daß wir einmal die Lösung des Rätsels erfahren werden.«

»Ich bin davon überzeugt, daß euer Glück genügend Lohn für diesen Wohltäter ist.«

»Dein Vater und ich sind eins. Wenn einer von uns stirbt, liegt dem anderen nicht mehr viel am Leben.«

Ich war zu gerührt, um zu sprechen.

»Und dabei haben wir dich ganz vergessen. Du hast dich so rührend um mich gekümmert. Es war wirklich ein Glück, daß du bei mir warst.«

Wenn du wüßtest, dachte ich. Aber ich würde es ihnen nie gestehen können. Dennoch fragte ich mich, wie sie darauf reagieren würden. Es gab niemanden, mit dem ich darüber sprechen konnte, auch nicht mit Harriet oder Christabel. Ich versuchte, diese Nacht vollkommen aus meinem Gedächtnis zu streichen, doch es gelang mir nicht.

Wie anders war die zärtliche Liebesnacht gewesen, die ich mit Jocelyn verbracht hatte, und der Carlotta ihr Leben verdankte. Plötzlich erfaßte mich Angst. Was war, wenn Granville in dieser Nacht ein Kind gezeugt hatte? Was sollte ich dann tun?

Das durfte nicht sein, das wäre zuviel gewesen. Ich hatte für das Leben meines Vaters bezahlt, und nicht wenig.

Zum Glück blieb mir dieses Schicksal erspart.

Die fürchterliche Nacht hatte kein Kind zur Folge.

Schließlich veranstalteten wir doch kein großes Fest, um die Rückkehr meines Vaters zu feiern.

»Von nun an müssen wir ein zurückgezogenes Leben führen«, hatte meine Mutter beschlossen.

Es würde keine Reisen an den Hof mehr geben, denn wir waren dort in Ungnade gefallen. Niemand sollte daran erinnert werden, daß wir zu Monmouth gehalten hatten. Auf dem Thron saß ein neuer König, und auch wenn wir ihn nicht mochten, mußten wir uns mit ihm abfinden. Mein Vater war unruhig. Das lag in seiner Natur, und wenn er nicht auf meine Mutter Rücksicht genommen hätte, hätte er sich bestimmt an einer neuen Verschwörung beteiligt. Die Zeit nach dem Tod des leichtlebigen Karl war schwer, denn er war beliebt gewesen, während Jakob nicht die Gabe besaß, die Menschen für sich einzunehmen.

»Das alles geht uns nichts an«, befahl meine Mutter äußerst energisch. Jedes Mal, wenn die Augen meines Vaters unternehmungslustig leuchteten, wurde sie krank, so daß er bedauernd alle Pläne zurückstellte, die er gerade geschmiedet hatte.

Er liebte sie zweifellos sehr.

Doch obwohl wir kein Fest veranstalteten, bekamen wir lieben Besuch. Harriet kam mit Gregory, Benjie und Carlotta und blieb einige Wochen bei uns. In Gesellschaft meiner Tochter vergaß ich allmählich mein schreckliches Erlebnis. Sie war jetzt beinahe vier Jahre alt und entwickelte sich zu einer ausgesprochenen Schönheit; ihre blauen Augen glichen immer mehr denen ihres Vaters. Sie waren nicht dunkelviolett, wie die Harriets, sondern hellblau, wie Kornblumen; das dunkle Haar bildete einen reizvollen Kontrast dazu, und ihre kurze, kecke Nase war bezaubernd. Am anziehendsten an ihr war jedoch ihre Vitalität. Sie war so lebhaft, daß Sally Nullens behauptete, sie käme zu keiner anderen Arbeit, als immer hinter ihr herzulaufen. Emily Philpots achtete darauf, daß Carlotta immer exquisit gekleidet war, und hatte bereits begonnen, ihr das Lesen beizubringen, das sie sehr schnell beherrschte. Emily erklärte uns, daß sie noch nie ein Kind kennengelernt hatte, das so rasch begriff. Für die beiden Frauen war Carlotta der Mittelpunkt ihres Lebens.

Und da Carlotta klug und auch raffiniert war, hatte sie bald heraus, wie sehr die beiden Frauen an ihr hingen, und nützte diesen Umstand weidlich aus. Sie konnte hochmütig und im nächsten Augenblick wieder überaus zärtlich sein; sie stampfte und tobte, wenn sie gehorchen mußte, und brach in Tränen aus, wenn ihr ein Mensch oder ein Tier leid taten. Ihre Launen wechselten so schnell, daß es schwierig war, ihnen zu folgen und Carlottas wahres Wesen zu erkennen.

Benjie liebte sie und lehrte sie reiten. Gregory verhielt sich ihr gegenüber, als wäre sie seine eigene Tochter, und hatte ihr ein kleines Pony gekauft. Harriet behandelte sie mit nachsichtiger Toleranz; sie machte nie ein großes Aufhebens um sie, aber Carlotta schien Harriet am meisten zu lieben. Sie nahm die Aufmerksamkeit der anderen wie eine Huldigung entgegen, die ihr zustand; sie bemühte sich jedoch, Harriets Beifall zu erringen.

Als sie eintrafen, ging ich den Hof hinunter, um sie zu begrüßen. Meine Tochter trug einen Mantel, der genauso rot war wie ihre Wangen, ihre blauen Augen funkelten, und ihre dunklen Locken waren zerzaust – sie sah entzückend aus. Sie fiel mir um den Hals und küßte mich. Ich war so gerührt, daß ich Mühe hatte, die Tränen zurückzuhalten.

Sie schien zu fühlen, daß wir auf besondere Art und Weise verbunden waren. Sie ergriff meine Hand, und wir gingen zusammen ins Haus.

Meine Mutter begrüßte die Gäste herzlich, mein Vater etwas reservierter. Er stand Harriet immer ein wenig kritisch gegenüber. Ihre Mundwinkel verzogen sich spöttisch. Sie nahm ihm übel, daß er einer der wenigen Männer war, die ihrem Charme nicht erlegen waren.

»Es ist ein glückseliger Tag«, rief Harriet. »Wir hatten uns alle solche Sorgen gemacht.«

»Wir sprechen nicht mehr darüber«, unterbrach sie meine Mutter. »Es ist vorbei und vergessen.«

Benjie erzählte meinem Vater, wie weit er jetzt mit Pfeil und Bogen schießen konnte, und fragte, ob wir nicht auf dem Rasen Bogenschießen üben wollten. Er war davon überzeugt, daß er Carl schlagen würde. Carl nahm die Herausforderung an, und sie verließen uns eifrig plaudernd.

»Willst du Carlotta auch dieses Mal in dein Zimmer nehmen, Priscilla?« erkundigte sich Harriet. »Sie hat es gern, nicht wahr, Carlotta?«

Carlotta sah mich an und nickte.

»Wir könnten das Kinderbett ohne weiteres in Priscillas Zimmer stellen lassen«, schlug meine Mutter vor.

»Es steht schon dort«, bekannte ich.

Carlotta packte meinen Rock und lächelte mich an, als hätten wir ein Geheimnis miteinander. Ich war vor Glück überwältigt. Wie sehr liebte ich dieses Kind!

Mein Vater widersprach. »Sie ist alt genug, um allein im Kinderzimmer zu schlafen. Sally ist bestimmt auch dieser Meinung.«

Carlotta sah ihn böse an. »Ich mag dich nicht.«

Mein Vater lachte auf. »Und was soll ich jetzt tun? Ins Meer springen?«

»Ja«, rief Carlotta begeistert. »Spring ins Meer. Dann ertrinkst du.«

Harriet lachte auf. Meine Mutter sagte tadelnd: »So darfst du aber nicht mit deinem Onkel Carleton sprechen.«

»So spreche ich immer«, behauptete Carlotta und streckte meinem Vater die Zunge heraus.

Ich befürchtete schon, daß er ihr eine Prügelstrafe aufbrummen würde, aber er bemühte sich sehr, das Lachen zu verbeißen. Sogar er, der nichts für Kinder übrig hatte, und schon gar nicht für kleine Mädchen, erlag dem Charme meiner Tochter. »Das Kind ist sehr verwöhnt«, stellte meine Mutter fest. »Man müßte strenger mit ihr sein.«

»Sie ist schon in Ordnung, wie sie ist«, erklärte Harriet. »Sie sagt, was sie denkt. Sie hat noch nicht gelernt, sich zu verstellen.«

Ich hatte Angst, daß meine Mutter sie dennoch bestrafen würde. Deshalb hob ich Carlotta hoch, die mir die Arme um den Hals schlang. »Was heißt ›streng‹?« flüsterte sie.

»Das erkläre ich dir später.«

Sie lachte und drückte sich an mich.

Harriet beobachtete uns und sah dabei so gerührt drein, wie es ihr überhaupt möglich war.

»Komm jetzt«, sagte ich, »wir gehen in mein Zimmer.«

Ich stellte Carlotta auf die Füße, sie ergriff meine Hand und blickte triumphierend zu meinen Eltern zurück.

Ich war so glücklich, weil ich sie bei mir hatte. Sie hüpfte auf meinem Bett herum und fragte: »Ich schlafe hier, nicht wahr?« Es würde so sein wie bei ihren früheren Besuchen. Sally Nullens würde Carlotta schlafenlegen, und wenn ich heraufkam, würde sie wach sein. Sie würde zusehen, wie ich mich auszog und zu mir kriechen, sobald ich im Bett lag. Ich würde ihr eine Geschichte erzählen, und sie würde dabei einschlafen; ich würde sie dann in den Armen halten, und meine Liebe zu ihr würde mich überwältigen.

Natürlich gab Sally Nullens meinem Vater recht und trat dafür ein, daß Carlotta im Kinderzimmer schlief, wo Sally sie unter ihrer Aufsicht hatte. Mit Sally wurde ich jedoch leicht fertig. Sie und Emily wußten, daß sie mir ihre Posten bei Harriet verdankten. Deshalb fügten sie sich meinem Wunsch und erhoben keine weiteren Einwände.

Während dieses Besuchs bewies Carlotta, daß sie wirklich alle Herzen erobern konnte. Weil mein Vater sich durch ihren Charme nicht beeindrucken ließ, hatte sie offensichtlich das Bedürfnis, sich bei ihm einzuschmeicheln.

Sie beobachtete meinen Vater oft, und wenn er sie nicht ansah, streckte sie ihm die Zunge heraus. Ich verbot es ihr, denn ich hatte Angst, daß er sie streng bestrafen würde, wenn er sie dabei erwischte, und davor wollte ich sie beschützen. Sally war eine gute Kinderschwester, und Carlotta bekam sicherlich von ihr gelegentlich einen Klaps, den sie gleichmütig hinnahm. Sally hatte sie auch schon übers Knie gelegt und mit einem dünnen Rohrstab verprügelt, wobei Carlotta vor Wut brüllte. Aber kurz darauf gab sie Sally zärtlich einen Gutenacht-Kuß, ein Zeichen dafür, daß sie die Strafe als verdient ansah.

Mein Vater war von anderer Wesensart, und ich wollte nicht, daß er Carlotta bestrafte.

Carlotta kannte keine Angst.

Wir waren im Garten, und Carlotta spielte mit ihrem Federball. Mein Vater saß auf einer Bank am Teich; er hatte Carlotta ermahnt, nicht so viel Lärm zu machen.

Sie sah ihn einen Augenblick an, dann spielte sie schweigend weiter.

Er schien zu schlafen, und sie schlich sich an ihn heran und beobachtete ihn. Ich wollte sie schon zu mir rufen, ließ es dann aber bleiben. Niemand hatte ihr verboten, meinen Vater anzusehen. Dann legte sie ihm die Hand auf das Knie, kletterte auf seinen Schoß und legte ihm die Arme um den Hals, aber nicht zärtlich, sondern um sich festzuhalten. Dann rief sie: »Du bist ein böser alter Mann«, und versuchte, hinunterzuspringen.

Er hielt sie fest und fragte: »Was hast du da gesagt?«

Sie schwieg und blickte ihm ins Gesicht.

»Du bist ein keckes Kind«, stellte er fest. »Du hast geglaubt, daß das alte Scheusal schläft und daß du ihm deine Meinung sagen kannst. Jetzt sieht die Sache aber anders aus, nicht wahr?«

»Nein!« rief sie.

»Dann sag es noch einmal.«

»Du bist ein böser alter Mann.«

»Du hast also keine Angst vor mir?«

Sie zögerte.

»Also du hast doch Angst davor, daß ich dich verprügeln werde. Und trotzdem sagst du es.«

»Du bist ein böser alter Mann«, wiederholte sie, aber schon deutlich leiser.

»Und du hast Angst vor mir?«

Sie nickte.

»Trotzdem sagst du mir, daß ich ein böser alter Mann bin.«

Sie nickte wieder.

Er lachte. »Weißt du was, ich bin es wirklich.«

Sie stimmte in sein Lachen ein.

Sie hatte ihn erobert. Eine halbe Stunde später saß sie immer noch auf seinen Knien und erzählte ihm, wie die bösen Menschen dem König den Kopf abgeschlagen hatten.

Einige Tage später kam Edwin nach Hause.

Meine Mutter war immer überglücklich, wenn er da war. Diesmal war er bedrückt, denn er war davon überzeugt, daß mein Vater sehr unvorsichtig gehandelt hatte, als er sich Monmouth anschloß. Als Offizier wußte er, daß der Herzog nie eine Chance gehabt hatte. Das Volk liebte zwar den neuen König nicht, aber Monmouth war nicht viel besser als Jakob, und deshalb hatte eine Revolte keinen Sinn gehabt. Doch Edwin hatte nie seine Meinung anderen aufgezwungen, und die Armee hatte ihn nicht verändert. Er war immer noch sanft, bescheiden und leicht beeinflußbar. Ich fragte mich, wie das Wiedersehen mit Christabel ausfallen würde.

Dieses Zusammentreffen verlief vollkommen undramatisch. Er freute sich sichtlich darüber, daß Christabel zufrieden war, und sie war in ihrer Ehe so glücklich, daß sie die damalige Enttäuschung vollkommen vergessen hatte.

Der kleine Thomas gedieh prächtig, und Christabel und ihr Mann waren davon überzeugt, daß er das wunderbarste Kind der Welt war.

Christabel kam auf die Ängste zu sprechen, die wir durchgemacht hatten.

»Es war wie ein Wunder, als ihr alle so heil zurückkamt. Thomas konnte es kaum glauben. Wir hatten uns große Sorgen um euch gemacht. Aber es geschehen eben doch noch Wunder.«

Sie dachte offensichtlich an ihr eigenes Schicksal; und wenn ich sie in ihrem schönen Heim als Mittelpunkt ihrer Familie sah, fand ich, daß sie wirklich das größte Wunder erlebt hatte.

Meine Mutter wollte Edwin unbedingt verheiraten. Er war jetzt über fünfundzwanzig – genau wie Leigh –, und keiner von beiden war verheiratet. Auch meinetwegen machte sie sich Sorgen, denn ich war schon neunzehn. Jetzt war mein Vater zu Hause, und sie konnte Gäste einladen; unter den Familien, die uns besuchten, würden sich vielleicht ein Mann für mich und eine Frau für Edwin finden. Sie hatte immer schon ein Auge auf Jane Merridew geworfen. Jane war ebenfalls fünfundzwanzig, hübsch, klug, praktisch veranlagt – genau die richtige Frau für Edwin.

Also kamen die Merridews auf Besuch und blieben. Sie waren eingefleischte Protestanten und standen dem neuen König genauso ablehnend gegenüber wie mein Vater; dadurch hatten sie immer Gesprächsstoff. Es dauerte nicht lange, und Jane und Edwin waren verlobt.

»Sie sollten nicht lange mit der Hochzeit warten«, meinte meine Mutter. »Soldaten verbringen soviel Zeit fern von ihren Frauen, daß es um jede verlorene Stunde schade ist.«

Die Merridews waren der gleichen Meinung; außerdem war Jane nicht mehr blutjung.

Edwin nahm an, daß er in sechs Monaten wieder Urlaub bekommen würde und daß Leigh dann ebenfalls anwesend sein würde; also wurde die Hochzeit auf diesen Zeitpunkt festgelegt.

Harriet ging mit mir durch den Garten. »Du wirst auch bald an der Reihe sein, Priscilla, denn du bist kein Kind mehr. Du kannst nicht dein Leben lang um einen toten Geliebten trauern.«

Ich schwieg.

»Du wirst dich eines Tages verlieben, Kind, und dann wirst du glücklich sein. Ich kenne sogar einen Mann, der gut zu dir passen würde, und du weißt bestimmt, wen ich im Sinn habe. Aber ich überlasse es euch, ihr müßt von selbst zueinander finden. Die Vergangenheit darf keinen Einfluß auf eure Zukunft haben.«

»Nein, Harriet, die Vergangenheit beeinflußt immer die Zukunft. Etwas ereignet sich, und von diesem Zeitpunkt an verläuft unser Lebensweg anders.«

»Natürlich begehen wir Fehler«, gab Harriet zu, »aber wir dürfen nie über sie nachgrübeln. Wir müssen sie einfach als eine wichtige Erfahrung akzeptieren.«

Erfahrung! dachte ich. Ein nach Moschus duftendes Bett und ein Mann, der mich auf jede nur mögliche Weise demütigt.

Ich war schon im Begriff, Harriet alles zu gestehen, beherrschte mich aber gerade noch rechtzeitig. Es handelte sich um mein beschämendes Geheimnis, das niemals ans Tageslicht kommen durfte. Das würde ich nicht ertragen.

»Deine Mutter sieht sehr kampflustig aus«, fuhr Harriet fort. »Heute Edwin, morgen Priscilla. Sie sehnt sich danach, Enkelkinder zu wiegen. Die arme Arabella war immer schon sentimental. Ich liebe sie von Herzen, sie hat eine wichtige Rolle in meinem Leben gespielt. Jetzt bin ich nur neugierig, was aus unserem kleinen Engelchen Carlotta wird. Sie wird bestimmt ein aufregendes Leben führen.«

Natürlich hatte Harriet in bezug auf meine Mutter recht. Sie war über Edwins Verlobung sehr glücklich und sagte mir das auch einmal. »Ich freue mich so sehr für Edwin. Jane wird ihm bestimmt eine gute Frau sein.«

»Du wolltest doch immer, daß er Jane heiratet, und hast deshalb verhindert, daß er Christabel zur Frau nahm.«

»Und wie recht ich damit hatte. Christabel ist bei Thomas vollkommen glücklich. Er war der Richtige für sie. Und der kleine Thomas macht ihr Glück vollkommen.«

»Sie war aber sehr unglücklich, als Edwin sich von dir überreden ließ, sie aufzugeben.«

»Mein liebes Kind, wenn er sie wirklich geliebt hätte, hätte er sich nicht überreden lassen. Und wenn sie ihn wirklich geliebt hätte, könnte sie jetzt mit Thomas nicht so glücklich sein.«

Dann sah sie mich wehmütig an.

»Auch du solltest heiraten, Priscilla.«

»Ich habe noch gar nicht daran gedacht.«

»Wenn ich dich mit der kleinen Carlotta sehe, finde ich, daß du bald heiraten solltest. Du bist kein Kind mehr; wenn man sieht, wie du mit Carlotta umgehst, wird das besonders deutlich.«

Ich lächelte ihr zu. Was sie wohl sagen würde, wenn sie wüßte, daß Carlotta meine Tochter war?

Im April des darauffolgenden Jahres heirateten Edwin und Jane. Die Merridews wohnten fünf Meilen von Eversleigh Court entfernt, und die prunkvolle Hochzeitsfeier wurde in ihrem Haus abgehalten.

Edwin sah glücklich aus, und Jane war es bestimmt auch. Meine Mutter strahlte. Sie und Jane hatten sich angefreundet, was sehr günstig war, denn Jane würde nach der Hochzeit nach Eversleigh übersiedeln. Eversleigh Court gehörte Edwin, weil er der direkte Erbe war, obwohl mein Vater den Besitz immer geleitet hatte und ihn sicherlich als sein Eigentum betrachtete. Edwin wäre nie auf den Gedanken gekommen, seinen Anspruch geltend zu machen.

Vom Standpunkt der Merridews aus war es eine gute Partie – vorausgesetzt, daß mein Vater wegen der Teilnahme an der Monmouth-Revolte nicht mit weiteren Schwierigkeiten rechnen mußte. Besitz und Vermögen konnten über Nacht beschlagnahmt werden.

Die Merridews hielten sich genau wie wir vom Hof fern und blieben auf ihren Gütern. Wir hofften, daß die Revolte bald vergessen sein würde, obwohl uns Gerüchte zu Ohren kamen, denen zufolge es viele Leute gab, die mit den Absichten des Königs nicht übereinstimmten und deshalb Unruhe stifteten.

»Was immer sie vorhaben«, erklärte meine Mutter entschlossen, »wir haben nichts damit zu tun.«

Am Hochzeitstag fuhren wir zu den Merridews und wohnten der Trauung in der Kapelle in ihrem Haus bei. Daran schloß sich ein Bankett an, und am Abend begab sich das jungverheiratete Paar nach Eversleigh, denn sie sollten die erste Nacht in dem traditionellen Brautgemach verbringen, das meine Mutter für sie hergerichtet hatte.

Wir blieben zwei Tage in Merridew Court, und als wir nebeneinander nach Hause ritten, meinte meine Mutter: »Ich freue mich sehr, daß Edwin verheiratet ist, und bin davon überzeugt, daß er mit Jane glücklich sein wird.«

»Ja«, stimmte ich zu, »sie passen zueinander. Sie würden gar nicht auf die Idee kommen, nicht glücklich zu sein.«

»Was willst du damit sagen?«

»Ich glaube, daß sie immer nur das tun, was man von ihnen erwartet, und alle erwarten eben, daß sie glücklich werden.«

»Das ist doch nicht schlecht, oder?«

»Nein. Aber das Glück läßt sich nicht immer erzwingen.«

Das war ein Fehler, denn sie hakte sofort ein.

»Ich wäre sehr glücklich, Priscilla, wenn auch du eine so gute Partie machtest.«

Ich schwieg.

»Ich weiß«, fuhr sie fort, »daß du eine romantische Neigung zu dem armen jungen Mann gefaßt hattest, aber das ist längst vorbei, und du warst damals noch ein Kind.«

Ich schwieg noch immer.

»Es war nur eine kindliche Schwärmerei, mein Liebes. Du mußt davon loskommen, unter Menschen gehen. Manchmal wirkst du so ernst und nachdenklich. Seit unserer Rückkehr aus Dorset hast du dich verändert.«

In diesem Augenblick wäre es leicht gewesen, ihr die Wahrheit zu gestehen, ihr zu erzählen, was ich getan hatte, das Rätsel um die Freilassung meines Vaters zu lösen. Ich hätte so gern darüber gespottet, daß sie mich als Kind bezeichnete. Ein Kind, das selbst ein Kind geboren, das eine Nacht mit Beaumont Granville verbracht hatte! Im Vergleich zu mir war sie naiv. Ich war die erfahrene Frau, nicht sie.

Zwei Tage, nachdem wir nach Eversleigh Court zurückgekehrt waren, traf Leigh ein. Er hatte nicht rechtzeitig zur Hochzeit kommen können.

Er war deutlich gealtert, wirkte irgendwie unruhig, und wir erfuhren auch bald den Grund. Es gab Schwierigkeiten. Der König bevorzugte die Katholiken, und ein großer Teil der Bevölkerung war verärgert. Leigh befürchtete, daß es zu einem Aufstand kommen würde.

»Ein weiterer Bürgerkrieg wäre katastrophal«, erklärte er während des Essens. »Engländer gegen Engländer, wie vor gar nicht so langer Zeit. Es ist ganz anders, als wenn man gegen ein fremdes Land kämpft. Ich will unter keinen Umständen gegen meine Landsleute kämpfen. Vielleicht werde ich meinen Abschied nehmen und mich zur Ruhe setzen.«

»Das wäre eine ausgezeichnete Idee«, stimmte ihm meine Mutter zu. »Aber wenn Jakob abgesetzt wird, wer wird dann König?«

Leigh sprach leiser. »Der Schwiegersohn des Königs, Wilhelm von Oranien.«

»Wilhelm von Oranien!« wiederholte meine Mutter verblüfft.

»Warum nicht? Er ist mit Maria verheiratet, und sie ist die älteste Tochter des Königs. Aber er kann selbst Anspruch auf den Thron erheben, denn seine Mutter war die älteste Tochter von Karl I. Er ist Protestant, zuverlässig und auch tapfer, wenn auch nicht sehr sympathisch. Aber Charme gehört nicht zu den Eigenschaften, über die ein Herrscher unbedingt verfügen muß.«

»All das höre ich zum ersten Mal«, rief mein Vater, »aber weiß Gott, es würde ein glücklicher Tag für England, wenn es dazu käme.«

»Zuerst gäbe es jedoch Konflikte«, wandte Leigh ein. »Mir gefällt die jetzige Lage überhaupt nicht. Wenn Karl nur länger am Leben geblieben wäre.«

»Du sprichst uns allen aus dem Herzen«, stimmte ihm mein Vater zu.

Obwohl wir durch die Hochzeit fröhlich gestimmt waren, wurden wir plötzlich ernst. Meine Eltern erinnerten sich sichtlich an die Zeit des Bürgerkriegs, als niemand gewußt hatte, wer von seinen Nachbarn als ein Feind gelten mußte. Ich hatte viele Geschichten aus jener Zeit gehört.

Am nächsten Tag ritten Leigh und ich zum Meer hinunter, stiegen am Strand ab und banden die Pferde fest. Während wir zu Fuß weitergingen, fragte Leigh plötzlich: »Willst du meine Frau werden, Priscilla?«

Wahrscheinlich hatte ich immer darauf gewartet, daß er mir diese Frage stellte. Bevor ich Jocelyn kannte, hatte ich es sogar erhofft. Als ich noch ein Kind war, hatte ich in ihm immer den strahlenden Helden gesehen. Bevor Jocelyn in mein Leben trat, war ich davon überzeugt gewesen, daß Leigh der einzig richtige Mann für mich war.

Doch jetzt war ich kein naives, unschuldiges Mädchen mehr.

Ich hatte mich in Jocelyn verliebt... und jetzt gab es auch noch Beaumont Granville in meinem Leben. Ich würde ihn nie vergessen können, und die Nacht mit ihm hatte mir die Lust auf eine Ehe vergällt.

Und dennoch liebte ich Leigh. Ich vertraute ihm, er war mein Beschützer. Er hatte Granville verprügelt, der versucht hatte, mich zu entführen.

Ich schwieg einige Minuten und merkte, daß Leigh unruhig wurde.

Schließlich sprach er wieder. »Ich habe darauf gewartet, daß du erwachsen wirst, Priscilla – aber ich war lange Zeit fort. Du liebst mich doch, nicht wahr?«

»Natürlich liebe ich dich. Ich habe dich immer geliebt.«

Er blieb glücklich stehen, ergriff meine Hände und sah mir ins Gesicht. »Was steht unserer Hochzeit dann im Weg?«

»Ich bin meiner nicht sicher.«

»Nicht sicher! Und dabei hast du gerade behauptet, daß du mich liebst. Als du klein warst, kamst du mit allem, was dich bedrückte, zuerst zu mir. Du wolltest immer nur mit mir zusammen sein.«

»Ja, ich weiß. Du warst wie ein Bruder für mich.«

»Dein Bruder. Das stimmt, aber es war doch mehr. Du empfandest für Edwin nicht das gleiche.«

»Du hast recht; du warst der Held, der mich rettete, wenn ich in Schwierigkeiten geriet – der strahlende Held.«

»Jetzt wirst du auch noch poetisch. Warum zögerst du, Priscilla? Es gibt doch keinen anderen in deinem Leben, oder?«

Ich schüttelte den Kopf.

Es wäre besser gewesen, wenn wir nicht an den Strand geritten wären. Ich erinnerte mich an so vieles, das mit Jocelyn zusammenhing.

»Was ist es dann?« fragte Leigh.

»Es gibt einige Tatsachen, die du zuerst erfahren müßtest, Leigh.«

»Dann erzähle sie mir.«

»Ich fürchte, es wird dir einen Schock versetzen. Carlotta ist meine Tochter.«

Er starrte mich an.

»Siehst du, Leigh, wenn du erst alles weißt, wirst du mich vielleicht gar nicht mehr heiraten wollen.«

»Es war Jocelyn – und ich hatte angenommen, daß es nur kindliche Schwärmerei für einen gutaussehenden Helden war.«

»Du hast immer behauptet, daß ich noch ein Kind bin, auch als ich keines mehr war. Ich war jung, aber ich verliebte mich in ihn, und als wir auf Eyot festsaßen, wurde ich die Seine. Er wurde am nächsten Tag gefangengenommen und dann hingerichtet. Carlotta ist meine einzige Erinnerung an ihn.«

»Aber Carlotta ist doch die Tochter meiner Mutter.«

Ich schüttelte den Kopf. »Harriet hat mir geholfen, alles zu vertuschen. Ich weiß nicht, was ich ohne sie getan hätte.«

»Deshalb fuhrt ihr also nach Venedig, damit du dort das Kind zur Welt bringen konntest.«

»Für Harriet war es eine neue Rolle, die sie großartig spielte. Sie hat sich mir gegenüber wunderbar verhalten, ich werde es ihr nie vergessen.«

»Ich kann es noch nicht fassen – Carlotta dein Kind. Es ist grotesk.«

»Ohne Harriet wäre es nicht möglich gewesen. Sie war entschlossen, die Komödie durchzustehen, und es gelang ihr auch.«

»Willst du mich deshalb nicht heiraten? Liebst du den Toten immer noch?«

»Ich liebe dich, Leigh, daran hat sich nichts geändert. Du bist der einzige Mensch, den ich heiraten möchte. Aber das Geschehene verändert alles.«

»Es verändert nicht meine Gefühle für dich.«

»O Leigh.« Ich lehnte den Kopf an seine Brust, und er drückte mich an sich. Tiefer Friede überkam mich. Ich lauschte dem Geräusch der Brandung und dem melancholischen Kreischen der Möwen. Diese Geräusche hatten auch meine Zusammenkünfte mit Jocelyn begleitet. Doch jetzt war es anders, denn Leigh war der starke Mann, der Beschützer. Mir wurde in diesem Augenblick klar, daß ich Jocelyn geliebt hatte, weil ich das Bedürfnis empfand, ihn zu beschützen. Wenn jedoch Leigh an meiner Seite stand, würde seine Kraft mir helfen, die Vergangenheit auszulöschen.

Ich liebte Leigh und vertraute ihm, und diese Gefühle wären eine gute Grundlage für unsere Verbindung. In mir erwachte ein neues Glücksgefühl, und ich empfand das Bedürfnis, ihm alles zu gestehen. Ich wollte ihm erklären, daß ich mich Granville nur deshalb hingegeben hatte, weil mir nichts anderes übrigblieb, wenn ich meinen Vater retten wollte. Und wenn ich mir alles von der Seele geredet hatte, würden die Erinnerungen langsam verblassen, und ich konnte wieder uneingeschränkt glücklich sein.

Doch ich durfte es ihm nicht erzählen. Ich wußte genau, wie zornig er werden würde. Wenn er alles erfuhr, würde er Granville töten. Deshalb mußte ich das schreckliche Geheimnis für mich bewahren.

»Du hättest es mir früher erzählen sollen«, warf er mir vor. »Es war ein romantisches Abenteuer. Er war in Gefahr, und wir alle halfen ihm. Und das Ergebnis war Carlotta. Natürlich ändert sich dadurch viel. Wir müssen etwas unternehmen.«

»Was meinst du damit?«

»Ich kann mir vorstellen, daß du das Kind bei dir haben willst. Vielleicht können wir sie zu uns nehmen, sie braucht einen Vater.«

»Den hat sie in Gregory. Er ist ganz vernarrt in sie.«

»Sie braucht auch eine Mutter. Harriet liegt die Mutterrolle nicht sehr.«

»Dennoch liebt Carlotta sie. Doch ich wäre sehr glücklich, wenn ich sie ganz für mich haben könnte.«

»Ich werde sehen, was sich tun läßt.«

»O Leigh, ich bin ja so glücklich.«

Er nahm mich in die Arme. »Es mußte so kommen, Priscilla, du und ich, wir gehören zusammen.«

Und er besiegelte unser Verlöbnis mit einem Kuß.

Dann gingen wir zu den Pferden zurück.

Meine Mutter freute sich von Herzen.

Sie küßte zuerst mich, dann Leigh. »Ihr habt mir meinen größten Wunsch erfüllt. Du hast dich immer Priscillas angenommen, Leigh. Als du noch ein Junge warst, hast du die Mädchen verachtet, wie es in diesem Alter üblich ist, aber bei Priscilla hast du eine Ausnahme gemacht.«

»Natürlich«, gab Leigh zu. »Priscilla war ja auch kein gewöhnliches Mädchen.«

Mein Vater nahm die Neuigkeit gelassen auf. Er mochte Leigh, weil er ganz anders war als Edwin, von dem mein Vater keine gute Meinung hatte. Anscheinend war mein Vater froh darüber, daß seine Tochter unter die Haube kam.

»Ihr solltet nicht zu lange mit der Hochzeit warten«, meinte meine Mutter. »Wahrscheinlich wirst du nur allzu bald zu deinem Regiment zurückgerufen werden, Leigh.«

Leigh stimmte ihr bei, und wir stürzten uns in die Hochzeitsvorbereitungen. Christabel kam von Grassland Manor herüber, um mir zu gratulieren. Sie hatte den kleinen Thomas in der Obhut der Nurse zurückgelassen, und wir zogen uns zu einem Plauderstündchen in mein Zimmer zurück.

Natürlich wollte Christabel sofort wissen, ob ich Leigh bezüglich Carlotta reinen Wein eingeschenkt hatte.

»Er weiß alles, Christabel. Ich mußte es ihm erzählen, bevor ich seine Frau wurde.«

»Und er versteht dich?«

»Ja. Er hat gesagt – ich bin so froh darüber –, daß wir uns etwas einfallen lassen müssen, um Carlotta ganz zu uns zu nehmen. Er weiß genau, was ich möchte.«

»Er wird dir ein guter Mann sein, Priscilla, und ihr werdet eine glückliche Ehe führen.«

»Genau wie ihr beide. Ihr gehört zu den wenigen Menschen, die das zuwege gebracht haben.«

»Und dabei verdiene ich es gar nicht.«

»Unsinn. Frag doch Thomas, wie er darüber denkt. Du hast ihn sehr glücklich gemacht.«

»Ja, das stimmt, und das ist wenigstens etwas. Also habe ich auch etwas Gutes gewirkt.«

»Du mußt aufhören, dir Vorwürfe zu machen, Christabel.«

»Ich war so neidisch, und Neid ist eine Todsünde.«

»Du hast dieses Gefühl jetzt endgültig überwunden. Wünsche mir, daß ich so glücklich werde wie du.«

»Das tue ich von ganzem Herzen.«

Harriet, Gregory, Benjie und Carlotta kamen ein paar Tage vor der Hochzeit herüber.

Natürlich war Harriet hoch erfreut.

»Ich habe mir immer gewünscht, daß ihr zueinander findet«, erklärte sie mir. »Ich kann dir gar nicht sagen, wie froh es mich macht. Ich war auch einmal eine Eversleigh – als ich Toby heiratete – und war stolz darauf. Jetzt wird eine Eversleigh meine Schwiegertochter, und ich wüßte niemanden, den ich lieber hätte.«

»Du warst immer so gut zu mir, Harriet. Ich habe Leigh von Carlotta erzählt.«

Sie nickte.

»Es macht ihm nichts aus, er heiratet mich trotzdem.«

»Das hätte ich ihm auch geraten.«

»Er will versuchen, Carlotta für immer zu uns zu holen.«

Sie drückte mir die Hand. »Er hat recht. Ach, unser kleines Drama geht wirklich gut aus. Hochzeitsglocken – ein sehr beliebtes Finale in einem Theaterstück.«

»Ein Ende wie im Märchen. Aber das Leben ist kein Märchen.«

Sie sah mich scharf an, und ich geriet wieder in Versuchung, ihr von Granville zu erzählen. Doch ich beherrschte mich. Niemand durfte etwas davon erfahren.

Leigh wollte nach London fahren und die Kaffeehäuser besuchen, denn in ihnen erfuhr man immer die neuesten Nachrichten. Höflinge, Soldaten, Politiker, Salonlöwen und Literaten kamen dort zusammen und unterhielten sich vollkommen offen miteinander.

Ich wollte nicht, daß er fuhr, denn ich hatte Angst, daß ihm etwas zustoßen würde. Mir wurde von Tag zu Tag klarer, wie wichtig er für mich war. Ich begriff sogar, daß meine Beziehung zu Jocelyn nicht die ganz große Liebe gewesen war, das hatte ich mir nur eingebildet. Jocelyn war ein gutaussehender junger Mann gewesen, der sich in Gefahr befand. Und als sich uns auf der Insel die Gelegenheit bot, unseren Gefühlen freien Lauf zu lassen, hatten wir sie genützt. Jetzt fragte ich mich, wie sich die Dinge entwickelt hätten, wenn er am Leben geblieben wäre und wir geheiratet hätten. Es wäre ganz anders gewesen als mit Leigh, denn mein Gefühl für

Leigh war stark und beständig, die gleiche Zuneigung, die meine Eltern verband. Das war die wahre Liebe, die nie aufhört... keine flüchtige, romantische Leidenschaft.

Leigh war der einzige Mensch, den ich je wirklich geliebt hatte. Deshalb zitterte ich um ihn, als er nach London fuhr, deshalb wollte ich erfahren, was es Neues gab, deshalb fürchtete ich mich vor einem neuen Bürgerkrieg, einer neuen Revolution... genau wie meine Mutter. Es handelte sich bei uns nicht um die Sorge eines Patrioten um sein Vaterland, sondern wir waren Frauen, die ihre Männer in Sicherheit wissen wollten.

Für mich war das Wichtigste, daß Leigh von Carlotta wußte, mich verstand und mir helfen wollte. Er würde ihr ein guter Vater sein. Ich genoß dieses Bewußtsein, doch bald verfolgte mich die Erinnerung an Granville wieder heftiger denn je zuvor. Ich träumte von Leigh, der sich im Traum plötzlich in Granville verwandelte und auf mich zukam. Ich begann, Angst zu haben.

Der Hochzeitstag stand kurz bevor, im Haus herrschte geschäftiges Treiben, aus der Küche drang der Duft von Bäckereien. Meine Mutter schwebte im siebenten Himmel, denn ihre Wünsche waren allesamt in Erfüllung gegangen. Edwin hatte das Mädchen geheiratet, das sie für ihn ausgesucht hatte, und jetzt heiratete ich Leigh, den sie sich immer als Schwiegersohn gewünscht hatte.

»Leigh ist ein richtiger Mann, genau wie dein Vater, und du wirst mit ihm glücklich sein. Er wird dich behüten, und du mußt ihm eine gute Frau sein. Ich bin so froh, daß aus euch ein Paar wird.«

Carlotta schlief in meinem Zimmer. Sie interessierte sich für alle Vorbereitungen und verbrachte viel Zeit in der Küche, wo sie beim Backen zusah und gelegentlich vom Teig naschte.

Dort unten wurde sie von allen verwöhnt; Ellen setzte sie oft an den Tisch und zeigte ihr, wie man Rosinen entkernt.

Der alte Jasper verfiel natürlich nicht ihrem Zauber. Er hielt sie wahrscheinlich für einen Teufelsbraten, denn ihre offensichtliche Schönheit war ihm ein Dorn im Auge. Sie mochte Jasper nicht und zeigte es ihm auch ganz deutlich. Sie erklärte ihm sogar, daß Gott ihn ihrer Meinung nach auch nicht mochte, und das erschütterte ihn zutiefst.

Nachts kletterte sie in mein Bett und plauderte mit mir. Ich erklärte ihr, daß das nach meiner Heirat nicht mehr möglich sein würde, denn dann würde ich im Brautgemach schlafen, wie schon unzählige Bräute vor mir.

Sie hörte mir gebannt zu.

»Wann werde ich heiraten?« erkundigte sie sich.

»Das dauert noch Jahre.«

»Wirst du ein Kind bekommen?«

»Das weiß ich nicht.«

»Versprich es mir.«

»Was soll ich dir versprechen?«

»Auch wenn du ein Baby bekommst, wirst du mich am liebsten haben.«

»Ich werde dich immer liebhaben, Carlotta.«

»Aber du sollst mich am liebsten haben.«

»Solche Versprechen kann man nicht geben.«

Während sie noch über meine Erklärung nachdachte, schlief sie ein.

Ich erhielt viele Geschenke. Von Christabel stammten kunstvoll bestickte Kissenbezüge, und auch Emily Philpots brachte mir bestickte Bettwäsche. Von meiner Mutter bekam ich schöne Seidenstoffe, die sich ebenso gut für Morgenröcke wie für Kleider eigneten.

Sie behauptete zwar, daß Vater und sie die Stoffe ausgesucht hätten, doch ich wußte, daß er sich bestimmt nicht daran beteiligt hatte.

Dann brachte ein Bote ein Paket und ging sofort wieder, ohne auf eine Antwort zu warten. Er bestellte nur, daß es für mich bestimmt war, und wollte nicht verraten, von wem es kam. Es war ein flaches, quadratisches Päckchen. Ich nahm es neugierig auf mein Zimmer und öffnete es dort.

Es war ein in zarten Farben gehaltenes Bild des Markusplatzes, und das Geschäft, in dem ich die Pantoffel gekauft hatte, war deutlich darauf zu erkennen.

Ich wußte, wer der Spender war, und falls ich noch Zweifel gehabt hätte, so wurden sie durch die Initialen in der Ecke beseitigt: B. G.

Mir war übel vor Angst. Was hatte das wieder zu bedeuten?

Offensichtlich wollte er mich daran erinnern, daß es ihn noch immer gab und daß ich ihn noch lange nicht los war.

Ich legte das Bild auf das Bett und wandte mich ab, weil ich es nicht über mich brachte, es anzusehen. Meine Angst wuchs von Minute zu Minute.

Was konnte er mir noch antun?

Ich konnte mir vorstellen, wie Leigh darauf reagieren würde. Er würde Granville töten. Deshalb durfte er es nie erfahren.

Ich fragte mich, ob eines der Familienmitglieder den Boten bemerkt hatte. Dann würde sich meine Mutter nämlich danach erkundigen, was er gebracht hatte. Durfte ich ihr das Bild zeigen? Ich konnte ja behaupten, daß es von jemandem kam, den wir in Venedig kennengelernt hatten.

Aber dann würde auch Leigh es zu Gesicht bekommen und sicherlich die Initialen in der Ecke bemerken.

Mein erster Impuls war, das Bild einfach zu vernichten, doch dann überlegte ich es mir. Ich legte es in eine Schublade und breitete einige Schals darüber. Wenn innerhalb der nächsten Tage niemand danach fragte, dann würde ich es zerstören.

Ich mußte mich zusammenreißen, bevor ich hinunterging.

Ich schaffte es, aber ein schrecklicher Schatten hing über mir.

Niemand hatte den Boten gesehen, und da niemand von dem Geschenk sprach, zerriß ich das Bild nach einigen Tagen und verbrannte es im Kamin. Danach fühlte ich mich wieder besser.

Ich redete mir ein, daß es nur ein boshafter Streich war.

Doch es beunruhigte mich, daß er von meiner Hochzeit erfahren hatte. Leigh war in London gewesen und hatte natürlich kein Geheimnis aus unserer Heirat gemacht. Er hatte viele Bekannte, die alle wissen wollten, wen er zur Frau nahm. Ich war die Enkelin von General Tolworthy, der tapfer für die royalistische Sache gekämpft hatte. Mein Vater, Carleton Eversleigh, war ein guter Freund des verstorbenen Königs gewesen. Hoffentlich war die Monmouth-Rebellion nicht zur Sprache gekommen; doch offensichtlich waren so viel Menschen vom jetzigen König enttäuscht, daß kaum jemand meinen Vater deshalb hassen würde.

Ich fühlte mich jedenfalls wohler, als das Bild nicht mehr existierte.

Wir wurden also in der Kapelle von Eversleigh getraut. Sogar in dem Augenblick, in dem Leigh und ich Arm in Arm die Kirche verließen, fiel mir das Geheimnis ein, das zwischen uns lag, und ich sehnte mich danach, ihm von der schrecklichen Nacht zu erzählen, doch ich wußte, daß er dann nicht ruhen würde, bis er sich an Granville gerächt hatte.

Ich konnte die Gedanken an Granville nicht vertreiben. Ich liebte Leigh leidenschaftlich, doch Granvilles Schatten ließ sich nicht aus meinem Geist vertreiben. Leigh bemerkte natürlich, daß etwas mit mir nicht in Ordnung war, und zeigte sich erstaunt und gekränkt. Wahrscheinlich nahm er an, daß ich immer noch an Jocelyn hing. Obwohl ich ein Kind hatte, hielt mich Leigh noch immer nicht für voll erwachsen. Er war sich über mich nicht ganz im klaren und auch ein wenig enttäuscht. Er sprach viel von der Zukunft und hielt es nicht für günstig, wenn Eheleute häufig getrennt waren, was natürlich unweigerlich der Fall war, wenn der Mann in der Armee diente. Sobald sich die Lage beruhigt hatte, wollte er Eversleigh verlassen. Wir konnten nicht unser Leben lang in Eversleigh Court wohnen, denn es war der Wohnsitz von Edwin, seiner Frau und den Kindern, die sie einmal bekommen würden, wie auch von meinen Eltern und Carl. Doch es gab noch das alte Dower House. Es war ein großes elisabethanisches Haus – Eversleigh Court in Miniatur.

Leigh wollte es den Besitzern von Eversleigh abkaufen und dann mit mir dort wohnen. Er schmiedete schon Pläne, wie er das Haus ausbauen und einen Teil des Grundbesitzes bewirtschaften würde. Er konnte nämlich mit dem Haus auch ein großes Stück Land erwerben.

»Dann würde ich zu Hause bleiben und immer bei dir sein«, versprach er, und ich spürte, wie enttäuscht er über unsere Ehe war.

Ich sehnte mich so sehr danach, ihm von der schrecklichen Nacht zu erzählen, die meiner Seele unheilbare Wunden zugefügt hatte, aber wenn ich an die Folgen dachte, schwieg ich.

Harriet blieb mit Carlotta, Benjie und Gregory länger bei uns. Sie erklärte, daß sie möglichst lange mit ihrem Sohn beisammen sein wollte, und ich freute mich natürlich. Nicht nur, daß Harriet eine sehr angenehme Gesellschafterin war, sondern ich hatte Carlotta länger in meiner Obhut.

Carl war jetzt sechzehn, Benjie knapp ein Jahr älter, und sie sollten im Herbst miteinander auf die Universität gehen.

Leigh sprach wieder einmal über sein Lieblingsthema, Dower House, und mein Vater wies darauf hin, daß der Boden viel Pflege brauchen würde, bevor er gute Ernten hervorbrachte.

Plötzlich mischte sich Carl ein. »Warum nimmst du nicht Enderby Hall, Leigh? Es ist ein großes Haus – oder war es jedenfalls.«

»Enderby Hall«, wiederholte Leigh, »hat es denn noch keinen neuen Besitzer?«

»Nein«, erwiderte meine Mutter, »und es wird sich auch nicht so bald einer finden. Dort spukt es angeblich.«

»Was für ein Unsinn«, rief Leigh. »Es war nie davon die Rede, als die Enderbys dort wohnten.«

»Ja, aber in dem Haus hat sich dann eine große Tragödie abgespielt«, wandte meine Mutter ein.

»Enderby und Gervaise Hilton von Grassland Manor waren in die Rye House-Verschwörung verwickelt«, fügte mein Vater hinzu. »Ihre Häuser wurden damals beschlagnahmt.«

»Doch zuerst wurden die Männer verhaftet«, fuhr meine Mutter fort. »Der armen Grace Enderby brach das Herz. Sie versuchte, sich in der großen Halle am Geländer der Galerie zu erhängen. Der Strick war aber zu lang, und sie fiel auf den Boden, statt am Seil zu baumeln. Sie starb nicht sofort. Die Diener behaupteten, daß sie das Haus verflucht hat und daß man nachts ihre Schreie hören kann.«

»Daher stammt also das Märchen von den Gespenstern«, stellte Leigh fest.

»Niemand hat jemals Schreie gehört«, warf mein Vater ein. »Wenn jemand davon erzählt hat, dann hat er es von einem Bekannten.«

»Das dürfte bei den meisten Spukhäusern der Fall sein«, bestätigte Leigh.

»Dennoch fanden wir immer, daß es ein seltsames altes Gebäude ist«, sagte meine Mutter. »Die Familienmitglieder waren gläubige Katholiken, und es gibt angeblich im Haus geheime Räume, in denen sie verfolgte Priester verstecken konnten.«

»Was für eine traurige Geschichte«, meinte Jane. »Ich werde lieber nicht nach Einbruch der Dunkelheit hinübergehen.«

»Du läßt dich doch nicht durch solchen Unsinn ins Bockshorn jagen?« neckte sie mein Vater.

»Bei Tageslicht kann man leicht tapfer sein«, widersprach meine Mutter. »Jetzt wirkt das Haus düster, und der Garten ist verwildert. Es steht schon seit längerer Zeit zum Verkauf, aber wer will ein Haus haben, in dem es spukt?«

»Soviel ich weiß, ist es einem entfernten Vetter der Enderbys zugefallen und er möchte es so rasch wie möglich loswerden. Doch er müßte zuerst den Garten in Ordnung bringen lassen, so daß das Haus nicht mehr so düster wirkt und das Gerede von den Gespenstern endlich aufhört«, ergänzte mein Vater.

»Ich würde es mir gern einmal ansehen«, meldete sich Benjie.

»Du würdest dich nie trauen«, forderte ihn Carl heraus.

»Sei doch nicht so dumm«, schimpfte Benjie, »natürlich würde ich es tun.«

»Es ist einfach zu lange leer gestanden«, bemerkte ich. »Wenn es jemand kauft und den Sonnenschein hineinläßt, würde es bald ein ganz normales Haus sein.«

Das Gespräch wandte sich den Staatsaffären zu, die uns stets beschäftigten, und wir vergaßen das Spukhaus und die Enderbys.

Spät am Nachmittag des darauffolgenden Tages kam Sally Nullens jammernd in den Garten gelaufen, in dem wir alle den Sonnenschein genossen, weil sie Carlotta nirgends finden konnte.

Erschrocken rief ich: »Wo kann sie nur sein?«

»Eigentlich sollte sie im Bett liegen und schlafen. Doch als ich sie aufwecken wollte, war sie verschwunden«, berichtete Sally.

»Wahrscheinlich hält sie sich irgendwo im Garten auf«, meinte meine Mutter.

»Dann werde ich sie suchen«, sagte ich.

»Und ich begleite dich«, erklärte Leigh.

Wir durchsuchten den Garten, fanden jedoch keine Spur von Carlotta. Dann durchstöberten wir das Haus – mit dem gleichen negativen Erfolg.

Jetzt bekam ich es wirklich mit der Angst zu tun.

»Wo kann sie nur sein?« rief ich verzweifelt.

»Dieser kleine Kobold«, murmelte Sally. »Sie wollte nicht schlafengehen, und ich hatte die größte Mühe, sie ins Bett zu bringen. Sie wollte Carl und Benjie begleiten. Als ob junge Männer ein Kind mit sich herumschleppen wollten.«

»Wo sind Carl und Benjie?« fragte ich.

»Das weiß ich nicht. Sie sind gegen zwei Uhr gemeinsam fortgegangen und noch nicht wiedergekommen.«

Ich war erleichtert. »Sie ist bestimmt bei ihnen.«

»Sie gab keine Ruhe, und die beiden erklärten ihr, daß sie sie nicht dabei haben wollten. Dann steckte ich sie ins Bett.«

»Wahrscheinlich haben sich Carl und Benjie doch breitschlagen lassen, Sally«, widersprach ich besorgt.

»Ich weiß es wirklich nicht. Aber Carlotta kann sich auf allerhand gefaßt machen, wenn sie zurückkommt.«

Sally war sichtlich beunruhigt.

Wir kehrten zur Gruppe im Garten zurück.

»Habt ihr den kleinen Übermut gefunden?« erkundigte sich Harriet.

»Nein. Sally meint, daß sie vielleicht mit Carl und Benjie unterwegs ist.«

»Damit könnte sie recht haben. Carlotta will immer mit den Jungen beisammen sein.«

»Sie ist wie du, Priscilla«, meinte meine Mutter, »auch du wolltest alles mitmachen, was Edwin und Leigh unternahmen.«

»Aber Sally regt sich auf, denn Carlotta sollte jetzt schlafen.«

»Sie ist ein sehr unternehmungslustiges Kind«, warf Harriet ein. »Sie wird überall, wo sie hinkommt, für Aufregung sorgen.«

»Sie ist ein verwöhntes Kind«, brummte mein Vater, aber seine Stimme klang nachsichtig. Es war wirklich ein Wunder, wie sehr sie ihn für sich eingenommen hatte.

Wir sprachen dann über andere Dinge: was bei Hof vorging, Ereignisse auf dem Kontinent. Der Name Wilhelm von Oranien fiel öfter.

Ungefähr eine Stunde später kehrten Carl und Benjie zurück. Ich lief ihnen entgegen.

»Wo ist Carlotta?«

Sie sahen mich erstaunt an.

»Hat sie euch denn nicht begleitet?«

Sie schüttelten den Kopf.

»Wir müssen sie sofort suchen«, bestimmte Leigh.

»Sie kann nicht sehr weit gekommen sein«, beruhigte uns Harriet.

Ich stellte mir vor, wie Carlotta im Wald herumirrte und was ihr dabei alles zustoßen konnte. Gelegentlich lagerten Zigeuner im Wald, die angeblich Kinder stehlen.

»Wir werden sie bald gefunden haben«, versprach mein Vater. »Wir werden die Umgebung von zwei Trupps durchsuchen lassen.«

Ich machte mich mit Leigh, Carl und Benjie auf den Weg; mein Vater führte die zweite Gruppe an.

»Wahrscheinlich ist sie so lange gewandert, bis sie vor Müdigkeit eingeschlafen ist«, meinte Leigh.

»Oder sie hat sich verirrt.« Wenn Zigeuner Carlotta fanden, würden sie ihr ihre Kleider wegnehmen. Die Goldkette, die Gregory ihr geschenkt hatte und die sie immer um den Hals trug, war recht wertvoll. Und Carlottas Schönheit würde die Zigeuner sicherlich reizen. Ich stellte mir vor, wie sie schmutzig und ungekämmt Wäscheklammern verkaufte und aus den Handlinien weissagte.

Leigh tröstete mich. »Wir werden sie sehr bald finden. Sie kann noch nicht weit gekommen sein.«

Wir durchsuchten die nähere Umgebung des Hauses, und ich

fragte mich, ob sie vielleicht zum Meer gelaufen war. Sie hatte am Vortag davon gesprochen.

»Sie wollte uns begleiten«, erzählte Carl.

»Wann seid ihr aufgebrochen?«

»Kurz nach zwei Uhr. Sie wollte unbedingt mitkommen, und ich sagte ihr, daß wir zum Spukhaus gingen und daß sie hierbleiben müsse. Sie ließ nicht locker, also machten wir einfach kehrt und ließen sie stehen.«

»Du glaubst doch nicht...« begann ich.

»Bis zum Haus ist es fast eine Meile«, sagte Leigh.

»Aber sie kennt den Weg«, bemerkte Carl, »wir sind vor ein paar Tagen an Enderby vorbeigeritten. Sie hat damals schon gesagt, daß sie ein Gespenst sehen möchte.«

»Sie hat gehört, wie wir darüber sprachen«, bestätigte ich. »Ich bin davon überzeugt, daß sie in Enderby ist. Gehen wir hinüber.«

Leigh schlug vor zu reiten, weil wir dann viel schneller vorankommen würden, also liefen wir zum Stall und waren nach kurzer Zeit nach Enderby unterwegs.

Vor dem Haus stiegen wir ab und banden die Pferde an den Zaun. Die Auffahrt war so verwachsen, daß wir uns mühsam einen Weg bahnen mußten. Ich muß gestehen, daß mich ein leichter Schauder überlief, als wir durch das Tor schritten. Das Gebäude hatte etwas Unheimliches an sich. Es war ein Backsteinhaus mit einer Halle, an die sich ein Ost- und ein Westflügel anschlossen; die Mauern waren von Efeu überwuchert.

Es war nicht schwer zu erraten, warum die Leute behaupteten, daß es dort spukte.

Obwohl ich darauf brannte, das Haus zu durchsuchen, widerstrebte es mir, es zu betreten.

»Unheimlich«, bemerkte Benjie.

»Man kommt ohne weiteres hinein«, meldete sich Carl, »man muß nur die Tür öffnen. Gespenster haben wir keine gesehen.«

»Nein«, gab Benjie zu, »aber man hatte das Gefühl, daß sie da sind und einen beobachten.«

Dann erstarrte ich, denn in einem Fenster flackerte ein Lichtschein auf und verschwand dann.

»Es ist jemand drinnen«, keuchte ich.

»Ich gehe hinein«, beschloß Leigh.

Wir öffneten die Tür und betraten die Halle. Die Tür fiel dröhnend hinter uns ins Schloß. Durch die schmutzigen Fensterscheiben drang nur wenig Licht herein. Ich blickte zur hohen, gewölbten

Decke hinauf. Die Steinwände waren feucht, doch die Treppe war offensichtlich einmal schön gewesen.

Ja, es war ein Spukhaus, es stieß mich ab. Die Atmosphäre wirkte eigentümlich feindselig, als warnte mich etwas davor, weiterzugehen.

Dann hörten wir oben ein Geräusch. Jemand öffnete und schloß eine Tür.

»Carlotta!« rief Leigh laut, »bist du oben? Komm zu uns, wir holen dich.«

Seine Stimme hallte im leeren Haus wider.

»Carlotta! Carlotta!« rief ich verzweifelt.

War sie wirklich hier? Böse Vorahnungen überfielen mich.

»Horch«, sagte Leigh.

Wir hörten Schritte, die ganz bestimmt nicht von einem Kind herrührten.

»Wer ist dort?« rief Leigh.

Jemand trat auf die Galerie und blickte zu uns herunter – ein Fremder.

»Wollen Sie ebenfalls das Haus besichtigen?« erkundigte er sich.

Dann kam er die Treppe herab. Er hatte überhaupt nichts Gespenstisches an sich, war schon älter und trug einen tressenbesetzten Rock und graue Samthosen; seine Kleidung war nicht auffallend, aber von guter Qualität.

»Wir suchen ein Kind«, erklärte Leigh. »Wir haben angenommen, daß sie hierher gelaufen ist.«

»Ich habe kein Kind gesehen.«

Mir drehte sich vor Angst und Enttäuschung alles vor den Augen.

Carl wandte sich Benjie zu.

»Erinnerst du dich, daß wir ein Geräusch gehört haben? Du hast mich noch damit aufgezogen, daß es das Hausgespenst sein könnte.«

Benjie nickte bedächtig.

»Machen wir uns doch wieder auf die Suche«, forderte ich aufgeregt. »Wir dürfen keine Zeit verlieren, sicherlich hat sie große Angst.«

»Ich bin im ganzen Haus herumgegangen«, meinte der Mann. »Es ist stellenweise sehr dunkel. Aber ich habe eine Laterne mit, die ich oben stehengelassen habe. Ich habe zwar kein Kind gesehen, aber es sind natürlich sehr viele Zimmer, und ich habe nicht in jedes hineingeschaut.«

»Wir werden jeden Winkel durchsuchen«, sagte Leigh.

»Ich helfe Ihnen«, machte sich der Fremde erbötig.

»Dann machen wir uns gleich an die Arbeit«, schlug Leigh vor.

Wir durchsuchten die Halle und die Küche, gingen in die Wirtschaftsgebäude, und in der Waschküche fand ich auf dem Boden einen Knopf, der von Carlottas Mantel stammte.

Ich stürzte mich auf ihn. Jetzt war ich überzeugt, daß Carlotta sich im Haus befand, und war fest entschlossen, es erst zu verlassen, wenn ich sie gefunden hatte.

Wir stiegen die Treppe hinauf, die unter unseren Schritten knarrte. Sie führte auf die Galerie, auf der einst Musikanten gespielt hatten, als das Haus von glücklichen Menschen bewohnt war.

An beiden Enden der Galerie befanden sich Alkoven, in denen man früher die Musikinstrumente aufbewahrt hatte und deren Vorhänge zugezogen waren. In einem von ihnen lag die friedlich schlummernde Carlotta.

Ich riß sie in meine Arme.

Sie schlug die Augen auf. »Hallo, Cilla.«

Mit meiner Tochter auf den Armen trat ich auf die Galerie hinaus.

Alle Anwesenden jubelten auf, nur Carlotta sah uns erstaunt an.

»Wolltet ihr auch das Spukhaus sehen?« fragte sie. Dann erblickte sie den Fremden. »Wer ist das?«

»Wir haben dich gesucht, Carlotta«, schalt ich. »Du warst schon wieder einmal schlimm, denn du solltest eigentlich im Bett liegen und schlafen.«

Sie lachte. Sie war so bezaubernd, wenn sie lächelte, und ich war so glücklich, sie heil und gesund wiederzuhaben, daß ich in ihr Lachen einstimmte.

»Ich wollte das Spukhaus sehen«, gestand sie. »Carl und Benjie sind hierhergegangen, aber sie wollten mich nicht mitnehmen.«

»Jetzt reiten wir aber schnell nach Hause«, drängte Leigh. »Ist dir klar, daß wir uns alle deinetwegen Sorgen gemacht haben? Mach dich nur darauf gefaßt, was Sally dir alles erzählen wird!«

Carlotta sah einen Augenblick lang ernst drein.

»Ihre Suche war wenigstens erfolgreich«, bemerkte der Fremde.

»Es tut mir leid, daß wir Sie gestört haben«, entschuldigte ich mich. »Und danke für Ihre Hilfe.«

»Es war eine sehr interessante Begegnung, ich werde die reizende junge Dame nie vergessen, die hier oben geschlafen hat. Falls ich das Haus kaufe, werde ich den Raum ›Carlottas Alkoven‹ nennen.«

»Sie müssen das Haus kaufen«, rief Carlotta. »Er soll Carlottas Alkoven heißen. Sie wollen es doch haben, oder?«

»Der Gentleman wird es bestimmt nehmen, nur um dir einen Gefallen zu tun«, bemerkte Leigh.

»Ich heiße Robert Frinton«, stellte sich der Mann vor.

Ich traute meinen Ohren nicht. Frinton! Jocelyn war ein Frinton gewesen. Es war kein ungewöhnlicher, aber auch kein allzu häufiger Name.

»Ich heiße Leigh Main, das sind meine Frau, ihr Bruder und mein Halbbruder. In unserer Familie herrschen komplizierte verwandtschaftliche Verhältnisse. Begleiten Sie uns doch und essen Sie mit uns zu Abend – falls Sie genügend Zeit haben. Wir müssen uns beeilen, um die anderen zu beruhigen, die sich wegen dieses Irrwisches Sorgen gemacht haben.«

»Was ist ein Irrwisch?« wollte Carlotta wissen.

»Das, was du bist.«

»Also etwas Liebes?« stellte sie selbstzufrieden fest.

Robert Frinton nahm unsere Einladung gern an. Er behauptete, daß er jetzt ernstlich daran denke, das Haus zu erwerben, weil er dann so nette Nachbarn bekäme.

Sein Pferd war an der Rückseite des Hauses angebunden, deshalb hatten wir es bei unserem Eintreffen nicht gesehen. Bald saßen wir alle im Sattel. Leigh hatte Carlotta vor sich sitzen, und wir ritten nach Eversleigh zurück.

Sally und Emily warteten bereits besorgt im Hof und waren sehr erleichtert, als sie uns kommen sahen. Sally knöpfte sich Carlotta sofort vor, wollte wissen, wo sie gewesen war, und schalt sie, weil sie ein schlimmes Kind war, das einfach davonlief und uns alle zu Tode erschreckte.

»Und sieh dir einmal dein Kleid an«, stimmte Emily ein. »Es ist ganz schmutzig, und die Stickerei ist aufgetrennt. Ich werde es nie wieder in Ordnung bringen können.«

Harriet lächelte Carlotta wohlwollend an, meine Mutter strahlte vor Freude, und mein Vater versuchte streng dreinzusehen und schaffte es überhaupt nicht. Carlotta erzählte mit strahlendem Lächeln: »Er wird den kleinen Raum, in dem ich geschlafen habe, ›Carlottas Alkoven‹ nennen.«

»Leute, die davonlaufen, um den anderen Kummer bereiten,

verdienen nicht, daß ein Zimmer nach ihnen benannt wird«, verkündete Sally. Ich begann zu lachen, und anscheinend klang es leicht hysterisch, denn Leigh legte mir den Arm um die Schultern und sagte: »Wir müssen den Gentleman noch vorstellen.« Damit lenkte er mich erfolgreich ab.

Carlotta wurde ins Bett gesteckt, nachdem Sally und Emily ihr eine Strafpredigt gehalten hatten. Ich zog mich fürs Abendessen um, und dann ging ich zu meiner Tochter, die schon im Bett lag. Der Marsch nach Enderby hatte sie sichtlich sehr ermüdet, denn sie schlief beinahe schon.

Sie hatte jedenfalls durch das Abenteuer keinen Schaden erlitten, doch mir wurde klar, daß sie ein sehr frühreifes Kind war und wir noch einige Probleme mit ihr haben würden. Ich wollte am nächsten Tag mit Sally darüber sprechen.

Als ich sie küßte, lächelte sie friedlich; sie hatte die Augen zwar geschlossen, aber sie wußte, daß ich es war. Ich liebte sie so sehr und fragte mich, was ich für Leighs Kind empfinden würde – denn ich hoffte, daß es bald so weit sein würde. Ich konnte mir nicht vorstellen, daß ich je ein Kind so lieben konnte wie dieses.

Beim Abendessen erfuhren wir, daß Robert Frinton wirklich zur gleichen Familie gehörte wie Jocelyn.

»Meine Familie hat eine schwere Tragödie erlebt«, erzählte er. »Mein Bruder und mein Neffe waren Opfer von Titus Oates.«

»Ich kann mich genau daran erinnern«, bestätigte mein Vater.

»Ein Großteil des Besitzes wurde konfisziert. Mein Bruder war älter als ich und besaß das Erbgut. Wir haben alles verloren. Ich habe jetzt Schadenersatz bekommen, werde aber nie mehr in das alte Haus zurückkehren. Enderby Hall würde mich sehr reizen.«

»Es ist ein ganz entzückendes Haus gewesen«, bemerkte meine Mutter. »Man muß nur den Garten wieder in Ordnung bringen und das Haus säubern, dann müßte es ein sehr angenehmer Wohnsitz sein.«

»Das glaube ich auch«, bestätigte Frinton. »Mir gefällt dieser Winkel.« Er sah uns verlegen an. »Es war Zufall, daß wir einander heute nachmittag kennenlernten, aber ich wollte Sie ohnehin aufsuchen. Ich möchte Ihnen für alles danken, was Sie für meinen Neffen getan haben.«

Er sah dabei meinen Vater an, der abwehrte. »Bedanken Sie sich nicht bei mir. Ich habe erst davon erfahren, als alles vorbei war.«

»Ihres Neffen haben sich vor allem Leigh und mein Bruder Edwin angenommen«, mischte ich mich an, »natürlich auch Lady Stevens. Mit ein bißchen Glück hätten wir ihn retten können... aber das Schicksal hat es anders bestimmt.«

»Ja, er wurde gefangengenommen und ermordet. Denn es war Mord. Dieser Schurke Oates hat seine Strafe verdient, denn er hat während der kurzen Zeit, in der er nach Belieben schalten und walten konnte, unendlich viel Leid und Kummer verursacht. Dennoch möchte ich Ihnen für alles danken, was Sie getan haben; ich werde es Ihnen nie vergessen.«

Harriet mischte sich ein. »Er war ein reizender junger Mann, wir mochten ihn alle. Leider konnten wir nur sehr wenig für ihn tun.«

»Sie können meiner ewigen Dankbarkeit gewiß sein.«

»Dann müssen Sie Enderby Hall kaufen und unser lieber Nachbar werden«, lächelte Harriet.

»Ich habe wirklich Lust dazu.«

»Darauf wollen wir trinken«, schlug mein Vater vor.

So geschah es, und kurz darauf kaufte Jocelyns Onkel Enderby Hall.

Die darauffolgenden beiden Jahre waren wohl die ereignisreichsten in der Geschichte Englands, und ich wundere mich noch heute darüber, wie ruhig sie für uns verliefen. Leigh diente immer noch in der Armee unter dem Herzog von Marlborough, den mein Vater noch als John Churchill gekannt hatte und der seinerzeit dem König die Gunst Barbara Castlemains streitig gemacht hatte. Leigh bewunderte den Herzog als Heerführer, und angesichts der politischen Lage kam es für ihn nicht in Frage, daß er seinen Abschied nahm.

Es war sehr bald klar, daß es zu Schwierigkeiten kommen mußte, weil der König zu so vielen seiner Untertanen in Opposition stand.

Jakob war felsenfest davon überzeugt, daß er König von Gottes Gnaden war, genau wie sein Vater, den dieser Glaube aufs Schafott gebracht hatte, und mein Vater sah das Unheil immer näher rücken. Jakob konnte einfach nicht glauben, daß man ihn vom Thron vertreiben würde, obwohl ihm das Schicksal seines Vaters eigentlich als Lehre hätte dienen sollen. Der arme Jakob! Ihm fehlten nicht nur der Witz und der Charme seines Bruders, sondern auch dessen gesunder Menschenverstand.

Große Empörung herrschte darüber, daß er viele wichtige Ämter mit Katholiken besetzte, und als er die Erklärung über die Gewissensfreiheit herausgab, wurde allgemein angenommen, daß er damit das Pontifikat wieder in England einführen wollte.

Bei den Mahlzeiten besprachen mein Vater, Thomas Willerby

und Gregory diese Probleme und stellten Vermutungen über den weiteren Verlauf der Ereignisse an. Gelegentlich gesellte sich auch Robert Frinton zu ihnen, und obwohl er einer katholischen Familie entstammte und Glaubensfreiheit für alle Konfessionen anstrebte, sah er ein, daß England nie den Katholizismus akzeptieren würde, denn die Menschen wollten seit der Herrschaft der Bloody Mary nichts mehr von dieser Religion wissen. Sie erinnerten sich noch an die Feuer von Smithfield, als so viele Protestanten auf dem Scheiterhaufen verbrannt worden waren, obwohl diese Ereignisse bereits über hundert Jahre zurücklagen.

Der König hätte die drohende Katastrophe bemerken müssen, doch er blieb bei seiner Politik und kümmerte sich nicht um den Willen des Volkes. Als die sieben Bischöfe, die sich weigerten, die Erklärung zur Kenntnis zu nehmen, verhaftet und in den Tower gebracht wurden, ging eine Welle des Unmuts durch das Land.

Am Tag des Prozesses flehte meine Mutter meinen Vater an, nicht nach London zu reiten, und ihr zuliebe blieb er zu Hause; doch es ging ihm gegen die Natur. Er war dazu geboren, unbekümmert für eine Sache einzutreten. Man hätte annehmen sollen, daß ihm seine Erlebnisse bei der Monmouth-Rebellion eine Lehre gewesen waren; doch er lernte nie aus seinen Erfahrungen. Wenn er sich für etwas einsetzte, dann geschah es mit Leib und Seele.

Der Ausgang des Prozesses ist bekannt: die Angeklagten wurden freigesprochen, die Zuschauer jubelten, bis sie heiser waren, die Bevölkerung wartete auf den Straßen, um die sieben Bischöfe zu empfangen, ganz London feierte das Ereignis.

Der uneinsichtige Jakob hätte daraus die richtigen Schlüsse ziehen müssen, doch er glaubte so fest daran, daß er ein Recht auf den Thron habe, daß er gar nicht auf die Idee kam, man könnte ihn absetzen. Die Königin hatte ihm kurz zuvor einen Sohn geschenkt, und das Land freute sich über den männlichen Thronerben, doch auch ein Kind konnte Jakob nicht mehr retten, denn im ganzen Land gab es keinen unbeliebteren Mann als den König.

»Die Schwierigkeit besteht darin«, behauptete mein Vater, »daß er sich nicht damit begnügt, selbst Katholik zu sein – was die Bevölkerung vielleicht hingenommen hätte. Er will auch über ein katholisches Land herrschen. Ich weiß, daß sich einige Minister mit Wilhelm von Oranien in Verbindung gesetzt und ihm den Thron angeboten haben.«

»Solange nicht gekämpft wird«, bemerkte meine Mutter, »ist es mir gleichgültig, was für einen König wir haben.«

»Es sollte dir aber nicht gleichgültig sein«, wies sie mein Vater zurecht. »Jakob wird versuchen, uns alle katholisch zu machen ... zuerst mit sanfter Überredungskunst, die dann immer drastischer wird. Ich kenne diese Taktik, und die Engländer werden sie nicht hinnehmen. Jakob hatte die Möglichkeit, in Frieden zu regieren, aber er ist von seiner Religion so besessen, daß er sie dem ganzen Land aufzwingen will.«

Im Sommer 1688 forderte eine Gruppe von Männern, zu der der Bischof von London gehörte, und an deren Spitze die Lords Danby, Shrewsbury und Devonshire standen, Wilhelm auf, nach England zu kommen. Wilhelm landete in Torbay, wohin ihn ein Sturm abgetrieben hatte, und sein Schiff hatte eine Fahne gehißt, auf der die Worte ›Die protestantische Religion und die Freiheiten Englands‹ standen; darunter befand sich der Wahlspruch des Hauses Oranien: ›Ich halte stand‹.

Im September des Jahres 1689 brachte ich eine Tochter zur Welt. Ich nannte sie Damaris, weil mir dieser Name gefiel.

Edwins Frau Jane bekam ebenfalls ein Kind – einen Jungen, den sie nach meinem Vater Carleton nannte. Mein Vater schloß den Jungen ins Herz und kümmerte sich viel mehr um ihn als um meine Damaris.

Sally Nullens war wegen der Babys sehr aufgeregt, weil sie nicht damit einverstanden war, daß neue Nurses ins Haus kamen, obwohl sie jetzt mit Carlotta in Eyot Abbas lebte. Sie fand, daß der kleine Carleton und Damaris eigentlich unter ihre Obhut gehörten.

»Was soll ich nur anfangen?« jammerte sie. »Ich kann mich ja nicht in Stücke reißen.«

Harriet brachte daraufhin Carlotta zu uns, und Sally herrschte über das Kinderzimmer – für einige Zeit, wie meine Mutter bemerkte.

Emily Philpots war damit beschäftigt, Carlotta zu unterrichten und die Sachen der Babys zu besticken.

Harriet amüsierte sich königlich. Sie lauerte mir eines Tages im Garten auf und erklärte lachend: »Jetzt ist meiner Meinung nach der Augenblick gekommen, in dem wir unseren Plan in die Tat umsetzen können.«

»Und wie?« fragte ich.

Sie stützte die Hände in die Hüften und ahmte Sally nach. »›Ich kann mich nicht in Stücke reißen.‹ Traurig, aber wahr. Da dies wirklich unmöglich ist und Sally nicht gleichzeitig an zwei Stellen sein kann, müssen eben die Kinder an einer Stelle sein.«

Ich lachte mit ihr. »Du meinst, daß Carlotta hierbleiben soll?«

»Genau.«

»Eine ausgezeichnete Idee.«

»Natürlich wird sie ihre angebliche Mutter oft besuchen müssen. Und sie würde mir sogar fehlen, wenn sie es nicht täte.«

»Ach Harriet, ist sie nicht das entzückendste Kind, das du je gesehen hast?«

»Sie ist das raffinierteste, selbstsüchtigste Biest, das ich je gesehen habe. Sie ist durchtrieben und versteht heute schon, ihre Reize einzusetzen, die zugegebenermaßen recht einnehmend sind. Sie beherrscht jetzt schon die Kunst, dem anderen Geschlecht auf der Nase herumzutanzen. Du siehst doch, wie sie Robert Frinton umgarnt, der vollkommen in sie vernarrt ist. Eine Kammer nach ihr benennen! Natürlich steigt ihr das zu Kopf.«

»Aber du mußt zugeben, daß sie ein ungewöhnliches Kind ist.«

»Wir müssen sie gut beaufsichtigen, sonst bekommen wir Schwierigkeiten mit ihr. Sie ist frühreif. Sie ähnelt mir erstaunlich. Manchmal halte ich es für einen Scherz des Schicksals – sie ist viel mehr meine Tochter als deine.«

»Das kommt wahrscheinlich daher, weil sie so viel mit dir beisammen ist.«

»Sie steckt mit Sally noch viel mehr beisammen, aber ich sehe Gott sei Dank keine Ähnlichkeit zwischen ihnen. Doch ist das nicht ein Geschenk des Himmels?«

»Das heißt, daß Carlotta in unserem Kinderzimmer aufwachsen und von Sally betreut werden soll, die zusammen mit Emily zu uns zurückkehren wird?«

»Eine sehr vernünftige Lösung. Dann kannst du voller Stolz die Entwicklung deines Lieblings verfolgen, Priscilla.«

»Du hast ein gutes Herz, Harriet.«

»Um Himmels willen, Kind, bist du denn blind? Ich bin nur dann gut, wenn es mir keine Mühe macht. Ich habe von der Mutterrolle genug, sie hat mir nie sonderlich gelegen. Obwohl ich als werdende Mutter sehr gut war. Aber die Schwangerschaft ist immer interessant. Erst nachher wird es langweilig. Ich werde mit deiner Mutter darüber sprechen und es dann Sally beibringen. Sie wird überglücklich sein, die gierige alte Schachtel. Sie will nicht einmal eines ihrer Babys einer armen, verdienstvollen Nurse überlassen. Und Emily ist nicht besser.«

Harriet hielt Wort und sprach mit meiner Mutter. Meine Mutter kam daraufhin zu mir und erzählte mir ernst, was sie vereinbart hatten.

»Das ist eine ausgezeichnete Idee«, sagte ich. »Sally und Emily werden selig sein.«

»Ein Kinderzimmer für die Kleinen genügt wirklich. Und Sally wäre sicherlich jeder neuen Nurse gegenüber überaus kritisch gewesen. Ich merke, daß du dich darüber freust, Carlotta immer bei dir zu haben.«

Ich lachte. »Sie ist ein so bezauberndes Kind.«

»Sie ist hübsch, aber sehr verwöhnt. Man muß strenger mit ihr sein. Ich werde mich mit Sally darüber beraten. Sie ist allerdings Carlotta gegenüber genauso nachsichtig wie alle anderen.«

»Sally liebt sie.«

»Sally liebt alle Kinder. Aber ich halte Harriet wirklich für eine unnatürliche Mutter, sie war schon immer so. Wenn ich daran denke, daß sie mir Leigh überlassen hat, als er nur wenige Monate alt war...«

»Dennoch ist Harriet eine gute Freundin.«

Meine Mutter zuckte die Schultern. Obwohl sie zugab, daß es eine gute Idee war, alle Kinder unter einem Dach zu vereinen, mißbilligte sie Harriets Handlungsweise.

Dieses Jahr war eines der glücklichsten in meinem Leben. Meine Wünsche hatten sich beinahe von selbst erfüllt. Ich hatte mein kleines Baby und meine Carlotta und war immer mit ihnen beisammen. Leigh war oft fort, und ich hatte Angst um ihn, aber meine Kinder waren mir ein Trost. Doch dann kam es in unserem Haus zu einer großen Veränderung. Meine Mutter wußte, daß sie im Fall eines Krieges nicht imstande sein würde, meinen Vater zu Hause festzuhalten. Eines Tages war er verschwunden und hatte ihr nur einen Brief hinterlassen. Als ich in ihr Zimmer kam, saß sie am Fenster, hielt den Brief in der Hand und starrte verzweifelt ins Leere.

»Er ist fort«, sagte sie. »Ich wußte, daß er den Plan mit sich herumtrug, da ich ihn gegen seinen Willen zu Hause festhielt.«

Ich nahm ihr den Brief aus der Hand und las ihn.

»Meine Liebste,

Ich konnte es dir nicht sagen, ich wußte, daß du mich dazu überreden würdest zu bleiben. Aber ich muß gehen, es steht zu viel auf dem Spiel. Unsere Zukunft hängt davon ab, und die Zukunft unserer Enkel. Du mußt mich verstehen, Bella. Ich werde in Gedanken immer bei dir sein. Gott segne dich.

Carleton«

Sie murmelte: »Es ist wie ein böser Traum, der sich wiederholt. O Gott, wenn er wieder gefangengesetzt werden sollte...«

»Vielleicht ist es bald vorbei. Es heißt, daß der König keine Chance hat, sich zu behaupten.«

»Er hat Monmouth besiegt.«

»Das war, bevor man erkannte, daß er kein guter König ist.«

Dann fiel mir etwas Schreckliches ein. Leigh würde ebenfalls in den Krieg ziehen, jedoch in der Armee des Königs. Mein Vater und mein Mann würden somit gegeneinander kämpfen. Leigh hatte keine gute Meinung vom König, doch er stand in seinen Diensten, und die erste Pflicht des Soldaten ist die Treue.

Ich ertrug den Gedanken an die möglichen Folgen nicht.

Außerdem befürchtete ich, daß meine Mutter wieder erkranken würde, wie damals in Dorchester.

Als Wilhelm von Oranien in England landete, hatte Jakob begonnen, Gefolgsleute um sich zu sammeln. Doch die Bevölkerung erinnerte sich an den noch nicht lange zurückliegenden Krieg. Sie wollten keinen Bürgerkrieg – einen Kampf Engländer gegen Engländer. So ein Krieg brachte nur wenig Ruhm, dafür viel Leid. »Kein Krieg!« riefen die Leute.

Ich frohlockte, als ich erfuhr, daß der Herzog von Marlborough zu Wilhelm übergegangen war. Das bedeutete, daß Leigh und mein Vater auf der gleichen Seite standen. Der König wurde von einem nach dem anderen verlassen. Er tat mir leid, obwohl ich wußte, daß er seinen Untergang durch seinen Eigensinn und seine Unvernunft selbst herbeigeführt hatte. Seine Tochter war mit dem Mann verheiratet, den er als Usurpator bezeichnete; seine zweite Tochter, Anne, hatte sich gemeinsam mit ihrem Mann, dem Prinzen von Dänemark, gegen ihren Vater gewendet und unterstützte ihre Schwester und ihren Schwager.

Dieser Schlag mußte Jakob schwer getroffen haben.

Als er dann vernichtend geschlagen wurde, waren wir alle sehr erleichtert. Es sah aus, als wäre der Krieg zu Ende. Jakob floh nach Irland, wo sich ihm die Iren aufgrund ihres Glaubens anschlossen. Aber Wilhelm war ein ausgezeichneter Heerführer, und Jakob hatte kaum Chancen gegen ihn. Sowohl Leigh wie Edwin nahmen an der Schlacht von Boyne teil, die die Entscheidung brachte.

Der Krieg war vorbei, die Revolution hatte gesiegt. Nur wenige Könige waren so mühelos gestürzt worden.

Eine neue Ära begann. Jakob wurde abgesetzt und lebte im Exil. In England herrschten Wilhelm und Maria.

VI
Ein Besuch in London

Jetzt kam unser Leben endlich in geregelte Bahnen. Leigh diente weiterhin in der Armee, und wir freuten uns auf die Zeiten, in denen wir zusammen sein konnten. Die Kinder wuchsen und gediehen. Damaris war sechs, Carlotta dreizehn. Ich war achtundzwanzig.

»Du kannst noch sehr viele Kinder bekommen«, stellte meine Mutter fest.

Sie war zufrieden. Mein Vater war zu Hause, und sie war froh, daß er allmählich alt wurde.

»Zu alt für Abenteuer«, kicherte sie.

Doch mein Vater würde nie von Abenteuern genug haben, genau wie Leigh. Meine Mutter und ich standen einander sehr nahe und wir teilten unsere Ängste.

»Du warst mir immer ein Trost«, sagte meine Mutter, »obwohl ich bei deiner Geburt ein wenig enttäuscht war. Allerdings nur um deines Vaters willen, der sich einen Sohn gewünscht hatte.«

»Ich weiß«, antwortete ich bitter, »das ist nicht zu übersehen.«

»Manche Männer sind eben so. Sie glauben, daß die Welt nur für die Männer erschaffen wurde ... und in mancher Beziehung haben sie ja auch recht.«

Ich liebte sie zärtlich; neben ihr kam ich mir unendlich welterfahren vor. Sie hatte ihren ersten Mann verloren, als sie sehr jung war, und viele Jahre um ihn getrauert. Sie war davon überzeugt gewesen, daß er der vollkommene Held war, und dabei war er während der ganzen Zeit, die er an ihrer Seite verbrachte, Harriets Liebhaber gewesen. Doch meine Mutter hatte diese Enttäuschung überwunden und mit meinem Vater die große Liebe ihres Lebens gefunden. Das Leben war nicht so hart mit ihr umgesprungen wie mit mir. Ich hatte geliebt und ein uneheliches Kind zur Welt gebracht; ich war in eine Intrige verwickelt worden und hatte eine Nacht mit einem Mann verbracht, der mir wie ein Ungeheuer vorkam; und jetzt lebte ich friedlich auf dem Land, wie eine Matrone, die nie den Pfad der Tugend verlassen hat. Es gab so vieles, das ich meiner Mutter nicht anvertrauen konnte.

Wenn Leigh nach Hause kam, und wir Pläne für die Zukunft

schmiedeten, war ich glücklich, doch obwohl ich mich während seiner Abwesenheit nach ihm sehnte, erlebten wir nie das friedliche, vollkommene Glück, das wir erwartet hatten. Die Erinnerung an Granville quälte mich unablässig. Leigh bemerkte, daß etwas zwischen uns stand, und war dadurch zutiefst verletzt. Ich befürchtete, daß mit der Zeit unsere Beziehung darunter leiden und unsere Ehe zerstört werden könnte.

Damaris war ein ruhiges, nachdenkliches Kind. Sie lernte gut und war Emilys Liebling. Emily war nicht mehr bedingungslos in Carlotta vernarrt, weil ihr deren Benehmen mißfiel.

Carlotta war wild, ungestüm, jähzornig und sprudelte ohne nachzudenken alles heraus, was ihr in den Sinn kam. Damaris war sanft und tat niemandem etwas zuleide. Während eines heißen Sommers kam sie einmal verzweifelt zu mir und erzählte mir, daß die arme Welt zerbrochen sei. Sie hatte Sprünge im trockenen Boden gesehen und war unglücklich, weil sie glaubte, daß die Erde nun Schmerzen leide. Sie liebte Tiere und hatte mir mehrmals einen verwundeten Vogel gebracht, damit ich ihn gesundpflegte. Einmal war es eine Möwe gewesen, die sie auf dem Strand aufgelesen hatte. »Sie hat einen gebrochenen Flügel«, hatte sie erklärt, »und die anderen hacken nach ihr.«

Damaris war ein hübsches Kind, aber neben Carlottas strahlender Schönheit verblaßte jeder.

Carlotta würde bestimmt eine große Schönheit werden, sie hatte nie Zeiten gehabt, in denen sie weniger hübsch war.

Das weiche, dunkle, lockige Haar und die leuchtend blauen Augen machten den wesentlichen Teil ihres Zaubers aus. Ihr Haar war nicht so dunkel wie das von Harriet und ihre Augen waren etwas heller. Dennoch besaß Carlotta die gleiche Art von Schönheit wie Harriet, so daß die Leute oft bemerkten, daß sie ihrer Mutter nachgeriet. Harriet amüsierte sich jedesmal königlich darüber.

Carlotta war mit dreizehn schon voll entwickelt und den Mädchen ihres Alters voraus. Sie hatte von Geburt an die Fähigkeit besessen, Menschen anzuziehen, und ich muß gestehen, daß ich darüber ein wenig beunruhigt war. Sie ähnelte ein bißchen meiner Großmutter Bersaba Tolworthy. Beide verfügten nicht nur über blendendes Aussehen, sondern auch über das gewisse Etwas, das Männer anzieht. Harriet, die allmählich rundlich wurde, besaß es heute noch, und meine Großmutter hatte es bis an ihr Lebensende behalten.

Carlotta besuchte Eyot Abbas oft. Sie mochte Harriet und hielt sie immer noch für ihre Mutter. Doch eigentlich verband sie nicht so sehr diese angebliche Verwandtschaft als die Tatsache, daß sie von der gleichen Wesensart waren. Harriet veranstaltete Gesellschaften und führte dabei oft Theaterstücke auf. Carlotta beanspruchte immer die Hauptrolle für sich, und Harriet gab sie ihr gern.

»Um des Stückes willen«, pflegte sie zu sagen. »Carlotta hätte zur Bühne gehen sollen, sie sieht fabelhaft aus. Sie hätte das Publikum im Handumdrehen erobert. Wenn König Karl noch lebte, würde er Himmel und Erde in Bewegung setzen, um das Mädchen in sein Bett zu bekommen.« Sie lachte. »Jetzt siehst du wieder wie die spröde Priscilla aus. Deine Tochter wird viele Liebhaber haben, glaube mir. Wir müssen nur darauf achten, daß sie nicht zu früh damit anfängt und nicht mit dem Falschen.«

Carlotta war Emilys Erziehungskünsten entwachsen, und wir hatten eine Gouvernante für sie engagiert, eine nette junge Frau, die wie Christabel aus einem Pfarrhaus stammte. »Das ist immer die beste Empfehlung«, stellte meine Mutter fest.

Daher wurde Amelia Garston in unseren Haushalt aufgenommen, und Carlotta verbrachte widerwillig einige Stunden täglich im Schulzimmer. Emily hatte nichts dagegen, denn ihr war längst klar, daß sie mit Carlotta nicht zurechtkam, und außerdem blieb ihr meine liebe, sanfte Damaris, die so eifrig lernte und überdies ein braves Kind war.

Carlotta hielt es nie lange an einem Ort, daher besuchte sie Christabel gern. Der kleine Thomas war ganz begeistert von ihr, genau wie seine übrigen Geschlechtsgenossen. Auch ich kam öfter nach Grassland Manor, es war ein so glückliches Haus. Christabel hatte sich unglaublich verändert, und ich war jedesmal froh darüber, wenn ich sie sah. Der Neid hatte vorher ihr Leben verdüstert und war jetzt beinahe ganz verschwunden.

Einmal gestand sie mir, daß sie alles erreicht hatte, was sie sich wünschte, schwächte diese Feststellung aber sofort ab. »Doch, es gibt etwas – ich würde gern noch ein Kind bekommen, und auch Thomas sehnt sich danach. Natürlich sind wir mit dem kleinen Thomas glücklich, und er ist das wunderbarste Kind auf der Welt, aber ich hätte meinem Mann gern noch mehr Kinder geschenkt.«

»Dazu ist es ja noch nicht zu spät.«

»Nein.« Sie schüttelte den Kopf. »Mich hätte Thomas' Geburt beinahe das Leben gekostet. Der Arzt findet, daß es für mich zu gefährlich ist, noch ein Kind zu bekommen. Und mein Mann möchte natürlich, wenn er die Wahl hat, lieber mich als ein zweites Kind haben.«

»Davon bin ich überzeugt.«

»Ich bin so froh, daß sich alles so gefügt hat, obwohl ich es wirklich nicht verdiene.«

»Das ist blanker Unsinn«, widersprach ich, aber sie lächelte mich an und schüttelte den Kopf.

Carlotta stattete auch Enderby Hall häufig Besuche ab. Robert Frinton hatte sie ins Herz geschlossen, und ich freute mich, daß sie ihn aufsuchte, denn er war ein einsamer alter Mann. Ich fragte mich oft, was er sagen würde, wenn er erführe, daß sie mit ihm verwandt war. Bestimmt würde er sich darüber freuen.

Er hatte Enderby Hall in ein wohnliches Haus verwandelt, doch es war ihm nicht gelungen, die düstere Stimmung völlig zu vertreiben. Jedesmal, wenn ich die Halle betrat, empfand ich leises Unbehagen, und bei den seltenen Gelegenheiten, wenn ich mich allein in ihr befand, sah ich mich immer wieder verstohlen um, weil ich das Gefühl hatte, beobachtet zu werden.

Frinton hatte nur wenige Bedienstete und führte ein sehr einfaches Leben. Er besuchte uns oft, weil meine Mutter ihn ständig einlud. Wenn er kam, sah er sich sofort nach Carlotta um, und wenn sie nicht anwesend war – denn sie beschloß oft unvermittelt, auf einige Zeit zu Harriet zu übersiedeln –, konnte er seine Enttäuschung nicht verbergen. Natürlich war Carlotta launisch und eigensinnig, doch sie mußte uns nur anlächeln, und unser Ärger über sie verflog. Harriet war da eine Ausnahme, denn sie versuchte überhaupt nicht, Carlotta für sich einzunehmen, und wurde vielleicht gerade deshalb von ihr respektiert.

An einem sonnigen Junitag des Jahres 1695 saßen Harriet und ich in dem Garten von Eyot Abbas und sahen auf das Meer hinaus. Wie immer, wenn ich die Insel im Dunst erblickte, dachte ich an die Nacht, die ich mit Carlottas Vater dort verbracht hatte und an alles, was sich daraus ergeben hatte, einschließlich der schrecklichen Nacht, die mir immer noch Alpträume verursachte. Sie war wie eine dunkle, stets über mir hängende Wolke, die mein Glück bedrohte.

Natürlich waren Leigh und ich glücklich, aber wir hatten noch immer nicht die völlige Vertrautheit erreicht, nach der wir uns beide sehnten. Leigh begriff nicht, was daran schuld war, doch ich wußte genau, was dahintersteckte.

Leigh war Menschen gegenüber, die er liebte, die Sanftmut in Person, aber er konnte in wilden Zorn geraten, wenn jemand Unrecht geschah. Er war ohne Gewissensbisse zu Wilhelm übergegangen, weil er keine Achtung vor Jakob empfand. Er stand bedingungslos hinter seinem Oberbefehlshaber Churchill; und wenn Churchill sich auf Wilhelms Seite schlug, dann war Leigh moralisch berechtigt, seinem Beispiel zu folgen.

»Du bist nachdenklich.« Harriet beobachtete mich genau. »Denkst du an längst vergangene Zeiten? Du solltest nicht über Vergangenes grübeln, Priscilla, sondern dich auf die Zukunft freuen. Ich möchte mit dir über Carlotta sprechen.«

»Ach so?«

»Ich fühle mich genauso verantwortlich für sie wie du. Irgendwie bin ich ja doch ihre Mutter, und ich bin davon überzeugt, daß ich ihr gegenüber Pflichten habe, auch wenn du es nicht glauben solltest.«

»Natürlich glaube ich dir. Du warst immer gut zu ihr, und sie liebt dich.«

»Sie bewundert mich. Carlotta und ich sind einander ein bißchen ähnlich. Doch im Augenblick beschäftigt mich der Gedanke an ihre Zukunft. Sie wird jung heiraten.«

»Sie ist noch ein Kind.«

»Manche Mädchen hören früh auf, ein Kind zu sein.«

»Sie ist dreizehn.«

»Wie alt warst du, meine liebe Priscilla, als du mit deinem Geliebten die Nacht auf der Insel verbrachtest?«

»Das waren damals außergewöhnliche Umstände.«

»Außergewöhnliche Umstände sind manchmal sehr gewöhnlich, was wie ein Widerspruch klingt, aber merkwürdigerweise stimmt. Die außergewöhnlichen Umstände tauchen plötzlich auf und überrumpeln uns. Carlotta wird solche Umstände heraufbeschwören, genau wie sie jedes männliche Wesen anzieht, das in ihre Nähe kommt.«

»Ich gebe zu, daß wir auf sie achtgeben müssen.«

Harriet lachte. »Je mehr wir auf sie achtgeben, desto einfallsreicher wird sie werden. Ich kenne diese Art Menschen.«

»Was sollen wir also deiner Meinung nach tun?«

»Wir werden sie mit unsichtbaren Händen leiten.«

»Was meinst du damit?«

»Ich weiß schon einen Bräutigam für sie.«

»Harriet!«

»Ja, meinen Sohn Benjamin. Er betet sie an, ohne zu merken, wie sehr er ihr verfallen ist. Außerdem hält er sie für seine Schwester. Er muß erst herausbekommen, daß er gar nicht mit ihr verwandt ist. Das Ganze erinnert mich an dich und Leigh – obwohl er in diesem Fall immer schon wußte, daß er nicht dein Bruder ist. Aber ihr seid wie Geschwister aufgewachsen. Wie du siehst, kompliziert so etwas die Lage. Wenn Leigh dich nicht all die Jahre als seine liebe kleine Schwester betrachtet hätte, wärt ihr von Anfang an ein Paar geworden. Du hast immer nur Leigh geliebt. Die Idylle auf Eyot war dein Erwachen.«

»Ich verstehe dich, aber deine Theorie muß nicht unbedingt richtig sein.«

»Sie ist richtig. Du und Leigh, ihr wärt ein Liebespaar gewesen, als du vierzehn warst – er war damals ja schon ein richtiger Mann. Dann wäre es nicht zu all den Komplikationen gekommen. Aber das ist alles vorbei, jetzt geht es um Carlotta. Ich möchte Benjie beibringen, daß sie nicht seine Schwester ist, und bin froh, daß du es Leigh gestanden hast.«

»Ich hätte ihn sonst nicht heiraten können.«

»Das ist klar, und er hat es auch verstanden. Schließlich ist er mein Sohn. Ich bin sehr glücklich, weil du mit Leigh verheiratet bist, Priscilla, dadurch wirst du ein bißchen zu meiner Tochter. Eigentlich wollten wir jedoch über Carlottas Zukunft sprechen.«

»Ich bringe es nicht fertig, meinen Eltern die Wahrheit zu gestehen.«

»Warum nicht? Dein Vater hat nicht gerade wie ein Mönch gelebt.«

»Ich weiß, aber er hat mich immer verachtet. Nein, das ist übertrieben. Ich war ihm gleichgültig.«

»Und das hat dich natürlich verletzt. Gelegentlich möchte ich deinem Vater wirklich die Leviten lesen. Er ist unglaublich eigensinnig.«

»Ich werde nie vergessen, was du für mich getan hast, Harriet.«

»Trotzdem sprechen wir jetzt über Carlotta. Du hast es nicht eilig, deinen Eltern die Wahrheit zu sagen, das kann ich verstehen, aber es gibt jemanden, der es wissen sollte.«

»Du meinst Benjie?«

»Ja, auch, aber ich habe an Robert Frinton gedacht.«

»Ausgerechnet er. Warum sollte er es erfahren?«

»Weil der Vater des Kindes sein Neffe war.«

»Aber...«

»Du enthältst dem Mann seine Familie vor. Er liebt Carlotta und ist alt und einsam. Seine Familie wurde durch eine schreckliche Tragödie ausgerottet. Stell dir vor, was es für ihn bedeuten würde, wenn er erfährt, daß dieses bezaubernde Kind mit ihm verwandt ist.«

»Ich halte es nicht für klug.«

»Warum nicht?«

»Wir haben dieses Geheimnis so lange bewahrt. Du, Leigh, Gregory, Christabel und ich sind die einzigen...« Ich unterbrach mich entsetzt. Es gab noch jemanden, der es wußte. Ich sah die lasziven, spöttischen Augen wieder deutlich vor mir. ›Sie haben sich als Jungfrau ausgegeben und waren dabei nur in Venedig, um Ihren kleinen Bastard zur Welt zu bringen.‹

Harriet war aufgestanden und legte mir den Arm um die Schultern.

»Das Geheimnis wird dennoch gewahrt bleiben, auch wenn Frinton Bescheid weiß. Überlegen dir doch, wie glücklich er wäre. Du bist es ihm schuldig, Priscilla.«

»Nein, je weniger Menschen davon wissen, desto besser.«

Harriet zuckte die Achseln. »Schön, dann muß ich es dir sagen. Er weiß es.«

Ich starrte sie an. »Du hast es ihm erzählt.«

»Ja.«

»Wie konntest du nur, Harriet?«

»Es war nicht nur dein Geheimnis, sondern auch das meine, und ich hielt es für richtig, ihm reinen Wein einzuschenken. Außerdem ist es für uns alle das Beste. Er wird bald hier sein, denn er will mit dir reden.«

Ich war sprachlos. Es hatte keinen Sinn, Harriet Vorwürfe zu machen. Das war typisch für sie: sie tat, was sie wollte, und informierte die anderen nachher darüber. Am liebsten hätte ich ihr ins Gesicht geschrien, daß das ganz und gar meine Angelegenheit war. Aber das traf nicht zu, denn sie war tief in die Sache verstrickt.

Etwa eine Stunde später traf Frinton ein. Harriet und ich gingen ihm entgegen.

Als er mich sah, streckte er die Arme aus, und wir waren beide so gerührt, daß ich mich ihm an die Brust warf.

Dann ließ er mich los und sah mir ins Gesicht. »Sie haben mich so unsagbar glücklich gemacht. Für mich ist es wie ein Wunder, das ich nie für möglich gehalten hätte. Ich liebte das Kind vom ersten Augenblick an.«

Sein Glück versöhnte mich mit Harriets Voreiligkeit.

Während dieses Besuchs sprach er ununterbrochen über Carlotta. Er hatte eine goldene Kette mit einem Diamant-Anhänger für sie mitgebracht. Es war genau das richtige Geschenk, denn Carlotta entwickelte eine Leidenschaft für Schmuck.

Robert Frinton und ich fuhren zusammen nach Eversleigh zurück. Er sprach die ganze Zeit darüber, wie glücklich es ihn machte, daß Carlotta Jocelyns Tochter war.

»Daß er der Vater eines solchen Kindes war, läßt mich seinen Verlust leichter ertragen. Es tut mir leid, daß er unter solchen Umständen ums Leben kam. Sie sind die Frau, die ich ihm von Herzen gewünscht hätte. Und Carlotta ist mein Augenstern. Ich möchte sie immerzu beobachten, ihr zuhören. Sie ist das entzückendste Kind, das es je gegeben hat. Es war wirklich ein Glückstag, an dem ich beschloß, Enderby Hall zu kaufen. Das Schicksal hat es so gewollt. Sie müssen nichts befürchten. Ich werde das Geheimnis für mich bewahren, bis Sie beschließen, es preiszugeben. Ich verdanke Ihnen solches Glück, daß ich Ihnen auch nicht einen Augenblick lang Kummer bereiten möchte.«

Während ich ihm zuhörte, erkannte ich, daß Harriet recht gehabt hatte.

Ich war ihm die Enthüllung schuldig gewesen. Aber als ich ihn bald darauf in Enderby Hall besuchte, empfand ich die düsteren Ahnungen, die das Haus immer in mir weckte, stärker denn je. Es war ein Haus der Schatten, und daran konnte auch die freundliche Einrichtung nichts ändern.

Wenn Robert erschien, verschwand diese düstere Stimmung, aber wenn ich allein in der Halle stand, fühlte ich etwas Böses, eine Art Warnung. Ich fragte mich, ob es der Schatten früherer Tragödien war, doch ich wurde den Eindruck nicht los, daß es sich um eine Warnung vor einer bevorstehenden Katastrophe handelte.

Robert und ich kamen jetzt öfter zusammen, sowohl in Eversleigh als auch in Enderby. Er freute sich so rührend, wenn ich ihn besuchte, und Carlotta begleitete mich häufig.

Carlotta mochte ihn und bemühte sich, ihm zu gefallen. Es entsprach ihrem Wesen, daß sie um so freundlicher zu ihm wurde, je entzückter er über ihre Gesellschaft war. Er weckte eine gewisse Sanftmut in ihr, die ich vorher nie bemerkt hatte. Sie liebte es, uns Kaffee oder Schokolade zu servieren, die beide in den Londoner Kaffeehäusern in Mode kamen.

»Mein Vater und meine Mutter tranken Tee, als sie in London waren«, erzählte sie uns. »Es ist angeblich ein seltenes ausländisches Kraut. Er schmeckte ihnen nicht besonders, aber alle Leute von Stand in London trinken ihn.«

Ihre Augen funkelten. Sie sehnte sich offensichtlich danach, nach London zu fahren und sich unter die angesehenen Leute zu mischen.

»Meine Mutter hat mir versprochen, daß sie mich in einem Jahr, wenn ich vierzehn bin, nach London mitnehmen wird.«

Ich hatte mich noch immer nicht daran gewöhnt, daß sie Harriet als ihre Mutter bezeichnete.

»Was möchtest du denn in London tun?« erkundigte sich Robert.

»Ich möchte auf Bälle gehen und dem König vorgestellt werden. Es ist ein Jammer, daß die arme Königin gestorben ist. Das bedeutet, daß es bei Hof sehr langweilig ist. Außerdem gibt es einen einzigen Thronerben, nämlich Prinzessin Anne. Dennoch müssen die Bälle lustig sein, nicht wahr? Dann möchte ich auch die Stadt sehen. Benjie meint, daß es lustig ist, die Kaffeehäuser aufzusuchen. Dort kommen wichtige Leute zusammen und unterhalten sich miteinander. Und dann gibt es die Geschäfte. Ich würde London so gern sehen.«

»Und was würdest du in den Geschäften kaufen?« erkundigte sich Robert.

»Schöne Stoffe für Ballkleider. Ein perlgraues Reitkostüm, dazu einen grauen Hut mit einer blaugrauen Feder. Und eine Diamantbrosche.«

»Offensichtlich würdest du innerhalb weniger Stunden ein kleines Vermögen ausgeben«, unterbrach ich sie. »Es würde genügen, wenn du zunächst eines dieser Dinge kauftest.«

Robert rechnete sichtlich im Kopf, und ich wußte, was dabei herauskommen würde. Demnächst würde Carlotta ein graues Reitkostüm tragen; Seidenstoffe würden in unserem Haus eintreffen; und es würde nicht lange dauern, bis Robert auch mit einer Diamantbrosche anrückte.

Ich machte ihm Vorwürfe. »Sie machen ihr zu viele Geschenke. Sie wird sich fragen, warum Sie das tun.«

»Carlotta wird sich nie fragen müssen, warum die Menschen sich um sie bemühen. Ich habe noch nie ein so entzückendes Mädchen kennengelernt.«

Es war ihr vierzehnter Geburtstag, ein grauer Oktobertag.

Meine Mutter veranstaltete gern Geburtstagsfeiern. Sie war sentimental und immer bemüht, das Familiengefühl zu stärken. Carlottas Geburtstag sollte in Abbas gefeiert werden, denn es galt offiziell immer noch als ihr Zuhause, obwohl sie einen Großteil ihres Lebens bei uns verbracht hatte. Ihre Gouvernante Amelia Garston gehörte ebenfalls zu ihren Bewunderern, und zwischen den beiden hatte sich eine Freundschaft entwickelt, so wie seinerzeit zwischen Christabel und mir. Harriet hielt es für günstig, daß Carlotta eine Freundin hatte, die ihr im Alter näherstand.

Die große Halle in Abbas war mit so vielen Pflanzen geschmückt, wie Harriet zu dieser Jahreszeit nur auftreiben konnte. Ich kam mit Damaris, meinen Eltern, Jane und ihrem Sohn sowie mit Sally Nullens, die sich für unentbehrlich hielt.

Natürlich war auch Robert Frinton anwesend. Er hatte sich seit Wochen auf dieses Ereignis gefreut. Bestimmt hatte er eine Menge Geschenke für Carlotta. Zum Glück bedankte sie sich immer herzlich bei ihm und bestand darauf, »sich um ihn zu kümmern«, wie sie es nannte. Das überraschte mich, denn für gewöhnlich war sie völlig mit ihren eigenen Angelegenheiten beschäftigt.

Carlotta sah entzückend aus und stand natürlich im Mittelpunkt der Aufmerksamkeit. Schließlich war es ihr großer Tag. Sie schnitt den riesigen Geburtstagskuchen überaus feierlich an. Sie trug ein dunkelblaues Kleid – die Seide hatte Robert ihr geschickt – und an ihrem Hals blitzte die Diamantbrosche – sein Geschenk. In ihre Haare war eine Perlenkette geflochten – das Geschenk von Gregory und Harriet – und am Finger trug sie den Saphirring, den ihr Leigh und ich geschenkt hatten. Eigentlich zuviel Schmuck für ein so junges Mädchen, aber sie konnte keinen Spender verletzen, indem sie sein Geschenk nicht trug.

Sie tanzte viel mit Benjie, der schon über zwanzig war. Harriet und ich waren uns darüber einig, daß er einen guten Ehemann für sie abgeben würde, auch wenn sie wesentlich jünger war als er. Benjie sah immer leicht verwirrt aus, wenn er mit ihr beisammen war, und ich wunderte mich über ihn. War er wirklich in das Mädchen verliebt, das er für seine Schwester hielt?

Was für Komplikationen sich dadurch ergaben, daß ich die gesellschaftlichen Konventionen nicht beachtet hatte. Wie würde Benjie wohl reagieren, wenn er plötzlich erfuhr, daß Carlotta nicht seine Schwester war?

Mir wurde immer klarer, daß ich früher oder später die Wahrheit gestehen mußte. Meiner Mutter konnte ich es ohne weiteres anvertrauen, sie würde mich bestimmt verstehen, aber unerklärlicherweise wollte ich nicht, daß mein Vater es erfuhr. Natürlich war der Gedanke absurd. Er hatte nie viel von mir gehalten, warum sollte er also plötzlich seine Meinung ändern? Er hatte ohne zu überlegen zahlreiche Liebesbeziehungen angeknüpft. Und etliche hatten Folgen gehabt, wie zum Beispiel meine Halbschwester Christabel. Er hatte also nicht das Recht, mich zu verurteilen. Dennoch konnte ich es nicht ertragen, daß er es erfuhr. Er dominierte mich, wie er es immer getan hatte. Daß ich ihm das Leben gerettet hatte, würde zwar einiges an seiner Einstellung mir gegenüber ändern – aber er wußte es ja nicht. Manchmal spielte ich mit dem Gedanken, ihm alles zu beichten. ›Carlotta ist meine Tochter. Ja, ich habe eine uneheliche Tochter, genau wie du. Aber ich hätte ihren Vater geheiratet, wenn er am Leben geblieben wäre. Deine Beziehungen waren anderer Art, sie entsprangen nur deiner Begierde. Kannst du mich daraufhin tadeln? Und noch etwas: du wolltest nie eine Tochter und hast nie viel von mir gehalten, aber wenn es mich nicht gäbe, wärst du heute ein toter Mann... und du wärst noch dazu eines schrecklichen Todes gestorben. Ich habe einen hohen Preis für dein Leben bezahlt, und was ich damals durchgemacht habe, hat mich für mein ganzes Leben gezeichnet.‹

Ich fragte mich oft, was er tun würde, wenn er es erfuhr. Doch ich war sicher, daß er es nie erfahren würde.

Aber jetzt mußte ich mich mit Benjie und Carlotta befassen. Harriet beobachtete die beiden und sah dann mich an. Sie würde Benjie die Wahrheit sagen, genau wie sie es bei Robert getan hatte.

Vielleicht hatte sie recht damit. Wenn man einen Fehltritt begeht, sollten die anderen nicht darunter leiden.

Der Tanz war zu Ende, Carlotta brachte Robert ein Glas Wein und setzte sich zu ihm. Er lächelte zufrieden, als sie die Brosche an ihrem Hals betastete; dann beugte sie sich vor und küßte ihn.

Er ergriff ihre Hand und hielt sie fest, und Carlotta entzog sie ihm nicht. Sie schien ihn wirklich gern zu haben.

Die Musik setzte wieder ein, sie nahm ihm das Glas ab und stellte es hin. Dann zog sie ihn auf die Füße und führte ihn auf die Tanzfläche.

Er war kein sehr geschickter Tänzer, und mir fiel auf, wie alt er aussah, aber das war vielleicht auch nur der Gegensatz zu Carlottas blühender Jugend.

Plötzlich drehte sich Robert um, schwankte und brach zusammen. Die Musik verstummte, und einige Sekunden lang herrschte tiefe Stille. Carlotta kniete neben ihm nieder und zerrte an seiner Krawatte. Mein Vater lief zu ihnen.

»Hol den Arzt«, befahl Harriet.

Das war das Ende von Carlottas Geburtstagsparty. Robert wurde zu Bett gebracht und starb noch in der gleichen Nacht. Er war nur halb bei Bewußtsein und erkannte mit Mühe Carlotta, die an seinem Bett saß. Er legte seine Hand auf ihre, und ihr liefen die Tränen über die Wangen.

Er murmelte: »Du schönes Kind, du hast mich so glücklich gemacht.«

Wir ließen seine Leiche nach Enderby Hall bringen und begruben ihn auf dem Friedhof von Eversleigh.

Dann erfuhren wir, daß er ein sehr reicher Mann gewesen war und seinen gesamten Besitz Carlotta vermacht hatte.

Sie sollte ihn an ihrem achtzehnten Geburtstag bekommen oder an ihrem Hochzeitstag, falls sie vorher heiratete. Sie würde dann eine der reichsten Frauen des Landes sein.

Am Tag nach dem Begräbnis – Harriet und Gregory waren nach Eversleigh gekommen, um ihm beizuwohnen – legten Harriet und ich einen Blumenstrauß auf dem Grab nieder.

»Der liebe Robert«, sagte sie, »er hatte Carlotta so gern. Sie war für ihn der Garant dafür, daß seine Familie weiterbesteht. Jetzt siehst du doch ein, daß ich richtig gehandelt habe.«

»Wußtest du eigentlich, Harriet, daß er so reich war?«

»Na ja, nur so ungefähr.«

»Aber du hattest eine Ahnung.«

»Es war klar, daß er nicht arm war. Ich wußte, daß er für den Besitz, der seiner Familie weggenommen worden war, eine Entschädigung erhalten hatte, aber er war offensichtlich von Haus aus reich.«

»Und du hast angenommen, daß er sein Vermögen Carlotta hinterlassen könnte?«

»Es kam mir nur natürlich vor.«

»Also wieder eine deiner berühmten Intrigen.«

»Ich war meiner Sache natürlich nicht sicher.«

»Natürlich nicht. Aber du hieltest es für wahrscheinlich.«

»Meine Priscilla, spiel dich nur nicht als Moralprediger auf. Wenn ein Vermögen in Reichweite ist und eine Familie einen gewissen Anspruch darauf hat, wäre es dumm, nichts zu unternehmen.«

»Von dem Augenblick an, Harriet, als du das Château betratest, in dem meine Mutter im Exil lebte, hast du unser Leben beeinflußt und bis heute nicht damit aufgehört.«

Sie wurde nachdenklich. »Du kannst schon recht haben. Doch dieser Einfluß hat sich für alle Betroffenen sehr günstig ausgewirkt. Die schöne Carlotta, die ohne das Vermächtnis Roberts nie ein großes Vermögen besessen hätte, ist jetzt eine reiche Erbin. Was ist daran schlecht?«

»Das weiß ich nicht. Wir müssen abwarten.«

Der liebe Robert! Wenn er geahnt hätte, welche Folgen seine Handlungsweise haben würde, hätte er sich vielleicht anders entschlossen.

Als Carlotta die Neuigkeit erfuhr, sah sie vollkommen verblüfft aus. »Er muß mich sehr geliebt haben«, war alles, was sie herausbrachte.

Einige Augenblicke lang war ihr Gesicht von Zärtlichkeit verklärt, als sie darüber nachdachte, wie sehr der alte Mann sie geliebt hatte. Dann begriff sie plötzlich, was es bedeutete. Sie war reich. Die ganze Welt stand ihr offen. Sie mußte nur vier Jahre warten, dann gehörte das ganze große Vermögen ihr.

Ich sah ihr an, wie sich in ihrem Kopf die Pläne überstürzten. Sie würde nach London reisen, sich die Welt ansehen, ein eigenes Haus besitzen, keinerlei Einschränkungen mehr unterworfen sein.

»Vergiß nicht, daß du warten mußt, bis du achtzehn bist«, hielt ich ihr vor Augen. »Bis dahin wird alles so bleiben, wie es war, und du hast Zeit, dir zu überlegen, was du dann unternehmen wirst.«

»Vier Jahre!« rief sie.

»Eine wirklich kurze Zeit«, tröstete sie Harriet.

Harriet war genauso aufgeregt wie Carlotta. Sie war eine geborene Intrigantin und ihre Intrigen zielten beinahe immer auf ihren eigenen Vorteil ab. Sie hatte Carlotta Roberts Vermögen zugeschanzt, weil sie es ihrem Sohn Benjie zugedacht hatte.

Ich hätte es mir denken können. Harriet hatte ihr Leben lang feine Fäden gesponnen und würde diese Gewohnheit nicht mehr aufgeben.

Plötzlich hatte ich Angst vor dem Geld – ich hatte das Gefühl, daß es uns nichts Gutes bringen würde.

Carlotta wollte London sehen.

»Es ist hier so traurig, seit er tot ist«, drängte sie. »Er wäre sicherlich dafür, daß wir hinfahren.«

Harriet hielt es für eine gute Idee, und sie, Gregory, ich und Carlotta beschlossen, London einen kurzen Besuch abzustatten.

»Bei Hof ist es langweilig«, warnte uns Harriet. »Ganz anders als zu Karls Zeiten. Damals war es dort lustig, und Karl war ein charmanter Mensch. Wilhelm ist ein Bauer, ein holländischer Bauer. Angeblich spricht er kaum mit seiner Umgebung.«

»Das Volk liebt ihn aber, weil er ein guter König ist«, erwiderte Gregory. »Er ist genau der Herrscher, den wir brauchen.«

»Wenn die Königin am Leben geblieben wäre... oder wenn er wieder geheiratet hätte...«

Gregory schüttelte den Kopf. »Er will nicht wieder heiraten, und deshalb wird ihm Anna auf den Thron folgen... oder vielleicht ihr Sohn Wilhelm, obwohl er sehr zart ist.«

»Wir können nur hoffen, daß während ihrer Herrschaft das Leben bei Hof lustiger werden wird«, stellte Harriet fest. »Ich mag keine sauertöpfischen Herrscher. Karl war da ganz anders. Ich werde immer um ihn trauern.«

Es war Mitte Dezember, als wir uns auf den Weg machten. Harriet wollte die Reise unternehmen, bevor es wirklich kalt wurde, was für gewöhnlich nach Weihnachten der Fall war. Carlotta war sehr aufgeregt, obwohl sie immer wieder an Robert dachte und dann traurig wurde. Sie war offensichtlich schuldbewußt, weil sie trotz seines Todes so fröhlich war.

Ich freute mich über ihr Zartgefühl. Sie war nicht selbstsüchtig, nur jung, voller Vitalität, unternehmungslustig, und wenn sie die Bewunderung ihrer Person als ihr gutes Recht ansah, so war es nur deshalb der Fall, weil sie überall Aufsehen erregte.

Wir wohnten im Stadthaus der Eversleighs, das sich in der Nähe von Whitehall befand. Carlotta war nicht zum ersten Mal in London, aber sie sah es jetzt mit anderen Augen. Sie war eine reiche Erbin. Ihre Augen funkelten vor Vergnügen, und sie überlegte sichtlich, was sie alles tun würde, sobald sie das magische Alter von achtzehn Jahren erreicht hatte.

Es war schwierig, von dem lebhaften Leben und Treiben in London nicht mitgerissen zu werden. Wir führten am Land ein beschauliches Leben und staunten über die Vitalität, die Betriebsamkeit, die Lebensfreude, die wir in den Straßen vorfanden.

Harriet bemerkte, daß die Straßen sauberer waren als vor dem großen Feuer, und einige der neuen Gebäude, die Christopher Wren entworfen hatte, waren sehr eindrucksvoll. London war genauso lärmend und farbenfroh wie vor der Katastrophe.

»Wie schön ist das alles!« rief Carlotta, als wir am Strand an den großen Häusern vorbeifuhren, deren Gärten bis zum Fluß hinunterreichten. Kleine Boote wiegten sich an privaten Landungsstegen, und auf dem Strom waren Schiffe aller Art unterwegs. Die Lieder der Schiffer klangen zu uns herüber, auch wenn der Straßenlärm sie gelegentlich übertönte.

Harriet zeigte uns einige der neuen Kaffeehäuser, die wie Pilze aus dem Boden schossen und die Londoner im Sturm eroberten. »Natürlich kann man dort auch stärkere Getränke als Kaffee konsumieren«, klärte sie mich auf. »In den späten Abendstunden können die Gäste etwas unberechenbar werden.«

»Wollen wir ein Kaffeehaus aufsuchen?« fragte Carlotta.

»Ich glaube kaum, daß es der richtige Ort für uns ist«, widersprach ich.

Carlotta schnitt eine Grimasse. »In meiner Gesellschaft würdest du dich in vollkommener Sicherheit befinden, Priscilla.« Sie warf Gregory einen Blick zu. »Du würdest mit mir dorthin gehen, nicht wahr?«

Gregory lachte und murmelte: »Wir werden sehen.« Es fiel ihm immer schwer, Carlotta einen Wunsch abzuschlagen.

Wir waren zum Mall gekommen, und Harriet schwärmte wieder von der Zeit, als Karl geherrscht und zur Bewunderung der Zuschauer hier das Spiel betrieben hatte, dem der Platz seinen Namen verdankte.

»Ihr hättet ihn sehen sollen«, erzählte Harriet. »Keiner konnte es ihm gleichtun. Er schlug die Bälle über den halben Platz. Eine Leistung, die unsere jetzige Majestät bestimmt nicht fertigbringen würde.«

»Es hat keinen Sinn, den alten Zeiten nachzutrauern«, wandte ich ein. »Seien wir froh, daß wir einen König haben, der weiß, wie man regiert.«

»Auch wenn sein Hof der langweiligste von ganz Europa ist.«

»Die Parks sind schön«, seufzte Carlotta.

»Ja«, pflichtete ihr Gregory bei. »Mir haben die Parks immer gefallen, und sie stehen jedermann offen. Wahrscheinlich würde es zu einem Aufruhr kommen, wollte uns jemand die Parks wegnehmen. Außer dem schönen St. James-Park gibt es noch den Hyde Park, die Spring Gardens und die Mulberry Gardens.«

»Doch es ist besser, wenn man sie nach Einbruch der Dunkelheit nicht mehr aufsucht«, warnte Harriet. »Selbst wenn man maskiert hingeht, würden die Männer annehmen – aber genug davon.«

Blumenmädchen und Obstverkäuferinnen drängten sich durch die Menge, und es gab auch Milchmädchen, die ihre Waren feilboten. Vornehme Kutschen fuhren an uns vorbei, in denen geschminkte Damen mit Schönheitspfläs023terchen saßen; gelegentlich schob ein Dandy sein Fenster hinunter und plauderte mit einer Dame in einer anderen Kutsche.

Wir waren kurz nach Mittag in der Stadt angelangt, also zu der verkehrsreichsten Zeit. Um zwei Uhr lagen die Straßen ruhig da, denn die meisten Leute aßen dann; um vier Uhr füllten sich die Straßen wieder, und die Menschen waren zu den Spielhäusern unterwegs.

Carlotta konnte sich nicht an den Bändern, Spitzen und sonstigem Zubehör sattsehen, die auf Regalen und in den Auslagen ausgestellt waren. Harriet versprach ihr, sie auf einen Einkaufsbummel mitzunehmen.

Wir erreichten unser Haus, in dem alles für unseren Besuch vorbereitet war. Das Abendessen wurde aufgetragen, und sofort danach wollte Carlotta ausgehen. Ich erinnerte sie daran, daß es bald dunkel sein würde, und daß es besser war, wenn wir bis zum nächsten Tag warteten. Sie war enttäuscht, setzte sich nach dem Essen ans Fenster und blickte auf die Stadt hinaus.

Am nächsten Tag machten wir in dem New Exchange am Strand Einkäufe. Es war beinahe ein Basar und im ersten Stock befanden sich Läden, in denen die aufregendsten Waren feilgeboten wurden. Carlotta war außer sich vor Begeisterung, als sie in den Seiden, Bändern und Spitzen wühlte, und wir kauften Stoff für neue Kleider.

Einige Damen, deren Beruf unschwer zu erraten war, schlenderten durch den Exchange. Sie sahen sich um und waren sichtlich auf der Suche nach Freiern. Die Männer sahen mit ihren Samtmänteln, Seidenhosen und federgeschmückten Hüten prächtig aus und trugen oft Damaszenerklingen an der Seite. Vielen folgten ihre Pagen, was besonders großartig wirkte. Mehrere von ihnen warfen Carlotta Blicke zu, und ich war froh, daß sie mit ihren Einkäufen viel zu sehr beschäftigt war, um es zu bemerken.

Wir blieben vor einem Laden stehen, der Fächer ausgestellt hatte, denn Carlotta wollte einen kaufen. Sie fand bald einen, der ihr zusagte. Sie öffnete ihn und fächelte sich Luft zu. »Ich muß ihn einfach haben«, erklärte sie, »er paßt genau zu der Seide, die ich heute gekauft habe.«

Dann wurde mir plötzlich kalt, als hätte jemand einen Eimer Eiswasser über mich geleert. Am nächsten Ladentisch stand ein Mann, dessen Gesicht ich nie vergessen würde, auch wenn ich hundert Jahre alt werden sollte.

Beaumant Granville kaufte am Nachbarstand Halsbinden.

»Was hältst du davon?« Carlottas Stimme drang aus weiter Ferne zu mir. Die Zeit stand still, und alle Bewegungen ringsum liefen ganz langsam ab, denn Granville hatte sich zu Carlotta umgedreht und mich gesehen.

Sein Mund verzog sich zu einem Lächeln, als er mich erkannte. Sein Blick wanderte von Harriet zu Carlotta und blieb kurz auf letzterer ruhen. Sie hielt sich den Fächer vors Gesicht und blickte mich über seinen Rand hinweg an.

»Ich möchte nach Hause«, murmelte ich. »Ich fühle mich...«

Alle sahen mich an, Harriet neugierig, Carlotta ängstlich.

Ich drehte mich abrupt um. Ich mußte dem amüsierten Blick, den Augen entgehen, die für mich das Grausamste auf der Welt waren.

Mein Fuß blieb an einem Pflasterstein hängen, und ich wäre beinahe gefallen, wenn mich Harriet nicht aufgefangen hätte. Scharfer Schmerz durchzuckte meinen Knöchel.

»Was ist los?« fragte Harriet.

Ich antwortete nicht, sondern bückte mich zu meinem Knöchel hinunter und betastete ihn.

Dann hörte ich seine Stimme, an die ich mich so gut erinnerte – klangvoll, sanft, einschmeichelnd, und ich hatte das Gefühl, wieder einen meiner Alpträume zu erleben. »Wenn ich Ihnen vielleicht behilflich sein kann...«

Er verbeugte sich vor Harriet, Carlotta und mir.

Ich wehrte rasch ab. »Danke. Es ist alles in Ordnung.«

»Wie freundlich von Ihnen.« Harriets Stimme klang überaus höflich, denn er sah noch immer so gut aus wie vor Jahren. Harriets Benehmen veränderte sich immer ein wenig, wenn sie mit einem Mann zu tun hatte.

»Mir fehlt nichts«, wiederholte ich.

»Du hast dir aber weh getan«, wandte Carlotta ein.

»Es ist überhaupt nichts, ich spüre nichts.«

»Ich kenne einen Apotheker hier in der Nähe«, sagte Granville. »Er könnte sich ja den Knöchel einmal ansehen und feststellen, ob er verletzt ist. Denn wenn ein Knochen gebrochen ist, wäre es gefährlich weiterzugehen.«

»Ich spüre überhaupt nichts.«

»Du bist blaß geworden«, meinte Carlotta.

Sie war um mich besorgt, und ich war so verwirrt, daß ich nicht klar denken konnte. Ich sagte mir vor, daß ich um keinen Preis meine Aufregung zeigen dürfe, aber wie konnte ich ruhig bleiben, wenn ich solche Angst vor ihm empfand?

»Sie müssen mir erlauben, Ihnen zu helfen«, fuhr er fort, »mein Apotheker befindet sich ganz in der Nähe.« Er hatte Harriet ein Paket abgenommen. »Gestatten Sie.« Er bot mir seinen Arm an, und seine Augen blickte spöttisch in die meinen. »Sie sollten diesen Mann wirklich aufsuchen. Auch wenn es nur eine Verstauchung ist, könnte ein Verband notwendig sein.«

»Sie sind sehr freundlich, Sir«, bedankte sich Carlotta.

»Ich stehe gern zu Diensten.«

»Es wäre ungezogen von uns, Ihre Dienste zurückzuweisen«, fügte Harriet hinzu.

»Ja, Priscilla«, erklärte Carlotta, »du mußt den Apotheker aufsuchen. Du hast sichtlich Schmerzen.«

»Dann wären wir uns einig«, schloß Granville. »Darf ich vorausgehen?«

Ich hinkte stark. Ich hatte mir den Knöchel verstaucht, fühlte jedoch keinen Schmerz. Ich fragte mich ununterbrochen, wieso das Schicksal so grausam war und ihn wieder meinen Weg kreuzen ließ.

Ich traute ihm keinen Augenblick. Am liebsten hätte ich ihn aufgefordert, uns in Ruhe zu lassen, und den anderen erklärt, ich wisse aus bitterer Erfahrung, daß dieser Mann nicht der richtige Umgang für anständige Menschen war.

Carlotta hatte mich am Arm gefaßt.

»Tut es weh, Priscilla?«

»Nein, gar nicht. Das alles ist Unsinn. Ich möchte unverzüglich nach Hause.«

Granville stand an meiner anderen Seite.

»Darf ich Ihnen meinen Arm anbieten, damit Sie sich darauf stützen?« fragte er besorgt.

»Danke, das ist nicht nötig.«

»Schön, es sind ohnehin nur ein paar Schritte«, meinte er und ging uns voran.

Im Laden des Apothekers roch es nach Gewürzen und Salben. Wir betraten den dunklen Raum, und ein Mann mit einem gelben Rock eilte uns entgegen. Er verbeugte sich tief, als er Granville erblickte, und war von diesem Augenblick an überaus dienstfertig. Offensichtlich war Granville ein sehr geschätzter Kunde.

»Mylord«, fragte der Apotheker, »was kann ich für Sie tun?«

Granville erklärte, daß ich mir den Knöchel verletzt hatte, und forderte den Apotheker auf, sich meinen Fuß anzusehen und mir vielleicht eine Salbe oder einen Verband oder was sonst immer notwendig war, zu geben.

Der Apotheker brachte mir einen Schemel, auf den ich mich sofort setzen mußte. Dann kniete er nieder und betastete den Knöchel. Ich hielt vor Schmerz den Atem an.

Dann sah er zu Granville auf, der mich scharf beobachtet hatte.

»Es ist kein Knochen gebrochen, nur eine leichte Verstauchung, die bald heilen wird.«

»Haben Sie eine Salbe, mit der wir den Knöchel einreiben können?« fragte Harriet.

»O ja, ich habe genau das Richtige für Sie. Ich werde einen Verband anlegen, dann sollte die Dame ein paar Tage ruhen, und dann wird alles wieder in Ordnung sein.«

»Schön, dann fangen Sie an«, befahl Granville. Er wandte sich an Harriet. »Sie wollten Einkäufe tätigen. Lassen wir doch die Patientin hier, damit der Apotheker sie behandeln kann, und erledigen wir, was wir vorhatten. Wir können hierher zurückkommen, sobald sie fertig ist. Haben Sie eine Kutsche? Die Dame kann unmöglich gehen.«

»Wir könnten nach Hause zurückkehren und die Kutsche holen«, erklärte Harriet. »Da wir in der Nähe von Whitehall wohnen, sind wir zu Fuß hergegangen.«

»Sie darf nicht weit gehen. Überlassen Sie nur alles mir. Ich werde Sie mit meinem Wagen nach Hause bringen.«

»Sie sind wirklich zu gütig, Sir.«

»Es ist mir ein Vergnügen, Ihnen zu Diensten zu sein.«

»Sein Vorschlag ist wirklich gut, Priscilla«, meinte Harriet.

Ich antwortete ihr nicht, ich war krank vor Angst.

Der Apotheker schüttelte eine Flasche. Ich überlegte: im Moment kann mir Granville nicht gefährlich werden. Was hat er vor?

»Wir kommen bald zurück«, versprach Harriet.

»Vielleicht in einer halben Stunde?« schlug Granville vor.

Der Apotheker versprach, daß ich bis dahin das Geschäft auf eigenen Füßen verlassen konnte.

»Es ist die beste Lösung«, stimmte auch Carlotta zu.

Ich sah ihnen nach. In der Tür drehte er sich um und blickte mich an. Ich konnte seinen Ausdruck nicht deuten, aber der belustigte Spott in seinen Augen war nicht zu übersehen.

Die Gerüche der Apotheke verursachten mir Übelkeit. Ich zog den Strumpf aus und sah, daß mein Knöchel stark geschwollen war.

Der Apotheker kniete vor mir nieder und strich eine kühlende Salbe auf meinen Fuß. Sie tat meinem Knöchel gut, aber ich konnte mich dennoch nicht beruhigen.

Was bedeutete das alles? Warum war ich genau in diesem Augenblick gestolpert? Ich war ungeschickt gewesen, weil mich sein Anblick mit Entsetzen erfüllt hatte.

Er würde uns in seinem Wagen nach Hause bringen. Ich hätte dagegen protestieren sollen. Harriet war von ihm beeindruckt und würde ihn sicherlich ins Haus bitten und ihm Erfrischungen servieren lassen.

Ich mußte sie darauf hinweisen, wer er war. Vielleicht würde sie sich erinnern, wenn sie seinen Namen hörte. Die Prügel, die Leigh ihm verabreicht hatte, waren damals das Tagesgespräch von Venedig gewesen. Aber das lag fünfzehn Jahre zurück. Dennoch mußte ich so bald wie möglich darauf hinweisen, daß sie auf eine solche Bekanntschaft lieber verzichten sollte.

Der Apotheker redete über seine Salben und Tinkturen und versuchte, mir ein paar von seinen Schönheitsmitteln zu verkaufen. Er hatte eine Seife, die die Haut blütenzart machte. Er hatte Lotionen, mit denen man graue Haare überdecken und köstliche Parfüms, mit denen man die Kavaliere betören konnte. Sein Laden war die reine Zauberhöhle.

Ich lehnte mich zurück und schloß die Augen. Meine Gedanken weilten fern von der Apotheke.

Eine halbe Stunde später kehrten sie zurück, Carlotta war sehr aufgeregt. Ihr neuer Freund kannte die besten Geschäfte im Exchange, hatte sie herumgeführt und dafür gesorgt, daß man ihnen Vorzugspreise machte.

»Fühlen Sie sich so wohl, daß Sie gehen können?« Seine Stimme klang sanft, aber seine Augen blitzten immer noch spöttisch.

»Ich möchte nach Hause.«

»Mein Wagen wartet vor der Tür. Sie müssen nur die Apotheke verlassen.«

»Zuerst muß ich noch den Apotheker bezahlen.«

Er winkte ab. »Ich habe ein ständiges Konto bei ihm. Überlassen Sie die Bezahlung dieser Kleinigkeit nur mir.«

»Davon will ich nichts wissen.«

»Ach, lassen Sie, es ist doch nur eine Bagatelle.«

»Bitte sagen Sie mir, was Sie zu bekommen haben«, wandte ich mich an den Apotheker.

»Ich verbiete es Ihnen«, befahl Granville.

Der Apotheker sah mich an und zuckte die Schultern.

»Das kann und werde ich nicht zulassen«, erklärte ich entschieden.

»Sie wollen mich wirklich dieses unschuldigen Vergnügens berauben?«

Als Antwort entnahm ich meiner Börse Geld und legte es auf den Ladentisch. Der Apotheker betrachtete es hilflos. Offensichtlich hatte er großen Respekt vor Granville.

»Sie werden mir doch wenigstens gestatten, Sie in meinem Wagen heimzubringen?«

»Das ist nicht notwendig. Wir können hier auf unsere eigene Kutsche warten.«

»Was fällt dir ein?« lachte Harriet. »Es ist unhöflich von dir, die Freundlichkeit dieses Herrn zurückzuweisen.«

Er half mir in seinen Wagen. Wir saßen einander gegenüber – Harriet neben ihm, Carlotta neben mir.

Carlotta rief: »Das ist ein richtiges Abenteuer! Wie geht es deinem Knöchel, Priscilla?«

»Viel besser, danke.«

»Es war ein wirklich aufregender Vormittag. Zuerst die schönen Seidenstoffe und jetzt das... Ach, ich habe den Fächer vergessen!«

»Das macht nichts«, tröstete Harriet, »dafür hast du einen interessanten Vormittag erlebt. Aber was ist mit der armen Priscilla? Ich hoffe, daß du nicht zu arge Schmerzen hast, mein Liebes.«

»Die Salbe des Apothekers hilft wirklich, es ist schon besser.«

»Es tut mir leid«, rief Carlotta in diesem Augenblick. »Ich wollte nicht sagen, daß ein verstauchter Knöchel lustig ist.«

»Ich verstehe dich schon richtig«, beruhigte ich sie, und sie schenkte mir ein strahlendes Lächeln.

Wir langten vor dem Haus an, und Granville sprang heraus und half uns beim Aussteigen.

»Sie müssen hereinkommen und ein Glas Wein mit uns trinken«, forderte ihn Harriet auf.

Er zögerte und sah mich an. Ich schwieg.

»Ja, bitte«, schloß sich Carlotta an. »Sie müssen hereinkommen.«

Er sah sie an. »Ich möchte nicht aufdringlich erscheinen.«

»Aufdringlich! Nach allem, was Sie für uns getan haben. Wir stehen tief in Ihrer Schuld.«

So trat Beaumont Granville wieder in mein Leben, und der Alptraum begann von neuem.

»Du weißt doch, wer dieser Mann ist«, warf ich Harriet vor. »Es ist Beaumont Granville.«

»Ja, so heißt er.«

»Hast du den Vorfall in Venedig vergessen?«

Sie runzelte die Stirn.

»Erinnerst du dich nicht? Er versuchte, mich auf dem Ball zu entführen, und am nächsten Tag ist Leigh in seine Wohnung gegangen und hat ihn beinahe erschlagen.«

Jetzt erinnerte sie sich und begann zu lachen.

»Es war keineswegs lustig, Harriet, sondern eine sehr ernste Angelegenheit.«

»Es liegt schon fünfzehn Jahre zurück.«

»Ich werde es nie vergessen.«

»Du bist wirklich altmodisch, Priscilla. Die Männer tragen heute ein Duell aus und haben es innerhalb einer Woche wieder vergessen. Er war damals jung und übermütig.«

»Es wäre ihm beinahe geglückt, mich zu entführen. Wenn er...«

»Aber Leigh rettete dich, und das war sehr romantisch. Und am nächsten Tag verpaßte er Granville die Prügel. O ja, ich erinnere mich genau, ganz Venedig sprach davon.«

»Ich will nichts mit ihm zu tun haben.«

»Deshalb warst du also so abweisend und so unhöflich. Schließlich wollte er dir nur helfen.«

»Harriet, ich mag den Mann nicht und ich will nicht, daß er in dieses Haus kommt.«

»Wir mußten ihn hereinbitten, nachdem er sich uns gegenüber so gefällig erwiesen hat.«

»Damit ist die Sache hoffentlich erledigt; wir haben keinen Grund, ihn wiederzusehen.«

»Er war wirklich rührend um uns bemüht, und du mußt zugeben, daß sein Rat mit dem Apotheker gut war.«

»Wir wären auch ohne ihn zurechtgekommen.«

»Ach, Priscilla, du bist wirklich zu nachtragend, findest du nicht?«

Am liebsten hätte ich sie angeschrien: Wenn du alles wüßtest, würdest du mich verstehen.

Beinahe hätte ich ihr alles erzählt, doch ich brachte das Geständnis nicht über meine Lippen.

In diesem Augenblick platzte Carlotta ins Zimmer. Sie trug den

Fächer in der Hand, den sie im Exchange gesehen hatte, und schwenkte ihn vor unseren Gesichtern.

»Du bist zurückgegangen und hast ihn gekauft«, rief ich. »Du weißt doch, daß du nicht allein ausgehen darfst.«

Sie schüttelte den Kopf. »Du darfst dreimal raten, wie ich zu diesem schönen Fächer gekommen bin.«

»Gregory hat ihn dir gekauft«, rief Harriet. »Der Mann verwöhnt dich nach Strich und Faden.«

»Falsch«, jubelte Carlotta. »Versuch es noch einmal. Nicht Gregory, sondern...«

Sie hielt ein Briefchen in der Hand; Harriet entriß es ihr.

»Ich möchte nicht, daß Sie auf den Fächer verzichten müssen, deshalb habe ich ihn für Sie gekauft. Bitte nehmen Sie ihn von mir an. B. G.«

Ich hatte Lust, die beiden anzuschreien, zu befehlen: Schick ihn sofort zurück. Wir brauchen nichts von diesem Mann, auch nicht diese Kleinigkeit.

»Eine reizende Geste«, meinte Harriet.

»Es war sehr aufmerksam von ihm«, fügte Carlotta hinzu.

»Ich halte ihn für einen sehr charmanten Mann.« Harriet sah mich herausfordernd an.

Ich war von bösen Ahnungen erfüllt.

VII
Die Entführung

Ich konnte wegen des verstauchten Fußes einige Tage lang nicht ausgehen. Am Tag nach dem Einkaufsbummel im Exchange war mein Knöchel sehr geschwollen, und Gregory bestand darauf, daß ich einen Arzt konsultierte. Er ließ einen kommen, und dieser stellte das gleiche fest wie der Apotheker. Ich müßte ein paar Tage liegen, dann würde ich wieder gehen können.

Ich war unglücklich. Warum waren wir nach London gefahren? Gregory und Harriet gingen an einem Nachmittag mit Carlotta in die Mulberry Gardens, auf die sie sich so gefreut hatte. Am nächsten Abend führten sie sie in die Spring Gardens und nahmen dort ein Souper ein. Carlotta erzählte mir nachher mit leuchtenden Augen davon. Sie waren durch die Gärten spaziert, hatten Fisch und Wildpastete und hinterher noch Torte gegessen und dazu köstlichen Muskatellerwein getrunken.

Sie hatten die maskierten Damen beobachtet, die über die Wege stolzierten, und die Kavaliere, die ihnen folgten. Harriet fand allerdings, daß das alles nichts im Vergleich mit dem Treiben während Karls Herrschaft war, als die Menschen noch verstanden hatten, das Leben zu genießen. Übrigens waren auch ein paar Schauspieler unter den Spaziergängern gewesen, was Carlotta sehr interessiert hatte.

Ich wartete gespannt darauf, ob sie Granville erwähnen würden, denn ich konnte mir nicht vorstellen, daß er die Bekanntschaft nicht fortsetzen wollte. Ich war davon überzeugt, daß er etwas im Schilde führte, und die Tage, in denen ich das Bett hüten mußte, oder am Fenster saß und die Vorübergehenden beobachtete, waren von Angst und Unruhe erfüllt.

Doch als die Zeit verging, beruhigte ich mich wieder; wahrscheinlich hatte ich dem Ganzen doch zuviel Bedeutung beigemessen. Schließlich gereichte ihm sein seinerzeitiges Benehmen keineswegs zur Ehre; vielleicht wollte auch er alles Vergangene vergessen.

Aber er hatte mich so spöttisch angesehen – das mußte etwas bedeuten.

Endlich konnte ich wieder herumhumpeln, doch ich mußte immer noch vorsichtig sein. Harriet schlug einen Theaterbesuch vor, der bestimmt nicht zu anstrengend sein würde, und wir trafen die entsprechenden Vorbereitungen.

»Du mußt ja nur bis zum Wagen und von ihm ins Theater gehen«, erklärte Harriet.

Ich war froh, daß ich wieder ausgehen konnte, und freute mich auf den Abend. Niemand hatte in dieser Zeit Granville erwähnt – anscheinend hatten alle den Zwischenfall vergessen.

Für mich war es immer aufregend, im Theater zu sitzen, vor allem mit Harriet, die so gut darüber Bescheid wußte. Man gab an diesem Abend William Wycherleys ›Die Landfrau‹; nicht einmal Harriet kannte das Stück.

Wir saßen in einer Loge in Bühnennähe, und Carlotta fragte Harriet unaufhörlich nach einzelnen Theaterbesuchern. Harriet gab bereitwillig Auskunft, stellte aber fest, daß sie sich viel zu lang auf dem Land vergraben hatte.

»Wir müssen wirklich öfter in die Stadt kommen, Gregory«, erklärte sie.

»Ach, ja bitte«, rief Carlotta.

In der Luft lag der Geruch von Orangenschalen und vermischte sich mit der Ausdünstung der vielen Menschen. Das alles gehörte zu der unwirklichen, fesselnden Atmosphäre des Theaters. Die Orangenverkäuferinnen boten ihre Früchte den jungen Männern im Parterre an, die offensichtlich, aber nicht sehr erfolgreich, den Adel kopierten und Stelldicheins ausmachten. Es wurde viel gekichert und geschwatzt, und der Lärm verstummte nur, wenn eine elegante, maskierte Dame in Begleitung eines Dandy eine der Logen betrat, denn dann musterte alles die Neuankömmlinge. Das Stück begann. Es war sehr unterhaltsam, und ich fühlte mich zum ersten Mal, seit ich Granville wiedergesehen hatte, wieder befreiter. Vielleicht hatte ich zu schwarz gesehen und es war nur ein zufälliges Zusammentreffen gewesen. Was konnte er jetzt noch von mir wollen? Ich war nicht mehr das junge Mädchen von einst, das ihn angezogen hatte. Er hatte auch gar keinen Versuch gemacht, die Bekanntschaft zu erneuern. Der erste Schreck hatte mich aus der Fassung gebracht, und ich hatte überall Unheil gewittert.

Dann bemerkte ich plötzlich, daß Carlottas Aufmerksamkeit sich nicht auf die Bühne richtete. Sie blickte zu der gegenüberliegenden Loge hin, die noch vor kurzer Zeit leer gewesen war.

Jetzt war sie besetzt. Zuerst glaubte ich, daß ich es mir nur einbildete, weil ich soviel an ihn gedacht hatte. Aber natürlich war es

Granville. Er lächelte Carlotta zu. Meine Angst wuchs. Er sah sehr gut aus und war nach der neuesten Mode gekleidet. Sein gerade geschnittener Rock aus schwerer Seide war mit Goldtressen verschnürt, und die Knöpfe bestanden aus Rubinen, dazu trug er eine der eleganten, in Mode gekommenen Perücken. Die Locken fielen ihm auf die Schultern und verbargen beinahe die wunderbare weiße Seidenkrawatte. Er war zweifellos ein Mann von Welt, und seine klassisch schönen Züge trugen dazu bei, daß er unwiderstehlich wirkte.

Es wäre mir allerdings lieber gewesen, wenn der häßlichste Mann der Welt in der Loge gesessen hätte.

Ich warf Harriet einen Blick zu. Sie hatte ihn ebenfalls gesehen und lächelte unmerklich.

Plötzlich begriff ich. Sie hatten ihm erzählt, daß wir alle ins Theater gehen würden, und er hatte die Gelegenheit wahrgenommen, um mich zu quälen und um sich über die pikante Situation zu amüsieren.

Ich konzentrierte mich nicht mehr auf das Stück, sondern beobachtete die Blicke, die er und mein Begleiter verstohlen wechselten.

Ich tat so, als habe ich ihn nicht gesehen, weil ich von der Handlung auf der Bühne zu sehr gefesselt war; doch wenn man mich gefragt hätte, hätte ich keine Ahnung gehabt, worum es in dem Stück ging.

Nach dem ersten Akt kam er zu unserer Loge.

»Welch reizende Überraschung!« Er beugte sich über unsere Hände, denn sein Benehmen war genauso formvollendet wie seine Erscheinung.

Er sah Carlotta vielsagend an, und mir wurde klar, daß es sich um keine Überraschung handelte, sondern daß sie dieses Zusammentreffen vereinbart hatten.

O Gott, was hatte das wieder zu bedeuten?

»Ich hoffe, daß Sie nach dem Theater mit mir soupieren werden«, schlug er ohne Umschweife vor.

»Eine glänzende Idee!« rief Carlotta.

»Das ist reizend«, stimmte Harriet zu. »Sie sind wirklich zu freundlich. Ein kleines Souper in angenehmer Gesellschaft nach dem Theater ist genau das Richtige, dann kann man das Stück in Ruhe zerpflücken. Finden Sie nicht auch?«

»Ich bin ganz Ihrer Meinung«, antwortete er. »Wollen wir bei mir speisen, oder ziehen Sie ein Lokal vor?«

243

»Ich finde wirklich, daß wir diese Einladung ablehnen sollten«, sagte ich. Alle sahen mich an. Er bemühte sich, ein besorgtes Gesicht zu machen, obwohl er sich in Wirklichkeit amüsierte.

»Es ist mein erster Ausgang«, stammelte ich, »ich fühle mich nicht ...«

Es klang natürlich entsetzlich selbstsüchtig. Weil ich nach Hause wollte, brachte ich sie um ihr Vergnügen.

Gregory erklärte, freundlich wie immer: »Wenn du willst, Priscilla, fahre ich mit dir zurück.«

Doch ich hatte mich bereits entschieden. Wenn sie seine Einladung annahmen, mußte ich dabei sein und sehen, was geschah. Die Situation wurde meiner Meinung nach immer unhaltbarer und gefährlicher.

»Wir werden Sie aufheitern.« Granville sah mich bittend an. »Ich möchte, daß Sie meinen ausgezeichneten Malvasierwein kosten. Bitte, kommen Sie mit, ohne Sie wäre die Gesellschaft unvollständig.«

»Du wirst doch eine so reizende Einladung nicht ausschlagen«, redete mir Harriet zu.

»Du darfst es einfach nicht«, mengte sich Carlotta leidenschaftlich ein.

»Ich glaube, sie überlegt es sich«, sagte Granville.

»Es ist wirklich lieb von euch, daß ihr euch meinetwegen solche Gedanken macht.«

»Dann ist es also abgemacht«, schloß Granville. Er setzte sich zu uns, und wir sprachen über das Stück. Nach der Pause kehrte er in seine Loge zurück, beobachtete uns jedoch weiterhin.

Er schmiedete augenscheinlich einen teuflischen Plan.

Nach Schluß der Vorstellung bahnte er uns einen Weg durch die Menge zu unserer Kutsche. Er hatte die seine nach Hause geschickt, damit er mit uns fahren konnte. Die Leute machten ihm bereitwillig Platz, etliche grüßten ihn. Anscheinend war er sehr bekannt und wurde allgemein mit Respekt behandelt, und diese Tatsache hatte Carlottas Bewunderung geweckt. Mir fiel allmählich auf, daß Carlotta sehr von ihm eingenommen war und daß er diesen Zustand genoß.

Sein Haus war nicht weit von dem unseren entfernt.

»Wir sind beinahe Nachbarn«, stellte er fest. »Man muß ja unbedingt ein Stadthaus haben. Ich besitze ein Gut in der Nähe von Dorchester, aber ich muß gestehen, daß ich mehr Zeit in London als auf dem Land verbringe.«

»Ich war noch nie in Dorchester«, sagte Carlotta.

»Vielleicht kann ich diesen unhaltbaren Zustand eines Tages ändern«, antwortete er.

Die Einrichtung des Hauses entsprach der eleganten Erscheinung des Besitzers, und er war sichtlich stolz darauf.

Das Souper stand bereit, das heißt, er war davon überzeugt gewesen, daß wir die Einladung annehmen würden. Das Personal war gut geschult. Der Malvasier war wirklich ausgezeichnet, und es bereitete ihm sichtlich Freude, den Gastgeber zu spielen.

Er sprach sachkundig über das Stück und die Schauspieler, und Harriet und er waren bald in ein angeregtes Gespräch vertieft.

Carlotta hörte ihnen zu, ohne den Blick von ihm zu wenden. Gelegentlich sah er zu ihr hinüber und lächelte zärtlich. Ich war entsetzt. Das war schlimmer als jeder Alptraum. Ich traute meinen Augen nicht. Sie verehrte ihn, wie es oft junge Mädchen älteren Männern gegenüber tun.

Es durfte nicht wahr sein. Er war mehr als dreißig Jahre älter als sie. Meine Fantasie ging mit mir durch; ich hatte bestimmt Halluzinationen.

»Sie besitzen ein sehr schönes Haus, Sir«, wandte ich mich an ihn. »Hält sich Ihre Frau auf dem Land auf?«

Er lächelte mich an. »Ich habe keine Frau, ich war nie verheiratet. Dazu bin ich zu romantisch veranlagt.«

»Wirklich? Ich hätte angenommen, daß romantische Ideale unweigerlich zu einer Ehe führen.«

»Wahrscheinlich habe ich immer die vollkommene Frau gesucht. Mit weniger hatte ich mich nicht zufriedengegeben.«

»Dann ist es kein Wunder, daß Ihre Suche erfolglos war«, bemerkte Harriet.

»Es stört mich nicht, daß das Leben an mir vorübergegangen ist.« Er sah Carlotta an. »Jetzt weiß ich, daß mein Schutzengel mich behütet hat. Wenn man etwas wirklich haben will, fest entschlossen ist, es zu bekommen und sich von seinem Ziel nicht ablenken läßt, dann erreicht man es schließlich, davon bin ich überzeugt. Ich bin noch nicht alt, im Gegenteil, ich fühle mich frischer und kräftiger als in meiner Jugend. Nein, meine Damen, ich verzweifle nicht.«

»Sie sind viel gereist?« erkundigte ich mich.

»Ich habe viel von der Welt gesehen. Doch jetzt habe ich genug davon und möchte mich endgültig in England niederlassen... und meine Zeit zwischen meinem Landhaus und dieser Stadt aufteilen. Ein bißchen Landleben tut von Zeit zu Zeit ganz gut. Dann schätzt man erst die Abwechslungen, die einem die Stadt bietet.«

»Ich bin ganz Ihrer Meinung«, stimmte Carlotta zu. »Es wäre schön, wenn wir öfter nach London kämen.«

»Vielleicht geht Ihr Wunsch in Erfüllung... Sie sind ja schon eine elegante junge Dame.«

Sie lachte. »Glauben Sie das wirklich?«

»Selbstverständlich. Ich bedaure alle Menschen, die jede neue Mode sklavisch mitmachen, auch wenn sie lächerlich ist und ihnen nicht steht.« Er sah Carlotta bewundernd an. »Sie sind zu jung, um sich daran zu erinnern, was für schreckliche Frisuren die Damen zur Zeit von König Karl trugen. Wie sie bei den bis zu den Augenbrauen herunterhängenden Locken überhaupt noch sehen konnten, ist mir ein Rätsel. Sie nannten sie ›Herzensbrecher‹. Ich bin davon überzeugt, daß kein einziges Männerherz ihretwegen gebrochen ist. Es gefällt mir, wenn Damen einen eigenen Stil entwickeln, wie es bei Ihnen allen so bewundernswert der Fall ist, und nicht Sklavinnen der Tagesmode werden.«

»Können Sie sich an die Dame erinnern, die wir in den Mulberry Gardens gesehen haben?« fragte Carlotta lächelnd. »Sie wirkte sehr komisch.«

»Sie hatte so viele Schönheitspflästerchen aufgelegt, daß sie wie ein Sternbild aussah«, antwortete er.

In den Mulberry Gardens! Carlotta hatte sich verraten. Während der Zeit, als ich mein Zimmer nicht verlassen konnte, hatten sie einander getroffen.

Ich weiß nicht, wie ich diesen Abend durchstand. Ich versuchte, meine Ängste zu verbergen, genauso fröhlich zu sein wie die anderen, und bemühte mich dabei die ganze Zeit herauszufinden, wie oft sie einander getroffen hatten, wie weit die Bekanntschaft gediehen war.

Wenn wir nur nicht nach London gefahren wären!

Es war spät, als wir heimfuhren. Er begleitete uns zum Wagen, küßte uns charmant die Hände, und während der kurzen Fahrt von seinem Haus zu dem unseren waren meine Gedanken in hellem Aufruhr.

Als wir aus dem Wagen stiegen und ins Haus gingen, hängte Carlotta sich bei mir ein.

»Wie geht es deinem Knöchel?«

Ich hatte ihn ganz vergessen, denn ich konnte nur an die schreckliche Bedrohung denken, die über mir hing.

»Ich spüre ihn kaum noch«, antwortete ich.

»Ich hatte geglaubt, daß du Schmerzen hast, weil du heute abend so ruhig warst.«

»Ich hatte ein bißchen das Gefühl, nicht dazu zu gehören.«

»Was willst du damit sagen?«

»Du hast diesen Mann anscheinend öfter getroffen, während ich bettlägerig war.«

»Ach, wir haben einander ein- oder zweimal gesehen. Er tauchte immer dort auf, wo wir uns befanden.«

»Zufällig?«

Sie wurde rot.

»Er wußte also, daß wir heute abend im Theater sein würden.«

»Ja, ich habe es ihm erzählt. Warum auch nicht? Es war ja kein Geheimnis.«

»Du scheinst dich sehr gut mit ihm zu verstehen.«

»Na und? Er ist sehr freundlich. Und ist er nicht amüsant und unterhaltsam? Außerdem ist er der bestaussehende Mann, den ich kenne.«

»Du meinst, unter den alten Herren, die du kennst.«

»Alt? Ach, bei Beau denkt man nie an sein Alter.«

Hilf mir, lieber Gott, betete ich, diese Neigung geht tiefer, als ich angenommen habe.

»Er ist viel interessanter als junge Männer«, plauderte Carlotta munter weiter. »Er hat die Erfahrung, die ihnen fehlt.«

»Hat er dir das gesagt?«

»Was hast du gegen ihn? Er war im Exchange so freundlich zu dir. Ich finde, daß du undankbar bist.«

»Du hast ihn also öfter als ein- oder zweimal getroffen, wenn du mit Harriet fort warst?«

»Ja, ein paar Mal.«

»Und hast du ihn auch getroffen, wenn du allein warst?«

Sie reagierte beinahe zornig. »Wann durfte ich schon allein ausgehen? Ihr alle haltet mich für ein Kind. Aber ich bin keines mehr und möchte auch nicht wie eines behandelt werden.«

Ich war tief beunruhigt, denn es war ärger, als ich gedacht hatte.

Ich mußte unter vier Augen mit ihm sprechen und herausbekommen, was er plante, denn daß er etwas vorhatte, war nicht zu übersehen.

War es mögliche, daß er Carlotta verführen wollte? Er hatte einmal erwähnt, daß er eine Leidenschaft für junge, unberührte Mädchen hätte. Er war durch und durch ein Zyniker. Wenn er mich ansah, grinste er immer triumphierend. Wahrscheinlich dachte er dann an die Nacht, in der er mich unerträglich gedemütigt hatte.

In seinem Leben mußte es unzählige Abenteuer gegeben haben, und er hatte sie bestimmt alle genossen. Er wollte sich die Menschen geistig und körperlich unterwerfen, denn er war stolz, arrogant, eitel und grausam und nahm nur seine eigene Person wichtig. Es gab keinen Wunsch, den er sich nicht erfüllte, und wenn er zu diesem Zweck Intrigen spinnen mußte, bedeutete es für ihn ein zusätzliches Vergnügen. Intrigen waren für ihn genauso wichtig wie die Luft, die er atmete.

Hilf mir, lieber Gott, betete ich wieder. Wenn er versucht, Carlottas Leben zu zerstören, werde ich alles unternehmen, was in meiner Macht steht, bevor ich es zulasse.

Zuerst wollte ich jedoch mit Harriet reden und ihre Meinung einholen. Sie war eine erfahrene Frau und mußte sich Gedanken über ihn machen.

Es war gegen zehn Uhr vormittags. Harriet war noch nicht aufgestanden, sondern saß im Bett und trank eine Tasse Schokolade, die ihr eines der Mädchen gebracht hatte.

»Priscilla!« rief sie. »So früh am Morgen und so munter. Das ist ein gutes Zeichen. Ich könnte wetten, daß der Knöchel sich wieder so aufführt, wie es sich für einen braven Knöchel gehört.«

Sie war offensichtlich gut aufgelegt und wollte gerade beginnen, über das Stück zu sprechen, als ich sie unterbrach. »Ich mache mir Carlottas wegen Sorgen.«

»Aber warum denn, das Kind amüsiert sich doch großartig. Sie ist eine kleine Schönheit, was?«

»Es geht um diesen Mann... Beaumont Granville.«

»Er ist ein Zauberer; er hat Sonne in unsere Tage gebracht.«

»Wie oft hat er Carlotta getroffen?«

»Ach, jetzt geht es um Carlotta?«

»Du scheinst nicht zu verstehen, Harriet, mit was für einem Mann du es da zu tun hast, obwohl du weißt, was in Venedig vorgefallen ist.«

»Ich habe schon einmal festgestellt, meine liebe Priscilla, daß sich das alles vor vielen Jahren ereignet hat. Die meisten von uns erleben in ihrer Jugend Abenteuer, die jeden Älteren schockieren würden. Wir wachsen über dieses Stadium hinaus und tun gut daran, es zu vergessen.«

»Carlotta ist noch ein Schulmädchen. Ich will nicht, daß sie mit diesem Mann zusammenkommt. Er ist alt an Jahren und erfahren in Niedertracht.«

»Sie betet ihn an. Es ist lustig, wie ihre Augen aufleuchten, wenn sie ihn sieht.«

»Ich finde es überhaupt nicht lustig.«

»In letzter Zeit wird es immer schwerer, dich zu unterhalten. Werde nicht vorzeitig alt, Priscilla.«

»Ich mache mir wegen Carlotta und ihrer Beziehung zu diesem Mann Sorgen. Ich möchte heimfahren. Sie ist meine Tochter, und ich bitte dich, mir zu helfen, so wie schon einmal.«

»Natürlich werde ich dir helfen. Aber wirklich, Priscilla, du bist schon genau wie diese gräßlichen Puritaner. Es tut Carlotta gut, ein bißchen zu flirten. Es ist eine gute Vorbereitung auf das Leben.«

»Ich will nicht, daß dieser Mann an diesen Vorbereitungen beteiligt ist. Er ist gefährlich, und ich mag ihn nicht.«

»Das war nicht zu übersehen.«

»Ich habe geglaubt, daß du Benjie für sie bestimmt hast.«

»Natürlich wird sie Benjie heiraten, aber erst muß sie noch etwas erwachsener werden. Hör auf, dir Sorgen zu machen, Priscilla, alles wird sich zum Guten wenden.«

Von Harriet hatte ich also keine Hilfe zu erwarten, aber etwas mußte geschehen – nur was?

Dann fiel mir etwas ein. Ich wollte wissen, was für Pläne er in bezug auf Carlotta hatte, und hielt es für möglich, daß er es mir aus Angeberei verraten würde. Er war seiner so sicher und zog Carlotta schon in seinen Bann. Ich war immer impulsiv gewesen, und kaum war ich auf diese Idee verfallen, traf ich auch schon meine Vorbereitungen.

Ich verließ Harriet und legte ein knappe Stunde später in Mantel und Kapuze die kurze Entfernung zwischen unseren Häusern zurück.

Einer der Diener, die ich am vorhergehenden Abend gesehen hatte, ließ mich ein. Er wirkte bei meinem Anblick keineswegs erstaunt; anscheinend war er daran gewöhnt, daß sein Herr Damenbesuch empfing.

Er führte mich in ein kleines Zimmer und bat mich zu warten. Granville erschien beinahe sofort; er war, wie immer, erlesen gekleidet. Sein gerade geschnittener, maulbeerfarbener Samtrock stand offen, damit man die schöne Weste darunter sah; seine Kniehosen waren ebenfalls maulbeerfarben; seine Schuhe hatten hohe, rote Absätze, wodurch er größer wirkte; und er hielt eine edelsteinbesetzte Schnupftabaksdose in der Hand. Eigentlich interessierte mich seine Kleidung in diesem Augenblick überhaupt nicht, aber sie war so auffallend, daß man sie nicht übersehen konnte. In seinen Kreisen war er in Modefragen tonangebend.

Er verbeugte sich, ergriff meine Hand und küßte sie. Ich wich zurück.

»Welche Freude«, murmelte er. »Einst haben Sie mich in Dorchester besucht. Jetzt besuchen Sie mich in London – aus freien Stükken.«

»Ich muß mit Ihnen sprechen.«

»Ich habe mir wirklich nicht eingebildet, daß Sie aus einem anderen Grund gekommen sind.«

»Warum sind Sie meiner Familie gegenüber so aufmerksam?«

»Ich bin immer gefällig, denn ich versuche, dem Leben so viele Freuden wie möglich abzugewinnen.«

»Und worin besteht diese besondere Freude?«

»Bitte nehmen Sie Platz.« Er legte die Tabaksdose auf den Tisch und zog einen vergoldeten Stuhl für mich heran. Dann setzte er sich an den Tisch. »Es ist eine sehr interessante Situation. Die entzückende Carlotta ist das Ergebnis Ihres kleinen Sündenfalls. Und ihr Vater war Jocelyn Frinton. Der arme Kerl hat infolge des Ungeheuers Titus Oates ein frühes Ende gefunden. Doch er hatte noch Zeit, uns dieses reizende Geschöpf zu schenken.«

»Uns?«

Erst jetzt erkannte ich, wie unsagbar grausam er war. Er genoß es, mich wieder zu quälen und zu demütigen, genau wie damals.

»Ich werde nicht zulassen, meine liebe Dame, daß Sie in Ihrer Besitzgier dieses süße Wesen ausschließlich für sich behalten.«

»Erklären Sie sich deutlicher.«

»Ich finde sie bezaubernd.«

»Sie ist ein Kind.«

»Manche von uns lieben Kinder.«

»Sie meinen, verderbte Menschen wie Sie.«

»So könnte man es auch ausdrücken.«

»Dann müssen Sie sich schon nach einem anderen Opfer umsehen.«

»Meine liebe Priscilla... mir hat der Name immer gefallen, er klingt so spröde. Ich habe es Ihnen schon während unserer leidenschaftlichen Nacht gestanden, Sie erinnern sich doch noch. Sie sind jedenfalls kaum in der Lage, mir Vorschriften in bezug auf mein Verhältnis zu Ihrer Tochter zu machen. Ich besitze ein entzückendes Bild von Ihnen. Sie haben es noch gar nicht nach seiner Fertigstellung gesehen. Nur der Geliebte einer Frau kann ein solches Bild von ihr malen. Und jetzt hören Sie mir gut zu. Ich empfinde tiefe Zuneigung für Ihre Tochter, und meine Absichten sind durchaus ehrbar.«

»Um Himmels willen! Sie wollen sie heiraten? Das ist doch absolut unsinnig.«

»Keineswegs, es ist sehr vernünftig. Ganz London spricht von dem Frinton-Vermögen. Unsere wunderbare, schöne, begehrenswerte Carlotta ist nicht nur eine Schönheit, sondern auch eine reiche Erbin.«

»Sie sind ein Ungeheuer.«

»Ich spreche genauso offen mit Ihnen wie in jener denkwürdigen Nacht. Ich habe damals mein Wort gehalten, und Sie sollten mir heute noch dafür dankbar sein. Ohne mich wäre Ihr Vater längst nicht mehr am Leben. Eine Frau zu verführen ist eine läßliche Sünde, aber ein Leben zu retten ist eine gute Tat. Ich habe mir damals bestimmt einen Platz im Himmel gesichert.«

»Ich könnte jede Wette darauf eingehen, daß Sie in der Hölle landen.«

»Wo alle interessanten Leute versammelt sein werden. Aber wir schweifen ab. Ihnen bereitet nicht die Zeit nach dem Tod, sondern die Gegenwart Sorgen.«

»Werden Sie meine Tochter in Ruhe lassen?«

»Nein, ich liebe sie. Sie haben selbst gemeint, daß ich heiraten sollte, und ich bin ebenfalls dieser Ansicht; ich habe nur gewartet, bis ich die Richtige gefunden habe.«

»Und dank ihrem Vermögen ist Carlotta die Richtige.«

»Genau. Sie haben den Eindruck, daß ich reich bin, in gewissem Sinn bin ich es tatsächlich. Ganz London gibt mir Kredit, doch Rechnungen müssen fristgerecht bezahlt werden. Und es gibt sehr viele Rechnungen, weil mein Lebensstil aufwendig ist. Alle erwarten von mir, daß ich in der Mode tonangebend bin. Die Rechnungen meines Schneiders sind so lang, daß ich einen halben Tag brauche, um sie nur zu lesen. Ich brauche Geld, und deshalb brauche ich Carlottas Vermögen Zum Glück zeigt mir das Schicksal eine Möglichkeit, auf angenehme Art zu Geld zu kommen.

»Sie ist noch nicht fünfzehn.«

»Ein reizvolles Alter. Außerdem ist sie für ihr Alter sehr reif. Sie ist ein warmherziges Kind, das sich nach liebevoller Zuwendung sehnt.«

»Was glauben Sie, wie sie reagieren wird, wenn ich ihr von Ihren zynischen Bemerkungen erzähle?«

»Sie wird Ihnen nie glauben, sondern annehmen, daß Sie eifersüchtig sind.«

»So dumm ist sie nicht. Was wird wohl geschehen, wenn ich ihr gewisse Dinge von Ihnen erzähle?«

»Sie wird finden, daß ich ein Mann mit Erfahrung bin. Das bewundert sie nämlich an mir. Ein Mann, der viele Frauen geliebt hat und jetzt Carlotta zur Frau erwählt. Ich könnte ihr kein größeres Kompliment machen.«

»Das Kompliment würde aber an Wirkung verlieren, wenn sie erfährt, daß es ihr Vermögen ist, das Sie so begehrenswert finden.«

»Ich werde sie davon überzeugen, daß ich kein Vermögen benötige und daß die schmutzigen Verdächtigungen von Leuten stammen, die mir Jugend und Glück neiden.«

Er nahm eine Prise aus der Tabaksdose, die er geschickt in der linken Hand hielt, und lächelte mir zu.

Ich stand auf.

Er folgte meinem Beispiel. »Unser kleines Tête-à-tête ist also zu Ende?«

»Ich werde diese Verbindung nie zulassen, sondern alles unternehmen – alles, verstehen Sie –, um sie zu verhindern.«

»Sie sind überaus weltfremd, meine liebe Priscilla. Gönnen Sie dem Kind doch sein Glück. Wie alt waren Sie denn, als Sie die Liebe zum ersten Mal kosteten?«

»Wie können Sie wagen...«

»Ich wage immer viel, meine liebe, zukünftige Schwiegermutter. Ist das nicht erstaunlich? Sie werden meine Schwiegermutter. Sie sind mit fünfzehn – Sie waren damals so alt wie Carlotta heute – heimlich nach Venedig gefahren, um dort Ihr uneheliches Kind zur Welt zu bringen, und ich bitte Sie nur eines: weisen Sie nicht entsetzt den Mann zurück, der ein paar Abenteuer erlebt hat, die die aufgeklärte Gesellschaft als durchaus normal bezeichnen würde.«

»Ich bitte Sie zum letzten Mal: verschwinden Sie, versprechen Sie mir, daß Sie meine Tochter nie wiedersehen.«

»Ich verspreche Ihnen zweierlei: ich werde nicht verschwinden und ich werde Ihre Tochter wiedersehen.«

»Wenn Sie wirklich darauf beharren, werde ich vor nichts zurückschrecken, um Sie daran zu hindern – selbst wenn ich Sie töten müßte.«

Er lächelte.

»Was für eine interessante Situation.«

Ich drehte mich um und verließ das Haus.

Ich ging durch die Straßen, ohne etwas wahrzunehmen. Zu Hause begab ich mich direkt auf mein Zimmer und fragte mich die ganze Zeit, was ich tun solle.

Wen konnte ich um Rat fragen? Harriet begriff nicht, wie entsetzlich die Situation für mich war. Wie sollte sie auch. Sie wußte ja nicht, was sich in jener Nacht in Dorchester abgespielt hatte. Die Eskapade in Venedig tat sie als jugendlichen Übermut ab. Gregory war immer freundlich zu mir und würde alles tun, um mir zu helfen, aber er war nicht sehr einfallsreich und würde diese schwierige Situation nicht meistern.

Carlotta? Was war, wenn ich mit ihr sprach? Ich dachte an Benjie – den lieben Benjie, der seinem Vater so ähnlich war. Ich war der gleichen Meinung wie Harriet – er war genau der Mann, der Carlotta glücklich machen konnte. Er war beständig und ehrlich und würde sie treu und ergeben lieben. Sie sollte ihre Jugend genießen, noch eine Zeitlang von Amelia Garston unterrichtet werden, langsam für die Liebe und die Ehe reifen. Wenn Granville seinen Plan in die Tat umsetzte, würde er sie nur unglücklich machen. Ich ertrug es nicht, daß er seine Gelüste an ihr ebenso ausließ wie an mir.

Ich ging zu ihrem Zimmer; sie war im Begriff auszugehen.

»Was ist denn geschehen?« fragte sie. »Du bist ja ganz blaß und deine Augen blicken verstört, als hättest du ein Gespenst gesehen.«

»Ich muß mit dir sprechen, Carlotta.«

Sie gab mir einen Kuß, brachte mir einen Stuhl, zog einen Schemel heran, setzte sich mir zu Füßen und legte den Kopf auf meine Knie. Trotz ihres jugendlichen Übermuts war sie ein liebenswertes Kind.

»Ich habe schon seit einiger Zeit den Eindruck, daß du mir etwas sagen willst«, bemerkte sie. »Gelegentlich warst du nahe daran, es zu tun. Ist es sehr wichtig?«

»Ich bin deine Mutter, Carlotta.«

Sie starrte mich an. »Was soll das heißen?«

»Ich bin deine Mutter, nicht Harriet.«

»Meine Mutter! Aber...«

»Einmal mußtest du es ja erfahren. Dein Vater war Jocelyn Frinton.«

Sie starrte mich weiterhin entgeistert an, dann begriff sie langsam.

»Deshalb also...«

»Robert hatte es von Harriet erfahren.«

»Das ist alles so verwirrend. Bitte erzähl mir alles von Anfang an.«

Ich erzählte ihr also, wie Jocelyn zu uns gekommen war, wie wir ihm Obdach gewährt hatten und wie er mein Geliebter geworden war.

»Wir wollten heiraten, aber er wurde gefangengenommen, als wir von der Insel zurückkehrten.«

»Ach, du arme Priscilla! Das heißt – ich werde dich wohl von nun an Mutter nennen. Das ist komisch. Harriet habe ich nie Mutter genannt, sie hat immer darauf bestanden, daß ich sie Harriet rufe.«

»Sie war gut zu mir, und alles war ihre Idee. Zuerst erschien es mir verrückt, aber es hat geklappt.«

»Harriet hat nun einmal eine Leidenschaft für Intrigen. – Du bist also meine Mutter. Ich habe dich ohnehin immer schon lieb gehabt.«

»Ach, mein geliebtes Kind, wie sehr habe ich mich nach dir gesehnt, wenn du nicht bei mir warst.«

Sie schloß mich in die Arme. »Ich freue mich. Ich bin also ein Kind der Liebe, nicht wahr? Das ist ein sehr schöner Ausdruck. In Liebe empfangen... in leidenschaftlicher Liebe, die nicht an die Folgen denkt.« Sie machte eine Pause, dann sagte sie plötzlich: »Benjie ist nicht mein Bruder.«

»Nein«, bestätigte ich glücklich.

»Er darf mich also nicht mehr herumkommandieren.«

»Er hat dich doch sehr gern.«

»Was wird jetzt geschehen? Werden es alle erfahren?«

»Ich werde es meiner Mutter gestehen und sie wird wahrscheinlich meinem Vater die Zusammenhänge schonend beibringen. Gregory weiß es natürlich schon.«

»Der liebe Gregory, er war mir immer ein guter Vater.«

»Er ist ein guter Mensch. Auch Christabel weiß es. Sie war mit uns in Venedig.«

»Ach, Christabel. Ich denke nicht oft an sie, und sie hat immer nur ihren Sohn im Kopf.«

»Sie hat sich in Venedig meiner angenommen.«

»Ich habe es immer romantisch gefunden, daß ich in Venedig

zur Welt gekommen bin. Meine Geburt hat viel Aufregung verursacht, nicht wahr?«

»Du magst ja Aufregungen.«

»Kein Wunder, bei dieser Geburt.«

Sie küßte mich wieder; die Neuigkeit hatte sie aus der Fassung gebracht. Sie war keineswegs darüber entsetzt, daß sie ein uneheliches Kind war, sondern fand es romantisch und aufregend und freute sich sichtlich darüber, daß ich ihre Mutter war. Ich machte eine entsprechende Bemerkung.

»Ja, ich freue mich«, gab sie zu. »Du bist genau die Mutter, die ich mir gewünscht habe. Das ist zwar Harriet gegenüber undankbar, denn sie ist zwar eine sehr aufregende . . . aber keine wirkliche Mutter. Eine Mutter soll sich Sorgen um ihr Kind machen, ihm das Gefühl geben, daß sie immer da sein wird, ganz gleich, was es tut, bereit sein, für ihr Kind zu sterben.«

»Ich würde jederzeit mein Leben für dich und Damaris hingeben.«

»Richtig, Damaris ist meine Halbschwester, und Leigh ist mein Stiefvater. Weiß er es?«

»Ja.«

»Hast du es ihm erzählt?«

»Ja, bevor wir heirateten.«

»Du warst sozusagen dazu verpflichtet.«

»Sozusagen.«

»Wer weiß es sonst noch?«

Ich zögerte. »Beaumont Granville.«

Sie schaute mich erstaunt an. »Beau weiß es?«

»Eigentlich ist er der Grund, eigentlich habe ich dir seinetwegen heute die Wahrheit gesagt. Mir gefällt deine Freundschaft mit diesem Mann nicht.«

»Was soll das heißen?«

»Er ist kein guter Mensch, er ist sehr böse.«

Ihr Gesicht wurde hart, und die Zärtlichkeit verschwand rasch daraus.

»Du hast ihn von dem Augenblick an gehaßt, als wir ihn im Exchange kennenlernten.«

»Ich habe ihn schon vorher gehaßt, denn ich kannte ihn.«

»Das hast du aber nie erwähnt.«

»Hat er es getan?«

»Nein.«

»Er war gleichzeitig mit mir in Venedig.«

»Warum?«

»Vermutlich auf der Suche nach Abenteuern. Er hat während seines ganzen sinnlosen Lebens nichts anderes getan.«

»Wie kannst du behaupten, daß sein Leben sinnlos ist? Er hat sogar einmal in der Armee gedient.«

»In Uniform muß er besonders gut ausgesehen haben.«

»Bitte mach dich nicht über ihn lustig.«

»Er ist böse. In Venedig versuchte er, mich zu entführen, und Leigh verprügelte ihn deshalb. Die Narben sind heute noch an ihm zu sehen. Er verführt Mädchen, wann und wo er nur kann... vor allem, wenn sie jung und unschuldig sind.«

»Du bist fürchterlich rückständig, Priscilla, du hast zu lang auf dem Land gelebt.«

»Bei dir ist das ganz anders, du bist ja schon seit vierzehn Tagen in London.«

»Ich verstehe ihn, er hat mir soviel über sein Leben erzählt. O ja, er hat Abenteuer erlebt, viele Frauen gehabt. Sie sind ihm nachgelaufen und er wollte sie nicht kränken, wenn sie zu hartnäckig waren. Aber das ist alles vorbei.«

»Seit wann?«

»Seit er mich kennt.«

»Willst du damit sagen...«

Sie unterbrach mich. »Ich liebe ihn, und er liebt mich.«

»Er liebt dein Vermögen. Bist du denn nicht selbst auf diese Idee gekommen?«

»Er hat mein Vermögen nie erwähnt.«

»Er hat es mir gegenüber erwähnt.«

Sie sah mich verdutzt an. »Er hat mit dir gesprochen?«

»Ja, er braucht dein Vermögen. Er ist nur scheinbar reich, und für seinen aufwendigen Lebensstil braucht er viel Geld. Deines kommt ihm gerade gelegen.«

»Das ist doch albern.«

»Von dir, ja. Er ist sehr gerissen.«

»Du haßt ihn so sehr. Weil ich ihn liebe?«

»Nein, mein Haß ist älter.«

»Weil er dich einmal geliebt hat?«

»Er liebt niemanden außer sich selbst, Carlotta. Und er ist so in sich verliebt, daß nichts anderes daneben Platz hat.«

»Du hast also mit ihm gesprochen, und hast mir nur deshalb die Wahrheit gesagt, um ihm zuvorzukommen.«

»So könnte man es auch sehen.«

»Als ihr in Venedig wart, hast du ihm erzählt, daß du ein Kind erwartest.«

»Nein. In Venedig habe ich mich nicht mit ihm unterhalten. Er versuchte, mich auf einem Maskenball zu entführen. Zum Glück rettete mich Leigh.«

»Woher weiß er es dann?«

»Er hat es irgendwie herausbekommen. Vielleicht gibt es Leute, die für ihn herumspionieren.«

»Und du haßt ihn, weil er es weiß?«

»Nicht deshalb, aus ganz anderen Gründen.«

»Trotzdem solltest du deine Einstellung ihm gegenüber ändern, denn ich werde ihn heiraten.«

»Das ist unmöglich, Carlotta. Du bist zu jung für eine Ehe. Du bist noch nicht einmal fünfzehn.«

»Viele Leute heiraten mit fünfzehn, vor allem Prinzessinnen und Königinnen. Du hast zwar in diesem Alter nicht geheiratet, aber du hast geliebt.«

»Das ist etwas anderes.«

»Wieso? Du hast meinen Vater geliebt, ich liebe Beau.«

»Er ist zu alt für dich.«

»Ich soll also irgend so einen dummen Jungen heiraten, der meist selber erst ins reine kommen muß?«

»Er muß um mindestens dreißig Jahre älter sein als du.«

»Von mir aus könnte er um fünfzig Jahre älter sein. Er ist der aufregendste Mensch, den ich je kennengelernt habe, und ich werde ihn heiraten.«

»Das wirst du nicht. Du kannst nicht ohne Zustimmung deiner Eltern heiraten.«

»Da ich erst vor wenigen Augenblicken erfahren habe, wer meine Eltern sind, solltest du lieber nicht mit diesem Argument kommen. Du hast mir unsere Verwandtschaft erst heute enthüllt.«

Das tat weh! Ich hatte all die Jahre nichts anderes gewollt, als sie offiziell zu mir zu nehmen.

»Versteh doch, Carlotta. Ich tue das alles nur deinetwegen. Du kannst diesen Mann noch nicht heiraten.«

Darauf reagierte sie sofort. »Wie lange sollten wir deiner Meinung nach warten?«

»Bis du sechzehn bist.«

»Das ist zu lang.«

»Also gut, ein Jahr. Oder wenigstens sechs Monate.«

Sie überlegte.

Die Zeit wird für mich arbeiten, dachte ich. Solange sie sich nicht Hals über Kopf in dieses Abenteuer stürzt, besteht Hoffnung.

»Gut«, gab sie in diesem Augenblick nach, »sechs Monate könnten wir warten.«

Ich war erschöpft, verzweifelt und unglücklich.

In dieser Stimmung suchte ich Harriet auf und erzählte ihr, was ich getan hatte.

Sie nickte. »Das war richtig von dir.«

»Und jetzt möchte ich nach Eversleigh zurückfahren, Harriet. Ich mag keinen Tag länger in London bleiben.«

Sie sah mich verständnisvoll an. »Wir fahren morgen.«

Am nächsten Tag machten wir uns auf den Weg. Carlotta sah verdrossen aus und sprach kaum mit mir. Jedenfalls wird sie ihn eine Weile nicht zu Gesicht bekommen, dachte ich. Harriet wird ihn bestimmt nicht nach Abbas einladen, und ich werde dafür sorgen, daß er nicht nach Eversleigh kommt.

Wir setzten Harriet in Abbas ab, und ich war betroffen, als Carlotta beschloß, eine Weile dort zu bleiben und dann erst nach Eversleigh nachzukommen.

Ich fuhr also allein weiter.

Nachdem das Geheimnis gelüftet war, mußte ich meine Mutter sofort in Kenntnis setzen, damit sie es nicht von jemand anderem erfuhr.

Als sie mich sah, erkundigte sie sich besorgt, ob ich zu oft spät zu Bett gegangen war. Ich erzählte ihr von dem verstauchten Knöchel, und sie bestand darauf, daß Sally Nullens ihn sich ansah.

Sally drückte auf dem Knöchel herum, brummte, daß das nur vom Herumstreunen käme, fand aber, daß er wieder in Ordnung war.

Meine Mutter begleitete mich in mein Schlafzimmer, und dadurch hatte ich Gelegenheit, allein mit ihr zu sprechen.

Die Einleitung war die gleiche wie bei Carlotta. »Ich muß mit dir sprechen, Mutter.«

Sie war sofort besorgt. »Was ist denn, mein Liebling?«

Ihre sanfte Stimme trieb mir die Tränen in die Augen. Ich wischte sie hastig weg. »Ich fürchte, es wird ein Schock für dich sein. Eigentlich hätte ich es dir nicht verschweigen dürfen, aber ich hatte Angst, es dir zu erzählen.«

»Du hast doch nicht wirklich Angst vor mir?«

»Ich hatte Angst, daß ich dir Kummer bereiten würde.«

»Bist du vielleicht krank? Bitte, sprich weiter, ich mache mir solche Sorgen.«

»Nein, ich bin nicht krank. Es handelt sich um etwas, das vor langer Zeit geschehen ist – ich bekam damals ein Kind.«

Sie starrte mich ungläubig an.

»Carlotta ist meine Tochter«, fügte ich rasch hinzu und erzählte ihr alles – von Jocelyns Auftauchen an bis zu meiner Reise nach Venedig. »Ach, Kind«, rief sie, »warum bist du damals nicht zu mir gekommen? Ich hätte mich deiner angenommen.«

»Harriet kam auf diese Idee.«

»Harriet!« Ihre Augen blitzten zornig. »Das sieht ihr ähnlich. Ich wäre mit dir in ein kleines englisches Dorf in den Midlands oder in den Norden gefahren, wo uns niemand gekannt hätte. Venedig! Darunter hat es Harriet nicht getan.«

»Ich war ihr sehr dankbar. Sie hat mir wirklich geholfen.«

»Das Ganze war ein verrückter, melodramatischer Einfall.«

»Es war jedenfalls besser, als das Kind einer Pflegemutter zu überlassen, was in solchen Fällen ja oft geschieht.«

»Mir wäre schon etwas eingefallen. Wir hätten sie zum Beispiel adoptieren können, so daß sie unter unserem Dach aufgewachsen wäre.«

»Ich weiß, daß du mir geholfen hättest, aber damals erschien mir Harriets Vorschlag die bessere Lösung. Ich habe Carlotta jetzt in London die Wahrheit gesagt.«

»Und Leigh?«

»Leigh weiß Bescheid. Ich habe es ihm gestanden, bevor wir vor den Traualtar traten.«

»Gott sei Dank. Deinem Vater werde ich es besser selbst mitteilen.«

»Ich bezweifle, daß es ihn interessiert.«

»Natürlich wird es ihn interessieren. Carlotta ist seine Enkelin, und du bist seine Tochter.«

»Er hat sich nie um mich gekümmert.«

»O doch, er hat es nur nicht gezeigt. Das ist eben seine Art.«

»Schön, dann erzähl es ihm. Für mich ist es jedenfalls eine Erleichterung, daß du jetzt eingeweiht bist.«

»Deshalb hat also Carlotta Frintons Vermögen geerbt.«

Ich nickte.

Sie griff nach meiner Hand und hielt sie fest. »Ach, Priscilla, als du klein warst, hattest du dich so sehr an mich angeschlossen und ich war so froh darüber.«

»Weil mein Vater mich nicht mochte.«

»Das stimmt nicht.«

»Vielleicht übersah er mich auch nur. Ich war ein Mädchen, und er wollte einen Sohn haben. Deshalb hielt ich mich so gern bei Harriet auf, weil Gregory sich so oft mit mir beschäftigte, mir Bilder zeigte und mir Geschichten erzählte. Einmal sagte ich ihm: ›Es wäre schön, wenn du mein Vater wärst.‹ ›So etwas darfst du nicht sagen‹, wies er mich zurecht. ›Warum nicht?‹ fragte ich. ›Es stimmt doch, und man soll immer die Wahrheit sagen.‹ Und was glaubst du, wie er darauf reagiert hat? ›Man darf die Wahrheit nur dann sagen, wenn man damit niemandem weh tut.‹«

Sie schloß mich in die Arme. »Ich habe nicht gewußt, daß du so an ihm hängst. Ach, wärst du nur damals mit deinen Schwierigkeiten zu uns gekommen.«

»Vielleicht wäre es wirklich richtig gewesen. Aber Harriet hatte immer soviel Verständnis für mich, und sie nahm soviel Anteil an mir, genau wie Gregory.« Dann lachte ich leicht hysterisch. »Anscheinend stört es dich mehr, daß ich mich an Harriet gewandt habe, als daß ich mit fünfzehn ein uneheliches Kind bekommen habe.«

»Ach, das ist so lange her. Ich bin froh, daß du es mir erzählt hast. Ich habe also zwei Enkelinnen. Jetzt ist aber Schluß mit der Geheimniskrämerei. Dieses Versteckenspiel hat dir Sorgen bereitet, und du machst dir jetzt deshalb Gedanken, das kann ich dir an der Nasenspitze ansehen.«

Wie konnte ich ihr gestehen, worüber ich mir in Wirklichkeit Gedanken machte? Ich konnte ihr nie erzählen, was damals in jener schrecklichen Nacht in Dorchester geschehen war, als sie mit Fieber im Bett lag.

Mein Vater erfuhr noch in der gleichen Nacht von ihr, daß Carlotta seine Enkelin war.

Er sprach nicht mit mir darüber. Ein- oder zweimal ertappte ich ihn dabei, daß er mich aufmerksam beobachtete, als sehe er mich plötzlich in neuem Licht. Wahrscheinlich ging ihm jetzt erst auf, daß seine Tochter eine attraktive Frau und ihm in gewisser Weise ähnlich war.

Im übrigen verhielt er sich mir gegenüber genauso kühl und distanziert wie zuvor.

Es war Weihnachten, und Harriet, Gregory, Benjie und Carlotta sollten die Feiertage bei uns verbringen. Ich freute mich auf das

Wiedersehen mit Carlotta und war tief verletzt, als sie mich nur kühl begrüßte. Sie war böse auf mich, weil ich kein Verständnis für ihre Liebe zu Granville zeigte.

Das Haus war weihnachtlich geschmückt, wie jedes Jahr – Stechpalmen, Efeu und noch ein paar immergrüne Pflanzen. Die Weihnachtssinger kamen, und Harriet veranstaltete am Christtag eine Theateraufführung.

Granville wurde mit keinem Wort erwähnt, und wenn Carlotta mir gegenüber nicht so zurückhaltend gewesen wäre, hätte ich angenommen, daß sie ihn vergessen hatte.

Mein Vater beobachtete Carlotta amüsiert. Anscheinend war er stolz darauf, daß er eine so attraktive Enkelin hatte.

Ich sehnte mich sehr nach Leigh, der seit Monaten in der Ferne weilte. Er befand sich immer noch auf dem Kontinent, wo der König tief in den Streit um die spanische Thronfolge verwickelt war, da Ludwig XIV. die Krone Spaniens seinem Enkel sichern wollte. Weil diese Frage nicht nur England, sondern ganz Europa betraf, hatte Wilhelm Truppen in Holland stationiert. Leigh und Edwin befehligten je eine Kompanie. Es konnte zwar jederzeit zum Ausbruch der Feindseligkeiten kommen, im Augenblick befanden sie sich jedoch nicht in Gefahr.

Ich dachte viel über meine Ehe mit Leigh nach, in der wir nie zur vollen Erfüllung gelangt waren, obwohl wir einander liebten. Ich wußte, daß die Schuld bei mir lag.

Ich konnte Granville nicht vergessen. Jedesmal, wenn Leigh mich umarmte, sah ich das spöttische Gesicht des anderen vor mir, und der Körper meines Mannes verwandelte sich in den Granvilles. Ich hatte wirklich einen hohen Preis für das Leben meines Vaters bezahlt.

Manchmal empfand ich das Bedürfnis, mit Leigh über unsere Ehe zu sprechen. Ich wollte ihm erklären, daß ich ihn liebte, daß mein Ziel das Aufgehen des einen in dem anderen war. Ich war eine leidenschaftliche Frau, doch die Erinnerung an Granville hemmte mich.

Leigh würde mich bestimmt verstehen und mir helfen, das Hindernis zu überwinden, das zwischen uns lag. Er war ebenfalls ein leidenschaftlicher Liebhaber, und ich fragte mich oft, wie er es während der langen Trennungen mit der Treue hielt.

Im Unterbewußtsein quälte mich die Angst, daß er sich eines Tages von mir abwenden könnte.

Der Dreikönigstag war vorbei. Wir hatten den traditionellen Kuchen gegessen, und Harriet hatte den Ring in ihrem Stück gefunden. Sie war daraufhin für diese Nacht zur Königin ernannt worden und hatte uns natürlich alle möglichen Scharaden aufführen lassen.

Am nächsten Tag war Carlotta verschwunden.

Zum Glück entdeckten wir ihre Abwesenheit sehr bald.

Emily war in ihr Zimmer gekommen, um ihr einen Unterrock zu bringen, den sie bestickt hatte, doch Carlotta war nicht vorhanden. Emily hatte sich auf die Suche gemacht und mich auf der Treppe getroffen.

»Ich war gerade in Miß Carlottas Zimmer«, berichtete sie.

»Schläft sie noch?«

»Nein, sie ist nicht da, und ich habe keine Ahnung, wo sie steckt.«

Carlotta war keine Frühaufsteherin, und es kam mir merkwürdig vor, daß sie ihr Zimmer bereits verlassen hatte. Wir nahmen das Frühstück nicht gemeinsam ein, sondern jeder kam herunter, wann es ihm beliebte und nahm sich etwas von der Anrichte, ausgenommen Harriet, die eine Tasse Schokolade ans Bett serviert bekam. Ich hatte um acht Uhr gefrühstückt, doch Carlotta nicht gesehen.

Besorgt ging ich in ihr Zimmer.

Zu meiner Erleichterung stellte ich fest, daß sie in ihrem Bett geschlafen hatte. Anscheinend hatte sie einen Morgenspaziergang unternommen.

Ich ging in den Garten hinaus, in dem Jasper schon an der Arbeit war.

Ich blieb stehen und plauderte mit ihm. Er meinte, daß das Wetter zu warm wäre. Wir brauchten eine Schneedecke, damit die Pflanzenzwiebeln vor Frost geschützt waren.

Dann schüttelte er bekümmert den Kopf. »Die Welt ist böse. Die Menschen werden für ihre Sünden büßen müssen.«

»Das sind sehr düstere Gedanken. Jeder von uns hat einmal gesündigt, du sicherlich auch, Jasper.«

»Ich habe dem Herrn gedient, so gut ich konnte.«

»Ist dir nie aufgefallen, daß viele uns uns das ebenfalls tun? Doch vielleicht erwartet Gott etwas anderes von uns, als wir zu geben bereit sind.«

»Sie haben es immer verstanden, die Worte zu drechseln, sogar schon als kleines Mädchen.«

»Wir sind so, wie Gott uns geschaffen hat, Jasper, das weißt du genau, und wenn es ihm nicht gefällt, wie wir sind ... dann hätte er uns anders schaffen müssen.«

»Ich will diese Lästerung nicht gehört haben, denn sie ist eine Sünde. Außerdem muß ich mit meiner Arbeit weitermachen. Die Kutsche hat die Auffahrt vollkommen aufgewühlt. Die Räder haben sich tief in die feuchte Erde gegraben.«

»Wann ist das denn geschehen?«

»Gestern waren die Spuren noch nicht da, aber heute nacht hat es in Strömen geregnet.«

Ich begleitete ihn zur Auffahrt und erblickte die Radfurchen. Es war nicht zu übersehen: heute früh hatte ein Wagen hier gehalten. Für wen? Carlotta?

Ich lief zu Harriet. Sie schlief; die leere Schokoladentasse stand neben ihrem Bett.

»Harriet!« rief ich. »Wach auf!«

Sie schlug die Augen auf und starrte mich an.

»Weißt du, wo Carlotta ist?« fragte ich.

Sie schüttelte den Kopf und gähnte.

»Sie ist verschwunden«, erklärte ich. »Heute früh ist eine Kutsche die Auffahrt heraufgefahren. Hast du mit Carlotta gesprochen? Was hat sie dir gesagt? Was geht hier vor?«

Sie setzte sich auf. »Ich habe keine Ahnung, wo sie steckt. Ich weiß von nichts.«

Ich glaubte ihr und war verzweifelt. Carlotta war durchgebrannt, und ich konnte mir denken, mit wem.

Ich befragte die Dienerschaft. Niemand hatte sie gesehen. Ellen hatte gegen sieben Uhr früh Rädergeratter gehört, war ihrer Sache aber nicht ganz sicher.

Die Wahrheit erfuhr ich jedoch erst von Amelia Garston. Sie versuchte zunächst, mir ausweichende Antworten zu geben, obwohl sie unter Tränen immer wieder beteuerte, sie habe Carlotta ihr Ehrenwort geben müssen, nichts zu verraten.

Carlotta war davongelaufen. Granville hatte sie zeitig am Morgen mit seiner Kutsche abgeholt. Sie fuhren nach London, wo sie heiraten wollten.

Die Männer wollten den Flüchtigen sofort nacheilen. Ich bestand darauf, mitzureiten, und glaubte die ganze Zeit, daß wir zu spät kommen würden. Wir nahmen unsere besten Pferde – mein Vater, Gregory und ich. Ich war froh, daß mein Vater mitkam, denn ich war davon überzeugt, daß er mit Granville fertigwerden würde.

Carlotta war zu jung, um zu heiraten, und Gregory, mein Vater und ich würde unseren Willen sicherlich durchsetzen. Mein Vater stand bei Hof wieder in Ansehen, und seine Anwesenheit würde Granville gegenüber Gewicht haben. Ich bezweifelte, daß der König Männer wie Beaumont Granville schätzte.

London kam in Sicht. Es war ein nebliger Tag, und es nieselte. Der Ritt schien doppelt so lange zu dauern als sonst, und ich war schon zutiefst verzweifelt, als sich das Blatt unerwartet zu unseren Gunsten wendete.

Knapp eine Meile vor der Stadt saß Granvilles Kutsche fest. Eines der Räder war in den Graben geglitten, und der Kutscher versuchte unter Aufbietung seiner ganzen Kraft, es wieder herauszuheben.

»Gott sei Dank«, rief ich, »wir kommen rechtzeitig.«

Mein Vater übernahm alles Weitere.

»Guten Morgen, Sir. Wie ich sehe, sitzen Sie im Graben fest. Das nenne ich Gerechtigkeit. Sie haben nicht das Recht, diese junge Dame aus ihrem Heim zu entführen.«

Carlotta erschien am Fenster der Kutsche. Sie war tief errötet und schrie: »Er hat mich nicht entführt, ich bin freiwillig mitgefahren.«

»Du wirst mit uns zurückreiten, auch wenn du es nicht freiwillig tust«, antwortete mein Vater. »Du benimmst dich äußerst ungehörig.«

Sie ballte die Fäuste, antwortete jedoch nicht. Sie hatte immer Respekt vor meinem Vater gehabt, obwohl er ihr gegenüber nachsichtiger gewesen war als mir gegenüber. Sie waren einander sehr ähnlich – sie waren beide wild, leidenschaftlich und starrsinnig.

Granville sah genauso weltmännisch und kühl aus wie immer.

»Ich kann alles erklären...« begann er.

»Das ist nicht notwendig«, unterbrach ihn mein Vater. »Mir ist alles klar.«

»Ich hatte vollkommen ehrenhafte Absichten. Ich habe die junge Dame um ihre Hand gebeten, und sie hat sie mir gewährt.«

»Du hast dich bereit erklärt zu warten«, fuhr ich Carlotta an.

»Du behandelst mich, als wäre ich ein Kind«, protestierte sie.

»Du benimmst dich jedenfalls wie eines«, knurrte mein Vater. »Komm, steig auf mein Pferd. Wir werden beim nächsten Gasthaus versuchen, ein Reittier für dich zu bekommen.«

»Aber die junge Dame wünscht...«, versuchte Granville noch einmal.

»Sie wissen, welche Strafen auf Verführung von Unmündigen stehen, Sir«, unterbrach ihn mein Vater wieder.

»Ich bin kein Kind mehr«, widersprach Carlotta.

»Du bist noch nicht mündig, und deshalb müssen deine Eltern für dich entscheiden. Also Schluß mit dem Unsinn. Ich könnte Sie vor Gericht bringen, Sir, denn ich habe in höchsten Kreisen einen gewissen Einfluß. Eskapaden dieser Art werden nicht mehr gern gesehen.«

Granville schien sich mit seinem Schicksal abzufinden.

»Ich bleibe bei dir, Beau«, trotzte Carlotta.

»Du kommst mit uns nach Eversleigh zurück«, bestimmte mein Vater, »und zwar sofort.«

Granville sah die Kutsche betrübt an.

»Wir haben Pech gehabt. Wenn uns nicht dieser Unfall dazwischengekommen wäre, wären wir jetzt bereits verheiratet, und deine Verwandten könnten nichts mehr unternehmen«, erklärte er Carlotta.

Sie war den Tränen nahe, doch sie wagte nicht, meinem Vater zu widersprechen. Gregory hatte sich aus dem Ganzen herausgehalten, er war für solche Auseinandersetzungen zu sanftmütig.

Granville zuckte die Schultern und wandte sich an meinen Vater.

»Es tut mir leid, Sir, daß ich Ihnen Unannehmlichkeiten bereitet habe, aber Sie wissen ja, wie es ist, wenn man verliebt ist.«

Dann drehte er sich zu Carlotta um und half ihr aus dem Wagen. Er flüsterte ihr etwas zu, und sie strahlte auf.

Er küßte ihr zum Abschied die Hand; dann ging sie zu meinem Vater, er hob sie vor sich in den Sattel, und wir ritten heimwärts.

Granville stand auf der Straße und sah zu, wie sich sein Kutscher abmühte, die Kutsche aus dem Graben zu schieben.

VIII
Mord in Enderby

Auf dem Heimweg schwieg Carlotta, in Gedanken versunken. Und wenn ich mit ihr sprach, antwortete sie kaum. Für sie war ich der Mensch, der ihr Glück zerstört hatte.

Als wir in Eversleigh eintrafen, wartete Harriet schon auf uns. Carlotta lief zu ihr und warf sich ihr in die Arme. Mich überlief eine Welle der Eifersucht. Carlotta zeigte mir mit dieser Geste, daß Harriet ihre Freundin war, daß Harriet nie so grausam zu ihr gewesen wäre.

Wie gern hätte ich Carlotta erklärt, daß ich sie liebte, daß ich alles nur getan hatte, um sie vor dem Mann zu retten, der mich gedemütigt und ungerührt zugegeben hatte, daß er sie nur wegen ihres Geldes heiraten wollte. Doch dann mußte ich ihr auch von dieser fürchterlichen Nacht erzählen.

Er war kein Ehrenmann. Wenn es nicht um Carlottas Geld gegangen wäre, hätte er sich damit begnügt, sie zu verführen; doch wenn er ihre Erbschaft in die Finger bekommen wollte, mußte er sie heiraten.

Meine arme, naive, betrogene Carlotta, die glaubte, daß sie alles verstand und die so wenig vom Leben wußte.

Sie mied mich, und mir brach das Herz. Ich konnte kaum etwas zu mir nehmen.

Meine Mutter war um mich besorgt. »Du darfst es dir nicht so zu Herzen nehmen, Priscilla. Junge Menschen neigen zu solchen Eskapaden. Natürlich ist er nicht der Richtige für sie. Du wirst sehen, in ein paar Wochen hat sie ihn vergessen.«

Meine Alpträume kehrten wieder. Granville ging mir nicht aus dem Sinn.

»Wenn nur Leigh hier wäre«, meinte meine Mutter. »Er könnte dich trösten. Ich war immer schon gegen diese langen Abwesenheiten; so kann man keine glückliche Ehe führen.«

»Er hat die Absicht, den Dienst zu quittieren. Wir haben vor, Dower House zu übernehmen und Land dazuzukaufen.«

»Das ist eine großartige Idee. Dein Vater muß ihm schreiben, daß er möglichst bald seinen Abschied nehmen soll.«

»Das wird er ohnehin tun, sobald es ihm möglich ist.«

»Doch du mußt jetzt aufhören, dir wegen dieser leidigen Angelegenheit den Kopf zu zerbrechen. Dein Vater behauptet, daß Granville schon in einige Skandale verwickelt war.«

»Das stimmt. Er ist auf keinen Fall der richtige Mann für Carlotta. Aber sie ist so eigensinnig mit dieser Sache, so festgefahren, daß ich Angst um sie habe.«

»Nun, du hast sie zurückgebracht, und sie wird schon einsehen, daß sie noch warten muß, bevor sie heiraten kann. Und wenn man jung ist, gilt das Sprichwort ›Aus den Augen, aus dem Sinn‹.«

Sie hat recht, überlegte ich, Carlotta wird Granville vergessen. Außerdem ist ja Benjie da, der jetzt auch weiß, daß sie nicht seine Schwester ist.

Ich gewöhnte mir an, allein auszureiten, denn ich ertrug das müßige Geplauder nicht, solange mir dieses eine Problem so zu schaffen machte. Harriet hatte sich ohnehin schon darüber beschwert, daß ich so geistesabwesend war.

Eines Morgens landete ich unversehens bei Enderby Hall, das seit dem Tod von Robert Frinton leer stand. Es gehörte zwar jetzt Carlotta, doch wir hatten in Erwägung gezogen, es zu verkaufen und das Geld für sie anzulegen.

Ich hatte das Haus nie gemocht, weil es so düster wirkte. Natürlich war es ein Unsinn zu behaupten, daß es ein Unglückshaus war, nur weil sich in ihm einige Tragödien abgespielt hatten.

Ich ritt die Auffahrt hinauf und bemerkte dabei, daß sie allmählich von den Büschen überwuchert wurde. Ich mußte Jasper hierherschicken, damit er den Garten ein bißchen in Ordnung brachte.

Vor dem Haus hielt ich an und blickte zu den Fenstern hinauf. Dann sah ich eine Hand, die einen Vorhang zur Seite schob. Jemand befand sich in dem Haus.

Mein erster Impuls war, davonzureiten, doch ich beherrschte mich. Ich glaubte nicht an Gespenster und war zu unglücklich, um mir wegen meiner Sicherheit Gedanken zu machen. Vielleicht verbarg sich ein flüchtiger Verbrecher im Haus? Es wäre am klügsten gewesen, nach Eversleigh zurückzureiten und Hilfe zu holen.

Doch ich verhielt mich nicht klug; ich stieg ab, band mein Pferd an und ging zur Eingangstür hinauf.

Sie ließ sich ohne weiteres öffnen, was seltsam war, weil sie eigentlich versperrt sein sollte. Ich betrat die Halle und blieb einen Augenblick stehen. Dann hörte ich oben ein Geräusch – Schritte, das Rascheln von Kleidung.

Mein Herz pochte wild, und ich zitterte. Ich wußte nicht, was ich eigentlich erwartete, sondern war nur bereit, davonzulaufen, wenn es sich als notwendig erwies.

Am oberen Ende der Treppe erschien Granville.

»Sie!« rief ich.

»Willkommen«, antwortete er. »Ich habe Sie vom Fenster aus gesehen. Anscheinend ist es mir bestimmt, immer wieder in Ihr Leben zu treten.«

»Ich wäre froh, wenn Sie endgültig aus ihm verschwänden.«

»Das wird sich kaum machen lassen, da ich die Absicht habe, Ihre Tochter zu heiraten.«

»Mein Vater hat Ihnen doch klargemacht, daß Sie sich diesen Gedanken aus dem Kopf schlagen müssen.«

»Haben Sie wirklich geglaubt, daß ich so leicht aufgeben würde?«

»Ihnen bleibt gar nichts anderes übrig, als von hier zu verschwinden.«

»Das werde ich auch tun... mit Carlotta. Vielleicht fahren wir nach Venedig, das wäre doch von einem gewissen Reiz, finden Sie nicht?«

»Denken Sie an Ihre Narben, die Sie in Venedig davongetragen haben. Es könnten leicht noch einige dazukommen.«

»Das Gesetz wäre auf meiner Seite, wenn jemand mich überfällt, nachdem ich geheiratet habe.«

»Zu dieser Heirat wird es nie kommen.«

»Da irren Sie sich, meine spröde Priscilla. Die Kleine ist verrückt nach mir. Sie sollten aus eigener Erfahrung wissen, daß ich es verstehe, mit Frauen umzugehen. Dennoch sollten Sie sich davor hüten, mich zu erzürnen. Mischen Sie sich nicht in meine Angelegenheiten; Carlotta und ich werden heiraten, und Sie können es nicht verhindern.«

»Was suchen Sie überhaupt in diesem Haus?«

»Ich logiere hier, bis wir abreisen. Es wird bald soweit sein.«

»Carlotta weiß, daß Sie hier wohnen?«

»Ja, in ihrem Haus, das bald unser Haus sein wird.«

»Sie haben es ja nur auf ihr Vermögen abgesehen.«

»Es ist üblich, daß ein Mann das Vermögen seiner Frau verwaltet.«

»Ich bitte Sie, lassen Sie sie in Ruhe. Sie ist jung, und Sie sind alt.«

»Nein, nur erfahren, und das gefällt ihr. Sie mag keine grünen Jungen.«

»Besitzen Sie denn überhaupt kein Schamgefühl?«

»Nein. Alle meine Gefühle beschränken sich auf meine Liebe zu Carlotta.«

»Und zu ihrem Geld.«

»Es macht einen Teil ihres Reizes aus.«

Ich fühlte mich vollkommen hilflos. Was sollte ich tun? Ich ertrug es nicht, ihm noch länger gegenüber zu stehen und Wortgefechte mit ihm auszutragen.

Ich drehte mich um und verließ das Haus.

Als ich zurückkritt, war ich wie betäubt. Ich mußte etwas unternehmen. Aber was?

Ganz gleich, wie ich es drehte und wendete, es gab nur einen Ausweg. Nur etwas konnte Carlotta retten: Beaumont Granvilles Tod. Solange er am Leben war, würde er nie aufgeben. Und er hatte sie bezaubert. Er mußte sterben.

Merkwürdigerweise fühlte ich mich besser, nachdem ich zu diesem Entschluß gelangt war. In Eversleigh ging ich sofort in die Waffenkammer. Ich hatte Carl und Benjie gelegentlich zugeschaut, wenn sie Schießübungen veranstalteten und ab und zu mich sogar selbst daran beteiligt.

»Für ein Mädchen triffst du recht gut«, hatte Leigh einmal lobend bemerkt.

Es ist die einzige Möglichkeit, redete ich mir ein und griff nach einer kleinen Pistole, die ich schon früher verwendet hatte. Ich nahm sie in mein Zimmer mit und versteckte sie in einer Schublade.

Würde ich es wirklich fertigbringen? Konnte ich einen Mord begehen? Wahrscheinlich ist jeder unter bestimmten Umständen dazu fähig, wenn es der einzige Ausweg aus einer unerträglichen Lage ist.

Es würde kurz und schmerzlos ablaufen. Ich wollte in das Haus gehen, nach ihm rufen, und wenn er auf der Treppe erschien, auf ihn schießen.

Damit war alles erledigt... und es war die einzige Möglichkeit, die mir blieb, um Carlotta vor einem verpfuschten Leben zu bewahren.

Ich war es ihr schuldig. Ich hatte mich nicht zu ihr bekannt, als sie zur Welt kam, sondern sie einer anderen Frau überlassen. Ich mußte sie vor diesem sadistischen Tier retten, denn ich konnte mir sehr gut vorstellen, was er ihr alles antun würde.

Mir war jetzt leichter ums Herz.

Ich mußte noch den Tag überstehen, und er zog sich endlos in die

Länge. Am Nachmittag traf ich meinen Vater auf der Treppe. Er sah mich aufmerksam an und stellte fest: »Du siehst nicht gut aus.«

»Es wundert mich, daß du es bemerkst.«

»Wahrscheinlich machst du dir wegen deiner Tochter Sorgen?« Ich antwortete ihm nicht.

Er nahm mich am Arm und zog mich in das Zimmer, das wir als sein privates Arbeitszimmer bezeichneten, weil er dort die mit dem Gut zusammenhängenden Schreibarbeiten erledigte.

Er sah mich beinahe liebevoll an.

»Sie kann sehr gut auf sich selbst aufpassen, und sie weiß, was sie will. Wenn sie diesen Mann heiraten will, wird sie es auch tun, und du kannst nichts dagegen unternehmen.«

»O doch.«

»Und zwar was?«

»Ich kann diese Ehe verhindern, und ich werde es tun.«

»Wir können die beiden eine Zeitlang voneinander fernhalten, aber es wird uns nichts helfen. Sie ist fest dazu entschlossen.«

»Und er ist entschlossen, ihr Geld an sich zu bringen.«

»Es stimmt, er hat einen schlechten Ruf. Aber es könnte auch gut gehen. Manchmal gibt ein Mann seine bisherige Lebensweise auf und wird vernünftig.«

Aber der Tag brachte noch weitere Aufregungen. Am Nachmittag kehrte Leigh heim.

Ich lag in seinen Armen, und er küßte mich.

»Du warst sehr lange fort«, stellte ich fest.

»Ich kam, sobald ich konnte. Ich quittiere den Dienst und bleibe von nun an bei dir zu Hause.«

»Das ist gut, Leigh.«

»Du bist so schmal geworden, Liebste, und so blaß. Bist du krank?«

»Nein, und ich werde mich wieder erholen, wenn du ständig bei mir bist.«

Meine Mutter war aufgeregt. »Das ist herrlich, Leigh, ich habe mich so sehr danach gesehnt, daß du endlich nach Hause kommst. Priscilla spricht oft von euren gemeinsamen Plänen für das Dower House.«

Dann lief sie in die Küche, denn Leigh sollte eine besondere Mahlzeit bekommen. Anscheinend nahm sie an, daß jetzt alles in Ordnung kommen würde, weil Leigh wieder da war.

Ich war verwirrt und dachte immer wieder an die Pistole. Was sollte ich jetzt tun, nachdem ich mein Geheimnis verraten hatte? Mein Vater hatte sofort nach unserem Gespräch das Haus verlassen und war noch nicht zurückgekehrt.

Natürlich bemerkte Leigh, daß etwas nicht stimmte. Ich hörte kaum hin, wenn er sprach, und mußte immerzu an Granville denken. Das Gespräch mit meinem Vater hatte die Vergangenheit wieder wachgerufen.

Als ich mit Leigh allein war und er mich in die Arme schloß und mir erzählte, wie sehr er sich während der langen Trennung nach mir gesehnt hatte, war ich mit meinen Gedanken weit fort.

Ich reagierte auf seine Zärtlichkeit nicht. Granville drängte sich heftiger denn je zwischen uns.

Schließlich sagte Leigh: »Bitte erzähl mir, Priscilla, was mit dir los ist. Hast du jemanden kennengelernt? Liebst du jemand anderen? Es gibt doch einen anderen, nicht wahr?«

»Es gibt jemand anderen«, bestätigte ich, und er sah mich unglücklich an.

»Ich habe es immer gewußt«, murmelte er, »er stand von Anfang an zwischen uns.«

»Es war nicht Liebe, Leigh, sondern Haß.«

Mir war klar, daß ich jetzt sprechen mußte, daß ich schon längst hätte sprechen sollen.

»Ich will dir alles erzählen, Leigh«, begann ich. »Ich habe es all die Jahre verschwiegen, weil ich mich zu sehr geschämt habe.«

»Ich liebe dich doch, Priscilla. Nichts, was geschehen ist, kann etwas an meiner Liebe zu dir ändern. Erzähl es mir, und dann vergessen wir es. Dann wird es endlich nicht mehr zwischen uns stehen.«

Daraufhin erzählte ich es ihm.

Sein Gesicht wurde vor Wut finster.

»Dieser elende Schuft!«

»Er hat Venedig nie vergeben und vergessen. Er trägt heute noch die Narben, die du ihm damals zugefügt hast.«

»Du warst so unendlich tapfer, mein Liebling.«

»Aber es war nicht mit dieser einen Nacht getan, sondern er hat mich die ganze Zeit verfolgt und hat zwischen uns gestanden. Und jetzt macht er sich an Carlotta heran. Ach Leigh, es bringt mich langsam um.«

»Er wird Carlotta nicht heiraten, wir werden es verhindern.«

»Aber wie?«

»Indem wir ihr von deinem Erlebnis erzählen.«

»Das kann ich nicht. Das würde sie nie verstehen.«

Er küßte mich zärtlich.

»Du bist überreizt, mein Liebling, es war zuviel für dich.«

»Wie können wir es denn verhindern? Er wird sie dazu überreden, mit ihm zu fliehen. Sobald sie erst einmal verheiratet sind...«

»Soweit wird es nicht kommen. Jetzt bin ich da, um dir beizustehen, du bist nicht mehr allein.«

»Ich bin sehr froh, daß du jetzt alles weißt, denn es lag als schreckliche Last auf meiner Seele.«

»Es ist ausgestanden.«

»Ich hatte Angst, daß du dich mit der Zeit von mir abwenden würdest.«

»Das wird nie geschehen, denn wir zwei gehören für immer zusammen.«

Ich ließ mich gern von ihm trösten, dachte aber immer noch an die Pistole in der Schublade.

Am liebsten hätte ich ihm auch das gebeichtet, aber er hätte sie mir daraufhin bestimmt weggenommen.

Er verhielt sich mir gegenüber besonders liebevoll und zärtlich, doch er plante etwas. Ich hatte immer davor Angst gehabt, wie er auf mein Geständnis reagieren würde. Er durfte nicht auch noch hineingezogen werden.

»Ich bin so müde, Leigh, so erschöpft«, flüsterte ich.

»Du hast einen schweren Tag hinter dir, Liebste, aber jetzt ist alles vorbei. Dein Vater und ich werden beschließen, was wir unternehmen wollen.«

Ich fragte nicht, was er vorhatte.

»Leg dich jetzt hin«, schlug er vor. »Du brauchst Ruhe. Wir werden später darüber sprechen.«

Ich gehorchte ihm, denn ich hatte das Bedürfnis, allein zu sein.

»Wohin gehst du, Leigh?«

»Ich will mit deinem Vater sprechen.«

Ich nickte, und er küßte mich.

»Du bist so müde, schlaf doch ein bißchen. Dann wirst du dich wohler fühlen.«

Ich blieb liegen, nachdem er gegangen war, und sah zu, wie die Schatten langsam in den Raum krochen.

Überall war es ruhig – die Ruhe vor dem Sturm.

Dann richtete ich mich auf. Ich durfte nicht hier liegen bleiben. Mein Vater und Leigh waren gewalttätige Männer, und sie hatten sicherlich das Bedürfnis, mich zu rächen.

Sie würden Granville mit Peitschen überfallen und ihn halbtot schlagen. Und Carlotta würde sie daraufhin hassen und uns nicht glauben, wenn wir ihr die Wahrheit erzählten.

Wenn Beaumont Granville am Leben blieb, dann war Carlotta verloren.

Ich hatte mich entschieden. Daß mein Vater und Leigh jetzt in mein Geheimnis eingeweiht waren, änderte nichts an meinem Entschluß.

Ich stand auf, nahm meinen Mantel um und steckte die Pistole in die Tasche. Dann ging ich in den Stall, sattelte mein Pferd und ritt nach Enderby Hall.

In einem Zimmer brannte Licht. Ich war glücklich, weil er zu Hause war.

Ich stieß die Tür auf und betrat das Haus. Die Halle sah in der Dunkelheit gespenstisch aus, und ich wäre am liebsten gleich davongelaufen.

Mein gesunder Menschenverstand meldete sich: Erzähl ihr die Wahrheit, zeige ihr, was er für ein Mensch ist, und wenn sie nicht auf deine Warnung hört, dann muß sie eben so liegen, wie sie sich bettet.

Reite heim, riet mir der gesunde Menschenverstand.

Doch genau das konnte ich nicht tun.

Ich weiß bis heute nicht, ob ich wirklich geschossen hätte, wenn es dazu gekommen wäre, ob ich imstande gewesen wäre, einen Mord zu begehen. Ich werde es nie erfahren.

In dem Haus war es totenstill. Ich ging die Treppe hinauf, um das Zimmer zu suchen, in dem das Licht brannte.

Er lag auf dem obersten Treppenabsatz, seine gestickte Weste war blutbefleckt. Er rührte sich nicht mehr. Ich sah ihn an und begriff.

Ich war zu spät gekommen. Jemand war vor mir dagewesen.

Ich lief aus dem Haus, sprang auf mein Pferd und galoppierte nach Eversleigh. Es war inzwischen dunkel geworden. Das Wetter hatte umgeschlagen, und in der Luft lag ein Hauch von Frost. Die Sterne am Himmel glitzerten, und die schmale Mondsichel warf ihr schwaches Licht auf die Landschaft.

Ich sagte mir immer wieder vor: Es ist nicht wahr, du bildest es dir nur ein. Ich hatte nur einen Blick auf ihn geworfen und war dann davongerannt. Vielleicht war er gar nicht tot.

In meinem Zimmer setzte ich mich an den Toilettentisch und blickte in den Spiegel. Die Frau mit den verstörten Augen und dem blassen Gesicht, die mich aus dem Spiegel ansah, erschien mir fremd.

Dann wuchs in mir das Bedürfnis, zurückzureiten und mich zu vergewissern, daß ich mir das Ganze nicht eingebildet hatte. Ich hatte mich in einem Zustand äußerster Spannung befunden, ich war entschlossen gewesen, einen Mord zu begehen. Hatte ich ihn wirklich dort liegen gesehen, oder war es nur eine Illusion gewesen, eine schreckliche Halluzination?

Ich mußte nach Enderby zurückreiten und noch einmal das tote Gesicht betrachten. Erst dann würde ich wissen, daß er wirklich nicht mehr am Leben war.

Also ging ich in den Stall, sattelte mein Pferd noch einmal und ritt nach Enderby Hall.

Ich band mein Pferd in der Auffahrt fest und ging zum Haus, das sich drohend vor mir erhob.

Ich stieß die Tür auf und stand wieder in der Halle. Überall herrschte tiefe Stille. Die Atmosphäre war so unheimlich, daß mich ein Schauder überlief. Dann nahm ich meinen ganzen Mut zusammen und ging die Treppe hinauf.

Am obersten Treppenabsatz blieb ich stehen und starrte auf den Boden.

Granville war verschwunden.

Aber ich hatte ihn doch gesehen! Wie lange hatte ich gebraucht, um nach Hause und wieder hierher zu reiten? Er hatte hier gelegen!

Ich hatte wieder das Gefühl, mich in einem Alptraum zu befinden.

Ich beugte mich hinunter. Auf den Holzbrettern entdeckte ich einen Fleck – Blut!

Nein, ich hatte mich nicht geirrt. Er hatte hier gelegen, und jemand hatte die Leiche fortgeschafft.

Ich drehte mich um, lief die Treppe hinunter und in die kalte Nacht hinaus.

Als ich mein Pferd bestieg, sah ich den flackernden Lichtschein zwischen den Bäumen. Dort war jemand.

Wer war es und was tat er?

Ich stieg ab, band mein Pferd wieder fest und ging zu dem Gebüsch, aus dem der Lichtschein drang.

Jemand grub in der Finsternis ein Grab.

Der Mensch, der Granville getötet hatte, schaffte seinen Leichnam beiseite.

Ich hätte mein Geheimnis nie ausplaudern dürfen, ich hatte es so lange für mich behalten, daß ich auch weiterhin hätte schweigen können. Denn ich hatte genau diese schrecklichen Folgen befürchtet.

Natürlich kannte ich den Mann, der dort grub. Der Mond beschien Leighs Gesicht, und ich empfand das Bedürfnis, zu ihm zu gehen.

Aber etwas hielt mich zurück. Nein, wenn der Leichnam sorgfältig begraben wurde und alle Spuren des Mordes beseitigt wurden, würde vielleicht niemand entdecken, daß Beaumont Granville in Enderby Hall ermordet worden war.

Ich kehrte zu meinem Pferd zurück und ritt davon.

Als ich Eversleigh Court erreichte, war ich vollkommen erschöpft, ging in mein Zimmer und fiel auf mein Bett.

Nach einiger Zeit kam meine Mutter herein.

»Du siehst krank aus, Priscilla«, stellte sie besorgt fest. »Fehlt dir etwas?«

»Ich habe schreckliche Kopfschmerzen und möchte nur ganz ruhig im dunklen Zimmer liegen.«

»Wie schade, ich wollte Leighs Heimkehr feiern. Wo ist er? Ich hatte angenommen, daß ihr beisammen seid. Ich werde das Abendessen später auftragen lassen.«

»Heute abend kann ich nicht hinunterkommen, ich fühle mich zu elend.«

»Dann werden wir eben morgen feiern, und wenn es dir dann noch immer nicht besser geht, werde ich den Arzt rufen lassen.«

»Es tut mir wirklich leid, Mutter.«

»Es macht doch nichts, Kind.« Sie küßte mich. »Morgen ist alles wieder gut. Ruhe dich jetzt aus.«

Ich blieb noch eine Weile liegen, dann stand ich auf und zog mich aus. Ich mußte mich schlafend stellen, denn ich konnte mit niemandem sprechen.

Erst zwei Stunden später kam Leigh ins Zimmer. Er bewegte sich leise, und ich tat, als schliefe ich. Er trat mit einer Kerze in der Hand ans Bett und blickte auf mich hinunter. Ich rührte mich nicht, und als er sich abwandte, öffnete ich die Augen. Seine Kleidung war mit Erde beschmutzt.

Er brauchte lange, bis er sich gesäubert hatte.

In dieser Nacht lagen wir nebeneinander und taten beide, als schliefen wir.

IX
Die Enthüllung

Wenn ich so zurückblicke, begreife ich nicht, wie ich die darauffolgenden Wochen überstanden habe. Die Erinnerung an Granville beherrschte all meine Gedanken.

Am nächsten Tag hatte ich die Stelle aufgesucht, an der ich Leigh durch die Bäume erblickt hatte. Es war ohne weiteres festzustellen, daß sich dort eine frische Grube befand.

Ich war vor Kummer und Sorge beinahe von Sinnen. Irgendwie war mir immer bewußt gewesen, daß die Nacht, die ich mit Granville verbracht hatte, nicht das Ende gewesen war, sondern nur der Beginn einer grauenhaften Tragödie.

Leigh war meinetwegen zum Mörder geworden. Ich hatte schon immer gewußt, daß er Granville töten würde, wenn er die Wahrheit erfuhr, und nun war es so gekommen, wie es kommen mußte.

Mord ist etwas Schreckliches; wenn ein Mensch eine solche Tat begangen hat, verfolgt sie ihn ein Leben lang. Beinahe wäre ich selbst zur Mörderin geworden. Aber hätte ich wirklich den tödlichen Schuß abfeuern können? Im Grunde war ich davon überzeugt, daß ich nicht fähig war, einen anderen Menschen zu töten, auch wenn ich noch so zwingende Gründe dafür hätte. Doch jetzt wäre es mir lieber gewesen, wenn ich statt Leigh die Tat begangen hätte.

Es war von Anfang an meine Tragödie gewesen, und deshalb hätte ich auch diejenige sein müssen, die den Schlußpunkt darunter setzte.

Und was würde jetzt folgen? Ich war davon überzeugt, daß es noch nicht zu Ende war.

Eine Woche lang ereignete sich nichts. Leigh und ich benahmen uns, als wären wir Fremde.

Er näherte sich mir nicht, und dennoch war mir bewußt, daß er sich nach mehr sehnte. Ich flüchtete mich in eine Krankheit, was mir nicht schwerfiel.

Meine Mutter ließ den Arzt kommen, und dieser stellte fest, daß ich mehr essen mußte, weil ich vollkommen erschöpft war. Ich mußte ruhen und nahrhafte Speisen zu mir nehmen, sonst würden meine Kräfte rettungslos verfallen.

Carlotta besuchte mich. Wahrscheinlich hatte meine Mutter sie dazu überredet, denn sie zeigte sich zurückhaltend und mürrisch.

Auch Harriet tauchte bei mir auf. »Was ist dir um Himmels willen zugestoßen?« erkundigte sie sich. »Du siehst wie ein Gespenst aus, und das schon seit einiger Zeit. Was ist denn mit dir los?«

Ich wiederholte die Diagnose des Arztes.

Harriet erzählte mir, daß Carlotta beunruhigt war, weil sie schon längere Zeit nichts mehr von ihrem Verehrer gehört hatte.

»Wirklich?« fragte ich schwach.

»Tatsächlich. Anscheinend hat er in Enderby gewohnt und ist sang- und klanglos von dort verschwunden.«

»In Enderby!« wiederholte ich.

»Ja, im leerstehenden Haus. Es gehört ja Carlotta, und sie hatte es ihm angeboten, damit sie ihn täglich sehen konnte. Und dann ist er eines schönen Tages weg. Sie nimmt an, daß er rasch nach London mußte und keine Gelegenheit hatte, sie zu verständigen. Deshalb will sie jetzt ebenfalls nach London fahren.«

Ich schwieg.

»Sie ist fest entschlossen, ihn zu heiraten«, fuhr Harriet fort. »Und du kennst sie ja: wenn sie sich etwas in den Kopf gesetzt hat, gibt sie keine Ruhe, bis sie ihr Ziel erreicht hat. Du wirst dich damit abfinden müssen, Priscilla.«

Ich wandte müde den Kopf ab.

»So ist eben das Leben«, seufzte Harriet. »Carlotta wird sich daran gewöhnen müssen, daß er ein kleiner Schurke ist. Junge Menschen müssen ihre eigenen Erfahrungen machen, es hat keinen Sinn, ihnen den richtigen Weg zu zeigen, bevor sie nicht ein paarmal auf Abwege geraten sind.«

Am liebsten hätte ich sie angeschrien: Hör auf, ich ertrage es nicht länger.

Christabels Besuch hingegen beruhigte mich, weil sie nicht über Granville sprach, sondern über sich selbst. Sie wollte noch ein Kind haben, denn sie wußte, daß Thomas sich mehr als alles auf der Welt ein zweites Kind wünschte.

»Die Ärzte haben es dir doch verboten«, wandte ich ein.

»Ja, sie behaupten, daß es gefährlich ist. Aber der kleine Thomas braucht einen Bruder oder eine Schwester.«

»Sei doch nicht unvernünftig, er braucht vor allem dich.«

»Das stimmt allerdings. Es ist beinahe ein Wunder, daß ich für die beiden Thomasse so wichtig bin, nicht wahr? Ausgerechnet ich, die vorher für niemanden wichtig und für viele eine unbequeme Last war.«

»Du hast immer schon Unsinn geredet, wenn es um dieses Thema ging, Christabel.«

Einige Wochen danach erzählte sie mir, daß sie schwanger wäre.

»Es wird bestimmt gut gehen«, meinte sie, »ich weiß, daß ich das Richtige tue.«

Meine Mutter hielt es für einen Unsinn, denn Christabel wußte ja, wie krank sie nach Thomas' Geburt gewesen war. Thomas senior sah besorgt drein, aber Christabel erklärte mit unerschütterlicher Gelassenheit immer wieder, daß es das einzig Richtige war, bis wir alle ihr allmählich glaubten.

Ich hörte ihr gern zu, wenn sie über das Kind in ihrem Leib sprach, auf das sie sich so freute, denn sie lenkte mich von der schrecklichen Tragödie ab, die sich in Enderby ereignet hatte und die in meinen Gedanken allgegenwärtig war.

Bei uns hatte sich etwas verändert, denn mein Vater hatte seine Einstellung mir gegenüber geändert. Er beobachtete mich oft verstohlen, und wenn unsere Blicke einander trafen, lächelte er verlegen. Wenn er mit mir sprach, klang seine Stimme beinahe zärtlich. Endlich beachtete er mich.

Doch es war zu spät. Carlotta war zwar gerettet… aber um welchen Preis!

Das Verhältnis zwischen Leigh und mir war sehr seltsam. Wir waren von Anfang an unsicher gewesen, und dieser Zustand verstärkte sich, weil jetzt nicht nur ich Hemmungen hatte, sondern auch Leigh.

Mein Mann war ein Mörder, denn auch wenn er damit nur der Gerechtigkeit zum Sieg verholfen hatte, blieb es doch Mord. Wir wußten nie, ob nicht eines Tages der Leichnam gefunden werden würde. Die Spannung war unerträglich.

Harriet war unsere hauptsächliche Informationsquelle.

»Es ist sehr seltsam«, berichtete sie, »unser Beau ist wie vom Erdboden verschluckt. Seit Monaten hat ihn niemand in London gesehen.«

»Und wird er gesucht?«

»Man nimmt an, daß er ins Ausland geflüchtet ist, weil er hohe Schulden hat. Seine Gläubiger schäumen vor Wut. Anscheinend hat man ihm aufgrund seiner bevorstehenden Heirat größere Summen kreditiert.«

»Das glaube ich gern.«

»Und dann verschwindet er einfach. Die Leute sind von Tag zu Tag mehr davon überzeugt, daß er sich schon auf dem Kontinent befindet. Es heißt, daß die reiche Erbin ihm den Laufpaß gegeben hat, und daß er daraufhin abreisen mußte, weil er seine Gläubiger nicht zufriedenstellen konnte.«

»Die Erklärung klingt durchaus plausibel.«

»Wir wissen allerdings, daß ihm die Erbin keineswegs den Laufpaß gegeben hat.«

»Es könnte auch eine andere Erklärung geben.«

»Natürlich. Carlotta ist todunglücklich, denn sie kann sein Verhalten nicht verstehen. Sie wollten gemeinsam nach London reisen und dort heiraten.«

»Trotzdem – er ist fort.«

»Ich habe eine Theorie.«

»Und zwar?« Ich versuchte, keine Angst in meiner Stimme mitschwingen zu lassen.

»Er hat in einem anderen Land eine noch reichere Erbin entdeckt.«

»Das halte ich durchaus für möglich.«

»Ich habe es Carlotta gegenüber erwähnt. Zuerst war sie darüber wütend, aber jetzt beginnt sie einzusehen, daß es wahr sein könnte.«

»Sie besucht mich nur sehr selten.«

»Ach, sie macht hauptsächlich dich dafür verantwortlich, daß Beaumont sie verlassen hat. Ich finde hingegen, daß du sehr klug gehandelt hast.«

»Danke.«

»Er hat sich wirklich abscheulich benommen – verschwindet ohne ein Wort. Er hätte bleiben und sich seinen Gläubigern stellen oder sich wenigstens Carlotta gegenüber eine vernünftige Ausrede einfallen lassen müssen.«

»Glaubst du, daß sie darüber hinwegkommt?«

»Natürlich. Sie grübelt schon wesentlich weniger. Benjie ist dabei sehr hilfreich. Sie waren ja immer schon eng befreundet.«

Ich schloß die Augen.

»Jedenfalls ist sie vor der Katastrophe gerettet worden.«

Manchmal suchte ich die Stelle auf, an der Granville begraben lag. Das Gras war nachgewachsen, und sie war nicht leicht zu finden. Niemand würde auf die Idee kommen, Granville ausgerechnet dort zu suchen.

In unserem Haus wurde nicht mehr über ihn gesprochen. Ich fragte mich, ob in London noch jemand an ihn dachte. Er hatte keine nahen Verwandten; seine Bekannten nahmen offensichtlich an, daß er ins Ausland gefahren war, wie schon oft zuvor. Vielleicht würde man ihn in einigen Jahren für tot erklären und irgendein entfernter Vetter würde seine Besitztümer übernehmen.

Die Monate vergingen, der Sommer zog ins Land, und ich fragte mich, wie lange Leigh und ich weiter nebeneinander her leben würden.

Vielleicht wäre es besser gewesen, wenn ich ihm gestanden hätte, daß ich seinerzeit sowohl den Toten als auch ihn gesehen hatte.

Ich wußte damals nicht, ob uns völlige Offenheit geholfen hätte; im Augenblick sah es so aus, als würde der tote Granville bis in alle Ewigkeit zwischen uns stehen.

Wir hätten eine so glückliche Ehe führen können, denn wir liebten einander. Doch wir waren wie zwei Menschen im Nebel, die einander suchen und nicht finden können, weil die schwere Last der Schuld sie daran hindert.

Leigh, mein geliebter Mann, war ein Mörder, und ich teilte seine Schuld, weil er den Mord meinetwegen begangen hatte.

Ein einziger Trost war mir geblieben: Carlotta war diese Ehe erspart geblieben.

Wir hatten Dover House übernommen und Land dazugekauft. Granvilles Grab befand sich auf unserem Besitz, so daß wir uns nun in Sicherheit wiegen konnten.

Der November kam heran, und mit ihm Nebel und frühe Dunkelheit. In diesem Monat kam Christabels Kind zur Welt. Es war ein gesundes Mädchen, und wir freuten uns alle sehr. Doch wie beim ersten Kind wurde Christabel sofort nach der Entbindung schwer krank.

Die Ärzte schüttelten die Köpfe und wiesen darauf hin, daß sie sie gewarnt hatten. Sie hätte niemals ein zweites Kind bekommen dürfen.

Ich besuchte sie. Sie sah beinahe strahlend aus und war sehr stolz auf das Neugeborene.

»Jetzt hat Thomas die Tochter, die er sich immer gewünscht hat«, strahlte sie. »Ich habe ihm zwei reizende Kinder geschenkt und ihn damit glücklich gemacht.«

Am Tag danach kam Thomas zu uns.

»Christabel möchte unbedingt sofort mit euch sprechen«, sagte er. »Bitte, erfüllt ihr diesen Wunsch.«

»Es geht ihr doch besser?« fragte ich.

»O ja, und sie sieht sehr glücklich aus. Aber sie behauptet, daß sie euch etwas Wichtiges mitzuteilen hat.«

Ich holte Leigh, und wir ritten unverzüglich nach Grassland.

Christabel lag, auf Kissen gestützt, im Bett und sah beinahe ätherisch aus.

»Ich bin so froh, daß ihr gekommen seid«, rief sie. »Ich hatte schon befürchtet, daß ihr nicht rechtzeitig eintreffen würdet.«

»Warum ist es denn so dringend?« fragte ich. »Du siehst besser aus, Christabel, strahlend, glücklich.«

»Ich bin es auch, weil ihr da seid. Ich muß euch etwas Wichtiges sagen, erst dann werde ich Ruhe finden. Doch damit ihr mich versteht, muß ich weit ausholen. Du kennst mich, Priscilla, mein Leben war immer vom Neid beherrscht.«

»Das war nur eine Folge deiner unglücklichen Kindheit, und du hast dich verändert, als du geheiratet hast. Du mußt dir deshalb jetzt keine Vorwürfe mehr machen.«

»Als wir nach Venedig fuhren, freute es mich, daß ich über deine Lage Bescheid wußte, Priscilla. Ich mochte dich, war bereit, dir zu helfen, und freute mich dennoch darüber, daß du in Schwierigkeiten stecktest.«

»Das alles ist längst vergeben und vergessen und heute vollkommen ohne Bedeutung.«

»Nein, das stimmt nicht, es ist wichtig. Als wir in Venedig waren, suchte mich Granville auf.« Sie verstummte und war einige Sekunden lang unfähig weiterzusprechen. »Er war bezaubernd und wußte genau, wie er eine Frau wie mich behandeln mußte. Er begriff sehr rasch, wie sehr ich mich nach Zärtlichkeit sehnte. Du kannst dir ja denken, was daraufhin geschah.«

»O nein, Christabel, nicht auch du.«

»Doch, leider. Er konnte alles von mir haben, was er wollte. Er hat mich sogar dazu gebracht, ihm für ein Bild Modell zu stehen.«

Ich senkte den Blick und vermied es, Leigh anzusehen.

»Und er überredete mich dazu, ihm alles über dich, Jocelyn und Carlotta zu erzählen. Er wußte von Anfang an, daß sie dein Kind ist.«

»Jetzt verstehe ich vieles.«

»Dann kam er hierher. Er wußte, daß ich einen reichen Mann geheiratet hatte, und brauchte Geld. Ich gab ihm, was er verlangte, damit er schwieg und Thomas nichts erzählte. Ich hätte es nicht ertragen, wenn Thomas es erfahren hätte. Granville besaß mein Bild und drohte mir. Du verstehst mich doch, nicht wahr? Ich konnte nicht zulassen, daß er mein Lebensglück zerstörte.«

»Ich verstehe dich sehr gut, Christabel«, murmelte ich, »denn ich weiß, wie verderbt er war.«

»Er erzählte mir auch von der Nacht mit dir. Er war so stolz darauf, daß wir beide ihm wehrlos ausgeliefert waren. Ich mußte ihn zum Schweigen bringen, wenn ich mein Glück retten wollte. Deshalb erschoß ich ihn. Ja, Priscilla, ich habe ihn getötet.«

Leigh sah mich verwirrt an. Wir beide begannen, die Zusammenhänge zu begreifen. Ich erfaßte plötzlich, daß Leigh angenommen hatte, ich hätte Granville getötet, und daß er die Leiche begraben hatte, um mich zu schützen.

Christabel berichtete weiter. »Ich verließ das Haus wie in Trance. Ich war eine Mörderin. Mir wurde unvermittelt bewußt, was ich getan habe. Ich hatte Angst davor, nach Hause zu gehen, und blieb im Garten in der Dunkelheit sitzen. Dann sah ich Leigh mit dem Leichnam aus dem Haus kommen und ihn begraben. Ich habe auch dich gesehen, Priscilla. Daß Leigh die Leiche begrub, war für mich eine ungeheure Erleichterung. Es war mir gelungen. Niemand würde jemals etwas von meinem Verhältnis mit Granville erfahren. Aber es ging nicht so glatt, wie ich hoffte. Du bist meine Schwester, Priscilla, und ich wußte, daß dieser Tote zwischen dir und Leigh stand. Ihr hattet niemals miteinander über diese Nacht gesprochen; jeder von euch nahm an, daß der andere der Täter war. Mir war klar, daß ihr dieses Hindernis nie überwinden konntet.«

»Arme Christabel, du mußt sehr darunter gelitten haben.«

»Schließlich sah ich ein, daß es für mich kein Glück gab, wenn ich dir nicht die volle Wahrheit erzählte – aber ich wollte nicht, daß Thomas es erfuhr. Er liebt mich so sehr und hat mich geradezu auf ein Piedestal gestellt. Dann fiel mir endlich die Lösung ein: ich würde Thomas ein Kind schenken und an den Folgen der Geburt sterben.«

»Du wirst nicht sterben.«

»Ich kann nicht mit einem Mord auf dem Gewissen leben.«

»Er ist tot«, meldete sich Leigh zu Wort, »und er hat dieses Schicksal hundertfach verdient. Niemand wird es jemals erfahren.«

»Dennoch, Mord bleibt Mord«, widersprach sie. »›Du sollst nicht töten.‹ Ich werde sterben, aber mein Kind wird leben und durch meine Kinder meine Liebe zu Thomas. Er wird mein Grab aufsuchen, es mit Blumen schmücken und denken, daß ich ihm eine gute Frau war. Und meine Kinder werden ihn trösten.«

Sie lächelte, und obwohl ihr Gesicht schon vom nahenden Tod gezeichnet war, leuchtete es. Sie war lange im Dunkel gewandelt und hatte endlich Frieden gefunden .

Einige Tage später war sie tot.

Leigh und ich kehrten wortlos ins Dower House zurück. Wir wußten, ohne ein Wort darüber zu verlieren, daß der Anfang eines neuen Lebens vor uns lag, und daß es gut sein würde.

Die Halbschwestern

Carlotta

Ein General zu Besuch

Beau war zurück. Er stand vor mir, elegant, arrogant und unwiderstehlich charmant. Ich begann wieder zu leben, warf mich in seine Arme und bestürmte ihn mit Fragen.

»Beau! Beau! Warum bist du fortgegangen? Warum hast du mich verlassen?«

»Ich war immer hier, ganz nah...«, antwortete er. Seine Stimme hallte überall im Haus wider. »Nah... nah...«

Dann wachte ich auf und merkte, daß er nicht bei mir war. Es war nur ein Traum gewesen. Trauer erfüllte mich, denn ich war wieder allein und noch verzweifelter, weil ich einen Moment geglaubt hatte, er sei zurückgekehrt.

Er war nun schon über ein Jahr fort. Wir hatten heiraten wollen, alles war fest ausgemacht. Unser Plan sah vor, ein zweitesmal zu fliehen – das erste Mal war mißglückt –, und diesmal waren unsere Vorbereitungen viel sorgfältiger gewesen. Beau hielt sich in dem Spukhaus versteckt, und ich besuchte ihn dort. Meine Familie ahnte nichts davon. Man glaubte uns getrennt zu haben. Doch wir waren klüger als sie und planten geschickt jeden unserer Schritte.

Meine Familie mochte Beau nicht, insbesondere meine Mutter, die fast Zustände bekam, wenn nur sein Name erwähnt wurde. Ich merkte von Anfang an, daß sie beschlossen hatte, unsere Heirat zu verhindern. Zeitweise glaubte ich, sie sei auf meine Liebe zu Beau eifersüchtig, doch später dachte ich anders darüber.

Ich hatte mich den Eversleighs nie ganz zugehörig gefühlt, obwohl meine Mutter Priscilla mir immer zu verstehen gegeben hatte, wieviel ich ihr bedeutete. Sie war mir viel zu besitzergreifend vorgekommen, ganz anders als Harriet, die ich lange Zeit für meine wahre Mutter gehalten hatte. Harriet mochte mich gern, war aber nicht überschwenglich. Sie überwältigte mich nicht mit ihrer Zuneigung. Wenn sie erführe, daß Beau und ich schon vor der Hochzeit unsere Ehe vollzogen haben, würde sie sicherlich nur lachend die Achseln zucken, während Priscilla sich mit Bestimmtheit aufführen würde, als sei ein großes Unglück geschehen. Dabei war mein eigenes Vorhandensein der Beweis dafür, daß auch sie in diesen Dingen keineswegs konventionell gewesen war.

Es ist inzwischen allseits bekannt, daß ich ein Bastard bin, die illegitime Tochter von Priscilla Eversleigh und Jocelyn Frinton, der zur Zeit der papistischen Verschwörung enthauptet wurde. Natürlich hatten er und meine Mutter vorgehabt zu heiraten, doch er war gefaßt und hingerichtet worden, bevor sie es tun konnten. Dann hatte die liebe Harriet es übernommen, meine Mutter zu spielen, und war mit Priscilla nach Venedig gereist, wo ich geboren wurde. Als ich all dies später herausfand, war ich hochzufrieden über meinen melodramatischen Eintritt ins Leben. Erst als mir der Onkel meines Vaters sein Vermögen vererbte, ließ sich die Wahrheit nicht mehr verheimlichen. Inzwischen hat man sie allgemein akzeptiert. Ich lebe mit meiner Mutter und ihrem Mann Leigh auf Eversleigh Court; Harriet besuche ich allerdings immer noch häufig.

Priscilla und Leigh waren damals ins Dower House auf dem Gelände von Eversleigh gezogen und wohnten dort mit meiner Halbschwester Damaris und mir. Ganz in der Nähe liegt Enderby Hall, wo ich mich immer mit Beau traf. Enderby Hall wurde mir vom Onkel meines Vaters, Robert Frinton, vererbt. Es steckt voller Geheimnisse und soll angeblich sogar verhext sein.

Merkwürdig ist, daß mich Enderby schon in meiner Kindheit fasziniert hat, bevor jemand auch nur ahnen konnte, daß es einmal mir gehören würde. Irgendeine schreckliche Tragödie hatte dort stattgefunden, und das Haus besaß tatsächlich eine gespenstische Atmosphäre, die Beau gefiel. Er pflegte die Geister zu rufen und sie aufzufordern, uns zu besuchen. Wenn wir auf dem Himmelbett lagen, zog er die Vorhänge zurück und sagte zu mir: »Sie sollen ruhig an unserer Seligkeit teilhaben, Carlotta.« Er war kühn und verwegen und scherte sich um nichts und niemanden. Ich war sicher, daß er keineswegs ängstlich gewesen wäre, falls plötzlich ein Geist vor uns gestanden hätte. Er würde sogar dem Teufel ins Gesicht lachen, wenn dieses furchteinflößende Wesen in Erscheinung träte. Beau behauptete häufig, selbst ein Geschöpf des Satans zu sein.

Wie ich mich ständig nach ihm sehnte! Immer wollte ich mich nach Enderby schleichen, um seine Arme um mich zu fühlen. Ich wollte von ihm hochgehoben und die Treppe hinauf zum Schlafzimmer getragen werden, in dem die Geister schliefen, als sie noch auf Erden weilten. Ich wollte seine laszive, musikalische Stimme hören, die so wunderbar zu modulieren verstand und dabei so charakteristisch für ihn war. Sie paßte zu einem Mann, der – egal wie –

das Beste aus dem Leben herausholen wollte und der entschlossen war, allem den Rücken zu kehren, was ihm nichts einbrachte.

»Ich bin kein Heiliger, Carlotta«, gestand er mir. »Und glaub nur nicht, daß ich als Ehemann einer werden könnte, mein Liebling.«

Ich versicherte ihm, daß ich alles andere lieber hätte als einen Heiligen.

Er war der Meinung, daß dies klug von mir sei. »In dir schlummert eine leidenschaftliche Frau, meine kleine Nicht-mehr-Jungfrau, die nur darauf wartet, herauszukommen. Ich gebe ihr den Schlüssel.«

Immer wieder hatte er mich an den Verlust meiner Jungfräulichkeit erinnert. Dies schien für ihn eine stete Quelle der Belustigung zu sein. Vielleicht befürchtete er, daß meine Familie mich dazu überreden könne, ihn doch nicht zu heiraten. »Nun bist du gefangen, kleines Vögelchen«, sagte er einmal. »Du kannst nicht mehr fortfliegen. Du gehörst mir.«

Als Priscilla mich beschwor, Beau aufzugeben, behauptete sie neben anderem, er habe es nur auf mein Vermögen abgesehen. Ich bin sehr reich oder werde es zumindest mit meinem achtzehnten Lebensjahr oder bei einer Verheiratung sein. Als ich Beau damit auf die Probe stellen wollte, antwortete er ohne jedes Zögern: »Ich will ehrlich zu dir sein, mein süßer Schatz. Dein Vermögen ist sehr nützlich. Es wird uns ermöglichen, Reisen zu machen und angenehm zu leben, was dir, meine kleine Erbin, sicher auch gefällt. Wir wollen in deine Geburtsstadt Venedig fahren. Ich glaube übrigens, daß ich zum Zeitpunkt deiner Geburt ebenfalls dort war, was mir fast schicksalhaft vorkommt, findest du nicht auch? Wir sind für einander bestimmt. Kein schnödes Geld soll uns entzweien! Wir können nicht gerade behaupten, daß wir deine Erbschaft verabscheuen, nicht wahr! Sagen wir also ehrlicherweise, daß wir froh darüber sind. Aber hast du andererseits nach alldem, was mit uns geschehen ist, wirklich Zweifel, meine Allerliebste, daß du mir nicht mehr bedeutest als Tausende solcher Vermögen? Wir könnten auch gut zusammenleben, wenn du nur eine kleine Streichholzverkäuferin oder eine Näherin wärst. Wir harmonieren ganz einfach, begreif das doch! Du bist für die Liebe gemacht. In dir finde ich meine Entsprechung. Du bist feurig, und die Leidenschaft wird ein wichtiger Teil deines Lebens sein. Du bist noch so jung, Carlotta, und mußt viel über dich und die Welt dazulernen. Vermögen hin oder her, ich werde jedenfalls dasein, um dich alles zu lehren.«

Mir war klar, wie recht er hatte. Wir waren von gleicher Art. Ich empfand tief, wie sehr wir übereinstimmten und welches Glück es für mich bedeutete, ihn gefunden zu haben.

Zwischen uns bestand Einigkeit, obwohl ich damals erst fünfzehn war und er um ungefähr zwanzig Jahre älter. Sein genaues Alter verriet er mir nicht. »Ich bin so alt, wie ich die Welt glauben machen kann, daß ich's bin«, sagte er. »Du mußt dies mehr als jeder andere akzeptieren.«

Und so trafen wir uns im Spukhaus, was ihn besonders amüsierte. Es war ein gutgewählter Treffpunkt, denn kaum jemand ließ sich dort blicken. Nur einmal pro Woche schickte Priscilla Dienstboden nach Enderby, von denen keiner es gewagt hätte, allein einen Fuß dort hineinzusetzen. Mir war bekannt, wann sie hinübergingen, so daß ich Beau immer rechtzeitig warnen konnte, das Haus zu verlassen. Drei Wochen verbrachten wir dort, und dann war er eines Tages verschwunden.

Warum? Wohin? Weshalb war er plötzlich fort? Zu Anfang vermutete ich, daß er etwas Dringendes zu erledigen hatte und nicht in der Lage gewesen war, mich zu benachrichtigen. Doch mit der Zeit begann ich mich zu ängstigen.

Was sollte ich bloß tun? Ich konnte ja niemandem erzählen, daß er aus dem Haus verschwunden war. Es war unbegreiflich. In den ersten Tagen machte ich mir keine übertriebenen Sorgen, doch als aus den Tagen Wochen wurden und aus den Wochen Monate, da geriet ich in Panik. Ich fürchtete, daß ihn ein schreckliches Schicksal ereilt hatte.

Immer wieder lief ich nach Enderby und lauschte in der Halle auf das Schweigen des Hauses. Dann flüsterte ich seinen Namen und wartete auf eine Antwort.

Doch sie kam nie. Nur in meinen Träumen.

Es hilft mir hoffentlich, meine Empfindungen niederzuschreiben. Dadurch bekomme ich vielleicht ein klareres Bild von dem, was geschehen ist, und auch von mir selbst. Bald bin ich siebzehn. Ich werde nach London reisen und an vielen Gesellschaften teilnehmen, die dort und auch in Eversleigh abgehalten werden, denn meine Großeltern wie auch Priscilla und Leigh werden mir einen passenden Ehemann präsentieren wollen. Sicher werde ich viele Bewerber haben, dafür sorgt schon mein Vermögen. Außerdem behauptet Harriet, daß ich das gewisse Etwas habe, das Männer anzieht wie Honig die Bienen. Sie muß es wissen, denn sie hat es ihr Leben lang besessen. »Unangenehm ist daran nur«, sagte sie mir einmal, »daß auch die Wespen kommen und alle möglichen anderen Arten von widerlichen Insekten. Was uns auszeichnet, kann der größte Vorzug einer Frau sein. Falls wir diese Gabe jedoch falsch einsetzen, kann sie uns ungeheuer schaden.« Harriet hat nie auf Intimitäten mit Männern verzichtet, und ich bin sicher, daß sie sich Beau gegenüber ebenso verhalten hätte wie ich. Ihren ersten Liebhaber nahm sie sich mit vierzehn Jahren. Es ist keine leidenschaftliche Liebesgeschichte daraus geworden, aber sie und ihr Liebster fühlten sich befriedigt. »Es machte uns beide sehr glücklich, solange es dauerte. Und genau das soll das Leben ja tun«, erklärte Harriet hierzu.

Ich fühle mich Harriet inniger verbunden als jedem anderen Menschen – mit Ausnahme von Beau. Schließlich hatte ich sie lange Zeit für meine Mutter gehalten, und zwar für eine absolut perfekte. Niemals erstickte sie mich mit ihrer Zuneigung, nie wollte sie wissen, wo ich gewesen war oder wie ich mit dem Unterricht vorankam, und niemals hatte sie Angst um mich. Ich empfand Priscillas offenkundige Ängstlichkeit als ermüdend und wollte mir durch ihre Besorgnis um mein Wohlergehen – besonders nachdem ich Beau kennengelernt hatte – nicht mein Gewissen belasten lassen. In Harriets Gesellschaft fühlte ich mich immer wohl. Ich war sicher, daß sie meine Gefühle für Beau verstehen könnte, wie es meine Mutter nie fertigbrächte, und daß sie mir helfen würde, falls ich in Schwierigkeiten geriete.

Ich war in Eyot Abbas immer willkommen. Hier war auch Benjie nach wie vor häufig anzutreffen, den ich gerne mochte. Er war Harriets Sohn und für mich früher wie ein Bruder gewesen. Ich wußte, daß er sehr an mir hing. Wie entzückt war er gewesen, als sich herausstellte, daß ich nicht seine Schwester war! Diese Reaktion legt eine gewisse Vermutung nahe, die ich sicher recht interessant fände, wenn ich nicht so vernarrt in Beau wäre.

Benjie ist viel älter als ich, an die zwölf Jahre, aber das ändert nichts an seinen Gefühlen für mich. Ich bemerkte sie allerdings erst richtig, als ich Beaus Geliebte wurde. Damals wurde mir überhaupt vieles klar. »Du bist über Nacht erwachsen geworden, wie es so schön heißt«, meinte Beau. »Das bedeutet, meine kleine Unschuld, daß du kein Kind mehr bist, sondern eine Frau.« Beau machte sich über alles lustig, und es gab vieles, was er verabscheute. Unschuld haßte er derartig, daß es ihn drängte, sie zu zerstören. Er war ganz anders als alle, die ich bis dahin gekannt hatte. Niemals würde ein anderer ihn ersetzen können. Er mußte zurückkommen! Bestimmt gab es irgendeine plausible Erklärung. Wenn ich manchmal jenen leichten Geruch nach Moschus wahrnehme, eine Mischung aus Parfüm und Sandelholz, überfallen mich quälende Erinnerungen an ihn. Seine Wäsche hatte immer danach geduftet. Er war in jeder Hinsicht anspruchsvoll. Eines Tages befahl er mir in Enderby, mich nackt auszuziehen und in eine Wanne zu steigen, die er mit rosenduftendem Wasser gefüllt hatte. Hinterher rieb er mich mit einem ebenso parfümierten Hautwasser ein, das er selbst herstellte, wie er mir versicherte. Im Bett war er dann in besonders guter Stimmung, so als ob es ein Ritual gewesen wäre und eine spezielle Bedeutung hätte.

Harriet erwähnte Beau hin und wieder. Natürlich hatte auch sie keine Ahnung, daß er in Enderby gewesen war. »Er ist fort. Vergiß ihn, Carlotta«, sagte sie.

»Er wird zurückkommen.«

Sie erwiderte nichts, doch ihre schönen Augen wirkten ungewöhnlich traurig.

»Warum sollte er denn weggehen?« fragte ich.

»Weil er es für sinnlos hielt, noch länger abzuwarten. Es gab zuviel Widerstand.«

»Von meiner Seite aus gab es keinen.«

»Woher sollen wir wissen, was ihn fortgetrieben hat«, meinte sie. »Aber die Tatsache bleibt bestehen, daß er nicht mehr da ist.«

Bestimmt dachte sie, daß Beau aufs Festland gefahren war. Auch in London, wo er bei Hof gut bekannt war, wurde dies allgemein angenommen. Als Harriet dorthin gereist war, erfuhr sie, daß er bei seinem Verschwinden enorme Schulden hinterlassen hatte. Sie deutete mir gegenüber an, daß er nun wohl auf der Jagd nach einer anderen Erbin sei. Ich wagte ihr nicht zu erzählen, daß wir uns in Enderby getroffen und geplant hatten, miteinander zu fliehen.

Es war eigenartig, wie stark ich manchmal seine Gegenwart zu spüren vermeinte. Oft ging ich dann nach Enderby, schloß mich im Schlafzimmer ein und legte mich auf das Himmelbett, um zu träumen, daß alles wieder von neuem geschehe.

Wenn ich nachts von ihm geträumt hatte, trieb es mich ebenfalls unwiderstehlich nach Enderby. So war es auch am Nachmittag des Tages, der auf die Nacht folgte, in der Beau mir wieder so nah gewesen war. Es war nicht weit, ein Ritt von höchstens zehn Minuten. Als ich noch Beau dort traf, ging ich immer zu Fuß, da ich nicht wollte, daß jemand mein Pferd sah und folglich von meiner Anwesenheit wußte.

An diesem Tag band ich das Pferd vor dem Haus an einem Pfosten fest, holte den Schlüssel heraus und sperrte die Tür auf. Ich betrat die wunderschöne alte Halle mit ihrer prachtvollen Gewölbedecke und der kunstvoll geschnitzten Wandtäfelung. Am einen Ende der Halle befanden sich hinter einer Zwischenwand die Küchenräume, am anderen erhob sich die Empore für die Musikanten. In diesem Teil des Hauses spukte es angeblich, denn eine frühere Hausherrin hatte versucht, sich an dieser Empore zu erhängen, weil ihr Mann in die Rye-House-Verschwörung verwickelt war. Das Seil war zu lang gewesen, so daß sie sich nur verletzte und über lange Zeit qualvoll dahinsiechte. Diese Geschichte hatte ich wiederholt gehört. Ich erinnere mich auch daran, daß Beau einmal bei meinem Kommen auf jener Empore in Frauenkleidern auftauchte, die er im Haus gefunden hatte. Es machte ihm Spaß, mir Angst einzujagen.

Als ich nun das Haus betrat, schaute ich sofort zur Empore hinüber. Dies geschah immer ganz automatisch, und ich dachte zum tausendstenmal, wie glücklich ich wäre, wenn ich ihn sehen könnte oder wenigstens einen Hinweis bekäme, wo er sich aufhielt – und wann er wieder zu mir zurückkommen würde.

Aber niemand war da. Nur Stille und Düsternis und jene schrecklich bedrückende Atmosphäre, die etwas lauernd Böses an sich hatte. Ich durchquerte die Halle. Meine Schritte auf den Steinfliesen kamen mir unnatürlich laut vor. Dann ging ich die Treppe hinauf, vorbei an der Empore.

Ich öffnete die Tür zum Schlafzimmer, das wir zu unserem Reich gemacht hatten. Das Bett mit den Samtdraperien wirkte sehr eindrucksvoll. Ich dachte plötzlich an all die Menschen, die auf diesem Lager gestorben waren. Dann warf ich mich der Länge nach darauf und vergrub das Gesicht in den Samtpolstern.

»Ach, Beau! Beau!« rief ich. »Warum hast du mich verlassen? Wo bist du jetzt?«

Ich schauderte und setzte mich auf. Es kam mir vor, als hätte ich eine Antwort erhalten. Ich war nicht allein. Es war jemand im Haus. Irgendeine Bewegung... ein Schritt. Waren es Schritte? Ich kannte die Geräusche dieses Hauses, das Knacken von altem Holz, das protestierende Quietschen eines Dielenbretts. Wenn ich früher mit Beau auf diesem Bett lag, hatte ich immer wieder Angst, entdeckt zu werden. Wie hat er mich ausgelacht! Manchmal glaubte ich sogar, daß er es erhoffte. »Liebend gern sähe ich Priscillas prüdes Gesicht, wenn sie mich mit ihrer Tochter im Bett überraschte«, sagte er einmal. Ja, ich kannte die Geräusche dieses Hauses und war nun fest davon überzeugt, nicht mehr allein zu sein. Eine freudige Erregung überwältigte mich. Mein erster Gedanke galt Beau... er ist zurückgekommen!

»Beau!« rief ich. »Beau! Ich bin hier, Beau.«

Die Tür öffnete sich. Mein Herz schlug so wild, daß ich fürchtete, keine Luft mehr zu bekommen.

Im nächsten Moment wandelte sich meine selige Erwartung in Zorn, als ich meine Halbschwester Damaris erkannte.

»Damaris«, stammelte ich. »Was... was tust du hier?«

Vor Enttäuschung wurde mir fast übel, und Haß auf meine Schwester überkam mich. Sie stand mit leicht geöffnetem Mund und erstaunt aufgerissenen Augen da. Damaris war kein hübsches Kind, aber ruhig, gehorsam und von dem Wunsch erfüllt, sich beliebt zu machen, was unsere Mutter als reizend bezeichnete. Ich hatte sie immer recht langweilig gefunden und ignorierte sie, so gut es ging. Doch nun haßte ich sie geradezu. Sie sah in ihrem himmelblauen Kleid mit der etwas helleren Schärpe und den langen braunen Haaren so ordentlich und adrett aus. Ihr Gesichtsausdruck veränderte sich, aus Besorgnis wurde Neugierde.

»Ich dachte, daß jemand bei dir sei, Carlotta«, sagte sie. »Du hast doch eben laut gesprochen, oder?«

»Ich habe gerufen, um zu erfahren, wer da ist. Du hast mich erschreckt.« Ich musterte sie anklagend.

Ihr Mund bildete ein großes O. Sie verfügte über keinerlei Finesse, aber das konnte man von einem zehnjährigen Kind vielleicht auch nicht erwarten. Was hatte ich eigentlich gesagt? Vermutlich hatte ich den Namen meines Geliebten gerufen. Hatte sie ihn gehört? Ich war ziemlich sicher, daß Beau ihr kein Begriff war.

»Ich dachte, es hätte wie Bow geklungen«, sagte Damaris.

»Du irrst dich«, widersprach ich rasch. »Ich habe gerufen: ›Wer ist da?‹«

»Aber...«

»Alles übrige hast du dir nur eingebildet«, fuhr ich in scharfem Ton fort. Ich war vom Bett aufgestanden und packte sie nun etwas unsanft bei der Schulter, so daß sie leicht zusammenzuckte. Das freute mich. Ich wollte ihr weh tun. »Wer hat dir erlaubt, herzukommen?« sagte ich. »Dies ist mein Haus, und ich bin hier, um mich davon zu überzeugen, daß alles in Ordnung ist.«

»Hast du das Bett ausprobiert?«

Ich schaute sie forschend an. Nein, hinter ihrer Bemerkung lauerte kein verstecktes Motiv, kein Aushorchen, keine Anspielung. Eines stand fest: meine kleine Schwester war ohne Arg. Außerdem war sie ja erst zehn Jahre alt.

Ich überlegte. Sollte ich irgendeine Erklärung abgeben? Nein, am besten war es wohl, das Ganze auf sich beruhen zu lassen.

Wir verließen gemeinsam das Haus.

»Wie bist du hergekommen?« fragte ich.

»Zu Fuß.«

Ich schwang mich in den Sattel. »Dann kannst du auch zu Fuß zurückgehen.«

Zwei Tage später, an einem Samstag, war ich im Garten von Dower House, als ein Mann herbeiritt. Er saß ab und verbeugte sich vor mir.

»Irre ich mich oder ist dies das Dower House Eversleigh, wo Captain Leigh Main lebt?«

»Ihr irrt Euch nicht. Er ist zwar im Moment nicht hier, wird meines Erachtens aber bald zurück sein. Kommt mit. Ich werde Euch zeigen, wo Ihr Euer Pferd anbinden könnt.«

»Vielen Dank. Ihr seid vermutlich seine Tochter.«

»Seine Stieftochter.«

»Ich bin Gervaise Langdon. Wir waren zusammen in der Armee.«

»General Langdon«, rief ich. »Ich hörte ihn Euren Namen erwähnen. General Sir Gervaise Langdon. Stimmt das?«

»Ich sehe, Ihr seid bestens informiert.«

Wir banden sein Pferd an den Pfosten und gingen dann gerade aufs Haus zu, als meine Mutter auftauchte.

»Das ist General Sir Gervaise Langdon, Mutter«, sagte ich rasch.

»Oh, kommt doch herein«, forderte Priscilla ihn auf. »Mein Mann müßte eigentlich gleich hier sein.«

»Als ich durch diese Gegend ritt und mich daran erinnerte, daß mein alter Freund hier lebt, kam ich auf die Idee, ihm einen Besuch abzustatten«, sagte Sir Gervaise.

»Er wird sich sehr freuen. Wie oft hat er von Euch gesprochen, nicht wahr, Carlotta! Dies ist meine Tochter Carlotta«, stellte Priscilla mich vor.

Sir Gervaise verbeugte sich ein zweites Mal vor mir. »Es ist mir ein Vergnügen«, sagte er galant.

Meine Mutter ging uns in die Halle voran.

»Ich versuchte es zuerst beim großen Haus drüben«, erklärte Sir

Gervaise. »Dort informierte mich einer der Diener, daß Ihr jetzt im Dower House lebt.«

Priscilla nickte. »Meine Eltern wohnen noch in Eversleigh Court«, fügte sie dann hinzu.

»Auch Lord Eversleigh, nicht wahr? Wo steckt eigentlich Edwin im Augenblick?«

»Er ist gerade auf dem Festland stationiert.«

»Ach so. Ich hatte gehofft, auch ihn anzutreffen.«

»Ihr wißt sicher schon, daß mein Mann den militärischen Dienst quittiert hat?«

»Ja, das weiß ich. Eversleigh macht weiter, oder?«

»Stimmt, aber ich glaube, daß seine Frau es gern sähe, wenn er das gleiche täte wie Leigh.«

»Ein Jammer«, erwiderte der General. »Wir brauchen solche Männer wie die beiden.«

»Ich sage immer, daß ihre Familien sie auch brauchen.«

»Jaja, die ewige Klage der Ehefrauen«, meinte der General lächelnd.

Priscilla geleitete ihn ins Empfangszimmer und ließ Wein und Kuchen auftischen.

Damaris kam herein und wurde vorgestellt.

»Ihr habt zwei charmante Töchter«, sagte der General.

Er erzählte uns von seinen Auslandsreisen und gestand, wie glücklich es ihn mache, wieder in England zu sein. Dann tauchte Leigh auf und war hocherfreut, den General zu sehen. Nach kurzer Zeit meinte meine Mutter, daß die beiden sicher viel zu besprechen hätten. Außerdem gab sie ihrer Hoffnung Ausdruck, daß der General nicht in Eile sei und folglich länger bleiben könne.

Dieser erwiderte, daß er seinen alten Freund Ned Netherby besuchen wolle. Er plane, die Nacht in einem Gasthaus zu verbringen, das nur vier Meilen entfernt lag. Am folgenden Tag würde er dann zu Netherbys Besitztum weiterreiten.

»Das kommt gar nicht in Frage«, protestierte meine Mutter. »Natürlich bleibt Ihr hier. Wir wollen nichts davon hören, daß Ihr in einem Gasthaus übernachtet, nicht wahr, Leigh?«

Leigh schloß sich Priscillas Vorschlag an, und der General willigte schließlich ein.

»Gut, das wäre also geklärt«, sagte meine Mutter. »Entschuldigt mich bitte, ich will jetzt dafür sorgen, daß Euer Zimmer zurechtgemacht wird. Carlotta, Damaris, kommt mit und helft mir.«

Wir gingen mit ihr hinaus.

»Ich sah, daß der General mit eurem Vater allein reden wollte«, sagte sie. »Bestimmt haben sie viele Erinnerungen auszutauschen. Die beiden waren eine Zeitlang gemeinsam in der Armee.«

Ich zog mich in mein Zimmer zurück, während Damaris meiner Mutter half. Eigentlich war ich immer etwas aufgeregt, wenn Besucher kamen. So war es auch diesmal. Außerdem verriet mir einiges am Benehmen des Generals, daß dies nicht nur ein zufälliger Besuch war. Dieser Gast wirkte auf mich sehr zielbewußt. Es handelte sich bei ihm um einen attraktiven Mann, über eins achtzig groß und vermutlich ein wenig älter als Leigh. Seine Haltung war die eines Militärs; niemand hätte daran gezweifelt, einen Soldaten vor sich zu haben. Die Narbe an seiner rechten Wange gab ihm etwas Verwegenes und erhöhte sogar noch sein gutes Aussehen.

Ich nahm an, daß er gekommen war, um Leigh zu überreden, in die Armee zurückzukehren. Eine solche Annahme lag meiner Mutter sicher fern, sonst hätte sie ihn nicht so freundlich willkommen geheißen.

Beim Dinner wurde viel über die alten Zeiten in der Armee gesprochen, und Leigh machten diese Reminiszenzen ganz offenkundig großen Spaß.

Der General redete auch über den König, den er anscheinend nicht mochte. Er nannte ihn den ›Holländer‹, wobei er dieses Wort voller Verachtung aussprach. Immer wenn der König erwähnt wurde, rötete sich sein Gesicht, und die Narbe hob sich dann hell und deutlich von seiner Haut ab.

Später überließen wir die beiden Männer dem Wein und ihrer Unterhaltung. »Der General ist ein charmanter Mann«, sagte meine Mutter zu mir. »Ich hoffe nur, daß er Leigh nicht zu sehr an das Armeeleben erinnert. Er spricht so darüber, als ob es eine Art Paradies wäre.«

»Mein Vater wird dich bestimmt nie mehr verlassen, Mutter«, mischte sich Damaris ein.

Priscilla nickte ihr zu. »Warum der General wohl hergekommen ist?«

»Weil er auf seinem Weg nach Netherby Hall bei uns vorbeikam«, antwortete Damaris. »Das hat er selbst gesagt.«

Ich lächelte meiner kleinen unschuldigen Schwester zu. Sie glaubte alles, was sie hörte.

Am nächsten Tag – es war Sonntag – gingen wir wie immer zum Essen hinüber nach Eversleigh Court. Obwohl Leigh und meine Mutter das Dower House gekauft hatten, betrachteten sie Eversleigh Court immer noch als ihr zweites Heim. Ich hatte mehrere Jahre da gelebt, meine Mutter verbrachte ihr ganzes Leben dort, und Damaris war hier zur Welt gekommen. Erst im letzten Jahr hatte Leigh das Dower House erworben, das nur fünf Minuten entfernt lag. Meine Großeltern nahmen es uns übel, wenn wir nicht häufig zu Besuch kamen. Ich liebte Eversleigh Court, obwohl ich Harriets Besitz Eyot Abbas wohl noch mehr als mein Zuhause empfand.

Zur Dinnerzeit versammelten wir uns alle an der Tafel in der Halle. Meine Großmutter, Arabella Eversleigh, hatte am liebsten die ganze Familie beisammen. Damaris war ihr spezieller Liebling, wie ich es nie gewesen war, aber dafür mochte mich mein Großvater Carleton ganz besonders gern. Er war ein äußerst unkonventioneller Mann, jähzornig, arrogant und eigensinnig. Ich fühlte mich sehr zu ihm hingezogen, und es erging ihm bei mir wohl ebenso. Meiner Meinung nach amüsierte es ihn über die Maßen, daß ich ein uneheliches Kind seiner Tochter war, der er eine gewisse grollende Bewunderung zollte, weil sie mich, allen gesellschaftlichen Regeln zum Trotz, zur Welt gebracht hatte. Ich mochte Großvater Carleton und hielt ihn für wesensverwandt mit mir.

Das Haus war zur Zeit von Queen Elizabeth in Form eines E errichtet worden und hatte zwei Seitenflügel rechts und links von der Haupthalle. Diese Halle mit den rauhen Steinmauern, den Waffen und Rüstungen gefiel mir ausnehmend gut. In der Familie Eversleigh gab es eine lange militärische Tradition. Carleton hatte allerdings nur kurze Zeit als Soldat gedient. Nach dem Bürgerkrieg war er daheim geblieben, um die Besitzungen bis zur Restauration zu verwalten. Dabei hat ihm sicher die Aufgabe, die er übernommen hatte, viel mehr Mut und vor allem weit mehr Geschicklichkeit abverlangt, als ein Soldat aufbringen mußte. Er hatte sich als Roundhead ausgegeben, obwohl er fanatischer Royalist gewesen war, und Eversleigh auf diese Weise für die Nachkommenschaft gerettet. Ich konnte ihn mir in dieser Rolle sehr gut vorstellen. Jedesmal, wenn er zur gewölbten Decke mit den schweren Eichenbalken oder zu dem Stammbaum hinaufschaute, der über dem wuchtigen Kamin gemalt war, dachte er sicher, daß all dies verloren wäre, wenn er in jenen Jahren unter Cromwells Herrschaft nicht so mutig und findig gewesen wäre.

Ja, an der militärischen Tradition der Familie war nicht zu zweifeln. Leigh war bis vor kurzem Soldat gewesen, und Edwin, der Sohn meiner Großmutter Arabella aus erster Ehe und jetzige Lord

Eversleigh, diente zur Zeit in der Armee. Seine Frau Jane, eine recht farblose Person, und ihr Sohn Carleton – man nannte ihn im Unterschied zu Großvater kurz Carl – lebten in Eversleigh, das Edwin gehörte, obwohl mein Großvater es immer noch als seinen Besitz ansah. Das war nicht verwunderlich, wenn man bedenkt, daß er den Besitz jahrelang geführt und für die Familie gerettet hatte. Ohne ihn würde es kein Eversleigh Court mehr geben. Der Vater meiner Großmutter war General Tolworthy gewesen, der sich auf royalistischer Seite ausgezeichnet hatte. Es hatte mich erstaunt, daß auch Beau eine Weile in der Armee gewesen war, und zwar während der Zeit von Monmouths Rebellion. Als er mir das einmal erzählte, schien er sich aus irgendeinem Grund köstlich darüber zu amüsieren. Selbst Carleton war damals in der Armee gewesen, auf seiten Monmouths, obwohl er kein Berufssoldat war. Er hatte damals lediglich für eine ganz bestimmte Sache gekämpft. Wir konnten also sicher sein, daß sich unser Gast, General Langdon, in einem solchen Haushalt wohlfühlte.

An diesem Tag saßen meine Großeltern, Edwins Frau, Lady Eversleigh, und der junge Carl als Gastgeber am Tisch. Hinzugekommen waren Priscilla, Leigh, Damaris und ich. Außerdem waren unsere Nachbarn vom Grasslands Manor, Thomas Willerby und sein Sohn Thomas, der ungefähr ein Jahr jünger war als ich, zu Besuch. Thomas Willerby war seit kurzem verwitwet und sehr unglücklich darüber, da er eine außergewöhnlich gute Ehe geführt hatte. Auch meine Mutter litt unter Christabel Willerbys Tod, da diese vor ihrer Ehe ihre Gesellschafterin gewesen war und ihr auch später eine gute Freundin blieb. In Grasslands gab es noch ein Baby, das auf den Namen seiner Mutter Christabel getauft war, die bei der Geburt gestorben war. Priscilla war tief betrübt über die Tragödie und lud die beiden Willerbys häufig zu uns ein. Sie hatte auch darauf bestanden, daß Christabel fürs erste zu uns ins Kinderzimmer übersiedelte, bis eine befriedigendere Lösung gefunden wurde. Sally Nullens, unsere alte Kinderfrau, und Emily Philpots, die jahrelang als Erzieherin fungiert hatte, waren begeistert über diese Regelung. Was Thomas Willerby betraf, so empfand er für meine Mutter eine derartige Dankbarkeit, daß ihm jedesmal fast Tränen in die Augen stiegen, wenn er sie ansah. Er war ein sehr gefühlvoller Mann.

Meine Großeltern hießen General Langdon herzlich willkommen, und in der ersten Viertelstunde drehte sich das Gespräch bei Tisch nur um die Armee.

Dann machte Priscilla in recht scharfem Ton eine unerwartete Bemerkung, was darauf schließen ließ, daß sie sich in Gedanken schon viel mit diesem Thema beschäftigt hatte. »Ich finde, daß Enderby Hall nicht ungenutzt und leer bleiben sollte. Das tut einem Haus niemals gut.«

»Richtig«, stimmte Thomas zu, immer darauf bedacht, ihr zu Hilfe zu eilen. »Sonst kommt Feuchtigkeit rein. Häuser müssen bewohnt sein, brauchen Feuer und Menschen.«

»Was für ein wunderschöner alter Besitz«, sagte Jane Eversleigh. »Allerdings würde ich nicht gern dort leben. Mir läuft es immer kalt den Rücken herunter, wenn ich daran vorbeikomme.«

»Nur weil du auf dummes Geschwätz hörst«, meinte mein Großvater. »Wenn es nicht dieses Gerede gegeben hätte, würde kein Mensch dort Gespenster vermuten.«

»Interessiert Ihr Euch für Geister, General Langdon?« erkundigte ich mich.

»Ich habe noch nie einen zu Gesicht bekommen«, erwiderte er, »und ich glaube nur an etwas, das ich mit eigenen Augen sehe.«

»Oh, Euch fehlt also der Glaube«, sagte Arabella.

»Sehen bedeutet glauben«, widersprach der General. »Wie hat das Gerede eigentlich begonnen?«

»Ich meine, alles begann damit, daß sich eine frühere Besitzerin dort zu erhängen versuchte. Das Seil war viel zu lang, und sie verletzte sich schwer. Später starb sie dann äußerst qualvoll.«

»Arme Frau. Was hat sie denn zu dieser Tat getrieben?«

»Ihr Mann war in eine Verschwörung verwickelt.«

»In die papistische«, fügte Carl hinzu.

»Nein, du verwechselst ihn mit meinem Vater«, wandte ich ein. »Hier handelte es sich um die Rye-House-Verschwörung, nicht wahr?«

»Ja«, sagte Priscilla in gezwungenem Ton, wie mir schien.

»Sie verschworen sich gegen den König«, sagte Carleton. »Was für ein törichtes und verbrecherisches Unterfangen.«

»Ich begreife nicht, warum die Menschen immer wieder so etwas tun müssen«, meinte Priscilla.

»Meine liebe Lady, manche Männer haben das starke Bedürfnis einzugreifen, wenn sie etwas als unrecht erkannt haben.«

»Und gefährden damit Menschenleben«, warf Arabella heftig ein.

»Ach, das Ganze ist ja längst vorbei«, sagte Carleton. »Aber auf diese Weise hat das Haus jedenfalls seinen schlechten Ruf bekommen.«

»Mir wäre es am liebsten, wenn sich eine nette Familie dort niederließe«, meinte Priscilla. »Es geht doch nichts über gute Nachbarn.«

Sie war nervös, und Leigh beobachtete sie besorgt. Mir kam spontan der Gedanke, daß die beiden sich darüber schon unterhalten hatten. Also hatte meine Schwester wohl doch ausgeplaudert, daß sie mich auf dem Himmelbett in Enderby überraschte. Vielleicht hatte sie sogar erwähnt, daß sie zu hören glaubte, wie ich mit jemandem namens Bow sprach.

»Es handelt sich hier übrigens um mein Haus«, sagte ich, an den General gewandt. »Es wurde mir vom Onkel meines Vaters vermacht, von Robert Frinton.«

»Ich kannte die Familie«, sagte der General. »Was für eine Tragödie!«

Meine Mutter verkrampfte die Hände. Heute war sie ganz besonders nervös. Dies mußte wohl am General liegen.

»Es dauert noch einige Monate, bevor du das Erbe antreten kannst«, mischte sich nun mein Großvater ein. »Aber ich bezweifle nicht, daß alles glatt über die Bühne ginge, falls sich ein Verkauf arrangieren ließe.«

»Ich weiß noch nicht, ob ich verkaufen will.«

»Vielleicht liebt Ihr Gespenster, Mistreß Carlotta«, neckte mich der General.

»Ich würde gern mal eines sehen. Ihr etwa nicht, General?«

»Das kommt sehr auf die Art des Gespenstes an«, erwiderte er.

»Du solltest das Haus verkaufen, Carlotta«, sagte Leigh. »Denn du wirst dort ja doch nie leben wollen. Oder vielleicht findet sich jemand, der es mietet.«

Ich schwieg. Die seltsame Anspannung meiner Familie wurde mir jetzt deutlich bewußt. Ob der General sie wohl auch bemerkte? Aus irgendeinem Grund wollte man mich daran hindern, in Enderby durch die leeren Räume zu wandern. Damaris hatte anscheinend tatsächlich erzählt, was sie gesehen und gehört hatte. Nun wußten alle, daß ich immer noch hoffte, Beau wiederzufinden.

»Denk darüber nach«, sagte mein Großvater abschließend.

»Übrigens habe ich auch schon hin und her überlegt, ob ich Grasslands aufgeben soll oder nicht.« Thomas Willerby lenkte mit dieser Bemerkung die volle Aufmerksamkeit auf sich.

»Grasslands aufgeben!« rief meine Mutter ungläubig. »Aber warum denn?«

»Zu viele Erinnerungen«, murmelte er, und am Tisch herrschte Schweigen. Nach einer Weile sprach Thomas weiter. »Ja, ich dachte mir, daß es vielleicht besser wäre, zurück in den Norden zu ziehen und zu versuchen, ein neues Leben aufzubauen. Aus diesem Grund kam ich damals auch hierher, und dank euch allen und... Christabel wurde es ein gutes Leben. Mag sein, daß es am besten ist, wenn ich mich wieder auf den Weg mache...«

Meine Mutter sah traurig aus, aber ich merkte ihr an, daß sie sich bereits eine Zukunft für ihn ausmalte. Man müßte ihn gehen lassen, um eine neue Frau und ein neues Leben zu finden... vielleicht käme er dann wieder zurück.

»Nun, das wird sich alles finden«, sagte Thomas. »Es gibt noch so vieles zu erwägen. Aber ich bin wie Ihr der Meinung, daß etwas mit Enderby geschehen sollte.«

Da ich sie von dem Thema Enderby ablenken wollte, mischte ich mich wieder in die Unterhaltung. »Ich habe gehört, daß Lady Elizabeth Villiers die irischen Besitzungen von James II. als Schenkung erhalten soll.«

Das Gesicht des Generals lief rot an. »Ungeheuerlich«, murmelte er.

»Laßt den König doch seine Geliebte verwöhnen«, meinte Carleton. »Ich bin sowieso überrascht, daß er eine hat, und wünsche ihm viel Vergnügen mit der Lady.«

»Es ist betrüblich, daß es so weit kommen mußte«, sagte Arabella. »Töchter wenden sich gegen ihre Väter...«

»Wie wahr, wie wahr«, stimmte der General zu. »Ich vermute, daß Queen Mary schwer unter ihrem Gewissen zu leiden hatte. Und bei Queen Anne wird es nicht anders sein, wenn sie den Thron besteigt.«

»Nein, nein«, widersprach Carleton hitzig. »England wird keinen papistischen König dulden. Einen Papisten sind wir schon losgeworden. James ist dort, wo er hingehört – im Exil, und dort soll er auch bis zu seinem Tode bleiben, basta. Falls William sterben sollte – und da sei Gott vor, denn er hat dieses Land gut regiert –, wird Anne gekrönt und die Unterstützung all jener haben, denen das Wohl Englands am Herzen liegt.«

Ich sah deutlich, daß der General sich nur mühsam beherrschte. Leigh machte ein unbehagliches Gesicht, denn er kannte die Ansichten des Generals zu diesem Punkt. Wie typisch für meinen Großvater, seine Meinung zu äußern, ohne vorher zu überlegen, ob er damit jemanden beleidigte.

»Thronraub bringt den Verantwortlichen oft nur Leid«, sagte der General mit bemüht ruhiger Stimme.

»So kann man es kaum nennen. James war nicht zu gebrauchen. Seine Tochter Mary war die nächste in der Thronfolge, und nach ihr kam William. Ich war sofort gegen James, als ich von seinen papistischen Ideen hörte. Lieber hätte ich Monmouth auf den Thron gesetzt, als diesen Papisten über uns herrschen zu lassen. James wurde besiegt und ist nun im Exil. Dort soll er auch bleiben.«

»Ihr seid hitzig, Sir«, sagte der General.

»Ihr nicht, Sir?« entgegnete Carleton. »Ich muß zugeben, daß ich mich über diese Dinge sehr erregen kann.«

»Das merkt man«, stimmte der General zu.

Arabella wechselte taktvoll das Thema, und wir unterhielten uns über so banale Angelegenheiten wie die Frage, ob wir wohl einen strengen Winter bekämen. Dies wiederum erinnerte uns alle an die Zeit, als die Themse zugefroren war und der arme Thomas Willerby Christabel kennenlernte.

Ich war erleichtert, als wir zum Dower House zurückkehrten. Der General schwieg. Ich nahm an, daß er den Besuch bei meinen Großeltern nicht gerade genossen hatte.

Er und Leigh verbrachten den Abend zu zweit, und früh am nächsten Morgen verabschiedete sich unser Gast und brach auf.

Meine Gedanken kreisten um Enderby. Wie wäre mir zumute, falls ich nicht mehr dorthin gehen könnte? Neue Bewohner würden es verwandeln, so daß es ein anderes Haus wäre. Wollte ich es als eine Art Denkmal für den Geliebten behalten, der mich verlassen hatte? Würde ich vielleicht glücklicher sein, wenn ich mich nicht mehr nach Enderby schleichen und dort Trübsal blasen konnte?

Eine schwer zu beschreibende Veränderung ging in mir vor. Ärger erfaßte mich und dämpfte ein wenig meinen Kummer, während mich um so mehr verletzter Stolz peinigte. Konnte es denn wirklich wahr sein, daß Beau aus freien Stücken weggegangen war und eine reichere Erbin gefunden hatte? Das wurde jedenfalls behauptet. Er hatte sich im Hinblick auf die bevorstehende Hochzeit mit mir Geld geborgt, er war gewinnsüchtig und vielleicht schon längst auf der Jagd nach einem größeren Wild – irgendwo auf dem Kontinent, in Paris oder... Venedig. Von Venedig erzählte er immer viel. Ehrlicherweise hatte er nie vorgetäuscht, ein Ehrenmann zu sein, sondern geradezu betont, daß er kein Heiliger sei. »In mir steckt viel von einem Teufel, Carlotta«, hatte er einmal gesagt und mich aufgefordert, seinen Kopf zu betasten, ob dort etwa schon

Hörner wüchsen. »Aber gerade das liebst du ja an mir«, neckte er mich, »denn es ist ganz klar, daß sich auch in dir ein kleiner Teufel verbirgt.« Wie töricht von mir zu glauben, daß er zurückkehren würde! Beau war nun schon über ein Jahr fort. Ich malte mir sein Leben an einem fremden Ort aus, in einer Burg am Rhein, einem Palazzo in Italien oder einem Schloß in Frankreich, mit einer Erbin, die mich an Reichtum weit übertraf. Sicher erzählte er in bester Laune von mir, denn Beau redete immer über seine Geliebten. Er verhöhnte den Ehrenkodex, den ein Gentleman eigentlich zu respektieren hatte.

So schürte ich geradezu meinen Zorn auf ihn und fand darin einen gewissen Trost.

Ja, warum sollte Enderby eigentlich nicht vermietet oder verkauft werden? Was hatte ich davon, es wie einen Reliquienschrein für einen treulosen Liebsten aufzubewahren?

Inzwischen war es September geworden. In einem Monat würde mein achtzehnter Geburtstag sein, ein bedeutungsvoller Tag in meinem Leben, da ich dann mein Erbe antreten konnte und endlich mündig sein würde.

Priscilla war der Meinung, daß ein ganz besonderes Fest gefeiert werden müsse, und natürlich bestanden meine Großeltern darauf, es in Eversleigh Court abzuhalten, da es weit geeigneter dafür sei als das Dower House.

Eversleigh Court wimmelte von Besuchern, und ich war sicher, daß Leigh und Priscilla einige junger Männer eingeladen hatten, die als annehmbare Freier in Frage kamen. Sie hofften natürlich, daß ich ihnen einiges Interesse entgegenbringen würde.

Harriet kam mit ihrem Mann Gregory und mit Benjie, worüber ich mich ganz besonders freute. »Wir kriegen dich ja kaum noch zu Gesicht!« sagte Harriet zur Begrüßung. Sie erstaunte mich auch diesmal wieder. Obwohl wahrlich nicht mehr die Jüngste, war sie immer noch von strahlender Schönheit. Sie gab sich allerdings auch jede erdenkliche Mühe, diese zu erhalten. Ihr Haar war nach wie vor schwarz. »Das verdanke ich nur meiner ganz speziellen Tinktur«, flüsterte sie mir zu, als ich eine Bemerkung darüber machte. »Ich werde dir das Rezept verraten, damit du gut gewappnet bist, wenn es einmal nötig wird.«

Sie wollten eine Woche bei uns bleiben. »Warum kommst du nicht häufiger nach Eyot?« fragte Benjie.

Ich wußte nichts darauf zu antworten. Schließlich konnte ich ihm ja wohl kaum gestehen, daß ich immer noch auf Beaus Rückkehr hoffte.

Wir ritten viel zusammen aus, und ich genoß diese Ausflüge sehr. Mir gefiel das feucht-kühle Septemberwetter, und ich nahm die Landschaft mit einer größeren Intensität als je zuvor wahr. Besonders hübsch waren die lohfarbenen Buchenblätter und die lustigen kleinen Zapfen an den Nadelbäumen. Wie immer zur Herbstzeit hingen überall Spinnweben, die, von glitzernden Tautropfen benetzt, ganz zauberhaft aussahen. Früher machte ich mir nicht viel aus der Natur, doch nun hatte ich das Gefühl, aus einem langen Alptraum zu erwachen.

Benjie war ein amüsanter Begleiter, unbeschwert und gutmütig und immer zum Lachen bereit. Er glich mehr seinem Vater als seiner Mutter. Sir Gregory Stevens konnte man nicht gerade als aufregend bezeichnen, aber er gehörte sicher zu den liebenswürdigsten Menschen, die ich je kennengelernt habe.

Daß Benjie ungefähr zwölf Jahre älter war als ich, spielte für mich keine große Rolle. Ich verglich jeden mit Beau, von dem mich sogar mehr als zwanzig Jahre Altersunterschied trennten. Merkwürdigerweise fühlte ich mich Benjie ebenbürtig, was Lebenserfahrung anging. Das hatte Beau bei mir bewirkt.

Eines Tages kamen wir nach einem Ritt durch die Wälder auf dem Rückweg an Enderby Hall vorbei.

»Trostloses altes Gemäuer«, sagte Benjie. »Ich entsinne mich, daß du Carl und mir hierher nachgelaufen bist.«

»Auch ich erinnere mich genau. Ihr wart gräßliche Jungen, weil ihr mich nicht dabeihaben wolltet. Ihr befahlt mir, zu verschwinden und euch in Ruhe zu lassen.«

»Das mußt du unserer Jugend zugute halten«, erwiderte Benjie. »Ich verspreche dir, daß ich nie mehr etwas Derartiges zu dir sagen werde.«

»Ich muß ein unausstehliches Kind gewesen sein.«

»Gar nicht. Voraussetzung für gute Laune war allerdings, daß Carlotta der Mittelpunkt des Universums war und alle das Knie vor ihr beugten.«

»Mit Ausnahme von Benjamin und Carl.«

»Wir waren eben Dummköpfe.«

»Aber es wandte sich alles zum Besten. Ich folgte euch nach Enderby, versteckte mich in einem Schrank, schlief ein, und auf diese Weise lernten wir Robert Frinton kennen, der sich als ein Onkel meines Vaters entpuppte...«

»...ein Opfer deines Liebreizes wurde und dir sein Vermögen hinterließ. All das hört sich an wie aus einem Märchenbuch, und es ist typisch, daß gerade dir so etwas passiert.«

»Ich finde nicht, daß ich viel von einer Märchengestalt an mir habe, Benjie. Hast du nicht gerade selbst gesagt, daß ich mich für den Mittelpunkt des Universums hielt? Ich fürchte, daß ich mich nicht sehr gewandelt habe, folglich also ein äußerst selbstsüchtiges Wesen bin.«

»Aber ein anbetungswürdiges, Carlotta.«

Er schaute mich unverwandt an. Von meinem Lehrmeister Beau wußte ich, was das zu bedeuten hatte.

»Gehen wir rein und schauen uns das Haus an«, schlug ich impulsiv vor.

»Ist es denn nicht verschlossen?«

»Ich habe den Schlüssel. Immer trage ich ihn an meinem Gürtel bei mir, damit ich jederzeit hineinkann, wenn mich die Laune überkommt.«

Er warf mir einen zweifelnden Blick zu. Wie die ganze Familie wußte auch Benjie über Beau Bescheid. Aber vermutlich ahnte keiner von ihnen, daß er in Enderby gehaust hatte.

Wir banden unsere Pferde an und schlenderten zur Haustür. Benjies Gegenwart erweckte in mir gewisse Gefühle. Ich verstand mich selbst nicht mehr. Plötzlich interessierte es mich, wie es wohl wäre, mit Benjie zu schlafen. Vielleicht war ich wirklich, wie Beau behauptet hatte, die Art von Frau, für die körperliche Leidenschaft lebensnotwendig ist. Beau hatte erklärt, daß er noch nie eine so bereitwillige Jungfrau gekannt hätte. Damit meinte er natürlich, daß ich mich nicht einmal bei unserem ersten Zusammensein gesträubt hatte. »Eine Blume, die sich der Sonne öffnet«, so hatte er mich beschrieben. Bevor ich Beau kennenlernte, war ich viel mit Benjie zusammengewesen. Damals hatte es mich entzückt und mir geschmeichelt, daß er ganz besondere Gefühle für mich hegte.

Ich öffnete die Tür und hatte auf einmal die Hoffnung, die Erinnerung an Beau für immer verdrängen zu können.

»Es ist ein unheimliches Haus«, sagte Benjie. »Findest du nicht auch?«

»Das ist alles nur Einbildung«, widersprach ich.

»Ja, vielleicht hast du recht. Es sieht jetzt gar nicht mehr unheimlich aus, weil du hier stehst. Carlotta, wie schön du bist! Ich kenne nur eine einzige Frau, die dir an Schönheit gleicht, und das ist meine Mutter. Übrigens war ich sehr stolz auf dich, als ich dich noch für meine Schwester hielt.«

»Dein Stolz genügte nicht, um mir zu erlauben, dich auf deinem Streifzug nach Enderby zu begleiten«, erwiderte ich lachend.

»Ich sagte dir ja schon, daß du das unserer jungenhaften Dummheit zugute halten mußt.«

Er schaute mich ernst an, und ich ahnte, daß er mich gerne geküßt hätte. Ich ging quer durch die Halle und schaute zur Musikantenempore hinauf, um die Erinnerung auf mich wirken zu lassen. Der vertraute Schmerz war immer noch da. Keiner würde je für mich wie Beau sein. Langsam begann ich die Treppe hochzusteigen. Benjie kam mir nach, ging an der Spukempore vorbei. Warum muß ich eigentlich immer noch über Beau nachgrübeln, dachte ich wütend. Schließlich ist er fort und hat mich allein gelassen.

Wir schauten in alle Zimmer und kamen auch zu dem Raum mit dem Himmelbett.

Ich starrte es an, und Bitterkeit und Sehnsucht schienen so überwältigend wie eh und je zu sein. Benjie trat neben mich.

»Carlotta, du bist kein Kind mehr«, begann er. »Ich wollte seit langem mit dir sprechen, aber du wirktest so jung...«

Am liebsten hätte ich laut gelacht. War ich nicht noch um vieles jünger gewesen, als ich mit Beau auf diesem Bett herumgetollt hatte! Aber Benjie hatte natürlich brav abgewartet, bis ich ordnungsgemäße achtzehn Jahre alt war. Kein Hauch von Abenteurer steckte in ihm! Er war das krasse Gegenteil von Beau.

»Carlotta, ich glaube, daß sie es von uns erwarten.«

»Was erwarten?«

»Daß wir heiraten.«

»Bittest du mich um meine Hand?«

»Ja. Was sagst du dazu?«

Ich glaubte Beaus Gelächter zu hören. »Sie erwarten es von euch! Dein Schlappschwanz von Verehrer hat abgewartet, bis du im richtigen Alter bist. Darüber können wir doch nur lachen, nicht wahr, Carlotta? Mein Gott, du warst von der Wiege an im richtigen Alter, mein Liebling! So bist du nun einmal. Heirate deinen harmlosen Benjie! Du wirst ein sicheres, geschütztes Leben führen, und ich kann dir schon jetzt versprechen, daß es dich unsäglich langweilen wird.«

Es war eindeutig, daß ich Beau noch nicht entronnen war. Wenn ich Benjies Antrag jetzt annähme, würde ich dabei keinerlei freudige Erregung oder bebende Erwartung empfinden wie früher, wenn ich dieses Haus betrat, um Beau zu treffen.

»Nein«, sagte ich. »Nein.« Irgend etwas in mir ließ mich noch hinzufügen: »Noch nicht.«

Benjie zeigte sich überaus verständnisvoll. »Ich habe es überstürzt«, sagte er.

Überstürzt! Ich kannte seine Gefühle für mich seit langem. Er hatte keine Ahnung, was für ein Mensch ich war. Unwillkürlich stellte ich mir Beau in einer ähnlichen Situation vor. Wenn ich ihn abgewiesen hätte, würde er mich nur ausgelacht und dann aufs Bett geworfen haben.

Wollte ich einen Mann wie Benjie?

Wieder glaubte ich Beaus Gelächter zu vernehmen. Ja, so einen willst du, genau so einen!

Beau würde das ganze als Mordsspaß ansehen. Ausgerechnet in diesem Zimmer, in dem wir uns so vergnügt getummelt hatten (wie er es sicher ausdrücken würde), machte mir Benjie einen Heiratsantrag! Und weil ich dann ›nein‹ sagte, vermutete Benjie zu allem Übel auch noch, daß er es überstürzt hätte, mich um meine Hand zu bitten. Wo ich in meiner Unschuld doch noch gar nicht auf derartiges vorbereitet sein konnte!

Nein, ich war Beaus Einfluß keineswegs entronnen.

Wir gingen zu unseren Pferden hinaus.

»Sei nicht betrübt, liebste Carlotta«, bat Benjie.

»Ich werde dich in einiger Zeit noch einmal fragen.«

Harriet kam in mein Zimmer. Sie strotzte vor Gesundheit und sah meiner Meinung nach ebenso schön aus wie zehn Jahre zuvor. Vielleicht war sie ein wenig fülliger geworden, aber das stand ihr gar nicht schlecht. Die zusätzlichen Pfunde beeinträchtigten ihr gutes Aussehen nicht im geringsten. Ihrer eigenen Aussage nach sorgte sie schon dafür, daß sie an den richtigen Stellen zunahm.

Wahrscheinlich wußte sie bereits, daß Benjie um meine Hand angehalten hatte. Manche Dienstboten munkelten, daß Harriet über ungewöhnliche Kräfte verfügte, und ich neigte ebenfalls zu dieser Ansicht. Ihre unglaublich schönen veilchenblauen Augen mit den dichten schwarzen Wimpern waren sehr scharf und ließen sich kaum etwas entgehen.

»Na, meine kleine Verführerin, du willst aus meinem Benjie also keinen glücklichen Mann machen«, sagte Harriet. »Er hat dich heute gefragt, oder?«

Ich nickte.

»Und du hast ›nein‹ gesagt. Ich vermute, daß du ›noch nicht‹ hinzugefügt hast, denn Benjie ist nicht so niedergeschlagen, wie ich es von ihm erwarten würde, wenn er eine glatte Absage bekommen hätte.

»Harriet, du hast wie üblich recht.«

Wir lachten gemeinsam. Sie versetzte mich immer in gute Laune. Ich liebte sie wirklich. Zum Teil lag das daran, daß ich sie in jenen prägenden Kindheitsjahren für meine Mutter gehalten hatte. Aber es war noch mehr als das. Ich zählte sie zu unseresgleichen, sie war Beau und mir ähnlich.

Wir waren die Abenteurer dieser Welt, dazu entschlossen, das meiste von dem zu kriegen, was wir wollten, und dabei nicht gerade zimperlich zu sein, falls die Umstände dies erforderten.

Wir zeichneten uns alle drei durch außergewöhnliche Schönheit aus. Bei Beau und Harriet stand dies außer Frage, und es wäre falsche Bescheidenheit von mir, nicht zuzugeben, daß auch ich recht ansehnlich war. Die Natur hatte sich so etwas wie einen Scherz erlaubt, denn ich hätte gut und gerne Harriets Tochter sein können. Ich war fast so dunkelhaarig wie sie, hatte dunkelblaue Augen, denen allerdings der violette Schimmer fehlte, und meine Wimpern und Brauen waren ebenso schwarz wie bei ihr. Hiermit hörte die Ähnlichkeit allerdings auf. Meine ovale Gesichtsform mit den hohen Wangenknochen, den vollen Lippen und der geraden Nase waren typisch Eversleigh.

Aber auch vom Naturell her glich ich Harriet sehr. Wir harmonierten großartig. Ich konnte mich mit Harriet besser unterhalten als mit irgendeinem anderen Menschen. Meiner Mutter muß es ähnlich ergangen sein, denn sie hatte sich Harriet anvertraut, als sie mich erwartete und Angst davor hatte, ihrer Familie die Wahrheit zu gestehen.

»Mein armer Benjamin«, sagte Harriet nun. »Seit langem liebt er dich. Von dem Augenblick an, in dem er erfuhr, daß du nicht seine Schwester bist, setzte sich dieser Gedanke in seinem Kopf fest. Er hat auf den Tag hingelebt, an dem er dich zum Altar führen darf, und ich muß sagen, daß ich meine neue Tochter sehr willkommen heißen würde.«

»Liebe Harriet, es ist ein verführerischer Aspekt, dich zur Schwiegermutter zu bekommen, aber trotzdem kein ausreichender Grund, um zu heiraten.«

»Es wäre eine richtige Entscheidung, Carlotta. Benjie wäre wirklich gut für dich. Er gleicht seinem Vater, und einen besseren Ehemann als meinen Gregory kann eine Frau sich gar nicht wünschen.« Sie schaute mich mit ernstem Gesicht an. »Du wärst mit Beaumont Granville sehr unglücklich geworden.«

Ich wandte den Kopf ab, doch sie sprach weiter. »O ja, das stimmt. Ich gebe zu, daß Beau ein faszinierender Mann ist. Sicher lebt er nun irgendwo in Saus und Braus und beglückwünscht sich zu seiner Schlauheit. Nach England kann er nicht zurück, denn seine Gläubiger würden sich wie Geier auf ihn stürzen. Ich überlege oft, wo er wohl stecken mag. Venedig halte ich für unwahrscheinlich. Ich habe mehrmals einer sehr lieben Freundin geschrieben, der Contessa Carpori, in deren Palazzo du geboren wurdest. Sie kennt Beau, denn er war ja in Venedig eine bekannte Gestalt. Sie behauptet, daß er jetzt nicht dort ist. Falls sie erfährt, daß er in einer anderen italienischen Stadt auftaucht, wird sie es mich wissen lassen. Denk nicht mehr an ihn. Verbanne ihn aus deinem Gedächtnis. Es machte Spaß, aber nun ist es vorbei. Kannst du es denn nicht als eine notwendige Erfahrung ansehen?«

»Es war eine so wundervolle Erfahrung, Harriet.«

»Das glaube ich gern. Er war sicher ein hinreißender Liebhaber. Aber es gibt noch andere auf der Welt. Außerdem war er hinter deinem Vermögen her, Carlotta.«

»Warum ist er dann nicht geblieben, um es an sich zu raffen?«

»Wohl nur deshalb, weil sich ihm eine noch attraktivere Möglichkeit bot. Dies ist der einzige Grund, der mir einfällt. Er hatte überall Schulden. Wie konnte er hierbleiben und seinen Gläubigern entgegentreten? Vielleicht hat dein Großvater ihm auch gedroht. Carleton Eversleigh hat großen Einfluß bei Hof und könnte Beau mit Leichtigkeit ruinieren. Allerdings halte ich Beau für keinen Menschen, der leicht nachgibt. Du mußt endlich die Tatsachen akzeptieren, auch wenn sie nicht angenehm sind. Die einzig plausible Erklärung scheint zu sein, daß er irgendwo bessere Chancen witterte und sich sofort auf den Weg machte.«

»Harriet, es ist fast drei Jahre her.«

»Und du bist inzwischen mündig geworden. Vergiß ihn! Schlag einen neuen Weg ein! Du hast alles, wovon ein Mädchen nur träumen kann. Du besitzt die Art Schönheit, die für fast jeden Mann unwiderstehlich ist. Außerdem bist du reich. Mein liebes Kind, was hätte ich dafür gegeben, wenn ich in deinem Alter solch ein Vermögen gehabt hätte!«

»Du bist sehr gut auch ohne Vermögen zurechtgekommen.«

»Aber ich mußte jahrelang hart kämpfen. Zugegeben, es hat mir Spaß gemacht. Das ist die Abenteurerin in mir. Aber manchmal mußte ich Dinge tun, die ich lieber nicht getan hätte. Carlotta, laß die Vergangenheit ruhen. Schau in die Zukunft. Sie ist strahlend hell. Du mußt Benjie nicht nehmen, obwohl ich es aus vielen Gründen erhoffe...«

»Einer davon ist mein Vermögen.«

»Ja, einer davon ist dein Vermögen. Aber für Benjie spielt das keine Rolle. Mein Benjamin ist ein anständiger Mensch. Er gleicht seinem Vater, und – ich sage es noch einmal – du könntest keinen Besseren finden, falls du einen guten Ehemann und nicht einen Teufel von einem Liebhaber suchst.«

Harriet küßte mich und zeigte mir dann, was sie bei dem Bankett zu Ehren meiner Volljährigkeit tragen würde.

In Eversleigh Court trafen immer mehr Gäste ein, und selbst im Dower House mußten einige einquartiert werden. Meine Volljährigkeit wurde als ein bedeutungsvolles und feierliches Ereignis angesehen. Ich mußte Sally Nullens zuhören, die mir erzählte, daß ich der ungezogenste ihrer Schützlinge gewesen sei und die stärkste Lunge gehabt hätte, die ich immer einsetzte, um etwas zu bekommen. »Viele hätten dir sicher nachgegeben«, meinte sie. »Aber das war nicht meine Art. Einen kräftigen Klaps auf die Stelle, wo es am meisten weh tut, das hast du von mir gekriegt und hast mir's nicht verübelt, das will ich dir zugute halten.«

Dann folgte Emily Philpots Kommentar. »Du hast deine hübschen Kleider zwar immer schmutzig gemacht, sahst aber trotzdem niedlich aus, und es machte Spaß, für dich zu nähen. Du hast dich nicht verändert, Mistreß Carlotta. Mir tut der Mann leid, der dich kriegt, und wie!« Ich hätte Emily natürlich darauf hinweisen können, daß sie bei diesem Thema nicht gerade als Autorität anzusehen war, da kein Mann je versucht hatte, sie zu heiraten. Aber ich tat es nicht. Dazu mochte ich sie wie auch Sally – zu gerne. Sie stellten beide einen Teil meiner Kindheit dar.

Damaris folgte mir mit fast ehrfürchtigem Gesicht überallhin. Sie war nun elf, immer noch langweilig und viel zu dick. Ihre Bewunderung wurde mir lästig. Leider war ich wohl nicht sehr nett zu ihr. Immerzu päppelte sie kranke Tiere auf und war kreuzunglücklich, wenn einige starben. Sie liebte ihr Pferd und war eine ausgezeichnete Reiterin. Damaris war der Liebling von Sally Nullens und Emily Philpots. Vermutlich hatte sie die richtige Art von Lunge gehabt und war kaum je auf die Stelle geschlagen worden, wo es am meisten weh tut. Sicher hielt sie auch ihre Kleider in tadelloser Ordnung. Allerdings sah sie darin nicht so hübsch aus, wie ich das getan hatte, und das bereitete mir eine boshafte Genugtuung.

Meine Mutter, Leigh und selbst meine Großeltern hofften, daß ich Benjie heiraten würde. Anscheinend wußten alle schon, daß er mich haben wollte, denn sie wirkten irgendwie besonders aufmerksam. Mir kam der Gedanke, daß sie mich versorgt sehen wollten, damit sie erleichtert einen Schlußstrich unter die Episode von Beau und mir ziehen konnten. Sie hofften wohl, daß es nach meiner Verheiratung so sein würde, als hätte ich Beau überhaupt nie gekannt.

Ich war schrecklich unschlüssig, wollte aber doch gerne wissen, ob sie mit ihrer Vorstellung etwa recht hatten. Vermutlich war dies schon ein Schritt vorwärts.

Also ritt ich mit Benjie aus und tanzte mit ihm. Ich mochte ihn und empfand eine gelinde Erregung, wenn er meine Hand ergriff, mich am Arm berührte oder manchmal küßte. Es war nicht jene wilde Sinneslust, die ich mit Beau gefühlt hatte. dennoch reagierte ich auf Benjies Zärtlichkeiten.

Ich stellte mir vor, wie Beau mich auslachen würde.

»Du bist eine leidenschaftliche Frau«, hatte er wiederholt geäußert. War ich es wirklich? War es so, daß ich nur die körperliche Befriedigung wollte, die mich Beau so lieben gelehrt hatte, oder wollte ich Benjie?

Ich war mir nicht sicher. Aber zu einer anderen Entscheidung rang ich mich zumindest durch. Ich würde Enderby verkaufen. Vielleicht war es ein symbolischer Akt, vielleicht akzeptierte ich damit endlich die Tatsache, daß Beau nie mehr zurückkommen würde.

Mistreß Elizabeth Pilkington hatte die Absicht, sich Enderby Hall anzusehen. Sie war am Vortag eingetroffen und wohnte bei Freunden, einige Meilen von Eversleigh entfernt. Sie schlug vor, nach Enderby zu reiten und sich dort mit einem von uns zu treffen, der ihr das Haus zeigen konnte.

Priscilla war der Meinung, daß Leigh dies übernehmen sollte, doch ich war damit nicht einverstanden. Meine Familie mußte endlich begreifen, daß ich kein Kind mehr war, sondern eine erwachsene Frau. Enderby gehörte mir. Ich wollte ihnen meine

Unabhängigkeit beweisen, indem ich die Lady traf und im Haus herumführte.

Es war an einem Novembertag um zehn Uhr morgens. Ich hatte diesen frühen Zeitpunkt vorgeschlagen, da es schon kurz nach vier Uhr dunkel wurde. Wenn wir mit der Besichtigung erst am Nachmittag begännen, müßten wir uns sehr beeilen, hatte ich erklärt. Mistreß Pilkington war einverstanden, da sie Enderby natürlich bei Tageslicht sehen wollte.

Ich empfand ein gewisses Gefühl der Erleichterung. Endlich war ich zu der Überzeugung gelangt, daß ich tatsächlich einen neuen Anfang machen könnte, sobald ich Enderby nicht mehr besaß.

Es war kalt. Den November hatte ich noch nie gern gemocht, denn der Winter stand bevor, und das Frühjahr lag in weiter Ferne. Die Bäume hatten die meisten Blätter bereits verloren, und aus dem zaghaften Gesang einer Amsel meinte ich eine melancholische Note herauszuhören. Es klang, als wolle der Vogel seine Traurigkeit abschütteln, schaffte es aber nicht.

Leichter Nebel hing zwischen den Bäumen und ließ die Eiben feucht glänzen. Es schien mehr Spinnennetze zu geben als je zuvor. Das Jahresende kam bald und vielleicht auch das Ende eines Lebensabschnitts für mich.

Mistreß Pilkington wartete schon auf mich. Ich war gleich von ihrem Aussehen angetan. Sie war äußerst elegant und hatte wundervolles rotes Haar. Ihr dunkelgrünes Reitkleid war nach der neuesten Mode geschneidert und stand ihr vorzüglich. Dazu trug sie einen Hut mit einer kleinen braunen Feder.

»Mistreß Pilkington, ich fürchte, ich habe Euch warten lassen«, begann ich das Gespräch.

Sie lächelte reizend und entblößte dabei perfekte weiße Zähne. »Aber nein. Ich kam zu früh, da ich ungeheuer gespannt bin, das Haus in Augenschein zu nehmen.«

»Hoffentlich wird es Euch gefallen. Sollen wir gleich hineingehen?«

»Ja, gerne.«

Ich öffnete die Tür, und wir betraten die Halle. Irgendwie sah an diesem Tag alles anders aus. Die unheimliche Atmosphäre schien verschwunden zu sein. Mistreß Pilkington schaute zur Decke hinauf.

»Sehr eindrucksvoll«, sagte sie. Dann drehte sie sich um und musterte mich aufmerksam. »Nicht wahr, Ihr seid Mistreß Carlotta Main? Ich vermutete nicht, daß ich das Vergnügen haben würde, Euch persönlich kennenzulernen. Ich dachte, daß jemand...«

»Jemand Älterer käme«, vollendete ich ihren Satz. »Nein. Dies ist mein Haus, und ich kümmere mich um geschäftliche Dinge lieber selbst.«

»Klug von Euch«, sagte sie. »Ich bin genauso. Das Haus ist Teil Eurer Erbschaft, nicht wahr?«

»Ihr scheint viel über mich zu wissen.«

»Ich verkehre in der Londoner Gesellschaft und erinnere mich daran, daß es da viel Gerede über Eure Verlobung mit Beaumont Granville gab.«

Ich wurde rot. Das hatte ich wahrlich nicht erwartet.

»Es war doch höchst seltsam, nicht wahr... sein plötzliches Verschwinden.«

Sie musterte mich forschend, und ich begann mich recht unbehaglich zu fühlen.

»Alle möglichen Theorien waren im Umlauf«, sprach sie weiter. »Er ging fort, nicht wahr?«

»Ja«, erwiderte ich kurz angebunden. »Er ging fort. Dort drüben ist eine Trennwand. Möchtet Ihr Euch die Küche gleich ansehen, oder sollen wir lieber erst ins Obergeschoß?«

Sie lächelte mir zu, als wolle sie ihr Verständnis dafür ausdrükken, daß ich nicht über Beau reden mochte.

»Ins Obergeschoß, bitte.«

Ich zeigte ihr die Musikantenempore.

»Entzückend«, meinte sie.

Wir schlenderten durch die Zimmer. Schließlich blieb sie ausgerechnet in dem Raum mit dem Himmelbett stehen, der für mich so schmerzliche Erinnerungen barg.

»Wie steht es mit den Möbeln?« erkundigte sie sich.

»Die sind, falls erwünscht, ebenfalls verkäuflich. Ansonsten werden sie weggeschafft.«

»Mir gefallen sie. Da ich mein Haus in London eigentlich nicht aufgeben möchte, könnte ich diese Möbel gut gebrauchen.«

Nachdem sie oben alles besichtigt hatte, gingen wir in den Küchentrakt, und schließlich führte ich sie zu den Nebengebäuden.

»Reizend, ganz reizend. Ich kann nicht begreifen, wie Ihr es fertigbringt, Euch davon zu trennen«, sagte sie.

»Das Haus steht seit vielen Jahren leer, und ich sehe nicht ein, warum es noch länger so bleiben soll«, erwiderte ich.

»Ihr habt recht. Mein Sohn wird bestimmt begeistert davon sein.«

»O, Ihr habt also Familie?«

»Nur einen Sohn.«

»Euer Mann...?«

»Ich habe keinen Mann.«

Sie lächelte mich verschmitzt an. Mir war aufgefallen, daß sie mich während der Besichtigung des Hauses immer wieder verstohlen gemustert hatte. Es sah beinahe so aus, als sei ich für sie ebenso interessant wie Enderby.

Sie spürte offensichtlich, daß mir ihre Neugier nicht entgangen war. »Verzeiht bitte. Ich fürchte, daß ich Euch durch mein Interesse in Verlegenheit bringe. Ihr seid eine sehr schöne junge Frau, wenn ich das sagen darf, und Schönheit beeindruckt mich ungemein.«

Ich errötete leicht. Normalerweise hatte ich nicht das geringste gegen Komplimente einzuwenden. Es bereitete mir Vergnügen, Aufmerksamkeit zu erregen, und ich war es gewöhnt, angestarrt zu werden. Doch in ihrem Verhalten lag etwas Beunruhigendes. Mir kam spontan der Gedanke, daß ihr Hauptinteresse gar nicht dem Haus galt. Vielleicht gab es ein ganz anderes Motiv für ihr Kommen.

Da sie selbst eine sehr attraktive Frau war, hielt ich es für angebracht, das Kompliment zu erwidern.

»Ihr seid selbst sehr schön.«

Sie lachte geschmeichelt. »Meine beste Zeit ist vorbei... leider. Früher einmal...«

Sie benahm sich fast wie eine Schauspielerin ihrem Publikum gegenüber. »Nein, Ihr irrt Euch«, widersprach ich rasch.

»Jetzt ist Eure beste Zeit.«

Sie lachte wieder. »Ich glaube, wir werden prächtig miteinander auskommen. Es ist so wichtig, sich mit seinen Nachbarn gut zu verstehen. Enderby ist doch nicht weit von Eversleigh Court entfernt?«

»Nein. Allerdings leben wir nicht mehr dort bei meinen Großeltern, sondern im benachbarten Dower House. Das dritte große Herrenhaus, das ebenfalls ganz in der Nähe liegt, heißt Grasslands Manor.«

»Das klingt alles sehr vielversprechend. Können wir nun noch einen Blick auf das Grundstück werfen?«

Wir traten in den leichten Nebel hinaus und gingen durch die Gärten.

»Das Gelände ist nicht so weitläufig, wie ich dachte«, lautete ihr Kommentar.

»Früher war es größer. Als mein Stiefvater das Dower House kaufte, übernahm er auch Land, das eigentlich zu Enderby gehörte.«

»Wie interessant. Was hat er denn übernommen? Ich würde gerne sehen, was ich sonst vielleicht hätte haben können.«

»Er ließ eine Mauer um das Areal errichten und grenzte es so von den Ländereien des Dower Houses ab.«

»Ist dies etwa die Mauer?«

»Ja.«

»Er hat anscheinend die Absicht, alle Welt fernzuhalten.«

»Ursprünglich gab es mal den Plan, den Boden zu bebauen. Doch daraus ist bisher noch nichts geworden.«

»Es sieht alles reichlich verwildert aus.«

»Ja, das Gelände wurde völlig vernachlässigt. Aber sicher wird es schon bald kultiviert werden.«

»Tja, ich danke Euch sehr, Mistreß Main. Das Haus gefällt mir recht gut. Ich würde es mir gern noch einmal genauer anschauen.«

»Natürlich. Mit Vergnügen werde ich es Euch ein zweitesmal zeigen.«

»Ich möchte Euch um einen Gefallen bitten. Eine Woche oder länger werde ich bei meinen Freunden, den Elsomers von Crowhill, bleiben, Kennt Ihr sie?«

»Ja, flüchtig.«

»Dann wißt Ihr, daß Ihr mir vertrauen könnt. Würdet Ihr mir den Schlüssel überlassen, damit ich nach Belieben morgen oder übermorgen herkommen kann, um mir alles noch gründlicher anzuschauen?«

»Aber sicher«, erwiderte ich ohne Zögern. Ich verstand ihr Bedürfnis, das Haus auf eigene Faust zu erkunden. Enderby war zwar möbliert, doch nichts davon konnte leicht transportiert werden. Außerdem hatte ich keine Angst, daß sie etwas wegnehmen würde. Obwohl sie in mir ein Gefühl des Unbehagens erweckte, hielt ich es für undenkbar, daß sie stahl.

Bereitwillig gab ich ihr also den Schlüssel. Da ich einen zweiten zu Hause hatte, konnte ich auch weiterhin jederzeit herkommen, wenn ich Lust darauf verspürte.

Wir gingen zu den Pferden hinaus. Sie saß mit Schwung und Grazie auf, verabschiedete sich von mir und ritt in Richtung Crowhill davon.

Drei Tage lang hörte ich nichts von ihr. Eines Nachmittags überkam mich die Sehnsucht nach Enderby. Da ich es verkaufen wollte, würde ich mich sowieso nicht mehr oft dort aufhalten können.

Leichter Dunst lag in der Luft. Am Morgen war es ziemlich kalt gewesen, und sicher würde bei anbrechender Dunkelheit wieder Nebel aufsteigen. Alles war feucht, die Büsche, Bäume und auch mein Haar. Bald ist Weihnachten, dachte ich. Wir werden zu Harriet reisen, oder sie kommt zu uns. Dann kann ich wieder mit Benjie zusammensein. Bestimmt wird er mich ein zweites Mal bitten, ihn zu heiraten. Vielleicht soll ich ›ja‹ sagen. Falls ich Enderby verkaufe, bedeutet dies einen kleinen Schritt weg von der Vergangenheit und von Beau. Wenn ich Benjie heirate, bedeutet es einen großen...

Ich dachte an Mistreß Pilkington und daran, wie sehr sie sich für alles interessiert hatte – für mich und meine Verlobung mit Beau nicht weniger als für das Haus. Sie hatte scharfe, hellwache Augen, lohfarbene Augen, wenn ich mich recht erinnerte, die zu dem herrlichen roten Haar paßten. Eine überaus gepflegte Erscheinung, die wußte, was man für seine Schönheit tun konnte, und die dies auch gewissenhaft tat. Sie hatte von dem vielen Gerede über Beau und mich bei Hof berichtet. Es gab wahrhaft bösartige Kommentare darüber, daß ich eine reiche Erbin war. Lange Zeit vor mir hatte Beau schon einmal versucht, eine andere Erbin zu entführen, wie mir Harriet berichtete, als sie mich zu trösten versuchte. Aber der Vater des Mädchens konnte die Heirat verhindern.

»Armer Beau«, hatte Harriet gesagt. »Mit seinen Entführungen hat er kein Glück.« Nachdem Beau verschwunden war, wurde sicher noch mehr über ihn getuschelt.

So war es verständlich, daß auch die elegante Mistreß Pilkington von der Angelegenheit wußte. Ebenso verständlich war es, daß sie ihr Interesse zeigte, als sie sich ein Haus ansah, das der bewußten Erbin gehörte.

Ich sperrte die Tür auf und betrat die Halle. Einen Moment blieb ich stehen und schaute zur Empore hinauf. Alles war vollkommen still. Ich lauschte angestrengt.

Sicher würde ich meine Einbildungen los sein, wenn Mistreß Pilkington sich hier mit ihrem Sohn häuslich einrichtete. Vermutlich würde sie mich auffordern, sie zu besuchen. Alles würde total anders sein. Und genau das wollte ich. Meine Entscheidung war richtig gewesen.

Ich stieg die Treppe hinauf und wandte mich zur Musikantenempore. Irgend etwas war verändert. Ach ja, einer der Schemel war noch vorn gerückt worden.

Mistreß Pilkington war also schon hiergewesen.

Dann roch ich den Duft. Es war unverwechselbar und traf mich wie ein Schock. Mein Herz begann zu hämmern.

Es war jener bestimmte Moschusduft, und er brachte Beau zurück. Ich konnte sein Gesicht sehen und seine Stimme hören. Er hatte mir früher einmal erzählt, daß er diesen Duft wegen seiner starken Intensität so gern mochte. Beau interessierte sich sehr für Parfüms und stellte sie auch selbst her. Moschus sei ein erotisches Parfüm, erklärte er mir. Man füge es häufig anderen Essenzen bei, um ihnen damit eine sinnlichere Note zu verleihen. »Stell dir vor, Carlotta, alles, was in die Nähe kommt, nimmt den Geruch von Moschus an. Er steigert das Verlangen und gilt als Liebesduft.«

So hatte Beau geredet, und der starke Moschusgeruch brachte ihn mir klarer zurück, als es durch irgend etwas anderes möglich gewesen wäre.

Meine Stimmung wandelte sich schlagartig. Wenn ich geglaubt hatte, dem Zauber entronnen zu sein, mit dem er mich umfangen hielt – welch ein Irrtum! Beau war so beherrschend wie eh und je.

Im ersten Moment überwältigten mich meine Gefühle derart, daß ich keinen Gedanken daran verschwendete, warum ich diesen Duft ausgerechnet auf der Musikantenempore wahrnahm. Ich stand bewegungslos da und sehnte mich so schrecklich nach Beau, daß ich an nichts anderes denken konnte.

Doch nach einer Weile meldete sich mein Verstand zu Wort. Woher kommt dieser Geruch? Jemand war hier, der so stark parfümiert gewesen sein mußte, daß ein Dufthauch zurückblieb, als er oder sie das Haus verließ.

Mistreß Pilkington. Natürlich. Allerdings hatte ich bei der Hausbesichtigung nicht bemerkt, daß sie Moschusparfüm verwendete. Das wäre mir garantiert aufgefallen. Ich entsann mich vielmehr eines zarten Veilchendufts, der sie umgab.

Sie hatte den Schlüssel. Das war die logische Erklärung. Warum stand ich so entgeistert hier herum? Beau war schließlich nicht der einzige Mensch, der Moschus benutzte, um damit seine Wäsche zu parfümieren. Es war doch geradezu Mode bei den anspruchsvollen Gentlemen am Hof. Diese Sitte war zum erstenmal während der Restauration aufgetaucht. Beau behauptete, daß es in London und überall im Land so viele eklige Gerüche gab, daß ein Mann etwas tun mußte, um seine Nase vor ihnen zu schützen.

Ich durfte nicht töricht und wirklichkeitsfremd sein.

Fort, nur fort! Es hatte keinen Zweck, durchs Haus zu gehen. Dazu war ich viel zu verstört. Die Erklärung mochte noch so plausibel sein, der Duft hatte mir ein zu deutliches Bild von Beau vorgegaukelt. Ich wollte fort.

Dann sah ich plötzlich etwas Glänzendes auf dem Boden liegen. Ich bückte mich und hob es auf. Es war ein Knopf, und zwar ein außergewöhnlicher Knopf aus Gold, kunstfertig ziseliert.

Ich hatte solche Knöpfe schon früher gesehen, nämlich an einem weinroten Samtmantel, und sie gebührend bewundert.

»Sie wurden speziell von meinem Goldschmied für mich angefertigt«, hatte Beau mir erklärt. »Merk dir, Carlotta, daß es immer die Details an der Kleidung sind, die ihr besondere Eleganz verleihen. Diese Knöpfe machen meinen Mantel einzigartig.«

Und hier lag nun plötzlich ein solcher Knopf auf dem Boden der Musikantenempore!

Das konnte doch nur eines bedeuten: Beau war hiergewesen.

»Beau«, flüsterte ich sehnsuchtsvoll und erwartete fast, daß er gleich vor mir auftauchen würde.

Doch nur das tiefe Schweigen des Hauses umgab mich. Ich wandte prüfend den Knopf hin und her. Er war schließlich keine Halluzination, sondern ebenso real wie der Duft, der in der Luft lag, Beaus Duft. Es ist ein Zeichen, dachte ich, eine Art Omen, weil ich vorhabe, das Haus zu verkaufen.

Ich setzte mich auf einen Schemel und lehnte die Stirn gegen die Balustrade. Der verschobene Schemel und der Duft mußten noch nicht viel bedeuten. Der Knopf aber war ein sicherer Beweis.

Wann hatte ich Beau zuletzt in diesem Mantel gesehen? In London war es gewesen. Soweit ich mich erinnerte, hatte er ihn in Enderby nie getragen. Und doch lag der Knopf nun hier. Bestimmt hatte er ihn nicht schon damals verloren, als er hier wohnte. Irgend jemand hätte den Knopf sonst schon längst gefunden.

Ich war völlig durcheinander. Gefühle überfluteten mich, die für mich schwer zu begreifen waren. Ich konnte mich nicht entscheiden, ob ich vor Freude halb verrückt oder aber tiefunglücklich war. Dann wieder fühlte ich mich in schwarzen unbekannten Tiefen verloren. Wieder rief ich seinen Namen. Meine Stimme hallte durchs Haus. Das war nicht gut. Vielleicht versteckte sich irgendwo die törichte kleine Damaris und spionierte mir nach. Nein, das war ungerecht. Damaris spionierte nicht. Aber sie hatte die Angewohnheit, gerade dann aufzutauchen, wenn sie unerwünscht war.

Beau! Was hat dies zu bedeuten? Bist du da? Verbirgst du dich? Willst du mich quälen?

Ich verließ die Empore und wanderte durchs Haus. Als ich unser Schlafzimmer betrat, bemerkte ich auch dort den Moschusduft.

Es war unheimlich. Bald würde es dunkeln, und die Geister würden erscheinen, falls es überhaupt Geister waren.

»O Beau, Beau«, flüsterte ich. »Bist du hier irgendwo? Gib mir ein Zeichen! Hilf mir zu verstehen, was dies alles bedeutet.«

Ich spürte, wie der Knopf in meiner Hand warm wurde. Es hätte mich nicht gewundert, wenn er plötzlich verschwunden wäre, aber er war unverändert da.

Widerstrebend ging ich ins Freie und band mein Pferd los. Es war bereits dunkel, als ich im Dower House ankam. Priscilla wartete in der Halle.

»O, da bist du ja endlich, Carlotta. Ich wußte, daß du ausgeritten bist, und begann mir Sorgen zu machen.«

Laß mich in Ruhe! hätte ich am liebsten geschrien. Achte nicht auf mich und mach dir keine Sorgen! Statt dessen sagte ich in kaltem Tonfall etwas ganz anderes: »Ich kann selbst auf mich achtgeben.«

Dann zögerte ich einen Moment, bevor ich weitersprach: »Ich glaube, daß ich Enderby nun doch nicht verkaufen werde.«

Meine Entscheidung wurde reichlich konsterniert aufgenommen. Großvater Carleton hielt es für absurd, daß ein junges Ding wie ich in solchen Angelegenheiten überhaupt etwas zu entscheiden hatte. Enderby war weder von Nutzen noch eine Zierde und sollte verkauft werden. Wahrscheinlich war meine Großmutter derselben Meinung. Leigh zeigte sich tolerant und erklärte, daß es meine Angelegenheit sei, während sich Priscilla wie üblich Sorgen über mein unverständliches Verhalten machte. Sie ahnte, daß es etwas mit Beau zu tun hatte, und war traurig, da sie gehofft hatte, ich sei endlich über diese Affäre hinweg.

Ich schickte einen Boten nach Crowhill zu Mistreß Pilkington, um sie darüber zu informieren, daß ich meine Meinung geändert hatte. Sie sandte mir den Schlüssel mit einem Brief zurück, in dem sie ihrer Enttäuschung Ausdruck gab. Doch sie fügte hinzu, daß sie begreifen könne, wie schwierig es für mich sei, mich von einem solchen Haus zu trennen.

Weihnachten rückte näher, und es herrschte wie immer emsige Geschäftigkeit bei den Vorbereitungen. Priscilla versuchte alles mögliche, um mein Interesse zu wecken, doch ich war in unleidlicher Stimmung. Bei der kleinsten Gelegenheit ging mein Temperament mit mir durch, so daß Sally Nullens mich mit einem Brummbären verglich. Harriet schrieb, daß sie mit Gregory und Benjie zu uns kommen würde. Wir verbrachten das Weihnachtsfest immer gemeinsam, entweder in Eyot Abbas oder in Eversleigh. Meine Großmutter bestand darauf. Sie mochte Harriet sehr gern und war fast ihr ganzes Leben lang mit ihr befreundet gewesen. Sie hatten sich vor der Restauration in Frankreich kennengelernt. Nur manchmal war meine Großmutter ihr gegenüber schroff im Ton, was Harriet zu belustigen schien. Wer ihre Vergangenheit kannte, konnte es verstehen, denn zu einer gewissen Zeit war Harriet Arabellas Konkurrentin gewesen, und Edwin Eversleigh war der Vater von Harriets Sohn Leigh, der nun Priscillas Ehemann war. Unsere Familienbande waren reichlich kompliziert. All das war vor langer Zeit geschehen und sollte nach Harriets Ansicht längst vergessen sein. Aber ich konnte Arabellas gemischte Gefühle für Harriet gut nachfühlen. Als Priscilla sich zu Harriet geflüchtet hatte, weil sie mit mir schwanger war, hatte dies sicher auch einen Schlag für Arabella bedeutet. Trotz alledem wurde Harriet nach Eversleigh Court eingeladen. Ihre Beziehung zu meiner Großmutter und auch zu meiner Mutter war sehr eng, von dem Vertrauensverhältnis zu mir ganz zu schweigen. Harriet hatte immer eine wichtige Rolle in unserem Leben gespielt und gehörte zur Familie. Mein Großvater konnte sie als einziger nicht leiden und machte daraus wie üblich auch kein Hehl. Allerdings nahm ich an, daß er seine Auseinandersetzungen mit ihr genoß, ebenso wie sie. Es war immer etwas los, wenn Harriet zu uns kam.

Alles verlief an Weihnachten wie üblich. Man holte das Weihnachtsscheit herein, dekorierte die große Halle, schenkte den Weihnachtssängern Glühwein aus dem dampfenden Krug ein, tafelte und tanzte unter den Stechpalmen- und Mistelzweigen.

Natürlich waren auch die Willerbys da. Die kleine Christabel wurde von Sally ins Kinderzimmer gebracht, wo diese gemeinsam mit Emily kopfschüttelnd darüber klagte, daß in Grasslands nichts so perfekt sei wie in Eversleigh.

Während wir wohlig gesättigt am Tisch saßen, die Pokale voller Malvasier- und Muskatellerwein, auf den mein Großvater zu Recht stolz war, sprach Thomas Willerby erneut davon, Grasslands aufzugeben.

»Es gibt dort zu vieles, das mich an Christabel erinnert«, sagte er und schaute dabei meine Mutter an.

»Für uns wäre es schrecklich, wenn Ihr weggingt«, erwiderte sie.

»Und reichlich merkwürdig, jemand anderen in Grasslands zu haben«, fügte meine Großmutter hinzu.

»Wir bilden eine solch glückliche Gruppe«, mischte sich nun Leigh ein. »Sind wir nicht wie eine große Familie?«

Thomas setzte eine sentimentale Miene auf. Vermutlich würde er gleich wieder beteuern, daß er alles Glück den Eversleighs verdanke.

Seine verstorbene Frau war als uneheliche Tochter meines Großvaters, der früher ein wilder Bursche gewesen sein mußte, zur Welt gekommen. Um so mehr beglückte es mich immer wieder zu sehen, wie sehr er nun seiner Frau ergeben war. Harriet hatte einmal eine entsprechende Bemerkung darüber gemacht. »Er war der reinste Wüstling, bevor er Arabella heiratete. Durch sie hat er sich gewandelt.« Mir gefiel die Vorstellung, daß es Beau nach unserer Hochzeit genauso ergangen wäre.

»Nur der Gedanke daran, daß ich euch alle verlassen muß, hat meine Abreise bisher verhindert«, sagte Thomas. »Als Christabel starb, war mir klar, daß ich niemals vergessen kann, solange ich hierbleibe. Doch nun drängt mich mein Bruder in York, dorthin zu kommen.«

»Lieber Thomas, Ihr müßt natürlich gehen, wenn es Euch glücklicher macht«, sagte Priscilla.

»Versucht es für ein Weilchen«, schlug Harriet vor. »Ihr könnt ja immer wieder zurückkommen.« Dann wechselte sie das Thema, da, wie ich sehr wohl wußte, dieses sentimentale Gerede sie ungeduldig machte.

»Schon seltsam, wenn hier plötzlich zwei Häuser zum Verkauf stünden«, meinte sie. »Aber Carlotta hat sich ja anders entschlossen und will Enderby nun doch nicht verkaufen... jedenfalls nicht gleich. Wie unsere neue Nachbarin wohl gewesen wäre?«

»Du warst recht beeindruckt von ihr, nicht wahr, Carlotta?« fragte meine Mutter.

»Sie war sehr elegant. Keine ausgesprochene Schönheit, aber sehr attraktiv mit ihrer roten Haarmähne. Ja, mir hat Mistreß Pilkington durchaus Eindruck gemacht«, gab ich zu.

»Pilkington«, rief Harriet, »doch nicht etwa Beth Pilkington!«

»Sie hieß Mistreß Elizabeth Pilkington.«

»War sie hochgewachsen und hatte eine merkwürdige Augenfarbe? Ich glaube, man bezeichnete ihre Augen als topasfarben. Im Theater sagten wir, daß sie rötlich-gelb seien wie ihre Haare. Du liebe Güte! Beth Pilkington wäre also die neue Herrin auf Enderby geworden, wenn Carlotta es hergegeben hätte. Sie war eine beachtliche Schauspielerin. Während meiner Saison in London stand ich mit ihr auf der Bühne.« Harriet lachte.

»Jetzt wird mir manches klar«, sagte ich nachdenklich. »Sie war also Schauspielerin. Kennst du ihren Sohn?«

»Nein, den habe ich noch nie gesehen. Bestimmt hatte Beth einen reichen Gönner. Ja, er muß schon sehr reich gewesen sein, um ihre Ansprüche zu befriedigen.«

Meine Mutter machte ein unbehagliches Gesicht und meinte, daß es wohl einen harten Winter geben würde. Es mißfiel ihr, wenn vor Damaris und mir über solche angeblich unseriösen Dinge geredet wurde. Leigh kam ihr wie immer zu Hilfe und berichtete, was er mit einem Teil des Landes zu tun beabsichtigte, das er kürzlich erworben hatte. Mein Großvater schmunzelte maliziös, und ich vermutete, daß er das Gespräch wieder auf Beth Pilkington lenken wollte. Arabella warf ihm jedoch einen strafenden Blick zu, der ihn erstaunlicherweise schweigen ließ.

Dann wandte sich die Unterhaltung der Politik zu, dem heißgeliebten Gesprächsstoff meines Großvaters. Er war ein aufrechter Protestant, der sich nie scheute, seine Gefühle zu offenbaren. Seine Überzeugung hatte ihn während der Monmouth-Rebellion fast das Leben gekostet, da er aktiv in das Geschehen eingegriffen hatte und deshalb vor den berüchtigten Richter Jeffreys gebracht wurde. In unserer Familie erwähnte man dies so gut wie nie, doch ich hatte anderswo davon gehört. Alle regten sich furchtbar auf, wenn jene Zeit auch nur zur Sprache kam. Aber jetzt war er völlig in Sicherheit. Mit Williams Regierungsantritt war der Protestantismus in England fest etabliert worden, obwohl es immer noch gewisse Befürchtungen gab, daß James II. zurückkehren könnte. Ich wußte, daß viele Leute noch insgeheim auf das Wohl des Königs ›jenseits des Meeres‹ tranken und damit James meinten, der als Gast des französischen Königs in Frankreich Zuflucht gefunden hatte.

Nun gab es Gerüchte, daß König William kränkelte. Er und seine Frau Mary hatten keine Kinder. Als Mary starb, verheiratete sich William nicht wieder. Er war ein guter König, wenn auch nicht sonderlich beliebt. Falls er das Zeitliche segnete, bestand die Gefahr, daß James eine Rückkehr anstrebte.

Dies war für meine Mutter und Großmutter eine Quelle ständiger

Angst. Als Frauen empfanden sie nur Verachtung für die Kriege, bei denen die meisten Männer so gerne mitmachten. Die meisten Kriege seien völlig sinnlos geführt worden, meinte Harriet.

Irgend jemand erwähnte den Tod des kleinen Herzogs von Gloucester, des Sohnes von Prinzessin Anne, Schwester der verstorbenen Königin Mary und Schwägerin des jetzigen Königs. Der kleine Herzog war nur elf Jahre alt geworden.

»Arme Frau«, sagte Arabella. »Was hat sie durchgemacht! Siebzehn Kinder, und kein einziges lebt. Sie soll völlig zusammengebrochen sein, denn alle ihre Hoffnungen galten diesem Sohn.«

»Auch unser Land ist davon betroffen«, fügte mein Großvater hinzu. »Falls William nicht mehr lange lebt, bleibt als einzige Alternative ja nur Anne. Wenn sie kein weiteres Kind bekommt, was dann?«

»Im nächsten Jahr wird manch einer mit dem Thron liebäugeln«, sagte Leigh.

»Ihr meint, von jenseits des Meeres?« fragte Thomas Willerby.

»Ja, das meine ich.«

»Anne hat noch viele Jahre vor sich. Sie ist erst fünfunddreißig, soweit ich weiß«, sagte Priscilla.

»Und sie hat leider bewiesen, daß sie keine gesunden Kinder zur Welt bringen kann«, ergänzte mein Großvater.

»Armer kleiner Herzog«, seufzte meine Mutter. »Ich beobachtete ihn einmal, als wir in London waren. Er exerzierte mit seiner holländischen Garde im Park. Er war ein richtiger kleiner Soldat.«

»Ein erbärmliches Wesen«, meinte Harriet. »Sein Kopf war zu groß für das Körperchen. Seit langem war klar, daß er nicht alt werden würde.«

»Welch ein Schicksal! Der König mochte ihn gern, das habe ich jedenfalls gehört.«

»William hatte nie viel Zuneigung für andere übrig«, widersprach Leigh.

»Nein«, stimmte mein Großvater zu. »Aber es ist auch nicht die Aufgabe eines Königs, Zuneigung zu verschwenden, sondern sein Land zu regieren, und das hat William mit beachtlichem Geschick getan.«

»Aber jetzt, Carleton? Was passiert jetzt?« erkundigte sich Thomas Willerby.

»Nach William kommt Anne«, erwiderte mein Großvater. »Bleibt uns nur zu hoffen, daß sie noch einen Sohn zur Welt bringt, und diesmal einen gesunden.«

»Falls nicht, könnten arge Schwierigkeiten entstehen«, meinte Benjie.

»Oh, ich habe dieses Gerede über Streit und Kampf satt«, rief Harriet. »Kriege haben nie etwas Gutes bewirkt. Ist dies ein passendes Gespräch für Weihnachten? Wir sollten die Jahreszeit des Friedens und des guten Willens mehr genießen und weniger davon reden, was passiert, falls... ›Falls‹ ist ein Wort, das ich noch nie besonders schätzte.«

»Da wir gerade von Kriegen sprechen«, sagte mein Großvater mit einem boshaften Seitenblick auf sie, »in Spanien wird es bald Ärger geben.« Er wandte sich an Leigh und Benjie. »Was haltet ihr davon, daß die Enkel des französischen Königs die spanische Krone übernehmen?«

»Gefährlich«, sagte Leigh.

»Nicht gut«, stimmte Benjie bei.

»Was geht uns denn Spanien an?« argumentierte meine Großmutter.

»Wir können nicht zulassen, daß Frankreich halb Europa beherrscht«, erklärte mein Großvater. »Das siehst selbst du ein, oder?«

»Nein, ganz und gar nicht. Ich glaube, daß du überall nur Unruhe witterst.«

»Wenn es irgendwo Unruhe gibt, sind wir nicht so dumm, unsere Augen abzuwenden.«

Harriet winkte den Musikanten auf der Empore zu, die sofort zu spielen begannen.

Mein Großvater musterte sie durchdringend. »Hast du schon mal von jenem Imperator gehört, der auf der Laute spielte, während Rom brannte?«

»Ja, ich habe von ihm gehört«, erwiderte Harriet. »Er muß das Lautenspiel sehr geliebt haben.«

»Du glaubst mir nicht, nicht wahr? Aber ich will dir etwas sagen. In unserem Land geschehen Dinge, die allen unwichtig erscheinen, die zu blind sind, um deren wahre Bedeutung zu erkennen, oder so benebelt durch ihre Sehnsucht nach Frieden, daß sie in eine andere Richtung schauen. Was unser Land betrifft, betrifft auch uns. Ein kleiner Junge, der Herzog von Gloucester, ist gestorben. Dieser kleine Junge wäre rechtmäßiger König geworden. Jetzt ist er tot, und du hältst das für unwichtig. Warte nur ab.«

»Carleton, man hätte dich auf den Namen Jeremias taufen sollen«, sagte Harriet spöttisch.

»Du regst dich immer viel zu sehr über Dinge auf, die vielleicht nie eintreffen«, mischte sich nun meine Großmutter ein. »Wer wird eigentlich heute den Tanz anführen?«

Mein Großvater erhob sich lächelnd und nahm sie bei der Hand. Mich hatte diese Unterhaltung über Konflikte im Königshaus nicht im mindesten interessiert. Ich sah nicht ein, daß es mich etwas angehen könnte. Aber schon bald sollte ich feststellen, wie sehr ich mich hier irrte. Am folgenden Tag saßen wir alle wieder an der Tafel zusammen, als ein Besucher kam.

Ned Netherby war von Netherby Hall herübergeritten. Er machte einen aufgeregten Eindruck.

»Ihr kommt gerade recht zum Dinner«, begann meine Mutter, brach jedoch jäh ab, als ihr sein verstörtes Gesicht auffiel.

»Habt Ihr schon gehört?« fragte er. »Nein, wohl kaum.«

»Was ist passiert, Ned?«

»Es geht um General Langdon.«

»Ach, dieser Mann«, sagte mein Großvater. »Ich bin überzeugt, daß er ein Papist ist.«

»Es hat ganz den Anschein. Sie haben ihn gefangen und in den Tower gesperrt.«

»Was?«

»Er wurde verraten. Übrigens versuchte er auch mich in die Sache hineinzuziehn«, berichtete Ned. »Zum Glück hat er es nicht geschafft.«

Meine Mutter war blaß geworden und vermied es, Leigh anzuschauen. Ich spürte förmlich, welch schreckliche Angst sie gepackt hielt.

Nein, doch nicht Leigh, dachte ich. Er wird bestimmt bei keiner Verschwörung mitmachen.

»Deshalb war er vor kurzem hier«, fuhr Ned fort. »Er bemühte sich, eine Truppe zusammenzustellen, wurde dabei entlarvt, und nun wird es ihn seinen Kopf kosten.«

»Was für einen Plan hatte er denn?« erkundigte sich Carl.

»Er wollte James zurückholen und wieder auf den Thron setzen, das ist wohl eindeutig.«

»Dieser Schurke!« polterte mein Großvater los.

»Nun, es ist ja nichts daraus geworden«, meinte Ned. »Gott sei Dank habe ich mich nicht überreden lassen.«

»Das will ich doch schwer hoffen, Ned«, sagte mein Großvater. »Papisten in England! Nein, von der Sorte haben wir schon genug gehabt.«

»Ich hielt es für richtig zu kommen, weil...«, begann Ned, zögerte und schaute dann Leigh ein.

»Vielen Dank. Aber auch ich bin nicht darin verwickelt«, sagte dieser ruhig. »Es war sehr fürsorglich von Euch, Ned.«

»Welch ein Glück! Ich weiß nämlich, daß Langdon auch hier bei Euch gewesen ist. Meint Ihr, daß man uns verdächtigen wird?«

Meine Mutter griff sich mit der Hand ans Herz, und Leigh umfaßte sofort ihre Schulter. »Aber bestimmt nicht. Jeder kennt unsere politische Gesinnung. Wir stehen fest hinter William und werden bei Anne das gleiche tun.«

»Und nach ihr wären wir auf seiten der Hannoveraner, falls Anne keine Nachkommen mehr bekommt«, brummte mein Großvater.

»Wir auch«, stimmte Ned zu. »Aber ich hielt es doch für wichtig, Euch zu informieren.«

»Er sitzt also im Tower. Na, da gehört er auch hin.« Mein Großvater schlug mit der Faust auf den Tisch wie immer, wenn er sich autoritär zeigen wollte. »Was hatte er denn genau vor, Ned?«

»Der General deutete es mir gegenüber an, als er herkam«, mischte sich nun Leigh ein. »Er horchte die Leute aus, um herauszufinden, wie viele sich unter James' Banner versammeln würden, falls er zurückkäme. Ich glaube kaum, daß er sehr erfolgreich war, denn wir haben alle genug vom Krieg. Und einen Bürgerkrieg will erst recht keiner. James täte gut daran zu bleiben, wo er ist.«

»Die Verschwörung ist also aufgedeckt. Was wird wohl aus unserem General?« überlegte Harriet.

»Er verliert seinen Kopf, was sonst«, schrie mein Großvater. »Wir können es uns nicht leisten, seinesgleichen am Leben zu lassen. Es steht reichlich schlecht um uns, wenn Generäle aus der Armee des Königs bereit sind, den Verräter zu spielen.«

»Das Dumme daran ist nur, daß er dich für den Verräter an James hält, der schließlich unser König war«, stichelte Harriet.

Er ignorierte ihre Bemerkung, und meine Mutter forderte Ned auf, mit uns zu speisen.

Sie war ihm sehr dankbar, doch die Furcht ließ sie in der nächsten Zeit nicht los. Seit mein Großvater bei dem Monmouth-Aufstand vor Gericht gestellt worden war, hatte sie eine panische Angst davor, daß sich die Männer unserer Familie in irgendeine Verschwörung hineinziehen ließen. Priscilla wurde geradezu wütend, wenn sie von der Torheit der Männer sprach, die ihrer Meinung nach nichts dazulernen wollten.

Der Abend hatte seine festliche Atmosphäre verloren. Ich hing melancholischen Gedanken an den galanten General nach, der nun in einer trostlosen Zelle im Londoner Tower saß. Wie schnell konnte sich das Geschick eines Menschen zum Schlechten wenden!

Mit jedem Tag hörten wir mehr über die unerfreuliche Affäre, die für viele nicht unerwartet gekommen war. Es gab eine ganze Menge Engländer, die James' Rückkehr wollten, und die Jakobitenbewegung fand überall in England Anhänger. Dieser Fall erregte ein besonderes Interesse, weil er von einem General aus Williams Armee in die Wege geleitet worden war.

Keiner unserer sonstigen Bekannten war davon betroffen. Wir erfuhren, daß der General noch nicht verurteilt worden war. Als die Tage vergingen, vergaß ich das Ganze vorübergehend.

Ich hatte in diesen Weihnachtsferien wahrlich an anderes zu denken. Benjie bat mich nämlich ein zweites Mal um meine Hand.

Ich konnte ihm immer noch keine definitive Antwort geben, beschäftigte mich in Gedanken aber viel mit ihm.

»Du denkst doch nicht etwas immer noch an Beaumont Granville, Carlotta?« fragte er mich eindringlich.

Ich zögerte.

»Aber er ist fort, Carlotta, und er wird auch sicher nie mehr zurückkommen, denn sonst hätte er es längst schon getan.«

»Wahrscheinlich läßt sich mein Verhalten nur mit der Treue erklären, Benjie.«

»Weißt du, was Harriet neulich zu mir sagte? ›Carlotta sehnt sich nach einem Traum. Der Mann, den sie sich herbei wünscht, hat nie existiert.‹«

»Beau hat sehr wohl existiert, Benjie.«

»Nicht so, wie du glaubst. Harriet ist der Meinung, daß du dir ein falsches Bild von ihm gemacht hast.«

»Ich kannte ihn sehr gut. Er hat mir nie etwas über sich vorgetäuscht.«

»Aber er ist fort, Carlotta. Vielleicht sogar schon tot.«

»Manchmal glaube ich das auch. O Benjie! Wenn ich nur irgendwie herausfinden könnte, ob er noch lebt oder schon gestorben ist. Ich glaube, daß dann einem Neubeginn nichts mehr im Wege stünde.«

»Ich werde Nachforschungen anstellen«, versprach Benjie. »Er muß auf dem Kontinent sein, nach Harriets Ansicht in irgendeiner eleganten Stadt. Er würde sich niemals auf dem Land begraben. Ich will dich heiraten, Carlotta. Vergiß das nicht.«

»Du bist so gut zu mir, Benjie. Bitte, hör nicht auf, mich zu lieben.«

Vermutlich war das schon eine Art Zugeständnis, denn irgendwie wußte ich, daß ich Benjie eines Tages doch heiraten würde.

Gegen Ende Januar reisten Harriet, Gregory und Benjie nach Eyot Abbas zurück. Harriet hatte mir inzwischen klipp und klar den Rat gegeben, Benjie möglichst rasch zu heiraten. Je eher, desto besser.

»Komm uns besuchen, wenn es Frühling wird«, schlug sie vor.

Erst im Mai machte ich mich auf den Weg nach Eyot Abbas. Meine Mutter war wieder in ausgeglichener Stimmung, denn inzwischen stand fest, daß wir keine Unannehmlichkeiten wegen General Langdon zu befürchten hatten. Außerdem nahm sie als ziemlich sicher an, daß ich nach der Rückkehr aus Eyot Abbas meine Verlobung mit Benjie bekanntgeben würde. Das war ihr Herzenswunsch. Es würde uns alle noch enger zusammenschließen.

Leigh wurde von seinen Ländereien stark in Anspruch genommen und ließ immer neue Äcker anlegen. Es hatte einen neuen Parlamentsbeschluß gegeben, der festlegte, daß Prinzessin Anne die nächste in der Thronfolge nach William sein würde. Sollte sie ohne Erben sterben, würde die Krone an die Nachkommen von Sophie von Hannover fallen, vorausgesetzt diese waren protestantisch.

»Sehr vernünftig«, kommentierte Leigh. »Somit steht fest, daß James nie mehr auf den Thron zurückkehrt. England wird von nun an nur noch protestantische Könige haben.«

Dieses Gerede über Religion langweilte mich. »Wieso ist das eigentlich wichtig? Wen kümmert es denn, ob wir einen protestantischen oder einen katholischen König haben«, sagte ich.

»Es ist dann wichtig, wenn Männer sich deshalb streiten und darauf bestehen, daß die anderen jeweils ihrer Ansicht sein müssen«, gab Leigh zurück.

»Genau das bezweckt doch auch dieser Parlamentsbeschluß«, wandte ich ein.

Im Grunde war es mir wirklich egal, aber ich wollte gerne das letzte Wort haben. Andererseits nahm ich es insgeheim doch ein wenig übel, wie die Katholiken behandelt wurden. Immerhin war mein Vater für seinen katholischen Glauben gestorben, und auch der gute alte Robert Frinton war ein aufrechter Katholik gewesen, der mir sein Vermögen vermacht hatte. Und nun erwartete auch noch General Langdon ein tragisches Ende. Es gefiel mir, daß diese

Männer die Gefahr liebten, aber mir mißfiel ihre Intoleranz gegenüber Andersdenkenden.

Ich bereitete mich auf die Abreise nach Eyot Abbas vor. Damaris wurde zu mir geschickt, um mir beim Sortieren meiner Kleider zu helfen. Priscilla versuchte uns immer zusammenzubringen und redete sich ein, daß wir Schwestern einander sehr zugetan waren. Damaris liebte und bewunderte mich ja auch grenzenlos. Es war ein Vergnügen für sie, mir die Haare zu bürsten oder meine Sachen aufzuräumen. Wenn ich für ein festliches Dinner mit Gästen oder für einen Reitausflug fertig angezogen war, stand sie vor mir und verschlang mich förmlich mit ihren Blicken.

»Du bist das schönste Mädchen auf der Welt«, sagte sie einmal zu mir.

»Woher weißt du das? Ah, wahrscheinlich bist du eine Kennerin, was die schönen Frauen aller Länder anlangt«, neckte ich sie.

»Du mußt einfach die Schönste sein.«

»Warum denn? Weil ich deine Schwester bin und du alles für unübertroffen hältst, was mit unserer Familie zusammenhängt?«

»Nein, weil du so schön bist, daß keine schöner sein kann.«

Ich hätte mich über diese naive Schwärmerei freuen sollen, doch sie irritierte mich nur. Damaris war das genaue Gegenteil von mir. Ehelich geboren, ein gutes Kind, dem es tatsächlich Spaß machte, mit unserer Mutter die Armen zu besuchen und ihnen Körbe voller Nahrungsmittel zu bringen. Es bekümmerte sie ehrlich, wenn bei jemandem das Dach schadhaft war. Sie wagte sich in solchen Fällen sogar in das Privatzimmer unseres Großvaters und bat ihn, etwas zu unternehmen, obwohl sie schreckliche Angst vor ihm hatte. Er war an ihr nicht sonderlich interessiert und machte daraus auch kein Hehl. Vielmehr tat er alles, um ihre Furcht noch zu steigern. Großmutter Arabella schalt ihn deshalb oft aus und war ganz besonders freundlich zu Damaris. Meinem Großvater gefiel ein eigensinniges Wesen wie ich viel mehr. Falls es nur nach ihm gegangen wäre, hätte er vermutlich nichts gegen meine geplante Hochzeit mit Beau unternommen. Er hielt es für richtig, wenn jeder seine eigenen Fehler machte.

Damaris faltete meine Kleider zusammen und strich mit den Fingerspitzen sanft darüber.

»Dieses blaue gefällt mir besonders gut, Carlotta. Es hat die Farbe von Pfauenfedern, die Farbe deiner Augen.«

»Stimmt nicht. Meine Augen sind um einige Nuancen heller.«

»Aber sie sehen so aus, wenn du dieses Kleid trägst.«

»Damaris, wie alt bist du jetzt?«

»Fast zwölf.«

»Dann wird es langsam Zeit für dich zu überlegen, welche Kleidung für deine eigene Augenfarbe günstig ist.«

»Aber meine Augen sind nicht blau, sondern eher farblos, wie Wasser. Manchmal sind sie fast grau, dann wieder grün und nur ein klein wenig blau, wenn ich etwas Violettes anziehe. Außerdem habe ich keine dichten schwarzen Wimpern wie du, sondern hellbraune, die nicht weiter auffallen.«

»Damaris, ich weiß sehr gut, wie du aussiehst, und brauche keine detaillierte Beschreibung. Welche Schuhe hast du eingepackt?«

Sie zählte sie auf und lächelte dabei auf ihre gutmütige Art. Es war unmöglich, Damaris aus der Fassung zu bringen.

Zwölf Jahre war sie schon alt, überlegte ich. Kurz nach meinem zwölften Geburtstag war ich Beau begegnet. Ich war auch damals schon ganz anders als Damaris und bemerkte sehr wohl alle Blicke, die mich trafen. Meine kleine Schwester sah nichts außer kranken Tieren oder Pächtern, deren Hütten baufällig waren. Einem Mann, der ebenso unerschütterlich und tugendhaft wie sie selbst war, würde sie eine gute Frau sein.

»Ach, laß es bleiben, Damaris«, sagte ich. »Das kann ich allein besser erledigen.«

Niedergeschlagen verließ sie mein Zimmer. Ich war mal wieder gar nicht nett zu ihr gewesen. Warum versuchte ich nicht, die Bewunderung etwas mehr zu verdienen, die sie mir so unbegrenzt zollte? Arme, pummelige Damaris! Sie würde immer die sein, die anderen half und sich selbst dabei vergaß. Wenn ich nicht so ungeduldig mit ihr wäre, müßte sie mir viel öfter leid tun.

Am nächsten Tag wollte ich aufbrechen, und an diesem Abend gab es ein formelles Essen in Eversleigh Court, da meine Großmutter bei solchen Anlässen besonderen Wert auf unsere Anwesenheit legte.

Mein Onkel Carl, der Bruder meiner Mutter, hatte gerade Urlaub von der Armee, in der er der Familientradition gemäß eingetreten war. Großvater Carleton war sehr stolz auf diesen Sohn, der ihm in vielem ähnelte.

Meine Großmutter gab mir alle möglichen Botschaften für Harriet mit und hatte auch einige Kräuter und Tinkturen vorbereitet, die für sie von Interesse sein könnten. Eines der Packpferde würde all das zusammen mit meinen Sachen tragen. Bei guter Witterung war es eine Reise von drei Tagen, und die ganze Tischrunde diskutierte darüber, welche Route ich einschlagen sollte. Da ich schon zu wiederholten Malen nach Eyot Abbas geritten war, kamen mir diese Überlegungen völlig überflüssig vor. Ich protestierte lachend, daß es fast so klänge, als ob sie über das Passahfest berieten.

Großvater schmunzelte. »Unsere Carlotta ist nämlich eine erfahrene Reisende.«

»Erfahren genug, um diese Diskussion übertrieben zu finden«, erwiderte ich.

»Die Gaststätte ›Schwarzer Eber‹ soll recht anständig sein«, sagte Arabella.

»Das kann ich bestätigen«, meinte Carl. »Auf dem Weg hierher verbrachte ich dort eine Nacht.«

»Dann wirst du das gleiche tun, Carlotta«, sagte meine Mutter.

»Warum nennen sie die Herberge wohl ›Schwarzer Eber‹?« wollte Damaris wissen.

»Sie halten dort einen schwarzen Eber, den sie auf alle Reisenden hetzen, die sie nicht mögen«, spottete mein Großvater.

Damaris verzog entsetzt das Gesicht. »Dein Großvater macht nur Spaß, Damaris«, versicherte ihr Priscilla.

Dann wandte sich die Unterhaltung wieder der Politik zu, und mein Großvater fand kein Ende damit. Großmutter schlug vor, die Männer bei ihren imaginären Kämpfen allein zu lassen, damit wir uns ernsthafteren Dingen zuwenden könnten.

Also machten wir es uns im Winterzimmer gemütlich und plauderten über meine Reise. Es folgten weitere Ratschläge, und man schärfte mir ein, daß Harriet mich nicht zu lange bei sich behalten dürfe.

Ich war heilfroh, als wir zum Dower House zurückkehrten.

Am nächsten Morgen stand ich schon beim Morgengrauen auf. Meine Mutter und Damaris waren bereits in den Ställen und überzeugten sich davon, daß alles Nötige auf den beiden Packpferden festgeschnallt war. Drei Knechte begleiteten mich, von denen einer sich speziell um die Packpferde zu kümmern hatte. Meine Mutter hatte wieder ihre Sorgenmiene aufgesetzt.

»Ich möchte, daß du bei deiner Ankunft sofort einen Boten zu uns schickst.«

Ich versprach, dies zu tun.

Dann küßte ich sie und Damaris und ritt los. Vor mir zwei Knechte, der dritte hinter mir, und den Abschluß bildeten die Packpferde. Es war die übliche Anordnung, denn die Straßen waren immer noch nicht ganz ungefährlich, obwohl es in den letzten Jahren zu weniger Zwischenfällen gekommen war.

Man hatte mir eingeschärft, nicht nach Einbruch der Dunkelheit zu reiten, was ich auch befolgen wollte.

Endlich war ich wieder einmal auf dem Weg zu Harriet.

Ein Zwischenfall im ›Schwarzen Eber‹

Es war ein wundervoller Morgen, und ich ritt in bester Laune durch die vertraute Gegend. Überall grünte es, und Wiesengeißbart, Jungfernhaar und Gundelrebe blühten am Wegrand. Es duftete ab und zu nach Weißdorn, während wir durch Wiesen voller Butterblumen und Gänseblümchen kamen. In den Obstgärten glichen die Apfel- und Kirschbäume duftigen rosa und weißen Wolken.

Die frische Morgenluft und die herrliche Landschaft verfehlten nicht ihre Wirkung auf mich. So unbeschwert war ich seit Beaus Verschwinden nicht mehr gewesen. Es schien fast so, als wolle mir die Natur klarmachen, daß ich nicht für immer und ewig Trübsal blasen durfte. Ein Lebensabschnitt war vorbei, ein anderer lag vor mir. Ich mußte endlich akzeptieren, daß Beau fort war.

Aber wie verhielt es sich mit dem Knopf, den ich in Enderby gefunden hatte? Was besagte der Moschusduft? Ich war ein zweites Mal in Enderby gewesen, doch der Duft war verflogen. Ohne den Knopf als Beweis hätte ich alles für eine reine Ausgeburt meiner Fantasie halten können. Vielleicht hatte Beau ihn doch schon vor seiner Abreise in irgendeinem Winkel verloren. Als Mistreß Pilkington dann das Haus besichtigte, hatte sie ihn wohl versehentlich mit dem Fuß über den Boden gerollt. Schon möglich – aber der Moschusduft?

Auch den hast du dir möglicherweise nur eingebildet, sagte ich mir.

An diesem Maimorgen wollte ich dies nur zu gerne glauben. Ich stellte mir Reitausflüge mit Benjie in die Wälder bei Eyot Abbas vor, köstliche Picknicks und Spaziergänge zu den alten Gemäuern auf der Insel. Dort war ich gezeugt worden, wie ich von meiner Mutter wußte. Gleich nachdem sie mit meinem Vater Jocelyn zum Festland zurückkehrte, wurde er gefangengenommen und hingerichtet. Es war also gar nicht weiter verwunderlich, daß ich für Eyot ganz besondere Gefühle hegte.

Am ersten Tag kamen wir auf der Küstenstraße sehr gut voran, denn das Wetter war ideal. Wir nächtigten im Gasthaus ›Delphin‹, in das ich schon bei anderen Gelegenheiten eingekehrt war. Der Wirt kannte mich. Er tischte uns vorzüglich zubereiteten Hecht auf. Es gab für uns alle Quartier, und nach einer ruhigen Nacht und einem herzhaften Frühstück – Ale, kalter Schinken und frisches Brot – brachen wir zeitig wieder auf.

Der Tag fing gut an. Die Sonne schien warm, die Straßen waren trocken, und schon kurz vor Mittag trafen wir im Gasthaus ›Rose und Krone‹ ein. Wir ließen uns Taubenpastete und selbstgebrauten Apfelwein schmecken, der weit stärker wirkte, als uns zuerst klar war. Ich trank nur wenig, doch der Knecht, der für die Packpferde verantwortlich war, hielt sich nicht so zurück und war fest eingeschlafen, als es Zeit zum Aufbruch wurde.

Ich weckte ihn, merkte aber gleich, daß er ohne einen erfrischenden Schlummer kaum von Nutzen für uns sein würde. »Wir müssen ihn entweder hierlassen oder etwas warten«, sagte ich zu Jem, dem ältesten Knecht.

»Wenn wir noch warten, Mistreß, erreichen wir den ›Schwarzen Eber‹ nicht vor Dunkelheit.«

»Wir könnten vielleicht woanders übernachten.«

»Ich kenne keine andere Herberge, Mistreß. Außerdem legte Eure Mutter Wert darauf, daß wir gerade dort haltmachen.«

Ich zuckte die Achseln. »Wir werden schon eine andere Unterkunft finden.«

»Mir ist leider kein anderes Gasthaus als der ›Schwarze Eber‹ bekannt. Außerdem müssen wir vorsichtig sein, denn es treibt sich immer viel Gesindel auf den Straßen herum. Eure Mutter schärfte mir ein, nur in Herbergen Rast zu machen, die vertrauenswürdig sind.«

»Ach, welch ein Getue«, sagte ich verdrossen.

»Mistreß, ich bin zu Eurem Schutz da und muß die Anordnungen Eurer Mutter befolgen.«

»Im Augenblick bin ich es, die Anordnungen erteilt«, widersprach ich. »Wir müssen jetzt entscheiden, ob wir diesen Dummkopf seinen Rausch allein ausschlafen lassen, also ohne ihn weiterreisen oder ob wir auf ihn warten.«

»Ohne ihn stehen wir nur noch zu zweit zu Eurer Verfügung«, wandte er ein.

»Ach was! Ich bin schließlich keine hilflose Invalidin, sondern kann ganz gut selbst auf mich aufpassen, falls nötig. Wir geben ihm eine Stunde Zeit. Falls er dann nicht hellwach ist, lassen wir ihn hier zurück. Er kann dann mit den Packpferden nachkommen, und wir erreichen noch heute abend den ›Schwarzen Eber‹.«

Genau dies taten wir dann auch, obwohl den Knechten dabei nicht wohl war. Ich lachte Jem aus. »Du schaust ja dauernd über die Schulter nach hinten. Nur weil sich der alte Tom am Apfelwein beschwipst hat, sind wir auch nicht gefährdeter als zuvor. Würden wir angegriffen, so wäre er sowieso keine große Hilfe, und wir können ohne die Packpferde schneller fliehen. Außerdem gibt es nun auch weniger, was sich zu stehlen lohnt.«

»Es ist ein schlechtes Omen, Mistreß«, sagte Jem kopfschüttelnd. »Ich mag es gar nicht, wenn etwas schiefläuft.«

»Tom wird eine gehörige Strafpredigt zu hören kriegen, wenn er nach Eyot Abbas kommt, das kann ich dir versichern.«

»Oh, woher sollte er denn ahnen, daß der Apfelwein so stark war, Mistreß?«

»Das merkte man schon beim ersten Schluck«, widersprach ich nicht ganz wahrheitsgetreu.

Ohne Tom und die Packpferde kamen wir tatsächlich schneller voran, doch das Tageslicht verblaßte bereits, als wir den ›Schwarzen Eber‹ erreichten.

Im Hof der Herberge herrschte zu meiner Verwunderung emsige Geschäftigkeit. Mehrere Knechte liefen hin und her, um die Pferde zu versorgen.

Jem half mir beim Absitzen, und ich betrat das Gasthaus. Der Wirt eilte mir entgegen und rieb sich nervös die Hände.

»Mylady, o Mylady, hier herrscht ein schreckliches Durcheinander. Wir sind bis unters Dach voll.«

Ich war ganz entgeistert.

»Soll das etwa heißen, daß Ihr uns nicht unterbringen könnt?«

»Ich fürchte, so ist es, Mylady. Ich habe das ganze Stockwerk an eine Gesellschaft von sechs einflußreichen Gentlemen vergeben, von denen einer krank ist.«

Plötzlich fiel mir wieder Jems düstere Prophezeiung ein, daß eine Kette von Ereignissen ausgelöst werde, falls etwas schieflaufe. Wenn dieser Tölpel von einem Knecht nicht so viel Apfelwein getrunken hätte, wären wir vor den einflußreichen Gentlemen eingetroffen und hätten Zimmer bekommen. Sonst hatte es immer genug Raum im ›Schwarzen Eber‹ gegeben, denn dieses Gasthaus lag nicht etwa an der Hauptstraße, die zu einer großen Stadt führte.

»Was sollen wir denn tun?« erkundigte ich mich mit anklagender Stimme. »Es wird gleich dunkel.«

»In der Nähe gibt es nur die Herberge ›Zum Haupt der Königin‹, doch auch diese ist immerhin zehn Meilen entfernt.«

»Zehn Meilen! Das schaffen wir nicht. Die Pferde sind müde, und außerdem sind wir nur zu dritt, nämlich zwei Knechte und ich. Den dritten habe ich im Gasthaus ›Rose und Krone‹ zurücklassen müssen, damit er seinen Rausch ausschläft. Seinetwegen sind wir so spät dran.«

Plötzlich erhellte sich das Gesicht des Wirts. »Tja, vielleicht...«

»Sprecht weiter! Vielleicht...«

»Es gibt da noch einen kleinen Raum, der kaum diesen Namen verdient. Eher ist es ein großer Wandschrank... aber immerhin enthält er eine Pritsche, einen Tisch und einen Stuhl... leider nicht mehr. Er liegt auf dem gleichen Stockwerk, auf dem die Gentlemen ihre Zimmer bezogen haben. Ich habe diesen Raum ihnen gegenüber gar nicht erwähnt. Eine von unseren Mägden schläft dort manchmal.«

»Ich nehme ihn. Schließlich brechen wir ja morgen sowieso früh auf. Was ist mit meinen Knechten?«

»Für die ist mir auch schon etwas eingefallen. Eine Meile weiter die Straße entlang gibt es ein Bauerngehöft. Sicher können die beiden auf dem Heuboden über dem Stall schlafen, wenn sie etwas dafür bezahlen.«

»Das geht in Ordnung«, sagte ich. »Jetzt zeigt mir... diesen Schrank.«

»Ich biete ihn euch nicht gern an, Mylady...«

»Es wird schon gehen«, beruhigte ich ihn. »Das soll mir eine Lehre sein, in Zukunft früher zu kommen.«

Er war sichtlich erleichtert und führte mich die Treppe hinauf. Wir gelangten zu einem Korridor, an den ich mich von früher her erinnerte. Die erste Tür gehörte zu dem winzigen Raum, in dem ich die Nacht verbringen würde. Es gab noch vier weitere Türen.

Der Wirt schloß auf, und ich war im ersten Moment entsetzt. Es war wirklich nicht viel mehr als ein Schrank. Die eine Seite wurde von der Pritsche eingenommen, an der anderen standen ein kleiner Tisch und ein Stuhl. Ein schmales Fenster machte das Ganze gerade noch erträglich.

Der Wirt musterte mich fragend. »Es bleibt mir wohl nichts anderes übrig«, meinte ich. Doch dann kam mir ein neuer Gedanke. »Auf diesem Stockwerk gibt es vier geräumige Zimmer. Ihr habt vorhin erwähnt, daß es nur sechs Gentlemen sind. Vielleicht wären sie bereit, die Zimmer jeweils zu zweit zu beziehen. Dann könnte ich einen Raum für mich haben.«

Der Wirt schüttelte den Kopf. »Die Gentlemen haben ausdrücklich betont, daß sie das ganze Stockwerk mieten wollen. Sie haben mich gut dafür entlohnt... auf die Hand. Es geht um diesen kranken Mann. Er darf nicht gestört werden. Am besten ist, Ihr laßt es auf sich beruhen, Mylady. Die Gentlemen wollten das ganze Stockwerk, sie waren geradezu erpicht darauf. Ich hatte diesen kleinen Raum hier in der Aufregung ganz vergessen.«

»Na schön. Ich werde meine Diener gleich zu dem Bauernhof schicken. Danach hätte ich gern heißes Wasser, um mir den Straßenstaub abzuwaschen.«

»Es wird sofort heraufgebracht, Mylady.«

Ich stieg hinter ihm die Treppe herunter und befahl meinen Knechten, zum Bauernhaus hinüberzureiten. Im Morgengrauen würde ich sie dort abholen, da wir sowieso in diese Richtung reisen mußten.

Wenige Minuten nachdem ich wieder in meiner Kammer war, brachte mir eine Magd eine Schüssel mit heißem Wasser. Ich fühlte mich gleich ein bißchen besser, als ich mir Gesicht und Hände gewaschen und die Haare gekämmt hatte.

Der Gastwirt hatte zuvor erwähnt, daß es heute Spanferkel gäbe, eine Spezialität des Hauses.

Wie hilflos hatte ich mich gefühlt, als ich glaubte, kein Quartier für die Nacht zu bekommen. Doch nun stand mir eine kleine Kammer zur Verfügung, die für ein paar Stunden durchaus genügte. Ich würde mich nicht auskleiden, da erstens kaum Platz war und zweitens alles, was ich für die Nacht normalerweise benötigte, in den Satteltaschen der Packpferde verpackt war.

Den betrunkenen Knecht soll der Teufel holen! Der würde von Harriet und Gregory bei unserer Ankunft etwas zu hören bekommen! Gut, daß wir nicht nach Eversleigh zurückmußten, denn mein Großvater wäre imstande, den Trunkenbold auf der Stelle zu entlassen.

Nun ja, schon morgen würde ich an den unangenehmen Zwischenfall kaum noch denken.

Ich öffnete die Tür und trat auf den Korridor. Genau in diesem Moment kam ein Mann aus einem der anderen Zimmer und schaute mich entgeistert an. Aufregung erfaßte mich. Vermutlich deshalb, weil er mich irgendwie an Beau erinnerte. Dabei sah er ihm gar nicht ähnlich. Es lag lediglich an seiner Größe und einer gewissen modischen, aber dennoch diskreten Eleganz, mit der er sich kleidete. Sein Jackett hatte breite Schultern, die Weste darunter war kunstvoll bestickt. Die langen Beine steckten in feinen Kniehosen und blauen Strümpfen mit eingestickten silbernen Verzierungen. An den Hosen befanden sich seitlich unter dem Knie Verschlußschnallen aus Silber. Der Saum seines Jacketts war mit Draht verstärkt, und ich erhaschte einen flüchtigen Blick auf seinen Degen. Er trug elegante Schuhe mit ziemlich hohen blauen Absätzen. Die Silberschnallen an den Schuhen paßten perfekt zu den Hosenbandschnallen. Seine Perücke war lang und formvollendet gelockt, der Dreispitz hatte silberne Tressen.

Es war merkwürdig, wie genau ich registrierte, was dieser Fremde trug. Später erklärte ich es damit, daß es fast unhöflich gewesen wäre, nicht Notiz davon zu nehmen, da er sich offensichtlich solch große Mühe mit seiner Kleidung gab. Ich nahm einen zarten Duft wahr, was mich vermutlich am allermeisten an Beau erinnerte. Er war ein Dandy wie Beau und benutzte wie dieser Parfüm. Der Fremde gehörte zu der Sorte von Gentlemen, denen man bei Hofe, aber kaum in einer Landschenke begegnete.

Mir blieb nicht lange Zeit, darüber nachzudenken. Ich wollte gerade die Tür hinter mir schließen, als er mich anfuhr: »Wer seid Ihr, und was tut Ihr hier oben?«

Ich zog nur indigniert die Augenbrauen hoch.

»Was habt Ihr hier oben zu suchen?« Sein Tonfall war noch unfreundlicher geworden. »Ich habe für dieses ganze Stockwerk bezahlt und ausdrücklich betont, daß ich keine Störung dulde.«

»Und ich habe für diese Kammer bezahlt, so unzureichend sie auch ist«, erwiderte ich hoheitsvoll. »Leider muß ich sagen, daß ich Euer Benehmen unmöglich finde, Sir.«

»Ihr habt für ein Zimmer auf dieser Etage bezahlt?«

»Man kann es wohl kaum ein Zimmer nennen. Ich mußte mit diesem Winkel für die Nacht vorliebnehmen, da mir gesagt wurde, daß Ihr die übrigen Zimmer belegt habt.«

»Wie lange seid Ihr schon hier?«

»Ich wüßte nicht, was Euch das angeht.«

Er lief an mir vorbei und stürmte die Treppe hinunter. Ich hörte ihn nach dem Wirt rufen.

Ruhig blieb ich stehen und lauschte.

»Du Gauner! Was soll ich davon halten? Habe ich für die Zimmer bezahlt oder nicht? Und war es nicht völlig klar, daß ich und meine Freunde nicht gestört werden wollen?« wetterte er los.

»Mylord... Mylord... die Lady hat doch nur diese kleine Kammer. Die wäre Euch von keinem Nutzen gewesen. Deshalb habe ich sie gar nicht erst erwähnt. Die Lady kommt oft hierher. Ich konnte sie doch nicht abweisen, Mylord.«

»Habe ich dir nicht erklärt, daß ich einen Schwerkranken bei mir habe?«

»Mylord... die Lady ist sehr verständnisvoll. Sie wird ganz ruhig sein.«

»Ich habe eindeutig angeordnet, daß...«

Kurz entschlossen stieg ich die Treppe hinunter und mußte mich an ihnen vorbeidrängen, da sie mir im Weg standen.

»Euer kranker Freund wird durch den Krach, den Ihr schlagt, viel mehr gestört werden als durch meine Anwesenheit auf dem gleichen Stockwerk«, sagte ich spitz.

Ohne auf seine Erwiderung zu warten, betrat ich den Schankraum. Mir war bewußt, daß er mir nachschaute. Dann wandte er sich um und ging wieder in den ersten Stock.

Die Frau des Gastwirts hantierte in der Stube herum. Offenkundig war sie bestürzt über das Durcheinander, tat aber ihr Bestes, sich nichts davon anmerken zu lassen.

Sie sagte nur, daß sie mir gleich das Spanferkel auftischen werde, worüber ich mich freute, da ich sehr hungrig war. Es war saftig und gut gewürzt, wie ich schon beim ersten Bissen feststellte. Außerdem ließ ich mir die hausgemacht Wildpastete schmecken. Dazu trank ich Glühwein. Hinterher gab es Äpfel, Birnen und ein Gebäck, das mit Gänsefingerkraut und anderen Kräutern gewürzt war, die ich nicht kannte.

Gerade als ich bei den Keksen angelangt war, kam der fremde Gentleman in die Gaststube.

Er trat an meinen Tisch. »Ich möchte mich für mein Benehmen entschuldigen.«

Ich nickte zustimmend, weil eine Entschuldigung ja wahrlich angebracht war.

»Ich machte mir solche Sorgen um meinen Freund.«

»Das dachte ich mir«, erwiderte ich.

»Er ist schwer krank und kann durch die kleinste Kleinigkeit gestört werden.«

»Ich verspreche, ihn nicht zu stören.«

Nun hatte ich die Möglichkeit, mir sein Gesicht näher zu betrachten, das ich recht interessant fand. Es war braungebrannt, die Perücke darüber schwarzlockig, doch ich vermutete, daß er blonde Haare hatte. die Augen waren von einem ungewöhnlichen Goldbraun, die Brauen sehr dicht und dunkel. Es war ein sehr männliches Gesicht mit tief eingekerbtem Kinn und vollen Lippen, die sinnlich wirkten. Doch dieser Mund hatte auch etwas Brutales an sich, was gar nicht zu den lebhaften Augen paßte. Er hatte eine beunruhigende Ausstrahlung. Vielleicht lag das aber auch nur daran, daß ich ganz instinktiv auf das andere Geschlecht reagierte, wie Beau mir einmal sagte.

Wenn ich doch endlich aufhören könnte, mich an Beaus Worte zu erinnern und jeden mit ihm zu vergleichen! Auch an diesem Mann war ich nur deshalb interessiert, weil er Beau irgendwie ähnelte.

»Darf ich mich setzen?« fragte er.

»Soviel ich weiß, ist dies eine öffentliche Gaststube. Außerdem werde ich sowieso gleich gehen.«

»Ihr begreift hoffentlich meine Verwirrung, als ich feststellen mußte, daß sich Fremde in der Nähe meines Freundes aufhalten.«

»Fremde? Ihr könnt damit nur mich meinen.«

Er stützte die Ellbogen auf den Tisch und musterte mich eingehend. Ich sah die Bewunderung in seinen Augen und fühlte mich geschmeichelt, wie ich zugeben muß.

»Ihr seid eine sehr schöne junge Lady. Es wundert mich, daß man Euch allein reisen läßt.«

»Dies tut wohl kaum etwas zur Sache«, erwiderte ich abweisend. Dann dachte ich mir, wie unklug es wäre, ihn glauben zu lassen, ich sei ohne Begleitung. »Ich bin übrigens nicht allein, sondern habe meine Knechte bei mir. Sie mußten sich anderswo nach einem Nachtlager umsehen. Ich habe diese Reise schon wiederholt unternommen, doch noch nie ist etwas so Unangenehmes wie diesmal passiert.«

»Bitte, bezeichnet es doch nicht als unangenehm. Ich war zornig, das gebe ich zu. Doch jetzt freue ich mich, daß sich mir die Gelegenheit bietet, Eure Bekanntschaft zu machen. Darf ich Euren Namen erfahren?«

Ich zögerte. Offensichtlich war er von aufbrausendem Temperament und hatte sich tatsächlich sehr geärgert. Doch nun gab er sich alle Mühe, es wiedergutzumachen. Ich wollte nicht nachtragend erscheinen.

»Carlotta Main. Wie heißt Ihr?«

Ich merkte ihm seine Überraschung an. »Carlotta Main«, wiederholte er. »Ihr gehört zur Eversleigh-Sippe, nicht wahr?«

»Oh, Ihr kennt sie?«

»Einige Mitglieder davon. Lord Eversleigh ist Euer...«

»Er ist der Sohn meiner Großmutter aus erster Ehe.«

»Aha. Und Leigh...?«

»...ist mein Stiefvater. Bei uns ist alles sehr kompliziert.«

»Eine Familie mit vielen Militärs. Ich glaube, der berühmte General Tolworthy ist auch einer Eurer Verwandten, soweit ich weiß.«

»Stimmt. Anscheinend bin ich für Euch keine Fremde. Vielleicht kenne ich Eure Familie auch. Wie lautet Euer Name?«

»John... John Field.«

»Ich habe noch nie von irgendwelchen Fields gehört.«

»Unerforschtes Neuland also«, sagte er humorvoll. »Ich wünschte, wir hätten uns unter angenehmeren Umständen kennengelernt.«

»Und ich wünsche Euch, daß Ihr Euren Freund heil nach London schafft.«

»Vielen Dank. Er bedarf schleunigst ärztlicher Pflege. Ich sorge mich sehr um ihn...«

Dies war bereits die zweite Entschuldigung. Ich erhob mich, um nach oben zu gehen. Dieser John Field hatte etwas Herausforderndes. Er musterte mich zu intensiv. Da ich in diesen Dingen einige Erfahrung erworben hatte, war mir klar, in welche Richtung seine Gedanken gingen. Er ähnelte Beau wirklich sehr... Je länger ich mit ihm zusammen war, desto unruhiger wurde ich.

Er stand ebenfalls auf, verbeugte sich, und ich verließ die Gaststube. Vom Tisch in der Halle nahm ich eine Kerze und stieg in den ersten Stock hinauf.

Auf halber Treppe überholten mich die Wirtsfrau und ein Dienstmädchen, die Essen auf großen Tabletts trugen. Offenbar wurde in einem der vier Zimmer getafelt. John Field war also nur deshalb heruntergekommen, um sich bei mir zu entschuldigen.

Ich ging in die Kammer und stellte zu meiner Erleichterung fest, daß es einen Schlüssel gab. Nachdem ich abgesperrt hatte, fühlte ich mich sicher.

Da es erstickend heiß war, öffnete ich das Fenster, und die einströmende frische Nachtluft machte den Aufenthalt in dem winzigen Raum erträglicher.

Ermattet setzte ich mich auf den Schemel und überlegte, wie spät es wohl sein mochte. Vermutlich war es schon zehn Uhr. Wie froh würde ich sein, wenn die Morgendämmerung anbrach und ich mich wieder auf den Weg machen konnte.

Ein jäher Luftzug löschte die Kerze aus. Ich zündete sie nicht gleich wieder an, da der Mond etwas Licht spendete. Meine Augen gewöhnten sich rasch an das Halbdunkel und nahmen plötzlich einen hellen Streifen an der Wand wahr. Verblüfft starrte ich ihn an und stand dann auf, um ihn mir etwas genauer anzusehen.

Offensichtlich hatte sich hier früher mal eine Tür befunden, die dann mit Brettern vernagelt worden war.

Diese Arbeit wurde nicht gerade fachmännisch durchgeführt, dachte ich kritisch. Vermutlich hatte dieser kleine Raum als eine Art Ankleidekammer gedient, die zu dem angrenzenden Zimmer gehörte. Später hatte man dann aus irgendwelchen Gründen beschlossen, hier eine Schlafstelle für eine Magd zu schaffen, wodurch die Verbindungstür überflüssig geworden war.

Die Ritze an der Seite wäre von mir sicher nicht bemerkt worden, wenn ich nicht im Dunkeln gesessen hätte und wenn im anderen Zimmer kein Licht gebrannt hätte. Im nächsten Augenblick hörte ich Stimmengemurmel. Zuerst nahm ich an, daß es aus dem Zimmer nebenan kam. John Field und seine Freunde schienen heftig über etwas zu diskutieren. Warum saßen sie nicht längst bei Tisch, um sich das Spanferkel schmecken zu lassen, das von der Wirtsfrau und der Magd heraufgebracht worden war?

Als ich unverhofft meinen Namen hörte, war meine Neugier geweckt. Ich preßte mein Ohr an den schmalen Spalt. Gerade sprach John Field. »Carlotta Main… die Erbin… eine der Eversleighs… daß sie ausgerechnet heute nacht hier sein muß…«

Erregtes Stimmengewirr.

»Ich könnte diesen Gastwirt glatt umbringen. Ausdrücklich habe ich angeordnet, daß wir nicht gestört werden wollen…«

»Es ist ja nur eine junge Frau…«

»Ja, aber eine der Eversleighs.«

»Hast du mit ihr gesprochen?«

»Eine echte Schönheit.« Ich hörte ihn leise lachen. »Eine junge Lady mit einer hohen Meinung von sich selbst.«

»Sie hat dir offensichtlich gefallen. Typisch für dich, Hessenfield.«

Hessenfield? Er hatte behauptet, John Field zu heißen, ich war also glatt angelogen worden. Es ging nicht nur um die Aufgabe, einen Kranken zum Arzt zu bringen, garantiert nicht. Wieso brachte man für so etwas sechs Leute? Oder waren Dienstboten darunter?

Aus den Bruchstücken der Unterhaltung, die ich belauscht hatte, folgerte ich eher, daß es nicht so war.

Dann ertönte wieder seine Stimme. »Ein heißblütiges Geschöpf, wenn mich nicht alles trügt. Eine echte Schönheit.«

»Dies ist wohl kaum der geeignete Moment für Tändeleien.«

»Daran mußt du mich nicht erinnern. Wir werden keine Schwierigkeiten mit der hoheitsvollen jungen Lady kriegen. Sie bricht schon bei Morgengrauen auf. Das weiß ich aus ihrem eigenen Munde.«

»Hältst du es für klug...«

»Für klug? Was meinst du damit...?«

»Dich ihr bekannt zu machen? Mit ihr zu sprechen...«

»Oh, ich mußte mich unbedingt entschuldigen.«

»Typisch für dich, den Kavalier zu spielen. Und wenn sie dich nun erkannt hat?«

»Wie sollte sie? Wir haben uns nie zuvor gesehen.«

»Falls sie Bericht über dich erstattet...«

»Dazu wird es nicht kommen. Schließlich werden wir schon in den nächsten Tagen fort sein... Hör mit dem Grübeln auf, Durell! Aber jetzt wollen wir endlich essen gehen...«

Eine Tür wurde geschlossen, dann war alles still. Sie setzten sich offenbar in einem anderen Raum zu Tisch.

Es ging hier etwas höchst Geheimnisvolles vor sich, mit dem ich auf irgendeine Weise auch zu tun hatte. Ich war beunruhigt, weil meine Anwesenheit sie so offensichtlich störte. Was hatte er damit gemeint, daß ich den Mann vielleicht erkannt haben könnte, der sich als John Field ausgab, dessen wahrer Name aber Hessenfield war? Warum hatte er mir überhaupt einen falschen Namen genannt? Es konnte nur einen Grund dafür geben. Er wollte nicht, daß sein Name bekannt würde, falls man ihn bei dieser Unternehmung überraschte.

Eine viel zu lange Nacht lag noch vor mir, in der ich vermutlich nicht viel Schlaf finden würde.

Ich zog meine Jacke aus und legte mich auf das Lager, von dem aus ich den Spalt in der Wand im Auge behalten konnte.

Erst nach Mitternacht bemerkte ich erneut einen Lichtschein. Leise erhob ich mich und preßte mein Ohr wieder an die Bretterverschalung. Ich hörte keine Unterhaltung. Offenbar war jemand allein im Zimmer. Kurz darauf verlöschte das Licht.

Ich schlummerte sehr unruhig und stand schon bei Tagesanbruch auf. Bereits am Vorabend hatte ich beim Wirt die Rechnung beglichen und dabei erwähnt, daß ich ganz früh aufbrechen wollte. Er hatte mir etwas Ale, kalten Schinken und Brot auf den kleinen Tisch stellen lassen. Außerdem gab es einen Krug mit Wasser und eine Schüssel. Ich wusch mich möglichst geräuschlos und aß dann mein Frühstück. Währenddessen hörte ich vom Korridor Geräusche. Meine Nachbarn waren also auch schon wach.

Ich beobachtete durchs Fenster, wie ein Mann zu den Ställen ging.

Gleich darauf vernahm ich ein Knarren auf der Treppe.

Als ich fertig war, öffnete ich die Tür und spähte hinaus. Zuerst war alles ruhig, doch dann hörte ich schweres Atmen und ein halb unterdrücktes Stöhnen, als ob jemand starke Schmerzen hätte.

Ich ging den Korridor entlang zu einer Tür, die nur angelehnt und aus der das Stöhnen noch deutlicher zu vernehmen war.

Kurz entschlossen stieß ich die Tür weiter auf und blickte hinein. »Kann ich irgendwie helfen?« fragte ich.

Später habe ich oft darüber nachgedacht, wie ein einziger Moment unser ganzes Leben beeinflussen kann. Wie anders hätte sich vermutlich alles für mich entwickelt, wenn ich in meiner Kammer geblieben wäre, bis die Männer, die so sehr auf Ungestörtheit Wert legten, das Gasthaus verlassen hatten.

Doch meine Neugier gewann die Oberhand, und ich machte den entscheidenden Schritt, als ich jene Tür aufstieß.

Ein Mann lag mit wachsbleichem Gesicht und blutbesudelter Kleidung auf dem Bett. Seine Augen wirkten unnatürlich vergrößert und glasig, und er sah überhaupt völlig anders aus als bei unserer letzten Begegnung.

Dennoch erkannte ich ihn sofort und rannte zum Bett.

»General Langdon! Was tut Ihr denn hier?« rief ich.

Nach mir trat nun ein Mann ins Zimmer. Es war nicht der elegante Dunkelhaarige, der sich John Field nannte, sondern ein Fremder.

Er starrte mich entsetzt an, zog sein Schwert, und einen Moment dachte ich, daß er mich damit durchbohren würde.

Da tauchte John Field auf.

»Halt!« schrie er. »Was fällt dir ein, du Dummkopf!«

Er schlug dem anderen die Waffe aus der Hand, die klirrend zu Boden fiel. Ich schaute sie wie gebannt an.

»Sie kennt ihn«, sagte der Mann. »Bei Gott, sie muß sterben.«

»Nicht so hastig«, widersprach John Field-Hessenfield, der anscheinend der Anführer war. »Sie töten... hier? Du mußt von Sinnen sein. Was geschieht dann? Man würde uns verfolgen, und wir kämen nie über den Kanal.«

»Trotzdem müssen wir sie beseitigen«, sagte der andere, der mich beinahe getötet hatte. »Begreifst du denn nicht? Sie weiß... sie weiß, wer er ist.«

Es ist ein unheimliches Gefühl, dem Tod ins Gesicht zu sehen, und genau das tat ich nun. Ich war ganz wirr im Kopf, und ich konnte nur daran denken, daß ich um ein Haar hier auf dem Boden gelegen hätte, mit einem Schwert im Körper.

»Wir müssen so rasch wie möglich weg«, sagte Hessenfield. »Das ist unsere einzige Rettung.«

Er trat zu mir und packte mich so grob am Arm, daß ich zusammenzuckte. »Sie kommt mit!«

Der andere schien sich etwas zu entspannen und nickte zustimmend.

»Hier können wir sie nicht umbringen, Dummkopf!« fügte Hessenfield hinzu.

Jetzt kamen noch andere Männer in den Raum.

»Was ist los?« fragte einer.

»Das ist unsere Zimmernachbarin«, erklärte Hessenfield. »Beeilt euch. Bringt den General runter, aber seid vorsichtig und vor allem leise. Leise, um Gottes willen!«

Er zog mich zur Seite, so daß zwei Männer ans Bett treten konnten. Sie hoben den General behutsam hoch, aber dennoch stöhnte er vor Schmerzen. Ich schaute stumm zu, als sie ihn forttrugen.

Hessenfield hielt immer noch meinen Arm umklammert. »Folgt mir«, forderte er mich auf.

Unsanft zerrte er mich den Korridor hinunter bis zu meiner Kammer, wo er die Tür aufriß. »Nichts darf zurückgelassen werden!«

»Da ist nichts. Was habt Ihr vor?«

»Still«, zischte er. »Tut, was ich sage, oder mit Euch ist es aus.«

Erst in der klaren Morgenluft begann ich wieder einigermaßen logisch zu denken. Was taten diese Männer eigentlich mit General Langdon? Angeblich saß er doch als Gefangener im Tower

Mir blieb keine Zeit zum Grübeln, denn im Eiltempo wurde ich zu den Ställen gebracht.

Einer der Männer stieg aufs Pferd und nahm den General vor sich auf den Sattel.

Ich wurde auf einen großen Rappen gehoben. Hessenfield saß hinter mir auf.

»Laßt ihr Pferd nicht zurück«, ordnete er an. »Es muß mitkommen, Aufbruch!«

Dann ritten wir durch die Morgendämmerung.

Diesen Ritt werde ich niemals vergessen. Ich versuchte ein Gespräch mit Hessenfield anzufangen, doch er gab mir keine Antwort. Man ließ mein Pferd frei, als wir etwa fünf Meilen vom Gasthaus entfernt waren, denn es bedeutete nur eine Behinderung.

Es hätte keinerlei Sinn gehabt zu protestieren. Mein Entführer hielt mich fest an sich gepreßt, und mir war nur allzuklar, in welcher Todesgefahr ich schwebte. Diese Männer hatten sich zu Recht über meine Anwesenheit auf der selben Etage aufgeregt, denn sie hatten etwas überaus Wichtiges zu verbergen – den verwundeten General Langdon.

Ich versuchte etwas Ordnung in mein Gedankenchaos zu bringen. General Langdon war mit der Absicht nach Eversleigh gekommen, Männer anzuwerben, die wie er für die Jakobiten waren. Er wollte sie gegen den regierenden König aufwiegeln und James wieder auf den Thron zurückholen. Dann war sein Komplott aufgedeckt worden, und man hatte ihn in den Tower gebracht. Nun war er plötzlich hier, zwar schwer verletzt, aber immerhin frei...

Gegen Mittag erreichten wir einen Wald, in dem wir eine Weile Rast machten. Die Männer kannten sich in dieser Gegend offensichtlich aus, denn sie waren zielbewußt hierher geritten. An einem Fluß konnten die erschöpften Pferde trinken und grasen. Der General wurde auf eine Decke gelegt, einer der Männer holte aus der Satteltasche etwas Brot, Schinken und eine Reiseflasche mit Ale.

»So weit, so gut«, meinte Hessenfield und musterte mich lächelnd.

»Es tut mir leid, daß wir Euch solche Unannehmlichkeiten bereiten müssen, Mistreß Main. Aber es ist Euch ja sicher klar, daß wir Euch weit größere Unannehmlichkeiten zu verdanken haben, oder?«

»Was soll das alles überhaupt?« erkundigte ich mich und versuchte, meine Furcht zu überspielen.

»Werte Lady, an Euch ist es nicht, Fragen zu stellen. Wir erwarten blinden Gehorsam, falls Euch Euer Leben lieb ist.«

»Tändle nicht mit dem Mädchen rum«, sagte der Mann, der mich hatte töten wollen. »Hier wäre eine gute Gelegenheit, sie loszuwerden.«

»Nicht so ungeduldig, mein lieber Freund. Wir haben eine bestimmte Aufgabe zu erfüllen. Nur das zählt.«

»Sie ist eine Gefahr.«

»Aber nur eine kleine Gefahr, die wir nicht in eine große verwandeln wollen, oder?«

»Ich merke schon, daß du bestimmte Pläne mit ihr hast. Von dir ist ja auch nichts anderes zu erwarten, Hessenfield.«

Hessenfield schlug blitzartig zu, und der Mann stürzte zu Boden.

»Nur ein kleiner Denkzettel, Jack, denn ich gebe hier die Anordnungen. Keine Angst, ich sorge schon dafür, daß wir nicht verraten werden. Mit der Lady rechne ich noch ab, aber erst dann, wenn uns daraus kein Schaden mehr entsteht.« Er drehte sich zu mir um. »Ihr seid sicher erschöpft. Wir sind schließlich weit geritten. Setzt euch hierhin.«

Ich wollte weggehen, doch er packte mit beim Arm.

»Hierhin, habe ich gesagt.« Seine Augen blitzten fröhlich, doch sein Mund wirkte brutal. Mein Blick fiel auf das Schwert an seiner Seite. Achselzuckend setzte ich mich.

Er ließ sich neben mir nieder. »Ich bin froh, daß Ihr so vernünftig seid«, sagte er. »Vernunft ist ein wichtiger Verbündeter, und Ihr benötigt alle Verbündeten, die Ihr irgendwie auftreiben könnt, Mistreß Main. Ihr seid in einer gefährlichen Lage.«

»Was habt Ihr mit General Langdon vor?«

»Wir retten ihm das Leben. Ein löbliches Vorhaben, nicht wahr?«

»Aber er... er ist ein Gefangener des Königs.«

»Das war er.«

»Heißt das...?«

»Ich erklärte Euch vorhin schon, daß Ihr keine Fragen stellen sollte. Tut, was ich Euch sage, dann könnt Ihr vielleicht Eure Haut retten.«

Ich schwieg. Er stand auf und kam gleich darauf mit etwas Brot und Schinken für mich zurück. Ich wandte den Kopf ab.

»Nehmt es«, fuhr er mich an. »Eßt!«

»Ich möchte nichts essen«, bemerkte ich.

»Trotzdem werdet Ihr's tun.«

Er stand mit leicht gespreizten Beinen vor mir und musterte mich drohend. Ich würgte einige Bissen hinunter. Hessenfield legte sich der Länge nach neben mich und reichte mir die Aleflasche. Gehorsam nahm ich einen Schluck. Er lächelte und führte die Flasche an seine Lippen. »Wir trinken aus demselben Gefäß«, sagte er. »Mit etwas Fantasie könnte man es einen Liebesbecher nennen.«

Meine Angst wurde stärker, da ich in seinen Augen zu lesen verstand. Was hatte einer der anderen Männer gesagt? »Du hast bestimmte Pläne mit ihr. Von dir ist ja auch nichts anderes zu erwarten, Hessenfield.«

Ich war vollständig in seiner Gewalt. Die anderen hätten mich längst umgebracht und meine Leiche in den Fluß geworfen oder unter den Bäumen verscharrt. Niemand hätte je erfahren, was aus mir geworden war. Ich wäre einfach verschwunden... wie Beau plötzlich verschwand.

Hessenfield ließ sich Brot und Schinken schmecken und trank das Ale in tiefen Zügen.

»Wie ich sehe, seid Ihr eine unerschrockene junge Lady«, sagte er. »Glaubt nicht, daß mir das Blitzen Eurer Augen entgeht. Aber ich bin Eure einzige Hoffnung, wie Ihr genau wißt. Ihr seid in etwas hineingeraten, bei dem es um Leben und Tod geht... um Euren Tod wie um den Tod anderer. Ihr wart zu neugierig, Mistreß. Warum seid Ihr nicht weitergeritten, als es keine Unterkunft für Euch gab? Warum seid Ihr in jenes Zimmer getreten, obwohl es Euch nichts anging?« Er lehnte sich näher zu mir. »Wißt Ihr was? Ich bin froh, daß Ihr es getan habt.«

Ich erwiderte nichts.

Was würde wohl geschehen? Ich wußte, daß er mich begehrte. Sicher war er ein Mann, der an jeder Ecke eine Geliebte hatte. Wie sehr er doch Beau glich! Er wollte mich nicht töten, wie es die anderen Männer gerne getan hätten, jedenfalls nicht, bevor er mein Liebhaber geworden war.

Obwohl mir der Tod sehr nahe war, fühlte ich mich lebendiger, als ich es seit Beaus Verschwinden je gewesen war.

Zwei Stunden blieben wir in dem Wald, bevor wir uns wieder auf den Weg machten. Ich war mir Hessenfields körperlicher Nähe sehr bewußt, und er merkte es genau. Seinen Augen war anzusehen, wie sehr ihn die Situation amüsierte. Ich wappnete mich innerlich gegen ihn, denn er war im Grunde genauso skrupellos wie seine Kameraden.

Wir ritten in südlicher Richtung, und ab und zu konnte ich den würzigen Geruch des Meeres wahrnehmen. Natürlich hielten wir uns abseits der Hauptstraßen. Endlich gelangten wir zu einem Haus am Meer, das ganz einsam lag. Weit und breit war keine andere Behausung zu erblicken.

Wir erreichten den Hof und saßen ab. Während des Ritts hatte ich mir eventuelle Fluchtmöglichkeiten überlegt. Es würde nicht einfach werden, das war mir klar. Dennoch beflügelte mich der Gedanke an eine Flucht. Ich stellte mir ihre Wut und Angst vor, wenn sie feststellten, daß ich geflohen war, und empfand dabei ein hämisches Vergnügen.

Inzwischen hatte ich herausgefunden, daß General Langdon nicht etwa unfreiwillig mit von der Partie war. Offensichtlich hatten ihn die anderen aus dem Tower befreit, was ein äußerst waghalsiges Unterfangen gewesen sein mußte. Aber dieser Hessenfield ließ sich garantiert durch nichts abhalten, wenn er sich einmal etwas in den Kopf gesetzt hatte. Soweit kannte ich ihn bereits.

Gehörten diese Männer tatsächlich zu jenen geheimnisumwitterten Jakobiten, die fest entschlossen waren, James wieder auf den Thron zu setzen? Ich wußte bereits, daß General Langdon zu den Anführern zählte... Ahnungslos war ich in eine gefährliche Intrige geraten, obwohl ich mich für politische Dinge überhaupt nicht interessierte.

Wir betraten die Halle, die völlig leer und verlassen wirkte.

»Durchsucht alles ganz genau«, befahl Hessenfield. »Jeden Raum, jeden Winkel.«

Ich schaute mich um.

»Gemütlich, nicht wahr«, meinte Hessenfield im Plauderton. »Wir sind heilfroh darüber.«

»Woher wußtet Ihr, daß es leersteht?«

Er hob fast scherzhaft den Finger und drohte mir. »Also wirklich, meine Liebe, muß ich Euch nochmal daran erinnern, keine Fragen zu stellen!«

Ich warf ungeduldig den Kopf zurück und sah in seinen Augen Begierde aufblitzen. Mir lief ein Schauer über den Körper, der sogar etwas Lustvolles hatte, wie ich mir ehrlicherweise eingestehen mußte.

Einer der Männer namens Geoffrey kam in die Halle zurück.

»Alles in Ordnung.«

»Gut. Nachher müssen wir Kriegsrat abhalten, doch zuerst bringt den Kranken zu Bett.«

»Sein Bein blutet stark«, wandte ich ein. »Er braucht ärztliche Behandlung.«

Alle schauten mich an.

»Sie hat recht«, meinte Hessenfield. »Einer von euch muß unbedingt den Doktor holen. Ihr wißt ja, wo ihr ihn finden könnt.«

»Ich hole ihn«, sagte Durrell.

»Die Blutung muß sofort gestoppt werden«, sagte ich.

»Bringt ihn rauf, dann schauen wir uns sein Bein an«, befahl Hessenfield, worauf zwei Männer den General die Treppe hinauftrugen. Hessenfield ergriff mich beim Arm und ging mit mir hinterher.

Das Haus wirkte durchaus wohnlich, so daß ich nicht begriff, warum kein Mensch zu sehen war. Eine breite Treppe führte zum ersten Stock hinauf, wo der General in einem Zimmer auf ein Himmelbett gelegt wurde.

Erst entfernten sie den Strumpf, dann schnitten sie die Kniehose auf. Wie erwartet, sah die Wunde an seinem Schenkel sehr übel aus, und ich erklärte, daß sie gesäubert und verbunden werden müsse. Das könnte vielleicht eine weitere Blutung verhindern.

»Bringt ihr Wasser«, ordnete Hessenfield an.

»Ich brauche auch Bandagen.«

Es gab zwar keine Bandagen, doch einer der Männer fand in einem Schrank ein Herrenhemd, das wir zerrissen. Es erfüllte voll und ganz den Zweck.

»Wie ist dies passiert?« wollte ich wissen.

Hessenfield drückte meine Schulter und lachte mir ins Gesicht, um mich daran zu erinnern, daß von meiner Seite Fragen verboten waren.

»Wenn wir die Blutung nicht stillen können, wird er sterben. Aber ich glaube zu wissen, was zu tun ist«, sagte ich.

Ich erinnerte mich daran, daß Damaris einmal eine schlimme Schnittwunde am Arm hatte und Leigh die Blutung stoppen konnte. Fasziniert hatte ich ihm damals zugesehen. »Ich brauche einen festen Stock«, forderte ich.

Zunächst herrschte Schweigen. »Sucht etwas Passendes«, sagte Hessenfield dann. Sie fanden auf dem Ankleidetisch einen Rückenkratzer, der ziemlich lang und dünn aussah, aber aus hartem Ebenholz war und am Ende eine geschnitzte Klaue trug.

Ich fand die pulsierende Stelle am Bein des Generals, deckte sie mit einem Stoffbausch ab und band einen langen Stoffstreifen darüber. In den Knoten steckte ich den Rückenkratzer und drehte ihn dann mehrmals, wodurch die Bandage immer fester einschnürte. Es dauerte nicht lange, und die starke Blutung hatte aufgehört.

Ich setzte mich ans Bett, während die Männer unschlüssig herumstanden. Wir alle beobachteten den General mit großer Besorgnis. Er war übel zugerichtet, und ich fragte mich, wie er seine Flucht aus dem Tower überhaupt bewerkstelligt hatte.

Es verging eine ganze Weile, ehe der Doktor kam, der sichtlich nervös war. Vermutlich gehörte auch er zu den Jakobiten, denn sonst wäre er nicht in diesen Schlupfwinkel gebracht worden.

Ich erklärte ihm, was ich bisher getan hatte. »Gut, sehr gut«, lobte er mich, und mir wurde gleich etwas wohler.

»Er hat viel Blut verloren«, fügte der Arzt hinzu. »Etwas mehr hätte ihn erledigt. Eure Hilfeleistung hat ihm wahrscheinlich das Leben gerettet.«

Ich war sehr glücklich darüber. Es amüsierte mich zu beobachten, wie Hessenfield mich mit einer Art Besitzerstolz ansah.

Der Mann namens Durrell führte mich nun ins Nebenzimmer und blieb bei mir zur Bewachung. Ich war sicher, daß er mich auf der Stelle beseitigt hätte, wäre es nach seinem Kopf gegangen.

Er war sicher schon in den Fünfzigern und hatte einen fanatischen Zug im Gesicht. Wahrscheinlich gehörte er zu den Leuten, die bereit sind, für eine Sache alles zu opfern. Welch ein Unterschied zu Hessenfield, für den das Leben garantiert etwas war, das man genießen mußte, auch wenn dieser Genuß nicht immer leicht zu haben war. Er war wohl mindestens zwanzig Jahre jünger als Durrell, vermutlich erst Anfang Dreißig. Wie Beau sah er fast jungenhaft aus. Warum mußte ich ihn bloß immer mit Beau vergleichen?

Ich hörte den Arzt weggehen. Gleich darauf trat Hessenfield zu mir ins Zimmer. »Er wird sich erholen«, sagte er lächelnd. »Mehr Blut hätte er allerdings nicht verlieren dürfen. Du siehst, Durrell, daß sich unsere Lady hier als nützliches Mitglied der Gruppe erwies. Vielleicht wird sie uns sogar noch mehr nützen. Wer weiß! Normalerweise bietet weibliche Gesellschaft ja immer irgend etwas Gutes.«

Durrell flüsterte ihm ins Ohr. »Ist dir klar, daß man sie ständig bewachen muß?«

»Es wird mir ein besonderes Vergnügen sein.«

»Ständig! Hast du dir überlegt, was das bedeutet?«

»Ständig wird ja doch nur ein oder zwei Tage sein.«

»Es könnte sich auch um eine Woche handeln.«

»Nein! Höchstens drei Tage.«

»Falls das Wetter uns nicht im Stich läßt«, erwiderte Durrell.

Da ahnte ich, daß sie hier auf ein Schiff warten wollten, das sie nach Frankreich brachte.

Langsam konnte ich mir alles zusammenreimen.

Die beiden verließen das Zimmer, und James übernahm meine Bewachung. James war noch sehr jung, ungefähr achtzehn Jahre nach meiner Schätzung. Er war ein ernsthafter Junge, der sich gewiß danach sehnte, für die gerechte Sache zu sterben.

Inzwischen kannte ich sie bereits alle mit Namen. Hessenfield, Durrell, James, Shaw und Carstairs. James war Carstairs' Sohn. Sie gehörten vermutlich zum Adel und verkehrten bei Hofe. Hessenfield wurde eindeutig als Anführer akzeptiert, was mein Glück war. Durrell hielt mich für eine enorm gefährliche Belastung, was ich ihm gar nicht verdenken konnte. Aber immerhin hatte ich nun dem General geholfen, und dessen Leben war für sie alle von höchster Wichtigkeit, denn sonst hätten sie ja wohl kaum ihr eigenes riskiert, um ihn zu retten.

Es kam mir vor, als ob ich in einem Traum lebte. Immer wieder ertappte ich mich bei dem Gedanken, sicher bald in einem Bett in Eyot Abbas aufzuwachen. Es war seltsam, sich in einem geheimnisvollen Haus zu befinden, das so aussah, als sei es noch fünf Minuten vor unserer Ankunft bewohnt gewesen, dann aber wie durch Zauberei verlassen worden. In der Küche fanden sich außer Schinken noch Ochsen- und Hammelkeulen und in der Speisekammer genug Pasteten, um eine Gruppe von Männern mindestens eine Woche lang zu verköstigen. Wir waren zweifellos erwartet worden. Und inmitten dieses fantastischen Abenteuers befand sich Carlotta Main mit dem Damoklesschwert über dem Haupt. Ein falscher Schritt, und es war aus mit mir! Man erlaubte mir nur deshalb weiterzuleben, weil Hessenfield noch irgend etwas mit mir vorhatte. Ich war in eine gefährliche Verschwörung geraten und Teil davon geworden.

Mir brauchte nun keiner mehr zu erklären, was vor sich ging, denn mir war alles klar. Es waren allesamt Jakobiten. General Langdon hatte versucht, eine Armee zusammenzustellen, um für James zu kämpfen, war aber entdeckt und eingesperrt worden. Sicher hätte man ihn zum Tode verurteilt. Eine Gruppe kühner Verschwörer unter Leitung von Hessenfield hatte ihn aus dem Tower befreit und versuchte ihn nun außer Landes zu schaffen. Hier warteten sie auf das Schiff, das sie nach Frankreich bringen sollte, wo sie sich mit James in St. Germain-en-Laye treffen würden.

Daß ich ohne weiteres so viel herausfinden konnte, bewies, wie gefährdet sie alle waren. Falls ich ihnen entkam und Alarm schlug, bevor sie das Land verlassen hatten, würde das für sie den Strick oder den Richtblock bedeuten.

Es war also nicht verwunderlich, daß sie es für unumgänglich hielten, mich möglichst rasch zu beseitigen, mich irgendwo zu begraben und mein Verschwinden so mysteriös erscheinen zu lassen, weil es bei Beau der Fall gewesen war. Dies brachte mich auf den

Gedanken, daß mit Beau vielleicht tatsächlich etwas Ähnliches passiert war.

Es wurde dunkel.

Wir gingen in die große Küche hinunter. Die Haustür war verschlossen und verbarrikadiert, so daß niemand eindringen konnte.

Wir saßen schweigend am Tisch, denn meine Anwesenheit machte ein Gespräch unmöglich. Vor allem Durrell wollte in meiner Gegenwart kein Wort zuviel sagen.

Die Männer langten kräftig zu, was ich von mir nicht behaupten konnte. Ganz offen tranken sie ›auf den wahren König‹. Hier gab es keinen heimlichen Trinkspruch ›auf den König jenseits des Meeres‹.

»Wir gehen alle zeitig schlafen«, schlug Hessenfield vor. »Möglicherweise werden unsere Retter schon in aller Frühe auftauchen.«

»Ich bete zu Gott, daß wir morgen um diese Zeit schon fort sind«, sagte Durrell.

»Und ich hoffe, daß Gott deine Gebete erhört«, meinte Hessenfield.

Durrell warf mir einen Blick zu.

»Du kannst sie mir überlassen«, sagte Hessenfield rasch und nahm mich beim Arm. Der andere Mann verzog säuerlich den Mund.

»Ich bleibe lieber hier«, sagte ich. »Bei meinem Wort versichere ich Euch, daß . . .«

». . . daß Ihr nicht zu fliehen versucht«, vollendete Hessenfield meinen Satz. »Mir ist aber wohler, wenn ich Euch in meiner Obhut weiß.«

Wieder grinste Durell auf eine anzügliche Weise.

Hessenfield nickte den anderen zu und führte mich aus dem Zimmer.

Wir gingen zu dem Raum, den er für sich ausgewählt hatte. Als erstes sah ich ein Himmelbett mit grünen Samtvorhängen.

Er verriegelte die Tür und wandte sich zu mir um.

»Tja, es tut mir leid, Mistreß Main, daß Ihr weiterhin unsere Gefangene bleiben müßt. Aber wir sollten das Beste aus dieser Situation machen, findet Ihr nicht auch?«

»Es ist immer klug, wenn man versucht, aus allem das Beste zu machen«, murmelte ich.

»Und Ihr benehmt Euch, wie ich bemerkt habe, fast immer klug. Nur heute morgen wart Ihr nicht so klug wie sonst, als Ihr Eure Nase in Angelegenheiten stecktet, die Euch nichts angingen.«

»Es geschah unbeabsichtigt. Ich versichere Euch, daß ich an Euren Verschwörungen und Gegenverschwörungen nicht interessiert bin.«

»Interessiert oder nicht, Ihr seid ein Teil davon geworden.« Er zog sein Jackett aus und begann die Weste aufzuknöpfen. »Ihr werdet dieses Bett sicher viel bequemer finden als Euer Ruhelager der letzten Nacht. Die reinste Zumutung war das doch. Wie unangenehm, daß Ihr gezwungen wart, damit vorliebzunehmen. Vermutlich habt Ihr kaum geschlafen.«

Ich trat zu ihm und legte ihm die Hand auf den Arm. »Laßt mich gehen«, bat ich. »Glaubt Ihr denn, daß meine Familie nichts unternimmt? Meint Ihr, sie ließe es zu, daß ich auf diese Weise entführt werde?«

»Meine liebe Carlotta! Ich darf Euch doch so nennen? Mistreß Main paßt nämlich überhaupt nicht zu Euch. Carlotta, meine Liebe! Man wird Euch nicht finden. Ihr habt frühmorgens, wie geplant, das Gasthaus zu Pferd verlassen. Ihr wolltet in einer Meile Entfernung Eure beiden Knechte treffen, die dort genächtigt hatten. Kein Mensch kam Euch zu Hilfe, als Euch ein Straßenräuber überfiel und bestahl. Mutig, wie Ihr seid, habt Ihr Euch auf einen Kampf mit ihm eingelassen und wurdet dabei getötet. Er vergrub Eure Leiche im Wald oder warf sie in irgendeinen Fluß oder Teich. Dies ist jedenfalls eine weitaus vernünftigere Erklärung als die, daß Ihr einer Bande von Verschwörern in die Hände gefallen seid, von denen einer so ritterlich ist, Euch noch eine Weile am Leben zu lassen... falls Ihr es verdient.«

»Es gefällt Euch anscheinend, darüber Witze zu reißen.«

»Es gefällt mir, weil ich so froh bin, mit Euch hierzusein«, erwiderte er.

Dann umarmte er mich und preßte mich an sich.

»Jetzt wollt Ihr wohl Eure Stärke unter Beweis stellen«, sagte ich schnippisch.

»Was ganz unnötig ist, nicht wahr. Man sollte etwas Offenkundiges nie betonen. Ich finde Euch sehr verführerisch.«

»Leider kann ich dieses Kompliment nicht zurückgeben.«

»Ihr werdet Eure Meinung ändern.«

»Dafür habt Ihr also mein Leben gerettet...«

»Gibt es einen triftigeren Grund?«

»Ihr seid... niederträchtig.«

»Ich weiß. Aber Ihr seid selbst nicht gerade tugendhaft, Carlotta, oder?«

»Ich glaube kaum, daß Ihr irgend etwas über mich wißt.«

»Ihr würdet Euch wundern, wieviel ich weiß.«

»Ihr kennt meine Familie. Das allein müßte Euch eigentlich schon klarmachen, daß man mich nicht ungestraft so behandeln kann, wie Ihr es tut.«

»Ich könnte Euch jetzt mit Leichtigkeit nehmen, Carlotta. Vergeblich würdet Ihr Euch nach Hilfe umsehen. Ihr dürft ruhig laut schreien. Wen kümmert's? Aber vielleicht käme Durrell mit seinem Schwert herbeigestürzt... Ihr sitzt in der Falle, süße Carlotta, auf Gedeih und Verderb seid Ihr Eurem Entführer ausgeliefert. In solch einem Fall kann man nichts anderes tun als sich ergeben. Das spart viel Ärger.«

Ich riß mich von ihm los, rannte zur Tür und schlug mit beiden Fäusten dagegen.

»So ein Verhalten ist Eurer wirklich unwürdig«, rügte er mich. »Wer in diesem Haus sollte Euch helfen wollen? Spart Eure Kraft für einen besseren Zweck.«

Er legte mir den Arm um die Schultern und führte mich in die Mitte des Zimmers zurück.

»Ihr seid unwiderstehlich, und noch heute nacht werdet Ihr meine Geliebte sein. Vom ersten Moment an habe ich das ersehnt. Ihr seid solch ein attraktives Geschöpf, Carlotta. Ihr lockt, Ihr seid verheißungsvoll. Ihr seid für die Liebe gemacht... für unsere Art von Liebe.«

»Liebe!« rief ich empört. »Das ist etwas, wovon Ihr gar nichts wißt. Ihr meint ja doch nur körperliche Leidenschaft. Ich bin Euch ausgeliefert, und Ihr wollt mich vergewaltigen... wirklich der wahre Gentleman! Zweifellos habt Ihr darin viel Erfahrung. Nichts einfacher als das, sich hilflose Frauen auszusuchen, die nicht gegen Euch ankämpfen können. Sehr ritterlich, fürwahr! Ich verabscheue Euch, Field oder Hessenfield oder wie Ihr auch heißen mögt. Ihr habt ja nicht einmal den Mut, unter Eurem eigenen Namen aufzutreten, sondern versteckt Euch hinter einem falschen. Wenn ich je von hier heil wegkomme, dann werde ich Euch nicht vergessen, glaubt mir.«

»Das hoffe ich doch sehr«, erwiderte er ungerührt. »Ich möchte, daß Ihr Euch den Rest Eures Lebens an mich erinnert.«

»Ja, Ihr habt wahrscheinlich recht. Mit Schaudern und Abscheu werde ich an Euch zurückdenken.«

»Nein, vielleicht ganz anders.«

Sein Arm lag um meine Schultern, fast zärtlich, wie mir schien.

Er drückte mich sanft auf einen Stuhl nieder, kniete sich vor mich hin und nahm meine Hände. Dann lächelte er strahlend zu mir hoch. Seine Augen waren goldbraun, und wieder erinnerte er mich an Beau. So hatte Beau mich immer angeschaut, bevor wir uns liebten.

Er küßte meine Hände auf die gleiche Weise wie Beau. »Carlotta, du warst sehr unglücklich. Aber ich werde das ändern.«

Ich versuchte meine Hände wegzuziehen. »Ihr wißt überhaupt nichts von mir!«

»Oh, ich weiß eine ganze Menge«, widersprach er. »Ich kannte Beaumont Granville ... gut.«

Erschöpft schloß ich die Augen. Die ganze Situation kam mir unwirklich vor. Wenn er mich mit Gewalt genommen hätte, grob und brutal, so wäre mir das irgendwie normal und der Situation entsprechend vorgekommen. Etwas anderes hatte ich jedenfalls nicht erwartet. Aber diese Unterhaltung über Beau brachte mich vollkommen aus der Fassung.

»Er war ein Freund meines Vaters«, erklärte er. »Oft hat er uns besucht. Er mochte mich recht gern und hat viel mit mir geredet.«

»Auch über mich?«

»Über alle seine Frauen.«

»Alle seine Frauen!«

»Unzählige Frauen. Es gab sie in seinem Leben, seit er vierzehn war. Er verhielt sich mir gegenüber sehr offen und bot an, meine Erziehung in die Hand zu nehmen. Welche Seite der Erziehung, brauche ich wohl kaum zu erklären.«

»Ich möchte nichts mehr hören.«

»Meine Liebe, ich bestimme, was gesprochen wird und was nicht. Du denkst immer noch an ihn, nicht wahr? Wann ist er so plötzlich verschwunden? Vor drei oder vier Jahren ... Was ist deiner Meinung nach mit ihm passiert?«

»Vielleicht wurde er getötet, wie Ihr mich töten wollt.«

Er runzelte die Stirn. »Beau hatte viele Feinde, das konnte bei einem Mann wie ihm nicht anders sein. Allgemein wird angenommen, daß er aufs Festland übersetzte ... auf der Jagd nach reicherer Beute. Es kam öfter vor, daß er zeitweise verschwand. Schuld daran waren meistens Gläubiger oder irgendeine schlimme Affäre, in die er verwickelt war.«

»Warum erzählt Ihr mir das alles?«

»Weil du ihn dir aus dem Kopf schlagen mußt. Du hast ihm ein großes Denkmal gesetzt, aber er ist es nicht wert, Carlotta.«

»Noch eine gute Eigenschaft, die ich bei Euch entdecke: Loyalität den Freunden gegenüber.«

»Ja, in gewisser Weise war er ein Freund, aber du bedeutest mir mehr.«

Ich lachte. »Gestern um diese Zeit sah ich Euch zum erstenmal... und ich wünschte bei Gott, ich hätte es nie getan.«

»Ich glaube nicht, daß du die Wahrheit sprichst.« Er legte mir zart die Fingerspitzen aufs Handgelenk. »Ich kann spüren, wie schnell dein Herz schlägt, Carlotta. Oh, es wird mit uns beiden ganz wunderbar werden, das weiß ich genau. Aber ich will, daß du damit aufhörst, mich mit Beaumont Granville zu vergleichen.«

»Ich habe nichts Derartiges getan...«

»Du solltest bei der Wahrheit bleiben, Carlotta. Sie ist viel interessanter als Lügen.«

»Laßt mich doch endlich frei, und ich verspreche Euch, kein Wort darüber zu verlieren, was ich hier gesehen habe. Gebt mir ein Pferd. Ich finde auch allein den Weg nach Eyot Abbas, und dort werde ich behaupten, mich verirrt zu haben. Irgendeine plausible Erklärung wird mir schon einfallen. Euch und Euren Kameraden wird durch mein Verschulden nichts geschehen, das verspreche ich.«

»Zu spät. Du bist hier in der Falle, Carlotta, allerdings in einer lustvollen Falle, das garantiere ich dir.«

»Und am Ende wartet der Tod...?«

»Das hängt ganz von dir ab. Du wirst meine Bettgefährtin sein, und nach jeder Nacht werde ich mich nach neuen aufregenden Erfahrungen mit dir sehnen. Hast du je von Scheherazade gehört? Sie erzählte viele wundervolle Geschichten und durfte deshalb weiterleben. Du bist auch eine Art Scheherazade, und ich bin dein Sultan.«

Ich bedeckte das Gesicht mit beiden Händen, denn ich wollte meine Empfindungen vor ihm verborgen halten. Seine Bemerkungen über Beau hatten viele Erinnerungen an das Zimmer in Enderby Hall in mir aufleben lassen. Immer stärker erschien mir Hessenfields Ähnlichkeiten mit Beau. Ich hatte Angst vor mir selbst, denn ich fühlte, daß ich meine Fantasien nicht bekämpfen könnte, falls mich dieser Mann berührte. Ich würde mich in meinen Traum gleiten lassen.

»Hör auf damit Beaumont Granville nachzutrauern«, fuhr Hessenfield fort. »Du wärst tiefunglücklich mit ihm geworden. Deine Familie hatte völlig recht, die Heirat zu verhindern, denn Beaumont konnte keiner Frau länger als eine Woche treu sein. Er war Frauen gegenüber voller Zynismus. stets berichtete er mir von ihnen, und nicht nur mir, davon bin ich überzeugt. Auch bei dir machte er da keine Ausnahme, Carlotta.«

»Er sprach von mir?« flüsterte ich.

»Er wollte dich nur wegen deines Vermögens heiraten, Carlotta, nur deshalb. Was konnte ihm Besseres passieren? Ein hübsches Vermögen und eine liebende Frau... Er beschrieb mir jene Zusammenkünfte mit dir in... Enderby Hall, so hieß der Besitz doch? Gerne redete er über Naturtalente, wie er es nannte. Frauen, die für die Liebe geboren sind, sagte er. Leidenschaftliche Geschöpfe, die ebenso begierig lieben wie die Männer. ›Carlotta ist so‹, das waren seine Worte. Und er fügte hinzu, wie froh er darüber sei, denn er hätte die Zimperliesen satt, die sich nichts aus einem ordentlichen Liebesspiel machten.«

»Seid still!« rief ich. »Wie könnt Ihr es nur wagen! Ich hasse Euch! Wenn ich könnte, würde ich...«

»Ich weiß. Wenn Ihr ein Schwert hättet, würdet Ihr mich damit durchbohren, wie es Durrell heute morgen gern mit Euch getan hätte. Ihr verdankt mir Euer Leben, Carlotta.«

Ich begriff meine Gefühle nicht. Vor allem empfand ich Scham, Scham über das, was Beau von mir erzählt hatte. Niemals wollte ich das Zimmer in Enderby wiedersehen. Wie recht hatte meine Mutter damit gehabt, mich von ihm trennen zu wollen. Ich konnte den Gedanken an einen Beau nicht ertragen, der mich und meine Gefühle und Reaktionen seinem... Schüler genüßlich schilderte.

Er legte die Hand auf meinen Arm. »Vergiß ihn, Carlotta. Vielleicht modert er schon längst in einem Grab. Vielleicht liegt er aber genau in diesem Moment bei einer anderen, die ihm mehr geben kann als du. Vergiß ihn! Ich kenne dich und liebe dich... schon jetzt. Du bist keine Fremde mehr für mich.«

Er nahm mir erst die Jacke von den Schultern und begann mich dann mit unerwartet sanften Händen zu entkleiden.

Ich entriß mich ihm ein letztes Mal und sah mich verzweifelt nach einer Fluchtmöglichkeit um. Er streichelte mein Gesicht. »Gefangen wie ein kleiner Vogel im Netz. Süße Carlotta, das Leben vergeht so rasch. Wer weiß, vielleicht kommen schon heute nacht unsere Feinde und holen mich. In einer Woche, in einem Monat sitzt mein Kopf vielleicht nicht mehr auf seinem Rumpf. Das Leben ist kurz. Mein Motto hat immer gelautet, daß man es genießen soll, solange noch Zeit ist. Dies sollte auch dein Motto sein. Wer kann sagen, was der morgige Tag bringt? Aber diese Nacht gehört uns.«

Er hob mich hoch und trug mich zum Bett.

Nachdem er mich hingelegt hatte, schloß ich die Augen. Jeder Widerstand war zwecklos. Ich kannte diese Art von Männern wie ihn und ... wie Beau. Er blies die Kerze aus und kam zu mir.

Ich wollte protestieren, wollte schreien. Doch er hatte mich ja schon darauf hingewiesen, wie sinnlos meine Hilferufe wären. Ich war in seiner Gewalt.

Er lachte in der Dunkelheit. Inzwischen glaube ich, daß er mich damals schon besser kannte als ich mich selbst.

Ich hatte Schwierigkeiten, mich selbst zu verstehen. Eigentlich hätte ich mich entehrt und gedemütigt fühlen müssen, und ein Teil von mir fühlte sich auch so. Doch andererseits ... Es läßt sich nur damit erklären, daß ich eine Frau bin, die starke körperliche Leidenschaft empfinden kann und will. Vielleicht hatte ich gar nicht so sehr Beau selbst entbehrt als vielmehr die Möglichkeit, meine körperlichen Bedürfnisse mit einem Menschen zu befriedigen, der mir in dieser Hinsicht total entsprach. Hessenfield war solch ein Mann. Wir waren körperlich eins, und ich vergaß sogar meine desolate Situation. Obwohl ich all meinen Stolz zu Hilfe rief – und der ist beträchtlich –, konnte ich nicht verbergen, daß ich an unserem Beisammensein Vergnügen fand.

Hessenfield spürte dies. Er zeigte sich entzückt und verhielt sich keineswegs wie ein grober oder rücksichtsloser Verführer, was man den Umständen entsprechend hätte erwarten können. Er benahm sich vielmehr so, als ob es sein größter Wunsch wäre, mich zu beglücken, und machte auch kein Hehl daraus, welche Lust ich ihm bereitete. Er flüsterte mir zu, wie wundervoll ich sei und daß er die Liebe nie zuvor so genossen hätte wie mit mir.

»Nichts fiele mir leichter, als mich ernsthaft in dich zu verlieben«, murmelte er mir ins Ohr.

Ich machte keine spöttischen Bemerkungen mehr, sondern blieb stumm. Scham und Ekstase überwältigten mich gleichzeitig.

Wir waren als Bettgefährten so ideal füreinander, wie Beau und ich es gewesen waren. Eine starke Sinnlichkeit befähigte uns beide, mit außergewöhnlichem Gespür die Reaktionen wahrzunehmen, die wir beim anderen auslösten. Was auch mit mir noch geschehen würde, ich konnte dieses Abenteuer nun nicht mehr völlig verdammen.

Er wußte es und verhielt sich auch weiter wie ein Liebender, nachdem die erste Lust gestillt war. Fast schien es mir, als wollte er damit zeigen, wie leid es ihm tat, daß es auf diese Weise geschehen war.

Als das erste Tageslicht hereinsickerte, ging er zum Fenster und hielt Ausschau nach dem Schiff.

»Nichts zu sehen«, sagte er, und seiner Stimme war so etwas wie Erleichterung anzumerken.

Ein weiterer Tag verging, der mir sehr lang vorkam. Alle warteten auf die Ankunft des Schiffes. Ich verband die Wunde des Kranken, da ich ohne Zweifel mehr Begabung dafür hatte als die Männer. Der General war sich seiner Umgebung noch nicht voll bewußt und wunderte sich folglich auch nicht über meine Anwesenheit. Gegen Abend ging ich in die Küche und deckte den Tisch.

Es machte mich verlegen, Hessenfields Blicke auf mir zu spüren. Da er sehr erfahren war, wußte er gewiß, wie mir zumute war. Ich konnte nicht gut vorgeben, so empört zu sein, wie ich es eigentlich hätte sein müssen. Schließlich war ihm meine Leidenschaft, die seiner eigenen in nichts nachgestanden hatte, nicht verborgen geblieben. Einmal trat er dicht hinter mich und drückte mich an sich. Er küßte mich aufs Ohr und verhielt sich wieder wie ein wahrer Liebender. Das Ganze brachte mich sehr durcheinander.

Noch schwerer fiel es mir jedoch, den anderen Männern zu begegnen, die alle wußten, was geschehen war. Hessenfield war sicher bekannt für seine Erfolge bei Frauen. Wahrlich Beaus Schüler, dachte ich.

Die Nacht kam, und wir waren wieder allein. Er hielt mich eng an sich gepreßt und flüsterte mir ins Ohr: »Ich bin froh, daß uns das Schiff heute noch nicht geholt hat.«

»Du bist ein Dummkopf. Jeder Tag vergrößert die Gefahr.«

»Eine Nacht mit dir ist das wert«, erwiderte er.

Wir lagen zusammen in dem breiten Himmelbett, wie ich mit Beau in jenem anderen gelegen hatte.

»Ich glaube, daß auch du mich ein wenig liebst«, sagte er.

Als ich keine Antwort gab, sprach er weiter. »Jedenfalls haßt du mich nicht. Ach, Carlotta, wer hätte gedacht, daß alles so kommen würde! Seit ich dich in der Herberge sah, wollte ich dich besitzen. Welch ein Glück, daß ich dich getroffen habe!«

Er küßte mich, und ich versuchte die Lust zu bekämpfen, die er so geschickt zu wecken vermochte.

»Mach dir und mir nichts vor, Liebste. Was ist denn daran auszusetzen, wenn eine Frau leidenschaftlich und erregt ist? Oh, wie wünschte ich, daß unsere Situation anders wäre! Ich stelle mir vor, daß es diese Verschwörung nicht gäbe und daß wir uns auf irgendeiner Festivität bei Hof begegnet wären. Ich hätte dich erblickt, wäre in Liebe entbrannt und hätte um deine Hand angehalten. Stell dir das mal vor, Carlotta.«

»Wer weiß, ob ich dich nehmen würde.«

»Das würdest du, und es gäbe von seiten deiner Familie auch keine Einwände, das ist dir wohl klar. Falls du jedoch etwas gegen mich hättest, würde ich dich in ein Haus wie dieses entführen und dir beweisen, wie notwendig ich für dich bin. Dann würdest du mich akzeptieren, Carlotta, nicht wahr?«

»Wenn du mich verführt hättest, würde mir wohl kaum etwas anderes übrigbleiben«, gab ich zurück.

»Ich bete darum, daß unser Schiff auch morgen noch nicht kommt, süße Carlotta.«

Wohlweislich erwiderte ich nichts, denn ich fürchtete meine Gefühle auch noch mit Worten zu verraten, wie ich es ja schon auf andere Weise getan hatte.

Auf eine merkwürdige Art liebte ich ihn. Man darf nicht vergessen, daß ich ebenso emotional aufgeputscht war wie die Männer. Der Tod lauerte immer in der Nähe. Es war unwahrscheinlich, daß sie mich am Leben lassen würden, denn ich wußte zuviel. Da hatte Durrell völlig recht.

Ich dachte öfter über eine Fluchtmöglichkeit nach. Während Hessenfield neben mir schlief, könnte ich aufstehen, den Schlüssel suchen, die Haustür aufsperren und mir ein Pferd aus dem Stall holen. Er ging ein großes Risiko ein, indem er mich leben ließ. Aber die Verschwörer waren dem Tod fast ebenso nahe wie ich, und dieses Wissen übte auf alle seine Wirkung aus. Ich empfand eine so unbändige Lebenslust wie nie zuvor. In den letzten paar Tagen hatte ich die Vergangenheit hinter mir gelassen und mich verändert. Ich war nicht glücklicher als zuvor, aber auf jeden Fall vitaler.

Zwangsläufig lebte ich von einer Stunde zur nächsten, denn ich wollte nicht an den Moment denken, in dem das Schiff auftauchen würde. Gott weiß, was dann mit mir geschähe. Hessenfield würde mir Lebewohl sagen. Würde er es mit seinem Schwert tun? Nein, es war undenkbar, daß er mir ein Leid zufügte. Doch er hätte mich ohne Gewissensbisse vergewaltigt, wenn ich mich gegen ihn gewehrt hätte. Er hätte es getan und überaus genossen...

Andererseits war nicht zu leugnen, daß es zwischen uns eine

merkwürdige Gefühlsbeziehung gab. In gewisser Weise gehörten wir zusammen. Er war ein machtvoller Mann, und vielleicht hatte ich gerade das immer bei Männern gesucht. Hessenfield war von Natur aus ein Pirat, ein Abenteurer, ein Anführer. Außerdem war er charmant, kultiviert und galant, ein Mann von Welt. In ihm verband sich Verwöhntheit mit einer Art primitiver Stärke. Er war sehr männlich und konnte gleichzeitig sehr zärtlich sein. Oft ließ er mich fühlen, daß ich für ihn wichtiger war als alle anderen Menschen. Das beeindruckte mich natürlich ungemein, auch wenn ich es nicht ganz glauben konnte. Beau hatte mir das gleiche Gefühl gegeben, und dabei war es ihm nur um mein Vermögen gegangen und um die Möglichkeit, sich mit mir eine Stunde zu vergnügen.

Meine Empfindungen befanden sich in totalem Aufruhr, meine Sinne waren hellwach. Ich lebte wieder und wünschte nichts so sehr, wie am Leben zu bleiben.

Der dritte Tag brach an. Eine verstärkte Ruhelosigkeit bemächtigte sich der Männer.

»Was hält sie auf?« hörte ich Durrell fragen. »Am Wetter hat's bisher nicht gelegen. Natürlich könnte jederzeit ein Sturm ausbrechen... Gott sei's geklagt... das wäre noch zu verstehen. Aber das Meer ist völlig ruhig.«

Es war warm geworden, die Sonnenstrahlen drangen durch die Fenster. Sehnsüchtig schaute ich hinaus.

Das Haus stand in einem kleinen Tal, so daß nur vom ersten und zweiten Stock aus das Meer zu sehen war.

Hessenfield überraschte mich dabei, wie ich hinausstarrte, und stellte sich neben mich. Er legte mir die Hand auf die Schulter, und ein Schauer durchrann mich.

»Es wirkt sehr verlockend, nicht wahr?«

»Wir sind hier schon so lange eingesperrt«, beklagte ich mich.

»Komm, wir machen einen Spaziergang«, schlug er vor.

Ich war entzückt und ließ mir meine Freude auch anmerken.

»Du wirst doch sicher nicht wegzulaufen versuchen«, meinte er lächelnd. »Na ja, du hättest sowieso keine Chance.«

Ich gab keine Antwort.

»Gehen wir!« Er schloß die Haustür auf, und wir traten nach draußen. Einen Moment blieb ich stehen und atmete tief die frische Luft ein.

»Schön ist es hier. Ah, es tut gut, endlich wieder im Freien zu sein«, sagte Hessenfield und nahm mich beim Arm.

Wir schlenderten schweigend die sanfte Anhöhe hinauf, von der aus wir einen weiten Blick übers Meer hatten. Es lag völlig ruhig und perlmuttfarben schimmernd vor uns.

»Manchmal glaube ich, daß unser Schiff nie auftauchen wird«, murmelte er. »Oder jedenfalls zu spät für uns.«

»Was wirst du tun, falls es nicht kommt?«

»Dann bleibt uns nur wenig Hoffnung«, erwiderte er. »Mit jedem Tag, der vergeht, wächst die Gefahr.« Er drehte sich zu mir um und schaute mich eindringlich an. »Und dennoch habe ich allmorgendlich gesagt: ›Nicht heute. Laß mir noch eine Nacht mit meiner Liebsten.‹«

»Du kannst mich nicht täuschen. Im Grunde wartest du genauso sehnsüchtig auf das Schiff wie die anderen.«

Er schüttelte den Kopf, und wir schwiegen eine Weile.

Wir waren auf einen Pfad gekommen, der am Klippenrand entlangführte. Eine enge Felsrinne zog sich zum Strand hinunter.

»Ich möchte gern ganz dicht ans Meer gehen, um es zu berühren«, sagte ich.

»Warum nicht?« Er nahm mich bei der Hand, und wir rannten zum Wasser hinunter. Ich kauerte mich nieder und ließ meine Hand mit den Wellen spielen.

»Wie friedlich es hier ist, wie ruhig«, sagte er. »Ich wünschte... seit ich dich traf, Carlotta, wünsche ich mir ständig, daß alles anders sein soll. Glaubst du mir?«

»Wir empfinden manchmal auf eine bestimmte Art und Weise und halten dies für das Wichtigste überhaupt. Dann ändert sich etwas im Leben, und plötzlich ist das vorher so Wichtige nur noch unbedeutend für uns«, erwiderte ich.

»Und du hältst unsere Begegnung für unbedeutend?« erkundigte er sich leise.

»Wenn du mich tötest, wird sie für mich unbedeutend sein, denn dann fühle ich nichts mehr.«

Er wandte sich vom Meer ab und nahm mich fest beim Arm, als hätte ich ihn daran erinnert, daß er mich bewachen mußte. Dann stiegen wir wieder zum Pfad hinauf.

Als wir oben ankamen, hörte ich ihn die Luft anhalten. Ich sah auch gleich, warum. Vier Reiter kamen uns entgegen.

Hessenfields Griff um meinen Arm verstärkte sich. Es war schon zu spät, um sich zu verstecken oder umzukehren. Sicher hatten auch sie uns bereits gesehen. Dies ist meine Chance, dachte ich, meine ganz große Chance! Oh, Hessenfield, du machtest einen großen Fehler, als du mit mir das Haus verlassen hast.

Nun hatte sich das Blatt gewendet. Sein Leben war in meiner Hand.

Mit heimlichem Triumph bemerkte ich, daß die Männer Soldaten des Königs waren. Es war nicht ausgeschlossen, daß sie die Verschwörer suchten, die General Langdon aus dem Tower befreit hatten.

Hessenfield drängte sich dicht an mich, als wollte er mich an all das erinnern, was wir füreinander gewesen waren. Es blieb keine Zeit für Worte.

Ich brauchte nur zu sagen: »Männer halten mich hier gefangen, weil ich weiß, was sie getan haben.« Dann wäre ich frei. Nun waren die Soldaten in Rufweite.

»Guten Tag«, begrüßten sie uns.

»Guten Tag«, rief Hessenfield zurück, und ich tat es ihm gleich.

Die Reiter hielten vor uns an und musterten uns scharf. Vor sich sahen sie einen eleganten Landedelmann und dessen Frau im gutgeschnittenen Reitkleid.

»Lebt Ihr in der Nähe?« fragte einer.

Hessenfield machte eine vage Handbewegung in Richtung des Hauses.

»Dann kennt Ihr also die Gegend?«

»Das läßt sich nicht bestreiten«, erwiderte Hessenfield. Sein ruhiger Tonfall verblüffte mich.

»Habt Ihr irgendwelche Fremde gesehen, die hier entlangkamen?«

»Fremde? Ich habe nichts bemerkt.«

»Und Ihr, Mylady?«

Es kam mir wie ein langes Schweigen vor, während ich dem schrillen und gleichzeitig melancholischen Schrei einer Möwe lauschte. Rache! Meine Chance! Alle werden sie ihren Kopf verlieren, jeder einzelne von ihnen.

»Ich habe keine Fremden gesehen«, hörte ich mich sagen.

»Leider können weder meine Frau noch ich Euch helfen«, sagte Hessenfield, und ich hörte aus seiner Stimme eine fast leichtsinnige Freude heraus, die meines Erachtens jedem auffallen mußte. »Seid Ihr auf der Suche nach bestimmten Leuten?«

Mit einer Handbewegung wehrte der Reiter diese Frage ab.

»Aber vielleicht seid Ihr so gut, uns zu sagen, wie weit es noch bis Lewes ist.«

»Fünf oder sechs Meilen die Straße entlang.«

Sie zogen den Hut und verbeugten sich leicht. Einen Augenblick schauten wir ihnen noch nach, bevor mein Begleiter sich zu mir umdrehte. Wortlos nahm er mich in die Arme und drückte mich an sich.

Ich hatte ihm meine wahren Gefühle offenbart, und mir war zumute, als sei ich eine Bürde losgeworden.

Es war nicht mehr nötig, etwas vor ihm zu verbergen.

In dieser Nacht war alles anders, denn nun waren wir wirklich Liebende.

»Ist dir klar, du törichtes Wesen, daß du dich für uns entschieden hast?«

»Mir sind eure Verschwörungen völlig egal.«

»Das macht es nur um so bedeutsamer. Carlotta, ich liebe dich. Ich hätte dich auch geliebt, wenn ich von dir verraten worden wäre, aber ich war noch nie so glücklich wie in dem Moment, als du vor den Reitern standest und dich zu uns bekannt hast.«

»Zu dir«, schränkte ich ein.

»Liebste! Vor einer Woche kannte ich dich noch gar nicht, und nun bist du hier und hast mein Leben verändert.«

»Du wirst mich vergessen.«

»Und du mich?«

»Ich vergesse nicht so leicht.«

Da küßte er mich, und wir liebten uns mit einer Heftigkeit, als ahnten wir, daß dies unsere letzte gemeinsame Nacht sein würde.

Keiner von uns dachte an Schlaf. Wir lagen wach und unterhielten uns in aller Offenheit. Ich hatte sein Schicksal in der Hand gehabt und dabei bewiesen, daß ich ihn retten wollte, auch wenn ich mich selbst dadurch gefährdete. Nichts hätte eindeutiger sein können.

Er erklärte mir, wie notwendig es sei, den General nach Frankreich zu bringen.

»Wir sind fest entschlossen, England von den Thronräubern zu befreien. Der Thron gehört James Stuart und nach ihm seinem Sohn, während William kein Recht auf ihn hat. Anne ist nicht die rechtmäßige Thronerbin, solange James lebt und einen Sohn hat.«

»Warum muß dies für uns so wichtig sein? William ist nach Ansicht der meisten Leute ein guter König. Warum sollen wir unser Leben riskieren, nur damit eine bestimmte Person statt einer anderen die Krone trägt?«

Er lachte. »Weibliche Logik«, murmelte er gleich darauf, »die nicht die schlechteste ist. Im Grunde ist sie sogar die einzig vernünftige.«

Er zerzauste meine Haare und küßte mich.

Dann berichtete er mir von der Enttäuschung über das mißglückte Komplott und vom Entsetzen in St. Germain-en-Laye, als dort bekannt wurde, daß General Langdon im Tower festsaß. »Wir arbeiteten einen sorgfältigen Fluchtplan aus, schmuggelten Wein in das Gefängnis, die Wächter betranken sich, und wir stahlen die Schlüssel. Leider mußte der General das letzte Stück in die Freiheit mit einem Seil bewältigen, das aber zu kurz war. Er stürzte tief und trug schwere Verletzungen davon. Wir schafften ihn mit einem Boot den Fluß hinunter bis zu einer Stelle, an der schon Pferde auf uns warteten. Schließlich gelangten wir zum Gasthaus ›Schwarzer Eber‹.«

»Wenn man euch nun gefaßt hätte?«

»Dann wären unsere Köpfe der Preis gewesen, das ist ja wohl klar.«

Ich strich ihm über das hellbraune Haar mit dem goldenen Schimmer, das ihm soviel besser stand als seine modische Perücke.

»Und heute hast du meinen Kopf gerettet, Liebste. Allerdings hätten wir einen guten Kampf geliefert, wenn wir von dir verraten worden wären. Oh, ich war so stolz auf dich und so glücklich, als du sagtest, daß du keine Fremden gesehen hättest. Du hast etwas gezögert, ja, einen Sekundenbruchteil, da du wußtest, daß du dich damit retten könntest. Du hättest es tun können... auf meine Kosten... vielleicht auf Kosten meines Lebens. Aber da wurde dir plötzlich klar, was du willst. Niemals werde ich dir das vergessen.«

Dann erzählte er mir vom Hof in St. Germain-en-Laye und von einem traurigen alten König, der dort seine Tage als Verbannter im fremden Land verbrachte. Sein Volk hatte ihn verlassen, seine Töchter, die er so sehr geliebt hatte, ihn verraten. Er war auf die Mildtätigkeit des französischen Königs angewiesen, statt zu Hause im eigenen Westminster-Palast zu residieren.

»Aber er wird zurückkommen«, sagte Hessenfield mit Nachdruck. »Es gibt viele in England, die für ihn sind und die Thronräuber hassen. Du siehst ja selbst, welche Unterstützung wir bekommen. Dieses Haus wurde uns zur Verfügung gestellt, denn seine Besitzer sind gute Jakobiten. Sie zogen mit allen Dienstboten aus, damit wir uns hier verbergen können. Der Eigentümer wird in einigen Tagen kommen und sich davon überzeugen, daß wir fort sind, bevor er mit seiner Familie zurückkehrt. Auch der Arzt, der sich um den General kümmerte, ist einer von uns. Wir sind überall in England verstreut und warten nur auf das Zeichen...«

»Ihr seid alle verrückt«, widersprach ich. »Aus einem Bürgerkrieg kann nichts Gutes entstehen. Das wurde schon vor Jahren bewiesen.«

»Wir kämpfen für den wahren König, den König jenseits des Meeres, und werden nicht eher aufhören, bis er wieder da ist, wo er hingehört.«

»Wirst du nach Frankreich fahren, wenn das Schiff kommt?«

»Ja, dann werde ich fahren, Carlotta.«

Ich seufzte, und wir lagen schweigend nebeneinander.

Beim ersten Morgenlicht lief er zum Fenster. Ich hörte seinen halberstickten Ausruf und sprang aus dem Bett, um auch hinauszuschauen.

Das Schiff war da.

Er nahm meine Hand. »Also doch noch... Zieh dich an. Wir haben keine Zeit zu verlieren.«

Ich war so schnell fertig wie er.

»Komm«, forderte er mich auf. »Rasch.«

Ich folgte ihm zum Stall, wo er ein Pferd für mich aussuchte.

»Du schickst mich fort?« fragte ich.

»Ja, bevor die anderen merken, daß das Schiff hier ist.«

»Durrell würde mich töten...«

»Er hält dies für die einzig sichere Möglichkeit. Du mußt so schnell wie möglich fort. Von hier bis Eyot Abbas sind es ungefähr zwanzig Meilen, die du in einem Tag schaffen kannst. Reite zuerst nach Lewes und frag dort nach dem Weg. Du behauptest einfach, daß du deine Begleiter verloren hast.«

»Und du segelst nach Frankreich?«

Er legte die Arme um mich und drückte mich an sich.

»Ich hatte zuerst vor, dich mitzunehmen, aber das ist zu gefährlich. Du mußt zurück nach Hause.«

»Also ist es ein Abschied.«

»Ich werde wiederkommen«, versprach er.

Mutlos schüttelte ich den Kopf und wandte mich ab.

»Es ist keine Zeit zu verlieren«, mahnte er mich. »Du mußt weg sein, wenn Durrell aufwacht. Sein erster Gedanke wäre, dich zu töten.«

»Du würdest es nicht zulassen, sondern mich retten wie schon einmal.«

»Es könnte ihm in einem unbeobachteten Moment dennoch gelingen. Das will ich auf keinen Fall riskieren. Aber glaube mir, Carlotta, ich komme wieder.«

Er führte mein Pferd aus dem Stall und schaute dabei besorgt zum Haus hinüber.

Leicht tätschelte er dem Tier die Flanken. Danach nahm er meine Hand, küßte sie und preßte sie an seine Wange.

»Leb wohl, meine süße Carlotta«, sagte er.

Dann ritt ich los.

Ich sah nicht, wohin mich der Weg führte. Ich sah nur sein Gesicht. Als ich mich nach einer Weile umdrehte, war er verschwunden.

Bald kam ich zu einem Hügel, ritt hinauf und band mein Pferd an einem Baum fest. Das Schiff war noch zu sehen.

Während ich es beobachtete, wurde ein Boot zu Wasser gelassen und zum Strand gerudert. Man hob den General hinein.

Ich band mein Pferd los und ritt in Richtung Lewes davon. Diese Episode war vorbei.

Ein Kind wird geboren

Es war schon dunkel, als ich Eyot Abbas erreichte. In Lewes hatte man mir die Richtung gewiesen, und schließlich war ich auf eine mir vertraute Straße gestoßen.

Ich ritt in den Hof, worauf einer von Harriets Knechten sofort herbeigeeilt kam.

»Hier bin ich endlich«, sagte ich voller Erleichterung, als er mir beim Absitzen half.

»Ich muß schnell reingehen und der Herrin Bescheid sagen. Alle haben sich große Sorgen gemacht«, erwiderte er.

»Ich komme gleich mit.«

Wir rannten ins Haus. »Harriet! Gregory! Benjie, ich bin wieder da«, rief ich.

Harriet kam als erste angelaufen. Sie starrte mich einen Moment nur stumm an, bevor sie mich in die Arme schloß.

»O Carlotta! Wo hast du bloß gesteckt? Wir haben uns halb zu Tode gegrämt. Gregory, Benjie! Carlotta ist zurück.«

Benjie kam in die Halle gestürmt und riß mich an sich. An seiner Freude über meine Rückkehr konnte kein Zweifel bestehen.

Dann tauchte Gregory auf, der liebe, ruhige Gregory, der nicht ganz so überschwenglich war, sich aber ebenso darüber freute, mich zu sehen.

»Du bist allein gekommen...«

»Harriet, ich habe ein unglaubliches Abenteuer erlebt...«

»Aber du siehst völlig erschöpft aus, mein Liebes. Du brauchst erst etwas zu essen... und mußt dich umziehen«, unterbrach mich Harriet.

»Die Knechte kamen ganz verstört hier an und meinten, daß du wahrscheinlich auf dem Weg vom Gasthaus zum Bauernhaus, in dem sie genächtigt hatten, überfallen worden bist«, sagte Benjie.

»Ich werde euch alles erzählen, weiß aber überhaupt nicht, mit was ich beginnen soll.«

»Aber ich«, erklärte Harriet. »Als erstes wirst du dich nämlich waschen, dann umziehen und etwas essen. Deine Satteltaschen sind ja längst hier. Mein Gott, alles war in hellster Aufregung! Laßt sie jetzt allein«, fügte sie, an ihren Mann und Sohn gewandt, hinzu. »Ach, Gregory, sag doch bitte Bescheid, daß heute das Abendessen früher serviert wird, und zuvor soll man Carlotta schon etwas Hühnerbrühe hinaufbringen.«

Harriet geleitete mich in das Zimmer, das ich immer in Eyot Abbas bewohnte. Kaum hatte sie ein Kleid aus meinem Gepäck genommen, als auch schon die Hühnerbrühe gebracht wurde. Ich aß sie heißhungrig auf, badete dann in dem duftenden Wasser, das bereitgestellt worden war, und schlüpfte in ein frisches Kleid.

Harriet kam kurz darauf zurück, um nach mir zu sehen.

»Du hast also ein Abenteuer erlebt«, sagte sie, »ein schönes?«

»Ich wäre um ein Haar ermordet worden.«

»Du siehst geradezu übermütig aus, Carlotta. Ich bin auf deinen Bericht sehr gespannt, werde dir aber jetzt noch keine Fragen stellen. Du kannst uns alles beim Essen erzählen.«

Also berichtete ich ihnen von meinen Erlebnissen, jedenfalls von einigen. Auf dem Herweg hatte ich entschieden, daß ich zum Teil die Wahrheit sagen mußte, denn sonst würde ich mich garantiert bald in Widersprüche verwickeln. Zuerst hatte ich vorgehabt, eine ganz andere Geschichte zu erfinden, weil ich Hessenfield nicht gefährden wollte. Aber er war ja nun in Sicherheit, vielleicht sogar schon in Frankreich.

Ich schilderte ihnen unsere späte Ankunft im Gasthaus ›Schwarzer Eber‹, in dem alle Zimmer von einer Gruppe von sechs Männern belegt worden waren und ich folglich nur eine winzige

Kammer auf der gleichen Etage bekam, was den Reisenden aber auch nicht paßte.

Dann erzählte ich ihnen von meiner Entdeckung, daß der Kranke, den sie bei sich hatten, General Langdon gewesen war.

»Was, er ist also aus dem Tower geflüchtet?« rief Benjie.

»Ja, er wurde von ihnen befreit. Nun wollten sie mich töten, weil ich den General erkannt hatte. Aber einer von ihnen ließ es nicht zu.«

Ob meine Stimme wohl verräterisch sanft geworden war? Ich kam auf diese Idee, weil Harriet mich forschend zu mustern schien.

»Sie nahmen mich zu einem Haus an der Küste mit und hielten mich gefangen, bis ein Schiff kam und sie abholte.«

»Wieso haben sie dich freigelassen?« fragte Gregory.

»Weil sie sich wahrscheinlich in Sicherheit wähnten, die gemeinen Schufte«, stieß Benjie hervor.

»Sie glauben im Recht zu sein, wenn sie James wieder auf den Thron bringen«, gab ich zu bedenken.

»Haben sie aus dir eine Jakobitin gemacht?« erkundigte sich Harriet.

»Natürlich nicht. Mich interessieren ihre törichten politischen Ansichten nicht.«

»Was für ein schreckliches Erlebnis«, murmelte Harriet. »Wir waren außer uns vor Sorge.«

»Meine Mutter...«, begann ich.

»Ihr habe ich nichts verraten, denn ich hielt es für besser, noch etwas abzuwarten. Ich hatte so eine Ahnung, daß du in Sicherheit seist. Du weißt ja, daß sie sich immer gleich das Schlimmste ausmalt. Aber viel schlimmer hätte es eigentlich gar nicht sein können... du in den Händen von Männern, die nichts mehr zu verlieren haben.«

»Ich glaube, Hessenfield hätte es nicht zugelassen, daß mir etwas angetan wird. Gleich zu Anfang hat er mich schon gerettet, als...«

Ich war so müde, daß ich nicht auf meine Worte achtete. Außerdem hatte Harriet sowieso mehr Scharfblick als alle anderen Menschen, wenn es um Gefühle ging.

»Hessenfield!« schrien Gregory und Benjie wie aus einem Mund.

»Gütiger Himmel! Lord Hessenfield«, wiederholte Harriet. »Wir kennen ihn von früher. Er war ein guter Freund von James und ist einer der führenden Jakobiten. Alle Fields standen auf vertrautem Fuße mit James.«

»Fields?« wiederholte ich verblüfft.

»Der Familienname, mein Liebes. John ist der Älteste von ihnen. Ich kannte auch seinen Vater... Also war es Hessenfield, der General Langdon aus dem Tower befreite. Was für ein kühner Streich! Typisch für Hessenfield.«

John Field, dachte ich. Er hat mich also nicht angelogen, als er mir diesen Namen nannte.

Sie bombardierten mich mit Fragen, und ich erzählte ihnen den gesamten Hergang noch einmal.

»Meine liebe Carlotta, manche von uns erleben seltsame Abenteuer. Ja, sie scheinen sie geradezu anzuziehen, und bei dir war es diesmal ganz gewiß so. Nun brauchst du aber in erster Linie Schlaf, und ich bestehe darauf, daß du gleich zu Bett gehst. Morgen kannst du uns dann noch mehr berichten. In ein paar Minuten bringe ich dir etwas von meinem heißen Johannisbeermost aufs Zimmer.«

Ich kannte Harriet. Sie wollte mit mir reden, und zwar offener, als es in Gegenwart von Gregory und Benjie möglich war.

Als sie mit dem Trank zu mir kam, lag ich schon im Bett. Ich war zwar völlig erschöpft, wußte aber, daß ich dennoch nicht rasch einschlafen würde.

Letzte Nacht war ich noch mit ihm zusammen, dachte ich wehmütig und konnte vor allem die Erinnerung an sein Gesicht nicht loswerden, als er mich zum Abschied geküßt hatte.

Harriet reichte mir einen Becher und setzte sich neben mich.

»Es ist noch etwas anderes geschehen«, sagte sie ohne Umschweife.

Ich zog gespielt unschuldig die Augenbrauen hoch.

»Hessenfield... ich erinnere mich recht deutlich an ihn. Ein gutaussehender Gentleman.« Sie lächelte mir zu. »Er hat dir das Leben gerettet, und ihr wart drei Tage dort zusammen.«

Ich schwieg.

»Möchtest du es mir nicht erzählen, Carlotta?«

»Harriet, ich kann noch nicht darüber reden, selbst mit dir nicht.«

»Ich verstehe«, sagte sie. »Du wirst dich mir sicher zu gegebener Zeit anvertrauen. Mein liebes Kind, wie bin ich froh, daß du wieder hier bist. Ich hatte solche Angst. Aber irgendwie wußte ich doch, daß du allein auf dich aufpassen kannst. Du bist zum Überleben bestimmt, Carlotta. Ich erkennne diese Art von Menschen, wenn ich sie sehe, denn ich gehöre auch dazu.«

Sie beugte sich zu mir und küßte mich. Dann nahm sie mir den Becher mit Johannisbeermost ab.

Wahrscheinlich wußte sie bereits, daß ich Hessenfields Geliebte geworden war.

Ich hätte keinen besseren Ort aussuchen können, um mich seelisch wieder zu fangen. Gregory und Benjie waren reizende, unkomplizierte Menschen. Sie nahmen meine Erzählung widerspruchslos hin und waren dankbar dafür, daß ich lebend davongekommen war. Ihrer Meinung nach benötigte ich nur etwas Ruhe und liebevolle Pflege, um über diese schrecklichen Erfahrungen hinwegzukommen.

Bei Harriet lag die Sache anders. Sie wußte, daß etwas geschehen war, und vermutete mit ihrem feinen Gespür auch das Richtige. Ihr war klar, was mit zwei Menschen wie Hessenfield und mir geradezu passieren mußte, wenn sie drei Tage lang ununterbrochen zusammen waren, und zwar in einer Situation, über der die Schatten des Todes hingen.

Eine der wunderbarsten Eigenschaften Harriets war, daß sie nie jemanden aushorchte. Meine Mutter und ich wußten, daß Harriet uns im Notfall mit allem, was ihr zu Gebote stand – und das war beträchtlich viel –, zu Hilfe eilen würde. Aber sie verhielt sich immer so, als ob alle Geschehnisse, wie ungeheuerlich sie anderen Menschen auch erscheinen mochten, nur eine weitere Facette des Lebens wären. Nie sollte ihrer Meinung nach ein Mensch über die Handlungen eines anderen urteilen oder sie gar verdammen, da er sie nie in all ihrer Vielschichtigkeit kannte. Wenn etwas angenehm war, sollte man es genießen; war es negativ, mußte ein Weg gefunden werden, sich davon zu befreien. Harriet war gewiß nicht das, was man landläufig eine gute Frau nennt. Aber sie war ein höchst erfreuliches Wesen, das, mit seinem eigenen Leben vollauf beschäftigt, darauf aus war, das Beste aus allem zu machen. Kein Mensch konnte leugnen, daß ihr dies auch meistens gelang. Harriet hatte nicht allzu viele Skrupel, sondern freute sich an den schönen Dingen des Lebens und tat alles, um an ihnen teilhaben zu können. Es war sehr beruhigend zu wissen, daß Harriet fast all das, was man je tun würde, selbst auch schon mal getan hatte. Deshalb verstand sie die meisten Beweggründe und teilte Handlungsweisen nie in gut oder schlecht ein, sondern beurteilte sie differenzierter.

Fraglos würde sie begreifen, daß es völlig natürlich gewesen war, was zwischen Hessenfield und mir passierte. Irgendwann würde ich ihr davon erzählen, während ich das bei meiner Mutter nie fertigbrächte. Man könnte dagegen einwenden, daß meine Mutter mich immerhin unehelich zur Welt gebracht hatte und von daher ebenfalls Verständnis für ungewöhnliche Verhaltensweisen aufbringen würde. Aber das eben ist nicht der Fall. Denn es war damals nicht viel mehr geschehen, als daß sie es wagte, mit einem Mann schon vor der geplanten Hochzeit zu schlafen, die dann durch das Henkersbeil verhindert wurde. Doch im Grunde ihres Herzens war meine Mutter ganz und gar keine Abenteurerin, dazu hatte sie viel zuviel Respekt vor Konventionen. Bei mir war das nicht so und würde auch nie so sein. Für Harriet galt das gleiche.

In den ersten Tagen genoß ich den Frieden von Eyot Abbas, diesem wunderschönen alten Besitz, den Gregory beim Tod seines älteren Bruders zusammen mit dem Titel übernommen hatte. Ich hatte Eyot Abbas immer geliebt, und in gewisser Weise war es mehr mein Zuhause als Eversleigh, denn in meiner Kindheit hatte ich ja Harriet und Gregory für meine Eltern gehalten. Jeden kleinsten Winkel kannte ich genau. Oh, wie mir die Hügellandschaft ringsum gefiel, während um Eversleigh herum alles langweilig flach war. Alle Wege war ich mit meinem ersten Pony entlanggeritten, auf der Koppel war ich am Leitzügel von Gregory, Benjie oder einem Reitknecht immer im Kreis herumgetrabt. Das Gebäude lag ungefähr eine Meile vom Meer entfernt in einer Talmulde, wo es gegen den Südwind geschützt war, und nur von den obersten Fenstern aus konnte man die spiegelnde Wasseroberfläche sehen. Das Haus aus roten Tudor-Ziegeln war im elisabethanischen Stil errichtet, mit der Halle in der Mitte und einem West- und Ostflügel zu beiden Seiten. Auf dem Dach wimmelte es von Türmen und Türmchen. Der Garten war schön, allerdings auch recht verwildert, weil dies Harriets Geschmack entsprach, und ihr Wille war in Eyot Abbas Gesetz.

Von meinem Fenster aus konnte ich nach Eyot hinüberschauen, dem kleinen Inselchen in etwa einer Meile Entfernung von der Küste, auf dem früher einmal ein Kloster gestanden hatte.

Es hatte mir großen Spaß gemacht, an Sommertagen dort Verstecken zu spielen, wenn wir mit Picknickkörben hinüberruderten. Als ich die Wahrheit über meine Herkunft erfuhr, wurde mir diese Insel noch wichtiger, da ich dort gezeugt worden war. Nur wenige Menschen kennen mit Sicherheit den Ort ihrer Entstehung, aber bei mir stand dieser einwandfrei fest, weil meine Mutter mit meinem Vater nur ein einziges Mal geschlafen hatte – dort auf der Insel. Arme, unglückliche Liebende! Plötzlich kam mir ein Gedanke. Es war fast wie ein ... Muster, denn Priscilla verlor ihren Liebsten wegen irgendeiner dummen Verschwörung, in die er verwickelt war. Und ich...

Ich war mir nicht sicher, ob ich an Hessenfield wie an einen Liebsten dachte. Unsere Beziehung unterschied sich völlig von der meiner Eltern. Die beiden hatten sich getroffen und waren in romantischer Liebe zueinander entbrannt – ich war das Resultat. Ihre Liebe war ganz anders geartet als mein Abenteuer.

Ich mußte ihn vergessen wie Beau. War es mir bestimmt, stets so tragische Liebschaften zu haben?

Über eine Woche war ich schon in Eyot Abbas, als ich Harriet ins Vertrauen zog. Eigentlich hatte ich es auch dann gar nicht vor, aber als ich sie auf einer Bank im Garten sitzen sah, verspürte ich plötzlich Lust, mich auszusprechen.

Sie lächelte mich an, als ich mich neben sie setzte.

»Dir geht es inzwischen wieder besser«, konstatierte sie. »Aber du bist nur die halbe Zeit wirklich hier.«

Als ich sie fragend anschaute, redete sie weiter. »Du bist immer noch in jenem geheimnisvollen Haus am Meer.«

Harriet stellte keine Fragen, doch ich wußte, daß nun der richtige Zeitpunkt gekommen war, ihr alles zu erzählen. Ich konnte es nicht länger für mich behalten.

»Ja, in Gedanken bin ich noch dort«, gab ich zu.

»Man sieht es dir an, mein liebes Kind.«

»Harriet, du weißt sicher, was zwischen Hessenfield und mir vorgefallen ist, oder?«

»Ich habe es vermutet. Da ich ihn... und vor allem dich kenne. Hat er dich gezwungen?«

»Tja, in gewisser Weise...«, erwiderte ich zögernd.

Sie nickte. »Hessenfield ist ein äußerst charmanter Mann. Er gehört zur Sorte der Beaumont Granvilles. Hoffentlich ist er kein solcher Schurke, aber eine gewisse Ähnlichkeit besteht schon.«

»Du hältst Beau also für einen Schurken, hast aber nicht versucht, mich vor einer Heirat mit ihm zu bewahren. Alle anderen haben es getan.«

»Ich war der Meinung, daß du es selbst herausfinden mußt. Du hast schließlich lange genug über ihn nachgegrübelt. Doch nun hast du Hessenfield getroffen, der von Glück sagen kann, daß er mit seinem gewagten Entführungsversuch Erfolg hatte und mit dem Leben davonkam. Ich nehme an, daß die Zeit des Wartens für ihn sehr angenehm war...«

»Du bist also nicht schockiert, Harriet?«

374

»Mein liebes Kind, warum sollte mich das Leben schockieren?«

»Du hattest viele Liebhaber, nicht wahr?«

Sie gab keine Antwort, hatte aber plötzlich ein verträumtes Gesicht, als sehe sie auf die lange Reihe der Männer zurück, die sie geliebt hatte und von denen einige bereits vergessen waren. Da drängten sich mir Worte auf die Zunge, die ich nicht mehr zurückhalten konnte. Ich berichtete ihr, wie er mir das Leben rettete, als mich Durrell töten wollte, wie er kein Hehl daraus machte, was er mit mir vorhatte, und wie ich selbst es schließlich ersehnte, als es dazu kam.

»Kannst du das verstehen?« schloß ich mit bebender Stimme.

»Und ob. Ich habe ihn gesehen und kann mir vorstellen, daß es für dich eine ebenso große Erfahrung war wie mit Beau.«

»Beau war auch mein Liebhaber, Harriet.«

»Natürlich. Beaumont Granville hätte sonst keinen Gedanken an dich verschwendet. Liebes Kind, du wirst dir immer Liebhaber nehmen, du bist keine gute, rechtschaffene Frau wie deine Mutter oder deine Großmutter. Du wirst Ekstasen der Leidenschaft erreichen, von denen sie nicht einmal träumen. Das ist kein Grund zum Schämen. Du bist lediglich sinnlicher veranlagt, das ist alles. Es ist eine Ironie des Schicksals, daß ich ausgerechnet bei dir die Rolle einer Mutter gespielt habe, denn du bist mir nicht nur im Wesen ähnlich, sondern auch im Aussehen. Stört dich das eigentlich?«

»Es gibt niemanden, dem ich lieber ähneln würde als dir, Harriet.«

»Aus dir spricht mehr Gefühl als Klugheit, aber ich danke dir. Nun etwas anderes, Carlotta. Du hast drei Nächte mit Hessenfield verbracht, was vielleicht Folgen haben könnte. Hast du schon daran gedacht?«

»O ja! Wenn ich aus meinem Fenster zur Insel hinüberschaue und daran danke, daß ich dort gezeugt wurde, dann stelle ich mir immer wieder dieselbe Frage: ›Und wenn ich nun ein Kind von Hessenfield bekomme?‹«

»Was wirst du tun, falls du schwanger bist?«

»Der Gedanke macht mir etwas angst, und andererseits...«

»...bist du freudig erregt.«

»Es wäre doch wundervoll, ein Kind zu haben, das mich an ihn erinnert.«

»Kinder aus solchen Verbindungen machen ganz schön viel Wirbel, wenn sie auf die Welt kommen. Du selbst hattest einen dramatischen Auftritt.«

»Nur weil du dabei die Regie geführt hast.« Ich begann fast hysterisch zu lachen, denn mir jagte der Gedanke an ein Kind doch einen ziemlichen Schrecken ein.

Harriet tätschelte mir die Hand. »Falls es dazu kommt, werden wir uns die beste Lösung gründlich überlegen. Aber noch ist es nicht sicher. Übrigens ist es deiner Mutter ja ganz ähnlich ergangen, doch ich bezweifle, daß das Schicksal sich in gleicher Weise bei dir wiederholt.«

»Ach, Harriet, welch ein Glück, daß ich bei dir bin. Vermutlich hat meine Mutter damals genauso empfunden wie ich jetzt.«

Harriet hatte wieder jenen abwesenden Gesichtsausdruck, den sie immer bekam, wenn sie sich an die Vergangenheit erinnerte. Inzwischen war sie sicher schon an die Sechzig, hatte sich aber eine gewisse Jugendlichkeit bewahrt, die sie mit künstlichen Mitteln noch zu unterstützen verstand. Im Moment sah sie fast wie ein junges Mädchen aus.

Und doch wiederholte sich das Schicksal, denn es stellte sich bald heraus, daß ich schwanger war.

Ich war mir über meine Gefühle wieder einmal nicht im klaren. Einerseits war ich entsetzt, doch andererseits erfüllte mich prickelnde Erregung. Wie langweilig war mein Dasein nach Beaus Verschwinden gewesen, bis ich von den Jakobiten entführt wurde. Erst da begann ich wieder zu leben, gerne zu leben, selbst wenn es äußerste Gefahren zu ertragen galt.

Natürlich weihte ich Harriet ein, die dadurch in ziemliche Aufregung geriet. Sie liebte es, wenn etwas passierte, auch wenn dadurch Schwierigkeiten entstanden. Je größer die Schwierigkeiten, desto mehr genoß sie alles.

Bei ihr fühlte ich mich bestens aufgehoben. Sie sprach ganz offen mit mir über meine Situation. »Bei dir ist es anders als bei deiner Mutter, die ein völlig unschuldiges, junges Ding war. Ihr kam es undenkbar vor, ein uneheliches Kind zur Welt zu bringen. Aber da warst du nun einmal, Carlotta, und wolltest geboren werden. Wir mußten viele Listen ersinnen.«

»Ich weiß. Jener prächtige Palazzo in Venedig, in dem ihr gewohnt habt... und dann hast du vorgegeben, meine Mutter zu sein.«

»Es ließe sich ein gutes Schauspiel darüber schreiben. Aber jetzt haben wir eine ganz andere Situation. Du wurdest von einem Abenteurer überwältigt. Wenn man bedenkt, welchen Umständen

Kinder ihr Leben verdanken! Man könnte zum Beispiel später behaupten, daß dein Sprößling sein Dasein einem Becher mit starkem Apfelwein verdankt... Aber was ist zu tun, Carlotta? Du bist eine reiche Frau, kannst ihnen allen ins Gesicht lachen und sagen: ›Ich bekomme dieses Kind, und es ist mir egal, wenn ihr mich kritisiert.‹ Andererseits ist es für jedes Kind besser, auch einen Vater zu haben, und außerdem läßt sich die Gesellschaft nie ungestraft mißachten. Ich fände es besser, wenn das Baby nicht vaterlos wäre.«

»Sein Vater wird wohl kaum von seiner Existenz erfahren.«

»Woher willst du das wissen? Aber wir vergeuden nur unsere Zeit. Obwohl es nicht unmittelbar eilt, sollten wir doch anfangen zu planen.«

Ich dachte an meine Mutter und Großmutter und daran, welche Aufregung es in unserer Familie geben würde. Mein Großvater würde Hessenfield töten wollen und vor Zorn außer sich geraten, weil dieser zu allem Übel auch noch Jakobit war. Leigh? Obwohl er meist mild und freundlich wirkte, hatte auch er ein hitziges Temperament. Mir war dies klargeworden, als er einmal Beau verprügelt hatte, weil dieser seiner Meinung nach meiner Mutter gegenüber zu galant gewesen war. Ich hatte an Beaus Körper die Narben gesehen, die von Leigh herrührten. Und all das wegen eines mutwilligen Streichs. Beau erzählte mir, daß Leigh in seine Wohnung eingedrungen war, ihn unvorbereitet erwischte und übel zurichtete.

Leighs Reaktion auf meine Schwangerschaft würde also wohl auch nicht harmlos ausfallen. Wahrscheinlich müßte ich ihnen erzählen, daß ich in die Verschwörung zur Rettung von General Langdon geraten war. Sie würden vor Wut schäumen, weil ich vergewaltigt worden war und nun ein Kind bekam.

Ja, ich konnte mir gut vorstellen, wie eine zornentbrannte Gruppe aus Eversleigh vielleicht sogar versuchte, nach St. Germain-en-Laye zu reisen, um dort Rache zu üben.

Als ich dies Harriet gegenüber erwähnte, nickte sie.

»Es gibt noch eine Möglichkeit, und ich möchte gern wissen, ob auch du schon daran gedacht hast«, sagte sie.

»Welche denn?«

»Benjie.«

Ich schaute sie verständnislos an.

»Heirate Benjie! Er wäre dem Kind ein sehr guter Vater.«

»Dein Sohn!«

»Tja, daran besteht kein Zweifel, und ebensowenig ist Gregorys Vaterschaft anzuzweifeln, obwohl ich eine lange Zeit behaupten mußte, daß Toby Eversleigh ihn zeugte. Solche Pannen passieren, und es ist am besten, sie auf eine Weise zu handhaben, die möglichst wenig Menschen Kummer macht. Hör zu! Wenn du Benjie heiratest, kannst du das Kind problemlos bekommen; vielleicht ein bißchen zu früh, aber das ist schnell vergessen. Dann hast du einen Ehemann, das Kind hat einen Vater – es wären für alle Beteiligten nur Pluspunkte zu verzeichnen.«

»Schlägst du vor, daß ich Benjie belügen soll, nur um mir diese . . . Pluspunkte zu sichern?«

»Du mußt ihn gar nicht belügen, Carlotta. Berichte ihm von deiner Entführung, von der Lebensgefahr, in der du schwebtest, und daß du dich ergeben mußtest. Das ist doch die Wahrheit, oder?«

»Nicht die ganze Wahrheit, Harriet. Wir . . .«

»Ich weiß, was geschehen ist. Mit Beau hast du körperliche Leidenschaft kennengelernt, nach der du dich später sehntest. Diese Gefühle hast du für Liebe gehalten. Dann tauchte der rasante Hessenfield auf, und mit ihm zusammen wurde dir einiges über dich klar. Es war ein tolles Abenteuer, in das du dich tief verstricktest. Aber es gibt noch andere Männer auf der Welt als Beaumont Granville und John Hessenfield. Benjie zählt nicht zu den Draufgängern, was aber nur ein Vorteil ist. Als Ehemann ist er der Beste, und er liebt dich aufrichtig. Und aufrichtige Liebe hat vieles für sich. Du siehst ja, wie glücklich ich mit seinem Vater geworden bin.«

»Du willst mein Vermögen für Benjie, nicht wahr, Harriet?«

»Natürlich. Ich kann nicht leugnen, daß es deine vielen sonstigen Vorzüge noch unterstreicht.«

»So hat Beau es auch ausgedrückt. Aber ich würde Benjie nicht heiraten, ohne ihm die Wahrheit zu sagen.«

»Das habe ich auch nicht vorgeschlagen. Benjie wird dich eher noch mehr lieben, wenn er deinen Retter spielen kann. Diese Rolle wird ihm sogar sehr zusagen. Ja, Benjie ist die beste Lösung.«

Ich schüttelte den Kopf.

»Man darf Menschen nicht einfach benutzen, Harriet. So kann man nicht leben.«

»Ich sehe schon, daß du noch einiges dazulernen mußt«, erwiderte sie.

Harriet war bekannt dafür, die Dinge in die Hand zu nehmen. Das hatte sie bei meiner Mutter getan, und auch ihr eigenes Leben hatte sie mit großer Geschicklichkeit und Tatkraft gesteuert.

Sie sprach mit Benjie, ohne es mich wissen zu lassen. Seine spontane Reaktion war, sofort zu mir zu eilen.

Er war zartfühlend, voller Beschützerinstinkt, wie Harriet es vorausgesehen hatte.

»Meine liebe kleine Carlotta«, begann er, und mir fiel auf, daß er mich auf einmal seine kleine Carlotta nannte, obwohl ich fast so groß war wie er. »Harriet hat mir alles erzählt.«

»Was hat sie dir erzählt?«

»Wir wollen nicht darüber reden, denn es bringt mich in Zorn. Ich wünschte, er wäre hier, dann würde ich ihn töten... Aber ich kann etwas tun und werde es auch tun.«

Ich wandte mich ab, doch er faßte mich beim Arm. »Wir werden heiraten, und zwar bald und hier. Harriet und Gregory leiten alles für uns in die Wege. Du weißt ja, daß sie es immer gewollt haben, denn du bist ihr ganz besonderer Liebling, Carlotta. Und meiner auch...«

»Hör zu, Benjie. Du weißt nicht, was du tust.«

Er lachte. »Liebste Carlotta, du hast doch keine Schuld daran. Dieser Schurke hat die Situation ausgenutzt...«

»Ganz so war es nicht, Benjie.«

Aber er wollte mir nicht zuhören. Ohne Zweifel kannte er die Wahrheit. Harriet hatte ihm alles erklärt, und wie sein Vater vertraute er ihren Worten völlig.

Natürlich stünde ich unter Schock, meinte er. Völlig verständlich, denn ich hatte schließlich etwas Furchtbares erlebt. Mein Kind würde auch sein Kind sein, und niemand würde erfahren, daß er nicht der Vater war. Er würde von nun an für mich sorgen.

Benjie legte die Arme um mich, und ich fühlte mich wie immer gut aufgehoben bei ihm. Es wäre ein Ausweg. Ich stellte mir vor, wie es mir in Eversleigh ergehen würde, wenn ich ein Kind ohne Ehemann bekäme. Wie unabhängig man sich auch fühlte, wie gern man auch auf alle Konventionen pfiff – alles sah ganz anders aus, wenn eine direkte Konfrontation zu bestehen war.

Natürlich konnte ich mich für die Methode entscheiden, die so viele wählen: sich ohne jedes Aufsehen an einen fernen Ort begeben, das Baby zur Welt bringen und es jemandem anvertrauen. Aber nein, das wollte ich nicht.

Die einzige Alternative bestand darin, Benjie zu heiraten. Unsere Hochzeit käme für niemanden unerwartet, denn seit einiger Zeit hofften unsere beiden Familien insgeheim darauf.

Ich führte Benjie nicht hinters Licht. Wenn er zu einer Verbindung bereit war – und ich erkannte, daß ihn nichts umstimmen würde, was ich sagte –, dann mußte ich dankbar dafür sein, daß sich mir ein so leichter Ausweg aus meinem Dilemma bot.

Harriet stürzte sich mit großem Schwung in die Vorbereitungen. Meine Mutter würde sich zwar verletzt fühlen, weil ich in Eyot Abbas und nicht wie normalerweise üblich in meinem Elternhaus heiratete. Aber sie würde sicher Verständnis zeigen, sobald sie erfuhr, daß ich schwanger war. Natürlich würde sie annehmen, daß Benjie und ich nicht bis zur Hochzeit hatten warten wollen und die Zeit folglich drängte.

Ich konnte mir gut vorstellen, wie mein Großvater ironisch lächelte und meine Großmutter die Bemerkung machte, daß es sie gar nicht wundern würde, wenn Harriet das Ganze eingefädelt hätte.

Wir wurden in der nahe gelegenen Kirche getraut. Es war nur eine schlichte Feier, die auf den Tag genau sechs Wochen nach meiner Begegnung mit Hessenfield stattfand.

Ich gelobte mir ernsthaft, Benjie eine gute Frau zu sein und ihn sehr glücklich zu machen.

Harriet erklärte freudestrahlend, daß nun ihr Herzenswunsch erfüllt sei. Ende gut, alles gut... Ich hoffte zwar, daß dies nicht das Ende war, verkniff mir aber jede Bemerkung dazu. Ich empfand eine überwältigende Dankbarkeit für sie alle, meinen Ehemann, Harriet und den lieben Gregory. Eyot Abbas würde von nun an mein Zuhause sein. Meine Mutter traf am Tag nach der Hochzeit ein, denn Harriet hatte ihr einen Brief überbringen lassen, in dem das große Ereignis angekündigt wurde.

Sie war indigniert, da sie annahm, daß ich schon mit dem Gedanken an eine Heirat nach Eyot Abbas gereist war. Weiter vermutete sie, daß Harriet ein Komplott geschmiedet hatte, um die Hochzeit für mich ausrichten zu können.

Nie war sie den Verdacht losgeworden, daß Harriet, die eine so wichtige Rolle zum Zeitpunkt meiner Geburt spielte, mein Leben kontrollieren und sich als meine wahre Mutter gebärden könnte. Um sie zu besänftigen, erzählte ich ihr gleich, daß meine Schwangerschaft der Grund für diese überstürzte Trauung war.

Sie war zuerst schockiert und dann verwirrt, da wir ja alle wußten, daß auch ich ein Kind der Liebe war. Sie konnte folglich nichts anderes tun, als mir Glück wünschen.

»Benjie ist ein guter Mann. Sieh zu, daß du ihm auch eine gute Frau wirst«, ermahnte sie mich.

»Ich werde mein Bestes tun«, versprach ich.

Es war ihr anzusehen, daß sie sich schon die nötigen Erklärungen ausdachte. Wenn das Kind zur Welt kam, würde sie irgendeine Ausrede auftischen, die ihr kein Mensch glaubte, aber alle würden so tun, als ob... Am liebsten hätte ich mich darüber lustiggemacht. Doch wenn ich mir überlegte, wie bereitwillig auch ich mich den Konventionen gefügt hatte, dann bestand dazu wohl keine Veranlassung.

Kurz nach der Hochzeit ritten Benjie und ich in Begleitung von Harriet und Gregory zurück nach Eversleigh, wo eine Nachfeier abgehalten werden sollte.

»Es ist nun einmal üblich, daß die Braut vom Elternhaus zum Traualtar geführt wird«, sagte Harriet. »Du weißt, wieviel Wert deine Mutter darauf legt, alles korrekt zu machen... mit Ausnahme ganz besonderer Dinge.« Sie lachte verschmitzt.

Meine Mutter gab tatsächlich ein Fest und lud dazu viele Leute ein.

Damaris fand alles ganz wundervoll.

»Immer passieren dir aufregende Dinge«, sagte sie.

Ich betrachtete sie mit so etwas wie liebevoller Verachtung. Die nette kleine Damaris, das brave Ding! Männer wie Beau oder Hessenfield wären nichts für sie. Sie würde einen jungen Mann heiraten, den ihre Eltern für sie aussuchten, und höchst zufrieden damit sein.

Der Besuch in Eversleigh verlief angenehm und ohne besondere Überraschungen. Ich war froh, als wir uns auf den Rückweg machten.

Als Harriet vorschlug, im Gasthaus ›Schwarzer Eber‹ zu übernachten, protestierte Benjie. »Dort gibt es nur unerfreuliche Erinnerungen für Carlotta.«

»Meiner Meinung nach ist es am klügsten, die Geister zu bannen«, erwiderte sie.

Während sie sprach, erwachte in mir ein großes Bedürfnis, das Gasthaus wiederzusehen. Ich wollte mehr über meine wahren Gefühle herausfinden.

Benjie war begeistert über meine Leidenschaftlichkeit, denn er hatte sicher vermutet, daß ich nach meinen Erfahrungen gehemmt und verschreckt sein würde. Ich liebte Benjie, obwohl er nicht mit Beau oder Hessenfield zu vergleichen war, denn ihm fehlte völlig jeder abenteuerliche Zug. Aber er war männlich und liebevoll und bot mir den Trost, den ich so nötig hatte. Ich versprach mir selbst, glücklich zu werden. Hessenfield hatte Beaus Geist gebannt, und Benjie würde die Erinnerung an Hessenfield verwischen.

Als ich erklärte, daß ich gern eine Nacht im ›Schwarzen Eber‹ verbringen würde, war die Sache entschieden.

Es kam mir unwirklich vor, dort einzutreffen und vom Gastwirt und seiner Frau begrüßt zu werden.

Der Wirt erging sich Harriet gegenüber in vielen Entschuldigungen und berichtete ihr – was sie ja bereits wußte –, daß er untröstlich gewesen sei, das ganze Stockwerk an die Gruppe von Gentlemen vermietet zu haben. Ich versicherte ihm, daß alles in Ordnung sei. Schließlich hätte er mir ja freundlicherweise die kleine Kammer zugewiesen.

»Ich schäme mich in Grund und Boden, euch so etwas zugemutet zu haben.«

»Ihr tatet, was Ihr konntet.«

Diesmal hatten wir die Etage für uns, und Benjie und ich bezogen das Zimmer, in dem der General gelegen hatte. Es wurde eine unruhige Nacht. Ich träumte von Hessenfield und stellte mir auch beim Erwachen noch vor, daß er neben mir liege und nicht Benjie.

Am nächsten Morgen waren Harriet und ich nach dem Aufstehen einen Moment allein.

»Nun, wie fühlst du dich jetzt?« erkundigte sie sich.

Als ich schwieg, sprach sie weiter: »Das Haus, in das sie dich brachten, muß eigentlich ganz in der Nähe sein.«

»Ich glaube auch, daß es nicht weit weg ist.«

»Weißt du die genaue Lage?«

»Ja. Ich fand sie heraus, als ich zu euch hinüberritt. Das Haus liegt fünf Meilen von Lewes entfernt.« Ich entsann mich genau jenes Augenblickes, als wir nebeneinander gestanden hatten und von den Reitern forschend gemustert wurden. Ja, ich glaubte sogar den Geruch des Meeres wahrzunehmen, und ich erinnerte mich, wie die Zeit stillzustehen schien, als Hessenfield auf meine Antwort wartete. Deutlich sah ich das Bild vor mir, wie er mich in die Arme nahm, nachdem ich mich zu ihm bekannt hatte.

»Ich könnte es finden«, fügte ich hinzu.

»Mir würde es Spaß machen, es anzuschauen«, meinte Harriet nach einer Weile.

»Das können wir unmöglich tun.«

»Laß mich nur machen. Ich habe einen Plan.«

Die Männer gesellten sich zu uns zum Frühstück in der Gaststube, und wir ließen uns geröstetes Brot und Schinken schmekken. »Eine Freundin lebt hier ganz in der Nähe«, erwähnte Harriet beiläufig. »Ich würde sie gerne besuchen.«

»Und warum tust du es nicht?« fragte Gregory, der ihr gegenüber immer nachsichtig war.

»Es kommt mir ein wenig unpassend vor, sie ohne Ankündigung zu überfallen. Trotzdem möchte ich sie gern... überraschen. Ich war vor langer Zeit einmal bei ihr, als sie heiratete.«

»Dann schauen wir einfach mal vorbei«, schlug Gregory vor. »Müssen wir einen großen Umweg machen?«

Harriet erwiderte zuerst, daß sie Gregorys Idee hervorragend fände. Doch dann überlegte sie es sich anders und meinte, daß es wohl zuviel des Guten wäre, wenn wir alle zusammen hinritten. Am besten wäre es doch, wenn sie nur mich und einen Reitknecht zum Schutz mitnähme.

»Wir bleiben einfach noch eine zweite Nacht im ›Schwarzen Eber‹, und ich mache tagsüber mit Carlotta den Besuch bei meiner alten Freundin. Du hast immer behauptet, diese Gegend zu lieben, Gregory. Nun kannst du sie in aller Ruhe erforschen.«

Harriet besaß die Gabe, anderen Leuten einzureden, daß sie genau das tun wollten, was Harriet ihnen vorschlug. Auch diesmal klappte es. Spät am Vormittag ritten wir mit einem Knecht denselben Weg entlang, auf dem man mich an jenem denkwürdigen Tag entführt hatte.

Die Brise vom Meer her kam mir heute besonders intensiv vor. Das leichte Lüftchen kräuselte die Wellen und verlieh ihnen einen weißfarbenen Spitzsaum, wenn sie sich ein letztes Mal hoben und den Sand hinaufrollten.

Ich erkannte das Dach des Hauses und wurde für einen Moment von der Gewalt meiner Empfindungen überwältigt.

Wir ritten den Abhang hinunter und sahen eine Frau im Garten stehen.

»Guten Tag«, begrüßte sie uns. An ihrem Arm hing ein Korb voller Rosen. Sie gehörte ganz eindeutig hierher, und doch hatte dieses Haus vor wenigen Wochen auf mysteriöse Weise leergestanden...

Vermutlich nahm sie an, daß wir uns verirrt hätten und uns nun nach dem richtigen Weg erkundigen wollten.

»Wir kommen vom Gasthaus ›Schwarzer Eber‹«, erklärte Harriet.

»Und findet euch nun nicht mehr zurecht, stimmt's?« Sie lächelte uns an. »Wohin wollt Ihr denn?«

»Könnte ich kurz mit Euch sprechen«, bat ich sie.

Sie wurde um eine Spur blasser. »Kommt herein.«

Wir banden unsere Pferde fest und folgten ihr in die Halle, die ich so gut kannte.

»Ich werde Euch Erfrischungen bringen lassen«, sagte sie. »Bestimmt wollt Ihr doch ein Weilchen ausruhen, bevor Ihr weiterreitet.« Eine Magd tauchte auf. »Bring Wein und Kuchen ins Winterzimmer, Emily«, ordnete sie an.

Nach wenigen Minuten, in denen wir uns hauptsächlich über das Wetter und den Zustand der Straßen unterhielten, wurde das Gewünschte serviert. Als die Tür sich hinter der Magd schloß, schaute sie uns erwartungsvoll an.

»Bringt Ihr mir eine Nachricht?« fragte sie.

Harriet warf mir einen Blick zu, und ich schüttelte den Kopf. »Nein, keine Nachricht. Ob Ihr mir dagegen wohl einige Informationen geben könnt? Ich bin mit Lord Hessenfield gut bekannt.«

Sie fragte erschrocken: »Ist etwas schiefgelaufen?«

»Nein, das glaube ich nicht«, erwiderte ich.

»Was wir gerne wissen würden...« Harriet mußte sich einmischen, denn sie konnte es nicht leiden, die zweite Geige zu spielen, wie sie es nannte. »Hat er sein Ziel heil und gesund erreicht?«

»Ihr meint... nachdem er von hier wegfuhr?«

»Ja, genau das meinen wir«, sagte ich.

»Aber das liegt doch schon Wochen zurück. Sie hatten eine rauhe Überfahrt, schafften es aber wohlbehalten.«

»Und nun sind sie beim König?«

Sie nickte. »Verratet mir, wer Ihr seid«, bat sie dann.

»Freunde von Lord Hessenfield«, sagte Harriet in bestimmtem Ton. Es war klar, daß wir von dieser Frau als Bundesgenossen der Jakobiten eingeschätzt wurden.

»Ich war dabei, als der General hierhergebracht wurde«, sagte ich. »Was wir ohne Euer Haus getan hätten, wage ich mir nicht auszumalen.«

»Es war für uns eine Kleinigkeit«, wehrte sie ab. »Wir gingen kein Risiko ein, sondern entfernten uns lediglich samt Dienstboten für eine Woche. Das ist alles.«

»Es war unsere Rettung«, sagte ich. »Aber wir dürfen nicht länger bleiben. Ich wollte Euch nur kennenlernen.«

Sie füllte die Gläser, und wir tranken auf den König, in diesem

Fall also auf James II. und nicht auf William III. Dann erwähnten wir noch, daß wir nun zum ›Schwarzen Eber‹ zurückkehren würden.

Nachdem sie uns zu den Pferden begleitet hatte, verabschiedeten wir uns und ritten davon. »Gut gemacht, meine kleine Jakobitin«, sagte Harriet. »Sicher nimmt die gute Lady an, daß unserem Besuch eine bestimmte Bedeutung beizumessen ist, denn als gute Jakobiten müßten wir ja wissen, daß Hessenfield längst in St. Germain-en-Laye angelangt ist. Die Dame schien ein bißchen verwirrt zu sein.«

»Du denkst dir wirklich die wildesten Unternehmungen aus, Harriet. Du liebst das Ränkespiel, gib es zu.«

»Was muß ich da hören? Das war lediglich ein kleines Täuschungsmanöver, nichts weiter. Wie viele Jakobiten wohl in England drauf warten, daß der entscheidende Moment kommt? Immerhin wissen wir nun, daß Hessenfield und seine Gefährten in Sicherheit sind. Bestimmt planen sie in St. Germain bereits ihre nächsten Schritte. Darauf möchte ich wetten.«

Ich war ungemein erleichtert, daß ihm nichts passiert war.

Im September, vier Monate nach Beginn meiner Schwangerschaft, erfuhren wir, daß König James in St. Germain-en-Laye gestorben war. Es gab viel Gerede darüber, und ich erinnere mich an eine Bemerkung Gregorys, daß dies nicht das Ende der jakobitischen Bewegung bedeuten würde. James hatte einen Sohn, den die Jakobiten als den rechtmäßigen Erben ansahen.

»Armer James«, sagte Harriet. »Was für ein trauriges Leben! Selbst seine eigenen Töchter wandten sich gegen ihn. Darunter muß er besonders gelitten haben.«

»Er wollte gar nicht nach England auf den Thron zurückkehren«, behauptete Benjie. »Als er zum katholischen Glauben übertrat, hat er der Welt entsagt.«

Ich fragte mich, welche Wirkung der Tod des Königs wohl auf Hessenfield hatte. Wahrscheinlich würde er so weitermachen wie bisher, denn es gab schließlich einen Thronerben, der den alten König ablöste. Ob er wohl je wieder nach England kam? Was würde er fühlen, wenn er wüßte, daß ich ein Kind von ihm erwartete?

James wurde mit großem Gepränge begraben. Sein Körper fand im Benediktinerkloster in Paris eine letzte Ruhestätte, sein Herz wurde dem Nonnenkloster in Chaillot gesandt. Am wichtigsten aber war etwas, das der französische König Ludwig XIV. angeordnet hatte: Der junge Prinz wurde als James III. zum König von England, Schottland und Irland erklärt.

William rief seinen Botschafter vom französischen Hof zurück nach England und schickte den französischen Botschafter nach Paris zurück, um damit sein Mißfallen auszudrücken.

Als nächstes hören wir, daß England ein Bündnis gegen Frankreich eingegangen war, das die Grande Alliance genannt wurde. Alles deutete auf einen bevorstehenden Krieg hin. Es ging dabei um die spanische Erbfolge und nicht etwa darum, James wieder auf den Thron zu setzen. Die Kriegsgefahr hing drohend über uns, doch ich fühlte mich wie eingehüllt in die Gedanken an mein Kind.

An Weihnachten kamen meine Mutter, Leigh und Damaris nach Eyot Abbas.

Priscilla war voller Anteilnahme für meinen Zustand, gab mir viele Ratschläge und hatte auch schon Kinderkleidung mitgebracht. Sie war fest entschlossen, bis zum Tag der Geburt zu bleiben, und nichts würde sie von diesem Entschluß abbringen können. Sie erklärte dies geradezu herausfordernd, und ich war sicher, daß es sich gegen Harriet richtete, was lächerlich war, da Harriet ihr die Mutterrolle gar nicht streitig machen wollte. Priscilla würde Harriet nie verstehen. Diese alberne Rivalität war vermutlich nur meinetwegen entstanden, denn vor meiner Geburt war Harriet für sie ebenso wichtig gewesen, wie sie es jetzt für mich war.

An einem kalten Februartag wurde mein Kind geboren – ein kräftiges, gesundes Mädchen.

Als ich das Baby in den Armen hielt, beglückte mich ganz besonders der Gedanke, daß aus einer Begegnung, die so eng mit dem Tod verknüpft war, neues Leben entstehen konnte.

»Wie willst du sie nennen?« fragte mich meine Mutter. Sie war voller Entzücken über die Kleine.

»Sie soll Clarissa heißen«, erwiderte ich.

Damaris

Der Keller der guten Mrs. Brown

Mein Leben lang habe ich im Schatten von Carlotta gestanden. Sie ist sieben Jahre älter als ich, was ihr sowieso schon einen gewissen Vorteil verschafft, doch das Alter hat eigentlich nichts damit zu tun. Carlotta ist der faszinierendste Mensch, den ich je kennengelernt habe.

Wenn sie einen Raum betritt, schauen alle nur sie an. Es ist fast so, als ob man diesem Drang nicht widerstehen könnte. Niemand weiß das besser als ich, denn mir geht es genauso. Sie ist mit ihren dunklen Locken und den tiefblauen Augen von exquisiter Schönheit. Als Schwester eines solchen Wesens verliert man schon durch den bloßen Vergleich und wirkt unscheinbar. Ohne Carlotta hätte man mich vermutlich für ein ganz hübsches, nettes Mädchen gehalten. Doch es gab Carlotta, und ich gewöhnte mich bald daran, daß viele sie nur die ›Schönheit‹ nannten. Mir machte das nicht so viel aus, wie meine Mutter vermutete, nein, auch ich zählte zu ihren glühenden Bewunderern. Ich beobachtete hingerissen, wie sie die Augen halb schloß, so daß sich die unglaublich langen dichten Wimpern wie ein zarter Fächer auf die blasse Haut senkten. Wenn sie zornig war, schienen ihre Augen blaue Blitze zu sprühen. Ihre Haut wirkte durchsichtig und schimmernd wie Blütenblätter. Ich hatte eine weiße Haut, rosa Wangen und braune Haare, die sich nicht leicht kräuseln ließen und nie zu einer Frisur taugten. Meine Augen schienen keine bestimmte Farbe zu haben, mir kamen sie wie Wasser vor. »Sie sind wie du«, sagte Carlotta einmal zu mir. »Sie haben keine eigene Farbe, sondern nehmen jeweils eine andere an. Du bist genauso, Damaris. Das brave Mädchen, das immer ja zu allem und jedem sagt. Du hast nie eine Meinung, die dir nicht ein anderer suggeriert hat.« Carlotta war manchmal recht grausam, meistens dann, wenn jemand oder etwas sie verärgert hatte. Sie nahm dann an jedem Rache, der zufällig in der Nähe war; folglich traf es häufig mich. »Du bist so ein gutes Mädchen«, lautete ihre ständige Klage, und aus ihrem Munde klang es so, als sei es abscheulich, gut zu sein.

Meine Mutter versuchte mir stets das Gefühl zu vermitteln, daß sie mich ebensosehr liebte wie Carlotta. Ich hatte da gewisse Zweifel, wußte aber wenigstens, daß ich ihr nicht so viele Sorgen bereitete wie meine Schwester.

Einmal hörte ich eine Bemerkung, die meine Großmutter meiner Mutter gegenüber machte. »Mit Damaris wirst du keine Schwierigkeiten haben, das steht fest.«

Es war klar, daß sie mich dabei mit Carlotta verglich.

Carlotta war ständig in irgendwelche Auseinandersetzungen verwickelt, erlebte aufregende Dinge und war meistens der Mittelpunkt von alledem.

Sie war nicht nur schön, sondern auch reich. Robert Frinton, der in Enderby Hall gelebt hatte, war so von ihr bezaubert gewesen, daß er ihr sein Vermögen hinterließ. Dann gab es einen großen Wirbel über ihre Flucht mit einem Mann namens Beaumont Granville, den ich zwar nie zu sehen bekam, über den aber alle redeten – selbst die Dienstboten.

All das war vor langer Zeit geschehen, und nun war sie mit Benjamin Stevens, dem lieben Benjie, verheiratet, den wir alle so gern hatten. Besonders meine Mutter war sehr froh darüber.

Wir hatten Weihnachten in Eyot Abbas verbracht, und alles drehte sich wie gewohnt um Carlotta.

Meine Mutter blieb dort, bis das Baby, die kleine Clarissa, geboren wurde. Mein Vater und ich waren nach Hause zurückgekehrt.

»Bald wird Carlotta sicher ein ruhiges Leben führen, wenn sie sich um das Baby kümmern muß«, sagte meine Mutter noch vor der Geburt.

»Ruhiges Leben!« rief mein Großvater lachend. »Dieses Mädchen wird nie ein ruhiges Leben führen, sondern immer für Aufregung sorgen, glaubt mir.«

Mein Großvater hatte eine besondere Schwäche für Carlotta, während er mich kaum beachtete. Meine Mutter erwähnte einmal, daß sein Verhalten ihr gegenüber genauso gleichgültig gewesen wäre, was seine Zuneigung für Carlotta noch bemerkenswerter machte.

Meine Mutter würde nun bald heimkommen, da es keinen Grund mehr für sie gab, noch länger in Eyot Abbas zu bleiben. Dort war nun durch ihre Heirat wieder Carlottas Zuhause, wie das in ihrer Kindheit bereits gewesen war.

Gestern war einer der Knechte von Eyot Abbas gekommen und hatte Briefe überbracht. Meine Mutter wollte Ende der Woche zu der kurzen Rückreise aufbrechen.

Es war ein strahlender Morgen. Der März war gekommen, und Frühlingsahnung lag in der Luft. Der lange Winter war vorüber, die Nächte wurden kürzer, und ich machte ausgedehnte Reitausflüge in die Umgebung. Es war wie immer wundervoll, die Veränderungen in der Natur zu beobachten und nach den verschiedenartigsten Tieren Ausschau zu halten. Außer meinen Hunden und Pferden liebte ich Vögel und Waldtiere am allermeisten. Sie kamen immer zutraulich zu mir und schienen zu wissen, daß ich nicht im Traum daran denken würde, sie zu verletzen. Nein, ich wollte ihnen helfen, wollte mit ihnen sprechen und sie trösten. Mein Vater meinte, daß ich eine Naturbegabung dafür hätte, Kaninchen und Spatzen wurden von mir gesundgepflegt, und einmal habe ich sogar das gebrochene Bein eines Wasserläufers geschient. Es ist gut verheilt.

Ich liebte das Leben auf dem Land und fürchtete mich schon vor der Zeit, wenn meine Familie mit mir nach London ziehen würde, um dort auf Einladungen und Bällen nach dem richtigen Mann für mich Ausschau zu halten. Es gab nur einen Trost. Ich wußte, daß mich meine Eltern zu keiner unerwünschten Ehe zwingen würden, denn ihr einziges Ziel war es, mich glücklich zu sehen.

Da ich erst dreizehn war, lag all das noch in ferner Zukunft. Allerdings war Carlotta nicht älter gewesen, als sie sich in Beaumont Granville verliebte. Aber Carlotta war eben Carlotta.

»Sie kam schon mit all den Tricks versehen auf die Welt, die andere Frauen ein Leben lang einüben müssen«, behauptete mein Großvater. »Und die meisten lernen nur die Hälfte davon.«

Er sprach voller Anerkennung. Mir wurde bald klar, daß ich ohne all diese Tricks geboren worden war.

An diesem speziellen Märzmorgen war mir das aber völlig egal. Die Krähen waren eifrig mit Nestbau beschäftigt, und ich sah einige Wasserpieper, bei uns auch Wiesenpieper genannt. Man konnte sie fast mit den Lerchen verwechseln, wenn man sie nicht so gut kannte wie ich. Es sah zu lustig aus, wie sie über den Boden rannten, statt zu hüpfen. Ich hörte den Schrei des Wasserläufers, der fast einem Wimmern glich. Näher wollte ich nicht hinreiten, da er hier irgendwo vermutlich sein Nest hatte und bestimmt in Angst geriete.

Ich ritt an Enderby Hall vorbei, in dem niemand wohnte, was nach Ansicht meines Vaters völlig unsinnig war. Ein großes möbliertes Haus stand leer, weil Carlotta es aus irgendeiner Laune heraus so und nicht anders wollte. Das Gebäude war ihr ebenfalls von Robert Frinton vermacht worden, und sie hatte es schon einmal verkaufen wollen, dann jedoch aus rätselhaften Gründen ihre Meinung geändert.

Mir gefiel Enderby nicht sonderlich gut. Von Carlotta wußte ich, daß sie sich einmal als Kind dort versteckt hatte und allen schreckliche Angst einjagte, bis man sie endlich in tiefem Schlaf in einem Wandschrank fand. Robert Frinton war von dieser Geschichte so begeistert, daß es von da an in Enderby ›Carlottas Schrank‹ gab.

Als wir viel jünger waren, versuchte Carlotta mich dort einzusperren, aber ich ahnte schon, was sie im Sinn hatte, und war wenigstens einmal schneller als sie. »Dummchen!« sagte sie hinterher zu mir. »Ich hätte dich doch nicht länger darin festgehalten. Du solltest nur mal kennenlernen, was es heißt, allein in einem Spukhaus eingeschlossen zu sein.« Sie warf mir einen Blick zu, in dem eine gewisse Bosheit lag. »Manche Leute bekommen über Nacht weiße Haare, andere sterben vor Angst. Wie du wohl mit weißen Haaren aussehen würdest? Vielleicht wäre es besser, als überhaupt keine richtige Haarfarbe zu haben.«

Ja, es gab Zeiten, da zeigte Carlotta sich gnadenlos. Dennoch ließ meine Bewunderung für sie nicht nach. Ich bemühte mich stets, ihre Aufmerksamkeit zu erregen, und war selbst dann froh über einen Erfolg, wenn sie sich so abscheuliche Experimente mit mir ausdachte wie zum Beispiel damals in Enderby Hall.

Zuerst ritt ich an Enderby vorbei und dann an dem Stück Land entlang, das früher zu Enderby gehörte und inzwischen von meinem Vater aufgekauft wurde. Eine Mauer umgab es.

Ich gelangte zu Grasslands Manor, dem Besitz der Willerbys. Der junge Thomas Willerby sah mich und rief mich zu sich, denn er und sein Vater hatten gerne Gäste und waren mit meiner Familie sehr befreundet.

Also brachte ich mein Pferd in den Stall und ging dann mit Thomas ins Haus, wo mich der alte Thomas Willerby freundlich begrüßte. Ich berichtete ihm alle Neuigkeiten, und er ließ Wein und Kuchen bringen, die ich nicht zurückweisen durfte, weil ihn das gekränkt hätte. Es bereitete ihm großes Vergnügen, den Gastgeber zu spielen.

Als ich erwähnte, daß meine Mutter in Kürze zurückkommen würde, war er hocherfreut. Außerdem beglückwünschte er mich natürlich zum Familienzuwachs.

Ihm konnte ich offen eingestehen, wie sehr ich mich nach meiner Mutter sehnte und wie gespannt ich darauf war, was sie über Carlotta und das Baby zu erzählen wußte.

»Ich habe auch eine Neuigkeit für dich«, sagte er lächelnd. »In der Nähe von York habe ich ein Haus gekauft.«

»Oh, dann wollt ihr also wirklich von hier fort?«

»Du weißt ja, mein Liebes, das ich seit langem unentschlossen war. Doch nun habe ich mich endlich zu einer Entscheidung durchgerungen.«

»Und was wird aus Grasslands?«

»Das verkaufe ich.«

Ich mußte daran denken, daß merkwürdigerweise weder Grasslands Manor noch Enderby Hall von Glück gesegnet waren. Ob wohl so etwas wie ein Fluch auf diesen Häusern lag? Auch die Willerbys sind davon nicht verschont geblieben, obwohl sie eine Zeitlang sehr glücklich dort waren. Doch dann war Thomas' Frau bei der Geburt der kleinen Christabel gestorben.

»Vielleicht können mir deine Eltern beim Verkauf behilflich sein«, sagte Thomas. »Ich will nicht mehr lange bleiben, sondern ins neue Haus übersiedeln.«

»Wir werden gern alle Leute hier herumführen, die an einem Kauf interessiert sind. Habt Ihr schon mit meinem Vater gesprochen?«

»Nein. Ich wollte erst die Rückkehr deiner Mutter abwarten. Welch gute Nachricht, daß sie bald kommt. Vom Hof hört man dagegen leider nicht viel Gutes.«

»Ach, wirklich?«

»Ja, der König hat sich das Schlüsselbein gebrochen.«

»Das ist doch nicht so schlimm, oder?«

»Er soll sich schon seit einiger Zeit nicht gut gefühlt haben«, mengte sich nun der junge Thomas ein. »Er ritt gerade von Kensington nach Hampton Court, als er abgeworfen wurde. Angeblich ist das Pferd über einen Maulwurfshügel gestolpert. Zuerst hielt man das Ganze nicht für besorgniserregend.«

»Angeblich trinken die Jakobiten nun auf den kleinen Gentleman im schwarzen Samtpelz, womit sie den Maulwurf meinen, der durch seinen Erdhügel dem Land einen Dienst erwiesen habe.«

»Schrecklich, daß sie sich so über einen Unfall freuen. Was ist mit dem Pferd passiert? War es schwer verletzt?«

»Darüber wurde nichts bekannt. Vermutlich hielt man es für unwichtig.«

Während wir ein Glas Wein tranken, traf ein anderer Besucher ein, mein Onkel Carl von Eversleigh. Er diente in der Armee und hatte gerade Urlaub.

»Hallo, Dammee«, begrüßte er mich. Onkel Carl war immer sehr vergnügt und hielt es für komisch, meinen Namen zu verballhornen, was meine Mutter ärgerte, wie er genau wußte. »Große Neuigkeiten! Der König ist tot.«

»Ich dachte, er hätte nur das Schlüsselbein gebrochen«, erwiderte Thomas Willerby erstaunt.

»Offenbar hatte er schon mehrere Anfälle, versuchte aber über längere Zeit, seine Schwäche vor dem Volk geheimzuhalten. Er starb heute morgen um acht Uhr.«

»Jenseits des Meeres wird es nun große Aufregung geben«, meinte Thomas Willerby.

»Ja, unter den Jakobiten. Aber sie haben keine Chance, denn Anne ist bereits heute zur Königin ausgerufen worden. Wir sollten auf ihr Wohl trinken.«

Also füllten wir die Gläser und tranken auf unsere neue Königin, Queen Anne.

Die Eversleighs hatten früher gute Beziehungen zum Königshaus unterhalten. Mein Großvater Carleton Eversleigh war ein großer Freund von Charles II. gewesen. Da er sich in die Monmouth-Rebellion verwickeln ließ, hatte James ihm verständlicherweise seine Gunst entzogen. William und Mary empfingen ihn zwar nach wie vor bei Hof, doch er stand mit ihnen nicht auf so vertrautem Fuß wie mit Charles. Es gab jedoch keinerlei Zweifel, daß wir zur Krönung nach London reisen würden, und folglich begann man bei uns mit den Vorbereitungen.

Inzwischen war es April geworden, und Carlottas Baby war zwei Monate alt. Weder sie noch Harriet begleiteten uns nach London. Es war sicher nicht häufig vorgekommen, daß Harriet eine Zeremonie bei Hof versäumte, doch vielleicht begann sie nun allmählich ihr Alter zu spüren. Sie war einige Jahre älter als meine Großmutter.

Wir waren dennoch eine recht große Reisegesellschaft, als wir von Eversleigh aufbrachen: meine Großeltern, Eltern, Onkel Carl und ich.

»Dammee, es ist gut, daß du endlich ein bißchen was vom Leben zu sehen kriegst«, meinte Onkel Carl.

»Sie ist doch noch so jung, Carl. Außerdem heißt sie Damaris«, wandte meine Mutter ein.

»Na schön, Schwester. Sie ist also noch ein Wickelkind, und ich werde nicht vergessen, daß ich die kleine Dammee nicht Dammee nennen darf.«

Meine Mutter schnalzte mißbilligend mit der Zunge, war aber nicht wirklich böse mit Onkel Carl, denn er war ein sehr liebenswerter Mensch. Onkel Carl war um einiges jünger als sie und wurde schon als Junge von seinem Vater heiß geliebt. Von seiner Tochter nahm Großvater hingegen kaum Notiz, wie Priscilla mir einmal erzählte.

»Es kam allerdings eine Zeit, als sich das änderte«, fügte sie hinzu. Irgend etwas in ihrer Stimme machte mich neugierig, mehr darüber zu erfahren. Als ich sie jedoch fragte, preßte sie die Lippen aufeinander und ließ sich kein einziges Wort mehr zu diesem Thema entlocken. Geheimnisse, Familiengeheimnisse! Wahrscheinlich würde ich sie eines Tages doch erfahren.

Wir waren bei der Abreise alle in erwartungsvoller Stimmung. Wenn Edwin hätte mitkommen können, würde er als Mitglied des Oberhauses bei der Zeremonie sogar eine wichtige Rolle spielen. Besonders mein Großvater bedauerte es deshalb sehr, daß er gerade jetzt im Ausland stationiert war. Dessen ungeachtet waren wir fest entschlossen, uns bestens zu vergnügen.

»Wenn man sich nicht bei Krönungen amüsiert, wann dann?« argumentierte mein Großvater. »Es gibt einen neuen Monarchen, und man kann sich mit gutem Gewissen der Illusion hingeben, daß von nun an alle glücklich bis ans Ende ihrer Tage leben werden. Also laßt uns diese Krönung genießen.«

Wir brachen mit sechs Dienern und drei Packpferden auf, da man ja besondere Kleidung benötigte, wenn man bei Hof erscheinen wollte.

Ich hielt nach den Vögeln Ausschau: nach dem Weidenlaubsänger auf freiem Feld, nach dem Baumpieper und den Turteltauben in den Wäldern. Zu dieser Jahreszeit kam mir ihr Gesang besonders schön und jubilierend vor, weil sie sich über das Ende des Winters freuten.

Als ich meiner Mutter sagte, daß es mich glücklich mache, die vielen verschiedenen Vogelstimmen zu hören, lächelte sie mir liebevoll zu.

Später belauschte ich eine Unterhaltung zwischen ihr und meiner Großmutter. »Damaris wird mir bestimmt niemals Kummer und Sorgen machen«, erklärte meine Mutter im Brustton der Überzeugung.

»Nicht aus eigenem Verschulden, da stimme ich dir bei, Priscilla. Aber manchmal schlägt das Unglück von unerwarteter Seite zu.«

»Du bist heute in seltsamer Stimmung, Mutter.«

»Ja, vermutlich weil wir alle nach London unterwegs sind. Das erinnert mich an die Zeit, als Carlotta auf und davon ging.«

»Wie bin ich froh, daß das alles hinter uns liegt.«

»Ja, bei Benjie ist sie gut aufgehoben.«

»Und beim Baby! Selbst Carlotta wird dadurch ruhiger werden.«

Ohne jeglichen Zwischenfall kamen wir zu den grauen Mauern des Tower von London und waren damit fast am Ziel unserer Reise angelangt.

Es war für mich immer aufregend, London wiederzusehen. In den Straßen herrschte geschäftiges Treiben, es gab viel Lärm und ein stetes Durcheinander. Nirgends hatte ich je so viele Menschen erblickt wie in dieser Stadt, die alle ganz unterschiedlich waren und vermutlich ein Leben führten, das wir vom Lande uns kaum vorstellen konnten. Man sah extravagant herausstaffierte Gentlemen, deren Kleidung mit Juwelen geschmückt war, die aber vielleicht auch nur Imitationen sein mochten. Die Ladies waren gepudert und trugen Schönheitspflästerchen, die Händler verkauften alle möglichen Waren, und halbwüchsige Lehrlinge standen vor den Ladentüren und forderten durch Zurufe die Fußgänger auf, bei ihnen zu kaufen. Auf dem Fluß wimmelte es wie immer von Fahrzeugen aller Art. Am liebsten hätte ich stundenlang beobachtet, wie die Bootsleute mit dem Ruf ›Next Oars‹ um Passagiere warben und sie dann von einem Ufer zum anderen übersetzten oder auf einer Vergnügungsfahrt am prachtvollen Westminster vorbei bis hinter den Tower ruderten. Mir gefielen ihre Lieder, doch wenn sie nicht sangen, schrien sie sich gegenseitig Beschimpfungen zu. Meine Mutter war dagegen, mich mit einem Boot fahren zu lassen. Sie pflegte zu sagen, daß die Leute alle Manieren und jede gute Erziehung vergaßen, wenn sie den Fuß auf ein Boot setzten. Selbst Adlige hatten dann einen rüden Ton an sich, der in gepflegter Gesellschaft auf dem Land undenkbar gewesen wäre.

Obgleich Carlotta mich etwas abschätzig ›Mädchen vom Lande‹ nannte, war ich dennoch fasziniert vom Londoner Leben. Es gab viel Neues und Aufregendes zu sehen. Die Kutschen, in denen elegant gekleidete Ladies und Gentlemen hoheitsvoll thronten, interessierten mich kaum weniger als die Straßentheater. Am Charing Cross gab es ein Kasperltheater, und entlang Cheapside führten Messerschlucker und Taschenspieler zum Vergnügen der Spaziergänger ihre Tricks vor. Es gab Riesen und Zwerge, die alle möglichen Kunststücke zelebrierten, Bänkelsänger gaben mit heiserer Stimme blutrünstige Balladen zum besten, und daneben versuchten Pastetenverkäufer ihre Ware an den Mann zu bringen.

. Den größten Zulauf hatte eine Hinrichtung in Tyburn, doch dabei wollte ich nicht zusehen und hätte auch gar nicht die Erlaubnis dazu bekommen. Carlotta hatte einmal zugeschaut und mir alles genau beschrieben, obwohl ihr das Spektakel sicher auch nicht gefiel. Aber manchmal verlor sie die Geduld mit mir und liebte es dann, mich zu schockieren.

Ihr Liebster hatte sie dorthin mitgenommen, weil sie seiner Meinung nach erfahren mußte, wie die Welt beschaffen sei. Sie erzählte mir, wie gräßlich es gewesen war, als die Männer gehenkt wurden, die man auf einem Karren zum Richtplatz schaffte. Carlotta hatte allerdings nur so getan, als ob sie alles beobachtete, insgeheim aber hielt sie die Augen geschlossen. Es wurden Pfefferkuchen, Pasteten und allerlei andere Speisen feilgeboten. Außerdem konnte man Zettel mit den letzten Worten und Geständnissen derer kaufen, die erst kürzlich auf die gleiche Weise umgekommen waren.

»Sprich nicht weiter. Ich will nichts davon hören«, hatte ich Carlotta gebeten.

Doch sie hatte immer weiter erzählt und alles vermutlich noch grauenvoller geschildert, als es in Wirklichkeit gewesen war.

Bei den bisherigen Besuchen in London war ich mit meinen Eltern die Mall entlangspaziert, was mir großen Spaß machte, da diese elegante Straße bei den Adligen sehr beliebt war. Dort flanierte man, verbeugte sich vor Freunden und Bekannten und blieb manchmal stehen, um sich zu unterhalten oder um eine Verabredung zu treffen. Ich war ganz begeistert von der Mall. Mein Großvater erzählte mir, daß er dort mehrmals mit King Charles Krocket gespielt habe. Nun boten hier junge Mädchen Blumen und Obst zum Verkauf an, und hie und da konnte man auch einer Frau begegnen, die ihre Kuh vor sich hertrieb und zwischendurch auch einmal anhielt, um sie zu melken und somit etwaige Kunden von der Frische der Milch zu überzeugen. Auch diesmal war es für mich wieder herrlich, hier entlangzuschlendern und die Leute zu betrachten.

»Du solltest dieses Schauspiel erst einmal am Abend sehen«, hatte Carlotta zu mir gesagt und dann die Galane beschrieben, die in der Menge auf der Suche nach einem hübschen jungen Ding waren, das ihr Interesse weckte. Nachts trugen die Ladies manchmal sogar Gesichtsmasken, und nachts war die richtige Zeit für einen

Spaziergang auf der Mall. »Arme kleine Damaris! Das werden sie dir nie erlauben.« Als ich ihr erwiderte, daß unsere Eltern es ihr ebenfalls nicht erlauben würden, hatte sie mich nur ausgelacht. Ich mußte sehr oft an Carlotta denken, denn in dieser Stadt voller Abenteuer schien sie mir näher zu sein als je zuvor.

Wir wohnten alle im Stadthaus der Eversleighs, das in der Nähe des St. James-Palastes lag. Meine Mutter riet mir, zeitig zu Bett zu gehen und mich gut auszuschlafen, da wir am nächsten Morgen früh aufstehen mußten, um den Beginn der Krönungsfeierlichkeiten nicht zu versäumen. Ich wachte beim Morgengrauen auf, lief zum Fenster und schaute zur Straße hinunter, auf der sich bereits Leute versammelten. An diesem Tag, dem 23. April, dem St. Georgs-Tag, strömte allerlei Volk vom Land in die Stadt. Ich überlegte, in welcher Stimmung sich wohl die Königin befand. Wie fühlte man sich, wenn man eine Krone nahm, die einem rechtmäßig nicht zustand? Andererseits würden die Engländer nie einen Katholiken auf dem Thron dulden, das hatte mein Großvater bei vielen Gelegenheiten ausführlich erklärt. King James hätte sich seine Krone erhalten können, wenn er seinem Glauben abgeschworen hätte, doch er weigerte sich und verlor sie. Ihm folgten die Protestanten William und Mary, die inzwischen beide tot waren, und nun wurde Marys Schwester Anne unsere Königin.

Die Jakobiten würden darüber natürlich wütend sein, doch im Volk deutete alles darauf hin, daß man Anne auf dem Thron haben wollte. Vielleicht ging es den Leuten aber auch nur um die Krönungsfeierlichkeiten.

Um elf Uhr ritten wir aus und sahen die Königin auf ihrem Weg vom St. James-Palast zur Westminster Hall. Sie wurde in einer Sänfte getragen, da sie zu sehr unter Wassersucht und geschwollenen Füßen litt, um laufen zu können. Sie war erst siebenunddreißig und eigentlich zu jung für ein solches Leiden, doch sie hatte schon viele Schwangerschaften hinter sich, die sie arg mitgenommen hatten. Hinzu kam der Kummer, daß nun auch noch das letzte ihrer Kinder, der junge Duke of Gloucester, auf den sie große Hoffnungen setzte, gestorben war.

Ihr Mann, Prinz Georg von Dänemark, der ihr ebenso zugetan war wie sie ihm, schritt ihr voraus, und vor ihm ging der Erzbischof von Canterbury.

Es war ein erhebendes Schauspiel, den ersten Wappenherold Englands, den Lord Mayor, den ersten Zeremonienmeister und den Oberhaushofmeister versammelt zu sehen.

Die Königin wirkte ruhig und sah erstaunlich hübsch aus, obwohl sie sehr dick war. Sie war füllig geworden, weil sie sich nur wenig bewegte und gutes Essen außerordentlich schätzte. Auf dem Kopf trug sie einen Goldreif, der mit Diamanten besetzt war und ihr in seiner edlen Schlichtheit ausgezeichnet stand.

Wir hatten Sitzplätze in der Abtei und schlossen uns der Prozession an, die über einen Teppich aus duftenden Kräutern schritt.

Es kam ein spannungsvoller Augenblick, als die Königin von Thomas Tennison, dem Erzbischof von Canterbury, den versammelten geladenen Gästen präsentiert wurde.

»Sirs, ich präsentiere Euch Queen Anne, unangefochtene Königin dieses Reiches. Seid Ihr, die Ihr heute alle gekommen seid, um zu huldigen und zu dienen, seid Ihr bereit, dies zu tun?«

Es kam mir so vor, als dauerte die Pause, die auf diese Frage folgte, sehr lange, doch das war sicher nur Einbildung. Ich hatte einfach zuviel Gerede über die Jakobiten gehört.

Dann erfolgte der ohrenbetäubende Ruf ›God save Queen Anne‹.

Der Erzbischof mußte seine Frage insgesamt viermal stellen und sich dabei nach den vier Himmelsrichtungen wenden.

Was für ein erhebender Moment, als der Chor die Hymne zu singen begann: »Die Königin soll in Deiner Stärke frohlocken, o Herr. In deinem Heil soll sie Erfüllung finden. Du wirst sie mit Güte segnen und ihr eine Krone aus purem Gold aufs Haupt setzen.«

Während diese mächtigen Stimmen sangen, war ich sicher, daß Anne die auserwählte Monarchin war und daß vom König jenseits des Meeres keine Gefahr für den Frieden im Land drohte.

Gleich darauf war es traurig, mit anzusehen, wie sich die Königin zum Altar helfen lassen mußte. Als sie dann jedoch ihre Erklärung abgab, klang ihre Stimme laut und klar.

»Wollt Ihr mit all Euren Kräften Gottes Gesetze, das wahre Evangelium und die reformierte protestantische Kirche, die durch das Gesetz bestimmt wurde, aufrechterhalten?«

»Ich gelobe, dies zu tun«, antwortete die Königin würdevoll. Damit entsprach sie dem Wunsch des Volkes. Schließlich hatte ihr Vater seinen Thron deshalb verloren, weil er den protestantischen Glauben nicht unterstützte.

Danach fand die Zeremonie der Salbung statt, die nach altem Brauch durchgeführt wurde. Anne mußte aufrecht stehen, während sie mit dem Schwert Edwards umgürtet wurde. Sodann ging sie zum Altar und legte es dort nieder. Das gleiche tat sie mit den

Sporen, die ihr überreicht wurden, und als letztes erhielt sie Ring und Stab.

Mein Vater hatte mir erklärt, daß man den Ring, in den das Georgskreuz graviert war, den Hochzeitsring von England nannte. Wer ihn am Finger trug, war verpflichtet, sein Land zu ehren und alle Kraft und Hingabe einzusetzen, deren er fähig war. »Es ist wie eine Ehe«, hatte mein Vater hinzugefügt.

Ich war tief bewegt von diesem Geschehen und stimmte aus vollem Herzen in den Ruf ›God save the Queen!‹ ein, als die Königin auf ihrem Sessel Platz nahm und der Dean von Westminster dem Erzbischof von Canterbury die Krone brachte, die dieser ihr aufsetzte. Es war ein bewegender Augenblick, als die Kanonen auf den Türmen der Westminster-Abtei losdonnerten und jene vom Tower antworteten.

Ich beobachtete hingerissen, wie die Angehörigen des Hochadels, vom Gemahl der Königin angeführt, der neuen Königin ihre Reverenz erwiesen, indem sie sich vor sie hinknieten und ihr dann die Wange küßten.

Wir nahmen auch am Festbankett teil. Meine Eltern zweifelten vorher daran, ob die Königin dabei sein würde, da sie aufgrund ihrer Krankheit sicher völlig erschöpft war, doch mein Großvater hatte davon nichts wissen wollen. Erschöpft oder nicht, sie mußte anwesend sein, denn sonst würden diese infamen Jakobiten ja doch nur behaupte, daß sie sich nicht der traditionellen Herausforderung durch den King's Champion Dymoke zu stellen wagte.

Für mich war alles ein Hochgenuß. Immer wieder betrachtete ich die Königin, die meiner Meinung nach prächtig aussah und ihre Müdigkeit gut kaschierte. Mir gefiel auch ihr Mann, der wohlwollend und gütig zu sein schien und sich ihretwegen offenkundig Sorgen machte.

Erst nach acht Uhr war das Bankett schließlich zu Ende. Da die Feierlichkeiten fast den ganzen Tag gedauert hatten, war die Königin sicher von Herzen froh, endlich zum St. James-Palast zurückkehren zu können. Die Menge jubelte ihr zu, als sie in der Sänfte vorbeigetragen wurde. Die Tafelfreuden in Westminster Hall waren zwar vorbei, doch das Volk würde die ganze Nacht hindurch weiter lärmen und zechen. Mein Großvater schlug vor, rasch nach Hause zu reiten, bevor auf den Straßen die Gewalttätigkeiten ausbrachen, mit denen zu späterer Stunde zu rechnen war. »Wenn ihr wollt, könnt ihr ja noch aus den Fenstern schauen«, fügte er hinzu. Und das taten wir auch.

Am nächsten Tag machte ich mit meiner Mutter und Großmutter in Covent Garden Einkäufe. Hier feierten einige unverbesserliche Nachtschwärmer immer noch die Krönung. Meine Mutter war drauf und dran, einen Strauß Veilchen zu kaufen, weil das ihre Lieblingsblumen waren, doch dann fesselte irgend etwas anderes unsere Aufmerksamkeit, und wir vergaßen die Blumen völlig.

Kurz darauf schlenderte eine hübsche Frau vorbei, die sehr auffallend gekleidet war, mich aber trotzdem irgendwie an Carlotta erinnerte. Natürlich nur flüchtig, denn bei näherem Hinsehen gab es keine große Ähnlichkeit mehr. Ein junger Mann, der ihr gefolgt war, holte sie ein und schien ihr irgendeinen Vorschlag zu machen. Offensichtlich hatte sie nur darauf gewartet.

Natürlich wußte selbst ich, daß solch ein Verhalten ganz und gar üblich war. Viele Frauen gingen in der Dämmerung oder bei Nacht mit dem Vorsatz aus, einen Mann kennenzulernen, doch nie zuvor hatte ich gesehen, daß es so offen und schamlos praktiziert wurde.

Die beiden spazierten gemeinsam weiter.

Dieser Vorfall verfehlte nicht seine Wirkung auf mich. In erster Linie lag es wohl daran, daß die Frau eine gewisse Ähnlichkeit mit Carlotta gehabt hatte. Ich mußte denken, daß Carlotta sicher nicht zu Hause am Fenster sitzen würde – noch dazu in Begleitung von Familienmitgliedern –, um sich die Volksmenge anzusehen. Was hatte sie einmal zu mir gesagt? »Damaris, du bist der geborene Zuschauer. Dir wird nichts passieren. Du wirst immer beobachten, wie anderen Leuten etwas passiert. Und weißt du auch, warum? Weil du Angst hast. Du willst immer in Sicherheit leben, und deshalb bist du auch so langweilig.«

Grausame Carlotta, wie oft hat sie mich gekränkt! Manchmal wundere ich mich, warum sie mir eigentlich so viel bedeutet.

Plötzlich kam mir der Gedanke, welch hübsche Überraschung ich meiner Mutter bereiten könnte, wenn ich ihr einen Veilchenstrauß brächte. Warum sollte ich eigentlich nicht ausgehen und einen kaufen? Vermutlich müßte ich gar nicht weit laufen, denn es gab überall Blumenverkäufer, und jetzt sogar noch mehr als sonst, da sie bei den Krönungsfeierlichkeiten auf ein gutes Geschäft hofften.

Es war mir verboten, allein auszugehen, doch ich vermeinte Carlottas spöttisches Lachen zu hören. Außerdem mußte ich mich ja nur bis zum Ende der Straße vorwagen.

Wahrscheinlich bekäme ich Schelte, doch andererseits würde

meine Mutter sich bestimmt freuen, daß ich ihren Wunsch nach Veilchen nicht vergessen hatte.

Sicher wäre ich weniger unternehmungslustig gewesen, wenn mich jene fremde junge Frau nicht an Carlotta erinnert hätte. Kurz entschlossen zog ich mir mein Samtcape über, steckte die Geldbörse in die Rocktasche und schlüpfte aus dem Haus.

Ich kam ans Ende der Straße, ohne eine einzige Blumenverkäuferin gesehen zu haben. Als ich um die Ecke bog, geriet ich in eine johlende Menschenmenge, die sich um einen Mann mit einem hohen schwarzen Hut scharte und ihn beschimpfte.

Jemand drängte sich an mich, doch ich war wachsam und hielt die Börse mit der Hand fest.

»Was ist denn los?« fragte ich eine Frau, die in der Nähe stand. »Was hat er getan?«

»Hat Quacksalberpillen verkauft«, erwiderte sie. »Der will uns einreden, daß sie uns wieder jung machen, wieder Farbe in unser Haar bringen und alle Leiden heilen. Der will uns wieder wie zwanzig machen. Ein Quacksalber is' er.«

»Was wird man mit ihm tun?« stammelte ich.

»Wahrscheinlich in den Fluß werfen.«

Ich schauderte. Die Menge begann mir Furcht einzuflößen, und mir fiel auf, daß mich einige verstohlen musterten. Es war wirklich töricht von mir gewesen, allein auf die Straße zu gehen. Jetzt mußte ich schleunigst die Veilchen kaufen und dann nach Haus eilen.

Ich versuchte mir einen Weg durch die Menge zu bahnen, was aber alles andere als leicht war.

»He, was stößt du hier so rum?« schrie mich eine Frau an, der das Haar strähnig ins Gesicht fiel.

»Ich habe nicht gestoßen«, stotterte ich. »Ich … ich habe nur ein bißchen zugeschaut.«

»Nur zugeschaut, he? Die Lady schaut dem gemeinen Volk zu, was?«

Ich wollte mich unauffällig verdrücken, doch sie ließ es nicht zu, sondern begann mich mit unflätigen Worten zu bombardieren.

Was sollte ich bloß tun? Plötzlich tauchte eine Frau neben mir auf, die zwar ärmlich, aber sauber gekleidet war, und ergriff mich beim Arm. »Laß diese Lady in Ruhe«, sagte sie energisch. »Die hat mit solchen wie dir nichts zu schaffen.« Die so Zurechtgewiesene war dermaßen verblüfft über diese Einmischung, daß sie uns mit offenem Mund anstarrte. Meine Retterin ergriff die Gelegenheit und zog mich beiseite.

Ich war ihr sehr dankbar, denn ich hatte keine Möglichkeit gesehen, mich aus meiner unangenehmen Lage zu befreien. Die Leute hatten sich inzwischen etwas verlaufen. Mir war jede Lust vergangen, Veilchen zu kaufen. Ich wollte nur so rasch wie möglich nach Hause. Wie recht hatte meine Mutter, daß sie mir nicht erlaubte, allein auf die Straße zu gehen. Die Frau lächelte mich an.

»Ihr dürft nich' so allein rumlaufen, meine Liebe«, sagte sie, als hätte sie meine Gedanken gelesen. »Was für 'n schöner Samtmantel! So was bringt die Leute auf dumme Gedanken, is' ja klar. Jetzt woll'n wir Euch aber schleunigst heimbringen. Wieso seid Ihr allein hier? Bei wem wohnt ihr?«

Ich erzählte ihr, daß ich mit meiner Familie vom Land gekommen sei, um bei der Krönung dabeizusein, und daß ich aus dem Haus geschlüpft war, weil ich Veilchen für meine Mutter kaufen wollte.

»Veilchen! Ich kenn' die Frau, die die schönsten Veilchen in London verkauft und gar nich' weit weg von hier. Wenn Ihr Veilchen wollt, überlaßt alles der guten Mrs. Brown. Ihr habt Glück, daß ich da war. Ich kenn' die Frau, die hinter Euch her war. Die hätt' Eure Börse geschnappt, bevor Ihr piep sagt.«

»Eine schreckliche Frau! Ich hatte ihr doch nichts getan.«

»'türlich nich'. Habt Ihr noch Euren Geldbeutel?«

»Ja, ich habe ihn immer festgehalten, weil ich so viele Geschichten über die Londoner Diebe gehört habe.«

»Was für 'n Segen. Wir holen die Veilchen, und dann husch, husch zurück, Herzchen, bevor man Euch vermißt.«

»Oh, vielen Dank! Ihr seid so nett.«

»Tja, ich tu' gern was Gutes, wenn's geht. Drum heiß' ich auch die gute Mrs. Brown. Es kostet nix, oder, und hilft 'ne Menge.«

»Danke. Kennt Ihr das Haus der Eversleighs?«

»Ja, Gott befohlen, Herzchen, aber sicher. Hier in der Gegend gibt's nix, was die gute Mrs. Brown nich' kennt. Keine Bange! Ich schaff' Euch nach Haus, eh Ihr Queen Anne sagen könnt. Das tu' ich und mit den besten Veilchen von ganz London.«

»Ich bin Euch so dankbar. Meine Familie möchte nämlich nicht, daß ich allein ausgehe.«

»Jaja, das is' auch recht so. Denkt nur, vor was ich Euch grade gerettet hab'. Diebe und Halunken überall in dieser schlimmen Stadt, Herzchen. Und solche sind besonders hinter so unschuldigen Dingelchen wie Euch her.«

»Wenn ich doch nur auf meine Mutter gehört hätte!«

»Das sagen alle Mädchen, wenn's in der Patsche sitzen, stimmt's oder hab' ich recht? Es kann nie schaden, auf seine Mama zu hören.«

Während des Redens hatte sie mich von der Menge fortgeführt. Ich wußte nicht, wo wir uns befanden, und sah keine Spur von irgendeiner Blumenverkäuferin. Die Straße war eng, die Häuser wirkten schäbig und heruntergekommen.

»Es scheint ziemlich weit weg zu sein«, sagte ich ängstlich.

»Gleich da, gleich da, Herzchen. Vertraut nur der guten Mrs. Brown.«

Wir bogen in eine andere Gasse ein, in der einige Kinder auf dem Kopfsteinpflaster spielten. Eine Alte schaute aus dem Fenster und rief so etwas wie: »Gute Arbeit, Mrs. Brown.«

»Gott segne Euch, meine Liebe«, erwiderte Mrs. Brown. »Hier lang, Kindchen.«

Sie schob mich durch eine Tür, die krachend hinter uns zuschlug. »Was hat das zu bedeuten?« rief ich.

»Vertraut der guten Mrs. Brown.«

Sie packte mich grob am Arm und zerrte mich eine steile Stiege hinunter zu einem Raum, der wie ein Keller aussah. Dort befanden sich drei Mädchen, von denen eines etwa so alt war wie ich, während die beiden anderen etwas älter schienen. Die Jüngste trug einen braunen Wollmantel und stolzierte damit auf und ab. Alle drei lachten, hörten aber bei unserem Eintreten auf und starrten uns entgegen.

Jetzt wußte ich, daß ich zu Recht Angst empfunden hatte, als wir in das Labyrinth der Gassen einbogen. Nun befand sich mich in einer weit übleren Lage als in der Menge.

»Keine Angst, Liebchen«, sagte Mrs. Brown. »Dir passiert nix, wenn du schön brav bist. Ich bin keine, die andern was tut.« Sie drehte sich zu den Mädchen um. »Schaut sie euch an! Eine kleine Schönheit, hm? Wollte Veilchen für die Frau Mama kaufen. Fühlt mal das Cape an. Bester Samt. Das gibt 'nen hübschen Batzen. Und das Händchen hat sie auf dem Geldbeutel gehabt. Is' das nich' nett von ihr? Beinah' wär's verlorengegangen.«

»Warum habt Ihr mich hierhergebracht? Was hat das zu bedeuten?« fragte ich.

»Hört euch das an«, sagte Mrs. Brown. »Die redet doch hübsch, hehe? Ihr Mädchen sperrt die Ohren auf und lernt, wie's geht. Schätze, das würde euch bei der Arbeit helfen.« Sie lachte. Es war erschreckend, wie rasch aus der guten Mrs. Brown eine böse Mrs. Brown geworden war.

»Was wollt Ihr von mir? Nehmt meine Geldbörse und laßt mich gehen.«

»Zuerst woll'n wir mal das hübsche Cape haben«, antwortete Mrs. Brown. »Runter damit!«

Ich hielt das Cape mit beiden Händen fest und rührte mich nicht.

»Aber, aber, Wir woll'n doch keinen Ärger nich'! Ärger hab' ich noch nie leiden mögen.« Sie packte meine Hände, und im Nu hatte sie mir das Cape von den Schultern gerissen. Eines der Mädchen hüllte sich darin ein.

»Hübsch vorsichtig«, mahnte Mrs. Brown. »Mach's ja nich' schmutzig. Du weißt ja, wie Davey ist. Er will's genauso, wie's von der Lady kommt.«

»Ihr habt mich also hierhergelockt, um mein Cape zu stehlen. Schön, nun habt Ihr es und könnt mich laufenlassen«, sagte ich.

Mrs. Brown und die Mädchen lachten schallend. »Sie is' ganz hübsch, hm? Und so was von zutraulich! Jaja, sie hat die gute Mrs. Brown direkt ins Herzchen geschlossen, sag' ich euch. Die is' ihr bereitwillig gefolgt, wohin sie auch ging.«

Ich wollte zur Tür, doch sofort lag Mrs. Browns Hand auf meinem Arm.

»Das is' nich' alles, Herzchen.«

»Ihr wollt also auch noch meine Geldbörse«, rief ich empört.

»Ihr habt sie treu und brav für uns aufgehoben. Es wär' doch 'n Jammer wenn wir sie nach all der Mühe nich' kriegten.«

Sie lachten auf eine schrille Weise, die mir Angst einjagte. Ich warf die Geldbörse auf den Fußboden.

»Gut. Ihr seht schon, die will auch kein' Ärger haben.«

»Jetzt habt Ihr Cape und Geldbörse. Laßt mich nun endlich fort!«

Mrs. Brown befingerte den Stoff meines Kleides.

»Das Beste vom Besten«, sagte sie. »So was trägt nur der Adel. Los, los, Herzchen, runter damit!«

»Ich kann doch mein Kleid nicht ausziehen!«

»Die Dienstboten haben das immer für sie getan«, spottete eines der Mädchen.

»Heut' spielen wir mal ihre Dienstboten«, schlug Mrs. Brown vor. »Ich finde immer, Freunde muß man so behandeln, wie sie's gewohnt sind.«

Das Ganze artete mehr und mehr zu einem Alptraum aus. Sie zogen mir das Kleid über die Schultern.

»Was soll ich denn tun?« protestierte ich verzweifelt. »Ihr nehmt mir alle meine Kleidungsstücke. Ich kann doch nicht ... nackt herumlaufen!«

»Was für 'n bescheidenes, braves Mädchen. Hör zu, Liebchen, wir lassen dich schon nich' nackt auf die Gasse rausgehen, oder, Mädels? Das würd' 'ne hübsche Keilerei geben, was?«

Wieder lachten alle auf eine besonders niederträchtige Weise.

Ich war wie betäubt vor Entsetzen. Oh, wenn ich doch nur die Zeit hätte zurückdrehen können. Wie sehnte ich mich danach, am Fenster zu sitzen und klug genug zu sein, um das nicht zu tun, was mir verboten war – nämlich allein auszugehen.

Es mußte ein böser Traum sein, denn so etwas konnte in Wirklichkeit doch nicht passieren!

Sie hatten mich bis auf mein Hemd ausgezogen. Es war ekelhaft zu sehen, wie sie mit ihren schmutzigen Fingern den Stoff meiner Kleidung abtasteten und sich diebisch darüber freuten, wieviel Geld damit zu machen sei.

Ich fröstelte, als mir klar wurde, daß an Flucht gar nicht zu denken war. Halbnackt konnte ich unmöglich auf die Straße laufen.

Andererseits war es unerträglich für mich, noch länger in diesem gräßlichen Verschlag zu bleiben, in dem große Haufen von Kleidungsstücken auf dem Boden lagen. Frauen wie Mrs. Brown machten es sich offenbar zum Beruf, arglose Leute, vor allem auch Kinder in ihre Höhle zu locken und dort auszurauben.

»Tja, Herzchen, du warst 'n hübscher kleiner Fang. Aber hör mal her! Ich will keinen Ärger! Kapiert? Ärger und Mrs. Brown passen nich' zusammen.«

»Ihr seid eine Diebin«, fuhr ich sie an. »Eines Tages werdet Ihr gefaßt und müßt für Eure Vergehen nach Tyburn.«

»Doch nich' so'n Unschuldslämmchen, wie wir meinen, hm?« Sie blinzelte den Mädchen zu, die hämisch kicherten. »Wir sind achtsam und gut. Jedenfalls ich bin's. Man nennt mich nich' die gute Mrs. Brown für nix und wieder nix. Gib mal den Mantel her, Schätzchen«, befahl sie einem der Mädchen, das ihr einen halbzerfetzten Umhang reichte.

»So, wickle dich darin ein!«

Ich betrachtete das widerliche Kleidungsstück voller Abscheu.

»Jaja, das is' nich' gerade das, was du gewöhnt bist, was? Is' ja klar. Aber es is' besser, als nackt rumzulaufen. Anständiger.«

Ich schlang das Cape um meinen Körper, und für einen Moment war mein Ekel sogar größer als meine Frucht.

»Hör gut zu, Herzchen. Wir gehn raus, ich bring dich zu deiner Straße. Ich will keinen Ärger. Ich will nich', daß mich einer findet. Die gute Mrs. Brown mag keinen Ärger. Sie will nur die hübschen Sachen, die reiche kleine Ladies und Gentlemen tragen. Für die macht das gar nix, weil sie noch andre haben. Aber für die gute Mrs. Brown is' es leben oder verhungern. Ich nehm' dich jetzt mit raus. Wenn du rumschrein willst, daß ich dir die Sachen weggenommen hab', wird keiner auf dich hören. Dann laß ich dich allein, damit du selber heimgehn kannst. Ja, wenn du dich auskennst, laß ich dich allein. Verstanden?«

Ich nickte. Mein einziger Wunsch war, so rasch und unbehelligt wie möglich aus diesem finsteren Loch zu kommen. Sie packte mich beim Arm und stieg mit mir die Treppe hinauf. Was für eine Erlösung, wieder frische Luft zu atmen!

Während sie mit mir durch die Gassen ging, redete sie unaufhörlich vor sich hin. Keiner beachtete uns. Da sie mir auch meine Schuhe weggenommen hatte, mußte ich barfuß laufen, was auf dem Kopfsteinpflaster gar nicht so einfach für mich war.

Sie lachte mich aus, weil ich stolperte.

»Hübsche Schuhe haste gehabt«, murmelte sie. »Hör mal gut zu, Herzchen. Du hast Glück gehabt. Du hast nur'n paar Anziehsachen verloren, aber es hätt' viel schlimmer kommen können. Mrs. Brown hat dir was beigebracht. Was fällt 'nem reichen kleinen Mädchen ein, in Samt und Seide auf die Straße zu gehen? Heute gibt's mehr Diebe und Landstreicher in der Stadt als früher, und dabei gibt's schon genug von unsrer Sorte auch ohne diese neuen Ganoven. Die kommen von überall… an Krönungstagen, königlichen Hochzeiten und so was. Da is's die beste Gelegenheit, was zu klauen. Tja, du bist gerupft worden, kleines Täubchen, und sei froh, daß es nur die gute Mrs. Brown war. Ich will kein' Ärger. Dir is' nix getan worden, oder? Ich hab' dir sogar 'nen Mantel gegeben, damit du nich' nackt rumläufst. Die werden dir Fragen stellen. Du sagst ihnen, daß es die gute Mrs. Brown war… aber hast keine Ahnung, wo ich dich hingebracht hab'.

Du wirst schon drüber wegkommen. Du liebe Güte, was wirste geschimpft werden! Dummes kleines Täubchen! Aber sie werd'n froh sein, wenn sie dich wiederkriegen. Wahrscheinlich werden sie dich noch mehr verpimpeln. Nur wegen der guten Mrs. Brown. Und du wirst ihr keinen Ärger machen, oder? Denk dran, wie gut sie zu dir war. Schau, es hätt dich auch so 'ne alte Kupplerin auflesen können. Die hätt' dich glatt an 'nen lüsternen alten Macker verkauft. Siehste. Nächstesmal weißte schon besser Bescheid. Aber sicher gibt's kein Nächstesmal. Du hast von der guten Mrs. Brown viel gelernt.«

Endlich gelangten wir aus dem Gassengewirr heraus.

»So, jetzt lass' ich dich allein. Um die Ecke rum is' die Stelle, wo sie den alten Quacksalber ins Wasser werfen wollten. Da weißte Bescheid. Lauf heim... schnell!«

Sie gab mir einen kleinen Schubs. Als ich mich umsah, verschwand sie gerade hinter einem Haus. Ich fühlte mich unendlich erleichtert und begann loszulaufen.

Es stimmte. Ich erkannte die Straße wieder, in der alles begonnen hatte. Wenn ich rechts einbog und mich dann immer geradeaus hielt, würde ich auf schnellstem Weg zum Eversleigh-Haus gelangen.

Ich rannte um die Ecke und prallte mit einer Dame zusammen, die in Begleitung eines jungen Mannes war.

Sie stieß einen Laut des Abscheus aus und wehrte mich instinktiv mit einer Armbewegung ab. Ich fiel zu Boden.

»Bei Gott, unter dem Mantel hat sie kaum etwas an«, sagte der junge Mann.

»Sie hatte es auf meine Geldbörse abgesehen.«

»Nein, das stimmt nicht«, protestierte ich. »Man hat mich gerade bestohlen und mich meiner Kleider beraubt.«

Die beiden zeigten sich über meine Sprache erstaunt, was ich nur zu gut begriff, nachdem ich bei Mrs. Brown und ihresgleichen gewesen war. Meine Ausdrucksweise paßte nicht zu meiner Erscheinung. Der junge Mann half mir auf. Wir gaben sicher ein seltsames Bild ab, denn er war mit exquisiter Eleganz gekleidet und duftete nach einem dezenten Parfüm.

Auch die Dame war eine vornehme Erscheinung. »Was ist Euch denn passiert?« fragte sie.

»Ich wollte Veilchen für meine Mutter kaufen. Eine Frau aus der Menge begann mich zu beschimpfen, und eine andere kam mir vermeintlich zu Hilfe. Sie erklärte, daß sie mit mir die Veilchen kaufen wolle, doch statt dessen schleppte sie mich in einen schrecklichen Keller und entkleidete mich bis aufs Hemd.«

»Dies wächst sich mehr und mehr zu einem blühenden Gewerbe aus«, meinte darauf der junge Mann. »Normalerweise sind Kinder die bevorzugten Opfer. Seid Ihr verletzt?«

»Nein, zum Glück nicht. Aber ich möchte jetzt sofort nach Hause.«

»Wo wohnt Ihr?«

»Im Haus Eversleigh.«

»Eversleigh! Dann seid Ihr also eine Eversleigh«, rief die Dame erstaunt. »Begleiten wir sie rasch heim. Sicher macht sich ihre Familie schon die größten Sorgen.«

Sie gingen rechts und links von mir, und ich stellte mir vor, was sich Passanten wohl beim Anblick dieses eleganten Paares in Begleitung eines so zerlumpten, barfüßigen Wesens dachten. Doch niemand nahm viel Notiz von uns. In London gab es so viel Merkwürdiges zu sehen, daß die Leute sich inzwischen daran gewöhnt hatten.

Am liebsten wäre ich vor Erleichterung in Tränen ausgebrochen, als wir zu Hause ankamen. Job, einer unserer Dienstboten, meldete lautstark meine Ankunft. »Sie ist hier. Mistreß Damaris ist wieder da.« Also hatte man meine Abwesenheit schon bemerkt.

Meine Mutter kam in die Halle gelaufen und blieb wie angewurzelt stehen, als sie mich in dem schauderhaften Mantel erblickte. Dann erkannte sie, daß ich es wirklich war, und schloß mich in die Arme. »Mein liebstes Kind. Was ist bloß geschehen? Wir kamen schier um vor Sorge.«

Ich klammerte mich stumm an sie, denn ich war viel zu glücklich, um ein Wort herauszubringen.

Die fremde Dame mischte sich ein. »Sie wurde das Opfer eines Tricks, der jetzt oft praktiziert wird. Man hat sie ihrer Kleidung beraubt.«

»Ihrer Kleidung beraubt...«, wiederholte meine Mutter.

Dann musterte sie meine beiden Begleiter. Als ihr Blick auf den jungen Mann fiel, veränderte sich ihr Gesichtsausdruck und nahm eine seltsame Mischung aus Erstaunen, Zweifel, Angst und Entsetzen an.

»Sie rannte förmlich in uns hinein«, erklärte die Dame. »Als wir erfuhren, wer sie ist, hielten wir es für besser, sie nach Hause zu begleiten.«

»Vielen Dank«, murmelte meine Mutter, drehte sich zu mir um und drückte mich wieder eng an sich.

Mein Vater kam ins Zimmer.

»Sie ist zurück. Gott sei Dank!« rief er impulsiv. »Wie... ach, du liebe Güte«, fügte er dann bei meinem Anblick hinzu.

Meine Mutter erwiderte nichts, sondern überließ es den zwei Fremden, die näheren Umstände zu erklären.

»Das war sehr freundlich von Euch«, bedankte sich daraufhin

mein Vater höflich. »Aber jetzt wollen wir unser armes Kind von diesem scheußlichen Fetzen befreien. Und dann nimmt sie am besten gleich ein Bad.« Ich rannte zu ihm und fühlte mich herrlich geborgen in seiner Umarmung. Nie hatte ich meine Eltern so sehr geliebt wie in diesem Moment.

Meine Mutter machte einen etwas benommenen Eindruck, so daß mein Vater die Sache in die Hand nahm.

»Ich lasse Euch gleich eine Erfrischung bringen«, bot er als erstes an.

»Oh, das ist nicht nötig«, wehrte die Dame ab. »Ihr wollt jetzt sicher allein sein.«

»Nein, nein, Ihr müßt ein Weilchen bleiben«, widersprach mein Vater. »Wir möchten Euch unseren Dank ausdrücken.«

»Die Londoner Straßen waren noch nie ein sicheres Pflaster, aber es wird von Tag zu Tag schlimmer«, meinte der junge Mann stirnrunzelnd.

»Priscilla, bring Damaris nach oben, sei so gut«, bat mein Vater. »Ich kümmere mich inzwischen um unsere Gäste.«

Hand in Hand ging ich mit meiner Mutter in mein Zimmer. Sie nahm mir den zerlumpten Mantel ab und gab ihn einer Dienerin mit dem Befehl, ihn gleich zu verbrennen. Ich wusch mich gründlich mit warmem Wasser und zog frische Sachen an, während ich über mein Erlebnis berichtete.

»Mein Liebes, du hättest nicht allein weggehen dürfen!«

»Ich weiß, aber ich wollte ja nur bis zum Ende der Straße laufen, um dir Veilchen zu besorgen.«

»Wenn ich mir ausmale, was hätte passieren können! Diese abscheuliche Frau...«

»So abscheulich war sie eigentlich gar nicht, Mutter. Sie nannte sich selbst die gute Mrs. Brown. Und ich muß zugeben, daß sie mir nicht weh getan hat. Sie wollte nur mein Geld und meine Kleider.«

»Ungeheuerlich!«

»Aber sie war arm und verschaffte sich auf diese Weise etwas zu essen. Das hat sie mir selbst erklärt.«

»Damaris, du bist noch ein solches Kind. Am besten ruhst du dich jetzt aus.«

»Ich möchte mich nicht ausruhen, Mutter. Soll ich nicht hinuntergehen und den Leuten danken, die mich hierherbrachten?«

Meine Mutter schien eine ablehnende Haltung einzunehmen.

»Was sind das für Leute?« wollte sie wissen.

»Keine Ahnung. Ich bin mit ihnen zusammengestoßen, fiel hin, und sie hoben mich wieder auf. Sie kannten Haus Eversleigh und bestanden darauf, mich heimzubegleiten.«

»Na schön. Gehen wir hinunter.«

Mein Vater saß mit ihnen im Wohnraum beim Wein. Die Unterhaltung drehte sich immer noch um die Verbrecher, die London vor allem bei besonderen Festlichkeiten heimsuchten. Meine Großeltern, die noch nicht gewußt hatten, was mir widerfahren war, hatte man soeben in mein Abenteuer eingeweiht.

Als ich hereinkam, stand meine Großmutter auf und umarmte mich mit großer Herzlichkeit. Meinem Großvater konnte man anmerken, daß er nun noch weniger von meiner Intelligenz hielt als zuvor.

»Welch seltsamer Zufall«, sagte mein Vater im Laufe des Gesprächs. »Dies ist Mistreß Elizabeth Pilkington, die einmal kurz davorstand, Enderby Hall zu kaufen. Und das ist ihr Sohn Matthew.«

»Ich war tief enttäuscht, als ich erfuhr, daß es nicht länger zum Kauf angeboten wurde«, fügte die Dame hinzu.

»Dahinter steckt die Launenhaftigkeit meiner Enkelin«, sagte mein Großvater und verzog dabei den Mund. »Das Anwesen gehört ihr. Ich war immer schon der Ansicht, daß es ein Fehler ist, Frauen über Besitztümer verfügen zu lassen.«

»Jaja, du hast stets in Fehde mit dem anderen Geschlecht gelegen«, neckte ihn meine Großmutter lächelnd.

»Was mich nicht daran hinderte, dich in die Ehe zu locken«, gab er zurück.

»Ich habe dich geheiratet, um dir zu beweisen, wie sehr du uns unterschätzt.«

»Tja, meine Ansichten scheinen sich seither nicht viel geändert zu haben, nach... wie lang ist es her?«

Es war ihre Art, sich ein ständiges Wortgeplänkel zu liefern, bei dem man aber ihre gegenseitige Zuneigung deutlich merkte. Sie waren ebenso gut verheiratet wie meine Eltern, zeigten es nur auf eine völlig andere Weise.

»Da wir gerade von Häusern reden«, sagte meine Großmutter. »Enderby Hall steht immer noch nicht zum Verkauf, doch ein anderer Besitz in der Gegend soll veräußert werden. Nachbarn von uns, sehr liebe Nachbarn, ziehen fort.«

»Ja, Grasslands Manor«, fügte mein Großvater hinzu.

»Seid Ihr noch auf der Suche nach einem Landsitz?« erkundigte sich nun mein Vater.

»Meine Mutter ist ganz besonders an dieser Gegend interessiert«, erklärte Matthew Pilkington.

Elizabeth Pilkingtons Wangen röteten sich leicht. »Vielleicht schaue ich mir Grasslands Manor mal näher an.«

»Ihr seid uns in Eversleigh willkommen, wenn immer es Euch beliebt, uns einen Besuch abzustatten«, erwiderte meine Großmutter.

»Die Luft ist dort besonders erfrischend, wie ich hörte.«

Diese Bemerkung kam von Matthew Pilkington.

»Falls Ihr damit meint, daß uns der Ostwind häufig plagt, dann habt Ihr recht.«

»Ich finde auch das ganze Gebiet äußerst reizvoll«, sagte Elizabeth.

»Es war bereits von den Römern besiedelt, nicht wahr?« fragte Matthew.

»Ja, es gibt noch einige prachtvolle Überreste römischer Kultur«, bestätigte mein Großvater. »Wir sind auch nicht weit entfernt von Dover, wo der alte Leuchtturm steht, der älteste von ganz England.«

»Du mußt dir dieses Grasslands Manor unbedingt ansehen«, schlug Matthew seiner Mutter vor.

»Ja, das werde ich auch«, stimmte sie zu.

Kurz darauf verabschiedeten sie sich. Ihr Londoner Haus lag ganz in der Nähe, und Mistreß Pilkington gab der Hoffnung Ausdruck, uns vor unserer Abreise noch einmal zu sehen.

»Leider verlassen wir London schon übermorgen«, erklärte meine Mutter.

Ich warf ihr einen erstaunten Seitenblick zu, da wir bis dahin noch keinen bestimmten Termin ausgemacht hatten. Als meine Großmutter etwas dazu bemerken wollte, machte mein Großvater eine kaum wahrnehmbare Kopfbewegung, worauf sie schwieg. Offensichtlich gab es da etwas, das für mich noch ein Geheimnis war.

»Bestimmt werde ich aber kommen und Grasslands Manor begutachten«, erklärte Elizabeth Pilkington beim Gehen noch einmal.

Als die beiden fort waren, wurde ich mit Fragen bestürmt. Was war ich mich gefahren, daß ich mich allein auf die Straße wagte? Schließlich hatte man mich doch oft genug davor gewarnt. Ich dürfte es nie, nie wieder tun! »Keine Angst, da könnt ihr ganz sicher sein«, versprach ich ihnen.

»Wenn ich mir überlege, was daraus hätte werden können«, jammerte meine Mutter. »Auch so ist es schon schlimm genug. Das schöne neue Cape und Kleid...«

»Es tut mir leid«, stammelte ich. »Ich war so dumm...«

Meine Mutter legte mir den Arm um die Schultern. »Wenn dir dieses Erlebnis eine Lektion erteilt hat, mein liebes Kind, dann war es nicht ganz umsonst. Gott sei Dank, daß du heil und gesund zurück bist.«

»Es war nett von den Pilkingtons, Damaris zu begleiten«, lobte meine Großmutter.

»Als ich sie traf, war ich nicht mehr weit von zu Hause weg.«

»Trotzdem war es freundlich von ihnen. Sie schienen sehr besorgt zu sein. Es wäre nett, wenn sie Grasslands übernehmen.«

»Es ist etwas an ihnen, das mir nicht gefällt.« Als meine Mutter dies sagte, hatte sie einen eigenartigen Gesichtsausdruck. Es kam mir fast so vor, als verhülle ein Schleier ihre wahren Empfindungen.

»Es scheinen doch ganz angenehme Leute zu sein«, widersprach meine Großmutter.

»Anscheinend verfügen sie auch über die nötigen Geldmittel«, fügte mein Großvater hinzu.

»Carlotta führte Mistreß Pilkington in Enderby Hall herum, wollte dann aber doch nicht verkaufen. Vielleicht hat sie ihr ebenso mißfallen wie mir.«

»Ach, das war nur so eine Grille von Carlotta. Bestimmt hat das nichts mit Elizabeth Pilkington zu tun«, wandte mein Großvater ein.

»Vielleicht hast du auf diese Weise ganz zufällig einen Käufer für Grasslands Manor gefunden, Damaris.«

Ich hoffte, daß es so wäre, denn ich wollte die Pilkingtons gerne als Nachbarn haben.

Am nächsten Tag machte uns Matthew Pilkington seine Aufwartung.

Da ich gerade in der Halle stand, als er hereinkam, begrüßte ich ihn auch als erste. Er trug einen großen Veilchenstrauß. Strahlend lächelte er mich an. Er sah sehr gut aus, ja, er war sogar der bestaussehende Mann, den ich je gesehen hatte. Vielleicht wurde dies noch durch seine elegante Aufmachung unterstrichen. Er trug ein maulbeerfarbenes Samtjackett und eine schöne Weste. Aus der Tasche seines Mantels lugte ein weißes Spitzentaschentuch, und sein Stock hing an einem Band vom Handgelenk. Er trug hochhackige Schuhe, wodurch er ganz besonders groß wirkte, obwohl er sowieso schon von imponierender Statur war. Die Schuhlaschen ragten weit über den Spann hinauf – der allerneuesten Mode entsprechend, wie ich seit meinem Aufenthalt in London wußte. In der einen Hand hielt er seinen Hut, der von einem tiefen Blau war, das fast ins Violette spielte. Seine Kleidung war so perfekt auf die Blumen abgestimmt, daß man fast vermuten konnte, er habe sie eigens dafür angezogen. Aber das ginge ja wohl ein bißchen zu weit.

Ich errötete vor Freude.

Er machte eine tiefe Verbeugung, ergriff meine Hand und küßte sie.

»Ihr habt Euch gut von Eurem Abenteuer erholt, wie ich sehe. Ich wollte mich nach Eurem Befinden erkundigen und habe diese Veilchen hier mitgebracht, damit Eure Mutter endlich das bekommt, wofür Ihr so viel gewagt habt.«

»Oh, wie reizend von Euch.« Ich nahm die Blumen entgegen und sog tief ihren Duft ein.

»Vom besten Blumenverkäufer Londons«, erklärte er. »Ich besorgte sie heute morgen in Covent Garden.«

»Meine Mutter wird entzückt sein. Bitte kommt herein.«

Ich geleitete ihn in das kleine Winterzimmer, das von der Halle abging. Zuvor legte er seinen Hut auf einen Tisch.

»Setzt Euch doch«, forderte ich ihn auf.

»Ihr kehrt also schon morgen aufs Land zurück«, nahm er die Unterhaltung auf. »Wie schade! Meine Mutter hätte sich sehr über Euren Besuch gefreut. Außerdem würde sie natürlich gern etwas mehr über das Haus erfahren, das zum Verkauf steht.«

»Es ist sehr schön und komfortabel.«

»Warum trennt sich der Eigentümer davon?«

»Seine Frau starb bei der Geburt eines Babys, und er glaubt nun, in Grasslands nicht mehr leben zu können, da ihn zu vieles an sie erinnert. Er stammt aus dem Norden und ist inzwischen dorthin zurückgekehrt. Da er ein sehr guter Freund von uns ist, haben wir ihm angeboten, Interessenten herumzuführen. Meine Großmutter hat die Schlüssel.«

»Und was ist mit diesem anderen Besitztum?«

»Ihr meint sicher Enderby. Es ist ebenfalls ein schönes Haus, gilt aber als verhext.«

»Meine Mutter war davon sehr beeindruckt.«

»Ich weiß, aber meine Schwester Carlotta hat beschlossen, es nicht zu verkaufen. Es wurde ihr vom vorherigen Besitzer vererbt, der ein Verwandter von ihr war.«

»Aha. Und nun steht Enderby also leer.«

»Ja, eine Laune von Carlotta. So bezeichnet es jedenfalls mein Großvater.«

»Wo ist Eure Schwester?«

»Sie ist inzwischen verheiratet und wohnt in Sussex... mit dem hübschesten Baby, das man sich nur vorstellen kann. Aber sagt, lebt Ihr immer in London?«

»Nein, ich habe noch einen kleinen Besitz in Dorset, um den ich mich kümmern muß. Manchmal bin ich dort, manchmal bei meiner Mutter in London. Da jetzt Krieg ist, werde ich wohl in die Armee eintreten müssen.«

Ich runzelte die Stirn. Meine Mutter haßte Kriege mit einer solchen Inbrunst, daß sie mich damit angesteckt hatte.

»Es kommt mir lächerlich vor, daß wir uns derart mit den Problemen anderer Länder beschäftigen. Was gehen uns Ereignisse in Europa an?« Im Grunde wiederholte ich nur, was ich von meiner Mutter gehört hatte.

»So einfach ist es nicht«, widersprach er. »Ludig XIV. hatte mit unserem verstorbenen König ein Übereinkommen getroffen, das er nun gebrochen hat. Sein Enkel, Philipp von Anjou, wurde zum spanischen König deklariert. Folglich wird Frankreich in Europa eine Vormachtstellung erhalten. Bereits jetzt befinden sich französische Garnisonen in den Städten der spanischen Niederlande. Doch am schlimmsten ist, daß Ludwig XIV. den Sohn von James II. als James III. von England anerkannt hat. Daraufhin ist Krieg erklärt worden. Wir haben starke Verbündete in Holland und Österreich. Es ist absolut notwendig, in den Krieg zu ziehen, versteht Ihr?«

»Also werdet Ihr tatsächlich Soldat... Mein Vater war es früher auch, gab das Soldatentum aber meiner Mutter zuliebe auf. Er kaufte das Dower House in Eversleigh, bewirtschaftet dort das Land und kümmert sich um seine Pächter. Außerdem hilft er meinem Großvater, der allmählich alt wird. Ihr habt ihn ja gestern kennengelernt. Meine beiden Onkel Carl und Edwin sind in der Armee. Edwin ist der derzeitige Lord Eversleigh und lebt auf Eversleigh Court, wenn er gerade beurlaubt ist.«

»Ich weiß, daß es in Eurer Familie eine große militärische Tradition gibt.«

Wir waren in unsere Unterhaltung vertieft, als meine Mutter das Zimmer betrat. Sie wirkte ausgesprochen befremdet.

»Sieh mal, wir haben einen Besucher, der dir Veilchen mitgebracht hat«, sprudelte ich heraus.

»Das ist sehr freundlich von Euch. Danke.« Sie nahm den Strauß und vergrub ihr Gesicht darin.

»Meine Mutter hofft, daß ich Euch überreden kann, doch noch einige Tage länger zu bleiben, damit wir Euch zu uns einladen können«, sagte Matthew Pilkington.

»Das ist ganz reizend, doch wir haben schon alles vorgeplant.«

Sie ließ Wein bringen und unser Gast plauderte noch etwa eine Stunde mit uns. Ich spürte, daß er sich nur ungern von uns trennte, während meine Mutter ganz offenkundig keinen Wert darauf legte, ihn noch länger bei uns zu haben. Hoffentlich fiel ihm das nicht ebenso auf wie mir.

»Ich denke, wir werden uns bald wiedersehen«, sagte er zum Abschied.

»Hoffentlich«, erwiderte ich mit Nachdruck.

Meine Mutter erwähnte später am Tag meinen Großeltern gegenüber, daß Matthew Pilkington zu Besuch gekommen war.

»Also hat Damaris bereits einen Verehrer«, sagte meine Großmutter.

»Ach, Unsinn. Sie ist doch noch viel zu jung. Außerdem kam er, um mir Veilchen zu bringen.«

»Natürlich nur ein Vorwand, Priscilla.«

Es machte mich nachdenklich, daß Matthew Pilkington als mein Verehrer bezeichnet worden war. Er schien mich gemocht zu haben, das hatte auch ich bemerkt. Plötzlich fiel mir auf, daß dies eine der ersten Gelegenheiten gewesen war, bei der Carlotta nicht da war und folglich auch nicht alle Aufmerksamkeit auf sich zog.

Die Idee, Matthew Pilkington könnte ein Verehrer von mir sein, behagte mir außerordentlich.

Bereits am nächsten Tag verließen wir London. Über Temple Bar kamen wir nach Cheapside, wo die Budenbesitzer und ihre Kunden uns ständig den Weg versperrten, und dann weiter nach Bucklersbury, wo verlockende Düfte aus den Gewürzläden die Luft erfüllten. Während ich die grauen Mauern des Tower betrachtete, die über dem Fluß aufragten, überlegte ich, was mir alles hätte widerfahren können, als ich mich in dieses geheimnisvolle und zugleich schreckliche Gassengewirr wagte. Ich konnte wirklich von Glück sagen, daß ich keiner übleren Person als der ›guten Mrs. Brown‹ begegnet war. Ich begann ihr allmählich die Güte zuzugestehen, deren sie sich rühmte. Außerdem hatte sie in gewisser Weise die Pilkingtons in mein Leben gebracht, und ich dachte reichlich viel an Matthew, seit er mit dem Veilchenstrauß bei uns aufgetaucht war.

Meine Mutter hatte sich über seine geckenhafte Aufmachung, wie sie es nannte, lustig gemacht, doch mein Großvater meinte dazu, daß heutzutage sich fast alle jungen Männer nach der neuesten Mode kleideten. Er fand sogar, daß die Mode weniger übertrieben war als in seiner Jugend. »Wir waren mit Bändern förmlich gespickt. Ja, weiß Gott! Bänder an jeder möglichen und unmöglichen Stelle!«

Meine Großmutter war recht angetan davon, daß Matthew seine Aufwartung gemacht hatte; ihrer Meinung nach nur meinetwegen. Sie behauptete, daß ich immer im Schatten Carlottas gestanden hätte und erst jetzt voll zur Geltung käme.

Wenn ich ehrlich war, mußte ich zugeben, daß ich froh über Carlottas Abwesenheit war. Ob ich Matthew wohl jemals wiedersehen würde?

Wir kehrten für eine Nacht in einem Gasthaus in der Nähe von Seven Oaks ein und erreichten schon am nächsten Tag unser Zuhause.

Sobald ich mich vergewissert hatte, daß meine Hunde und mein Pferd in der Zwischenzeit gut versorgt worden waren, hätte ich eigentlich die tägliche Routine wiederaufnehmen können, doch irgendwie war alles anders. Wir hatten nicht nur eine neue Königin, sondern mir war ein Abenteuer widerfahren, das mich noch lange verfolgen würde. In Alpträumen befand ich mich wieder in jenem schrecklichen Kellerverschlag, und die drei Mädchen wurden von der guten Mrs. Brown auf mich gehetzt. Schreiend wachte ich auf und umklammerte mit beiden Händen die Bettdecke. Einmal hörte mich meine Mutter und setzte sich zu mir.

»Ich wünschte, wir wären nicht nach London gereist«, sagte sie besorgt.

Nach einer Weile vergingen zum Glück diese Alpträume, doch dafür gab es eine ganz andere Aufregung: Elizabeth Pilkington kam nach Grasslands Manor.

Auf Anhieb erklärte sie, daß ihr das Haus gefalle, und diesmal wurde der Kauf auch abgeschlossen. Gegen Ende des Sommers war sie bereits eingezogen.

Matthew diente inzwischen bei der Armee, so daß ich ihn nicht zu Gesicht bekam. Doch ich freundete mich mit seiner Mutter an, und wir besuchten uns häufig.

Ich war ihr bei der Einrichtung und beim Ankauf von neuen Möbeln behilflich, denn sie wollte ihr Londoner Stadthaus beibehalten.

»Ich bin ans Stadtleben so gewöhnt, daß ich es einfach nicht aufgeben kann«, erklärte sie mir.

Mistreß Pilkington war lebhaft und amüsant. Sie erzählte mir viel über das Theater und die verschiedenen Rollen, die sie schon gespielt hatte. Irgendwie erinnerte sie mich an Harriet, mit der sie einmal gemeinsam auf der Bühne gestanden hatte, als William Wycherleys Stück ›Die Bauersfrau‹ aufgeführt wurde. Da Elizabeth meinem Großvater gut gefiel, wurde sie häufig nach Eversleigh Court eingeladen. Auch meine Mutter freundete sich mit ihr an. Offenbar hatte ihre Abneigung nur Matthew gegolten.

An Weihnachten ritten wir nach Eyot Abbas hinüber. Wir konnten feststellen, daß Clarissa sich schon zu einer kleinen Persönlichkeit entwickelte. Sie war nun zehn Monate alt und begann sich für alles zu interessieren. Mit ihren blonden Haaren und den blauen Augen sah sie ganz entzückend aus, und ich schloß sie sofort ins Herz.

»Damaris wird einmal hingebungsvoll für ihre Kinder sorgen«, sagte meine Mutter, und ich dachte, daß ich mir nichts sehnlicher wünschte als ein Baby.

Carlotta war wunderschön wie eh und je und wurde von Benjie förmlich angebetet. Er war überglücklich, sie zur Frau zu haben. Carlottas Gefühle waren viel schwerer zu durchschauen. In ihr war eine gewisse Rastlosigkeit, die mir unbegreiflich schien. Sie war auf jeder Gesellschaft die Schönste, hatte einen Mann, der ihr alle Wünsche von den Augen ablas, hatte ein reizendes Töchterchen, ein schönes Zuhause. Harriet und Gregory liebten sie wie eine Tochter. Was fehlte Carlotta denn noch zu ihrem Glück?

Ich konnte mich nicht zurückhalten und fragte sie einmal direkt danach. Als ich vier Tage nach Weihnachten einen Spaziergang mit Gregorys Apportierhund machte, entdeckte ich Carlotta im Windschatten einer Klippe, von der aus sie zu der vorgelagerten Insel hinüberstarrte.

Kurz entschlossen schnitt ich das Thema an, nachdem ich mich neben sie gesetzt hatte. »Du kannst dich wirklich glücklich schätzen, Carlotta. Du hast einfach alles...«

Sie warf mir einen erstaunten Blick zu. »Was ist denn mit unserer kleinen Damaris los? Früher war sie doch immer ein zufriedenes braves Hühnchen. Sie war glücklich, wenn sie die Kranken pflegen konnte, hauptsächlich irgendwelche siechenden Tiere, doch auch die Leidenden in der Nachbarschaft beschenkte sie mit einem Korb voller Eßwaren. Güte und Zufriedenheit leuchteten aus ihrem bescheidenen Gesichtchen...«

»Du hast dich schon immer über mich lustig gemacht, Carlotta.«

»Vielleicht deshalb, weil ich nie so wie du sein konnte.«

»Du... wie ich! Das würdest du ja nie wollen.«

»Nein, da hast du recht. Was für ein Abenteuer du in diesem verruchten London erlebt hat! Der Kleider beraubt und nackt auf die Straße geschickt. Meine arme Damaris.«

»Ja, es war wirklich gräßlich. Aber andererseits lernte ich damals die Pilkingtons kennen, und nur deshalb lebt Elizabeth Pilkington jetzt in Grasslands Manor. Es ist schon merkwürdig, wie ein Geschehnis zu einem anderen führt, das ohne das erste nie eingetroffen wäre.«

Sie nickte nachdenklich.

»Weißt du, wenn ich nicht weggegangen wäre, um die Veilchen zu kaufen...«

»Ich hab's schon begriffen«, wehrte sie ab. »Du mußt es nicht noch ausführlicher schildern.«

»Gut, aber es fiel mir gerade eben besonders auf.«

»Du magst diese Frau, nicht wahr?« erkundigte sie sich. »Mir gefiel sie auch, als ich ihr Enderby zeigte.«

»Warum hast du dich damals so überraschend entschlossen, nicht zu verkaufen?«

»Oh, es gab gewichtige Gründe. Sie hat doch einen Sohn?«

»Ja... Matthew.«

»Du magst ihn.«

»Woher... weißt du das?«

Sie lachte und stieß mich auf freundschaftliche Weise in die Seite. »Das ist ja das Dumme, Damaris. Ich weiß immer, was du tun wirst. Du bist leicht zu durchschauen. Das macht dich so...«

»Ich weiß«, sagte ich, »so langweilig.«

»Tja, ich finde es hübsch, ab und zu ein kleines Geheimnis zu wittern. Dieser Matthew war also recht galant, hm?«

»Er brachte unserer Mutter Veilchen.«

Sie brach erneut in Gelächter aus.

»Warum lachst du so?«

»Schon gut«, wehrte sie ab und schaute wieder aufs Meer hinaus. »Man weiß nie, was noch passieren wird«, sagte sie dann. »Dort drüben, jenseits des Meeres, liegt Frankreich.«

»Na und?« erwiderte ich, ein wenig verletzt durch ihr Lachen.

»Stell dir nur mal das Leben drüben vor. Es muß dort viel Aufregung geben, seitdem der alte König tot ist und ein neuer proklamiert wurde.«

»Es gibt keinen neuen König. Wir haben eine Königin.«

»Dort drüben sind sie nicht dieser Meinung.«

Sie schlang die Arme um die Knie und lächelte geheimnisvoll. Ich wollte schon sagen, daß sie sich in einer reichlich merkwürdigen Stimmung befände, ließ es dann aber bleiben, denn Carlotta war schließlich oft in merkwürdiger Stimmung.

Einige Tage später kam ich auf einem Ausritt an derselben Stelle vorbei, und wieder saß Carlotta auf dem Felsen und starrte nach Frankreich hinüber.

Eine Nacht im verbotenen Garten

Ein Jahr war vergangen, und mein vierzehnter Geburtstag war schon gefeiert worden. Immer noch tobte der Krieg. Meine Onkel Edwin und Carl standen mit Marlborough an der Front, der inzwischen Herzog geworden war. Wenn diese beiden nicht im Feld gestanden hätten, wären wir kaum an den Krieg erinnert worden, denn er beeinflußte unser Leben ansonsten überhaupt nicht.

Es war Mai, einer der schönsten Monate des Jahres. Sobald der Unterricht bei meiner Erzieherin, Mistreß Leveret, beendet war, ritt ich mit meinem Pferd Tomtit aus. Manchmal galoppierten wir am Meer entlang, was er besonders gern mochte. Es war wundervoll, tief Atem zu holen, denn die Luft an dieser Küste war nach unser aller Meinung frischer als sonst irgendwo. Der würzige Meergeruch war uns allen lieb und vertraut.

Ab und zu wagte ich mich auch weiter ins Landesinnere. Dann konnte Tomtit am Fluß trinken, während ich der Länge nach im Gras lag und die Kaninchen dabei beobachtete, wie sie herumhüpften. Hin und wieder ließen sich auch Wühlmäuse und winzige Feldmäuse blicken. Stundenlang schaute ich den Fröschen, Kröten und Wasserkäfern zu und lauschte dabei den Geräuschen des Waldes und dem Vogelgesang.

Eines Tages verlor Tomtit ein Hufeisen, und ich brachte ihn zum Schmied. Während er neu beschlagen wurde, machte ich einen Spaziergang, bei dem ich an Enderby Hall vorbeikam.

Das Besitztum übte auf mich wie auf viele andere eine seltsame

Faszination aus. Allerdings setzte ich fast nie einen Fuß hinein. Meine Mutter klagte ständig darüber, wie absurd es sei, das Haus zu putzen und zu lüften, wenn niemand darin wohne. Carlotta mußte ihrer Meinung nach endlich zur Vernunft gebracht werden und Enderby verkaufen.

Nahebei lag das Stück Land, das mein Vater gemeinsam mit dem Dower House erworben hatte. Nichts war bisher damit gemacht worden, obwohl er immer wieder alle möglichen Pläne faßte, aus denen dann aber doch nichts wurde. Es war eingezäunt, und mein Vater hatte unmißverständlich klargestellt, daß er es nicht zur allgemeinen Benutzung freigeben wollte.

Ich lehnte mich an den Zaun und schaute zum Haus hinüber, das finster und bedrohlich wirkte. Aber vielleicht lag das nur an seinem schlechten Ruf. Plötzlich vernahm ich einen Laut. Ich lauschte angestrengt, um die Richtung festzustellen, aus der er kam. Nein, nicht vom Haus her, sondern von irgendwo hinter dem Zaun. Nun hörte ich es wieder – ein jämmerliches Wimmern. Sicher ein Tier in Not – vielleicht irgendein Hund.

Mein Vater hatte einen so hohen Zaun errichten lassen, daß es kaum möglich war hinüberzusteigen. Doch es gab ein Tor, das zwar verschlossen war, über das ich aber mit einiger Geschicklichkeit klettern konnte.

Das Stück Land war völlig verwildert und zugewachsen. Ich nannte es bei mir ›den verbotenen Garten‹, weil mein Vater immer wieder betont hatte, daß niemand es betreten solle. Wie schon so oft wunderte ich mich, wieso er es überhaupt gekauft hatte, wenn er dann doch nichts damit anfing. Im nächsten Moment erklang erneut das Wehklagen. Es war ganz eindeutig ein leidendes Tier.

Ich ging dem Geräusch nach und sah schon bald, daß ich recht gehabt hatte. Eine prachtvolle Bulldogge mit braungelbem Fell, etwas dunkleren Ohren und einer fast schwarzen Schnauze war mit dem Hinterlauf in eine Falle geraten. Sie schaute mich flehend an, da sie offensichtlich starke Schmerzen hatte.

Mit Tieren kam ich immer gut zurecht. Vielleicht lag es daran, daß ich ganz ruhig mit ihnen sprach, voller Liebe und Verständnis, was sie zu spüren schienen.

Ich kniete mich hin. Irgend jemand hatte eine Falle für Hasen und Kaninchen aufgestellt, doch nun war sie dieser schönen Hündin zum Verhängnis geworden.

Es war ziemlich riskant, sich ihr zu nähern, denn der großen Schmerzen wegen war es leicht möglich, daß sie nach mir schnappte. Deshalb redete ich ständig begütigend auf sie ein. Zum Glück schien sie ebensowenig Angst vor mir zu haben wie ich vor ihr.

Nach einigen Minuten hatte ich herausgefunden, wie man die Falle öffnen konnte, und gleich darauf war die Bulldogge frei.

»Armes altes Mädchen«, murmelte ich und tätschelte ihr den Kopf. »Es ist ziemlich schlimm, ich weiß.«

Es war tatsächlich schlimm, denn sie konnte nur unter großer Pein aufstehen.

Unter weiterem guten Zureden lockte ich sie hinter mir her, und sie folgte mir vertrauensvoll. Da ich schon bei mehreren Tieren Knochenbrüche geschient hatte, war ich ganz zuversichtlich, daß ich auch diesmal helfen könnte.

Das Tier war in prächtiger körperlicher Verfassung und offensichtlich gut gepflegt. In ein paar Tagen würde ich mich dann auf die Suche nach dem Besitzer machen müssen.

Gerade als ich die Hündin zu Hause in mein Zimmer bringen wollte, begegnete mir auf der Treppe Mistreß Leveret.

»Schon wieder ein armes Opfer! Damaris, nein wirklich«, protestierte sie.

»Dieses schöne Tier geriet in eine Falle. Das Fallenlegen sollte verboten werden.«

»Sicher werdet Ihr dem bedauernswerten Geschöpf helfen können.«

»Inzwischen glaube ich, daß das Bein gar nicht gebrochen ist, wie ich zuerst befürchtete.«

Mistreß Leveret seufzte. Sie war, wie die anderen auch, der Meinung, daß ich mich nicht gar soviel um alle möglichen Tiere kümmern sollte.

Ich ließ heißes Wasser kommen und säuberte die Wunde. Dann bettete ich die Bulldogge in einen großen Korb, in dem eine meiner Hündinnen ihre Jungen gesäugte hatte. Einer der Bauern hatte mir vor kurzem eine spezielle Salbe gegeben, die er selbst herstellte und auf deren Heilwirkung er schwor. Die Hündin hatte aufgehört zu wimmern und sah mich mit ihren goldenen Augen an, als wolle sie mir für die Linderung ihrer Qualen danken.

Aus der Küche holte ich ihr einen großen Knochen, an dem noch ziemlich viel Fleisch hing. Auch einen Wassernapf stellte ich ihr hin. Sie schien sich ganz wohl zu fühlen, und ich ging zum Abendessen ins Erdgeschoß hinunter.

Mistreß Leveret, die mit uns ihre Mahlzeiten einnahm, berichtete meinen Eltern, daß ich einen weiteren verwundeten Streuner ins Haus gebracht hätte.

Meine Mutter lächelte. »Das ist schon in Ordnung.« Während des Essens sprach mein Vater hauptsächlich über einige Hütten auf unserem Grund und Boden und über deren nötige Reparatur. Erst kurz vor Beendigung der Mahlzeit kam das Gespräch wieder auf die Hündin, die ich gerettet hatte.

»Was ist ihr denn zugestoßen?« erkundigte sich mein Vater.

»Sie geriet mit dem Hinterlauf in eine Falle.«

»Ich verabscheue Fallen«, mischte sich meine Mutter ein. »Sie sind so grausam.«

»Sie sollen eigentlich auf der Stelle töten«, erklärte mein Vater. »Es ist schlimm für ein Tier, wenn es nur mit einem Bein hineingerät. Aber die Leute haben nun einmal gern einen Hasen oder ein Kaninchen für ihren Kochtopf; für sie gehört das zu ihrem Lohn. Wo war die Falle eigentlich aufgestellt?«

»Auf dem umzäunten Stück Land bei Enderby.«

Die Veränderung, die mit meinem Vater vor sich ging, war höchst erstaunlich. Er lief zuerst rot an und wurde dann bleich.

»Wo?« fragte er schroff.

»Du weißt schon... auf dem Grundstück, mit dem du immer große Dinge vorhast, die du dann doch sein läßt.«

»Wer hat dort eine Falle aufgestellt?«

Ich zuckte die Achseln. »Vermutlich jemand, der sich einen Braten fürs Essen holen wollte, wie du vorhin gesagt hast.«

Mein Vater geriet selten in Zorn, doch wenn es geschah, dann um so heftiger.

»Ich möchte wissen, wer es war.« Er sprach ganz ruhig, doch es kam mir wie die Ruhe vor dem Sturm vor.

»Du sagtest doch, daß sie die Beute aus Fallen als eine Art Zusatzlohn ansehen«, wandte ich ein.

»Aber nicht dort. Ich habe ausdrücklich Anordnung gegeben, daß niemand das Grundstück betreten darf.«

Meine Mutter machte einen fast verängstigten Eindruck.

»Es ist ja nichts Schlimmes passiert, Leigh«, versuchte sie ihn zu beruhigen.

Mein Vater schlug krachend mit der Faust auf den Tisch. »Wer diese Falle aufstellte, hat meinem Befehl nicht gehorcht. Ich werde schon herausfinden, wer der Betreffende ist.«

Er stand abrupt auf.

»Aber doch nicht jetzt gleich, oder?« widersprach meine Mutter.

Leigh hatte aber schon den Raum verlassen, und kurz darauf hörten wir ihn wegreiten.

»Er ist furchtbar zornig«, sagte ich. Meine Mutter schwieg.

»Ich hasse diese Fallen und würde sie lieber heute als morgen abschaffen. Aber ich verstehe trotzdem nicht, wieso er so wütend wurde.«

Sie gab mir keine Antwort, aber ich sah ihr an, wie sehr der Zwischenfalls sie mitgenommen hatte.

Bereits am nächsten Tag war der Fallensteller gefunden. Es war Jacob Rook. Mein Vater entließ ihn sofort. Mit Sack und Pack sollte er sich davonmachen, weil er einem Befehl seines Herrn zuwidergehandelt hatte.

Eine Entlassung war für Leute auf dem Lande besonders schlimm, da sie nicht nur die Arbeit, sondern auch ihr Zuhause verloren. Jacob und Mary Rook hatten seit fünfzehn Jahren in einer Hütte auf dem Grund und Boden von Eversleigh gehaust, der nun Leigh gehörte. Bis zur befohlenen Abreise hatten sie einen Monat Zeit.

Wir waren alle traurig, denn Jacob war ein fleißiger Mann, und Mary hatte oft im Haus ausgeholfen. Wie schrecklich, daß mein Vater so grausam sein konnte!!

Es war kaum mit anzusehen, als Mary zu uns kam, sich weinend an meine Mutter klammerte und sie um die Erlaubnis anflehte, doch bleiben zu dürfen. Meine Mutter versprach mit kummervollem Gesicht, noch einmal mit Leigh darüber sprechen zu wollen.

Auch ich versuchte ihn umzustimmen. »Bitte, drück diesmal ein Auge zu. Jacob wird es bestimmt nie wieder tun.«

»Ich verlange Gehorsam«, erwiderte mein Vater. »Jacob Rook hat bewußt einen Befehl von mir mißachtet.«

Er blieb unerbittlich, und wir konnten nichts mehr für die beiden tun.

Ich machte mir Vorwürfe wegen meiner Bemerkung, ich hätte die Bulldogge auf dem umzäunten Stück Land bei Enderby gefunden. Aber woher sollte ich wissen, daß dies solche Folgen haben würde.

Nach zwei Tagen war die Hündin soweit wieder hergestellt, daß sie herumhinken konnte. Ich fütterte sie mit besonders leckeren Sachen, und sie hing ganz offensichtlich an mir. Doch meine Freude an diesem Abenteuer war mir wegen der Rooks vergangen.

Kurze Zeit später ritt ich an Grasslands Manor vorbei, wo Elizabeth Pilkington gerade im Garten saß. Sie rief mich zu sich. »Ich wollte schon einen Boten zu Euch schicken, damit Ihr herkommt. Es ist jemand hier, der Euch gern wiedersehen möchte.«

Während sie noch sprach, kam Matthew Pilkington aus dem Haus. Er weilte auf mich zu und küßte mir die Hand.

Matthew sah auch diesmal sehr elegant aus, war aber nicht so stutzerhaft gekleidet wie in London. Er trug hohe Lederstiefel und ein knielanges dunkelblaues Jackett mit schwarzer Borte. Ich fand ihn darin sogar noch attraktiver als bei unserer letzten Begegnung.

»Wie schön, Euch zu sehen! Kommt doch herein zu uns. Meine Mutter schließt sich meinem Wunsch sicher an.«

Elizabeth Pilkington nickte lächelnd.

Ich ließ mir aus dem Sattel helfen und folgte ihnen ins Haus. Mich erfüllte bei Matthews Anblick große Freude. Er wirkte ganz anders als die jungen Männer aus der Nachbarschaft, die ich gelegentlich traf. Vermutlich war es jene verfeinerte Kultiviertheit, die mir bei anderen noch nie so stark aufgefallen war. Vielleicht rührte sie daher, daß er so viel Zeit in London verbrachte.

Er war für eine Weile mit der Armee auf dem Festland gewesen und dann zurückgekehrt, um auf seinem Besitz in Dorset nach dem Rechten zu sehen. »Man darf seinen Landbesitz nicht zu lange vernachlässigen«, sagte er.

Ich nickte, und er sprach weiter. »Ihr seid recht erwachsen geworden, seit wir uns das letzte Mal sahen.«

Bevor ich antworten konnte, warf seine Mutter ein: »Matthew hat großen Kummer, da er einen seiner Lieblingshunde verloren hat.«

Ich sprang vor Aufregung auf. »Etwa eine weibliche Bulldogge?«

»Ja. Aber woher wißt Ihr das?« erkundigte sich Matthew.

»Weil ich sie gefunden habe«, erwiderte ich lachend.

»Ihr fandet sie? Wo ist sie jetzt?«

»Sie erholt sich in einem Korb in meinem Schlafzimmer. Ich fand sie, nachdem sie in eine Falle geraten war, brachte sie heim und verarztete ihre Wunde. Sie erholt sich prächtig.«

Matts Augen leuchteten.

»Oh, das ist ja wundervoll. Ich bin Euch so dankbar, denn Belle ist mein Lieblingshund.«

»Sie ist auch ein wunderschönes Tier«, stimmte ich zu. »Die Ärmste tat sich sicher selbst leid.«

»...und war Euch dankbar. Wie ich es bin.« Er nahm meine Hand und küßte sie wieder.

Ich errötete. »Ach, das ist doch nicht der Rede wert. Einem Tier in Not würde ich immer helfen.«

Elizabeth Pilkington lächelte mir wohlwollend zu. »Das sind ja prächtige Neuigkeiten. Ihr seid unser guter Engel, Damaris.«

»Belle wird vor Freude außer sich geraten. Ich ahnte gleich, daß sie keine Streunerin sein konnte, denn sonst wäre sie nicht so gut gepflegt gewesen.«

»Sie ist ein besonders treues Tier. Zwar nicht mehr jung, aber es gibt keinen besseren Wachhund als sie.«

»O ja, ich kenne ihre Qualitäten bereits.«

»Wenn Ihr sie nicht entdeckt hättet...«

»Im Grunde war es ein großer Zufall, denn kaum ein Mensch geht je dorthin. Im Augenblick gibt es bei uns großen Ärger, weil Jacob Rook ausgerechnet an dieser Stelle die Falle aufgebaut hatte.«

»Wo habt Ihr Belle denn gefunden?« fragte Elizabeth.

»Ganz in der Nähe von Enderby, auf einem Stück Land, das mein Vater gekauft hat. Er hat gewisse Pläne damit, doch bis jetzt darf man es nicht einmal betreten. Ich nenne es immer den verbotenen Garten.« Dann wandte ich mich an Matt.

»Euer Hund wird vermutlich schon morgen wieder gut laufen können. Dann bringe ich Euch Belle herüber, wenn's recht ist.«

»Wunderbar. Wie können wir es ihr je danken?« sagte Matt zu seiner Mutter.

»Damaris muß man nicht ausdrücklich erklären, wie sehr wir es zu würdigen wissen, was sie für uns getan hat. Sie weiß es. Übrigens hätte sie für jeden kleinen Vogel dasselbe getan.«

Ich ritt in bester Laune nach Hause, was nicht nur daher rührte, daß ich den Besitzer der Hündin gefunden hatte, der ausgerechnet Matthew Pilkington hieß. Nein, am meisten freute ich mich, daß Matt zurück war.

Meine Freude bekam einen Dämpfer, als ich Mary Rook mit verweintem Gesicht in der Küche vorfand. Sie warf mir einen vorwurfsvollen Blick zu, denn ich war diejenige, die von der unseligen Falle berichtet hatte. Natürlich wäre mir kein Wort über die Lippen gekommen, wenn ich die heftige Reaktion meines Vaters vorausgeahnt hätte. Aber es war zwecklos, Mary dies zu sagen.

Ich erwähnte beim Abendessen nicht, daß ich den Eigentümer der Hündin gefunden hatte, denn es war nicht ratsam, dieses Thema in Gegenwart meines Vaters anzuschneiden. Er war immer noch in zorniger, unnachgiebiger Laune und litt vermutlich selbst am meisten darunter.

Meiner Mutter aber erzählte ich es, als wir nach oben in unsere Schlafzimmer gingen. »Matthew Pilkington ist gerade auf Besuch bei seiner Mutter, und stell dir vor, die Hündin gehört ausgerechnet ihm.«

»Welch merkwürdiges Zusammentreffen!«

Sie schien nicht gerade begeistert darüber zu sein.

Am nächsten Tag brachte ich Belle nach Grasslands. Sie gebärdete sich wie toll vor Freude, als sie Matthew erblickte. Mit lautem Gebell rieb sie den Kopf an seiner Hand, als er sich hinkniete und sie streichelte. Ich beobachtete die beiden, und wahrscheinlich habe ich mich genau in diesem Moment in ihn verliebt.

Man kann sich auch mit vierzehn schon heftig verlieben. Mistreß Leveret hatte meiner Mutter einmal gesagt, ich sei in gewisser Weise reifer, als mein Alter vermuten lasse. Ich war sehr ernsthaft und empfand das tiefe Bedürfnis, geliebt zu werden. Natürlich ist das bei allen Menschen so, doch ich hatte so lange in Carlottas Schatten gestanden, war mir ihrer Überlegenheit so sehr bewußt gewesen, daß ich mich wohl noch mehr danach sehnte als die meisten.

Es war für mich etwas ganz Besonderes, daß jemand mir seine Aufmerksamkeit schenkte, und ich genoß es über die Maßen.

Matthew und ich hatten vieles gemeinsam; die Liebe zu Pferden und Hunden brachte uns dazu, stundenlang über sie zu reden. Wir waren beide passionierte Reiter, und ich merkte, daß ich mich sogar für modische Kleidung zu interessieren vermochte, an der ihm so viel zu liegen schien. Bisher hatte ich kaum einen Gedanken daran verschwendet. Schließlich hatte ich immer gewußt, daß ich selbst im prächtigsten Gewand nicht mit Carlotta konkurrieren könne, auch wenn sie nur ganz bescheiden gekleidet gewesen wäre.

All das war nun anders, seit Carlotta fortgezogen war. Ich vermißte sie und sehnte mich manchmal nach ihr. Doch andererseits hätte ich in ihrer Anwesenheit nie dieses berauschende Gefühl gehabt, ganz selbständig ein aufregendes Leben führen zu können. Matt vermittelte mir das Bewußtsein, auf meine Art interessant zu sein. Er war mir ungeheuer dankbar, daß ich seine Hündin gerettet hatte, die sicher in der Falle elend umgekommen wäre. Immer wieder sprach er mit mir darüber.

Elizabeth gesellte sich häufig zu uns, und Belle legte sich Matt zu Füßen und schaute mich mit einem seelenvollen Ausdruck in den Augen an.

Bei einer unserer Unterhaltungen erwähnte ich, wie zornig mein Vater über den Mann war, der die Falle auf jenem Grundstück aufgestellt hatte, dessen Betreten verboten war.

»Es ist völlig zugewachsen und verwildert, nicht wahr«, sagte Elizabeth. »Warum schließt er es so hermetisch ab?«

»Wahrscheinlich hat er ganz bestimmte Pläne damit. Er ist so empört über die Unbotmäßigkeit von Jacob Rook, daß er ihn entlassen hat.«

»Wo wird dieser Rook wohl hinziehen?« meinte Elizabeth nachdenklich.

»Der arme Mann! Er hat zwar einen Befehl seines Herrn mißachtet, und mir sind diese tückischen Fallen zuwider... aber dennoch ist es kein so großes Vergehen, oder?« sagte Elizabeth.

»Ein solches Verhalten sieht meinem Vater gar nicht ähnlich. Er ist immer sehr gütig zu allen Leuten, die für ihn arbeiten, ja, er hat den Ruf, ein gerechter und guter Herr zu sein. Er war und ist beliebter als mein Großvater, der oft recht unwirsch sein konnte. Aber in diesem Fall bleibt er hart.«

»Armer Rook.«

Einige Tage später sah ich Mary Rook an der Pumpe im Garten stehen. Sie war wie verwandelt und strahlte über das ganze Gesicht. Ich freute mich sehr, da ich annahm, mein Vater habe zu guter Letzt doch noch nachgegeben. Wahrscheinlich hatte er ihnen nur einen kräftigen Denkzettel verpassen wollen.

»Du siehst so zufrieden aus, Mary«, sprach ich sie an. »Anscheinend ist alles wieder in Ordnung.«

»Das stimmt, Mistreß.«

»Ich wußte, daß mein Vater euch verzeihen würde.«

»Der Herr ist ein harter Mann«, sagte sie böse.

»Aber es ist doch wieder in Ordnung, denke ich.«

»Wir hauen ab. Es gibt ja noch andere Häuser auf der Welt als das Dower House hier, Mistreß.«

Ich war verblüfft. »Was meinst du denn damit?«

»Da ist Grasslands, Mistreß, und da gehn wir auch hin. Die Mistreß dort hat für uns beide Platz.«

Mary warf mit einer triumphierenden Bewegung den Kopf zurück, und ich machte mir so meine Gedanken.

Es war sicher gut gemeint von Elizabeth, doch durch ihre Handlungsweise würde eine angespannte Situation zwischen unseren beiden Familien entstehen. Schließlich lebten wir in allernächster Nachbarschaft.

In den folgenden Monaten traf ich mich häufig mit Matt. Ich fühlte mich wie verzaubert. Im Laufe der Zeit entdeckten wir so viele Gemeinsamkeiten. Er wußte gut Bescheid über alle möglichen Vogelarten, und wir lagen oft stundenlang in den Wiesen und beobachteten sie. Die Vögel sangen nun nicht mehr so jubilierend, da sie sich um ihre Jungen kümmern mußten. Allerdings ließen sich immer noch der Zaunkönig, der Weidenlaubsänger und auch der Kuckuck hören. Matt brachte mir viel Neues bei, und mir machte es großen Spaß, von ihm zu lernen. Wir nahmen Belle auf lange Spaziergänge mit, und auch bei manchen Ausritten folgte sie uns. Es gefiel ihr, neben den Pferden herzulaufen, bis sie müde wurde. Matt erinnerte sie manchmal spaßhaft daran, daß sie keine junge Dame mehr sei. Oft ritten wir auch zum Meer hinunter und wanderten den Strand entlang. In den Prielen suchten wir nach Seeanemonen. Dann zogen wir die Schuhe aus und planschten im Wasser herum oder bewunderten die seltsamen kleinen Wesen, die dort hausten. Dabei mußten wir aber vor Spinnen- und Drachenfischen auf der Hut sein. Matt zeigte mir, daß der Drachenfisch zu beiden Seiten des Kopfes Auswüchse hat, die einem dreischneidigen Messer gleichen. Der Spinnenfisch ist mit seinen Rückenstacheln sogar noch gefährlicher, denn sie können giftig sein.

Es waren sehr glückliche Tage für mich.

Einmal hörte ich zufällig, wie meine Großmutter zu meiner Mutter sagte: »Für ihn ist sie nur ein Kind. Er ist schließlich mindestens sieben oder acht Jahre älter.«

»Damaris ist ja auch wirklich noch ein Kind, aber ich finde trotzdem, daß sie sich zu häufig sehen.«

Zuerst fürchtete ich, daß sie den Versuch machen würden, meine Verabredungen mit Matt zu verhindern, doch dazu kam es nicht. Vermutlich hofften sie, daß er bald wieder abreisen würde. Und ich war ihrer Meinung nach sowieso noch zu jung für eine Liebe. Unsere Beziehung würde folglich ganz von selbst ein natürliches Ende finden.

Als wir eines Tages wieder einmal an Enderby Hall vorbeikamen, hielten wir an, um es ausgiebig zu betrachten. Irgend etwas an dem Haus zwang die Menschen förmlich dazu, dies zu tun.

»Was für ein herrlicher Besitz«, sagte Matt. »Ich war traurig, daß meine Mutter Enderby nicht bekam.«

»Seid Ihr immer noch traurig darüber?«

»Nein, nun hat sie ja Grasslands, und das liegt auch nicht weiter vom Dower House entfernt als Enderby.«

Ich glühte vor Stolz, wenn er so etwas sagte.

»Wie gern würde ich mir noch einmal das Innere ansehen, wie damals, als meine Mutter erwog, es zu kaufen.«

»Nichts leichter als das. Die Schlüssel liegen in Eversleigh Court. Ich hole sie morgen und zeige Euch das Haus.«

»Das wäre wunderbar.«

»Am besten gehen wir am Nachmittag, aber nicht zu spät, denn wir wollen ja nicht in die Dunkelheit geraten.«

»Oh, Ihr meint, bevor die Geister auftauchen. Habt Ihr Angst vor Geistern, Damaris?«

»Nicht, wenn Ihr bei mir seid.«

Er drehte sich zu mir um und gab mir einen zarten Kuß auf die Schläfe. »Das ist recht. Ich beschütze Euch vor allen Übeln und Gefahren, bei Tag und bei Nacht.«

So benahm er sich öfter, und immer mit großem Charme. Bei ihm klang alles so leichthin und natürlich, daß ich mich manchmal fragte, ob er es überhaupt ernst meinte.

Ich holte die Schlüssel aus dem Schreibtisch, in dem sie in Eversleigh aufbewahrt wurden, und traf mich mit Matt am nächsten Nachmittag vor dem Tor von Enderby Hall.

Belle begleitete ihn.

»Sie wollte unbedingt mitkommen«, erklärte er mir. »Ich brachte es nicht übers Herz, sie zurückzulassen. Wahrscheinlich ahnte sie, daß ich Euch treffe«, fügte er galant hinzu.

Belle sprang um mich herum, und ich tätschelte sie liebevoll.

Wir schlenderten durch die Gartenanlagen zum Hauptportal. Das Anwesen war nie vernachlässigt worden, und ausgerechnet Rook gehörte zu den Leuten, die hier Gärtnerdienste verrichtet hatten. Enderby war aus rotem Tudorbackstein mit einer Haupthalle und zwei Seitenflügeln erbaut worden, wie so viele Häuser in dieser Gegend. Kletterpflanzen bedeckten weite Mauerflächen. Es sah sehr hübsch aus, wie die roten Ziegel zwischen den glänzenden grünen Blättern hervorschauten, doch am prachtvollsten war dieser Anblick im Herbst.

»Wenn wir die Kletterpflanzen zurückschneiden würden, wäre es drinnen viel lichter«, sagte ich nachdenklich.

»Das würde nur die geisterhafte Atmosphäre beeinträchtigen«, widersprach Matt.

»Das wäre nur gut.«

»Nein, damit ginge auch Enderbys geheimnisvolle Aura verloren.«

Wir betraten die Halle, und Matt schaute zu der zauberhaften gewölbten Decke hinauf.

»Wunderschön.«

»Dort oben ist die Spukgalerie«, sagte ich.

»Da spielten früher die Musikanten...«

»Ja, und da geschah auch die Tragödie. Eine Besitzerin erhängte sich dort...oder versuchte es zumindest. Der Strick war zu lang, so daß sie sich schwer verletzte und viel leiden mußte, bevor sie schließlich starb.

»Spukt sie nun hier herum?«

»Es gibt wahrscheinlich auch noch andere. Das wird jedenfalls immer behauptet.«

Belle rannte in jeden Winkel und schnupperte überall herum. Sie fand das Haus wohl ebenso aufregend wie Matt.

»Gehen wir hinauf«, schlug ich vor.

»Es sieht immer noch bewohnt aus«, meinte Matt verwundert.

»Das liegt daran, daß es möbliert ist. Carlotta ließ nicht zu, daß etwas weggeschafft wurde.«

»Carlotta scheint eine höchst energische junge Dame zu sein.«

»Ja, das ist sie wahrhaftig.«

»Ich würde sie gern kennenlernen. Wahrscheinlich wird es wohl eines Tages auch möglich sein.«

»Wenn Ihr lang genug hierbleibt, bestimmt. Wir besuchen uns immer gegenseitig. Ich sehne mich sehr danach, Clarissa wiederzusehen.«

»Ich dachte, sie hieße Carlotta.«

»Clarissa ist Carlottas Baby, und zwar das hübscheste von der ganzen Welt.«

»Jedes Baby ist angeblich das hübscheste von der ganzen Welt.«

»Ich weiß, aber dieses ganz besonders«, widersprach ich. »Carlotta ist so glücklich dran.«

»Weil sie dieses unvergleichliche Kind hat oder warum?«

»Ja, deshalb. Aber auch, weil sie Carlotta ist.«

»Ist sie denn so vom Glück begünstigt?«

»Carlotta hat alles, was man sich nur wünschen kann: Schönheit, Reichtum, einen Ehemann, der sie liebt...«

»Und...«

Ich unterbrach ihn. »Und Clarissa. Das wolltet Ihr eben sicher sagen, oder?«

»Nein, Damaris. Etwas ganz anderes. Und... sie hat eine charmante Schwester, die sie tief bewundert.«

»Wie alle...«

Wir waren inzwischen auf der Musikantengalerie angelangt, und Matt wagte sich dort hinein.

»Reichlich dunkel hier«, rief er mir zu. »Und kalt. Das liegt sicher an den Vorhängen, die zwar schön sind, aber alles sehr düster machen.«

Belle war ihm gefolgt und schnüffelte auf dem Boden herum.

»Kommt! Wir wollen uns die Zimmer ansehen.«

Wir schlenderten durch alle Räume, bis wir zu jenem kamen, in dem das große Himmelbett mit den roten Vorhängen stand. Sofort fiel mir wieder der Tag ein, als ich Carlotta hier überraschte. Sie lag auf dem Bett und führte Selbstgespräche. Ich würde es nie vergessen.

»Ein interessantes Zimmer«, sagte Matt.

»Es ist der größte Schlafraum im ganzen Haus.«

Genau in diesem Moment begann Belle aufgeregt irgendwo weiter unten zu bellen.

Wir fanden sie an der Galerie, wo sie an den Bodenbrettern herumkratzte, als hätte sie irgend etwas entdeckt. Bei näherem Hinsehen entdeckten wir dort einen Spalt.

Matt kniete sich hin und späte angestrengt hinein.

»Dort scheint etwas Glänzendes zu liegen, das Belle aufgefallen ist.« Er legte der Hündin die Hand auf den Kopf und schüttelte sie spielerisch. »Na, komm schon, dummes altes Mädchen. Da ist nichts Besonderes.«

Sie reagierte auf seine Zuwendung, ließ sich aber dennoch nicht beirren. Ganz im Gegenteil, es sah fast so aus, als versuche sie, das Dielenbrett hochzustemmen.

Matt stand auf.

»Wirklich ein außergewöhnliches Haus«, sagte er. »Es besitzt etwas, das Grasslands fehlt, aber dort ist es dafür weitaus wohnlicher. Komm, Belle.«

Wir stiegen die Treppe hinunter, und Belle folgte uns zögernd. In der Halle blieben wir stehen, um einen letzten Blick auf die großartige Decke zu werfen, und schon war Belle wieder verschwunden.

»Sie ist nochmals die Empore hinaufgelaufen«, sagte Matt. »Ein sehr eigensinniges Wesen, unsere Belle. Früher gehörte sie meinem Vater, und der behauptete, daß sie nicht nachgibt, wenn sie sich einmal etwas in den Kopf gesetzt hat.«

Das Tier machte einen solchen Krach, daß wir kaum unser eigenes Wort verstehen konnten. Notgedrungen stiegen auch wir ein zweites Mal hinauf. Belle kratzte immer noch wie eine Verrückte an der Bodendiele herum.

»In Kürze wird sie es geschafft haben«, meinte Matt kopfschüttelnd und kniete sich wieder neben sie. »Was ist denn los, mein Mädchen? Was hast du denn da unten entdeckt?«

Ihr Bellen wurde noch lauter, da sie endlich seine Aufmerksamkeit gefesselt hatte.

Matt warf mir einen fragenden Blick zu.

»Ich könnte das Brett hochheben. Da die Ritze so breit ist, müßte der Boden hier sowieso mal repariert werden.«

»Einverstanden. Wir können einen unserer Dienstboten herbeordern, um den Schaden wieder zu beheben. Die Mägde werden allerdings keinen Fuß hier reinsetzen, wenn sie es vermeiden können, denn sie haben alle Angst.«

»Merkwürdig, daß sich Belle ausgerechnet den Raum im Haus ausgesucht hat, wo es angeblich spukt. Aber es heißt ja auch, daß Hunde eine Art sechsten Sinn haben.«

»Matt, glaubt Ihr, daß wir etwas Aufregendes entdecken werden?«

»Nein, im Grunde geht es hier nur um Belles Eigensinn. Sie hat irgend etwas bemerkt und gibt keine Ruhe, bis sie es bekommt. Aber ich muß zugeben, Damaris, daß ich inzwischen selbst recht neugierig bin.«

»Ich auch.«

»Gut, mal sehen, was sich mit diesem Brett machen läßt.« Belle geriet fast außer sich vor Erregung, als Matt das Brett hochzustemmen begann.

Es knarrte und ächzte, und ein wahrer Regen aus Holzstaub rieselte an der Verbindungsstelle mit der Wandtäfelung herab.

Endlich konnten wir inmitten des Staubs von Jahrhunderten sehen, was Belles Aufmerksamkeit geweckt hatte. Es war eine Schnalle, die von einem Männerschuh stammen mochte.

Belle gebärdete sich auch weiterhin reichlich seltsam. Sie winselte und wimmerte und bellte dazwischen laut.

»Kein Grund, sich so aufzuführen, Belle«, sagte Matt gespielt böse.

»Wahrscheinlich ist diese Schnalle aus Silber«, meinte ich. »Sicher liegt sie schon seit Jahren hier drin.«

»Sie könnte aus Versehen in den Spalt gerutscht sein, ohne daß es jemand bemerkte.«

»Ja, so war es wohl.«

Matt hielt das Fundstück in der offenen Hand, und Belle wandte die Augen nicht davon ab. Sie wedelte mit dem Schwanz und ließ immer wieder jenes merkwürdige Winseln hören. Endlich hatte sie bekommen, was sie wollte.

»Bestimmt gehörte die Schnalle zu einem Schuh, und der Besitzer wunderte sich, wo um alles in der Welt er sie wohl verloren hätte. Auf die Idee, unter Dielenbrettern nachzusehen, kommt man ja nicht so leicht. Ich werde das Brett jetzt an seinen alten Platz legen, aber Ihr müßt es reparieren lassen, denn sonst könnte jemand darüber stolpern und hinfallen.«

»Ja, ich sage zu Hause Bescheid.«

Matt legte die Schnalle auf den Boden, und im nächsten Augenblick hatte Belle sie auch schon geschnappt.

»Verschluck sie nicht«, sagte ich.

»Dazu ist sie viel zu schlau, nicht wahr, Belle!«

Matt fügte das Brett wieder ein. »Jetzt sieht es nicht mehr ganz so schlimm aus«, meinte er zufrieden.

Belle hielt die Schnalle im Maul, betrachtete uns und wedelte zufrieden mit dem Schwanz.

»Du bist viel zu verwöhnt, mein Schatz«, sagte Matt. »Du brauchst nur nach etwas zu verlangen, und schon kriegst du es. Selbst wenn man dafür den Boden aufbrechen muß.«

Wir verließen das Haus und schlossen hinter uns ab.

»Kommt noch für ein Weilchen mit. Meine Mutter freut sich immer sehr, Euch zu sehen«, schlug Matt vor.

Also ritten wir nach Grasslands, und Elizabeth begrüßte mich mit gewohnter Herzlichkeit.

»Was hat Belle denn nun wieder gefunden?« erkundigte sie sich.

Wie zur Antwort ließ Belle die Schnalle fallen, setzte sich davor und schaute sie mit schiefgelegtem Kopf an.

»Was ist denn das?«

Wir erzählten von unserem Abenteuer.

Elizabeth hob Belles Trophäe auf und untersuchte sie von allen Seiten. »Eine Schnalle von einem Männerschuh, und zwar eine sehr schöne«, konstatierte sie.

Belle begann zu winseln.

»Schon gut, schon gut. Ich nehme sie dir ja nicht weg.«

Elizabeth überließ die Silberschnalle Belle, die sich damit in eine Ecke verzog.

Wir mußten alle lachen.

»Es würde mich interessieren, wem sie wohl einmal gehört hat«, meinte Matts Mutter nachdenklich.

Kurz darauf hörte man von Spukerscheinungen auf Enderby. Es war nicht das erste Mal.

Das Ganze begann, wie es meistens der Fall war, mit irgendeiner nebensächlichen Begebenheit. Jemand sah oder glaubte zumindest zu sehen, daß in Enderby Hall ein Licht brannte. Er erwähnte dies, und von da an sahen plötzlich alle dort Lichter.

Meine Mutter behauptete, daß sich lediglich die untergehende Sonne in einem der Fenster spiegelte, was von abergläubischen Naturen als Licht im Hausinneren interpretiert wurde.

Jedenfalls gab es wieder massenhaft Gerüchte.

Ich hatte daheim das beschädigte Bodenbrett gemeldet, und es war repariert worden. Mit keinem Wort aber erwähnte ich die Schuhschnalle, da sie mit Belle zusammenhing. Belle wiederum würde meine Eltern vermutlich an jenen unglücklichen Zwischenfall erinnern, der zur Entlassung der Rooks führte.

Wenn ich den Rooks begegnete, verhielten sie sich immer ein wenig trotzig. Als ich mich bei Mary erkundigte, ob sie sich in Grasslands gut eingewöhnt hätte, nickte sie eifrig.

»O ja, Mistreß Damaris, mir und Jacob ist es noch nie so gut gegangen wie hier. Es ist wie im Paradies.« Auf diese Weise ließ sie mich wissen, daß sich die Lage für sie verbessert hätte und was für ein Glückstag es war, an dem mein Vater sie vor die Tür setzte.

Elizabeth bestätigte mir, daß die Rooks alles täten, um sich beliebt zu machen, und ausgezeichnete Dienstboten seien. Mir fiel auf, daß das Gesinde in Grasslands mich stets mit ganz besonderem Interesse musterte, und ich fragte mich, was für Geschichten die Rooks wohl über unseren Haushalt verbreiteten.

Carlotta hatte Dienstboten immer mit Spionen verglichen, da sie so viel über das Privatleben ihrer Herrschaft wissen.

»Man darf sie nie unterschätzen«, meinte meine Schwester. »Ständig beobachten sie, hocken zusammen und tratschen. Oft erfinden sie auch Dinge, die gar nicht passiert sind.«

Wenn ich doch nur niemandem erzählt hätte, wo ich Belle fand!

Seit die Hündin die Schuhschnalle aufgestöbert hatte, war sie ganz versessen darauf, weitere Schätze zu suchen. Einmal glaubten wir schon, daß sie ihren heißgeliebten Besitz verloren hätte, doch dann entdeckten wir, daß sie ihn mitsamt einem Knochen im Garten verbuddelt hatte.

Sie interessierte sich nun ganz besonders für das Stück Land, wo sie in die Falle geraten war, während sie sich bis dahin nicht einmal in die Nähe gewagt hatte. Wenn wir früher daran vorbeiritten, zog sie den Schwanz ein und hielt sich ganz dicht bei uns. Sie erinnerte sich wohl an ihr unangenehmes Erlebnis.

Doch eines Tages war sie plötzlich verschwunden, als wir dort einen Spaziergang machten. Wir riefen immer wieder nach ihr, aber sie tauchte einfach nicht mehr auf.

Wir wußten, daß Enderby sie jetzt ausgesprochen faszinierte, denn sie versuchte immer wieder hineinzugelangen. Manchmal setzte sie sich vor die Haustür und schaute uns bittend an.

»Na, komme schon, Belle«, pflegte Matt dann zu sagen. »Hier gibt es keine Silberschnallen mehr.«

Doch niemals hatte sie Lust gezeigt, direkt auf das Grundstück hinter dem Zaun zu gelangen.

Als wir sie an jenem Tag aus den Augen verloren hatten und all unser Rufen vergeblich blieb, meinte Matt schließlich:

»Ob sie wohl irgendwie ins Haus geschlüpft ist? Vielleicht hat jemand eine Tür offengelassen.«

Genau diesen Moment suchte sich Belle aus, um unter dem Zaungatter hervorzukriechen.

Wir waren beide sehr verblüfft, denn dort hätten wir sie am allerwenigsten vermutet.

Sie sprang auf Matt zu und wedelte mit dem Schwanz, schuldbewußt, wir mir schien.

»Was hast du nun wieder angestellt? Du bist ja mit Schmutz bedeckt.«

Am nächsten Tag konnten wir sie nach einer Weile wieder nicht finden, als wir nach Enderby spaziert waren, was eigentlich merkwürdig war. Vermutlich folgten wir Belle ganz automatisch, die uns stets aufs neue dort hinlockte. Es hatte fast den Anschein, als wären wir, wie alle anderen auch, von Enderby besessen.

Da Belle auch nach wiederholtem Rufen nicht auftauchte, kam mir plötzlich ein schrecklicher Gedanke. Ich wurde blaß. »Womöglich mißachtet Jacob Rook absichtlich den Befehl meines Vaters und hat eine neue Falle aufgestellt.«

Matt schüttelte den Kopf. »Fürchtet Ihr, daß Belle wieder in eine hineingeraten ist? O nein! Einmal gefangen und nie wieder. Sie ist intelligent genug, um diese Art von Falle wiederzuerkennen. Außerdem hat Jacob es gar nicht nötig, sich mit Fallen abzugeben. Er lebt jetzt bei uns im Haus und braucht kein Kaninchen als Extramahlzeit.«

»Das stimmt. Trotzdem habe ich so eine Vermutung, daß Belle dort drin zu suchen ist. Sie hat sich in letzter Zeit reichlich merkwürdig aufgeführt.«

Mit Matts Hilfe kletterte ich über das Gatter, dann folgte er mir nach.

»Belle! Belle!«

Aus einiger Entfernung hörten wir ihr Gebell, aber sie kam nicht zu uns gerannt, was sie normalerweise immer tat.

»Hier entlang«, sagte Matt, und wir arbeiteten uns tiefer in das Buschwerk vor.

»Ich begreife nicht, warum Euer Vater dieses Grundstück so verwildern läßt.«

»Er hat gerade besonders viel zu tun, wird sich aber bestimmt bald darum kümmern.«

Dann stießen wir endlich auf Belle, die dabei war, ein tiefes Loch zu graben.

»Was tust du denn da?« rief Matt.

»Wir müssen sie hinausschaffen. Mein Vater gerät in Zorn, wenn jemand dies Stück Land betritt.«

»Gut. Komm mit, Belle. Na los.«

Sie hörte mit dem Buddeln auf und schaute uns flehend an.

»Was ist denn mit dir los?« wollte Matt wissen.

Sie hob einen schmutzigen Gegenstand auf und legte ihn Matt zu Füßen. Wir musterten das grünliche Etwas.

»Ich glaube, das war einmal ein Schuh. Was meint Ihr?«

»Ja, es sieht ganz so aus«, stimmte ich zu.

»Noch ein Fund, Belle. Aber dieser kommt mir nicht ins Haus, das garantiere ich dir.«

Er warf das zerfledderte Ding weit weg ins Gestrüpp, doch Belle stürzte hinterher und holte es zurück.

»Du bist schon ein seltsamer Sammler, Belle«, sagte ich.

»Matt, jetzt sollten wir aber wirklich gehen. Wenn jemand uns sieht und meinem Vater davon erzählt, bekommen wir Ärger. Er ist strikt dagegen, daß irgend jemand seinen Fuß auf dieses Stück Land setzt.«

»Hast du das gehört, Belle? Sei brav und laß dieses Scheusal fallen.«

Belle gehorchte augenblicklich.

»Marsch, nach Hause.«

Als wir zum Gatter kámen, holte uns Belle ein, die hinter uns zurückgeblieben war.

»Nun schaut Euch das an«, sagte Matt zu mir.

Belle hatte den alten Schuh im Maul.

Matt nahm ihn ihr weg und schleuderte ihn noch einmal in hohem Bogen hinter sich. Belle gab ein protestierendes Winseln von sich, kam aber dennoch folgsam mit.

Kurze Zeit darauf machte Elizabeth einen Vorschlag. »Ich möchte ein kleines Fest mit Scharaden und sonstigen Spielen veranstalten. Dazu lade ich Eure Familie und einige andere Nachbarn ein. Es ist höchste Zeit, daß Grasslands zu einem gastlichen Haus wird. Ihr müßt mir bitte bei den Vorbereitungen helfen, Damaris.«

Ich erklärte, daß ich dies gern täte, aber wohl keine besondere Hilfe sein würde, denn Feste hatten für mich nie etwas Verlockendes gehabt. Da ich scheu war, hatte mich nur selten jemand zum Tanzen aufgefordert. Allerdings war in der Zwischenzeit eine ziemliche Veränderung mit mir eingetreten, was ich der Freundschaft mit Matt verdankte. Er hatte mir deutlich zu verstehen gegeben, wie gern er mit mir zusammen war.

In London hatte er mich etwas eingeschüchtert, da er mir wie der vollkommene Dandy vorgekommen war. Doch hier auf dem Land schien er ein ganz anderer Mensch zu sein. Natürlich wußte ich, daß diese schöne Zeit bald ein Ende fand, weil er wieder abreisen würde. Einige Male schon hatte er davon gesprochen, daß er sich um seine Besitzungen in Dorset kümmern müßte und außerdem auch Verpflichtungen bei der Armee hätte. Ich konnte mir nicht vorstellen, worin diese bestanden, und ihm fehlte offenbar jede Lust, Näheres darüber zu erläutern. Es bestand eine tiefe Harmonie zwischen uns, was vielleicht daran lag, daß ich seine Stimmungen verstand und respektierte.

Am deutlichsten merkte ich den Wandel in mir, als ich feststellte, daß Elizabeths Ankündigung eines Fests mich in Aufregung versetzte, statt mich ängstlich zu stimmen.

Meine Großmutter zeigte sich besonders interessiert an den geplanten Scharaden, da sie sich dadurch an jene Zeiten erinnert fühlte, als sie und Harriet jung waren.

»Harriet war ausgesprochen begabt dafür«, erzählte sie mir. »Natürlich hing das mit ihrem Auftreten als Schauspielerin zusammen, und bei Elizabeth Pilkington wird es vermutlich ganz ähnlich sein. Vielleicht will sie gerade deshalb Scharaden aufführen. Schließlich tun wir alle am liebsten das, was wir perfekt beherrschen.«

Noch häufiger als bisher ritt ich nach Grasslands, dachte mir mit Elizabeth die Scharaden aus und wühlte mit ihr in den großen Kisten voller Kostüme, die sie fürs Theater gebraucht hatte. Es machte mir ungeheuren Spaß, mich zu verkleiden und die verschiedenen Perücken aufzusetzen.

Als sie mir wieder einmal beim Anprobieren half, legte sie mir beide Hände auf die Schultern und küßte mich. »Ich habe Euch sehr liebgewonnen, Damaris. Und Matt ergeht es nicht anders.«

Ich errötete, da ich aus ihren Worten eine bestimmte Bedeutung heraushörte. Konnte sie wirklich meinen, was ich vermutete?

Warum eigentlich nicht? Ich war sehr verliebt und schwankte wie alle Liebenden zwischen Ekstase und schlimmen Vorahnungen.

Eigentlich konnte ich nicht glauben, daß er mich liebte. Er war so welterfahren, so gewandt, um so vieles älter als ich. Doch ich hatte Carlottas Spötteleien schon ein wenig vergessen und begann eine andere Meinung von mir zu haben und an mich zu glauben. Folglich war ich doch sehr glücklich über Elizabeths Worte.

Meine Mutter mochte Matt nicht, sie hatte sogar eine starke Abneigung gegen ihn, die ich nicht begreifen konnte. Aber meine Großeltern schätzten ihn, was vor allem bei meinem Großvater erstaunlich war, denn ihm gefielen nur wenige Menschen.

Eines Tages kam meine Großmutter nach Grasslands und erklärte vergnügt, daß all dieses Gerede über Scharaden in ihr viele Erinnerungen wachgerufen hätte. Sie schilderte uns, wie Harriet vor vielen Jahren in einem Schloß aufgetreten war, natürlich noch vor der Restauration, fügte sie hinzu. »Ihr könnt Euch doch noch an Harriet erinnern, Mistreß Pilkington?«

»Nur flüchtig. Ich spielte erst Kinderrollen, als sie bereits daran dachte, die Bühne zu verlassen. Das war kurz vor ihrer Hochzeit.«

»Ja, Harriet hat in unsere Familie eingeheiratet. Sie ist um viele Jahre älter als Ihr, aber es ist erstaunlich, wie sie auch heute noch den Eindruck erwecken kann, eine junge Frau zu sein.«

»Ist sie immer noch schön?«

»O ja. Sie besitzt jene seltene Schönheit, die ein besonderes Geschenk guter Feen zu sein scheint. Bei deiner Schwester Carlotta ist es ebenso, nicht wahr, Damaris?«

Ich nickte.

»Wir spielten damals ›Romeo und Julia‹«, fügte meine Großmutter mit einem so abwesenden Gesichtsausdruck hinzu, als weile sie wieder ganz und gar in der Vergangenheit.

»Wir begnügen uns diesmal mit Scharaden«, meinte Elizabeth.

Täglich war ich nun in Grasslands und studierte unter Elizabeths Anleitung meine Rolle ein. Matt war kein besonders talentierter Darsteller, wofür ich ihn nur um so mehr liebte. Er gehörte in die gleiche Kategorie wie ich.

Ein Zwischenfall in Elizabeths Nähzimmer bereitete mir Kummer. Da es ein warmer Tag war, stand das Fenster weit offen, und ich saß auf dem Fensterbrett, während Elizabeth gerade ein Kleid begutachtete und es vor sich hin hielt.

Zwei Stimmen waren aus dem Garten zu vernehmen, die eine gehörte Mary Rook.

»Es war schon recht komisch. Er wurde fuchsteufelswild. Warum will er alle von dort weghaben... wenn er nicht weiß, daß da was ist, was niemand sehen soll?«

Mein Herz begann schneller zu schlagen. Ich bemerkte, daß auch Elizabeth lauschte, obwohl sie scheinbar ganz vertieft in die Betrachtung der Seide war. »Ich wette, da ist irgend etwas.«

»Was kann es denn sein, Mary?«

»Tja, das weiß ich nicht so recht. Jacob denkt, daß da vielleicht ein Schatz versteckt ist.«

Ich saß ganz still da, obwohl ich den starken Impuls verspürte, wegzulaufen. Aber irgend etwas zwang mich, weiter zuzuhören.

»Weißt du, die Leute, die da lebten... kamen ganz plötzlich weg. Es war irgendeine Verschwörung. Jacob meint, sie haben vielleicht etwas an der Stelle vergraben... einen Schatz oder so was, und er weiß es und will ihn selber haben.«

»Einen Schatz, Mary?«

»Tja, da muß doch was sein, oder? Muß einfach. Warum wird er sonst so fuchsteufelswild, bloß weil Jacob eine Falle stellt? Alle haben überall in den Wäldern Fallen, und da macht es nichts. Da sind es bloß Fallen...«

»Aber da ist doch dieser Geist in dem Haus...«

»Wenn du mich fragst, ist da was auf dem Land, was er nicht will, daß die Leute es wissen.«

Die beiden entfernten sich, und Elizabeth lachte.

»Dienstbotengeschwätz«, sagte sie achselzuckend. »Ich glaube, daß Euch dieses Kleid gut stehen würde, mein Liebes. In einer meiner Jungmädchenrollen habe ich es früher auf der Bühne getragen.«

Wir waren alle ganz aufgeregt wegen der Scharaden. Es sollten Szenen dargestellt werden, die jeweils zwei Wörter versinnbildlichten. Alles mußte sehr kunstvoll zelebriert werden. Wir wurden in zwei Gruppen eingeteilt, die miteinander wetteiferten.

Elizabeth übernahm selbstverständlich die Leitung. Als sie die einzelnen Gruppenmitglieder auswählte, steckte sie Matt und mich zusammen. Unsere Wörter lauteten Mantel und Degen. Der Mantel wurde durch eine Szene aus Elizabeths Regentschaft dargestellt, als Raleigh seinen Umhang ausbreitete, damit seine Königin darüberschreiten konnte. Ich übernahm Elizabeths Rolle, Matt war natürlich Raleigh. Für mich gab es ein prachtvolles elisabethanisches Kostüm, und auch Matt wurde historisch eingekleidet.

»Ich mußte die Rollen nach meinem Kostümfundus auswählen«, erklärte uns Elizabeth.

Nach der Szene mit dem Mantel mußte ich einige Veränderungen an meinem Aussehen vornehmen und mich in die schottische Königin Mary verwandeln. Matt spielte den Rizzio. Wir wollten eine Pantomime jenes Soupers im Holyrood House aufführen, bei dem Rizzio ermordet wurde. Damit wurde der Degen dargestellt.

Das andere Team sollte beginnen, und wir wollten dabei zusehen und mitraten, was für Begriffe dargestellt wurden. Als Auftakt wurde ein kaltes Büfett geplant.

Es war einer jener wunderschönen goldenen Septembertage. Allerdings erschienen mir damals wohl alle Tage golden, denn ich wurde mir immer sicherer, daß Matt mich liebte. Sonst wäre er doch nicht so lange geblieben, hätte mich nicht so häufig gesehen und schon gar nicht behauptet, meine Gesellschaft zu genießen. Nein, nein, da mußte etwas dahinterstecken! Vielleicht hätte er mir seine Absichten schon längst offenbart, wenn ich nicht so extrem jung gewesen wäre. Ich zweifelte auch keinen Moment daran, daß Elizabeth mich gerne mochte, denn sie behandelte mich inzwischen fast wie eine Tochter.

Als ich an jenem Morgen aufwachte, galt mein erster Gedanke dem Fest und dem Kleid, das ich tragen würde und das mir sehr gut stand. Elizabeths Schneiderin hatte es umgenäht, so daß es mir jetzt perfekt paßte. Ich konnte es kaum erwarten, hineinschlüpfen und meine Rolle spielen zu dürfen.

»Du hast dich in den letzten Monaten verändert, Damaris«, sagte meine Mutter. »Du wirst erwachsen.«

»Nun, es ist ja auch höchste Zeit, oder? Übrigens klingst du nicht gerade so, als ob dir das gefiele.«

»Die meisten Mütter wollen, daß ihre Kinder möglichst lange Babys bleiben.«

»Was unmöglich ist.«

»Ja, diese traurige Tatsache müssen wir alle eines Tages akzeptieren.« Sie schlang die Arme um mich. »Damaris, ich möchte, daß du glücklich bist.«

»Das bin ich, o ja, das bin ich«, beteuerte ich emphatisch.

»Ich weiß.«

Dann erzählte ich ihr wohl zum zwanzigstenmal von meinem Kostüm, und sie hörte netterweise so aufmerksam zu, als sei es das erste Mal. Sie schien in versöhnlicher Stimmung zu sein, und ich hoffte inständig, daß sie ihre ursprüngliche Abneigung gegen Matt überwunden hatte.

Es wurde warm, als die Sonne die Morgennebel vertrieb, doch es war unübersehbar, daß der Sommer fast vorüber war. »Im Herbst muß ich fort«, hatte Matt schon mehrmals angekündigt.

Der Gedanke, daß diese glückliche Zeit nicht andauern konnte, bedeutete für mich den einzigen Wermutstropfen. Bevor Matt abreist, wird er sicher mit mir sprechen, beruhigte ich mich. Er muß es einfach tun!

Ich war noch nicht einmal ganz fünfzehn, aber doch alt genug, um zu lieben.

Am Nachmittag ritt ich nach Grasslands hinüber, um dort sogleich das elisabethanische Kostüm anzuziehen, das ich dann den ganzen Abend übertragen würde.

»Es wäre unmöglich, Euch in Windeseile derart kunstvoll zu verkleiden und zurechtzumachen«, hatte Elizabeth zu mir gesagt. »Übrigens tragen alle Scharadenspieler ihre Kostüme die ganze Zeit über.«

»Dadurch wird unser Fest beinahe ein Maskenball«, meinte ich fröhlich.

»Ja, so kann man es nennen.«

Es machte ihr großes Vergnügen, mich anzukleiden, und wir mußten furchtbar lachen, als sie mir in das Korsett hineinhalf, das dafür sorgen sollte, daß der Reifrock unter der Wespentaille weit abstand. Darüber zog ich mit Elizabeths Hilfe das Gewand, das auf seine Art prächtig war, obwohl es bei Tageslicht sicher etwas schäbig gewirkt hätte.

»Es lag viele Jahre im Koffer, aber bei Kerzenlicht wird es immer noch sehr schön aussehen. Kein Mensch wird merken, daß der Samt abgestoßen ist und die Juwelen nichts als Glassplitter sind.

Wie schlank Ihr seid! Das ist sehr vorteilhaft, denn dann wirkt ein solches Gewand viel besser.«

Der Rock war gerüscht, mit Bändern geschmückt und mit falschen Brillanten förmlich übersät, die man bei schummerigem Licht durchaus für echt halten konnte.

»Ihr eignet Euch gut für die Rolle der Königin«, sagte Elizabeth. Dann kräuselte sie mir die Haare, kämmte sie hoch und befestigte falsche Haarteile dazwischen, bis eine üppige Frisur entstand. »Schade, daß Ihr nicht rothaarig seid«, meinte Elizabeth. »Dann würde jeder in Euch sofort die Königin erkennen. Macht nichts. Ich glaube, sie trug Perücken in allen Farben, und in dieser Nacht hat sie eben eine brünette ausgewählt.«

Zum Schluß drückte sie mir ein Diadem auf die Locken, legte mir die Halskrause aus Spitze um und trat dann einige Schritte zurück, um ihr Werk zu bewundern. Sie klatschte begeistert in die Hände. »Also wirklich! Ihr seid nicht wiederzuerkennen, Damaris.«

Es stimmte. Fassungslos starrte ich mein Spiegelbild an.

»Nie hätte ich gedacht, daß man jemanden so verwandeln kann.«

»Ach, so etwas schafft man mit ein paar geschickten Tricks hier und da, mein Liebes. Das lernen wir beim Theater.«

Als ich Matt sah, traute ich meinen Augen kaum, und gleich darauf brachen wir beide in unbändiges Lachen aus.

Er stand mit einer gelben Halskrause und dick wattierten Kniehosen vor mir, die so ausladend waren, daß er nur mühsam laufen konnte. Sein Wams war bestickt, die Hose an den Knien mit Bändern zugebunden, wodurch seine wohlgeformten Waden gut zur Geltung kamen. Auf dem Kopf trug er einen kleinen Samthut mit einer zarten Feder, die sich über den Rand kräuselte. Am wichtigsten aber war der Mantel, ein pompöses Kleidungsstück, das der besonderen Gelegenheit Rechnung trug. Er war ebenfalls aus Samt und mit glänzenden roten Steinen und blitzenden falschen Diamanten besetzt.

Matt kam mir ganz fremd vor, doch es freute mich, ihn ohne Perücke zu sehen. Ich fand es immer schon schade, daß sich die Perückenmode bis in unsere Tage gehalten hatte. Trotz des aufwendigen Kostüms, dessen Pumphosen ihn dazu zwangen, äußerst gemessen zu schreiten, wirkte mein Freund ausgesprochen jung.

Er machte vor mir eine feierliche Verbeugung.

»Ich muß sagen, daß Eure Majestät äußerst beeindruckend aussehen«, erklärte er.

»Zum erstenmal in meinem Leben«, erwiderte ich lachend. Vor dem Souper wurde getanzt. Elizabeth Pilkington war ein wahres Organisationstalent und verfügte über große Erfahrung bei der Gestaltung solcher Festivitäten. Sie hatte genau die richtige Anzahl von Gästen geladen; außer meiner Familie waren zahlreiche Herrschaften aus der Nachbarschaft anwesend.

Matt und ich waren den ganzen Abend über unzertrennlich.

»Kein Mensch sonst könnte mit uns tanzen«, sagte er lachend. »Ich fühle mich reichlich schwerfällig. Wie ergeht es Euch?«

»Genauso.«

Alle bewunderten unsere Kostüme und fügten hinzu, wie gespannt sie schon auf die Scharaden seien, die sicher den Höhepunkt des Abends bilden würden.

Niemals hatte mir eine Veranstaltung so viel Freude gemacht. Ich wünschte mir, der Abend möge niemals enden. Etwas Sorgen bereitete mir allerdings mein schauspielerisches Debüt.

»Ihr werdet es sicher schaffen«, beruhigte mich Matt. »Und außerdem ist es ja nur ein Spiel.«

Später am Abend machte er mir ein Geständnis. »Ich habe Euch sehr liebgewonnen, Damaris.«

Ich schwieg mit klopfendem Herzen. Meine Vorahnung hatte mich nicht getrogen. Matt würde bei einer Gelegenheit wie dieser über unsere Zukunft reden wollen.

»O Damaris, wenn Ihr doch nur nicht so jung wärt.«

»Ich fühle mich gar nicht so jung. Es ist nur eine Frage von Jahren...«

Er lachte. »Ja, so ist das nun einmal, nicht wahr?«

Er drückte meine Hand und wechselte das Thema.

»Dem Himmel sei Dank, daß wir nicht in Reimen sprechen müssen, denn da würde mich mein Gedächtnis im Stich lassen. Leider habe ich das Talent meiner Mutter wohl nicht geerbt.«

»Eure Mutter hätte die Elizabeth spielen sollen. Das wäre ein fantastisches Schauspiel geworden.«

»Nein, sie wollte ausdrücklich, daß Ihr die Rolle übernehmt. Außerdem hat sie schon genug damit zu tun, die Gastgeberin zu sein.«

Ich war sicher, daß er kurz davor gestanden hatte, mir einen Antrag zu machen. Oh, wie ich mir wünschte, er hätte es getan!

Natürlich würden wir noch eine Weile warten müssen, vermutlich bis kurz vor meinem sechzehnten Geburtstag. Es war noch mehr als ein Jahr, aber mir kam das gar nicht so furchtbar lange vor. Dann würde ich Matts Verlobte sein! Mit dem Bewußtsein, daß wir zur gegebenen Zeit heirateten, könnte ich geduldig warten und dabei durchaus glücklich sein.

Er führte mich zum Büfett, doch ich merkte gar nicht, was ich aß, weil ich viel zu aufgeregt war. Voller Nervosität wartete ich auf den Beginn der Vorführung.

Schließlich war es soweit.

Elizabeth kündigte an, daß nun Scharaden aufgeführt würden und die Gäste die Wörter erraten müßten, die dahintersteckten.

Die Vorführungen fanden in der Halle statt. An deren einem Ende gab es ein Podium, vor das man einen Vorhang gezogen hatte.

Die erste Scharade ging glatt über die Bühne, und dann waren wir an der Reihe. Matt und ich warteten hinter dem Vorhang. Als er zurückgezogen wurde, stand ich in königlicher Pracht auf der einen Seite der Bühne, Matt auf der anderen. Jeder von uns hatte noch zwei Diener bei sich, die ebenfalls elisabethanisch kostümiert waren.

Es gab den ersten Applaus, und wir begannen unsere Pantomime. Ich bemühte mich um königliche Würde, und Matt spielte mit viel Grandezza den ritterlichen Walter Raleigh. Diese Szene war nur kurz, die nächste würde länger dauern. Ich schaute Matt an, der mir zulächelte, seinen Hut abnahm und eine tiefe Verbeugung machte. Dann trat ich einige Schritte vor, schaute zu Boden und versuchte so angeekelt auszusehen, wie Elizabeth es mir vorgemacht hatte. Ich wich etwas zurück, worauf Matt seinen Umhang schwungvoll auf dem Boden ausbreitete und mich darüber hinwegschreiten ließ. Gnädig nickte ich ihm zu, und er verbeugte sich wieder. Der Mantel blieb liegen, wo er war. Ich hängte mich bei ihm ein, und der Vorhang fiel.

Lauter Applaus brach los.

Als der Vorhang sich aufs neue hob, zischte uns Elizabeth vom Hintergrund der Bühne zu: »Verbeugt euch... zusammen!«

Und so standen wir in einer halben Umarmung da, während unsere Zuschauer klatschten.

Für das neue Bild stellte jemand einen kleinen Tisch auf das Podium. Ich setzte einen schwarzen Kopfputz mit Perlen auf, dessen Spitze weit in meine Stirn reichte. Ein schwarzes Cape bedeckte mein Gewand. So nahm ich an dem Tischchen Platz. Matt hatte den Hut beiseite gelegt und trug nun eine dunkle Lockenperücke. Es war ganz erstaunlich, wie sehr sie ihn verwandelte.

Er saß mir zu Füßen, während sich die anderen Darsteller, die in der ersten Szene meine Diener gewesen waren, neben mich plazierten.

Matt hatte eine Laute bei sich, der er einige Akkorde entlockte. Dabei schaute er mit einer Bewunderung zu mir empor, die mich tief berührte.

So blieben wir eine Weile sitzen. Dann tauchten die Schauspieler, die zuvor Raleighs Bedienstete gewesen waren und nun Rizzios Feinde mimten, über der Rampe auf und stürzten sich auf Matt. Einer von ihnen schwang seinen Degen und tat so, als wolle er ihn Matt ins Herz stoßen. Er wirkte so furchteinflößend, daß mir einen Moment ganz bang wurde.

Dann wälzte sich Matt höchst realistisch auf dem Boden, und die Scharade war zu Ende.

Die Gäste klatschten noch mehr als zuvor, was mich reichlich verlegen machte. Matt stand auf und trat zu mir.

»Verbeugt euch«, rief Elizabeth wieder halblaut herüber.

Hand in Hand standen wir auf dem Podium, als plötzlich lautes Gebell ertönte. Alle schauten sich um. Belle kam herbeigerannt.

Mit einem Satz sprang sie auf das Podium und wedelte hochzufrieden mit dem Schwanz. Da sahen wir erst, daß sie etwas im Maul trug. Fast verehrungsvoll legte sie es Matt zu Füßen.

»Was ist denn das?« fragte Elizabeth und trat näher. Sie war im Begriff, den Gegenstand aufzuheben, zuckte dann jedoch zurück.

Mein Vater war ebenfalls auf die Bühne gestiegen und kniete sich hin. Belle beobachtete ihn mit schiefgelegtem Kopf.

»Es sieht wie ein alter Schuh aus«, sagte mein Vater, und mir fiel auf, wie blaß er plötzlich geworden war.

»...und ist auch ein alter Schuh«, stimmte Elizabeth bei. »Wo hast du den wohl aufgetrieben, Belle?«

Ich lag im Bett und dachte über den Abend nach, der mir solchen Spaß gemacht hatte. Matt wollte mir sicher in jenem Moment etwas sagen... über eine gemeinsame Zukunft. Aber aus irgendeinem Grund tat er es nicht, und nach Belles Auftauchen war die Atmosphäre verändert.

Elizabeth befahl einem Dienstboten, den Schuh zu entfernen, weil er gar zu ekelhaft und schmutzig war. Was für ein Pech, daß es ausgerechnet Mary Rook sein mußte, die mit Eimer und Besen hereinkam, knickste und den ›Stein des Anstoßes‹ entfernte. Als sie die Halle verließ, folgte ihr Belle auf dem Fuße.

Die Scharaden waren beendet. Unsere Begriffe Mantel und De-

444

gen waren erraten worden, und wir fanden das gesuchte Wort des anderen Teams heraus, das Pulververschwörung lautete.

Hinterher gab es wieder Tanz, doch mein Vater trat zu mir, als ich mit Matt die Bühne verließ, und erklärte, daß meine Mutter sich nicht wohl fühle. »Wir reiten gleich heim. Zieh dir bitte dein Kostüm aus und komm mit.«

So fand der Abend ein überstürztes Ende. Ich zog mich in Elizabeths Schlafzimmer um und verließ mit meinen Eltern das Haus. Die liebe, gute Belle war so glücklich über ihren Fund gewesen, daß sie ihn unbedingt Matt zeigen wollte.

Merkwürdigerweise hatte dieser Zwischenfall ebenso dramatisch gewirkt wie unsere amateurhaften Scharaden.

Matt und ich waren den Abend über äußerst vergnügt gewesen, und ich hatte mich so sehr auf weitere Tänze mit ihm gefreut. Er tanzte vorzüglich, wenn er nicht durch solch schwere, pompöse Kleidung behindert wurde, die ihm noch dazu nicht perfekt paßte. Ich war ihm keine ebenbürtige Partnerin, hatte aber das Gefühl, mich noch nie so leicht und anmutig bewegt zu haben. So ging es mir eigentlich immer mit ihm. In seiner Gesellschaft war ich wie verwandelt, kam mir interessanter und attraktiver vor.

All dies hatte Matt bei mir bewirkt, und ich hoffte, daß es immer so bliebe.

Es war ein wundervoller Abend gewesen, und dennoch war ich irgendwie enttäuscht. Vor dem Einschlafen redete ich mir ein, daß Matt mich liebte...

Während der folgenden Woche fanden merkliche Veränderungen statt. Meine Mutter blieb einige Tage im Bett und sah ausgesprochen geschwächt aus, wie ich besorgt feststellte. Eine schreckliche Müdigkeit habe sie überfallen, erklärte sie mir auf meine ängstlichen Fragen. Sie sah so bleich und krank aus, daß ich sie bat, einen Arzt kommen zu lassen, doch davon wollte sie nichts hören.

Mein Vater machte sich große Sorgen um sie. Die ganze Sache wurde natürlich nicht besser, als das Gerücht aufkam, Irrlichter geisterten in den Wäldern und auch in dem bewußten eingezäunten Stück Land herum. Irrlichter waren angeblich die Seelen von Verstorbenen, die keine Ruhe finden konnten und auf die Erde zurückkamen, um sich an denen zu rächen, die ihnen zu Lebzeiten Unrecht angetan hatten.

Mein Vater erklärte alles für baren Unsinn und war fest entschlossen, dem Ganzen ein Ende zu machen. Als ich ihn fragte, wie er das bewerkstelligen wollte, konnte er mir jedoch keine überzeugende Antwort geben.

»Alles kommt nur daher, weil sich dieser verflixte Hund in der Falle verfangen hat. Du weißt vielleicht noch nicht, daß die Rooks diese Gerüchte verbreiten.« Er schaute so grimmig, daß ich es nicht dabei belassen wollte.

»Im Grunde ist es nur viel Lärm um nichts«, versuchte ich ihn zu beruhigen. »Aber du mußt etwas mit diesem Grundstück tun, Vater. Wenn du es zu Weideland machst oder dort etwas anpflanzt oder wenigstens den Zaun niederreißt, wird keiner mehr ein Wort darüber verlieren.«

»Alles zu seiner Zeit«, wehrte er ab.

Er machte auf mich einen unausgeglichenen Eindruck, was sicher von seiner Sorge um meine Mutter herrührte. Sie wollte niemanden bei sich haben außer ihm. Als ich einmal überraschend ihr Zimmer betrat, saß er am Bett und hielt ihre Hand. »Es wird alles wieder gut, Priscilla. Ich sorge schon dafür«, sagte er eindringlich.

Einige Tage später stand meine Mutter wieder auf und ging ihren gewohnten Pflichten nach, doch sie sah immer noch angegriffen aus.

Auch ich war reichlich unruhig, den Matt kam am Tag nach dem Fest nicht vorbei, wie ich das erwartet hatte. Vielleicht war er sich seiner Gefühle für mich doch nicht sicher. Wenn ich nur ein paar Jahre älter wäre!

Seltsamerweise zog es mich immer nach Enderby. Ich war wie besessen von dem Gedanken an das alte Haus und das eingezäunte Grundstück, was vermutlich an dem vielen Gerede über die Irrlichter und den angeblich dort vergrabenen Schatz lag. Mein Vater hatte wohl recht damit, daß die Rooks die Urheber davon waren.

O Belle, warum mußtest du ausgerechnet in diese Falle geraten, dachte ich manchmal. Ab und zu grübelte ich auch darüber nach, wieso mein Vater derart außer sich geriet über ein Stück Land, das keinem etwas nützte.

Als ich am Zaun ankam, lehnte ich mich dagegen und betrachtete wohl zum hundertstenmal das Haus. Falls eine nette, durchschnittliche Familie dort einzöge, würde der Klatsch und Tratsch über Enderby sicher ganz von selbst aufhören. Carlotta mußte dies einsehen und es vermieten oder verkaufen.

Während ich dies überlegte, hörte ich plötzlich Hundegebell, und mir sank das Herz. Belle, bist du etwas schon wieder da drin, dachte ich. Du bist davon verhext wie alle anderen auch. Worin liegt bloß diese fast magische Anziehungskraft?

Wenn mein Vater Belle hier entdeckte, würde er von neuem zornig werden, und das mußte unbedingt verhindert werden. Es blieb mir nichts anderes übrig, als über das Gatter zu klettern, um Belle zu suchen und herauszuholen.

Es lag wirklich etwas Unheimliches auf diesem verwilderten Stück Land, und ich ertappte mich dabei, wie ich mich ängstlich umschaute. Hatten die Leute hier tatsächlich geheimnisvolle Lichter gesehen? Gab es überhaupt so etwas wie Seelen, die nicht zur Ruhe kommen konnten, Menschen, die auf Erden gesündigt hatten und vielleicht eines gewaltsamen Todes gestorben waren, bevor sie bereuen konnten? Gab es Irrlichter, die zwischen Bäumen aufleuchteten? Ich fröstelte.

Dann ertönte wieder das Gebell, und ich reagierte sofort darauf. »Belle! Belle! Wo steckst du denn?«

Ich lauschte, aber nichts rührte sich.

Also arbeitete ich mich weiter durch das Dickicht voran. Zum Glück war das eingezäunte Land nicht groß, etwa einen halben Morgen, soweit ich mich erinnerte.

Ich rief so lange Belles Namen, bis sie endlich mit lautem Bellen antwortete. Hoffentlich war sie nicht wieder in eine Falle geraten! Aber das war unwahrscheinlich, denn nach dem Zwischenfall mit den Rooks würde wohl keiner es wagen, ausgerechnet hier Fallen aufzustellen.

Dann sah ich sie und hielt vor Erstaunen die Luft an, denn Elizabeth führte die Hündin an der Leine.

»Welch ein Zufall! Was führt Euch denn gerade jetzt hierher?«

»Als ich am Zaun vorbeiging und Belle hörte, befürchtete ich schon, es wäre ihr wieder etwas zugestoßen«, erwiderte ich.

»Ja, Belle hat eine ausgesprochen Vorliebe für diese Wildnis hier.« Elizabeth lachte, aber sie kam mir verändert vor, nervös und befangen. Sie, deren Haar immer perfekt frisiert war, sah völlig zerzaust aus. Außerdem trug sie dunkle Kleidung und dicke, wollene Handschuhe. An ihrem Rock bemerkte ich sogar Erdspuren.

Sie sprach hastig weiter: »Als ich merkte, daß Belle hier reingeschlüpft war, folgte ich ihr, weil ich keinen Ärger haben will.«

»Wieso habt Ihr die Leine mitgebracht, an die Belle doch gar nicht gewöhnt ist?«

»Ich sah Belle das Haus verlassen und ahnte gleich, wohin sie laufen würde. Da ich nichts riskieren wollte, brachte ich vorsorglich die Leine mit.«

Ich nahm an, daß Elizabeth Handschuhe angezogen hatte, weil sie fürchtete, die Leine könnte ihr die Hände aufschürfen, falls Belle sich recht ungebärdig aufführte.

»Ich habe davor gerade im Garten gearbeitet«, fügte sie hinzu, als ob sie mir eine Erklärung schuldete.

»Arme Belle. Sie mag es gar nicht, an die Leine gelegt zu werden.«

»Jetzt kann ich sie ja gleich wieder frei laufen lassen. Geht Ihr in Richtung Grasslands, Damaris?«

»Dem steht jedenfalls nichts im Wege«, erwiderte ich lächelnd. »Ich mache einen Spaziergang ohne bestimmtes Ziel.«

Also gingen wir nebeneinander weiter und unterhielten uns hauptsächlich über den Erfolg ihres kleinen Fests. Wir lachten über die Scharaden, und als wir Grasslands erreichten, wirkte Elizabeth wieder so entspannt und heiter wie sonst. Doch sie bat mich nicht hinein.

Mein Unbehagen wurde nicht geringer. Am nächsten Tag machte ich nach dem Unterricht am Vormittag einen Ausflug und landete wieder einmal in Enderby Hall.

Als ich zum Zaun kaum, fühlte ich den unwiderstehlichen Drang, das verbotene Gelände zu betreten und mir noch einmal die Stelle anzuschauen, an der Belle den alten Schuh gefunden hatte. Inzwischen machte es mir keine Mühe mehr, über das Gatter zu klettern.

Bei vollem Tageslicht wirkte alles weniger unheimlich. Das Sonnenlicht sickerte durch die Bäume, die kaum noch Blätter trugen. Ich sah zwei Elstern, die sich schwarz-weiß gegen den Himmel abhoben, und einige Schritte vor mir stolzierte ein freches kleines Rotkehlchen, wippte mit dem Schwanz und nickte mit dem Köpfchen. Es war ein trauriger Gedanke, daß viele hübsche Vögel unsere Gegend schon verlassen hatten, um in wärmere Klimazonen zu fliegen – die Schwalben, die Mauersegler und meine geliebten Schnepfen.

Die Eichen leuchteten nun bronzefarben, ihre trockenen Blätter waren kurz vor dem Abfallen.

Ehe ich mich versah, kam ich zu der gesuchten Stelle. Der Boden war aufgewühlt. Neugierig ging ich noch ein Stückchen näher. Es sah ganz so aus, als ob die Erde hier erst kürzlich umgegraben worden wäre. Das hatte Belle doch unmöglich allein geschafft. Ich kniete mich hin und berührte die feuchte Stelle mit den Händen. Alles war so still ringsum, daß ich am liebsten sofort wieder weggelaufen wäre. Hier verbirgt sich irgend etwas Böses, dachte ich. Geh weg! Vergiß das Ganze und komm nie wieder her!

Stolpernd kehrte ich um. Mir war nicht danach zumute, im Buschwerk herumzusuchen, denn ich könnte dort ja etwas finden, das ich gar nicht sehen wollte und das meine Beklommenheit nur noch steigern würde.

Warum war mein Vater so zornig gewesen? Warum hatte Elizabeth Pilkington Belle an einer Leine hierhergebracht? Warum hatte sie so nervös gewirkt, warum hatte sie sich entschuldigt, warum war sie so bemüht gewesen, mir einzureden, daß sie nichts Ungewöhnliches getan hatte?

Am gleichen Nachmittag kam Elizabeth zu uns zu Besuch.

»Ich muß nach London fahren«, verkündete sie. »Wahrscheinlich bleibe ich ungefähr eine Woche weg.«

»Begleitet Matt euch?« fragte ich rasch. Es war mir einfach so herausgerutscht.

»Nein, er bleibt hier. Allerdings wird er schon bald seine Zelte hier abbrechen müssen.«

Wir sprachen erneut über das Fest, das sie gegeben hatte, und welch ein Erfolg die Scharaden gewesen seien. Die ganze Zeit über spürte ich in Elizabeth eine gewisse Spannung, und meine Mutter war mit ihren Nerven offensichtlich am Ende.

Elizabeth reiste am nächsten Tag ab.

Eigentlich ist es schon merkwürdig, daß wir keine Vorwarnung erhalten, wenn Ereignisse über uns hereinbrechen, die unsere Illusionen zerstören und unser Leben verändern. Wie glücklich war ich nach Elizabeths Fest gewesen, wie überzeugt davon, daß Matt mich liebte, auch wenn seine Liebe vielleicht nicht so stark war wie meine für ihn. Das hätte ich sowieso nie erwartet. Carlotta hatte so oft ihre Meinung über mich kundgetan, daß ich ein gesundes Selbstvertrauen erst gar nicht entwickeln konnte. Ich sah mich als ein durchschnittliches, langweiliges und wenig attraktives Mädchen, das über das kleinste Zeichen von Zuneigung schon glücklich sein mußte, das vom Tisch der unwiderstehlichen Schönheiten fiel, wie sie eine war.

Ich war mir überdeutlich einer zunehmenden Spannung, einer gewissen Unruhe in unserem Haus bewußt, die durch den unglücklichen Zwischenfall mit der Falle und der Entlassung der Rooks ausgelöst worden war. So unangenehm all dies auch war, es schien mich persönlich nicht zu betreffen.

Am Tag nach Elizabeths Abreise hielten meine Mutter und ich uns in den Wirtschaftsräumen auf. Sie hatte ihre vielen Kenntnisse an mich weitergegeben, und ich war eine gelehrige Schülerin, was sie sehr freute. »Wenigstens aus einer meiner Töchter werde ich eine gute Hausfrau machen«, sagte sie oft, und ich schloß daraus, daß sie bei Carlotta in dieser Hinsicht längst jede Hoffnung aufgegeben hatte.

Vom Hof drangen Hufgetrampel und Stimmengewirr herauf. Wir verständigten uns mit einem Blick, daß wohl Besucher gekommen waren, was immer eine gewisse Aufregung mit sich brachte. Manchmal kamen welche aus Westminster, und wir waren immer sehr gespannt auf die dortigen Neuigkeiten. Meistens ritten solche Besucher aber nach Eversleigh Court weiter, wo meine Großeltern und Jane sie viel leichter unterbringen konnten, da sie über mehr Platz verfügten.

Doch diesmal klang es so, als kämen die Besucher zu uns. Eilig liefen wir in die Halle, und meine Mutter stieß einen Freudenschrei aus, als sie Carlotta erkannte.

Wenn ich Carlotta nach längerer Trennung wiedersah, war ich jedesmal überwältigt von ihrer Schönheit. Sie sah im taubenblauen Reitkleid und einem dunkelblauen Hut mit etwas blasserer Feder einfach zauberhaft aus. Ihre Augen leuchteten in der Farbe von Glockenblumen, ihr Gesicht war zart gerötet, und die erstaunlich dichten schwarzen Brauen und Wimpern gaben ihr fast etwas Verwegenes. Dunkle Locken ringelten sich unter dem Hut hervor. Sie wirkte unglaublich jung. Das Baby hatte ihrer Schönheit keinen Abbruch getan.

»Mein liebstes Kind!« rief meine Mutter bewegt.

Carlotta umarmte sie.

»Ist Benjie mitgekommen?«

»Nein.«

Meine Mutter wirkte erstaunt. Für sie war es undenkbar, daß Benjie seine junge Frau nicht begleitete.

»Ich möchte einige Tage allein bei euch verbringen«, sagte Carlotta.

»Allein?« wiederholte meine Mutter ungläubig.

»Natürlich habe ich einige Diener bei mir. Ah, da ist ja Schwesterchen Damaris. »Carlotta legte flüchtig ihre Wange an meine. »Immer noch ein halbes Kind«, fügte sie hinzu, und sofort schwand das bißchen Selbstvertrauen, das ich in den vergangenen Wochen mühsam erworben hatte.

»Wie geht es Harriet und Gregory?«

»Ausgezeichnet. Sie lassen euch alle herzlich grüßen.«

»Du bist also ganz allein gekommen, Carlotta? Was ist mit Clarissa?« fragte meine Mutter besorgt.

»Clarissa fehlt es an nichts. Hab keine Angst. Sie ist schon ein richtig verwöhntes kleines Fräulein.«

»Nun, wenigstens du bist hier. Ich freue mich so, dich zu sehen.«

Carlotta ließ ihr melodiöses, heiteres Lachen hören. Alles an ihr war noch schöner, als ich es in Erinnerung hatte. Ich begann mich bereits wieder unbeholfen und langweilig zu fühlen.

»Komm mit in dein früheres Zimmer. Leigh wird glücklich sein, daß du gekommen bist. Das gleiche gilt selbstverständlich für deine Großeltern in Eversleigh.«

»Und was ist mit der kleinen Damaris? Freut sie sich auch, mich wiederzusehen?«

»Aber natürlich«, erwiderte ich.

»Am liebsten möchte ich mich jetzt gleich waschen und umziehen«, sagte Carlotta. »Ich habe angeordnet, daß mein Gepäck hinaufgebracht wird.«

»Wie wundervoll, daß du da bist!«

Ich blieb bei meiner Schwester, um ihr beim Auspacken zu helfen.

Es waren einige wunderschöne Kleider dabei. Stets hatte Carlotta ganz genau gewußt, was ihr am besten stand. Mit Sally Nullens und der alten Emily Philpots hatte es deshalb oft hitzige Streitereien gegeben. Einmal riß Carlotta eine rote Schärpe ab und warf sie aus dem Fenster, weil sie unbedingt eine blaue haben wollte. »Was für ein störrisches Wesen«, sagten sie von Carlotta und fügten hinzu: »Wir mögen ein nettes Kind wie die kleine Damaris lieber.«

Ich verstaute ihre Kleider im Schrank, während sie sich auf dem Bett ausstreckte und mir zusah.

»Komisch. Du bist irgendwie verändert«, sagte sie. »Ist etwas geschehen?«

»N... nein.«

»Du scheinst dir nicht sicher zu sein, ob nun etwas geschehen ist oder nicht.«

»Ach, nichts Besonderes. Matt Pilkington veranstaltete ein kleines Fest, auf dem wir Scharaden aufführten. Ich spielte die Königin Elizabeth.«

Carlotta brach in Gelächter aus.

»Meine liebe Damaris! Oh, was hätte es mir für Spaß gemacht, dich zu sehen.«

»Alle sagten, daß ich sehr gut war«, erwiderte ich ein wenig verletzt.

»Was habt ihr dargestellt?«

»Raleigh und die Mantelaffäre.«

»Aha. Ich wette, du bist königlich darüber hinweggeschritten.«

»Elizabeth hat mich kostümiert und mein Haar zurechtgemacht. Sie war früher Schauspielerin wie Harriet und kann wahre Wunder an ganz durchschnittlichen Leuten vollbringen.«

»Sie muß ein Zauberkunststück vollbracht haben, wenn sie aus dir eine Königin Elizabeth machen konnte. Wer war Raleigh? Ich versuche mir jemanden aus der Nachbarschaft vorzustellen, denn vermutlich kamen doch alle aus der Gegend, oder?«

»Ja, es war Elizabeths Sohn... Matt.«

»Wie aufregend«, sagte sie desinteressiert. »Ich hätte schon früher kommen sollen.«

»Ist alles in Ordnung?« fragte ich.

»In Ordnung? Was meinst du damit?«

»Mit dir und... Benjie?«

»Natürlich. Er ist mein Mann, ich bin seine Frau.«

»Das muß noch lange nicht heißen, daß...«

»Benjie ist ein nachsichtiger Ehemann, was eigentlich alle Ehemänner sein sollten.«

»Ich bin sicher, daß er sehr glücklich ist, dich und die kleine Clarissa zu haben. Wie bringst du es nur fertig, sie allein zu lassen?«

»Ich trage es mit erstaunlicher Tapferkeit«, erwiderte sie spöttisch. »Wirklich! Du bist immer noch die gleiche sentimentale Damaris. Immer noch nicht erwachsen. Es ist nicht alles so, wie es scheint, liebe Schwester. Ich wollte lediglich ein paar Tage von dort weg. So geht es mir manchmal, und ich wußte nicht, wohin ich sonst hätte fahren können.«

»Das klingt nicht so, als seist du sehr glücklich, Carlotta.«

»Du bist solch ein Unschuldslamm, Damaris. Wer ist schon glücklich? Manchmal dauert es eine Stunde oder vielleicht sogar einen Tag... wenn es sich gut trifft. Ab und zu kann man sich sagen: ›Jetzt bin ich glücklich, jetzt!‹ Natürlich will man sich daran klammern, will, daß es für immer so bleibt. Aber aus dem ›jetzt‹ wird in sehr kurzer Zeit ein ›damals‹. So ist das Glück. Du kannst es nicht immer haben, und wenn du an die Zeiten zurückdenkst, in denen du glücklich warst, dann wirst du nur traurig dabei. Und dann hat dich das Glücksgefühl wirklich verlassen.«

»Wie eigenartig du redest.«

»Ich hatte ganz vergessen, daß du die Dinge nie so sehen kannst wie ich, liebe Damaris. Du verlangst nicht viel. Ich hoffe sehr, daß du bekommst, was du willst. Manchmal denke ich, daß solche Menschen wie du die wahrhaft glücklichen sind. Für dich ist es leicht, das Gewünschte zu bekommen, weil du nie das Unmögliche haben willst. Wenn du es dann hast, wirst du ewig weiter glauben, daß du die Glückseligkeit gepachtet hast. Glückliche Damaris!«

Carlotta war in seltsamer Stimmung. Plötzlich fiel mir wieder ein, wie sie auf den Klippen gesessen hatte und aufs Meer hinausstarrte, als träume sie von der Vergangenheit und sehne sie wieder herbei.

Meine Mutter hatte zu Matt einmal gesagt, daß er jederzeit zu uns kommen könne, wenn es ihm in Grasslands zu einsam sei. Sie hatte hinzugefügt, daß sie keine formellen Einladungen liebe. Er sollte sich als zur Familie gehörig betrachten.

»Nichts leichter als das«, hatte er erwidert. »Ich glaube, daß ich schon jetzt so empfinde.«

Diese Worte hatten bei mir natürlich wieder alle möglichen Gedanken ausgelöst.

An Carlottas Ankunftstag gab meine Mutter in der Küche Anweisung, alle Lieblingsgerichte ihrer älteren Tochter zuzubereiten. Sie sah besser als seit langem aus, was sicher an ihrer Freude über das Wiedersehen mit Carlotta lag.

Ungefähr eine halbe Stunde vor dem Dinner erschien Matt. Ich war allein in der Halle, als er hereinkam. Er ergriff meine Hände und küßte sie. Dann verbeugte er sich tief wie immer, seit wir Elizabeth und Raleigh dargestellt hatten. Ein harmloser kleiner Spaß.

»Wie gern bin ich hier!« sagte er. »Grasslands kommt mir ohne meine Mutter so leer vor.«

»Hoffentlich kümmert man sich gut um Euch.«

Er berührte zärtlich meine Wange. »Glaubt mir, ich werde richtig verhätschelt, aber dennoch komme ich lieber her.«

In diesem Moment tauchte Carlotta oben auf der Treppe auf.

Matt schaute hoch und konnte den Blick nicht mehr von ihr abwenden. Ich hörte, wie er den Atem anhielt. Es wunderte mich nicht im geringsten, daß er von Carlottas Schönheit überwältigt war, denn so erging es vielen Leuten. Ich war in solchen Augenblicken sehr stolz auf sie.

Sie trug ein schlichtes blaues Kleid mit einem spitz zulaufenden Mieder und Ärmeln bis zum Ellbogen. Es war ziemlich tief ausgeschnitten und eng anliegend, so daß ihre schmale Taille gut zur Geltung kam. An der Vorderseite war der Rock durchbrochen, und man sah das Unterkleid in etwas hellerem Blau. Das Kleid war nicht besonders prächtig, doch ich habe immer gefunden, daß schlichte Gewänder Carlottas Schönheit am meisten betonten.

Ich trug an diesem Tag Grün, eine Farbe, die mir ebenso gut oder schlecht stand wie jede andere, aber meine Augen bekamen dadurch etwas mehr Glanz. Seit ich Matt kannte, gab ich mir mehr Mühe mit meinem Aussehen. Mein Kleid war sehr hübsch mit den rosa Rüschen an den Ärmeln und dem Spitzenmieder, durch das ein zartrosa Untergewand schimmerte. Aber schon immer hatte alles, was ich trug, hausbacken neben Carlottas schlichtester Garderobe ausgesehen.

Es kam mir wie ein unendlich langes Schweigen vor, als die beiden sich musterten. Ich hatte den Eindruck, daß Carlotta von Matts Anblick ebenso überwältigt war wie er von ihrem. Dann stieg sie graziös die Treppe herunter.

»Meine Schwester Carlotta«, sagte ich.

Ihre Augen wirkten groß und strahlend. Sie sah ihn auf eine Weise an, als könne sie nicht glauben, daß er wirklich vor ihr stand.

Schließlich trat sie auf uns zu – mir kam es sehr langsam vor, aber vielleicht war das nur Einbildung, da alles nur zögernd abzulaufen schien. Selbst die Uhr in der Halle schien zwischen dem Ticken eine Pause zu machen.

Carlotta streckte lächelnd die Haus aus. Matt küßte sie.

Sie lachte leicht auf. »Damaris, du hast deinen Freund noch nicht vorgestellt.«

»Oh, dies ist Matt ... Matt Pilkington, dessen Mutter Grasslands Manor bezogen hat.«

»Matt Pilkington«, wiederholte sie und ließ ihn nicht aus den Augen. »Ja, natürlich. Ich habe von Euch gehört. Was haltet Ihr von Grasslands?«

Er berichtete rasch über seine Eindrücke und davon, wie sehr sich seine Mutter von Anfang an dafür begeistert hätte. Sie sei nun in London, und er wisse nicht, wie lange sie dort bleiben würde. Hoffentlich könne Carlotta eine Weile hierbleiben. Er hätte von Damaris schon so viel über sie erfahren.

»Ihr habt meine Eltern offenbar häufig zu Gesicht bekommen... und natürlich auch meine kleine Schwester«, sagte Carlotta. Dieser Satz genügte, mich in das Versteck zurückweichen zu lassen, aus dem mich meine Freundschaft mit Matt herausgelockt hatte.

»Alle waren sehr freundlich zu mir«, sagte er.

Meine Mutter kam in die Halle. »Guten Tag, Matt. Wie schön, daß Ihr hier seid.«

»Ich habe Eure Bemerkung ernst genommen, Euch besuchen zu dürfen, wenn ich mich einsam fühle.«

»Darüber bin ich sehr froh. Wie Ihr seht, habe ich nun auch meine zweite Tochter hier bei mir.« Sie trat zu Carlotta und hängte sich bei ihr ein. Dann ergriff sich mich bei der Hand, als wolle sie mir zeigen, daß ich mich nicht ausgeschlossen fühlen dürfe. Aber genau das empfand ich. Und daran änderte sich auch in den folgenden Tagen nichts.

Ich hatte mich an die faszinierende Wirkung gewöhnt, die Carlotta auf Männer ausübte. Seit ich mich zurückerinnern kann, war es so gewesen, ganz egal, um welchen Mann es sich handelte. Immer wieder hatte ich die Geschichte gehört, wie sie Robert Frinton bezaubert hatte, der ihr sein Vermögen hinterließ. Selbst mein Großvater war nicht unempfänglich für ihren Charme.

Das Erstaunlichste daran war, daß sie es völlig mühelos schaffte. Sie sagte, was ihr in den Sinn kam und strengte sich nie besonders an, um jemanden zu beeindrucken oder in ihren Bann zu ziehen. Es ging einfach eine Art Zauber von ihr aus.

Emily Philpots hatte einmal gesagt, Carlotta sei eine Hexe. Es gab Zeiten, da ich dies durchaus für möglich hielt.

Während jenes Abendessens beherrschte sie die Tischrunde. Da sie kurz zuvor in London gewesen war, kannte sie alle Neuigkeiten vom Hof. Sie wußte auch, was der Herzog von Marlborough auf dem Kontinent tat und wie es um den Krieg stand. Dann brachte sie das neueste Buch von Daniel Defoe mit dem Titel ›Die beste Art im Umgang mit Nonkonformisten oder Vorschläge zur staatskirchlichen Verfassung‹ zur Sprache. »Was für eine geistreiche Satire über die Intoleranz der kirchlichen Seite«, meinte sie dazu. Als nächstes plauderte sie munter über die Whigs und Tories, wobei sie anklingen ließ, daß sie mit einigen der führenden Politiker offensichtlich recht gut bekannt war.

Ihre Unterhaltung wirkte ungemein lebendig und amüsant. Sie sprühte förmlich vor guter Laune und wurde mit jeder Minute schöner.

»Aber wie findest du für all dies bloß die Zeit?« fragte meine Mutter. »Schließlich bist du nun verheiratet und hast einen eigenen Haushalt. Was ist mit Benjie und Clarissa?«

»Ach, in Eyot Abbas ging es nie so zu wie hier, das weißt du doch«, erwiderte Carlotta leichthin und stellte damit unterschwellig unserem Zuhause das Zeugnis aus, öde und langweilig zu sein. »Harriet hat sich nie sonderlich um häusliche Angelegenheiten gekümmert, und die männlichen Familienmitglieder haben gelernt, dies zu verstehen und sogar zu schätzen. Benjie reist jederzeit mit mir nach London, wenn ich dorthin will. Für Clarissa haben wir eine vortreffliche Amme und ein liebes, braves Kindermädchen. Mehr braucht Clarissa nun wirklich nicht.«

»Wieso hat Benjie dich nicht herbegleitet?«

»Ich wollte allein herkommen und wie früher mit euch zusammensein. In euren Briefen habt ihr mir so viel davon erzählt, wie Damaris heranwächst und einem Küken gleich aus dem Ei geschlüpft ist. Natürlich war ich gespannt darauf, meine kleine Schwester wiederzusehen, die bald eine erwachsene Frau sein wird.«

Und so ging die Unterhaltung weiter, bei der alles sich um Carlotta drehte.

Wie froh war ich, als der Abend endlich vorüber war. Matt ritt nach Grasslands, und ich zog mich in mein Zimmer zurück.

Ich bürstete mir gerade die Haare, als es an der Tür klopfte. Carlotta.

Lächelnd kam sie herein.

»Es ist schön, wieder daheim zu sein, Damaris.«

»Findest du es nicht ziemlich langweilig?«

»Ruhig finde ich es. Aber genau das habe ich gewollt... jedenfalls für eine gewisse Zeit.«

»Du wirst aller Dinge rasch überdrüssig, Carlotta«, sagte ich, ohne mit dem Haarebürsten aufzuhören.

»Es wäre bestimmt nicht so, wenn...«

»Wenn was?«

»Ach, schon gut. Dieser Matt Pilkington ist ein interessanter junger Mann, findest du nicht?«

»O ja, das finde ich auch.«

»Der Sohn jener Schauspielerin. Ich kann mich nicht mehr genau daran erinnern, wie sie aussah, obwohl ich ihr ja mal Enderby zeigte. Hat sie eine üppige rote Mähne?«

»Ja.«

»Sehr elegant?«

Ich nickte.

»Du bist heute abend nicht besonders gesprächig, Damaris.«

»Du hast mich und andere doch immer darauf hingewiesen, wie wenig ich zu sagen weiß.«

Sie lachte. »Du warst früher so ein bescheidenes Kind. Aber inzwischen müßtest du eigentlich erwachsen sein. Bist du schon sechzehn?«

»Nein, noch nicht.«

»Aber bald wirst du es sein. Wenn ich mir überlege, wie ich in deinem Alter gelebt habe, dann merke ich besonders deutlich den Unterschied zwischen uns.«

Völlig überraschend trat sie zu mir und küßte mich.

»Du bist gut, Damaris. Ich weiß genau, daß ich nie so gut sein könnte wie du.«

»Aus deinem Mund klingt das so, als wäre es etwas Schmachvolles, gut zu sein.«

»So habe ich es nicht gemeint. Manchmal möchte ich so sein wie du.«

»Das glaube ich nicht«, rief ich erstaunt.

»O doch! Ich wünschte, ich könnte zur Ruhe kommen und gut und dabei glücklich sein. Schließlich besitze ich ja so vieles, wie ihr mir immer wieder unter die Nase reibt.«

»Ach, Carlotta, du spielst mir etwas vor. Natürlich bist du glücklich. Wie fröhlich warst du heute bei Tisch!«

»Fröhlichkeit und Glück gehen nicht immer Hand in Hand. Aber, wie dem auch sei... ich mag deinen Matt.«

»Wie wir alle«, stimmte ich zu.

Sie beugte sich zu mir und gab mir noch einen Kuß.

»Gute Nacht, Damaris.«

Ich sah im Spiegel nicht mich, sondern ihr wunderschönes Gesicht. Was hatte sie mir wohl sagen wollen? Warum war sie überhaupt in mein Zimmer gekommen? Ich war mir sicher, daß sie etwas Bestimmtes zur Sprache bringen wollte, ihren Entschluß aber nicht in die Tat umsetzte.

Am nächsten Tag kam Matt zu einem Ausritt herüber. Ich war gerade im Garten, als er auftauchte.

»Welch wundervoller Morgen«, rief er mir zu. »Es wird nicht mehr viele dieser Art geben, denn bald ist Winter.«

Während wir uns noch unterhielten, kam Carlotta aus dem Haus. Sie trug ihr taubenblaues Reitkleid und den Hut mit der kleinen koketten Feder. Ganz offensichtlich hatte sie Matt erwartet. Es gab mir einen Stich, als mir klar wurde, daß sie sich schon am vergangenen Abend verabredet haben mußten.

Ich schaute von ihr zu ihm und bildete mir ein, meine Enttäuschung bewundernswert zu verbergen.

»Ach, ihr wollt ausreiten?«

»Möchtet Ihr mitkommen, Damaris?« fragte Matt.

Die beiden hatten bestimmt einen Reitausflug zu zweit geplant, und Matt fragte mich nur, weil ich zufällig anwesend war.

Nach einem kurzen Zögern lehnte ich ab. »Ich muß zuerst zum Unterricht und mich später um die Kräuter kümmern, die ich in der Vorratskammer getrocknet habe.«

Lag es an meiner übersteigerten Fantasie, oder war er wirklich erleichtert?

Mit betonter Munterkeit – oder vielleicht spielte mir wieder meine Einbildung einen Streich? – wandte er sich an Carlotta. »Gut, dann reiten wir am besten gleich los. Die Tage sind jetzt schon sehr kurz.«

Sie nickten mir zu, und ich ging tief deprimiert ins Haus zurück.

Der Vormittag kam mir endlos lang vor, und ich überlegte ständig, ob die beiden wohl schon zurück waren. Zweimal schaute ich in den Stallungen nach, doch Carlottas Pferd fehlte.

Gegen vier Uhr nachmittags waren sie immer noch fort. Ich hielt es vor Ruhelosigkeit nicht mehr aus. Also beschloß ich, ebenfalls auszureiten. Mein Pferd Tomtit schien meine verschiedenen Stimmungen immer genau zu fühlen. Mir kam der unsinnige Gedanke, daß ich zwar nicht so attraktiv wie Carlotta war, die Tiere mich aber weit mehr liebten als sie. Sie ritt mit anmutiger Grazie, doch es bestand keine Beziehung zwischen ihr und den Pferden. Wie würde sie mich wieder spöttisch auslachen, wenn sie meine Gedanken lesen könnte! Matt hätte mich verstanden, denn er liebte nicht nur seine Pferde, sondern auch andere Tiere und natürlich ganz besonders Belle.

Als ich tief in Gedanken dahinritt, glaubte ich einen Schuß zu hören. Ich hielt an und lauschte. Wahrscheinlich knallte jemand im Wald einen Hasen oder ein Kaninchen ab. Bei der Landbevölkerung war das ganz üblich.

Ich überließ es Tomtit, eine Richtung einzuschlagen, und er trabte den vertrauten Weg nach Enderby.

Bei einer Baumgruppe blieb ich stehen und schaute zum Haus hinüber, wobei ich mich zwang, an praktische Dinge zu denken. Während Carlotta hier ist, müssen wir mit ihr über Enderby reden...

Ich betrachtete die mit Weinlaub überwucherten Mauern, die im blassen Schein der Herbstsonne rot aufflammten. Dann wanderte mein Blick zu dem eingezäunten Stück Land. Alles war ganz still. Der Sommer war vorüber, die Blumenpracht vergangen. Vereinzelte Feuernelken und Hirtentäschelkraut leuchteten noch zwischen dem Gestrüpp aus Stechginster, stachligen Disteln und üppig wucherndem Unkraut.

Viele der Vögel waren schon fortgeflogen, aber ich sah wenigstens noch einen Sperber, der, in der Luft kreisend, auf Beute lauerte, und hörte den heiseren Schrei einer Möwe. Das bedeutete schlechtes Wetter, denn die Möwen flogen landeinwärts, wenn Sturmwind und Regen drohten. Merkwürdig, daß sie Wetterveränderungen so lange vor uns erspüren konnten. Das Dower House lag ungefähr drei Meilen von der Küste entfernt, und die Leute nickten sich zu, wenn sie Möwenschreie hörten: »Schlechtes Wetter im Anmarsch.«

Für einen Novembertag war es ziemlich warm. Wie hieß das alte Sprichwort? Ein kalter November, ein warmes Weihnachten. Vielleicht galt es auch umgekehrt.

Während ich bewegungslos dasaß und aus der Betrachtung der Natur Kraft zog, wie ich das seit frühester Kindheit getan hatte, fiel mir plötzlich eine Bewegung in dem eingezäunten Grundstück auf. Da ich nicht weit vom Gatter entfernt war, konnte ich durch die Stäbe sehen. Wer hatte sich wohl diesmal dort hineingewagt?

Ein Mann. Er kam zum Tor und entriegelte es. Ich erkannte meinen Vater, der ein Gewehr unter dem Arm trug.

Mein erster Impuls war, ihn anzurufen, doch dann entschied ich mich dagegen. Seit Belle in die Falle geraten war, zeigte er keinerlei Neigung, über das verwilderte Stück Land zu sprechen. daher sollte er lieber nicht wissen, daß ich hier war. Bestimmt würde er sich wundern und mich vielleicht sogar ausfragen.

Ich schaute ihm nach, während er in Richtung Dower House ging, und ritt dann weiter.

Als ich heimkehrte, war auch Carlotta von ihrem Ausflug zurück. Matt war schon nach Grasslands hinübergeritten, und wir bekamen ihn an diesem Abend nicht mehr zu Gesicht.

Am nächsten Tag tauchte er mit besorgtem Gesicht auf.

»Belle ist die ganze Nacht nicht heimgekommen«, sagte er. »Das sieht ihr gar nicht ähnlich. Sie streunt zwar gern überall herum, aber bei Dunkelheit ist sie immer zu Hause.«

»Glaubt Ihr etwa, daß sie wieder in eine Falle geraten ist?«

»Nein, nein. Euer Vater hat deutlich gezeigt, wie wenig er von Fallen hält. Ich glaube kaum, daß jemand es wagen würde, neue aufzustellen, der miterlebt hat, wie es den Rooks erging.«

»Am besten machen wir uns gleich auf die Suche nach ihr«, schlug ich vor.

Wir grasten alle möglichen und unmöglichen Stellen nach ihr ab, ja, wir betraten sogar den ›verbotenen Garten‹. Ich holte die Schlüssel von Enderby, und auch dort forschten wir in jedem Winkel nach Belle.

Doch nirgends war eine Spur von ihr zu entdecken.

Während wir noch suchten, begann es zu regnen.

»Das treibt sie garantiert nach Hause«, meinte Matt. »Sie haßt Regen.«

Als wir in Grasslands eintrafen, lief Matt sofort überall herum und rief nach Belle, doch sie blieb verschwunden.

Damit komme ich zu dem Tag, an dem meine ganze Welt einstürzte, ein Tag, an den ich auch heute noch nicht denken mag.

Der Himmel war bewölkt und reichlich dunkel, als ich erwachte. Die ganze Nacht hatte es in Strömen geregnet, nun klarte es ein wenig auf, doch sicher würde es schon bald wieder schütten. Die drohenden Wolken sahen ganz danach aus.

Matt kam schon am Morgen.

»Gibt es etwas Neues von Belle?« rief ich ihm zu.

Er schüttelte stumm den Kopf.

Carlotta trat im Reitkleid zu ihm. »Suchen wir gemeinsam nach dem Hund«, schlug sie vor.

Ich hätte sie natürlich begleiten können, lehnte aber wie beim erstenmal ab, und sie unternahmen keinen Versuch, mich zum Mitkommen zu überreden.

Es war mir unmöglich, mich auf den Unterricht zu konzentrieren. Mistreß Leveret schüttelte den Kopf und meinte: »Am besten geben wir die Stunden auf, bis der Hund gefunden ist.«

Wieder kam mir der Tag endlos lang vor. Was war nur mit der

Zeit geschehen? Die Wolken hingen immer noch tief, doch vom Regen waren wir bisher verschont geblieben. Ich kam zu der Überzeugung, daß nur Tomtit mich etwas aufheitern könnte. Wer weiß, vielleicht stieß ich sogar zufällig auf Belle – womöglich war sie verletzt oder irgendwo eingeschlossen. Unmöglich war das nicht, denn sie mußte immer alles erschnüffeln und kroch liebend gern in fremde Behausungen. Es war gut möglich, daß ein Besitzer sie eingesperrt hatte, weil er ihre Anwesenheit nicht bemerkte.

Wie üblich ritt ich in Richtung Enderby, und plötzlich fiel mir etwas ein. Ungefähr an dieser Stelle hatte ich einen Schuß gehört und meinen Vater mit einem Gewehr gesehen, als er aus dem Gatter trat.

Nein, es war ganz ausgeschlossen. Ich versuchte meine Gedanken zu ordnen. Oder war es doch denkbar?

Belle war von diesem Grundstück und von Enderby fasziniert gewesen.

Vielleicht hatte mein Vater sie dort entdeckt, war in Zorn geraten und hatte sie erschossen.

Belle töten? Dieses schöne, freundliche Geschöpf, das ich so sehr liebte? Und ausgerechnet mein Vater soll sie umgebracht haben, den ich auch liebte?

So etwas wollte ich einfach nicht glauben.

Doch je mehr ich darüber nachgrübelte, desto plausibler erschien es mir.

Ich rutschte aus dem Sattel und band Tomtit an einem Baum fest.

»Es dauert nicht lange«, sagte ich zu ihm. »Warte auf mich. Sei ein braver Junge. Ich muß dort hinein und mich vergewissern, daß meine Gedanken absurd sind.«

Tomtit schlug als Antwort auf mein Tätscheln zweimal mit dem Vorderhuf auf den Boden. Er hatte begriffen und würde auf mich warten.

Rasch kletterte ich übers Gatter. Ich glaubte wieder, Böses spüren zu können, was sicher nur an den vielen Gerüchten lag, die ich gehört hatte. Es kam mir vor, als ob mich Augen beobachteten und als ob die Bäume die Gestalt von Ungeheuern annehmen würden, sobald ich ihnen den Rücken kehrte. Typische Ängste kleiner Mädchen! Überbleibsel aus meinen Kindertagen, als ich Emily Philpots gedrängt hatte, mir bei Tag gruselige Geschichten zu erzählen, was ich dann bei Nacht bitter bereute.

Inzwischen wünschte ich, nicht hergekommen zu sein. Was hoffte ich herauszufinden? Falls er Belle erschossen hatte ... nein, das wollte ich einfach nicht glauben. Mir war der Gedanke gräßlich, daß Belle irgendwo mit einem Loch im Kopf herumlag.

Wie töricht ich doch war. Mein Vater nahm häufig ein Gewehr mit, wenn er das Haus verließ. Wahrscheinlich war er nur deshalb auf das eingezäunte Grundstück gegangen, weil er an Ort und Stelle überlegen wollte, was damit zu tun sei. Schließlich war in letzter Zeit reichlich viel darüber spekuliert worden.

Trotzdem streifte ich weiter umher. Der Boden war wie mit einem modrigen Teppich bedeckt, da der Sturm auch die letzten Blätter von den Bäumen geweht hatte. Das schleifende Geräusch meiner Schritte durchbrach die Stille.

»Belle! Du versteckst dich doch nicht etwa irgendwo?« rief ich halblaut.

Ich sah sie immer noch vor mir, wie sie bei der Scharade auf die Bühne gesprungen war und den schmutzigen alten Schuh Matt zu Füßen legte – als Zeichen ihrer Liebe und Treue. Sie hatte mit schiefgelegtem Kopf dagesessen, mit dem Schwanz auf den Boden geklopft und ihr Fundstück so verzückt angestarrt, als sei es das Goldene Vlies oder der Heilige Gral.

»Belle, wo bist du? Komm her, Belle!«

Inzwischen war ich bei der Stelle angelangt, wo sie den Schuh gefunden hatte, und dort fiel mir etwas auf. Die Erde war offensichtlich umgegraben und dann glattgeklopft worden. Eine schreckliche Gewißheit überkam mich. Belle lag hier verscharrt.

Ich schaute den Boden unverwandt an und konnte mich nicht wegrühren, da eine Flut von Empfindungen auf mich einstürmte.

Ich mußte mit zwei schmerzlichen Tatsachen fertig werden. Belle war erschossen worden, und zwar von meinem Vater, der sie hier begraben hatte.

»Wie konntest du nur, Vater?« murmelte ich geistesabwesend. »Was hat sie denn schon getan? Sie kam hierher und fand den Schuh. Für sie war das völlig natürlich, und sie war entzückt über ihren Fund. Warum warst du so zornig, als sie in die Falle geriet? Warum ist das alles überhaupt so wichtig?«

Ja, warum? Das war die Frage.

Es war wieder ziemlich düster geworden, und mein Gesicht benetzten schwere Tropfen. Der gefürchtete Regen begann von neuem...

Ich empfand so stark wie nie zuvor, daß hier etwas Böses lauerte, etwas ungemein Böses. Wahrscheinlich stimmte das Gerücht über die Irrlichter. Sie spukten hier auf diesem Land herum, auf dem gute Männer wie mein Vater zu Mördern wurden. Ich nannte es Mord, auch wenn es sich nur um ein Tier handelte, denn Belle war mir sehr ans Herz gewachsen. Wie konnte mein geliebter Vater bloß so etwas tun? Was war an diesem Stück Land, das die Menschen verwandelte?

Fort, ich mußte fort und in aller Ruhe nachdenken. Matt sollte wissen, was ich entdeckt hatte. Aber nein! Ich konnte keinem verraten, daß ich meinen Vater hier mit einem Gewehr sah...

Als ob das alles nicht schon genug war, kam mir nun ein noch gräßlicherer Gedanke. Was lag hier versteckt, das eine solche Wirkung auf meinen Vater hatte?

Angst packte mich. Weg, nichts wie weg! Ich wollte dem Bösen entfliehen, das hier überall lauerte.

Während ich davonrannte, kam es mir so vor, als ob die Bäume nach mir griffen. Es war mühsam, auf dem glitschigen, mit Blättern bedeckten Boden vorwärts zu kommen. Ich kam ins Stolpern. Wenn ich nun fallen würde und die Nacht an diesem unheimlichen Ort verbringen müßte! Hilfesuchend klammerte sich mich an einen Baumstamm, riß mir dabei die Handfläche an der rauhen Rinde auf, aber stürzte wenigstens nicht der Länge nach hin. Weiter, weiter! Irgend etwas packte mich. Ich wurde schier ohnmächtig, doch es war nur eine Brombeerranke gewesen, die sich in meinem Ärmel verfing. Endlich erreichte ich keuchend das Gatter.

Es regnete nun in Strömen. Bis ich das Dower House erreichte, würde ich völlig durchnäßt sein. Außerdem war der Regenschleier so dicht, daß ich kaum etwas sehen konnte. Da fiel mir plötzliche Enderby ein. Oh, wie wünschte ich später, daß mir nicht ausgerechnet dieser Gedanke gekommen wäre! Aber wahrscheinlich war es unvermeidlich und auch ganz richtig, daß ich meine Illusionen verlor.

Ich band Tomtit los, der bei meinem Anblick vor Freude wieherte.

»So heftig wird es nicht lange regnen«, sagte ich zu ihm. »Wir warten ein bißchen unter dem Vordach.«

Wir stolperten miteinander den Weg entlang, der gar nicht leicht zu finden war. Ich tätschelte Tomtit immer wieder den Kopf, den er vertrauensvoll an meine Schulter drückte. Als wir beim Haus angekommen waren, band ich Tomtit an und murmelte, daß ich nicht lange wegbleiben würde. Dann stieg ich zum überdachten Portal hinauf und lehnte mich dagegen. Zu meinem Erstaunen ging die Tür auf.

Erleichtert trat ich ein, denn ich hatte genug von Wind und Regen. Mein erster Blick fiel auf die Musikantenempore.

Wie düster sie aussah, und welch bedrohliche Atmosphäre dieses Haus ausstrahlte! Ich hatte selbst bei Sonnenschein immer so empfunden, aber bei grauem Regenwetter war es geradezu verheerend.

Doch wenigstens bot es Schutz vor dem Unwetter.

Ich habe keine Ahnung, ob man die Anwesenheit eines anderen menschlichen Wesens tatsächlich spüren kann, doch ich war mir plötzlich ganz sicher, nicht allein in Enderby zu sein.

»Ist da jemand?« sagte ich, doch meine Stimme ging im Rauschen des Regens völlig unter. Ein jäher Blitz beleuchtete die Halle, und ich schnappte hörbar nach Luft, weil er mich so erschreckt hatte. Wenige Sekunden später krachte der Donner.

Am liebsten wäre ich einem starken Impuls gefolgt und ins Freie gerannt. Fast glaubte ich eine warnende Stimme zu hören, doch unentschlossen blieb ich stehen. Draußen war es beinahe so dunkel geworden wie bei Nacht.

Ein zweiter Blitz erhellte meine Umgebung, und ich schaute zur Musikantenempore hinauf, halb in der Erwartung, dort jemanden zu sehen. Nichts. Ich wappnete mich gegen den unvermeidlichen Donnerschlag. Das Gewitter war direkt über mir.

Erschöpft lehnte ich mich gegen die Wand. Mein Herz klopfte so rasend schnell, daß ich Angst hatte zu ersticken. Bang wartete ich auf den nächsten Donner, der jedoch nicht kam. Nach einigen Minuten wurde es unverhofft heller, und ich konnte die Vorhänge auf der Empore erkennen, die sich zu bewegen schienen, doch das war sicher nur Einbildung. Und dennoch war ich überzeugt davon, daß jemand im Haus war.

›Geh weg‹, befahl mir die Stimme der Vernunft.

Aber ich brachte es nicht über mich. Irgend etwas zwang mich zu bleiben.

Wahrscheinlich stand ich unter Schock. Die Gewißheit verfolgte mich, daß mein Vater Belle getötet und auf dem verwilderten Land verscharrt hatte. Außerdem mußte es da noch irgendein dunkles Geheimnis geben, an das ich nicht zu rühren wagte, weil sonst mein ganzes Leben in Mitleidenschaft gezogen würde.

Ich glaubte Stimmen zu hören, flüsternde Stimmen, die Stimmen der Rooks, die Geschichten über meinen Vater zusammenreimten, Klatsch, Gerüchte. Normalerweise fürchtete ich mich davor, allein in diesem Haus zu bleiben. Nun hatte ich keine Angst mehr, obwohl ich stärker als zuvor die unheilvolle Atmosphäre wahrnahm. Vielleicht graute mir aber auch so sehr vor der Wirklichkeit, vor dem, was auf dem eingezäunten Grundstück unter der Erde lag, daß mich das Übernatürliche nicht mehr in Schrecken versetzen konnte. Viele unheimliche Dinge, die geschahen, ließen sich ohne Zweifel mit der Vernunft erklären; man mußte sich nur an die Tatsachen halten.

Der nächste Blitz war nicht mehr so grell wie die vorhergehenden, und der Donner ließ einige Sekunden auf sich warten. Es wurde heller, das Gewitter war weitergezogen.

Warum war die Haustür wohl nicht verschlossen gewesen? Eigentlich verriegelten wir immer die Tür beim Verlassen des Hauses, da es ja voll möbliert war. Nach Robert Frintons Tod war das gesamte Mobiliar in Enderby geblieben, da Carlotta es so wollte.

Ich schaute zur Treppe hinüber und fühlte mich wie von magischer Kraft dort hingezogen.

Langsam stieg ich hinauf. Der Regen prasselte immer noch gegen die Scheiben. Als ich mir die Empore genauer ansah, war nichts Ungewöhnliches zu entdecken.

Jemand hatte vergessen, die Tür abzusperren – das war alles. Warum ging ich nicht weg? Warum tröstete ich nicht den armen Tomtit, der so geduldig auf mich wartete?

Aber ich stieg weiter die Treppe hinauf, denn ich hatte mir in den Kopf gesetzt, in allen Räumen nachzusehen, ob jemand da war.

Mir kam der verrückte Einfall, daß Enderby mich anlockte und sich gleichzeitig über mich lustig machte.

»Törichte kleine Damaris, immer noch das reinste Kind.«

Es klang ganz nach Carlottas Stimme.

Immer wieder hatte sie mir früher ihre Lieblingsgeschichte erzählt. »Als ganz kleines Mädchen erforschte ich das Spukhaus und versteckte mich in einem Schrank, der dann später nach mir benannt wurde. Robert Frinton sagte, daß er jedesmal an mich denken mußte, wenn er ihn benutzte.«

Obwohl mir das Haus nie düsterer erschienen war als jetzt, verspürte ich keine Angst. Das lag wohl daran, daß ich in Wirklichkeit gar nicht hier war, sondern im verbotenen Garten, wo ich die Erde anstarrte, die vermutlich Belles Grab bedeckte.

Als ich die erste Etage erreicht hatte, glaubte ich wieder flüsternde Stimmen zu hören. Ich blieb stehen und lauschte. Stille, nichts als tiefe Stille.

Es war alles nur Einbildung. Leicht konnte man sich einreden,

Stimmen zu hören, da der Regen gegen die Scheiben trommelte und der Wind in den Zweigen seufzte.

Ich öffnete die Tür zu Carlottas Lieblingszimmer, in dem das Himmelbett mit den Samtdraperien stand. Dort hatte ich sie einmal überrascht, als sie Selbstgespräche führte.

Nachdem ich mich einige Schritte in den Raum hineingewagt hatte, stolperte ich über etwas. Ich schaute zu Boden. Es war gerade noch hell genug, um ein Reitkleid erkennen zu können... taubenblau. Und daneben lag ein Hut mit einer kleinen bläulichen Feder.

Vor Überraschung stieß ich einen Laut aus. Genau diesen Augenblick suchte sich ein verspäteter Blitz aus, um das Zimmer hell zu erleuchten, und ich sah die beiden deutlich. Carlotta und Matt... nackt auf den Kissen... ineinander verschlungen.

Ein Blick genügte, und ich wandte mich ab. Mir war übel, ich wußte nicht, was tun oder was denken. In mir war völlige Leere. Als ich die Tür schloß, brach der Donner los.

Ich rannte weg, ohne zu wissen wohin. Fort, ich wollte nur fort. Es war unerträglich für mich, an das zu denken, was ich gesehen hatte und was es bedeutete. Alles in mir empörte sich dagegen, ich fühlte mich angeekelt.

Mir wurde überhaupt nicht bewußt, daß der Regen auf mich herunterströmte. Ich kam zum Gatter des verbotenen Gartens. Wo konnte ich mich verstecken? Wo war ich allein mit meinen wirren Gedanken? Dort... neben Belles Grab.

Unbeholfen kletterte ich hinüber und tastete mich durch das Buschwerk. Dann warf ich mich neben der frisch umgegrabenen Stelle zu Boden und versuchte, jeden Gedanken an die Szene im Schlafzimmer zu verdrängen.

Es war dunkel und regnete nicht mehr ganz so stark wie zuvor. Ich fühlte mich benommen und orientierungslos. Erst allmählich erinnerte ich mich wieder, daß ich auf dem verwilderten Land lag, daß Belle tot war und ich etwas in Enderby gesehen hatte, was ich nie vergessen würde. Nicht nur mein kindlicher Traum war dadurch zerstört worden, nein, es war mehr. Ich wollte nichts mehr wissen, wollte nur vergessen. Mein Vater... meine Mutter... meine Schwester... es war für mich unerträglich, zu ihnen zu gehen. Allein... ganz allein war es mir am liebsten, hier im verbotenen Garten.

Vermutlich war ich nicht mehr bei Sinnen, denn ich glaubte zu sehen, wie die Irrlichter einen Reigen um mich tanzten, als wollten sie mich für sich gewinnen. Wieso sollte ich Angst vor ihnen haben? Nun verstand ich ein wenig von menschlichem Leid. Ich wollte nur noch vom Nichts umhüllt sein. »Nichts, nichts«, flüsterte ich. »So soll es immer bleiben.«

Erst lange Zeit nach dieser Nacht begann ich wieder mein Tagebuch zu führen. Man hatte mich erst am Morgen gefunden. Es war mein Vater, der auf die Idee kam, in dem eingezäunten Grundstück nach mir zu suchen. Er trug mich auf seinen Armen nach Hause. Tomtit hatte gespürt, daß irgend etwas nicht stimmte, und war spät in der Nacht zum Dower House zurückgaloppiert. Zu dem Zeitpunkt machten sich schon alle große Sorgen um mich, doch als er allein auftauchte, kannte ihre Angst keine Grenzen. Die ganze regnerische Nacht hindurch wurde nach mir gesucht.

Ich hatte hohes Fieber und war dem Tode nahe. Ein volles Jahr blieb ich bettlägerig und wurde von meiner Mutter liebevoll gepflegt.

Sie stellten mir keine Fragen, denn ich war viel zu krank. Mehr als drei Monate vergingen, bis ich erfuhr, daß die Pilkingtons weggezogen waren. Elizabeth hatte das Landleben satt bekommen, wie es hieß, war nach London übersiedelt und bot Grasslands zum Verkauf an. Matt war ungefähr eine Woche nach jener schrecklichen Nacht abgereist.

Meine Glieder blieben steif, auch nachdem ich mich einigermaßen erholt hatte, und sehr lange bereitete es mir unaussprechliche Pein, meine Hände zu bewegen. Meine Mutter kümmerte sich hingebungsvoll um mich, mein Vater war die Zärtlichkeit selbst. Ich liebte ihn ebensosehr wie früher, und wir erwähnten Belle mit keinem Wort. Vermutlich wußte er, daß ich auf der Suche nach Belle gewesen war und wessen ich ihn verdächtigte, denn er hatte mich ja an der bewußten Stelle gefunden.

Carlotta kam mich nicht besuchen.

»Zu Anfang blieb sie viele Wochen hier«, erzählte mir meine Mutter. »Sie hatte große Angst um dich und wollte nicht fort, ehe du die ersten Anzeichen einer Genesung zeigtest. Ich habe Carlotta noch nie so fassungslos erlebt. Schließlich mußte sie natürlich nach Eyot Abbas zurückkehren, denn sie war sowieso viel zu lange weggeblieben. Wenn du wieder ganz gesund bist, besuchen wir sie.«

Manchmal glaubte ich, daß ich nie wieder ganz wohlauf sein

würde. Die Gliederschmerzen waren oft fast unerträglich und meine Gehversuche so mühsam, daß ich schnell ermattete.

Meine Mutter las mir viel vor, mein Vater spielte mit mir Schach. Beide überboten sich darin, mir ihre Liebe zu beweisen.

Und so verging die Zeit.

Carlotta

Eine Entführung ohne Gegenwehr

Lange Zeit glaubte ich, daß ich den Augenblick an jenem Nachmittag niemals vergessen würde, als meine Schwester Damaris die Tür zum Roten Zimmer öffnete und mich mit Matt Pilkington entdeckte. Welch bizarre Szenerie, als uns ein jäher Blitz ihren Blicken preisgab – in flagranti ertappt, so daß die Wahrheit sich nicht mehr vertuschen ließ.

Bestimmt bin ich ihr wie eine ruchlose Sünderin vorgekommen. Sie hatte die Ehebrecherin auf frischer Tat ertappt. Es wäre völlig zwecklos, Damaris etwas erklären zu wollen, denn sie ist so gut, und ich bin so schlecht. Allerdings bezweifle ich, daß irgendein menschliches Wesen durch und durch gut oder ganz schlecht ist. Selbst ich muß wohl einige gute Züge in mir haben, denn ich litt unter schrecklichen Schuldgefühlen, als Damaris in jener Nacht spurlos verschwunden blieb. Als ihr Pferd ohne sie nach Hause kam, geriet ich fast in Panik vor Angst. In jenen Stunden war ich mir selbst geradezu widerwärtig, wie es nie zuvor der Fall gewesen war. Ja, ich betete sogar. »Alles ... alles will ich tun, wenn Du sie nur wieder heimbringst«, wiederholte ich immer wieder. Dann wurde sie endlich gefunden. Erleichterung erfüllte mich, als Vater sie auf den Armen ins Haus trug.

Sie gab kein Lebenszeichen von sich. Wir zogen ihr die klatschnassen Sachen aus und rieben ihren Körper trocken, der vor Fieber glühte. Mehrere Ärzte wurden konsultiert, und wochenlang wußten wir nicht, ob Damaris am Leben bleiben würde. Ich hielt mich so lange im Dower House auf, bis ich davon überzeugt war, daß sie sich auf dem Weg der Besserung befand.

Es blieb mir viel Zeit zum Nachdenken, wenn ich an ihrem Bett Wache hielt, während meine Mutter sich ausruhte. Sie bestand darauf, daß Damaris weder bei Tag noch bei Nacht auch nur eine Stunde allein gelassen wurde. Obwohl ich sehnlichst hoffte, daß Damaris sich bald erholen würde, graute mir andererseits vor dem Moment, in dem sie die Augen öffnet, mich sehen und sich erinnern würde.

Zum erstenmal in meinem Leben verabscheute ich mich. Bis dahin hatte ich immer Entschuldigungen für mein Verhalten gefunden, doch das gelang mir nun nicht mehr. Ich hatte schließlich gewußt, welche Gefühle sie für Matt Pilkington hegte. Die liebe Damaris war so unschuldig und so leicht zu durchschauen. Meine kleine Schwester ist verliebt, hatte ich mir gedacht und über ihre romantischen Fantasien gelächelt, die so weit von der Wirklichkeit entfernt waren.

Während ich neben ihrem Bett saß, malte ich mir aus, wie ich ihr alles erklären würde, damit auch sie verstand, wieso es zu jener Szene im Roten Zimmer hatte kommen können. Aber sie würde mich nie verstehen, denn wir waren so verschieden, wie zwei Menschen es nur sein können.

Trotzdem redete ich in Gedanken mit ihr: »Damaris, ich bin eine leidenschaftliche, sinnliche Frau. In mir gibt es starke Bedürfnisse, die danach verlangen, befriedigt zu werden. Zu gewissen Zeiten überkommt mich in Gesellschaft bestimmter Männer ein Drang, den ich nicht unter Kontrolle halten kann. Ich bin darin nicht die einzige. Du hast Glück, Damaris, denn du wirst deine Gefühle immer im Zaum halten können und wohl auch nie solch starke Begierde empfinden. ›Animalische Triebe‹ würdest du sie vermutlich nennen. Sie gleichen einem Feuer, das plötzlich auflodert und gelöscht werden muß. Nein, das kannst du nicht verstehen. Ich lerne mich mehr und mehr kennen, Damaris. In meinem Leben wird es immer Liebhaber geben, meine Ehe ändert daran nichts. Ich bin Männern begegnet, die so sind wie ich... Beau war der eine, und ein Jakobit, der mich entführte, war auch so. Und natürlich Matt, ja, auch der, aber mit Matt hatte es noch etwas anderes auf sich...«

So könnte ich niemals wirklich mit Damaris reden, und selbst wenn ich es täte, was nützte es? Sie würde mich nicht begreifen.

Ich erinnere mich an jenen Tag, als ich nach meiner Ankunft im Dower House die Treppe hinunterstieg. Damaris stand mit Matt in der Halle, und einen Moment lang hielt ich ihn für Beau... Wahrscheinlich lag es in erster Linie an seiner Kleidung und auch an dem leichten Moschusduft, den ich bemerkte, als ich näher kam. Er erzählte mir später, daß er seine Wäsche in Truhen aufbewahre, die mit Moschus parfümiert sind.

Im ersten Augenblick hielt ich ihn also für Beau.

Wir starrten uns an. »Ich konnte nicht aufhören, Euch anzusehen«, gestand er mir den Tag darauf. »Ihr kamt mir ganz unwirklich vor. Noch nie war mir eine solche Schönheit begegnet.«

Obwohl ich unzählige Komplimente bekomme, werde ich ihrer nie überdrüssig.

Als ich dann auf die beiden zuging, merkte ich, daß seine Ähnlichkeit mit Beau nur gering war. Doch nichts erinnerte mich so stark an einen Menschen wie ein ganz unverkennbarer Duft. Wie dem auch sei, wir waren sofort aneinander interessiert.

Ich spürte schon an diesem ersten Abend, daß ich ihm völlig den Kopf verdrehte. Es war etwas Unschuldiges an Matt, das ihn von den Männern unterschied, die ich vor ihm kannte. Beau und Hessenfield waren Abenteurer, Freibeuter des Lebens, die gehörten zu der Art von Männern, die mir mehr als alle anderen zusagte. Benjie war charaktervoll und verläßlich – der ideale Ehemann für eine gute Frau, die ich leider nicht bin. Matt Pilkington war zweifellos großer Leidenschaft fähig, doch andererseits auch unschuldig und unerfahren. Bei Beau und Hessenfield hatte ich keine Chance, schlauer zu sein als sie, doch es hatte mich geradezu fasziniert, sie immer aufs neue herauszufordern. Auch deshalb vermißte ich sie so schmerzlich. Matt Pilkington konnte ich führen und leiten, ihm dies oder das befehlen. Wenn ich es wollte, würde er nur mir gehören.

Ich schwelgte in seiner Bewunderung, oder besser gesagt, Anbetung. Als wir unseren ersten Reitausflug machten, trat Damaris kurz vor unserem Aufbruch zu uns. Matt schlug ihr vor, uns zu begleiten, war jedoch über ihre Absage so erleichtert, daß ich lachen mußte. Die arme Damaris glaubt ihn zu lieben, dachte ich. Was für ein Kind sie doch ist. Jugendliche Schwärmerei, nichts weiter. Es wird eine lehrreiche Erfahrung für sie sein.

Bei einem weiteren Ausritt am Tag darauf machten wir in einem Gasthaus Rast, tranken Ale und ließen uns frisch gebackenes, ofenwarmes Roggenbrot und kalten Schinken schmecken.

Ich spürte, daß er mich immer mehr begehrte. Als er mir beim Aufsitzen half, wollte er mich gar nicht mehr loslassen, und ich beugte mich hinunter, um ihm einen flüchtigen Kuß auf die Stirn zu geben. Dieser Kuß wirkte auf uns beide wie ein zündender Funke. Erinnerungen an Beau überfielen mich mit Macht. Dabei hatte ich angenommen, sie seien durch Hessenfield ein für allemal verbannt worden. Doch die Zeit mit Beau war nicht so leicht zu verdrängen. Immer wenn ich Enderby aufsuchte, mußte ich an unsere Zusammenkünfte denken.

Ich hatte die fixe Idee, daß zwischen Matt und Beau eine Ähnlichkeit bestand, wodurch er für mich nur um so interessanter wurde.

Nachdem wir eine ganze Weile durch die Wiesen geritten waren, machte ich den Vorschlag, ein wenig am Flußufer auszuruhen. Matt war einverstanden.

Ich wollte von ihm in die Arme genommen werden, schwankte aber noch, wie weit ich gehen sollte. Auf gewisse Weise liebte ich Benjie, doch er stillte nicht mein Verlangen nach wilder, ungezügelter Leidenschaft, wie ich sie mit Beau und Hessenfield erlebt hatte.

Bis dahin war ich Benjie noch nicht untreu geworden. Nun wurde mir klar, daß es mir lediglich am Anreiz gefehlt hatte, denn ich wünschte mir plötzlich nichts anderes, als Matts Geliebte zu werden. Ich sehnte mich nach der Art von verbotenem Abenteuer, in das mich Beau und Hessenfield gestürzt hatten. Beau hatte sich von Anfang an über meine Jungfräulichkeit lustig gemacht und war fest entschlossen gewesen, mich zu verführen. Hessenfield wiederum gab mir unmißverständlich zu verstehen, daß ich nichts zu entscheiden hatte. Derartige Situationen würden einem Mädchen wie meiner braven kleinen Schwester Damaris Entsetzen einjagen, doch mich versetzten sie in prickelnde Erregung.

Wir saßen nebeneinander im Gras, und ich berührte seine Hand. »Es ist merkwürdig, Matt, aber ich glaubte im Moment unserer ersten Begegnung, Euch schon früher einmal gesehen zu haben«, sagte ich nachdenklich.

»Und ich konnte es kaum glauben, daß Ihr keine Erscheinung seid«, erwiderte er.

»Eure Mutter habe ich vor einiger Zeit auch kennengelernt, kann mich aber nicht mehr gut an sie erinnern. Ich weiß nur noch, daß sie eine elegante, schöne Frau mit herrlichen roten Haaren ist.«

»Ja, auf ihr Haar ist sie auch sehr stolz. Ich werde ihr erzählen, daß Ihr sie für schön und elegant hieltet. Das wird sie freuen.«

»Hoffentlich hat sie es mir nicht übelgenommen, daß ich Enderby nun doch behalte.«

»Ich glaube, daß sie Verständnis dafür hatte. Außerdem fühlt sie sich in Grasslands sehr wohl, das ja viel heller und freundlicher ist als Enderby.«

»Habt Ihr Euch Enderby mal angesehen?«

Er nickte. »Als meine Mutter es kaufen wollte, hatte sie den Hausschlüssel und führte mich durch alle Zimmer.«

Das also ist des Rätsels Lösung, dachte ich. Damals hatte ich den Moschusduft in Enderby wahrgenommen und den Knopf gefunden, von dem ich annahm, daß er Beau gehörte. Doch in Wirklichkeit war Matt der Eigentümer jenes kunstvoll ziselierten kleinen Schmuckstücks gewesen. Anscheinend hatte der Goldschmied Knöpfe dieser Art doch für mehrere Gentleman angefertigt.

Ein Geheimnis war aufgeklärt. Ich war drauf und dran, Matt zu verraten, daß es letztlich sein Besuch in Enderby war, der mich dazu bewogen hatte, das Haus doch nicht zu verkaufen.

Aber für eine solche Erklärung blieb noch viel Zeit.

Ich gab mir erdenkliche Mühe, Matt an mich zu fesseln. Obwohl er, wie gesagt, Beau gar nicht so besonders ähnlich sah und außerdem einen ganz anderen Charakter hatte, war mir Beau in seiner Gegenwart viel näher als seit langem.

Während ich so neben ihm saß, konnte ich mir fast einbilden, Beau sei zurückgekommen. In jenen aufregenden Tagen mit Hessenfield hatte ich Beau vergessen und wollte ihn auch vergessen. Das gleiche galt nun für Hessenfield. Sicher klingt meine Behauptung unglaubwürdig, daß ich Benjie eine gute Frau sein wollte, wenn ich doch gleichzeitig mit dem Gedanken spielen konnte, die Ehe zu brechen.

Ich dachte an Harriets Worte. »Es gibt Menschen, die sich nicht an die Regeln halten, die ein gutes, ehrenhaftes Benehmen vorschreiben. Sie glauben aufgrund irgendwelcher Eigenschaften über diesen Regeln zu stehen, die für andere gelten. Du und ich, wir gehören zu diesem Menschentyp. Manchmal benutzen wir andere sogar. Das Ganze ist sehr unfair, weil wir am Ende immer die Sieger bleiben.« Dann hatte sie auf seltsame Weise gelächelt. »Aber wer kann schon sagen, was ein Sieg ist.«

Natürlich hätte ich Matt dort am Flußufer verführen können. Doch mir kam der Gedanke, daß es weit wirkungsvoller wäre, wenn es in dem Himmelbett in Enderby geschähe, auf dem mich Beau in die Liebe eingewiesen hatte.

Diese Vorstellung versetzte mich in Erregung. Ich spürte Matts Verlangen, obwohl er sich große Mühe gab, sich nichts anmerken zu lassen. Ihm war noch nicht klar, daß Schwierigkeiten jede Liebesaffäre nur um so reizvoller machen. Ich war eine verheiratete Frau, und er stand im Begriff, sich mit meiner Schwester zu verloben. Außerdem kannten wir uns erst seit zwei Tagen. Ich konnte seine Gedanken lesen, und ich wußte auch, daß er mit seinem Gewissen in Konflikt lag.

Für mich gab es weder gut noch böse, wenn die Leidenschaft von mir Besitz nahm. Ich wollte mit Matt Pilkington im Bett liegen und mich der Illusion hingeben, daß Beau zurück war.

Alles war ganz einfach zu arrangieren. Ein drohendes Gewitter lag in der Luft, das zur Rückkehr mahnte. »Reiten wir nach Enderby«, schlug ich leichthin vor. »Ich habe wie immer den Hausschlüssel bei mir. Übrigens wollte ich dort sowieso heute nachmittag nach dem Rechten sehen.«

Wir betraten die Halle, und ich vergaß, hinter mir die Haustür abzusperren. Langsam schlenderten wir durch alle Räume, bis wir zu dem Schlafzimmer mit dem Himmelbett kamen.

Einen Moment schauten wir beide das Bett an. Dann schlang ich die Arme um Matts Hals und küßte ihn. Die Leidenschaft überwältigte uns.

Später lagen wir in enger Umarmung auf dem Bett und lauschten dem Regen. Blitz und Donner schienen unser Abenteuer dramatisch zu untermalen. Wir beide ganz allein in einem leeren Spukhaus, wo uns vielleicht Geister beobachteten... vielleicht sogar Beaus Geist...

Doch plötzlich waren wir nicht mehr allein. Damaris öffnete die Tür, und ein blendender Blitz zeigte uns in aller Deutlichkeit. Sekunden später rannte sie wie gehetzt aus dem Zimmer.

So ist es gewesen. Wie soll ich es Damaris je erklären?

Unser Schäferstündchen fand dadurch ein abruptes Ende. Matt geriet schier außer sich vor Entsetzen. Erst da erkannte ich, daß er starke und zärtliche Gefühle für Damaris gehegt hatte.

»Sie hat uns gesehen. Damaris sah uns«, wiederholte er immer wieder fassungslos.

»Es ist sehr bedauerlich«, stimmte ich zu.

»Bedauerlich!« schrie er. »Es ist grauenvoll!«

Schweigend kleideten wir uns an, verließen das Haus und ritten durch das Unwetter. Ich sagte ihm, er solle nach Grasslands zurückkehren, und übte in Gedanken ein, wie ich es Damaris bei ihrer Heimkehr erklären würde.

Doch sie kam nicht heim. Als Vater sie gegen Morgen hereintrug, dachten wir alle, daß sie sterben müßte.

Man mag mich für scheinheilig halten, wenn ich behaupte, daß mich Gewissensbisse peinigten, aber es war tatsächlich so. Wir hatten Damaris einen schrecklichen Schock versetzt. Sie würde nie begreifen, wie es zu so etwas kommen konnte. Nein, sie würde es wohl nie begreifen.

Am nächsten Tag ritt ich spätnachmittags nach Grassland, um Matt mitzuteilen, wie krank Damaris sei. Er war zutiefst betrübt und schaute mich an, als halte er mich für eine böse Hexe. Gute

Menschen sind immer so. Wenn sie einen Fehltritt machen, suchen sie sofort einen Sündenbock. »Es ist nicht meine Schuld, o Herr, sondern das Böse hat mich in Versuchung geführt.« Menschen wie Harriet und ich sehen sich wenigstens so, wie sie wirklich sind. Unser Spruch lautet ganz anders. »Ich wollte dies oder das und nahm es mir. Nein, ich dachte nicht an etwaige Konsequenzen. Erst jetzt, da es schiefgegangen ist, verschwende ich überhaupt einen Gedanken daran.«

So verfügen wir wenigstens über eine gewisse Ehrlichkeit uns selbst gegenüber. Ja, auch im Schlechtesten steckt etwas Gutes, und in den besten Menschen ist nicht alles gut. Matt kam so lange zu uns, bis er erfuhr, daß Damaris sich mit der Zeit erholen würde. Dann reiste er ab. Vermutlich wird er es nicht wagen, ihr je wieder unter die Augen zu treten.

Dieser Entschluß wird ihm dadurch erleichtert, daß seine Mutter bei ihrem Aufenthalt in London feststellte, um wieviel mehr ihr das Stadtleben trotz allem behagt. Sie beschloß daraufhin, Grasslands wieder zu verkaufen.

Mistreß Pilkington kam nicht mehr in unsere Gegend, solange ich da war, und auch von Matt sah ich so gut wie nichts. Unsere kurze Romanze, die so schreckliche Auswirkungen hatte, war vorbei.

Auch ich mußte mich allmählich auf die Heimreise machen, denn ich hatte Mann und Kind sehr lange allein gelassen.

Also kehrte ich nach Eyot Abbas zurück und versuchte das Unheil zu vergessen, das ich angerichtet hatte.

Ein Jahr verging, in dem ich weder meine Mutter noch Damaris wiedersah. Die Tage verstrichen wie im Fluge. Ich schrieb meiner Mutter als Entschuldigung, daß ich bei meiner kleinen Tochter bleiben wolle, und sie berichtete mir, wie schwach Damaris immer noch sei, obwohl ihre Gesundung Fortschritte mache. An eine Reise war vorläufig nicht zu denken. Also mußten wir uns mit Briefen begnügen.

Ich war darüber sehr erleichtert. Selbst nach dieser verhältnismäßig langen Zeitspanne würde es mir schwerfallen, mit Damaris zu reden. Zweifellos würde es eine reichlich peinliche Begegnung werden.

Übrigens war ich mir wirklich meiner Schuld bewußt. Ich hatte den besten aller Ehemänner aus einer flüchtigen Laune heraus betrogen, und es gab nicht einmal die Entschuldigung, daß mich die große Liebe überwältigt hätte. Ohne zu zögern, hatte ich den Mann verführt, der mit meiner Schwester so gut wie verlobt war, und meine eigene Ehe gebrochen. Für mein Verhalten gab es kein Pardon. Aber ich bemühte mich wenigstens, mein Vergehen an Benjie wiedergutzumachen.

Er war beglückt darüber, denn er hatte mich nie zuvor so erlebt. Ich war liebevoll, anschmiegsam und besorgt um sein Wohlergehen. Es bedurfte nicht viel, um ihn glücklich zu machen.

Außerdem gab es natürlich noch Clarissa. Obwohl ich weiß Gott kein mütterlicher Typ bin, begann mich die Kleine zu bezaubern. Sie war nun zwei Jahre alt, sprach schon ein wenig und stellte bereits jetzt – nach den Worten ihrer Kinderfrau – dauernd etwas an, so als ob in ihr ein frecher kleiner Kobold steckt.

Eine gewisse Ähnlichkeit mit Hessenfield ließ sich nicht leugnen. Clarissa hatte leicht gewelltes blondes Haar, hellbraune Augen mit goldenen Pünktchen und war kräftig und gesund. Benjie behandelte sie wie sein eigenes Kind. Niemals erwähnte er die Begebenheit, die zu Clarissas Geburt und unserer Hochzeit geführt hatte.

Harriet entging es natürlich nicht, daß ich irgendwie verändert war, und sie musterte mich oft forschend. Ich überlegte mir manchmal, wie alt sie inzwischen wohl war, denn daraus hatte sie immer ein Geheimnis gemacht. Meine Großmutter behauptete, daß Harriet sich schon mit zwanzig für jünger ausgegeben hätte. Auf jeden Fall muß sie zur Zeit der Restauration Anfang Dreißig gewesen sein, und das lag nun über vierzig Jahre zurück. Ihre Haare waren immer noch dunkel, die Augen immer noch von jenem faszinierenden Veilchenblau. Sie war ziemlich dick geworden, aber ihr Lachen klang so jung wie eh und je.

Natürlich wollte sie zu Anfang gleich wissen, was eigentlich geschehen war. Ich berichtete ihr, daß Damaris während eines Gewitters im Freien geblieben sei und sich dadurch hohes Fieber geholt habe.«

»Was hat sie bloß dazu getrieben?«

Ich schüttelte den Kopf, doch Harriet war wie üblich scharfsichtig.

»Vielleicht hing es irgendwie mit Matt Pilkington zusammen. Ich glaube, Damaris war in ihn verliebt.« Als ich schwieg, sprach Harriet weiter. »Die Angelegenheit ging schief, als du dort warst, nicht wahr?«

»Wahrscheinlich war vorher auch nicht alles glatt gelaufen.«

»Aber nach deiner Ankunft spitzte sich alles zu.«

»Sie war in einer Sturmnacht draußen, wie ich schon sagte. So ist es zu ihrer Erkrankung gekommen.«

»Wie ist denn dieser Matt Pilkington?«

»Sehr... unerfahren.«

»Der Richtige für Damaris?«

»Ach, Damaris ist doch noch viel zu jung!«

»Ich wette, daß er sich in Damaris' Schwester verguckt hat.«

Ich zuckte die Achseln.

»Na ja, wenn er sich so schnell für eine andere interessieren konnte, ist es vielleicht ganz gut, daß es so geendet hat«, fuhr Harriet fort.

»Damaris ist fast noch ein Kind«, wandte ich ein.

»In ihrem Alter hast du mit einer Entführung geliebäugelt, wenn ich mich recht entsinne.«

»Damaris ist ein ganz anderer Typ als ich.«

»Irgend etwas ist bestimmt passiert«, meinte Harriet. »Aber es ist das beste, nicht zu viele Fragen zu stellen, wenn man einem Geheimnis auf die Spur kommen will.« Sie lächelte mich verschwörerisch an.

»Eine kluge Einstellung«, stimmte ich zu.

Natürlich war es Harriet klar, daß mein Besuch im Dower House etwas mit Damaris' Erkrankung zu tun hatte. Im Laufe der Zeit würde sie sicher noch dahinterkommen, wie sie soeben selbst angedeutet hatte.

Als ich dann später keinerlei Neigung zeigte, eine Reise zum Dower House zu machen, und mich um Benjie besonders liebevoll kümmerte, erriet Harriet bestimmt, was vorgefallen war.

In gewisser Weise belustigte es sie, denn diese Art von Abenteuer hatte sie in ihrer Jugend nie verschmäht.

Es freute sie immer ganz besonders, Ähnlichkeiten zwischen uns zu entdecken, da sie ja bei meiner Geburt vorgegeben hatte, meine Mutter zu sein.

Es kam unvermeidlich der Tag heran, an dem ich Damaris gegenübertreten mußte. Über ein Jahr war seit meinem letzten Besuch vergangen, als Harriet im Sommer des Jahres 1704 beschloß, meiner Mutter und Damaris einmal wieder einen Besuch abzustatten.

Benjie hatte eine Kutsche gekauft, wodurch das Reisen viel angenehmer und bequemer wurde. Es war ein prachtvoller Vierspänner, in dem mehrere Personen aufs behaglichste untergebracht werden konnten. Das Gepäck wurde wie bisher auf Packpferden befördert, doch wir konnten im Wageninneren Erfrischungen mitnehmen.

Harriet, Clarissa und ich würden ohne Benjie reisen, denn er mußte sich um den Besitz kümmern. Zwei Reitknechte sollten uns begleiten, die sich auf dem Kutschbock abwechseln konnten. Der jeweils andere würde mit den Packpferden hinterherreiten.

Außerdem wollten wir eine Donnerbüchse und ein Säckchen voller Kugeln sowie ein Schwert mitnehmen, um uns vor etwaigen Wegelagerern zu schützen. Viele von ihnen machten sich nämlich sofort aus dem Staub, wenn sie merkten, daß Reisende bewaffnet waren.

Clarissa geriet wegen der Reise in helle Aufregung. Sie war ein vitales Persönchen und erinnerte mich immer mehr an Hessenfield. Wie nicht anders zu erwarten, war sie keineswegs ein folgsames Kind. Doch sie verfügte über so viel Charme, daß sie jeden versöhnlich stimmte, auch wenn er sie gerade ausschimpfen wollte. Sie wickelte uns schon jetzt alle um den Finger, behauptete ihre Kinderfrau.

In ihrem roten Mäntelchen, den passenden Schuhen und Fäustlingen sah sie ganz entzückend aus. Ihre goldbraunen Augen funkelten vor Lebenslust. Für ihr Alter war sie sehr intelligent und stellte endlose Fragen über die Reise, ihre Großmutter, Tante Damaris und Großvater Leigh. Auch über die Urgroßeltern und alle sonstigen Verwandten, die wir in Eversleigh Court besuchen würden, wollte sie alles mögliche wissen.

An einem Julitag brachen wir endlich auf. Zu unseren Füßen wurde in der Kutsche ein Deckelkorb mit Käse, Brot, kaltem Braten, Plumpudding, holländischen Pfefferkuchen und verschiedenen Getränken wie Wein, Kirschlikör und Ale verstaut.

Sobald Clarissa den Korb entdeckte, erklärte sie, daß sie schon jetzt hungrig sei.

»Du mußt noch ein Weilchen warten«, sagte ich.

»Warum?«

Alles, was man in dieser Entwicklungsphase zu Clarissa sagte, forderte unweigerlich ein Warum, Wann oder Wo heraus.

»Das Essen ist für unterwegs gedacht, nicht schon für jetzt.«

»Nicht dafür, wenn man hungrig ist?« wollte sie wissen.

»Natürlich dafür, mein kleiner Liebling.«

»Ich bin aber jetzt hungrig.«

Im nächsten Moment wurde ihre Aufmerksamkeit vom Anschirren der Pferde abgelenkt, und sie vergaß das Essen.

Nachdem wir uns von Benjie, Clarissas Kinderfrau, Kindermädchen und einigen anderen Dienstboten, die nichts versäumen wollten, verabschiedet hatten, fuhren wir los.

Die Strecke führte an der Küste entlang, und wir kamen auch an dem Haus vorbei, in dem ich mich mit Hessenfield und den anderen Verschwörern versteckt hatte. Es war inzwischen unbewohnt und wirkte entsprechend trostlos.

Harriet musterte mich von der Seite, doch ich gab vor, es nicht zu bemerken. Statt dessen legte ich den Arm um Clarissa und machte sie auf die vielen Möwen aufmerksam, die auf der Suche nach Futter ab und zu steil zum Meer herunterstießen.

Endlich erreichten wir das Gasthaus ›Schwarzer Eber‹, mit dem mich so viele Erinnerungen verbanden. Wir wurden aufs wärmste vom Wirt begrüßt, der uns nicht vergessen hatte. Da wir in einer Kutsche reisten, wurden wir diesmal mit besonderem Respekt behandelt.

Es war ein seltsames Gefühl, wieder in diesem Gasthaus zu sein, und ich ertappte mich dabei, wie ich mir jede Minute meines letzten Aufenthaltes vergegenwärtigte. Inzwischen war ich überzeugt davon, daß Hessenfield tatsächlich fähig gewesen war, Beau aus meinen Gedanken zu verdrängen. Nur ab und zu tauchte dessen Bild wieder vor mir auf. Da mein Erlebnis mit Matt Pilkington wie ein Alptraum geendet hatte, war mir die Erinnerung an Beau noch mehr vergrault.

Doch ich konnte all das nicht verdrängen, denn schon bald würde ich Damaris gegenüberstehen.

Noch einmal hielt es der Wirt für nötig, sich dafür zu entschuldigen, daß er mich vor so langer Zeit in einer armseligen Kammer unterbrachte.

»Der Gentleman war vor kurzem wieder hier, Mylady.«

»Welcher Gentleman?«

»Einer von denen, die den ganzen ersten Stock mieteten, kurz bevor Ihr kamt. Wißt Ihr noch?«

»Oh, er war also hier?«

»Es war der hochgewachsene Gentleman, Mylady. Der Anführer der Gruppe, ja, so könnte man ihn nennen.«

Erregung erfaßte mich. »Er war also hier?« wiederholte ich.

»Ja, und er entsann sich Eurer, Mylady. Er fragte, ob Ihr einmal wiedergekommen wärt. Ich sagte ihm, daß ich Euch nur ein einziges Mal zu Gesicht bekommen hätte, als Ihr mit der Mylady hier und zwei Gentlemen herkamt. Ich sagte also zu ihm... ›Nur einmal, Sir, und seither nicht mehr.‹ Damit gab er sich dann zufrieden.«

»Wie lange liegt das zurück?« erkundigte ich mich.

»Höchstens ein paar Wochen, länger nicht.«

Ich wechselte abrupt das Thema, indem ich ihm mitteilte, daß wir abends gern Rebhuhnpastete essen würden.

Harriet und ich teilten uns den Raum, in dem der verwundete General gelegen hatte. Clarissa schlief auf einer Decke neben dem Bett. Mitten in der Nacht kuschelte sie sich plötzlich neben mich und weckte mich dadurch aus einem Traum von ihrem Vater.

Ich hielt sie fest an mich gedrückt. Nie hätte ich es früher für möglich gehalten, solch selbstlose Liebe empfinden zu können wie für dieses Kind.

Ich trennte mich leicht vom Gasthaus ›Schwarzer Eber‹, als wir ganz früh am nächsten Morgen weiterreisten. Clarissa und ich schauten fast ständig aus den Kutschenfenstern, und machten uns gegenseitig auf alles Sehenswerte aufmerksam.

Clarissa zeigte mir am liebsten alle möglichen Schmetterlinge, darunter auch ein Prachtexemplar von einem Admiral. Nun hätte ich gern soviel über Tiere und Pflanzen gewußt wie Damaris, um Clarissa darin unterrichten zu können.

Ich fühlte mich immer unbehaglicher, je mehr wir uns dem Dower House näherten. Am liebsten wäre ich umgekehrt. Aber natürlich war das ganz ausgeschlossen, denn ich konnte Damaris ja nicht ewig aus dem Weg gehen. Wie würde sie sich wohl verhalten? Vielleicht weigerte sie sich gar, mit mir zu reden; oder sie machte mir bittere Vorwürfe. Ob sie irgend jemandem verraten hatte, was sie in Enderby sah? Meiner Mutter...?

Man schien unsere Kutsche schon von weitem bemerkt zu haben, denn meine Eltern standen vor der Haustür, um uns willkommen zu heißen.

Ich öffnete den Kutschschlag und lag gleich darauf in den Armen meiner Mutter. Sie war immer sehr gefühlvoll, wenn wir uns wiedersahen.

»Liebste Carlotta! Wie schön, daß du hier bist.« Sie lächelte mit Tränen in den Augen.

»Guten Tag, Priscilla«, begrüßte Harriet sie. »Hier ist deine Enkelin. Clarissa, gib deiner Großmutter einen Kuß!«

Meine Mutter kniete sich hin, und Clarissa legte ihr die Ärmchen um den Hals und küßte sie.

»In unserem Korb waren holländische Pfefferkuchen«, teilte ihr Clarissa sofort mit, als ob dies die allerwichtigste Neuigkeit wäre.

»Ach, wirklich?«

»Ja, und Kuchen mit Früchten und Käse und Braten und... und...«

»Carlotta, du bist so schön wie eh und je«, sagte Leigh. »Du übrigens auch, Harriet.«

»Was haltet ihr von unserer Kutsche?« erkundigte sich Harriet. »Sie hat unterwegs viel Aufsehen erregt, also schaut sie euch bitte auch an.«

»Wir sind so froh, euch endlich bei uns zu haben, daß wir an gar nichts anderes denken können«, antwortete Priscilla. »Aber wenn du mich schon so aufforderst, dann muß ich gestehen, daß ihr in einem prachtvollen Gefährt gekommen seid.«

»Benjies ganzer Stolz«, erklärte Harriet lächelnd. »Außer Carlotta und Clarissa...«

»Die Kutsche kann in den Stallungen untergebracht werden. Es ist ausreichend Platz vorhanden«, sagte Leigh. »Ich werde mich selbst darum kümmern.«

»Kommt herein«, forderte meine Mutter uns nun auf. »Selbst in einer so bequemen Kutsche ist die lange Fahrt doch recht anstrengend.«

»Wo steckt denn Damaris?« fragte ich.

Das Gesicht meiner Mutter umschattete sich etwas. »Sie ist in ihrem Zimmer, da sie sich heute nicht wohl genug fühlt, um aufzustehen. Ich beruhigte sie, daß ihr sicher Verständnis dafür haben werdet.«

Ich nickte. »Ist sie noch häufig... bettlägerig?«

»Ja, leider. Allerdings geht es ihr natürlich viel besser als am Anfang. Aber dieses schreckliche Fieber hat seine Spuren hinterlassen. Sie kann ihre Gliedmaßen oft kaum bewegen und hat starke Schmerzen. Manchmal vermag sie nicht einmal die Hand zu heben, um sich die Haare zu bürsten.«

»Arme Damaris. Wie ist ihre... Stimmung?«

»Manchmal ist sie ganz frohgemut, dann wieder sehr in sich gekehrt. Du kennst ja Damaris. Sie versucht vor uns zu verbergen, daß sie leidet. Wie immer denkt sie zuerst an uns, an ihren Vater und mich, und versucht ein fröhliches Gesicht zu machen. Eure Ankunft wird sie sicher aufheitern, und natürlich ist sie besonders gespannt auf Clarissa.«

»Soll ich sie gleich zu ihr hinaufbringen?« fragte ich.

»Ja, tu das. Dann weiß sie, daß du als erstes an sie gedacht hast. Harriet, ich zeige dir inzwischen dein Zimmer.«

Ich nahm Clarissa bei der Hand.

»Komm, wir gehen jetzt zu deiner Tante Damaris.«

»Warum?«

»Weil sie dich gern sehen möchte. Sie ist deine Tante.«

»Warum ist sie meine Tante?«

»Weil sie meine Schwester ist. Jetzt frag bloß nicht, warum sie meine Schwester ist. Sie ist es nun einmal, und damit basta.«

Wir stiegen die Treppe hinauf, und ich klammerte mich förmlich an Clarissa. Durch sie würde die gefürchtete Begegnung etwas leichter werden. Das hoffte ich jedenfalls.

Ich klopfte an die Tür. »Wer ist da?« hörte ich Damaris fragen.

»Carlotta.«

Sie zögerte einen winzigen Moment, bevor sie mich aufforderte einzutreten.

Vorsichtig öffnete ich die Tür, und Clarissa rannte zu der Chaiselongue, auf der Damaris lag.

»Oh, Damaris. Wie geht es dir?« stammelte ich.

Sie schaute mich gerade und offen an. »Ach, ganz gut, Carlotta. An manchen Tagen besser, an manchen schlechter.«

Sie war verändert, war erwachsen geworden. Beinahe hätte ich sie nicht erkannt. Ihre früher etwas pummelige Figur hatte sich gestreckt, war sehr schlank geworden, und sie war durchscheinend blaß. Auf ihrem Gesicht lag ein seltsam verlorener Ausdruck. Ich merkte sofort, daß die Bewunderung, ja fast Anbetung, die sie ehemals für mich empfunden hatte, verschwunden war.

»Hattet ihr eine angenehme Reise?«

»Ja, denn wir kamen in einer Kutsche, was natürlich viel bequemer ist.«

»Es gab holländische Pfefferkuchen...«, begann Clarissa.

»Nein, wirklich, Clarissa«, unterbrach ich sie. »Nicht schon wieder. Kein Mensch interessiert sich dafür.«

Damaris musterte Clarissas enttäuschtes Gesichtchen.

»Doch, ich interessiere mich dafür«, sagte sie, und ihre Miene erhellte sich. Es sah fast so aus, als sei plötzlich Leben in sie zurückgekehrt.

Clarissa zählte alles auf, was in dem Korb gewesen war, und Damaris lauschte mit einem so aufmerksamen Gesicht, als würde ihr ein tolles Abenteuer erzählt.

»Du bist meine Tante«, erklärte Clarissa dann unvermittelt.

»Ja, ich weiß«, stimmte Damaris zu.

»Das ist so, weil du die Schwester meiner Mutter bist. Kann ich zu dir raufkommen?«

Sie kletterte auf die Chaiselongue und streckte sich neben Damaris aus. Dabei lachte sie, als ob alles ein großer Spaß wäre.

»Bist du krank?« wollte sie wissen.

»In gewisser Weise. An manchen Tagen muß ich mich ausruhen«, erwiderte Damaris.

»Warum?«

Irgendwie brachten sie es fertig, mich auszuschließen. Die beiden hatten spontan Freundschaft geschlossen. Mir fiel dabei ein, wie sich Damaris früher um streunende Katzen und Hunde oder Vögel mit gebrochenen Schwingen gekümmert hatte.

Ich war sehr erleichtert, denn Clarissa hatte mich vor einer unangenehmen Situation bewahrt. Der erste entscheidende Moment war vorüber. Nun war klar, daß wir uns so verhalten würden, als sei Damaris nie nach Enderby gekommen und hätte mich nie mit Matt Pilkington überrascht.

Vermutlich haßte Damaris mich insgeheim, aber sie war so erzogen worden, daß man selbst unter größter seelischer Belastung nie seine guten Manieren vergaß. Folglich würde sie so tun, als hätte sich in unserer Beziehung nichts geändert.

Clarissa verbrachte viele Stunden mit Damaris, die ihr vorlas oder Märchen erzählte.

»Ich bin sehr froh, daß Clarissa und Damaris sich gern mögen«, sagte meine Mutter. »Außerdem glaube ich, daß es Damaris schon etwas besser geht, seit sie sich so viel mit der Kleinen beschäftigt.«

Ich wollte mich mit meiner Mutter über Damaris unterhalten, weil ich ihretwegen permanent ein schlechtes Gewissen hatte.

»Was fehlt Damaris eigentlich?« fragte ich.

»Wir haben die verschiedensten Ärzte konsultiert. Dein Vater ließ sogar den Hofarzt kommen. Ihre Krankheit begann mit dem Fieber, das sie sich in jener schrecklichen Nacht holte, als sie stundenlang im Regen auf der Erde lag.«

»Hat sie je erwähnt, wieso sie ausgerechnet bei einem Gewitter draußen herumlief?«

Meine Mutter schwieg, und ich bekam Herzklopfen.

»Sie ließ Tomtit allein«, stammelte ich. »Das sieht ihr doch gar nicht ähnlich, denn du weißt ja, wie sehr ihr Pferde und Hunde am Herzen liegen. An sie hat sie immer zuerst gedacht.«

Meine Mutter runzelte nachdenklich die Stirn. »Sie schien sich damals schon Tage zuvor nicht wohl zu fühlen. Vermutlich bekam sie ganz plötzlich Fieber und wußte nicht mehr, wo sie sich befand. Aus irgendeinem Grund schleppte sie sich ausgerechnet auf jenes Stück Land und brach dort zusammen. Was auch geschah, es hat ihr jedenfalls diese geheimnisvolle Krankheit beschert.«

»Hat sie Schmerzen?«

»Im Moment nicht allzusehr. Aber manchmal kann sie kaum laufen. Vor allem muß sie sich häufig ausruhen, darin sind sich alle Ärzte einig. Wir verbringen viel Zeit gemeinsam; Leigh spielt Schach mit ihr und liest ihr vor, was ihr besonders gut gefällt. Wenn ich bei ihr bin, nähen wir manchmal ein wenig zusammen. Aber Clarissa hat geradezu ein kleines Wunder bei ihr bewirkt. Was für ein Schatz sie doch ist! Benjie muß sehr stolz auf sie sein.«

Manchmal lasteten die Geheimnisse meines Lebens fast zu schwer auf mir.

»Was ist mit den... Pilkingtons?« erkundigte ich mich.

Meine Mutter preßte die Lippen aufeinander. »Oh, sie sind wieder weggezogen.«

»Seltsam...«

»Wahrscheinlich fand Elizabeth Pilkington das Landleben zu langweilig.«

»Aber... der Sohn? Er war doch sehr an Damaris interessiert, nicht wahr?«

»Das hörte auf, als sie erkrankte. Er kam noch ein- oder zweimal her, um sich nach ihrem Befinden zu erkundigen, als es ihr sehr schlecht ging. Doch dann reiste er ab. Irgendwelche Verpflichtungen bei der Armee... das hat er jedenfalls behauptet. Es war alles reichlich merkwürdig. Wir hatten von Besitzungen in Dorset und einer militärischen Laufbahn schon durch seine Mutter erfahren, doch er verbrachte den ganzen Sommer hier. Dann verließ er überstürzt diese Gegend, und seine Mutter folgte ihm kurz darauf nach. Ihre Gründe kann ich ja noch verstehen, aber ich hätte doch angenommen, daß er...«

»Glaubst du, daß er Damaris irgndwie... verstört hat?«

»Das halte ich nicht für ausgeschlossen. Vielleicht grübelte sie dauernd über irgend etwas nach und bekam Fieber. Unglücklicherweise brach sie ausgerechnet dann zusammen, als sie draußen im strömenden Regen war. Dadurch wurde alles so furchtbar.«

»Sie wird sich wieder erholen.«

»Manchmal scheint sie überhaupt kein Leben mehr in sich zu haben. Am liebsten ist sie allein oder höchstens mit Leigh und mir zusammen. Deshalb finde ich es ja so wundervoll, wie glücklich sie mit Clarissa ist. Oh, welche Freude für mich, daß du gekommen bist, Carlotta. Du warst viel zu lange weg.«

»Das darf nicht wieder geschehen«, sagte ich.

Sie nickte. »Vielleicht werden wir ebenfalls eine dieser neuen Kutschen kaufen, damit Damaris mit uns reisen kann. Leigh hat es schon erwogen.«

»Eine gute Idee. Auch Clarissa hätten wir ohne die Kutsche wohl kaum mitnehmen können. Übrigens bekommt sie schon bald ihr erstes Pony, denn Benjie findet, daß man gar nicht früh genug mit dem Reiten anfangen kann.«

Priscilla ergriff meine Hände. »Wie schön, daß du mit Benjie glücklich bist. Er ist so ein guter und anständiger Mann. Nie werde ich die gräßliche Zeit vergessen, als du und...« Sie brach ab.

»Beaumont Granville«, kam ich ihr zu Hilfe.

Sie schauderte, als ob schon die bloße Erwähnung seines Namens ihr angst machte.

»Wir haben es überstanden«, sagte sie in einem seltsamen Tonfall. »All das ist längst Vergangenheit.«

Ich war mir da keineswegs sicher, wollte aber nichts davon erwähnen, denn sie hatte schon genug Sorgen mit Damaris.

»Da fällt mir etwas ein, Carlotta«, sagte meine Mutter gleich darauf. »Hast du nicht endlich deine Meinung über Enderby geändert? Jahr für Jahr steht es leer und verlassen da. Hältst du das wirklich für vernünftig?«

»Nein, selbst ich halte das jetzt für unvernünftig«, gab ich zu.

Bei unserer Unterhaltung wurde mir jäh bewußt, daß ich jenes Haus nicht mehr besitzen wollte. Der Anblick von Damaris, als sie in das Schlafzimmer trat, hatte alle anderen Erinnerungen verdrängt.

»Mutter, ich habe mich gerade endgültig dazu durchgerungen, Enderby Hall zu verkaufen«, sagte ich spontan.

An einem der nächsten Tage machten wir einen Besuch in Eversleigh Court.

Bei dieser Gelegenheit fand eine große Familienfeier statt, die erste seit längerer Zeit. Mein Onkel Edwin, derzeitiger Lord Eversleigh, war kurzfristig aus dem Krieg heimgekehrt, und auch Onkel Carl war anwesend. Dazu kamen Jane samt Sohn, Großvater Carleton, Großmutter Arabella, Harriet, meine Mutter, Leigh und Clarissa. Sogar Damaris fehlte nicht in unserer Runde. Zum erstenmal wagte sie sich hinaus, und Harriet schlug vor, daß sie die kurze Strecke mit der Kutsche zurücklegen sollte. Falls sie zu schwach auf den Beinen sei, könnte jemand sie ins Haus tragen.

»Das tue ich«, erklärte Clarissa und brachte damit alle zum Lachen.

Damaris wollte zunächst lieber daheim bleiben, doch Clarissa baute sich fast kriegerisch vor ihr auf. »Du mußt mitkommen, Tante Damaris, sonst glaube ich, daß du mich auch auslachst wie alle anderen.«

Dies gab bei Damaris den Ausschlag. »Nun ja, ich könnte es auf einen Versuch ankommen lassen«, meinte sie.

Meine Mutter war begeistert. »Immerzu habe ich darüber nachgegrübelt, wie wir ihr diese Lustlosigkeit austreiben könnten«, sagte sie.

»Sie muß eine Veränderung schon von selbst wollen«, erwiderte Harriet. »Aber diesmal hat Clarissa ihr eine Absage glatt unmöglich gemacht.«

Also begleitete uns Damaris. Clarissa setzte sich neben sie und erzählte ihrer aufmerksamen Zuhörerin zum hundertstenmal alles über die Kutsche.

Meine Großmutter begrüßte uns herzlich und gab ihrer Freude Ausdruck, weil Damaris mitgekommen war.

»Das ist schon ein großer Fortschritt«, sagte sie leise zu mir. Ich fühlte mich in dieser Familienrunde sehr wohl und geborgen. Das Gespräch wurde natürlich wie immer von meinem Großvater beherrscht, der seine Ansichten lauthals zum besten gab.

Er forderte mich auf, an seiner Seite zu sitzen.

»Einer schönen Frau konnte ich noch nie widerstehen«, sagte er schmunzelnd. »Und du bist wahrhaftig eine der ansehnlichsten, die ich je traf.«

»Pst«, flüsterte ich ihm verschwörerisch zu. »Großmutter könnte dich hören.«

Darüber amüsierte er sich königlich und wurde noch besserer Laune. Schon bald wandte sich die allgemeine Unterhaltung dem Krieg und insbesondere Marlboroughs Erfolgen zu.

»Ein guter Führer ist alles, was wir brauchen, und in ihm haben wir ihn gefunden«, meinte Edwin.

Er und Onkel Carl hatten den Herzog von Marlborough immer tatkräftig unterstützt. Beide konnten seine Vorzüge beurteilen, da sie mit ihm in die Schlacht gezogen waren.

Mein Großvater begann darüber zu lamentieren, welch großen Einfluß Marlboroughs Frau auf die Königin habe.

»Es heißt schon, Herzogin Sarah regiere dieses Land. Frauen sollten sich aus Staatsangelegenheiten heraushalten.«

»Unser Land kann nur hoffen, daß die Frauen mehr und mehr Einfluß bekommen«, widersprach meine Großmutter. »Ich garantiere dir, daß es dann mit den sinnlosen Kriegen ein Ende hätte.«

Dies war ein alter Streitpunkt zwischen den beiden. Meinem Großvater machte es Spaß, in düsteren Farben zu schildern, welches Unheil Frauen in der Welt angerichtet hatten, worauf meine Großmutter das zarte Geschlecht mit viel Temperament verteidigte.

»Mich wundert es immer, daß all jene Männer, die sich so gern in weiblicher Gesellschaft aufhalten, nichts Besseres wissen, als uns anzuschwärzen und auf unsere Plätze zu verweisen«, argumentierte ich.

»Das kommt daher, daß wir euch ganz besonders gern mögen, wenn ihr euch so benehmt, wie es sich gehört«, konterte mein Großvater.

»Es gibt Zeiten, in denen kann eine Frau sich nur so verhalten, wie sie es für richtig hält«, sagte meine Mutter ruhig.

Mein Großvater war für einen Moment aus dem Konzept gebracht, und meine Großmutter wechselte rasch das Thema. Es dauerte jedoch nicht lange, und das Gespräch kreiste wieder um den Krieg.

»Ein sinnloser Krieg«, lautete die Ansicht meiner Großmutter. »Wen interessiert es denn, wer auf dem spanischen Thron hockt und wer nicht.«

»Diese Frage ist von äußerster Wichtigkeit für England!«

»Ich hoffe nur, daß wir nicht noch zusätzliche Schwierigkeiten durch die Jakobiten bekommen«, meinte Onkel Carl.

»Sie haben keine Chance mehr«, sagte ich. »Anne sitzt fest auf Englands Thron.«

»Das nahmen wir von James auch mal an«, wandte Edwin ein.

»Er und wir mußten feststellen, daß dem nicht so war.«

»Glaubt ihr, daß sie drüben in Frankreich immer noch Pläne schmieden?« fragte ich und hoffte, daß niemand heraushörte, wie wichtig dieses Thema für mich war. Nur Harriet wußte über mich Bescheid, was nicht immer angenehm war. Sie kannte mich leider viel zu gut.

»Ich bin überzeugt davon«, rief Edwin.

»Ludwig XIV. ermutigt sie auch noch dazu«, meinte Carl.

»Völlig klar. Je mehr er unser Land zerrütten kann, desto besser für ihn«, sagte Großvater grimmig.

»Ich hätte gedacht, daß mit James' Tod...«, begann meine Mutter, wurde aber von Leigh unterbrochen.

»Du vergißt, meine Liebe, daß es einen neuen James gibt.«

»Ein Knabe, pah«, schnaubte mein Großvater.

»Ungefähr in deinem Alter, Damaris.«

»Vielleicht ist er nicht einmal der rechtmäßige Prinz«, fuhr Großvater dazwischen. »Die Umstände bei seiner Geburt waren recht geheimnisvoll.«

»Du denkst doch nicht etwa an den Wärmflaschen-Skandal«, meinte Großmutter.

»Was war das für ein Skandal?« wollte Damaris wissen.

»Bevor dieser Knabe zur Welt kam, hatte das Königspaar schon andere Kinder geboren, von denen jedoch keines überlebte. Es gab ein Gerücht, daß die Königin wieder eine Totgeburt hatte und das Baby James in einer Wärmepfanne ins Schlafzimmer geschmuggelt worden sei. Absoluter Unsinn!« lautete der energische Kommentar meiner Mutter.

»Dieses Gerücht ließ immerhin vermuten, daß James schon damals unpopulär war«, gab mein Großvater zu bedenken. »Er hätte ahnen müssen, was passiert, wenn er seinen katholischen Glauben nicht aufgibt. Ich hätte ihm gleich prophezeit, daß er dann die Krone verliert.«

»Das Dumme ist bloß, daß wir genau wissen, was die Zukunft bringt«, wandte meine Mutter ein. »Sonst könnten wir ja mit Leichtigkeit alles Unangenehme vermeiden. Es ist schon viel verlangt, wenn man einen Mann auffordert, seinem Glauben abzuschwören.«

»Wir haben auch eine Wärmepfanne‹«, teilte Clarissa mit erhobener Stimme Damaris mit. »Wer weiß, vielleicht haben wir auch irgendwelche Babys drin.«

»Jetzt geht's los«, sagte ich gespielt entsetzt.

»Ich möchte gern ein kleines Baby in einer Wärmepfanne haben«, sagte Clarissa träumerisch.

»Clarissa, Wärmepfannen sind dazu da, Betten anzuwärmen, mit Babys haben sie nichts zu tun«, klärte ich sie auf. Clarissa öffnete den Mund, um zu protestieren, doch meine Mutter nahm sie bei der Hand und legte einen Finger auf die Lippen.

Clarissa ließ sich nicht so leicht von etwas abbringen. Also machte sie wieder den Mund auf, doch im nächsten Moment ließ mein Großvater die Faust auf den Tisch krachen.

»Kleine Kinder soll man nur sehen, aber nicht hören!«

Sie schaute ihn so furchtlos an, wie ich es vermutlich in ihrem Alter auch getan hatte.

»Warum?« fragte sie.

»Weil das, was sie zu sagen haben, von keinem Interesse für die älteren und klügeren Leute ist.«

Clarissa war zwar nicht darüber erstaunt, daß es ältere Leute als sie auf der Welt gab. Doch sie war für einen Moment durch die Überlegung verdutzt, daß es klügere geben könnte.

»Irgendwann werden uns die Jakobiten garantiert Scherereien machen. So leicht geben die nicht auf«, konstatierte Onkel Carl.

»Aber sie können keinen Erfolg haben, denn hier in England wird es keinen katholischen König mehr geben, glaub mir«, sagte mein Großvater. Er zog finster die Brauen zusammen, die im Alter besonders buschig geworden waren und Clarissa ausgesprochen faszinierten.

»Manche von den Jakobiten kämpfen sogar für Ludwig«, sagte Onkel Carl.

»Schändlich! Engländer gegen Engländer.«

»Und das alles nur wegen eines törichten Krieges um Spanien«, warf meine Großmutter in die Debatte.

»Da Ludwig XIV. James samt Gemahlin und Sohn im Exil gastfreundlich aufgenommen hat, haben die Jakobiten wohl das Bedürfnis, ihm seine Wohltat irgendwie zu vergelten«, gab Carl zu bedenken.

»Als James starb, verkündete ein Herold vor den Toren von St. Germain-en-Laye auf lateinisch, französisch und englisch, daß der Prinz von nun an James III. von England und James VIII. von Schottland sei«, fügte Edwin hinzu.

»Ich wünschte, ich wäre jung genug, um gegen ihn ins Feld zu ziehen«, rief mein Großvater. »Wie viele Jakobiten gibt es wohl insgesamt? Was meinst du, Carl?«

»In Frankreich leben eine ganze Menge. Sie kommen häufig nach England, um hier... herumzuspionieren.«

»Und wir gestatten es ihnen?«

»Sie kommen natürlich nur heimlich, was nicht schwer zu bewerkstelligen ist. Ein Schiff bringt sie her und setzt sie an irgendeinem Küstenstrich ab.

»Was tun sie dann?« fragte ich.

»Sie versuchen zu sondieren, ob ein Sieg möglich wäre und auf wie viele Mitstreiter sie notfalls zählen könnten. Bisher fehlt ihnen vermutlich noch eine geeignete Stelle, um mit einer Armee an Land zu gehen.«

»Unternehmen wir gar nichts dagegen?« fragte Harriet.

»Wir haben natürlich ebenfalls Spione, wahrscheinlich sogar am Hof von St. Germain. Am wichtigsten wäre für uns, die Anführer zu fassen, Männer wie Hessenfield zum Beispiel.«

»Die Hessenfields aus dem Norden zählten schon immer zu den Katholiken«, polterte mein Großvater los. »Sie waren unter der Regentschaft von Königin Elizabeth Verschwörer und wollten Maria Stuart auf den Thron setzen.«

»Tja, dann ist es wohl kaum verwunderlich, daß er einer der führenden Männer bei den Jakobiten ist«, sagte ich und hoffte, daß meine Stimme ganz normal klang.

»Inzwischen ist es gar nicht mehr so sehr ein religiöser Konflikt«, sagte Edwin. »Es war zwar die falsche Religion, die James den Thron kostete, aber jetzt ist es mehr eine Frage von Recht oder Unrecht. Viele sind der Ansicht, daß James unser rechtmäßiger König war und sein Sohn folglich auch zu Recht James III. ist. Man kann diese Argumentation nicht völlig von der Hand weisen. Falls William und Mary ihren Vater nicht abgesetzt und an seiner Stelle den Thron bestiegen hätten, wäre dieser Knabe, der sich James III. nennt, tatsächlich unser neuer König.«

»Du redest schon wie ein Jakobit«, brummte mein Großvater.

»Nein, das stimmt nicht. Ich zähle lediglich Tatsachen auf und sehe eine gewisse Logik in der Einstellung Hessenfields und seiner Gefährten. Sie glauben, für das Recht zu kämpfen, und es wird wahrlich nicht leicht sein, sie daran zu hindern.«

»Dieser Hessenfield hat es sogar gewagt, General Langdon aus dem Tower zu befreien und nach Frankreich zu schaffen.«

Ich befand mich in einem derartigen inneren Aufruhr, daß ich es nicht wagte, auch nur ein Wort zu äußern. Mir fiel auf, daß Harriet mich beobachtete.

»Ein sehr waghalsiges Unterfangen«, meinte Carl. »Vor einem solchen Burschen muß man auf der Hut sein. Bei dem hat man mit dem Schlimmsten zu rechnen.«

»Und seinesgleichen gibt es viele«, sagte Edwin. »Es sind alles Männer, die aus tiefer Überzeugung handeln. Sonst hätten sie nicht so viel aufgegeben, um für eine möglicherweise verlorene Sache zu kämpfen.«

»Aber sie schätzen sie nicht als verlorene Sache ein«, widersprach Harriet.

»Es ist aber so. Anne sitzt fest auf dem Thron und hat so erfahrene Leute wie Marlborough, die für sie kämpfen.«

Nach einem kurzen Schweigen wandte sich die Unterhaltung dann Angelegenheiten aus der Gegend zu.

Beiläufig erwähnte ich, daß ich Enderby Hall nun doch verkaufen wollte. Alle beglückwünschten mich zu dieser Entscheidung.

»Also bist du endlich zur Vernunft gekommen«, kommentierte mein Großvater trocken.

»Ich bin gespannt, wer Enderby kaufen wird«, sagte meine Mutter nachdenklich.

»Es handelt sich leider nicht um ein fantastisches Angebot«, fügte meine Großmutter hinzu. »Enderby ist ein düsteres altes Gemäuer und hat viel zu lange leer gestanden.«

Ich warf Damaris einen Blick zu. Sie lächelte gerade Clarissa an, die einmal mehr eine Frage an sie stellte. »Was ist ein düsteres Gemäuer?«

»Wirst du etwaigen Kaufwilligen das Haus zeigen?« fragte ich meine Mutter.

»Oh, das wird schon einer von uns übernehmen«, erwiderte sie ausweichen.

»Wir haben ja auch die Schlüssel von Enderby«, sagte meine Großmutter. »Die meisten Interessenten werden vermutlich sowieso hier in Eversleigh Court nachfragen.«

Dann sprachen wir von anderen Dingen, und ich empfand ein Gefühl großer Erleichterung. Eine Unterhaltung über Enderby war für mich fast so anstrengend, wie über Hessenfield zu diskutieren – wenn auch auf andere Weise.

Mehrere Wochen verstrichen. Damaris verhielt sich auch weiterhin mir gegenüber, als nehme sie mich kaum wahr. Wenn ich daran dachte, wie sie früher gewesen war, dann kam sie mir ganz fremd vor. Zum Glück war ich nie allein mit ihr. Manchmal fragte ich mich, was dann wohl geschehen würde...

Im August erhielten wir die Nachricht von Marlboroughs Sieg bei Höchstädt.

In Eversleigh herrschte daraufhin große Aufregung. Carl und Edwin fochten die Schlacht noch einmal auf dem Tisch aus, wobei sie Teller und Salzfäßchen als Truppen und Waffen einsetzten.

Es war zweifellos ein großartiger Sieg. Ludwig XIV. hatte gehofft, mit dieser Schlacht Wien zu bedrohen und damit Österreich ins Herz zu treffen, doch Marlborough hatte diesen Plan geschickt durchkreuzt. Die französischen Truppen wurden bei Höchstädt umzingelt und schließlich zum Aufgeben gezwungen, denn sie konnten es mit Marlboroughs Kavallerie nicht aufnehmen und wichen notgedrungen bis über den Rhein zurück.

Wie wirkten diese Nachrichten wohl auf Hessenfield? Dies überlegte ich mir inmitten des allgemeinen Jubels in Eversleigh.

Eines Nachmittags stattete ich zusammen mit meiner Mutter und Leigh Enderby Hall einen Besuch ab.

Als wir in der düsteren Halle standen, empfand ich deutlich, daß die Atmosphäre dieses Hauses keinen von uns unberührt ließ.

»Kommt, laßt uns einen kleinen Rundgang machen, damit wir es hinter uns haben«, schlug meine Mutter betont fröhlich vor.

Wir kamen auch in jenes Schlafzimmer, das voller Erinnerungen steckte.

»Was für ein prachtvolles Bett«, sagte meine Mutter. »Ich hoffe sehr, daß der nächste Besitzer auch das Mobiliar erwerben wird.«

Ich war froh, als wir das Zimmer verließen. Nie wieder wollte ich es betreten! Früher einmal hatte ich es geliebt. Beau nannte es immer unsere Zufluchtsstätte und lächelte dabei maliziös, denn alles, was auch nur eine Spur von Gefühl beinhaltete, mußte er wie einen Witz abtun.

Als wir ins Freie kamen, bemerkte ich, daß der Zaun fehlte, der früher ein verwildertes Stück Land umgab.

Leigh sah mein Erstaunen. »Es war eine Vergeudung, es brachliegen zu lassen«, erklärte er.

»Ich habe sowieso nie begriffen, warum du es überhaupt eingezäunt hast.«

»Oh, ich hatte etwas Spezielles damit vor, konnte meinen Plan aber nie in die Tat umsetzen. Mir fehlte immer die nötige Zeit. Nun haben wir Blumen angepflanzt.«

»Ja, hier befindet sich nun mein ganz privater Rosengarten«, fügte meine Mutter hinzu. »Ich pflanzte alles mit eigener Hand und habe angeordnet, daß niemand sonst sich darum kümmern darf.«

»Wehe, wenn jemand ihre Blumen anrührt«, sagte Leigh.

»Also ist es noch immer verbotenes Land?«

»Verbotenes Land?« wiederholte meine Mutter scharf. »Was für eine merkwürdige Ausdrucksweise.«

»Jedenfalls ist ein schöner Garten daraus geworden«, sagte ich besänftigend. »Zum Glück nicht allzuweit vom Haus entfernt.«

»Und er ist mein, nur mein«, erwiderte meine Mutter wieder fröhlich.

Wir schauten uns den neu angelegten Garten etwas näher an. Zum Teil gab es noch die ursprüngliche wilde Vegetation, was im Kontrast zu den Blumenbeeten sehr reizvoll aussah. In der Mitte lag der Rosengarten mit vielen verschiedenen Sorten, darunter auch Damaszenerrosen, die in unserer Familie besonders beliebt waren. Eine Vorfahrin war nämlich nach dieser Blüte genannt worden, als Thomas Liancre die ersten Ableger nach England brachte.

Als der September herannahte, kam für uns die Zeit zum Aufbruch, da wir noch vor dem unbeständigen Herbstwetter reisen wollten.

Am letzten Augusttag hieß es Abschied nehmen.

Leichter Dunst lag in der Luft, ein sicherer Vorbote der kühleren Jahreszeit. Manche Blätter färbten sich bereits rötlich, und Harriet machte die Bemerkung, daß wir gut daran taten, noch während des Nachsommers abzufahren.

Clarissa hatte sich unter vielen Tränen von Damaris verabschiedet. »Komm mit«, bettelte sie immer wieder. »Warum kommst du nicht mit? Warum? Warum?«

»Du mußt wiederkommen, mein kleiner Liebling«, sagte meine Mutter. »Und zwar bald.«

Clarissa schlang die Arme um Damaris' Hals und weigerte sich, sie loszulassen.

Es war schließlich Damaris, die sich sanft von ihr löste.

»Wir werden uns bald wiedersehen«, versprach sie.

Als wir losfuhren, war Clarissa traurig und schweigsam und ließ sich nicht einmal durch eine Zuckermaus aufheitern, die meine Mutter ihr noch im letzten Moment zugesteckt hatte.

Doch nach ungefähr einer Stunde machte sie uns auf eine Geiß aufmerksam, die an einem Stecken angebunden war.

»Jede Ziege kann uns verraten, wie das Wetter morgen wird«, behauptete Clarissa ernsthaft.

Da ich sie in bessere Laune bringen wollte, stellte ich ihr ihre eigene Lieblingsfrage. »Warum?«

»Weil sie es weiß. Wenn sie mit dem Kopf zum Wind frißt, wird es ein schöner Tag; frißt sie mit dem Schwanz zum Wind, dann regnet es.«

»Wer hat dir das erzählt?«

»Meine Tante Damaris.« Im Nu versank sie wieder in Trübsinn. »Wann werden wir sie wieder besuchen?«

»Mein liebes Kind, wir sind doch gerade erst weggefahren. Aber bald...«

Clarissa holte die Zuckermaus aus der Tasche und betrachtete sie melancholisch. »Wie kann sie etwas sehen, wenn ich ihr den Kopf abbeiße?« wollte sie wissen.

Nach einer Weile lehnte sie sich an mich und schlief ein. Zur schönsten Zeit am Nachmittag veranstalteten wir am Wegesrand ein gemütliches Picknick. Meine Mutter hatte uns einen Freßkorb mitgegeben, der für mehrere ausgiebige Mahlzeiten reichen würde. »Ihr wollt tagsüber sicher nicht bei einem Gasthaus anhalten«, hatte sie gesagt. »Viel netter ist es doch, sich ins Gras zu setzen, wenn man Appetit bekommt.«

Ihre Idee hatte viel für sich, und Clarissa war so entzückt über dieses improvisierte Mittagessen, daß sie aufhörte, Damaris nachzutrauern. Wir wählten ein schattiges Plätzchen unter einer mächtigen Eiche aus.

Die zwei Reitknechte gesellten sich zu uns und wurden von Clarissa mit Fragen nach den Pferden überhäuft. Hinterher erzählte sie uns allen eine Geschichte über ein Schwein und einen Igel, die sie von Damaris gehört hatte.

Sie endete mit den Worten. »Und wenn sie nicht gestorben sind, dann leben sie noch heute.«

Zufrieden schlief Clarissa ein, und auch wir dösten ein bißchen vor uns hin, weil es ein so warmer, sonniger Tag war. Dadurch blieben wir etwas länger, als geplant gewesen war. Doch schließlich nahmen wir wieder in der Kutsche Platz. Als wir gerade einen Waldweg entlangrumpelten, preschte ein Mann zwischen den Bäumen hervor.

Ich sah ihn flüchtig durchs Fenster. Im nächsten Moment hielt die Kutsche so ruckartig an, daß wir fast von unseren Sitzen geschleudert wurden.

»Was ist denn los?« schrie Harriet.

Ein maskiertes Gesicht tauchte in der Fensteröffnung auf.

»Guten Tag, Ladys. Ich fürchte, ich muß Euch einige Unannehmlichkeiten bereiten.«

Ich bemerkte die Donnerbüchse, die er auf uns gerichtet hielt. Nun befanden wir uns also in jener fatalen Situation, von der wir schon so viel gehört hatten und die uns bisher zum Glück erspart geblieben war.

»Was wollt Ihr?« herrschte ich ihn an.

»Ich will, daß Ihr aus der Kutsche steigt.«

»Nein.«

Statt einer Antwort hob er die Donnerbüchse etwas hoch, bis sie direkt auf mich zielte. Dann öffnete er den Kutschenschlag. »Seid so gut und steigt aus, Ladys«, befahl er.

Es blieb uns nichts anderes übrig, als seinem Befehl zu gehorchen. Ich hielt Clarissas Hand fest umklammert. Hoffentlich hatte sie keine Angst! Mit einem Blick überzeugte ich mich davon, daß sie keineswegs ängstlich wirkte, sondern den Wegelagerer höchst interessiert musterte.

Im nächsten Augenblick sah ich unsere zwei Knechte, die von einem zweiten Räuber mit einer Waffe in Schach gehalten wurden. Ich betete innerlich darum, daß gerade jetzt jemand vorbeikäme und uns rettete.

»Welch unerwartetes Glück«, sagte der Wegelagerer und verbeugte sich vor Harriet und mir. »Es kommt höchst selten vor, daß man so schöne Frauen auf der Straße trifft.«

»Warum hältst du uns an?« fragte Clarissa mit aufgeregter Stimme.

Er wandte ihr seine Aufmerksamkeit zu, und ich trat einen Schritt vor. Kaum konnte ich meinen Impuls bezwingen, nach der Waffe zu greifen, was schierer Wahnsinn gewesen wäre. Schließlich gab es noch den zweiten Räuber.

Offenbar konnte er meine Gedanken erraten, denn er lächelte ironisch. »Höchst unklug«, meinte er. »Es würde Euch bestimmt nicht gelingen.« Dann schaute er wieder Clarissa an.

»Hier geht es um rein geschäftliche Dinge«, erklärte er ihr.

»Warum?«

»So ist die Welt nun einmal beschaffen, mein Kind. Eure Kleine ist sehr wißbegierig«, fügte er zu mir gewandt hinzu, und plötzlich wurde für mich zur Gewißheit, was ich bisher nur vage für möglich gehalten hatte. Er war kein üblicher Wegelagerer. Konnte ich jemanden verwechseln, mit dem ich so eng zusammengelebt hatte?

Der maskierte Mann war Hessenfield.

»Was wollt Ihr?« fragte ich.

»Natürlich Eure Geldbörse. Oder habt Ihr mir etwas Besseres anzubieten?« Ich zog die Börse aus der Tasche und warf sie auf den Boden.

»Mehr habt Ihr nicht? Wie steht es mit Euch, Mylady?«

»Meine Geldbörse liegt in der Kutsche«, erwiderte Harriet.

»Holt sie!«

Sie gehorchte seiner Aufforderung, worauf er ganz dicht an mich herantrat.

»Wie könnt Ihr es wagen!« flüsterte ich.

»Männer wie ich wagen viel, Mylady. Ihr habt da ein hübsches Medaillon.« Seine Hände griffen danach und streichelten dabei meinen Hals.

»Mein Vater hat es ihr geschenkt«, klärte Clarissa ihn auf. Er zog heftig an dem dünnen Kettchen, das sofort riß. Das Medaillon wanderte in seine Tasche.

»Oh!« war alles, was Clarissa herausbrachte.

Ich hob sie hoch. »Ist schon gut, Liebes.«

»Stellt das Kind wieder auf seine eigenen Füße«, befahl er.

»Ich muß sie vor Euch beschützen«, erwiderte ich.

Er nahm sie mir aus den Armen und hielt dabei immer noch die Donnerbüchse in der Hand. Clarissa kannte keine Furcht. Wahrscheinlich war ihr noch nie der Gedanke gekommen, daß jemand ihr weh tun könnte. Von allen, die sie kannte, wurde sie geliebt und verwöhnt. Sie musterte ihn aufmerksam.

»Du siehst ulkig aus«, sagte sie dann und berührte die Maske. »Kann ich die haben?«

»Jetzt nicht.«

»Wann?«

Harriet stieg gerade wieder aus der Kutsche. »Ich kann meine Börse nicht finden.« Dann stieß sie einen kleinen Schrei aus. »Was tut er mit Clarissa?«

»Bitte laßt mein Kind los«, bat ich ihn. »Ihr macht ihr Angst.«

»Hast du Angst?« erkundigte er sich.

»Nein.« Clarissa schüttelte energisch den Kopf.

Er lachte und stellte sie auf die Erde.

»Meine werten Ladys, kein Grund zur Besorgnis. Ich werde meinen Freund zurückpfeifen, und Ihr könnt in Frieden weiterziehen. Immerhin habe ich die Börse und das Medaillon der jungen Lady. Habt Ihr nicht auch irgendein kleines Unterpfand, das mich an Euch erinnern wird, Mylady?«

Er schaute auf ein Armband, das Harriet trug.

Sie nahm es ab und reichte es ihm. Lächelnd steckte er es weg.

»Du bist ein Räuber«, konstatierte Clarissa. »Hast du Hunger?«

Ihr Gesicht verzog sich vor Mitleid. Hungrig zu sein gehörte zum Schlimmsten, was Clarissa sich vorstellen konnte. »Ich gebe dir den Schwanz von meiner Zuckermaus.«

»Wirklich?«

Sie fummelte in ihrer Tasche herum, brachte die Maus zum Vorschein und brach den Schwanz ab.

»Du darfst aber nicht alles auf einmal essen, sonst wirst du krank«, ermahnte sie ihn und wiederholte damit genau die Worte meiner Mutter.

»Danke, das werde ich nicht tun. Vielleicht esse ich den Schwanz überhaupt nicht, sondern hebe ihn auf. Als Erinnerung an dich.«

»Er wird bestimmt bald klebrig werden.«

Er strich ihr sacht über die Haare, und sie lächelte ihn an.

Dann verbeugte er sich.

»Ich will Euch nicht länger aufhalten, Myladys, sondern mich nun von Euch verabschieden.«

Er hob Clarissa noch einmal hoch und küßte sie. Dann ergriff er wie ein vollendeter Höfling Harriets Hand, beugte sich darüber, küßte sie und gab ihr zum Abschluß noch einen Kuß auf den Mund.

Dann war ich an der Reihe. Er zog mich an sich und hielt mich fest. Schon spürte ich seine Lippen auf den meinen.

»Wie könnt Ihr es wagen!« rief ich.

»Für dich wage ich viel, Liebling«, flüsterte er mir zu.

Dann lachte er. »In die Kutsche mit euch allen!«

Ich sah noch einmal kurz sein Gesicht vor dem Fenster, dann war er fort.

Harriet ließ sich auf die Polster zurücksinken. »Was für ein seltsames Abenteuer! Ich hätte nie gedacht, daß ein Raubüberfall so verläuft.«

»Wahrscheinlich gab es noch nie einen solchen und wird auch nie mehr einen solchen geben«, erwiderte ich.

Sie musterte mich forschend.

»Ein höchst ritterlicher Wegelagerer.«

»Findest du? Obwohl er meine Börse, mein Medaillon und dein Armband gestohlen hat?«

»Und den Schwanz der Zuckermaus«, ließ sich nun Clarissa vernehmen. »Aber den hab' ich ihm ja geschenkt. Glaubst du, daß er daran denken wird, nicht alles auf einmal aufzuessen?«

Blaß und zittrig tauchten die Reitknechte auf.

»Gott steh uns bei, Mylady«, stammelte der Kutscher. »Die Burschen packten mich, eh ich mich versah.«

»Unsere Donnerbüchse hat uns nichts genützt«, sagte ich.

»Hat man euch auch etwas weggenommen?« erkundigte ich mich dann.

»Nichts, Mylady. Die waren nur hinter den Passagieren der Kutsche her.«

»Sie haben nicht viel erbeutet.«

»Ja, es hätte weit schlimmer sein können«, stimmte Harriet zu. »Aber jetzt zurück auf eure Posten. Und fahrt so rasch ihr könnt. Wir wollen vor Anbruch der Dunkelheit bei einem Gasthaus ankommen.«

Ein Weilchen fuhren wir in völligem Schweigen dahin. Ich schloß die Augen und dachte über ihn nach. Er war also zurück. Wie typisch für ihn, es mich auf diese Weise wissen zu lassen. Ich war davon überzeugt, daß er wußte, wem die Kutsche gehörte. Er hatte mich überraschen wollen. Schon bald würde ich ihn wiedersehen, dessen war ich mir gewiß. Ich spielte die Schlafende, um Harriets forschenden Blicken zu entgehen. Sie wußte Bescheid. Vielleicht hatten wir uns irgendwie verraten. Oder zumindest ahnte sie die Wahrheit.

Clarissa schlief tief und fest, und ich bewunderte wieder einmal die Fähigkeit der Kinder, selbst die außergewöhnlichsten Ereignisse einfach zu akzeptieren.

Nach dem Aufwachen verblüffte sie uns mit einer Bemerkung. »Er war nett«, sagte sie als erstes. »Ich mochte ihn. Wird er wiederkommen?«

»Meinst du etwa den Wegelagerer?« fragte Harriet. »Gott behüte, nein.«

»Warum denn nicht?«

Wir erwiderten nichts, und Clarissa gab sich ausnahmsweise damit zufrieden.

Benjie war überglücklich, uns wieder bei sich zu haben. Er erklärte, unsere Abwesenheit sei ihm ewig lange vorgekommen. Seit unserem Abenteuer mit dem Wegelagerer hatte ich so ausdauernd über Hessenfield nachgegrübelt, daß ich ein schlechtes Gewissen hatte. In solchen Fällen bemühte ich mich immer, es dadurch wiedergutzumachen, daß ich besonders liebevoll zu Benjie war.

Er war natürlich empört, als er von dem unliebsamen Zwischenfall erfuhr. »Es liegt sicher an der Kutsche«, meinte er. »Diese Gauner glauben, daß nur ganz reiche Leute sich ein solches Gefährt leisten können.«

Gregory machte ihm Vorwürfe, weil er uns nicht begleitet hatte, doch Harriet widersprach ihm. Ihrer Meinung nach war es wahrscheinlich sogar besser gewesen, daß wir ohne männlichen Schutz gereist waren.

»Er gehörte zu der Sorte von Gentleman-Verbrechern, von denen es heutzutage angeblich mehrere gibt. Wohl deshalb hatte er Mitleid mit zwei Frauen und einem kleinen Kind. Eigentlich hat er uns recht glimpflich behandelt. Nicht wahr, Carlotta?«

Ich nickte.

Zwei Tage nach unserer Rückkehr saßen wir im Winterzimmer, einem kleinen gemütlichen Raum an der Rückseite des Ostflügels, vor dessen Fenstern mehrere Büsche wuchsen.

Da es schon dunkelte, waren die Kerzen angezündet worden. Im Kamin prasselte ein Feuer und warf zitternde Schatten auf die getäfelten Wände. Harriet klimperte auf dem Spinett und summte gelegentlich eine Melodie dazu vor sich hin. Gregory lag bequem ausgestreckt in einem Sessel und betrachtete sie. Benjie und ich spielten Schach. Auf diese Art und Weise verbrachten wir viele Abende in Eyot Abbas.

Während ich mir meinen nächsten Zug überlegte, wurde ich plötzlich eines Schattens gewahr. Vielleicht zwang mich aber auch nur irgendein Instinkt, hochzuschauen. Auf jeden Fall tat ich es.

Jemand stand vor dem Fenster und spähte hinein. Eine hochgewachsene Gestalt, in einen dunklen Umhang gehüllt. Ich wußte, wer es war.

»Draußen ist jemand!« hätte ich fast gerufen, vermochte es aber gerade noch zurückzuhalten.

Wie leicht konnte er entdeckt werden! Falls die Hunde losgelassen würden, hätte er keine Chance. Man würde ihn gefangennehmen, und ich ahnte, was das für ihn zu bedeuten hätte. An der Tafel meines Großvaters konnte ich genug mit anhören, um zu wissen, daß sich jeder rühmlich auszeichnen würde, der Hessenfield zu fassen kriegte. Schließlich galt er als ein Erzfeind unserer Königin.

Du Dummkopf, dachte ich. Warum spielst du mit der Gefahr, warum setzt du dein Leben aufs Spiel?

Ich wandte den Blick wieder vom Fenster ab.

»Du bist dran, Carlotta«, sagte Benjie.

Ich bewegte eine Figur, ohne nachzudenken.

Nach wenigen Augenblicken lächelte Benjie triumphierend. »Schachmatt.«

Es machte ihm stets großen Spaß, das Spiel hinterher zu analysieren.

»Du hast den Turm falsch gezogen. Drei oder vier Züge zurück warst du noch am Gewinnen, aber dann hat deine Konzentration nachgelassen, Carlotta.«

Verständlicherweise, dachte ich. Wie könnte es auch anders sein, da Hessenfield zurückgekommen ist.

Erst eine Stunde später konnte ich ins Freie schlüpfen. Für ein Weilchen würde man mich hoffentlich nicht vermissen. Ich hatte mir ein Cape umgehängt und mir auch schon eine Erklärung ausgedacht, falls mich jemand entdeckte.

Vielleicht war er schon wieder fort, denn selbst er mußte einsehen, wie gefährlich es für ihn war, hier herumzulungern.

Als ich bei den Büschen nachschaute, hörte ich plötzlich einen Eulenschrei, der mir etwas merkwürdig vorkam.

Ich machte noch einige Schritte. »Ist da jemand?« flüsterte ich kaum hörbar.

»Carlotta...«

Seine Stimme! Ich rannte weiter und vergewisserte mich durch einen Blick über die Schulter, daß niemand sonst in der Nähe war.

Er fing mich in seinen Armen auf und küßte mich wieder und wieder, bis ich kaum noch atmen konnte.

»Du Dummkopf!« rief ich. »Wie kannst du nur hierherkommen? Du weißt doch, daß sie hinter dir her sein werden.«

»Liebste, ständig sind alle hinter mir her.«

»Möchtest du etwa deinen Kopf unters Richtbeil legen?«

»Nein, auf ein Kissen neben dich.«

»Hör mir bitte zu.«

»Nein, du hörst mir zu.«

»Du kannst mich nicht am Reden hindern. Dein Name wurde oft erwähnt. Man braucht dich nur zu erkennen, und es wäre dein Ende.«

»Deshalb sollten wir so schnell wie möglich fort von hier.«

»Ja, das solltest du wahrhaftig.«

»Wir, Carlotta! Ich bin gekommen, um dich zu holen.«

»Du bist verrückt.«

»Ja, das bin ich. Nach dir.«

»Es ist Jahre her...«

»Vier Jahre«, unterbrach er mich. »Viel zu lange allein ohne dich. Keine andere Frau kommt für mich in Frage. Das habe ich inzwischen erkannt.«

»Du bist nicht nur meinetwegen hier.«

»Ich verbinde das Angenehme mit dem Notwendigen.«

»Du hast dir viel Zeit gelassen.«

»Zu Anfang war mir noch nicht klar, wie wichtig du für mich bist.«

»Glaubst du wirklich, daß du nur mit dem kleinen Finger zu winken brauchst, damit ich alles hinter mir lasse und mit dir gehe? Hältst du dich für irgendeine Gottheit und mich für deine bescheidene Jüngerin?

»Wie kommst du auf solch eine Idee? Wenn das der Fall wäre...«

»Dies ist heller Wahnsinn! Ich muß gehen. Es war töricht von mir, überhaupt herauszukommen. Wie leicht hätte dich jemand sehen können. Außerdem streifen nachts manchmal die Hunde auf dem Gelände frei herum. Ich kam nur, um dich zu warnen, das ist alles.«

»Carlotta, du bist noch schöner geworden und lügst so gewandt wie früher. Hat dir unser Abenteuer auf der Straße Spaß gemacht? Du hast mich nicht gleich erkannt, nicht wahr? Ich fühlte es, als es dann soweit war. Und dann wußten wir beide, du und ich, daß es noch genauso ist wie damals...«

»Warum mußt du dir bloß immer so dumme Streiche ausdenken? Wenn man dich auf der Straße gefaßt hätte, wärst du als Dieb aufgeknüpft worden.«

»Liebste Carlotta, ich lebe nun einmal gefährlich. Der Tod lauert immer an der nächsten Ecke und wird mich irgendwann auch erwischen. Bis dahin spiele ich ein aufregendes Spiel und bin mit der Gefahr so vertraut geworden, daß sie mir keine Angst mehr einjagt.«

»Du denkst bestimmt anders darüber, wenn du in einem modrigen Keller im Tower schmachtest.«

»Ich schmachte aber in keinem Keller und werde mich hüten, es in Zukunft zu tun. Ach, übrigens... wer hat die Schachpartie gewonnen?«

»Mein Mann.«

»Du bist mir also untreu geworden, Carlotta.«

»Ich habe ihn deinetwegen geheiratet.«

Er packte mich am Arm.

»Ich wurde schwanger, und diese Heirat bot sich mir als der leichteste Ausweg an.«

»Ist etwa dieses entzückende Wesen...?« stammelte er ungläubig.

»Dein Kind. Ja, du bist Clarissas Vater.«

»Carlotta!« Er schrie meinen Namen so laut, daß ich zusammenzuckte. »Still. Willst du, daß alle Welt herbeigelaufen kommt?« flüsterte ich erschrocken.

Er umarmte mich wieder und küßte mich zärtlich. »Unser Kind, Carlotta. Meine Tochter«, sagte er leise in mein Ohr. »Sie mochte mich, sonst hätte sie mir nicht den Schwanz ihrer Zuckermaus geschenkt. Erzähl ihr doch bitte, daß ich ihn immer und ewig aufheben werde.«

»Er wird garantiert schmelzen, und ich werde ihr garantiert nichts von dir erzählen. Ich will, daß sie diesen Zwischenfall so rasch wie möglich vergißt.«

»Meine Tochter heißt also Clarissa. Ich habe sie vom ersten Moment an geliebt.«

»Du verteilst deine Liebe recht großzügig, hm?«

»Ihr kommt mit mir, alle beide. Ich werde keine Ruhe geben, bis wir drei vereint sind.«

»Meinst du wirklich, daß du uns nach so langer Zeit einfach von hier losreißen kannst?«

»Ich tue immer, was ich mir vornehme.«

»Mit mir nicht.«

»Einmal ist es mir schon gelungen. Und du warst durchaus willig, nicht wahr? Was für eine Zeit! Erinnerst du dich an jenen Tag, als wir am Meer waren und die Reiter uns ausfragten?«

»Ich muß jetzt reingehen. Man wird mich vermissen.«

»Hol das Kind und komm mit!«

»Du bist von Sinnen. Clarissa liegt in tiefem Schlaf. Selbst du mußt einsehen, daß ich sie nicht einfach aufwecken kann, um dann in aller Ruhe mit ihr das Haus meines Gatten zu verlassen.«

»Es ist kein unmögliches Unterfangen.«

»Doch, das ist es. Geh weg! Geh wieder zu deinen Aufwieglerfreunden! Geh und verstricke dich weiter in deine jakobitische Verschwörung! Aber zieh mich nicht hinein, denn ich bin für die Königin.«

Er lachte laut. »Dir ist es völlig egal, wer auf dem Thron sitzt, mein Liebling. Aber es ist dir vielleicht nicht so egal, wer dein Leben mit dir teilt. Ich werde derjenige sein und England nicht ohne dich verlassen.«

»Gute Nacht. Beherzige meinen Rat. Verschwinde aus dieser Gegend und komm nicht mehr zurück.«

Ich wollte mich aus seiner Umarmung lösen, doch er hielt mich fest.

»Einen Moment noch. Wie kann ich dich erreichen, mit dir in Verbindung treten, Carlotta?«

»Überhaupt nicht.«

»Wir müssen einen Treffpunkt ausmachen.«

Ich dachte an Benjie und schüttelte den Kopf. »Es ist vorbei. Ich will vergessen, daß wir uns je kennenlernten und du mich gezwungen hast, deine Geliebte zu werden.«

»Es war die glücklichste Zeit meines Lebens. Übrigens habe ich dich nicht zwingen müssen.«

»So sehe ich es aber«, widersprach ich.

»Und aus unserer Begegnung ist dieses Kind entstanden. Ich will es haben, Carlotta. Ich will euch beide.«

»Bis vor wenigen Tagen hast du von ihrer Existenz nichts gewußt.«

»Ich wünschte, es wäre anders gewesen. Du mußt mir mir fliehen.«

»Nein, nein, nein! Ich habe einen guten Ehemann, den ich nie wieder betrügen will...« Die Worte waren mir aus Versehen über die Lippen geschlüpft, doch Hessenfield schien ihren Sinn nicht zu erfassen. Ich sah Benjies Gesicht vor mir, als ich zurückgekommen war. Wir zärtlich, wie arglos war er gewesen und hatte mich mit guten Eigenschaften ausgestattet, über die ich gar nicht verfügte.

Andererseits konnte ich Hessenfield und jene abenteuerlichen Tage mit ihm nicht vergessen. Ein Teil in mir wollte entführt werden... wie damals.

»Vielleicht muß ich ganz plötzlich etwas mit dir besprechen«, sagte er gerade. »Wie kann ich in Kontakt zu dir treten?«

»Nun, du wirst mir wohl kaum einen offiziellen Besuch abstatten können.«

»Gibt es hier irgendein verborgenes Plätzchen, wo sich eine Nachricht hinterlegen läßt?«

»Am Rand der Büsche steht ein alter Baumstumpf, in dem wir als Kinder kleine Zettel füreinander versteckten. Ich zeige ihn dir.«

Er kam rasch hinter mir her.

»Wenn du von der Rückseite des Gartens kommst, besteht für dich weniger Gefahr, gesehen zu werden. Aber wage es ja nicht, bei Tageslicht herzukommen.«

Ich führte ihn zu der Eiche, die vor vielen Jahren vom Blitz getroffen worden war. Eigentlich hätte sie längst gefällt werden müssen, und es wurde auch immer wieder davon gesprochen, aber nichts getan. Ich nannte den Baum früher den Briefkasten, weil sich ein

Loch darin befand, in dem man gut einen Brief unterbringen konnte.

»Nun aber geh«, bat ich Hessenfield.

»Carlotta.« Er drückte mich an sich und küßte mich, bis ich mich ganz schwach fühlte. Es durfte nicht sein, und ich haßte mich deswegen. Aber meine Gefühle ließen sich nicht unterdrücken.

Unter Aufbietung meiner ganzen Willenskraft riß ich mich von ihm los.

»Ich werde kommen und dich holen«, flüsterte er mir zu.

»Du vergeudest nur deine Zeit. Laß mich in Frieden!«

Ich rannte zum Haus zurück, schlüpfte aus dem Cape und war ungemein erleichtert, weil offenbar niemand meine Abwesenheit bemerkt hatte.

Aus einem Impuls heraus ging ich in Clarissas Zimmer hinauf, öffnete die Tür und schaute hinein.

Dann schlich ich auf Zehenspitzen zum Bett. Sie schlief fest und sah heiter und wunderhübsch aus.

»Ist irgend etwas nicht in Ordnung?« erkundigte sich Jane Farmer, unsere Kinderfrau, die eine große Zuneigung für Clarissa hegte, ohne sie aber zu verwöhnen.

»Nein, ich wollte nur rasch einen Blick auf Clarissa werfen«, erwiderte ich.

Falls Jane darüber erstaunt war, ließ sie es sich jedenfalls nicht anmerken.

»Sie schläft immer sofort ein, kaum daß sie im Bett liegt, weil sie tagsüber herumtollt, bis sie völlig erschöpft ist. Aber am Morgen steckt sie dann wieder voller Energie. Sie ist lebhafter als alle Kinder, die ich bisher in meiner Obhut hatte«, sagte Jane Farmer im Flüsterton.

Ich nickte ihr freundlich zu und verließ dann den Raum.

Sein Kind, das ihm in vieler Hinsicht ähnelte! Es wunderte mich nicht, daß er von ihr so begeistert war.

Meine Gefühle waren in einem heftigen Aufruhr, und ich wollte allein sein, um in aller Ruhe nachdenken zu können. Aber genau das war nicht möglich.

Kaum war ich in unserem Schlafzimmer, als Benjie hereinkam. Ich saß gerade am Ankleidetisch und bürstete mir die Haare. Er stellte sich zu mir.

»Manchmal frage ich mich, womit ich dich eigentlich verdiene«, sagte er liebevoll.

Mir war fast übel vor Scham.

»Du bist so schön und so vollkommen. Auch meine Mutter war früher eine große Schönheit, aber du... du bist das bezauberndste Wesen, das es auf der Welt gibt.«

Ich strich ihm über die Hand. »O Benjie, ich wünschte, ich wäre... besser. Ich wünschte, ich wäre gut genug für dich.«

Darüber mußte er lachen. Er kniete sich neben mich und vergrub sein Gesicht in meinem Schoß.

Ich streichelte ihm übers Haar.

»Mir ist klar, was du damit meinst«, sagte er leise. »Du denkst an diesen Unhold, an Clarissas Vater. Daran darfst du dir keine Schuld geben, Carlotta. Es blieb dir gar nichts anderes übrig. Denk nicht, daß ich dir deswegen je einen Vorwurf machen würde.«

»Ich liebe dich, Benjie. Ja, wirklich, ich liebe dich.«

Am Tag darauf kam für mich gleich der nächste Schock.

Clarissa erhielt gerade ihre morgendliche Reitstunde. Natürlich war sie eigentlich noch zu jung dafür, doch Benjie hatte ihr ein winziges Shetlandpony gekauft, mit dem sie auf der Koppel am Leitzügel herumreiten durfte. Es machte ihr großen Spaß, und sie redete ständig von Shets, ihrem Pferd. Dabei behauptete sie, daß Shets ihr alle möglichen Geschichten erzählte und wie lustig sie es miteinander hätten.

Als ich in die Halle kam, tauchte Harriet in der Tür zum Winterzimmer auf.

»Wir haben einen Besucher, Carlotta.«

Mein Herzschlag beschleunigte sich. Für einen Moment befürchtete ich, Hessenfield sei tollkühn genug gewesen, um seelenruhig bei uns hereinzuspazieren.

Ich trat ins Zimmer.

Matt Pilkington erhob sich von einem Stuhl, um mir die Hand zu küssen.

Mir stieg das Blut ins Gesicht.

»Aber... wieso...«, stammelte ich. »Ich hätte nicht gedacht, daß...«

»Ich verbringe einige Tage in einem nahe gelegenen Gasthaus, um mich von anstrengenden Geschäften zu erholen. Natürlich wollte ich mich nach Eurem Befinden erkundigen, wenn ich schon in solcher Nähe bin«, sagte er.

»Es ist lange her...«

»Ich gehe nur rasch in die Küche und sage Bescheid, daß man uns Wein bringt«, mischte sich nun Harriet ein. »Ihr habt sicher ausreichenden Gesprächsstoff.«

Damit ließ sie uns allein.

»Ich mußte einfach kommen, Carlotta. Wie oft stand ich schon kurz davor, ließ es dann aber doch immer wieder bleiben...«

»Es war auch besser so...«

»Habt Ihr Damaris in letzter Zeit gesehen?«

»Ja, ich bin erst vor kurzem in Eversleigh zu Besuch gewesen. Es war das erste Mal seit damals...«

»Wie geht es ihr?«

»Sie war zu Anfang schwer krank... ein geheimnisvolles Fieber, das sie sehr verändert hat. Leider ist sie mehr oder weniger Invalidin.«

Er schaute schweigend zu Boden.

»Wie oft habe ich mir gesagt, daß ich unverzeihlich gehandelt habe, und daran wird sich nichts ändern«, stieß er schließlich hervor. »Und doch... und doch weiß ich, daß es wieder genauso geschähe, wenn ich die Zeit zurückdrehen könnte. Ständig muß ich an Euch denken. Ohne Euch kann ich nicht glücklich sein.«

»Bitte, hört auf. Ich möchte nicht weiter zuhören. Ich habe einen Mann, ein Kind...«

»Ihr hattet auch damals Mann und Kind«, wandte er ein.

»Stimmt. In mir steckt viel Schlechtigkeit und Selbstsucht, außerdem bin ich zu impulsiv. Ich tue Dinge, die andere und mich selbst verletzen, ohne lange darüber nachzudenken. Aber jetzt versuche ich ein besseres Leben zu führen. Ihr müßt wieder gehen, Matt. Wärt Ihr bloß nicht hergekommen.«

»Ich konnte nicht anders, Carlotta. Natürlich hatte ich Angst davor, hier aufzutauchen, aber ich mußte mit Euch reden, nachdem ich Euch gestern sah...«

»Wo?« fragte ich erschrocken.

»Es war in der Nähe dieses Hauses. Ich sah Euch in den Hof reiten, und sobald ich Euch zu Gesicht bekam, war ich verloren.«

»Redet bitte nicht weiter, Matt. Was zwischen uns bestand, ist längst vorbei. Es war wie ein momentaner Rausch... für uns beide. Aber es war falsch und schlecht. Ich gab mir daran die Schuld. Damaris hat Euch geliebt und mußte uns ausgerechnet... so vorfinden. Sie blieb die ganze Nacht in jenem schrecklichen Sturm im Freien. Man hat überall nach ihr gesucht, und sie wäre gewiß gestorben, wenn Vater sie nicht zufällig entdeckt hätte. Es war unsere Schuld, Matt. Wir hätten sie beinahe umgebracht. Reicht das immer noch nicht? Wir dürfen uns nie wiedersehen, hört Ihr. Übrigens verkaufe ich Enderby Hall, weil ich kaum den Gedanken daran ertragen kann. Sicher ergeht es Damaris ebenso. Die Ärmste! Wir machten einen Besuch in Eversleigh Court, man mußte sie fast hineintragen. Man stelle sich das vor! Damaris, die kaum aus dem Sattel zu kriegen war. Die einzige Möglichkeit, wie wir all dies ertragen können, liegt im Vergessen. Wir müssen versuchen, es zu vergessen.«

Harriet gesellte sich wieder zu uns.

»Gleich wird Wein gebracht«, verkündete sie. »Aber jetzt erzählt uns, was Ihr getan habt, seit Ihr von Grasslands weggezogen seid. Vermutlich dient auch Ihr in der Armee, da England ja zur Zeit ständig irgendwelche Schlachten schlägt.«

»Stimmt, aber im Moment habe ich Urlaub.«

»Hoffentlich macht Marlborough diesem törichten Krieg bald ein Ende.«

»Wollen wir es hoffen«, entgegnete Matt.

»Wie geht es Eurer Mutter?«

»Recht gut, vielen Dank.«

»Nach ihrem kurzen Abstecher aufs Land fühlt sie sich nun wahrscheinlich ganz besonders glücklich in London, nicht wahr?«

»Ja, das Stadtleben sagt ihr wohl doch am besten zu.«

Harriet nickte wehmütig. »Die Stadt hat ja auch so vieles zu bieten. Geht Eure Mutter eigentlich oft ins Theater?«

Sie wandte sich zu mir um, da ihr auffiel, wie ungewöhnlich schweigsam ich war. »In Frankreich steht es schlecht um das Theater. Madame de Maintenon macht dem armen alten Ludwig derart die Hölle heiß, daß er jetzt kurz vor Torschluß ganz plötzlich Reue empfindet. Also hat er die meisten Theater geschlossen, als ob ihm das einen Platz im Himmel sichere. Ich bin überzeugt, daß er den Krieg nicht gewinnen wird. Die Theater zu schließen ist die beste Methode, um sich eine Niederlage einzuhandeln.«

»Aber Harriet, welch merkwürdige Logik«, sagte ich mit gezwungenem Lachen.

»Glaub mir, meine Liebe, ich weiß, wovon ich rede. Das Volk muß aufgeheitert werden, und zwar ganz besonders in Kriegszeiten. Falls man ihm statt dessen seine gewohnten Ablenkungen wegnimmt, folgt Mutlosigkeit auf dem Fuße. Seid Ihr nicht auch meiner Ansicht?« Sie lächelte Matt zu.

»Ich bin sicher, Ihr habt recht.«

»Aber natürlich! Das Volk war vor allem deshalb bereit, König Charles wieder willkommen zu heißen, weil es die puritanische Regierung satt hatte. Ich entsinne mich noch sehr wohl der allgemeinen Freude, als die guten alten Zeiten wieder auflebten. Ich war damals blutjung...«

»Das ist klar, Harriet«, stimmte ich ihr bei.

»Ob Eure Mutter sich wohl noch an das Theaterstück erinnert, in dem wir gemeinsam auftraten?« fragte sie Matt.

»Ja, ich glaube, sie hat es einmal erwähnt.«

»Kurz darauf verließ ich die Bühne. Aber es gilt wohl der Spruch: einmal Schauspielerin, immer Schauspielerin. Ich muß gestehen, daß mich die Rampenlichter nach wie vor in Aufregung versetzen.«

So plauderte sie vor sich hin, aber vermutlich hörte Matt genausowenig zu wie ich.

Als er sich verabschiedete, fragte ihn Harriet, wann er nach London zurückzukehren gedachte.

Er erwiderte, daß er vielleicht noch einige Tage in dem Landgasthaus bleiben würde, da die Landschaft hier so besonders schön sei. Er wolle viel spazierengehen und reiten.

»Kommt uns wieder besuchen, wenn Ihr mögt«, forderte Harriet ihn auf.

»Gern, vielen Dank«, sagte er mit Nachdruck.

Obwohl wir kein Wort mehr wechselten, wußte ich, daß er nach Eyot Abbas zurückkehren würde. Seine Augen verrieten es mir.

Am gleichen Tag kam Jane Farmer aufgeregt zu mir gelaufen und wollte wissen, ob Clarissa bei mir sei.

Ich war überrascht, denn Clarissa hielt sich normalerweise zu dieser Zeit im Garten auf.

»Ich saß mit meinem Nähzeug im Gartenhaus«, erklärte Jane. »Clarissa spielte nahebei mit ihrem Federball, schlug ihn in die Luft und fing ihn wieder auf, wobei sie ab und zu laut jauchzte, wie sie es vor Freude immer tut. Plötzlich war nichts mehr zu hören. Ich legte meine Arbeit sofort weg und schaute nach. Da ich sie nirgends entdecken konnte, nahm ich an, daß sie zu Euch gelaufen war.«

»Nein, hier ist sie nicht aufgetaucht.«

»Sie sprach davon, daß sie Euch ihren neuen Schläger zeigen will. Also dachte ich...«

In mir begann sich Furcht zu regen, doch ich weigerte mich, mir den Verdacht offen einzugestehen, den ich hegte.

»Wir müssen sofort etwas unternehmen«, sagte ich energisch.

Als Harriet hereinkam, bat ich sie, das Haus zu durchsuchen. Ich wollte mir den Garten vornehmen.

Bestimmt hat sie sich irgendwo versteckt, redete ich mir ein und erinnerte mich an frühere Situationen, die ähnlich angefangen hatten.

Jane wurde immer ängstlicher. Sie gab sich die Schuld, doch ich wußte ja, wie quicklebendig Clarissa war. Es war ganz unmöglich, sie ständig im Auge zu behalten.

Nach einer Stunde angestrengter Suche hatten wir sie immer noch nicht entdeckt. Inzwischen waren wir in Panikstimmung.

Benjie und Gregory waren tagsüber mit Gutsangelegenheiten anderweitig beschäftigt gewesen, kamen nun aber heim und schlossen sich uns an. Es war Benjie, der schließlich eine grüne Feder zwischen den Büschen fand. Sie stammte von Clarissas Federball.

Da ahnte ich das Schlimmste.

»Wahrscheinlich ist sie irgendwo wohlbehalten und in Sicherheit«, versuchte Harriet mich zu beruhigen. »Es erinnert mich an die Zeit, als du dich immer in Enderby Hall versteckt hast.«

Meine Befürchtungen hatten inzwischen eine klare Form angenommen. Es ist unmöglich, dachte ich verzweifelt. So etwas kann er doch nicht tun. Aber ich wußte genau, daß er zu allem fähig war.

Ich hastete zu der alten Eiche, in der wir als Kinder Zettel versteckten und die ich Hessenfield gegenüber erwähnt hatte. Zögernd steckte ich die Hand in die Öffnung und fand auch tatsächlich ein Blatt Papier.

Mit zitternden Fingern entfaltete ich es und las:

Liebste, sei nicht traurig.
Das Kind ist wohl und munter.
Du mußt zu uns kommen. Ich warte
heute abend an dieser Stelle auf dich.   H.

Ich blieb stehen und zerknüllte das Papier. Meine Gefühle schwankten hin und her. Vor allem war ich natürlich erleichtert, daß Clarissa in Sicherheit war. Und insgeheim war ich auch stolz darauf, daß er so viel riskiert hatte, um sie in seine Gewalt zu bringen. Mich erregte die Aussicht, wieder mit ihm zusammenzusein. Andererseits hatte ich mir fest vorgenommen, Benjie nicht zu enttäuschen. Ich war zugleich überglücklich und tieftraurig. Immer mußte ich daran denken, daß ich Hessenfield schon heute abend wiedersehen und mit ihm fliehen würde. Wohin? Natürlich zur Küste, wo ein Boot auf uns wartete. In dieser Nacht konnte ein Leben voller Aufregung und Abenteuer für mich beginnen, und ich würde mein Kind wiederhaben, das mir von Tag zu Tag mehr bedeutete. Das Kind und seinen Vater... Nur das wünschte ich mir. Was nützte es, dies abzuleugnen? Ein zurückgezogenes Dasein auf dem Lande war nichts für mich. Für Damaris wäre es das Richtige, doch ihr würde es wohl versagt bleiben. Wie glücklich wäre sie mit Matt geworden, wenn ich ihr nicht einen Strich durch die Rechnung gemacht hätte. Und jetzt stand ich kurz davor, auch Benjies Leben zu ruinieren. Das durfte nicht geschehen! Mein Gewissen war schon genug belastet.

Was sollte ich bloß tun?

Es gab zwei Möglichkeiten, nein, sogar drei. Bei der einen würde ich meine kleine Tochter verlieren, und das kam überhaupt nicht in Betracht. Hessenfield würde Clarissa mitnehmen, falls ich heute abend nicht käme, soviel stand fest. Bei der zweiten Alternative mußte ich Benjie, Gregory und Harriet den Brief von Hessenfield zeigen und ihnen erklären, daß er Clarissa entführt hatte und wer er in Wirklichkeit war. Dann werden Soldaten den Garten umzingeln und Hessenfield in dem Moment gefangennehmen, in dem er mich an der Eiche erwartet. Für ihn das sichere Ende, doch die einzig loyale Handlungsweise Benjie und meinem Vaterland gegenüber. Als letzte Möglichkeit blieb mir nur, mich heimlich zu dem verabredeten Treffpunkt zu schleichen.

Ich ahnte, was dann geschähe. Er würde mich entführen, notfalls mit Gewalt.

Es war mir unmöglich, gleich ins Haus zurückzugehen, denn ich war viel zu aufgewühlt.

Wie konnte ich die anderen voller Angst weitersuchen lassen, wo ich doch wußte, daß Clarissa in Sicherheit war! Andererseits... wie sollte ich ihnen klarmachen, daß sie sich in den Händen eines jakobitischen Rädelsführers befand, der als Staatsverbrecher gesucht wurde?

Als ich schließlich doch ins Haus trat, legte mir Benjie fürsorglich den Arm um die Schulter. Sein Gesicht war bleich und angespannt.

»Wo hast du bloß gesteckt? Ich begann mir schon Sorgen um dich zu machen.«

Dies war der geeignete Moment, um ihm den Brief zu zeigen, den ich zusammengeknüllt in meinem Mieder verborgen hatte. Meine Hand tastete schon danach, da mir wieder einmal bewußt wurde, wie sehr Benjie mich liebte und welch guter Mensch er war. Doch der Augenblick ging vorüber, und ich erwähnte nichts, sondern ließ sie alle weiter glauben, daß Clarissa spurlos verschwunden sei.

Die Suche wurde fortgesetzt, doch ich schloß mich in mein Schlafzimmer ein und kämpfte einen einsamen Kampf.

Wie konnte er das bloß tun? Er hatte kein Recht dazu. Aber was hatte es für einen Sinn, bei Hessenfield nach Recht und Unrecht zu fragen? Er kannte nur seinen eigenen Willen, entschied von Fall zu Fall, was das Beste für ihn war, und erklärte es dann für rechtmäßig.

Auch nach einer weiteren Stunde war ich noch unentschlossen.

Jane Farmer war so außer sich vor Sorge, daß ich sie am liebsten eingeweiht hätte, nur um ihr die Last von der Seele zu nehmen.

Welch verrückter Gedanke! Wie kam ich bloß auf solche Ideen?

Endlich faßte ich einen Entschluß. Ich würde mich mit ihm treffen und ihn beschwören, Clarissa zurückzubringen.

Als es Nacht wurde, warf ich mir einen Mantel um und wartete unter der Eiche auf ihn.

Es dauerte nicht lange, da trat er von hinten an mich heran, umarmte mich und lachte leise, als er mich auf den Hals küßte.

»Du bist wahnsinnig! Dies kann dich dein Leben kosten«, sagte ich halblaut. »Wo ist Clarissa?«

»In Sicherheit. Wir fahren noch heute nacht nach Frankreich, denn meine Mission in England ist beendet. Ich habe alles, was ich mir holen wollte... und sogar noch mehr: meine Tochter. Oh, ich vergöttere sie schon jetzt.«

»Wo ist sie?« fragte ich noch einmal.

»In Sicherheit. Aber jetzt komm! Je eher wir von hier fort sind, desto besser. Ich befürchte nämlich, daß sie mir auf der Spur sind. Wir reiten zur Küste, wo an einem verschwiegenen Plätzchen ein Boot auf uns wartet.«

»Du mußt wahnsinnig sein. Glaubst du wirklich, daß ich dich begleite?«

»Aber natürlich.«

Ich riß mich von ihm los. »Ich bin nur gekommen, um dir zu sagen...«

Er zog mich lachend wieder an sich und begann mich zu küssen.

»...daß du mich liebst«, murmelte er zwischen zwei Küssen.

»Denkst du, ich sei so rücksichtslos und gefühllos wie du? Denkst du, ich verlasse meinen Mann, bloß weil du wieder aufgetaucht bist?«

»Ich bin für dich mehr als er, denn ich bin der Vater unseres Kindes. Vergiß das nicht.«

»Wenn ich dich bloß nie gesehen hätte, Hessenfield!«

»Du lügst, süße Carlotta, gib es zu. Es war Liebe, oder sollte ich mich so irren? Erinnere dich, daß du mich schon damals nicht verraten hast. Auch diesmal hättest du es wieder tun können.«

»Stimmt, und woher willst du wissen, daß ich es nicht getan habe? Vielleicht wartet bereits ein Trupp Soldaten, um dich festzunehmen.«

»Ich war bereit, dieses Risiko einzugehen, und werde dir auch sagen, warum. Ich halte dich eines solchen Verrats nicht für fähig. Komm, Liebste, wir wollen das Schicksal doch nicht unnötig herausfordern, oder?«

»Gib mir meine Tochter zurück und verschwinde. Ich werde bestimmt keinem erzählen, daß du hier warst.«

Er lachte mich an. »Clarissa ist äußerst vergnügt und glücklich, denn wir kommen blendend miteinander aus. Sie freute sich, mich wiederzusehen.«

»Aber... wo ist sie denn?«

»Auf See, wo auch du und ich diese Nacht verbringen werden. Noch diese Nacht, Liebste! Uns verbinden so wunderbare Erinnerungen. Keine Frau wird mir je mehr bedeuten als du. Ich werde jene Tage mit dir bis an mein Lebensende nicht vergessen.«

»Ich kann nicht fort. Das mußt du endlich begreifen.«

Er packte mich unvermutet und hob mich mühelos hoch, wobei mir der Mantel von den Schultern glitt. Dann trug er mich rasch zu einem Pferd, das er an einen Baum gebunden hatte.

Er setzte mich auf den Sattel und schwang sich hinter mich. Ich weiß nicht mehr, ob ich mich überhaupt wehrte, denn ein Teil in mir wollte von Hessenfield entführt werden. Seine Abenteuerlust steckte mich an. Gleichzeitig sah ich Benjies Gesicht vor mir. Er würde verzweifelt sein, wenn er annehmen mußte, daß ich ihn freiwillig verließ.

Wir hatten nur etwa eine Meile bis zur Küste zurückzulegen. Ein milchiger Halbmond versilberte die Landschaft. Ich sah das Inselchen Eyot im Meer liegen. Es wirkte so einsam und ruhig, wie die See in dieser Nacht war.

Hessenfield pfiff leise, und eine Gestalt tauchte am Ufer auf. Es war ein Mann, der offensichtlich dort gewartet hatte.

»Alles in Ordnung, Sir.«

»Sehr gut«, erwiderte Hessenfield.

Er saß ab und hob mich vom Pferd, das der Mann sogleich am Zügel ergriff. Als Hessenfield mich über den Kiesstrand hinter sich herzerrte, hörte ich den Fremden davongaloppieren.

Ein zweiter Mann saß mit eingezogenen Rudern in einem kleinen Boot, das sanft auf den Wellen schaukelte.

Wir wateten durchs Wasser, das uns bis zur Taille reichte. Hessenfield half mir beim Hineinklettern.

»Rasch. Wir haben keine Zeit zu verlieren!«

Der Mann begann in Richtung der kleinen Insel zu rudern. Plötzlich richtete sich Hessenfield auf und lauschte angestrengt. »Schneller«, befahl er dann. »Sie sind schon am Ufer. Bei Gott, wir haben es gerade noch geschafft.«

Ich konnte schattenhafte Gestalten am Ufer erkennen. Dann wurde ein Schuß abgefeuert, der das Boot nur knapp verfehlte.

»Wir sind bald außer Schußweite«, beruhigte mich Hessenfield.

»Ohne dein romantisches Abenteuer wären wir längst in Sicherheit«, brummte der Mann.

»Ich weiß. Aber bisher klappte ja alles wunderbar. Gleich sind wir da.« Wir hatten inzwischen die Insel umrundet, und ich sah ein wartendes Schiff.

»Geschafft!«

Wir legten längsseits an, und gleich darauf wurde eine Strickleiter heruntergelassen. Ich stieg als erste hinauf. Oben streckten sich mir Hände entgegen, um mir über Bord zu helfen.

Wenige Sekunden später stand Hessenfield neben mir.

»Unternehmen geglückt«, rief er lachend und legte mir den Arm um die Schultern. »Das erfolgreichste, das ich je durchgeführt habe. Wir stechen am besten sofort in See. Komm, du willst sicher gleich unsere Tochter sehen.«

Sie schlief friedlich und hielt dabei ihren Federball umklammert. Ich beugte mich hinunter und nahm sie in die Arme. Sie wachte auf. »Mama...«

»Ja, mein kleiner Liebling.«

Sie öffnete ihre Augen ganz weit. »Ich bin auf einem großen Schiff und habe einen neuen Vater«, verkündete sie.

Hessenfield kniete sich neben uns.

»Und du magst ihn sehr gern, nicht wahr? Sag deiner Mutter, daß es so ist.«

»Er wird mir einen neuen Federball schenken«, erklärte sie mir.

»Du hast ihr noch nicht verraten, daß du mich gern magst, Clarissa.«

Sie richtete sich auf und schlang die Ärmchen um seinen Hals. »Dies ist sein Schiff, Mama, und er wird mir zeigen, wie es segelt.«

Verbrechen aus Leidenschaft

Ich hatte das Gefühl, mich in einem völlig anderen Dasein zu befinden. Zu Anfang kam mir alles so verwirrend vor, daß ich wie betäubt war. Ohne Schwierigkeit nahm ich die fordernde, leidenschaftliche und unersättliche Liebesbeziehung mit Hessenfield wieder auf, als hätte es keine jahrelange Unterbrechung gegeben. Zuerst zeigte ich mich natürlich als das empörte Opfer, doch Hessenfield machte dem rasch ein Ende und brachte mich dazu – wenn auch nicht in Worten – einzugestehen, daß ich das Zusammensein mit ihm ungemein genoß.

Allerdings war mein Glück nicht ungetrübt. Ich konnte keine Entschuldigung dafür finden, daß ich insgeheim selig war, auf diese Weise entführt worden zu sein. Andererseits empfand ich eine tiefe und echte Reue über das, was ich Benjie angetan hatte. Mein einziger Trost war, daß mein Mantel im Buschwerk hängengeblieben war, woraus er hoffentlich schließen würde, daß ich nicht freiwillig mitgegangen war. Das würde seinen Kummer zwar kaum mindern, doch zumindest mußte er nicht annehmen, daß ich ihn verraten und im Stich gelassen hatte.

Die Überfahrt verlief ohne Zwischenfälle, und nach kurzer Zeit erreichten wir die französische Küste.

Clarissa war hingerissen von all dem Neuen. Sie akzeptierte dieses außergewöhnliche Abenteuer mit jener Selbstverständlichkeit, die für Kinder typisch ist. Einmal erkundigte sie sich allerdings, wann ihr Vater denn mit Gregory und Harriet nachkommen würde. Ich erwiderte ausweichend, daß wir es nicht genau wüßten.

»Ich möchte ihnen meinen neuen Vater zeigen«, erklärte sie mit Stolz in der Stimme, was mich zugleich freute und schmerzte.

Wir reisten quer durch Frankreich und stiegen in verschiedenen Gasthäusern ab, wobei es mir immer wieder auffiel, welch bekannter Mann Hessenfield war. Stets standen ihm die besten Zimmer zur Verfügung, worauf er diesmal ganz besonderen Wert legte, da er en famille reise, wie er den Wirtsleuten gegenüber erwähnte.

In unserer Begleitung befand sich der Mann, der uns zum Schiff gerudert hatte. Er hieß Sir Henry Campion und war ein guter, verläßlicher Freund Hessenfields. »Henry ist ein loyaler Jakobit, was du jetzt auch sein mußt, da du nun zu uns gehörst, mein Liebling«, sagte er zu mir.

Ich erwiderte nichts. Wenn ich doch nur Benjie und das Unglück vergessen könnte, das ich über ihn gebracht hatte! Ohne die nagenden Schuldgefühle seinetwegen wäre ich in meiner jetzigen Situation geradezu ekstatisch glücklich, das stand für mich fest. Ich bereute es, Benjie geheiratet zu haben. Wenn ich mutiger gewesen wäre, hätte ich mein Kind auch ohne Ehemann zur Welt gebracht...

Solche Überlegungen waren natürlich völlig nutzlos. Ich hatte genauso gehandelt, wie es zu meinem Charakter paßte. Auch Hessenfield sah das wohl ein. »Ich hätte dich damals nicht zurücklassen dürfen«, sagte er einmal in einem Gespräch.

Aber er gehörte nicht zu den Menschen, die sich viel mit der Vergangenheit beschäftigen. Jeden neuen Tag genoß er und empfand vermutlich niemals Reue über irgendeine Handlungsweise. Er strahlte Heiterkeit, gute Laune und Leichtsinn aus. Vermutlich würde er auch noch lachen, wenn er starb...

Clarissa hatte ihn ganz und gar bezaubert. Es erstaunte mich, daß ein Kind ihm so viel bedeuten konnte. Andererseits war sie wirklich entzückend, dazu hübsch und auf erschreckende Weise waghalsig. Ihre Neugier schien geradezu unerschöpflich zu sein. Jeder Vater wäre wohl stolz auf sie gewesen, doch bei Hessenfield freute es mich ganz besonders, daß er sich neben all seinen Aufgaben und Pflichten so viel Zeit nahm, um sich mit ihr zu beschäftigen.

Schließlich trafen wir in Paris ein. Er hatte mich schon ein wenig auf die Stadt vorbereitet: »Der englische Hof befindet sich in St. Germain-en-Laye, wo der König in einem Schloß residiert. Es herrscht dort dasselbe Hofzeremoniell wie in England. Ich bin häufig beim König, besitze aber ein Haus – hier nennt man es hôtel – in Paris, da ich auch dort viel zu tun habe. Wir werden zusammen in diesem Haus leben, und ich werde dich dem König selbstverständlich als meine Frau vorstellen.«

»Als deine Frau?«

»Du bist meine Frau, liebste Carlotta. Ich weiß natürlich, daß du mit einem anderen Mann in England unglücklich verheiratet warst. Aber nun sind wir in Frankreich. Du wirst dich daran gewöhnen müssen, als Lady Hessenfield angeredet zu werden.«

Er nahm mein Gesicht in seine beiden Hände und küßte mich.

»Ich liebe dich. In dir ist etwas, das mich aufs wunderbarste ergänzt, Carlotta. Ich fühle mich dir näher als jedem anderen Menschen, und wir haben eine süße kleine Tochter. Gott sei Dank, daß ich dich hier bei mir habe.«

Er meinte es ernst und machte mich dadurch sehr glücklich, jedenfalls für den Moment, bis ich wieder an Benjie denken mußte...

»Du lebst im Exil und bist nun eine von uns«, sagte er bei einer anderen Gelegenheit. »Auch wenn du nicht aufgrund deiner eigenen Überzeugung zu uns gekommen bist, gehörst du jetzt dazu. Natürlich wollen wir wieder nach England zurückkehren, denn wer möchte schon sein Leben im Exil verbringen. Aber wann immer ich Heimatboden betrete, muß ich es heimlich tun, wie ein Dieb. Auf meinen Kopf hat man einen Preis ausgesetzt. Man jagt und hetzt mich, und dabei habe ich Besitztümer in Nordengland, wo meine Vorfahren wie Könige lebten. Ja, eines Tages kehren wir zurück, aber zuvor müssen wir dem rechtmäßigen König zu seinem Thron verhelfen. Unter der jetzigen Regierung verzichte ich auf England.«

»Dir bleibt gar nichts anderes übrig, da du als Verräter giltst.«

Er nickte. »In meinem Heimatland bin ich nur ein Verschwörer und ein... Flüchtling.«

»Warum mußtest du dich bloß in Staatsangelegenheiten mischen? Es lebt sich wahrlich nicht schlecht unter Königin Anne.«

»Typisch weibliche Logik«, neckte er mich. »Was geht uns die gerechte Sache an, wenn wir gut leben können? Nein, das kommt für mich nicht in Frage, Carlotta. Und vergiß nicht, auch du gehörst jetzt zu uns.«

»Nur, weil du mich dazu gezwungen hast.«

»So spricht eine gute Jakobitin«, spottete er. Ich wußte natürlich, daß er recht hatte. Ob es mir nun paßte oder nicht, die Mitwelt würde mich von nun an zu den Jakobiten zählen. Hitzig erklärte ich ihm, daß ich mir nicht das geringste aus seiner jakobitischen Verschwörung machte.

»Stimmt, aber du machst dir was aus mir. Und ich werde dir so manches Geheimnis ohne Furcht anvertrauen, weil ich weiß, daß deine Liebe zu mir so stark ist wie der stärkste Glaube an eine gerechte Sache. Wir gehören zusammen, Carlotta, und so soll es bleiben, bis der Tod uns scheidet.«

In den seltenen Augenblicken, in denen er so ernst war, rührte er mich zutiefst. Ich liebte ihn, o ja! Sein Wagemut, seine Stärke und seine sonstigen männlichen Vorzüge begeisterten mich stets aufs neue. Er war der geborene Führer. Im Vergleich zu ihm fiel Beau ab. Er hätte mich nicht halten können.

Wie herrlich wäre es, wenn wir uns auf andere Weise begegnet wären und ich seine rechtmäßige Frau sein könnte! Ach, wenn sich doch nur die Vergangenheit auslöschen ließe! Beau bedeutete mir inzwischen gar nichts mehr, nein, es war Benjie, dessen Bild mich verfolgte. Seinetwegen quälten mich Schuldgefühle, so daß ich nie ganz unbeschwert sein konnte.

Paris versetzte mich in Aufregung. Gleich nach unserer Ankunft in dieser faszinierenden Stadt bezogen wir das Haus im Marais, das zu den vornehmsten Vierteln zählte, wie ich später erfuhr. Der französische König verhielt sich all jenen englischen Adligen gegenüber sehr großzügig, die erklärte Feinde der englischen Königin waren.

In Eversleigh hatte man jedem von uns beigebracht, die Treue gegenüber der Krone als eine unserer wichtigsten Pflichten anzusehen. Trotzdem war mein Großvater Carleton in die Monmouth-Rebellion verstrickt gewesen. James hätte ihn gewiß als illoyal verdammt, was Hessenfield nun in Königin Annes Augen war. Im Grunde ging es nicht so sehr um Mangel an Loyalität, sondern um Prinzipientreue. Von Tag zu Tag wurde ich mehr zur Jakobitin.

In dem schönen Haus im Marais gab es mehrere Dienstboten, denen mich Hessenfield formell als Lady Hessenfield vorstellte. Ich hielt bei dieser kleinen Zeremonie Clarissa an der Hand, die sich mit großen Augen umschaute. »Und dies ist unsere Tochter«, fügte ihr Vater stolz hinzu.

Kein Mensch stellte uns in Frankreich irgendwelche Fragen. Hessenfield war in jakobitischer Mission nach England gereist und hatte Frau und Kind mit zurückgebracht. Es klang sehr plausibel. Ich schlüpfte mühelos in die neue Rolle, und Clarissa erging es ebenso.

In jenen ersten Tagen fühlte ich mich wie eine junge Braut. Hessenfield machte es Spaß, uns in Paris herumzuführen, denn dies war seiner Meinung nach die beste Methode, um eine Stadt kennenzulernen.

Wir schlenderten durch die ruhigen Straßen des Marais, wo einst die Könige aus dem Geschlecht der Valois residiert hatten. Hessenfield erklärte Clarissa, daß in der Rue Beautreillies früher Weingärten angelegt wurden, in der Rue de la Cerisaie Obstgärten und daß in der Rue de Lions die königliche Menagerie ihren Platz hatte.

Wir staunten über die pittoresken Häuser dicht am Fluß, gegen deren Mauern das Wasser schwappte. Clarissa interessierte sich brennend dafür, ob es wohl jemals durch die Fenster ins Innere floß. Sie befand sich ständig in Aufregung und war manchmal so überwältigt, daß sie sogar vergaß, ihre Lieblingsfrage ›warum?‹ zu stellen.

An einem der nächsten Tage drangen wir bis ins Stadtzentrum vor. Wir überquerten den Pont Marie und kamen zur Ile de la Cité, wo wir die gewaltigen Türme von Notre-Dame bewunderten. Am Quai des Fleurs kaufte Hessenfield uns herrliche Blumen. Clarissa wäre am liebsten in die kleinen Gassen hinter der Kathedrale gerannt, doch Hessenfield erlaubte uns nur, einen kurzen Blick darauf zu werfen. Dort hausten die Armen, und die Gassen waren so eng, daß kaum ein Sonnenstrahl in die Fenster dringen konnte. In der Straßenmitte verlief ein Rinnstein, der voller Unrat war.

»Kommt fort von hier«, sagte Hessenfield. »In solche Sträßchen dürftet ihr euch nie hineinwagen. Es gibt sie überall in Paris, aber man kann sie nicht gefahrlos betreten.«

»In jeder großen Stadt gibt es Slums«, fügte ich hinzu.

»Was sind Slums?« fragte Clarissa.

»Das, was du hier siehst.«

Sie war ganz zappelig vor Neugierde und versuchte sich loszureißen, doch ich hielt ihre Hand eisern fest. Im nächsten Moment hob Hessenfield sie hoch. »Du bist sicher müde, Kleines. Soll ich für ein Weilchen deine Kutsche sein?«

Es rührte mich, als ich sah, wie Clarissa ihn anlächelte und die Arme um seinen Nacken schlang. Sie hatte Benjie und Gregory nicht vergessen, erwähnte sie aber seltener als zu Anfang.

In der Rue St. Antoine kamen wir an einer Apotheke vorbei. Süße Düfte erfüllten die Luft, und ich dachte flüchtig an Beau, der eigenhändig Parfüms hergestellt hatte und immer stark nach Moschus duftete. Das hatte mich zuallererst zu Matt hingezogen, denn er benutzte das gleiche Parfüm.

Hessenfield bemerkte meinen Blick. »Heutzutage gibt es in Paris nicht mehr so viele Apotheken wie früher, als hier an jeder Straßenecke Quacksalber Medizin, Elixiere, Heiltränke und sonstiges Gebräu verkauften. Plötzlich trat ein Wandel ein. Das muß wohl vor ungefähr vierzig Jahren geschehen sein, aber man spricht noch heute davon. Es gab damals einen berüchtigten Giftmischer namens La Voisin und auch eine Frau, Madame de Brinvilliers. Sie starben eines gräßlichen Todes, doch ihre Namen wird man nie vergessen. Alle Apotheker müssen seither leisetreten. Man hegt immer noch Verdacht gegen das ganze Gewerbe.«

»Haben die Leute wirklich Gift bei den Apothekern gekauft?«

»O ja. Jetzt ist es schwieriger geworden, aber für eine entsprechende Geldsumme klappt es sicher immer noch. Es waren hauptsächlich Italiener, die von jeher gewissermaßen Fachleute im Vergiften waren. Sie können Gift herstellen, das farblos und ohne Geruch und Geschmack ist und sogar durch die Kleidung wirkt. Das Gift kann allmählich oder auf der Stelle wirken. Diese Madame de Brinvilliers wollte ihren Ehemann umbringen und hat die verschiedenen Gifte vorher an den Kranken in den Hospitälern ausprobiert, wo sie als fromme Lady bekannt war, die sich rührend um die Siechen kümmerte.«

»Sie muß eine Teufelin gewesen sein.«

»Das war sie auch. Stell dir nur mal vor, wie sie irgendeine Delikatesse mit einer neuen Mixtur tränkt und dem armen Opfer später einen Besuch abstattet, um die Wirkung zu überprüfen.«

»Ich bin froh, daß Clarissa schläft, sonst würden wir mit hundert Fragen geplagt. Was für eine aufregende Stadt! Ich habe noch nie so viel Schmutz gesehen und so viel Krach vernommen.«

»Paß auf, daß du nicht bespritzt wirst. Es ist ein ätzender Dreck, der Löcher in die Kleidung frißt. Als die Römer herkamen, nannten sie Paris ›La Lutetia‹, was soviel heißt wie Stadt aus Dreck. Seither hat sich natürlich vieles gebessert, aber man muß immer noch sehr achtgeben. Und was den Krach betrifft – die Franzosen sind nun einmal ein lärmendes Volks.«

Oh, wie ich jene Tage genoß, als ich Paris und Hessenfield immer besser kennenlernte und beide immer mehr liebte.

Bevor eine Woche vorüber war, erklärte Hessenfield, daß ich nun am Hof von König James präsentiert werden müsse.

St. Germain-en-Laye lag ungefähr dreizehn Meilen von Paris entfernt. Wir fuhren mit der Kutsche, da ich für diese höfische Zeremonie entsprechend elegant gekleidet sein mußte. Hessenfield hatte bereits an unserem Ankunftstag eine Pariser Schneiderin kommen lassen, da ich ja nur jenes Kleid besaß, das ich auf dem Leib trug, als ich, nach meiner Version, verschleppt wurde oder willig England verließ, um meinem wahren Liebsten zu folgen, wie seine Version lautete.

Als erstes wurde ein schlichtes Tageskleid angefertigt, und

dann kam die Robe für den Auftritt am Königshof an die Reihe. Es war lavendelblau und sehr schick, ohne jedoch protzig zu wirken.

»Mylord hat angeordnet, daß es genau die Farbe von Myladys Augen haben muß«, sagte die Schneiderin, die ein Aufheben um dieses Kleid machte, als handle es sich um ein Kunstwerk.

Ich hatte eine solch intensive Farbe nie zuvor gesehen und mußte zugeben, daß die Pariser Färber zu Recht berühmt waren. Zuunterst zog ich einen Petticoat mit Reifen aus Fischbein an. Darüber kam ein Reifrock aus blauer Seide, der gerüscht und gerafft und so üppig war, daß das enganliegende Mieder die Taille um so zierlicher wirken ließ. Das Unterkleid war von einem derart raffinierten zarten Grün, daß man sich über die Farbe nicht ganz sicher sein konnte. Solch ein Kleid wäre in England undenkbar.

»Fantastisch«, meinte Hessenfield, der mich von Kopf bis Fuß musterte. »In der Mode hinken wir den Franzosen leider um Jahre hinterher.«

Mein Haar wurde von einem Coiffeur nach Hessenfields Wahl frisiert. Er gab kleine zufriedene Laute von sich, während er es kämmte und toupierte, bis es wie eine Krause von meinem Kopf abstand. Dann begann er sein eigentliches Werk, und ich war über das Ergebnis verblüfft, wie ich ehrlicherweise eingestehen mußte. Er hatte die Haare auf meinem Kopf hoch aufgetürmt und in eine kunstvolle Rolle gelegt. Das Ganze krönte ein Diamantendiadem.

Als Hessenfield mich so sah, geriet er völlig außer sich vor Entzücken.

»Niemand hat deiner Schönheit bisher Gerechtigkeit widerfahren lassen«, sagte er.

Er führte mich zu Clarissa, die mich mit offenem Mund anstarrte.

»Bist das wirklich du?«

Ich kniete mich hin, um sie zu küssen.

»Du wirst dir deinen Rock ruinieren«, rief Hessenfield.

Ich lachte, und er stimmte vergnügt mit ein.

»Bist du stolz auf sie, Clarissa?« fragte er.

Sie nickte. »Aber die andere Mama mag ich auch.«

»Du magst mich immer so, wie ich bin, nicht wahr, Clarissa?«

Sie nickte.

»Darf ich in diesen magischen Kreis eintreten?« erkundigte sich Hessenfield lächelnd.

»Was ist das?«

»Wir reden später darüber. Komm jetzt, Carlotta, die Kutsche wartet.«

Voller Erwartung fuhr ich ins Schloß von St. Germain-en-Laye. Ich wurde als Lady Hessenfield dem Mann vorgestellt, der sich James III. nannte. Er war jünger als ich, vermutlich so um die siebzehn Jahre alt. Seine Begrüßung war sehr freundlich. Obwohl er eine königliche Haltung an den Tag legte, wollte er offensichtlich all jenen huldvoll seine Dankbarkeit zeigen, die sich im Exil zu ihm gesellt hatten. Dies galt natürlich besonders für Männer wie Hessenfield, die eine ganze Menge geopfert hatten, um ihm zu dienen.

»Ihr habt eine schöne Frau, Hessenfield«, sagte er.

»Das stimme ich Euch völlig bei, Sire.«

»Sie möge oft an den Hof kommen, denn wir bedürfen der Unterstützung durch Schönheit und Anmut, um diese schreckliche Wartezeit zu überstehen.«

Ich erwiderte, wie froh ich sei, hiersein zu können. Er entgegnete, daß er einerseits natürlich hoffe, ich würde recht lange bleiben, andererseits wolle aber wohl keiner von uns länger als nötig Gast des französischen Königs sein.

»Wollen wir es so ausdrücken, Lady Hessenfield, daß Ihr und ich gute Freunde in Westminster und Windsor sein werden.«

»Möge es bald so sein, Sire.«

Dann wurde ich seiner Mutter vorgestellt, der armen traurigen Maria Beatrice von Modena. Zu ihr fühlte ich mich mehr hingezogen als zu ihrem Sohn. Sie war sicher schon knapp fünfzig, da sie mit Anfang Dreißig James zur Welt gebracht hatte. Als junges Mädchen war sie nur äußerst ungern nach England gekommen, um James – damals Herzog von York – zu heiraten, der bereits Witwer war und eine fest etablierte Mätresse hatte. Damals hatte sie großes Leid erlebt. Ich empfand viel Mitgefühl für diese unglückliche Frau. Sie hatte ihrem Mann einen Sohn geschenkt, der sich nun James III. nannte, und war ihm ins Exil gefolgt. Früher soll sie eine Schönheit gewesen sein, doch nun sah sie so schmächtig aus, als hätten die Sorgen sie aufgefressen. Ihre Haut war bleich, doch sie hatte immer noch ausdrucksvolle dunkle Augen.

Sie war zu mir ebenso herzlich wie ihr Sohn und hieß mich bei Hof willkommen, wann immer ich sie zu sehen wünschte. Da sie erfahren hatte, daß meine kleine Tochter ebenfalls in Paris war, unterhielten wir uns ein Weilchen über Kinder.

»Lord Hessenfield hat meinen Mann und nun auch meinen Sohn sehr tatkräftig unterstützt«, sagte sie dann. »Ich freue mich für ihn, daß er seine schöne Frau endlich bei sich hat. Seit ich Euch gesehen habe, meine liebe Lady Hessenfield, verstehe ich, warum er so stolz auf Euch ist. Ihr seid wundervoll und eine wahre Zierde für unseren Hof.«

Hessenfield zeigte sich entzückt, weil ich solchen Erfolg hatte.

»Ich habe es vorausgeahnt«, sagte er. »Eine Schönheit wie die deine ist eine seltene Gabe, liebste Carlotta. Sie ist nur für mich da, doch ich lasse die anderen gern einen Blick darauf werfen, einen Blick, aber nicht mehr.«

»Jeder hier scheint mich für deine Frau zu halten.«

»Das bist du auch. Du bist mein, wir sind für immer verbunden. Ich sagte dir schon, daß nur der Tod uns trennen kann. Das schwöre ich. Ich würde dich schon morgen heiraten, wenn es möglich wäre. Aber hier gelten wir als verheiratet. Alle glauben es. Meine Liebste, ich bin glücklicher als je zuvor. Dich und das Kind... mehr will ich nicht.«

Mir war klar, daß solche Worte für einen Mann wie Hessenfield höchst ungewöhnlich waren. Bisher hatte es in seinem Leben wenig Platz für Gefühle gegeben, doch nun empfand er starke, aufrichtige Liebe.

Als wir zu unserem Haus zurückfuhren, war ich über alle Maßen selig.

Ja, Hessenfield hatte sich gewandelt, war zu einem Mann geworden, der die volle Verantwortung für seine Familie trug. Nachts war er immer noch der leidenschaftliche und fordernde Liebhaber, doch gerade deshalb amüsierte es mich um so mehr, ihn tagsüber als Haus- und Familienvater zu erleben.

Die Schneiderin vom Versailler Hof kam oft zu uns ins Haus und fertigte für mich extravagante Kleider an. Ich lobte und bewunderte sie für ihre Nähkünste, mit denen sie es verstand, meine Schönheit noch besser zur Geltung zu bringen. Es kam mir zu Ohren, daß man mich die schöne Lady Hessenfield nannte. Wenn ich ausritt, gab es meistens einige Gaffer und Schaulustige.

Ich war eitel genug, um Spaß daran zu finden.

Clarissa beanspruchte viel von Hessenfields Aufmerksamkeit. Eines Tages erwähnte er, daß wir uns von nun an manchmal in St. Germain aufhalten müßten, da er dort gewisse Dinge zu erledigen habe. »Wir können Clarissa nicht mitnehmen. Das beste wäre, wir suchen uns eine gute Kinderfrau und Erzieherin für sie. Sie soll die Kleine unterrichten und gleichzeitig auf sie aufpassen.«

»Ich möchte nicht, daß sie nur noch Französisch spricht, denn dadurch würde sie sich irgendwie verändern.«

»Sie soll beide Sprachen beherrschen.«

»Aber ein französisches Kindermädchen wird wohl kaum Englisch mit ihr reden.«

»Es bleibt uns trotzdem nichts anderes übrig, denn eine englische Erzieherin werden wir hier in Paris garantiert nicht auftreiben. Ich habe es einigen Leuten gegenüber schon erwähnt, daß wir jemanden suchen.«

»Voraussetzung ist, daß sie mir gefällt.«

Er küßte mich. »Sie muß uns beiden gefallen.«

Es schien ein einmaliger Glücksfall zu sein, daß ausgerechnet Mary Marton sich um den Posten bewarb.

Ich war gerade mit Clarissa zusammen, als sie mir gemeldet wurde, empfing sie aber lieber allein im Salon. Sie war mittelgroß, schlank, hatte hellblondes Haar und blaue Augen. Ihr Auftreten war sehr bescheiden. Sie hatte gehört, daß ich ein verläßliches Kindermädchen suchte und wollte uns nun ihre Dienste anbieten.

Ihrem Bericht nach war sie mit ihrer Mutter nach Frankreich gekommen, weil ihr Vater dem nunmehr verstorbenen englischen König ins Exil gefolgt war. Ihr Vater war kurz darauf gestorben, und sie war mit ihrer Mutter in die Nähe von Angoulême gezogen. Da sie inzwischen völlig verwaist war, versuchte sie nun in Paris etwas Geld zu verdienen. Ihre Eltern hatten ihr leider nichts hinterlassen.

Sie hatte entfernte Verwandte in England, zu denen sie vorläufig nicht zurückkehren konnte, da ihr Vater Jakobit gewesen war. Folglich mußte sie sich ihren Lebensunterhalt selbst verdienen.

Mary Marton war gebildet, liebte Kinder und schien bestens geeignet, sich um Clarissa zu kümmern. Und zudem war sie äußerst dankbar für die Stellung, die wir ihr boten.

Mich freute diese Entwicklung ganz besonders, da ich wünschte, daß Clarissa ihre englischen Eigenarten nicht ganz verlor. Schließlich hoffte ich ja darauf, eines Tages nach England zurückzukehren, um meine Mutter und Harriet wiederzusehen. Wie oft mußte ich an Damaris denken! Sie und Benjie verfolgten mich wie zwei vorwurfsvolle Schatten.

Gleich vielen anderen nahm ich an, daß man James nach Annes Tod auffordern würde, nach England zurückzukommen. Dieser Zeit fieberten wir alle entgegen. Anne war eine kranke Frau und würde sicher nicht sehr alt werden. Sie litt unter schwerer Wassersucht, die ihr das Gehen fast unmöglich machte. Seit langem hatte sie jede Hoffnung auf einen Thronerben aufgegeben.

Clarissa sprach inzwischen schon ein bißchen Französisch, was ja gut und schön war, doch ihre Muttersprache sollte Englisch bleiben.

Mit Freuden stellte ich also Mary Marton ein, und Clarissa mochte sie auf Anhieb gern. Das war allerdings kein großes Kunststück, denn sie hatte alle Welt gern und wurde auch von aller Welt geliebt. So war jedenfalls ihre feste Meinung. Dies hätte ich gern denjenigen zu bedenken gegeben, die sie für verwöhnt hielten. Das Verwöhnen hatte aus Clarissa auf jeden Fall ein äußerst liebevolles Wesen gemacht.

Auch Hessenfield war natürlich erfreut, daß wir so rasch eine Erzieherin gefunden hatten. Häufig erzählte er mir nun von seinen Plänen. Ständig fuhren Freunde und Bekannte von ihm nach England, um für die große Invasion alles vorzubereiten. Wenn der bewußte Tag dann käme, wüßten sie, wo es sich am sichersten landen ließe und mit wie vielen englischen Sympathisanten man rechnen konnte.

Die Vorbereitungen befanden sich in einem entscheidenden Stadium. Mehrere Männer würden in Kürze nach England übersetzen und dort Waffen und Munition an sicheren Plätzen verstecken, nämlich in der Obhut von vertrauenswürdigen Jakobiten, die jedoch als loyale Untertanen der Königin galten.

»Überall im Land wird es derartige Stützpunkte geben«, erklärte mir Hessenfield. »Wir haben bereits zwei, doch der jetzt geplante wird der wichtigste von allen sein.«

»Du fährst hoffentlich nicht mit«, sagte ich ängstlich.

»Diesmal nicht. Ich habe hier genug Arbeit zu erledigen.«

Darüber war ich sehr froh.

Ungefähr zwei Wochen nachdem Mary Marton in unsere Dienste getreten war, meldete mir Jeanne, eines unserer Mädchen, daß ein Herr mich zu sprechen wünsche.

»Wer?«

»Er wollte keinen Namen nennen, Madame. Er ist Engländer.«

»Ein... Fremder?«

»Ich habe ihn noch nie gesehen, Madame.«

»Führe ihn herein«, bat ich sie.

Meine Überraschung war groß, als Matt Pilkington eintrat.

»Matt!« rief ich ganz entgeistert.

Er schaute mich fast schuldbewußt an.

»Carlotta, ich weiß, ich hätte nicht kommen dürfen«, sagte er, trat auf mich zu und ergriff meine Hände. »Aber ich konnte es nicht mehr aushalten. Ich mußte Euch wiedersehen...«

»Aber wie... wie seid Ihr denn hergekommen?«

»Das war nicht besonders schwer. Ich nahm ein Schiff und kam nach Paris.«

»Ihr müßt verrückt sein, Matt. England liegt mit Frankreich im Krieg... und Ihr seid Soldat. Hier befindet Ihr Euch im Feindesland.«

»Jaja, das weiß ich doch alles. Aber ich mußte Euch unbedingt sehen. Ich weiß alles...«

»Was wißt Ihr denn?«

»Daß Ihr gewaltsam entführt wurdet.«

Große Erleichterung überflutete mich. Das war also die allgemeine Ansicht, Gott sei Dank.

»Ich machte in Eyot Abbas einen Besuch. Ihr erinnert Euch vielleicht, daß ich nicht weit entfernt in einem Gasthaus wohnte. Man erzählte mir alles von Euch und dem Kind. Ich mußte herkommen, um mich mit eigenen Augen davon zu überzeugen, ob es wahr ist...«

»Ihr seid in großer Gefahr.«

Er schüttelte den Kopf. »Seit langem habe ich mit den Jakobiten sympathisiert, und das wissen sie auch. Ich bin hier willkommen und folglich nicht in Gefahr. Carlotta, ich wollte Euch unbedingt wiedersehen...«

»Ihr dürft nicht noch einmal herkommen, Matt.«

»Wieso lebt Ihr mit ihm, der Euch solches Unrecht antat? Man nennt Euch hier sogar allgemein Lady Hessenfield.«

»Es ist besser so.«

»Aber Euer Mann?«

»Habt Ihr ihn gesehen?« fragte ich rasch.

»Ja. Er war sehr traurig und sprach davon, nach Frankreich zu reisen. Aber für ihn ist es unmöglich. Hier sind nur Jakobiten erwünscht.«

»Habt Ihr die Jakobiten über Euer Kommen informiert?«

»Nein, ich mußte England in aller Heimlichkeit verlassen. Aber ich habe hier drüben Freunde und bin in Sicherheit.«

Ich seufzte. »Trotzdem dürft Ihr nicht mehr herkommen, Matt. Jene... Affäre zwischen uns ist vorüber. Es war nichts als eine momentane Verblendung. Versteht Ihr?«

»Es mag so sein, was Euch betrifft«, erwiderte er. »Für mich ist es meine wertvollste Erinnerung.«

»Nein, bitte nicht, Matt.«

»Schon gut, Carlotta. Ich will Euch nicht verletzen oder auch nur in Verlegenheit bringen. Aber laßt mich manchmal herkommen und Euch nahe sein. Ich verspreche Euch, ja, ich schwöre es, daß ich jenen Zwischenfall nie mehr erwähne. Aber ich muß Euch manchmal sehen. Ihr seid nicht nur schön, sondern Ihr habt mich verzaubert. Carlotta, das seid Ihr mir schuldig. Erlaubt mir bitte, manchmal herzukommen.«

»Da Ihr zu den Jakobiten gehört und für sie arbeitet, werdet Ihr wohl ab und zu Lord Hessenfield treffen«, sagte ich ausweichend.

»Euch will ich treffen. Euch und das Kind, das Euch so ähnlich ist, Carlotta.«

»Wo wohnt Ihr?«

»In der Rue Saint Jacques. Es war das beste Quartier, das sich in aller Eile auftreiben ließ. Später werde ich umziehen. Carlotta, ich möchte Euer Freund sein.«

»Wenn Ihr versprecht, das Vergangene zu vergessen...«

»Ich kann Euch das nicht versprechen«, erwiderte er heftig, »aber ich werde es weder Euch noch einem anderen gegenüber je erwähnen. Es genügt mir, wenn ich Euch ab und zu besuchen kann. Mehr will ich nicht.«

Ich gab ihm widerstrebend die Erlaubnis. Matt war sanft und ritterlich wie eh und je, doch mit ihm hing so vieles zusammen, an das ich nicht erinnert werden sollte.

In den folgenden Wochen war Matt bei uns ein häufiger Gast. Ihm lag anscheinend besonders viel daran, sich mit Clarissa anzufreunden, und die beiden kamen blendend miteinander aus. Meiner Meinung nach tat er es vor allem deshalb, um einen Vorwand für seine vielen Besuche zu haben. Doch plötzlich kam mir die Idee, daß Mary Marton möglicherweise annahm, Matt interessiere sich für sie.

Es war kein abwegiger Gedanke, denn er unterhielt sich häufig mir ihr oder begleitete sie auf ihren Spaziergängen mit Clarissa. Die Dienstboten begannen bereits vielsagend zu lächeln und über die beiden zu tuscheln.

Mir wäre nichts lieber gewesen, doch leider zweifelte ich daran, daß Mary in seinem Herzen Verwirrung anrichten konnte. Wenn er in meiner Nähe war, spürte ich zu deutlich, welch starke Wirkung ich immer noch auf ihn hatte.

Hessenfield erwähnte, daß Matt voller Enthusiasmus alle ihm gestellten Aufgaben anginge und schon wertvolle Informationen über die Lage der englischen Jakobiten geliefert habe.

»Er hat in England gut für uns gearbeitet und wartete nur den richtigen Moment ab, um hierherzukommen.«

Ich war mir nicht so sicher, daß es ihm hauptsächlich um seine politische Überzeugung ging. Nein, ich war eitel genug zu glauben, daß er vor allem meinetwegen in Paris war. Zum Glück hielt er sich an sein Versprechen und erwähnte mit keinem Wort die Zeit, die wir gemeinsam verbracht hatten. Einerseits war ich froh, daß alle eine Romanze zwischen Matt und Mary vermuteten. Andererseits hoffte ich, daß die liebe unschuldige Mary nicht zu sehr unter einer Enttäuschung leiden würde.

Hessenfield verbrachte viel Zeit am Hof, und ich wußte, daß sich alles um das große Projekt drehte.

Wenn wir nachts im Bett lagen, vertraute er mir mehr an als bei Tage. Er wirkte ausgesprochen nervös und angespannt.

»Ich weiß, daß ihr Waffen nach England schafft«, sagte ich.

»Habe ich dir das verraten? Dann vergiß es, meine Liebe.«

»Du hast mir aber nicht gesagt, wohin sie gebracht werden.«

»Das werde ich auch nicht tun. Je weniger Menschen darüber Bescheid wissen, desto besser. Nur ich und zwei andere sind eingeweiht, einer davon ist der König. Selbst die Männer, die den Auftrag durchführen, haben noch keinerlei Ahnung. Es ist von entscheidender Bedeutung, daß dieses Geheimnis gewahrt bleibt, denn es hätte katastrophale Folgen, wenn wir verraten würden.«

»Dann will ich lieber nichts mehr fragen. Nur eins noch... du fährst wirklich nicht mit, oder?«

»Nein. Ich schicke die Männer los und bereite dann alles für den nächsten Coup vor.«

Einige Tage später kamen mehrere Besucher, die nach außen hin lediglich eine gesellschaftliche Pflicht erfüllen. Doch ich wußte, daß dies nicht der wahre Grund für ihr Kommen war.

Hessenfield empfing sie in seinem Arbeitszimmer, einer Bibliothek, die im ersten Stock lag. Da er ungestört sein wollte, gab ich den Dienstboten entsprechende Anweisungen.

Auf der ersten Etage gingen drei Räume ineinander über, von denen die Bibliothek in der Mitte lag. Die beiden anderen wurden so gut wie nie benutzt. In dem einen gab es zwar einige Schränke mit Büchern, das war aber auch alles.

Während Hessenfield sich seinen Gästen widmete, spielte ich mit Clarissa im Kinderzimmer, bis sie müde wurde. Ich trug sie in ihr Bettchen, deckte sie zu und gab ihr einen Gutenachtkuß.

Dann zog ich mir einen Mantel über, weil ich etwas frische Luft schöpfen wollte. Wenn ich im Marais blieb, konnte ich gefahrlos allein spazierengehen. Es machte mir immer wieder großen Spaß, die kleinen Läden in den Querstraßen anzusehen. Ab und zu kaufte ich auch Bänder oder Fächer, Knöpfe und andere Kleinigkeiten, die für mich mehr Charme hatten als jene, die ich von England her kannte.

Wir wohnten in einem großen Haus, auf dessen oberstem Stockwerk sich das Kinderzimmer und unser Schlafzimmer befanden. Als ich die Treppe hinuntergehen wollte, glaubte ich unter mir ein Geräusch zu hören und blieb stehen. Falls Hessenfields Gäste gerade aufbrechen wollten, wäre es besser, noch ein bißchen abzuwarten. Ich wußte nämlich, daß sie es nach Möglichkeit vorzogen, nicht gesehen zu werden. Auch Hessenfield legte ganz besonderen Wert darauf.

Deutlich hörte ich, wie eine Tür vorsichtig geschlossen wurde, und gleich darauf ging jemand die Stufen hinunter. Ich lief hinterher. Als ich auf die Straße kam, sah ich Mary Marton rasch davoneilen.

Wieso war Mary wohl aus dem Zimmer neben der Bibliothek gekommen? Was hatte sie dort zu suchen? Wahrscheinlich wollte sie rasch irgendein Buch zurückbringen, das sie sich dort ausgeliehen hatte. Dann hörte sie plötzlich Stimmengemurmel, kam sich als Eindringling vor und schlich auf Zehenspitzen wieder hinaus.

Vielleicht konnte ich sie noch einholen. Ich beschleunigte meine Schritte, verlor sie aber vorübergehend aus den Augen, weil sie um eine Ecke bog. Gleich darauf sah ich sie in Begleitung von Matt.

Es stimmte also wohl doch, daß er in sie verliebt war, wenn er sich sogar heimlich mit ihr traf. Die beiden gingen in eine Gastwirtschaft namens L'Ananas. Eine große Ananas prangte in leuchtenden Farben auf einem Schild, das über der Tür hing. Das Lokal hatte keinen schlechten Ruf. Hier konnte man tagsüber ein Glas Wein trinken und in angenehmer Behaglichkeit einige Zeit verbringen. Bei Nacht wurde es allerdings vermutlich recht laut.

Ich lächelte, da mir die Vorstellung sehr zusagte, daß sich Matt und Mary ineinander verliebt hatten. Dann würde mein Gewissen wenigstens in einem Punkt etwas entlastet werden, da ich mir bisher immer Vorwürfe machte, weil ich Matts Unschuld ausgenützt hatte.

Nachdem ich einige Knöpfe erstanden hatte, kehrte ich nach Hause zurück. Hessenfield konferierte immer noch in der Bibliothek.

Erst spät nachts kam er ins Bett. Ich merkte ihm an, daß die Unterredung besonders wichtig gewesen sein mußte.

»Konntest du deine Arbeit erledigen?« erkundigte ich mich schläfrig.

»Erledigen!« Er lachte freudlos. »Sie hat erst begonnen.«

Hessenfield nahm mich wieder mit nach St. Germain-en-Laye. Diesmal blieb ich mit ihm einige Tage dort und verlebte aufregende Stunden. Ich hatte nie am Hof in London verkehrt, obwohl mein Großvater früher ein guter Freund von Charles II. gewesen war. Später war er in Ungnade gefallen, so daß dieses Hofleben für mich eine völlig neue Erfahrung darstellte. Ich sehnte mich jedoch bald nach Paris zurück. Diese Stadt hatte mich förmlich verzaubert. Allmorgendlich lag ich im Bett und lauschte auf die Geräusche der erwachenden Metropole. Die nächtliche Stille wurde von einer immer lauter werdenden Lärmkulisse verdrängt, und um neun Uhr herrschte bereits emsige Geschäftigkeit. Ich liebte den Duft von frischgebackenem Brot, der durch die Straßen zog, und hörte voll Vergnügen dem Geschrei der Hausierer zu. Wenn ich aufwachte, waren die Bauern aus den umliegenden Dörfern schon am Schlagbaum eingetroffen und schleppten ihr Gemüse, ihre Blumen, Hühner, Kaninchen und vielerlei Fisch zu den verschiedenen Stadtteilen, in denen sie ihre angestammten Plätze hatten. Falls man etwas ganz Bestimmtes kaufen wollte, wußte man daher genau, wo man es bekommen konnte.

Es machte mir große Freude, mit der Köchin und einer Küchengehilfin auf den Markt zu gehen. Sie gaben höflicherweise vor, auf mein Urteil Wert zu legen, doch im Grunde wäre ich völlig unfähig gewesen, das Richtige auszusuchen oder gar zu feilschen, was beim Einkauf von großer Wichtigkeit war.

Allmählich erfuhr ich immer mehr über das Leben in Paris, und was ich davon sah, gefiel mir ausnehmend gut. Überall gab es temperamentvolle, wild gestikulierende Leute, die mit irgendwelchen Angelegenheiten beschäftigt waren. Es machte mir Spaß, beim Apotheker die verschiedensten Parfüms auszuprobieren und mir dabei seine Ansichten anzuhören, die er mit einem Ernst von sich gab, als handle es sich um eine Sache von Leben und Tod.

Manchmal ritt ich mit Hessenfield zu den Schlagbäumen, die als Stadtbegrenzung fungierten und von denen es rings um Paris an die sechzig gab. Sie waren aus Kiefernholz und Eisen gefertigt.

So verstrichen die Tage, und ich merkte es Hessenfield an, wie begierig er auf die Nachricht wartete, daß dieses besonders wichtige Unternehmen erfolgreich verlaufen war. Ich erwähnte mit keinem Wort, daß mir seine Besorgheit und Anspannung auffielen, denn ich wollte mir die Freude an seiner Gesellschaft nicht verderben.

Eines Tages fuhren wir zu dritt mit der Kutsche aufs Land und verbrachten dort unbeschwerte Stunden. Zum Glück erwähnte Clarissa Benjie kaum noch. Sie war ebenso begeistert über unser neues Leben, wie ich es war.

Am späten Nachmittag kamen wir nach Hause zurück, wo uns ein Diener in ziemlicher Aufregung meldete, daß ein Gentleman vom Hof da sei, der Mylord dringend zu sprechen wünschte.

Hessenfield drückte meine Hand. »Bring Clarissa ins Kinderzimmer«, bat er mich.

Wenige Minuten später kam er mir nach. »Ich muß sofort nach St. Germain-en-Laye.«

Ich nickte.

»Keine Ahnung, wie lange es dauern wird. Aber vermutlich bin ich schon morgen wieder zurück.«

Gegen Abend des nächsten Tages wurde mir seine Ankunft gemeldet, und ich lief eilig die Treppe hinunter. Als ich ihn sah, wurde mir sofort klar, daß etwas schiefgelaufen war.

Wir gingen in unser Schlafzimmer, wo er nachdrücklich die Tür schloß. Sein Gesicht war finster.

»Eine Katastrophe!«

»Was... wie...?« stammelte ich entsetzt.

»Unsere Leute sind direkt in eine Falle gelaufen. Als sie landeten, wurden sie schon erwartet. Alles ist verloren... Männer, Waffen, Munition.«

Ich starrte ihn entgeistert an.

»Wie...?«

»Ja, das ist die Frage. Wie? Woher wußte man die Stelle, an der unsere Leute landeten? Jemand hat sie verraten.«

»Aber wer denn?«

»Das muß ich schnellstens herausfinden.«

»Vielleicht war es jemand in England; jemand, der vorgibt, auf eurer Seite zu sein, in Wirklichkeit aber gegen euch arbeitet.«

»Ich halte es für unwahrscheinlich, daß es jemand von drüben ist.«

»Wo könnte er es denn sonst ausspioniert haben?«

»Hier.«

»Hier? Aber niemand kennt die genauen Angaben. Du hast sie ja nicht einmal mir verraten.«

»Ich bleibe trotzdem bei meiner Ansicht.«

»Aber wer sollte es denn sein?«

»Ich werde den Schuldigen schon schnappen.«

Am nächsten Tag reiste Hessenfield nach St. Germain-en-Laye zurück. Ich versuchte mich so zu verhalten, als ob alles normal wäre, doch ständig mußte ich an die Männer denken, die in die Falle gegangen waren und nun sicher im Tower oder einem anderen Gefängnis schmachteten. Garantiert würden sie zum Tode verurteilt werden. Natürlich war es auch schlimm, daß die Waffen, die der französische König zur Verfügung gestellt hatte, verloren waren. Aber am schlimmsten war, daß einige tapfere Männer in ihr Unheil gelaufen waren.

Nie zuvor hatte ich Hessenfield so betrübt und mutlos gesehen, was sonst gar nicht seine Art war.

Ich ging ins Kinderzimmer, um mich ein wenig abzulenken.

»Wo ist mein Vater?« fragte Clarissa, wobei sie wie immer das ›mein‹ ganz besonders betonte.

»Er ist beim König.«

»Mylord Hessenfield ist ziemlich überstürzt aufgebrochen, nicht wahr?« erkundigte sich Mary Marton.

»Ja, es handelt sich um eine wichtige Angelegenheit.«

»Er sah ein bißchen verstört aus, wenn ich mir die Bemerkung erlauben darf.«

Ich zuckte nur die Achseln.

»Wohin gehen wir heute?« erkundigte sich Clarissa eifrig.

»Ich möchte ein paar Ellen Spitze kaufen«, erwiderte ich.

»Mademoiselle Panton« – da war meine Schneiderin – »möchte ein Kleid damit verschönen und legt ausnahmsweise großen Wert darauf, daß ich selbst die Farbe auswähle.«

»Wahrscheinlich ist diese Spitze nirgends zu kriegen, und sie will Euch die Schuld in die Schuhe schieben, weil Ihr irgend etwas anderes nehmen müßt«, sagte Mary lachend.

»Dies ist Madames Geschmack.« Sie imitierte täuschend ähnlich Mademoiselle Pantons Tonfall.

»Mary kann Mademoiselle Panton, Jeanne und mich nachmachen«, sagte Clarissa und schaute ihre Erzieherin voller Bewunderung an.

Wir gingen alle zusammen aus, um die Spitze zu kaufen. Nach

dem Dinner machte Clarissa ihren Mittagsschlaf, und ich legte mich aufs Bett, um etwas zu lesen. Es war die ruhigste Tageszeit in Paris, weil alle entweder aßen oder ein üppiges Mahl verdauten. Gegen fünf Uhr nachmittags würde auf den Straßen wieder das gewohnte Treiben herrschen. Ich überlegte mir, was für Maßnahmen Hessenfield wohl ergreifen würde, um den Verräter dingfest zu machen. Welch beunruhigender Gedanke, daß wir in unserer Mitte einen Spion hatten!

Der Abend verlief für mich einsam und langweilig. In solchen Stunden vermißte ich Hessenfield fast schmerzhaft. Inzwischen liebte ich ihn von ganzem Herzen. Unsere Beziehung war schlechthin vollkommen. In ihm fand ich den Mann, nach dem ich mich unbewußt schon immer gesehnt hatte.

Wir waren beide von Natur aus Abenteurer, und das abwechslungsreiche Leben im Exil gefiel uns über die Maßen gut. Ab und zu versuchte ich mir auszumalen, wie es sein würde, falls James auf den englischen Thron zurückkehrte. Würden wir dann das geruhsame Dasein des Landadels führen? Ich hielt es für undenkbar. Hessenfield würde sicher immer in irgendein waghalsiges Unternehmen verwickelt sein. In früheren Zeiten wäre er garantiert zur See gefahren und hätte spanische Galeonen überfallen.

Aber was wurde aus solchen Männern im Alter?

Bei dieser Überlegung fiel mir mein Großvater ein.

Welch ein Leben hatte er geführt, als er während des Protektorats unter Cromwell den Roundhead mimte, obwohl er überzeugter Royalist war, um den Besitz Eversleigh halten zu können!

Ich ging noch ein bißchen zu Clarissa, bis es für sie Zeit zum Schlafen war. Mary Marton brachte sie ins Bett, und ich erzählte ihr Geschichten, bis sie endlich einschlummerte.

Dann kehrte ich in mein einsames Schlafgemach zurück. Am nächsten Morgen wachte ich sehr früh auf, trank wie üblich schwarzen Kaffee, aß etwas Brot und ging dann zu Clarissa.

Sie saß mit einer Puppe im Bett, die ich ihr am Tag zuvor gekauft hatte.

»Mary ist weggegangen«, verkündete sie mir als erstes.

»Weggegangen? Zu dieser frühen Zeit? Das ist ganz ausgeschlossen.«

»Doch«, beharrte Clarissa und hielt mir dann die Puppe zur Begutachtung hin. »Yvette hat blaue Augen, schau mal.«

»Ich bin sicher, daß Mary da ist.«

Clarissa schüttelte den Kopf.

Kurz entschlossen ging ich in Marys Zimmer, in dem das Bett schon gemacht war. Oder hatte sie in der letzten Nacht vielleicht gar nicht hier geschlafen?

Als ich den Schrank öffnete, stellte ich feste, daß er völlig leergeräumt war. Mein Blick fiel auf einen Brief, der auf dem Tisch lag und meinen Namen trug.

Liebe Lady Hessenfield,

ich mußte leider ganz überstürzt aufbrechen, da ich eine Nachricht erhielt, wonach meine Tante in Lyon sehr schwer erkrankt ist. Der Bote kam erst, als Ihr Euch schon zurückgezogen hattet, und ich wollte Euch nicht stören, da ein anstrengender Tag hinter Euch lag. Es blieb mir gerade noch Zeit genug, um die Kutsche nach Lyon zu nehmen, aber ich mußte mich sehr beeilen. Ich werde zurückkommen und Euch aufsuchen, wenn ich meine Tante wieder sich selbst überlassen kann.

Ich danke Euch für Eure Güte.

Mary Marton

Das Papier entglitt meiner Hand. Etwas stimmte hier nicht, stimmte ganz und gar nicht, das spürte ich instinktiv.

Warum war sie so sang- und klanglos verschwunden? Wann war dieser geheimnisvolle Bote aufgetaucht? Ich hätte seine Ankunft doch bemerken müssen. Außerdem hatte Mary nie zuvor eine Tante in Lyon erwähnt, sondern mir vielmehr den Eindruck vermittelt, als habe sie in Frankreich keinerlei Verwandte.

Unwillkürlich dachte ich an Matt.

Ja, das war wohl des Rätsels Lösung. Sie liebte ihn, doch er hegte nicht die gleichen Gefühle für sie, was sie wiederum nicht ertragen konnte. Mary hatte einen eigenartigen Charakter und war äußerst verschlossen. Sie war zwar mit Clarissa bestens ausgekommen, hatte sich aber mit mir nie so richtig wohl und unbeschwert gefühlt. Ihre Freundschaft mit Matt war mir aus mehreren Gründen sehr lieb gewesen, ich hatte ernsthafte Absichten dahinter vermutet. Doch nun sah das Ganze etwas anders aus. Offensichtlich hatte Mary einsehen müssen, daß ihre Liebe nicht erwidert wurde, und wollte sich daher ganz von Matt lösen. Ich traute es Mary durchaus zu, daß sie dies auf eine so geheimnisvolle Art und Weise tat.

Hessenfield kam am nächsten Abend zurück, nachdem er zwei Tage weggewesen war.

Er wirkte wie ausgewechselt, war wieder sein altes, strahlendes Selbst.

»Ich möchte sofort mit Clarissas Erzieherin sprechen«, sagte er, sobald er mich zur Begrüßung umarmt hatte.

»Merkwürdig, daß du gleich nach ihr fragst. Sie ist nämlich verschwunden.«

»Verschwunden?«

»Gestern morgen suchte ich sie in ihrem Zimmer und fand dort ein Schreiben für mich. Angeblich ist sie zu einer kranken Tante nach Lyon gereist.«

»Eine kranke Tante in Lyon! Mein Gott, sie hat sich also rechtzeitig aus dem Staub gemacht! Sie war nämlich die Schuldige und hat die Informationen weitergegeben.«

»Soll das heißen, daß sie eine Spionin war?«

»Und was für eine! Ich sagte dir ja schon, daß ich Nachforschungen anstellen würde. Mary Marton habe ich als erste überprüfen lassen, denn es konnte nur jemand aus unserem Haus sein. Nur hier wurde unser Plan erwähnt und sonst nirgends. Es geschah an jenem Tag, als ich mit meinen Freunden in der Bibliothek beisammensaß, um alle Einzelheiten festzulegen. Ich habe den Ortsnamen, wo die Landung stattfinden sollte, nicht einmal niedergeschrieben; so vorsichtig waren wir. Alles wurde mündlich abgesprochen.«

Ich hörte Hessenfield mit atemloser Spannung zu.

»Folglich mußte es jemand sein, der unser Gespräch belauschte und verriet. Also wollte ich mir jeden aus unserem Haushalt einzeln vorknöpfen. Über Mary erfuhr ich eine ganze Menge. Ihre Eltern leben in England, und sie arbeitet als Spionin für die englische Königin. Man ist drüben fest entschlossen, unserer Organisation den Garaus zu machen, und am ärgsten trifft es uns natürlich, wenn unsere Waffenlieferungen abgefangen werden. Zum Glück habe ich Mary Marton gleich als erste verdächtigt und die Richtige damit erwischt.«

»Ich kann es einfach nicht glauben. Ausgerechnet Mary!«

»Guten Spionen traut man nie etwas Derartiges zu, und sie ist gut, das kann ich dir garantieren. Ich hoffe natürlich, daß wir sie irgendwie in die Hände bekommen, halte es aber für unwahrscheinlich. Aber immerhin kann sie sich nicht mehr in Frankreich blicken lassen, denn das wäre für sie zu gefährlich.«

»Eigentlich hätte ich mißtrauisch werden müssen«, sagte ich nachdenklich. »Ich erinnere mich sehr gut an den Tag, als deine

Freunde herkamen und ich Mary im ersten Stock überraschte. Ich glaubte zu hören, daß eine Tür ganz leise geschlossen wurde. Sie verließ kurz vor mir das Haus. Natürlich dachte ich mir nichts dabei, sondern nahm an, daß sie lediglich zu einem heimlichen Rendezvous mit ihrem Liebsten schlich.«

»Mit welchem Liebsten?«

»Matt Pilkington. Du weißt doch, daß wir annahmen, die beiden hätten eine Beziehung. Zuerst glaubte ich übrigens, daß Mary seinetwegen unser Haus verließ, weil irgend etwas zwischen ihnen vorgefallen war. Vielleicht erklärte er ihr, daß er sie doch nicht liebe; das denken jedenfalls die Dienstboten. Ständig reden sie über dieses Thema, denn sie mögen ja nichts lieber als eine romantische Affäre.«

»Sollen sie es ruhig weiterhin denken«, sagte Hesselfield grüblerisch.

Der Zwischenfall hinterließ bei mir einen unangenehmen Nachgeschmack, aber Hessenfield gewann rasch seinen Optimismus zurück. »So sind die Wechselfälle des Lebens. Mal hast du Erfolg, dann wieder Pech.«

Er wirkte heiter und lebensfroh, doch ich war in nachdenklicherer Stimmung, als es sonst meine Art ist. Immer wieder fielen mir neue Details über Mary ein. Ich hätte merken können, daß sie keine normale Erzieherin war, hätte ihre angebliche Vorgeschichte genauer überprüfen müssen. Es ärgerte mich, daß ausgerechnet ich uns diese Spionin ins Haus geholt hatte. Natürlich stellte mir Clarissa eine Unmenge Fragen, auf die ich ihr die Antwort gab, daß Mary zu einer kranken Tante nach Lyon gereist war. Hessenfield und ich hielten es für das beste, wenn dies die offizielle Version blieb. Die Dienstboten fanden es natürlich etwas merkwürdig, daß sie fortgegangen war, ohne einer Menschenseele etwas zu verraten. Einmal hörte ich zufällig, wie Jeanne abfällig äußerte, daß Mary ja schließlich Engländerin sei und Engländer täten oft merkwürdige Dinge.

Ungefähr eine Woche nach Marys überstürztem Aufbruch war ich mit Clarissa und Jeanne unterwegs. Wir hatten auf dem Markt Gemüse eingekauft und gingen am Fluß entlang nach Hause, als wir auf eine Menschenmenge stießen.

Natürlich waren wir neugierig und traten etwas näher.

Nachdem Jeanne gesehen hatte, um was es sich handelte, drehte sie sich zu mir um. »Das ist nichts für la petite, Madame.«

La petite war natürlich sofort ganz Ohr.

»Was ist los? Was haben sie gefunden?« rief sie.

»Ach, irgend etwas, das sie aus dem Fluß gezogen haben«, erwiderte Jeanne.

»Aber was? Was?«

»Sie wissen es wohl selbst noch nicht. Außerdem muß ich mich jetzt ums Dinner kümmern.«

»Maman!« Clarissa hatte die französische Anrede voll übernommen und benutzte sie ständig. »Wir wollen noch hierbleiben.«

»Nein, wir müssen heim«, sagte ich energisch.

»Es handelt sich sowieso nur um ein Bündel alter Kleider, die jemand aus dem Wasser gefischt hat«, erklärte ihr Jeanne.

»Wer hat sie reingeworfen?«

»Das wissen wir nicht.«

»Wer weiß es dann?«

»Derjenige, der die Sachen reinwarf.«

»Wer war das?«

»Clarissa, hör auf! Uns ist nicht mehr bekannt als das, was wir dir gesagt haben, und jetzt gehen wir rasch nach Hause, damit Jeanne das Dinner vorbereiten kann. Du willst doch etwas zu essen haben, oder?«

Clarissa dachte nach. »Zuerst will ich wissen, wer seine Kleider in den Fluß geworfen hat.«

Ich nahm meine Tochter bei der Hand und zog sie trotz ihres Protestgeschreis hinter mir her.

Später kam Jeanne zu mir.

»Ich dachte mir, daß Madame vielleicht Näheres erfahren möchte. Es war ein Mann, den sie heute morgen aus dem Fluß gezogen haben.«

»Ach, der Ärmste! Was muß er gelitten haben, um sich das Leben zu nehmen.«

»Es heißt, daß er angeblich ermordet wurde, Madame.«

»Das ist ja noch schlimmer. Zum Glück haben wir nicht zugelassen, daß Clarissa etwas hörte oder sah. Verrate ihr nichts davon und halte auch die anderen davon ab.«

»Ja, Madame.«

Ich wußte, daß irgend etwas geschehen war, denn im Haus herrschte ein Geflüster und Gewisper, das jedes normale Maß überstieg. Wenn ich jedoch in die Nähe kam, verstummte es schlagartig.

Schließlich konnte Jeanne sich nicht länger zurückhalten.

»Madame, man weiß inzwischen mehr über die Leiche, die aus der Seine gefischt wurde. Man weiß, wer der Mann war.«

»Wer war es denn?«

Es entstand eine kurze Pause, bevor Jeanne hastig hervorstieß: »Der Gentleman, der so oft hierherkam.«

»Wer?« schrie ich entsetzt.

»Monsieur Pilkington.«

»Nein, das kann nicht sein«, flüsterte ich.

»Doch, Madame. Er wurde ermordet. Erschossen, heißt es.«

Ich war völlig durcheinander. »Das gibt es doch nicht! Warum sollte ihn denn jemand erschießen?«

Jeanne zuckte mit den Schultern.

»Vielleicht aus Eifersucht, Madame?«

»Aus Eifersucht? Wer könnte denn auf ihn eifersüchtig gewesen sein?«

Jeanne macht ein undurchdringliches Gesicht.

»Ich dachte nur, daß Ihr es wissen solltet, Madame.«

»Ja, ich danke dir, daß du es mir erzählt hast. Bitte sorge dafür, daß meiner Tochter nichts davon zu Ohren kommt.«

»Nein, nein. Das wäre bestimmt nicht gut für la petite.«

Ich schloß mich in mein Zimmer ein und konnte es immer noch nicht fassen. Es mußte ein schrecklicher Irrtum sein. Matt... tot... ermordet. Seine Leiche in der Seine treibend...

Da ich es im Haus nicht aushielt, ging ich durch die Straßen, in denen es anscheinend kein anderes Gesprächsthema gab als diesen Mord. Leute, die mich kannten, musterten mich seltsam, als ob sie über mich irgendwelche Spekulationen anstellten.

Du lieber Himmel, die denken doch nicht etwa, daß ich in die Angelegenheit verwickelt bin...

Als ich heimkam, wurde immer noch in allen Ecken und Winkeln getuschelt. Auf der Treppe belauschte ich eine Unterhaltung von zwei Dienstmädchen.

»Crime passionnel«, hörte ich die eine sagen. »Das ist es... es geht um Liebe.«

»Merkwürdig, daß jemand getötet wird, weil er einen liebt.«

»Tja, darum geht es halt bei einem crime passionnel, du Dummchen.«

Ich flüchtete mich förmlich in mein Schlafzimmer.

Was hatte das zu bedeuten? Was meinten sie damit?

Als Hessenfield spätnachts kam, wartete ich schon voller Ungeduld auf ihn.

Er sah ruhig und gelassen aus. Ob er wohl schon etwas von der Leiche gehört hatte, die angeblich Matt Pilkington sein sollte?

»Was ist passiert?« erkundigte er sich nach einem Blick auf mein Gesicht.

»Matt Pilkington soll ermordet worden sein«, rief ich. »Es muß ein Irrtum sein.«

»Nein, es stimmt.«

»Du... hast du es getan?«

»Nicht eigenhändig, falls du das meinst. Sein Tod wurde beschlossen und... durchgeführt. Er war ein Spion.«

»Das glaube ich nicht.«

»Meine liebe Carlotta, für dich mag so etwas unfaßlich sein. Aber ich mache mir Vorwürfe, weil ich es nicht längst erkannt hatte.«

Fassungslos starrte ich ihn an. Matt – ein Spion? Er hatte eine lange Zeit in Grasslands verbracht, als er Damaris den Hof machte. Damals erwähnte er Besitzungen in Dorset und eine Stellung in der Armee. Wahrscheinlich stimmte das sogar, doch er war merkwürdigerweise immer leicht abkömmlich gewesen. Dann fiel mir noch etwas ein. Als ich in jener Nacht England verließ, befand er sich ganz in der Nähe von Eyot Abbas. Alles paßte plötzlich zusammen. Er hatte geahnt, daß Hessenfield da war, und ihm nachspioniert, als er nach Eyot Abbas kam, während ich in meiner Selbstgefälligkeit natürlich annahm, er wäre hinter mir her. Dabei diente ich nur als Entschuldigungsgrund. Seinetwegen wären wir beinahe noch gefaßt worden bevor wir das Schiff erreichten.

Matt war also tatsächlich ein Spion. »Vermutlich hat er mit Mary Marton zusammengearbeitet«, sagte ich.

Hessenfield nickte. »Sicher hat sie sich im angrenzenden Zimmer versteckt und uns belauscht, als wir die geheime Landung in England planten.«

»Und wie verabredet hat sie diese Informationen dann an Matt weitergegeben, als sie sich an der Ecke mit ihm traf«, folgerte ich.

»Ja, so muß es gewesen sein. Wie gut, daß du die beiden beobachtet hast, nachdem Mary das Haus verließ. Dadurch kam ich ihm auf die Spur. Er wurde auf frischer Tat ertappt, um es mal so auszudrücken, denn er trug Briefe bei sich, die ihn völlig bloßstellten.«

»Daraufhin habt ihr ihn umgebracht.«

»Wir konnten es nicht riskieren, ihn leben zu lassen. Also erschossen wir ihn und warfen seine Leiche in die Seine.«

»...wo sie heute morgen gefunden wurde.«

»Die Ironie des Schicksals will es, daß die Leute mich in Verdacht haben. Weißt du auch, warum? Sie vermuten, daß Pilkington dein Liebhaber war oder es zu werden versuchte. Man glaubt allgemein, daß ich ihn aus Eifersucht aus dem Weg räumte.«

»Wir müssen etwas dagegen tun.«

»Nein, ganz im Gegenteil. Ich möchte, daß dies die allgemeine Ansicht bleibt.«

»Aber dann bist du als Mörder gebrandmarkt.«

»Das macht mir keine Sorgen.«

»Und was ist, falls das Gesetz...?«

»Hier sind die Richter geneigt, Verbrechen aus Leidenschaft milde zu beurteilen. Außerdem kann ich ja beweisen, daß er spioniert hat. Ihm ist das verdiente Schicksal eines Spions zuteil geworden.«

»Dann sollen die Leute also ruhig denken, daß...«

»Ja, das sollen sie. Jeder weiß, wie sehr ich dich liebe und wie oft Pilkington dir Besuche abgestattet hat, dir, einer außergewöhnlich schönen Frau. Vor allem unsere Feinde sollen annehmen, daß er aus Eifersucht erschossen wurde und nicht etwa deshalb, weil wir ihn als Spion entlarvt hatten.«

Ich fröstelte.

Hessenfield schlang die Arme um mich.

»Liebste, es geht hier nicht um ein Spiel, sondern um blutigen Ernst. Immerzu blicken wir dem Tod ins Auge, jeder einzelne von uns. Pilkington und Mary Marton wußten es so gut wie ich. Du bist jetzt eine von uns, Carlotta, und wir sind alle bereit, für die gerechte Sache zu sterben. Falls du zu große Angst hast, könnte ich dich heimschicken. Es ließe sich ohne große Schwierigkeiten bewerkstelligen.«

»Du willst mich wegschicken? Dann bist du meiner also schon überdrüssig.«

»Du bist eine kleine Närrin, wenn du das glaubst. Ich täte es nur aus Liebe... weil ich dich durch unsere Pläne, durch unsere ganze Verschwörung nicht in Gefahr bringen will.«

Ich warf mich in seine Arme und klammerte mich an ihn. »Nie, nie will ich dich verlassen.«

Er streichelte mir übers Haar. »Im Grunde wußte ich, daß du so reagieren würdest.« Er lachte. »Nur deshalb schlug ich vor, dich nach England zu schicken.«

In dieser Nacht liebten wir uns mit ganz besonderer Leidenschaft, doch das Herz war mir schwer. Ich bezweifelte, ob ich je wieder unbeschwert fröhlich sein könnte, denn es gab zu viele Dinge, die mich quälten und verfolgten. Damaris und Benjie lasteten mir auf der Seele, und nun war noch Matt hinzugekommen. Ständig mußte ich daran denken, wie seine Leiche aus der Seine gezogen worden war.

Zwei Paar Handschuhe

Es war mir bestimmt, Ludwig XIV., dem Sonnenkönig, erst dann zu begegnen, als sich sein Leben bereits dem Ende zuneigte. Er war nun schon sehr alt und seit zwanzig Jahren mit der frommen Madame de Maintenon verheiratet. Beides brachte es mit sich, daß er mehr an den himmlischen als an den irdischen Freuden interessiert war. Siebenundsechzig Jahre war er alt, von denen er zweiundsechzig auf dem Thron gesessen hatte – wahrhaft ein großer Monarch.

Er repräsentierte all das, was man von einem französischen König erwartete. Das höfische Protokoll war viel steifer als in England. Ein kleiner Ausrutscher genügte, um einen Mann aller Hoffnungen auf Protektion zu berauben. Das Leben eines Höflings war folglich alles andere als gefahrlos. Hessenfield hatte mir immer wieder eingeschärft, wie ich mich verhalten sollte. Er war wie alle Freunde von James huldreich vom französischen Herrscher aufgenommen worden, denn es bestand kein Zweifel, daß Ludwig sich zunehmend Sorgen über Marlboroughs ständige Siege machte.

Ich sollte in Versailles, dem prächtigsten Palast von ganz Europa, vorgestellt werden, der nach Ludwigs Plänen erbaut wurde und seiner würdig war an Pracht und Großartigkeit. Für diesen Auftritt wurde eine besondere Robe für mich angefertigt, die Madame Panton in helle Aufregung versetzte. Sie hatte an mir herumhantiert, unaufhörlich geplappert und gestikuliert, war in Entzückensrufe und dann wieder in Seufzen ausgebrochen. Ein- oder zweimal wäre sie beinahe in Ohnmacht gefallen, da sie fürchtete, der Schnitt oder die Eleganz des voluminösen Rocks könnte allerhöchsten Ansprüchen nicht genügen.

Doch schließlich stand ich in einem leuchtendblauen, fast durchsichtig schimmernden Gewand vor dem Spiegel. Ich trug nur wenig Juwelen, da Ludwig durch die zwanzigjährige Beeinflussung von Madame de Maintenon in seinem Geschmack weitaus bescheidener geworden war und auf zu ostentative Prachtentfaltung äußerst empfindlich reagierte.

»Es gab Zeiten, da wäre ich davor zurückgescheut, dich ihm vorzustellen«, sagte Hessenfield. »Auch jetzt noch wird er dich bestimmt sehr bewundern, denn er liebt jede Art von Schönheit. Aber Madame de Maintenon hat ihn inzwischen davon überzeugt, daß die wahre Schönheit im Himmel liegt und nicht auf Erden. Tja, er ist eben ein alter Mann geworden. Ich bin gespannt, ob ich im Alter auch fromm werde.«

»Das trifft auf viele Leute zu«, erwiderte ich. »Je sündiger man gelebt hat, desto heftiger muß man später bereuen. Du wirst sehr, sehr fromm werden müssen.«

»Du auch?«

»In gleichem Maße wie du, fürchte ich.«

»Wir werden es gemeinsam versuchen, Liebste«, sagte er lachend. »Doch nun wollen wir uns deiner Vorstellung am Hofe der sinkenden Sonne Frankreichs zuwenden.«

Versailles war wirklich wunderschön und beeindruckend. Ich habe nie vorher oder nachher etwas Vergleichbares gesehen. Wir trafen mit der Kutsche in dem kleinen, wenig bemerkenswerten Ort ein, der ungefähr elf Meilen von Paris entfernt liegt. Vielleicht hatte Ludwig absichtlich eine so bescheidene Umgebung ausgesucht, damit die Wirkung dieses prachtvollsten Palastes der Welt durch diesen Gegensatz noch gesteigert wird.

Wir fuhren an der Kathedrale St. Louis und der Kirche Notre-Dame vorbei und gelangten schließlich im Westen zu einem vergoldeten Tor aus Schmiedeeisen, das zwischen Steinbalustraden den Palast von der Place d'Armes abschirmt.

Ich schaute mir die allegorischen Skulpturengruppen zu beiden Seiten und die Statuen von Frankreichs großen Staatsmännern sowie das riesige Reiterstandbild Ludwigs an und war förmlich überwältigt. Rechts und links erstreckten sich die langen Seitenflügel des Schlosses.

Die herrlichen Gartenanlagen, von Le Notre entworfen, waren ebenfalls atemberaubend schön wie das Gebäude selbst. Es gab Unmengen von Blumen, anmutig geformten Wasserbecken, Sta-

tuen, mächtigen Baumgruppen und weiten, samtig grünen Rasen-
flächen.

»Nun komm schon«, forderte mich Hessenfield auf. »Du gaffst
wie ein Mädchen vom Lande. Die beste Aussicht hast du von einem der Fenster in der Spiegelgalerie.«

Da es so unendlich viel zu bewundern gab, kann ich mich gar
nicht mehr an alle Einzelheiten erinnern. In meinem Gedächtnis
dreht sich ein Kaleidoskop aus breiten Freitreppen, eleganten
Zimmern, farbenfrohen Gemälden, Gobelins, Büsten. Das Ganze
glich einem Schatzhaus, das passende Ambiente für einen König,
der sich über andere Sterbliche weit erhaben dünkte. Ein Gott! Der
Sonnenkönig!

Natürlich konnten wir als Engländer nicht erwarten, daß uns hier
ein Empfang zuteil würde wie in St. Germain-en-Laye. Auch James
selbst wurde eigentlich nur deshalb so wohlwollend behandelt,
weil Königin Anne, die er vom Thron jagen wollte, die ärgste Feindin von Ludwig XIV. war. Die Engländer unter Marlborough berei-
teten dem Sonnenkönig Sorgen, wie er sie zuvor kaum je gekannt
hatte. Es war undenkbar, daß jemand wie er gezwungen sein
könnte, um Frieden zu bitten, doch eben dies schien Marlborough
tatsächlich anzustreben. Aus diesen Gründen wurden die Jakobiten in Versailles freundlich aufgenommen, denn es bestand ja die
Hoffnung, daß sie den Engländern Schaden zufügen konnten.

Man durfte sich jedoch nicht der Illusion hingeben, daß sich der
König persönlich mit all denen abgab, die begierig darauf warteten, ihm vorgestellt zu werden. Die Bittsteller mußten sich in einem Vorzimmer in der Nähe der königlichen Gemächer aufhalten,
an dem der König auf seinem Weg in einen anderen Teil des
Schlosses vorbeikommen konnte. Dort wartete Tag für Tag eine
ganze Menge Personen, in der Hoffnung, einen Blick von ihm zu
erhaschen. Es war gut möglich, daß er überhaupt nicht auftauchte, so daß sie ganz umsonst gehofft hatten. Trotzdem würden die Bittsteller am nächsten Tag aufs neue erscheinen.

Immerhin war es schon ein Erfolg, in dieses Vorzimmer zu gelangen. »Es ist der erste Schritt«, sagte Hessenfield. »Solange der
König dich nicht offiziell akzeptiert hat, wirst du bei Hof nicht zugelassen.«

Also begaben auch wir uns in jenen Teil des Schlosses hinter der
Spiegelgalerie, in dem sich Ludwigs Räume befanden. Gespannt
betrat ich das Vorzimmer, das nach der Form seines Fensters allgemein Ochsenauge genannt wurde.

Eine Gruppe von elegant gekleideten Leuten wartete bereits in derselben Hoffnung wie wir, die Aufmerksamkeit des Königs auf sich zu ziehen, falls er an diesem Vormittag vorbeizukommen geruhte.

Wir mußten lange warten. Währenddessen betrachtete ich die anderen, die alle überaus ernst wirkten. Ein kleiner boshafter Kobold in mir brachte mich fast dazu, in Gelächter auszubrechen. »Warum sollen wir hier alle so demütig und untertänig herumstehen, nur um auf das eventuelle Wohlwollen eines Mannes zu lauern?« hätte ich am liebsten gerufen. »Mir ist es egal, ob es sich um den Sonnenkönig handelt, der sich mit unermeßlichem Geld diesen Palast erbauen ließ. Warum soll ich mich dafür interessieren? Was geht es mich an?« Ich beschloß, noch an diesem Abend mit Hessenfield darüber zu sprechen.

Allerdings wußte ich schon jetzt, wie seine Antwort lauten würde. »Wir müssen uns Ludwigs Gunst erhalten, denn ohne ihn können wir nichts bewerkstelligen. Er muß weiterhin willens sein, James auf den englischen Thron zu verhelfen.«

Na schön, das war ein ausreichender Grund. Aber was erhofften sich alle diese anderen Bittsteller? Doch wohl Ludwigs Begünstigung irgendwelcher Vorhaben. Also war es Ehrgeiz, der sie veranlaßte, hier herumzulungern, bereit, jederzeit demütig und anbetend niederzuknien, wenn der Sonnenkönig in seiner Glorie auftauchte.

Plötzlich wurde ich mir bewußt, daß mich eine schöne Frau beobachtete, deren herrliche schwarzen Haare ganz besonders kunstvoll frisiert waren. Sie trug ein silbergraues Gewand, zu dem die Perlenohrringe und ein Perlenkollier perfekt paßten. Eine äußerst elegante Erscheinung, dachte ich bewundernd. Irgendwie kam sie mir bekannt vor, und ich überlegte, wo ich sie schon einmal gesehen haben könnte.

Sie lächelte mich an, und ich nickte ihr freundlich zu.

Wenige Minuten später drängte sie sich etwas weiter zu mir durch. »Es dauert sehr lange«, sagte sie auf englisch, aber mit starkem französischen Akzent.

»Ja, wahrlich.«

»Ich wartete auch gestern schon, doch er ist nicht aufgetaucht. Hoffen wir, daß er heute kommt.«

»Ihr sprecht ein ausgezeichnetes Englisch.«

Sie zuckte die Achseln. »Meine Großmutter war Engländerin.«

Es galt nicht als schicklich, sich zu unterhalten. Man sprach höchstens im Flüsterton und schielte immer zu der Stelle, wo der König jeden Moment erscheinen konnte.

»Ihr seid Lady Hessenfield, nicht wahr?« murmelte sie.

»Ja.«

»Ihr dient einer guten Sache.«

»Vielen Dank. Ich fürchte, daß ich viel zuwenig tun kann.«

»Ihr unterstützt Euren Mann, und das ist ausgesprochen löblich.«

»Dürfte ich Euren Namen wissen?«

»Elisse de Partière. Mein Mann wurde bei Höchstädt getötet.«

»Oh, das tut mir leid...«

Wir schwiegen beide, und im nächsten Moment wandten sich alle Blicke in äußerster Spannung der Tür zu.

Der große Moment war gekommen. Der Glanz des Sonnenkönigs würde uns überfluten.

Mit welcher Würde er einherschritt! Er war zwar inzwischen ein alter Mann, doch der Reichtum seiner Kleidung blendete förmlich das Auge, so daß man das faltige, gezeichnete Gesicht unter der üppigen Perücke kaum wahrnahm. Die dunklen Augen wirkten wachsam und listig. Ihn umgab eine Aura, die ihn von anderen abhob, ihn auszeichnete. War es seine Selbstsicherheit? Er war so davon überzeugt, über allen Menschen zu stehen, daß er seine Umgebung mit dieser Überzeugung ansteckte.

Hier und da hielt er kurz an, um mit dem einen oder anderen Auserwählten ein Wort zu wechseln und ihn vorübergehend in die Glorie seiner königlichen Macht einzuhüllen.

Hessenfield trat vor und nahm mich bei der Hand.

»Sire, darf ich Euch meine Frau vorstellen?«

Die dunklen lebhaften Augen zwischen den runzligen Lidern musterten mich aufmerksam. Ich errötete leicht und sank in den obligaten tiefen Hofknicks. Sein Blick belebte sich noch mehr, und er lächelte, als er mein Gesicht, meinen Nacken und mein Dekolleté betrachtete.

»Sehr hübsch«, sagte er. »Mein Kompliment, Mylord.«

Dann schlenderte er weiter. Es war ein Triumph für mich.

Kurz darauf war er verschwunden, und der Vormittag im ›Ochsenauge‹ hatte damit ein Ende.

»Welche Auszeichnung«, jubelte Hessenfield. »Ich hätte es mir ja denken können, daß du Eindruck auf ihn machst. Er bekommt nur selten eine so hübsche Person wie dich zu sehen.«

»Was ist denn mit seinen vielen Geliebten?«

»Pst. Er schätzt Diskretion über alles. Außerdem ist keine von denen auch nur halb so schön wie du. Gelobt sei Gott, daß er nun ein alter Mann ist, der um sicheren Zugang zum Himmel besorgt ist.«

»Sag so etwas nicht! Das kann dich deine Stellung kosten.«

»Du hast recht«, flüsterte er mir zu. »Nun bist du auch bei Hof gesellschaftsfähig. Der König hat dich akzeptiert.«

Im Garten flanierte eine Menge Leute, doch Hessenfield wollte nicht mehr bleiben. »Unsere Mission ist beendet, ich möchte so rasch wie möglich nach Paris zurück.«

Gerade als ich in unsere Kutsche steigen wollte, trat eine Dame zu uns, in der ich sofort die elegante Madame de Partière erkannte, mit der ich mich im Vorzimmer unterhalten hatte. Ihr Gesicht wirkte kummervoll.

»Madame... ob Ihr mir wohl einen Gefallen erweisen könnt? Ich muß unverzüglich nach Paris zurück. Wollt Ihr gerade aufbrechen, wenn ich fragen darf?«

»Ja.«

»Welches Pech ich heute habe! An meiner Kutsche ist ein Rad gebrochen...« Sie hob hilflos die Schultern. »Ich begreife nicht, wie das passieren konnte. Nun sagt mir mein Kutscher, daß es Stunden dauern wird, bis es repariert ist, falls er es überhaupt noch heute schafft. Aber ich muß unbedingt nach Paris zurück.« Sie sah mich bittend an. »Vielleicht wärt Ihr so freundlich und würdet mich mitnehmen.«

Hessenfield gesellte sich zu uns, und sie wandte sich sofort an ihn. »Ich sah Euch im ›Ochsenauge‹, und mir fiel natürlich Madame auf. Wem fällt eine solche Schönheit nicht auf? Ich unterhielt mich kurz mit ihr, weil ich äußerst neugierig war. Nun möchte ich Euch um einen Gefallen bitten. Dürfte ich mit Euch nach Paris zurückfahren?«

»Aber selbstverständlich«, erwiderte Hessenfield. »Es ist uns ein Vergnügen.«

Madame de Partière traten Tränen in die Augen. »Was für eine Erleichterung! Ich machte mir solche Sorgen.«

Also fuhren wir mit unserer neuen Bekannten nach Paris, wo sie nach eigenen Angaben ein Haus in der Rue St. Antoine bewohnte.

»Madames Mann fiel bei Höchstädt«, erklärte ich Hessenfield.

»Mein Beileid, Madame.«

»Ihr seid sehr freundlich.« Sie wandte den Kopf ab und wischte sich über die Augen.

Nach einer Weile hatte sie sich soweit gefangen, daß sie weitersprechen konnte. »Ihr seid freundlich und so... tapfer. Ich weiß, daß Ihr hier in der Verbannung lebt und für eine gerechte Sache kämpft. Das ist sehr ehrenhaft.«

»Ihr sprecht erstaunlich gut Englisch, Madame.«

»Oh, aber der Akzent stört, und den richtigen Tonfall schaffe ich auch nicht so recht. Es ist seltsam, daß die Franzosen die englische Aussprache nie perfekt beherrschen.«

»Umgekehrt ist es genauso«, warf ich ein.

»Es gibt immer eine Kleinigkeit, die nicht ganz stimmt«, sagte Hessenfield.

»Meine Großmutter war Engländerin. Sie lebte mit ihrer Familie zu Cromwells Zeiten hier in Frankreich, wo sie dann auch meinen Großvater traf. Die beiden verliebten sich, heirateten, und sie blieb auch nach der Restauration in Frankreich. Ihrer Tochter wurde Englisch beigebracht, und dieser machte es wiederum Spaß, mir schon als Kind die englische Sprache einzuüben. So kommt es, daß ich Englisch spreche. Aber leider nicht so gut, wie ich es möchte.«

»Ihr lebt in Paris?«

»Zur Zeit noch, aber ich bin mir nicht sicher, wofür ich mich entscheiden werde. Der Tod meines Mannes hat mich... irgendwie aus der Bahn geworfen.«

»Habt Ihr Kinder?«

Sie wandte wieder den Kopf ab.

»Einen Sohn«, erwiderte sie schließlich.

»Lebt Ihr mit ihm zusammen?«

»Er ist tot.«

Ich drückte mein Mitgefühl aus, und es war mir klar, daß wir zu viele Fragen gestellt hatten.

Dann plauderten wir über Versailles und die Pracht des Palastes, seiner Gärten, Grotten, Wasserfälle und Bronzestatuen.

Madame de Partière wollte wissen, ob wir den Springbrunnen Apollo gesehen hatten, wo der Gott in seinem Triumphwagen, von vier Pferden gezogen, dargestellt wird. Wir nickten.

»Ich würde zu gern einmal bei einer Vorführung der Wasserspiele dabeisein«, sagte sie schwärmerisch. »Es soll wie ein Erlebnis aus einer anderen Welt sein.«

»Ja, es ist wirklich fantastisch«, stimmte Hessenfield zu. »Ich durfte es schon einmal bewundern. Besonders bei Nacht, wenn noch ein Feuerwerk hinzukommt, wirken die venezianischen Gondeln, die prächtig mit Blumen geschmückt sind, direkt unwirklich.«

Anschließend berichtete uns Hessenfield von den Schönheiten der Orangerie, des Steingartens und der Wasserfälle. Er wußte viel besser über Versailles Bescheid als wir.

»Mir kommt es fast so vor, als hättet Ihr mir nicht nur eine Fahrt nach Paris geboten, sondern eine Führung durch Versailles«, sagte Madame de Partière lächelnd.

Dann wandte sie sich mir zu und hob einen meiner Handschuhe hoch, der neben mir auf dem Polster lag.

»Welch wundervolle Stickerei und welch exquisite Perlenverzierung. Ein kleines Meisterwerk. Verratet mir bitte, bei wem Ihr Eure Handschuhe kauft.«

»Ich habe eine vorzügliche Schneiderin«, erwiderte ich. »Sie gestattet mir fast nie, etwas selbständig auszuwählen. Vor kurzem brachte sie mir diese Handschuhe mit der Bemerkung, sie seien für eine besondere Gelegenheit wie gemacht.«

»Damit hatte sie völlig recht. Es interessiert mich deshalb sehr, weil ich mich glücklich schätze, einen der besten Handschuhmacher von Paris zu kennen. Er betreibt nur einen ganz kleinen Laden an der Kreuzung beim Châtelet, ist aber ein wahrer Künstler. Vier, fünf Mädchen nähen und sticken für ihn, aber der Entwurf stammt immer von ihm selbst, und darauf kommt es ja an. Dieser schöne Handschuh hier könnte von ihm sein.«

Sie strich ihn glatt und legte ihn wieder auf den Sitz.

So verging mit viel Geplauder die Zeit, bis wir Paris erreichten.

Hessenfield erklärte, daß wir zuerst Madame de Partière bei ihrem Haus absetzen würden, bevor wir heimkehrten. Als wir in der Rue St. Antoine ankamen, stieg Hessenfield aus, um ihr hinauszuhelfen. Sie wollte ihm gerade die Hand reichen, als sie einen leisen Schrei ausstieß, sich bückte und etwas aufhob. Es war mein Handschuh, den sie beim Aufstehen mit ihrem ausladenden Rock vom Sitz gestreift hatte. Zu allem Übel war sie auch noch daraufgetreten.

Ich fürchtete, sie würde gleich in Tränen ausbrechen, als sie ihn musterte.

Ein Schmutzfleck war nicht zu übersehen, und einige der kleinen Perlen waren abgerissen.

»Oh, was habe ich bloß getan!« rief sie.

Ich nahm ihr den Handschuh weg. »Es macht gar nichts«, beruhigte ich sie. »Madame Panton wird ihn sicher reparieren können.«

»Aber ich habe ihn ruiniert. Ihr wart überaus freundlich zu mir, und ich belohne es Euch so schlecht.«

Hessenfield mischte sich ein. »Madame, ich bitte Euch. Es ist nichts... eine Lappalie, nicht mehr.«

»Ich werde es mir nie verzeihen. Wie zum Hohn für Eure Liebenswürdigkeit!«

Die Concierge war inzwischen herausgekommen, um sich vor Madame de Partière zu verbeugen.

»Bitte, macht Euch keine Gedanken«, bat ich unsere neue Bekannte. »Es war eine so angenehme Fahrt, und wir haben Eure Gesellschaft sehr genossen.«

»Ja, wirklich«, stimmte Hessenfield zu. »Außerdem war es eine reine Selbstverständlichkeit. Wir sind ja sowieso nach Paris zurückgefahren.«

»Wie verständnisvoll Ihr seid«, flüsterte sie und verfiel dann ins Französische. »Vous êtes très aimable...«

Hessenfield nahm ihren Arm und geleitete sie zur Haustür. Sie wandte sich noch einmal um und lächelte mir schuldbewußt zu.

Ich mußte lachen. »Adieu, Madame de Partière. Es war mir ein Vergnügen.«

»Au revoir«, erwiderte sie.

So endete mein Besuch in Versailles.

Ich vermißte Mary Marton, die zwar eine Spionin sein mochte, gleichzeitig aber eine ausgezeichnete Betreuerin für Clarissa gewesen war. Meine kleine Tochter erkundigte sich oft nach ihr.

Es ist schwierig, ein Kind mit Erklärungen abzuspeisen, die nicht plausibel klingen, wenn dieses Kind so intelligent ist wie Clarissa. Die Wahrheit konnte ich ihr natürlich nicht verraten. Weiß Gott, was ihre lebhafte Fantasie aus einer wahren Geschichte machen würde, die von Spionen und Verschwörungen handelte.

Jeanne erwies sich als große Hilfe für mich und übernahm fast völlig die Aufgabe, sich um Clarissa zu kümmern, die es ihr mit großer Liebe und Anhänglichkeit vergalt. Das Mädchen war eine Meisterin darin, Clarissas unaufhörliche Fragen zufriedenstellend zu beantworten.

Da sie mit Clarissa immer nur Französisch sprach, beherrschte das Kind inzwischen beide Sprachen perfekt. Man hätte sie für eine kleine Französin halten können.

»Dies wird ihr gut zustatten kommen«, meinte Hessenfield. »Nur wenn man von klein auf Sprachen lernt, kann man sie später perfekt sprechen.«

Da Jeanne sich so wunderbar in die neue Rolle eines Kindermädchens einfügte, verbrachte auch ich einen Teil meiner Zeit mit ihr, was mein Französisch entschieden verbesserte. Sie war ein aufgewecktes Mädchen von Anfang Zwanzig. Eine Stellung in einem so feinen Haus war immer ihr Wunschtraum gewesen, denn sie hatte vorher als Blumenverkäuferin sehr ärmlich gelebt. Unsere Köchin kaufte früher machmal bei ihr Blumen, um den Eßtisch zu dekorieren.

»Es war ein Glückstag für mich, als Madame Boulangère kam, um sich bei mir Blumen auszusuchen«, erzählte mir Jeanne. »Allerdings ließ sie nicht mit sich spaßen. Sie war äußerst sparsam und hat immer um jeden Sou gefeilscht. Ich lebte bei meinen Verwandten, von denen es reichlich viele gibt, in einem trostlosen Teil von Paris, Ihr kennt das Viertel nicht, und es ist auch nichts für Euresgleichen. Es liegt in der Nähe von Notre-Dame, gleich hinter dem Hôtel Dieu, bevor man zum Justizpalast kommt. Dort sind die Straßen... einfach schrecklich, Madame, und auch gefährlich. Wir hatten ein Zimmer in der Rue de Marmousets. Aber die Rinnsteine haben mir Spaß gemacht, den da flossen die Laugen durch, mit denen die Färber ihre Stoffe behandeln. Was für schöne Farben, Madame, grün, blau, rot, wie meine bunten Blumen. Wir haben die vornehmen Lords und Ladys oft angebettelt, aber ich habe nie etwas gestohlen, nie, Madame. Meine Mutter hat mir das schon früh eingeschärft. ›Laß die Finger vom Klauen! Du hast dann zwar ein bißchen Geld, aber man wird dich bestimmt schnappen. Und dann landest du im Châtelet oder im Fort l'Evèque. Dein Los wird so gräßlich sein, daß man's nicht beschreiben kann.‹ Ja, so hat meine Mutter geredet.«

»Arme Jeanne, du hast ein trauriges Leben geführt.«

»Aber jetzt ist daraus ein gutes geworden, Madame. Ich habe eine schöne Stellung und kümmere mich sehr gern um die Kleine.«

Ja, sie kümmerte sich wirklich sehr um Clarissa und erzählte ihr Geschichten vom alten Paris, denen das Kind ganz versunken lauschte. Nichts gefiel ihr besser, als mit uns durch die Straßen zu wandern und Jeanne zuzuhören, die ihr alles beschrieb.

Jeanne kannte sich überall bestens aus, und ich war mir sicher, daß ich ihr Clarissa bedenkenlos anvertrauen konnte. Da ich öfter nach Versailles oder St. Germain-en-Laye reisen mußte, war dies ein Pluspunkt von entscheidender Wichtigkeit.

Manchmal setzte ich mich ein bißchen mit ihr zusammen, wenn wir Clarissa ins Bett gebracht hatten, und wir unterhielten uns über alles mögliche. Sie wußte viel über die früheren Zeiten in Frankreich, da in ihrer Familie jede Generation der nachfolgenden davon erzählt hatte.

Besonders interessiert war Jeanne an dem großen Giftskandal, der Paris ungefähr dreißig Jahre zuvor erschüttert hatte und bei dem La Voisin und Madame de Brinvilliers ihrem gerechten Schicksal überantwortet wurden. Die Angelegenheit war deshalb so hochgespielt worden, weil mehrere angesehene Herrschaften darin verwickelt waren. Selbst die Mätresse des Königs, Madame de Montespan, war in Verdacht geraten.

Jeannes Großmutter erinnerte sich noch an den Tag, als Madame de Brinvilliers nach grausamen Folterungen in den Verliesen der Conciergerie zur Place de Grève gebracht und dort enthauptet wurde.

»Es war eine furchtbare Zeit, Madame, jeder Apotheker in Paris bangte um sein Leben. Auch in der großen Gesellschaft hatten viele Angst, denn Ehemänner hatten ihre Frauen mit Gift beseitigt oder die Frauen ihre Männer. Söhne und Töchter vergifteten ihre Eltern, weil diese zu lang lebten und man sich von ihrem Tod Profit versprach. Aus Italien kamen fremdartige Gifte zu uns. Wir Franzosen kannten nur Arsen und Antimon, aber die Italiener stellten raffinierte Gifte her. Dazu gehörte vor allem ein Gift, das man mit der Luft einatmete. Sie waren Künstler auf diesem Gebiet. Überall tuschelte man über die Borgias und eine französische Königin, die aus Italien stammte, Katharina von Medici, die allesamt Giftmischer waren.«

»Jeanne, was hast du für einen morbiden Geschmack, daß du dich so sehr mit diesen Dingen beschäftigst.«

»Madame, es heißt, daß es auch heute noch einen Italiener in Paris gibt, der ganz in der Nähe vom Châtelet einen schönen Laden mit nobler Kundschaft hat. Doch im Hinterzimmer arbeitet er mit allerlei Tinkturen. Er soll sehr reich sein.«

»Alles nur Gerüchte, Jeanne.«

»Mag sein, Madame, aber ich bekreuzige mich jedesmal, wenn ich am Geschäft von Antonio Manzini vorbeikomme.«

Durch Jeanne lernte ich so vieles über Paris kennen, was ich als Fremde nie erfahren hätte.

Später, wenn Clarissa älter ist, müssen wir eine englische Erzieherin für sie einstellen, dachte ich.

Wo würden wir dann wohl sein? Noch hier in Paris? Würden wir uns immer noch bemühen, dieses Abenteuer zu beenden? Irgendwie konnte ich es mir nicht recht vorstellen.

Die Zukunft hielt viele Probleme für uns bereit. Wie sollte ich je nach England zurückkehren? In Eyot Abbas lebte Benjie, der Ehemann, den ich benutzt und tief gekränkt hatte. Und in Eversleigh gab es Damaris, der ich ihren Liebsten aus einer Laune weggenommen hatte, wodurch ich ihr Leben ruinierte.

Du verdienst es nicht, glücklich zu sein, sagte ich mir.

Aber ich war glücklich, denn ich liebte Hessenfield über alle Maßen. Die wilde Leidenschaft, die schon bei der ersten Begegnung zwischen uns aufgelodert war, hatte sich zu einer tiefen, innigen Liebe entwickelt.

Obwohl die Gegenwart so schön war, wagte ich es nicht, mir die Zukunft auszumalen.

Aber im Grunde war es sicher das beste, nur dem Augenblick zu leben, ohne nach vorne oder gar zurück zu blicken.

An einem der nächsten Tage brachte mir ein Diener zwei Päckchen. Das eine war an mich adressiert, das andere an Hessenfield.

Ich öffnete das eine und fand ein Paar wunderschöner Handschuhe.

Sie waren aus so weichem und schmiegsamen grauen Leder, daß sie aus Seide gefertigt zu sein schienen. Winzige Perlen bildeten kunstvolle Verzierungen. Da die Handschuhe jenen glichen, die ich nicht mehr benutzen konnte, weil Madame de Partière daraufgetreten war, ahnte ich gleich, von wem sie stammen. Meine Ahnung erwies sich als richtig. Ein Brief war beigelegt worden.

Meine liebe Lady Hessenfield,
ich muß mich dafür entschuldigen, daß es so lange gedauert hat, bis ich Euch nun ein Zeichen meiner Dankbarkeit zukommen lassen kann. Verzeiht, aber die Schuld lag nicht bei mir. Es war sehr zeitraubend, das Leder zu finden, das ich im Sinn hatte. Ich hoffe sehr, daß Euch die Handschuhe gefallen. Eurem Gatten habe ich ein ähnliches Paar gesandt.
Ich möchte mich noch einmal dafür bedanken, daß Ihr so freundlich wart, mich nach Hause zu bringen, als mir dieses Mißgeschick

mit meiner Kutsche passierte. Um so mehr schämte ich mich natürlich, daß ich Eure Liebenswürdigkeit damit vergalt, Eure herrlichen Handschuhe zu ruinieren.

Hoffentlich werden wir uns einmal wiedersehen, wenn ich nach Paris zurückkehre. Gerade jetzt muß ich eine Reise aufs Land antreten und werde ungefähr einen Monat abwesend sein.

Liebe Lady Hessenfield, bitte nehmt die Handschuhe als kleines Geschenk an und tragt sie, damit mir die Befriedigung zuteil wird, mich wenigstens ein wenig für das revanchieren zu können, was Ihr für mich getan habt.

Ich werde mir erlauben, bei Euch vorzusprechen, wenn ich von meinem Landaufenthalt zurückkomme. Noch einmal vielen Dank!

Elisse de Partière

Was für ein charmanter Einfall! Die Handschuhe waren exquisit und saßen wie angegossen, als ich sie anprobierte. Ich packte sie sorgfältig weg, um sie bei einer passenden Gelegenheit zu tragen.

Am Hof von St. Germain-en-Laye herrschte nach wie vor große Betriebsamkeit. Es hatte ganz und gar nicht den Anschein, als ob der letzte Fehlschlag die Jakobiten beirren könnte.

Dennoch mußte man den Verlust aller Waffen und der gesamten Munition, der auf das Konto von Matt Pilkington und Mary Marton ging, als eine empfindliche Niederlage ansehen. Hessenfield erzählte ihr, daß die Franzosen sehr verärgert seien und uns die Schuld in die Schuhe schöben, weil wir so unvorsichtig gewesen waren, eine Spionin in unserem Haushalt aufzunehmen.

»Ich habe die Hauptschelte abbekommen«, sagte Hessenfield mit einem grimmigen Lachen. »Aber jetzt werde ich es ihnen beweisen, daß so etwas nie mehr vorkommen wird.«

Die Tage verstrichen ungemein rasch, doch ich genoß jeden einzelnen mit großer Intensität. Später kam es mir so vor, als hätte ich wohl schon etwas vorhergeahnt. Insgeheim hegte ich sowieso immer Furcht, daß dieses Glück nicht andauern könnte.

Wir lebten leidenschaftlich, fast fiebrig. Ich erinnerte mich oft an Hessenfields halb scherzhafte Erklärung, daß der Tod immer ganz in der Nähe auf ihn lauere. Also klammerte ich mich an unsere schöne Gegenwart...

Eines Tages mußte er nach Versaille fahren, um mit einem Minister zu verhandeln, der mit den Jakobiten mehr sympathisierte als seine Kollegen. Von dort aus reiste Hessenfield gleich nach St. Germain weiter.

Als er nach Hause kam, sah er erschreckend bleich aus, während er normalerweise eine blühende Gesichtsfarbe hatte. Außerdem wirkten seine Augen glanzlos, wie erloschen.

Ich geriet sofort in Angst.

»Etwas ist schiefgelaufen«, sagte ich. »Du mußt große Sorgen haben.«

Er schüttelte den Kopf. »Im Gegenteil. Die Franzosen sind ausgesprochen willig, uns zu helfen. In St. Germain herrscht Hochstimmung.«

Ich ergriff seine Hand, die sich feuchtkalt anfühlte.

»Du bist krank!« rief ich aus.

Hessenfield hatte sich immer prächtiger Gesundheit erfreut und auch nie begriffen, wieso jemand krank wurde. Insgeheim nahm er wohl an, daß derjenige dann irgendwie unzulänglich konstituiert war oder es sich überhaupt bloß einbildete. Eine Ausnahme machte er nur, wenn jemand einen Arm oder ein Bein verlor oder eine sonstige Verstümmelung aufwies.

Da ich ganz ähnlich fühlte, verstand ich ihn nur zu gut. So war es ein erstes Alarmzeichen, als Hessenfield meinte, er müsse sich wohl hinlegen.

Ich half ihm beim Auskleiden und brachte ihn zu Bett. Dann setzte ich mich zu ihm und schlug vor, ihm ein leckeres Mahl bereiten zu lassen, doch er lehnte ab. Etwas zu essen sei das letzte, was er wolle. Sicher würde er bald wieder ganz in Ordnung sein, versuchte er mich zu beruhigen.

Er lag nur still da und schien keinen anderen Wunsch zu haben.

Da ich große Angst um ihn hatte, verbrachte ich eine fast schlaflose Nacht. Am Morgen quälte er sich mit Wahnbildern herum. Ich ließ einen Arzt kommen, der ihn gründlich untersuchte, den Kopf schüttelte und etwas von einem Fieber murmelte. Vielleicht würde dem Kranken geholfen sein, wenn man ihm zwei tote Tauben auf die Fußsohlen legte. Zusätzlich würde er noch eine Arznei schikken.

Ich packte den Mann bei der Hand. »Was fehlt ihm denn?«

»Ein Fieber. Aber er wird sich schon erholen.«

Am Nachmittag ging es Hessenfield immer noch nicht besser.

Ich lief wie benommen durch das ganze Haus. Mit etwas Derartigem hatte ich nie gerechnet. Um mich zu beschäftigen, räumte ich seine Anziehsachen weg – den Rock mit Schnurbesatz, die Knieho-

sen, die feinen Strümpfe und die Handschuhe, die Madame de Partière ihm geschickt hatte. Dann setzte ich mich wieder zu ihm ans
Bett.

Hessenfield sah völlig verändert aus, war unnatürlich bleich und
wirkte abgehärmt.

»Madame, ich weiß von einem Apotheker, der die besten Medi-
kamente hat. Es ist der Italiener Antonio Manzini. Es heißt, daß er
schon viele geheilt hat«, sagte Jeanne zu mir.

»Ich werde ihn aufsuchen, und du begleitest mich, Jeanne.«

Wir gingen in mein Zimmer. »Ihr müßt einen warmen Mantel anziehen, Madame, denn es liegt Frost in der Luft.« Dann öffnete sie
eine Schublade und holte die Handschuhe von Madame de Partière
heraus. Ich streifte sie über, und wir verließen gemeinsam das
Haus. Jeanne führte mich durch das Straßengewirr bis zur Kreuzung beim Châtelet.

Wir traten in den Laden.

»Madame ist sehr in Sorge, denn ihr Mann ist krank«, sagte
Jeanne einleitend.

»Krank, aha«, erwiderte der Mann, der dunkle, buschige Brauen
und fast schwarze, durchdringende Augen hatte.

»Was fehlt ihm?«

»Ein Fieber, das ihn unendlich schwächt. Bis jetzt war er immer
gesund«, erklärte ich ihm.

Während ich sprach, legte ich ihm der Eindringlichkeit halber die
Hand auf den Arm. Er warf einen Blick darauf und trat einen Schritt
zurück. »Ich habe eine Tinktur, die Fieber kuriert. Sie ist aber sehr
teuer.«

»Das macht nichts«, versicherte ich ihm. »Wenn sie meinem
Mann hilft, bin ich bereit, alles zu zahlen... soviel Ihr auch verlangt.«

Jeanne zupfte mich am Ärmel, und Antonio Manzini verschwand im Hintergrund seines Ladens.

»Madame möge mir verzeihen«, sagte Jeanne. »Aber es ist unnötig, so viel zu sprechen. Bezahlt seinen Preis, der ist schon hoch genug.«

Ich bezahlte das Fläschchen mit der Mixtur, und wir eilten nach
Hause. Als ich an Hessenfields Bett trat, sah ich sofort, daß sich sein
Zustand weiter verschlechtert hatte.

Hastig zählte ich die vorgeschriebenen Tropfen der Medizin ab
und flößte sie ihm fast gewaltsam ein. Dann setzte ich mich in einen
Sessel, um auf das Wunder zu warten.

Aber es geschah kein Wunder.

Bei Einbruch der Nacht war keinerlei Besserung zu erkennen.

Ich wachte die ganze Nacht hindurch an seiner Seite. Kurz vor Morgengrauen stand ich endlich auf, doch eine seltsame Schwäche umfing mich.

Vorsichtig berührte ich meine Haut. Sie war kalt und feucht, und dabei war mir sehr heiß.

Also hatte auch ich mir dieses Fieber geholt, auch ich würde krank werden, das stand für mich fest.

Nein, es durfte einfach nicht sein! Ich mußte gesund bleiben, um Hessenfield zu pflegen. Wem sollte ich schon trauen können außer mir selbst?

Krampfhaft versuchte ich die Mattigkeit abzuschütteln, doch es fiel mir unendlich schwer. Ich verspürte den übermächtigen Wunsch in mir aufsteigen, zu Bett zu gehen, doch ich wehrte mich verzweifelt dagegen.

Während des Vormittags verschlechterte sich Hessenfields Zustand ganz beträchtlich. Er tobte im Fieberdelirium, redete wirr von General Langdon, von Spionen, von mir und von Clarissa. Sein wirres Stammeln ergab keinerlei Sinn. Inzwischen ging es auch mir immer schlechter.

Als Jeanne mein Zimmer betrat, weiteten sich ihre Augen angstvoll, als sie mich erblickte.

»Eine Lady ist gekommen, die Euch unbedingt sehen möchte. Sie behauptet, es sei äußerst wichtig. Und sie will Euch nur unter vier Augen sprechen.«

Ich ging in einen kleinen Raum, der neben dem Salon lag, und sagte Jeanne, daß ich die Dame dort empfangen würde. Es war Madame de Partière, aber sie sah ganz anders aus als bei unserer letzten Begegnung. Ich fuhr mir mit der Hand über die Stirn, da ich scheußliche Kopfschmerzen hatte. Vielleicht hatte durch das Fieber auch mein Sehvermögen glitten.

»Madame de Partière?« fragte ich unsicher.

Sie nickte.

»Ich sehe, daß es Euch gar nicht gutgeht, Carlotta.«

Verwundert starrte ich sie an, denn ihr französischer Akzent war völlig verschwunden, und sie sprach nun wie eine Engländerin.

Sie war sehr blaß, als sie zu sprechen begann. »Lord Hessenfield ist schwer krank und wird sterben. Es gibt kein Gegenmittel...«

»Seid Ihr nur gekommen, um mir das zu sagen?« unterbrach ich sie zornig.

»Wie oft habt Ihr die Handschuhe angezogen?« fragte sie unvermittelt. »Ich merke, daß Ihr sie schon getragen habt.«

Ich wehrte mit einer ungeduldigen Handbewegung ab.

»Meine Frage ist von entscheidender Wichtigkeit«, sagte sie scharf. »Sie wirken tödlich.«

Sie muß verrückt geworden sein, dachte ich. Wie werde ich sie bloß los? Ich fühlte mich überhaupt nicht in der Lage, mit ihr fertig zu werden. Kurz entschlossen wandte ich mich wieder der Tür zu.

»Ihr habt die Handschuhe getragen. Ich erkenne die Symptome. Mit Eurer Schönheit ist es in ein, zwei Tagen aus und vorbei. Wir sind gezeichnet. Euer Gatte, Ihr und auch ich. Deshalb bin ich hergekommen. Ich möchte, daß Ihr, bevor Ihr sterbt, begreift, worum es geht.«

»Madame, heute ist ein ungünstiger Zeitpunkt für einen Besuch«, erwiderte ich schwach. »Mein Mann ist sehr krank.«

»Als ob ich das nicht wüßte! Auch Ihr seid sehr krank, es ist weit schlimmer, als Ihr ahnt. Selbst ich blieb nicht davon verschont. Sie sind tödlich, und ich habe zuviel mit ihnen herumhantiert.«

Ich griff nach einem Stuhl, da ich sonst hingefallen wäre.

»Madame, ich bitte Euch zu gehen. Sonst muß ich die Dienstboten herbeirufen. Es gibt viel Wichtigeres für mich zu tun...«

»Dies ist von größter Wichtigkeit für Euch«, widersprach sie, »denn es geht hierbei auch und vor allem um Euch. Ihr müßt anfangen, Eure Sünden zu bereuen.«

»Meine Sünden...?«

»Von denen Ihr viele begangen habt. Das gleiche gilt für Lord Hessenfield. Ihr habt an mir und meiner Familie verbrecherisch gehandelt, und ich nahm mir fest vor, Rache an Euch zu üben.«

»Also gut, erklärt Euch, wenn es denn unbedingt sein muß.«

»In Versailles glaubte ich einen Moment, Ihr hättet mich erkannt. Wir trafen uns nämlich schon früher.«

»Im Vorzimmer, dem sogenannten ›Ochsenauge‹...«

»Nein, nicht dort, sondern in Enderby Hall. Entsinnt Ihr Euch Beth Pilkingtons?«

»Beth Pilkington! Ihr?«

Dann fiel es mir wie ein Schleier von den Augen. Damals hatte sie prachtvolles rotes Haar, das sich natürlich leicht färben ließ. Ja, es war ihr Gesicht. Was für eine gute Schauspielerin sie doch war! Sie hatte perfekt die französische Adelige gespielt.

»Ich kam nach Enderby Hall, und Ihr habt mich herumgeführt. Mit meinem Besuch wollte ich endlich herausfinden, was mit Beaumont Granville geschehen war. Und ich fand es schließlich auch heraus.«

»Beau? Was hatte er mit Euch zu tun?«

»Er war mein Geliebter... jahrelang. Ich war sozusagen seine Favoritin, und er versprach mir die Ehe, wenn ich ihm einen Sohn schenken würde. Er sehnte sich nach Kindern, nach einem Sohn.«

Ich schaute sie fassungslos an.

»Ihr habt all dem ein Ende bereitet. Glaubt nicht, daß ich Euch deshalb Vorwürfe mache. Es war nicht Eure Schuld. Ihr seid einfach aufgetaucht und hattet ihm alles zu bieten: Schönheit, Charme, Jugend und sogar ein Vermögen. Das war am wichtigsten. Wenn Ihr nicht so reich gewesen wärt, hätte Beau mich zur Frau genommen, denn ich hatte inzwischen einen prächtigen Sohn... sein Kind.«

»Ihr meint Matt?«

»Ja, Matt.«

Nun verstand ich, wieso Matt mich so angezogen hatte. Damals glaubte ich, daß er mich nur ganz vage an Beau erinnerte, so wie ein Dandy eben einem anderen gleicht. Mir fiel wieder jener Knopf ein, den ich in Enderby Hall fand, und auch der eigenartige Moschusduft, der mich damals so verwirrte. Vermutlich hatte Matt einen Rock mit diesen Knöpfen getragen, der früher seinem Vater gehörte. Von ihm hatte er wohl auch seine Vorliebe für Moschusparfüm geerbt.

»Ich kam, um nachzuforschen, was mit Beaumont geschehen war«, wiederholte sie. »Ohne Zweifel hätte er mir Nachricht zukommen lassen, falls er auf das Festland geflohen wäre, was die meisten Leute annahmen. Unsere Beziehung war vom ersten Tag unserer Begegnung an nie abgebrochen. Ich blieb ihm immer verbunden, auch wenn er andere Frauen hatte. Für ihn war ich im Grunde seine Ehefrau und wäre es auch nach dem Gesetz geworden, wenn Beau Euch nicht kennengelernt hätte. Aber das spielt jetzt keine Rolle mehr. Mir kommt es nur darauf an, daß Ihr erfahrt, wie alles geschah. Ich kam mit Beaus Hündin Belle nach Enderby, und Belle fand auch tatsächlich seinen Schuh. Deshalb mußte sie sterben.«

»Wo?« flüsterte ich.

»Auf jenem Stück Land, dessen Betreten so streng verboten war. Belle wurde dort vom Mann Eurer Mutter verscharrt.«

»Das kann ich nicht glauben«, stieß ich hervor.

»Er hat die Hündin erschossen, aber Beau hat er nicht auf dem Gewissen. Eine Frau namens Christabel Willerby war seine Mörderin. Beau versuchte sie zu erpressen, worauf sie ihn erschoß. Euer Stiefvater vergrub Beaus Leiche, da er annahm, Eure Mutter habe ihn getötet. Wenn man sämtliche Details kennt, paßt alles perfekt zusammen, doch ich tappte lange Zeit völlig im dunkeln. An Beaus Tod seid Ihr also unschuldig, Carlotta. Aber deshalb bin ich auch nicht hier.«

»Ich glaube, daß Ihr Euch alle diese Dinge ausdenkt, Mistreß Pilkington. Ihr habt Halluzinationen, seid krank...«

Sie zuckte die Achseln. »Das Ende ist für uns alle gekommen, auch für mich. Hört jetzt besonders gut zu. Ich wollte, daß mein Sohn glücklich wird, und das wäre er mit Eurer Schwester auch geworden. Sie ist ein aufrichtiger und guter Mensch. Es stimmte mich sehr froh, als ich merkte, daß sie sich ineinander zu verlieben begannen. Damaris war genau das Mädchen, das ich mir für Matt wünschte. Sie war anders als alle Frauen, die er in London treffen konnte, und Matt war sich ihrer vielen Vorzüge voll bewußt. Sie hätte ihm Sicherheit und Geborgenheit geben können, wozu ich nie in der Lage gewesen war. Genau das ersehnte ich mir für ihn.«

Sie musterte mich voller Abscheu und preßte die Hand aufs Herz, da sie nur mühsam Atem holen konnte.

»Aber Ihr habt alles ruiniert«, zischte sie mir dann ins Gesicht. »Er folgte Euch nach Paris und wurde ermordet. Ohne Euch würde mein einziger Sohn noch am Leben sein. Matt war für mich der Mittelpunkt... aber Ihr habt ihn hierhergelockt, worauf Lord Hessenfield ihn ermordete, oder besser gesagt, ermorden ließ.«

»Ihr irrt Euch«, widersprach ich hastig. »Er war ein Spion und ist nicht meinetwegen nach Paris gekommen. Glaubt mir, er war hier, um Informationen über die Jakobiten in Erfahrung zu bringen.«

»Er kam Euretwegen, nur Euretwegen!«

»Nein! Er arbeitete mit einem Kindermädchen zusammen, das in unserem Haushalt angestellt war. Man faßte ihn und fand bei ihm Dokumente, die ihn als Spion überführten.«

Sie schüttelte den Kopf. »Ich kannte meinen Sohn. Er war genau wie sein Vater und hätte ein bestimmtes Ziel niemals aufgegeben. Ihr wart dieses Ziel, und deshalb kam er auch her. Hessenfield war eifersüchtig. Da er ein harter, skrupelloser Mann ist, hat er Matt einfach aus dem Weg geräumt. Alle reden davon und nennen es ein Verbrechen aus Leidenschaft.«

»Falsch!« schrie ich. »Alles falsch...«

Sie wirkte plötzlich entmutigt. »Ich spürte schon damals in Eurer Gegenwart etwas Unheilvolles, als wir uns in Enderby sahen. Schönheit wie die Eure hat etwas Böses in sich. Sie ist keine Gabe Gottes, sondern stammt vom Satan.«

Sie musterte mich mit funkelnden Blicken und machte dabei den Eindruck einer Wahnsinnigen. Vielleicht hatte Matts Tod sie um den Verstand gebracht.

»Ihr gleicht der legendären Meerjungfrau, die auf einem Felsen sitzt und mit ihren Liedern die Seeleute anlockt – in den sicheren Tod. Ja, einer Zauberin gleich versprecht Ihr den Männern alles, was sie sich ersehnen. Doch statt dessen finden sie durch Euch den Tod.«

»Ihr redet Unsinn, Mistreß Pilkington.«

Sie schüttelte den Kopf. »Beau ist Euretwegen umgekommen, denn ohne Euch wäre er nicht nach Eversleigh gereist und hätte nicht die Frau wiedergetroffen, die er dann erpreßte. Also würde er heute noch leben, und ich wäre vielleicht sogar mit ihm verheiratet. Natürlich wäre auch Matt bei uns. Aber da traf er Euch, verführerisch und schön. Doch er fand keine liebevolle Braut samt großem Vermögen, sondern den Tod. Auch Matt hat Euren Sirenengesang vernommen. Wohin hat er ihn geführt? Zum Tod in der Seine. Mein geliebter Sohn... Doch nicht genug damit. Welches Unglück habt Ihr über Euren Gatten gebracht! Selbst Euer derzeitiger Liebhaber, Lord Hessenfield, konnte dem Unheil nicht entgehen, das Ihr mit Euch bringt. Er liegt im Sterben...«

»Ich muß Euch jetzt bitten zu gehen«, sagte ich. »Viel ist zu tun...«

»Jaja, näht ein Leichenhemd für Euren Liebsten, für Euch und auch für mich.«

Das Grauen drohte mich zu überwältigen, denn ich begriff, daß sie die Wahrheit sprach.

»Ich habe alles sorgfältig geplant, um Euch zu vernichten. Es soll keiner mehr Euretwegen leiden. Drei Männer tot, durch Eure Schuld. Ich habe es so eingefädelt, daß wir uns in Versailles treffen, und habe mich verkleidet, damit Ihr mich auf keinen Fall wiedererkennt. Zum Glück war ich immer schon eine perfekte Schauspielerin, so daß mir meine Rolle nicht schwerfiel. Soviel wie möglich versuchte ich über jene alten Giftprozesse zu erfahren, sprach mit

Leuten, die sich erinnerten, und faßte schließlich einen Entschluß. Zuerst glaubte ich allerdings nicht daran, daß es tatsächlich Gifte gibt, die durch die Haut wirken. Aber es gibt sie, o ja! Man muß nur wissen, wo man sie bekommen kann. Natürlich braucht man auch viel Geld, aber das habe ich ja in ausreichender Menge. Also ließ ich die Handschuhe präparieren... Lord Hessenfield hat die seinen offensichtlich über längere Zeit getragen, denn ihm geht es viel schlechter als Euch. Aber dennoch müssen wir alle daran glauben, wenn es auch bei mir etwas länger dauern wird. Es gibt keinerlei Gegenmittel. Ich schicke die Verführerin und Mörderin meines Sohnes in den Tod, zerstöre mich aber durch diese Tat gleichzeitig selbst.« Sie lachte bitter auf.

Ich erhob mich schwankend. Mir kam es vor, als hörte ich einer Verrückten zu.

Zunächst mußte ich sie loswerden! Dann gehe ich zu Hessenfield, oder nein, ich hole einen Arzt und erzähle ihm, was diese Irre behauptet hat.

Als ich das Zimmer verließ, hörte ich hinter mir ihre tastenden Schritte.

Mühsam schleppte ich mich zum Schlafzimmer hinauf.

Hessenfield lag bleich und still im Bett.

Ich wußte sofort, daß er tot war.

Bis zu diesem Augenblick hatte ich immer noch an ihren Worten gezweifelt und mir eingeredet, daß sie glatt gelogen hatte, was das Gift betraf. So etwas mochte ja dreißig Jahre zuvor passiert sein, doch heutzutage war es einfach undenkbar. Andererseits wußte ich, daß es immer noch italienische Giftmischer in Paris gab, die in dunklen Hinterzimmern ihre Arzneien mischten und reich damit wurden.

Ich war wie benommen, denn zu vieles stürmte auf mich ein. Die ganze Zeit, während der ich mich nach Beau gesehnt hatte, lag er bei Enderby unter der Erde. Leigh, mein Stiefvater, hatte ihn begraben, und auch meine Mutter war irgendwie daran beteiligt. Und... Matt war Beaus Sohn!

Alles in mir sträubte sich dagegen, und doch paßten die einzelnen Teile perfekt zusammen.

Beau war also seit vielen Jahren tot, Matt war sein Sohn. Kein Wunder, daß ich mich zu ihm hingezogen fühlte. Ich empfand in diesem Gedanken fast etwas Tröstliches. Es war von mir doch nicht nur eine pure Laune gewesen.

Aber all das bedeutete mir gar nichts angesichts der einen

schrecklichen Tatsache, die mit einem Schlag mein Leben sinnlos gemacht hatte. Ich beschäftigte mich in Gedanken nur deshalb mit der Vergangenheit, um die Gegenwart nicht ertragen zu müssen.

Hessenfield tot? Ich konnte es einfach nicht akzeptieren. Er, der so vital, so gesund gewesen war, konnte doch nicht an ein Paar Handschuhen sterben! Gleich würde er vom Bett aufstehen und mich auslachen. Es mußte einer seiner mutwilligen Tricks sein. Er wollte mir durch meine Verzweiflung einmal mehr beweisen, wie sehr wir uns liebten.

Oh, ich liebte ihn unendlich. »Für immer«, flüsterte ich.

Dann schlug ich die Hände vors Gesicht, die sich eiskalt anfühlten. Meine Haut brannte, und gleichzeitig zitterte ich am ganzen Körper.

Plötzlich überwältigte mich eine wilde Glückseligkeit. »Ich komme zu dir, Hessenfield. Wir sagten doch, daß uns nur der Tod trennen wird, doch selbst er kann es nicht.«

Ich setzte mich an sein Bett, um ihn zu betrachten. Dabei empfand ich fast so etwas wie einen heimlichen Triumph.

»Ich begleite dich. Es dauert nicht mehr lange.«

Der Tod war mir sehr nahe. Ich glaubte seine Schwingen bereits zu spüren. Eigentlich merkwürdig, sich den Tod mit Schwingen vorzustellen...

Plötzlich drang mir ein neuer Gedanke ins Bewußtsein. Hessenfield und ich würden beisammen sein, doch was wurde aus Clarissa, unserer Tochter? Was soll aus ihr werden, wenn wir beide tot sind?

Ich krampfte die Hände zusammen, um deren Zittern zu verhindern.

Mein Kind, mein kleines Mädchen. Du wirst hier ganz allein sein.

Etwas mußte getan werden, und zwar rasch.

Als ich aufstand, drehte sich das ganze Zimmer um mich.

»Schnell, beeile dich«, flüsterte ich mir halblaut zu. »Wer weiß, wieviel Zeit dir noch bleibt.«

Leise fing ich an zu beten. Ich konnte mich kaum daran erinnern, es je zuvor getan zu haben. Wahrscheinlich beten solche Menschen wie ich nur dann, wenn sie etwas haben wollen, und ich hatte immer alles im Überfluß gehabt. Nur wenn uns etwas verweigert wurde, dachten auch wir ans Gebet.

Plötzlich kam es wie eine Erleuchtung über mich. Ich wußte, was zu tun war.

Ich ließ mich auf den Stuhl vor dem Sekretär fallen und nahm einen Bogen Papier. In dieser unseligen Stunde voller Verwirrung, Angst und Trauer dachte ich an meine Schwester.

Mir fiel ein, wie sie sich mit Clarissa angefreundet hatte, als wir in Eversleigh Besuch machten. Zwischen den beiden hatte sich eine ganz besondere Beziehung entwickelt.

Damaris! Ja, Damaris war die Rettung.

Mit unsicherer Hand begann ich hastig zu schreiben.

Liebe Damaris,
ich sterbe und werde längst tot sein, wenn Du diesen Brief erhältst. Lord Hessenfield, Clarissas wahrer Vater, ist ebenfalls tot. Meine größte Sorge gilt nun meiner kleinen Tochter. Sie ist hier in der Fremde, und ich weiß nicht, wer sich um sie kümmern soll, wenn ich nicht mehr bin.
Ich war oft schlecht, aber das ist nicht Clarissas Schuld. Damaris, bitte nimm Du sie zu Dir! Hole sie so schnell wie möglich ab von hier, und erziehe sie als Deine Tochter. Es gibt niemanden, dem ich sie lieber anvertraue als Dir. Man kennt mich hier unter dem Namen Lady Hessenfield, und Clarissa gilt allgemein als unsere Tochter, was ja auch der Wahrheit entspricht. Ich kann Dir jetzt nicht mehr erzählen, wie alles geschehen ist, und es ist auch unwichtig. Wichtig ist einzig und allein, was aus Clarissa wird. Ich habe hier eine verläßliche Französin namens Jeanne. In ihrer Obhut lasse ich Clarissa, bis sie abgeholt wird. Jeanne war früher Blumenverkäuferin und lebte in großer Armut, aber ich vertraue ihr mehr als allen anderen. Damaris, ich war ein schlechter Mensch und habe allen nur Unheil gebracht. Dir habe ich das Leben ruiniert, doch Matt war im Grunde nicht gut genug für dich, denn sonst hätte er sich nicht so verhalten, wie er es tat. Dir ist nur der Beste ebenbürtig. Tu es für mich, bitte! Oder nein, tu es für Clarissa! Hole sie sofort zu Dir, wenn Du mein Schreiben bekommst.

Deine Schwester Carlotta

Ich versiegelte den Brief und ließ den Boten kommen, der Hessenfields wichtige Nachrichten immer nach England gebracht hatte.

»Liefert dieses Schreiben so rasch wie möglich ab«, schärfte ich ihm ein.

Dann betete ich darum, daß der Brief bei Damaris auch wirklich ankommen möge, denn angesichts der Kriegslage war eine solche Sendung ziemlich riskant. Oft erreichten die Kuriere nicht ihren Bestimmungsort, und die Kontrollen waren bei der Einreise sicher noch mehr verschärft worden, seit man die Waffenlieferung entdeckt hatte.

Als nächstes schickte ich nach Jeanne.

»Ich sterbe, Jeanne«, sagte ich ruhig.

»Madame, das kann doch nicht sein!«

»Weißt du schon, daß Lord Hessenfield tot ist?«

Sie nickte traurig. »O Madame, was soll aus uns allen werden?« rief sie gleich darauf.

»Jeanne, ich vertraue dir das Kind an. Hörst du!«

»Mylady?«

»Kümmere dich um Clarissa, bis sie abgeholt wird. Ich habe meiner Schwester in England geschrieben, was hier geschehen ist.«

»Wann wird jemand kommen, Mylady?«

»Bald, schon bald. Ich weiß, daß man Clarissa holen wird.«

»Aus England, Madame?«

»Warte es ab, Jeanne, und sorge gut für das Kind. Jeanne, ich bitte dich...«

Ich ergriff ihre Hände und schaute sie flehend an. »Dies ist der Wunsch einer Sterbenden.«

Jeanne wirkte verängstigt, doch ich wußte, daß sie ihr Wort halten würde.

Ich verbrannte die beiden Paar Handschuhe. Sie leuchteten in einer seltsamen Stichflamme auf und waren binnen kurzem nichts weiter als ein Häufchen Asche.

Dann trug ich in mein Tagebuch ein, was mir in letzter Zeit zugestoßen war, denn ich erhoffte mir etwas Trost, wenn ich mir alles von der Seele schrieb.

Zuvor hatte ich Jeanne erklärt, daß sie mein Tagebuch aufbewahren solle, bis meine Schwester käme. Nur ihr dürfe sie es geben.

Es war mir ein tiefes Bedürfnis, daß Damaris erfuhr, wie alles geschehen war. Verstehen heißt oft auch verzeihen.

Als ich mit meinen Aufzeichnungen fertig war, rief ich nach Jeanne und sagte ihr, wo sie das Tagebuch finden würde.

Sie machte immer noch einen ängstlichen und verwirrten Eindruck, hörte sich aber folgsam meine Instruktionen an.

Als sie mich allein gelassen hatte, konnte ich mich nicht bezähmen, sondern nahm die Feder noch einmal zur Hand und schrieb...

»Dies ist der Gesang einer Sirene, die sich ihren Charakter nicht selbst ausgesucht hat«, schrieb ich auf die erste Seite des Tagebuchs. »Aber sie war nun einmal so, und es stimmt, was jemand ihr zur Last gelegt hat: jene, die ihr nahe kamen, gingen in den Tod. Daher erscheint es nur recht und billig, daß der Tod sie mitten in ihrem Gesang ereilt.«

Damaris

Der Besitzer von Enderby Hall

Ich bin einsam, und die Tage kommen mir endlos lang vor. Stunde um Stunde liege ich auf einem Ruhebett und sage mir, daß mein Leben vorüber ist. Eigentlich hat es nie richtig begonnen.

Allerdings war ich einmal glücklich und stand auf der Schwelle zu einem wunderbaren Abenteuer, wie mir schien. Doch plötzlich war es damit vorbei. Alles, wovon ich geträumt hatte, war durch einen verräterischen Augenblick zerstört worden. Und dann folgte gleich darauf der zweite mörderische Schlag.

Manchmal glaube ich, daß es dem Schicksal nicht genügt, einen Menschen unglücklich zu machen; meist läßt es sich zusätzlich etwas einfallen, um sein Leben noch unerträglicher zu machen. Ich verlor den von mir geliebten Mann an einem dunklen Novembertag und zog mir in derselben Nacht eine schreckliche Krankheit zu, die aus mir eine Invalidin gemacht hat.

Über zuwenig Liebe kann ich mich nicht beklagen. Es gibt sicher kein Mädchen, das von seinen Eltern mehr geliebt und verwöhnt wird als ich. Auf tausendfache Art haben die beiden mir zu verstehen gegeben, daß ich der Mittelpunkt ihres Lebens bin. Sie geben sich die Schuld an dem, was mir zugestoßen ist, doch sie haben keinerlei Anteil daran. Aber wie kann ich es ihnen klarmachen, ohne Carlotta mit hineinzuziehen?

An Gregory will und kann ich nicht denken. Manchmal sehe ich sie unwillkürlich vor mir, und dann rede ich mir ein, daß ich sie hasse. Doch ich habe immer wieder ihre fast überirdische Schönheit vor Augen. Niemand hat ein Recht, so schön zu sein, denke ich dann.

Sie hatte alles, alles, alles. Ich beobachtete oft die Blicke der Männer, wenn Carlotta ins Zimmer trat. Sie mußte sie nur anschauen, und schon lagen sie ihr zu Füßen. Oh, wie ich sie bewunderte und wie stolz ich darauf war, sie zur Schwester zu haben.

Inzwischen habe ich viel über meine Familie dazugelernt, denn meine Mutter gab mir ihr Tagebuch zu lesen. Dort steht alles über Carlottas Geburt in Venedig und über das gräßliche Erlebnis, das meiner Mutter zustieß. Ich weiß Bescheid über jenen gewissenlosen Mann, weiß auch, wer ihn umbrachte und welch schrecklichen Verdacht meine Eltern gegeneinander hegten. Nun ist mir klar, warum mein Vater Belle erschießen und begraben mußte. Wenn ich etwas von den Leiden meiner Eltern geahnt hätte, wäre ich nicht zu Belles Grab gegangen, nachdem ich Matt und Carlotta miteinander überraschte.

Ich war damals zutiefst getroffen, denn ich nahm an, daß mich nicht nur Matt getäuscht hatte. Auch mein Vater schien gefährliche Geheimnisse zu haben, sonst hätte er kein unschuldiges Tier töten müssen. So sah die Situation zu jener Zeit für mich aus, und ich litt sehr darunter.

Wenn ich etwas erfahrener gewesen wäre, hätte mir gleich auffallen müssen, daß zwischen Carlotta und Matt eine starke Anziehungskraft bestand. Auch das hätte mich natürlich geschmerzt, aber dieser furchtbare Schock wäre mir erspart geblieben.

Aber was hatte es für einen Sinn, darüber nachzugrübeln. Matt war aus meinem Leben verschwunden, und Carlotta bekam ich kaum zu Gesicht, was mir auch sehr recht war, denn ihr Anblick war für mich geradezu eine Qual. Ihre kleine Tochter hatte ich allerdings sofort in mein Herz geschlossen.

Als Clarissa das erste Mal in mein Zimmer trat, spürte ich endlich wieder ein gewisses Interesse am Leben. Wenn wir zusammen waren, vergaß ich sogar meinen Groll gegen ihre Mutter. Es machte mir großen Spaß, wenn sie gebieterisch eine Antwort auf jede Frage forderte, und es machte auch Spaß, sich Spiele für sie auszudenken. ›Ich sehe was, was du nicht siehst‹, war ihr Lieblingsspiel, bei dem der eine den Gegenstand erraten mußte, den der andere sich gerade angeschaut hatte.

Zwischen uns war es Liebe auf den ersten Blick.

Als ich eines Tages wie üblich auf meiner Chaiselongue lag, hörte ich Clarissa mit viel Geschrei im Garten spielen. Doch plötzlich war alles still. Ich lauschte, und die Stille dünkte mich endlos. Mir kam der schreckliche Gedanke, daß Clarissa sich weh getan haben könnte.

Ich stand auf und rannte zum Fenster. Clarissa lag der Länge nach im Gras und beobachtete irgend etwas, wahrscheinlich ein Insekt. Ich sah, wie sie vorsichtig einen Finger ausstreckte, um es zu berühren.

Erleichtert legte ich mich wieder hin, und erst da wurde mir schlagartig bewußt, daß ich tatsächlich gerannt war. Ich, die seit jener Nacht nur mit größten Schwierigkeiten gehen konnte.

Es war wie ein Wunder. Nach dieser Begebenheit fiel mir auch das Laufen etwas leichter. Da es Carlotta peinlich und unangenehm war, mir zu begegnen, machte sie von da an keine weiteren Besuche bei uns im Dower House.

So mußte ich leider auch auf Clarissa verzichten.

Aber ich dachte sehr viel an sie, und hauptsächlich ihretwegen holte ich mir viele kleine Erlebnisse, die mir früher auf meinen Streifzügen durch die Umgebung widerfahren waren, ins Gedächtnis zurück.

Sie alle wollte ich irgendwann einmal Clarissa erzählen.

Natürlich war es eine Nachricht über Carlotta, die meine Familie wie ein Blitzstrahl aus heiterem Himmel traf. Sie und Clarissa waren nach Frankreich entführt worden!

In unserem Haus herrschte schreckliche Aufregung, als Harriet kam, um nähere Einzelheiten zu berichten.

Meine Mutter zog mich voll ins Vertrauen, wie sie es eigentlich immer tat, seit ich erkrankt war. Vermutlich war sie der Meinung, daß ich mich damals aus reiner Unwissenheit in jenen verbotenen Garten geflüchtet hatte, statt gleich nach Hause zu kommen. In diesem Fall hätte nämlich sicher eine Chance bestanden, mich gesundzupflegen. Ein falsches Verhalten aus Unwissenheit wollte sie von nun an unbedingt vermeiden.

Sie setzte sich zu mir ans Ruhelager. »Harriet behauptet, daß Carlotta von einem gewissen Lord Hessenfield entführt wurde, der einer der wichtigsten Jakobiten ist. Man vermutet, daß er sich in der Gegend von Eyot Abbas in geheimer Mission aufhielt. Er flüchtete nach Frankreich und hat auch Clarissa mitgenommen, die sein Kind ist, was bisher nur Harriet wußte.«

Harriet erzählte uns später ausführlich davon, wie Carlotta von Jakobiten gefangengenommen wurde, als sie auf dem Weg von Eyot Abbas im ›Schwarzen Eber‹ übernachtete. Lord Hessenfield vergewaltigte sie, Carlotta wurde schwanger und Benjie heiratete sie, um alles ins Lot zu bringen, wie Harriet es ausdrückte. Benjie liebte Carlotta seit langem und ergriff mit Freuden die Gelegenheit, ihr zu helfen. Hessenfield liebt Carlotta wohl auch, denn er hat bei dieser Entführung ja schließlich sein Leben aufs Spiel gesetzt. Es steht fest, daß Carlotta sich erbittert wehrte, denn bei dem Kampf verlor sie ihren Mantel, den man später im Buschwerk fand. Clarissa war vermutlich bereits vorher in Hessenfields Gewalt, denn man vermißte sie schon einige Stunden, bevor Carlotta verschwand.

Das Ganze wirkte völlig unglaublich, doch Carlotta waren immer unglaubliche Dinge zugestoßen. Wenn ich mir allerdings überlege, was meine Eltern alles erlebt haben, dann muß ich sagen, daß fast jeder in unserer Familie stürmische Episoden hinter sich hat. Selbst ich war schon in ein schreckliches Abenteuer verwickelt, als mich nämlich die gute Mrs. Brown ausplünderte.

Übrigens gibt es seit kurzem einen neuen Besitzer von Enderby Hall, was mich sehr wundert, da dieses Haus so wenig einladend ist und sogar Geister beherbergen soll. Es gab davor nur ein oder zwei Interessenten, die sich jedoch nach der Besichtigung nicht zu einem Kauf entschließen konnten.

Ich erinnere mich gut an den Tag, als meine Großmutter zu uns kam und von einem Mann erzählte, den sie erst kürzlich in Enderby herumgeführt hatte.

Wir saßen alle zusammen in meinem Zimmer, da meine Mutter jeden Besucher in der Hoffnung zu mir brachte, mich dadurch etwas aufzuheitern.

»Ich habe keine Ahnung, wieso er es sich überhaupt ansehen wollte«, sagte meine Großmutter. »Er schien nämlich von vornherein alles zu mißbilligen, und das fällt einem bei Enderby leider auch nicht schwer.«

»Glaub mir, man könnte Enderby total verwandeln, wenn man sich nur die Mühe machen würde«, meinte meine Mutter nachdenklich.

»Wie denn, Priscilla?« wollte meine Großmutter wissen.

»Man müßte einiges abholzen und die vielen Kletterpflanzen zurückstutzen, denn die Mauern sind zu stark überwuchert. Dieses Haus braucht Licht und Sonnenschein. Am liebsten stelle ich mir dort ein glückliches Ehepaar mit einer Horde von Kindern vor, die alle Räume mit Lachen erfüllen.«

»Ach, Priscilla«, war alles, was meine Großmutter dazu sagte.

Enderby Hall war schon Schauplatz zweier Tragödien gewesen. Beaumont Granville war dort ermordet worden und lag ganz in der Nähe begraben, und außerdem hatte sich dort vor langer Zeit eine Frau erhängen wollen.

»Erzähl uns von diesem Mann«, bat meine Mutter.

»Er paßt eigentlich recht gut nach Enderby, das kann ich nicht leugnen, denn er hinkt und ist eine reichlich düstere Erscheinung. Man hat den Eindruck, daß ihm ein Lächeln geradezu weh täte, und dabei ist er noch nicht einmal alt. Ich fragte ihn, ob er etwa allein in Enderby leben wolle, falls er es nähme, und er nickte. Als ich ein erstauntes Gesicht machte, fügte er wortkarg hinzu, daß es ihm so am liebsten wäre. Er äußerte dies wie eine Warnung, daß ich meine Gedanken besser für mich behalten solle, was ich dann natürlich auch tat. Auf seine Bemerkung, daß alles sehr düster und unfreundlich wirke, riet ich ihm dasselbe, was du vorhin gesagt hast, Priscilla. Laßt mehr Licht herein, sagte ich, und alles wird viel heiterer aussehen.«

»Was ist mit den Möbeln?« erkundigte sich meine Mutter, und ich mußte sofort an das Himmelbett mit den roten Vorhängen denken.

»Er erklärte, daß er es lieber möbliert hätte.«

»Na, damit wäre jedenfalls ein Problem gelöst«, erwiderte meine Mutter.

»Noch ist nichts gelöst, Priscilla. Ich glaube, daß er sich Enderby nur deshalb anschaute, um uns triumphierend zu verkünden, wie ungeeignet es ist.«

»Vielleicht hast du recht.«

»Wahrscheinlich müssen wir alle Möbel ausräumen und das ganze Gebäude von oben bis unten reparieren lassen, bevor wir es verkaufen können. Jedenfalls brauchen wir wohl kaum noch einen Gedanken an diesen Jeremy Granthorn zu verschwenden. Von dem hören wir sicher nichts mehr.«

Doch darin irrte sie sich.

Schon bald war Jeremy Granthorn der neue Besitzer von Enderby Hall.

Er tat nichts, um Enderbys Ruf zu verbessern.

Das Dienstmädchen, das besonders für mich zuständig war, hieß Abby. Meine Mutter hatte gerade sie für diese Aufgabe ausgewählt, weil sie nicht nur fleißig, sondern auch fröhlich war. In meinen Augen war sie allerdings eher geschwätzig. Ich redete kaum mit ihr, da ich meistens mit meinen Gedanken beschäftigt war, doch Abby gehörte zu den Leuten, die keine aufmerksame Zuhörerschaft benötigen.

Während sie in meinem Zimmer putzte und aufräumte, plapperte sie unaufhörlich über alles, was sich ringsum ereignete. Ab und zu nickte ich oder murmelte irgend etwas, um ihr nicht völlig den Spaß zu verderben, doch im Grunde war mir das alles egal.

Genau das war mein größtes Problem. Nichts konnte mein Interesse wecken.

In Abbys Plaudereien über Nachbarn schlich sich mit der Zeit immer häufiger der Name Jeremy Granthorn ein.

»Er hat nur einen Diener bei sich, Mistreß. Es heißt, daß er Frauen nicht leiden kann.« Sie kicherte. »Ein komischer Bursche muß das sein. Und dieser Diener – er heißt Smith – ist genau wie sein Herr. Emmy Camp kam mal an Enderby vorbei und wollte sich ein bißchen umschauen. Dieser Smith arbeitet gerade im Garten, und Emmy fragt ihn nach dem Weg ins Dorf Eversleigh. Dabei weiß sie es doch genau. Emmy sagt also: ›Welchen Weg muß ich gehen?‹ Er deutet ohne ein Wort in die Richtung, worauf sie sagt: ›Seid Ihr stumm, Sir?‹ Darauf sagt er ihr, sie solle nicht so unverschämt sein. Emmy sagt, daß sie doch nur nach dem Weg gefragt habe, aber er glaubt ihr nicht. ›Wir mögen hier keine Leute, die herumschnüffeln‹, sagt er zu ihr. ›Es gibt hier einen großen Hund, und der mag auch keine Schnüffler.‹ Emmy war ganz verdutzt. Normalerweise kommt sie gut mit Männern aus, aber dieser Smith blieb unnahbar.«

»Emmy hätte nicht so aufdringlich sein dürfen«, sagte ich.

»Nein, Mistreß. Aber wir möchten doch alle gern wissen, was dort los ist...«

An einem der nächsten Tage nahm Abby das Thema wieder auf. »Kein Mensch ist bisher dort gewesen. Biddy Lang sagt, daß da nur die Geister hausen. Zwei Männer allein in so einem großen Haus, das ist doch nicht normal, sagt Biddy.«

Es ging mich nichts an, was aus Enderby wurde. Ich hatte mir geschworen, es nie wieder zu betreten.

Seit Clarissas Besuch lief ich ein bißchen besser als zuvor, was meine Mutter sehr froh machte. Ihrer Meinung nach würde ich mit der Zeit schon wieder ganz gesund werden.

Ich verriet ihr nicht, daß ich zwar meine Beine etwas besser bewegen konnte, ansonsten jedoch keinerlei Fortschritt sah. Wie rasch wurde ich müde! Und besonders schlimm war die schreckliche Teilnahmslosigkeit, die mich selbst am meisten quälte.

Wenn meine Mutter mir vorlas, mußte ich Interesse heucheln. Wenn mein Vater mit mir Schach spielte, gab ich mir kaum Mühe. Sieg oder Niederlage kümmerten mich nicht im geringsten.

Doch eines Tages stellte ich überrascht fest, daß ich Abby mit zunehmender Aufmerksamkeit lauschte. Ich fragte sie zwar nie aus, begann mich aber für das merkwürdige Paar in Enderby zu interessieren.

Inzwischen konnte ich sogar ein wenig ausreiten, wenn auch

nicht weit, da ich rasch ermattete. Kam ich zum Stall, wurde ich von Tomtit mit sichtlicher Freude begrüßt. Er wieherte, drückte seinen Kopf gegen meine Schulter, und schon allein seine Anhänglichkeit brachte mich dazu, hin und wieder einen Ausflug zu machen.

In jener Sturmnacht hatte ich ihn allein gelassen, hatte ihn in meinem Kummer vergessen, und dabei war dies das Schlimmste, was man einem Tier antun konnte. Doch er hatte es mir nicht verübelt. Als ich mich ihm das erste Mal nach langer Zeit schuldbewußt näherte, empfing er mich so vertraut, als hätten wir uns erst am Tag zuvor gesehen.

Also ritt ich manchmal aus und überließ es Tomtit, die Richtung zu bestimmen. Er galoppierte nie und trabte auch nur selten, sondern ging gemächlich im Schritt. Wenn ich müde wurde, beugte ich mich nach vorne und tätschelte seinen Hals. »Bring mich heim, Tomtit«, brauchte ich nur zu sagen, und er wählte den kürzesten Rückweg.

Meine Eltern hätten vermutlich ziemliche Angst, wenn ich mit einem anderen Pferd ausreiten würde, doch bei Tomtit waren sie ganz beruhigt. »Tomtit paßt schon auf sie auf«, lautete ihr Kommentar.

Als ich ihm eines Vormittags wie üblich die Zügel locker ließ, brachte er mich in die Nähe von Enderby Hall, und ich verspürte plötzlich den Drang, Belles Grab zu besuchen.

Ich stieg vom Pferd, was mir ziemlich schwerfiel, da mir normalerweise zu Hause im Stall von einem Reitknecht heruntergeholfen wurde.

Nachdem ich Tomtit an einem Zaunpfahl festgebunden hatte, lehnte ich mich kurz an ihn. »Diesmal werde ich dich nicht vergessen«, flüsterte ich ihm zu. »Ich bin gleich zurück.«

Zögernd betrat ich jenen Boden, den ich früher den verbotenen Garten genannt hatte. Wie war alles verändert! Nichts von Düsterkeit war mehr zu spüren. Über der Stelle, wo Belles Grab sich befinden mußte, blühte ein großer Rosenstrauch.

Hier hatte sich nun meine Mutter ihren privaten Garten angelegt.

Ich dachte an Belle, deren Neugierde ihr den Tod eingehandelt hatte. Zum Glück war sie rasch und schmerzlos gestorben. Da ich mittlerweile die Beweggründe kannte, war es mir unmöglich, meinem Vater wegen dieser Tat gram zu sein.

Ich wandte mich ab und wollte zu Tomtit zurückgehen, doch überfiel mich plötzlich der starke Wunsch, einen Blick aufs Haus zu werfen. Wind war aufgekommen und blies die ersten gelben Blätter von den Bäumen. Mir behagte diese frische Brise, da sie die Nebelschleier vertrieb, die zu dieser Jahreszeit fast immer über der Landschaft hingen.

Dann sah ich das Haus, es wirkte düsterer denn je. Eigentlich konnte nur ein Misanthrop sich darin wohl fühlen.

Unvermittelt sah ich die beiden wieder ganz deutlich vor mir – Matt und Carlotta. Selbstmitleid durchflutete mich, und meine Augen wurden feucht. Rasch zog ich ein Taschentuch hervor, um mir die Tränen abzuwischen, doch ein jäher Windstoß entriß es mir und wehte es zur Auffahrt. Ich lief hinterher und wollte es aufheben, doch der Wind spielte mir wie ein mutwilliges Kind einen Streich und ließ mich vergeblich danach fassen.

Auf diese Weise drang ich immer weiter auf das Grundstück vor. Als ich das Taschentuch endlich aufheben konnte, hörte ich ein bedrohliches Knurren. Ein großer schwarzer Neufundländer kam auf mich zugerannt.

Ich befand mich auf fremdem Gelände, und mir fiel ein, daß Abby von einem Hund berichtet hatte, der herumschnüffelnde Fremde nicht mochte. Im Augenblick erweckte ich ganz sicher diesen Eindruck. Aber zum Glück kam ich eigentlich immer mit Hunden, wie mit allen anderen Tieren auch, gut aus.

»Braver Hund«, murmelte ich einige Male besänftigend. »Ich bin dein Freund.«

Er zögerte. Es war ein reichlich furchteinflößender Hund, doch ich hatte keine Angst vor ihm. Er entdeckte das Taschentuch und nahm wohl an, daß ich es gestohlen hatte, denn er packte es mit den Zähnen und verwundete mich dabei leicht an der Hand.

Ein paar Blutstropfen färbten das feine Batisttuch rot.

Ich ließ nicht los, und er ließ nicht los.

»Wir werden sicher gute Freunde werden«, sagte ich zu ihm. »Du bist ein braver Wachhund.«

Gerade als ich ihn streicheln wollte, hörte ich eine fremde Stimme. »Nicht anfassen! Komm her, Dämon. Na, komm schon.«

Der Hund ließ sofort das Taschentuch los und näherte sich schwanzwedelnd einem Mann.

War es der Diener Smith? Gleich darauf sah ich, daß er hinkte. Es war also Jeremy Granthorn.

Er musterte mich mißtrauisch. »Der Hund hätte Euch garantiert gebissen. Was tut Ihr eigentlich hier?«

»Ich spazierte in der Nähe vorbei, als mir der Wind mein Taschentuch entriß. Daraufhin versuchte ich es mir wiederzuholen.«

»Nun, das hat sich ja erledigt, wie ich sehe.«

»Ja, vielen Dank.«

Was für ein unangenehmer Zeitgenosse, dachte ich. So benahm sich hier auf dem Lande kein Mensch. Aber ganz offenkundig wollte er in Enderby wie ein Eremit hausen.

»Es tut mir leid, Euer Grundstück betreten zu haben. Aber schuld daran war wirklich nur der Wind. Guten Tag.«

»Der Hund hat Euch verletzt«, sagte er kurz angebunden.

»Ach, das ist nicht weiter schlimm. Außerdem war es ja mein Risiko. Warum bin ich hier eingedrungen, wo ich eigentlich nichts zu suchen habe.«

»Die Wunde muß schnellstens versorgt werden.«

»Da ich mein Pferd dabeihabe und gleich drüben im Dower House wohne, ist das kein Problem.«

»Trotzdem werden wir den Biß gleich hier verarzten.«

»Wo denn?«

Er machte eine Handbewegung zum Haus hin.

Diese Gelegenheit konnte ich mir natürlich nicht entgehen lassen. Wenn ich meinen Eltern und Abby Glauben schenken durfte, war bisher noch niemand ins Haus gebeten worden.

»Ich danke Euch«, erwiderte ich.

Welch merkwürdiges Gefühl, die Halle wiederzusehen!

»Ihr habt überhaupt nichts verändert.«

»Warum sollte ich auch?« entgegnete er.

»Die meisten Menschen wollen ihrem Zuhause einen persönlichen Stempel aufdrücken.«

»Ich betrachte Enderby nur als einen Ort, wo ich in Frieden und Ruhe leben kann.«

»Das läßt sich nicht übersehen. Ich fühle mich fast wie ein Eindringling.«

Er widersprach mir nicht, was ich eigentlich erwartet hatte.

»Setzt Euch«, forderte er mich statt dessen auf.

So saß ich in der Halle und schaute zur Spukempore hinauf, und das Ganze kam mir noch trostloser vor als früher.

»Smith«, hörte ich Jeremy Granthorn rufen. »Smith! Herkommen!«

Smith schaute mich an, als ob er seinen Augen nicht traute. Er wirkte ebenso grimmig wie sein Herr, war allerdings um einige Jahre älter. »Die junge Lady ist gebissen worden.«

...beim unbefugten Betreten des Grundstücks«, murmelte Smith.

Mein Gastgeber, der allerdings reichlich ungastlich war, verteidigte mich nicht. »Hol heißes Wasser und eine Bandage oder etwas Ähnliches!«

»Bandage?«

»Du wirst schon irgend etwas finden.«

Ich stand auf und straffe die Schultern. »Wie ich sehe, verursache ich Euch Schwierigkeiten. Es handelt sich doch nur um eine Kratzwunde. Außerdem war alles meine eigene Schuld, wie Ihr mir deutlich zu verstehen gebt.«

»Setzt Euch bitte wieder«, sagte Jeremy Granthorn.

Zögernd gehorchte ich seiner Aufforderung.

Dann versuchte ich es mit etwas Konversation. »Dieses Haus gehörte früher meiner Schwester.«

Er gab keine Antwort.

»Gefällt Euch das Haus und die... Nachbarschaft?«

»Es ist schön ruhig, friedlich... jedenfalls meistens.«

War dies eine Rüge für meine letzte Frage? Dabei hatte ich sie wahrlich nur aus reiner Höflichkeit gestellt.

Smith brachte eine Schüssel mit heißem Wasser, ein Tuch und einen Salbentiegel. Außerdem brachte er noch einen Streifen Stoff, den er wohl gerade irgendwo abgerissen hatte. Ich tauchte zuerst die Finger in das heiße Wasser, und dann strich mir Mr. Granthorn etwas Salbe auf die Wunde.

»Sie ist gut erprobt«, erklärte er mir dabei. »Bei Verstauchungen und leichteren Schnittwunden hilft sie eigentlich immer.«

Als er meinen Zeigefinger verband, kam der Neufundländer und schnüffelte an meinem Rocksaum.

»Du hast nichts Schlimmes getan«, sagte ich zu ihm, worauf er seinen Kopf schieflegte und mit dem Schwanz wedelte.

Mir entging nicht, daß ich zum erstenmal das Interesse meines Gastgebers erregte.

»Merkwürdig«, sagte er. »Dämon ist ja ganz freundlich.«

»Er hat begriffen, daß Ihr mich akzeptiert und findet mich folglich auch akzeptabel«, erwiderte ich.

»Gut, Dämon«, lobte er mit völlig veränderter Stimme und tätschelte den Hund, der noch etwas näher kam.

Furchtlos streckte ich die Hand aus und strich ihm über den Kopf.

Damit beeindruckte ich Jeremy Granthorn ganz offensichtlich.

»Ihr mögt Hunde anscheinend gern?«

»Alle Tiere, aber am liebsten sind mir die Vögel.«

»Ich hätte nie gedacht, daß Dämon sich mit jemand so rasch anfreundet.«

»Oh, mir war gleich klar, daß wir Freunde werden würden«, widersprach ich. »Übrigens hat er nur ganz leicht zugebissen, fast liebevoll.«

Er warf mir einen ungläubigen Blick zu.

»Dämon konnte gar nicht anders handeln, denn es ist schließlich seine Pflicht, dieses Haus zu bewachen. Ich wagte mich auf fremden Grund und konnte ihm leider nicht erklären, daß ich nur mein Taschentuch zurückholen wollte.«

Es dauerte eine ganze Weile, bis Jeremy Granthorn wieder etwas sagte. »So, ich glaube, die Wunde wird gut verheilen. Ihr werdet damit keinen Kummer mehr haben.«

»Danke.« Ich stand auf.

Sein Gesicht verriet seine innere Unschlüssigkeit. Vielleicht überlegte er, ob er mir eine kleine Erfrischung anbieten sollte, doch ich hatte nicht die Absicht, mich noch länger mit einem so wenig liebenswürdigen Gastgeber herumzuquälen.

»Auf Wiedersehen.« Ich streckte ihm die Hand hin, die er kurz drückte, nachdem er sich verbeugt hatte. Dann wandte ich mich zur Tür. Er folgte mir mit Dämon auf den Fersen. Schweigend schaute er mir nach, als ich mühsam und unter Schmerzen zu der Stelle ging, wo Tomtit auf mich wartete. In mir war ein unbändiger Zorn auf diesen seltsamen Einsiedler, dessen Benehmen man schon als grob bezeichnen mußte.

Andererseits kam es mir vor, als hätte ich etwas wiedergewonnen, was mir verlorengegangen war, als ich Carlotta und Matt Pilkington auf dem Bett mit den roten Vorhängen überraschte.

Als ich heimkam, war ich zu Tode erschöpft. Meine Mutter machte sich schon große Sorgen, da sie bei jedem Ausritt fürchtete, ich könnte mich überanstrengen und dadurch einen Rückschlag erleiden. Auch am nächsten Tag war ich noch so matt, daß ich das Haus nicht verließ, doch ich fühlte mich irgendwie verändert. Vielleicht lag es an meinem Interesse an Jeremy Granthorn, seinem Diener und dem schönen Neufundländer Dämon.

Eine Woche später sah ich ihn wieder.

Ich befand mich mit Tomtit gerade auf dem Heimweg, als ich Jeremy Granthorn und Dämon begegnete.

Kurz vorher hatte ich Tomtit zugeflüstert, daß er mich nach Hause bringen sollte, und ich wollte ohne Verzögerung an meinem unfreundlichen Gastgeber vorbeireiten, als er mir einen Gruß zurief.

Also hielt ich an.

Vor Müdigkeit war ich einer Ohnmacht nahe, und Tomtit stampfte ungeduldig mit den Hufen, da dieses kluge Tier fühlte, daß ich schnellstens zum Dower House zurückkehren wollte.

»Fühlt Ihr Euch krank?« fragte mich unser Nachbar.

Bevor ich etwas erwidern konnte, hatte er schon die Zügel ergriffen.

»Ihr solltet Euch ein Weilchen ausruhen.«

Er führte Tomtit hinter sich her, der in ihm den großen Tierfreund witterte, der er wohl auch war. Seine Schroffheit sparte er sich offensichtlich für die Menschen auf.

Nachdem er Tomtit angebunden hatte, hob er mich mit überraschender Sanftheit aus dem Sattel.

»Ich will nicht stören«, protestierte ich. »Ihr haßt doch jeden Störenfried.«

Ohne mir zu antworten, geleitete er mich in die Halle.

»Smith«, schrie er. »Smith!«

Smith kam eilig herbeigelaufen.

»Der Lady geht es nicht gut«, erklärte er. »Ich möchte sie ins Besuchszimmer bringen. Hilf mir dabei.«

Sie hakten mich beide unter.

»Vielen Dank, aber ich fühle mich schon besser... und kann durchaus nach Hause reiten.«

»Nicht gleich«, widersprach Jeremy Granthorn. »Ihr müßt erst etwas zu Euch nehmen, das Euch erfrischt! Ich habe da einen ganz speziellen Wein.« Er drehte sich zu Smith um und flüsterte ihm etwas zu, worauf dieser nickte und hinausging.

Nun saß ich also in einem kleinen Salon, den ich schon von früher her kannte. Es war einer der hübschesten Räume von Enderby und wirkte nicht so düster wie der Rest.

»Es wäre auch ohne Eure Hilfe gegangen«, sagte ich leichthin. »Mein Pferd hätte mich heimgebracht, denn es merkt immer, wenn ich müde bin.«

»Seid Ihr oft... in diesem Zustand?«

»Hin und wieder...«

»Ihr solltet nicht allein ausreiten.«

»Mir ist es aber lieber so«, widersprach ich.

Smith stellte zwei Gläser auf den Tisch und schenkte aus einer Flasche eine rubinrote Flüssigkeit ein.

»Ein ganz spezieller Wein«, erklärte Jeremy Granthorn. »Ich hoffe, er wird Euch munden, und ganz gewiß stärkt er Euch, denn dafür ist er berühmt.«

Als ich einen Schluck nahm, stellte ich fest, daß er nicht zuviel versprochen hatte. Der Wein belebte mich tatsächlich.

»Ich hatte eine schwere Krankheit«, erklärte ich ihm und schilderte einige Symptome. »Die Ärzte fürchten, daß ich immer eine Invalidin bleiben werde. Erst seit kurzem wage ich mich wieder ins Freie.«

Er hörte mir aufmerksam zu.

»Es ist deprimierend, wenn man in seiner Bewegungsfähigkeit eingeschränkt ist«, sagte er ernst. »Auch auf mich trifft das bis zu einem gewissen Grad zu. Ich wurde bei Venlo verwundet und werde nie wieder normal laufen können.«

Daraufhin erzählte ich ihm, daß ich eine ganze Nacht im Regen bewußtlos auf der Erde gelegen hatte, wodurch ich mir das Fieber holte, das meine Gliedmaßen in Mitleidenschaft zog.

Plötzlich mußte ich lachen, weil es mir komisch vorkam, daß ausgerechnet dieses traurige Thema uns ein gewisses Interesse aneinander abnötigte.

Er erkundigte sich nach dem Grund meines Lachens. Als ich ihm verriet, was mir eben durch den Kopf geschossen war, nickte er.

»Natürlich ist dies für leidende Menschen das wichtigste Thema. Ihr Leben kreist um ihre Krankheit.«

»Aber es muß doch auch für uns noch andere Dinge geben«, protestierte ich und wunderte mich flüchtig, wie mühelos ich mich diesmal mit ihm unterhalten konnte.

Als nächstes erkundigte ich mich, wie er es schaffe, mit nur einem Diener das ganze Haus in Ordnung zu halten.

Er gab mir zur Antwort, daß viele Zimmer nicht benutzt würden.

»Warum habt Ihr dann ein so großes Haus gekauft?« hätte ich am liebsten gefragt, verbiß es mir aber gerade noch. Seltsamerweise antwortete er darauf, als habe er meine Frage gehört.

»Dieses Haus hat einen ganz besonderen Reiz für mich.«

»Wie bitte? Wir hielten Enderby immer für ein düsteres, trostloses Gemäuer«, rief ich erstaunt.

»Da ich düster und trostlos bin, paßt es prächtig zu mir.«

»Bitte sagt doch so etwas nicht!«

Der Wein – vielleicht war es aber auch etwas anderes – machte mich kühn genug, um weiterzureden. »Ich habe mich verloren gefühlt, absolut lustlos... wißt Ihr, was ich meine?«

Er nickte.

»Als ich mich damit abfinden mußte, wohl nie wieder ohne Schmerzen laufen zu können, was mich zu langen Stunden auf der Chaiselongue verdammte, da war mein Leben leer. Ich lag da und wartete darauf, daß die Zeit vergeht. Sonst gab es für mich nichts mehr. Dieses Gefühl habe ich immer noch oft.«

»Ja, das kenne ich auch sehr gut.«

»Doch dann passiert plötzlich irgendeine Kleinigkeit, die außerhalb der Routine liegt, und man gewinnt neues Interesse. Deshalb fand ich es gar nicht schlimm, als Dämon mich gebissen hat. Es war eher komisch.«

»Ihr habt recht«, erwiderte er, und seine Stimme klang irgendwie fröhlicher.

»Wie geht es der Wunde?« erkundigte er sich.

Ich streckte ihm die Hand hin. »Eure Salbe hat Wunder gewirkt. Alles ist gut verheilt.«

»Diese Salbe verwendeten wir in der Armee.«

Wie gern hätte ich nachgehakt, doch ich machte es mir zum Prinzip, ihm kaum Fragen zu stellen. Er sollte von sich aus reden, und ich glaube, daß er dies sehr zu schätzen wußte.

Es ging mir schon bald besser, und ich erhob mich, um zu gehen. Er hielt mich nicht zurück, bestand aber darauf, mit mir zum Dower House zurückzureiten.

Dort angekommen, schlug ich ihm vor, mit meinen Eltern Bekanntschaft zu machen. Doch davon wollte er nichts wissen.

Ich drängte ihn nicht weiter, sondern verabschiedete mich. Obwohl ich mich am nächsten Tag zu schwach fühlte, um ausreiten zu können, war mir wohler zumute als seit langem.

So fing unsere Freundschaft an. Ich besuchte Jeremy Granthorn nie, sondern traf ihn meist zufällig bei einem Reitausflug. Dann bat er mich ins Haus und bot mir ein Glas Wein an. Er war Weinkenner und ließ mich die verschiedensten Sorten probieren.

Wenn ich an Enderby Hall vorbeiritt, stürzte Dämon heraus und bellte aufgeregt, woraufhin Jeremy oder Smith auftauchten, um nachzusehen, was denn los sei. Auch in solch einem Fall luden sie mich immer ein.

Als meine Mutter davon erfuhr, freute sie sich.

»Ich werde ihn zum Dinner einladen«, schlug sie vor.

»Nein, bitte, tu das nicht. Er nimmt keine Einladungen an.«

»Dann muß er wirklich ein seltsamer Mensch sein.«

»Das ist er auch. So eine Art Einsiedler.«

Sie legte unserer Freundschaft nichts in den Weg, da sie es für gut hielt, wenn ich unter Leute ging.

Wir freundeten uns mehr und mehr an.

Ich erzählte ihm einiges über mich, meine schöne Schwester Carlotta und darüber, daß ich einst einen Mann geliebt hatte, der aber Carlotta vorzog.

Auch er stellte nie Fragen. Dies war ein ungeschriebenes Gesetz für uns, so daß jeder von sich berichten konnte, ohne fürchten zu müssen, daß der andere nachbohrte.

Jeremy hatte ebenfalls eine unglückliche Liebesgeschichte hinter sich. Nachdem er verwundet aus Venlo zurückgekehrt war, entschied sich das Mädchen für einen anderen. Vieles blieb ungesagt. Doch ich wußte, daß es ihn sehr verbittert hatte.

Offenbar tat ihm zu gewissen Zeiten sein verkrüppeltes Bein ziemlich weh, was er nur schlecht vor mir verbergen konnte. Er hatte ausgesprochen schwarze Tage, an denen ich mich besonders gern mit ihm traf, da ich sicher war, ihn in bessere Stimmung zu bringen.

Wir sprachen oft von den Hunden, die wir einmal besessen hatten, und es war sehr lustig, wenn Dämon dabeisaß und ab und zu mit dem Schwanz wedelte, als ob er seine Zustimmung ausdrücken wollte.

Jeremy – so nannte ich ihn in meinen Gedanken, sprach ihn aber niemals so an – freute sich über unsere Unterhaltungen, forderte mich aber nie zum Wiederkommen auf. Was würde wohl geschehen, falls ich nicht mehr käme, dachte ich oft.

Nach und nach verriet er mir einiges über sein Leben. Vor dem Krieg war er viel gereist und hatte einige Zeit in Frankreich gelebt. Er kannte sich dort sehr gut aus.

»Ich würde gerne einmal wieder dorthin zurückkehren«, sagte er, »aber wem soll ich schon von Nutzen sein? Ein Krüppel von einem Soldaten, was gibt es Lästigeres?«

»Ihr habt der Armee aber gute Dienste geleistet«, widersprach ich.

»Sobald ein Soldat nicht mehr in den Krieg ziehen kann, ist er ein nutzloses Wesen. England braucht ihn nicht. Wofür taugt er denn? Er kann sich nur aufs Land zurückziehen und den anderen aus dem Weg gehen. Für die Umwelt ist er schwer zu ertragen, weil er sie daran erinnert, daß er fürs Vaterland zum Krüppel wurde.«

Wenn er in solch trübe Stimmung geriet, lachte ich ihn einfach

aus und schaffte es oft, daß er schließlich in mein Lachen einstimmte.

Ich verlebte eine friedliche Zeit, in der meine Freundschaft mit Jeremy sich mehr und mehr zu einem wichtigen Bestandteil meines
Lebens entwickelte.

Doch eines Tages wurde ich durch einen Boten jäh aus meiner
Ruhe aufgestört.

Meine Eltern waren nicht zu Hause, worüber ich eigentlich ganz
froh war, denn ich bekam den aufregendsten Brief meines Lebens.
Er kam aus Frankreich und war von meiner Schwester Carlotta.

Meine Finger zitterten, als ich ihn öffnete. Dann überflog ich die
Zeilen und traute meinen Augen kaum.

Carlotta... im Sterben, und Clarissa brauchte mich.

»Bitte nimm du sie zu dir...«

Ich saß wie erschlagen da und umkrampfte den Brief.

Weit, weit entfernt glaubte ich Clarissa zu sehen, die ihre Arme
nach mir ausstreckte.

Ein Wiedersehen in Paris

Ich versteckte den Brief vor meinen Eltern, da ich annahm, sie würden irgendeinen geheimen Boten nach Paris senden, um das Kind
abzuholen. Natürlich wäre dies auch das Vernünftigste gewesen,
doch ich fürchtete zu sehr, daß es mißglücken könnte. Schließlich
lagen wir mit Frankreich im Krieg, so daß es keine normalen Ver-
kehrsverbindungen zwischen den beiden Ländern gab. Man
konnte nur heimlich an Land gehen und mußte mit Verfolgung
rechnen, es sei denn, man war Jakobit.

Falls mein Vater die Aufgabe übernähme, Clarissa zu holen,
würde er sicher daran scheitern. Ein Mann wie er, der früher Soldat
gewesen war und dem man das auch heute noch anmerkte, war
eine viel zu auffällige Erscheinung im Feindesland.

Immer wieder las ich den Brief. Carlotta dem Tod nahe... was
war bloß geschehen? Da auch Lord Hessenfield tot war, nahm ich
an, daß es sich um irgendeine Seuche handeln mußte.

Was sollte aus Clarissa werden, der armen Waise, die ganz allein
in Paris war? Halt, nein, da gab es noch Jeanne, die ehemalige Blumenverkäuferin...

Ich war wie vor den Kopf geschlagen. Was sollte ich bloß tun?

Meiner Mutter fiel natürlich auf, wie blaß und überanstrengt ich aussah, und sie schalt mich liebevoll aus, weil ich ihrer Meinung nach zuviel unternommen hatte.

Also legte ich mich folgsam hin, grübelte aber weiterhin unablässig darüber nach, was zu tun wäre. Mitten in der Nacht kam mir die rettende Idee, und ich begann vor Aufregung zu zittern. In diesem Moment fühlte ich mich stark genug, um sofort zur Küste zu reiten und nach Frankreich überzusetzen.

Mir kam es vor, als ob neue Kräfte sich in mir regten, obwohl mein gesunder Menschenverstand ständig gegen mein Vorhaben protestierte. »Es ist ganz ausgeschlossen!« argumentierte meine Vernunft. »Nein, ich kann es schaffen!« widersprach ich laut.

Schlaflos erwartete ich den Morgen. Mit dem Tageslicht stürmten alle Zweifel verstärkt auf mich ein. »Es ist Wahnsinn, nichts als ein Wunschtraum, ein Fantasiegebilde der Nacht«, flüsterte ich vor mich hin.

Womit ich mich so herumquälte, war mein Wunsch selbst nach Paris zu fahren und Clarissa zu holen.

Ich glaubte Stimmen zu hören, die sich über mich lustig machten. »Ausgerechnet du, eine Invalidin, die so rasch ermattet und noch nie besonders wagemutig war ... Du, die immer nur den einfachsten Weg gegangen ist, du planst ein solches Abenteuer? Das ist ja lächerlich, das ist heller Wahnsinn!«

Trotzdem klammerte ich mich an diese Idee.

Bevor noch der Vormittag vorüber war, hielt ich es nicht mehr für unmöglich, sondern dachte über Mittel und Wege nach, wie es bewerkstelligt werden könnte.

Eine Frau, die durch Frankreich reiste, würde wohl kaum viel Aufmerksamkeit erregen – oder etwa doch? Ich könnte mir Reitknechte und Pferde beschaffen. In einer so großen Stadt wie Paris schaffte man es sicher leicht, unterzutauchen.

Welche Freude würde es mir machen, Clarissa endlich wiederzusehen!

Erst nach ihrem damaligen Besuch im Dower House hatte sich in mir wieder etwas Lebenswillen geregt, und nun hatte ich einen abenteuerlichen Plan gefaßt, der mir von Minute zu Minute mehr Kraft gab.

Wenn ich mit meinem Vater darüber beratschlagen würde, bliebe ihm keine andere Wahl, als Clarissa selbst zu holen. Meine Mutter würde dabei vor Angst umkommen, und es gäbe sicher endlose Überlegungen, bis es vielleicht zu spät war.

Den ganzen Tag über und die folgende Nacht freundete ich mich in Gedanken mit meinem Vorhaben an, aber ich wußte immer noch nicht, wie ich es anpacken sollte.

Am Morgen darauf war mein Entschluß gefaßt. Es gab einen Menschen, der mir vielleicht helfen konnte, da er Frankreich gut kannte. Ihm wollte ich meinen Plan erzählen. Vermutlich würde er mich zuerst auslachen und verhöhnen, mich dann jedoch ausreden lassen und mir sicher helfen, falls es ihm möglich war.

Ich ritt nach Enderby Hall zu Jeremy Granthorn.

Es kam so, wie ich vermutet hatte. Er verhöhnte mich zuerst gnadenlos.

»Ihr seid verrückt geworden. Ausgerechnet Ihr wollt nach Frankreich reisen? Selbst wenn Ihr im Vollbesitz Eurer Kräfte wärt, könntet Ihr es nicht schaffen. Wie habt Ihr Euch ein solches Unternehmen überhaupt vorgestellt? Das verratet mir.«

»Ich werde jemanden suchen, der mich nach Frankreich bringt.«

»Dazwischen liegt das Meer.«

»Oh, natürlich muß ich ein Boot mieten.«

»Von wem?«

»Das wird sich schon finden.«

»Ist Euch eigentlich klar, daß zwischen England und Frankreich Krieg herrscht?«

»Frankreich ist schließlich nicht ein einziges Schlachtfeld.«

»Na schön, der Punkt geht an Euch. Aber nun verratet mir einmal, was für einen Empfang Ihr Euch als Engländerin im Feindesland erwartet.«

»Das ist mir egal. Ich werde mich irgendwie nach Paris durchschlagen und zur angegebenen Adresse gehen.«

»Ihr redet wie ein Kind. Euer Plan ist nicht durchführbar und zeigt mir nur, daß Ihr von nichts eine Ahnung habt.«

Er musterte mich fast verächtlich.

»Ich hoffte, daß Ihr mir einen Rat geben würdet, da Ihr Frankreich kennt und sogar dort gelebt habt.«

»Meinen Rat könnt Ihr gern haben. Laßt die Finger davon. Zeigt Eurem Vater den Brief, was Ihr sowieso gleich hättet tun sollen. Was ist übrigens mit dem Kurier, der den Brief brachte?«

»Er ist schon wieder fort.«

»Ihr hättet ihn zurückhalten sollen. Vielleicht hätte er Euch nach Paris gebracht. Es wäre zwar auch äußerst riskant gewesen, aber immerhin... Aber ich sehe schon, daß Euch der Verstand in dieser Angelegenheit im Stich läßt.«

»Und ich sehe, daß Ihr mir keinen Rat geben könnt.«

»O doch! Ich habe ihn Euch bereits gegeben. Weiht Eure Eltern in das Problem ein. Sie werden derselben Meinung sein wie ich. Es bleibt nichts anderes übrig, als bis zum Kriegsende zu warten. Dann kann man das Kind holen lassen.«

»Wie lange wird der Krieg Eurer Schätzung nach dauern?«

Er gab keine Antwort.

»Ihr ratet mir also tatsächlich dazu, das Kind in Frankreich zu lassen? Wie kann ich wissen, was aus Clarissa wird?«

»Ihr Vater war doch recht einflußreich, oder? Seine Freunde werden sich schon um sie kümmern.«

»Ihr begreift einfach nicht. Meine Schwester, die jung und gesund war, stirbt aus unerfindlichen Gründen. Kurz vor ihrem Tod schreibt sie mir diesen Brief, in dem sie mich anfleht, für Clarissa zu sorgen. Haltet Ihr es wirklich für richtig, eine solche Bitte zu ignorieren?«

»Ich halte es für richtig, abzuwarten, sich vernünftig zu verhalten und alle Schwierigkeiten zu bedenken.«

»Nichts wurde je dadurch erreicht, daß man alle Schwierigkeiten bedacht hat«, protestierte ich hitzig.

»Es wird auch nichts dadurch erreicht, daß Ihr wie eine Verrückte in einen Abgrund springt.«

Zitternd vor Zorn stand ich auf und verließ das Haus.

Als ich gerade Tomtit losband und am liebsten laut geweint hätte, weil Jeremy mich so enttäuschte, kam er hinter mir her.

»Einen Moment«, rief er. »Kommt zurück!«

»Es gibt nichts mehr zu sagen«, erwiderte ich.

»Ihr seid zu ungeduldig. Kommt zurück! Ich möchte mit Euch reden.«

Also kam ich zurück und war vor Erleichterung den Tränen nahe. Meine Augen glänzten sicher verräterisch.

Er wandte sich verlegen ab.

Wir setzten uns in den kleinen Salon.

»Es wäre zu machen«, sagte er auf einmal bedächtig.

Ich klatschte vor Freude in die Hände.

»Es ist verrückt und gefährlich, aber machbar. Laßt uns in Ruhe darüber diskutieren. Wie wollt Ihr jemanden auftreiben, der Euch hinüberbringt? Das Meer ist sozusagen die erste Hürde.«

»Leider weiß ich es noch nicht, aber ich werde Nachforschungen anstellen. Schließlich gibt es genug Leute mit Booten . . .«

»Liebe Damaris, man kann nicht einfach herumlaufen und Bootsbesitzer bitten, sich auf feindliches Gebiet vorzuwagen. Nachdem erst vor kurzem eine jakobitische Waffenlieferung abgefangen wurde, herrscht allerorten größte Vorsicht. Man müßte es also ganz im geheimen tun.«

Ich nickte eifrig.

»Mir ist ein Mann bekannt...«

»Oh, danke... ich danke Euch!«

»Schon gut, wir wissen ja noch nicht, ob er mitmacht. Man müßte sehr behutsam vorgehen.«

»Würdet... würdet Ihr das eventuell übernehmen?« wagte ich ihn zu fragen.

»Schon möglich«, sagte er nach kurzem Zögern.

»All das kostet Geld. Ich habe viele wertvolle Dinge, die ich verkaufen könnte.«

»Das würde alles sehr verzögern.«

Wie recht er hatte. Plötzlich verlor ich allen Mut.

»Ihr könnt es mir später zurückzahlen«, sagte er ruhig.

Vor lauter Glückseligkeit ergriff ich seine Hand und küßte sie. Natürlich war es töricht, so etwas zu tun. Er zuckte zurück.

»Entschuldigung«, stammelte ich. »Aber Ihr seid so gut. Ich... ich liebe dieses Kind und stelle mir ständig vor, was wohl aus ihm würde, wenn ich es allein ließe.«

»Schon recht«, brummte er. »Ich werde Euch Briefe an Freunde von mir mitgeben, damit sie Euch in Frankreich bei sich aufnehmen. Sprecht Ihr Französisch?«

»Ein bißchen.«

»Ein bißchen nützt gar nichts. Jeder wird Euch sofort als Engländerin erkennen, sobald Ihr den Fuß auf französischen Boden setzt.« Er zuckte die Achseln.

»Ihr haltet es für hellen Wahnsinn, ich weiß. Ich will auch gar nicht widersprechen. Aber es geht um ein Kind, meine eigene Nichte, die mich braucht. Nur das zählt.«

»Ihr geht ein immenses Risiko ein. Ist Euch das klar?«

»Vollkommen, aber das wird mich nicht abhalten. Ich muß Clarissa finden und sie zu mir nehmen.«

»Ich will sehen, was sich tun läßt.«

»Danke! Ich weiß nicht, wie ich Euch danken soll.«

»Wartet lieber damit, bis Ihr mit dem Kind wieder sicher in England gelandet seid. Es ist ein waghalsiges Unterfangen.«

»Der Erfolg wird mir recht geben«, verkündete ich siegesgewiß, obwohl mir eher ängstlich zumute war.

»Falls ich einen Bootsmann finde und auch alles sonstige arrangieren kann, müßt Ihr Eure Eltern in den Plan einweihen.«

»Sie würden alles tun, um mich davon abzubringen.«

»Genau darauf hoffe ich.«

»Ich dachte, Ihr wolltet mir helfen.«

»Je mehr ich darüber nachdenke, desto verrückter kommt mir das Ganze vor. Ihr seid für eine so anstrengende, gefährliche Reise nicht stark genug. An manchen Tagen ermüdet Euch schon ein kurzer Ausritt. Habt Ihr das vergessen?«

»Irgendwie bin ich verwandelt. Es ist kaum zu glauben, aber ich fühle mich fast so wie früher, wie vor dieser Krankheit. Wenn es sein muß, kann ich mich den ganzen Tag im Sattel halten. Alles ist anders, wenn man ein Ziel hat.«

»Es hilft zweifellos«, gab er zu. »Aber es heilt keine Krankheit.«

»Mir geht es im Moment sehr gut. Ich versichere Euch, daß ich meinen Plan durchführe, ob Ihr mir nun helft oder nicht.«

»Dann bitte ich Euch um etwas anderes, Damaris. Wenn alles arrangiert ist, müßt Ihr Euren Eltern eine Nachricht hinterlassen. Legt den Brief dazu, den Eure Schwester schrieb, und informiert sie darüber, daß ich mein möglichstes tun werde, um Eure Reise sicher zu gestalten.«

»Das will ich gern tun«, versprach ich und stand auf. Am liebsten hätte ich ihn umarmt, ließ es aber wohlweislich bleiben.

Am nächsten Vormittag wollte ich Jeremy wieder aufsuchen, doch Smith teilte mir mit, daß er nicht zu Hause sei. Als ich am Nachmittag wiederkam, war er zurück.

»Ich habe alles in die Wege geleitet«, erklärte er mir. »Ihr brecht morgen bei Abenddämmerung auf. Hoffen wir, daß der Wind günstig steht.«

»Oh, Jeremy!« rief ich spontan und sprach seinen Vornamen zum erstenmal aus.

Sofort entstand zwischen uns eine fast peinliche Verlegenheit. Ich nahm mir fest vor, mich in Zukunft besser unter Kontrolle zu haben und meine Dankbarkeit nicht zu offen zu zeigen.

»Kehrt nach Hause zurück und bereitet alles vor«, forderte er mich auf. »Ich habe jemanden aufgetrieben, der Euch begleiten wird. Kommt morgen am späten Nachmittag her, dann bringe ich Euch zu der Stelle, wo das Boot wartet. Es ist nur ein kleines Fahrzeug, mit dem die Überquerung selbst bei ruhigem Wetter nicht ungefährlich ist. Sobald Ihr in Frankreich seid, ist das Schlimmste überstanden. Auf dem Weg nach Paris wird man Euch nur in sicheren Herbergen unterbringen, die mir bekannt sind. Wenn Ihr Euch unauffällig benehmt, müßte eigentlich alles glattgehen. Gehorcht den Anordnungen Eures Begleiters und vergeßt nicht, Euren Eltern einen Brief zu hinterlassen. Es ist besser für sie, zu wissen, was Ihr vorhabt, auch wenn es ihnen natürlich großen Kummer macht.«

Ich tat, was er mich geheißen hatte, und war schon mittags mit allen Vorbereitungen fertig.

Gegen fünf Uhr ging ich nach Enderby, wo Jeremy bereits auf mich wartete. Wir besprachen noch einige Einzelheiten, und er informierte mich, daß mich mein Begleiter auch nach England zurückbringen würde. Ich könnte ihm völlig vertrauen.

In der Abenddämmerung brachen wir auf und erreichten zum angegebenen Zeitpunkt die Küste.

Als wir uns einem einsamen Fleckchen näherten, kam ein Reiter hinter uns her, in dem ich meinen Reisebegleiter vermutete. Es war jedoch Smith.

Wir banden die Pferde an einem Baum fest und gingen über den Kiesstrand zum Wasser.

Dort lag ein Boot, in dem eine schattenhafte Gestalt saß.

»Ist alles in Ordnung?« erkundigte sich Jeremy bei Smith.

»Ja, Sir.»

»Du weißt, was du zu tun hast?«

»Ja, Sir.«

»Sehr gut. Zum Glück ist die See ruhig. Wir sollten losfahren.« Ich stieg ins Boot.

Jeremy stellte sich neben mich, und ich wandte mich ihm zu, um mich zu verabschieden. »Ich werde Eure Hilfe bis an mein Lebensende preisen«, sagte ich und war seinem Geschmack nach sicher wieder viel zu gefühlvoll.

»Hoffen wir, daß ich mich dieser Lobpreisung noch recht lange erfreuen kann«, erwiderte er lächelnd.

Smith verbeugte sich vor uns.

»Machen wir, daß wir wegkommen«, sagte Jeremy.

Völlig entgeistert schaute ich ihn an. »Ihr...«

»Natürlich begleite ich Euch. Smith bringt die Pferde zurück.«

In mir stieg eine überschwengliche Freude auf, wie ich sie nie zuvor verspürt hatte. Wie gern hätte ich ihm gestanden, was sein Entschluß für mich bedeutete.

Als ich sein Gesicht forschend musterte, fand ich darin nur Mißbilligung für meinen unvernünftigen Wunsch, ein so gefährliches Abenteuer meistern zu wollen.

Rasch erkannte ich, daß ich es ohne ihn niemals geschafft hätte.

Jeremy sprach fließend Französisch und hatte das sichere Auftreten, das eine ausgezeichnete Erziehung mit sich bringt. Dies und seine abweisende Art verhinderten allzu neugierige Fragen.

Wenn wir die Nacht in einem Gasthaus verbrachten, verlangte er stets bequeme Unterkünfte für sich, seine Nichte und seinen Diener. Wenn nur ein Raum zur Verfügung stand, bekam ich ihn zugeteilt, während die beiden Männer in der Wirtsstube schliefen. Wir mußten mehrmals übernachten, da ich trotz meines eisernen Willens und meiner neugewonnenen Kräfte keine weiten Strecken zurücklegen konnte. Zumindest ließ Jeremy es nicht zu. Wenn ich dennoch weiterreisen wollte, erinnerte er mich unnachgiebig an mein Versprechen, gehorsam zu sein, und ich fügte mich wohl oder übel. Die seltsame Reise bewirkte bei uns beiden gewisse Veränderungen. Jeremy fand sich manchmal zu einem Lächeln bereit, und ich staunte über meine Durchhaltekraft.

Ich wurde aus mir selbst nicht ganz schlau. Die schreckliche Lustlosigkeit war so völlig verschwunden, daß ich allmorgendlich dem Tag entgegenfieberte.

»Wie viele Meilen sind es noch bis Paris?« fragte ich beim Frühstück und freute mich, weil die Entfernung immer mehr zusammenschrumpfte.

Häufig machte ich mir über meine Krankheit Gedanken. Vielleicht war ich gar nicht zu krank gewesen, um ein normales Leben zu führen, sondern hatte bloß keine Lust gehabt und mich hinter meiner körperlichen Schwäche versteckt.

Endlich kam der heißersehnte Moment, da die Seine-Metropole in der Ferne auftauchte. Ich hielt Paris für die wunderbarste Stadt der Welt, wenn auch nur, weil Clarissa dort zu finden war.

Spät am Nachmittag kamen wir an, und ich schaute zu den Türmen und Dächern hinauf, die das verblassende Sonnenlicht golden aufschimmern ließ. Vor mir sah ich die Silhouette des Justizpalastes, die Glockentürme, Zinnen und Wasserspeier von Notre-Dame.

Wir überquerten eine Brücke, und ich fühlte mich eingefangen von der fremdartigen Atmosphäre dieser Stadt.

Als ich Jeremy einen Blick zuwarf, entdeckte ich in seinem Gesicht so etwas wie grimmige Zufriedenheit.

Bisher war zu seiner großen Verwunderung alles sehr glatt gelaufen. Ich dagegen nahm es als selbstverständlich hin, da ich felsenfest von unserem Erfolg überzeugt war.

»Wir werden zuerst eine Herberge für die Nacht suchen und dann ins Marais-Viertel gehen.«

»Wir sollten im ›Les Paons‹ übernachten, Monsieur. Das wäre für uns am besten«, schlug der von Jeremy angeheuerte Diener Jacques vor.

»Also gut. Auf zum ›Les Paons‹.«

»Warum gehen wir nicht gleich zum Haus von Carlotta?« protestierte ich.

»Wir könnten unmöglich so verstaubt und ramponiert dort auftauchen. Schaut Euch mal an, wie schmutzig Euer Rock ist. Außerdem sind die Pferde müde, sie hassen diesen Pariser Straßenmorast. Es ist der ärgste Dreck der Welt.«

Ich mußte einfach widersprechen, obwohl ich einsah, wie recht er mit seinen Argumenten hatte.

»Trotzdem möchte ich gleich zum Haus gehen!«

Jacques schüttelte den Kopf.

»Es ist nicht ratsam, bei Nacht auszugehen, Mademoiselle.«

Also suchten wir das Gasthaus, das mit Pfauen bemalt war, von denen es auch seinen Namen hatte. Es war recht behaglich, und ich bekam ein Zimmer mit Blick auf die Straße. Neugierig blieb ich einige Minuten dort stehen und schaute mir die vielen Passanten an. Es war mir nur schwer möglich, meine Ungeduld zu bezähmen, aber leider blieb mir gar nichts anderes übrig.

Sorgsam herausgeputzt und wohlanständig würden wir uns am nächsten Tag auf den Weg ins Marais machen.

Schon morgen um diese Zeit ist Clarissa bei mir, dachte ich immerzu.

Wie eine Ewigkeit kam es mir vor, und ich fragte mich, wie ich die Nacht überstehen sollte. Ich war zwar hier in Paris und kurz vor dem ersehnten Ziel, doch noch immer lagen dunkle Stunden des Wartens vor mir.

Als wir uns in der Gaststube zum Abendessen setzten, war ich viel zu aufgeregt, um einen Bissen hinunterzubringen. Jeremy war die Ruhe in Person und versuchte mich abzulenken, doch ich konnte mich auf kein Gesprächsthema konzentrieren.

An Schlaf war in dieser Nacht nicht zu denken. Ich saß am Fenster und schaute zur Straße hinunter, auf der sich nach Einbruch der Dunkelheit die Szenerie drastisch veränderte. Düstere, wenig vertrauenerweckende Gestalten traten an die Stelle gutgekleideter Passanten. Jeremy hatte also tatsächlich recht gehabt mit seinem Vorschlag, bis zum nächsten Morgen zu warten.

Bettler lungerten herum und streckten die Hand aus, sobald jemand an ihnen vorbeikam. Eine Frau stieg in Begleitung eines jungen Mädchens aus einer Kutsche und ging mit ihr in das gegenüberliegende Haus. Wenige Minuten später kam sie allein heraus und fuhr wieder weg. Dieser Vorfall erinnerte mich an mein eigenes Abenteuer in London, als die gute Mrs. Brown meine Naivität so geschickt ausgenützt hatte.

Eine andere Frau wartete vor dem Haus, in das man das Mädchen gebracht hatte. Sobald ein gutangezogener Mann auftauchte, faßte sie ihn vertraulich beim Arm, doch keiner zeigte sich zugänglich.

Ich legte mich ein Weilchen hin, war aber so unruhig, daß ich meinen Beobachtungsplatz am Fenster schon bald wieder einnahm.

Allmählich kam ich zu der Überzeugung, daß sich dem Gasthaus gegenüber ein Freudenhaus befand.

Gleich darauf bestätigte sich mein Verdacht aufs schrecklichste. Ein halbwüchsiges Mädchen kam halbnackt auf die Straße gerannt, nur mit einem glitzernden Hemdchen bekleidet. Sie wirkte vollkommen verängstigt. Kaum jedoch war sie erschienen, da stürzte eine Frau hinter ihr her und zerrte sie grob wieder in den Hauseingang zurück, obwohl das arme Ding wild um sich schlug.

Nur kurz sah ich das Gesicht der Frau, aber es kam mir wie eine böse, unmenschliche Fratze vor.

Mir wurde ganz übel, als ich überlegte, daß Clarissa sich in dieser Stadt voller Laster und Verbrechen aufhielt. Ich hatte es am eigenen Leib erlebt, was einem in einer solchen Umgebung zustoßen konnte. Die gute Mrs. Brown würde ich nie vergessen.

Aber ich hatte noch Glück im Unglück gehabt. Viel Schlimmeres hätte mit mir geschehen können.

Mich beseelte der starke Wunsch, wieder ganz gesund zu werden, um für Clarissa gut sorgen zu können.

Ich würde es schaffen, weil es sein mußte. Clarissa brauchte mich.

Schon früh am Morgen war ich bereit zum Aufbruch. Vor lauter Aufregung hatte ich gerötete Wangen, so daß niemand auf die Idee kommen konnte, ich hätte eine schlaflose Nacht hinter mir.

Ich war zappelig vor Ungeduld, doch Jeremy holte mich zum Glück auf die Minute pünktlich ab.

Schon bald standen wir vor dem Haus, in dem Carlotta mit Lord

Hessenfield und Clarissa gelebt hatte. Es war ein imposantes, hochherrschaftliches Gebäude.

Wir stiegen die Stufen zum Portal hinauf, und sogleich erschien die Concierge.

»Dies ist Lady Hessenfields Schwester«, erklärte ihr Jeremy.

Sie betrachtete mich von oben bis unten. Dann schüttelte sie den Kopf. »Lady Hessenfield ist tot.«

»Aber ihre Tochter...«, begann ich.

Sie unterbrach mich sofort. »Die ist auch nicht mehr hier.«

»Es muß aber jemand vom Personal da sein... ein Dienstmädchen namens Jeanne«, stammelte ich hilflos.

»Ich frage nach, ob Madame Deligne Euch empfangen will«, sagte die Concierge nach kurzem Zögern.

»Ja, tut das!« bat ich sie inständig.

Wir wurden in einen Salon geführt, wo uns die Dame des Hauses begrüßte.

Jeremy erklärte ihr den Grund unseres Kommens, und sie antwortete in einem Französisch, das ich einigermaßen gut verstehen konnte.

Lord und Lady Hessenfield waren an einer geheimnisvollen Krankheit gestorben. Es muß wohl eine Art Seuche gewesen sein, da eine Besucherin, eine gewisse Madame de Partière, gleichfalls dahinsiechte. Die ganze Angelegenheit hatte viel Aufsehen erregt und Furcht verbreitet.

»Lady Hessenfield hat eine kleine Tochter hinterlassen, die wir nach England mitnehmen möchten«, sagte Jeremy, als Madame Deligne geendet hatte.

»Ja, stimmt, da gab es ein Kind. Aber ich habe keine Ahnung, wo es sich jetzt aufhält«, erwiderte sie.

»Was ist mit Jeanne, dem Dienstmädchen?«

»Wir haben natürlich unsere eigenen Dienstboten mitgebracht, Monsieur.«

»Was geschah mit denjenigen, die vorher hier gearbeitet haben?«

Madame Deligne zuckte die Achseln. »Wahrscheinlich sind sie von anderen Leuten eingestellt worden. Wir konnten sie jedenfalls nicht übernehmen.«

»Erinnert Ihr Euch an diese Jeanne?«

Sie runzelte die Stirn. »Eine junge Frau, ja, ich glaube mich zu entsinnen. Soviel ich weiß, ging sie wieder dorthin zurück, wo sie arbeitete, bevor sie in dieses Haus kam.«

»Und Ihr wißt nicht, was aus dem Kind wurde?«

»Nein, ich habe nichts mehr von diesem Kind gehört.«

Madame Deligne war freundlich und mitfühlend, konnte uns aber leider keine weiteren Informationen geben.

Nie werde ich vergessen, in welche trostloser Stimmung ich das Haus verließ. Wir hatten einen so weiten Weg zurückgelegt, und jetzt war alles umsonst gewesen.

Was sollten wir nun bloß tun?

Jeremy war immer pessimistisch, wenn alles gutging, doch nun überraschte er mich durch seinen Optimismus.

»Wir müssen nur diese Jeanne finden, das ist unser einziges Problem«, sagte er energisch.

»Aber wo... wo denn?«

»Was ist uns über Jeanne bekannt?«

»Sie stammt aus einer armen Familie und war früher Blumenverkäuferin.«

»Sehr gut. Folglich müssen wir alle Leute befragen, die in Paris etwas mit Blumen zu tun haben.«

Obwohl ich am Erfolg seines Vorhabens zweifelte, konnte Jeremy mich doch mit neuer Zuversicht erfüllen.

»Fangen wir am besten gleich damit an«, schlug er vor.

Er nahm meine Hand und drückte sie. Es war seine allererste liebevolle Geste.

»Wir werden sie finden«, versprach er mir.

Die nächsten Tage waren für mich wie ein Alptraum. Allabendlich sank ich völlig erschöpft ins Bett und schlief sofort ein, bis mich grauenvolle Träume aufschrecken ließen. In diesen Träumen war ich immer auf der Suche nach Clarissa, rannte durch viele Straßen und landete unweigerlich in einem Keller, wo gräßliche Gestalten mich umkreisten. Die gute Mrs. Brown fand sich immer darunter.

Meine Träume wurden von den Erlebnissen gespeist, die mir tagsüber widerfuhren. Ich sah schreckliche Dinge, die mich schaudern ließen. Wahrscheinlich war das Leben in allen großen Städten so. Aber ich war wohlbehütet auf dem Lande aufgewachsen, und dies alles stellte für mich eine neue Erfahrung dar. Das Abenteuer mit der guten Mrs. Brown hatte ich nie vergessen können, und nun stellte ich mir zu allem Übel Clarissa in solchen Fängen vor.

Die Nächte nach den anstrengenden, frustrierenden Tagen brachten mir kaum Erholung, da mich Visionen quälten, in denen Clarissa und ich zu einer Person wurden.

Selbst Jeremy wurde langsam ratlos. Er hatte Leute gefunden, die mit den Hessenfields bekannt gewesen waren. Aber auch sie wußten nicht, was aus dem Kind wurde. Die Dienstboten? Ach, die hatten sich in alle Winde zerstreut. Unsere Suche konzentrierte sich auf die Blumenverkäuferinnen. Was für eine Aufgabe! Es schien Hunderte zu geben. Inzwischen war es Frühling geworden.

»Eine gute Zeit«, sagte Jeremy mit seinem neuerworbenen Optimismus. »Im Frühling kaufen alle Leute Blumen, weil sie sich so freuen, daß der Winter vorüber ist. Falls Jeanne wieder in ihrem alten Beruf arbeitet, müßten wir sie eigentlich finden.«

Wir kauften Unmengen von Blumen und verwickelten die Verkäuferinnen in Gespräche, um herauszufinden, ob jemand eine gewisse Jeanne kannte, die vorübergehend als Dienstmädchen in einem Haus in Marais lebte.

Manchmal zogen wir eine völlige Niete, manchmal ergoß sich ein Wortschwall über uns, so daß wir schon hofften, auf der richtigen Fährte zu sein. Einmal waren wir sicher, Erfolg zu haben, denn jemand erzählte uns von einer Jeanne, die Blumen verkaufte. Als wir sie dann fanden, wußte sie jedoch nichts von Clarissa und war auch alles andere als vertrauenerweckend. In ihrer Obhut hätte Carlotta das Kind bestimmt nicht gelassen.

Ich war nicht nur durch unseren Mißerfolg so deprimiert und mutlos; auch all das Elend ringsum setzte mir zu. Es gab Bettler, Säufer und Diebe, und es gab vor allem unzählige zerlumpte Kinder, deren kleine Gesichter schon jetzt gezeichnet waren. In jedem von ihnen glaubte ich Clarissa zu sehen.

Wir wanderten durch die Märkte, wo barfüßige Halbwüchsige zwischen den Buden herumkrochen, um Gemüse- oder Obstabfälle einzusammeln. Manchmal quälten sie sich mit schweren Körben ab, die so groß wie sie selbst waren. Sie alle wirkten furchtsam wie geprügelte Hunde. Es brach mir fast das Herz. Die gute Mrs. Brown war mir auf einmal ganz nahe. Ich glaubte sie manchmal neben mir gehen zu sehen und über meine Naivität spotten zu hören. Hier in Paris gab es für mich ein jähes Erwachen.

Am liebsten wäre ich davongelaufen, hätte mich wieder auf mein Ruhebett zurückgezogen und mich verwöhnen lassen, um die böse Welt zu vergessen.

Wie leicht ist es doch, die Augen zu verschließen, wenn du von Menschen umgeben bist, die dich lieben. Dann kannst du alles Häßliche ignorieren und so tun, als ob es nicht existiere. Du lebst in Watte gepackt und verdrängst jeden Gedanken an die gute

Mrs. Brown oder gar an zwei Menschen, die sich auf einem Himmelbett in den Armen liegen.

Aber du darfst nicht verdrängen, sondern mußt über diese Dinge Bescheid wissen.

Je mehr du weißt, desto leichter begreifst du auch alles, was rings um dich und mit dir selbst geschieht. Wenn du weiterhin naiv bleibst und deine Augen vor allem Negativen verschließt, wirst du Clarissa bestimmt nicht finden. Mit solchen Gedanken quälte ich mich von morgens bis abends ab.

Mit jedem Tag malte ich mir drastischer aus, was Clarissa in dieser Stadt alles zustoßen konnte.

Eine unaufhörliche Folge von Bildern zog an meinen Augen vorüber.

Auf den Straßen herrschte emsiges Treiben, man hörte erregte Stimmen und lautes Gelächter, parfümierte Damen mit Schönheitspflästerchen stolzierten einher oder saßen mit gutgekleideten Herren in ausgesprochen eleganten Kutschen. Ich beobachtete, wie zwischen schönen Frauen und galanten Männern Verabredungen getroffen wurden, und dazwischen liefen Bettler, Marktschreier und Blumenverkäufer herum. Am meisten verstörte mich der Anblick der ärmlichen, halb verhungerten Kinder, und ich hätte mich jedesmal am liebsten abgewandt. Aber woher sollte ich wissen, ob nicht vielleicht Clarissa schon zu ihnen gehörte.

Fast ebensosehr rührten mich die Frauen, die ›Marcheusess‹ genannt wurden.

Sie waren die ärmsten, traurigsten Gestalten, die ich je gesehen hatte.

Jeremy erklärte mir, daß sie in ihrer Jugend als Prostituierte arbeiteten.

Sie waren nun zwar erst in ihren Zwanzigern, sahen aber aus wie fünfzig oder sechzig. Ihr Gewerbe hatte sie verbraucht und zerstört, so daß sie jetzt darauf angewiesen waren, Botengänge für ihre erfolgreicheren Kolleginnen zu machen, um sich ein paar Sous zu verdienen.

Daher stammte auch ihr Spitzname – die Marschiererinnen. Im Grunde hatten sie allesamt vom Leben nichts mehr zu erwarten, aber sie quälten sich weiter, bis ein gnädiger Tod sie erlösen würde.

Ich sah Putzmacherinnen und Nähmädchen, noch jung und unschuldig, wie sie den Lehrlingen zulächelten und nach einem

Mylord Ausschau hielten, der sie als Entgelt für gewisse Dienste zum Abendessen einladen würde.

Mir war klar, daß mich dieser Aufenthalt in Paris ungemein veränderte, denn ich lernte neben allem anderen auch sehr viel über mich hinzu. Bisher hatte ich mich hinter meiner Krankheit versteckt, weil ich Angst vor dem Leben, Angst vor der Welt gehabt hatte.

Es war unbedingt nötig, daß ich das Böse im Menschen als Tatsache endlich akzeptierte.

Selbst wenn ich die Augen davor verschloß – es blieb doch bestehen.

Und daneben gab es schließlich auch viel Gutes und Schönes – die Liebe meiner Eltern und Jeremys Güte, die ihn dazu brachte, seinen Schlupfwinkel zu verlassen, um mir in meiner Hilflosigkeit beizustehen.

Wir waren schon ein seltsames Pärchen! War er doch nach Enderby gekommen, um sich vor der Welt zu verstecken. Und nun hatten wir uns beide herausgewagt.

Endlich lebten wir wieder!

Sieben Tage nach unserer Ankunft in Paris kamen wir eines Abends wieder völlig erschöpft ins Gasthaus zurück, und Jeremy schlug vor, daß wir uns vor dem Essen noch etwas ausruhen sollten.

Ich legte mich für ein Weilchen aufs Bett, konnte aber nicht schlafen.

Ständig verfolgten mich Eindrücke von unseren Streifzügen: die Buden auf dem großen Markt; die Bäuerinnen mit den lebenden Hühnern, dem Obst und Gemüse; die Blumenverkäuferinnen, die Jeanne nicht kannten; das Kind, das einer dicken Frau die Geldbörse stehlen wollte, aber dabei erwischt und arg verprügelt wurde.

Alle möglichen Stimmen klangen mir noch im Ohr, wie sie lauthals die Vorzüge ihrer Ware priesen; das Gefeilsche und Geschimpfe …

An Schlaf war gar nicht zu denken.

Ich stand auf und trat zum Fenster.

In einer halben Stunde würde es ganz dunkel sein. Oh, wie müde ich war!

Jeremy ging es sicher ebenso. Außerdem bereitete ihm sein verletztes Bein manchmal Schmerzen.

Wie schon oft zuvor setzte ich mich ans Fenster und beobachtete die Straße, die vorläufig noch ihr Tagesgesicht zeigte. Noch konnten hier respektable Bürger flanieren, ohne Angst haben zu müssen. Sobald die Dunkelheit hereinbrach, würden sie verschwunden sein. Ich schaute zum gegenüberliegenden Haus, das der Welt seine fast schmucke Fassade präsentierte. Mir graute es bei der Vorstellung, was sich hinter diesen Fenstern abspielte. Mehrmals hatte ich nach dem halbwüchsigen Mädchen im Glitzerhemd Ausschau gehalten, doch es war nicht wieder aufgetaucht.

Eine Frau kam die Straße entlanggeeilt. Sie hatte ihr schwarzes Haar straff zurückgekämmt und trug am Arm einen Korb mit Veilchen.

Aufregung erfaßte mich, mir war fast so, als hörte ich einen Befehl.

Vielleicht war dies die gesuchte Blumenverkäuferin Jeanne, die nach Hause zurückkehrte, obwohl sie noch nicht alles verkauft hatte.

Es war keine Zeit zu verlieren. Ich mußte mich beeilen, wenn ich sie noch einholen wollte.

Also griff ich hastig nach meinem Mantel, verließ unser Gasthaus und rannte hinter ihr her. Zum Glück sah ich sie gerade noch um die nächste Ecke biegen.

»Mademoiselle«, rief ich atemlos. »Mademoiselle...«

Sie drehte sich um.

»Violettes?« fragte sie und lächelte mich an.

Ich schüttelte den Kopf. »Jeanne... Jeanne... Heißt Ihr Jeanne Vous vous appelez Jeanne?« stammelte sich mühsam in der mir ungewohnten Sprache.

»Jeanne, c'est moi«, erwiderte sie.

»Ich suche ein kleine Mädchen«, sagte ich.

»Ein kleines Mädchen«, wiederholte sie.

»Clarissa...«

Sie nickte. »Clarissa.«

Ich bemühte mich vergeblich um die richtigen Worte. Mein Herz schlug rasend schnell, und ich bekam kaum noch Luft. Diese Blumenverkäuferin nickte und lächelte auf meine Fragen hin. Konnte es bedeuten, daß...?

Sie ging weiter und winkte mir, ihr zu folgen, was ich auch tat.

»Ich suche ein kleines Mädchen«, sagte ich noch einmal.

»Oui, oui. Ein kleines Mädchen«, fügte sie dann in holperigem Englisch hinzu.

»Ich muß sie unbedingt finden!«

Sie nickte mir noch einmal lächelnd zu, und ich ging folgsam hinter ihr her.

Wir gelangten allmählich in immer engere Straßen, und es war schon fast dunkel.

Mich überfiel Furcht. Was tat ich hier? Wieso vertraute ich dieser Frau? Auf die gleiche Weise hatte mich die gute Mrs. Brown hinter sich hergelockt.

Die Gedanken überschlugen sich förmlich in meinem Kopf. Damals hast du noch Glück gehabt.

Wieso forderst du das Schicksal ein zweites Mal heraus? Mir fiel wieder jenes Haus von gegenüber ein, aus dem das Mädchen im bloßen Hemd herausgerannt war und wo die angemalten Frauen und vermeintlich ehrbaren Matronen hausten, die als Aufseherinnen fungierten.

Warum hatte ich nicht auf Jeremy gewartet? Aber irgend etwas hatte mich dazu getrieben, dieser jungen Frau zu folgen. Ihre Veilchen hatten Symbolkraft für mich. Auch damals waren Veilchen im Spiel gewesen....

»Geh sofort zurück«, sagte ich halblaut zu mir. »Noch kannst du den richtigen Weg finden. Sag der Frau, daß sie zum Gasthaus kommen soll. Falls sie es aufrichtig meint, wird sie es bestimmt tun.«

»Falls sie nun aber tatsächlich Jeanne ist, kann sie mich direkt zu Clarissa führen«, widersprach in mir eine andere Stimme.

Also ging ich immer weiter.

Wir befanden uns inzwischen in engen, gewundenen Gassen.

Ich trug einen innerlichen Kampf mit mir aus, denn am liebsten wäre ich sofort umgekehrt und hätte mich in Sicherheit gebracht.

Andererseits glaubte ich immer Clarissa vor mir zu sehen, Clarissa in einem Flitterhemdchen.

Also ging ich weiter.

Keine Chance durfte vertan werden! Hinter uns lagen lauter Fehlschläge, und selbst Jeremy wußte nicht mehr so recht, was wir noch tun konnten, um Clarissa endlich zu finden. Die junge Frau hatte genickt, als ich nach Jeanne fragte und Clarissas Namen erwähnte.

Ja, sie hatte ihn sogar wiederholt.

Sei nicht töricht! Natürlich tut sie das, weil sie alle Tricks kennt.

Kehr um, solange es noch geht! Sprich mit Jeremy! Laß dich von ihm begleiten!

Trotz dieser inneren Warnungen ging ich weiter.

Endlich bleib meine Führerin vor einem jener kleinen Häuser stehen, die sich eng aneinanderduckten und deren gegenüberliegende Dächer sich fast berührten, so schmal war das Gäßchen.

Sie stieß eine Tür auf und forderte mich mit einer Handbewegung zum Eintreten auf.

Ich zögerte.

Das beste wäre es sicher, morgen mit Jeremy wieder herzukommen, statt mich jetzt allein hineinzuwagen.

Aber ich brachte es nicht fertig. Mein Instinkt sagte mir, daß Clarissa hier war.

Also stieg ich hinter der jungen Frau eine Treppe hinunter. Als eine zweite Tür geöffnet wurde, glaubte ich die Szene bei Mrs. Brown noch einmal zu erleben.

Nun wird man mir meine Kleider wegnehmen und mich nackt auf die Straße schicken, dachte ich.

Eine alte Frau blickte auf. »Bist du es, Jeanne?«

»Wo ist das Kind?« rief ich »Das Kind!«

Etwas bewegte sich auf dem Boden, das ich zuerst für ein Kleiderbündel gehalten hatte.

Dann ertönte ein Stimmchen. »Tante Damaris!«

Im nächsten Augenblick hielt ich das kleine Lumpenbündel in den Armen.

Clarissa! Ich hatte Clarissa entdeckt. Doch das war nicht alles: Ich hatte mich selbst wiedergefunden.

Jeanne brachte uns zum Gasthaus zurück, und ich war so glücklich wie nie zuvor.

Als erstes rief ich nach Jeremy, der sofort die Treppe heruntestürmte. Er betrachtete uns mit leuchtenden Augen und schien sich an uns gar nicht sattsehen zu können.

Es war ein wundervoller Augenblick.

Jeanne redete wie ein Wasserfall auf Jeremy ein. Sie war von den neuen Hausbesitzern entlassen worden, da es keine Arbeit für sie gab. Also mußte sie ihre alte Beschäftigung wiederaufnehmen und Blumen verkaufen. Damit konnte man allerdings kaum etwas verdienen. Sie behielt Clarissa trotzdem bei sich, weil Lady Hessenfield ihr versichert hatte, daß ihre Schwester das Kind holen würde.

»Sie war so fest davon überzeugt, Monsieur, daß ich ihr glaubte«, sagte Jeanne. »Nun bin ich sehr froh, denn dies ist kein Leben für Clarissa.«

Ich mischte mich ins Gespräch. »Wir müssen etwas für sie tun, Jeremy. Sie ist so arm und hat wahrlich eine Belohnung verdient.«

Jeremy übersetzte Jeanne, daß wir für sie und ihre Mutter sorgen wollten.

Als erstes gab ich ihr zwei Schmuckstücke, die ich trug, und versicherte ihr, daß wir sie gerne mit nach England nähmen, wo sie Clarissas Kindermädchen sein könnte wie früher.

Jeanne schüttelte den Kopf und erwiderte, daß sie ihre Mutter nicht allein lassen könne, da diese krank sei. Aber eines Tages vielleicht...

Es war mir ein ehrliches Anliegen, Jeanne zu helfen, denn sie lebte in ärmlichsten Verhältnissen.

Voller Freude machte ich mich später daran, Clarissa zu baden und neu einzukleiden. Sie war überglücklich, bei mir zu sein, und erzählte mir, wie nett Jeanne zu ihr gewesen sei. Ein- oder zweimal hatte Jeanne sie mitgenommen, als sie Blumen verkaufte. Sie hatte Clarissa jedoch nie allein auf die Straße gelassen. Am meisten sprach Clarissa von ihrer schönen Mutter und dem wunderbaren Vater, die sie beide wie überirdische Wesen vergöttert hatte. Da sie wohl nicht ganz von dieser Welt gewesen waren, überraschte es sie gar nicht besonders, daß sie nun in himmlische Gefilde übersiedelt waren.

Wir verlebten herrlich unbeschwerte Tage miteinander. Die Zuneigung, die wir schon bei unserer ersten Begegnung füreinander empfanden, wurde von Tag zu Tag stärker. Wir liebten und brauchten uns gegenseitig.

Am Tag vor unserer Rückkehr nach England teilte mir Jeremy mit, daß er bei Freunden eine Stellung für Jeanne gefunden habe. Sie könne sogar ihre Mutter dorthin mitnehmen.

»Wie wundervoll! Das Leben ist schön, nicht wahr?« rief ich spontan.

»Es freut mich, wenn Ihr das findet.«

Ich war so kühn, seine Hand zu berühren.

»Ich werde nie vergessen, was ich Euch schulde, Jeremy.«

Er wandte sich ab.

Clarissa nahm regen Anteil an allem und war immer guter Laune, obwohl es ihr schwerfiel, Jeanne zu verlassen. Als ich sie mit dem Hinweis tröstete, daß Jeanne eines Tage vielleicht nach England kommen würde, um bei uns zu leben, war sie gleich wieder vergnügt.

Sie steckte immer noch voller Fragen, doch ihre Erlebnisse hatten sie verändert und nachdenklicher gemacht. Sie fragte so häufig wie früher ›warum?‹ oder ›wie?‹. Aber sie hörte sich nun viel aufmerksamer die Antworten an.

Wie ganz anders verlief die Rückfahrt! Ich war so glücklich, daß ich oft vor mich hinsang, und Clarissa stimmte ein, wenn sie das Lied kannte. Die Reise war für uns alle ein Vergnügen.

Wir kamen zur Küste und hatten wieder Glück, denn die See war ruhig, so daß die Überfahrt ohne Zwischenfälle verlief. Mir schien es, als wäre ich in den paar Wochen, die zwischen Abreise und Ankunft lagen, um Jahre älter geworden. Nun wollte ich mich nicht mehr vom Leben abkapseln.

Ich würde mich mit allem auseinandersetzen, was die Zukunft mir auch bringen mochte. Wenn ich glücklich sein wollte, dann mußte ich das Leben mit beiden Händen packen und keine Angst davor haben, verletzt zu werden. Bestimmt würde ich nicht mehr auf der Chaiselongue liegen und mich hinter meiner Krankheit verstecken. Nein, ich war keine Invalidin mehr, sondern eine Frau, die eine gefährliche Reise wagte und das Unmögliche möglich machte.

Was für ein aufregender Augenblick, als wir englischen Boden betraten!

Clarissa lachte aus vollem Halse, als Jeremy sie über den Kiesstrand trug. Dann gesellte ich mich zu ihnen und atmete tief die würzige Luft ein.

Bald würden wir zu Hause sein...

»Bist du von nun an meine Mutter?« fragte mich Clarissa.

Meine Stimme klang belegt, als ich ihr antwortete: »Ja, Clarissa. Ich bin von nun an deine Mutter.«

Rasch ergriff Clarissa Jeremys Hand und preßte sie an ihre Wange. »Und du wirst mein Vater, nicht wahr?«

Er erwiderte nichts, doch Clarissa gab nicht auf.

»Wirst du es? Sag, wirst du es?«

In der Stille, die nun entstand, hörte ich besonders deutlich die heiseren Schreie der Möwen, die tief über dem Wasser kreisten.

»Wirst du es?« wiederholte Clarissa ungeduldig.

»Das hängt ganz davon ab, was Damaris dazu meint«, sagte er leise.

»Dann wird alles gut«, erklärte Clarissa triumphierend. »Ich weiß es.«

Jeremy legte die Arme um uns und hielt uns fest. Wir blieben unbeweglich stehen.

Endlich brach Clarissa das Schweigen. »Es ist schön, wieder heimzukommen.«

Victoria Holt
Pseudonyme:
Philippa Carr, Jean Plaidy
eine Meisterin des
historischen Liebesromans

Victoria Holt wurde 1906 als Eleanor Alice Burford Hibberts in London geboren. Ihre Zuneigung zu Büchern entdeckte sie durch ihren Vater, einen englischen Kaufmann. Von ihrer unerschöpflichen Phantasie inspiriert begann sie unter Pseudonym zu schreiben.

Victoria Holt, bei uns auch unter den Pseudonymen Philippa Carr und Jean Plaidy bekannt, bedient sich der Vergangenheit, um den Leser in ihre Welt der menschlichen Schicksale zu entführen. Hoch über den Dächern von London schreibt die international bekannte Autorin ihre inzwischen zu Weltbestsellern gewordenen Bücher.

Spannungsgeladene Romane entstehen vor einem detailliert geschilderten, historischen Hintergrund. In farbenprächtigen Szenen läßt sie Geschichte lebendig werden. Durch eine Fülle ungewöhnlicher Konflikte gelingt es der Autorin in jedem ihrer Bücher, ihre Leser erneut zu fesseln. Ihr Einfallsreichtum und ihre Fähigkeit, menschliche Verhaltensweisen anschaulich und nachvollziehbar zu schildern, lassen Victoria Holts Bücher zu jener Art von Schmökern werden, die man bis zur letzten Seite nicht mehr aus der Hand legt.

Verzeichnis lieferbarer Titel

(Stand Oktober 1992)

Die Ashington-Perlen
Die Braut von Pendorric
(01/5729)
Die Dame und der Dandy
(01/6557)
Die Erbin und der Lord
(01/6623)
Der Fluch der Opale (04/35)
Fluch der Seide
Die Frau aus dem Dunkel
Die Gefangene des Paschas
Die Gefangene des Throns
(01/8198)
Die geheime Frau (04/16)
Geheimnis einer Nachtigall
Das Geheimnis im alten Park
Geheimnis im Kloster
(01/5927)
Die Halbschwestern
(01/6851)
Harriet – sanfte Siegerin
Das Haus der tausend
Laternen (01/5404)
Herrin auf Mellyn
Im Schatten der Krone
(01/8069)
Im Schatten des Luchses
Im Schatten des Zweifels
(01/7628)
Im Sturmwind (01/6803)

In der Nacht des siebten
Mondes
Der indische Fächer
Die Insel Eden
Die Königin gibt
Rechenschaft
Königreich des Herzens
(01/8264)
Königsthron und Guillotine
Krone der Liebe (01/8356)
Die Lady und der Dämon
Das Licht und die Finsternis
Lilith
Meine Feindin, die Königin
Die Rache der Pharaonen
(01/5317 oder 04/66)
Sarabande (01/6288)
Der scharlachrote Mantel
(01/7702)
Die Schöne des Hofes
(01/7863)
Das Schloß im Moor
(01/5006)
Der Schloßherr
Die siebente Jungfrau
(01/5478)
Sommermond (01/7996)
Der springende Löwe
(01/5958)
Sturmnacht (01/6055)

Tanz der Masken
Der Teufel zu Pferde
Treibsand
Unter dem Herbstmond
Die venezianische Tochter
(01/6683)
Verlorene Spur
Das Vermächtnis der
Landowers
Der Zigeuner und das
Mädchen (01/7812)
Das Zimmer des roten
Traums (01/6461)

Zwei bzw. drei Romane in
einem Band:
Die Braut von Pendorric / Die
siebente Jungfrau / Die
Rache der Pharaonen (23/6)
Die Erbin und der Lord / Die
Dame und der Dandy (23/67)
Der Fluch der Opale / Das
Haus der tausend Laternen /
Die geheime Frau (23/18)
Geheimnis im Kloster / Der
springende Löwe (23/36)
Sturmnacht / Sarabande
(23/53)

*Die Bandnummern der
Heyne-Taschenbücher sind
jeweils in Klammern
angegeben.*

Herbert Willems (Hrsg.)

Lehr(er)buch Soziologie

Danksagung des Herausgebers

Ich danke den Autorinnen und Autoren für ihre Mitarbeit an diesem Werk sowie für ihre Geduld, die ich ein wenig strapazieren musste. Dr. Sebastian Pranz und Herrn Paul Greim danke ich für die zuverlässige Bereitschaft, vielfältige technische Arbeiten zu erledigen. Dr. Pranz war darüber hinaus inhaltlich mit Rat und Tat hilfreich.

Meinem Lehrer Alois Hahn danke ich für das Modell einer Einführung in die Soziologie in der Form einer Vorlesung, die ich bis heute, fast drei Jahrzehnte, nachdem ich sie zum ersten Mal gehört habe, immer noch mit Freude erinnere.

Das Werk widme ich Marianne, Nikola und Elfriede Willems.

Herbert Willems (Hrsg.)

Lehr(er)buch Soziologie

Für die pädagogischen und
soziologischen Studiengänge

Band 1

VS VERLAG FÜR SOZIALWISSENSCHAFTEN

Bibliografische Information Der Deutschen Nationalbibliothek
Die Deutsche Nationalbibliothek verzeichnet diese Publikation in der
Deutschen Nationalbibliografie; detaillierte bibliografische Daten sind im Internet über
<http://dnb.d-nb.de> abrufbar.

1. Auflage 2008

Alle Rechte vorbehalten
© VS Verlag für Sozialwissenschaften | GWV Fachverlage GmbH, Wiesbaden 2008

Lektorat: Frank Engelhardt

Der VS Verlag für Sozialwissenschaften ist ein Unternehmen von Springer Science+Business Media.
www.vs-verlag.de

Umschlaggestaltung: KünkelLopka Medienentwicklung, Heidelberg
Druck und buchbinderische Verarbeitung: Krips b.v., Meppel

Printed in the Netherlands

ISBN 978-3-531-14977-6

Band I

Inhalt

Band II

Inhalt

Einleitung

Soziologie und die pädagogischen Studiengänge

Herbert Willems

An sachlich und didaktisch mehr oder weniger qualifizierten Lehrwerken, die in expliziter oder impliziter Adressierung an (‚angehende') SoziologInnen einen allgemeinen Überblick über die Soziologie geben, mangelt es nicht[1], wohl aber an entsprechenden Lehrwerken für Lehrende und Studierende ihrer Nachbar- und Nebenfächer. Dies gilt auch und sogar für die größte Gruppe derer, die Soziologie ‚nachfragen' oder jedenfalls im akademischen Rahmen gezwungen sind, Soziologie zu rezipieren bzw. sich soziologisches Wissen anzueignen: die Lehramtsfächer und Lehramtsstudierenden.

In dem vorliegenden Lehrbuch wird daher der Versuch unternommen, hauptsächlich diesem Adressatenkreis, aber auch anderen studierenden oder/und praktizierenden PädagogInnen (z.B. ErzieherInnen), einen vor allem grundbegrifflichen und damit theoretischen Überblick über die Soziologie zu geben. Es richtet sich also mit einer gleichgewichteten Akzentsetzung auf der ‚Mikro-' und der ‚Makrosoziologie' besonders an all jene, die aktuell oder zukünftig beruflich mit der gezielten und planvollen Beeinflussung von Menschen, mit ihrer Erziehung, (Aus-, Weiter-)Bildung, ‚Resozialisierung' u.s.w. zu tun haben. Dies schließt auch und in besonderer Weise die Hochschullehrenden ein, in welchen Disziplinen sie auch immer tätig sind. Diese Lehrenden haben ebenfalls direkt mit ‚Bildung' (und gelegentlich mit Erziehung) zu tun, und d.h. mit einer implikationsreichen und voraussetzungsvollen Praxis, die in eben jenem Wissen reflektiert ist oder sein sollte, über das auch die in den diversen Lehramts- und Pädagogikstudiengängen zu ‚belehrenden' Studierenden selbst einmal als reflexives wie praktisches Wissen verfügen sollten. Selbstverständlich soll dieses Lehrbuch den Lehrenden mit jenen speziellen Publika auch und hauptsächlich als sachliche Basis ihres soziologischen Lehrangebots und ihrer entsprechenden Prüfungspraxis dienen.

Motivierender Hintergrund dieses Projekts ist die von seinem Autor gemachte Erfahrung, dass die LehrerInnenausbildung an zahlreichen Hochschulen einen, wenn nicht *den* Schwerpunkt der soziologischen Lehrtätigkeit ausmacht, ohne dass dem seitens der Lehre und Lehrtexte ausreichend oder überhaupt Rechnung getragen würde. Vielfach, wenn nicht

---

[1] Vgl. z.B. Bellebaum (2006); Feldmann (2006); Joas (1997); Scherr (2006); Amann (1996); Henecka (2006); Korte (2004); Meulemann (2006); Schäfers/Kopp (2006).

typischerweise, wird die soziologische LehrerInnenausbildung als eine Aufgabe betrachtet, die zwar die Existenz ganzer Soziologieinstitute rechtfertigt, aber mehr oder weniger abseits des eigentlichen ‚fachwissenschaftlichen' Selbstverständnisses und Interesses liegt. Weder wird anerkannt, dass es hier publikumsspezifischer Anpassungen der soziologischen Lehre bedarf, noch werden die besonderen Chancen wahrgenommen, die sich für die Soziologie (und nicht nur für ihr Publikum) daraus ergeben würden, dass sie in der Ausbildung und in der beruflichen (Deutungs- und Kommunikations-)Praxis gerade von LehrerInnen und anderen PädagogInnen stärker durchdringen würde. Eine symptomatische Folge ist der besagte Mangel an entsprechend organisierten Lehrtexten für jene nicht nur größten, sondern auch in mancher Hinsicht interessantesten Rezipientengruppen: eben diejenigen in Lehramts- und Pädagogikausbildungen und pädagogischen Berufspraxen.

Die Distanz ‚der Soziologie' bzw. ihrer Lehrenden zu ihren Publika in den pädagogischen Studiengängen ist aber nur die eine Seite der Medaille. Gleichzeitig gibt es heute bei Studierenden wie Lehrenden dieser Studiengänge eine Distanz oder sogar Abwehr gegenüber ‚der Soziologie'[2]. Vielfach beklagt wird eine scheinbar undurchsichtige und unnütze Terminologie, abstrakte und realitätsferne Theorie und mangelnde pädagogische Relevanz bzw. ein fehlender ‚Anwendungsbezug'. Als Lehrender und Prüfer in der Soziologie hat man nicht selten den Eindruck, dass Soziologie von Lehramtsstudierenden eher als lästige Pflichtübung empfunden wird, deren einziger Sinn darin besteht, sie in Form einer akzeptablen Note hinter sich zu bringen. Viele Studierende sind nicht in der Lage, einen berufspraktischen Wert soziologischen Wissens zu erkennen und schaffen auch keinen ‚Transfer' dieses Wissens auf (ihre späteren) Handlungsfelder.

Allerdings mangelt es typischerweise bereits – und das ist in erster Linie das Lehr- und Lern-Problem – am elementarsten soziologischen Grundwissen und (damit) am Verständnis der nötigsten soziologischen Terminologie. Dies ist nicht die Schuld der Studierenden, sondern – zumindest auch – ein Versagen der Studienkonzeption und der Lehre, die damit ihre wichtigste Aufgabe – die grundlegende Wissens- und Kompetenzvermittlung – nicht angemessen erfüllt und die eigentliche Voraussetzung aller anderen soziologischen Ausbildung und Weiterbildung vernachlässigt. Die Folge ist eine soziologische ‚Bildung', die regelmäßig bruchstückhaft, zufällig und übermäßig beschränkt bleibt. Nachhaltigkeit und (damit) Weiterentwicklung, Vertiefung sind in diesem Fall nicht zu erwarten.

Das Lehrwerk bezweckt daher, entsprechend publikumsorientiert zentrale begriffliche und theoretische Wissensbestände (Ansätze), empirische Ergebnisse, Themenfelder und Fragestellungen der Soziologie im Sinne eines Ein- und Überblicks darzustellen. Dies soll allerdings nicht auf Kosten wissenschaftlicher Qualität und Aktualität geschehen, so dass bei allem Streben nach ‚Verständlichkeit' nur ein begrenzter Terminologie- und argumentativer Komplexitätsverzicht möglich ist. Vielmehr werden die Ziele der grundbegrifflichen Einführung und des Überblicks über entsprechende sachliche Arbeitsbereiche der Soziologie mit dem Ziel des Transfers soziologischen Wissens auf das pädagogische Feld verbunden. Dies impliziert den Verzicht auf den Versuch, die Theoriegeschichte oder das gegenwärtige theo-

---

2 Diese Lage ist zeitgeistbedingt. War die Soziologie im Gefolge der ‚68'er ein ‚Muss' und ‚in', so ist sie nach ihrer entsprechenden Institutionalisierung zunehmend aus der Mode gekommen; ihre Relevanz versteht sich auf Seiten des Publikums jedenfalls nicht mehr von selbst.

retische Feld der Soziologie ‚repräsentativ' zu rekonstruieren und darbieten zu wollen.

Es liegt auf der Hand, dass sich mit dem Ziel eines speziell publikumsorientierten Lehr-werks zunächst ein Problem verschärft, mit dem schon ‚normale' Einführungen in die So-ziologie (für ‚FachwissenschaftlerInnen') zu kämpfen haben, ohne es je lösen zu können: das Problem der Präsentation des soziologisch ‚Wichtigen'. Zwar besitzt die Soziologie – streng genommen – keine theoretische Identität (Einheitlichkeit) und verfügt daher auch nicht über einen kanonisierten Konzept- und Wissensbestand, aber sie ist auch keine ano-mische Ansammlung von Anschauungen, Texten und Diskursen. Vielmehr existiert bei al-ler Heterogenität der Denkweisen, Ansätze, Theorien und Methoden durchaus so etwas wie eine soziologische Perspektive (Mentalität) sowie ein im Laufe der Zeit mehr oder weniger stabilisierter Kern von Konzepten, den die allermeisten SoziologInnen implizit oder aus-drücklich als elementar oder basal anerkennen. Dazu gehören Konzepte wie Norm, Gruppe, Institution, Macht oder Organisation. In dem Maße wie nun der Versuch verfolgt wird, dem (pädagogischen) Publikum gerecht zu werden, wird Raum verbraucht, der die Möglichkeiten einschränkt, die so verstandene allgemeine Soziologie darzustellen. Umgekehrt limitiert eben dieses Ziel, den Raum für den Versuch, die Darstellung der Soziologie den Beson-derheiten des hier fokussierten Publikums anzupassen. Das vorliegende Lehrwerk geht von der Einsicht in diese Problematik aus, verspricht sich aber von seiner Doppelorientierung, allgemeine Soziologie zu präsentieren und sie zugleich von einer pädagogischen Perspektive aus nachzufragen, besonderen Nutzen für die einschlägige Lehre: (Lern-)Gewinne, die die verschärften Einschränkungen der sachlichen Präsentation mehr als aufwiegen.

Im Folgenden werden auf der einen Seite – im 1. Band – allgemeine Schlüsselkonzepte, Schlüsseltheorien und Schlüsselthemen der Soziologie behandelt. Bei aller Unterschiedlich-keit der Betrachtungsweisen und Theoriediskurse gibt es über die zentrale Relevanz der hier dargelegten Auswahl im Fach Soziologie wohl kaum Streit. Thematische Schlüsselkonzepte und Schlüsselthemen, die hier behandelt werden, wenn auch nicht alle im Rahmen eines gesonderten Beitrags, sind: Figuration, Gesellschaft, Feld, Wissen, kommunikative Gattung, Rahmen, Habitus, Kultur/Zivilisation, Norm, Tausch, Kapital, Macht/Herrschaft, Organisa-tion, totale Institution, Diskurs, Kanon, symbolische Ordnung, Ritual, soziale Kontrolle, ab-weichendes Verhalten, Sanktion, soziale Differenzierung, Stil/Lebensstil, Gruppe, Schicht, Klasse, Milieu, Gemeinschaft, Szene, (Massen-)Medien, Globalisierung. Diese Begriffe sind überwiegend, wenn nicht alle, nicht nur allgemeine, theoretisch und theoriegeschichtlich mehr oder weniger ‚geladene' soziologische Grundbegriffe, sondern treffen auch direkt oder indirekt wesentliche pädagogische Realitätsaspekte. Die soziologische Relevanz für pädago-gisches Handeln – und sei es ‚nur' ein ‚Bewusstsein' für dessen sozio-kulturelle Vorausset-zungen und Implikationen – und für die Pädagogik versteht sich dabei teilweise von selbst, wird aber auch in Beiträgen des 2. Bandes konkret (z.T. analytisch) unter Beweis gestellt. Von evidenter (und eminenter) grundlegender Bedeutung sind in diesem Sinne z.B. anthro-pologische und habitusbegriffliche Kenntnisse, das Wissen um den evolutionären Status des Menschen, seinen relativen Instinktverlust, seine Fähigkeit und Gezwungenheit zum Lernen und zur Bindung an Gesellschaft[3].

---

3 Dieses Wissen wird im Folgenden in einer ganzen Reihe von Beiträgen (mit-)thematisiert – unter Titeln wie Zivilisation, Norm, Kindheit, Jugend oder Geschlecht.

Bei dem dargelegten ‚Ensemble' soziologischer Begriffs- und Wissensbestände handelt es sich bei aller spezifischen Rezipientenorientierung um eine Auswahl, die sich durchaus auch für eine publikums*un*spezifische Einführung in die allgemeine Soziologie eignet. Dem steht auch nicht entgegen, daß eine besondere pädagogische Publikumsorientierung neben dem besagten ‚Perspektivenwechsel' darin liegt, daß immer wieder der Versuch unternommen wird, die soziologische Konzept- und Theorieapparatur mit dem Fleisch der pädagogischen Praxis oder deren empirischen Bedingungen zu füllen. Das Maß und der Modus, in dem dies geschehen sollte, war allerdings den AutorInnen überlassen und variiert, mitbedingt durch die Art der Konzepte, Gegenstände und Herangehensweisen, stark.

Auf der anderen Seite wird primär von der pädagogischen Perspektive aus gedacht und auf die Deutungsmittel der Soziologie geblickt, und zwar in den 2 Teilen des 2. Bandes, die sich ihrerseits wesentlich an soziologischen Grundbegriffen ‚aufhängen': Identität, Individualität/Individualisierung, Lebenslauf, Biographie, Selbstthematisierung, Interaktion, Gruppe, Gemeinschaft, Sozialisation, Erziehung, Professionalität/Professionalisierung, (Massen-)Medien.

Der 1. Teil des 2. Bandes behandelt unter dem Titel „Identitäten, Differenzen und Beziehungen" sozio-kulturelle Phänomene, die in pädagogischem Handeln vorausgesetzt und tangiert werden, wenn sie nicht sogar Themen oder ‚Zielgebiete' dieses Handelns sind: die diversen Identitäten – personale und kollektive, die Lebensaltersklassen, die Geschlechter und Geschlechterbeziehungen, die persönlichen Beziehungen, die ethnischen Gruppen und interethnischen Beziehungen, die Familie u.s.w. Auch in diesem Zusammenhang geht es natürlich immer wieder um allgemeine soziologische Grundbegriffe. Im Mittelpunkt stehen aber im Blick auf ein pädagogisches Relevanzverständnis ausgewählte soziale Tatsachen wie Kindheit oder Jugend, die jedenfalls zunächst pädagogische und soziologische (Schlüssel-)Themen, aber keine Konzepte sind. Die Realitäten, die hier behandelt werden, sind natürlich in jedem Fall soziologisch definierte und analysierte Voraussetzungen, Anschlußstellen, ‚Abholpunkte' und Wirkbereiche pädagogischen Handelns.

Pädagogisches Handeln kann und sollte heute mehr denn je entsprechend soziologisch informiert sein und durch soziologische Information wissen, wo seine durch diese Realitäten bedingten oder bestimmten Möglichkeiten und Grenzen[4], Chancen und Risiken liegen. Eine sachliche Schlüsselrolle spielen in diesem Zusammenhang die (Massen-)Medien als immer auch sozialisatorisch voraussetzungs- und wirkungsvolle Praxisfelder, die Erziehungs- und Bildungsprozesse einerseits mindestens bedingen, wenn nicht ‚programmieren', und andererseits anfordern. Am Beispiel eines Kinderfilms („Wilde Kerle") wird gezeigt, welche Wirklichkeiten Massenmedien – auch als kopierbare Modelle von und für Identitäten – konstruieren und wie sie dies tun. Die Analyse dieser medienkommunikativen Gattung mag zugleich als Beispiel für Möglichkeiten ‚soziologischer Aufklärung' (medien-)kultureller Voraussetzungen und Implikationen pädagogischen Handelns genommen werden. Das schließt die speziell für PädagogInnnen wichtige Einsicht in Konditionen und Limitationen

---

4   Albert Scherr sieht in diesem Zusammenhang „nicht nur ein Verstehensangebot, sondern auch ein Entlastungsangebot" der Soziologie: „Soziologisch informierte PädagogInnen haben Argumente zur Verfügung, die es ihnen ermöglichen, nicht alles, was in ihrer beruflichen Praxis geschieht, als Folge ihres eigenen Handelns – und ggf. eigener Fehler – zu interpretieren. Denn Gelingen und Scheitern ist in pädagogischen Arbeitsfeldern auch von den externen und internen sozialen Gegebenheiten abhängig, die durch das jeweilige eigene Handeln kaum verändert werden und deren Auswirkungen nur begrenzt beeinflusst werden können" (Scherr 2006: 16).

der Reichweite und Kontrolle ihres Handelns mit ein. Gerade in diesem Kontext mag dann gelten, dass Soziologie PädagogInnen ein Wissen zur Verfügung stellt, „das ihnen zu einem besseren (informierteren und genaueren) Verständnis der Bedingungen verhelfen kann, in die ihr berufliches Handeln verwoben ist" (Scherr 2006: 15).

Im 2. Teil des 2. Bandes werden unter dem Titel „Sozialisation, Erziehung und Bildung" konkrete strukturelle, institutionelle und habituelle Rahmenbedingungen, Kontexte und Prozesse pädagogischer Praxis im engeren Sinne soziologisch thematisiert. Allgemeinster Ausgangspunkt und Hintergrund ist hier der soziologische (Grund-)Begriff der Sozialisation. An dessen Betrachtung schließen sich bildungs- und erziehungssoziologische Beiträge an, die sich auf unterschiedlichen Ebenen (Feld, Organisation, Rolle, Interaktion) mit Strukturbedingungen (schul-)pädagogischen Handelns befassen. Abschließend thematisiert das Lehr(er)werk – sozusagen auf einem Gipfelpunkt soziologischer Konkretion – Prozesse der situativen pädagogischen Praxis bzw. diese Praxis als Gefüge von Interaktionssystemen. In deren soziologischer bzw. soziolinguistischer Untersuchung zeigt sich in einer besonderen, lange Zeit eher vernachlässigten Weise, dass die Soziologie eine pädagogisch relevante und instruktive Grundlagenwissenschaft darstellt und mit Recht als ‚Grundwissenschaft‘ fungiert, die praktisches Wissen im Bezug auf und für konkrete Situationen liefern kann. Denn auch „in der direkten Face-to-Face-Kommunikation (Interaktion) zwischen Pädagogen und Adressaten ist Gesellschaft anwesend. Etwa durch Normen und Werte als Grundlage von Erwartungen und Entscheidungen (...), durch die Übernahme gesellschaftlich einflußreicher Vorstellungen über normales und abweichendes Verhalten (...), durch im Sozialisationsprozeß (...) erworbene Handlungsmuster und Gewißheiten" (Scherr 2006: 15). Darüber hinaus besitzen pädagogische Praxen als Interaktionspraxen besondere Eigenschaften, die die Soziologie, zugunsten eines zumindest teilweise technischen Praxis- und (d.h.) Problembewusstseins der pädagogisches Akteure aus der Dunkelheit des Selbstverständlichen herausholen kann. Hier geht es also auch um eine spezifische, ebenso irritierende wie instruierende soziologische Information als Beitrag zu einer ‚Professionalisierung‘ des pädagogischen Handelns, insbesondere des LehrerInnenhandelns.

Die ‚Philosophie‘ des vorliegenden Lehrwerks besteht also wesentlich darin, ‚die Soziologie‘ primär für ihr pädagogisches Publikum aufzubereiten und in pädagogischen Relevanzen, d.h. als Instrumentarium und Strategie einer „Selbstanalyse" (Bourdieu/Wacquant 1996: 96) und „Selbstaufklärung" (Scherr 2006: 16), vorzuführen, ohne ‚fachwissenschaftliche‘ Selbstverständnisse und (Geltungs-)Ansprüche aufzugeben. Die Umsetzung dieser ‚Philosophie‘ geschieht in terminologisch-theoretischer Hinsicht primär durch eine aus soziologischer und pädagogischer Perspektive vorgenommene Rekonstruktion soziologischen Basiswissens wie auch durch einen Weg vom Allgemeinen zum Besonderen, von ‚Makro-‘ zu ‚Mikrokonzepten‘, von Theorie zu Empirie. Dieses Vorgehen schließt ein, dass entsprechende, eigentümliche, heterogene und immer kontingente theoretische Orientierungen und methodische Arbeitsweisen der Soziologie sichtbar werden. Statt einer soziologischen Identitätsillusion, die in rein ‚fachwissenschaftlichen‘ Einführungen gern vermittelt wird, entsteht eher das Bild einer in sich spannungsvollen Vielfalt von perspektivischen Möglichkeiten, die auf je eigene Weise Realität erhellen und Beobachtungs- wie Reflexionsimpulse geben.

Das vorliegende Lehrwerk beabsichtigt also eine Transzendierung der soziologisch-fachwissenschaftlichen Studierenden-Publika. Dies impliziert aber keine Exklusion der ‚Fach-

wissenschaftlerInnen'. Im Gegenteil! Der besondere Vorteil dieser Einführung für *alle* Studierenden der Soziologie könnte darin bestehen, dass sie an einem besonderen und zweifellos gesellschaftlich besonders wichtigen Praxisbereich lernen können, was Soziologie im (Anwendungs-)Bezug auf einen Komplex konkreter empirischer Gegenstände zu sein und zu leisten vermag.

Vor diesem Hintergrund werden keine gesonderten Antworten auf die Fragen ‚Was ist Soziologie?' und ‚Wozu Soziologie' erforderlich und zu geben versucht. Fragen dieser und ähnlicher Art sind in Einführungswerken schon oft gestellt und beantwortet worden[5]. Ich kann keine besseren ‚Kompaktantworten' als die existierenden bieten und hoffe darauf, dass die Reihe der Beiträge und jeder einzelne Beitrag eine (Teil-)Antwort auf die Frage gibt, was Soziologie sein und leisten kann. Das schließt die Einsicht in die theoretische und intellektuelle Kraft, auch Innovationskraft, des Fachs ein. Es wäre mit der Soziologie und für die Soziologie schon viel erreicht, wenn das hier adressierte Publikum sich durch sie irritieren und (daher) für sie interessieren ließe.

In seinen beiden Teilen (Band 1 und Band 2) beansprucht dieses Lehrwerk allerdings nicht nur, für die Zwecke einer gleichzeitig allgemeinen und speziellen Einführung in die Soziologie geeignet zu sein. Vielmehr soll es auch als Grundlage von entsprechenden Lehrveranstaltungen sowie von Prüfungen dienen können. Die strukturelle Organisation und die relative Komplexität der Beiträge eröffnet in diesem Zusammenhang große Spielräume der Auswahl und der Zusammenstellung, die je nach soziologischem oder/und pädagogischem ‚Weltbild' und Verwendungszusammenhang genutzt werden können. Einführende und weiterführende Literaturhinweise dienen dazu, die Vertiefung einzelner Themenfelder zu orientieren.

Schließlich sind hier (auch im Blick auf eine eventuelle 2. Auflage) einige selbstkritische Hinweise angebracht: Einige Themen, die ursprünglich im Horizont des Herausgebers standen, konnten nicht realisiert werden, weil die entsprechenden Beiträge nicht geliefert wurden bzw. werden konnten. Gerne hätte ich noch eigene Beiträge zu Kultur, Tradition, Rolle, Gewalt, Generation, Korporalität und Image aufgenommen. Weiterhin wäre es von Nutzen gewesen, im Ganzen noch stärker und systematischer, als dies bei einigen Beiträgen ansatzweise der Fall ist, den Zusammenhang von Theorie und – insbesondere qualitativer – Methodologie herauszustellen. Schließlich ist einzuräumen, dass es in einzelnen Punkten inhaltliche Überschneidungen gibt. Sie halten sich allerdings in erträglichen Grenzen und waren teilweise nicht oder nur um den Preis einer erschwerten Lesbarkeit des jeweiligen Aufsatzes zu vermeiden.

---

5   Vgl. z.B. Bellebaum (2006); Feldmann (2006); Amann (1996); Henecka (2006); Meulemann (2006); Schäfers/
    Kopp (2006).

Literatur

Amann, Anton (1996): Soziologie. Ein Leitfaden zu Theorien, Geschichte und Denkweisen. Köln (u.a.): Böhlau.

Bellebaum, Alfred (2006): Soziologische Grundbegriffe. Eine Einführung für soziale Berufe. Stuttgart (u.a.): Kohlhammer.

Bourdieu, Pierre/Waquant, Loïc (1996): Reflexive Anthropologie. Frankfurt/M.: Suhrkamp.

Feldmann, Klaus (2006): Soziologie kompakt. Eine Einführung. Wiesbaden: VS Verlag.

Henecka, Hans P. (2006): Grundkurs Soziologie. Stuttgart: Lucius & Lucius.

Joas, Hans (Hrsg.) (1997): Lehrbuch der Soziologie. Frankfurt/M.: Campus

Korte, Hermann (2004): Soziologie. Konstanz: UTB.

Meulemann, Heiner (2006): Soziologie von Anfang an. Eine Einführung in Themen, Ergebnisse, Literatur. Wiesbaden: VS Verlag.

Schäfers, Bernhard/Kopp, Johannes (Hrsg.) (2006): Grundbegriffe der Soziologie. Wiesbaden: VS Verlag.

Scherr, Albert (Hrsg.) (2006): Soziologische Basics. Eine Einführung für Pädagoginnen und Pädagogen. Wiesbaden: VS Verlag.

Lehr(er)buch Soziologie
Für die pädagogischen und soziologischen Studiengänge

Im Folgenden werden die Beiträge der Reihe nach kurz vorgestellt und zusammengefasst[6]:

Band I

Robert Hettlage: Anthropologische Grundlagen der Sozialisation

In diesem Artikel wird ein geraffter Überblick über die verschiedenen Positionen zu der soziologisch wie pädagogisch fundamentalen Frage versucht, wie die anthropologischen Differenzen zwischen Mensch und Tier erkannt werden können und worin sie bestehen. Dabei wird besonders auf die philosophische Anthropologie (Scheler, Plessner, Gehlen) und auf die Weiterentwicklung zur soziologischen Anthropologie (Mead, Goffman, Dahrendorf, Elias) eingegangen. Während die philosophische Anthropologie auf die biologischen Unterschiede des Menschen (,Mängelwesen') abhebt, steht in der soziologischen Anthropologie die Polarität zwischen Ich und Du, ego und alter, im Vordergrund. Der Mensch ist ein ,exzentrisches' Wesen, das zwingend auf den Austausch mit anderen angewiesen ist, in immer längere Interdependenzen hineingerät, von ,der' Gesellschaft aber auch zur Rollenübernahme gezwungen wird. Damit ergibt sich eine permanente Spannung zwischen sozialer Normalitätserwartung und persönlicher Distanzierung (Rollendistanz), zwischen Domestizierung und aktiver Selbstdefinition. Diese findet ihren Niederschlag in den Sozialisationsvorgängen, die ein Gleichgewicht zwischen individueller und sozialer Lebensführung herzustellen versuchen. Die Ambivalenz ist nicht hintergehbar und lässt sich bis in die Analyse gegenwärtiger Lebensstile weiterverfolgen.

Herbert Willems: Figuration, Felder, Habitus und Kapitaltypen

Dieser Aufsatz kündigt in seinem Titel die Behandlung von grundlegenden soziologischen Konzepten an, die in einem inneren Zusammenhang miteinander stehen. Als allgemeiner theoretischer Rahmen, der alle anderen hier diskutierten Begriffe integriert oder zu integrieren vermag, wird die Figurationskonzeption von Elias angesetzt. Felder erscheinen in diesem Rahmen als ein Figurationstyp. Als Korrespondenzbegriff zu Figuration bzw. Feld fungiert der anschließend behandelte Habitusbegriff, der auf gruppen- und individuumspezifische Verhaltensdispositionen zielt. In diesem Rahmen werden Mentalitäten als eine spezifische Habitusform verstanden. Damit stellt sich dann auch die Frage der sozialisatorischen (Lern-)Genese von

---

6 Die folgenden Zusammenfassungen stammen im Wesentlichen von den Autorinnen und Autoren. Ich habe sie allerdings mehr oder weniger stark überbearbeitet, an manchen Stellen gekürzt und an anderen ergänzt (H.W.).

Habitus. Der Zusammenhang der genannten Begriffe ruft einerseits die jüngere Netzwerktheorie und andererseits die Kapitalbegrifflichkeit Bourdieus (ökonomisches, kulturelles, soziales, symbolisches Kapital) auf.

Es geht hier also nicht nur um Schlüsselbegriffe der Soziologie, sondern auch um ein theoretisches Gesamtgefüge. Dieses Gefüge ist auf das engste mit den Namen zweier soziologischer Klassiker verbunden: Norbert Elias und Pierre Bourdieu.

Sie – und damit die hier thematisierten soziologischen Deutungsmittel – sind auch für jede an soziologischer Information interessierte Pädagogik und jede entsprechende Selbstbeobachtung und Selbstreflexion pädagogischer Praxis von herausragender Bedeutung. Zum einen liegt diese in der konkreten Analyse von Sozialisations- bzw. Erziehungs- und Bildungsphänomenen sowie deren sozio-kulturellen Voraussetzungen und Implikationen. Zum anderen liefern Elias und Bourdieu konzeptuelle und theoretische Instrumente, die für jede ‚pädagogische Soziologie' und für jede Soziologie jeglicher Pädagogik und pädagogisch relevanter Themen besonders geeignet sind.

Justine Suchanek: Gesellschaft, sozialer Wandel und Gesellschaftstypen

Die Soziologie ist Wissenschaft von der Gesellschaft. Ihr zentraler Gegenstandsbereich ist deshalb die Frage danach, wie sich die Gesellschaft konstituiert, was sie vorantreibt und welchen Trend die aktuelle gesellschaftliche Entwicklung aufweist. Ausgehend von der historischen Entwicklung der Vorstellung darüber, was Gesellschaft ist, widmet sich der Beitrag dem Begriff des sozialen Wandels, der entlang verschiedener Analysedimensionen beispielhaft an der Entwicklung des Schulsystems vom 16. bis 19. Jahrhundert illustriert wird. Vorgestellt werden zentrale Theorien des sozialen Wandels, die soziale Wandlungsprozesse der Gesellschaft erklären: Modernisierungstheorien, marxistische Theorien und Differenzierungstheorien nehmen jeweils verschiedene Perspektiven auf die Entwicklungsgeschichte der Gesellschaft ein und entfalten unterschiedliche Visionen von der Steuerbarkeit der Zukunft der Gesellschaft. Schon immer interessierte Soziologen, wohin die Reise, d.h. die gesellschaftliche Entwicklung, gehen könnte. Zeitdiagnosen werden vor allem mittels verschiedener Gesellschaftstypisierungen vorgenommen, indem sie als eine Art Hilfskonstrukt gesellschaftliche Entwicklungstrends in einem einzigen Begriff bündeln und wesentliche gesellschaftliche Merkmale herausstellen. Mit ihrem selektiven Blick können solche Gesellschaftslabel viel mutiger und forcierter die Zukunft beschreiben als es für eine ganze Gesellschaftstheorie, die möglichst alle sozialen Strukturen und Prozesse der Gesellschaft reflektiert, möglich wäre. Vorgestellt wird eine Auswahl von Modellen, die zentrale Herausforderungen der gegenwärtigen und zukünftigen Gesellschaft anzeigen und deshalb auch für das Erziehungssystem wichtige Entwicklungstrends markieren: Die Postindustrielle Gesellschaft, die Risikogesellschaft, die Multikulturelle Gesellschaft und die Weltgesellschaft.

Petra Deger: Zivilisation und Zivilisationsprozess

Der Zivilisationsbegriff ist ein ebenso wichtiger wie schillernder und mehrdeutiger Begriff der Soziologie. Der Schwerpunkt in diesem Beitrag liegt auf einer Verwendung des Zivilisationsbegriffs, die sowohl in der soziologischen Theoriebildung als auch in Folge verschiedener empirischer Untersuchungen zu einem veränderten Verständnis der Charakteristika moderner Gesellschaften und ihrer Menschen beitragen konnte: die Zivilisationstheorie von Norbert Elias. Elias hat sich in dem zweibändigen Werk „Über den Prozess der Zivilisation" intensiv mit der Herausbildung moderner Lebensweisen und Lebensformen beschäftigt. Im Zentrum der Arbeiten steht das Ineinandergreifen von Veränderungen gesellschaftlicher Strukturen und der Herausbildung eines Apparates der psychischen und physischen Selbstkontrolle. Die Entwicklung der Selbstkontrollapparatur führt dazu, dass Menschen zunehmend in der Lage sind, langfristige Ziele anzustreben, umfassendere Handlungsketten zu verfolgen und auf das Ausleben unmittelbar auftretender Emotionen zu verzichten. Augenfällig sind die Folgen des Zivilisationsprozesses für den Bereich von Schule und Bildung, speziell in der seit den 1960er Jahren zunehmenden Informalisierung der Beziehungen zwischen Kindern und Erwachsenen, den Veränderungen der akzeptierten Formen von körperlicher Gewalt zwischen den Menschen und auch in der veränderten Bedeutung des Bereichs des Sports.

In diesem Beitrag geht es zunächst um den Begriff der Zivilisation in seinen verschiedenen Verwendungsformen. Im Anschluss daran wird eine makrotheoretische Perspektive auf Zivilisation als spezifische Form des Modernisierungsprozesses diskutiert. Im 3. Kapitel werden die Eliasschen Arbeiten zum Zivilisationsprozess vorgestellt. Anschließend (4) folgt die Darstellung des theoretischen Modells, in das die Zivilisationstheorie eingebettet ist, die Figurationssoziologie. Eine besondere Bedeutung im Zivilisationsprozess hat die Tendenz zur gesellschaftlichen Pazifizierung, zur Delegitimierung körperlicher Gewalt (Kap. 5). Im Anschluss an die Betrachtung dieser Tendenz werden (6) die Folgen des Zivilisationsprozesses für den Bereich von Bildung und Erziehung skizziert. Im abschließenden Kapitel (7) wird auf Anschlüsse der Analysen zum Zivilisationsprozess verwiesen.

Hubert Knoblauch: Sinnformen, Wissenstypen und Kommunikation

Auch wenn das Bildungssystem Wissen vermitteln soll, ist keineswegs geklärt, was wir denn unter Wissen zu verstehen haben. Wie kommt Wissen eigentlich zustande, und warum spielt Wissen eine so große Rolle? Um diese Fragen zu beantworten, soll der Beitrag zuerst klären, welche Arten von Wissen zu unterscheiden sind. In weiteren Schritten wird näher bestimmt, was Wissen überhaupt ist, wie Wissen vermittelt wird und in welchen Formen diese Wissensvermittlung verläuft. Zentral ist damit auch die Frage, welche Konzepte die Wissenssoziologie zur Verfügung stellt, um Wissenstypen zu rekonstruieren (Rahmen, kommunikative Gattung, Skript, Deutungsmuster, Habitus etc.). Abschließend wird noch einmal auf den Zusammenhang von Wissen und Bildung eingegangen. Dabei soll zum einen gezeigt werden, wie Wissen in der modernen Gesellschaft bis hin zur gegenwärtigen ‚Wissensgesellschaft' typisiert wurde. Welche Arten von Wissen werden unterschieden? In einem weiteren Schritt soll darauf hingewiesen werden, dass Wissen im Wesentlichen in Handlungszusammenhän-

gen auftritt – und anhand von Handlungszusammenhängen und Institutionen unterschieden wird. Inhaltlich wird Wissen vor allem durch Kommunikation definiert. Kommunikation wird dabei nicht nur als Sprache verstanden. Gemeint sind vielmehr auch unterschiedliche Formen, die als kommunikative Formen des Wissens dienen. Weil wir den Menschen nicht in die Köpfe sehen können, tritt Wissen empirisch immer nur als Kommunikation auf. Schließlich wird skizziert, wie bestimmte dieser kommunikativen Formen zu Wissen deklariert werden und welche Folgen das haben kann.

Herbert Willems: Diskurse

Michel Foucaults Diskurskonzept, in dem seine Forschungen „eine Art Kristallisationspunkt" (Kammler) finden, ist heute ein Alltagskonzept in den ‚Menschenwissenschaften' – längst nicht nur in der Soziologie, sondern auch z.B. in der Pädagogik. In diesem Aufsatz geht es vor allem darum, die Perspektive und zentrale Komponenten des Diskurskonzepts und der Diskurstheorie zu skizzieren und im Bezug auf verschiedene empirische Kontexte (Institutionen der Selbstthematisierung, massenmediale Werbung) exemplarisch gleichsam als Werkzeuge zu gebrauchen. Darüber hinaus sollen Parallelen zu anderen Ansätzen und Konzepten (Feld, Rahmen, Deutungsmuster, Habitus u.s.w.) gezogen und entsprechende Anschlüsse hergestellt werden.

Zunächst wird versucht, basale konzeptuelle Komponenten, Prinzipien und Resultate von Foucaults diskurstheoretischem Denken (‚Denken in Grenzen') darzulegen. Damit geht es auch um Unterscheidungen wie die zwischen dem allgemeinen Diskurs und speziellen Diskursen sowie um Fragen der (institutionellen) ‚Einbettung' und Ordnung von Diskursen. Ein besonderer Schwerpunkt der Betrachtung liegt auf Ausschließungs- und Einschließungssystemen bzw. Diskursritualen/Formen der Selbstthematisierung, Zensuren und Kanonisierungen. Abschließend wird die Foucaultsche Schlüsselfrage der Normalität bzw. Normalisierung fokussiert. Sie wird im Anschluss an Jürgen Links diskurstheoretisch fundiertes ‚Normalismuskonzept' anhand des empirischen Beispiels der Werbung behandelt.

Thomas Loer: Normen und Normalität

Der Normbegriff, der auf verwandte Begriffe wie Regel und Erwartung verweist, gehört zu den Grund- und Kernbegriffen der Soziologie. Beispiele aus dem Bereich alltäglichen Handelns zeigen, wie einerseits Regeln Handlungsoptionen eröffnen und damit Handeln und zugleich Handlungsautonomie konstituieren und wie andererseits die Wahl bestimmter Optionen durch Normen vorgegeben wird. Normen als spezifische Form von kulturellen Regeln sind handlungsbestimmend, gehen aber auch immer mit der Möglichkeit der Abweichung einher. Normabweichungen selbst wiederum haben – etwa für die Behauptung der Autonomie als Lösung einer der zentralen ‚Entwicklungsaufgaben' von Jugendlichen – eine bestimmte Bedeutung. Normen bilden sich als Lösungen von Handlungsproblemen, die sich sowohl bewährt haben als auch mit dem Selbstbild der Gemeinschaft, innerhalb derer sie gelten, in Einklang stehen. Ein Prozess der Transformation von Handlungsproblemen einerseits, der

Identität von Gemeinschaften andererseits führt zu einem Normwandel. Die Verbindlichkeit von Normen gründet in der Gemeinschaft, innerhalb derer sie gelten. Dabei spielen die mit ihnen verbundenen Folgen (Sanktionen) ebenso eine spezifische Rolle wie die situative Normalisierung von Normabweichungen. Normen als bewährte kulturspezifische Antworten auf Handlungsprobleme bestimmen das Handeln der Angehörigen einer Gemeinschaft, ohne die Freiheit der Entscheidung aufzuheben.

Jens Luedtke: Abweichendes Verhalten

Abweichendes Verhalten und in besonderer Weise (Gewalt-)Kriminalität zu beschreiben bedeutet, sich mit einem relativ unklaren Themenfeld zu befassen. Weder lässt sich das Abweichende eindeutig abgrenzen und definieren noch lässt es sich durch empirische Daten klar bestimmen noch durch theoretische Ansätze zufriedenstellend erklären. Was abweichendes Verhalten und wer Abweichler bzw. Straftäter ist, kann immer nur vor der Folie konkreter Definitionen gesehen werden.

Dass abweichendes Verhalten nicht letztgültig bestimmbar ist, wird daran deutlich, dass es dem sozialen Wandel unterworfen ist. Sowohl die Wahrnehmung als auch reale Verhaltensweisen werden vom ökonomischen, technischen und sozio-kulturellen Wandel beeinflusst. Wandelt sich die gesellschaftliche Wahrnehmung bzw. Definition von Verhalten, kann das sowohl Entkriminalisierung (Bsp.: Homosexualität) als auch Kriminalisierung (Bsp.: Gewalt in Partnerschaften) bedeuten. Des weiteren wird abweichendes Verhalten in den Kontext von sozialen Ordnungen, (Selbst-)Kontrollen und Sanktionen gestellt. Behandelt werden die Art und Entwicklung der sozialen Kontrolle, Veränderungen der staatlichen Sanktionspraxis, die Bedeutung und Wirkung von Haftstrafen sowie die langfristige Zunahme informeller Sanktionen.

Der empirische Teil diskutiert Möglichkeiten und Grenzen der Erfassung von (strafrechtlich relevantem) abweichendem Verhalten und stellt exemplarisch empirische Ergebnisse aus Hell- und Dunkelfeldstudien vor: zur Jugenddelinquenz, zur Migrantenkriminalität und zu abweichendem Verhalten an Schulen. Im letzten Teil werden ausgewählte mikro- und makrotheoretische Erklärungsansätze für abweichendes Verhalten kurz vorgestellt: anomietheoretische Ansätze, Lern- und Subkulturtheorien, sozialökologische Ansätze, Risikofaktoren aus der Sozialisation sowie der Etikettierungsansatz (labeling approach).

Daniela Klimke und Rüdiger Lautmann: Soziale Kontrolle und Strafsanktion

Klagen über Desintegration sind typisch für den aktuellen Zeitgeist: Die Gesellschaft falle auseinander, soziale Problemlagen häuften sich, das Chaos stehe vor der Tür. Die Jugend gerate außer Rand und Band, die Männer seien gewalttätig, das Nebeneinander der Ethnien mache die Einheimischen heimatlos, Kriminalität nehme überhand. Hiergegen wird dann nach einem starken Staat gerufen (gelegentlich auch nach dem starken Mann). Disziplin müsse wieder belebt, gelehrt und zum Wert gemacht werden. Gerüste aus Normen – staatliche, moralische, religiöse – geben demnach das Richtige vor, die Individuen müssen nur noch folgen bzw. zur Folgsamkeit angehalten werden.

Genau diese populäre Idee, dass Menschen bloß lernen müssten, was richtig und gut ist, damit Gesellschaft glücken kann, hat vor dem soziologischen Blick keinen Bestand. Zu verschieden sind die Milieus und Teilkulturen, die sozialen Lagen und Lebensläufe, die Tendenzen in Politik und Wirtschaft, um heute noch über Norm und Sanktion regieren zu können. Das früher so einleuchtende Muster von ‚Vorschrift – Fügsamkeit-oder-Abweichung – gelungenes Zusammenleben' passt nicht mehr. Die Institutionen Familie und Schule, einst die primären Instanzen sozialer Kontrolle, haben es als erste zu spüren bekommen.

Die spätmodernen Gesellschaften weisen ein irritierend hohes Niveau an abweichendem Verhalten, insbesondere an Kriminalität auf. Hierauf reagieren stark besetzte und professionalisierte Behörden. Der Staat produziert ständig neue Strafgesetze. Die modernen Regimes pendeln zwischen Disziplinierung und Kontrolle. Die Strategien setzen sich aus wohlfahrtsstaatlichen, informalisierenden, rationalisierenden und expressiven Elementen zusammen. Der ökonomische Neoliberalismus verändert die Formen des Regierens zur governance. Die Soziologie registriert die anderen Kontrollformen, ohne sich von ihrer Grundhaltung, dass Kriminalität ein normales Phänomen sämtlicher Gesellschaften sei, abbringen zu lassen.

Robert Hettlage: Totale Institutionen

In seiner berühmten Studie „Asyle" hat Goffman das Konzept der totalen Institution entwickelt. Sein Blick ist einerseits auf das Selbst gerichtet und andererseits sowohl ein organisationssoziologischer als auch ein durchaus gesellschaftstheoretischer. Ausgehend von der Annahme der Notwendigkeit, sich selbst im sozialen Verkehr mit anderen darstellen zu müssen, stellt Goffman jeweils die (potentielle) Verletzung der Identität als Risiko und als Anlass für Handeln und Handlungsentwürfe in den Mittelpunkt seiner Analyse. Mit Blick vor allem auf die Organisation psychiatrischer Kliniken zeigt er, wie sich bestimmte Herrschaftsmechanismen und Herrschaftsroutinen in totalen Institutionen (psychiatrische Anstalten, Gefängnisse, Konzentrationslager, Klöster etc.) auf Kosten der Identitätsbehauptung der ‚Insassen' ihren Weg bahnen und als persönliche Übergriffe empfunden werden. Darauf reagieren die ‚Insassen' mit einer Reihe von (‚sekundären') Anpassungs- und Widerstandsstrategien, die ihr Selbst schützen sollen. Die Goffmansche Organisationsanalyse macht gleichzeitig aufmerksam auf die Herrschaftsstrukturen moderner Gesellschaften insgesamt, in denen die Spannung und die Auseinandersetzung zwischen Selbst/Identität/Person einerseits und Institution andererseits zum Alltag gehören. Nicht zuletzt unter dem Einfluss von Goffman haben die heutigen psychiatrischen Betreuungseinrichtungen gelernt, Selbst-Ansprüchen (dem ‚Subjekt') stärker Rechnung zu tragen als noch vor 50 Jahren. Seither hat sich vieles verändert, wenngleich die basalen Logiken und Strategien, die Goffman beschrieben hat, nach wie vor wirksam sind.

Oliver Dimbath: Symbolische Ordnungen

Der Mensch ist ein animal symbolicum – die Welt, in die er hineingeboren wird, ist symbolisch vorgeprägt und vorinterpretiert. Er kann sie nicht anders erfahren als in dieser (symbolischen) Form. Symbolische Ordnungen bilden eine Grundlage menschlicher Kommunikation. Sie repräsentieren die Strukturen, in denen soziales Handeln stattfindet. Die in diesem Aufsatz dargelegten Überlegungen zu symbolischen Ordnungen beginnen mit einer Klärung des Symbolbegriffs: Symbole unterscheiden sich von Zeichen darin, dass sie auf etwas Außeralltägliches verweisen, z.B. auf Institutionen. Ebenso wie Institutionen nicht nur einen einzelnen Handlungssachverhalt regeln, sondern ganze komplexe Abläufe und Handlungszusammenhänge, verweisen Symbole nicht nur auf einen Gegenstand. Symbolische Ordnungen sind die sprachlichen Entsprechungen institutioneller Strukturen. Sie erschließen sich durch die Beobachtung von Ritualen und durch die Analyse ihrer meist mythologischen Legitimationserzählungen.

Im Weiteren werden mit Foucault, Bourdieu und Elias drei soziologische Theoretiker vorgestellt, die symbolische Ordnungen als vorgegebene Handlungsrahmen von Menschen fassen. Die Möglichkeit der Gestaltung symbolischer Ordnungen durch den Einzelnen (Akteur) ist in diesen Ansätzen nicht oder kaum vorgesehen. Vielmehr erscheinen symbolische Ordnungen als Felder der Disziplinierung und der Distinktion im Kampf um Anerkennung. Dennoch zeigt die empirische Beobachtung, dass sich symbolische Ordnungen wandeln. Anhand zweier weiterer Ansätze – der Ritual-Theorie von Douglas und der Wissenssoziologischen Diskursanalyse – wird vorgeführt, welchen Anteil Akteure an Transformationsprozessen haben können. Die Analyse symbolischer Ordnungen kann dabei helfen, manifeste und latente soziale Zusammenhänge zu verstehen. Zur Illustration dieses abstrakten Gegenstands dienen Beispiele aus dem Bereich der Schulkultur.

Herbert Willems: Stile und (Selbst-)Stilisierungen

Der Begriff des Stils mit seinen verschiedenen Varianten und anwendungsbezogenen Abwandlungen wie Verhaltensstil, Lebensstil, Denkstil, Erziehungsstil, Stilisierung/Selbststilisierung ist – ähnlich wie die Begriffe Habitus und Ritual – ein sehr umfassender, weitreichender und daher differenzierungsfähiger und differenzierungsbedürftiger Begriff, ein ‚Klassiker' vieler Sozial- und Kulturwissenschaften. In der modernen Kultur- und Wissenssoziologie, repräsentiert etwa in den Werken Pierre Bourdieus oder Gerhard Schulzes, ist dieser Begriff so etwas wie eine tragende Säule, wenngleich er auch immer wieder Gegenstand der Kritik wurde. Vor allem der Lebensstilbegriff hat sich im Begriffsrepertoire der Sozialwissenschaften fest etabliert.

In dem Aufsatz wird Stil auf zwei Ebenen behandelt: Einerseits erscheint er als Habitusprodukt und Habitusgenerator (Stil ‚erster Ordnung'), d.h. als eher impliziter, unbewusster Stil. Andererseits wird Stil als ‚expliziter Stil' (Hahn) thematisiert (Stil ‚zweiter Ordnung'). Diese Ebene ist auch die Ebene der Diskursivierung von Stilen, und es ist die Ebene der (Selbst-)Stilisierung. Eine Schlüsselrolle spielt in diesem Zusammenhang das Feld (Subsystem) der Massenmedien. Es wird am Beispiel der Werbung und ihrer Jugend-(lichen)Inszenierung als Stil-Forum

(Stil-Bühne) betrachtet, das auf lebensweltliches (habituelles) Stilwissen ebenso referiert wie wirkungsvoll ausstrahlt.

Der Stilbegriff ist also nicht auf die Ebene der Gestaltung beschränkt, sondern verschafft durch seine Anwendbarkeit auf habituelle Realitäten auch einen Zugang zu dem Zusammenhang zwischen dieser Ebene und der der Gestaltung, insbesondere der medialen Inszenierung und Performance. Genau diese Ebene ist es, auf der und von der ausgehend sich die gesellschaftlichen und feldspezifischen Realitäten der Stile und Stilisierungen heute im Wesentlichen entfalten. Die Massenmedien bilden damit so etwas wie einen Spiegel von habituellen Stilen und zugleich stellen sie einen Gegenpol zu diesen Stilen dar.

Thomas Müller-Schneider: Lebensstile, Milieus und Szenen

Der Beitrag behandelt das soziologische Lebensstilkonzept und zwei eng damit verbundene Typen sozialer Gruppen, nämlich soziale Milieus und (jugendliche) Szenen. Ausgangspunkt ist der soziale Wandel der vergangenen Jahrzehnte, der die Lebensverhältnisse in unserer Gesellschaft nachhaltig veränderte. Individualisierung und gestiegener Wohlstand schufen einen neuen Möglichkeitsraum, den die Menschen zur Stilisierung ihres Lebens nutzen. Lebensstile werden als ästhetische Wiederholungstendenzen mit den drei Bedeutungsebenen Genuss, Identifikation und Distinktion beschrieben. Soziale Milieus unterscheiden sich heute wesentlich durch ihre Lebensstile. Im Beitrag werden das Sinus-Milieumodell sowie das Modell der Erlebnismilieus vorgestellt. Das Sinus-Modell verortet zehn Milieus nach sozialer Schicht und Wertorientierung, wohingegen das Modell der Erlebnismilieus fünf Milieus umfasst, die sich nach Alter und Bildung unterscheiden. Im Vergleich der beiden Modelle zeigt sich, dass sie nicht unvereinbar sind, sondern aufeinander bezogen werden können. Szenen sind thematisch ausgerichtete Lebensstilnetzwerke, die sich vor allem unter jungen Menschen ausbreiten. Jenseits traditioneller Sozialisationsinstanzen, die viel von ihrer ehemals prägenden Bedeutung verloren haben, bieten Szenen den unverbindlichen und individuellen Erfahrungs- und Erlebnishorizont, den junge Menschen heute suchen.

Aus erziehungswissenschaftlicher Sicht sind Lebensstile, Milieus und Szenen in verschiedener Hinsicht relevant. Vier ausgewählte Gesichtspunkte werden angesprochen: Herkunftsmilieus und Bildungsungleichheit, Schule als Ort der Stilsozialisation, soziale Milieus und Weiterbildung, außerschulischer Kompetenzerwerb.

Christoph Wulf: Rituale

Rituale gehören zu den konstitutiven und konstruktiven Momenten und Bedingungen des Sozialen und speziell der Erziehung. Sie erzeugen Soziales und spielen in Bildungs- und Lernprozessen eine wichtige Rolle. Als Kontinuität und Veränderung erzeugende Prozesse können sie nach Intention, Inhalt und Kontext sehr unterschiedlich sein. Aufgrund ihrer Körperlichkeit und ihrer Eingebundenheit in historische und kulturelle Zusammenhänge haben sie einen nicht einholbaren Bedeutungsüberschuss. Neben ihrer auf Einordnung, Anpassung

oder sogar Unterdrückung zielenden Seite haben Rituale und Ritualisierungen eine oft weniger wahrgenommene konstruktive Seite, die Gemeinschaften erzeugt und die es diesen ermöglicht, ihre Probleme und Konflikte zu bearbeiten. Rituale sind sinnlich erfahrbare soziale Inszenierungen, in denen eine Differenzbearbeitung stattfindet. Als kulturelle Aufführungen sind sie körperlich, performativ, expressiv, symbolisch, regelhaft, effizient; sie sind auch repetitiv, homogen, liminoid, öffentlich und operational. Rituale sind institutionelle Muster, in denen kollektiv geteiltes Wissen und kollektiv geteilte Handlungspraxen inszeniert werden und in denen eine Selbstdarstellung und Selbstinterpretation der institutionellen bzw. gemeinschaftlichen Ordnung bestätigt wird. Ihre szenischen Arrangements enthalten Momente der Reproduktion, Konstruktion und Innovation. Rituelle Handlungen haben einen Anfang und ein Ende und damit eine zeitliche Struktur. Sie finden in von ihnen gestalteten sozialen Räumen statt. Rituelle Prozesse verkörpern und konkretisieren Institutionen und Organisationen. Sie haben einen herausgehobenen Charakter. Sie sind ostentativ und werden durch ihre jeweilige Rahmung bestimmt. In ihnen werden Übergänge zwischen sozialen Situationen und Institutionen gestaltet und Differenzen zwischen Menschen und Situationen bearbeitet. Rituale sind in Machtbeziehungen eingebunden und strukturieren soziale Wirklichkeit; sie schaffen und verändern soziale Ordnungen und Hierarchien. Ihre Inszenierung und Aufführung erfordert ein praktisches Wissen.

Klaus R. Schroeter: Sozialer Tausch

Tausch ist weitaus mehr als der bloße Transfer materieller Güter. Der ökonomische Tausch ist nur eine Sonderform des allgemeinen Tausches. Der Tausch und das ihm zugrunde liegende Prinzip der Wechselwirkung sind konstitutiv für die Gesellschaft, sodass man Gesellschaft auch als die „Summe dieser Wechselwirkungen" (Simmel) oder als einen sozialen Markt organisierter Wechselwirkungen betrachten kann. Die Funktion des sozialen Tausches – mit seinem zentralen Mechanismus des Gebens, Nehmens und Erwiderns – besteht vor allem in der Stiftung, Aufrechterhaltung und Auffrischung sozialer Beziehungen. Insofern ist der Tausch ein Mittel, die Menschen miteinander zu verbinden (Lévi-Strauss) – in Freundschaft wie in Feindschaft.

Sozialer Tausch wird sowohl in direkten als auch in indirekten Tauschvorgängen vollzogen, wobei dem eingeschränkten und dem verallgemeinerten Tausch unterschiedliche Reziprozitätssysteme (paarige Gegenseitigkeit und Netzwerkgegenseitigkeit) zugrunde liegen. Beim sozialen Tausch müssen weder Quantität noch Qualität der getauschten Güter oder Leistungen identisch sein. Wenn keine gleichwertigen Gegenleistungen erbracht werden können, handelt es sich um einen asymmetrischen Tausch, der soziale Macht- und Rangunterschiede nach sich zieht.

Gesellschaft differenziert sich in verschiedene soziale Felder, die zugleich auch immer Stätten der offenen oder verdeckten Auseinandersetzung um Einfluss, Rang und Prestige sind. In diesen Feldern ringen die einzelnen Akteure um ihre sozialen Positionen, um Ressourcen, Macht und Kapital. Anhand des Umfangs und der Verteilungsstruktur der ihnen zur Verfügung stehenden Kapitalien (ökonomisches, soziales, kulturelles, korporales, symbolisches Kapital) lassen sich die sozialen Positionen der Akteure verorten.

Michael Jäckel: Konsum und Gesellschaft

Der Begriff ‚consumere' war der vormodernen (vorindustriellen) Gesellschaft zwar nicht fremd, aber er war auch nicht formgebend oder gar ihr Wesen bestimmend. Die Wortbedeutung gewann an Brisanz, nachdem eine Lebensführung jenseits von Märkten nachhaltige Beeinträchtigungen der Lebensqualität mit sich brachte. Für den Historiker Michael Prinz steht fest, dass der Aufstieg zur Konsumgesellschaft lange als ein Nebenschauplatz der historischen Forschung betrachtet wurde. Zugleich ist für ihn die Annahme zentral, „dass zusammen mit Industrialisierung und Klassenbildung die Kommerzialisierung der Grundbedürfnisse zum inneren Kern jenes tiefgreifenden sozialen Wandels gehört, den die europäischen Gesellschaften zwischen dem ausgehenden 18. Jahrhundert und dem 1. Weltkrieg durchliefen. Erstmals in der Geschichte wurden für die große Mehrheit der Bevölkerung die, wie es zeitgenössisch in charakteristischer Ineinssetzung von Bedarf und Erfüllung hieß, unverzichtbaren ‚Lebens-Bedürfnisse' auf Märkten verhandelt" (Michael Prinz, vgl. Jäckel, Bd. 1). Damit ist eine erste Antwort auf die Frage, was ‚Konsumgesellschaft' bedeuten kann, formuliert,

Der Beitrag zeichnet Entwicklungslinien dieses Gesellschaftstypus nach. Dabei wird der Wandel von Erscheinungsformen von Marktabhängigkeit besonders berücksichtigt. Der Blick wird auf Veränderungen der Konsumorte und die Rolle von Werbung sowie den damit einhergehenden Bedürfniswandel gelenkt. Ebenso wird verdeutlicht, dass durch ein quantitativ und qualitativ geändertes Verhältnis von Arbeit und Freizeit die sinnstiftende Funktion des Konsums ambivalente Spuren hinterlässt.

Jens Luedtke: Macht und Herrschaft

Macht und Herrschaft sind zentrale Muster menschlichen Verhaltens und gehören daher zu den zentralen soziologischen Begriffen. In dem Beitrag werden beide Phänomene zunächst erläutert, ‚Macht' unter stärkerem Bezug auf Heinrich Popitz, ‚Herrschaft' mit Blick auf Max Weber. Wichtig für den Erhalt von Macht und Herrschaft ist die soziale Kontrolle. Im Kontext der Entwicklung von Kontrollvorstellungen erweist sich der ‚Raum' als relevante Kategorie zum Verständnis von Macht und Herrschaft.

Macht- und Herrschaftsprozesse lassen sich exemplarisch in ausgesuchten Feldern (Partnerschaft und Familie, totale Institutionen, „Proto-Politik" und Parteien, soziale Ungleichheit) analysieren. Da das Verhältnis der Geschlechter auf der gesellschaftlichen Ebene von Macht- und Herrschaftsbestrebungen mitbestimmt wird, kann sich dies auch in den Partnerschaften niederschlagen, z.B. durch Gewalt. Besondere Macht über ihre Mitglieder weisen totale Institutionen auf, nicht zuletzt aufgrund der erzwungenen räumlichen Beschränkungen. Politik und Parteien sind die genuinen Felder von Macht und Herrschaft. Daneben müssen Strategien zur Durchsetzung von Positionen im Alltag beachtet werden, bei denen versucht wird, die Situation von Anderen zu definieren, nach Hitzler Formen „proto-politischen" Handelns. Macht ist aber auch Ursache und Bestandteil von sozialer Ungleichheit. Der Versuch einer Fixierung von Machtverhältnissen erfolgt über eine relativ stabile soziale Schichtung. Exemplarisch wird dies anhand der Klassenkonzepte von Marx, Weber und Bourdieu behandelt.

Bei der Frage nach Macht darf der moderne Staat nicht unberücksichtigt bleiben: Er verfügt über das Gewaltmonopol und erzwingt darüber die relative Gewaltlosigkeit der Bürger im Außenverhältnis (Elias). Da der Staat zu seiner Legitimation das Gewaltmonopol erhalten muss, hängen Moderne und Gewalt(kontrolle) untrennbar zusammen. Daher ist die Frage nach der Erosion von staatlicher Macht und Herrschaft zentral bedeutsam. Sie bezieht sich auf Effekte aus dem Modernisierungs- und Globalisierungsprozess (z.B. durch neue soziale Bewegungen, transnationale Globalisierungsgegner, Kriminalität, transnationalen Terrorismus).

Nicole Zillien und Thomas Lenz: Medien und Gesellschaft

Zeitung, Internet, Radio und Fernsehen erfüllen in modernen Gesellschaften zentrale Informations-, Orientierungs-, Entscheidungs- und Gedächtnisfunktionen. Ohne Medien sind heutige Gesellschaften, ist soziale und subjektive Wirklichkeit überhaupt, kaum noch vorstellbar. In diesem Beitrag wird einleitend an einem Beispiel aus der Medienwirkungsforschung gezeigt, wie sich empirische Studien dem Zusammenhang von Medien und Gesellschaft bzw. Publikum nähern. Daran anschließend werden wichtige Medienwirkungstheorien im Überblick dargestellt. Am Anfang der Medienwirkungsforschung steht das Stimulus-Response-Modell, das eine direkte Medienwirkung im Sinne eines Reiz-Reaktions-Mechanismus annimmt. Einer Auseinandersetzung mit diesem Modell folgt die Darstellung des Nutzen- und Belohnungsansatzes, der Agenda-Setting-Forschung, der Kultivierungshypothese, der wissenschaftlichen Debatte zur medialen Gewaltdarstellung und der Wissenskluftforschung. Die entsprechenden Theorien werden zunächst in ihren Grundzügen erläutert und anhand klassischer Studien veranschaulicht. Daraufhin wird für den jeweiligen Forschungsbereich auf Ergebnisse aktueller Untersuchungen eingegangen, wobei hier ein Fokus auf den Bereichen Schule, Jugend und Internet liegt.

Manfred Faßler: Globalisierung und Geosozialität

Wann immer in den letzten Jahren über die ökonomischen, politischen und kulturellen Zukünfte von Gesellschaften gesprochen wurde, fiel das Wort Globalisierung. Es ist heute ein offensichtlich empiriebezogener, aber auch ,globaler' Schlüsselbegriff und ein Schlagwort, nicht nur in den Sozial- und Kulturwissenschaften, sondern auch im Alltagsdiskurs.

In diesem Beitrag werden einige Fragen nach den sozialen Organisationslogiken mit Globalisierung verbundener Prozesse gestellt. Die Empirie der Globalisierungsprozesse erfordert von der Soziologie, nicht vorrangig auf die einzelne Gesellschaft im Wechselspiel mit allgemeiner Rationalität zu schauen. Es scheint, dass Globalisierungsprozesse die bisherigen regionalen Realitäten von Moderne überwinden. Es entstehen heterogene, projektgebundene Zusammenhänge menschlichen Lebens, die nicht mehr auf Gesellschaft reduzierbar sind. An den Beispielen der Entwicklungs- und Produktionsnetzwerke, der Transformation von Raummodellen sowie an dem Konzept des Weltwissens werden diese intensiven Veränderungen erörtert. Wichtig wird sein, die globalen Bedingungen sozialer Selbstorganisation von Menschengruppen zu erklären. Aus diesem Grunde geht es hier um neue Zusammenhangsmodelle, verdeutlicht an den Bereichen Community, Raum und Wissen.

Band II

Teil 1: Identitäten, Differenzen und Beziehungen

Heinz Abels: Identitäten

Identität als Vorstellung davon, wer wir sind, und als Erfahrung, dass wir von den Anderen in einer bestimmten Weise gesehen und angesehen werden, ist eine lebenslange Entwicklung und (De-, Re-) Konstruktion. Die soziologischen Perspektiven auf diesen Prozess, der in evidentem Zusammenhang sowohl mit jeder Art von Sozialisation wie auch pädagogischer Praxis steht, sind verschieden. Für Erikson besteht Identität in der Fähigkeit des Ichs, Gleichheit und Kontinuität aufrechtzuerhalten. Für Mead entsteht unser Bewusstsein von uns selbst, indem wir uns permanent in die Rolle des Anderen hineinversetzen und uns aus seiner Perspektive betrachten. Eine kritische Position nimmt Riesman ein, der den Menschen der Moderne als „außengeleitet" bezeichnet. Goffman behandelt das Thema Identität im Blick darauf, wie sie vor anderen dargestellt wird. Eine Strategie, sich vor den Zumutungen der Anderen zu schützen, ist „Rollendistanz", eine andere, den Eindruck zu erwecken, man sei so normal wie alle Anderen und gleichzeitig ganz einzigartig. Auf der „Suche nach Identität", so die These von Strauss, betrachten wir die Anderen als Spiegel, die das Bild, das wir gerne von uns vermitteln möchten, reflektieren. Um eine bestimmte Identität zu suggerieren, setzen wir immer wieder andere ‚Masken' auf. Auch für Krappmann steht Identität nicht fest, sondern wird permanent zwischen eigenen Vorstellungen und sozialen Erwartungen balanciert. Für Berger/Berger/Kellner resultiert aus der modernen Pluralisierung der sozialen Lebenswelten eine Krise der (modernen) Identität. Sie steht für alles offen und bleibt somit unterbestimmt und unabgeschlossen. Das Individuum schenkt sich hohe Aufmerksamkeit und weiß doch nicht, wer es ist. Bauman spricht von einer „ontologischen Bodenlosigkeit der Postmoderne".

Günter Burkart: Lebensalter

Lebensalter (Lebensphasen) und Lebenslauf sind soziale Konstruktionen. Das heißt, sie sind zwar mit der biologischen und psychologischen Entwicklung des Menschen verbunden, werden aber von Gesellschaft zu Gesellschaft unterschiedlich definiert. Alle Gesellschaften nehmen eine Einteilung des Lebens ihrer Mitglieder in Altersstufen und Lebensphasen vor. Lebensphasen sind durch Übergänge voneinander abgehoben, sie können aber auch – sozusagen außerplanmäßig – durch Wendepunkte, kritische Lebensereignisse, Krisen und Konversionen markiert werden. Für die moderne Gesellschaft wurde der Lebenslauf immer wichtiger und gleichzeitig wurde er standardisiert. Charakteristisch für den Normallebenslauf ist seine Dreiteilung, in deren Zentrum das Erwachsenenalter steht, zum einen bezogen auf Familie, zum anderen auf die Erwerbsarbeit. Kindheit und Jugend werden deshalb als Vorbereitungsphasen dazu angesehen; der Ruhestand ist die letzte Phase. In differenzierter Betrachtungsweise lassen sich heute sechs

Phasen unterscheiden: Kindheit, Jugend, junges Erwachsenenalter (Familienphase), mittleres Erwachsenenalter, frühes Seniorenalter ("aktives Alter"), spätes Seniorenalter. Die Übergänge von Lebensphase zu Lebensphase sind normativ geregelt, zum Beispiel mit Altersnormen (wann der Übergang stattfinden kann oder soll). Diese Übergänge sind oft rituell gestützt. Mit dem Bedeutungszuwachs des Lebenslaufs gewann auch die biographische Reflexion, die Interpretation des eigenen Lebens, an Bedeutung. In verschiedenen Lebensaltern entwickeln sich unterschiedliche biographische Reflexionsmuster über die eigene Identität.

Heinz Hengst: Kindheit

Der Aufsatz behandelt soziologische Kindheitskonzepte seit Beginn des 20. Jahrhunderts. Er ist chronologisch aufgebaut, aber gleichzeitig so konzipiert, dass ‚Perspektivenwechsel' nicht im Sinne einer linearen Entwicklung oder gar einer Progression gelesen werden können. Es werden nicht nur Etappen identifiziert, in denen sich spezifische Vorstellungen von Kindheit herausbildeten, sondern auch die Besonderheiten der ‚Schauplätze' (etwa die Bedingungen in nationalen Gesellschaften) skizziert, die jeweils spezifische Formen des soziologischen Nachdenkens über Kinder und Kindheit begünstigten.

Der Beitrag setzt bei Emile Durkheim an, der als erster im Kontext einer Theorie der Sozialisation die Konturen einer Soziologie der Kindheit sichtbar machte. Es folgen Überlegungen zu verschiedenen Spielarten und Schwerpunkten des Sozialisationsparadigmas und zu den jeweils spezifischen gesellschaftlichen Rahmenbedingungen, unter denen sie wirksam werden konnten. Vor einer Skizzierung der Forschungsrichtungen, die Sozialisation als Kernthema soziologischer Kindheitsforschung verabschieden, wird nach sozialen Wandlungen gefragt, die einen ‚Perspektivenwechsel' nahe legen.

Im Zentrum des Beitrags steht die Auseinandersetzung mit den Forschungsrichtungen, die seit den neunziger Jahren unter der Überschrift „new social childhood studies" lanciert und weltweit diskutiert werden. Zunächst werden die neuen Forschungsansätze in Form einer Typologie porträtiert. Unter Bezugnahme auf den Begriff der Generation und die in den „new social childhood studies" gehandelten Generationskonzepte wird dann die Frage von Stabilität und Destabilisierung der Kindheit diskutiert und am Beispiel des Wandels von Familie, Schule und Lernen in mediendurchtränkten Konsumgesellschaften die Differenz Kinder – Erwachsene problematisiert.

Herbert Willems: Kindheit im Film und durch Film: ‚Wilde Kerle' zum Beispiel

In diesem Beitrag geht es, gestützt auf Konzepte und Theorien, die Gegenstand dieses Lehrwerkes sind – Figuration, Feld, Rahmen, kommunikative Gattung, Ritual, Identität, Image, Habitus, Stil – um einen aktuellen und soziologisch wie pädagogisch spezifisch relevanten Fall von Medienkommunikation und Medienkultur. Es handelt sich dabei um den seit längerem sehr erfolgreichen und (daher) seriell produzierten Kinderunterhaltungsfilm „Die wilden Kerle".

Die Untersuchung dieses Films klärt eine durchaus komplexe medienkommunikative Möglichkeit auf, Kinder und Kindheit als Images zu (re-)konstruieren und thematisiert damit Zusammenhänge zwischen sozialen Feldern, kommunikativen Gattungen und Publikumskultur(en). Zwei auch pädagogisch relevante Aspekte, die Identitäten betreffen, sind dabei zu unterscheiden: einerseits manifestiert der Film auf seine Weise, d.h. spezifisch selektiv und gestaltend, kulturelles Wissen über Identitäten, andererseits fungiert er durch seine Darstellungen als ‚Kulturbühne‘, an deren Inhalten sich die Rezipienten (Kinder wie Erwachsene) orientieren und sich ein Beispiel nehmen können. Filme dieser Art können m.a.W. als ‚Symptome‘ von Kultur und als kulturelle Modelle mit Kulturfolgen betrachtet werden. Ein wichtiger Aspekt in diesem Zusammenhang ist die (Um-)Deutung von Kindheit und Kindern im Sinne einer Verjugendlichung.

Andreas Lange und Margret Xyländer: Jugend

Jugend heute wird geprägt durch gesellschaftliche Widersprüche. Sie ist gekennzeichnet durch eine historisch einmalige Mischung aus Chancen und Risiken des Alltags und Heranwachsens, durch ein immer stärkeres Auseinanderklaffen realer und virtueller Handlungsräume sowie durch einen forciert eingeforderten Selbstbezug der Jugendlichen. Hintergrund dieser Widersprüchlichkeiten ist eine vielgestaltige Entgrenzung der Gesellschaft und damit einhergehend von Jugend. Sie verliert teilweise ihre Eigenständigkeit als ‚Auszeit‘ zum Zwecke der Bildung und Selbstfindung und rückt gleichzeitig näher an die Kindheit und die Erwachsenheit. Die veränderten Formen des Wirtschaftens und Arbeitens drücken dem Jungsein heute ihren Stempel insofern auf, als auf der einen Seite die Relevanz einer möglichst hohen Schulbildung betont wird und die Jugendlichen bestrebt sind, auch neben der Schule ein vermarktbares Fähigkeitsportfolio zu sammeln, dabei auf der anderen Seite die besten Noten keine Garantie mehr auf einen Ausbildungsplatz und die Etablierung auf dem Arbeitsmarkt sind. Als Konsequenz der Widersprüche und der Anforderungen an Qualifikation und Bildung werden das selbständige Navigieren in einer komplexen Welt und die Herausbildung eines eigenständigen Lebenswegs zu einem Kern des ‚Jugendcurriculums‘. Im Rahmen der selbstsozialisatorischen Erarbeitung von Eigenständigkeit und der gleichzeitigen Abgrenzung von den Kids sowie den Erwachsenen, aber auch bei der Herausbildung eines breiten Spektrums von Kompetenzen, kommt den Medien und dem Konsum überragende Bedeutung zu. Der Umgang mit den vielfältigen Angeboten schwankt dabei zwischen den Polen ‚serielle Eigenständigkeit‘ und Eigensinn. Zudem ist er geprägt durch die Ambivalenz eines immer größer werdenden Angebotes an Symbolen bei gleichzeitig abnehmender Wirkungskraft der Nutzung dieses Angebots für eine Darstellung als einzigartiges jugendliches Individuum. Jugendlicher Zugriff auf Medien und Konsum beinhaltet die Aneignung von Wissen in informellen Lernprozessen jenseits von Schule und Ausbildungsbetrieb, umfasst symbolische Komponenten und umschließt auch kreative Akte der Produktion eigener Texte und Artefakte (Konkreativität).

Die Formate und Inhalte jugendlicher Identitätsbildung und Welterschließung sind auch für das Zusammenleben und die Interaktion mit der erwachsenen Generation bedeutsam. Im familialen Kontext ist dabei der Umgang mit dem Widerstreit von Individuation und Bindung

eine wichtige Entwicklungsaufgabe. Trotz der durchgreifenden Kraft dieser gesellschafts-
weiten Prozesse sind Jugendliche keine homogene Population. Insbesondere Differenzen
nach regionaler Herkunft brechen und spezifizieren die übergreifenden Modernisierungs-
und Globalisierungsprozesse.

Klaus R. Schroeter: Alter(n)

Alter und Altern sind keine eindeutig definierten Begriffe. Sie sind jedenfalls mehr als bloße
bio-physische Erscheinungen. Das Alter(n) umfasst sowohl die Strukturkategorie ‚Alter' als
auch die Prozesskategorie ‚Altern'. Beide Begriffe sind vor allem Deutungsmuster und soziale Praktiken, die sich im historischen Prozess wandeln und in den jeweiligen historischen
Zeiten neu zu taxieren sind. Eingebunden in soziale und gesellschaftliche Strukturen realisiert sich das Alter(n) in dem verwobenen Gefüge von objektiven Strukturen und subjektiven
Lebens- und Handlungsentwürfen.

   Alter(n) steht aber auch als ein Leitbild sozialer Ordnungsmuster, wenn der Lebenspro-
zess in Phasen und Abschnitte eingeteilt wird. Insofern stellt der Lebenszyklus eine Alterns-
ordnung, die eine sozial geregelte Abfolge vorhersagbarer altersspezifischer Positionen und
Rollen symbolisiert. Der Lebenslauf wird zur normierenden Zeittafel sozial konstruierter
Altersgrenzen.

   In modernen Gesellschaften ist die Lebensphase Alter in Gestalt des Ruhestandes institutionalisiert. Da sich diese Lebensphase in den vergangenen Jahrzehnten immer stärker
ausgedehnt hat, wird heute neben dem ersten und zweiten Alter auch noch zwischen dem
dritten (Phase der Errungenschaften und Erfüllung) und vierten Alter (Hochaltrigkeit, Phase
der Abhängigkeit) unterschieden.

   Der Altersstrukturwandel mit seinen Prozessen der Verjüngung, Entberuflichung, Femini-
sierung, Singularisierung und Zunahme der Hochbetagten erweist sich heute zunehmend als
ein gesellschaftliches Problem, weil die sich aus ihm ergebenden Veränderungen auf nahezu
alle gesellschaftlichen Felder ausstrahlen. Weil die bisherigen Vergesellschaftungsmodelle
des Alterns an Tragfähigkeit verlieren und neue noch nicht entwickelt sind, bleibt (vorerst)
eine normative und instrumentelle Unbestimmtheit im Umgang mit Alter.

Michael Meuser: Geschlechter und Geschlechterverhältnisse

Der soziologische Blick auf Geschlecht und Geschlechterverhältnisse verfolgt zwei miteinander verknüpfte Fragestellungen: 1. Wie erfolgt die Unterscheidung von zwei Geschlechtern: Frauen und Männer? 2. Wie lassen sich die Ungleichheiten erklären, die an
diese Unterscheidung anschließen? Dieser Beitrag erläutert zunächst die spezifisch soziologische Perspektive auf Geschlecht: Geschlecht als soziale Konstruktion und als funda-
mentales gesellschaftliches Ordnungsprinzip. Die These von der sozialen Konstruktion des
Geschlechts macht die Konstitution der Zweigeschlechtlichkeit selbst zum Topos der Forschung. Nicht nur die sozialen Folgen, die an die Geschlechterdifferenzierung anschließen,
diese Differenz selbst wird als soziale Konstruktion verstanden. Untersuchungsgegenstand

sind die Prozesse der Geschlechterunterscheidung. An die Unterscheidung von Frauen und Männern knüpft sich eine Zuweisung zu unterschiedlichen Aufgaben, Handlungsfeldern, Positionen. Männer und Frauen verrichten unterschiedliche Tätigkeiten, üben unterschiedliche Berufe aus, besetzen in diesen Berufen unterschiedliche Ränge. Der soziale Raum, in dem wir uns bewegen, ist durch solche und weitere geschlechtstypische Unterschiede geprägt. Mit Blick auf die Veränderungsdynamik der gegenwärtigen Gesellschaft richtet sich der Blick auf den Wandel der Geschlechterordnung. In den Bereichen Beruf, Bildung und Familie sowie im Wertesystem der Gesellschaft bricht die tradierte Ordnung auf. In einem eigenen Kapitel wird die geschlechtliche Ordnung der Institution Schule einer genaueren Betrachtung unterzogen. Die Schule ist ein zentraler Ort der (Re-)Produktion der Geschlechterverhältnisse. In einem Ausblick wird abschließend, mit Bezug auf die aktuelle geschlechtersoziologische Diskussion, die Geschlechtslage in ihrer Verknüpfung mit anderen Soziallagen betrachtet.

Matthias Rompel: Ethnizität und interethnische Beziehungen

Der Aufsatz umreißt die aktuelle Debatte um die soziale Konstruktion von Ethnizität. Der Begriff Ethnizität wird dabei zunächst von Konzepten wie ‚Rasse‘, ‚Volk‘ und ‚Nation‘ abgegrenzt und in seinen sozialwissenschaftlichen Dimensionen beleuchtet. Dabei wird der dynamische und konstruktivistische Charakter des Konzepts von Ethnizität herausgestellt, der prozesshaft als Identitätsbildung die subjektive Zugehörigkeit zu einer Gruppe herstellt. Diese Gruppenzugehörigkeit spiegelt sich im Wechselverhältnis zwischen Selbst- und Fremdzuschreibung. Ethnizität beschreibt damit im eigentlichen Sinne nicht bestimmte Eigenschaften, sondern ein Verhältnis.

Der Beitrag bezieht vor diesem Hintergrund die sozialwissenschaftliche Ethnizitäts-Debatte auf den Alltag in der Institution Schule und deutet sie in diesem Handlungsfeld aus: Spätestens seit der Veröffentlichung der PISA-Studie werden wieder verstärkt die Implikationen von sozio-ökonomischem Status und Ethnizität der Herkunftsfamilie für die Schulleistungen der Schüler diskutiert. Es zeigt sich aber, dass die (Re-)Konstruktion von Ethnizität in der Schule nicht nur das Ergebnis von Interaktionen zwischen Lehrern und Schülern ist. Vielmehr ist die Ethnisierung von Schülern Ergebnis eines komplexen Zusammenwirkens von bildungspolitischen Rahmenbedingungen, organisatorischen Strukturen des Schulangebotes und etablierten pädagogischen Praktiken der einzelnen Schule. Die mit dem Zusammenwirken dieser Dynamiken konstruierte Ethnisierung von Schülern aus Migrantenfamilien kann zu einer institutionellen Diskriminierung führen. Dies verdeutlicht sich empirisch im Vergleich von deutschen Schülern mit Kindern und Jugendlichen aus Migrantenfamilien: Letztere sind überproportional an Hauptschulen und unterproportional an Gymnasien vertreten.

Julia Reuter: Gemeinschaft und Gruppen. Das Beispiel religiöser Vergemeinschaftungen auf dem Weltjugendtag

Gruppen als Prototypen sozialer Vergemeinschaftungsprozesse gehören seit Beginn zu den zentralen Gegenständen sozialwissenschaftlicher Forschung. Neben einem gemeinsam geteilten Zusammengehörigkeitsgefühl und einem kontinuierlichen Kommunikations- und Interaktionsprozess zählen auch stereotype Selbst- und Fremdbilder zu ihren wesentlichen Kennzeichen. Parallel zu anhaltenden gesamtgesellschaftlichen Pluralisierungs- und Individualisierungsprozessen finden in den letzten Jahrzehnten zunehmend Gruppenbildungsprozesse statt, die als posttraditionale Vergemeinschaftungsformen definiert werden können, da hier die Einbindung ins Kollektiv freiwillig und in der Regel temporär geschieht und die eher thematisch fokussierten, freizeitorientierten Sozialgebilde in körperlich-sinnlicher Hinsicht eine ‚totale' Gemeinschaftserfahrung bieten. In Zeiten der Eventkultur treten auch im religiösen Bereich traditionale Vergemeinschaftungsformen, wie Verbände, in Konkurrenz zu diesen ‚neuen', posttraditionalen Gesellungsformen, wie etwa Neuen Geistlichen Gemeinschaften oder Eventgemeinschaften.

Der Beitrag gibt zunächst eine Einführung in die zentralen Begriffe der (religiösen) Vergemeinschaftung und der gruppensoziologischen Forschung, um daran anschließend anhand aktueller Ergebnisse der Weltjugendtagsforschung exemplarische Vergemeinschaftungsformen, Ein- und Ausgrenzungsprozesse sowie Selbst- und Fremdbilder in unterschiedlichen religiösen Gruppen auf dem religiösen Großevent Weltjugendtag darzustellen.

Karl Lenz: Persönliche Beziehungen

Unser Alltagsleben ist in ein Geflecht persönlicher Beziehungen eingebettet. Persönliche Beziehungen stellen für die Soziologie von daher ein breites Forschungsfeld. Dennoch hat sich im breiten Kanon der Bindestrich-Soziologien bislang keine Soziologie persönlicher Beziehungen etablieren können, und Beziehung wird auch eher selten als soziologischer Grundbegriff aufgeführt. Unabhängig davon befasst sich die Soziologie aber in den unterschiedlichsten Teilgebieten eingehend und unablässig mit persönlichen Beziehungen.

In dem Beitrag werden zunächst Traditionslinien aufgezeigt. Klassiker der Soziologie, wie Max Weber und Georg Simmel, haben wichtige Beiträge geschaffen. Leopold von Wieses „Beziehungslehre" hatte im frühen 20. Jahrhundert lange Zeit in der deutschsprachigen Soziologie eine prominente Stellung inne. Aktuelle Anknüpfungspunkte ergeben sich aus dem im anglo-amerikanischen Raum seit ca. zwei Jahrzehnten verbreiteten interdisziplinären Forschungsbereich der „personal relationships" und auch durch die Netzwerkforschung. In nächsten Schritt wird in Abgrenzung vor allem von Interaktionen und Organisationen bestimmt, was unter persönlichen Beziehungen verstanden werden soll. Persönliche Beziehungen zeichnen sich durch das Moment der personellen Unersetzbarkeit und eine Fortdauer-Idealisierung aus.

Ein Teilgebiet der Soziologie, das sich intensiv mit persönlichen Beziehungen befasst hat, ist die Familienforschung. Deren Betrachtung wird zugleich dazu genutzt, um unterschiedliche Beziehungsformen zu thematisieren. Die Familienforschung ist vor allem auf

Eltern-Kind-Beziehungen ausgerichtet. Hier besteht ein dringender Korrekturbedarf: Die starke Ausbreitung und Aufwertung nicht-ehelicher Beziehungen macht eine Ausweitung der Forschung auf Zweierbeziehungen notwendig. Aus einer Beziehungsperspektive stellen sich Familien als Ensemble persönlicher Beziehungen dar. Persönliche Beziehungen kommen aber nicht nur im Familienkontext vor. Mit Freundschaften wird eine außerfamiliale Beziehungsform ausführlicher behandelt. Abgeschlossen wird der Beitrag mit einer Darstellung von fünf unterschiedlichen Forschungszugängen, die jeweils anhand einer Referenzstudie dargestellt werden.

Rosemarie Nave-Herz: Ehe und Familie

Mit der Ausdifferenzierung der Soziologie zur eigenständigen Wissenschaftsdisziplin im Laufe des 19. Jahrhunderts wurden bereits die ersten familiensoziologischen Analysen durchgeführt. Seitdem hat sich eine Fülle von Kenntnissen über die Familie, speziell unter soziologischem Aspekt, angesammelt. Für diesen Text wurden jene familiensoziologischen Wissensbestände ausgewählt, die für die Handlungskompetenz von Lehrern oder das Hintergrundwissen von Lehrenden in Bildungsinstitutionen von Bedeutung sind.

In einer Einführung in das wissenschaftliche Spezialgebiet ‚Familie‘ ist es zunächst notwendig, diesen Begriff zu klären, weil es keine allgemein anerkannte Definition gibt. Ein Überblick über die üblichen Familiendefinitionen zeigt, dass deren Verfasser sich vor allem insofern unterscheiden, ob sie die gesamtgesellschaftliche Bedeutung (die Makro-Perspektive) oder den Gruppencharakter von Familie (die Mikro-Perspektive) betonen. Beide Perspektiven werden in Kapiteln des Aufsatzes dargestellt; gleichzeitig wird die These vom Funktionsverlust der modernen Familie zurückgewiesen. Gezeigt wird, dass eher ein Funktionswandel und eine Konzentration auf die Übernahme spezieller familialer Funktionen stattgefunden hat. Anschließend wird eine Definition von Familie formuliert, die die Makro- und die Mikro-Perspektive von Familie umfasst. Danach werden in kulturübergreifender Sicht die verschiedenen möglichen Familienformen skizziert; zudem wird die These über die angeblich zeitgeschichtlich gestiegene Pluralität von Familienformen in Deutschland problematisiert.

Im Weiteren konzentriert sich der Artikel auf die Erörterung ausgewählter Problemlagen der heutigen Familie in Deutschland, wobei sich deren Selektion ebenfalls an der Relevanz für den Schulbereich ausrichtet. Ausführlich wird auf den zeitgeschichtlichen Wandel in den familialen Beziehungen und die gestiegenen Leistungsanforderungen an die Eltern eingegangen, was bei manchen Eltern zu Leistungsüberforderungen führen kann. Schließlich wird die Defizit-These im Hinblick auf den Entwicklungsprozess der Kinder von Alleinerziehenden und mit erwerbstätigen Müttern thematisiert und negiert. Es werden aber auch die Faktoren aufgelistet, die den Sozialisationsprozess in positiver Weise unterstützen. Abschließend werden die möglichen Auswirkungen der Trennung bzw. Scheidung der Eltern im Hinblick auf die allgemeine Entwicklung und die schulische Leistung der Kinder behandelt.

Rudolf Richter: Individualität und Individualisierung

Individualisierung ist ein Prozess der Moderne in Europa. In diesem Prozess lösen sich kollektive, konsensuelle Werthaltungen und Weltanschauungen auf. Es entsteht Pluralität in allen Belangen. Die moderne Gesellschaft ist durch Entbettung gekennzeichnet. In einer verstädterten Gesellschaft erfolgt die Loslösung aus traditionellen Zusammenhängen der dörflichen Lebensweise. Technische Entwicklungen lassen vielfältige Risiken entstehen. Die Folgen der Handlungen sind immer weniger einschätzbar.

Individualisierung zeigt sich vor allem in privaten Lebensverläufen. Lebenschancen werden von Bildungswegen abhängig, die vielfältig ausdifferenziert sind, sei es in Schulzweigen, Leistungsgruppen oder in den zahlreichen Möglichkeiten im dritten Bildungssektor. Ausgeprägte und abgegrenzte Phasen von Kindheit, Jugend und Alter lösen sich auf. Leistungsorientierung wird schon in der Kindheit verlangt, die Phase der Jugend verschwimmt zu einer lang andauernden Phase des jungen Erwachsenenseins, die sich durch eine Ambivalenz von Autonomie und Abhängigkeit vom Elternhaus kennzeichnet. Unterschiedliche Partnerschafts- und Familienformen entstehen. Familiengründungen erfolgen spät, Scheidungen häufen sich, Wiederverheiratungen führen zu Patchworkfamilien mit eigenen gemeinsamen Kindern und denen des jeweiligen Partners. Zu Beginn der Altersphase können sich wieder vielfältige Lebensformen durch Arbeitslosigkeit, gleitende Pensionierung oder Frühpensionierung ergeben.

In dieser Weise kristallisieren sich verschiedene Lebensformen heraus. Die traditionellen, abgegrenzten sozialen Klassen lösen sich zunehmend auf, vielfältige Lebensstile werden sichtbar. So entsteht ein soziales Spektrum von etablierten, konservativen Stilen zu häuslich orientierten, materialistischen und hedonistischen Stilen.

Die Pluralisierung der Sozialstruktur lässt individuelle Lebensformen entstehen. Durch geringeren gesellschaftlichen Konsens wird vermehrt Kommunikation notwendig. Eine individualisierte Gesellschaft braucht Kommunikation, um bestehen zu können. Gleichzeitig wird die Möglichkeit, einander zu verstehen, geringer. Daher sieht der Philosoph Richard Rorty Solidarität und Toleranz als zentrale Werte an, die für ein Überleben in einer individualisierten Gesellschaft auch in der Schule zu vermitteln sind.

Teil 2: Sozialisation, Erziehung und Bildung

Barbara Hölscher: Sozialisation, Sozialisationskontexte, schichtspezifische Sozialisation

Sozialisation bezeichnet den Prozess, in dem Menschen in die sie jeweils umgebende Gemeinschaft, Gesellschaft und Kultur ‚hineinwachsen‘, wobei sie gleichzeitig zu eigenverantwortlichen und selbstständig handelnden Individuen heranreifen. Es geht um die Prozesse der Vergemeinschaftung (Familie, Freunde) und Vergesellschaftung (Organisation, Staat), um die Bestimmung der eigenen sozialen Identität. Sozialisationsprozesse tragen hierüber zentral zur funktionalen Integration einer Gesellschaft bei und erhalten diese aufrecht. Die Vermittlung der dafür notwendigen kulturell verankerten Werte, Normen und Symboliken sowie des symbolischen Handelns obliegt dabei verschiedenen Instanzen, die zwar theoretisch getrennt werden können, empirisch aber stets in einem Wechselspiel miteinander fungieren. Für die Sozialisation von Kindern und Jugendlichen sind mindestens zu nennen: Familie, Gruppe der Gleichaltrigen (Peergroups), Massenmedien, Schule, Ausbildung und später Beruf. Dabei kommen alters- und geschlechterspezifische Sozialisationsmuster ebenso zum Tragen wie schicht- und milieuspezifische Werte, Normen und Verhaltensweisen. Sozialisation vermittelt also sozial relevantes Wissen und dient der individuellen Positionierung und Orientierung in der sozialen Lebenswelt. Auf der Basis der Reziprozität der Perspektiven vermittelt Sozialisation wechselseitige Verhaltenserwartungen und Verhaltenssicherheiten. Hierüber wird eine Sicherstellung der Reproduzierbarkeit und Reproduktion sozialer Ordnung, sozialer Ungleichheiten und Machtverhältnisse ermöglicht, die ihrerseits Gemeinschaften und Gesellschaften kennzeichnen. Auf dieser Folie kann plausibel werden, warum soziale Ungleichheiten, soziale Schichten, aber auch Klischees und Vorurteile über die Generationen hinweg fortbestehen.

Heike Kahlert: Bildung und Erziehung

Der Beitrag gibt erstens einen Überblick über Bildung und Erziehung als Themengebiet der Soziologie. Hier wird die Bedeutung der Soziologie der Bildung und Erziehung (kurz Bildungssoziologie) für die Soziologie als Disziplin und für die interdisziplinäre Bildungsforschung aufgezeigt. Damit verknüpft ist die Definition der soziologischen Grundbegriffe Bildung und Erziehung und ein Einblick in zentrale Fragestellungen der Bildungssoziologie. Zweitens erfolgt eine Skizze der soziologischen Diskussion über den Übergang von der Industrie- zur Wissensgesellschaft in ihrer Relevanz für die Bildungssoziologie. Dabei wird die Debatte zur postindustriellen Gesellschaft nachgezeichnet und herausgearbeitet, dass diese die wachsende Bedeutung von Wissen und Bildung als Leitprinzipien in Gegenwartsgesellschaften und in der Gesellschaftsanalyse betont. Darüber hinaus wird der bildungssoziologische Stellenwert des Konzepts Wissensgesellschaft ausgelotet. Vor diesem Hintergrund werden schließlich drittens unter dem Stichwort „Von Picht zu PISA" Bildungsungleichheiten in der entstehenden Wissensgesellschaft näher betrachtet. In diesem Zusammenhang erfolgt ein kurzer Abriss zur so genannten ersten und zweiten deutschen Bildungskatastrophe, der den Wandel der Prototypen

der Bildungsungleichheiten von der (deutschen) „katholischen Arbeitertochter vom Lande"
zum „muslimischen Migrantensohn aus der Großstadt" erörtert. Abschließend wird aufgezeigt,
inwiefern schulische Bildung und Erziehung und die Schule als Institution an der Produktion
und Reproduktion von Bildungsungleichheiten beteiligt sind.

Monika Falkenberg und Herbert Kalthoff: Das Feld der Bildung

Die Institution Schule gilt als neutrale Institution, die – entsprechend den Kompetenzen und
Neigungen der Schüler – schulisches Wissen vermittelt. Zugleich gibt es ein allgemeines Wissen darüber, dass sich Kinder und Jugendliche nach der Grundschule über die Schulformen
des dreigliedrigen Schulsystems in Deutschland verteilen und dass diese Schulformen unterschiedliche berufliche, soziale und ökonomische Chancen eröffnen.

Dieser Beitrag untersucht das Verhältnis zwischen Schulen mit ihren Schwerpunkten
und Profilen einerseits und Familien andererseits, die für die Zukunft ihrer Kinder eine weiterführende Schule auswählen, die sie für geeignet und passend erachten. In diesem Zusammenspiel von schulischer und familiärer Geschichte wirkt ein Mechanismus der Fremd- und
Selbstselektion, der für relativ homogene Schulbevölkerungen sorgt. Das diversifizierte Feld
der schulischen Bildung bietet folglich institutionelle Bildungsprofile für unterschiedliche
soziale Schichten oder Klassen an.

Der Beitrag analysiert diesen opaken Mechanismus im Lichte verschiedener soziologischer
Perspektiven: Die Reproduktionstheorie geht von einem Passungsverhältnis („Homologie")
zwischen sozialem Status und Schulform aus, durch das soziale Differenzen stabilisiert und
legitimiert werden. Staatstheoretische Überlegungen betonen dagegen die ideologische Über-
formung der Schule durch den Staat; Ansätze, die den Blick auf die Praktiken der Teilnehmer
richten, betonen den Eigensinn, aber auch die Unterlegenheit der Schüler und die Macht institutioneller Praktiken der klassifizierenden Zuschreibung und Unterscheidung. Praxistheoretische
Ansätze beschreiben die soziale Klassifikation dagegen empirisch als mitlaufende Thematisierung von Differenz, die sich im Unterrichtsgespräch und am schulischen Körper manifestiert.

Andreas Langenohl: Die Schule als Organisation

Schulen sind Organisationen und verfügen als solche über folgende Merkmale: ihnen sind bestimmte Ziele gesetzt, an denen sie gemessen werden; sie verfügen über eine interne Arbeitsteilung und Rollenstruktur; die Kriterien der Mitgliedschaft sind in Form von Handlungserwar-
tungen definiert. Als Organisation gibt die Schule den sozialen Rahmen für das Handeln von
LehrerInnen ab: In der Schule werden Rollen festgelegt, die LehrerInnen und SchülerInnen
ausführen sollen, und sie stellt Situationsdefinitionen bereit, die helfen, diese Rollen auszufül-
len. Die Organisation Schule stellt auch ein wichtiges Bindeglied zwischen dem Handeln von
LehrerInnen und SchülerInnen und gesamtgesellschaftlichen Erfordernissen und Problemlagen
dar: Vermittelt durch die Organisation Schule – etwa durch Lehrpläne, Verteilung von Aufgaben und Zuständigkeiten, aber auch durch die Definition von Problemen und Versuche, für sie
Lösungen zu finden – treten LehrerInnen und SchülerInnen Herausforderungslagen entgegen,

die außerhalb der Schule ihren Ursprung haben. Schließlich ist die Art und Weise, wie Lehren und Lernen heute organisiert werden, mit gesellschaftlichen Wandlungsprozessen in einer gesellschaftlichen Entwicklungsperspektive verknüpft. Schule ist immer Teil ‚ihrer' Gesellschaft. Deshalb lässt sich die gesellschaftliche Bedeutung der Schule als Organisation nur dann verstehen, wenn man im Blick behält, welche gesamtgesellschaftlichen Prozesse ihre gegenwärtige Organisationsform bedingen: arbeitsteilige Differenzierung der Gesellschaftsstruktur; Rationalisierung von Handlungsorientierungen und Weltanschauungen; und Individualisierung des Verhältnisses zwischen dem/der Einzelnen und der Gesellschaft.

Axel Schmidt: Profession, Professionalität, Professionalisierung

Die Bestimmung dessen, was eine Profession bzw. Professionalität/Professionalisierung in Abgrenzung zur ‚einfachen Berufsförmigkeit' ausmacht, nimmt ihren Ausgang bei der Formulierung typischer Merkmale vor allem hinsichtlich ihrer sozialen Einbettung (sog. indikatorische Konzepte) und erfährt eine Fortführung und teilweise Reformulierung durch die Rekonstruktion einer professionellen Handlungslogik im Rahmen strukturtheoretischer Konzepte. Ansätze einer pädagogischen Professionalisierungstheorie setzen sich zum einen von indikatorischen Konzepten ab, um die professionslogische Eigenständigkeit pädagogischer Berufe im Vergleich mit den sog. klassischen Professionen hervorzuheben. Zum anderen rekurrieren sie auf strukturtheoretische Konzepte professioneller Handlungslogik, da auch – bzw. gerade – pädagogische Berufe mit unauflösbaren Widersprüchlichkeiten (Paradoxien) zu kämpfen haben, welche insgesamt als typisch für professionelles Handeln gelten. Da solche Paradoxien vor allem in und durch Kommunikation zu bewältigen sind (im Falle der Lehrerprofessionalität etwa innerhalb von Unterrichtskommunikation), hängt eine genuin pädagogische Professionalität in wesentlichen Hinsichten von spezifischen Kommunikations- und Interaktionskompetenzen ab (etwa Unterricht jenseits fachdidaktischer Kompetenzen zunächst als soziale Situation kommunikativ regulieren zu können).

Herbert Willems und Daniela Eichholz: Die Räumlichkeit des Sozialen und die Sozialität des Raumes: Schule zum Beispiel

Der ‚Raum der Gesellschaft' wird schon seit längerem zunehmend zum Gegenstand soziologischer Theoriebildung und Analyse. Von einer (relativen) ‚Raumblindheit' der Soziologie konnte lange, kann heute jedoch längst nicht mehr die Rede sein. Neben Beiträgen, die die grundlegende Räumlichkeit des Sozialen und die Grundlagen menschlicher Raumwahrnehmung eher theoretisch zu fassen suchen, finden sich mittlerweile zahlreiche Studien, in denen bestimmte räumliche Arrangements sowie raumbezogenes und raumkonstitutives Handeln untersucht werden.

Hingegen noch selten werden schulische Kontexte als Räume thematisiert oder gar einer raumsoziologischen Untersuchung unterzogen. Dabei verspricht gerade dieser Ansatz ein besseres Verständnis von Verhaltensweisen, die zum schulischen Alltag (in Klassenzimmern, Pausenhöfen, Lehrerzimmern usw.) gehören.

In dem Beitrag sollen einerseits grundlegende raumsoziologische Konzepte und Sichtweisen erläutert und verknüpft werden. Andererseits geht es darum, diese Konzepte auf den alltäglichen Schulraum und den Schulalltag zu beziehen. Im Ergebnis zeigt sich Folgendes: Die Schule ist in (sozial-)räumliche Kontexte eingebettet und stellt einen besonderen Raum und einen spezifischen Kontext von (Mikro-)Räumen dar, in denen z.B. die alltäglich gewohnten Normen der Territorialität einerseits teilweise kontinuieren und andererseits suspendiert oder moduliert werden. Die Schule als von räumlichen Grenzen markierter ‚Gesamtkomplex' ist ein eigenes Territorium mit eigenen Sub-Territorien und mit einem eigentümlichen Potential legitimer und illegitimer Territorialitäten und Territorialisierungen. Das impliziert auch, dass die Schule ein territoriales Spannungs- und Konfliktfeld darstellt, in dem diverse territoriale Ansprüche, Subjektivitäten und Strategien immer wieder aufeinandertreffen und bisweilen kollidieren. Die umfassende Asymmetrie von Macht (Herrschaft), die das Lehrer-Schüler-Verhältnis im allgemeinen charakterisiert, spiegelt sich auch auf dieser Ebene. Auf der anderen Seite ist der Raum auch Spiegel und Basis von ‚sekundären Anpassungen' bzw. Subversionen der Schüler. Für alle Akteursklassen gibt es, was die verschiedenen Formen von Territorialität und Territorialisierung betrifft, erhebliche und systematische Kontingenzspielräume, die auch Handlungsspielräume, wenn nicht *strategische* Handlungsspielräume, sind. In diesen Spielräumen muss sich Kompetenz und kann sich Virtuosität entfalten.

Herbert Kalthoff und Monika Falkenberg: Kommunikation unter Anwesenden: Lehrer – Schüler – Medien

Die Darstellung von Wissen (‚Stoff') ist ein wesentliches Merkmal des schulischen Unterrichts; umgesetzt wird die Darstellung in mündlicher und in visueller Form. Am Beispiel des Unterrichtsgesprächs und der Tafelanschrift geht dieser Aufsatz beiden Formen nach. Das Unterrichtsgespräch basiert auf der Umstellung zentraler Regeln der Alltagskonversation und führt eine Asymmetrie in das Unterrichtsgespräch ein, deren zentrale Elemente die Lehrerfrage und der Lehrerkommentar sind. Sie steuern das Unterrichtsgespräch, ordnen Wissen und Schüler einander zu, korrigieren und klassifizieren Äußerungen und Schüler. Das Unterrichtsgespräch ist ein akustisches System: Es organisiert die Darstellung des ‚Stoffes' über die Stimme und macht die Äußerungen hörbar und damit öffentlich. Die Tafelanschrift ist dagegen ein optisches System: Sie visualisiert den schulischen Stoff durch Schrift, Symbole oder Zeichnungen; die Wahrnehmung erfolgt durch das Auge. Die Tafel sorgt dafür, dass Schüler ihre Augen auf die Tafel richten, das heißt ihren Körper ausrichten, denn das Wissen, dass an der Tafel sichtbar wird, ist autorisiertes Wissen. Die Tafel kombiniert die mündliche und schriftliche Form der Wissensdarstellung und koordiniert damit das Auge, die Hand und die Stimme. Der Beitrag analysiert am Beispiel des Mathematikunterrichts, wie Tafelanschriften mündlich-schriftlich umgesetzt werden. Dabei konzentriert er sich auf die Aufführung und den Vollzug der Tafelanschrift (Performanz), auf die Kraft und die Wirkung der Tafelanschrift (Performativität) sowie auf die Frage, wie das Medium selbst den Gegenstand zur Darstellung bringt (Medialität).

Heiko Hausendorf: Interaktion im Klassenzimmer

Offensichtlich ist das Klassenzimmer ein Raum, der für Unterricht bestimmt ist. Aber findet dort nur Unterricht statt? Und was genau bedeutet es, dass Unterricht stattfindet? Mit Fragen wie diesen möchte der Beitrag Interesse und Neugier wecken für Interaktion im Klassenzimmer als einem Gegenstand soziolinguistischer Forschung. Nicht was im Klassenzimmer als Unterricht passieren sollte, steht dann im Mittelpunkt, sondern was alles passieren muss, damit Unterricht im Klassenzimmer überhaupt möglich und wahrscheinlich wird. Alltäglich erlebtes Unterrichtsgeschehen erweist sich dann als ein problematisches und in mehrfacher Hinsicht riskantes Unterfangen, das auf ganz eigene kommunikative Probleme und Risiken reagiert. Das fängt bei der Interaktion von Angesicht zu Angesicht in einer großen Gruppe in einem nicht vollständig überschaubaren Raum an und hört bei der pädagogisch-didaktischen Intention auf, dass sich ‚Schüler‘ unter diesen Bedingungen und unter der Anleitung und Führung eines ‚Lehrers‘ ein bestimmtes Wissensgebiet erarbeiten. Der Beitrag ist so aufgebaut, dass er die hier anklingenden kommunikativen Probleme und Risiken und die empirischen Möglichkeiten des Umgangs mit diesen Problemen und Risiken beispielhaft erläutert und illustriert. Dazu dient zunächst ein Blick in ein Klassenzimmer mit einer dafür typischen Sitzordnung und im weiteren Verlauf ein Blick auf Details der Eröffnung einer Unterrichtsstunde. Die Argumentation des Beitrags stützt sich auf die empirische Unterrichtsforschung in der Soziolinguistik einerseits und auf die soziologische Systemtheorie Luhmannscher Prägung andererseits. Diese Ansätze werden aber nicht vorausgesetzt, sondern im Beitrag selbst in ihren Fragestellungen und Ergebnissen angewendet und vorgeführt.

Karola Pitsch und Ruth Ayaß: Gespräche in der Schule. Interaktion im Unterricht als multimodaler Prozess

Dieser Beitrag verfolgt das Ziel, den Gegenstand ‚Interaktion im Unterricht‘ anhand von Videoaufnahmen aus authentischen Unterrichtssituationen aus einer grundlegend multimodalen Perspektive heraus zu untersuchen. Geht man nämlich über eine – in der Forschung bislang vielfach vorherrschende – Fokussierung auf die sprachlichen Aktivitäten der Teilnehmer hinaus, so kommt eine Reihe neuer Phänomene, Zusammenhänge und Fragestellungen in den Blick: Wie wird der Körper als kommunikative Ressource in der Interaktion genutzt? Welche Auswirkungen hat das Raumverhalten, z.B. des Lehrers, auf die ablaufenden Aktivitäten? Wie werden verschiedene Aktivitätsebenen – z.B. der Unterrichtsdiskurs und das parallele Anfertigen von Mitschriften durch die Schüler – miteinander koordiniert? Wie können unterschiedliche Beteiligungsweisen der Schüler beachtet und zugleich koordiniert werden? Diesen Fragen wollen wir im Folgenden nachgehen, indem wir einen analytischen Einblick in die Vielschichtigkeit von Gesprächen geben sowie die Chancen vorführen, die eine konversationsanalytisch basierte Untersuchung bietet. Wir zeigen dabei auf, welche neuen Anregungen sich – anhand des Beispiels ‚Unterricht‘ – für die Untersuchung von Gesprächen gewinnen lassen.

Michaela Goll: Schule in der Mediengesellschaft

Das Leben der allermeisten Jugendlichen ist heute wesentlich von Medien bestimmt. Sie spielen in der Lebenswelt, in der Identitätsbildung und überhaupt im Prozess der Sozialisation eine große Rolle und sind als eigene Sozialisationsinstanz – oft konkurrierend – neben die traditionellen Instanzen Familie, Peer-Group und Schule getreten. Die Medienerziehung von Kindern und Jugendlichen ist daher als eine relevante und zunehmend relevante Aufgabe anzusehen. Sie ruft alle Instanzen und Institutionen der Sozialisation, Erziehung und Bildung auf den Plan. Als verpflichtender Bildungseinrichtung kommt der Schule natürlich eine besondere Bedeutung als Rahmen und Basis medialer Erziehung zu.

Der Artikel soll diese Bedeutung und einige ihrer Voraussetzungen aufzeigen. Er fragt, welchen Stellenwert Medien in der Sozialisation von Kindern und Jugendlichen haben, welche Inhalte und Ziele die Erziehung zu Medienkompetenz umfassen könnte und welches Medienwissen (zukünftige) LehrerInnen brauchen, um ihrer Aufgabe in der ‚Mediengesellschaft‘ gerecht zu werden.

BAND I

Anthropologische Grundlagen der Sozialisation

Robert Hettlage

Es besteht weitgehend darüber Einigkeit, dass Menschen „ver-rückte Tiere" seien, die es einfach nicht lassen könnten, über sich und die Welt nachzudenken. Sie *wollen* nicht nur wissen, woher sie kommen und wohin sie gehen, was wahr oder falsch, schön oder hässlich, gut oder schlecht ist, sie *müssen* es auch wissen, denn sie sind zum Handeln in der Welt gezwungen, müssen also eine Vorstellung davon gewinnen, was praktikabel – im weiten und engen Sinn – ist. Sie stoßen dabei immer wieder auf die Frage, was den Menschen in seinem Kern ausmacht bzw. was ein „richtiger" Mensch ist. Sie suchen also nach einem theoretischen und praktischen Rahmen, innerhalb dessen sie sich orientieren und – nach Möglichkeit – menschlich („human") bewegen können.

Dabei fällt auf, dass die Antworten in ganz unterschiedliche Richtungen zielen und somit variantenreiche kulturelle Orientierungen vorgeben. Mit dieser Formenvielfalt und den „typischen Chancen" von kultureller Sinnstiftung befasst sich die amerikanische Kultur- (und europäische Sozial-)Anthropologie. Denn einige Lebensstile zeichnen sich dadurch aus, dass sie ihr Verhältnis zur „Natur" in dominanter Weise zum Ausdruck bringen (Naturbeherrschung, Emanzipation), andere wollen die Natur humanisieren und dabei den Menschen „naturalisieren" (Marx), bei wieder anderen stehen Gleichklang und Harmonie mit der Natur im Vordergrund. Schließlich sind manche (archaische) Kulturen vom Angstmotiv, andere vom Motiv des Leidens und der Selbstkontrolle (Buddhismus) besetzt. Trotz oder gerade wegen dieser vielfältigen Spielarten von Kultur trieben die Überlegungen immer wieder zu der Grundfrage zurück, was denn die *anthropologische Basis* hinter diesen verschiedenen kulturellen Lösungen der Daseinsproblematik sei, ob es Gemeinsamkeiten des genuin Menschlichen gäbe, die hinter aller Kulturmannigfaltigkeit (Relativierung) zum Vorschein kämen.

1. Die anthropologische Tradition des Abendlandes und ihre Verächter

Die westlich-abendländische Welt hat in dieser Hinsicht einen komplizierten Weg hinter sich. Sie hat einen Kulturkanon herausgebildet, der sich als Synthese aus antiker Philosophie, christlicher Weltanschauung und naturwissenschaftlichem Denken und Forschen bezeichnen lässt.

1.1 Antike und Christentum

Der antike Anspruch der Weltdeutung ist – vordergründig gesehen – *anthropozentrisch* angelegt. Er nimmt seinen Ausgangspunkt von den natur- und sozialphilosophischen Überlegungen der Griechen, dass zwischen Regelmäßigkeiten zu unterscheiden sei, die über den Menschen hinausgehen, und solchen, die auf den Menschen selbst zurückgehen (Dualismus). Besonders interessiert waren sie dabei an der Autonomie der Menschen und ihrem Platz in der Gesellschaft (Polis). An der Spannung zwischen Selbststand (Person) und Partizipation (animal rationale) zeigt sich eindringlich, dass Menschen ein Problem zu lösen haben, das aus der unhintergehbaren Anwesenheit anderer Menschen erwächst. Es ist durch Beobachtung, Räsonnieren und Gestaltung zu lösen. Menschen müssen sich eine Ordnung geben. Je nachdem, wie sie diese praktisch umsetzen, werden sich der Mensch und seine Mitmenschen zum Problem. Darin manifestieren sich die Notwendigkeit und der Auftrag der Erziehung. Allerdings ist diese Vorstellung vom menschlichen Handeln in ein kosmozentrisches Weltbild eingebaut.

Die christliche Anthropologie ist hingegen *theozentrisch* aufgebaut. Sie konnte sich nicht vorstellen, dass man den Menschen und sein Wirken in der Welt anders verstehen könne als von seiner kosmologischen Einordnung her. Der Ausgangspunkt ist Gottes Schöpfungsakt, der zugleich die Ziele und den „richtigen" Bewegungsraum (causa efficiens, causa finalis) des Menschen festlegt. Der oberste Herrscher ist Quelle und Ziel aller Dinge. Er ist das konstitutive Prinzip des Universums und Garantie seiner Einheit. Von daher sind die Pflichten des Menschen und seines Handelns definiert. Es sind die Pflichten gegen Gott, gegen sich selbst, gegen die anderen Menschen und gegenüber der restlichen Schöpfung. Gott hat zu diesem Zweck den Menschen mit einem bestimmten Potential (Geistseele, Vernunft, Streben, Gewissen) ausgestattet, das er aber auch „abwegig" einsetzen oder verleugnen kann. Der Mensch kann nicht indifferent gegenüber der göttlichen Ordnung bleiben, sondern muss seine Freiheit demgemäß antworten lassen, d.h. er muss verantwortlich leben (vgl. Tugendlehre). Darin besteht die Spannung seiner Existenz, aber auch deren höchstmögliche Vervollkommnung. Sein Leben wird nach dem Tod – je nach Bewährung in dieser Welt – in eine andere, höhere Daseinsform umgewandelt. Von der transzendenten Ordnung her, sind die Regelmäßigkeiten des menschlichen Verhaltens und der menschlichen Ordnung zu deuten. Deswegen bedeutete der Ausdruck „animal sociale" in der christlichen Vorstellung auch mehr als bei Aristoteles, nämlich die Verknüpfung der vertikalen Beziehungen mit den horizontalen Verbindungen unter den Menschen. Anthropologie und Erziehung waren deswegen nur in dieser Einbettung denkbar.

1.2 Die anti-metaphysische Wende zur modernen Anthropozentrik

Mit der Renaissance und der beginnenden *Neuzeit* gerieten diese Vorstellungen langsam in die Krise. Die Rückbesinnung auf die Antike förderte den Gedanken autonomer Selbst- und Weltgestaltung. An die Stelle einer „Anthropologie von oben" tritt die „Natur", die Welt, die „Sachen selbst" oder der Mensch und seine Entwicklung. Die langsame Freisetzung von religiösen Deutungen und Hierarchien (Säkularisierung) legte die Erklärung der Welt und des Menschen *aus sich selbst* heraus nahe (Immanenzprinzip). Dieser Umbruch des Denkens wurde durch die sich immer schneller entwickelnden Naturwissenschaften gestützt und beschleunigt.

Im 18. Jahrhundert wurde die göttliche Schöpfungsidee (Logos) als Erklärungsrahmen schrittweise beiseite gedrängt und schließlich im 19. und 20. Jahrhundert vom Wissenschaftsbetrieb gänzlich fallen gelassen. Eine *neue Kosmo- oder Anthropozentrik* nimmt für sich in Anspruch, den menschlichen Verstand methodologisch-kritisch und „objektiv" einzusetzen. Alle theologischen und philosophischen Residuen seien aus der Erklärung als „Spekulation" auszuschalten. Der vorneuzeitlichen Kosmologie und Anthropologie wird der Status einer Wissenschaft abgesprochen. Sie gelten nur noch als „große Erzählungen" und Mythen bildende Kräfte, die in die Variationsbreite unterschiedlicher Weltsichten aufzunehmen und von einer historisierend verfahrenden Kulturanthropologie zu studieren sind.

Das „System der Dinge" sei allein durch empirisch-analytische Methodik zu ergründen und zu gestalten. Dazu gehören auch der Mensch, die gesellschaftliche Ordnung und die normative Einpassung des Menschen in diese (sprich: Sozialisation). Die moderne Welt ist seitdem gänzlich „nach-metaphysisch" gepolt (Habermas 1989: 41 ff.) und erkennt eine die Dinge der Welt transzendierende Erklärungsebene nicht mehr als dem wissenschaftlichen Tun zugänglich an. Der Forscher sieht sich als gänzlich empirisch-analytischer Beobachter (vgl. Positivismus), der den Dingen (angeblich) „voraussetzungslos" gegenübertritt. Er ordnet die Welt über die Erforschung von Regelmäßigkeiten und kausalen Zusammenhängen.

Im Hinblick auf den Kosmos zielt die moderne (Natur-)Wissenschaft auf eine in der „Materie" („Natur") liegende physikalische Eigendynamik. Dementsprechend konzentriert sich die Lehre vom Menschen auf eine in langen Entwicklungslinien denkende *„Anthropologie von unten"*. Zu ihren neuen Fragen gehört es nun, ob die Menschen nicht überhaupt ganz und gar mechanistisch aus ihrem Körper oder biologistisch aus ihrer tierischen Herkunft erklärt werden könnten, so dass die Vorstellung einer „irgendwie" von außen herantretenden geist-seelischen Steuerungsinstanz (d.h. Descartes' res cogitans) oder einer leib-seelischen Einheit obsolet wird. Folglich besteht auch die Tendenz, die Frage des „Geistes" als zu metaphysisch auszuschalten. Stattdessen wird auf ein minimalistisches Erklärungsprogramm gesetzt, das sich auf die langsamen Prozesse einer sich „autopoietisch" selbststeuernden, evolutionsbiologischen (und später: kulturellen) Höherentwicklung des „nicht-festgestellten Tieres" (Nietzsche) konzentriert. Die Frage der „Hominisation" lautet nicht mehr: „Was ist der Mensch?", sondern: *„Wie ist der Mensch möglich?"* oder: „Wie wird er zu dem, was er heute ist?" Zwei Denkrichtungen haben die Diskussion geprägt: der Evolutionismus und der Behaviorismus.

2. Einebnung der Sonderstellung des Menschen?

Jede Evolutionstheorie beschäftigt sich perspektivisch mit dem Stammbaum des Menschen. Sie versucht, den kausalen Nachweis zu erbringen, dass der Mensch aus einer Gruppe vorzeitlicher, tierischer Primaten in der langen Periode vor dem Eiszeitalter durch kontinuierliche Weiterentwicklung und Transformation entstanden ist. Auf diesen Ursprung könne nicht nur die leibliche Eigenheit, sondern auch die Psyche (logisches Denken, Sprache etc.) zurückgeführt werden. Dieser Gedanke begann sich mit besonderer Dringlichkeit zu stellen, als die Vorstellung von der Gesamtevolution des Kosmos (Urknall-Theorie) – einschließlich der lebenden Organismen – Gestalt angenommen hatte.

2.1 Die biologische Abstammung des Menschen

So war es nur noch ein Schritt, auch die „Abstammung des Menschen" aus einem gemeinsamen Stammbaum zu postulieren. Hier erwies sich Charles *Darwins* Deszendenztheorie (1859) als bahnbrechend. Gestützt auf vielfältige Beobachtungen und Vergleiche, hielt er daran fest, dass alle Organismen aus früheren Arten auf natürliche Weise und unter dem Einfluss von natürlicher Auslese und Mutation (Selektionstheorie) entstanden seien. Der Mensch bilde keine Ausnahme, sondern müsse ein Nachkomme von Menschenaffen (Schimpansen) sein. Heute weiß man mehr und hebt deswegen nicht auf diese – von Anfang an heftig bekämpfte – Entwicklungslinie, sondern auf die gemeinsamen, weniger spezialisierten Vorfahren beider Spezies ab. Strittig ist nicht mehr, dass sie, sondern nur noch, *wie eng* Menschen und Menschenaffen biologisch miteinander verwandt sind.

Im 20. Jahrhundert hat die kombinierte Anstrengung von Paläontologie, vergleichender Morphologie, Embryologie, Physiologie, Genetik und Verhaltensforschung (Lorenz 1969: „Angeborene Verhaltensschemata") erstaunliche Fortschritte im Nachweis der „Hominisation" gebracht. Alle diese Disziplinen sind auf den Vergleich von Mensch und Tier aus, um dabei die gemeinsamen genetischen, organischen, psychischen und ethologischen Strukturen herauszuarbeiten bzw. das „Tier-Mensch-Übergangsfeld" zu erforschen.

Den größten Anstoß erhielten sie, als man in Südafrika (1924, 1936) und Kenia Reste des kleinhirnigen „Fastmenschen" (Australopithecus = „Südaffe") ausgrub und weitere Funde in Ägypten und Italien die Grenzen zum homo habilis, homo erectus und homo sapiens zum Verschwimmen zu bringen schienen. Dennoch sind entscheidende Divergenzen zwischen Mensch und Tier festzuhalten. Menschen sind eine eigene Spezies, die nicht durch Kreuzung mit anderen Arten verbunden ist. Sie bilden eine Einheit, die sich genetisch von anderen unterscheidet. Schon Darwin (!) hatte auf weiteren, bis heute gültigen Charakteristika des Menschen bestanden:

- dem *aufrechten* Gang
- der Verbindung von aufrechtem Gang und Entwicklung des *Gehirnvolumens*
- der mit der Intelligenz verbundenen *Flexibilität* und die extreme Neugierde
- die ständige Veränderung und rationale *Adaptation* seines Verhaltens
- die große Vielfalt seiner *Werkzeuge* bis hin zum System komplexer Technik
- seine Symbolisierungs- und Abstraktionsfähigkeit *(Sprache)*

– seine *Selbstreflexion*
– seine einmalige *Kulturleistung* (Kunst, Moral, Philosophie, Religion).

2.2 Sozio- und Kulturbiologie: Die behavioristische Versuchung

In jüngster Zeit steht die *kulturelle Evolution* im Zentrum der Betrachtung. Besonderes Interesse hat die sog. *Soziobiologie* (Wilson 1975) gefunden, deren Ziel es ist, menschliche Verhaltensweisen (Dominanzverhalten, Aufmerksamkeit, Kooperation, Altruismus) aus den Residuen tierischer Überlebensstrategien und genetischer Maximierungskalküle („Genpool") abzuleiten. Auf der anderen Seite versucht die neurobiologische Gehirnforschung die Aufmerksamkeit darauf zu lenken, dass manche Stimmungslagen und Erkenntnisleistungen (vgl. Vollmers „Evolutionäre Erkenntnistheorie" 1998) an feste neuronale Schaltstellen des limbischen Systems gebunden sind, das sich seinerseits evolutionär herausgebildet hat. Heftig diskutiert wird, ob und inwieweit das Gehirn den Erfahrungshorizont und die Forschungshypothese eines menschlichen Subjekts überflüssig macht.

Auch von einer anderen, diesmal behavioristischen Perspektive aus, steht dies zur Debatte. Anstoß gab wiederum die (vermeintliche) Lehre Darwins, wonach der Mensch von den niederen Tieren nicht fundamental verschieden sei bzw. dass alle menschlichen Eigentümlichkeiten auf Varianten von äußerlich beobachtbaren und stimulierbaren Lebensformen – nach Art der Tiere bzw. der organismischen Anpassung – zurückgeführt werden könnten. Zentrale Stoßrichtung des *Behaviorismus* ist es, den subjektiven Innenraum des Menschen ganz aus der Betrachtung auszuklammern oder zu leugnen. Der behavioristische Reduktionismus – begründet durch die amerikanischen Psychologen McDougall und Watson (1912/13) – möchte nämlich den Zugang zu den seelischen Phänomenen nicht mehr durch „Introspektion" gewinnen, sondern durch Beobachtung allein des *äußeren* Verhaltens. Das verlangt, dass man die Bewusstseinstatsachen („Seelenmetaphysik") vernachlässigt und sich ganz auf die Reiz-Reaktions-Mechanismen und deren Variation konzentriert. Damit wird das menschliche Verhalten nicht mehr in seiner Vielfalt, sondern nur noch als Anpassung an Umweltreize berücksichtigt. So können tierische und menschliche Intelligenz auf derselben Ebene und mit derselben Methodik erforscht bzw. die Trennung zwischen Psychologie und anderen Wissenschaften aufgegeben werden. Berühmt wurde dieser extreme Empirismus durch die Hundeexperimente des russischen Forschers Pawlow („bedingte Reflexe") sowie die Ratten- und Taubenexperimente (Skinner 1974), die zum Modell für menschliches Handeln aufgewertet wurden. Sollte sich das bewahrheiten, würden sich alle Annahmen über die Sonderstellung des Menschen erübrigen.

3. Die anthropologische Differenz

Schon Mitte der 1920er Jahre wurde die Frage nach dieser Sonderstellung des Menschen unter soziologisch und biologisch versierten Forschern aufgegriffen, die eine empirisch genaue, interdisziplinäre und evolutionistisch gedachte Bestimmung menschlicher Spezifika im Auge hatten. Diese Bewegung ist als „Philosophische Anthropologie" bekannt und an Namen wie Scheler, Plessner und Gehlen geknüpft.

3.1 Körper und Geist

Scheler (1928/1966) griff das traditionelle Stufenschema (Pflanze – Tier – Mensch) wieder auf, das die wesentlichen Formen der organischen Umweltverarbeitung thematisierte. *Pflanzen* sind demzufolge von einem „empfindungs- und vorstellungslosen Gefühlsdrang" zu Wachstum und Fortpflanzung getragen, haben aber kein eigentliches Nerven- und Machtsystem, keine Zentralisierung, kein Triebleben, keine direkte Kundgabe und Rückmeldung ihrer Organzustände an sich selbst. Der vegetative Gefühlsdrang ist ganz nach außen gewendet, deutet aber auf eine erste Stufe der Innenseite des Lebens hin. *Tiere* treiben als Lebensform den Dissoziationsprozess von innen und außen weiter, was sich am Auftreten des bewegungsauslösenden Instinkts offenbart. Tiere sind beweglich geworden, haben damit aber nicht mehr die Umweltsicherheit des vegetativen Rahmens der Pflanzen. Was im Instinkt automatisiert, gewohnheitsmäßig und artgebunden ist, wird in einer ersten Stufe der Intelligenz – dem assoziativen Gedächtnis (Mneme) – beweglich, vielfältig und kombinierbar. Tiere können Erfahrungen machen, speichern, abrufen, also durch Probierbewegungen vitale Gewohnheiten erwerben, lernen und erste „Traditionen" ausbilden. Beim *Menschen* hingegen schlägt die assoziative Intelligenz in praktisch *antizipative Intelligenz* um. Er kann Zustände und Situationen gedanklich-reflektierend vorwegnehmen, ist dadurch höchst beweglich und wahlfähig, verliert aber die ursprüngliche Sicherheit der instinkthaften Einbettung. Befreit von den Fesseln des weitgehend „gegebenen Lebens" in einer festgefügten „Umwelt", hat er nun „Welt" vor und für sich. Das ist das Zeichen seines Geistes. Dissoziiert von seiner Triebstruktur, wird sein Leben unruhig. Sein Bewegungsüberschuss ist konstitutionell verunsichernd. Hier knüpfen Plessner und Gehlen an.

3.2 Positionalität und Exzentrizität

Plessner (1928/1975) möchte aber das metaphysische Konzept des Geistes umgehen. Als Ersatzbegriff schlägt er die „exzentrische Positionalität" vor. Damit will er zum Ausdruck bringen, dass Menschen typischerweise zu sich Stellung nehmen können, ja sie müssen es sogar tun. Während nämlich die Tiere in zentrischer, positional geschlossener Form leben, weil sie „sich selbst gegeben" sind, ist der Mensch sich „aufgegeben". Da ihm nämlich die natürliche Instinktleitung versagt ist, muss er – um Mensch zu werden und um die Sicherheitseinbuße zu kompensieren – sozusagen eine „sekundäre Natürlichkeit" aufbauen. Die

menschliche Persönlichkeit ist ergänzungsbedürftig. Sie bedarf eines „Sich-Inne-Werdens", einer ausdrücklichen Sinndeutung. Die Weltvermittlung wird indirekt. Menschen müssen Kultur schaffen, sich also entäußern, um diesen Vorgang zugleich wieder „natürlich" und „direkt" werden zu lassen. So steht der Mensch sich im Inneren gleichsam beobachtend und entwerfend gegenüber. Er muss die ambivalente, bipolare Position aushalten. Das kann prinzipiell auch misslingen. Exzentrizität besagt also ein Verhältnis der „existentiellen Gebrochenheit" oder „konstitutiver Gleichgewichtslosigkeit". Man muss sich im Inneren erst durch Äußeres, d.h. durch Kultur stabilisieren oder: man muss sich zu dem, was man ist, erst machen. Mögliches muss – durch Nachdenken, Handeln, Lernen und Erfinden – erst in Wirkliches überführt werden. Erst durch äußere „Objektivationen" (Formulierung, Reglementierung, Symbolisierung) von Wertbeziehungen wird eine innere Festigkeit und damit menschliche Identität möglich.

3.3 Offenheit und entlastende Grenzziehungen

Bei Gehlen (1940/1971) nimmt diese „Weltoffenheit" zunächst einen dezisionistischen Charakter an. Er denkt die organischen Besonderheiten des Menschen als Voraussetzungen und seine Kulturleistung als Folge von Handlungsdruck. Nur als *Handelnder* ist der Mensch lebensfähig, denn er ist – biologisch gesehen – ein *„Mängelwesen"* (organisch hilflos, unspezialisiert, an spezifische Umwelten wenig angepasst). Belegen lässt sich das durch „Organprimitivismen" (Gebiss), organische Unterausstattung (Sinnesschärfe, Haarkleid, Angriffsorgane) und Hilflosigkeit des Nachwuchses („normalisierte Frühgeburt" – Portmann 1961), d.h. eine extrem lange Reifeperiode außerhalb des Mutterleibes). Aus dieser Offenheit ergeben sich seine besonderen Sozialisationsbedingungen, denn er muss seine mangelnde Festlegung auf eine Umwelt durch Lernen ausgleichen. Alle sicheren Einpassungen in eine artspezifische Umwelt durch gegebene Antriebe, Auslöserreize und Motorik sind unterbrochen:

– Der Mensch verfügt nur über Instinktreste. Daher wird die Plastizität der Antriebe biologisch notwendig. Sie müssen „weltoffen" und entwicklungsfähig bleiben bis hin zur Sublimierung, zur Phantasie und Degeneration. Aus dem Antriebsüberschuss ergibt sich ein kompliziertes Verhältnis von Bedürfnis und Bedürfnislosigkeit. Bedürfnisse sind form- und aufschiebbar, verändern sich, können selbst lustbesetzt sein. Es können Umwege der Befriedigung in Kauf genommen werden, die selbst zur Gewohnheit und Lust werden.

– Die Wahrnehmung ist von der Bindung an arteigene Objekte, Bedürfnisse und Umwelten befreit. Der dadurch anwachsenden Gefahr der Reizfülle begegnet er durch symbolische Festlegungen. Er sättigt den Erfahrungsraum durch Erwartungen und „Erreichbarkeiten" und strukturiert so sein Wahrnehmungsfeld.

– Die Bewegungsreaktion des Menschen ist nicht angeboren (Erbmotorik), sondern „konturlos" und muss weitgehend erlernt werden (Erwerbsmotorik). Das birgt die Chance verfeinerter Kombinationen, die der tierischen Motorik schließlich überlegen sind (handwerkliche und künstlerische Leistungen).

Die mangelhafte Ausgangslage seiner organischen Ausstattung treibt den Menschen also dazu, sich von den Risiken der Weltoffenheit zu *entlasten*. Er formt seine Bedürfnisse, zentriert seine Wahrnehmung und leitet seine Motorik, statt von diesen geleitet zu werden.

Zu dieser primär biologischen Zwecksetzung tritt aber eine sekundäre, soziologische hinzu. Denn soziale Sicherheit erlangen wir nur dadurch, dass wir uns „instinktanaloge", auf Dauer gestellte, rituell gestützte Ordnungs- und Führungssysteme (*Institutionen*) aufbauen, die wiederum die biologische Zweckmäßigkeit verstärken. Technik, Recht, Kunst, Familie, Religion usw. stabilisieren unsere Weltdeutungen. Sie generalisieren Verhaltensvorschriften und entlasten auch sekundär von Triebüberforderung, denn sie entziehen sich der Tendenz der weltoffenen Menschen, in nicht enden wollender, reflexiver Dauerüberprüfung ihrer Handlungen und Deutungen sich gerade nicht festlegen zu wollen und sich dadurch erneut zu gefährden. Institutionen sind reglementierte und ritualisierte Programme der Verhaltensstabilisierung und -orientierung. Sie machen den Menschen kulturfähig, aber auch kulturabhängig. Sie wirken als notwendige soziale Grenzziehungen und Schließungsvorgänge. Sie sind soziale Erfindungen gegen die konstitutionelle Offenheit des Menschen und stehen mit dieser im permanenten Widerstreit. Diese Ambiguität beeinflusst die Existenzweise des Menschen zutiefst und findet ihren Niederschlag zwangsläufig in allen Sozialisationsvorgängen.

4. Die soziologische Anthropologie

Diese gesellschaftliche Spur wird in der soziologischen Anthropologie vertieft. Sie nimmt die biologischen Grundlagen der Anthropologie zum Anlass, um der genuin sozialen und kulturellen Exzentrizität des Menschen auf die Spur zu kommen. Während Schelsky (1965: 33 ff.) die sicherheitsstiftende Rolle von Recht und Moral, aber auch die typisch moderne „Institutionalisierung des Subjektiven" („Dauerreflexion" in Kunst, Mode und Wissenschaft) betonte, legte Claessens (1980) das Gewicht auf die Gruppen und Gruppenverbände, auf die erweiterten Verwandtschafts- und Tauschsysteme, auf die Technik und die Weltdeutungsverfahren. An ihnen kristallisieren sich die immer neuen Versuche der Menschen, ihre Positionalität und Exzentrizität in steigender *Abstraktheit* der Lebensweise dialektisch einzufangen. Während Berger und Luckmann auf dieser Grundlage die zirkuläre „gesellschaftliche *Konstruktion* der Wirklichkeit" (1966/1980) – nämlich als Kreislauf von Interaktions-, Habitualisierungs-, Objektivierungs- und Legitimations- und Verinnerlichungsprozessen – beschreiben, betont Luhmann (1984) den Stabilisierungs- und zugleich Entlastungscharakter von *Systembildungen*. Angesichts der „doppelten Kontingenz" der Reaktionen von Ego und Alter müssen die überschießenden Möglichkeiten „unwahrscheinlicher Kommunikation" wieder eingegrenzt werden. Das ist die Funktion der sozialen Systeme. Sie bauen Strukturen gegen allzu offene Kommunikationsumwelten auf, erlauben Sinnselektion und Sinnverarbeitung und tragen so dem Zwang zur Selbststabilisierung Rechnung. Diese Reduktion von Komplexität (der Welt) ist jedoch nur durch Erhöhung der Eigenkomplexität (der Systeme), ja möglicherweise nur zum Preis einer laufenden Verselbständigung der Subsysteme (Autopoiesis, Selbstreferentialität), zu gewinnen.

Seit ihren Anfängen hat die Soziologie sich mit der Vorstellung auseinander gesetzt, wie Menschen als Doppelwesen (*homo duplex*), die eine individuelle und eine gesellschaftliche Seite miteinander in Einklang zu bringen haben, konzipiert werden können. Zwar mag es

so erscheinen, als wäre das eigentliche „Selbst" im Inneren der Menschen, in einem festen Gehäuse (*homo clausus*) eingeschlossen, während „die" Gesellschaft als „Außenwelt" davon abgetrennt sei. In Wirklichkeit aber leben die Menschen so interdependent, dass „Individuum" und „Gesellschaft" nur begrifflich auseinander gehalten werden können. Immer ist „die" Gesellschaft schon bei uns zu Hause: in der Sprache, im Spiel, im Benehmen, im Denken, im Habitus, in unseren Rollen, in unseren Idealen usw. Die biologische wird durch eine „*soziale Exzentrizität*" überformt. Die Frage ist nur, wo die Analyse ihren Ausgangspunkt zu nehmen hat. Dennoch hat es bis heute nicht an einflussreichen Versuchen gefehlt, die Individualnatur des Menschen von seiner Sozialnatur weitgehend abzukoppeln.

4.1 Der Homo oeconomicus und der Zwang zur Kooperation

Die meisten Wirtschaftswissenschaftler und Teile der Sozialwissenschaft (Rational Choice-Theorie) gehen – zunächst aus *analytischen* Gründen – davon aus, dass Menschen als Individuen zu untersuchen seien (methodologischer Individualismus), um von daher ihre gesellschaftlichen Verknüpfungen zu rekonstruieren. Sie nehmen meist die Gefahr bewusst in Kauf, auch *in der Realität* – bestenfalls – zwei getrennt existierende Objekte (das Persönlichkeits- und das Sozialsystem) zu konstruieren. Denn sie sind im Grunde der Meinung, dass sich kollektive Phänomene aus der Zusammensetzung individueller Entscheidungen erklären lassen. Handeln können dementsprechend nur Individuen, nicht Kollektive (wie Gesellschaften, Staaten, Behörden, Gruppen, Unternehmen und Organisationen). Gemeinsame Ziele sind auf individualistische Weise zu behandeln, so „als ob" Einzelpersonen diese Ziele anstrebten. Diese methodologische Devise ist durchaus anthropologisch gemeint.

Denn die Vertreter dieser Denkschule sehen den Menschen als „positionszentriert" an. Als Individuum ist er völlig „bei sich" und seinen Bedürfnissen. Eine durch soziale Einbindung erzwungene Duplizität seines Handlungsraums findet nicht statt. Alle Vergesellschaftungsprozesse, sofern sie überhaupt in den Blick geraten, sind als nachrangig zu behandeln. Der Grund liegt in einer Reihe von anthropologischen Vorannahmen, die der „exzentrischen Position" des Menschen explizit zuwiderlaufen.

(1) Zunächst ist die Auffassung wegleitend, dass Menschen überwiegend egozentrierte Wesen seien. Das war die Grundidee der englischen Aufklärung (Smith 1800). Sie wollte, vorab theoretisch-modellhaft, einen Sozialtypus konstruieren, von dem möglichst wenig soziales Engagement verlangt werden musste. Die rationale Ordnung einer bürgerlichen Gesellschaft wäre eine, in der man sich nicht auf die Tugendhaftigkeit (Güte, Friedfertigkeit, Hilfsbereitschaft) von Menschen verlassen müsste, sondern eine, die auch mit den Lastern, Leidenschaften und Egoismen der Menschen noch einen Staat machen könnte (de Mandeville 1968). Der Schlüssel der neuen Ordnung läge demnach in den Einzelinteressen, sofern diese auf eine raffinierte, von Individuen nicht beabsichtigte Weise („invisible hand") in das Korsett sozialer (Minimal-)Verträglichkeit gepresst werden könnten. Tatsächlich konnte ein solcher Schlüssel gefunden werden: der harte und beständige Konkurrenzdruck auf den *Märkten* (für Güter, Arbeit, Dienstleistungen, später sogar für Information, Wissen, Entscheidungen). Gesellschaften lassen sich somit als Marktgesellschaften konzipieren. Folglich muss – nun nicht mehr allein theoretisch, sondern auch

ganz *praktisch* – cin neuer, bürgerlich-rationaler Verhaltenstyp herangezogen werden, der sich auf diesen Märkten durchsetzt, wobei er die sozialen Bindungen (Moralverpflich-tungen, Traditionen) als Handlungsorientierung weitgehend abstreift. Es herrscht manch-mal der Eindruck vor, als sei der Sozialisationsprozess im Laufe der Jahre tatsächlich in diese Richtung gelaufen (Individualisierungsschübe – Beck 2003). Reichweite und Grenzen solcher empirischer Feststellungen werden aber nicht ausgeleuchtet. Sie kämen dem rein analytischen Ansatz in die Quere.

(2) Der neue Menschentypus (homo oeconomicus oder seine Weiterentwicklung zum REMM: resourceful, evaluative, maximizing man) ist ein Modellmensch, dem umstands-los empirische Geltung unterstellt wird. Dieser will und muss sein Zusammenleben nur organisieren, weil er die Absicht verfolgt, sich eine möglichst ungestörte, individuelle Be-wegungsfreiheit zu sichern. Dazu muss er die Verhaltensbedingungen der Individuen und Gruppen (d.h. der anderen Marktteilnehmer) kennen und kontrollieren. Hierbei kommt ihm zugute, dass das Motiv, sich materielle Güter zu beschaffen, für alle übergewichtig zu sein scheint. Menschen wollen alle ihre Lebensverhältnisse (Wohlstand, Reichtum) verbessern. Andere Ziele treten dahinter zurück.

(3) Menschen müssen aber auch wirtschaften. Denn bei der Verfolgung dieser ihrer Bedürf-nisse treffen sie auf natürliche Grenzen: Die Ressourcen sind meist knapp. Folglich müssen Menschen kalkulatorische Entscheidungen treffen, wie sie unter Knappheitsbedingungen die Produktionsfaktoren am besten so einsetzen, dass sie immer das höchstmögliche Ergebnis erzielen. Dabei hilft der Blick auf alternative Verwendungsmöglichkeiten an Zeit, Energie, Arbeitsaufwand, Kapital etc. (Opportunitätskosten). Menschen sind des-halb Nutzensmaximierer. Sie wollen möglichst viel Ertrag erwirtschaften, dabei aber die Kosten so klein wie möglich halten. Dieses Prinzip gilt für die Warenmärkte, kann aber auch alle „Güter", so z.B. auch soziale Orientierungen, umfassen (Altruismus, Solidari-tät, Freundlichkeit), sofern der Eigennutzen dabei – wenigstens mittelfristig – gewahrt bleibt. Ein Zwang zur Kooperation wird heute meist in Rechnung gestellt. Er erfährt im Modell des strategisch kalkulierenden „homo oeconomicus" jedoch eine inhaltliche Um-deutung und Verengung. Der Mensch ist demgemäß *nur* und in dem Ausmaß solidarisch, altruistisch und auf andere Menschen bezogen, als es sich für ihn auszahlt (homo oeco-nomicus cooperativus). Menschen fühlen sich nicht als Mitglieder von Gemeinschaften. Kooperation um des anderen willen, Rücksichtnahme, Gemeinschaftsverhaftung, soziale Verantwortung – kurz: ein nicht kalkulierendes Interesse am Mitmenschen – wird als unrealistisch verworfen. Die Notwendigkeit der sozialen Verantwortung (Gerechtigkeit, Mitleid, Hilfsbereitschaft) für das Funktionieren von Wirtschaft und Gesellschaft wird heruntergespielt. Gesinnung(sethik) ist ein rein privater Impuls.

(4) Aus der modellartigen Beschreibung des Menschen ausgeschlossen, wird die Tatsache (oder wenigstens die Möglichkeit), dass Bedürfnisse und Handlungsmotive Ergebnisse einer sozialen Verknüpfung sein könnten. Und wenn dem so sei, wäre das ohne Konse-quenzen. Denn die „Geburt" der Präferenzen wird nicht thematisiert, sondern methodolo-gisch aus der Betrachtung ausgeschaltet und in ein diffuses soziales Umfeld verschoben („Externalisierung"). Wünsche, Bedürfnisse, Motive sind in diesem Sinn als „gegeben" zu betrachten. Dadurch werden weitere analytische Anstrengungen zum Gehalt, zum Geltungsbereich und zur Wirkungschance von solidarischer Kooperation („homo coope-

rativus") unterbunden. Alternative Menschen- und Gesellschaftsbilder verfallen a priori dem Verdikt der Utopie. Die Folge ist, dass die komplexe Empirie kooperativer Wertbeziehungen, ihre Rolle in der Welt sowie die Möglichkeit von Erziehung zu sozialen Tugenden ausgeblendet werden.

Da sich die ökonomistisch orientierte Sozialwissenschaft der soziologischen Anthropologie verweigert, muss sie sich auf das Konstrukt eines unrealistischen Modellmenschen einlassen, der als Alleinentscheider über seine Wirklichkeit auftritt. Der analytische Kunstgriff, „reine" Begriffe zu bilden, ist zwar unvermeidbar, aber nicht hinreichend. Man darf den synthetischen Blick nicht vergessen, dass Menschen „im wirklichen Leben" unhintergehbar in einem Menschenuniversum mit fließenden Interaktionen, Gruppierungen, Spannungszuständen und Machtbalancen leben. In der gesellschaftlichen Realität kommen nur „Mischungsverhältnisse" vor (Weber 1968: 255). Dazu gehört auch die Mischung aus ökonomischem Kalkül und sozialem Engagement. Die Triebkraft des Egoismus muss nicht geleugnet werden, solange auch die Möglichkeit anderer Verhaltensweisen in Betracht gezogen wird. Realistisch wäre es wohl, wenn das Verhältnis von jeweiliger Primärgesinnung und sekundären Motivlagen empirisch offen gehalten würde. Denn es ist nicht von vornherein auszuschließen, dass sich Motivlagen unter dem Eindruck institutioneller Veränderungen verschieben, vielleicht sogar umkehren. Das Gewicht der „anderen" könnte sogar so stark sein, dass nicht nur die Spielzüge des Einzelnen, sondern sogar sein ganzer psychischer Apparat davon beeinflusst wird. Das wiederum hat Folgen für das Zusammenleben und die jeweiligen Bewegungsspielräume. Elias (1996: 139 ff.) hat dieses komplexe Zusammenspiel mit dem Konzept der *„Figuration"* zu fassen versucht.

4.2 Triebregungen und soziale Domestikation: Die langen Interdependenzketten und ihre Folgen

Schon 1920 hatte Sigmund Freud die Idee vertreten, dass ökonomische Motive nicht die einzigen seien, die das Verhalten der Menschen in Gesellschaften bestimmen. Immer müssten sie auch ihre ursprünglichen Triebregungen der Selbsterhaltung (Aggressionslust, Liebesbedürfnis, Lusterwerb) ins Spiel bringen. Allerdings kann die Kulturentwicklung die Triebziele verschieben (Sublimation) und umbilden. Diesen Nachweis will Elias (1939/1976) in seinen Studien über den historischen „Prozess der Zivilisation" führen. Dabei kommt es ihm darauf an zu zeigen, wie stark sich die soziogenetische und die psychogenetische Ebene durchdringen, d.h. wie sich die Veränderung von Persönlichkeitsstrukturen mit langfristigen sozialstrukturellen Prozessen verbinden. Sein Ausgangspunkt ist, dass Menschen nicht von Natur aus „zivilisiert" sind. Da sie keine feste, angeborene Affektregelung besitzen, sind sie ganz auf die Selbstregulierung von Triebkontrollen durch persönliches Lernen im wandelbaren, gesellschaftlichen Kontext angewiesen. Fremdzwang und physische Gewalt sind weniger geeignet als die durch geduldige Überredung in Gang gesetzte Selbstkontrolle. Der gesellschaftliche Zwang zum Selbstzwang ist historisch schon bei den kleinsten Überlebenseinheiten (Horden) vorhanden und setzt sich in Großaggregaten mit neuen Zivilisationsmustern fort. Denn immer mehr bedarf es der Verringerung der Gefahren, die aus den unregulierten Affekten entstehen könnten. Alle Gruppen sind in diesem Sinn „Überlebenseinheiten", die sich – gerade mit zunehmender sozi-

aler Verflechtung und Konkurrenz – um einen *gemeinsamen sozialen Habitus* des Empfindens und Verhaltens bemühen müssen (Distanzierung, An-sich-Halten).

Elias (1939/1976) führt nun an der Geschichte der Umgangsformen (besonders der französischen Oberschicht) den Nachweis, dass sich in langfristiger Perspektive die Balance von Trieb-, Fremd- und Selbstzwängen in eine spezifische Richtung verändert. Während auf früheren Stufen des Zivilisationsprozesses (z.B. in vorstaatlichen Überlebenseinheiten, aber auch im frühen Mittelalter) die Selbstzwangsapparaturen gewöhnlich labiler und triebdurchlässiger waren (also durch Fremdzwänge verstärkt werden mussten), setzten sich später in der höfischen Gesellschaft – und davon beeinflusst in der entstehenden bürgerlichen Gesellschaft – gleichmäßigere, umgreifendere und stabilere Selbstkontrollmuster durch (Distanz zum eigenen Körper, Tischsitten, Essinstrumente, Schlafsitten, Badegewohnheiten, Sexualitätskontrolle, Aggressionskanalisierung, Grausamkeitsentladung). Stärkere Triebbindung und beständigere Affektkontrolle sind der Preis für die höhere Sicherheit. Zwar kann man sich von Fremdzwängen nicht ganz lösen, aber die Selbstzwänge gewinnen eine größere Autonomie. Die sublimatorische Verwandlung von eher animalischen Verhaltensimpulsen wächst an. Individuelle Selbstregulierungsinstanzen (Verstand, Gewissen, Ich, Über-Ich) verselbständigen sich. Die Reichweite des Mitgefühls und der Identifikation mit anderen Menschen („Wir-Sie-Balance") vergrößert sich. Das ist für den modernen Sozialisationsprozess nicht ohne Bedeutung. Die modernen Institutionen bauen darauf. Politische Entscheidungsverfahren, Rechtsordnungen oder Sozialisationsagenturen etwa, die sich nicht (mehr) auf die soziale Selbstverständlichkeit „eingelebter" sozialer Normen verlassen könnten, würden in ihrer Wirksamkeit erheblich geschwächt.

4.3 Die Doppelstruktur des Selbst – Interaktion und Selbstkonstitution

Das Selbst kann sich ohne den Anderen gar nicht ausbilden. Diese Exzentrizität hat Mead (1969) mit seiner Grundlegung des Symbolischen Interaktionismus theoretisch untermauert. Kern seiner Überlegungen ist es, dass sich das Selbst durch einen Sozialisationsprozess konstituiert, das Selbst also eine soziale Wirklichkeit ist und durch gesellschaftliche Erfahrung zustande kommt. Das setzt eine Trennung zwischen Ich und Selbst, zwischen spontanem Ich („I") und in der Selbstreflexion sich selbst als Gegenstand gegebenen Ich („Me"), voraus. Selbstreflexion ist keine Urtatsache, sondern ein Produkt der sozialen Verknüpfung. Denn das Individuum erfährt sich nicht direkt, sondern auf dem Umweg über die anderen. Es wird aus dem „Sein beim anderen" abgeleitet. Es lernt, sich vom Standpunkt der anderen („Du") aus zu sehen, und das geht nur, wenn es sich in andere hineinversetzen bzw. deren Gesten und Laute als Reaktion auf die eigenen Gesten verstehen kann. Indem man sich „entäußert", sich in die Position des anderen versetzt und von dieser distanzierenden Warte aus sich selbst betrachtet, gelangt man zum Selbstbewusstsein. Daraus folgt, dass das Selbst immer schon durch die Beziehung zu anderen bzw. durch das Bild (oder die Bilder), die diese von mir haben, mit konstituiert ist. Einheitsstiftend wirkt das insofern, als ich mich in meinem Ideal oder meinem faktischen Verhalten zunehmend vom Standpunkt der sozialen Gruppe oder sogar der Menschheit (dem „generalisierten Anderen") aus betrachte. So wird aus den Lernprozessen verständlich, dass sich die Konstitution des Selbst aus dem Du ableitet.

Problematisch ist allerdings, wie das Ich („I") zu denken ist, das als „Subjekt" der Zustände und Handlungen sowie als schöpferisches Zentrum auf die soziale Einschätzung reagiert. Wäre dieses keine durch den sozialen Prozess konstituierte Instanz, sondern ginge als „reine Egozentrik" der Sozialbeziehung voraus, dann wäre die Einheit von „I" und „Me" im Selbst nicht zu verstehen. Das „I" wäre reines, fertiges Vorhandensein (transzendentales Ich), eine abstrakte, „bestimmungslose Identität". Schon das Wort „Ich" aber ist durch Abhebung vom „Du" immer schon auf das Feld sozialer Kommunikation verwiesen. Offensichtlich ist die Vertrautheit mit sich, die „Selbstheit" immer schon durch einen Vertrauen fördernden Kontext, wie etwa die symbiotische Dyade zwischen Mutter und Kleinkind, vermittelt, so dass sie dann daran „langsam zu sich selbst erwachen" kann (Pannenberg 1983: 133). Hier, in diesem zirkulären Prozess, erfährt sich das Ich als identisch mit dem Selbst (der Vertrauens- und Zensurinstanz) und kann von dieser Sicherheit (basic trust) aus neue Identitätsentwürfe ausbilden (Erikson 1966/2002). Das ist der ontogenetische Ausgangspunkt der sozialen Exzentrizität. Das eigene Sein kann also nicht unmittelbar, sondern nur über die soziale Kontinuität einer langsamen, stetigen und kontinuierlichen Instanz gewonnen werden, in der das Ich sich „mit sich selbst" identisch weiß, sich angemessen berücksichtigt fühlt und sich annehmen kann. Auch hier wird deutlich, wie eng das Ich von allem Anfang an mit dem „Du" („Me") korrespondiert.

4.4 Homo sociologicus – Rolle und Rollendistanz

Der Unterschied zwischen Tier und Mensch besteht u.a. darin, dass der Mensch über keine automatisch gegebene Identität verfügt, sondern sich ständig definieren muss. Dabei sind ihm die Erwartungen der anderen von Nutzen. Sie sind aber auch eine harte Grenze. In der Polarität von Individuum und Gesellschaft kommt erneut der anthropologische Doppelcharakter unserer Existenz zum Vorschein. Das hat Dahrendorf (1967: 50) in die Formel von der „ärgerlichen Tatsache" der Gesellschaft gekleidet. Ärgerlich ist sie, weil sie den Individuen meist vorausläuft und sie dazu verleitet, sich so zu verhalten, wie „man" es eben tut: erwartungs- oder rollengemäß. Die sozialen Rollen, die mit ihnen verknüpften Normen und Sanktionen erzwingen das. Denn sie werden dem Menschen aufgebürdet. Jeder wird durch sie geprägt. Und wenn er stirbt, werden sie einem anderen aufgeladen. Deshalb sind Rollen auch der Ort des Ärgernisses (Dahrendorf 2006: 47).

(1) Der Rollensucher
Der Träger vorgeformter Rollen, der „homo sociologicus", ist seit Dahrendorfs klassischer Studie (1958/2006) Ausdruck eines genuin soziologischen Erklärungsmodells. Es geht davon aus, dass das Handeln der Menschen aus der Tatsache der Rollenübernahme zu rekonstruieren ist. Der Mensch ist aufgrund der Sozialisation (d.h. der Traditionen und Normen) und der Sanktionsmöglichkeiten der Bezugsgruppen ein Rollenspieler – ein SRSM („socialized, role-playing, sanctioned man" – Lindenberg 1993). Rollen signalisieren den Primat der gesellschaftlichen Institutionen über die individuellen Spielräume, also den Konformitätsdruck und die Konformitätssuche in uns. Rollen sind „ein Schatten, der dem Urheber davongelaufen ist, um als sein Herr zurückzukehren" (Dahrendorf 2006: 38). Darin liegt sicherlich ein Ansatz

für Gesellschaftskritik. Andererseits kann man den antigesellschaftlichen Affekt nicht sehr weit treiben. Denn keiner kommt an der Übernahme von Rollen vorbei, weil er der gesellschaftlichen Einbettung und damit auch der sozialen Taktgebung bedarf. Der Mensch kann gar nicht „sozial" werden, wenn er nicht darauf vorbereitet wird, gesellschaftlich geprägte Rollen zu übernehmen. Ein Teil der Identität wird dadurch bestimmt. Das ist der Grund, warum manche Soziologen das „role taking" zum Angelpunkt der Analyse erklärt haben.

Es kommt jedoch entscheidend darauf an, *wie weit* der Rollenträger sich den Erwartungen der anderen überantwortet. Hier beweist sich, ob das analytische Konstrukt eines ganz in der jeweiligen Rolle aufgehenden Menschen mit dem wirklichen Einzelnen unserer Alltagserfahrung übereinstimmt. Schon die Unterscheidung in Muss-, Soll- und Kann-Erwartungen mit der entsprechenden Staffelung starker oder lockerer Sanktionen macht darauf aufmerksam, dass nicht alle Rollenzumutungen strikt befolgt werden müssen. Nicht alles, was von anderen an Forderungen an uns herangetragen wird, hat unbedingten Herrschaftscharakter. Je nach Drucksituation (z.B. Befehlsnotstand), Zielsetzung (Emanzipationsimpulse) und Persönlichkeit (Klugheit, Mut) ergibt sich ein mehr oder weniger großer Freiraum. Je nachdem, wie dieser genutzt wird, grenzen sich unterschiedliche Sozialcharaktere voneinander ab. Die Spannbreite reicht vom Über-Anpasser bis zum Nonkonformisten und Rebellen.

(2) Die Darstellungsnatur des Menschen
Die Identität von Ich („I") und „Mich" („Me") im Selbst gilt jeweils nur, solange das augenblicklich existierende Individuum sich in seinem Integrationsanspruch und in den Erwartungen der anderen angemessen berücksichtigt sieht. Andernfalls findet eine Entfremdung von der Rolle statt. Die Identifikation mit dem sozialen Selbst kann keine rein passive sein. Das hängt mit der *Selbstdarstellungsnatur* des Menschen zusammen. Menschen sind sich und den anderen nicht einfach gegeben. Sie müssen sich im sozialen Verkehr vor sich selbst, vor den anderen und in Abstimmung mit diesen als akzeptables „Projekt" selbst „entwerfen". Dabei haben sie ein hohes Gut, eben ihr Selbst, zu verteidigen und im sozialen Kontext zu platzieren. Aus diesem Grund muss jeder – Ego und Alter – laufend „anschlussfähige" Bilder (images) von sich entwerfen und damit ein auf *dramatische* Wirksamkeit zielendes Eindrucks- und „Identitätsmanagement" betreiben (Goffman 1985; 1977). Dieser Impuls bindet vielleicht die meisten Energien im Leben. Denn es ist nicht auszuschließen, dass das „Ich" in seinem Selbstentwurf von den anderen nicht angenommen wird. Ebenso ist damit zu rechnen, dass das „Ich" sein soziales Selbst (d.h. die durch das „Me" „zugeschriebene Rolle") nicht oder nicht völlig annimmt. Der soziale Kontakt ist ein Risiko und ein Überraschungsfeld. Meist wird es sogar so sein, dass die Verhaltenserwartungen und sozialen Klassifizierungen, die „man" ihm zumutet, nur teilweise – je nach Relevanz der Bezugsgruppen – und in veränderter Form zu einem Gesamtbild geformt werden. Identität wird folglich in einer Auseinandersetzung zwischen Individuum und Gesellschaft (soziale Identität) gebildet. Im Allgemeinen wird sie also strittig sein. Nicht nur die anderen streiten sich darüber, was sie von Dir halten sollen, Du nimmst an diesem Streit teil. Es ist ein Kampf aller um die jeweils richtige Verortung in der Gesellschaft, d.h. um gesellschaftlichen Status und *Anerkennung* von Identitäten (Honneth u.a. 2004). Dieser Kampf findet auf verschiedenen sozialen Feldern und unter Einsatz verschiedener (ökonomischer, kultureller und sozialer) Kapitalien (Bourdieu 2007) statt. Ein „gesundes Selbstbewusstsein" kann man zwar auch durch Rückzug ins

Private zu finden suchen, wenn die Anerkennung durch die anderen nicht zu gewinnen ist. Die Einbindung in die soziale Welt bleibt aber so stark, dass man auf ein akzeptables Maß gesellschaftlicher Anerkennung nicht gänzlich verzichten kann. Es ist überdies die Grundlage sowohl der affektnahen „Vergemeinschaftungsformen" (Familie, Dorf, Freundeskreis) als auch aller eher entpersönlichten „Vergesellschaftung" (Weber 1984) in Zweckverbänden (Vereine, Betriebe, Anstalten). Sogar „totale Institutionen" wie Armeen und Gefängnisse (Goffman 1981) sind mit dieser Spannung zwischen „sachdominanten" Vollzugsimperativen und persönlichen Reservatbildungen konfrontiert. Es bleibt immer ein Ich-Rest, der sich der zugeschriebenen Rolle (ascription) entzieht.

(3) Die Distanzierung von der Rolle
Dieser grundsätzlichen Spannung zwischen Individuum und Rolle geht Goffman (1973: 93 ff.) mit seinem Konzept der „Rollendistanz" nach. Wohl kann das Individuum durch Identitätsfaktoren – wie Körper, Geschlecht, Alter, Name, Herkunft, Gruppenzugehörigkeit, Lebensgeschichte – und seinen sozio-ökonomischen Status (Beruf, Bildung, Einkommen) „identifiziert", ja sogar stereotyp klassifiziert werden, die Bedingungen „an sich" fallen aber nicht mit dem Vollzug *„für sich"* (Hegel, Marx, Sartre) zusammen. Die genannten Faktoren sind über die eher passive Internalisierung gesellschaftlicher Einschätzungen zwar unverzichtbare Elemente der persönlichen Identität. Sie entheben aber nicht von der anthropologisch verankerten Notwendigkeit, *sich selbst aktiv definieren und identifizieren* zu müssen. Erst im Moment des Sich-Identifizierens gewinnt die Ich-Instanz (und übrigens auch jedes Kulturmuster) an Dauer, an „Charakter" und an Persönlichkeit.

Goffman (1973) ist sogar der Auffassung, dass das Selbstbild sich mit den entsprechenden Rollen nie ganz im Einklang befindet. „Rollendistanz" meint für ihn, dass Menschen oft eine Spaltung zwischen Rollenanforderungen und eigenen Ich-Leistungen vornehmen. Denn der Rollenspieler will nicht als distanzloser, borniert Träger seiner Rolle eingeschätzt werden. Er beansprucht, jeweils etwas Eigenes darzustellen, eine Ausnahme-Identität zu haben, ein Sonderfall unter den Rollenträgern zu sein. Das tut er durch besondere Zeichen kleiner Abweichungen (z.B. durch Augenzwinkern oder Übertreibung der Gesten) sich und anderen kund. Er verlangt von ihnen sogar, dies anzuerkennen. Zwar tastet er gewöhnlich die Rollenidentität als solche (z.B. des Lehrers) nicht an, will aber vermeiden, dass man ihn unterschiedslos den Rolleninhabern zurechnet, mit deren Position die fragliche Rolle verknüpft ist. Im Allgemeinen will er ein kohärentes Bild von sich zeigen, zugleich aber durch spezifisches Identitätsmanagement zum Ausdruck bringen, dass er mit einem stereotypen Bild (oder den Reglementierungen) nicht „ganz" identisch ist, sondern davon in einer tolerierbaren Form abweicht. Eine spezifische Form der Rollenübernahme (role making) zeichnet ihn als einzigartig aus.

Das hängt mit dem Bedürfnis der Menschen nach adäquater Selbstdarstellung zusammen. Offenbar ist jeder auch im Identifikationsprozess um einen Freiheitsspielraum in Form eines persönlichen *Stils* bemüht. Das hat nicht nur Wirkung auf das Publikum, das erkennen soll, dass man noch etwas weiteres zu bieten hat, nämlich ein Mensch, ein Kumpel, ein Intellektueller etc. jenseits der Rolle zu sein. Man möchte vermeiden, sich einer erniedrigenden Wahrnehmung auszusetzen. Deswegen will man zeigen, dass man sich wenigstens „seinen Teil" denkt. Gelegentlich ist das ein Schutz vor drohender Routine, vor Überanpassung und

Perspektivenverengung. Nicht alles „tierisch ernst zu nehmen", hat sogar eine reinigende Wirkung für sich selbst. Denn jeder Rollenspieler muss sich auch *vor sich selbst* bewähren. Mit den nebenbei eingestreuten Zeichen seiner Distanznahme beweist er auch sich selbst, dass er nicht ganz der ist, den seine Rolle meint. Er besetzt seine Rolle nicht ganz, sondern tut nur so „als ob". Humor hat die Funktion, diese Spannung zu signalisieren und auszuhalten. Der Rollenträger befreit sich gewissermaßen von den Spannungen der Rollenerfüllung und schafft sich Luft für eine eigene Selbstdefinition innerhalb der Rolle.

Jeder muss sich sein Leben lang an den ihm zugemuteten Rollen abarbeiten. Die kleinen Zeichen der Rollendistanz bestreiten im Allgemeinen nicht die Legitimität der Rollen an sich, sondern nur die vorschnelle Unterordnung des Darstellers unter eine solche. Deswegen bewahrt er sich ein partiell abweichendes Selbstbild, mit dem er sich vor sich und den anderen rechtfertigt. Diese Fähigkeit zur Negation ist eine Quelle der Individuation und das notwendige Gegengewicht gegen die Rollenübernahme. Die innere Distanzierungsfähigkeit gegen äußere Zumutungen ist der Motor des sich erschaffenden, „reifen" Individuums. Sozialisation besteht daraus, beide Seiten in ein Gleichgewicht zu bringen bzw. sie im Gleichgewicht zu halten. Aus dem Zusammenprall von Position und Exzentrizität gehen aber auch massive Fluchtbewegungen (Drogen, Kriminalität) hervor. Auch die „großen" gesellschaftlichen Entfremdungen beziehen daraus ihre Dynamik. Sie schlägt sich in sozialen „Entzauberungsprozessen" (Weber 1968: 319), „Entbettungen" (Giddens 1999: 123), Rebellionen und Kulturbrüchen nieder.

4.5 Die soziale Gebundenheit des Denkens und Wissens

Menschen sind nicht nur Selbstdarsteller. Sie sind auch „Schausteller und Verfasser ihrer eigenen Geschichte" (Marx), auch der des Denkens. Die anthropologische Sinnfrage, was der Mensch hoffen, sollen und wissen könne, wurde seit dem 18./19. Jahrhundert evolutionär-optimistisch aufgeladen (kulturelle Fortschrittsidee). Davon zeugt die Abwertung so genannter Primitivkulturen, wie sie sich in den dichotomen Kategorienbildungen von Tradition und Moderne oder „Gemeinschaft und Gesellschaft" niederschlugen. Gleichzeitig, und zunehmend deutlicher, kam aber die Entwicklung der Industriegesellschaft selbst unter Beschuss. Zunächst waren es die kulturpessimistischen Strömungen, die den Untergang der westlichen Zivilisation voraussagten (Spengler, Nietzsche), dann die soziologischen Krisenanalysen (Marx, Weber, Durkheim), die das Lebensgefühl nicht zur Ruhe kommen ließen. Nach den Erfahrungen des Ersten Weltkriegs (später noch verstärkt durch den Zweiten Weltkrieg), wuchs das Misstrauen selbst der Vernunft gegenüber (Bendix 1988), so dass der Wissenschaftsoptimismus und die realistische Erkenntnistheorie weitgehend zum Erliegen kamen. Wahrheit war von der Vernunft nicht mehr zu erwarten, vielmehr stand jetzt ihre Leistungsfähigkeit und ihre historische Bedingtheit zur Debatte. Nun musste danach gefragt werden, ob Wissen und Denken nicht selbst jeweils das Produkt ihrer Zeit seien. Das ist die Geburtsstunde der Wissenssoziologie.

Scheler und Mannheim suchten nun nach der sozialen Basis der Ideen, also nach der gesellschaftlichen Einbettung nicht nur der Subjekte (Sprache, Sozialisation, Identität), sondern auch ihrer Denksysteme. Die anthropologische Frage verschiebt sich die gesellschaftlichen

Schwachstellen allen Wissens. Da die absolute Ratio objektiver Erkenntnis verbaut ist, muss die Welt von der perspektivischen „Rolltreppe" (Wolff 1970: 38) sich jeweils verändernder, vortheoretischer Bezugsrahmen aus betrachtet werden. Alles Denken gilt von jetzt ab als sozial „abgeleitet" und ist historisch „relativ" geworden:
- Es ist *logisch* von Kategorienschemata und Methodenwahl,
- *existentiell* von affektiven Residuen (Pareto) und raum-zeitlich begrenzten Vorurteilen („idola" – Bacon) und
- *sozial* von institutionellen Vorgaben – Organisation, Tradition, Schulenbildung, Paradigmakämpfen (Kuhn) – und sozialstrukturellen „Lagen" abhängig.

Wenn also die sozialen Orientierungspfeiler das Denken von Menschen bestimmen (determinieren?), dann müssen folglich die Institutionen rekonstruiert werden, von denen unser Wissen und Denken geschrieben wird (vgl. Gehlen 1971). Alle Wissenschaft – ihre Begriffe, ihr Denkstil und ihre Rolle – ist standortabhängig, also von der sozialen Lage des Denkers (Intellektuelle), von den sozialen Verflechtungen (Publikum) und von den Interessenlagen (Ideologien) her zu verstehen. Mentalitäten, interessenbestimmte Milieus und geistige Standorte, seien sie nun ökonomisch, biologisch oder affektiv fundiert, gelten nun als Prägestempel des Bewusstseins. Umgekehrt bestimmt auch der Geist das soziale Sein. Denn es gibt kaum materielle Verhältnisse, die nicht zugleich geistige sind. Die geistige Welt und das Selbstbewusstsein der Person stehen in einem eigentümlichen Verhältnis von wechselseitiger Fundierung mit dem sozialen Sein.

Unversehens gerät damit die Wissenschaft selbst in einen sozialen „Entzauberungsprozess" (Weber 1968) hinein, der vorher schon andere Institutionen – wie die Religion, das Wirtschaftssystem und die politische Herrschaft – erfasst hatte. Systematisches und kritisches Denken bleiben nötig, sind aber nicht mehr zielführend „auf die Sachen selbst" gerichtet. Unser Wissen prallt schon an der Oberfläche der Erscheinungen (Realfaktoren) und am Umsetzungsprozess von Sein und Bewusstsein ab. Offensichtlich scheitert Wissenschaft an der sozialen Begrenztheit ihrer analytischen Operationen. Unsere anthropologische Exzentrizität verlangt, dass wir sogar unser Denken nicht wörtlich nehmen können, sondern es auf seine soziale Hülle beziehen müssen. Es ist in tragischer Weise dazu gezwungen, sich an dieser Verankerung abzuarbeiten, indem es sich historisch und gesellschaftlich „relationiert" (Mannheim 1929/1985).

Ob noch eine unabhängige Kontrollinstanz gefunden werden kann, die sich der Gefahr des Relativismus („Totalideologie") entgegenstellen kann, muss vom Ansatz der Wissenssoziologie her offen bleiben. Gesucht wird jedenfalls weiterhin nach den letzten grundlegenden Faktoren des Erkennens, also nach der Möglichkeit der „Selbsttranszendierung", durch die man – vielleicht nur noch intuitiv – zum Wesen aller Dinge (Bergson 1964: 40 ff.) und zum Kern der Person (Mannheim 1985) gelangen kann. Damit schließt sich der Kreis des Denkens wieder. Denn seit den frühen Menschheitserfahrungen, besonders seit der Antike, gehört der Versuch, die Begrenztheit des Menschen und seines Kosmos „metaphysisch" zu übersteigen, zu den grundlegenden Erfahrungen, zum „Bildungswissen" und zu den wichtigsten Handlungsimpulsen unserer Spezies. Das mystische und das religiöse Bewusstsein hatten von jeher die Tendenz, das Denken und „Funktionswissen" von der „Ekstase" her oder vom „Heilswissen" (Scheler 1960) einer Offenbarung aus zu relativieren.

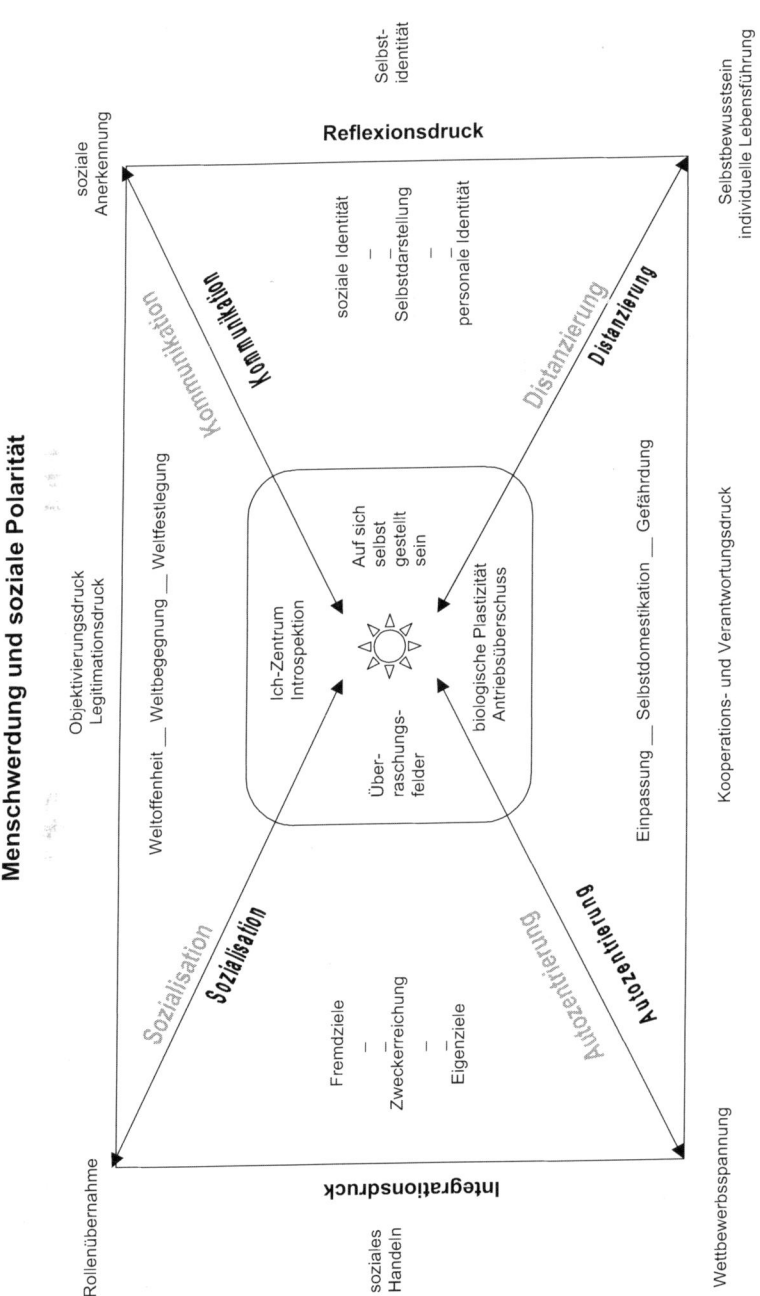

Schema: „Menschwerdung und soziale Polarität"

4.6 Anthropologie und (post-)moderne Sozialisationstheorie

Die anthropologische Grundlegung ließ erkennen, dass sich personale und soziale Erfahrungshorizonte im Sozialisationsprozess zirkulär durchdringen. Person und Gesellschaft, Handlungs- und Beziehungsfähigkeit bringen sich gegenseitig hervor, bedingen und verstärken sich. So wie Charaktereigenschaften und individuelle Lebensführung die gesellschaftlichen Verhältnisse (Ethnien, Milieus, kollektive Interessenlagen) mitkonstituieren, so ist Persönlichkeitsentwicklung – ohne gruppenspezifische Einbettung in Netzwerke, Vereine, Geselligkeit, Moden, aber auch ohne Verwebung mit Normen und Motivlagen, Deutungen und Konfrontationen – wenig verständlich. Dabei darf der Rahmen gemeinsamer Erfahrungen nicht zu eng gezogen werden. Über den interaktiven Spracherwerb, über das gemeinsame Erleben des Alltags und über die subkulturelle Teilhabe hinaus, wirken gesellschaftliche Institutionen – wie Familie, Schule, Arbeitswelt – als weitere Wirklichkeitsschicht. Auch die gemeinsame soziale Lage, das historische Gedächtnis, die Generationenerfahrung, lebensphasenspezifische Wissenshorizonte, die Kulturbrüche etc. stellen biographische Ähnlichkeiten und Abgrenzungen her.

(1) Das Kennzeichen der Menschen ist aber nicht nur ihr enger Verflechtungszusammenhang, sondern auch die *Polarität* zwischen Individualität und Sozialität, die in der persönlichen Entwicklung und der gesellschaftlichen Ordnungsgebung ausgeglichen werden muss. Die anthropologische Zweipoligkeit zieht sich durch alle Lebensbereiche. Sie strukturiert nicht nur persönliche Beziehungen, sondern auch intermediäre Ordnungen (Gruppen, Organisationen). Sie wird weiter getragen bis hinein in die Gestaltung von Wirtschaftssystemen, Verfassungen und internationale Beziehungsmuster. Zumeist findet eine Auseinandersetzung zwischen autonomer Zwecksetzung und Fremdzwecken, persönlichem Stil und kollektivem Muster, Privatheit und Öffentlichkeit, Eigen- und Kollektivinteresse, eigenverantwortlicher Lebensgestaltung und Organisationszwängen, Distanzierung und Vereinnahmung, Freiräumen und Belangen der res publica statt (Grundmann 1999).

(2) Die Verschränkung der Lebenssphären und -anforderungen fördern auch eine *Ambiguität* und Ambivalenz zutage, die jegliche Sozialisation durchzieht. Alle Sozialisationsinstanzen sind von dieser Integrationsspannung erfasst. Denn beide Lebenspole sind mit unterschiedlichen Notwendigkeiten und Erwartungen belegt. Während der kollektive Pol die Einpassung in Zweckordnungen und Traditionen favorisiert, optiert der personale Pol eher für die „Entbettung". Dieser Konflikt charakterisiert alle Biographien und kulturellen Praktiken und Organisationen. Sie oszillieren zwischen Engagement und Widerstand. Ganze Organisationsgeschichten wären unter dieser Rücksicht zu schreiben. Erziehungsansätze jeder Form sind an der produktiven Bewältigung dieser Polarität zu messen. Erfolg und Scheitern liegen nahe beisammen. Schlägt das Pendel zu sehr nach einer Seite aus, dann kann das sozialisatorische Gleichgewicht nicht erreicht oder nicht stabilisiert werden. Ganze Lebensphasen lassen sich als Prozess des Auslotens von Ich-Wir-(Sie)Balancen verstehen (vgl. z.B. die Pubertät). Diese herauszufinden, ist nicht nur die Aufgabe der Sozialisationsinstanzen, sondern auch der Individuen selbst, je mehr sie zu Handelnden werden, die fähig sind, ihr Leben zu führen.

(3) In manchen historischen Zeiten werden diese Spannungen übergewichtig. Dazu gehören die Moderne und die *Postmoderne*. Letztere ist durch so starke Vorgänge der Individua-

lisierung und kulturellen Fragmentierung (Wertpluralismus, Vielzahl von Weltanschauungen) gekennzeichnet, dass die normale Spannung zwischen Einbettung und Freisetzung
erheblich akzentuiert wird. Nichtfestlegung und (Selbst-)Domestikation werden als span-
nungsreicher, vielleicht sogar als bruchartig, wenn nicht gar als anomisch erlebt. Denn
die Prozesse der Verallgemeinerung (Rationalisierung, Organisation, Bürokratisierung)
sind keineswegs gelöscht, sondern stehen den Privatisierungs- und Differenzierungspro-
zessen hart gegenüber (Bell 1976: 49 ff.). Damit werden der persönliche Entwicklungsprozess und die gesellschaftliche Integration und Sozialisation riskant, weil unplanbar.
Durch Wohlstand und Konsum haben die Individuen genügend Möglichkeiten, sich aus
dem gesellschaftlichen Engagement zurückzuziehen (Hirschman 1988). Sie können sich
als freischwebende Identitätsbastler jeder notwendigen Identifikation enthalten oder in
entpersonalisierenden Ordnungsgehäusen Unterschlupf finden.

(4) Das muss für die Gestaltung von *Sozialisation und Erziehung* Folgen zeitigen. Als solche
sind zu nennen: die Entstrukturierung der Jugendphase, die Entinstitutionalisierung der
Familie, die Aufwertung von Peer-Zugehörigkeiten als neue, aber nur zeitlich begrenzte
Heimaten, die Überforderung in Entscheidungssituationen (Optionenvielfalt), die mediale Vermischung von Realität und Realitätsbildern, die Konsumexzesse von Waren,
Erlebnissen, Bildern, die Umwertung fester Wissensvorgaben in subjektive Meinungen
– kurz: die „Rastlosigkeit, Haltlosigkeit und Treulosigkeit" (Simmel 2000) des (post-)
modernen Menschen. Der ständige Wechsel wird tendenziell zur Belastung. Er schwächt
die Verankerung in der Welt. Er lockert Basis-Identitäten und Verbindlichkeiten, die zum
Persönlichkeitskern gehören. Ob diese Ambivalenzen privatistisch oder solidarisch bewältigt werden, erscheint selbst wieder ambivalent (Junge 2000).

Inwiefern die institutionellen Konstanten die „volatilen" Sozialisationsbedingungen ein- und
auffangen können, bleibt offen. Denn es ist noch ungeklärt, ob die gegenwärtigen Tendenzen
zur „Informalisierung" (Wouters 2007) nur eine historische Vergrößerung der Spielarten
im langfristigen Prozess verstärkter Kanalisierungen („Verringerung der Kontraste" – Elias
1939/1976, Bd. 2: 342 ff.) darstellen. Nicht auszuschließen ist, dass die erhöhte Subjektzent-
rierung der Kultur die langfristig wirkenden Tiefenstrukturen der Fremd- und Selbstkontrolle
(Berufsförmigkeit des Lebens, Geldzentrierung, Kommerzialisierung, Karrierezwänge, Mo-
bilitätsdruck) erst wieder ins Bewusstsein heben und verstärken.

Literatur

Beck, Ulrich (2003): Risikogesellschaft. Auf dem Weg in eine andere Moderne. Frankfurt/Main: Suhrkamp (orig. 1986).

Bell, Daniel (1976): Die Zukunft der westlichen Welt. Kultur und Technologie im Widerstreit. Frankfurt/Main: Fischer.

Bendix, Reinhard (1988): Embattled Reason. Essays on Social Knowledge. 2nd edition. New Brunswick/Oxford: Transaction Books.

Berger, Peter L./Luckmann, Thomas (1980): Die gesellschaftliche Konstruktion der Wirklichkeit. Eine Theorie der Wissenssoziologie. 6. Aufl. Frankfurt/Main: Fischer (orig. 1966).

Bergson, Henri (1964): Materie und Gedächtnis und andere Schriften. Frankfurt/Main: Fischer.

Bourdieu, Pierre (2007): Die feinen Unterschiede. Kritik der gesellschaftlichen Urteilskraft. 18. Aufl. Frankfurt/Main: Suhrkamp (orig. 1979).

Claessens, Dieter (1980): Das Konkrete und das Abstrakte. Soziologische Skizzen zur Anthropologie. Frankfurt/Main: Suhrkamp.

Dahrendorf, Ralf (1967): Pfade aus Utopia. Arbeiten zur Theorie und Methode der Soziologie. München: Piper.

Dahrendorf, Ralf (2006): Homo Sociologicus. Ein Versuch zur Geschichte, Bedeutung und Kritik der Kategorie der sozialen Rolle. 16. Aufl. Wiesbaden: VS Verlag (orig. 1958).

Darwin, Charles (1859), Die Entstehung der Arten durch natürliche Zuchtwahl. Leipzig: Reclam.

Elias, Norbert (1976): Über den Prozess der Zivilisation. Soziogenetische und psychogenetische Untersuchungen. 2 Bde. Frankfurt/Main: Suhrkamp (orig. 1939).

Elias, Norbert (1996): Was ist Soziologie? Frankfurt/Main: Suhrkamp (orig. 1970).

Erikson, Erik H. (2002): Identität und Lebenszyklus. 20. Aufl. Frankfurt/Main: Suhrkamp (orig. 1966).

Freud, Sigmund (1960): Jenseits des Lustprinzips. In: Gesammelte Werke. Bd. 13. Fischer: Frankfurt/Main. 1-69 (orig. 1920).

Gehlen, Arnold (1971): Der Mensch. Seine Natur und seine Stellung in der Welt. 9. Aufl. Frankfurt/M./Bonn: Athenäum (orig. 1940).

Giddens, Anthony (1999): Jenseits von Links und Rechts. Die Zukunft radikaler Demokratie. 3. Aufl. Frankfurt/Main: Suhrkamp.

Goffman, Erving (1973): Interaktion: Spaß am Spiel. Rollendistanz. München: Piper (orig. 1961: Encounters. Two Studies in the Sociology of Interaction. Indianapolis: Bobbs-Merrill Company).

Goffman, Erving (1977): Stigma. Über Techniken der Bewältigung beschädigter Identität. 2. Aufl. Frankfurt/Main: Suhrkamp (orig. 1963: Stigma. Notes on the Management of Spoiled Identity. Englewood Cliffs/N.J.: Prentice-Hall).

Goffman, Erving (1981): Asyle. Über die soziale Situation psychiatrischer Patienten und anderer Insassen. 4. Aufl. Frankfurt/Main: Suhrkamp (orig. 1961: Asylums: Essays on the Social Situation of Mental Patients and Other Inmates. New York: Doubleday Anchor).

Goffman, Erving (1985): Wir alle spielen Theater. Die Selbstdarstellung im Alltag. 5. Aufl. München: Piper (orig. 1959: The Presentation of Self in Everyday Life. New York: Doubleday Anchor).

Grundmann, Matthias (1999): Konstruktivistische Sozialisationsforschung. Frankfurt/Main: Suhrkamp.

Habermas, Jürgen (1989): Nachmetaphysisches Denken. Philosophische Aufsätze. 3. Aufl. Frankfurt/Main: Suhrkamp.

Hirschman, Albert O. (1988): Engagement und Enttäuschung. Über das Schwanken der Bürger zwischen Privatwohl und Gemeinwohl. Frankfurt/Main: Suhrkamp.

Honneth, Axel u.a. (Hrsg.) (2004): Sozialphilosophie zwischen Kritik und Anerkennung. Münster: LIT.

Junge, Matthias (2000): Ambivalente Gesellschaftlichkeit. Die Modernisierung der Vergesellschaftung und die Ordnungen der Abivalenzbewältigung. Opladen: Leske + Budrich.

Karneth, Rainer (1991): Anthropo-Biologie und Biologie. Biologische Kategorien bei Arnold Gehlen im Licht der Biologie, insbesondere der vergleichenden Verhaltensforschung der Lorenz-Schule. Würzburg: Ergon.

Lindenberg, Siegwart (Hrsg.) (1993): Interdisciplinary Perspectives on Organization Studies. Oxford: Pergamon Press.

Lorenz, Konrad (1969): Antriebe tierischen und menschlichen Verhaltens. Gesammelte Abhandlungen. München: Piper.

Luhmann, Niklas (1984): Soziale Systeme. Frankfurt/Main: Suhrkamp.

Mandeville, Bernard de (1968): Die Bienenfabel oder Private Laster, öffentliche Vorteile. Frankfurt/Main: Suhrkamp (orig. 1714).

Mannheim, Karl (1970): Wissenssoziologie – Auswahl aus dem Werk, eingeleitet und hrsg. von Kurt H. Wolff. 2. Aufl. Neuwied/Berlin: Luchterhand.

Mannheim, Karl (1985): Ideologie und Utopie. 7. Aufl. Frankfurt/Main: Klostermann (orig. 1929).

Mead, George H. (1969): Sozialpsychologie. Neuwied/Berlin: Luchterhand.

Pannenberg, Wolfhart (1983): Anthropologie in theologischer Perspektive. Göttingen: Vandenhoeck & Ruprecht.

Plessner, Helmuth (1975): Die Stufen des Organischen und der Mensch. 3. Aufl. Berlin/New York: De Gruyter (orig. 1928).

Portmann, Adolf (1961): Biologie und Anthropologie. München: Ullstein.

Scheler, Max (1960): Die Wissensformen und die Gesellschaft. 2. Aufl. Bern: Francke (orig. 1926).

Scheler, Max (1966): Die Stellung des Menschen im Kosmos. 7. Aufl. München: Francke (orig. 1928).

Schelsky, Helmut (1965): Auf der Suche nach Wirklichkeit. Gesammelte Aufsätze. Düsseldorf/Köln: E. Diederichs.

Simmel, Georg (2000): Soziologie des Geldes. 5. Aufl. Frankfurt/Main: Suhrkamp.

Skinner, Burrhus Frederic (1974): Die Funktion der Verstärkung in der Verhaltenswissenschaft. München: Kindler.

Smith, Adam (1800): Essays on Philosophical Subjects. Basel: Tourneisen.

Vollmer, Gerhard (1998): Evolutionäre Erkenntnistheorie. Angeborene Erkenntnisstrukturen im Kontext von Biologie, Psychologie, Linguistik, Philosophie und Wissenschaftstheorie. 7. Aufl. Stuttgart: S. Hirzel.

Weber, Max (1968): Soziologie. Weltgeschichtliche Analysen. Politik. 4. Aufl. Stuttgart: Kröner.

Weber, Max (1984): Soziologische Grundbegriffe. Tübingen: Mohr-Siebeck (orig. 1926).

Wolff, Kurt H. (1970): Einleitung zu: Mannheim, Karl: Wissenssoziologie – Auswahl aus dem Werk. 2. Aufl. Neuwied/Berlin: Luchterhand.

Wouters, Cas (2007): Informalization. Manners and Emotions since 1890. London: Sage.

Einführende Literatur

Honneth, Axel/Joas, Hans (1980): Soziales Handeln und menschliche Natur. Frankfurt/Main und New York: Campus.

Thies, Christian (2004): Einführung in die philosophische Anthropologie. Darmstadt: Wissenschaftliche Buchgesellschaft.

Weiterführende Literatur

Blumenberg, Hans (2006): Beschreibung des Menschen. Frankfurt/Main: Suhrkamp.

Gadamer, Hans-Georg/Vogler, Paul (Hrsg.) (1972-1975): Neue Anthropologie. 7 Bände. Stuttgart und München: DTV und Thieme Verlag.

Figurationen, Felder, Habitus und Kapitaltypen

Herbert Willems

Der folgende Aufsatz kündigt in seinem Titel die Behandlung von grundlegenden soziologischen Konzepten an, die in einem inneren Zusammenhang miteinander stehen. Es geht hier also nicht nur um Schlüsselbegriffe der Soziologie, sondern auch um ein theoretisches Gefüge. Dieses Gefüge ist auf das engste mit den Namen zweier soziologischer Klassiker verbunden: Norbert Elias und Pierre Bourdieu.

Sie – und damit die hier thematisierten soziologischen Deutungsmittel – sind auch für jede an soziologischer Information interessierte Pädagogik und jede entsprechende Selbstbeobachtung und Selbstreflexion pädagogischer Praxis von herausragender Bedeutung. Zum einen liegt diese in der konkreten Analyse von Sozialisations- bzw. Erziehungs- und Bildungsphänomenen und deren sozio-kulturellen Voraussetzungen und Implikationen[1]. Zum anderen liefern Elias und Bourdieu konzeptuelle und theoretische Instrumente, die für jede ‚pädagogische Soziologie' und für jede Soziologie jeglicher Pädagogik und pädagogisch relevanter Themen besonders geeignet sind. Da diese Relevanz in verschiedenen Beiträgen dieses Lehrbuchs deutlich und ausgeführt wird[2], beschränke ich mich im Folgenden im Wesentlichen auf die Darstellung der konzeptuellen und theoretischen ‚Architektur' der genannten Ansätze.

---

1 Vor allem Bourdieu hat sich dem Gebiet des Bildungs- und Schulwesens ausführlich gewidmet und es im Kontext seiner Theorie sozialer Ungleichheit behandelt (vgl. Bourdieu/Passeron 1971, Bourdieu 1988).

2 Vgl. vor allem die Beiträge von Müller-Schneider (Bd. 1), Falkenberg/Kalthoff (Bd. 2) und Kahlert (Bd. 2).

1. Figurationen

Mein Ausgangspunkt ist Elias' „Soziologie der Figurationen" („Netzwerke", „Interdependenzgeflechte"), die so etwas wie einen allgemeinen Rahmen der im Folgenden untersuchten
Konzepte und Phänomene bildet oder bilden kann. Elias geht es, wie er programmatisch
formuliert und postuliert, um das Bild von *Beziehungen* zwischen Akteuren, die „kraft ihrer
elementaren Ausgerichtetheit, ihrer Angewiesenheit aufeinander und ihrer Abhängigkeit voneinander auf die verschiedenste Weise aneinander gebunden sind und demgemäß miteinander
Interdependenzgeflechte" bilden (1981: 12). Entsprechend diesem Denkansatz wendet sich
Elias gegen zwischen den und in den ‚menschenwissenschaftlichen' Disziplinen ausgemach-
te Unterscheidungen und Trennungen verschiedener ‚Dimensionen' ihres Gegenstands. Mit
dem „einfachen begrifflichen Werkzeug" des Figurationsbegriffs (ebenda: 141) soll insbesondere der Zwang gelockert werden, so zu sprechen, als ob ‚Individuum' und ‚Gesellschaft'
zwei verschiedene und überdies auch noch antagonistische Figuren seien ..." (ebenda: 140)[3].
Das Bild und „Selbstbild vom ‚Ich im verschlossenen Gehäuse', das Bild des Menschen als
‚homo clausus'" (ebenda: 141) soll soziologisch nicht verdoppelt, sondern erklärt werden.
  Elias legt besonderen und systematischen Wert darauf, neben den kognitiven und mentalen auch die körperlichen und emotionalen Seiten der ‚vernetzten' Akteure in ihren genetischen und funktionalen Zusammenhängen mit ihren jeweiligen sozialen Beziehungen zu
sehen und zu untersuchen. Zu den sozialen Figurationen und ihren ‚Spielen' gehören für Elias immer und gerade auch die „emotionalen Bindungen der Menschen aneinander" (ebenda:
149). In Frontstellung gegenüber den soziologischen ‚Systemtheorien'[4], die „die Unabhängigkeit der menschlichen Persönlichkeitsstruktur relativ zu der Gesellschaftsstruktur einfach
als Postulat" annehmen (ebenda: 146), betont Elias:

> Diese emotionalen Bindungen der Menschen aneinander (...) haben für die Interdependenz der Menschen
> keine geringere Bedeutung als die (...) Bindungen auf Grund zunehmender Spezialisierung. In der Tat sind
> die verschiedenen Typen der affektiven Bindungen unabtrennbar. Die emotionalen Valenzen, die Men-
> schen, sei es direkt in ‚face-to-face'-Beziehungen, sei es indirekt durch die Verankerung in gemeinsamen
> Symbolen, aneinander binden, stellen eine Bindungsebene spezifischer Art dar. (ebenda: 150)

Auf der sozialen ‚Beziehungsebene' umfasst das Figurationskonzept höchst unterschiedliche soziale Gebilde und ihre mehr oder weniger langfristige Genese und Transformation. Man kann den
Begriff „auf relativ kleine Gruppen ebenso wie auf Gesellschaften, die Tausende oder Millionen
interdependenter Menschen miteinander bilden, beziehen. Lehrer und Schüler in einer Klasse,
Arzt und Patienten in einer therapeutischen Gruppe, Wirtshausgäste am Stammtisch, Kinder im
Kindergarten, sie alle bilden relativ überschaubare Figurationen miteinander, aber Figurationen
bilden auch Bewohner eines Dorfes, einer Großstadt oder einer Nation, obgleich in diesem Falle
die Figuration deswegen nicht direkt wahrnehmbar ist, weil die Interdependenzketten, die die
Menschen hier aneinander binden, sehr viel länger und differenzierter sind" (ebenda: 143).

---

3 Vgl. dazu Mongardini (1992), der Elias' figurationssoziologisches Denken zu Recht vor allem in die Tradition
   von Georg Simmel stellt.
4 Elias (1978) meint damit ein breites Spektrum, das von Karl Marx bis Talcott Parsons reicht.

Der Figurationsbegriff erscheint im Blick auf die Gegenwartsgesellschaft – gerade wegen seiner abstrakten Weite und Offenheit – in zweifacher sozialer (Ordnungs-)Hinsicht als besonders angemessen und brauchbar. Zum einen trifft er alle graduell unterschiedlich fest gefügten Typen sozialer Beziehungskontexte und Beziehungsgeflechte. Deren zunehmender Diversifikation mit einem breiten Spektrum von Unbestimmtheit, ‚Flüssigkeit‘ und ‚Verflüssigung‘ werden alternative Begriffe wie Institution oder System immer weniger gerecht. Zum anderen erfasst der Figurationsbegriff die wechselhaften und dynamischen Beziehungs- und Akteurs*konstellationen* innerhalb strukturierter Beziehungsgefüge, wie sie etwa formale Organisationen[5] oder formalisierte Interaktionssysteme wie der Schulunterricht darstellen.

2. Soziale Felder, Ordnungen und Akteure

Im gedanklichen Ansatz wie Elias entwickelt auch Pierre Bourdieu eine „Theorie der Praxis“, die auf die strukturellen Handlungskontexte der Akteure und die Akteure selbst abzielt[6]. Eine Schlüsselrolle spielen bei Bourdieu in diesem Sinne diejenigen Figurationen, die er als „Felder“ bezeichnet[7]. Mit Bezug auf Elias’ berühmte Figurationsanalyse der „höfischen Gesellschaft“ (vgl. 1983) gibt Bourdieu selbst den deutlichsten Hinweis auf die enge Verwandtschaft von Feld- und Figurationskonzept: „Der Fürstenhof, so wie ihn Elias beschreibt, stellt ein eindrucksvolles Beispiel für das dar, was ich *Feld* nenne…“ (Bourdieu 1989: 35).

Der Begriff des Feldes meint zunächst spezifische soziale Sinnsphären, Erwartungs- und Handlungsräume, ‚soziale Welten‘, die sich im Zuge sozialer Differenzierungsprozesse entwickeln und schließlich ein mehr oder weniger hohes Maß an Eigenständigkeit gewinnen. Bourdieu sieht und untersucht die verschiedensten Felder – vom politischen bis zum künstlerischen, vom juristischen bis zum religiösen, vom sportlichen bis zum journalistischen Feld. Dabei betont er prinzipiell sowohl die soziale ‚Objektivität‘ und Strukturiertheit als auch die jeweilige ‚Eigensinnigkeit‘ und Eigengesetzlichkeit der einzelnen Felder.

Der Feldbegriff bezeichnet also spezifische Kontexte, die dem Handeln objektive *Grenzen* setzen und zugleich mit diesen und durch diese Grenzen *Anforderungen* an die Akteure (‚Subjekte‘) stellen und *Spielräume* für die Akteure eröffnen. Wie Elias bringt Bourdieu die grundsätzliche Zweiseitigkeit geordneter sozialer Praxis in Relationen zwischen Objektivität

---

5 Allerdings bleibt dieser wichtigste soziale Figurationstyp der Moderne bei Elias unterbestimmt (vgl. Kiss 1991).

6 Bourdieu wendet sich wie schon Elias gegen die in Schulen verfestigten traditionellen Dualismen, gegen die Entgegensetzung von Individuum und Gesellschaft, Objektivität und Subjektivität, Handlung und Struktur, Handlungs- und Systemtheorie, Phänomenologie und Strukturalismus u.s.w.

7 Auch Elias spricht des öfteren von Feldern, arbeitet den Feldbegriff aber nicht systematisch aus. Mit dem Konzept des Feldes, das in den soziologischen Diskursen zunehmend an Bedeutung gewinnt, befindet sich Bourdieu auch in einer mehr oder weniger weitgehenden perspektivischen Nähe zu anderen Klassikern der Wissenssoziologie. Zu nennen sind die Institutionentheorie von Berger/Luckmann, die Luhmannsche Systemtheorie mit ihrem Konzept des (funktionalen) „Subsystems“ und die Foucaultsche Diskurstheorie mit ihren Konzepten „Dispositiv“ und „Spezialdiskurs“.

und Subjektivität, Restriktion und Offenheit, Zwang und Freiheit auf den metaphorischen Begriff des Spiels (vgl. Bourdieu 1998; 1989). Für Bourdieu erschließt sich die Realität der Felder metaphorisch durch die Vorstellung des Spielfeldes mit spezifischen Spielregeln, Spielern, Einsätzen, Trümpfen, Gewinnen und Verlusten, Spielzügen, Endergebnissen. Das Individuum oder das ‚Ensemble' von Individuen wird dann entsprechend als eine Tatsache ‚im Spiel' betrachtet – in einem Spiel, in dem sich Spieler aufgrund unterschiedlicher Positionen im (Spiel-)Feld in einem dynamischen „Spannungsgefüge" (Elias) und in Machtbeziehungen bzw. in einer mehr oder weniger labilen „Machtbalance" befinden. „Im Zentrum der wechselnden Figurationen" sieht Elias (1981: 142f.) „das Hin und Her einer Machtbalance, die sich bald mehr der einen und bald mehr der anderen Seite zuneigt". Genau in diesem Sinne entwirft Bourdieu die Logik der Felder:

„Ein Feld ist ein strukturierter gesellschaftlicher Raum, ein Kräftefeld – es gibt Herrscher und Beherrschte, es gibt konstante, ständige Ungleichheitsbeziehungen in diesem Raum – , und es ist auch eine Arena, in der um Veränderung oder Erhaltung dieses Kräftefeldes gekämpft wird. In diesem Universum bringt jeder die (relative) Kraft, über die er verfügt und die seine Position im Feld und folglich seine Strategien bestimmt, in die Konkurrenz mit den anderen ein" (Bourdieu 1998: 57).

Bourdieu beschreibt Felder und Feld-Beziehungen als systematisch disharmonisch und spannungsvoll. Spannung besteht *zwischen* den Feldern, insofern diese wechselseitig voneinander abhängig sind, aber auch andere Felder durchdringen und dominieren können. Dies gilt nach Bourdieu insbesondere für die Wirtschaft, für die er einen Vorrang im Verhältnis zu anderen Feldern, z.B. dem journalistischen, ausweist. *Innerhalb* jedes Feldes besteht Spannung vor allem insofern, als „die Akteure – wie in einem Gravitationsfeld – durch unüberwindliche Kräfte in eine fortwährende, notwendige Bewegung gezogen werden, um den Rang, den Abstand, die Kluft gegenüber den anderen aufrechtzuhalten" (Bourdieu 1989: 35). Felder bilden m.a.W. asymmetrische und dynamische Ordnungen von insbesondere *symbolischen* Ungleichheits-, Macht- und Konkurrenzverhältnissen, in denen Kämpfe um Überlegenheit – und d.h. *Distinktion* – stattfinden.

Elias deutet in diesem Sinne die Etikette der höfischen Gesellschaft als eine Struktur des höfischen Feldes und – qua Habitus (s.u.) – seiner Akteure. Für Elias ist die „praktizierte Etikette" unter anderem eine „Selbstdarstellung der höfischen Gesellschaft" (1983: 154). „In ihr stellt sich die höfische Gesellschaft für sich selber dar, jeder einzelne abgehoben von jedem anderen, alle zusammen sich abhebend gegenüber den Nicht-Zugehörigen und so jeder einzelne und alle zusammen ihr Dasein als Selbstwert bewährend" (ebenda: 158). Einzelne Rituale oder Zeremonien der höfischen Etikette verweisen also auf den Kontext der höfischen Figuration. Figurationsanalytisch sind sie „dermaßen Schritt für Schritt zum Leben zu bringen, daß es möglich wird, in ihnen Aufbau und Funktionsweise der höfischen Figuration, aus der sie einen Ausschnitt darstellen, und damit zugleich die Charaktere und die Attitüden der Menschen, die sie mit einander bilden und durch sie geprägt werden, verständlich zu machen" (ebenda: 126). So zeigt sich z.B., dass die Zeremonie des königlichen „lever" (das morgendliche Aufstehen des Königs) in ein spezifisches soziales Beziehungs- und Habitusgefüge eingebettet war und vom König strategisch als Herrschaftsinstrument genutzt wurde (ebenda: 126ff. Der König instrumentierte durch eine variable persönliche Abstufung des Zugangs zu sich seine „privatesten Verrichtungen, um Rangunterschiede herzustellen, und

Auszeichnungen, Gnadenbeweise oder entsprechend auch Mißfallensbeweise zu erteilen. (…) die Etiquette hatte im Aufbau dieser Gesellschaft und dieser Regierungsform eine symbolische Funktion von großer Bedeutung" (ebenda: 129)[8].

Der *Akteur* erscheint im Rahmen des Figurations- bzw. des Feldkonzepts immer als ein relationaler und relativer, aber auch als ein maßgeblicher ‚Faktor'. Er ist maßgeblich sowohl für das Geschehen im Feld als auch für die Entwicklung des Feldes selbst. Ausgehend von den Akteuren und ihren Praktiken und Handlungen beschreibt Bourdieu z.B. die Entwicklung des literarischen Feldes hin zur Autonomie als „Kampf um die Kontrolle über den Sinn und die Funktion künstlerischer Tätigkeit" (Elias 1999: 134). Dass Felder bzw. Sub-Felder auch gleichsam als Arenen entworfen werden, in denen mit passenden (Kapital-)Mitteln strategisch agiert und (um Gewinne) *gekämpft* wird, impliziert aber nicht, Akteure primär als bewusst kalkulierende und rational wählende Subjekte zu verstehen. Im Gegenteil! Strategien erscheinen bei Bourdieu wie schon bei Elias zunächst und hauptsächlich als etwas, das sowohl sozial vorprogrammiert ist – durch die feldspezifischen Praxisbedingungen – als auch intuitiv produziert und ‚gerahmt' wird: durch Habitus (s.u.).

Die Figurationssoziologie entwirft in diesem Sinne ‚Grammatiken des sozialen Handelns' und Dispositionen des Akteurs sowohl in ihrer synchronen als auch in ihrer diachronen ‚Einbettung' in historische Strukturen und Prozesse. Es geht m.a.W. nicht nur um die Figuration als gegenwärtiger Handlungskontext, sondern auch um Figuration im Sinne von historischer Formation. Einzelne Strukturen versteht Elias als Momente von mehr oder weniger langfristigen „Figurationsprozessen" (Elias 1981, 144), die auch habituelle (Trans-)Formationen umfassen. Auch damit geht der Figurationsansatz der Bourdieuschen Soziologie als programmatisches Modell voraus.

Die in jeder Hinsicht prozessorientierte Figurationssoziologie zielt immer auch auf die inneren Zusammenhänge zwischen den historisch veränderlichen Eigenlogiken der sozialen Figurationen einerseits und Akteursdispositionen andererseits. Die emotionalen, mentalen und korporalen Dispositionen der Akteure, die ‚Ausstattungen' ihres Bewusstseins und ihres Körpers erscheinen bei Elias in Abhängigkeit von sich historisch wandelnden praktischen Existenzbedingungen, die sich letztlich als Habitus relativ verselbständigen und praktisch zu bewähren haben. Ausgangspunkt und bleibender Bezugspunkt der Figurationsanalyse ist die Annahme einer prinzipiellen Korrespondenz zwischen den Bedingungen der sozialen Figurationen und den habituellen Dispositionen ihrer Akteure. Man könnte auch von einem figurationsspezifischen Habitusprofil oder einer Identitätsinfrastruktur (von Kompetenzen, Orientierungen, Bedürfnissen, Motiven) sprechen. Dieser Verfassung des Akteurs hat sich Elias unter dem Titel Zivilisation gewidmet und sie in seinen Untersuchungen zu seiner zentralen Sache gemacht[9].

---

8 Elias schildert differenziert die verschiedenen „Züge" der königlichen Aufstehenszeremonie, die den Rahmen eines macht- und disziplinierungstechnischen ‚Privilegiensystems' bildete (vgl. ebenda: 126ff).
9 Vgl. den Beitrag von Deger (Bd. 1).

3. Habitus

Die prominenteste und am weitesten entwickelte Fassung des Habitusbegriffs stammt allerdings nicht von Elias sondern von Bourdieu, der diesen Begriff ins Zentrum seiner Theorie und an die Seite des Feldkonzepts stellt. Neben und vor Bourdieu und Elias gibt es jedoch noch andere maßgebliche Verwender und Interpreten des Habitusbegriffs[10]. In verschiedenen Werken speziell der deutschen Soziologie – von Max Weber über Arnold Gehlen und Hellmuth Plessner bis zur aktuellen Wissens- und Kultursoziologie – hat diese Begrifflichkeit Tradition. Und auch in Frankreich (Durkheim, Foucault) und in den USA (Parsons, Garfinkel, Goffman) gibt es, wenn nicht explizit, dann implizit, habitustheoretische Denktraditionen.

Im Folgenden werde ich zunächst, mit schwerpunktmäßiger Anknüpfung bei Bourdieu, aus verschiedenen Theorietraditionen schöpfen, um die wichtigsten komplementären Aspekte und sozusagen die Architektur dieses Begriffs als eine Art kleinster gemeinsamer Nenner verschiedener Begriffsvarianten zu entfalten.

3.1 Habitusformen, Habitusgenesen und Habitusfunktionen

Alle Varianten der Habitustheorie setzen die Grundannahmen der relativen „Weltoffenheit", „Plastizität" (Gehlen) und „Wandelbarkeit" (Elias 1981: 114) des Menschen voraus. Habitus sind Sozialisationsresultate, und Sozialisation – Erziehung und Bildung eingeschlossen – impliziert Sozialisierbarkeit. Vorausgesetzt wird also, dass an die Stelle der relativ unbestimmten ‚ersten Natur' des Menschen, der immerhin noch „Instinktresiduen" (Gehlen) wie Sexualität zugeschrieben werden, infolge von *Lernprozessen* soziale Formen und Formungen treten. Elias spricht von „Prägungen" der Person und meint damit, dass sich *im* und *am* Individuum die spezifische Ordnung von Habitus ausprägt. Der sozialisierte Mensch trägt, wie Elias formuliert, ein „spezifisches Gepräge" in sich und an sich, das er „mit anderen Angehörigen einer Gesellschaft teilt" (Elias 1988: 244).

Dieses äußere und innere ‚Gepräge' kann man in einem ersten Versuch, einen kleinsten gemeinsamen Nenner verschiedener Habitusbegriffe zu bilden, folgendermaßen definieren: Es handelt sich um ein Ensemble bio-psychischer Strukturen, die sich durch Aneignungen, Internalisierungen bzw. Inkorporationen von sozialem Sinn, d.h. von Sprache, Vorstellungen, Deutungsmustern, Erwartungen u.s.w., vor allem in tendenziell unbewusst (implizit) verlaufenden primären Sozialisationsprozessen entwickeln und als „zweite Natur" des Akteurs tendenziell unbewusst (spontan, intuitiv, selbstverständlich) fungieren. Habitus sind demnach, und schon diese Einsicht ist soziologisch wie pädagogisch von größter Relevanz, tiefe Strukturierungen des Selbstes, die sowohl *Resultate* als auch *Bedingungen* von (weiteren) Lernprozessen darstellen.

---

10 Hier ist auch an sachlich ähnliche Begriffe wie ‚Persönlichkeitsstruktur' oder ‚Charakter' zu denken.

Zentral ist in diesem Zusammenhang die habitustheoretisch weitestgehend konsentierte Vorstellung einer tendenziellen Immunität und ‚Trägheit' von Habitus[11]. Diese sind demnach nicht nur dauerhaft und bleiben über die Zeit hinweg stabil, sondern sie sind geradezu ultrastabil und organisieren die individuellen Verhaltensstile und Verhaltensstrategien auch dann noch, wenn sie zur Struktur einer gewandelten Umwelt gar nicht mehr passen (vgl. Müller 1992: 258). Bourdieu spricht in diesem Zusammenhang von einem „Effekt der Hysteresis" (1987: 116), Gehlen davon, dass Habitualisierungen „kritikfest und einwandsimmun" sind (1957: 105). Weiterhin stellt Gehlen fest:

> Diese Kritikfestigkeit ist eine generelle Eigenschaft aller Habitualisierungen, und sie erscheint auf der untersten Stufe, im Bereiche der motorischen Gewohnheiten, als der starke Widerstand, den diese ihrer Auflösung und Neukombination entgegenstellen. Diese Invarianz auch der geistigen und Gefühlsgewohnheiten ist übrigens wieder die Bedingung aller zuverlässigen Tradition und Weitergabe, und daher von der äußersten Bedeutung als Sozialzement. (Gehlen 1957, 105)

Der Habitusbegriff beinhaltet mit dem Gewohnheitsbegriff einen handlungs- und lerntheoretischen Grundansatz, der in verschiedenen Varianten Tradition hat. Hier sind vor und mit Bourdieu vor allem Max Weber, Norbert Elias, Arnold Gehlen und – im Anschluss an ihn – Peter Berger und Thomas Luckmann (1969) zu nennen. Sie alle verstehen unter Habitus zunächst vor allem Gewohnheiten, und sie sehen in diesen eine ‚Macht', deren soziale (funktionale) Bedeutung – auch als Option und Grenze pädagogischen Handelns[12] – kaum zu überschätzen ist. Bei Gehlen (1986: 19) ist von „Systemen stereotypisierter und stabilisierter Gewohnheiten" als inneren und äußeren Merkmalen des Selbst die Rede. Gehlen zufolge handeln wir oft, ja typischerweise „in habituell gewordenen, eingeschliffenen Verhaltensfiguren, die ‚von selbst' ablaufen. Dies aber versteht sich nicht nur von dem im engeren Sinne praktischen, äußeren Handeln, sondern vor allem auch von dessen inneren Bestandsstücken: Gedanken- und Urteilsgängen, Wertgefühlen und Entscheidungsakten; auch sie sind meist weitgehend automatisiert" (Gehlen 1957: 104).

Die Bildung der hier gemeinten Automatismen beruht für Gehlen und Berger/Luckmann auf Redundanz im Erleben und/oder Handeln. Das generative Grundprinzip ist das der Wiederholung. Berger und Luckmann behaupten diesbezüglich ein „Gesetz der Gewöhnung (...). Jede Handlung, die man häufig wiederholt, verfestigt sich zu einem Modell, welches (...) reproduziert werden kann und dabei vom Handelnden *als* Modell aufgefaßt wird" (1969, 56). In dem Maße wie Unsicherheit oder Regellosigkeit die Praxis bestimmt, wird Habitualisierung also unwahrscheinlich oder unmöglich.

---

11 Max Weber spricht von der Trägheit der Gewohnheiten. Frank Lettke (1995: 24f.) verweist auf die handlungstheoretischen Kontexte, in denen der Gewohnheitsbegriff auch bei Weber eine Schlüsselrolle spielt. Daneben betont Lettke die habitustheoretische Relevanz von Webers Studie „Die protestantische Ethik". „Hier finden wir den Funktionsmechanismus des Habitus als inkorporierte Denk-, Wahrnehmungs- und Handlungsschemata genau beschrieben" (ebenda: 25). Alois Hahn hat in einer Art Meta-Zivilisationstheorie gezeigt, daß Weber, Elias und Foucault komplementär zum Verständnis der Logik und Genese des modernen Selbst als „Habitusensemble" beitragen (vgl. Hahn/Kapp 1987).

12 Pädagogisches Handeln, das sich in Gewohnheiten niederschlägt, sichert im höchsten Maße seine Nachhaltigkeit. Daher ist es seit jeher ein pädagogisches Ziel, die jeweils gewünschten Verhaltensweisen zur Gewohnheit zu machen. Umgekehrt können gebildete Gewohnheiten Barrieren des Lernens und damit der Feind des Pädagogen sein.

Habitualisierung im Sinne von Gewohnheitsbildung bedeutet für Gehlen wie für Berger/
Luckmann, unter funktionalen Gesichtspunkten gesehen, zunächst und vor allem eine Schlie-
ßung von Weltoffenheit und eine „Einsparung von Kraft" (Berger/Luckmann 1969: 56) und
damit einen Gewinn an Handlungs- und Leistungsfähigkeit. Gehlen formuliert ein „Entlas-
tungsgesetz" (1974: 62ff.; 1986: 23) und betont die „ungemeine *Entlastungsleistung* eines
solchen sozial orientierten Automatismus (...). Es sind nämlich auch die zur Arbeit notwendigen Bewußtseinsfunktionen habitualisiert, einschließlich der Aufmerksamkeit, die unter
diesen Bedingungen selbst habituell wird und ihre Eigenschaft, rasch zu ermüden, in hohem
Grade verliert" (Gehlen 1957: 104f.; vgl. auch 1974, 66; Berger/Luckmann 1969: 26f, 43f.).
Impliziert ist hier der „psychologische Gewinn" der „Entschiedenheit" (Berger/Luckmann
1969: 57), die insofern auch ein ‚operativer‘ und sozialer Gewinn ist, als sie Entscheidungen
nicht nur erspart, sondern überhaupt erst ermöglicht und ‚rationalisiert‘. Habitualisierung
setzt m.a.W. durch Unsicherheitsreduktion und Sicherung im Erleben und Handeln „Energien für gewisse Gelegenheiten frei, bei denen Entscheidungen nun einmal unumgänglich
sind. (....): vor dem Hintergrund habitualisierten Handelns öffnet sich ein Vordergrund für
Einfall und Innovation" (ebenda: 57). Dieser unter modernen Praxisbedingungen bereits für
jedermann, speziell aber für den ‚Fachmann‘ besonders wichtige Vordergrund (der Kreativität, der Flexibilität, der Reflexion u.s.w.) erscheint allerdings als durch seinen instinkt-
analogen Hintergrund strukturiert: Habitualisierung sorgt, so stellen Berger/Luckmann im
Anschluss an Gehlen fest, „für eben die Richtung und Spezialisierung des Handelns, die der
biologischen Ausstattung des Menschen fehlen ..." (ebenda: 57).

Durchaus im Sinne der anthropologischen Vorstellungen von Gehlen und Berger/Luck-
mann sieht auch Bourdieu im Habitus einen sozialen ‚Instinkt‘, der die natürliche Instinkt-
armut des Menschen kompensiert und gewissermaßen überkompensiert. Nah an Gehlen und
Berger/Luckmann (und sogar in weitgehender Übereinstimmung mit deren Formulierungen)
zielt Bourdieu, sich auf die Leibnitz'sche Automaten-Metapher berufend, wesentlich auf jene
Automatismen, die sich *von selbst* vollziehen[13]. Es geht also auch ihm um *vorreflexive* Verhaltensweisen wie das geschmackliche oder moralische Urteilen oder Grundüberzeugungen,
die sich in den Modalitäten der Spontaneität und Intuition zeigen und sich allenfalls ex post

---

13 Mit Bezug auf Gehlen und Plessner kritisiert Friedrich Tenbruck die auf den Begriff der „Verhaltenssicherheit",
    insbesondere die Vorstellung von „Automatismen", gegründeten Aussagen der soziologischen und anthropolo-
    gischen Theorie als „einseitig" (1989: 43). Ignoriert oder vernachlässigt werde die konstitutionelle Unsicherheit
    des menschlichen Verhaltens, die gerade unter modernen Bedingungen für die „subjektive Einstellung im Han-
    deln" charakteristischer sei als die „im Vergleich zur natürlichen Verhaltensunsicherheit gewonnene Verhal-
    tenssicherheit" (ebenda: 43). Tenbruck spricht in diesem Zusammenhang von „Aufmerksamkeitsspannung" als
    Folge der unabschaffbaren und unausweichlichen „äußeren Unsicherheit" des Menschen (ebenda: 22). Aufgrund
    der Kontingenzen seiner Praxis müsse der Handelnde „sein Tun mit Aufmerksamkeit und Bewußtsein begleiten,
    um es erfolgreich in die Situation einzusteuern, wechselnden Bedingungen anzupassen, vor Überraschungen zu
    sichern, also auch variieren und abbrechen zu können" (ebenda: 22).
    So sehr Tenbrucks Hinweis auf die Kontingenzen des modernen Handelns und die Kontingenzbestimmtheit
    des modernen Bewusstseins zu unterstreichen ist, so sehr rennt er, jedenfalls prinzipiell, offene Türen ein. Bei
    Gehlen ist nur von *relativer* Verhaltenssicherheit die Rede, und zwar als Voraussetzung von Kontingenzbewäl-
    tigung. Auch Elias und Bourdieu sind keineswegs ‚kontingenzblind‘, sondern fokussieren im Gegenteil Kontin-
    genzspielräume. Habitustheoretische oder habitustheoretisch deutbare Begriffe wie „Können", „Urteilskraft",
    „praktischer Sinn" oder „Stil" verweisen gerade auf die „allgemeine Handlungsfähigkeit", um die es Tenbruck
    (1989: 25) geht, nämlich das Vermögen, Unsicherheiten zu bewältigen und zu nutzen, oder gar, sie zu schaffen,
    um sie zu nutzen.

in rationale Begründungen übersetzen lassen. Gleichzeitig entwirft und betont Bourdieu bestimmte *Spielräume* und *generelle Kompetenzen*, indem er den Habitus als „Disposition" begreift. Diese Bezeichnung hält er für „in besonderem Maß geeignet, das auszudrücken, was der (als System von Dispositionen definierte) Begriff des Habitus umfasst: Sie bringt zunächst das *Resultat einer organisierenden Aktion* zum Ausdruck und führt damit einen solchen Worten wie ‚Struktur' verwandten Sinn ein; sie benennt im weiteren eine *Seinsweise*, einen *habituellen Zustand* (besonders des Körpers) und vor allem eine *Prädisposition*, eine *Tendenz*, einen *Hang* oder eine *Neigung*" (Bourdieu 1976: 446). Der Habitus ist demnach kein geschlossenes und determinierendes System, sondern eher ein Generator von charakteristischen Spielräumen, die in mehr oder weniger vielen Sachdimensionen eine Einheit bilden. Es geht, wie Bourdieu formuliert, primär um „eine allgemeine Grundhaltung, eine Disposition gegenüber der Welt, die zu systematischen Stellungnahmen führt [...] wie einer spricht, tanzt, lacht, liest, was er liest, was er mag, welche Bekannte und Freunde er hat usw. All das ist eng miteinander verknüpft" (Bourdieu 1989: 25). Bourdieu spezifiziert sein Verständnis der Grundlogik und Grundfunktion des Habitus, indem er ihn als generatives und formatives System mit sozusagen integrierter Feinabstimmung vorführt: „Habitusformen" sind, so heißt es in „Sozialer Sinn", als „Systeme dauerhafter und übertragbarer *Dispositionen* (…) wie geschaffen (…), als strukturierende Strukturen zu fungieren, d.h. als Erzeugungs- und Ordnungsgrundlagen für Praktiken und Vorstellungen, die objektiv an ihr Ziel angepasst sein können, ohne jedoch bewusstes Anstreben von Zwecken und ausdrückliche Beherrschung der zu deren Erreichung erforderlichen Operationen vorauszusetzen ..." (Bourdieu 1987: 98f.).

Auch Elias sieht die Zweiseitigkeit, um die es hier geht. Auch er spricht zunächst von „Automatismen" des Verhaltens, von „automatisch arbeitenden Selbstkontrollapparaturen" oder „Gewohnheitsapparaturen" (1980, Bd. 2: 320ff). Als Haupteffekt eines alle Selbstaspekte umfassenden „individuellen Zivilisationsprozesses" sieht auch Elias eine bio-psychische Strukturbildung („Differenzierung"), die im Sinne des skizzierten Habitusbegriffs entlastet, Handlungsressourcen verfügbar macht und ausrichtet. Die Körper-Seite fokussierend, behauptet Elias, dass sich in dem „von klein auf" disziplinierten Einzelnen „gleichsam als eine Relaisstation der gesellschaftlichen Standarde, eine automatische Selbstüberwachung der Triebe im Sinne der jeweiligen gesellschaftsüblichen Schemata und Modelle, eine ‚Vernunft' (...) herausbildet, und dass ein Teil der zurückgehaltenen Triebregungen und Neigungen ihm überhaupt nicht mehr unmittelbar zum Bewusstsein kommt" (ebenda: 333, 336; vgl. auch Berger/Luckmann 1969: 57). Andererseits erkennt Elias – ganz ähnlich wie Gehlen und Bourdieu – in der Funktion des Habitus mehr als die Logik des Automaten. Die Habitus, die Elias meint und nennt (vgl. z.B. 1980, Bd. 2: 333ff), äußern sich zwar wesentlich in gewissermaßen symptomatischen Reaktionen (des Geschmacks, der Scham, des Stolzes, des Ekels usw.), in denen er das Prinzip des „‚bedingten Reflexes'" wirken sieht (ebenda: 404)[14]. Daneben beschreibt Elias aber auch Spielräume verarbeitende und erarbeitende Akteure, insbesondere die Höflinge, deren Praxis Habitus „verlangt und züchtet" (ebenda: 370), die *generelle Kompetenzen* hervorbringen: „Überlegung, Berechnung auf längere Sicht (...)

---

14 Es steht im Gehlenschen System „an der Stelle, wo wir beim Tier die Instinktreaktion finden" (Gehlen 1986, 23).

Kenntnis der Menschen und des gesamten Terrains" (ebenda: 370), eine „Delikatesse" des Sprechens (ebenda: 410), eine „Kunst der Menschenbeobachtung" (ebenda: 375), virtuose expressive Körperkontrolle. Die Habitus des Höflings, wie Elias sie beschreibt, beinhalten auch eine Mentalität, eine „Art des ‚Verstandes' oder des ‚Denkens'" (ebenda: 380), die insofern „vernünftig" ist, als sie der Logik einer Figuration bzw. eines Feldes und einer feldspezifischen Positionierung entspricht. Zu dieser Mentalität gehört ein besonderes „Gespür von sozialer Ordnung" (A. Cicourel) im Sinne der Fähigkeit, Grenzen, Spielräume, ‚Spielergebnisse' u.s.w. zu erkennen.

An dieser Stelle sind drei (Kompetenz-)Begriffe zentral, die den Habitusbegriff weiter spezifizieren können und die umgekehrt der Habitusbegriff spezifizieren kann: die Begriffe a) Stil (Verhaltensstil, Lebensstil), b) Strategie und c) Urteilskraft.

a) Verschiedene Habitustheoretiker – Elias, Gehlen, Berger/Luckmann, Bourdieu – sehen im Habitus einen *Stilgenerator*. D.h.: Ein mehr oder weniger eng „begrenzter Satz von Dispositionen erzeugt eine nahezu unendliche Zahl von Handlungen, denen man nachträglich ihre Stilähnlichkeiten ansieht, ohne daß man sie immer vorhersehen könnte" (ebenda: 609)[15]. Diese Potenz und Funktion des Habitus zeigt sich bereits in den kleinteiligsten Verhaltensweisen und Handlungskontexten und reicht bis hin zur gesamten Lebensführung. In den Grenzen und (d.h.) mit der Sinnladung seiner sozialisatorischen Entstehungsbedingungen generiert der Habitus Bourdieu zufolge sowohl ‚stilistische' Verhaltensautomatismen als auch die ‚geregelten Improvisationen', die die soziale Praxis wesentlich kennzeichnen.

b) Vor dem Hintergrund dieses Stilverständnisses kann der Begriff der *Strategie* als zweiseitig verstanden und gleichsam auf den Stils projiziert werden. Elias und Bourdieu zufolge drücken sich die Identitäten der Habitus auch in den Strategien aus, die die Akteure zur Bewältigung verschiedenster Situationen in der Form von Verhaltensmustern und Verhaltensstilen ‚verfolgen'. In den empirischen Handlungsketten zeigt sich demnach ein objektiver strategischer Sinn, dem jedoch keine strategische Intention der Akteure entspricht. Mit entsprechenden Habitus sind den Akteuren bestimmte Strategien vielmehr zur ‚zweiten Natur' geworden – mit allen Implikationen: Selbstverständlichkeit, Spontaneität, Intuition u.s.w.[16] In und neben diesem Rahmen von Strategien als Habitus stehen Strategien als bewusste Handlungskalküle. Auch diese Strategien sind habituell voraussetzungsvoll und prädisponiert, jedoch sind sie das Ergebnis von *kalkulatorischen* Handlungen, bewussten Einschätzungen, Plänen und Manövern, die ein ‚Spieler', der sich selbst als solcher sieht, an den Tag legt.

c) Die habitustheoretisch verstandenen Begriffe der Strategie und des Stils verweisen auf die Kompetenz der *Urteilskraft*, die Bourdieu in „Die feinen Unterschiede" zentral und *als* zentral thematisiert hat. Dass Habitus einen Sinn für „feine Unterschiede" und eine „Urteilskraft im Handeln" (Hahn 1986: 609) hervorbringen, ist allerdings wiederum keine Entdeckung Bourdieus. Schon Gehlen (1957: 105) hat im Blick auf Gewohnheitsbildungen von eben dieser Kompetenz gesprochen, „feine Unterschiede" wahrzunehmen und im Handeln zu erzeugen.

---

15 Den hier gemeinten (Habitus-)Stil könnte man als Stil erster Ordnung bezeichnen. Davon wäre ein Stil zweiter Ordnung zu unterscheiden – ein Stil, der von den Akteuren als solcher inszeniert und performiert wird.

16 Als Beispiel können die Geschlechter dienen, die Elias, Bourdieu und Goffman (mehr oder weniger explizit) als Habitus fassen. Die Geschlechter folgen in dem besagten Sinne einer prädisponierten unbewussten Handlungslogik, die ihnen als Habitus einerseits selbstverständlich und damit unverfügbar ist und andererseits einen spezifischen Horizont von Aufmerksamkeit und Optionalität eröffnet (vgl. Klein/Liebsch 1997).

Eine solche Urteilskraft, die im Kontext pädagogischer Praxis nicht nur auf allen beteiligten Akteursseiten (z.B. auf der Seite der Lehrer *und* der Schüler) relevant ist, sondern auch ein maßgebliches (pädagogisches) Handlungsziel darstellt, scheint zunächst im Gegensatz zur Operations- und Funktionslogik der Gewohnheiten zu stehen, zeichnen diese sich als Automatismen doch gerade dadurch aus, vorreflexiv und reflexartig zu sein. Gehlen zeigt aber, dass zum Habitus nicht nur Automatismen gehören, sondern auch das Vermögen, über diese Automatismen zu *verfügen*. „Die ‚Überlegenheit‘ eines Menschen besteht", so Gehlen, „zum guten Teil darin, daß er angesichts komplizierter, etwa nach moralischen und sachlichen Dimensionen qualifizierter Lagen merkt, wann er die schematische Beurteilung außer Kraft zu setzen und aufmerksam zu werden hat, d.h. sich auf die Lösung eines Ausnahme- oder gar Erstproblems einstellen muß" (Gehlen 1957: 105f.). Zudem bedeuten Gewohnheiten laut Gehlen nicht einfach mechanische Dressuren. Vielmehr werde „über Gewohnheiten generalisierbare (transferierbare) Kompetenz aufgebaut. Die am Einzelfall geübte Bewegung wird spontan in sinnanalogen Situationen produktiv mit anderen Gewohnheiten zu einer Figur verschmolzen, so dass auch ganz neue Lagen rasch in typischer Weise bewältigt werden" (ebenda: 105f.). Neben der Entlastungsfunktion liegt für Gehlen hier der entscheidende funktionale Punkt: dass sich auf der „Basis spezialisierter Gewohnheiten gesetzmäßig eine immer höhere Reizschwelle, ein sich verfeinernder optischer und taktiler Sinn für Qualitätsunterschiede, ein Plus an motorischen Feinreaktionen und eine differenzierte Skala verfügbarer Denkschemata – kurz, ein hohes gezüchtetes *Können*" entwickelt (ebenda: 105; vgl. auch ders. 1986: 29f.)[17].

Bourdieu spricht hinsichtlich des hier gemeinten ‚Vermögens‘ von einem „praktischen Sinn"[18] und greift zur Erläuterung auf die Metapher des Instinkts zurück[19]: „Genau mit diesem praktischen Sinn, der sich weder mit Regeln noch mit Grundsätzen belastet (außer im Falle des Scheiterns oder Versagens), und noch weniger mit Berechnungen oder Schlussfolgerungen, die durch den Zeitdruck des Handelns, das ‚keinerlei Aufschub duldet‘, ohnehin ausgeschlossen sind, kann der Sinn der Situation auf der Stelle, mit einem Blick und in der Hitze des Gefechts, eingeschätzt und sogleich die passende Antwort gefunden werden. Nur diese Art erworbener Meisterschaft, die mit der automatischen Sicherheit eines Instinkts

17 Ganz im Sinne der Habitustheorien Gehlens und Bourdieus spricht Tenbruck im Hinblick auf Handlungen ermöglichende Selbststeuerungen des Bewußtseins von einem „inneren Können", das „überwiegend nicht auf explizite Regeln gebracht werden kann und dort, wo dies möglich ist, durch die Kenntnis dieser Regeln (...) geradezu gestört wird oder jedenfalls gestört werden kann" (Tenbruck 1989: 25).

18 In gewisser Weise könnte man in diesem Zusammenhang insbesondere im Hinblick auf tiefsitzende Gewohnheiten wie etwa die Schamangst auch von einem ‚unpraktischen Sinn‘ sprechen. Jedenfalls sind Reaktionen wie Scham und Peinlichkeit nicht immer praktisch und nicht immer sinnvoll.

19 In seinem „Entwurf einer Theorie der Praxis" nennt Bourdieu dieses Können mit Durkheim (1972) „praktische Beherrschung": „Eine hervorragende Beschreibung der Art und Weise, wie die praktische Beherrschung funktioniert, liefert Durkheim, wenn er die ‚Kunst‘ untersucht, also das, ‚was reine Praxis ohne Theorie ist‘: ‚Eine Kunst ist ein System von Handlungsweisen, die auf bestimmte Ziele gerichtet und entweder Produkte einer traditionellen, durch Erziehung mitgeteilten Erfahrung oder Produkt einer persönlichen Erfahrung des Individuums sind. Man kann sie nur erwerben, indem man in Berührung mit den Gegenständen kommt, auf die sich das Handeln beziehen soll, und indem man selbst mit ihnen umgeht. Es kann zweifellos vorkommen, daß die Kunst durch die Reflexion erleuchtet wird, aber die Reflexion ist kein wesentliches Moment der Kunst, denn die Kunst kann auch ohne sie existieren. Auch gibt es nicht eine einzige Kunst, in der alles reflektiert wird‘" (Bourdieu 1976: 206).

funktioniert, gestattet es, augenblicklich auf alle möglichen ungewissen Situationen und Mehrdeutigkeiten der Praxis zu reagieren ...“ (Bourdieu 1987: 190f.).

Der praktische Sinn, das Können, um das es hier geht, wird von Gehlen vor allem mit dem ‚Fachmann‘ in Verbindung gebracht, in dem er den für die moderne Sozialordnung „repräsentativen, sozusagen sprichwörtlichen Typus“ sieht (1957: 107). Bei Bourdieu entspricht dem die allgemeinere Vorstellung feldspezifischer Habitusformen von Politikern, Künstlern, Unternehmern, Journalisten u.s.w. Wie die ‚Alltagssoziologie‘ geht Bourdieu zudem von einer alltagspraktischen Urteilskraft jedermanns aus, die diesen überhaupt erst ‚gesellschaftsfähig‘ macht. Dass jedermann selbst in den alltäglichsten Situationen einen praktischen Sinn benötigt und entfaltet und damit auch eine vielseitige Handlungskunst an den Tag legt, gehört zu den großen Lektionen des Werks von Erving Goffman (vgl. z.B. 1969; 1977).

Als Sozialisationsresultate verweisen Habitus auf Sozialisationsbedingungen. Die Form und Struktur dieser Bedingungen ist nach habitustheoretischem Konsens gleichsam der soziale (Sinn- und Macht-)Input, wenn nicht das Programm der Habitusgenese. Habitus erfasst man mithin, wie Gehlen formuliert, „nie zureichend von dem Individuellen einer Person aus (...), sondern im Gegenteil nur von deren Rolle im sozialen Zusammenhang her, also gerade sofern ihr Träger austauschbar ist“ (Gehlen 1957: 104; vgl. auch Berger/Luckmann 1969: 139ff.). Die größte und sozusagen lebensweichenstellende (Habitus-)Prägewirkung des ‚sozialen Zusammenhangs‘ wird allgemein den Instanzen der Primärsozialisation, insbesondere der Familie, unterstellt. Die habituellen Dispositionen der Sprache, des Geschmacks und der Moral, aber auch die der Geschlechter[20], erscheinen in diesem Sinne nicht erst bei Bourdieu, sondern schon bei den frühen Habitustheoretikern als folgenreiche Folge eines sozialen Lebensschicksals.

Bourdieu führt dieses Verständnis der Habitusgenese aus und weiter, indem er die praktische Entstehung und Funktion des Habitus auf die ‚Grammatikalität‘ von spezifischen Existenzbedingungen bzw. von spezifischen Klassen von Existenzbedingungen zurückführt (vgl. Bourdieu 1987: 98). Die ‚Grammatik‘ der jeweiligen Existenzbedingungen erzeugt und prägt demnach habituelle Handlungs-, Denk- und Wahrnehmungsschemata, die ihrerseits dem individuellen Verhaltensspielraum einer Grammatik analog Grenzen setzen. Mit dem Habitus als „erworbenem System von Erzeugungsschemata“ können also „alle Gedanken, Wahrnehmungen und Handlungen, und nur diese, frei hervorgebracht werden, die innerhalb der Grenzen der besonderen Bedingungen seiner eigenen Hervorbringung liegen. Über den Habitus regiert die Struktur, die ihn erzeugt hat, die Praxis, und zwar nicht in den Gleisen eines mechanischen Determinismus, sondern über die Einschränkungen und Grenzen, die seinen Erfindungen von vornherein gesetzt sind“ (ebenda: 102).

Die hier gemeinten (Praxis-)Bedingungen bilden also gleichsam einen Rahmen praktischer Rationalität, innerhalb dessen die Rationalität des Habitus sich ‚vernünftigerweise‘

---

20 Goffman betrachtet das Geschlechterverhältnis als eine Art von Klassenverhältnis, dem in einer systematisch differentiellen Sozialisation erzeugte äußere und innere Habitusdifferenzen zugrunde liegen: Von Anfang an werden die Angehörigen der beiden Geschlechtsklassen in einem „endlosen Sortierungsvorgang (...) unterschiedlich behandelt, sie machen verschiedene Erfahrungen, dürfen andere Erwartungen stellen und müssen andere erfüllen. Als Folge davon lagert sich eine geschlechtsklassenspezifische Weise der äußeren Erscheinung, des Handelns und Fühlens subjektiv über das biologische Muster, die dieses ausbaut, missachtet oder durchkreuzt. Jede Gesellschaft bildet auf diese Weise Geschlechtsklassen aus, wenn auch jede auf ihre eigene Weise“ (Goffman 1994: 109; vgl. auch ders. 1981: 19).

entwickelt und bewähren kann. Diese Bedingungen schließen durch das, was sie als Möglichkeiten und Unmöglichkeiten, Freiheiten und Notwendigkeiten definieren, durch Erleichterungen und Verbote etc. bestimmte Vorstellungen und Praktiken von vornherein aus und legen andere nahe (ebenda: 100ff.). Der Habitus ‚versucht' entsprechend, die „‚vernünftigen' Verhaltensweisen" zu erzeugen, die alle Aussicht auf Belohnung haben, weil sie den objektiven Daseinsbedingungen angepasst sind. „Zugleich trachtet" er, „alle Verhaltensweisen auszuschließen, die gemaßregelt werden müssen, weil sie mit den objektiven Bedingungen unvereinbar sind" (ebenda: 104).

Bourdieus Grundansatz (Feld/Habitus) entspricht dem Eliasschen (Figuration/Habitus) in den wesentlichen Positionen und Argumentationsfiguren und ist also alles andere als neu. Neu ist allerdings die besondere und zentrale Position, die Bourdieu dem Habitus und dem Habituskonzept im Rahmen seiner Gesellschafts- und Kulturtheorie – insbesondere im Blick auf soziale Ungleichheit – zuweist. Für Bourdieu liegt auf der Habitusebene eine Hauptquelle der Produktion und Tradition sozialer Ungleichheit und Herrschaft. Vor allem „kulturelles Kapital" (s.u.), das im Prozess der primären (Familien-)Sozialisation zum Habitus wird, deutet Bourdieu als maßgeblichen Faktor der sozialen Statusdifferenzierung (Privilegierung und Disprivilegierung), als eine Art Weichenstellung für Sozialisations- und (damit) soziale Positionierungsprozesse.

3.2 Habitus und Mentalität

Der Habitusbegriff ähnelt deutlich dem in den Sozial- und Kulturwissenschaften, insbesondere im Kontext der Geschichtswissenschaft, gängigen Begriff der Mentalität und benachbarten Begriffen wie Denkgewohnheit, Denkart, Denkstil oder „mentale Struktur" (Bourdieu). Wie der Habitusbegriff lenkt auch der Begriff der Mentalität „die Aufmerksamkeit auf die jeweilige Struktur kollektiv geteilter Vorstellungen, Wertmuster und emotionaler Einstellungen, die das Handeln (...) programmiert. Als kulturelle Selbstverständlichkeiten stecken Mentalitäten gleichsam einen Horizont des Möglichen ab, gefaßt in Dispositionen, mit denen Menschen einer Situation begegnen und diese selbst wiederum gestalten" (Dörner/Vogt 1990: 136). Abgesehen davon, dass der Begriff der Mentalität bzw. die übliche Praxis seiner Verwendung im Gegensatz zum Habitusbegriff einen Vorrang der Kognition impliziert, kann man ihn in allen dargelegten Aspekten gleichsam auf den Habitusbegriff projizieren. Dies geschieht ausdrücklich bei Bourdieu, der dem kognitiven Komplex der Wahrnehmung, des Interpretierens, des Urteilens u.s.w. die allergrößte Aufmerksamkeit widmet. Aber auch Gehlen, Elias und Goffman verstehen die habituelle Ordnung des Selbst wesentlich als Ordnung einer Mentalität oder mehrerer Mentalitäten, die als generative Prinzipien (Muster, Strukturen) oder als Ensembles solcher Prinzipien jeweils in besonderer Weise ‚Wirklichkeitskonstruktionen' organisieren.

Diese besitzen, so der Konsens der genannten Autoren, als Ausdruck einer Mentalität zumindest tendenziell den Charakter eines *Stils*, d.h. sie zeichnen sich durch Besonderheit und Stimmigkeit aus. Als ein historisches (Parade-)Beispiel ist hier wiederum Elias' Beschreibung der Mentalität des Höflings zu nennen, und zwar auch insofern als diese Beschreibung den funktionalen und genetischen Zusammenhang einer Mentalität mit der Ordnung und Rationalität sozialer Figurationen reflektiert. Mentalitäten sind m.a.W. das Resultat von

systematischen Erfahrungen und Lernprozessen, in denen sich objektive Sinnstrukturen und ganze Sinnwelten, Semantiken und „soziale Informationen" (Goffman) verschiedener Art in Bewusstsein – und Bewusstsein strukturierend – niederschlagen.

Im Blick auf die Mentalität und die Mentalitäten (in) der Gegenwartsgesellschaft ist Goffmans Empirie doppelt nützlich. Sie reflektiert sowohl mit bestimmten (z.B. institutionellen) Existenzbedingungen einhergehende Mentalitäten bestimmter sozialer Akteursklassen, wie sie etwa die Altersklassen oder bestimmte Berufsgruppen darstellen, als auch eine Jedermanns-Mentalität[21]. In jedem Fall handelt es sich bei diesen Mentalitäten um existenzbedingte und existenzbedingende Dispositionen und Praxen des *Denkens* und *Glaubens*, die ihre praktische Funktionsweise und Funktionalität und ihre soziale Bedeutung überhaupt wesentlich ihrer mehr oder weniger gefestigten Habitualität verdanken.

3.3 Bildung und (De-)Formation von Habitus

Mit seiner Feld–Habitus-Theorie liefert Bourdieu (auch) einen sozialisationstheoretischen Ansatz, der sich in wesentlichen Punkten in der Nachbarschaft zu verschiedenen anderen, teils eher impliziten und teils ausgearbeiteten Sozialisationstheorien befindet. Die zentralen Punkte, in denen sich diese Sozialisationstheorien bestätigen und ergänzen, versuche ich im Folgenden zu skizzieren.

Den dargelegten habitustheoretischen Überlegungen zur Gewohnheitsfunktion entsprechend, besteht ein grundlegender sozialisationstheoretischer Konsens in der Annahme primärer und elementarer Lernprozesse durch Formen der *Konditionierung*. Vor allem auf der Ebene der primären Sozialisation, aber auch für die späteren Phasen des Lebenslaufs wird die bio- und psychogenetische Wirksamkeit dieser Lernmodi als ‚Prägefaktoren' ersten Ranges behauptet. Die jeweilige Praxisform selbst erscheint dabei als der ‚geheime Lehrplan', der den Lernprozessen inhaltlich Maß gibt.

Dies gilt zunächst für die Familiensozialisation. Im Blick darauf betrachtet Ulrich Oevermann (vgl. 1973: 10ff) – ganz in der Nähe zu Bourdieu – objektive und primär *unbewusst* reproduzierte Sinnstrukturen der Praxis (des „sinngeleiteten Handelns") als Vorgaben ebenfalls primär unbewusst verlaufender (Selbst-)„Bildungsprozesse". Das impliziert Schicksalhaftigkeit zunächst insofern, als „das Kind bereits in die Regelsysteme von außen, von Seiten der Eltern, einbezogen wird, ehe es sie sich selbst aneignen und zu Eigenschaften machen kann" (Liebau 1987: 127). Die Psycho- bzw. Kompetenzgenese des Kindes erscheint auch im Bezug auf den weiteren Lebenslauf als schicksalhafte Funktion der Sinnimplikationen der sozialisatorischen Praxis, die „mittels ihrer objektiven Struktureigenschaften die Handlungsqualifikationen des Subjekts" erzeugt (ebenda: 123). Diese ‚Bildung' verläuft nach Oevermann mit zunehmender (habitueller) Subjektivierung des sozialisierten Individuums zunehmend als subjektive Aneignung im Modus der *Rekonstruktion*. D.h., dass den Heranwachsenden eine „objektive Sinnwelt vermittelt wird, die ihre je aktuellen Kompetenzen übersteigt, die aber im Laufe der Lebensgeschichte qua Rekonstruktion immer weiter aufge-

---

21 Bourdieu spricht von sinnstrukturellen Grundlagen, die allen Mitgliedern der Gesellschaft „den Aufbau einer gemeinsamen sinnhaften Welt, einer Welt des *sensus communis*" ermöglichen (1982: 730).

füllt werden; dies bildet den Kern der Konstruktionsleistung des Subjekts, die damit die Form der Rekonstruktion annimmt" (ebenda: 129). Nach Oevermann erfolgt diese Rekonstruktion überwiegend „weder explizit noch Element für Element" (1973: 17). Vielmehr lerne (schon) das Kind durch eine intuitive Beobachtung und Beurteilung, und zwar durch ein „selbsttätig vorgenommenes ‚Ablesen' zentraler Handlungsregeln am beobachtbaren sozialen Handeln in seiner unmittelbaren Umwelt. Das Kind generalisiert selbsttätig und kognitiv strukturiert vom Handlungskontext seiner Umwelt" (ebenda: 18).

Analog argumentiert Bourdieu, wenn er den Erwerb von kulturellen Kompetenzen, d.h. Habitus, beschreibt. Auch Bourdieu geht davon aus, dass die jeweiligen praxisimpliziten Sinnstrukturen eine Art Rahmen von Sozialisationsprozessen darstellen, die in einem rekonstruktiven Aneignungsmodus primär implizit/unbewusst erfolgen. In „Die feinen Unterschiede" stellt er im Bezug auf die Aneignung der „Regeln der Kunst" fest: „Und wie der Lehrling oder Jünger um den Preis einer wahrhaftigen Auslieferung seiner selbst, mit der er auf Analyse und Auswahl der Elemente des exemplarischen Verhaltens verzichtet, unbewußt die Regeln der Kunst sich anzueignen vermag, einschließlich derjenigen, die dem Meister selbst nicht bewußt sind, so kann auch der Kunstliebhaber in einem Akt der Hingabe ans Werk dessen Konstruktionsprinzipien verinnerlichen, ohne daß diese je ins Bewußtsein treten, je formuliert werden oder überhaupt formulierbar sein müssten" (Bourdieu 1982: 121f).

Ein sozialisations- bzw. habitustheoretischer Konsens zeigt sich auch im Grundverständnis der lebensgeschichtlichen Variabilität und *Entwicklungslogik* von Habitus. Berger und Luckmann beschreiben diese Logik folgendermaßen:

> Bereits „internalisierte Wirklichkeit (hat, H.W.) die Neigung (...) haften zu bleiben. Welche neuen Inhalte auch zu internalisieren sind, irgendwie muß die schon vorhandene Wirklichkeit überlagert werden. So kommt es zum Problem der Verschränkung von ursprünglichen und hinzukommenden Internalisierungen. (...) Hat man (...) als Kleinkind gelernt, daß gewisse Unmanierlichkeiten widerlich sind, so bedarf es denn doch einer gewissen Erläuterung, warum sie bei der Kavallerie Ehrensache sind. (Berger/Luckmann 1969: 150f.)

Elias und Bourdieu teilen diesen Grundgedanken einer sich im Lebenslauf bildenden Schichtung, in der jede vorhergehende Schicht die folgende bedingt. Bourdieu prägt dafür den Begriff der „systematischen Biographie" (1976: 189) und behauptet, dass „die Logik seiner Genesis (...) aus dem Habitus eine chronologisch geordnete Serie von Strukturen (macht, H.W.), worin eine Struktur bestimmten Rangs die Strukturen niedrigeren – folglich genetisch früheren – Rangs spezifiziert und die Strukturen höheren Rangs durch Vermittlung einer strukturierenden Aktion (...) wiederum strukturiert" (ebenda: 188). Der in den ersten (Familien-)Sozialisationsphasen entstehende „Primärhabitus" (Lettke 1995) ist demnach eine Art Schaltstelle der weiteren sukzessiven Strukturierung des Selbst. Mit der entsprechenden ‚Verhaltens-' und ‚Realitätsgrammatik' der Familie und (damit) ihres weiteren sozio-kulturellen Kontextes (Milieus), mit den Dispositionen der Sprache, der Kognition, der Moral, des Geschmacks, liegen die Fundamente der (sekundären) Sozialisation fest, die die möglichen Anschlüsse und immer enger werdenden Spielräume der dann noch folgenden, z.B. schulischen, Lernprozesse bestimmen.

In diesem (Entwicklungs-)Zusammenhang deutet Elias die *Individualisierung* des Individuums als einen Prozess, der vom (primären) Habitus ausgeht, bedingt und bestimmt wird.

Das primäre sozialisatorische „Gepräge, also der soziale Habitus der Individuen", bilde „gewissermaßen den Mutterboden, aus dem diejenigen persönlichen Merkmale herauswachsen, durch die sich ein einzelner Mensch von anderen Mitgliedern seiner Gesellschaft unterscheidet" (Elias 1988: 244)[22].

In den sozialisationstheoretischen Kontext von Elias, Bourdieu und Oevermann kann auch Goffman gestellt werden, der hier sowohl empirisch–sachlich als auch konzeptuell wichtige Ergänzungen liefert. Ein wesentlicher empirisch–sachlicher Anschluss ergibt sich daraus, dass Goffman sich zwar kaum mit der primärsozialisatorischen Genese von (habituellen) Akteursdispositionen beschäftigt (eine Ausnahme bildet seine Behandlung der Geschlechtersozialisation), aber zentral den sonst eher vernachlässigten Komplex des *Ver*lernens und *Um*lernens, der Degeneration und Deformation solcher Dispositionen behandelt. Mit dem Konzept der „moralischen Karriere" (1973; 1967) widmet sich Goffman, genauer gesagt, den spezifischen „Lernerfahrungen", die Stigmatisierte mit der Konsequenz gravierender Wandlungen ihrer Selbst- und Weltauffassung machen. Es geht Goffman in diesem Zusammenhang also um identitätsbezogene Sozialisations- und *Dis*sozialisationsprozesse, um Habitusein-, ab- und -umstellungen von Akteursklassen, die bereits sozialisiert sind. Goffmans Aufmerksamkeit richtet sich vor allem auf die fungierenden moralisch–symbolischen Selbst-Dispositionen, sozusagen den moralischen Selbst–Kern, der nach seiner Vorstellung aus ‚positiven Erfahrungen' erwächst und in „negativen Erfahrungen" beschädigt werden oder erodieren kann. Ganz im Sinne Bourdieus zeigt Goffman zwar auch die Hartnäckigkeit und Widerständigkeit des auf moralische Weise zur „moralischen Tatsache" (Goffman) ‚gebildeten' („bürgerlichen") Selbstes, sei es innerhalb oder außerhalb totaler Institutionen. Aber er macht in einer Art Sequenzanalyse typischer Erfahrungen und Erfahrungsgeschichten auch klar, dass die Immunität und Resistenz dieses Selbstes Grenzen hat, dass der Systematik seiner Generierung eine Systematik seiner Degenerierung, Deformation und Destruktion entspricht. Diese Prozesse erscheinen als Effekte kontinuierlich wiederkehrender „negativer Erfahrungen", die entweder in institutionellen (System-)Mustern, wie z.B. den Prozeduren psychiatrischer Anstalten, gründen oder/und aus habituellen Reaktionen normaler ‚Mitmenschen' hervorgehen. Die ‚Karriere' des stigmatisierten Selbstes ist demnach durch äußere und innere (habituelle) Objektivitäten bestimmt, die mit typischen Erfahrungen und Reaktionsmustern auch typische Verlaufsmuster der Selbst–Entwicklung zur Folge haben. Goffman beschreibt m.a.W. ‚Schlüsselerfahrungen', die „Wendepunkte" der Selbst- und Weltauffassung nach sich ziehen. So zeigt sich z.B., „daß dort, wo es der kindliche

---

22 Damit spielt auch die Zufälligkeit des Zusammentreffens von Habitusschicksal und sozialem Lebensschicksal eine Rolle. Das kann z.B. – mit ‚Bildungsfolgen' – bedeuten, dass ein ‚inkorporiertes Kapital' in ein inkorporiertes Manko umschlägt. So haben in totalen Institutionen gerade nicht die anderswo erfolgreichen ‚feinen Leute' die besten Erfolgs- und Lebenschancen. Umgekehrt kann ein ‚vornehmer' Habitus eine unerwartete Erfahrungsmodulation nach sich ziehen – eventuell mit Sozialisationsfolgen. Goffman gibt das erhellende Beispiel eines inhaftierten „Engländers der oberen Mittelschicht", der als Häftling unter den ‚Bodensatz' seiner Gesellschaft geraten ist:
„In den ersten fünf Wochen meiner Haft wurde ich – außer während der je zwei Arbeitsstunden morgens und nachmittags und während der Hofrundgänge – in meiner Zelle eingeschlossen, glücklicherweise alleine. Die Mehrheit der Männer fürchtete die langen Stunden des Eingesperrtseins. Aber nach einiger Zeit begann ich mich auf das Alleinsein zu freuen, denn es ersparte mir, von einem Beamten angebrüllt zu werden oder dem endlosen, gemeinen Gerede der anderen Gefangenen zuhören zu müssen. Diese einsamen Stunden verbrachte ich meist lesend" (zit. n. Goffman 1973: 181).

Stigmatisierte fertigbringt, mit irgendwelchen übriggebliebenen Illusionen durch seine frühen Schuljahre zu kommen, der erste Versuch, sich zu verabreden oder einen Job zu bekommen, oft den Moment der Wahrheit herbeiführen wird" (Goffman 1967: 47). Derartige ‚Spiegelungen‘ induzieren eine Art *Mentalitätswandel*. Sie zwingen dazu, neu zu erlernen, „wie man ein Selbst – und dies ist wichtig: auch sein eigenes – beurteilt" (Goffman 1973: 166; vgl. ders. 1967: 45f.). Mit der Rekonstruktion dieser (Ver-)Lernprozesse unternimmt Goffman sozusagen eine soziologische Psychoanalyse, eine auch an Bourdieus „systematische Biographie" erinnernde ‚Archäologie‘ des Selbst, die, vom ‚Unbewussten‘ der moralisch–symbolischen Habitus ausgehend, „halb verschüttete Entwicklungslinien", Brüche und Transformationen „in der Sicht der Welt" zurückverfolgt (1973: 166). Mit dieser ‚Psychoanalyse‘ klärt sich auch die Genese des normalen, ‚ungebrochenen‘ Selbstes und die Bedingtheit seiner Existenz.

4. Kapitaltypen

Die Begriffe Figuration und Feld verweisen auf ‚Werte‘ und Ressourcen, die der Akteur mit Implikationen und Konsequenzen für seine soziale Positionierung (Status) besitzt oder ermangelt, die er gegebenenfalls ins Spiel bringen kann und die für ihn in seinem sozialen Handeln auf dem Spiel stehen.

Bourdieu greift in diesem Zusammenhang den wirtschaftstheoretischen Kapitalbegriff auf und entwickelt ihn als ein Konzept, das auf alle gesellschaftlichen Felder übertragbar ist (vgl. 1983: 184f.) Dieses Konzept übergreift unterschiedliche sozial-positional, instrumentell und strategisch relevante (Wert-)Tatsachen bzw. Ressourcen wie Geld, Sprache, Körper, Titel und ‚Beziehungen‘.[23] Bourdieu differenziert drei basale Kapitalsorten: das „kulturelle" (a), das „soziale" (b) und das „ökonomische" (c) Kapital.

(a) Drei Varianten kulturellen Kapitals werden von Bourdieu unterschieden: „inkorporiertes", „objektiviertes" und „institutionalisiertes". Im Verständnis des erstgenannten besteht dabei der eigentliche ‚Clou‘ der einschlägigen Bourdieuschen Überlegungen. Unter inkorporiertem Kulturkapital versteht Bourdieu – ganz in Übereinstimmung mit Elias – verinnerlichte und damit dauerhafte Dispositionen, die in mehr oder weniger langfristigen, d.h. zeitintensiven, Sozialisationsprozessen entstanden sind. Es geht also um ein Kapital in der Form (und mit den Implikationen) von Habitus. Diese sind auch – so Bourdieu wie Elias – im Kontext objektivierten Kulturkapitals, wie z.B. Kunstwerken, Instrumenten, Büchern, Einrichtungsgegenständen usw., zentral – insofern nämlich die Aneignung dieser Objekte die Verfügung über kulturelle Kompetenzen, insbesondere Urteilsfähigkeiten, erfordert. Demgegenüber ist das institutionalisierte Kulturkapital, vor allem in der Form von Bildungstiteln,

---

23 Grundsätzlich geht Bourdieu von systematisch und hartnäckig ungleichen Verteilungsstrukturen aus (vgl. 1983: 183). Die jeweilige historische Verteilungsstruktur der diversen Kapitalformen entspricht ihm zufolge der „immanenten Struktur der gesellschaftlichen Welt, d.h. der Gesamtheit der ihr innewohnenden Zwänge, durch die das dauerhafte Funktionieren der gesellschaftlichen Wirklichkeit bestimmt und über die Erfolgschancen der Praxis entschieden wird" (ebenda: 183).

relativ unabhängig von dem kulturellen Kapital, das die Person seines Trägers „tatsächlich zu einem gegebenen Zeitpunkt besitzt" (Bourdieu 1983: 190).

b) Soziales Kapital versteht Bourdieu als die „Gesamtheit der aktuellen und potentiellen Ressourcen, die mit dem Besitz eines dauerhaften Netzes von mehr oder weniger institutionalisierten *Beziehungen* gegenseitigen Kennens oder Anerkennens verbunden sind" (ebenda: 190f.). Dieser ‚Besitz' ist für Bourdieu das Produkt von Investitionsstrategien und einer „unaufhörlichen *Beziehungsarbeit* in Form von ständigen Austauschakten [...], durch die sich die gegenseitige Anerkennung immer wieder neu bestätigt" (ebenda: 193)[24]. Der hier gemeinte Austausch impliziert Verhältnisse der Wechselseitigkeit und Interdependenz, die viel mit Strategie, Inszenierung und ‚Performance' zu tun haben.

c) Ökonomisches Kapital, wie Bourdieu es definiert, ist „unmittelbar und direkt in Geld konvertierbar und eignet sich besonders zur Institutionalisierung in der Form des Eigentumsrechts" (ebenda: 185). Bourdieu hält diesen Kapitaltyp und, wie gesagt, das ökonomische Feld überhaupt für (gegenwarts-)gesellschaftlich primär und dominant.

Die „wahrgenommene und als legitim anerkannte Form" des ökonomischen, kulturellen und sozialen Kapitals bezeichnet Bourdieu (1989: 11) als symbolisches Kapital[25]. Gemeint sind damit ‚Definitionen' der Anerkennung, Geltung und Achtung, die mit Begriffen wie Statussymbol, Ruf, Prestige, Reputation oder Image gefasst werden können.

5. Netzwerke, Netzwerken und Netzwerker

Die Kapitaltypologie Bourdieus, insbesondere seine Begriffe soziales Kapital, kulturelles Kapital und symbolisches Kapital, lässt sich leicht auf die nicht grundlos erfolgreichen Begriffe Netzwerk, Netzwerken und Netzwerker beziehen (vgl. Hepp u.a. 2006; Wittel 2006). Diese Begriffe, die mittlerweile nicht nur zur sozialwissenschaftlichen Terminologie, sondern auch zum Alltagsvokabular und zum Grundmusterbestand der Welt- und Selbstdeutung verschiedenster (Feld–)Akteure gehören (Wirtschaftsmanager, Wissenschaftler, ‚Kulturschaffende', Umweltschützer etc.), bezeichnen reale Beziehungstypen, soziale Praxen und habituelle Dispositionen (z.B. Mentalitäten). Die ‚Übersetzbarkeit' des Netzwerkansatzes in die Figurationssoziologie liegt auf der Hand.

Prinzipiell geht es hier unabhängig von den feldspezifischen ‚Inhalten' (Geld, Macht, Reputation u.s.w.) um Beziehungsformen und Formen strategischen Selbst- und Beziehungs-

---

24 Natürlich versteht man nicht zuletzt im Feld der Wissenschaft sofort, was hier gemeint ist. Allerdings tritt auch sofort die Wesensdifferenz der Kapitaltypen zu Tage. ‚Beziehungskapital' ist eine recht diffuse, instabile und unzuverlässige Angelegenheit.

25 Der Begriff des symbolischen Kapitals wird von Bourdieu – mit und ohne Rückbezug auf die genannten Kapitaltypen – nicht völlig klar und einheitlich verwendet. Es ist auch fraglich, ob nicht noch andere als die von Bourdieu fokussierten Grundlagen symbolischen Kapitals von erheblicher oder zunehmender Bedeutung sind. Zu denken wäre etwa an „korporales Kapital", von dem Bourdieu verschiedentlich spricht. Auch mit dem Körper können sich ja wie mit Beziehungen (und in Beziehungen) diverse sozial positionierende Ressourcen verbinden.

managements, das mit den Mitteln der (Selbst-)Darstellung auf soziale Wertschöpfungen und Werterhaltungen zielt. Klassischerweise im Rahmen von Interaktion, die sich in feldspezifischen und feldbestimmten Veranstaltungen zuspitzt (Kongressen, Messen u.s.w.), zunehmend aber auch oder vor allem auf *medialer* Basis (im Internet: Email, Chatrooms, Spezialforen u.s.w.)[26], wird soziales Kapital durch eine strategische Imagearbeit produziert und reproduziert, die den Akteuren bzw. Adressaten typischerweise als solche, d.h. als Arbeit (Investition, Kosten), bewusst ist. Kern dieser Imagearbeit ist das Produzieren von „Pluspunkten" (Goffman 1971: 30), das eine viele Details (Kleidung, Frisur, Freizeitaktivitäten u.s.w.) umfassende publikumsbezogene Selbststilisierung impliziert. Voraussetzungen und Effekte dieses mit den Handlungstypen des Werbens und des (Selbst-)Vermarktens verwandten oder zusammenfallenden Handelns sind Formen sozialen und kulturellen Kapitals. Man braucht unter Umständen ‚objektiviertes' oder ‚institutionalisiertes' Kulturkapital, um in bestimmten ‚Kreisen' überhaupt anschlussfähig zu sein und ‚Networking' betreiben zu können. In jedem Fall sind bestimmte habituelle Dispositionen erforderlich, um in dem hier gemeinten sozialen Kapitalismus als Akteur Erfolg zu haben. Zu diesen Dispositionen gehört eine mehr oder weniger stark distanzierte und im Sinne strategischer Kalkulation rationalisierte Einstellung zu den Handlungspartnern und eine ebenso stark reflexive, an Kosten/Nutzen-Verhältnissen orientierte Denkweise und nicht zuletzt eine ‚psychologische' Feinfühligkeit und dramaturgische (inszenatorische und performative) Kompetenzen. ‚Networking' braucht m.a.W. ein breites Spektrum von Orientierungen und ‚skills', die sich gerade auch in den durch die Medienevolution diversifizierten Performanzen erweisen müssen. In der unmittelbaren Interaktion kommt es auf die klassischen Kompetenzen der Klugheit, inklusive der Täuschung, an. Die entsprechende Gestaltung von Emails z.B. bedarf anderer und zusätzlicher Kompetenzen. All dies erinnert aber im Prinzip gleichermaßen an den Höfling, wie Elias ihn beschreibt, und an den Imagearbeiter und das ‚Marketing-Selbst', wie es etwa von Goffman (1971) oder Riesman (1958) beschrieben worden ist.

Die kulturellen bzw. zivilisatorischen Akteursdispositionen und Praxisaspekte, um die es hier geht, sind also im Prinzip nicht neu. Neu erscheinen vor allem der soziale Generalisierungsgrad und die feldspezifische Ausformung dieser Phänomene, und neu scheinen auch ihre Zurichtung und Graduierung durch die (neuen) Medien bzw. medialen Bühnen zu sein.

---

26 Zu der entsprechenden Bedeutung des Internets vgl. Willems 2008; Pranz 2008.

Literatur

Altmeppen, Klaus-Dieter (Hrsg.) (2007): Journalismustheorie. Next Generation. Soziologische Grundlegung und theoretische Innovation. Wiesbaden: VS Verlag.

Berger, Peter L./Luckmann, Thomas (1969): Die gesellschaftliche Konstruktion der Wirklichkeit. Frankfurt/M.: Fischer.

Bourdieu, Pierre (1976): Entwurf einer Theorie der Praxis auf der ethnologischen Grundlage der kabylischen Gesellschaft. Frankfurt/M.: Suhrkamp.

Bourdieu, Pierre (1982): Die feinen Unterschiede. Kritik der gesellschaftlichen Urteilskraft. Frankfurt/M.: Suhrkamp.

Bourdieu, Pierre (1983): Ökonomisches Kapital, kulturelles Kapital, soziales Kapital. In: Kreckel, Reinhard (Hrsg.): Soziale Ungleichheiten. Göttingen: Schwartz. 183-198.

Bourdieu, Pierre (1987): Sozialer Sinn. Kritik der theoretischen Vernunft. Frankfurt/M.: Suhrkamp.

Bourdieu, Pierre (1988): Homo academicus. Frankfurt/M.: Suhrkamp.

Bourdieu, Pierre (1989): Satz und Gegensatz: über die Verantwortung des Intellektuellen. Berlin: Wagenbach.

Bourdieu, Pierre (1998): Über das Fernsehen. Frankfurt/M.: Suhrkamp.

Bourdieu, Pierre (1999): Die Regeln der Kunst: Frankfurt/M.: Suhrkamp.

Bourdieu, Pierre/Passeron, Jean-Claude (1971): Die Illusion der Chancengleichheit. Untersuchungen zur Soziologie des Bildungswesens am Beispiel Frankreichs. Stuttgart: Klett.

Dörner, Andreas/Vogt, Ludgera (1990): Kultursoziologie (Bourdieu – Mentalitätengeschichte – Zivilisationstheorie). In: Bogdal, Klaus-Michael (Hrsg.): Neue Literaturtheorien. Opladen: Westdeutscher Verlag. 131-154.

Durkheim, Emile (1972): Erziehung und Soziologie. Düsseldorf: Schwann.

Elias (1978): Zum Begriff des Alltags. In: Kölner Zeitschrift für Soziologie und Sozialpsychologie, Sonderheft 20. 22-29.

Elias, Norbert (1980): Über den Prozeß der Zivilisation: soziogenetische und psychogenetische Untersuchungen. 2 Bde. Frankfurt/M.: Suhrkamp.

Elias, Norbert (1981): Was ist Soziologie? München: Juventa.

Elias, Norbert (1983): Die höfische Gesellschaft. Untersuchungen zur Soziologie des Königtums und der höfischen Aristokratie. Darmstadt/Neuwied: Luchterhand.

Elias, Norbert (1988): Die Gesellschaft der Individuen. Frankfurt/M.: Suhrkamp.

Foucault, Michel (1974): Die Ordnung des Diskurses: Inauguralvorlesung am Collège de France, 2. Dezember 1970. München: Hanser.

Foucault, Michel (1983): Sexualität und Wahrheit 1. Der Wille zum Wissen. Frankfurt/M.: Suhrkamp.

Gehlen, Arnold (1957): Die Seele im technischen Zeitalter. Sozialpsychologische Probleme in der industriellen Gesellschaft. Hamburg: Rowohlt.

Gehlen, Arnold (1974): Der Mensch. Seine Natur und seine Stellung in der Welt. Frankfurt/M.: Athenäum.

Gehlen, Arnold (1986): Urmensch und Spätkultur. Philosophische Ergebnisse und Aussagen. Wiesbaden: Aula Verlag.

Gehlen, Arnold (1986a): Moral und Hypermoral. Eine pluralistische Ethik. Wiesbaden: Aula Verlag.

Goffman, Erving (1967): Stigma. Über Techniken der Bewältigung beschädigter Identität. Frankfurt/M.: Suhrkamp.

Goffman, Erving (1969): Wir alle spielen Theater. Hamburg/München: Piper.

Goffman, Erving (1971): Interaktionsrituale. Über Verhalten in direkter Kommunikation. Frankfurt/.M.: Suhrkamp.

Goffman, Erving (1973): Asyle. Über die soziale Situation psychiatrischer Patienten und anderer Insassen. Frankfurt/M.: Suhrkamp.

Goffman, Erving (1977): Rahmen-Analyse. Ein Versuch über die Organisation von Alltagserfahrungen. Frankfurt/M.: Suhrkamp

Goffman, Erving (1981): Geschlecht und Werbung. Frankfurt/M.: Suhrkamp.

Goffman, Erving (1994): Interaktion und Geschlecht. Frankfurt/M./New York: Campus.

Hahn, Alois (1986): Soziologische Relevanzen des Stilbegriffes. In: Gumbrecht, Hans-Ulrich/K. Ludwig Pfeiffer (Hrsg.): Stil, Geschichten und Funktionen eines kulturwissenschaftlichen Diskurselements. Frankfurt/M.: Suhrkamp. 603-611.

Hahn, Alois/Kapp, Volker (Hrsg.) (1987): Selbstthematisierung und Selbstzeugnis. Bekenntnis und Geständnis. Frankfurt/M.: Suhrkamp.

Hepp, Andreas/Krotz, Friedrich/Moores, Shaun/Winter, Carsten (2006) (Hrsg.): Konnektivität, Netzwerk und Fluss. Konzepte gegenwärtiger Medien-, Kommunikations- und Kulturtheorie. Wiesbaden: VS Verlag.

Kiss, Gabor (1991): Systemtheorie oder Figurationssoziologie – was leistet die Figurationsforschung? In: Kuzmics, Helmut/Mörth, Ingo (Hrsg.): Der unendliche Prozeß der Zivilisation: zur Kultursoziologie der Moderne nach Norbert Elias. Frankfurt/M.: Campus. 79-94.

Klein, Gabriele/Liebsch, Katharina (Hrsg.) (1997): Zivilisierung des weiblichen Ich. Frankfurt/M.: Suhrkamp.

Lettke, Frank (1995): Habitus und Strategien ostdeutscher Unternehmer. Eine qualitativ-empirische Analyse unternehmerischen Handelns. Dissertation. Trier.

Liebau, Eckart (1987): Gesellschaftliches Subjekt und Erziehung. Weinheim/München: Juventa.

Mongardini, Carlo (1992): Wie ist Gesellschaft möglich in der Soziologie von Norbert Elias? In: Jahrbuch für Soziologiegeschichte. Essen. 161-169.

Müller, Hans-Peter (1992): Sozialstruktur und Lebensstile: Der neuere theoretische Diskurs über soziale Ungleichheit. Frankfurt/M.: Suhrkamp.

Oevermann, Ulrich (1973): Zur Analyse der Struktur von sozialen Deutungsmustern. Unveröffentlichtes Manuskript.

Pranz, Sebastian (2008): Die Präsentation des Raumes im Videospiel. In: Willems, Herbert (Hrsg.): Weltweite Welten – Internet-Figurationen aus wissenssoziologischer Perspektive. Wiesbaden: VS Verlag (im Druck).

Riesman, David (1958): Die einsame Masse. Untersuchungen zum Wandel des amerikanischen Charakters. Hamburg: Rowohlt.

Tenbruck, Friedrich H. (1989): Die kulturellen Grundlagen der Gesellschaft. Der Fall der Moderne. Opladen: Westdeutscher Verlag.

Willems, Herbert (Hrsg.) (2008): Weltweite Welten – Internet-Figurationen aus wissenssoziologischer Perspektive. Wiesbaden: VS Verlag (im Druck).

Wittel, Andreas (2006): Auf dem Weg zu einer Netzwerk-Sozialität. In: Hepp, Andreas/Krotz, Friedrich/Moores, Shaun/Winter, Carsten (Hrsg.): Konnektivität, Netzwerk und Fluss: Konzepte gegenwärtiger Medien-, Kommunikations- und Kulturtheorie. Wiesbaden: VS Verlag. 163-188.

Einführende Literatur

Elias, Norbert (1981): Was ist Soziologie? München: Juventa.

Liebau, Eckart (1987): Gesellschaftliches Subjekt und Erziehung. Weinheim/München: Juventa.

Weiterführende Literatur

Elias, Norbert (1980): Über den Prozeß der Zivilisation: soziogenetische und psychogenetische Untersuchungen. 2 Bde. Frankfurt/M.: Suhrkamp.

Bourdieu, Pierre (1987): Sozialer Sinn. Kritik der theoretischen Vernunft. Frankfurt/M.: Suhrkamp.

Gesellschaft, sozialer Wandel und Gesellschaftstypen

Justine Suchanek

1. Gesellschaft – Ein umkämpfter Begriff

Mit Gesellschaft macht man unumgänglich seine alltäglichen Erfahrungen, schließlich ist es kaum dauerhaft möglich, außerhalb der Gesellschaft zu leben. Hierzu müsste man sich auf eine einsame Insel zurückziehen oder in einem von jeglicher Zivilisation abgelegenen Urwald seine Zelte aufschlagen. Trotz dieser gemeinsamen Alltagserfahrung von dem, was Gesellschaft ist, würde sich bei einer Umfrage unter bereits einigen wenigen Personen schnell herausstellen, dass sehr unterschiedliche Vorstellungen von dem, was Gesellschaft im Genaueren ist, existieren. Die verschiedenen alltäglichen Ideen können alle gleichsam plausibel sein, sie unterscheiden sich womöglich nur dadurch, dass jeder unterschiedliche Aspekte der Gesellschaft als besonders wichtig erachtet oder die Gesellschaft aus einem jeweils anderen Blickwinkel wahrnimmt.

Ein soziologischer Gesellschaftsbegriff unterscheidet sich zunächst von den alltäglichen Vorstellungen über und Erfahrungen mit der Gesellschaft. Die Soziologie untersucht systematisch, welche Annahmen in den einen oder anderen Gesellschaftsbegriff eingehen und ob diese Annahmen auch der Wirklichkeit entsprechen, indem sie einer empirischen Überprüfung Stand halten. Der Gesellschaftsbegriff ist also Teil einer ganzen Theorie des menschlichen Zusammenlebens, ebenso ist jede Theorie mit der sozialen Realität der Gesellschaft eng verknüpft. Ebenso wie es unterschiedliche Alltagserfahrungen mit der Gesellschaft gibt, generiert die Soziologie unterschiedliche Beschreibungen von der Gesellschaft. Es gibt eine Vielzahl von Ansätzen, die verschiedene Sichtweisen auf den Gegenstandsbereich Gesellschaft liefern.

Bereits in der frühen Soziologie war für den Gesellschaftsbegriff das Spannungsfeld zwischen Gesellschaft und Individuum bzw. zwischen Struktur und Handlung entscheidend. Auf der einen Seite stehen die Handlungen von Menschen im Zentrum des Interesses. Handlungen können beobachtet werden und sind ein zentraler Bestandteil der Gesellschaft. Durch soziales Handeln werden Werte gefestigt, soziale Bewegungen vorangetrieben und Organisationen gegründet. Durch soziales Handeln entsteht eine gewisse soziale Ordnung. Auf der anderen Seite gibt es bestimmte soziale Rahmenbedingungen, innerhalb derer Handlungen stattfinden. Hierbei handelt es sich um Chancen und Grenzen, die von Menschen selbst er-

zeugt sind. Das menschliche Zusammenleben wird in Institutionen wie Ehe, Elternschaft und Jugendgruppen sowie in Organisationen wie Familie, Partei, Kirche, Schule, Universität, Tennisclub oder etwa einem Unternehmen organisiert. Weitere soziale Rahmenbedingungen sind auf der gesellschaftlichen Ebene vorzufinden. Hierbei handelt es sich u. a. um bestimmte Formen des Wirtschaftens wie z.B. den Kapitalismus, verschiedene Herrschaftsformen wie z.B. die Demokratie und die Diktatur sowie um kulturelle Rahmenbedingungen wie z.B. Lebensstile, soziale Normen und aktuelle Wertvorstellungen.

Die Frage, wie sich Gesellschaft konstituiert, betrifft somit einerseits die Frage danach, wie Gesellschaft aufgrund von vielen, zumeist voneinander unabhängig handelnden Individuen realisierbar ist, und andererseits die Frage danach, wie Individuen angesichts von Gesellschaft vorstellbar sind. Verschiedene Theoretiker beantworten diese Frage sehr unterschiedlich, nicht selten konkurrieren ihre Positionen um die „richtige" Deutung von Gesellschaft. In einem der ersten Definitionsversuche trennt Ferdinand Tönnies zwischen Gemeinschaft und Gesellschaft. Beide Typen implizieren unterschiedliche Formen menschlicher Verbundenheit und verschiedene Handlungsorientierungen. War die Gemeinschaft durch die gegenseitige Verbundenheit, durch Eintracht, Sitte und Religion gekennzeichnet, entsteht durch die Innovationen der Industriellen Revolution eine neue Form des Zusammenlebens: Die Gesellschaft besteht aus getrennten Individuen, die nicht miteinander verbunden sind und sich zweckorientiert auf individuelle Akkumulation ausgerichtet verhalten. Anonymisierung und programmatische Individualität machen die Gesellschaft aus. Eher vom gesellschaftlichen Standpunkt aus entsteht für Emile Durkheim soziale Ordnung aus der Arbeitsteilung. Die fortlaufende gesellschaftliche Differenzierung bewirkt, dass die Individuen funktional aufeinander bezogene Tätigkeiten ausführen. Die Gesellschaft wird durch eine *organische Solidarität* zusammengehalten, d.h. die einzelnen Arbeitsbereiche sind aufeinander angewiesen und verlassen sich auf das wechselseitige Funktionieren. In diesem Sinne spezifiziert Herbert Spencer die Gesellschaft als einen sozialen Körper, der weitgehend unbeeinflusst von seinen Mitgliedern funktioniert. Georg Simmel wiederum misst dem Individuum eine stärkere Rolle in der Gesellschaft bei. Soziale Zusammenhänge entstehen aus den Wechselwirkungen zwischen den Individuen, die sich zu einer Form verdichten. Gesellschaft ist dementsprechend die Summe dieser Netzwerke. Die Wechselwirkungen bzw. die gesellschaftlichen Beziehungen zwischen Individuen bezeichnet Max Weber als *soziales Handeln*. Soziale Ordnung entsteht seiner Ansicht nach durch die Rationalität des sozialen Handelns. Talcott Parsons (1961) verbindet die handlungsbezogene Perspektive Webers mit der gesellschaftsbezogenen Ebene Durkheims und definiert Gesellschaft als ein Sozialsystem höchster Ordnung, welches ein Ordnungsniveau in der Art etabliert, dass innerhalb eines Gesellschaftssystems alle Strukturen und Prozesse, die für eine Analyse sozialer Systeme wichtig sind, eine relativ vollständige und stabile Entwicklung finden. Auch wenn man sich darüber streiten kann, was mit relativ vollständiger und stabiler Entwicklung gemeint ist, schließlich können viele gesellschaftliche Entwicklungen sehr radikal und plötzlich ablaufen, sind an dieser Definition zwei Argumente bestechend: Zum einen müssen alle Strukturen und Prozesse, die für die Analyse sozialer Systeme von Bedeutung sind, in die Gesellschaft integrierbar sein, d.h. alle sozialen Phänomene der Gesellschaft haben in dieser Ihren Platz. Zum anderen wird an dieser Definition deutlich, dass Gesellschaft kein statischer Begriff und untrennbar mit der Frage danach verbunden ist, wie gesellschaftliche Veränderungen entstehen und sich stabilisieren.

2. Sozialer Wandel – Was eine Gesellschaft vorantreibt

Sozialer Wandel ist eines der zentralen Themen soziologischer Theorie und Empirie. Schon mit der Entstehung der Soziologie im 19. Jahrhundert wollten ihre Gründungsväter wissen, warum sich gesellschaftliche Strukturen verändern und inwieweit man die Geschwindigkeit, Richtung und das Resultat der Entwicklungen voraussagen kann. In dieser Zeit fanden allgemeine politische, ökonomische und kulturelle Umbrüche statt. In politischer Hinsicht resultierten Konflikte und Umwälzungen vor allem aus der französischen Revolution, demographische Veränderungen entstanden durch das erhöhte Bevölkerungswachstum bzw. die zunehmende Urbanisierung und bezogen auf die kulturell-religiöse Sphäre hat die Säkularisierung einschneidende Veränderungen hervorgerufen. Die beginnende und rasant ablaufende Industrialisierung war überall zu spüren und wirkte sich auf fast alle Lebensbereiche aus. Diese Umwälzungen schärften die Wahrnehmung der Menschen dafür, dass soziale Ordnung nicht von Gottes Hand gelenkt wird, sondern eine eigene Dynamik aufweist und von Menschen steuerbar ist. Nicht alle Veränderungen wurden von den Betroffenen als fortschrittlich bewertet, viele Folgen der Industrialisierung sahen die Menschen als belastend und prekär an. Das Erkenntnis leitende Interesse der Soziologen damaliger Zeit war die Erforschung der Entwicklungsgesetze des gesellschaftlichen Wandels, um die Ursachen der Krisen besser zu verstehen und die zukünftige Entwicklung vorauszusagen. Der Glaube an ein bestimmtes Ziel der gesellschaftlichen Entwicklung, an eine bessere und humanere Welt wurde nicht als bloße Utopie, sondern als geschichtliche Notwendigkeit erachtet, aus der es kein Entrinnen gab. Man war sich sicher, das Woher, Wie und Wohin der gesellschaftlichen Entwicklung bestimmen zu können. Die Fragen der damaligen Forscher zielten vor allem auf die Identifikation der Bedingungen für den Fortschritt, die Naturbeherrschung und Demokratie. Seit dieser Zeit haben viele Forschungsarbeiten zu einem besseren Verständnis von sozialen Wandlungsprozessen beigetragen. Entwickelt hat sich ein breites Analyseinstrumentarium, das sozialen Wandel facettenreich und differenziert erfassen kann.

2.1 Begriff und Dimensionen des sozialen Wandels

Eine begriffliche Fassung des sozialen Wandels steht zunächst der Tatsache gegenüber, dass alle sozialen Phänomene historisch sind, es gibt quasi kein soziales Phänomen, das sich im Lauf der Zeit nicht verändert. Zeitgleich ist sozialer Wandel ein multidimensionaler Prozess, der kaum einheitlich und gradlinig verläuft. Die Vielschichtigkeit und Differenziertheit von sozialen Wandlungsprozessen kann am Beispiel des Erziehungssystems besonders gut illustriert werden: In den letzten Jahrhunderten unterlag das Verhältnis von Bildung und Gesellschaft enormen Umwälzungen. Im 16.-18. Jahrhundert war Bildung vornehmlich eine private Angelegenheit und wurde den Kindern zu Hause, sei es von den Eltern oder von Privatlehrern vermittelt. Der Haushalt hatte eine starke Position in der Gesellschaft, er stellte den idealen Kontext dar, um den Sprösslingen dasjenige Wissen und diejenige Tradition weiterzugeben, welche für ein Überleben des Haushalts vonnöten waren. Bildung war für diejenigen gedacht, die für die Aufrechterhaltung der vorherrschenden sozialen Ordnung wichtig waren, also vornehmlich ein Privileg der höheren Schichten. Bildung und Erziehung hatten insofern

eine ausgeprägte Status zuweisende Komponente. Die Individuen wurden auf eine bestimmte Position in der gesellschaftlichen Hierarchie vorbereitet, indem diese einen bestimmten
Habitus ausbildeten. Die Ideen von Sozialisation und Bildung bestanden dementsprechend
darin, dass die soziale Ordnung der Gesellschaft nur aufrechterhalten werden könne, wenn
Menschen lernen, zu gehorchen und Bildung als ein funktionales Äquivalent zur Gesetzgebung und Pflicht verstanden wird. Die Idee der privaten Erziehung wandelte sich, als u.a. die
Berufstätigkeit in der politischen Administration und die ökonomische Produktion ein immer
größeres Fundament systematischen Wissens erforderten. Es wurde mehr und mehr hinterfragt, ob die private Erziehung die neuen Generationen auch tatsächlich ausreichend auf ihre
zukünftige Rolle in der Gesellschaft vorbereitet. Im 18. Jahrhundert wurde die Aufmerksamkeit von der privaten auf die öffentliche Ausbildung, auf Schulen, Lehrer und die Frage der
ausreichenden Ressourcen von Bildungsinstitutionen gelenkt, wobei die private und öffentliche Erziehungsform als gleichwertig anerkannt waren. Während ein Vorteil der privaten
Erziehung in der natürlichen Autorität der Eltern gesehen wurde, erkannte man schnell, dass
Lehrer über einen höheren Professionalisierungsgrad verfügten. Mit der Ausgliederung von
Bildung aus dem Familienkontext, die mit Einführung der Schulpflicht im Verlauf des 19.
Jahrhundert überall in Europa ihren Höhepunkt nahm, stellte sich immer mehr die Frage nach
der Entwicklung und Anwendung von Erziehungs- und Bildungskriterien. Bildung wurde
für die Politik und die Ökonomie immer wichtiger: Humankapital wurde als eine zentrale
Grundlage einer prosperierenden Wirtschaft erkannt, Wirtschaftswachstum und Wohlstand
wiederum als eine wichtige Legitimationsquelle der Politik. Da die zunehmende Arbeitsteilung in der industrialisierten Gesellschaft neue Lebensverläufe von Individuen erforderte,
veränderte sich die Idee von Bildung grundlegend. Während noch bis Mitte des 19. Jahrhunderts die Mehrgenerationenfamilie als Familienverbund und Produktionseinheit unter einem
Dach lebte, fand mit beginnender Industrialisierung eine Trennung von Wohn- und Arbeitsplatz statt. Bildung sollte nun einen Beitrag dazu leisten, das Individuum zu emanzipieren
und sein Verhältnis zur Gesellschaft neu auszurichten. Ganz im Sinne der Aufklärung steht
vor allem Humboldt für ein neues Verständnis für Bildung, deren ideale Funktion nun im
freiheitlichen und autonomen Erwerb von Individualität sowie der inneren Verbesserung und
Veredelung besteht. Die akademische Freiheit der Bildungsuniversität im 19. Jahrhundert ist
dementsprechend eine institutionelle Errungenschaft, die eine individuelle Bildung ermöglichen soll (vgl. Vanderstraeten 2006).

Das soziologisch interessante an den skizzierten sozialen Wandlungsprozessen ist, dass
sich relevante Elemente des Sozialsystems verändert haben. Zunächst hat sich das Prinzip der
sozialen Integration umgestellt. Weitaus größere Bevölkerungsgruppen haben nun die Möglichkeit, am Bildungssystem teilzuhaben. Ebenso wird eine Veränderung der *Systemintegra-
tion* sichtbar. Die Trennung von Wohn-, Bildungs- und Arbeitsplatz markiert zunächst neue
Mobilitätsanforderungen an das Individuum. Folgeprobleme können z.B. die biographische
Vereinbarkeit von Familie und Beruf sein. Auf gesellschaftlicher Ebene wiederum ergibt sich
das Problem der „Koordination" der verschiedenen Bereiche. Die Ökonomie hat bestimmte
Erwartungen an die Kompetenzen und Ausbildung ihrer potentiellen Mitarbeiter entwickelt,
welche das Bildungssystem nicht einfach dauerhaft ignorieren kann. Andererseits steigen mit
immer höheren Bildungsabschlüssen der Gesamtbevölkerung auch die Erwartungen an die
beruflichen Möglichkeiten seitens der Individuen. Die Wirtschaftsorganisationen sind gefor-

dert, ihre Arbeitsplätze so zu gestalten, dass die Mitarbeiter ihr Können und ihre Fähigkeiten auch umsetzen können.

Darüber hinaus wird deutlich, dass soziale Wandlungsprozesse erst vor dem Hintergrund der bestehenden Struktur verstanden werden können. Das, was sich verändert, wird erst in Bezug zu den bestehenden Strukturen begrifflich aufnehmbar, die als relativ stabile Muster des sozialen Handelns bezeichnet werden können. Welche Auswirkungen die Verlagerung der Bildungsstätte vom Privaten ins Öffentliche für die bestehende soziale Hierarchisierung der Gesellschaft hatte, wird erst vor dem Hintergrund der damals bestehenden Ungleichheitsverhältnisse deutlich. Bildung hatte die Funktion, die generationenübergreifende Reproduktion von Status und Macht der privilegierten Schichten zu sichern. Die Verlagerung der Bildungsverantwortung auf öffentliche Schulen sowie die Bildungsexpansion im Zuge der Bildungsreformen in den 60er Jahren führten dazu, dass nun bis dahin bildungsferne Bevölkerungsgruppen einen Zugang zur Bildung erhielten. Dennoch konnte die soziale Ungleichheit von Bildungschancen nicht gänzlich abgebaut werden, vor allem im Übergang in das tertiäre Bildungssystem sind Arbeiterkinder nach wie vor unterrepräsentiert (Becker 2004). Alte soziale Strukturen wie hier die Chancenungleichheit im Bildungszugang wurden durch die umfassenden Wandlungsprozesse von Bildung und Erziehung nicht völlig wegradiert, sie leben mehr oder weniger stark fort.

Von Bedeutung ist, dass der Begriff sozialer Wandel nicht ausschließlich auf die *sozialstrukturelle* Ebene abzielt. Ebensolche Aufmerksamkeit verdient der *sozio-kulturelle* Wandel. Die Herausbildung des Bildungssystems im Laufe des 19. Jahrhunderts brachte es mit sich, dass sich ebenso das Verständnis bzw. die Bedeutung von Bildung verändert hat. Im Kern betrifft der Bedeutungswandel die Funktion von Bildung und Erziehung für die Gesellschaft, der als Umstellung von der Inpflichtnahme des Individuums für die Gesellschaft zur menschlichen Selbstwerdung und -verwirklichung beschreibbar ist. Mit dem Strukturwandel änderte sich also auch die Idee von Bildung grundlegend. Das Verhältnis zwischen dem sozialen Wandel auf der strukturellen und der kulturellen Ebene bildet bis heute ein spannendes Feld soziologischer Forschung. Um zu ergründen, wie sozialer Wandel abläuft, kann es z.B. Sinn machen, danach zu fragen, wie und unter welchen Bedingungen sich neue kulturelle Muster derart stabilisieren, dass sie zu Strukturen werden und umgekehrt, welche Strukturen im Besonderen einen kulturellen Wandel hervorrufen.

Dabei ist es sinnvoll, zwischen verschiedenen Analysedimensionen zu differenzieren. Hilfreich ist hierfür die Kategorisierung der Arten des sozialen Wandels, wobei Wiswede (1991) die Kriterien *Bedeutung, Umfang, Auftreten, Steuerung, Ursachen und Folgen des sozialen Wandels* vorschlägt. Unterschieden wird insofern, ob der soziale Wandel gering bedeutend (z.B. Moden, Fluktuationen, Konjunkturschwankungen) oder bedeutend ist (z.B. Demokratisierung der politischen Struktur), ob der Wandlungsvorgang partiell abläuft (z.B. nur die ökonomische Struktur betreffend) oder total (z.B. durch eine durchgängige Modernisierung), ob der Wandel evolutionär auftritt (langfristig und allmählich) oder revolutionär (abrupt und explosiv), ob er geplant oder ungeplant ist (hier ist zu berücksichtigen, dass intendierte Wandlungsprozesse oft unintendierte Nebenwirkungen haben), ob unifaktorielle Veränderungen (z.B. die Folgewirkungen einer neuen Religion) oder multifaktorielle Veränderungen (z.B. die vielfältigen Ursachen der Industrialisierung) für den Wandel ursächlich sind und ob die Folge des sozialen Wandels eufunktional (das System fördernd) oder

dysfunktional (dem System abträglich) ist. Zu berücksichtigen ist, dass es sich hierbei um idealtypische Formen des sozialen Wandels handelt. In der Realität wird man Wandlungsprozesse nur auf einem Kontinuum zwischen bedeutend und gering bedeutend, evolutionär und revolutionär etc. einordnen können.

Eine letzte begriffliche Eingrenzung bezieht sich auf die Ebenen des sozialen Wandels. Um beim obigen Beispiel zu bleiben, spielen sich Wandlungsprozesse nicht nur auf der gesellschaftlichen Ebene ab (Herausbildung des Bildungssystems), sondern generieren in vielfacher Weise neue Organisationsformen (Schule) und verändern individuelle Einstellungen (neue Individualität). Zapf (1986) definiert deshalb sozialen Wandel als einen Veränderungsprozess, der sich auf der *Makroebene*, hierzu gehören die Sozialstruktur und Kultur, auf der *Mesoebene*, hierunter sind vor allem Organisationen und Institutionen einzuordnen, und auf der *Mikroebene*, hiermit ist die Person gemeint, beobachten lässt. Die Aufgabe der Soziologie ist ihm zufolge, auf allen diesen Ebenen den sozialen Wandel entlang der Analysedimensionen näher zu bestimmen. Wie sozialer Wandel im Genaueren abläuft, welche Mechanismen zu einer gesellschaftlichen Veränderung führen, wie der Prozess der Veränderung abläuft und wohin er führt, wird von verschiedenen soziologischen Theorien, die sich im Laufe der Zeit entwickelt haben, unterschiedlich beantwortet.

2.2   Zentrale Theorien des sozialen Wandels

2.2.1 Modernisierungstheorien und Transformation

Großtheorien, die Modernisierungsprozesse erklären, wurden vor allem nach dem zweiten Weltkrieg in den USA entwickelt, um die Bedingungen für ein sich selbst tragendes, effizientes Wirtschaftswachstum und eine demokratische politische Ordnung herauszufiltern. Angenommen wird ein allgemeingültiger Entwicklungsverlauf moderner Gesellschaften, der von unkontrollierter zu kontrollierter Gefühlswelt des Menschen, vom Kollektivismus zur Individualisierung der Lebensformen, von totalen Bindungen zu spezialisierten und vielfältigen Beziehungen, von der Herkunftsabhängigkeit der sozialen Positionierung zur Zuweisung von Status durch individuelle Leistung sowie von einzelnen, an Zeit und Ort gebundenen Normen zu allgemeingültigen Wertorientierungen verläuft. In modernen Gesellschaften setzt sich der Markt, Eigentum und Geldwirtschaft, eine rasante Mobilisierung von Menschen und Ressourcen sowie materieller Wohlstand durch. Tradition und Willkür bei der Rechtsprechung werden durch allgemein gültige Normen und Gesetze ersetzt, die politische Teilnahme der Individuen wird durch eine legitime Konsensbildung erhöht, Konflikte und deren Regelungen werden rechtlich und politisch institutionalisiert und zivilisiert (Joas 2001).

Diese Vorstellung vom sozialen Wandel geht auf Parsons (1971) zurück, der mit dem Begriff der *evolutionären Universalie* die Diskussion geprägt hat: Sie ist eine Errungenschaft, die für den weitergehenden gesellschaftlichen Fortschritt dermaßen wichtig ist, dass mit großer Wahrscheinlichkeit auch andere Gesellschaften diese Entwicklung selbst unter ganz unterschiedlichen Bedingungen machen. Parsons schweben vier Universalien vor: bürokratische Organisationsformen, Geld und Marktsysteme, ein allgemeines und universalistisches Rechtssystem sowie die Demokratie. Die Effizienz- und Effektivitätsvorteile, die sich durch

die Einführung der Universalien ergeben, will keine Gesellschaft mehr missen. Rückläufige Entwicklungen in den Gesellschaften werden deshalb unwahrscheinlich, sie finden höchstens temporär und lokal statt (Berger 1996). Stabilisiert wird diese Entwicklung von drei weiteren Dimensionen des sozialen Wandels: Durch technologischen Fortschritt erhöht sich die Anpassungsfähigkeit der Gesellschaft an eine sich verändernde Umwelt. Gleichzeitig werden immer größere Bevölkerungsgruppen in die Gesellschaft sozial integriert, indem sie an dem wachsenden Wohlstand teilnehmen und von den institutionalisierten Rechten profitieren. Das Kopieren von Technologien, Bildungsinstitutionen und Organisationsmethoden, hierzu zählen u.a. bestimmte Wert- und Normengefüge, Schulformen, Bildungsinhalte und Professionalisierungsformen von Lehrern, gilt in der klassischen Modernisierungstheorie als Antrieb von Entwicklung (Schimank 1996).

In den 60er Jahren ist der klassische Modernisierungsansatz in Kritik geraten. Zunächst scheiterten viele Entwicklungsprojekte, bei denen auf die Entwicklungsländer westliche Strukturen übertragen wurden. Sie mussten aufgrund mangelnder Akzeptanz, unerwarteten Nebenwirkungen und der ausbleibenden Wirkung verworfen werden. Als problematisch erwies sich, dass die meisten Modernisierungstheorien ein Werturteil beinhalten, indem sie die westlichen Lebensformen als erstrebenswert betrachten und Kulturen mit anderen Normengefügen entweder kolonialisieren oder entfremden. Die Modernisierungstheorie geriet in den Verruf des Kulturimperialismus, ihr wurde vorgeworfen, dass die westlichen Gesellschaften sich als Modelle von Modernität begriffen, diese als positiv und unvermeidbar betrachteten und sie unter dem Deckmäntelchen von Entwicklungshilfe in andere Gesellschaften westliche Werte exportierten.

Mit dem Zusammenbruch des realsozialistischen Systems haben Modernisierungstheorien allerdings wieder neuen Aufwind bekommen. Zapf (1994: 7) überträgt die Theorie der gesellschaftlichen Modernisierung auf die postsozialistischen Transformationsprozesse: „Transformation kann man nun die Prozesse der gesellschaftlichen Entwicklung nennen, die mit der Zielsetzung Freiheit, Wachstum und Wohlfahrt explizit auf die Übernahme der modernen Basisinstitutionen gerichtet sind. Die Ziele der Transformation sind also prinzipiell bekannt, die Aufholprozesse haben eine klare Richtung. In diesem Sinn ist Transformation eine Teilmenge von Modernisierung bzw. eine ‚nachholende Modernisierung'". Auch wenn Modernisierungstheoretiker prinzipiell zugestehen, dass Neuerungen oft auf den Widerstand, Ängste und Interessen der in der Transformationsgesellschaft lebenden Akteure stoßen und die in postsozialistischen Ländern auftretenden Phänomene wie Regression, Entwicklungsbrüche, Segmentation, Nischenbildung und Vereinfachung von der Modernisierungstheorie vernachlässigt werden (Zapf 1996), steht das Modell einer gerichteten Transformation bzw. einer linearen, gegenüber den westlichen Gesellschaften nachholenden Entwicklung fest. Im Transformationsprozess müsse eben „aus kleingehäckselten Fischen wieder ein lebendiges, buntes Aquarium geschaffen" (Urban 2003), was meint aus dem dysfunktionalen, ineffizienten kommunistischen System die Demokratie und Marktwirtschaft nach westlichem Vorbild hergestellt werden. Es handelt sich dabei um einen quasi *designten Masterplan,* der die Implementierung von demokratischen Institutionen und ordnungspolitischen Rahmenbedingungen vorsieht, konkret heißt das die Verdrängung des Kollektiveigentums durch das Privateigentum, die Abschaffung der Planwirtschaft und Schaffung von freien Märkten und Wettbewerb, die Stärkung unabhängiger ökonomischer Akteure, die Einführung marktwirt-

schaftlich orientierter Rechtsnormen und der Ausbau einer effizienten staatlichen Infrastruktur (Reißig 1994).

Der modernisierungstheoretische Ansatz sieht Transformationen gewissermaßen durch eine „ökonomische Brille". Es wird davon ausgegangen, dass nach dem Systemzusammenbruch ein Vakuum entstanden ist, auch sozialistische Mentalitäten, Kulturen, Werte und Interpretationsmuster der Akteure mit der Wende verschwunden sind und nun durch die Einführung der richtigen Rahmenbedingungen eine Marktwirtschaft entsteht. Modernisierung ist also ein Prozess, bei dem bisher da Gewesenes durch Neues ersetzt wird. Transformationsprobleme resultieren aus dieser Sicht durch mangelnden bzw. fehlerhaften Einsatz der entsprechenden Rahmenbedingungen. Probleme und Brüche werden als Übergangsstadium einer nachholenden Entwicklung deklariert.

Dass die einmalige Historie des Transformationsprozesses von der Modernisierungstheorie nicht vollständig erfasst wird, zeigt sich daran, dass die Systemumbrüche nicht selten in einer Art „Schocktherapie" stattfanden und eine Reihe von Regelwidrigkeiten aufweisen, die zu einem linearen, gerichteten und zielorientierten Transformationsprozess einfach nicht passen wollen: Anstatt einer höheren Systemanpassung ist zunächst vielfach die Wirtschaft zusammengebrochen. Anstelle generalisierter Werte findet man vielfach ethnisch definierte Abgrenzungen, ein geringes Vertrauen der Bevölkerung in einzelne politische Institutionen sowie schwankende Parteienspektren. Es ist unklar, ob Demokratie und Marktwirtschaft als Ziel jemals erreicht werden, auch kann kaum von *der* Marktwirtschaft und *der* Demokratie als Zielgrößen ausgegangen werden, da sie theoretische Idealtypen sind, die unterschiedlichen Regulierungsformen unterliegen können (so gibt es z.B. in Deutschland die soziale Marktwirtschaft und in einigen Kantonen der Schweiz die unmittelbare Demokratie). Modernisierungstheoretische Erklärungsversuche von Transformationsprozessen werden deshalb vielfach kritisiert. Hier scheinen Theorien, die sozialen Wandel als einen prinzipiell offenen Prozess verstehen, die Realität besser abzubilden.

2.2.2 Marxistische Theorien

Während Modernisierungstheorien die Entwicklung der Gesellschaft als Folge eines umfassenden Wandlungsprozesses aller gesellschaftlichen Teilbereiche sehen, ist Karl Marx der Auffassung, dass sozialer Wandel durch die materiellen Verhältnisse verursacht wird. Dabei haben Marx und sein Weggefährte Engels die Differenzierung der Gesellschaft vor allem entlang der Achse Verfügung/Nichtverfügung über Produktionsmittel im Auge (Marx/Engels 1980 [1948]). Ihrer Ansicht nach hat die bürgerliche Gesellschaft die Klassengegensätze der vorangegangenen Gesellschaftsformen nicht beseitigt, sondern lediglich neu geformt. Standen sich in der antiken Stadt Patrizier und Plebejer, in der feudalen Gesellschaft Feudalherr und Leibeigener gegenüber, spaltet sich die industrielle Gesellschaft in Bourgeoisie und Proletariat. Die materielle Produktion führt zu einem Klassenwiderspruch, der als Widerspruch zwischen den Produktivkräften, d.h. zwischen der Verfügbarkeit des Menschen über seine Arbeit und den Produktionsverhältnissen, skizziert wird. Dies ist ganz im Sinne der Argumentationslinie des historischen Materialismus, in welcher die gesellschaftlichen Verhältnisse als Resultat der ökonomischen Verhältnisse bewertet werden.

Konkret stellt der Arbeiter dem Besitzer von Produktionsmitteln seine Arbeit gegen Lohn zur Verfügung. Der Lohn entspricht aber nicht dem Warenwert, sondern seine Arbeit ist mehr wert. Diesen „Mehrwert", der durch Überschüsse erwirtschaftet wird, kann der Kapitalist wieder in Maschinen investieren. Das Ergebnis ist, dass der Lohnarbeiter durch die neuen Maschinen immer mehr überflüssig wird, gleichzeitig schürt die Produktion immer billigerer Produkte die Konkurrenz zwischen den Unternehmern und bewirkt eine Abwärtsspirale der Preise. Um der damit einhergehenden sinkenden Profitrate entgegenzuwirken, rationalisiert der Unternehmer fortwährend, er entlässt Arbeiter und senkt die Lhne. Durch zunehmende Verelendung können die Menschen immer weniger Produkte kaufen. Die Unternehmer reagieren mit stärkerer Rationalisierung, um weiterhin Gewinne einzufahren. In diesem Konkurrenzkampf um Preise, Gewinne und die Marktstellung kommt es zu einer Akkumulation von Kapital, denn nur noch Großbetriebe überleben und kaufen kleinere, kaum mehr überlebensfähige Betriebe auf. Die Folge ist eine Verschärfung des Klassengegensatzes und die Entstehung eines proletarischen Klassenbewusstseins. Die ausgebeutete Klasse wird im Kampf gegen die ausbeutende Klasse siegen und die Produktionsmittel an sich nehmen. Der soziale Wandel der Gesellschaft ist danach abgeschlossen und die Menschheit an ihrem Ziel, der Schaffung von Bedingungen für die freie Entwicklung eines jeden Menschen, angelangt (Abels 2004).

Ungeachtet dessen, dass sich diese Vision bislang nicht bewahrheitet hat und sich der prognostizierte Entwicklungspfad aufgrund der immer weiter fortschreitenden Differenzierung der Gesellschaft kaum noch auf die moderne Gesellschaft übertragen lässt, stellt sich die Frage, ob sozialer Wandel tatsächlich primär auf die Ökonomie zurückgeführt werden kann. Dennoch, diese Sichtweise wird von anderen Soziologen durchaus geteilt. Da im Laufe der Zeit immer offensichtlicher wurde, dass die in Modernisierungstheorien postulierte Angleichung der Lebensverhältnisse in allen Regionen der Welt eine Fiktion ist, knüpft Immanuel Wallerstein (1999) mit seiner Welt-System-Theorie an die marxistische Tradition an. In seiner globalen Entwicklungstheorie nimmt er an, dass der Entwicklungsstand einer Gesellschaft nicht von der Implementierung politischer und ökonomischer Basisinstitutionen abhängt, sondern mit der dem Land zugedachten Rolle in der Weltökonomie. Die ökonomischen Rollen, welche die einzelnen Länder im Weltsystem spielen, werden in *Zentrum*, *Semi-Peripherie* und *Peripherie* aufgeteilt. Die westlichen Industriegesellschaften bilden die Machtzentren, deren massenhafte Produktionsstttten für ökonomische Prosperität sorgen und die über eine weitgehende politische Entscheidungsmacht verfügen. Als Peripherien werden Länder bezeichnet, die weder ökonomisch noch politisch auf der Weltkarte eine Rolle spielen und vom Machtzentrum abhängig sind. Zwischen den Zentren und Peripherien, die als Länder der Dritten Welt spezifiziert werden können, besteht eine institutionell abgesicherte Arbeitsteilung. Als technisch hoch entwickelte Region stellt das Zentrum komplexe Güter her, für die es zu niedrigen Preisen Rohstoffe und billige Arbeitskräfte aus der Peripherie importiert. Im Gegenzug verkauft das Zentrum seine Produkte zu einem hohen Preis an die Peripherie. Den semi-peripheren Staaten kommt eine besondere politische Rolle zu, denn um im Weltsystem eine Polarisierung zwischen Zentren und Peripherien und damit eine geballte Opposition zu vermeiden, sind diese als Ausgebeutete und Ausbeuter zugleich in einer Mittlerrolle.

Das moderne Weltsystem hat sich durch starke Grenzverschiebungen in den letzten 10 Jahren verändert. Das Zentrum des Weltsystems und die dritte Welt bestehen zwar weiterhin,

jedoch sind die ehemals als zweite Welt bezeichneten sozialistischen Staaten weitgehend transformiert. Auch die rasante Entwicklung der sog. Tiger-Staaten lässt erkennen, dass sich die Grenzen des Weltsystems erheblich verschoben haben. Dennoch, Evers (1999) argumentiert, dass die von Wallerstein propagierten Strukturen des Weltsystems keineswegs verschwunden sind, lediglich die Grenzen zwischen den Teilen des Weltsystems neu definiert werden müssten. Sein Vorschlag ist, nicht mehr von den durch den Kapitalismus erzeugten Grenzen auszugehen, sondern von der Verteilung von Wissen: Dieses durchdringt weltweite kulturelle, wirtschaftliche und soziale Zusammenhänge, so dass ähnlich wie beim Kapitalismus „Zentren der Wissensproduktion, eine Semiperipherie, in der Teilwissen als Softwareprogramme hergestellt werden, und eine Peripherie, auf die Wissen in Form einer Entwicklungs- und Strukturanpassungspolitik angewandt wird" (Evers 1999: 6) entstehen. Dementsprechend weist die Weltbank (1999) in ihrem Weltentwicklungsbericht darauf hin, dass Dritte-Welt-Länder nicht nur über ein geringes Volumen an Ressourcen verfügen, sondern im Vergleich zu Industriegesellschaften auch über wenig Wissen. Angesichts der globalen Polarisierung appelliert die Weltbank an die Industriegesellschaften zum Teilen von Wissen mit unterentwickelten Gesellschaften. Erste Ansätze bestehen im Bildungssystem darin, Austauschprogramme zu ermöglichen, ebenfalls entsenden einige Non-Profit-Organisationen regelmäßig Lehrkräfte in Dritte-Welt-Länder.

2.2.3 Differenzierungstheorien

Die differenzierungstheoretische Sichtweise auf die Gesellschaft ist bereits bei den Klassikern der Soziologie angelegt, sie beschreiben sozialen Wandel als zunehmende gesellschaftliche Arbeitsteilung und Aufgabenspezialisierung. So sieht u.a. Durkheim in der sozialen Arbeitsteilung ein zentrales Moment, warum sich einfache Gesellschaften in höhere Gesellschaften entwickeln. Während einfache Gesellschaften aus relativ kleinen homogenen Segmenten bestehen, erfordert die moderne Gesellschaft eine Neuordnung der Funktionen von Individuen für die Gesellschaft, die sie vor allem über Berufsrollen erfüllen können. Die organische Solidarität bildet dabei einen Integrationsmodus, zwar sind die Gesellschaftsmitglieder nicht gleich, auch haben sie keine starken wechselseitigen (Abstammungs-)Beziehungen zueinender wie in einfachen Gesellschaften, aber sie können sich auf das Funktionieren der Anderen verlassen. Simmel sieht in der Aufgaben- und Arbeitsteilung überhaupt gesellschaftliche Entwicklungsvorteile, da hierdurch eine Wachstums- und Produktivitätssteigerung möglich wird. Jeder kann sich auf seine ihm zugedachte Rolle konzentrieren und spezialisieren. Weber hat mit der Rationalisierung der Wertsphären eine entscheidende Beschreibung des gleichzeitig kulturell ablaufenden Wandels geliefert und Parsons definiert das Konzept der funktionalen Differenzierung zur zentralen Kategorie der Gesellschaft und des sozialen Wandels.

Damit ist der Grundstein für die Differenzierungstheorie nach Luhmann gelegt. Er unterscheidet drei Formen der primären Differenzierung eines Gesellschaftssystems, die einander in Entwicklungsphasen ablösen: *Segmentär differenzierte Gesellschaften* sind in gleiche Teile, z.B. in Stämme, Clans oder Dörfer aufgeteilt. *Stratifikatorisch differenzierte Gesellschaften* sind in ungleiche Schichten, z.B. in Adel, Bürger, Bauern und Besitzlose eingeteilt. Luhmann (1997) macht den Zeitpunkt, ab welchem die *funktional differenzierte Gesellschaft* die Schichtprämissen der stratifikatorischen Gesellschaft ablöst, im letzten Drittel des

18. Jahrhunderts aus. Funktional differenzierte Gesellschaften bestehen aus gesellschaftlichen Teilsystemen, die ganz im Sinne von Arbeitsteilung, bestimmte Aufgabenstellungen der Gesellschaft bearbeiten, dies jedoch in allen Belangen und nicht nur auf die berufliche Arbeitsteilung nach Durkheim bezogen.

Charakteristisch für die funktional differenzierte Gesellschaft ist, dass das Erziehungssystem auf öffentliche Schulen für die gesamte Bevölkerung umstellt und im 19. Jahrhundert ein durchorganisiertes Prüfungssystem eingeführt wird. Dieser Prozess gilt als heute abgeschlossen. Für das Erziehungssystem bedeutet dies, dass es eine eigene, exklusive Kompetenz für die gesellschaftliche Funktion der Erziehung und Bildung aufweist. Dies betrifft gleichermaßen die Herausbildung spezieller Funktionsrollen wie Lehrer und Hochschullehrer sowie die Entwicklung formaler Organisationen wie Schulen und Hochschulen. Zeitgleich reflektiert das Erziehungssystem seine eigenen Prozesse in einer eigenen Selbstbeschreibung, der Pädagogik. In diesem Sinne ist das Erziehungssystem neben den Teilsystemen Politik, Wirtschaft, Medien u. a. als ein geschlossenes, auf sich bezogenes System zu begreifen, welches sich selbst fortlaufend durch eigene Kommunikationen reproduziert. D.h. das Erziehungssystem definiert selbst, welche Bildungsinhalte wichtig sind, wie Curricula gestaltet und Schule organisiert werden. Natürlich kann das Erziehungssystem nicht völlig isoliert in der Gesellschaft existieren und nimmt auch durchaus die Erwartungen der Umwelt an seine Leistung wahr. So braucht die Wirtschaft gut ausgebildete Arbeitskräfte, die Politik wiederum ein leistungsfähiges Bildungssystem, um sich selbst zu legitimieren und um bei der nächsten Wahl gut abzuschneiden. Die Massenmedien beobachten ihrerseits die Funktionsfähigkeit des Bildungssystems sehr genau, wie man an der intensiven Berichterstattung zum deutschen „PISA-Schock" ersehen kann. Das Erziehungssystem nimmt diese Erwartungen in seine Perspektive als neue Informationen auf und kann sie in neuen pädagogischen Konzepten und Curricula berücksichtigen. So sollen nationale Bildungsstandards, die genau definieren, welche Leistungsniveaus Schüler am Ende bestimmter Klassen erreichen sollen, aus dem PISA-Tal führen.

Der Wandel von der einen zur nächsten gesellschaftlichen Differenzierungsform vollzieht sich immer, wenn die Entwicklungsmöglichkeiten innerhalb einer Form begrenzt sind und an ihre Grenzen stoßen. Die Übergänge vollziehen sich allmählich und oft über die Zeit von Jahrhunderten. Evolution wird an den Bruchstellen bereits längere Zeit vorbereitet, indem sich neue Ordnungen innerhalb der alten etablieren, bis sie ausgereift genug sind, um in eine neue Gesellschaftsform überzugehen, z.B. ist bereits in der stratifikatorischen Gesellschaft die Bildungsfunktion der Familie um öffentliche Schulen ergänzt worden. Im Wandel wird insofern lediglich der primäre Typ der Gesellschaft abgelöst, auch in der funktional differenzierten Gesellschaft gibt es Bereiche, in denen die segmentäre oder die stratifikatorische Ordnung vorherrscht (Luhmann 1997).

Zentral für das Verständnis des sozialen Wandels aus der differenzierungstheoretischen Perspektive ist, dass es sich um einen prinzipiell offenen Prozess handelt. Während Modernisierungstheorien und Marxistische Theorien eine bestimmte Richtung der gesellschaftlichen Entwicklung voraussagen, ist das Ergebnis der Evolution für Luhmann nicht bestimmt. Allerdings wird an dem differenzierungstheoretischen Zugang zum sozialen Wandel bemängelt, dass Akteure keine Rolle spielen, so dass reale Wandlungsprozesse, die oftmals von Akteuren strategisch initiiert oder behindert werden, nur unzureichend erklärt werden können (Mayntz 1995).

3. Gesellschaftstypen – In welcher Gesellschaft leben wir?

Gesellschaftstypisierungen werden in der Soziologie vorgenommen, um prägende gesell-schaftliche Entwicklungen und Strukturen eines bestimmten historischen Abschnitts zu mar-kieren. Typisierungen stellen eine Art Hilfskonstrukte dar, um gesellschaftliche Entwick-lungstrends in einem einzigen Begriff zu bündeln. Im Sinne von Max Weber (1988) handelt es sich dabei um Idealtypen, die es ermöglichen, strukturelle und kulturelle Schemen, die sehr komplex sind, zu veranschaulichen, als „theoretische Konstruktionen unter illustrativer Benutzung des Empirischen" (ebenda: 205) sind sie verdichtete Ausdrucksmittel. Während sich Ablaufmodelle auf die zeitliche Entwicklung der Gesellschaft beziehen, z.B. von der Agrar- über die Industrie- zur Dienstleistungsgesellschaft oder von der segmentär über die stratifikatorisch zur funktional differenzierten Gesellschaft, sind Gesellschaftstypologien Abstraktionen von wesentlichen gesellschaftlichen Merkmalen.

Die Soziologie ist bei ihren zeitdiagnostischen, also implizit auch auf die Zukunft ge-richteten Konstruktionen der Wirklichkeit besonders erfinderisch. Um dem Verdacht der Beliebigkeit zu entgehen, sollten Gesellschaftsmodelle daher immer auf einer Theorie der Gesellschaft bzw. des sozialen Wandels basieren, auch wenn Gesellschaftstypisierungen ausgesprochen selten bereits ausgereifte Gesellschaftheorien sind. Das vordergründige Ziel ist vielmehr die Erfassung wichtiger Trends des sozialen Wandels, so dass gesellschaftliche Entwicklungen zumeist selektiv in den Blick genommen und aufgrund des diagnostischen Charakters nur mit ausgewähltem empirischem Material unterfüttert werden können. Im Weiteren werden einige prominente Vorschläge für Gesellschaftstypisierungen skizzenartig vorgestellt. Es handelt sich dabei um eine Auswahl von Modellen, die meiner Ansicht nach zentrale Herausforderungen der zukünftigen Gesellschaft beschreiben und daher auch für Schulen von besonderer Relevanz sind.

3.1 Postindustrielle Gesellschaft

Die postindustrielle Gesellschaft dient nach wie vor als begrifflicher Rahmen allen Theo-rien, die sich mit den gesellschaftlichen Folgen von Technisierung, Informatisierung, Ver-wissenschaftlichung etc. befassen, als gemeinsamer Bezugspunkt. Konkret wird dieser Gesellschaftstyp in der wachsenden Bedeutung wissenschaftlichen Wissens für die Lebens-führung der Akteure begründet. Im Alltag schlägt sich diese Entwicklung dahingehend nie-der, dass man überall Statistiken über das menschliche Zusammenleben begegnet (z.B. in Zeitschriften), mit Informationen über wissenschaftliche Errungenschaften konfrontiert wird (z.B. in Gesundheitssendungen) und viel mehr Möglichkeiten hat, an Wissen heranzukom-men (z.B. im Internet).

Gründungsvater der postindustriellen Gesellschaft ist vor allem Daniel Bell (1985), der als wichtigsten Indikator des Wandels vor allem die Sozialstruktur, nämlich die Entstehung eines postindustriellen Sektors, im Blick hat. Im Zuge des Bevölkerungswachstums und des Massenkonsums nehmen produktionsbezogene Dienstleistungen sowie Handel und Gewer-be zu (Quartiärer Sektor). Durch das Wachstum der Realeinkommen steigen der Wohlstand und mit ihm personenbezogene Dienstleistungen. Diese strukturellen Veränderungen haben

Auswirkungen auf Wertorientierungen. Lebensqualität wird nicht mehr über Konsummöglichkeiten gemessen, sondern über immaterielle Annehmlichkeiten und postmaterialistische Werte wie Bildung, Kultur, Gesundheit, Erholung und Freizeit. Beobachtbar ist auch der Wandel zu liberaleren politischen und sozialen Einstellungen. Mit der Nachfrage zu mehr Lebensqualität sichernden Dienstleistungen geht wiederum das Wachstum professioneller Dienstleistungen einher, die das Gesundheits- und Bildungssystem, den öffentlichen Dienst sowie Forschung und Entwicklung umfassen (Quintiärer Sektor), dies ist der eigentliche postindustrielle Sektor.

Die zentrale Ursache für den Strukturwandel wird in der neuen gesellschaftlichen Stellung von Wissen verortet. Während das „axiale Prinzip" der industriellen Gesellschaft der optimale Einsatz von den Gütern Boden, Arbeit und Kapital war, steht im Zentrum der postindustriellen Gesellschaft das Wissen. Es handelt sich dabei um die Vorstellung einer Gesellschaft, in welcher fast alle Handlungsbereiche zunehmend wissensbasiert sind, in dem Sinne, dass sie vom wissenschaftlichen Wissen durchdrungen werden. Bildung wird als die zentrale gesellschaftliche Ressource herausgestellt und die Notwendigkeit der Verwurzelung des lebenslangen Lernens in der Gesellschaft betont. Als wichtigster Wertschöpfungsfaktor und Quelle des Mehrwerts sei Wissen nicht das Resultat erfolgreicher Unternehmensstrategie, sondern in Forschungsinstituten und Universitäten erzeugt, welche die neue „Axialstruktur" der postindustriellen Gesellschaft bilden. In neueren Ansätzen ist deshalb eher von der *Wissensgesellschaft* (Stehr 2000) oder gar der *Wissenschaftsgesellschaft* (Kreibich 1986) die Rede.

Daneben erfasst Bell (1985) weitere, schon damals absehbare Entwicklungen: Der Übergang in die postindustrielle Gesellschaft wird durch den Umstieg auf Informations- und Kommunikationstechnologien realisierbar. Wissensbasierte Technik ist ein instrumentelles System, welches für politische Steuerung, Entscheidungsbildung und Partizipation eine gewichtige Rolle spielt. In diesem Sinne kann man, wie Willke (2001) es treffend formuliert, von „wissensbasierten Infrastrukturen" sprechen, sie sind wichtigster Motor des sozialen Wandels. Die Entwicklung des Internets als großes Wissensdepot untermauert beispielhaft diese Annahmen. Das enorme Wachstum der Internet-User scheint zu belegen, dass durch eine gesamtgesellschaftliche Optionssteigerung in der multimedialen Welt weitaus größere Bevölkerungsgruppen an Wissen teilhaben können. Falls kein privater PC vorhanden ist, gibt es immer mehr Möglichkeiten, in Bibliotheken und Internetcafes zu surfen. An der digitalen Revolution setzt das Konzept der *Informationsgesellschaft* an. Zentraler Bezugspunkt der gesellschaftlichen Diagnose Informationsgesellschaft sind die neuen Kommunikations- und Informationstechnologien, die sich auf Information spezialisiert haben, d.h. Massenmedien wie das Fernsehen und das Internet. Im gleichen Atemzug wird auch die *Mediengesellschaft* (Faßler 1997) ausgerufen: In dieser Beschreibung wird der Blick auf die Strukturen der Speicherung, Verbreitung, selektiven Verteilung und die sozial differenzierte Nutzung von Medieninhalten gelenkt.

Die Folgen des Informationszeitalters werden für die Menschen als vielfältig beschrieben. Nicht nur die Medienlandschaft und Alltagswelt, auch die Arbeitswelt und Anforderungen an Bildung bzw. das Wissen des Einzelnen verändern sich. Empirisch kann bestätigt werden, dass sich die Bedingungen an Karrieren in den letzten 15 Jahren enorm gewandelt haben. Wirtschaftsorganisationen erwarten bei der Rekrutierung von Personal ein Portfoliopaket

an Wissen, das u. a. aus immer spezifischeren technischen Zugangskompetenzen, höheren Bildungsabschlüssen und Wissen geschnürt sowie interdisziplinär ausgerichtet ist und eine forschende Handlungsweise ermöglicht (Suchanek 2006).

Für die Schulen bedeutet dies, dass sie in der postindustriellen Gesellschaft eine wichtige Funktion haben. Da in ihnen die zentralen gesellschaftlichen Ressourcen Bildung und Wissen vermittelt werden, wird das Augenmerk der Gesellschaft noch stärker auf die Schulen gerichtet, damit sie ihre Funktion bestmöglich erfüllen. Immer wichtiger wird zudem die Vermittlung von Kompetenzen, die Schüler und Schülerinnen auf die sich veränderten beruflichen Situationen vorbereiten, die Notwendigkeit wächst, neue Umgangsformen mit Wissen zu erlernen. Um wichtige Informationen von Datenmüll unterscheiden zu können, bedarf es z.B. nicht nur neuer technischer Kompetenzen, sondern auch von Filter- und Auswahlkompetenzen. Darüber hinaus es wird immer wichtiger, Wissen kommunizieren zu können, sei es in Projektbesprechungen oder im Rahmen von Präsentationen. In einer Gesellschaft, in welcher technische und biologische Neuerungen an der Tagesordnung sind, werden schließlich Kompetenzen, die die Folgenbewertung und Verantwortung betreffen, immer wichtiger.

Wenn die Produktion, Nutzung und Anwendung von Wissen zur zentralen Grundlage aller gesellschaftlichen Prozesse deklariert werden, gerät die Verteilung von Wissen in den Blickwinkel. Man muss nicht soweit gehen wie Bell, der die Frage nach den veränderten Schichtungsverhältnissen zugunsten einer Meritokratie beantwortet. Es handelt dabei sich um eine über Wissen definierte Klasse, wobei die „cultural attitudes", eine gute Ausbildung und technisches Vermögen, eine Art Kriterium für die Klassenbildung sind. Dennoch werden die Gewinner der Wissensgesellschaft bekanntermaßen schnell ausgemacht, es handelt sich vor allem um wissensbasierte sowie professionell handelnde Berufsgruppen. Insbesondere Experten, Lehrer, Ratgeber und Berater gelten als klassische Wissensarbeiter (Stehr 2000). Verlierer sind vor allem diejenigen, die sich auf neue Innovationen nicht schnell genug einstellen können und schlecht bezahlte Dienstleistungen verrichten. Dementsprechend ist das zentrale Problem der postindustriellen Gesellschaft die Versorgung mit ihren wichtigsten Ressourcen, dem in der Forschung generierten, theoretisch kodifizierten Wissen sowie Humankapital. Zu einem zentralen Politikfeld werden deshalb die Wissenschafts- und die Bildungspolitik.

3.2 Risikogesellschaft

Die Gegenwartsdiagnose der Risikogesellschaft beleuchtet vor allem die Probleme, die mit einem rasanten technischen und wissenschaftlichen Wandel einhergehen. In diesem Deutungsmodell birgt die Verfügungsmacht des Menschen über die Technik Gefahren, die für die Zukunft kaum abschätzbar und kontrollierbar sind. Sie sind eine Kehrseite des sozialen Wandels, der für Fortschritt und Innovation steht. Im Blickpunkt sind zunächst die Verschmutzungen und Zerstörungen des Ökosystems. Dazu beigetragen haben die enormen Ausmaße technischer Unfälle wie z.B. die radioaktive Verseuchung des weiten Umlandes beim Reaktorunfall in Tschernobyl, fortdauernde Gefährdungen der Umwelt wie das Waldsterben und die Prognosen über bevorstehende Klimakatastrophen wie z.B. die Folgewirkungen der Erderwärmung für die Umwelt, die durch die schwindende Ozonschicht verursacht werden. Atomare und gentechnische Unfallrisiken stellen für die Natur und Gesundheit des Menschen

eine enorme Beeinträchtigung dar, die im Risikodiskurs als eine drohende Selbstzerstörung der Gesellschaft thematisiert wird. Vor allem in sozialer Hinsicht sind die Modernisierungsrisiken nicht mehr eingrenzbar. In der Risikogesellschaft sind auch Besserverdienende von den Folgen verseuchten Trinkwassers, vergifteter Nahrung oder Naturkatastrophen betroffen und Smog atmet jeder unabhängig von seiner Schichtzugehörigkeit ein.

In seinem ambitionierten Entwurf von 1986 begründet Beck die Risikogesellschaft vor allem durch die neue Qualität der Risiken und Gefahren. Waren in der vorindustriellen Gesellschaft kollektive Risiken auf natürliche Katastrophen und persönliche Risiken z.B. auf die Berufsunfähigkeit durch einen Unfall oder Krankheit begrenzt, zeichnen sich die heutigen Gefahren durch die Globalität ihrer Bedrohung aus, sie sind örtlich und zeitlich nicht mehr eingrenzbar. Mehr noch, die Modernisierungsrisiken können nicht auf einzelne Verursacher zurückgeführt werden, die für die Gefährdungen haftbar gemacht werden könnten, auch betreffen sie möglicherweise erst die Nachfolgegenerationen. Weder greift das Verursacherprinzip noch sind die neuen Risiken privatwirtschaftlich versicherbar, da sie sich jeglichem Risikokalkül entziehen. Die Technikfolgeabschätzung wird zudem dadurch erschwert, dass beabsichtigte Innovationen unbeabsichtigte Nebenwirkungen erzeugen können, die man heute nicht abschätzen kann. Verharmlosungstaktiken von Organisationen und Institutionen, hier hat Beck die Praxis der Grenzwertbestimmungen im Blick, die nur einen Bruchteil von vorfindbaren Schad- und Giftstoffen in Luft, Wasser und Nahrung erfassen. Fehlendes Vorsorgen von atomaren und chemischen GAUs und die strategische Unwissenheit von Betreibern und Behörden, Tschernobyl ist hierfür ein Paradebeispiel, machen die Welt längst zu einem Labor (Beck 1986).

Die Möglichkeiten der politischen Steuerung des technisch-naturwissenschaftlichen Fortschritts werden von Beck (1998) als gering eingestuft, an der Tagesordnung steht vielmehr eine „organisierte Unverantwortlichkeit". Warum Umwelt- und Risikofragen nicht gesellschaftsübergreifend bearbeitet werden, wird in der Argumentation von Luhmann (1986) noch deutlicher: Zwar stellen technische und ökologische Probleme gesellschaftsübergreifende Herausforderungen dar, die Problemlösung erfolgt allerdings selektiv durch funktional ausdifferenzierte Teilsysteme, d.h. die Wirtschaft betrachtet Gefahren aus einer Preisperspektive, das Rechtssystem interessiert sich für Recht und Unrecht der Verursacher und Betroffenen, die Wissenschaft forscht an Risiken und Problemen, wenn sie sich zusätzliches Wissen erhofft und die Politik interessiert sich für Machtgewinn, d.h. sie will Katastrophen verhindern, um ihre Legitimität nicht zu verlieren.

Doch die neuen Risiken betreffen nicht nur die Umweltfolgen von Technik und Wissenschaft. Zeitgleich sind die Individuen mit qualitativ völlig neuen Ungleichheitsformen, neuen Unsicherheiten und Risiken konfrontiert. Unter dem Schlagwort *Individualisierung* weist Beck (1986) darauf hin, dass die Individuen im alltäglichen Leben zwar neue Handlungsmöglichkeiten haben, zeitgleich aber auch mit neuen Risiken umgehen müssen. Durch den steigenden Wohlstand in der Gesellschaft, dem sog. *Fahrstuhleffekt*, von dem auch die unteren Schichten profitieren, werden die Menschen in eine zweite Moderne geführt, in welcher bestehende Strukturen kritisch hinterfragt, ausgehandelt oder sogar neu erfunden werden. Die für die Industriegesellschaft typischen institutionellen Parameter wie soziale Klassen, Ehe und Familie, das Normalarbeitsverhältnis und die Geschlechterverhältnisse werden aufgelöst und durch alternative, individuell gewählte biographische Verläufe ersetzt.

Für die Schulen bedeutet dies, dass sie besonders hinsichtlich der Berufsorientierung von Schülerinnen und Schülern gefordert sind. Da die Übergänge von Schule in Ausbildung und Beruf länger, ausdifferenzierter, unübersichtlicher, komplexer und risikoreicher geworden sind, sind die Anforderungen an das biographische Handeln Jugendlicher in einer Risikogesellschaft besonders hoch. Darüber hinaus ist für junge Frauen die Berufsorientierung mit ihrer Lebensplanung eng verknüpft, was den Berufswahlprozess noch komplexer werden lässt. Unter Berücksichtigung ihrer eigenen Fähigkeiten und Neigungen müssen Schülerinnen und Schüler Entscheidungen treffen, deren Folgen im Einzelnen kaum absehbar sind (Knauf/ Suchanek/Maschetzke/Oechsle/Rosowski 2002).

Die Vorstellung einer schier unendlichen Fülle an Optionen und die konstante Steigerung der Handlungs- und Entscheidungsspielräume wird auch in dem Gesellschaftstyp *Multioptionsgesellschaft* zusammengefasst (Gross 1994). In diesem Modell verlieren soziale, räumliche und zeitliche Grenzen für das individuelle Handeln an Relevanz. Wenn sich Handlungsmöglichkeiten vervielfachen, wird die Identifikation über Schichtzugehörigkeit und soziale Herkunft immer schwieriger und neue Zugehörigkeiten zu sozialen Gruppen gewinnen an Bedeutung. In seinem Modell der *Erlebnisgesellschaft* beschreibt Schulze (1992) in einer recht umfangreichen Studie zur kulturellen Differenzierung in Deutschland die Nivellierung hierarchischer Ungleichheit und die zunehmende Verortungsrelevanz von Milieus, die sich durch Freizeit- und Konsumverhalten, Werthaltungen, Mediennutzung, etc, konstituieren.

Allerdings gibt es auch Schattenseiten der Individualisierung, die sich vor allem in isolierten Lebensformen, so ist auch von der *Single-Gesellschaft* (Hradil 1995) die Rede, in durch die Enttraditionalisierung verursachten Bindungsverlusten und sozialen Desintegrationstendenzen äußern (Heitmeyer 1997). Die relativ gesicherte Normalbiographie erodiert und die Individuen sind gefordert, ihre Arbeitsplätze häufig zu wechseln. Der „flexible" Mensch (Sennett 1998) unterliegt einem hohen Zwang zur räumlichen Mobilität, was zu Lasten des Aufbaus fester Bindungen und Loyalitäten in sozialen Kontexten geht.

3.3 Multikulturelle Gesellschaft

Mit dem Begriff der multikulturellen Gesellschaft wird eine Gesellschaft bezeichnet, in welcher Menschen unterschiedlicher Herkunft, Nationalität, Sprache, Religion und Ethnie zusammenleben. Dass die moderne Gesellschaft bereits seit längerem multikulturell ist (Mitzel 1997) und internationale Migration ein zentraler Bestandteil von Modernisierungsschüben ist, zeigt sich darin, dass die meisten Industrieländer im Zuge der nationalstaatlichen Entgrenzung von Waren- und Arbeitsmärkten vor der Notwendigkeit des Umbaus nationalstaatlicher Wohlfahrtssysteme stehen, um Prinzipien der politischen Teilhabe und elementare Menschenrechte zu gewährleisten bzw. die Verletzung der Grundprinzipien der Humanität und des demokratischen Selbstverständnisses durch den Zwang zur Leistungsbegrenzung möglichst gering zu halten (Radtke 1997).

Die grenzüberschreitende Migration ist in Deutschland kein neues Faktum, da es sich bei dem größten Teil der ausländischen Wohnbevölkerung in Deutschland um ehemalige Gastarbeiter, die zwischen 1955 und 1973 nach Deutschland gewandert sind, und deren

mitgezogene bzw. nachgeholte Familienangehörige handelt. Der Gast-Status der angeworbenen Arbeiter hat sich als Illusion herausgestellt. Nur wenige Migranten sind bislang in ihre Heimatregion zurückgekehrt. Hinzu kommen Flüchtlinge aus der Sowjetisch besetzten Zone, Asylsuchende und Flüchtlinge und später die Spätaussiedler aus Osteuropa. Mehr als 20 Prozent der ausländischen Bevölkerung sind inzwischen in Deutschland geboren, so dass man trotz der vielfach beibehaltenen Staatsbürgerschaft der Eltern allenfalls von einem Migrationshintergrund sprechen kann. Dass vor Deutschland nach wie vor große Herausforderungen stehen, liegt daran, dass es im Vergleich zu anderen europäischen Staaten eines der bevorzugten Zielländer von Migranten darstellt.

Besonders in der politischen Diskussion nimmt der Begriff der multikulturellen Gesellschaft einen festen Platz ein, er wird in Deutschland im öffentlichen Diskurs vor allem in Hinblick auf die Migrationspolitik genutzt. Dabei steht das Gesellschaftsmodell für ganz unterschiedliche Vorstellungen: Das idealtypische Modell der multikulturellen Gesellschaft basiert auf einem gegenseitigen Toleranzprinzip, es wird keine Assimilation der Kulturen angestrebt, vielmehr soll Gleichberechtigung, Respekt und Rechtsgleichheit vor der Dominanz einer Kultur bzw. Exklusion von bestimmten Gruppen schützen.

Dass die Idee der multikulturellen Gesellschaft in der letzten Zeit in Misskredit geraten ist, wird derzeit rege in den Medien diskutiert. Schlagzeilen machte vor allem das sog. Kopftuchverbot. Strittig ist, ob man es als Zeichen von Religiosität an Schulen unter der Prämisse von grundsätzlicher Glaubensfreiheit toleriert, oder ob sich hinter diesem Zeichen noch andere Bedeutungen verbergen, die mit der Gleichheitsvorstellung von Frauen in westlichen Gesellschaften kollidieren. Integration soll vor allem der Islamunterricht an Schulen fördern. Denn der hohe Anteil von Schülerinnen und Schülern mit Migrationshintergrund, die über geringe Sprachkenntnisse verfügen, die vergleichsweise geringen Bildungsinvestitionen in Migrantenfamilien und das zunehmende Gewaltpotential an Schulen lenken den Blick auf eine mangelhafte oder verfehlte Integrationspolitik.

Vor allem unter dem Schlagwort „Parallelgesellschaften" werden die freiwilligen oder unfreiwilligen Rückzüge aus der Mehrheitsgesellschaft diskutiert, verwiesen wird auf ein verschärftes Ausgrenzungsrisiko von Migranten und ihrer Nachfolgegenerationen im Bildungsbereich und auf dem Arbeitsmarkt. Im Blickfeld sind vor allem Segregationstendenzen der größten, türkisch dominierten muslimischen Minderheitengruppe. Ob Parallelgesellschaften empirisch tatsächlich feststellbar sind, ist in der wissenschaftlichen Diskussion strittig (vgl. Halm/Sauer 2006). Darüber hinaus werden die Ursache-Wirkungs-Kausalitäten kaum differenziert betrachtet, zu bedenken ist, dass sich Ethnisierung und Selbst-Ethnisierung einander bedingen und verstärken (Bommes 1993). Dennoch ist mit dieser Diskussion eine wesentliche Frage (wieder) angeregt, nämlich die Frage nach den Folgen der Migration für die Herausbildung von Identitäten, sowohl für die der Zugewanderten als auch für die Menschen des Gastlandes (Huntington 2004).

Ob als Verheißung einer vielfältigen, vielfarbigen und interessanten Welt, in welcher verschiedene Ethnien friedlich und sich gegenseitig kulturell bereichernd zusammenleben oder als Befürchtung eines Horts ethnischer Konflikte und Desintegrationstendenzen, fest steht, dass Multikulturalität zu einem bedeutenden Muster des gesellschaftlichen Wandels geworden ist und zukünftig gesellschaftliche Modelle gefragt sind, die auf Möglichkeiten einer gelingenden gesellschaftlichen Integration verweisen.

3.4 Weltgesellschaft

Bei der Analyse von Makrozusammenhängen der Gesellschaft haben sich zwei Begriffstraditionen entwickelt. In einem Zugriff wird die Gesellschaft als eine autonome Einheit mit festen territorialen Grenzen, im Wesentlichen also als eine Nation gedacht. Die Einschränkung des Gesellschaftsbegriffes auf den Territorialstaat hat ihre Geburtstunde im Wesentlichen dem Nationalismus des 19. Jahrhunderts zu verdanken. Diese Denkrichtung hat den Gesellschaftsbegriff der Soziologie bis ins 20. Jahrhundert hinein beeinflusst. Wenn man beim Begriff Gesellschaft an den Nationalstaat denkt, an die deutsche, französische oder italienische nationalstaatlich verfasste moderne Gesellschaft, stellt man sich eine Organisationsform der Gesellschaft vor, die bezüglich Fragen der Steuerung, Sicherheit, Rechtssetzung und Rechtsdurchsetzung eine anerkannte Souveränität nach innen und außen hat. Man stellt sich eine Organisationsform vor, die eine nach innen und außen anerkannte politische Legitimität genießt und eine politische Gemeinschaft aufweist, die sich in einer gemeinsamen politischen Identität der Bürger niederschlägt.

Allerdings findet man viele Beispiele, die dagegen sprechen, dass der Nationalstaat die einzige Form der Gesellschaft darstellt, auch wenn sie weit verbreitet zu sein scheint. Es gibt Gesellschaften, die über die gegenwärtigen Staatsgrenzen hinaus existieren und einen eigenen Nationalstaat anstreben, hierzu gehören z.B. die Kurden, Gesellschaften, die keinen eigenen Nationalstaat haben und einen für sich beanspruchen, z.B. die Palästinenser, und es gibt Staaten, die mehrere Gesellschaften in sich vereinen, ein Beispiel hierfür ist die Schweiz. Vor allem im Zuge der Globalisierung erscheint die Souveränität nationalstaatlicher Gesellschaften in einem völlig neuen Licht. Insbesondere die Wirtschaft kann man sich nicht mehr in einem Kokon aus Nationalgrenzen vorstellen. Multinationale Unternehmen sind an Zeit, Ort und Standort bzw. an Staatsgrenzen nicht mehr gebunden. Sie können ihre Geschäftstätigkeiten auf den vorteilhaftesten Märkten der Erde ausüben, während der Staat die nationalen Bedingungen für das Wirtschaftswachstum verbessert. Doch nicht nur die Wirtschaft, auch die Politik und das Rechtssystem können nicht mehr ausschließlich im Rahmen von Nationalgrenzen gedacht werden. Neue Governance-Formen sind immer mehr transnational: Beispielsweise ist im Zuge des Antidiskriminierungsgesetzes, welches den Schutz von Minderheiten (z.B. aufgrund einer bestimmten Hautfarbe, Nationalität oder Behinderung) im Arbeitsrecht und im Privatrechtsverkehr verbessern soll, deutlich geworden, dass soziale Rechtspositionen und neue Rahmenregelungen auf der europäischen Ebene geschaffen werden, die dann von nationalen Verwaltungen umgesetzt werden.

Versinnbildlicht werden Globalisierungstendenzen in besonderer Weise durch die elektronischen Medien wie das Internet. Die weltweite Vernetzung wird im öffentlichen Diskurs mit der Dialektik weltweiter Entgrenzung interpretiert. Die Möglichkeit, unter physisch Abwesenden zu kommunizieren, ermögliche neue Formen der Partizipation (Berger 1999). Das Internet überschreitet Staatsgrenzen, Kulturgrenzen, Sprachbarrieren, religiöse und ethnische Grenzen (Weber 2001).

Die Soziologie ist insofern gefordert, über nationale Gesellschaften hinaus die internationale, transnationale und die supranationale Ebene (Beck 1997) und ihre Rückwirkungen auf die Binnenstruktur zu beobachten. Insbesondere neuere Theoretiker haben die Diskussion um die Globalisierung bzw. Weltgesellschaft nachhaltig geprägt. Anthony Giddens argu-

mentiert über die vordergründig ökonomischen Analysen Wallersteins hinaus und untersucht das Nationalstaatensystem innerhalb der globalen Systeme Politik, Ökonomie, Medien und Militär. Die Globalisierung als zentrale Dynamik der modernen Gesellschaft birgt Giddens (1991) zufolge viele Folgen. Aus alten Raum- und Zeitdimensionen sowie aus sozialen Beziehungen herausgelöst, stellt sich für die Identität der Moderne die Problematik der Neuorientierung. Eine neue Optionenvielfalt erhöht die Kontingenz der Entscheidungsräume. Die Identitätsbildung und individuelle Lebensbewältigung stehen damit erhöhten Anforderungen gegenüber. Ehemals in traditionell vorgegebenen Strukturen schnell verortet, muss nun der Einzelne seine Identität selbstreflexiv herstellen und immer wieder neu rekombinieren bzw. konstruieren. Auch Manuel Castells (2003) sieht im Zusammenhang mit der Globalisierung weit reichende Veränderungen des Nationalstaates aufkommen, wobei er die drei zentralen Wandlungsprozesse, die informationstechnologische Entwicklung, die Restrukturierung des Kapitalismus und das Aufkommen neuer Identitäten als analytische Instrumente zusammenführt. Seine empirischen Beobachtungen münden in die These, dass die Beziehungen zwischen Globalisierung und Staat die alles beherrschende politische Frage an der Jahrtausendwende sind. Denn nur eine neue Staatsform, der Netzwerkstaat, für den die Europäische Union ein Beispiel sein könnte, könne den von ihrer Wirtschaft „versklavten" Gesellschaften Rettung bringen. Unter den Bedingungen der Globalisierung und des informationellen Kapitalismus könnte die Europäische Integration ein Erfolg versprechendes Projekt werden, wenn sie es schafft, eine Europäische Identität herauszubilden und mit dieser der Krise des Nationalstaates zu begegnen.

Während Giddens und Castells (ebenso wie das Konzept des Welt-Systems in marxistischer Tradition) noch einen nationalstaatlichen Gesellschaftsbezug haben und ihr Interesse den Brüchen und Inhomogenitäten der Weltgesellschaft bzw. Folgen der Globalisierung für nationalstaatliche Identitäten gilt, verwendet Luhmann (1997) einen Gesellschaftsbegriff, der mit Weltgesellschaft gleichzusetzen ist. Seiner Ansicht nach stimmen die Grenzen der funktional differenzierten Sozialsysteme wie Ökonomie, Recht, Medien und Wissenschaft immer weniger mit Staatsgrenzen überein. Sein Konzept der Weltgesellschaft stellt dabei den radikalsten und am weitestgehenden Erklärungsanspruch einer Gesellschaft dar, alle weltweiten Strukturen und Prozesse, die für die Analyse sozialer Systeme wichtig sind, können unter diesem Gesellschaftstyp subsumiert werden (Stichweh 2000)[1].

Die zunehmende Bedeutung von globalen Bezügen lässt sich am Erziehungssystem gut verdeutlichen: Die Schule ist bislang vor allem eine Nationalschule gewesen und konnte sich auf die Weltgesellschaft nicht hinreichend vorbereiten. Diese betrifft zum einen die Vorbereitung von Schülerinnen und Schülern auf die Weltgesellschaft, hier insbesondere auf internationale Arbeitsmärkte, und zum anderen die Leistungsfähigkeit von Schulen in internationalem Vergleich. Während auf Ersteres u.a. mit der Einführung von Fremdsprachunterricht in der Grundschule reagiert wurde, ist aus bildungspolitischer Sicht die Frage, wie auf die Forschungsergebnisse von TIMSS, PISA und IGLU reagiert werden soll, nicht einfach zu beantworten. Die vornehmlich durch PISA identifizierten Qualitätsmängel machen neue

---

1 Um Missverständnissen vorzubeugen: Das bedeutet aber nicht, dass jetzt alle weltweit die gleichen Lebensbedingungen haben. Vielmehr findet die primäre Differenzierung der Gesellschaft in globale Funktionssysteme statt und die sekundäre Differenzierung verläuft segmentär entlang von Nationalgrenzen.

Steuerungsaktivitäten der Schulministerien der Länder notwendig, aber auch auf der Ebene des Schulsystems, der einzelnen Schule und der Schulklasse sind Maßnahmen der Qualitätssicherung gefragt, die den Output des Unterrichts im internationalen Vergleich deutlich anheben. Der Maßstab, wie Lehr-/Lernprozesse zu beurteilen sind, hat sich insofern aus nationalen Grenzen herausgelöst. Dies betrifft Hochschulen in einem noch viel stärkeren Maße. Im Zuge des Bologna-Prozesses wird ein System international vergleichbarer Abschlüsse, d.h. Bachelor und Master implementiert, welches das Diplom ersetzen soll. Das Ziel ist die Sicherstellung der transnationalen Anerkennung der Abschlüsse und auch die erhöhte räumliche Mobilität der Studierenden während des Studiums. Hochschulen können es sich auf lange Sicht nicht mehr leisten, nur national anerkannte Studiengänge anzubieten, da sie im internationalen Wettbewerb der Hochschulen um Studierende weit zurückfallen würden.

Auch wenn die Vorstellung, den Nationalstaat nicht mehr als primären Bezugspunkt empirischer und theoretischer Analysen der Gesellschaft zu wählen, nicht leicht ist, kann durch diesen Perspektivenwechsel ein soziologischer Mehrwert erwirtschaftet werden. In der Soziologie der Weltgesellschaft wird die globale Dimension von Bildungsprozessen, Umweltverschmutzung, politischen Konflikten, der technischen Entwicklung etc. in den Vordergrund gestellt bzw. der gegenwärtig empirisch beobachtbaren Transnationalisierung sozialer Strukturen und Prozesse Rechnung getragen.

Literatur

Beck, Ulrich (1986): Risikogesellschaft. Auf dem Weg in eine andere Moderne. Frankfurt/Main: Suhrkamp.

Beck, Ulrich (1997): Was ist Globalisierung? Irrtümer des Globalismus. Antworten auf Globalisierung. Frankfurt/Main: Suhrkamp.

Beck, Ulrich (1998): Gegengifte. Die organisierte Unverantwortlichkeit. Frankfurt/Main: Suhrkamp.

Becker, Rolf (2004): Soziale Ungleichheit von Bildungschancen und Chancengleichheit. In: Ders./Lauterbach, Wolfgang (Hrsg.): Bildung als Privileg? Erklärungen und Befunde zu den Ursachen der Bildungsungleichheit. Wiesbaden: VS Verlag.

Bell, Daniel (1985): Die nachindustrielle Gesellschaft. Frankfurt/Main: Campus.

Berger, Peter A. (1999): Kommunikation ohne Anwesenheit. Ambivalenzen der postindustriellen Wissensgesellschaft. In: Rademacher, Claudia et al. (Hrsg.): Spiel ohne Grenzen? Opladen: Westdeutscher Verlag. 145-168.

Berger, Peter A. (1996): Individualisierung. Statusunsicherheit und Erfahrungsvielfalt. Opladen: Westdeutscher Verlag.

Bommes, Michael (1993): Migration und Sprachverhalten – eine ethnographisch-sprachwissenschaftliche Fallstudie. Wiesbaden: Dt. Univ.-Verl.

Castells, Manuel (2003): Jahrtausendwende. Das Informationszeitalter III: Wirtschaft, Gesellschaft, Kultur. Opladen: Leske + Budrich.

Evers, Hans-Dieter (1999). Globalisierung der Wissenschaft: Ansätze einer neuen Entwicklungstheorie. Working Paper No 310, Bielefeld.

Faßler, Manfred (1997): Informations- und Mediengesellschaft. In: Kneer, Georg/Nassehi, Armin/Schroer, Markus (Hrsg.): Soziologische Gesellschaftsbegriffe. Konzepte moderner Zeitdiagnosen. München: Fink. 332-360.

Giddens, Anthony (1991): Modernity and Self-Identity. Self and Society in the Late Modern Age. Cambridge: Polity Press.

Gross, Peter (1994): Die Multioptionsgesellschaft. Frankfurt/Main: Suhrkamp.

Halm, Dirk/Sauer, Martina (2006): Parallelgesellschaft und ethnische Schichtung. In: Aus Politik und Zeitgeschichte. 18-24.

Heitmeyer, Wilhelm (1997): Was treibt die Gesellschaft auseinander? Bundesrepublik Deutschland: Auf dem Weg von der Konsens- zur Konfliktgesellschaft. Frankfurt/Main: Suhrkamp.

Hradil, Stefan (1995): Auf dem Weg zur Single-Gesellschaft? In: Gerhardt, Ute u. a. (Hrsg.): Familie der Zukunft. Opladen: Leske + Budrich. 189-226.

Huntington, Samuel P. (2004): Who are we? The Challenges to America's National Identity. New York: Simon & Schuster.

Knauf, Helen/Suchanek, Justine/Maschetzke, Christiane/Oechsle, Mechtild/Rosowski, Eelke (2002): Berufsorientierung in der gymnasialen Oberstufe. Unter besonderer Berücksichtigung geschlechtsspezifischer Angebote und von Angeboten zur Lebensplanung. Ergebnisse einer Erhebung im Regierungsbezirk Detmold. Bielefeld.

Kreibich, Rolf (1986): Die Wissenschaftsgesellschaft. Von Galilei zur High-Tech-Revolution. Frankfurt/Main: Suhrkamp.

Luhmann, Niklas (1986): Ökologische Kommunikation. Kann die moderne Gesellschaft sich auf ökologische Gefährdungen einstellen? Opladen: Westdeutscher Verlag.

Luhmann, Niklas (1997): Die Gesellschaft der Gesellschaft. 2 Bände. Frankfurt/Main: Suhrkamp.

Marx, Karl/Engels, Friedrich (1980): Manifest der Kommunistischen Partei. In: Dies. (Hrsg.): Werke (1959), 4, Erstveröffentlichung 1948. Berlin: Dietz Verlag.

Mayntz, Renate (1995): Zum Status der Theorie sozialer Differenzierung als Theorie sozialen Wandels. In: Müller, Hans-Peter/Schmid, Michael (Hrsg.): Sozialer Wandel. Modellbildung und theoretische Ansätze. Frankfurt/Main: Suhrkamp. 139-150.

Mitzel, Alf (1997): Multikulturelle Gesellschaften in Europa und Nordamerika: Konzepte, Streitfragen, Analysen, Befunde. Passau: Wissenschaftsverlag Rothe.

Parsons, Talcott (1971): Evolutionäre Universalien der Gesellschaft. In: Zapf, Wolfgang (Hrsg.): Theorien des Sozialen Wandels. Köln; Berlin: Kiepenheuer & Witsch. 55-74.

Parsons, Talcott (1961): Order and Community in the International Social System. In: Rosenau, James N. (Hrsg.): International Politics and Foreign Policy. 120-129.

Radtke, Frank-Olaf (1997): Multikulturelle Gesellschaft. In: Kneer, Georg/Nassehi, Armin/Schroer, Markus (Hrsg.): Soziologische Gesellschaftsbegriffe. Konzepte moderner Zeitdiagnosen, München: Fink. 32-50.

Reißig, Rolf (1994): Transformationsforschung zum (ost-)deutschen Sonderfall – Blockaden und Chancen theoretischer Innovation. In: Soziologische Revue 18. 147-153.

Schulze, Gerhard (1992): Die Erlebnisgesellschaft. Kultursoziologie der Gegenwart. Frankfurt/Main: Campus.

Schimank, Uwe (1996): Theorien gesellschaftlicher Differenzierung, Opladen: Leske + Budrich.

Sennett, Richard (1998): Der flexible Mensch. Die Kultur des neuen Kapitalismus. Berlin: Berlin Verlag.

Stehr, Nico (2000): Die Zerbrechlichkeit moderner Gesellschaften, Weilerswist: Velbrück Wissenschaft.

Stichweh, Rudolf (2000): Die Weltgesellschaft. Soziologische Analysen, Frankfurt/Main: Suhrkamp.

Suchanek, Justine (2006): Wissen-Inklusion-Karrieren. Zur Theorie und Empirie der Wissensgesellschaft, Göttingen: Vandenhoek & Ruprecht.

Urban, Thomas (2003): Polen. München: Beck.

Vanderstraeten, Raf (2006). The historical triangulation of education, politics and economy. Sociology 39.

Weber, Karsten (2001): Informationelle Gerechtigkeit. Herausforderungen des Internets und Antworten einer neuen Informationsethik. In: Spinner, Helmut F. et al. (Hg.): Bausteine zu einer neuen Informationsethik, Berlin/Wien: Philo. 129-194.

Weber, Max (1988): Die ‚Objektivität‘ sozialwissenschaftlicher und sozialpolitischer Erkenntnis. In: Ders. (Hg.): Gesammelte Aufsätze zur Wissenschaftslehre. Hrsg. von Winckelmann, J., Tübingen. 146-214.

Willke, Helmut (2001): Wissensgesellschaft. In: Kneer, Georg et al. (Hg.): Klassische Gesellschaftsbegriffe der Soziologie, München: Fink. 379-398.

Wiswede, Günter (1991): Sozialer Wandel. In: Ders. (Hg.): Soziologie. Landsberg/Lech: Verlag Moderne Industrie. 322-338.

World Bank (1999): World Development Report 1998/1999. Knowledge for Development. Oxford: Oxford University Press.

Zapf, Wolfgang (1986): Wandel, sozialer. In: Schäfers, Berhard (Hrsg.): Grundbegriffe der Soziologie, Opladen: Leske + Budrich.

Zapf, Wolfgang (1994): Modernisierung, Wohlfahrtsentwicklung und Transformation: Soziologische Aufsätze 1987-1994. Berlin: edition sigma.

Zapf, Wolfgang (1996): Die Modernisierungstheorie und unterschiedliche Pfade der gesellschaftlichen Entwicklung. In: Leviathan 1. 63-77.

Wallerstein, Immanuel (1999): The Rise and Future Demise of the World Capitalist System. In: Lechner, Frank/Boli, John (Hrsg.): The Globalisation Reader, Cornwall: Bleckwell.

Einführende Literatur

Abels, Heinz (2004): Einführung in die Soziologie. Band 1: Der Blick auf die Gesellschaft, Wiesbaden: VS Verlag. Kap. 3 und Kap. 10.

Joas, Hans (2001): Lehrbuch der Soziologie. Frankfurt/Main: Campus. Kap. 1 und Kap. 5.

Weiterführende Literatur

Weymann, Ansgar (1998): Sozialer Wandel: Theorien zur Dynamik der modernen Gesellschaft. Weinheim, München: Juventa.

Kneer, Georg/Nassehi, Armin/Schroer, Markus (1997): Soziologische Gesellschaftsbegriffe. Konzepte moderner Zeitdiagnosen. München: Fink.

Zivilisation und Zivilisationsprozess

Petra Deger

Die „westliche Zivilisation" ist ein weit verbreiteter und viel verwendeter Begriff (Weber 1972, Löwenthal 1979, Nemo 2005). Dass dies ein Begriff aus der Soziologie ist, mag zunächst überraschen, scheint es sich doch eher um ein Thema der Geschichte bzw. der Geschichtswissenschaft zu handeln.

Der Begriff der Zivilisation wird aber soziologisch in zwei Zusammenhängen bedeutsam. Zum einen im Kontext von einem an Wertsystemen orientierten Zivilisationsbegriff. Ein in diesem Sinn verwendeter Begriff von Zivilisation steht in engem Zusammenhang mit den Weltreligionen. Der Schwerpunkt in diesem Beitrag wird aber auf einer anderen Verwendung des Zivilisationsbegriffs liegen, die sowohl in der soziologischen Theoriebildung als auch in Folge verschiedener empirischer Untersuchungen zu einem veränderten Verständnis der Charakteristika moderner westeuropäischer Gesellschaften beitragen konnte: die Zivilisationstheorie von Norbert Elias[1]. Elias hat sich in dem zweibändigen Werk „Über den Prozess der Zivilisation" (Elias 1976) intensiv mit der Herausbildung moderner Lebensweisen und Lebensformen beschäftigt. Seine Herangehensweise war durchaus historisch, doch ist der Zivilisationsprozess für Elias ein unabgeschlossenes Projekt. Im Zentrum der Arbeiten steht

---

[1] Norbert Elias (1897-1990) war ein deutscher Soziologe, der wegen seines jüdischen Glaubens Deutschland während des Dritten Reiches verlassen hat. Sein Geburtsort war Breslau in Schlesien, wo er auch die Schule besuchte und das Abitur ablegte. Nach dem Abitur, 1915, wurde er freiwillig Soldat. 1917 begann er mit dem Studium der Medizin, das er 1919 aufgab um Philosophie zu studieren. Während dieses Studiums entwickelte er ein Interesse, das ihn sein ganzes wissenschaftliches Leben anleitete, nach der Frage der Stellung des Individuums in der Geschichte. Nach seiner Dissertation 1922 arbeitete er zunächst in der Privatwirtschaft und ging 1924 nach Heidelberg in der Hoffnung auf eine Anstellung an der dortigen Universität, die zu dieser Zeit die wichtigste Stätte des soziologischen Diskurses in Deutschland war. 1928 ging er mit Karl Mannheim nach Frankfurt am Main. Er reichte 1933 seine Habilitationsschrift ein, die erst 1969 unter dem Titel „Die höfische Gesellschaft" veröffentlicht wurde. Noch bevor das Verfahren abgeschlossen werden konnte, begannen die Nationalsozialisten im Frühjahr 1933 die Universitäten von jüdischen Wissenschaftlern zu „säubern". Elias erkannte schnell den Ernst der Lage und floh nach Frankreich, von wo aus er 1935 nach England weiterzog, wo er bis Anfang der 60er Jahre blieb. In London entstand das zweibändige Werk „Über den Prozess der Zivilisation". Die erträumte Universitätslaufbahn konnte Elias in England nicht einschlagen, vielmehr lebte er im Wesentlichen von kleinen Stipendien. Erst 1957 erhielt er eine Dozentenstelle an der University of Leicester. 1965 kam er als Gastprofessor zurück nach Deutschland, obwohl er in Deutschland damals noch weitgehend unbekannt war und nur eine kleine Fangemeinde seine Texte kannte, die zu hohen Preisen in kleinen Verlagen aufgelegt wurden. Erst als der Suhrkamp Verlag 1976 eine Taschenbuchausgabe von „Über den Prozess der Zivilisation" herausbrachte, wurde Elias rasch berühmt und es entwickelte sich eine „Elias-Schule", zunächst in Deutschland und den Niederlanden, später auch in England (vgl. Korte 2000).

das Ineinandergreifen von Veränderungen gesellschaftlicher, politischer Strukturen und die Herausbildung eines Apparates der Selbstkontrolle – der Psyche des modernen westlichen Menschen. Die Selbstkontrollapparatur führt dazu, dass Menschen zunehmend in der Lage sind, langfristige Ziele anzustreben, umfassendere Handlungsketten zu verfolgen und auf das Ausleben unmittelbar auftretender Emotionen zu verzichten. Augenfällig sind die Folgen des Zivilisationsprozesses aktuell für den Bereich von Schule und Bildung insbesondere in der seit den 1960er Jahren zunehmenden Informalisierung der Beziehungen zwischen Kindern und Erwachsenen, den Veränderungen der akzeptierten Formen von körperlicher Gewalt zwischen den Menschen und auch in der veränderten Bedeutung des Bereichs des Sports.

In diesem Beitrag soll zunächst der Begriff der Zivilisation in seinen verschiedenen Verwendungsformen dargestellt werden. Im Anschluss daran wird (knapp) eine makrotheoretische Perspektive auf Zivilisationen als spezifische Form des Modernisierungsprozesses diskutiert. In Kapitel 3 werden die Arbeiten von Norbert Elias zum Zivilisationsprozess vorgestellt. In Abschnitt 4 folgt die Darstellung des theoretischen Modells in das die Zivilisationstheorie eingebettet ist, die Figurationssoziologie. Eine besondere Bedeutung im Zivilisationsprozess hat die Tendenz zur gesellschaftlichen Pazifizierung, zur Delegitimierung körperlicher Gewalt (Kap. 5). Im Anschluss daran werden (Kap. 6) knapp die Folgen des Zivilisationsprozesses für den Bereich von Bildung und Erziehung skizziert. Im abschließenden Kapitel 7 wird auf Anschlüsse der Analysen zum Zivilisationsprozess verwiesen.

1. Der Begriff der Zivilisation

„Zivilisation bezeichnet eine Ebene menschlicher Kultur oder Gesellschaft, die durch eine erhebliche Größe und Komplexität gekennzeichnet ist und weitreichenden Einfluss hat. Häufig gründen Zivilisationen auf bedeutsamen Entwicklungen, wie der Entstehung von Schriftsprache oder dem Wachstum von Städten. Der Begriff wird auch verwendet für bestimmte Kulturen oder Gesellschaften, die dieses Entwicklungsniveau erreicht haben. In diesem Sinn kann man von einer ägyptischen Zivilisation oder einer westlichen Zivilisation sprechen" (Collier's Encyclopedia 1971: 482; Übersetzung P.D.). An diesem Zitat zeigt sich, dass der Begriff der Zivilisation vielschichtig und auch schwer zu fassen ist. Verwendet man im Deutschen den Begriff der Zivilisation, so würde man im Englischen nicht notwendig diesen Sachverhalt mit „civilization" bezeichnen. So spricht man im Deutschen von „alten Kulturen", wenn man im Englischen den Begriff der „ancient civilizations" gebraucht. Der deutsche Begriff der Zivilisation hat in Englisch oder Französisch etwas anders gelagerte Bedeutungsgehalte. So ist der englische Begriff der „civilization" im deutschen häufig korrekt mit Kultur zu übersetzen. Möglicherweise auch aus diesem Grund wird manchmal nicht zwischen den Begriffen Zivilisation und Kultur unterschieden (vgl. Oesterdiekhoff 2006; Fisch 2004). Über die verschiedenen europäischen Sprachen hinweg aber ist Zivilisation ein Neologismus, der als „civilization" am Beginn des 18. Jahrhunderts erstmals in England und Frankreich nachzuweisen ist (Mittelstraß 1996: 852). Möglicherweise als Folge der wenig trennscharfen Verwendung der Begriffe Zivilisation und

Kultur im Deutschen lassen sich hier mindestens drei Bedeutungsvarianten finden (vgl. Oesterdiekhoff 2006; Weiß 2002):

(1) Zum einen werden unter Zivilisation unterschiedlich großräumige eigenständige Wertsysteme und Weltbilder verstanden. In diesem Sinn kann man beispielsweise von der abendländischen Zivilisation sprechen (Weber 1972). Die Bezugsgröße ist dabei ein eher unklar bestimmter Raum und auch eine gewisse historische Dauerhaftigkeit ist eingeschlossen. Eine solche Sichtweise findet sich in den Arbeiten von S. Eisenstadt (1987, 2001) oder in dem Buch „Clash of Civilizations" von S. Huntington (Huntington 1996) – (ins deutsche übersetzt als „Kampf der Kulturen") – das Ende der 1990er Jahre eine heftige Diskussion nach sich gezogen hat. Zivilisation in diesem Sinn ist – wie in dem eingangs angeführten Zitat – häufig ein Synonym für Forschritt und Entwicklungsdynamik. Allerdings geht diese Sichtweise auch zum Teil mit einer Vorstellung der Überlegenheit bestimmter Zivilisationen über andere einher, da diese überlegenen Zivilisationen als fortschrittlicher angesehen werden. Es findet eine Unterscheidung zwischen Zivilisierten und Unzivilisierten statt (siehe Kap. 2). Dieses Verständnis von Zivilisation ist allerdings keine Besonderheit der deutschen Begriffsverwendung.

(2) Eine vordringlich in der deutschen Tradition vorfindbare Verwendung des Begriffs der Zivilisation ist jene als Gegenbegriff zu Kultur. Diese Wortbedeutung findet sich hauptsächlich im späten 19. und frühen 20. Jahrhundert (vgl. Tiryakian 2001: 280). Zivilisation steht dabei für Verwissenschaftlichung und Technisierung, wohingegen Kultur mit den Bereichen Kunst, Religion oder Moral verbunden ist. Wissenschaftlicher und technischer Fortschritt wird zwar einerseits mit zivilisatorischem Fortschritt gleichgesetzt. Andererseits wird auch festgestellt, dass damit kein kultureller Fortschritt im Sinne einer Höherentwicklung von Moral verbunden sei. Die Entwicklung von Zivilisation und Kultur kann also auseinanderfallen. Insbesondere zivilisationskritische Schriften aus der ersten Hälfte des 20. Jahrhunderts konstatieren einen moralischen Verfall als Begleiterscheinung des technischen Fortschritts. Der bekannteste und auch einflussreichste Text, der diese Position widerspiegelt ist Oswald Spenglers „Der Untergang des Abendlandes".

(3) Die dritte Begriffsbedeutung ist auf engste gekoppelt mit dem bereits erwähnten Norbert Elias. Elias hat einen eigenständigen soziologischen Ansatz entwickelt, die Figurationssoziologie, und hat unter einem spezifischen Blickwinkel die Entwicklung der europäischen Zivilisation analysiert. Die von ihm erarbeiteten Analysen der Prozesse sozialen Wandels, des Zivilisationsprozesses, zeichnen sich durch zwei aufs engste verbundene Entwicklungen aus: zum einen eine fortschreitende Trieb- und Affektregulierung und zum zweiten die Herausbildung von Gewalt- und Steuermonopolen, die im Laufe der Jahrhunderte zunehmend ohne den Einsatz körperlicher Gewalt auskommen. Der scheinbar unaufhaltsam voranschreitende Prozess der Zivilisation ist dabei gekennzeichnet durch einen gesellschaftlichen Zwang zum Selbstzwang als Resultat immer längerer Interdependenzketten.

Eine klare Trennung zwischen diesen verschiedenen Begriffsinhalten ist nicht immer möglich. Gerade das Verständnis von Zivilisation als Verwissenschaftlichung und Technisierung ist aufs Engste verbunden mit dem Selbstbild der westlichen Moderne (Eisenstadt 2001) und daher auch kaum trennbar von einer räumlich bestimmbaren und auf spezifische Werte (z.B. Individualismus, Gleichheit, Freiheit) gründenden westlichen Zivilisation.

2. Zivilisation und Modernisierung

In Enzyklopädien wird die Menschheitsgeschichte auch als Geschichte der Zivilisation präsentiert, und zwar als Geschichte in der die Überlegenheit des Menschen über die Natur und über andere Lebewesen zum Ausdruck kommt (Tiryakian 2001: 281). Vor diesem Hintergrund der weithin geteilten Überzeugung, dass das herausragende Merkmal des Menschen seine Fähigkeit Kultur zu schaffen sei (Gehlen 1993), wird plausibel, dass Zivilisationsgeschichte auch eine Geschichte technischen und kulturellen Fortschritts (insbesondere der Schriftkulturen) beinhaltet.

Zivilisationen werden in diesem Sinn als große Einheiten mit politischer Verwaltung und/oder einem einheitlichen Wertesystem gefasst. „Mit dem Begriff der Zivilisation beziehe ich mich auf spezifische soziale, kulturelle, politische und ökonomische Ordnungen. Diese befinden sich in Regionen, die befriedet, zentralisiert und urbanisiert sind und als Nationalstaat oder kosmopolitisches Reich („empire") geführt werden. Solche Zivilisationen gibt es viele. Sie reichen bis zur Gründung von Staaten in Mesopotamien vor über 5000 Jahren zurück" (Paul 1998: 394, Übersetzung P.D.). Zivilisationen stellen sich also als Einheiten dar (Nelson 1981). Als Zentren dieser Einheiten werden kulturelle Aspekte (wie Wertmuster) und darauf bezogene Praktiken gesehen. Vor diesem Hintergrund ist es auch wenig verwunderlich, das der Begriff der Zivilisation in der Soziologie lange kaum verwendet wurde. Für die Gesellschaftsanalyse schien der Kulturbegriff ausreichend.[2]

Zivilisationstheorien aus dem späten 20. Jahrhundert schließen daher an Positionen aus der frühen klassischen Soziologie, insbesondere an die Arbeiten von Max Weber an. Weber verstand das Abendland als Zivilisation und hat sich vordringlich mit den Besonderheiten der abendländischen Entwicklung in den Bereichen Recht, Wirtschaft, Religion und politischer Organisation beschäftigt. An diese Arbeiten anknüpfend hat im letzten Viertel des 20. Jahrhunderts v.a. Shmuel Eisenstadt den Begriff der Zivilisation wieder in die soziologische Diskussion eingeführt. Ebenfalls in diesem Zeitraum hat Samuel Huntington (Huntington 1996) mit dem Buch „Clash of Civilizations" eine hitzige Debatte über die Bedrohung der westlichen (genauer der US-amerikanischen) Zivilisation entfacht.

Huntington entwirft in seinem Buch ein Szenario, das die politische Weltlage nach dem Ende des Kalten Krieges und dem Zusammenbruch der Sowjetunion beschreibt. Mit dem Ende des Kalten Krieges kam dem Westen, insbesondere den USA, ein Feind abhanden. Da für die Stabilisierung der amerikanischen Identität das Vorhandensein eines Feindbildes bedeutsam sei, prognostizierte Huntington, dass ein neues Feindbild aufgebaut werden würde. Eine der kommenden „Bedrohungen" könne (so Huntington bereits 1991) der Islam darstellen, zumal es radikale Richtungen im Islam gebe, die die Weltherrschaft der islamischen Zivilisation anstrebten (vgl. Robertson 2006: 422f.). Das Buch Huntingtons, der sich selbst als Verteidiger des ursprünglichen, protestantisch dominierten Amerika sieht (vgl. Ostendorf 2006), löste heftigen Widerspruch aus. Es wurde ihm u.a. eine undifferenzierte Sichtweise des Islam vorgehalten sowie der Versuch, gezielt an der Entwicklung eines Feindbildes mitzuwirken.

---

2   Dies gilt insbesondere im 20. Jahrhundert für den Zeitraum bis ca. 1960 in dem man von einer dominanten Position des Funktionalismus mit seinen verschiedenen Ausprägungen sprechen muss. In diesem Zusammenhang sind Bronislaw Malinowski, Alfred Radcliffe-Brown, Talcott Parsons oder Clyde Kluckhohn zu nennen.

Weit weniger politisch instrumentalisierbar sind Versuche der zivilisationshistorisch vergleichenden Analyse wie sie S. Eisenstadt vorgenommen hat. In Untersuchungen über die Zivilisationen der Achsenzeit (ca. 800 bis 200 vor Chr.) stellt er heraus, dass diese Zivilisationen durch die großen Weltreligionen markiert seien. In neueren Forschungen (Eisenstadt 2001, 2002) verweist er darauf, dass die Moderne als eigenständige Zivilisation zu verstehen sei. Im Unterschied zur Position Huntingtons sieht er das frühe 21. Jahrhundert nicht durch das Aufeinanderprallen verschiedener Zivilisationen/Kulturen gekennzeichnet. Vielmehr verweist er darauf, dass verschiedene Elemente der Zivilisation der Moderne in unterschiedlichen Weltregionen auffindbar seien. Eisenstadt geht also nicht von einer, der westlichen, Moderne aus, sondern von ‚multiplen Modernen' (Eisenstadt 2002). Diese Position widerspricht damit den klassischen Modernisierungstheorien, die von der Annahme der inneren Einheit der (westlichen) Moderne ausgehen. Für Eisenstadt finden sich schon in der westlichen Moderne erhebliche Variationen, auch außerhalb Europas konstatiert er verschiedene moderne Zivilisationen. Insbesondere stellt er das chinesische und das russische Reich sowie Japan als je eigene Ausprägungen der Zivilisation der Moderne dar (vgl. Koenig 2006).

3. Über den Prozess der Zivilisation

Die bereits angesprochene Vielschichtigkeit des Begriffs der Zivilisation hat auch Folgen für die Struktur des vorliegenden Beitrags. Neben den eben kurz skizzierten Forschungsergebnissen der auf der Makroebene angesiedelten historisch vergleichenden Zivilisationsanalyse findet sich auch die Zivilisationstheorie von Norbert Elias, die mindestens vordergründig keinerlei Bezug zu den Arbeiten von Eisenstadt oder Huntington hat.

In der soziologischen Theoriediskussion – insbesondere der europäischen – des ausgehenden 20. Jahrhunderts war der Begriff der Zivilisation eng mit dem Namen Norbert Elias verbunden. In seiner Analyse des Zivilisationsprozesses als ein möglicher Untersuchungsgegenstand der Prozesse sozialen Wandels (Elias 1977) greift er auf zwei klassische Positionen zurück: zum einen verweist er, unter Bezugnahme auf Auguste Comte, darauf, dass Soziologie eine Analyse sozialer Prozesse und nicht statischer Zustände sein solle. Damit steht im Kern seines Interesses eine Theorie sozialen Wandels. Zum zweiten greift Elias eine Überlegung von Immanuel Kant (1980, orig. 1800) auf, der darauf verweist, dass der Mensch durch seine Vernunft dazu bestimmt sei, sich zu kultivieren und zu zivilisieren. Elias allerdings hält Vernunft, im Gegensatz zu Kant, nicht für eine anthropologische Konstante, sondern für das Ergebnis eines komplexen Prozesses sozialen Wandels, des Zivilisationsprozesses.

Die Studie von Norbert Elias, die den Titel „Über den Prozess der Zivilisation" trägt ist in den 1930er Jahren entstanden, aber sehr lange Zeit nicht beachtet worden.[3] Seit den späten 70er Jahren des letzten Jahrhunderts hat sie aber ihren Autor, insbesondere im europäischen

---

3 Die Arbeit und auch die Ergebnisse in „Über den Prozess der Zivilisation" sind in verschiedener Hinsicht eine Weiterführung der Studie „Die höfische Gesellschaft" (Elias 1969). Da der „Zivilisationsprozess" die allgemeinere und auch weiterführende Schrift ist, wird auf „Die höfische Gesellschaft" hier nicht weiter eingegangen.

Sprachraum, außerordentlich berühmt gemacht. Ein theoretischer Durchbruch in der Verbindung zwischen Individuum und Gesellschaft wurde diesem Modell zugesprochen. „Über den Prozess der Zivilisation" ist zwar nur eine von mehreren größeren Studien von Norbert Elias (1983, 1989, Elias/Scotson 1990), aber es ist anscheinend diejenige, die die plausibelsten Erklärungen für Alltagsphänomene der veränderten Triebregulierung liefert.

Elias hat eine wertfreie Vorstellung von Zivilisation, aber gleichzeitig eine an die Menschen als Träger von Zivilisation gebundene. Er analysiert den Prozess der Zivilisation im Abendland und verweist darauf, dass dieser Prozess so eben nur im Abendland stattgefunden habe. „[D]ieser Prozess [der Zivilisation, P.D.] bringt das Selbstbewußtsein des Abendlandes zum Ausdruck" (Elias 1976 Bd. I: 1). Auch wenn Elias selbst die Vorstellung von der Überlegenheit der westlichen Zivilisation fernliegt, so verweist er doch darauf, dass die Vorstellung von der Überlegenheit der Zivilisierten in den abendländischen Zivilisationsprozess eingelagert war und Vorstellungen von Ungleichheit hervorgebracht hat, die wiederum als Grundlagen von Ideologien und Handlungen (z.B. der Kolonialisierung) zu verstehen sind.[4]

Gegen Ende des 19. und in den ersten Jahrzehnten des 20. Jahrhunderts war die Frage nach dem Entstehen der westlichen bürgerlichen Gesellschaft und deren besonderer Merkmale (insbesondere der Kapitalismus) eine der wichtigsten Fragen der Sozialwissenschaften. Darauf hatten bereits Karl Marx, Emile Durkheim und Max Weber verschiedene, aber keineswegs unvereinbare Antworten gefunden. Diese Frage nach den Ursachen und Bedingungen der Herausbildung der Besonderheiten der westeuropäischen Zivilisation beschäftigte auch Norbert Elias.

Für den Zeitraum beginnend mit dem späten Mittelalter bis zum 20. Jahrhundert zeigt Elias in verschiedenen Schriften (1969, 1976, 1989, 1990), wie sich gleichzeitig die Art des menschlichen Zusammenlebens, die Handlungsorientierungen der Akteure und auch die Herrschaftsstrukturen grundlegend verändert haben. Elias bezeichnet diese unterschiedlichen, aber gleichzeitigen und miteinander verschränkten Entwicklungen als Psychogenese und Soziogenese. Ein veränderter Habitus der Akteure und damit verbundene veränderte Handlungsorientierungen sind untrennbar gekoppelt an die Entstehung neuer, typisch neuzeitlicher Herrschafts- und Organisationsstrukturen. Prozesse sozialen Wandels (als Soziogenese) und Prozesse des Wandels der Persönlichkeitsstrukturen (als Psychogenese) betrachtet Elias als eng miteinander verknüpft. Was im Westen als zivilisiertes Verhalten wahrgenommen wurde, ist also gekoppelt an einen bestimmten Habitus, eine bestimmte psychische Struktur, die sich erst im Laufe einiger Jahrhunderte herausgebildet hat.

Dabei lassen sich zwei Prozesse gleichzeitig beobachten: zum einen eine zunehmende funktionale Differenzierung, die einhergeht mit steigender Abhängigkeit zwischen den einzelnen Menschen. Ein analoger Prozess ist auf der Ebene von Aggregaten zu beobachten. So

---

4 Auch in dieser Hinsicht ist eine Vermengung der vorgestellten Wortbedeutungen von Zivilisation festzustellen. Einerseits zeichnen sich die Arbeiten von N. Elias selbst durch eine wertfreie Haltung gegenüber dem Prozess der Zivilisation aus. So verweist er darauf, dass auch die Gräueltaten des Nationalsozialismus einen Teil des Zivilisationsprozesses darstellten. Andererseits sind die Quellen an denen er die Spezifika des westeuropäischen Zivilisationsprozesses aufzeigt und herausarbeitet vom Geist der Überlegenheit der Zivilisierten gegenüber den Unzivilisierten durchsetzt. Es wird die Entwicklung des Systems von Verhaltensregeln im Zuge des westeuropäischen Zivilisationsprozesses analysiert, das sich wiederum durch die Überzeugung der Überlegenheit des zivilisierten gegenüber dem unzivilisierten Verhalten auszeichnet.

dominierten im Mittelalter noch isolierte und voneinander unabhängige Einheiten das Herrschaftsgeschehen, das lokal und regional begrenzt war. Verschiedene kleinere Herrschaften existierten, wenn auch nicht unbedingt friedlich, nebeneinander. Zwischen diesen Herrschaften bestand ein relatives Machtgleichgewicht, so dass es keinem der Herrscher möglich war, sein Herrschaftsgebiet deutlich auszudehnen und die anderen seiner Herrschaft zu unterwerfen. Es dominierten zentrifugale, auf lokale, politische Autarkie gerichtete Tendenzen (vgl. Elias 1976, Bd. II: 35) – so umschreibt Elias den Herrschaftsmodus des Mittelalters. Im Laufe des Zivilisationsprozesses veränderte sich dieser Zustand dahingehend, dass die Koexistenz verschiedener kleinerer Herrschaften abgelöst wurde durch die Herausbildung von wenigen größeren Einheiten, Monarchien, die das Gewalt – und Steuermonopol über weite Territorien erhielten. Der Territorialstaat ist also das Produkt des Zivilisationsprozesses.

Diese Entwicklung nahm ihren Anfang im späten Mittelalter (im 11./12. Jahrhundert). Eine wesentliche Voraussetzung für die Etablierung eines staatlichen Steuermonopols war die Ablösung der Naturalwirtschaft durch die Geldwirtschaft, die in diesem Zeitraum deutliche Konturen annahm. Gleichzeitig war eine wachsende Bedeutung der Städte und des Handels festzustellen und damit einhergehend die allmähliche Herausbildung eines städtischen Bürgertums (Elias 1976, Bd. II: 60ff.). Insgesamt handelt es sich um einen Prozess gesellschaftlicher Differenzierung, in dem neue Gruppen von Akteuren (Bürger, Handwerker) an Bedeutung gewinnen und es damit zu einer verstärkten Interdependenz zwischen diesen einzelnen Gruppen kommt.[5] Diese gestiegenen gegenseitigen Abhängigkeiten sind es, die im Laufe des Zivilisationsprozesses auch eine stetig zunehmende Affektkontrolle einfordern (siehe unten) und gleichzeitig auch eine Voraussetzung für die Herausbildung stabiler territorialer Herrschaften darstellen. Die Soziogenese des Staates erwächst aus der Konkurrenzsituation der benachbarten Territorialherren, die alle gezwungen sind zu expandieren, wenn sie nicht selbst von einem expandierenden Nachbarn besiegt und unterworfen werden wollten. In der Dynamik dieser Konkurrenzsituation sieht Elias eine immanente Tendenz zur Monopolbildung (vgl. Baumgart/Eichener 1991: 67f.), da einige in ihrem Expansionsdrang erfolgreicher sind als andere, so dass eine immer kleinere Anzahl von immer größeren Herrschaften sich im Laufe des späten Mittelalters und der frühen Neuzeit herausbildeten. Am Ende dieses Prozesses und auch am Ende der Analyse im „Prozeß der Zivilisation" stand ein absolutistischer Staat. Die für den absolutistischen Staat zentralen Merkmale waren untrennbar miteinander verbunden: das Gewalt- und das Steuermonopol.

Die dauerhafte staatliche Kontrolle der Verwaltung, des Polizei- und Militärwesens erforderte auch dauerhaft fließende staatliche Einkünfte, also ein zentrales Steuerwesen. Die zuverlässigen Steuereinkünfte wiederum waren nur zu erwarten bei anhaltender wirtschaftlicher Prosperität. So verwundert auch nicht, dass gerade im 17. und 18. Jahrhundert europäische Herrscher erhebliche Anstrengungen unternahmen, neue Märkte zu erschließen und die Bodenschätze der Kolonien auszubeuten.

Diejenigen, die als letztendliche Sieger der oben beschriebenen Expansionsbestrebungen hervorgegangen waren, benötigten Instrumentarien, diese Macht auf Dauer zu stellen. Diese Instrumentarien waren ein Heer und Polizeieinheiten um das Monopol der Gewaltausübung

---

5   Dieser Aspekt des Arguments von Elias weist durchaus Parallelen zu Durkheims Arbeitsteilung auf (vgl. Durkheim 1992)

abzusichern. Für Heer und Polizei wurde aber Geld benötigt. Dessen stetiger Fluß wurde gesichert durch das Steuer- und Abgabenmonopol des Herrschers. „Die finanziellen Mittel, die zur Verfügung dieser Zentralgewalt zusammenströmen, halten das Gewaltmonopol aufrecht, das Gewaltmonopol hält das Abgabenmonopol aufrecht" (Elias 1976, Bd. II: 142). Der stetige Geldfluss in nur eine einzige Kasse garantierte zugleich, dass keine weiteren Heere eingesetzt wurden. Zugleich gab es, ob des Reichtums des absolutistischen Herrschers vielfältige Möglichkeiten, sein Auskommen zu fristen, bzw. Karriere zu machen.

Diese Möglichkeiten bestanden aber nur, solange man das Wohlwollen des Herrschers genoß, und dies wiederum hing von Wohlverhalten ab. Damit ist der zweite Aspekts des Prozesses der Zivilisation angesprochen: die Psychogenese. Damit ist gemeint, dass die Ausbildung stabiler Monopolinstitute einher geht mit der Ausbildung einer stabilen Selbstzwangapparatur der Menschen.

Mit dem Begriff der Zivilisation wird alltagssprachlich ein zivilisiertes – im Unterschied zu einem unzivilisierten oder barbarischen – Verhalten verbunden. Dabei steht im Kern eines zivilisierten Verhaltens eine modifizierte Form der Affektkontrolle, genauer die Ersetzung von Fremdzwängen durch Selbstzwänge und die allmähliche Verbannung körperlicher Gewalt aus den Interaktionen und den sozialen Beziehungen. Dieser Prozess beschreibt also langfristige Transformationen von Persönlichkeitsstrukturen (Elias 1976, Bd. I: VIII), wobei mit langfristig ein mehrere Jahrhunderte andauernder Zeitraum gemeint ist. Das zivilisierte Verhalten ist also ein Verhalten, das gesellschaftlichen Anforderungen genügt.

Den Prozess der Psychogenese analysiert Elias anhand von Benimmbüchern und deren Anweisungen wie man sich in welchen sozialen Situationen zu verhalten habe. Diese Bücher haben zwar zum Teil einzelne, also individuelle Autoren. Dennoch sind sie geeignet, Auskunft über allgemeine Anforderungen zu geben, denn die „sie niederschrieben, waren nicht Gesetzgeber oder Schöpfer dieser Vorschriften, sondern Sammler, Ordner gesellschaftsüblicher Gebote und Tabus" (Elias 1976, Bd. I: 78). Dies zeigt sich auch daran, dass in verschiedenen dieser Texte immer ähnliche Anforderungen formuliert werden.

Elias nimmt die Verhaltensvorschriften und die Verhaltensbeschreibungen des Mittelalters als einen Ausgangspunkt, der aber genau genommen wiederum nur ein Teil innerhalb eines längeren Prozesses ist. Die soziale Kontrolle des Verhaltens durch die Mitmenschen war im Mittelalter eher gering, Emotionen wurden unmittelbar ausgelebt, körperliche Gewalt war eine alltägliche Erscheinungsform in der Austragung von Konflikten bzw. Meinungsverschiedenheiten.

Erste Hinweise auf die Standards guten Benehmens liefern sprachwissenschaftliche Analysen, denn seit dem Mittelalter wird dieser Standard durch Begriffe, die einen engen Zusammenhang mit dem Begriff des „Hofes", z.B. Höflichkeit, haben, zum Ausdruck gebracht. Es ist also die Art wie man sich an Höfen benimmt (Elias 1976, Bd. I: 79). Schon ob der nur in der Oberschicht verbreiteten Fähigkeit zu lesen, richteten sich die Benimmvorschriften auch in erster Line an diese Gruppe. Einige der häufigen Benimmregeln sind folgende: Reinige Dir die Zähne nicht mit dem Messer. Spucke nicht auf oder über die Tafel. (…) [S]chneuz dich nicht zu laut" (Elias 1976, Bd. I: 83). Dabei sind die veränderten Verhaltensvorschriften beim Essen nichts isoliertes, sondern ein Teil eines Gesamtprozesses, den man heutzutage mit stärkerer Beachtung von Hygieneregeln bezeichnen würde, zur Zeit des Entstehens waren die Veränderungen jedoch als solche des angemessenen zivilisierten Verhaltens konzipiert. Während es im

Mittelalter üblich war, dass mehrere Menschen aus einer Schüssel aßen und aus einem Becher tranken, setzte sich im Laufe der Zeit der Gebrauch eines je eigenen Bestecks, je eigener Gläser und je eigener Teller durch. Dies bedeutet, dass es zu einer Trennung zwischen den Menschen kam, es entstand „eine unsichtbare Mauer von Affekten, die sich gegenwärtig zwischen Körper und Körper der Menschen, zurückdrängend und trennend, zu erheben scheint" (Elias 1976, Bd. I: 89). Diese Veränderung steht in engem Zusammenhang mit dem heutzutage weit verbreiteten Peinlichkeitsgefühl beim bloßen Anblick vieler körperlicher Verrichtungen. So lassen sich zwar im Laufe des Mittelalters mit den oben genannten Vorschriften und Entwicklungen Ansätze einer zunehmenden Zivilisierung des Verhaltens finden, zu einer deutlichen Dynamisierung des Prozesses kommt es aber erst mit Beginn der Neuzeit.

Einen deutlichen Schub erhielt die Verschiebung von Scham und Peinlichkeitsgrenzen in der Renaissance. Ein zentraler Indikator für diese Veränderung spiegelt sich in dem Werk „De civilitate morum puerilium" wider. Im Unterschied zu den schon im späten Mittelalter sich verdichtenden, aber unbegründeten Hinweisen, eben nicht am Tisch oder in das Tischtuch zu schnäuzen, wird das Verbot nunmehr damit begründet, dass dieses Verhalten unzivilisiert sei. Zudem verlangte die Benimmliteratur von den Menschen nun, sich selbst und andere in ihrem Verhalten zu beobachten. „Um wirklich (…) ,höflich' sein zu können, muss man in gewissem Maße beobachten, um sich sehen, auf die Menschen und ihre Motive achten" (Elias 1976, Bd. I: 101). Waren die mittelalterlichen Vorschriften auf Bereiche gerichtet, die im weitesten Sinne unter dem Begriff der Hygiene zu subsummieren sind (nicht alle aus einen Becher trinken, eigenes Besteck benutzen, nicht ins Tischtuch schneuzen), so fand seit der Renaissance eine Verschiebung in Richtung der Feinheit des Benehmens statt. Nunmehr richteten sich die Empfehlungen beispielsweise darauf, nicht laut zu schnäuzen, sich beim schnäuzen vom Tisch abzudrehen und generell so schnell und unbemerkt wie möglich zu schnäuzen, weil dies ein respektvolles Benehmen den anderen Anwesenden gegenüber sei. Damit richten sich die Verfeinerungen des Benehmens auf sehr viele Aspekte sichtbaren Verhaltens, so verweist Erasmus von Rotterdam auch auf einen angemessenen Blick: weit aufgerissene Augen seien ein Zeichen von Stupidität, zu starren ein Zeichen von Trägheit, allzu scharf blicken zum Zorn geneigte, allzu lebhaft und beredt ist der Blick von Schamlosen (vgl. Elias 1976, Bd. I: 68f.). Damit ist als eines der zentralen Merkmale der Renaissance im Vergleich zum Mittelalter auszumachen, dass die Menschen einen anderen, veränderten Blick auf sich selbst und auch die Mitmenschen haben: „Die Menschen formen sich und andere mit größerer Bewusstheit als im Mittelalter" (Elias 1976, Bd. I: 102). Der Hintergrund dieser Veränderung liegt in grundlegenden sozialen Umbrüchen, soziale Auf- und Abstiege vollziehen sich häufiger und auch rascher. Damit fügen sich die Ergebnisse der Analyse von Norbert Elias durchaus stimmig in Arbeiten anderer ein, die ebenfalls auf den Schub des gesellschaftlichen Wandels, den das Gedankengut der Renaissance ausgelöst hat hinweisen.

Einen Entwicklungsschub erhielten die veränderten Verhaltensmuster in der Renaissance auch dadurch, dass die Verhaltensanforderungen zunächst an die Eliten gerichtet waren, zunehmend aber die Gruppen mit niedrigerem sozialem Status, insbesondere das Bürgertum, sich auch um zivilisiertes Verhalten bemühten, so dass es tendenziell zu einer Durchdringung verschiedener gesellschaftlicher Gruppen durch dieses zivilisierte Handlungsmuster kam. „Daß eine bestimmte sozialen Schicht in dieser oder jener Phase der Gesellschaftsentwicklung das Zentrum eines Prozesses bildet, dass diese Modelle sich über andere Schichten hin

ausbreiten und dort rezipiert werden, hat selbst eine besondere Lage und einen besonderen Aufbau der Gesamtgesellschaft zur Voraussetzung" (Elias 1976, Bd. I: 156).

Es fand also gleichzeitig eine langsame Öffnung der Schranken, die die verschiedenen gesellschaftlichen Gruppen noch strikt voneinander getrennt hatten, statt. Durch die Anstrengungen in Teilen des Bürgertums, sozialen Aufstieg zu erlangen (legitimiert durch die sich in der Philosophie der Renaissance zunehmend verbreitende Idee des freien Individuums und strukturell ermöglicht durch die wachsende Bedeutung der Geldwirtschaft) war die tradierte gesellschaftliche Ordnung ins Wanken geraten. Im Gegensatz zu dieser Entwicklung war die mittelalterliche Gesellschaft „stratifikatorisch" differenziert (Luhmann 1994), d.h. sie bestand aus unterschiedlichen sozialen Gruppen, die deutlich voneinander getrennt waren. Innerhalb dieser Gruppen gab es verschiedene Verhaltensvorschriften, die nicht von einer Gruppe zur anderen diffundierten, Verhaltensweisen einer Gruppe stellten somit auch keine Orientierung für andere Gruppen dar.

Der Wandel, den Elias dabei nachzeichnet, ist nicht zufällig, sondern bewegt sich in eine bestimmte Richtung: vom Fremdzwang zum Selbstzwang und zur vermehrten Triebkontrolle. Zivilisation bedeutet in diesem Sinn die Herausbildung einer immer umfassenderen und gleichmäßigeren Selbstzwangapparatur. Diese Veränderung der Verhaltensmuster lässt sich in allen Teilen der Bevölkerung finden, allerdings nimmt der Prozess seinen Anfang in den Veränderungen der Verhaltensmuster und Verhaltenserwartungen der Eliten. Die Veränderungen betreffen verschiedene Bereiche, von den Tischmanieren und der Kontrolle der körperlichen Funktionen bis hin zum allgemeinen Gefühlsmanagement. Es wird gezeigt, dass und auch warum vom späten Mittelalter und der frühen Renaissance an ein besonders starker Schub der individuellen Selbstkontrolle festzustellen ist (Elias 1976, Bd. I: LXI).

Dieser Veränderungsprozess brachte mit sich, dass im Laufe der Jahrhunderte immer mehr Verhaltensweisen vom öffentlichen in den privaten Raum verdrängt und damit der Sichtbarkeit entzogen wurden. Genau genommen entstand für verschiedene Verrichtungen erst im Laufe der Zeit ein abgeschiedener, privater Raum. Elias verdeutlicht diese Entwicklung am Beispiel des Verrichtens der Notdurft und der damit verbundenen Herausbildung eines speziellen Orts: der Toilette (vgl. Elias 1976, Bd. I: 174ff.). Dies brachte mit sich, dass im öffentlichen Raum immer mehr Selbstkontrolle gefordert war, in diesem Fall also die Notdurft nicht mehr öffentlich verrichtet werden durfte.

Die beiden von Elias beschriebenen Prozesse – Soziogenese und Psychogenese – laufen nicht zufällig gleichzeitig ab, sondern sind aufs Engste miteinander verbunden. „Die eigentümliche Stabilität der psychischen Selbstzwangapparatur, die als entscheidender Zug im Habitus jedes „zivilisierten" Menschen hervortritt, steht mit der Ausbildung von Monopolinstituten der körperlichen Gewalttat und mit der wachsenden Stabilität der gesellschaftlichen Zentralorgane in engstem Zusammenhang. Erst mit der Ausbildung solcher stabiler Monopolinstitute stellt sich jene gesellschaftliche Prägeapparatur her, die den Einzelnen von klein auf an ein beständiges und genau geregeltes An-sich-Halten gewöhnt; erst im Zusammenhang mit ihr bildet sich in dem Individuum eine stabilere, zum Teil automatisch arbeitende Selbstkontrollapparatur" (Elias 1976, Bd. II: 320).

Gesellschaftlicher Status wurde nicht mehr in kriegerischen Auseinandersetzungen erlangt, sondern durch den Erwerb von Geld und Prestige (vgl. Elias 1976, Bd. II: 325). Die Höflinge konkurrierten um die Gunst der Mächtigen in den Lebensräumen, die sich um den

absoluten Herrscher gruppierten. Es entwickelte sich gerade in diesen Personenkreisen ein neu- und einzigartiger Habitus, der als Rationalisierung des zwischenmenschlichen Verhaltens zu bezeichnen ist. Diese Rationalisierung rührte in erster Linie aus der Notwendigkeit, in die Gunst Mächtiger zu kommen oder dort zu bleiben. Zu diesem Zweck war es wichtig zu bedenken, was aus den eigenen Handlungen später an Ertrag resultieren könnte. Die vielfach beobachtete Psychologisierung des menschlichen Verhaltens ist für Elias nur die unausweichliche Folge der veränderten Handlungszwänge.

4. Das theoretische Modell: Figurationen

Die Untersuchungen zum Zivilisationsprozess hat Elias später in einen größeren theoretischen Rahmen eingebettet. Soziologie ist für ihn vordringlich als Analyse sozialer Prozesse zu verstehen, die durch die Interdependenz von Menschen und größeren Einheiten gekennzeichnet sind.

Innerhalb der Theorie des Zivilisationsprozesses, sowie des theoretischen Ansatzes von Norbert Elias insgesamt, ist der Begriff der Figuration von zentraler Bedeutung. „[U]nter Figuration versteht (man) das sich wandelnde Muster, das Spieler [Menschen] als Ganzes miteinander bilden, also nicht nur mit ihrem Intellekt, sondern mit ihrer ganzen Person, ihrem ganzen Tun und Lassen in ihrer Beziehung zueinander" (Elias 1970: 142). Die Interdependenz der Spieler, die Voraussetzung dafür, dass sie eine spezifische Figuration bilden, ist nicht nur ihre Interdependenz als Verbündete, sondern auch als Gegner.[6]

Der Begriff der Figuration ist also keineswegs auf die Verwendbarkeit zur historischen Analyse des Zivilisationsprozesses begrenzt. Vielmehr hat Elias ihn erst in seinen späteren Schriften systematisch verwendet. So analysiert er Figurationen zwischen alteingesessenen und neuhinzugezogenen Bewohnern einer englischen Kleinstadt (Elias/Scotson 1990) oder Figurationen von Zuschauern und Sportlern bei Sportveranstaltungen (Elias 1983). Aber auch viele Alltagssituationen sind mit dem Begriff der Figuration fassbar: Lehrer und Schüler in einer Klasse, Arzt und Patient in einer Praxis, Kinder im Kindergarten, Studierende in einem Seminar – sie alle bilden überschaubare Figurationen miteinander. Dabei ist zu beachten, dass alle Menschen Mitglieder mehrerer Figurationen sind. Neben der Figuration Lehrer/Schüler gibt es natürlich auch die Figuration des Lehrerkollegiums, Schüler sind vielleicht auch Mitglied in einer Clique, oder auch in einem Sportverein. All das sind verschiedene Figurationen. Elias verdeutlich den Begriff der Figuration u.a. an einem Kartenspiel: das sich wandelnde Muster, das die Spieler als Ganzes miteinander bilden, also nicht nur mit ihren Intellekten, sondern mit ihrer ganzen Person, ihrem ganzen Tun und Lassen in

---

6   Diese Vorstellung von Elias, ebenso wie zum Teil auch die Terminologie hat durchaus Ähnlichkeit mit einer neueren Entwicklungen der soziologischen Theorie: dem Rational-Choice-Modell. Allerdings sind die Anknüpfungspunkte nur scheinbare, und resultieren möglicherweise aus der relativ unbedarften Verwendung des „Spielbegriffs" durch Elias. Bislang gibt es keinerlei ernst zu nehmenden Hinweise auf geistige Verwandtschaft zwischen der Figurationssoziologie und den verschiedenen Varianten von Rational-Choice-Modellen.

ihrer Beziehung zueinander (vgl. Elias 1970: 143). Allerdings finden sich Figurationen nicht nur in unmittelbaren Interaktionszusammenhängen, in face-to-face-Begegnungen, sondern auch größere Interdependenzketten eines Dorfes, einer Stadt oder eine ganzen Gesellschaft bezeichnet Elias als Figuration.[7]

Die Analyse des Zivilisationsprozesses ist also eine sich stetig wandelnder Figurationen. Dies gilt sowohl für den Prozess der Soziogenese als auch für jenen der Psychogenese. Die Herausbildung des modernen (absolutistischen) Staates war das Ergebnis von Monopolbildungsprozessen, die in bestimmten Figurationen, z.B. als Konkurrenzkämpfe zwischen verschiedenen kleineren Herrschaften, vorfindbar waren. Aber auch der Prozess der „Verhöflichung der Krieger" (Elias 1976, Bd. II), also der Pazifizierung einer bestimmten Personengruppe und deren Integration in das höfische Leben, stellen Figurationen dar. Soziales Leben findet für Elias in Interdependenzketten statt. „Das Geflecht der Angewiesenheit von Menschen aufeinander, ihre Interdependenzen, sind das, was sie aneinander bindet. Sie sind das Kernstück dessen, was hier als Figuration bezeichnet wird, als Figuration aufeinander ausgerichteter, voneinander abhängiger Menschen" (Elias 1976, Bd. I: LXVII). Daraus folgt, dass der Gegenstand soziologischer Analyse eben nicht einzelne Akteure, sondern nur Figurationen sein können.

Die Vorstellung des Menschen als geschlossene Einheit, als „homo clausus" lehnte Elias sehr entschieden ab (vgl. Elias 1976, Bd. I: XLVII, IL). Einen unabhängigen, frei entscheidenden Einzelmenschen gibt es nicht – und diese Vorstellung führt für Elias im Hinblick auf das Verständnis gesellschaftlicher Entwicklungen nicht weiter –, vielmehr sind Menschen immer Teile von Interdependenzketten. In diesem Sinne ist die von vielen Vertretern der europäischen Geistesgeschichte und Soziologie konstatierte „Individualisierung" eine Ideologie und als solche der soziologischen Analyse zugänglich, aber keine Realitätsbeschreibung. Die Begriffe des Individuums und der Gesellschaft sind für Elias Prozessbegriffe. Individuen sind als Prozesse zu verstehen, weil sie von Geburt an in Interdependenzketten, Figurationen, stehen und daher nie als völlig autonom angenommen werden können. Zudem sind Persönlichkeitsstrukturen durch gesellschaftliche Prozesse bedingt in dem Sinn als die Entwicklung hin zu zunehmender Affektregulierung ist gesellschaftlich eingebettet.

Im Begriff der Figuration finden sich mehrere der Ideen von Norbert Elias wieder. Zum einen bestehen Figurationen aus Menschen, drücken also Beziehungen zwischen den Mitgliedern einer Figuration aus. Gleichzeitig macht der Begriff der Figuration die Unterscheidung zwischen dem Menschen (als Individuum) und den Menschen (als Gesellschaft) überflüssig. Die Rede von Figurationen „macht es möglich, den gesellschaftlich bedingten Zwang zu einer gedanklichen Spaltung und Polarisierung des Menschenbildes, der uns immer von Neuem dazu anhält, ein Bild von Menschen als Individuen und ein Bild von Menschen als Gesellschaften nebeneinander zu stellen, aufzuheben" (Elias 1970: 141). Gleichzeitig ist aber auch der Begriff der Macht impliziert, da Beziehungen selten machtfrei sind, vielmehr gibt es in der Perspektive von Elias Machtungleichgewichte und Machtbalancen innerhalb von Figurationen. Macht ist in diesem Zusammenhang immer ein Beziehungsphänomen, kein Mitglied einer Figuration hat aufgrund seiner eigenen Eigenschaften oder Ressourcen Macht, sondern jeweils nur in Bezug auf andere Mitglieder für die diese Ressourcen relevant bzw. begehrenswert sind. In diesem

---

7 Exemplarisch haben Elias und Scotson in ihrer Studie über Etablierte und Außenseiter die Machtbalancen und Figurationen in zwei Teilen einer britischen Kleinstadt analysiert (Elias/Scotson 1990).

Sinn ist Macht für Elias ein pures Beziehungsphänomen. „Im Zentrum (…) des Figurationsprozesses steht ein fluktuierendes Spannungsgleichgewicht, das Hin und Her einer Machtbalance, die sich bald mehr der einen, bald mehr der anderen Seite zuneigt. Fluktuierende Machtbalancen dieser Art gehören zu den Struktureigentümlichkeiten jedes Figurationsstromes" (Elias 1970: 143). Der Prozess der Zivilisation ist gleichzeitig eine Analyse der Verschiebung von Macht. Im Zuge des Monopolmechanismus erlangen wenige Macht über viele. Die Machtbalancen haben sich durch die Herausbildung des Gewalt- und Steuermonopols im Vergleich zu den vielen nebeneinander bestehenden Herrschaftsgebilden im Mittelalter radikal verschoben.

Der Prozess der Zivilisation ist in diesem Sinn ein ungeplanter Prozess, gleichwohl zeigt er in eine ganz bestimmte Richtung. Soziogenese und Psychogenese sind zwei Teile, die untrennbar miteinander verbunden sind, weil die Individuen sich in Interdependenzketten, Figurationen befinden. „Die Untersuchung zeigt dementsprechend, wie sich im Laufe der Jahrhunderte die ursprüngliche Figuration in eine andere verwandelt, bei der sich mit einer einzelnen sozialen Position, der des Königs, monopolitsische Machtchancen verbinden, die so groß sind, dass kein Inhaber einer anderen sozialen Position innerhalb des Interdependenzgeflechts mit dem Inhaber dieser Position konkurrieren kann. Sie weist zugleich darauf hin, daß und wie die Persönlichkeitsstrukturen der Menschen sich im Zuge einer solchen Figurationsänderung ebenfalls ändern" (Elias 1976, Bd. I: LXIX).

5. Der Prozess der Delegitimierung von Gewalt: der Aufstieg des Sports

Im Zuge des Zivilisationsprozesses konstatiert Elias zwei faktisch unterschiedliche, aber eng miteinander verwobene Formen von Gewalt und deren Veränderung. Als Soziogenese bezeichnet er, wie bereits dargelegt, die Herausbildung von legitimen Gewaltmonopolen in Form bzw. als Verfahren staatlicher Gewalt. Diese Entwicklung betrachtet Elias als abendländische (vgl. Elias 1976, Bd. II: 359) Besonderheit[8], die nach wie vor im Gange sei.[9] Den modernen Staat betrachtet Elias als Organisationsform, in der eine Spezialistentruppe existiert, die autorisiert ist, physische Gewalt zu gebrauchen, um andere am Gebrauch physischer Gewalt zu hindern (Elias 1982).

Was für die Ebene der Herrschaftsverbände gilt, dass Konflikte immer seltener mit kriegerischen Mitteln ausgetragen werden, gilt auch für die Austragung von Konflikten zwischen Individuen. So ist der Prozess der Zivilisation auch im Hinblick auf die Entwicklung legitimer Gewaltanwendung durch die Dimensionen Soziogenese und Psychogenese gekennzeichnet, die Elias insgesamt als „gesellschaftliche Pazifizierung" (Elias 1982: 98) bezeichnet. Elias

---

8   Die Analyse der Herausbildung staatlicher Gewalt- und Steuermonopole, die Elias am Beispiel des französischen Königshofes vornimmt, endet faktisch im 18. Jahrhundert mit der Genese des absolutistischen Staates. Er konstatiert aber einen weitergehenden Prozess der Pazifizierung, der sich u.a. an der Lösung zwischenstaatlicher Konflikte mit nicht-kriegerischen Mitteln zeigt. Von besonderer Bedeutung hierbei ist die Herausbildung des Völkerrechts im 19. und 20. Jahrhunderts.

9   Angesichts der Gewaltausbrüche im 20. Jahrhundert wurde die Annahme der zunehmenden Pazifizierung heftig kritisiert (siehe z.B. Bauman 1989)

konstatiert einen Rückgang der physischen Gewalt zwischen Menschen, der einhergeht mit der Hausbildung von Sport als Wettkampf und dem zunehmenden Verschwinden von Sportarten, die großen körperlichen Kampf mit dem Gegner erfordern (z.B. Boxen).

Der Begriff Sport, wie auch die Entwicklungen von Sport als gesellschaftliches Phänomen, stammt aus England. In Deutschland konnte man sich noch in der ersten Hälfte des 19. Jahrhunderts unter „Sport" nichts vorstellen, erst im 20. Jahrhundert wurde der Begriff auch im Deutschen übernommen (Elias 1983: 9f.). Sport als Tätigkeit ist viel älter und wird allgemein auf die Olympischen Spiele zurückgeführt, die zwischen dem 8. Jahrhundert v. Chr. und dem 4. Jahrhundert n. Chr. regelmäßig stattfanden. In der Neuzeit fand die Wiederbelebung durch die ersten Olympischen Spiele 1896 in Athen statt (vgl. Elias 1983: 14). Die Besonderheit des modernen Sport liegt aber in der Festsetzung und Anwendung sehr spezifischer Regelwerke, die insbesondere auf die Vermeidung von Verletzungen der Gegner ausgerichtet sind. Dies gilt auch in der Schwerathletik und in den Mannschaftssportarten in denen unmittelbarer körperlicher Kontakt zwischen den Gegnern stattfindet.

In den antiken Olympischen Spielen kam es, wie Elias schildert, häufig zu schweren Verletzungen und auch zum Tod eines der Kontrahenten. Der Sport in der Moderne ist demgegenüber gekennzeichnet durch vielfältige Regeln, die schwere Verletzungen vermeiden sollen. Gerade gegen Ende des 19. Jahrhunderts bildete sich sportlicher, aber weitgehend gewaltfreier Wettkampf heraus, der auf die Unterhaltung der Zuschauer ausgerichtet war. Elias und Dunning (1983) illustrieren dies am Beispiel der Entwicklung des modernen Fußball. Dieser zeichnet sich – wie moderne Sportarten im allgemeinen – dadurch aus, dass ein Spielmuster einer hohen Gruppenspannung und hoher Gruppendynamik erhalten bleibt und gleichzeitig physische Verletzungen der Spieler möglichst vermieden werden (Elias/Dunning 1983: 114). Aus dem Fußball wurde daher durch die Einführung neuer Regeln das früher übliche Treten mit dem Fuß verbannt.

Einen bedeutenden Anteil an der Herausbildung des modernen stark reglementierten Fußball hatten die englischen Public Schools. Dort wurden Ballspiele – Rugby, Soccer und Cricket – gezielt als pädagogisches Mittel eingesetzt. Schüler sollten durch einen Mannschaftssport Mut, Verantwortungsbewusstsein und auch Teamarbeit lernen. Gleichzeitig sollte das hohe Maß an Disziplin, das eingefordert wurde, die gesamte Arbeitshaltung der Schüler positiv beeinflussen (Schulze-Marmeling 2000). So zeigt sich am Beispiel des Fußballs die enge Kopplung zwischen der Herausbildung einer modernen Sportart und der Herausbildung der modernen Bildungsinstitution Schule. Schule und Sportunterricht waren damit ein zentraler Bestandteil des westeuropäischen Zivilisationsprozesses.

Die Entwicklung im Bereich des Sports und die Herausbildung bestimmter Sportarten, die weniger auf die unmittelbare körperliche Auseinandersetzung zwischen den Kontrahenten ausgerichtet sind – wie dies z.B. beim Tennis der Fall ist – steht in engem Zusammenhang mit der allgemeinen Tendenz zur Pazifizierung der Gesellschaft. Im Hinblick auf den Zusammenhang zwischen Zivilisationsprozess und der Anwendung körperlicher Gewalt lassen sich zwei bedeutsame Entwicklungen konstatieren: zum einen die zunehmende Delegitimierung von Gewalt in der Austragung von Konflikten im allgemeinen und zum zweiten auch die Delegitimierung von Gewalthandlungen gegenüber Schwächeren. „Die individuelle Pazifizierung, die Tatsache, daß den meisten von uns nicht einmal der Gedanke kommt, sich bei einem Konflikt auf den Gegner zu stürzen und eine Schlägerei zu beginnen, wie wütend man

auch sein mag, zeugt von einer tiefgreifenden zivilisatorischen Verwandlung der gesamten Persönlichkeitsstruktur" (Elias 1982: 101). Dies gilt insbesondere für den Umgang von Männern und Frauen sowie von Erwachsenen und Kindern. „In früheren Zeiten, selbst noch im 19. Jahrhundert, war es (…) recht selbstverständlich, dass Männer Frauen schlugen, um ihren Willen zu haben. Heute ist das Gebot, dass Männer unter keinen Umständen Frauen schlagen dürfen (…) oder daß auch Kinder nicht geschlagen werden dürfen, weit tiefer im Gefühl des einzelnen Menschen verankert als je in den vergangenen Jahrhunderten" (Elias 1982: 101).

6. Zivilisationsprozess und Erziehung

Die bislang geschilderten Entwicklungen betreffen verschiedenste Felder der politischen Ordnung aber auch des Alltagshandelns. Gerade die Interaktionsmuster haben sich vor dem Hintergrund des Prozesses der Psychogenese in den letzten Jahrhunderten grundlegend gewandelt. Die Relevanz der Arbeiten von Norbert Elias für den Bereich der Erziehung betrifft v.a. zwei Komplexe: zum einen die Verschiebung der anerkannten Erziehungsgrundsätze und zum anderen – damit aber eng verbunden – den Prozess der Informalisierung. Die Informalisierung des Lehrer-Schüler-Verhältnisses als ein Aspekt des Zivilisationsprozesses ist insgesamt eingebettet in eine veränderte Beziehung zwischen Kindern und Erwachsenen.

Eine zivilisationstheoretische Perspektive im Geiste von Norbert Elias auf die Veränderungen von Bildung und Erziehung ist also weder vordringlich auf gesamtgesellschaftliche Entwicklungen (wie den von Beck (1986) konstatierten Individualisierungsprozess) gerichtet noch vordringlich auf Veränderungen des Bildes vom Kind (Ariès 1979). Vielmehr geht es um einen Wandel der Figurationen, der wesentlich durch einen Wandel der Machtbalance charakterisiert ist. Dabei lässt sich die traditionelle Machtbalance (ein Erziehungsverhältnis) durch die Dominanz von Befehlen kennzeichnen. Demgegenüber zeichnet sich die symmetrische Machtbalance, die die Informalisierungsprozesse begleitet, durch die Dominanz von Verhandlungen aus.

In einer Verhandlungsbeziehung werden Regeln ausgehandelt und Kinder übernehmen sie nicht mehr als Folge von Fremdkontrolle (z.B. Disziplinierungsmaßnahmen), sondern als Form der Selbstkontrolle. Damit lässt sich der Prozess der Psychogenese in dem Übergang vom Befehlshaushalt zum Verhandlungshaushalt (du Bois-Reymond 1998) gut erkennen. Die vielfach konstatierte gewonnene Freiheit der Kinder, die angeblich aus diesem Erziehungsstil resultiert, würde Elias aber wohl bestreiten, da die Fremdkontrolle in diesem Prozess nur in Selbstkontrolle durch Einsicht überführt wird. Es ist in der Kindheitsforschung weitgehend unstrittig, dass Erziehung als Verhandlung sich mehr und mehr durchsetzt, doch Kontrollapparatur verschwindet nicht, sondern wird von den Kindern verinnerlicht und damit zum Selbstzwang (vgl. Ecarius 2002, du Bois-Reymond 1998, de Swaan 1991).

Diese Entwicklungen – der Wandel der Erziehungsstile und Erziehungsziele – können nicht folgenlos für den Bereich der Schule bleiben und haben selbstverständlich auch Auswirkungen auf die Beziehung zwischen Lehrern und Schülern. Die Entwicklungsrichtung insgesamt wird mit dem Begriff der „Informalisierung" bezeichnet, womit allgemein eine

Lockerung der Verhaltensnormen gemeint ist. Informalisierung ließ sich v.a. in der zweiten Hälfte des 20. Jahrhunderts feststellen. Sie ist beispielsweise charakterisiert durch ungezwungenere Umgangsformen zwischen den Geschlechtern und auch zwischen den Generationen oder die Zunahme des „Du" als übliche Anredeformel (vgl. Wouters 1977). Diese Entwicklung wurde – in Analogie zur angesprochenen Herausbildung des Verhandlungshaushalts – als Lockerung der Normen und als ein Zeichen für das Zurückdrängen der Anforderungen an die Selbstkontrolle gedeutet. Damit würde eine zunehmende Informalisierung der von Elias konstatierten Herausbildung einer Apparatur des Selbstzwangs widersprechen. Genauere Analysen zeigen aber, dass vielmehr auch der Informalisierungsprozess ein Teil der ungebrochen voranschreitenden Verfeinerung des Selbstzwanges ist. Anhand der Analyse von Benimmbüchern aus der Mitte des 20. Jahrhunderts zeigt Wouters (1977, 1999), dass eine Party bis ins kleinste Detail geplant werden muss (so sie denn gelingen soll), die Gäste aber die Planung nicht bemerken sollten. Informalisierung hat somit zwei Ebenen: die vordergründig sichtbare, die eine Lockerung der Verhaltensanforderungen suggeriert und die unterschwellige, die die Kontrollmechanismen verfeinert, so dass sie hinter dem Rücken der Beteiligten ablaufen und diese sich scheinbar aus eigenem Antrieb den Reglementierungen unterwerfen. Informalisierung beinhaltet damit auch, dass die äußere Kontrolle eines Ereignisses unsichtbar wird und auf die Selbstkontrolle der Teilnehmer verschoben wird. Eine Lockerung im Verhaltenscode kann also durchaus Hand in Hand gehen mit einer weiteren Verfestigung von Zwängen (Wouters 1977: 286).

Diese Entwicklung passt durchaus zu den Veränderungen im Umgang der Schüler untereinander, die in den letzten Jahrzehnten beobachtet wurden. Zudem stützt die Beobachtung einer niedrigeren Reglementierung der Bekleidungsvorschriften ebenfalls die Hypothese einer zunehmenden Informalisierung. Allerdings zeigen sich auch in diesen Feldern beide Seiten des Informalisierungsprozesses: die vordergründig größere Freiheit und die Verlagerung der Kontrollmechanismen. Die Kontrollmechanismen erwachsen z.B. aus dem wahrgenommen Zwang, Kleidung bestimmter Marken zu tragen. Auch „Handreichungen" für Kinder und Jugendliche in Fernsehen oder Zeitschriften, die Fragen aus allen Lebensbereichen beantworten vermitteln „Normalistätsmuster". Allerdings wird nicht mehr unmittelbar diszipliniert, wenn die Normalitätsvorstellungen nicht erfüllt werden, vielmehr wird die Erfüllung zum Selbstzwang.

Die tiefe Verunsicherung, die durch den Informalisierungsprozess offensichtlich entsteht wird seit einiger Zeit aufgefangen durch den wachsenden Erfolg von Benimmbüchern und Benimmkursen. Elias würde wohl beide Entwicklungen, den Trend zu Informalisierung und die im wachsenden Interesse an Benimmregeln ablesbare Gegenbewegung, als „normale" Wellen des Zivilisationsprozesses deuten, da der gesamte Zivilisationsprozess auch immer durch Gegenbewegungen gekennzeichnet war, die aber die Gesamtrichtung auf lange Sicht nicht beeinflussen konnten.

7. Zusammenfassung und Anschlüsse

Der Begriff der Zivilisation ist in der Soziologie in erster Line mit dem Namen Norbert Elias verbunden. Elias hat ein eigenständiges theoretisches Modell vorgelegt, das auf die Analyse sozialer Prozesse ausgerichtet ist. Die Perspektive der Zivilisationstheorie im Geiste von Elias ermöglicht es, Zusammenhänge zwischen scheinbar unverbundenen und zum Teil auch zufällig zustande gekommenen Erscheinungsformen des modernen Lebens als Teile eines umfassenderen Prozesses zu sehen.

So lässt sich die Verschiebung pädagogischer Leitbilder weg von Disziplin und Gehorsam hin zu Selbstbewusstsein und selbständigem Handeln als Teil dieser Entwicklung sehen. Auch die zunehmende Delegitimierung von Gewalt als Form der Austragung von Konflikten ist stimmig in den langfristigen Prozess der Zivilisation eingepasst. Betrachtet man beispielsweise die Entwicklung des bundesdeutschen Rechts im Hinblick auf die zugelassenen Handlungsmuster innerhalb einer Ehe[10] oder auch zwischen Eltern und Kindern so lässt sich in den letzten Jahrzehnten eine Entwicklung in Richtung Pazifizierung feststellen. Im BGB von 1900 war ein Züchtigungsrechts des Vaters gegenüber den Kindern festgeschrieben (§1631 BGB). Mit Inkrafttreten des Gleichberechtigungsgesetzes am 1. Juli 1958 waren auch Mütter zur Züchtigung berechtigt. Körperverletzungen von Kindern blieben straffrei, wenn die Züchtigung zum Erreichen eines Erziehungszieles erforderlich war und der Täter (Vater oder Mutter) mit Erziehungswillen gehandelt hat. Erst seit dem Jahr 2000 sind körperliche Bestrafungen von Kindern unzulässig (§1631 Abs. 2 Satz 1 BGB) (Göbel 2005). Die Verbannung von Gewalt aus der Erziehung lässt sich auch an den Schulen sehen. In der Bundesrepublik wurde das Züchtigungsrecht der Lehrer 1973 abgeschafft, in der DDR bereits 1949.

Auch die Differenzierung bestimmter Verhaltensstandards wurde in anderen Zusammenhängen ebenso nachgewiesen. Im „Prozess der Zivilisation" hat Elias herausgestellt, dass die Psychogenese häufig ihren Ausgang in einer Gruppe der gesellschaftlichen Elite hat und erst mit einiger zeitlicher Verzögerung sich auch bei weniger privilegierten Gruppen finden lässt. Einen analogen Prozess hat P. Bourdieu (1982) für die französische Gesellschaft nachgewiesen. Er konnte einerseits zeigen, dass die Mittelklasse[11] durch Verfeinerung der Sitten versuchte, sich der herrschenden Klasse (Bourgoisie) anzunähern. Gleichzeitig konnte er eine sozialstrukturell sehr unterschiedlich verteilte Vorliebe für bestimmte Sportarten feststellen. Sowohl innerhalb der herrschenden Klasse als auch in der Mittelklasse findet sich eine zunehmende Distanz gegenüber Sportarten, die eine unmittelbare körperliche Auseinandersetzung der Gegner erfordern (z.B. Fußball oder Boxen). Vielmehr werden von den Eliten Sportarten bevorzugt, in denen es nicht zum unmittelbaren körperlichen Kontakt zwischen den Kontrahenten kommt, z.B. Schwimmen oder Tennis. Innerhalb der Arbeiterklasse sind dagegen diese Sportarten als Tätigkeitsfelder nicht beliebt, sondern genau jene, denen die Eliten reserviert gegenüberstehen: Fußball und Boxen.

Obwohl Elias ein Außenseiter innerhalb der Soziologie war, finden sich viele klassische und neuere Arbeiten, die nicht in Verbindung mit der Elias-Schule stehen, in denen aber dennoch „Wahlverwandtschaften" mit der Diagnose der von Elias aufgezeigten Entwicklungen erkennbar sind (z.B. Sennett, Riesman, Bourdieu).

---

10 Seit 1998 steht Vergewaltigung in der Ehe unter Strafe (§ 177 StGB).
11 Bourdieu spricht nicht von Schichten, sondern von Klassen als gesellschaftliche Strukturkategorien (vgl. dazu den Beitrag über Habitus in diesem Band).

Literatur

Ariès, Phillipe (1975): Geschichte der Kindheit. München: Hanser.

Bauman, Zygmunt (1989): Dialektik der Ordnung. Die Moderne und der Holocaust. Hamburg: Europäische Verlagsanstalt.

Beck, Ulrich (1986): Risikogesellschaft. Auf dem Weg in eine andere Moderne. Frankfurt/M.: Suhrkamp.

Bourdieu, Pierre (1982): Die feinen Unterschiede. Eine Kritik der gesellschaftlichen Urteilskraft. Frankfurt/M.: Suhrkamp.

Collier's Encyclopedia (1971), Band 6. Begriff „Civilization". 482-488.

du Bois-Reymond, Manuela (1998): Die moderne Familie als Verhandlungshaushalt. In: Büchner, Peter/du Bois-Reymond, Manuela/Ecarius, Jutta/Fuhs, Burghardt/Krüger, Heinz-Hermann.: Aufwachsen in drei europäischen Regionen. Opladen: Leske + Budrich.

Durkheim, Emile (1992): Über soziale Arbeitsteilung. Studie über die Organisation höherer Gesellschaften. Frankfurt: Suhrkamp (orig. 1893).

Ecarius, J. (2002): Familienerziehung im historischen Wandel. Eine qualitative Studie über Erziehung und Erziehungserfahrungen von drei Generationen. Opladen: Leske + Budrich.

Eisenstadt, Shmuel N. (1987): European civilization in comparative perspective. Oslo: Norwegean University Press.

Eisenstadt, Shmuel N. (2001): The civilizational dimension of modernity. Modernity as a distinct civilization. In: International Sociology 16.3: 320-340.

Eisenstadt, Shmuel N. (Hrsg.) (2002): Multiple modernities. New Brunswick.

Elias, Norbert (1969): Die höfische Gesellschaft. Frankfurt: Suhrkamp.

Elias, Norbert (1977) Zur Grundlegung einer Theorie sozialer Prozesse. In: Zeitschrift für Soziologie 6. 127-149.

Elias, Norbert (1982): Zivilisation und Gewalt. In: Matthes, Joachim (Hrsg.): Lebenswelt und soziale Probleme. Verhandlungen des 20. Deutschen Soziologentages. Frankfurt: Campus. 98-122.

Elias, Norbert (1983): Die Genese des Sports als soziologisches Problem. In: Elias, Norbert/Dunning, Eric (Hrsg.): Sport im Zivilisationsprozeß. Münster: Lit Verlag. 9-46.

Elias, Norbert (1989): Studien über die Deutschen: Machtkämpfe und Habitusentwicklung im 19. und 20. Jahrhundert. Frankfurt: Suhrkamp.

Elias, Norbert/Eric Dunning (1983): Zur Dynamik von Sportgruppen. Unter besonderer Berücksichtigung von Fußballgruppen. In: Elias, Norbert/Dunning, Eric (Hrsg.): Sport im Zivilisationsprozeß. Münster: Lit Verlag. 105-122.

Elias, Norbert/John Scotson (1990): Etablierte und Außenseiter. Frankfurt: Suhrkamp.

Fisch, Jörg (2004); Zivilisation, Kultur. In: Brunner, Otto/Conze, Werner/Koselleck, Reinhart (Hrsg.): Geschichtliche Grundbegriffe. Historisches Lexikon zur politisch-sozialen Sprache in Deutschland. Band 7. Stuttgart: Klett Cotta. 679-774.

Gehlen, Arnold (1993): Der Mensch. Seine Natur und seine Stellung in der Welt. Frankfurt: Verlag Vittorio Klostermann (orig. 1940).

Göbel, Andreas (2005): Vom elterlichen Züchtigungsrechts zum Gewaltverbot. Hamburg: Dr. Kovac.

Huntington, Samuel (1991): Clash of civilizations? In: Foreign Affairs. 72. 3. 22-49.

Huntington, Samuel (1996): Kampf der Kulturen. Die Neugestaltung der Weltpolitik im 21. Jahrhundert. München/Wien: Goldmann.

Kant, Immanuel (1980): Anthropologie in pragmatischer Hinsicht. Hamburg: Meiner (orig. 1800).

Koenig, Matthias (2006): Shmuel Noah Eisenstadt: Kulturtheoretische Zivilisationsanalyse. In: Moebius, Stephan/Quadflieg, Dirk (Hrsg.): Kultur. Theorien der Gegenwart. Wiesbaden: VS Verlag. 571-580.

Löwenthal, Richard (1979): Von der Einzigartigkeit des Westens. Zur Einführung in die Aufsatzsammlung ‚Gesellschaftswandel und Kulturkrise'. Frankfurt: Fischer.

Luhman, Niklas (1994): Inklusion und Exklusion. In: Berding, Helmut (Hrsg.): Nationales Bewußtsein und kollektive Identität. Studien zur Entwicklung des kollektiven Bewußtseins in der Neuzeit 2. Frankfurt: Suhrkamp. 15-45.

Mittelstraß, Jürgen (Hrsg.): Enzyklopädie Philosophie und Wissenschaftstheorie. Band 4, Begriff „Zivilisation". Stuttgart/Weimar: Metzler. 852-853.

Münch, Richard (2004): Soziologische Theorie. Bd. 3: Gesellschaftstheorie, Frankfurt/M./New York: Campus. 365-375.

Nelson, Benjamin (1981): On the roads to modernity: Conscience, science and civilizations. Totowa: Rowman & Littlefield.

Nemo, Philippe (2005): Was ist der Westen? Die Genese der abendländischen Zivilisation. Tübingen: Mohr Siebeck.

Oesterdiekhoff, Georg (2006): Kultur und Zivilisation. In: Schäfers, Bernhard./Kopp, Johannes (Hrsg.): Grundbegriffe der Soziologie. Wiesbaden: VS Verlag. 147-154.

Ostendorf, Berndt (2006): Samuel Huntington: From creed to culture. In: Moebius, Stephan/Quadflieg, Dirk (Hrsg.): Kultur. Theorien der Gegenwart. Wiesbaden: VS Verlag. 115-128.

Paul, Robert A. (1998): The genealogy of civilization. In: American Anthropologist 100.2: 387-396.

Robertson, Roland (2006): Civilization. In: Theory, Culture & Society 23. 2-3. 421-436.

Schulze-Marmeling, Dietrich (2000): Fussball. Zur Geschichte eines globalen Sports. Göttingen: Verlag Die Werkstatt.

Swaan, Abram de (1991): Vom Befehlsprinzip zum Verhandlungsprinzip. Über neuere Verschiebungen im Gefühlshaushalt der Menschen. In: Kuzmics, Helmut/Mörth, Ingo (Hrsg.): Der unendliche Prozeß der Zivilisation. Zur Kultursoziologie der Moderne nach Norbert Elias. Frankfurt/M. u. New York: Campus. 173-198.

Tiryakian, Edward (2001): Introduction: The civilization of modernity and the modernity of ‚civilizations'. In: International Sociology 16.3: 277-292.

Weber, Max (1972): Die protestantische Ethik und der Geist des Kapitalismus I. Eine Aufsatzsammlung. Gütersloh: Verlagshaus Gerhard Mohn (orig. 1904).

Weiß, Johannes (2002): Zivilisation. In: Endruweit, Günter/Trommsdorff, Gisela (Hrsg.): Wörterbuch der Soziologie. Stuttgart: Lucius & Lucius. 715f.

Wouters, Cas (1986): Informalization and civilizing processes: Changing tension balances in civilizing processes. In: Theory, Culture & Society 3. 2. 1–18.

Wouters, Cas (1977): Informalisierung und der Prozess der Zivilisation. In: Gleichmann, Peter/Gouldsblom, Johan/Korte, Hermann (Hrsg.): Materialien zu Norbert Elias Zivilisationstheorie. Frankfurt: Suhrkamp. 279-289.

Wouters, Cas (1999): Informalisierung. Norbert Elias' Zivilisationstheorie und Zivilisationsprozesse im 20. Jahrhundert. Opladen: Westdeutscher Verlag.

Einführende Literatur

Baumgart, Ralf/Eichener, Volker (1991): Norbert Elias zur Einführung. Hamburg: Junius.

Elias, Norbert (1970): Was ist Soziologie? München: Juventa.

Korte, Hermann (2000): Norbert Elias. In: Käsler, Dirk (Hrsg.) Klassiker der Soziologie. Band I. München: Beck. 315-333.

Weiterführende Literatur

Elias, Norbert (1976): Über den Prozess der Zivilisation. Soziogenetische und psychogenetische Untersuchungen. 2 Bände. Frankfurt: Suhrkamp.

Korte, Hermann (Hrsg.): Gesellschaftliche Prozesse und individuelle Praxis. Bochumer Vorlesungen zu Norbert Elias' Zivilisationstheorie. Frankfurt: Suhrkamp.

Kuzmics, Helmut/Mörth, Ingo (Hrsg.): Der unendliche Prozess der Zivilisation. Zur Kultursoziologie der Moderne nach Norbert Elias. Frankfurt: Campus.

Sinnformen, Wissenstypen und Kommunikation

Hubert Knoblauch

1. Einführung

Wissen ist zu einem Schlüsselwort der Gegenwart geworden. Insbesondere die Wirtschaft hat die Rolle des Wissens erkannt, das nun volkswirtschaftlich als die fruchtbarste Ressource vor allem rohstoffarmer Gesellschaften erscheint. Die Politik folgt dieser Einsicht auf dem Fuße und setzt wenigstens in ihrer öffentlichen Rhetorik die Forderung des Wissens an die oberste Stelle der politischen Agenda. Die Anerkennung der wissenschaftlichen Forschung in und außerhalb der Universitäten war – sieht man von ethischen Problemen mit biologischen Entwicklungen ab – selten so unangefochten. Auch die Bildung erfährt eine besondere Wertschätzung, da sie die hauptsächlich für die Wissensvermittlung zuständige Institution ist. Vor diesem Hintergrund ist die Aufregung um die – im internationalen Vergleich – schlechten Leistungen an deutschen Schulen verständlich, die von der quantitativen Bildungsforschung ausgelöst wurde.

Freilich kann man die Frage stellen, ob denn die Wissensvermittlung die einzige Aufgabe der Bildungsinstitutionen darstellt. Die Fragen aber, warum denn das Wissen eine so große gesellschaftliche Bedeutung annimmt, wie das Wissen eigentlich zustande kommt und was eigentlich Wissen ist, bleiben mit gutem Grund ausgeklammert. Diesen Fragen wollen wir uns hier zuwenden. Genauer wollen wir zuerst klären, welche Arten von Wissen wir unterscheiden können. In einem zweiten Schritt soll näher bestimmt werden, was Wissen überhaupt ist und wie wir es unterscheiden können. Im dritten Teil beschäftigen wir uns mit der Frage, wie Wissen vermittelt wird und in welchen Formen diese Wissensvermittlung verläuft, bevor wir abschließend noch einmal auf den Zusammenhang von Wissen und Bildung eingehen.

Dabei soll zum einen gezeigt werden, wie Wissen in der modernen Gesellschaft bis hin zur gegenwärtigen „Wissensgesellschaft" typisiert wurde; welche Arten von Wissen werden unterschieden. In einem weiteren Schritt soll darauf hingewiesen werden, dass Wissen im Wesentlichen in Handlungszusammenhängen auftritt – und anhand von Handlungszusammenhängen und Institutionen unterschieden wird. Inhaltlich wird Wissen vor allem durch Kommunikation definiert. Darunter verstehen wir nicht nur die Sprache, sondern auch unterschiedliche Formen, die als kommunikative Formen des Wissens dienen. Schließlich soll skizziert werden, wie bestimmte dieser Formen zu Wissen deklariert werden und welche Folgen das haben kann.

2. Gesellschaftliche Formen des Wissens

Die Beobachtung, dass Wissen eine große, ja entscheidende Rolle für die Gesellschaft spielt, ist keine neue Entdeckung. Sie bildet den Ausgangspunkt der Wissenssoziologie, eines grundlegenden Ansatzes innerhalb der Soziologie. Genau genommen beginnt die Geschichte der Soziologie und die Geschichte der modernen Gesellschaft mit dieser Beobachtung. Es war Auguste Comte (1974/1923), der Erfinder des Begriffes „Soziologie", der im frühen 19. Jahrhundert diese Beobachtung machte. Die anbrechende moderne Gesellschaft, so stellte er fest, zeichne sich nicht nur durch die Industrie aus; vielmehr bestehe ihre Besonderheit darin, dass nun eine neue Form des Wissens dominiere. Während in herkömmlichen Gesellschaften das religiöse und das spekulative Wissen dominiert habe, stehe jetzt das „positive", also empirisch begründbare, wissenschaftliche Wissen im Vordergrund. Im ersten Stadium der Geschichte erklärte der Mensch die Erscheinungen, indem er sie Wesen und Kräften zuschreibt, die dem Menschen ähneln. Im zweiten Stadium berief er sich auf abstrakte Wesenheiten, wie etwa die Natur. Im dritten Stadium beschränkt sich der Mensch nun darauf, die Erscheinungen zu beobachten und die Regeln festzustellen, die zwischen ihnen bestehen. Hatte die Phantasie in der theologischen und metaphysischen Phase noch das Übergewicht, so ist es nun die empirische Beobachtung. Damit unterscheidet Comte nicht nur drei Arten des Wissens, er unterstellt dabei die These, wir lebten in einer Wissen(schaft)sgesellschaft; und schließlich betont er, dass Wissen in allen Gesellschaften eine Rolle spielt. Die Gesellschaften unterschieden sich – neben den sozialstrukturellen Aspekten – vor allen Dingen dadurch, welche Art des Wissens im Vordergrund steht.

Allerdings vollziehe sich die Entwicklung des positiven Wissens nicht gleichzeitig, vielmehr könne man das positive Wissen noch weiter unterteilen. So habe schon zu Comtes Lebzeiten die Mathematik den höchsten Grad an Positivität erreicht, gefolgt von der Astronomie. Auf die Physik folge die Chemie und die Biologie bzw. Physiologie. Erst dann sei die (von Comte ins Leben gerufene) Soziologie an der Reihe, da sie es nicht nur mit dem komplexesten Gegenstand, der Gesellschaft, zu tun habe, sondern auch die größte Vielfalt an Methoden anwenden müsse, um ihr Wissen zu generieren. Genüge der Mathematik noch die Logik, so bedürfe die Mechanik oder die Geometrie zusätzlich der Beobachtung. Bei der Physik werde überdies noch das Experiment erforderlich; die Klassifikation komme bei der Chemie dazu und der Vergleich bei der Biologie. Die Soziologie schließlich nutze all die genannten Methoden und setze darüber hinaus noch den historischen Vergleich ein. Somit ermögliche sie erstmals die rationale Planung des Gemeinwesens.

Knapp ein Jahrhundert später wurde Comtes Unterscheidung der Wissenstypen von Max Scheler (1960) aufgenommen, der damit die Wissenssoziologie begründete. Scheler nimmt die drei Hauptformen des Wissens, Religion, Metaphysik und Wissenschaft, von Comte auf, betont aber, dass die Ankunft der Wissenschaft nicht notwendig zum Ende der Religion oder der Magie führe. Religion, Metaphysik und die positiven Wissenschaften sind voneinander unabhängige und gesondert von einander entstandene, gleichwertige Formen, die jeweils eine besondere, für die Gesellschaft relevante Funktion erfüllen und deswegen auch sehr spezifische soziale Formen annehmen: Religiös ist das Heilswissen, das z.B. in der Institution der Kirche ihren sozialen Ausdruck findet. Wissenschaft dagegen ist eine Art des Wissens, mit dem man Herrschaft über die Natur ausüben könne; sozial erscheint es im „Forscher"

oder im „Institut". Die für die jeweilige Wissensform spezifischen Ausprägungen lassen sich wie folgt gegenüberstellen:

Wissensformen	Ursprung des Wissens	Funktion des Wissens	Wichtigste Rollen der Wissenserzeuger	Institutionen der Wissensvermittlung
Religion	Selbsterhaltung durch Heil	Heil durch Kontakt zu Gott	Charismatische Führer, heilige Menschen, kirchlicher homo religiosus	Kirche, Sekte, mystische Gemeinschaften, Gemeinden
Metaphysik	Staunen über die Existenz der Welt und der Dinge	Weisheit durch Intuition	Weise	Weisheits-Schule, Bildungsgemeinschaften, Berufe
Positive Wissenschaft	Bedürfnis nach Kontrolle von Natur und Gesellschaft	Weltbild mathematischer Symbole, Experiment, Induktion/Deduktion	Forscher, Wissenschaftler	Internationale Staaten, Wissenschaftsrepublik

Auch Scheler bleibt nicht bei diesen drei Wissensformen stehen, sondern gliedert sie noch in weitere Unterformen auf. Wissenschaftliches Wissen teilt sich in technologisches und positives Wissen auf, religiöses Wissen in religiöses und mystisches. Das philosophisch-metaphysische Wissen bildet eine eigene Kategorie. Innerhalb dieser Wissensformen unterscheidet Scheler zwischen den „künstlichen", die sehr explizit sind und von eigens dafür unterstützten Experten erzeugt und gepflegt werden, und denjenigen, die eher unausgesprochen und ohne besondere Zuwendung gedeihen, wie etwa den „volkstümlichen" Formen des Wissens, die in Mythen und Legenden und im Volkswissen aufgehoben sind.

Höhere Wissensformen	
Technologisches Wissen	*sehr künstlich*
Positives Wissen der Mathematik, der Natur- und Geisteswissenschaften	
Philosophisches-metaphysisches Wissen	
Religiöses Wissen	
Mystisches Wissen	
Natürliches Volkswissen	
Mythen und Legenden	*wenig künstlich*
Relativ-natürliche Weltanschauung	

Am nichtkünstlichen Ende dieser Skala siedelt er die relativ natürliche Weltanschauung an, wie sie sich in Volksliedern, Volkssprache, Sitten, Gebräuchen und der Volksreligion manifestiert. Die „künstlicheren" Formen des Wissens setzen sich dagegen aus den „gehobenen" Weltanschauungen, Hochkultur, Kunst und Wissenschaft zusammen.

Dass Scheler diese Wissensformen keineswegs als bloße kognitive Strukturen betrachtet, weil sie das Anschauen, Denken und Werten beeinflussen, wird uns weiter unten interessieren. In unserem Überblick über verschiedene gesellschaftlich relevante Wissensformen sollten wir einen weiteren Schritt noch nehmen. Denn Schelers Typologie des Wissens bildet die Grundlage für die einflussreiche ökonomische Theorie Machlups (1980/1962), mit der die eingangs erwähnte wirtschaftliche Bedeutung des Wissens begründet wurde. Schon 1962 unterscheidet Machlup fünf Wirtschaftszweige, an deren Wachstum sich die Entwicklung zur Wissensökonomie beobachten lasse. anhand derer die besteht: Erziehung und Ausbildung, Forschung und Entwicklung, Medien, Informationsgeräte und schließlich Informationsdienstleistungen. Im Laufe der 70er Jahre wurden diese Vorstellungen von der OECD und anderen politischen Einrichtungen aufgenommen und zur Grundlage für die Schaffung und Messung von Wissensgesellschaften gemacht (vgl. dazu Knoblauch 2006: 256ff).

3. Wissen, Handeln, Kommunikation

Auch wenn in der Wissensgesellschaft Wissen immer als etwas Positives dargestellt wird, das eine eigene Substanz hat, sollte man bedenken, dass das, was als Wissen gilt, sehr verschieden sein kann: Traditionelle Landwirte, die in und mit der Natur leben, wissen sehr viele andere Dinge als gegenwärtige Städter, die zwischen U-Bahn und Schnellstraße wohnen. „Wissen", so definieren deswegen Peter Berger und Thomas Luckmann (1969: 3), ist „die Gewissheit, dass Phänomene wirklich sind und bestimmbare Eigenschaften haben". Weil Wissen also nicht eine festgelegte Substanz, ein Wesen hat, sondern etwas ist, das als Kenntnis der Wirklichkeit anerkannt sein muss, sollte es deswegen immer in Anführungszeichen gesetzt werden. Während die Alltagssprache das Wissen verdinglichend als etwas fasst, was man „haben" kann, setzt sich immer mehr die Vorstellung durch, das Wissen etwas ist, was in unserer Kultur, in Organisationen, ja in uns steckt und gleichsam verkörperlicht wird. Diese gegenwärtige Vorstellung des „impliziten Wissens" gehört zum Grundstock der neueren Wissenssoziologie. Denn die Wissenssoziologie betrachtet Wissen als etwas, das ganz wesentlich menschliches Handeln leitet. Im Unterschied zum bloßen Verhalten zeichnet sich Handeln dadurch aus, dass es einen bestimmten Zweck verfolgt: Der ohnehin komplexe Akt des Blickens auf ein Blatt kann mit sehr unterschiedlichem Sinn belegt sein: Wir können lesen, um etwas zu lernen; lesen können wir aber auch einfach nur, weil es uns Spaß macht – oder weil die Zeit so schneller vergeht. Freilich ist dieser Sinn des Handelns selbst noch kein Wissen. Wenn wir einen Baum ansehen, dann brauchen wir keineswegs zu wissen, was es für ein Baum ist, ja dass es sich um einen Baum handelt (und nicht etwa um einen großen Busch). Dennoch ist ein so einfacher Wahrnehmungsakt selbst schon mit einer elementaren Form des Wissens verknüpft: Was wir wahrnehmen ähnelt anderen Bäumen, unterscheidet sich aber von Blumen oder Hunden. Selbst wenn wir die Begriffe noch nicht kennen (was empirisch bei der

Bestimmung etwa der Eberesche eher der Fall sein wird als beim Typus „Baum"), nehmen wir solche Typisierungen vor. Allerdings typisieren wir nicht alles, sondern lediglich das, was uns als relevant erscheint. Die Typisierungen, wie auch die Relevanzen, gelten natürlich auch für Handlungen: Wollen wir ein Glas Wasser trinken oder etwas essen, wollen wir Speiseeis essen oder nicht vielmehr ein heißes Gulasch? Um solche Handlungen durchführen zu können, benötigen wir also Typisierungen und andere Formen der Orientierung des Handelns (Schütz/Luckmann 1979). Weil wir sagen können, dass das, was Handeln leitet, den für Handeln wesentlichen Sinn ausmacht, können wir hier auch von Sinnformen sprechen.

Typisierungen, als eine Form des Sinns, bilden einen wesentlichen Bestandteil dessen, was wir als subjektiven Wissensvorrat bezeichnen. Sie bauen auf einem sehr grundlegenden Wissen auf, das wir meist in früher Kindheit erlernen: Dass wir einen Körper haben, über bestimmte Fertigkeiten (des Sehens und des Zugreifens, des Gehens und des Erreichens) verfügen, dass etwas hinter uns, über uns und neben uns ist – auch, dass es Andere gibt, für die das in ähnlicher Weise gilt. Auf solchen Grundelementen aufbauend bildet sich ein *Routine- oder Gewohnheitswissen* aus Hierzu zählen einmal die erwähnten körperlichen *Fertigkeiten*, wie etwa die erlernte Fähigkeit zum Schwimmen, Autoreparieren oder auch zum medizinischen Operieren. Einen auch noch leiblichen Zug hat das *Gebrauchswissen*, d.h. eingeschliffene Handlungsvollzüge, die einen weiten Bereich dessen ausmachen, was einst ausdrücklich erlernt wurde, nun aber so „automatisch" durchgeführt wird, dass es gar nicht mehr als Handlung wahrgenommen wird. Vergegenwärtigen sie sich nur, was sie alles wissen müssen, um ein Auto zum Fahren zu bringen – Fertigkeiten, die wir, einst mühsam erworben, bald „automatisch" abrufen können.[1]

Bisher haben wir es mit Sinngebildern zu tun, die in Erfahrungen und Handlungen selbst ausgebildet wurden. Man kann hier auch von *Erfahrungswissen* reden, das in hohem Maße vorsprachlich ist. Man kann sich das leicht verdeutlichen, wenn man die Grüntöne des Laubs eines Waldes betrachtet, die man wohl unterscheiden kann, ohne Begriffe dafür zu haben. Ein anderer Teil unseres Wissensvorrates besteht dagegen aus *explizitem Wissen*. Hier erst stoßen wir auf jene Schicht, die im Bildungssystem hauptsächlich vermittelt wird: Wissen aus der Mathematik, der Geografie oder der Sprachlehre, das meist ausdrücklich benannt werden muss.

Wie die elementaren Sinngebilde ist auch dieses Wissen keineswegs nur ein „kognitives Phänomen", denn die Wirklichkeit, in der wir leben, besteht nicht an sich; sie ist im Wesentlichen eine Sinnschicht, die aus dem Wissen besteht, das wir selbst erwerben, und dem Wissen, das wir von anderen lernen.[2] Es ist in dieser Sinnwelt, in der wir handeln: Was wir wissen, bestimmt unsere Handlungsziele und leitet den Handlungsvollzug.

Zwar müssen wir zumindest implizit „wissen", was ein Baum ist, um ihn abzusägen, was ein Eis ist, um es essen, und was ein Auto ist, um es fahren zu können, allerdings müssen wir dieses Wissen keineswegs selbst erworben haben: Der Baum wurde uns auf einer Pho-

---

1   Dabei spielen die Fähigkeiten des Bewusstseins zur Sedimentierung, Habitualisierung und Routinisierung eine entscheidende Rolle, die wir hier allerdings nicht ausführen können (Vgl. dazu Knoblauch 2003).

2   Hinsichtlich des Relevanzsystems ist es nicht unwichtig zu lernen, ob sich das Wissen auf die Wirklichkeit des Handelns bezieht oder auf eine fiktive Wirklichkeit, in der Feen fliegen, Mäuse reden oder erschossene Lebewesen sofort wieder aufstehen. Wissen umfasst also auch die Kenntnis unterschiedlicher Wirklichkeitsbereiche, wie etwa das, was als Traum und was als Wirklichkeit gilt. Man sollte bedenken, dass die Grenzen zwischen diesen Bereichen (ebenso wie die zwischen Religion und Alltag oder Kunst und Alltag) in verschiedenen Kulturen auch sehr unterschiedlich gezogen werden (Vgl. dazu Schütz (2003).

tographie gezeigt, das Eis wurde uns als Sahne angeboten, und das erste Auto haben wir in einem Bilderbuch gesehen. Ein Großteil des Wissens also, über das wir verfügen, entstammt nicht unseren eigenen Erfahrungen, sondern ist von anderen vermittelt. Aus diesem Grund ist das subjektive Wissen immer auch sozial. Das sozial verfügbare Wissen nennen wir entsprechend den *gesellschaftlichen Wissensvorrat.*

Dieser Wissensvorrat enthält nicht nur die impliziten, kulturell verbindlichen Typisierungen von Dingen und Abläufen, er enthält auch all jene Typisierungen, die in der Sprache verfügbar sind. Die Sprache kann als ein ganzes Reservoir von Bedeutungen angesehen werden, das die Mitglieder einer Kultur teilen. Sprache ist allerdings keineswegs nur ein abstraktes System von Bedeutungen. „Die Sprache ist sozial im zweifachen Sinn: als ein Netz von Bedeutungsrelationen, das dem einzelnen historisch vorgegeben ist; und als Objektivierung von intersubjektiv gültigen, auf den einzelnen „Zwang" ausübenden Handlungs- und Erfahrungsschemata".[3] Indem Handelnde Elemente dieses System intentional anwenden, kommunizieren sie das im Sprachsystem verfestigte, gesellschaftliche Wissen. Dieses sprachlich verfestigte Wissen ist keineswegs gleichartig verteilt, vielmehr wird das Wissen sozial sehr unterschiedlich geprägt und verbreitet: Experten bilden Sondersprachen aus, in denen ihr Spezialwissen vermittelt wird, soziale Gruppen und Kategorien pflegen eigene Dialekte und Soziolekte, in denen ihr Relevanzsystem zum Ausdruck kommt (denken sie nur an die landwirtschaftliche Herkunft vieler deutscher Dialekte), und auch die einzelnen Gesellschaftsbereiche – Wirtschaft, Politik, Wissenschaft – pflegen eine eigene Sprache.

Genauso wie „Wissen" an Handeln gebunden ist, wird auch sprachliches Wissen ganz wesentlich durch seine Verwendung bestimmt. Der eigentliche „Sitz im Leben" der Sprache ist in ihrer Verwendung in den kommunikativen Formen des sozialen Handelns. Wie schon der berühmte Philosoph Ludwig Wittgenstein (1971) betonte, ist die Sprache nicht nur der wichtigste Träger des Wissens. Ihre Bedeutung werde jedoch bestimmt von den unterschiedlichen Weisen, wie Sprache gebraucht wird.[4] Den Gebrauch der Sprache nennen wir gemeinhin Kommunikation – und darunter fassen wir auch die Verwendung anderer Zeichensysteme, wie etwa der Zeichensprache für Taubstumme, der Morse-Zeichen oder der Gesten von Schiedsrichtern.

Da wir in den Kopf der Menschen, die etwas wissen oder wissen sollten, nicht hineinblicken können, bleibt uns in der Regel meist nur die Kommunikation. Man könnte auch sagen: Kommunikation ist die soziale Form des Wissens. Kommunikation ist deswegen der zentrale Prozess der *Wissensvermittlung.* Da sie Zeichen setzt, verbindet Kommunikation darüber hinaus die Kommunizierenden auf eine Weise, die gleichzeitig eine soziale Struktur darstellt. Kommunikatives Handeln ist zugleich Sinnvermittlung und Strukturbildung, es ist zugleich individuell und kollektiv.[5]

---

3 Luckmann, Soziologie der Sprache, op. cit. S. 61.
4 Die unterschiedlichen Weisen bezeichnet er mit dem mittlerweile sehr populär gewordenen Begriff des Sprachspiels: Diese Bedeutung von Worten – also gleichsam die sprachlich objektivierte Form des Wissens – geht auf jeweils besondere Interaktionssituationen oder situative Kontexten zurück, in denen ihre Verwendung eigenen Regeln folgt. Dies bezeichnet er als Sprachspiele, gleichsam die Generatoren für sprachlich vermittelbares Wissen. Diese Sprachspiele sind nicht beliebig, sondern machen einzelne Lebensformen aus: sie sind also auf Lebensformen bezogen und bilden deren (in ihnen geschaffenen) Bedeutungshorizont. Diese Sprachspiele müssen von den Akteuren erlernt werden, damit sie sie wieder kompetent anwenden können.
5 Sehr viel ausführlicher wird das erläutert in Knoblauch (1995).

4. Kommunikative Wissensformen

Dass Wissen an bestimmte Formen der Kommunikation gebunden ist, kann man sich schnell deutlich machen, wenn man bedenkt, dass Wissen durch das Vortragen von Wörtern vermittelt wird – und nicht etwa durch das kollektive und anhaltende Schweigen, wie etwa in buddhistischen oder christlich-quietistischen Klöstern (vgl. Luhmann und Fuchs 1989). Ausdrückliches sprachliches Wissen ist uns gemeinhin in Gestalt von Wörtern, Begriffen, Definitionen, Formeln sowie Formel- und Begriffszusammenhängen bekannt. Dabei handelt es sich eben nicht nur um Wissen, sondern um kommunikative Formen dessen, was wir als offiziell anerkanntes Wissen ansehen. Mit offiziell anerkanntem Wissen meinen wir jenes Wissen, das in Institutionen vermittelt wird, die ausdrücklich auf die Vermittlung von Wissen spezialisiert sind. Auch hier geht es jedoch nicht nur um ausdrückliche sprachliche Formen, sondern um im weiteren Sinne kommunikative Formen: Im Unterschied zum Tischgespräch etwa zeichnet sich das Prüfungsgespräch durch Frage-Antwort-Sequenzen aus, wobei Fragen und Antworten ungleich verteilt sind. Vorträge, Belehrungen oder Präsentationen stellen mündliche, Schularbeiten, Tests oder Klausuren schriftliche kommunikative Formen der Wissensvermittlung dar. Dabei sollte man beachten, dass Kommunikation keineswegs nur sprachlich geschieht: Auch die Art, wie wir uns bewegen, wenn wir reden, ja sogar die Art, wie wir Wörter aussprechen, sind ein wesentlicher Teil der Kommunikation. Man vergleiche nur einmal eine Predigt mit einer Vorlesung oder einer politischen Rede. Wie uns das Fernsehen, aber auch PowerPoint oder das Internet sehr klar machen, erfolgt die Kommunikation auch in Bildern. Kommunikation also ist ein soziales Handeln, bei dem wir Zeichen oder zeichenhafte Gebilde einsetzen, die als Zeichen etwas Bedeutung und damit Bedeutungen und Wissen vermitteln.[6]

Wenn wir Kommunikation als die soziale Form des Wissens ansehen, dann können wir auch die Formen des Wissens sehr viel besser unterscheiden – als Formen der Kommunikation. Betrachten wir uns einfach ein Beispiel: Wir gehen auf einer Strasse; plötzlich geht eine fremde Person mit einem freundlichen Lächeln auf uns zu, reicht uns die Hand und begrüßt uns. Sie wollen doch sicher auch ein Geschenk, fragt sie. Etwas ungläubig folgen wir ihr. Mit einer einladenden Geste bittet sie uns zur Seite, wo ein kleiner Stand steht. Dort stehen Kugelschreiber und Ballons sowie die Symbole einer bekannten Versicherungsfirma. Spätestens an dieser Stelle wissen wir, was geschieht – oder wir sollten es wissen, sonst laufen wir nicht nur Gefahr, als naiv zu gelten, sondern auch arm zu werden. Die höfliche, aber anonyme Anrede ist schon ein erstes „Zeichen", der Stand und die Firmensymbole ein zweites, das uns anzeigt, was hier geschieht. Solche „Zeichen", die uns helfen zu verstehen, was geschieht, nannte der kanadische Soziologie Goffman „Rahmen". *Rahmen* sind die Mittel, die uns zeigen, was gerade geschieht. Dabei war sich Goffman sehr bewusst, dass soziale Ereignisse durchaus doppelbödig sind: Rahmungen werden besonders dort sichtbar, wo es um Täuschung oder Betrug geht. Werden in diesen Fällen die Rahmen nur von einer Seite der Beteiligten (und ohne Wissen der anderen) verändert, so können aber auch normale Alltagssituationen doppelbödig sein: Im Scherz stellen wir bei der Begegnung mit Freunden nach,

---

6 Darunter können auch kulturelle Güter gefasst werden: Auch das Tragen von bestimmten Kleidern oder das Möblieren einer Wohnung sind in diesem Sinne Kommunikation.

wir würden etwas verkaufen, bei Experiment stellen wir einen Verkauf nach, im Theater kann eine Verkaufsszene vollständig nachgespielt werden.

Goffman betont, dass soziale Interaktionen dadurch ihren Sinn erhalten, dass wir sie auf eine gewisse Weise rahmen – und diese Rahmungen kennen. Am grundlegendsten ist dabei der *primäre „natürliche" Rahmen*, der Situationen als nicht von Menschen geschaffene und beeinflusste Ereignisse definiert. Die primären Rahmen – die für sich schon sinnvoll sind – stellen für Goffman das Ausgangsmaterial für zahlreiche Transformationen bzw. „Modulationen" dar: „Spaß, Täuschung, Experiment, Probe, Traum, Phantasie, Ritual, Demonstration, Analyse und milde Gabe" (Goffman 1977: 602).

Nach Goffman gibt es fünf solcher Modulationen: So-Tun-als-ob, Wettkampf, Zeremonie, Sonderausführungen und In-anderen-Zusammenhang-Stellen. So-Tun-als-ob verwandelt einen ernsthaften Rahmen auf spielerische Weise in einen unernsten. Die Modulation wird meist vor einem Publikum durchgeführt. Doch gibt es auch Grenzfälle solcher Modulationen: Täuschungsmanöver etwa, bei denen nur die Täuschenden über die Module Bescheid wissen, oder Tagträume, die sich dadurch auszeichnen, dass das Publikum und der Akteur identisch sind. Der Wettbewerb stellt den zweiten Rahmen dar, wobei das Modell des gezähmten Konflikts als Vorlage dient. Diese Modulation besteht darin, die Mittel des alltäglichen Handelns einzusetzen, doch ihre Folgen nicht todernst zu nehmen. Das dritte Modul ist die Zeremonie. Dabei handelt es sich um Veranstaltungen, die es erlauben, bestimmte Rollen einzunehmen und herauszuheben – etwa das Brautpaar bei der Hochzeit. Sonderausführungen dienen Goffman als Oberbegriff für Übungen, Proben, Demonstrationen u.ä., also Interaktionen, in denen die aktuelle Situation in eine Simulation einer zukünftigen Situation transformiert wird. Beim In-anderen-Zusammenhang-Stellen schließlich treten andere Motive an die Stelle derer, die im primären Rahmen angenommen werden. Als Beispiel dafür führt Goffman das Ködern in Spielcasinos an, bei dem ein Strohmann andere Spieler mitzieht.

Wie Goffman auch am Theater zeigt, sind Rahmungen durch die Modulationen und Täuschungsmanöver allerdings fortwährend gefährdet: Ganz sicher sind wir nie, was gerade geschieht. Vor allem dadurch, dass durch Rahmung am Anfang falsche Vorstellungen geweckt werden, können sich diese Gefährdungen auf die emotionale Seite unserer Erfahrungen beziehen und zu negativen Erfahrungen führen. Gefährdungen können sich aber auch auf die kognitive Seite der Erfahrungen beziehen und unsere Annahmen in Frage stellen, wie für uns die Welt zusammenhängt. Um das Vertrauen in den Rahmen zu sichern, setzen die Handelnden verschiedene Mittel ein, mit denen sie die jeweiligen Rahmen ‚verankern'. Die Verankerungen sind nicht nur deswegen vonnöten, weil jede Modulation ihrerseits immer wieder neu gerahmt wird. Wir können uns auch über Rahmungen täuschen, uns irren oder gar darüber streiten.

Rahmungen organisieren nicht nur Erfahrung. Sie gehören zum grundlegenden Wissen darüber, in welcher Art von Wirklichkeit wir uns befinden. Dieses Wissen ist bei Goffman jedoch keineswegs ein kognitiver Bewusstseinsinhalt. Vielmehr besteht es aus einer Reihe von Verfahren, mit denen der jeweilige Rahmen für die Beteiligten interaktiv markiert wird.

Die Markierungen werden noch offensichtlicher, wenn wir es mit sprachlicher Kommunikation zu tun haben. Wie schon erwähnt, ist Wissen ja nicht nur in Wörtern und Begriffen verankert, sondern auch in großflächigeren Formen. Dazu zählen nicht nur „Aussagen", „Definitionen" oder „Gleichungen", die eine feste Satzform haben. Wissen ist auch in umfas-

sendere Formen eingelassen: Wer den Unterschied zwischen einem Witz und einem Bericht nicht kennt, wird es wohl ebenso schwer haben wie die Person, die ein Märchen nicht von einer Zeitungsmeldung unterscheiden kann. Solche großflächigeren Formen der Kommunikation nennen wir auch „*kommunikative Gattungen*". Wie schon erwähnt, sollten wir kommunikative Gattungen jedoch nicht auf sprachliche Muster beschränken. Zweifellos ist ja auch der „Western" eine Gattung, und zwar als Buch wie als Film. Als Gattung dürfen wir auch nichtsprachliche Formen ansehen, wie etwa in der Musik die Sinfonie oder die die instrumentale Hymne. In der Kommunikation von Angesicht zu Angesicht, für die der Begriff der kommunikativen Gattungen besonders entwickelt wurde, sind Gattungen noch weitaus komplexer: Die schon genannte Predigt lässt sich ja keineswegs nur am Predigtton erkennen. Neben einer Wortwahl aus dem religiösen Register der jeweiligen Sprache zeichnet sie sich auch durch einen besonderen Kontext aus: Im herkömmlichen Fall ist das ein sakraler Kirchenbau, in dem sich auch ein Publikum versammelt hat, das sich auch angemessen schweigsam zu verhalten weiß.

Ein Beispiel dafür mag der Vergleich der Verlaufsstruktur von zwei sehr verschiedenen Veranstaltungen darstellen. Auf der einen Seite ist die Grobstruktur einer katholischen Messe skizziert, auf der anderen Seite der Ablauf von Sitzungen der „Nicotine Anonymous", also die für „Nikotinsucht" zuständige Variante der „Anonymen Alkoholiker", wie sie in den USA schon zu Beginn der 1990er existierte. Diese Sitzungen enthalten eine regelmäßig wiederholte Sequenz verbaler und nonverbaler Formen, also Begrüßungs- und Ausleitungsrituale, Gebete („Serenity Prayer"), Lesungen und „Bekenntnisse".

Katholische Liturgie	Nicotine Anonymous-„Skript"
Einleitung („ritus initiales")	Begrüßung der Sekretärin (Hi-Formel und Chor) Meditation mit Händehalten Gebet („Serenity Prayer").
Lesung („liturgia verbi")	„mission" „12 Schritte", „12 Traditionen" „Promises" (reihum).
Freie Kommunikation („ritus comm.")	Vorstellung Newcomer Vorstellung aller (Responsorium) Telefonliste (Sponsor) „discussion".
Schlussteil („ritus conclusionis")	Ankündigungen Kollekte Gebet („I put..."), Händehalten „Keep coming" (Entlassung).

In der groben Ordnung folgen die jeweiligen Rituale der Nicotine-Anonymous-Sitzungen durchaus dem Muster von Messen und enthalten zum Teil hochgradig festgelegte kommuni-

kative Formen und Interaktionsrituale. Von der „Musterung" ausgenommen scheint lediglich der „freie Teil" („discussion"), bei dem es zu Bekenntnissen einzelner Teilnehmer reihum kommt; doch auch dieser folgt Mustern, wie sie schon aus den Sitzungen der Methodisten seit dem 18. Jahrhundert bekannt sind (ausführlich in Knoblauch 1995: 145ff).

Kommunikative Gattungen unterscheiden sich von „spontanen" kommunikativen Handlungen, die Schritt für Schritt, ohne einen langfristigen Vorentwurf, vollzogen werden (Luckmann 2002: 157ff). Sie zeichnen sich durch einen Gesamtentwurf aus, dem die einzelnen Kommunizierenden jeweils folgen. Das kann schon im Kleinen beginnen, etwa bei kleinen sprachlichen Wendungen, bei Phrasen und Sprichwörtern. Interaktiv können sich solche Muster in Begrüßungsritualen oder Verabschiedungen ausdrücken. Schon bei solchen kleinen Formen zeigt sich der institutionelle Charakter, denn falsche oder unangemessene Verwendungen können mit Sanktionen bestraft werden. Dies gilt um so mehr für die größeren Formen: Witze werden nicht bei der Regierungserklärung oder von der Kanzel erzählt (außer man „rahmt" sie auf eine besondere Weise), Bekehrungsgeschichten treten nicht bei Business Meetings auf. Um die innere Form von der Frage der sozialen Angemessenheit zu trennen, unterscheidet Luckmann zwischen der „Binnenstruktur" und der „Außenstruktur". Die *Binnenstruktur* enthält die sprachlichen Aspekte des Codes, aus dem die Gattungen bestehen, während die Außenstruktur den sozialen Kontext beschreibt, in dem Gattungen Anwendung finden. Zur Binnenstruktur gehören zum einen prosodische Mittel wie Intonation, Lautstärke, Sprechgeschwindigkeit, Pausen, Rhythmus, Akzentuierung aber auch Aspekte der *Stimmqualität*. So erweisen sich Phänomene der Prosodie und Stimmqualität, wie etwa der Predigerton, als konstitutive Merkmale für die betreffenden Gattungen. Ferner kann die Wahl eines bestimmten Kodes für ganze Gattungen oder für Elemente von Gattungen bestimmend sein. Darunter fällt die Sprachvarietät, wie etwa Hochsprache, Jargon, Dialekt, Soziolekt oder die Wahl eines an den Situationstypus angepassten Sprachregisters (z.B. formales, informelles oder intimes Register).

Die *Außenstruktur* kommunikativer Gattungen besteht aus wechselseitigen Beziehungen, kommunikativen Milieus und kommunikativen Situationen sowie der Auswahl von Akteurstypen (nach Geschlecht, Alter, Status usw.). Nehmen typische Arten von Akteuren regelmäßig an einer Reihe kommunikativ ähnlich gestalteter Situationen teil – wir reden hier von „Veranstaltungen" – so bildet sie ein Milieu. Soziale Milieus, wie beispielsweise Familien, Ökologiegruppen oder Studentencliquen, zeichnen sich durch typische, immer wiederkehrende soziale Veranstaltungen aus. Auch verschiedene ethnische Milieus (weiße und schwarze US-Amerikaner/innen, Briten und Inder/innen in Großbritannien) weisen Unterschiede beim Gebrauch bestimmter kommunikativer Gattungen, wie Argumentationen, Jobinterviews und Sprechstundengesprächen auf. Dies gilt insbesondere für die Unterschiede zwischen institutionellen Bereichen. So zeichnet sich die religiöse Kommunikation ebenso durch ihre besonderen Gattungen aus (Gebete, Predigten, „Heiligen Worte"), wie die Wirtschaft oder die Wissenschaft, die Politik oder die Bildung.

Kommunikative Gattungen sind also nicht nur Mittel zur Koordinierung von Handlungen, die sich von einem Institutionsbereich zum nächsten, von einer Epoche zur anderen und von Kultur zu Kultur unterscheiden können. Sie sind Muster und Vorfertigungen kommunikativer Abläufe, die als solche im gesellschaftlichen Wissensvorrat abgelegt sind.[7] Es geht in ihnen

---

7   Im Wissensvorrat enthalten ist auch das Wissen über die Art der kommunikativen Gattungen und ihrer Verwendung.

jedoch nicht nur um den äußeren Ablauf der Kommunikation. Vielmehr besteht ihre Grundfunktion ja in der Lösung immer wiederkehrender kommunikativer Probleme – und das sind auch die der Wissensvermittlung. So zeigt Luckmann etwa, dass das Problem der Rekonstruktion vergangener Erfahrungen ein typisches Problem der Kommunikation darstellt. Zu diesem Zwecke bilden sich besondere kommunikative Gattungen, mit denen vergangene Erfahrungen „rekonstruiert" werden können: Geschichten, Erzählungen und andere narrative Formen sind bekannte Beispiele. Ihre wissenssoziologische Relevanz erhalten sie nicht nur dadurch, dass sie zur Rekonstruktion des Vergangenen genutzt werden. Sie sind selbst die Formen, in denen Vergangenheit bewahrt und verschiedene Formen der Vergangenheit markiert werden: Der gestrige Besuch der Großmutter auf eine andere Weise als der historische Kniefall von Brandt, die Begegnung mit dem Heiligen Geist auf eine andere Weise als die Geschichten der Großmutter über ihre bäuerliche Arbeit. Diese anderen Weisen werden gleichsam in den Gattungen konserviert, die dadurch selber Formen des Wissens darstellen.

Wenn Gattungen großflächige Formen des Wissens sind, deren kommunikative Verwendung situativ geregelt ist, dann sollten wir das Augenmerk auch auf die Inhalte legen, die in solchen Formen vermittelt werden. Es ist ja kaum zu übersehen, dass in Predigten über andere Themen gesprochen wird als in politischen Reden, und auch Verkaufsreden unterscheiden sich von wissenschaftlichen Vorträgen – jedenfalls in den meisten Fällen und sofern keine „Modulation" etwa parodistischer Art stattgefunden hat. Über die allgemeinen Themen hinaus, die in bestimmten Gattungen auftreten (z.B. die Behandlung der Ehre im Western, die Liebe im Minnelied oder die Ware im Verkaufsvortrag) finden wir aber auch weitergehende thematische Verengungen, die in den besonderen Zusammenhängen jeweils auftreten. Man spricht hier zuweilen auch von „Gemeinplätzen", Stereotypen, „Klischees", allgemeiner von Topoi. Der Begriff der *Topik* wurde seit der antiken Rhetorik schon für die „Gemeinplätze" der Rede verwendet, genauer: für gleiche Arten und Inhalte des Wissens und Denkens, auf die man zur Gestaltung der Rede zurückgreifen kann. Zuweilen fasste man sie sogar als mentale Bilder, die jeweils bestimmte Gedanken enthalten. Beispielhaft dafür kann man die berühmte Untersuchung von Popitz u.a. über das Gesellschaftsbild des Arbeiters nennen. Popitz und vor allem sein Mitarbeiter Kesting stellten bei ihren Interviews mit Arbeitern fest, dass nicht nur immer wieder dieselben Themen auftauchen; die Interviewaussagen weisen überdies „eine Gleichförmigkeit [auf], die bis in die Formulierungen hineinreicht". Ein Vergleich der Protokolle verschiedener Interviews zeigt, dass die Stereotypik der Vorstellungen und der häufige Gebrauch von gleichlautenden Wendungen und sogar von Sprachhülsen aller Art auf die Befragten selbst zurückgeht. Popitz und seine Mitarbeiten kamen deswegen zu dem Schluss, es gebe einen relativ fest umrissenen Bestand von Vorstellungen, Gesichtspunkten und Thesen, der den Arbeitern gemeinsam zur Verfügung steht und auf den sie bei den Antworten zurückgreifen. Diesen Bestand nannten sie soziale Topik. Diese Topik wies in ihren Augen zwei Besonderheiten auf: Sie sei einerseits unabhängig von der individuellen Meinung der Person, die die Aussage macht. Und zum zweiten sei sie an die jeweilige soziale Gruppe gebunden, d.h. dass sich „die verschiedenen sozialen Gruppen – zum Teil wenigstens – sehr verschiedener Topoi [bedienen]. Die Angestellten eines Großunternehmens verwenden bereits in entscheidenden Punkten eine andere Topik als die Arbeiter desselben Werks. Ganz zu schweigen von einer von den Arbeitern so verschiedenen sozialen Gruppe wie etwa kleinbürgerlichen Einzelwarenhändler. Jede Topik, d.h. der Gesamtbestand verfügbarer To-

poi, hat ihren sozialen Ort, an dem sie sich (...) als sinnvoll erweist. In diesem Sinn reden wir von *sozialer Topik*. Es lassen sich für jede soziale Gruppe ganze Kataloge von Topoi aufstellen, die für diese Gruppe spezifisch sind" (Kesting 1972: 83f). Topos ist für sie eine Form des Erfahrungswissens, ein Niederschlag kollektiver Erfahrungen, die eine Orientierungsfunktion für die Handelnden in der Wirklichkeit haben; sie sind also an die Interessen der Arbeiter gebunden. Das zeigt sich etwa an dem Topos, der technischen Fortschritt mit Arbeitslosigkeit verbindet.[8]

In der Soziologie wurde der Begriff von Arnold Gehlen geprägt, der ihm eine den Funktionen analoge Funktion zuschrieb. Topoi bezeichnen für ihn „Routineformen" und Gewohnheiten des Denkens, Fühlens und Wollens: „Es gibt im Seelischen jederzeit Topoi, Modellformen des Gefühls, der Empfindung, des Ideellen und Gedanklichen". Schon in dem ein Jahr zuvor erschienenen „Urmensch und Spätkultur" hatte er Topoi erwähnt, und zwar als „stereotype Elemente in Form und Inhalt", die im Zusammenhang von Übernommenem, Überkommenem und Konstruiertem stehen, also kurz: mit der Tradition, die die Einbildung in der Wahrnehmung lenkt (Gehlen 1986: 71). Als Gewohnheiten des Denkens, Fühlens und Wollens erfüllen Topoi dieselbe Funktion für das Kognitive, Seelische und Voluntative wie die Institutionen für Handlungen. Wo Gewohnheiten wirken, muss der Mensch keine neue Energie verwenden; er kann auf das Routinisierte zurückgreifen und sich neuen Problemen zuwenden.

Dieser Topos-Begriff findet sich auch in der Pädagogik etwa bei Radtke (1983). In seiner Untersuchung darüber, wie Lehrer, Schulpsychologen u.ä. das Verhalten von Schülern erklären, beobachtet er ein hohes Maß an topischem Wissen, das für den Berufsstand und seinen Wissenskanon typisch sei. Es zeige sich, „dass die Aussagen von Schulpsychologen über Erziehungsschwierigkeiten genau jene verbreiteten und mehr oder weniger allgemein geteilten Denkkonventionen enthalten, wie sie in den gängigsten wissenschaftlichen Theorien und deren populärwissenschaftlichen Aufbereitungen angeboten werden" (Radtke 1983: 42). Weil Topoi keineswegs auf die individuelle Erfahrung zurückgehen, erscheinen sie als die Gemeinplätze des Wissens, die im Zusammenhang mit bestimmten Themen und in bestimmten kommunikativen Formen auftreten (Knoblauch 2001).

Eine Form des Topos und die vielleicht breiteste kommunikative Form des Sinns stellt das „Deutungsmuster" dar. In soziologischer Perspektive handelt es sich dabei um Muster der Interpretation, die dem Subjekt als objektive Strukturen erscheinen. So definiert sie Oevermann (2001: 37) als „das ‚Ensemble' von Wissensbeständen, Normen, Wertorientierungen und Interpretationsmustern, das in einem inneren Zusammenhang stehend einen epochalen Zeitabschnitt in der Entwicklung einer Gesellschaft oder eines für die Formation einer Gesellschaft wesentlichen Segments prägt". Soziale Deutungsmuster sind nicht einzelne Meinungen oder Einstellungen, sondern allgemeine Argumentationszusammenhänge, die eine erkennbare Funktion für bestimmte Handlungszusammenhänge erfüllen.

---

8 Die Topoi Arbeitslosigkeit und technischer Fortschritt, die auf eine schier fatalistische Weise verbunden sind, geben das Selbst- und Wirklichkeitsverständnis der Arbeiter wieder. Dieses enthält auch in besten Zeiten immer die Arbeitslosigkeit als Möglichkeit, als mögliches Massenschicksal, so dass sich Arbeiter infolgedessen nie in Sicherheit wiegen können. Der Topos ‚Arbeitslosigkeit' ist also mit einem fatalistischen Geschichtsbild verknüpft.

Als Wissenskonstrukte stehen sie in einem Verhältnis zur sozialen Struktur, da sie auf objektive Handlungsprobleme bezogen sind, die deutungsbedürftig sind. Diese Deutungen liegen jedoch nicht im Belieben der Handelnden, vielmehr werden die Deutungsmuster gar nicht als bewusste Thematisierungen verstanden, sondern vom gesellschaftlichen Wissensvorrat zur Verfügung gestellt. Aus diesem Zusammenhang folgt, dass sich Deutungsmuster dann ändern, wenn sich die objektiven Bedingungen verändern. Wie auch die Topoi haben Deutungsmuster ein gewisses Beharrungsvermögen. Sie können sich von ihrem Ursprungkontext ablösen und verselbständigen. Sie können sich historisch-zeitlich und synchron innerhalb der Sozialstruktur verändern. Dabei gilt allgemein: je weiter verbreitet sie sind, umso selbstverständlicher erscheinen sie. Man kann sie sich wie wissenschaftliche Theorien vorstellen, die für das alltägliche Handeln entworfen werden – auch wenn sie weitaus weniger formalisiert sind. Da es sich um mentale, kognitive Strukturen handelt, müssen soziale Deutungsmuster von den Subjekten Schritt für Schritt erlernt werden. Ihre Regeln können durch Beobachtung erfasst und selbständig rekonstruiert werden. Sie werden jedoch von ihnen nicht explizit gewusst und sind deswegen auch nicht abfragbar, sondern stellen eine Art des impliziten Wissens dar. Deutungsmuster sind jedoch keine spezifischen Inhalte, sondern – analog zu sprachlichen Regeln – Generatoren von Deutungen.

Ein historisches Beispiel dafür ist etwa das Deutungsmuster des Kriegshelden in Deutschland, das Schilling (2003) erforscht hat. Als liberales, fast revolutionäres Konzept während der Befreiungskriege gebildet, entwickelt es sich unter dem Kaiserreich zu einem Leitbild des wilhelminischen Militärstaates. Im Ersten Weltkrieg erfährt es eine Modernisierung, die es in Verbindung mit der Technik bringt und im Dritten Reich schließlich zu einem zentralen Element der Herrschaftsideologie wird. Seit dem Zweiten Weltkrieg hat das Deutungsmuster seine Rolle für die gesellschaftliche Orientierung des Handelns weitgehend verloren. Allerdings geht dieser Verlust auf der einen Seite auf einen Strukturwandel der Armee zurück, die allmählich (und vor allem bis in die 79er Jahre durchaus gegen den Widerstand von „Kriegshelden-Verehrern") ein neues Deutungsmuster für das Soldatentum entwickelt. Auf der anderen Seite wird das Deutungsmuster von marginalen Gruppen – insbesondere der radikalen Rechten – (etwa beim Gedenken für Kriegshelden) auf eine Weise bewahrt, die es durch diese randständige Exklusivität zu einem ihrer Symbole macht.

5. Schluss: Bildung und Wissen

Es ist durchaus kein Zufall, dass die Beispiele für die Typen und kommunikativen Formen des Wissens nur zum geringeren Teil aus dem Bildungsbereich stammen. Denn Wissen ist etwas, das in der gesamten Gesellschaft eine Rolle spielt, und der Bildungsbereich ist lediglich ein sehr begrenzter Teil der Gesellschaft. Deswegen sollte man zum Schluss die Frage nach dem Zusammenhang zwischen dem Bildungssystem und dem gesellschaftlichen Wissen wagen.

In den modernen Gesellschaften, in denen die Vermittlung des Wissens spezialisierten Institutionen übertragen wird (Schulen, Universitäten, betrieblichen Bildungseinrichtungen), bildet die Wissensvermittlung selbst einen eigenen Institutionsbereich, der – etwa durch die Professionalisierung der Lehrerausbildung – systematisch mit den anderen Institutionsbereichen verbunden ist. Dieser Institutionsbereich ist auf die Vermittlung gesellschaftlich als relevant anerkannten Wissens spezialisiert.

Abgesehen davon, dass dieses Wissen keineswegs an alle gleichermaßen vermittelt, sondern sozial sehr ungleich gestreut wird[9], sollte man betonen, dass hier keineswegs alles Wissen vermittelt wird. Das Bildungssystem zeichnet sich vielmehr gerade dadurch aus, dass es Wissen eingrenzt: Es wählt bestimmte Elemente als „relevant" aus, die in der Zusammensetzung der Schulfächer, in Lehrplänen und Schulbüchern ihren Ausdruck finden. Weil hier bestimmtes Wissen ausgewählt und für die institutionelle Wissensvermittlung verpflichtend gemacht werden kann, darf man von einer Kanonisierung des Wissens reden. In jedem Falle definiert das Bildungssystem das, was als gesellschaftlich relevantes Wissen anerkannt wird. Dabei sollte man beachten, dass auch außerhalb des Bildungssystems Wissen kanonisiert wird: Die Herstellung von Lexika, die Bestimmung der Rechtschreibung oder die Festlegung bestimmter Verwaltungsregeln und technischer Vorschriften stellen ebenfalls Kanonisierungen von Wissen dar, die – sieht man vor allem von der beruflichen Bildung ab – selten im Bildungssystem eine Rolle spielen.

Die Prozesse der Kanonisierung, die für unterschiedliche Wissensbereiche sehr unterschiedlich geregelt sind, stehen lediglich am Rande unserer Betrachtungen. Sie spielen dann eine Rolle, wenn wir von Wissenstypen reden, weil sie den Kern des gesellschaftlich anerkannten Wissens beschreiben.[10] In diesem Sinne kann man sagen, dass die gesellschaftlichen Wissenstypen ganz wesentlich davon abhängen, welche Arten von Experten sich ausbilden und welchen Status diese Experten erlangen. Während etwa dem philatelistischen Wissen über Briefmarken hierzulande kein sehr großer Wert zugeschrieben wird, erachtet man das

---

9   Schon der Umstand, dass es sich bei der Bildung um eine sozial anerkannte und zugleich ausgekoppelte Institution handelt, hat enorme Auswirkungen auf die soziale Verteilung des Wissens. Denn zum einen setzt sie Experten der Wissensvermittlung (wie etwa Pädagogen) und Experten des vermittelten Wissens (z.B. Hochschullehrer, die Pädagogen ausbilden) voraus. Zum zweiten aber kann sich immer nur ein Teil der Gesellschaft an dieser Wissensvermittlung beteiligen. Dies wird meist so geregelt, dass Menschen in bestimmten Lebensphasen diesen Institutionen zugeordnet werden (oder sie aufsuchen dürfen). Weil dazu die frühen Lebensphasen auserkoren wurden, entsteht die Verbindung mit der Sozialisation – eine Verbindung, die den „Bildungsgedanken" unterstützt.

10 Die Kanonisierung im strengen Sinne wird von Experten vollzogen, die über eine institutionelle Definitionsmacht verfügen; dabei spielen natürlich auch die Präferenzen der dominierenden sozialen Klassen eine tragende Rolle.

Wissen über unsichtbare Atome als so bedeutsam, dass es sogar für jede Person verpflichtend gemacht wird. Das Wissen über unsichtbare Geister hat dagegen seit langem an Bedeutung verloren, bleibt jedoch unterscheidbar etwa vom Wissen der Pädagogen (das sich in gewissem Sinne ja auch auf unsichtbare Geister bezieht). Die Wissenstypen, wie wir sie oben skizziert haben, unterscheiden sich also nicht substantiell; es sind also wesentlich Typen unterschiedlicher (und unterschiedlich anerkannter) gesellschaftlicher Bereiche des Wissens. Der Stellenwert der Wissenschaft bei der Definition dessen, was als Wissen gilt, zeigt sich schon daran, dass sie an der Spitze des Bildungssystems steht: Die „Höhe" der Bildung jedoch wird an der Wissenschaft gemessen: je höher ein Ausbildungsgrad, um so mehr setzt er die Kenntnis wissenschaftlichen Wissens voraus, und zwar auch in den Künsten oder der Theologie. Weil die Wissenschaft die Spitze des Ausbildungssystems besetzt, ist die Tendenz der Wertung und sozialen Billigung des Wissens recht eindeutig. Sie ist in vielerlei Hinsicht mit der sozialen Hierarchie verbunden: Bildung korreliert mit Macht, mit Wohlstand, mit sozialem Ansehen und natürlich auch mit kultureller Wertschätzung. Deswegen führen auch die höchsten und längsten Ausbildungen ins wissenschaftliche Studium; hier finden sich nicht nur die meisten öffentlich geforderten Wissensexperten; diese definieren auch die Inhalte und die Form der Ausbildung in den „unteren" Ausbildungsgängen – bis hin zur praktischen Berufsausbildung.

Gesellschaftliche Bereiche des Wissens bestehen aber nicht für sich. Wenn wir davon ausgehen, dass sich Gesellschaft nur durch gesellschaftliches Handeln reproduziert, dann kann man für gesellschaftliches Wissen sagen, dass es sich nur durch kommunikatives Handeln reproduziert. Wissen ist nicht einfach da, sondern wird im Rahmen sozialer Handlungen in bestimmten kommunikativen Formen produziert, vermittelt und reproduziert. Die Wissenschaft erfordert nicht nur „Wissenschaftler", sondern auch bestimmte Formen der Kommunikation – vom wissenschaftlichen Aufsatz bis zum Experiment. Dies gilt in derselben Weise für die Religion oder für die Wirtschaft.[11] Einige dieser Formen wurden oben skizziert. Diese Skizze ist keineswegs umfassend, sollte aber deutlich machen, dass wir erst dann von Wissen reden, wenn es in eine Form von Kommunikation gebracht wird, die es als Wissen erkennbar macht.[12] Gerade für diejenigen, die es hauptberuflich mit der Vermittlung von Wissen zu tun haben, sollte aber auch gezeigt werden, dass gesellschaftliches Wissen den Rahmen dessen, was als Wissen anerkannt wird, bei weitem überschreitet.

---

11 Man sollte das keineswegs als ein Plädoyer für die scharfe Trennung der Wissensgebiete ansehen. Hier soll nicht gesagt werden, dass sich Wissensbereiche und Gesellschaftsbereiche grundsätzlich scharf unterscheiden müssen: So gibt es durchaus Versuche, wissenschaftliches und religiöses zu verbinden – Versuche, die sich eben in der Kommunikation zeigen, in der etwa die Sprachcodes beider Bereiche oder auch Veranstaltungsformen („esoterische Seminare") vermischt werden.

12 Veränderungen der Kommunikation und der kommunikativen Medien betreffen deswegen auch die Vorstellungen dessen, was wir als Wissen ansehen. So steht es außer Frage, dass die Einführung der Schrift eine ganz andere Form von „Experten" geschaffen hat als sie in mündlichen Kulturen bekannt waren. Es ist deswegen sicherlich damit zu rechnen, dass die Ausweitung der digitalen Medien samt ihrer Fähigkeit zur Interaktion und Visualisierung nicht nur die Grenzen des Expertenwissens verschieben, sondern vermutlich auch die Vorstellungen dessen verändern werden, was wir unter Wissen verstehen.

Literatur

Berger, Peter/Luckmann, Thomas (1969): Die gesellschaftliche Konstruktion der Wirklichkeit. Frankfurt/M.: Fischer.

Comte, Auguste (1974): Die Soziologie. Die positive Philosophie im Auszug. Stuttgart: Kröner (dt. EA 1923).

Gehlen, Arnold (1986): Die Seele im technischen Zeitalter. Hamburg: Rowohlt (1957).

Goffman, Erving (1977): Rahmen-Analyse. Ein Versuch über die Organisation von Alltagserfahrungen. Frankfurt/M.: Suhrkamp.

Kesting, Hanno (1972): Zur sozialen Topik. In: Popitz, H./Bahrdt, H. P., Juves, E. A/Kesting, H.(Hrsg.): Das Gesellschaftsbild des Arbeiters. Soziologische Untersuchungen in der Hüttenindustrie. Tübingen: Mohr 1972 (EA 1957). 81-88.

Knoblauch, Hubert (1995): Die kommunikative Konstruktion kultureller Kontexte. Berlin und New York: De Gruyter.

Knoblauch, Hubert (2001): Diskurs, Kommunikation und Wissenssoziologie. In: Hirseland, Andreas/Keller, Reiner/Schneider, Werner/Viehöver, Willy (Hrsg.): Handbuch Diskursanalyse Band 1: Theorien und Methoden. Opladen: Leske + Budrich. 207-224.

Knoblauch, Hubert (2003): Habitus und Habitualisierung. Zur Komplementarität Bourdieus mit dem Sozialkonstruktivismus. In: Rehbein, Boike/Saalmann, Gernot/Schwengel, Hermann (Hrsg.): Pierre Bourdieus Theorie des Sozialen. Konstanz: UVK. 187-201.

Knoblauch, Hubert (2006): Wissenssoziologie. Konstanz: UVK.

Luckmann, Thomas (2002): Wissen und Gesellschaft. Ausgewählte Aufsätze 1981-2002. Konstanz: UVK.

Luhmann, Niklas und Peter Fuchs (1989): Reden und Schweigen. Frankfurt/M.: Suhrkamp.

Machlup, Fritz (1980): Knowledge: Its Creation, Distribution, and Economic Significance, Band I: Knowledge and Knowledge Production. Princeton: Princeton University Press (EA 1962).

Oevermann, Ulrich (2001): Die Struktur sozialer Deutungsmuster – Versuch einer Aktualisierung. In: Sozialer Sinn 2. 35-81.

Radtke, Frank-Olaf (1983): Pädagogische Konventionen. Zur Topik eines Berufsstandes. Weinheim und Basel: Beltz.

Scheler, Max (1960): Die Wissensformen und die Gesellschaft. Bern und München: Francke.

Schilling, René (2003): Kriegshelden. Deutungsmuster heroischer Männlichkeit in Deutschland 1813-1945. Paderborn.

Schütz, Alfred (2003): Symbol, Wirklichkeit und Gesellschaft. In: ders.: Theorie der Lebenswelt 2. Konstanz: UVK. 119-199.

Schütz, Alfred und Thomas Luckmann (1979): Strukturen der Lebenswelt Band 1. Frankfurt/M.: Suhrkamp.

Wittgenstein, Ludwig (1971): Philosophische Untersuchungen. Frankfurt/M.: Suhrkamp (EA 1958).

Einführende Literatur

Knoblauch, Hubert (2006): Wissenssoziologie. Konstanz: UVK.

Berger, Peter/Luckmann, Thomas (1984): Die gesellschaftliche Konstruktion der Wirklichkeit. Frankfurt/M.: Fischer.

Maasen, Sabine (1999): Wissenssoziologie. Bielefeld: transcript.

Weiterführende Literatur

Luckmann, Thomas (2002): Wissen und Gesellschaft. Ausgewählte Aufsätze 1981-2002. Konstanz: UVK.

Knoblauch, Hubert (1995): Die kommunikative Konstruktion kultureller Kontexte. Berlin und New York: De Gruyter.

Hans-Georg Soeffner, Dirk Tänzler und Hubert Knoblauch (Hrsg.) (2006): Neue Perspektiven der Wissenssoziologie. Konstanz: UVK.

Diskurse

Herbert Willems

Michel Foucaults Diskurskonzept, in dem seine Forschungen „eine Art Kristallisationspunkt" (Kammler 1995: 630) finden, ist heute ein Alltagskonzept in den ‚Menschenwissenschaften' – längst nicht nur in der Soziologie, sondern auch z.B. in der Pädagogik.[1] In diesem Aufsatz geht es vor allem darum, die eigentümliche Perspektive und verschiedene zentrale Komponenten des Diskurskonzepts und der Diskurstheorie zu skizzieren und im Bezug auf verschiedene empirische Kontexte (Institutionen der Selbstthematisierung, massenmediale Werbung) exemplarisch gleichsam als Werkzeuge zu gebrauchen. Darüber hinaus und gleichzeitig sollen Parallelen zu anderen Konzepten und Ansätzen gezogen und entsprechende Anschlüsse hergestellt werden.

Zunächst wird versucht, basale Konzepte, Prinzipien und Resultate von Foucaults diskurstheoretischem Denken (‚Denken in Grenzen') darzulegen. Damit geht es auch um Unterscheidungen wie die zwischen dem allgemeinen Diskurs und speziellen Diskursen sowie um Fragen der (institutionellen) ‚Einbettung' und Ordnung von Diskursen. Ein besonderer Schwerpunkt der Betrachtung liegt auf Ausschließungs- und Einschließungssystemen bzw. Diskursritualen/Formen der Selbstthematisierung, Zensuren und Kanonisierungen. Abschließend wird die Foucaultsche Schlüsselfrage der Normalität bzw. Normalisierung fokussiert. Sie wird im Anschluss an Jürgen Links diskurstheoretisch fundiertes ‚Normalismuskonzept' anhand des empirischen Beispiels der Werbung behandelt.

---

[1] Diskurstheorie und Diskursanalyse/Diskursforschung sind schon lange selbst Gegenstände von (‚wuchernden') Diskursen. Das sozial- und kulturwissenschaftliche Interesse an Foucaults Arbeiten und Ansatz ist auch fast drei Jahrzehnte nach seinem Tod ungebrochen, ja sogar gerade in der jüngeren Vergangenheit zunehmend. Vgl. für die neuere Diskussion im deutschen Sprachraum: Angermüller (2005); Bublitz/Bührmann/Hanke/Seier (1999); Diaz-Bone (2005; 2006); Jäger (1999); Kassel (2004); Keller/Hirseland/Schneider/Viehöver (2006); Keller/Hirseland/Schneider/Viehöver, Willy (2005; 2006); Keller (1997); Kocyber (2006); Schrage (2006); Tetu (2002); Winter (1997); Woetzel (1980).

1. Allgemeiner Diskurs und spezielle Diskurse

Das Foucaultsche Diskurskonzept unterstellt Sinngrenzen und Sinnstrukturen der Kommunikation, die sowohl einen *limitierenden* und *restringierenden* als auch einen *generativen* Charakter haben. Foucault sieht ‚hinter' den empirischen Texten und ihren strukturierten Inhalten – Aussagen – systematische Erzeugungsbedingungen, Erzeugungsfaktoren und Erzeugungskapazitäten („Dispositive"). Entsprechend definiert er den Terminus Diskurs als „eine Menge von Aussagen, die einem gleichen Formationssystem zugehören" (1973: 156). Eine Kommunikation ist Aussage unter der Bedingung, dass sie als Resultat einer spezifischen „‚diskursiven Praxis'" beschreibbar ist, die eine „Gesamtheit von anonymen, historischen, stets im Raum und in der Zeit determinierten Regeln (impliziert, H.W.), die in einer gegebenen Epoche und für eine gegebene soziale, ökonomische, geographische oder sprachliche Umgebung die Wirkungsbedingungen der Aussagefunktion definiert haben" (Foucault 1973: 171). Die Diskurs*analyse* soll diese konstitutiven Regeln in ihrer historischen Besonderheit und Gewordenheit aufdecken, gleichsam die genetischen Kodes von ‚Aussagemengen' sowie die Genese dieser Kodes entschlüsseln. Damit ähnelt sie offensichtlich dem zwar variantenreichen, aber auch generellen Programm der Wissenssoziologie (vgl. Keller 1997).

Empirisch und konzeptuell grundlegend ist zunächst die Foucaultsche Differenzierung zwischen der Ebene des „allgemeinen Diskurses", d.h. den „vergänglichen" Diskursen des Alltagslebens (dem Klatsch, der Unterhaltung zwischen Tür und Angel usw.), einerseits und den auf verschiedenen sozialen *Feldern* geführten und von diesen Feldern bedingten „speziellen Diskursen", d.h. „Mengen von Aussagen", die eine „materielle Existenz" (Foucault 1973: 145) besitzen, andererseits. Der Begriff des speziellen Diskurses (oder: Spezialdiskurses) verweist also auf eine differenzierungstheoretische Vorstellung und damit auf einen systematischen Zusammenhang zwischen dem Diskurs und seinem ‚sozialsystemischen' Hintergrund. Mit Luhmann mag man von Subsystemen statt von Feldern sprechen, in denen Spezialdiskurse geführt werden und die Spezialdiskurse bedingen und hervorbringen.

Die Ebene des allgemeinen Diskurses entspricht der Ebene der alltäglichen Lebenswelt und damit auch der des impliziten Alltagswissens. Es ist die Welt des ‚sensus communis' – als eine Welt des Sprechens und ‚Thematisierens', und zugleich als eine Welt des (Ver-)Schweigens und (Ver-)Schweigenmüssens. Diese Welt, der allgemeine Diskurs[2], bildet, diskurstheoretisch gesehen, den ‚Mutterboden' der Ausdifferenzierung von feldspezifischen (subsystemspezifischen) Spezialdiskursen: den Spezialdiskursen der Psychiatrie, der Pädagogik, der Literatur, der Religion, der Politik, der Werbung u.s.w. Diese Diskurse heben m.a.W. nicht von selbst an und entstehen nicht „aus dem Nichts, sondern sind – soweit sie nicht einen bereits bestehenden (...) Diskurs spezifizieren oder mehrere integrierend fortsetzen – schrittweise sich isolierende Fortsetzung des allgemeinen Diskurses" (Böhme 1975: 231)[3]. Dessen

---

2 In gewisser Weise zerfällt dieser Diskurs in Spezialdiskurse, nämlich in jene Bereiche der Kommunikation, die Goffman (1977) mit dem Rahmenbegriff fasst. Dazu gehören etwa soziale Anlässe.

3 Entsprechend der Unterscheidung von allgemeinem Diskurs und speziellen Diskursen unterscheidet Jürgen Link in seiner Diskursanalyse des „Normalismus" „generelle" und „sektorielle Normalitäten" (1999: 30). Sektoriell ist „z.B. die psychiatrische als Spezialfall der medizinischen (...) Normalität. Diese sektoriellen Normalitäten werden durch entsprechende Spezialdiskurse generiert. Alles, was wir dagegen im Alltag als normal betrachten, zählt zu den generellen, übergreifenden, allgemein-kulturellen Normalitäten" (ebenda).

Sinnstrukturen (Weltverständnisse, Typenschätze u.s.w.) werden in den speziellen Diskursen also nicht völlig ausgeblendet oder aufgelöst, sondern vielmehr nach Maßgabe der jeweiligen „Diskursordnung" mit ihren speziellen Sinnkontexten, Organisationsformen, Praktiken u.s.w. selektiv tradiert und moduliert[4].

Die speziellen Diskurse (und nicht der allgemeine Diskurs) bilden den gegenständlichen Schwerpunkt der Diskurstheorie. Es geht Foucault insbesondere um die an bestimmte *institutionelle* Bedingungen gebundenen, mehr oder weniger formalisierten Diskurse, die „am Ursprung anderer Sprechakte stehen, die sie wieder aufnehmen, transformieren oder besprechen – also jene Diskurse, die über ihr Ausgesprochenwerden hinaus *gesagt sind*, gesagt bleiben und noch zu sagen sind" (Foucault 1977a: 16). Foucault fokussiert also die Ebene der *sprachlichen* Kommunikation, aber er geht über die Ebene der Sprache und des Sprechens hinaus und konzentriert sich auf *schriftliche* Kommunikation, und zwar auf reflexive und sozio-kulturell ,maßgebliche' Texte. Die Diskurstheorie und die Diskursanalyse haben es, wie man mit einem Luhmannschen Begriff formulieren kann, vorzugsweise mit ,gepflegter Semantik' zu tun (s.u.). Die Möglichkeiten der Diskursanalyse und Foucaults Fragestellungen gehen jedoch weit über die Ebene der ,gepflegten Semantik' hinaus und reichen bis in die ,Poren' der Gesellschaft und der Körper.

Mit ihrem Gegenstandsbegriff befindet sich die Diskurstheorie also in einem Differenz- und zugleich Komplementärverhältnis zu Alltagssoziologien bzw. Alltagswissenssoziologien, wie etwa der Goffmanschen oder Luckmannschen[5]. Diese beschäftigen sich ja gerade mit den im ,Auf und Ab des Alltags' geäußerten (,vergänglichen', wenngleich geordneten) Diskursen sowie mit *nicht-diskursiven* Sinntatsachen, insbesondere *nicht–sprachlichen* Ausdrucksaspekten. Die entsprechenden Entwürfe der Ordnungslogik dieser Ebene (Rahmen, kommunikative Gattung, Deutungsmuster u.s.w.) weisen allerdings Parallelen nicht nur mit der diskurstheoretischen Fragestellung, sondern auch mit dem diskurstheoretischen Gegenstandsverständnis auf. Hier wie dort geht es um Kommunikations- und Sinngeneratoren, um ,Anlagen' der Wirklichkeits- und Wahrheitskonstruktion, um exklusive und inklusive Sinngrenzen, um Formen der Sinntransformation, um Mechanismen der sozialen Positionierung.

Diskurse bzw. Spezialdiskurse sind also als Produkte zu verstehen, ,hinter' denen feldspezifische Kontexte und institutionelle Produktionsbedingungen stehen. Foucault spitzt diesen allgemeinen Zusammenhang zu, indem er die Diskurse (die religiösen, medizinischen, rechtlichen, politischen usw.) auf Formen sozialer Kontrolle und Macht bezieht. Letztlich geht es ihm um ein bestimmtes *Problem*: „Es ist das Problem, das fast alle meine Bücher bestimmt: wie ist in den abendländischen Gesellschaften die Produktion von Diskursen, die (zumindest für eine bestimmte Zeit) mit einem Wahrheitswert geladen sind, an die unterschiedlichen Machtmechanismen und -institutionen gebunden?" (Foucault 1977b: 8). Diskursanalyse bedeutet also nicht nur Textanalyse, sondern immer auch um das Machtthema

---

4 Daraus folgt die diskursanalytische Brauchbarkeit all jener – oben behandelten – Instrumente, die es mit der Ebene des Alltagswissens und der Alltagskommunikation zu tun haben. Die Rahmen-Analyse der alltäglichen ,Geschlechteranthropologie' z.B. kann einen instruktiven Hintergrund für die entsprechende Analyse von Spezialdiskursen bilden, in denen die Geschlechter bzw. ,Geschlechterfragen' zum Thema werden.

5 Vgl. den Beitrag von Knoblauch (Bd. 1).

(Machtverhältnisse, Machtbedingungen, Machteffekte) kreisende *Kontextanalyse*, nämlich Feld- und Institutionenanalyse.[6] Damit geht sie auch systematisch über die ‚Mikro-Ebene‘ des Sozialen hinaus und bewegt sich im Ganzen in der Nähe der Positionen von Norbert Elias und Pierre Bourdieu[7], für die die Machtfrage ebenfalls eine oder *die* Schlüsselfrage ist.

Den Ansätzen von Elias und Bourdieu gleicht die Diskurstheorie zudem insofern, als sie neben einer gesellschaftsweit generalisierten Rationalität und Mentalität eine Pluralität von praktischen Sinn- und Vernunftsphären unterstellt, die mit Spezialdiskursen zusammenfallen. Neben dem allgemeinen Diskurs und seinem ‚common sense‘ sieht Foucault in den speziellen Diskursen eine „Vielfalt von Wahrheitsbedingungen“ (Waldenfels 1986: 41), differentielle „Vernunftfelder“ (ebenda: 48), die konstitutive Voraussetzungen von Aussagen darstellen[8]. D.h., jede Aussage verweist auf mindestens ein „Aussagefeld“, das sich als ein spezifischer Sinnkontext bzw. als Komplex von Verstehensanweisungen von anderen Aussagefeldern unterscheidet und damit systematische Bedeutungsunterschiede macht.

Foucault spricht in diesem Zusammenhang von „Diskurstypen“ und meint damit nicht nur differentielle Kommunikationsformen und ihnen zugrunde liegende Sinnzusammenhänge, sondern auch Muster der (Primär-)Sinntransformation. So weist er im Kontext seiner Überlegungen zur inneren ‚Diskursprozedur‘ des Kommentars darauf hin, dass ein literarisches (Primär-)Werk durch diverse Diskurstypen transformiert werden kann: „die *Odyssee* als Primärtext wird gleichzeitig in der Übersetzung von Berard, in unzähligen Texterklärungen und im *Ulysses* von Joyce wiederholt“ (Foucault 1977a: 17).[9] Die Ordnung des Diskurses bzw. der (Spezial-)Diskurse ist also immer auch eine komplexe Sinn- und Realitäts-Ordnung. Mit Goffman (1977) kann man sie – gerade auch im Blick auf ihre Vielschichtigkeit und Transformationslogik – eine Ordnung von Rahmen und durch Rahmen bzw. Modulen[10] nennen.

Diskurse sind durch ihre Ordnung wie auch durch ihre – höchst vielfältigen – *Themen* definiert. Es gibt z.B. aktuelle Diskurse über den ‚Klimawandel‘, über ‚soziale Gerechtigkeit‘, über das Aussehen von Frau Merkel u.s.w. Aufgrund ihrer je spezifischen sozio-kulturellen Kontextierung und Sinn-Organisation konstruieren (Spezial-)Diskurse bzw. Diskurstypen ihre Gegenstände – Themen – je spezifisch und im Unterschied zu anderen Diskursen, mit denen sie aber – mit Konsequenzen für ihre (De-)Konstruktivität – in Verhältnissen der Interdependenz und des Austauschs stehen. Foucault betrachtet in diesem Sinne z.B. (und ins-

---

6   Von institutionellen Diskursen wie der Beichte oder der Psychoanalyse, die an formalisierte Interaktionssysteme gebunden sind, lassen sich Mediendiskurse wie die der Werbung unterscheiden. Auch sie beinhalten institutionelle Diskursordnungen.

7   Vgl. den Beitrag von Willems: „Figurationen, Felder, Habitus und Kapitaltypen“ (Bd.1).

8   Eine Vielfalt von Wahrheitsbedingungen und Vernunftfeldern sieht und behandelt Goffman (1977) auf der Ebene des Alltagslebens bzw. Alltagsdiskurses – als Rahmen.

9   Den Diskurstyp des Kommentars betrachtet Foucault (1977a: 18) als eine ‚Sekundärtextsorte‘, deren Struktur eine *generative* und zugleich *limitierende* Identität darstellt (ebenda: 24f.): Der Kommentar ermöglicht „(und zwar endlos), neue Diskurse zu konstruieren: der Überhang des Primärtextes, seine Fortdauer, sein Status als immer wieder aktualisierbarer Diskurs, der vielfältige oder verborgene Sinn, als dessen Inhaber er gilt, die Verschwiegenheit und der Reichtum, die man ihm wesenhaft zuspricht — all das begründet eine offene Möglichkeit zu sprechen. Aber andererseits hat der Kommentar, welche Methoden er auch anwenden mag, nur die Aufgabe, das *schließlich* zu sagen, was *dort* schon verschwiegen artikuliert war“ (ebenda: 18). Diese Sinnstrukturbeschreibung erinnert an Goffmans Modulbeschreibungen (1977).

10 Vgl den Beitrag von Knoblauch (Bd. 1).

besondere) die diversen „Diskurse über den Sex". Er stellt sie als „Produkte einer Serie von Apparaten" vor[11], die „innerhalb verschiedener Institutionen funktionieren" (1977b: 47). In der Medizin, in der Beichte, vor Gericht, in der Psychoanalyse, in der Pädagogik wird der Sex aufgrund je besonderer Diskursordnungen in je besonderer Weise thematisiert und ‚realisiert'.

Diskurstheorie und Diskursanalyse sind nicht nur differenz- und differenzierungstheoretisch, sondern auch *historisch* ausgerichtet. Für Foucault sind Diskurse und Eigenschaften von Diskurstypen, z.B. deren Funktion, Kommunikationen auszuweisen und zu gruppieren, „durch und durch historisch" (1973: 170). Der Diskurs erscheint als „Fragment der Geschichte, Einheit und Diskontinuität in der Geschichte selbst, und stellt das Problem seiner eigenen Grenzen, seiner Einschnitte, seiner Transformationen, der spezifischen Weisen seiner Zeitlichkeit" (Foucault 1973: 170). Die „Instanzen der diskursiven Produktion" zu analysieren muss also heißen, die „Geschichte dieser Instanzen und ihrer Transformationen" zu schreiben (1977b: 22f.). Das schließt einzelne ‚Diskursevolutionen', z.B. aufgrund von ‚Sinnimporten' aus anderen Diskursen, ebenso ein wie Parallelentwicklungen in verschiedenen Diskursen (etwa die Durchsetzung ‚psychologischer' Betrachtungsweisen in literarischen und juristischen Diskursen).[12]

---

11 Man könnte von Diskursgeneratoren sprechen.

12 Um ein Beispiel zu geben: Eine Klasse von Kriminalgeschichten des 18. Jahrhunderts bezieht „ihre Deutungs- und Wahrnehmungsmuster nicht aus der ‚Wirklichkeit', sondern aus der Literatur (…). Sie knüpft umdeutend an die älteren ‚Schafottdiskurse' an. Sie bezieht ihre Muster aber vor allem aus dem literarischen Diskurs, aus dem empfindsamen Roman und dem Bürgerlichen Trauerspiel. Sie vermittelt diese Muster dem juristischen Diskurs, der im Dienst einer effizienteren Ökonomie des ‚Überwachens und Strafens' (Foucault) dazu übergehen muß, nicht mehr primär die Tat, sondern den Täter zu beurteilen und zu bestrafen" (Willems, M. 1995: 346).

2. Diskursive Ausschließungs- und Einschließungssysteme, Thematisierungen und Selbstthematisierungen

2.1 Grenzen und Diskursrituale

Die Diskurstheorie ist ihrer ganzen Anlage nach eine Theorie der Struktur und Strukturierung des Diskurses, seiner sozialen Kontrolle und Disziplinierung. Sie ist m.a.W. von Anfang an und durchweg eine Theorie sozio-kultureller *Ordnung*. Foucault setzt voraus, „dass in jeder Gesellschaft die Produktion des Diskurses zugleich kontrolliert, selektiert, organisiert und kanalisiert wird – und zwar durch gewisse Prozeduren, deren Aufgabe es ist, die Kräfte und die Gefahren des Diskurses zu bändigen, sein unberechenbar Ereignishaftes zu bannen, seine schwere und bedrohliche Materialität zu umgehen" (1977a: 7). Als Formen der „Ordnung des Diskurses" nennt Foucault zuerst „Prozeduren der Ausschließung", insbesondere Verbote; dann als weitere Ausschließungsprinzipien: „die Entgegensetzung von Vernunft und Wahnsinn" (ebenda: 8) und den „Gegensatz zwischen dem Wahren und dem Falschen" (ebenda: 10): den „Willen zur Wahrheit" (ebenda 11). Von den „Ausschließungssystemen", die „gewissermaßen von außen" wirken, unterscheidet Foucault „interne Prozeduren, mit denen die Diskurse ihre eigene Kontrolle selbst ausüben; Prozeduren, die als Klassifikations-, Anordnungs-, Verteilungsprinzipien wirken" (ebenda: 16). Hier nennt Foucault neben den Prinzipien des Kommentars einerseits und des Autors andererseits das Ritual.

Das Ritual besitzt als Ordnungsfaktor des Diskurses auch im Blick auf die Gegenwartsgesellschaft eine besondere und zugleich sich wandelnde Bedeutung. Diskursrituale leisten eine Fassung des Diskurses zunächst durch eine Reglementierung und Regulierung der Partizipation, durch Vorkehrungen und Definitionen, die die legitimen Diskurskonditionen und Diskurssubjekte bestimmen bzw. verknappen. D.h., nicht alle „Regionen des Diskurses" sind für alle potentiellen Teilnehmer „in gleicher Weise offen und zugänglich; einige sind stark abgeschirmt (und abschirmend), während andere fast allen Winden offen stehen und ohne Einschränkung jedem sprechenden Subjekt verfügbar erscheinen" (ebenda: 26). Die Beichte und die Psychoanalyse z.B. bilden durch ihr Reglement (inklusive Setting) ganz abgeschlossene und abgeschirmte Diskursregionen, zu denen nur spezifisch ‚qualifizierte' Individuen Zutritt haben. Oder man nehme die medialen Diskursrituale heutiger ‚Talk Shows', die eigene Qualifikationsbedingungen stellen und auf diese Weise sowie durch zielgerichtete Auswahlprozesse (z.B. nach Gesichtspunkten des Unterhaltungswerts für ein Publikum) eine bestimmte Selektivität der jeweiligen Diskurssubjekte bewirken[13].

Diskursrituale sind aber nicht nur Selektions- bzw. Zulassungsmechanismen, sondern auch mehr oder weniger strukturierende Organisationsformen der Diskursivierung selbst, d.h. Formen der *inneren* Diskursorganisation, durch die „Sprecherpositionen verteilt, Aussa-

---

13 Natürlich ist, wie etwa Goffman detailliert gezeigt hat, auch die Zugänglichkeit alltäglicher Interaktionsdiskurse bzw. die Herstellung solcher Diskurse nicht unbegrenzt. Und ebensowenig sind diese Diskurse intern beliebig. Auch bei der gewöhnlichen Unterhaltung gibt es z.B. einen gewissen Zwang, ‚beim Thema zu bleiben'. Bei den nur zum Teil sprachlich verfassten rituellen (Inter-)Aktionsformen des Alltagslebens (Formen des Tuns und Lassens, Redens und Schweigens) handelt es sich, analog den von Foucault anvisierten Strukturen, um Grenzziehungen (Aus- und Eingrenzungen), die Vermeidungen und Handlungsbeiträge vorschreiben.

gefelder artikuliert und sprachliche Materialisierungen vorgezeichnet werden" (Waldenfels 1986: 39). Das Ritual definiert die Eigenschaften, die „die sprechenden Individuen besitzen müssen (wobei diese Individuen im Dialog, in der Frage, im Vortrag bestimmte Positionen einnehmen und bestimmte Aussagen formulieren müssen); es definiert die Gesten, die Verhaltensweisen, die Umstände und alle Zeichen, welche den Diskurs begleiten müssen; es fixiert schließlich die vorausgesetzte oder erzwungene Wirksamkeit der Worte, ihre Wirkung auf ihre Adressaten und die Grenzen ihrer zwingenden Kräfte" (Foucault 1977a: 27).

2.2 Selbstthematisierungen: Vom Geständnis zur (internet-)medialen Image-Performance

Foucault sieht im Geständnis das für die abendländische Zivilisation zentrale Diskursritual im Zusammenhang von Macht, Wissen und Identität. Das Geständnis ist also nicht nur „ein Diskursritual, in dem das sprechende Subjekt mit dem Objekt der Aussage zusammenfällt" (ebenda: 79f.). Vielmehr ist es auch „ein Ritual, das sich innerhalb eines Machtverhältnisses entfaltet, denn niemand leistet sein Geständnis ohne die wenigstens virtuelle Gegenwart eines Partners, der nicht einfach Gesprächspartner, sondern Instanz ist, die das Geständnis fordert, erzwingt, abschätzt und die einschreitet, um zu richten, zu strafen, zu vergeben, zu trösten oder zu versöhnen; ein Ritual, in dem die Wahrheit sich an den Hindernissen und Widerständen bewährt, die sie überwinden mußte, um zutagezutreten; ein Ritual schließlich, wo die bloße Äußerung schon – unabhängig von ihren äußeren Konsequenzen – bei dem, der sie macht, innere Veränderungen bewirkt: sie tilgt seine Schuld, kauft ihn frei, reinigt ihn und verspricht ihm das Heil" (Foucault 1977b: 79f.).

Der wichtigste traditionelle Geständniskontext vor der Moderne und im Übergang zur Moderne ist die Religion mit dem Ritual der Beichte.[14] Unter modernen Bedingungen werden Geständnisse im Rahmen von (totalen) Institutionen wie der Psychiatrie, der Psychoanalyse, der Medizin oder der Justiz abverlangt und sind entsprechend rationalisiert, legitimiert und (verfahrens-)technisiert.

In diesem Rahmen wie in dem traditioneller Diskursrituale von der Art der Beichte besetzen die thematisierten und thematisierenden ‚Subjekte‘ einen strukturell „determinierten und leeren Platz, der (...) von verschiedenen Individuen ausgefüllt werden kann" (Foucault 1973: 82f.). Dieser ‚Platz‘ impliziert nicht nur eine Redundanz des Diskurses, der sich unabhängig von denen, die ihn ‚führen‘, in seinen Prinzipien wiederholt, sondern auch eine Redundanz der Selbstgenese bzw. Zivilisierung. Mit der ‚Verortung‘ im Diskurs geht m.a.W. eine Sozialisations- und Identitätsprogrammierung einher. Hahn spricht daher – ganz im Sinne Foucaults – von „Biographiegeneratoren" (1987a), die schon als Darstellungsformen ein Selbst weniger ‚auffassen‘ als vorzeichnen und hervorbringen (ebenda: 10):

---

14 Es lässt sich als ein spezifisches Ensemble von Materialitäten (Beichtstuhl, Priestergewand), Rollenbeziehungen (Beichtvater/Beichtkind), (Inter-)Akten (Sündenbekenntnis, Absolution etc.), Bedeutungen (Sünde, Reue etc.) u.s.w. beschreiben.

Mit jeder dieser Darstellungsformen ist immer auch schon implizit der Modus bestimmt, in dem Biographisierung möglich wird. Denn Selektivität ist teilweise bereits durch die Ausdrucksweisen präjudiziert. Daneben können die institutionellen Kontexte, in denen Biographie oder Autobiographie, Bekenntnis und Geständnis verankert sind, die Selektionsmuster determinieren. Es macht eben einen Unterschied, ob das Leben im religiösen, gerichtlichen, medizinisch-therapeutischen, beruflichen, privaten, wissenschaftlichen oder ästhetischen Zusammenhang thematisiert wird. (Hahn 1987a: 17)

Blickt man vor diesem Hintergrund auf die Gegenwartsgesellschaft und ihre ‚neuen Medien‘, dann kann man zunächst insofern von einem qualitativen Sprung und von einer ‚Gleichzeitigkeit des Ungleichzeitigen‘ sprechen, als sich neben traditionellen Diskursritualen wie der Beichte und modernen Verfahrensritualen wie der Psychoanalyse ganz neue Diskursivierungen, Diskurse und Diskurstypen wie etwa die Talk Show oder der Internet–Chat entwickelt haben. Selbstthematisierungen bzw. Geständnisse bleiben in diesen Rahmen zentral, ändern aber ihren Charakter im Sinne einer gewissen Theatralisierung (vgl. Willems 1994; ders. 2008).

Diese Entwicklungs- bzw. Transformationslogik von Selbstthematisierungskontexten sei im Folgenden kurz skizziert.[15] Fokussiert werden dabei spezifische Formen von Theatralität und Theatralisierung bis hin zu einer Theatralisierung von Identität.

Eine zentrale historische Rolle spielt in diesem Zusammenhang die Psychoanalyse in der Kontinuität der Beichte: Die Psychoanalyse ist ein Setting, das den Therapeuten zur Schlüsselfigur des therapeutischen Prozesses macht. Der Analysand wird als körperliches Ausdruckssubjekt gleichsam stillgelegt und letztlich zum sprachlichen Sender und Reflektor seiner Binnenzustände gemacht. Als solcher ist er im Rahmen eines Deutungsmusters ‚dramatisch dominant‘, das das Leben (nicht nur das des Analysanden) als Drama entwirft und die Therapie als Möglichkeit, dieses Drama heilsam zu wiederholen. Die Theatralität der Analysandenrolle besteht also in einem ‚dramatologischen‘ Selbstbegriff und darin, als dramatisch erlebender Erzähler eines dramatischen Lebens zu fungieren. In dessen (Psycho-) Analyse wird das reflektierte Drama dem analysierten Selbstbewusstsein imputiert.

In der der Psychoanalyse nachfolgenden *Gruppentherapie* tritt die Gruppe an die Macht- und Funktionsstelle des Psychoanalytikers. Die Selbstausdrucks- und Selbstgestaltungsmöglichkeiten des einzelnen Patienten werden – im Rahmen des gruppentherapeutischen Verfahrens – systematisch erweitert. Der Patient selbst wird Hauptakteur, dessen Agieren auch und gerade den *körperlichen* Ausdruck einschließt. In den korporalen ‚performances‘ der Gruppentherapien werden spezifisch dramatische Erlebnisse und (Be-)Handlungen des Körpers und damit auch des Selbstes herbeigeführt. Neben den Spiel-Raum der Selbstthematisierung tritt ein Raum, in dem der Körper zum Subjekt und zum Objekt von (Rollen-)‚Spielen‘ wird, die ihn fundamentaler sozialer Zwänge entheben und in denen er als situatives Identitätsmedium fungiert. Das Selbst ist hier also wesentlich durch seine dramaturgische Gestaltung bestimmt und viel weniger als in der Psychoanalyse an ein feststehendes und festgestelltes Selbstkonzept gebunden. Die Dramatik des Selbstes liegt nun schwerpunktmäßig in seiner ‚Rolle‘ im therapeutischen Prozess und damit in seiner Performanz. Sie hat legitime und faktische Freiräume, die zur spielerischen Ausdeutung des eigenen Selbstes mitsamt seiner Biographie einladen. Die Theatralisierung, um die es hier geht, betrifft also auch das Verständnis und die Behandlung von Identität selbst. Diese macht sich nicht mehr

---

15 Vgl. dazu die Ausführungen in Willems/Pranz 2008.

wie in Beichte und Psychoanalyse an der Vorstellung *einer* Wahrheit *biographischen* Inhalts fest. Die Biographisierung tritt vielmehr gegenüber gegenwarts- und zukunftsbezogenen Handlungen, bei denen mit ‚Rollen' gespielt wird, in den Hintergrund. Und wenn sie in der Form von Deutungen noch eine Rolle spielt, dann ist diese Rolle ‚kreativ', und d.h. auch inszenatorisch, um dem Patienten heilsamen – und nicht unbedingt wahren – Sinn zu geben. Die Bindung an *ein* Selbst, *eine* Biographie, *eine* Wahrheit löst sich auf. Das Selbst wird also im therapeutischen Kontext tendenziell zu einer Konstruktion, die das Selbst selbst bestimmt und deren Selbstbestimmung es als Teil seiner Autonomie erfahren kann.

Mit dem Internet hat sich ein qualitativ neuer technischer und sozialer Raum der Selbstthematisierung entwickelt, der die skizzierte Entwicklungslogik noch einmal forciert. In der Untersuchung der *Chatkommunikation* zeigt sich exemplarisch, wie Selbstthematisierung in den durch neue Vermittlungsformen entstehenden Interaktionsrahmen des Internets ausfallen kann. Die für die Interaktion maßgebenden strukturellen Rahmen werden hier durch das Medium der digitalen Schrift gebildet, das, bei völliger Ausblendung der korporalen Dimension, doch synchron ablaufende Interaktionen möglich macht. Es entsteht im direkten Kontakt zu anderen Chattern ein Raum für Selbstthematisierung, der in unterschiedlichster Hinsicht auch Raum für Selbsterfahrung und Selbsterzeugung ist. Bei gesteigerter Publizität kann der Akteur das Maß seiner eigenen Anonymität dennoch weitgehend selber regulieren. Wissen und Nichtwissen des Publikums sind dabei so organisiert, dass seiner Selbstdarstellung ein weites Spektrum an Figurenkonzepten zur Verfügung steht, wobei ein empirischer ‚Kern' berücksichtigt werden kann, aber nicht notwendigerweise Teil des Auftritts ist. Für performatives Handeln gilt damit: es ist vor dem Hintergrund der formateigenen Spielräume, deren Grenzen ständig zwischen „self and game, self and role, self and simulation" verschwimmen (Turkle 1995: 192), ein besonders nahe liegender Handlungstyp, der eine Anpassung sowohl an die technischen als auch an die sozialen Rahmenbedingungen des Mediums erleichtert. Das Selbst existiert dabei im Chat nur als der im performativen Akt des Schreibens entstehende Selbst*eindruck*. Es tritt nur in dem Maße in Erscheinung, wie es sich selber aufführt. Gleichzeitig ist festzustellen, dass der ‚Selbstauslegung' auch hier – gewissermaßen natürliche – Grenzen gesetzt sind. So bleibt bei einer multimodalen Nutzung verschiedener koexistenter Selbstaspekte eine gewisse Bindung an Selbstkontinuitäten. Insofern er durch sie die erwünschte Gratifikation einer Gruppe erzielt, wird der im digitalen Raum Handelnde sich zunehmend an seine Figuren gebunden sehen und sich bemühen, die auf den unterschiedlichen Bühnen laufenden Vorstellungen konsistent auszugestalten. Die Selbstexploration im digitalen Medium kristallisiert so zu einem heterogenen und entwicklungsoffenen Gefüge aus in sich weitgehend konsistenten Biographiefragmenten.

Prinzipiell impliziert die Medienevolution bzw. die Etablierung der ‚neuen Medien' eine gewisse Entexklusivierung, Entritualisierung und d.h. Demokratisierung und Individualisierung diskursiver Praxis. Sozial exklusive Reglements und auch innere (thematische, modale) Diskursorganisationen verschwinden – mit der Implikation der Autonomisierung des ‚Nutzers'. Gleichzeitig findet eine Ablösung der Sinnvermittlung und Deutungsmusterverbreitung von institutionalisierten Diskursordnungen bzw. Diskursritualen statt. Priesterliche Predigten muss man schon lange nicht mehr in der Kirche, sondern kann man auch in Fernsehübertragungen rezipieren oder im modulierten Format des ‚Worts zum Sonntag' oder im Internet, und ebenso kann man therapeutische Semantiken auch jenseits der ‚Couch' vernehmen u.s.w. Man mag insofern von einer gewissen Verstreuung oder Un-Ordnung von Diskursen sprechen.

3. Kanon und Zensur

Die Begriffe Kanon/Kanonisierung und Zensur sind bekanntlich keine Erfindungen Foucaults, bezeichnen aber wesentliche Komponenten und Strukturen von Diskursen, die Foucault mit seiner Diskurstheorie im Sinn hat. Es geht hier um die soziale Behandlung von
Sinn, Wissen und Kommunikation zwischen den Extremen der exklusiven *Zensur* einerseits
und der inklusiven *Kanonisierung* andererseits.

Diese Thematik ist allerdings nicht nur kein exklusiver Gegenstand der Diskurstheorie,
sondern kann auch von ihr nicht umfassend konzipiert werden, da sie über die Ebene des
(sprachlichen, schriftlichen, expliziten) Diskurses hinausgeht bzw. dieser Ebene vorausgeht.
Diskurstheorie und andere Ansätze, insbesondere solche, die sich auf die Ebene *impliziter*
Kultur beziehen, ergänzen sich also in diesen Hinsichten.

3.1 Zensurtypen

Zensuren sind besondere, nämlich negative, exkludierende Typen der symbolischen Grenzziehung. Sie kommen in expliziten (formellen) und impliziten (traditionellen, habituellen) Formen
vor. Die Zensuren, um die es in Diskursen und vor der (Diskurs-)Ebene der Explikation und
Thematisierung geht, lassen sich mit Hahn in Anlehnung an Parsons' Normtypologie – durch
die Unterscheidung moralischer, kognitiver und kathektischer Normen – unterscheiden:

Die *moralische* Zensur bezieht sich auf Erlaubtheit; sie regelt eine Innen/Außen-Diffe-
renz der Akzeptabilität. Ein Beispiel für unsere Gesellschaft ist der Begriff der Obszönität
und die damit einhergehende Legitimitätsgrenze und Verbotenheit oder Verpöntheit. Diese
Art von Grenzziehung, die eng mit sozialer Kontrolle, Stigmatisierung und Sanktion verknüpft ist, betrifft heute mehr denn je nicht nur diskursive, sondern auch visuelle Darstellungen (etwa pornographische). Ein Beispiel auf der Ebene des Diskurses sind die Zensuren, die
unter dem Titel ‚political correctness' zusammengefasst werden.

Eine *kognitive* Zensur ist dann gegeben und wird dann wirksam, wenn dem Ausgeschlossenen
seine Plausibilität entzogen wird (vgl. Hahn 1987a: 30). Dies kann die Konsequenz bestimmter
Wahrheitsbegriffe bzw. von Regeln der Wahrheitsbildung sein. Foucault hat diesen Ausschließungs-
typ als „interne Prozedur" (1977a: 15) von Diskursen beschrieben und von den „Regeln einer diskursiven ‚Polizei'" (ebenda: 25) gesprochen. Derartige Regeln erkennt Foucault z.B. im Kontext des
biologischen Diskurses, wo „Mendel (...) die Wahrheit (sagte, H.W.), aber (...) nicht ‚im Wahren' des
biologischen Diskurses seiner Epoche (war, H.W.): biologische Gegenstände und Begriffe wurden
nach ganz anderen Regeln gebildet. (...) Es ist immer möglich, daß man im Raum eines wilden
Außen die Wahrheit sagt; aber im Wahren ist man nur, wenn man den Regeln einer diskursiven
‚Polizei' gehorcht, die man in jedem seiner Diskurse reaktivieren muß" (ebenda: 24f.). ‚Hinter' der
hier gemeinten kognitiven Zensurform steht m.a.W. wie im Falle der moralischen Zensur ein ‚ganz-
heitlicher' Sinnzusammenhang, eine Sinnwelt mit einer entsprechenden Wirklichkeit. Sie ist in ihrer
strukturellen Anlage den impliziten Sinn- und Wissensgebilden analog, für die wissenssoziologische
Begriffe wie Rahmen, kommunikative Gattung oder Deutungsmuster Verwendung finden[16].

---

16 Vgl. den Beitrag von Knoblauch (Bd.1).

Zensuren und eine ‚(Diskurs-)Polizei‘, die entsprechende Grenzen setzt und kontrolliert, gibt es schließlich auch in *kathektischen* Hinsichten. Kathektische Zensuren schließen Anderes als etwas Hässliches, Ekelhaftes oder Lächerliches aus (vgl. Hahn 1987b: 31). In diesem Zusammenhang geht es also um ‚Geschmacksfragen‘ und Fragen von Lust und Unlust.

Alle genannten Zensurtypen (Typen von Grenzen und Ausgrenzungen) sind Momente und Themen von Diskursen und spielen zugleich unterhalb und neben der Ebene des Diskurses in der Spontaneität und Intuition des Verhaltens, speziell auf den Ebenen des nicht-sprachlichen Ausdrucks und des Bewusstseins (in der Wahrnehmung, im Denken, im Urteilen), eine strukturierende Rolle. Sie berührt und bestimmt im Besonderen die Realität der Verhaltens-, Handlungs- und Lebensstile, nicht zuletzt in der Sphäre des Körpers bzw. des körperlichen Ausdrucks (Korporalität). Es geht also um Exklusionen und Strukturierungen nicht nur in der mündlichen oder schriftlichen Kommunikation, sondern in der sozialen Praxis überhaupt – von der unmittelbaren (Körper-)Interaktion über massenmediale Kommunikation bis zum Handeln von (Groß-)Organisationen.

Im Bezug auf diese Ebene sowie auf die des Bewusstseins (Wahrnehmung, Erleben, Denken) fungiert der Habitusbegriff als ein zentraler Schlüssel spiegelbildlich und komplementär zum Diskursbegriff. Als Begriff für das ‚äußere Gepräge‘ von Personen und Gruppen bezieht sich der Habitusbegriff auf Teile einer zensierten und zensorischen Praxis. Auf der Ebene des ‚inneren Gepräges‘ erfasst und erklärt er die hier gemeinten praktischen Distinktionen (schön/hässlich, wahr/unwahr, anständig/unanständig usw.) als Distinktionen der Erlebenden und Handelnden[17]. Damit ergänzt der Habitusbegriff den Diskursbegriff auch da, wo es um Potentiale und *Stile* bzw. *Mentalitäten* der Diskurssubjekte geht, die ebenso wie die diskursiven Praxen und ‚Vernunftfelder‘ auf soziale (Handlungs-)Felder in dem obigen Sinne verweisen.

3.2 Kanon und Kanonisierung

Kanons sind insofern das Gegenteil von Zensuren, als bestimmte Kulturaspekte durch sie und in ihnen nicht exkludiert, sondern inkludiert sind. In Prozessen der Kanonisierung geht es aber um mehr als um Zulässigkeit und Zulassung, nämlich darum, dass diese Kulturaspekte – Texte und Textsammlungen, Autoren, Regeln, Handlungsformen u.a.m. – „als heilig, verbindlich, vorbildlich usw. festgeschrieben“ werden (Hahn 1987b: 28). Kanonisierung bedeutet also sozusagen einen kulturellen Zentrierungsprozess, einen Prozess expliziter Kulturselektion mit schließlicher ‚Pflege‘ der entsprechenden Kulturaspekte. Diskursivierung und Reflexivierung im Bezug auf einen kulturellen bzw. (spezial-)diskursiven ‚Mutterboden‘ sind in diesem Prozess konstitutiv, wie Hahn unterstreicht:

> In allen Fällen geht es bei Kanonisierungen um ein *Reflexivwerden der Traditionen*. Diese verlieren den Charakter selbstverständlicher Gewohnheiten, Lebensformen, Sitten, Rechtsauffassungen, Kultformen, Frömmigkeitsweisen oder Weltbilder. Der Kanonisierungsvorgang bezieht sich niemals auf den Gesamtbestand verbindlichen Sinns oder Handelns, sondern er wählt bestimmte Teile aus, die als Symbol für das

---

17 (Exklusive) Lust- und Geschmacksfragen z.B., die sich in besonderer Weise in der Produktion und Rezeption von Medienerzeugnissen stellen, treten ja hauptsächlich in Form von (habituellen) Spontanreaktionen bzw. Affekten auf.

Ganze stehen. Es geht also nicht notwendig um Sinnverknappung, sondern um explizite Thematisierung, um Heraushebungen. Man könnte vielleicht den Kanonisierungsvorgang mit dem vergleichen, was die moderne Organisationssoziologie als ‚Formalisierung' bezeichnet. Formalisiert sind die Normen in einer Organisation, über die sich Mitgliedschaft oder Ausschluss rechtsverbindlich durchsetzen lässt. Das wirkliche Funktionieren der Institution wäre aber niemals möglich, wenn die Beteiligten nur noch die formalisierten Vorschriften befolgen würden. Das zeigt sich etwa beim sog. Dienst nach Vorschrift. So wie die formalisierten Bestände in einer Organisation, so sind die kanonisierten Bestände in einer Kultur gleichsam die Spitze eines Eisbergs von Regelung bzw. fungierendem Sinn. (ebenda: 28)

Der Kanon ist also „in gewisser Weise als Form der Selbstthematisierung einer Kultur oder eines ihrer Teilsysteme aufzufassen" (ebenda: 29). Er ist eine Art „verbindliche Selbstdarstellung", die komplementär zu der habituell verkörperten und alltagspraktisch (etwa in Stilen und Rahmungen) manifestierten symbolischen Ordnung dazu dient, „explizite symbolische Grenzen zu setzen" (ebenda: 33).

Diese Selbstdarstellung, die auf entsprechend spezialisierte ‚Diskursverwalter' und ‚Diskursverwaltungen' verweist, hat wie die Systeme der Zensur einen historischen Charakter. Auch Kanonisierung ist ein historischer Prozess – mit der Implikation des Werdens, des Wandels, des Alterns, der Erosion von Kanons bis hin zur Entkanonisierung[18].

Von eigener Wichtigkeit sind in diesem Zusammenhang die Bereiche der Erziehung und der Bildung. Deren Subjekte operieren – nie nur, aber immer auch – im Bezugsrahmen von Kanons (z.B. Lehrplänen) und haben es damit auch mit deren mehr oder weniger instruktiven Vorgaben und Entwicklungen zu tun. Erziehung und Bildung sind gewissermaßen auch Medien kanonisierter Kulturaspekte. Viele jener Inhalte, die „als heilig, verbindlich, vorbildlich usw. festgeschrieben" werden oder worden sind, sind in irgendeiner Weise auch Inhalte von Erziehung oder/und Bildung.

---

18 Heute hat man bekanntlich z.B. Probleme damit, ‚Bildung' oder ‚Manieren' als kanonisiertes Wissen zu bestimmen.

4. Normalität, Normalisierung und Normalismus

4.1 Normalität und Normalismus

Normalität und Abweichung, Stigmatisierung und Normalisierung sind zentrale Kategorien und Themen der Diskurstheorie und der Diskursanalyse. In der Entwicklung der modernen „Normalisierungsgesellschaft" sieht Foucault eine Elaboration der Macht bzw. der Machttechnologie mit Disziplinierungs- und Mentalitätseffekten (vgl. Sohn/Mertens 1999; Burkart (Hrsg.) 2006). Die Individuen, und insbesondere die Körper[19], werden demnach immer totaler, differenzierter und rationaler von Macht erfasst und durchdrungen. Mit Elias gesprochen, geht es im wesentlichen Effekt um eine komplexe, alle Dimensionen des Selbst umfassende Zivilisierung.

Im Sinne von und im Anschluss an Foucault thematisiert Jürgen Link (1997) die historischen Diskurse der Normalität und der Normalisierung als eine eigenständige Ebene sozialer Praxis, Wirklichkeits- und Identitätsgenerierung. In der Kategorie der Normalität sieht er das Resultat eines die ganze Gesellschaft überziehenden „spezifisch modernen Netzes von Dispositiven", das er „Normalismus" nennt. Das damit Gemeinte erläutert er folgendermaßen:

> Die Gesamtheit der normalistischen Diskurskomplexe und Dispositive konstituiert innerhalb der gesellschaftlichen Wirklichkeit eine eigene operationale, symbolisch *eindimensionale* Ebene, die als *‚Signal-, Orientierungs- und Kontrollebene'* gegenüber anderen, bereits bestehenden Ebenen aufzufassen ist. Ein gutes Beispiel ist das Verhältnis von Normalität zu Normativität: Das juristische Teilsystem (im Sinne Luhmanns) teilt das Verhalten binär nach der Unterscheidung ‚Recht/Unrecht' und legt entsprechende Verfahren und Sanktionen fest. Die Normalität etabliert ‚parallel' dazu eine zweite, *eindimensionale* und graduierte Ebene, die das entsprechende Verhalten rein statistisch erfaßt und nach seiner Verteilung zwischen Extrempolen und Durchschnitten anordnet. Die normalistische Ebene stellt gegenüber der normativen eine Ebene der *Zweitcodierung*, des *Vergleichs*, der *Kontrolle* und der *Signalisierung* dar. (Link 1997: 344)[20]

Als Normalismus bezeichnet Link nicht nur ein modernes Ensemble von Diskursen, in denen Normalität zum Thema und zum (Definitions-)Produkt wird, sondern auch ein im Modernisierungsprozess gewordenes ‚Regime der Durchschnitte und Standards', eine ebenso tiefgreifende wie weitreichende kulturelle Verschiebung und Tendenz. Demnach sind statistische und quasi-statistische Durchschnittswerte und Standards als lebenspraktische Instruktionen, die in Diskursen zirkulieren, wie auch als ‚subjektive' Orientierungen und Kriterien der Akteure zunehmend an die Stelle von ‚materialer' Normativität und lebensweltlicher (habitueller) Selbstverständlichkeit getreten.

---

19 Foucault (1977b) spricht von „Bio-Macht".

20 Auf der Ebene des allgemeinen Diskurses gibt es Link zufolge Aussagen über Normalität speziell als Aussagen über prekäre Verhaltens-Grenzen. Im Unterschied zu Normen sind diese „Grenzen selbst (…) fließend, so daß sie wesentlich als Toleranz-Grenzen bzw. Handlungsbedarfs-Grenzen erscheinen. (…) Ob es um die Normalität von Arbeitszeit- oder Steuer- oder Abtreibungs- oder Einwanderungs-*Belastungen* geht, so geht es stets hauptsächlich um eine Art ‚Einpendeln' von Toleranz-Grenzen bzw. Handlungsbedarfs-Grenzen wie umgekehrt um das Verhindern von *Durchdrehen*. (…) Während Normativität das Problem der Toleranz überhaupt und grundsätzlich aufwirft, arbeitet Normalität mit (quasi-technischen) *Toleranzen*" (Link 1997: 21f.).

Als eine „wesentlich graduelle Kategorie" (Link 1997: 22), die situativ ‚ausdefiniert' werden muss, und als ein in der Alltagspraxis „mehr oder weniger instinktiver" Prozess (ebenda: 23), bleibt der Normalismus einerseits immer auch auf die Operations- und Funktionslogik von Habitus[21] verwiesen. Sie bleiben auch unter ‚postmodernen' (Differenzierungs- und Anomie-)Bedingungen als Entsprechung und Inbegriff von Lebenswelt und (d.h.) Normalität in Kraft und in Entwicklung. Andererseits kann der Normalismus – im Sinne der Orientierung an dem, ‚was die anderen tun' – als ein Indikator von Habitus–Leerstellen, von Substanz- und Funktionsverlusten von Habitus, von Enthabitualisierungen und Habitusmängeln gedeutet werden. ‚Man' bindet sich an normalistische Normalitätsbestimmungen, wenn und weil man von Normalität inhaltlich keinen hinreichenden Begriff oder keine hinreichende Gewissheit mehr hat und haben kann. Der Normalismus indiziert und kompensiert insofern scheinbar paradoxerweise ein Schwinden von Normalität und (d.h.) Habitualität.

In gewisser Weise kann der Normalismus also als funktionale Antwort auf modernisierungsimmanente Differenzierungseffekte und (d.h.) Anomien gelten. Je mehr die traditionell ‚eingelebte' Normalität erodiert und durch viele und veränderliche Normalitäten ersetzt wird, desto mehr ist man bedürftig und geneigt, sich an die formalen Normalitäten der Statistik wie auch an quasi–statistische Normalitätsbilder, die insbesondere massenmedial in Diskursen und Visualisierungen vorgeführt werden, zu halten. Dieser Normalismus fungiert als sozialer und existentieller Sinngenerator und Orientierungsfaktor, der Sicherheit induziert und Angst reduziert. Oder mit Link formuliert: Im großen Strom zu schwimmen „beschafft das notwendige Sicherheitsgefühl in einem hyperdynamischen, tendenziell chaotischen Gesellschaftstyp: Wer im mainstream der Normalität schwimmt und nicht an den Rand gerät, ruht in einem modernen Ersatz für Abrahams verlorenen Schoß" (Link 1999: 44f.). Mit diesem Verständnis von Normalismus als einer praktischen Lebensphilosophie der Unauffälligkeit und ‚Herdenorientierung' nähert sich Link der Riesmanschen Vorstellung vom „außengeleiteten Menschen"[22].

4.2 Die Massenmedien als Hauptschauplatz normalistischer Wirklichkeits- und Identitätskonstruktion: Werbung zum Beispiel

Die normalistischen Selbstbeobachtungen, Selbstprüfungen und Selbststeuerungen beziehen ihre leitenden Informationen jenseits der alltäglichen Primärerfahrung von verschiedenen ‚Agenturen', z.B. den Institutionen der Beratung und der Therapie. Gesellschaftlicher *Hauptschauplatz* normalistischer Wirklichkeitskonstruktionen sind die Massenmedien als Vermittlungsinstanzen von und zwischen Diskursen und Semantiken (z.B. Wissenschaft, Werbung und Alltagssemantik). Grundlage der massenmedialen Normalismus–Funktion ist aber nicht nur der Diskurs bzw. die Sprache, sondern – im Zusammenspiel damit – auch und immer mehr: das *Bild*, die ‚visuelle', die ‚analoge' (Watzlawick) Kommunikation und damit der Habitus als ‚äußeres Gepräge' der medialen Akteure bzw. Figuren. Das normalistische Zusammenspiel von massenmedialer Diskursivierung und Visualisierung verweist wiederum auf den Habitus als ‚inneres Gepräge' auf der Seite des Publikums.

---

21 Vgl. den Beitrag von Willems: „Figurationen, Felder, Habitus und Kapitaltypen" (Bd.1).
22 Vgl. den Beitrag von Abels (Bd. 2).

Eines der Hauptthemen und Hauptobjekte ist in diesem Zusammenhang der *Körper*, und zwar (immer noch) insbesondere der *weibliche* Körper. Auf den Körper bezogene „Denormalisierungsängste" (vgl. Link 1997; Hark 1999) und ‚normale Abweichungen' des Körpers wie auch ein korporaler ‚Idealismus' sind zentrale Anschlussstellen und Zielgebiete normalistischer Medienkommunikationen.

Die von Link unterschiedenen normalistischen Grundstrategien, die dabei Anwendung finden, lassen sich am Beispiel der Werbung veranschaulichen, die in diesem Kontext überhaupt eine Schlüsselrolle spielt (vgl. Willems/Kautt 2003: 37ff). Ein normalistisches Inszenierungsmuster der Werbung besteht z.B. darin, ‚reale' Situationen vorzuführen, in denen der Körper als dramatische Störungsquelle oder ‚Problemzone' erscheint[23], die sich mit dem beworbenen Produkt günstig beeinflussen, aus der Welt schaffen oder vermeiden lässt. Es geht hierbei um die Dramatisierung von Formen ‚normaler Abweichung', z.B. Falten, ‚Übergewicht'[24], Hautunreinheiten, Haarausfall usw. Derartige ‚Deviationen' werden dann mindestens hinlänglich deutlich als Abweichungen präsentiert und als Probleme markiert, die dringend gelöst werden sollten.

Die entsprechenden Inszenierungen folgen typischerweise einer Logik der Dramatisierung durch Diskretion. Sie garantiert die Konsistenz der Werbe-Idyllen und forciert zugleich die Relevanz der Abweichung bzw. die in Frage stehende (Normalitäts-)Grenze: Wenn stark abstrahierte Grafiken den Peinlichkeitsanlass nur andeuten oder wenn die Werbedramaturgie Dialoge in Szene setzt, in denen ‚Vertrauenspersonen' wie die beste Freundin oder die große Schwester das jeweilige Opfer hinter den Kulissen einfühlsam auf einen bestimmten Makel hinweisen, dann wird deutlich, wie brisant das jeweilige Problemthema ‚eigentlich' ist. In der Werbung korrespondiert ihm natürlich immer eine ‚produktive' Lösung.

Links Terminologie folgend, kann man derartige Inszenierungen von Abweichungen und Normalisierungen „protonormalistisch" nennen. Im Unterschied zu den Varianten der „flexibel-normalistischen" Strategie findet hier eine starke Komprimierung, Fixierung und Stabilisierung der ‚Normalitätszone' mittels deutlicher symbolischer Markierungen statt (vgl. Link 1997: 78f.). Es handelt sich um eine Art Stigmatisierung (vgl. Goffman 1967; Link 1997: 100ff). Eine flexibel-normalistische Strategie der Werbung besteht demgegenüber in einer Dramaturgie der Perfektion. Die Aufmerksamkeit gilt dabei nicht einem ‚produktiv' zu bekämpfenden Makel, sondern umgekehrt dem in seiner Ganzheit und Aura *vollkommenen* Körper, an dem das Publikum sich orientieren und messen soll. Mit ihren diversen Idealfiguren, die sie durch die Selektion ihrer Darsteller und durch den Einsatz professioneller Ästhetisierungstechniken erzeugt (von der Maske über die Lichtführung bis hin zur computergestützten Bildbearbeitung), lässt die Werbung ideale Schönheit als für jedermann erreichbar erscheinen. *Flexibel*-normalistisch ist diese Strategie insofern, als die Normalitätsgrenze hierbei „durch keine harte semantische und insbesondere symbolische Markierung als Stigmagrenze fixiert wird" (Link 1997: 340). Vielmehr bilden die Idealfiguren einen relativ offenen Horizont von Zielbestimmungen, deren Erreichung die jeweiligen Produktbewerbungen in Aussicht stellen und fordern.

---

23 Die Möglichkeiten der Werbung, Abweichungen zu inszenieren, sind allerdings durch ihre ‚Schöne-Welt'-Prämisse begrenzt.

24 ‚Übergewicht' ist natürlich ein normalistisches Schema par excellence.

Die insbesondere medial zirkulierenden normalistischen Sinnvorgaben sieht Link in Korrespondenz zu einem normalistischen ‚Subjekt', das sie versteht, braucht, sucht und fortlaufend in die eigene Lebensführung integriert. Link spricht von der „Installation eines flexiblen Dispositivs im Subjekt, das ihm imaginäre Datenvergleiche, Kurvenentwürfe und Durchschnittskalküle erlaubt. Es geht also sozusagen um die Installation eines ‚inneren Cockpit-Dispositivs'" (ebenda: 338), eine Habitusform, die eine allseitige und permanente Selbstbeobachtung, Selbstprüfung und Selbstkontrolle nach Maßgabe gegebener sozialer Normalitäts-Definitionen (Grenz- und Spielraum-Definitionen) impliziert.

Literatur

Angermüller, Johannes (2005): Sozialwissenschaftliche Diskursanalyse in Deutschland. Zwischen Rekonstruktion und Dekonstruktion. In: Keller, Reiner/Hirseland, Andreas/Schneider, Werner/Viehöver, Willy (Hrsg.): Handbuch Sozialwissenschaftliche Diskursanalyse. Bd. 1: Theorien und Methoden. Wiesbaden: VS Verlag. 23-47.

Böhme, Gernot (1975): Die Ausdifferenzierung wissenschaftlicher Diskurse. In: Stehr Nico/König Rene (Hrsg.): Wissenschaftssoziologie. Opladen: Westdeutscher Verlag Verlag. 231-253.

Bublitz, Hannelore/Bührmann, Andrea D./Hanke, Christine/Seier, Andrea (Hrsg.) (1999): Das Wuchern der Diskurse. Perspektiven der Diskursanalyse Foucaults. Frankfurt/M.: Campus.

Burkart, Günter (Hrsg.) (2006): Die Ausweitung der Bekenntniskultur – neue Formen der Selbstthematisierung? Wiesbaden: VS Verlag.

Diaz-Bone, Rainer (2005): Die ‚interpretative Analytik' als rekonstruktiv-strukturalistische Methodologie. Bemerkungen zur Eigenlogik und strukturalistischen Öffnung der Foucaultschen Diskursanalyse. In: Keller, Reiner/ Hirseland, Andreas/Schneider, Werner/Viehöver, Willy (Hrsg.): Handbuch Sozialwissenschaftliche Diskursanalyse. Bd. 1: Theorien und Methoden. Wiesbaden: VS Verlag. 179-197.

Diaz-Bone, Rainer (2006): Zur Methodologisierung der Foucaultschen Diskursanalyse. In: Forum Qualitative Sozialforschung: Theorien. Methoden. Anwendungen. 7, 1.

Foucault, Michel (1973): Archäologie des Wissens. Frankfurt/Main: Suhrkamp.

Foucault, Michel (1974): Die Ordnung der Dinge. Eine Archäeologie der Humanwissenschaften. Frankfurt/Main: Suhrkamp.

Foucault, Michel (1977a): Die Ordnung des Diskurses. Frankfurt/Main: Suhrkamp.

Foucault, Michel (1977b): Sexualität und Wahrheit. Bd. 1: Der Wille zum Wissen. Frankfurt/Main: Suhrkamp.

Foucault, Michel (1977c): Überwachen und Strafen. Die Geburt des Gefängnisses. Frankfurt/Main: Suhrkamp.

Goffman, Erving (1967): Stigma. Über Techniken der Bewältigung beschädigter Identität. Frankfurt/Main: Suhrkamp.

Goffman, Erving (1977): Rahmen-Analyse. Versuch über die Organisation von Alltagserfahrungen. Frankfurt/Main: Suhrkamp.

Jäger, Siegfried (1999): Kritische Diskursanalyse. Eine Einführung. Duisburg: Unrast.

Hahn, Alois (1987a): Identität und Selbstthematisierung. In: Hahn, Alois/Kapp, Volker (Hrsg.): Selbstthematisierung und Selbstzeugnis: Bekenntnis und Geständnis. Frankfurt/Main: Suhrkamp. 9-24.

Hahn, Alois (1987b): Kanonisierungsstile. In: Assmann, Aleida/Assmann, Jan (Hrsg.): Kanon und Zensur. München: Fink. 28-37.

Hark, Sabine (1999): Deviante Subjekte, Normalisierung und Subjektformierung. In: Sohn, Werner/Mertens, Herbert (Hrsg.): Normalität und Abweichung. Studien zur Theorie und Geschichte der Normalisierungsgesellschaft. Opladen: Westdeutscher Verlag. 65-84.

Kammler, Clemens (1995): Historische Diskursanalyse. In: Brackert, Helmut/Stückrath, Jörn (Hrsg.): Literaturwissenschaft. Ein Grundkurs. Reinbek: Rowohlt. 630-639.

Kassel, Susanne (2004): „Diskursives Gewimmel?" Die Methode der Diskursanalyse. In: Medien-Journal: Zeitschrift für Kommunikationskultur, Nr. 2 Ansätze und Problemfelder empirischer Sozialforschung. Jg. 28. 27-41.

Keller, Reiner (1997): Diskursanalyse. In: Hitzler, Ronald/Hohner, Anne (Hrsg.): Sozialwissenschaftliche Hermeneutik. Eine Einführung. Opladen: Leske + Buderich. 309-333.

Keller, Reiner/Hirseland, Andreas/Schneider, Werner/Viehöver, Willy (Hrsg.) (2001): Zur Aktualität sozialwissenschaftlicher Diskursanalyse. Eine Einführung. In: Keller, Reiner/Hirseland, Andreas/Schneider, Werner/Viehö-
ver, Willy (Hrsg.): Handbuch Sozialwissenschaftliche Diskursanalyse. Bd. 1: Theorien und Methoden. Opladen: Leske + Buderich. 7-28.

Keller, Reiner/Hirseland, Andreas/Schneider, Werner/Viehöver, Willy (Hrsg.) (2005): Die diskursive Konstruktion
von Wirklichkeit: Zum Verhältnis von Wissenssoziologie und Diskursforschung. Konstanz: UVK.

Keller, Reiner/Hirseland, Andreas/Schneider, Werner/Viehöver, Willy (Hrsg.) (2006): Handbuch Sozialwissenschaftliche Diskursanalyse. Bd. 1: Theorien und Methoden. 2. aktualisierte Aufl. Wiesbaden: VS Verlag.

Kocyber, Hermann (2006): Die Disziplinierung Foucaults. Diskursanalyse als Wissenssoziologie. In: Tänzler, Dirk/
Knoblauch, Hubert/Soeffner, Hans-Georg (Hrsg.): Neue Perspektiven der Wissenssoziologie. Konstanz: UVK.
137-155.

Link, Jürgen (1997): Versuch über den Normalismus. Wie Normalität produziert wird. Opladen: Westdeutscher
Verlag.

Link, Jürgen (1999): „Normativ" oder „Normal"? Diskursgeschichtliches zur Sonderstellung der Industrienorm im
Normalismus, mit einem Blick auf Walter Cannon. In: Sohn, Werner/Mertens, Herbert (Hrsg.): Normalität und
Abweichung. Studien zur Theorie und Geschichte der Normalisierungsgesellschaft. Opladen: Westdeutscher
Verlag. 30-44.

Schrage, Dominik (2006): Kultur als Materialität oder Material – Diskurstheorie oder Diskursanalyse. In: Rehberg,
Karl-Siegbert (Hrsg.): Soziale Ungleichheit, kulturelle Unterschiede: Verhandlungen des 32. Kongresses der
Deutschen Gesellschaft für Soziologie in München. Teilbände. 1 und 2. Frankfurt/M.: Campus. 1806-1813.

Sohn, Werner/Mertens, Herbert (Hrsg.) (1999): Normalität und Abweichung. Studien zur Theorie und Geschichte
der Normalisierungsgesellschaft. Opladen: Westdeutscher Verlag.

Tetu, Jean-Francois (2002): Die französische Diskursanalyse. In: Vialon, Philippe/Weiland, Ute (Hrsg.): Kommunikation – Medien – Gesellschaft: eine Bestandsaufnahme deutscher und französischer Wissenschaftler. Berlin:
Avinus. 205-217.

Turkle, Sherry (1995): Live on the Screen. Identity in the Age of the Internet. New York.

Waldenfels, Bernhard (1986): Verstreute Vernunft. Zur Philosophie von Michel Foucault. In: Orth, Ernst W. (Hrsg.):
Studien zur neueren französischen Phänomenologie, Phänomenologische Forschungen. Bd. 18. Freiburg: Alber,
K. 30-50.

Winter, Rainer (1997): Cultural Studies als kritische Medienanalyse. Vom „encoding/decoding"-Modell zur Diskursanalyse. In Hepp, Andreas/Winter, Rainer (Hrsg.): Kultur – Medien – Macht: Cultural Studies und Medienanalyse. Wiesbaden: Westdeutscher Verlag.

Woetzel, Harold (1980): Diskursanalyse in Frankreich. In: Das Argument: Zeitschrift für Philosophie und Sozialwissenschaften. H. 122. Jg. 22. 511-517.

Willems, Herbert (1994): Psychotherapie und Gesellschaft. Voraussetzungen, Strukturen und Funktionen von Indi-
vidual- und Gruppentherapien. Opladen: Westdeutscher Verlag.

Willems, Herbert/Kautt, York (2003): Theatralität der Werbung. Theorie und Analyse massenmedialer Wirklichkeit.
Berlin/New York: de Gruyter.

Willems, Herbert (Hrsg.) (2008): Weltweite Welten. Internet-Figurationen aus wissenssoziologischer Perspektive.
Wiesbaden: VS Verlag (im Druck).

Willems, Herbert/Pranz, Sebastian (2008): Formationen und Transformationen der Selbstthematisierung: Von der
unmittelbaren Interaktion zum Internet. In: Willems, Herbert (Hrsg.): Weltweite Welten. Internet-Figurationen
aus wissenssoziologischer Perspektive. Wiesbaden: VS Verlag (im Druck).

Willems, Marianne (1995): Das Problem der Individualität als Herausforderung an die Semantik im Sturm und
Drang. Tübingen: Max Niemeyer.

Einführende Literatur

Foucault, Michel (1977a): Die Ordnung des Diskurses. Frankfurt/Main: Suhrkamp.
Kammler, Clemens (1995): Historische Diskursanalyse. In: Brackert, Helmut/Stückrath, Jörn (Hrsg.): Literaturwissenschaft. Ein Grundkurs. Reinbek: Rowohlt. 630-639.

Weiterführende Literatur

Diaz-Bone, Rainer (2006): Zur Methodologisierung der Foucaultschen Diskursanalyse. In: Forum Qualitative Sozialforschung: Theorien. Methoden. Anwendungen. 7, 1.
Keller, Reiner/Hirseland, Andreas/Schneider, Werner/Viehöver, Willy (Hrsg.) (2006): Handbuch Sozialwissenschaftliche Diskursanalyse. Bd. 1: Theorien und Methoden. 2. aktualisierte Aufl. Wiesbaden: VS Verlag.

Normen und Normalität

Thomas Loer

Regeln eröffnen Handlungsmöglichkeiten. – Der Gegenstand der Sozialwissenschaften im allgemeinen und der Soziologie im besonderen ist Handeln. *Handeln* ist, anders als Verhalten, das durch genetische Programme gesteuert und damit letztlich – bei aller Komplexität – naturgesetzlich determiniert ist, *regelgeleitet.* Dieses Moment der Regelgeleitetheit bedeutet zunächst einmal, dass den Handelnden von den ihr Handeln bestimmenden – nicht determinierenden – Regeln Handlungs*möglichkeiten eröffnet* werden. Regeln im allgemeinen verknüpfen Handlungssequenzen miteinander, indem sie zum einen Anschlussoptionen eröffnen und zum anderen – vor allem Vollzug der Entscheidung für eine der Optionen – die Konsequenzen festlegen, die eine jeweilige Auswahl aus diesen Optionen bedeutet. Dies lässt sich am einfachsten am Beispiel der Begrüßung zeigen, da hier die Zahl der regelgemäß eröffneten Optionen minimal ist: es gibt genau zwei. Ein Reisender in einem Zugabteil etwa, der von einem zugestiegenen Passagier begrüßt wird, hat nur zwei Möglichkeiten: entweder (a) zurückzugrüßen oder (b) die Grußerwiderung zu unterlassen. Bevor der Begrüßte noch seine Wahl trifft, also bevor er noch im handelnden Vollzug eine der Optionen praktisch realisiert, liegt bereits deren Konsequenz fest – insofern kann er diese Konsequenz in seiner Entscheidung für eine der Optionen berücksichtigen; gleich aber, ob er sie sich bewusst macht oder nicht: sie liegt fest.

Wenn also nun etwa der Reisende, der von dem neuen Passagier begrüßt wird, zurückgrüßt, so nimmt er damit unweigerlich, ob er will oder nicht, das Angebot an, den Handlungsraum der Reise als gemeinsamen zu betrachten. Damit muss er, wenn er zum Beispiel gerade ein Buch liest, gewärtig sein, von dem Mitreisenden, durch ein Gespräch etwa, an der weiteren Lektüre gehindert zu werden, und es ist an ihm, dem ersten Reisenden, sich diesem Ansinnen aktiv zu entziehen, wenn er in Ruhe weiter lesen will. Sollte er aber nicht zurückgrüßen, so weist er damit das Angebot, den Handlungsraum der Reise praktisch als gemeinsamen zu realisieren, zurück. In diesem Falle müsste der Zugestiegene, sollte er ein Interesse an einem gemeinsamen Gespräch haben, seinerseits aktiv werden und einen neuen Versuch starten, um doch noch die Reise beider zu einer gemeinsamen werden zu lassen.

Man sieht an diesem Beispiel einerseits, wie Regeln Optionen eröffnen und zugleich festlegen, was diese Optionen bedeuten, indem sie verbindlich Folgen mit diesen Optionen verknüpfen, und man sieht andererseits, dass diese Optionen und ihre Bedeutungen bzw.

Konsequenzen unabhängig sind von der Absicht der Handelnden, unabhängig von ihren subjektiven Intentionen also, dass sie vielmehr objektiv durch die Regeln konstituiert werden. So verhält es sich mit allem Handeln.

Es lässt sich nun die Struktur von Handeln in diesem einfachen Fall in formeller Weise wie folgt darstellen:[1]

(1) $s \rightarrow (ho \supset f) \vee (\neg ho \supset \neg f)$

Dabei bezeichnet ‚s' die Handlungssituation und ‚ho' eine Handlung, die in der Situation gemäß der Regel ($\rightarrow$) als Option eröffnet wird und die bestimmte Folgen (‚f') impliziert ($\supset$). In dem einfachen Fall der Begrüßung wird als Alternative ($\vee$) zugleich die Option $\neg ho$ (die die Folge $\neg f$ impliziert) eröffnet, also die Negation von ho. Hätten wir es mit einem weniger eingeschränkten Fall zu tun, so müsste die Formel lauten: $s \rightarrow (ho_1 \supset f_1) \vee (ho_2 \supset f_2) \vee (ho_3 \supset f_3) \vee (ho_4 \supset f_4) \vee \ldots \vee (ho_n \supset f_n)$, wobei ‚$ho_n$' eine abzählbar endliche Menge von Handlungsoptionen bezeichnet, die jeweils bestimmte Folgen bedeuten. Dies kann man auch so ausdrücken: Die Auswahl einer bestimmten Handlungsoption eröffnet gemäß einer Regel ihrerseits jeweils weitere bestimmte Handlungsoptionen. Diese Formulierung ist als eine Spezifizierung der pragmatischen Maxime[2] zu verstehen, die deutlich macht, dass die Bedeutung eines Objekts durch das Gesamt der Handlungen gegeben ist, die durch es ermöglicht werden.

Nicht alles ist möglich. – Betrachten wir das gewählte Beispiel noch etwas genauer. Wie selbstverständlich wurde bisher unterstellt, dass der Begrüßte die Freiheit habe, zurückzugrüßen oder es zu unterlassen. Diese Freiheit wird ja auch, konstitutionstheoretisch betrachtet, durch die Regelförmigkeit des Handelns, d. h. dadurch, dass Handeln an Optionen eröffnenden Regeln orientiert ist, geschaffen. Der Handelnde ist somit unabweislich als Entscheidungsinstanz, als Strukturort der Autonomie zu begreifen. Nun könnte man – zumindest im Rahmen unserer Kultur – aber sagen, dass der Handelnde *praktisch* keine Wahl hat, gilt es doch als unhöflich, nicht zurückzugrüßen, wenn man begrüßt wird. Damit liegt nicht nur die Konsequenz (‚f') seiner Entscheidung: die Anschlussoptionen der von ihm gewählten Handlungsoption, gleich wie die Entscheidung ausfällt, schon fest, bevor er sie vollzieht; vielmehr ist offensichtlich die Entscheidung selbst bereits gefallen, bevor der Handelnde sich als vor sie gestellt erfährt. – Dies lässt sich formell so darstellen:

(2) $s \rightarrow (ho \supset f) \; \forall$

---

1   Ich lehne mich hier an die sehr erhellende Formalisierungsweise von Theodor Geiger (1964) an.
2   Vgl.: „But the Maxim of Pragmatism, as I originally stated it, *Revue philosophique VII*, is as follows: Considérer quels sont les effets practiques que nous pensons pouvoir être produits par l'objet de notre conception. La conception de tous ces effets est la conception complète de l'objet. [p.48.] Pour développer le sens d'une pensée, il faut donc simplement déterminer quelles habitudes elle produit, car le sens d'une chose consiste simplement dans les habitudes qu'elle implique. Le caractère d'une habitude dépend de la façon dont elle peut nous faire agir non pas seulement dans telle circonstance probable, mais dans toute circonstance possible, si improbable qu'elle puisse être. [...] [p. 47.]" (Peirce 1973: 4, 6, 8) und: „196. [...] every conception is a conception of conceivable practical effects" (ebenda: 266)

In der Situation s ist also dem Handelnden nur eine Handlung möglich, die ohne Alternative ($\forall$) ist. Wenn es sich wirklich so verhielte, hätten wir hier die gleiche Struktur vorliegen wie bei der Wirkung eines Naturgesetzes: Wenn Galileo Galilei, wie sein Schüler Vincenzo Viviani erzählt, oben auf dem schiefen Turm von Pisa stehend einen Apfel einmal losgelassen hatte, fiel dieser Apfel gemäß dem Fallgesetz – ohne Alternative. – Aber ist dies beim Handeln tatsächlich so? Und wenn es so wäre: Wie käme das Naturgesetz in die Handelnden hinein? Dass es nicht angeboren ist, kann man schon daran sehen, dass Eltern ihren Kindern das Zurückgrüßen mehr oder weniger deutlich nahelegen, da diese es eben nicht unbedingt von sich aus tun.[3] Dies wäre nicht erforderlich, wenn die Handlung als Antwort auf eine Handlungssituation naturgesetzlich determiniert wäre: Niemand braucht den Apfel dazu anzuhalten, zu fallen, wenn er erst einmal seines Halts beraubt wurde. Offensichtlich bleibt also, bei aller Rigorosität der Forderung durch Eltern oder Höflichkeit, die Möglichkeit bestehen, nicht zurückzugrüßen, also ¬ho zu wählen. Weder die regelgemäß eröffnete Option noch der Strukturort der Autonomie, der durch die Eröffnung von Handlungsoptionen emergiert, lösen sich also durch die Forderung, eine bestimmte der Optionen zu wählen, auf. Im Gegenteil: Sie sind geradezu Bedingung der Möglichkeit dafür, dass eine solche Forderung sinnvoll erhoben werden kann. An den losgelassenen Apfel, der keine Alternative hat, die Forderung zu richten, er möge fallen, ist sinnlos – genauso sinnlos übrigens, wie an den Selbstmörder, der vom Dach eines Hochhauses gesprungen ist, beim Passieren des zehnten Stockwerks die Forderung zu richten, er möge mit dem Fallen aufhören. Damit sieht man, dass es nicht der ‚freie Wille' eines menschlichen Subjekts – im Gegensatz zum willenlosen Apfel – ist, der die Alternativen konstituiert, sondern dass es eben die Regeln sind, die – im Gegensatz zu Naturgesetzen – Handlungsoptionen eröffnen. Die gleiche Differenz besteht auch zwischen Regelbefolgen, also Handeln, und biologisch programmiertem Verhalten, das die Ethologie untersucht: Nicht nur der Stichling kann nicht zwischen der Option ‚Angreifen' oder ‚Nicht-Angreifen' wählen, wenn er mit der roten Kehlfärbung eines anderen Männchens oder der roten Schablone, die ein Forscher ihm präsentiert, konfrontiert wird; auch die zu hochkomplexem Verhalten befähigten Raben können nicht umhin etwa beim Futterfund ein der jeweiligen Situation angepasstes Verhalten zu zeigen.[4]

Bevor sich jemand in den Tod stürzt, trifft er durchaus eine Entscheidung, und auch die Alternative „Geld oder Leben!", vor die ein Räuber das Opfer seines Überfalls stellt, ist keine Scheinalternative. Dies wird dramatisch und prägnant etwa gestaltet in Hector Berlioz' Oper „Les Troyens", wenn am Ende des Dritten Akts der „Einnahme von Troja" die Trojanerinnen sich erdolchen, darin gerade auf pointierte Weise ihre Autonomie behauptend. Wenn aber der Körper sich im freien Fall befindet, wenn das Blut aus dem geöffneten Herzen rinnt, dann determinieren das Fallgesetz bzw. die biologischen Gesetzmäßigkeiten des organischen Lebens das weitere Geschehen, ein Abweichen davon ist nicht möglich; Gegenmaßnahmen müssten das in Rechnung stellen.

---

3   Allerdings kann man fragen, ob nicht das Nachahmen des Grußes, das kleine Kinder häufig zeigen – wie sie auch andere Handlungen, seien es verbale Äußerungen, Gestik oder Mimik, nachahmen –, eine Grundlage für die im Gruß sich vollziehende Reziprozität darstellt.

4   Bernd Heinrich hat in seinem Buch „Die Seele der Raben" (1989) die Untersuchung solch komplexen Verhaltens und seiner Determinanten auf höchst aufschlussreiche und spannende Weise dargestellt.

Wenn also trotz der Forderungen der Höflichkeit die nicht-deterministische, autonom realisierbare Wahlmöglichkeiten eröffnende Regelgeleitetheit des Handelns nicht zerstört wird
– um was handelt es sich dann bei diesen Forderungen? Offensichtlich gibt es hier eine
Instanz, die eine der eröffneten Möglichkeiten als zu wählende positiv auszeichnet und die
Alternative negiert – obwohl die Entscheidung dafür, wie wir gesehen haben, nach wie vor
möglich ist. Formell ist dies in folgender Darstellung gefasst:

(3) $s \rightarrow {}^{+}(ho \supset f) \vee {}^{-}(\neg ho \supset \neg f)$

Damit haben wir zwei verschiedene Dimensionen, die für das Handeln bedeutsam sind,
die bestimmend in es eingehen. Zum einen die Regeln, die Handlungsoptionen eröffnen
und zum anderen eine positive bzw. negative Auszeichnung von bestimmten dieser eröffneten Optionen. Bevor der Charakter dieser Auszeichnung genauer analysiert werden
soll, sei noch näher betrachtet, wie sich denn die Freiheit des Handelnden, die durch
die Optionen eröffnende Regelgeleitetheit des Handelns konstituiert wird, zu der Auszeichnung verhält. Wenn der Handelnde der positiven Auszeichnung folgt, so nimmt er
über die von der Regel bereits festgelegten Folgen hinaus keine weiteren in Kauf. Wenn
also jemand begrüßt wird und zurückgrüßt, so muss er zwar die durch die Regel festgelegten, oben dargelegten Folgen gewärtigen, aber keine Folgen, die durch die positive
Auszeichnung gesetzt werden. Wenn der Begrüßte aber seine Autonomie auf die Weise
unter Beweis stellt, dass er die negativ ausgezeichnete Option wählt, also den Gruß nicht
erwidert, so muss er sich auf entsprechende Sanktionen gefasst machen – vom missbilligenden Kopfschütteln über despektierliche Bemerkungen über seine Unhöflichkeit oder
seine schlechte Kinderstube bis dahin, dass er künftig als ungehobelter Mensch gilt und
geschnitten wird.

Damit haben wir – zumindest im Falle der Entscheidung für die negativ ausgezeichnete
Option – erneut die Struktur von Handlung und Folge; die Auszeichnung lässt sich also in
folgende Form bringen (wobei ‚r‘ die negativen Sanktionen, also die negative Reaktion, die
auf die Wahl von ¬ho folgt ($\Rightarrow$), bezeichnet):

(4) $s \rightarrow {}^{+}(ho \supset f) \vee [{}^{-}(\neg ho \supset \neg f) \Rightarrow r]$

Rekapitulieren wir: Die in unserer ersten Formel (1) dargestellte Regel besagt: ‚Wann immer
du in die Situation s gerätst, wähle entweder die Option ho, die die Folge f zeitigen wird,
oder die Option ¬ho, die die Folge ¬f zeitigen wird.‘ Diese Regel wird nun in der Formel (2)
scheinbar folgendermaßen eingeschränkt: ‚Wann immer du in die Situation s gerätst, wähle
die Option ho – secundum non datur.‘ Da wir aber gesehen haben, dass die Wahlmöglichkeit
analytisch gesehen prinzipiell erhalten bleibt und auch vorausgesetzt wird (‚wähle‘), wurde
deutlich, dass zwar eine der eröffneten Optionen positiv ausgezeichnet, die andere aber dadurch nicht getilgt wird; dies bringt die Formel (3) zum Ausdruck: ‚Wann immer du in die
Situation s gerätst, wähle ho (mit der Folge f) und nicht ¬ho (mit der Folge ¬f).‘ Die Formel
(4) legt nun offen, was in der Auszeichnung impliziert ist: ‚Wann immer du in die Situation s
gerätst, wähle ho (mit der Folge f); solltest du stattdessen ¬ho (mit der Folge ¬f) wählen,
wirst du bestimmte Sanktionen (die Reaktion r) erfahren.‘ – Der Vollständigkeit halber müs-

sen wir in der Formel auch die ausbleibende negative Sanktion im Falle der Entscheidung für
ho, die die Folge f zeitigen wird, eintragen:

(5)   s → [⁺(ho ⊃ f) ⇒ ∅] ∨ [⁻(¬ho ⊃ ¬f) ⇒ r]

Normen bestimmen die Auswahl. – Wenn nun, wie wir gesehen haben, die Regeln die Anschlussoptionen eröffnen und zugleich deren Bedeutung in Form der Folgen festlegen – was
ist es nun, das die Auszeichnung einer Option bzw. deren Verknüpfung mit einer weiteren
Folge (∅ oder r) festlegt? In dem Beispiel der Begrüßung war es die Höflichkeit, die das
Zurückgrüßen gebietet, die also die Option des Zurückgrüßens positiv auszeichnet und die
die Alternative der Nichterwiderung mit negativen Sanktionen verknüpft. Bezogen auf Höflichkeit oder auch Anstand kennen wir aber die Formulierung: Das gebieten die Regeln der
Höflichkeit oder des Anstands. Was wir anlässlich der Formulierung ‚wenn – dann‘ oder auch
in der Rede von Verknüpfung schon vermuten konnten, handelt es sich in demjenigen, das
die Auszeichnung regelkonstituierter Handlungsoptionen vornimmt, ebenfalls um Regeln.
Sie liegen aber auf einer anderen Ebene als die erstgenannten Regeln: Diese *eröffnen* Handlungsoptionen, weshalb man sie als *Eröffnungsparameter* des Handelns bezeichnen kann;
jene bestimmen die *Auswahl* aus den Optionen, weshalb man sie als *Auswahlparameter* des
Handelns bezeichnen kann.[5] Ohne dass es solche Regeln, die die Auswahl bestimmen, gäbe,
wäre es der jeweilige Handelnde selbst, der in jeder Situation s die Entscheidung für eine bestimmte Handlungsoption ho$_x$ vollständig aus seiner durch die Optionen eröffnenden Regeln
konstituierten Autonomie heraus treffen müsste; insofern ist in diesem Fall: dem Fall der
durch keine Regeln auf der Auswahlebene eingeschränkten Wahl, der Handelnde selbst als
Auswahlparameter zu betrachten. Aber auch wenn es Auswahlregeln gibt, die der Entscheidung des Handelnden vorausliegen, so kann er prinzipiell ja gegen die durch sie gesetzte
Präferenz entscheiden. Der Handelnde selbst stellt also analytisch betrachtet stets die Entscheidungsinstanz dar, ist also stets zentrales Moment des Auswahlparameters.

Wie können wir die Regeln, die auf der Ebene der Auswahl von Handlungsoptionen liegen
und die der Sache nach, also begrifflich, von den Regeln, die auf der Ebene der Konstitution
eben dieser Optionen liegen, verschieden sind, nun bezeichnen, um sie auch terminologisch
zu unterscheiden? Wenn oben die Rede davon war, dass die Höflichkeit oder die Regeln der
Höflichkeit etwas gebieten, so könnte man im Anschluss daran von gebietenden Regeln sprechen; gebietende Regeln aber bezeichnen wir als *Normen.* Das Wort ‚Norm‘ stammt aus dem
Lateinischen, wo es in seiner konkreten Bedeutung ein Winkelmaß bezeichnet. Wie wir etwa
die Winkel in einem Viereck in verschiedener Weise zeichnen können und mit dem Winkelmaß die rechtwinklige (lat.: normalis) Weise gegenüber der schiefwinkligen (lat.: denormis)
ausgezeichnet ist, so können wir auf bestimmte Handlungssituationen auf verschiedene Weise antworten – in unserem Beispiel: auf eine Begrüßung durch Zurückgrüßen oder durch
Unterlassung der Grußerwiderung – und so ist dort durch Normen eine bestimmte Weise des
Antwortens gegenüber den anderen ausgezeichnet – in unserem Beispiel: die des Zurückgrüßens gegenüber der Grußunterlassung.

---

5   Zu dieser Unterscheidung vgl. Oevermann 2000: 64-68.

In dem Beispiel haben wir gesehen, dass entweder explizit – etwa durch die Eltern von die Norm nicht befolgenden Kindern – oder implizit – durch Sanktionen, die auf das Nichtbefolgen der Norm folgen – Dritte für die Verbindlichkeit der Norm einstehen. Was bedeutet nun in diesem Zusammenhang ‚Verbindlichkeit‘? In einer Gemeinschaft, in der die Norm gilt, die die in der Situation s durch Regeln eröffnete Handlungsoption ho auszeichnet, kann verbindlich erwartet werden, dass ihre Angehörigen tatsächlich ho und nicht ¬ho wählen. Die erwähnten Dritten berufen sich also in ihrem fordernden bzw. sanktionierenden Handeln auf die Geltung der Norm und bestätigen sie zugleich dadurch, dass sie so für sie einstehen; sie handeln folglich als Vertreter der Gemeinschaft, innerhalb derer die Normen gelten. Zur Geltung von Normen gehören also offensichtlich zum einen eine Gemeinschaft, innerhalb derer die Normen gelten, und zum anderen eine praktisch wirksame Anerkennung der Norm als geltend, welche sich durch handelndes Einstehen für ihre Verbindlichkeit realisiert.

Normabweichung hat Folgen. – Betrachten wir nun ein weiteres Beispiel, an dem diese Aspekte vertiefend untersucht werden können. Hierzu greifen wir auf eine Erfahrung zurück, die seit einigen Jahren jeder Nutzer des öffentlichen Personennahverkehrs machen kann. In den zunehmend gegen Fahrgeräusche gut abgedichteten Innenräumen von S-Bahnen und Nahverkehrszügen wird man zunehmend mit Klängen und Geräuschen aus schlecht abgedichteten Ohrhörern der Mitreisenden konfrontiert. Um diesen Sachverhalt im Hinblick auf die Frage der Norm zu analysieren, müssen zunächst einmal die Situation s und die durch Regeln eröffneten Handungsoptionen bestimmt werden.

Begibt man sich in ein Zugabteil so begibt man sich in die Öffentlichkeit,[6] die in modernen Gesellschaften in der Regel einen gesellschaftlichen Raum darstellt, in dem sich Personen bewegen, die füreinander anonyme, neutrale Fremde sind. Ein Aspekt des Handelns in einem solchen Raum, ein Aspekt des Handlungsproblems ‚Interaktion im öffentlichen Raum‘ besteht darin, die Grenze zwischen der Privatsphäre und der Öffentlichkeit angemessen zu respektieren. Wie kann man ein angemessenes Verhältnis von gesicherter Privatsphäre und respektierter Öffentlichkeit erreichen? Wie kann man auf Diskretion gegenüber der eigenen Privatsphäre bestehen und Rücksicht gegenüber der Privatsphäre der anderen nehmen? Wenn wir unser Handeln und das anderer in diesem öffentlichen Raum beobachten, so stellen wir fest, dass es eine fein austarierte Balance gibt zwischen diskreter Toleranz[7] gegenüber dem Privaten, das man von anderen unweigerlich mitbekommt, und eigener Rücksichtnahme – etwa was die angemessene Lautstärke bei Gesprächen oder was die Einnahme und Toleranz der räumlichen Distanz angeht. Harold Garfinkel hat mit seinen „breaching experiments" (vgl. Garfinkel 1967: 35-75), in welchen er die Experimentatoren (meist Studenten) dazu anhielt, auf ungewöhnliche Weise zu handeln, einen Weg aufgewiesen, die verborgenen Normen zu bestimmen.[8]

---

6 Im öffentlichen Nahverkehr – mittlerweile überwiegend auch im Fernverkehr – handelt es sich dabei um ein Großraumabteil; für die systematische Argumentation ist dies aber nicht entscheidend. Auch ein Sechs-Personen-Abteil ist ein öffentlicher Raum.

7 Erving Goffman (1963: 158) spricht hier sehr treffend von „civil inattention".

8 Allerdings ist dieser Weg der Forschung ethisch nicht unproblematisch, werden doch die Personen, mit denen experimentiert wird – etwa wenn man sich in einem fast leeren Straßenbahnwagon direkt neben den einzigen Passagier setzt –, in ihrer Würde verletzt, da ja die Praxis, mit Hilfe derer Regeln aufgedeckt werden sollen, nur fingiert ist, was aber nicht kommuniziert werden darf, wenn die Aufdeckung gelingen soll. Es ist also die Frage, ob an die Stelle der realen Experimente zur Aufdeckung der die Praxis strukturierenden Regeln nicht genaue Analysen des Handelns, in die Gedankenexperimente eingehen, treten können.

Kehren wir zu unserem Fall der lauten Geräusche und Klänge, die aus den Ohrhörern von Mitreisenden dringen, zurück. Das Hören von Musik ist – außer an Orten, wo die Musik für eine Öffentlichkeit, für ein Publikum dargeboten wird – ein privater Akt. Entsprechend hat jeder gemäß seiner Lebensgeschichte seinen eigenen Musikgeschmack und seine eigene Weise des Musikhörens.[9] Wenn Musik für ein Publikum dargeboten wird, so ist durch die entsprechende Rahmung – Ankündigung, Ort der Aufführung, Eintrittskartenverkauf etc. – sichergestellt, dass jeder aus dem Publikum informiert eine freie Entscheidung zum Besuch der Aufführung treffen kann; jeder kann zudem, falls das Dargebotene nicht seinen Erwartungen entspricht, den Ort wieder verlassen. Wenn aber Musik privat rezipiert wird, so ist in der Regel der Ort und die Lautstärke so gewählt, dass niemand, der nicht zu dem privaten Kreis der Hörer zählt, ohne seine eigene Entscheidung zum Hören der Musik genötigt ist. An einem öffentlichen Ort wie einem Nahverkehrszug etwa, der ja nicht als Ort der Musikdarbietung gerahmt ist, privat Musik zu rezipieren, ist mit den heute zur Verfügung stehenden technischen Mitteln möglich, ohne dass andere Personen ohne ihre eigene Entscheidung zum Hören der Musik genötigt würden. Insofern besteht angesichts des Handelns in einem solchen Raum auch im Falle des Rezipierens von Musik sowohl die Möglichkeit, die Grenze zwischen der Privatsphäre und der Öffentlichkeit angemessen zu respektieren – etwa indem man Musik vom iPod eben mit Ohrhörern hört – oder eben nicht – etwa indem man Musik aus dem Mobiltelefon ohne Ohrhörer hört. – Formal haben wir hier den folgenden Zusammenhang vorliegen:

$$(6) \quad s_{ö+m} \rightarrow (ho_{-m} \supset f_g) \vee (ho_{mi} \supset f_g) \vee (ho_{mt} \supset f_{-g})$$

In der Situation der Öffentlichkeit ($s_ö$) in Verbindung mit dem Interesse am Hören von Musik ($_{+m}$) werden folgende Handlungsoptionen (ho) mit entsprechenden Folgen (f) eröffnet: entweder trotz des Interesses am Hören von Musik darauf zu verzichten (ho_{-m}), was die Folge impliziert, dass die Grenze zwischen Privatsphäre und Öffentlichkeit respektiert wird (f_g), oder das Hören von Musik vom iPod mit Kopfhörern (ho_{mi}) was ebenfalls ein Respektieren der genannten Grenze bedeutet, oder schließlich das Hören von Musik über den Lautsprecher des Mobiltelefons (ho_{mt}), was eine Missachtung der Grenze (f_{-g}) bedeutet. – Angesichts der Explikation zum privaten Rezipieren von Musik dürfte es nicht verwundern, dass die ersten beiden der hier genannten Optionen normativ ausgezeichnet sind und die dritte negative Sanktionen nach sich zieht:

$$(7) \quad s_{ö+m} \rightarrow [^+(ho_{-m} \supset f_g) \Rightarrow \varnothing] \vee [^+(ho_{mi} \supset f_g) \Rightarrow \varnothing] \vee [^-(ho_{mt} \supset f_{-g}) \Rightarrow r]$$

---

9 Vgl. zu den Weisen des Musikhörens das Kapitel „Typen musikalischen Verhaltens" in: Adorno 1981:14-34.

Nun gingen wir aber bei der Einführung dieses Beispiels vom Hören von Musik mit schlecht abgedichteten Ohrhörern aus, was ja einerseits als Handlungsoption ho_{mi} gefasst ist, andererseits aber doch die Folge f_{-g} zeitigt. Wenn wir also die Formeln entsprechend differenzieren, müssen sie folgendermaßen lauten:

(6a) $s_{\ddot{o}+m} \rightarrow (ho_{-m} \supset f_g) \vee (ho_{mi1} \supset f_g) \vee (ho_{mi2} \supset f_{-g}) \vee (ho_{mt} \supset f_{-g})$

(7a) $s_{\ddot{o}+m} \rightarrow [^+(ho_{-m} \supset f_g) \Rightarrow \varnothing] \vee [^+(ho_{mi1} \supset f_g) \Rightarrow \varnothing] \vee [^-(ho_{mi2} \supset f_{-g}) \Rightarrow r] \vee$
$\quad\quad [^-(ho_{mt} \supset f_{-g}) \Rightarrow r]$

Das Hören von Musik mit schlecht abgedichteten Ohrhörern – bzw. in einer auch gut abgedichtete Ohrhörer überfordernden Lautstärke – (ho_{mi2}) bedeutet wie das laute Hören von Musik vom Mobiltelefon ebenfalls eine Missachtung der Grenze zwischen Privatsphäre und Öffentlichkeit und muss, da die Einhaltung dieser Grenze normativ geboten ist, eine Sanktion nach sich ziehen.

Jeder, der, wenn er sich durch die aus Ohrhörern dringenden Geräusche und Klänge gestört fühlt, die Verursacher dieser Störung darum bittet, diese zu unterbinden, kann die Erfahrung machen, dass in der Regel dieser Bitte anstandslos nachgekommen wird, häufig in Verbindung mit einer Entschuldigung. Damit wird nicht nur die Abweichung von der Norm nicht weiter fortgesetzt, es wird vielmehr die erfolgte Abweichung als solche und somit die Geltung der Norm durch den Normabweichler anerkannt. Die Welt ist wieder in Ordnung, d. h.: die verletzte Ordnung ist restituiert.

Was aber liegt vor, wenn der Verursacher der Störung der Bitte nicht nachkommt?

(8) $s_r \rightarrow (ho_{-m} \supset f_g \wedge N) \vee (ho_{mi1} \supset f_g \wedge N) \vee (ho_{mi2} \supset f_{-g} \wedge \neg N)$

Wir sehen, wenn wir zunächst die Ebene der durch Regeln eröffneten Handlungsoptionen betrachten, dass an die Reaktion r (hier: Bitte um Unterbindung der Störung) diejenigen Handlungen anschließen können, die auch schon durch die initiale Situation $s_{\ddot{o}+m}$ möglich waren. Dabei ist aber deutlich, dass durch die Sequenzstelle, also dadurch, dass die Reaktion r vorausgegangen ist, diese Handlungsoptionen eine zusätzliche Bedeutung bekommen haben: sie bedeuten entweder eine praktische Anerkennung der Norm als geltend (N) oder aber genau im Gegenteil eine praktische Negation der Normgeltung ($\neg N$). Im Fall der Anerkennung wurde nur die faktische Normbefolgung aufgeschoben, die Entschuldigung etwa macht deutlich, dass die Geltung der Norm nicht infrage stand. In der dritten Handlungsoption nach der Reaktion r (ho_{mi2}) wird die Geltung der Norm infrage gestellt. – Wenn derjenige, der der Störung bezichtigt wurde, etwa nach der Aufforderung (r) äußert: (i) „Das können Sie da doch gar nicht hören!" und damit eine Störung leugnet, so scheint er die Norm anzuerkennen, reduziert sie aber – ebenso wie derjenige, der antwortet: (ii) „Setzen Sie sich doch woanders hin!" – auf die Frage unmittelbaren Nutzens; er geht also von folgender Deutung aus: ‚Wenn die Distanz zwischen der Geräuschquelle und demjenigen, der sich gestört fühlt, groß genug ist, ist die Störung dieser Person behoben und das Problem gelöst.'[10] Dies trifft allerdings nicht zu, wenn man die Norm-

---

10 Dabei ist der erste Fall natürlich pragmatisch widersprüchlich: Träfe die Behauptung (i) zu, hätte der auf die Störung Reagierende ja gar keinen Anlass hierfür gehabt; es handelt sich also um eine Schutzbehauptung, womit der Sprecher implizit eben tatsächlich die Norm – in ihrer utilitaristisch reduzierten Fassung – als geltend unterstellt.

verletzung als solche betrachtet: Sie bleibt auch dann als solche bestehen, da der Musikhörende ja durch seine Aktivität den Raum der Öffentlichkeit einschränkt und in ihm gewissermaßen eine durch die Reichweite seiner Musik begrenztes Revier der Privatheit schafft.

$$(9) \quad s_r \rightarrow {}^+(ho_{-m} \supset f_g \wedge N) \vee {}^+(ho_{mi1} \supset f_g \wedge N) \vee {}^-(ho_{mi2} \supset f_{-g} \wedge \neg N)$$

Diese Darstellung macht deutlich, dass im Falle der normativ negativ ausgezeichneten Antwort auf die Reaktion r nun ihrerseits eine erneute Reaktion erfolgen müsste:[11]

$$(10) \quad s_r \rightarrow N \Rightarrow \varnothing \vee \neg N \Rightarrow r!$$

Diese müsste gewissermaßen eine Verstärkung (‚!‘) der vorgängigen Reaktion r darstellen. Wenn wir uns auf diesen zweiten Fall konzentrieren, so sehen wir aber auch, dass der Reagierende, also derjenige, der in unserem Beispiel den Musikhörenden um die Vermeidung der Störung gebeten hat, hier, wenn wir die Ebene der optioneneröffnenden Regel betrachten, mehrere Optionen hat:

$$(11) \quad s_{\neg N} \rightarrow (r! \supset f_a) \vee (r_{mod} \supset f_b) \vee (\varnothing \supset f_c)$$

Wenn der Reagierende seine Reaktion verstärkt (r!), so gehört zu den damit eröffneten Folgen (f_a) einerseits auf seiten des Musikhörenden die Verstärkung seiner Nicht-Anerkennung der Norm, die etwa eine Begründung für die Nicht-Akzeptabilität der Norm implizieren könnte; andererseits geht der sich Beschwerende nun die Verpflichtung ein, auch für die Einhaltung der Norm einzustehen – etwa, indem er das autorisierte Personal hinzuzieht.[12] Erfolgt eine modifizierte Reaktion (r_{mod}), etwa ein erläuternder Appell, so eröffnet dies ähnliche Folgen (f_b) – zumindest auf seiten des Musikhörenden; der sich Beschwerende hat, je nach Form der Modifikation, die Möglichkeit, sein Scheitern des Versuchs der Normdurchsetzung anzuerkennen (etwa in einem kopfschüttelnd geäußerten ‚Da kann man nichts machen.‘). Ein Verzicht auf eine Reaktion auf die Nicht-Anerkennung der Norm, der häufig ebenfalls nicht unkommentiert erfolgt, hingegen hätte für den Musikhörenden oberflächlich betrachtet ebensowenig Folgen (f_c) wie für den sich Beschwerenden. Es wäre aber ein Ausdruck der Normkorrosion, der diese zugleich verstärken würde, da doch damit die Nicht-Anerkennung der Norm als Faktum unbestritten bliebe und somit die weitere Geltung der Norm infrage gestellt würde. Dies gilt im übrigen auch bereits, wenn die erste Reaktion (r) ausbliebe.

Nun lässt sich aber genau dies häufig beobachten: dass die Überschreitung der Grenze zwischen Privatheit und Öffentlichkeit nicht sanktioniert wird; und auch wenn einer der seltenen Fälle eintritt, dass jemand sich beim Musikhörenden beschwert, und dieser der Aufforderung zur Einhaltung der Grenze nicht folgt, führt dies dann meist nicht zu einem Insistieren des sich Beschwerenden. – Wie ist das zu verstehen?

---

11 Ich vereinfache hier die Darstellung auf den relevanten Aspekt der Anerkennung bzw. der Verweigerung der Anerkennung der Norm.

12 Zur Differenz von Anerkennung und Akzeptabilität sowie zur Frage der autorisierten Reaktion s. u.

Eine mögliche Deutung wäre nach dem bisher Ausgeführten, dass die Norm der Einhaltung der Grenze zwischen Privatheit und Öffentlichkeit ihre Geltung verloren hat, dass sie überwiegend nicht mehr anerkannt wird. Um diese Möglichkeit genauer zu prüfen, müssen wir uns in Erinnerung rufen, dass eine Norm als Moment des Auswahlparameters gelten muss; beleuchten wir ein wenig genauer, was das bedeutet.

Handeln löst Probleme. – Dass Handeln regelgeleitet ist, bedeutet unter anderem, wie wir gesehen haben, dass wir im Handeln stets aus durch Regeln eröffneten Optionen eine Auswahl treffen müssen; wir müssen uns in einer Handlungssituation s stets entscheiden. Entweder treffen wir akut eine Entscheidung, oder wir vollziehen eine bereits getroffene Entscheidung, folgen also einer Norm oder einer Routine. Letzteres ist etwa der Fall, wenn wir stets morgens, bevor wir ins Bad gehen, die Kaffeemaschine anstellen, wenn wir Gabeln, Messer und Löffel in der Besteckschublade in einer bestimmten Reihenfolge anordnen usw. Diese *Routinen* stellen bewährte Lösungen für Handlungsprobleme dar: das zeitökonomische Bereiten eines morgendlichen Heißgetränks bzw. das dem ebenfalls zeitökonomisch vorteilhaften Wiederauffinden dienende Ordnen des Bestecks, und wir folgen ihnen solange als die Bewährung andauert: etwa bis wir eines Tages unsere Morgentoilette so weit ausdehnen, dass der Kaffee schon wieder kalt ist oder bereits von einem Mitbewohner ausgetrunken wurde, wenn wir das Bad verlassen, bzw. bis etwa eine vorübergehende Bewegungseinschränkung durch einen Armbruch die Zugänglichkeit der Besteckschublade verändert und eine andere Anordnung die Erreichbarkeit verbessert.

Auch *Normen* stellen bewährte Lösungen für Handlungsprobleme dar: So ist etwa die „civil inattention" (Goffman 1963: 158) einerseits, die Rücksicht andererseits eine bewährte Lösung für das Problem der Abgrenzung von Privatheit im öffentlichen Raum; Normen sind aber darüber hinaus *ausgezeichnete* Lösungen, denen nicht nur sachliche Bewährung zukommt, sondern die von der Gemeinschaft, innerhalb derer sie gelten, akzeptiert werden, weil sie als akzeptabel gelten. Als *akzeptabel* gelten Problemlösungen dann, wenn sie mit dem Selbstverständnis der Gemeinschaft in Einklang stehen, wenn also die Mitglieder im Befolgen der Norm sich wiedererkennen.[13] In die Akzeptabilität geht also das Moment der sachlichen Bewährung unabdingbar ein, aber sie erschöpft sich nicht darin.

Was bedeutet dies? Eine Handlungssituation s ist für eine bestimmte Lebenspraxis immer auch ein Handlungsproblem, für das eine Lösung, auf das eine Antwort gefunden werden muss.[14] Eine Gemeinschaft präferiert dabei bestimmte, zu ihrem Selbstverständnis passende Lösungen, die sie normativ auszeichnet; dies haben wir oben bereits in der Formel (3) gesehen, deren präskriptiver, also fordernder Charakter ja in der gewählten Formulierung zum Ausdruck kam: ‚Wann immer du in die Situation s gerätst, wähle ho (mit der Folge f) und nicht ¬ho (mit der Folge ¬f).' Eine solche normative Präferenz für eine Lösung kann nur

---

13 In der soziologischen Tradition wird dies so ausgedrückt, dass Normen sich auf Werte beziehen, an denen die Gemeinschaft, innerhalb derer die Normen gelten, sich orientiert.

14 Methodisch bedeutet dies, dass jede Handlung die Lösung eines Handlungsproblems darstellt und man folglich eine Handlung analysiert, indem man das Handlungsproblem rekonstruiert, zu dem sie als eine Lösung entworfen wurde. Im amerikanischen ‚Bible Belt', also in den vom evangelikalen Protestantismus geprägten südöstlichen Staaten der U.S.A., findet man häufig große Plakate, die den Slogan propagieren: „Jesus is the Answer!". Die Frage, die Scherzbolde des öfteren zu diesem Slogan hinzufügten: „What was the Question?" stellt in diesem Sinne die Grundfrage allen soziologischen Forschens dar.

dann auf Dauer tragen, ist also nur dann auf Dauer akzeptabel, wenn die so ausgezeichnete Lösung auch der Sache nach gelungen ist, sich also bewährt.[15]

Muss man also der Beobachtung, dass in unserem Beispiel die Verletzung der Norm, die fordert, in der Öffentlichkeit bzgl. privater Verrichtungen Rücksicht zu nehmen, selten zu einer negativen Sanktion führt, entnehmen, dass diese Lösung für das Handlungsproblem ‚Interaktion im öffentlichen Raum‘ mit seinem Aspekt, die Grenze zwischen der Privatsphäre und der Öffentlichkeit angemessen zu respektieren, der Sache nach nicht mehr gelungen ist? Dafür lassen sich schwerlich Argumente finden. Muss man dann aber aus der genannten Beobachtung schließen, dass unsere Gemeinschaft ein anderes Selbstverständnis entwickelt hat? In diesem würde dann entweder das genannte Handlungsproblem nicht mehr als eines gesehen – genauer: wir würden in der beschriebenen Situation nicht mehr als mit diesem Handlungsproblem konfrontiert uns erfahren; etwa, weil die Grenze zwischen Privatheit und Öffentlichkeit nicht mehr als relevante Grenze gälte. Oder es würde die Lösung: Rücksichtnahme, als unpassend für unsere Gemeinschaft angesehen – etwa weil sie sich als eine Gemeinschaft begriffe, in der der Freiheit des Einzelnen absoluter Vorrang vor anderen Werten eingeräumt wird. – Auch diese beiden Deutungen treffen aber nicht zu, denn man kann einerseits beobachten, dass jemand, der auf der Einhaltung der Norm ‚Rücksichtnahme‘ besteht, häufig Zustimmung durch Mitreisende erfährt; und andererseits finden sich in den Zügen zunehmend Anschläge, auf denen vermerkt ist, dass beim Benutzen von MP3-Player usw. Rücksicht auf die Mitreisenden genommen werden soll.[16]

Abweichung kann normal sein. – Wie muss man die Nicht-Reaktion auf die Normverletzung bzw. das Nicht-Beharren auf Einhaltung der Norm dann verstehen? In der Regel sind es Jugendliche, die die Norm der Rücksichtnahme, die eine angemessene, d. h. sachlich gelungene und zum Selbstverständnis der Gemeinschaft passende, Lösung des Problems der Einhaltung der Grenze zwischen Privatheit und Öffentlichkeit darstellt, verletzen. Dass aber Jugendliche bestimmte Normen verletzten, dass sie ihre Privatsphäre in die Öffentlichkeit hinein ausdehnen und so eben die Grenze zwischen Privatheit und Öffentlichkeit missachten, kennt man; das ist *normal*. Indem Mitreisende die Normverletzung durch Jugendliche tolerieren, *normalisieren* sie also die Situation, d. h.: sie erkennen sie praktisch als normal an. Damit ist nicht die Geltung der Norm infrage gestellt; vielmehr wird die Situation angesichts der Normverletzung durch Jugendliche so gedeutet, dass ein Beharren auf der Normeinhaltung nicht als opportun erscheint.

Um zu verstehen, warum es sich so verhält, um zu verstehen, warum besonders Jugendliche des öfteren Normverletzungen begehen und warum dies als normal gelten kann, greifen wir auf die eingangs angestellten Explikationen zu optioneneröffnenden Regeln und bestimmte Optionen präferierenden Normen zurück. Wir haben gesehen, dass dadurch, dass

---

15 Das Gegenteil davon zeigt karikierend eine Szene aus dem Film ‚The Life of Brian‘, in welchem das Mitglied der ‚Volksfront Judäas‘ Stan für sein Recht kämpfen will, Kinder zu kriegen. Seine Kampfgenossen Francis und Judith machen angesichts der Absurdität dieser Forderung schließlich den Vorschlag, es „symbolisch" zu nehmen für den „Kampf gegen die Unterdrückung", was der Anführer der Gruppe, Reg, wie folgt kommentiert: „Es ist symbolisch für seinen Kampf gegen die Wirklichkeit." (Monty Python 1992: 32) Normative Forderungen ohne die Chance auf sachliche Bewährung an der Wirklichkeit sind nicht akzeptabel und haben letztlich auch keine Chance auf Anerkennung.

16 Dazu, inwiefern diese Anschläge sich mit unserer Begrifflichkeit noch fassen lassen, s. u.

Handeln regelgeleitet ist, dadurch, dass im Handeln also durch Regeln Optionen (zusammen mit ihrer Bedeutung: d. i. ihren Anschlussoptionen) eröffnet werden und damit die Notwendigkeit der Entscheidung herbeigeführt wird, zugleich die Handlungsinstanz als Strukturort der Autonomie emergiert. Durch die Konstitution von Handlungsoptionen wird das Subjekt der Handlung überhaupt erst in die Lage gebracht, frei entscheiden zu können – zugleich ohne sich einer Entscheidung entziehen zu können.[17] Jugendlichen kommt diese Konstellation sehr entgegen, können sie doch gerade darin: im Entscheiden, das ihnen als Entscheidungsinstanz zurechenbar ist, sich als autonom erweisen. Darin: im sich als autonom Erweisen, besteht eine der zentralen „developmental tasks" (Havighurst 1953: 111-176). Wenn aber nun eine der zur Auswahl stehenden Optionen bereits normativ positiv ausgezeichnet ist und der Handelnde sich für diese normativ ausgezeichnete Option entscheidet, dann ist es nicht mehr unterscheidbar, ob der Handelnde seine Entscheidung autonom vollzogen hat – etwa, weil er die gewählte Option für eine gelungene Lösung hält –, oder ob er im Vollzug der Entscheidung lediglich der normativen Vorgabe folgte – etwa um der Folgsamkeit willen.[18] Ganz anders verhält es sich in dem Fall, in dem der Handelnde eine Option wählt, die normativ nicht bzw. normativ negativ ausgezeichnet ist. In diesem Falle wird deutlich, dass die Entscheidung nicht lediglich einer Normvorgabe folgte, sondern tatsächlich eine autonome Entscheidung der Handlungsinstanz darstellt. Die Normverletzung der Jugendlichen ist also Bestandteil der Lösung eines spezifischen Handlungsproblems: der „Entwicklungsaufgabe" der Autonomieerlangung.

Diese Zusammenhänge werden in die Situationsdeutung im Falle der Normverletzung durch Jugendliche offensichtlich in der Regel einbezogen: Die Normverletzung durch Jugendliche wird normalisiert.[19] Allerdings geraten die Handelnden hier in ein praktisches Dilemma: Erst auf der Grundlage der Geltung der Norm wird ja die Abweichung von der Norm, mittels derer im Gegensatz zur Normbefolgung die Jugendlichen ihre Autonomie markieren können, überhaupt zur Abweichung.[20] Insofern ist der Umgang mit Jugendlichen eine stets praktisch zu lösende Gratwanderung zwischen Beharren auf der Normgeltung und

---

17 In Anlehnung an Paul Watzlawicks kommunikationssoziologische Erkenntnis, „daß man, wie immer man es auch versuchen mag, nicht *nicht* kommunizieren kann" (Watzlawick/Beavin/Jackson 1996: 51), kann man festhalten, dass man nicht *nicht* entscheiden kann. Jede Nicht-Entscheidung – etwa sich zwischen Grußerwiederung und Grußenthaltung sich nicht zu entscheiden – stellt vor dem Hintergrund der eröffneten Entscheidungsoptionen unabweislich eine Entscheidung dar.

18 Die Behauptung von Autonomie durch Normnegation liegt auch dem Problem der Klassifizierung von guten Mitschülern durch ihre Klassenkameraden als ‚Streber' zugrunde. Im Unterricht entwickelt sich nicht durch ein gemeinsames Interesse an einem Gegenstand ein von der Sache der Bildung her gebotenes strebsames Durchdringen der Sachproblematik. Vielmehr setzt die Schulpflicht einen normativen Rahmen, innerhalb dessen dieses strebsame Durchdringen dem Schüler normativ geboten ist, so dass man nicht mehr unterscheiden kann, ob er sich ihm aufgrund genuiner Neugier und eigener Entscheidung oder aufgrund der Normbefolgung hingibt. Angesichts der „Entwicklungsaufgabe" der Autonomieerlangung ist diese Unterscheidbarkeit aber erforderlich, um glaubwürdig als eine autonome Entscheidung vollziehend erscheinen zu können. Der Verdacht der schlichten Normbefolgung macht aus dem Neugierigen den ‚Streber'.

19 Hieran sieht man auch, dass Normalität nicht schlicht an die Häufigkeit des Auftretens gebunden ist, sondern an eine – nicht normativ geregelte – Situationseinschätzung, in die Sachangemessenheit als ein Kriterium eingeht. Dass Jugendliche mittels Normabweichung ihre Autonomie behaupten können, ist der Sachgrund für den statistisch feststellbaren Zusammenhang zwischen Jugendalter und Normabweichung.

20 Zudem würde durch eine vollständige Normalisierung der Normabweichung die Norm selbst doch korrumpiert, weshalb eine Suspendierung der Normgeltung durch Normalisierung nur vorübergehend sein kann.

normalisierendem Verzicht auf dieses Beharren. Zu dieser Gratwanderung aufgerufen sind diejenigen, die mit der Erziehung der jeweiligen Jugendlichen befasst sind – nicht aber zufällige Passanten oder Mitpassagiere. Aus dieser Überlegung ergibt sich aber ein weiteres Dilemma: Wenn die Mitpassagiere die Jugendlichen wie Erwachsene behandeln und auf der Normbefolgung beharren, geraten sie auf jenen Grat, der in modernen Gesellschaften den Erziehungsberechtigten vorbehalten ist.[21] Wenn sie aber die Normabweichung aufgrund der Jugendlichkeit der Abweichler normalisieren, sanktionieren sie durch die Nichtreaktion die Abweichung und korrumpieren auf mittlere Sicht die Norm.

Gesetze verlangen bestimmte Handlungen ausdrücklich. – Wie ist dem zu entgehen? Eine Lösung für dieses Handlungsproblem hat sich bereits praktisch herausgebildet und wurde oben schon erwähnt: Durch Aushänge werden Benutzer von entsprechenden tragbaren Musikabspielgeräten aufgefordert, auf die Mitreisenden Rücksicht zu nehmen. Indem die implizit geltende Norm[22] auf diese Weise explizit geäußert wird,[23] nimmt jemand explizit in Anspruch, für die Gemeinschaft, in der die Norm gilt, die Forderung, die die Norm darstellt, erheben zu können. Formal lässt sich diese Forderung wie folgt darstellen:

$$(12) \quad s_{\ddot{o}+m} \wedge \neg ho_{-m} \rightarrow {}^{+aut}(ho_a \supset f_g) \vee {}^{-aut}(ho_b \supset f_{\neg g})$$

Wenn man also in einer Situation der Öffentlichkeit ($s_\ddot{o}$) und bei Interesse daran, Musik zu hören ($_{+m}$), nicht ($\neg$) darauf verzichtet, Musik zu hören (ho_{-m}), so soll man dies auf eine Weise (ho_a) tun, die die Grenze zwischen Öffentlichkeit und Privatheit respektiert (f_g). Da nun aber diese Norm nicht lediglich als geltend unterstellt und bei Abweichung eingefordert, sondern explizit von einer autorisierten Instanz gesetzt wird, handelt es sich nicht mehr um eine bloße Norm, sondern – im analytischen Sinne – um ein *Gesetz*. Was unterscheidet das Gesetz von einer bloßen Norm? Es gibt zum einen, wie gesagt, eine autorisierte Instanz, die die Forderung öffentlich[24] erhebt; des weiteren gibt es damit auch formal ermächtigte Akteure, die die Erfüllung der Forderung durchsetzen. In unserem Fall ist dies das Zugpersonal, das zu der Durchsetzung ermächtigt ist. Die Autorisierung zum Erheben der Forderung wie zur Ermächtigung der Durchsetzung erfolgt in einer langen Kette, an deren letztem Ende der Volkssouverän steht, der für die Ordnung, die er sich selbst gegeben hat, für die Verfassung also, einsteht. Im Rahmen dieser Ordnung wird über das gesetzgebende Parlament und die ausführende Regierung mittels Gesetzen und Verordnungen die Körperschaft des Bahnbe-

---

21 In traditionalen Gesellschaften waren im Prinzip alle (erwachsenen) Angehörigen der Gemeinschaft allen Jugendlichen der Gemeinschaft gegenüber ‚erziehungsberechtigt'.

22 Theodor Geiger nennt dies: „subsistente Norm" (Geiger 1964: 62).

23 Die explizit ausgesprochene Norm nennt Geiger „Normsatz" (ebenda). Seine Definition benennt allerdings nur das Merkmal des Ausgesprochen- bzw. Aufgeschriebenseins: „Normsätze sind die in Schrift oder Druck niedergelegten Paragraphen eines Gesetztes, die Bestimmungen in der Satzung eines Vereins, die mündlichen Anordnungen eines Behördenvorstandes an seine Untergebenen oder das von Mund zu Mund überlieferte Merkwort, in dem eine bestehende Sitte ihren Ausdruck gefunden hat." (a. a. O.: 62f.) Das ist zu unspezifisch, wie wir sehen werden. Der Ausdruck ‚Normsatz' zeigt die Verkürzung auf die sprachliche Formulierung schon an, ist doch nicht diese entscheidend, sondern, dass die Norm *geäußert* wird. Die Normäußerung aber ist eine Handlung, und zwar eine Forderung, die zu erheben der Handelnde autorisiert sein muss.

24 Dass die öffentliche Äußerung der Forderung nötig ist, um von einem Gesetz sprechen zu können, zeigt sich unter anderem auch daran, dass Gesetze, die der Bundestag beschließt, frühestens dann in Kraft treten können, wenn sie im Bundesgesetzblatt *veröffentlicht* wurden.

treibers ermächtigt, entsprechende Forderungsregeln explizit aufzustellen und für deren Einhaltung Sorge zu tragen.

Die zum Gesetz erhobene Norm entlastet also in unserem Beispiel die Mitreisenden, ist doch nunmehr die Geltung der Norm offiziell markiert, so dass einerseits das Beharren auf der Einhaltung der Norm mit Verweis auf das Gesetz den sich Beschwerenden formell ins Recht setzt[25] und damit das Beharren auf der Norm als Norm nicht mit einer persönlichen Forderung verwechselt werden kann; und dass andererseits eine Nicht-Reaktion nicht unbedingt zu einer Normkorrosion führt.

Normen entstehen und wandeln sich. – Wenn nun Normen für eine bestimmte Gemeinschaft, in der sie gelten, auf die hier erläuterte Weise die Wahl zwischen Handlungsoptionen, die durch Regeln eröffnet wurden, beeinflussen – in unterschiedlichem Maße: von kaum spürbarer Bevorzugung einer Option mit unscheinbaren Reaktionen bei Nicht-Einhaltung bis zu strengen Gesetzen, deren Missachtung schwerste Strafen nach sich zieht –, so lässt sich leicht erklären, wie Normen entstehen und wie sie sich wandeln. Da die Auswahl bestimmter Handlungsoptionen in einer bestimmten Situation stets auch als Lösung eines Handlungsproblems eines Handelnden verstanden werden muss, so bildet der Handelnde, wenn ihm eine Lösung gelingt, die sich bewährt, diese Lösung als Routine aus. Wann immer er also in eine entsprechende Situation gerät und zwischen bestimmten Handlungsoptionen wählen muss, wählt er routiniert[26] die, die sich als Lösung bewährt hat. Wenn nun diese Wahl nicht nur das sachliche Problem auf sich bewährende und dann bewährte Weise löst, sondern auch durch die Gemeinschaft, der der Handelnde angehört, Anerkennung erfährt, so ist die Grundlage für die Ausbildung einer Norm gegeben. Wenn darüber hinaus die Situation eine für die Gemeinschaft so bedeutsame darstellt, dass die Lösung des mit dieser Situation gesetzten Handlungsproblems mit dem Selbstverständnis der Gemeinschaft in enger Beziehung steht, so wird die bewährte und anerkannte Lösung – die letztlich anerkannt ist, weil sie mit den Werten der Gemeinschaft, also mit ihrem Selbstverständnis, in Einklang steht – positiv ausgezeichnet werden. Wer immer nun in dieser Gemeinschaft sozialisiert wird, erfährt in seiner Sozialisation: Das macht man so und das soll man so machen.

Wenn nun das mit der Situation verbundene zu lösende Handlungsproblem sich wandelt, so verliert die bisher bewährte Lösung u. U. die Angemessenheit; es muss eine neue Lösung gefunden werden. Diese neue Lösung, so gut sie auch das neue Handlungsproblem lösen mag, stellt ja, als Abweichung von der bis dahin geltenden Norm, zunächst einmal eben diese Geltung und damit auch die Quelle der Normgeltung: die Gemeinschaft, die die Norm etablierte, infrage. Derjenige, der die Abweichung vollzieht, weil er die neue Lösung als die bessere erkennt,[27] muss also, um Sanktionen zu vermeiden, die Gemeinschaft davon überzeugen, dass seine Lösung besser ist als die bewährte und normativ positiv ausgezeichnete. Dies

---

25 Hierfür muss allerdings die geäußerte Forderung auch als solche deutlich sein. Eine Vermengung von persönlicher und offizieller Ebene findet sich in dem aus anderem Zusammenhang stammenden Beispiel, das im Anhang wiedergegeben wird.

26 Dieses routinierte Handeln zeigt sich etwa in alltäglichen Verrichtungen wie dem Weg zur Arbeit, den wir routiniert, ohne explizit eine Entscheidung zu treffen, bewältigen – häufig ohne hinterher etwas über den Weg sagen zu können, etwa welche Ampel auf ,Rot' stand usw. Erst wenn eine Baustelle zum Beispiel uns zu einer Umleitung zwingt, wenn also die Routine unterbrochen wird, müssen wir neue Lösungen finden.

27 Es kann auch gerade dadurch: dass man eine bessere Lösung erfindet, das Handlungsproblem sich wandeln.

ist die Situation des Revolutionärs, der um Gefolgschaft werben muss und der, wenn es ihm gelingt, seine abweichende Lösung durchzusetzen, mit ihr eine neue Norm initiiert.

In der bisher skizzierten Weise entstehen Normen gewissermaßen von unten. Die Normen sind in diesem Falle „aus dem Leben in Σ [sc.: der Gemeinschaft, in der die Normen gelten] *hervorgewachsen*, habituell als subsistente Norm verfestigt und dann im Normsatz ausgedrückt." (Geiger 1964: 60; Kursivierung i. Orig.) Wenn solche Normen dann schließlich öffentlich festgeschrieben werden, also Gesetzescharakter[28] erlangen, so deklarieren die Gesetze eine praktisch bereits geltende Norm. Theodor Geiger bezeichnet deshalb in diesem Falle die ausgesprochene Norm, die „Wortnorm (…) als *deklarativ*" (ebenda; Kursivierung i. Orig.).

Nun gibt es aber Normen, die nicht in dieser Weise „hervorgewachsen" sind, sondern durch die Organe der Gemeinschaft, die sie sich gibt, als Lösungen für bestimmte Handlungsprobleme festgelegt werden, ohne dass diese sich zuvor in der einen oder anderen Weise im Handeln abgezeichnet hätten. Diese Normen, in denen ja gewissermaßen das Gesetz der praktisch wirksamen Norm vorausgeht, gehen nicht aus der Gewohnheit hervor, sondern werden durch einen Gesetzgeber statuiert. Geiger bezeichnet deshalb in diesem Fall „die Wortnorm (…) als *proklamativ*." (ebenda; Kursivierung i. Orig.) Ein gutes, auch im Hinblick auf den Normwandel aufschlussreiches Beispiel ist die Regelung des Verkehrs, insbesondere der Nutzung der Fahrbahnseite für die Fahrtrichtung und für die Gegenrichtung. Solange nur Fußgänger und vereinzelte Fuhrwerke sich auf den Straßen begegneten, konnte der Verkehr einfach durch direkte Verständigung geregelt werden.[29] Das Handlungsproblem aber transformierte sich mit zunehmendem Verkehr, da die immer häufiger notwendige Abstimmung in jedem Einzelfall den Verkehr tendenziell zum Erliegen brachte. Nun gibt es eine einfache, uns selbstverständliche Weise, dieses Problem zu lösen, indem Rechtsverkehr eingeführt wird, d. h., indem alle Verkehrsteilnehmer verpflichtet werden, sich auf der in Fahrtrichtung rechten Fahrbahnhälfte zu bewegen – natürlich wäre auch die andere Lösung: Linksverkehr, möglich gewesen. Die normative Vorgabe für die Verkehrsteilnehmer, sich auf einer und zwar stets auf derselben Fahrbahnhälfte zu bewegen – und allenfalls beim Überholen die andere zu nutzen – löst das mit wachsendem Verkehrsaufkommen immer deutlicher hervorgetretene Handlungsproblem der Aufrechterhaltung des Verkehrsflusses unter der Bedingung der Kollisionsvermeidung. Ein interessantes Beispiel in diesem Zusammenhang ist Schweden.[30]

Gesetze können Gewohnheiten hervorbringen. – In Schweden wurde der Linksverkehr bereits 1736 eingeführt; es handelt sich hier um eine proklamative Norm, die ein Handlungsproblem löst. Wie im übrigen kontinentalen Europa entschied man sich in den anderen skandinavischen Ländern später für den Rechtsverkehr. Der Linksverkehr wurde in Schweden dennoch erst in der Mitte des vergangenen Jahrhunderts problematisiert, obwohl es – insbesondere im direkten Verkehr mit dem Nachbarland Norwegen an den vielen kleinen, nicht mit besonderen Grenzanlagen versehenen Grenzübergängen – immer wieder zu Schwierig-

---

28 Es sei noch einmal betont, dass ‚Gesetz' hier analytisch in dem oben explizierten Sinne zu verstehen ist, nicht im juristischen Verständnis von ‚Gesetz'.

29 Dass dies auch bei hohem Verkehrsaufkommen im Prinzip möglich ist und eine sinnvolle Lösung darstellen kann, zeigt einem die Erfahrung in italienischen Großstädten.

30 Vgl. zu dem folgenden: http://members.a1.net/wabweb/history/linksrechts.htm (2. Juli 2007), wo sich auch interessante Hinweise zu der Besonderheit der jeweils gewählten Lösung (Rechts- bzw. Linksverkehr) finden.

keiten kam. Zudem waren auch die meisten in Schweden zugelassenen Autos linksgesteuert, was für den Linksverkehr gewisse Schwierigkeiten bedeutete. Trotz gegenteiliger Volksabstimmung (1955) wurde die Umstellung auf Rechtsverkehr verordnet; sie erfolgte an einem Tag im September 1967 frühmorgens und war von erheblichem Informationsaufwand und sogar der Schaffung einer eigenen Behörde begleitet. Unmittelbar bei der Umstellung wurde der Verkehr erheblich eingeschränkt und auch für die nachfolgende Zeit wurden sehr niedrige Höchstgeschwindigkeiten verfügt, die dann innerhalb eines Monats schrittweise wieder an die Limits vor der Umstellung angehoben wurden. Dieses Beispiel eines verordneten Normwandels, der Transformation einer Norm durch Proklamation, ist noch in einer weiteren Hinsicht aufschlussreich. Wer sich etwa als an den Rechtsverkehr gewöhnter Deutscher im Stockholmer Straßenverkehr bewegt, hat mit der geltenden Straßenverkehrsnorm keine Probleme. Bewegt man sich aber als Fußgänger auf dem Bürgersteig und will etwa einem schnelleren Fußgänger Platz machen oder einem entgegenkommenden Passanten ausweichen, hält sich also, gemäß der Norm des Rechtsverkehrs, weit rechts, so droht man, dem Überholenden den Weg abzuschneiden und gerät in Gefahr, mit dem Entgegenkommenden zu kollidieren. Wie ist das zu erklären? Offensichtlich hat die ursprüngliche Norm des Linksverkehrs sich soweit habitualisiert, dass die geänderte Norm des Rechtsverkehrs zwar dort, wo sie explizit eingeführt wurde, die Auswahl der Handlungsoptionen bestimmt; dass aber in den Bereichen, die von den veränderten ‚proklamativen Normsätzen‘ (Geiger) nicht betroffen sind, die Bevorzugung der Option ‚Linksverkehr‘ durch die ursprüngliche Norm offensichtlich nach wie vor wirksam ist. Hier zeigt sich also, dass die Wirksamkeit einer Norm im Sinne einer ‚subsistenten Norm‘ (a. a. O.: 58) unabhängig ist von der ursprünglichen Quelle der Auszeichnung der durch die Norm präferierten Problemlösung. Die Normen, die unser Handeln bestimmen, führen ein Eigenleben selbst dort, wo sie nicht einer „bloßen dumpf hingenommenen Gewöhnung" (Weber 1985: 192)[31] entstammen, sondern eben einer expliziten Proklamation.

Allerdings stellt sich die Frage, ob die Entscheidung der schwedischen Fußgänger für den Linksverkehr tatsächlich noch den Charakter einer Norm hat, oder ob es sich lediglich um eine Routine handelt. Was müsste man tun, um dies empirisch zu untersuchen? Gegenüber der Routine kommt, wie den obigen Ausführungen zu entnehmen war, der Norm Verbindlichkeit zu, was sich explizieren lässt als Zuordnung bestimmter sanktionierender Folgen bei der Abweichung von der Norm. Mir selbst gegenüber wurden, als ich die Erfahrung der Geltung des Linksverkehrs für Fußgänger in Stockholm erfuhr, keine Sanktionen ausgeübt. Dabei könnte es sich um eine Normalisierung handeln, die darauf beruht dass ich als Ausländer erkannt wurde und dass Ausländer, da sie als der geltenden Maßstäbe richtigen Handelns unkundig betrachtet werden, von der Normbefolgung dispensiert sind. Man könnte den Status der Regel des Linksverkehrs: unverbindliche Routine oder verbindliche Norm, durch Krisenexperimente herausbekommen.

Nicht alles, was akzeptiert wird, ist akzeptabel. – Nun haben wir an verschiedenen Stellen der Darlegung schon gesehen, dass Handlungen, die eine Abweichung von einer geltenden Norm darstellen, gleichwohl akzeptiert werden können. Diese Akzeptanz ist aber, anders als

---

31 „Der Uebergang von der bloßen dumpf hingenommenen Gewöhnung an ein Handeln zur Aneignung der bewußten Maxime normgemäßen Handelns ist überall flüssig." (ebenda)

bei einer akzeptierten Handlung, die eine Normerfüllung darstellt, nicht in einer Akzeptabilität gegründet, die zugleich den normativen Charakter der Auszeichnung dieser Handlung hervorbringt. Wir müssen also zwischen der Norm, die eine akzeptierte und akzeptable Problemlösung positiv auszeichnet (vgl. Oevermann 2003: 208), und der Normalität, die einen akzeptierten Zustand darstellt, unterscheiden. Wie kommt es, dass etwas das nicht normativ geboten ist, ja das unter Umständen sogar dem normativ Gebotenen zuwiderläuft, dennoch – als normal – akzeptiert wird?

Fragen wir uns zunächst, was alles als normal gilt. Dass etwa (1) ein losgelassener Apfel zu Boden fällt, gilt als normal; ebenso, dass (2) im Frühjahr die Vögel singen; auch, dass (3) bei japanisch sprechenden Eltern aufgewachsene Kinder das Japanische als Muttersprache erwerben, auch wenn ihre leiblichen Eltern das zur afrikanischen Sprachgruppe Khoi-San zählende Xhosa sprechen; dass (4) man pünktlich zu einer Verabredung kommt oder dass (5) sich in Folge der amerikanischen und dann französischen Revolution die Territorialstaaten zu Nationalstaaten entwickelt haben; und schließlich, dass (6) die Redakteure einer Szene-Zeitschrift zu der zu einem bestimmten Zeitpunkt vereinbarten Redaktionssitzung stets eine halbe Stunde und mehr zu spät kommen (mündliche Mitteilung durch Ronald Hitzler, Dortmund). Was haben diese Beispiele gemeinsam? Es handelt sich um Phänomene, die akzeptiert sind, da sie entweder nicht beeinflusst werden können (1, 2), oder es keinen Grund gibt, sie zu beeinflussen – also keine Norm ihnen widerspricht – und sie einer eigenen Sachlogik folgen (3), oder Ausdruck einer inneren Rationalität von Normen darstellen (4)[32] oder dass man die innere Rationalität der Entwicklung rekonstruieren kann (5) (vgl. hierzu Oevermann 1990), oder aber schließlich in einer Haltung der Toleranz, die wir schon bei den nicht sanktionierten Jugendlichen und bei dem auch auf dem Bürgersteig rechts verkehrenden Deutschen in Stockholm beobachten konnten (6). Diese Haltung der Toleranz ist offensichtlich sowohl von dem Gewicht abhängig, das den Normen zuerkannt wird, die unter Umständen verletzt werden, wie auch davon, ob das Handeln des Abweichenden als Umständen (Jugendlichkeit mit der entsprechenden „Entwicklungsaufgabe"; Nicht-Zugehörigkeit zur Gemeinschaft, in der die Norm gilt; spezifische Protestkultur) angemessen gedeutet und ihm damit eine entsprechende Vernünftigkeit zugesprochen werden kann, auch wenn sie mit der infrage stehenden Norm konkurriert.

Das Verhältnis zur Normalität ist seinerseits u. U. normativ geregelt: So kann man Gesellschaften danach unterscheiden, wie in ihnen der normalen Abweichung von Normen begegnet wird. In autoritären Gesellschaften wird jede Normabweichung bereits ein Angriff auf die Geltung der Ordnung insgesamt angesehen, weshalb eine Normalisierung der Abweichung nicht gestattet wird; jeder ist dazu aufgerufen an jedem Ort die ‚heilige Ordnung' in jeder ihrer Ausprägungen zu verteidigen. In liberalen Gesellschaften hingegen finden sich durchaus Normalisierungen von Normabweichungen – ohne dass diese zu einer Normkorrosion kumulieren. Umgekehrt finden sich Tendenzen, die Normalität – etwa die statistisch beschreibbare, aber noch keineswegs genügend soziologisch begriffene Entwicklung zu einer relativ ho-

---

32 Einer bestimmten Norm zu folgen ist – gemäß den Maßstäben der Gemeinschaft, in der die Norm gilt – richtig, nicht lediglich normal. Generell Normen zu folgen, ist normal – bezogen auf die Konstitution des menschlichen Handelns, die, wie wir gesehen haben, im Zusammenspiel von Optionen eröffnenden Regeln und eine Auswahl bestimmenden Normen erfolgt.

hen Scheidungsrate[33] – normativ zu adeln; allerdings zeigen einfache Überlegungen und erst recht genaue Analysen, dass dieses Unterfangen einer Täuschung unterliegt. Auch angesichts überwältigender Scheidungsraten geht kein Paar die Ehe oder auch nur eine feste Bindung ein mit der Begrenzung auf einen bestimmten oder zumindest absehbaren Zeitraum. Hier gilt nach wie vor die Norm der Verbindung auf Dauer und ein Abweichen davon wird – auch in Kenntnis der Tatsache, dass man statistisch gesehen nicht gerade die Ausnahme darstellt – als Scheitern wahrgenommen.[34]

Eine *Ergänzung* sei hier noch angefügt: Wir haben bisher immer Beispiele betrachtet, bei denen zwischen der Gemeinschaft, innerhalb derer die Norm gilt, und denjenigen, für die diese Norm gilt, ebenso wenig ein Unterschied gemacht wurde wie zwischen denjenigen, für die die Norm gilt, und denjenigen, die Nutznießer der Normbefolgung sind. Theodor Geiger, auf den wir uns hier ja wegen seiner klaren Analytik immer wieder beziehen, unterscheidet hier „Normadresse" und „Normbenefiziare" (1964: 62). – Was ist mit dieser Unterscheidung gemeint? Oben hieß es im Zusammenhang mit der erforderlichen Einübung der Grenze zwischen Privatheit und Öffentlichkeit, dass diejenigen, die mit der Erziehung der jeweiligen Jugendlichen befasst sind, zu der erforderlichen Gratwanderung aufgerufen sind. Dass sie aufgerufen sind, ist als Norm zu verstehen, die innerhalb unserer Gemeinschaft gilt, die aber gerade nur an die Erziehungsberechtigten adressiert ist und von der gerade nur die in Rede stehenden Jugendlichen direkte ‚Benefiziare' sind. Allerdings sieht man schon an diesem Beispiel,[35] dass die Rede von ‚Benefiziaren' oder Nutznießern den Charakter der Norm nicht trifft. Nur dann nämlich können Normen allgemeine Verbindlichkeit erlangen, wenn sie mit dem Selbstbild der Gemeinschaft, die die Quelle der Normgeltung ist, im Passungsverhältnis stehen. Damit aber haben Normen, die lediglich partikularen ‚Benefiziaren' nützen, keine Chance auf Dauer; dies ist erst dann der Fall, wenn der partikulare Nutzen auch mit dem Gemeinwohl in Einklang ist, denn ein Selbstbild, das dauerhaft der Gemeinschaft als ganzer schadet, hat keinen Bestand. Allerdings liegt in einer pluralistischen Gesellschaft auf der Hand, dass das Gemeinwohl unterschiedlich interpretiert wird, und dass es darum politische Auseinandersetzungen gibt, in der im konkreten Fall eine je spezifische Auslegung dominiert, die dann spezifische Normen hervorbringt. Gleichwohl ist letztlich die Gemeinschaft als ganze Quelle der Normgeltung, hat sie sich doch eine Verfassung gegeben, der gemäß die Normen – hier ist die Rede von ‚proklamativen' Normen – hervorgebracht und durchgesetzt werden. Zudem haben Normen, die lediglich partikularen Interessen dienen, keine Chance auf dauerhafte Anerkennung – selbst wenn versucht wird, sie mit Gewalt durchzusetzen.

Halten wir abschließend fest: Die Auswahl aus *durch Regeln eröffneten Handlungsoptionen*, die ein konstitutives Moment von Handeln darstellt, wird nicht jedes Mal neu als

---

33 Keineswegs muss es sich hier, wie häufig gedeutet, um eine Korrosion des Modells der Ehe handeln. Vielmehr spricht viel dafür, die hohe Scheidungsrate in modernen Gesellschaften als Anzeichen der reinen Durchsetzung dieses Modells zu begreifen, da erst hier, wo die beide Partner die Partnerschaft in reiner Form, ohne traditionale Stützen, realisieren müssen, die Schwierigkeiten, die mit der Anerkennung des Anderen als Anderen und dem gleichzeitigen Vollzug der Partnerschaft als Einheit zu bewältigen sind, in reiner Form hervortreten.

34 Dies lässt sich etwa – entgegen der Deutungsabsicht der Autorin – sehr gut an dem Material zeigen, das Jutta Kern (1998) untersucht hat.

35 Geiger selbst führt folgende Norm als Beispiel an: „Eltern sind verpflichtet, ihre unmündigen Kinder standesgemäß zu versorgen." (ebenda)

Entscheidung getroffen, sondern häufig als bereits getroffene *Entscheidung* vollzogen. Diese bereits vorab getroffenen Entscheidungen stellen Fixierungen *bewährter Problemlösungen* dar. Diese Fixierungen, d. h. dauerhafte Verknüpfungen von Handlungsproblemen und ihren Lösungen, sind entweder Routinen oder Normen. *Routinen* bewähren sich in der Sachdimension; scheitern sie durch Veränderungen im Handlungsproblem, werden sie ohne weiteres geändert. *Normen* haben gegenüber der bloßen Bewährung in der Sachdimension, also gegenüber der bloß sachlich begründeten Auszeichnung einer Handlungsoption, welche man mit Geiger den „Normkern" (1964: 62) nennen kann, noch einen gewissen Grad an *Verbindlichkeit* – nach Geiger: „Normstigma" (ebenda) –, die sich in der Verknüpfung der gebotenen wie der ausgeschiedenen Problemlösung mit bestimmten – positiven oder negativen – Folgen: mit Sanktionen, ausdrückt. Die Verbindlichkeit erlangen Normen, weil die in ihnen ausgewählte Problemlösung über ihre sachliche Angemessenheit hinaus zum *Selbstverständnis der Gemeinschaft*, in der sie gilt, in einem Passungsverhältnis steht.[36] Das kann dazu führen, dass Normen allein wegen der aus diesem Passungsverhältnis sich speisenden Anerkennung aufrechterhalten werden, da die Ordnung als Ganze, deren Moment die Normen sind, als bedroht angesehen wird, wenn die Normgeltung nicht aufrechterhalten wird – auch dort, wo die durch die Norm ausgewählte Option, also die Norm in ihrer sachlichen Dimension, durchaus nicht die beste Lösung darstellen. Die *Quelle* der Normgeltung, die Quelle ihrer Verbindlichkeit, ist also letztlich immer die Gemeinschaft, innerhalb derer die Norm gilt und durch praktischen Vollzug anerkannt wird.

Literatur

Adorno, Theodor W. (1981): Einleitung in die Musiksoziologie. Zwölf theoretische Vorlesungen. Frankfurt/M.: Suhrkamp.

Garfinkel, Harold (1967): Studies in Ethnomethodology. Englewood Cliffs/NJ: Prentice-Hall.

Geiger, Theodor (1964): Vorstudien zu einer Soziologie des Rechts. Neuwied, Berlin: Luchterhand (Mit einer Enleitung und internationalen Bibliographie zur Rechtssoziologie von Paul Trappe).

Goffman, Erving (1963): Behavior in Public Places. Notes on the Social Organization of Gatherings. New York, London: The Free Press, Collier-Macmillan.

Havighurst, Robert James (1953): Human development and education. New York: Longmans & Green.

Heinrich, Bernd (1989): Die Seele der Raben. München, Leipzig: List (Aus dem Amerikanischen von Marianne Menzel, Illustrationen von Bernd Heinrich, Orig.ausg.: ‚Ravens in Winter', New York: Schuster & Schuster 1989).

Kern, Jutta (1998): Singles. Biographische Konstruktionen abseits der Intim-Dyade. Opladen: Westdeutscher Verlag.

Monty Python (1992): Das Leben Brians. Drehbuch und apokryphe Szenen. Zürich: Haffmans Verlag (Aus dem Englischen von Michel Bodmer).

Oevermann, Ulrich (1990): Zwei Staaten oder Einheit? Der ‚dritte Weg' als Fortsetzung des deutschen Sonderwegs. In: Merkur 492. 91-106.

---

36 Dieses Selbstverständnis wird häufig durch *Werte* ausgedrückt, denen in der Gemeinschaft ein hoher Rang zukommt.

Oevermann, Ulrich (2003): Regelgeleitetes Handeln, Normativität und Lebenspraxis. Zur Konstitutionstheorie der Sozialwissenschaften. In: Jürgen Link/Thomas Loer/Hartmut Neuendorff (Hrsg.): ‚Normalität‘ im Diskursnetz soziologischer Begriffe, Heidelberg: Synchron Wissenschaftsverlag der Autoren. 183-219.

Oevermann, Ulrich (2000): Die Methode der Fallrekonstruktion in der Grundlagenforschung sowie der klinischen und pädagogischen Praxis. In: Kraimer, Klaus (Hrsg.): Die Fallrekonstruktion. Sinnverstehen in der sozialwissenschaftlichen Forschung, Frankfurt/M.: Suhrkamp. 58-156.

Peirce, Charles Sanders (1973): Lectures on Pragmatism. Vorlesungen über Pragmatismus. Hamburg: Meiner.

Watzlawick, Paul/Janet H. Beavin/Don D. Jackson (1996): Menschliche Kommunikation. Formen, Störungen, Paradoxien. Bern, Göttingen, Toronto & Seattle: Verlag Hans Huber (Neunte, unveränd. Aufl.).

Weber, Max (1985): Wirtschaft und Gesellschaft. Grundriß der verstehenden Soziologie. Tübingen: Mohr (Siebeck) (Fünfte, revidierte Aufl. besorgt v. Johannes Winckelmann. Studienausg. 19. bis 23. Tausend).

Einführende Literatur

König, René (1969): Soziale Normen. In: Wilhelm Bernsdorf (Hrsg.): Wörterbuch der Soziologie. Stuttgart: Ferdinand Enke Verlag. 978-983.

Lamnek, Siegfried (2002): Norm. In: Günter Endruweit & Gisela Trommsdorff (Hrsg.): Wörterbuch der Soziologie. Stuttgart: Lucius & Lucius. 386-389.

Popitz, Heinrich (2006): Soziale Normen. Frankfurt/M.: Suhrkamp (Herausgegeben von Friedrich Pohlmann & Wolfgang Eßbach).

Weiterführende Literatur

Geiger, Theodor [Theodor Julius Geiger] (1964): Vorstudien zu einer Soziologie des Rechts. Neuwied, Berlin: Luchterhand (Mit einer Enleitung und internationalen Bibliographie zur Rechtssoziologie von Paul Trappe) – insbes.: Erster Teil (S. 39-122) mit Kap. I: Soziale Ordnung (S. 43-91) und Kap. II: Genesis der sozialen Ordnung (S. 92-122).

Oevermann, Ulrich (2003): Regelgeleitetes Handeln, Normativität und Lebenspraxis. Zur Konstitutionstheorie der Sozialwissenschaften. In: Jürgen Link, Thomas Loer & Hartmut Neuendorff (Hrsg.): ‚Normalität‘ im Diskursnetz soziologischer Begriffe, Heidelberg: Synchron Wissenschaftsverlag der Autoren. 183-219.

Weber, Max (1985): Wirtschaft und Gesellschaft. Grundriß der verstehenden Soziologie. Tübingen: Mohr (Siebeck) (Fünfte, revidierte Aufl. besorgt v. Johannes Winckelmann – daraus: Kap. VII: Rechtssoziologie (S. 387-513).

Abweichendes Verhalten

Jens Luedtke

1. Was ist abweichendes Verhalten?

Abweichend ist per se alles, was gegen geltende Normen und Wertevorstellungen einer (Bezugs-)Gruppe, Gemeinschaft oder Gesellschaft verstößt. Abweichend können sein: Personen, Verhalten, Einstellungen, soziale Lagen (Armut), die Erscheinungsform von Körpern. Abweichend kann sein, Subjektvorstellungen der Gesellschaft nicht zu entsprechen, z.B. was das ‚typische' Verhalten von Alten, Jugendlichen, Männern oder Frauen betrifft oder Lebensläufe jenseits der Normalvorstellungen zu haben. Das Verhalten braucht keinesfalls illegal zu sein, aber es gilt als illegitim. Erschwerend ist, dass niemand den Vorstellungen vom ‚Normalen' vollständig entspricht, weil jede(r) kleine Defizite hat, die aber in bestimmten Situationen bedrohlich werden können (Goffman 1991: 157). Damit hat jede(r) die Chance, irgendwann abweichend zu sein.

Abweichung bedeutet: Die Ausprägung einer Eigenschaft oder eines Verhaltens weicht eindeutig und über Toleranzgrenzen hinaus vom Durchschnittswert ab. Das setzt aber gültige Normalitäts- bzw. Konformitätsvorstellungen als Maßstab voraus. Eine Gesellschaft belegt Handlungen mit dem Etikett ‚abweichend' oder ‚kriminell', wenn sie gegen öffentlich anerkannte und durchgesetzte Verhaltensregeln verstoßen (Phillipson 1982: 129); das Abweichende ist zugleich das sozial Unerwünschte. Abweichung ist damit im Sozialen die moralisch bewertete Differenz zu einem als Normalität bezeichneten und erwarteten (dazu: Lamnek 2007: 57) Zustand. Da sich die Normalität durch den sozialen Wandel ändert, ändert sich auch das Abweichende (Durkheim 1961).

Abweichendes Verhalten variiert mit der Zeit – den historisch-gesellschaftlichen Bedingungen – und dem (sozialem) Raum. Relativ unproblematisch sind nur hochgradig tabuisierte, über alle Epochen und Kulturen ähnlich negativ bewertete Handlungen wie Homizid oder Inzest. Uneinheitlicher wird es z.B. bei Diebstahl, wobei dies weniger die Definition, sondern die Reaktion betrifft, die in diesem Falle schwere Körperstrafen und die Todesstrafe ebenso enthielt wie die Gegenwartsdefinition als minder schwere, sog. Bagatellkriminalität. Vom sozialen, politischen und kulturellen Wandel erheblich betroffen sind ‚sozialmoralische' Abweichungen, also Verstöße gegen die als gültig vermittelten Formen der Lebensführung, des Rollenverhaltens, der Subjektvorstellungen, der Lebensläufe und Biographieentwürfe.

Um das Spektrum definitorisch einzugrenzen, könnte es auf die strafrechtlich relevanten Formen beschränkt werden, die Kriminalität. Selbst diese scheinbar eindeutige und alltagse-

vidente Abgrenzung birgt Unschärfen: auch dahinter stehen Definitionen, die durch konkrete historische und soziale Gegebenheiten bedingt sind, gesellschaftliche bzw. juristische Deutungen dessen, was Kriminalität ist (Kunz 2006: 1 ff.). Auch die Bezeichnung ‚Kriminalität‘ transportiert moralische Konnotationen: Kriminelles ist moralisch verwerflich, stört die innere Ordnung, den inneren Frieden und führt zu Schäden (Kunz 2006: 28).[1] Andererseits bietet sie die Negativfolie, vor der sich Konforme moralisch bestätigen können. Daher erhöht Kriminalität die Kohäsion der Konformen, erzeugt Solidarität und ist ‚nützlich‘ (Durkheim 1961).

Das Grundproblem bleibt: Es lässt sich nicht ‚objektiv‘ und eindeutig, sondern immer nur vor der Folie der räumlich-zeitlich gültigen bzw. angewendeten Definitionen festmachen, was abweichendes bzw. kriminelles Verhalten und wer Abweicher bzw. Straftäter ist. Der begrenzte Gewinn zeigt sich auch empirisch, denn die allermeisten Gesellschaftsmitglieder haben bis zum 18. Lebensjahr mindestens eine Handlung begangen, die sie mit dem Strafrecht in Konflikt brachte bzw. gebracht hätte, wenn sie bekannt geworden wäre (Albrecht 1993; 2001). Außerdem gibt es methodische Probleme bei der Erfassung des ‚wahren‘ Umfangs der Kriminalität (u.a. Heinz 2006).

Der Beitrag beginnt mit einer phänomenologischen Betrachtung und geht ein auf den Körperbezug, die Abweichung im Kontext von Ordnungen und (Selbst-)Kontrolle sowie den Wandel abweichenden Verhaltens als Folge des sozialen Wandels. Der empirische Teil diskutiert Möglichkeiten und Grenzen der Erfassung von (strafrechtlich relevantem) abweichenden Verhalten und stellt exemplarisch empirische Ergebnisse aus Hell- und Dunkelfeldstudien vor. Der theoretische Teil umfasst ausgewählte mikro- und makrotheoretische Erklärungsansätze.

2. Zum Körperbezug von abweichendem Verhalten

Abweichendes Verhalten wird an Wahrnehmbarem festgemacht: am Körper, seiner Erscheinung, seinem Verhalten. Der Körper ist für das Subjekt eine Basis seiner Identität. Als gestalteter Körper ist er für Andere ein Zeichen, sichtbarer Ausdruck innerer Haltungen: Zeichen tragen soziale Informationen (Goffman 1991), mit denen die Person im Sinne der Situationskontrolle auf das (angeblich) dahinter Stehende aufmerksam machen will. Das Subjekt inszeniert sich vor Publikum durch die Inszenierung seines Körpers, durch Tätowierungen (Lobstädt 2005), Frisuren, Kleidung, Körperschmuck (z.B. Piercing)[2] oder die Gestaltung durch Sport (am sichtbarsten: Bodybuilding). Die Inszenierung vor kompetentem Publikum (Schulze 1990) dient der Integration in die Eigengruppe, die Inszenierung vor Laien der Distinktion.[3]

---

1   Eine besondere Form ist der transnationale Terrorismus, letztlich schwerwiegende transnationale Kriminalität. Dass politisch nicht mit transnationaler Kriminalpolitik, sondern mit zwei ‚großen Kriegen‘, reagiert wurde, wertete die Terroristen von Kriminellen zu Kombattanten auf (Walter/Neubacher 2002; Funk 2002).

2   Der geschmückte Körper ermöglicht seinem Besitzer ein „erweitertes Ich“, eine „ausgedehntere Sphäre (...), die wir mit unserer Persönlichkeit füllen“ (Simmel 1992: 421).

3   Willems/Kautt (1999: 299 f.) trennen daher in den stofflichen und den „Sinnkörper“. Letzterer umfasst den „Kognitionskörper“ – als erkennender Körper ein Subjekt, als erkannter Körper ein Objekt – und den „Performanzkörper“, der dem Interaktionspartner Informationen vermitteln soll.

Auf der anderen Seite ist der von der Umwelt wahrgenommene Körper Gegenstand für die Zuschreibung von Qualitäten zum Subjekt. Körper – männlich/weiblich, jugendlich, alt, deutsch, mit Migrationshintergrund – werden sozial bewertet und auf dieser Grundlage wird ihnen (z.T. stereotyp) ein Verhalten zugeschrieben, das wahrscheinlich von ihnen zu erwarten ist bzw. Attribute, die bei ihnen vermutet werden. Dadurch wird der Person zugleich Identität zugewiesen, weil hinter dem Verhalten ein dem entsprechendes soziales Sein vermutet wird (Goffman 1991).

Neben dem z.T. bewusst abweichend inszenierten Körper, der einen Selbstentwurf vermitteln und Zeichen der Gruppenintegration sein soll (z.B. die tätowierten Körper von Gangmitgliedern),[4] tritt der als abweichend empfundene, für die Umwelt mit einem Stigma behaftete Körper. Er gibt ebenfalls Informationen ab, wobei die Weitergabe wegen der Sichtbarkeit vom Besitzer nicht kontrolliert werden kann. Es kann der Makel sein, der ‚unvollständigen‘, funktional eingeschränkten Körpern anhaftet (Blinde, Amputierte, Opfer schwerer Brandverletzungen, dazu Goffman 1991)[5] oder Körpergestalten, denen die Praktiken anzusehen sind, als deren Ergebnis sie entstanden wie z.B. stark Übergewichtige (dazu Lobstädt 2005).

Entscheidend für die Dazugehörigkeit oder den Ausschluss ist, ob der ‚abweichende‘ Körper legitime soziale Orte und Räume hat, in denen er sanktionsfrei sichtbar sein kann. So bot lange Zeit der Jahrmarkt für Personen mit körperlichen Abweichungen ein Art geschützten Raum. Ebenso bietet die Rock- und Popmusikszene in Gegenwartsgesellschaften eine legitime Möglichkeit für Körperinszenierungen jenseits des im Alltag Akzeptierten; das Publikum erwartet sie sogar. Das Außeralltägliche, jenseits von Normalitätsentwürfen Liegende kann damit teilweise funktional hereingeholt werden. Eine andere Strategie ist die Quasi-Kasernierung: der ‚abweichende‘ Körper wird im Raum fixiert, das als abweichend Empfundene dadurch in seiner Wirkung entschärft, dass es auf bestimmte Orte beschränkt bleibt und dort gehalten werden soll (Krasmann 1997 zum Rotlichtmilieu).

Die Inszenierung des Selbst über die provokante Inszenierung des Körpers ist oft Teil milieutypischer (Lebens-)Stile, vor allem im Jugendbereich.[6] Abweichend ist die Körpergestaltung, z.B. Kleidung, Schminke und Frisuren der Gothics bzw. der Schwarzen Szene, ‚Spikes‘ und zerrissene Kleidung von Punks, Springerstiefel und Glatzen der Skins. Der Effekt verstärkt sich durch die Sichtbarkeit der gestalteten Körper. Erfolgt dabei die (temporäre) Aneignung von öffentlichem Raum (z.B. durch lagernde Punks vor einem Bahnhof oder gruppenweises Auftreten von Skinheads in einer Fußgängerzone), gilt das als provozierender Verstoß gegen die Ordnung, als Zeichen für ‚social disorder‘. Die öffentliche Provokation durch Körperlichkeit und Kleidung ist jedoch ‚modefähig‘ (siehe Farin 2006). Das ermöglicht zwar einen ‚Sanktionsschutz‘, begründet aber auch die „Grundangst der Subkulturen vor der Kommerzialisierung" (Paris 2000: 55).

Der risikobereite Umgang gerade männlicher Jugendlicher und Heranwachsender mit ihrem Körper (siehe die Beiträge in Raithel 2001) umfasst weitere Praktiken, die von der Nor-

---

4 Beispiele finden sich im Internet unter: http://www.chicagogangs.org/index.php?pr=GANG_TATTOOS oder http://www.onrampelpaso.org/tattoos.html, siehe auch: Hall (1997) über Tätowierungen in der Gefangenensubkultur, Andros/Stewart (2001) zu Gangmitgliedern, Eckenstehern und Seeleuten.

5 Massenmedien stellen Behinderte als defizitär dar, wobei sich die Darstellungen zum Positiven entwickelten (Radtke 2003: 10).

6 Gerade die Jugendforschung war lange ‚körperlos‘ und bezieht erst langsam den Körper ein (so Hübner-Funk 2003, Frohmann 2003). Über den Körper muss sie dann auch den Raum zum Thema machen.

malvorstellung abweichen, wie lautes Musikhören, Drogenumgang, S-Bahn-Surfen, illegale Autorennen, Auto- und Motorradfahren mit hoher Geschwindigkeit, Extremsport, Gewalt. Dahinter stehen eine jugendtypisch erhöhte Risikobereitschaft, Neugier, und das Bedürfnis, Grenzen auszutesten. Dazu kommt die Aufgabe, eine (männliche) Geschlechtsidentität herauszubilden. Bei jungen Frauen finden sich häufiger körperschädigende Essgewohnheiten (Anorexie oder Bulimie). Ein deutlicher Normverstoß durch Handlungen an bzw. mit dem Körper wird in der harten Drogenszene praktiziert, verbunden mit hohen Risiken für die Konsumenten, was Gesundheit, soziale Integration, psychosoziale Entwicklung und strafrechtliche Verfolgung angeht (dazu u.a. Silbereisen/Reese 2001).

3. Abweichendes Verhalten als Verstoß gegen Ordnungen

Die Frage nach Konformität und Abweichung bezieht sich auf das Leben unter Ordnungen. Wenn sich eine Person mit ihrer sozialen Umwelt auseinandersetzt – das Kind in der Familie, der Schüler in der Schule –, bedeutet es, dass sie sich mit Ordnungen konfrontiert sieht, die typischerweise von außen herangetragen oder aufgezwungen sind. Der Einzelne steht im Spannungsverhältnis zwischen Zwang und Autonomie, dem Erfüllung von Erwartungen und der spontanen, auch unerwarteten Reaktion darauf (Mead 1991, Elias 1993).

Erst durch die typische Form der Auseinandersetzung mit der Umwelt wird der Einzelne als Subjekt erkennbar. Das ist auch Ergebnis der Sozialisation – und die kann in die Gesellschaft hineinführen, aber auch aus ihr heraus in deviante Teil- oder Subkulturen (im Jugendbereich: Skinheads, Punks, Gangs). Das ‚spontane‘ Zurückweisen gesellschaftlicher Erwartungen kann sich im Nichtbefolgen alterstypischer Normalitätsvorstellungen (z.B. Lebenslauf, Partnerschaft, Berufsbiographie), sozialmoralischer Erwartungen oder Strafrechtsnormen ausdrücken. Abweichendes Verhalten ist eine der produktiven Reaktionen des Subjekts in der Auseinandersetzung mit Ordnungen.

Eine Person sieht sich aus mehreren Richtungen mit Verhaltenserwartungen konfrontiert: es besteht ein Rahmen aus allgemeinen Normen, die das Zusammenleben in der Gesellschaft regeln und die Grenzen des legalen und/oder legitimen Handelns festlegen. Hinzu kommen (in)formelle Verhaltenserwartungen an die Mitglieder sozialer Kategorien (Jugendliche), formeller Gruppen (Mitglieder eines Unternehmens oder einer Schule) und informeller Gruppen (Peergroups, Familien). Außerdem bestehen spezifische(re), vor allem ethische Verhaltenserwartungen an die Inhaber bestimmter sozialer Positionen (Ärzte, Richter, Polizisten).

Handlungen haben einen situativen ‚Rahmen‘, der als Orientierungshilfe dient und dem Verhalten Sinn gibt. Zudem bestimmt er Ausmaß und Intensität des Engagements, das von den Beteiligten erwartet wird (Goffman 1980: 376). Je nach Gruppe, Rolle und Situation ergeben sich unterschiedliche Erwartungen an das Engagement. Dieser Rahmen kann ‚brechen‘ (1980: 378), gerade durch den Körper bzw. den Einsatz des Körpers, der ‚aus dem Rahmen‘ fällt: So gilt körperliche Gewalt in zivilisierten Gesellschaften außerhalb streng reglementierter Formen, in denen sie nicht als Gewalt definiert wird – Boxen, Kampfsport –, außerhalb

des Selbstschutzes – Notwehr, rechtfertigender Notstand – oder außerhalb des staatlichen Gewaltmonopols als unerwartetes und nicht erlaubtes körperliches Engagement. Beispiele dafür sind Hooliganausschreitungen während der vergangenen Fußballweltmeisterschaften (Eckert et al. 2001).

Die Möglichkeit und Wahrnehmung von abweichendem Verhalten lässt sich nicht ohne den Raum analysieren. Wie Goffman (1991) festhält, bedeutet das Vorschreiben von Handlungen, Identitäten vorzuschreiben; erwartete Handlungen zu verweigern heißt, die damit verbundene Identität abzulehnen. Das kann nur in konkreten Situationen, an bestimmten Orten, zu bestimmten Zeitpunkten, erfolgen. Wer in einem Supermarkt für mitgenommene Ware nicht bezahlt, verhält sich nicht so, wie es an diesem Ort typischerweise erwartet wird;[7] überschreitet das Spektrum zulässiger Handlungsoptionen und fällt ‚aus dem Rahmen‘. Der Rahmenbruch kann sichtbar (gemacht) werden (Hellfeld der entdeckten Kriminalität) oder unsichtbar bleiben (Dunkelfeld der nicht bekannten Kriminalität).[8]

Ordnungen und Rahmen werden in Normen ausgedrückt (dazu: Lamnek 2007). Je nach Art und Struktur der Gruppe haben Normen unterschiedliche Reichweiten, Verbindlichkeitsgrade sowie unterschiedlich schwerwiegende Sanktionen. Normen reichen von den informellen Regelungen einer Kleingruppe (Familie, Peergroup), den (in-)formellen Normen einer Institution (z.B. eine Schulordnung) bis zu gesatzten, formellen Normen einer Gesellschaft (StGB, BGB, StVO). Die Trennung nach dem Verbindlichkeitsgrad – Muss-, Soll- und Kann-Normen – bezeichnet einmal subjektive Autonomiespielräume, die mit der Norm zusammenhängen und weist damit auch auf den Grad der Legalität bzw. Legitimität des Handelns hin. Relevante Gesichtspunke für die Einstufung von Normen sind der vom Normsetzer angestrebte Geltungsgrad (für welchen Adressatenkreis soll die Norm aus Sicht des Normsetzers Gültigkeit haben?), der Wirkungsgrad der Norm (bei wem und wie weit wird die Norm akzeptiert und befolgt?), die Sanktionsbereitschaft des Normsetzers (die z.B. im Bereich illegaler Drogen sehr groß ist) und nicht zuletzt die subjektiv perzipierte Sanktionsbereitschaft (die subjektive Erwartung des Handelnden, wie wahrscheinlich es ist, entdeckt und sanktioniert zu werden) (Lamnek 2007: 20 ff.).

Gerade auf Ebene von Gemeinschaften ist die sozial-moralische Abweichung relevant, der Verstoß gegen „Mitgliedschafts- und Partizipationsentwürfe" (Hurrelmann/Ulich 2001), gegen die z.T. eher diffusen Erwartungen an Handeln und Charakter eines ‚ordentlichen‘ Gruppenmitglieds. Daraus kann Normenkonkurrenz resultieren: Konformitätsforderungen informeller Gruppen bedeuten aus Sicht formeller Gruppen oder der Gesellschaft möglicherweise Devianz oder Delinquenz. Für Mitglieder einer Jugendclique können Schwätzen, Stören des Unterrichtsablaufes oder eigenmächtige Abwesenheit Verhaltensweisen sein, mit denen die Cliquenzugehörigkeit demonstriert wird bzw. werden soll – vom ‚ordentlichen‘ Gruppenmitglied wird dies erwartet –, wogegen es aus Sicht der Schulklasse bzw. der Schule sanktionswürdige Regelverstöße sind: vom ‚ordentlichen‘ Schulmitglied wird gerade dies nicht erwartet. Das Risiko

---

7 Er/sie bewegt sich damit jedoch in dem Verhaltensspektrum, das die Betreiber eines Supermarktes von ihren Kunden als möglich annehmen – daher Überwachungskameras und elektronische Etiketten.

8 Manche Abweicher machen ihre Handlungen und Haltungen bewusst sichtbar: Der Protestierer sucht die Öffentlichkeit, denn die geballte Faust in der Tasche ist kein Protest (Paris 2000).

der Abweichung steigt, wenn sich Handelnde an einer Kollektivmoral orientieren (Durkheim 1988). Partikulare, kollektive Moralforderungen der Bezugsgruppe haben oft einen höheren Verbindlichkeitsgrad als die umfassenderen Normen der Gesellschaft. Stehen Gruppennormen im Widerspruch zu Strafrechtsnormen, kann selbst erhebliche Kriminalität die Folge sein, wie die sog. ‚Ehrenmorde' (dazu: Kvinnforum 2005) zeigen.

4. Der soziokulturelle Wandel von abweichendem Verhalten

Durkheim (1961) sah Kriminalität als soziologisch normale Erscheinung, die in jeder Gesellschaft vorkommt (1961: 157). Keine Kriminalität wäre nur möglich, wenn alle die als kriminell definierten Verhaltensweisen ablehnen (1961: 68). Selbst, wenn das der Fall wäre, entstünde ein Fahrstuhleffekt: vorher minderschwere oder nur moralisch angreifbares Handeln würde zur Kriminalität erklärt (1961: 158). Abweichendes Verhalten und Kriminalität sind also stets gesellschaftlich (mit)produziert: ohne Gesetze, ihre Anwendung, ohne gesellschaftliche Strafwünsche und -bedürfnisse gibt es keine Straftaten (Kunz 2006: 35). Art und Umfang der Kriminalität hängen mit von den strukturellen Gegebenheiten der Gesellschaft ab (Durkheim 1988), die aber dem sozialen Wandel unterworfen sind. Der soziale Wandel resultiert aus Wechselwirkungen zwischen Faktoren auf der gesellschaftlichen Makroebene (Modernisierung, Globalisierung), der Mesoebene von Institutionen und der Mikroebene der Akteure. Eine Folge sind sich ändernde Werte, Mitgliedschaftsentwürfe und Normen, ein anderer Effekt geänderte Verhaltensspielräume der Akteure. Mit der geänderten Ordnung kann sich die Wahrnehmung ändern, was abweichendes und was konformes Verhalten ist – und umgekehrt.

4.1 Ökonomischer, technischer und sozialer Wandel

Zunehmender Wohlstand führt zu mehr Gelegenheiten für Diebstahl, Raub oder Betrug. Der Warentausch über Selbstbedienungsmärkte bedeutet mehr Gelegenheitsstrukturen für Diebstähle. Technischer und technologischer Wandel bieten ebenfalls neue Wege und Möglichkeiten für konformes wie delinquentes Verhalten, wie das Internet zeigt. Die zunächst eingeschränkte Entdeckungswahrscheinlichkeit und vorerst fehlende strafrechtliche Regelungen erleichtern bei rationaler Abwägung die Delinquenz. Neue Kommunikationsformen unterstützen die transnationale Organisation von Delinquenz und können die Kontrolle des Nationalstaats über sein Territorium immer fragwürdiger erscheinen lassen. Makrostruktureller Wandel wirkt sich begünstigend oder benachteiligend auf die Lebenslage unterschiedlicher Bevölkerungsgruppen aus. Personen und Gruppen, die sich subjektiv von der Entwicklung abgekoppelt und der Gesellschaft nicht mehr zugehörig fühlen (und dies aufgrund mangelnder Ressourcen und Kompetenzen z.T. auch ‚objektiv' nur noch begrenzt sind), können weniger motiviert sein, den Regeln der Gesellschaft weiter zu folgen (u. a. Heitmeyer 1994). Eine

Konsumgesellschaft fördert das Interesse am Besitz begehrter Güter. Die Akteure glauben, nur darüber im Statuswettbewerb mithalten bzw. einen sozialen Status ausdrücken zu können. Treten zwischen Wunsch und Realisierungsmöglichkeit gravierende Diskrepanzen auf, kann Delinquenz zu einer sinnvollen Strategie werden, das Ziel dennoch zu erreichen (Merton 1968), wobei die Strategien subkulturell legitimiert werden (Cohen/Short 1968).

Relevant ist auch die Änderung der Bevölkerungszusammensetzung durch Migration. Daraus können Verstöße gegen Aufenthalts- und Ausländergesetze resultieren, die es ansonsten nicht gäbe (Lamnek 2000). Handelt es sich überproportional um statusniedrige Populationen mit sozio-ökonomischen Mängellagen, kann mehr Gewalt- und Eigentumskriminalität entstehen (Normen- und Werteverständnis, Integrationsdefizite). Die Lebenssituation bestimmter Gruppen kann sich ändern: Der Wandel der Lebensalter und die gestiegene Lebenserwartung beeinflussen Handlungsmöglichkeiten und Handlungsweisen von Jugendlichen und Älteren; bis dahin nicht altersgemäßes Verhalten kann typisch und erwartbar werden. Die reale Erweiterung von Handlungsmöglichkeiten war gerade bei Jugendlichen mit mehr Abweichung verbunden. Sie verhalten sich sozial-moralisch abweichend, weil sie Verhalten praktizierten, das eher Ausdruck des Erwachsenenstatus ist: relativ autonome (Frei-)Zeitgestaltung, Sexualität, legaler Drogenumgang. Die Erfahrung mit Sexualität hat sich im Lebenslauf vorverlagert: gaben 1980 nur 9% der weiblichen und 4% der männlichen Jugendlichen an, mit 15 Jahren bereits Geschlechtsverkehr gehabt zu haben, lagen die Anteile 2001 bei 25% bzw. 18% (BZgA 2002: 49). Auch das geänderte, mehr außerhäusige Freizeitverhalten in Peergroups bietet mehr Gelegenheit zu Devianz und Delinquenz (illegaler Drogenumgang, gewaltförmige Konfliktbearbeitung).

4.2 (Ent-)Kriminalisierung von Verhalten

Durch den sozialen Wandel kann gegenwärtig abweichendes Verhalten künftig legal und legitim sein, Abweicher von heute können soziale und moralische Innovateure von morgen werden (dazu: Durkheim 1961: 160). Grund kann sein, dass ein Verhalten aufgrund seiner weiten Verbreitung als nicht mehr sanktionswürdig gesehen wird. Hier übernimmt der Gesetzgeber die geänderte Normvorstellung der Lebenswelt, die Norm wurde zur „Ex-Norm" (Lamnek 2007: 27). Ein Beispiel ist der geänderte Umgang mit partnerschaftlichem Zusammenleben, der sich auch sprachlich niederschlug: von der moralisch verwerflichen wilden Ehe zur nichtehelichen Lebensgemeinschaft, die als normaler Bestandteil der Privatbiographie gilt. Den moralischen Vorstellung der 1950er und 1960er Jahre entsprechend, sollte damit die Sexualität der nachwachsenden Generation kontrolliert und Möglichkeiten zu vorehelichem Geschlechtsverkehr genommen werden. Die Ernsthaftigkeit wird daran deutlich, dass Personen, die Unverheirateten oder Verlobten eine Wohnung zur Verfügung stellten, bis zur großen Strafrechtsreform 1969 (in Kraft getreten 1975) nach dem Kuppeleiparagraphen (ehem. § 180 StGB) sanktioniert werden konnten. Ähnliches zeigt sich bei Homosexualität, die bis zur Strafrechtsreform unabhängig vom Alter strafrechtlich verfolgt wurde

(§ 175 StGB).[9] Der Normwandel zeigt sich u. a. daran, dass seit 2001 gleichgeschlecht-
liche ‚eingtragene Lebenspartnerschaften' möglich sind.[10]

Die Veränderung kann auch in die andere Richtung gehen: Neue Formen der Kriminalität
werden ‚entdeckt', neue Straftatbestände geschaffen, weil sich die öffentliche Haltung ändert. Das bedeutet mehr Möglichkeiten, sich abweichend zu verhalten und mehr registrierte
Kriminalität. Strafbedürfnisse können initiiert werden von Moralunternehmern, wie bereits
die erste internationale, prohibitive Drogengesetzgebung Anfang des 20. Jahrhunderts zeigt.
Weitere Beispiele sind elterliche Erziehungspraktiken und das Verhalten in Partnerschaften.
Es war über Jahrhunderte legitim und normativ unterstützt, seine Kinder körperlich auch
massiv zu sanktionieren. Seit Mitte der 1980er Jahre wurden Körperstrafen in der Wissenschaft kritisch hinterfragt (u. a. Schneewind et. al. 1983; Frehsee 1992; Frehsee/Bussmann
1994) und durch die öffentliche Diskussion über die Folgen von Elterngewalt zunehmend
in der Politik. Sie galten immer weniger als legitime Erziehungspraxis, sondern als Gewalt.
Das schlug sich in Gesetzesänderungen bzw. neuen Gesetzen (§ 1632 BGB) nieder. Analoges
zeigt sich bei der Gewalt gegen Frauen in Partnerschaften. Über Jahrhunderte wurde von einer ‚natürlichen' Geschlechterhierarchie mit einem sanktionsmächtigen pater familialis ausgegangen. Die feministische Bewegung löste einen gesellschaftlichen Diskurs aus, an dessen
vorläufigem Ende die Strafbarkeit sexueller Gewalthandlungen in der Ehe steht auch wie die
Möglichkeit, sich gegen gewalttätige Partner mit Hilfe der Strafverfolgung zu wehren.[11] Seit
2007 sind Nachstellungen strafbar, welche die Lebensführung beeinträchtigen (§ 238 StGB,
Stalking).

In der häuslichen und stationären Altenpflege gehörten Vernachlässigung und Gewalt lange zu den tabuisierten Themen, die erst langsam erforscht (Görgen et al. 2006) und aktuell
politisch diskutiert werden. Ebenfalls lange Zeit von Öffentlichkeit und Wissenschaft nicht
als ‚eigentliche' Kriminalität wahrgenommen wurde der „white collar crime", die Kriminalität der sozial Mächtige(re)n (Sutherland 1968a: 195), meist Wirtschaftsdelikte. Deren
Bedeutung zeigt sich daran, dass 2005 Wirtschaftskriminalität in Deutschland nur 2% aller
Eigentums- und Vermögensdelikte ausmachte, dafür aber die Hälfte des bekannt gewordenen
Schadens verursachte (BMI/BMJ 2006: 22).

---

9   Die zweite Reform definierte ein Schutzalter (Strafbarkeit bei Sexualpartnern unter 21 Jahre), das 1973 auf 18
     Jahre gesenkt wurde. Seit 1994 bestehen für hetero- und homosexuelle Handlungen Schutzaltersgrenzen von
     14-16 Jahren. In der Diskussion ist aber eine erneute Heraufsetzung.
10   Damit besteht die Sonderstellung gleichgeschlechtlicher Lebensformen abgemildert fort.
11   Das Recht auf sexuelle Selbstbestimmung (StGB § 177) wurde 1997 erlassen., das Gesetz zum zivilrechtlichen
     Schutz vor Gewalttaten und Nachstellungen („Gewaltschutzgesetz") 2002.

5. Bedeutung und Entwicklung von Kontrolle und Sanktionen

5.1 Soziale Kontrolle

Eine Norm ohne soziale Kontrolle und Sanktion verliert ihren Normcharakter, weil sie keine Verbindlichkeiten und keinen Rahmen festlegt. Ihre Einhaltung beruht auf der individuellen bzw. kollektiven Moral. Soziale Kontrolle bedeutet selektive Normanwendung durch Kontrolleure (z.B. Eltern, Lehrer, Polizisten). Kontrolliert werden

- Verhaltensweisen (mit Blick auf Rollen, die damit verbundenen Normen und die daraus entstehende funktionale Integration),
- Einstellungen und Meinungen (die kulturelle Integration über Mitgliedschaftsentwürfe, dazu: Hurrelmann/Ulich 2001),
- öffentliche bzw. privat-öffentliche Räume (dazu: Legnaro 1997; Krasmann 1997) und
- Körper (zur Disziplinierung: Foucault 1994).

Darüber soll eine (legitime) soziale Ordnung erhalten, Regeltreue durch Verhaltensregulierung hergestellt, normative und moralische Standards gesichert sowie die Akteure sozial integriert werden (Lucke 2002). Formal wird Kontrolle begrenzt durch die Rechtsstaatlichkeit als Ausdruck der Selbstbeschränkung des Machtstaates und die Gleichheit vor dem Recht. Letztlich geht es hierbei um das „klassische Doppelmotiv der Soziologie" (Goffman 1973), die Frage nach Bindung, sozialer Kontrolle bzw. Zwang einerseits und Autonomie bzw. der Möglichkeit, die Bindung zu begrenzen oder sich ihr zu entziehen andererseits.

Soziale Kontrolle kann persönlich erfolgen, informell durch Eltern, Peers oder Nachbarschaft, formal durch Polizei und Staatsanwaltschaft (Lucke 2002). Die Wirksamkeit erhöht sich, wenn der Kontrolleur als ‚Autorität' wahrgenommen wird, wie das Milgram-Experiment zeigt. Soziale Kontrolle kann antizipatorisch erfolgen. Bei der Selbstkontrolle kommen Effekte aus der Sozialisation ebenso zum Tragen wie die vermutete Anwesenheit eines Kontrolleurs, z.B. in technisch kontrollierten Räumen. Ebenso antizipatorisch ist die Vorverlagerung polizeilicher Fremdkontrolle durch „präventive Prävention" (Schüler-Springorum 1991). Am deutlichsten wird das bei der sog. verdachtsunabhängigen Vorfeldermittlung.

Kontrolle kann technisch-materiell stattfinden, durch Bebauung (eingebaute Schwellen und Poller in 30-km-Zonen), Informationstechnologie oder Videokameras. Neben legitimen Kontrollinstanzen wie Polizei, Gericht oder Jugendgerichtshilfe und Kontrollgremien wie Aufsichtsräten wirken im Alltag vor allem Kontrollinstitutionen: Sozialisationseinrichtungen (Familie, Schule), Ämter (Sozial-, Jugend-, Gesundheitsämter, Agenturen für Arbeit) und Anstalten (z.B. Gefängnisse, Landeskrankenhäuser) (Lucke 2002: 294). Letztere zielen als totale Institutionen auf die möglichst umfassende Kontrolle des Handelns und Seins ihrer (Zwangs-)Mitglieder (Goffman 1973).

Soziale Kontrolle unterliegt dem sozialen Wandel. Normen- und Wertepluralisierung bewirken mehr legitime Handlungsoptionen. Damit sinkt die Bereitschaft, Normen wegen ihres Vorhandenseins zu befolgen. Verstärkt kommt es zu situationsabhängiger Norminterpretation. Kontrollverlust entsteht auch im Eltern-Kind-Verhältnis durch geänderte Erziehungsziele (Selbstentfaltung, Autonomie) (Klages 2001), die Ausdifferenzierung der Jugendphase (Lenz 1990), die Entdifferenzierung der Lebensalter (Trotha 1982). Dies erweitert(e) jugendliche Verhaltensspielräume. Der technologische Wandel bewirkte einen Kompetenzverlust der El-

tern, der soziale Wandel lässt sie immer weniger gültige Rollenvorbilder sein (Münchmeier 1998). Die vermehrten Möglichkeiten und das Bestreben Jugendlicher nach Distinktion von ‚den' Erwachsenen, löste bei ‚der' Erwachsengesellschaft Befürchtungen aus, die soziale Kontrolle über ‚ihre' Jugend zu verlieren. Kontrollverlust erfuhr die offizielle Politik gegenüber den Bürgern. Deutlich wird das an Bürgerinitiativen und neuen soziale Bewegungen (Rucht 2002; Brandt et al. 1986). Die Erosion der Institution Ehe (Nave-Herz 1990) führt zu Kontrollverlusten: Gesunkener Heiratszwang und formalrechtlich erleichterte Scheidung reduzieren die Möglichkeiten sozialer Milieus und Gruppen, die Lebensführung ihrer Mitglieder zu kontrollieren.

Auf der anderen Seite versucht der Staat unter dem Schlagwort ‚Innere Sicherheit', Kontrolle auszuweiten. Legnaro (1997) beschreibt dies als „Vergesellschaftung von Sicherheit" (1997: 282) mit dem Ziel einer organisierten Herstellung von Ordnung. Sicherheit wird zum Produkt dauerhafter gesellschaftlicher Bemühungen aller und zugleich Produktionsmittel für gesellschaftliche Zustände. Globaler und makrostruktureller Wandel ließen ein „generalisiertes Sicherheitsbedürfnis" entstehen, das sich durch die gegenwärtigen Gewalttaten des transnationalen Terrorismus objektiv und subjektiv steigerte; Sicherheit wurde Bestandteil und Garant von Alltagsqualität. Die neue Kontrolle bezieht sich vor allem auf den städtischen Raum und seine Infrastruktur; sie richtet sich gegen Kriminalität und sozialmoralische Abweichungen. Die „Urbanisierung unter Sicherheitsaspekten" (Legnaro 1997: 278) fördert Segregation: „gated communities" und Ghettos (Nogala 1999). Die neue Kontrolle erfolgt über staatliche *und* private Akteure, als soziale *und* technische Kontrolle (Telefon, Internet). Sie ist proaktiv, d.h., sie wird immer weiter vorverlagert. Mehr Möglichkeiten bedeuten aber neue Kontrollnotwendigkeiten, neue Kontrollhierarchien und eine neue Kontrollindustrie. Aus diesem Kontrollklima können zunehmende Freiheitsverluste erwachsen (Schüler-Springorum 1991). Die Frage ist, ob der propagierte Tausch Freiheit gegen Sicherheit das gewünschte Ergebnis bringt und durch welche zusätzlichen Auswirkungen er erkauft wird.

5.2 Disziplin und Selbstkontrolle

Mindestens ebenso bedeutsam sind Veränderungen, die den typisch modernen Sozialtypus des innengeleiteten und selbstkontrollierten Akteurs hervorgebracht haben, wie ihn Elias (1991) in seiner „Zivilisationstheorie" (nicht unumstritten) beschrieb. Zwar soll private (vor allem körperliche) Gewalt als deutlichster Ausdruck des Regelverstoßes durch die überlegene physische Mächtigkeit staatlicher Gruppen und Instanzen überflüssig werden (Hitzler 1999: 12), aber zumindest in demokratisch verfassten, komplexen Gemeinwesen sind die Regulierungsmöglichkeiten der Zentralgewalt nicht groß genug, um alleine darüber Gewaltfreiheit durchzusetzen.[12] Daher förderte die staatliche Monopolmacht die „kulturelle Ächtung der Gewaltanwendung" (Thomé 2001: 188; Neidhardt 1986): Gewaltlosigkeit als moralisch

---

12 Letzteres will die Gesellschaft auch gar nicht: sog. „heterotropische Orte" (Krasmann 1997) wie z.B. Vergnügungsviertel haben eine Kanalisierungs- und Ventilfunktion. Probleme können entstehen, wenn das abweichende Verhalten diese Orte verlässt und in andere (Stadt-)Bereiche hineingelangt (dazu: Karstedt 2000) oder wenn sie innerhalb dieser Orte nicht mehr regulierbar ist, wie die Banlieueunruhen im Herbst 2005 zeigten.

abgeleitete, sozialisatorisch verinnerlichte Verhaltensforderung soll helfen, Störungen der Ordnung zu verhindern. Es erfolgt eine (Selbst-)Erziehung zur beständigen Zurückhaltung und Langsicht, durch die das Subjekt sein „Selbst" zivilisiert durch regelmäßige Selbst- und Affektkontrolle. Die Grenze zwischen der Gemeinschaft und dem „barbarischen" Außen wird dadurch in das Subjekt verlagert (Giesen 1996). „Jeder moderne Körper war ein Gefängnis, jeder moderne Mensch ein Gefängniswärter, der den gefährlichen Psychopathen in sich selbst in Schach halten sollte, dessen Pflicht es war, ihn hinter Schloss und Riegel zu sistieren und die Alarmanlage eingeschaltet zu lassen" (Bauman 1996: 44).

Aus Elias' Darstellungen lässt sich ableiten, dass die Ächtung zunächst auf die *sichtbare* Gewalt bezogen ist, denn dem Postulat wird entsprochen, wenn ohne Änderung der dahinter stehenden Einstellung öffentlich keine Gewalt (mehr) angewendet wird. Bei rationaler Abwägung bedeutet das: Personen können Gewalt anwenden, aber nicht. Prototypisches Beispiel ist die Gewalt in der Familie, „hinter verschlossenen Türen" (Straus et al. 1980). Anders als im öffentlichen Bereich sind die Handlungsketten kurz, die Abhängigkeiten begrenzt und die Situation überschaubar.[13]

Zivilisiert und kontrolliert werden soll vor allem der Mann: er ist bei Elias (1991) der eigentliche Adressat von courtoisie, civilité und civilisation. Ähnliches zeigt sich bei der Kontrolle durch Disziplin: Der „gelehrige" bzw. „soldatische" Körper" (Foucault 1994: 173) ist der *männliche* Körper. Hier wirken typische oder stereotype Vorstellungen von den Handlungsmöglichkeiten, Eigenschaften und ‚Wesensmerkmalen' der Geschlechter. Gewalt bzw. unkontrolliertes und unzivilisiertes Verhalten scheinen eine ‚männliche' Domäne.

5.3 Sanktionen

Sanktionen können positiv, nämlich Belohnung und Bekräftigung für konformes bzw. negativ, nämlich Bestrafung für abweichendes Verhalten sein. Mit der negativen Sanktionierung sind besonders im strafrechtlichen Bereich mehrere Ziele verbunden: Konforme in ihrer Konformität zu bekräftigen (Integrationsgeneralprävention), potentielle Regelbrecher von einem künftigen Regelbruch abzuhalten (Abschreckungsgeneralprävention), Regelbrecher von weiterem abweichenden Verhalten abzuschrecken (negative Spezialprävention) oder durch (re-) sozialisierende (Erziehungs-)Maßnahmen eine Verhaltens- oder durch Einstellungsänderung zu erzielen (positive Spezialprävention). Allerdings macht die Forschung zur General- und Spezialprävention deutlich, dass die Wirkung vor allem der Spezialprävention nur eine begrenzte und auch die Abschreckungsgeneralprävention nur eingeschränkt effektiv ist (dazu: Schumann 2001, Kunz 2006).

---

13 Die Differenz nehmen auch Gewaltakteure wahr, wie ein Fallbeispiel bei Rössner et al. (1997) zeigt: Vater und strafauffällig gewordener Sohn sind gewaltaktiv. Für den Vater ist Gewalt legitim, darf aber nicht öffentlich werden und beschränkt sich auf den Privatbereich (1997: 410). Das diskreditierende Merkmal bleibt dort, wo es nicht öffentlich kontrolliert wird. Der Vater ist sekundär angepasst, da er der Norm scheinbar genügt, ohne seinen Anspruch auf gewaltförmige Interessendurchsetzung aufzugeben. Er akzeptiert die Dominanz einer anderen Macht, die sichtbar unangepasstes Verhalten negativ sanktioniert.

Sanktionieren können Vertreter formeller Instanzen oder Kontrolleure (wie Richter, Polizisten, Schuleiter), oder, im Rahmen der informellen Sozialkontrolle, Mitglieder der Eigengruppe bzw. Gemeinschaft (Familien-, Cliquenmitglied, Klassenkamerad, Mitglieder einer dörflichen Gemeinschaft).[14] Entscheidend ist die formelle staatliche Sanktionspraxis, weniger aufgrund ihres quantitativen Gewichts – soziale Kontrolle erfolgt in der ganz überwiegenden Mehrheit der Ereignisse informell –, sondern aufgrund ihrer weit reichenden symbolischen Bedeutung und damit verbunden praktischen Auswirkung: Die Anwendung formeller Sanktionswege und -praktiken erzeugt sozial wirksam und sichtbar Vor-Bestrafte, Kriminelle; dies wirkt sich auf die soziale sowie personale Identität der Bestraften aus: zu den als Dokument vorliegenden Identitätsaufhängern gehört der Schuldspruch mit dem Strafmaß (dazu: Goffman 1991).

Gemeinschaften sanktionieren besonders Verstöße gegen sozial-moralische Verhaltenserwartungen. Es geht um den Erhalt einer als moralisch „richtig" und „gut" erachteten Lebensführung und berührt damit im Sinne von Simmel (1992) ein Einheit stiftendes Moment. Um die unterstellte innere Homogenität der Gruppe bzw. Gemeinschaft zu wahren, ist der Konformitätsdruck daher groß. (Gravierende) Verstöße beinhalten das Risiko einer Auflösung der Einheit bzw. der Gemeinschaft und müssen streng sanktioniert werden, um das Einheit stiftende und die Gruppe nach außen abgrenzende Moment wie die ‚Ehre' der Familie oder Clique, nach innen zu bewahren.

5.4   Veränderungen der staatlichen Sanktionspraxis

5.4.1 Die „Zivilisierung" staatlichen Strafens

Auch die staatliche Sanktionspraxis ist Veränderungen als Folge des sozialen Wandels unterworfen. Nach Foucault (1994) beginnt dies im auslaufenden 18./beginnenden 19. Jahrhundert mit der sukzessiven Abkehr von Körperstrafen und der zunehmenden Ausrichtung an Gefängnisstrafen; so, wie auf der anderen Seite der Bürger, wird auch das staatliche Strafen zivilisiert (Eder 1986). Allerdings bleibt der Kontrollgedanke erhalten. Foucault (1994) hält fest, dass die Strafe zwar entbrutalisiert wird, aber die neue Milde (Gefängnis) einen umfassenderen Zugriff auf die Person bedeutet, mit der Möglichkeit, sie zu disziplinieren durch die Kontrolle des Körpers im Raum und die Kontrolle der Tätigkeiten durch Stunden- und Tagespläne. Körperstrafen und Marter waren die Erwiderung auf das Verbrechen und sollten die überwältigenden Macht des herausgeforderten absoluten Souveräns ausdrücken (1994: 140). Die neue Ökonomisierung des Strafens betrieb einen sparsamen Machteingriff: „Man muss gerade so viel bestrafen, um zu verhindern" (1994: 119), Züchtigung wird „Verbesserungstechnik" (1994: 164). Die Bestrafung soll fortan durch ihre Unausweichlichkeit abschrecken.

Die nächste Schritt in der langfristigen Veränderung staatlichen Strafens zeigt sich am Übergang von stationären (Haftstrafe) zu ambulanten Sanktionen (Geldstrafe) (Heinz 2002, 2006). 1882 machten Haftstrafen etwa drei Viertel aller Verurteilungen aus, bis Mitte der

---

14 Bei den formelle Sanktionsinstanzen ist zu trennen in informelle Sanktionen (Diversion) und formelle Sanktionen (Maßregel, Zuchtmittel, bedingte/unbedingte Haftstrafe).

1920er-Jahre ging der Anteil auf etwa 30% zurück, in der Nachkriegszeit stieg er wieder auf etwa 40%. Die Strafrechtsreform von 1967 strebte weniger Freiheitsstrafen an wegen ihrer Resozialisierungsfeindlichkeit. Seit 1970 bewegt sich der Anteil (un-)bedingter Haftstrafen um 20%, mit einem leichten Anstieg nach 1993, die eindeutige Mehrheit erhält Geldstrafen.[15] 2004 wurde ein Zehntel aller Verurteilten inhaftiert (BMI/BMJ 2006: 14).

Erhalten blieb die soziale Selektivität strafrechtlicher Sanktionierung – „die regelmäßige Beschränkung des kriminalpolitischen Zugriffs auf jene Bösen, die zugleich die sozial Unterprivilegierten sind" (Schüler-Springorum 1991: 75). Es geht um mehr als die bloße Ahndung von Abweichung. Vielmehr werden Herrschaftsverhältnisse gestützt (dazu: Haferkamp 1980) und Stereotype von ‚gefährlichen' Gruppen bestätigt. Das zeigt sich auch bei ‚häuslicher Gewalt': Das stark unterdurchschnittliche Bildungsniveau der polizeilich bekannten Fälle zeigt, „dass auch in diesem Feld die gesellschaftlichen Kontrollinstanzen unverhältnismäßig bei den unteren sozialen Schichten zugreifen" (Brandfaß et al. 2005: 64).

Über die 1990er Jahre hinweg stieg jedoch die Zahl der Verurteilungen wie auch der zur Haftstrafe Verurteilten deutlich, letztere um 23%, wogegen die Zahl der Tatverdächtigen ‚nur' um ein Zehntel zunahm (Suhling/Schott 2001: 10). Zudem stieg die Dauer der verhängten Freiheitsstrafen, sowohl im Jugend- als auch im Erwachsenenbereich. „Bezogen auf die nach allgemeinem Strafrecht Verurteilten werden heute sogar mehr mittel- und langfristige Freiheitsstrafen verhängt als noch zu Beginn der 70er Jahre" (Heinz 2006: 53): Mehr ‚leichtere' Fälle werden nicht (zur Haft) verurteilt, wodurch der Anteil ‚schwerer' Fälle steigt. Außerdem wurden Tatverdächtige mit Migrationshintergrund vergleichsweise häufiger zu längeren Haftstrafen verurteilt (Suhling/Schott 2001). Dadurch stieg die Zahl der Inhaftierten kontinuierlich, die Gesamtgefangenenzahl über das Jahr in den 1990er Jahren von ca. 150.000 (1990) auf ca. 200.000 (1998) (2001: 7). Ebenfalls deutlich zugenommen hat die Zahl der zu einem Stichtag (31.03.) anwesenden Strafgefangenen, von 46.516 in 1995 auf 64.512 in 2006. Etwa 95% aller Inhaftierten sind (junge) Männer. 1,2% aller zum 31.03.2006 Inhaftierten waren im Jugendalter, 5,5% Heranwachsende, die dominierende Mehrheit von über neun Zehnteln im Erwachsenenalter (Statistisches Bundesamt 2006).

5.4.2 Zur Resozialisierung durch Haftstrafen

Der resozialisierende Effekt von Haftstrafen wird kontrovers diskutiert, gerade im Jugend- und Heranwachsendenbereich. Wirkungsstudien ergaben, dass bei Haftstrafe, vor allem, wenn sie vollständig verbüßt wurde, die ungünstigste Legalprognose bestand, bei Geldstrafen die Günstigste (Jehle et al 2003). Bereits die Verurteilung zu einer unbedingten Jugend- oder Haftstrafe beinhaltet die richterliche Vermutung, der Verurteilte sei nur begrenzt erreichbar und (re-)sozialisierbar (Kunz 2006).

Zu den Auswirkungen der Haft halten Hosser/Greve (2002) fest, dass sich Probleme bei der Bewältigung von Entwicklungsaufgaben, Perspektivlosigkeit und Zukunftsängste verfestigen können, mehr behandlungsbedürftige psychische Erkrankungen (Depressionen) auf-

---

15 Bei Straßenverkehrsdelikten, leichteren bzw. mittelschweren Delikten, „klassischer" Kriminalität (Diebstahl, Körperverletzung), Umweltstraftaten, Verstöße gegen das Ausländergesetz. Mehr als 90 Tagessätze werden bei schweren Eigentums- und Körperverletzungsdelikten verhängt (Heinz 2006).

treten und der Drogenkonsum mit erhöhtem HIV- und Hepatitisrisiko verbunden ist. Die eingeschränkten Außenkontakte begünstigen die verstärkte Integration in die delinquente Insassensubkultur. Eine Haftzeit kann nur dann verändernd wirken, wenn die Einrichtung Anstöße gibt und die Beschäftigten qualifiziert sind. Eher bewirken Einflüsse aus dem sozialen Kontext (neuer Bekanntenkreis, neue Partnerin, passender Arbeitsplatz), der Lebensführung (geändertes Freizeitverhalten), der Person (Herauswachsen aus dem kriminalitätsgefährdeten Alter) Verhaltens- und Einstellungsänderungen. Zentrale Voraussetzung bleibt aber die Motivation der Inhaftierten, sich zu ändern.

Praktikable Alternativen zum Normalvollzug mit sozialpädagogischer Ausrichtung scheinen nicht in Sicht (Aebersold 2005). Allerdings sollten Straftäter verstärkt zur bewussten Auseinandersetzung mit ihren Delikten gebracht werden: die Konfrontation mit der Tat, der eigenen Person, den Bedingungen der Haft. Mit Blick auf die Entlassung gilt es, die Versorgungsleistungen abzubauen und den Inhaftierten mehr Verantwortung für den eigenen Alltag zu geben (2005: 5 f.).

5.4.3 Informelle statt formelle Sanktionen

Eine Milderung staatlichen Strafens kann durch Herabsetzung des Strafmaßes erfolgen, durch materiell-rechtliche Entkriminalisierung, bei der die Straftat zu einer Ordnungswidrigkeit wird,[16] wie beispielsweise der Besitz von Cannabis bei Eigenverbrauchsmengen, oder durch verfahrensrechtliche Entkriminalisierung, also der Ausweitung des Opportunitätsprinzips auf Ebene der Staatsanwaltschaft (Heinz 2006: 9), d.h., Diversion (nach §153 StPO). Überlegungen für einen minimalistischen Ansatz finden sich bei Schüler-Springorum (1991): eine „gedrosselte Rechtsproduktion" (1991: 267 ff.) mit einer reflektierenden „Kriminalpolitik des Zweimalnachdenkens" (1991: 281). Am Weitesten geht der Abolitionismus, der das Strafrecht durch andere, weniger folgenschwere Regelungen ersetzen möchte, um die gleichen Zielen zu erreichen. Im engeren Sinne wird die Abschaffung der Gefängnisse gefordert, weil deren stigmatisierende und identitätsverändernde Effekte stärker seien als ihre resozialisierende Wirkung (dazu: Lamnek 1994: 320).

Diversion bedeutet, Tatverdächtige aus dem Kriminaljustizsystem abzuleiten, idealiter vor Eröffnung eines formellen Sanktionsverfahrens (im Überblick: Lamnek 1994: 272 ff.). Damit sollen negative Effekte durch das Verfahren oder die formelle Sanktion – Maßregel, Zuchtmittel, (un-)bedingte Haftstrafe – verhindert werden. Möglich sind: Absehen von der Strafverfolgung wegen Geringfügigkeit der Schuld bzw. fehlendem öffentlichen Interesse an der Strafverfolgung, das Absehen von der Klageerhebung mit Auflagen und Weisungen (Wiedergutmachung, Täter-Opfer-Ausgleich, gemeinnützige Arbeit, Unterhaltspflicht, Zahlung an gemeinnützige Einrichtung, Aufbauseminar für verkehrsauffällige Kraftfahrer). Nach einer Klageerhebung kann das Gericht das Verfahren einstellen. Gerade bei Jugenddelinquenz wird Diversion (§§ 45, 47 JGG) zunehmend angewendet, die Rate stieg von 44% Anfang der 1980er-Jahre bis auf 69% ab 1998 (Heinz 2006a: 66).[17] Auch im allgemeinen Strafrecht ging

---

16 „Ordnungswidrigkeiten kennzeichnen ein sozial unerwünschtes, das soziale Leben störendes Verhalten, das aber nicht so bedeutsam ist, dass es bereits als strafwürdig und strafbedürftig anzusehen wäre" (Heinz 2006a: 9).

17 Diversion ist auch für drogenabhängige Straftäter möglich (BtMG §§ 31a, 37, 38 Abs. 2).

der Anteil formell Sanktionierter von 66% (1981) auf 48% (2004) zurück (Heinz 2006: 44). Zu den Maßnahmen gehört seit 1990 im Jugend- und seit 1994 bzw. 1999 im allgemeinen Strafrecht der Täter-Opfer-Ausgleich (TOA). Er soll die abgebrochene Täter-Opfer-Interaktion weiterführen, einen Ausgleich bewirken und die Opferbedürfnisse stärken. Damit verbunden ist eine freiwillige, persönliche Leistung des Täters für das Opfer. Erreicht der TOA das vereinbarte Ziel, kann das Verfahren eingestellt oder die Sanktion reduziert werden (Dölling 2000). Die Fallzahlen stiegen deutlich von 2.100 (1993) auf etwa 24.000 (2005). Allerdings kommt der TOA bei weniger als 1% aller ‚anklagefähigen Personen' zum Tragen; anwendbar sein könnte er aber bei geschätzt einem Fünftel (BMI/BMJ 2006: 593 ff.).

5.4.4 Umkehr in der staatlichen Sanktionspolitik?

Jedoch entwickelte sich der öffentlich-(kriminal-)politische Diskurs in die andere Richtung: er fordert eher Strafverschärfung bzw. Ausweitung der Sanktionen; es sollte wieder mehr General- als Spezialprävention erfolgen. Das zeigte bereits der Diskurs über Jugendgewalt in den 1990er Jahren, in dem als Folge vorübergehend gestiegener Hellfeldzahlen regelmäßig härtere Sanktionen gefordert wurden wie eine Strafverschärfung, die Vorverlagerung des Strafmündigkeitsalters und die geschlossenen Unterbringung für Strafunmündige – wenngleich die präventive Wirksamkeit nicht belegbar ist (u.a. Ortmann 2006; BMI/BMJ 2001; Schumann 2001; Schumann et al. 1987). Das entspricht Tendenzen im angelsächsischen Raum: hier setzte sich eine neoklassische Kriminalpolitik durch, die, ausgehend von der These des ‚nothing works', den Schutz der Gesellschaft durch Sicherstellung des Straftäters betreiben will; er soll durch die Inhaftierung von weiteren Straftaten abgehalten werden (incarceration). Die schärfsten Sanktionsmöglichkeiten bestehen bei Wiederholungstätern: Wer wegen schwerer bzw. Gewaltkriminalität verurteilt wird, erhält bei einer erneuten Verurteilung eine schwerere Strafe, bei einer dritten Verurteilung (nicht unbedingt wegen eines Gewaltdeliktes) lebenslange Haft (three strikes and you are out). Auch dadurch liegt die Inhaftierungsrate in den USA (ca. 700 Personen pro 100.000 der Bevölkerung) weit über der westeuropäischer Länder, in Deutschland etwa 96 pro 100.000 (Heinz 2006; Kunz 2006; Aebersold 2005).

Gerade für den Jugendbereich bestehen „boot camps", trotz der festgestellten präventiven Unwirksamkeit (Sherman et al. 1998: 7). Die Strafen sind kürzer, werden wesentlich härter praktiziert, um die Persönlichkeit zu brechen, die Rückfallquoten sind stark überhöht. Aebersold (2005) sieht darin kein Vorbild, weil der Staat an Glaubwürdigkeit verliert, wenn er sich mit seinen Praktiken den Straf- bzw. Gewalttätern annähert. Im Gegenteil wirken eingriffsschwächere Sanktionen (Diversion, Täter-Opfer-Ausgleich, Wiedergutmachung) bei ‚normalen' Delinquenten weitaus intergrationsförderlicher (Dünkel 2003: 90). Steigende Hellfeldzahlen führen jedoch leicht zur Zero-Tolerance-Argumentation, die nur in der Verschärfung des Strafrechts einen Ausweg sieht. Das Selbstverständnis des Staates im Umgang mit Delinquenz hat sich wieder geändert: statt „wohlfahrtsstaatlicher Konfliktglättung" und „sanfter Kontrolle" erfolgen Polarisierung, Ausgrenzung, Ausschluss – wenn auch mehr als Akt der Hilflosigkeit (Ludwig-Mayerhofer 2000: 13). Schnelle, kostenneutrale und medienwirksame ‚Lösungen' demonstrieren politische Handlungsfähigkeit; das Strafrecht wird so zum scheinbar zentralen Instrument, um Innere Sicherheit zu gewährleisten (Streng 2000: 32, 37).

Der Ruf nach härteren Strafen wird gegenwärtig bei moralisch stark tabuisierten Straftaten deutlich: Sexualdelikte bzw. Straftaten gegen die sexuelle Selbstbestimmung, besonders, wenn Kinder Opfer werden. Hier fordert der öffentliche Diskurs z.T. Strafverschärfung bis hin zur Todesstrafe (Egg 2006). Eher abgelöst von Ergebnissen zu Therapierbarkeit, Rückfällen und Risikoabschätzungen[18] stützt der politische Diskurs eine Null-Toleranz-Linie (2006: 564 f.). Hier, wie auch bei anderen, als gefährlich eingestuften Straftätern, wurden die Sanktionsmöglichkeiten durch die (potenziell unbefristete) Sicherheitsverwahrung ausgeweitet.

Albrecht (2001) macht deutlich, dass auch wissenschaftliche Forschung und wissenschaftlicher Diskurs bei solchen Themen keine Klärung bewirken. Zum einen fehlt z.T. die notwendige Datenbasis, regelmäßige Längsschnittuntersuchungen wie die angelsächsischen Crime- und Opfersurveys. Zum anderen sind die Ergebnisse z.T. widersprüchlich und ihre Interpretationen methodisch angreifbar, so dass eher Mythen als harte Fakten verbreitet werden (2001: 21). Darüber hinaus erschweren aber vor- bzw. außerwissenschaftliche Einflüsse eine werturteilsfreie Analyse. Zusammen mit den Aussagen über die Entwicklung der Kriminalität wird damit Sicherheitspolitik gemacht.

6. Wodurch wissen wir von delinquentem Verhalten?

Für den Überblick über delinquentes Verhaltens stehen mehrere Arten von Quellen zur Verfügung, die spezifische Stärken, aber auch Einschränkungen aufweisen. Wir wissen nicht den ‚wahren' Umfang abweichenden Verhaltens, sondern nur das, was erfasst werden kann. Vielleicht ist es auch nicht wünschenswert, dass alle Normbrüche bekannt werden: das Nichtwissen um die wahre Zahl der Verstöße ist notwendig für die Normgeltung (Popitz 1968); wüsste jeder, dass viele Mitbürger unterschiedlichste Normen nicht beachten, würde er/sie rational fragen, warum er/sie konform bleiben soll.

Alle der Polizei bekannten Straftaten bilden das Hellfeld der Kriminalität, alle der Polizei nicht, aber Forschern bekannte Handlungen das Dunkelfeld. Das Dunkelfeld ist mehrfach größer, die Relation variiert alters- und deliktabhängig zwischen 1:2,5 (Raub) und ca. 1:50 (Drogen). Daneben besteht das „doppelte Dunkelfeld", Delinquenz, von der weder Polizei noch Forscher wissen (Kunz 2006: 280). Hellfelddaten sind die jährlichen Polizeilichen Kriminalstatistiken (PKS) und die Strafverfolgungsstatistiken (StVSt). Daneben gibt es Sondererfassungen und -auswertungen der LKA oder des BKA für bestimmte Delikte oder Tätergruppen wie Jugendliche (Elsner/Molbar 2001; Elsner et. al. 1998), Aussiedler (Luff 2000), Drogen (BKA 2006), häusliche Gewalt (u.a. Niedersächsisches Ministerium für Inneres und Sport 2005; Land Brandenburg 2005; Innenministerium NRW 2005). Der große Vorteil der PKS liegt darin, dass sie seit ihrer Einführung 1953 die bislang einzige Datenquelle ist, die lange Zeitreihen ermöglicht. Ihre methodisch bedingten inhaltlichen Einschränkungen lassen sich wie folgt zusammenfassen:

---

18 Die Rückfallquote (Sexualdelikte) aller aktenkundig gewordenen Täter lag zwischen 1987 und 1996 bei 20%. Meta-Evaluationsstudien zum Behandlungserfolg von Therapien belegen eine eindeutige Rückfallreduzierung durch Therapie (Egg 2006: 567, 570).

– Sie sind als jährliche Rechenschafts- und Tätigkeitsberichte der Polizei nicht interessenfrei (Kerner 1973). Tätigkeitsbericht zu sein war ihre ursprüngliche Funktion (Kaiser 1978). Nur weil das vergessen worden sei, werde sie oft „naiv und missbräuchlich benutzt sowie überinterpretiert" (Kaiser 2006).

– Sie machen nur Aussagen über polizeiliche Verdachtschöpfung. 2004 wurden aber von etwa 5,5 Mio. bekannt gewordenen Fällen 53,2% aufgeklärt, 1,86 Mio. strafmündige Tatverdächtige ermittelt und 31% davon rechtskräftig verurteilt (Heinz 2006).

– Sie erlauben keine gültige Aussage über den ‚wahren' Umfang und die ‚wahre' Entwicklung der Kriminalität. Vielmehr enthalten sie das Ergebnis selektiver Kriminalisierungsprozesse durch Kontrollinstanzen (Ludwig 1983: 51). Die registrierte Kriminalität steigt, wenn der wahre Umfang zunimmt und/oder das Dunkelfeld stärker ausgeschöpft wird, wenn sich die informelle Kontrolle bzw. die Anzeigebereitschaft erhöht haben und/oder die polizeiliche bzw. staatsanwaltschaftliche Verfolgungsintensität steigt (Heinz 1997: 291). Mehr erfasste Kontrolldelikte (Ladendiebstahl, BtM-Delikte, Verstöße gegen das Asyl- und Ausländergesetz) gehen auf mehr Kontrolle durch staatliche und private Kontrolleure (z.B. Kaufhausdetektive) zurück (Lehne 1998).

– Die meisten Delikte sind Anzeigedelikte, d.h., Opfer oder Zeugen erstatten Anzeige. Nur etwa 5% aller registrierten Fälle ermittelt die Polizei selber (Heinz 2002: 2). Daher beschreiben die Zahlen der PKS weniger die polizeiliche Sicht auf Kriminalität, sondern mehr die der Opfer und Zeugen, die als Anzeigeerstatter auftreten (Steffen/Elsner 1999: 92). Aufgrund des großen Dunkelfeldes wirken sich selbst leichte Veränderungen in der Anzeigebereitschaft deutlich auf die Hellfeld-Kriminalität aus. Heinz (2002: 4) verdeutlicht anhand von Körperverletzungsdelikten für Bochum, dass zwei Drittel der Hellfeldzunahme von 1975 auf 1998 auf die stark gestiegene Anzeigebereitschaft zurückging.

– Da die Anzeigebereitschaft mit der Schadenshöhe zunimmt, sind gravierendere Delikte in den PKS überrepräsentiert (Heinz 2002: 2). Steigt die Anzeigehäufigkeit für bestimmte Delikte, steht dahinter möglicherweise eine Sensibilisierung durch massenmediale Berichterstattung (Kepplinger 2002: 1427).

– Weitere Verzerrungen entstehen bei der Datenerhebung, vor allem durch das Übererfassen von Straftaten. Stadler/Walser (2000) kamen für fünf Regionen in Baden-Württemberg auf eine Quote von 6%. Ein Grund ist Straftatensplitting: Delikte (z.B. Beleidigung, Körperverletzung) werden in Tateinheit begangen, aber getrennt erfasst. Auch entstehen Verzerrungen durch das Tatortprinzip: erhoben wird der Tatort und nicht der Wohnort des Täters (2000: 70, 80). Der überproportionale Anstieg der Gewaltkriminalität in Kernstädten lässt sich z.T. darauf zurückführen (Eisner 1997: 92): Kernstädte werden entvölkert, haben aber Zentrumsfunktion und ziehen so auch Täter an, die nicht dort wohnen.

– Ein weiteres Manko, das die PKS z.T. mit Dunkelfeldstudien teilen, ist die fehlende Möglichkeit, Änderungen der Qualität zu erfassen (Oberwittler 2000: 18; Albrecht 1995: 165), z.B. bei körperlicher Gewalt; dazu müssten Tatumstände, Tätermotivation und messbare Verletzungen der Opfer erhoben werden. Hinweise geben Sonderauswertungen: eine Aktenanalyse von Körperverletzungsfällen für München ergab, dass im Jugendbereich immer mehr Delikte mit Waffeneinsatz und Nachtreten erfolgen (Steffen 2003).

Diese Einschränkungen müssen berücksichtigt werden, weil die PKS-Daten politische Ent-

scheidungen beeinflussen, Auswirkungen auf die subjektive Kriminalitätsfurcht haben und zur Legitimation sicherheitspolitischer Vorstellungen herangezogen werden können.

Dunkelfeldstudien untersuchen mit Täter- und Opferselbstberichten ausgewählte Bevölkerungskreise auf ihre Devianzbelastung und können diese Ergebnisse begrenzt mit Hellfelddaten vergleichen. Seit den 1960er Jahren werden in Deutschland Opferbefragungen durchgeführt, die letzten bundesweiten 1997 (GFM-GETAS Mehrthemen-Großumfrage 1997, SozialwissenschaftenBus III/97) (BMI/BMJ 2006; Heinz 2006a). Dennoch fehlen bis auf wenige, regional begrenzte Ausnahmen repräsentative Längsschnittdaten für die Bevölkerung, analog den US-amerikanischen National Crime Victimisation Surveys. Für den Jugendbereich liegen im Längsschnitt die Städtevergleichsstudien des KfN (BMI/BMJ 2006; Wilmers et al. 2002), die Münsteraner Studie von Boers (2007), die Vergleichsstudie NRW/ Sachsen (Mansel/Hurrelmann 1998), im Querschnitt u.a. die Bochumer Untersuchung von Feltes/Goldberg (2006) vor.

Außerdem wird Problemverhalten erfasst, das in den PKS nicht oder erst begrenzt enthalten ist. Dazu zählt Gewalt in der Familie[19] (Partnerschaft und Erziehung). Aktuelle deutschlandweite Zahlen liefert die Repräsentativstudie zur Lage von Frauen im Deutschland (BMFS-FJ 2004). Quellen im internationalen Bereich sind ergiebiger, weil Repräsentativerhebungen auch im Längsschnitt durchgeführt werden: in den USA der National Family Violence Survey (u.a. Straus et al. 1980; Straus 2001), der National Alcohol and Family Violence Survey, in England bzw. Schottland die wiederholten Crime Surveys (u.a. Walby/Allen 2004, Gadd et al. 2002 Mirrlees-Black 1999). Ein Überblick zur Gewalt in der Erziehung findet sich in der Längsschnittuntersuchung von Bussmann (2005, 2001) sowie in Schülerstudien (u. a. Fuchs et al. 2006; Wilmers et al. 2002), für die USA in den National Family Violence Surveys, für Kanada beim Canadian Centre für Justice Statistics (z.B. Ogrodnik 2006). Im Jugendbereich wird u.a. Gewalt an Schulen untersucht (u.a.: Baier/Pfeiffer 2007; Lamnek/Luedtke 2006; Fuchs et al. 2005; Wilmers et al. 2002; Tillmann et al. 1999; Forschungsgruppe Schulevaluation 1998), Schulschwänzen (u.a. Gaupp/Braun 2007; Fuchs et al. 2005; Wilmers et al. 2002; Reißig 2001; Schreiber-Kittl/Schröpfer 2002) oder in Deutschland erst vereinzelt Jugendgangs (Thiele/Taylor 1998; Lamnek/Schwenk 1995). Weitere Quellen sind Statistiken von Beratungs-, Betreuung- oder Interventionseinrichtungen (Frauenhäuser, Opferhilfseinrichtungen, Notaufnahmestationen von Krankenhäusern). Sie erfassen eine selektive, oft extrem belastete Opferpopulation. Daher sind die Daten nicht verallgemeinerbar.

Der Vergleich von Hell- und Dunkelfelddaten macht deutlich, das Hellfelddaten alleine keine gültigen Aussagen über Kriminalität erlauben. Das zeigen die Dunkelziffern, die gerade bei Gewaltdelikten, speziell Körperverletzung und Sexualdelikten, hoch sind. In der Städtevergleichsstudie des KfN lag 1997 unter Schülern der 9. Jahrgangsstufe die Dunkelziffer zwischen dem Faktor 1:6 bei schwerer Körperverletzung und 1:2,5 (bei Raub) (Wetzels et al. 1998: 105). Deutschlandweite Opferbefragungen ergaben ebenso stark variierende Quoten: die höchsten gab es mit (gut) vier Fünfteln bei (versuchtem) Einbruch und Kfz-Diebstahl. Nur knapp drei Fünftel der Raubopfer erstatten jedoch Anzeige, beim ‚tätlichen Angriff‘ waren es gar nur noch gut ein Drittel. Häufigster Grund für den Anzeigeverzicht war das

---

19 In Deutschland wird ‚häusliche Gewalt‘ polizeilich bislang nur über Sonderauszählungen auf Ebene der LKA erfasst. Die Zahlen liegen aber noch nicht für alle Bundesländer vor bzw. sind noch nicht zugänglich.

Gefühl der Nutzlosigkeit: je gut ein Viertel meinten, dass „die Polizei auch nichts hätte machen können" bzw. dass „es keine Beweise gab". Ein Fünftel sah die Tat als „nicht besonders schwerwiegend" (BMI/BMJ 2006: 19). Boers/Kurz (2000) gehen auf Basis der Selbstaussagen Jugendlicher davon aus, „dass in der Regel über 80% der Täter der Polizei nicht bekannt waren" (2000: 18). Das bedeutet: auf Basis des Hellfeldes wird die ‚wahre' Verbreitung von Kriminalität deutlich *unterschätzt*. Bemerkenswert ist auch, dass Hell- und Dunkelfeldzahlen z.T. variierende Bilder vom selben Phänomen liefern: In den USA hat sich im Längsschnitt nach dem National Crime Victim Survey die Zahl der Opfer von Gewaltkriminalität seit Mitte der 1990er Jahre halbiert, nach dem UCR (Uniform Crime Report) der Polizei sank sie im selben Zeitraum nur um etwa ein Fünftel (BMI/BMJ 2006: 15). Jedoch wird auch die Aussagekraft von Dunkelfeldstudien eingeschränkt, durch die Art der Stichproben sowie durch Gütedefizite bei den Daten:

– Obwohl Dunkelfelduntersuchungen oft repräsentative Aussagen anstreben, erfassen sie nur bestimmte Ausschnitte der eigentlich gewollten Population. Zwar ist die erfassbare Verhaltensvarianz durch die Repräsentativität relativ groß. Dennoch sind extremere Verhaltensausprägungen untererfasst, konformes bzw. weniger abweichendes Verhalten ist überrepräsentiert. Risikopopulationen sind unterrepräsentiert, weil sie oft schwerer erreichbar sind (Drogenabhängige, Schulverweigerer).[20] Seltene Formen abweichenden Verhaltens können nur mit erheblichem Aufwand (deutschlandweit mit Fallzahlen von 10.000 Personen und mehr) erhoben werden. Das aber kann die herkömmliche Forschung nicht finanzieren (Egg 2006: 562).

– Die Güte der Daten wird durch die Selektivität von Aussagen beeinträchtigt. Eine Vergleichsuntersuchung zu Täterstatus und Opferwerdung ergab, dass „Straftaten häufiger verschwiegen werden als Opferwerdungen" (Hermann/Weniger 1999: 764). Nicht nur bewusstes Verschweigen, sondern auch selektives Erinnerns bzw. Vergessen wirken hier: Unangenehmes – zu dem eine Täterschaft üblicherweise gehört – wird leichter verdrängt bzw. nicht erinnert, gravierende Ereignisse – wie eine Opferwerdung – dagegen eher erinnert. Außerdem haben die Akteure nur selten die „Fähigkeit zu juristisch korrekter Tatbestandsbeurteilung" (Schumann et al. 1987: 37). Eigentlich strafrelevantes Verhalten wird nicht als solches gesehen, was ebenfalls zu selektiv verzerrten Erinnerungen führt.

---

20 Jugendstudien greifen meist auf Schülerpopulationen zu: vollständige Listen über die Jugendlichen z.B. eines Bundeslandes fehlen. Die Schulpflicht konzentriert die Jugendlichen räumlich, so dass über Schulen ein repräsentatives Sample schnell und kostengünstig möglich ist. Ein Manko ist der Klumpeneffekt: räumlich konzentrierte weisen möglicherweise in höherem Maß ähnliche Haltungen und Verhaltensweisen auf.

7. Delinquentes Verhalten: ausgewählte Ergebnisse

Ein allgemeiner empirischer Überblick über die Hell- und Dunkelfeldkriminalität findet sich in den bislang zwei Periodischen Sicherheitsberichten (2001 und 2006) (BMI/BMJ 2006; 201). Danach ist es „bemerkenswert, dass seit Mitte der 1990er Jahre polizeilich registrierte Kriminalität stagniert, wenngleich auf relativ hohem Niveau" (2006: 10). Die Zahl der deutschlandweit bekannt gewordenen Straftaten geht langfristig leicht zurück, von etwa 6,75 Mio. (1993) auf etwa 6,3 Mio. (2006). Einfacher und schwerer Diebstahl sind dabei 2006 mit etwa zwei Fünfteln die häufigsten Delikte, Körperverletzungsdelikte machen 8,5% aus.[21] Dazu wurden 2,28 Mio. Tatverdächtige ermittelt, davon waren drei Viertel männlich (BKA 2007). Die Anteile, den unterschiedliche Delikte an allen erfassten Straftaten ausmachen, variiert mit dem Alter der Tatverdächtigen. Mit dem Alter rückläufig sind Sachbeschädigung, Leistungserschleichung und einfacher Diebstahl: Bis zur gesetzlichen Jugendphase (14 Jahre) machen sie mit mehr als zwei Dritteln die absolute Mehrheit aus, nehmen dann deutlich ab und bilden bei den 25- bis 40-Jährigen nur etwa gut ein Fünftel der Hellfelddelikte. Erst bei Tatverdächtigen ab 60 Jahren geht der Anteil wieder merklich nach oben. Dafür fallen die Alterskategorien ab 18 Jahren zunehmend mit Drogen-, Vermögens- und Fälschungsdelikten auf. Dabei sind Drogendelikte in den Alterskategorien 18 bis 30/35 Jahre relativ am größten, wogegen die Vermögensdelikte mit dem Alter zunehmen (BMI/BMJ 2006: 364).

7.1 Jugenddelinquenz im Hell- und Dunkelfeld

Über die 1990er Jahre hinweg ging der öffentlich-politische Diskurs von einer (deutlich) steigenden Jugendgewalt(kriminalität) aus. Jenseits der empirisch zu beantwortenden Fragen, welchen Umfang Gewalt und Gewaltkriminalität durch Jugendliche annehmen und ob Gewalt und (Gewalt-)Kriminalität junger Menschen realiter gestiegen sind, handelte es sich im öffentlich-politischen Bereich um eine „Anstiegs-, Sorgen- und Endlich-Zurückschlagen-Diskussion" (Walter 1996: 335), die durch spektakuläre Berichte in Massenmedien gefördert wurde. Jugendgewalt ‚stört' den gesellschaftlichen Frieden und versetzt die (Erwachsenen-) Gesellschaft in „Alarmbereitschaft" (König 1974); Jugendliche gelten als sozial Fremde, deren (abweichendes) Handeln als besonders illegitim wahrgenommen wird (Luedtke 2003). Gründe können sein:
- die scheinbare Sanktionsresistenz von Jugendlichen (dazu: Schumann 2001), die soziale Kontrolle als unwirksam erscheinen lässt,
- die Sichtbarkeit von Jugendgewalt (dazu: Steffen 1995): in der Öffentlichkeit, im Hellfeld, bei gewaltförmigem Protest, die Sichtbarmachung durch Medien und politischen Diskurs,
- der manifeste Verstoß gegen das Mittelschichten-Modell der Gewalt- und Affektkontrolle (Dubet 1997),
- die Kultur-Hierarchie, nach der körperliche Gewalt und gewaltaffine Männlichkeiten sozial entwertet sind (Connell 1999; Kersten 1997).

---

21 Anders als in Kriminalfilmen machen Straftaten gegen das Leben nur einen sehr kleinen Anteil aus (2006: 3.452 erkannte Fälle, wobei möglicherweise eine Dunkelziffer von bis zu 100% besteht).

Zur Jugendkriminalität lässt sich im Überblick stichwortartig festhalten:

- Zwischen 1993 und 1998 nahm die Zahl jugendlicher Tatverdächtiger um 45% auf 302.413 zu, sank aber bis 2006 wieder auf 278.447, ihr Anteil an den Tatverdächtigen ging zwischen 2001 und 2006 leicht zurück von 13,1% auf 12,2% (BMI/BMJ 2001; BKA 2007). Die Zahl heranwachsender Tatverdächtiger stieg fast kontinuierlich (von 208.040 in 1993 auf 250.534 in 2004), ihr Anteil liegt aber relativ konstant um 10%. Als 1994 bis 1996 die Zuwachsraten bei Jugendlichen besonders groß waren (ein Zehntel bis ein Sechstel pro Jahr), führte dies zu öffentlich-politischen Befürchtungen vor einer scheinbar unkontrollierbaren Jugendkriminalität.
- Für Jugendliche steigt die Gesamt-TVBZ[22] von 1995 (6.431) auf den bisherigen Höchststand in 2001 (7.416) und ist seitdem wieder rückläufig (2006: 6.899). Analog, wenn auch stärker zunehmend sieht es bei Heranwachsenden aus, nämlich von 6.354 (1995) auf das bisherige Maximum in 2001 (7. 416) und dem Rückgang bis 2006 (7.618). Die TVBZ für Diebstahlsdelikte sank seit Mitte/Ende der 1990er-Jahre deutlich in beiden Alterskategorien. Stark gestiegen ist dagegen die Gewaltkriminalität: hier haben sich die TVBZ vervierfacht seit Anfang der 1990er Jahre (BKA 2007). Sie findet inzwischen jedoch häufig zwischen verschiedenen Ethnien statt, was Anzeigebereitschaft und Hellfeldpräsenz erhöht (Pfeiffer/Wetzels 1997).
- Jugendgewaltkriminalität ist kein Massenphänomen. Insgesamt werden nur (sehr) kleine Anteile überhaupt polizeilich erfasst; 1997 waren es 7% der Jugendlichen (Steffen/Elsner 1999: 93), gut zwei Jahrzehnte zuvor 4,1% (Kaiser 1978: 79). Dahinter steht die gestiegene Anzeigebereitschaft: bei Körperverletzung kamen 1975 auf einen registrierten Fall 7,2 nicht registrierte, 1998 nur noch 3,4 (Dünkel 2003).
- Jugendkriminalität ist ein passageres Phänomen, das meist mit dem Alter ohne äußeres Zutun zurückgeht. Nur etwa 5% der Ersttäter werden wiederholt auffällig und geraten in das Risiko einer kriminellen Karriere (Heinz 2002: II/6). Das bestätigen Dunkelfeldstudien: Eine repräsentative Befragung unter 16- bis 34-Jährigen ergab, dass die Belastung mit Gewaltdelikten in Ost und West mit dem Alter abnahm (Boers et al. 1997; Posner 1997).
- Opfer unbekannte Täter sind deutlich überrepräsentiert (Pfeiffer/Wetzels 1999). Unbekannte werden eher angezeigt, weil das Opfer keine andere Möglichkeit hat oder sieht, den Konflikt zu regeln.
- Jugendliche sind (auch) im Hellfeld häufig Opfer, durch Erwachsene sowie Gleichaltrige. Etwa zwei Drittel der Gewaltopfer Jugendlicher und Heranwachsender sind etwa altersgleich (BMI/BMJ 2006; Lamnek 2000).
- Es bestehen deutliche Ungleichheitseffekte: Personen mit schlechter formaler Bildung und Ausbildung sowie schlechter sozialer Lage sind stark überrepräsentiert. Neben der real höheren Belastung steht auch die Sichtbarkeit, gerade bei quartiergebundenen Gruppen. Damit wird diese Klientel von der Polizei eher wahrgenommen und kontrolliert.
- Im Hellfeld ist die Gewalt härter geworden. Eine Aktenanalyse für München ergab, dass bei Körperverletzungsdelikten ein Viertel der Opfer am Boden liegend getreten wurde und drei Fünftel der Täter gefährliche Gegenstände verwendeten (Steffen 2003).

---

22 Tatverdächtigenbelastungszahl, die Tatverdächtigenzahl, bezogen auf 100.000 der Bevölkerungsgruppe. Die TVBZ sind ein besserer Indikator für die Hellfeldbelastung als die Tatverdächtigenzahlen

– Die Kriminalitätsbelastung von Jugendlichen liegt über der von Erwachsenen, aber Jugendkriminalität ist im Allgemeinen weniger schwerwiegend, wie die geringe Schadenshöhe zeigt. So ist die jugend- und heranwachsendtypische Form des Raubes der Handtaschenraub, z.B. bei sekundärer Beschaffungskriminalität,[23] bei Erwachsenen sind dagegen
  Überfälle auf Geldinstitute bedeutsamer (Heinz 2004: 29). Handtaschenraub führt aber zu
  einem konkreten Opfer, die (potenzielle) Bedrohung ist öffentlich, unmittelbar, wird mit
  ‚gefährlichen Gruppen' wie Konsumenten harter Drogen in Verbindung gebracht und hat
  daher einen größeren Effekt auf die subjektive Kriminalitätsfurcht.
– Jugendgewalt und -kriminalität sind wahrscheinlich bis Mitte/Ende der 1990er Jahre
  realiter gestiegen, seitdem aber wieder deutlich zurückgegangen. Allerdings verlief der
  Anstieg im Dunkelfeld weitaus schwächer als in den PKS: In NRW stieg unter 15-/16-
  Jährigen die Rate außerschulischer Gewalttaten zwischen Ende der 80er bis Mitte der
  90er Jahre für NRW um 11%-Punkte auf 48,2%, wogegen die PKS eine Verdoppelung der
  TVBZ verzeichneten (Hurrelmann/Mansel 1998). Den Rückgang zeigt die KfN-Städte-
  vergleichsuntersuchung: von 1998 auf 2000 sank die 12-Monats-Delinquenz unter 14- bis
  16-Jährigen, in Hamburg z.B. von 23,8% auf 16,7%, in Leipzig von 17,2% auf 12,9%
  (BMI/BMJ 2001: 584). Auch eine Längsschnittuntersuchung in Brandenburg (Sturzbecher 2001; 1997) ergab, dass Gewaltbereitschaft und Gewalthandeln ab Mitte der 90er
  Jahre rückläufig waren.
Deutliche Zunahmen zeigen sich bei Drogenumgang bzw. Drogenkriminalität. Im Hellfeld
nahm die Zahl der Delikte von gut 122 Tsd. (1993) auf gut 278 Tsd. (2004) zu, sank dann bis
2006 auf knapp 244 Tsd. (BKA 2007: 218). Entsprechend stieg die Zahl der Tatverdächtigen
von etwa 150.000 (1996) auf etwa 225 Tsd. in 2005 (2006: etwa 210 Tsd.). Seit Anfang der
1990er Jahre nehmen die Anteile jugendlicher und heranwachsender Tatverdächtiger deutlich zu bis auf gut zwei Fünftel. Das zeigen auch die TVBZ: Die Belastung ist am höchsten
unter Heranwachsenden, dann Jungerwachsenen, gefolgt von älteren Jugendlichen (16 b. u.
18 Jahre) (BKA 2007: 221). Zwar sind Drogendelikte im Hellfeld fast ausschließlich Kontrolldelikte,[24] aber eine Entsprechung zur Dunkelfeldentwicklung wird vermutet: „Die Polizei (…) kann (…) kein großes Hellfeld herstellen, wenn (…) keine erhebliche Drogenszene
existiert" (BMI/BMJ 2006: 302).

In Dunkelfeldstudien stieg die Lebenszeitprävalenz bei illegalen Drogen mit den 1990er
Jahren kontinuierlich und liegt 2004 bei 32% (BZgA 2004). Aktuelle Konsumerfahrung hatten
nach einer bayerischen Schülerstudie gut ein Fünftel der Jugendlichen und knapp drei Zehntel
der Heranwachsenden (Fuchs et al. 2006: 230). Zu den neuen Formen des illegalen Drogenum-
gangs zählen der ‚light trend', Drogen mit weniger starker Wirkung, relativ gut kalkulierbarer
Wirkdauer, ohne körperliche Abhängigkeit, sowie die Tendenz zum sozial integrierten Drogenkonsum. Cannabis scheint die angemessene, jugendtypische Droge. Immer weniger Jugendliche sehen sie als körperlich bzw. psychisch riskant (Kleiber 2000: 13; Kröger et al. 2000: 92).

Zum möglichen Zusammenhang zwischen illegalem Drogenumgang und Kriminalität
hält der Erste Periodische Sicherheitsbericht fest, dass er „nach allen bisherigen Erkennt-

---

23 2006 wurden 22,6% der aufgeklärten Fälle von Handtaschenraub von Konsumenten harter Drogen begangen
    (BKA 2007: 70).
24 Das zeigt auch die hohe Ausklärungsquote von 94,7% in 2006 (BKA 2007: 219).

nissen der Wissenschaft und Erfahrungen der Praxis ganz generell noch deutlich indirekter [ist] als dies bereits beim Alkohol der Fall ist" (BMI/BMJ 2001: 217). Internationale Untersuchungsergebnisse belegen keinen kausaler Zusammenhang zwischen Drogenumgang und Delinquenz (Egg/Rautenberg 1998: 402). Drogenabhängigkeit modifiziert und verstärkt eher vorhandene Delinquenz und Gewalt (Kreuzer et al. 1991; Legge/Bathsteen 2000). Delinquenz und illegaler Drogenumgang sind Bestandteile eines generell devianteren Lebensstils (Reuband 1994).

Ein Problem ist aber auch der intensive Alkoholkonsum (‚binge-drinking', mindestens fünf Flaschen an einem Tag), gerade unter männlichen Jugendlichen: 21% der 14-19-Jährigen und ein Zehntel der 20-29-Jährigen konsumierten im Monat vor der Befragung mindestens einmal so viel (BZgA: 2003: 18 f.). Zwischen 2004 und 2007 nahm intensives Trinken unter Jugendlichen zu von 23% auf 26% (BzGA 2007: 18). Die HBSC-Studie[25] verzeichnet mehr Rauscherlebnisse zwischen 1998 und 2002. 38% hatten im Monat vor der Befragung mindestens eines gehabt, gut ein Zehntel mindestens eines die Woche (Kraus 2005: 26 f.). Aktuell werden ‚Flatrate-Partys', auf denen Gäste einen festen Betrag zahlen und Alkohol nach Belieben trinken können, stark kritisiert, da sie Gelegenheitsstrukturen für intensives Trinken bieten.

7.2 Migrantenkriminalität – (auch) eine Frage der Ehre?

Seit Mitte der 1990er Jahre erlangten vor allem junge Männer mit Migrationshintergrund Aufmerksamkeit. Sie bzw. die Kriminalität, die von ihnen ausgeht, wurde in Teilen der Bevölkerung und in der öffentlichen Meinung als Bedrohung empfunden (Mansel 2001). Gemessen an ihrem Bevölkerungsanteil sind Migranten im Hellfeld überrepräsentiert. Allerdings geht der Tatverdächtigenanteil Nichtdeutscher seit Anfang der 1990er Jahre deutlich zurück von 26,7% (1993) auf 19,3% (2004). Überproportional, aber rückläufig ist auch der Anteil ausländischer Jugendlicher, der zwischen 1993 und 2001 um 10%-Punkte bis auf 17,8% sank (BMI/BMJ 2006: 419). Dabei sind die größere Kontrolldichte bzw. Verfolgungsintensität der Polizei sowie die erhöhte Anzeigebereitschaft in der Bevölkerung bei interethnischen Konflikten zu berücksichtigen. Die Überrepräsentation im Hellfeld relativiert sich, wenn sozialstrukturelle Merkmale beachtet werden (Lamnek 2001: 397): Migranten haben größere Anteile an Jüngeren und Männern; beide Gruppen werden häufiger delinquent als Ältere und Frauen; Migranten wohnen häufiger in Großstädten mit ‚günstigeren' Gelegenheitsstrukturen. Die Überrepräsentation geht dadurch deutlich von Faktor 3,3 auf Faktor 1,7 zurück (Heinz 2004), bleibt aber bestehen, wie Mansel/Albrecht (2003) für NRW belegen.

Jugendliche mit Migrationshintergrund sind auch im Selbstbericht häufiger delinquent, wobei nach Delikten differenziert werden muss: Sie liegen in NRW nur geringfügig über altersgleichen Deutschen, geben aber häufiger Eigentumsdelikte und schwerere Delikte an (Mansel 2001: 304 f.). Gerade unter männlichen jungen Türken liegt die Rate der Mehrfachtäter deutlich (um den Faktor 3,5) höher als bei der deutschen Vergleichsgruppe (Pfeif-

---

25 HBSC: Health Behaviour in School-aged Children, internationale WHO-Studie zur Gesundheit von Kindern und Jugendlichen (11-15 Jahre) in 36 Ländern und Regionen (Hurrelmann et al. 2003).

fer/Wetzels 2000). Dahinter stehen auch der erheblich schlechtere sozioökonomische Status, das schlechtere Bildungsaspirationsniveau, Frustration durch die unzureichende Integration sowie die im Vergleich höhere Gewaltrate in türkischen Familien (2000: 16 ff.). Darüber hinaus geht die Diskussion seit einigen Jahren um die „Kultur der Ehre" als erklärungskräftigen Faktor. Sie muss aber vielleicht „weniger als ‚kulturelles Erbe' (…) sondern eher als ein Ergebnis einer fehlgeschlagenen Integration" gesehen werden (Feltes/Goldberg 2006: 231). So ergab auch die Studie von Tertilt (1997), dass die Gewalt türkischer Migrantenjugendlicher gegen deutsche Jugendliche eine Gegenreaktion auf mangelnde soziale Anerkennung und das daraus resultierende geringe Selbstwertgefühl war. Anfang der 1990er Jahre war Kriminalitätsanstieg unter 18- bis 24-Jährigen Migranten ein Import durch Populationen aus den Bürgerkriegsregionen auf dem Balkan. Zunahmen bis einschließlich des Jugendalters sind eher ‚hausgemacht' und ein Hinweis auf Integrationsdefizite (Steffen 1995: 289). Steffen (2001) kritisiert das einfache „Herunterrechnen" und „Herunterreden" als unangemessene Reaktionen: Es verhindert adäquate, an den Lebensbedingungen ansetzende Präventionsmaßnahmen für die vorhandene Kriminalität (2001: 283).

7.3 Abweichendes Verhalten an Schulen

Normverstöße, mit denen Lehrer seitens ihrer Schüler konfrontiert werden, lassen sich grob drei Bereichen zurechnen: Ein aus Sicht der Schule unangemessenes Verhalten bis hin zu social disorder-Erscheinungen, angefangen von Unterrichtsstörungen (durch lautes Reden, Handybenutzung, Herumlaufen, eigenmächtiges Verlassen des Unterrichtsraumes) und den daraus resultierenden Problemen für eine Lehrkraft, eine pädagogische Situation herzustellen. Die Schüler drücken damit ihre Distanz zu den Erwartungshaltungen der Schule aus und betreiben zudem eine Umdeutung bzw. Umdefinition der Situation: das Klassenzimmer wird zum Ort für jugendtypisches (Freizeit-)Verhalten. Dahinter kann das Eindringen von Jugendkultur in die Schule stehen (Dubet 1997), Anomieerfahrungen oder Perspektivlosigkeit.

Der zweite Bereich ist die eigenmächtige Abwesenheit vom Unterricht: Schulschwänzen bis zur Schulverweigerung. Schwänzen wurde erst Ende der 1990er Jahre als deutliches Problem wahrgenommen: für Schulen, weil Schwänzer gerade mit zunehmender Intensität in mehreren Bereichen ein Problemverhalten zeigen, für die Schwänzer selber, weil sie sich von den konventionellen Anforderungen und Erwartungen, welche die Gesellschaft an sie richtet, immer mehr entfernen, für die Gesellschaft, die einmal die in der Ausbildung Gescheiterten integrieren und zum anderen mit zusätzlichem Problemverhalten (Delinquenz) umgehen muss. Hauptschüler, Schüler aus Schulen für Lernhilfe und Schüler mit Migrationshintergrund weisen im Vergleich erheblich häufiger Fehlzeiten auf; die Werte bewegen sich zwischen etwa einem Fünftel und einem Drittel (Fuchs et al. 2005; Schümer et al. 2002; Wilmers et al. 2002; Wetzels et al. 2000). Schwänzen lässt sich nur begrenzt als Prädiktor für kriminelle Karrieren heranziehen; vielmehr ist davon auszugehen, dass es Bestandteil einer insgesamt von mehr Devianz geprägten Lebensführung ist (dazu: Fuchs et al. 2005).

Der dritte Bereich umfasst die Gewalt von Kindern, Jugendlichen und Heranwachsenden gegen Mitschüler und Lehrer. Dies wird seit Anfang der 1990er Jahre wissenschaftlich untersucht (dazu u.a.: Baier/Pfeiffer 2007; Fuchs et al. 2006, 2001, 1996; Fuchs/Luedtke 2003;

Wilmers et al. 2002; Sturzbecher et al. 2001; Tillmann et al. 1999; Schubarth 1999; Forschungsgruppe Schulevaluation 1998; Funk 1995; Greszik et al. 1995; Schwind et al. 1995).
Die Grundergebnisse sind stichwortartig:

– Verbale Gewalt ist am häufigsten, physische weitaus seltener – etwa gut die Hälfte der
  Schüler wendet keine physische Gewalt an –, besonders körperliche Gewalt ist reziprok.
– Gewalt an Schulen ist häufiger an Haupt-, Förder- und Berufsschulen, dominant „männ-
  lich", passager und geht in hohem Maße auf einen „kleinen harten Kern" zurück.
– Gewalt an Schule ist nach vorliegenden Längsschnittergebnissen eindeutig rückläufig seit
  Ende der 90er Jahre.

8. Wie lässt sich abweichendes Verhalten erklären?

Menschliches Handeln ist multifaktoriell bedingt.[26] Theoretische Ansätze und Modelle beleuchten bestimmte Ausschnitte abweichenden Verhaltens aus einem notwendigerweise
eingeschränkten Blickwinkel – auch wenn die Vertreter einiger Ansätze – in jüngerer Zeit
Gottfredson/Hirschi (1990) mit der „General Theory of Crime" – davon ausgehen, ein umfassendes Erklärungskonzept entwickelt zu haben (zur Kritik: u. a. Ortmann 2006).

Die theoretischen Konzepte lassen sich unterscheiden in ätiologische (Kausalitäten su-
chende) und nicht-ätiologische bzw. interaktionistische (die Normentstehung und Normanwendung betonende) Ansätze (dazu: Lamnek 2007: 106). Zu ersteren zählen die positivisti-
sche Schule des 19. Jahrhunderts – die These vom „geborenen Verbrecher" (Lombroso 1902)
–, die Anomietheorie, Subkulturtheorien, Lern- und Assoziationstheorien, die Kontrolltheo-
rie (Gottfredson/Hirschi 1990) sowie die rational choice-Ansätze zur Devianzerklärung (u.a.
Opp 1982). Nicht-ätiologisch ist der Etikettierungsansatz (labeling approach). In beiden ‚Lagern' steht der sozialökologische Ansatz der Chicago-School: er ist insofern ätiologisch, weil
er in der sozialen und institutionelle Desorganisation den Grund für die hohe Delinquenz der
Migrantenquartiere sieht. Auf der anderen Seite reicht er über die Situationsdeutung (Tho-
mas/Thomas 1928), die Postulate des Symbolischen Interaktionismus (Blumer 1969), den
lerntheoretischen Ansatz von Sutherland (1939) bis in den labeling approach hinein.

Die ätiologischen Ansätze lassen sich unterscheiden in Modelle, die auf der mikrosoziologischen (und psychologischen) Ebene und solche, die auf der makrosoziologischen Ebene
ansetzen (Lamnek 2007: 106). Erstere sehen den Grund in der Abweichung in der Verarbeitung individueller Erfahrungen (Lernprozesse, Verarbeitung von Umwelterfahrungen),
letztere in sozialstrukturellen Ursachen, vor allem dem sozialen Wandel. Beispiele für Mi-
kroansätze sind Lern-, Subkultur- und Konflikttheorien, wogegen Anomietheorien auf der
gesellschaftlichen Makroebene ansetzen. Zu den ‚Klassikern' zählen der Anomieansatz von

---

26 Daran ändern auch finalistische und utilitaristische Ansätze nichts, die versuchen, menschliches Verhalten auf
  ein ökonomisches Kosten-Nutzen-Kalkül und auf das Lust-Unlust-Prinzip als zentrale Verhaltenskomponente
  zurückführen. Nur begrenzt nützlich sind inhaltlich verkürzte Ein-Punkt-Thesen, die relevante Prädiktoren für
  Delinquenz identifizieren wollen.

Durkheim (1998, 1975) und die Diskrepanztheorie von Merton (1968). In ihrem Ansatz zur Erklärung von Gewalt setzen Ende der 80er Jahre Heitmeyer und Mitarbeiter (1995, 1992) von der Grundidee her am Anomieansatz an, erweitern ihn aber um das Konzept der Desintegration.

Konflikttheoretisch ist das Konzept von Connell (1999) zur „hegemonialen Männlichkeit". Die Männlichkeiten sozial dominanter Klassen oder ethnischer Gruppen sind „ermächtigt", die der untergeordneten Klassen „marginalisiert" (Connell 1999: 102). Versuchen marginalisierte Männer, sich vorübergehend und situativ gegenüber dominierenden Männern zu behaupten, kann dies meist nur durch öffentlich sichtbare körperliche Gewalt geschehen, wie großstädtische Jugendbanden zeigen (Connell 1999: 105).

8.1 Anomie- und Desintegrationstheorien

Eine Theorierichtung sieht in der Anomie den Grund für (vermehrtes) abweichendes Verhalten. Anomie bezeichnet allgemein den Zustand von Norm- und Orientierungslosigkeit beim Handeln. Dabei ist zu trennen in Anomie als gesellschaftlichem Zustand – den Durkheim (1988) beschrieb – und Anomia als individuellem Phänomen (dazu: Lamnek 2007: 119).

Durkheim (1973) spricht vom „Zustand der gestörten Ordnung oder Anomie" (1973: 289), der durch die Erosion der (staatlichen) Autorität, sowie der bisherigen gesellschaftlichen Hierarchien gefördert wird. Dadurch geht die mäßigende Wirkung von Disziplin und Moral verloren, es kommt zu Ruhe- und Haltlosigkeit (1973: 312). Die Folge ist mehr abweichendes Verhalten: Kriminalität, (anomische) Selbstmorde. Dahinter steht die Modernisierung der Gesellschaft, die zu raschem ökonomischem und sozialem Wandel führte. Ökonomische Krisen können Teilzusammenbrüche der Solidarität und „anomische Arbeitsteilung" (Durkheim 1988) bewirken. Die Beziehungen zwischen gesellschaftlichen Gruppen sind nicht mehr stabil genug, um Solidarität zu erzeugen (1988: 437). Für Durkheim war der ökonomische Liberalismus per se anomieverdächtig: er steigere ‚unerfüllte Begierden', die nicht mehr durch eine disziplinierende moralische Kontrolle gedämpft würden. Anomie ist daher „eine Art Dauerzustand (…) in der Welt des Handels und der Industrie" (1973: 290).

Ebenfalls auf der Makroebene, nämlich an der sozialen Ungleichheit, setzt die von Merton (1968) entwickelte Diskrepanztheorie an. Er führt abweichendes Verhalten auf die Kluft zwischen gesellschaftlich wertvollen, vom Akteur anerkannten Zielen wie Wohlstand und Erfolg und den beim Akteur vorhandenen legitimen Mitteln zur Zielerreichung zurück. Merton arbeitete fünf Anpassungstypen mit typischen Ziel-Mittel-Diskrepanzen heraus (Tabelle 1). Sie variieren danach, ob die Akteure die Ziele bzw. die Mittel unterstützen, ablehnen oder ersetzen. Der kriminelle Normaltyp ist der Innovateur: Er akzeptiert Wohlstand als Ziel, erreicht es aber durch illegale bzw. illegitime Mittel. Wer die teure Markenjacke besitzen möchte, aber nicht das notwendige Geld zum Kauf hat, erwirbt Hehlerware, begeht Ladendiebstahl, raubt oder erpresst sie.

Typ	legitime Ziele	legitime Mittel
Konformität	akzeptiert	akzeptiert
Innovateur	akzeptiert	abgelehnt
Ritualist	abgelehnt	akzeptiert
Rückzug	abgelehnt	abgelehnt
Rebellion	ersetzt	ersetzt

Tab. 1. Anpassungstypen nach Merton (Quelle: Merton 1968; Lamnek 2007: 120)

Der Ansatz blieb nicht unkritisiert. Albrecht (2002; 1997) hielt ihm die Beschränkung auf die Ziele Erfolg und Wohlstand und damit den fehlenden Bezug zum sozialen Wandel vor. Außerdem gehe die Theorie wegen der Bedeutung der Ressourcen von schichtspezifischen Devianz- und Kriminalitätsraten aus. Empirisch sind aber Alter und Geschlecht die zentralen Kategorien. Ein methodisches Problem ist, dass die empirische Prüfung von Anomie nicht über Individuen erfolgen darf, wenn Anomie als Prädikat der Gesellschaft gesehen wird.

Ende der 80er und in den 90er Jahren wurde der Anomieansatz unter dem Eindruck der Individualisierung wieder aufgegriffen und zum Desintegrationsansatz erweitert (Heitmeyer 1994). Besonders Gewalt wurde zur „Schattenseite der Individualisierung" (Heitmeyer et al. 1995). Auf kultureller Ebene kann Pluralisierung die Legitimation zentraler Normen verringern und beim Einzelnen zur Desorientierung führen. Auf struktureller Ebene kann es gerade unter ressourcenschwächeren Gruppen zu Desorganisationserscheinungen kommen. Sie sind besonders von Exklusion betroffen, die zu Isolation, Handlungsunsicherheit und eingeschränkter Teilnahme an der Gesellschaft führen kann. Gerade Gewalt kann dann ein Mittel zur Selbstdurchsetzung werden, eine Möglichkeit, wieder Verhaltenssicherheit und eine Ordnung zu haben, die Orientierung ermöglicht.

Andere Studien bestätigten das Konzept, aber mit Einschränkungen. Kleinert/de Rijke (2001) zeigen am DJI-Survey, dass soziale Verunsicherung bzw. Desorientierung im Wesentlichen bei männlichen Befragten und gering Gebildeten wirkt. In der Studie von Fuchs et al. (2003) über rechtsextremistische Haltungen unter Jugendlichen hat die Desintegration nur eine begrenzte Erklärungskraft und ist einer unter mehreren Faktoren. Karstedt (2004: 270) kritisiert die „Defizit- und Desintegrationstheorien", weil abweichendes Verhalten weniger ein Zeichen für Desintegration, sondern ein Modus der Integration in ein Kollektiv ist, eine Reaktion auf den Individualismus (2004: 285).

8.2 Abweichendes Verhalten aus sozialökologischer Sicht

Schwerpunkt der stadtsoziologischen Studien der „Chicago School of Sociology" in den 1920er bis 1940er Jahren war die Delinquenz von Jugendlichen und jungen Erwachsenen in den Zuwandererviertel von Chicago. Beispiele sind die Überblicksstudie von Thrasher (1963/[1927]) über Gangs, biographische Forschungen wie „The Jack Roller" (Shaw 1930)

oder die „Street Corner Society" (Whyte 1943). Die Chicago School war einmal mikrosozio-
logisch ausgerichtet (dazu: Cuvillier 1960: 37), zum anderen sozialökologisch und bezog die
sozialstrukturellen Bedingungen der unmittelbaren räumlichen Umwelt, des Wohnviertels,
als relevante Einflussgröße für das Entstehen von (abweichendem) Verhalten ein.

Nach Park (1925) bildet die Großstadt den typischen Lebensraum des modernen Menschen. Sie zu erfassen, heißt, moderne Lebensbedingungen zu erfassen. Großstädte sind
‚soziale Laboratorien', in denen Existenzkämpfe um die lokale Dominanz geführt werden.
Dabei versuchen Gruppen, ökologische Nischen zu besetzen (Lindner 1998). Burgess (1925)
entwickelte einen monozentrischen Erklärungsansatz zur Stadtentwicklung: ein (Geschäfts-)
Zentrum (Loop), eine Übergangszone mit hoher Mobilität (Ghettos), Wohnquartiere der Arbeiterklasse, die Zone der Mittelklassen-Wohnquartiere und die Zone der Pendler („Commu-
ter"). Für die Analyse abweichenden Verhalten interessant ist die Zone mit hoher Mobilität.
Dort konzentrieren sich Armut und Kriminalität, sind Familien häufig desintegriert, ist die
soziale Kontrolle wegen der hohen Mobilität relativ weit zusammengebrochen, bestehen de-
moralisierte Teilgebiete (Friedrichs 1995; Burgess 1925).

Bereits in den frühen Studien wurde das von Thomas/Znaniecki entwickelte Konzept der
sozialen bzw. institutionellen Desorganisation herangezogen, das später auch Lerntheorien
(Cloward/Ohlin 1964) und Subkulturansätze (Cohen 1961) verwendeten. Hohe Gewaltraten
in einem Gebiet lassen sich danach durch soziale Desorganisation erklären: eine große Ar-
mutspopulation, ethnische Heterogenität, hohe Mobilität bewirken sozialisatorische Defizite
und wenig soziale Kontrolle (Shaw/McCay 1942). Delinquenz wird zum Maßstab, inwieweit
eine lokale Gemeinschaft durch Individualisierung und sozialer Desorganisation zerfällt (Park
1970: 106 f.). Zwar machen soziale und ökonomische Benachteiligung eine Schwächung lokaler Institutionen und damit soziale Desorganisation wahrscheinlicher (Groenemeyer 2005:
16), aber es gilt immer, „die sozial-integrativen Kräfte der gruppenspezifischen Netzwerke"
(Karstedt 2000: 37) zu berücksichtigen (siehe auch Platt 2005). Jedoch kann die quartiereige-
ne soziale Integration aus Sicht der Hauptgesellschaft deviant oder delinquent sein.

Inzwischen wurde der sozialökologische Ansatz wieder entdeckt. Dahinter standen veränderte (makrostrukturelle) Rahmenbedingungen, die sich gerade im urbanen Raum bemerkbar machten: mehr soziale Ungleichheit, Armut, prekäre Beschäftigung, die häufig nicht erfolgte Integration von Migranten. Hier konzentriert sich der Wandel, werden Brüche in der
Ungleichheitsstruktur sichtbar, wird Wandel zu einer „physischen Erfahrung", die verunsi-
chern kann (Karstedt 2000: 23 f). Eisner (1997) sieht in der „sozialen Krise der Städte" eine
Ursache für die zunehmende Gewaltkriminalität (1997: 70; 93). Unterstützend wirkte, dass
die Soziologie sich wieder dem ‚Raum' zuwandte mit neuen Ansätzen (Löw 2001, 2006;
Keim 2003), die ‚Raum' als sozial konstruierten Raum entwarfen. Krasmann (1997, 2004)
übertrug Foucaults Konzept der „heterotopischen Räume" auf die Analyse des Umgangs mit
abweichendem Verhalten.

‚Raum' ist ein wichtiges Kriterium bei der Analyse abweichenden Verhaltens. Mit jedem
Raum sind typische Rollenangebote, Motivations- und Identitätszuschreibungen sowie stereotype Annahmen über den Charakter seiner Nutzer verbunden. Bei negativ etikettierten
Quartieren kann der Wohnort zum Stigma werden: den Bewohnern werden pauschal die abweichenden Eigenschaften zugeschrieben, die mit dem Raum in Verbindung gebracht werden. Um ein negatives Image entstehen zu lassen genügt es, dass bestimmte Quartiere als

Zuzugsgebiet für sozial weniger hoch gewertete Populationen gelten (dazu: Häußermann/
Siebel 2002: 32). So werden in Los Angeles Quartiere, die von schwarzer Bevölkerung oder
Hispanics bewohnt werden, deswegen als besonders gefährlich wahrgenommen (Matei et al.
2001: 454). Wacquant (2005) spricht für Frankreich von einer „territorialen Stigmatisierung"
unter ethnischem Blickwinkel: Die Vorstädte werden durch die Zunahme „arabischer" Armut
und Unordnung degradiert (2005: 155).

Die Bedeutung des Raumes zeigt sich auch an delinquenten Peers. Das Spektrum reicht
von „quartiergebundenen Action-Szenen" (Baacke 1991) bis zu Gangs, welche die Kontrolle
über ein bestimmtes Territorium anstreben. Durch Grafitti bekräftigen sie öffentlich sichtbar
ihren Gebietsanspruch, wollen territoriale Überlegenheit ausdrücken und Außenstehenden
zeigen, dass sie nicht willkommene Fremde sind (Alonso 1998: 14, 18).

Um ‚Raum' geht es auch bei der baulich-technischen Raumkontrolle oder der kommu-
nalen Kriminalprävention (dazu: Feltes 2003; Heinz 1997). Damit einher gehen Bemühungen,
auch sozialmoralische Abweichungen zu kontrollieren, wie die Diskussion um ‚soziale Unordnung' im öffentlichen Raum zeigt. Sie stützt sich auf die „broken windows"-These, die
von Wilson/Kelling (1982) „in einem relativ kurzen Aufsatz verarbeitet [wurde], der wohl
der einflussreichste kriminalpolitische Text im ausgehenden 20. Jahrhundert geworden ist"
(Hermann/Laue 2003: 71). Sie erklärt den Prozess des sozialen Niedergangs einer Nachbarschaft über sichtbare Spuren von Verfall und Unordnung, die Vernachlässigung und Desinter-
esse ausdrücken: „One unrepaired broken window is a signal that no one cares, and so brea-
king more windows costs nothing" (Wilson/Kelling 1982); die vermutete Entdeckungs- und
Sanktionswahrscheinlichkeit ist gering, die ausbleibende Sanktion bestärkt (Lamnek 2007).
Das führt zu Unsicherheit, Abwanderungen und zieht Menschen an, deren Erscheinung und
Verhalten Unordnung ausdrückt und bewirkt (Wilson/Kelling 1982). Der empirische Beleg,
dass durch Bekämpfung der ‚kleinen' Kriminalität oder der Ordnungsstörungen ‚große' Kriminalität reduziert werden kann, steht noch aus (Feltes 2001). Aber: „Diese Annahme ist
eingängig und politisch gut zu verkaufen – vor allem in Zeiten, wo es für die tatsächlichen
Probleme der Bürger keine so einfachen Lösungen gibt" (2001: 6).

8.3 Subkulturtheorien

Subkulturansätze reichen bis in die stadtsoziologischen Forschungen der Chicago School
zurück. Sie gehen davon aus, dass es gesellschaftsweit anerkannte Normen und Werte gibt,
denen in gesellschaftlichen Teilbereichen nach Region, Schicht, Ethnie abweichende Normen und Werte gegenüberstehen (können). Die Möglichkeit dafür steigt durch den sozialen
Wandel bzw. die Modernisierung. Die entstehende Normen- und Wertekonkurrenz kann
unter bestimmten Bedingungen zugunsten der abweichenden Vorstellungen gelöst werden.
Nach Cohen (1961) akzeptieren auch Unterschichtjugendliche im Wesentlichen die Mit-
telschichtziele und -normen, unterliegen aber im Statuswettbewerb mit Mittelschichtju-
gendlichen, weil ihnen sozialisatorisch bedingt die nötigen Kompetenzen und Ressourcen
fehlen. Die ‚bürgerliche' Lösung besteht in mehr Frustrationstoleranz, die ausweichende
Lösung ist die Wahl einer anderen Bezugsgruppe mit geringeren Ansprüchen und Zielen,
die deviante Lösung die Bildung einer Subkultur. Sie entwickelt ein System alternativer,

devianter Werte und Normen und neue Statuskriterien (Cohen 1961; Cohen/Short 1968; Lamnek 2007).

Miller (1968) ging von einer „Unterschichtkultur" aus, die bestimmte Einstellungs- und Kompetenzerwartungen an junge Männer richtete. Die jungen Männer versuchen, meist im Cliquenzusammenhang, die hoch bewerteten Ziele und Zustände zu erreichen. Dazu gehören „Härte" (Tapferkeit, Kraft, Demonstration von Männlichkeit), „geistige Wendigkeit" (Cleverness, Gewitztheit, Schlagfertigkeit), „Erregung" (Suche nach Spannung, Risiko, Gefahr), „Schicksal" (Glück oder Pech im Leben haben), „Autonomie" (kein Zwang durch Autoritäten). Die subkulturell geeigneten Mittel wie Gewalt oder Eigentumsdelikte verletzen oft allgemeine gesellschaftliche Normen (1982: 344 ff., 356 ff.).

Der Subkulturansatz ist nicht unproblematisch: Die unterstellte Homogenität der Gruppen ist selten, eine präzise Eingrenzung schwierig (Baacke/Ferchhoff 1993). Auch weisen jugendliche Vergemeinschaftungen selten die Stabilität auf, die für Subkulturen notwendig wäre (dazu: Hitzler et al. 2005). Außerdem bezeichnet Subkultur moralisch wertend die ‚unterhalb' der Gesellschaft stehenden Gruppen und sollte daher nur auf Gruppen angewendet werden, deren Ziele und Lebensführung eindeutig von Delinquenz gekennzeichnet sind wie z.B. (Jugend-)Gangs oder die sog. ‚organisierte Kriminalität'.

8.4 Lern- und Assoziationstheorien

Lern- und Assoziationstheorien gehen davon aus, dass konformes wie auch deviantes Verhalten erlernt wird und prinzipiell jeder die Möglichkeit hat, beides zu lernen (Sutherland 1968b: 396). Konformes und abweichendes Verhalten sind Produkt der Sozialisation, Kleingruppen (Familie, Peers, Nachbarschaftsclique, Schulklasse, usw.) bilden die typischen Lernbereiche. Dabei wirken Verstärkungs- bzw. Vermeidungslernen – negativ sanktioniertes Verhalten wird seltener, positiv sanktioniertes häufiger gezeigt – sowie Modellernen: die Verhaltensweisen eines sozial attraktiven, ‚erfolgreichen' Rollenmodells werden übernommen (Lamnek 2007: 198 ff.). Ein Beispiel ist der Drogenumgang. Haben Eltern einen problematischen Drogenumgang, werden ihre Kinder ebenfalls häufiger problematische Konsumenten (TUdrop 1984). Die Initiation erfolgt bei illegalen Drogen in den Cliquen (Kreuzer 1987). Dort werden Konsumtechniken erlernt, die Motivation, die Wahrnehmung der Substanzwirkung, Rationalisierungen, die den Umgang rechtfertigen. Reuband (1994) belegt in einem lerntheoretischen Modell die Bedeutung der Peers für die Entwicklung von Drogenkarrieren.

Der erste Ansatz war die Theorie der differenziellen Assoziation von Sutherland (erstmals 1939). Personen werden danach deviant, wenn sie durch häufigen und intensiven Kontakt zu devianten Personen lernen, Devianz positiv zu beurteilen (z.B. Ladendiebstahl als gutes und billiges Mittel, an Markenkleidung zu kommen), die notwendigen devianten Techniken und Motive übernehmen und die abweichende Haltung letztlich über die konforme dominiert (Sutherland 1968a: 199). Notwendig sind eine differentielle Organisation (Pluralismus) – der Zugang zu devianten und nicht devianten Gruppen – und die Häufigkeit, Intensität und Bedeutung der abweichenden Kontakte. Kritisiert wurde, dass die Kontakte alleine nicht das Entstehen abweichenden Verhaltens erklären. Der Lernprozess sei komplexer, nur ein begrenzter Ausschnitt von Delinquenz erklärbar und „der Anspruch, eine Person im Span-

nungsfeld verschiedener kriminalitätsfördernder und kriminalitätsvermindernder Einflüsse zu zeigen, (…) [werde] nicht eingelöst" (Lamnek 2007: 213). Ergänzende oder modifizierende Ansätze waren:

- die Theorie der differentielle Verstärkung von Burgess/Akers, die Lern- und Assoziationstheorie verband, um prüfbare Hypothesen zu gewinnen (dazu: Lamnek 2007: 198 ff.). Angenommen wird, dass die Kontakte zu Verhaltensmustern ohne positive bzw. negative Verstärkung nur begrenzt wirksam sind. Abweichung entsteht, wenn deviante Normen mehr verstärkt werden als nicht deviante. Die Wirkung erhöht sich durch Neutralisierungen und ein hohes Deprivationsniveau des Akteurs.

- die Theorie der Differentiellen Gelegenheiten von Cloward/Olin (1964). Theoretisch relativ nahe an der Diskrepanztheorie und dem Subkulturansatz, sehen sie abweichendes Verhalten als rationale Lösung von Anpassungsproblemen und damit eher als Unterschichtenproblem. Die Akteure müssen bereit sein, ihre Anpassungsprobleme in einer delinquenten Subkultur zu lösen (Lamnek 2007: 210). Notwendig ist der Zugang zu illegitimen Mitteln, denn ohne eine entsprechende Lernstruktur, also eine Umwelt, die Delinquenz ermöglicht, wird die Abweichung nicht Teil des Verhaltensrepertoires. Erforderlich sind soziale Kontakte zu Abweichern und dadurch die Distanzierung von konformen Werten und Normen.

- das Konzept der Differentiellen Identifikation von Glaser: Entscheidend ist die Identifikation mit konkreten Personen oder Gruppen, die abweichendes Verhalten billigen oder fordern (Lamnek 2007: 214 f.). Wer delinquent wird, betrachtet sein Verhalten aus der Sicht der delinquenten Person, die zum Vorbild wurde. Der Ansatz bestätigt sich: Unter Hooligans galten erfahrene ‚Kämpfer' als Vorbilder für die Jüngeren, sowohl bei der ‚Einsatzbereitschaft' als auch bei der Begrenzung von Gewalt (Eckert et al. 2001). In amerikanischen Ghettos sind „Ghetto Stars", die durch ein hohes Maß an Gewalt auffallen, für 12-14-jährige Jugendliche Einstellungs- und Verhaltensvorbilder; von ihnen lassen sie sich auch zur Gangmitgliedschaft motivieren (autobiographisch: Scott 1993).

- die Neutralisierungsthese von Sykes/Matza (1968). Angenommen wird, dass auch Delinquente die herrschende Ordnung teilweise anerkennen und daher ihre Delinquenz moralisch rechtfertigen müssen: die Normverletzung soll ohne Schaden für das Selbstbild erfolgen (1982: 364). Das schränkt die Wirksamkeit konformer sozialer Kontrolle ein. Sykes und Matza fanden fünf Muster: Die *Ablehnung der Verantwortung* (der Delinquent sieht sich als Spielball externer Kräfte und Personen), die *Verneinung des Unrechts* (er versucht, das Maß der Verfehlung zu senken durch Euphemismen – ‚Borgen' statt Stehlen – oder Herunterreden – dem Opfer sei kein oder nur geringer Schaden entstanden). Bei der *Ablehnung des Opfers* rechtfertigt sich der Täter damit, dass er durch das Verhalten des Opfers zur Tat ‚herausgefordert' worden sei (typisch bei Vergewaltigungen) oder er will dem Opfer den Status als vollwertiger Mensch absprechen (bei rechtsextremistischen Gewalttätern gegenüber Opfern aus ethnischen Minoritäten oder sozialen Randgruppen). Bei der *Verdammung der Verdammenden* wird den Strafverfolgern das moralische Recht zur Verurteilung abgesprochen. Werterational ist die *Berufung auf höhere Instanzen*. Die Täter rechtfertigen sich, indem sie die partikularistischen Normen und Wertevorstellungen ihrer ethnischen, religiösen, politischen oder allgemein delinquenten Bezugsgruppe über die universalistischen Normen der Gesellschaft stellen (dazu: Lamnek 2007; 2002), z.B. die ‚Ehre' der Familie oder der Clique. Ein aktuelles Beispiel ist der neue transnationale Terrorismus.

8.5   Risikofaktoren aus der Sozialisation

8.5.1 Die Bedeutung der primären Sozialisation

Durch die Sozialisation wird eine Person Mitglied von Gruppen bzw. der Gesellschaft. Dabei erwirbt sie Ressourcen, Fähigkeiten und Einstellungen, die sie funktional, kognitiv und kulturell handlungsfähig machen sollen (Hurrelmann 2002). Dieser Prozess kann in die Gesellschaft hinein, aber auch aus ihr heraus in abweichende soziale Bezüge führen. Die primäre Sozialisation hat dabei eine nicht unerhebliche Bedeutung für das Entstehen von abweichendem Verhalten, wie Gottfredson/Hirschi (1990) in ihrer „General Theory of Crime" betonen. Die familiale Sozialisation beeinflusst danach das Maß an Selbstkontrolle. Delinquente bzw. Kriminelle zeichnen sich gerade durch wenig Selbstkontrolle und den Wunsch nach unmittelbarer und kurzzeitiger Bedürfnisbefriedigung aus (Lamnek 1994: 159 ff.). Risikofaktoren sind danach Eltern mit wenig Selbstkontrolle, uneffektiv und unangemessen strafende Eltern, kinderreiche Familien, Alleinerziehende, die Erwerbstätigkeit von Müttern (weniger Beaufsichtigung, mehr Kontrollprobleme). Der Ansatz wurde deutlich kritisiert. Albrecht (2002) sieht dahinter die Schuldzuschreibung an die Familie und den Versuch, Prävention über ein ‚bürgerliches' Familienmodell zu erreichen.

Gewalt in der Erziehung ist ein realer Risikofaktor. Die Mehrheit der Kinder und Jugendlichen wird körperlich sanktioniert. Anfang der 1990er Jahre erhielten gut zwei Fünftel der Jugendlichen „deftige Ohrfeigen", drei Zehntel eine „Tracht Prügel", etwa ein Achtel bis ein Fünftel wurden mindestens einmal misshandelt (schwere Prügel mit Blutergüssen, Stockschläge) (Bussmann 2005, 2001). Das Risiko steigt, wenn die soziale Lage prekär wird: unsichere Beschäftigung, (Langzeit-)Arbeitslosigkeit, Sozialhilfeempfang können für Eltern zu Stressoren werden, die zusammen mit milieutypischen Gewaltnormen auch schwere Körperstrafen bewirken können (Gelles 2002; BMI/BMJ 2001). Zwar gehen die Körperstrafen langfristig zurück (BMFSFJ/BMJ 2004), aber die Gewalt kann sich verdichten – Eltern wenden mehrere Gewaltformen an (Kuntsche/Wicki 2004) – oder auf psychische Gewalt verlagern, mit unbekannten Langzeitfolgen.

Elterngewalt hat Folgen: Selbstwertgefühl, Konfliktlösungskompetenz und Empathiefähigkeit sinken, Gewaltbereitschaft und Gewalttätigkeit steigen (BMFSFJ/BMI 2004; Wilmers et al. 2002; Mansel 2001). Geschlagene Kinder und Jugendliche lernen am elterlichen Modell, dass physische Gewalt eine scheinbar legitime Konfliktlösungsoption, ein Mittel zur Stressbewältigung, eine Handlungsressource zur Durchsetzung eigener Vorstellungen ist. Außerdem steigert Elterngewalt die Opferwahrscheinlichkeit: Regelmäßig(er) körperlich sanktionierte Schüler haben eine fast viermal höhere Opferbelastung als körperstrafenfrei Erzogene (Lamnek/Luedtke 2006). Eine gewaltlose Erziehung mit Unterstützung und Rückhalt bildet damit in beide Richtungen einen „Schutzfaktor" gegen Delinquenz (Raithel 2002: 63 f.).

8.5.2 Risikofaktor „Männlichkeit"

Zur Sozialisation gehört auch die Entwicklung einer männlichen Geschlechts(rollen)identität. Je nach sozialem Milieu variieren die Orientierungsmuster. Bilden gewaltaffine Männlichkeiten das dominierende Muster, wird es für männliche Jugendliche und jungen Männer des Milieus zum Verhaltensmaßstab, an dem sie die Produktion ihrer Männlichkeit ausrichten. Gerade Gewalt kann aus der Übernahme traditionaler Männlichkeitsmuster der Arbeiterkultur entspringen (Baacke 1993; Müller 2001) oder zur Stabilisierung einer „gefährdeten" Männlichkeit dienen (Findeisen/Kersten 1999). Gerade die, die mangels Ressourcen nur wenig gesellschaftliche Chancen haben und von dem Risiko der Marginalisierung bzw. Exklusion besonders betroffen sind, greifen zur Herstellung des Selbstwertgefühls auf Vorstellungen einer ‚männlichen Ehre' zurück, die mit (fast) allen Mittel erhalten bzw. hergestellt wird (Kersten 1993). (Ritualisierte) Schlägereien sollen den Mut des Akteurs belegen und dienen zur Demonstration und Dokumentation seiner Männlichkeit (Dubet 1997: 221 ff.). Das Muster findet sich bei Hooligans, die sich als ‚Wochenendkrieger' sehen (Eckert et al. 2000) und kennzeichnet Jugendgangs: „Die übersteigerte Männlichkeitskultur ist das eigentlich spezifische in den subkulturellen Gangs" (Lamnek/Schwenk 1995: 69). Bei US-amerikanischen Gangs ist der Zusammenhang zwischen Marginalisierung und gewaltförmiger Männlichkeitsproduktion belegt (Alonso 2004). Auch Gewaltkriminalität von Migrantenjugendlichen beruht mit auf der marginalisierten Position und dem Gefühl, als Person und ‚Mann' sozial entwertet zu sein (Tertilt 1997).

8.6   Der labeling Approach

Mit dem labeling approach erfolgte ein Perspektivwechsel. Er versucht nicht, abweichendes Verhalten bzw. Kriminalität ursächlich zu erklären, sondern macht die Reaktionen der Kontrollinstanzen zum Gegenstand. Angenommen wird, dass ein Abweicher erst durch die Reaktion der Kontrolleure bzw. Kontrollinstanzen zum wirklichen Abweicher (gemacht) wird. Nach Gründen für die primäre Devianz, also das Delikt vor der Definition, wird nicht explizit gesucht. Ein ‚Vorläufer' des Ansatzes ist Sutherland (1939/1924), der Delinquenz als soziales Phänomen betrachtete, theoretische Einflüsse kommen aus dem Symbolischen Interaktionismus (Mead 1934) bzw. der Chicago School (Thomas/Thomas 1931). Prominente Vertreter sind Tannenbaum (1938), der die soziale Reaktion der Umwelt betonte, Lemert (1951), der zwischen primärer und sekundärer Devianz trennte, Becker (1963), der das Risiko des Entstehens abweichender Karrieren und den Prozesscharakter hervorhob, Sack (1972), der den radikalen Ansatz vertritt und Ursachenforschung ablehnte (Lamnek 2007; Albrecht 2002).

Beim Labeling wird eine Norm selektiv auf eine bestimmte Person oder Gruppe angewendet und diese Person oder Gruppe sanktioniert. Die Etikettierung ist besonders wirksam, wenn sie ein sozial mächtiger Normanwender – vor allem Vertreter von Kontrollinstanzen (Richter, Polizisten) – mit großer Definitionsmacht vornimmt. Sie ist dann sozial folgenreicher und es ist wahrscheinlicher, dass die Umwelt das Etikett übernimmt. Daher wird nach Experten- und Laienlabeling unterschieden: Wenn ein Kriminalpsychologe über einen jugendlichen Straftäter sagt, er werde aufgrund seiner Persönlichkeit immer wieder Straftaten

begehen, hat das eine andere Reichweite, als wenn die Aussage von einem Wohnnachbarn kommt. Eine Etikettierung kann sozial sehr folgenreich sein und die soziale Existenz der Gelabelten dauerhaft beeinflussen. Dahinter steht, dass wir uns Menschen und Dingen gegenüber auf Grundlage von Wahrnehmungen und Zuschreibungen verhalten, die interaktiv entstehen und über die Zeit und kulturell variabel sein können (Blumer 1969).[27]

Wer als unangemessen anders gilt, kann Ziel der selektiven Normanwendung bzw. Sanktionierung werden; die ‚Gammler‘ der 1960er Jahre gehören ebenso dazu wie die jungen Migranten der Gegenwart. Mitgliedern von Gruppen, denen ein größeres Maß an Abweichung zugeschrieben wird, werden eher abweichende Motivationen unterstellt und die Umwelt behandelt sie entsprechend. Auch bei gleichem Verhalten erfolgt eine unterschiedliche Wahrnehmung und Behandlung: Einem langhaarigen, etwas ungepflegt wirkenden Mann, der keinen Fahrschein vorweist, wird eher Schwarzfahren als Motivation unterstellt, einer älteren Dame Vergesslichkeit zugebilligt (Lamnek 2007). Auch unterstellte Verhaltensweisen können Bestandteil eines Etiketts werden. Die Judenverfolgung in Europa zeigt dies ebenso wie die Einstellungen gegenüber Langzeitarbeitslosen, Asylbewerbern oder psychisch Kranken. Dadurch werden Personen und Gruppen markiert, definiert, beschrieben, hervorgehoben und abgesondert, es entsteht ein (öffentliches) „Bewusstsein" ihnen gegenüber (Tannenbaum 1938). Ein sozial wirksames Etikett stigmatisiert; die Person weist für die Umwelt ein Merkmal oder Verhalten auf, weswegen sie aus dem Verkehr ausgeschlossen wird (Goffman 1991).

Hier setzt das „Karrieremodell" von Becker (1963) an. Ein Label, z.B. durch eine Strafhaft, reduziert konforme Handlungsmöglichkeiten einer Person und wirkt auf ihr Selbstbild, wenn die soziale Umwelt ihr Verhalten gegenüber der Person am Label ausrichtet. Die realisierbaren Teilhabechancen an der Gesellschaft verringern sich: Gelabelte haben weniger Chancen auf konforme Rollen und einen konformen Status. Passt die Person ihr Handeln an die eingeschränkten Möglichkeiten und das mächtigere Fremdbild an, kann es zu neuerlicher Devianz kommen. Ein Verstärkungskreislauf mit (immer) weniger konformen Handlungsmöglichkeiten und immer mehr Devianz wird ausgelöst. „Einen Menschen zu behandeln, als sei er generell und nicht nur spezifisch abweichend, erzeugt eine sich selbst bestätigende Prophezeiung" (Becker 1963: 30), an deren Ende ein ‚professioneller‘ Abweicher steht. Selbst, wenn der Akteur sein Verhalten in der gewünschten Form ändert, kann das Etikett bleiben: ‚einmal Dieb, immer Dieb‘.

Lemert (1982) kritisierte das Karrieremodell als zu deterministisch und hebt hervor, dass durch die Pluralisierung Zufall und Risiko weitaus wichtiger geworden seien. Vor allem betont er die aktive Leistung des Abweichers. Primäre Devianz (z.B. Schwarzfahren, Cannabiskonsum) hat verschiedene Ursachen. Die Stigmatisierung durch Kontrollinstanzen kann dann Folgedevianz bewirken, die sekundäre Devianz. Sekundär Abweichende richten sich jedoch aktiv im abweichendem Status ein, machen ihn zur Normalität, erwerben die entsprechende Rollenkompetenz und die Motivation zum Spielen der Rollen. Daher ist „sekundäre Devianz in weitem Umfang ein auf Motivation beruhendes Phänomen" (Lemert 1982: 457).

---

27 Das wiederum beruht auf dem ‚Thomas-Theorem‘: „Wenn Menschen Situationen als real definieren, sind sie in ihren Konsequenzen real" (Thomas/Thomas 1928: 572).

Beim Labeling steht die etikettierte Person einer übermächtigen Umwelt gegenüber, was aber nicht heißt, dass sie alternativlos dem Stigma ausgesetzt ist – wenngleich zu fragen ist, ob die Alternativen die Chancen erhöhen, dass die Umwelt den Gelabelten wieder gestattet, als konform wahrgenommen zu werden. Wer etikettiert ist, kann sich sozial zurückziehen und damit den Ausschluss verstärken. Er kann das stigmatisierende Merkmal zu verheimlichen suchen und Identitätspolitik durch „Stigma-Management" (Goffman 1991) betreiben. Dem kann entgegenstehen, dass ein Merkmal öffentlich gemacht wird. So sind z.B. in den USA Name und Wohnort von Personen, die wegen Kindesmissbrauchs verurteilt wurden, per Internet verfügbar. Der Betroffene kann einen offensiven Umgang vornehmen und das diskreditierende Merkmal öffentlich machen; ein Beispiel war das öffentliche Bekenntnis von Prominenten Ende der 1980er Jahre, an AIDS erkrankt zu sein. Eine weitere Möglichkeit sind Zusammenschlüsse mit Personen in gleicher Lage. Sie bedeuten Solidarität, Unterstützung und eine positive Identität, können aber in Subkulturen führen und das Etikett letztlich bestätigen.

Literatur

Aebersold, Peter (2005): Ist Resozialisierung als Ziel des Strafvollzugs noch zeitgemäss? In: Sozial Aktuell, Jg. 37, Nr. 21. 2-6.

Albrecht, Günter (1993): Jugend, Recht und Kriminalität. In: Krüger, Heinz-Hermann (Hrsg.): Handbuch der Jugendforschung. 2. erw. u. akt. Aufl.. Opladen: Leske + Budrich. 495-526.

Albrecht, Günter (1997): Anomie oder Hysterie – oder beides? Die Bundesrepublikanische Gesellschaft und ihre Kriminalitätsentwicklung. In: Heitmeyer, Wilhelm (Hrsg.): Was treibt die Gesellschaft auseinander? Bd. 1, Frankfurt/M.: Suhrkamp. 506-554.

Albrecht, Günter (2001): Einleitung: Gewaltkriminalität zwischen Mythos und Realität. In: Albrecht, Günter/Backes, Otto/Kühnel, Wolfgang (Hrsg.): Gewaltkriminalität zwischen Mythos und Realität. Frankfurt/M.: Suhrkamp. 9-69.

Albrecht, Günter (2002). Soziologische Erklärungsansätze individueller Gewalt und ihre empirische Bewährung. In: Heitmeyer, Wilhelm/Hagan, John (Hrsg.): Internationales Handbuch der Gewaltforschung. Wiesbaden: Westdeutscher Verlag. 763-818.

Albrecht, Hans-Jörg (1995): Wird die Jugend immer gewalttätiger? In: Bundesministerium der Justiz (Hrsg.): Das Jugendkriminalrecht als Erfüllungsgehilfe gesellschaftlicher Erwartungen? 3. Kölner Symposium. Bonn: Forum-Verlag. 160-177.

Alonso, Alex (1998): Urban graffiti on the city landscape. Paper presentation, Western Graduate Geography Conference, San Diego, CA. http://www.streetgangs.com/academic/alonsograffiti.pdf, [05.07.06]

Alonso, Alex (2004): Racialized identities and the formation of black gangs in Los Angeles. In: Urban Geography, 25. 658-674.

Andros, Phil/Stewart, Samuel (2001): Bad Boys and Tough Tattoos: A Social History of the Tattoo With Gangs, Sailors and Street-Corner Punks, 1950-1965. Harrington Park Press.

Baacke, Dieter (1991): Jugendstil um 1900 und Hippiebewegung. Zwischen historischer Bewegung und bleibenden Strukturen. In: Baacke, Dieter/Lienker, Heinrich/Schmölders, Ralf/Volkmer, Ingrid (Hrsg.): Jugend 1900-1970. Opladen: Leske + Budrich. 106-124.

Baacke, Dieter (1993): Jugend und Jugendkulturen. Darstellung und Deutung. Weinheim: Juventa-Verlag.

Baacke, Dieter/Ferchhoff, Wilfried (1993): Jugend und Kultur. In: Krüger, Heinz-Hermann (Hrsg.): Handbuch der Jugendforschung. 2. erw. u. akt. Aufl.. Opladen: Leske + Budrich. 403-445.

Baier, Dirk/Pfeiffer, Christian (2007): Gewalttätigkeit bei deutschen und nichtdeutschen Jugendlichen. Befunde der Schülerbefragung 2005 und Folgerungen für die Prävention. KfN-Forschungsbericht Nr. 100. Hannover.

Bauman, Zygmunt (1996): Gewalt – modern und postmodern. In: Miller; Max/Soeffner, Hans-Georg (Hrsg.): Modernität und Barbarei. Frankfurt/M.: Suhrkamp. 36-67.

Becker, Howard S. (1967): Outsiders. New York: The Free Press.

Blumer, Herbert (1969): Symbolic Interactionism. Perspective and Method. Englewood Cliffs.

Boers, Klaus (Hrsg.) (2007): Delinquenz im Jugendalter. Erkenntnisse einer Münsteraner Längsschnittstudie. Münster.

Boers, Klaus/Gutsche, Güter/Sessar, Klaus (Hrsg.) (1997): Soziale Umbruch und Kriminalität in Deutschland. Opladen: Westdeutscher Verlag.

Boers, Klaus/Kurz, Peter (2000): Schule, Familie, Einstellungen, Lebensstile, delinquentes und abweichendes Verhalten von Schüler. Erste Ergebnisse der Münsteraner Schulbefragung 2000. Münster (Ms.).

Brand, Karl-Werner/Büsser, Detlef/Rucht, Dieter (1986): Aufbruch in eine andere Gesellschaft. Frankfurt/M.: Campus.

Brandfaß, Ulrike/Grieger, Katja/Kavemann, Barbara/Rabe, Heike (2005): Gemeinsam gegen häusliche Gewalt. Kooperation, Intervention, Begleitforschung. Forschungsergebnisse der Wissenschaftlichen Begleitung der Interventionsprojekte gegen häusliche Gewalt (WiBIG). Hrsg.: BMFSFJ). Unter: www.bmfsfj.de.

Bundeskriminalamt (BKA) (2005): Polizeiliche Kriminalstatistik 2004. Wiesbaden. Unter: www.bka.de.

Bundeskriminalamt (BKA) (2006): Daten zur Rauschgiftkriminalität 2005 in Deutschland. Zusammenfassung. Wiesbaden. Unter: www.bka.de.

Bundeskriminalamt (BKA) (2007): Polizeiliche Kriminalstatistik 2006. Wiesbaden. Unter: www.bka.de.

Bundesministerium des Inneren/Bundesministerium der Justiz (BMI/BMJ) (Hrsg.) (2001): Erster Periodischer Sicherheitsbericht (PSB). (Langfassung) Berlin.

Bundesministerium des Inneren/Bundesministerium der Justiz (BMI/BMJ) (Hrsg.) (2006): Zweiter Periodischer Sicherheitsbericht (PSB). (Langfassung) Berlin.

Bundesministerium für Familie, Frauen, Senioren und Jugend (BMFSFJ) (Hrsg.) (2004): Lebenssituation, Sicherheit und Gesundheit von Frauen in Deutschland. Zusammenfassung zentraler Studienergebnisse. Berlin. (unter: www.bmfsfj.de).

Bundesministerium für Familie, Senioren, Frauen und Jugend/Bundesministerium der Justiz (Hrsg.) (2004): Gewaltfreie Erziehung. Eine Bilanz nach Einführung des Rechts auf gewaltfreie Erziehung (wissenschaftliche Beratung: Bussmann, Kai-D.)

Bundeszentrale für gesundheitliche Aufklärung (BZgA) (2002): Jugendsexualität: Wiederholungsbefragung von 14–17-Jährigen und ihren Eltern, Ergebnisse der Repräsentativbefragung 2001. Köln. Unter: http://www.bzga.de/pdf.php?id=ab480ab64494cb393c5c0cc3f8a1e181

Bundeszentrale für gesundheitliche Aufklärung (BZgA) (2003): Bekanntheit, Lauf und Konsum von Alkopops in der Bundesrepublik Deutschland. Köln. (download unter: www.bzga.de/studien).

Bundeszentrale für gesundheitliche Aufklärung (BzGA) (2007): Alkoholkonsum der Jugendlichen in Deutschland 2004 bis 2007. Kurzbericht, Juni 2007. Köln. Unter: http://www.bzga.de/pdf.php?id=64967b04ac33def94dad871cd7e63d8c

Burgess, E.W. (1925): The Growth of the City: An Introduction to a Research Project. In: Park, Robert/Burgess, Ernest W./MacKenzie, Roderick D. (Eds.): The City. Chicago: The University of Chicago Press. 47-62.

Bussmann, Kai (2001): Recht und Praxis gewaltfreier Erziehung – Zu den Chancen eines rechtlichen Gewaltverbots in der Familie aus internationaler und kriminologischer Perspektive. In: BMFSFJ (Hrsg.): Gewaltfreies Erziehen in Familien. Materialien zur Familienpolitik Nr. 8. Berlin. 30-46.

Bussmann, Kai (2005): Report über die Auswirkungen des Gesetzes zur Ächtung der Gewalt in der Erziehung. Vergleich der Studien von 2001/2002 und 2005. Unter: http://www.bmj.bund.de/files/-/1375/Bussmann%20Report.pdf (06.09.2006)

Cloward, Richard/Ohlin, L. (1964): Delinquency and opportunity: A theory of delinquent gangs. Glencoe: The Free Press.

Cohen, Albert (1966): Delinquent Boys: The Culture of the Gang. New York: The Free Press.

Cohen, Albert/Short, James (1968): Zur Erforschung delinquenter Subkulturen. In: Sack, Fritz/König, René (Hrsg.): Kriminalsoziologie. Frankfurt/M.: Akademische Verlagsgesellschaft. 372-394.

Connell, Robert W. (1999): Der gemachte Mann. Konstruktion und Krise von Männlichkeiten. Opladen: Leske + Budrich.

Cuvillier, Armand (1960): Kurzer Abriss der soziologischen Denkweise. Stuttgart: Enke-Verlag.

Dubet, François (1997): Die Logik der Jugendgewalt. Das Beispiel der französischen Vorstädte. In: Throta, Trutz von (Hrsg.): Soziologie der Gewalt. Kölner Zeitschrift für Soziologie und Sozialpsychologie, Sonderheft 37. Opladen: Westdeutscher Verlag. 220-234.

Dünkel, Frieder (2003): Entwicklung der Jugendkriminalität und des Jugendstrafrechts in Europa – ein Vergleich. In: Riklin, Franz (Hrsg.): Jugendliche, die uns Angst machen. Was bringt das Jugendstrafrecht? Luzern: Caritas-Verlag. 50-124. Unter: http://www.rsf.uni-greifswald.de/fileadmin/mediapool/lehrstuehle/duenkel/Entw_JKr_Europa.pdf

Durkheim, Emile (1961): Regeln der soziologischen Methode. Neuwied: Hermann Luchterhand Verlag.

Durkheim, Emile (1973): Der Selbstmord. Neuwied: Hermann Luchterhand Verlag.

Durkheim, Emile (1988): Über soziale Arbeitsteilung. 2. Aufl., Frankfurt/M.: Campus.

Eckert, Roland/Reis, Christa/Wetzstein, Thomas (2000): „Ich will halt anders sein wie die anderen". Abgrenzung, Gewalt und Kreativität bei Gruppen Jugendlicher. Opladen: Leske + Budrich.

Eckert, Roland/Reis, Christa/Wetzstein, Thomas (2001): Lust an der Gewalt. In: Journal für Konflikt- und Gewaltforschung, Jg. 3, H. 1. 28-43.

Eder, Klaus (1986): Die Zivilisierung staatlicher Gewalt. Eine Theorie der modernen Strafrechtsentwicklung. In: Neidhardt, Friedhelm (Hrsg.): Sonderband 27, Kölner Zeitschrift für Soziologie und Sozialpsychologie, Opladen: Westdeutscher Verlag. 232-262.

Egg, Rudolf (2006): Sexualkriminalität. Über den gesellschaftlichen Umgang mit dem Bösen. In: Obergfell-Fuchs, Joachim/Brandenstein, Martin (Hrsg.): Nationale und internationale Entwicklungen in der Kriminologie. Festschrift für Helmut Kury zum 65. Geburtstag. Frankfurt/M.: Verlag für Polizeiwissenschaft. 557-579.

Egg, Rudolf/Rautenberg, M. (1998): Drogenmissbrauch und Kriminalität – Ergebnisse einer vergleichenden Literaturanalyse. In: Sucht, Jg. 44, H. 6. 399-406.

Eisner, Manuel (1997): Das Ende der zivilisierten Stadt? Die Auswirkungen von Modernisierung und urbaner Krise auf die Gewaltdelinquenz. Frankfurt/M.: Campus-Verlag

Elias, Norbert (1991): Über den Prozess der Zivilisation. 16. Aufl., Bd. 2. Frankfurt/M.: Suhrkamp

Elias, Norbert (1993): Was ist Soziologie? 7. Aufl. Weinheim: Juventa.

Elsner, Erich/Molbar, Hans (LKA Bayern/Kriminologische Forschungsgruppe der Bayerischen Polizei (KFG)) (2001): Kriminalität Heranwachsender und Jungerwachsener in München. München: KFG, Bayerisches Landeskriminalamt.

Elsner, Erich/Steffen, Wiebcke/Stern, Gerhard (LKA Bayern/Kriminologische Forschungsgruppe der Bayerischen Polizei (KFG)) (1998): Kinder- und Jugendkriminalität in München. München: KFG, Bayerisches Landeskriminalamt.

Farin, Klaus (2006): Jugendkulturen in Deutschland 1990-2005. Bonn: Bundeszentrale für politische Bildung.

Feltes, Thomas (2001): „Community Policing" – ein polizeipolitisches Modell für Europa? In: Fehervary, J./Stangl, Eolfgang (Hrsg.): Regionalisierung und Internationalisierung der Sicherheitsexekutive. Wien: Universitätsverlag.

Feltes, Thomas (2003): Gewalt in der Schule. Ursachen, Risikofaktoren und Interventionsmöglichkeiten. In: Landeszentrale für politische Bildung Baden-Württemberg (Hrsg.): Sicherheit und Kriminalität. Der Bürger im Staat, Jg. 53, H. 1. 32-38.

Feltes, Thomas/Goldberg, Brigitta (2006): Selbstberichtete Delinquenz, Viktimisierung und Verbrechensfurcht bei Schülern mit und ohne Migrationshintergrund – Erghebnisse einer Befragung von 4.000 Bochumer Schülerinnen und Schülern. In: Obergfell-Fuchs, Joachim/Brandenstein, Martin (Hrsg.): Nationale und internationale Entwicklungen in der Kriminologie. Festschrift für Helmut Kury zum 65. Geburtstag. Frankfurt/M.: Verlag für Polizeiwissenschaft. 203-237.

Findeisen, Hans Volkmar/Kersten, Joachim (1999): Der Kick und Die Ehre. München: Beck.

Forschungsgruppe Schulevaluation (1998): Gewalt als soziales Problem in Schulen. Untersuchungsergebnisse und Präventionsstrategien. Opladen: Leske + Budrich.

Foucault, Michel (1994):Überwachen und Strafen. 6. Aufl., Frankfurt/M.: Suhrkamp

Frehsee, Detlef/Bussmann, Kai-D. (1994): Zur Bedeutung des Rechts in Familien. Der Rechtsstatus von Kindern und Gewalt gegen Kinder. In: Zeitschrift für Rechtssoziologie, Jg. 15, H. 2. 153-168.

Frehsee, Detlev (1992): Die staatliche Förderung familiärer Gewalt an Kindern. In: KrimJ, Jg. 24, H. 1. 37-49.

Friedrichs, Jürgen (1995): Stadtsoziologie. Opladen: Westdeutscher Verlag.

Frohmann, Matthias (2003): Aspekte einer körperbezogenen Jugendsoziologie. In: Mansel, Jürgen/Griese, Hartmut/Scherr, Albert (Hrsg.): Theoriedefizite der Jugendforschung. Weinheim: Juventa. 144-156.

Fuchs, Marek/Lamnek, Siegfried/Luedtke, Jens (2001): Tatort Schule. Gewalt an Schule 1994-1999. Opladen: Leske + Budrich.

Fuchs, Marek/Lamnek, Siegfried/Luedtke, Jens/Baur, Nina (2006): Gewalt an Schulen 1994-1999-2004. Wiesbaden: VS Verlag.

Fuchs, Marek/Lamnek, Siegfried/Wiederer, Ralf (2003): Querschläger. Jugendliche zwischen rechter Ideologie und Gewalt. Opladen: Leske + Budrich.

Fuchs, Marek/Luedtke, Jens (2003): Gewalt und Kriminalität an Schulen. In: Mansel, Jürgen/Raithel, Jürgen (Hrsg.): Kriminalität und Gewalt im Jugendalter. Hell- und Dunkelfeldbefunde im Vergleich. Weinheim: Juventa, S. 161-181.

Funk, Albrecht (2002): Staatliches Gewaltmonopol und Kriminalpolitik. In: Heitmeyer, Wilhelm/Hagan, John (Hrsg.): Internationales Handbuch der Gewaltforschung. Wiesbaden: Westdeutscher Verlag. 1314-1338.

Funk, Walter (Hrsg.) (1995): Nürnberger Schüler-Studie 1994: Gewalt an Schulen. Regensburg: Roderer.

Gadd, David/Farrall, Stephen/Dallimore, Damian/Lombard, Nancy (2002): Domestic Abuse Against Men in Scotland. Scottish Executive Central Research Unit. Edinburgh.

Gaupp, Nora/Braun, Frank (2007): Schulverweigerung: Einstieg in eine Kriminalitätskarriere? In: Dessecker, Axel (Hrsg.): Jugendarbeitslosigkeit und Kriminalität. Kriminologie und Praxis, Bd. 50, durchges. u. akt. Aufl. Wiesbaden: Schriftenreihe der Kriminologischen Zentralstelle. 99-116.

Gelles, Richard (2002): Gewalt in der Familie. In: Heitmeyer, Wilhelm/Hagan, John (Hrsg.): Internationales Handbuch der Gewaltforschung. Wiesbaden: Westdeutscher Verlag. 1043-1077.

Giesen, Bernhard (1996): Die Struktur des Barbarischen. In: Miller, Max/Soeffner, Hans-Georg (Hrsg.): Modernität und Barbarei. Frankfurt/M.: Suhrkamp. 118-129.

Goffman, Erwing (1973): Asyle. Über die soziale Situation psychiatrischer Patienten und anderer Insassen. Frankfurt/M.: Suhrkamp.

Goffman, Erwing (1980): Rahmenanalyse. Frankfurt/M.: Suhrkamp.

Goffman, Erwing (1991): Asyle. Über die soziale Situation psychiatrischer Patienten und anderer Insassen. Frankfurt/M.: Suhrkamp.

Görgen, Thomas/Herbst, Sandra/Rabold, Susann (2006): Kriminalitäts- und Gewaltgefährdung im höheren Alter und in der Pflege. KfN-Forschungsberichte Nr. 98. Hannover.

Gottfredson, M. R./Hirschi, Travis (1990): A General Theory of Crime. Stanford: Stanford University Press.

Greszik, Bethina/Hering, Frank/Euler, Harald A. (1995): Gewalt in den Schulen. Ergebnisse einer Befragung in Kassel. In: Zeitschrift für Pädagogik, Jg. 41, H. 2. 265-284.

Groenemeyer, Axel (2005): Ordnungen der Exklusion – Ordnungen der Gewalt. Eine Frage der Ehre. In: Soziale Probleme, Jg. 16. 5-40.

Haferkamp, Hans (1980): Herrschaft und Strafrecht. Opladen: Westdeutscher Verlag.

Hall, Douglas Kent (1997): Prison Tattoos. St. Martin's Press.

Häußermann, Hartmut/Siebel, Walter (2002): Die Mühen der Differenzierung. In: Löw, Martina (Hrsg.): Differenzierungen des Städtischen. Opladen: Leske + Budrich. 27-67.

Heinz, Wolfgang (1997): Kriminalprävention auf kommunaler Ebene – Zugleich ein Bericht aus dem Pilot- und Begleitforschungsprojekt „Kommunale Kriminalprävention in BadenWürttemberg". In: DVJJ-Journal, Jg. 8, H.2.155-162.

Heinz, Wolfgang (2002): Kriminalität von Deutschen nach Alter und Geschlecht. Konstanz. (Internet-Publikation: www.uni-konstanz.de/rtf/kik, Stand: 5/2002).

Heinz, Wolfgang (2004): Kommunale Kriminalprävention aus wissenschaftlicher Sicht. In: Kerner, Hans-Jürgen/ Marks, Erich (Hrsg.): Internetdokumentation Deutscher Präventionstag. Hannover. http://www.praeventionstag.de/content/9_praev/doku/heinz/index_9_heinz.html

Heinz, Wolfgang (2006): Das strafrechtliche Sanktionensystem und die Sanktionierungs praxis in Deutschland 1882 – 2004. Stand: Berichtsjahr 2004 Version: 1/2006. Konstanzer Inventar Sanktionsforschung 2006. unter: http://www.uni-konstanz.de/rtf/kis/sanks04.pdf.

Heinz, Wolfgang (2006a): Zum Stand der Dunkelfeldforschung in Deutschland. In: Obergfell-Fuchs, Joachim/Brandenstein, Martin (Hrsg.): Nationale und internationale Entwicklungen in der Kriminologie. Festschrift für Helmut Kury zum 65. Geburtstag. Frankfurt/M.: Verlag für Polizeiwissenschaft. 241-263.

Heitmeyer, Wilhelm (1994): Das Desintegrations-Theorem. Ein Erklärungsansatz zu fremdenfeindlich motivierter, rechtsextremistischer Gewalt und zur Lähmung gesellschaftlicher Institutionen. In: Heitmeyer, Wilhelm (Hrsg.): Das Gewalt-Dilemma. Frankfurt/M.: Suhrkamp. 29-69.

Heitmeyer, Wilhelm et al. (1992): Die Bielefelder Rechtsextremismus-Studie. Eine Langzeituntersuchung zur politischen Sozialisation männlicher Jugendlicher. Weinheim: Juventa.

Heitmeyer, Wilhelm et al. (1995): Gewalt. Schattenseiten der Individualisierung bei Jugendlichen aus unterschiedlichen Milieus. Weinheim: Juventa.

Hermann, Dieter/Laue, Christian (2003): Ein populäres kriminalpolitisches Konzept: Kommunale Kriminalprävention. In: Landeszentrale für politische Bildung Baden-Württemberg (Hrsg.): Der Bürger im Staat, Jg. 53, H. 1: Sicherheit und Kriminalität. Stuttgart. 70-76.

Hessisches Landeskriminalamt (2005): Jahresbericht häusliche Gewalt für Hessen 2004. Wiesbaden.

Hitzler, Ronald/Bucher, Thomas/Niederbacher, Arne (2005): Leben in Szenen. Formen jugendlicher Vergemeinschaftung heute. 2. Aufl., Wiesbaden: VS Verlag.

Hosser, Daniela/Greve, Werner (2002): Entwicklung junger Männer in Strafhaft: Zwischen Anpassung und Widerstand. In: DVJJ-Journal, Jg.13. 429-434.

Hübner-Funk, Sibylle (2003): Wie entkörperlicht ist die Jugend der Jugendsoziologie? In: Mansel, Jürgen/Griese, Hartmut/Scherr, Albert (Hrsg.): Theoriedefizite der Jugendforschung. Weinheim: Juventa. 67-74.

Hurrelmann, Klaus (2002): Sozialisationstheorien. Weinheim: Beltz.

Hurrelmann, Klaus/Klocke, Andreas/Melzer, Wolfgang/Ravens-Sieberer, Ulrike (2003): WHO-Jugendgesundheitssurvey – Konzept und ausgewählte Ergeb-nisse für die Bundesrepublik Deutschland. Unter: http://www.hbsc-germany.de/pdf/artikel_hurrelmann_klocke_melzer_urs.pdf (download: 12.12.2003)

Hurrelmann, Klaus/Ulich, Dieter (2002): Gegenstands- und Methodenfragen der Sozialisationsforschung. In: Hurrelmann, Klaus/Ulich, Dieter (Hrsg.): Neues Handbuch der Sozialisationsforschung. 4. völlig neub. Aufl., Weinheim: Beltz. 3-20.

Innenministerium NRW (2005) Zahlen „Häusliche Gewalt 2004". Düsseldorf.

Jehle, Jörg-Martin/Heinz, Wolfgang/Sutterer, Peter (2003): Legalbewährung nach strafrechtlichen Sanktionen. Eine kommentierte Rückfallstatistik. (Hrsg.: Bundesministerium der Justiz). Berlin.

Kaiser, Günter (1978): Strafrechtssoziologie – Dimension oder Partitur der Kriminologie? Kriminologie vor dem Tribunal kritisch-radikaler Kriminologen. In MschKrim 62. 50-62.

Kaiser, Günter (2006): Wo steht die Kriminologie, wo geht sie hin? In: Obergfell-Fuchs, Joachim/Brandenstein, Martin (Hrsg.): Nationale und internationale Entwicklungen in der Kriminologie. Festschrift für Helmut Kury zum 65. Geburtstag. Frankfurt/M.: Verlag für Polizeiwissenschaft. 19-34.

Karstedt, Susanne (2000): Der urbane Raum als Zentrum sozialer Prozesse. In: Ludwig-Mayerhofer, Wolfgang (Hrsg.): Soziale Ungleichheit, Kriminalität und Kriminalisierung. Opladen: Leske + Budrich. 23-47.

Karstedt, Susanne (2004): Typen der Sozialintegration und Gewalt: Kollektivismus, Individualismus und Sozialkapital. In: Heitmeyer, Wilhelm/Soeffner, Kurt-Georg (Hrsg.): Gewalt. Frankfurt/M.: Suhrkamp. 269-292.

Keim, Karl-Dieter (2003): Das Fenster zum Raum. Opladen: Leske + Budrich.

Kepplinger, Hans Mathias (2002): Öffentliche Meinung und Gewalt. In: Heitmeyer, Wilhelm/Hagan, John (Hrsg.): Internationales Handbuch der Gewaltforschung. Wiesbaden: Westdeutscher Verlag. 1423-1440.

Kerner, Hans-Jürgen (1973): Verbrechenswirklichkeit und Strafverfolgung. Erwägungen zum Aussagewert der Kriminalstatistik. München: Goldmann.

Kersten, Joachim (1993): Jugendgangs und Männlichkeit in Australien; Japan und Deutschland: Kulturvergleichende Betrachtungen. In: Jahrbuch der Kindheit, Jg. 10. 74-86.

Kersten, Joachim (1997): Risiken und Nebenwirkungen: Gewaltorientierungen und die Bewerkstelligung von „Männlichkeit" und „Weiblichkeit" bei Jugendlichen der underclass. In: Krasmann, Susanne/Scheerer, Sebastian (Hrsg.): Die Gewalt in der Kriminologie. Kriminologisches Journal, 6. Beiheft. Weinheim: Juventa. 103-114.

Klages, Helmut (2001): Werte und Wertewandel. In: Schäfers, Bernhard/Zapf, Wolfgang (Hrsg.): Handwörterbuch zur Gesellschaft Deutschlands. 2. erw. u. akt. Aufl.. Opladen: Leske + Budrich. 726-737.

Kleiber, Dieter (2000): Cannabiskonsum in Deutschland. Entwicklungstendenzen und gesundheitliche Auswirkungen. In: Schneider, W./Buschkamp, R./Follmann, A. (Hrsg.): Cannabis – eine Pflanze mit vielen Facetten. Berlin: Verlag für Wissenschaft und Bildung. 11-34.

Kleinert, Cornelia/Kijke, Johann de (2001): Rechtsextreme Orientierungen bei Jugendlichen und jungen Erwachsenen. In: Schubarth, Wilfried/Stöss, Richard (Hrsg.): Rechtsextremismus in der Bundesrepublik Deutschland. Eine Bilanz. Opladen: Leske + Budrich. 167-198.

König, René (1974): Die Familie der Gegenwart. Ein interkultureller Vergleich. München: Beck.

Krasmann, Susanne (1997): Andere Orte der Gewalt. In: Krasmann, Susanne/Scheerer, Sebastian (Hrsg.): Die Gewalt in der Kriminologie. Kriminologisches Journal, 6. Beiheft. Weinheim: Juventa. 85-102.

Krasmann, Susanne (2004): Die Materialität der Gewalt. In: Kriminologisches Journal 36. 109-126.

Kreuzer, Arthur (1987): Jugend – Drogen – Kriminalität. 3. Aufl., Neuwied: Luchterhand.

Kreuzer, Arthur/Römer-Klees, R./Schneider, H. (1991): Beschaffungskriminalität Drogenabhängiger. BKA-Forschungsreihe BD. 24, Wiesbaden.

Kröger, Ch./Künzel, J./Bühringer, G. (2000): Repräsentative Befragung von Mitgliedern der Techno-Szene in Bayern. Drogenkonsum, Risikobewußtsein und Freizeitverhalten. In: Bundeszentrale für gesundheitliche Aufklärung (BZgA) (Hrsg.): Prävention des Ecstasykonsums. Empirische Forschungsergebnisse und Leitlinien. 3. Aufl., Köln: BzgA.

Kuntsche, Emanmuel/Wicki, M. (2004): Wenn Eltern ihre Kinder schlagen – Veränderungen elterlicher Gewaltanwendung und Zusammenhänge mit dem Gewaltverhalten Jugendlicher von 1998 bis 2002 in der Schweiz. In: Psychologie in Erziehung und Unterricht, Jg. 51. 189-200.

Kunz, Karl-Ludwig (2006): Kriminologie. Eine Grundlegung. 4. Aufl. Bern: Haupt-Verlag.

Kvinnoforum (Ed.) (2005): Honour Related Violence European Resource Book and Good Practice Based on the European Project ‚Prevention of violence against women and girls in patriarchal families'. Herunterladbar unter: www.kvinnoforum.se/PDF/HRV2005.pdf).

Lamnek, Siegfried (1994): Neue Theorien abweichenden Verhaltens. München: Fink.

Lamnek, Siegfried (2000): Jugendgewalt in unserer Gesellschaft. In: Gegenwartskunde, Jg. 49, H. 2. 237-264.

Lamnek, Siegfried (2001): Kriminalität. In: Schäfers, Bernhard/Zapf, Wolfgang (Hrsg.): Handwörterbuch zur Gesellschaft Deutschlands. Opladen: Leske + Budrich. 392-402.

Lamnek, Siegfried (2002): Individuelle Rechtfertigungsstrategien von Gewalt. In: In: Heitmeyer, Wilhelm/Hagan, John (Hrsg.): Internationales Handbuch der Gewaltforschung. Wiesbaden: Westdeutscher Verlag. 1379-1396.

Lamnek, Siegfried (2007): Theorien abweichenden Verhaltens. 8. Aufl., München: Fink.

Lamnek, Siegfried/Luedtke, Jens (2006): Opfer elterlicher Gewalt – Opfer von Gewalt in der Schule? In: Obergfell-Fuchs, Joachim/Brandenstein, Martin (Hrsg.): Nationale und internationale Entwicklungen in der Kriminologie. Festschrift für Helmut Kury zum 65. Geburtstag. Frankfurt: Verlag für Polizeiwissenschaft. 139-167.

Lamnek, Siegfried/Schwenk, Otto (1995): Die Marienplatz-Rapper. Zur Soziologie einer Großstadt-Gang. Pfaffenweiler: Centaurus-Verlag.

Land Brandenburg, Ministerium des Inneren (2005): Lagebild „Häusliche Gewalt" Land Brandenburg 2004. erstellt durch: LKA Brandenburg.

Legge, Inge/Bathsteen, Michael (2000): Einfluss des Methadonprogramms auf die Delinquenzentwicklung polizeibekannter Drogenkonsument/innen. Hamburg: LKA

Legnaro, Aldo (1997): Konturen der Sicherheitsgesellschaft: Eine polemisch-futurologische Skizze. In: Leviathan, Jg. 1997. 271-284.

Lehne, Werner (1998): Zu den Konstruktionsprinzipien der polizeilichen Kriminalitätsstatistik am Beispiel der Jugendkriminalität. In: Breyvogel, Wilfried (Hrsg.): Stadt, Jugendkulturen und Kriminalität. Berlin: J. H. W. Dietz Nachf. 153-171.

Lemert, Edwin (1951): Social pathology: Systematic approaches to the study of sociopathic behavior. New York: McGraw-Hill

Lemert, Edwin (1982): Der Begriff der sekundären Devianz. In: Sack, Fritz/Lüderssen, Klaus (Hrsg.): Seminar abweichendes Verhalten I, Frankfurt/M.: Suhrkamp. 433-476.

Lenz, Karl (1990): Mehr Chancen, mehr Risiken.: Zum Wandel der Jugendphase in der Bundesrepublik. In: Hettlage, Robert (Hrsg.): Die Bundesrepublik. Eine historische Bilanz. München: Beck. 215-233.

Lindner, Werner (1998): Die „sichere Stadt" zwischen urban control und urbaner Kompetenz. In: Breyvogel, Wilfried (Hrsg.): Stadt, Jugendkulturen und Kriminalität. Berlin: J. H. W. Dietz Nachf. 37-61.

Lobstädt, Tobias (2005): Tätowierung in der Nachmoderne. In: Breyvogel, Wilfried (Hrsg.): Eine Einführung in Jugendkulturen. Veganismus und Tattoos. Wiesbaden: VS Verlag. 165-236.

Lombroso, Cesare (1902): Die Ursachen und Bekämpfung des Verbrechers. Berlin.

Löw, Martin (2006): Blickfänge: Räumlich-geschlechtliche Inszenierungen am Beispiel der Prostitution. In: Berking, Helmut (Hrsg.): Die Macht des Lokalen in einer Welt ohne Grenzen. Frankfurt/M.: Campus. 181-198.

Löw, Martina (2001): Raumsoziologie. Frankfurt/M.: Suhrkamp.

Lucke, Doris (2002): Soziale Kontrolle. In: Endruweit, Günter/Trommsdorff, Gisela (Hrsg.): Wörterbuch der Soziologie. 2. Aufl., Stuttgart: Lucius & Lucius. 292-295.

Ludwig, Wolfgang (1983): Selektion und Stigmatisierung. In: Schüler-Springorum, Horst (Hrsg.): Jugend und Kriminalität. Frankfurt/M.: Suhrkamp. 50-61.

Ludwig-Mayerhofer, Wolfgang (2000): Soziale Ungleichheit, Kriminalität und Kriminalisierung heute. In: Ludwig-Mayerhofer, Wolfgang (Hrsg.): Soziale Ungleichheit, Kriminalität und Kriminalisierung. Opladen: Leske + Budrich. 9-20.

Luedtke, Jens (2003): Zur ‚besonderen' Illegitimität von Jugendgewalt. In: Mansel, Jürgen/Griese, Hartmut/Scherr, Albert (Hrsg.): Theoriedefizite der Jugendforschung. Weinheim: Juvenata. 157-173.

Luff, Johannes (2000): Kriminalität von Aussiedlern. München: KFG, Bayerisches Landeskriminalamt.

Mansel, Jürgen (2001): Familiale Erziehung und Gewalterfahrungen. Hintergründe und Folgen der Viktimisierung. In: Zeitschrift für Familienforschung, Jg. 13, H. 3. 27-51.

Mansel, Jürgen (2001a): Kriminalitätsberichterstattung und Anzeigeverhalten. Informelle Kontrollstrategien gegenüber kriminalisierbarem Verhalten Jugendlicher. In: Albrecht, Günter/Backes, Otto/Kühnel, Wolfgang (Hrsg.): Gewaltkriminalität zwischen Mythos und Realität. Frankfurt/M.: Suhrkamp. 301-325.

Mansel, Jürgen/Albrecht, Günter (2003): Migration und das strafpolizeiliche Handeln staatlicher Strafverfolgungsorgane. In: Kölner Zeitschrift für Soziologie und Sozialpsychologie, Jg. 55. 679-715.

Mansel, Jürgen/Hurrelmann, Klaus (1998): Aggressives und delinquentes Verhalten Jugendlicher im Zeitvergleich. Befunde der „Dunkelfeldforschung" aus den Jahren 1988, 1990 und 1996. In: Kölner Zeitschrift für Soziologie und Sozialpsychologie, Jg. 50, H. 1. 78-109.

Mansel, Jürgen/Hurrelmann, Klaus (1998): Aggressives und delinquentes Verhalten Jugendlicher im Zeitvergleich. Befunde der „Dunkelfeldforschung" aus den Jahren 1988, 1990 und 1996. In: Kölner Zeitschrift für Soziologie und Sozialpsychologie, Jg. 50, H. 1. 78-109.

Matei, Sorin/Ball-Rokeach, Sandra/Qiu, Jack (2001): Fear and misperception of Los Angeles urban space: A spatialstatistical study of communication-shaped mental maps. In: Communication Research, Vol. 28, No. 4. 429-463.

Mead, George H. (1991): Geist, Identität und Gesellschaft. 8. Aufl., Frankfurt/M.: Suhrkamp

Merton, Robert K. (1968): Sozialstruktur und Anomie. In: Sack, Fritz/König, René (Hrsg.): Kriminalsoziologie. Frankfurt/M.: Akademische Verlagsgesellschaft. 283-313.

Miller, W. B. (1968): Die Kultur der Unterschicht als ein Entstehungsmilieu für Bandendelinquenz. In: Sack, Fritz/König, René (Hrsg.): Kriminalsoziologie. Frankfurt/M.: Akademische Verlagsgesellschaft. 339-359.

Mirrlees-Black, Catriona (1999): Domestic Violence: findings from a new British Crime Survey self-completion questionnaire. Home Office Research Study 191. London Home Office.

Möller, Kurt (2001): Coole Hauer und brave Engelein. Opladen: Leske + Budrich.

Münchmeier, Richard (1998): „Entstrukturierung" der Jugendphase. In: Aus Politik und Zeitgeschichte, Jg. 48, B31. 3-13.

Nave-Herz, Rosemarie (1990): Familie: Das Ende einer Solidargemeinschaft? In: Hettlage, Robert (Hrsg.): Die Bundesrepublik. München: Beck. 202-213.

Neidhardt, Friedhelm (1986): Gewalt. Soziale Bedeutungen und sozialwissenschaftliche Bedingungen des Begriffs. In: Bundeskriminalamt (Hrsg.): Was ist Gewalt? Auseinandersetzungen mit einem Begriff. Bd. I: Strafrechtliche und Sozialwissenschaftliche Darlegungen. Wiesbaden: Bundeskriminalamt. 109-147.

Niedersächsisches Ministerium für Inneres und Sport (o. J.): Gewalt im sozialen Nahbereich. (Homepage). http://www.mi.niedersachsen.de/master/C29676_L20_D0_I522_h1.html.

Nogala, Detlef (2000): Gating the Rich, Barcoding the Poor. In: Ludwig-Mayerhofer, Wolfgang (Hrsg.): Soziale Ungleichheit, Kriminalität und Kriminalisierung. Opladen: Leske + Budrich. 49-83.

Oberwittler, Dietrich (2000): Wird die Jugend immer gewalttätiger? Kriminologische Erkenntnisse zur Entwicklung der Gewaltdelinquenz in Deutschland. In: Schimmel, Kerstin (Hrsg.): „So was macht doch jeder mal..." Jugend und Kriminalität. Dokumentation einer Tagung der evangelischen Akademie Meißen. Frankfurt/M. 14-37.

Ogrodnik, Lucie (2006): Spousal violence and repeat police contact, excerpt from Family Violence in Canada: A Statistical Profile, Statistics Canada 2006. p.11. Unter: http://dsp-psd.pwgsc.gc.ca/Collection/Statcan/85-224-X/85-224-XIE2006000.pdf

Opp, Karl-Dieter (1982): Einige Bedingungen für die Befolgung von Gesetzen. In: Sack, Fritz/Lüderssen, Klaus (Hrsg.): Seminar abweichendes Verhalten I, Frankfurt/M.: Suhrkamp. 214-243.

Ortmann, Rüdiger (2006): Zu den Wirkungen von Strafvollzug und sozialtherapeutischen Maßnahmen nach der experimentellen Längsschnittstudie zum Strafvollzug in Nordrhein-Westfalen. In: Obergfell-Fuchs, Joachim/Brandenstein, Martin (Hrsg.): Nationale und internationale Entwicklungen in der Kriminologie. Festschrift für Helmut Kury zum 65. Geburtstag. Frankfurt/M.: Verlag für Polizeiwissenschaft. 427-467.

Paris, Rainer (2000): Schwacher Dissens. Kultureller und politischer Protest. In: Roth, Roland/Rucht, Dieter (Hrsg.): Jugendkulturen, Politik und Protest. Vom Widerstand zum Kommerz. Opladen: Leske + Budrich. 49-62.

Park, Robert E. (1970/[1925]): Community organisation and juvenile delinquency. In Park, Robert E./Burgess, Ernest W./McKenzie, Roderick D. (Hrsg.): The City. Chicago: The University of Chicago Press. 99-112.

Pfeiffer, Christian/Wetzels, Peter (1997): Kinder als Täter und Opfer. KfN-Forschungsberichte Nr. 68. Hannover.

Pfeiffer, Christian/Wetzels, Peter (1999): Zur Struktur und Entwicklung der Jugendgewalt in Deutschland. Ein Thesenpapier auf Basis aktueller Forschungsbefunde. In: Aus Politik und Zeitgeschichte, B 26/99. 3-21.

Pfeiffer, Christian/Wetzels, Peter (2000): Junge Türken als Täter und Opfer von Gewalt. KfN-Forschungsbericht Nr. 81. Hannover.

Phillipson, Michael (1982): Die Paradoxie der sozialen Kontrolle und die Normalität des Verbrechens. In: Sack, Fritz/Lüderssen, Klaus (Hrsg.): Seminar abweichendes Verhalten I, Frankfurt/M.: Suhrkamp. 126-145.

Popitz, Heinrich (1968): Über die Präventivwirkung des Nichtwissens – Dunkelziffer, Norm und Strafe. Tübingen: Mohr Siebeck.

Posner, Christine (1997): Die Täterbefragung im Kontext „Sozialer Umbruch und Kriminalität". In: Boers, Klaus/Gutsche, Güter/Sessar, Klaus (Hrsg.): Soziale Umbruch und Kriminalität in Deutschland. Opladen: Westdeutscher Verlag. 157-186.

Projektgruppe TuDrop (1984): Heroinabhängigkeit unbetreuter Jugendlicher. Weinheim: Juventa.

Radtke, Peter (2003): Zum Bild behinderter Menschen in den Medien. In: Aus Politik und Zeitgeschichte B 8/2003. 7-12.

Raithel, Jürgen (2002): Etnisch-kulturelle Konfliktpotenziale unter Jugendlichen im (groß)städtischen Raum. Ein Vergleich zwischen deutschen und türkischen Jugendlichen. In: Soziale Probleme, Jg. 13, H. 1. 54-79.

Raithel, Jürgen (Hrsg.) (2001): Risikoverhalten Jugendlicher. Opladen: Leske + Budrich.

Reißig, Birgit (2001): Schulschwänzen – ein Phänomen macht Karriere. Ergebnisse einer bundesweiten Erhebung bei Schulverweigerern. Werkstattbericht. München/Leipzig, DJI, Arbeitspapiere 5/2001.

Reuband, Karl-Heinz (1994): Soziale Determinanten des Drogengebrauchs. Opladen: Westdeutscher Verlag.

Rössner, Dieter/Diedrich, Ingo/Meyer, Anja (1997): Die Hallesche Biographiestudie zur Jugendgewalt: Zu den Grenzen der Zivilisation. In: DVJJ-Journal, Jg. 8. 407-413.

Rucht, Dieter (2002): Gewalt und neue soziale Bewegungen. In: Heitmeyer, Wilhelm/Hagan, John (Hrsg.): Internationales Handbuch der Gewaltforschung. Wiesbaden: Westdeutscher Verlag. 461-478.

Sack, Fritz (1972): Definition von Kriminalität als politisches Handeln. In: Kriminologisches Journal, Jg. 4, H. 1. 3-31.

Schreiber-Kittl, Maria/Schröpfer, Haike (2002): Abgeschrieben? Ergebnisse einer empirischen Untersuchung über Schulverweigerer. Übergänge in Arbeit, Bd. 2. München: Verlag Deutsches Jugendinstitut.

Schubarth, Wilfried (1999): „Jugendprobleme" machen Karriere. Zum Verhältnis von Medienöffentlichkeit, Politik, Wissenschaft und Praxis am Beispiel der Gewaltdebatte. In: Timmermann, Heiner/Wessela, Eva (Hrsg.): Jugendforschung in Deutschland. Eine Zwischenbilanz. Opladen: Leske + Budrich. 81-94.

Schüler-Springorum, Horst (1991): Kriminalpolitik für Menschen. Frankfurt/M.: Suhrkamp.

Schulze, Gerhard (1990): Transformation sozialer Milieus in der Bundesrepublik Deutschland. In: Berger, Peter/ Hradil, Stefan (Hrsg.): Lebenslagen, Lebensläufe, Lebensstile. Soziale Welt. Sonderband 7. Göttingen: Verlag Otto Schwartz. 409-432.

Schumann, Karl F. (1996): Wenn der Papiertiger faucht – oder: Klappt Abschreckung durch Strafrecht? In: KrimJ, Jg. 28, H. 4. 293-295.

Schumann, Karl F. (2001): Experimente mit Kriminalprävention. In: Albrecht, Günter/Backes, Otto/Kühnel, Wolfgang (Hrsg.): Gewaltkriminalität zwischen Mythos und Realität. Frankfurt/M.: Suhrkamp. 435-457.

Schumann, Karl F./Berlitz, Claus/Guth, Hans-Werner/Kaulitzli, Reiner (1987): Jugendkriminalität und die Grenzen der Kriminalprävention. Neuwied: Luchterhand.

Schümer, Gundel/Tillmann, Klaus-Jürgen/Weiß, Manfred (2002): Institutionelle und Soziale Bedingungen des Lernens. In: Deutsches PISA-Konsortium (Hrsg.): PISA 2000 – Die Länder der Bundesrepublik im Vergleich. Opladen: Leske + Budrich. 203-218.

Shakur, Sanyika aka Scott, Kody (1993): Monster. The autobiography of an L.A. Gang Member. New York: Grove Press.

Shaw, Clifford R.(1966/[1930]): The Jack Roller: A delinquent boy's own story. With a new introduction by H. S. Becker. Chicago: University of Chicago Press.

Shaw, Clifford R./McCay, Henry D. (1969/[1942]): Juvenile delinquency and urban areas. Chicago: University of Chicago Press.

Silbereisen, Rainer K./Reese, A. (2001): Substanzgebrauch: Illegale Drogen und Alkohol. In: Raithel, J. (Hrsg.): Risikoverhaltensweisen Jugendlicher. Opladen: Leske + Budrich. 131-153.

Simmel, Georg (1992): Soziologie. Untersuchungen über die Formen der Vergesellschaftung. Frankfurt/M.: Suhrkamp

Stadler, Willi/Walser, Werner (2000): Fehlerquellen der Polizeilichen Kriminalstatistik. In: Liebl, Karlhans/Ohlemacher, Thomas (Hrsg.): Empirische Polizeiforschung. Pfaffenweiler: Centaurus-Verlag. 68-89.

Statistisches Bundesamt (2006): Strafvollzug. Demographische und kriminologische Merkmale der Strafgefangenen zum Stichtag 31.3. Fachserie 10 Reihe 4.1 Rechtspflege. Wiesbaden.

Steffen, Wiebke (1995): Polizeilich registrierte Gewalt Jugendlicher in Bayern, in: Lamnek, Siegfried (Hrsg.): Jugend und Gewalt. Devianz und Kriminalität in Ost und West, Opladen: Leske + Budrich. 277-290.

Steffen, Wiebke (2001): Ausländerkriminalität zwischen Mythos und Realität. In: Albrecht, Günter/Backes, Otto/Kühnel, Wolfgang (Hrsg.): Gewaltkriminalität zwischen Mythos und Realität. Frankfurt/M.: Suhrkamp. 282-300.

Steffen, Wiebke (2003): Polizeilich registrierte Gewalttaten junger Menschen – Grund zu Furcht und Sorge? In: Sozialwissenschaften und Berufspraxis, Jg, 26, H. 2. 135-148.

Steffen, Wiebke/Elsner, Erich (1999): Aktuelle Probleme der Jugendkriminalität. In: Bundeskriminalamt (Hrsg.): Moderne Sicherheitsstrategien gegen das Verbrechen. BKA-Forschungsreihe, Bd. 49. Wiesbaden. 91-124.

Straus, Murray (2001): Physical Aggression in the Family. In: Martinez, Manuela (Ed.): Prevention and control of aggression and the impact of its victims. New York, p. 1-20.

Straus, Murray A./Gelles, Richard J./Steinmetz, Susanne K. (1980): Behind Closed Doors. Garden City, N. Y.

Streng, Franz (2000): Innere Sicherheit – Kriminalpolitische Aspekte. In: Neuhaus, Helmut (Hrsg.): Sicherheit in der Gesellschaft heute – Wirklichkeit und Aufgabe. Erlangen. 7-42.

Sturzbecher, Dietmar (Hrsg.) (2001): Jugend in Ostdeutschland. Opladen: Leske + Budrich.

Sturzbecher, Dietmar (Hrsg.) (1997): Jugend und Gewalt in Ostdeutschland. Lebenserfahrungen in Schule, Freizeit und Familie. Göttingen: Verlag für Psychologie Hogrefe.

Sturzbecher, Dietmar/Dietrich, Peter/Kohlstruck, Michael (1994): Jugend in Brandenburg 93. Potsdam: Brandenburgische Landeszentrale für Politische Bildung.

Suhling, Stefan/Schott, Tilmann (2001): Der Anstieg der Gefangenenzahlen in Deutschland. Folge der Kriminalitätsentwicklung oder wachsende Strafhärte? KfN-Forschungsbericht Nr. 84. Hannvover.

Sutherland, Edwin (1939): Principles of Criminology. 3rd Ed. Chicago: University of Chicago Press.

Sutherland, Edwin (1968a): White-collar-Kriminalität. In: Sack, Fritz/König, René (Hrsg.): Kriminalsoziologie. Frankfurt/M.: Akademische Verlagsgesellschaft. 187-200.

Sutherland, Edwin (1968b): Die Theorie der differentiellen Kontakte. In: Sack, Fritz/König, René (Hrsg.): Kriminalsoziologie. Frankfurt/M.: Akademische Verlagsgesellschaft. 395-399.

Sykes, Gresham M./Matza, David (1968): Techniken der Neutralisierung. Eine Theorie der Delinquenz. In: Sack, Fritz/König, René (Hrsg.): Kriminalsoziologie. Frankfurt/M.: Akademische Verlagsgesellschaft. 360-371.

Tannenbaum, Frank (1938): Crime and the Community. New York: Columbia University Press.

Tertilt, Hermann (1997): Turkish Power Boys. Zur Interpretation einer gewaltbereiten Subkultur. In: ZSE, Jg. 17, H. 1. 19-29.

Thiele, Gisela/Taylor, Charles S. (1998): Jugendkulturen und Gangs. Eine Betrachtung zur Raumaneignung und Raumverdrängung nachgewiesen an Entwicklungen in den neuen Bundesländern und den USA. Berlin: Verlag für Wissenschaft und Bildung.

Thomas, William I./Thomas, Dorothy (1928): The Child in America. New York.

Thome, Helmut (2001): Hilft uns die Kriminalgeschichte, Kriminalität in Gegenwartsgesellschaften zu verstehen? In: Albrecht, Günter/Backes, Otto/Kühnel, Wolfgang (Hrsg.): Gewaltkriminalität zwischen Mythos und Realität. Frankfurt/M.: Suhrkamp. 165-194.

Thornberry, T. P.; Huizinga, D.; Loeber, R. (2004): The causes and correlates studies: findings and policy implications. In: Juvenile Justice, 9. 3-19.

Thrasher, F. (1963 [1927]): The gang. Abridged edition. Chicago: University Press.

Tillmann, Hans-Jürgen/Holler-Nowitzki, Birgit/Holtappels, Hans-Günter/Meier, Ulrich/Popp, Ulrike (1999): Schülergewalt als Schulproblem. Verursachende Bedingungen, Erscheinungsformen und pädagogische Handlungsperspektiven. Weinheim: Juventa.

von Trotha, Trutz (1982): Zur Entstehung von Jugend. In: Kölner Zeitschrift für Soziologie und Sozialpsychologie. Jg. 34. 254-277.

Wacquant, Lois (2005): Roter Gürtel, schwarzer Gürtel: Rassentrennung, Klassenungleichheit und der Staat in der französischen Peripherie und im amerikanischen Ghetto. In Häussermann, Hartmut/Kronauer, Martin/Siebel, Walter (Hrsg.): An den Rändern der Städte. Frankfurt/M.: Suhrkamp. 148-200.

Walby, Sylvia/Allen, Jonathan (2004): Domestic violence, sexual assault and stalking: Findings from the British Crime Survey. Home Office Research, Development and Statistics Directorate. Home Office Research Study 276. London.

Walter, Michael (1996): Kriminalpolitik mit der polizeilichen Kriminalstatistik. Artikulation eines Unbehagens über den derzeitigen Kurs der Deutschen Jugendgerichtsvereinigung, DVJJ-Journal, Jg. 7, H. 3. 209-215.

Walter, Michael/Neubacher, Frank (2002): Die Suche nach strafrechtlichen Antworten auf den internationalen Terrorismus. In: Kriminologisches Journal, Jg. 34. 98-108.

Wetzels, Peter/Enzmann, Dirk/Mecklenburg, Eberhard/Pfeiffer, Christian (1998): Gewalterfahrungen und Kriminalitätsfurcht von Schülerinnen und Schülern in Stuttgart. Hannover.

Wetzels, Peter/Mecklenburg, E./Wilmers, Nicole/Enzmann, Dirk/Pfeiffer, Christian (2000) Gewalterfahrungen, Schulschwänzen und delinquentes Verhalten Jugendlicher in Rostock. Hannover.

Whyte, William F. (1973/[1943]): Street Corner Society. The Social Structure of an Italian Slum. 2nd Ed. Chicago.

Willems, Herbert/Kautt, York (1999): Korporalität und Medialität: Identitäteninszenierungen in der Werbung. In: Willems, Herbert/Hahn, Alois (Hrsg.): Identität und Moderne. Frankfurt/M.: Suhrkamp. 298-362.

Willmers, Nicole/Enzmann, Dirk/Schaefer, Dagmar/Herbers, Karin/Grewe, Werner/Wetzels, Peter (2002): Jugendliche in Deutschland zur Jahrtausendwende: Gefährlich oder gefährdet? Interdisziplinäre Beiträge zur kriminologischen Forschung, Bd. 23. Baden-Baden: Nomos-Verlag.

Wilson James Q./Kelling, George L. (1982): Broken Windows. The police and neighborhood safety. In: The Atlantic Monthly, März 1982. 29-37.

Einführende Literatur

Kunz, Karl-Ludwig (2006): Kriminologie. Eine Grundlegung. 4. Aufl. Bern: Haupt-Verlag.

Lamnek, Siegfried (2007): Theorien abweichenden Verhaltens. 8. Aufl., München: Fink.

Sack, Fritz/König, René (Hrsg.) (1968): Kriminalsoziologie. Frankfurt/M.: Akademische Verlagsgesellschaft.

Weiterführende Literatur

Albrecht, Günter/Backes, Otto/Kühnel, Wolfgang (Hrsg.): Gewaltkriminalität zwischen Mythos und Realität. Frankfurt/M.: Suhrkamp.

Dünkel, Frieder (2003): Entwicklung der Jugendkriminalität und des Jugendstrafrechts in Europa – ein Vergleich. In: Riklin, Franz (Hrsg.): Jugendliche, die uns Angst machen. Was bringt das Jugendstrafrecht? Luzern: Caritas-Verlag. 50-124.

Heitmeyer, Wilhelm/Hagan, John (Hrsg.): Internationales Handbuch der Gewaltforschung. Wiesbaden: Westdeutscher Verlag.

Obergfell-Fuchs, Joachim/Brandenstein, Martin (Hrsg.) (2006): Nationale und internationale Entwicklungen in der Kriminologie. Festschrift für Helmut Kury zum 65. Geburtstag. Frankfurt: Verlag für Polizeiwissenschaft.

Soziale Kontrolle und Strafsanktion

Daniela Klimke und Rüdiger Lautmann

Norm, Sanktion und Kontrolle gehören zu den klassischen Themen der Soziologie; wie man meint, halten sie die Gesellschaft zusammen. Am sichtbarsten geschieht das mit dem Strafrecht, durch Polizei, Justiz und Gefängnis, also durch den Staat. Der ganze Bereich steht unter dem Einfluss politischer Strömungen und ist eng mit der gesamtgesellschaftlichen Entwicklung verknüpft. Gegenwärtig demonstriert der Staat durch eine lebhafte Gesetzesproduktion im Strafrecht, dass er – trotz der Globalisierung, trotz des Primats der Ökonomie – weiterhin handlungsfähig ist. Deswegen beschränken wir uns im Folgenden nicht auf den Begriffsbestand, sondern lenken das Augenmerk auch auf den Wandel der Kontrollkultur, insbesondere auf den Umbau der Kriminalpolitik.

1. Gesellschaftliche Konjunkturen des Wertes ‚Disziplin'

Eine Zeit lang war es in der Gesellschaft und ihrer Soziologie still geworden um die Idee der sozialen Kontrolle. Eine unruhige Generation, die in den 1970-1980er Jahren Erziehungs- und Sozialwissenschaften studierte, wollte von Sanktionen und Disziplinierung nichts wissen. In den Bildungseinrichtungen hieß das: keine Kopfnoten, vielleicht überhaupt keine Noten, keine Körperzüchtigung. Statt dessen setzte man auf ‚intrinsische Motivation', auf Überreden und Überzeugen, ja auf pädagogischen Eros – kurz gesagt: Belohnen statt Strafen. In allen Institutionen, die Regelwissen und Verhaltensrichtlinien vermitteln, verabschiedete man sich von hierarchischem Denken, invasiven Methoden und unkooperativen Anordnungen. Herrschaftsabbau, Demokratisierung, Betroffeneneinfluss, Hilfe für sozial Schwache, Kompensation von Startnachteilen usw. lauteten die Stichwörter des wohlfahrtsstaatlichen Zeitgeists. Die Jugend der Mittelschichten war zur ‚Permissivität', zur Nachgiebigkeit gegenüber Normforderungen, erzogen worden; sie betrachtete alle Autoritäten kritisch. In den vorhandenen Institutionen, wo Konformität und Gehorsam verlangt waren, stieß sie auf Widerstand; die neuen Werte der Innovation und Autonomie galten noch nicht viel. Wie wir wissen, setzte die Jugend von 1970 sich durch, zumal in den Bildungsgängen.

Kontrolle, Sanktion, Disziplin mussten hier geradezu Unwörter sein. Soziologie und kritische Kriminologie erwogen ernsthaft, auf das Konzept der Sozialkontrolle zu verzichten und das gesamte Strafrecht einschließlich seiner Sanktionen abzuschaffen. Dieser ‚Abolitionismus‘ blieb zwar eine Randerscheinung, beschäftigte aber viele gute Köpfe und schürte Hoffnungen auf ideale und harmonische Formen des Zusammenlebens in Familie, Schule, Betrieb und Gesellschaft. Eine Generation später, heute, mutet das beinahe unwirklich an. Gleichwohl nehmen heute Innovativität und Selbstbestimmung einen anerkannten Platz im Wertekanon ein – aber in einer Wendung, die damals kaum jemandem geträumt hätte. Denn die Ernüchterung durch die wirtschaftliche und politische Entwicklung folgte auf dem Fuße. Die Ökonomie wurde neoliberal, die Politik erlebte die prägenden Phasen, die mit den Namen Ronald Reagan, Margaret Thatcher und (weit weniger hart) Helmut Kohl verbunden sind. Dem angeblich durch die Permissivität erzeugten Hedonismus ging es nunmehr an den Kragen. Kontinuierlich zunehmende ‚Kriminalität‘, die ‚Zügellosigkeit‘ der Jugendkulturen, die sich offenbarende sexuelle ‚Hemmungslosigkeit‘, das Verharren in der ‚sozialen Hängematte‘, die ‚Unregierbarkeit‘ der Städte – all das bewies den drohenden ‚Zerfall‘ der Gesellschaft und ließ aufs Neue den Ruf nach Ordnung, Sicherheit und Kontrolle erschallen.

Vorüber die Zeit, da man ‚Sekundärtugenden‘ als Schlüsselqualifikationen zur Leitung eines KZs verunglimpfte (seinerzeit Oskar Lafontaine gegen den Bundeskanzler Helmut Schmidt). Eine Studie über die Erziehungsziele stellt fest, dass „Höflichkeit und gutes Benehmen" den ersten Platz einnehmen auf einer Skala, was Kinder vor allem im Elternhaus lernen sollten. Vielerorts schießen Benimm-Schulen aus dem Boden, die Managern, Lehrlingen usw. die richtigen Umgangsweisen und damit mehr Erfolg in ihrem beruflichen und auch privaten Leben vermitteln. Maßnahmen zur Verhaltenserziehung werden insbesondere für den Schulbereich gefordert. Den Anfang machte der Bremer Bildungssenator 2003 mit seiner Offensive für die züchtige Bekleidung der ‚Generation Bauchfrei‘. Darauf forderte auch der saarländische Bildungsminister ein Benimm-Training an Schulen, in denen die Sekundärtugenden Pünktlichkeit, Grüßen etc. wieder nahe gebracht werden sollen. Selbst in der jugendlichen, ethnisch heterogenen Hip-Hop-Kultur taucht der neue Tugenddiskurs in abgewandelter Form auf, wenn „Respekt" den Umgang bestimmen soll.

1.1 Kontrolle und Sanktion in der Soziologie

So wird heute wieder an die soziologische Tradition angeknüpft. Dort hatte das Konzept der sozialen Kontrolle zu den ersten Neuschöpfungen der jungen Wissenschaft um 1900 gehört. *Normen* sind, in der soziologischen Terminologie, Standards des vorgeschriebenen Verhaltens, oder auch: Regeln, wonach wir handeln sollen. Die Einhaltung der Normen wird gesellschaftlich überwacht, sei es von den Partnern in der unmittelbaren Situation, sei es aufwändig durch dafür berufene Instanzen. *Sanktionen* antworten auf abweichendes oder auf konformes Verhalten. Im Falle der Normübertretung ist die Sanktion negativ, bringt dem Akteur also Nachteile. Hierfür steht ein ganzer Köcher bereit: vom erhobenen Zeigefinger über Prestigeeinbuße und Kontaktabbruch bis hin zur förmlichen Bestrafung. Wenn im Fall der Normbefolgung positiv, also mit Belohnungen, reagiert wird, spricht man ebenfalls von

einer Sanktion (das Wort bedeutete ja ursprünglich svw. Heiligung und bezeichnete früher auch die Bestätigung eines Gesetzes).

Der Begriff *soziale Kontrolle* ist mehrdeutig. Einmal bezeichnet er die allgemeine Sozialisation des Menschen (in der Familie, Schule, Weiterbildung usw.). In den antiautoritären Jahrzehnten wurde jeglicher Anpassungsdruck sogleich als ‚Kontrolle' zu denunzieren versucht; dieser abwertende Sprachgebrauch ist mittlerweile verschwunden. In einem engeren Sinne – den wir hier behandeln – bezeichnet soziale Kontrolle die Reaktionen gegen Menschen, die sich nicht konform verhalten. Die engere Bedeutung ist nur ein Aspekt der Kontrolle im weiteren Sinn, nämlich der gesellschaftlichen Beobachtung, ob die Menschen sich normentsprechend verhalten. In der engeren Bedeutung deckt sich soziale Kontrolle weitgehend mit der Androhung und Verhängung von Sanktionen; beide Begriffe wollen einen Druck in Richtung auf Konformität mit Normen bzw. Reaktion auf die Abweichung von Normen bezeichnen.

Die verschiedenen Gesellschaftstheorien verwenden das Begriffsgerüst in je eigener Weise. Wenn sie das Verhältnis von Gesellschaft und Individuum scharf kontrastieren, dann stehen auf der einen Seite die Regeln und Institutionen, auf der anderen die mehr oder weniger fehlsamen Menschen. Die Individuen müssen zur Beachtung der Normen mittels positiver wie negativer Sanktionen angehalten werden, von Geburt an. Eine andere Perspektive bezweifelt, ob wir bei unseren Aktionen stets zur Anständigkeit gezwungen werden; vielmehr handeln wir mit dem Gegenüber aus, was geschieht und wohin die Interaktion führt. Von außen kommende Normen, Sanktionen und Kontrollen leisten dazu nur untergeordnete Beiträge. Außerhalb der engeren Theoriediskussion muss man sich hierzwischen nicht entscheiden. Vielmehr wird man stets beide Ausgangspunkte im Blick behalten: System *und* Person, Struktur *und* Handeln.

Unter vielen Versuchen, Makro- und Mikroanalyse der sozialen Kontrolle zu verbinden, sticht die Zivilisationstheorie von Norbert Elias (1897-1990) hervor. Danach hat sich soziale Kontrolle erst in einem jahrhundertelangen Prozess in Mitteleuropa herausgebildet. Im Mittelalter lebten die Menschen ihre aggressiven Emotionen normativ ziemlich unbehindert aus. Elias zeigt, wie sich die Sitten ändern, die Triebe reguliert werden und die Staaten herausbilden. Im Laufe dieser Entwicklung verwandeln sich Fremdzwänge in Selbstzwänge: Die Rationalisierung aller Lebensvollzüge verlegt die Kontrolle in die Selbststeuerung mittels Vernunft und Gewissen. Das hat die ständigen Kämpfe und eine zurechtweisende Gewalt weitgehend entbehrlich gemacht.

> Gerade dies ist charakteristisch für die Veränderung des psychischen Apparats im Zuge der Zivilisation, dass die differenziertere und stabilere Regelung des Verhaltens dem einzelnen Menschen von klein auf mehr und mehr als ein Automatismus angezüchtet wird, als Selbstzwang, dessen er sich nicht erwehren kann, selbst wenn er es in seinem Bewusstsein will. Das Gewebe der Aktionen wird so kompliziert und weitreichend, die Anspannung, die es erfordert, sich innerhalb seiner ‚richtig' zu verhalten, wird so groß, dass sich in dem Einzelnen neben der bewussten Selbstkontrolle zugleich eine automatisch und blind arbeitende Selbstkontrollapparatur verfestigt, die durch einen Zaun von schweren Ängsten Verstöße gegen das gesellschaftsübliche Verhalten zu verhindern sucht, die aber, gerade weil sie gewohnheitsmäßig und blind funktioniert, auf Umwegen oft genug solche Verstöße gegen die gesellschaftliche Realität herbeiführt. (Norbert Elias 1939: II 317)

Dahinter steht nicht, wie so oft angenommen wird, der technische Fortschritt, nicht die Einsicht der Menschen in das Vernünftigere, keine Humanisierung der Gewalt und auch kein ökonomisches Interesse. Vielmehr ist es die Herausbildung einer Zentralgewalt, womit die Macht sich monopolisiert, zuerst am Hofe eines Königs, später bei den Institutionen einer Republik. Zugleich wandeln sich die individuellen Verhaltenstandards von der höfischen zur bürgerlichen Kultur. Selbstverständlich ist auch diese soziologische Theorie nicht unumstritten geblieben. Doch relativiert sie nach wie vor eindrucksvoll die Annahme, Menschen würden wie Marionetten nur von außen an den Drähten von Norm, Sanktion und Kontrolle gelenkt.

Ohnehin waren ja Kontrollkonzepte für einige Jahrzehnte geradezu abgemeldet gewesen. Der hierarchische Ruf zur Ordnung und die Ausübung von Zwang waren als veraltet-oberlehrerhaft, ja als inhuman und mündiger Menschen unwürdig abgestempelt. Je weniger Eingriffe stattfanden, desto besser – bis hin zur radikalen Forderung nach völliger Nonintervention. Man hielt Kriminalität für ein soziales Problem, das an seinen Ursachen anzupacken war (Sozialarbeit, Ausbildung, Umverteilung, Vollbeschäftigung u.a.). Experten als Gutachter im Strafprozess, Lehrer und Psychologen im Strafvollzug, kompetente Bewährungshelfer, eine ganze Korrektions- und Rehabilitationsbürokratie sollten den ‚Gestrauchelten' wieder auf die Beine helfen. Aber statt nun zu verschwinden stieg die Kriminalität zahlenmäßig weiter an. Dies allein hätte der fürsorglichen Politik noch nicht den Garaus gemacht, wäre nicht die Fiskalkrise drängender geworden und der ideologische Wind vehement umgeschlagen – der Wohlfahrtsstaat wurde zum Offenbarungseid getrieben. Mit ihm ging die verständnisvolle, auf Empathie und Reintegration aufgebaute Kriminalpolitik unter.

Doch das Konzept der sozialen Kontrolle kehrte zurück, und zwar sowohl im kriminalsoziologischen Denken als auch in der Kriminalpolitik. An vielen Ecken entstanden Initiativen, um gefährliches Verhalten zu unterdrücken. Die ‚Opfer' organisierten sich bzw. ihre Anliegen wurden von Interessenwahrern organisiert (heute kümmern sich spezialisierte Rechtsanwälte um diese Ansprüche). Im Zuge der Terrorismusbekämpfung wurde das Bundeskriminalamt zu einer mächtigen Behörde ausgebaut, und die Landespolizeien zogen nach. Privatleute taten sich zu Nachbarschaftshilfen zusammen (oder wurden zusammengeführt – so genau weiß man nie, wer da wen organisierte). Die Wissenschaften lieferten jetzt Kriminalitätserklärungen, denen zufolge es die mangelhafte Selbstkontrolle der Täter bzw. fehlende Fremdkontrollen am Tatort seien, weswegen Rechtsverletzungen geschehen können. Damit fokussierte sich die Überwachung auf bestimmte Situationen, Individuen und soziale Gruppen – die Rückkehr eines Polizeistaats wurde vermieden, und die Ober- und Mittelschichten konnten das liberale Klima weiterhin genießen, ohne die wieder zunehmende Repression bemerken zu müssen.

Für alle Maßnahmen von Kontrolle und Sanktion gibt der Bereich Verbrechen und Strafe den Trend vor. Kriminalität beschäftigt die öffentliche Meinung, weil sie als bildkräftiges Geschehen emotionsstiftend inszeniert wird, obwohl die Individuen in ihrer Lebensführung mit ganz anderen und sie weit stärker betreffenden Themen beschäftigt sind. Die Strafschauspiele gehören von altersher zu den Medien der kollektiven Moral und des Gemeinschaftslebens. Alles was im Strafrecht geschieht, mag es auch bloß symbolischen Charakter besitzen, genießt allgemeine Anteilnahme, wenngleich oft nur bis zur nächsten Sensation.

1.2 Von der Disziplinierung zur Verhaltenskontrolle

Wir haben Veränderungen im Kontrollstil zu registrieren, wenn wir die Gegenwart verstehen wollen. Der Trend verläuft, um es schlagwortartig auszudrücken, *vom angepassten zum unternehmerischen Menschen.* Der heutige Kontrollstil arbeitet nicht so sehr mit expliziten *Normen,* die ein bestimmtes Verhalten genau vorschreiben bzw. verbieten. Es interessiert auch nicht mehr so sehr, ob die Normforderungen von den Menschen verinnerlicht worden sind (Disziplin). Oft wird schon gar nicht mehr die Konformität des Handelns geprüft und sanktioniert, sondern eher der *Zugang* zu den Stätten des Konsums und des bürgerlichen Lebens. Wer kriegt bei der Bank ein Girokonto? Wer kann sich in den geheizten Einkaufspassagen aufhalten, ohne dass ihm Wachleute auf den Fersen sind? Man nehme die Theater und Opernhäuser: Früher bestand hier ein Dresscode – heute entscheidet der Kauf eines Billets. Auf Bahnhöfen und ihren Vorplätzen genügt es, *nicht* wie ein Penner auszusehen, um von den Ordnungsleuten geduldet zu werden.

Bis vor kurzem wurde die gesellschaftliche Einbettung eines auffälligen Handelns verantwortlich gemacht – heute sind es die unvernünftigen Individuen, die sich nicht in die gegebenen Verhältnisse fügen wollen. Wer jetzt eine Strafsanktion vorschlägt, denkt nicht mehr an die wirtschaftliche Ungleichheit (die z.B. hinter einem Vermögensdelikt stehen mag), denkt nicht mehr an das Versagen sozialisierender Institutionen (wie Eltern und Schule), sondern nur an das fehlerhafte Individuum. Die Mängel werden nicht mehr auszubessern gesucht, sondern als Risiken in Rechnung gestellt. Das Subjekt trägt die Verantwortung für seine Lebensführung. Misslingt sie, ist es allein auf sich selbst, auf seine Inkompetenz zurückgeworfen. Der Spruch ‚Jeder ist seines Glückes Schmied‘ drückt die aktuellen Wandlungen im Kontrollsystem treffend aus. Wer andere schädigt, wird zur Kasse gebeten.

Einer der Leitgedanken ist, dass die meisten Schäden nicht durch Zufall oder als Schicksal eintreten, sondern durch vernünftig-planende Vorsorge zu vermeiden sind. Wer sich in den gesellschaftlichen Verkehr begibt, muss über die dazu erforderlichen Fähigkeiten verfügen; andernfalls wird er aus dem Verkehr gezogen. Die öffentliche Hand stellt die Ausrüstung zur Verfügung und schreitet mitleidlos ein, wenn sich jemand als inkompetent erweist. ‚Empowerment‘ ist eines der neuen Zauberwörter. Dieser Kontrollstil setzt sich in voller Breite durch, etwa im Gesundheitswesen.

Beispiel: *Gesundheit/Krankheit.* Nicht mehr alle Krankheiten werden bestens versorgt, sondern es muss sich am jeweiligen Individuum ‚lohnen‘. Ansonsten sind die Individuen für ihren Gesundheitsstatus selbst verantwortlich. Prävention wird wichtiger als Behandeln. Nach und nach werden solche Risiken aus der Sicherung herausgenommen, welche die Einzelnen selbst verursachen (Rauchen, Drogenkonsum, Überernährung, Abenteuerreisen usw.).

‚Empowerment‘ meint die Stärkung der individuellen Akteure. Zunächst hatte die Frauenbewegung damit die potenziellen Opfer häuslicher Gewalt konfliktfähig zu machen gesucht. Dann übernahm die Kinderschutzbewegung das Konzept für den Kampf gegen sexuellen

Missbrauch. Auch im Kampf gegen den Frauenhandel hat der Gedanke einen Platz. Heute wird er in vielen weiteren Zusammenhängen verwendet, und die Individuen werden in den Kontrollprozess eingebunden.

Das Verhalten des Individuums wird gesteuert, aber – anders als nach Norbert Elias' Idee vom Selbstzwang – ohne dass es auf die subjektiven Absichten und Kenntnisse ankäme. Insofern bedeutet der neue Trend zur Etikette nur eine scheinbare Rückkehr zur ‚guten alten Zeit‘, in der man sich noch zu benehmen wusste. Hinter dem guten Benehmen von ehemals stand eine Ordnung, an der jeder seinen Platz hatte und dies mit entsprechend gewandten Verhaltensweisen zum Ausdruck brachte (etwa gegenüber den Älteren, den Damen oder den sozial ‚Ranghöheren‘). Die guten Umgangsformen von heute funktionieren anders. Sie spiegeln nicht eine Ordnung und das mit ihr übereinstimmende Innere des Subjekts wider. Vielmehr sind sie bloß äußere Verhaltensweisen, bei denen es ausreicht, dass sie den *Anschein* von Ordnung und Normtreue erwecken. Es geht nicht mehr um die ‚moralische Gefolgschaft‘, sondern allein um das messbare Resultat von Handlungsprozessen. Alles also ist erlaubt, solange die Einzelnen nicht die Endziele des Handlungsfeldes verletzen. Auf Bahnhöfen z.B. gilt es, die Hausordnung einzuhalten, also den Reiseverkehr nicht zu stören. Einkaufspassagen sollen Orte ungetrübten Konsums werden. Bettler und Drogenkonsumenten z.B. stören hier und werden mehr und mehr aus den Innenstädten und ohnehin aus den umsatzstarken Zonen vertrieben. Auch im Sexualsektor lässt sich dieser Wandel im Kontrollstil beobachten. Aus den strafrechtlichen Delikten gegen die Sittlichkeit, also gegen eine allgemein gültige Moral, wurden Straftaten gegen die sexuelle Selbstbestimmung. Hiernach sind alle auch ehemals missbilligten sexuellen Spielarten erlaubt, solange das Einverständnis der Partner vorliegt.

	Innerer Selbstzwang (Norbert Elias)	**Äußere Verhaltensregulierung** (Neoliberalismus)
Wirkung einer Norm	die internalisierte Norm führt zu Zivilisierung und Restringierung der eigenen Verhaltensweisen.	situative Lenkung und Steuerung durch Normen, die von rationalen Individuen einkalkuliert werden
Persönlichkeit	zivilisiertes Ich	Selbstunternehmer
Therapie	verstehend-tiefenpsychologisch	Verhaltenstherapie

Zwei moderne Kontrollstile

2. Die Ökonomisierung von Sicherheit

Wir erleben seit einigen Jahren, wie sich die Politik nach und nach von wohlfahrtsstaatlichen Idealen verabschiedet. Sie wendet sich ökonomisch-neoliberalen Konzepten zu. Der Umbau ist im Gange, aber keineswegs vollendet. In der Kriminalpolitik greift ein Sicherheitsdenken um sich, das zuerst Ende der 1960er Jahre artikuliert wurde, bevor es in den 1980ern seinen Siegeszug antrat.

Das neoliberale Konzept der Inneren Sicherheit will eine Straftat dadurch unwahrscheinlicher machen, dass die Erwartung auf verbrecherische Gewinne geschmälert wird. Die soziale Kontrolle der Kriminalität mutiert zu einer Art von ‚Markt‘, auf dem Sicherheit etwas kostet, über Sanktionen verhandelt wird und Straftaten teuer zu stehen kommen. Die Maßnahmen der Kontrolle versuchen gar nicht erst, auf die Ursachen von Kriminalität einzuwirken, beispielsweise durch eine sozialpolitische Bearbeitung der Armut, sozialen Ausgrenzung usw. Stattdessen wird auf Abschreckung gesetzt, indem beispielsweise das Entdeckungsrisiko und die Strafrahmen erhöht werden. Es steigt also der Preis, den es kostet, bei einer Straftat erwischt zu werden.

Diese Ökonomisierung erlaubt es, die Kriminalitätsrisiken marktförmig zu bearbeiten. Wenn sich die Kriminalprävention an die bekannten Strategien des Wirtschaftshandelns anlehnt, dann können viele weitere Akteure in die Sicherheitsherstellung einbezogen werden, weit über die klassischen Instanzen sozialer Kontrolle hinaus. Im Wohlfahrtsstaat bestanden paternalistisch-monopolistische Strukturen, mit denen sozialtechnologisch reagiert und vorgebeugt werden konnte. Nunmehr wird die Kriminalität von ihren sozialen Ursachen abgespalten, wodurch ein Problembereich entsteht, dessen präventive Bearbeitung auch Laien abverlangt werden kann. Das staatliche Sicherheitsmonopol wird in erster Linie aus Gründen der Ressourcenrationalität aufgegeben. Auch in den Bereichen anderer Risiken (wie Arbeitslosigkeit, Altersversorgung und Krankheit) geschieht es so. Sicherungsaufgaben, ehemals von staatlichen Institutionen ausgefüllt, werden auf individuell bewältigbare persönliche Vorsorge heruntergebrochen, wodurch sich der Staat entlastet.

Wenn der Staat sich als ein dezentralisiertes sicherheitsproduzierendes Unternehmen versteht, dann werden damit alle auch aus der Marktwirtschaft bekannten ökonomischen Mechanismen in die soziale Kontrolle importiert. Beispielsweise wird Sicherheit jetzt plötzlich zum knappen Gut. Die Knappheit besteht nicht objektiv (d.h. in den Zahlen von Übergriffen und Straftaten) sondern wegen der breiten öffentlichen Problematisierung. Ungefährdet zu sein erscheint neuerdings als seltener Fall. Damit wird es zu einem raren Gut, das zum Tausch – zum Kauf, aber auch gegen Wählerstimmen – feilgeboten wird. Als utopischer Zustand kann Sicherheit naturgemäß nie in ausreichendem Maße gewährleistet sein, wenn einmal die Nachfrage danach angeheizt ist. In dem Maße, wie sie zum lautstarken Argument der Kriminalpolitik wird, wie Städte miteinander um den ‚weichen Standortfaktor‘ Schutz-vor-Kriminalität konkurrieren, wie nachbarschaftliche Wachsamkeit zur Bürgeraufgabe erklärt wird usw., erhöht sich der Preis für Sicherheit. Die Nachfrage galoppiert, die Effektivität sozialer Kontrolle kann dem gar nicht nachkommen. Die Folge ist ein prinzipielles Ungleichgewicht zwischen (hoher) Nachfrage und (geringem) Angebot, ganz gleich wie umfassend das Sicherheitsengagement der einzelnen Akteure auch sein mag. Die marktförmige Sicherheitsproduktion zeigt nur für privilegierte Räumen und bestimmte Situationen einen befrie-

digenden Erfolg. Jede geschlossene Sicherheitslücke verweist auf die vielen noch offenen. Dies ist ein strukturelles Problem von Sicherheit.

Die Sicherheitsanbieter stehen untereinander in Marktkonkurrenz. Da gibt es die prosperierenden privatwirtschaftlichen Unternehmen auf diesem Sektor und viele weitere Akteure, die sich auf dem Feld der Sicherheitsherstellung profilieren. Dies verstärkt die Serviceorientierung mit Blick auf den Kundenkreis, und das sind die faktischen und potenziellen Kriminalitätsopfer. Die staatlichen Kontrollinstanzen bleiben fatalerweise nicht unberührt. Vor allem die Politik schielt mit legislativem Aktionismus und harscher Strafrhetorik auf die Gunst der Wählerschaft. Eine an Opfern orientierte Kriminalpolitik muss die wohlfahrtsstaatlichen Ziele der Inklusion von Straftätern zurückstellen, ja sogar die Einhaltung der Rechtsstaatlichkeit. Sie tendiert nunmehr dazu, den Bedürfnissen nach einer immer effektiveren Sicherheitsherstellung und auch nach atavistischer Vergeltung nachzukommen.

2.1 Soziale Kontrolle als Kreuzzug

Soziale Kontrolle findet nicht nur bezüglich Innerer Sicherheit und zum Schutz individueller Rechte statt. Die Sanktionsapparate werden auch im Dienste anderer – sowohl allgemeiner wie partikularer – Interessen ausgebaut. Ins Auge fallen die Bestrebungen von Berufsgruppen, sich ein ‚lohnendes' Tätigkeitsfeld zu verschaffen. So waren die Sozialarbeits- und Therapieberufe erfolgreich damit, Klientengruppen zu definieren und bezahlte Betreuungsaktivitäten zu professionalisieren. Ein anderer Zweig des Kontroll-Unternehmertums findet sich in wertgebundenen Kampagnen, deswegen auch ‚moralische Kreuzzüge' genannt. Sie verfolgen weltanschaulich begründete (aktuell z.B.: fundamentalistische) Ziele. Zunächst finden sich Initiativen zusammen, vielleicht mit charismatischen Figuren, die sich politisch artikulieren und vom Staat den Erlass von Verbotsnormen fordern. Sind sie damit erfolgreich, dann setzen Kontrollaktivitäten ein, die staatlich finanziert werden und wofür die Moralunternehmer das Personal schon bereithalten. Seit über acht Jahrzehnten bietet der Kampf gegen Drogen (aber nur bestimmte) das Beispiel für eine soziale Kontrolle, welche die Menschen vor sich selbst zu schützen vorgibt – denn ‚Opfer' i.e.S. sind hier nicht vorhanden.

Der *war on drugs*, für den vor allem die Vereinigten Staaten stehen, ist nicht nur nicht zu gewinnen, sondern verstellt auch den Blick auf konstruktive drogenpolitische Alternativen, die sich von einer starr prohibitionistischen Haltung verabschieden. Auch wenn die große Anti-Drogen-Kampagne (‚keine Macht den Drogen') inzwischen ihren Zenit wohl überschritten hat, kann die Geschichte von ‚Drogendealern' oder ‚Rauschgift-Kriminalität' als Verdichtungssymbol interpretiert werden, in dem sich verschiedene Besorgnisse über den drohenden Zerfall der städtischen Gesellschaft bündeln lassen: moralischer Verfall, schwindende soziale Ordnung, voranschreitende Überfremdung. Solche Verdichtungssymbole sind allerdings nicht beliebig zu wählen, sondern werden in der Regel durch größere gesellschaftspolitische Ereignisse ausgelöst, massenmedial fokussiert und durch nachfolgende politische Maßnahmen weiter provoziert. (Hubert Beste 2007)

Der Suchtbereich war immer schon Vorreiter für die *Prävention* in der sozialen Kontrolle. Doch wie weit ist man hier gekommen? Vom Kindergarten an wird vor den Gefahren gewarnt.

Be smart, don't start! Für die 7. und 8. Schulklassen werden Wettbewerbe veranstaltet, auf das Rauchen zu verzichten. Die Bundesregierung lässt dieses national und international erfolgreiche Programm evaluieren, mit mageren Befunden. Soziologische Forschungen werden kaum je gefördert, können also nicht stattfinden. Der Drogen- und Suchtbericht der Bundesregierung von 2006 tut so, als seien Erfolge zu verzeichnen, was aber nicht der Fall ist. Der Drogenforscher und Kriminologe Stephan Quensel fragt aus diesem Anlass: „Was wird hier also ‚kontrolliert'? Das Rauchen? Die Effizienz der präventiven Reaktion? Oder der ins Wanken geratene Glaube an die Schutzfunktion von Wissen und Macht, von Experten und besorgter Regierung?"

2.2 Wie Kriminalität heute kontrolliert wird

Ein marktmäßiger Kontrollstil bringt verschiedene Bearbeitungsformen von kriminellen Risiken hervor. Die Alltagskriminalität, wie die Einbruchsdelikte oder der Handtaschenraub, erscheint als normale und routinisierte Gefahr spätmodernen Lebens. Kriminalität gilt hiernach als ein kalkulierbares Risiko statt als eine moralische Abweichung, die speziell erklärt zu werden bräuchte: Der Täter weiß, was ihm blüht, sollte er eine günstige Gelegenheit zur Kriminalität ergreifen. Auch das potenzielle Opfer weiß, entsprechende Vorsichtsmaßnahmen zu treffen, indem es sein Haus und Auto besser absichert und sich im öffentlichen Raum vorsieht. Die wohlfahrtsstaatliche Strategie einer umfassend-staatlichen Kriminalitätskontrolle wird für diesen Kriminalitätssektor verdrängt, an die Stelle tritt die staatliche, unternehmerische und private Prävention, womit der Staat entlastet und private Akteure in die Verantwortung genommen werden.

Der staatlichen Strafjustiz allein vorbehalten bleibt die nichtalltägliche Kriminalität. Insbesondere die gefährlichen sog. Hangtäter stehen im Visier der Behörden. Für ganze Tätergruppen werden Risikoprofile ermittelt, um sie möglichst frühzeitig unschädlich zu machen. Wiederum geht es nicht um Besserung der Straftäter, sondern um die Erfüllung des Sicherheitsversprechens gegenüber der Allgemeinheit.

Der überkommenen Kriminalpolitik wird heute bescheinigt: *Nothing works*, nichts klappt. Strafe hatte einmal als ultima ratio gegolten, als allerletztes Mittel der Kontrolle. Heute erscheint die Rückkehr zur Einsperrung geboten. Das Gefängnis gilt wieder als die effektivste Methode, um Kriminalitätszahlen zu senken. Nachdem die Individualabschreckung und Besserung des Straftäters als unwirksam angesehen werden, wird auf eine Unschädlichmachung der Delinquenten gesetzt – der einzig gewisse Effekt des Strafvollzuges.

Solange die soziale Kontrolle das Ziel verfolgt, bei den Bürgern Disziplin (die innere Bereitschaft zur Normbefolgung) zu etablieren, werden bei der Beurteilung moralische Maßstäbe von Schuld und Sühne angelegt. Eine gerechte Strafe dient dann in erster Linie der Abschreckung und Besserung des Täters. Das ändert sich heute, weil der Risikogedanke an die Stelle der Disziplin tritt. Hieraus bildet sich ein gleichsam mechanisch funktionierender Kontrollstil, dem die Techniken der Identifizierung, Klassifizierung und des Managements von Devianz, differenziert nach Gefährlichkeitsgraden, zugrunde liegen.

Dabei geht es nicht mehr um individuelle Schuld, sondern um kollektive Gefährlichkeit. Deswegen wirken sich auch schwierige persönliche Umstände nicht mehr strafmildernd aus – im Gegenteil. Was früher Verständnis weckte (wie Drogenabhängigkeit, persönliche Vorgeschichte, Beschäftigungsstatus, familiäre Gewalterfahrung, Rasse und Geschlecht) schlägt nunmehr belastend zu Buche. Auf der Grundlage kollektiver Gefährlichkeitsprognosen wird ein Täter individuell klassifiziert, d.h. einer Risikogruppe zugeordnet. Die Strafe ergibt sich aus dem strafrechtlichen Rahmen sowie aus den gefährlichen Merkmalen. Es entscheidet nicht das Risiko, das von diesem speziellen Täter ausgeht, sondern die Wahrscheinlichkeit weiterer rechtswidriger Handlungen einer Gruppe ähnlicher Fälle. ‚Auf Nummer sicher gehen‘ löst den altliberalen Grundsatz *in dubio pro reo* (Im Zweifel für den Angeklagten) ab.

2.3 Wer sind die ‚Üblichen Verdächtigen‘?

Hier widmet sich die soziale Kontrolle alten Bekannten. Die üblichen Verdächtigen geraten damit in die Mühlen der Kontrolle. Insbesondere die unteren Bevölkerungsschichten werden, wie bereits im 19. Jhdt., zu den *classes dangereuses* (gefährliche Klassen) stilisiert. Das sind allerdings nicht mehr die deutschen Arbeiter, die vor einer Generation noch die Unterschichten bildeten, auch nicht die Immigranten schlechthin, sondern ein neu zusammengesetztes Prekariat, das sein Leben nicht in den Griff bekommt.

Die Zahl der Gefängnisinsassen steigt in fast allen europäischen Ländern kontinuierlich. Nirgends ist die Entwicklung dieser Ausschließungssanktion so weit vorangeschritten wie in den USA; dies zu vermerken ist wichtig, weil von hier Signale auch nach Europa ausgehen. Während die europäischen Länder eine Gefangenenrate von rd. 100 aufweisen, übertreffen die USA inzwischen sogar Russland (mit einer Gefangenenrate von 611 im Jahre 2006) und liegen damit an der Spitze mit 738 Gefangenen auf 100.000 Einwohner (im Jahre 2005; 1992 hatte diese Zahl noch 505 betragen). In Deutschland sitzen derzeit (2006) 95 Menschen ein, im Jahre 1992: 71; in Großbritannien 148 bzw. 88.

Wenn die sozialen Bezüge von Kriminalität vernachlässigt werden, dann schnellen die Gefangenenraten in die Höhe. Diese Ausschließungspolitik beruft sich aber darauf, eine rationale, an Risikopotenzialen orientierte Kriminalitätskontrolle zu sein. Zugleich schlägt sie politisches Kapital aus dem unnachgiebigen Wegschluss. Die Instrumentalisierung der Kri-

minalität lässt sich als ein Versuch verstehen, ein Stück von der staatlichen Souveränität zurück zu gewinnen, die im Zuge der ökonomischen Machtübernahme verloren gegangen ist.

2.4 Formelle und informelle Sanktionen

Nicht nur Strafen, sondern auch Maßnahmen wie die Entziehung der Fahrerlaubnis gehören zum Sanktionsrepertoire. Die sozialen und finanziellen Folgen solcher Eingriffe können ein Leben verändern. Eine einzige Fahrt unter Cannabiseinfluss, ja schon der Besitz einer nach Betäubungsmittelgesetz verbotenen Substanz führt, sobald der Betreffende erwischt ist, in der Regel zu führerscheinrechtlichen und damit weit reichenden Konsequenzen im beruflichen und persönlichen Bereich. Sanktionsadressaten sind hier sehr oft junge Leute, und sie können die Folgen meist nicht aus eigener Kraft bewältigen. Da kommen aus mehreren Richtungen hohe Kostenforderungen auf den Unglücklichen zu; neben der Geldbuße sind das Gerichts- und Anwaltsgebühren, Polizeikosten (für die Blutuntersuchung), mehrere sich anschließende medizinisch-psychologische Untersuchungen (MPU, der sogenannte Idiotentest), um die Erlaubnis wiederzuerlangen, Laborrechnungen, Aufbauseminar und Kurse – Tausende Euro, lange Wartezeiten mit Verdienstverlusten, wenn nicht ohnehin der Arbeitsplatz bzw. die Lehrstelle gekündigt worden ist (in bis zu 20 % der Fälle, wie berichtet wird). Auszubildende und Berufsanfänger werden nur zu oft auf Null zurückgeworfen. Landbewohner werden immobil. Wie sprechen hier nicht von Einzelfällen – außer dass von den vielen jungen Leuten, die nach einem Drogenkonsum am Straßenverkehr teilnehmen, nur ganz wenige ertappt werden. Kein Wunder, dass die Risiken dieses Verhaltens wenig bekannt sind (anders bei Alkoholgenuss) und die Folgen weit schwerer wiegen als die fällige Geldbuße.

Frieder G., 21 Jahre, Student: „Natürlich haben wir gewusst, dass Drogen – wie soll ich sagen – irgendwie verboten sind. Aber ich kenne eigentlich niemanden, der nicht mal gekifft oder sich dann und wann einen Trip eingebaut hat. Wir kamen uns gegenüber den Alten in der Kneipe halt besonders vor. Ich war stolz darauf ein Kiffer zu sein. Vor zehn Monaten hat mich die Polizei kontrolliert, Stunden nach dem letzten Konsum. Zweitausend Euro hat mich der ganze Spaß bisher gekostet, Bußgeld, Screenings, Anwalt etc. Anfangs hatte ich einen Hass auf die Polizei, auf die Gesellschaft, auf meine Freundin, die mich verlassen hat. Ich hatte kein Geld mehr, irgendwas zu unternehmen. Inzwischen bin ich nur noch sauer auf mich selbst. Wenn mich meine Eltern nicht moralisch und finanziell unterstützt hätten, weiß ich nicht, was aus mir hätte werden sollen."

Über solche Fehltritte wird ungern gesprochen, weil Drogenkonsum (notabene: nicht Sucht) mit kleinen Geheimnissen umgeben ist und nicht in dem Maße sozial akzeptiert wird wie das Alkoholtrinken. Daher finden auch die Sanktionen, die ohnehin nur exemplarischen Charakter tragen, nicht die Aufmerksamkeit der Jugendlichen oder der Öffentlichkeit. Die Kontrolle verläuft bürokratisch, die Rechtsgrundlagen sind oft nur Verordnungen oder eine administrative Praxis.

Das Ganze ist ein Beispiel für die zunehmende *Informalisierung* von sozialer Kontrolle. Nicht mehr das formal gesetzte allgemeine Recht und seine Anwendung durch staatliche Institutionen garantieren die Sicherheit, sondern administrative, private und öffentlich-private Initiativen sind gefragt, um für die Gefahrenabwehr zu sorgen. Der Staat sieht sich nur noch als ein Sicherheitsanbieter unter anderen. Er gibt die Laufrichtung einer Ökonomisierung von Sicherheit vor.

Zum einen wird es teurer gemacht, kriminell zu handeln (erhöhtes Entdeckungsrisiko an bestimmten Orten, Strafrahmenerhöhung). Zum anderen wird mit Devianz ‚verwalterisch' umgegangen, indem man Teile der Alltagskriminalität nur noch halbherzig bearbeitet (in der Polizei, durch staatsanwaltliche und gerichtliche Diversion, per Täter-Opfer-Ausgleich), und dies forciert dann private Anstrengungen.

An der staatsanwaltlichen Erledigungspraxis anklagefähiger Ermittlungsverfahren zeigt sich, wie man sich mit formellen Reaktionen zunehmend zurückhält. Die Anklagerate sank zwischen 1981 und 2004 von 46 auf 21 %, die Strafbefehlsrate von 33 % auf 29 %. Gleichzeitig hat sich die Einstellungsrate von 21 % auf 43 % erhöht (Periodischer Sicherheitsbericht 2006: 542 f.).

Ordnungsstörungen, früher mit einem Achselzucken vermerkt, werden neuerdings sehr ernst genommen und breit problematisiert. Damit werden Gefahren bereits im weiten Vorfeld echter Kriminalität angesiedelt. Wenn die sommerliche Stille im Politikbetrieb einsetzt, ersetzen Hundehaufen und weggeworfener Müll in Parkanlagen die größeren Probleme Innerer Sicherheit. Zunehmend sind Bürger und auch Ordnungsdienste gefragt, bereits an diesen urbanen Störungen anzusetzen, um der Ausbreitung echter Kriminalität vorzubeugen. Das Eingriffsfeld informeller Kontrolle erweitert sich. Und schließlich stimuliert der Staat privates Einschreiten in Gestalt von Präventionsräten, Ordnungspartnerschaften etc., in denen staatliche Stellen, wie v.a. die Polizei stark überrepräsentiert sind. Sicherheit wird kommunalisiert, die Idee der Gemeinschaft soll gestärkt werden.

Seit der Privatisierung der Bahn bestreifen neben der Polizei auch private Sicherheitsdienste den Hamburger Hauptbahnhof. Für die Einkaufsstraßen gründete sich 1998 eine Ordnungspartnerschaft von Behörden, Gastronomie, Einzelhandel und Grundeigentümern, die „Arbeitsgemeinschaft Attraktive City". Sie soll die Sicherheit und Sauberkeit in der Stadt durch verstärkte Polizeipräsenz, dem Erlass einer Innenstadtverordnung sowie durch Vertreibung unliebsamer Personen, wie Obdachlose, Bettler etc. fördern.

Private Beschäftigungsträger setzen seit Ende der 1990er Jahre Langzeitarbeitslose für Sicherheits- und Ordnungsdienste in Hamburg ein, so z.B. den „City-Service" in der Innenstadt und die „Strandläufer" am Elbstrand. Überwiegend kritisch wurde dagegen die rein private Initiative der „Guardian Angels" von den offiziellen Stellen beurteilt, in den 1990er Jahren in Berlin und Hamburg Gruppen von jugendlichen Mitgliedern

in martialischer Nahkampfkleidung auf die Straße und in den ÖPNV zu schicken, um zivilcouragierten Schutz zu bieten.

Private Sicherheitsfirmen nehmen nicht-hoheitliche Aufgaben oder qua Beleihung auch zunehmend hoheitliche Sicherheitsaufgaben wahr.

Eine letzte Variante der Informalisierung besteht in den persönlichen Schutzmaßnahmen gegen kriminelle Avancen.

Verantwortung verschiebt sich auf die Einzelnen, der umsorgende Staat verwandelt sich in einen anspornenden.

2.5 Der Straftäter als ‚der Andere'

Die präventive Form sozialer Kontrolle versucht, ‚Risiken' zu bestimmen und definiert ausgewählte Personengruppen als gefährlich. Risiken sind keineswegs feste, vorfindliche Tatsachen, sondern werden sozial hergestellt, verortet und in bestimmter Weise behandelt. Wer zu einer dieser Gruppen gehört und durch Normübertretung auffällt, den trifft die nunmehr volle Wucht des staatlichen Strafanspruchs. Sexualdelinquenten beispielsweise werden zu bösartigen Kreaturen, *folk devils* wurden sie genannt, und damit zur Zielscheibe ungezügelter Wut und Verachtung. Strafe kann neben der Unschädlichmachung auch der Befriedigung von Rachebedürfnissen dienen – sie ist dann expressiv, d.h. drückt Gefühle aus statt rational begründet zu sein. Die Unterschiede zwischen effektiver Sicherung und einer moralisch generierten heftigen Bestrafung verschwimmen oftmals.

Kriminalpolitische Strategien	Wohlfahrtsstaat	Informalisierung	Rationalisierung	Expressionalisierung
Umgang mit Kriminalität	sozial	situativ-lokal	instrumentell	demonstrativ
Zugang zur Kriminalität	inklusiv-paternalistisch	ökonomisch	probabilistisch	moralisch
Tätertypus	gestrauchelt	rational	riskant	monströs
Primäre Bearbeitung durch	Staat	Private Akteure	Justiz und Polizei	Politik und Bevölkerung
Schwerpunkt der Maßnahmen	Sozialpolitik	Kostenerhöhung	Unschädlichmachung	Vergeltung
Wissen	Integration/ Inklusion	Kriminalitätsbewusstsein/-furcht	Statistik/ Wahrscheinlichkeit	Viktimismus/ Reinheit

Verschiedene Tendenzen der Kriminalitätsbearbeitung

Der radikale Trennungsstrich zwischen ‚Anständigen‘ und ‚Anderen‘ entspricht dem Begriffspaar von Inklusion und Exklusion (Einbezug und Ausschluss). Exklusion meint: Menschen und Gruppen werden von der Teilhabe an Chancen und Gütern nachhaltig ausgeschlossen. Am häufigsten geschieht dies heute in den Bereichen der Beschäftigung und der sozialen Sicherung. Auch Strafverfahren haben diesen Pfeil im Köcher: durch Freiheitsentzug und Entehrung werden Menschen aus dem sozialen Verkehr entfernt und an den Rand gestellt. Jemanden so auszuschalten grenzt bereits an die Bekämpfung des Gegners im Kriege, gilt es doch hier wie dort, ihn ‚unschädlich‘ zu machen. Die lebenslange Freiheitsstrafe, die Sicherungsverwahrung und auch der öffentliche Pranger sind solche Mittel, die gegenwärtig von Politik und öffentlicher Meinung favorisiert werden.

Die Maßnahme der Sicherungsverwahrung soll Straftäter im Anschluss an die Verbüßung der Haft unschädlich machen. Zunehmend wird von diesem Instrument Gebrauch gemacht. Im März 2003 befanden sich 310 Personen in der Sicherungsverwahrung, und diese Zahl stieg in jedem der folgenden Jahre kontinuierlich an; im August 2006 waren es 401.

Unter Rechtswissenschaftlern ist jetzt eine Diskussionsfigur aufgekommen, welche die exkludierende Tendenz in das starke Wort ‚Feindstrafrecht‘ fasst. Während das ‚Bürgerstrafrecht‘ denjenigen Tätern zugute komme, die sich von Sanktionen beeindrucken lassen, müsse für die Unverbesserlichen eine unnachgiebige Sanktionierung her, eine Behandlung als ‚Feind‘. Zur Rechtfertigung dieser neuen Kontrollform wird angeführt, sie solle eine eng begrenzte Ausnahme bleiben (gewissermaßen als ‚exklusive Exklusion‘) und sichere dadurch den Fortbestand eines inkludierenden ‚Bürgerstrafrechts‘. Auch werde der strafrechtliche Feind nicht verteufelt, und schließlich habe er sich selbst disqualifiziert und damit seine Bürgerrechte verwirkt. Solange auch nach schwersten Verbrechen die Möglichkeit fortbesteht, den Täter nach einer befristeten Strafverbüßung und positiver Begutachtung wieder in die Freiheit zu entlassen – nach 15 oder 25 Jahren etwa –, wird in der Öffentlichkeit über eine weitergehende, ja endgültige Ausschließung diskutiert werden.

Ist denn nicht jeder, der eine wichtige Norm verletzt, ein Verräter am Ganzen und damit ein Feind, der härteste Strafen verdient?! Heute klingt das wie eine bloß rhetorische Frage. Aber ältere Gesellschaftslehren, aus absolutistischen Zeiten, haben dies noch bejaht (Thomas Hobbes in seinem *Leviathan*, Jean-Jacques Rousseau, und selbst Immanuel Kant argumentierte mit dem Wort Feind). Nur gewannen die westlichen Gesellschaften seitdem die Staatsformen Republik und Demokratie. Sie schafften die Todesstrafe ab. Inzwischen schreitet die Deklaration der Menschenrechte sogar weltweit voran. Ob wir uns den Zivilisationsbruch leisten wollen, Menschen wie gefährliche Sachen zu behandeln, das ist nicht nur eine Gewissensfrage. In Deutschland kommen da Erinnerungen an das Dritte Reich auf, als all jenes bereits geschehen ist.

Im Volksmund gibt es Anständige und Unständige, Normale und Verbrecher. Die einen jagen die anderen. Die ganze Welt teilt sich auf in gut und böse. Dieses Bild entspringt der Sehnsucht nach Ordnung; es wurzelt im Hass, ja in der Angst gegenüber einem vermeint-

lichen Chaos. Das Syndrom stammt aus quasi-religiösen Quellen, nämlich alttestamentarischen Vorstellungen innerhalb der westlichen Kultur. Wahr ist daran soviel, wie man *glaubt*. Vor der erkenntnistheoretischen Kritik kann es nicht bestehen. Und doch liegt jene Zweiteilung unserer Rechtsordnung – so wie sie weithin praktiziert wird – zugrunde; aus ihr speisen sich viele Ideen über Konformität und Gehorsam einerseits, über Abweichung und Gefährlichkeit andererseits.

Immer noch werden Menschen in eine zweiwertige Geschlechterordnung eingepasst: Jemand ist entweder ein Mann oder eine Frau, unbedingt eines von beiden und nichts dazwischen oder gar außerhalb. Wer beispielsweise in den Kleidern des ‚anderen' Geschlechts auftrat, d.h. nicht den physischen Geschlechts entsprechend, wurde früher von der Polizei aufgegriffen und wird bis heute als eine deviante Person angesehen.

Die Beispiele für die Diktatur des Dualismus – richtig gegen falsch – finden sich im gesamten Bereich der Normen und sozialen Kontrolle. Soziologisch sind sie nicht anders zu analysieren als der Bereich Kriminalität.

Im Bereich der geistig-seelischen Gesundheit gilt heute ein zweiwertiges Kontinuum von ‚normal' bis ‚krank', mit zahlreichen Zwischenstufen. Das war nicht immer so. Vor 1800 bestand die Möglichkeit, den Wahnsinn außerhalb der Skala normal-abweichend anzusiedeln, gewissermaßen in einem dritten Raum. Als sich ökonomische Kriterien wie Effizienz und Arbeitsfähigkeit durchsetzten, verschwand diese Möglichkeit. Von nun an bestimmte eine binäre Interpretation das psychiatrische Denken zum Außersichsein.

Tatsächlich birgt das Vergleichen viele Erkenntnischancen. Soziologisch setzen wir interkulturelle und historische Befunde zur selben Frage miteinander in Beziehung, und manchmal fällt es dann wie Schuppen von den Augen: Das Abweichende ist eine Kollateralerscheinung zum normativ Richtigen. Die flexible Einordnung je nach Zeit, Ort und sozialem Kontext demonstriert, wie relativ Norm, Devianz, Kontrollen sind. Das absolut Richtige existiert im gesellschaftlichen Raum nicht.

3. Vergehen und Sanktion gehören zusammen

Verbrechen und Strafe machen einen einzigen Komplex aus; reißt man sie auseinander, stellen sich eine Menge von Pseudoproblemen. Zum Beispiel dieses: Seit Jahrzehnten lässt sich die Kriminologie von der soziologischen Etikettierungsthese irritieren.

> Danach „ist abweichendes Verhalten keine Qualität der Handlung, die eine Person begeht, sondern vielmehr eine Konsequenz der Anwendung von Regeln durch andere und der Sanktion gegenüber einem ‚Missetäter'. Der Mensch mit abweichendem Verhalten ist ein Mensch, auf den diese Bezeichnung erfolgreich angewandt worden ist; abweichendes Verhalten ist Verhalten, das Menschen so bezeichnen." (Howard S. Becker 1963: 8)

So lautet das vielzitierte Prinzip des *Labeling-approach*, streng genommen kaum mehr als eine Binsenweisheit. Wusste doch schon einer der Gründungsväter der Soziologie:

> Wir verurteilen eine kriminelle Tat nicht, weil sie ein Verbrechen ist, sondern sie ist ein Verbrechen, weil wir sie verurteilen. (Emile Durkheim 1893)

Nur weil so viele Leute glauben, das Verbrechen existiere unabhängig von einer Norm, welche die Abweichung definiert, wurde der Etikettierungsthese so leidenschaftlich widersprochen. Und andererseits glaubt eine Reihe Soziologen, die Frage nach den Ursachen ‚des Verbrechens' zurückweisen zu müssen, schließlich gäbe es ohne gesellschaftliche Bestimmung weder Tat noch Strafe. Die Lösung dieses ‚Problems' lautet: Verbrechen und Strafe können nur gemeinsam untersucht, diskutiert und verstanden werden. Erst gemeinsam ergeben sie das Phänomen *Kriminalität*.

Was ist nun ‚Kriminalität'? Offensichtlich nicht all das, als was sie im Laienverständnis auftritt, also nicht das ‚verbrecherische' Tun von einzelnen bösen Leuten. Vielmehr besteht Kriminalität aus der Summe der Verstöße gegen Strafrechtsnormen, die gegen unerwünschtes Verhalten erlassen worden sind und auf entdeckte Abweichungen angewandt werden. Kriminalität verstehen zu wollen heißt demnach drei Fragen zu stellen: Woher stammen die Normen des Strafrechts? Wer verstößt gegen sie? Wie werden Verstöße entdeckt und sanktioniert? Das ist ein umfangreiches Erkenntnisprogramm, das von keinem Kriminalwissenschaftler bestritten wird. Üblicherweise aber vergisst man es bald und absolviert nur das populäre Kurzprogramm: die Verbrecher dingfest machen und aus dem Verkehr ziehen.

3.1 Die Instanzen der sozialen Kontrolle

Um einem Handeln das Etikett (engl. *label*) ‚kriminell' anzukleben, wird eine ganze Reihe von Instanzen und Akteuren tätig. Alle davon verfügen über erhebliche Interpretationsspielräume, sind unterschiedlichen Einflussnahmen ausgesetzt und verfolgen auch bestimmte Eigeninteressen:

1. die Gesetzgebung kodifiziert einzelne Verhaltensweisen als Straftaten;
2. die Polizei stuft eine vorgekommene Handlung als rechtswidrig ein und verfolgt mutmaßliche Täter;

3. Staatsanwaltschaft und Gericht beurteilen die strafrechtliche Relevanz, assistiert von Verteidigern und Gutachtern;
4. Strafvollzug, Behandlungseinrichtungen und Bewährungshilfe befassen sich mit den Verurteilten.

All diese Instanzen filtern aus einer Unmenge menschlicher Handlungen die kleine Menge aus, die letztlich bestraft wird. Sanktioniert wird also nur ein minimaler Ausschnitt des strafrechtlich relevanten Geschehens in der Wirklichkeit. Wie sieht dieser Ausfilterungsprozess aus? Bereits das Strafgesetzbuch berücksichtigt aus dem Kreis von Handlungsoptionen, die andere Menschen stören oder gar verletzen, nur einen sehr kleinen Teil. Geschätzte 90% der Bevölkerung haben zumindest einmal im Leben eine Strafrechtsnorm verletzt, ohne entdeckt bzw. sanktioniert worden zu sein. Von den rd. fünf Millionen bei der Polizei registrierten Straftaten führen nur rd. 10 Prozent zu einer gerichtlichen Verurteilung. Und noch weniger verbüßen die Strafe. Diese drastische Reduktion verdankt sich teilweise der Banalität der Fälle und braucht deswegen nicht weiter zu beschäftigen. Teilweise aber bleiben Fälle von einiger bis großer Erheblichkeit unsanktioniert, obgleich selbst Bagatellen verfolgt werden. Welche Zerrfaktoren liegen dieser Auswahl zugrunde?

Gesetzgebung. Einer der obersten und ältesten Grundsätze für einen Rechtsstaat lautet (lat.): *nulla poena sine lege*, d.h. keine Strafe ohne Gesetz. Die Herstellung von Strafnormen jedoch unterliegt sozialen Einflüssen, angefangen beim parlamentarischen Mehrheitsprinzip und dem Wettbewerb der Parteien um Wählerstimmen. Insgesamt lässt sich in den Gesetzen ein Schwerpunkt ausmachen, mit dem v.a. die Wertorientierungen wohlsituierter Bürger als zu schützende Güter im Strafrecht zum Zuge kommen. Zu erkennen ist das am breit ausgebauten Schutz von Eigentum und Vermögen sowie am umfassenden Verbot von Körperverletzungen. Der Blick auf Wertorientierungen sozialökonomisch schwächerer Milieus lässt z.B. ein Recht auf Solidarität denken, mit dem Hilfsbereitschaft und Loyalität strafrechtlich abgesichert werden könnten – einen Schutz, den es strafrechtlich nicht gibt.

Die ‚Heuschrecken' sind solange keine Wirtschaftskriminellen, wie entsprechende Gesetze fehlen.

Polizei. Nur rd. 5% der registrierten Straftaten gehen auf eigene Ermittlungen der Polizei zurück. Auf die weitaus überwiegende Zahl von Straftaten wird die staatliche Kontrolle erst durch Anzeigen aus der Bevölkerung aufmerksam gemacht. Zumeist sind es die Opfer von Straftaten, die sich an die Polizei wenden. Damit geraten v.a. solche Delikte in das Blickfeld der Kontrollorgane, die sich sichtbar im öffentlichen Raum ereignen bzw. die andere Personen unmittelbar schädigen. Hieraus folgt eine Überrepräsentation der sog. Straßenkriminalität gegenüber der Kriminalität, die in Büros und in Wohnungen stattfindet (engl. *crime in the streets – crime in the suites*). Während z.B. Insidergeschäfte an der Börse ein geringes Entdeckungsrisiko tragen, füllt sich die Polizeiliche Kriminalstatistik zu größeren Teilen mit spontan begangenen kleineren Delikten etwa von ohnehin verdächtigen jugendlichen Gruppen und Migranten.

Justiz. Die zu beurteilende Handlung selbst trägt ihre rechtliche Deutung weder an noch in sich. Es geht also nicht einfach darum ‚die Wahrheit' herauszufinden, um über einen Fall entscheiden zu können. Das Rechtssystem hat seine eigenen Regeln, mit denen es einen Fall rekonstruiert, um Verantwortung für eine Handlung zuzuteilen. Die Interpretation eines Falles als Straftat ist daher viel mehr als Zu- denn als Beschreibung zu verstehen. Bei der Sanktionsbestimmung erhält die sog. Sozialprognose eine besondere Bedeutung; die Lebensführung des Delinquenten wird maßgeblich für dessen Bestrafung. Arbeitslosigkeit, kurzfristig wechselnde Beschäftigungsverhältnisse, attestierte Gewalttätigkeit und Drogenkonsum indizieren eine ungeregelte Lebensführung, die bei der Strafzumessung schwer zu Buche schlägt.

Strafvollzug. Das Label ‚kriminell' sitzt an niemandem so fest, wie an weggesperrten Straftätern, und selbst nach verbüßter Haftstrafe lässt es sich nicht mehr leicht loswerden. Dafür sprechen auch die Rückfallzahlen: Je heftiger sanktioniert wird, desto größer wird das Risiko weiterer Straftaten. Mehr als die Hälfte der Straftäter, die zu einer Freiheitsstrafe ohne Bewährung verurteilt wurden, werden innerhalb von vier Jahren erneut straffällig; nach Jugendstrafen ohne Bewährung sind es sogar fast 80%. Der Strafvollzug selbst vermindert die Chancen, weiteren missbilligenden Reaktionen zu entgehen. Der Verdacht ‚einmal kriminell – immer kriminell' begleitet die Entlassenen. Dies wirkt sich für den Betreffenden nicht nur negativ im Hinblick auf das Handeln der formellen Kontrollinstanzen aus. Eine Straftat wird so viel eher demjenigen zugerechnet, der bereits auffällig war. Ein Wiederholungstäter hat mit einer verschärften Strafsanktion zu rechnen. Auch außerhalb des Justizapparates wird einem entlassenen Straftäter misstraut. So wird es z.B. schwerer, eine Arbeitsstelle zu finden und soziale Kontakte herzustellen. In den Mühlen des Strafvollzugs vollenden sich mithin der Etikettierungsprozess und oft auch die Strafkarriere.

3.2 Gibt es den Kriminellen?

Wenn Kriminalität sich erst aus einer Etikettierung ergibt, dann muss die Frage klar verneint werden. Straftaten sind nicht einfach vorfindliche Tatsachen, sondern sie werden sozial produziert. Ein Verhalten selbst ist noch nicht ‚kriminell', solange es nicht im Rahmen sozialer Interaktion als normwidrig definiert wird. Schon gar gilt dies für einen ganzen Menschen; auch das Strafrecht definiert keinen als ‚Kriminellen'. Und entsprechend auch bei allen anderen sozialen Abweichungen.

Wer heimlich schnupft, gilt gesellschaftlich nicht als ‚Kokainist'. – Die in vielen orientalischen Ländern tief verachteten Schwulen sind nicht etwa alles Männer, die Sex mit einem anderen Mann haben, sondern nur diejenigen, die sich dabei zu ‚Weibern machen', d.h. sich f... lassen.

Diese Perspektive auf Verbrechen und Strafe mag provozieren, irritiert sie doch das Alltagsverständnis, mit dem wir auf das Gute und das Böse als klar unterscheidbare Kategorien

blicken. Normen und ihre Anwendungsregeln sowie Kriminalität erscheinen uns als objektiv gegensätzliche Welten. Hier stehen die einen, die sich auf Recht und Gesetz berufen können, dort die anderen, die die Norm brechen. Eine konsequente Strafverfolgung wäre mithin ein Schritt auf dem Weg in eine befriedete Gesellschaft, in der Kriminalität eingedämmt, wenn nicht gar ganz abgeschafft werden könnte – ein offensichtlich falsches Versprechen.

Nach der anderen, objektivistischen Vorstellung ‚gibt' es rechtswidrige Handlungen wie eine Tatsache, unabhängig vom strafenden Zugriff. Die Taten bräuchten nur aufgedeckt und sanktioniert zu werden, um Gerechtigkeit herzustellen. Normen beruhten nach dieser Sicht auf gesellschaftlichen Übereinkünften über akzeptierte und schädliche Handlungsweisen. Sie sind festgelegt in Gesetzen, die jedermann in gleicher Weise binden sollen. Die Instanzen sozialer Kontrolle, vornehmlich die Polizei, ahnden Verstöße, soweit sie davon Kenntnis erlangen. Auch bei Strafurteilen schließlich wird der Anschein der Objektivität gewahrt. So wird nach Prüfung des Sachverhalts, der Rechtswidrigkeit und der Schuld ein Urteil im Namen des Volkes gesprochen. Doch so quasi-naturwissenschaftlich in der Tatsachenfeststellung, so blind gegenüber sozialen Unterschieden und gerecht in der Normenanwendung, wie sich die strafende Gerechtigkeit darstellt, arbeitet das gesamte System aus Gesetzgebung und Kontrollinstanzen nicht. Übrigens darf die Justiz i.e.S., ausgeübt von professionellen und unabhängigen RichterInnen, noch am ehesten beanspruchen, gleichheitlich und objektiv zu urteilen.

Wenn in Statistiken das normwidrige Verhalten besonders den unteren Sozialschichten zugeordnet wird, dann heißt das nicht, dass Kriminalität tatsächlich ein Unterschichtphänomen wäre. Denn die Gesamtheit der Rechtsgutsverletzungen ist unbekannt, die Polizeiliche Kriminalstatistik anerkanntermaßen keine Grundlage für Verallgemeinerungen. Der soziologische Denkansatz muss zunächst einmal davon ausgehen, dass abweichendes Verhalten ungefähr gleichverteilt ist; es unterliegt aber einem höchst ungleich verteilten Sanktionierungsrisiko. Der Glaube an die besondere Devianzbelastung bestimmter Milieus zerfällt in der empirischen Sozialforschung – bis zum (ausstehenden) Beweis des Gegenteils. Immerhin nachgewiesen ist der selektive Zugriff der Kontrollinstanzen, wodurch die ‚üblichen Verdächtigen' überrepräsentiert werden, die erst damit zu dem werden, was ihnen ohnehin unterstellt wird – ‚gefährliche Klassen' zu sein. Jede formelle Sanktionierung, ob durch das Strafrechtssystem oder auch durch die Schule, erhöht für den Betreffenden das Risiko weiterer missbilligender Reaktionen. Wenn sich jemand einmal im Kontrollapparat verfangen hat, dann haftet an ihm das Etikett der Abweichung, womit ein rechtschaffenes Leben deutlich erschwert wird.

Von *dem Kriminellen* zu sprechen, bedeutet mithin, das Pferd von hinten aufzuzäumen. Kriminalität ist nicht eine persönliche Eigenschaft, sondern bezeichnet das Ergebnis einer erfolgreichen Anwendung von Regeln durch die Instanzen sozialer Kontrolle. Andernfalls werden die vorangegangenen gesellschaftlichen Definitionsprozesse unzulässigerweise in die Person des Straftäters verlegt. Von Devianz selbst können wir also nicht viel wissen, denn sobald sie offenkundig wird, ist sie verwoben mit den gesellschaftlichen Reaktionen auf sie.

3.3 Die Ursachen von Kriminalität und Kontrolle – das Ei und die Henne

Wir kommen nicht ohne Grund hier so spät auf die Erklärungen des Verbrechens zu sprechen, nachdem wir die Reaktionsseite besprochen haben. Nicht nur steht der Kontrollgesichtspunkt im Titel vorweg, vor allem gibt es soziologisch keinen Primat der Abweichung, d.h. Kriminalität kann nicht der Anfangspunkt unserer Betrachtung sein. Demgegenüber interessieren sich die herkömmliche Kriminologie und das Alltagsverständnis nur für die Ursachen des Verbrechens, vor allem wenn eine schwerwiegende Tat die Gefühle aufwühlt. Dann prasseln die Warum-Fragen auf die Experten ein, gestellt mit geradezu kindlicher Neugier. Die Soziologie spielt hier nicht mit; sie befasst sich nicht mit Einzelfällen und verqueren Persönlichkeitsstrukturen. Vor allem geht sie niemals davon aus, am Anfang stünde eine friedlich-geordnete Gesellschaft, dann erst träten Störer auf und müssten zurechtgewiesen werden. Dieses Gesellschaftsbild von prinzipieller Harmonie und ausnahmsweiser Abweichung entstammt purem Wunschdenken, ist eine schlechte Ideologie und setzt den gesamten Kontrollzug auf ein falsches Gleis. Nach soziologischer Erkenntnis stehen Gewalt und Selbsthilfe am Anfang der sozialen Evolution (dazu bereits genannt: Thomas Hobbes und Norbert Elias), Institutionen kommen erst allmählich auf – in dem Prozess der Zivilisation, der stets prekär bleibt.

3.4 Zum Verbrecher geboren?

Der Etikettierungsansatz, der das kriminalitätsherstellende Institutionenhandeln in den Blick nimmt, hat damit dem breiteren und traditionsreicheren Zweig der kriminologischen Forschung etwas entgegenzustellen gesucht, der Kriminalität der Persönlichkeit des Täters zuordnet. Eine fehlgelaufene Erziehung oder der Einfluss delinquenter Subkulturen etwa werden hier als ursächlich für Abweichung gesehen. Zunehmend verschafft sich wieder eine Forschungsrichtung Gehör, die Abweichung einem inneren Kern der Individuen zuordnen will. Devianz ist hiernach keine erworbene Persönlichkeitseigenschaft, sondern fester Bestandteil des Körpers.

Sowohl das Alltagsverständnis wie manche Expertendiskurse wollen die Rätsel der Gegenwart von den ‚Naturtatsachen‘ her lösen. Gene, Stoffwechselprozesse, Körpervorgänge sollen zu Abweichungen, Gewalttaten und anderen Exzessen disponieren. Die Renaissance der biologischen Forschung, die auf eine lange unheilvolle Tradition zurückblicken muss, spiegelt einen allgemeinen Trend in der gesellschaftlichen Wahrnehmung von Verantwortung wider: Nicht mehr die sozialen Lebensbedingungen sind für Abweichung verantwortlich, mithin ‚die Gesellschaft‘, sondern der Delinquent selbst. Auch wenn einige Hirnforscher die Willensfreiheit, also die Fähigkeit zu Schuld und Verantwortung bestreiten, so wird damit der Delinquent kaum entlastet: Riskante Individuen gehören weggeschlossen, um die öffentliche Sicherheit zu gewährleisten.

Die Anfänge der empirischen Kriminologie liegen in der biologischen Forschung über den ‚geborenen Verbrecher‘. Im 19. Jhdt. behauptete der Italiener Cesare Lombroso, Kriminelle an Physiognomie und Körper erkennen zu können: fliehende Stirn, riesiger Unterkiefer, große Augenhöhlen, hervorstehende Augenwülste, lange Arme, Füße und Hände sowie eine

herabgesetzte Schmerzempfindlichkeit seien typische Merkmale. Nicht nur ein krimineller Hang sei hiernach angeboren, sondern sogar bevorzugte Arten normbrechenden Verhaltens waren nach seiner Lehre genetisch festgelegt. Der Dieb z.B. fiele auf durch sehr bewegliche Gesichtszüge und Hände, seine Augen seien klein, der Blick oft unruhig und schielend, die Augenbrauen zusammengewachsen und die Nase krumm. Unzüchtige seien an ihren funkelnden Augen und schwellenden Lippen zu erkennen.

Inspiriert von Darwins Evolutionstheorie glaubte Lombroso, Kriminelle verkörperten einen Menschenschlag früherer Evolutionsstufen. Seine Lehre war bereits zu Lebzeiten heftig bekämpft und seit Ende des 19. Jhdts. bereits bedeutungslos. Einer seiner bekanntesten Gegner war der französische Mediziner Alexandre Lacassagne, der den Satz prägte: „Jede Gesellschaft hat die Verbrecher, die sie verdient." Der Jurist und Soziologe Gabriel Tarde verwies ebenfalls auf die gesellschaftliche Herstellung von Kriminalität, indem er betonte, Kriminelle würden nur die überall beobachtbaren asozialen Verhaltensweisen nachahmen. Daher kam er zu dem Schluss: „Jedermann ist schuldig – mit Ausnahme des Kriminellen."

Nicht nur das NS-Regime entdeckte die kühnen Behauptungen von Lombroso wieder, um Wiederholungstäter in Konzentrationslager einzuweisen. Auch heutzutage ist man dabei, Devianz zu naturalisieren. Sogar die Folgen dieses Denkens könnten sich ähnlich ausnehmen. Die im Körper festgeschriebene Andersartigkeit bestimmter Menschen darf wieder behauptet werden. Dies betrifft übrigens keineswegs nur den Sektor der Kriminalität, sondern ebenso werden mittlerweile biologische Erklärungen für Geschlechterunterschiede, für sexuelle Orientierungen usw. wieder populär. Nach einem Zeitalter, dem die psychologischen und sozialen Ursachen von Verhalten plausibel schienen, kehren wir wieder zurück zu biologistischen Erklärungen.

Die sog. Psychopathie wird heute von der Hirnforschung als Gefahrenprognose ersten Ranges ausgemacht. Diese Menschen sollen aufgrund organischer Abweichungen zu moralischen Urteilen nur vermindert befähigt sein. Ein großer Teil von ihnen trete strafrechtlich gar nicht in Erscheinung, weil sie ihre Hemmungslosigkeit erfolgreich im Wirtschaftsleben einsetzen. Der auffällige Rest bestehe aus unverbesserlichen Triebtätern, die zu Gewalttaten vorbestimmt seien. Was ist mit diesen ‚Bestien' zu tun, wie insbesondere Sexualtäter heute gerne dehumanisierend betitelt werden?

Die gegenwärtige biologische Forschung kommt weit weniger naiv und angreifbar als ehedem daher. Geschickt weicht sie dem alten Gegensatz von Kultur vs. Natur aus, indem sie soziologische und psychologische Teilerkenntnisse einbaut. Auch behauptet die Hirnforschung keinen schlicht monokausalen Zusammenhang zwischen abnormalen Gehirnentwicklungen und Kriminalität; zu den organischen Determinanten kämen weitere ungünstige Faktoren hinzu, bevor die Straftat geschieht.

Suggestiv empirisch wirkende Gehirnbilder/aufnahmen und die Panik nach besonders grausamen Einzeltaten machen diese Forschung massenmedial vermittelbar und populär. Sogar Empfehlungen für die Praxis werden abgesondert: Die als gefährlich diagnostizierten Individuen könnten weggeschlossen werden, sagte unlängst der umstrittene Bremer Gehirnforscher, Gerhard Roth, schließlich würde mit Menschen, die sich mit einer gefährlichen Seuche angesteckt hätten, auch nicht anders verfahren. Auf diese abenteuerliche Weise wird die Risikologik wissenschaftlich geweiht und eine präventive Unschädlichmachung zum Schutz der Öffentlichkeit nahegelegt – ein Abschied vom Rechtsstaat.

4. Zum Schluss

Über die Ursachen von Abweichung und Kriminalität sind Bibliotheken geschrieben worden, die wir hier ausdrücklich *nicht* resümieren. Außer, dass Normverletzungen zunächst einmal aus dem Vorhandensein von Normen folgen, haben all jene Studien zu keinem überzeugenden Ergebnis geführt. Weder ein ‚Krimino-Gen‘ noch der ‚typisch deviante Lebenslauf‘ sind bislang gefunden worden. Wo Theorien überhaupt empirisch bestätigt werden, nähern sie sich Tautologien, d.h. Ursache und Wirkungen überdecken sich. Beispielsweise wird Kriminalität daraus ‚erklärt‘, die Täter seien zum Normbruch bereit gewesen *oder* die Tat sei ihnen aufgrund einer Aufwand-Ertrag-Kalkulation als lohnend erschienen *oder* die Tat habe begangen werden können, weil niemand die Täter abgehalten habe. Die nie erlöschenden Fragen nach dem Warum von Abweichung und Kriminalität, nach einer effektiven sozialen Kontrolle wollen nicht wahrhaben, was Gesellschaft bedeutet: das Nebeneinander verschiedener Individuen, die eigenwillig ihre Ziele verfolgen. Das tun sie oft auf Kosten von anderen, aber nur manches Mal schreitet die soziale Kontrolle ein.

> Emile Durkheim (1894), der Ursoziologe, beobachtete das stetige Anwachsen der Kriminalität im 19. Jahrhundert und kommentierte: Das Verbrechen wird bei allen Gesellschaften aller Typen angetroffen. Es gibt also keine Erscheinung, die unwiderleglicher alle Symptome der Normalität aufweist; offenbar ist sie mit den Gesamtbedingungen eines jeden Kollektivlebens auf das engste verknüpft.

Literatur

Becker, Howard S. (1963/dt. 1973): Außenseiter: Zur Soziologie abweichenden Verhaltens. Frankfurt/M.: Fischer.
Beste, Hubert (2007): Kommunale Drogenpolitik. In: Kriminologisches Journal 39. 26-32.
Durkheim, Emile (1893/dt. 1977): Über soziale Arbeitsteilung. Studie über die Organisation höherer Gesellschaften. Frankfurt/M.: Suhrkamp.
Durkheim, Emile (1894/dt. 1976): Die Regeln der soziologischen Methode. Neuwied: Luchterhand.
Elias, Norbert (1939): Über den Prozess der Zivilisation. Basel: Verlagshaus zum Falken.
Jakobs, Günther (2000): Das Selbstverständnis der Strafrechtswissenschaft vor den Herausforderungen der Gegenwart. In: Eser, A./Hassemer, W./Burkhardt, B. (Hrsg.): Die deutsche Strafrechtswissenschaft vor der Jahrtausendwende, München. 47-56.
Quensel, Stephan (2007): Staatsforschung. In: Kriminologisches Journal 39. 68-79.

Einführende Literatur

Sack, Fritz/Lindenberg, Michael (2007): Abweichung und Kriminalität. In: Joas, Hans (Hrsg.): Lehrbuch der Soziologie, 3. Auflage. Frankfurt/M.: Campus 169-197.
Anhorn, Roland/Bettinger, Frank (Hrsg.) (2002): Kritische Kriminologie und sozialer Ausschluss. Weinheim: Juventa.
Kunz, Karl-Ludwig (2004): Kriminologie, 4. Auflage, Bern: Haupt.

Weiterführende Literatur

Krasmann, Susanne (2003): Die Kriminalität der Gesellschaft. Zur Gouvernementalität der Gegenwart. Konstanz: UVK.

Singelnstein, Tobias/Stolle, Peer (2006): Die Sicherheitsgesellschaft. Soziale Kontrolle im 21. Jahrhundert. Wiesbaden: VS Verlag.

Periodischer Sicherheitsbericht 2 der Bundesregierung (2006), Berlin: www.bka.de.

Totale Institutionen – Organisationsanalyse und Gesellschaftsperspektive

Robert Hettlage

Der von Erving Goffman (1922-82) in die Soziologie eingebrachte Begriff entstammt einer Forschungsrichtung, die sich auf einen phänomenologischen Ansatz i.w.S. stützt. Es ist notwendig, diesen kurz zu skizzieren, damit die Goffman'sche Perspektive richtig verstanden werden kann.

1. Goffman und der Imperativ der Selbstdarstellung

Die (sozial-)phänomenologische Richtung, die sich auf A. Schütz (1899-1959) und seinen „Lehrer" E. Husserl beruft, nimmt die Alltagswelt der sozialen Begegnungen sehr ernst. Der Alltag ist uns „fraglos gegeben". Er ist das Normale. Er ist das Wesen unserer Lebenswelt. Menschen müssen handeln – und kämpfen –, um ihr Leben zu gewinnen. Interdependenzen, Vollzugszwänge und Zeitdruck bewirken, dass die Menschen ihre jeweilige soziale Wirklichkeit, ihre Motive und ihr Wissen nicht dauernd befragen. Das Leben wird vielmehr als durch die *Routinen* geordnet erfahren. In ihrer konkreten Ausprägung gibt es viele gesonderte Routinen und Rituale, also viele zerklüftete, in sich geschlossene (Sub-) Welten: solche der Oper, des Fußballs, der klassischen Musik, des Islams, des Kartenspielens, des Hundezüchtens etc. Manche sind groß, einige klein, manche global, andere lokal ausgerichtet, manche öffentlich, andere fast unsichtbar, einige sind wohl etabliert, andere kaum greifbar.

Sie alle haben ihre eigenen Sozialisationsverfahren, Kommunikationsmodi und Organisationsformen. Jede dieser Welten, auch noch die kleinste, kann für sich und in ihrer Prozessartigkeit erforscht werden. Sie hat Strukturen, die das Leben prägen. Deshalb kann sie nach ihren Organisations- und Legitimationsmustern, nach ihren Aktivitäten, Karrieren und Wissensbeständen, nach typischen Orten und Arenen, aber auch nach den Techniken der Machtausübung, der Beziehungspflege, des Marketings, der Übergriffe und Verteidigung etc. untersucht werden. Das ist die Perspektive von außen. *Von innen* gesehen, ist das „Mitglied" seiner Sache für gewöhnlich ziemlich sicher. Es weiß, wie seine Welt funktioniert.

Erst wenn das Wissen darüber nicht mehr als tragfähig erscheint, wird der jeweilige Alltag „fraglich".

Je stärker also „die anderen" – d.h. die Gesellschaft, der Betrieb, die Politik, die Werbung, die Erziehung – in diese Gegebenheiten einbrechen, desto eher verliert das routinierte Handeln seine unschuldige Stimmigkeit. Es wird in seiner „Normalität" gestört. Hier setzt Goffman mit seinen Überlegungen ein: Bei genauem Hinsehen sind die Routinen nämlich gar nicht so sicher, wie sie sich geben. Alle Menschen stehen vor dem Problem, anderen Menschen angemessen gegenübertreten zu müssen, obwohl sie deren (Hinter-)Gedanken nicht wirklich kennen (können). Trotz des Risikos, dass ihr Selbst-Entwurf sich in der Begegnung mit anderen als unhaltbar erweisen könnte, müssen Menschen ihr subjektives Gefühl für sich selbst, ihre Ich-Identität, wahren. Folglich müssen sie sich vor einem Publikum so „aufstellen", dass sie „richtig" wahrgenommen werden und angemessene Reaktionen hervorrufen. Dafür verwendet Goffman (1959) die *Theater-Metapher*: „Wir alle spielen Theater", so lautet der Titel seines berühmtesten Buches. Darin zeigt er, dass wir in der Welt risikoreicher, weil „entgleisungsfähiger" Begegnungen sinnvolle, „anschlussfähige" Handlungssequenzen konstruieren, also auch Strategien der Werbung und der Image-Bildung verwenden müssen. Ohne Informationskontrolle können wir sogar unser eigenes Selbstverständnis vielleicht nicht retten. Übergangsriten und Religion, Politik und Krieg, Leistung und Kompetenz, Vernunft und Gefühl, Bedeutsamkeit und Charakter folgen unabweislich einem *dramatischen Imperativ*. Die gesellschaftlichen Großereignisse, aber auch unser Alltagsleben, bekommen damit einen durchgängigen Darstellungscharakter, der Maskierung nötig macht, und Täuschung, ja sogar Lüge nicht von vornherein ausschließt.

Das klingt nicht sehr optimistisch, ist aber wohl als illusionslose, radikal realistische Haltung zu deuten. Manchmal geht es eben nicht anders. Wir alle wissen das. Der Erfolgreiche und Routinierte sieht keine Veranlassung, freiwillig seine Unzulänglichkeiten aufzudecken. Andererseits war die Tarnung schon immer die Waffe der Schwachen und Unterdrückten. Offener Widerstand gegen „das" System ist nicht selten zwecklos. Das Überleben hängt unter Umständen davon ab, dass man seine wahren Motive nicht preisgibt. Manchmal kann man den übermächtigen Strukturen sogar durch „kleine Fluchten" ein Schnippchen schlagen und sich einen eigenen Lebensraum herausschneiden.

Das ist Goffmans Ansatzpunkt. Die Untersuchung „totaler Institutionen" geht nur in zweiter Linie um Insassen von geschlossenen Anstalten. In erster Linie stehen der Zwangscharakter jeder Gesellschaft und die Möglichkeit der Identitätsbildung angesichts dieser „ärgerlichen Tatsache" (Dahrendorf 2006) zur Diskussion. Sein Thema ist vor allem jenes von Angst, Entfremdung und Kontrollverlust angesichts der modernen Durchbrüche zur Rationalisierung, Bürokratisierung, Mediatisierung und Fragmentierung der Lebenswelten. Vermutlich hängt der außerordentliche Erfolg dieser Studie über den Umgang mit Abweichungen gerade mit diesem großen zivilisationskritischen Atem zusammen.

2. „Totale Institutionen" als Beschädigung des Selbst

2.1 Die „Kultur" psychiatrischer Institutionen

1961 veröffentlichte Goffman seine heute als klassisch geltende Studie „Asyle" über die Interaktionsordnung in psychiatrischen Anstalten. Bis heute zählen seine Feldarbeit und seine theoretischen Überlegungen zu einem autoritären Herrschaftssystem, das seine Machtunterworfenen zum Umbau ihrer Persönlichkeit zwingt, zu den wichtigsten Werken, die je von Soziologen vorgelegt wurden (vgl. Weinstein 1994: 353 f.). Material dazu hatte er bei Forschungsaufenthalten (1955-56) am St. Elizabeth Hospital in Washington/D.C. gesammelt. Im Mittelpunkt stand die Frage nach dem Verhältnis von *Normalität und Abnormalität*. Dazu diente ihm das Studium von Geisteskranken im sozialen Milieu einer psychiatrischen Klinik. Seine Hypothese war, dass die Psychiatrie kaum tragfähige Kriterien für ihre Klassifikationen von normal und krankhaft besäße, die Symptome der Regelübertretung in der „face-to-face interaction" also unter bestimmten Umständen als krank definiert würden (Goffman 1981: 156 ff.). *Krankheit* wäre in diesem Fall folglich keine körperliche, sondern eine soziale Verhaltenskategorie, die viel über das geltende Konzept von Normalität und Routineverhalten einer Organisation oder einer Gesellschaft aussagen würde.

Das Etikett „psychisch krank" geht gewissermaßen von den „Normalen" aus, die von bestimmten Personen in ihrer Routine gestört werden. Sie – die Verwandten, Richter und Polizisten – sind die wahren „Klienten" der Psychiatrie. Denn sie erleben eine organisatorische Verwirrung („havoc"), weil die üblichen Hintergrunderwartungen oder Regeln nicht eingehalten werden. Tatsächlich sehen sich die als abnormal etikettierten Mitglieder nicht in der Lage, den „geltenden" Verhaltenserwartungen „auf öffentlichen Plätzen" zu entsprechen. Aus ihrer subjektiven Sicht hingegen wird ihr Widerstand aber als durchaus begründet, sinnvoll, vernünftig erlebt. (Ob das die einzig mögliche Perspektive ist, wird von manchen bezweifelt, die sich schwer damit abfinden können, dass die Psychotiker, Schizophrenen und Manisch-Depressiven – medizinisch gesehen – nicht krank seien, sondern *nur* gesellschaftlich krank gemacht würden.) Goffman verfolgt jedenfalls strikt die Perspektive der Regelbefolgung aus der Warte der „Opfer". Um sie zu analysieren, kam es ihm darauf an, sich als teilnehmender Beobachter den täglichen Anforderungen auszusetzen, die das Leben der psychisch Auffälligen und des Klinikpersonals bestimmen.

2.1.1 Merkmale „totaler Institutionen"

In den vier Aufsätzen, die in „Asyle" gesammelt sind, beschreibt Goffman das St. Elizabeth Hospital, einen Organisationskomplex von 1.500 Mitgliedern, als „totale Institution". Er versteht darunter eine geschlossene Welt, in der Kontrolle über Zeit und Raum der Insassen ausgeübt wird. Es scheint ihm, dass diese Erfahrung auch von den Insassen von Gefängnissen, Internaten, Klöstern, militärischen Einrichtungen und Schiffen geteilt wird (Goffman 1981: 16). Es ist die Bedrängnis der Erniedrigung und Entpersönlichung („mortification of self"). Goffman skizziert folgenden *Phasenverlauf*:

2.1.1.1 Die Vorpatientenphase als „desintegrative Selbsteinschätzung"

Geisteskranke durchlaufen – nach Goffman – eine „moralische Karriere", eine Rollenperfor-
manz der Unangepasstheit im Zeitablauf. Anfänglich beginnen die „Auffälligen", ihre eigene
Gesundheit zu befragen, da ihre soziale Kompetenz (z.B. durch Selbstgespräche, Hören von
Stimmen) von den anderen in Zweifel gezogen wird. Beratungen mit „Freunden" (Kollegen,
Sozialarbeitern, Familienmitgliedern) führen dann möglicherweise dazu, dass ein Klinikauf-
enthalt ins Auge gefasst wird, der Erleichterung bringen soll. Die Grenze zwischen freiwilli-
gem und forciertem Eintritt ist jedoch fließend. Meist fühlen sich Patienten von den Nächsten
hintergangen („collusive net"), da sie in der Klinik dann plötzlich erfahren, dass und in welchem Ausmaß sie ihrer Freiheiten beraubt werden. Informationen, die sie vorher vertraulich
über sich abgaben, werden jetzt zu Diagnosezwecken gegen sie verwendet. Das Ergebnis ist
ein beachtlicher „Karriereknick", der Patientenstatus in einer Klinik.

2.1.1.2 Die Initiationsrituale als Angriff auf das Selbstverständnis

Oft unvermittelt, werden die Störer aus ihrer täglichen Umwelt herausgerissen und in eine
Institution verfrachtet. Dort hat das bisherige Selbstbild wenig Platz. Die Patienten werden
sogleich einem neuen Kleidungskanon unterworfen und in Anstaltskleidung gesteckt. Ihre
Privatheit und ihre Persönlichkeitsrechte sind von nun an stark eingeschränkt. Stattdessen
werden sie ins Gruppenleben („batch living") und dessen langweilige Routine hineingesto-
ßen. Der Respekt vor persönlichen Territorien ist aufgehoben. Es fehlt die Rückzugsregion
(„Hinterbühne"), in der man vom gesellschaftlichen Textbuch abweichen kann (vgl. Schroeter
2002: 161 f.). Stattdessen wird jede persönliche Information öffentlich gemacht. („The self is
not a fortress, but a small open city.") Die „Kranken" werden systematisch ihres „Identitäts-
arsenals" beraubt (Goffman 1981: 28 ff.), so dass ihre bisherige Selbstachtung zerbricht. Im
zivilen Leben kann man sich solchen Situationen oft entziehen, aber in der totalen Institution
muss man innerhalb der „vier Wände" bleiben („looping"), so dass keine Distanz zwischen
dem Selbst und der entwürdigenden Situation aufgebaut werden kann.

2.1.1.3 Der offizielle Umbau der Identität

Nachdem das bisherige Selbstverständnis gebrochen wurde, geht die Klinik daran, den Kranken ein neues Selbst anzudienen. Mittel dazu ist die selektive und entehrende Vergabe von
Privilegien. Kleine Güter (wie Süßigkeiten, Kaffee, Zigaretten, Toilettenpapier, Zugang zum
Fernseher), die früher frei verfügbar waren, werden jetzt als Belohnung für gutes Verhalten
und Gehorsam ausgeteilt. Das ist ein weiterer Schritt zur Persönlichkeitsveränderung. Denn
nun muss jeder Betroffene nach irgendeinem Trick und Umweg suchen, um diese Verga-
beregeln und Konfrontationen mit dem Personal zu umgehen. Im Allgemeinen muss man
sich aber an die Disziplinarordnung und die institutionellen Kontrollen „von oben" anpassen
(„primary adjustment"). Sie wirken als „Seinsdisziplinen", die bestimmte Handlungsweisen
abverlangen und den Status einer „non-person" verfestigen (Malacrida 2005: 531).

2.1.1.4 Selbstbewahrung durch „sekundäre Anpassung"

Um den erniedrigenden Umständen der Institutionalisierung dennoch zu entgehen, versuchen Patienten sich dadurch zu schützen, dass sie das Beste daraus machen („playing it cool"). Goffman beobachtete mehrere Strategien, wie den Rückzug (Tagtraum, Interesselosigkeit), die Herstellung einer neuen Verteidigungslinie, bei deren Überschreiten „hart gespielt" wird (Verbarrikadierung, Hungerstreik, Zerstörung) oder die Kolonisierung und Konversion, d.h. die scheinbare oder zynische Übernahme der Perspektive der Herrschenden. Andere Techniken, die das Überleben erträglicher machen und zugleich bestätigen, dass man mehr ist, als die Institution einem zugesteht, sind damit verbunden, ein eigenes „Unterleben" („underworld") herzustellen (eine Welt der Geheimnisse, der kleinen Regelübertretungen). Sie sind Zeichen dafür, dass auch das zerbrechliche Selbst sich noch gegen die übergewichtigen Kräfte der formalen Organisation zur Wehr setzen kann. Denn wo Welten oktroyiert werden, entwickeln sich Gegenwelten (Goffman 1981: 252 ff.). Sie sind Bezirke des Selbstschutzes.

Sie alle haben aber in diesem Fall die unbeabsichtigte Folge, dass damit die anfängliche Diagnose der Institution (als Zeichen der Krankheit oder der Genesung) bestätigt wird. Denn das, was von Seiten der Patienten als rationaler Versuch der Identitätsbewahrung angelegt ist, wird vom Personal geradezu als Bestätigung des Symptoms verstanden. Die Konflikte zwischen beiden Seiten werden aber durch viele kleine Zeremonien der „Familiensolidarität" (Anstaltszeitung, Feiern, Tanz) klein gehalten. Außerdem zeigt die Institution ihre sanfte Stärke dadurch, dass sie kleinere Rebellionen und geheime Reviere, wenn sie bekannt werden, sogar toleriert, sofern sie die Tagesroutine nicht wirklich stören.

2.1.1.5 Das ärztliche Berufsmodell

Daran sieht man, dass auch das Personal in einer ständigen Spannung zwischen den Anforderungen der totalen Institution (object work) und den Erfordernissen der humanen Begegnung (people work) lebt. Zwei Rationalitäten stehen sich gegenüber. Im ersteren Fall werden Kranke kontrolliert und wie „Material behandelt, das in einer Fabrik verarbeitet wird" (Goffman 1981: 78), im letzteren geht es um Therapie und menschliche Standards. Häufig ist das Personal mit den gegensätzlichen Rollen überfordert und vermischt Kontrolle und Rehabilitation. Im einen Sinn ist der Psychiater eine Art Herrscher, der eine beträchtliche institutionelle Macht ausübt. Im anderen Fall ist er einer, der im Interesse seiner Klienten Dienstleistungen anbietet, nur dass es sich nicht – wie beim Wirtschaftsprüfer – um Klienten handelt, die schlecht funktionierende Gegenstände (Steuererklärungen) geregelt wissen wollen, sondern um Klienten, die selbst die schlecht funktionierenden Objekte sind. So ist das Klinikpersonal gezwungen, eine Art von Groteske einer Dienstleistungsbeziehung aufzuführen (Goffman 1981: 326).

2.1.2 „Asyle" und ihr methodologischer Anspruch

Goffmans Beitrag ist zunächst ein methodologischer. Auf der Suche nach der Perspektive der Betroffenen sah er sich gezwungen, die gängigen Begriffe kritisch zu überprüfen. Viele Kategorisierungen haben einen „bias". In den Bezeichnungen von Personen und Gegenständen sind meist Machtbeziehungen oder konventionelle moralische Urteile verborgen. Ärzte, Rechtsanwälte oder Polizisten, die mit Drogenkonsumenten zu tun haben, sprechen gewöhnlich von „Abhängigen" und gehen damit unterschwellig von der Vorstellung verminderter Handlungskompetenz aus. Die Sprache der Benützer betont hingegen den „Kick" und damit das Gegenteil von Abhängigkeit. Wer hierbei die Sprache der einen oder der anderen Seite unreflektiert verallgemeinert, übernimmt bewusst oder unbewusst auch deren Weltsicht.

Als strikter Empiriker wollte Goffman in seiner Klinikstudie diese Verzerrung unbedingt vermeiden. Eine Lösung fand er darin, dass er die Praktiken der Wegschließung nicht unter Wertgesichtspunkten formulierte, sondern sich einer ausgesucht neutralen Sprache bediente. Patienten sind „Insassen". Herrschaft wird durch „Staffelung" ersetzt. Entpersönlichungsansprüche werden als „Programmierung" bezeichnet. Die Unmöglichkeit, sich diesen zu entziehen, heißt bei ihm Rückkoppelung im Regelkreis („Looping"), situativer Rückzug wird zur sekundären Anpassung etc. Dadurch, dass er die üblichen Klassifikationsschemata von funktional und dysfunktional, legal und illegal, ehrenhaft und unehrenhaft, normal und abweichend nach Möglichkeit umgeht, gelingt es ihm, Gebilde (Familien, Arbeitsplätze, Freizeitaktivitäten, Kliniken) ganz unterschiedlicher Art neu zu gruppieren. Ihr Vergleich erlaubt es, die gemeinsamen Züge jeder Institution unserer Gesellschaften herauszufiltern. Wenn wir sie vergleichen, finden wir einige, die umfassender („totaler") wirken als andere. Einige schließen die Türen hinter den Insassen ab und ziehen hohe Zäune, die man kaum überwinden kann. Einige nehmen die Zeit und das Leben ihrer Mitglieder stärker in Beschlag als andere. Sie sind in ihrem Anspruch „total". So gelingt es, Organisationsformen zusammenzubündeln, über die wir normalerweise ganz unterschiedliche Urteile hegen (Gefängnisse, Schiffe auf See, Konzentrationslager, Klöster etc.). Natürlich wird nicht behauptet, dass Klöster, Konzentrationslager und Schiffe auf See alle Gefängnisse seien. Religiöse Gemeinschaften und Gefängnisse haben ihre je eigenen Gründe, um die Identität einzelner einzuschränken, beide versuchen aber, eine „umfassende Kontrolle" auszuüben. Die Methode strikter sprachlicher Neutralität mag ungewöhnlich und provozierend wirken, erlaubt es jedoch, gemeinsame Dimensionen ganz unverwandter Strukturen herauszuarbeiten, also den Allgemeinheitsanspruch wissenschaftlichen Erkennens aufrechtzuerhalten. Die üblichen wertgeladenen Kategorisierungen würden die Möglichkeiten hierzu nur verstellen.

3. Eine Grundsatzdiskussion zum Verhältnis von Person und Institution

Goffman zielt aber auf etwas inhaltlich Grundsätzlicheres. Er will klarmachen, dass Individuen keine so souveränen Akteure sind, wie sie manchmal dargestellt werden (oder wie sie sich darzustellen belieben). Im Allgemeinen sind ihre Handlungsmöglichkeiten ziemlich begrenzt. Denn sie stehen einem starken normativen Regelwerk gegenüber, in dem und mit dem sich die „anderen" als Handlungsgrenze bemerkbar machen. Als Illustration dient ihm das eingängige Fallbeispiel aus der Welt geschlossener Anstalten. Damit lässt sich das grundsätzliche Verhältnis von Individuum und Gesellschaft ausleuchten.

3.1 Macht und Herrschaft des institutionellen Regelwerks

Menschen sind in ihren Handlungen und Begegnungen zwangsläufig auf ein Rahmenwerk von Institutionen und Organisationen bezogen. Andererseits ist das Verhältnis von Institution und Interaktion nicht als deterministisches zu denken. Goffman arbeitet vielmehr heraus, dass man – trotz eng gesetzter Grenzen – immer noch kleine Spielräume ausnützen und Handlungsreservate aufbauen kann. Im Grenzfall kann man wenigstens noch so tun, „als ob" man noch als individueller Handlungsträger auftreten und die sozialen Zwänge zu seinen Gunsten umbiegen könnte („als ob Handeln um Identität" – vgl. Schäfer 1983: 647). Die Theorie der totalen Institution ist also eine, die den Bewegungsraum von Menschen in der Organisationsgesellschaft auslotet.

Totale Institutionen stehen auch für instrumentell-formale Organisationen oder Zweckverbände, die durch das Management nach außen vertreten werden. Das Führungspersonal verfolgt meist klar umrissene Ziele (Herstellung von Produkten, Leistungen, Entscheidungen, Informationen). Darauf muss es die Aktivitäten aller Teilnehmer ausrichten. Im besten Fall können die Mitglieder dazu gebracht werden, sich mit ihrer Organisation (oder ihrem Betrieb) zu identifizieren. Dafür schlägt ihnen diese die Möglichkeit der freiwilligen Kooperation vor. Im Austausch dafür garantiert sie ihnen bestimmte „Standards des Wohlergehens". Es sind dies: Bequemlichkeiten, Teilhabe, Sicherheit, Rücksichtnahme, beschränkte Freiheiten, aber auch Anreize in Form von Geldzahlungen (Nebenverdienste), Ausbildungen, Titeln und Zeugnissen. Greifen diese Mittel nicht, dann wird Vergeltung in Form von Ausschlüssen angedroht (z.B. Minderung von Belohnungen). Diese positiven oder negativen Sanktionen besitzen Motivationscharakter. Sie halten die meisten Menschen davon ab, sich den erwarteten Anforderungen zu widersetzen. Auf diese Weise kann die Organisation ihre Ziele erreichen. Das ist die Grundsituation jeder Mitgliedschaft.

3.2 Informelle Gegengewichte gegen die Formalstruktur

Das Wichtige für Goffman ist aber, dass formale Organisationen nicht nur die Aktivität ihrer Mitglieder beanspruchen. Sie gehen über den bloßen Arbeitsvertrag hinaus. Sie greifen vielmehr auf das Selbstbild und das „soziale Sein" des Teilnehmers zu. Mit dem Bild des vernünftigen Teilnehmers setzt die Organisation auch Wertbeziehungen und gestaltet Wert-

überzeugungen. Organisationen sind folglich aber nicht nur Arrangements für Mitglieder, sie tangieren auch ihre Eigenschaften als Menschen (Goffman 1981: 177). Die Extremsituation der „totalen Institution" ist lehrreich, weil sie die Reaktionsmöglichkeit der Subjekte auf solche Bilder auslotet. „Primäre Anpassung" besagt nur, dass die Menschen die an sie herangetragenen Erwartungen (im Allgemeinen) erfüllen (müssen) und die darin eingebauten Identitätsvorstellungen bis auf weiteres akzeptieren.

Die „sekundäre Anpassung" ist hingegen der Ausdruck dafür, dass sich das Mitglied (oder das Selbst) den Rollenzumutungen wenigstens teilweise entzieht, welche die Institution oder Organisation für verbindlich hält. Bis zu einem gewissen Grad (gemäßigte sekundäre Anpassung) wird das „oben" in der Hierarchie akzeptiert. Das ist auch zwingend, denn jede formale Struktur bildet in ihren Ritzen informelle Gruppen, Verhaltensweisen, Regeln und Ressourcen aus. Eine kritiklose Unterwerfung unter die jeweilige Rollenstruktur kann eine Organisation nicht verlangen und nicht erzwingen. Sie muss immer mit informellen Widerständen – in Form von Schweigen, Konsensfiktionen, innerer Emigration, unkooperativem Verhalten, ja sogar Respektlosigkeit und Sabotage – rechnen. Ein Überhandnehmen des informellen „Unterlebens" wird hingegen nicht toleriert. Es kommt also darauf an, ob und wieweit es der Organisation gelingt, diese Akte der Distanzierung zu kanalisieren und wieder einzubinden.

An der Grundsituation der Unterordnung unter fremde Strukturen ist aber nicht wirklich zu rütteln. Insofern wird den Menschen – offen oder latent – jeweils ein beträchtliches Maß an „Zwang" (Unterwerfung) angetan. Denn totale Institutionen stellen – wie jede instrumentell-formale Organisation – nicht hintergehbare Identitätsnormen auf, die „Seinscharakter" haben. Die Analyse von primärer und sekundärer Anpassung zielt also, wenn man sie vom konkreten Fall der psychiatrischen Kliniken abstrahiert, auf eine allgemeine Theorie des Verhältnisses von Individuum und Institution.

3.3 Die Entfremdung des bürgerlichen Subjekts

Manch einer wollte darin auch eine Theorie der Entfremdung des bürgerlichen Subjekts von den ihm als übermächtig gegenüberstehenden wirtschaftlichen und politischen Strukturen erblicken. Einerseits scheint kein Weg aus der entfremdenden Objektivierung herauszuführen, andererseits sucht das Individuum ständig nach Wegen, um sich gegen diese Diktate und Zwänge doch noch zu konstituieren. Da eine Balance immer unwahrscheinlicher zu erreichen ist, wird dieser Versuch im Grunde zwecklos. Er ist ein „als ob Handeln", das den Charakter des Absurden annimmt (Lyman/Scott 1970).

Mit Blick auf die totalen Institutionen greift *Burrell* (1988) die Frage auf, ob Gefängnisse eine Metapher für Organisationen schlechthin seien. *Giddens* (1997) stellt dem entgegen, dass die „Mitglieder" sich während der Arbeitswoche ständig zwischen Organisation und Nicht-Organisation hin und her bewegten, also von der Disziplinarmacht „ihrer" Organisation nicht total beherrscht sein könnten. Hingegen vertritt *Burrell* (1988) das Argument, dass die Menschen sich immer innerhalb mehrerer Organisationskontexte bewegen würden, so dass sie zwar nicht in einer einzigen totalen Institution lebten, hingegen sei die institutionelle Einfassung unseres Lebens durchgängig, also total geworden. Auch *Webers* (1968: 379) These vom stählernen Gehäuse der Bürokratie zielt in diese Richtung.

Foucault (1981) schließt sich dieser Auffassung in Form einer radikalisierten Machtkritik an. Er versucht nämlich darzulegen, in welcher subtilen Weise Krankenhäuser, Gefängnisse, Schulen und Fabriken u.a.m. die ganze Tiefenstruktur des Lebens mit einem Netz von Kontroll- und Unterdrückungsapparaturen überziehen. Die Gesellschaft ist für ihn ein durchgängiges Disziplinierungsfeld. Konkret kristallisiert sich das in ihren Organisationen. Zumindest ist die Kontrolle von „Normalität" – in Form von überwachter Effizienz, systematischer Exklusion oder gestörter Kommunikation – so sehr in die Alltagsroutine eingebaut, dass diese Wertsetzungen einer expliziten Durchdringung kaum noch zugänglich sind. Soweit wollte *Goffman* nicht gehen. Ihm genügte der Hinweis, dass die raum-zeitliche Einfassung von Individuen an abgegrenzten Orten, also die Disziplinierung durch totale Institutionen, sich bestens eignet, um die Erzeugung von Macht überhaupt zu illustrieren.

4. Die empirische Überprüfung des Konzepts

Das Konzept der „totalen Institution" war von Goffman für ganz spezifische, von der Außenwelt abgeschlossene Lebenssituationen gedacht gewesen. Es erwies sich aber wegen seines Appells an Unterdrückung und Befreiung als so suggestiv, dass die Gefahr der Überdehnung des Begriffs nicht von der Hand zu weisen ist. So haben verschiedene Autoren vorgeschlagen, den Kolonialismus, das Leben in Slums oder die ethnischen Inklusionsbemühungen als „totale Institutionen" zu kennzeichnen. Eine solche Fokussierung (allein auf den Aspekt der Machtlosigkeit) ist nicht im Sinne Goffmans, der als Empiriker auf präzise Eingrenzung der Forschungsfelder achtete. Allerdings war er in der Begriffswahl selbst nicht immer eindeutig genug, so dass er der „luftigen" Verwendung seiner Terminologie ungewollt dennoch Vorschub leistete.

4.1 Vorschläge zur empirischen Präzisierung

Unter totaler Institution versteht Goffman (1981: 11, 17 f.) „die Wohn- und Arbeitsstätte einer Vielzahl ähnlich gestellter Individuen (...) die für längere Zeit von der übrigen Gesellschaft abgeschnitten sind und miteinander ein abgeschlossenes, formal reglementiertes Leben führen." In der Beschränkung des Verkehrs mit der Außenwelt liegt ihr allumfassender Charakter, denn im Allgemeinen sind in unseren modernen, demokratischen Gesellschaften die Lebensbereiche des Schlafens, Arbeitens und Spielens voneinander getrennt, stehen unter verschiedenen Autoritäten und haben verschiedene Teilnehmer. „Total" werden die Arrangements, wenn die Barrieren und Fragmentierungen zwischen den Lebenssphären gefallen sind. In einem solchen Fall werden folgende Charakteristika sichtbar:
(1) Erzwungene Öffentlichkeit des Lebens
   – Alle Aktivitäten werden im Kreis vieler anderer ausgeführt.
   – Die Beziehung zu anderen Teilnehmern ist kontinuierlich und erzwungen.
   – Das Leben im nach außen abgeschlossenen Raum erfolgt unfreiwillig.

(2) Durchgängige Fremdkontrolle des Lebens
- Die Aktivitäten sind einer strikten Kontrolle durch übergeordnete Autoritäten unterworfen (hoher formaler Verwaltungsaufwand).
- Es kommt zu einer Spaltung zwischen Personal und Insassen.
- Die Planung des Tagesablaufs gehorcht einem expliziten Regelsystem.
- Das Regelsystem erzwingt eine weitgehende Unterwerfung der „Insassen".
(3) Ausschaltung der Selbststeuerung und Selbstfindung
- Das eigene Verhalten wird dauernd beobachtet und dadurch öffentlich gemacht.
- Die Möglichkeit eines Rückzugs und einer Distanzierung sind ausgeschaltet.
- Die personale Identität wird von der sozialen Identität überlagert und absorbiert.

Die Durchsicht dieser Kriterien ergibt, dass bestimmte Lebensformen, die oberflächlich „total" anmuten, es in Wirklichkeit nicht sind. Dass Goffmans Begriffswahl in mancher Hinsicht zu oberflächlich und doppeldeutig ist, gibt er selbst zu (Goffman 1981: 16). Nach *Davies* wäre es besser gewesen, wenn Goffman „totale Institutionen" durch totale Organisationen ersetzt hätte. Das kann nach dem bisher Gesagten bestritten werden (vgl. das Verhältnis von Individuum und Institution). Davies ist aber zuzustimmen, dass empirisch mehr zu erreichen gewesen wäre, wenn die organisatorischen Schlüsselvariablen der Raum-Zeit-Kontrolle, der Loyalitätsbildung und der Zielsetzung kontrolliert worden wären (Davies 1989: 83).

(1) Schon das Größenkriterium (Öffentlichkeit) verlangt nach einer empirischen Klärung. Was eine große Zahl von Menschen in gleicher Lage ist, erklärt sich nicht von sich aus.
(2) Dasselbe gilt für die gänzlich verschiedenen Formen der Herrschaftsausübung. So fällt nach dem Kriterium 2 (Autorität, Bürokratie) z.B. das Gesinde als Teil eines quasi-familiären, agrarischen Wirtschaftssystems aus der Betrachtung heraus.
(3) Nimmt man den *Grad der Offenheit* und des Engagements in den Blick, dann sind manche Klöster oder die Schiffe auf hoher See nur mit Einschränkungen in dieses Forschungsfeld zu integrieren. Denn der Eintritt in die Organisation ist formal frei, der Austritt ebenfalls (Kriterium 1). Erst im Vollzug der Organisationsziele erfolgt – auch nicht bei allen Klöstern – eine starke hierarchische Staffelung. Diese muss aber nicht nur als Unterdrückung, sondern kann auch als Hilfe und Schutz erlebt werden (Delaney 1977). Die Unterscheidung nach Graden der Offenheit würde es auch erlauben, empirische Mittellagen zwischen Zwang und Freiheit besser auszuloten (z.B. im Fall einer Freiwilligenarmee in Friedenszeiten).
(4) Außerdem muss die *Wohnsituation* von der Loyalitätsfrage getrennt betrachtet werden. Anhänger fundamentalistischer Überzeugungen (Bolschewismus, Islamisten) führen ein Leben des totalen Engagements und sind einer rigiden sozialen Kontrolle unterworfen, aber sie wohnen nicht unbedingt zusammen. Auf diese Weise lassen sich „gierige" von totalen Institutionen unterscheiden. Erstere (greedy institutions – Coser 1974) sind durch extreme Loyalitätsbindungen ausgezeichnet, letztere setzen auf die abgeschlossene Wohnsituation (Gefängnisse, Arbeitslager, Sklaverei) (Kriterium 1 und 3). Beides kann sich überlappen (wie bei Kibbuzim oder manchen Klostertypen).
(5) Schließlich wäre es empirisch ergiebig, wenn die *Organisationsziele* selbst in die Forschung einbezogen würden. Demnach wären Organisationen mit Umerziehungszielen zu unterscheiden von solchen mit äußeren Nutzenszielen (Armeen, Unternehmen) oder intrinsischen Zielen (Verwahrung in Gefängnissen). Es ist leicht ersichtlich, dass es auch hierbei manche Überschneidungen gibt (vgl. dazu Davies 1989: 83 ff.).

4.2 Die praktische Bedeutung der Opferperspektive

Es steht heute außer Zweifel, dass die Organisationsstruktur geschlossener Anstalten selbst der Auslöser mancher Symptome ist oder erheblich zur Verschärfung der Symptome der Insassen beitragen kann. Das gilt für Gefängnisse ebenso wie für psychiatrische Krankenhäuser (Hospitalismus). Es ist das bleibende Verdienst Goffmans, mit seiner Studie das Bewusstsein für die psychische und soziale Situation der Betroffenen aus der Opferperspektive geweckt zu haben. Die Linie von der „totalen Institution" zur sozialen Bewegung für Patientenrechte ist direkt. Fast alle diejenigen, die sich mit Fragen organisationsbedingter Viktimisierung beschäftigen und sich aktiv für die Behebung von Missständen engagieren, haben „ihren Goffman" gelesen. Mehr kann sich ein Autor nicht wünschen. Dazu gehört auch, dass er im Laufe der Entwicklung ins „Unrecht" gesetzt wird, weil sich manche Verhältnisse zum Besseren gewendet haben. Das lässt sich an der Psychiatrie-Bewegung zeigen.

4.2.1 Die Psychiatriebewegung gegen die Hospitalisierung

Die These von der „self-mortification" (Goffman 1981: 16) erwies sich bald als eine große Herausforderung für die psychiatrischen Kliniken, die ihren Anspruch überdenken mussten, ob sie ihre Patienten wirklich rehabilitieren könnten. Daraus entstand – schon in den 60er Jahren des vergangenen Jahrhunderts – ein entscheidender Richtungswechsel bei der Behandlung psychisch Kranker. Denn nun entschloss man sich vielerorts in Amerika und Europa, die Kranken möglichst lange außerhalb der Anstalten zu halten bzw. die Kliniken zu öffnen (Gemeindepsychiatrie). Entscheidend waren nicht nur Kostengründe, sondern auch die politischen Argumente der Bürgerrechtsgruppen und vieler Intellektueller. Besonders bekannt in Europa wurden die Versuche mit einer offenen Gemeindepsychiatrie des italienischen Psychiaters Franco Basaglia. Auch wenn dieses Projekt nach einiger Zeit wieder eingestellt wurde, weil die Gemeinden – wie Goffman es schon geahnt hatte – „ihre" Kranken nicht zurückhaben wollten, ist die Bewegung der „Entinstitutionalisierung" geschlossener Anstalten doch von beachtlichem Erfolg gekrönt gewesen.

Heute sind die „Nervenkliniken" nicht mehr von der Art, wie Goffman sie noch Mitte der 50er Jahre studieren konnte. Sie funktionieren vielmehr eher wie allgemeine Krankenhäuser, bei denen die Kurzbehandlung die Norm ist. Statt lebenslanger Hospitalisierung werden die Patienten – möglichst über präventive Intervention und Kurzzeit-Aufenthalte – wieder auf das Gemeindeleben vorbereitet. Umgekehrt werden weit weniger Menschen als Dauerpatienten eingewiesen, da man sich der Rechte möglicher Opfer eher bewusst ist als früher. (Ähnliches gilt für die Gestaltung des Vollzugs in Gefängnissen.) Dafür hat auch die Rechtsprechung in einzelnen Ländern gesorgt. Sie kreist um fünf Aspekte:
– eine möglichst wenig restriktive Umwelt
– eine individualisierte Behandlung
– ein transparentes, geregeltes Verfahren (due process)
– die Ablehnung unfreiwilliger Einweisung
– die Gewährung von Privatheit.

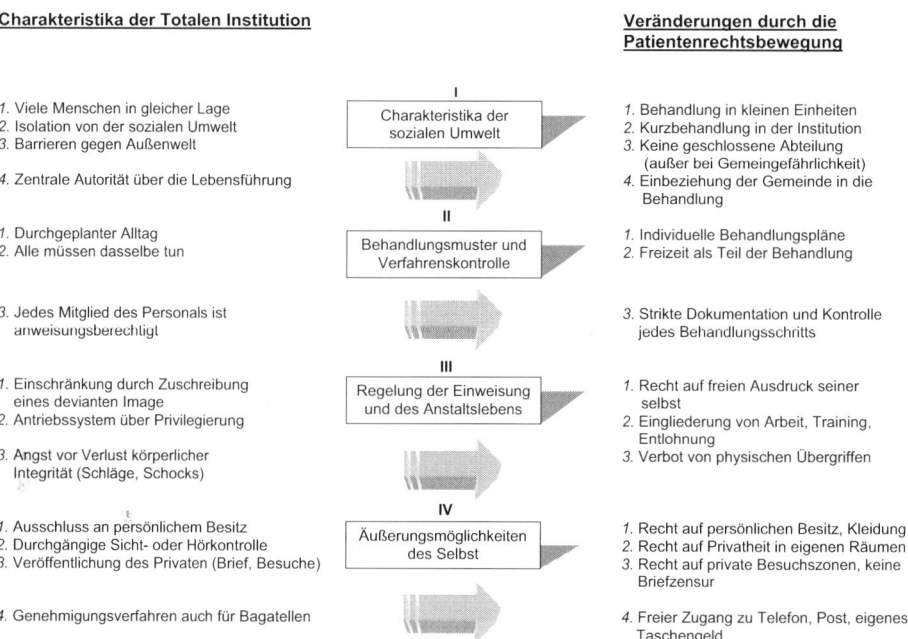

Charakteristika der Totalen Institution

Veränderungen durch die Patientenrechtsbewegung

I — Charakteristika der sozialen Umwelt

1. Viele Menschen in gleicher Lage
2. Isolation von der sozialen Umwelt
3. Barrieren gegen Außenwelt

4. Zentrale Autorität über die Lebensführung

1. Behandlung in kleinen Einheiten
2. Kurzbehandlung in der Institution
3. Keine geschlossene Abteilung
   (außer bei Gemeingefährlichkeit)
4. Einbeziehung der Gemeinde in die Behandlung

II — Behandlungsmuster und Verfahrenskontrolle

1. Durchgeplanter Alltag
2. Alle müssen dasselbe tun

3. Jedes Mitglied des Personals ist anweisungsberechtigt

1. Individuelle Behandlungspläne
2. Freizeit als Teil der Behandlung

3. Strikte Dokumentation und Kontrolle jedes Behandlungsschritts

III — Regelung der Einweisung und des Anstaltslebens

1. Einschränkung durch Zuschreibung eines devianten Image
2. Antriebssystem über Privilegierung

3. Angst vor Verlust körperlicher Integrität (Schläge, Schocks)

1. Recht auf freien Ausdruck seiner selbst
2. Eingliederung von Arbeit, Training, Entlohnung
3. Verbot von physischen Übergriffen

IV — Äußerungsmöglichkeiten des Selbst

1. Ausschluss an persönlichem Besitz
2. Durchgängige Sicht- oder Hörkontrolle
3. Veröffentlichung des Privaten (Brief, Besuche)

4. Genehmigungsverfahren auch für Bagatellen

1. Recht auf persönlichen Besitz, Kleidung
2. Recht auf Privatheit in eigenen Räumen
3. Recht auf private Besuchszonen, keine Briefzensur

4. Freier Zugang zu Telefon, Post, eigenes Taschengeld

Charakteristika der Totalen Institution/Veränderungen durch die Patientenrechtsbewegung

Wie *Cox* (1978: 48 f.) nachweisen konnte, sind diese Kriterien entweder direkt aus der Goffman'schen Analyse totaler Institutionen abgeleitet oder mit den dort entwickelten Charakteristiken so abgeglichen, dass der Rückfall in eine überkontrollierte, entpersonalisierende Klinik-Umwelt vermieden wird. Auch der Behandlungstypus hat sich geändert, denn es wird viel Wert auf den (Wieder-)Aufbau von Fähigkeiten, auf die eigene Planung des Alltags und das Erlernen eines anstaltsunabhängigen Lebens gelegt. Allerdings sind Rückfälle nicht ausgeschlossen, die nur z.T. bei den Patienten selbst liegen. Auch das Personal hat seine Überlebensinteressen in der Institution und ist (deshalb?) manchmal der Meinung, dass die Patienten in der Anstalt besser aufgehoben wären als „draußen".

4.2.2 Die Betreuung der Hochaltrigen und die Gefahr der Infantilisierung

Ein weiteres Einsatzfeld für die Fruchtbarkeit der Opferperspektive ergibt sich aus der Verschiebung der Altersstruktur. Die heutige demographische Entwicklung lässt erwarten, dass wir uns schnell auf eine „Vergreisung" moderner Gesellschaften zubewegen. Menschen werden immer älter. Sie brauchen in der Phase der Hochaltrigkeit deswegen auch immer mehr Unterstützung, Hilfe, Betreuung und Pflege. Da die berufstätige Generation zahlenmäßig geringer wird, ist sie zur Erwirtschaftung eines wenigstens gleich hohen Sozialprodukts dar-

auf angewiesen, länger und intensiver im Arbeitsprozess zu verbleiben. Das gilt auch für die Frauen. Die Folge ist, dass jüngere Kohorten, da sie die Pflege und Hilfe aus zeitlichen Gründen nicht selbst besorgen können, ein Dienstleistungssystem mit fremdem Personal organisieren und finanzieren müssen. Die persönliche Unterstützung wird – der Tendenz nach – „dem" Staat oder der Gemeinde übertragen. Diese Institutionen organisieren ambulante oder stationäre Pflegeeinrichtungen mit einem Ordnungsrahmen, in den sich hilfsbedürftige, alte Menschen zwangsläufig einfügen müssen. Dabei lässt sich beobachten, dass die Klienten oder Patienten oft Opfer dieser Institutionen in dem gleichen Sinn werden, wie sie Goffman für die psychiatrischen Kliniken der 50er und 60er Jahre beschrieben hatte. Nur verschiebt sich das Gewicht der „Entpersönlichung" (Goffman 1981: 31 ff.) diesmal von der Krankheitszuschreibung auf die Infantilisierung.

Das hohe Alter gilt in den Augen vieler Beobachter als eine „zweite Kindheit" oder als Rückwärtsbewegung zu frühen Stufen der Lebensuntüchtigkeit. Diese Wahrnehmung wird in den als „altersgerechte Umwelten" konstruierten Alten- und Pflegeheimen (und nicht selten auch im Verhältnis von alten Eltern und ihren Kindern) – bewusst oder unbewusst – verstärkt. Das Stereotyp der Rückkehr in die kindliche Abhängigkeit suggeriert nämlich, dass die hilfsbedürftig gewordenen Menschen ihre biographische Besonderheit, ihren Erfahrungsschatz und ihre Eigenständigkeit definitiv und umfassend wieder verloren hätten, dass also über sie „hinweg" verfügt werden müsse. Dadurch bekommen Hilfe und Zuwendung eine besondere Form. Einerseits kann es sein, dass die soziale Umwelt den Alten nicht angemessen ist, weil sie Räume der Privatheit vernichtet und Reste von Selbständigkeit unterbindet. Andererseits verändert sich die Form der Kommunikation. Da die Alten nun wieder „Kinder" geworden sind, sind deren Kinder oder das Hilfspersonal nun die Erwachsenen, die das „Sagen" haben. Das drückt sich tatsächlich in der Sprache aus. Wenn es nicht die Befehlssprache ist, dann ist es die Kindersprache. So konnte beobachtet werden, dass die nun Übergeordneten eine infantilisierende Sprech- und Verhaltensweise verwenden, die den Alten ihren „verkehrten" Status zum Bewusstsein bringen: die Titulierung mit niedlichen Tiernamen, die Verwendung kindartiger Bemerkungen und Gesten, die ungeduldige Dominierung der Gesprächsführung, die von manipulativer Freundlichkeit geleitete Unaufmerksamkeit etc.

Das hängt damit zusammen, dass die raum-zeitlichen Erfordernisse der Organisationsstruktur und die Vollzugsbedürfnisse des Personals in die Betreuungsarbeit einfließen. In ihrem Selbstverständnis fühlen sich die Hilfspersonen verpflichtet, Ordnung zu halten, die Kontrolle über die Vorgänge nicht zu verlieren und das Verhalten der Hilfsbedürftigen in die „richtigen" Bahnen zu lenken. In dem Maße, wie altersgerechte Bedürfnisse in kindliche Wünsche umgedeutet werden, erlangen die Betreuer die Dominanz über die Betreuten. Sie halten die Alten als abhängige „Minderjährige" an ihrem Platz und verschütten – durch das zur Anwendung gebrachte Modell der „Kinderpflege" – die wenigstens in Teilbereichen immer noch vorhandenen Möglichkeiten einer erwachsenen Lebensführung. Unterwerfung unter die Regeln wird mit Freundlichkeit belohnt. Genau das entspricht aber der von Goffman beobachteten, von den Institutionen verlangten oder sozialisierten Selbstpreisgabe. Im Verlust der Selbststeuerung, in der durch äußere Grenzziehung bewirkten Marginalisierung, in der entindividualisierten Behandlungsform und in der verbalen und physischen Erniedrigung sind sich Hospitalisierung und Infantilisierung strukturgleich. Die Bestärkung des verlorenen

Status als Erwachsene oder der abnehmenden Selbststeuerung führen – wie Goffman gezeigt hat – zum Rückzug (situational withdrawal), zur aggressiven Verweigerung der Kooperation (intransigent line) und zur Identifikation mit dem Aggressor (colonization, conversion). Im Ergebnis erfüllt sich somit die schon vorab getroffene Entscheidung, dass der Sinn für Eigenverantwortung bei den Alten abgenommen hat und deshalb Fremdsteuerung nötig sei.

Leben im Altersheim	Organisation der Versorgung	Leben im Pflegeheim
Bauliche Bedingungen Zimmer als „Zuhause"	Kommunikationsstruktur Führungsverständnis	Hilfsbedarf/Chancen der Selbstversorgung Leben in Gruppen
Tagesablauf/Gruppenangebote Kontakte zum ehemaligen Umfeld	Organisation der Funktionsbereiche Ablauforganisation Arbeitsbelastung Pflegedokumentation	Leben unter Betreuung (Mit-)pflegende Angehörige
Eigene Mitwirkung Soziales Klima	Kompetenzentwicklung Qualifikation Pflegestile	Kompetenzräume Partnerschaft

Spannung zwischen Selbständigkeitsgebot und Versorgungsanforderungen

5. Ausblicke: Verzerrungen in der Dienstleistungsgesellschaft

Als soziologisches Fazit kann festgehalten werden, dass die Botschaften der Umwelt das Selbstkonzept der Menschen überaus stark beeinflussen. Das, was die anderen in jemanden hineinlesen, wird von den Bezogenen (Kranken, Gefangenen, Betreuten, Erniedrigten, Geführten usw.) nach einigen Widerständen als tatsächlich berechtigtes Urteil wahrgenommen und übernommen. Dementsprechend wird das Selbstbild umgeschrieben. Diese Konstellation des „looking glass self" (Cooley 1961: 824) kann für alle Beziehungen, besonders aber für die hierarchisch gestaffelten Beziehungen zwischen Über- und Untergeordneten, zwischen Auftraggebern und -nehmern, zwischen Sozialbürokratien und „Bittstellern", zwischen Patron und Klientel, zwischen Betreuenden und Betreuten, Geltung beanspruchen. Keine Institution und kein Zweckverband sind von solchen verzerrenden Einflüssen frei. Es ist sogar die Verführung von Macht und Herrschaft, dass sie die Machtunterworfenen jeweils in die Regression zu treiben vermag.

Umgekehrt muss jede Institution, die eine soziale Dienstleistung (wie Erziehung, Betreuung, Planung und Verteilung) anbieten will, ihren Anspruch ständig selbst überprüfen oder kontrollieren lassen. Denn es gibt keinen Automatismus dafür, dass die Organisation eines Leistungsangebots *von sich aus* die Menschen wirklich als selbständige Teilnehmer in die Beziehung einsetzt bzw. dazu erzieht, als Selbst (Person, Charakter) aufrecht zu stehen oder wenigstens die Reste von Autonomie nicht preiszugeben. Eher scheint das Gegenteil erwartbar zu sein – die neofeudale „Gewährung von Wohltaten" unter dem Impuls zur „Betreuung und Beplanung" (Schelsky 1976). Das ist die Fatalität der modernen Dienstleistungsgesellschaft, wenn sie ihr Selbstverständnis, ihre Ziele, ihre Organisationsweise und ihr Personal nicht laufend kontrolliert.

Die Opferperspektive, die Goffman vor fast einem halben Jahrhundert bei seiner Untersuchung der „totalen Institution" eingenommen hat, umreißt sicher nicht die ganze gesellschaftliche Wirklichkeit von Institutionalisierung. Sie bleibt als deren Kehrseite aber unvermindert aktuell: Der permanente Seitenwechsel ist theoretisch fruchtbar und praktisch unerlässlich.

Literatur

Burrell, Gibson (1988): Modernism, postmodernism and organizational analysis 2: The contribution of Michel Foucault. In: Organization Studies 9. 2. 221-235

Cooley, Charles Horton (1961): The social self. In: Parsons, Talcott/Shils, Edward/Naegele, Kaspar D./Pitts, Jesse R. (Hrsg.): Theories of Society. Foundations of Modern Sociological Theory, vol II. New York: Free Press. 822-828.

Coser, Lewis A. (1974): Greedy Institutions. Patterns of Undivided Commitment. New York: Free Press.

Cox, Sheralyn (1978): Fifteen years after ‚Asylums'. Description of a Program for Victims of the Total Institution. In: Clinical Social Work Journal 6. 1. 44-52.

Dahrendorf, Ralf (2006): Homo sociologicus. Ein Versuch zur Geschichte, Bedeutung und Kultur der Kategorie der sozialen Rolle. 16. Aufl. Wiesbaden: VS Verlag.

Dallinger, Ursula/Schroeter, Klaus R. (Hrsg.) (2002): Theoretische Beiträge zur Alternssoziologie. Opladen: Leske + Budrich.

Davies, Christie (1989): Goffman's concept of the total institution. Critics and revisions. In: Human Studies 12. 77-95.

Delaney, William. P. (1977): The uses of total institutions. A Buddhist monastic example. In: Gordon, Robert/Williams, Brett (Hrsg.): Exploring total institutions. Champaign/IL: Stipes. 18-24.

Foucault, Michel (1981): Überwachen und Strafen. Die Geburt des Gefängnisses. 4. Aufl. Frankfurt/Main: Suhrkamp.

Giddens, Anthony (1997): Konsequenzen der Moderne. 2. Aufl. Frankfurt/Main: Suhrkamp.

Goffman, Erving (1981): Asyle. Über die soziale Situation psychiatrischer Patienten und anderer Insassen. 4. Aufl. Frankfurt/Main: Suhrkamp (orig. 1961: Asylums. Essays on the Social Situation of Mental Patients and Other Inmates. New York: Doubleday Anchor).

Goffman, Erving (1996): Wir alle spielen Theater. Die Selbstdarstellung im Alltag. 6. Aufl. München: Piper (orig. 1959: The Presentation of Self in Everyday Life. New York: Doubleday Anchor).

Gordon, Robert/Williams, Brett (Hrsg.) (1977): Exploring total institutions. Champaign/IL: Stipes.

Lyman, Stanford M./Scott, Marvin B. (1970): A Sociology of the Absurd. New York: Appleton-Century-Crofts.

Malacrida, Claudia (2005): Discipline and dehumanization in a total institution: institutional survivor's description of Time-out Rooms. In: Disability and Society 20.5. 523-537.

McEwan, C.A. (1980): Continuities in the study of total and nontotal institutions. In: Annual Review of Sociology 6. 148-185.

Parsons, Talcott/Shils, Edward/Naegele, Kaspar D./Pitts, Jesse R. (Hrsg.) (1961): Theories of Society. Foundations of Modern Sociological Theory, vol II. New York: Free Press.

Salari, Sonia M./Rich, Melinda (2001): Social and environmental infantilization of aged persons: Observations in two adult day care centers. In: International Journal of Aging and Human Development 52. 2. 115-134.

Schäfer, Alfred (1983): Identität und sekundäre Anpassung. Zum theoretischen Bezugsrahmen Erving Goffmans. In: Kölner Zeitschrift für Soziologie und Sozialpsychologie 35. 4. 631-654.

Schelsky, Helmut (1976): Der selbständige und der betreute Mensch. Stuttgart: Seewald.

Schroeter, Klaus R. (2002): Lebenswelten ohne (soziale) Hinterbühne: Die Lebenslagen stationär versorgter, pflegebedürftiger älterer Menschen. In: Dallinger, Ursula/Schroeter, Klaus R. (Hrsg.): Theoretische Beiträge zur Alternssoziologie. Opladen: Leske + Budrich. 141-168

Weber, Max (1968a): Asketischer Protestantismus und kapitalistischer Geist. In: Ders.: Soziologie. Weltgeschichtliche Analysen. Politik. 4. Aufl. Stuttgart: Kröner: 357-440.

Weber, Max (1968b): Soziologie. Weltgeschichtliche Analysen. Politik. 4. Aufl. Stuttgart: Kröner

Weinstein, Raymond M. (1994): Goffman's Asylums and the Total Institution Model of Mental Hospitals. In: Psychiatry 57. 348-367.

Einführende Literatur

Burns, Tom (1992): Erving Goffman. London: Routledge.

Schülein, Johann A. (1987): Theorie der Institution. Opladen: Westdeutscher Verlag.

Weiterführende Literatur

Göhler, Gerhard (Hrsg.) (1994): Die Eigenart der Institutionen. Zum Profil politischer Institutionentheorie. Baden-Baden: Nomos.

Ortmann, Günther/Sydow, Jürgen/Türk, Klaus (Hrsg.) (1997): Theorien der Organisation. Opladen: Westdeutscher Verlag.

Türk, Klaus (1995): Die Organisation der Welt: Herrschaft durch Organisation in der modernen Gesellschaft. Opladen: Westdeutscher Verlag.

Symbolische Ordnungen

Oliver Dimbath

1. Symbolische Ordnungen in der Schule

In seiner Schulpädagogik schreibt der Philosoph Georg Simmel über die Strafarbeit: „Es ist eigentlich ein Widersinn, in der Schule, die dem Schüler das Arbeiten als etwas Befriedigendes, Natürliches, sein Lebensgefühl Förderndes beibringen soll, die Arbeit als *Strafe* aufzuerlegen, also als etwas, was auf der Passivseite des Lebens steht, und ihm dadurch Abscheu und Überdruss an ihr beizubringen" (Simmel 2004: 416, Hervorh. i. Orig.). Die Strafe selbst, als Reaktion auf Fehlverhalten, symbolisiert zunächst die Sanktionsmacht des Lehrers.[1] Als Straf*arbeit* birgt sie die Gefahr einer Missdeutung durch die Vermischung zweier symbolischer Ordnungen. So steht Arbeiten in der Schule im Zeichen der Bildung des Individuums, das zum Engagement angeregt werden soll. Die *Straf*arbeit repräsentiert demgegenüber die Unterwerfung unter die auch in der Schule vorfindbaren gesellschaftlichen Herrschaftsverhältnisse.

Symbolische Ordnungen stehen im Gegensatz zu Begriffen wie Handlung, Norm oder Sozialisation im Kanon soziologischer Termini nicht in der ersten Reihe. Gleichwohl sind sie – mehr oder weniger explizit – der Dreh- und Angelpunkt in soziologischen Theorieentwürfen, die davon ausgehen, dass Gesellschaft durch Menschen konstruiert wird. Der folgende Abschnitt möchte die symbolischen Ordnungen ein Stück weit aus dem Schatten komplexer Begriffssysteme und abstrakter Theorien holen und dazu anregen, die Welt aus dem durch sie eröffneten Blickwinkel zu betrachten. Dies wird nicht ganz ohne ein Mindestmaß an Begriffsarbeit möglich sein. Um jedoch die vereinfacht dargestellten sozialwissenschaftlichen Ansätze praxisnah zu veranschaulichen, werden Beispiele aus dem schulischen Handlungsfeld der Schulkultur gewählt – eine Verknüpfung, die sich insofern anbietet, als auch manche Ansätze der pädagogischen Schulkulturforschung auf das Konzept der symbolischen Ordnungen zurückgreifen.

Im Anschluss an den Schulforscher Werner Helsper (2000) kann Schulkultur als symbolische Ordnung in zweierlei Hinsicht untersucht werden. Da ist zunächst Schulkultur im Sinne einer universellen und sich im globalen Maßstab durchsetzenden Form des Unterrichtens. Sie wird hier als Institutionalisierungsprozess im makrosozialen Maßstab begriffen.

---

1   In diesem Text wird aus Gründen der Lesbarkeit der männliche Genus verwendet – gemeint sind allerdings in der Regel Frauen ebenso wie Männer.

Die andere Perspektive fokussiert einzelne Gesichtspunkte aus einer Vielfalt regionaler, pluraler sowie kultureller Formen. Diese mikrosozialen Aspekte von Schulkultur werden im Hinblick auf das soziale Handeln einzelner Akteure und Akteursgruppen untersucht. Symbolische Ordnung im Bereich Schulkultur entsteht zum Beispiel auf der Ebene einzelner Schulen in der

> handelnden Auseinandersetzung der schulischen Akteure mit systemischen Vorgaben, bildungspolitischen Strukturentscheidungen vor dem Hintergrund historisch spezifischer Rahmenbedingungen und sozialer Aushandlungen um die Durchsetzung und hierarchisierende Distinktion pluraler kultureller Ordnungen. (…) Die jeweils einzelschulspezifisch etablierte Schulkultur mit der je spezifischen ‚institutionellen Selbstrepräsentanz' – dem jeweiligen ‚Schulmythos' – muss dabei auch als Ergebnis der Auseinandersetzung schulischer Akteure begriffen werden: Sie entwickelt sich durch die spannungsreichen Auseinandersetzungen in verschiedenen Handlungsformen zwischen unterschiedlichen Lehrergruppierungen und der Schulleitung im Zusammenspiel mit mehr oder weniger spannungsreichen Auseinandersetzungen in der Schüler- und Elternschaft einer Schule. (Helsper u.a. 1998: 47)

Die Schulkulturdiskussion hat noch eine weitere Dimension. Ansätzen einer eher geisteswissenschaftlich-anthropologischen Kulturanalyse, die nach der Möglichkeit intakten Schullebens, nach der Schulatmosphäre, dem Schulethos oder -klima fragen, steht das Nachdenken über die Gestaltbarkeit und Optimierung pädagogischer, didaktischer, relationaler, schulspezifischer oder organisationaler Kultur gegenüber (vgl. Chott 1997). Die zur Illustration des Themas ‚symbolische Ordnungen' gewählten Beispiele entstammen diesem weiten Feld.

Für die Auseinandersetzung mit ‚symbolischen Ordnungen' bietet das soziologische Denken drei Orientierungen an. An erster Stelle gibt es grundlegende Arbeiten, die darum bemüht sind, für Klarheit über den Symbolbegriff und seine Bedeutung für die Entstehung und Verfestigung von gesellschaftlichen Strukturen zu sorgen. Zweitens gibt es Theorien, die soziale Phänomene anhand symbolischer Ordnungen beschreiben und zu erklären versuchen. In diesem Abschnitt sollen drei dieser Ansätze aufgegriffen werden. Sie erfassen symbolische Ordnungen aus der Sicht von Individuen als unhinterfragbare Wirklichkeit und damit als unveränderbar; zugleich markieren sie das Schlachtfeld eines Kampfes um Macht und Anerkennung. An dritter Stelle stehen Theorieangebote, die sich mit der Frage nach dem Wandel symbolischer Ordnungen hinsichtlich der Entwicklungsdynamik moderner Gesellschaften, insbesondere mit Blick auf die Phänomene der Globalisierung oder Transnationalisierung auseinandersetzen. Mit anderen Worten wird im Weiteren der folgende Dreischritt vollzogen: Begriffsklärung symbolischer Ordnungen (Kap. 2), symbolische Ordnungen in gesellschaftstheoretischen Ansätzen (Kap. 3) und symbolische Ordnungen im sozialen Wandel (Kap. 4). Der Schluss (Kap. 5) besteht neben einem kurzen Resümee in einer Einladung, durch die Entdeckung symbolischer Ordnungen soziale Zusammenhänge (besser) zu verstehen.

2. Die Ordnungen der Symbole...

Sozialwissenschaftliches Nachdenken über symbolische Ordnungen klingt bereits in ‚klassischen' Arbeiten des 19. Jahrhunderts an. Für Émile Durkheim ist die Soziologie die Wissenschaft der Institutionen. Sie fragt, wie gesellschaftliche Ordnung möglich ist und zeigt, dass menschliches Handeln in vielen Bereichen ganz bestimmten Regeln folgt. Diese Regeln werden dem Einzelnen nicht von einer göttlichen Macht vorgegeben, sondern kulturabhängig im Laufe eines Lebens und in Wechselwirkung mit Anderen verinnerlicht. Der Mensch ist, wie der Philosoph Ernst Cassirer feststellt, ein *animal symbolicum*.[2] Jeder Einzelne wird in eine Ordnung geboren, die er nicht selbst geschaffen hat und die er nur in sehr begrenztem Umfang verändern kann. Symbole dienen ihm als Orientierungspunkte, und zwar sowohl in Bezug auf seine Wahrnehmung als auch auf sein Handeln.

   Mit dem Ziel, ein begriffliches Konzept symbolischer Ordnungen zu erstellen, soll im Folgenden zunächst der Terminus *Symbol* geklärt und die Frage beantwortet werden, inwiefern Symbole in Systemen geordnet und auf soziale Ordnungen zu beziehen sind.

2.1 Symbole und Zeichen

Zwei einflussreiche soziologisch-philosophische Denkrichtungen haben sich um die Klärung des Symbolbegriffes verdient gemacht. Auf der einen Seite ist der französische Strukturalismus zu nennen, auf der anderen Seite die Phänomenologie und die aus ihr unter dem Einfluss des amerikanischen Pragmatismus' hervorgegangene Wissenssoziologie. Die unterschiedlichen Herangehensweisen in ihrer Vielfalt und wechselseitigen Beeinflussung auch nur zu umreißen, würde an dieser Stelle zu weit führen. Eine vergleichsweise präzise Begriffsklärung findet sich im Werk des Wissenssoziologen Alfred Schütz. Auf sie soll – eingedenk der Tatsache, dass es eine Vielzahl weiterer Definitionen gibt – im Folgenden etwas näher eingegangen werden. Zeichen und Symbole helfen dem Menschen, mit seinen vielfältigen Transzendenzerfahrungen fertig zu werden. Menschen handeln nicht nur in der Welt des unmittelbar Greifbaren, sondern immer auch mit Blick auf eine Welt, um deren Vorhandensein sie aufgrund ihrer Erfahrung wissen. Im Mittelpunkt steht dabei die Annahme, dass sie die Welt, die sie im Augenblick nicht sehen, grundsätzlich wieder in den Blick rücken können. Dazu erinnern sie sich an das, was sie gesehen haben. Zeichen verweisen auf Geschehnisse, Gegenstände, Gegebenheiten in der Außenwelt und damit auf das, was nicht (mehr) sichtbar oder greifbar ist. Als Beispiel führt Schütz (1971a) den gebrochenen Ast an, der nicht nur als gebrochener Ast wahrgenommen wurde, sondern auch als Hinweis auf eine darunter liegende Quelle. Etwas, das einmal bemerkt wurde, wird zu einem späteren Zeitpunkt wieder als relevant erinnert (Merkzeichen). Ein weiteres Beispiel ist der Blitz, auf den in der Regel ein Donner folgt. Blitz und Donner sind Ereignisse, die miteinander in Beziehung stehen (Anzeichen). Den Begriff des Zeichens behält Schütz der Kommunikation vor. Menschen nehmen die Äußerungen ihrer Mitmenschen nicht ‚objektiv'

---

2 Eine prägnante Zusammenfassung dieser Position Cassirers findet sich bei Matthias Rath (2001). Als weitere Klassiker der Reflexion über Symbole sind Georg Simmel – hier vor allem seine 1920 erschienene ‚Philosophie des Geldes' – und George Herbert Mead zu nennen.

auf, sondern deuten sie als Zeichen in der Interaktionsbeziehung. Ein Lächeln, Erröten, Verhaspeln wird nicht rein körperlich, sondern als Äußerung innerhalb einer Interaktion verstanden. Symbole weisen demgegenüber eine weitere Abstraktionsebene auf, indem sie sich nicht auf einen Gegenstand, ein Geschehnis, eine Gegebenheit der Alltagswelt beziehen, sondern auf eine Idee, welche über die Alltagserfahrung hinausgeht.

Damit ist festzuhalten, dass sowohl Zeichen als auch Symbole stets auf etwas anderes als auf sich selbst verweisen. Sie sind dabei sinngemäß mit diesem Anderen verbunden. In Anlehnung an den Philosophen Edmund Husserl begreift Schütz (1971a) ein Paar zweier Gegenstände, eines Verweisenden und eines, auf das verwiesen wird als Appräsentationsbeziehung. In Gedanken ruft der appräsentierende Teil des Paares den appräsentierten Teil hervor. Diese Beziehung ist insofern ein allgemeines Merkmal des menschlichen Bewusstseins, als Menschen sich ihre Welt nur durch Zeichen und Symbole geordnet vorstellen können.

> Im Alltag wissen wir nur, dass Natur und Gesellschaft irgendeine Art von Ordnung darstellen; das eigentliche Wesen dieser Ordnung aber entzieht sich unserem Wissen. Allein in Bildern offenbart sich diese Ordnung; die Bilder suchen sie in Analogien zu erfassen. Sobald ein Bild dieser Art entstanden ist, wird es jedoch als selbstverständlich hingenommen, gerade so wie die Transzendenzen, auf die sie verweisen. (Schütz 1971a, 382)

Alles, was über die Erfahrbarkeit der Alltagswelt hinausgeht, was sie transzendiert, erscheint dem Menschen zunächst als bedrohlich. Mithilfe der Symbolisierung gelingt es ihm, die beunruhigenden Erscheinungen zu ‚bändigen‘, indem er höherstufige Appräsentationsverweisungen erzeugt. Dabei muss man vier Besonderheiten unterscheiden: Erstens beruht Symbolisierung stets selbst auf Merkzeichen, Anzeichen, Zeichen oder Symbolen. Zweitens gilt bei der Symbolisierung das Prinzip der figurativen Übertragung: Jeder Bedeutungsträger kann ebenso durch einen anderen ersetzt werden wie sich jede Bedeutung verändern kann. Drittens ist davon auszugehen, dass verschiedene Deutende auf unterschiedliche Deutungsschemata zurückgreifen. Viertens liegen alle unmittelbar und analog erfassten Gegenstände innerhalb eines Gegenstandsbereichs. Dies wird vor allem dann relevant, wenn man mehrere konkurrierende Wirklichkeitsgebiete in Betracht zieht. Diese Wirklichkeiten bestehen neben der Alltagwirklichkeit, können allerdings vom Individuum mit einem eigenen Wirklichkeitsakzent versehen werden. Man muss also von individuell unterschiedlichen Stilen der Wirklichkeitsauffassung ausgehen. Solange die Erfahrungen des Einzelnen vom betreffenden Stil gezeichnet sind, wird dieser Bereich als wirklich betrachtet – auch wenn es sich um eine Phantasiewelt oder Traumwelt handelt (vgl. Schütz 1971b).

Die Symboltheorie von Schütz besagt damit, dass soziale Kollektive ebenso wie Institutionen als gedankliche Konstruktionen des Alltagsverstandes keine Gegebenheiten der Alltagswirklichkeit sind. Mit anderen Worten kann man weder eine Gesellschaft noch eine Institution wie die Schule sehen oder intuitiv erleben, geschweige denn ‚anfassen‘. Diese sozialen Tatsachen können allein symbolisch erfasst werden und die Symbole integrieren sich wiederum in die Alltagswirklichkeit. Wenn Symbole als Gegenstände in der Alltagswirklichkeit vorhanden sind, und wenn die Welt von den Menschen symbolisch

geordnet wird, muss es allerdings Symbole auf unterschiedlichen Abstraktionsniveaus geben. Zeichen können damit für Zeichen und Symbole für Symbole stehen. Und nachdem Symbole stets nur auf Zeichen oder andere Symbole verweisen können, und dieser Verweisungskette keine Grenzen gesetzt sind, muss sich bei der Betrachtung von Appräsentationsbeziehungen über mehrere Ebenen im Fall jeder Institution unter Berücksichtigung der jeweiligen Deutungsperspektive eine symbolische Ordnung bestimmter Verweisungszusammenhänge nachvollziehen lassen. Für die Analyse von Institutionen ergeben sich damit weitreichende Konsequenzen. Zwar sind Institutionen dadurch ausgewiesen, dass ihre Sanktionsmacht für alle Mitglieder eines bestimmten Kollektivs gilt. Dass alle in einem Kollektiv versammelten historisch gewachsenen Perspektiven oder Standorte die den Institutionen innewohnenden symbolischen Ordnungen in gleicher Weise interpretieren ist damit jedoch nicht gegeben.

2.2 Institutionen und symbolische Sinnwelten

Im soziologischen Sprachgebrauch meint der Begriff Institution weder eine alteingesessene Person – „der Mann ist eine Institution" – noch eine konkrete Organisation im Sinne einer zumeist staatlichen bürokratischen Einrichtung. Institution stellt vielmehr einen gesellschaftlichen Sinnzusammenhang dar, der mit Blick auf individuelles Handeln sozial erwartbare Handlungsmuster vorgibt. Damit entlastet er in Form einer Handlungsroutine den Einzelnen von der sich andernfalls ständig erneuernden Entscheidungszumutung und macht Verhalten in gewissem Umfang vorhersagbar. Der Anthropologe Arnold Gehlen (1963) begreift den Menschen als weltoffenes Mängelwesen, das seine Außenwelt konstruktiv verändern muss. Von der jeweiligen Kultur ist abhängig, welche Verhaltensweisen gebündelt und als gesellschaftlich sanktionierte Verhaltensmuster, eben Institutionen, ausgewiesen werden. Ein nach wie vor einflussreicher Beitrag zur Klärung des Institutionenbegriffs geht auf die Soziologen Peter L. Berger und Thomas Luckmann (1989) zurück. In ihrem Buch über die gesellschaftliche Konstruktion der Wirklichkeit charakterisieren sie Institutionen als Typisierungen, die auf habitualisierten und das meint: auf durch ständige Wiederholung eingeübten und im Laufe der Zeit verinnerlichten Handlungsabläufen beruhen. Institutionen, in einem historischen Prozess entstanden und mit Sanktionsmechanismen verbunden, sind Vergegenständlichungen – keine Dinge im materialen Sinn, aber doch präsent und greifbar. Die Schule, abstrahiert man vom Gebäude, in dem Schüler und Lehrer aufeinander treffen und begreift sie als gesellschaftliche Einrichtung der Enkulturation, Akkulturation und Sozialisierung junger Menschen, ist eine solche Institution.

Für Berger und Luckmann stellt sich außerdem die Frage, wie Institutionen ihren Geltungsanspruch begründen. Während Institutionen als Fakten in der ersten Phase ihrer Entstehung keiner Legitimation bedürfen, geraten sie bei der Weitergabe an die nächste Generation unter Rechtfertigungsdruck. Der Weg einer Institution von ihrer pragmatischen Begründung bis zur Würde des Normativen lässt sich auf vier Ebenen beschreiben. So entsteht Legitimation zunächst durch die Vermittlung eines spezifischen Vokabulars, das nicht weiter hinterfragt, sondern einfach gelernt wird. Auf der zweiten Ebene werden dem lernenden Kind Legitimationen in poetischer Verkleidung etwa in Form von in Kinder-

versen enthaltenen Lebensweisheiten zuteil. Auf der dritten Ebene kommen Legitimations-
theorien zum Einsatz, die mitunter von eigens bestallten Legitimatoren – etwa den älteren
Mitgliedern einer Gesellschaft – betreut werden. Die Legitimation beginnt dabei über die
praktische Verwendbarkeit hinauszugreifen und zur Theorie zu werden. Die vierte und
letzte Ebene besteht in der Erzeugung symbolischer Sinnwelten. Sie nehmen die Gesamtheit der institutionalisierten Handlungsabläufe auf, indem sie verschiedene Sinngebiete
integrieren und auf diesem Wege die institutionale Ordnung als symbolische Totalität über-
höhen. Ausgehend von der symbolischen Sinnwelt, die mit Religion gleichgesetzt werden
kann, lassen sich alle mitunter widersprüchlichen Strebungen des Lebens verstehen und
legitimieren. Für den Einzelnen bedeutet dies: „Identität erhält ihre definitive Legitimation, sobald sie in den Zusammenhang einer symbolischen Sinnwelt gestellt wird" (Berger/
Luckmann 1989: 107).

Die legitimierende Erzählung über Institutionen kann als Mythos bezeichnet werden.
Dem Philosophen Roland Barthes (1964) zufolge sind Mythen Systeme, die aus einer
semiologischen Kette bestehen. Wie auch in der Konzeption von Schütz stehen auf der
Ebene der Objektsprache das Bedeutende und das Bedeutete gegenüber.[3] Dieses Paar
kann nun seinerseits als Zeichen verstanden werden, ist damit Bedeutendes und verweist wieder auf ein Bedeutetes. Mythen repräsentieren als symbolische Ordnungen die
institutionelle Struktur einer Gesellschaft. Ein empirischer Zugang zur Entdeckung von
Mythen ergibt sich über die Analyse von Ritualen. Rituale sind Abläufe symbolischer
Handlungen.

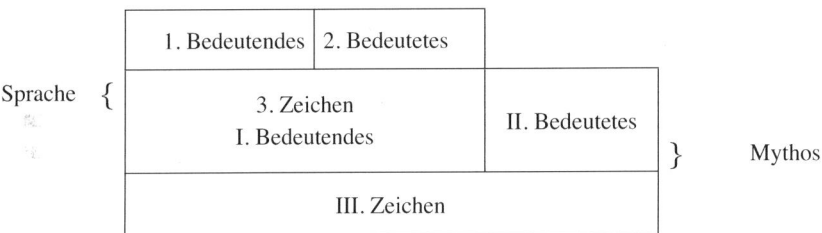

Abb. 1: Mythos als sekundäres semiotisches System (Barthes 1964: 93)

---

3   Im Strukturalismus wird häufig auch das Begriffspaar Signifikant und Signifikat verwendet.

2.3 Ein Konzept symbolischer Ordnung

Was bisher über Zeichen, Symbole und Mythen gesagt wurde, kann nun zu einer begrifflichen Klärung symbolischer Ordnung herangezogen werden: Symbolische Ordnungen sind stets Symbolzusammenhänge. Ebenso wie die einzelnen Symbole, aus denen sie sich zusammensetzen, verweisen sie auf eine Wirklichkeit jenseits der Alltagserfahrung. Historisch gewachsen gewährleisten symbolische Ordnungen als Deutungs- und Legitimierungsgrundlage einen Brückenschlag zwischen der Alltagswirklichkeit und anderen Sinngebieten. Handlungswirksam werden sie in Ritualen.

> Fragt man, zwischen welchen Ufern diese Brücke liege, so muss man antworten, dass jene Brücke unter anderem von der ‚mentalen Wirklichkeit‘ in unseren Köpfen – in denen wir Erinnerungen und Erfahrungen gespeichert haben – zur Außenwelt, zur Welt intersubjektiven Handelns führen, ebenso zu einem (möglichen) Gegenüber, mit dem wir uns in der Sprache verbinden. (Soeffner 2000: 27)

Eine Vielzahl alltäglicher Handlungen bezieht sich auf symbolische Ordnungen. Das heißt, dass wir Handlungen eines Anderen beobachten und dabei unterstellen, er handelte auf einen klar benennbaren Zweck hin. Nach dem Grund seiner Handlung befragt, wird er möglicherweise eine rationalisierende Antwort geben – die er sich allerdings vielleicht erst durch die Konfrontation mit dem Sinn seines Tuns zurechtgelegt hat. Das meint, dass er sich nicht dessen bewusst sein muss, sich gemäß eines institutionellen Ablaufverhalten und entsprechender Symboliken bedient zu haben. Alle Menschen werden in symbolische Ordnungen hineingeboren. Sie sind ihnen als nicht hinterfragtes Wissen vorgegeben.

Institutionen ebenso wie symbolische Ordnungen bleiben dadurch erhalten, dass sie im alltäglichen Handeln durch ständige und unhinterfragte Wiederholung reproduziert werden. Sie bestehen in unseren alltäglichen und außeralltäglichen Praktiken, Ritualen, Bräuchen und Gewohnheiten fort. Wie bei der Veränderung von symbolischer Bedeutung im Anschluss an Schütz gezeigt wurde, findet auch hier ein gewisser Wandel statt. Dieser Wandel entzieht sich jedoch in der Regel der Wahrnehmung des Einzelnen (vgl. Elias 1987).

Man kann also festhalten: Symbolische Ordnungen sind Bedeutungszusammenhänge, an denen sich menschliches Handeln orientiert und die durch Handeln immer wieder bestätigt werden. Stets verweisen sie auf etwas, das außerhalb der Alltagswirklichkeit liegt. Sie sind damit zwar gedankliche Konstruktionen, verfügen jedoch über große Wirkungsmacht, da sie als Bestandteile des kollektiven Gedächtnisses von sehr vielen Individuen als real empfunden werden.

3. ... und die Symbole der Ordnung

Die Überlegungen zur Ordnung der Symbole haben gezeigt, dass Symbole in komplexen Gefügen zusammenhängen, Wissen strukturieren und Handeln mit Sinn versehen. Menschen beziehen sich nicht nur auf symbolische Ordnungen, um ihr Handeln zu verstehen oder zu legitimieren. Sie nutzen diese Symbolsysteme auch, um sich und ihren Mitmenschen eine Ordnung zu geben. Symbole der Ordnung sind als symbolische Ordnungen ebenfalls unhinterfragte Wissensbestände, die dem Individuum einen Platz in der Gesellschaft zuweisen. Umgekehrt dienen Symbole aus der Sicht der Marxschen Theorie des Klassenbewusstseins den Einzelnen, wenn sie sich von anderen abgrenzen, sich distinguieren oder mit Blick auf andere ins rechte Licht setzen wollen. Dabei erweisen sie sich nicht nur als versierte Kenner der relevanten Sprach- oder Dresscodes, mit deren Hilfe sie (sich selbst) die Zugehörigkeit zu ihresgleichen anzeigen und mit Blick auf andere soziale Gruppen eine klare und auch für diese erkennbare Grenze ziehen. Ob es ihnen nun bewusst ist oder nicht, gestalten sie durch ihr Tun die Symboliken der Ordnung in begrenztem Umfang mit.

Aus pädagogischer Sicht können aufgrund solcher Ordnungssymboliken etwa die verständigungsorientierten Arbeitsbündnisse innerhalb eines Lehrerkollegiums beeinträchtigt werden. Helsper und Mitarbeiter (1998) weisen auf den Zusammenhang von strategisch-machtdominierten, berechnenden Handlungsmustern und einer durch Über- und Unterlegenheit sowie dramatische Anerkennungskämpfe dominierten Schulkultur hin.

Das manifeste wie auch das latente Wirken symbolischer Ordnungen im alltäglichen Kampf um Anerkennung[4] soll im Folgenden anhand dreier soziologischer Ansätze umrissen werden: der Machtanalyse nach Michel Foucault, dem Habitusansatz nach Pierre Bourdieu und der Figurationstheorie nach Norbert Elias.

3.1 Disziplinierung durch die übermächtige Struktur

Ein Theoretiker, der sich mit symbolischen Ordnungen unter dem Gesichtspunkt der Macht beschäftigt, ist der Philosoph Michel Foucault. Seine düstere Analyse behandelt die historische Entwicklung einer symbolischen Ordnung, die das Individuum soweit verinnerlicht, dass es seinen Autonomieverlust gar nicht mehr bemerkt, geschweige denn bedauert. Das Motiv unterschiedlicher konkurrierender Gruppen steht hierbei nicht im Vordergrund. Vielmehr findet der Kampf um Anerkennung zwischen Individuen und der Gesellschaft statt, die ihrerseits versucht, die Einzelnen zu disziplinieren. Auf diesem Wege erzeugt sie symbolische Ordnungen als Überwachungssysteme. Den Individuen soll die Chance genommen werden, nonkonforme Anliegen zu formulieren und zu behaupten. Prominente Orte gesellschaftlicher Disziplinierung sind Gefängnisse, bei denen es nicht darum geht, Abweichler zu resozialisieren, sondern eher darum, sie wegzusperren, damit die Aufmerksamkeit von

---

4   Der hier eher ‚hemdsärmelig‘ verwendete Begriff des Kampfes um Anerkennung geht auf Georg W. F. Hegel zurück und wird von Axel Honneth (1992) umfassend diskutiert. Dass Konflikte um die symbolische Ordnung sozialer Ungleichheit nicht als Vernichtungskriege zu verstehen sind, sondern notwendige Bedingungen für gesellschaftliche Integration, wird bei Sighard Neckel und Ferdinand Sutterlüty (2005) ausgeführt.

virulenten gesellschaftlichen Problemen abzulenken (vgl. Schiwy 1978) und die bestehenden Strukturen weiter zu festigen. Symbolische Ordnungen des Überwachens wie sie sich in der Architektur von Gefängnissen[5] aber auch im traditionellen Lehrer-Schüler-Arrangement im Klassenzimmer zeigen, stellen eine Drohkulisse dar, die ein Aufbegehren gegen die bestehenden Herrschaftsverhältnisses als riskant erscheinen lässt.

> Die Organisation eines seriellen Raumes war eine der großen technischen Mutationen des Elementarunterrichts, der das traditionelle System (ein Schüler arbeitet einige Minuten lang mit dem Lehrer, während die untergeordnete Masse der anderen ohne Aufsicht müßig ist und wartet) abgelöst hat. Indem er individuelle Plätze zuwies, hat er die Kontrolle eines jeden und die gleichzeitige Arbeit aller möglich gemacht. Er hat eine neue Ökonomie der Lernzeit organisiert. Er hat den Schulraum zu einer Lernmaschine umgebaut – aber auch zu einer Überwachungs-, Hierarchisierungs-, Belohnungsmaschine. (Foucault 1977: 188 f.)

Aber nicht nur die Schülerinnen und Schüler werden der Überwachungsmaschinerie unterworfen. Auch Lehrkräfte überwachen und werden überwacht. Ein Beispiel hierfür ist die zunehmend auch im Kontext Schule Raum greifende Lehrevaluation.[6] Bei Foucault findet sich eine Erklärung für die durch Institutionalisierungsprozesse ins Werk gesetzte Entstehung des ‚realen‘ Aspekts symbolischer Ordnung, der auch in der Schulkulturforschung problematisiert wird: Gesellschaftliche Funktionen und Leistungen der Schule strukturieren jede Einzelschule vor; daraus erwachsen Antinomien und Dilemmata (Helsper u.a. 1998). Mit Blick auf gestaltungsorientierte Ansätze von Schulkultur deckt diese Analyseperspektive eine immer wieder mit organisatorischen Neuerungen einher gehende Doppelbedeutung auf: Einerseits meint Evaluation das institutionalisierte Bemühen um einen Abgleich des schulischen Angebots mit seinen Zielen. Andererseits bedeutet Evaluation aber auch Kontrolle zwischen den Hierarchieebenen. Die Evaluation der Lehrerleistung ermöglicht eine Disziplinierung der Lehrkraft durch die Schulleitung; die Evaluation der Schulleistung hat eine Disziplinierung der Schulleitung durch Schulamt oder Ministerium zur Folge. Die mit Evaluierungs- und Monitoringinstrumenten verbundenen Symbolgehalte helfen also nicht nur dabei, Schülerbeobachtungen auf der einen und Schülerfeedback auf der anderen Seite zu installieren. Sie beeinflussen auch das Handeln der Lehrenden, welche sich ihrerseits darauf einstellen müssen, von höherer Warte aus beobachtet zu werden.

Symbolische Ordnungen, beinhalten somit im Anschluss an Foucault auch Symbole der Ordnung. Sie weisen über die Alltagswirklichkeit hinaus und entfalten dennoch mitunter eine starke Disziplinierungswirkung.

---

5   Foucaults Beispiel ist das Panopticon: ein runder Bau, dessen an der Außenwand befindliche Zellen zur Mitte hin einsehbar sind und in dessen Mitte ein Überwachungsturm steht, von dem aus jeder Gefangene beobachtet werden kann.

6   In jüngeren Arbeiten wird Foucaults Analyse symbolischer Herrschaftsordnungen weiter verfolgt. So enthält das von Ulrich Bröckling, Susanne Krasmann und Thomas Lemke (2004) herausgegebene Glossar der Gegenwart Kommentierungen neudeutscher Begriffe wie Evaluation, lebenslanges Lernen oder Mediation, deren symbolischer Gehalt auf spätmoderne Kontroll-, Disziplinierungs- und damit Herrschaftstechniken verweist.

3.2 Distinktion durch Stil und Geschmack

Anhand von Untersuchungen über die Kabylen in Algerien, vor allem jedoch in umfassenden Studien über die französische Gesellschaft zeigt der Soziologe Pierre Bourdieu, wie symbolische Ordnungen in der aufgeklärten bürgerlichen Gesellschaft wirken und reproduziert werden. Bourdieu untersucht symbolische Handlungen mit Blick auf individuellen Geschmack oder Stil. Bildungsverhalten, die bevorzugte Lektüre, die ästhetischen Urteile, die Essgewohnheiten dienen ebenso der Nutzenmaximierung des Einzelnen im Kampf um seine soziale Stellung wie seine ökonomischen Handlungen. Dass es hier nur in geringem Maße um wohl überlegte Handlungen geht, kann mit dem Konzept des Habitus gezeigt werden. Habitus ist bei Bourdieu (1998) das Erzeugungsprinzip subjektiver Praxis: geronnene Erfahrung als Produkt der Geschichte des Einzelnen, zugleich strukturierende und strukturierte Struktur. Das Individuum handelt gemäß der im Sozialisationsprozess erfahrenen Prägungen. Unterschiedliche soziale Gruppen weisen verschiedene Habitusformen auf – oft ungewollt repräsentiert jeder Einzelne durch seinen Habitus Aspekte der spezifischen symbolischen Ordnung seines Herkunftsmilieus.

> Der Habitus bewirkt, dass die Gesamtheit der Praxisformen eines Akteurs (oder einer Gruppe von aus ähnlichen Situationen hervorgegangenen Akteuren) als Produkt der Anwendung identischer (oder wechselseitig austauschbarer) Schemata zugleich systematischen Charakter tragen und systematisch unterschieden sind von den konstitutiven Praxisformen eines anderen Lebensstils. (Bourdieu 1998: 278)

Im Rahmen empirischer Untersuchungen über Fragen des Geschmacks gelingt es Bourdieu, die Habitusformen als Systeme distinktiver Zeichen im Hinblick auf unterschiedliche soziale Schichten und Milieus herauszuarbeiten. In seinem Versuch, die jeweils typische Ausprägung aller Eigenschaften und Werturteile einzelner Gruppen begrifflich zu fassen, formuliert er etwa für höhere Lehrer und Professoren das Gesamtcharakteristikum ‚aristokratischer Ästhetizismus‘ oder ‚Prätention‘ für das Kleinbürgertum. Die Herausbildung unterschiedlicher Geschmäcker und Lebensgewohnheiten ist nichts anderes, als die im Habitus verfestigten Formen eines gesellschaftlichen Konkurrenzkampfes. Distinktion erfolgt in Bourdieus Gesellschaftsanalyse, indem die sozialen Gruppen ihren Lebensstil so in Szene setzen, dass er als stilistisch höherwertig erscheint. Diese Inszenierung, die von allen sozialen Gruppen praktiziert wird, erzeugt und perpetuiert symbolische Ordnungen. In der Regel entstehen diese Symbole und Symbolzusammenhänge der Ordnung im Anerkennungskampf der Führungseliten. Während die anderen sozialen Gruppen darin wetteifern, sich die Kulturpraktiken der höheren Ebene zu erschließen und sie zu übernehmen, müssen ‚oben‘ immer wieder neue Stilelemente erfunden werden, um der kulturellen Vermassung entgegen zu steuern (vgl. Honneth 1990).

Auch gesellschaftliche Distinktionsphänomene lassen sich auf die Schule übertragen. Die Diskussion um die Einführung von Schuluniformen kann hier als Beispiel dienen: Schulen versuchen, den über Elternhäuser, Werbung und Medien in den Schulalltag getragenen Statuskämpfen und Gruppenzwängen entgegen zu steuern. Dabei kann als Folge des Versuchs, die Ordnung der Statussymbole zu beeinflussen einerseits eine Diskussion über ‚Klamotten‘ unter den Schülern angeregt werden. Möglicherweise erwächst daraus ein Bewusstsein für vermeint-

lich natürliche Distinktionsprozesse. Andererseits kann einheitliche Kleidung auch dazu führen, dass sich Distinktionsbedürfnisse neue Wege oder Ausdrucksformen suchen. Dann geht es nicht mehr um Schuhe und Jacken, sondern um Uhren, Schnürsenkel oder Schreibgerät. Die Frage, wer in der Schule die Ordnung der Symbole bestimmt, führt zu mehreren Antworten. Zunächst könnten ältere Schüler so etwas wie eine Führungselite bilden, deren Symbolsetzungen von den jüngeren übernommen werden. Außerdem ist vorstellbar, dass unter den Schülern bestimmte Personen oder Cliquen Gleichaltriger in einem Anerkennungskampf stehen und – durchaus durch zielgruppenspezifische Werbung angeregt – Zugehörigkeits- oder Erkennungsmerkmale erfinden. Schließlich können Kinder, die mit teuren Markenartikeln ‚behängt' werden, ihren Eltern auch als Instrumente demonstrativen Konsums dienen (vgl. Veblen 1986).

Im Habitus klingen milieuspezifische Symbole an, deren Veränderbarkeit sich dem Einfluss des Individuums weitgehend entzieht. Dennoch sind die Einzelnen stets bemüht, Symbole zur Distinktion, also zur Abgrenzung ihrer selbst von anderen, einzusetzen. Dies kann allerdings nur in gewissen Grenzen des vorgefundenen sozialen Raums erfolgen. Von außen betrachtet haben die Individuen die Symbole der Ordnung inkorporiert; sie sind ihnen auf den Leib geschrieben.

3.3 Über- und Unterordnung durch soziale Figurationseffekte

Beide Probleme, also sowohl Fragen der Distinktion als auch der Disziplinierung finden sich im Werk eines deutschen Forschers, das überwiegend in den 1930er, 1940er und 1950er Jahren geschrieben, aber erst viel später in den Kanon soziologischen Grundwissens aufgenommen wurde. Die Entstehung symbolischer Ordnung beschreibt der Soziologe Norbert Elias (2002) anhand der Entwicklung der Etikette am Hof Ludwigs XIV. als Zivilisationsprozess. Im Zentrum seiner theoretischen Überlegungen steht dabei die historisch wandelbare Figuration konkurrierender Höflingsgruppen um den König. Elias' Interesse richtet sich auf die Verteilung der Machtchancen zwischen Adel und Beamtenbürgertum. In seiner Analyse zeigt er, wie die höfischen Adligen immer wieder neue Etiketteregeln erfinden, um sich von den aufstrebenden Beamten abzugrenzen und in der Gunst des Königs weiterhin den ersten Rang einzunehmen. Jeder, der in der höfischen Elite aufsteigen will, muss sich die sich permanent verfeinernden Regeln zueigen machen. Für die Kenner der symbolischen Kodes erschließt sich bereits beim ersten Kontakt mit Fremden, ob sie dazugehören und, falls nicht, wie groß ihre schichtspezifische Distanz zur höfischen Oberschicht ist. Die oben beschriebenen Institutionalisierungsprozesse führen dazu, dass auch die ‚verstiegenste' Ordnung, spätestens nachdem sie an die nächste Generation weitergegeben wurde, als vollkommen selbstverständlich erscheint: Das gesellschaftlich gezüchtete Bedürfnis ist dann im Sinne eines Selbstzwangs verinnerlicht worden. Die Entstehung eines hochkomplexen symbolischen Regelsystems muss man also, so zeigt Elias' Analyse, nicht auf die Ideen eines exzentrischen Herrschers zurückführen. Vielmehr begründet sie sich aus der spezifischen Figuration im Umfeld der Position des Königs.

Elias untersucht den in Zivilisierung mündenden gesellschaftlichen Kampf um Anerkennung allerdings nicht nur im historischen Kontext. Anhand einer Studie über eine englische Vorortgemeinde kann er zwischen Zuwanderern und Alteingesessenen die Entstehung sym-

bolischer Ordnungen – in diesem Fall insbesondere mit Blick auf negative Klassifikationen – nachweisen (vgl. Elias/Scotson 1993). Bestimmend ist hierbei die Frage, welcher Mittel sich einzelne Gruppen bedienen, um weniger Mächtigen den Glauben an ihre eigene Höherwertigkeit aufzuzwingen. Anders als bei der Etikette-Tüftelei zu Hofe bedienen sich die Etablierten des Lob- und Schimpfklatsches, um sich selbst auf- und die anderen abzuwerten. In den Augen der Etablierten sind die Außenseiter nicht nur in ‚ihren‘ Lebensraum eingedrungen, sondern auch minderwertige Menschen. Bemerkenswert ist, dass die Stigmatisierung der Zuwanderer von diesen im Laufe der Zeit übernommen wird. Elias erklärt eine solche Entwicklungstendenz damit, dass die Gemeinschaft der Eingesessenen über eine symbolische Ordnung verfügt, während die ebenfalls in einem Wohnquartier versammelten ‚Neuen‘ auf kein gemeinsames Symbolsystem zurückgreifen können. Auch hier zeigt sich, dass soziale Probleme, die aus offenkundiger Abneigung zwischen unterschiedlichen Gruppen entstehen, nicht ‚naturgegeben‘ sind, sondern in längerfristigen Prozessen wachsen. Von zentraler Bedeutung für die Herausbildung komplexer Systeme symbolischer Über- oder Unterordnung ist stets die raumzeitliche Figuration oder Anordnung bestimmter Akteursgruppen. Mit anderen Worten bilden Figurationen im Laufe der Zeit symbolische Ordnungen aus – ganz ähnlich, wie in einer neu zusammen getretenen Kleingruppe recht bald die Gruppenrollen oder -positionen der Mitglieder informell festgelegt sind.

Wie bei den symboltheoretischen Überlegungen von Schütz und Berger/Luckmann wird auch in den Untersuchungen von Elias das Verweisungsverhältnis zwischen der für die Menschen greifbaren Alltagswirklichkeit und der abstrakten Konstruktion kollektiver Wissensbestände deutlich. Dabei legt Elias ebenso wie später auch Foucault und Bourdieu besonderes Augenmerk auf die ihnen innewohnenden Macht- und Herrschaftsverhältnisse. Symbole, die in alltäglichen Praktiken zum Ausdruck gebracht werden, verweisen als Brücken in den transzendenten Bereich gesellschaftlicher Machtstrukturen. Und umgekehrt leiten Symbole die alltäglichen Praktiken ähnlich wie Straßen und Schilder den Verkehr in geordnete Bahnen.

Ein schulisches Beispiel für Zivilisierung ist die Erteilung des Rederechts im Unterricht. Bereits im Kindergarten und der Grundschule wird den Kindern beigebracht, sich zu melden. Die Geste des erhobenen Arms mit ausgestrecktem Zeigefinger bedeutet allerdings viel mehr als nur die Bitte um Gehör. Sie symbolisiert die Anerkennung eines Herrschaftsverhältnisses ebenso wie die Bereitschaft, auf einen akuten Triebimpuls zu verzichten. Darüber hinaus wird nicht nur um Rederecht gebeten, sondern auch jeder andere Wunsch zurück gestellt, dessen Artikulation von der erteilten Rede abhängt. Auch wenn ältere Schüler vielleicht bewusst und in provozierender Absicht das Meldegebot missachten, kennen sie seine Bedeutung. In ihrem Emanzipationsstreben verstoßen sie nur kontextabhängig, werden sich allerdings in anderen Zusammenhängen ‚freiwillig‘ unterordnen und selbstverständlich die Hand heben, um sich das Rederecht erteilen zu lassen. Sie haben das Prinzip des Meldens verinnerlicht. Aus einem vormaligen Fremdzwang durch Betreuerinnen in Kindergarten und Grundschule ist mit Blick auf die Kontrolle von Triebwünschen ein Selbstzwang geworden.

Auch bei Elias stehen, wenn es um symbolische Ordnungen geht, die Symboliken der gesellschaftlichen Ordnung im Mittelpunkt. Symbole erinnern die Einzelnen an die Zurückstellung ihrer eigenen Triebimpulse. Sie sind insofern zentrale Elemente des Zivilisationsprozesses als sie den Aufwand der allgegenwärtigen und andauernden Kontrolle im Sinne eines Fremdzwangs ersetzen. Dies ermöglicht Herrschaft ohne unmittelbare Machtausübung.

4. Sozialer Wandel in Tod und Wiedergeburt symbolischer Ordnungen

Symbolische Ordnungen, so wurde festgestellt, entziehen sich weitgehend der Gestaltungschance des Individuums. Sie entstehen und verändern sich sehr langsam – beispielsweise im Übergang von Generation zu Generation. Aber auch wenn sie dem Einzelnen – von Krieg und Revolution abgesehen – als gegeben und unumstößlich erscheinen, zeigt die mühevolle Entzifferungsarbeit von Archäologen, wie vergänglich symbolische Ordnungen sind. Spätere Generationen finden Artefakte ihrer Vorfahren und können deren Bedeutung nicht mehr erschließen. Und: Wie teilt man den nachfolgenden Generationen mit, dass in einem Salzstock Atommüll gelagert ist, wenn man damit rechnen muss, dass die gegenwärtigen Symbole in 10.000 Jahren nicht mehr verstanden werden können?

Folgt man den Überlegungen zu einer Beschleunigung des sozialen Wandels in modernen Gesellschaften, drängt sich folgende Frage auf: Welche Konsequenzen sind zu erwarten, wenn sich symbolische Ordnungen schneller verändern? Die Verbreitung massenmedialer Kommunikationsmittel hat eine Entwicklung in Gang gesetzt, die nationalstaatliche Grenzen als obsolet erscheinen lässt. Die konflikthafte Begegnung der Kulturen zeitigt ambivalente Folgen. So werden zugleich Gegensätze hervorgehoben, Grenzen neu gezogen, aber auch Unterschiede eingeebnet oder diffundiert. Allein die Diagnose kommunikativer Vernetzung oder das Phänomen einer Ausbreitung globaler Referenzverhältnisse (vgl. Schwinn 2005) weist darauf hin, dass tradierte kulturelle Grenzen und die mit ihnen verbundenen symbolischen Ordnungen an Selbstverständlichkeit einbüßen indem sie angesichts neu aufkommender Alternativen hinterfragbar werden. Darüber hinaus stellt sich die Frage, inwieweit sich eine dem nationalstaatlichen Kulturraum enthobene globale oder kosmopolitische Kultur herausbilden kann oder welche Mythen einzelner Kulturen auch jenseits ihrer traditionalen Grenzen übernommen, welche demgegenüber als überkommen betrachtet werden und dem Vergessen anheim fallen.

Mit Blick auf den Wandel symbolischer Ordnungen sollen im Folgenden zwei Ansätze exemplarisch vorgestellt werden. Bei Mary Douglas wird die Transformation von Strukturen mit Blick auf historisch sich abwechselnde Prozesse von Ritualismus und Antiritualismus erklärt. Aus Sicht der wissenssoziologischen Diskursanalyse verändern sich symbolische Ordnungen durch außergewöhnliche Ereignisse und die ihnen zugeschriebenen Konsequenzen.

4.1 Individualisierung als Traditionsvernichtung

Es wurde bereits darauf hingewiesen, dass eine Untersuchung des kulturellen Wandels im Sinne einer Ablösung und Neuerfindung von Mythen – als umfassende symbolische Ordnungszusammenhänge – gewissermaßen im Kleinen bei Ritualen ansetzen kann. Die Soziologin Mary Douglas (1974) geht der Frage nach, warum sich Menschen von Ritualen abwenden. Am Beispiel der Sumpf-Iren, einer Gruppe irischer Arbeitsmigranten im London der Nachkriegszeit, beobachtet sie den Verfall des katholischen Rituals der Freitagsabstinenz. Douglas wendet sich gegen eine Erklärung der Abkehr vom Hergebrachten durch Prozesse, die aus dem Symbolsystem selbst hervorgehen. Im Gegensatz dazu behauptet sie einen engen Zusammenhang zwischen dem Festhalten an Ritualen und dem sozialen Leben in bestimm-

ten Gruppen. Das Interesse an der Wirksamkeit etwa magischer Handlungen variiert dabei mit der Stärke der sozialen Bindungen. Säkularismus ist nicht in erster Linie ein modernes Phänomen, sondern die Folge eines individualisierungsbedingten Zerfalls des sozialen Zusammenhalts. Er wird durch zwei Entwicklungen vorangetrieben. Erstens findet mit Blick auf moderne Sprachsozialisation eine Rationalisierung des Sprachkodes weg von einer engen Milieubindung hin zu einer universell gültigen und präzisen Sprache statt. Im Anschluss an die Theorie Basil Bernsteins spricht Douglas von einem Übergang vom restringierten zum elaborierten Sprachkode. Zweitens verändert sich die Familienstruktur von einem positionalen Strukturarrangement mit klar definierten Funktionen hin zu einer personalen Struktur mit zunehmender Verinnerlichung. In Gemeinschaften, bei denen diese Entwicklung fortgeschritten ist, findet sich auch eine Abkehr von tradierten Ritualen. Gemeinschaften, in denen weiterhin der ‚alte‘ vergemeinschaftende Milieukode gesprochen und in den Familien die Positionsarrangements bewahrt werden, halten an ihren symbolischen Ordnungen fest.
Der Bedeutungsverlust von Ritualen in modernen Gesellschaften geht jedoch nicht mit einer Entritualisierung einher. Vielmehr entstehen neue Rituale im Sinne verfestigter Handlungsabläufe, die durchaus symbolische Ordnungen repräsentieren – für Douglas haben sie allerdings nicht mehr die gleiche ‚Tiefe‘ wie die zuvor beseitigten. Mitunter führt die Anpassung von Ritualen an ‚moderne‘ Bedürfnisse zur Sinnentleerung, da die Bezüge zu übergreifenden Sinnzusammenhängen aus Unkenntnis gekappt werden.[7]
Ein schulisches Beispiel ist in diesem Fall der Wandertag. Das Ritual hat viel von seiner ursprünglichen Bedeutung verloren: An vielen Schulen muss am Wandertag nicht mehr gewandert werden; es geht nicht mehr erstrangig um Bildung durch Naturerfahrung, sondern um eine gemeinsame ‚informelle‘ und das meint: nicht unterrichtliche Unternehmung etwa zur Stärkung des Gemeinschaftsgefühls. Mit dem Wegfall der klaren Programmvorgabe ‚Wanderung‘ kann der Sinn einer solchen Veranstaltung sowohl seitens der Lehrer als auch seitens der Schüler nicht immer nachvollzogen werden. Dies hängt sicherlich mit der Veränderung von Positionsarrangements zusammen. Häufig ist die den Wandertag organisierende Lehrkraft nicht dieselbe Person, die Sport unterrichtet. Damit entfällt nicht nur die vordergründige Verbindung eines Schulfaches mit einer außerordentlichen Leibesübung, sondern auch der sportpädagogische ‚Überbau‘ der Ertüchtigungsgemeinschaft. Wenn jedoch die Englischlehrerin mit ihrer Klasse zum nahe gelegenen Kino ‚wandert‘, um dort einen nicht sychronisierten Hollywoodfilm anzusehen, verblasst der dem Ritual des Wandertags anhaftende Sinn des vergemeinschaftenden Ausflugs. Auf der anderen Seite sehen die Schülerinnen und Schüler der Klasse im Wandertag eine Unterbrechung des Schulalltags, bei der kein prüfungsrelevantes Wissen vermittelt wird. Da manche von ihnen möglicherweise kein Interesse daran haben, ihre Kameraden auch noch jenseits der institutionellen Wissensvermittlung zu treffen, könnten sie – individualisiert – fernbleiben und die Zeit anderweitig nutzen.

---

7 Douglas illustriert dies am Beispiel der amtskirchlichen Lockerung des katholischen Rituals der Freitagsabstinenz in England. Hier wird unter vordergründigen alltagspraktischen Erwägungen ein Ritus preisgegeben, der für die irischen Arbeitsmigranten einen hohen identitätsstiftenden Wert hat. Statt die solidarisierende Funktion tradierter symbolischer Ordnungen zu betonen, folgt die Kirche in diesem Fall der antirituellen Tendenz einer sich fortschreitend individualisierenden Gesellschaft.

Die von Douglas entfaltete Sicht auf den Wandel symbolischer Ordnungen erscheint ein wenig nostalgisch, wenn man dazu neigt, den Verlust an Tiefe negativ zu bewerten. Die moderne Gesellschaft ist allerdings – seit der Aufklärung – dadurch definiert, dass sie gewachsene Traditionen entzaubert, hinterfragt und gegebenenfalls ersetzt. Neue Rituale entstehen einerseits aus (politisch) neu erfundenen Handlungsweisen und andererseits aus massenhaften Problemlösungen Einzelner, die nicht mehr dem Zwang einer Tradition ausgesetzt sind. Das Leben geht weiter und die älteren Menschen werden weiterhin darauf insistieren, dass die ‚guten alten Zeiten‘ vorbei sind, da nur sie den langsamen Wandel der sozialen Sinnsysteme an der Veränderung symbolischer Ordnungen erspüren können.

4.2 Globalisierung und die Veränderung symbolischer Ordnungen

Einen weiteren Zugang zur Erklärung des Wandels symbolischer Ordnungen liefert der Ansatz der wissenssoziologischen Diskursanalyse (vgl. Keller 2005; Viehöver 2005).[8] Hier wird eine vermittelnde Position im Sinne eines Sowohl-als-auch zwischen der Vorstellung eines vom Einzelnen nicht kontrollierbaren Strukturwandels, wie er bei Foucault entworfen wird und einer mikrosoziologischen Akteurszentriertheit vertreten. Zwar ist den Handelnden selten bewusst, was für sie die Situation ist oder sein sollte; auf den Akteur als aktiven Interpreten im Rahmen einer Theorie des Wandels symbolischer Ordnungen kann und soll jedoch nicht verzichtet werden. Das Forschungsinteresse richtet sich dabei nicht primär auf alltägliche diskursive Praktiken, sondern auf Außeralltägliches, also auf das, was Akteure zum aktiven Bruch mit ihren alltäglichen Routinen zwingt.

Im Anschluss an den Ethnologen Marshall Sahlins und in gewisser Nähe zur ersten Stufe der dialektischen Mythos-Konzeption bei Barthes greift der Soziologe Reiner Keller auf den Ereignis-Begriff zurück. Ein Ereignis entsteht aus der Synthese eines Vorfalls mit einer vorliegenden, das Geschehen gleichsam rahmenden Struktur. „Vorfall oder Geschehnisse (werden) erst dadurch zu Ereignissen, dass ihre materiellen Umstände in ein Schema von Bedeutungen integriert werden" (Viehöver 2005: 210).

1. Vorfall   2. Struktur

3. Ereignis

Abb. 2: Beziehung von Vorfällen und Strukturen

---

8   „Symbolische Ordnungen werden in der Perspektive der wissenssoziologischen Diskursanalyse als historisch kontingente Fixierungen von Sinnstrukturen begriffen, die durch Diskurse, Praktiken und Dispositive hergestellt werden" (Keller 2005: 284). Die Ausbildung und Verbreitung neuer Diskurse in Auseinandersetzung mit den bestehenden symbolischen Ordnungen und deren Veränderung steht im Zentrum des diskursanalytischen Fragens. Als Diskurs wird hierbei ein „Komplex von Aussageereignissen" bezeichnet, „die über einen rekonstruierbaren Strukturzusammenhang miteinander verbunden sind und spezifische Wissensordnungen der Realität prozessieren" (Keller 2005: 230). Ein Dispositiv ist die „materielle und ideelle Infrastruktur (…), durch die ein Diskurs (re-)produziert wird und Effekte erzeugt (z.B. Gesetze, Verhaltensanweisungen, Gebäude, Messgeräte)" (ebenda).

Da jedoch von unterschiedlichen Perspektiven – etwa aus der Sicht mannigfaltiger Wirklich-keiten – beziehungsweise von mehreren strukturellen Ebenen ausgegangen werden muss, vervielfacht sich der zunächst schlichte Zusammenhang (Abbildung 2). Für die Analyse von Ereignissen folgt daraus, dass der Forscher das jeweils relevante symbolische System kennen muss und das Geschehen nicht von der ihm durch betroffene Akteursgruppen zugeschrie-benen Bedeutungen abtrennen darf.[9] Damit kann allerdings noch nichts darüber gesagt wer-den, wie ganz normale Ereignisse, die die bestehenden Ordnungen lediglich reproduzieren von solchen zu unterscheiden sind, die eine historisch strukturverändernde Tragweite haben (könnten). In Anlehnung an das so genannte Thomas-Theorem, dem zufolge eine Situation in ihren Konsequenzen real ist, wenn Menschen sie als real ansehen (vgl. Thomas/Thomas 1973), wirkt ein Ereignis dann als strukturverändernd, wenn seine Eigenschaften und Deter-minanten als diskontinuierlich aufgefasst oder erklärt werden. Nach Sahlins haben Ereignisse vor allem dann eine Chance, als nachhaltige Störungen mit Veränderungspotenzial wahrge-nommen zu werden, wenn ein Aufeinandertreffen oder eine Interaktion unterschiedlicher symbolischer Ordnungen festgestellt wird. Anhand einer durch den Philosophen Konrad Paul Liessmann vorgetragenen Polemik gegen das Wettbewerbsdenken im Bildungssystem lässt sich den Prozess der Veränderung symbolischer Ordnungen wie folgt illustrieren:

> War es nicht sehr modern, in den letzten Jahre Lesen, Rechnen, Schreiben und Denken (Problemlösungs-kompetenz heißt das nun) als antiquierte Fähigkeiten zu denunzieren und durch Medienkompetenz, Team-fähigkeit, Soziales Lernen und Kommunikationsbereitschaft zu ersetzen? Wo sind denn die progressiven Didaktiker plötzlich, die uns jahrelang weismachen wollten, dass Lesen auch die Fähigkeit enthalte, rasche Bilderfolgen aufnehmen zu können und dass darin unsere Jugendlichen viel kompetenter als zum Beispiel Erwachsene seien, genauso wie der Umgang mit dem Computer, der bekanntlich das Rechnen überflüssig macht? (Liessmann 2006: 76 f.)

Das Beispiel zeigt eine Verschiebung durch auf den ersten Blick endogene Ereignisse inner-halb des Bildungssystems. Exogen verstanden werden könnte die Motivation der ‚progres-siven Didaktiker', denen es teilweise auch um eine adäquatere Vorbereitung der Heranwach-senden auf die Erwerbstätigkeit, also mit Blick auf Ökonomiesymboliken ging.

Es liegt nun nahe, auch Globalisierungsprozesse entlang dieser Veränderungsdynamik zu interpretieren. Der Soziologe Willy Viehöver (2005) weist im Rückgriff auf Sahlins' Überle-gungen zu kultureller Konfrontation auf den Begriff der Glokalisierung hin. Glokalisierung führt demnach nicht zwangsläufig zur Zerstörung lokaler Kulturen, sondern zu einer Inkor-porierung, Vermischung, Diffusion symbolischer Ordnungen unterschiedlicher Provenienz.

Ein Beispiel für eine solche Entwicklung ist das OECD-Programm ‚Programme for In-ternational Student Assessment' (PISA), dessen Ziel es ist, „den Regierungen der teilneh-menden Staaten auf periodischer Grundlage Prozess- und Ertragsindikatoren zur Verfügung zu stellen, die für politisch-administrative Entscheidungen zur Verbesserung der nationalen Bildungssysteme brauchbar sind" (Artelt u.a. 2001: 4). Die Veröffentlichung von PISA-Be-

---

9   Das geht so weit, dass die Interpretation etwa von Unterrichtsprotokollen zwar durch jede sprachkompetente Person auf einer allgemeinen Ebenen geleistet werden kann. Einblick in die berufspraktische Relevanz und den je spezifischen Symbolgehalt von Lehreräußerungen erhalten jedoch nur solche Interpreten, die diese Perspekti-ve einzunehmen gewöhnt sind (vgl. Wernet 2000).

richten kann als Vorfall begriffen werden, der unterschiedliche strukturelle Ebenen sowie symbolische Ordnungen adressiert und damit eine Vielzahl von Ereignissen nach sich zieht. Auf das Erschrecken in Medien und Politik über mittelmäßige oder schlechte Rankingpositionen deutscher Schülerinnen und Schüler folgten alsbald bildungspolitische Anstrengungen, welche die durch die Untersuchung attestierten Defizite im eigenen Land ausmerzen sollten. Dabei ist die Vergleichbarkeit unterschiedlicher nationaler Bildungssysteme ebenso strittig wie die einfache Übertragbarkeit ausländischer Rezepturen, die in anderen symbolischen Ordnungen gewachsen sind. Glokalisierung lässt auch mittelfristige eine internationale Angleichung oder Standardisierung als Illusion erscheinen. Offen bleibt, wohin eine Diffusion symbolischer Ordnungen letztlich führt.

5. Verstehen durch Entdecken

Symbolische Ordnungen, so wurde gezeigt, orientieren das Denken und Handeln der Menschen. Als Symbolzusammenhänge verweisen sie auf institutionalisierte soziale Handlungsweisen und Machtverhältnisse, die vom Individuum in der Regel kaum hinterfragt oder gar verändert werden können. Die Symbole adressieren ein Ordnungswissen; das Wort ‚König‘ ebenso wie Ring, Szepter, Reichsapfel oder Krone als Insignien dieser Position gemahnen an ein über Generationen gewachsenes Wissen über soziale Ordnung. Solche Symbole der Ordnung vereinen eine Vielzahl von Bedeutungen in sich, ohne dass diese immer wieder aufs Neue vollends vergegenwärtigt werden muss. Mit Schütz, Berger und Luckmann wurde gezeigt, was Symbole sind und wie sie einen nachhaltigen kollektiven Wissensvorrat bilden. Im Rückgriff auf die Theorien von Foucault, Bourdieu und Elias konnte die ordnende Funktion von Symbolzusammenhängen wissenssoziologisch beleuchtet werden. Die Frage nach der Wandelbarkeit symbolischer Ordnungen wurde schließlich in Anlehnung an Douglas und das Forschungsprogramm der wissenssoziologischen Diskursanalyse behandelt.

Wenn in diesem Abschnitt einige soziologische Zugänge zum Problem der symbolischen Ordnungen vorgestellt und an Beispielen aus dem schulisch-schulkulturellen Kontext illustriert wurden, lässt sich nun resümierend die Frage stellen, was es denn bringt, über ein solches Wissen zu verfügen. Warum lohnt es sich, Zeichen und Symbole als Gegenstände charakterisieren zu können, die auf eine andere Wirklichkeitsebene verweisen? Wozu eignet man sich unterschiedliche gesellschaftstheoretische Interpretationen der Analyse oder Funktion symbolischer Ordnungen an? Warum macht man sich Gedanken über die Entstehung und den Verfall dieser Ordnungen?

Deutungswissen in praktische Gestaltungsvorschläge, die dazu beitragen sollen, etwa die Praktiken des Beschulens zu verbessern, zu verwandeln, ist nicht Geschäft der Soziologie. Soziologie will und muss über Ideologien, über bislang nicht reflektierte Zusammenhänge, über latente Entwicklungen aufklären. Ihre Aufgabe ist, gesellschaftliche Mythen im Sinne nicht hinterfragter Zusammenhänge aufzudecken und dadurch zu entzaubern. Das Wissen über symbolische Ordnungen hilft, soziale Zusammenhänge zu verstehen. Es kann davor bewahren, Situationen als ausweglos definieren zu müssen und deshalb auf einem fatalen Kurs

zu verharren oder Veränderungen bestehender Ordnungen leichtfertig und übereilt durchzuführen. Eine solche Aufklärung ist jedoch nie über die Vereinfachung gesellschaftlicher
Komplexität im Sinne ‚handlicher' Rezepturen zu erreichen. Indem soziologisches Wissen
dazu beiträgt, das als zufallsbedingt Erscheinende (Kontingenz) in komplexe Zusammenhänge aufzulösen, und damit Strukturen aufzeigt, bietet es nur einen ersten aber gleichwohl
notwendigen Anstoß, über gesellschaftliche Wirklichkeit nachzudenken und gegebenenfalls
innovative Konsequenzen zu ziehen. Mit anderen Worten: Ist man in der Lage, etwa symbolische Ordnungen in einem Handlungsfeld wie der Schule zu erkennen, wird man mit größerer Sensibilität an die alltäglichen Gestaltungsaufgaben gehen. Nur auf diesem Wege dürfte es dazu gekommen sein, dass die von Georg Simmel angemahnte Doppelbedeutung der
Strafarbeit erkannt und diese Form der Sanktionierung – zumindest terminologisch – heute
als überkommen gilt.

Literatur

Artelt, Cordula/Baumert, Jürgen, et al. (2001): PISA 2000 – Zusammenfassung zentraler Befunde. Berlin: Max-
    Planck-Institut für Bildungsforschung.
Barthes, Roland (1964): Mythen des Alltags. Franfurt/Main: Suhrkamp.
Berger, Peter L./Luckmann, Thomas (1989): Die gesellschaftliche Konstruktion der Wirklichkeit. Eine Theorie der
    Wissenssoziologie. Frankfurt/Main: Fischer.
Bourdieu, Pierre (1998): Die feinen Unterschiede. Kritik der gesellschaftlichen Urteilskraft. Frankfurt/Main: Suhr-
    kamp.
Bröckling, Ulrich/Krasmann, Susanne/Lemke, Thomas (Hrsg.) (2004): Glossar der Gegenwart. Frankfurt/Main:
    Suhrkamp.
Chott, Peter O. (1997): Die Entwicklung von ‚Schulkultur' – Anspruch, Möglichkeiten und Grenzen. In: Pädago-
    gische Welt 51. 563-566.
Douglas, Mary (1974): Ritual, Tabu und Körpersymbolik. Sozialanthropologische Studien in Industriegesellschaft
    und Stammeskultur. Frankfurt/Main: Fischer.
Durkheim, Émile (1970): Die Regeln der soziologischen Methode. Neuwied, Berlin: Hermann Luchterhand Ver-
    lag.
Elias, Norbert (1987): Engagement und Distanzierung. In: Elias, Norbert (Hrsg.): Engagement und Distanzierung.
    Arbeiten zur Wissenssoziologie I. Frankfurt/Main: Suhrkamp. 9-71.
Elias, Norbert (2002): Die höfische Gesellschaft. Untersuchungen zur Soziologie des Königtums und der höfischen
    Aristokratie. Frankfurt/Main: Suhrkamp.
Elias, Norbert/Scotson, John L. (1993): Etablierte und Außenseiter. Zur Theorie von Etablierten-Außenseiter-Bezie-
    hungen. Frankfurt/Main: Suhrkamp.
Foucault, Michel (1977): Überwachen und Strafen. Die Geburt des Gefängnisses. Frankfurt/Main: Suhrkamp.
Gehlen, Arnold (1963): Mensch und Institutionen. In: Gehlen, Arnold (Hrsg.): Anthropologische Forschung. Zur
    Selbstbegegnung und Selbstentdeckung des Menschen. Reinbek: Rowohlt. 69-77.
Helsper, Werner (2000): Wandel der Schulkultur. In: Zeitschrift für Erziehungswissenschaft 3. 35-60.
Helsper, Werner/Böhme, Jeanette/Kramer, Rolf-Torsten/Lingkost, Angelika (1998): Entwürfe zu einer Theorie der
    Schulkultur und des Schulmythos – strukturtheoretische, mikropolitische und rekonstruktive Perspektiven. In:
    Keuffer, Josef/Krüger, Heinz-Hermann/Reinhardt, Sibylle/Weise, Elke/Wenzel, Hartmut (Hrsg.): Schulkultur
    als Gestaltungsaufgabe. Partizipation – Management – Lebensweltgestaltung. Weinheim: Deutscher Studien
    Verlag. 29-75.
Honneth, Axel (1990): Die zerrissene Welt der symbolischen Formen. Zum kultursoziologischen Werk Pierre Bour-
    dieus. In: Honneth, Axel (Hrsg.): Die zerrissene Welt des Sozialen: sozialphilosophische Aufsätze. Frankfurt/
    Main: Suhrkamp. 156-181.

Honneth, Axel (1992): Kampf um Anerkennung. Zur moralischen Grammatik sozialer Konflikte. Frankfurt/Main: Suhrkamp.

Keller, Reiner (2005): Wissenssoziologische Diskursanalyse. Grundlegung eines Forschungsprogramms. Wiesbaden: VS Verlag.

Liessmann, Konrad Paul (2006): Theorie der Unbildung. Die Irrtümer der Wissensgesellschaft. Wien: Zsolnay Verlag.

Mead, George Herbert (1973): Geist, Identität und Gesellschaft. Frankfurt/Main: Suhrkamp.

Neckel, Sighard/Sutterlüty, Ferdinand (2005): Negative Klassifikationen. Konflikte um die symbolische Ordnung sozialer Ungleichheit. In: Heitmeyer, Wilhelm/Imbusch, Peter (Hrsg.): Integrationspotenziale einer modernen Gesellschaft. Wiesbaden: VS Verlag: 409-428.

Rath, Matthias (2001): Das Symbol als anthropologisches Datum. Philosophische und medienkulturelle Überlegungen zum animal symbolicum. In: Belgrad, Jürgen/Niesyto, Horst (Hrsg.): Symbol. Verstehen und Produktion in pädagogischen Kontexten. Hohengehren: Schneider. 34-45.

Schiwy, Günther (1978): Kulturrevolution und ‚Neue Philosophen'. Reinbek bei Hamburg: Rowohlt.

Schütz, Alfred (1971a): Symbol, Wirklichkeit und Gesellschaft. In: Brodersen, Arvid (Hrsg.): Alfred Schütz. Gesammelte Aufsätze Band I. Das Problem der sozialen Wirklichkeit. Den Haag: Nijhoff. 331-411.

Schütz, Alfred (1971b): Über die mannigfaltigen Wirklichkeiten. In: Brodersen, Arvid (Hrsg.): Alfred Schütz: Gesammelte Aufsätze Band I. Das Problem der sozialen Wirklichkeit. Den Haag: Nijhoff. 237-298.

Schwinn, Thomas (2005): Weltgesellschaft, multiple Moderne und die Herausforderungen für die soziologische Theorie. Sonderheft der Zeitschrift für Soziologie. In: Heintz, Bettina/Münch, Richard/Tyrell, Hartmann (Hrsg.): Weltgesellschaft. Theoretische Zugänge und empirische Problemlagen. Stutgart: Lucius & Lucius. 205-222.

Simmel, Georg (2001): Philosophie des Geldes. Köln: Parkland.

Simmel, Georg (2004): Schulpädagogik. In: Karlsruhen, Torge/Rammstedt, Otthein (Hrsg.): Georg Simmel. Posthume Veröffentlichungen. Ungedrucktes. Schulpädagogik. Frankfurt/Main: Suhrkamp. 311-472.

Soeffner, Hans-Georg (2000): Gesellschaft ohne Baldachin. Über die Labilität von Ordnungskonstruktionen. Weilerswist: Velbrück Wissenschaft.

Thomas, William I./Thomas, Dorothy S. (1973): Die Definition der Situation. In: Steinert, Heinz (Hrsg.): Symbolische Interaktion. Arbeiten zu einer reflexiven Soziologie. Stuttgart: Ernst Klett Verlag. 333-335.

Veblen, Thorstein (1986): Theorie der feinen Leute. Eine ökonomische Untersuchung der Institutionen. Frankfurt/Main: Fischer.

Viehöver, Willy (2005): Kultur, Diskurs und Ereignis. Die Erklärung kulturellen Wandels zwischen Diskurstheorie und wissenssoziologischer Hermeneutik. In: Keller, Reiner/Hirseland, Andreas/Schneider, Werner/Viehöver, Willy (Hrsg.): Die diskursive Konstruktion von Wirklichkeit. Zum Verhältnis von Wissenssoziologie und Diskursforschung. Konstanz: UVK Verlagsgesellschaft: 199-227.

Wernet, Andreas (2000): ‚Wann geben Sie uns die Klassenarbeiten wieder?' Zur Bedeutung der Fallrekonstruktion für die Lehrerausbildung. In: Kraimer, Klaus (Hrsg.): Die Fallrekonstruktion. Sinnverstehen in der sozialwissenschaftlichen Forschung. Frankfurt/Main: Suhrkamp. 275-300.

Einführende Literatur

Burke, Peter (2005): Was ist Kulturgeschichte? Bonn: Bundeszentrale für politische Bildung.

Berger, Peter L. & Luckmann, Thomas (1989): Die gesellschaftliche Konstruktion der Wirklichkeit. Eine Theorie der Wissenssoziologie. Frankfurt/Main: Fischer.

Weiterführende Literatur

Douglas, Mary (1974): Ritual, Tabu und Körpersymbolik. Sozialanthropologische Studien in Industriegesellschaft und Stammeskultur, Frankfurt/Main: Fischer.

Keller, Reiner (2005): Wissenssoziologische Diskursanalyse. Grundlegung eines Forschungsprogramms, Wiesbaden: VS Verlag.

Stile und (Selbst-)Stilisierungen

Herbert Willems

1. Stilbegriffe

Der Begriff des Stils mit seinen verschiedenen Varianten und anwendungsbezogenen Abwandlungen wie Verhaltensstil, Lebensstil, Denkstil, Erziehungsstil, Stilisierung/Selbststilisierung ist ein klassischer Begriff und schon seit vielen Jahrzehnten ein Schlüssel- und Erfolgsbegriff der Sozial- und Kulturwissenschaften. In der modernen Kultur- und Wissenssoziologie, repräsentiert etwa in den Werken Pierre Bourdieus oder Gerhard Schulzes, ist der Begriff so etwas wie eine tragende Säule, wenngleich er auch immer wieder Gegenstand der Kritik wurde (vgl. z.B. Luckmann 1986a). Vor allem der Lebensstilbegriff hat sich im Begriffsrepertoire der Sozialwissenschaften fest etabliert.

Auch in der Selbst- und Weltdeutung jedermanns, in Alltagsdiskursen und alltäglichen Mediendiskursen sind die Varianten des Stilbegriffs – meist assoziiert mit den Begriffen der Ästhetik und des Geschmacks – schon lange fest verwurzelt. Man spricht z.B. vom Life Style und vom Styling; man sieht auch – mehr oder weniger im Gefolge sozialwissenschaftlicher Diskurse – Lebensstile oder Erziehungsstile und belegt sie mit wertenden Begriffen (wie ‚autoritär‘ oder ‚antiautoritär‘)[1]; und regelmäßig (dis-)qualifiziert man ein Tun oder Lassen als ‚guten Stil‘ oder – häufiger – als ‚schlechten Stil‘. Gemeint ist damit normalerweise – durchaus im Sinne der wissenschaftlichen bzw. soziologischen Begriffsverwendung – eine sich in Handlungen entfaltende ‚Haltung‘ und die Gebundenheit oder Selbstbindung an eine *Form*. Auch eine Idee von ‚starkem Charakter‘ schwingt hier oft mit[2]. Vermutlich hat diese Alltagsdiskursivierung des Stilbegriffs tendenziell zugenommen, was als Symptom einer praktischen Reflexivität/Reflexivierung, einer Wertsteigerung der (Form-)Kategorie Stil oder/und als Symptom praktischer Stilprobleme oder Stilkrisen gedeutet werden kann.

Der Stilbegriff ist offenbar geeignet, diverse Phänomene in den verschiedensten sozio–kulturellen Kontexten zu bezeichnen. Er lässt sich jenseits seines traditionellen ‚Orts‘, der Kunst, „auf alle Bereiche des menschlichen Handelns anwenden, auf profanes und sakrales,

---

1 Die Frage des ‚richtigen‘ Erziehungsstils taucht bekanntlich in den Bildungs- und Erziehungsdiskursen des Feuilletons regelmäßig auf. Wie immer beim Stilthema geht es dabei mit Begriffen wie Grenze, Autonomie oder Respekt einerseits um Wert- und Normfragen. Andererseits referieren diese Diskurse gern auf die neuesten (angeblich) wissenschaftlichen Untersuchungen bzw. Ergebnisse, z.B. der ‚Hirnforschung‘.

2 Unter Druck, in der Krise, in der Niederlage, im Scheitern ‚Haltung‘ und ‚Form‘, also Stil, zu wahren wird im Allgemeinen hoch geschätzt.

auf Arbeit und Spiel, auf äußere Bewegungen und innere Vorgänge, auf Körperliches und
Seelisches. Voraussetzung dafür ist, daß sich in den Handlungen oder ihren Resultaten charakteristische Merkmale finden lassen, die nicht einfach auf die manifesten Ziele dieser Aktivitäten oder auf ausdrückliche Verhaltensregeln zu reduzieren sind" (Hahn 1986: 603). Beim
Stil handelt es sich also um etwas sehr Allgemeines und zugleich sehr Variantenreiches, das
über die Differenzen von Gruppen, Epochen, Kulturen und Subkulturen hinweg als Eigenschaft bestimmten Verhaltens und bestimmter Praxis identifizierbar ist. Goffman stellt in
seiner „Rahmen–Analyse" des Stils fest:

> Es gibt den Stil eines bestimmten Schachspielers und etwa den Stil sowjetischer im Unterschied zu dem
> amerikanischer Spieler. Es gibt Nationalstile der Diplomatie oder zumindest Tendenzen in dieser Richtung.
> Eine Diebesbande kann Stil haben, einen charakteristischen modus operandi. Es gibt einen männlichen und
> einen weiblichen Pokerstil. Ja, unsere ganzen sogenannten diffusen sozialen Rollen lassen sich zum Teil
> als Stile sehen, nämlich als die *Art*, etwas zu tun, die für ein bestimmtes Alter, Geschlecht, eine bestimmte
> Schicht usw. angemessen ist. (Goffman 1977: 318f.)[3]

Verstanden als die einem inneren Ordnungsprinzip folgende charakteristische Art, etwas zu
tun, ist der Stilbegriff nicht nur auf spezifisch ‚Förmliches', ‚Oberflächliches', ‚Ästhetisches',
sondern auch auf Prozesse des Bewusstseins und überhaupt des Erlebens zu beziehen. Es gibt
Stile des Fühlens und des Denkens, „Denkarten", wie Gehlen (1957: 27) formuliert[4]. Damit
ist man dann erneut bei den Begriffen Mentalität (‚kognitiver Stil') und Habitus. Die inneren
Stile und Stil-Dispositionen, die der Habitusbegriff bezeichnet, hängen allerdings mehr oder
weniger direkt mit äußeren Erscheinungs- und Verhaltensweisen, z.B. auf der Ebene des
Lebensstils, zusammen.

Im Verhalten bzw. Handeln, wo sie als Haltungen „eher expressiver als instrumenteller
Natur sind" (Hahn 1986: 603)[5], haben Stile sozial identifizierende und damit unter Umständen identitätsbildende Effekte und Funktionen. In diesem Sinne hat Goffman vom Stil als der
„Aufrechterhaltung expressiver Identifizierbarkeit" gesprochen. Sie impliziert eine permanente Reaktualisierung eines (Regel-)*Prinzips* im Verhalten. Goffman hat dieses Prinzip einen Rahmen genannt und als Rahmentyp bestimmt: „Man kann den Stil als eine Modulation
sehen, als offene Transformation von etwas, die etwas anderem (oder einer Transformation
von etwas anderem) nachgebildet ist" (1977: 319).

Stile – jedenfalls bestimmte Verhaltensstile – sind also einerseits als reale Eigenschaften
von Objekten und (Verhaltens-)Prozessen zu verstehen. Sie können als Rahmungen erkannt
und erschlossen werden. Andererseits verweist die Rahmung des Stils auf einen Generator
oder Produzenten, d.h. sie geht mit einer Eigenschaft des Sich–Verhaltenden/Handelnden
bzw. seiner „Basiskontinuität" (Goffman 1977: 317f) einher. Der Stil lässt sich, wie Goffman
formuliert, als eine Eigenschaft irgendeiner bestimmten Verhaltens- oder Handlungsweise

---

3   Man könnte hier auch den Begriff der Gestalt im Sinne der Gestalttheorie einführen und von Stilen des Verhal-
    tens als Verhaltensgestalten sprechen.

4   Ein Beispiel dafür ist die „experimentelle Denkart", die Gehlen (1957: 27 ff) im Sinne eines Idealtyps für die
    Moderne (das „technische Zeitalter") konstatiert. Denkarten oder Denkstile sind natürlich auch den erwähnten
    ‚diffusen sozialen Rollen' zu unterstellen, d.h. den Geschlechtern, den Generationen, den Milieus u.s.w.

5   Soeffner spricht von einer „ästhetischen Komponente", die der Stil „im Gegensatz zu alltäglicher Typenbildung
    enthält" (1995: 79).

„sehen, die ihr Urheber in alle seine Betätigungen einbringt, wobei die Eigenschaft selbst irgendwie in ihm fortbesteht" (1977: 320).

Die Feststellung (Zuschreibung) eines Stils ist immer auch ein wissensbedingtes Wahrnehmungs- und Verstehensresultat bzw. eine Konstruktion eines (Selbst-)Wahrnehmenden/ (Selbst)Beobachters, der aufgrund eines (Typisierungs-, Rahmungs-)Wissens wahrnimmt und versteht. Dieses Wissen und der entsprechende kognitive Prozess haben normalerweise wie der produzierte Stil selbst einen habituellen Charakter. Auf dieser Basis wird Stil primär intuitiv festgestellt, d.h., man gelangt zu einem spontanen Urteil über Regelmäßigkeit und Angemessenheit und zu einer entsprechenden Identifizierung und Unterscheidung. So sprechen wir z.B. vom „Stil einer Person, wenn wir in allen ihren Handlungen ein vielleicht nicht leicht oder überhaupt nicht definierbares Prinzip am Werke sehen, das als ein konstantes Moment in den verschiedenen Aktivitäten nur moduliert wird" (Hahn 1986: 604).

Jenseits dieser – primären – Ebene von Stilkognition und Stil-Wissen gibt es eine historische (Modernisierungs-)Tendenz zur Ausweitung und Ausdifferenzierung von explizitem bzw. reflexivem Stil-Wissen, das teilweise kanonisiert in diversen Diskursen zirkuliert. Zu den entsprechenden Wissensbeständen gehört neben dem ‚hochkulturellen' Bildungswissen, das primär über familiale und schulische Sozialisation vermittelt wird, spezialkulturelles Stil-Wissen, etwa von Jugendkulturen. Auch solches Stil-Wissen kann (spezial-)kulturelles Kapital darstellen.

2. Stil und Habitus

Goffmans allgemeiner Hinweis auf den Urheber des Stils und Hahns Bezeichnung des Stils als Haltung rufen gleichsam die Habitustheorie auf, so wie sie oben von mir im Sinne eines kleinsten gemeinsamen Nenners skizziert wurde.[6] Bei Bourdieu, aber auch schon bei Gehlen, Elias u.a., erscheinen Stile zunächst als „weitgehend verinnerlichte Habitus, denen eine handlungsgenerative Funktion eignet. Ein sehr begrenzter Satz von Dispositionen erzeugt eine nahezu unendliche Zahl von Handlungen, denen man nachträglich ihre Stilähnlichkeiten ansieht, ohne daß man sie immer vorhersehen könnte" (Hahn 1986: 609). Verhaltens- bzw. Handlungsstile inhaltlich verschiedenster Art können so (als Habitusprodukte) verstanden werden.

Umgekehrt sind Habitus als Stilkorrespondenten sowie als Stilresultate bzw. Stilprodukte zu verstehen, nämlich als Resultate von partikularen Lebensstilen, die ihrerseits wiederum ‚stilistisch' zusammenhängen können. In dem Maße und in der Eigenart, wie sie den figurationsspezifischen Praxen inhärent sind, fordern diese Lebensstile auch habituelle Dispositionen

---

6 Die Assoziation von Stil- und Habitusbegriff liegt darüber hinaus gerade auch im Blick auf den ‚äußeren Habitus' von Individuen nahe. Mit diesem Habitus ist ja wie mit Verhaltensstilen ein (Gestalt-)*Charakteristikum* gemeint, nämlich das charakteristische *Erscheinungsbild* eines Menschen oder einer Menschengruppe, insbesondere des menschlichen Körpers. Dem entspricht das *Design* von Produkten (vgl. Steinwachs 1986). Demgegenüber ist der Verhaltensstil sozusagen als die wiederkehrende Prozessfigur des Verhaltens zu verstehen.

an und prägen diese. Unter modernen Bedingungen – und erst recht unter den Bedingungen der Gegenwartsgesellschaft – gibt es natürlich viele figurationsspezifische Stile des Lebens, die als Habitus- bzw. Habitualisierungsprogramme wirken. Voraussetzung für diese Effektivität ist jeweils eine dauerhafte, häufige und intensive Teilnahme an der jeweiligen Praxis.

Die hier gemeinte Bedeutung von Lebensstilen und (damit) Habitus wird allerdings durch die Struktur bzw. Differenzierungslogik und Differenzierungsdynamik der modernen Gesellschaft systematisch relativiert. Die figurationsspezifischen Lebensstile, an denen das Individuum partizipiert, stehen heute höchstens noch partiell und bedingt, nicht mehr aber im Gesamtzusammenhang in einem konsistenten Verhältnis zueinander. Die verschiedenen Stile sind also weiter denn je davon entfernt, eine ‚stilistische‘ Einheit oder einen Metastil zu bilden oder auch nur miteinander verträglich zu sein. Darüber hinaus sind viele Handlungssphären und Verhaltensaspekte ‚unterstilisiert‘, und auch die Stile selbst weisen vielfach eine Tendenz zur Unbestimmtheit auf. Gehlen hat von „Unbestimmtheit als Zeitsignatur" (1957: 89 ff) gesprochen und damit auch so etwas wie einen (Meta-)Stil der Stillosigkeit identifiziert, der in eigentümlicher Weise neben einer Inflation von Stilen und einer sich ausbreitenden und verstärkenden Neigung, einem Hang (Habitus) zur (Selbst-)Stilisierung steht.

Wo, wie und in welchem Maße immer Habitus und Habitusensembles entstehen und ihre individuelle Form annehmen, wenn sie entstanden sind, generieren sie, so ein habitustheoretischer Konsens, in autonomer Weise Stile bzw. Verhaltensstile. Wie alle Habituserzeugnisse zeichnen sich diese vor allem durch das Merkmal des Unbewussten (Impliziten, ‚Stillschweigenden‘, Selbstverständlichen) aus. Verhaltensstile wie die des Handschreibens, des Sprechens, des Fußballspielens oder Autofahrens vollziehen sich m.a.W. normalerweise spontan, ‚gedankenlos‘ und routiniert zugunsten von befähigender Aufmerksamkeit, Reflexion und Energie. Derartige Stile haben bei aller prinzipiellen Manipulierbarkeit des Verhaltens aber auch einen symptomanalogen und d.h. ‚asubjektiven‘ und entsubjektivierenden Charakter. Sie laufen erst einmal ‚hinter dem Rücken‘ des Akteurs ab[7], der ihnen daher als ‚Subjekt‘ in gewisser Weise untergeordnet ist. Vor allem die alle Verhaltensseiten umfassende ‚Macht der Gewohnheit‘ behält schließlich die Oberhand; ‚Neigung‘ und ‚Hang‘ setzen sich im Allgemeinen langfristig durch. So mag es unter (günstigen) Umständen möglich sein, eine Handschrift nahezu perfekt zu fälschen, aber beim spontanen Schreiben – vor allem unter Zeitdruck – schlägt die eigene Handschrift doch durch (vgl. Hahn 1986: 608)[8]. Die hier gemeinten *Automatismen* laufen wegen ihrer (‚zweiten‘) ‚Natürlichkeit‘ selbst dann noch ab, wenn sie sozusagen kommunikativ sinnlos geworden sind. Dies ist z.B. an den korporalen Ausdrucksstilen zu beobachten, die sich beim Telefonieren, also ohne visuelle Fremdwahrnehmung des adressierten Publikums, manifestieren[9].

---

7 Natürlich können anscheinend spontane und der Selbstkontrolle entzogene Verhaltensweisen dem Handelnden auch bewusst und Gegenstand seiner Aufmerksamkeit werden. Klar ist auch, dass sie sich in vielfältiger Weise beeinflussen und vortäuschen lassen und dass es zur Lebenspraxis gehört, dass dies immer wieder geschieht.

8 Eine ebensolche Übermacht geht vom sprachlichen Habitus bzw. Sprechhabitus aus, den man unter Umständen zeitweise erfolgreich verdecken kann, der sich aber letztendlich doch ‚zu Wort meldet‘.

9 Diese Ausdrucksstile (Gestik, Mimik, Körperhaltung) stammen evolutionär aus unmittelbaren Interaktionssystemen (vgl. Watzlawick/Beavin/Jackson 1969) und bleiben funktional darauf bezogen. Im Falle des Telefonats laufen diese Ausdrucksstile, von der Stimme abgesehen, kommunikativ funktionslos weiter und werden kaum wahrgenommen.

Mit der Einsicht in diese (Funktions-)Verfassung habitueller Verhaltensstile erkennt man auch, warum und wie selbst unter den Bedingungen der ‚fortgeschrittenen Moderne' bestimmte Verhaltensstile, z.B. geschlechtsspezifische, hartnäckig kontinuieren (vgl. z.B. Willems/Kautt 2003: 127ff). Gleichzeitig sind die adoptierten, kreierten und gekauften Stile, (Selbst-)Stilisierungen und Stylings zu relativieren, die für die Gegenwartskultur so charakteristisch sind. Diese Stiltatsachen entbehren sozusagen die Eigenschaften der ‚zweiten Natürlichkeit' der Stile erster Ordnung.

Zu beachten ist hier aber nicht nur die ‚symptomatologische', sondern auch die generelle (‚subjektivierende') Kompetenzseite des stilgenerierenden Habitus. Der Habituslogik, die im Verhalten ‚stilistisch' waltet, verdankt sich nämlich auch das Gelingen der Performance des Stils. So sehr der Habitus durch seine Stilprodukte sozial (z.B. Erkennungsdiensten verschiedener Art) *ausliefert*, so sehr *liefert* er in diesem Zusammenhang individuell wie sozial unverzichtbare Ressourcen, nämlich die der ‚Natürlichkeit', der Flexibilität, der Urteilskraft und der Virtuosität. Die habitusverdankte ‚Natürlichkeit' macht, wie Kleists Abhandlung über das Marionettentheater veranschaulicht[10], als nicht performierte Performanz den besten Eindruck. Sie ist damit und darüber hinaus, wie Goffman zeigt, ein Fundament der (Alltags-)Wirklichkeit und ihrer ‚Konstruktion'. Dass die habitusverdankte Spontaneität und der Eindruck des Spontanen sozial grundlegende Bedingungen der Stil-Performanz sind, wird von Goffman vor allem im Hinblick auf die für die soziale Integration zentrale Ebene der Achtungskommunikation betont. Jedermann und seine Interaktionen leben auf dieser Ebene davon, dass diese Kommunikation auch den Eindruck der Echtheit leistet[11]. Aber auch in der und für die ‚Selbstdarstellung' des Individuums stellt (habitusverdankte) ‚Natürlichkeit' eine wichtige Eindrucksressource dar. Im Blick auf unmittelbare Interaktion stellt Goffman prinzipiell fest, dass sich Stil nicht für bewusste Selbstinszenierung eignet: „Stil kommt uns unecht vor, wenn er absichtsvoll ist" (Goffman 1977: 319).

Im Hinblick auf die Gegenwartsgesellschaft ist diese Feststellung offensichtlich von besonderer Bedeutung: Bemühungen um (Selbst-)Stilisierung, bemühte (Selbst-)Stilisierungen und mehr oder weniger gelungene Stil–Kopien gehören zu den alltäglichen Dauerereignissen und Dauererlebnissen. Daneben erlebt man aber auch durchaus erfolgreiche ‚Stilisten zweiter Ordnung', Akteure, die sich weit jenseits ihrer Kindheit Verhaltensstile angeeignet haben, die sie ziemlich ‚natürlich' performieren oder sogar perfektionieren. Die Lernprozesse, die dieser Subjektivität vorausgehen, haben allerdings habituelle Voraussetzungen und Anschlusspunkte.

---

10 Hahn führt dieses Beispiel aus (vgl. 1986: 606).
11 Hier handelt es sich um einen rituellen Aspekt, der unabhängig von der Frage der Ehrlichkeit ist.

3. Stilbewusstsein, (Selbst-)Stilisierung und Distinktion durch Stil(-isierung)

Unter den Strukturbedingungen der Gegenwartsgesellschaft sind habituelle Stilbildungen, seien sie ‚primärer' oder ‚sekundärer' Art, generell und bereichsspezifisch möglich, real und lebenspraktisch bewährt. Zwar brechen mit manchen Institutionen und Traditionen auch habituelle Dispositionen weg. Aber es entstehen auch neue Habitusformen und damit Stilformen, und es widerstehen alte Habitusformen. Man kann sogar zu dem Schluss kommen, dass die Gegenwartsgesellschaft in habitueller Hinsicht viel traditionaler (und d.h. unmoderner) ist, als sie sich selbst beschreibt und ihre ‚Menschen' sich selbst verstehen.[12]

Andererseits ist aus figurations- bzw. differenzierungstheoretischer Perspektive anzunehmen, dass die grundlegenden Strukturbedingungen dieser Gesellschaft habituellen Stilen und Stilbildungen entgegenstehen und entgegenwirken. D.h. vor allem: Die moderne Gesellschaft limitiert und relativiert Habitusfunktionen, Stilbindungen und Stilbildungen systematisch dadurch, dass sie ihre Akteure in eine zunehmend große Zahl und Vielfalt von relativ autonomen und im Verhältnis zueinander inkonsistenten Handlungsfeldern einbindet und immer wieder dazu zwingt, in neuen und durch Kontingenz gekennzeichneten Lagen jenseits ihrer ‚primären' Figurationen und Habitus zu handeln[13]. Habitus sind insofern als Stilgeneratoren gesellschaftlich relativiert, limitiert und belastet.

Darüber hinaus ist eine strukturelle Entkoppelung von Stilen und Habitus ein Charakteristikum der Moderne/Modernisierung. Unter ihren Bedingungen tendieren Stile dazu, sich von Habitus zu emanzipieren, und zugleich entstehen neben den Habitus noch andere ebenso wichtige oder noch wichtigere Stilgeneratoren, Stilgedächtnisse und Stilforen. Sie liegen und fungieren auf der Ebene der sozialsystemischen Kommunikationen und Diskurse, insbesondere auf der Ebene der Massenkommunikationsmedien und der Märkte für Konsumgüter. Stile – auch Lebensstile – sind und werden hier, z.B. in der Werbung und in den diversen Unterhaltungsmedien, explizit, beobachtet, reflektiert und ganz bewusst generiert[14]. In der modernen Gesellschaft (und erst recht in der Gegenwartsgesellschaft) geht die Existenz und Persistenz von (eher unbewussten und präreflexiven) ‚Habitusstilen' also mit einem Vordringen ‚stilistischer' Regeln/Regelungen und (Regel-)Kreationen einher. Auch hierbei spielt die funktionale Differenzierung eine ‚führende Rolle', wie Hahn konstatiert: „Je stärker (…) die funktionale Ausdifferenzierung der verschiedenen Daseinssphären, desto größer ist die Wahrscheinlichkeit, daß Stilbildungen eher durch die subsystemische Tradition als durch die frühkindlich erworbenen Dispositionen der Individuen erklärbar sind" (Hahn 1986: 609).

Der funktionalen Differenzierung korrespondieren andere sozio-kulturelle Differenzierungen mit spezifischen Stil- bzw. Lebensstilkorrelaten: Im Übergang zur modernen, primär

---

12 Dafür spricht beispielsweise die (Alltags-)Kosmologieanalyse Goffmans und an ihn anschließender Untersuchungen (vgl. z.B. Willems/Kautt 2003). So lässt sich etwa das Geschlechterverhältnis als ein habituelles Kulturverhältnis verstehen, nämlich als ein kognitiver (alltagstheoretischer) und zugleich ritueller Verhaltensstil.

13 In diesen Lagen gilt es typischerweise, sich *aktuell* prämierte Stile oder Stilelemente anzueignen – auch eine Kunst, die sich zu einem Habitus entwickeln kann.

14 Auch und gerade in der modernen Kunst können sich spezifische Stile entwickeln, die – obwohl niemals unabhängig von den unbewussten ‚Basiskontinuitäten' (epochalen oder gruppengebundenen Dispositionen) der Künstler – in hohem Maße bewusster Kreation entspringen (vgl. Hahn 1986: 609).

funktional differenzierten Gesellschaft wird die alte Oberschicht – teilweise in den Rahmen der sozialen Felder (Subsysteme) – abgelöst von neuen „guten Gesellschaften" (Elias). Und an die Stelle großer, homogener ‚Blöcke' wie Klassen treten zunehmend Milieus, Subkulturen, Spezialkulturen, Szenen u.s.w., die eigene Stile bzw. Lebensstile generieren und regenerieren.

Diese objektive Stil–Pluralisierung, die dynamisch fortschreitet, geht einher mit einem insbesondere von den massenmedialen Kulturforen forcierten und generalisierten Stil–Wissen und Stil–Bewusstsein bzw. stilistischen Kontingenzbewusstsein. Charakteristisch für die Gegenwartsgesellschaft ist auch ein eigentümlicher Zusammenhang von stilistischer Differenzierung und Entdifferenzierung bzw. Indifferenz. Neben historisch einmalig weiten stilistischen Toleranzgrenzen ist eine Zunahme von Optionen der Distinktion durch Stilwahl, Stilgestaltung und (Selbst-)Stilisierung unübersehbar. Die Gruppen-Stile und die persönlichen Stile, die heute vorkommen, sind also immer weniger Ausdrücke von lebensweltlichen Traditionen und Lebensformen, in die man selbstverständlich ‚hineinwächst' und denen man ähnlich selbstverständlich verbunden bleibt. Vielmehr sind Stile oder Stilelemente zunehmend etwas oder *auch* etwas, und das ruft Begriffe wie Theatralität (Inszenierung, Performance) und Theatralisierung auf, das man nicht ‚hat', sondern entwickelt, sich aussucht und ‚sich gibt'. Stile oder Stilelemente fungieren dann nicht nur als Indikatoren, sondern auch als *Generatoren* und *Ressourcen* von Identität – durch symbolische Distinktion.

Diese Distinktion bedeutet je nach ‚gepflegtem' Stiltyp Absetzung in verschiedene soziale Richtungen. Man kann z.B. versuchen, sich mit dem Stil ‚feiner Leute' von oben gegen den Rest der sozialen Welt, d.h. vor allem gegen jeglichen ‚Durchschnitt', abzusetzen. Umgekehrt kann man sich von unten distinguieren und sowohl vom ‚braven Bürger' (Girtler) wie vom ‚feinen Pinkel', aber auch vom ‚Penner', absetzen. Dies tun in geradezu dramatischer und exemplarischer Weise die so genannten Punks mit ihrer Art, einen ‚Stil zu pflegen'. In einer Untersuchung der Kultur der ‚Punks' kommt Soeffner (1995: 76ff) diesbezüglich zu folgendem Schluss: „Spezifische Erscheinungsform und Inszenierungspraxis von ‚Punk' als Stil und von ‚Punks' als Gruppenmitgliedern und Designern dieses Stils sind [...] Ergebnis einer bewußten Stilisierung und eines impliziten, kollektiv geteilten Wissens der Punks darum, welche Details und Elemente eines Symbolsystems ausgewählt und realisiert werden müssen, um die richtige ‚performance' von ‚Punk' zu inszenieren" (ebenda: 83). Der Stil der ‚Punks' ist also weder wahllos noch unbewusst, sondern als (Selbst-)Stilisierung eine bewusste und reflexive Entscheidung und Selbstfestlegung auf ein distinktes und distinktives Modell im Rahmen anderer Möglichkeiten. Wer sich so ‚stylt', d.h. zunächst und vor allem: seinem ‚äußeren Habitus' eine bestimmte Form gibt, beabsichtigt und bewirkt eine soziale Unterscheidung – im Falle der Punks eine Totalunterscheidung im Rahmen der ganzen Gesellschaft.

Eine frühe Form solch bewusster und theatralischer Selbststilisierung mit der Funktion der Abgrenzung von der ‚Normalität des Bürgers' stellt der ‚künstlerische Lebensstil' dar, wie er in der Bohème des 19. Jahrhunderts entwickelt und gepflegt wurde (vgl. Bourdieu 2001: 93 ff.). Was hier prämiert und gegen den ‚Konformismus des Bürgers' gewendet wurde, waren Ausdrucksformen des individuellen als Kunstwerk begriffenen Lebens, bis hin zu Überschreitungen und Waghalsigkeiten, die als Affront des gesunden Menschenverstands erscheinen mussten. Dennoch stand dieser, gleichsam unter den (Labor-)Bedingungen ei-

ner sich selbst exkludierenden Gruppe entwickelte Stil Pate für die individuellen Selbststilisierungen jedermanns, die Simmel mit dem Begriff des Lebensstils bezeichnet hat. In
der „bürgerlich-kapitalistischen Moderne" des beginnenden 20. Jahrhunderts fungiert der
Stil, so Simmel, „als generelle Formung des Individuellen", errichtet er „eine Schranke und
Distanzierung gegen den anderen" (Simmel 1989: 695). Eine Reihe von Jahrzehnten später hat Bourdieu auf seine Weise im Sinne dieses ‚funktionalistischen' Stilverständnisses
argumentiert. Für ihn ist Stil bzw. Stilisierung „*das* strategische Mittel zur Darstellung von
Distinktion" (Bourdieu 1983: 120).

Vieles spricht dafür, dass Gehlen (1957: 65) Recht hat, wenn er – vor Bourdieu und in
gewisser Weise über Bourdieu hinausgehend – im Streben nach Geltung, (d.h.) Distinktion
und (d.h.) Überlegenheit, im Anspruch und in der Praxis des (womit und als was auch immer)
Geltenwollens und Mehrgeltenwollens geradezu eine Signatur unserer Epoche sieht.[15] Dem
Streben nach Normalität (Normalismus) steht jedenfalls auch eine Art Anti–Normalismus
gegenüber, der nicht nur die besagten Extreme, sondern auch die ‚Normalen' und ‚Normals
ten' umfasst. Deren Distinktionsstreben findet in der heutigen Waren- und Konsumkultur
seinen wichtigsten Spiegel und ‚Erfüllungsgehilfen'. Er trägt den entsprechenden Publi-
kumsbedürfnissen symptomatisch und zugleich verstärkend und generativ Rechnung, wenn
er seine Serienproduktionen vom Fertighaus bis zum Automobil zunehmend mit Design- und
Styling–Unterschieden versieht (vgl. Steinwachs 1986). Auf dieser zugleich beschränkten
und unbeschränkten Grundlage kann und soll jedermann sich selbst, seine Individualität und
seine Lebenswelt stilisieren, d.h. die käuflichen Versatzstücke ‚orchestrieren' (vgl. Sennett
1985: 110; Burkart 2006: 21). ‚Stil' wird in diesem Fall – im Prinzip nicht anders als in den
genannten ‚Extremfällen' – „zu einem Ausdrucksmittel und zu einer Darstellungsform sozialer *Abgrenzung*. Er veranschaulicht ‚Mitgliedschaft in … ' und ‚Abgrenzung von … ' durch
bewußte Präsentation und Stilisierung seines Selbst für interpretierende andere (Beobachter)" (Soeffner 1995: 81).

Im Bezug auf die Angebote des Konsumkapitalismus spricht Oevermann im Sinne dieses
Stilbegriffs von *Lebensstilen* „als Mustern der Selbstdarstellung und Lebensführung (…), die
man sich, z.B. verkörpert in Kleidung oder Eßgewohnheiten und Urlaubsusancen als Exklusivität kauft, unter die man sich also subsumiert. Lebensstile sind demnach standardisierte
Formen der Herstellung von Individualität (…). Wer in diesem Sinne ‚up–to–date' sein will,
muß sich ständig darüber (z.B. vermittels Zeitschriften) informieren, was jeweils ‚in' ist"
(2001: 49). So verstanden – und Oevermann (2001) führt sie so vor – sind Lebensstile das
Gegenteil von Habitusformationen, nämlich Strategien und Materialien der Distinktion, die
aus einem Markt erwachsen und auf einem Markt angeboten werden. Dieser Markt bezieht
sich allerdings notwendigerweise auch auf die verschiedenen Kapitalsorten des Publikums,
d.h. auch auf Habitus und Lebensstile im Sinne von spezifisch strukturierten Lebenspraxen.

---

15 Gehlen konstatiert schon im Ausgang der ersten Hälfte des vorigen Jahrhunderts eine Tendenz, die sich seither
   vermutlich noch deutlich verstärkt hat: „eine Allgegenwart, Stärke und zugleich Verunsicherung des Geltungs-
   bedürfnisses, die historisch wohl ohne Vergleich sind …" (1957: 65).

4. Massenmedien als Stil-Foren

In der, neben der und in gewisser Weise auch über der Lebenswelt und (d.h. auch) der ‚lebendigen‘ Produkt- und Konsumkultur spielen heute die Massenmedien eine zentrale und vielseitige Rolle als eine Welt der Stile und (Selbst-)Stilisierungen[16].

Die Kommunikationen der Massenmedien können zunächst formal – als solche – mit den Kategorien des Stils und der Stilisierung gefasst werden. In den verschiedenen Medientypen (z.B. Presse, Fernsehen), Programmbereichen (Unterhaltung, Nachrichten/Berichte, Werbung) und medienkommunikativen Gattungen[17] (Werbespot, ‚Wort zum Sonntag‘, ‚Big Brother‘ etc.) sind jeweils eigentümliche Stile und ‚Meta–Stile‘ auszumachen. So kultivieren die verschiedenen (Gattungs-)Varianten der ‚Talk Show‘ einen je eigenen Stil der Selbst- und Fremdthematisierung.[18]

Die Massenmedien sind aber nicht nur in sich vielfältig und immer vielfältiger ‚stilistisch‘ organisiert, sondern sie *referieren* auch in diesem Rahmen auf Stile und fungieren auf verschiedene Weisen als Stil–Foren bzw. Stil-Bühnen. Als solche *kopieren* sie lebensweltlich–traditionelle Stile[19] und modulieren sie – auch im Sinne einer Stilisierung[20]. Mit dieser Reproduktion des (gesellschafts-)kulturellen Stilvorrats gehen für die Medien-Publika sowohl (uninformative) Bestätigungen ihres Stil-Wissens[21] als auch verschiedenartige *Informationen* über Stile einher. Solche Informationen ergeben sich aus medial vermittelten Einblicken in fremde Sozialwelten – auch der ‚eigenen Gesellschaft‘ (z.B. sexuelle ‚Spezialkulturen‘), aus berichteten und inszenierten Stilirritationen und Stilbrüchen[22] sowie aus speziellen ‚Benachrichtigungen‘, die sich teilweise in der Form eigener Gattungen (z.B. Reportagen) auf alle Lebensbereiche beziehen. Ein traditionelles Thema ist in diesem Zusammenhang die (insbesondere Kleider-)Mode. Neuere Stil- bzw. Lebensstil-Thematisierungen (Stil-Diskurse) und Stil-Informationen liefert z.B. das Fernsehen in den Bereichen der Gesundheit und der ‚Fitness‘, der Körperpflege und des Körperstylings, der Liebe, der Erotik und der Partnerschaft, des Kochens, Essens und Trinkens, der Geselligkeit, der Erziehung, der Wohnungseinrichtung u.s.w. Hier ist von Stilen (z.B. von einem angeblich gesunden Lebens- oder Ernährungsstil) permanent *die Rede*. Neben solchen Diskursivierungen werden Stile und Stilelemente vorzugsweise in ‚Shows‘, z.B.

---

16 Von den diesbezüglichen Relevanzen und Besonderheiten des Internets sehe ich hier ab. Vgl. dazu Willems (2008).

17 Zum Begriff der kommunikativen Gattung vgl. Luckmann (1986b).

18 Offensichtlich gibt es hier (und nicht nur hier) einen Zusammenhang zwischen dem Stil der Sendung und dem Stil bzw. dem Habitus oder Milieu des Publikums, weswegen z.B. der ‚parasoziologischen‘ Rede Harald Schmidts vom „Unterschichtenfernsehen“ (vgl. Burkart 2006: 29) nicht prinzipiell zu widersprechen ist.

19 Zum Beispiel: die rollenspezifischen Verhaltensstile der Geschlechter, der Kinder, der Jugendlichen und Alten, der Berufe u.s.w.

20 Auf diese Weise gelangen die Funktionen der Simplifikation und der Idealisierung zur Deckung. Stilisierte Stile finden sich insbesondere in den diversen Gattungen der Unterhaltung und der Werbung.

21 Die lebensweltliche Realität der Stile dürfte auf diesem Wege zumindest tendenziell gestützt werden.

22 Das mittlerweile schon klassische Beispiel aus dem Bereich der Werbung ist die Benetton–Kampagne. Seit einiger Zeit gibt es eine regelrechte Tendenz der Werbung, mit Stil- und Ritualbrüchen zu arbeiten. Die Hauptfunktion dieser Strategie liegt natürlich in der Produktion von Publikumsaufmerksamkeit. Aber auch die Adressierung von Lebensstilen und Habitus kann der Zweck dieser Übung sein. Dies ist z.B. der Fall, wenn die Werbung auf Jugendliche und Jugendkulturen zielt (vgl. Willems/Kautt 2003: 175ff).

in Koch–Shows wie dem „Promi-Dinner", *vorgelebt* und – immer auch als kopierbare Modelle – *vorgeführt*.

Als Stil–Foren (Bühnen), Stil–Labore und Stil-Informanten fördern die Massenmedien wesentlich ein Stil-Wissen und Stil-(Kontingenz-)Bewusstsein und damit einhergehend eine stilistische ‚Bastel-Praxis', in der sich eine individualistische Mentalität sozial ‚ausagieren' kann. Zu einer stilistischen Individualisierung tragen die Massenmedien auch dadurch bei, dass sie individualistischen Denk- und Lebensstilen, insbesondere einem „expressiven Individualismus" (Burkart 2006: 34)[23], gleichsam das Wort reden und das Publikum dazu anregen, die medialen Stil–Modelle als Vorlagen für eigene ‚Basteleien' zu verwenden. Diverse Medienerzeugnisse weisen, individualistische Stilisierungsbedürfnisse ebenso aufgreifend wie verstärkend, regelmäßig darauf hin, wie wichtig es für das Image (die soziale Geltung) und auch die ‚persönliche Identität' ist, sich ‚richtig', d.h. individuell, zu stilisieren und auf den eigenen Stil wie auf den anderer zu achten[24].

Als Stil-Foren/Stil–Bühnen sind die Massenmedien also ambivalent. Einerseits bauen sie auf Wissen bzw. Stil-Wissen des Publikums und damit auch auf Publikumshabitus, die gerade unter den Differenzierungs- und Konkurrenzbedingungen des heutigen Medienmarktes eine zentrale, strategisch zu berücksichtigende Erfolgsbedingung für die Medienangebote und Medienanbieter darstellen. Stil-Wissen ist z.B. die Voraussetzung dafür, dass Medienerzeugnisse zum Zweck der Aufmerksamkeitserzeugung oder/und der Unterhaltung Stilbrüche inszenieren können (vgl. z.B. Jäckel/Reinhardt 2002). Auch die Lebensstilzitate, die im (fernseh-)medialen Inszenierungsangebot eine große Rolle spielen[25], setzen auf Seiten des Publikums ein entsprechendes Stil-Wissen voraus. Andererseits besteht in diesem Zusammenhang eine – durch das medial erzeugte Pluralitäts- und Kontingenzbewusstsein mitbedingte – Unbestimmtheit, Offenheit und Unsicherheit der Dispositionen des Publikums. Diese Bedingungen begünstigen den stilistischen Variations- und Innovationsspielraum der Massenmedien und machen diese zugleich zu einer Instanz der stilistischen ‚Bildung', Orientierung und Vergewisserung[26]. Besonders nachgefragt wird diese Instanz ‚naturgemäß' vom jugendlichen Publikum und von allen Gruppen und Individuen, die ein besonderes Interesse daran haben, stilistisch ‚up to date' zu sein[27].

---

23 Burkart (2006: 34) spricht sogar von einem „Zeitalter des expressiven Individualismus".

24 Die entsprechenden ‚Botschaften' sind vielfältig kontextiert. Sie reichen von der Werbung über Ratgeberdiskurse bis hin zu dem Diskurs über ‚Frau Merkels' Kleidung oder Frisur.

25 Die medial inszenierten Lebensstile, z.B. der ‚feinen Leute', sind natürlich in vielen medienkommunikativen Gattungen hochgradig fiktiv. Real ist aber das entsprechende Publikumswissen, die Stereotypen, Skripts u.s.w., die etwa die Werbungsdramaturgie zum Tragen bringt.

26 Die Massenmedien bilden insofern ein funktionales Habitusäquivalent und einen Habitusersatz.

27 Ein besonders ausgeprägter ‚Stilismus' wird bekanntlich Frauen und homosexuellen Männern nachgesagt.

5. Werbung und Stil(isierung)

5. 1 Werbung, Stil und Identität

Ein gesellschaftskulturell zentrales Stil–Forum bzw. eine Stil-Bühne ist die massenmediale Werbung[28]. In ihr werden diverse Stile teils ‚unbewusst‘, unabsichtlich und implizit und teils hoch reflektiert und gezielt performiert. Aus strategischen Gründen des (Sich-)Verständlich- und Attraktivmachens werden verschiedene Stiltypen (Lebensstile, einzelne Verhaltensstile) gleichsam poetisch verdichtet, d.h. stilisiert. Man kann also im Bezug auf die Stile der und in der Werbung von Hyper-Stilen oder Hyper-Stilisierungen sprechen. Sie sollen vor allem die kognitiven und die kathektischen Habitus des jeweiligen Publikums, d.h. die Logik seiner Wirklichkeitskonstruktion und seinen Geschmack, optimal ansprechen und bedienen.

Indem die Werbung wie kaum eine andere Klasse von Medienkommunikationen mit Stil-Modellen, Stil-Images, Stil-Ideen und Stil-Idealen operiert, instruiert und motiviert sie auch Stilbildungen, Stilisierungen und Selbststilisierungen, z.B. solche modischer Art, auf der Seite ihrer Publika. Die Werbung ist also sozusagen ein gewaltiger und vielstimmiger Daueraufruf nicht nur *von* Stilen und (Selbst-)Stilisierungen sondern auch *zur* (Selbst-)Stilisierung, wobei lebensweltliche ‚Materialitäten‘, insbesondere Körper und Kleidung (aber auch Automobil, Wohnungseinrichtung etc.), fokussiert werden.

Im Folgenden wird der Frage nachgegangen, wie die Werbung den Zusammenhang von Jugend/Jugendlichen und Stil bzw. Stilisierung/Selbststilisierung auf dem Wege von Inszenierungen und Performanzen herstellt und inhaltlich (semantisch, symbolisch) spezifiziert.

5.2 Generelle Merkmale werblicher Jugend(lichen)-Stile

Zunächst ist hier festzustellen, dass die Werbung die Identität des Jugendlichen typischerweise *nicht* über das Herstellen von Beziehungen zu gesellschaftlichen Funktionsrollen und Institutionen konstruiert. Umso größer ist die Bedeutung, die sie in ihren Jugend(lichen)-Images Stilen und (Selbst-)Stilisierungen verleiht. Damit korrespondiert die Werbungskultur sowohl der sozialstrukturellen[29] als auch der kulturellen ‚Lage‘ der lebenswirklichen Jugendlichen, deren Stile und (Selbst-)Stilisierungen vielfach als maßgebliche Identitätsgeneratoren beschrieben worden sind[30].

Im Anschluss an Konzepte der Jugend(sub-)kulturtheorie sind einige grundlegende Spezifika aktueller Jugend- und Jugendlichen-Stile der Werbung herauszustellen.

---

28 In der Werbung existiert Stil als Kategorie des Verhaltens natürlich nur, soweit er innerhalb ihrer Medien und ihrer Gattungsrahmen *darstellbar* ist. Wenn sich stilistische Formkonstanz allein im Laufe längerer Zeitspannen und vor dem Hintergrund komplexer Situationsketten zu erkennen gibt, fällt sie sozusagen aus dem Rahmen der Werbung.

29 Insbesondere in puncto Beruf sind heutige Jugendliche typischerweise entweder noch nicht oder nicht sicher identifiziert.

30 Die am Center for Contemporary Cultural Studies in Birmingham seit Mitte der 60er Jahre verfassten Studien gelten in diesem Zusammenhang als klassisch und sind bis heute wirkmächtig, so z.B. Clarke 1979 (im Folgenden zitiert nach 1998), Hebdige 1979 (zitiert nach 1998) und Willis 1981. Vgl. als eine neuere Arbeit z.B. Ferchhoff 2002.

Eigenwert und Zentralwert des Stils

Ein typisches Merkmal werblicher Jugend(lichen)-Stile ist, dass sie als Zeichen-Ensembles tendenziell selbständig sind bzw. die Handlungen und Handlungszwecke der jeweiligen Akteure dominieren. Dem Stil bzw. der Stilisierung kommt im Handeln und Leben des Werbejugendlichen eine ähnlich zentrale und autonome Bedeutung zu wie im Bereich der Kunst, für den Hahn feststellt, dass „Stil und die damit zusammenhängenden Probleme die Sache selbst sind" (1986: 610).

In der ‚sachlichen' Abgelöstheit und ‚Selbstreferenz' des jeweiligen Jugend(lichen)-Stils kann man seine Struktur und seine Funktion erkennen: Als Stil, der nicht nur Form oder Anhängsel einer Handlung ist, sondern einen Eigenwert besitzt, kann er ein (jugendliches) Individuum, eine (Jugend-)Gruppe oder eine ganze (Jugend-)Kultur identifizieren und als sozialer Identitätsgenerator fungieren. Diese Signifikanz und Relevanz des Stils zeigt sich insbesondere in der Jugend-Mode und im modischen Handeln von Jugendlichen, das die Werbung kopiert, hyperstilisiert oder erfindet[31].

Bewusstheit und Reflektiertheit des Stils

Wie bereits Hebdige (1998/1979) in seiner klassischen Studie über jugendliche Subkulturen festgestellt hat, zeichnen sich Jugend(lichen)-Stile durch ein im Vergleich mit Stilen anderer Altersidentitäten höheres Maß an Bewusstheit und Reflektiertheit im Umgang mit symbolischen Ressourcen aus. Dies charakterisiert im Prinzip auch die Jugend(lichen)-Stile der Werbung: Auf allen Ebenen der „Materialität der Kommunikation" (Gumbrecht/Pfeiffer 1988), d.h. auf der Ebene der Kleidung, der Sprache, des körperlichen Ausdrucks usw., und vor allem auf der Ebene der ästhetischen Formalisierung und Arrangierung der eingesetzten Materialien (z.B.: Farbigkeit, Bildausschnitt, Kontrastwahl, Collage usw.), gibt der jeweilige werbliche Jugend(lichen)-Stil zu verstehen, daß er als Stil angelegt ist und gelesen werden will. Die Stile der Werbejugend sind als „absichtliche Kommunikation" ein über das ‚Normalmaß' hinausgehender selektorischer und produktiver Prozess auf der Ebene verschiedener Zeichensysteme, „eine mit Bedeutung beladene Wahl", die sich als „sichtbare Konstruktion" zur Schau stellt (Hebdige 1998: 393 f.).[32] Mit Hahn kann man von „expliziten Stilen" sprechen (1986: 609).

---

31 Die Mode verkörpert sozusagen auf materieller Ebene und im Umgang mit dieser Ebene (und daher immer unmittelbar und mehr oder weniger unmißverständlich) die jeweilige Stil-Identität bzw. die stilistische Position der Jugendlichen (vgl. Ferchhoff 2002: 391ff).

32 Ähnlich spricht Soeffner hinsichtlich der Selbstinszenierung von Punks von einer „Überhöhung des Alltags", bei der der Handelnde den Stil so inszeniert, „daß dieser über sich selbst hinausweist auf einen – auch ihn selbst legitimierenden – Hintergrund. Der jeweilige Stil wird so zu einem System von Hinweisen und die jeweilige Inszenierung zu einer Andeutung" (1995: 94).

Veränderlichkeit, Gestaltbarkeit und Flüchtigkeit des Stils

Charakteristisch für diverse werbliche Jugend(lichen)-Stile ist auch, dass sie nicht eine dauerhafte ‚Basis-Kontinuität‘, sondern eher die Vergänglichkeit ihrer selbst betonen. Beispiele dafür sind zahlreiche an Jugendliche adressierte Werbungen, die Mode und andere Lifestyle-Accessoires zwar als Basis jugendlicher Identität dramatisieren, zugleich aber die Aktualität des jeweiligen Designs, seine ‚Hipness‘ herausstellen und damit auch zu erkennen geben, dass es bald wieder ‚out‘ sein wird. Auch die Stile und Stilisierungen ganzer Jugendlichengruppen, an deren Genese die Werbung und das Marketing partizipieren, kann man bestenfalls in einem relativen oder paradoxen Sinn als Konstanten verstehen: „Man bezeichnet sich selbst als ‚Szene‘, als ‚Technoszene‘ usw. mit einer offenen Seite für das, was nachher kommen wird" (Luhmann 1996: 93). Die Verselbständigung und Aufwertung der Bedeutung von Stil für die (werbe-)jugendliche Identität geht also mit einer Temporalisierung von Stil (Stil-Symbolik) einher, die einzelne Individuen ebenso wie ganze ‚Szenen‘ zu einer ‚Dauerevaluation‘ und Daueraktualisierung ihres Erscheinungs- und Verhaltensbildes zwingt.

Vor diesem Hintergrund beziehen sich die genannten Studien immer wieder auf Levi-Strauss‘ Begriff der „Bricolage", wobei festgestellt wird, dass sich das jugendliche ‚Stil-Basteln‘ wesentlich im Rückgriff auf einen in der Vergangenheit erzeugten Formenbestand vollzieht: „Die Schöpfung kultureller Stile umfasst also eine differenzierende Selektion aus der Matrix des Bestehenden. Es kommt nicht zu einer Schaffung von Objekten aus dem Nichts, sondern vielmehr zu einer Transformation und Umgruppierung des Gegebenen in ein Muster, das eine neue Bedeutung vermittelt" (Clarke 1998: 378). Entsprechend typisch sind Werbejugendliche als ‚Stil-Bastler‘, die sich in und als Gruppen oder als Individuen im Rückgriff auf Bekanntes ‚erfinden‘ und immer wieder neu ‚erfinden‘.

Homologie, Totalität und Haltung im Stil

Im Anschluss an Lévi-Strauss’ Konzept der Homologie (Passungsverhältnis) haben verschiedene Studien gezeigt, dass lebensweltliche Jugend(lichen)-Stile jeweils eine gewisse, oft hochgradige ästhetische, symbolische und kosmologische Stimmigkeit, eine Stimmigkeit von Ausdrucksformen, Zeichen, Praktiken, Vorstellungen, Werten, Selbst- und Weltdeutungen aufweisen (vgl. Willis 1981, 1991; Clarke 1998/1979). Durch den Verweisungszusammenhang der jeweiligen Stilelemente, die diese Stimmigkeit vermitteln, wird ein Kontext erzeugt, in dem die Akteure die „Welt als sinnvoll erfahren können" (Hebdige 1998: 406). So machte z.B. „die Homologie zwischen einem alternativen Wertesystem (‚Tune in, turn on, drop out‘), halluzinogenen Drogen und Acid Rock die Hippie-Kultur für den einzelnen Hippie zu einer zusammenhängenden ganzen Lebensweise" (Hebdige ebenda).

Auch wenn man im Hinblick auf die Jugend(lichen)-Inszenierungen der Werbung das Konzept der Homologie in dieser Tiefe nicht gelten lassen will, kann man feststellen, dass auch hier Stilelemente bzw. Elemente einer Darstellungssymbolik so organisiert sind, dass „jeder Teil in einer organischen Beziehung zum anderen (steht)" (Hebdige 1998: 406). Es geht auch in den werblichen Inszenierungen von Jugend(lichen) jeweils im Prinzip um die Erzeugung einer ästhetischen, symbolischen und kosmologischen „Totalität" (Baacke 1986:

81 f.) im Sinne einer zumindest tendenziellen Bedeutungsentsprechung und Konsistenz der stilistischen Formen – von der spezifischen Form der Musik über die Raumgestaltung und Möblierung der Szene bis hin zu ‚theatralen' Körperausstattungen (Kleidung, Frisur, Körperbemalung usw.) und Momenten der korporalen Expressivität (Bewegung, Mimik und Gestik ebenso wie Sprechweisen und Sprachformen).

Das Stilprinzip Homologie ist im Falle der werblichen Jugendlichen typischerweise dadurch spezifiziert, dass es mit Explizitheit und Reflektiertheit in Verbindung steht. Stil wird hier entsprechend häufig explizit als *Haltung* thematisiert[33], so als gehe die Identität des Jugendlichen restlos und entschieden in Aspekten der (‚äußerlichen') „Materialität der Kommunikation" (Gumbrecht/Pfeiffer 1988) auf. Der Stil trägt in seiner durch Homologien begründeten Ganzheit eine Art Bild (Image) der jeweiligen Person oder/und Gruppe von sich, von anderen und von der Welt zur Schau.

Distinktionen durch Stil und (Selbst-)Stilisierung

Lebensweltliche Jugend(lichen)-Stile werden in der Forschung meist als intendiert *distinguierende* Stile von *Gruppen* verstanden. So sieht z.B. Hebdige (1998) den „primären Sinn" eines Jugend(lichen)-Stils darin, „einen bedeutungsvollen Unterschied (und parallel dazu eine Gruppenidentität) mitzuteilen. (...) Wie ein Stil erzeugt und verbreitet wird, das bestimmt in erster Linie diese absichtlich signalisierte Unterscheidung, von der alles andere ausgeht" (ebenda: 394 f.). Clarke spezifiziert diese Definition mit dem Hinweis, dass dem Stil die doppelte Funktion zukommt, sowohl „die Grenzen der Gruppenmitgliedschaft gegenüber anderen Gruppen" als auch „die Grenze der Gruppe gegenüber den eigenen Mitgliedern und allen Außenstehenden" zu demonstrieren (1998: 382 f.). Ein ähnliches Verständnis formuliert Soeffner, wenn er in seiner Untersuchung der Kultur der ‚Punks' Stil zwar allgemein als eine „beobachtbare (Selbst-)Präsentation von Personen, Gruppen oder Gesellschaften" definiert, dann aber feststellt: „Stil als eine spezifische Präsentation kennzeichnet und manifestiert die Zugehörigkeit eines Individuums nicht nur zu einer Gruppe oder Gemeinschaft, sondern auch zu einem bestimmten Habitus und einer Lebensform, denen sich diese Gruppen oder Gemeinschaften verpflichtet fühlen" (Soeffner 1995, 78).

Die Gruppen oder Gemeinschaften differenzierende und identifizierende Funktion von Stilen und Stilisierungen, wie sie z.B. in den Images Punk, Rap oder Techno zum Ausdruck kommen, ist auch in der Werbung zu erkennen, jedoch spielt sie hier eine eher sekundäre Rolle. Primär ist in der Werbung mit Jugendlichen und für Jugendliche die Dramatisierung der *individuellen* (Selbst-)Stilisierung, individualistische Distinktion durch Stil-Modulation. Individualismus stellt in der Werbung zwar einen generellen, auch kognitiven Meta-Stil dar, in verschiedenen Jugend(lichen)-Stilen ist er aber besonders ausgeprägt[34].

---

33 „Attitude", wie es in der Anzeige eines Jugendmodeherstellers heißt.

34 Die Ausformung und Relevanz des stilistischen Individualismus (und individualistischen Stilismus) der Werbe-Jugendlichen variiert allerdings stark. Während er bei bestimmten Inszenierungsmustern eher in den Hintergrund tritt, ist er bei anderen dominant (vgl. Willems/Kautt 2003: 204ff).

Indem die Werbung die individuelle und individualistische Ausprägung von Jugend(lichen)-Stilen gegenüber Gruppenstilen betont, entwirft sie ein Bild von Jugend(lichen), das der Realität insofern entspricht, als die wenigsten Jugendlichen einer jugend(sub)kulturellen Gruppe oder Szene angehören oder sich voll mit ihr identifizieren. Jugendliche sind in ihrer Mehrheit eher „jugendkulturelle Grenzgänger", „part-time-Stylisten mit Sinn für Notwendigkeiten" (Vollbrecht 1995: 36), die sich aber immer wieder jugend(sub)kultureller Modetrends bedienen, insbesondere im Rahmen individueller Stil-Bastelei.

Vielleicht kann man auch vor dem Hintergrund der diversen Jugend-Stile und Jugend-Stilisierungen, die in der Werbung wie in anderen Medienerzeugnissen als ‚gleichwertig' inszeniert werden, generell feststellen, dass sich die Funktion von Stil/Stilisierung als Identitätsgenerator grundsätzlich gewandelt hat und wandelt: Es geht möglicherweise zunehmend weniger darum, welchen Stil man ‚pflegt', sondern darum, dass man das Stilisieren ‚pflegt' und beherrscht. Identität bindet sich dann nicht mehr an die Präsentation eines inhaltlich bestimmten Stil-Images, sondern an das Inszenieren und Performieren selbst. Zentral wird entsprechend ein auf (Selbst-)Stilisierung bezogenes ‚Expertenwissen' und Können, dessen graduelles Vorhandensein als Distinktionsfaktor und Identitätsgenerator fungiert. In der Werbung wird vor allem Mode als Stil-Spiel inszeniert, das die Akteure als Kenner und Könner ausweist, die die Kombinatorik modischer Zeichen ‚stilsicher' vorführen.

6. Schlussbemerkung

Der Begriff des Stils ist also – ähnlich wie die Begriffe Habitus und Ritual – ein sehr weitreichender und daher differenzierungsfähiger und differenzierungsbedürftiger Begriff. Es kann kein Zweifel an seiner Notwendigkeit und empirischen Leistungsfähigkeit bestehen, und zwar in eben jener weiten und damit auch anpassungsfähigen Fassung, die den vorausgegangenen Überlegungen zugrunde lag. Den Stilbegriff auf die Ebene der ‚Gestaltung' zu beschränken, wie Luckmann (1986) dies vorgeschlagen hat, würde ihn nicht nur von jenen habituellen Dispositionen abziehen, auf die er durchaus nützlich anwendbar ist, sondern auch einen Zugang zu dem Zusammenhang zwischen dieser Ebene und der der ‚Gestaltung', insbesondere der medialen Inszenierung und Performance, verschließen. Genau diese Ebene ist es, auf der und von der ausgehend sich die Realitäten der Stile und Stilisierungen heute im Wesentlichen entfalten und entwickeln. Die Massenmedien bilden damit so etwas wie einen Spiegel von habituellen Stilen und zugleich stellen sie einen Gegenpol zu diesen Stilen dar.

Literatur

Baacke, Dieter (1986): Rock und Pop. Intensität als Stil. In: Deutscher Werkbund e.V. und Württembergischer Kunstverein Stuttgart (Hrsg.): Schock und Schöpfung. Jugendästhetik im 20. Jahrhundert. Darmstadt/Neuwied: Luchterhand. 80-86.

Bourdieu, Pierre (1983): Die feinen Unterschiede. Kritik der gesellschaftlichen Urteilskraft. Frankfurt/M.: Suhrkamp.

Bourdieu, Pierre (1999): Die Regeln der Kunst. Genese und Struktur des literarischen Feldes. Frankfurt/M.: Suhrkamp.

Burkart, Günter (2006): Einleitung. In: ders. (Hrsg.): Die Ausweitung der Bekenntniskultur – neue Formen der Selbstthematisierung. Wiesbaden: VS Verlag. 7-40.

Clarke, John (1979): Jugendkultur als Widerstand. Milieus, Rituale, Provokationen. Frankfurt/M.: Autoren- und Verlagsgesellschaft Syndikat.

Ferchhoff, Wilfried (2002): Jugend und Mode. In: Willems, Herbert (Hrsg.): Die Gesellschaft der Werbung. Wiesbaden: Westdeutscher Verlag. 383-399.

Gehlen, Arnold (1957): Die Seele im technischen Zeitalter. Sozialpsychologische Probleme in der industriellen Gesellschaft. Hamburg: Rowohlt.

Goffman, Erving (1977): Rahmen-Analyse. Ein Versuch über die Organisation von Alltagserfahrungen. Frankfurt/M.: Suhrkamp.

Gumbrecht, Hans-Ulrich/Pfeiffer, Karl-Ludwig (Hrsg.) (1988): Materialität der Kommunikation. Frankfurt/M.: Suhrkamp.

Hahn, Alois (1986): Soziologische Relevanzen des Stilbegriffs. In: Gumbrecht, Hans-Ulrich/Pfeiffer, Karl Ludwig (Hrsg.): Stil. Geschichten und Funktionen eines kulturwissenschaftlichen Diskurselements. Frankfurt/M.: Suhrkamp. 603-611.

Hebdige, Dick (1979/1998): Subculture. The Meaning of Style. London/New York: Methuen.

Jäckel, Michael/Reinhardt, Jan, D. (2002): Aufmerksamkeitsspiele: Anmerkungen zu provokanter Werbung. In: Willems, Herbert (Hrsg.): Die Gesellschaft der Werbung. Wiesbaden: Westdeutscher Verlag. 527-549.

Luckmann, Thomas (1986a): Soziologische Grenzen des Stilbegriffs. In: Gumbrecht, Hans-Ulrich/Pfeiffer, Karl Ludwig (Hrsg.): Stil. Geschichten und Funktionen eines kulturwissenschaftlichen Diskurselements. Frankfurt/M.: Suhrkamp. 612-620.

Luckmann, Thomas (1986b): Grundformen der gesellschaftlichen Vermittlung des Wissens: Kommunikative Gattungen. In: Neidhardt, Friedhelm/Lepsius, M. Rainer/Weiß, Johannes (Hrsg.): Kultur und Gesellschaft. Sonderheft 27 der Kölner Zeitschrift für Soziologie und Sozialpsychologie. Opladen: Westdeutscher Verlag. 191-211.

Luhmann, Niklas (1996): Die Realität der Massenmedien. Opladen: Westdeutscher Verlag.

Oevermann, Ulrich (2001): Die Struktur sozialer Deutungsmuster. Versuch einer Aktualisierung. Sozialer Sinn 2. 35-85.

Sennett, Richard (1985): Autorität. Frankfurt/M.: Fischer.

Simmel, Georg (1989): Philosophie des Geldes. (Georg Simmel Gesamtausgabe, Bd. 6) Frankfurt/M.: Suhrkamp.

Soeffner, Hans-Georg (1995): Die Ordnung der Rituale. Die Auslegung des Alltags 2. Frankfurt/M.: Suhrkamp.

Steinwachs, Burkart (1986): Stilisieren ohne Stil? Bemerkungen zu ‚Design‘ und ‚Styling‘. In: Gumbrecht, Hans-Ulrich/Pfeiffer, Karl-Ludwig (Hrsg.): Stil. Geschichten und Funktionen eines kulturwissenschaftlichen Diskurselements. Frankfurt/M.: Suhrkamp. 342-358.

Vollbrecht, Ralf (1995): Die Bedeutung von Stil. Jugendkulturen und Jugendszenen im Licht der neueren Lebensstildiskussion. In: Ferchhoff, Wilfried/Sander, Uwe/Vollbrecht, Ralf (Hrsg.): Jugendkulturen. Faszination und Ambivalenz. Einblicke in jugendliche Lebenswelten. Festschrift für Dieter Baacke. Weinheim/München: Juventa. 23-37.

Watzlawick, Paul/Beavin, Janet H./Jackson, Don D. (1969): Menschliche Kommunikation: Formen, Störungen, Paradoxien. Bern/Stuttgart/Wien: Huber.

Willems, Herbert (Hrsg.) (2008): Weltweite Welten. Internet-Figurationen aus wissenssoziologischer Perspektive. Wiesbaden: VS Verlag (im Druck).

Willems, Herbert/Kautt, York (2003): Theatralität der Werbung. Theorie und Analyse massenmedialer Wirklichkeit. Berlin/New York: de Gruyter.

Willis, Paul E. (1981): Profane Culture. London/Boston: Routledge & Kegan Paul.

Willis, Paul E. (1991): Jugend-Stile. Zur Ästhetik der gewöhnlichen Kultur. Hamburg: Argument.

Einführende Literatur

Hahn, Alois (1986): Soziologische Relevanzen des Stilbegriffs. In: Gumbrecht, Hans-Ulrich/Pfeiffer, Karl Ludwig (Hrsg.): Stil. Geschichten und Funktionen eines kulturwissenschaftlichen Diskurselements. Frankfurt/M.: Suhrkamp. 603-611.
Ferchhoff, Wilfried (2002): Jugend und Mode. In: Willems, Herbert (Hrsg.): Die Gesellschaft der Werbung. Wiesbaden: Westdeutscher Verlag. 383-399.

Weiterführende Literatur

Bourdieu, Pierre (1983): Die feinen Unterschiede. Kritik der gesellschaftlichen Urteilskraft. Frankfurt/M.: Suhrkamp.
Vollbrecht, Ralf (1995): Die Bedeutung von Stil. Jugendkulturen und Jugendszenen im Licht der neueren Lebensstildiskussion. In: Ferchhoff, Wilfried/Sander, Uwe/Vollbrecht, Ralf (Hrsg.): Jugendkulturen. Faszination und Ambivalenz. Einblicke in jugendliche Lebenswelten. Festschrift für Dieter Baacke. Weinheim/München: Juventa. 23-37.

Lebensstile, Milieus und Szenen

Thomas Müller-Schneider

1. Einleitung

Fragen der Lebensgestaltung und Lebensführung spielen heute sowohl für den Einzelnen als auch für das soziale Miteinander eine große Rolle. Für den Einzelnen geht es um das eigene Leben, in gesellschaftlicher Hinsicht treten neue soziale Gruppierungen neben die alten Schichten und werden bedeutsamer. Der Lebensstil ist das zentrale soziologische Konzept, das die persönliche und gesellschaftliche Ebene miteinander verbindet und wichtige Erkenntnisse über den sozialstrukturellen Aufbau unserer Gesellschaft vermittelt. Im folgenden Beitrag geht es um das Lebensstilkonzept und zwei eng damit verbundenen Typen sozialer Gruppen, nämlich soziale Milieus und Szenen. Im ersten Abschnitt werden die gestiegene gesellschaftliche Bedeutung des Lebensstils sowie Grundlinien des soziologischen Lebensstilkonzepts aufgezeigt. Der zweite Abschnitt behandelt dann gesamtgesellschaftlich relevante soziale Milieus, die sich vor allem durch den Lebensstil ihrer Mitglieder identifizieren lassen. Gegenstand des dritten Abschnitts sind netzwerkartig aufgebaute (jugendliche) Szenen, die sich an konkreten Lebensstilthemen herausbilden. Im vierten Abschnitt geht es um ausgewählte Gesichtspunkte von Lebensstilen, Milieus und Szenen aus erziehungswissenschaftlicher Sicht. Der fünfte Abschnitt fasst abschließend die wesentlichen Inhalte des Beitrags zusammen.

2. Sozialer Wandel und Lebensstilkonzept

Neue Zeiten bringen neue Begriffe hervor. In den fünfziger Jahren des vergangenen Jahrhunderts kam es niemandem ernsthaft in den Sinn, den Alltag der Menschen als Ausdruck ihres jeweiligen Lebensstils zu beschreiben. Das normale Leben verlief in engen biografischen Bahnen und bot für eine weitgehende Stilisierung schlichtweg nicht genug Spielraum. Ganz anders heute: „Lifestyle" ist ein geläufiges Schlagwort, das aus den Massenmedien nicht mehr wegzudenken ist und einen wesentlichen Teil unserer Lebenswirklichkeit auf den Begriff bringt. Wir sehen heute unser Dasein als etwas, das nach eigenem Willen – eben dem eigenen Stil folgend – gestaltbar ist. Diese in der Nachkriegszeit noch völlig undenkbare Weltanschauung ist das Ergebnis eines sozialen Wandels, der in der zweiten Hälfte des 20.

Jahrhunderts massiv einsetzte und seither nicht mehr zum Stillstand gekommen ist. Von diesem Wandel, ohne den die Bedeutung von Lebensstilen in unserer gegenwärtigen Gesellschaft nicht verstanden werden kann, ist zunächst die Rede.

Angesichts der gesellschaftlichen Tragweite und atemberaubenden Geschwindigkeit der Veränderungen klingt Vermehrung der Möglichkeiten geradezu banal. Verlauf und Gesamtbild des Wandels erschließen sich erst durch die Betrachtung mehrerer Prozesse. Zu nennen ist hierbei zu allererst die Wohlstandsexplosion in den alten Bundesländern nach dem Zweiten Weltkrieg. In den vier Jahrzehnten zwischen den fünfziger und neunziger Jahren stieg das reale Volkseinkommen um das Vierfache und im Vergleich zu den vorangegangenen eineinhalb Jahrhunderten sogar um ein Vielfaches an (Geißler 2006: 70). Die Ungleichheit des Einkommens hat sich durch die Wohlstandsexplosion zwar nicht verändert, aber die Konsumchancen, etwa sich ein Auto oder einen Urlaub leisten zu können, sind in allen Einkommensklassen nachhaltig gestiegen. Bildlich gesprochen hat man es mit einem Fahrstuhleffekt zu tun, durch den das gesamte gesellschaftliche Schichtgefüge nach oben gefahren wurde (Beck 1986. 124-125). Obwohl der „Einkommensfahrstuhl" in jüngster Vergangenheit insbesondere für die unteren Einkommensgruppen ins Stocken geriet, sind die Konsummöglichkeiten der meisten Menschen auf ein historisch unerreichtes Niveau gestiegen. Hinzu kommt die rasante Expansion der Warenwelt. Die meisten der heutigen Konsumgüter standen in den fünfziger Jahren des vergangenen Jahrhunderts noch gar nicht zur Verfügung: 90% der alltäglichen Gebrauchsgegenstände über die wir heute verfügen, entstanden erst in den letzten dreißig Jahren (Richter 2005: 9). Um sich die rasch wachsende Vielfalt der Möglichkeiten vor Augen zu führen, kann man beispielsweise einen Blick auf die Massenmedien werfen. In den fünfziger Jahren begann das Fernsehen mit einem einzigen Programm, schwarzweiß und auch nur für wenige Stunden am Tag. Das Farbfernsehen, das „Zweite" und die dritten Programme kamen bald hinzu. Mit der Einführung von privaten TV-Sendern begann dann in den achtziger Jahren ein neues Zeitalter der Differenzierung von Programminhalten und Sparten (Musik-, Nachrichten-, Sportkanäle, Kinderkanal u.a.). Als man damals von „neuen Medien" sprach, konnte niemand vorhersehen, dass das wirklich neue Medium erst noch kommen würde. Aus dem anfänglich militärisch genutzten Internet entwickelte sich ein Massenmedium mit völlig neuen Konsum- und Nutzungsmöglichkeiten (Online-Shopping, E-Bay, Online-Spiele, Internet-Foren, Chat, Musikdownload, YouTube, Blogs und vieles mehr). In anderen Konsumgüterbereichen findet sich eine ähnliche Expansion der Möglichkeiten, deren Ende derzeit noch nicht abzusehen ist.

Mit der durchgreifenden Verbesserung der allgemeinen Lebensverhältnisse und den neuen Konsummöglichkeiten setzte in der zweiten Hälfte des 20. Jahrhunderts ein revolutionärer Wertewandel ein. Er verlief, einfach gesagt, von Pflicht- und Akzeptanz- zu Selbstentfaltungswerten. Disziplin, Unterordnung, Fleiß, Anpassungsbereitschaft, Selbstbeherrschung stehen für Pflicht- und Akzeptanzwerte und Kreativität, Spontaneität, Eigenständigkeit und freier Wille für Selbstentfaltungswerte (Klages 2001). Die gesellschaftlichen Auswirkungen, die dieser Wertewandel nach sich zog, werden als Individualisierung bezeichnet (Beck 1986). Damit ist die Freisetzung aus traditionellen Vorgaben des Soziallebens gemeint. Noch in den fünfziger Jahren des 20. Jahrhunderts war die alltägliche Lebensführung durch ein dichtes Netz von Konventionen und Tabus, durch vielfältige Ver- und Gebote stark reglementiert. Dies ist, wie sich am Beispiel des Liebeslebens illustrieren lässt, heute kaum noch der Fall.

Bis weit in die sechziger Jahre hinein war die Eheschließung Voraussetzung für eine gesellschaftlich anerkannte Liebesbeziehung. Es galt der so genannte Kuppeleiparagraph, der bei Strafe untersagte, unverheirateten Paaren Räume zur Verfügung zu stellen, in denen sie „Unzucht" treiben konnten. Im Kulturkonflikt der sechziger und siebziger Jahre begannen sich dann Schritt für Schritt freizügigere Lebensformen durchzusetzen. Wichtige Stichworte hierzu lauten: Voreheliche Sexualität, nichteheliche Lebensgemeinschaft, liberales Scheidungsrecht, Normalisierung gleichgeschlechtlicher Beziehungen bis hin zur „Homoehe".

Vor Beginn des Wertewandels und der damit einhergehenden Individualisierung war das Leben von Kindern und Jugendlichen in heute kaum noch nachvollziehbarer Weise reglementiert. Als gleichermaßen zu Schützende und zu Erziehende wurden sie streng kontrolliert. Zugespitzt formuliert standen sie unter einem Diktat der Korrektheit. Zum Beispiel wurde die äußere Erscheinungsweise Jugendlicher in den fünfziger Jahren noch nicht als Ausdruck eines legitimen Geschmacks betrachtet, sondern unter dem Zeichen innerer Tugendhaftigkeit bewertet. Die zentralen Sozialisationsinstanzen (Eltern, Lehrer, Berufsausbilder) sahen daher ihre vordringliche Erziehungsaufgabe in der Einübung von Disziplin und in der alltäglichen Verteidigung der Korrektheit. Für Jungen galten Merksätze wie: „Ein deutscher Junge lässt das Hemd nicht über die Hose hängen", „ein deutscher Junge nimmt die Hände aus den Taschen" (Ziehe 1986: 255). Bei Mädchen signalisierten enge Hosen, lackierte Nägel und Schminke erotische Normlosigkeit, der es durch Verbote und „Charakterschulung" energisch entgegenzuwirken galt. Ein kurzer Blick in einen beliebigen Schulhof zur Pausenzeit genügt, um sich zu vergegenwärtigen, wie weit die Individualisierung auch bei jungen Menschen inzwischen vorangeschritten ist. Sie genießen ein enormes Ausmaß an Stiltoleranz und Selbstdarstellungsmöglichkeiten. Hinzuzufügen ist, dass mit der durchgreifenden Kommerzialisierung und Mediatisierung (TV, Handys, Internet) der kindlichen und jugendlichen Lebenswelt zusätzlich Handlungsspielräume entstanden, an die in den fünfziger Jahren des vergangenen Jahrhunderts noch gar nicht zu denken war (vgl. Feil 2003).

Sobald Menschen in gesellschaftlichen Verhältnissen leben, die ihnen hinreichend Wahlmöglichkeiten bieten, treten ihre persönlichen Eigenarten und Vorlieben hervor. Sie entwickeln Lebensstile, die sich auch im sozialen Miteinander niederschlagen. Gesellschaft lässt sich dann immer weniger beschreiben, wenn man Lebensstile unberücksichtigt lässt. Dementsprechend nahm seit Ende der siebziger Jahre des 20. Jahrhunderts das Interesse an der Erforschung von Lebensstilen rapide zu, insbesondere in der Soziologie und der privatwirtschaftlichen Marktforschung. Dort erkannte man, eher noch als in der Soziologie, dass die Zugehörigkeit zu einer bestimmten sozialen Schicht kein hinreichend guter Indikator mehr für das Denken und Handeln der Menschen war. Wer welche Produkte kaufte, ließ sich nur noch bedingt mit Einkommen und Lebensstandard in Verbindung bringen, dafür aber deutlich mit Lebenseinstellung und Lebenszielen: „Extrovertierte Personen, Leute, die gerne abends in Gesellschaft ausgingen, zogen andere Produkte vor, als solche, die lieber vor dem Fernseher saßen oder ihren Garten pflegten, auch wenn sie die gleiche Bildung oder das gleiche Einkommen hatten" (Richter 2005: 120). In der Soziologie geriet das Schichtkonzept aus mehreren Gründen in die Kritik, unter anderem weil es immer weniger das alltägliche Denken und Handeln der Menschen abbilden konnte. Sowohl in der Soziologie als auch in der Markforschung begann sich der Lebensstil als neues Konzept zu etablieren. Die dabei verfolgten Ziele sind jedoch deutlich zu unterscheiden. Während es in der Markforschung

darum ging, neue Marketinginstrumente in Gestalt von Zielgruppen zu entwickeln, wollte man in der Soziologie soziale Großgruppen lebensweltlich angemessener beschreiben als man dazu mit Schichtmodellen in der Lage war.

Die Grundidee des Lebensstilkonzeptes ist die ästhetische Wiederholungstendenz (Schulze 2001: 285). Stile bilden sich, wie schon gesagt, heraus, wenn Menschen immer wieder anhand ihres Geschmacks, d.h. anhand ihrer speziellen Vorlieben und Abneigungen aus einer Vielzahl von (Konsum-)Möglichkeiten auswählen und dadurch ihr (Alltags-) Leben gestalten. Schon die Begriffe Vorliebe und Abneigung deuten darauf hin, dass man es bei Stilen nicht mit einmaligen Geschmacksepisoden zu tun hat, sondern mit zeitlich relativ stabilen Tendenzen. Solche Tendenzen bestehen etwa darin, gern Romane der deutschen Gegenwartsliteratur zu lesen, HipHop-Songs zu hören oder regelmäßig Wissenschaftsmagazine zu lesen. Einzelne ästhetische Wiederholungstendenzen, wie die eben genannten, machen aber noch keinen Lebensstil aus. Es ist erst dann sinnvoll von Lebensstil zu sprechen, wenn ein übergreifendes Geschmacksmuster existiert, das sich auf verschiedene ästhetische Bereiche erstreckt – wie zum Beispiel Literatur, Musik, Tanz, Sportarten, Kleidung, Wohnambiente, Medieninhalte, Veranstaltungen (Events), Ernährung, Automobile, Körperinszenierung, Sexualität. In dieser Perspektive lässt sich Lebensstil als frei wählbare, übergreifende alltagsästhetische Wiederholungstendenz definieren.

Obwohl Lebensstile ästhetisch vielschichtig und umfassend sein können, sind sie dennoch keine beliebige Ansammlung von Vorlieben und Abneigungen. Diese verbinden sich vielmehr zu einer ganzheitlichen Gestalt, die sich im Alltag schon durch Einzelheiten schnell offenbart. Lebensstile sind nämlich immer auch expressiv, d.h. sie setzen Zeichen, an denen sie von anderen leicht zu erkennen sind, ob man selbst das nun wünscht oder nicht. Ein Blick in die Wohnung, auf das Outfit oder ein kurzes Gespräch genügt meist, um den Lebensstil der betreffenden Person ungefähr erfassen und sie meist zutreffend typisieren zu können. Stile sind somit Teil der permanenten symbolischen Interaktion, die sich zwischen Menschen im Alltag abspielt. Man sieht Zeichen eines Lebensstils und entschlüsselt sie, genauso wie Wörter und Sätze, anhand ihrer Bedeutung. Soziologisch sind hauptsächlich drei Bedeutungsebenen von Lebensstilen relevant, die nachfolgend erläutert werden: Genuss, Distinktion und Identifikation.

Genuss ist ein zentrales Element von Lebensstilen. Vieles tun wir einfach aus Lust und Freude. Das ist schon in der Natur des Menschen begründet. Es gehört zu den grundlegenden anthropologischen Tatsachen, dass wir nach positiven Gefühlen streben und negative vermeiden. In einer Zeit, in der das Überleben gesichert ist, großer Wohlstand herrscht und zudem so viele Konsummöglichkeiten wie nie zuvor existieren, liegt also nichts näher als sein Leben genießen zu wollen und seinen Lebensstil auch darauf hin auszurichten. Die Wertewandelforschung belegt eindeutig einen langfristigen Trend in diese Richtung. Mitte der siebziger Jahre des 20. Jahrhunderts sah etwa ein Viertel der bundesrepublikanischen Bevölkerung den Sinn des Lebens vor allem darin, es zu genießen. Zwischenzeitlich gibt dies mehr als die Hälfte der Bevölkerung an. Bei Jugendlichen (16 bis 29-Jährige) liegt der Prozentsatz sogar noch höher, für über 80 Prozent gilt nach eigenen Angaben die Gleichung, dass Lebensgenuss gleich Lebenssinn ist (Noelle-Neumann Petersen 2001: 21; FORUM FAMILIE 2006: 263). Wie man genießt und was einem Spaß macht, lässt sich von außen nicht einfach vorgeben. Jeder entscheidet letztlich für sich selbst, maßgeblich sind die eigenen Gefühle. Daher lassen

sich Kinder und Jugendliche ihren Spaß, den sie vor dem Fernseher oder mit PC-Spielen haben, auch kaum ausreden, so wenig „pädagogisch wertvoll" diese Medienorientierungen im schulischen Kontext auch bewertet werden mögen. Umgekehrt stehen schulischen Lerninhalte, die vor allem nach ihrem „Spaßfaktor" be- und dann häufig auch abgewertet werden, in starker Konkurrenz zu den – aus Schülersicht – wirklich schönen Dingen des Lebens. Ein gut gemeinter pädagogischer Hinweis auf innere Bereicherung, die durch schulische Wissenserweiterung entstehe, verpufft wirkungslos, es sei denn Schüler bringen von sich aus Freude am Lernen und an bestimmten Stoffgebieten mit.

Spaß ist jedoch nicht alles. Lebensstile bieten auch Orientierung durch Identifikation. Alle Menschen brauchen ein Selbstbild mit grundlegenden Werten, Zielen und Lebensprinzipien. Aber gerade in den hoch individualisierten Gesellschaften von heute werden die Fragen „Was will ich eigentlich für ein Mensch sein?" und „Wo gehöre ich hin?" zu zentralen Problemen (Richter 2005: 9). Die Schule macht zwar Identitätsangebote, kann aber insgesamt nur wenig zur Selbstfindung junger Menschen beitragen. Dies gilt auch für das Fach Geschichte, dem diese Aufgabe traditionell zugewiesen wird. Soziale Identität junger Menschen entwickelt sich heute vielmehr aus der Orientierung an sozialen Bezugsgruppen und deren Lebensstilen. Stile symbolisieren Zugehörigkeit und Weltanschauung. Nirgends ist dies so offensichtlich wie bei Markenkleidung. Aus einem Kleidungsstück wird erst dann eine jugendliche Marke, wenn es dem Produzenten gelingt, sein Produkt als Erkennungszeichen einer bestimmten Lebensphilosophie (z.B. „Coolness") zu etablieren. Werbebotschaften machen entsprechende Identifikationsangebote, die dann, wenn das Lebensgefühl von Kindern bzw. Jugendlichen getroffen wird, den eigentlichen Wert einer Ware ausmachen: „Die Marke eines Produktes, etwa einer Hose oder eines Pullovers, vermittelt ein magisches Image, das einen Hinweis auf die eigene Lebensgestaltung und den gewünschten Lebensstil enthält." (Hurrelmann/Bründel 2003: 150-151). Kleidung und Accessoires werden so zur nötigen Identitätsausrüstung, ohne die junge Menschen heute weder Anerkennung in gleichgesinnten Gleichaltrigengruppen finden noch ihr Selbstbild aufrecht erhalten können.

Lebensstile dienen auch der Distinktion, d.h. sie schaffen nicht nur Gemeinsamkeit und Einigkeit, sondern auch Unterscheidung und Distanz. Mit Stilen werden Zeichen gesetzt, wer oder was man nicht sein will. Möchte man sich in einer sozialen Hierarchie nach unten abgrenzen, verwendet man Stile als Statussymbole. Der teure Markenpullover ist eben nicht nur Ausdruck der eigenen Lebensphilosophie, sondern zeigt auch, dass man nicht zu denjenigen gehört, die kein Geld für die „wichtigen Dinge" des Lebens haben. In sozialer Hinsicht ist diese symbolische Abgrenzung gleichzeitig auch Ausgrenzung von anderen, mit denen man nichts zu tun haben will. Psychologisch bringen Statussymbole Distinktionsgewinn, eine Sonderform des Genusses, die daraus entsteht, sich anderen überlegen zu fühlen (Bourdieu 1982). Es wäre aber falsch hinter jeder Stilisierung nur das Streben nach sozialem Rang und Distinktionsgewinn zu vermuten. Erstens sind Genuss und Identifikation als Stilkomponenten mindestens genauso wichtig wie Distinktion; zweitens gibt es Distinktion auch jenseits der vertikalen Statusdimension. So wollen sich viele Schüler durch Verhaltensstile und Outfit oft nur von „Strebern" oder der langweiligen Erwachsenenwelt ihrer Lehrer abgrenzen, ohne dass dies als Distinktion nach unten zu verstehen wäre.

Die Hauptrichtung der bisherigen soziologischen Lebensstilforschung ergibt sich aus ihrem schon angesprochenen Anliegen, die kritisierten Schichtmodelle durch neue Konzepte

der Sozialstrukturanalyse zu erweitern. Im Mittelpunkt stehen dabei nicht Lebensstile einzelner Menschen, sondern Stile, die von vielen Menschen geteilt werden und anhand derer sich soziale Großgruppen voneinander abgrenzen lassen. Bei diesen Großgruppen handelt es sich um soziale Milieus bzw. Lebensstilgruppen. Sie dienen einer möglichst übersichtlichen Unterteilung der Gesamtgesellschaft in soziale Segmente (Abschnitt 2). Daneben gewinnt in jüngster Zeit ein neuer Zweig der Lebensstilforschung an Bedeutung, der sich mit Szenen (von Jugendlichen) beschäftigt. Im Vordergrund stehen hier nicht gesamtgesellschaftlich relevante Großgruppen, sondern posttraditionale Gemeinschaftsbildung durch Lebensstile (Abschnitt 3). Ein weiteres Feld der Lebensstilforschung, das an Bedeutung gewinnt, im Folgenden aber nicht dargestellt wird, ist der themenzentrierte Ansatz, der sich auf eingegrenzte Lebensstilthemen konzentriert. Typische Beispiele hierfür sind die Untersuchung von jugendlichen Ernährungsstilen im Kontext ihrer Lebensstile und gesundheitliche Auswirkungen bestimmter Lebensstilelemente (z.B. Alkohol- und Tabakkonsum, sportliche Betätigung, Schlafgewohnheiten etc.). Zu diesem Ansatz lassen sich auch Lebensstilanalysen zur Umweltorientierung bzw. Nachhaltigkeit sowie die Unterteilung von Urlaubertypen in der Tourismusforschung rechnen (Otte 2004: 36).

Bislang wenig untersucht, aber von großem erziehungswissenschaftlichen Interesse, sind Entstehung und Wandel persönlicher Stile im Lebenslauf. Menschen werden nicht mit fertigen Lebensstilen geboren, sondern entwickeln und modifizieren diese in einer lebenslangen Auseinandersetzung mit ihrer inneren und äußeren Lebenswirklichkeit. Man könnte in diesem Kontext auch von einer Stilsozialisation sprechen, die im Elternhaus, im Freundeskreis, im Umgang mit Massenmedien, in der Schule oder später dann auch im beruflichen Zusammenhang stattfindet. Diese Stilsozialisation ist ein Prozess kulturellen Lernens, in dem eigene Vorlieben mit gesellschaftlich geformten Stilangeboten abgestimmt werden. In einer gelungenen Sozialsiation werden darüber hinaus auch Kompetenzen der Stilkreativität erworben, um Lebensstile für sich selbst abwandeln oder sogar erschaffen zu können. Obwohl persönliche Stile weitgehend durch kulturelles Lernen erworben werden, gibt es deutliche Hinweise darauf, dass die zugrundeliegenden Vorlieben bis zu einem gewissen Grad auch biologisch vorgeprägt sind und sich bereits in der Kindheit als individuelle Geschmacksmuster bemerkbar machen (Müller-Schneider 2007).

3. Soziale Milieus

Der Milieubegriff hat eine lange soziologische Tradition, in der in verschiedenen Varianten immer wieder der Kerngedanke sichtbar wird, dass mit Milieu das soziale Umfeld von Menschen gemeint ist. In neueren Milieubegriffen wird dieser Gedanke dahingehend präzisiert, dass es um Personengruppen geht, die sich durch jeweils spezifische Existenzformen voneinander unterscheiden. Existenzformen umfassen subjektive und situative Komponenten. Beispielsweise sind Werte und Lebensstile subjektive Komponenten, Einkommen, Beruf, Alter, oder Bildung hingegen zählen zu situativen Komponenten. Neben gruppenspezifischen Existenzformen zeichnen sich soziale Milieus durch einen inneren Zusammenhang aus. Menschen, die einem Milieu angehören, sind Gleichgesinnte, die miteinander häufiger in Kontakt treten als mit Menschen aus anderen Milieus. In diesem Sinne lassen sich soziale Milieus als Personengruppen mit gruppenspezifischen Existenzformen und verstärkten Binnenkontakten definieren (Schulze 1992: 174).

Um das Milieugefüge Deutschlands abzubilden, wurden in der Lebensstilforschung verschiedene Milieumodelle entwickelt. Bei all diesen Modellen sind Lebensstile zentrale Kennzeichen subjektiver Existenzformen, weshalb die Gruppeneinteilungen teilweise auch als Lebensstilgruppierungen bezeichnet werden (soziale Milieus und Lebensstilgruppierungen meinen jedoch sehr Ähnliches, so dass beide Begriffe hier nicht unterschieden werden). Im Folgenden werden zwei bedeutende Milieumodelle vorgestellt, die so genannten Sinus-Milieus und die Milieus der Erlebnisgesellschaft. Die in der kommerziellen Marktforschung entwickelten Sinus-Milieus sind allein schon deshalb von großer Bedeutung, weil sie nicht nur in der Marktforschung, sondern auch in der Soziologie große Aufmerksamkeit finden. Das soziologische Modell der Erlebnismilieus ist ebenfalls bekannt und wird gelegentlich ebenfalls in der Markforschung eingesetzt, seine Bedeutsamkeit ergibt sich jedoch vor allem aus theoretischen Gründen. Kein anderes Modell begründet die Entstehung gegenwärtiger sozialer Milieus so unabhängig von sozialer Schichtung und so konsequent auf menschliche Subjektivität bezogen wie dieses. Im anschließenden Vergleich der beiden Milieumodelle zeigt sich, dass eine von einzelnen Studien weitgehend unabhängige deutsche Milieulandschaft existiert.

3.1 Sinus-Milieus

Die kommerzielle Sinus-Milieuforschung begann Ende der siebziger Jahre des 20. Jahrhunderts mit einer ersten Version der Sinus-Milieus, die im Laufe der Zeit mehrfach aktualisiert wurde, um den soziokulturellen Wandel zu berücksichtigen. Das ursprüngliche Milieumodell bezog sich auf die alten Bundesländer und umfasste insgesamt acht soziale Milieus. Nach der deutschen Wiedervereinigung wurden die Milieustrukturen für die alten und neuen Bundesländer zunächst getrennt erfasst und an den sozialen Wandel angepasst, dann aber nach weitgehender Annäherung in ein gesamtdeutsches Modell integriert, das in seiner aktuellen Version zehn Milieus unterscheidet. Die einzelnen Milieus fassen Menschen zusammen, die sich in ihrer Lebensauffassung und ihren Lebensstilen ähneln. Bei der Gruppenbildung werden neben Lebenszielen auch Einstellungen zur Arbeit, zur Familie, zur Freizeit und anderen Lebensbereichen berücksichtigt. Ziel dabei ist es, die Lebenswelt der Menschen ganzheitlich zu analysieren. Der

entwickelte Zielgruppenansatz wird vom Sinus-Institut zur Beratung von Unternehmungen, Politik und Non-Profit-Organisationen eingesetzt (Wippermann/Sielberg 2006: 11).

Die zehn aktuellen Sinus-Milieus erfassen die deutsche Wohnbevölkerung ab 14 Jahren und werden in der so genannten „Kartoffelgrafik" abgebildet. Der Kartoffelbegriff bezieht sich auf die entsprechende grafische Darstellungsform der Sinus-Milieus. Die Überlappungszonen verdeutlichen, dass sich Milieus in der sozialen Wirklichkeit nicht eindeutig voneinander abgrenzen lassen, sondern unscharf ineinander übergehen. Die einzelnen Milieus sind nach zwei Kriterien verortet: der sozialen Lage (soziale Schicht) sowie der Grundorientierung. Entlang der vertikalen Achse werden mit der Oberschicht/obere Mittelschicht (1), der mittleren Mittelschicht (2) und der unteren Mittelschicht/Unterschicht (3) drei Schichtzonen unterschieden. Die Grafik zeigt einen deutlichen Zusammenhang zwischen der Milieu- und Schichtzugehörigkeit. Vereinfacht gesagt, gibt es typische Ober-, Mittelschicht- und Unterschichtmilieus, einige Milieus erstrecken sich aber auch über Schichtgrenzen hinweg. Innerhalb jeder Schichtzone finden sich mehrere soziale Milieus, die entlang der waagerechten Achse nach ihrer Grundorientierung nebeneinander angeordnet sind. Dabei wird zwischen den drei grundlegenden Werthaltungen „Traditionelle Werte" (A), „Modernisierung" (B) und „Neuorientierung" (C) unterschieden, die sich im Zuge des gesellschaftlichen Wertewandels in den vergangenen Jahrzehnten herausbildeten (vgl. Abschnitt 1). Eine alphanumerische Zusatzbezeichnung gibt für jedes Milieu dessen Lage in den neun aus Schichtzonen und Werteorientierung gebildeten Feldern an. So weist die Bezeichnung A23 für das Traditionsverwurzelte Milieu darauf hin, dass in diesem Milieu, dass hinsichtlich der sozialen Lage von der Unterschicht bis hin zur Mittelschicht reicht, hauptsächlich eine traditionelle Werteorientierung herrscht.

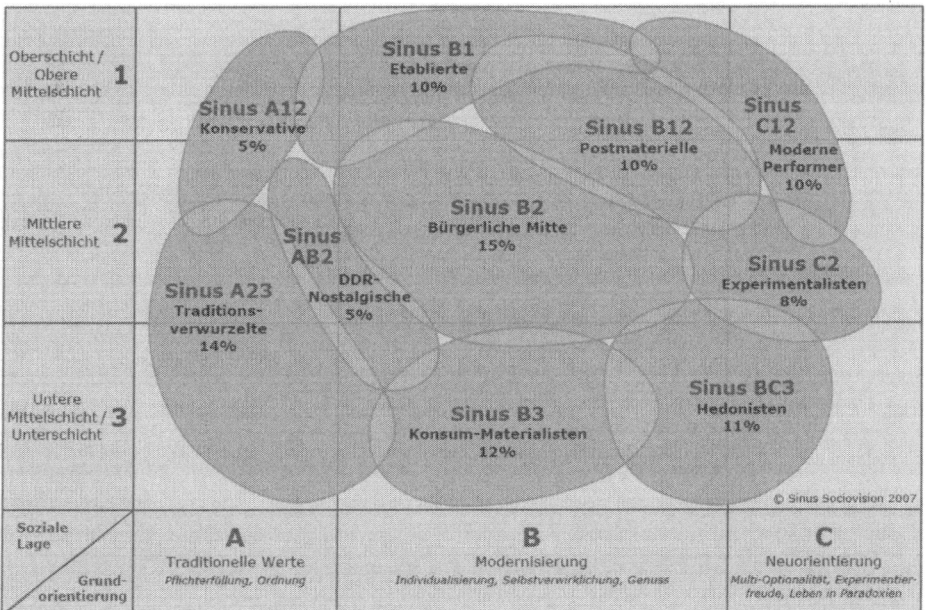

Abb. 1: Sinus-Milieus in Deutschland (Quelle: www.sinus-sociovision.de)

Das Sinus-Institut fasst die in Abbildung 1 dargestellten zehn sozialen Milieus in vier gesellschaftliche Hauptgruppen zusammen. Im oberen Segment der Grafik liegen die „gesellschaftlichen Leitmilieus" (Etablierte, Postmaterielle, Moderne Performer), links die „traditionellen Milieus" (Konservative, Traditionsverwurzelte, DDR-Nostalgische), in der Mitte die „Mainstream-Milieus" (Bürgerliche Mitte und Konsummaterialisten) und rechts die „hedonistischen Milieus" (Experimentalisten, Hedonisten). Die einzelnen Milieus lassen sich anhand ihrer sozialen Lage, ihrer Alltagsästhetik, ihres Selbst- und Weltbildes sowie ihrer Abgrenzung von anderen Menschen (Distinktion) wie folgt stichwortartig porträtieren (eng nach Wippermann/Sielberg 2006: 12-15 und Sinus Sociovision 2007):

– *Etablierte: „Das selbstbewusste Establishment"*
    ■ Soziale Lage: Das Bildungsniveau der Etablierten ist überdurchschnittlich hoch; sie arbeiten typischerweise in gehobenen Berufen als leitende Angestellte, höhere Beamte, freiberuflich Tätige oder Unternehmer und zählen zu den höchsten Einkommensgruppen; der Altersschwerpunkt liegt bei 40 – 60 Jahren.
    ■ Alltagsästhetik: Etablierte haben sehr hohe Ansprüche an Exklusivität und Niveau; sie pflegen vor allem einen hochkulturellen Lebensstil (Vorliebe für Theater und Oper, Kultursendungen und Wissenschaftsmagazine im TV).
    ■ Selbstbild und Weltbild: Etablierte betrachten sich selbst als ökonomische, politische und kulturelle Elite, die gesellschaftliche Verantwortung übernimmt.
    ■ Distinktion: Bewusste Abgrenzung von Menschen, die aus Sicht der Etablierten in der sozialen Hierarchie weiter unten stehen.

– *Postmaterielle: „Das aufgeklärte Nach-68er-Milieu"*
    ■ Soziale Lage: Im Milieu der Postmateriellen dominieren hohe Bildungsgrade, viele von ihnen sind Studenten, qualifizierte Angestellte oder freiberuflich tätig; das Altersspektrum reicht von der Jugend bis zur späten Lebensmitte.
    ■ Alltagsästhetik: Postmaterielle sind hochkulturell orientiert, haben intellektuelle und kreative Freizeitinteressen und ökologischen Konsum.
    ■ Selbst- und Weltbild: Postmaterielle betrachten sich als kulturelle und ökologische Avantgarde; ihr Lebensentwurf ist auf Selbsterkenntnis und permanente Persönlichkeitsentwicklung ausgerichtet.
    ■ Distinktion: Postmaterielle distanzieren sich von Menschen mit „plattem" Materialismus und einfachen Lebensentwürfen.

– *Moderne Performer: Die junge, unkonventionelle Leistungselite"*
    ■ Soziale Lage: Insgesamt dominieren in diesem Milieu hohe Bildungsgrade, viele studieren und unter den Berufstätigen gibt es viele Selbständige (u.a. in „Start-ups"); der Altersschwerpunkt liegt unter 30 Jahre.
    ■ Alltagsästhetik: Moderne Performer zeichnen sich vor allem durch ihre Multimedia-Begeisterung aus; man geht gern aus (Kino, Kneipe, Diskothek) und hört Rock- und Popmusik.
    ■ Selbst- und Weltbild: Moderne Perfomer fühlen sich als Trendsetter im „global village" und als neue, unkonventionelle technologische und kulturelle Elite; aus ihrer Sicht sind die modernen Entwicklungen kreativ zu bewältigen, für Technik- und Kulturpessimismus hat man kein Verständnis.
    ■ Distinktion: Abgelehnt werden Konventionalisten und Personen mit „Gewerkschaftsmentalität".

– *Konservative: „Das alte deutsche Bildungsbürgertum"*
  - Soziale Lage: Die Konservativen setzen sich vor allem aus Menschen im Ruhestand mit ehemals gehobenen Berufspositionen zusammen; der Altersschwerpunkt liegt dementsprechend über 60 Jahre.
  - Alltagsästhetik: Theater und Oper, Kunst- und Kultursendungen, Reiten, Wandern, Gartenpflege.
  - Selbst- und Weltbild: Konservative sehen sich selbst als Bewahrer moralischer und sozialer Werte; für sie ist Anpassung an Konventionen Voraussetzung für den Erhalt sozialer Ordnung.
  - Distinktion: Soziales Feinbild sind egozentrische, nicht gesellschaftsfähige Menschen.
– *Traditionsverwurzelte: „Die Sicherheit und Ordnung liebende Kriegs-/Nachkriegsgeneration"*
  - Soziale Lage: Bei den Traditionsverwurzelten überwiegt ein niedriger Bildungsgrad (Hauptschule mit Berufsausbildung), die Einkommen liegen im unteren und mittleren Bereich; es herrscht ein hoher Frauenanteil und viele Traditionsverwurzelte sind über 65 Jahre alt.
  - Alltagsästhetik: Es herrscht eine Vorliebe für triviale Kultur: Schlager, Heimatfilme, Volkstheater, große Unterhaltungsshows, Regenbogenpresse.
  - Selbst- und Weltbild: Man zählt sich zu den anständigen und rechtschaffenen Menschen, die sich in einer hierarchisch geordneten Welt zurechtfinden müssen.
  - Distinktion: Was man gar nicht schätzt, sind unangepasste Lebensstile.
– *DDR-Nostalgische: „Die resignierten Wende-Verlierer"*
  - Soziale Lage: DDR-Nostalgische waren teils in führenden Positionen des DDR-Regimes beschäftigt, üben aber jetzt, so sie nicht arbeitslos sind, nur noch einfache Berufe aus; viele DDR-Nostalgische sind über 50 Jahre alt.
  - Alltagsästhetik: DDR-Nostalgische finden Gefallen am einfachen Leben: Volkstheater, Schneidern, Heimwerken, Gartenpflege.
  - Selbst- und Weltbild: DDR-Nostalgische sehen sich eindeutig als Verlierer der Wiedervereinigung; dem Kapitalismus können sie nach wie vor nicht viel abgewinnen und setzen stattdessen auf Gerechtigkeit und Solidarität.
  - Distinktion: Im Milieu der DDR-Nostalgischen werden „Kapitalisten" abgelehnt.
– *Bürgerliche Mitte: „Der statusorientierte moderne Mainstream"*
  - Soziale Lage: Mit mittleren Bildungsabschlüssen arbeiten viele in diesem Milieu als mittlere Beamte, Angestellte und Facharbeiter; der Altersschwerpunkt liegt zwischen 30 und 50 Jahren.
  - Alltagsästhetik: Geselligkeitsorientierte Freizeitinteressen (Einladen von Gästen, Vereine, Sport in der Gruppe), gemütliche Entspannung, Familienserien.
  - Selbst- und Weltbild: Man schätzt sich als aufgeschlossener, respektierter Normalbürger ein, dem alle Extreme fremd sind; in einer sich ständig verändernden Welt darf man den Anschluss nicht verlieren.
  - Distinktion: Es herrscht große Distanz zu Randständigen der Gesellschaft genauso wie zum Milieu der Traditionsverwurzelten.
– *Konsum-Materialisten: „Die stark materialistisch geprägte Unterschicht"*

- Soziale Lage: Bei den Konsum-Materialisten überwiegen niedrige Bildungsgrade und Berufspositionen, überdurchschnittlich hoch ist der Anteil an Arbeitslosen, getrennt Lebenden, Geschiedenen und Alleinerziehenden.
- Alltagsästhetik: Es herrscht eine hohe Vorliebe für Unterhaltungselektronik, für Soaps und Real-Life-Formate im TV, man schätzt Fertiggerichte und Modeschmuck.
- Selbst- und Weltbild: Konsum-Materialisten erleben sich selbst als einfache und benachteiligte Menschen in einer hierarchisch gegliederten Welt.
- Distinktion: Man distanziert sich einerseits von „Besserwissern" und distinguierten Menschen, andererseits aber auch von Randgruppen und Ausländern.

– *Experimentalisten: „Die extrem individualistische neue Bohème"*
- Soziale Lage: Experimentalisten sind häufig gut gebildet, viele von ihnen sind noch Schüler oder Auszubildende; unter den Berufstätigen findet man meist mittlere Angestellte oder freiberuflich Tätige.
- Alltagsästhetik: Experimentalisten schätzen Action außer Haus: Rock- und Pop-Konzerte, Techno-Events, Diskothek, Extremsportarten.
- Selbst- und Weltbild: Man sieht sich als kreative und kulturelle Avantgarde, die sich in einer viel zu konventionellen und eingeengten Welt keinem Karrierezwang unterwerfen will.
- Distinktion: Spießbürger und in Routinen festgefahrene Menschen sind unbeliebt.

– *Hedonisten: „Die Spaß-orientierte moderne Unterschicht/untere Mittelschicht"*
- Soziale Lage: Hedonisten haben meist eine einfache Bildung und vergleichsweise häufig keinen berufsbildenden Abschluss, häufig sind sie einfache Arbeiter und Angestellte; der Alterschwerpunkt liegt unter 30 Jahre.
- Alltagsästhetik: Hedonisten suchen nach Spannung und Zerstreuung: Raves, Techno-Events, Rock- und Popmusik, Freizeitparks; sie haben Lust am Trash und Exzessiven.
- Selbst- und Weltbild: Hedonisten fühlen sich als unabhängige, freie Menschen, die ihren Bedürfnissen jenseits enger Regeln und Leistungszwängen folgen.
- Distinktion: Spießer und Bonzen mag man nicht.

3.2 Erlebnismilieus

Die Individuen und ihr Innenleben sind Ausgangspunkt des von Gerhard Schulze (1992) entwickelten Milieumodells. Nach Schulze besteht in unserer Wohlstandsgesellschaft, anders als noch bis in die Mitte des 20. Jahrhunderts, das grundlegende Lebensproblem nicht mehr darin, das eigene Überleben sichern und ständige Knappheit oder gar Armut bewältigen zu müssen. Was Menschen heute vor allem antreibt, ist das Streben nach Glück, Genuss und Spaß; letzten Endes verfolgen sie das Projekt eines schönen Lebens. Sie tun dies, indem sie aus dem nahezu unerschöpflichen Reservoir alltagsästhetischer Möglichkeiten solche auswählen, die ihnen schöne Erlebnisse versprechen. Waren und Dienstleistungen, ja sogar unsere sozialen Beziehungen, werden dementsprechend nach ihrem subjektiven Erlebniswert bemessen. In dieser Situation handeln Menschen verstärkt erlebnisrational, d.h. sie wollen nicht nur beiläufig etwas erleben, sondern sich gezielt schöne Erlebnisse verschaffen. Erlebnisrational handelt beispiels-

weise derjenige, der ins Kino geht, um einen Kinoabend zu genießen; nicht erlebnisrational hingegen handelt ein Kritiker, der ins Kino geht, um einen Film zu besprechen. Es ist durchaus möglich, dass beide Personen vom gesehenen Film begeistert sind, aber nur von der ersten Person war dies – im Sinne eines rationalen Handelns – von Anfang an beabsichtigt. In der Erlebnisgesellschaft wird Erlebnisrationalität zur grundlegenden Handlungsorientierung.

Erlebnisrationales Handeln enthält eine stark subjektive Komponente: Das Schöne im Leben kennt keine objektiven Vorgaben, jeder muss für sich selbst entscheiden, was ihm gefällt oder nicht. Als Maßstab kann nur das eigene Innenleben dienen, Orientierung bietet der eigene Geschmack (Vorlieben und Abneigungen), der uns wie ein Kompass auf dem Pfad des schönen Lebens begleitet. Mithilfe unseres Geschmacks entwickeln wir einen persönlichen Stil, d.h. Handlungsroutinen der Erlebnisrationalität. Persönliche Stile mögen im Einzelfall unverwechselbar und einzigartig sein, häufig greifen wir jedoch auf bereits existierende Stil-schablonen, so genannte alltagsästhetische Schemata, zurück. Diese bieten einem selbst Erlebnisorientierung und geben anderen Menschen durch leicht verständliche Zeichen schnell zu erkennen, mit welchem Erlebnistyp man es zu tun hat. Schulze identifiziert drei alltagsäs-thetische Schemata, die zum Teil erst nach dem Zweiten Weltkrieg entstanden und heute grundlegende kulturelle Orientierungsmuster sind: Hochkultur-, Trivial- und Spannungs-schema. Jedes dieser drei Schemata verbindet sich mit einer bestimmten Art des Genießens, der Distinktion und der Identifikation bzw. Lebensphilosophie (Schulze 1992: 125-156).

Das Hochkulturschema ist kulturhistorisch am ältesten und überschneidet sich in seinen Inhalten stark mit dem, was an allgemeinbildenden Schulen als gehobene Kultur vermittelt bzw. eingeübt wird, insbesondere „Literatur" in ihren verschiedenen Gattungen sowie klas-sische und moderne ernste Musik. Wer dem Hochkulturschema nahe steht, liest gern klas-sische und moderne Literatur, hat eine Vorliebe für klassische Musik, besucht gern Theater und Konzerte, aber auch Museen, Galerien und Ausstellungen. Beim Fernsehen werden Kul-turmagazine, Dokumentationen zur Zeitgeschichte und politische Diskussionen bevorzugt. Hochkultureller Genuss ist durch Kontemplation bzw. schöngeistige Verzückung gekenn-zeichnet. Die Distinktion richtet sich gegen alle Inkompetenten ohne Kulturverständnis, etwa Bildzeitungsleser und Bier trinkende Dauerfernseher. Auf der lebensphilosophischen Ebene kommt vor allem das Streben nach stilistischer Perfektion zum Vorschein.

Die Tradition des Trivialschemas reicht bis ins 19. Jahrhundert zurück und umfasst von jeher, was von vielen als Kitsch und Rührseligkeit abgewertet wird. Heute verbindet es ins-besondere Volksmusik, deutschen Schlager, Heimatfilme und Volkstheater zu einem ästhe-tischen Komplex. Genussmotiv des Trivialschemas ist die Gemütlichkeit; Individualisten und exzentrische Menschen bilden das kulturelle Feindbild (Distinktion) und die Lebensphi-losophie besteht im Streben nach Harmonie.

Das Spannungsschema begann sich in den fünfziger und sechziger Jahren des 20. Jahr-hunderts mit der aufkommenden und dann stark expandierenden Jugendkultur zu entwickeln. Ästhetisch geprägt wird es vor allem von Rock- und Popmusik, Actionfilmen sowie von der Lust am Ausgehen (Diskotheken, Kinos, Kneipen). Beim Spannungsschema gilt die Formel, dass Genießen gleich „Action" ist, d.h. schöne Erlebnisse zeichnen sich durch Schnelligkeit, Dynamik, körperliche Intensität und Abwechslung aus. Die Distinktion wendet sich gegen „Langeweiler" und solche Menschen, die an Althergebrachtem festhalten. Die Lebensphilo-sophie manifestiert sich in einer starken Ich-Bezogenheit bis hin zum Narzissmus.

Der sozialwirksame Gesamtstil eines Menschen ist nun nicht nur durch ein einziges alltagsästhetisches Schema gekennzeichnet, sondern durch alle drei. Dabei gilt in unserer posttraditionalen Kultur: „Alles ist möglich". Wer beispielsweise hochkulturell orientiert ist, kann gleichzeitig Action mögen und ein Faible für Trivialkultur haben oder Hochkultur nur mit dem einen oder anderen verbinden oder aber – als hochkultureller Purist – auch beides ablehnen. Derartige Stilkombinationen sind typische Erlebnisorientierungen, die erheblichen Einfluss darauf haben, wer als interessanter Mensch gilt und damit überhaupt als gewünschter Interaktionspartner (z.B. für den Freundeskreis) in Frage kommt. Die Kontaktwahl folgt dabei nach dem Grundsatz: Gleich und Gleich gesellt sich gern. Personen mit ähnlichen Erlebnisorientierungen finden leichter zusammen als solche mit unterschiedlichen oder sogar als gegensätzlich empfundenen Vorlieben. Diese selektive Wahl von Interaktionspartnern trägt wesentlich zur Bildung sozialer Milieus bei, die sich dementsprechend durch ihre milieuspezifische Stilkombinationen und eigene Varianten der Erlebnisorientierung auszeichnen. Nach Schulze lassen sich funf Erlebnismilieus unterscheiden, die in der deutschen Nachkriegsgesellschaft entstanden und seither weitgehend stabil blieben. Sie werden in Abbildung 2 präsentiert. Wer etwa zum *Niveaumilieu* gehört, pflegt typischerweise einen hochkulturellen Stil, lehnt aber gleichzeitig Action und Triviales ab. Schöne Erlebnisse sollen niveauvoll sein und so den eigenen Rang sichern. Ganz anders liegen die Verhältnisse im *Unterhaltungsmilieu*. Dort wollen die Menschen typischerweise Stimulation, also Action „pur" (Hochkultur und triviale Kultur werden abgelehnt). Auch im *Selbstverwirklichungsmilieu* möchte man sich ausleben, im Unterschied zum Unterhaltungsmilieu allerdings mit Niveau. Die Mitglieder des *Harmoniemilieus* streben nach Erlebnissen der Geborgenheit, aufregende Action und verwirrende Komplexität der Hochkultur werden abgelehnt. Die Erlebnisorientierung im *Integrationsmilieu*, das Hochkultur und Trivialität miteinander verbindet, ist auf Konformität ausgerichtet, die sich am besten im Kreis „netter Menschen" erfahren lässt.

Milieuspezifische Varianten der Erlebnisorientierung	Übersetzung in den dimensionalen Raum alltagsästhetischer Schemata (Stiltypen) ‚ + ' bedeutet Nähe, ‚ – ' bedeutet Distanz		
	Hochkulturschema	Trivialschema	Spannungsschema
Streben nach Rang (Niveaumilieu)	+	-	-
Streben nach Konformität (Integrationsmilieu)	+	+	-
Streben nach Geborgenheit (Harmoniemilieu)	-	+	-
Streben nach Selbstverwirklichung (Selbstverwirklichungsmilieu)	+	-	+
Streben nach Stimulation (Unterhaltungsmilieu)	-	-	+

Abb. 2: Milieuspezifische Varianten der Erlebnisorientierung nach Schulze (Quelle: Schulze 1992: 165)

Erlebnismilieus gründen zwar in hohem Maße auf der Subjektivität ihrer Mitglieder, sind aber dennoch keine sozialstrukturell frei schwebenden Gruppen. Wie Abbildung 3 zeigt, können die fünf Erlebnismilieus nach Alter und Bildung ihrer Mitglieder in einem zweidimensionalen Koordinatensystem verortet werden. Zwischen jungen (Unterhaltung, Selbstverwirklichung) und älteren Milieus (Harmonie, Integration, Niveau) verläuft eine Altersgrenze, die bei ungefähr 40 Jahren (Lebensmitte) liegt. Die beiden jüngeren Milieus unterscheiden sich hinsichtlich ihres Bildungsgrades, wobei im Unterhaltungsmilieu vorwiegend Menschen mit niedrigem Bildungsgrad anzutreffen sind und im Selbstverwirklichungsmilieu solche mit mittleren und höheren Bildungsgraden. Bei älteren Milieus entspricht die Aufteilung zwischen Harmonie-, Integrations- und Niveaumilieu in etwa den Bildungsgraden des dreigliedrigen Schulsystems. Die markante Aufteilung der Erlebnismilieus nach Alter und Bildung resultiert daraus, dass die drei alltagsästhetischen Schemata stark mit diesen beiden Merkmalen zusammenhängen. Je jünger Menschen sind, desto eher bevorzugen sie ein spannungsreiches Leben und desto mehr lehnen sie die Trivialkultur ab. Und je gebildeter sie sind, desto größer die Vorliebe für Hochkultur und die Abneigung gegen Triviales. Alter und Bildung sind daher, genau so wie ästhetische Schemata, leicht sichtbare Zeichen, die selbst in kurzen und oberflächlichen Alltagsbegegnungen eine schnelle und verlässliche Milieuzuordnung von Personen erlauben.

3.3 Milieumodelle im Vergleich

Auf den ersten Blick scheinen die Sinus- und Erlebnismilieus unvereinbar zu sein. Akzeptiert man jedoch soziale Unschärfe und Abweichungen im Detail, lassen sich die beiden Milieumodelle, wie andere Milieumodelle auch, aufeinander beziehen. Im vergleichenden Gesamteindruck werden sehr ähnliche Personengruppen sichtbar. Fasst man die drei Sinus-Milieus der Postmateriellen, Modernen Performer und Experimentalisten gedanklich zu einem Milieu zusammen, so erkennt man deutlich das Selbstverwirklichungsmilieu. Konsum-Materialisten und Hedonisten können als zwei Teilsegmente des Unterhaltungsmilieus aufgefasst werden. Die Bürgerliche Mitte entspricht in etwa dem Integrationsmilieu, die Traditionsverwurzelten korrespondieren mit dem Harmoniemilieu und Konservative sowie ein großer Teil der Etablierten bilden zusammengenommen das Niveaumilieu. Selbst das Milieu der DDR-Nostalgiker findet seinen Platz, es fügt sich bruchlos in das Harmoniemilieu ein. Diese Zuordnungen verweisen auf eine wichtige Eigenschaft sozialer Milieus. Sie haben, auch wenn die Kartoffelgrafik von Sinus Gegenteiliges suggerieren mag, eben keinen Dingcharakter wie Kartoffeln. Die Anzahl relevanter Milieus ist nicht einfach objektiv vorgegeben, man muss sich vielmehr (anhand geeigneter Kriterien) entscheiden, in wie viele Milieus die Sozialstruktur einer Gesellschaft unterteilt werden soll. So betrachtet, stehen sich Sinus- und Erlebnismilieus auf verschiedenen gesellschaftlichen Differenzierungsniveaus gleichberechtigt gegenüber. Die Sinus-Milieus erfassen die gleiche Milieulandschaft wie die Erlebnismilieus, allerdings mit größerer sozialer Tiefenschärfe.

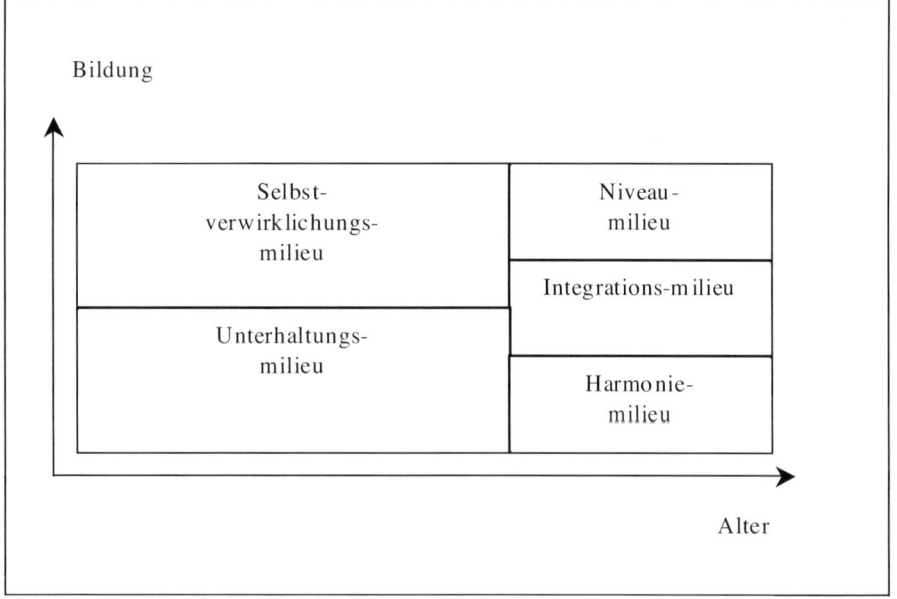

Abb. 3: Das Milieumodell von Schulze (Quelle: Schulze 1992: 384)

Nicht nur die einzelnen Milieus weisen deutliche Parallelen auf, sondern auch die beiden Koordinatensysteme, in denen sie verankert sind. Vertikal sind die Sinus-Milieus nach ihrer Schichtzugehörigkeit angeordnet und dadurch gleichzeitig auch nach dem Bildungsgrad. Oben befinden sich in der Kartoffelgrafik, in Analogie zur Anordnung der Erlebnismilieus (Abbildung 3), die Milieus mit hoher Bildung und unten die mit niedriger Bildung. Der Unterschied zwischen den beiden vertikalen Achsen besteht in ihrer gesellschaftlichen Interpretation. Bei den Sinus-Milieus wird nach wie vor davon ausgegangen, dass eine geschichtete soziale Hierarchie unser Alltagsleben durchdringt, bei den Erlebnismilieus hingegen ist dies nicht mehr der Fall. Schulze geht davon aus, dass die Bildungsdifferenzierung sozialer Milieus noch kein zwingender Hinweis für eine soziale Schichtung ist, da sich die Erlebnismilieus, gleichgültig welche Bildungsgrade dominieren, wechselseitig abwerten und dadurch ein gesellschaftsübergreifendes Hierarchieverständnis verhindern. Die horizontalen Achsen der beiden Milieu-Modelle lassen sich ebenfalls aufeinander beziehen. Die Erlebnismilieus sind nach dem Lebensalter angeordnet, die Sinus-Milieus in drei Abschnitten nach ihrem Modernisierungsgrad. Links finden sich traditionelle Milieus, die aufgrund ihrer Generationszugehörigkeit auch älter sind als „modernisierte" oder gar „neu orientierte" Milieus, die – ebenfalls aufgrund ihrer Generationszugehörigkeit – insgesamt am jüngsten sind. Der gemeinsame Bezugspunkt beider Achsen ist somit das Lebensalter, das bei den Sinus-Milieus indirekt über die Wertorientierung und ihre generationsspezifische Differenzierung sichtbar wird. Ob sich je nach Generation immer wieder neue Milieus bilden, oder Menschen in ihrem Lebenslauf durch stabile Milieus „wandern", ist bislang noch nicht hinreichend sicher geklärt. Vieles deutet jedoch darauf hin, dass das Lebensalter für den Lebensstil und damit für die Milieubildung eine zentrale Rolle spielt.

Bezieht man weitere Studien mit zunächst unterschiedlichen Ergebnissen in den Milieuvergleich ein, ändern sich die zentralen Aussagen nicht. Wiederum findet man ähnliche Personengruppen, die auf eine gemeinsame Milieustruktur hinweisen; auch Bildung und Alter werden als die beiden grundlegenden Unterscheidungsmerkmale von Milieus und Lebensstilgruppen bestätigt.

4. Szenen

Soziale Milieus wurden als gesellschaftliche Großgruppen mit ähnlichen Lebensstilen und erhöhter Binnenkommunikation definiert. Davon zu unterscheiden sind Szenen, die viel konkreter in der individuellen Wahrnehmung und Handlungsorientierung verankert sind als die großen gesellschaftlichen Milieus. Ganz allgemein werden unter Szenen kulturelle Netzwerke von Personen verstanden, die einen thematisch fokussierten Lebensstil teilen und diesen an typischen Orten zu typischen Gelegenheiten (z.B. Events) kollektiv stabilisieren und weiterentwickeln (Hitzler et al. 2005: 20). Zwischen Szenen und Milieus herrscht keine eindeutige Beziehung. Manche Szenen können bestimmten Milieus zugeordnet werden, andere hingegen überlagern mehrere Milieus. Die Mitglieder der Hochkulturszene kommen beispielsweise sowohl aus dem Selbstverwirklichungs- als auch aus dem Niveaumilieu. In beiden Milieus wird der hochkulturelle Stil gepflegt, etwa bei einer Aufführung im städtischen Theater, beim Besuch eines Konzertes oder bei anderen Veranstaltungen, in denen immer wieder ein ähnliches Publikum zusammenkommt.

Mit den sich potenzierenden Optionen der Lebensgestaltung und der Ästhetisierung des Alltags entwickelte sich im Laufe der vergangenen Jahrzehnte eine enorme Vielfalt von Szenen, sodass gelegentlich schon von einer regelrechten „Verszenung" der Gesellschaft gesprochen wird. Diese Entwicklung trifft (bislang) allerdings viel stärker auf Jugendliche und junge Erwachsene zu als auf ältere Menschen. Szenen sind wie geschaffen für junge Menschen unserer Gesellschaft. Es handelt sich um eine hoch individualisierte, d.h. frei wählbare und weitgehend unverbindliche Form der Gemeinschaft, die Sinn, Orientierung, soziale Verortung und Identität bietet. Und vor allem natürlich auch Spaß. Szenen sind „Kinder" der Erlebnisgesellschaft, sie entstehen überhaupt nur dadurch, dass sie Szenegängern etwas Besonderes bieten, nämlich die unmittelbare Produktion von Erlebnissen (Esser 2000: 88). Wer allerdings keinen Spaß mehr hat in einer Szene, verlässt sie einfach. Dafür kommen neue Mitglieder hinzu und stabilisieren sie dadurch als soziales System. Findet jedoch niemand mehr Gefallen an einer bestimmten Szene, zerfällt sie einfach, sie ist „out". Genau diese Unverbindlichkeit und radikale Subjektbezogenheit unterscheidet Szenen von herkömmlichen Sozialisationsagenturen (Familie, Schule, kirchliche oder politische Jugendorganisationen), die vielen Jugendlichen heute immer weniger die Erlebnismöglichkeiten, Wertmuster und Identifikationsangebote bieten können, die sie suchen.

Jede Szene hat ihr zentrales Thema, das sie von anderen Szenen abhebt. Das kann ein bestimmter Musikstil sein, eine Sportart, eine politische Orientierung, oder auch eine bestimmte Lebensphilosophie, wie etwa die postmoderne Religiosität der Gothics (Schmidt/

Neumann-Braun 2005). Das Szenethema ist für Jugendliche von herausragender Bedeutung. Zunächst einmal muss es vor allem zu den eigenen Präferenzen passen. Wer Punkmusik abscheulich findet, wird kein Punker und wer zu ungeschickt für die Akrobatik auf dem Skateboard ist, wird sich kaum in der Skater-Szene wiederfinden. Szenegänger dagegen haben ein Interesse am gemeinsamen Thema, sie sind Gleichgesinnte und Lebensstilverbündete. Man kann Szenen daher auch als Gesinnungsgemeinschaften verstehen, die jungen Menschen Identitätsangebote machen. Für Szenemitglieder ist der thematische Fokus ihrer Gemeinschaft gleichzeitig Kern der eigenen sozialen Identität: sie *sind* Punker, Sprayer oder Skater und grenzen sich dadurch von den Identitätsangeboten anderer Szenen ab. Identifikation und Distinktion werden durch besondere Symbole, Rituale und Verhaltensweisen inszeniert, die um das zentrale Thema kreisen und eine soziale Verortung nach außen und innen ermöglichen. Wer dazugehören will, muss den szenetypischen Habitus erlernen und wird daran von Außenstehenden auch leicht erkannt (Maschke 2006: 7).

Die heutige Jugendkultur stellt sich als ein Panoptikum von Szenen dar, das sich, allein schon aufgrund seiner schnellen Wandelbarkeit, nicht erschöpfend darstellen lässt. Die folgende Auswahl vermittelt einen Eindruck der aktuellen Szenevielfalt: Techno-Szene, Hardcore-Szene, Gothics, Skater-Szene, HipHop-Szene, Graffitti-Szene, lan-gamer, Drogen-Szene, Skinhead-Szene, Antifa-Szene, Demo-Szene, Jesus Freaks, Szene der Fußballfans. Fußballfans, Skater, HipHop-Szene und junge Christen sind Szenen, denen sich besonders viele Jugendliche zugehörig fühlen oder die ihnen zumindest sympathisch sind. Im jugendlichen Szene-Universum von heute herrscht Multioptionalität. Zugehörigkeiten zu verschiedenen Szenen schließen sich durchaus nicht aus und Jugendliche fühlen sich in der Regel auch nicht nur von einer einzigen Gruppe angezogen. Viele stellen sich ihre individuelle Mehrfachzugehörigkeit aus dem Angebot aktueller Szenen zusammen, ohne dass dies als Bruch des eigenen Lebensstils empfunden würde. Wie schon bei der Wahl alltagsästhetischer Stile gilt auch bei der Szenewahl: Alles ist möglich. Junge Menschen orientieren sich häufig an mehreren Szenen gleichzeitig und wechseln ihre Szenezugehörigkeiten im Verlauf der Jugendphase und Postadoleszenz. Den unterschiedlichen Gruppierungen gegenüber herrscht dabei überwiegend Toleranz und Akzeptanz, ausgeprägte Gegnerschaften lassen sich kaum finden. Eine wichtige Ausnahme bildet die Skinhead-Szene. Diese wird, vorausgesetzt man kennt sie, in allen jugendlichen Altersgruppen nicht nur mehrheitlich abgelehnt, sondern auch bekämpft. Jugendliche Szenetoleranz hat dort ihre Grenzen, wo eindeutige Gewaltbereitschaft und rechte Ideologien ins Spiel kommen (Maschke 2006: 8).

Die Vielfalt jugendlicher Szenen kann, lässt man einmal besondere Gruppierungen – wie die Drogenszene – außer Acht, in drei Typen zusammengefasst werden (Hitzler et al. 2005: 223-226). Der erste Typ umfasst „Selbstverwirklichungs-Szenen", zu denen vor allem die Graffiti-, Skater- und Sportkletter-Szenen zuzurechnen sind. In diesen Szenen bilden Kreativität, Können, Perfektionierung, Inszenierung und persönliches Wachstum – Selbstverwirklichung eben – eine unauflösliche Einheit. Skatern geht es um die Erweiterung und Verfeinerung ihres Repertoires an „Tricks", Sprayern um die Entwicklung und Verfeinerung eines eigenen Graffity-Stils und Kletterern um die sukzessive Bewältigung von Schwierigkeitsgraden. „Hedonistische Szenen" (z.B. Techno-Szene) bilden einen zweiten Typ. Bei diesen Szenen kommt es nicht so sehr auf die Arbeit an sich selbst und szenespezifisch definierten Erfolg an, sondern vielmehr auf die momentanen Erlebnisbedürfnisse, die man möglichst

unkompliziert ausleben möchte. Der dritte Typus schließlich vereint Aufklärungs-Szenen (z.B. Antifa-Szene), deren szeneübergreifende Gemeinsamkeit in der Überzeugung besteht, dass die gegebenen gesellschaftlichen Verhältnisse nicht akzeptabel sind und daher verbessert werden müssen.

Wie alle sozialen Gruppen weisen auch Szenen eine innere Differenzierung auf. Den Kern bildet die Elite, um die herum die Szene organisiert ist. Die Szene-Elite übt wichtige Funktionen aus, indem sie beispielsweise Events organisiert, durch ihre Kompetenz Maßstäbe setzt (z.B. die Beherrschung von Tricks in der Skater-Szene) oder bei der Herausgabe von Fanzinen bzw. der Szenepräsentation im Internet maßgeblich beteiligt ist. Eng verwoben mit der Szene-Elite sind „Friends", die sich verstärkt an Szeneaktivitäten beteiligen, für gelegentliche Hilfsdienste rekrutiert werden können und dafür bestimmte Privilegien genießen (z.B. direkter Zugang zur Szene-Elite). Von den Friends sind normale Szenegänger und von diesen wiederum – wenn auch nur unscharf abgegrenzt – das Szenepublikum zu unterscheiden, das sich der Szene zwar nicht direkt zugehörig fühlt, sich aber für das Szenegeschehen interessiert und darüber informiert ist (Hitzler et al. 2005: 27-28). Dadurch reicht die Orientierungswirkung von Szenen weit über den Kreis der Szenegänger hinaus.

Mit Blick auf die zukünftige Entwicklung kann man davon ausgehen, dass der Trend der Verszenung der Jugendkultur sich auch in Zukunft weiter fortsetzen wird. Als Prototypen der Vernetzung junger Menschen werden sich Szenen in multioptionalen Gesellschaften weiter ausbreiten, allein schon deshalb, weil sie alltagsästhetische Stilisierung und Gemeinschaftserlebnisse in einer Weise verbinden, die der jugendlichen Suche nach Spaß und Identität genau entspricht. Es werden neue Szenen hinzukommen, da nahezu jedes Thema szenefähig ist. Historisch ältere Szenen müssen dabei nicht unbedingt verschwinden, sie können durchaus von nachwachsenden Generationen fortgeführt oder sogar wiederbelebt werden. Weiter zunehmen wird auch die heute schon beobachtbare Medialisierung von Szenen, insbesondere durch das Internet. Nahezu alle Jugendszenen verwenden heute das Internet, um sich ihrem Publikum zu präsentieren, um ein Forum für Szeneaktivitäten und Events zu bieten sowie um die Binnenkommunikation der Szene medial zu erhöhen. Auch die Kommerzialisierung und Eventisierung von Szenen wird weiter voranschreiten, wobei mit Eventisierung gemeint ist, dass die Zahl und Erlebnisdichte szenetypischer Events (z.B. contests) zunimmt (Hitzler et al. 2005: 229-234).

5. Erziehungswissenschaftlicher Kontext

Aus erziehungswissenschaftlicher Sicht sind Lebensstile, Milieus und Szenen in verschiedener Hinsicht relevant. Im Folgenden werden vier ausgewählte Gesichtspunkte angesprochen: Herkunftsmilieu und Bildungsungleichheit, Schule als Ort der Stilsozialisation, soziale Milieus und Weiterbildung, außerschulischer Kompetenzerwerb.

Herkunftsmilieus und Bildungsungleichheit. Schulische Bildung hängt erheblich von der sozialen Herkunft ab. In der Soziologie wurde der Einfluss wichtiger Faktoren auf den Schulerfolg, auch im Zeitvergleich, untersucht (z.B. Georg 2006). Die oben dargestellten Milieus wurden aber bislang noch nicht systematisch daraufhin untersucht, inwiefern sie sich als elterliche Herkunftsmilieus auf die Bildungsbiographie der betreffenden Kinder auswirken. Es ist aber offensichtlich, dass die Sozialisation von Kindern, die zum Beispiel im Milieu der Postmaterialisten aufwachsen, anders verläuft als die von Kindern, deren Eltern dem Milieu der Konsummaterialisten angehören. Kinder aus verschiedenen Milieus wachsen in Umwelten auf, die sich bildungsrelevant unterscheiden. Dies betrifft ökonomische Ressourcen, Bildungsstand und Lebensstil der Eltern, deren Erziehungs- und Bildungsziele, den Umgang mit Medien (Bücher, TV, Videospiele etc.) oder intellektuelle Anregung. Bekannt ist, dass sich der Einfluss rein ökonomischer Ressourcen auf den Bildungswerdegang der Kinder verringert hat; auch die berufliche Zugehörigkeit spielt heute nicht mehr die herausragende Rolle wie noch vor Jahrzehnten. Nach wie vor bedeutsam ist aber das kulturelle Kapital der Eltern. So müssen Kinder aus niedrig gebildeten Elternhäusern in der Grundschule mehr Leistung erbringen als Kinder mit hoch gebildeten Eltern, um eine Übertrittsempfehlung für eine höhere Schule zu erhalten. Kindern, die auf ein hohes kulturelles Kapital im Elternhaus zurückgreifen können, traut man eher eine erfolgreiche Schullaufbahn in höheren Schulen zu als Kindern ohne entsprechenden Hintergrund. Der schon in der Sekundarstufe I deutlich sichtbare Zusammenhang zwischen Bildung der Eltern und Bildungsbiografie der Kinder setzt sich dann beim Übergang in die Hochschule fort (Tippelt 2004: 77-78.). Ein hochkultureller Lebensstil der Eltern an sich wirkt sich allerdings noch nicht auf den kindlichen Schulerfolg aus. Lediglich wenn Schüler aus Elternhäusern mit geringem kulturellem Kapital sich für Hochkultur interessieren, ist eine positive Auswirkung auf die Schullaufbahn zu erwarten.

Schule als Ort der Stilsozialisation. Es wäre falsch, Schule als reine Lernanstalt zu begreifen, in der alle sozialen Begegnungen ausschließlich auf den Erwerb kognitiver Fähigkeiten ausgerichtet sind. Die Schule ist vielmehr ein soziales Gebilde, das die Sozialisation von Schülern durchgreifend prägt. Und dies betrifft heute in historisch bislang nicht gekannter Weise auch den Lebensstil von Kindern und Jugendlichen. Um die schulische Stilsozialisation zu verstehen, ist es hilfreich sich die Schule als Theater vorzustellen, in dem die (von unterschiedlichen Szenen kommenden) Lebensstil- und Identitätsangebote mit allen typischen und für das Lehrpersonal häufig genug befremdlich wirkenden symbolischen Ausdrucksweisen „aufgeführt" werden. Schüler sind bei diesen Stildarbietungen in wechselnden Rollen sowohl Akteure als auch Publikum. Durch Identifikations- und Distinktionsprozesse werden dann eigene Stilpräferenzen und Gruppen- bzw. Szenezugehörigkeiten entwickelt. Aus Schülersicht handelt es sich hierbei keinesfalls um ein beiläufiges Geschehen, sondern um eine existenzielle Angelegenheit, die viel Aufmerksamkeit und hohes Engagement erfordert. Dar-

unter kann nicht nur der Unterricht leiden, auch für viele Schüler sind ästhetische Distinktionskämpfe belastend. Nicht zuletzt aus diesem Grund ist, wie die öffentliche Diskussion kürzlich zeigte, ein Teil der Jugendlichen durchaus bereit, Schuluniformen zu akzeptieren.

Von der schulischen Stilsozialisation, die als Nebeneffekt der Tatsache auftritt, dass Schüler zu einem eigentlich anderen Zweck zusammenkommen, ist die bewusste Vermittlung von Stilkompetenz zu unterscheiden. Man kann davon ausgehen, dass diese im schulischen Unterricht in Zukunft an Bedeutung gewinnen wird. Dabei wird die Förderung von gesundheitlich zuträglichen sowie ökologisch nachhaltigen Lebensstilen im Mittelpunkt der Aufmerksamkeit stehen. Auch die Hauptfunktion des Lebensstils für den Einzelnen, nämlich die Produktion von Zufriedenheit und Glück, ist, wie die Einführung eines entsprechenden Schulfachs in England zeigt, durchaus curricularfähig.

Soziale Milieus und Weiterbildung. Das Spektrum an Weiterbildungsangeboten und institutionellen Anbietern hat sich in den vergangen Jahrzehnten quantitativ vervielfacht und qualitativ stark ausdifferenziert. Diesem Angebot stehen auf der Nachfragerseite inzwischen ebenso ausdifferenzierte und pluralisierte Bildungsinteressen gegenüber. Der Weiterbildungsmarkt ist in höchstem Maße komplex und intransparent geworden. Für Anbieter ist es daher, gerade in Zeiten rückläufiger öffentlicher Förderung und steigenden Wettbewerbs, unumgänglich, zielgruppenorientierte Marketingstrategien zu entwickeln. Soziale Milieus dienen in diesem Kontext als relevante Zielgruppen. Sie unterscheiden sich nämlich nicht nur in ihren Lebensstilen, sonder auch in ihrem Bildungsverständnis, in ihren Kompetenzzielen und damit in ihrem Bildungsverhalten. Daraus lassen sich Konsequenzen für milieuspezifisches Weiterbildungsmarketing ableiten. Zum Beispiel existiert im Milieu der Etablierten ein stark ausgeprägtes Interesse an berufsbezogener und kultureller Weiterbildung auf hohem Niveau (renommierte Anbieter, Dozenten mit hoher Reputation). Die Kosten spielen keine Rolle, dafür muss aber alles „stimmen", gerade auch was das örtliche Ambiente einer Weiterbildung anbelangt. Etablierte lassen sich gern durch exklusive Werbung mit zielgenauer Information ansprechen. Im Traditionsverwurzelten Milieu, um ein kontrastierendes Beispiel zu geben, sucht man nach Angeboten, die den eigenen Hobbys entsprechen und einen möglichst alltagsnahen Verwertungsaspekt aufweisen. Wichtig ist eine einfühlsame Betreuung durch Dozenten, für einen Tagungsort ist es hinreichend, dass er eine saubere und ordentliche Atmosphäre ausstrahlt (Barz/Tippelt 2004).

Informelle Lernkontexte. Der traditionelle Bildungsbegriff ist sehr stark auf „wertvolle" Bildungsgüter ausgerichtet, die in Schulen und Universitäten institutionell verwaltet werden. Demgegenüber gewinnt inzwischen ein weiter gefasster Bildungsbegriff an Bedeutung, der auf eine Steigerung von Handlungsmöglichkeiten und ein erweitertes Weltverständnis abzielt. In diesem Sinn ist mit Bildung letztlich Kompetenzerwerb zur allgemeinen Problem- und Lebensbewältigung gemeint. Junge Menschen erwerben Kompetenzen innerhalb und außerhalb formaler Bildungskontexte. Für sie selbst haben außerschulische Lernkontexte höchste Priorität. Während Schule vielfach als Zwangsanstalt erlebt wird, können sich Kinder und Jugendliche in frei gewählten Lernkontexten – etwa im Internet oder im Freundeskreis – an ihren ästhetischen Vorlieben und Fähigkeiten, also an ihrem eigenen Stil orientieren. Was ihnen leicht fällt, wird auch gern gemacht und auf diese Weise erwerben sie Kompetenzen, ohne dass dies explizit als Lernen empfunden würde. Ganz anders als in der Schule, wo sich abnehmendes Interesse am Stoff und schwindende Konzentration bemerkbar machen,

lassen sich junge Menschen in informellen Lernkontexten, durchaus intensiv und für längere Zeiträume auf ihre Themen ein. Solche Lernkontexte gewinnen aus erziehungswissenschaftlicher Sicht an Bedeutung, allein schon deshalb, weil man informelles Lernen gezielter unterstützen möchte (Dohmen 2002; Rauschenbach et al. 2006). Voraussetzung dafür ist die sozialwissenschaftliche Erkundung entsprechender Lernkontexte. So wurden bereits jugendliche Szenen auf ihre „unsichtbaren Bildungsprogramme" hin untersucht (Hitzler/Pfadenhauer 2004). Die Forscher unterscheiden verschiedene Formen des Kompetenzerwerbs, die von der einfachen Fähigkeit zur Teilnahme an einer Szene (z.B. Kenntnis und Bewertungskriterien relevanter Musikstile) bis hin zu berufspraktisch relevanten Kompetenzen reichen (z.B. Internetpräsentationen) und mitunter sogar zertifiziert sein können (z.B. als ausgebildeter Eventmanager in der Skaterszene).

6. Zusammenfassung

Der hohe Stellenwert, den der Lebensstil heute für den Einzelnen im Alltagsleben einnimmt, ist das Ergebnis eines tief greifenden sozialen Wandels. Anders als noch vor einigen Jahrzehnten leben wir heute in einer hoch individualisierten Welt, in der die Individuen aus traditionellen Bindungen und vorgezeichneten Lebensverläufen weitgehend freigesetzt sind. Armut und beengende materielle Knappheit ist in unserer Überflussgesellschaft kein mehrheitliches existenzielles Problem mehr. In einer Situation enorm expandierter Möglichkeiten rücken stattdessen Lebensstile in den Mittelpunkt der Existenz. Stile geben Orientierung und ermöglichen eine auf Lebensgenuss und Glück ausgerichtete Lebensführung. Kaum eine andere Auffassung hat in gleicher Weise an Bedeutung gewonnen wie die, dass das Leben vor allem dazu da ist, es zu genießen. Lebensstile dienen aber nicht nur der Produktion von Genuss, sondern sind auch Identifikationsangebote und verschaffen Distinktionsmöglichkeiten.

Heutige soziale Milieus sind gesellschaftliche Großgruppen, die sich vor allem hinsichtlich ihrer Lebensstile unterscheiden. Das Sinus-Milieumodell verortet insgesamt zehn soziale Milieus in einem zweidimensionalen Koordinatensystem, das durch eine hierarchische Achse sozialer Schichtung und einer nach Generationslage geordneten Achse unterschiedlicher Grundwerte aufgespannt wird. Das Modell der Erlebnismilieus von Schulze umfasst fünf soziale Milieus und ist ebenfalls zweidimensional aufgebaut, wobei in seinem Modell nach Alter und Bildung unterschieden wird. Im Vergleich der beiden Milieumodelle zeigt sich, dass sie sich nicht gegenseitig ausschließen, sondern ineinander übersetzten lassen. Dadurch wird die Milieustruktur sichtbar, die beiden Modellen zugrunde liegt.

Szenen sind thematisch ausgerichtete Lebensstilnetzwerke, die sich vor allem unter jungen Menschen ausbreiten. Jenseits traditioneller Sozialisationsinstanzen, die viel von ihrer ehemals prägenden Bedeutung verloren haben, bieten Szenen den unverbindlichen und individuellen Erfahrungs- und Erlebnishorizont, den junge Menschen heute suchen. Dementsprechend groß ist die Vielfalt an Szenen und das Spektrum der Wahlmöglichkeiten, die sich für den Einzelnen beim Durchlaufen der Lebensphase Jugend ergeben. Trotz aller Vielfalt sind

sowohl interne Differenzierungen (von der Elite bis zum Publikum) als auch szeneübergreifende Strukturen in Gestalt verschiedener Szenetypen zu erkennen.

Mit Blick auf den erziehungswissenschaftlichen Kontext wurden ausgewählte Gesichtspunke betrachtet. Fragt man nach der Wirkung von Herkunftsmilieus auf die Bildungsungleichheit von Kindern, so ist in der Regel weniger der Lebensstil als solcher relevant als vielmehr das unterschiedliche kulturelle Kapital (Bildung), das Kindern in ihren Elternhäusern zur Verfügung steht. Schule ist nicht nur ein Ort des kognitiven Lernens, sondern auch ein sozialer Ort der Stilsozialisation. Identifikations- und Distinktionsprozesse nehmen dabei die Aufmerksamkeit von Schülern häufig mehr in Anspruch als schulische Lerninhalte. Soziale Milieus können als Zielgruppen differenzieller Weiterbildungsangebote betrachtet werden, da sich einzelne Milieus relevant hinsichtlich ihrer Bildungsziele und Ansprüche an Bildungsangebote unterscheiden. Schließlich sind Lebensstile bzw. Lebensstilgruppen, wie am Beispiel von Szenen gezeigt wurde, auch als informelle Lernkontexte relevant.

Literatur

Barz, Heiner/Tippelt, Rudolf (2004): Weiterbildung und soziale Milieus in Deutschland. Band 1: Praxishandbuch Milieumarketing. Bielefeld: Bertelsmann.

Beck, Ulrich (1986): Risikogesellschaft. Auf dem Weg in eine andere Moderne. Frankfurt/M.: Suhrkamp.

Bourdieu, Pierre (1982): Die feinen Unterschiede. Kritik der gesellschaftlichen Urteilskraft. Frankfurt/M.: Suhrkamp.

Bucher, Willi/Pohl, Klaus (1986): Schock und Schöpfung. Jugendästhetik im 20. Jahrhundert. Darmstadt und Neuwied: Hermann Luchterhand Verlag.

Dohmen, Günther (2002): Informelles Lernen in der Freizeit. In: Spektrum Freizeit 24. Heft 1. 18-27.

Esser, Hartmut (2000): Soziologie. Spezielle Grundlagen. Band 2: Die Konstruktion der Gesellschaft. Frankfurt/M.: Campus.

Feil, Christine (2003): Kinder, Geld und Konsum. Die Kommerzialisierung der Kindheit. Weinheim: Juventa.

FORUM FAMILIE STARK MACHEN (Hrsg.) (2006): Generationenbarometer. Eine Studie des Instituts für Demoskopie. Freiburg/München: Verlag Karl Alber.

Geißler, Rainer (2006): Die Sozialstruktur Deutschlands. Zur gesellschaftlichen Entwicklung mit einer Bilanz zur Vereinigung. Wiesbaden: VS Verlag.

Georg, Werner (2006): Soziale Ungleichheit im Bildungssystem. Eine empirisch-theoretische Bestandsaufnahme. Konstanz: UVK-Verlags-Gesellschaft.

Hitzler, Ronald/Pfadenhauer, Michaela (2004): Unsichtbare Bildungsprogramme? Zur Entwicklung und Aneignung praxisrelevanter Kompetenzen in Jugendszenen. Expertise zum 8. Kinder- und Jugendbericht der Landesregierung NRW. Düsseldorf: Ministerium für Schule, Jugend und Kinder des Landes Nordrhein-Westfalen. Unter Mitarbeit von: Bemerburg, Ivonne/Eichholz, Daniela/Tepe, Daniel.

Hitzler, Ronald/Bucher, Thomas/Niederbacher, Arne (2005): Leben in Szenen. Formen jugendlicher Vergemeinschaftung heute. Wiesbaden: VS Verlag.

Hurrelmann, Klaus/Bründel, Heidrun (2003): Einführung in die Kindheitsforschung. Weinheim: Beltz.

Klages, Helmut (2001): Werte und Wertewandel. In: Schäfers, Bernhard/Zapf, Wolfgang (Hrsg.): Handwörterbuch zur Gesellschaft Deutschlands. Opladen: Leske + Budrich. 726-738.

Maschke, Sabine (2006): In und Out. Ablehnung und Akzeptanz jugendkultureller Szenen. In: Thema Jugend 7. Heft 2. 7-9.

Müller-Schneider, Thomas (2007): Glück, Vorlieben und Talente. Zur wachsenden soziokulturellen Relevanz der menschlichen Natur im innengerichteten Modernisierungsprozess. In: Verhandlungsband des 33. Soziologiekongresses (im Erscheinen).

Noelle-Neumann, Elisabeth/Petersen, Thomas (2001): Zeitenwende. Der Wertewandel 30 Jahre später. In: Aus Politik und Zeitgeschichte. B29. 15-22.

Otte, Gunnar (2004): Sozialstrukturanalysen mit Lebensstilen. Eine Studie zur theoretischen und methodischen Neuorientierung der Lebensstilforschung. Wiesbaden: VS Verlag.

Rauschenbach, Thomas/Düx, Wiebken/Sass, Erich (2006): Informelles Lernen im Jugendalter. Vernachlässigte Dimensionen der Bildungsdebatte. Weinheim: Juventa.

Richter, Rudolf (2005): Die Lebensstilgesellschaft. Wiesbaden: VS Verlag.

Schäfers, Bernhard/Zapf, Wolfgang (Hrsg.) (2001): Handwörterbuch zur Gesellschaft Deutschlands. Opladen: Leske + Budrich.

Schmidt, Axel/Neumann-Braun, Klaus (2004): Die Welt der Gothics. Spielräume düster konnotierter Transparenz. Wiesbaden: VS Verlag.

Schulze, Gerhard (1992): Die Erlebnisgesellschaft. Kultursoziologie der Gegenwart. Frankfurt/M.: Campus.

Schulze, Gerhard (2001): Scheinkonflikte. Zu Thomas Meyers Kritik der Lebensstilforschung. In: Soziale Welt 52. Heft 3. 283-296.

Sinus Sociovision (2007): Informationen zu den Sinus-Milieus 2007. Stand 01/2007. http://www.sinus-sociovision.de/Download/informationen012007.pdf. 28.02.2007.

Tippelt, Rudolf (2004): Soziale Disparitäten in den Bildungslaufbahnen von Kindern und Jugendlichen. Eine Herausforderung für Schul- und Weiterbildungsberatung. In: Politische Studien: Zweimonatszeitschrift für Politik und Zeitgeschehen 55. Heft 396. 75-86.

Wippermann, Carsten/Sielberg, Bernhard (2006) So nah und doch so fremd. Ein Blick auf gesellschaftliche Milieus in Deutschland. In: Info-Dienst theologische Erwachsenenbildung. Heft 1. 11-15.

Ziehe, Thomas (1986): Die alltägliche Verteidigung der Korrektheit. In: Bucher, Willi/Pohl, Klaus: Schock und Schöpfung. Jugendästhetik im 20. Jahrhundert. Darmstadt und Neuwied: Hermann Luchterhand Verlag. 254-258.

Einführende Literatur

Richter, Rudolf (2005): Die Lebensstilgesellschaft. Wiesbaden: VS Verlag.

Hartmann, Peter (1999): Lebensstilforschung. Darstellung, Kritik und Weiterentwicklung. Opladen: Leske + Budrich.

Weiterführende Literatur

Barz, Heiner/Tippelt, Rudolf (2004): Weiterbildung und soziale Milieus in Deutschland. Band 1: Praxishandbuch Milieumarketing. Bielefeld: Bertelsmann.

Hitzler, Ronald/Bucher, Thomas/Niederbacher, Arne (2005): Leben in Szenen. Formen jugendlicher Vergemeinschaftung heute. Wiesbaden: VS Verlag.

Schulze, Gerhard (1992): Die Erlebnisgesellschaft. Kultursoziologie der Gegenwart. Frankfurt/M.: Campus.

Rituale

Christoph Wulf

1. Einführung

Rituale gehören zu den konstitutiven Bedingungen der Erziehung. Sie erzeugen Soziales und spielen in Bildungs- und Lernprozessen eine wichtige Rolle. Als Kontinuität und Veränderung erzeugende Prozesse können sie nach Intention, Inhalt und Kontext sehr unterschiedlich sein. Aufgrund ihrer Körperlichkeit und ihrer Eingebundenheit in historische und kulturelle Zusammenhänge haben sie einen nicht einholbaren Bedeutungsüberschuss. Neben ihrer auf Einordnung, Anpassung oder sogar Unterdrückung zielenden Seite haben Rituale und Ritualisierungen eine oft weniger wahrgenommene konstruktive Seite, die Gemeinschaften erzeugt und die es diesen ermöglicht, ihre Probleme und Konflikte zu bearbeiten. Rituale sind sinnlich erfahrbare soziale Inszenierungen, in denen eine Differenzbearbeitung stattfindet. Als kulturelle Aufführungen sind sie körperlich, performativ, expressiv, symbolisch, regelhaft, effizient; sie sind repetitiv, homogen, liminoid, öffentlich und operational. Rituale sind institutionelle Muster, in denen kollektiv geteiltes Wissen und kollektiv geteilte Handlungspraxen inszeniert werden und in denen eine Selbstdarstellung und Selbstinterpretation der institutionellen bzw. gemeinschaftlichen Ordnung bestätigt wird. Ihre szenischen Arrangements enthalten Momente der Reproduktion, Konstruktion und Innovation (Willems/Jurga 1998). Rituelle Handlungen haben einen Anfang und ein Ende und damit eine zeitliche Struktur. Sie finden in von ihnen gestalteten sozialen Räumen statt. Rituelle Prozesse verkörpern und konkretisieren Institutionen und Organisationen. Sie haben einen herausgehobenen Charakter. Sie sind ostentativ und werden durch ihre jeweilige Rahmung bestimmt. In ihnen werden Übergänge zwischen sozialen Situationen und Institutionen gestaltet und Differenzen zwischen Menschen und Situationen bearbeitet. Rituale sind in Machtbeziehungen eingebunden und strukturieren soziale Wirklichkeit; sie schaffen und verändern soziale Ordnungen und Hierarchien. Ihre Inszenierung und Aufführung erfordert rituelles Wissen. Dieses ist ein praktisches Wissen (Wulf 2006b), das in der Beteiligung an rituellen Situationen mimetisch erworben wird (Wulf 2005). Als praktisches Wissen ist es sinnliches Wissen, dessen mimetischer Charakter seine performative Macht sichert.

Da in Ritualen die Inszenierung und Aufführung des menschlichen Körpers eine zentrale Rolle spielt, gehören sie zu den wirksamsten Formen menschlicher Kommunikation. Mit ihrer Hilfe werden Gemeinschaften erzeugt und Übergänge in und zwischen ihnen organisiert. Im Unterschied zu lediglich sprachlichen Formen der Kommunikation sind Rituale soziale Arrangements, in denen im gemeinsamen sozialen Handeln und in seiner Interpretation Ordnungen

und Hierarchien geschaffen werden. Das Spektrum ritueller Handlungen umfasst Liturgien, Zeremonien, Feiern, Ritualisierungen und Konventionen; es reicht von den religiösen Ritualen, den Übergängen bei Eheschließung, Geburt und Tod bis hin zu den Interaktionsritualen des Alltags. Da Rituale als komplexe soziale Phänomene Gegenstand vieler wissenschaftlicher Disziplinen sind, gibt es in der internationalen Ritualforschung keine allgemein akzeptierte Theorie oder Definition von Ritualen (Wulf/Zirfas 2003, 2004a). Zu unterschiedlich sind die Positionen in den verschiedenen Wissenschaften. Je nach Gegenstandsbereich, Disziplin und methodischem Ansatz werden unterschiedliche Aspekte betont. Doch besteht heute weitgehend Übereinstimmung darüber, dass es nicht sinnvoll ist, die Fülle und den Reichtum der Perspektiven zugunsten einzelner Theorien zu reduzieren. Vielmehr gilt es, die Vielfalt der Gesichtspunkte zu thematisieren und dadurch die Komplexität der Rituale und ihrer Erforschung sichtbar zu machen.

Im Zusammenhang mit der wachsenden Bedeutung von Individualisierung und Selbstbestimmung in den modernen Gesellschaften begegnet man manchmal der Auffassung, dass Rituale heute überflüssig sind und durch andere soziale Praktiken ersetzt werden können. Eine solche Auffassung ist nicht einmal bei der Anwendung eines sehr traditionellen Ritualbegriffs haltbar. Nach wie vor ist gemeinschaftliches Leben ohne Rituale und Ritualisierungen nicht möglich. Denn jeder Wandel bzw. jede Reform von Institutionen und Organisationen bedarf auch einer Veränderung der Rituale. Rituale sind historische und kulturelle Produkte, in deren Wahrnehmung sich die Kulturalität der sozialen Phänomene und die Geschichtlichkeit der Ritualforschung überlagern (Wulf 2001, 2004). Rituale sind aber auch Konstruktionen der Forschung, in denen soziale Praktiken als Rituale gedacht und analysiert werden.

Rituale spielen in allen Feldern der Sozialisation und Erziehung eine zentrale Rolle. Besonders wichtig sind sie in *Familie*, *Schule*, *Jugendkultur* und *Medien* (Wulf u.a. 2001, 2004, 2007). So ist kein Familienleben ohne Rituale und Ritualisierungen möglich. Zu den familiären Ritualen gehören z.B. die Rituale des Essens, des Weihnachtsfests, der Kindergeburtstage, der Kommunion oder der Konfirmation und der Urlaubsreisen. Auch die Schule ist eine rituelle Veranstaltung, in der Lehrer über eine professionelle rituelle Kompetenz verfügen müssen, ohne die sie ihre Aufgaben nicht angemessen erfüllen können. In der Schule spielen Rituale und Ritualisierungen bei der Organisation von Unterricht eine wichtige Rolle. Sie schaffen Rahmenbedingungen für Lernprozesse, ohne die institutionalisiertes Lernen nicht möglich ist. Darüber hinaus sind sie für die Gestaltung z.B. der Einschulungs- und Ausschulungsrituale, der Feier- und Festrituale in der Weihnachtszeit und bei den Sommerfesten und damit für die Erzeugung einer Schul- und Klassenkultur wichtig. Auch in der Jugendkultur kommt Ritualen z.B. bei der Inklusion und Exklusion von Adoleszenten in Peergroups, beim Lernen im Breakdance und auf LAN-Partys Bedeutung zu. Für Bildungs- und Lernprozesse im Zusammenhang mit den elektronischen Medien sind Fernsehen und Computer besonders wichtig. Für die Herausbildung eines ihre unterschiedlichen kulturellen Hintergründe transzendierenden Imaginären spielen die Rituale des Fernsehprogramms und ihre Verarbeitung durch Kinder und Jugendliche eine wichtige Rolle (Bausch 2006). Auch Online-Communities von Adoleszenten entstehen in Folge neuer Rituale und erfordern ein entsprechend neues rituelles Wissen, ohne das Kinder und Jugendliche in diesen Gemeinschaften nicht kompetent handeln können. Bevor die Bedeutung von Ritualen in Erziehung und Sozialisation weiter untersucht wird, soll zunächst ein Überblick über wichtige Positionen in der Geschichte der Ritualforschung und über die Rolle von Ritualen in der modernen Kultur gegeben werden.

2. Historische Perspektiven

In historischer Hinsicht lassen sich in der internationalen Ritualforschung vier Positionen unterscheiden, an denen deutlich wird, wie sehr die jeweiligen Voraussetzungen und Grundannahmen die Ritualforschung bestimmen. Bei der ersten steht die Erforschung von Ritualen im Zusammenhang mit Religion, Mythos und Kultur im Mittelpunkt (James Frazer 1998; Rudolf Otto 1979; Mircea Eliade 1998). Bei der zweiten dienen Rituale dazu, Strukturen und Werte der Gesellschaft zu analysieren. Hier wird der Zusammenhang zwischen Ritualen und Gesellschaftsstruktur (Èmile Durkheim 1994; Arnold van Gennep 2005; Victor Turner 2000) herausgearbeitet. Beim dritten Schwerpunkt werden Rituale als Text gelesen; Ziel ist die Entschlüsselung der kulturellen und sozialen Dynamik der Gesellschaft sowie die Untersuchung der Bedeutung ritueller Praxen für kulturelle Symbolisierungen und soziale Kommunikation (Clifford Geertz 1973; Marshall Sahlins 1981). Hier setzen viele neuere Forschungen zur Praxis von Ritualen und Ritualisierungen an (Catherine Bell 1992; Ronald Grimes 1995; Victor Turner 1995), die bereits den nächsten Schwerpunkt vorbereiten. Dieser vierte Schwerpunkt betont vor allem die praktische und die inszenatorische performative Seite der Rituale; im Mittelpunkt dieser Betrachtungsweise stehen die Formen rituellen Handelns, die es Gemeinschaften ermöglichen, sich zu generieren, zu restituieren und ihre Differenzen zu bearbeiten (Stanley Tambiah 1979; Richard Schechner 1977; Pierre Bourdieu 1976; Christoph Wulf 2001, 2004, 2007). Weitere Differenzierungen des Feldes der internationalen Ritualforschung bieten sich an, auf die hier jedoch nicht weiter eingegangen werden kann (Kreinath/Snoek/Strausberg 1996).

3. Rituale in der modernen Kultur

In der gegenwärtigen politischen Situation, die von Diskussionen über den Zerfall des Sozialen und den Verlust von Werten sowie der Suche nach einer kulturellen Identität geprägt ist, gewinnen Rituale und Ritualisierungen eine wachsende Bedeutung. Lange wurden Rituale überwiegend unter dem Gesichtspunkt der Stereotypie, Rigidität und Gewalt thematisiert. Nun sollen sie eine Brückenfunktion zwischen den Individuen, den Gemeinschaften und den Kulturen übernehmen. Rituale erscheinen heute eher als Formen der Erzeugung sozialer Kohärenz, die durch ihren ethischen und ästhetischen Gehalt in Zeiten der Unübersichtlichkeit Sicherheit gewähren sollen. Rituale versprechen eine Kompensation der mit der Moderne verbundenen Verlusterfahrungen von Gemeinschaftlichkeit, von Identität und Authentischem, von Ordnung und Stabilität, die mit den Tendenzen zum Individualismus, den Abstraktions- und Virtualisierungserscheinungen, den Erosionen sozialer und kultureller Systeme verbunden sind (Soeffner 1992).

Für die Entstehung und Praxis von Religion, Gesellschaft und Gemeinschaft, Politik und Wirtschaft, Kunst und Kultur, Erziehung und Bildung sind Rituale unerlässlich. Mit ihrer Hilfe werden die Welt und die menschlichen Verhältnisse geordnet und interpretiert; in ihnen werden sie erlebt und konstruiert. Rituelle Handlungen erzeugen einen Zusammenhang zwi-

schen Geschichte, Gegenwart und Zukunft; sie ermöglichen Kontinuität und Veränderung, Struktur und Gemeinschaft sowie Erfahrungen des Übergangs und der Transzendenz.

Rituelle Aufführungen unterscheiden sich je nach sozialem Feld, Institution oder Organisation. Die weiter oben erwähnte Unterscheidung zwischen *Konvention, Ritualisierung, Zeremonie, Liturgie, Fest* macht deutlich, dass es sich um unterschiedliche rituelle Aufführungen bzw. Praxen handelt, zwischen denen die Grenzen zwar fließend sind, die jedoch unterschiedliche Ordnungsansprüche erfüllen müssen, welche die jeweiligen kulturellen Praxen verändern.

Entsprechendes gilt auch für folgende *Typen von Ritualen*:
– Übergangsrituale (Geburt und Kindheit, Initiation und Adoleszenz, Ehe, Tod);
– Rituale der Institution bzw. Amtseinführung (Übernahme neuer Aufgaben und Positionen);
– jahreszeitlich bedingte Rituale (Weihnachten, Geburtstage, Erinnerungstage, Nationalfeiertage);
– Rituale der Intensivierung (Feiern, Liebe, Sexualität);
– Rituale der Rebellion (Friedens- und Ökobewegung, Jugendrituale);
– Interaktionsrituale (Begrüßungen, Verabschiedungen, Konflikte).

Bei diesen Ritualen handelt es sich um unterschiedliche kulturelle Aufführungen, deren jeweilige Bedingungen eine große Variabilität aufweisen, die die Qualität der kulturellen Aufführungen bestimmt (Grimes 1995). Auch hier gilt, dass die materiellen Voraussetzungen der Rituale erheblichen Einfluss auf ihre Aufführungen haben. Deutlich wird dies z.B. bei rituellen Festen wie Weihnachtsfeiern, Hochzeiten und Taufen.

In vielen Fällen hängt der kulturelle Charakter ritueller Aufführungen vom symbolischen Kapital der rituell Handelnden ab. Über welches ökonomische, soziale und kulturelle Kapital verfügen die rituell Handelnden und wie kommt ihr Anteil daran in Ritualen szenisch zum Ausdruck? Zweifellos beeinflusst das symbolische Kapital der rituell Handelnden den Charakter ihrer kulturellen Aufführung. Viele Rituale haben sogar die Aufgabe, diese unterschiedlichen Bedingungen symbolischen Kapitals zum Ausdruck zu bringen. Sie dienen dazu, unterschiedliche Verfügungsmöglichkeiten über soziales und kulturelles Kapital im Ritual zur Darstellung zu bringen und Differenzen so zu bearbeiten, dass die sozialen bzw. kulturellen Hierarchien akzeptierbar sind. In rituellen Arrangements geschieht dies häufig dadurch, dass diese sich den Anschein geben, als seien sie natürlich und nicht historisch-gesellschaftlich erzeugt und damit veränderbar. Verdeckt werden diese Zusammenhänge durch die Magie vieler Rituale, die die an ihnen beteiligten Menschen an ihre Unveränderlichkeit und Angemessenheit glauben lässt und sie in der Illusion der Natürlichkeit festhält.

Insofern Rituale Inszenierungen und Aufführungen von Körpern sind, haben sie meistens mehr soziales Gewicht als bloße Diskurse. Mit ihrer Körperlichkeit bringen die rituell Handelnden „mehr" in die soziale Situation ein als lediglich sprachliche Kommunikation. Dieses „Mehr" wurzelt in der Materialität des Körpers und der in dieser begründeten Existenz der Menschen, ihrer körperlichen Gegenwart und Verletzlichkeit. Mit der Inszenierung und Aufführung von Ritualen werden Differenzen bearbeitet und Gemeinsamkeiten geschaffen. Dies geschieht nicht nur sprachlich-kommunikativ, sondern auch körperlich-materiell. Menschen inszenieren sich, ihre Beziehungen zu anderen und schaffen das Soziale, indem sie es aufführen. In der Inszenierung und Aufführung des Sozialen erzeugen sie es. Sie schaffen Ordnungen; diese sind oftmals hierarchisch. In ihnen drücken sich Machtverhältnisse aus – zwischen den Angehörigen verschiedener

Schichten, zwischen den Generationen und zwischen den Geschlechtern. Indem diese Machtverhältnisse in körperlichen Arrangements aufgeführt und ausgedrückt werden, geben sie sich den Anschein, als seien sie natürlich und allgemein akzeptiert. Indem rituelle Arrangements zum „Mitspielen" einladen, führen sie dazu, die sich in ihnen artikulierenden Ordnungen und Machtverhältnisse als gegeben zu akzeptieren. Wer die Einladung zum „Mitspielen" in einer Gemeinschaft nicht annimmt, gliedert sich aus, wird ausgeschlossen und kann zum Sündenbock und damit zur Projektionsfläche für Negativität und Gewalt werden (Girard 1998).

4. Die Berliner Ritualstudie

Rituale spielen in den modernen Gesellschaften eine größere Rolle als lange angenommen wurde. Von entscheidender Bedeutung sind sie jedoch in der Erziehung und Sozialisation. Dies verdeutlicht eine umfangreiche empirische Untersuchung zur Bedeutung von Ritualen und Ritualisierungen in den großen Erziehungs- und Sozialisationsfeldern *Familie, Schule, Kinder-* und *Jugendkultur* und *Medien*. In dieser Studie wird die Bedeutung von Ritualen und Ritualisierungen für die Entwicklung sozialer Kompetenz in Gemeinschaften (Wulf u.a. 2001), für Erziehung und Bildung (Wulf u.a. 2004) und für das Lernen von Kindern und Jugendlichen (Wulf u.a. 2007) fokussiert. Diese Untersuchung konzentriert sich auf Kinder und Jugendliche aus einer Grundschule in einem Berliner Innenstadtbezirk. Hier begegnet man mit dreihundert Kindern, die fünfundzwanzig verschiedene ethnische Hintergründe haben, den heutigen Bedingungen innerstädtischer Schulen. Bei dieser Schule handelt es sich um eine reformpädagogisch orientierte UNESCO-Modell-Schule mit einer hervorragenden Schulleiterin und einem sehr engagierten Kollegium.

In dieser Schule wurden auch die *Familien* zur Mitarbeit gewonnen, deren Rituale erforscht werden. Zu diesen gehören die kleinen Rituale des Familienfrühstücks, mit deren Hilfe sich die Familienmitglieder an jedem Morgen ihrer Zugehörigkeit zueinander vergewissern. Dazu gehören jedoch auch die Kindergeburtstage. In ihnen stehen die Kinder, die die Familie im Unterschied zur Paarbeziehung ausmachen, im Mittelpunkt und werden gefeiert. Zugleich ist der Kindergeburtstag ein wichtiges Fest der Gleichaltrigen und ihrer bei den Kindergeburtstagen inszenierten Gemeinschaft. Das wichtigste Ritual der sich zyklisch wiederholenden Familienrituale ist in den christlichen Familien das Weihnachtsfest, bei dem sich die Familien in Bezug auf die Geburt Christi und auf die Einheit der „heiligen Familie" inszenieren und aufführen. Auch der sich jährlich wiederholende Familienurlaub, in dem der Alltag verlassen wird und in dem man gemeinsam neue, an den Traum vom Paradies erinnernde Erfahrungen macht, gehört zu diesen die Familie erhaltenden und das Zusammengehörigkeitsgefühl immer wieder erneuernden Ritualen.

Dass *Schule* eine rituelle Veranstaltung ist, in der sich grundlegende Erkenntnisse über den Zusammenhang von Institution und Ritual sowie über Hierarchie- und Machtstrukturen gewinnen lassen, ist offensichtlich. Schon bei den Einschulungs- und Ausschulungsfeiern, in denen Übergänge rituell inszeniert und aufgeführt werden, wird dies deutlich. In der Einschulungsfeier inszeniert sich die untersuchte reformpädagogische Schule als „schulische Familie" mit dem

Ziel, den Schulanfängern den Übergang von der Welt der Familie und des Kindergartens in die Welt der Schule zu erleichtern. Vielfältig sind die Rituale, mit denen sowohl die Gemeinschaft der Klasse, die den größten Teil der alltäglichen schulischen Lebenswelt der Kinder ausmacht, als auch die Gemeinschaft der Schule erzeugt wird. So sind rituelle Sommer-, Advents- und Faschingsfeiern Teil des Schulalltags, in dem *Gespräch, Arbeit, Spiel und Feier* zu den Prinzipien der Gestaltung von Unterricht und Schulleben gehören. Neben den genannten Ritualen lassen sich im Unterrichtsalltag viele Mikrorituale finden, in denen die Interaktionen zwischen den Kindern und zwischen Lehrerinnen und Kindern inszeniert und aufgeführt werden. An jedem Montagmorgen beginnt z.B. in den Klassen der Unterricht mit dem Ritual des „Morgenkreises", in dem die Kinder einige Minuten lang einander berichten, was sie am Wochenende erlebt haben. Mit der Durchführung dieses Rituals wird für die Kinder der Übergang von der familiären Lebenswelt der Kinder am Wochenende zu den Leistungs- und sozialen Anforderungen der Schule realisiert. Ein anderes, von vielen Lehrern durch einen Gong eröffnetes Ritual besteht darin, fünf Minuten lang meditatives Schweigen zu üben, eine Aufgabe, die vielen Kindern gefällt, obwohl sie sie nicht einfach finden. Lehrer und Schüler inszenieren unterrichtliche und schulische Lern- und Bildungsprozesse in Ritualen und Ritualisierungen und bearbeiten in ihnen die Differenzen zwischen den Intentionen der Schüler und denen der Institution Schule.

Auch das Soziale in der *Kinder- und Jugendkultur* entwickelt sich mit Hilfe von und in Ritualen. Dies zeigt sich in den Pausen beim Spielen der Kinder auf dem Schulhof, in denen sich durch Exklusion und Inklusion verschiedene Spielgruppen bilden. Wichtige Kriterien sind dabei: die Art des Spiels, die *gender-* und die ethnische Zugehörigkeit. In den Inszenierungen der Pausenspiele werden soziale Gruppen geschaffen, die über längere Zeiträume bestehen und die unterschiedlich offen gegenüber neu zu ihnen kommenden Kindern sind. Bei den Jugendlichen erfreuen sich Breakdance Gruppen und ihre Rituale an den Orten offener Jugendarbeit besonderer Beliebtheit. Auch die bereits erwähnten LAN-Partys, in denen viele Jugendliche in großen Hallen zusammen kommen, um gegeneinander ein Computerspiel zu spielen, verfügen über eine feste rituelle Spiel- und Gruppenstruktur.

Bei den auf die *Medien* bezogenen Ritualen wurden zunächst rituelle Medieninszenierungen untersucht, d.h. es wurde herauszuarbeiten versucht, welchen Einfluss ritualisierte Mediendarstellungen wie Werbung, Nachrichtensendungen, Talkshows und Kriminalfilme auf die Vorstellungswelt, auf das Imaginäre der Kinder haben. Um herauszufinden, welchen Einfluss solche ritualisierten Fernsehsequenzen auf das Verhalten und Handeln der Kinder und Jugendlichen haben, haben wir diese eingeladen, in freiwillig gebildeten Arbeitsgemeinschaften mit einer Kamera Filme zu drehen, in denen einige von ihnen Schauspieler und andere Regisseure und Kamera-Leute waren. In diesen „Dreharbeiten" war es faszinierend zu beobachten, wie sehr die rituellen Strukturen des deutschen Fernsehens über die Grenzen der Ethnien hinweg die kollektive Vorstellungswelt, das kollektive Imaginäre der Kinder und Jugendlichen prägen. Sodann wurde untersucht, welche Lernprozesse durch den unterrichtlichen Einsatz von Computern im offiziellen und im heimlichen Lehrplan der Schule stattfinden und welche Rituale Jugendliche in Online-Communities entwickeln.

Zur Methode: In dem so konstruierten Untersuchungsfeld wurde mit qualitativen Methoden gearbeitet, mit deren Hilfe das empirische Material rekonstruiert und ausgewertet und die Fragen der Untersuchung gegenstandsnah bearbeitet wurden. Angeregt wurde die Untersuchung von der *Grounded Theory* und ihren Überlegungen, Theorie als Prozess zu begreifen,

sowie durch die sich daraus ergebenden Empfehlungen zum Sammeln, Kodieren und Analysieren von Informationen (Glaser/Strauss 1969; Strauss/Corbin 1994). Da im Mittelpunkt unserer Aufmerksamkeit der performative Charakter von Lern- und Bildungsprozessen in Ritualen und Ritualisierungen stand, wurden Untersuchungsmethoden ausgewählt, mit denen einerseits etwas über die Inszenierung und den Aufführungscharakter ritueller Handlungen erfahren werden konnte, andererseits aber auch Informationen darüber gewonnen werden konnten, welche Bedeutungen den Ritualen von ihren Teilnehmern zugeschrieben wurden und wie diese die Lern- und Bildungsprozesse begriffen und interpretierten, die sich in diesen Ritualen vollzogen. Um das erste Ziel zu realisieren, wurden sowohl *teilnehmende Beobachtungen* als auch *videogestützte teilnehmende Beobachtungen* durchgeführt. Um der zweiten Zielsetzung gerecht zu werden, wurden außerdem *Gruppendiskussionen* und *Interviews* realisiert. Je nach Methode wurden unterschiedliche Informationen gewonnen, die verschieden kodiert und interpretiert wurden. Angesichts der prinzipiellen Begrenztheit jeder Forschungsmethode und der bekannten Vor- und Nachteile jeder Methode wurde in vielen Fällen versucht, die gleichen rituellen Handlungen mit Hilfe sich überschneidender Methoden zu erforschen (Flick 2004; Bohnsack 2003; Krüger/Wulf 2000). In den verschiedenen Teilen unserer Untersuchung wurden die genannten Verfahren mit unterschiedlichem Gewicht eingesetzt. Die Gründe dafür lagen in den jeweiligen Fragestellungen und in der Struktur des Untersuchungsfeldes.

5. Rituale als performative Handlungen

Die Forschungen der Berliner Ritualstudie im Bereich von Erziehung und Sozialisation, Bildung und Lernen haben ergeben, dass die Nachhaltigkeit der Wirkungen von Ritualen an ihren performativen Charakter, d.h. an die Körperlichkeit der szenischen Inszenierungen und Aufführungen gebunden ist (Wulf 2005). In der körperlichen Darstellung von Ritualen und Ritualisierungen zeigen Menschen, wer sie sind und wie sie ihr Verhältnis zu anderen Menschen und zur Welt begreifen. Rituelle Prozesse lassen sich als *szenische Aufführungen performativen Handelns* verstehen, in deren Rahmen den Mitgliedern der Institutionen unterschiedliche Aufgaben zufallen. Manche rituelle Inszenierungen sind spontan; bei ihnen ist häufig nur schwer erkennbar, warum sie gerade in diesem Augenblick emergieren. Andere rituelle Aufführungen lassen sich aus dem Kontext und der identifizierbaren Vorgeschichte verstehen. Bei rituellen Arrangements spielen die Kontingenzen zwischen den Szenen von Ritualen eine wichtige Rolle. Szenische Aufführungen bestehen zwar aus spezifischen aufeinander bezogenen Elementen; doch bedeutet dies nicht, dass nicht jedes einzelne szenische Element durch ein anderes ähnliches oder ein neues Element ersetzt werden kann. Wegen des ludischen Charakters ritueller Aufführungen stehen die szenischen Elemente in einer kontingenten Beziehung zueinander, die die Dynamik der Rituale ausmacht (Wulf/Goehlich/Zirfas 2001; Wulf/Zirfas 2005, 2007).

Rituale gehören zu den wichtigsten Formen performativen Handelns. Sie wirken in erster Linie über die *Inszenierung und Aufführung der Körper* der beteiligten Menschen. Selbst wenn die Deutung eines Rituals bei diesen verschieden ist, gehen von der Tatsache, dass

das Ritual vollzogen wird, *gemeinschaftsbildende Wirkungen* aus. Ein Blick auf das Ritual des Weihnachtsfestes verdeutlicht dies. Unabhängig von den Unterschieden in der Wahrnehmung von Weihnachten zwischen kleinen Kindern, die noch das Christkind oder den Weihnachtsmann erwarten, deren Eltern, die sich an dem Glück ihrer Kinder erfreuen, dem halbwüchsigen Sohn, der das weihnachtliche Geschehen als abgestanden und leer erlebt, der Großmutter, die sich an die Feste ihrer Jugend erinnert, hat die Inszenierung und Aufführung des Weihnachtsrituals eine alle Beteiligten verbindende Wirkung. Diese Wirkung besteht vor allem darin, dass im Vollzug des Rituals die *Differenzen* zwischen den am Ritual beteiligten Personen *bearbeitet* werden. Trotz unterschiedlicher Befindlichkeit, differenter Deutungen, grundlegender Unterschiede erzeugt die rituelle Handlung eine (Fest-) *Gemeinschaft*. Dies wird dann besonders deutlich, wenn das Ritual misslingt, die zwischen den Personen bestehenden Spannungen und Aggressionen die Oberhand gewinnen und damit die Gemeinschaft intensivierende Wirkung des Weihnachtsfestes destruiert wird.

Zur Inszenierung und Aufführung von Ritualen gehört eine angemessene *Rahmung* (Goffman 1993), die erkennen lässt, in welchem Zusammenhang das Ritual mit vorausgehenden Handlungen steht, und die Hinweise darauf gibt, wie das Ritual zu verstehen ist. Die Rahmung erzeugt den Unterschied zu anderen Alltagshandlungen, schafft den *herausgehobenen Charakter* des Rituals und sichert den *magischen Charakter* des rituellen Geschehens. Dieser resultiert aus dem Glauben aller Beteiligten an das Ritual, sei es, dass es wie beim Weihnachtsfest eine *Gemeinschaft* schafft, sei es, dass es wie bei Einsetzungsriten eine *Grenze* zieht, an deren Bestehen und Legitimität die Betroffenen glauben, und dies unabhängig davon, ob sie zu den Begünstigten oder zu den Ausgeschlossenen gehören. Doch auch bei Gemeinschaft stiftenden Ritualen wird eine Grenze zwischen den an dem rituellen Arrangement Beteiligten und den davon Ausgeschlossenen gezogen. Diese Grenzziehung kann spontan erfolgen; sie kann Durchlässigkeit erlauben oder auch dauerhaft ausschließen.

Zur Inszenierung und Durchführung vieler Rituale bedarf es dazu gehöriger *performativer Äußerungen* und *Requisiten*: im Fall des Weihnachtfestes bestimmter Sätze und Lieder aus der Liturgie sowie des Weihnachtsbaumes, der Geschenke und des festlichen Essens. In Ritualen erzeugen performative Handlungen Szenen und Szenenfolgen. Zu deren Gestaltung gehört nicht die Inszenierung der menschlichen Körper, sondern auch das *Arrangement der zum Ritual gehörenden Umwelten*. Auch sie müssen in einer den Ritualen angemessenen Weise gestaltet sein, damit das erforderliche *Ensemble* entsteht. In diesem „Gesamtkunstwerk" emergiert die *rituelle Ordnung*.

Rituelle Aufführungen erfordern *Bewegungen* des Körpers, mit deren Hilfe Nähe und Distanz sowie Annäherung und Entfernung zwischen den Teilnehmern des Rituals in Szene gesetzt werden. In diesen Körperbewegungen kommen soziale Haltungen und soziale Beziehungen zum Ausdruck. So erfordern hierarchische, von Machtunterschieden bestimmte Beziehungen andere Bewegungen des Körpers als freundschaftliche oder gar intime Beziehungen. Durch die Beherrschung sozialer Situationen mit Hilfe von Körperbewegungen wird auch der Körper durch sie beherrscht; er wird zivilisiert und kultiviert. Mit den Bewegungen des Körpers werden *soziale Situationen* geschaffen. Wegen ihres figurativen Charakters sind solche Situationen besonders gut erinnerbar und bieten sich daher auch für Wiederaufführungen an. In rituellen Inszenierungen wirkt ein *ostentatives Element* mit; die am Ritual Beteiligten möchten, dass ihre Handlungen gesehen und angemessen gewürdigt werden. In

den Bewegungen der Körper soll das Anliegen der Handelnden zur Darstellung und zum Ausdruck kommen.

Wenn vom Performativen, von Performanz und Performativität die Rede ist, so liegt der Akzent auf der Welt konstituierenden Seite des Körpers. Diese zeigt sich in der Sprache und im sozialen Handeln. Wenn vom performativen Charakter des Körpers die Rede ist, wird damit Sprache als Handlung und soziales Handeln als Inszenierung und Aufführung bezeichnet. Wird menschliches Handeln als aufführendes kulturelles Handeln begriffen, so ergeben sich daraus Veränderungen für das Verständnis sozialer Prozesse. In diesem Fall finden die Körperlichkeit der Handelnden sowie der Ereignis- und inszenatorische Charakter ihrer Handlungen größere Aufmerksamkeit. Dann wird deutlich: Soziales Handeln ist mehr als die Verwirklichung von Intentionen. Dieser Bedeutungsüberschuss besteht u.a. in der Art und Weise, in der Handelnde ihre Ziele verfolgen und zu realisieren versuchen. In diesen Prozess gehen unbewusste Wünsche, frühe Erfahrungen und Empfindungen ein. Trotz der intentional gleichen Ausrichtung einer Handlung zeigen sich in der Inszenierung ihrer körperlichen Aufführung und in dem Wie ihrer Durchführung erhebliche Unterschiede.

Der Charakter und die Qualität sozialer Beziehungen hängen wesentlich davon ab, wie Menschen beim rituellen Handeln ihren Körper einsetzen, welche körperlichen Abstände sie einhalten, welche Körperhaltungen sie zeigen, welche Gesten sie entwickeln. Über diese Merkmale vermitteln Menschen anderen Menschen vieles über sich selbst. Sie teilen ihnen etwas von ihrem Lebensgefühl mit, von ihrer Art und Weise, die Welt zu sehen, zu spüren und zu erleben. Trotz ihrer zentralen Bedeutung für die Wirkungen sozialen Handelns fehlen diese Aspekte körperlicher Performativität in vielen Handlungstheorien, in denen die Handelnden unter Absehung der sinnlichen und kontextuellen Bedingungen ihres Handelns noch immer auf ihr Bewusstsein reduziert werden. Will man diese Reduktion vermeiden, muss man untersuchen, wie rituelles Handeln emergiert, wie es mit Sprache und Imagination verbunden ist, wie es durch gesellschaftliche und kulturelle Muster ermöglicht wird und wie sich sein Ereignischarakter zu seinen repetitiven Aspekten verhält. Nachgehen muss man der Frage, wie weit sich Sprechen und Kommunikation als Handeln begreifen lassen und welche Rolle Ansprache und Wiederholung für die Herausbildung geschlechtlicher, sozialer und ethnischer Identität spielen. In einer solchen Perspektive wird Handeln als körperlich-sinnliche Nachahmung, Teilnahme und Gestaltung kultureller Praktiken begriffen. In dieser Perspektive werden künstlerisches und soziales Handeln als *performance*, Sprechen als *performatives Handeln* und *Performativität* als ein abgeleiteter, diese Zusammenhänge übergreifend thematisierender Begriff verstanden. Wenigstens drei Dimensionen der Performativität von Ritualen lassen sich unterscheiden.

Einmal lassen sich Rituale als kommunikative *kulturelle Aufführungen* begreifen. Als solche sind sie das Ergebnis von Inszenierungen und Prozessen körperlicher Darstellung, in deren Verlauf es um das Arrangement ritueller Szenen geht, in denen die Ritualteilnehmer unterschiedliche Aufgaben erfüllen. Indem sie sich im Sprechen und Handeln aufeinander beziehen, erzeugen sie gemeinsam rituelle Szenen. Wie Werke der Kunst und der Literatur lassen sich diese Rituale als Ergebnisse kulturellen Handelns ansehen, in dessen Verlauf die heterogenen gesellschaftlichen Kräfte in eine akzeptierte Ordnung gebracht werden.

Zum anderen kommt dem performativen Charakter der *Sprache* bei rituellen Handlungen erhebliche Bedeutung zu. Deutlich wird dieser z.B. bei den Ritualen der Taufe und der Kom-

munion, des Übergangs und der Amtseinführung, in denen die beim Vollzug des Rituals gesprochenen Worte wesentlich dazu beitragen, eine neue soziale Wirklichkeit zu schaffen (Austin 1985). Entsprechendes gilt auch für die Rituale, in denen das Verhältnis der Geschlechter zueinander organisiert wird und in denen die wiederholte Ansprache eines Kindes als „Junge" oder „Mädchen" dazu beiträgt, Geschlechtsidentität herauszubilden (Butler 1995).

Schließlich umfasst das Performative auch eine *ästhetische Dimension*, die für künstlerische *performances* konstitutiv ist. Diese Perspektive verweist auf die Grenzen einer funktionalistischen Betrachtungsweise der Performativität ritueller Handlungen. Wie die ästhetische Betrachtung künstlerischer *performances* dazu führt, dass diese nicht auf intentionsgeleitetes Handeln reduziert werden, so erinnert sie auch daran, dass sich die Bedeutung von Ritualen nicht in der Verwirklichung von Intentionen erschöpft. Nicht weniger wichtig ist die Art und Weise, in der die Handelnden ihre Ziele realisieren.

Trotz gleicher Intentionalität zeigen sich bei der Inszenierung der körperlichen Aufführung von Ritualen häufig erhebliche Unterschiede. Zu den Gründen dafür gehören allgemeine historische, kulturelle und soziale sowie besondere, mit der Einmaligkeit der Handelnden verbundene Bedingungen. Das Zusammenwirken beider Faktorengruppen erzeugt den performativen Charakter sprachlichen, sozialen und ästhetischen Handelns in rituellen Inszenierungen und Aufführungen. In dem Ereignis- und Prozesscharakter von Ritualen werden die Grenzen ihrer Planbarkeit und der Voraussehbarkeit deutlich. Bei der Berücksichtigung der ästhetischen Dimension wird die Bedeutung des Stils ritueller Aufführungen sichtbar. Die zwischen der bewussten Intentionalität und den vielen Bedeutungsdimensionen der szenischen Arrangements von Körpern erkennbar werdende Differenz ist offensichtlich. Der performative Charakter rituellen Handelns bietet Anlass zu unterschiedlichen Deutungen und Interpretationen, ohne dass dadurch jedoch die rituellen Arrangements ihre Wirkungen verlieren. Vielmehr besteht gerade ein Teil ihrer Effekte darin, dass die gleichen rituellen Handlungen unterschiedlich gedeutet werden können, ohne dass dadurch die soziale Magie der Rituale zerstört würde.

Soziale Kommunikation hängt wesentlich davon ab, wie Menschen beim rituellen Handeln ihren Körper einsetzen. Darüber vermitteln sie anderen Menschen viel von sich. Sie teilen ihnen etwas mit von ihrem Lebensgefühl, ihrer Art und Weise, die Welt zu sehen, zu spüren und zu erleben. Trotz ihrer zentralen Bedeutung für die Wirkung sozialen Handelns fehlen diese Aspekte körperlicher Performativität in vielen traditionellen Ritualtheorien, in denen die Handelnden unter Absehung der sinnlichen und kontextuellen Bedingungen ihrer Handlungen noch immer auf ihre kognitiven Seiten reduziert werden. Um diese Reduktion zu vermeiden, muss man erforschen, wie rituelles Handeln emergiert, wie es mit Sprache und Imagination verbunden ist (Hüppauf/Wulf 2006), wie seine Einmaligkeit durch gesellschaftliche und kulturelle Muster ermöglicht wird und wie sich sein Ereignischarakter zu seinen repetitiven Aspekten verhält.

6. Mimetisches Lernen praktischen Wissens in Ritualen

Der performative Charakter von Ritualen ist eine Voraussetzung dafür, dass das für ihre Inszenierung und Aufführung erforderliche praktische Wissen in mimetischen Prozessen erworben werden kann. Das praktische rituelle Wissen ist die Voraussetzung dafür, dass Kinder und Jugendliche lernen, was sie in Ritualen zu tun haben, welche Handlungen von ihnen erwartet werden und welche Möglichkeiten sie haben, ihr Handeln individuell zu gestalten, ohne dass dadurch die Rituale insgesamt gefährdet werden. In den gegenwärtigen Bemühungen zur Verbesserung des Lernens in der Schule wird die Bedeutung praktischen Wissens für die Erziehung und Bildung stark unterschätzt. Lediglich der UNESCO-Bericht *Learning. The Treasure Within* hat seine zentrale Bedeutung hervorgehoben. Neben dem Wissen Lernen werden hier Zusammenleben Lernen, Handeln Lernen und Sein Lernen als wichtige Formen des Lernens identifiziert (Delors 1996). Für den Erwerb dieser Wissensformen spielen Rituale und das in ihnen vermittelte praktische Wissen eine wichtige Rolle (Wulf 2005, 2006a).

Bei dem in rituellem Handeln gelernten praktischen Wissen handelt es sich nicht um ein theoretisches oder reflexives Wissen, dessen Elemente in der sozialen Praxis einfach angewendet werden können. Praktisches Wissen wird in mimetischen Prozessen erworben (Wulf 2006b). Mimetisches Lernen vollzieht sich, wenn Kinder und Jugendliche an den szenischen Aufführungen sozialer Handlungen teilnehmen und wahrnehmen, wie andere Menschen in rituellen Szenen handeln. Da die Art und Weise der sozialen Handlungen sinnlich erfasst wird, kommt dem *Wie* bei der mimetischen Rezeption und Verarbeitung erhebliche Bedeutung zu. Nur mit Hilfe der *Aisthesis* können die szenischen, die sozialen Handlungen konstituierenden und konkretisierenden Arrangements wahrgenommen und verarbeitet werden (Mollenhauer/Wulf 1996). Die sich dabei vollziehende mimetische Verkörperung ritueller Handlungen ist ein aktiver und produktiver Prozess, in dessen Verlauf eine individuelle Bearbeitung und Umarbeitung der wahrgenommenen Rituale und Ritualisierungen erfolgt. In der Bezugnahme des mimetischen Prozesses auf andere Menschen, auf eine szenische Aufführung ritueller Handlungen oder auf eine imaginäre Welt entsteht aufgrund der unterschiedlichen Voraussetzungen des sich mimetisch Verhaltenden jedes Mal etwas Unterschiedliches. In mimetischen Prozessen kommt es zu einer *Anähnlichung*, die auf die Art und Weise zielt, wie sich Menschen körperlich und sozial inszenieren, wie sie sich zur Welt, zu anderen Menschen und zu sich selbst verhalten. Der mimetische Prozess richtet sich auf die Einmaligkeit anderer Menschen und führt dazu, dass „Abbilder" von ihnen und ihren sozialen Handlungen in die mentale Bilder- und Vorstellungswelt aufgenommen werden. Mimetische Prozesse verwandeln Außenwelt in Innenwelt und führen zu einer Erweiterung der Innenwelt (Wulf 2005, 2004).

Der Erwerb von soziale Handlungen hervorbringendem praktischen Wissen in mimetischen Prozessen muss nicht auf Ähnlichkeit beruhen. Wenn beispielsweise in einer Bezugnahme auf eine vorgängige Welt ritueller Handlungen bzw. performativer Aufführungen mimetisches Wissen erworben wird, dann lässt sich erst in einem Vergleich der beiden Welten bestimmen, welches der Gesichtspunkt der mimetischen Bezugnahme ist. Ähnlichkeit ist nur ein, allerdings häufiger, Anlass für den mimetischen Impuls. Doch auch die Herstellung eines *magischen Kontakts* kann zum Ausgangspunkt der mimetischen Handlung werden (Frazer 1998). Selbst für die Abgrenzung von vorhandenen Ritualen und performativen

Aufführungen ist eine mimetische Bezugnahme erforderlich. Sie erst erzeugt die Möglichkeit von Akzeptanz, Differenz oder Ablehnung vorgängiger Rituale und anderer sozialer Handlungen.

Die residuale Instinktausstattung, der Hiatus zwischen Reiz und Reaktion sowie die „Exzentrizität" sind Voraussetzungen für die außerordentliche *Plastizität* des menschlichen Körpers und die damit verbundenen Möglichkeiten, in mimetischen Prozessen ein praktisches Wissen zu erwerben, mit dessen Hilfe rituelles und anderes performatives Handeln inszeniert und aufgeführt wird. Zu diesem praktischen Wissen gehören auch die Körperbewegungen, mit deren Hilfe Szenen sozialen Handelns arrangiert werden. Mittels der Disziplinierung und Kontrolle der Körperbewegungen entsteht ein diszipliniertes und kontrolliertes praktisches Wissen, das – im Körpergedächtnis aufbewahrt – die Inszenierung entsprechender Formen symbolisch-szenischen Handelns ermöglicht. Dieses praktische Wissen ist auf die im Zivilisationsprozess herausgebildeten sozialen Handlungs- und Aufführungsformen bezogen und daher ein zwar ausgeprägtes, in seinen historisch-kulturellen Möglichkeiten jedoch auch begrenztes performatives Wissen.

In mimetischen Prozessen vollzieht sich eine nachahmende Veränderung und Gestaltung vorausgehender Welten. Hierin liegen das innovative und kreative Moment mimetischer Akte und ihre Bedeutung für die Inszenierung und Aufführung performativer Handlungen. Mimetisch sind performative Handlungen, wenn sie auf andere körperliche Handlungen Bezug nehmen und selbst als soziale Aufführungen begriffen werden können, die sowohl eigenständige Handlungen darstellen als auch einen Bezug zu anderen Handlungen haben. Performative Handlungen werden durch die Entstehung praktischen Wissens im Verlauf mimetischer Prozesse möglich. Das für performative Handlungen relevante praktische Wissen ist körperlich, ludisch, rituell und zugleich historisch und kulturell; es bildet sich in face-to-face-Situationen und ist semantisch nicht eindeutig; es hat imaginäre Komponenten, lässt sich nicht auf Intentionalität reduzieren, enthält einen Bedeutungsüberschuss und zeigt sich in den Inszenierungen und Aufführungen des alltäglichen Lebens, der Literatur und der Kunst (Gebauer/Wulf 1995, 1998, 2003).

7. Zentrale Funktionen von Ritualen

Rituale haben viele unterschiedliche Funktionen, in denen sie nie ganz aufgehen. Ihre Bedeutung für Erziehung und Sozialisation, Bildung und Lernen lässt sich in zehn Punkten zusammenfassen, die Grundelemente einer Theorie des Rituals bilden (Wulf/Zirfas 2004a):

1. Das Soziale als Ritual. Gemeinschaften sind ohne Rituale undenkbar; denn sie bilden und verändern sich in und durch rituelle Prozesse und Praktiken. Über den symbolischen Gehalt der Interaktions- und Kommunikationsformen und vor allem über die performativen Prozesse der Interaktion und Bedeutungsgenerierung gewährleisten und stabilisieren Rituale die Gemeinschaft selbst. Die Gemeinschaft ist Ursache, Prozess und Wirkung rituellen Handelns. Rituale rahmen spezifische Praktiken im alltäglichen Leben, sodass durch ihre Restriktivität unbestimmtes in bestimmtes Verhalten transformiert wird. In diesem Zusammenhang bilden Rituale einen relativ sicheren, homogenisierten Ablauf. Die damit verbundenen Techniken und Praktiken dienen der Wiederholbarkeit der notwendigen Vollzüge, ihrer Steuerbarkeit und Kontrollierbarkeit, der Überschaubarkeit der für die Prozeduren notwendigen Mittel und Ressourcen sowie der Erkennbarkeit von Wirkungen und Störungen.

Soziale, institutionalisierte und informelle Gemeinschaften zeichnen sich nicht nur durch den gemeinsamen Raum eines kollektiv geteilten symbolischen Wissens aus, sondern vor allem durch ritualisierte Interaktions- und Kommunikationsformen, in denen und mit denen sie dieses Wissen inszenieren. Diese Inszenierungen können als Versuch verstanden werden, eine Selbstdarstellung und Reproduktion der sozialen Ordnung und Integrität zu gewährleisten, kommunikativ symbolisches Wissen herzustellen und vor allem Interaktionsräume und dramatische Handlungsfelder zu erzeugen. Rituale erzeugen Gemeinschaften emotional, symbolisch und performativ; sie sind inszenatorische und expressive Handlungsfelder, in denen die Beteiligten ihre Wahrnehmungs- und Vorstellungswelten mittels mimetischer Prozesse wechselseitig aufeinander abstimmen, ohne dass sich eine vollständige Übereinkunft über die Mehrdeutigkeit der rituellen Symbolik erzielen ließe. Indem Rituale die Integration eines interaktiven Handlungszusammenhangs gewährleisten, zielen sie auf die Bildung von Kommunität.

2. Das Ritual als Ordnungsmacht. Als kommunikative Handlungsmuster bilden Rituale eine spezifische Regelhaftigkeit, Konventionalität und Richtigkeit heraus, die für Gemeinschaften einen praktischen Wissens- und Wahrnehmungshorizont implizieren. Dabei ist es nicht entscheidbar, ob das Ritual aus der sozialen Ordnung heraus entsteht oder diese erst durch Rituale generiert wird. Rituale sind körperliche Praktiken, die Erfahrungs-, Denk- und Erinnerungsformen und -inhalte determinieren, reduzieren und erweitern, kanalisieren und verformen. Daher schaffen Rituale eine besondere Form von Realität. In Ritualen geht es nicht um Wahrheit, sondern um die richtige Handlung. Die Richtigkeit gemeinsamen Handelns bedeutet, dass die Ritualteilnehmer das Symbolische der Situation gemäß bestimmter, durch Rituale geschaffener Regeln decodieren können. Rituale zielen auf Richtigkeit und damit auf die Ordnung eines gemeinsamen Handelns, das für alle Teilnehmer verbindlich ist. Liegt der Gemeinsamkeit rituellen Handelns eine strukturelle Asymmetrie zugrunde, so können Rituale auch zur Anpassung, Manipulation und Unterdrückung verwendet werden. Sie verkommen dann zu einem bloßen stereotypen und ritualistischen Verhaltens- und Inszenierungsmodus.

3. Identifikationserzeugung durch Rituale. Betonen Rituale einen Übergang in räumlicher, zeitlicher oder sozialer Hinsicht, so ist die Rede von einem *Übergangsritual* (van Gennep 2005). Dieses verweist vor allem auf die Funktion von Ritualen, Identifikation zu erzeugen und Transformation zu ermöglichen. Ihr Transformations- und Innovationspotential liegt in dem symbolischen und performativen Charakter, in ihrer kreativen Wirklichkeit erzeugenden Seite. Mit ihrer Hilfe werden auch Einsetzungen (*institution*) vorgenommen, an denen sich wie am Beispiel der Beschneidung oder Einschulung zeigen lässt, dass es in diesen Ritualen vor allem auf die Aufhebung und Bearbeitung von Differenz ankommt. In Identifizierungs- und Einsetzungsriten wird der Versuch gemacht, Menschen zu denen zu machen, die sie schon sind. Deshalb haben Übergangsrituale eine paradoxe Struktur. In ihnen wird eine neue Ordnung, die Festschreibung eines neuen Zustands, die Emergenz einer neuen sozialen Wirklichkeit erzeugt, die so aussieht, als sei sie natürlich, und die es daher schwer macht, sich von ihr zu distanzieren und sich gegen sie zu wehren. In vielen dieser Rituale geht es um die „Anrufung" bzw. um die Zuschreibung einer Kompetenz, eines Könnens. Identifikatorische Rituale sind performative Handlungen, die erzeugen, was sie bezeichnen, indem sie Menschen zu einem Können auffordern, über das sie noch nicht verfügen, und sie dabei zugleich als diejenigen anerkennen, die sie noch werden sollen. In diesem Prozess entsteht das soziale Sein über Zuschreibungen, Bezeichnungen und Kategorisierungen.

4. Das Ritual als Erinnerung und Projektion. Rituale dienen dazu, sich der Gegenwart einer Gemeinschaft immer wieder zu versichern, deren zeitlose und unveränderlich gültige Ordnung und deren Transformationspotentiale durch Wiederholung zu bestätigen und ihnen Dauer zu verleihen. Sie zielen ebenso auf die Inszenierung von Kontinuität, Zeitlosigkeit und Unveränderlichkeit wie auf den Prozesscharakter und die Entwurf- und Zukunftsorientierung von Gemeinschaften. Rituale bilden die Synthese von sozialem Gedächtnis und gemeinschaftlichem Zukunftsentwurf. Im ritualisierten Umgang mit der Zeit entstehen Zeitkompetenz und soziale Kompetenz. Zeitliche Ritualisierungen sind ein Medium sozialen Zusammenlebens, strukturiert doch die rituelle Ordnung der Zeit in den Industriegesellschaften das gesamte Leben. Die Zeit des Rituals ist die gemeinsame Anwesenheit der Angehörigen in einer Gemeinschaft, deren Zeit durch das Ritual selbst noch einmal in zeitliche Sequenzen untergliedert wird. So fördern rituelle Handlungen bestimmte Erinnerungen und geben andere dem Vergessen anheim. Durch ihre repetitive Struktur signalisieren sie Dauerhaftigkeit und Unveränderbarkeit und ihre Inszenierungen erzeugen und kontrollieren das soziale Gedächtnis. Rituelle Aufführungen bringen vergangene Ereignisse in die Gegenwart und lassen sie als Gegenwart erfahrbar werden. Mit Hilfe ritueller Erinnerungsarbeit lässt sich eine Verbindung herstellen zwischen der vom Vergessen bedrohten Gegenwart und jener Vergangenheit, die als Tradition und Geschichte für Gemeinschaften bedeutsam ist. Rituale entwickeln sich deshalb weiter, weil sie nie gleich aufgeführt werden können, sondern immer mimetisch sind und weil in diesen mimetischen Prozessen die kreativen Potentiale durch die Wiederholung schon eingebaut sind.

5. Das Ritual als Bewältigung von Krisen. Wenn Gemeinschaften Differenzerfahrungen machen und Krisensituationen durchleben, sind Rituale erforderlich. Denn sie bilden einen relativ sicheren, homogenen Prozess, in dessen Verlauf Gemeinschaften z.B. die mit dem Übergang in einen anderen Status und die damit verbundenen Integrations- bzw. Segregationserfahrungen verhandeln können. Rituale können dazu dienen, eine kommunikative Verständigung über eine

neue, den alltäglichen Rahmen sprengende, als Bedrohung empfundenen Situation zu erzielen. Dabei bilden sie keine instrumentellen Handlungsarrangements und können nicht als technische Mittel zur Bewältigung konkreter Probleme eingesetzt werden. Die im gemeinsamen rituellen Handeln erzeugte Kraft reicht über die Möglichkeiten der einzelnen Menschen hinaus und führt zur Schaffung von Gemeinschaft und Solidarität. Krisenrituale wie die Identifizierung und Opferung von Sündenböcken bieten die Möglichkeit, soziale Gewalt zu kanalisieren und von der Gemeinschaft abzuwenden (Dieckmann/Wulf/Wimmer 1997).

6. Das Ritual als magische Handlung. In Ritualen werden Situationen mit Hilfe gemeinsam ausgeübter Praktiken eingeübt und geprobt, die in „realen" Lebenszusammenhängen nicht vollkommen beherrschbar und kontrollierbar sind. Daher können Rituale als Arrangements der Komplexitätsreduktion gelten, mit deren Hilfe man sich in Beziehung zu seinem „Außen" setzt, indem man Trennlinien zieht, Distanzen überbrückt und daran glaubt, dass die im Ritual entfalteten mimetischen und performativen Kräfte nicht nur nach innen, sondern auch nach außen, auf die „Wirklichkeit" einwirken. So wird man in Ritualen zu einem „Anderen" bzw. verhält sich als solcher zum „ganz Anderen". Diese Alterierung wird einerseits durch die Symbolik unterstützt, die die Transformation von Erfahrungen auf eine z.B. soziale oder religiöse Bedeutungsebene ermöglicht, und andererseits durch das gemeinsame, performative Handeln hervorgerufen, das neue Wirklichkeiten erzeugen kann. So gewährleistet das Heilige in rituellen Interaktionen eine organisierende Solidarität und stiftet als Distinktionsprinzip Grenzziehungen und Tabus, die Zeiten, Räume, Gegenstände und Handlungen als außerordentlich bedeutsam erfahrbar machen. Das Heilige kann als die Vorstellung einer spezifischen Form von transzendenter Wirksamkeit und Mächtigkeit verstanden werden, die sich auf Gegenstände, Handlungen, Schrift, Menschen und Gemeinschaften etc. bezieht und die mit Empfindungen der Ehrfurcht und Scheu sowie mit einem Kodex von Regeln, Normen und Tabus umgeben ist. Die Gemeinschaft scheint auf das Heilige angewiesen zu sein, wobei der rituelle Bezug zum Heiligen die Funktion übernimmt, die Integration, die Abgrenzung und den Austausch der Gemeinschaft zu gestalten. Insofern liegt dem Ritual der spezifische Glaube an das Transzendente, das Heilige einer Gemeinschaft zugrunde, das ihr eine gewisse Sicherheit und Vertrautheit vermittelt, und damit Erwartungen immunisiert. Daher rührt die Bedeutung der heiligen Feste für Gemeinschaften.

7. Das Ritual als Medium der Differenzbearbeitung. Rituale sind Handlungssysteme der Differenzbearbeitung. Indem sie die Integration eines interaktiven Handlungszusammenhangs gewährleisten, zielen sie auf Integration und auf die Bildung von Gemeinschaft. Der Begriff der performativen Gemeinschaft verweist nicht auf eine vorgängige, organische oder natürliche Einheit, eine emotionale Zusammengehörigkeit, auf ein symbolisches Sinnsystem oder auf einen kollektiven Wertekonsens, sondern auf die rituellen Muster der Interaktion. Mit der Frage, wie sich Gemeinschaften erzeugen, bestätigen und verändern, rücken rituelle Inszenierungsformen, körperliche und sprachliche Praktiken, räumliche und zeitliche Rahmungen sowie mimetische Zirkulationsformen in den Mittelpunkt. Gemeinschaft erscheint damit weniger als homogener, integrativer und authentischer Nahraum, als vielmehr als prekäres Erfahrungsfeld von Spannungen, Grenzziehungen und Aushandlungsprozessen. Unter einer performativen Gemeinschaft wird ein ritualisierter Handlungs- und Erfahrungsraum verstanden, der sich durch inszenatorische, mimetische, ludische und Machtelemente auszeichnet (Wulf u.a. 2004, 2004, 2007).

8. Das Ritual als Initiator mimetischer Prozesse. Wie bereits dargelegt, erzeugt rituelles Handeln keine bloße Kopie früher vollzogener Rituale. Jeder Aufführung eines Rituals liegt eine neue Inszenierung zugrunde, die zur Modifikation früherer ritueller Handlungen führt. Zwischen früheren, gegenwärtigen und zukünftigen rituellen Handlungen besteht ein mimetisches Verhältnis, in dem unter Bezug auf vorausgegangene neue Handlungen erzeugt werden. In mimetischen Prozessen wird eine Beziehung zu einer rituellen Welt hergestellt. Häufig beruht diese auf einer Ähnlichkeitsbeziehung, die in der Ähnlichkeit der Anlässe, der handelnden Personen und der sozialen Funktionen der Rituale besteht. Entscheidend ist jedoch nicht die Ähnlichkeit, sondern die Herstellung der Beziehung zu der anderen Welt. Wird eine rituelle Handlung auf eine frühere bezogen und in Ähnlichkeit zu dieser durchgeführt, dann besteht der Wunsch, etwas wie die rituell Handelnden zu machen, auf die sich die Beziehung richtet, und sich ihnen anzuähneln. Diesem Wunsch liegt das Begehren zugrunde, wie die anderen zu werden, sich jedoch gleichzeitig auch von ihnen zu unterscheiden. Trotz des Begehrens, ähnlich zu werden, besteht ein Verlangen nach Unterscheidung und Eigenständigkeit. Die Dynamik von Ritualen drängt gleichzeitig auf Wiederholung und Differenz und erzeugt damit Energien, die die Inszenierungen und Aufführungen ritueller Handlungen vorantreiben. Bei der Wiederholung geht es darum, in einem mimetischen Prozess gleichsam einen „Abdruck" früherer ritueller Handlungen zu nehmen und diesen auf neue Situationen zu beziehen. Die Wiederholung rituellen Handelns führt nie zur genauen Reproduktion der früheren Situation, sondern stets zur Erzeugung einer neuen rituellen Situation, in der die Differenz zur früheren ein konstruktives Element ist. In dieser Dynamik liegt der Grund für die Produktivität ritueller Handlungen. Unter Wahrung der Kontinuität bietet rituelles Handeln Raum für Diskontinuität. Rituelle Arrangements machen es möglich, das Verhältnis von Kontinuität und Diskontinuität auszuhandeln. Dabei spielen die jeweiligen Bedingungen der Individuen und Gruppen, Organisationen und Institutionen für die unterschiedlichen Handhabungen ritueller Muster und Schemata eine wichtige Rolle.

9. Das Ritual als Generator praktischen Wissens. Um in sozialer Hinsicht kompetent handeln zu können, bedarf es weniger eines theoretischen als vielmehr eines praktischen Wissens. Dieses befähigt Menschen, in verschiedenen gesellschaftlichen Feldern, Institutionen und Organisationen den Erfordernissen entsprechend zu handeln. Große Teile dieses praktischen Wissens werden in rituellen mimetischen Prozessen erworben. In diesen nehmen die Handelnden Bilder, Rhythmen, Schemata, Bewegungen ritueller Arrangements in ihre Vorstellungswelt auf. Mit deren Hilfe wird das in neuen Zusammenhängen erforderliche rituelle Handeln inszeniert und aufgeführt. Die mimetische Aneignung führt bei den Handelnden zu einem praktischen Wissen, das auf andere Situationen übertragbar ist. Der rituelle Charakter dieser Aneignung bewirkt, dass das mimetisch erworbene praktische Wissen in der Wiederholung geübt, entwickelt und verändert wird. Das so inkorporierte praktische Wissen hat einen historischen und kulturellen Charakter und ist als solches für Veränderungen offen (Wulf 2004, 2006b; Boetsch/Wulf 2005).

10. Das Ritual als Produzent von Subjektivität. Lange hat man Ritualität und Individualität bzw. Subjektivität für Gegensätze gehalten. Erst seit geraumer Zeit sieht man, dass dies in den modernen Gesellschaften nicht der Fall ist. Das Handeln von Individuen ist das Ergebnis praktischen sozialen Wissens, dessen Entwicklung ritueller Arrangements bedarf. Das heißt natürlich nicht, dass es zwischen Gemeinschaft und Individuum keine Spannungen

und Konflikte gibt; zu ausgeprägt ist die nicht aufhebbare Differenz zwischen beiden. Doch bedingen sich beide wechselseitig. Erfülltes individuelles Leben ist nur möglich, wenn Individuen in der Lage sind, in Gemeinschaften kompetent zu handeln und zu kommunizieren. Desgleichen bedarf eine Gemeinschaft differenzierter Individuen, die sich sozial kompetent verhalten und die die Fähigkeit dazu in rituellen Arrangements erwerben und entwickeln.

8. Ausblick

Rituale und Ritualisierungen haben viele Funktionen. Sie ermöglichen Übergänge zwischen verschiedenen Phasen des Lebens und unterschiedlichen Institutionen. Sie erzeugen das Soziale und bilden Gemeinschaften durch Inklusion und Exklusion. Rituale sind wesentliche Bestandteile von Familie, Schule, Kinder- und Jugendkultur sowie der Medien und des Umgangs mit ihnen. Da Rituale dazu beitragen, Aufgaben, Ziele und Werte von Institutionen und Organisationen weiter zu vermitteln, sind sie auch für diese von zentraler Bedeutung. Rituale haben eine bewahrende, aber auch verändernde und sogar innovative Funktion (Wulf/Zirfas 2004b). Für die Wirkungen von Ritualen sind ihre Körperlichkeit, ihre Performativität und ihre Dynamik von entscheidender Bedeutung.

Literatur

Austin, John L. (1985): Theorie der Sprechakte. Stuttgart: Reclam.
Bausch, Constanze (2006): Verkörperte Medien. Die soziale Macht televisueller Inszenierungen. Bielefeld: Transcript.
Bell, Catherine (1992): Ritual Theory, Ritual Practice. New York: Oxford University Press.
Boetsch, Gilles/Wulf, Christoph (2005): Hermès: ,Rituels', n° 42. Paris: CNRS Éditions.
Bohnsack, Ralf (2003): Rekonstruktive Sozialforschung. Einführung in qualitative Methoden. Opladen: Leske und Budrich.
Bourdieu, Pierre (1976): Entwurf einer Theorie der Praxis. Frankfurt/M.: Suhrkamp.
Butler, Judith (1995): Körper von Gewicht. Zur diskursiven Konstruktion von Geschlecht. Berlin: Berliner Verlag.
Delors, Jacques (Hrsg.) (1996): Learning. The Treasure Within. Paris: UNESCO.
Dieckmann, Bernhard/Wulf, Christoph/Wimmer, Michael (Hrsg.) (1997): Violence. Nationalism, Racism, Xenophobia. Münster: Waxmann.
Durkheim, Emile (1994): Die elementaren Formen des religiösen Lebens. Frankfurt/M.: Suhrkamp.
Eliade, Mircea (1998): Das Heilige und das Profane. Frankfurt/M.: Insel.
Frazer, James George (1998): Der goldene Zweig. Das Geheimnis. Von Glauben und Sitten der Völker. Reinbek: Rowohlt.
Flick, Uwe (2004): Triangulation. Eine Einführung. Wiesbaden: VS Verlag.
Gebauer, Gunter/Wulf, Christoph (1992): Mimesis. Kunst, Kultur, Gesellschaft. Reinbek: Rowohlt.
Gebauer, Gunter/Wulf, Christoph (1998): Spiel, Ritual, Geste. Mimetisches Handeln in der sozialen Welt. Reinbek: Rowohlt.
Gebauer, Gunter/Wulf, Christoph (2003): Mimetische Weltzugänge. Stuttgart: Kohlhammer.
Geertz, Clifford (1973): The Interpretation of Cultures. New York: Basic Books.
van Gennep, Arnold (2005): Übergangsriten. Frankfurt/M.: Campus.

Girard, René (1998): Der Sündenbock. Zürich: Benzinger.

Glaser, Barney/Strauss, Anselm (1969): The Discovery of Grounded Theory. Chicago: Chicago University Press.

Goffman, Erving (1993): Rahmen-Analyse. Frankfurt/M.: Suhrkamp.

Göhlich, Michael/Wulf, Christoph/Zirfas, Jörg (Hrsg.) (2007): Pädagogische Theorien des Lernens. Weinheim/ Basel: Beltz.

Grimes, Ronald (1995): Beginnings in Ritual Studies. Columbia: University of South Carolina Press.

Hüppauf, Bernd/Wulf, Christoph (Hrsg.) (2006): Bild und Einbildungskraft. München: Wilhelm Fink.

Kreinath, Jens/Snoek, Jan/Strausberg, Michael (2006) (Hrsg.): Theorizing Rituals. Issues, Topics, Approaches, Concepts. Leiden/Boston: Brill.

Krüger, Heinz-Hermann/Wulf, Christoph (Hrsg.) (2000): Standards qualitativer Forschung. Zeitschrift für Erziehungswissenschaft, 3.

Mollenhauer, Klaus/Wulf, Christoph (Hrsg.) (1996): Aisthesis/Ästhetik. Zwischen Wahrnehmung und Bewußtsein. Weinheim: Deutscher Studienverlag.

Otto, Rudolf (1979): Das Heilige. Über das Irrationale in der Idee des Göttlichen und sein Verhältnis zum Rationalen. München: Beck.

Sahlins, Marshall (1981): Kultur und praktische Vernunft. Frankfurt/M.: Suhrkamp.

Schechner, Richard (1977): Essays on Performance Theory 1970-1976. New York: Drama Book Specialists.

Soeffner, Hans-Georg (1992): Die Ordnung der Rituale. Frankfurt/M.: Suhrkamp.

Strauss, Anselm/Corbin, Juliet (1994): Grounded Theory. An Overview. In: Denzin/Lincoln (Hrsg.): Handbook of Qualitative Research. Thousand Oaks. 273-285.

Tambiah, Stanley (1979): A Performative Approach to Ritual. Proceedings of the British Academy 65. 113-163.

Turner, Victor (1995): Vom Ritual zum Theater. Frankfurt/M.: Suhrkamp.

Turner, Victor (2000): Das Ritual. Frankfurt/M.: Suhrkamp.

Willems, Herbert/Jurga, Martin (Hrsg.) (1998): Inszenierungsgesellschaft. Ein einführendes Handbuch. Opladen/ Wiesbaden: Westdeutscher Verlag.

Wulf, Christoph (2001): Einführung in die Anthropologie der Erziehung. Weinheim/Basel: Beltz.

Wulf, Christoph (2004): Anthropologie. Geschichte, Kultur, Philosophie. Reinbek: Rowohlt.

Wulf, Christoph (2005): Zur Genese des Sozialen: Mimesis, Performativität, Ritual. Bielefeld: Transcript.

Wulf, Christoph (2006a): Anthropologie kultureller Vielfalt. Interkulturelle Bildung in Zeiten der Globalisierung. Bielefeld: Transcript.

Wulf, Christoph (2006b): Praxis. In: Kreinath, Jens/Snoek, Jan/Strausberg, Michael (Hrsg.): Theorizing Rituals. Issues, Topics, Approaches, Concepts. Leiden/Boston: Brill. 395-411.

Wulf, Christoph u.a. (2001): Das Soziale als Ritual. Zur performativen Bildung von Gemeinschaften. Opladen: Leske und Budrich.

Wulf, Christoph u.a. (2004): Bildung im Ritual. Schule, Familie, Jugend, Medien. Wiesbaden: Verlag.

Wulf, Christoph u.a. (2007): Lernkulturen im Umbruch. Rituelle Praktiken in Schule, Medien, Familie und Jugend. Wiesbaden: VS Verlag.

Wulf, Christoph/Göhlich, Michael/Zirfas, Jörg (Hrsg.) (2001): Grundlagen des Performativen. Eine Einführung in die Zusammenhänge von Sprache, Macht und Handeln. Weinheim/München: Juventa.

Wulf, Christoph/Zirfas, Jörg (Hrsg.) (2003): Paragrana. Internationale Zeitschrift für Historische Anthropologie. Band 12, H. 1 u. 2: Rituelle Welten.

Wulf, Christoph/Zirfas, Jörg (Hrsg.) (2004a): Die Kultur des Rituals. München: Wilhelm Fink.

Wulf, Christoph/Zirfas, Jörg (Hrsg.) (2004b): Innovation und Ritual. Jugend, Geschlecht und Schule. Zeitschrift für Erziehungswissenschaft (2. Beiheft).

Wulf, Christoph/Zirfas, Jörg (Hrsg.) (2005): Ikonologie des Performativen. München: Wilhelm Fink.

Wulf, Christoph/Zirfas, Jörg (Hrsg.) (2007): Pädagogik des Performativen. Weinheim/Basel: Beltz.

Einführende Literatur

Belliger, Andrea/Krieger, David J. (Hrsg.) (2006): Ritualtheorien. Ein einführendes Handbuch. Wiesbaden: VS Verlag.

Wulf, Christoph (2005): Zur Genese des Sozialen: Mimesis, Performativität, Ritual. Bielefeld: Transcript.

Wulf, Christoph u.a. (2001): Das Soziale als Ritual. Zur performativen Bildung von Gemeinschaften. Opladen: Leske + Budrich.

Wulf, Christoph u.a. (2004): Bildung im Ritual. Schule, Familie, Jugend, Medien. Wiesbaden: VS Verlag.

Wulf, Christoph u.a. (2007): Lernkulturen im Umbruch: Rituelle Praktiken in Schule, Medien, Familie und Jugend. Wiesbaden: VS Verlag.

Weiterführende Literatur

Gebauer, Gunter/Wulf, Christoph (2003): Mimetische Weltzugänge. Stuttgart: Kohlhammer.

Wulf, Christoph/Zirfas, Jörg (Hrsg.) (2004): Die Kultur des Rituals. München: Wilhelm Fink.

Wulf, Christoph/Zirfas, Jörg (Hrsg.) (2007): Pädagogik des Performativen. Weinheim/Basel: Beltz.

Sozialer Tausch

Klaus R. Schroeter

1. Einleitung

Die ursprüngliche Bedeutung des Wortes „tauschen" geht ebenso wie das Wort „täuschen" auf das mhd. *tūschen*, i.S. von „unwahr reden" und „betrügen" zurück. Das heutige Verständnis von „tauschen" i.S. von Waren oder Dinge austauschen, ist also auf den alten Bedeutungsgehalt von „in trügerischer Absicht aufschwatzen" zurückzuführen. Das mhd. *tûsch* (pl. *tiusche*) „hat nur die bedeutung von spass, schelmerei, betrug, täuschung, ist also ursprünglich wol ein (…) taschenspieler-, gauklerkunststück, durch das gegenstände verwechselt wurden, woraus sich (…) der begriff des betrügerischen austausches und handels (…) entwickelt haben kann." (DW 1935: 208)

Wenn wir heute von Tausch sprechen, dann meinen wir damit im Allgemeinen, etwas zu geben, um etwas anderes dafür zu bekommen. Insofern ist der Tausch zunächst einmal eine Handlung, bei der Leistungen erbracht werden. Diese Leistungen können Sachen oder Dienstleistungen, aber auch Informationen, Erfahrungen, Ideen, Worte, Versprechungen, Drohungen, Grüße, Blicke, Zärtlichkeiten, Schläge o.Ä. sein. Der Tausch von Dingen, Gütern und Waren ist also nur eine besondere Form des allgemeinen Tausches. Der Tausch ist geradezu allgegenwärtig. Getauscht wird nicht nur auf realen (u.a. Flohmarkt, Jahrmarkt, Wochenmarkt, Weihnachtsmarkt) oder virtuellen (u.a. Arbeitsmarkt, Gesundheitsmarkt, Immobilienmarkt, Heiratsmarkt), spezialisierten Märkten, also an Stätten, an denen Angebot und Nachfrage zusammengeführt, Waren und Dienstleistungen gehandelt oder getauscht werden, sondern auch in „ökonomiefreien" Handlungen, wenn wir uns gegenseitig Urlaubs-, Geburtstags- oder Weihnachtskarten schicken, im Berufs- oder Privatleben Termine tauschen, Verabredungen treffen und Besuche abstatten, wenn wir uns gegenseitig (und gelegentlich auch uns selbst) mit kleinen Aufmerksamkeiten belohnen oder durch Entzug von Annehmlichkeiten bestrafen, wenn wir unseren Gott um Hilfe oder Vergebung bitten usw.

Das Soziale vollzieht sich über den Tausch. In diesem Sinne ist der Tausch grundlegend für die Gesellschaft. Individuelle Personen und kollektive Akteure (u.a. Gruppen, Institutionen, Organisationen, Staaten) stehen miteinander in Tauschverkehr. Insofern liefert der Tausch „das Mittel, die Menschen miteinander zu verbinden" (Lévi-Strauss 1984: 641), sowohl in Freundschaft als auch in Feindschaft. Der Tausch ist nicht auf seine ökonomische Seite zu reduzieren, vielmehr wirkt er als „Sozialzement" und wird damit „geradezu zur

führenden Figur des gesellschaftlichen Handelns" (Gehlen 1986: 46). Und deshalb kann eine Wissenschaft, wie die Soziologie, „deren Gegenstand die Gesellschaft und nichts anderes ist, (…) nur diese Wechselwirkungen, diese Arten und Formen der Vergesellschaftung untersuchen wollen" (Simmel 1983: 6). In diesem Verständnis ist „Gesellschaft (...) nur der Name für die Summe dieser Wechselwirkungen" (Simmel 1989: 131).

Der Tausch und das ihm zugrunde liegende Prinzip der Wechselwirkung gehören zu den elementaren Formen der gesellschaftlichen Organisation. Dahinter verbirgt sich die Vorstellung, dass „alle Handlungen, und selbst noch jene, die sich als interesselose oder zweckfreie, also von der Ökonomie befreite verstehen, auf die Maximierung materiellen oder symbolischen Gewinns ausgerichtete Handlungen" (Bourdieu 1979: 357) darstellen. Damit kann bereits vorab festgehalten werden, dass das Prinzip der Gegenseitigkeit eine Wirkungskette spinnt, die deutlich über das Ökonomische hinausgeht und verschiedene soziale „Verzahnungen" (Thurnwald 1957: 89) hervorruft. Wenn der ökonomische Tausch nur für den „Sonderfall aus einer ganzen Welt von Ökonomien" (Bourdieu 1987b: f.) steht, dann lässt sich die gesamte Gesellschaft als ein *sozialer Markt organisierter Wechselwirkungen* verstehen, auf dem sowohl positive als auch negative Sanktionen getauscht werden, ohne dass damit jedes soziale Geschehen auf utilitaristische Tauschbeziehungen zurückgeführt wird. Der ökonomische Markt ist nichts anderes als eine spezielle Form des allgemeinen sozialen Tausches (Clausen 1978: 16).

In diesem kursorischen Beitrag kann das komplexe Phänomen des Tausches kaum angemessen dargestellt werden. So bleiben z.B. der mikro- und makro-ökonomische Tausch, die Rational-Choice-Theorie wie auch die Spiel- und Netzwerktheorie hier gänzlich unberücksichtigt (vgl. dazu z.B. Etzrodt 2003; Holzer 2006; Kappelhoff 1993; Krause 1989). Selbst der ins Visier gerückte soziale Tausch kann nur in Grundzügen vorgestellt werden. In diesem Beitrag geht es vor allem um zwei Aspekte: Zum einen soll die Bedeutung der Wechselwirkung für den Tausch aufgezeigt und die verschiedenen Tauschformen im Überblick dargestellt werden. Zum anderen soll die Gesellschaft im Rekurs auf Bourdieus „Theorie der Praxis" als ein Markt organisierter Wechselwirkungen verstanden werden, auf dem die einzelnen Akteure unter Einsatz der ihnen zur Verfügung stehenden Kapitalien um ihre sozialen Positionen konkurrieren.

2. Wechselwirkung und Reziprozitätssystem

Das Soziale konstituiert sich über die Wechselwirkung. Darüber waren sich schon die Klassiker der Soziologie weitgehend einig. Die soziale Ordnung gründet sich nach Tönnies (1979: 3) auf dem gegenseitigen Willen der Akteure, ohne den kein Handeln möglich ist. Auch bei Weber (1985: 11) erfährt die Wechselwirkung einen gesellschaftskonstituierenden Charakter, wenn er in seiner klassischen Definition das *soziale Handeln als ein sich am vergangenen, gegenwärtigen oder künftig erwarteten Verhalten anderer orientiertes Handeln* versteht und damit dessen reziproken Charakter herausstellt. Und Simmel (1989: 130) erhebt die Wechselwirkung gar zum *regulativen Weltprinzip*, wenn er davon ausgeht, „daß Alles mit Allem in irgend einer Wechselwirkung steht, daß zwischen jedem Punkte der Welt und jedem andern Kräfte und hin- und hergehende Beziehungen bestehen."

> Diese Wechselwirkung besteht immer aus bestimmten Trieben heraus oder um bestimmter Zwecke willen. Erotische, religiöse oder bloß gesellige Triebe, Zwecke der Verteidigung wie des Angriffs, des Spiels wie des Erwerbes, der Hilfeleistung wie der Belehrung und unzählige andere bewirken es, daß der Mensch in ein Zusammensein, ein Füreinander-, Miteinander-, Gegeneinander-Handeln, in eine Korrelation der Zustände mit anderen tritt, d.h. Wirkungen auf sie ausübt und Wirkungen von ihnen empfängt. Diese Wechselwirkungen bedeuten, daß aus den individuellen Trägern jener veranlassenden Triebe und Zwecke eine Einheit, eben eine ‚Gesellschaft' wird. (Simmel 1983: 4)

Gesellschaft formt sich also über die Wechselwirkung von Personen und Gruppen. Wenn Simmel (1989: 5) „die Wirkung auf andre und das Empfangen ihre Wirkungen" als den Inhalt der Vergesellschaftung sieht, so wird damit die Wechselwirkung sozialer Beziehungen zum Motor vor Gesellschaft. Damit erscheint auch der heute in der deutschsprachigen Soziologie aus dem Amerikanischen übernommene Begriff der *Interaktion* als eine neusprachliche Wiedereinführung des Simmel'schen Originals. Simmel hatte bereits früh die Kategorien des Gebens und Nehmens eingeführt:

> Ohne daß in der Gesellschaft dauernd gegeben und genommen wird – auch außerhalb des Tausches – würde überhaupt keine Gesellschaft zustandekommen. Denn das Geben ist keineswegs nur eine einfache Wirkung des Einen auf den Andern, sondern ist eben das, was von der soziologischen Funktion gefordert wird: es ist Wechselwirkung. Indem der Andre entweder annimmt oder zurückweist, übt er eine ganz bestimmte Rückwirkung auf den ersteren. Die Art, wie er annimmt, dankbar oder undankbar, so, daß er schon erwartet hat oder daß er überrascht wird, so, daß er von der Gabe befriedigt ist oder unbefriedigt bleibt, so, daß er sich durch die Gabe erhoben oder gedemütigt fühlt – alles dies übt eine sehr entschiedene, wenn auch natürlich nicht in bestimmten Begriffen und Maßen ausdrückbare Rückwirkung auf den Gebenden, und so ist jedes Geben eine Wechselwirkung zwischen dem Gebenden und dem Empfangenden. (Simmel 1983: 444/Anm.1)

Mit diesen Überlegungen knüpft Simmel an Vorstellungen an, die Jacob Grimm bereits Jahre zuvor formuliert hatte:

> In der regel scheint zwar nur des geschenks empfänger zu gewinnen, der geber zu verlieren, doch insgeheim fordert gabe zur gegengabe, ja bei feinerem gefühl selbst zur höheren, überbietenden auf. (Grimm 1865: 174)

Wenn es dort weiter heißt, „dasz sowol der geber sich der geschenkten sache sinnlich entäuszern, als auch der empfänger derselben sinnlich unterziehen müsse" (Grimm 1865: 176), klingt hier bereits an, dass der Tausch wesentlich mehr als ein bloßer Transfer materieller Güter ist. Die später von Mauss (1989) populär gemachte These, dass jede Gabe eine Gegengabe mit den drei darin verankerten Verpflichtungen des *Gebens, Nehmens* und *Erwiderns* erfordere, wurde also schon von Grimm und Simmel vorformuliert. Insbesondere Simmel hat dabei auf die Unterschiedlichkeit von Gabe und Gegengabe hingewiesen, als er feststellte, dass auf eine Gabe zwar in der Regel mit einer Gegengabe geantwortet wird, die Gabe aber letztlich nicht vollkommen erwidert werden kann, „weil in der ersten Leistung eine Freiwilligkeit liegt, die bei der Gegenleistung nicht mehr vorhanden ist. Denn zu ihr sind wir schon ethisch verpflichtet, zu ihr wirkt der Zwang, der zwar nicht sozial-juristisch, sondern moralisch, aber immerhin ein Zwang ist." (Simmel 1983: 446)

Das Prinzip der Wechselwirkung ist zunächst vor allem von der Anthropologie empirisch untersucht worden. Hier sind insbesondere die Arbeiten von Bronislaw Malinowski (1979) über den *Kula* bei den Trobiandern und die Studien von Franz Boas (1966) über den *Potlatsch* bei den Kwakiutl Indians im nordwestlichen Amerika zu nennen.

Kula ist ein ringförmiges Tauschsystem, das sich über 14 Inselgruppen vor Ost-Papua-Neuginea (Trobiand) erstreckt. Dabei zirkulieren im Kreis der Inseln zwei Typen von Wertgegenständen aus Muscheln: Im Uhrzeigersinn werden Halsketten aus kleinen roten Muschelplättchen (soulawa) und gegen den Uhrzeigersinn werden weiße Armbänder aus Kegelschnecken (mwali) getauscht. In diesem sog. „Kula-Ring" zirkulieren mehrere Tausend solcher gegenseitig getauschten Armbänder und Halsketten. Dabei muss eine Person, wenn sie z.B. Ketten erhält, eine entsprechende Menge von Armbändern zurückgeben. Weil aber eine gleichwertige Rückgabe von Muschelobjekten den Tauschprozess sofort beenden würde, wird immer eine höhere Anzahl von Objekten zurückgegeben, sodass eine „Schuld" offen bleibt und die Tauschbeziehung fortgesetzt werden kann. Der Kula-Tausch beschränkt sich nicht auf den Austausch von Prestigegütern (soulawa und mwali), getauscht werden auch eine ganze Reihe von Objekten geringeren Wertes, aber von ebenso großer Nützlichkeit, sodass eine Person stets in mehrere Tauschpartnerschaften in verschiedenen geographischen Zonen (Inland-Kula, Kula-Gemeinschaft, Übersee-Kula) eingebunden ist. Je mehr Tauschpartner eine Person hat und je mehr Tauschgüter sich zeitweilig in seinem Besitz befinden, desto höher ist ihr Rang.

Beim *Potlatsch* handelt es sich um ein indianisches „Fest des Schenkens", bei dem der Einladende zugleich auch der Schenkende und die Eingeladenen die Beschenkten sind. Durch das Schenken wird der Reichtum des Gastgebers demonstriert. Je größer die Ausgaben, desto größer war der Prestigegewinn. Franz Boas (1966), der diese Form des Tausches bei den Kwakiutl Indianern im Nordwesten Amerikas beobachtet hatte, interpretierte die Geschenke als Darlehen, die die Beschenkten beim nächsten Fest zurückgeben mussten. Die Potlatsch-Zeremonien haben nach Lévi-Strauss (1984: 108) eine dreifache Funktion:

– „(…) für die Erwiderung der vorher empfangenen Geschenke zu sorgen, vermehrt um die Zinsen, die bis zu hundert Prozent betragen können;
– den Anspruch einer Familie oder einer sozialen Gruppe auf einen Titel oder ein Vorrecht öffentlich festzustellen oder eine Statusveränderung offiziell zu verkünden;
– schließlich, einen Rivalen an Freigebigkeit zu übertreffen und ihn womöglich mit einer Fülle von Gegenverpflichtungen zu erdrücken, denen er, so hofft man, nicht nachzukommen vermag, so daß man ihm Privilegien, Titel, Rang, Autorität und Prestige entreißen kann."

Kula und Potlatsch sind die ethnologischen Prototypen der Reziprozität. Marcel Mauss (1989) hat in seiner viel gerühmten Abhandlung über „Die Gabe" (Essai sur le don) gezeigt, dass nicht etwa der einfache Gütertausch, sondern der aus dem verpflichtenden Charakter der Gabe resultierende *Kredit* (mit dem gegenseitigen Vertrauen der Tauschpartner) der Vorläufer des modernen Marktes ist. Er hat auf der Grundlage der Studien von Malinowski und Boas die besondere Funktion des Tausches – *die Stiftung, Aufrechterhaltung und Auffrischung sozialer Beziehungen* – herausgearbeitet. Er sieht den Tausch als eine „gegenseitige Verpflichtung" und spricht in diesem Zusammenhang von einem „totalen sozialen Phänomen". Die Gabe begründet gewissermaßen eine Schuld, sodass der Beschenkte sich veranlasst sieht, diese Schuld durch ein Gegengeschenk auszugleichen. Mauss sieht im Geben, Annehmen und Erwidern der Geschenke einen sozialen Mechanismus, die Menschen miteinander zu verbinden.

– Durch das *Geben* wird die Autorität aufrechterhalten. Durch das Ausgeben und Verteilen von Geschenken wird zum einen Glück und Reichtum demonstriert, zum anderen zeigt man sich für zuvor erhaltene Dienste erkenntlich. Täte man das nicht, käme man seiner Verpflichtung nicht nach, würde die „Etikette" verletzen und seinen sozialen Rang verlieren.

– Auf der anderen Seite wird das *Nehmen* (die Annahme eines Geschenkes) zur sozialen Pflicht, weil eine Nichtannahme immer auch als Furcht vor einer Erwiderung und damit als ein Verlust von Ehre und Würde gedeutet wird.

– Insofern beinhaltet die Annahme einer Gabe die Verpflichtung zur *Erwiderung*, andernfalls würde man sein Gesicht verlieren.

Wichtig ist dabei, dass die Gabe nicht unmittelbar mit einer Gegengabe vergolten wird. Vielmehr muss zwischen beiden Handlungsakten eine gewisse Zeit verstreichen. In dieser Zeitspanne herrscht zum einen eine Art Ungewissheit darüber, ob die Gabe denn auch wirklich mit einer Gegengabe erwidert wird. Zum anderen erinnert sie die eine Gabe annehmende Person stets daran, dass hier noch eine Schuld zu erbringen ist.

Auch in der modernen Gesellschaft kennen wir die Bedeutung einer solchen Latenzphase, wenn wir etwa schon vor längerer Zeit eine Einladung von Freunden oder Bekannten angenommen haben und demnächst mit einer Gegeneinladung darauf zu antworten haben, wenn wir in der gemütlichen Runde auch einmal dran sind, den Kaffee zu holen oder das Bier zu bezahlen und dergleichen mehr. Auch in den rationalen Gegenwartsgesellschaften hat das Reziprozitätssystem seinen Stellenwert. Doch die Latenzphase zwischen Annahme und Erwiderung einer Gabe (u.a. Einladung, Geschenk, Freundschaftsdienst) kommt insbesondere in persönlichen und informellen Sozialbeziehungen zum Tragen. Die Tauschhandlungen in den rationalisierten Gesellschaften sind vor allem durch einen unmittelbaren, ohne weitergehende Verpflichtungen nach sich ziehenden, direkten Austausch gekennzeichnet. Das zeigt sich insbesondere im modernen Kaufakt, in dem die Gabe durch direkte Barzahlung abgegolten wird.

Wenn sozialer Tausch sich auf Wechselwirkung (Simmel), Gegenseitigkeit (Thurnwald) oder Reziprozität (Gouldner) stützt, so heißt das nicht, dass auch Quantität und Qualität der getauschten Güter oder Leistungen identisch sein müssen. In diesem Zusammenhang hat Gouldner (1984: 99f.) auf den Unterschied zwischen gleichförmiger (homeomorpher) und verschiedenförmiger (heteromorpher) Reziprozität aufmerksam gemacht.

– Die *homeomorphe Reziprozität* bedeutet, dass die ausgetauschten Güter und Dienstleistungen sowohl in ihrem Wert als auch in ihrer Form identisch sind.
– Die *heteromorphe Reziprozität* ist dadurch gekennzeichnet, dass die ausgetauschten Kapitalien sowohl quantitativ als auch in ihrer Art und Form verschieden sein können, aber für die Akteure den gleichen Wert besitzen.

Reziprozität bedeutet immer auch gegenseitige Abhängigkeit und ist für Gouldner ein allgemeingültiges Gesellschaftsprinzip, das jedoch seine kulturabhängigen Erscheinungsformen hat und zwei miteinander verbundene Minimalforderungen beinhaltet (Gouldner 1984: 98):
– Zum einen sollen Menschen denjenigen helfen, die ihnen geholfen haben,
– zum anderen sollen sie diejenigen nicht kränken, die ihnen Hilfe gewährt haben.

Die Wechselwirkung erscheint hier in einem hohen Maße als moralisch gesteuert. Die Zeitspanne zwischen Gabe und Gegengabe ist demnach
– „eine Zeit, innerhalb derer die Menschen moralisch gezwungen sind, ihren Wohltätern Dankbarkeit zu erweisen oder zumindest den Frieden mit ihnen aufrechtzuerhalten" und auch
– eine Zeit, in der „eine Verpflichtung noch erfüllt werden muß, in de(r) die Erfüllung eingegangener Verpflichtungen noch aussteht." (ebenda: 104f.)

Da sich diese Verhaltensanforderungen nur auf Situationen beschränken, in denen bereits erhaltene Leistungen erwidert werden sollen, führt Gouldner (1984: 125) noch die Variante des *Wohltätigkeitsprinzips* ein, nach der Menschen anderen helfen sollen, die Hilfe benötigen, und zwar unabhängig davon, ob diese ihnen in der Vergangenheit geholfen haben oder in Zukunft helfen können. Aber auch eine Wohltätigkeit, die keine Erwiderung einfordert, vollzieht sich im Spiel der Wechselwirkung, weil vom Empfänger der Wohltätigkeit zumindest erwartet wird, dass er darauf verzichtet, denjenigen zu schädigen, der ihm geholfen hat (ebenda: 137). Andererseits finden sich im Kontext gesellschaftlicher Wechselwirkungen zuweilen auch die Einstellungen, dass den Schädigern nicht geholfen werden soll (ebenda: 150f.)

Er sieht zwar, dass die Wohltätigkeit des Gebers vom Empfänger ganz anders verstanden werden kann, insoweit dieser sich trotz allem dazu verpflichtet fühlt, die Gabe zu erwidern, und er sieht auch, dass die Wohltätigkeitsnorm als Kreditmechanismus wirkt, den Geber zum potenziellen Gläubiger und den Empfänger zum potenziellen Schuldner werden lässt. Doch bleibt er insgesamt nur beschränkt aussagekräftig, weil er sich in seinen Ausführungen einzig auf die wechselwirkenden Tauschbeziehungen eines dyadischen Tausches bezieht und den verallgemeinerten Tausch, bei dem drei oder mehrere Akteure involviert sind, völlig außer Acht lässt. Diesem Dilemma versucht er zu entrinnen, indem er Wohltätigkeitsnormen als übernatürlich sanktioniert betrachtet und die Tauschakteure nicht als sich gegenseitig, sondern „etwas anderem, einem außerweltlichen Wesen gegenüber verpflichtet" sieht und den durch die Androhung übernatürlicher Sanktionen erzeugten Zwang zu wohltätigem Handeln als ein „funktionales Äquivalent für die Verweigerung irdischer Hilfe" interpretiert (Gouldner 1984: 144).

3. Tauschformen

3.1 Eingeschränkter und verallgemeinerter Tausch

George C. Homans gilt als der Begründer der soziologischen Austauschtheorie. Der zentrale Aufgabenbereich der Soziologie ist für ihn die Erforschung *sozialen Verhaltens*, wobei er sich im Wesentlichen auf soziale Einheiten bezieht, in denen die einzelnen Gesellschaftsmitglieder in so genannten face-to-face-Beziehungen stehen. Dabei versucht er die Erkenntnisse der Verhaltenspsychologie auf komplexe soziale Situationen zu übertragen und mit dem ökonomischen Kostenprinzip ein Einklang zu bringen.

Soziales Verhalten liegt nach Homans (1972: 2) dann vor, wenn eine Person in ihren Handlungen durch das Verhalten einer anderen Person belohnt oder bestraft wird. Interaktionen werden von ihm entsprechend als „Austausch von materiellen und nichtmateriellen Gütern" (Homans 1973: 247) definiert.

Homans versucht die Gesellschaft über die Gesetze individuellen Handelns zu erklären. Tausch wird hier zu einem Prozess der gegenseitigen Verstärkung. Nach seiner zentralen These organisieren Menschen ihr soziales Verhalten derart, dass das zu erwartende Ausmaß an Belohnungen maximal und das Ausmaß an Bestrafungen minimal ausfallen wird. Seinem Modell liegen fünf Hypothesen zugrunde (Homans 1972: 45ff.):

1. *Reizhypothese:* „Wenn die Aktivität einer Person früher während einer bestimmten Reizsituation belohnt wurde, wird diese sich jener oder einer ähnlichen Aktivität um so wahrscheinlicher wieder zuwenden, je mehr die gegenwärtige Reizsituation der früheren gleicht."

2. *Erfolgshypothese (Zeithypothese):* „Je öfter eine Person innerhalb einer gewissen Zeitperiode die Aktivität einer anderen Person belohnt, desto öfter wird jene sich dieser Aktivität zuwenden."

3. *Werthypothese:* „Je wertvoller für eine Person eine Aktivitätseinheit ist, die sie von einer anderen Person erhält, desto häufiger wird sie sich Aktivitäten zuwenden, die von der anderen Person mit dieser Aktivität belohnt werden."

4. *Entbehrungs-Sättigungs-These (Prinzip des abnehmenden Grenznutzens):* „Je öfter eine Person in jüngster Vergangenheit von einer anderen Person eine belohnende Aktivität erhielt, desto geringer wird für sie der Wert jeder weiteren Einheit jener Aktivität sein."

5. *Frustrations-Aggressionshypothese (Kostenhypothese):* „Je krasser das Gesetz der ausgleichenden Gerechtigkeit zum Nachteil einer Person verletzt wird, desto wahrscheinlicher wird sie das emotionale Verhalten an den Tag legen, das wir Ärger nennen."

Soziales Verhalten ist für Homans – unabhängig davon, ob es zwischen zwei oder mehreren Personen stattfindet – immer ein Streben nach ausgleichender Gerechtigkeit. Für alle am sozialen Tausch Beteiligten müssen sich die Belohnungen proportional zu den Kosten verhalten und ein der Situation angemessener Gewinn erzielt werden.

In dieser Denktradition bewegen sich auch die sozialwissenschaftlichen Freundschaftskonzeptionen (vgl. Schroeter 2003), in denen Freundschaft vorwiegend als „personal relationships" betrachtet und zumeist sozialpsychologisch behandelt werden. Freundschaft wird dort zu einem funktionalen Mittel der Stabilisierung physischer und psychischer Gesundheit des Einzelnen erklärt, wenn sie als „personality support" (Duck 1983), als ein persönliches

Unterstützungssystem, als ein Medium, das der Persönlichkeit des Freundes Halt zu geben verspricht, verstanden wird. Freundschaft ist demnach auf einen Zweck gerichtet und erfordert ein „Beziehungsmanagement", dessen Ziel die Reduktion von Einsamkeit sowie die Unterstützung und Bestätigung der eigenen Persönlichkeit ist. Zur Erreichung der Ziele gilt es, den „potenzielle(n) Freundschaftspartner durch Komplimente, einladende nonverbale Gesten, Hilfeleistungen und persönliche Offenheit zu beeinflussen." (Schinkel 2002: 56) Dazu müssen Ressourcen wie Zeit oder Energie eingesetzt werden.

In einem solchen Lichte wird Freundschaft geradezu zu einem Unternehmen und das autonome Subjekt zum Manager in eigener Sache, der in das Unternehmen Freundschaft investiert. Die Individuen regulieren die Intimität ihrer Beziehungen durch eine taktische Selbstdarstellung. Wir haben es mit einem „Management by self-presentation" zu tun. Mit unternehmerischem Kalkül sollen Vertrauen und Intimität aufgebaut werden. Der Kern dieses Beziehungsmanagements ist der Prozess der *Selbstenthüllung* („self-disclosure"). Denn eine gefestigte, vertrauensvolle und intime Freundschaft lässt sich nur aufbauen, wenn in dieser Beziehung ein gegenseitiges Anzeigen der eigenen Persönlichkeit stattfindet. Die Transparenzmachung des eigenen Selbst, des wahren Ichs, ist der notwendige Prozess, um den anderen näher kennen zu lernen. Selbstenthüllung oder Selbstoffenbarung sind die Investitionskosten in das Unternehmen Freundschaft, die – sofern sie vom Partner richtig gedeutet und bestätigt werden – eine „belohnende Wirkung" erfahren.

Eine solche Sicht fußt auf dem Leitbild neoliberaler Subjektivität. Die Freundschaft als eine spezifische Form sozialer Beziehungen wird nach der Rational-Choice-Logik dem Produktionsprozess unterworfen. Damit freilich verliert die Freundschaft ihren eigenständigen Wert. Sie reduziert sich auf ein bloßes utilitaristisches Mittel zur Erreichung individueller Ziele. Die Freundschaften erscheinen als utilitaristische Tauschbeziehungen – als soziale Kapitalien –, die immer dann eingegangen werden, wenn die Kosten-Nutzen-Bilanzierung positiv auszufallen verspricht. Oder anders ausgedrückt, wenn der Einzelne durch die Freundschaftsbeziehung mehr Vorteile erzielt als wenn er diese Beziehung nicht eingegangen wäre.

In einem ähnlichen Zusammenhang definiert Peter Blau (1964: 91) den sozialen Austausch als eine freiwillige Handlung der Individuen, die durch die erwartete Erwiderung motiviert sei. Auch Blau sieht im Eigeninteresse der Individuen das zentrale Motiv sozialer Austauschbeziehungen. Im Unterschied zu Homans sieht er aber im sozialen Tausch auch einen Mechanismus, der zu Machtungleichheiten führen kann. Das ist immer dann der Fall, wenn die Empfänger von Leistungen oder Hilfe keine gleichwertigen Gegenleistungen erbringen können. Dann führt der asymmetrische Tausch zu sozialen Rangunterschieden, weil der Leistungsempfänger in eine Abhängigkeit gegenüber dem Leistungsgeber gerät. Ungleiche Tauschraten sind für Blau Ursprung und Legitimation von Statusdifferenzierung. Das hat er in seiner Untersuchung über eine US-amerikanische Bundesbehörde gezeigt, in der Mitarbeiter ihren kompetenten Kollegen, bei denen sie sich Rat einholten, nur durch soziale Unterordnung erkenntlich zeigen konnten (Blau 1955, 1976).

Ein grundlegender Kritikpunkt an den individualistischen Tauschkonzepten ist vor allem darin zu sehen, dass Gesellschaft hier auf künstlich konstruierte und isolierte Dyaden bzw. Kleingruppen reduziert und gesellschaftliches Handeln mit den Gesetzen der Verhaltenspsychologie erklärt wird. Somit werden gesellschaftliche Beziehungen zwangsläufig sim-

plifiziert, weil zentrale Aspekte (soziale Ungleichheit, Herrschaft) ausgeklammert und die gesamte makrosoziologische (historische, ökonomische, politische, gesellschaftliche) Dimension ausgeblendet bleiben.

Nun lässt sich aber weder das menschliche Handeln auf bloßes konditioniertes Verhalten reduzieren (vgl. die grundlegende Kritik dieses Ansatzes bei Ekeh 1974) noch ist der soziale Tausch auf einen dyadischen Tausch einzuengen. Die alltäglichen Handlungsmuster mögen vordergründig als Zwei- oder auch „Vielpersonenspiele auf einer Ebene" gedeutet werden, sie verlaufen in modernen Gesellschaften jedoch zumeist als „Vielpersonenspiele auf mehreren Ebenen" (Elias 1991: 75ff.).

Die zunehmende Komplexität der Gesellschaft und die steigende Anzahl der am Tauschgeschehen involvierten (individuellen und kollektiven) Akteure lassen den gesellschaftlichen Tausch für den Einzelnen zwar immer undurchsichtiger und unkontrollierbarer erscheinen, doch die Akteure bleiben wechselseitig voneinander abhängig, auch wenn sie nicht zwangsläufig direkt miteinander interagieren. Sie sind „durch eine Fülle von unsichtbaren Ketten" (Elias 1987: 31) aneinander gebunden (man denke z.B. an den sog. „Generationenvertrag" oder an das gesamte wohlfahrtsstaatliche Verteilungssystem, vgl. Lessenich, Mau 2005). Neben den Akteuren des unmittelbaren Tausches mischen sich zunehmend auch Funktionäre, Repräsentanten und Stellvertreter ins Tauschgeschehen ein, die „miteinander eine zweite, kleinere Gruppe (formen), die sich sozusagen im zweiten Stock befindet. Sie sind die Individuen, die direkt mit- und gegeneinander spielen, aber sie sind zugleich in der einen oder anderen Form an die Masse der Spieler gebunden, die nun das erste Stockwerk bilden. (...) Die beiden Stockwerke hängen voneinander ab und haben – entsprechend dem Grad ihrer Abhängigkeit voneinander – ein verschiedenes Maß an gegenseitigen Machtchancen." (Elias 1991: 89).

Den Beweis, dass das Reziprozitätssystem nicht nur für dyadische Interaktionen gilt, haben Marcel Mauss, Bronislaw Malinowski und Claude Lévi-Strauss in ihren ethnologischen Arbeiten immer wieder geführt. Peter Ekeh hat in einer eindrucksvollen Studie die verschiedenen Ansätze individualistischer und kollektivistischer Tauschmodelle miteinander verglichen und ihnen unterschiedliche Reziprozitätssysteme – *mutual reciprocity (paarige Gegenseitigkeit)* [1] für den eingeschränkten und *univocal reciprocity (Netzwerk-Gegenseitigkeit)* für den verallgemeinerten Tausch zugeordnet (vgl. Ekeh 1974: 48ff. s. Abb.1).

---

1   Die angeführten deutschen Äquivalenzbegriffe stammen von Clausen (1978: 125).

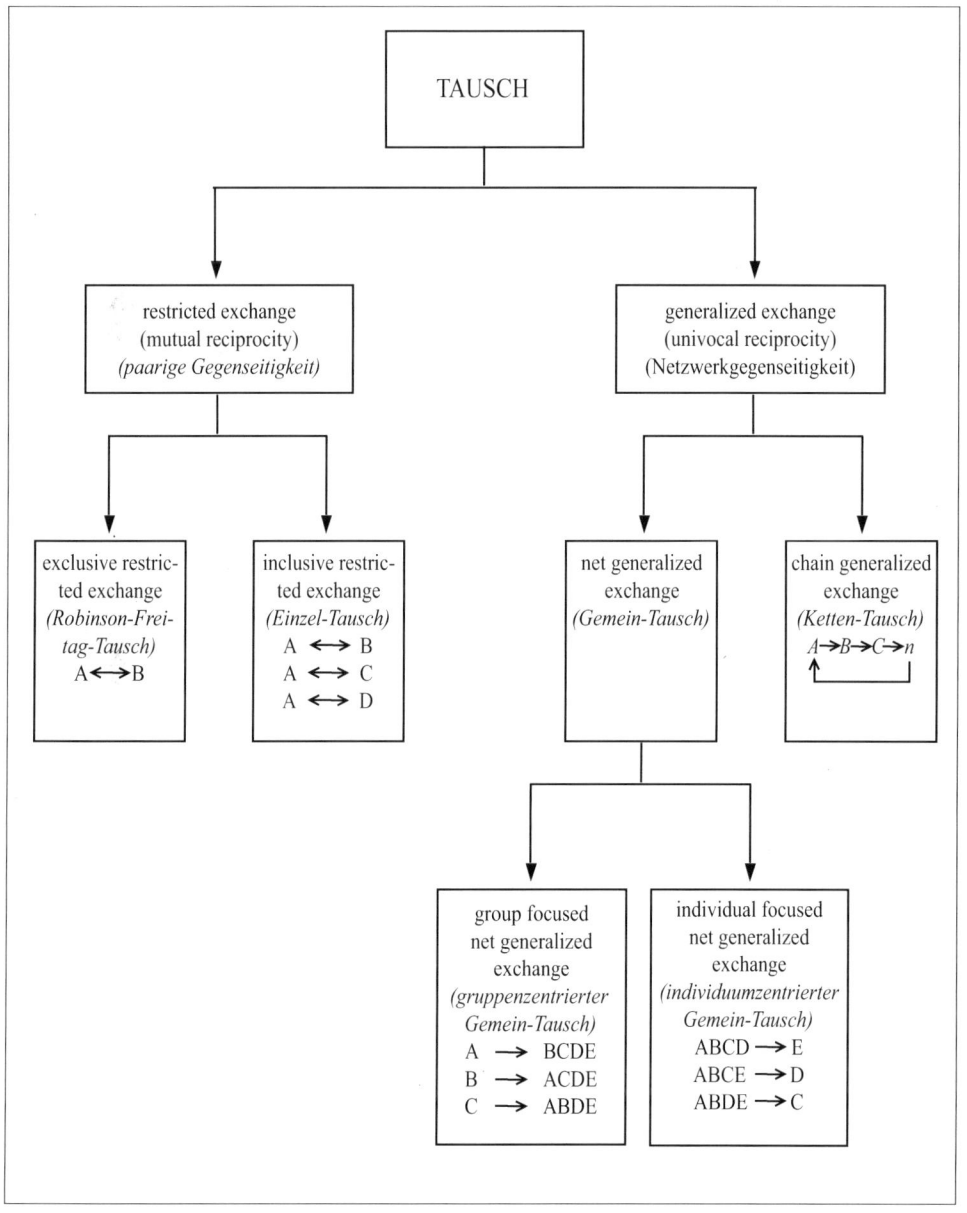

Abbildung 1: Tauschformen; Quelle: Schroeter (1994: 101)

Nach Lévi-Strauss (1984: 75ff.) bezieht sich der *eingeschränkte (restringierte) Tausch* auf den direkten Austausch zweier Personen. Sein wesentliches Merkmal ist das hohe Maß an Verantwortlichkeit im Handeln der Einzelnen. Gesten und Gebärden, die in großen Gruppen oftmals unbemerkt bleiben, werden in dyadischen Tauschsituationen besonders wahrgenommen. Diese Unmittelbarkeit der dyadischen Tauschbeziehungen führt nach Ekeh (1974: 51) zu zwei wesentlichen Kennzeichen des restringierten Tausches:

– Zum einen führt es zu einem großen Bemühen, ein Gleichgewicht der Tauschpartner herzustellen, insbesondere in Fällen mit wiederholbaren Tauschakten, sodass Versuche, Vorteile auf Kosten anderer zu erlangen, möglichst minimiert werden.
– Zum anderen entsteht beim restringierten Tausch eine *quid-pro-quo-Mentalität*. Die Zeitabstände in den Tauschakten solcher paarigen Gegenseitigkeiten werden möglichst kurz gehalten, sodass die Aktivitäten beider Seiten möglichst ausbalanciert werden, um den jeweils anderen nicht zu brüskieren.

Der restringierte Tausch wird von Ekeh in den *inclusive restricted exchange (Einzeltausch)* und in den *exclusive restricted exchange (Robinson-Freitag-Tausch)* unterteilt. Beim Ersteren handelt es sich um einen Tauschakt, bei dem der Einzelne mehrere Alternativen zum aktuellen Tauschpartner hat (A↔B; A↔C; A↔D), beim Letzteren hingegen fehlen dem Akteur jegliche alternative Tauschpartner (A↔B).

Der *verallgemeinerte (generalisierte) Tausch* (Lévi-Strauss 1984: 331ff.) bezieht sich auf einen Austausch dreier oder mehrerer Akteure. Das ursprünglich dyadische Prinzip der Reziprozität wird auf mehrere Tauschpartner ausgeweitet. Die Netzwerkgegenseitigkeit (univocal reciprocity) wird von Ekeh (1974: 206) am Beispiel eines Einbrechers verdeutlicht: Wenn jemand einen Einbrecher im Hause eines Nachbarn beobachtet, hat er die Pflicht, etwas zu unternehmen (z.B. die Polizei zu alarmieren). Das tut er nicht, weil er etwa eine unmittelbare Erwiderung (mutual reciprocity) seines Nachbarn (etwa in Form eines Dankeschöns oder einer Erkenntlichzeigung) erwartet, sondern weil er von *jedem* Nachbarn erwartet, dass er ähnlich verfahren würde, wenn der einen Einbrecher in seinem Hause sähe.

Beim generalisierten Tausch differenziert Ekeh gleich in doppelter Weise:

Zum einen bildet er die Kategorie des *chain generalized exchange (Kettentausch)*, bei dem die Akteure – wie beim *Kula* – nach dem Kettenprinzip A→B→C→A tauschen.

Zum anderen wählt er den Begriff des *net generalized exchange (Gemeintausch)*, den er nochmals in zwei Subsysteme, in den *individual focused net generalized exchange* und in den *group focused net generalized exchange* unterteilt. Der individuumbezogene Gemeintausch hebt eher die Rechte als die Pflichten und der gruppenzentrierte Gemeintausch mehr die Pflichten als die Rechte hervor (Ekeh 1974: 60).

Beim individuumzentrierten Gemeintausch begünstigt die Gruppe als Ganzes die einzelnen Mitglieder, bis alle den gleichen Anteil an Begünstigungen erhalten haben (ABCD→E; ABCE→D; ABDE→C)

Der gruppenzentrierte Gemeintausch stellt hingegen eine Formation dar, in der die Mitglieder einer Gruppe derart interagieren, dass jeder Einzelne an alle anderen Leistungen zu erbringen hat und auch Leistungen von allen anderen zurückerhält (A→BCDE; B→ACDE; C→ABDE). Versäumt es ein Gruppenmitglied, seine Leistung an die Gruppe zu erbringen, so blicken all die anderen als „Gläubiger" auf ihn, und umgekehrt empfindet sich jedes Gruppenmitglied als „Schuldner", wenn einem aus der Gruppe eine Leistung nicht zuteil wird.

3.2 Doppelter Tausch

Ekeh greift in seiner Analyse nur die erste von Gouldner aufgestellte Minimalforderung auf, nämlich, denen zu helfen, die einem in der Vergangenheit geholfen haben oder von denen zu erwarten ist, dass sie einem in Zukunft helfen werden bzw. denen, die jetzt Hilfe benötigen, die sie bereits in der Vergangenheit von anderen erfahren haben (Ekeh 1974: 206f.). Das zweite Postulat, denjenigen nicht zu verletzen, der einem geholfen hat bzw. in der negativen Option, denjenigen zu schädigen, der einem Schaden zugefügt hat, hält er für den Tauschprozess für weniger bedeutsam, sodass seinem Modell ein handlungstheoretisches Konzept negativer Sanktionierungen fehlt.

Ein solches Modell wurde von Clausen (1978) vorgelegt. Er spricht in seinem Konzept von einem *Doppelten Tausch*, weil es sich aus antagonistischen und synagonistischen Handlungselementen zusammensetzt.

– *Antagonistischer Tausch* ist ein sog. „0-Summenspiel", d.h., dass jeder Tauschpartner versucht, eigene Mühen und Kosten zu minimieren, gleichsam aber die des jeweils anderen zu maximieren, um selber einen größtmöglichen Gewinn zu erzielen. „Was der eine verliert, gewinnt der andere; insofern gibt es keinen gemeinsamen Gewinn (Gewinn = 0). Diese Art Tausch nennt man ebendaher ein 0-Summenspiel" (Clausen 1988: 51).

– *Synagonistischer Tausch* ist ein sog. „n-Summenspiel", d.h., ein Tausch, der beiden Parteien Vorteile bringt und der sich nicht durch interaktives Gegeneinander, sondern durch ein Zusammenwirken der Tauschparteien auszeichnet, sodass alle Interakteure Gewinne (Gewinn = n) aus ihrem Handeln ziehen (Clausen 1978: 116f., 121).

Clausens Tauschtheorie versteht sich als ein Modell eines *Sanktions*- resp. *Offertentausches* (vgl. Clausen 1978: 30, 119). Dabei ist zwischen positiven Sanktionen und negativen Sanktionen zu unterscheiden:

– *Negative Sanktionen* sind Reaktionen auf sozial unerwünschtes Verhalten (z.B. durch Bestrafung, Missbilligung, Mahnung, Stichelei, Ignoranz, negative Kritik, Antipathie o. Ä.).

– *Positive Sanktionen* sind Reaktionen auf sozial erwünschtes Verhalten (z.B. Belohnung, Lob, Auszeichnung, Anerkennung, Ehrerbietung, Sympathie o. Ä.).

Zwar wird i.d.R. der Erhalt positiver und die Abwehr negativer Sanktionen angestrebt, doch ist auch der Sonderfall denkbar, in dem negative Sanktionen abgewehrt werden, um andere negative zu erhalten (Prinzip des geringeren Übels).

Sanktionen werden stets interaktiv produziert, was nicht heißt, dass sie auch immer ausgeführt werden. Oftmals werden sowohl negative als auch positive Sanktionen lediglich angedroht bzw. angeboten, sodass sie zur bloßen Offerte bzw. Drohung werden. Insbesondere billige positive und teure negative Sanktionen werden oft in Form großer Versprechen und harter Strafen lediglich angeboten oder angedroht. Clausen verdeutlicht das am Beispiel der Werbung, die voller Offerten steckt. Der potentielle Kunde soll beeinflusst (geworben) werden, ein bestimmtes Produkt zu kaufen. Dazu werden zahlreiche Offerten (Versprechungen) angepriesen. Traut der Umworbene den Offerten und meint, das jeweilige Produkt zu benötigen, tauscht er es gegen positive Sanktionen (Geld) ein (Clausen 1978: 24).

Die von Clausen für den Sanktionstausch verwandte Metaphorik der „sozialen Kraftprobe" ist auch auf Institutionen und Gesellschaft übertragbar. Denn der prozessuale Charakter des Tausches endet ja nicht mit einer konkreten Bedürfnisbefriedigung, sondern schafft stets neue Bedürfnisse, was wiederum gleichzeitig neue Sanktionsoptionen beinhaltet.

Wenn die Gesellschaftsmitglieder auf mehreren sozialen Märkten bzw. sozialen Feldern mit unterschiedlichen Machtbefugnissen ausgestattet sind und stets ihre sozialen Kräfte messen, so bilden genau diese Auseinandersetzungen das Fundament von Gesellschaft. Nicht die gemeinsamen Werte, sondern Tausch und Konfliktbereitschaft sind die stabilisierenden Kräfte von Gesellschaft. Es existiert gewissermaßen ein Sanktionengeflecht, sodass ein Gegner auf einem Markt bzw. in einem Feld bei einem anderen Tausch auf einem anderen Markt oder in einem anderen Feld bereits Partner sein kann. In Analogie zu rollentheoretischen Annahmen, nach denen der Einzelne eine Vielzahl von sozialen Rollen mit unterschiedlichen Rollenerwartungen innehat, kann sich die Macht auch in den jeweiligen interaktiven Tauschbeziehungen in den verschiedenen Feldern unterschiedlich verteilen. Aufgrund der vielfältigen Rollen hat der einzelne Akteur verschiedene Tauschchancen. Die Gesellschaft bietet immer mehrere Märkte an, die freilich unterschiedliche Relevanz haben. Über die Vielzahl der unterschiedlichen Tauschbeziehungen auf den verschiedenen Märkten der verschiedenen Felder interagieren Menschen miteinander und lassen dabei mehr oder weniger stabilisierende Handlungsketten – *soziale Netzwerke* – entstehen. Auf diese Weise wachsen „Tauschzentralen" (Clausen 1978: 120), in denen deren Mitglieder die Sicherheit erwartbarer und kalkulierbarer Verhältnisse erhalten. Hier müssen Sanktionen nicht stets neu ausgehandelt werden, insofern sind sie hier „billiger" zu bekommen als außerhalb der Gruppe, denn gruppeninterne Tauschakte haben bereits Tradition entwickelt, und die sozialen Preise (Reaktionen bzw. Gegennachfragen) der Tauschpartner sind bekannt. Der Tauschaufwand wird verringert.

Die Sicherheit in der Gruppe verhindert auf der anderen Seite, den „antagonistischen Sanktionstausch auf die Spitze zu treiben" und „konventionell verbotene Sanktionen anzuwenden oder anzudrohen" (Clausen 1978: 120), denn wer drängt schon auf die rigorose Durchsetzung seiner Interessen, wenn er damit die Gruppenzugehörigkeit aufs Spiel setzt und der Verlust einer ganzen Reihe von konventionellen Tauschbeziehungen droht? Geschieht das dennoch, so muss sich der betreffende Akteur in ein neues Netzwerk sozialer Tauschbeziehungen einfügen, ohne dass er weiß, wie dort sein Machtstatus aussehen wird.

4. Gesellschaft als sozialer Markt organisierter Wechselwirkungen

Bourdieus (1979, 1987a) „Theorie der Praxis" versteht sich als eine allgemeine Theorie ökonomischer Handlungen, sodass soziale und symbolische ebenso wie die wirtschaftlichen Handlungen auf die Ebene des Ökonomischen gestellt werden. Nach diesem Verständnis ist der ökonomische Tausch nur eine besondere Form des Tausches. Damit lassen sich letztlich alle sozialen Beziehungen als Tauschbeziehungen darstellen. Er betrachtet die Gesellschaft als einen riesigen sozialen Markt, auf dem die einzelnen Gesellschaftsmitglieder um ihre sozialen Positionen konkurrieren. Gesellschaft erscheint als ein Markt organisierter Wechselwirkungen. Damit soll nicht etwa jedes soziale Geschehen auf utilitaristische Tauschbeziehungen zurückgeführt werden, vielmehr ist umgekehrt der ökonomische Markt nur eine spezielle Form des allgemeinen sozialen Tausches.

4.1 Soziale Felder, Kapitalien und Ressourcen

Bourdieu entwirft in einer Art „Sozialtopologie" ein Bild der sozialen Welt, die sich für ihn als ein mehrdimensionaler Raum mit einem Komplex autonomer untergeordneter Felder darstellt (Bourdieu 1985). Die vertikale Achse umspannt die hierarchische Klassen- oder Schichtungsstruktur, auf der horizontalen Achse finden sich die verschiedenen Felder sozialer Praktiken (Praxisfelder, Kräftefelder, Kampffelder). Und die diagonale Achse umfasst mit der so genannten „Laufbahnachse" die Zeitdimension. Damit ist die gesamte Struktur des Raumes als ein in drei Ebenen unterteiltes Kräftefeld im Sinne eines „Ensembles von Kräfteverhältnissen" zu verstehen, in welchem die einzelnen Akteure um ihre sozialen Positionen, um Ressourcen, Macht und Kapital ringen. Anhand des Umfangs und der Verteilungsstruktur der einzelnen Kapitalien lässt sich die relative Stellung der Akteure oder Gruppen bestimmen, lassen sich ihre Positionen verorten und letztlich soziale Klassen analytisch konstruieren. Bourdieu vergleicht die sozialen Felder mit einem Spiel:

> So gibt es *Einsätze* bei diesem Spiel, Interessenobjekte, die im wesentlichen das Produkt der Konkurrenz der Spieler untereinander sind; eine Investition in das Spiel, (...) die illusio (von *ludus*, Spiel): Die Spieler sind im Spiel befangen, sie spielen, wie brutal auch immer, nur deshalb gegeneinander, weil sie alle den Glauben (*doxa*) an das Spiel und den entsprechenden Einsatz, die nicht weiter zu hinterfragende Anerkennung teilen (...), und dieses *heimliche Einverständnis* ist der Ursprung ihrer Konkurrenz und ihrer Konflikte. Sie verfügen über *Trümpfe*, mit denen sie andere ausstechen können und deren Wert je nach Spiel variiert: So wie der relative Wert der Karten je nach Spiel ein anderer ist, so variiert auch die Hierarchie der verschiedenen Kapitalsorten (ökonomisch, kulturell, sozial, symbolisch) in den verschiedenen Feldern. Es gibt mit anderen Worten, Karten, die in allen Feldern stechen und einen Effekt haben – das sind die Kapitalgrundsorten –, doch ist ihr relativer Wert als Trumpf je nach Feld und sogar je nach den verschiedenen Zuständen ein und desselben Feldes ein anderer. (Bourdieu, Wacquant 1996: 127f.)

Wenn die Struktur eines Spielfeldes den Spielstand und die Spielstärke anzeigt, so gibt die Struktur eines sozialen Feldes den Stand der Verteilung spezifischer Güter, Ressourcen und Kapitalien und den Stand der Machtverhältnisse an (Bourdieu 1993: 108).

Bourdieus Theorie der Praxis knüpft an die bewährte soziologische Denktradition des Sozialen als konfliktreiches Marktgeschehen an, wobei *Tausch, Kampf* und *Konkurrenz* als die Motoren und Paradigmen gesellschaftlicher Entwicklung gesehen werden. „Angetrieben wird die ganze Dialektik von Herausforderung und Parade, von Gabe und Gegengabe nicht von einer abstrakten Axiomatik, sondern vom Sinn für Ehre (…)" (Bourdieu 1987b: 190).

Diese Zuspitzung ist eine konsequente Fortführung und Weiterentwicklung eines in der Soziologie und in den ihr vorausgegangenen Wissenschaften seit langem beheimateten Gedankens. Schon so bedeutende Philosophen wie Francis Bacon, Thomas Hobbes, John Locke und David Hume unterstellten ein grundlegendes Streben nach Ehre, Rang und Macht. Der bereits bei David Hume anklingende Argwohn, dass das Streben nach Reichtum und Wohlstand die menschlichen Tugenden untergraben könne, findet sich dann auch in den Schriften von Adam Ferguson, John Millar und Adam Smith. Der Wunsch nach Anerkennung wird als grundlegendes menschliches Bedürfnis gesehen, aus dem sich das Verlangen nach Reichtum und Wohlstand ableiten lässt.

Der schon früh vorgetragene Gedanke, dass Menschen durch demonstrativen Konsumgenuss versucht sind, einander zu beeindrucken und den eigenen Rang im sozialen Gesellschaftsgefüge zu sichern, wurde von Veblen ([1899] 1986) aufgegriffen, als er in seiner „Theory of the leisure class" zeigte, dass durch die Anhäufung von Reichtümern und Gütern nichts anderes als eine angesehene Stellung in der Gesellschaft beabsichtigt werde. Ähnlich wie später auch Bourdieu (1987a) sieht er im Distinktionsbestreben das zentrale Handlungsmotiv der Menschen. Weil der bloße Besitz von Reichtum oder Macht nicht genügt, um Ansehen zu erlangen, muss dieser auch öffentlich wirksam zur Schau gestellt werden. Dies geschieht vor allem durch „demonstrativen Müßiggang" und „demonstrativen Konsum" und die ihnen immanenten Elemente der „Vergeudung" und „Verschwendung" von Zeit, Mühe und Gütern. Sie stellen gewissermaßen die Grundmuster der Konkurrenz und Rivalität um soziale Anerkennung. Das Wetteifern um privilegierte soziale Positionen, um Status und Ehre gehört – da sind sich Veblen und Bourdieu einig – zu den Grundformen menschlicher Verhaltensweisen.

Die sozialen Felder sind zugleich auch immer Stätten der offenen oder verdeckten Auseinandersetzung um Einfluss, Rang und Prestige. Es geht letztlich um Macht. Die Struktur eines sozialen Feldes zeigt den Stand der Verteilung spezifischer Güter, Ressourcen und Kapitalien und den Stand der Machtverhältnisse an.

Der Kapitalbegriff ist gewiss keine Erfindung von Bourdieu. Und auch die von ihm vorgelegte soziale Kapitaltheorie wurde, wie Zimmermann (2004) gezeigt hat, in mancherlei Hinsicht von Adam Müller, dem romantischen Staatsphilosophen und Vordenker der Historischen Schule der Nationalökonomie, vorgedacht. Doch es ist Bourdieus Verdienst, die Kapitaltheorie in ein komplementäres Verhältnis zur Feld- und auch zur Habitustheorie gesetzt und zu einer „Theorie der Praxis" ausformuliert zu haben. Kapital wird von Bourdieu (1983: 183) als „eine Kraft" verstanden, „die den objektiven und subjektiven Strukturen innewohnt" und gleichzeitig als ein „grundlegendes Prinzip der inneren Regelmäßigkeiten der sozialen Welt" aufzufassen ist. Grundlage und Modell für alle Kapitalsorten ist das ökonomische Kapital. Kapital, so betont Bourdieu, „ist akkumulierte Arbeit, entweder in Form von Materie oder in verinnerlichter, inkorporierter Form" (Bourdieu 1983: 183). Um den Begriff nicht nur

im ökonomischen Sinne zu benutzen, unterscheidet Bourdieu drei grundlegende Arten von
Kapital: ökonomisches, kulturelles und soziales Kapital.

> Das *ökonomische Kapital* ist unmittelbar und direkt in Geld konvertierbar und eignet sich besonders
> zur Institutionalisierung in der Form des Eigentumsrechts; das *kulturelle Kapital* ist unter bestimm-
> ten Voraussetzungen in ökonomisches Kapital konvertierbar und eignet sich besonders zur Instituti-
> onalisierung in Form von schulischen Titeln; *das soziale Kapital*, das Kapital an sozialen Verpflich-
> tungen oder ‚Beziehungen‘, ist unter bestimmten Voraussetzungen ebenfalls in ökonomisches Kapital
> konvertierbar und eignet sich besonders zur Institutionalisierung in Form von Adelstiteln. (Bourdieu
> 1983: 185)

Kriterien	Ökonomisches Kapital	Soziales Kapital	Kulturelles Kapital
Substrat	Geld	Beziehungen	Wissen
Objektivierung	Kapital	Netzwerke	Kulturgüter, Wissen
Institutionalisierung	Eigentumsrechte	Adels- und Amtstitel als individuelle Prädi-kate; Stand, Berufs-stand als kollektive Muster	Bildungstitel als indivi-duelle Prädikate
Inkorporierung			Bildung, Geschmack, Distinktion
Konvertierbarkeit	hoch	gering u. riskant, aber notwendig	mittel, abhängig von: 1) Bildungssituation u. Beschäftigung 2) übrigem Kapitalvo-lumen
Schwundrisiko	soziale Umwälzungen (Kriege, Revolutionen, Wirtschaftskrisen)	1) Undankbarkeit 2) asymmetrische Reziprozität 3) Unzumutbarkeit	1) Bildungsinflation 2) Veralten des Wissens
Verlustkategorie	1) Inflation 2) Enteignung	1) Beziehungsfalle 2) Statusfalle 3) Freundschaftsfalle	Antiquiertheit des Habitus

Abbildung 2: Logik der Kapitalarten (Quelle: nach Müller 1992: 283)

Diesen drei Kapitalarten fügt er noch das *symbolische Kapital* hinzu, das sich auf die
„wahrgenommene und als legitim anerkannte Form der drei vorgenannten Kapitalien"
(Bourdieu 1985: 11) gründet. Das symbolische Kapital äußert sich in Form von Ansehen,
Prestige, Ruf, Ehre, Reputation, Renommee und ist eine Art Kredit oder erworbene Garantie für künftiges Handeln. Es „ist nicht eine besondere Art Kapital, sondern das, was aus
jeder Art von Kapital wird, das als Kapital, das heißt als (aktuelle oder potentielle) Kraft,
Macht oder Fähigkeit zur Ausbeutung verkannt, also als legitim anerkannt wird." (Bourdieu 2001a: 311).

Das *ökonomische Kapital* bedarf kaum einer näheren Erläuterung. In all seinen Erscheinungsformen – Besitz, Vermögen, Einkommen oder anderer Einkunftsquellen – ist es jederzeit leicht in Geld konvertierbar und in Eigentumsrechte institutionalisierbar. Es ist eine mehr oder weniger bewegliche Ressource, die nur „in außergewöhnlichen Fällen wie Krieg, Revolution oder schwerer Wirtschaftskrise von einem Schwundrisiko bedroht" wird (Müller 1992: 268). Das ökonomische Kapital ist gewissermaßen der Schlüssel, der Tür und Tor der sozialen Welt öffnet und den Weg zu anderen Kapitalien, nicht zuletzt zum sozialen Kapital ebnet. Denn, „wer Geld hat, hat auch Beziehungen".

4.2 Soziales Kapital

Das *soziale Kapital* bezeichnet nach Bourdieu (1983: 190f.) „die Gesamtheit der aktuellen und potentiellen Ressourcen, die mit dem Besitz eines dauerhaften Netzes von mehr oder weniger institutionalisierten Beziehungen gegenseitigen Kennens oder Anerkennens verbunden sind: oder, anders ausgedrückt, es handelt sich dabei um Ressourcen, die auf der Zugehörigkeit zu einer Gruppe beruhen."

Im Unterschied zu Bourdieu, der das soziale Kapital einzelnen Personen zuordnet, wird der begriff bei Coleman (1988, 1991) als Bezeichnung einer Netzwerkeigenschaft benutzt. Für ihn ist soziales Kapital „kein Einzelgebilde, sondern (…) aus einer Vielzahl verschiedener Gebilde zusammengesetzt, die zwei Merkmale gemeinsam haben. Sie alle bestehen nämlich aus irgendeinem Aspekt einer Sozialstruktur, und sie begünstigen bestimmte Handlungen von Individuen, die sich innerhalb der Struktur befinden. (…) Anders als andere Kapitalformen wohnt soziales Kapital den Beziehungsstrukturen zwischen zwei oder mehr Personen inne." (Coleman 1991: 392) Soziales Kapital entsteht nach Coleman oftmals als Nebenprodukt alltäglicher sozialer Beziehungen. Es ist für ihn eine Form von Humankapital, das immer dann entsteht, wenn Personen Fähigkeiten und Fertigkeiten entwickeln, mit denen sie in sozialen Netzwerken handlungsfähig sind. Soziales Kapital entsteht dann, „wenn sich die Beziehungen von Personen so verändern, dass bestimmte Handlungen erleichtert werden." (Coleman 1991: 394)

Nach Putnam (1993, 1995) ist soziales Kapital ein öffentliches Gut, das auf der Grundlage gegenseitigen Vertrauens durch die Kooperationsbereitschaft der Akteure (Bürger) entsteht. Anders als andere Kapitalien ist das Sozialkapital nach Putnam und Coleman (im Gegensatz zu Bourdieu) nicht durch einen Einzelnen kumulierbar. Es entsteht vielmehr erst aus dem Beziehungsgeflecht mit anderen Akteuren. Fraglich ist jedoch, ob das Vertrauen wirklich als Ursache oder nicht eher als ein Ergebnis des sozialen Kapitals gesehen werden muss (zu den verschiedenen Lesarten des sozialen Kapitals vgl. Dasgupta, Serageldin 2000; Marx 2005).

Soziales Kapital bestimmt also die Verfügbarkeit sozialer Beziehungen bzw. den Zugang oder die Zugehörigkeit zu bestimmten sozialen Gruppen, z.B. über Verwandtschaft, Clubs, Standesorganisationen, Netzwerken. Das aus der Zugehörigkeit zu einer sozialen Gruppe entwickelte Netz sozialer Beziehungen birgt eine Anzahl von Profiten: vielleicht materielle Profite in Form nützlicher Beziehungen und kleiner Gefälligkeiten, vielleicht auch symbolische Profite in Form der Mitgliedschaft eines elitären Kreises oder als Ausdruck eines

gesteigerten sozialen Ansehens. Das Beziehungsnetz ist keine allemal fortbestehende natürliche oder soziale Gegebenheit, es ist vielmehr das Produkt einer fortlaufenden Institutiona-
lisierungsarbeit.

> Das Beziehungsnetz ist das Produkt individueller oder kollektiver Investitionsstrategien, die bewußt oder
> unbewußt auf die Schaffung und Erhaltung von Sozialbeziehungen gerichtet sind, die früher oder später
> einen unmittelbaren Nutzen versprechen. (Bourdieu 1983: 192)

Soziales Kapital setzt also *Beziehungsarbeit* voraus. Und in eben diesem Sinne wird soziales Kapital institutionalisiert. Soziale Beziehungen – auch Zufallsbeziehungen – werden in
notwendige Beziehungen mit dauernden Verpflichtungen umgewandelt. Derartige Verpflichtungen stützen sich zum einen auf subjektive Gefühle wie Anerkennung, Sympathie, Respekt
oder Freundschaft, zum anderen aber auch auf institutionelle Garantien z.B. in Form von
Rechtsansprüchen. Mitglieder von Gewerkschaften, Berufsverbänden aber auch anderer Vereine oder Verbände wissen, was solch eine Mitgliedschaft an Nutzen bringen kann.

Versucht man die Systematik des sozialen Kapitals weiter auszuarbeiten, so stößt man
auf drei Arten von Risiken, die sich möglicherweise ergeben: *Undankbarkeit, asymmetrische
Reziprozität* und *Unzumutbarkeit*, die zu bestimmten Fallen werden können, zur Beziehungs-
falle, zur Statusfalle und zur Freundschaftsfalle (Müller 1992: 271ff.).
- Stößt man auf einen unzuverlässigen Partner, gerät man leicht in eine *Beziehungsfalle*.
  Zumindest potentiell ist immer damit zu rechnen, dass die Gegengabe nicht Dankbarkeit,
  sondern Undankbarkeit ist.
- „Treffen zwei ungleichgewichtige Partner aufeinander, so ist der Statusunterlegene in
  ungleich höherem Maße vom Risiko der Undankbarkeit bedroht, hat er doch ein größeres
  Interesse an der Aufrechterhaltung der sozialen Beziehung." (Müller 1992: 271) Wer also
  als Statusniedriger bei asymmetrischer Reziprozität die sozialen Unterschiede in der Beziehung ignoriert, läuft in Gefahr, in die *Statusfalle* zu tappen.
- Das dritte Risiko liegt in der *Freundschaftsfalle*, in die man immer dann geraten kann,
  wenn Freundschaftsdienste überstrapaziert und unzumutbar werden.

4.3 Kulturelles Kapital

Das *kulturelle Kapital* umfasst das breite Spektrum von Bildung, Wissen, Fähigkeiten, Fertigkeiten und sozialen Kompetenzen. Da aber für die Bestimmung der jeweiligen Position
der Akteure im sozialen Raum nicht nur die quantitativen, sondern auch die qualitativen
Ausmaße der Kapitalien wichtig sind, unterscheidet Bourdieu (2001) zwischen drei verschiedenen Erscheinungsformen des kulturellen Kapitals, nämlich zwischen inkorporiertem, ob-
jektiviertem und institutionalisiertem Zustand.
- Das *inkorporierte Kulturkapital* setzt einen im Verlaufe der Sozialisation längerwäh-
  renden Verinnerlichungsprozess voraus, der jedoch nicht zwangsläufig bewusst verlaufen
  muss. Inkorporiertes Kulturkapital wird gewissermaßen zur habituellen Disposition einer
  Person, das als Kompetenz im kognitiven Sinne oder als Geschmack im ästhetischen
  Sinne fungiert. „Inkorporiertes Kapital ist ein Besitztum, das zu einem festen Bestand-

teil der ‚Person', zum Habitus geworden ist, aus Haben ist Sein geworden." (Bourdieu 2001b: 114) Das heißt zugleich, dass diese Form von kulturellem Kapital nicht in Form von Tausch, Kauf, Schenkung oder Vererbung kurzfristig weitergegeben werden kann. Unter bestimmten sozialen Voraussetzungen kann solch ein inkorporiertes Kulturkapital zu einem besonders wertvollen sozialen Gut werden, sodass sich aus seinem Besitz Extraprofite erzielen lassen. So kann z.B. die Fähigkeit, lesen und schreiben zu können, in einer weitgehend analphabetischen Kultur besondere Vorteile bspw. in Bezug auf die soziale Position erbringen. Oder das Vermögen über ein bestimmtes technisches, aber auch andersartiges Know-How zu verfügen, mag gewinnbringend eingesetzt werden können. Auf der anderen Seite beinhaltet solch ein Kapital aber stets auch ein Schwundrisiko, dann nämlich, wenn im Zuge der Schnelllebigkeit der modernen Gesellschaft der erworbene Habitus und die damit verbundenen Kompetenzen und Geschmackspräferenzen veralten und einstige Bewältigungsstrategien des Alltags weitgehend obsolet geworden sind.

– Im Gegensatz dazu ist das *objektivierte Kulturkapital* (materialisierte kulturelle Güter, etwa: Bücher, Bilder, Tonträger, Maschinen, Instrumente usw.) prinzipiell keinem Schwundrisiko ausgesetzt (sieht man einmal von der Möglichkeit physischer Vernichtung ab). Objektiviertes Kulturkapital ist zwar „materiell übertragbar" und kann wie ökonomisches Kapital verkauft, verschenkt oder anderweitig veräußert werden, doch das entscheidende Kriterium der eigentlichen Aneignung, „nämlich die Verfügung über kulturelle Fähigkeiten, die den Genuss eines Gemäldes oder den Gebrauch einer Maschine erst ermöglichen" (Bourdieu 2001b: 117), muss erst als inkorporiertes Kulturkapital erworben werden. Man kann sich zwar eine Reihe schlauer Bücher ins heimische Regal stellen, wenn man sie jedoch nicht lesen kann und sie nicht versteht, so besitzt man nur einen Haufen Papier, den man ggf. noch zu Geld machen kann.

– In einer dritten Variante erscheint das kulturelle Kapital in *institutionalisierter* Form. Moderne Gesellschaften bedürfen eigenständiger Bildungsinstitutionen, welche die kulturellen Errungenschaften über die Wissensvermittlung reproduzieren und die Individuen mit Bildungsqualitäten und Bildungszertifikaten versehen. Das Bildungskapital in der typischen Form des schulischen Titels „ist ein Ausweis kultureller Kompetenz, der seinem Träger in Bezug auf die Bildung einen konventionellen, stabilen und juristisch garantierten Wert verleiht." (Bourdieu 2001b: 118) Durch den institutionalisierten Titel (z.B. Abiturient, Studienrat) werden dem Einzelnen kulturelle Kompetenzen zugesprochen, sodass er gleichsam vom ständigen Beweiszwang seiner (inkorporierten) kulturellen Kapitalien befreit ist. Damit erfüllt das Bildungssystem eine zweifache Reproduktionsfunktion: zum einen eine technische, insoweit es Qualifikationen vermittelt und zum anderen eine soziale, insoweit es Titel als rechtliche Verbürgung von Kompetenz verleiht, sodass damit faktisch Anwartschaften auf privilegierte Berufspositionen erzeugt werden.

Formen	inkorporiert	objektiviert	institutionalisiert
Substrat	Kompetenz, Geschmack	Wissen	Bildung
Modalität	Kulturpräferenzen	Kulturgüter	Kulturinstitutionen
Eigenart	Körpergebundenheit	materielle Übertragbarkeit von Kulturgütern, aber kein symbolischer Transfer von Genussfähigkeit	Titelvergabe
Prozess	Verinnerlichung	Veräußerlichung, Vergegenständlichung	Verrechtlichung
Konvertabilität bzw. Flexibilität	keine Delegation	Offenheit/Geschlossenheit des Zugangs	Titel als Garant von ökonomischem Kapital
Schwundrisiko	Veralten des erworbenen Kapitals		Inflation
Wertmaßstab	Distinktion	kulturelle Legitimität	Knappheit

Abbildung 3: Kulturelles Kapital (Quelle: nach Müller 1992: 282)

4.4 Korporales Kapital

Neben diesen Kapitalformen spricht Bourdieu (1983, 1987a) zwar gelegentlich auch vom *körperlichen Kapital* oder vom *Körper-Kapital*, aber er behandelt den Körper nicht als eine eigenständige Kapitalart, sondern lediglich als eine untergeordnete Form des kulturellen Kapitals, als „inkorporiertes kulturelles Kapital", das den objektiven Klassengeschmack verkörpert. Da der Körper aber nicht nur Voraussetzung für Interaktion und Sozialität, sondern auch ein „unverfälschbares Anzeigeinstrument" (Goffman 1981: 110) ist, das den Stellenwert des Einzelnen innerhalb der Gesellschaft zu bestimmen hilft, liegt es nahe, den Körper als eine individuell und kollektiv zu „bearbeitende" Ressource und als eine spezifische Form von Kapital – als *physical capital* (Shilling 1997) oder als *korporales Kapital* (Schroeter 2007a-c) – zu betrachten. Bei Bourdieu wird das inkorporierte kulturelle Kapital zum festen Bestandteil des Habitus, der seinen körperlichen Ausdruck in der leiblichen Hexis[2] erfährt. Als korporale Bindung des Habitus wird die leibliche Hexis zur eingeschriebenen „Gedächtnisstütze" (Bourdieu), die sensitive und motorische Eigenheit des Haltungs- und Fassungsgefüges die nach außen sichtbaren und in die Körper eingeschriebenen Zeichen (u.a. Körperhaltungen, Gebärden- und Mienenspiel) repräsentiert.

---

2   Sowohl der griechische Begriff der „Hexis" als auch der lateinische Ausdruck des „Habitus" bezeichnen zunächst einmal eine Haltung bzw. ein Gehabe. Bourdieu verwendet die beiden Begriffe jedoch in einem unterschiedlichen Kontext. Der Habitus steht dabei für die (nicht zwangsläufig bewusst) verinnerlichten Wahrnehmungs- und Deutungsschemata, während die Hexis die „eingefleischten" (inkorporierten) Gesten und Posituren, ein „Haltungsschema" darstellt, z.B. „ein bestimmtes Gehen, eine spezifische Kopfhaltung, ein Verziehen des Gesichtes" oder „die jeweiligen Arten, sich zu setzen, mit Instrumenten umzugehen" (Bourdieu 1979: 190).

Darüber hinaus lassen sich Körper oder Teile davon auch unmittelbar „veräußern". Dabei ist keineswegs nur (aber eben auch) an das „Ersatzteillager Körper" gedacht, wenn Blut, Haare oder Organe gespendet, verkauft oder geraubt werden, sondern auch an all die Fälle, in denen der Körper als Arbeitskraft, Anschauungs- oder Dienstobjekt gegen Entgelt oder Zuwendung zur Verfügung gestellt und der Wert des Körpers dabei auf dem „freien Markt" ausgehandelt wird. Wenn soziales Kapital die Verfügbarkeit sozialer Beziehungen bzw. den Zugang oder die Zugehörigkeit zu bestimmten sozialen Gruppen bestimmt, ist leicht vorstellbar, wie sich aufgrund vorhandener oder schwindender korporaler Kapitalien (z.B. Kraft, Stärke, Fitness, Attraktivität, Behinderung, Gebrechlichkeit) soziale Partizipationen, Inklusionen und Exklusionen erschließen lassen.

Kapitaltheoretisch gewendet, heißt das also, dass Körper und Leib Ressourcen und Kapitalien darstellen, die in Form von Materie oder in verinnerlichter bzw. inkorporierter Form „bearbeitet" werden. Auch in den Körper wird Arbeit investiert, z.B. durch Training, Ernährung, Kosmetik, Pflege usw., sodass die über Körper-Arbeit erzielten Erscheinungsformen des korporalen Kapitals durch ihre symbolisch wahrgenommene Gestalt (z.B. als schöne, kräftige, makellose, gepflegte, gesunde, funktionstüchtige oder vice versa als unansehnliche, schwache, kranke, behinderte oder gebrechliche Körper) sozial bewertet werden. Und da verwundert es nicht, wenn – über Gesundheits-, Fitness-, Wellness- und Schönheitsprogramme gesteuert – kräftig in den Körper investiert wird, um Fitnessfantasien, Schlankheitsidealen und Gesundheitsvorstellungen gerecht zu werden und um das eigene Attraktivitäts- und „Beachtungs*kapital*" (Koppetsch 2000) zu erhalten oder gar zu steigern.

Literatur

Balla, Balint (1978): Soziologie der Knappheit. Zum Verständnis individueller und gesellschaftlicher Mangelzustände. Stuttgart: Enke.

Blau, Peter (1955): The Dynamics of Bureaucracy. Chicago: University of Chicago.

Blau, Peter (1964): Exchange and Power in Social Life. New York: Wiley.

Blau, Peter (1976): Konsultationen unter Kollegen. In: Conrad, Wolfgang/Streeck, Wolfgang (Hrsg.): Elementare Soziologie. Opladen: Westdeutscher Verlag. 102-121.

Boas, Franz (1966): Ethnology of the Kwakiutl. Ed. by Helen Codere. Chicago: University of Chicago Press.

Bourdieu, Pierre (1979): Entwurf einer Theorie der Praxis auf der ethnologischen Grundlage der kabylischen Gesellschaft. Frankfurt/M.: Suhrkamp.

Bourdieu, Pierre (1983): Ökonomisches Kapital, kulturelles Kapital, soziales Kapital. In: Kreckel, Reinhard (Hrsg.): Soziale Ungleichheiten. Soziale Welt, Sonderheft 3. Göttingen: Schwartz. 183-198.

Bourdieu, Pierre (1985): Sozialer Raum und ‚Klassen'. Leçon sur la leçon. Zwei Vorlesungen. Frankfurt/M.: Suhrkamp.

Bourdieu, Pierre (1987a): Die feinen Unterschiede. Kritik der gesellschaftlichen Urteilskraft. Frankfurt/M.: Suhrkamp.

Bourdieu, Pierre (1987b): Sozialer Sinn. Kritik der theoretischen Vernunft. Frankfurt/M.: Suhrkamp.

Bourdieu, Pierre (2001a): Meditationen. Zur Kritik der scholastischen Vernunft. Frankfurt/M.: Suhrkamp.

Bourdieu, Pierre (2001b): Die drei Formen des kulturellen Kapitals. In: Bourdieu, Pierre: Wie die Kultur zum Bauern kommt. Über Bildung, Schule und Politik. Schriften zu Politik & Kultur 4. Hamburg: VSA. 112-120.

Bourdieu, Pierre/Wacquant, Loïc J.D. (1996): Die Ziele der reflexiven Soziologie. In: Bourdieu, Pierre; Wacquant, Loïc J.D.: Reflexive Anthropologie. Frankfurt/M.: Suhrkamp. 95-249.

Clausen, Lars (1978): Tausch. Entwürfe zu einer soziologischen Theorie. München: Kösel.

Clausen, Lars (1988): Produktive Arbeit, destruktive Arbeit. Soziologische Grundlagen. Berlin, New York: de Gruyter.

Coleman, James S. (1988): Social capital in the creation of human capital. In: American Journal of Sociology 94, Suppl. 95-120.

Coleman, James S. (1991): Grundlagen der Sozialtheorie. München: Oldenbourg.

Dasgupta, Partha; Serageldin, Ismail (Hrsg.) (2000): Social capital: A multifaceted perspective. Washington, DC: World Bank.

DW (1935): Deutsches Wörterbuch von Jacob Grimm und Wilhelm Grimm. Elfter Band, Abt. 1, Teil 1: T – Treftig. Bearbeitet von Matthias Lexer, Dietrich Kralik und der Arbeitsstelle des Deutschen Wörterbuches. Leipzig: Hirzel.

Duck, Steve W. (1983): Friends for life. The psychology of close relationships. Brighton: Harvester Press.

Ekeh, Peter (1974): Social Exchange Theory. The Two Traditions. London: Heinemann.

Elias, Norbert (1987): Die Gesellschaft der Individuen. Frankfurt/M.: Suhrkamp.

Elias, Norbert (1991) [1970]: Was ist Soziologie? 6. Auflage. Weinheim, München: Juventa.

Etzrodt, Christian (2003): Sozialwissenschaftliche Handlungstheorien. Eine Einführung. Konstanz: UVK.

Gehlen, Arnold (1986) [1956]: Urmensch und Spätkultur. Philosophische Ergebnisse und Aussagen. Wiesbaden: Aula.

Goffman, Erving (1981): Strategische Interaktion. München: Hanser.

Grimm, Jacob (1865): Über Schenken und Geben. Gelesen in der Akademie der Wissenschaften am 26. October 1848. In: Grimm, Jacob: Kleine Schriften Bd. 2. Berlin: Dümmler. 173-210.

Gouldner, Alvin W. (1984): Reziprozität und Autonomie. Ausgewählte Aufsätze. Frankfurt/M.: Suhrkamp.

Holzer, Boris (2006): Netzwerke. Bielefeld: Transcript.

Homans, George C. (1972): Elementarformen sozialen Verhaltens. 2. Auflage. Opladen: Westdeutscher Verlag.

Homans, George C. (1973): Soziales Verhalten als Austausch. In: Hartmann, Heinz (Hrsg.): Moderne amerikanische Soziologie. Stuttgart: Enke. 247-263.

Koppetsch, Cornelia (2000): Die Verkörperung des schönen Selbst. Zur Statusrelevanz von Attraktivität. In: Koppetsch, Cornelia (Hrsg.): Körper und Status. Zur Soziologie der Attraktivität. Konstanz: UVK. 99-124.

Krause, Detlef (1989): Ökonomische Soziologie. Einführende Grundlegung des ökonomischen Programms in der Soziologie. Stuttgart: Enke.

Lessenich, Stephan/Mau, Steffen (2005): Reziprozität und Wohlfahrtsstaat. In: Adloff, Frank/Mau, Steffen (Hrsg.): Vom Geben und Nehmen. Zur Soziologie der Reziprozität. Frankfurt/M., New York: Campus. 257-276.

Lévi-Strauss, Claude (1984): Die elementaren Strukturen der Verwandtschaft. 2. Auflage. Frankfurt/M.: Suhrkamp.

Malinowski, Bronislaw (1979) [1921]: Argonauten des westlichen Pazifik. Ein Bericht über Unternehmungen und Abenteuer der Eingeborenen in den Inselwelten von Melanesisch-Neuguinea. Frankfurt/M.: Syndikat.

Marx, Johannes (2005): Sozialkapital und seine handlungstheoretischen Grundlagen. Eine wissenschaftstheoretische Untersuchung. Marburg: Tectum.

Mauss, Marcel (1989) [1922]: Die Gabe. Form und Funktion des Austausch in archaischen Gesellschaften. In: Mauss, Marcel: Soziologie und Anthropologie Bd. 2. Frankfurt/M.: Fischer. 9-144.

Müller, Hans-Peter (1986): Kultur, Geschmack und Distinktion. Grundzüge der Kultursoziologie Pierre Bourdieus. In: Neidhardt, Friedhelm; Lepsius, M. Rainer/Weiss, Johannes (Hrsg.): Kultur und Gesellschaft: Rene König, dem Begründer der Sonderhefte, zum 80. Geburtstag gewidmet. Sonderheft 27 der Kölner Zeitschrift für Soziologie und Sozialpsychologie. Opladen: Westdeutscher Verlag. 162-190.

Müller, Hans-Peter (1992): Sozialstruktur und Lebensstile Der neuere theoretische Diskurs über soziale Ungleichheit. Frankfurt/M.: Suhrkamp.

Putnam, Robert D. (1993): Making democracy work. Civic traditions in modern Italy. Princeton: Princeton University Press.

Putnam, Robert D. (1995): Bowling alone: America's declining social capital. In: Journal of Democracy 6/1. 65-78.

Schinkel, Andreas (2002): „"...der Freiheit reinste That, und auf das eigne Sein des Menschen allein gerichtet." Die Freundschaft in Geschichte und Gegenwart. Eine soziologisch-historische Untersuchung. Diss. Univ. Hannover.

Schroeter, Klaus R. (1994): Entstehung einer Gesellschaft. Fehde und Bündnis bei den Wikingern. Berlin: Reimer.

Schroeter, Klaus R. (2003): „Differenzierte Freundschaft" als Form moderner Vergemeinschaftung. In: Kieler Blätter zur Volkskunde 35. 23-43.

Schroeter, Klaus R. (2007a): Doing Age, Korporales Kapital und Erfolgreiches Altern. In: SPIEL [Siegener Perio-

dikum für Internationale und Empirische Literaturwissenschaft], Sonderheft „Alter(n) und Medien. Alte Menschen in der Mediengesellschaft" (i.E.).

Schroeter, Klaus R. (2007b): Korporales Kapital und korporale Performanzen im Alter: Der alternde Körper im Fokus von „consumer culture" und Biopolitik. In: Rehberg, Karl-Siegbert (Hrsg.): Die Natur der Gesellschaft. Verhandlungen des 33. Soziologiekongresses der Deutschen Gesellschaft für Soziologie in Kassel 2006. Frankfurt a,M., New York: Campus (i.E.).

Schroeter, Klaus R. (2007c): Zur Symbolik des korporalen Kapitals in der „alterslosen Altersgesellschaft". In: Pasero, Ursula/Backes, Gertrud M./Schroeter, Klaus R. (Hrsg.): Altern in Gesellschaft. Ageing – Diversity – Inclusion. Wiesbaden, VS Verlag. 129-148.

Simmel, Georg (1983) [1908]: Soziologie. Untersuchungen über die Formen der Vergesellschaftung. Berlin: Duncker & Humblot.

Simmel, Georg (1989) [1890]: Über sociale Differenzierung. In: Simmel, Georg: Aufsätze 1887-1890. Über sociale Differenzierung. Die Probleme der Geschichtsphilosophie (1892). Hrsg. von Heinz-Jürgen Dahme. Gesamtausgabe Bd. 2. Frankfurt/M.: Suhrkamp. 109-295.

Stegbauer, Christian (2002): Reziprozität. Einführung in die sozialen Formen der Gegenseitigkeit. Wiesbaden: Westdeutscher Verlag.

Thurnwald, Richard (1957): Grundfragen menschlicher Gesellung. Ausgewählte Schriften. Berlin: Duncker & Humblot.

Tönnies, Ferdinand (1979) [1887]: Gemeinschaft und Gesellschaft. Grundbegriffe der reinen Soziologie. 8. Auflage. Darmstadt: Wissenschaftliche Buchgesellschaft.

Veblen, Thorstein B. ([1899] 1986): Theorie der feinen Leute: Eine ökonomische Untersuchung der Institutionen. Frankfurt/M.: Fischer.

Weber, Max (1985) [1922]: Wirtschaft und Gesellschaft. 5. Auflage. Tübingen: Mohr.

Zimmermann, Harm-Peer (2004): Ordinäres und extraordinäres Kapital – Differenzierungsgewinne im Hinblick auf Pierre Bourdieu und im Rückblick auf Adam Müller. In: Schroeter, Klaus R.; Setzwein, Monika (Hrsg.): Zwischenspiel. Festschrift für Hans-Werner Prahl zum sechzigsten Geburtstag. Kiel, Köln: Götzelmann. 215-232.

Einführende Literatur

Adloff, Fran/Mau, Steffen (Hrsg.) (2005): Vom Geben und Nehmen. Zur Soziologie der Reziprozität. Frankfurt/M.: Campus.

Stegbauer, Christian (2002): Reziprozität. Einführung in die sozialen Formen der Gegenseitigkeit. Wiesbaden: Westdeutscher Verlag.

Weiterführende Literatur

Kappelhoff, Peter (1993): Soziale Tauschsysteme. Strukturelle und dynamische Erweiterungen des Marktmodells. München: Oldenbourg.

Schmid, Gerhard (1996): Schenken. Über eine Form sozialen Handelns. Opladen: Leske + Budrich.

Konsum und Gesellschaft

Michael Jäckel

1. Was meint der Begriff „Konsumgesellschaft"?

Der Begriff „consumere" war der vorindustriellen, vormodernen Gesellschaft nicht fremd, aber nicht formgebend oder gar ihr Wesen bestimmend (vgl. Wyrwa 1997: 747). Die Wortbedeutung gewann an Brisanz, nachdem eine Lebensführung jenseits von Märkten nachhaltige Beeinträchtigungen der Lebensqualität mit sich brachte. Für den Historiker Michael Prinz steht fest, dass der Aufstieg zur Konsumgesellschaft lange als ein Nebenschauplatz der historischen Forschung betrachtet wurde. Zugleich ist für ihn die Annahme zentral, „daß zusammen mit Industrialisierung und Klassenbildung die Kommerzialisierung der Grundbedürfnisse zum inneren Kern jenes tiefgreifenden sozialen Wandels gehört, den die europäischen Gesellschaften zwischen dem ausgehenden 18. Jahrhundert und dem 1. Weltkrieg durchliefen. Erstmals in der Geschichte wurden für die große Mehrheit der Bevölkerung die, wie es zeitgenössisch in charakteristischer Ineinssetzung von Bedarf und Erfüllung hieß, unverzichtbaren ‚Lebens-Bedürfnisse' auf Märkten verhandelt." (Prinz 1996: 13) Damit ist eine erste Antwort auf die Frage, was „Konsumgesellschaft" bedeuten kann, formuliert. Der beschriebene Zusammenhang ist vergleichbar mit der Beobachtung, dass „Pünktlichkeit" erst im Zuge des Aufkommens mechanischer Uhren Bedeutung gewann (vgl. Levine 1998: 95). Auch in der berühmten Enzyklopädie von Diderot und d'Alembert wurde der Begriff „Konsum" nur beiläufig erwähnt, wenngleich gerade Diderots Essay „Gründe, meinem alten Hausrock nachzutrauern" als eine der frühen Formen der Konsumkritik gilt (vgl. Diderot 1993, zuerst 1772). Der Titel des Essays lässt zumindest vermuten, dass Diderot nicht des Konsumismus bezichtigt werden kann.

Das 18. Jahrhundert kann als das Jahrhundert der ökonomischen Theorien bezeichnet werden. Es ist auch jenes Jahrhundert, in dem das Phänomen Konsum häufiger behandelt wird, gleichwohl noch häufiger aus der Perspektive der Produktion. Berühmt der Satz von Adam Smith, wonach das eigentliche Ziel und der Zweck der Produktion der Konsum ist. Formuliert hatte er diese Feststellung im Rahmen einer kritischen Diskussion der merkantilistischen Wirtschaftsordnung: „Der Verbrauch allein ist Ziel und Zweck einer jeden Produktion, daher sollte man die Interessen des Produzenten eigentlich nur soweit beachten, wie es erforderlich sein mag, um das Wohl des Konsumenten zu fördern." (Smith 1978 [zuerst 1789]: 558) Ebenfalls im 18. Jahrhundert stellt beispielsweise der Ökonom Johann Joachim Becher fest, dass die Consumtio ein Bindemittel zwischen den Ständen darstelle und ver-

deutliche, dass Handwerker, Bauern und Kaufleute aufeinander angewiesen seien. Hier wird bereits auf das Wechselspiel von Angebot und Nachfrage Bezug genommen. Ähnlich Johann Georg Büsch, der dafür plädierte, die Bauern nicht nur als Produzenten, sondern auch als Konsumenten zu betrachten. Er erwartete dadurch einen Anreiz für eine Ausweitung der Produktion durch die Bauern (vgl. Wyrwa 1997: 749). Deren Funktion in der Feudalgesellschaft des Mittelalters beschrieb E.W. Heine übrigens wie folgt: „Es gab drei gottgewollte Stände: den Adel, die Kirche und die Bauern. Die Bauern mußten alle ernähren und kleiden, dafür wurden sie beschützt und mit den heiligen Sakramenten versehen." (Heine 1987: 78)

Der englische Pfarrer Thomas Malthus (1925, zuerst 1826) hatte sich Ende des 18. Jahrhunderts noch Sorgen um die Ernährung einer wachsenden Bevölkerung gemacht: Nach seiner Theorie sollte die Bevölkerungszahl in geometrischer Progression (1, 2, 4, 8, 16 usw.) zunehmen, während der Bodenertrag nur in arithmetischem Rhythmus steige (1, 2, 3, 4, 5 usw.). Es sind im wesentlichen drei Faktoren gewesen, die diese Theorie falsifizierten:

1. Die Agrarrevolution: Produktivitätssteigerung durch Übergang zur Fruchtwechselwirtschaft, künstliche Düngung, Mechanisierung, neue Bodenverteilung
2. Transportrevolution: Ausweitung der Märkte durch den Aufbau von Verkehrsinfrastruktur (Eisenbahn, Schifffahrt usw.)
3. Aufstieg der Naturwissenschaften, Entwicklung von Konservierungsmethoden, Entstehung der modernen Ernährungsphysiologie.

Somit repräsentieren das 18. und 19. Jahrhundert eine Phase, in der sich die „Befreiung von den Schranken der organischen Welt" (Sombart 1913: 143) vollzog.

Wenn in diesem Zusammenhang von Consumtion gesprochen wurde, war nicht nur der gänzliche oder teilweise Verzehr von Gegenständen gemeint, sondern auch die Verringerung ihres Tauschwertes. Dies dürfte natürlich insbesondere für langlebige Gebrauchsgüter gegolten haben (vgl. auch Mayer 1923). Meyers Konversations-Lexikon unterschied gegen Ende des 19. Jahrhunderts drei Formen des Konsums:

- Produktivkonsumtion: Damit ist die Umwandlung von Roh- und Hilfsstoffen in Fabrikate, aber auch die Abnutzung von Maschinen gemeint.
- Die Genusskonsumtion: Das ist die Konsumtion von Produkten (im engeren Sinne).
- Die Meinungskonsumtion: Gemeint ist die Wertminderung der Güter durch „Veraltung von Druckschriften, aus der Mode gekommene Gegenstände, Kalender nach Ablauf des Jahres" (zit. nach Wyrwa 1997: 751).

Diese Differenzierung klingt für moderne Ohren ungewöhnlich, spiegelt aber die Auseinandersetzung mit sich verändernden Märkten wider. So kommt eine weitere Antwort auf die Frage, wann die Konsumgesellschaft beginnt, zu folgendem Ergebnis. Wenn Konsumgesellschaft meint, „daß die Mehrheit der Bevölkerung an neuartigen Formen des Konsums teilhatte, die industriell hergestellten Lebensmittel, modische Massenkonfektion, Haushaltstechnik, dem Automobil, Radio und Plattenspielern, dann entstand diese Konsumgesellschaft in der Zwischenkriegszeit in den USA." (König 2000: 8) Für die Bundesrepublik Deutschland müsste man daher sogar die 1960er Jahre nennen. Aber König weist zugleich darauf hin, dass damit das Ergebnis eines langfristigen Prozesses beschrieben wird, der bis weit in das 19. Jahrhundert zurückreicht. Es geht in diesem Zusammenhang nicht nur um den Nachweis des viel zitierten Trickle Down-Effekts, wonach Wohlhabende sich Konsumgüter früher aneignen und auch bestimmte Konsumformen früher als andere pflegen und sich die-

se Vorbilder sukzessive nach unten ausbreiten, es geht um die Teilhabe einer wachsenden Konsumentenschicht, die in dieser Form historisch zwar nicht völlig neu, aber aufgrund der Marktgegebenheiten als besonders signifikantes Phänomen wahrgenommen wird. Ausgelöst und begleitet werden diese Veränderungen durch bahnbrechende Innovationen, die Prozesse kreativer Zerstörung im Sinne Schumpeters in Gang setzen.

Eine dritte Antwort stammt von dem britischen Sozialwissenschaftler John Brewer. Für die neuere Konsumgeschichte unterscheidet er drei Perioden: „Da ist zunächst die Zeitspanne von der Mitte des 19. Jahrhunderts bis in die 1920er Jahre. Es ist die Periode der aufkommenden Moderne, die Zeit der Arkaden und Warenhäuser, der Grammophone, Radios und Massenpresse." (Brewer 1997: 59) Dies deckt sich mit dem Vorschlag von König. Die zweite Periode betrifft den Zeitraum 1930 bis 1950 und kennzeichnet die Debatte um die Massengesellschaft. Die dritte Periode schließlich wird durch die Postmoderne repräsentiert, die Brewer in den 1980er Jahren beginnen lässt. Gemeint ist damit offensichtlich eine Phase der Überforderung durch Märkte, die nicht Vielfalt, sondern Unübersichtlichkeit vermitteln. Der Einzelne wird zunehmend in eine Welt wachsender Optionsspielräume entlassen, jede Stufe in dieser Entwicklung wird begleitet von neuen Öffnungsimpulsen (vgl. Habermas 1998: 126). Diese gehen „von neuen Märkten, Kommunikationsmitteln, Verkehrswegen und kulturellen Vernetzungen aus, (...)." (ebenda: 126) Habermas stuft diesen Prozess als ambivalent ein, da dem Einzelnen durch die Vielfalt der Wahlmöglichkeiten die Augen geöffnet werden. Die Vergangenheit und die sie bestimmenden Verhältnisse kehren nicht mehr zurück, Selbstverpflichtungen nehmen zu und „das Risiko, Fehler zu machen. Aber es sind dann wenigstens die eigenen Fehler, aus denen sie etwas lernen können." (Habermas 1998: 126f.)

Allen Vorschlägen ist gemeinsam, dass sie die Entstehung der Konsumgesellschaft historisch herleiten. Für Brewer markiert die Konsumgesellschaft ein Sozialsystem, das
– ein reichhaltiges Warenangebot für Verbraucher der meisten, wenn auch nicht aller sozialen Kategorien bereitstellt,
– über komplizierte Kommunikationssysteme verfügt, um Waren mit Bedeutung zu versehen und das Bedürfnis nach ihnen zu wecken,
– über Geschmack, Mode und Stil den Umgang mit Waren sozial regelt und einübt,
– die Freizeit gegenüber der Arbeit sowie den Konsum gegenüber der Produktion betont,
– den Konsumenten zu einer zentralen Sozialfigur avancieren lässt und
– eine „tiefe Ambivalenz, manchmal sogar offene Feindschaft gegenüber dem Phänomen des Konsums" (Brewer 1997: 56) aufweist.

Im Folgenden soll dieser Vorschlag Brewers in einer leicht modifizierten Form zur Beschreibung von Merkmalen der Konsumgesellschaft herangezogen werden. Ziel ist nicht eine aktuelle Beschreibung und Analyse gegenwärtiger Konsumentwicklungen (vgl. hierzu Jäckel 2006 sowie die Beiträge in Jäckel 2007), sondern eine Darstellung wichtiger Entwicklungslinien. Dabei soll ein Blick auf den Wandel der Konsumorte und die Rolle von Werbung sowie den damit einhergehenden Bedürfniswandel gelenkt werden. Ebenso soll gezeigt werden, dass durch ein quantitativ und qualitativ geändertes Verhältnis von Arbeit und Freizeit die sinnstiftende Funktion des Konsums ambivalente Spuren hinterlässt.

2. Merkmale der Konsumgesellschaft

2.1 Wandel der Konsumorte

Fernand Braudel hat in seiner Sozialgeschichte des 15. bis 18. Jahrhunderts darauf hingewiesen, dass sich die Wirtschaft auf den ersten Blick in zwei große Bereiche untergliedern
lässt: den Bereich der Produktion und den Bereich des Verbrauchs. In einer Hinsicht scheinen sich die meisten Ökonomen einig zu sein: Der Verbrauch ist Ziel und Endpunkt dessen,
was die Produktion immer wieder von neuem bereitstellt. In diese Richtung wies Karl Marx
mit seiner Feststellung, dass eine Gesellschaft weder aufhören kann zu produzieren noch zu
konsumieren, ähnlich auch Proudhon mit dem Hinweis, dass Arbeiten und Essen wohl den
einzigen auf der Hand liegenden Lebenszweck des Menschen darstellen (vgl. Braudel 1986:
15). Zwischen diese beiden Bereiche von Produktion und Verbrauch schiebt sich allmählich
die Institution des Tauschs, oder allgemeiner formuliert: die Marktwirtschaft. Je mehr Waren
zirkulieren, desto höher ist auch das Tauschaufkommen. Je höher das Tauschaufkommen
ist, desto arbeitsteiliger gestaltet sich die Produktion in der jeweiligen Gesellschaft. Damit
nehmen Spezialisierungen zu und – damit unausweichlich verbunden – eine Reduktion der
ausschließlichen bzw. vorwiegenden Selbstversorgung. Wenn es also keine Märkte gäbe,
hätten wir im Grunde genommen auch keine Wirtschaft im üblichen Sinn. Denn komplette
Selbstversorgung würde bedeuten, dass man ein in Nicht-Wirtschaft eingeschlossenes Leben
führen würde (vgl. hierzu ausführlich Braudel 1986: 18).

Diese Marktgesellschaft entsteht im Zuge einer sukzessiven Verlagerung der Märkte vom
Land in die Städte. Für die Städte kann festgehalten werden, dass sie spätestens seit dem
Ende des 11. Jahrhunderts ihre Blütephase erleben. Werner Sombart hat in seinem umfangreichen Werk über den modernen Kapitalismus darauf hingewiesen, dass die Mehrzahl der
mittelalterlichen Städte in den ersten Jahrhunderten ihres Bestehens als reine Konsumtions-
städte zu bezeichnen sind. Darunter versteht er folgendes: „Eine Konsumtionsstadt nenne
ich diejenige Stadt, die ihren Lebensunterhalt (soweit sie ihn von außerhalb bezieht, also
das Überschußprodukt der landwirtschaftlichen Arbeit) nicht mit eigenen Produkten bezahlt,
weil sie es nicht nötig hat. Sie bezieht vielmehr diesen Lebensunterhalt aufgrund irgendeines
Rechtstitels (Steuern, Rente oder dergleichen) ohne Gegenwerte leisten zu müssen." (Sombart 1969, zuerst 1916: 142) Residenzstädte wiederum galten schon sehr früh als Konsumschwerpunkte. Mit dem Anwachsen der Städte begann auch eine Spezialisierung der Märkte
selbst, z.B. in Brot- und Geflügelmärkte, Tuchmärkte usw. Und neben den Markt drängten
sich vermehrt neue Institutionen, die als Vermittler zwischen Produzent und Konsument traten, z.B. die Institution des Kaufmanns.

Zu den ersten Ladenbesitzern, so Braudel, gehörten insbesondere die Handwerker, dann
die sogenannten Krämer, die als Einzelhändler die Vermittlerrolle zwischen Erzeuger und
Käufer übernahmen. Hier gilt als Gemeinsamkeit, dass sie die angebotenen Waren zumindest
nie in Gänze selbst fabrizieren (man denke insbesondere an den Bereich der Lebensmittel,
aber auch Holz, Naturstoffe). Somit bilden sich zwei zentrale Prinzipien heraus, die auch
Karl Marx ausführlich analysiert hat (vgl. Braudel 1986: 60):
- Das Prinzip des kapitalistischen Kaufmanns lautet: Geld >Ware >Geld.
- Das Prinzip der Bauern lautet: Ware > Geld > Ware.

Der erste trennt sich vom Geld, um es wieder zu Geld zu machen, der zweite trennt sich von Ware, um erneut Ware zu erwerben.

Die Zunahme spezialisierter Fachgeschäfte, die sich neben Kleinhändlern etablieren, ist spätestens seit Beginn des 18. Jahrhunderts in verstärktem Maße zu beobachten. Braudel berichtet beispielsweise für die französische Stadt Lille, dass dort im Jahr 1716 mehr als 1000 unterschiedliche Krämer gezählt wurden (Tuchhändler, Schneider, Eisenkrämer, Altwaren, Kleider, Möbel etc.). Es ist wiederum Sombart gewesen, der die Expansion dieser Warenhandlungen bzw. spezialisierten Händler insbesondere auf einen wachsenden Bedarf nach Luxuswaren zurückführte. So waren nach seiner Auffassung fast alle Güter, die im Mittelalter in Italien ein- und ausgeführt wurden, vorwiegend Güter des Luxusbedarfs. Für die Zeit um 1700 stellt er beispielsweise fest, dass der Luxusbedarf des reichen Mannes „den Händler aus seinem handwerklichen Schlendrian auf[rüttelt] und ihn die Bahn der kapitalistischen Entwicklung hinauf[treibt]." (Sombart 1967, zuerst 1922: 155)

Die Selbstversorgung ging somit zurück, die Fremdversorgung stieg an und damit die Einbindung in das System einer arbeitsteilig organisierten Gesellschaft. Diese Veränderungen waren wiederum folgenreich. Sie bedeuteten eben nicht nur eine Loslösung aus Bindungen an bestehende Herrschaftsstrukturen, sondern auch die wachsende Notwendigkeit der Selbstpositionierung auf neu entstehenden Märkten. Dies dürfte eine Erklärung dafür sein, dass es nach britischen Vorbildern auch Mitte des 19. Jahrhunderts in Deutschland zur Entstehung von Konsumgenossenschaften bzw. Konsumvereinen gekommen ist. Die Idee wurde zunächst von der Lohnarbeiterschaft und der Sozialdemokratie (insb. von Ferdinand Lassalle) abgelehnt, dies änderte sich aber, auch auf programmatischer Ebene, in den 1890er Jahren (vgl. Sombart 1955, zuerst 1902: 994).

Diese Konsumvereine arbeiteten zunächst nach folgendem Prinzip: Bedarfsdeckung statt Bedarfsweckung, Kooperation statt Konkurrenz. Diese Alternative zur kapitalistischen Konkurrenz soll in der Weimarer Republik immerhin 10 % am Umsatz des Lebensmitteleinzelhandels ausgemacht haben. Diese Konsumentenselbsthilfe, die sich später in fast allen großen Berufsgruppen als Organisationsprinzip wiederfand, wird wie folgt charakterisiert: „Im Zentrum des einzelnen Konsumvereins stand ein Ladengeschäft mit angeschlossenem Lager (...). Alle wesentlichen mit der Führung des Geschäftes zusammenhängenden Angelegenheiten regelte ein aus den Reihen der Mitglieder auf eine Generalversammlung gewählter Vorstand (...), häufig nebenamtlich am Abend mit kurzen Öffnungszeiten, später dann mit Hilfe eines angestellten Lagerhalters. Bis zum 1. Weltkrieg blieb es üblich, daß einzelne Mitglieder wichtige Funktionen wie Qualitätskontrollen, Abrechnungen usw. unentgeltlich ausübten. Für alle Mitglieder galt, daß sie durch Einzahlungen einen Anteil am Geschäftskapital übernahmen. Daraus erwuchs ihnen das Recht, die en gros eingekauften Waren – überwiegend Grundnahrungsmittel wie Mehl, Reis, Bohnen – aus dem Laden zu beziehen." (Prinz 1996: 14) Entscheidend ist in diesem Zusammenhang die Feststellung: „Die Entstehung einer Bewegung der Konsumvereine setzte die massenhafte Herausbildung von Konsumentenlagen voraus." (Prinz 1996: 25) Eine Verallgemeinerung der Geldwirtschaft, ein Rückgang des Naturalientauschs und die konsequente Industrialisierung aller Produktionsformen führte somit zu einer Zerstörung traditioneller Versorgungsformen. Da es für weite Teile der Bevölkerung immer noch einen geringen Spielraum jenseits der Deckung des Grundbedarfs gab, blieb die Verteuerung von Waren ein Topos der Sozialkritik bis in die Zeit nach dem 2. Weltkrieg hinein.

Entsprechende Budgetanalysen von Arbeiterfamilien bestätigen diesen Befund. Man muss bedenken, dass die geringe Disponibilität des Einkommens zusätzlich durch erhebliche Einnahmeschwankungen (nur selten gab es so etwas wie eine Festanstellung) verstärkt wurden. Deshalb blieb trotz der Expansion der Konsumvereine der Detailhandel an der Ecke (also der Detailhändler) die Volksbank des 19. Jahrhunderts (vgl. Prinz 1996: 29), denn gerade hier war Schuldkontenführung möglich, gleichwohl in der Regel in deutlicher Abhängigkeit vom Händler. Die Bindung an Konsumvereine war nicht so sehr eine ideologische, sondern eher eine aus der ökonomischen Überlegenheit gegenüber der unmittelbaren Konkurrenz hervorgehende. Schließlich entwickelten sich diese Vereine zu einer bedeutenden Konkurrenz des Einzelhandels und galten bis zum 1. Weltkrieg als eine lokale Macht.

Durch eine Expansion neuer Vertriebsformen verschwanden alte Formen des Tausches und des Angebots von Waren nicht völlig. Bereits im Mittelalter und in der Neuzeit gab es Straßenhändler, und dieses Phänomen ist auch aus der heutigen Marktwirtschaft nicht völlig verschwunden. Über das Schicksal dieser Straßenhändler erzählt ein Theaterstück aus dem Jahr 1637: „Gott, ist er reizend! Wär ich doch nur reich! Wenn ich es wollte, nähm er mich sogleich. Doch sein mit Zeitungen erschriebener Gewinn reicht übers Jahr noch nicht für eine Brille hin." (zit. nach Braudel 1986: 75) Neben dieser unsteten Beschäftigung entwickelt sich in der vorindustriellen Zeit ein gegliederter Einzelhandel (Höker, Krämer), im Zuge der Industrialisierung weitet sich dieser Detailhandel weiter aus. Man kann somit mit Spiekermann feststellen: „Der Kleinhandel war kein Nachzügler der Industrialisierung, hat diese vielmehr begleitet und geprägt." (Spiekermann 1994: 20) Was Braudel für die französische Stadt Lille im frühen 18. Jahrhundert feststellte, kann Spiekermann aus Unterlagen der Stadt München für die erste Hälfte des 19. Jahrhunderts nachweisen. Dass nämlich dort bereits eine beachtliche Anzahl größerer Ladengeschäfte, vor allem des gehobenen Konsumbedarfs, zu finden waren. Das bestätigt zugleich auch die Beobachtung Sombarts, dass Residenzstädte immer auch Konsumschwerpunkte gewesen sind. Generell kann man schon für die Zeit vor 1850 feststellen, dass größere Ladengeschäfte mehr und mehr das Bild der Innenstädte prägten, insbesondere im sogenannten Deutschen Bund. Das erste bedeutende Kaufhaus des Kaiserreichs (Rudolf Hertzog) entstand im Jahr 1839 und hatte sehr schnell den Ruf eines soliden und preiswerten Geschäfts erworben. Diese Warenhäuser waren es aber noch nicht, die man als Tempel des Konsums bzw. Tempel der Kauflust bezeichnete. Es handelt sich eher um größere Magazine, die gleichwohl schon in den 1860er Jahren mit den Befürchtungen des Handwerks und des Kleinhandels konfrontiert wurden. Diese Warenhäuser hatten noch keine eigenständige Architektur und sie waren noch nicht als Kathedralen des modernen Massenkonsums zu charakterisieren.

Die Entstehung und Expansion dieses Warenhaustypus begann im Deutschen Reich später als in England und Frankreich (vgl. auch Haupt 2003). Wahrscheinlich muss hier ein enger Zusammenhang zum Ausmaß der Urbanisierung (Verstädterung) gesehen werden. Zumindest stellt auch Spiekermann fest, dass „erst in den 1890er Jahren (...) Urbanisierung, Massenproduktion und kulturelle Wandlungen die Rahmenbedingungen wesentlich veränderten und aus der Kombination von kapitalistischer Wirtschaftsgesinnung, Branchenintegration und neuartigen räumlichen Elementen eine neue Betriebsform erwuchs." (Spiekermann 1994: 22) Die Anfänge dieser modernen Warenhäuser lassen sich insbesondere in dem Zeitraum zwischen 1870 und 1890 beobachten (vgl. auch Henning 1996: 1004f.). Bedeutende Firmen-

gründungen in diesem Zusammenhang waren: 1876 Wertheim in Stralsund, 1881 Karstadt in Wismar, 1882 Oscar Tietz in Gera, 1885 Althoff in Dülmen. Hermann Tietz gründete 1889 in München „ein Manufaktgeschäft mit organisch nicht dazugehörenden Nebenartikeln." (zit. nach Spiekermann 1994: 31) 1891 folgte der Kaiser-Bazar in Berlin, der allerdings schon wenig später (nach 18 Monaten) wieder Konkurs anmelden musste. Das zweite Warenhaus in Berlin, Wertheim, hielt sich dagegen länger und wurde erst im Jahr 1913 aus der Berliner City verlagert. Entscheidend war für diese Warenhäuser die Architektur und die Dimension des Raumes sowie die Vermittlung einer ‚Wohlfühlatmosphäre'. Gustav Stresemann, der spätere Reichskanzler und Außenminister der Weimarer Republik, stellte im Jahr 1900 fest: „Wenn man heute in einer Familie hört: Wir gehen zu Wertheim, so heisst das nicht in erster Linie, wir brauchen irgend etwas besonders notwendig für unsere Wirtschaft, sondern man spricht wie von einem Ausfluge (...)." (1900: 713) Dabei galt „Wertheim", einer Typologie von Göhre folgend, als Warenhaus der guten Gesellschaft, während Jandorf als Warenhaus des besseren Arbeiters und Tietz als Ort des behaglichen Mittelstands galt (vgl. Göhre 1907: 91). Der Sinn für soziale Differenzierung blieb gewahrt und zeigte sich zu Beginn des 20. Jahrhunderts, zunächst vor allem in Frankreich und England, auch durch das vermehrte Aufkommen von Kaufhallen, die weniger Wert auf angenehme Kaufatmosphäre legten (vgl. Haupt 2003: 70f.). Diese wurden bevorzugt von den Unterschichten größerer Städte frequentiert.

Vor allem aber die Warenhäuser verkörperten das Sinnbild des aufkommenden Wohlstands und Überflusses. In Bezug auf das Warenhaus Tietz in Köln konnte man lesen: „Man sehe sich nur mal die Paläste, die in den letzten Jahren in den größeren Städten gebaut und die jetzt noch im Bau begriffen sind, an; wer vor einem solchen Riesengebäude steht, wird doch wohl zu der Ueberzeugung gelangen, dass das Leben und Treiben, welches sich seinem Auge darbietet, resp. nach Fertigstellung des Baus darbieten wird, dazu angethan ist, die kleinen Existenzen fast radikal zu beseitigen (...)." (zit. nach Spiekermann 1994: 30f.) Die Proteste der kleineren Händler blieben nicht aus und mündeten in eine Debatte über die Warenhaussteuer im Deutschen Reich. So führte Bayern beispielsweise im Jahr 1899 Sonderregelungen für Warenhäuser ein, indem kleinere Läden steuerlich entlastet wurden.

Das praktizierte Prinzip lautete: breites Angebot, kein Kaufzwang, kleine Handelsspanne, große Umsätze, Artikel mit Festpreisen, kein Feilschen. Die Proteste des Kleinhandels konzentrierten sich aber auch auf die Großbetriebe im Kleinhandel, zu denen sich die bereits erwähnten Konsumgenossenschaften sukzessive entwickelt hatten. So hatten sich neben den aus der Not geborenen Formen der Solidarität, die sich aus einem Prinzip der moralischen Ökonomie ableiteten, auch andere Genossenschaften entwickelt, z.B. Warenhäuser für Offiziere und Beamte in Berlin.

Durch diese Warenhäuser nahm die Anzahl der massengefertigten Waren zu. Als Nebenprodukt ergab sich für Arbeitertöchter ein neuer sozialer Aufstiegsberuf: Verkäuferin. Aber diese industriell gefertigten Waren waren es eben auch, die in vielerlei Hinsicht die Kritik auf sich zogen. Georg Simmel beispielsweise sah in dieser Zeit die Menschen nicht mehr nur als Sklaven des Produktionsprozesses, sondern auch als Sklaven der Produkte (vgl. Simmel 1989, zuerst 1900: 674). Das expandierende Warenangebot treibe die Menschen immer wieder zu neuen Anregungen und die damit verbundene Hast und Ruhelosigkeit offenbare eine „spezifisch moderne Treulosigkeit auf den Gebieten des Geschmacks, der Stile, der Gesinnungen, der Beziehungen." (Simmel 1989, zuerst 1900: 675) Die Blasiertheit der Großstädter

sei ein Resultat dieser permanenten Steigerung des Nervenlebens (vgl. Simmel 1995, zuerst 1903: 116ff.). Ebenso bleibt die Kritik an den sogenannten 50-Pfennig-Basaren nicht aus, weil nach Auffassung Simmels hier der identische Preis der Waren zu unüberlegteren Käufen führe. In den USA fand dieses Prinzip bereits im Jahr 1887 seinen Niederschlag in einem Werbeslogan des großen Kaufhauses Macy's: „Goods suitable for the millionaire, at prices in reach for the millions." (zit. nach König 2000: 104)

Während Ende des 18. Jahrhunderts noch 80% der Bevölkerung auf dem Land lebte, im Jahr 1871 ein Achtel der Bevölkerung des Deutschen Reiches in Mittel- und Großstädten, war es 1907 bereits ein Drittel. Ob es nun ein Exodus war, der zu einem raschen Anwachsen insbesondere der Industriestädte führte oder die Wahl der wenig schlechteren Alternative: Für viele Menschen war es der Übergang von Gemeinschaft in Gesellschaft, von verdichteter Sozialität in zunächst fremde Umgebungen, wobei nicht unterschätzt werden sollte, dass wahrscheinlich auch in dieser Phase sich sehr schnell ein Geflecht kleiner Netze entwickelt hat. Spektakulär ist in diesem Zusammenhang sicherlich die Beobachtung des englischen Historikers Taylor, der für die Habsburger Monarchie – und hier für die Zeit vor 1848 – folgende Behauptung aufstellte: „Entgegen einem allgemeinen Irrglauben wurde die Revolution von 1848 nicht von der industriellen Revolution verursacht, sondern von ihrer Verzögerung. Die Großstädte wuchsen schneller als die Industrien, die Arbeit und Brot gaben; infolgedessen sank ihr Lebensstandard. Industrialisierung – das hat das spätere 19. Jahrhundert gezeigt – ist die Medizin für soziale Missstände, nicht ihre Ursache. Wien war nie wieder so revolutionär wie vor seiner Industrialisierung." (zit. nach Haffner 1985: 303) Ähnlich argumentiert Haffner für das England des ausgehenden 18. Jahrhunderts. Die Tagelöhner und die leibeigenen Bauern ohne Land flüchteten in England nicht in die Industriestädte, weil sie dort ein Paradies erwarteten, sondern eine Situation, die sie der Hölle auf dem Land vorzogen. Gemeint war damit die nicht unwahrscheinliche Gefahr, dass im Falle von Missernten auf dem Land schlicht das Verhungern drohte. Wenn man also das frühe 19. Jahrhundert mit dem späten 19. Jahrhundert vergleicht, so vergleicht man Welten, die – um ein Bild des britischen Staatsmanns Benjamin Disraeli aufzugreifen – arm und reich in einer etwas weiteren Hinsicht repräsentieren.

Mag die Vorstellung von einem gemeinschaftlich organisierten Raum der Selbsthilfe in ländlichen Regionen auch gelegentlich etwas idyllisch erscheinen, die Kontrastierung mit der Industriestadt und dem Kapitalismus war dennoch auch eine Konfrontation von moralischer Ökonomie einerseits und antagonistischer Kooperation andererseits. Der Stadt/Land-Gegensatz war wesentliches Element der Sozialtheorie und Sozialkritik. Für Marx war es ein politisches und ökonomisches Ausbeutungsverhältnis, für Wilhelm Heinrich Riehl hingegen vor allem ein Angriff auf die alte ständisch-agrarische Gesellschaftsordnung. Mit dieser Kritik bei Riehl verband sich eine Angst vor der Moderne und eine deutliche Artikulation der Präferenz für überschaubare Verhältnisse. Befürwortet wird damit ein Strukturmerkmal der sogenannten alteuropäischen Gesellschaft, das der österreichische Historiker Michael Mitterauer einmal wie folgt beschrieben hat: „Die Struktur dieser Gesellschaft war partikularistisch, das heißt, es bestand eine Vielzahl regionaler, lokaler und arbeitsmilieuspezifischer sozialer Einheiten, zwischen denen es im Vergleich zur Moderne nur relativ schwache Beziehungen gegeben hat." (Mitterauer 1986: 247f.)

Die Konsumgewohnheiten auf dem Land lassen sich durch eine Bevorzugung des Substantiellen beschreiben, auch und vor allem mangels Alternativen. Beobachter des Ernährungs-

verhaltens im Königreich Württemberg beklagen für das frühe 19. Jahrhundert „die geringe Kochkunst und wundern sich über die Bevorzugung schwer verdaulicher Speisen und die großen Mengen von Nahrungsmitteln, die die Menschen verzehren. Beliebt ist ein „rauhes Brot", ein nicht gut durchgebackenes, aus Dinkel, Hafer und Linsen bestehendes Backwerk, das „trotz der Schwerverdaulichkeit" geschätzt wird. Kartoffeln werden reichlich verzehrt: Da werden Ladungen verfrachtet, die ein städtischer Magen als Diätfehler betrachten würde." (zit. nach Becher 1990: 74f.)

In der Stadt war dagegen das Phänomen des demonstrativen Konsums häufig zu beobachten. Veblen führt das auf folgenden Umstand zurück: „Bemerkenswert ist (...), dass der Konsum als Prestigemittel wie als Zeuge der Wohlanständigkeit in jenen Schichten der Gesellschaft am beliebtesten ist, wo auch der menschliche Kontakt des Individuums am größten und die Mobilität der Bevölkerung am stärksten ist. Der demonstrative Konsum verschlingt nämlich einen relativ größeren Teil des Einkommens der städtischen als der ländlichen Bevölkerung. Daraus geht hervor, daß die Städter, um den Schein zu wahren, in größerem Ausmaß von der Hand in den Mund leben als die Landbevölkerung." (Veblen 1958, zuerst 1899: 75) Die Großstadt entfacht in dem Menschen aufgrund der hohen Anonymität ein Bedürfnis nach Unterschiedlichkeit. Über die unterschiedlichen Lebensbedingungen in der Stadt und auf dem Land schrieb Simmel in seinem berühmten Essay „Die Großstädte und das Geistesleben": Die Großstadt „stiftet (...) schon in den sinnlichen Fundamenten des Seelenlebens, in dem Bewusstseinsquantum, das sie uns wegen unserer Organisation als Unterschiedswesen abfordert, einen tiefen Gegensatz gegen die Kleinstadt und das Landleben, mit dem langsameren, gewohnteren, gleichmäßiger fließenden Rhythmus ihres sinnlich-geistigen Lebensbildes." (Simmel 1995, zuerst 1903: 117)

2.2 Aufkommen und Wandel der Werbung

Urbanisierung und Anonymisierung sind auch aus der Perspektive der Reklame- und Werbegeschichte zwei wesentliche Mitbegleiter allmählich expandierender Märkte. Ob Werbung so alt ist wie die Geschichte der Menschheit, ist letztlich nicht entscheidend. Ihre Entstehung vorwiegend in der Moderne zu verankern, greift in jedem Falle zu kurz. Buchli stellte unmissverständlich fest: „So lange es eine bewusste, zielstrebige menschliche Tätigkeit gibt, gibt es aber auch Besitz, gibt es den Tausch, gibt es Handel und Verkehr, gibt es deshalb auch die Werbung (...)." (Buchli 1962: 48) Aber eben nicht eine Wissenschaft von der Werbung, die systematisch nach den Wirkungen bestimmter Reize oder Reizkombinationen forscht. Werbung als eine eigenständige Kommunikationsform zu bezeichnen, dürfte zu Abgrenzungsproblemen führen, beispielsweise zur politischen Kommunikation. Schmidt vertritt jedenfalls die Auffassung, dass Werbung das Ergebnis eines systematischen Differenzmanagements gewesen ist. Zur Entstehung dieser Abgrenzung gibt er folgende Erläuterung: „Im Optionendreieck zwischen Literatur, Journalismus und PR wurde (...) eine vierte Kommunikationsmöglichkeit eröffnet, die das neu entstehende Werbesystem besetzte. Werbung war und ist bedingungslos parteiisch – und jeder weiß das. Werbung teilt nicht mit, was ist, sondern was man sich wünschen soll; sie löst alle in der Praxis ungelösten Probleme durch die Verklärung von Konsum: Kauf mich und Du wirst schön und glücklich!" (Schmidt 2002: 102)

Für die in der zweiten Hälfte des 19. Jahrhunderts einsetzende Professionalisierung und Verwissenschaftlichung von Werbung mag eine solche Beobachtung zutreffen, es bleibt aber die
Tatsache einer langen Vorgeschichte, die, folgt man dem dreibändigen Werk von Buchli, auf
mindestens 6000 Jahre zurückblicken kann (vgl. Buchli 1962/1966). Scheele wies in seinem
Beitrag „Historische Aspekte der Werbung" auf die Vorliebe der Werbepraxis hin, den Blick
nach vorne und nicht in die Vergangenheit zu richten (vgl. Scheele 1982: 3110). Ohnehin galt
Werbung der allgemeinen Wirtschaftsgeschichte nicht als eine signifikante Quelle, eher als
eine Begleiterscheinung des sozialhistorischen Wandels. Die wort- und ortsdominante Form
der Werbung, wie sie durch den Ausrufer oder eine Steinplatte verdeutlicht werden, waren
in ihrem Wirkungsradius sehr begrenzt und erreichten im wesentlichen nur jene Personen,
die zur Werbung hinkamen. Erst die Verbesserung der drucktechnischen Möglichkeiten beflügelte das Annoncen- und Anzeigenwesen, das über lange Zeit aber noch den Ankündi-
gungscharakter beibehielt und sehr textdominant gestaltet war. Eine grobe Klassifikation der
Entwicklungsstufen von Werbung könnte daher wie folgt aussehen:
- frühe Formen der Werbung bis zur Erfindung des Buchdrucks (der Wirkungskreis der
  Werbung ist in der Regel sowohl personen- als auch ortsgebunden)
- das Aufkommen von Anzeigen, Inseraten und Plakaten bis zum Beginn der industriellen
  Revolution
- die moderne Wirtschaftswerbung und ihre Verwissenschaftlichung im 20. Jahrhundert
Die Veränderung des Stellenwerts von Werbung wird insbesondere durch eine Aussage des
Nationalökonomen Karl Knies aus dem Jahr 1857 verdeutlicht. Bezüglich der Annoncen-
werbung bemerkte er damals: „Daß (...) die Annonce erst in der neuesten Zeit bedeutsam
hervortritt, hat seine guten Gründe. Für einen Zustand, wo Bannrechte, Zunftprivilegien,
Personal- und Realgerechtsame u. dgl. in Geltung sind, Käufer und Verkäufer sich wohl
bekannt in demselben Quartier, in derselben Gasse wohnen, hat die Annonce kaum einen
Sinn." (Knies 1857: 52f.) So, wie der Dorfbewohner sich in seinem Kramladen orientieren
konnte und nur gelegentlich von interessanten Neuheiten jenseits seines Erfahrungshorizonts
erfuhr, waren eben auch die frühen Formen der Werbung zunächst einmal an jenen Märkten
orientiert, die sich ihnen boten. Die Trennung von Produzenten und Konsumenten, so stellte
Karl Bücher fest, machte „die Reklame notwendig, damit beide einander finden konnten."
(1981a, zuerst 1917: 192f.)
    Als Knies diese Beobachtung machte, war das staatliche Anzeigenmonopol im damaligen
Preußen gerade erst seit elf Jahren außer Kraft. Wesentlich bedeutsamer für die Veränderung
von Werbezielsetzungen dürfte sich aber der Wandel der Sozialstruktur der damaligen Gesellschaft ausgewirkt haben. Der Wandel der Besitz- und Herrschaftsverhältnisse in der Agrar-
wirtschaft (Stichwort: Bauernbefreiung) und die parallel sich vollziehende Industrialisierung
führten in Verbindung mit einer enormen Landflucht und erzwungenen Mobilität zur bereits
skizzierten Entstehung großer Städte. Selbst lokale Märkte nahmen nun eine Größenordnung
an, die das gezielte Bewerben von Produkten notwendig machte. Haushalte, die bislang einen
wesentlichen Teil ihrer lebensnotwendigen Bedürfnisse über den Weg der Selbstversorgung
realisierten, waren nun in zunehmendem Maße auf Fremdversorgung angewiesen. Werbung
musste nunmehr also auch dem Ziel dienen, diese neu entstandene Anonymität wieder zu
durchbrechen. Zeitungen wurden zu einem wichtigen Verbreitungsmedium, so dass Karl Bücher die Zeitung als ein Erwerbsunternehmen charakterisierte, „das Annoncenraum herstellt

und verkauft, der nur durch einen redaktionellen Teil absetzbar gemacht werden kann." (Bücher 1981b, zuerst 1921: 212)

Werbung musste also ein neu entstandenes Vakuum füllen. Sie tat dies, indem sie an sich anonyme Formen der Kommunikation über den Weg einer scheinbar individuellen Ansprache zu einem neuen Feld öffentlicher Kommunikation entwickelte. Gleichzeitig führte die Ausdifferenzierung der Warenwelt dazu, dass sowohl das Erscheinungsbild von Geschäftsflächen und Schaufenstern als auch das der Produkte eine ästhetische Neugestaltung erfuhr. Rudolf Cronaus „Buch der Reklame" aus dem Jahr 1887 enthält zahlreiche Beispiele aufmerksamkeitssteigernder Maßnahmen, die sich auf die Verpackung bzw. die Vollendung eines Produktionsprozesses beziehen (vgl. auch Clausen 1964). Was unansehlich ist, bleibt reizlos. So genial eine neue Technik auch sein mag, man muss sie „bekleiden" und mit Etiketten versehen.

In diesen Maßnahmen spiegelt sich vielleicht auch das Differenzmanagement, von dem Schmidt spricht, jedenfalls entwickeln sich spezialisierte Geschäftsbereiche, deren Funktion primär darin besteht, die Begehrlichkeit von Waren zu erhöhen. Der Markengedanke, der bereits aus der Vormoderne bekannt war, wird dadurch in seiner Bedeutung noch erhöht, was beispielsweise an den rasch notwendig werdenden Markenschutzgesetzgebungen abgelesen werden kann. Folgt man Dichtl, dann ist die Zeit zwischen 1850 und der Jahrhundertwende als die Reifezeit des modernen Markenwesens zu bezeichnen (vgl. Dichtl 1992: 3f.). Insbesondere das letzte Jahrzehnt des 19. Jahrhunderts brachte Markengründungen hervor, die bis heute bekannt und existent sind: Leibniz-Cakes 1892, Odol 1893, Dr. Oetker 1899 usw. (vgl. umfassend hierzu Hellmann 2003: 52f.). Die Marke sollte für sich sprechen und einen Mehrwert vermitteln. Zusammenfassend kann daher mit Falk festgestellt werden: „Mass production expanded markets beyond local boundaries into the national and international sphere, and as a consequence replaced the identity of products as the personal extensions of small-scale producers and local shopkeepers with anonymous mass-produced goods which, for this very reason, had to be given a name and a voice of their own." (Falk 1997: 65)

Die „toten Waren", ein Begriff, der Adam Smith zwar zugeschrieben wird, von diesem aber explizit nicht verwandt wurde (vgl. hierzu Richards 1990: 2 sowie Jäckel 2006: 112), erhalten also dadurch einen zusätzlichen Reiz. Die Gesamtheit dieser Werbemaßnahmen, insbesondere aber das allmählich ausufernde Inseratenwesen, rief die Werbekritik sehr rasch auf den Plan. Lassalle sprach diesbezüglich von der „Zeitungspest", Sombart wiederum urteilte über die Reklame in der modernen Großstadt und die Werbung in den Zeitungen, dass sie rundweg als ekelhaft zu bezeichnen sei, er prangerte sie als Dreck an, und warnte vor ästhetischen Schädigungen (vgl. hierzu Borscheid 1995: 42). Ebenso aber werden auch Überlegungen angestellt, wer in besonderer Weise der Faszination der Werbung erliegen könnte. Bezüglich der Attraktivität von Auslagekästen im damaligen Wien stellte Adalbert Stifter bereits um die Mitte des 19. Jahrhunderts folgende Überlegung an: „So natürlich, so unschuldig die Auslagen sind: So sehr glaube ich, reizen und verführen sie gerade die untern Klassen vorzüglich des weiblichen Geschlechts zur Begierde nach Luxus und Hoffart, und natürlich auch zu den Wegen dahin." (zit. nach Borscheid 1995: 31). Diese Willensschwäche, die Stifter hier konstatiert, wird symptomatisch für die zugeschriebene Rolle der Konsumentin im Zuge der Entstehung der modernen Konsumgesellschaft. Schössler sieht die konsumierende Frau den öffentlichen Raum betreten und beschreibt diesen Prozess flankierende Vorwür-

fe, wie Kleptomanie und Kaufrausch (vgl. Schössler 2005: 245f.). Die Pathologisierung des weiblichen Konsums erscheint vor diesem Hintergrund als ein weiterer Abwehrkampf gegen unausweichliche Veränderungen, die mit der Moderne einhergehen (vgl. hierzu auch Lenz 2006). Parallel dazu erweisen sich die entstehenden Mittelschichten als ein weiterer Fixpunkt der Kritik. Obwohl Geiger in seiner Auseinandersetzung mit dem Begriff der Reklame zunächst noch davon ausgeht, dass es sich dabei um eine „mit geschäftlichem Eigeninteresse vor Augen ausgeübte suggestive Beeinflussung von Personen in Massen [handelt], um sie als Käufer für Waren oder Dienstleistungen auf dem öffentlichen Markt zu gewinnen." (Geiger 1987, zuerst 1932: 471), sieht er besondere Wirkungschancen in neu entstehenden und aufstrebenden Klassen, zu denen die Mittelschichten zählen. „Es ist kaum ein Zufall, daß die europäische Laufbahn der Reklame in dem klassischen Mittelschichtland Frankreich begann. Die Stellung der Mittelschicht in der modernen Gesellschaft hat lange Zeit hindurch etwas Provisorisches, ja Negatives gehabt. Der Wohlhabende genoß seine wirtschaftliche Macht, der Arbeiter seine politische Macht als organisierte Masse, der Akademiker hatte seine feste, standesbestimmte Stellung. Die besitzende Mittelschicht dagegen fühlte sich in ökonomischer Hinsicht bedrängt und ausgeschaltet, und die neugebildete Mittelschicht, die aus Gehaltsempfängern bestand, suchte aus ideologischen Gründen Distanzierung zur Arbeiterklasse, deren wirtschaftliches Schicksal sie im wesentlichen teilte. Das Entscheidende daran ist, daß es sich nicht, wie bei der Arbeiterbewegung, um einen kollektiven Auftrieb handelt, der höheres Ansehen für die ganze Klasse als solche erstrebt, sondern um einen Drang, sich als einzelner unter Verleugnung seines sozialen Standes Geltung zu verschaffen." (Geiger 1987, zuerst 1932: 488) Während Packard in Anlehnung an einen Werbeleiter Unzufriedenheit als einen wichtigen Motor des Fortschritts definiert, wird hier das Aufstiegsverlangen als ein bedeutender Motor für Werbeerfolge identifiziert. In unmissverständlicher Form hat einer der bedeutenden Pioniere der Werbepraxis, David Ogilvy, die Frage, ob man Werbung abschaffen solle, auch in diesem Sinne beantwortet: „Die allgemeine Zunahme des Lebensstandards in allen Bevölkerungsschichten innerhalb der letzten fünfzig Jahre wäre ohne Werbung unmöglich gewesen; hat diese doch dazu beigetragen, das Wissen um einen höheren Lebensstandard zu verbreiten. Sir Winston Churchill stimmt mit Mr. Roosevelt überein: Die Werbung ist der Nährboden für den Konsum der Menschheit. Sie zeigt dem Menschen eine bessere Wohnung als sein Ziel, bessere Bekleidung, bessere Ernährung für sich und seine Familie. Das spornt jeden einzelnen zu größeren Leistungen an." (Ogilvy 1991, zuerst 1963: 204)

Die von Theodor Geiger formulierte Position und die positive Einschätzung von David Ogilvy repräsentieren gegensätzliche Positionen im Streit um die Frage, welche Funktion Werbung für die Konsumenten übernimmt. Das Spektrum möglicher Werbewirkungen ist durch diese beiden Positionen noch keineswegs erschöpft. Eine einigermaßen realistische Einschätzung der Funktion von Werbung muss den jeweiligen Kontext, indem eine Funktion erbracht werden soll, berücksichtigen. Generalisierende Aussagen fallen schwer, weil die Werbung selbst gerne eine Situation erzeugt, die durch den Begriff der Kontingenz gut beschrieben werden kann. Dieses Erzeugen von Unentschiedenheit korrespondiert mit dem Bezweifeln der Effizienz. Das Bonmot „I know half the money I spend on advertising is wasted, but I can never find out which half." wird unter anderem dem Warenhausbesitzer Wanamaker zugeschrieben (vgl., auch zu möglichen weiteren Urhebern, Disch 2000). Die Kontroverse um starke oder schwache Werbewirkungen leidet aber vor allem unter einer

nicht vorhandenen Festlegung von Schwellenwerten. Niemand wird, auch unter Zugrundelegung eines naiven Stimulus-Response-Modells, annehmen, dass das Vorliegen eines starken Effekts die gleichgerichteten Aktivitäten aller Mitglieder einer Gesellschaft oder Zielgruppe zur Folge haben muss. Selbst, wenn nur weniger als 10 Prozent der Bevölkerung einer bestimmten Werbekampagne „folgen", wird ein solcher Effekt von der öffentlichen Meinung wahrscheinlich bereits als stark eingestuft. Raymond Bauer hat in seinem berühmten Aufsatz „The Obstinate Audience" an verschiedenen Beispielen gezeigt, dass selbst ein geringer prozentualer Anteil an Personen, die ihr Verhalten tatsächlich ändern, schon als Werbeerfolg interpretiert werden kann. Ein bekanntes Beispiel betrifft die Zigarettenindustrie: „Yet, consistently successful commercial promotions convert only a very small percentage of people to action. No one cigarette now commands more than 14% of the cigarette market, but an increase of 1% is worth $60,000,000 in sales. This means influencing possibly .5% of all adults, and 1% of cigarette smokers. This also means that a successful commercial campaign can alienate many more than it wins, and still be highly profitable." (Bauer 1964: 322)

Hinzu kommt, dass solche Effekte das Resultat von unterschiedlich komplexen Wirkungsketten sein können. Werbung gehört ohne Zweifel nicht in den Bereich der verständigungsorientierten Kommunikation, zumindest ist das nicht ihr primäres Ziel. Werbung möchte informieren, sie wählt dazu unterschiedliche Strategien und hofft, dass mehr als Kaufabsichten das Resultat sind. Zumindest zeigt die Geschichte der Werbewirkungsforschung, dass angesichts einer Zunahme des Kommunikationswettbewerbs um Produkte und Dienstleistungen unmittelbare Nachweise von Werbeerfolgen sehr schwierig geworden sind.

Werbung versucht also zumindest Zusatznutzen zu generieren. Inwiefern dieser Zusatznutzen ausschließlich über die Kommunikation oder unter maßgeblicher Beteiligung des Konsumenten zustande kommt, spannt den Bogen vom Vorwurf der Manipulation bis hin zur Idee der Konsumentensouveränität.

2.3 Die Demokratisierung des Konsums

Der Siegeszug des Konsums, den Riesman zu Beginn der 50er Jahre des vergangenen Jahrhunderts für die Vereinigten Staaten beschrieben hat, ist für viele Kritiker dieser aufkommenden Konsumgesellschaft ein Sieg der „falschen" bzw. nicht dringlichen Bedürfnisse gewesen. Besonders die Kritische Theorie sah in dieser Entwicklung der modernen Gesellschaft nicht den Weg zu einem humaneren Leben. Ein Kennzeichen dieser Kritischen Theorie ist eine permanente Infragestellung des historisch Gegebenen. Es sei das Recht eines jeden Beobachters, über die Gegebenheiten seiner Lebenswelt hinaus zu denken und sie nicht bloß zu reproduzieren. Die Kritik an der allmählich entstehenden Konsumgesellschaft rührte daher zuvörderst aus der Beobachtung, dass sich die industrielle Arbeitsweise in allen Lebensbereichen fortsetze. Der Mensch werde zunehmend durch seine Lebensverhältnisse vereinnahmt und sowohl dem Diktat der industriellen Produktion als auch einem Diktat der Vergnügungsindustrie unterworfen, die hier als Komplize erscheint. Zu einer zentralen Kategorie wird der Entfremdungs-Begriff. Die Menschen entfremden sich nicht nur von sich selbst, sondern sie durchlaufen eine Vielzahl von Trennungsprozessen: die Teilung des Eigentums an Produktionsmitteln und der Arbeit, die wachsende Entfremdung vom erzeugten Produkt infolge

zunehmender Arbeitsteilung und schließlich die Unterordnung der eigenen Interessen unter die Notwendigkeiten einer auf Produktion und Konsumtion ausgerichteten Industriegesellschaft. In dem Versuch, diese Gesellschaft möglichst exakt zu vermessen, sahen Horkheimer und Adorno ein signifikantes Indiz für diese Entwicklung: „Die Konsumenten werden als statistisches Material auf der Landkarte der Forschungsstellen, die von denen der Propaganda nicht mehr zu unterscheiden sind, in Einkommensgruppen, in rote, grüne und blaue Felder aufgeteilt." (Horkheimer/Adorno 1969: 111) Wenn sich der moderne Mensch also im Einklang mit Reklame verhält und entspannt, werden diese Bedürfnisse nicht als vitale und notwendige identifiziert (vgl. hierzu Marcuse 1967: 25). Dieses Einlassen auf nicht-selbstbestimmte Lebensentwürfe wird zu einer neuen Form sozialer Kontrolle. Diese Form der Gesellschaftskritik musste erkennen, dass das Kritisierte in zunehmendem Maße Zuspruch erfuhr. Die Enttäuschung über eine Gesellschaft, die diesen kritischen Stimmen nicht folgt, ist wohl besonders deutlich in folgender Auffassung zusammengefasst worden: „Fernsehen, Kühlschrank und Auto hätten die revolutionären Ideologen und Agitatoren brotlos gemacht (...) alles (...) sehnt sich nach den Fleischtöpfen der Konsumgesellschaft." (Schiwy 1969: 25) Aber es sind nicht nur die Fleischtöpfe der Konsumgesellschaft, sondern die sich an der permanenten Veränderung von Lebensstandards orientierenden Maßstäbe der Menschen. Je attraktiver diese Lebensumstände werden, desto schwieriger wird die Organisation eines kollektiven Protests. Der britische Sozialhistoriker Thompson erklärt den in England langwierigen und konfliktbeladenen Übergang zur vollentwickelten Industriegesellschaft mit dem vielzitierten Hinweis, „daß England die industrielle Revolution zuerst durchmachte und dabei auf Cadillacs, Stahlwerke und Fernsehapparate verzichten mußte, die das Ziel dieses Prozesses hätten demonstrieren können." (1973: 92)

Um so deutlicher wird, dass neben so genannten Grundbedürfnissen auch eine weitere, wesentlich wichtigere Bedürfnisorientierung Berücksichtigung finden muss: Ansprüche. Diese Unterscheidung hat Hondrich vorgeschlagen und damit auf unverzichtbare und ersetzbare Bedürfnisse hingewiesen (vgl. Hondrich 1983: 62f.) Auch Keynes hat in seinen „Essays in Persuasion" vorgeschlagen, absolute und relative Bedürfnisse zu unterscheiden. Die absoluten Bedürfnisse seien jene, die wir ohne Rücksicht auf die Lage unserer Mitmenschen empfinden; relativ dagegen seien jene Formen von Befriedigungen, die uns ein Gefühl der Überlegenheit vermitteln. Von der ersten Kategorie glaubte Keynes, dass sie gesättigt werden kann, die zweite Kategorie von Wünschen erschien ihm als eine unersättliche (vgl. Keynes 1972, zuerst 1931: 326). Unterscheidungen dieser Art findet man in ähnlicher Form in zahlreichen Bedürfnistheorien. Auch die Maslowsche Bedürfnispyramide lässt sich in zeitlicher Perspektive als ein Kontinuum wechselnder Bedürfnisrelevanzen interpretieren: Mal haben Defizitbedürfnisse den Vorrang, mal Selbstverwirklichungs- oder Wachstumsbedürfnisse. Der Hinweis auf die zeitliche Dimension verdeutlicht des Weiteren, dass unsere Vorstellungen von Knappheit kein universelles oder gar anthropologisches Phänomen widerspiegeln. Knappheit resultiert aus den jeweils verfügbaren Ressourcen und stellt daher eine Systemeigenschaft dar: „Die Bedingungen der Produktivitätssteigerungen gehen offenbar Hand in Hand mit sozial erzeugten Erhöhungen von Ansprüchen, so dass die aufklärerische Hoffnung von der Vermehrbarkeit des Glücks durch die Verbesserung der Güterversorgung sich als illusionär erweist." (Hahn 1987: 121) Die Vorstellung von dringlichen und nicht-dringlichen Bedürfnissen kann daher nicht ohne Berücksichtigung des vorhandenen Alternativenreich-

tums interpretiert werden. Im Gegenteil: Knappheit entsteht stets neu und entwickelt sich parallel zu dieser Erfahrung. Damit bleibt Knappheit letztlich also ein Phänomen, das aus Kostenbewusstsein in unterschiedlichen sozialen Kontexten entsteht. Aber letztlich bleibt evident, was McKendrick für den Anfang der Konsumgesellschaft festgestellt hat: „(…) the consumer revolution was the necessary analogue to the industrial revolution, the necessary convulsion on the demand side of the equation to match the convulsion on the supply side." (McKendrick 1982: 9)

Die häufige Betonung der dringlichen Bedürfnisse erklärt sich auch aus der Tatsache, dass trotz der unzweifelhaft bestehenden Korrelation zwischen historisch gegebenen Bedürfnissen und Ansprüchen mit dem Beginn des 20. Jahrhunderts die „Welt der Knappheit" (Nipperdey 1990: 171) sich gleichsam nicht von heute auf morgen in eine „Gesellschaft im Überfluss" (Galbraith 1959) verwandelte. Max Weber hatte in seinen Analysen über die Anfänge des Kapitalismus auf die Bedeutung von bestimmten Tugenden hingewiesen, die ökonomischen Entwicklungen zuträglich waren. Seine Studien zur protestantischen Ethik sollten zeigen, dass asketische Tugenden, wie Sparsamkeit, Fleiß und eine rationale Berufsauffassung, d.h. die religiöse, aber auch außerreligiöse Sittlichkeit, eine Parallele zur methodischen Lebensführung des modernen Kapitalismus darstellten. Webers innerweltliche Askese wird in einer säkularisierten Variante in Riesmans innengeleitetem Charakter fortgeführt. Riesman charakterisiert diesen wie folgt: „Der innengeleitete Mensch kommt innerlich und äußerlich nie zur Ruhe. Auf der einen Seite fesselt ihn die Produktion mit ständig neuen Aufgaben, auf der anderen Seite verbringt er sein Leben mit der dauernden inneren Erschaffung und Erarbeitung seines Charakters." (Riesman u.a. 1958: 137)

Man könnte mit gutem Recht auch die Auffassung vertreten, dass die Phase der Innenlenkung eine Phase der Entbehrungen und des Aufbaus der modernen Welt beschreibt, während der außengeleitete Verhaltenstypus die Früchte erntet und infolge der prosperierenden Massenproduktion sich mehr und mehr dem Verbrauch zuwendet. Und diese Außenlenkung bedeutet wiederum: eine hohe Relevanz der Zeitgenossen, der Massenmedien, eine hohe Empfangs- und Folgebereitschaft für die Handlungen und Wünsche anderer, eine Verbrauchsorientierung, die sich mit der Tendenz, selten lange Gefallen an einem bestimmten Produkt zu finden, kombiniert. Diese markante Differenz erklärt auch zu einem guten Teil eine Neubestimmung des Verhältnisses von Arbeit und Freizeit, von Askese und Vergnügen.

So bewahrheitet sich insbesondere in der Umbruchphase des 19. Jahrhunderts eine Beobachtung von Veblen, wonach „unser Aufwandsniveau genau wie auch andere Wettbewerbsziele von jener Klasse bestimmt [werden], die im Hinblick auf das Prestige eine Stufe höher steht als wir selbst." (Veblen 1958, zuerst 1899: 85) Zugleich bestätigt auch Veblen die bereits getroffene Beobachtung, dass die Mittelschichten in diesem Prozess eine tragende Rolle zu spielen beginnen: „ (...) wenn wir die gesellschaftliche Stufenleiter hinabsteigen, erreichen wir einen Punkt, an dem die Pflichten der stellvertretenden Muße und des stellvertretenden Konsums allein auf der Frau lasten. In den westlichen Ländern befindet sich dieser Punkt gegenwärtig in der unteren Mittelklasse." (Veblen 1958, zuerst 1899: 71) Die Verbreitung ehemals luxuriöser Produkte führt in diesem Zusammenhang zu Statusverlusten, da der Mangelzustand, der diese einmal zu Luxusgütern werden ließ, aufgehoben wird. Damit wurde zugleich ein bekannter Vorgang beschleunigt: reichere Bevölkerungsschichten sahen sich gezwungen, ihren Lebensstil zu ändern und erneut ihren einmaligen Status zu

demonstrieren (vgl. z.B. Braudel 1985: 191). Auch hier wird somit das relative Element evident. Die Auseinandersetzung um Notwendigkeit und Luxus verändert sich je nach ökonomischen Bedingungen und Lebensverhältnissen. Während in der vorindustriellen Zeit Luxus für die Oberklasse ein wichtiges Mittel der Selbstbehauptung darstellte, erweiterte sich dieser Prestigefaktor mit dem Aufkommen von Massenproduktion und Massenkonsum auch auf statusniedrigere Bevölkerungsgruppen. Das vermeintlich Überflüssige wurde für viele Verbraucher erreichbarer. Diese verhältnismäßige Nivellierung hat langfristig nicht zu einer Uniformierung der Gesellschaft geführt. Die Erwartung, dass sich schichttypische Verhaltensstrukturen im Bereich des Verbrauchs und der Unterhaltung soweit anpassten, dass auch der Konsumgesellschaft ihre prägnanten Strukturen verloren gingen, hat sich nicht bestätigt (vgl. hierzu insbesondere Jäckel 2006: 179ff.) Die von René König beschriebene „Demokratisierung gewisser Ernährungsgüter" (König 1965: 502), die dann auch im Sinn einer Demokratisierung des Luxus interpretiert wurde, spiegelt viel mehr einen Wandel in der Erreichbarkeit von Gütern des alltäglichen und außeralltäglichen Bedarfs wider. Nun, da die wachsenden Dispositionsspielräume des Verbrauchers Optionenvielfalt Wirklichkeit werden lassen, wird auch deutlich, was Konsumentensouveränität bedeuten kann. Katona hat seine Analysen über das Verbraucherverhalten auch vor dem Hintergrund dieser flexiblen Reaktionsmöglichkeiten der Konsumenten durchgeführt. Für ihn galt darüber hinaus auch zur damaligen Zeit: „Die ursprüngliche Aufgabe der Werbung und die, für die sie die besten Erfolge erzielt, ist die Verbreitung von Information." (Katona 1965: 82) Für Katona übernimmt diese Werbung nicht in erster Linie die Funktion, den Konsumenten über Dinge zu informieren, die er eigentlich gar nicht benötigt. Seine Kontroverse mit Galbraith verdeutlicht er an der Faszination des Automobils, dessen Entstehung wahrscheinlich nicht auf unmittelbare Bedürfnisäußerungen von Konsumenten zurückzuführen ist. Aber Innovationen leiten Lernprozesse ein: „Zwischen den frühen Tagen des Automobils und heute liegen Jahrzehnte sozialen Lernens. Dieser Lernprozess war natürlich nicht spontan (...) aber sind nicht in diesem Sinne unsere Bedürfnisse in der Regel erfunden?" (Katona 1965: 82)

Werbung kann Impulse geben, sie ist aber auf Grund ihrer Omnipräsenz eher eine permanent wahrgenommene Begleitmusik, die in der Konsumgesellschaft einfach dazu gehört. Sie leistet damit einen signifikanten Beitrag zu der Wahrnehmung des modernen Lebens, dem in einem zu kurzen Zeitraum zu viele Angebote gemacht werden.

2.4 Das Verhältnis von Arbeit, Freizeit und Konsum

Von Knappheit ist bereits die Rede gewesen. Zu den erstaunlichen Beobachtungen der Gegenwart gehört, dass trotz der Zeitgewinne durch technologische Innovationen (z.B. Hausgeräte, Automobile) Knappheit nicht beseitigt wird. Die Fortschritte in der Industrie und der Aufschwung der Naturwissenschaft im 19. Jahrhundert geben der ökonomischen Entwicklung wichtige Impulse, die auch zu einer Rationalisierung des Alltags führen. Allmählich werden die (Fabrik-)Uhr und die Dampfmaschine zu Symbolen eines neuen Zeitalters. Insbesondere die Prädestinationslehre schuf die ideenmäßige Begründung für eine Lebensphilosophie, die „Arbeit und systematisch-rationale Lebensführung (...) zum Zeichen der Bewährung" (Krüger 1971: 482) erklärt. Arbeiten ohne Zeitverlust wird nun zur Notwendigkeit. Ebenso

findet eine stärkere Durchstrukturierung und Organisation der Arbeit statt: „Der Arbeitsprozeß wird von Pausen und Elementen der Freizeit und Kommunikation getrennt, die früher die Arbeit begleitet und unterbrochen haben." (Garhammer 1999: 74). Zugleich entspricht der Wohnort immer seltener dem Arbeitsort. Diese Zunahme der Exklusion von Arbeit aus dem Wohnbereich und unmittelbaren Wohnumfeld ist eine wesentliche Konsequenz der industriellen Revolution gewesen, die gleichwohl auch für vorindustrielle Produktionsformen nicht untypisch war. Durkheim hat diesen Gedanken an der Einheit von Familie und Dorf erläutert: „Solange das Gewerbe rein landwirtschaftlich ist, hat es in der Familie und im Dorf, das selbst nur eine Art großer Familie war, sein unmittelbares Organ; es benötigt kein anderes. Weil der Tausch nicht oder nur wenig entwickelt ist, erstreckt sich das Bauernleben nicht über den Familienkreis hinaus. Da die ökonomische Tätigkeit sich nicht außerhalb des Hauses auswirkt, genügt die Familie, um sie zu regeln, und dient auf diese Weise selber als Berufsgruppe." (Durkheim 1992, zuerst 1893: 59) Die Entstehung des Handwerks und der Aufschwung der Städte bewirken in dieser Hinsicht arbeitsteilig organisierte Formen des Wirtschaftens. Noch deutlicher hebt Weber die Wesensmerkmale des okzidentalen Kapitalismus hervor: „Die moderne rationale Organisation des kapitalistischen Betriebes wäre nicht möglich gewesen ohne zwei weitere wichtige Entwicklungselemente: Die Trennung von Haushalt und Betrieb, welche das heutige Wirtschaftsleben schlechthin beherrscht und, damit eng zusammenhängend, die rationale Buchführung." (Weber 1986, zuerst 1920: 8) Weber betont zugleich, dass er ‚Betrieb‘ nicht im Sinne einer ‚Unternehmung‘ verstanden wissen will, sondern damit „eine technische, die Art der kontinuierlichen Verbindung bestimmter Arbeitsleistungen untereinander und mit sachlichen Beschaffungsmitteln" (Weber 1980, zuerst 1921: 67) ausgestattete Form des wirtschaftlich orientierten Handelns meint, die sich unter anderem von „technisch diskontinuierliche[m] Handeln, wie es in jedem rein empirischen Haushalt fortwährend vorkommt" (Weber 1980, zuerst 1921: 63) unterscheidet. Ebenso konnte aber erst über diese strikte Trennung auch eine Phase der Nicht-Arbeit entstehen, die sich zunächst ausschließlich über diese Differenz zu definieren schien. Der heutige Freizeitbegriff ist somit in wesentlichen Teilen industriegesellschaftlichen Ursprungs: „Die ‚Moral‘ der Arbeitsgesellschaft sieht vor, daß nur wer in einem fest umgrenzten Rahmen seine Arbeit leistet, sich dadurch einen Anspruch auf Freizeit überhaupt erst verdient." (Vester 1988: 9) Das von Opaschowski zitierte Beispiel der italienischen Bergbauern (vgl. Opaschowski 1997: 40) verdeutlicht, welche Differenzierung durch dieses Wertprinzip an Bedeutung verliert: „(...) daß die Bauern ihre Arbeit nicht von ihrer Freizeit unterscheiden konnten. (...) Die Bauern arbeiteten 16 Stunden am Tag oder sie arbeiteten überhaupt nicht. Sie melkten Kühe, mähten Wiesen, erzählten ihren Enkeln Geschichten, spielten Akkordeon für Freunde. Und auf die Frage, was sie denn gern tun würden, wenn sie genügend Zeit und Geld hätten, kam die Antwort: Kühe melken, Wiesen mähen, Geschichten erzählen, Akkordeon spielen (...) Für ihr ganzes Leben galt und gilt eigentlich nur ein Grundsatz: ‚Ich tue, was ich will‘. Das ganze Leben bot und bietet ständig und gleichermaßen Herausforderungen dafür." (Opaschowski 1997: 40) Auch hier bleibt Differenzierung notwendig. Das Zeitethos der Moderne erfasst nicht alle Menschen gleichermaßen. Ebenso bleibt trotz Arbeitsdisziplin und Strebsamkeit viel leere Zeit und ein damit einhergehender Kampf gegen die Monotonie (vgl. Bellebaum 1990: 105ff). Sinnerfüllte Arbeit blieb ein Privileg, Entfremdung ein Identitätsproblem der Industriegesellschaft. Die aufkommende Industiegesellschaft ist von

Arbeit dominiert, Freizeit wird eingeklagt, erkämpft und allmählich auch organisierter Teil des gesellschaftlichen Lebens.

Neben der Notwendigkeit der Arbeit stand die Notwendigkeit der Nahrung. Für eine stärkere Entfaltung des Konsums bedurfte es entsprechender Freiräume, die aufgrund der Arbeitszeitregelungen kaum vorhanden waren. 1871 betrug die Arbeitszeit 72 Stunden pro Woche. Im Jahr 1900 hatte sie ein Niveau von 61 Wochenstunden erreicht und betrug 1913 noch immer 55,5 Wochenstunden, wobei die Monotonie des Tagesablaufs ein weiteres Problem für die Arbeiterschaft darstellte (vgl. Schildt 1996: 10). Für den Begriff der ‚Muße‘ gab es hier kein Pendant im Alltag. Das, was man Freizeit nannte, hatte allenfalls den Status einer Restgröße und es war die Arbeit, die das Leben dominierte. Dies galt auch für die neue Angestelltenschaft, das Beamtentum, den Handel, das Handwerk, das Bildungswesen, kurzum: „Die Frage, ob Arbeit Selbstzweck sei oder Mittel zu einem anderen, insoweit arbeitsentlasteten Leben, stellte sich gar nicht, weil die Arbeit, mühevoll oder/und befriedigend, wie immer, den Großteil der Zeit, der Kräfte, des Engagements wie selbstverständlich in Anspruch nahm. Freie Zeit war auf Arbeit bezogen, nicht Arbeit auf freie Zeit" (Nipperdey 1990: 171). Muße hingegen charakterisiert Verhaltensweisen einer Gesellschaftsschicht, der diese Knappheiten fremd waren. Darüber hinaus war das im Zuge der industriellen Entwicklung entstandene Arbeitsethos ein Faktor, der langfristig die Einstellungen gegenüber Freizeit und Konsum prägte. Was Riesman am Idealtypus des innengeleiteten Menschen illustriert hat, kann als Beschreibung einer von Arbeit dominierten Gesellschaft gelesen werden: Vergnügungen jeglicher Art galten als Nebenschauplatz und konnten nur dann als Genuss empfunden werden, wenn sie als Belohnung für vorangegangene Anstrengungen angesehen wurden. In diesen Vorstellungen, die auch noch einem in der Gegenwart nicht unwirksamen Arbeitsethos nahestehen, würde Scitovsky auch heute eine Ursache für die Unfähigkeit des Genießens sehen. Das folgende Zitat mag als Überzeichnung empfunden werden, verdeutlicht aber das Fortwirken eines Verständnisses von Notwendigem und Überflüssigem: „Unsere Abneigung gegenüber formeller Kleidung im Konzert oder im Theater ähnelt ziemlich stark unserer Abneigung, unsere Nahrung mit Soßen zu verschönern. Beides erscheint uns ‚unrein‘ und unaufrichtig. Fleisch muß nach Fleisch und nicht nur ‚gut‘ schmecken, Musik muß um ihrer selbst willen genossen werden und nicht nur wegen des Rahmens und wir wollen um unserer selbst willen gemocht werden und nicht wegen des guten Eindrucks, den wir mit Hilfe unserer Kleidung machen" (Scitovsky 1989: 178). Wiswede weist statt dessen darauf hin, dass die heutige Generation auch eine Genussmoralität verinnerlicht hat (vgl. Wiswede 1991a: 27). Damit einhergehen könnte ein Rückgang der Fähigkeit Belohnungen aufzuschieben (vgl. ebenda 1991b: 434).

Insgesamt bleibt die Entwicklung der Freizeit auch nach der Jahrhundertwende weit hinter jenen Freiräumen zurück, die sich insbesondere in der zweiten Hälfte des 20. Jahrhunderts zu Handlungsfeldern entwickelten, die einen Teil der modernen Konsumgesellschaft repräsentieren. Während sich nach dem tiefen Einschnitt des Ersten Weltkrieges erste Anzeichen eines veränderten Verhältnisses von Arbeit und Freizeit abzeichnen und dies sich insbesondere in größeren Städten manifestierte (vgl. Maase 1997: 116), bremste der Zweite Weltkrieg erneut eine Verschiebung dieser Relation. Was für das Verhältnis von Arbeit und Freizeit gilt, ist auch für den Bereich des Konsums zutreffend. Die Kriege hinterließen deutliche Zäsuren, auch wenn relativ rasch wieder an die jeweilige Vorkriegsentwicklung angeknüpft werden

konnte. So sank etwa der Fleischkonsum vorübergehend unter das Niveau des Jahres 1800 (vgl. Teuteberg/Wiegelmann 1972: 131).

Während die Welt um 1900 noch von Knappheit dominiert ist, kehren sich die Verhältnisse in der Arbeitsgesellschaft im Zuge eines allmählich für große Teile der Bevölkerung wahrnehmbaren Wohlstands zu einer Situation um, in der zwar nach wie vor viel gearbeitet wird, aber ebenso ein deutlicher Zuwachs der Freizeit zu registrieren ist. Mitte der 1950er Jahre wurde in Deutschland mit einem Wert von ca. 50 Wochenstunden Arbeitszeit ein Höchststand erreicht, die 5-Tage-Woche wurde erst in den 1970er Jahren für ca. 90 % der abhängig Beschäftigten Realität (vgl. Müller-Schneider 1998: 224), erst 1990 überholte die Freizeit – durchschnittlich betrachtet – die Arbeitszeit (vgl. Opaschowski 1994: 29f.). Die Entwicklung führte somit zu einer Bestätigung der These von Bertrand de Jouvenel, wonach Freizeit zu einer „Sache der großen Masse" (1971: 72) geworden ist. Hohe Wertschätzung erfährt insbesondere die Zunahme von Freizeitblöcken. Dennoch entstehen parallel zu dieser Entwicklung auch neue Begehrlichkeiten, die unterschiedliche Ursprünge haben, z.B.: Zeitknappheit bei hoher Qualifikation, Schaffung neuer Zeitmodelle für Muster neuer Lebensführung.

Gleichzeitig wird Freizeit zur Konsumzeit. Die Ausbreitung des Konsums seit den 1950er Jahren erfolgte in drei größeren Konsumwellen: Ernährung – Kleidung – Hausrat (Möbel und Haushaltsgeräte) (vgl. näher Andersen 1997: 26f.). Auch der demonstrative Konsum, wie er bereits von Veblen beschrieben wurde, fand rasch neue Bereiche, in denen er sich Geltung verschaffen konnte. Beispielsweise war es möglich, für relativ wenig Geld Apfelsinen zu kaufen und dennoch seine Mitmenschen zu beeindrucken. Denn Südfrüchte symbolisierten einen Lebensstandard, den sich die Durchschnittsfamilie noch nicht leisten konnte. Der Wandel der Apfelsine vom Luxus- zum Normalprodukt spiegelt Veränderungen des Lebensstandards wider, die sich auch an dem Stellenwert anderer Produkte, z.B. Lachs in den 80er Jahren, verdeutlichen lassen (vgl. ebenda: 43). Viele Konsumgüter „(...) durchlaufen verhältnismäßig rasch die Phase der Exklusivität und werden allgemein zugänglich; selbst das Vorhandensein verschiedener Preisklassen pflegt keine dauerhafte Barriere gegen die Aneignung dessen zu sein, was jeweils als Symbol eines gehobenen Status und Lebensstils angesehen wird" (Scherhorn 1977: 204). Diese Veränderungen gaben Anlass zu Demokratisierungsdiagnosen (vgl. Kutsch/Wiswede 1986: 213).

Dass ehemals unerreichbare Güter zur Alltäglichkeit wurden, kann unter anderem darauf zurückgeführt werden, dass die Produktivitätssteigerung in der Herstellung und Verteilung der Produkte zu einer Erhöhung des Einkommens der Menschen führte. Diese zur freien Disposition stehende Nachfragekapazität war die Voraussetzung für eine Zunahme aufwändigeren Verbrauchs. Das Bedürfnis nach sozialer Anerkennung verstärkte diese Form des Konsums zusätzlich (vgl. Rinsche 1961: 136). Ein Beispiel hierfür bietet der Automobilmarkt. Sah Henry Ford – ebenso wie Veblen als Kritiker des Überflüssigen – in seinen Autos ein Mittel der Fortbewegung, änderte sich der Besitz eines Autos bis in die heutige Zeit zunehmend zu einem Instrument, mit dem Prestige symbolisiert werden kann (vgl. ebenda: 151). Dabei verlagerte sich Prestige „(...) von materiellen Qualitäten der Güter (PS-Zahl der Autos) auf symbolisch-kulturelle Qualitäten (Design des Autos, Snob-Effekt der Seltenheit etc.)" (Koslowski 1988: 106). Eine Zunahme des Markenbewusstseins ist Teil dieser Veränderung.

Trotz dieser Nivellierungen bleiben ungleiche Lebenschancen bestehen. Am Ende des 20. Jahrhunderts liegt zwar nicht mehr die Welt der Knappheit vor, von der Nipperdey (1990) für das Jahr 1900 sprach, aber die „Vorstellung von einer Welt, mit der man rechnen muß" (Müller 1993: 780). Dieser Realismus ist nicht nur das Ergebnis von Lebenserfahrungen, sondern auch Ausdruck einer Vorwegnahme möglicher Entbehrungen. Es gibt daneben nach wie vor Gruppen, in denen Luxus den Status der Normalität besitzt, zugleich konkurrieren „old money consumers" mit den „nouveaux riches" (Solomon 1994: 422f.). Dieser Wandel der Sozialstruktur macht alte und neue Geltungsbereiche gehobenen Konsums deutlich. Die Feststellung von Scherhorn (1977: 202), dass „auch in Wohlstandsgesellschaften (...) Unterschiede in Erfolg und Rang in differenzierendem Konsumverhalten ihren symbolischen Ausdruck" finden, hat dennoch von ihrer Gültigkeit wenig eingebüßt. Man mag diese Feststellung mit dem Hinweis „selbstverständlich" kommentieren, aber gleichzeitig liegt dieser Beurteilung die Selbstverständlichkeit vieler Konsummöglichkeiten zugrunde. Diese Verschiebung von Standards ist das Grundphänomen, das den Konsum immer aufs Neue zu einem Ausdruck von Lebensstil macht. Dadurch wird zugleich ein Zyklus in Gang gesetzt, der in immer neuen Spielarten für ein Bedürfnis nach Abwechslung sorgt.

2.5 Konsum und Zufriedenheit

Das Glück der Menschen, so Hirschman, sei immer enttäuschungsbedroht, weil die Erfüllung eines Wunsches gelegentlich auch zur Qual werden kann. Dies gelte in besonderer Weise für langlebige Konsumgüter. Sobald man ein Produkt gekauft habe und es sich eine gewisse Zeit im Besitz des Konsumenten befinde, gehe das Vergnügen an diesem neuen Gut verloren und es werde zunächst durch ein Wohlbefinden ersetzt. Insgesamt aber werden langlebige Güter mit der Zeit einfach langweilig. Besonders eindringlich verdeutlicht Hirschman diesen Zeitfaktor des Konsums mit einer sehr interessanten Aussage von George Bernhard Shaw: „Es gibt im Leben zwei tragische Erfahrungen: Die eine ist, daß man nicht bekommt, was man sich sehnlichst wünscht, die andere ist, daß man es bekommt." (Hirschman 1984: 67f.) Hirschmans Beobachtungen werden nicht durch empirische Daten untermauert. Dennoch wird man angesichts der Beschleunigung der Innovationszyklen heute alleine deshalb gelegentlich enttäuscht, weil man sich irgendwann entscheiden muss. In solchen Situationen fällt es auch dem modernen Konsumenten leicht, Gegnern des Materialismus zuzustimmen, beispielsweise dem amerikanischen Schriftsteller Henry David Thoreau (1817-1862). Der folgende Satz jedenfalls würde sich gut in die modernen Minimalismus-Strategien einreihen lassen: „Ein Mensch ist reich in Proportion zu den Dingen, die sein zu lassen er sich leisten kann." (zit. nach Liffers 1995: 3)

Aber dieses Enttäuschungspotential ist nicht die einzige Quelle, die den Zyklus von Zufriedenheit und Unzufriedenheit in Gang halten kann. Paul Wachtel hat in seiner Analyse „The Poverty of Affluence" gezeigt, dass die amerikanische Mittelklasse von einem Anspruchsniveau zum nächsten getrieben wird. Im Jahr 1958 war es beispielsweise Luxus, als Familie im Besitz von zwei Autos zu sein. Im Jahr 1983 waren zwei Autos fast schon eine Notwendigkeit und wurden nicht mehr als eine Erhöhung des Lebensstandards wahrgenommen. Die provokante These von Wachtel lautete damals: „(...) the way the growth econo-

my has been constructed, it creates more needs than it satisfies and leaves us feeling more deprived than when we had „less".'" (Wachtel 1983: 16) Die Paradoxie, die sich aus dieser Beobachtung ableiten lässt, lautet daher: Je mehr wir haben, desto unzufriedener werden wir. In einer Fortschreibung dieser Entwicklung hat schließlich Barry Schwartz in seinem Buch „The Paradox of Choice" den Weg von einem Zeitalter der Entbehrung in ein Zeitalter des Überflusses als Übergang von einer notgedrungenen Übersichtlichkeit zu einer nicht-intendierten Verwirrtheit beschrieben: „When people have no choice, life is almost unbearable. As the number of available choices increases, as it has in our consumer culture, the autonomy, control, and liberation this variety brings are powerful and positive. But as the number of choices keeps growing, negative aspects of having a multitude of options begin to appear. As the number of choices grows further, the negatives escalate until we become overloaded." (Schwartz 2004: 2) Diese Überlast-Diagnose entspricht nach Luhmann den Konsequenzen einer funktionalen Ausdifferenzierung der modernen Gesellschaft. Die Reflexions- und Selektionslast moderner Individuen werde nicht mehr durch stabile Institutionen, die vorgeformte und sozial eingewöhnte Entscheidungen bereitstellen, gewährleistet, sondern sei nun dem einzelnen überlassen. Moralische Präformierungen solcher Entscheidungen schwinden, der Individualismus wird institutionalisiert. Aber offensichtlich wird dieser Individualismus in zunehmendem Maße als eine unstrukturierte Reflexionslast wahrgenommen im Sinne von „Jetzt mach etwas aus deinem Leben!" (vgl. hierzu Luhmann 1989: 149f.).

Dieses Grundprinzip ist ein nicht zu unterschätzender Motor des Konsums. Werbung ist dabei nur eine ‚Energiequelle'. Individualisierung heißt eben auch für die entwickelte Konsumgesellschaft: „Marktabhängigkeit in allen Dimensionen der Lebensführung." (Beck 1986: 212) Ebenso könnte man de Jouvenels „Sache der großen Masse" durch einen ‚Individualisierungsirrtum' ergänzen: „Erst mit der Massengesellschaft und mit dem in ihr entstandenen breiten Mittelstand hat paradoxerweise der Individualismus im großen Stil, aber auch in einer entindividualisierten Form, Einzug gehalten." (Hennen 1990: 102) Somit werden auch zu Beginn des 21. Jahrhunderts „Lebens-Bedürfnisse" noch auf Märkten verhandelt.

Literatur

Andersen, Arne (1997): Der Traum vom guten Leben. Alltags- und Konsumgeschichte vom Wirtschaftswunder bis heute. Frankfurt/M.; New York: Campus.

Bauer, Raymond A. (1964): The Obstinate Audience: The Influence Process from the Point of View of Social Communication. In: The American Psychologist 19. 319-328.

Becher, Ursula (1990): Geschichte des modernen Lebensstils. München: Beck.

Bellebaum, Alfred (1990): Langeweile, Überdruß und Lebenssinn. Eine geistesgeschichtliche und kultursoziologische Untersuchung. Opladen: Westdeutscher Verlag.

Borscheid, Peter (1995): Am Anfang war das Wort. Die Wirtschaftswerbung beginnt mit der Zeitungsannonce. In: Borscheid, Peter/Wischermann, Clemens (Hrsg.): Bilderwelt des Alltags. Werbung in der Konsumgesellschaft des 19. und 20. Jahrhunderts. Festschrift für Hans Jürgen Teuteberg. Stuttgart: Steiner. 20-43.

Braudel, Fernand (1985): Sozialgeschichte des 15. - 18. Jahrhunderts. Der Alltag. [Aus d. Franz.]. München: Kindler.

Braudel, Fernand (1986): Sozialgeschichte des 15. - 18. Jahrhunderts. Der Handel. [Aus d. Franz.]. München: Kindler.

Brewer, John (1997): Was können wir aus der Geschichte der frühen Neuzeit für die moderne Konsumgeschichte lernen? In: Siegrist, Hannes u.a. (Hrsg.): Europäische Konsumgeschichte. Zur Gesellschafts- und Kulturgeschichte des Konsums (18. bis 20. Jahrhundert). Frankfurt/M., New York: Campus. 51-74.

Bücher, Karl (1981a): Interdependenzen von Wirtschaftswerbung und Printmedien. [zuerst 1917]. In: ders.: Auswahl der publizistikwissenschaftlichen Schriften, eingeleitet und herausgegeben von Heinz-Dietrich Fischer und Horst Minte. Bochum: Studienverlag Brockmeyer. 185-207.

Bücher, Karl (1981b): Vorstellungen zur Limitierung der Zeitungs-Anzeigenabhängigkeit. [zuerst 1921]. In: ders.: Auswahl der publizistikwissenschaftlichen Schriften, eingeleitet und herausgegeben von Heinz-Dietrich Fischer und Horst Minte. Bochum: Studienverlag Brockmeyer. 208-226.

Buchli, Hanns (1962): 6000 Jahre Werbung. Geschichte der Wirtschaftswerbung und der Propaganda. Band I (Altertum und Mittelalter) und II (Die neuere Zeit). Berlin: de Gruyter.

Buchli, Hanns (1966): 6000 Jahre Werbung. Geschichte der Wirtschaftswerbung und der Propaganda. Band III (Das Zeitalter der Revolution). Berlin: de Gruyter.

Clausen, Lars (1964): Elemente einer Soziologie der Wirtschaftswerbung. Köln, Opladen: Westdeutscher Verlag.

Cronau, Rudolf (1887): Das Buch der Reklame. Geschichte, Wesen und Praxis der Reklame. Ulm: Wohler in Komm.

Dichtl, Erwin (1992): Grundidee, Varianten und Funktionen der Markierung von Waren und Dienstleistungen. In: Dichtl, Erwin/Eggers, Walter (Hrsg.): Marke und Markenartikel als Instrumente des Wettbewerbs. München: dtv. 2-23.

Diderot, Denis (1993): Gründe, meinem alten Hausrock nachzutrauern. Über die Frauen. Zwei Essays. [Aus d. Franz., zuerst 1772]. Berlin: Friedenauer Presse.

Disch, Wolfgang (2000): Von wem stammt das Bonmot? In: Marketing Journal, Nr. 6. 330-335.

Durkheim, Émile (1996): Über soziale Arbeitsteilung. Studie über die Organisation höherer Gesellschaften. [zuerst 1893, aus d. Franz.]. Frankfurt/M.: Suhrkamp.

Falk, Pasi (1997): The Benetton-Toscani Effect: Testing the Limits of Conventional Advertising. In: Nava, Mica et al. (Hrsg.): Buy this Book. Studies in Advertising and Consumption. London, New York: Routledge. 64-83.

Galbraith, John Kenneth (1959): Gesellschaft im Überfluß. [Aus d. Amerik.]. München, Zürich: Droemer.

Garhammer, Manfred (1999): Wie Europäer ihre Zeit nutzen. Zeitstrukturen und Zeitkulturen im Zeichen der Globalisierung. Berlin: Sigma.

Geiger, Theodor (1987): Kritik der Reklame – Wesen, Wirkungsprinzip, Publikum. [zuerst 1932]. In: Soziale Welt, Jg. 38, Heft 4. 471-492.

Göhre, Paul (1907): Das Warenhaus. Frankfurt/M.: Rütten & Loening.

Habermas, Jürgen (1998): Die postnationale Konstellation. Frankfurt/M.: Suhrkamp.

Haffner, Sebastian (1985): Im Schatten der Geschichte. Historisch-Politische Variationen aus 20 Jahren. 4. Auflage. Stuttgart: DVA.

Hahn, Alois (1987): Soziologische Aspekte der Knappheit. In: Heinemann, Klaus (Hrsg.): Soziologie wirtschaftlichen Handelns. Opladen (Kölner Zeitschrift für Soziologie und Sozialpsychologie, Sonderheft 28). 119-132.

Haupt, Heinz-Gerhard (2003): Konsum und Handel. Europa im 19. und 20. Jahrhundert. Göttingen: Vandenhoeck & Ruprecht.

Heine, Ernst W. (1987): Luthers Floh. Geschichten aus der Weltgeschichte. Zürich: Diogenes.

Hellmann, Kai Uwe (2003): Soziologie der Marke. Frankfurt/M.: Suhrkamp.

Hennen, Manfred (1990): Soziale Motivation und paradoxe Handlungsfolgen. Opladen: Westdeuutscher Verlag.

Henning, Friedrich-Wilhelm (1996): Deutsche Wirtschafts- und Sozialgeschichte im 19. Jahrhundert. Paderborn usw.: Schöningh.

Hirschman, Albert O. (1984): Engagement und Enttäuschung. Über das Schwanken der Bürger zwischen Privatwohl und Gemeinwohl. [Aus d. Amerik.]. Frankfurt/M.: Suhrkamp.

Hondrich, Karl Otto (1983): Bedürfnisse, Ansprüche und Werte im sozialen Wandel. Eine theoretische Perspektive. In: Hondrich, Karl Otto/Vollmer, Randolph (Hrsg.): Bedürfnisse. Stabilität und Wandel. Opladen: Westdeutscher Verlag. 15-74.

Horkheimer, Max/Adorno, Theodor W. (1969): Dialektik der Aufklärung. Philosophische Fragmente. [zuerst 1944]. Frankfurt/M.: Fischer.

Jäckel, Michael (2006): Einführung in die Konsumsoziologie. Fragestellungen – Kontroversen – Beispieltexte. 2., überarbeitete und erweiterte Auflage. Wiesbaden: VS Verlag.

Jäckel, Michael (Hrsg.) (2007): Ambivalenzen des Konsums und der werblichen Kommunikation. Wiesbaden: VS Verlag.

Jouvenel, Bertrand de (1971): Jenseits der Leistungsgesellschaft. Elemente sozialer Vorausschau und Planung. [Aus d. Franz.]. Freiburg: Rombach.

Katona, George (1965): Der Massenkonsum. Eine Psychologie der neuen Käuferschichten. [Aus d. Amerik.]. Wien, Düsseldorf: Econ.

Keynes, John Maynard (1972): Essays in Persuasion. [zuerst 1931]. In: The Collected Writings of John Maynard Keynes. Volume IX. London usw.: Macmillan u.a.

Knies, Karl (1996): Der Telegraph als Verkehrsmittel: Über den Nachrichtenverkehr überhaupt, hrsg. von Hans Wagner und Detlef Schröter und eingeleitet von Hans Wagner. [zuerst 1857]. München (ex libris kommunikation, Bd. 6): Fischer.

König, René (1965): Die soziale und kulturelle Bedeutung der Ernährung in der industriellen Gesellschaft. In: ders.: Soziologische Orientierungen. Köln: Kiepenheuer & Witsch. 494-505.

König, Wolfgang (2000): Geschichte der Konsumgesellschaft. Stuttgart (Vierteljahrschrift für Sozial- und Wirtschaftsgeschichte: Beihefte, 154): Steiner.

Koslowski, Peter (1988): Die postmoderne Kultur. Gesellschaftlich-kulturelle Konsequenzen der technischen Entwicklung. 2., durchgesehene Auflage. München: Beck.

Krüger, Hans-Jürgen (1971): Artikel „Arbeit". In: Ritter, Joachim (Hrsg.): Historisches Wörterbuch der Philosophie. Bd. 1. Basel, Stuttgart: Schwabe. 480-487.

Kutsch, Thomas/Wiswede, Günter (1986): Wirtschaftssoziologie. Grundlegung. Hauptgebiete. Zusammenschau. Unter Mitarbeit von Wilfried Eißler. Stuttgart: Enke.

Lenz, Thomas (2006): Konsumierende Frauen, produzierende Männer? Zum Zusammenhang von Konsumverhältnissen und Geschlechterzuschreibungen. In: Reuter, Julia/Wolf, Katja (Hrsg.): Geschlechterleben im Wandel. Zum Verhältnis von Arbeit, Familie und Privatsphäre. Tübingen: Stauffenberg. 85-97.

Levine, Robert (1998): Eine Landkarte der Zeit. Wie Kulturen mit Zeit umgehen. [Aus d. Engl.]. München usw.: Piper.

Liffers, Rolf (1995): Probier's mal mit Gemütlichkeit. In: Mainzer Allgemeine Zeitung, Journal, 2. September. 3.

Luhmann, Niklas (1989): Individuum, Individualität, Individualismus. In: ders.: Gesellschaftsstruktur und Semantik. Studien zur Wissenssoziologie der modernen Gesellschaft. Band 3. Frankfurt/M.: Suhrkamp. 149-258.

Luhmann, Niklas (1996): Die Realität der Massenmedien. 2., erweiterte Auflage, Opladen: Westdeutscher Verlag.

Maase, Kaspar (1997): Grenzenloses Vergnügen. Der Aufstieg der Massenkultur 1850-1970. Frankfurt/M.: Fischer.

Malthus, Thomas Robert (1925): Eine Abhandlung über das Bevölkerungsgesetz. Zweiter Band. [Aus dem Engl., nach der 6. Aufl. 1826]. Jena: Fischer.

Marcuse, Herbert (1989): Der eindimensionale Mensch. Studien zur Ideologie der fortgeschrittenen Industriegesellschaft. [Aus d. Amerik., zuerst 1967]. Frankfurt/M.: Fischer.

Mayer, Hans (1923): Konsumtion. In: Elster, Ludwig/Weber, Adolf/Wieser, Friedrich (Hrsg.): Handwörterbuch der Staatswissenschaften. 4., gänzlich umgearbeitete Auflage. Fünfter Band: Haftpflicht-Kries. Jena: Fischer. 867-874.

McKendrick, Neil et al. (1982): The Birth of a Consumer Society. The Commercialization of Eighteenth-century England. London: Europa Publishers.

Mitterauer, Michael (1986): Sozialgeschichte der Jugend. Frankfurt/M.: Suhrkamp.

Müller, Hans-Peter (1993): Rezension von: Gerhard Schulze: Die Erlebnisgesellschaft. Kölner Zeitschrift für Soziologie und Sozialpsychologie, 45. 778-780.

Müller-Schneider, Thomas (1998): Freizeit und Erholung. In Schäfers, Bernhard/Zapf, Wolfgang (Hrsg.): Handwörterbuch zur Gesellschaft Deutschlands. Opladen: Leske + Buderich. 221-231.

Nipperdey, Thomas (1990): Deutsche Geschichte. 1866-1918. Band 1: Arbeitswelt und Bürgergeist. München: Beck.

Ogilvy, David (1991): Geständnisse eines Werbefachmannes. [Aus d. Engl., zuerst 1963]. Düsseldorf usw.: Econ.

Opaschowski, Horst W. (1997): Deutschland 2010. Wie wir morgen leben – Voraussagen der Wissenschaft zur Zukunft unserer Gesellschaft. Hamburg: Mairs Geographischer Verlag.

Opaschowski, Horst W. (1998): Kathedralen des 21. Jahrhunderts. Die Zukunft von Freizeitparks und Erlebniswelten. Hamburg. (Skript zur Freizeitforschung).

Packard, Vance (1958): Die geheimen Verführer. Der Griff nach dem Unbewußten in Jedermann. [Aus d. Engl.]. Düsseldorf, Wien: Econ.

Prinz, Michael (1996): Brot und Dividende. Konsumvereine in Deutschland und England vor 1914. Göttingen: Vandenhoeck & Ruprecht.

Richards, Thomas (1990): The Commodity Culture of Victorian England. Advertising and Spectacle. 1851-1914. Stanford: Stanford University Press.

Riesman, David u.a (1958): Die einsame Masse. Eine Untersuchung der Wandlungen des amerikanischen Charakters. [Aus d. Amerik.]. München: Rowohlt.

Rinsche, Günter (1961): Der aufwendige Verbrauch. Sozialökonomische Besonderheiten geltungsbedingter Nachfrage. In: Kreikebaum, Hartmut/Rinsche, Günter (Hrsg.): Das Prestigemotiv in Konsum und Investition. Demonstrative Investition und aufwendiger Verbrauch. Berlin: Duncker & Humblot. 109-221.

Scheele, Walter (1982): Historische Aspekte der Werbung. In: Tietz, Bruno (Hrsg.): Die Werbung. Handbuch der Kommunikations- und Werbewirtschaft, Band 3: Die Werbe- und Kommunikationspolitik. Landsberg am Lech: Link Verlag Moderne Industrie. 3109-3152.

Scherhorn, Gerhard (1977): Konsum. In: Scheuch, Erwin K.; Scherhorn, Gerhard (Hrsg.): Freizeit – Konsum. Stuttgart: Enke. 193-265.

Schildt, Gerhard (1996): Die Arbeiterschaft im 19. und 20. Jahrhundert. München: Oldenbourg.

Schiwy, Günther (1969): Der französische Strukturalismus. Reinbek bei Hamburg: rowohlt.

Schmidt, Siegfried J. (2002): Werbung oder die ersehnte Verführung. In: Willems, Herbert (Hrsg.): Die Gesellschaft der Werbung. Wiesbaden: Westdeutscher Verlag. 101-119.

Schössler, Franziska (2005): Die Konsumentin im Kaufhaus. Weiblichkeit und Tausch in Emile Zolas Roman Au Bonheur des Dames. In: Mein, Georg/Schössler, Franziska (Hrsg.): Tauschprozesse. Kulturwissenschaftliche Verhandlungen des Ökonomischen. Bielefeld: transcript. 245-273.

Schwartz, Barry (2004): The Paradox of Choice. Why More is Less. New York: HarperCollinsPublishers.

Scitovsky, Tibor (1989): Psychologie des Wohlstands. Die Bedürfnisse des Menschen und der Bedarf des Verbrauchers. [Aus dem Engl.]. Frankfurt; New York: Campus.

Simmel, Georg (1989): Die Philosophie des Geldes. [zuerst 1900]. In: Rammstedt, Otthein (Hrsg.): Georg Simmel. Gesamtausgabe. Band 6. Frankfurt/M.: Suhrkamp.

Simmel, Georg (1995): Die Großstädte und das Geistesleben. [zuerst 1903]. In: Rammstedt, Otthein (Hrsg.): Georg Simmel. Gesamtausgabe, Band 7. Aufsätze und Abhandlungen 1901-1908, Band I. Frankfurt/M.: Suhrkamp. 116-131.

Smith, Adam (1978): Der Wohlstand der Nationen. [Aus dem Engl., nach der 5. Aufl. 1789]. München: dtv.

Solomon, Michael R. (1994): Consumer Behavior: buying, having, being. 2. Auflage. Boston u.a.: Allyn and Bacon.

Sombart, Werner (1913): Die deutsche Volkswirtschaft im neunzehnten Jahrhundert. Dritte, durchgesehene und bis auf die Gegenwart weitergeführte Auflage. Berlin: Bondi.

Sombart, Werner (1967): Liebe, Luxus und Kapitalismus. [Zuerst 1922]. München. dtv.

Sombart, Werner (1969): Der moderne Kapitalismus. Band I Die vorkapitalistische Wirtschaft. Erster Halbband. [zuerst 1916]. 2., neugearbeitete Auflage. Berlin: dtv.

Sombart, Werner (1955): Das Wirtschaftsleben im Zeitalter des Hochkapitalismus. Zweiter Halbband. [zuerst 1902]. Berlin (Der moderne Kapitalismus, Dritter Band): Duncker & Humblot.

Spiekermann, Uwe (1994): Warenhaussteuer in Deutschland: Mittelstandsbewegung, Kapitalismus und Rechtsstaat im späten Kaiserreich. Frankfurt/M. usw.: Lang.

Stresemann, Gustav (1900): Die Warenhäuser. Ihre Entstehung, Entwicklung, und volkswirtschaftliche Bedeutung.

In: Zeitschrift für die gesamte Staatswissenschaft, Jg. 56. 696-733.

Teuteberg, Hans J./Wiegelmann, Günter (1972): Der Wandel der Nahrungsgewohnheiten unter dem Einfluß der Industrialisierung. Göttingen: Vandenhoeck & Ruprecht.

Thompson, Edward P. (1973): Zeit, Arbeitsdisziplin und Industriekapitalismus. [Aus d. Engl., zuerst 1967]. In: Braun, Rudolf u.a. (Hrsg.): Gesellschaft in der industriellen Revolution. Köln: Kiepenheuer&Witsch. 81-112.

Ullmann, Hans-Peter (2000): „Der Kaiser bei Wertheim" – Warenhäuser im wilhelminischen Deutschland. In: Dipper, Christof u.a. (Hrsg.): Europäische Sozialgeschichte. Festschrift für Wolfgang Schieder. Berlin: Duncker & Humblot. 223-236.

Veblen, Thorstein B. (1958): Theorie der feinen Leute. [Aus d. Amerik., zuerst 1899]. Köln, Berlin: Kiepenheuer & Witsch.

Vester, Heinz-Günter (1988): Zeitalter der Freizeit. Eine soziologische Bestandsaufnahme. Darmstadt: Wissenschaftliche Buchgesellschaft.

Wachtel, Paul L. (1983): The Poverty of Affluence. New York: Free Press.

Weber, Max (1978): Die protestantische Ethik I. Eine Aufsatzsammlung. [zuerst 1904/05], hrsg. von Johannes Winckelmann. Gütersloh: Gütersloher Taschenbücher Siebenstern.

Weber, Max (1980): Wirtschaft und Gesellschaft. Grundriß der verstehenden Soziologie. [zuerst 1922]. Fünfte, revidierte Auflage. Tübingen: J.C.B. Mohr.

Weber, Max (1986): Vorbemerkung. In: ders.: Gesammelte Aufsätze zur Religionssoziologie. Band I. [zuerst 1920]. Tübingen: J.C.B. Mohr. 1-16.

Wiswede, Günter (1991a): Der ‚neue Konsument' im Lichte des Wertewandels. In: Szallies, Rüdiger/Wiswede, Günter (Hrsg.): Wertewandel und Konsum: Fakten, Perspektiven und Szenarien für Markt und Marketing. 2., überarbeitete und erweiterte Auflage. Landsberg/Lech: Verlag Moderne Industrie. 11- 40.

Wiswede, Günter (1991b): Soziologie. 2. völlig überarbeitete und erweiterte Auflage. Landsberg am Lech: Verlag Moderne Industrie.

Wyrwa, Ulrich (1997): Consumption, Konsum, Konsumgesellschaft. Ein Beitrag zur Be-griffsgeschichte. In: Siegrist, Hannes u.a. (Hrsg.): Europäische Konsumgeschichte: zur Gesellschafts- und Kulturgeschichte des Konsums (18. bis 20. Jahrhundert). Frankfurt/M., New York: Campus. 747-762.

Einführende Literatur

Borscheid, Peter/Wischermann, Clemens (Hrsg.): Bilderwelt des Alltags. Werbung in der Konsumgesellschaft des 19. und 20. Jahrhunderts. Festschrift für Hans Jürgen Teuteberg. Stuttgart.

König, Wolfgang (2000): Geschichte der Konsumgesellschaft. Stuttgart. (Vierteljahreshefte für Sozial- und Wirtschaftsgeschichte: Beihefte, 154).

Siegrist, Hannes u.a. (Hrsg.): Europäische Konsumgeschichte. Zur Gesellschafts- und Kulturgeschichte des Konsums (18. bis 20. Jahrhundert). Frankfurt/M., New York.

Weiterführende Literatur

Haupt, Heinz-Gerhard (2003): Konsum und Handel. Europa im 19. und 20. Jahrhundert. Göttingen.

Jäckel, Michael (Hrsg.) (2007): Ambivalenzen des Konsums und der werblichen Kommunikation. Wiesbaden.

Schwartz, Barry (2004): The Paradox of Choice. Why More is Less. New York.

Macht und Herrschaft

Jens Luedtke

1. Macht und Herrschaft – soziologische Zentralbegriffe

Macht und Herrschaft sind zentrale Muster menschlichen Verhaltens und gehören daher auch zu den zentralen Begriffen, mit denen die Soziologie versucht, menschliches Handeln zu verstehen und zu erklären. Beide sind für die Betrachtung des Sozialen sowohl auf der Mikro- als auch auf der Makroebene von Bedeutung. Wechselwirkungen oder -beziehungen zwischen Menschen sind beinahe untrennbar mit Macht bzw. Herrschaft verbunden: „Ausnahmslos alle Gebilde des Gemeinschaftshandelns zeigen die tiefste Beeinflussung durch Herrschaftsgebilde" (Weber 1980: 541), wobei die wichtigsten Herrschaftsformen sich zum Erhalt ökonomischer Machtmittel bedien(t)en. Der Einfluss zeigt sich sowohl innerhalb einer Dyade, der Paar- bzw. Zweierbeziehung, als auch beim Handeln in sozialen (Klein-)Gruppen, sei es in Generationenfolge (Familie), Anciennitätenfolge (z.B. in einem Unternehmen) oder unter Peers. Als genuines Feld der Macht gilt die Politik bzw. das Wirken von Parteien (und Politikern): Politik ist „das Streben nach Machtanteil oder nach Beeinflussung der Machtverteilung, sei es innerhalb eines Staates oder zwischen den Menschengruppen, die er umschließt" (Max Weber 1980) bzw. nach Tönnies (1926) Gewalt, die im Namen eines Gemeinwesens ausgeübt wird (vgl. 1926: 64).

1.1 Macht

Die für den Soziologen ‚klassischen' Definitionen für beide Phänomene stammen von Max Weber (1980). Für ihn bedeutet Macht „jede Chance, seinen Willen innerhalb einer Beziehung auch gegen Widerstand durchzusetzen, gleichviel, worauf diese Chance beruht (1980: 29). Damit ist der Zwang gegen einen Anderen konstitutiv für Macht.[1] Wie Weber (1980) festhält, ist der Machtbegriff allerdings „amorph", denn „alle denkbaren Qualitäten (…) und

---

[1] Wie Imbusch (2002: 27) festhält, sind Macht, Zwang und Gewalt in einem semantisch ähnlichen Begriffsfeld, ohne aber übereinzustimmen. Eltern können z.B. Zwang gegen ihr Kind ausüben, um es zu einem bestimmten Handeln zu motivieren, z.B. dem morgendlichen Aufstehen, um zur Schule zu gehen. Damit wenden sie Macht gegen ihr Kind an, ohne ihm aber dadurch einen objektiv messbaren Schaden zufügen zu müssen. Würden sie dies machen (z.B. über Ohrfeigen oder Schläge), wäre es ein Kennzeichen für Gewalt.

alle denkbaren Konstellationen können jemanden in die Lage versetzen, seinen Willen in einer gegebenen Situation durchzusetzen" (1980: 28 f.). Das so bezeichnete Phänomen ist damit ubiquitär, unpräzise und anfällig für Ideologisierungen. (Dasselbe gilt für den inhaltlich ähnlichen Begriff der Gewalt). Bei Machtverhältnissen sind die Beziehungen zwischen Personen, Gruppen und/oder Institutionen asymmetrisch, es entsteht Hierarchie. Grundlage für die Machtausübung ist eine ungleiche Verteilung relevanter Ressourcen, die entweder von vorneherein gegeben war oder durch Organisation entstanden ist. Wer Macht anstrebt, versucht dann, seine Chancen auf die Verfügung über das wertvolle bzw. knappe Gut zu monopolisieren (vgl. Claessens 2000; Popitz 1992).

Macht kann nach ihrer Art differenziert werden – findet sie offen und sichtbar oder verdeckt bzw. unsichtbar statt? –, dann weiter nach der Zahl der Akteure – übt ein Einzelner die Macht aus oder eine Gemeinschaft bzw. Gruppe? – sowie nach der Art der Zwangsmittel. Popitz (1992) beschreibt drei Wege zur Macht: durch das Herstellen einer Zwangsordnung, über „Solidaritätskerne" sowie über Umverteilung. Sie sind durch unterschiedliche Wege zur Chancenmonopolisierung gekennzeichnet. Im ersten Fall gelingt es einer relativ kleinen, aber organisierten, kooperierenden und untereinander solidarischen Gruppe von neu hinzugekommenen Reisenden, auf einem Kreuzfahrtschiff die Verfügung über die Liegestühle auf Deck zu erlangen. Die Anderen werden ausgeschlossen, der neue ‚Besitz' wird verteidigt, z. T. unter Hinzuziehen Dritter, die gegen Vorteilsgewährung (temporäre Nutzung von Liegestühlen) als Wächter fungieren.

Den zweiten Fall, die Macht über „Solidaritätskerne", stellt Popitz am Beispiel eines Kriegsgefangenenlagers dar. Die Arbeitsteiligkeit der Machtbesitzer ermöglicht es ihnen, ihrer Umwelt als erste ein knappes Gut (in einem Ofen gekochte Nahrung) anzubieten. Durch die Monopolisierung (z.T. über Gewaltandrohung) wird die Abhängigkeit der Anderen von den Gütern der Gruppe verfestigt, kann ein Tausch (knappes) Gut gegen Loyalität durchgesetzt werden, wodurch sich die Überlegenheit der Gruppe weiter steigert und damit Strukturbildung betrieben. Bei der „Macht durch Umverteilung" streben die „Mächtigen" eine Machtstaffelung an, die durch selektives Gewähren von Vorteilen bei Wohlverhalten entsteht. Stabilisiert wird das System durch die Androhung und Durchführung von körperlicher Gewalt. Popitz (1992) führt dies am Beispiel einer Jugendgang in einem Internat aus. Dabei funktionierte der Machtmechanismus über das (gewaltförmig erreichte) Monopol bei der Verteilung von Nahrungsmitteln (Brote).

Macht bzw. Zwang („coercion") ist bei Parsons (1980) neben Geld, Einfluss und Wertebindung eines der vier generalisierten Kommunikationsmedien. Macht steht dabei für das Mobilisieren von Leistungen durch Zwang und ist das typische Medium des politischen Systems, dessen Systemfunktion in der Zielerreichung (Goal-Attainment) besteht.[2] (Auch) über die Möglichkeit der Zwangsanwendung sollen dem Einzelnen seine Pflichten im Rahmen dieser Zielerreichung verbindlich gemacht werden. Macht ist damit aus strukturfunktionalistischer Sicht ein Mittel, um den Systemerhalt erzwingen zu können. Das gründet auf einem hierarchischen oder hierarchisierten Verhältnis zwischen dem Zwangsanwender und dem, der dem Zwang ausgesetzt ist. Im Sinne des Strukturfunktionalismus dient Macht dazu, wenn nötig, die Funktion des Sozialsystems zu sichern, nämlich die normative und wertebegründete

---

2   Das Medium Geld steht für den positiven Anreiz, Einfluss: für die Überredung bzw.- Meinungsbildung, „Commitments" für die Aktivierung von Wertebindungen (Appell).

Integration des Einzelnen in die Gesellschaft zu leisten und damit das ‚Hobbes'sche Problem' (homo hominem lupus) zu lösen (dazu: Parsons 1972). Auf der anderen Seite sind Macht bzw. Machtkonflikte auch Bestandteil von Exklusionsprozessen (vgl. Bohnacker 2005). „Macht ist hier ein *Interpretationsschema*, mit dem soziales Handeln auf die Absicht von Akteuren zurückgeführt wird und soziale Prozesse damit gleichsam handhabbar gemacht werden" (2005: 61). Wenn die Betroffenen ihre Exklusion als kollektive negative Sanktion wahrnehmen, fühlen sie sich insofern der Macht Anderer ausgesetzt, als diese ‚Anderen' in der Lage sind, den Betroffenen wirksam die funktionale Teilhabe zu verwehren (vgl. 2005: 61).

Prozesse der Macht verbergen sich auch hinter den Bestrebungen der Gesellschaftsmitglieder um Distinktion. Allerdings sind interessierte Akteure bestrebt, sie sprachlich unkenntlich zu machen (vgl. Bourdieu 1993, 1989, 1984). Jedes Feld des sozialen Raumes „stellt den Schauplatz dar eines mehr oder minder offen deklarierten Kampfes um die Definition der legitimen Gliederungsprinzipien des Feldes" (1984: 27 f.). Die sozial Mächtigen bestimmen dabei die Kriterien, die in diesem sozialen Feld über die Besetzung der sozial relevanten Positionen entscheiden. Jede Raumaneignung bedeutet, Macht auszuüben und seine Macht zu bestätigen (vgl. Bourdieu 1991). Üblicherweise erfolgt dieser Machtvollzug aber in Form „der symbolischen Gewalt als nicht wahrgenommene Gewalt" (vgl. 1991: 27). Dies ist der Versuch einer (Re-)Produktion sozialer Ungleichheit durch Macht.

1.2 Herrschaft

Herrschaft als Sonderform von Macht ist dagegen spezifischer, gerade mit Blick auf die Zielgruppe. Kennzeichnend ist hier nicht die bloße Durchsetzung, sondern die Anerkennung des Gegenüber, dass sich eine Person legitimerweise durchsetzen darf. „Herrschaft soll heißen die Chance, für einen Befehl bestimmten Inhalts bei angebbaren Personen Gehorsam zu finden" (Weber 1980: 16). Das bedeutet: Ein „bekundeter Wille" soll so umgesetzt werden, „als ob die Beherrschten den Inhalt des Befehls, um seiner selbst Willen, zur Maxime ihres Handelns gemacht hätten" (1980: 542). Der Beherrschte anerkennt damit die Asymmetrie in seinem Verhältnis zum Herrschenden und betrachtet damit den Anspruch des Herrschenden als legitim.[3] Damit hat die Macht eine Rechtsgrundlage und geht in Herrschaft über (vgl. Parsons 1980). Herrschaft kann auf der Interessenkonstellation (durch eine monopolistische Lage) – das Marktmonopol – oder auf der Autorität, also Befehlsgewalt und Gehorsamspflicht – Gewalt des Fürsten, Hausvaters oder Gewalt qua Amt – beruhen (1980: 432). Grundlage dieser Anerkennung ist der Legitimitätsglaube des Beherrschten, der nach Weber (1980) auf vier Quellen beruhen kann:

- *affektuell:* der Beherrschte glaubt an die außerordentlichen Qualitäten des Herrschenden (*Charisma*)
- *traditional*: der Beherrschte ist von der Geltung und Unverbrüchlichkeit der Überlieferung bzw. der überlieferten Normen überzeugt,

---

3 Hegel (1844) bezeichnet dies als das „anerkennende Selbstbewusstsein", das sein Anerkanntsein als freies Selbst aufgibt, den Anderen als überlegen anerkennt und sich ihm unterwirft: „das Verhältnis der Herrschaft und Knechtschaft" (1844: 391)..

– *wertrational:* der Beherrschte glaubt an die Heiligkeit der Regel,
– *rational:* beim Befragten besteht ein Legalitätsglaube (positive Normsetzung)
Handelnde orientieren ihr Handeln an einer Ordnung, die sie als legitim erachten. (Auch) dadurch erhält ihr Handeln für sie und andere Sinn. Beim Brauch beruht das Verhalten auf der Regelmäßigkeit durch Einüben, bei der Sitte auf der „Gewöhnung an das eingelebte Handeln" (Weber 1973: 151). Dies ist nicht äußerlich (also durch Sanktionsbewehrung) garantiert. Das sieht anders aus bei der Konvention und dem Recht. Konventionen sind über die (Miß-) Billigung äußerlich garantiert, beim Recht ist ein Zwangsapparat zur Regeldurchsetzung vorhanden.

Daraus ergeben sich für Weber (1980; 1973) drei Grundformen von Herrschaft: die charismatische, die traditionale und die rationale (vgl. Weber 1973).[4] Sie drücken keine Entwicklungslinie" aus, sondern können „miteinander in der mannigfachsten Art kombiniert auftreten" (1980: 670), wie Weber am (heute noch gültigen) Beispiel US-amerikanischer Wahlkämpfe aufweist, bei denen eine Kombination aus bürokratischer Herrschaft des Parteiapparates und der charismatischen Leitung durch den Kandidaten stattfindet. Ebenso können die Bürger unter den Bedingungen einer rationalen Herrschaft von bestimmten außerordentlichen Qualitäten z.B. eines Staats- oder Ministerpräsidenten, eines Kanzlers oder Parteiführers überzeugt sein. (Die unmittelbare Wahl eines Staatspräsidenten kann plebiszitär-charismatische Züge aufweisen). Gerade die charismatische Form bildet aufgrund ihres „revolutionären" Charakters (Weber 1980) das dynamische, spontane Element von Herrschaft. Dennoch sind bestimmte Formen von Herrschaft typisch für bestimmte Staats- und Gesellschaftsformen. So ist „die ganze Entwicklungsgeschichte des modernen Staates (…) identisch mit der Geschichte des modernen Beamtentums und bürokratischen Betriebs" (Weber 1973: 153 f.).

Charismatische Herrschaft ist in ihrer reinen Form personengebunden: der Jünger gehorcht und folgt dem Führer aufgrund seiner Person und seiner besonderen „Gnadengaben". „Der Träger des Charisma (…) verlangt Gehorsam und Gefolgschaft kraft seiner Sendung. Ob er sie findet, entscheidet der Erfolg" (Weber 1980: 655): Wunder, Heldentaten, Wohlergehen der Jünger bzw. Gefolgschaft. Die charismatische Herrschaft bildet das Gegenstück zur Rationalität der bürokratischen Herrschaft. Sie ist das Werk von Erneuerern und wendet sich gegen die rational gesatzte Regel, ebenso wie sie rationales Wirtschaften ablehnt. Vielmehr weist sie einen revolutionären Charakter auf, d.h. sie ist gegen bestehende Werte, Sitten, Gesetze und Traditionen gerichtet (vgl. 1980: 656 ff.). Die Auslese des Verwaltungsstabes erfolgt nach Charisma und persönlicher Hingabe (1973: 159). Charismatische Herrschaft versachlicht und veralltäglicht sich, sobald die Nachfolgerfrage ansteht; die relevante Qualität wird dann übertragbar – als Erbcharisma einer Herrscherfamilie –, nach Regeln feststellbar (wie beim Dalai Lama), an ein Amt (z.B. des höchsten religiösen Führers) gebunden, über das Bezeichnen des charismatisch Qualifizierten (über „Nachfolgerdesignation" oder Berufung durch die Jüngerschaft) oder rituell versachlicht (als übertragbare und erzeugbare Qualität wie bei Priestern) (vgl. Weber 1973: 163 ff.)[5]

---

4 Die Bedeutung, die Weber der Herrschaft zumaß, wird z.B. auch daran deutlich, dass die Soziologie der Herrschaft und die Typen der Herrschaft etwa die Hälfte von „Wirtschaft und Gesellschaft" ausmachen.
5 Ein Beispiel dafür aus jüngerer Zeit ist die Entwicklung im Iran nach 1980.

Traditionale Herrschaft beruht auf dem Glauben „an die Heiligkeit der von jeher vorhandenen Ordnungen und Herrengewalten" (Weber 1973: 154). Am deutlichsten tritt dies bei der patriarchalen Herrschaft hervor. Hier besteht die persönliche Unterwerfung unter den Herrn, eingelebt und durch die Sozialisation vermittelt. Das Verhältnis zum Verwaltungsstab zeichnet sich durch persönliche Treue der Diener zum Herrn aus. Es besteht eine sehr weit reichende Abhängigkeit der Diener vom Herrn. Das Verhalten des Herrn wird einmal durch Tradition, zum anderen durch Akte „der freien Gnade und Willkür" (1973: 155) bestimmt. Bei der ständischen Variante sind die Diener nicht persönlich abhängig vom Herrn, sondern mit einem Amt beliehen oder sie haben ein Recht am Amt erworben, das ihnen nicht einfach entzogen werden kann. Es besteht eine „ständische Gewaltenteilung" zwischen dem Herrn und dem „appropriierten und privilegierten Verwaltungsstab" (1973: 156).

Legale Herrschaft erfolgt in ihrer spezifisch modernen Form mit einem bürokratischen Verwaltungsstab, dessen Mitglieder – (Fach-)Beamte – vom Herrn ernannt werden (Weber 1980: 551 ff.; 1973: 152). Die Verwaltung ist betriebsförmig organisiert, die Amtsgeschäfte erfolgen kontinuierlich und arbeitsteilig in Behörden und Kontoren, in denen Amtsdisziplin und Amtshierarchie vorherrschen. Die Auswahl der Beamten erfolgt typischerweise über die freie Auslese auf Grund der fachlichen Qualifikation, das Amt ist Beruf mit einer festen Berufslaufbahn, wobei kein (ständisches) Recht am Amt besteht. Das Verhalten wird durch absichtsvoll gesatztes Recht reguliert, es besteht Rechtspositivismus (was der Gesetzgeber formal korrekt als Recht erlässt, ist Recht) und es herrscht formale Rechtsgleichheit. Sie ist einmal Garant für flächendeckend gleiche (Rechts-)Verhältnisse für Alle, zum andern aber Ausdruck der „ständische Nivellierung der Beherrschten" durch die Bürokratie (Weber 1980). Sowohl Herrschaftsunterworfene als auch der legale „Herr" d.h., der „Vorgesetzte" gehorchen der unpersönlichen Regel, wodurch das Handeln insgesamt berechenbar wird.

Jede Herrschaft beruht also zum einen auf einer typischen bzw. wesentlichen Form des Legitimitätsglaubens und weist daneben typische Formen der Verwaltung auf, denn „jede Herrschaft äußert sich und funktioniert als Verwaltung" (Weber 1980: 545). Erst darüber wird die soziale Kontrolle über die der Herrschaft unterworfenen Personen bzw. die Räume, die beherrscht werden sollen, möglich. Erst über den Verwaltungsstab kann der Herrscher seinen Anspruch auf Herrschaft flächendeckend umsetzen und eine Zentralgewalt durchsetzen, erst dadurch entsteht ein Staat (vgl. dazu: Giddens 1995: 369). Wo dies nicht möglich ist, treten konkurrierende Macht- bzw. Herrschaftszentren auf. Das zeigt sich sehr deutlich in den sog. „failed states", also Staaten mit stark eingeschränktem staatlichem Gewaltmonopol (vgl. Dombrowsky 2005; Trotha 2005), in denen z.T. warlords die regionale Kontrolle übernommen haben.[6] In Gegenwartsgesellschaften mit entwickeltem Gewaltmonopol erfolgt dagegen eine Ausweitung der legalen Herrschaft, der Herrschaft der Bürokratie, wie sie Weber (1980) beschrieb. Foucault (1999) sieht dahinter eine „stetige Etatisierung von Machtverhältnissen": Immer mehr Bereiche geraten unter den „Schirm staatlicher Institutionen" (1999: 198).

---

6 Ein Beispiel aus dem Mittelalter ist das sog. Heilige Römische Reich Deutscher Nationen. Hier standen dem Herrschaftsanspruch des Königs bzw. Kaisers starke Widerstände seitens des Adels, besonders der Kurfürsten, gegenüber. Hier läge damit zwar ein politischer Verband, nicht aber ein Staat vor, denn bei letzterem hätte der Verwaltungsstab das Gewaltmonopol (dazu: Weber 1980: 29).

2. Die Bedeutung der Kontrolle von Räumen

Vor allem Macht, aber auch Herrschaft werden abgesichert durch soziale Kontrolle und Sanktionierung. Kontrolliert werden Verhalten (Rollenspiel, Konformität, funktionale Integration), Einstellungen und Meinungen (kulturelle Integration, Befolgen von Mitgliedschaftsentwürfen), Räume (Legnaro 1997; Krasmann 1997) – baulich-technisch (z.B. mit Videokameras) und über das Vorschreiben von Handlungen für bestimmte Räume auch Identitäten – sowie Körper in ihrer Zeitgestaltung und Positionierung im Raum (Foucault 1994). Die Kontrolle erfolgt durch legitime Kontrollinstanzen, also Polizei, Staatsanwaltschaften, Psychiatrien, aber auch durch soziale und/oder psychiatrische Dienste und Einrichtungen wie die Jugendgerichtshilfe. Daneben bestehen spezifische Kontrollgremien (wie Staatsanwaltschaften oder Aufsichtsräte) und spezifische Kontrollinstitutionen: Ämter (Sozial-, Arbeit-, Jugend- und Gesundheitsämter), Anstalten (Gefängnisse, Bezirkskrankenhäuser) und Sozialisationseinrichtungen: Familie, Schule (vgl. Lucke 2002).

In herrschaftskritischer Darstellung beschreibt Foucault (1994) die Entwicklung staatlicher Kontrolle und Sanktionspraktiken – die Milderung des Strafens – als Prozess einer zunehmenden Effizienz. Im 18. Jahrhundert ging es in „der Kritik der Reformer (...) weniger um Schwäche oder Grausamkeit als um eine fehlerhafte Ökonomie der Macht" (1994: 101). Die „neue Milde" ab dem 18./19. Jahrhundert – Gefängnis statt exzessiver Körperstrafen – ist mit einem umfassenderen Zugriff auf die Person verbunden: Disziplinierung durch Kontrolle und Manipulation des Körpers im Raum und die (umfassende) Kontrolle der Tätigkeiten durch Stunden- und Tagespläne. Bei der neuen Ökonomisierung des Strafens erfolgt ein sparsamer Machteingriff: „Man muss gerade so viel bestrafen, um zu verhindern" (1994: 119), Züchtigung wird fortan zur „Verbesserungstechnik" (1994: 164).

Mit dem langsamen Übergang in die Moderne geht also ein verändertes Kontrollmodell einher: „Der gelehrige Körper" wird diszipliniert durch einen gleichförmigen, gleichmäßigen Zwang. Die Durchführungsweise besteht „in einer durchgängigen Zwangsausübung, die über die Vorgänge der Tätigkeit genauer wacht als über das Ergebnis und die Zeit, den Raum, die Bewegungen bis ins kleinste codiert" (1994: 175). Analoge Überlegungen zur Disziplinierung finden sich bei Durkheim (1988), hier mit Blick auf die Kontrolle und effiziente Abrichtung des Arbeiters: „Der Arbeiter wird den Tag über seiner Familie entzogen und in den Fabriken kaserniert" (1988: 103). Die für die Moderne typische Trennung von Arbeit und Leben erhöhte damit die Verfügung über die Subjekte. Mit der funktionalen Ausdifferenzierung der Gesellschaft entstehen differenzierte Funktionsräume, in denen typische und dort übliche Handlungen (und damit Identitäten) vorgeschrieben und, wenn nötig, auch mit Zwang kontrolliert werden. Die Disziplinierung hat also Raumbezug, wenngleich nach einem Container-Modell. Der Körper wird je nach Raum in unterschiedlicher Intensität gezwungen, sich zu festgelegten Zeiten innerhalb eines festgelegten Raumes aufzuhalten: bei der strafrechtlichen Sanktionierung im Gefängnis, bei der Erwerbsarbeit in der Fabrik, im Betrieb, im Büro, bei der sekundären Sozialisation in der Schule.

Macht und Herrschaft sind damit nicht zu trennen von der Kategorie des Raumes. Das hat grundlegend damit zu tun, dass der ‚soziale Raum' die Sphäre sozialer Prozesse bildet (v. Wiese 1966: 111): Nähe und Verbindung einerseits, Lösen und Distanz andererseits finden

trotz der damit verbundenen körperlichen Bewegungen nicht im physischen Raum statt, sondern das Soziale wird im physischen Raum transportiert (1966: 112).

Lange Zeit bestimmte die Vorstellung vom euklidischen, geometrischen Raum die Überlegungen. Der Raum war, wie in der Stadt- und Regionalsoziologie, Territorium, begrenzte Fläche. Die Chicagoer Schule gebrauchte in ihren Stadtviertelanalysen ab den 1920er-Jahren ein Behälter- oder Containerkonzept (vgl. Löw 2001). Das materielle Substrat alleine bedingt aber noch keinen Raum. In einer geänderten soziologischen Konzeption müssen wir uns, wie Keim (2003) und Löw (2001) ausführen, den Raum vielmehr als sozial konstruierten Raum vorstellen, der das Ergebnis von Anschauungen und Einstellungen, von räumlichen Erfahrungen und von raumwirksamer Praxis bildet.

Raum bedeutet, dass Menschen und Güter platziert werden, relativ zu anderen Menschen und Gütern, das „Spacing" betrieben wird (vgl. Löw 2001: 271). „Die Lagerung oder Platzierung wird durch die Nachbarschaftsbeziehung zwischen Punkten oder Elementen definiert" (Foucault 1991: 66). Genau dieser Prozess des Platzierens ist von Interesse: Wie kommen die Güter und Menschen in Relationen, in Entfernungen zueinander? Gerade bei der Raumkonstitution, beim Spacing, wirkt Macht. Die Platzierungen im Raum sind damit auch das Ergebnis von sozialer Ungleichheit – wer darf über den Raum verfügen und in bestimmtem Maße die Entfernungen zwischen den Akteuren festlegen?[7] Gleichzeitig bewirken Räume eine ungleiche Verteilung von Gütern, Dienstleistungen, Ressourcen.

In bestimmten Situationen ist festgelegt, welche Rollen legitim sind und welches Verhalten in der jeweiligen face-to-face-Situation von den teilnehmenden Personen erwartet wird. Das hat Weiterungen, denn „eine Handlung vorschreiben heißt, eine Welt vorschreiben; sich vor einer Vorschrift drücken, heißt, sich vor einer Identität drücken" (Goffman 1973: 183). Bezogen auf den Raum bedeutet dies: es werden sozial wirksame Annahmen über den Charakter der Akteure im Raum getroffen und es wird festgelegt, welche Charaktere dort (un-) erwünscht sind.

Das hat Folgen, denn der Raum bestimmt mit über die soziale Identität; mit dem Eintritt in den Raum und seiner Nutzung werden Identitätsannahmen verbunden: Es gibt eine Nutzungsordnung – Läpple (1991) bezeichnet dies als die politische Dimension des Raumes –, z.B. bei einem Spielplatz eine Spielplatzordnung, mit der die Nutzer festgelegt werden. Personen, die in den Raum eintreten, wird dadurch eine typische Motivation bzw. werden typische Bedürfnisse zu- oder sogar vorgeschrieben. So wird z.B. von denen, die im Geltungsgebiet des Grundgesetzes leben, erwartet, dass sie ein Interesse am Erhalt der freiheitlich-demokratischen Grundordnung haben. Raumkontrolle bedeutet damit Disziplinierung, Identitätsvorschreibung, d.h., Raum ist durch Prozesse der Macht bzw. Herrschaft gekennzeichnet.

Ganz deutlich wird dies beim (okzidentalen) Nationalstaat: Er beansprucht als homogener Flächenstaat die Kontrolle über ein bestimmtes Territorium und die Verhaltensregulierung innerhalb dieses Territoriums. Das sichtbare Besetzen von öffentlichem Raum durch Bürger ist daher einmal eine Demonstration von Macht (vgl. Bourdieu 1991) und damit eine Herausforderung des Staates, der die Kontrolle über diesen Raum beansprucht. Dies steigert

---

7 Das die Subjekte die formale Macht dennoch immer wieder unterlaufen, zeigt Goffman (1973) mit der „sekundären Anpassung" bzw. dem „underlife" von Institutionen.

sich, wenn dort Verhalten gezeigt wird, das illegal ist und/oder als illegitim gilt. Ein Beispiel sind gewalttätige Auseinandersetzungen bei (gemeldeten) Demonstrationen: vom ‚zivilisierten' Bürger erwartet der (Macht-)Staat Gewaltfreiheit im Außenverhältnis.

Die Kontrolle (un-)erwünschter Charaktere gilt ebenfalls (und noch verstärkt) für den privat-öffentlichen Raum wie z.B. Bahnhöfe, überdachte Einkaufszentren oder Freizeitparks. Das Durchsetzen der gewünschten Standards erfolgt hier durch Ausschluss bzw. Entfernen von Personen, die in der Wahrnehmung der Kontrolleure nicht das gewünschte Verhalten zeigen oder bei denen nicht die notwendigen Einstellungen erwartet werden.

Macht spielt auch bei Bourdieus (1984) Konzept des „sozialen Raumes" eine Rolle, einem eher abstrakten, gedachten Raum, dessen „Trägheitsachsen" von den Kapitalsorten gebildet werden. In den verschiedenen Feldern dieses Raumes bedarf es einer spezifischen Kapitalverteilung und einer bestimmten Form des Kapitalerwerbs, d.h., es bedarf eines bestimmten Habitus, um im Raum partizipieren zu können. Darüber hinaus ist der Raum hierarchisiert durch Macht: wer die Macht hat, kann bestimmen, welcher Habitus für die sozial relevanten Positionen im Feld notwendig ist (vgl. Bourdieu 1984).

Dass der Aufenthalt in Räumen mit Macht in Zusammenhang steht, zeigt Bourdieu (1991) auch mit dem sog. „Klub-Effekt" und dem „Ghetto-Effekt". Beiden Mustern ist gemeinsam, dass Personen(gruppen) relativ dauerhaft in einem bestimmten Raum zusammengefasst sind. Der wesentliche Unterschied zwischen ihnen: Die einen betreiben die (Selbst-)Abgrenzung aus eigenem Entschluss, währen die anderen es eher erzwungen machen bzw. ausgegrenzt werden. Der Klub-Effekt bezeichnet geschlossene, exklusive Räume, an denen nur diejenigen partizipieren können, die über das dort erwünschte ökonomische, kulturelle und soziale Kapital mit dem entsprechenden Habitus verfügen. Personen mit unerwünschten Eigenschaften werden entweder nicht zugelassen oder sogar aktiv ausgeschlossen. Beim Ghetto-Effekt etikettiert der Raum seine Akteure: Die sozial missliebigen Gruppen, die dort räumlich zusammengefasst sind, werden auch symbolisch degradiert, ihre Deprivation wird verstärkt (Bourdieu 1991: 32 f.), denn die Quartiere erhalten eine bestimmte Atmosphäre, ein bestimmtes Image, das sich als negativ auf ihre Teilnahme- und Teilhabechancen auswirkt. Das negative Image kann damit als Teil des „Quartierseffekts" (dazu auch: Janßen 2004: 26 f.) zum Stigma für seine Bewohner werden.

Problematisch wird die Lage vor allem, wenn der Zuzug der Bevölkerung institutionell gesteuert wird, z.B. über die Zuweisung von Sozialwohnungen, eine Form von „erzwungener Segregation" (dazu: Häussermann/Siebel 1996). Hier besteht keine selbst bestimmte, freiwillig gewählte, sondern eine durch Machtprozesse erzwungene räumliche Nähe aus Mangel an Alternativen bzw. an Möglichkeiten, sich durchzusetzen. Die Körper werden durch institutionelle Macht in einen bestimmten Raum gebracht und dort gehalten. Wie das Beispiel Hannover-Vahrenheide-Ost zeigt, werden Migranten, die von der deutschen Bevölkerung fern gehalten werden sollen, räumlich konzentriert, was ihre Ausgrenzung weiter steigert (vgl. Janßen 2002: 35) und das negative Image des Quartiers sozialstaatlich zementiert: Es ist dann „so eine soziale Gegend" (Janßen 2002). Nach Wacquant (2005) erfolgt diese „territoriale Stigmatisierung" in Frankreich unter ethnischem Blickwinkel: es ist eine Zunahme „arabischer" Armut und Unordnung in den Vorstädten, die dadurch degradiert werden (vgl. 2005: 155). Wird dieser Prozess von den Betroffenen als Phänomen wahrgenommen, dass sich nicht gegen Einzelne, sondern gegen Mitglieder einer bestimmten Kategorie von Per-

sonen richtet, gerät Exklusion zum Ausdruck von Macht (vgl. Bonacker 2005) und kann – wie die Herbstunruhen 2005 in den banlieues gezeigt haben – gewaltförmige Reaktionen auslösen: unmittelbare Aktionsmacht (Popitz 1992), die sich gegen die institutionalisierte Macht richtet: „das Entladen aufgestauter Wut als kommunikativer Akt derer, die schon an der Peripherie sind, ohne Sprachrohr im Zentrum und ohne Zugriff auf die institutionalisierten Formen politischer Interaktion" (Hüser 2006: 7).

Subtilere Prozesse der Macht wirken meist bei der Umdefinition und Inbesitznahme von öffentlichem Raum. An sog. partikularen öffentlichen Orten „verdichten sich die Verhaltensweisen der Einzelnen zu Mustern spezifischer Lebensstile" (Ipsen 2002: 238). Die Mitglieder dieser Lebensstilgruppe nehmen einen bestimmten Raum – Wohngebiete, Plätze, Szenekneipen usw. – ‚in Besitz'. Trotz der prinzipiellen Allgemeinzugänglichkeit des Raumes werden diejenigen daraus ausgeschlossen, die nicht dieser Gruppe angehören. (Dies zeigt sich auch beim Prozess der „gentrification", der Verdrängung der eingesessenen Wohnbevölkerung durch meist statushöhere – Neuankömmlinge, dazu u.a.: Blasius 1994). Die Grenzsetzung erfolgt, indem sichtbar dokumentiert wird, dass in diesem Raum ein bestimmter Stil vorherrscht, mithin Personen mit anderen Alltagspraktiken, Attributen und Einstellungen nicht anschlussfähig sind, in diesem sozial konstruierten Raum möglicherweise auch nicht einmal geduldet, sondern ausgeschlossen und vielleicht auch (z.B. vom Wohnungsmarkt) abgedrängt werden. In institutionalisierter Form wirkt dies auch bei den „gated communities", den von privaten Sicherheitsdiensten bewachten, baulich (durch Zäune und Tore) abgegrenzten Wohnvierteln (dazu: Nogala 1999).

Wird ein Raum (z.B. ein Wohnquartier) von einer Jugendclique, oder -bande als ‚Revier' beansprucht, das gegen Fremde ‚verteidigt' werden soll, erfolgt diese Grenzsetzung häufig durch den Einsatz von Gewalt; dies trifft gerade bei den stark quartiergebundene Cliquen und Szenen zu (vgl. Baacke 1993; Farin 2001; Dubet 2002). Sie besetzen bewusst provokativ einen abgegrenzten öffentlichen Raum und kontrollieren auch durch Gewalteinsatz dieses Territorium (vgl. Kühnel/Matuschek 1995: 121 für Ostberliner Cliquen; siehe auch Farin 2001). Gesteigert wird diese (Verfügungs-)Macht bei Gangs: Sie identifizieren sich mit ‚ihrem' Revier, dem „turf" und versuchen, ihre Normvorstellungen dort durchzusetzen (vgl. dazu auch: Thiele/Taylor 1998). Das Territorium ist ein Ensemble von miteinander verbundenen Orten, die für die Gang und darüber für die einzelnen Gangmitglieder einen hohen symbolischen Wert aufweisen (vgl. dazu: Karstedt 2000). Zu den Kriterien, die einen Raum bestimmen, gehört auch die kulturelle bzw. symbolische Dimension (vgl. dazu: Läpple 1991): Zeichen symbolisieren die von den relevanten Akteuren gewollten Grenzen eines Raumes. Im Falle der Gangs sind dies die Gang Graffiti. „It functions as a way to communicate sentiments, express group identity and to dictate rules of their socially constructed places" (Alonso 1998: 14). Damit nehmen Gangs die öffentliche Abgrenzung des Territoriums vor bzw. bekräftigen öffentlich und sichtbar ihren Gebietsanspruch, sie drücken damit nach ihrem Verständnis (territoriale) Überlegenheit aus und dokumentieren Außenstehenden, dass sie in diesem Gebiet unwillkommene Fremde sind (vgl. 1998: 18).

Daher ist mit Territorialität das Gefühl von bzw. Bedürfnis nach Machtausübung verbunden. Jede Raumaneignung bedeutet, Macht auszuüben und seine Macht zu bestätigen (vgl. Bourdieu 1991). Üblicherweise erfolgt dieser Machtvollzug in Form „der symbolischen Gewalt als nicht wahrgenommene Gewalt" (vgl. Bourdieu 1991: 27). Das bedeutet aber auch:

Die Legitimität dieser Gewalt wird fraglos anerkannt, womit sie nicht mehr als Gewalt sichtbar ist. Dagegen verstoßen gewalttätige Cliquen und Banden vor allem männlicher Jugendlicher, denn ihre Raumaneignung im Machtvollzug erfolgt durch die sichtbare, wahrnehmbare Gewalt und Gewaltandrohung. Dies löst auf der Erwachsenen-Gegenseite Verärgerung, Wut, Verunsicherung oder Angst aus. „Gruppen von jungen Männern, die dort herumhängen, wirken wie ein Fels in der Brandung. Sie stören den Durchfluss, sie ragen heraus, sie können bedrohlich wirken" (Kersten 1993: 233).

3. Exemplarische Felder von Macht und Herrschaft

3.1 Partnerschaft und Familie

Formen der (erzwungenen) Über- und Unterordnung finden sich prinzipiell in allen Feldern zwischenmenschlichen Verhaltens, angefangen bei den Paar- und Zweierbeziehungen über Kleingruppen (Familie, Peers) bis hin zu hierarchisierten Beziehungen zwischen sozialen Großkategorien (sozialen Klassen). Gerade bei Partnerschaften sperrt sich vielleicht das Alltagsempfinden, sie per se mit Macht und Herrschaft in Verbindung zu setzen, denn Paarbeziehungen sollen im Verständnis moderner Gegenwartsgesellschaften idealerweise Liebesbeziehungen sein, die auf der sehr weit reichenden Hingabe der Person an den jeweils Anderen beruhen (dazu: Simmel 1908; Beck/Beck-Gernsheim 1990). Da jedoch das Verhältnis der Geschlechter auf der gesellschaftlichen Ebene von (patriarchalen) Macht- und Herrschaftsbestrebungen mit bestimmt wird, kann sich dies auch in den Partnerschaften niederschlagen.

Das Verhalten von Personen wird sozial bewertet, gerade anhand des dichotomen Schemas männlich-weiblich. Damit verbunden ist die stereotype Zuweisung oder das Vorenthalten von sozialen Chancen. Auf der Einstellungsebene drückt sich dies in der traditionalen oder als ‚natürlich' behaupteten Geschlechterhierarchie aus, mit der Unterschiede im sozialen Status legitimiert werden sollen (vgl. u. a. Gildemeister 2004; Wetterer 2004; Döge 2000). In der Arbeitswelt wird dies u. a. an der unterschiedlichen Entlohnung oder unterschiedlichen Karrierechancen sichtbar. Im Alltag zeigt es sich bei der Art der Entscheidungsfindung in der Partnerschaft, der Rollenverteilung bzw. -gestaltung in Partnerschaft und Haushalt, der daraus resultierenden ‚geschlechtertypischen' Zeitverwendung (vgl. dazu: Statistisches Bundesamt 2003) und im extremen Fall beim Einsatz von (körperlicher) Gewalt – und damit Zwang als Mittel der Willensdurchsetzung – bei Partnerschaftskonflikten (vgl. u. a.: Straus 1997, 2001, 2006; Tjaden/Thoennes 2000; Gadd et al. 2002; Walby/Allen 2004; BMFSFJ 2004; Lamnek/Luedtke 2005; Luedtke 2007a).

Die „ganz unverhältnismäßige Heftigkeit, zu der sich sonst durchaus beherrschte Menschen manchmal gerade ihren Intimsten gegenüber fortreißen lassen" beruht gerade auf der Enge der Bindung, darauf, dass wir als „ganze Menschen" erfasst sind (Simmel 1992: 313). Der Rahmen einer Partnerschaft erfordert und erwartet von den Beteiligten ein relativ umfassendes Engagement (vgl. dazu: Goffman 1980: 376). Paarbeziehungen bedeuten idealiter

die Hingabe des Persönlichen (vgl. Simmel 1992; v. Wiese 1962). Konflikte können nun entstehen, wenn eine Seite versucht, sich einer einseitig erzwungenen und/oder als zu stark beengend empfundenen Harmonie zu entziehen, d.h.: in Reserve zu gehen. Ein subjektiv von einer Konfliktseite empfundener ‚Verstoß‘ gegen eine antizipierte ‚Einheit‘ und ‚Einigkeit‘ kann dann eine heftige Aktion gegen den Partner bzw. die Partnerin auslösen. Für diesen Akteur ist es wichtig, das, was er/sie als Einigkeit im Inneren einer Beziehung sieht, wieder herzustellen. Die Einigkeit wird von einer Konfliktseite angestrebt und in ihrem Interesse durchgesetzt, wobei psychischer und/oder körperlicher Zwang die Mittel bilden. Gerade körperliche Gewalt bietet scheinbar probate Möglichkeiten, eine als gefährdend empfundene Austragung des Konfliktes von vornherein zu unterbinden und zügig scheinbar eindeutige Verhältnisse zu erzeugen: Gewalt als Macht- und Zwangsmittel hierarchisiert.

Dieses Muster, dass Formen einer äußeren, eher formalen oder einer inneren Ähnlichkeit besonders unversöhnliche Auseinandersetzungen und z. T. extreme Gewalttätigkeiten nach sich ziehen können, wirkt zumindest in Teilen auch bei Konflikten auf größeren Aggregatebenen. Ein Beispiel dafür sind Bürgerkriege. Sie sind zunächst weniger Ausdruck eines Ringens um Macht, sondern vor allem Ausdruck des Bestrebens um Distanzierung von den Anderen, mit denen die Ähnlichkeit bestand.

Auf der Mikroebene bestehen Macht- und Herrschaftsverhältnisse auch in der Generationenfolge, wie das Beispiel der primären Sozialisation zeigt: einer oder mehreren Person(en), den Kindern, werden die Rahmenvorstellungen anderer Personen, der Eltern, nahe gebracht und – wenn andere Kommunikationsmedien nicht wirken – im Bedarfsfall auch aufgezwungen, d.h., über den Einsatz von negativen Sanktionen gegen Widerstand durchgesetzt. Können oder wollen Kinder in einer Handlungssituation nicht den erwünschten Gehorsam bzw. die erwünschte Folgsamkeit zeigen, entgleiten manchen Eltern die Sanktionen und es kommt zur Anwendung immer massiverer physischer Gewalt. Dies gilt umso mehr, je jünger die Kinder sind (vgl. Straus 2001). Distanziertes und ungeschicktes Umgehen der Eltern, elterliche Überforderung, Arbeitslosigkeit, Armut oder ungünstigen Wohnbedingungen als Stressoren steigern die Wahrscheinlichkeit von Körperstrafen (vgl. dazu: Buchner et al. 2001). Bis zur Verabschiedung gesetzlicher Regelungen (in Deutschland: das ‚Züchtigungsverbot‘ von 2002) war dieser Ausdruck massiver elterlicher Machtausübung legal.

Familie weist aufgrund des Alters- und Kompetenzunterschieds zwischen den Akteuren stark asymmetrische Verhältnisse auf; zumindest prinzipiell haben Kinder nur begrenzte Möglichkeiten der Einflussnahme, prinzipiell definieren eher die Eltern die Situation.[8] (Elterliche) Erziehung verläuft im Allgemeinen auf der Grundlage von Wertevorstellungen, mit dem Ziel, die Persönlichkeit in eine bestimmte, gewünschte Richtung zu formen (dazu: Hurrelmann 2002). Jedoch führte der soziale Wandel aufgrund der gestiegenen sozialen und kulturellen Autonomie der Kinder und Jugendlichen (vgl. Lenz 1990) zu einem Kontrollverlust der Eltern gegenüber ihren Kindern. Hinzu kommt die Nivellierung des elterlichen Wissens-

---

8 Dabei bewegen sich Eltern wiederum im Rahmen staatlicher Herrschaftsansprüche, wie u. a. die Schulpflicht belegt. Mit dem Übergang in den Elementar- und Primarbereich (Kindergarten bzw. Vorschule und Grundschule) wächst über die Bildung der Einfluss des Staates auf die Kinder. Wie u.a. PISA zeigt, geschieht dies gerade in Deutschland stark herkunftsabhängig. Kinder aus statushöheren, bildungsnahen Milieus haben aufgrund der elterlichen Kompetenzen im allgemeinen mehr Möglichkeiten, den (Bildungs-)Erwartungen von Staat und Gesellschaft gerecht zu werden; dies wiederum steigert auch ihre Autonomiemöglichkeiten.

und Kompetenzvorsprungs durch den technologischen Wandel (Informationstechnologien) sowie das Problem, dass Eltern ihren Kindern keine dauerhaft gültigen Lebensmuster mehr vermitteln können.

3.2 „Totale Institutionen"

Besondere Machtmöglichkeiten gegenüber dem Einzelnen haben auf der Mesoebene sog. „totale Institutionen" (Goffman 1973): Gefängnisse, Kasernen, Klöster, Internate. Kennzeichnend für sie ist der besondere Anspruch, den sie an die Zeit und Aufmerksamkeit ihrer (Zwangs-)Mitglieder richten, vor allem das Beschränken des sozialen Verkehrs mit der Außenwelt, die Einschränkung der Freizügigkeiten, das Vorschreiben alltäglicher Tätigkeiten (nach Dienstplänen) und die weitgehende Kontrolle der Tätigkeiten. Nachdem das Vorschreiben von Tätigkeiten zugleich das Vorschreiben einer bestimmten Identität bedeutet (Goffman 1973), zielen totale Institutionen auf die Identität ihrer Mitglieder. Dies führt zur Diskulturation, also zu Prozessen des Verlernens der alten Identität, denn die alte Umwelt stabilisiert die Personen nicht mehr, sie haben den Verlust oder zumindest die Einschränkung bisheriger Rollen zu verarbeiten, werden durch Rituale erniedrigt oder gedemütigt, Identitätsaufhänger (wie Haare, Kleidung oder persönliche Gegenstände) werden ihnen genommen, sie werden in neuen Lebens- und Tageszyklen integriert und sehen sich einer mehr oder weniger autoritären Verhaltensregulierung unterworfen, ihre Selbstbestimmung, Autonomie und Handlungsfreiheit werden entwertet. „Die Besserungsstrafe (...) muss aus dem Gefängnis ein künstliches und zwingendes Theater machen, in dem die Existenz von Grund auf neu inszeniert werden muss" (Foucault 1994: 323).

In besonderer Form wird dies in den US-amerikanischen „boot camps" praktiziert, Einrichtungen, in denen gerade Jugendliche und Heranwachsende sanktioniert werden. Die Strafen sind kürzer als im Normalvollzug, das Klima dagegen wesentlich repressiver: gearbeitet wird mit Drill, Zwangsarbeit, Schikane und Erniedrigung der Insassen, mit dem Ziel, den Straftäter zu „brechen" und dazu zu bringen, dass er eine fremde Ordnung als übermächtig akzeptiert und sich danach richtet (vgl. dazu: Aebersold 2006; Kunz 2006). Wie gerade Gefängnisse zeigen, setzt sich der Zwang als konstitutives Element auch in die Insassensubkultur hinein fort, besonders im Jugendstrafvollzug (dazu: Wirth 2006): Erniedrigungsrituale unter den Insassen wie das erzwungene Scheren der Haare, die gewaltförmige Bewerkstelligung von Männlichkeit unter den Bedingungen einer totalen Institution (dazu: Neuber 2007, Bereswill 2004), Mann-zu-Mann-Vergewaltigungen mit dem Ziel der Unterordnung und Entmännlichung (dazu: Smaus 2003).[9]

Doch selbst unter diesen Bedingungen lässt sich der Wunsch der Subjekte, sich den (Zwangs)Bindungen zu entziehen, sich in Reserve zu halten und ‚mehr' zu sein als eine vollständig vergesellschaftete Person, nicht ausschalten.[10] Dies bewirkt in konkreten Handlungssituationen Prozesse der sekundäre Anpassung: die Insassen tun scheinbar so, als ob sie den

---

9 Für NRW liegt mit der Arbeit von Wirth (2006) eine Hellfeldanalyse über gemeldete und erkannte Gewalt im Strafvollzug vor, für Hessen führte Heinrich (2002) eine entsprechende Untersuchung (als Aktenanalyse) durch.

10 Literarische Beispiele mit autobiographischem Hintergrund finden sich z.B. in „Der erste Kreis der Hölle" von Solschenitzyn

Anweisungen des Personals Folge leisten und sich damit im Sinne der Institution verhalten, zeigen aber durch die Art der Ausführung, dass sie in Distanz stehen und im Inneren nicht das von der Institution erwartete Maß an Engagement zeigen. Goffman (1973) veranschaulicht dies am Bespiel des Gänsemarsches von Gefangenen auf dem Weg zur Essensausgabe oder dem demonstrativen Herunterreißen von Kopfbedeckungen beim Grüßen. (Das ist aber nicht nur auf totale Institutionen beschränkt: Aus den 1950er-Jahren werden im Kontext der sog. Halbstarkenkrawalle ironische Überzeichnungen seitens der Jugendlichen beschrieben, die in langer Reihe im Gänsemarsch auf der Bürgersteigkante gingen (dazu: Krüger 1985). Daneben bildet sich ein „underlife" in den Institutionen heraus, d.h., Orte und Infrastruktur werden ihres eigentlichen Sinnes (aus der Perspektive der Institution) entkleidet und im Sinne der Insassen(sub)kultur genutzt.

3.3 (Proto-)Politik und Parteien

Besonders deutlich und sichtbar treten Macht und Herrschaft in ihren ‚eigentlichen' Domänen in der Gesellschaft hervor, nämlich im Feld der Politik bzw. bei den Parteien (vgl. Weber 1980). Hier gilt es, die Prozesse von Macht und Herrschaft auf der Makroebene zu analysieren, mit der anschließenden Frage, welche Effekte und Auswirkungen sich daraus auf Ebene der Handelnden (Gruppen, Personen, Institutionen) ergeben – und wie deren mögliche Reaktionen wiederum auf die gesellschaftliche Makroebene zurückwirken können (Makro-Mikro-Makro-Link). Nach der Staatsform lassen sich unterscheiden Monarchien, Aristokratien (Herrschaft der Besten) und Demokratien, d.h., das Volk ist der Souverän (Art 20 GG: „Volkssouveränität").[11] Demokratien können direkt oder indirekt bzw. repräsentativ sein. Letzteres bedeutet, dass das Volk seine Herrschaft über gewählte Vertreter/innen (nach einer allgemeinen, freien, gleichen, geheimen, unmittelbaren Wahl) ausübt. Moderne westliche Gesellschaften sind üblicherweise parlamentarische Demokratien mit meist unterschiedlich weit reichenden plebiszitären Elementen (in Deutschland: Volksentscheide, Bürgerinitiativen, Bürgerbegehren) (vgl. Wewer 2001: 115 f.). In Deutschland besteht eine sog. „Kanzlerdemokratie" (an Stelle eines präsidialstaatlichen Prinzips), d.h., die „Richtlinienkompetenz" (Art 65 GG) liegt beim Kanzler bzw. der Kanzlerin. Korte (2001) listet daneben weitere Schlüsselkoordinaten für eine „Strukturgeschichte des Regierens in Deutschland" auf: Koalitionsdemokratie, Parteiendemokratie, verhandelnde Wettbewerbsdemokratie (begleitet von einem „inneren Souveränitätsverlust"), Mediendemokratie und „Erbe des Staatssozialismus" (2001: 516). In pluralistischen Gesellschaften soll der Wettbewerb von Gruppeninteressen verhindern, „dass eine Gruppe oder Klasse die Macht an sich reißt" (Giddens 1995: 357). Ein „funktionierender Pluralismus" umfasst „ein funktionsfähiges Mehrparteiensystem, die ef-

---

11 Aristoteles (1984: 147) unterscheidet Monarchie, Oligarchie, Demokratie, Aristokratie und Politie – eine Mischung aus Oligarchie und Demokratie – als Staatsformen. Er lehnt die Demokratie als Staatsverfassung oder Staatsform eher ab und betrachtet sie als verfehlte Form der „Politie" (Regierung der Menge zum allgemeinen Nutzen), weil sie als Regierung der Armen nur zum Nutzen der Armen gedacht sei. Weitere „verfehlte Formen" sind bei der Monarchie die Tyrannis (da nur zum Nutzen des Alleinherrschers), bei der Aristokratie die Oligarchie (da nur zum Nutzen der Reichen) (vgl. 1984: 114 f.). Jedoch sei die Demokratie von diesen Verfehlungen die erträglichste (vgl. 1984: 138).

fektive Möglichkeit zur Bildung von Parteien auf rechtsstaatlicher Basis, verfassungsmäßig garantierter Minderheitenschutz sowie der Wechsel von Regierung und Opposition" (Woyke 2001: 513).

Die Prozesse des Durchsetzens von Positionen finden jedoch nicht nur auf der Ebene der ‚großen' Politik statt. Vielmehr können alle Ansätze, die Situation von Anderen zu definieren, als „proto-politischen" Handelns (Hitzler 1997) gedeutet werden. „Wer auch immer versucht, auf die Ordnung des Zusammenlebens von wem auch immer Einfluss zu nehmen, handelt proto-politisch" (1997: 128). Relevant ist, dass dabei die „Zustimmung von einem Zweiten, seinen Willen auch gegen den Willen eines Dritten durchzusetzen" (1997: 126), vorliegt. Proto-politisches Handeln ist damit mehr als Macht, Strategie, Dramaturgie, es hat einen Bezug zur Herrschaft: reine Macht braucht keine Zustimmung, bloße Strategie will andere nur in Zugzwänge bringen und die Dramaturgie will nur Zustimmung zur Selbstdarstellung (Hitzler 1997).

Damit lassen sich auf der Mikroebene z.B. auch Mobbing-Prozesse als proto-politisches Handeln begreifen. Beim Mobbing wird eine Person gezielt in ihrer sozialen Wertigkeit herabgesetzt und darüber als zur Gruppe – einer Abteilung in einem Unternehmen, einem Pflegeteam in einem Krankenhaus oder einem Altenpflegeheim, einer Schulklasse – nicht dazugehörig definiert. Dem Opfer wird der Wille des oder der Täter aufgezwungen, wenn auch nicht unmittelbar und direkt, sondern verdeckt bzw. nicht unmittelbar sichtbar. Das Opfer soll diskreditiert, stigmatisiert, vom sozialen Verkehr und damit aus der Gruppe, zu der Täter und Opfer gehören, ausgeschlossen werden. Der Täter bedient sich dazu der „bystander", der eigentlich unbeteiligten Beobachter (dazu: Frey/Schäfer 1999), und versucht, sie für seine Zwecke zu instrumentalisieren und zu Mittätern, also aktiv gegen das Opfer Arbeitenden, zu machen, denn auf ihnen beruht letztlich die Macht des Mobbers über sein Opfer.

Wenn sich jedes Einflusshandeln als proto-politisch bezeichnen lässt, bleibt nach den Differenzierungen zu fragen: Wo ist die Grenze zwischen Privatem und Öffentlichem? Folgen wir Dewey (2001), wird Handeln dann öffentlich, wenn die indirekten, nützlichen oder schädlichen Folgen einer Transaktion zwischen Personen „über die zwei direkt betroffenen hinausgehen" und „das Wohl vieler anderer beeinflussen" (vgl. 2001: 27). Weiter gelten die Handlungsfolgen als so wichtig oder erheblich, dass es Amtspersonen gibt, die sich mit diesen Folgen befassen und versuchen sollen, die Interessen der Betroffenen zu wahren (vgl. 2001: 29). Hier besteht aber meist eine Doppelgesichtigkeit von einer im Weber'schen Sinne als paternalistisch zu bezeichnenden Fürsorge einerseits und Integration sowie Inklusion durch soziale Kontrolle andererseits. Beispiele sind Schul- und Jugendämter, die über die Schulpflicht wachen bzw. Maßnahmen ergreifen sollen, die das Wohlergehen von Jugendlichen sichern (von der Erziehungsberatung bis z.B. zur Unterbringung in Pflegefamilien). In ähnlicher Weise lässt sich das Wirken der Agentur für Arbeit oder der Sozialämter begreifen.

3.4 Soziale Ungleichheit

Die Unterschiede in den Möglichkeiten, Macht auszuüben, finden ihren Ausdruck in der sozialen Ungleichheit. Macht beruht auf der Möglichkeit, die Verfügung über relevante, knappe Güter und Ressourcen zu monopolisieren bzw. den Zugang dazu zu kontrollieren. Soziale Ungleichheit bedeutet, dass bestimmte (Status-)Gruppen von gesellschaftlich als wertvoll erachteten Gütern mehr (bzw. weniger) erhalten als andere (Status-)Gruppen, wobei die Verteilung relativ dauerhaft ist, systematisch zustande kommt und das Ergebnis sozialer Beziehungen oder Wechselwirkungen bildet (vgl. dazu Hradil 2001: 23 ff.). Dabei „sind moderne Gesellschaften ihrem Selbstverständnis nach meritokratisch verfasst" (Klocke 1998: 216), d.h., solange die Verteilung von wertvollen Gütern nach der Leistung erfolgt, wird sie altersunabhängig als gerecht und legitim empfunden.[12]

Allerdings hängen Güterverteilung (und damit sozialer Status) mit Machtprozessen zusammen. Macht ist einerseits eine der Dimensionen sozialer Ungleichheit (neben Wohlstand, Bildung oder Prestige), also eine der partiellen Lagen, auf denen die Akteure entweder relativ besser- oder relativ schlechter gestellt sind (vgl. Hradil 1987); zum anderen ist sie aber auch eine Ursache für soziale Ungleichheit: weil Akteure motiviert sind, ihre Interessen (auch gegen Widerstände Anderer) durchzusetzen, versuchen sie, ihre Chancen gegenüber Anderen zu monopolisieren. Dies geschieht, indem sie bestimmte Merkmale als Determinanten sozialer Ungleichheit sozial wirksam festlegen. Es sind Merkmale, „die an sich keine Besser- oder Schlechterstellung darstellen, aber diese mit hoher Wahrscheinlichkeit nach sich ziehen" (Hradil 2001: 30). Neben den askriptiven Merkmalen Alter, Geschlecht, ethnische Zugehörigkeit gehört dazu in Gegenwartsgesellschaften auch das erworbene Merkmal Bildung.

Askriptive Merkmale sind bei der Person sichtbar bzw. am Erscheinungsbild des Körpers festzumachen: üblicherweise das Geschlecht, auch die ungefähre Alterskategorie sowie die „fremde" ethnische Herkunft. Damit verbunden sind jedoch sozial bzw. gesellschaftlich wirksame Zuschreibungen von stereotypen Eigenschaften und Handlungsmöglichkeiten, die bei der Interaktion wirksam werden.[13] Diese tradierten Zuschreibungen resultieren aus Machtverhältnissen bzw. sollen dazu dienen, sie zu reproduzieren.

Der Migrant ist der „Fremde" (dazu: Simmel 1992). Ein Fremder kann daher erst dann zum Feind oder auch Freund werden, wenn Vertrautheit besteht. Wird der Fremde auf Distanz gehalten – allgemeine Voraussetzung für das Funktionieren funktional differenzierter, bürokratisch organisierter Gesellschaften – bleibt er Fremder. Die „strukturgefährdende Potenz ihrer Fremdheit wird dadurch gemildert, dass sie im System der vertrauten Unterscheidungen eindeutige Positionen bekleiden, die nicht zur Disposition stehen" (Nassehi 1995: 456). Der Fremde kann auf Distanz gehalten werden, weil er nicht über genügen Potenzial (sprich: Ressourcen) verfügt, um die Ungleichheitsbarriere zu überspringen, die ihn auf der Position festhält. Dazu eigenen sich auch Stigmatisierungen, die aber die Machtposition des Normsetzers bzw. des Normanwenders voraussetzen (dazu: Becker 1962): „Die Gefährlichkeit des Fremden und des ‚Anderen' wird über die Kriminalität hergestellt" (Cremer-Schäfer 1995: 135).

---

12 Da zeigt sich bereits bei Jugendlichen (vgl. Waterman 2005).
13 Auch der Körper selber bzw. seine Zurichtung und Inszenierung können verwendet werden: Die Körperpraxis der Skinheads z.B. kann dazu dienen, Aktionsmächtigkeit zu suggerieren.

Jugend als stark extern definierter Alterskategorie werden in Abhängigkeit vom Modernisierungszustand der Gesellschaft typische Entscheidungs- und Handlungsspielräume zugestanden (vgl. Domansky 1986; Reulecke 1986) – wobei die jeweiligen Definitionen die Selbstwahrnehmung der Jugend beeinflussten und damit im Sinne des Thomas-Theorems partiell zu sich selbst bestätigenden Voraussagen wurden (vgl. dazu: Griese 2000; 1983; Abels 1993). Das Verhältnis ‚der‘ Erwachsenengesellschaft zu ‚ihrer‘ Jugend war stets spannungsgeladen, weil damit die Frage nach gesellschaftlichen Machtverhältnissen angesprochen war, die sich in der jeweils bestehenden Ordnung der Gesellschaft widerspiegelten. Der Verdacht, dass Jugend die soziale Ordnung gefährden kann, ist Zeit ihres Bestehens in der Moderne stets latent vorhanden, denn bereits das erste Stereotyp, mit dem Jugend bzw. Jugendliche belegt wurden, war ein negatives: Jugend galt als (staats-)bedrohlich, als Störer der öffentlichen Ordnung und der ökonomischen Abläufe (vgl. Roth 1983; Hafeneger 1994; Walter 1999). Bewegungen und Entwicklungen, mit denen Jugendliche ein zumindest in der Wahrnehmung der Erwachsenengesellschaft bestandsbedrohendes Potenzial hätten entfalten können oder realiter entfalteten, wurde und wird durch Repression begegnet, durch teilweise Institutionalisierung ihrer Ideen oder noch weitaus wirkungsvoller durch Vermassung bzw. Vermarktung und damit Kommerzialisierung neu erprobter Strukturen.

Die sozialstaatlichen Jugend- und Altersschutzbestimmungen müssen auch unter dieser Perspektive betrachtet werden: Es sind einerseits Regeln, die dem Schutz des Subjekts vor Machtverhältnissen dienen (Beispiel: Kinderarbeit) und gesellschaftlich gesicherte ‚Schonräume‘ festlegen. Andererseits dienen die ‚Schutzgebiete‘, in welche die Jüngeren und die Älteren von den mittleren Jahrgängen hineingestellt wurden, auch dazu, diese Gruppen von Macht und Einfluss fernzuhalten (vgl. Emge 1978). Das ist kein neues Phänomen (vgl. dazu: Winter 1984): Im 14. Jahrhundert wurde das Mündigkeitsalter auf 18 Jahre heraufgesetzt und der Vormundschaftszwangs bis auf 25 Jahre ausgeweitet. Das Motiv war kein Minderjährigen*schutz*, sondern das Ansinnen, „unsichere Elemente“ länger aus dem Geschäftsleben fernzuhalten. Längere Erziehungsfristen galten fortan auf Gesellschaftsebene als notwendig, um die normativ verlangte individuelle Stabilität zu erreichen (vgl. 1984: 170 ff.). Die Kombination aus Stützungswürdigkeit und Kontrollbedürftigkeit finden sich auch in Umgang des modernen Wohlfahrts- oder Sozialstaats mit Älteren und Alten. In der europäischen Neuzeit entstand damit eine „wankende Stellung der Alten“, sie wurden zurückgedrängt in die „Ecke der grauen ‚Weisheit‘“ (Rosenmayr 1988: 81).[14]

Bei der Möglichkeit der Chancenmonopolisierung ist auch die soziale Herkunft zu berücksichtigen, wie der Bildungserfolg belegt (vgl. dazu u. a.: BMBF/HIS 2004; Baumert/ Schümer 2002; Geißler 2002; Hradil 1999). Ein eigentlich unerwünschter Effekt der Bildungsexpansion bestand gerade darin, dass bereits Bildungsprivilegierte relativ erfolgreich ihren Bildungsvorsprung in der Generationenfolge ausbauen konnten.[15] In modernen Gesell-

---

14 Die Älteren verlassen inzwischen ihr Reservat der Schonung, in das sie seit dem 19. Jahrhundert zunehmend gestellt wurden (vgl. Borscheid 1990), die Jungen insistieren auf ihre Zukunft – der vor einigen Jahren oft beschworene „Krieg der Generationen“ (vgl. Groenemeyer 1997) wird daraus aber sicher nicht resultieren.

15 Eine sehr interessante, aktuelle Darstellung über die stark eingeschränkte Nachhaltigkeit von Bildungsaufstiegen über mehr als eine Generation hinweg findet sich bei Fuchs/Sixt (2007). Die Bildungsbenachteiligung greift nicht nur bei Kindern aus bildungsfernen Familien, sondern abgeschwächt auch bei Kindern, deren Eltern der Bildungsaufstieg gelungen ist. „Damit wird das Diktum vom verheißungsvollen sozialen Aufstieg durch Bildung

schaften hat das kulturelle Kapital eine besondere Bedeutung als Distinktions- und Machtmittel in den Feldern des sozialen Raumes erlangt. Daher erfolgt hier der „Kampf um die Macht des Wissens, die Macht durch Wissen, um das Monopol auf legitime symbolische Gewalt" (Bourdieu 1984: 27).

Die Fixierung von Machtverhältnissen erfolgt über eine relativ stabile soziale Schichtung. Giddens (1995) trennt in vier Haupttypen von Schichtungssystemen: Sklaverei, Kastenwesen, Stände, Klassen (vgl. 1995: 230). Exemplarisch soll die Frage von Klassen und Macht an den Modellen von Marx, Weber sowie dem auf beiden aufbauenden Konzept von Bourdieu vorgestellt werden. Im Klassenmodell nach Marx (1973) entscheidet die Dimension Besitz bzw. Nichtbesitz an Produktionsmitteln über die Chancenmonopolisierung. Die Macht über die Individuen gründet auf der Teilung der Arbeit, die jeweils mit bestimmten Formen des (Privat-)Eigentums zusammenhängen (vgl. auch: 1973: 414): die Teilung in körperliche und geistige Arbeit, die Trennung in Stadt und Land, die Trennung von Produktion und Verkehr, die translokale Arbeitsteilung (zwischen den Städten), die Konzentration der Arbeiter in Städten bzw. Manufakturen und später Fabriken (vgl. 1973: 380 ff., 520). Für Marx ist Geschichte bislang stets „Geschichte von Klassenkämpfen" (1973: 525), Auseinandersetzungen über die hierarchische Gliederung der Gesellschaft, um Macht und Herrschaft. Dafür muss „jede nach Herrschaft strebende Klasse (…) zuerst die politische Macht erobern (...), um ihr Interesse wieder als das allgemeine (…) darzustellen" (1973: 360); so auch in der Moderne: die Bourgeoisie „schafft sich eine Welt nach ihrem eigenen Bilde" (1973: 530). Motor der als historisch-gesetzesmäßig behaupteten Entwicklung von den Stammes-, über Stadt-, Feudal- und Industriegesellschaft hin zur als klassenlos behaupteten kommunistischen Gesellschaft ist die technische Entwicklung von Produktionsmitteln und die daraus resultierende Veränderung der Arbeitsteilung. Daraus resultiert eine spezifische Produktionsweise mit spezifischen Produktivkräften (Arbeitskraft, Arbeitsmittel, Infrastruktur). Kollidierten Produktivkräfte und die Verkehrsform bzw. die Produktionsverhältnisse, weil die Entwicklung der Produktionsverhältnisse hinter der Entwicklung der Produktivkräfte zurückblieb, zog dies Revolutionen nach sich (vgl. dazu: 1973: 392). Marx unterscheidet für die Industriegesellschaft drei (eigentlich vier) Klassen: die Bourgeoisie, den (durch die Entwicklung zerfallenden) Mittelstand (d.h.: das Kleinbürgertum), das Proletariat sowie das „Lumpenproletariat, diese passive Verfaulung der untersten Schichten der alten Gesellschaft" (1973: 536), dem er die Bereitschaft zu „reaktionären Umtrieben" unterstellt.

In den Überlegungen von Max Weber (1980) wird einmal ergänzend die Dimension Bildung hinzugenommen. Klassen sind dabei Gruppen von Personen in einer besonderen Klassenlage. „Prinzipiell konstituiert die Verfügungsgewalt über jede Art von Genussgütern, Beschaffungsmitteln, Vermögen, Erwerbsmitteln, Leistungsqualifikationen je eine besondere Klassenlage" (1980: 177). Die „Klassenlage" ist damit ganz wesentlich „Marktlage" (vgl. 1980: 532) und ist damit am wirksamsten, wenn „die Verwertung der Macht des Besitzes auf dem Markt möglichst souverän zur Geltung gelangt" (1980: 534).

Weber trennt einmal nach (positiv und negativ privilegierten) Besitz- und Erwerbsklassen. Klassenlagen, zwischen denen auf Personenebene oder in der „Generationenfolge" ein

---

erheblich in Frage gestellt" (2007: 25), denn das familiale Erbe (auch der Großelterngeneration) erweist sich als sehr wichtig. Dies steigert aber eher die Bedeutung der sozialen Herkunft als dass es sie abschwächt.

leichter oder typischer Wechsel erfolgt, fasst Weber als „Soziale Klassen": die Besitzklasse, die Klasse der Bildungsprivilegierten, die Klasse der „besitzlosen Intelligenz und Fachgeschultheit" (Techniker, Angestellte, Beamte), das Kleinbürgertum und die Arbeiterschaft.

Neben die Klasse stellte Weber den „Stand", (amorphe) Gemeinschaften, die versuchen, eine soziale Ordnung und eine Verteilung von (Vor-)Rechten auf Grundlage der sozialen Ehre durchzusetzen. Stände versuchen, Sonderrechte zu monopolisieren auf Grundlage der Kriterien, auf denen ihre besondere soziale Schätzung beruht (Lebensführung, Beruf, Geburt), z.B. die Monopolisierung idealer oder materieller Güter wie Waffentragen, besondere, nur ihnen vorbehaltene Kleidung oder das Vorrecht der Nicht-Arbeit. Politische oder hierokratische Stände streben dagegen eine Monopolisierung von Herrengewalten an (vgl. 1980: 180). Ihnen gegenüber betreibt die Bürokratie die Nivellierung „ständischer Ehre", woraus sich eine „Universalherrschaft der Klassenlage" ergeben kann (vgl. 1980: 562).

Bourdieu (1983) griff in seinen Überlegungen die Weber'sche Differenzierung nach Stand und Klasse wieder auf, bezog für den „Entwurf einer Theorie der Praxis" (1979) Marx aus dem Blickwinkel einer konflikttheoretischen Handlungstheorie (dazu: Käsler 1974) ein – ausgehend von der ersten Feuerbachthese, dass „die Wirklichkeit (…) nicht als sinnliche menschliche Tätigkeit, Praxis" (Marx 1973: 339) erfasst werde (dazu: Bourdieu 1979: 137 ff.) und ergänzte dies um die Überlegungen von Veblen über die Bedeutung von Gesellung und Distinktion (dazu: Bourdieu 1984). Die von ihm als „praxeologisch" bezeichnete Erkenntnisweise der sozialen Welt gründet auf der dialektischen Beziehung zwischen „objektiven Strukturen" und den „strukturierten Dispositionen" (Einstellungen, Praktiken). Letztere wollen die Strukturen aktualisieren und reproduzieren (vgl. 1979: 147). Bourdieu überwindet mit seinem Konzept die Dualismen von subjektiv vs. objektiv, Mikro vs. Makro, Struktur vs. Handlung (vgl. Hradil 1989: 111 f.). Wie Bourdieu (1989) verdeutlicht, sind die alltäglichen Handlungen, der Geschmack und die kulturellen Praktiken nicht einfach Praxis, sondern einmal Ausdruck des Bestrebens nach Abgrenzung sowie des Versuchs, Status- und Machtunterschiede auf der symbolischen Ebene zu reproduzieren. Die (kulturelle) Praxis ist einmal nach Klassen und zum anderen innerhalb der Klassen nach herrschenden bzw. beherrschten Fraktionen (Berufsgruppen) differenziert.[16] Die Vermittlung zwischen Struktur und Praxis erfolgt über den klassen- bzw. fraktionenspezifischen Habitus (vgl. Bourdieu 1979; 1983; 1984). Er ist zum einen das Erzeugungsprinzip von Praxisformen (1979: 159) und hilft zugleich, Praxisformen einordnen zu können (vgl. 1989: 277). Die Praxisformen sind abhängig von Umfang und Struktur des ererbten bzw. Umfang und Struktur des selber erworbenen

---

16 Die Darstellung der objektiven Klassen wird jedoch deutlich kritisiert, vor allem, was das sog. „Kleinbürgertum" angeht: „Bourdieus Beschreibung des Kleinbürgertums scheint manchmal an teilweise überholten Bedingungen der 50er- und 60er-Jahre gebunden zu sein, während die letzte ‚lange Welle' der Modernisierung gerade in diesem Bereich starke Differenzierungen und Distanzchancen gebracht hat" (Schwengel 1992: 83). Eine weitere, auch empirisch differenzierte Kritik findet sich bei Hradil (1989), der die Bourdieu'sche Gruppenbildung (durch Klassen und Fraktionen) zum einen für zu eng, zum andern für zu weit hält, d.h., sie werden der realen Differenzierung nicht mehr gerecht. Außerdem lässt sich die Annahme der einheitlichen Lebenswelt gerade der unteren und mittleren der Klassen und Fraktionen nicht halten; die empirischen Ergebnisse „relativieren vielmehr die Mechanismen, die Bourdieu herausstellt. Sie weisen vielmehr darauf hin, dass jenes fast hermetisch geschlossene System der Reproduktion von Klassenstrukturen qua klassenspezifischer Kulturen (…) so geschlossen nicht ist" (1989: 133).

Kapitals sowie der auf- oder absteigenden bzw. gleich bleibenden „sozialen Flugbahn" (1983: 48).[17]

Die (kulturellen) Praktiken dienen den Handelnden als Unterscheidungszeichen. Sie versuchen, signifikante Unterscheidungskriterien zu finden, die sie in die Interaktionen einbringen. Damit möchten sie gegenüber ihren Interaktionspartnern die Unterschiede oder die Gleichheit von (Klassen-)Stellung und (Klassen-)Lage zum Ausdruck bringen (1983: 57 f.).[18] Kultur ist daher stets ein Mittel zur Distinktion. Die unterschiedlichen Formen des Verhaltens, der Ästhetik bzw. des Geschmacks werden sozial bewertet. Ganz deutlich wird dies am konventionell-hierarchischen Kulturverständnis, das zwischen einer Hoch- einer Alltags- und einer Trivialkultur trennt (vgl. dazu Bühl 1987). Der Geschmack, die Praktiken bzw. die Aneignungsformen von Kultur sind Ausdruck der Ressourcen bzw. des materiellen und symbolischen Kapitals. Sie sollen darüber hinaus auch eine „Manier" ausdrücken, also eine Natur, ein Sein, das aus dem unmittelbaren Haben nicht ableitbar ist, aber Ausdruck der sozialen Position sein soll (vgl. Bourdieu 1983: 60). Soziale Beziehungen drücken daher stets auch die dahinter stehenden Herrschaftsbeziehungen aus (vgl. 1983: 74).

Allerdings ist der „Klassenkonflikt ist nicht per se der Schlüssel für das konflikttheoretische Verständnis moderner gesellschaftlicher Verhältnisse" (Krekel 1998: 33). Jedoch ließ die Pluralisierung mit ihrer Betonung der horizontalen Differenzierung den Blick für die vertikale Abstufung und die damit verbundenen Konflikte und Konfliktpotentiale gerade in den 1980er- Jahren verschwimmen. Die Spreizung der Ungleichheitsskala bzw. die Zunahme von Armut und Reichtum machen aber seit Ende der 90er-Jahre die vertikale Gliederung der Gesellschaft wieder sehr deutlich (dazu u. a.: Barlösius/Ludwig-Meyerhofer 2001; Buhr 2004; Statistisches Bundesamt 2004; Bundesregierung 2005). Der Sozialstaat kann in Deutschland seiner Funktion, durch Schaffen eines materiellen Ausgleichs die Ungleichheit akzeptabel zu machen und darüber für einen inneren Zusammenhalt zu sorgen, nicht mehr länger in der gewohnten Form nachkommen (vgl. dazu: Kaufmann 1997). Dies lässt die unterschiedliche Marktmacht von Gruppen auf gesellschaftlicher Ebene wieder deutlicher zum Vorschein kommen.

Erodiert damit die soziale Kohäsion? Vester (1998) weist auf einen „epistemologischen Bruch" hin zwischen den Milieus der alltäglichen Lebenswelt und den weltanschaulichen, gesellschaftspolitischen Lagern. Die politische Ebene der Klassenverhältnisse erodiert, die interne Heterogenität von „Klassenmilieus" wird dafür stärker sichtbar. Jedoch darf der Prozess der Individualisierung und Ausdifferenzierung von Milieus nicht ahistorisch betrachtet und mit einer „postindustriellen Auflösung von Identitäten und Strukturen" (1998: 140) gleichgesetzt werden. Das bedeutet: Lagerbildungen als Ergebnis sozialer Konflikte sind weiterhin möglich, die Einheit (und Auflösung der Einheit) gesellschaftlicher Großgruppen ist daher stets periodisch zu verstehen (vgl. 1998: 137).

---

17 Z.B. nehmen Aufsteiger wie auch Absteiger zumindest eine Zeitlang Handlungsmuster und Einstellungen ihrer Herkunftsklasse bzw. -fraktion mit.

18 Für die Einordnung von Klassen ist neben der Klassenlage („objektive" Kriterien) die Klassenstellung wichtig, also die Relation zu anderen Klassen und auch anderen Fraktionen der eigenen Klassen, die relative Position in der Sozialstruktur (vgl. Bourdieu 1983: 42 f).

4. „Der Staat" – (modernes) Symbol legitimer Zwangsanwendung

Für Aristoteles (1984) sind Staat bzw. staatliche Gemeinschaft die bedeutendste aller Gemeinschaften. Er ist der Zustand, in dem sich die Entwicklung (des Menschen) vollendet, das Ziel dieser Entwicklung und daher der Zustand, welcher der „Natur" des Menschen entspricht (vgl. 1984: 47 ff.). „Gemeinsamer Ort", Handel und eine Gemeinschaft, „um einander nicht zu schädigen", sind dabei nur notwendige Voraussetzungen für einen (Klein-)Staat: sein eigentliches Ziel besteht im „edlen", vollkommenen und selbständigen Leben der Menschen (1984: 117 f.).

Hegel (1845) sieht im Staat „die selbstbewusste sittliche Substanz – die Vereinigung des Prinzips der Familie und der bürgerlichen Gesellschaft" (1845: 464). Erst im Staat erlangt die sittliche Idee Wirklichkeit. Die Sittlichkeit bedeutet für Hegel die Vollendung des objektiven Geistes.[19] Erst im Staat fallen der Wille des Einzelnen und der allgemeine Wille zusammen; die Vereinigung im Staat ist „wahrhaft Inhalt und Zweck" der Individuen, ihre Bestimmung „ist, ein allgemeines Leben zu führen" (1989: 399). Daher hat auch der Staat „das höchste Recht gegen den Einzelnen" (Baum/Meist 1977: 117). Hegel (1989) wendet sich deshalb auch deutlich gegen die Gleichsetzung von bürgerlicher Gesellschaft und Staat. Dann nämlich wäre „das Interesse der Einzelnen als solcher der letzte Zweck, zu dem sie vereint sind" und die Mitgliedschaft im Staat „etwas Beliebiges" (1989: 399). Die Akteure sind rational-egoistisch: „In der bürgerlichen Gesellschaft ist jeder sich Zweck, alles andere ist ihm nichts" (1989: 339). Ganz im Gegenteil ist aber der Staat die Voraussetzung für die bürgerliche Gesellschaft (vgl. 1989: 339). Letztere ist für Hegel nur „Not- und Verstandesstaat", basierend auf der Erkenntnis wechselseitiger Abhängigkeit und Verflechtung (1989: 340). Die äußere Sicherung der bürgerlichen Gesellschaft erfolgt durch die „polizeiliche Vorsorge" (vgl. 1989: 393), also durch äußeren Zwang. Weil die bürgerliche Gesellschaft nicht auf dem allgemeinen Willen aufbaut (wie der Staat), sondern auf der vertraglichen Einigung der Einzelnen (und damit auf „Willkür, Meinung und beliebige, ausdrückliche Einigung" zurückgeht), sieht Hegel darin „zerstörerische Konsequenzen", wie er am Beispiel der französischen Revolution darlegt (vgl. 1989: 400).

Es geht letztlich um die Frage nach der ‚besten' gesellschaftlichen Ordnung. Die Betonung der Notwendigkeit eines Leviathan als Antwort auf das ‚Hobbes'sche Problem' – homo hominem lupus – ist nur aus einem finalistisch-normativen Denkmuster heraus verstehbar, das ahistorisch vom ‚Wesen des natürlichen Menschen' ausgeht und daraus Normen und Ideale für das Kollektivleben ableitet. Hobbes (1980) verfolgt damit eine vergleichbare Linie wie Aristoteles (1984), der die ideale Staatsverfassung herausarbeiten wollte: die Suche nach dem Ideal bzw. der Utopie (vgl. Cuvillier 1960; Schmoller 1900). Grundlegend ist die Annahme einer unwandelbaren Ordnung auf Basis von ‚Naturgesetzen'. Je nach Vertreter werden daraus mit Blick auf den Staat die Forderung nach einer dominanten staatlichen Zentralgewalt und/oder die Legitimierung einer ständischen Ordnung abgeleitet (vgl. Cuvillier 1960: 3 ff.; Schmoller 1900: 82 f.).

---

19 Der objektive Geist verleiht seinem Begriff, der Freiheit, eine äußerlich-objektive Seite, er erzeugt eine Welt, die durch den Willen bestimmt ist (Hegel 1845: 437). Diese selbst produzierte Wirklichkeit ist eine höhere Form der Realität als die Realität der Natur (vgl. Baum/Meist 1977: 123).

Hobbes' Überlegung, einen (absolutistischen) Machtstaate, den Leviathan, einzurichten, der in der Lage ist, die Gesellschaft zu befrieden, erfolgte vor dem Hintergrund eines seinerzeit drohenden Bürgerkriegs. Dass der Leviathan entstehen kann, ist nach Hobbes ein Vernunftakt der Bürger, die einen Teil ihrer Macht abgeben, aus Angst vor den Folgen eines enthemmten Individualismus. Die Kontrolle der Individuen und der durch sie möglichen Gewalt erfolgt damit durch die Vernunft. Gewalt wird damit zum Ausdruck des Unvernünftigen, des Triebhaft-Natürlichen. Das bedeutet aber: Die Moderne schafft und idealisiert sich selber durch die Dichotomie von Triebhaft-Natürlichem einerseits – das sie ausgrenzt – und des Zivilisiert-Kultiviertem andererseits, das sie inkludiert. Die ‚Geburt' der Moderne, moderner Gesellschaften und des modernen Staates erfolgte aus der Vernunft.[20] Das Zulassen des Staates durch die Bürger ist für Hobbes (1980) ein Produkt der Vernunft.[21] Mit der Diffusion der Moderne verbreitete sich die Vorstellung von der Lenkung des Verhaltens durch „Vernunft". Daraus entstand aber eine folgenschwere Dichotomie: mit Vernunft wurde Gewaltlosigkeit assoziiert, denn dem Verhalten sollte die Kraft des besseren Argumentes zugrunde liegen. Die nichtstaatliche Gewaltanwendung dagegen stand fortan für Unvernunft und Barbarei (vgl. Bonß 1996: 70).[22]

Bei einem „institutionellen Staat" übertragen die Menschen die höchste Macht freiwillig an den Staat, um „aus dem elenden Zustand eines Krieges aller gegen alle gerettet zu werden" (Hobbes 1980: 151). Dazu muss der Staat jedoch über die *unumschränkte* Gewalt verfügen (vgl. 1980: 186), also Machtstaat sein. Um das zu gewährleisten, geben alle ihr natürliches Recht „auf alles" (d.h.: zur Selbstverteidigung) auf (vgl. 1980: 120). Erst dieses Gewaltmonopol macht den Staat zum „Friedensverband" (Merten 1975: 33), denn die wirksame Sanktionsdrohung durch den Staat erzwingt bei den Subjekten die Einsicht, dass die Affektregulierung notwendig ist[23].

Dies schlug sich im deutschsprachigen Raum in einer Veränderung des Gewaltbegriffs nieder: er wandelte sich „von einer relativ engen, konkreten Bezeichnung von Obrigkeiten, deren Legitimität außer Frage steht, hin zu einem breiten und relativ diffusen (...) Bedeutungsgehalt (...), der dazu noch verschiedenartige normative und deskriptive Komponenten transportiert" (Imbusch 2002: 31). Ausgangspunkt war die Trennung in potestas und violentia: Potestas, die „ordnende Amtsgewalt" (Zimmermann 1999: 558), die legitime Durchsetzung innerhalb von Macht- und Herrschaftsbezügen, das „Verfügen-dürfen über andere" (Grimm 2002: 1297), dient zur Eindämmung der „violentia", der bloßen Anwendung „nackter physischer Gewalt" (vgl. Zimmermann 1999: 558).

Private Gewalt sollte aufgrund der überlegenen physischen Mächtigkeit staatlicher Gruppen und Instanzen überflüssig werden (vgl. Hitzler 1999: 12). Eine ‚Lücke' in dieser gene-

---

20 Die aber, wenn sie sich selber absolut setzt, nach Horkheimer/Adorno (1989) wieder in ihr Gegenstück, die ‚Barbarei' umschlagen kann.

21 Auch bei Marx (1973) findet sich später eine ähnliche Dichotomie. Er setzt das Entstehen der Stadt-Land-Differenz in Bezug zum „Übergang aus der Barbarei in die Zivilisation, aus dem Stammeswesen in den Staat" (1973: 379).

22 Mit dem (zunächst absolutistischen) Staat und den Regelungen der bürgerlichen Gesellschaft wurde als neue dichotome Begrifflichkeit ‚gerecht' und ‚ungerecht' eingeführt, die dadurch an die Stelle der naturrechtlich verankerten Dichotomie von ‚gut' und ‚böse' trat (vgl. Hobbes 1980).

23 Gewalt ist dabei zwar „der äußerliche oder erscheinende Anfang der Staaten, nicht aber ihr substanzielles Prinzip" (1844: 391)

ralpräventiven Konzeption besteht darin, dass der Staat die Sanktionen niemals so wirksam androhen kann (und es letztlich auch nicht will), dass allein dadurch potenzielle Gewalttäter von ihrem Handeln abgehalten werden können. Zumindest in demokratisch verfassten Gemeinwesen sind die Regulierungsmöglichkeiten der Zentralgewalt auch ohne das Auftreten anomischer Effekte nicht groß genug, um nur darüber Gewaltfreiheit gesellschaftsweit wirksam durchzusetzen.[24] Das gilt umso mehr, je komplexer und pluraldifferenzierter die (Gegenwarts-)Gesellschaften wurden. Daher drängte die staatliche Monopolmacht auf eine wirksame „kulturelle Ächtung der Gewaltanwendung" (Thomé 2001: 188; vgl. dazu Neidhardt 1986): Relative Gewaltlosigkeit als moralisch begründete Verhaltensforderung soll helfen, Störungen der Ordnung zu verhindern oder auf ein für den Staat ungefährliches Maß zu reduzieren. Das verweist auf die Rolle der (individuellen) Moral und ihre Herstellung über den Sozialisationsprozess, wie sie Durkheim (1988; 1985) beschrieb. Auch darüber wird Akzeptanz für die staatliche Herrschaft erzielt. Sie ist notwendig, da wegen der Knappheit der Ressource Gewalt nicht alle staatlichen Akte mit Gewalt durchgesetzt werden können, ohne dass sich dieses Mittel abnutzt (vgl. Grimm 2002: 1304).

Die Wirklichkeit moderner Gesellschaften ist also in ihrer Konzeption entscheidend mitbestimmt vom (sanktionsbewehrten) Postulat der relativen Gewaltlosigkeit im Inneren, also der moralischen Forderung, im Alltag ohne die Anwendung körperlicher Gewalt zu handeln. Dies ist auch Ausdruck der Erwartung, dass die Verhaltenslenkung moderner Akteure durch Vernunft erfolgen soll. Äußere Voraussetzung dafür ist die Konzentration bzw. Monopolisierung der legitimen Gewalt in zentraler Hand, beim (Macht)-Staat (vgl. Hobbes 1980). Erst die wirksame Sanktionsdrohung durch den Staat erzwingt bei den Subjekten die Einsicht in die Notwendigkeit einer Affektregulierung (vgl. auch Elias 1991: 325). Wegen der Notwendigkeit staatlicher Gewaltkontrolle ist die „Epoche der Moderne (...) der Gewalt viel inniger verbunden als jede andere" (Scheerer 2001: 148).

Die Moderne konnte sich nur unter der Bedingung einer Zähmung der Gewalt im Inneren entwickeln. Dafür musste ein Kristallisationskern geschaffen werden, um den herum sich Solidarität als innerer Zusammenhalt aufbauen konnte, nämlich der Nationalstaat; er ersetzte die Identifikationskerne traditionaler Gesellschaften, die um die Vorstellungen einer durch höhere Mächte begründeten Ordnung organisiert waren. Der Nationalstaat, das politische Produkt der Moderne, wurde zum Mittel der Abgrenzung nach außen und zugleich zur Klammer, die zwischen den verschiedenen gesellschaftlichen Gruppen ein Mindestmaß an Solidarität herstellen sollte, die genau um ihn als Kern aufgebaut war. Er brauchte die Gewaltlosigkeit im Inneren nicht zuletzt aus Gründen der Loyalität. Diese Loyalität besteht nicht mehr gegenüber einem absoluten Monarchen, sondern gegenüber dem (National-)Staat. Damit der sie einfordern kann, muss er seiner selbst auferlegten Aufgabe genügen, im Inneren gewaltfreie Verhältnisse zu schaffen. Dazu bedurfte es des Gewaltmonopols, verstanden als alleiniges Recht des Staates, Rechtsbrüche legitim zu bestrafen. Daraus entstand das „Paradox (...), mit Hilfe der Ausübung von Gewalt gewaltlose Verhältnisse herzustellen" (Eder 1986: 232).

---

24 Letzteres will die Gesellschaft gar nicht: Hier haben sog. „heterotopische Orte" wie z.B. Vergnügungsviertel eine Kanalisierungs- und Ventilfunktion (vgl. Krasmann 1997). Probleme können entstehen, wenn die Gewalt diese Orte verlässt und in andere (Stadt-)Bereiche hineingelangt (vgl. Karstedt 2000) oder wenn sie in diesen Orten nicht mehr regulierbar ist (wie die Herbstunruhen 2005 in den französischen Banlieues).

Entscheidend ist, dass der Prozess der Zivilisation, den sich „die" Moderne auf ihre Fahnen geschrieben hat, gar nicht die Befreiung von Gewalt bedeutet, sondern nur auf eine spezifische Umverteilung abzielt (vgl. Bauman 1996: 38): Die Umdefinition in der Moderne macht die Gewaltanwendung im Inneren zu einem im Wesentlichen alleinigen Recht des Herrschenden in seiner institutionalisierten Form: dem Staat (vgl. auch Merten 1975: 31). Nur er hat das Monopol auf die legitime Anwendung körperlichen Zwangs. Legitime Gewalt im Inneren ist damit nur noch die, die der Staat zulässt (vgl. Weber 1980: 30). Private physische Gewalt blieb zwar als (Jedermann-)Handlungsoption weiter erhalten, wurde aber illegitim bzw. kriminalisiert (vgl. Funk 2002: 1316). Das bedeutet: den Bürgern sollten ihre Zwangsmittel genommen werden.

Die Konzeption des Staates als Machtstaat liegt auch der soziologisch bedeutsamsten Definition von Macht und Herrschaft zugrunde, nämlich den Überlegungen von Weber (1980: 29; 122). Weber bezog die Hobbes'schen Überlegungen zum Leviathan in seine herrschaftssoziologischen Ausführungen ein. Dies zeigt sich an seiner Definition des „politischen Verbandes" und des „Staates". Der „Staat" ist bei Weber (1980) „ein politischer Anstaltsbetrieb", dessen „Verwaltungsstab erfolgreich das Monopol legitimen physischen Zwangs für die Durchführung der Ordnungen in Anspruch nimmt" (1980: 29). Die entscheidende Kategorie ist der Verwaltungsstab, ohne den üblicherweise Herrschaft nicht stattfindet. Die Abgrenzung über das *Mittel*, nämlich die „Gewaltsamkeit", bildet für Weber die einzige Möglichkeit, den Staat *überhaupt* trennscharf zu bestimmen. Über eine Zweckbestimmung ist dies nicht eindeutig möglich, weil politische Verbände immer wieder einmal alle Zwecke verfolgen würden. Erst die erfolgreiche *Monopolisierung* der legitimen Zwangsanwendung macht den Staat zum Staat (vgl. Weber 1980: 29 f.). Folgerichtig charakterisiert Weber die staatliche Herrschaft dann auch als eine „staatliche Gewaltherrschaft" – wenngleich sie bestrebt ist, ihre eigene Gewaltausübung durch Legitimität unsichtbar bzw. zum alleinigen Recht zu machen (vgl. dazu: Parsons 1980; zur Verschleierung von Machtverhältnissen siehe auch Bourdieu 1991).

Herrschaft kann aber nur so lange erfolgreich sein, wie die Legitimität der Zentralgewalt unhinterfragt bestehen bleibt. Wenn nun bei Adressaten die Bereitschaft zur relativen Normtreue oder im politischen Bereich zur Akzeptanz von Zielen, „die nicht im Interesse gesellschaftlicher Mehrheiten oder mächtiger politischer Akteure liegen" (Funk 2002: 1317), nicht mehr gegeben ist, wird prinzipiell die Herrschaft in Frage gestellt. Beispiele dafür sind Rechts- und Linksextremisten oder gewaltbereite religiöse Extremisten. Um Herrschaft wieder herstellen zu können oder um zu dokumentieren, dass die Regeln weiter gültig sind, muss der Staat dauerhaft die Möglichkeit haben, legitime Zwangsmittel anzuwenden (vgl. dazu auch Weber 1973: 162). Diese Zwangsmaßnahmen werden so lange akzeptiert, wie sie rechtsstaatlich abgesichert sind und nach Regeln erfolgen, die für alle gleich sind (vgl. Funk 2002: 1315). Herrschaft fällt aber in den konkreten Handlungssituationen auf Macht zurück, denn der Wille des Herrschenden muss gegen die Widerstände dieser Personen bzw. Gruppen durchgesetzt werden.

In sog. modernen Gesellschaften stehen dahinter die Maxime der rationalen, bürokratischen Herrschaft, die Herrschaft der (scheinbar) unpersönlichen Regel, wie sie Weber (1980: 551 ff.) idealtypisch skizziert hat. Sie setzt den Glauben an die Legitimität der staatlich betriebenen Norm*setzung* (den Rechtspositivismus) und vor allem der Norm*durch*setzung

voraus, denn gerade letztere kann mit der Anwendung von physischer Gewalt verbunden sein. Ziel der Rationalisierung von Herrschaft war auch, das Handeln der Herrschaftsunterworfenen gleichförmig und damit besser berechenbar zu machen; dies steht auch hinter dem Gedanken einer ständischen Nivellierung. Sie erforderte einen spezifischen Verwaltungsstab, die Bürokratie. Jedoch setzt andererseits eine entfaltete Bürokratie den Bestrebungen der politisch Herrschenden bzw. der Macht des Staates deutliche Grenzen: sie können nicht *gegen* eine Bürokratie regieren (vgl. Weber 1980: 572 ff.; vgl. dazu auch Neuenhaus 1998: 81).

Eine andere Antwort auf das Hobbes'sche Problem, wie der Krieg aller gegen aller zu verhindern sei, gaben der funktionalistische Ansatz von Durkheim (1988) bzw. später das strukturfunktionalistisch Modell von Parsons (1972).[25] Durkheim (1988) ging von der Entwicklung hin zu organischer Solidarität (und damit einer bestimmten Moral) zwischen den Akteuren durch die Arbeitsteilung aus (vgl. 1988: 102). Als Effekt der zunehmenden Arbeitsteilung entsteht ein Wandel auf der moralischen Ebene, von der Dominanz der mechanischen hin zur Dominanz der organischen Solidarität.[26] Damit verbunden ist eine grundlegende Änderung der Identitätsvorstellung: Unter der (vormodernen) Bedingung mechanischer Solidarität hatte der Einzelne als Bestandteil des Kollektivs vergleichsweise wenig individuelle Entfaltungsspielräume, seine Identität fiel idealerweise mit der des Kollektivs zusammen. Die organische Solidarität ermöglicht dagegen Individualität bzw. eine individuelle Identität (vgl. Durkheim 1988: 185 ff.). Die Freisetzung aus den (sakralen) kollektiven Verpflichtungen, die aus den starken Gruppenbindungen erwachsen – mithin Individualisierung bei gleichzeitiger Säkularisierung – reduzierte auch die Tötungsdelikte, denn es entfällt der Zwang, Gewalttraditionen praktizieren zu müssen (vgl. Durkheim 1998; Eisner 2002; Thomé 2003).

---

25 Parsons' Antwort war die Integration (der Subjekte) durch eine normative gesellschaftliche Ordnung (vgl. 1972: 22), die durch kulturelle Werte legitimiert wird (vgl. 1986: 23). Dazu sind auch spezifische Persönlichkeiten nötig, „die zu gewissen Graden der Selbstkontrolle und absichtsgeleitetem Verhalten fähig sind" (Parsons 1974). Auch bei Parsons ist eine zivilisierte, d.h., durch ein „Über-Ich" kontrollierte Persönlichkeit für den Bestand moderner, funktional differenzierter Gesellschaften vonnöten.

26 Durkheim (1988) gab dabei trotz seiner pessimistischen Analyse für die Situation in seiner Gegenwartsgesellschaft einen potenziell optimistischen Ausblick auf die Zukunft, denn die zunehmende transnationale Arbeitsteilung bedeutet für ihn die Möglichkeit, dass sich organische Solidarität zwischen den industrialisierten (europäischen) Ländern entwickeln kann (vgl. 1988: 341) – was auch zu einer Reduzierung der Gewalt zwischen ihnen, d.h., der Kriege, führt.

5. Die Erosion von staatlicher Macht und Herrschaft?

5.1 Der Nationalstaat: nicht mehr Herr im eigenen Haus!?

Moderne Gesellschaften werden politisch als Machtstaaten gedacht, die über die Verstetigung formal-bürokratischer Herrschaft eine Ordnung relativ dauerhaft durchzusetzen können: durch die Kontrolle von Verhalten und Einstellungen, die Disziplinierung von Körpern in der Sozialisation, durch gesellschaftliche Sanktionspraktiken (Foucault 1994), in jüngerer Zeit durch technische, bauliche und soziale Kontrolle von Räumen (Legnaro 1997; Krasmann 1997). Die Gültigkeit einer sozialen Ordnung wird auf einen politisch definierten Container-Raum, ein Territorium, ausgedehnt und beschränkt. „Dabei bildet der Staat mit der Monopolisierung der Gewalt (…) einen Körper, den er zu schützen verspricht" (Krasmann 2004: 118). Er garantiert Frieden im Inneren durch die Zivilisierung physischer Gewalt (Elias 1991).

Nach modernem Verständnis zählt der Erhalt des Gewaltmonopols zu den „vitalen Lebensinteressen des Staates" (Merten 1975: 33): Seine Souveränität beruht darauf, das Staatsgebiet zu beherrschen und Gesetze im Notfall auch mit Zwang durchzusetzen zu können. Das Gewaltmonopol räumt der Zentralgewalt, dem Staat, eine besondere Rolle, aber zugleich eine besondere Verantwortung ein. Der Staat fordert vom herrschaftsunterworfenen Bürger bzw. Gesellschaftsmitglied Gewaltlosigkeit – vor allem in den Außenkontakten – ein. Er versucht damit, das Individuum von der Option, physische Gewalt zur Zielerreichung einzusetzen, unter Androhung von Sanktionen abzuhalten. Auch setzt der Staat den Gebrauch von *Gegen*gewalt in strikte, leicht überschreitbare Grenzen (zur Problematik der legalisierten Gewalt vgl. Milanes 1999). Das kann er aber legitimerweise nur, wenn er zum einen dem Gesellschaftsmitglied glaubhaft macht, dass nicht nur er, sondern prinzipiell alle anderen ebenfalls im Wesentlichen auf (private) Gewalt verzichten und dass bei Verstößen dagegen die zentrale Sanktionsmacht groß genug ist, einen hohen Wirkungsgrad dieser Norm (dazu Lamnek 2007: 23) zu garantieren. Die Akzeptanz des Staates und die Legitimität seines Macht- bzw. Herrschaftsanspruchs beruht mit darauf, dass er in der Lage ist, diese Verhaltenserwartungen zu erfüllen und das Gut „innerer Frieden" herzustellen (vgl. dazu Hobbes 1980).

Nach Hobbes (1966: 207) zählen zu den Aufgaben bzw. Pflichten der Herrscher die Verteidigung gegen äußere Feinde, der Erhalt des inneren Friedens und das Sichern der Möglichkeit zum Erwerb und Vermehren von Wohlstand. Ein stabiles staatliches Gewaltmonopol soll bewirken, dass „der einzelne vor dem plötzlichen Überfall, vor dem schockartigen Einbruch der körperlichen Gewalt in sein Leben weitgehend geschützt" (Elias 1991: 321) ist – wobei die erwartete Gegenleistung und zugleich Voraussetzung in selbstregulierter Affektkontrolle und im Gewaltverzicht besteht. Letzteres betrifft auch das Strafen: Die Zentralisierung von Sanktionsmacht bedeutet, dass Strafe als Reaktion auf Gesetzesverstöße bzw. auf physische Gewalt fortan ausschließliche Angelegenheit des Staates ist, Selbstjustiz wird illegal und illegitim. Die Akzeptanz des Staates beruht also nicht zuletzt auch darauf, dass er in der Lage ist, diese Vorgaben, diese Verhaltenserwartungen zu erfüllen. Wenn nun der Legitimitätsglaube, also der Glaube an die (Rechts-)Gründe der Herrschaft, erschüttert wird, erodiert bei Beherrschten (aber auch bei den Herrschenden) die „innerliche Stütze" der Herrschaft (vgl. Weber 1973: 151). Der Kern des Vertrauens liegt hier in der Erwartung, die Interaktion in

öffentlichen Räumen könne ohne das unvermittelte Eindringen von physischer Gewalt erfolgen; sie wird entweder wirksam unterbunden oder auf „heterotopische Orte" reduziert bzw. konzentriert (vgl. Krasmann 1997; Foucault 1991) – und der Aufenthalt in derartigen Räumen (z.B. Vergnügungsvierteln oder ‚sozialen Brennpunkten') lässt sich im Allgemeinen selber bestimmen.[27] Entsteht der Eindruck, der Staat oder seine Kontrollorgane seien dazu nicht mehr in der Lage, kann dies das Vertrauen erschüttern. In der gegenwärtigen Situation eines fortschreitenden Modernisierungsprozesses ist jedoch das Vertrauen, dass der Staat diese Leistung erbringen kann, zu einer schweren Hypothek geworden. Modernisierung bedeutet „Auflösung" (vgl. Scheuch 1991: 122) und bezeichnet einen Prozess des konstruktiven Zerstörens, ein Wechseln von Dekonstruktion und Rekonstruktion. Die Dynamik gegenwärtiger Modernisierungs- bzw. Globalisierungsprozesse lässt Raum und Zeit auseinanderfallen (vgl. Giddens 1995a): Lokales kann durch Entferntes strukturiert werden, soziale Beziehungen werden aus der lokalen Integration herausgehoben. Gerade deswegen erlangt das Vertrauen, dass bestimmte Ereignisse zuverlässig eintreten werden, eine besondere Bedeutung.

Hier bietet sich daher ein Ansatzpunkt für (politische) Moralunternehmer, den Staat zu delegitimieren, indem sie dem Bürger den Eindruck vermitteln, der Staat habe diese seine Zentralfunktion bereits verloren oder sei gerade dabei, sie zu verlieren. Auf der anderen Seite können Vertreter des Staates solche (Kriminalitäts-)Ängste gezielt funktionalisieren, um damit eine Ausweitung staatlicher Kontrollbefugnisse und damit eine Ausweitung des Gewaltmonopols zu erreichen.

Im Diskurs um die Strafverfolgung bzw. die Sanktionshärte, der seit Anfang/Mitte der 1990er Jahre öffentlich-politisch geführt wird, geht es letztlich auch um die Befürchtung, ob der Staat durch Permissivität seinen Autoritätsanspruch verliert. Da weder eine veränderte Sanktionshärte einen nennenswerten präventiven Effekt hat noch in der Bevölkerungsmeinung im Allgemeinen die (lange) Gefängnisstrafe eine hohe Präferenz aufweist (vgl. Kunz 2006), ist eher davon auszugehen, dass hier „symbolische Politik mit dem Strafrecht" (Lehne 1998) betrieben wird. Herausforderungen für den Staat entstanden durch Formen politischer Betätigung jenseits der offiziellen Politik und die neuen sozialen Bewegungen seit den 1970er bzw. 1980er Jahren, die transnational vernetzten Globalisierungsgegner der Gegenwart, der transnationale Terrorismus.

Die intensiven politischen Bemühungen um eine Kontrolle der ‚neuen' Sicherheitsrisiken weisen jedoch darauf hin, dass die traditionalen „Formen territorialer Kontrolle und nationalstaatlicher Strafverfolgung" (Funk 2002: 1324) an ihre Grenzen gestoßen sind. Sie werden ergänzt und vielleicht auch sukzessive ersetzt durch transnationale Formen der Strafverfolgung und militärische Sicherheitskonzepte. Ein Problem ist jedoch, dass sich die transnationalen ordnungspolitischen Konzeptionen der Gegenwartsgesellschaften immer mehr vom

---

27 Ein geographisch entferntes Beispiel mit jedoch ähnlichem Grundmuster gibt Inhetveen (2007) in ihrer Analyse der Macht- und Herrschaftsverhältnisse in afrikanischen Flüchtlingslagern. Flüchtlingslager sind „Orte, die zum Territorium eines Staates gehören, an denen aber seiner Regierung – trotz des eigenen Anspruchs – Souveränität nur eingeschränkt zugesprochen wird" (2007: 69). Auch hieran wird die Überlagerung des Nationalstaatsraumes (mit dem Anspruch der territorialen Kontrolle) von anderen, transnationalen Räumen sichtbar; hier wird sie verkörpert durch den UNHCR. Es zeigt sich daran auch, dass dieses Phänomen als Resultat der Globalisierung nicht nur auf sog. westliche Staaten beschränkt ist. Bei ihnen kommt es vor allem durch transnationale Migration, transnationalen Terrorismus und transnationale Kriminalität zum Tragen (vgl. Luedtke 2007: 40, 52).

Bürger, vom Gesellschaftsmitglied entfernt haben (vgl. Gill 2002) und das Risiko beinhalten, dass die staatliche Zwangsgewalt Legitimitätsverluste erfährt, da keine dauernde Kontrolle durch (nationale) Justiz und Volksvertretung mehr gewährleistet ist (vgl. Funk 2002: 1325). Transnationale Strafverfolgung und transnationale Territorialkontrolle ohne transnationale Kontrolle durch den Souverän, das Volk, kann mächtige supranationale Akteure entstehen lassen, deren Macht nicht mehr auf Nationalstaatsebene kontrollierbar ist. Möglicherweise hat also der „normale europäische Nationalstaat" als „Zentrum der Macht- und Identitätsbildung" (Schwengel 1994: 82) ausgedient, aber eine angemessene Neuordnung steht immer noch aus.

5.2 Herausforderung: transnationaler Terrorismus

Genau hier greift auch die Herausforderung vor allem durch den ‚neuen', transnationalen Terrorismus. Bereits in den 1970er und 1980er Jahren bildete in Deutschland der RAF-Terrorismus eine der Herausforderungen für den Staat, auf die dieser mit einer Ausweitung repressiver Maßnahmen regierte, so dass es zu einer wechselseitigen Eskalation zwischen Terrorismus und „Sicherheitsstaat" kam (vgl. Brand 1987). Im Gegensatz zum Terrorismus des ‚alten' Typs, der meist räumlich auf das Territorium eines bestimmten Nationalstaats begrenzt war und Vertreter sowie Symbole des gehassten politischen Systems angegriffen hat, sind die Angriffsziele und damit die Opfer des neuen, transnationalen Terrorismus (Infrastruktur, ‚Ungläubige') sehr vage gehalten und vor allem wesentlich diffuser als bei den bisherigen, weltlich motivierten Terrorgruppen (vgl. Schneckerer 2006: 102 f.). Dahinter steht, dass der neue Terrorismus, anders als der RAF-, ETA- und IRA-Terror, die „als interessiert unterstellten Dritten" – Unterdrückte, Marginalisierte, die mobilisiert werden sollen – nicht explizit benötigt und sie daher auch nicht schonen muss (vgl. Münkler 2003: 14 ff.). Der Kampf der neuen Terroristen ist ein ‚heiliger Krieg' und damit Ausdruck einer kulturellen und religiösen „Identitätspolitik", bei der ein privatisierter kleiner Krieg zur Lebensform wird (Karstedt 2002: 127 ff). Die Strategie, werterational eine religiöse ‚Wahrheit' und die über sie legitimierten politischen Ziele vorrangig vor dem staatlichen Frieden zu sehen, ist jedoch ein bewusster Angriff auf die moderne Staatlichkeit (vgl. Grzeszick 2004: 68). Die Konfrontation erfolgt dabei mit einem nichtstaatlichen Gegner, der die kodierten internationalen Regeln für eine Konfliktaustragung durch organisierte private Gewalt bzw. einen privatisierten Krieg unterläuft. Der ‚neue' Terrorismus plant keine Kontrolle des Territoriums der attackierten Staaten, möchte aber dennoch seine scheinbar überlegene Aktionsmacht zum Ausdruck bringen. Dazu will er durch seine Aktionen möglichst untragbare Kosten hervorrufen – d.h.: möglichst viele Menschenopfer erzielen, die Wirtschaft der verhassten westlichen Länder schwächen –, um damit den „Gegner ohne die militärische Ausschaltung seines Repressionsapparates zur Resignation in seinem politischen Willen zu zwingen" (Münkler 2004: 21).

Dafür greifen die ‚neuen' Terroristen das staatliche Territorium verdeckt von innen heraus an. Dies stört die Prozesse sozialer, selbst organisierter Raumbildung, die über Infrastruktur erfolgen, über Freiheits- und Freizügigkeitsrechte abgesichert und typische Kennzeichen moderner, demokratischer Gesellschaften sind. Wenn die staatliche Kontrolle des

Territoriums in Frage gestellt oder der Glaube daran wirksam erschüttert wird, erfolgt soziale Raumbildung unter der Bedingung von Unsicherheit (vgl. Luedtke 2007: 46).

Die (Nationalstaats-)Grenze, durch die symbolisch der Raum gekennzeichnet und objektiviert wird, hat durch das Handeln der Terroristen an Bedeutung und Wirksamkeit verloren. Dass geschieht zunächst nicht sichtbar, weil die Mitglieder von Terrorzellen scheinbar unter Anerkennung der Regeln legal die Grenze übertreten und sich an ausgewählten Orten niederlassen. Orte im Nationalstaatsraum überschneiden sich damit zunächst mit Orten im Raum einer Terrororganisation. Dieser Raum ist variabel, nicht symbolisch durch eindeutige Grenzen gekennzeichnet und hat keine feste Territorialität. Die für die (Selbsttötungs-)Anschläge ausgewählten Orte (U-Bahnstationen, Bahnhöfe, Hochhäuser) werden temporär umfunktioniert bzw. verlieren ihre Funktion im Nationalstaatsraum durch Zerstörung (vgl. Luedtke 2007: 46).

Begreifen wir den Machtstaat als Ort legitimer Gewalt, wird einmal von der Anbieterseite (also dem Staat, vertreten durch die Parteien) versucht, das Machtmonopol über eine formal korrekt (qua Gesetzgebungsverfahren) gesatzte Erweiterung der Kontrollbefugnisse auszudehnen (z.B. durch das Artikel-10-Gesetz oder das Terrorismusabwehrgesetz). Es wird damit auch gleichsam mehr Nationalstaat angeboten. Zudem kann die Nachfrage nach ‚Staat' durch die Verunsicherung und die Ängste der Bürger steigen. Dem Staat wird also die erweiterte Anwendung von Zwang seitens der „Unterworfenen" zugebilligt. Das bedeutet: Die legale Herrschaft wird keinesfalls eingeschränkt oder in Frage gestellt, sondern sogar noch erweitert. Damit stirbt auch der Nationalstaat nicht ab (vgl. Vorländer 2001: 4). Vielmehr ergeben sich durch den Terrorismus Möglichkeiten, Existenz und Ausbau des Nationalstaats als Macht- und Kontrollstaat zu legitimieren – wenngleich Staat und Politik der vermehrten Nachfrage nach dem Staat als Machtstaat nur begrenzt gerecht werden können. Wirksames Vorgehen wird daher eher im transnationalen Rahmen möglich sein. Dazu aber müssten die Nationalstaaten bereit sein, einen Teil ihrer Macht- und Kontrollbefugnisse abzutreten. Dies scheint aber auf europäischer Ebene eher weniger in Sicht zu sein (vgl. dazu: Baukloh et al. 2005). Der immer wieder politisch angeregte Diskurs um die Innere Sicherheit birgt dann das Risiko, wie Cremer-Schäfer (1995) festhält, dass „Sicherheitspanik" und „Moralpanik" miteinander verbunden werden und das Ziel eher in der Durchsetzung einer moralisch ‚richtigen' Lebensführung besteht. Die Anti-Terrorismusdebatte hat dann (ebenso wie die Gewaltdebatte der 1990er Jahre und die Drogendebatte, die seit den 80er Jahren immer wieder aufkommt, gegenwärtig zu legalen Drogen) eher die Funktion der Herrschaftsverdeutlichung, und -stabilisierung denn einer realen Problemlösung.

Literatur

Abels, Heinz (1993): Jugend vor der Moderne. Opladen: Leske + Budrich.

Aebersold, Peter (2005): Ist Resozialisierung als Ziel des Strafvollzugs noch zeitgemäss? In: Sozial Aktuell, Jg. 37, Nr. 21. 2-6.

Alonso, Alejandro A. (1998): Urban graffiti on the city landscape. Paper presentation, Western Graduate Geography Conference, San Diego, CA. http://www.streetgangs.com/academic/alonsograffiti.pdf, [05.07.06]

Aristoteles (1984): Politik (übersetzt und herausgegeben von Olaf Gigon). 5. Aufl., München: Deutscher Taschenbuch Verlag.

Baacke, Dieter (1993): Jugend und Jugendkulturen. Darstellung und Deutung. Weinheim: Juventa.

Barlösius, Eva/Ludwig-Meyerhöfer, Wolfgang (Hrsg.) (2001): Die Armut der Gesellschaft. Opladen: Leske + Budrich.

Baukloh, Anja/Glaeßner/Gert-Joachim/Lorenz, Astrid (2005): Vergleichende Beobachtungen zur Europäisierung der inneren Sicherheit. In: Glaeßner, Gert-Joachim/Lorenz, Astrid (Hrsg.): Europäisierung der inneren Sicherheit. Wiesbaden: VS Verlag. 245-272.

Baum, Manfred/Meist, Kurt Rainer (1977): Recht-Politik-Geschichte. In: Pöggeler, Otto (Hrsg.): Hegel. Freiburg i. Br.: Verlag Karl Alber. 106-126.

Bauman, Zygmunt (1996): Gewalt – modern und postmodern. In: Miller; Max/Soeffner, Hans-Georg (Hrsg.): Modernität und Barbarei. Frankfurt/M.: Suhrkamp. 36-67.

Baumert, Jürgen/Schümer, Gundel (2002): Familiäre Lebensverhältnisse; Bildungsbeteiligung und Kompetenzerwerb im nationalen Vergleich. In: Deutsches PISA-Konsortium (Hrsg.): PISA 2000. Die Länder der Bundesrepublik im Vergleich. Opladen: Leske + Budrich. 159-202.

Beck, Ulrich/Beck-Gernsheim, Elisabeth (1990): Das ganz normale Chaos der Liebe. Frankfurt/M.: Suhrkamp

Becker, Howard S. (1973): Außenseiter. Zur Soziologie abweichenden Verhaltens. Frankfurt/M.: Fischer.

Blasius, Jörg (1994): Verdrängungen in einem gentrifizierten Gebiet. In: Dangschat, Jens/Blasius, Jörg (Hrsg.): Lebensstile in den Städten. Konzepte und Methoden. Opladen: Leske + Budrich. 408-425.

BMBF (Hrsg.) (2004): Die wirtschaftliche und soziale Lage der Studierenden in der Bundesrepublik Deutschland 2003. 17. Sozialerhebung des Deutschen Studentenwerks durchgeführt durch HIS. (unter: http://www.bmbf.de).

(BMFSFJ) Bundesministerium für Familie, Frauen, Senioren und Jugend (Hrsg.) (2004): Lebenssituation, Sicherheit und Gesundheit von Frauen in Deutschland. Zusammenfassung zentraler Studienergebnisse. Berlin. (unter: www.bmfsfj.de).

Bonacker, Torsten (2005): Exklusion als Macht. Zu den Bedingungen der Konfliktträchtigkeit sozialer Ausgrenzung. In: Journal für Konflikt- und Gewaltforschung, Jg. 7, H. 2. 41-67. unter: http://www.ijcv.org/docs/jkg/2-2005/bonacker.pdf.

Bourdieu, Pierre (1979): Entwurf einer Theorie der Praxis. Frankfurt/M.: Suhrkamp.

Bourdieu, Pierre (1983): Zur Soziologie der symbolischen Formen. Frankfurt/M.: Suhrkamp.

Bourdieu, Pierre (1984): Sozialer Raum und Klassen. Leçon sur la leçon. Zwei Vorlesungen. Frankfurt/M.: Suhrkamp.

Bourdieu, Pierre (1989): Die feinen Unterschiede. Frankfurt/M.: Suhrkamp

Borscheid, Peter (1990): Jugend und Alter. Zum Verhältnis der Generationen zwischen den Revolutionen 1789/1918. In: Archiv für Sozialgeschichte. XXX. Band. 1-15.

Bourdieu, Pierre (1991): Physischer, sozialer und angeeigneter physischer Raum. In: Wentz, Martin (Hrsg.): Stadt-Räume. Frankfurt/M.: Campus-Verlag. 25-34.

Brand, Karl-Werner (1987): Kontinuität und Diskontinuität in den neuen sozialen Bewegungen. In: Roth, Roland/Rucht, Dieter (Hrsg.): Neue soziale Bewegungen in der Bundesrepublik Deutschland. Frankfurt/M.: Campus-Verlag. 30-44.

Buchner, Gabriele/Cizek, Brigitte/Gössweiner, Veronika/Kapella, Olaf/Pflegerl, Johannes/Steck, Maria (2001): Gewalt gegen Kinder. In: Bundesministerium für Soziale Sicherung und Generationen (Hrsg.): Gewalt in der Familie. Wien. 75-259.

Bühl, Walter L. (1987): Kulturwandel. Für eine dynamische Kultursoziologie. Darmstadt: Wissenschaftliche Buchgesellschaft.

Buhr, Petra (2004): Armut und Armutsentwicklung in Deutschland. Status Quo und mögliche Folgen der Reformpolitik. In: Reihe ZES-Arbeitspapiere Nr. 4/2004 (Hrsg.: Universität Bremen, Zentrum für Sozialpolitik). (download unter: http://www.zes.uni-bremen.de/pages/download.php?ID=215&SPRACHE=DE&TABLE=AP&TYPE=PDF

Die Bundesregierung (Hrsg.) (2005): Lebenslagen in Deutschland. Der 2. Armuts- und Reichtumsbericht der Bundesregierung. http://www.bundesregierung.de/Anlage798441/attach.ment
Anhang Armuts- und Reichtumsbericht 04/05 (Tabellen):
http://www.bmgs.bund.de/download/broschueren/A332_Anhacnge210405.pdf

Claessens, Dieter (1980) : Das Konkrete und das Abstrakte. Frankfurt/M.: Suhrkamp.

Claessens, Dieter (2000): Macht und Herrschaft, soziale Zwänge und Gewalt. In: Korte, Hermann/Schäfers, Bernhard (Hrsg.): Einführung in Hauptbegriffe der Soziologie. 5. erw. u. akt. Aufl., Opladen: Leske + Budrich. 159-170.

Cremer-Schäfer, Helga (1995): Über den politischen und professionellen Nutzen „steigender Kriminalität". In: Bauhofer, Stefan/Bolle, Pierre (Hrsg.): Innere Sicherheit – Innere Unsicherheit. Reihe Kriminologie, Bd. 13, Zürich: Verlag Rüegger. 131-151.

Cuvillier, Armand (1960): Kurzer Abriss der soziologischen Denkweise. Stuttgart: Ferdinand Enke Verlag

Dewey, John (2001): Die Öffentlichkeit und ihre Probleme. Berlin/Wien: Philo Verlagsgesellschaft.

Döge, Peter (2000): Geschlechterdemokratie als Männlichkeitskritik. Männerforschung, Männerpolitik und der „neue Mann". In: Aus Politik und Zeitgeschichte, B 31-32/2000. (herunterladen unter: http://www.bpb.de/publikationen/6ZRPD5,0,Geschlechterdemokratie_als_M%E4nnlichkeitskritik.html).

Domansky, Elisabeth (1986): Politische Dimensionen von Jugendprotest und Generationenkonflikt in der Zwischenkriegszeit in Deutschland. In: Dowe, Dieter (Hrsg.): Jugendprotest und Generationenkonflikt in Europa im 20. Jahrhundert. Bonn: Verlag Neue Gesellschaft. 113-137.

Dombrowsky, Wolf (2005): Terrorismus und die Verteidigung des Zivilen. In: Aus Politik und Zeitgeschichte B44/2004. 33-38.

Dubet, Francois (2002): Jugendgewalt und Stadt. In: Heitmeyer, Wilhelm/Hagan, John (Hrsg.): Internationales Handbuch der Gewaltforschung. Wiesbaden: Westdeutscher Verlag. 1171-1192.

Durkheim, Emile (1984): Erziehung, Moral und Gesellschaft: Vorlesung an der Sorbonne 1902/1903. Frankfurt/M.: Suhrkamp.

Durkheim, Emile (1985): Soziologie und Philosophie. Frankfurt/M.: Suhrkamp.

Durkheim, Emile (1988): Über soziale Arbeitsteilung. 2. Aufl., Frankfurt/M.: Suhrkamp.

Eder, Klaus (1986): Die Zivilisierung staatlicher Gewalt. Eine Theorie der modernen Strafrechtsentwicklung. In: Neidhardt, Friedhelm (Hrsg.): Sonderband 27, Kölner Zeitschrift für Soziologie und Sozialpsychologie, Opladen: Westdeutscher Verlag. 232-262.

Eisner, Manuel (2002): Langfristige Gewaltentwicklung: Empirische Befunde und theoretische Erklärungsansätze. In: Heitmeyer, Wilhelm/Hagan, John (Hrsg.): Internationales Handbuch der Gewaltforschung. Wiesbaden: Westdeutscher Verlag. 58-79.

Elias, Norbert (1991): Über den Prozess der Zivilisation. 16. Aufl., Bd. 2. Frankfurt/M.: Suhrkamp.

Emge, Richard M. (1978): Zum Sozialprestige der Lebensalter. In: Abhandlungen der Geistes- und Sozialwissenschaftlichen Klasse, Nr. 3, Jg. 1978. 3-44.

Farin, Klaus (2001): generation kick.de. Jugendsubkulturen heute. München: C. H. Beck.

Foucault, Michel (1991): Andere Räume. In: Wentz, Martin (Hrsg.): Stadt-Räume. Frankfurt/M.: Campus. 65-72.

Foucault, Michel (1994): Überwachen und Strafen. Frankfurt/M.: Suhrkamp.

Foucault, Michel (1999): Botschaften der Macht. (Hrsg. von Jan Engelmann). Stuttgart: Deutsche Verlags-Anstalt

Fuchs, Marek/Sixt, Michaela (2007): Zur Nachhaltigkeit von Bildungsaufstiegen. In: Kölner Zeitschrift für Soziologie und Sozialpsychologie, Jg. 59. 1-29.

Schäfer, Mechthild/Frey, Dieter (Hrsg.) (1999): Aggression und Gewalt unter Kindern und Jugendlichen. Göttingen: Hofgrefe-Verlag.

Funk, Albrecht (2002): Staatliches Gewaltmonopol und Kriminalpolitik. In: Heitmeyer, Wilhelm/Hagan, John (Hrsg.): Internationales Handbuch der Gewaltforschung. Wiesbaden: Westdeutscher Verlag. 1314-1338.

Gadd, David/Farrall, Stephen/Dallimore, Damian/Lombard, Nancy (2002): Domestic Abuse Against Men in Scotland. Scottish Executive Central Research Unit. Edinburgh.

Geißler; Rainer (2002): Die Sozialstruktur Deutschlands. 3. grundl. üb. Aufl., Wiesbaden: Westdeutscher Verlag.

Giddens, Anthony (1995): Soziologie. Graz-Wien: Nausner & Nausner.

Gildemeister, Regine (2004): Doing Gender: Soziale Praktiken der Geschlechterunterscheidung. In: Ruth Becker, Ruth/Kortendiek, Beate (Hrsg): Handbuch Frauen- und Geschlechterforschung. Wiesbaden: VS Verlag. 132-140.

Gill, Bernhard (2002): Organisierte Gewalt als „dunkle Seite" der Modernisierung. In: Soziale Welt, Jg. 53, H. 1. 49-66.

Goffman, Erving (1973): Asyle. Über die soziale Situation psychiatrischer Patienten und anderer Insassen. Frankfurt/M.: Suhrkamp.

Goffman, Erving (1980): Rahmen-Analyse. Frankfurt/M.: Suhrkamp.

Griese, Hartmut (2000): „Jugend(sub)kulturen": Facetten, Probleme und Diskurse. In: Roth, Roland/Rucht, Dieter (Hrsg.): Jugendkulturen, Politik und Protest. Vom Widerstand zum Kommerz? Opladen: Leske + Budrich. 37-48.

Griese, Hartmut M. (1983): Probleme Jugendlicher oder „Jugend als soziales Problem"? Thesen zur Vermittlung von Jugendtheorie und Theorie sozialer Probleme. In: Brusten, Manfred/Malinowski, Peter (Hrsg.): Jugend, ein soziales Problem? Opladen: Westdeutscher Verlag.

Grimm, Dieter (2002): Das staatliche Gewaltmonopol. In: Heitmeyer, Wilhelm/Hagan, John (Hrsg.): Internationales Handbuch der Gewaltforschung. Wiesbaden: Westdeutscher Verlag. 1297-1313.

Groenemeyer, Raimer (1997): Krieg der Generationen. Frankfurt/M.: Suhrkamp.

Grzeszick, Bernd (2004): Staat und Terrorismus. S. 55-81. In: Klein, Eckart/Hacke, Christian/Grzeszick, Bernd (Hrsg.): Der Terror, der Staat und das Recht. Berlin: Duncker & Humblot.

Hafeneger, Benno (1994): Jugend-Gewalt. Zwischen Erziehung, Kontrolle und Repression. Opladen: Leske + Budrich.

Häussermann, Hartmut/Siebel, Walter (1996): Soziologie des Wohnens. Eine Einführung in Wandel und Ausdifferenzierung des Wohnens. Weinheim: Juventa.

Hegel, Georg Wilhelm Friedrich (1845): Enzyklopädie der philosophischen Wissenschaften im Grundrisse. 4. unv. Aufl., Berlin: Verlag von Dunker und Humblot.

Hegel, Georg Wilhelm Friedrich (1989): Grundlinien der Philosophie des Rechts. 2. Aufl. Frankfurt/M.: Suhrkamp.

Heinrich, W. (2002): Gewalt im Gefängnis – eine Untersuchung der Entwicklung von Gewalt im hessischen Strafvollzug. In: Bewährungshilfe, Jg. 49, H. 4. 369-383.

Hitzler, Ronald (1999): Gewalt als Tätigkeit. Vorschläge zu einer handlungstypologischen Begriffserklärung. In: Neckel, Sighard/Schwab-Trapp, Michael (Hrsg.): Ordnungen der Gewalt. Beiträge zu einer politischen Soziologie der Gewalt und des Krieges. Opladen: Leske + Budrich. 9-19.

Hitzler, Ronald (1997): „Der Vorhang im Tempel zerreißt...". Orientierungsprobleme im Übergang zu einer ‚anderen' Moderne. In: Beck, Ulrich/Sopp, Peter (Hrsg.): Individualisierung und Integration. Neue Konfliktlinien und neuer Integrationsmodus? Opladen: Leske + Budrich. 49-64.

Hobbes, Thomas (1966): Vom Menschen. Vom Bürger. 2. verb. Aufl., Hamburg.

Hobbes, Thomas (1980): Leviathan. Stuttgart: Enke Verlag.

Horkheimer, Max/Adorno, Theodor (1989): Dialektik der Aufklärung. Frankfurt/M.: Fischer.

Hradil, Stefan (1987): Sozialstrukturanalyse in einer fortgeschrittenen Gesellschaft. Opladen: Leske + Budrich.

Hradil, Stefan (1989): System und Akteur. Eine empirische Kritik der soziologischen Kulturtheorie Piere Bourdieus. In: Eder, Klaus (Hrsg.): Klassenlage, Lebensstil und kulturelle Praxis. Frankfurt/M.: Suhrkamp. 111-142.

Hradil, Stefan (1999): Soziale Ungleichheit in Deutschland. 7. Aufl., Opladen: Leske + Budrich.

Hradil, Stefan (2001): Soziale Ungleichheit in Deutschland. 8. Aufl., Opladen: Leske + Budrich.

Hurrelmann, Klaus (2002): Einführung in die Sozialisationstheorie. 8., vollst. üb. Aufl., Weinheim: Juventa.

Hüser, Dietmar (2006): Plurales Frankreich in der unteilbaren Republik – Einwürfe und Auswüchse zwischen Vorstadt-Krawallen und Kolonial-Debatten. In: Frankreich-Jahrbuch 19. 9-30.

Imbusch, Peter (2002): Der Gewaltbegriff. In: Heitmeyer, Wilhelm/Hagan, John (Hrsg.): Internationales Handbuch der Gewaltforschung. Wiesbaden: Westdeutscher Verlag. 26-57.

Inhetveen, Katharina (2007): Der Nationalstaat und das internationale Flüchtlingsregime: Perspektiven der Herrschaft im Flüchtlingslager. In: Bemerburg, Yvonne/Niederbacher, Arne (Hrsg.): Die Globalisierung und ihre Kritik(er). Wiesbaden: VS Verlag. 57-71.

Ipsen, Detlev (2002): Die Kultur der Orte. Ein Beitrag zur sozialen Strukturierung des städtischen Raumes. In: Löw, Martina (Hrsg.): Differenzierungen des Städtischen. Opladen: Leske + Budrich. 233-246.

Janssen, Andrea (2002): „Es ist ne soziale Gegend". Benachteiligende Effekte in Migrantenvierteln? In: Walther, Uwe-Jens/Mensch, Kirsten (Hrsg.): Armut und Ausgrenzung in der „Sozialen Stadt". Darmstadt: Satz- und Verlagsgesellschaft Darmstadt. 25-42.

Karstedt, Susanne (2000): Der urbane Raum als Zentrum sozialer Prozesse. In: Ludwig-Mayerhofer, Wolfgang (Hrsg.): Soziale Ungleichheit, Kriminalität und Kriminalisierung. Opladen: Leske + Budrich. 23-47.

Karstedt, Susanne (2002): Terrorismus und „Neue Kriege". In: Kriminologisches Journal 34. 124-131.

Käsler, Dirk (1974): Wege in die soziologische Theorie. München: Nymphenburger Verlagshandlung.

Kaufmann, Franz-Xaver (1997): Geht es mit der Integrationsfunktion des Sozialstaats zu Ende? In: Hradil, Stefan (Hrsg.): Differenz und Integration. Die Zukunft moderner Gesellschaften. Verhandlungen des 28. Kongresses der Deutschen Gesellschaft für Soziologie in Dresden 1996. Frankfurt/M.: Campus. 135-153.

Keim, Karl-Dieter (2003): Das Fenster zum Raum. Opladen: Leske + Budrich.

Kersten, Joachim (1993): Jugendgangs und Männlichkeit in Australien; Japan und Deutschland: Kulturvergleichende Betrachtungen. In: Jahrbuch der Kindheit, Jg. 10. 74-86.

Klocke, Andreas (1998): Reproduktion sozialer Ungleichheit in der Generationenfolge. In: Berger, Peter A./Vester, Michael (Hrsg.): Alte Ungleichheiten, neue Spaltungen. Opladen: Leske + Budrich. 211-230.

Korte, Karl-Rudolf (2001): Regieren. In: Korte, Karl-Rudolf/Weidenfeld, Werner (Hrsg.): Deutschland. Trendbuch. Opladen: Leske + Budrich. 515-546.

Krasmann, Susanne (1997): Andere Orte der Gewalt. In: Krasmann, Susanne/Scheerer, Sebastian (Hrsg.): Die Gewalt in der Kriminologie. Kriminologisches Journal, 6. Beiheft. Weinheim: Juventa. 85-102.

Krasmann, Susanne (2004): Die Materialität der Gewalt. In: Kriminologisches Journal 36. 109-126.

Kreckel, Reinhard (1998): Klassentheorie am Ende der Klassengesellschaft. In: Berger, Peter A./Vester, Michael (Hrsg.): Alte Ungleichheiten, neue Spaltungen. Opladen: Leske + Budrich. 31-48.

Krüger, Heinz-Herman (Hrsg.) (1985): „Die Elvis-Tolle, die habe ich mir unauffällig wachsen lassen". Lebensgeschichte und jugendliche Alltagskultur in den fünfziger Jahren. Opladen: Leske + Budrich.

Kunz, Karl-Kudwig (2006): Kriminologie. 4. Aufl., Stuttgart: Enke-Verlag.

Kühnel, Wolfgang/Matuschek, Ingo (1995): Gruppenprozesse und Devianz. Weinheim: Juventa.

Lamnek, Siegfried (2007): Theorien abweichenden Verhaltens. 8. Aufl., München: Fink-Verlag.

Lamnek, Siegfried/Luedtke, Jens (2005): Gewalt in der Partnerschaft: wer ist Täter, wer ist Opfer? In: Kury, Helmut/Obergfell-Fuchs, Joachim (Hrsg): Gewalt in der Familie. Für und wider den Platzverweis. Freiburg i. Br.: Lambertus-Verlag. 37-69.

Läpple, Dieter (1991): Gesellschaftszentriertes Raumkonzept zur Überwindung von physikalisch-mathematischen Raumauffassungen in der Gesellschaftsanalyse. In Wentz, Martin (Hrsg.): Stadt-Räume. Frankfurt/M.: Campus. 35-46.

Legnaro, Aldo (1997): Konturen der Sicherheitsgesellschaft: Eine polemisch-futurologische Skizze. In: Leviathan, H. 2, 271-284.

Lehne, Werner (1994): Symbolische Politik mit dem Strafrecht. Versuch einer Reinterpretation des Diskurses um symbolisches Strafrecht. In: KrimJ Jg. 26, H. 3, 210-223.

Lenz, Karl (1990): Mehr Chancen, mehr Risiken.: Zum Wandel der Jugendphase in der Bundesrepublik. In: Hettlage, Robert (Hrsg.): Die Bundesrepublik. Eine historische Bilanz. München: C. H. Beck. 215-233.

Löw, Martina (2001): Raumsoziologie. Frankfurt/M.: Suhrkamp.

Lucke, Doris (2002): Soziale Kontrolle. In: Enderuweit, Günter/Trommsdorff, Gisela (Hrsg.): Wörterbuch der Soziologie. 2. Aufl., Stuttgart: Lucius & Lucius. 292-295.

Luedtke, Jens (2007): Globaler Wandel: Nationalstaaten und nationale Gesellschaften unter Druck In: Bemerburg, Yvonne/Niederbacher, Arne (Hrsg.): Die Globalisierung und ihre Kritik(er). Wiesbaden: VS Verlag. 40-56.

Luedtke, Jens (2007a): Gewalt in der Partnerschaft. Erscheint in: Egg, Rudolf/Dessecker, Axel (Hrsg.): Private Gewalt. Wiesbaden.

Marx, Karl (1973): Die Frühschriften. (Hrsg. v. Siegfried Landshut). Stuttgart: Kröner-Verlag.

Merten, Dieter (1975): Rechtsstaat und Gewaltmonopol. Reihe: Recht und Staat, Heft 442/443. Tübingen: Verlag J.C.B. Mohr (Paul Siebeck).

Milanes, Alexander (1999): Notwehr. Zur strategischen Operationalisierung legalisierter Gewalt. In: Neckel, Sighard/Schwab-Trapp, Michael (Hrsg.): Ordnungen der Gewalt. Beiträge zu einer Soziologie der Gewalt und des Krieges. Opladen: Leske + Budrich. 21-32.

Münkler, Herfried (2004): Ältere und jüngere Formen des Terrorismus. In: Weidenfeld, Werner (Hrsg.): Herausforderung Terrorismus. Wiesbaden: VS Verlag. 29-43.

Nassehi, Armin (1995): Der Fremde als Vertrauter. Soziologische Betrachtungen zur Konstruktion von Identitäten und Differenzen. In: Kölner Zeitschrift für Soziologie und Sozialpsychologie, Jg. 47, H. 3. 443-463.

Neidhardt, Friedhelm (1986): Gewalt. Soziale Bedeutungen und sozialwissenschaftliche Bedingungen des Begriffs. In: Bundeskriminalamt (Hrsg.): Was ist Gewalt? Auseinandersetzungen mit einem Begriff. Bd. I: Strafrechtliche und Sozialwissenschaftliche Darlegungen. Wiesbaden: Bundeskriminalamt. 109-147.

Neuenhaus, Petra (1998): Max Weber: Amorphe Macht und Herrschaftsgehäuse. In: Imbusch, Peter (Hrsg.): Macht und Herrschaft. Sozialwissenschaftliche Konzeptionen und Theorien. Opladen: Leske+Budrich. 77-94.

Nogala, Detlef (1999): Gating the Rich, Barcoding the Poor. In: Neckel, Sighard/Schwab-Trapp, Michael (Hrsg.): Ordnungen der Gewalt. Opladen: Leske + Budrich. 49-83.

Parsons, Talcott (1974): Einige grundlegende Kategorien der Handlungstheorie. In: Mühlfeld, Claus/Schmid, Michael (Hrsg.): Soziologische Theorie. Hamburg: Hoffmann u. Campe.

Parsons, Talcott (1980): Theorie der sozialen Interaktionsmedien. (Hrsg. v. S. Jensen). Opladen: Westdeutscher Verlag.

Parsons, Talcott (1972): Das System moderner Gesellschaften. Opladen: Westdeutscher Verlag.

Parsons, Talcott (1986): Gesellschaften. Evolutionäre und komparative Perspektiven. Frankfurt/M.: Suhrkamp.

Popitz, Heinrich (1992): Phänomene der Macht. Tübingen: J.C.B. Mohr (Paul Siebeck)..

Reulecke, Jürgen (1986): Jugendprotest – ein Kennzeichen des 20. Jahrhunderts? In: Dowe, Dieter (Hrsg.): Jugendprotest und Generationenkonflikt in Europa im 20. Jahrhundert. Bonn: Verlag Neue Gesellschaft. 1-12.

Rosenmayr, Leopold (1988): Alter und Jugend. Historische Ideen, soziale Realisierung. In: Hoffmann, H. (Hrsg.): Jugendwahn und Altersangst. Frankfurt/M.: Athenäum Verlag. 68-92.

Roth, Lutz (1983): Die Erfindung des Jugendlichen. Weinheim: Juventa.

Scheerer, Sebastian (2001): Verstehen und Erklären von Gewalt – ein Versprechen der Moderne. In: Albrecht, Günter/Backes, Otto/Kühnel, Wolfgang (Hrsg.): Gewaltkriminalität zwischen Mythos und Realität. Frankfurt/M.: Suhrkamp. 147-164.

Scheuch, Erwin K. (1991): Schwierigkeiten der Soziologie mit dem Prozess der Modernität. In: Zapf, Wolfgang (Hrsg.): Die Modernisierung moderner Gesellschaften. Verhandlungen des 25. Deutschen Soziologentags in Frankfurt/M. 1990. Frankfurt/M.: Campus. 109-139.

Schmoller, Gustav (1900): Über einige Grundfragen der Sozialpolitik und Volkswirtschaftslehre. Berlin: Duncker & Humblot.

Schneckerer, Ulrich (2006): Transnationaler Terrorismus. Frankfurt a. M: Suhrkamp.

Schwengel, Hermann (1992): Aufrichtigkeit, Authentizität und Stil. Die Grenzen der feinen Unterschiede. In: Hradil, Stefan (Hrsg.)· Zwischen Bewusstsein und Sein. Opladen. Leske + Budrich. 81-102.

Simmel, Georg (1992): Soziologie. Untersuchungen über die Formen der Vergesellschaftung. Frankfurt/M.: Suhrkamp.

Smaus, Gerlinda (2003): Die Mann-von-Mann-Vergewaltigung als Mittel zur Herstellung von Ordnungen. In: Lamnek, Siegfried/Boatca, Manuela (Hrsg.): Geschlecht – Gewalt – Gesellschaft. Opladen: Leske + Budrich. 100-122.

Statistisches Bundesamt (2004): Datenreport 2004. Wiesbaden. Unter: http://www.destatis.de/download/d/datenreport/datrep04gesch.pdf

Straus, Murray (2001): Physical Aggression in the Family. In: Martinez, Manuela (Ed.): Prevention and control of aggression and the impact of its victims. New York: Kluwer Academic/Plenum. 1-20.

Straus, Murray (1997): Physical Assaults by Women Partners: A Major Social Problem. In: Walsh, M. R. (Ed.): Women, Men and Gender: Ongoing debates. New Haven: Yale Univ. Press. 210-221.

Straus, Murray (2006): Dominance and Symmetry in Partner Violence by Male and Female University Students in 32 Nations. Unter: http://pubpages.unh.edu/~mas2.

Thiele, Gisela/Taylor, C. S. (1998): Jugendkulturen und Gangs. Eine Betrachtung zur Raumaneignung und Raumverdrängung nachgewiesen an Entwicklungen in den neuen Bundesländern und den USA. Berlin: Verlag für Wissenschaft und Bildung.

Thome, Helmut (2001): Hilft uns die Kriminalgeschichte, Kriminalität in Gegenwartsgesellschaften zu verstehen? In: Albrecht, Günter/Backes, Otto/Kühnel, Wolfgang (Hrsg.): Gewaltkriminalität zwischen Mythos und Realität. Frankfurt/M.: Suhrkamp. 165-194.

Thome, Helmut (2003): Theoretische Ansätze zur Erklärung langfristiger Gewaltkriminalität seit Beginn der Neuzeit. In: Heitmeyer, Wilhelm/Soeffner, Hans-Georg (Hrsg.): Gewalt. Frankfurt/M.: Suhrkamp. 315-345.

Tjaden, Patricia/Thoennes, Nancy (2000): Full Report of the Prevalence, Incidence and Consequences of Violence Against Women, National Institute of Justice, NCJ 183781, US Department of Justice.

Tönnies, Ferdinand (1926): Soziologische Studien und Kritiken. Dritte Sammlung. Jena: Verlag von Gustav Fischer.

Vester, Michael (1998): Klassengesellschaft ohne Klassen. In: Berger, Peter A./Vester, Michael (Hrsg.): Alte Ungleichheiten, neue Spaltungen. Opladen: Leske + Budrich. 109-148.

v. Trotha, Trutz (2005): Der Aufstieg des Lokalen. In: Aus Politik und Zeitgeschichte 28-29/2005. 32-38.

v. Wiese, Leopold (1962): Das Ich-Wir-Verhältnis. Berlin: Dunker & Humblot.

v. Wiese, Leopold (1966): System der allgemeinen Soziologie. 4. Aufl., Berlin: Dunker & Humblot.

Vorländer, Hans (2001): Die Wiederkehr der Politik und der Kampf der Kulturen. In: Aus Politik und Zeitgeschichte B52-53/2001. 3-6.

Wacquant, Lois (2005): Roter Gürtel, schwarzer Gürtel: Rassentrennung, Klassenungleichheit und der Staat in der französischen Peripherie und im amerikanischen Ghetto. In Häussermann, Hartmut/Kronauer, Martin/Siebel, Walter (Hrsg.): An den Rändern der Städte Frankfurt/M.: Suhrkamp. 148-200.

Walby, Sylvia/Allen, Jonathan (2004): Domestic violence, sexual assault and stalking: Findings from the British Crime Survey. Home Office Research, Development and Statistics Directorate. Home Office Research Study 276. London.

Walter, Michael (1999): Jugendkriminalität. 2. Aufl., Stuttgart: Boorberg.

Watermann, Rainer (2005): Politische Sozialisation von Kindern und Jugendlichen. In: Aus Politik und Zeitge-
    schichte 41/2005. 16-21. (herunterladbar unter: http://www.bpb.de/files/ZIH77Z.pdf)
Weber, Max (1973): Die drei Typen der legitimen Herrschaft. In: Weber, Max: Soziologie, Universalgeschichtliche
    Analysen, Politik (Hrsg. von Johannes Winckelmann). Stuttgart: Kröner-Verlag. 151-166.
Weber, Max (1980): Wirtschaft und Gesellschaft. Tübingen: J.C.B. Mohr (Paul Siebeck).
Wetterer, Angelika (2004): Konstruktion von Geschlecht: Reproduktion der Zweigeschlechtlichkeit. In: Becker,
    Ruth Kortendiek/Beate (Hrsg.): Handbuch Frauen- und Geschlechterforschung. Wiesbaden: VS Verlag.
    122-131.
Wewer, Göttrik (2001): Demokratie, Demokratisierung. In: Schäfers, Bernhard/Zapf, Wolfgang (Hrsg.): Handwör-
    terbuch zur Gesellschaft Deutschlands. Opladen: Leske + Budrich. 115-126.
Winter, Matthias (1984): Kindheit und Jugend im Mittelalter. Freiburg i. Br.: Lambertus-Verlag.
Wirth, Wolfgang (2006): Gewalt unter Gefangenen. Kernbefunde einer empirischen Studie im Strafvollzug des
    Landes Nordrhein-Westfalen. (Hrsg.: Kriminologischer Dienst des Landes NRW). Düsseldorf.
Woyke, Wichard (2001): Politik, soziale Grundlage. In: Schäfers, Bernhard/Zapf, Wolfgang (Hrsg.): Handwörter-
    buch zur Gesellschaft Deutschlands. Opladen: Leske + Budrich. 510-518.
Zimmermann, Ekkart (1999): Politische Gewalt: Rebellion, Revolution, Krieg. In: Albrecht, Günter/Groenemeyer,
    Axel/Stallberg, Friedrich (Hrsg.): Handbuch soziale Probleme. Opladen/Wiesbaden: Westdeutscher Verlag.
    556-574.

Einführende Literatur

Claessens, Dieter (2000): Macht und Herrschaft, soziale Zwänge und Gewalt. In: Korte, Hermann/Schäfers, Bern-
    hard (Hrsg.): Einführung in Hauptbegriffe der Soziologie. 5. erw. u. akt. Aufl., Opladen: Leske + Budrich.
    159-170.
Popitz, Heinrich (1992): Phänomene der Macht. Tübingen: J. C. B. Mohr.
Weber, Max (1980): Wirtschaft und Gesellschaft. Tübingen: J. C. B. Mohr.
Weber, Max (1973): Die drei Typen der legitimen Herrschaft. In: Weber, Max: Soziologie, Universalgeschichtliche
    Analysen, Politik (Hrsg. von Johannes Winckelmann). Stuttgart: Kröner-Verlag. 151-166.

Weiterführende Literatur

Bonacker, Torsten (2005): Exklusion als Macht. Zu den Bedingungen der Konfliktträchtigkeit sozialer Ausgrenzung.
    In: Journal für Konflikt- und Gewaltforschung, Jg. 7, H. 2. 41-67. unter: http://www.ijcv.org/docs/jkg/2-2005/
    bonacker.pdf.
Grimm, Dieter (2002): Das staatliche Gewaltmonopol. In: Heitmeyer, Wilhelm/Hagan, John (Hrsg.): Internationales
    Handbuch der Gewaltforschung. Wiesbaden: Westdeutscher Verlag. 1297-1313.
Korte, Karl-Rudolf (2001): Regieren. In: Korte, Karl-Rudolf/Weidenfeld, Werner (Hrsg.): Deutschland. Trendbuch.
    Opladen: Leske + Budrich. 515-546.

Medien und Gesellschaft

Nicole Zillien und Thomas Lenz

1. Medien und Gesellschaft – eine Einleitung

In dem 1774 erschienenen Briefroman „Die Leiden des jungen Werther" schildert Goethe die Verzweiflung eines unglücklich verliebten jungen Mannes, der aus seiner glücklosen Liebe keinen anderen Ausweg mehr weiß, als sich selbst zu töten. Das zur Zeit seiner Veröffentlichung umstrittene Werk Goethes fand schnell eine große Anhängerschaft: Vor allem junge Intellektuelle verfielen dem so genannten *Wertherfieber*, welches beispielsweise in einer an die Kleidung der Hauptfigur angelehnten Mode – gestiefelt, blauer Frack und gelbe Weste – Ausdruck fand. Zudem führte der fiktionale Selbstmord Werthers zu einer ganzen Reihe realer Nachahmungstaten (vgl. Ziegler/Hergerl 2002: 41). Da „itzo die Exempel des Selbstmordes frequenter werden" (zitiert nach Eibl/Jannidis/Willems 1998) beschloss der Leipziger Stadtrat 1775 kurzerhand, den Verkauf der Schrift zu verbieten. Ein Verbot, das den Erfolg des „Werther" nicht verhindern konnte.

Zwei Jahrhunderte später prägte ein amerikanischer Soziologe den Begriff des *Werther effect* (vgl. Phillips 1974): Dieser Begriff besagt, dass eine intensive Mediendarstellung von Suiziden mit einem Anstieg der Selbstmordrate einhergeht (vgl. Brosius/Esser 1995: 61). Die Nachahmungstaten würden dabei meist mit ähnlichen Mitteln und an ähnlichen Orten ausgeführt wie der berichtete Suizid. Tatsächlich konnte empirisch ein Anstieg der Selbstmordziffer sowohl im Nachgang zu realen als auch zu fiktionalen Selbstmorden nachgewiesen werden: Beispielsweise traten nach dem Suizid von Marylin Monroe fast zweihundert zusätzliche, das heißt statistisch nicht erwartbare Selbstmorde auf (vgl. Phillips 1974), und auch die Ausstrahlung einer amerikanischen Seifenoper Ende der 1970er Jahre führte zu Imitationen (vgl. Phillips 1982). Für Deutschland konnte gezeigt werden, dass der sechsteilige Film „Tod eines Schülers", in dem sich ein Jugendlicher vor einen Zug wirft, ebenfalls Nachahmungstaten induzierte: Insbesondere in der Gruppe der 15-19-jährigen männlichen Jugendlichen traten im Anschluss an die Fernsehausstrahlung vermehrt Suizide auf, die sich derselben Methode bedienten (vgl. Schmidke/Häfner 1986). Ein Anstieg der Selbstmordrate infolge medialer Suiziddarstellung ist demnach empirisch gut belegt (vgl. Blood/Pirkis 2001c; Brosius/Esser 1995; Welz 1992). Ein kritischer Forschungsüberblick hält dabei fest, dass die Nachweise für den Werther-Effekt im Fall der Berichterstattung über reale Selbstmorde belastbarer sind als für Nachahmungstaten bei fiktionalen Suiziden in Film, Fernsehen, Musik oder Theaterstücken (vgl. Blood/Pirkis 2001a; Blood/Pirkis 2001b). Weiterhin weisen Studien darauf hin,

dass weniger die Berichterstattung zu Suiziden an sich, als vielmehr die Art und Weise der medialen Darstellung für die Auslösung von Nachahmungstaten ausschlaggebend sein dürfte (vgl. Fiedler/Neverla 2003: 558). Studien zu den Auswirkungen medialer Suiziddarstellung gehen der Frage nach, wie und in welchem Ausmaß Medien auf ihre Rezipienten einwirken, welche direkten Kopplungen zwischen der Realität der Medien und einer sie umgebenden gesellschaftlichen Realität existieren und wie unerwünschte Folgen des Medienkonsums verhindert werden können.

Der Werther-Effekt wird im öffentlichen Diskurs häufig im Sinne eines *Reiz-Reaktions-Mechanismus* dargelegt: Die Mediendarstellung eines Selbstmordes führt demnach zu entsprechenden Nachahmungstaten auf Seiten der Rezipienten. Eine solche, eher simple These der direkten Medienwirkung lässt sich jedoch nur für wenige Phänomene empirisch bestätigen und auch in Bezug auf den Werther-Effekt kann – worauf im folgenden Kapitel noch näher eingegangen wird – nur sehr eingeschränkt von einem solchen Mechanismus gesprochen werden. Dennoch wird das Stimulus-Response-Modell oftmals als Ausgangspunkt der Medienwirkungsforschung dargestellt, und zudem in der öffentlichen Diskussion um die problematischen Aspekte des Medienkonsums oft unbewusst als gültiges Wirkungsmodell unterstellt. Die Diskussion um Gewaltdarstellungen in den Medien operiert beispielsweise häufig mit der Unterstellung eines direkten Wirkungszusammenhangs zwischen medialer und realer Gewalt.

Das nächste Kapitel widmet sich den Anfängen der Medienwirkungsforschung und skizziert, inwiefern das Stimulus-Response-Modell als Ursprungsidee zum Zusammenhang von Medien und Gesellschaft gelten kann. In den darauf folgenden Kapiteln werden die unterschiedlichen, differenzierteren Ansätze, die zum Einfluss von Medien auf gesellschaftliche Zusammenhänge existieren, im Überblick dargestellt. Die verschiedenen Theorien werden zunächst jeweils in ihren Grundzügen erläutert und anhand klassischer Studien veranschaulicht. In einem weiteren Schritt werden dann die Ergebnisse aktueller Untersuchungen berichtet, wobei der Fokus auf den Bereichen *Schule, Jugend und Internet* liegt.

2. Die Anfänge der Medienwirkungsforschung

Seit dem Ende des 19. Jahrhunderts gewannen nach und nach der Film, das Radio und schließlich auch das Fernsehen im Alltagsleben an Bedeutung. In der Bevölkerung beförderten Propaganda und Werbemaßnahmen die Vorstellung von einer Allmacht der Medien und auch für die Medienforschung dieser Zeit wird vielfach behauptet, dass sie – im Sinne eines Stimulus-Response-Modells – von einer *direkten* Wirkung der Medien auf die Rezipienten ausging (vgl. Bonfadelli/ Wirth 2005: 568 f.; Jäckel 2005). Als Kernaussage dieses Stimulus-Response-Modells gilt, „dass sorgfältig gestaltete Stimuli jedes Individuum der Gesellschaft über die Massenmedien auf die gleiche Weise erreichen, jedes Gesellschaftsmitglied die Stimuli in der gleichen Art wahrnimmt und als Ergebnis eine bei allen Individuen identische Reaktion erzielt wird" (Schenk 2002: 24). Als klassisches Beispiel für diese Phase der Medienwirkungsforschung wird die Ausstrahlung des amerikanischen Radiohörspiels *The Invasion from Mars* am 30. Oktober 1938 angesehen. In diesem im Nachrichtenformat gestalteten Hörstück wurde von der Landung bedrohlicher Marsianer berichtet. Der Rundfunkbeitrag führte teilweise zu panischen Hörerreaktionen, obwohl im Laufe der Sendung mehrfach Hinweise auf die Fiktionalität des Inhalts erfolgten:

> Lange bevor die Sendung zu Ende war, beteten und weinten viele Menschen in den Vereinigten Staaten und versuchten, außer sich vor Angst, zu fliehen, um dem Tod durch die Marsmenschen zu entkommen. Andere telefonierten, um sich zu verabschieden oder zu warnen; sie alarmierten die Nachbarn, versuchten Informationen aus den Tageszeitungen oder von den Funkhäusern zu bekommen, riefen Ambulanz und Polizei an. Wenigstens sechs Millionen Menschen hörten die Sendung. Wenigstens eine Million von ihnen war ängstlich oder aufgeregt. (vgl. Cantril 1965/1985: 15)

Auch wenn das Hörspiel bemerkenswerte Auswirkungen hatte, liefert das einfache Grundschema des Stimulus-Response-Modells nur auf den ersten Blick eine Erklärung. Die Ausstrahlung des Hörspiels bewirkte zwar bei einigen Rezipienten unmittelbare Reaktionen, doch ein Großteil der Radiohörer war sich der Fiktionalität des Stückes bewusst. Somit führte das Hörspiel keinesfalls bei *allen* Individuen, die es wahrnahmen, zu *identischen* Reaktionen. Demnach ist eine erste Differenzierung des Stimulus-Response-Modells unabdingbar: Es macht einen großen Unterschied, ob ein Zusammenhang von Reiz und Reaktion für die Individual- oder für die Gesellschaftsebene behauptet wird (vgl. Brosius/Esser 1998: 355). Die oben genannte Definition des Modells besagt, dass *jeder* in gleicher Art und Weise auf einen gegebenen Medienstimulus reagiert. Es wird somit behauptet, dass ein Medienbericht zu nahezu identischen Reaktionen auf der Individualebene führe – also zu der gleichen Reaktion jedes einzelnen Rezipienten. Der Werther-Effekt beispielsweise nimmt jedoch an, dass nach der medialen Darstellung eines Selbstmordes die Suizid*rate* steigt. Es wird *nicht* davon ausgegangen, dass *jeder* Goethe-Leser nach der Lektüre des Liebesromans zur Schusswaffe greift. Im Falle einer *gesellschaftsbezogenen* Untersuchung des Stimulus-Response-Modells wird vielmehr beobachtet, inwiefern Medienstimuli die Wahrscheinlichkeit für das Auftreten bestimmter Reaktionen auf der Gesellschaftsebene erhöhen. Der jeweils gegebene Reiz führt bei einer gesellschaftsbezogenen Betrachtung demnach keinesfalls zur gleichen Reaktion bei jedem Rezipienten. Auch den Pionieren der Medienwirkungsforschung kann eine solch simplifizierende Vorstellung nicht unterstellt werden. Das *Office of Radio Research* beispielsweise stellte zwei Jahre nach der Ausstrahlung des Hörspiels *The Invasion from Mars* die Ergebnisse einer empirischen Untersuchung

vor. Diese oftmals der Phase des Stimulus-Response-Modells zugeordnete Studie enthält differenzierte und weit über ein Reiz-Reaktions-Denken hinausgehende Ergebnisse. Beispielsweise wurde eine Klassifikation der Hörer je nach Rezeption der Sendung vorgeschlagen (vgl. Cantril 1965/1985: 20 ff): Es wurden Hörer, die die innere Beweisführung des Hörspiels prüften und entdeckten, dass es sich um Fiktion handelt von jenen Hörern unterschieden, die die Sendung durch andere Informationen überprüften und erfuhren, dass es sich um ein Hörspiel handelt; weiterhin wurde differenziert zwischen Hörern, die versuchten, das Programm durch andere Informationen zu überprüfen, aber aus verschiedenen Gründen weiterhin glaubten, dass die Sendung eine authentische Nachrichtensendung sei und solchen, die keinen Versuch machten, die Sendung oder die Ereignisse zu überprüfen, da sie beispielsweise aus Panik gar nicht an eine Überprüfung dachten. Diese Einteilung in unterschiedliche Rezeptionsgruppen zeigt, dass schon die damaligen Medienforscher von individuell unterschiedlichen Reaktionen ausgingen. Zudem wird deutlich, dass die Wirkung eines Mediums analytisch nicht so leicht in den Griff zu bekommen ist.

Im Allgemeinen werden unter Medienwirkungen „alle Veränderungen, die ganz, partiell oder in Wechselwirkung mit anderen Faktoren auf den Kontakt mit Medien und deren Inhalten zurückgeführt werden können" (Fahr 2005: 187) verstanden. Dabei liegt der Fokus der Medienwirkungsforschung nicht allein auf der Frage, was die Medien mit den Menschen machen. Es wird vielmehr ein aktiver und selektiver Nutzer von Medien unterstellt – die zentrale Fragestellung der Medienwirkungsforschung lautete somit schon sehr bald „Was machen die Menschen mit den Medien?" (vgl. Katz/Foulkes 1962: 378). Eben diese Perspektive nimmt insbesondere der im Folgenden vorgestellte *Nutzen- und Belohnungsansatz* ein.

3. Aktive Mediennutzer und der Nutzen- und Belohnungsansatz

Im Kern behauptet der Nutzen- und Belohnungsansatz, dass Mediennutzer aktive, rationale und intentional handelnde Individuen sind. Mediengebrauch basiert demnach auf Motiven und Interessen des Nutzers, der durch seine Mediennutzung konkrete Ziele verfolgt. Fokus der meist empirischen Forschung ist es deshalb, die Bedürfnisse, die die Verwendung eines Mediums aus Sicht des Nutzers befriedigt, herauszufinden. Die im Zuge der Mediennutzung befriedigten Bedürfnisse werden mit dem Begriff der *Gratifikation* bezeichnet. Eine klassische Studie der Gratifikationsforschung ist eine von Herta Herzog im Jahr 1944 publizierte Arbeit, die die Nutzung von *Soap Operas* untersucht. Die Studie zeigt, dass die untersuchten Hörerinnen durch die Seifenopern eigene, nicht realisierte Wünsche kompensierten, eigenes Versagen auf die Figuren der Serien projizierten und Anregungen für ihr Rollenhandeln aus den täglichen Radiosendungen zogen (vgl. Herzog 1944).

Die Gratifikationen eines Mediums werden in empirischen Studien üblicherweise durch Befragungen der Mediennutzer erhoben. Dieses Vorgehen setzt die Annahme voraus, dass sich die Rezipienten der Gratifikationen ihrer Mediennutzung bewusst sind. Eine Möglichkeit, erwartete oder erhaltene Gratifikationen abzufragen, besteht in der Formulierung offener Fragen (wie z.B. „Warum hören Sie Seifenopern im Radio?"), wobei die Antworten im Nach-

hinein strukturiert werden. Eine systematischere Vorgehensweise besteht darin, Statements zu den Gratifikationen eines Mediums zu formulieren und dann abzufragen, inwiefern die Medienutzer diese als zutreffend bezeichnen. Zur Gratifikationsmessung der Fernsehnutzung nennt Schenk (2002: 643) beispielsweise folgende Fragebogenstatements: „weil es mich entspannt", „damit ich nicht allein bin", „weil ich Freude daran habe" oder auch „weil es spannend ist".

Dieser Methode folgend befragte Samuel Ebersole (2000) knapp achthundert amerikanische Schüler zur Art und Weise ihrer Internetnutzung in der Schule. Zu den Aussagen, die sich mit den Gratifikationen der schulischen Internetnutzung befassten, gehörten beispielsweise folgende Statements: „so that I can do better in school", „because it's fun", „when I'm bored", „to look up music and concert information", etc. (vgl. Ebersole 2000: 8 f.). Ebersole konnte die Gratifikationen der schulischen Internetnutzung zu acht Kategorien zusammenfassen. Dabei stellte sich heraus, dass die Schüler der niedrigeren Klassen eher angaben, das Internet zur Unterhaltung oder zum Zeitvertreib zu nutzen. Insgesamt setzten die Schüler jedoch nach eigenen Angaben über die Hälfte der schulischen Internetzeit für Lern- und Informationszwecke ein. Eine im Anschluss an die Befragung durchgeführte Inhaltsanalyse der tatsächlich in den schuleigenen Pools genutzten Internetseiten bestätigte diese Angaben jedoch nicht: Lediglich 27 Prozent der von den Schülern besuchten Seiten konnten der Kategorie *Information und Lernen* zugeordnet werden. Entweder hatten die Schüler demnach sozial erwünscht geantwortet und deshalb den Anteil an informationsbezogenen Internetnutzungsformen übertrieben oder sie versuchten tatsächlich, im angegebenen Ausmaß sich der Informationssuche zu widmen, hatten jedoch aufgrund fehlender Kompetenzen Schwierigkeiten bei der Umsetzung. Ebersole führt in seinem Resümee jedenfalls an, dass die Internetverbreitung in Schulen gleichzeitige Maßnahmen zur Verbesserung der Medienkompetenz erfordere (vgl. Ebersole 2000: 15).

Studien zur Nutzung des Internets nehmen oftmals Bezug auf den Nutzen- und Belohnungsansatz, da die Vorstellung eines aktiven und rational handelnden Medienakteurs insbesondere im Hinblick auf das Internet plausibel erscheint. Vor allem in Bezug auf das Fernsehen wird das Rezipientenbild des Ansatzes jedoch oftmals als „Überforderung" verstanden (vgl. Mehling 2001: 102). Als zentraler Kritikpunkt wird dann formuliert, dass die Verwendung von Medien im Nutzen- und Belohnungsansatz grundsätzlich als eine aktive, rationale, begründete und zielgerichtete Handlung angesehen wird, wobei sich jedoch sowohl empirische Evidenzen als auch anekdotische Belege dafür finden lassen, dass die Nutzung von Medien vielfach eine passive, beliebige und ziellose Handlungsweise ist. Diesen Kritikpunkt – und weitere – hat die Gratifikationsforschung als Herausforderung angenommen und in zahlreichen Fortentwicklungen umgesetzt (vgl. z.B. Jäckel/Reinhardt 2001; Früh/Schönbach 1982; Jäckel 1992). Die Internetforschung zeigt dabei aufs Neue, dass der Nutzen- und Belohnungsansatz zum festen Inventar der Medienwirkungsforschung gehört, gleichzeitig aber offen für Weiterentwicklungen sein muss (vgl. Ruggiero 2000: 28 f.).

Als ein zentraler Befund ist jedenfalls festzuhalten, dass die Vorstellung allmächtiger Medien, die den Menschen vorgeben, was sie denken sollen, mit dem Nutzen- und Belohnungsansatz als endgültig überwunden gilt. Die im folgenden beschriebene Idee des *Agenda Setting* schließt sich dem jedoch nur mit Einschränkungen an: Es wird behauptet, dass die Medien zwar nicht bestimmen, *was* die Menschen denken, aber doch, *worüber* sie nachdenken (vgl. Cohen 1965: 13).

4. Agenda-Setting-Forschung

Das, was in der Welt passiert, erfahren wir in weiten Teilen aus den Massenmedien. Eine wichtige Aufgabe von Journalisten ist in diesem Zusammenhang, darüber zu entscheiden, über welche Ereignisse und Themen die Medien in welcher Intensität berichten. Die *Agenda-Setting-Forschung* geht davon aus, dass die Häufigkeit und Intensität der Berichterstattung sich in der Bedeutung, die das Publikum den jeweiligen Themen zumisst, widerspiegelt. Daraus folgt nach Cohen, einem Vordenker der Agenda-Setting-Theorie, „that the world looks different to different people, depending not only on their personal interests, but also on the map that is drawn for them by the writers, editors, and publishers of the papers they read" (Cohen 1965: 13). Diese These hat im Hinblick auf politische Berichterstattung hohe Relevanz. Wenn die These des Agenda Setting zutrifft, so gilt, dass Rezipienten beispielsweise in Wahlkampfzeiten den Medien entnehmen, welche politischen Themen aktuell an erster Stelle stehen. Die übernommene Rangordnung von Themen wiederum dürfte direkte Auswirkungen auf das Wahlverhalten haben. Im amerikanischen Präsidentschaftswahlkampf von 1968 wurde zum ersten Mal empirisch untersucht, inwiefern die in den Medien hervorgehobenen Themen auch vom Publikum als dringlich erachtet wurden (vgl. McCombs/Shaw 1972). Es wurden dabei einhundert noch unentschlossene Wähler aus Chapel Hill in North Carolina gebeten, die ihrer Meinung nach bedeutendsten Handlungsfelder der zukünftigen Regierung anzugeben – die genaue Frage lautete: „What are you *most* concerned about these days? That is, regardless of what politicians say, what are the two or three *main* things which you think the government *should* concentrate on doing something about?" (McCombs/Shaw 1972: 178). Auf Rezipientenseite wurde so eine Rangordnung der Themen erhoben, die mit der Rangordnung in den Medien verglichen werden sollte. Zeitgleich zur Befragung wurden deshalb Inhaltsanalysen der Fernsehnachrichten, Zeitschriften und Zeitungen durchgeführt, die die Interviewten im Untersuchungszeitraum zur Kenntnis genommen hatten. Als zentrales Untersuchungsergebnis lässt sich festhalten, dass die Medienagenda in weiten Teilen mit der Publikumsagenda übereinstimmte, die Befragten also jene Themen als besonders wichtig ansahen, über die auch in den Medien intensiv berichtet wurde.

In der Chapel Hill-Studie klingt schon an, dass zwischen verschiedenen Agenden differenziert werden muss: Unter der Medienagenda wird die Rangordnung von Themen in Zeitungen, Zeitschriften, Fernsehen und Hörfunk verstanden. Diese wird durch inhaltsanalytische Methoden erfasst, indem man je nach Umfang, Aufmachung oder Platzierung der Berichterstattung den Themen einen Rang zuweist. Die Publikumsagenda umfasst hingegen die relative Bedeutung bestimmter Themen in der Bevölkerung und wird üblicherweise durch Befragungen ermittelt. Die politische Agenda wird letztlich als das in politisch verantwortlichen Kreisen bedeutsame Themenspektrum definiert und kann beispielsweise durch die Analyse von Parlamentsdebatten oder Budgetverteilungen erhoben werden. Als zentrale Fragestellung der Agenda-Setting-Forschung gilt dann, inwiefern Medien-, Publikums- und politische Agenda zusammenhängen. Dabei müssen die in den Medien – und somit auch in den Köpfen der Rezipienten – dominanten Themen nicht unbedingt realweltlichen Entwicklungen folgen: In den 1980er Jahren wurde beispielsweise in amerikanischen Medien zunehmend über das Thema Drogen berichtet, obwohl es keine entscheidenden Veränderungen in der Drogenproblematik gab; in den 1990er Jahren widmeten sich die Medien in wachsendem

Ausmaß dem Thema Kriminalität, wobei gleichzeitig das Ausmaß an Kriminalität zurück ging (vgl. McCombs/Reynolds 2002: 6). Das zeigt, dass die tatsächlichen gesellschaftlichen Entwicklungen für die Medienagenda nicht immer die entscheidende Rolle spielen, wichtiger sind oftmals sogenannte „Trigger Events" – spektakuläre Schlüsselereignisse, die sich medial leicht verarbeiten lassen und ein Thema auf den Punkt bringen. Als der Schauspieler Rock Hudson im Jahr 1984 bekannt gab, dass er an AIDS erkrankt sei, führte dies beispielsweise schlagartig zu einer breiten Aufmerksamkeit für die sich schon seit 1981 verbreitende Krankheit. Hudsons Tod ein Jahr später hob das Thema ganz oben auf die Medien- und dann auch auf die Publikumsagenda, was konkrete politische Folgen hatte: Die amerikanische Regierung verdoppelte unmittelbar nach dem Tod des Schauspielers den Etat für die AIDS-Forschung.

Die meisten Studien der Agenda-Setting-Forschung untersuchen die Makroebene. Das heißt, wenn der Zusammenhang zwischen der Themenrangfolge in den Medien und jener der Rezipienten untersucht wird, wird die „durchschnittliche" Medienagenda mit der über alle Rezipienten hinweg geltenden Publikumsagenda verglichen. Demnach wird eben nicht für jeden Rezipienten individuell untersucht, inwiefern sich seine Mediennutzung in der persönlichen Themenrangfolge spiegelt. Dies kann im Extremfall dazu führen, dass sich das Agenda-Setting-Phänomen auf der gesellschaftlichen Makroebene bestätigt, bei den einzelnen Lesern oder Fernsehzuschauern jedoch nicht nachgewiesen werden kann (vgl. Jäckel 2005: 170). Die Studie von Althaus und Tewksbury (2002) bildet hier eine Ausnahme: Sie untersucht den Zusammenhang zwischen der Lektüre der *New York Times* und der persönlichen Themenrangfolge auf der Indiviualebene. Die leitende Fragestellung ist, ob sich die Agenda der Leser der *New York Times*-Printversion von jener der Online-Variante unterscheidet. Die Autoren gehen von entsprechenden Differenzen aus, da Online-Medien hinsichtlich der rezipierten Themen eine größere Wahlfreiheit des Lesers nahelegen und es zudem in Online-Zeitungen weniger deutliche Schemata der Relevanzzuweisung gibt. In Printmedien erkennt der Leser zentrale Nachrichten an der Positionierung, der Dramatik, Textlänge oder Aufmachung und nimmt diese Vorstrukturierung auch als Orientierungshilfe an (vgl. Graber 1988: 96 ff.). Auch die Einstiegsseite von Online-Zeitungen vermittelt üblicherweise die Relevanz, die unterschiedlichen Themen zugewiesen wird. Der Leser kann sich jedoch in dem Hypertextmedium sehr viel leichter der vorgegebenen Themenstrukturierung entziehen als im linearen Printmedium: „[O]nline newspapers tend to organize the news into topical categories that draw readers immediately to those stories most likely to fit their information preferences" (Althaus/Tewksbury 2002: 182 f.). Demzufolge nehmen Althaus und Tewksbury im Fall der Printausgabe einen stärkeren Zusammenhang von Medien- und Publikumsagenda an. Die These wurde anhand eines einwöchigen Experiments mit drei Studierendengruppen getestet: Eine Gruppe von 42 Studierenden wurde angewiesen, täglich die Printausgabe der *New York Times* zu lesen, eine zweite Gruppe von 45 Personen las täglich die Online-Version und die Kontrollgruppe, die aus 47 Studierenden bestand, musste keiner Anweisung folgen. Es zeigte sich, dass sich die Agenda der Leser der Printausgabe von jener der Online-Leser systematisch unterschied. Beispielsweise maßen die Leser der Printausgabe internationalen Themen – denen allgemein ein eher geringes Interesse entgegengebracht wird – höhere Bedeutung bei als die Leser der Online-Zeitung. Die Autoren resümieren, dass Leser von Online-Zeitungen bei der Nachrichtenauswahl vor allem ihren eigenen Interessen folgen, sich somit weniger

mit den „Public Affairs" der Titelseiten beschäftigen und infolgedessen eine andere Agenda entwickeln als Printmedien-Leser. Nach Althaus und Tewksbury (2002: 199) ist diese
Entwicklung als ambivalent zu beurteilen: „Online news outlets may ultimately empower
audiences by eroding the degree of editorial influence over the public's issue agenda, or they
may erect yet another barrier to effective citizen involvement in politics".

5. Kultivierungshypothese und Fernsehgesellschaft

Wenn Medien, wie die Agenda-Setting-Forschung zeigt, die Relevanzstrukturen von Rezipienten bestimmen können, bilden sie Wirklichkeit nicht einfach ab, sie konstruieren vielmehr
ganz spezifische Sichtweisen auf die Welt. Diese speziell mediale Perspektive ist auch den
Bedingungen der Produktion von Medieninhalten selbst geschuldet. Politische Prozesse beispielsweise, die in der Realität langwierig und unspektakulär verlaufen, werden in der medialen Aufbereitung meist zugespitzt, verkürzt, dramatisiert und personalisiert. Gleichzeitig
stellen Medien die wichtigsten Bezugspunkte dar, mit deren Hilfe Individuen in der Moderne
Wirklichkeit beobachten. Nicht mehr nur Nachbarn, Familie oder Priester sind die relevanten
Anderen, die Informationen vermitteln, Urteile fällen und Werthaltungen transportieren, sondern vor allem die Tageszeitung, das Internet oder der Fernseher. Medien sind zur wichtigsten
Kopplungsinstanz zwischen Individuum und Gesellschaft geworden; der Einzelne beobachtet die gesellschaftliche Umwelt durch eine medial getönte Brille. Die Diskrepanz zwischen
„wirklicher Wirklichkeit" (primäre Realität) und vermittelter Medienwirklichkeit (sekundäre
Realität) wird dabei für den Zeitungsleser, den Internetnutzer, den Fernsehzuschauer nur
selten sichtbar. Wo primäre Erfahrungen nicht gemacht werden können (beispielsweise in
den meisten Bereichen nationaler und internationaler Politik), werden sekundäre zum Reali-
tätssuggorat. Der Blick in die Medien verändert damit den Blick auf die Welt.

Quantitative Forschungen zu Medieninhalten zeigen, dass das Fernsehen bestimmte Bilder von der Welt „als TV-Wirklichkeit konsonant, immer wieder stereotyp in ähnlich von
der Wirklichkeit abweichender Weise, wie z.B. Fernsehgewalt, Darstellung von Minoritäten,
Familienbilder, Geschlechtsrollen-Stereotype etc., vermittelt" (Bonfadelli/Jarren/Siegert
2005: 587). Die Fernsehwirklichkeit verzerrt demnach die Wahrnehmung der Wirklichkeit
außerhalb des Fernsehgerätes. George Gerbner (1980) konnte beispielsweise zeigen, dass
Personen, die häufig fernsehen, ihre Umwelt als gewalttätiger wahrnehmen und deshalb auch
ängstlicher sind. Er führt dies auf das Ausmaß der Gewaltdarstellungen im Fernsehprogramm
zurück: Vielseher sehen ihre Umwelt eher so, wie sie im Fernsehen dargestellt wird. Gerbner
konnte zudem nachweisen, dass die Weltsicht von Vielsehern homogener ist als die von Wenigsehern. Das Fernsehen fungiere somit als Mainstream-Medium, das längerfristig bei Vielsehern gleichförmige Realitätsvorstellungen kultiviere: „The message systems of a culture
not only inform but form common images" (Gerbner 1973: 567). Diese homogenisierende
Wirkung beruht auch auf den Produktionsbedingungen massenmedialer Inhalte: Fernsehen
orientiert sich, um erfolgreich und wirtschaftlich sein zu können, am Massengeschmack, und
spiegelt damit den kleinsten gemeinsamen Geschmacksnenner des Publikums zurück in die

Wohnstuben. Gerbner hat einen (methodisch nicht unumstrittenen) Versuch unternommen, die Realität außerhalb des Fernsehschirms mit den dargestellten Fernsehinhalten systematisch zu vergleichen. Dazu wurden in einem ersten Untersuchungsschritt sogenannte „Real-World-Indikatoren" erfasst (z.B. die Kriminalitätsstatistik, aus der sich dann die Wahrscheinlichkeit errechnen lässt, Opfer eines Gewaltverbrechens zu werden), zum anderen wurde mit Hilfe von Inhaltsanalysen die Struktur des Fernsehprogramms erhoben – hier beispielsweise Art und Ausmaß von Gewaltdarstellungen. Der Vergleich von „Real-World-Indikatoren" und medialer Inszenierung brachte dann den Bias des Fernsehens zum Vorschein (vgl. Bonfadelli/Jarren/Siegert 2005: 588). In einem zweiten Schritt wurden die Einschätzungen von Viel- und Wenigsehern zu bestimmten Themen miteinander verglichen (bspw.: „During any given week, what are your chances of being involved in some kind of violence: 1:10 or 1:100?"). Die Antwortvorgaben lagen dabei einerseits nahe an den „Real-World-Indikatoren" (1:100) und andererseits nahe an der Fernsehrealität (1:10). Im Allgemeinen schätzten die Wenigseher ihre Situation realistischer ein als die Vielseher, deren Antworten näher an der Fernsehrealität lagen. Die Vielseher bewegen sich also in einer Medienrealität, die nur teilweise mit der „Real-World" in Übereinstimmung zu bringen ist: „The symbolic composition and structure of the message system of a mass medium defines its own synthetic world. Only what is represented exists" (Gerbner 1973: 563).

Gerbners Kultivierungshypothese stieß Ende der 1970er Jahre in großen Teilen des (zumindest was die Einschätzung des Fernsehens anbelangte) kulturpessimistischen Bürgertums auf große Resonanz. Die Fragen, die Gerbner stellte („Wie werden Ereignisse medial umgestaltet, welche Aspekte einer Sache werden gezeigt, welche nicht?") waren und sind aktuell, sein methodisches Vorgehen stieß allerdings innerhalb der akademischen Öffentlichkeit auf Skepsis. Gerbner hatte Viel- und Wenigseher beispielsweise nur unzureichend operationalisiert und unterschätzte den Einfluss von Drittvariablen (Wohngegend, Geschlecht, Alter usw.) auf die Einstellungen der Fernsehzuschauer. Auch blieb die Richtung des Einflusses unklar: Einerseits könnte – wie von Gerbner behauptet – habitualisiertes Vielsehen zu einer Veränderung der Wirklichkeitswahrnehmung führen, andererseits aber könnte auch ein extensiver Fernsehkonsum schon Ausdruck einer ängstlichen, zurückgezogenen Persönlichkeitsstruktur sein. Gerbner konnte die Frage nach Ursache und Wirkung letztlich nicht befriedigend beantworten. Folgestudien bestätigten dementsprechend die Kultivierungshypothese nur in Teilen. Ob das Fernsehen den Blick auf die Welt nachhaltig verändert, hängt von einer ganzen Reihe weiterer Faktoren ab: von sozioökonomischen Aspekten ebenso wie von der Persönlichkeitsstruktur des Fernsehzuschauers, von präferierten Programmgenres wie von der Einschätzung der Wirklichkeitsnähe des Gesehenen (vgl. Bonfadelli/Jarren/Siegert 2005).

Das Fernsehen verändert allerdings nicht nur die Weltwahrnehmung seines Publikums, auch seine Protagonisten passen ihr Verhalten den Erfordernissen medialer Dauerbeobachtungen an. Joshua Meyrowitz (1990a) spricht in diesem Zusammenhang von der Entstehung einer „Fernsehgesellschaft", die viele Bereiche des Lebens telekompatibel zu machen habe. Die mediale Visualisierung von Politikinformationen beispielsweise hat zu Herausbildung eines neuen, „mediengerechten" Politikertypus geführt. Ein telegener Kandidat kann erfolgreicher auf der Fernsehbühne agieren und um Stimmen werben als ein Kandidat, der die Regeln der visuellen Demokratie nicht verinnerlicht hat. Die Beschreibung amerikanischer Präsidenten der prä-TV-Ära veranschaulicht, welche neuen Anforderungen in der Fernsehge-

sellschaft an Politiker gestellt werden: „Washington hatte tiefe Pockennarben und ein schlecht sitzendes Gebiss (…) Lincoln ging gebeugt und watschelnd und war so hässlich, dass er selbst über seine äußere Erscheinung Witze riss. Theodore Roosevelt schielte, war kurzsichtig und hatte ein Pferdegebiss" (Meyrowitz 1990b: 168). Meyrowitz kommt zu dem Schluss, dass viele der früheren amerikanischen Präsidenten aufgrund ihrer äußeren Erscheinung nicht für die Fernsehpolitik geeignet gewesen wären. Die mediale Dauerbeobachtung führe bei den Beobachteten zu einem Streben nach „Glättung" ihrer äußeren Erscheinung, aber auch zu einer fernsehspezifischen Veränderung ihres Verhaltens. Menschliches Agieren richte sich, so Meyrowitz, unter anderem daran aus, wer gerade als „Publikum" für ein bestimmtes Verhalten präsent ist (über Politik spricht man beispielsweise mit Kollegen anders als mit Schülern). In Anlehnung an Goffman veranschaulicht Meyrowitz situationsspezifische Verhaltensweisen anhand des Verhaltens auf der Theaterbühne. Während sich die Schauspieler auf der Vorderbühne rollenkonform verhalten, können sie auf der Hinterbühne – vor den Blicken ihres Publikums verborgen – entspannen und „aus der Rolle fallen". Die politische Inszenierung für ein großes Publikum sollte eigentlich ausschließlich auf der Vorderbühne stattfinden, das Öffentliche wäre damit das Politische, die Hinterbühne bliebe privat. Tatsächlich führt nach Meyrowitz jedoch die permanente Präsenz medialer Beobachter zu einer Verwischung von Vorder- und Hinterbühne. Für den Beobachteten sei dann nicht mehr kalkulierbar, welche Art von Publikum ihn gerade beobachtet – er wisse deshalb auch nicht, wie er sein Publikum anzusprechen habe. Gleichzeitig seien die Medien auch auf der Hinterbühne präsent, weshalb ein Verhalten im „mittleren Bereich" entstehe: Die Trennung von Vorder- und Hinterbühne verschwindet, öffentlich Gemeintes wird privat interpretiert, privat Geglaubtes wird öffentlich verhandelt und die differenzierte, pointierte Ansprache verschiedener, voneinander getrennter Publika weicht einer unspezifischen, ungenauen und vorsichtigen Ansprache Aller. Die typische „Homestory" ist beispielsweise durch ein solches „Verhalten im mittleren Bereich" gekennzeichnet: Der am heimischen Frühstückstisch gefilmte Politiker wird anders als im beruflichen Kontext – also anders als auf der Vorderbühne – agieren. Er wird sich aber auch kaum so verhalten, wie er es ohne mediale Beobachtung – also auf der Hinterbühne – täte. Medien verändern somit die Rahmenbedingungen, unter denen gesellschaftliches Handeln zustande kommt. Eine sehr viel direktere Wirkung von Medien wird immer dann unterstellt, wenn die Sprache auf mediale Gewaltdarstellungen kommt.

6. Medien und Gewalt

Es gibt wohl keinen Bereich der Medienforschung, zu dem mehr Studien vorliegen und der trotzdem (oder vielleicht auch deshalb) umstrittener ist als jener, der sich mit dem Zusammenhang von medial gezeigter und tatsächlicher (Jugend-)Gewalt beschäftigt: „Gewalt, Devianz und Medien – diese Trias genießt eine Daueraktualität in der soziologischen und medienwissenschaftlichen Kultur- und Kommunikationsforschung" (Vogelgesang 2005: 125). Die sozialwissenschaftlichen Vorstellungen davon, „ob und wie Medien abweichendes Verhalten beeinflussen oder gar initiieren können, haben sich allerdings im Laufe der Jahre verändert. Simplifizierende Ursache-Wirkungs-Hypothesen sind differenzierteren Modellen gewichen, die die Lebenswelt von jugendlichen Medienkonsumenten mit in den Blick nehmen. Dennoch ist die Gleichung „mediale Gewalt führt zu realer Gewalt" nach wie vor im öffentlichen Diskurs populär, ein „Trivialmythos" (Vogelgesang 2005: 126), dessen Dekonstruktion den Sozialwissenschaften bislang nicht recht gelingen will.

Aus der wissenschaftlichen Diskussion weitgehend verschwunden ist jedoch die Vorstellung, dass mediale Gewaltdarstellungen eine „sozialhygienische" Funktion hätten – eine Idee, die vor allem in den 40er und 50er Jahren innerhalb der Sozialwissenschaften als *Katharsistheorie* vertreten wurde. Vertreter dieser These gingen davon aus, dass das Ausleben einer Aggression, eine kathartische, das heißt „reinigende" Wirkung habe. Wer seine Aggressionen einmal ausagieren könne, bei dem sinke die Wahrscheinlichkeit, andere bzw. weitere aggressive Akte zu vollziehen. Das Beobachten und emotionale Mitvollziehen von Aggression könne dabei durchaus an die Stelle realer Aggression treten. Wer also beispielsweise eine gewalthaltige Fernsehsendung sehe, vollziehe die gezeigten Aggressionen emotional nach und baue damit seine eigene Aggressivität ab. Die Katharsisthese wird heute kaum noch ernsthaft vertreten. Zu eindeutig konnte mit Hilfe empirischer Studien die Behauptung von einer „reinigenden" Wirkung medialer Gewaltdarstellungen widerlegt werden (vgl. Schenk 2002: 208f).

Laborexperimente wiesen jedoch darauf hin, dass violente Fernsehprogramme durchaus gewaltfördernde Wirkung haben können – ein durch Frustration verursachter Zustand emotionaler Erregung mache aggressives Verhalten wahrscheinlicher. Diese *Stimulationsthese* wurde von Parke (1977) auf die Auswirkungen gewalthaltiger Kinofilme übertragen und im Rahmen mehrerer Feldexperimente getestet. Parke ging dabei davon aus, dass gewalttätiges Verhalten vor allem durch Anregung von außen stimuliert werde: „One of the most pervasive ways in which aggressive behaviours are acquired, maintained, and modified is through exposure to real-life, film, and television models" (Parke/Sawin 1975: 12). Das Forscherteam um Parke untersuchte die Effekte, die gewalthaltige Kinofilme auf das Verhalten von männlichen, bereits straffällig gewordenen Jugendlichen haben. Die Forscher beobachteten zunächst drei Wochen lang das Verhalten zweier Gruppen und zeigten diesen dann an fünf aufeinander folgenden Tagen verschiedene Kinofilme – die Experimentalgruppe sah Gewaltfilme, die Kontrollgruppe spannende, nicht-gewalthaltige Filme. Danach wurde wiederum drei Wochen lang das Verhalten der Jugendlichen aus Experimental- und Kontrollgruppe protokolliert. Dieses Forschungsdesign wurde insgesamt dreimal getestet, zweimal in den USA und einmal in Belgien. Die Befunde waren relativ eindeutig: „In allen drei Feldexperimenten waren die Experimentalgruppen aggressiver als die Kontrollgruppen" (Schenk

2002: 211). Die größere Aggressivität der Experimentalgruppe wurde vor allem auf die durch Gewaltfilme gesteigerte emotionale Erregung der Jugendlichen zurückgeführt. Dabei sei die emotionale Erregung umso größer, je mehr die gezeigte Filmhandlung der Lebensrealität der jugendlichen Zuschauer entspreche. Aggression ist nach dieser Lesart also nicht eine direkte, zwingende Folge des Konsums gewalthaltiger Medienangebote, sondern vielmehr die Folge einer (meist nur kurz anhaltenden) emotionalen Aufgewühltheit, die durch die Rezeption erregender Medieninhalte begünstigt werden kann. Langfristige Veränderungen im Verhalten der Jugendlichen waren mit diesem Forschungsdesign allerdings nicht abbildbar.

Langfristige Medienwirkungen fokussiert die *Habitualisierungsthese*, die davon ausgeht, dass das häufige Ansehen fiktiver (Fernseh-)Gewalt zu einem Abstumpfen gegenüber realer Gewalt führe. Eine Langzeitstudie von William A. Belson (1978), die die Habitualisierungsthese empirisch überprüfen sollte, konnte allerdings keinen Zusammenhang zwischen dem langfristigen Konsum von Fernsehgewalt und den Einstellungen von Jugendlichen feststellen. Belson beschreibt jedoch, dass sich zwar die Einstellungen gegenüber Gewaltanwendung als Lösungsstrategie nicht verändert hätten, das tatsächliche Verhalten der Jugendlichen aber etwas aggressiver geworden sei. Er schlussfolgert dementsprechend, dass der langfristige Konsum von violenten Medieninhalten nicht zu Einstellungs-, wohl aber zu Verhaltensänderungen führen könne. Zur Habitualisierungsthese lässt sich abschließend festhalten, dass ein empirischer Nachweis derselben immer noch aussteht: „Die Forschung steht hier erst noch am Anfang" (Schenk 2002: 213).

Auch die *Theorie des Beobachtungslernens* argumentiert im Hinblick auf langfristige Wirkungen gewalthaltiger Medien. Vertreter dieses Ansatzes gehen davon aus, dass gewalthaltige Medieninhalte vor allem bei Kindern und Jugendlichen zu (unerwünschten) Lerneffekten führen. Medien versorgten Kinder und Jugendliche mit latenten Handlungsmustern, die unter bestimmten Umständen in tatsächliches Verhalten umgesetzt würden. Medieninhalte übernehmen dann die Rolle von Stimulatoren oder Verstärkern. Dieser Ansatz zur Erklärung aggressionsförderlicher Medienwirkungen hat, so Vogelgesang (2006: 134), gegenwärtig „den höchsten Kurswert". Bandura, Ross und Ross (1963) haben in diesem Zusammenhang schon früh Studien vorgelegt, die zeigen, dass Kinder durch Beobachten lernen, welches Verhalten funktional ist – und dieses Verhalten dann in ähnlichen Situationen reproduzieren. Kinder, die in einem Film den „Erfolg" von aggressivem Verhalten miterleben konnten, handelten selbst in einer ähnlichen Situation eher in aggressiver Art und Weise als Kinder, die einen Film sahen, in dem Aggression negativ sanktioniert wurde. Als Resultat lerntheoretischer Studien lässt sich festhalten, dass mediale Handlungsmuster umso eher nachgeahmt werden, je realitätsnäher sie sind. Und dass erfolgreiche Handlungsmuster eher nachgeahmt werden als erfolglose – bzw. als solche, bei denen eine Bestrafung erfolgt, wobei das Ausbleiben von Bestrafung wie eine Belohnung wirken kann (vgl. Schenk 2002: 215). Insgesamt lässt sich festhalten, dass die Wirkung von Mediengewalt entscheidend von der kognitiv-emotionalen Situation beeinflusst wird: Während sozial integrierte Kinder und Jugendliche Gewaltdarstellungen eher als abschreckend erleben und negativ einordnen, kommt es bei sozial wenig integrierten Kindern zu einer Steigerung des aggressiven Potentials (vgl. Kleiter 1994).

Dieses Resümee lässt sich auch für die empirische Forschung zur Nutzung von gewalthaltigen Computerspielen ziehen (vgl. Hartmann 2006: 93f.). Gewaltspiele können aggressives Verhalten sowohl kurz- als auch langfristig begünstigen, wobei nach Hartmann von schwachen

bis mittelstarken Effekten ausgegangen werden kann. Von vornherein aggressivere Personen gehören dabei eher zu den Spielern gewalthaltiger Computerspiele – die Ausbildung einer aggressiven Persönlichkeit und die Nutzung von Gewaltspielen beeinflussen sich damit gegenseitig: „Im Zeitverlauf summieren sich die geringen bis mittelstarken kurzfristigen Effekte der Nutzung gewalthaltiger Computerspiele über die große Anzahl einzelner Spielsitzungen auf und stabilisieren auf diese Weise aggressiv verzerrte Gedankenstrukturen und Gefühle der Nutzer, was wiederum aggressives Verhalten (und eine Minderung prosozialen Verhaltens) begünstigt" (Hartmann 2006: 92). Ein sich selbst verstärkender Effekt medialer Gewaltdarstellungen wird demnach dann in Gang gesetzt, wenn die Rahmenbedingungen es zulassen, das heißt, wenn beispielsweise reale Gewalterfahrungen in der Familie gemacht wurden oder von vornherein eine höhere Aggressionsneigung besteht. Gewalthaltige Spiele „wirken" damit nicht per se, sondern in Abhängigkeit von den Rahmenbedingungen, unter denen sie gespielt werden. Was für die meisten Jugendlichen harmlos sein kann, verstärkt unter Umständen problematisches Verhalten bei gesellschaftlich unzureichend eingebunden Heranwachsenden. Medien wirken in diesem Zusammenhang also wie ein Verstärker – eine Vorstellung, die auch hinter der These der medial verursachten Wissenskluft steht.

7. Wissenskluftforschung und die These der digitalen Ungleichheit

Ausgangspunkt der Wissenskluftforschung war die Annahme, dass Massenmedien den Wissensstand der Allgemeinbevölkerung verbessern und somit einen entscheidenden Beitrag zur politischen Willensbildung leisten. Sozial- und Kommunikationswissenschaftler der *University of Minnesota* stellten dieses Ideal mit der im Jahr 1970 formulierten Wissensklufthypothese in Frage (vgl. Tichenor/Donohue/Olien 1970). Diese behauptet, dass statushöhere Gesellschaftsgruppen die medial verfügbaren Informationen schneller verarbeiten und eher zum eigenen Vorteil verwerten können als statusniedrigere Gruppen. Es wird bezweifelt, dass die Zunahme der massenmedialen Berichterstattung zur Angleichung von Information und Wissen führt und somit als Korrektiv sozialisations- und bildungsbedingter Ungleichheiten dienen kann. Die Verbreitung von Massenmedien führt demnach zu einer Zementierung oder gar Verstärkung schichtbezogener Wissensunterschiede.

Tichenor, Donohue und Olien führten mehrere Studien zur Untermauerung ihrer Hypothese an. Beispielsweise berichten sie über ein Feldexperiment, welches vorsah, dass die 600 teilnehmenden Probanden jeweils zwei wissenschaftliche Artikel lesen und zusammenfassen sollten (vgl. Tichenor/Donohue/Olien 1970: 168 f.). Die Zusammenfassungen der Teilnehmer wurden hinsichtlich ihrer Richtigkeit bewertet und mit der – in Inhaltsanalysen festgestellten – Publizität der über 40 möglichen Themen in einen Zusammenhang gestellt. Es zeigte sich, dass die Informationsdifferenzen bei stark publizierten Themen größer waren als bei solchen, die bislang keine Aufmerksamkeit in den Medien gefunden hatten – die Wissensklufthypothese konnte demnach bestätigt werden. Als mögliche Gründe für bildungsbedingte Wissensklüfte führen die Autoren auf Seiten statushöherer Personen eine höhere Medienkompetenz, ein größeres Vorwissen, für den interpersonalen Informationsaustausch

relevantere Sozialkontakte und eine selektivere Informationsverarbeitung an. Weiterhin gehen sie davon aus, dass sich Trägermedien in Schriftform, die die höchste Informationsdichte aufweisen, in ihrer Darstellung eher an Personen mit höherer formaler Bildung wenden. Die Aussage der Wissenskluftforschung lässt sich jedoch nicht auf die griffige Formel bringen, dass „die Dummen immer dümmer und die Schlauen immer schlauer" werden. Die Aussage, dass – absolut betrachtet – alle Individuen einer Gesellschaft von der medialen Informationsverbreitung profitieren, ist mit der Wissensklufthypothese vereinbar. Im Fokus der Wissenskluftforschung stehen *relative* Wissensunterschiede. Es wird somit behauptet, dass jene Gesellschaftsmitglieder, die von vornherein eine bessere Ausgangsposition einnehmen, im Vergleich zu statusniedrigeren Personen stärker von der Verbreitung eines Mediums profitieren.

Im Laufe der letzten drei Jahrzehnte wurden über hundert empirische Studien im Bereich der Wissenskluftforschung durchgeführt, wobei die Hypothese der wachsenden Wissenskluft nicht einheitlich bestätigt werden konnte (vgl. Bonfadelli 2004: 255; Viswanath/Finnegan 1996). Aus diesem Grund wurde die Ausgangsstudie der Minnesota-Gruppe einer umfassenden Analyse und Kritik unterzogen. Insbesondere die unpräzise Formulierung der Wissensklufthypothese und das methodische Vorgehen gaben Anlass zur Kritik (vgl. Bonfadelli 1994; Horstmann 1991; Viswanath/Finnegan 1996). Darüber hinaus wurde die normative Setzung dieses Forschungsansatzes in Frage gestellt: Die ursprüngliche Wissensklufthypothese war in demokratietheoretischer Tradition an politisch relevantem Wissen orientiert und interpretierte das Fehlen dieses Wissens als systemimmanente Benachteiligung. Aus diesem Grund handelt es sich bei den Wissensfragen auch häufig um Kenntnisse zu Wahlthemen, Politikern oder politischen Programmen (vgl. Holst 2000: 40). Eine von Ettema und Kline formulierte Konkurrenzhypothese versucht, diesen als *Defizitperspektive* bezeichneten Ansatz abzulösen – als primärer Steuerungsfaktor der Mediennutzung wird die „Lebensdienlichkeit des Wissens" (Bonfadelli 1988: 148) ausgemacht. Die sogenannte *Differenzperspektive* betont dementsprechend, dass bestimmte Informationen nicht in allen Bevölkerungsschichten von gleicher Relevanz sein müssen (vgl. Ettema/Kline 1977: 188). Das methodische Design der herkömmlichen Wissenskluftforschung erzeuge erst die schichtspezifischen Wissensunterschiede, die dann beklagt würden. So führten abstrakte Fragen zu lebensfernen Wissensinhalten dazu, dass das Handeln formal Schlechtergebildeter als defizitär interpretiert würde, während es doch lediglich eine Anpassung an schichtspezifische Erfordernisse darstelle. Holst hält beispielsweise in ihrer empirischen Untersuchung zum Strukturwissen über die 35-Stunden-Woche fest, dass im Falle subjektiver Betroffenheit die Wissensaufnahme beschleunigt wird, da die Motivation zur Informationsaufnahme größer ist: „Das dürfte sich vor allem bei Personen mit niedrigem sozioökonomischem Status zeigen. Bei Personen mit höherem sozioökonomischem Status wird angenommen, dass sie sich unabhängig von der subjektiven Betroffenheit informieren" (Holst 2000: 235). Zusammenfassend kann hierzu festgehalten werden, dass die Motivation zur Mediennutzung immer auch auf langfristigen, sozialisationsbedingten Interessen aufbaut. Deshalb ist es „nicht ganz glücklich bzw. irreführend" (Wirth 1997: 40), wenn Statusvariablen und themenspezifische Interessen als Einflussfaktoren auf Wissensklüfte gegeneinander ausgespielt werden. Status und Interesse sollten vielmehr als „ineinandergreifende, sich möglicherweise verstärkende Faktoren" (Wirth 1997: 40 f.) verstanden werden.

Zu Weiterentwicklungen der Wissenskluftforschung ist es weiterhin durch die Anwendung der Theorie auf unterschiedliche Medien gekommen. Die Pioniere der Wissenskluftforschung konzentrierten sich noch auf die Untersuchung von Printmedien, später wurde die These jedoch auch auf die Nutzung des Fernsehens übertragen. So ist beispielsweise die Kindersendung *Sesamstrasse*, die Mitte der 1960er Jahre vom „Children's Television Workshop" entwickelt wurde, mit dem Ziel angetreten, Vorschulkinder aus Unterschichtfamilien auf den Bildungsstand ihrer Altersgenossen aus der Mittelschicht zu bringen. Die Vordenker der Sendung verbanden mit der Sesamstrasse die Vorstellung, „that we give the disadvantaged child a fair chance at the beginning" (vgl. Mandel 2006: 3). Tatsächlich konnten positive Bildungseffekte bei Kindern, die regelmäßig Sesamstrasse sahen, nachgewiesen werden (vgl. Fisch 2005: 10) – es konnte aber auch gezeigt werden, dass aufgrund der elterlichen Hilfestellung die Kinder in formal höher gebildeten Haushalten in einem noch größeren Maße profitierten, wodurch die Wissenskluft zwischen den Vorschulkindern nicht ab-, sondern zunahm (vgl. Mandel 2006: 11; Genova/Greenberg 1979: 79). Insgesamt lassen sich die Ergebnisse der Wissenskluftforschung auf den gemeinsamen Nenner bringen, dass Medien als Trendverstärker wirken und somit zur Verfestigung bestehender Ungleichheitsverhältnisse beitragen (vgl. Lenz/Zillien 2005). Diese Idee findet sich in der aktuellen Forschung zur *digitalen Spaltung* wieder, welche im Anschluss an die Wissenskluftforschung die Befürchtung thematisiert, dass sich im Zuge der unterschiedlichen Nutzung des Internets soziale Ungleichheiten verstärken (vgl. Zillien 2006).

Grundsätzlich zeigt sich, dass Bessergebildete, Personen mit höherem Einkommen, Berufstätige, Jüngere, Männer oder auch Stadtbewohner zu einem größeren Anteil zu den Nutzern des Internets gehören als Personen mit niedrigerem Schulabschluss, Einkommensschwächere, Nicht-Berufstätige, Ältere, Frauen oder Landbewohner (vgl. Boes/Preißler 2005; Mossberger/Tolbert/Stansbury 2003; van Dijk 2005; Zillien 2006). Weiterhin gehören beispielsweise statushohe Personen nicht nur in sehr viel höherem Maße überhaupt zu den Nutzern des Internets. Statushohe Onliner haben auch eine bessere technologische Ausstattung, nutzen das Internet in einem höheren zeitlichen Ausmaß, verfügen über bessere technische Bedienkompetenzen, ein höheres internetbezogenes Wissen und eine größere Erfahrung im Umgang mit dem Medium (vgl. Zillien 2006). Demnach existiert nicht nur – wie der Begriff der digitalen Spaltung nahe legt – *eine* Kluft, sondern es bestehen parallel mehrere Formen der digitalen Ungleichheit. Es sind neben der technischen Verfügbarkeit noch weitere Dimensionen – wie die Medienkompetenz oder die Art und Weise der Internetnutzung – bei der Untersuchung der digitalen Ungleichheit zu berücksichtigen. Entscheidend für die Frage nach der digitalen Ungleichheit ist letztlich, inwiefern ein Onliner von der Verfügbarkeit des Internets profitieren kann. In diesem Sinne geht Neil Selwyn davon aus, dass die Nutzung des Internets in ganz unterschiedlichen Formen zur gesellschaftlichen Partizipation beitragen kann (vgl. Selwyn 2004: 350 ff.). So kann das Internet beispielsweise durch die Bereitstellung von Informationen die politische Partizipation erhöhen, über Kommunikationstechnologien die soziale Partizipation vereinfachen oder durch Online-Kaufangebote Konsummöglichkeiten verbreitern. Von einer Verstärkung sozialer Ungleichheiten im Zuge der Internetverbreitung muss dann ausgegangen werden, wenn auf der einen Seite eine Internetverwendung stattfindet, die gesellschaftliche Partizipation fördert, während auf der anderen Seite die Anders- oder Nichtnutzung des Internets langfristig zu (Teil-)Ausschlüssen

führt (bspw. was die Verfügbarkeit politischer Informationen, den Zugriff auf elektronische Kommunikationsnetzwerke oder exklusive Online-Kaufmöglichkeiten angeht).

Dass entsprechende Verstärkereffekte der Internetnutzung auftreten, zeigt auch eine Befragung von 917 Schülern, die die Nutzung von Medien fokussierte (vgl. Jöckel/Schöllkopf/Döbler 2005). In der standardisierten, schriftlichen Erhebung zeigten sich nicht nur im technischen Zugang zum Internet, sondern auch in der Art und Weise der Internetnutzung deutliche Unterschiede zwischen Gymnasiasten, Real- und Hauptschülern. So hatten beispielsweise 77 Prozent der Gymnasiasten und 69 Prozent der Realschüler, aber nur 55 Prozent der Hauptschüler zu Hause einen Internetanschluss zur Verfügung. Darüber hinaus zeigte sich, dass Gymnasiasten nicht nur eher auf informationsorientierte Medien zugreifen, sondern auch das Internet informationsorientierter nutzen als ihre Altersgenossen: „Es kann also nicht mehr nur von einer digitalen Spaltung bezüglich des Zugangs zu (neuen) Medien ausgegangen werden, sondern es finden sich auch deutliche Hinweise auf ‚divides' in der Art und Weise der Mediennutzung" (vgl. Jöckel/Schöllkopf/Döbler 2005: 120). Gleichzeitig gab es aber auch Anzeichen für eine nivellierende Funktion der Schule: Hauptschüler nutzten im Vergleich zu Gymnasiasten und Realschülern in einem höheren Ausmaß die Möglichkeit, in der Schule auf das Internet zuzugreifen. So „bietet die Schule – insbesondere die Hauptschule – denen, die zu Hause das Internet nicht nutzen (können), die Möglichkeit, Unterschiede im Zugang zum neuen Medium zumindest etwas auszugleichen" (Jöckel/Schöllkopf/Döbler 2005: 115), wobei Unterschiede im technischen Zugang jene Differenzen sind, gegen die am leichtesten vorgegangen werden kann. Problematischer wird es, wenn die Schule Unterschiede in der Art und Weise der Mediennutzung beheben soll. Diese Unterschiede sind auch auf Differenzen in der Medienkompetenz zurückzuführen, welche weit mehr umfasst als nur computertechnische Bedienkompetenzen. Selektionskompetenzen zur Auswahl relevanter Informationen, Urteils- und Kritikfähigkeit zur inhaltlichen Bewertung der zahlreichen Internetangebote, schriftliche Ausdrucksstärke, Interpretations- und Kommunikationsfähigkeiten oder Fremdsprachenkenntnisse sind in der Mediengesellschaft unabdingbar.

8. Medien und Gesellschaft – Mediengesellschaft

Medien erfüllen in modernen Gesellschaften zentrale Informations-, Orientierungs-, Entscheidungs- und Gedächtnisfunktionen. Ohne Zeitung, Internet, Radio und Fernsehen ist das Alltagsleben in heutigen Gesellschaften kaum noch vorstellbar. Dieser Prozess, der auch als Mediatisierung bezeichnet wird, ist so umfassend, dass wir ihn bislang wahrscheinlich nur in Ansätzen begreifen. Wenn eine wachsende mediale Durchdringung des Alltags stattfindet, ist jedenfalls davon auszugehen, dass die wissenschaftliche Untersuchung und gesellschaftliche Steuerung von Medienwirkungen an Bedeutung gewinnt. Wie beispielsweise die Forschungsergebnisse zum eingangs erläuterten Werther-Effekt in konkrete Maßnahmen umgesetzt werden können, zeigt der Fall des Rockmusikers Kurt Cobain. Cobain – Sänger der in den 1990er Jahren erfolgreichen Band Nirvana, damals medial omnipräsent, authentisch, gesellschaftskritisch, drogenabhängig, depressiv und trotz oder gerade wegen seines Outsider-Images schon zu Lebzeiten Idol einer ganzen Generation – kann geradezu als *Idealtypus für Nachahmungssuizidanten* bezeichnet werden. Aus diesem Grund waren die Organisatoren einer Gedenkfeier für Cobain, der sich im Alter von 27 Jahren erschossen hatte, höchst alarmiert. So wurde die Großveranstaltung genutzt, um einem Nachahmungseffekt vorzubeugen. Der Leiter der örtlichen Psychiatrieklinik gab Hinweise zur Trauerphase, bot Soforthilfe in der Klinik an und nannte die Nummer einer Beratungs-Hotline. Weiterhin wurde ein Tonband von Courtney Love – der Witwe des Sängers – vorgespielt, das nicht nur trauernde, sondern auch wütende Worte enthielt und einem Romantisierungseffekt des Suizids vorbeugte (vgl. Ziegler/Hegerl 2002: 45). Darüber hinaus wurden Journalisten in Pressekonferenzen über den Werther-Effekt aufgeklärt und darum gebeten, die künstlerische Leistung des Sängers nicht in einen Zusammenhang mit seinen Drogenexzessen oder seiner Selbsttötung zu stellen. Eine kurz nach dem Selbstmord Kurt Cobains initiierte Studie stellte fest, dass die Zahl der Suizide nicht angestiegen war, wobei die Anzahl der Hotline-Anrufe Suizidgefährdeter jedoch deutlich zunahm. Als Gründe für das Ausbleiben eines Werther-Effektes wurden unter anderem die ergriffenen Präventionsmaßnahmen angesehen (vgl. Jobes et al. 1996).

Ein weiteres Beispiel für die Umsetzung von Ergebnissen der Medienwirkungsforschung stellen die staatlichen Maßnahmen zur Förderung der Internetverbreitung dar. Die erste amerikanische Erhebung zur privaten Internetnutzung aus dem Jahr 1995 machte unter dem Titel „Falling Through the Net" eine internationale Öffentlichkeit auf das Ungleichheitsphänomen der digitalen Spaltung aufmerksam. Dabei gehörte Deutschland nicht zu den ersten Ländern, die entsprechende Gegenmaßnahmen einleiteten – sowohl die USA als auch die skandinavischen Länder reagierten schneller (vgl. Kubicek 2004: 9). Doch spätestens der von der Europäischen Kommission im Jahr 1999 publizierte Bericht namens „Measuring the Information Society" führte auch hierzulande zu einem grundsätzlichen Umdenken. Unter dem Motto „Internet für Alle" wurde um die Jahrtausendwende eine Vielzahl von Förderprogrammen angestoßen, die in einen „regelrechten Initiativenwettbewerb" (Marr 2003: 8) zur Vermeidung digitaler Ungleichheiten mündeten.

Mit den Ansätzen der Medienwirkungsforschung steht somit ein Instrumentarium an Begrifflichkeiten und Methoden zur Verfügung, welches zur Analyse und Steuerung der Mediengesellschaft einen entscheidenden Beitrag leisten kann. Dabei unterliegen die vorgestellten Medientheorien einer permanenten wissenschaftlichen Diskussion, da die fortschreitende

Mediatisierung zu immer neuen Phänomenen führt: Agenda-Setting-Prozesse werden durch die Grenzenlosigkeit des Internets beschleunigt, „Leserreporter" forcieren das „Verhalten im mittleren Bereich", Wissensklüfte verwandeln sich zu digitalen Ungleichheiten, aktive Mediennutzer werden zu Medienproduzenten und gewalthaltige Computerspiele entwickeln sich zum Politikum. Eine mediatisierte Gesellschaft, die sich permanent und mit großer Geschwindigkeit verändert, muss sich selbst Institutionen schaffen, die in der Lage sind, Veränderungen zu erklären und Entwicklungen zu prognostizieren. Die wissenschaftliche Auseinandersetzung mit Medienwirkungen ist damit ein wichtiger Teil der Selbstbeobachtung moderner Gesellschaften.

Literatur

Althaus, Scott L./Tewksbury, David (2002): Agenda Setting and the „New" News. Patterns of Issue Importance Among Readers of the Paper and Online Versions of the New York Times. In: Communication Research 29. 2. 180-207.

Bandura, Albert/Ross, Dorothea/Ross, Siheila A. (1963): Imitation of Film Mediated Aggressive Models. In: Journal of Abnormal and Social Psychology 66. 1963. 3-11.

Belson, William A. (1978): Television Violence and the Adolescent Boy. Farnborough: Saxon House.

Blood, R. Warwick/Pirkis, Jane (2001a): Suicide and the Media. Part I: Reportage in Nonfictional Media. In: Crisis 22. 4. 146-154.

Blood, R. Warwick/Pirkis, Jane (2001b): Suicide and the Media. Part II: Portrayal in Fictional Media. In: Crisis 22. 4. 155-162.

Blood, R. Warwick/Pirkis, Jane (2001c): Suicide and the Media. Part III: Theoretical Issues. In: Crisis 22.4. 163-169.

Boes, Andreas/Preißler, Josef (2005): Digitale Spaltung. In: SOFI/IAB/ISF/INIFES (Hrsg.): Berichterstattung zur sozioökonomischen Entwicklung in Deutschland – Arbeit und Lebensweisen. Erster Bericht. Wiesbaden: VS Verlag. 523-548.

Bonfadelli, Heinz (1988): Wissensklassen durch Massenmedien? Entwicklung, Ergebnisse und Tragweite der Wissenskluftforschung. In: Fröhlich, Werner, D./Zitzlsperger, Rolf/Franzmann, Bodo (Hrsg.): Die verstellte Welt. Beiträge zur Medienökologie. Frankfurt/M.: Fischer. 141-189.

Bonfadelli, Heinz (1994): Die Wissenskluftperspektive. Massenmedien und gesellschaftliche Information. Konstanz: UVK.

Bonfadelli, Heinz (2004): Medienwirkungsforschung. Band 1: Grundlagen und theoretische Perspektiven. 3., überarbeitete Auflage. Konstanz: UVK.

Bonfadelli, Heinz/Wirth, Werner (2005): Medienwirkungsforschung. In: Bonfadelli, Heinz/Jarren, Otfried/Siegert, Gabriele (Hrsg.): Einführung in die Publizistikwissenschaft. 2. Auflage. Bern, Stuttgart, Wien: Haupt. 561-602.

Bonfadelli, Heinz/Jarren, Otfried/Siegert, Gabriele (2005): Einführung in die Publizistikwissenschaft. Bern: Haupt.

Brosius, Hans-Bernd/Esser, Frank (1995): Eskalation durch Berichterstattung. Opladen: Westdeutscher Verlag.

Brosius, Hans-Bernd/Esser, Frank (1998): Mythen in der Wirkungsforschung. Auf der Suche nach dem Stimulus-Response-Modell. In: Publizistik 43. 341-361.

Cantril, Hadley (1965/1985): Die Invasion vom Mars. In: Prokop, Dieter (Hrsg.): Medienforschung. Wünsche, Zielgruppen, Wirkungen. Band 2. Frankfurt/M.: Fischer. 14-28.

Cohen, Bernard C. (1965): The Press and Foreign Policy. Princeton: Greenwood.

Ebersole, Samuel (2000): Uses and Gratifications of the Web among Students. In: Journal of Computer-Mediated Communication 6. 1. 9-19.

Eibl, Karl/Jannidis, Fotis/Willems, Marianne (1998): Der junge Goethe in seiner Zeit. Frankfurt : Suhrkamp.

Ettema, James S./Kline, F. Gerald (1977): Deficits, Differences and Ceilings. Contingent Conditions for Understanding the Knowledge Gap. In: Communication Research 4. 179-202.

Fahr, Andreas (2005): Stichworte Medienwirkungen. In: Bentele, Günther/Brosius, Hans-Bernd/Jarren, Otfried (Hrsg.): Lexikon Kommunikations- und Medienwissenschaft. Wiesbaden: VS Verlag. 187-188.

Fiedler, Georg/Neverla, Irene (2003): Suizidforen im Internet. Überblick zum Forschungsstand und weiterführende Perspektiven. In: Medien- & Kommunikationswissenschaft 51. 557-571.

Fisch, Shalom M. (2005): Children's learning from television. It's not just „violence". In: Televizion 18. 10-14.

Früh, Werner/Schönbach, Klaus (1982): Der dynamisch-transaktionale Ansatz. Ein neues Paradigma der Medienwirkungen. In: Publizistik 27. 74-88.

Genova, B.K.L./Greenberg, Bradley S. (1979): Interest in News and the Knowledge Gap. In: Public Opinion Quarterly 43. 79-92.

Gerbner, George (1980): The „Mainstreaming" of America. In: Journal of Communication 30. 10-29.

Gerbner, George (1973): Cultural Indicators. The Third Voice. In: Gerbner, George/Gross, Larry/Melody, William (Hrsg.): Communications Technology and Social Policy. New York: John Wiley & Sons. 555-559.

Graber, Doris A. (1988): Processing the News. Second Edition. New York: Longman.

Herzog, Herta (1944): What Do We Really Know About Daytime Serial Listeners? In: Lazersfeld, Paul/Stanton, Frank (Hrsg.): Radio Research 1942-43. New York: Duell, Sloan & Pearce. 3-33.

Holst, Isabella-Afra (2000): Realitätswahrnehmung in politischen Konflikten. Grundlagen einer Theorie der Wissenskluft. Konstanz: UVK.

Horstmann, Reinhold (1991): Medieneinflüsse auf politisches Wissen. Zur Tragfähigkeit der Wissenskluft-Hypothese. Wiesbaden: Deutscher Universitätsverlag.

Jäckel, Michael (1992): Mediennutzung als Niedrigkostensituation. Anmerkungen zum Nutzen- und Belohnungsansatz. In: Medienpsychologie 4. 246-266.

Jäckel, Michael (2005): Medienwirkungen. Ein Studienbuch zur Einführung. 3., überarbeitete und erweiterte Auflage. Wiesbaden: VS Verlag.

Jäckel, Michael (2005): „Oprah's Pick", Meinungsführer und das aktive Publikum: zentrale Fragen der Medienwirkungsforschung im Überblick. In: Media-Perspektiven 2. 76-90.

Jäckel, Michael/Reinhardt, Jan (2001): Über welche Brücke muss man gehen? Die Mehr-Ebenen-Analyse und ihre Relevanz für die Rezeptionsforschung. In: Rössler, Patrick/Hasebrink, Uwe/Jäckel, Michael (Hrsg.): Theoretische Perspektiven der Rezeptionsforschung. München: Reinhard Fischer. 35-58.

Jobes, David A./Berman, A. L./O'Carroll, P.W./Eastgard, S./Knickmeyer. S. (1996): The Kurt Cobain suicide crisis: perspectives from research, public health, and the news media. In: Suicide & Life-Threatening Behavior 26. 3. 260-69.

Jöckel, Sven/Schöllkopf, Jochen/Döbler, Thomas (2005): Medienzugang und -kompetenz für alle? Die Rolle der Schule bei der Nivellierung von Unterschieden bezüglich der Nutzung neuer Medien. In: merz | medien + erziehung | zeitschrift für medienpädagogik 6 (merzWissenschaft – Die Rolle digitaler Medien für gesellschaftliche Teilhabe). 110-122.

Katz, Elihu/Foulkes, David (1962): On the Use of the Mass Media as „Escape": Clarification of a Concept. In: Public Opinion Quarterly 26. 377-388.

Lenz, Thomas/Zillien, Nicole (2005): Medien und soziale Ungleichheit. In: Jäckel, Michael (Hrsg.): Mediensoziologie. Grundfragen und Forschungsfelder. Wiesbaden: VS Verlag. 237-252.

Kleiter, Ekkehard (1994): Aggression und Gewalt in Filmen und aggressiv-gewalttätiges Verhalten von Schülern. Darstellung einer empirischen Pilotstudie. In: Emp. Pädagogik 8. 3-57.

Mandel, Jennifer (2006): The Production of a Beloved Community: Sesame Street's Answer to America's Inequalities. In: The Journal of American Culture 29. 1. 3-13.

Marr, Mirko (2003): Soziale Differenzen im Zugang und in der Nutzung des Internet. Aktuelle Befunde aus der Schweiz. In: Medienheft Dossier 19. 19-27.

McCombs, Maxwell E/Shaw, Donald L. (1972): The Agenda Setting Function of Mass Media. In: Public Opinion Quarterly 36. 176-185.

McCombs, Maxwell E./Reynolds, Amy (2002): News influence on our pictures of the world. In: Bryant, Jennings/Zillmann, Dolf (Hrsg.): Media Effects. Mahwah: Lawrence Erlbaum Associates. 1-18.

McLuhan, Marshall (1964): Understanding Media. London: Routledge.

Mehling, Gabriele (2001): Fernsehen ist kein Problem. Zu den handlungstheoretischen Vorstellungen des Uses-and-Gratifications Approach. In: Rössler, Patrick/Hasebrink, Uwe/Jäckel, Michael (Hrsg.): Theoretische Perspektiven der Rezeptionsforschung. München: Reinhard Fischer. 97-119.

Meyrowitz, Joshua (1990a): Überall und nirgends dabei. Die Fernseh-Gesellschaft I. Weinheim, Basel: Beltz.

Meyrowitz, Joshua (1990b): Wie Medien unsere Welt verändern. Die Fernseh-Gesellschaft II. Weinheim, Basel: Beltz.

Mossberger, Karen/Tolbert, Caroline J./Stansbury, Mary (2003): Virtual inequality: beyond the digital divide. Washington: Georgetown University Press.

Parke, Ross D. et al. (1977): Some Effects of Violent and Nonviolent Movies on the Behavior of Juvenile Delin-
   quents. In: Berkowitz, Leonard (Hrsg.): Advances in Experimental Social Psychology. New York: Academic
   Press. 135-172.
Parke, Ross D./Sawin, Douglas B. (1975): Aggression: Causes and Controls. London: Temple University Press.
Phillips, David P. (1982): The Impact of Fictional Television Stories on U.S. Adult Fatalities: New Evidence on the
   Effect of the Mass Media on Violence. In: American Journal of Sociology 87. 1340-1359.
Ruggiero, Thomas E. (2000): Uses and Gratifications Theory in the 21st Century. In: Mass Communication &
   Society 3. 1. 3-37.
Schenk, Michael (2002): Medienwirkungsforschung. 2., vollständig überarbeitete Auflage. Tübingen.
Schmidtke, A./Häfner, H. (1986): Die Vermittlung von Selbstmordmotivation und Selbstmordhandlung durch fiktive
   Modelle. In: Der Nervenarzt 57. 502-510.
Selwyn, Neil (2004): Reconsidering political and popular understandings of the digital divide. In: New Media and
   Society 6. 3. 341-362.
Tichenor, Phillip J./Donohue, George A./Olien, Clarice N. (1970): Mass Media Flow and Differential Growth in
   Knowledge. In: Public Opinion Quarterly 24. 159-170.
van Dijk, Jan (2005): The deepening divide: inequality in the information society. Thousand Oaks: Sage.
Viswanath, Kasisomayajula/Finnegan, John R. Jr. (1996): The Knowledge Gap Hypothesis: Twenty-five Years La-
   ter. In: Burleson, Brant R. (Hrsg.): Communication Yearbook 19. Thousand Oaks: Sage. 187-227.
Vogelgesang, Waldemar (2005): Medien und abweichendes Verhalten. In: Jäckel, Michael (Hrsg.): Mediensoziolo-
   gie. Grundfragen und Forschungsfelder. Wiesbaden: VS Verlag. 125-149.
Welz, Rainer (1992): Medien und Suizid: Zum Stand der Forschung. In: Suizidprofilaxe 19. 7-16.
Wirth, Werner (1997): Von der Information zum Wissen: Die Rolle der Rezeption für die Entstehung von Wissens-
   unterschieden. Opladen, Westdeutscher Verlag.
Ziegler, Walther/Hegerl, Ulrich (2002): Der Werther-Effekt. Bedeutung, Mechanismen, Konsequenzen. In: Der Ner-
   venarzt 73. 41-49.
Zillien, Nicole (2006): Digitale Ungleichheit. Neue Technologien und alte Ungleichheiten in der Informations- und
   Wissensgesellschaft. Wiesbaden: VS Verlag.

Einführende Literatur

Bonfadelli, Heinz/Jarren, Otfried/Siegert, Gabriele (2005): Einführung in die Publizistikwissenschaft. Bern: Haupt.
Jäckel, Michael (2005): Medienwirkungen. Ein Studienbuch zur Einführung. 3., überarbeitete und erweiterte Auflage. Wiesbaden: VS Verlag.
Schenk, Michael (2002): Medienwirkungsforschung. 2., vollständig überarbeitete Auflage. Tübingen: Mohr Siebeck.

Weiterführende Literatur

Ruggiero, Thomas E. (2000): Uses and Gratifications Theory in the 21st Century. In: Mass Communication & So-
   ciety 3. 1. S. 3-37.
Vogelgesang, Waldemar (2005): Medien und abweichendes Verhalten. In: Jäckel, Michael (Hrsg.): Mediensoziolo-
   gie. Grundfragen und Forschungsfelder. Wiesbaden: VS Verlag. 125-149.
Zillien, Nicole (2006): Digitale Ungleichheit. Neue Technologien und alte Ungleichheiten in der Informations- und
   Wissensgesellschaft. Wiesbaden: VS Verlag.

Globalisierung und Geosozialität

Manfred Faßler[1]

1. Worum geht es?

Wann immer in den letzten Jahren über die ökonomischen Zukünfte von Gesellschaften gesprochen wurde, fiel das Wort Globalisierung. Eingeführt als wirtschaftspolitischer Begriff von Theodore Levitt in seinem Artikel „Globalization of Markets" (1983), findet der Terminus in den 1990ern im deutschsprachigen Raum vor allem publizistisch seine Verbreitung. Anfänglich wurde eher danach gefragt, welche ,Auswirkungen' diese global ausgelegten Produktionsverläufe, Verteilungssystematiken auf ,Gesellschaft vor Ort' hat/haben wird. Undurchsichtige Konkurrenz schien das Reaktionsmuster zu sein. Anfänglich standen der ,pazifische Raum' oder die ,Tigerstaaten' gegen Deutschlands, Englands Ökonomie; später dann Wirtschaftsraum gegen Wirtschaftsraum (EU). Sehr langsam entwickelte sich das Verständnis dafür, dass *Globalisierung* nicht nur in die *ökonomische Zusammensetzung von Gesellschaften* eingreift. Es gibt gute Gründe anzunehmen, dass sie die Konzepte ökonomischer, nationaler, institutioneller *Moderne als Leitprogramm abzulösen* scheint. Profile herkunftsungleicher (heterogener), verteilter, eher kurzzeitiger Sozialorganisationen zeichnen sich ab. In ihnen überlagern informationstechnische Vernetzungsräume die euklidischen Räume ,alteingesessener' Sozialität. Etwas provokant gesagt: das Matrixdenken löst das rationale Planungsdenken ab.

In der Soziologie sind die Reaktionen hierauf nicht eindeutig. Vorrangig ging es Soziologie um die Darstellung und kritische Kommentierung von Veränderungen *in* fortgeschrittenen oder modernen Gesellschaften. Die Forschungen reichten vom „Unbehagen in der Modernität" (Berger/Berger/Kellner 1973), über Struktur der Moderne (Münch 1984), „Klassenstruktur fortgeschrittener Gesellschaften" (Giddens 1979), zum Ende der Großen Erzählungen (J. F. Lyotard), zur bedauernden Feststellung vom Ende der Utopien (Voßkamp, 3 Bde. 1985) oder von Umbrüchen in der Moderne. A. Giddens sprach von „societies between societies" und markierte die Veränderungen, die vielleicht als „Intersozialität" hätten beschrieben werden können. Es tat sich ,etwas', dass nicht nur Modalitäten moderner Gesellschaften betraf. Die strukturellen Bedingungen des institutionellen Aufbaues, des informationellen und kommunikativen Erhaltes, aber auch die der Wissensentwicklung und Innovationsfähigkeit von

---

1 Für Kontakte: manfredfassler@aol.com

Sozialsystemen veränderten sich still, anonym, aber machtvoll. Einige Forschungen griffen diese Prozesse auf: sie befassten sich z.B. mit veränderten Zeitstrukturen in der Moderne (Rosa 2005) oder mit Raum (Löw 2001/Dünne & Günzel 2006). Etliche Forschungen widmeten sich ‚unübersichtlichen' Gesellschaften, wie es in Anlehnung an J. Habermas hieß, – so als seien soziale Systeme ‚übersichtlich'. Zentrum einer großen Zahl von Untersuchungen bildeten die Felder *einzelmenschlicher Kontingenzerfahrung (körperlich-biografisch, beruflich, schichtenspezifisch)*. Zwar wurde *sozial-systemische Kontingenz* angesprochen, allerdings als defensiv-moderne Haltung. In den Kontroversen zwischen J. Habermas und N. Luhmann (1990) lässt sich dies gut nachlesen. Hier werde ich aber nicht darauf eingehen.

Manche *transsozialen Ansätze*, wie die Forschungen zu *globalen zivilisatorischen Prozessen* hefteten sich noch an die Rationalitätsideale europäischen Denkens (Bogner 1989) oder waren, wie die Arbeiten von D. Ribeiro (1983), soziologisch interessiertem Publikum schwer vermittelbar. *Gesellschaft und Kultur* waren gedanklich eng verflochten, während *Gesellschaft und Zivilisation* einander fremd schienen. Veränderungen betrafen vorrangig ‚Gesellschaft in sich'.

Die Empirie der Globalisierungsprozesse hat die Situation für Soziologie verändert. Sie zwingt diese, zivilisatorisch denken zu lernen, ohne auf die politisch-ethischen Dimensionen der ‚einen Gesellschaft' zu verzichten. Selten war bislang der Blick auf die Frage gerichtet, ob mit den sich ständig verändernden ökonomischen Organisationsformen auch *neue Konstitutionslogiken für soziale Zusammenhänge* entstehen. Die hier gemachten Vorschläge gehen davon aus, dass sich die Bedingungen menschlicher sozialer Selbstorganisation unumkehrbar verändert haben. Diesem Gedanken werde ich hier anhand von drei Beispielsbereichen nachgehen, und zwar

(B) kollaborativen und kooperativen Community-Strukturen (Communities of Projects),

(C) Raum-Strukturen und den netzgebundenen Formen eines weltweiten Cyberlocalismus und

(D) der Herausbildung echtzeitiger Strukturen für Weltwissen.

Doch zunächst (A) werde ich einige annähernde Überlegungen vorstellen.

I.

2. Geoökonomie – Geosozialität?

Soziologie und Globalisierung passen auf den ersten Blick nicht zusammen.

Jene, – entstanden in den schwerindustriellen Phasen der Selbstorganisation großräumiger Sozialverbände des 19.Jhs. –, beschäftigt sich herkömmlich mit ‚ansässigen' sozialen Systemen. Land und Leute, Maschinen, Stadt, Familie, Rechtssystem, Verwaltung, Kunst, Politik, mitunter noch Sprache sind die Themenfelder. Ihre Empirie ist nicht unbedingt ‚bodenständig', aber die eines *prinzipiell territorialen Sozialsystems*. Englische Gesellschaft unterschied sich von preußischer, französische von italienischer Gesellschaft usw. Was sie verband war die *Logik ihrer Entstehung (Prozesse industrieller Moderne)*; was sie trennte waren die nach innen gerichteten *Programme des Erhalts (Normen, Institutionen, Imagination von Identität)*; was sie wieder verband waren die konkurrenziellen, *auf Erhaltung ausgerichteten Anpassungen an technologische, wirtschaftliche Entwicklungen (strategische Allianzen und strategischer Verrat inklusive)*.

Durch die *nationale Bindung* waren die (bürgerlich) sozialen Systeme *politisch (über-) determiniert*.

In der weltwirtschaftlichen Globalisierung lösen sich die *direkten Bindungen an Territorien* ebenso *zugunsten indirekter, weltweit ausgelegter Codierungen möglicher sozialer Strukturen* auf, wie die nationalen Ökonomien in Transnationalität aufgehen.

Der Weltmarkt der Waren und Rohstoffe wird allmählich zu einem *Weltmarkt menschlich-zivilisatorischer Reproduktionsbedingungen*. UNESCO spricht seit 2000 von Global Digital Devide/Opportunity, andere sprechen von Global Knowledge Opportunity. Gesellschaften werden liquide unter dem Druck der Informationsströme und des ökonomisierten Wissenskonzeptes. Der Atlas der Globalisierung, von Le Monde diplomatique vorgelegt, dokumentiert diese sich intensivierenden wechselseitigen Abhängigkeiten (2006). H. Behrens pointiert zu recht: „Global Enterprise – Panoramabild Globaler Zivilisation im 21. Jahrhundert".

Schon geraume Zeit wird kaum noch von Inter-Nationalität gesprochen. Der Status des ‚Inter' war nie ein schlüssiges Differenzierungsargument für Warenwirtschaft, erst recht nicht für kapitalistische Warenwirtschaft. Was sich nun abzeichnet ist eine „Géoéconomie" (Fontanel 2005), in deren Zusammenhang *Geosozialitäten* entstehen, die nicht mehr auf klassisch-moderne Sozialität reduzierbar ist. *Soziale Systemstrukturen* sind zu *globalen Zuständen* geworden. Von ihnen sind Territorialgesellschaften und die in ihnen lebenden Menschen zunehmend abhängig. Ich halte es dabei nicht für sinnvoll, von Hyperkulturalität (Byung-Chul Han 2005) oder Hypersozialität zu sprechen. Eher scheint es, dass Gesellschaften durch die faktischen Bedingungen globaler Kooperation und Abhängigkeiten unter zivilisatorischen Druck der Verfahren, Verhandlungen, Absprachen, Verträge geraten.

3. Nach dem Territorium: globale Gesellschaftsföderationen?

Die vielfältigen – noch zu besprechenden – *Ablösungen sozialer Systeme von Territorien* schwächen die ‚Souveränität' klassisch moderner Gesellschaften.

Der *Territorialcode der Gesellschaft* wird von *Geocodes* überlagert.

(Einzel-) Gesellschaften können immer weniger die institutionellen Voraussetzungen für den Schutz ‚ihrer Leute' bilden. Möglich, dass wir uns bald politisch für eine globale *Gesellschafts-föderation* einsetzen, um freie globale Berufswahl, vorläufige Kleingruppengesellschaften, spezi-alisierte Kurzzeitgesellschaften und Gesellschaften-Mobilität gegenseitig zu ermöglichen. Mög-lich aber auch, dass globale Ungleichzeitigkeiten von Entwicklungen dazu führen, dass regionale Schutzrechte verstärkt werden, Ausschlussregeln territorialer Gesellschaften vorherrschen, die versuchen, die push and pull-Faktoren für Migration in den Griff zu bekommen (Haggett 1991; Treibel 1999; Kroehnert 2003). ‚Festung Europa' ist eines der politischen Kürzel dafür.

Jedenfalls ist eines klar: wer ‚ihre Leute' sind, wird in Gesellschaften alten Typs zuneh-mend unklar. Die *Mehrgenerationenansässigkeit*, über die ‚Bevölkerung einer Gesellschaft' oft genug definiert wird, und die verklärend mit Familienstammbäumen verbunden ist, be-schreibt nur noch wenig. Unterscheiden die Rechtssysteme zwischen aktivem und passivem Wahlrecht, Ansässigkeit, Wohnhaft, Aufenthalt, Geburtsort usw. so ist dies für die Registrie-rung und polizeiliche Identifizierung wichtig. Die sozialen und mithin soziologischen Pro-bleme liegen aber auf anderen Ebenen.

4. Migration und Diffusion

Im Verlauf der letzten 2500 Jahre wurde die *menschliche Migration durch Kommunikati-onstechniken und Medien* entlastet. Den Migrationen erwuchs in Diffusionsprozessen eine starke nicht-biologische Ergänzung. Heute sind daten-technische Systeme entwickelt, die uns weltweit fernanwesend machen. Heutige Menschen wandern durch die *telepräsenten Räume ihrer möglichen Welt* und sie wandern aus territorialen Räumen aus und in diese ein.

Globalökonomisch sind die *nicht-körperlichen Wanderungen* (der kommunikativ er-zeugten Informationsströme) ebenso relevant geworden wie die körperlichen, möglicherweise sogar wichtiger. D.h. aber, dass Soziologen über Innen-Außen-Grenzen/Exklusion-Inklusion sozialer Systeme in anderen Weisen werden forschen und denken müssen, als sie es bislang taten. Ein Blick hinüber zu Wirtschaftsgeografen und deren Forschungen zu *Migration*, vor allem aber die Forschungen zu expansiver, relokativer, kombinierender *Diffusion*, erklären ein wenig von den anonymen Transformationsprozessen, die vorrangig durch *Innovations-verbreitung* erfolgen (bereits die frühe Arbeit von Torsten Hägerstrand „The Propagation of Innovation Waves" von 1952 gibt einen guten Einblick). Globalisierung wird (auch), so die These, durch technologische, organisatorische, materiale, kommunikative Innovationsver-breitung getragen. Ohne diese Diffusionsprozesse, ließe sich die rasante Durchsetzung von medientechnologischen Betriebssystems- und Speicherstandards, Übertragungsprotokollen

und Gerätestrukturen nicht erklären. Jedenfalls weisen sie darauf hin, dass nicht alles mit Gewalt weltweit durchgesetzt wird.

Ich gehe also von der Erwartung aus, dass mit der Globalisierung ein *weltweit verändertes Repertoire möglicher Sozialsysteme* entsteht. Dies weist auf vielfältig veränderte Wahrnehmung-, Kommunikations- und Konsumstandards hin.

Realisiert werden diese Möglichkeiten unter den Bedingungen globaler Informations- und Ideenökonomien sowie unter den Bedingungen überlieferter Kommunikations-, Orts-, Verantwortungs- und Kooperationsideale. Die Macht der Globalisierungsverläufe entsteht gerade dadurch, dass (a) alle Sozialsysteme sich auf die Anpassungskonkurrenzen im Korridor der vagen informationsökonomischen Möglichkeiten einstellen, und dadurch, dass (b) immer mehr Menschen sich in den kybernetischen Räumen der Datentechnologien bewegen, in ihnen arbeiten, leben, Freundschaften und Nachbarschaften bilden.

Paradox ist: Sie *kommunizieren sich aus den überlieferten Sozialsystemen heraus*, und erwarten zugleich eine Art *rückversichernder Kontinuität*. In diese Paradoxie hinein wird sich Soziologie bewegen, will sie den wissenschaftlichen Anspruch der Erforschung depersonalisierter, intersubjektiver Regelungen menschlichen Zusammenlebens aufrechterhalten.

5. > ...in der Welt zuhause.<

Die Empirie der Globalisierung ist vielfältig und ändert sich täglich. Nur einige Aspekte seien genannt.

Vorläufer gibt es zahlreiche. Verschiedene militärpolitische Versuche, Weltreiche zu gründen und zu erhalten, gehören ebenso hierzu, wie religiöse und philosophische Bestrebungen, welteinheitliche Symbolordnungen und Folgebereitschaften zu erzwingen. Immer wieder neu erfand sich der Mensch in seiner Welt, gegenüber dieser, erfand sich andere Orte sehnsüchtig und strategisch, spielerisch und fordernd. In der Welt ‚zu Hause zu sein‘ aber auch irgendwo ‚daheim‘ (ein Weizenbiermarke bringt es auf den Punkt: „In Bayern daheim, in der Welt zuhause“), war und ist eine wichtige Erwartung, auch heute.

Vor der Globalisierung stand also der lange Weg der Imperien, Reiche, der Arrondierungskriege, der Völkerschlachten und Nationenbildung ebenso, wie Zollbarrieren und Bürgerkriege, Nationalökonomie, nationale und internationale Kapitale und die Entwicklung von ausgehandelter Zusammenarbeit, Friedenspflicht und militärischem Drohpotenzial.

Im 20. Jahrhundert entstand mit dem Völkerbund eine auf die Welt gerichtete Assoziation von Ländern, die zwar nicht ökonomisch und politische Spannungen vermeiden, aber Krieg verhindern wollten. Er wird nach dem 2. Weltkrieg beerbt von der UNO. Auswirkungen auf die sozialen Systeme hatte dies nicht. Allenfalls die Systeme der Weltbank, der Wechselkurse, des Internationalen Währungsfonds/IWF, der Internationalen Arbeitsorganisation und ähnliche Institutionen konnten auf soziale Systeme einwirken, via Ökonomie. In ähnlicher Weise ist die Entwicklung der Montanunion, Europäischen Wirtschaftsgemeinschaft/EWG bis zur heutigen EU-Struktur zu betrachten.

Diese Epoche der ausgehandelten, institutionellen Setzung von Rahmenbedingungen, die im Voraus Ordnung bestimmten, ist überholt und beendet worden von dem, was Globalisierung genannt wird. Seit den 1960ern ist ein *Strukturwandel globaler industrieller Warenproduktion* zu verzeichnen. Zulieferer für Halbfertigwaren oder Endproduzenten sind über den Globus verteilt. Der Pazifische Raum mit ökonomisch immer stärker werdenden ‚Tiger-Staaten‘, mit der Industriemacht Japan, mit der Anbindung von Vietnam, Bangladesh an die globale Bekleidungsindustrie, die Kontrollmacht der OPEC, oder die aktuelle ökonomisch-strategische Aufstellung Indiens und der Volksrepublik China zeigen: die Ausgangsregionen industrieller Warenproduktion, Europa und USA, haben längst ihre Markt- und Entwicklungsdominanz des späten 19. Jh. und des 20. Jh. verloren.

Für Kapitalstrukturen gelten solche regionalen oder gar nationalen Bedingungen eh nicht als Bindungspflicht. Seit nunmehr vier Jahrzehnten massieren sich die Anforderungen weltökonomischer Arbeitsteilung, Qualifikationsentwicklungen, Produktkonkurrenzen und Investitionsentscheidungen für die jeweiligen Gesellschaften. Die Auslandsdirektinvestitionen stiegen von 13 Milliarden 1970 auf 1.100 Milliarden 1999 und 1.400 2000. Das Welthandelsvolumen stieg von 1980 bei 2,4 Billionen auf 11,7 Billionen 2004. Folge und Bedingungen hierfür immer mehr internationale Vereinbarungen, Zusammenschlüsse von Wirtschafts- und Marktregionen in Europa, Nord-Süd-Amerika, Asien, die Zunahme internationaler Organisationen und ständige Nach- und Neuverhandlungen über die dynamischen Transformationsprozesse, die in ihrem Komplexitätsgrad nicht wirklich exakt zu steuern sind.

6. Verstreute Zusammenhänge

Geht man die Vielzahl der Globalisierungsereignisse durch, so ist erkennbar, dass es auch *keine einheitliche Kapitalstruktur* für diese gibt. Es sind, wie B. Priddat (2002) sagt, *„dissipative Ökonomien"* entstanden, verstreute Wirtschaftslagen, instabil, zufallskooperativ, und verbunden mit informationsintensiver und -sensitiver Kommunikation. So kann man sagen:

Globalisierung ist ein *ökonomisches, politisches und kommunikationsethisches ‚Tagesgeschäft'* geworden. Eine *transkulturelle Zusammenhangsoption* ist derzeit nicht abzusehen. Möglich, dass dies auch in die falsche Richtung fragt, da Menschen unter den gegebenen Bedingungen *Formen vorläufiger Selbstorganisation* gefunden haben und finden, die *nicht mehr auf Gesellschaft oder überlieferte Strukturideale reduzierbar* sind.

Hinzugekommen ist, dass eine immer stärkere *weltweite informationelle Ökonomie* entstanden ist. Sie bezieht sich

(a) auf die direkte Steuerung der Produktion durch Konsumenteninformation (‚Macht der Konsumenten‘; A. Toffler sprach von Prosumenten = Produzenten+Konsumenten) (Davidow & Malone 1993) und das damit einhergehende Ende der Massenproduktionen) (Piore & Sabel 1985),

(b) auf Neuorganisation der Unternehmen (Fraktale Unternehmenstrukturen [Warnecke 1995]), auf Change Management, auf digitales Re-engineering der Produktion,

(c) auf Wissensmanagement (Baecker 2003) und

(d) auf ‚immaterielle Güter‘, Daten und Informationen, deren Formierung und Kommerzialisierung (pricing of information).

In Online-Offline-Vernetzungen haben sich die dort aktiven Kapitale exklusiv auf Globalität der Datengenerierung und Informationsströme ausgerichtet. Der in der bürgerlichen *Moderne idealisierte Entstehungsort für Ökonomie, die Gesellschaft*, wird zur abhängigen Region. Mehr noch: es gibt keine ‚gesellschaftstypische‘ Schichtung und Gliederung von Gruppen mehr, sondern weltmarkttypische, – so meine Annahme. Hierüber wäre aber noch genauer zu arbeiten.

Die Stratefizierung weicht der Flexibilisierung.

Mit der Folge: „In fließenden Strukturen tritt Sensibilität an die Stelle der Pflicht." (Sennett, 2005, 44)

7. Globalisierungsbevölkerungen oder Migranten

Fast schon klingt Globalisierung wie eine Meta-Erzählung, wie ein Abgesang auf Nationalökonomie, auf Nationalsprachen und -kulturen. Nicht alles daran ist neu. Die Ökonomien der Warenwirtschaft, der kapitalistischen Bewirtschaftung der Welt, waren nie auf ein Territorium begrenzt, weder in der Rohstoff- und Arbeitskraftbeschaffung, noch in der Produktion oder im Vertrieb. Aber auch die vorherigen feudalen und klerikalen Ordnungen waren nie nur begrenzt. Seidenstraßen und Salzstraßen sind ebenso zu berücksichtigen wie Suchwanderungen oder Besiedlungsentscheidung. Einmal territorial fixiert, galten die entstehenden Regime, unter der Voraussetzung ihrer Ortsgebundenheit, Territorialität, ihrer eigenen Grenzregien, als expansiv, expandierend, unterwerfend, verheerend, – und waren es auch.

Nach den wenigen Jahrhunderten, in denen der bürgerliche *wealth of nation* und die europäische Geste des Weltbürgertums den Weltanspruch der Katholizität (auf den Schlachtfeldern der Glorious Revolution, Dreißigjähriger Krieg, Französische Revolution) ‚nationalisiert‘ hatte, nach den imperialen Aneignungs- und Unterwerfungskriegen, ist das *Ringen um die Reichtümer der Welt* neu entfacht – und es sind *neue Reichtümer, neue Reichtumsstrategien* im Spiel. Markenzeichen der hier interessierenden Prozesse sind die sekündlich sich vervielfältigenden digitalen Datenmengen, die globalen Betriebssystemstandards und Übertragungsprotokolle, Neuorganisation von Arbeitsprozessen, die Durchsetzung weltweit anerkannter Ökonomien der Aufmerksamkeit, der audiovisuellen und semantischen Codierungen, und die damit verbunden Neuverfassung von kollektiven Wissensbedingungen und individuellen Wissensmöglichkeiten.

Es geschieht also wirklich ein Menge unter diesem Namensschild.

Historische Unterschiede sind dabei deutlich.

Vier grobe Unterscheidungen schlage ich vor.

– Alle Vorgängerprozesse waren in dem Modell begründet: > hast du das Land (die materialen Ressourcen), hast du die Leute <. Es war eine *Raubzug-Globalisierung* (1). Ihre Koordinaten waren Territorialität und materiale Ökonomie. Kurz eingefroren war diese durch die blockpolitischen Konfrontationen und die militärischen Verteilungsregeln nationaler Stützpunkte zwischen 1945-1989.

– Unter dieser Kruste alter militärisch-industrieller Komplexe haben sich neue Strukturen herausgebildet, die man als *Zukauf-/Verkauf-Globalisierung* oder als *Aktienkapital- und Fonds-Globalisierung* (2) bezeichnen kann. Sie stützte sich auf die Erfindung und Erfahrung eines 'Neuen' Marktes digitaler Produkte. Neue Kapitalstrukturen entstanden. Die neue, völlig unstrukturierte, erfindungssüchtige, ideenreiche aber produktarme *Welt-Kapitalfraktion* erlebte ihren Kollaps Ende der 1990er.

– Die Vernichtung von Milliardenvermögen änderte an dem *Megatrend einer informationellen Globalisierung* (3) nichts. In Nischen und Garagen, in Experimenten und Forschungslabors hatte sich seit den 1960ern eine neue *Weltklasse* herausgebildet, deren Aktionsfelder zunehmend in Cyberspaces, digitalen Netzwerken, in künstlichen Räumen, in informationsintensiven und sensitiven *Global Communities* stattfinden.

– Diese *Weltklasse* weist alle Züge einer *Globalisierungspopulation* auf: ist medial voll sozialisiert, medienkompetent, projektorientiert, flexibilisiert, transsozial und transnational, kooperativ, egoistisch und altruistisch. Sie reicht von Programmierern zu Bankern, Hackern zu Künstlern, Netzangestellten (die fälschlich noch Büroangestellte genannt werden) zu Wissenschaftlern, Motorentwicklern zu online-Steuerberatern, von Ex-Patriots zu ortsansässigen Virtual Neighbourhoods. Eine *Entwicklungs-Globalisierung* (4) ist erkennbar. Sie betrifft Denk- und Wissensmärkte, veränderte Zeit- und Kooperationsgefüge, Kompetenzabhängigkeiten und massive Umschichtungen in Richtung immaterieller Warenerzeugung, vor allem weltweite Strategien, Wissen als Rohstoff für informationelle Produktfamilien zu codieren. Ausbildungssysteme werden diesen Prozessen ebenso angepasst, wie Arbeitsbiografien.

8. Globalisierung, selektiv

Obwohl derzeit 1.000.000.000 Menschen täglich in einem der über 40.000 Local Area Networks arbeiten, und „the next billion" schon auf den Entwicklungs- und Investitionsrechnungen der informationellen Weltklasse, vor allem auf den Listen der globalen Standardisierungsgruppen, dem sog. „Cyberfilz" stehen, sind die derzeitigen Globalisierungsprozesse selektiv. Hierfür gibt es einige zentrale Gründe. Die Globalisierungsprozesse sind begründet

– in technologischen Vernetzungsstrukturen, die grundsätzlich individuelle und über die einzelnen Menschen koordinierte Gruppenprozesse stützen

– in „Exterritorialisierung", mit der Peter Weibel auf die klassische Begrenztheit der „Entterritorialisierung" aufmerksam machte, die zeitlich begrenzte Projektstrukturen begünstigt

– in den Dynamiken der Veränderungsanforderungen und Anpassungsprozessen jener Gruppen, die weltweit in Netzwerken agieren (müssen)

Diese *selektiven Globalisierungsverläufe*, deren Akteure wir sind, konnten früher nicht entwickelt werden. Weder unter agrarischen, normativ-institutionellen, noch produktionsindustriellen und verwaltungsindustriellen (sprich: bürokratischen) Bedingungen sind ähnliche Strukturen und Anforderungen entstanden. Der *weiche wirtschaftliche Determinismus*, von dem Robert Heilbroner spricht, und der die aktuelle Neuzusammensetzung der ökonomischen Oberfläche der Erde bestimmt, ist in der Tat ein genauer zu betrachtendes Merkmal.

Er lässt sich empirisch darstellen anhand

- weitgehender *Veränderungen der wirtschaftlichen Zeitökonomien*, also am Rückbau der Lagerhaltung in Verbindung von Online-Kommunikation der Unternehmen, Reorganisation Just-in-time (Rechtzeitigkeit),
- der dadurch entstehenden ,Lager auf der Autobahn' und einer globaler Zuliefererstruktur, die die *Container zu Sinnbild der weltweiten Warenströme* machte,
- des *Endes der Massenproduktion* und der Diskussion um die *Macht des Konsumenten* oder des *Prosumenten*
- der Konzepte von *Wissensmanagement*, mit dem innerbetriebliche Potenziale den Produkt-Projekten und der Flexibilisierung angepasst werden sollte
- der *Fraktalisierung der Unternehmen*
- der veränderten *Ökonomisierung und Kommerzialisierung der Kommunikationsmodule* (Massen-Individual-Kommunikation)

aber auch anhand

- *User Generated contents* und
- *Social Software*.

9. Von territorialen zu kinetischen Karten

Zu diesem weichen Determinismus und den informationellen Zeitökonomien gehört auch die Einsicht in die veränderte Verfügung und Bestimmung von Raum. Die ,zeitnahen' Produkt-, Markt- und Kommunikationslösungen erzeugen ein Phänomen, das als „Death of Distance" (Cairncross 1997) oder als Renaissance der Nahwelt (Faßler 1994) diskutiert wurde. Eine weitere Paradoxie tat sich auf: Die Globalisierungsprozesse veränderten die Anwesenheitsformen durch die informationelle Sofortigkeit und Nähe. M. Castell und J. Henderson hatten 1987 bereits auf diese Spannung von „placeless power and powerless places" aufmerksam gemacht.

Es lässt sich sagen: die *territorialen Karten* wurden durch *kinetische Karten* ersetzt. Die Kontinente und Längen- und Breitengraden machten den Datentransferströmungsbildern platz. Konzepte wie „fluid networks" von J. Hage und C. Powes machten die Runde.

Globalisierung ist, so betrachtet, nicht ganz über Nacht zu einer Meta-Erzählung geworden. In ihr transformiert sich die *Cyber-Moderne* (Faßler 1999) in ein globales System *vernetzter Wahlgesellschaften*, die von *Communities of Projects* (Faßler 2006) getragen werden.

Bei der Beschreibung von ökonomischen Zusammenhängen hat die regionale Erzählung, die wir gewöhnlich als Gesellschaft beschreiben, an Bedeutung verloren. Globalisierung scheint inzwischen überall vorzukommen: in Produkten, Produktfamilien, in offshore-Managementgruppen, im Ozonloch, in der erwarteten Klimakatastrophe, in Politik des Terrors, im globalen Gesundheitsmarkt, im Globalen Patienten.

Regional-territoriale Systeme, genannt Gesellschaft, werden ins Vorwort der neuen Atlanten verschoben: > es gab einmal...<. Es ist nicht nur die ökonomische Kartographie, die

rasant verändert wird. Neben dem Ende der ökonomischen Betriebsysteme von Gesellschaft, zeichnen sich Umbrüche der medialen, bürokratischen und semantischen Betriebssysteme ab.

Und gerade dies ist das Besondere an den Prozessen der *Globalisierung: sie sind keine Gesellschaftsverstärker, sondern Transformatoren*. Allerdings unter den Bedingungen unklarer Ziele. Globalität wird zu einer Ansammlung von Kommunikationsexperimenten, zum (vorläufigen) Dauerexperiment (Faßler 2003).

Wie eingangs erwähnt, werde ich diesen Gedanken an drei Beispielbereichen darstellen.

II.

Föderation der Communities

„Die Netzwelt formt ihre Nutzer" (Heuser, 163)

10. Vor dem Ende des Betriebssystems Gesellschaft?

Ich habe die These schon formuliert:

Die digitalen Netzwerke sind nicht mehr nur als ‚soziale Verstärker' zu beschreiben. Längst ist ihre interaktive Nutzung ‚globaler Verstärker': Erzeuger und Verstärker einer infografischen Globalität, empirisch darstellbar und beschreibbar. Diese *infografische Globalität* ist gekennzeichnet von dynamischen, *dissipativen Ökonomien* (Priddat 2002), von *Cybernetic Localisms* (Faßler 2007), in denen sich die Austauschmuster von Online-Offline-Crossings organisieren, deren internes Organisationsmuster eben jene *Communities of Projects/CoPs* (Faßler 2006) sind, die ich hier kurz vorstellen möchte.

Mir ist klar, dass diese Wörter eine Menge Erklärungsbedarf mit sich bringen. Da hier der Platz sehr begrenzt ist, werde ich mich auf einige Aspekte der CoPs beziehen.

Mein Interesse bezieht sich auf die mehrwertigen Logiken informationeller Vernetzungen, unter deren Einfluss Menschen ihre Lebens-, Produktions-, Kommunikations-, Darstellungs- und Entwurfszusammenhänge kommunalisieren.

Dabei gehe ich davon aus, dass ein massiver *Digital Shift* stattfindet, in dessen Verlauf mediale Praxis vom Sende- und Massenparadigma zum Individualisierungs- und Community-Paradigma übergeht, disperses Publikum von individualisierten Gemeinschaften abgelöst, Kollektive von Kooperationsgruppen beerbt, Delegation/beauftragte Steuerung/Repräsentation in User Generated Content/UGC hinüber gleiten.

Audiovisuell überstrahlt von Screens, Interfaces und informationstechnologischen Verkaufsschlagern wie Spielekonsolen, PCs, WWW, Portalen, angesiedelt in computerintegrierten Netzwerken, genutzt von ca. 1 Milliarde Menschen täglich, aktiviert in e-Sports-Communities, e-Learning, e-Teaching, e-business-Netzwerken, Internet 2.0, Web 2.0, Social Net, Second Life , werden alle *gesellschaftlichen Betriebssysteme neu konfiguriert*, und, was

für meine Überlegungen wichtiger ist: es wird das *Betriebssystem Gesellschaft neu konfiguriert, weltweit und unter dem Einfluss informationeller Geocodes.*

Die entstehende *Global Virtual Civilisation*, ausgestattet mit immer mehr und produktiveren *Scenes behind the Screens*/Immersive Spaces within the Screens, Blogosphären, Rich Media-Bereichen, Virtual Communalities/virtual communities, offshore communities in Bereichen des Managements, der Forschungen, der Kunst, des Motor-, Auto-, Maschinendesigns hat neue hochkomplexe Formate menschlicher Selbstorganisation starten lassen. Sie haben nicht mehr Gesellschaft als Referenz, sondern die Kontinuität vertraulicher Beziehungen der „on-line interactive communities". Ihnen schrieb J.C. R. Licklider, Pionier der Netzentwicklung 1968 prognostisch zu:

> They will be communities not of common location, but of common interest.

2007 lässt sich hinzufügen, >…of common interest, that is generated in space-time-locations of online-projects <.

11. Warum Global-Projekt?

Vielleicht wird man später einmal sagen: es waren die Jahrzehnte der Neuerfindung des Sozialen, hart, schmerzhaft. Sagen kann man heut schon: In wissenschaftlich, wirtschaftlich, entwerfend, künstlerisch agierenden Teilkulturen sind Menschen dabei zu lernen, dass es sich langfristig nicht mehr lohnt, sich in Gesellschaften einzurichten. Weder können diese ihre alt-modernen Versorgungsgarantien (Sozialstaatlichkeit, Flächentarife, Generationenvertrag) durchhalten, noch auf den Niveaus steil institutionalisierter Ordnungen Beteiligung, informationelle Selbstversorgung und Selbstbestimmung, also Lernen, Kooperation, dynamische Sinnsetzungen und Veränderung garantieren. Sozialpolitisch und medienpolitisch kennen wir dies als Deregulierungsprozesse seit den 1980ern.

Wir erleben derzeit eine Krise der Institutionen, d.h. eine Krise *der strukturellen Kopplungen* zwischen Sozialsystem und Individuum. Institutionen werden immer umfassender und weltweit durch die Dynamiken *medialer Kopplung* (Faßler, 2005) in Kernbereichen der Informationsbereitstellung, -speicherung und Informationserzeugung eingeschränkt. *Netzwerke übernehmen Funktionen von Institutionen*, und das nicht nur inner-gesellschaftlich, sondern vorrangig global. Normative Konflikte, die die innergesellschaftlichen und zwischengesellschaftlichen Strukturen betreffen, gehen damit ebenso einher wie Anpassungen der klassisch modernen Institutionen an die mediale Kopplung wie Cyper Police, Cyber Law, Fahndungen in globalen Netzwerken etc. oder wie attac, das globale Netzwerk der Globalisierungs-Gegner. Parallel wird mit Engagement die Unverzichtbarkeit von (nationalen) Institutionen angesprochen. Der Ausgang dieser Debatten ist ungewiss.[2]

---

2 Das ‚Projekt-Lesebuch‘, herausgegeben von Christian Reder (Leiter des Zentrums für Wissenstransfer in Wien) gibt einen exzellenten und unterhaltsamen Einblick in die gegenwärtigen Projektdebatten.

Es lassen sich inzwischen Projektbereiche untersuchen, in denen die kooperierende Individualität wichtiger für das Gruppenüberleben ist, als die Konkurrenz unter den Bedingungen ausschließlicher Außenbewertung.

Wer nicht global kooperiert, der verliert.
Und das Verbindungsmuster ist *Projekt*; eine befristete Klein-Föderation. Projekte sind der Formalismus, in dem der Prozess der *Individualisierung*, den die Soziologie schon länger beschreibt, eine Art *Re-Kommunalisierung* erfährt. Allerdings: dem Individuum steht keine soziale Kollektivorganisation als Auffangnetzwerk mehr zur Verfügung. Dass der Verlust der strukturellen Bindung von Gesellschaft, Kollektivorganen und Solidargemeinschaft erhebliche Schwierigkeiten erzeugt, ist bekannt, bleibt hier allerdings im Hintergrund. Wichtiger ist mir hier die Feststellung: gegenwärtig verstärken sich die Muster projektförmiger Interaktionen zwischen Menschen, weltweit. Diese Projekträume festigen den ‚Digital Lifestyle‘, der reicht von virtual neighbourhood, mobile computing, online gaming, Local Area Network Parties bis zu Podcasting, Smartphone, Branded Entertainment oder Commutainment. Sie sind aber nicht mit den CoPs gleichzusetzen. In diesen geht es um Entwurf, Produktion, Kommerzialisierung, Arbeitsalltag.

12. Warum Community?

Es entstehen *Communities of Projects*, die an keinen Gesellschaftstyp, und keine Topografie gebunden sind. Sie lassen sich als weltweit vernetzte, episodische Momentgemeinschaften hoher Informations- und Interaktionsdichte beschreiben. Sie sind zeitlich und strukturell auf Projektabschluss ausgerichtet, mit ‚Verfallsdatum‘ versehen. Mit ihnen scheinen sich keine Gesellschaften im klassischen (territorialen, sprach- symbolräumlichen, national-staatlichen) Sinne mehr zu bilden und zu erhalten. In diese klassischen Modelle waren Ideen zentral steuerbarer, territorialer Großräumigkeit eingelagert. Nichts von dem gilt noch. Weder das *vage moderne Verhältnis von Organisation und Innovation*, noch das Konzept der Rationalisierung lässt sich in den *Communities of Projects* beheimaten.

Das über annähernd zwei Jahrhunderte protegierte Modell von *Rationalität* fußte ‚im Großen und Ganzen‘ auf vor-organisierte Handlungen. Erziehung und Ausbildung waren daran ausgerichtet. Vernunft war *Plan* unterstellt, ob für fünf Jahre oder als Strukturgesetz der ‚planification‘ im Frankreich der 1970er. M. Weber hatte am Anfang des 20. Jhs. mahnend melancholisch vom „stählernen Gehäuse der Hörigkeit" gesprochen, M. Heidegger dachte gegen das entmündigende „Vorhandensein", J. Schumpeter entwarf Innovation als einen Zerstörungsprozess des ‚Alten‘. Sie reagierten alle auf Erstarrungen in der Moderne, als Kinder der Vernunft- und Plankritik. Noch Th. W. Adorno und K. Popper mühten sich im sog. ‚Positivismusstreit‘ der 1960er um Statik und Dynamik von ‚Gesellschaft‘.

Merkzeichen der Projektformen, um die es hier gehen wird, ist ihre fehlende funktionale Durchspezialisierung. In ihnen dominieren eher Kompetenzgemische, als strikte Arbeitsteilung.

Offene Kooperation steht gegen Plan.
Dies schließt erhebliche Unterschiede im Anfangs- und Endwissen der Beteiligten nicht aus, weder in universitärer Lehre, noch bei Motorentwicklung, Marketingkampagnen oder architektonischen Großbauten. Hierarchien, wie flach sie gedacht und ausgerichtet sind, bleiben also ein wichtiges Thema. Im Gegensatz zu scharfen Hierarchisierungen und Abteilungsgehorsam klassischer Art, stehen allerdings kooperative Findung von Lösungswegen und von Wissenserzeugung im Zentrum des Geschehens. Begünstigt und beschleunigt werden diese Kooperationscluster durch digitale Informationserzeugung und -verbreitung. Unter den Bedingungen der (extern) beschriebenen Zielsetzung werden (intern) Handlungsabfolgen festgelegt, variiert und – entsprechend der beteiligten Kompetenzen – aufeinander bezogen. Wer will und kann, lernt spezifische und Querschnittskompetenzen. Die versammelten individuellen Fähigkeiten, mehrsensorische, in ihrem Aufbau sachlich und semantisch unterschiedlich logische Informationsbereiche wahrzunehmen, zu verarbeiten, sie mit den Wissensbeständen und Kompetenzen anderer Projektbeteiligten zu verbinden, sind die Grundanforderung in Communities of Projects. Ihre Form, ihre Dynamiken, ihre Lernerfolge sind nicht vorher bestimmbar. Sie bestimmen sich eher über die Modelle der Selbstorganisation und der *new governance*.

Menschen, die in CoPs zusammen kommen (müssen), werden von der Erwartung zusammengehalten, mit Menschen zu tun zu haben, die Informationen und Wege des Erkennens austauschen.

Ihr individuelles Kommunikations- und Qualifikationsverhalten hat mit dem Empfänger der (Massen-Propaganda-) Sendemedialität nichts mehr gemein. News-Picking (persönliches Infomanagement), Tagging („Etikettieren statt Hierarchisieren", A. Haderlein: 20), Social Bookmarking (Verschlagwortung, sich entwickelnde individuelle und gruppenspezifische Meta-Bibliothek) oder Folksonomy (folk [Leute] + taxonomy [Klassifizierung]) bestimmen ihr Verhalten ebenso, wie open source, open society, open culture und darin begründbare Kooperation, Austauschbeziehungen, Basare.

So entstehen aus den kollaborativen und kooperativen Intelligenzen (keine Schwarmintelligenz) Muster für eine globale virtuelle Zivilisation mit ständig wechselnden Träger-Communities. Nun sind diese nicht machtfrei oder ökonomiefrei. Das Download-Geschäft ist ebenso wichtig wie freie informationelle Biografien. Diese Aspekte (und andere) lassen sich an den wichtigsten Community-Portalen MySpace, YouTube, Technorati, Flickr und del.ic.ious darstellen. Für meine Argumentation ist zentral, dass mit Computernetzwerken neue Betreiber menschlicher, d.h. interaktiv-informationeller Selbstorganisation entstehen. Ich nenne sie CoPs. Es sind eigenwertige, transsoziale Community-Muster. Durch sie lässt sich die These stützen, dass Computer zum mächtigsten Glokalisierungsnetzwerk (online-offline-Netzwerke/Lokalisierung unter den Bedingungen der Globalisierung) geworden sind.

13. Sensibilität und Singularität

Es gehört inzwischen zu den bekannten Marken- und Marktgesetzen der Gegenwart, dass neue Werte und Produkte kaum noch durch Masse erzielt werden, sondern durch Differenzierung (Heuser, 1996: 42; Levine et.al. 2000); G. Gerken spricht für die Markenentwicklung von der „Universalität der Singularisierung" (1996: 146). Markt und Marke sind die Vorhut von Veränderungen, die alle informationsbewirtschafteten Gesellschaften betreffen. Sie bündeln *seismografisches Wissen*. Seine Eigenart besteht darin, von sich aus *projekthaft* zu sein, da die ‚Gesetze des Marktes' die ‚Gesetze der Aufmerksamkeit' sind. Deren *Bezugszeit ist der Moment der Wahrnehmung*. Diese Projektart ist auf ein Markendetail bezogen, das zugleich eingebunden ist in die Dauerhaftigkeit der Produktfamilie, des Corporate Design, der Corporate Identity und der Verwertungsketten. Projekt ist, in diesem Feld, längst eine unhintergehbare Praxis der Ökonomisierung von Innovation, Einfällen, Gruppenprozessen. Sie steht unter den Bedingungen prinzipiell kurzer, unscharfer Aufmerksamkeitsvarianten. Für meine Vorschläge zum Konzept ‚Projekt' genügt diese radikale Marken-Verzeitlichung nicht, obwohl sie meine Gedanken begleiten wird.

In der Weiterführung der Anfangsbeschreibung schlage ich vor, *Projekt* als ein *mehrfach codiertes Denk-, Wahrnehmungs-, Kooperations- und Entwurfsmodul zu verwenden*.

Es findet erst in der Anerkennung als Entwurf, Vorhaben, experimentelles Lernen, künstlerisches Forschen, Experiment oder Test seinen Ort in den *kulturellen Logiken der Anwendung*. Projekte enden also nicht dann, wenn ihre finanzierte, verwaltete oder verabredete ‚Laufzeit' endet. Sie enden, wenn ihre Ergebnisse wirtschaftlich, wissenschaftlich, karrierepolitisch, künstlerisch absorbiert werden (können). Ob ein System ‚absorptionsfähig' (oder lernfähig) ist, hängt von seinen Fähigkeiten ab, die grundsätzlich nicht steuerbare Vielfalt der Umgebungen mit zu berücksichtigen, für sich zu reduzieren und zu bewerten. Ich nenne diese Fähigkeit: *Komplexitätssensibilität*. Fehlt diese, so hat auch eine kulturelle Struktur des projektgebundenen Denkens und Handelns wenig Chancen, sei es in Ökonomie, Politik, Wissenschaft oder Kunst.

Obgleich „Universalität der Singularisierung" mächtig ist, steht sie nicht für sich. Sie ist eingebettet in Komplexitäten, deren Veränderungen sehr unterschiedliche Quellen und Adressaten haben, wie z.B. Kunst, Technologie, Architektur, Verwaltungen, Visualität, Kino, Fernsehen. Projekte stehen also in ungleichzeitigen Gefügen. Ihre Ergebnisse müssen immer wieder ‚vermittelt', ‚verallgemeinert' werden. Gerade dies scheint in der Gegenwart ein erhebliches Problem in den europäischen Gesellschaften darzustellen. Sie stehen nach wie vor unter dem Erbe von (kirchlichen, politisch-institutionellen, utopischen, emanzipatorischen) Allgemeinheitsforderungen, die vor jeder Handlung, vor jedem Test, vor jedem Projekt mit Bedeutung aufgeladen werden. Es ließe sich, im Sinne der obigen Anfangsdefinition, sagen, dass weite Bereiche europäischer Gesellschaften gegenüber ihren eigenen (technologischen, wissenschaftlichen, informationellen, kooperativen, urbanen, globalen) Komplexitäten unsensibel sind. Oder anders gesagt: sie sind nicht projektbereit, womit sie im globalen Wettbewerb verlieren.

14. Form follows Project

Es scheint nach wie vor schwierig zu sein, die Modi einer episodischen, aber kollaborativ-intelligenten Kultur und die einer Projekt-Ökonomie zu denken, sie anzugehen, sie bereitzu-stellen. „Funky Business" (Ridderstrale & Nordström 2000) oder „fuzzy organisation" (Kosko, 2004), Bilder einer Neuorganisation von Entscheidungs- und Entwurfskulturen, haben noch wenig Akteure. Erkennbar ist allerdings, dass sich durch die Globalisierung von Informationsströmen, durch die weltweiten Ökonomien der Anwesenheit, die Handlungsnormen und -orte verändern, unumkehrbar.

Diese Veränderungen betreffen die Kartografien des Handelns und des Wissens.

Berührt sind davon vorrangig die Ideen von relativ geschlossenen Strukturen. Unglaub-würdig und unpraktisch werden die Behauptungen von Transzendenz (Sinnversprechen) einer Marke, eines Marktes, eines sozialen Systems, einer Universität, einer Ausbildung; dasselbe geschieht mit Thesen fester Ordnungsbezüge (Kontext), oder auch den Annahmen vor jeglicher Handlung bereits bekannter Strukturen. Wären *Transzendenz, Kontext* und *Strukturen* ‚klar' im Sinne bloß zu erkennender ‚Gegebenheit', bräuchten wir uns keine neu-en Gedanken um das Erklären und Nutzen von Komplexitäten zu machen. Alles wäre eine Angelegenheit des Lernens, der Aufklärung; – wie gehabt.

Nun: Gesellschaft ist kein Formenarchiv für Zukunft (mehr). Aus Funktionen lassen sich keine dauerhaften Formen mehr herleiten.

Dies betrifft Institutionen ebenso, wie Strukturen. Damit steht nicht nur die Systembe-stimmung von Gesellschaft auf dem Prüfstand. In den Forschungen zu Netzwerkentwicklun-gen (Castells 1996; Faßler 2002; Latour, 1999; Barabasi 2004) wird darauf aufmerksam ge-macht, dass es keine Formkontinuitäten mehr gibt. Form entsteht in dem Zusammenwirken materialer Medien, codierter Informationen, Medienkompetenz, Auftrag, Kooperation und Projektrahmen. Keine Form, keine Lösung ist bereitgestellt oder wird institutionell bereitge-halten. Akteure sind auf sich selbst gestellt. Kopierendes Handeln wird von entwerfendem, singularisierendem Handeln überlagert.

In dem Universum der informationellen Netzwerke zeigt sich, dass in jedem Handlungs-raum von den *Akteuren* gelernt werden muss, *ihre eigene Komplexität herzustellen*. Dies hat vor allem damit zu tun, dass – unter den Bedingungen globaler Informations- und Entschei-dungsräume – die Akteure, die Informationen, die Absichten ‚herkunftsungleich' sind. Deut-lich tritt zu Tage, dass jede neue Kartografie ihre eigene Zeitlichkeit hat, für den Moment gilt. Gehen die Akteure auseinander und treten unter anderen Bedingungen wieder zusammen oder mit anderen Akteuren zusammen, entsteht eine veränderte Komplexität, eine andere Idealisierung des Vorhabens. Man mag das mit ‚lebenslangem Lernen' verbinden. Wichtiger scheint mir, die Zusammensetzungen des Unterscheidungshandelns, der Formulierungen von Aufgabenstellungen und kooperativen Lösungswege, beobachten und erklären zu lernen.

In diesem Sinne verwende ich den Terminus ‚Projekt'.

Es ist einzigartiger Kontext, – *single purpose structure*, einzigartig in einem nicht em-phatischen aber respektvollen Sinne; und es birgt in sich *eine nicht übertragbare Komple-xität*. Projekt ist ein Tanz der Fähigkeiten, eine ko-evolutionäre Situation. Der Abschluss des Werkstückes, der Aufgabenstellung, die Verlagerung der Interessenschwerpunkte, die ‚Ermüdung' eines Themas, das von einer Gruppe getragen wurde, ist das Ende dieser *ver-*

zeitlichten Struktur. Es ist aber *nicht das Ende der intellektuellen Kultur*, die die Projektbindung ermöglichte. Die Fähigkeit, sich in eine Welt der befristeten Handlungsräume und
-zusammenhänge zu begeben, entwickelt sich zur Basis für eine neue, *nicht-institutionelle
Kontinuität*.

Diese wird, so meine These, nicht mehr reguliert durch überzeitliche, normative Zusagen, sondern durch *Programme,* in denen die Unterscheidungsregeln, die Codierung
von Informationen, die Regeln der Verwendung von Codes und Informationen enthalten
sind.

Die Paarung von Programm und Projekt steht hier im Vordergrund der Argumentation.

In diesem Beitrag widme ich mich also den Fragen danach, ob Projekte, die mit den
Adjektiven *kleiner, flacher, temporär, horizontal, kreisförmig, offen, abgewogen* verbunden sind, Formen der produktiven, intellektuellen oder organisatorischen Übergänge sein
können.

Ich werde mich dabei auf den Themenbereich der Wissensgenerierung und Wissensan-
wendung beziehen, d.h. auf die Frage, wie die veränderten Architekturen des Wissens aussehen und welche Bedeutung dies für universitäre Lehre aber auch für Produktionsstrukturen
haben kann. Generierung, Emergenz, Entstehung von Wissen lösen dieses aus jeder Struk-
turzusage oder allgemeinen Archividee. Nun ist mir klar, dass eine solche Temporalisierung
(= Projektbindung von Wissen) gegen die vorherrschenden Politisierungen von Wissenser-
wartungen stehen. Es wird sich zeigen, dass für Wissen keine aufklärerische „Stunde der
Wahrheit" (Weingart 2000) schlägt, sondern sich eine Welt ko-evolutionärer Projekträume
geöffnet hat, in denen gilt:

Knowledge follows Project. Oder auch: *Form follows Project.*

III.

Transsoziale Räume, Raumnetze

„Die Disziplin macht sich zunächst an die Verteilung

der Individuen im Raum."

(M. Foucault 1976: Überwachen und Strafen, Frankfurt, 181)

15. Räume mit und ohne Territorium

Foucault schrieb das Zitat im Abschnitt über die „Kunst der Verteilung". Seine Archäologie erfasste Architekturen, Territorien, Positionen. Mit den entstehenden globalen Sozialsystemen mit digitalen Grundstrukturen, ändert sich diese Kunst. Für das *Verständnis von nach-gesellschaftlichen Communities* scheint mir die Sichtung der *Raumkonzepte* wichtig.

Im vorbürgerlichen Umfeld wurde das Raum-Modul in der *Sichtbarkeit* repräsentativen Raumes der Kirche, des Doms, des Palastes, des Reiches bekräftigt. Raum wurde als Anwesenheitsraum konstruiert, ausgestattet mit den Insignien der Repräsentation. Mit diesem Schritt wird die Idee von Raum als unstrukturierte Leere, als *Behältnis* überlagert von der Funktion des *Speichers, mit speziellen (ausschließenden) Zugangs- und Nutzungsregeln, angefüllt mit Normen, Referenzen, überlieferten Entscheidungen, als ‚bedeutendes' Wissen verdichtete Erfahrungen, Experimente, Forschungen und Interpretationsdokumenten.*

Der *Speicher-Raum* (Archiv, Bibliothek, Geheimarchive etc.) wird zur zentralen Bestimmung von Raum, – und ist es in etlichen informatischen Konzepten immer noch.

Raum wird zum Zentrum des diachronen Denkens gekürt, in dem alles als ‚wichtig' gesetzte, alles ‚Wesentliche' erhalten wurde. Damit verbunden ist die Zusage, einen Platz in diesem Raum zu haben, wenn man sich an die Platz-Zuweisung und Nutzungs-Anweisung hält. Dieser repräsentative Speicher-Raum ist so betrachtet ein System der Fernkontrolle, territoriale remote control. Auf dieser Grundlage entwickeln sich visuelle, kognitive, imaginäre Sicherheiten. Dazu gehört die Zusage, ‚zurück' kommen zu können; oder das Gegenteil: die Verbote, jemals das Land, die Region, das Dorf zu verlassen.

Urbanisierungsprozesse brachten diese Kopplung von Raum und Territorium nicht ins Wanken. Sie variierten sie, bis heute. Es entstanden immer mehr Speicher-Räume. Allerdings veränderten sich die Funktionen des Speicherns und damit die Funktionen von Raum.

Die warenwirtschaftliche Intensivierung von Materialtransport, -lagerung, Warenproduktion, -lagerung und Distribution *erweiterten die Repräsentation mit dem Lager*. Der *Lagerraum* wird das dominierende polit-ökonomische und bürgerliche Raumkonzept. Allerdings beziehen sich Repräsentation und Lager auf dasselbe Raummuster: den Speicher.[3] Seit dem späten Mittelalter ging es um die expansive Macht der Stadträume, der Marktplätze und

---

3   Mit den Just-in-time-Regelungen der Zulieferung von Material und Halbfertigwaren wird dies nur scheinbar überwunden. Die Lager sind nun nicht mehr stationäre, sondern rollen über die Autobahnen.

Handelsstraßen, bis hin zu den Manufakturen und Fabriken. Alles fand auf demselben Territorium statt. Auch Kanäle, Eisenbahnen, Chausseenbau, Straßenbahnen, Elektrizitätsüberlandleitungen überschritten dieses Muster der *territorialen Verdrängungsprozesse* nicht. Sie bekräftigten das polit-kulturelle Muster der Einhegung.

Begleitet war dies von einem Wirbel linear gedachter Prozesse. Ob es um Energietransport, Material- und Warentransport, um immer kleinteilig und linear organisierte Arbeitsteilung, um Fabrik- und Fließbandproduktion, um wirtschaftlichen, kulturellen oder sozialen ‚Fortschritt' ging: die symbolträchtige Linearität versprach, dass Gegenwart in der Zukunft ankommen würde. Diese Multiplizierung der Linearität, mit der auch das 20. Jahrhundert begann, durchbrach weder die Moden des Behälterraumes noch die des Speicherraumes. Dies ist lesenswert aufgenommen in: „Container. Das Prinzip Globalisierung." (du Febr. 2003)

16. Tele-Räume

Erst mit den überregionalen *Telefonnetzen, den Transkontinental- und Transatlantikkabeln* entstand eine neue Raumimagination: der *teilnehmende Nutzer eines fernen (fremden) Raumes*, in dem ein bekannter oder unbekannter Kommunikationspartner sitzt, steht, liegt. (Flichy 1994; Thomas 1995) Man teilte sich akustisch, von Mensch zu Mensch, einen *heterogenen Raum*. So entstand eine kulturelle Codierung für Fernanwesenheit oder zeiteinheitliche Fernräume. *Unsichtbare, unfassbare Räume*, erzeugt durch kommunikative Imagination, abhängig von Akustik und Elektrizität, sind wahrnehmbar, – solange die Leitung frei ist. Und zugleich entstehen *Raumoptionen*, die eng mit Informationsfluss, mit Nachrichtenübertragung per Morse-System, Telegrafie, Telefonie verbunden sind.

Diese wenigen Anmerkungen zeigen, dass *Raum immer Dienstleister* der Wahrnehmung sowie der Verfügungs- und Machtansprüche war und es sein wird. Im Rückblick bestand die Funktion dieser Erfindung ‚Raum' in der kulturellen Codierung von Grenzen.

Unter Bedingungen globaler Arbeitsteilung, globaler Medien- und Informationswelten erzeugen Mobilitätsanforderungen oder Mobilitäts- und Vielfaltssehnsüchte die Idee der *Perception without Limits*. Räumliches erhält eine Zwitterfunktion: es dient menschlicher Wahrnehmung als vorläufig stabiles Grenzformat (im Sinne der Innen/Außen – Unterscheidung oder der Zugehörigkeitsentscheidung der Inklusion/Exklusion) und zugleich als Ressource für Mobilität, Verlassen des Angestammten, vielfältige Raumbezüge.

17. Mediamorphe Räume

Unter den Bedingungen elektrisch, elektronisch und computertechnologisch beschleunigter „Mediamorphosis" (Fidler 1997) konnten wir in den zurückliegenden drei Jahrzehnten die Einstimmung von Wahrnehmung auf scheinbar endlose Vielfalt beobachten. Es scheint, dass mit einer informationstechnologischen Reformulierung eines Spatial Turn die Suche nach Dauer, Kontinuität, nach vorläufig stabilen Unterscheidungsmustern außerhalb, aber auf der Basis der Endlosketten von 0 1 –Differenzen begonnen hat.

Raum wird interaktiv an Transporte uneinheitlich großer Datenmengen, an reaktiv-offene Interaktionsverläufe, an selektive Daten- und Informationsimporte, an kognitive Prozesse – von Beginn an raumunspezifischer – Verständigung gebunden. Im medialen screenage entstehen Räume, die durch kognitiv-virtuelle Anstrengungen aufgebaut werden, durch die sich Menschen in vorberechneten Raumoptionen für kurze Zeit ‚ihren‘ Raum bilden. Gegenwärtig lässt sich davon sprechen, dass eben nicht nur User Generated Content entsteht, sondern *User Generated Spaces/UGS*.

In diesen Simultanräumen werden nach den Transport- und Kommunikationslogiken der Informationstechnologien *Speicher*, *Generierung* und *Anwesenheit* im Moment ihrer selektiven Aktivierung mit einander verbunden, – fusioniert. Die UGS können als kurzzeitige Fusionsräume betrachtet werden. Die digitale *Mikrophysik des Räumlichen* wird verbunden mit *kommunikationslogischen Makrostrukturen*. In ihnen verbinden sich weltweit verteilte Speicher mit zufällig entstehenden real-lokalen, individuellen Nutzungsbedarfen. Dies bildet die Basis für den *Cyberlocalism, den ich als neue Dimension globaler Raumerzeugung unterstreiche*. Ein Umsturz im Jahrtausende alten Gefüge jener (euklidischen) Raum-Umwelten, die als unveränderbar behauptet wurden, kündigt sich an. Menschen sind weltweit dabei zu lernen, sich in UGS zu bewegen, zu leben.

Ich spreche von *Raum als einer „nicht-natürlichen Selbstverständlichkeit"* (N. Luhmann). Eine der Anforderungen an Raum-Bestimmungen besteht nun darin, Interaktivität zwischen heterogenen Gruppen und herkunftsungleichen Individuen zu beschreiben. Weder Territorialität noch Kollektivität können also als Raum(ver)sicherung angenommen werden. War schon diese überlieferte Verbindung von Territorium, Kollektivität und Raum eine Abstraktion, für die eine „Entwicklungstheorie der Abstraktion oder richtiger: der Synthese", fehlte (Norbert Elias in „Über die Zeit" (1984: 5). So wird diese Anforderung noch interessanter, gehen wir von programmierter, virtueller Räumlichkeit aus.

18. Raum als Marker

Die Dynamiken dieser Lernprozesse in Simultanräumen sind *koevolutionäre Prozesse*, in denen sich ein Problem deutlich herausstellt: wir bedürfen eines neuen Konzeptes von Anwesenheit, Kontinuität und Verlässlichkeit. Ein wichtiger Schritt dabei ist, aus meiner Sicht, sehr kritisch mit der Idee der unmarkierten Räume umzugehen.

Erich Jantzsch schrieb:

> Nicht Anpassung an eine vorgegebene Umwelt, sondern Koevolution von System und Umwelt auf allen Ebenen machen das Wesen einer einheitlichen Gesamtevolution aus. Sie ist unbestimmt, imperfekt und betont in der Wahl ihrer Strategien dynamische vor morphologischen Kriterien. Sie ist schöpferisch. (1992: 11)

Gegenwärtig wird Räumlichkeit/Raum in der sinnlichen und kategorialen Dimension völlig umgebaut. Raum ist nicht länger Behausung von Kontext. Umgekehrt: *Vernetzte Kontexte erzeugen Räumlichkeit* und widerrufen diese. Räume haben zunehmend weniger mit *homogenen Kollektiven*, als mit frei und *herkunftsungleich zusammengesetzten Gruppen* zu tun. So entsteht unvermeidlich eine Ungenauigkeit des Räumlichen. Milliarden von informationsbasierten, kooperativen Netzräumen entstehen und vergehen täglich, werden unter denselben infrastrukturellen Bedingungen aber veränderten Informationsbedarfen, Projektebenen, Entwicklungsständen wieder hergestellt, – oder verschwinden in den elektronischen Archiven, als Cache-Räume.

Mit den über 40.000 Local Area Networks ist eine *globale Raum-Guerilla* entstanden, eine transkulturelle Bewegung der Agenten in virtuell-produktiven Räumen. Sie verändert die Machtformen: nicht im territorialen Raumvermögen gründet nun Macht, sondern im virtuell-räumlichen Kooperationsverhalten. Die Aktivierung des *virtuellen, transkulturellen Raumvermögens*, also die Erzeugung von *Online-Offline-Räumen*, und die Fähigkeit, sie vorläufig zu fusionieren, werden zum Kern des Entwurfs- und Programmierdenkens. Hierin wird sich zeigen, wie weit das Konzept der *Social Software* reicht. Räumliches beschreibt von nun an den *Zustand* von Informationsnutzung und -erzeugung. Es ist ein vielgestaltiger Phasenraum, dessen Online-Offline-Vernetzung ich mit *Cyberlocalism* benenne.

19. Nomadische Räume, verstreute Interfaces

Aber gehen wir etwas langsamer vor.

Raum verwende ich zunächst als eine mehr oder minder komplexe *Geste der Anwesenheit*. Davon unterscheide ich *Erreichbarkeit*, für die kein Raummodell erforderlich ist.

Bevor wir Räume öffnen, betreten, beleben oder be- und entvölkern können, ist zwischen Menschen in irgendeiner Weise (religiös, politisch, wissenschaftlich, alltäglich, kommunikativ, demokratietheoretisch, institutionell) gesetzt, wie Anwesenheit (Präsenz) glaubwürdig verwendet werden kann/darf. Ist jemand oder etwas, das der Gruppe wichtig erscheint, nicht direkt anwesend, werden symbolische oder repräsentative Hilfsmittel erfunden, werden die Hilfsmittel Symbol und Repräsentation erfunden. Sie sind in jeder mir bekannten Kultur so ausgelegt, dass das Abwesende entweder sich zu jeder Zeit anwesend machen kann (Gott, Teufel, Geister, das Gute, das Böse, das Schöne, das Wahre) oder anwesend gemacht werden kann. Raum, der dazu passt, ist stabil, verschließbar, zwingend, strikt reguliert und auf kulturelle Geschlossenheit bezogen. Diese Raum-Geste bedient sich einer Formalisierung der

Grenze. So entsteht, wie Martina Löw vor einigen Jahren herausgearbeitet hat, das Konzept des Raum-Behälters, das auch in den Sozial- und Kulturwissenschaften seine Beheimatung fand. In der Begrenzung werden Raum und Sinn gleichzeitig gesetzt. All dies ist heute nicht mehr anwendbar, auch nicht mit zusätzlichen (kontrollierenden, anpassungsbereiten) Anstrengungen. Warum nicht? Nun:

- *elektronische Telepräsenz* hat den Machtgestus der Repräsentation unterlaufen,
- *informationstechnologische Echtzeit* hat die Zeitsouveränität von Machtzentren weggespült,
- *Territorien* sind für die Reformulierung von *kommunikationsintensiven Räumen* unbedeutend,
- *dingliche Figuren* sind von *Animation, digitalen Entwurfspraxen*, verflüssigt.

Räumlichkeit ist nicht einmal mehr mit einer halbdurchlässigen Abgrenzung zur Umwelt zu denken. Raum ist eine Dimension der Interfaces geworden, ein infographischer Moment. Vilém Flusser merkte an:

> Und ‚Raum' hat nicht mehr ein Gerüst zu sein, innerhalb dessen sich Leben ereignet, oder ein Skelett, auf das sich das Leben stützt, um nicht zu zerfließen. Eher hat ‚Raum' eine lebende Haut zu sein, die Informationen aufnimmt, sie speichert, verarbeit, um sie weiterzugeben. Mit anderen Worten: so undeutlich die Aufgabe der Raumgestalter gegenwärtig noch sein mag, deutlich ist bereits, dass der künftige Raumbegriff nicht mehr kartesisch sein wird, kein starres Achsenkreuz mehr. (2006: 282 f)

Räumliches besteht in variabler Codierung für mögliche Zusammenhänge. Es entsteht in der Selbstorganisation (auto-poiesis) menschlichen intersubjektiven Lebens.

20. Wieviel/welche Räume braucht der Mensch?

Beim Rückblick auf die letzten drei Jahrzehnte Medien- und Kommunikationsforschung finden sich zahlreiche Vorschläge, die Raum-Geste (in Anlehnung an V. Flusser) neu zu benennen. Ob es McLuhans „Global Village", oder Rötzers „Telepolis", ob es Jarons „Virtual Reality", Gibsons „Cyberspace" ist, ob es Reality-built-for-two oder 3DAnimationen sind oder Joshua Meyrowitz „being elsewhere": Raum begleitete selbst die härtesten Beschleunigungsphantasien und -kritiken, wie Marc Dery's Escape Velocity oder die Diskussionen um Dromologie, Dromokratie, die Herrschaft der Geschwindigkeit, oder auch Paul Virilio's Medienkritik kam nicht ohne den heimlichen oder offenen, aber ungeklärten Bezug zu Raum aus.

Als ein Forscher, der sich seit geraumer Zeit mit den beiden menschheitsgeschichtlich robustesten kulturevolutionären Strukturen befasst, nämlich mit Urbanität und Medialität, ist Raum ein *mehrfach empirisches Faktum*. Räumliches Denken verschiebt sich immer mehr hin zu Welten des Künstlichen, hin zu einer „endlosen Front" (Vannevar Bush über die Naturwissenschaften). Dabei bleiben die vorherigen Räume erhalten. Sie werden zwar kognitiv entlastet, aber sind weiter Dimensionen unseres Denkens. Kurz möchte ich nur einige notieren:

- *horizontale* Räume [über Jahrtausende durch die Körperbewegung, den Gesichtssinn, die territoriale Weite, die Bodenbewirtschaftung und Besiedlung entstandene Referenz]
- *himmlische* Räume [Ideen des Paradieses, des Jenseits, der nicht-irdischen Räumlichkeit]
- *leere* Räume
- *architektonische* Räume
- *perspektivische* Räume [vor allem in künstlerischer Darstellung und damit verbundener Reflexion entstandene Darstellungs- und Inszenierungstechnik, durch die eine Anwesenheitsidee mit Raumillusionen verbunden wurde (Samuel Y. Edgerton, 2002; Leonhard Schmeiser, 2002; Frank Fehrenbach, 2002). Anzumerken ist dabei, dass erst im 17. Jh. Die Vorstellung eines dreidimensionalen Koordinatensystems formuliert wurde (Max Jammer 1960)].
- *Speicher-*Räume
- *repräsentative* Räume
- *horizontal-vertikale* Räume [vor allem durch die Entdeckung von räumlich und zeitlich darstellbaren Naturgesetzen seit Isaac Newton sowie der Idee eines durch sich selbst geschlossenen Universums; Kosmologie]
- *urbane* Räume
- *Lager-*Räume
- *Lebens-, Produktions-, Konsum-, Schlaf-*Räume
- *soziale* Räume
- *mediale* Räume [Gutenberg-Galaxis, Marshall McLuhan]
- *telefonische* Räume
- *cinematografische* Räume
- *automobile* Räume
- *aeroplane* Räume
- *Zahlen*räume
- *Raumzeit* der Allgemeinen Relativitätstheorie Albert Einsteins, nach der sich das Universum ausdehnt wie ein vierdimensionaler Ballon. [Margret Wertheim beschreibt dies nachvollziehbar: „Es ist der Raum selbst, der sich da ausdehnt wie eine Ballonhaut. Die Galaxien unseres Universums rasen nicht auseinander in einen bereits bestehen Raum; es ist vielmehr der Raum selbst, der seine Reichweite ausdehnt, und er nimmt die Galaxien mit. Der Raum wird dabei gewissermaßen zu einem Lebewesen – einer ständig wachsenden kosmischen Frucht." 2000: 190f]
- *computertechnologische Cluster-* Räume
- *rechnende* Räume
- *infografische, informationsgenerierte* Räume

Die informationsgenerierte Räume sind *global cooperative spaces*, in denen über Absorption, Adaption, Applikation und Entwurf die Felder von Human-Media-Interactivity strukturiert werden. Man kann von Generationen der Veränderung sprechen, von Zeitphasen informationsgesellschaftlicher Veränderung. Sie sind verbunden mit den Formaten und Programmen der verschiedenen Informationsrealitäten, die von ARPA- und DARPANET (1960er und 1970er), von Internet (1980er) und WWW (1990er), von Linux und Internet Next Generation, Wikis aller Art, oder WeBlogs und RSS reichen, sich also über die zurückliegenden 40

Jahre erstrecken. In diesen Jahrzehnten haben sich nicht nur die Informationsflüsse durch Gesellschaften verändert. Es sind nicht nur neue Berufsfelder entstanden und industrielle wie bürokratische Berufsstandards verschwunden.

Es findet eine grundlegende Verwandlung der Welt des Handelns statt. Dieses Handeln wird kurzfristiger, informationsintensiver und -sensitiver. Es wird in den Bereichen seiner Entstehung, Begründung, Überprüfung zunehmend ungegenständlicher, abstrakter, medialer. Dies gibt die Grundcodes für jegliche Form von Interaktionen ab, weltweit. Diese sind heutzutage über skalierte oder nicht-skalierte, über offene oder geschlossene Netzwerke (Barabási 2002; Faßler 2001) aber auch über Blogs (‚community is out, Blogs are in') zu einer eigenen Welt der Projekt- und Informationsgemeinschaften verbunden, die ich unter *Communities of Projects* fasse. Wir haben es längst mit Face-File-Space-Kopplungen zu tun. Um sie geht es mir. Allerdings betone ich dabei, dass abstrakter Raum keineswegs erst mit dem rechnenden Raum der Kybernetik 1. Ordnung entstand. Modellierend greifen Menschen mit ihren Abstraktionen schon seit einigen tausend Jahren in die Endlosigkeit ein und erzeugen Räume, Endlichkeit, die normativ, juristisch, ethnisch, militärisch, medial, kommunikativ verteidigt wird.

– *simultane, fusionierende* Räume
– *virtuelle, kollaborative* Projekträume
– *user generated spaces/UGS*

Diese Beispiele habe ich aus zwei Gründen aufgenommen. Sie zeigen, dass es in der gegenwärtigen Entwicklung immer mehr Dinge, Ideen, Strukturen gibt, die der gesamten Menschheit gehören, die also in einem territorialen oder behälterartigen Raummodell nicht ‚einzuhegen' sind.

Wir haben zunehmend mit *shared global spaces* zu tun. Und sie zeigen, dass wir in der Beobachtung von *Räumen in Räumen* ausgehen müssen, also von einer *Mehrfachempirie des Räumlichen*, die von geistigen, über zeichen- und medienintegrierte, über techno- und maschinenintegrierte bis zu virtuellen, ungegenständlichen, gleichwohl physikalischen und mathematischen Räumen reichen. Wollen wir wissenschaftlich über Räume und Räumlichkeit reden, so sind wir auf diese Mehrfachempirie angewiesen. Allerdings wird es dann darum gehen müssen, wie diese zusammengestellt wird. Raum entwerfend denken zu können hat immer mehr damit zu tun, die Empirie von Relationen nichtgegenständlicher, informationeller Prozesse beobachten zu lernen.

IV.

„das Wetterleuchten eines vierten Raumes" (Lévy, 1997: 23)

oder:

„die Verschiebung der Intelligenz vom Sender zum Empfänger"

(Negroponte, 1995: 29)

oder:

Wissen

21. Welt und Wissen

Weiter oben sprach ich zweifelnd an, ob es noch eine „Stunde der Wahrheit" (P. Weingart) geben wird. Und ganz am Anfang dieses Beitrages hatte ich geschrieben, dass Globalität die Modernität als Leitprogramm ablösen, ja in Teilen sicher auch beerben wird. Dies möchte ich zum Abschluss mit einigen Überlegungen zu Wissen verdeutlichen.

In vier Arbeitsgedanken zur ‚Präsenz von Wissen' lässt sich das Gesagte zusammenführen:

– *Wissen ist ein heterogenes Produkt, wird es immer sein, – gerade unter Globalisierungsbedingungen.* Zeichenprozesse, Codes und Bedeutungen sind ebenso erzeugt, wie die Datenträger, Zeichen, Sprachensysteme und Nutzungsweisen (lesen, verstehen, schreiben, reproduzieren, lehren, hören,...) Wissen ist kein Terminus beschreibbarer Perfektion, kein Ausdruck einer mit sich identischen Symbolgemeinschaft der Wissenden oder einer *überzeitlichen Aura.*

– Wissen wird zunehmend zu einer kommunitären Praxis, und zwar innerhalb der digitalen Netzmedien. Medienkritisch war von Beschleunigung, von Fluchtgeschwindigkeit, von Dromokratie (Herrschaft der Beschleunigung) Dromologie (Wissenschaft von der Beschleunigung und Geschwindigkeit) gesprochen worden. Dieser *Zeichen- und Zeitverlust* ist aber medienwissenschaftlich und kulturwissenschaftlich nicht belegbar. Vielmehr haben wir es mit einem anderen Prozess zu tun.

– Erzeugung und Erhaltung, Weitergabe und Verwendung von Wissen werden durch *digitale Medien in die diachrone Präsenz* überführt. Transport von Daten und Informationen, die Transmission (Régis Debray) von Wissen erzeugt nicht nur Echtzeitstrukturen von kollaborativen Gruppenprozessen weltweit. Der informationelle Medienstatus von Wissen löst dieses aus jeder kulturellen Zeitzone, von jedem Territorium, aus jeder euklidischen Raumgeografie. Für die letztgenannten bleibt: kommunikative Synchronisierung von übertragungstechnischer Diachronie. Kommunikation wird ein Unterfall globaler Wissensinfrastrukturen.

22. Technische Realität des Wissens

Dies führt in das Zentrum meiner Überlegungen: *die globale (medien-) technische Realität des Wissens.*

Festzustellen, dass Wissen Alltag, Wirtschaft, Wissenschaft, Politik durchdringt, ist banal. Zu beantworten, wie die wissende strikte, regulative oder veränderungsempfängliche Selbstbeobachtung eines sozialen Systems aufgebaut ist, ist schon etwas schwieriger. Ich nehme hier die Plausibilität der technischen, informationellen und neurophysiologischen Ebenen der Erklärung in Anspruch, ohne sie vollständig darzustellen. Mein Vorschlag gruppiert sich um die theoretischen Ebenen gegenwärtiger medienintegrierter Kulturen, oder anders gesagt: um die Abstraktionsschritte des Digitalen. Die gesellschaftliche Thematisierung von Wissen geht nicht mehr ohne *Erforschung dieser Abstraktionskulturen.* Was uns über Computer als Wissen oder wissensfähige Informationen zur Verfügung gestellt wird, ist Ergebnis von Rechenprozessen, die diesen Abstraktionsschritten entstammen.

Global funktionierende Codierungen der techno-medialen Kulturen des Wissens haben sich von textgebundener Sprache längst abgelöst. Der Augensinn und damit die Wahrnehmung werden immer neuen Sichtbarkeits- und Hörbarkeits-Formen ausgesetzt. Folgen für die klassischen Wissensinstitutionen trifft dies ebenso, wie Erziehungsformen und Lernidealisierungen. Vor mehr als vierzig Jahren notierte Marshall McLuhan:

> Under electric technology the entire business of man becomes learning and knowing

Die Chancen, von Wissen im Zusammenhang mit Datentechnologie zu reden, entstehen erst in den *Übermittlungsmustern*, den *Transferprogrammen* und *kognitiven Mustern* sowie den Fähigkeiten, diese zum Einsatz zu bringen. Hierfür hinreichend komplexe kulturanthropologische Modelle zur Verfügung stellen zu können, bedürfen wir veränderter Forschungsansätze. Sie müssen der Tatsache zugewandt sein, dass sich *Wissen nicht mehr in einem nicht-technischen Vokabular beschreiben* lässt.

23. Elemente von Wissen

Ich unterscheide hierfür zwei Erklärungsbereiche:
– Der erste besteht in dem *neurophysiologisch radikalen Konstruktivismus* eines Humberto Maturana und Fracesco Varela u.a., der die biologische Realität der Wissensfähigkeit auf die Forschungspläne setzte und auch die Expansion der Hirnforschung bis heute mit begünstigte.
– Der zweite besteht einem *mediologisch* (Debray 2003; Hartmann 2003) *radikalen Konstruktivismus*, dessen Aufgabe wie folgt beschrieben werden kann: Erforschung der technischen Realität des Wissens, d.h. der Muster und Regeln für die Erzeugung wissensfähiger Informationen, der Deutungsstandards, der Transport-, Transfer- und Verbreitungsprogramme für wissensfähige Informationen, der Kooperations- und Weitergaberegeln für Wissen einer techno-medialen Kultur.

Ich verzichte darauf, die neurophysiologischen Argumentationen darzulegen. Wichtiger ist mir das technische Vokabular der Wissensbeschreibung und -erforschung. Die damit in die Forschungsperspektive über Globalisierungsprozesse aufgenommene Realität bezieht sich zum Beispiel auf

–   die Logik von Datenstrukturen
–   die Funktion von Programmen
–   das Design von Interfaces
–   Emergenz von Informationsordnung
–   Interaktivität, Inter-Re-Aktivität, Agency in Netzwerken
–   Polyzentrische Wissensentstehung
–   Architektur der Vernetzungen
–   Kulturen des Abstrakten und des Künstlichen
–   Szenarien des Entwerfens in dynamischen, mediengestützten und medienintegrierten Communities
–   medienintegriertes Lernen
–   medienintegrierte Wissenskulturen

Ohne dies hier ausführlich behandeln zu wollen, nehme ich diese Überlegungen doch soweit in meinen Beitrag mit auf, als damit Felder einer kulturanthropologischen Wissensforschung genannt sind. Ich würde mich freuen, wenn hier schon erkennbar ist, dass technische Realität des Wissens nicht allein beschreibbar ist über ökonomische oder militärische, politische oder polizeiliche Interessen. Mich interessieren vorrangig die

–   individuell beherrschbaren Programme,
–   die interaktiven kurzzeitigen Förderationen von jenen Menschen, die testen, experimentieren, gestalten, forschen wollen und
–   die technischen Realitäten, die kooperativ und kollaborativ gestaltbar sind.

Stellen wir dies aber in diesem Beitrag zurück.

24. Welchen Ort hat Wissen? Welche Form?

Nicht > Früh krümmt sich, was ein Häkchen werden will < ist dabei die Maxime, sondern die Spannungsverhältnisse zwischen den

–   *rasanten Zuwächsen an den Mengen wissensfähiger Informationen*,
–   den raschen *Veränderungen der Bereiche der Wissensentstehung* (man denke nur an die digitalen Lernräume, e-learning, blended learning, virtuelle Seminare etc.),
–   den akuten *Unsicherheiten bei der Institutionalisierung von Lernen und Wissen*,
–   den *Verschiebungen und Umschichtungen in den Regelsystemen*, durch die die Verhältnisse von individueller Wissensfähigkeit und kollektiver oder institutioneller Wissensforderung neu bemessen werden

und

–   dem *transkulturellen Status der Wissensbefähigung, der globalen Methoden- und Wissenskonkurrenz*,

– *sowie den globalen, unkontrollierbaren Datenmengen und Vorentscheidungen über deren informationellen Status.*

Unter den Einflüssen dieser Prozesse verändern sich die wissenschaftlichen Vorstellungen über *Wissensentstehung, -erhalt, -anwendung und Wissensweitergabe.*

John Maddox, früherer Herausgeber von ‚Nature', schrieb in seinem Buch „Was zu entdecken bleibt", dass die Naturwissenschaften des 20. Jahrhunderts zwei wichtige Befunde ermöglichen: „erstens, neue Erkenntnisse entspringen aus vorhandenen Erkenntnissen, und zwar in der Regel aus Widersprüchen", und: es können zwar Aussagen darüber gemacht werden, auf welchen naturwissenschaftlichen Gebieten „mit hoher Wahrscheinlichkeit Entdeckungen" anstehen. Für Aussagen über die „Natur der Entdeckungen, die unser Verständnis der Welt vertiefen werden" gelte dies nicht (2000: 35/36). Naturwissenschaften sollten hier nicht als Referenz, aber als Beispielbereich gelten.

Die Frage ist, ob wir in sozial- und kulturwissenschaftlichen Gebieten mit ähnlicher Wahrscheinlichkeit aufwarten können. Können wir nicht!, wird eine Übereinkunft sein. Sind wir deshalb eher auf die Verwaltung von überlieferten Informationsmustern für Wissen verwiesen? Ich bin der Überzeugung, dass eine Verbindung von Soziologie und Kulturanthropologie, wie ich sie hier vorschlage, sich den Anforderungen begründeter Erwartungen gegenüber Entwicklungen, Entdeckungen und Erkenntnissen widmen kann.

Nicht nur Wissensformate, nicht nur Wege der Wissensbefähigung werden sich ändern, sondern auch die kulturellen Regelarchitekturen ebenso wie wissensbezogene Regelanfragen an die Archive und die ‚gebildeten' Archivare. Das Google-Universum, wie die Wirtschaftswoche im März 2006 titelte, ist nur ein Teilbereich der globalen Infographien, die die Muster der Verstetigung und Verweildauer von Wissensformaten bestimmen (werden).

Die Beschreibungen von ‚wahrem Wissen' als innerkulturelle und universale Leitkodierung und Signalwirkung ist ebenso vereinfachend gewesen, wie, über lange Jahrhunderte, erfolgreich. Mit diesen Beschreibungen wurden monomediale, monologische Konzepte von Leben, Ordnung, Organisation und Kooperation durchgesetzt, wie Machtinteressen formiert und geschützt. Die ungewöhnliche Langlebigkeit des europäisch-christlichen Wissensmodells lässt aufsehen. Sie zeigt, dass sehr verschiedene Gruppen an der Aufrecherhaltung eines Gefüges von Wissenserzeugung, -durchsetzung, -normierung und -institutionalisierung interessiert und beteiligt sind. Sie zeigt aber auch, dass diese Gefüge zunehmend instabiler werden.

25. Know your project, act global (think local, act global)

Die digitalen globalen Vernetzungen stellen die nationalen und territorialen Entstehungsprogramme für Wissen völlig um.

Zunehmend haben wir mit Kommunikationsumgebungen zu tun, in denen weder der sinnlich-direkte Bezug, noch der taktil-gegenständliche eine Beweisbasis unseres Welterkennens liefern. Die informationelle Aufbereitung der Erfahrens- und Wissensbasis wird immer stärker.

Technisches Sehen, technisches Hören, mediale Transformation von Realitätserfahrungen führen dazu, dass wir nicht nur in Bereichen der Medizin, der Naturwissenschaften, der Weltraumforschung oder der *in vivo* Forschungen der Neurobiologie *von Wissen ohne direkte Erfahrung* sprechen müssen. Auch die glaubwürdigen Großbegriffe wie Kultur und Gesellschaft lassen sich nur über informationelle Verdichtungen ‚indirekt' beweisen. Eine Art kultur- und sozialanthropologische Sensibilität gegenüber den Regeln und Logiken, nach denen Wissen gemacht und verwendet wird, ist gefragt. Es ist eine Sensibilität gegenüber den *360⁰-Bedingungen für die Entstehung von Wissen*, allround, weltweit, multisensorisch, multimedial, polylogisch, zu jeder Zeit, für die *Muster der Weitergabe oder des zugelassenen, geforderten oder erforderlichen Vergessens*.

Dieses *360⁰-Wissen* wirbelt die überlieferten Institutionen und Zielgruppenbestimmungen durcheinander; es ist eine Entmachtung der traditionellen Anbieter, gerade auch der klassischen Universitätslehre. Sicher werden etliche der klassischen Institutionen wie Familie, Schule, Universität verändert weiter agieren. Die Kinderzimmer werden vollgepackt mit digitalen Spiel- und Lerngeräten, im Wohnzimmer wird über digitale Universaltechnologie das broadcasting durch all-to-all-Netzwerken, knowledge on demand oder sonstigen Neuheiten verändert, Unversitäten ‚beherbergen unter ihrem Dach' virtuelle Seminare und online studies & degrees. Und Gesellschaft wird Weltgesellschaft, mit den Schwierigkeiten, sich abgrenzen zu können, wie N. Luhmann angesprochen hat. Und Weltgesellschaft wird sich differenzieren in Regionen von Offline-Leben und Räumen von Online-Offline-Intensität.

Wird territoriale Gesellschaft dann eine blasse, melancholische Erinnerung des Weltwissens?

Abschluss

Es scheint, dass Globalisierungsprozesse die bisherigen regionalen Realitäten von Moderne überwinden. Es entstehen heterogene, projektgebundene Zusammenhänge menschlichen Lebens, die nicht mehr auf Gesellschaft reduzierbar sind. An den Beispielen der Entwicklungs- und Produktionsnetzwerke, der Transformation von Räummodellen sowie an dem Konzept des Weltwissens wurden diese intensiven Veränderungen erörtert.

Literatur

Baecker, Dirk (2003): Organisation und Management. Frankfurt: Suhrkamp.

Baeyer, Hans Christian von (2005): Das informative Universum. Das neue Weltbild der Physik. München: Beck.

Bähr, J. (1983): Bevölkerungsgeographie. Stuttgart: Ulmer.

Barabási, Albert-Laszlo (2002): Linked: The new science of networks. Cambridge, Ma: Perseus.

Baumer, Thomas (2004): Handbuch Interkultureller Kompetenz (2 Bde). Zürich: orell füssli.

Beck, Ulrich (1997): Was ist Globalisierung? Irrtümer des Globalismus – Antworten auf Globalisierung. Frankfurt/ M.: Suhrkamp.

Behrens, Henning (2003): Global Enterprise – Panoramabild Globaler Zivilisation im 21. Jahrhundert. Berlin: Lithaus.

Bender, Gerd (2004): mode 2 – Wissenserzeugung in globalen Netzwerken? In: Matthiesen, Ulf (Hrsg.): Stadtregion und Wissen. Analysen und Plädoyers für eine wissensbasierte Stadtpolitik. Wiesbaden: VS Verlag. 149 –156.

Berger, Peter L./Berger, Brigitte/Kellner, Hansfried (1973): Das Unbehagen in der Modernität, Frankfurt/M: Suhrkamp.

Bogner, Artur (1989): Zivilisation und Rationalisierung. Die Zivilisationstheorien M. Webers, N. Elias' und der Frankfurter Schule. Opladen: Westdeutscher Verlag.

Breidbach, Olaf (2000): Das Anschauliche oder über die Anschauung von Welt. Wien, New York: Springer.

Cairncross, F. (1997): The Death of Distance. Boston. Harvard Business School Press.

Castells, Manuel/Henderson, Jeffrey (1987): Techno-economic Restructuring, socio-political processes, and spatial transformation. Beverly Hills: Sage.

Castells, Manuel (2005): Die Internet-Galaxie. Internet, Wirtschaft und Gesellschaft. Wiesbaden: VS Verlag.

Damasio, Antonio R. (2004), Ich fühle, also bin ich. Die Entschlüsselung des Bewusstseins. Berlin: List.

Daub, Claus-Heinrich (2005): Globale Wirtschaft – Globale Verantwortung. Basel: edition gesowip.

Davidow, William H./Malone, Michael S. (1993): Das virtuelle Unternehmen. Der Kunde als Co-Produzent, Frankfurt/M.: Campus.

Debray, Régis (2003): Einführung in die Mediologie. Facetten der Medienkultur. Bern: Haupt.

Dennett, Daniel C. (2001): Spielarten des Geistes. München: Bertelsmann.

Dennis, Alan R./Valacich, Joseph S. (1999): Rethinking Media Richness: Towards a Theory of Media Synchronicity. In: Proceedings of the 32nd Hawaii International Conference on System Sciences (HICSS). Volume 1, 1999.

Diamond, Jared (2005): Kollaps. Frankfurt: Fischer.

du. Zeitschrift der Kultur: Container. Das Prinzip Globalisierung, Febr. 2003, H.Nr. 733, Zürich

Dünne, Hörg/Günzel, Stephan (Hrsg.) (2006): Raumtheorie, Frankfurt: Suhrkamp.

Erickson, Thomas/Kellog, Wendy A. (2003): Knowledge Communities: Online Environments for Supporting Knowledge Management and its Social Context. In: Ackermann, Mark et.al. (Hrsg.), Sharing Expertise: Beyond Knowledge Management, Cambridge MA: Mit Press. 299-326.

Esposito, Elena (2002): Virtualisierung und Devination. Formen der Räumlichkeit der Kommunikation. In: Maresch, Rudolf/Werber, Niels (Hrsg.): Raum – Wissen – Macht. Frankfurt: Suhrkamp. 33-48.

Faßler, Manfred (1994): CyberModerne: Digitale Ferne und die Renaissance der Nahwelt. In: ders./Halbach, Wulf R. (Hrsg.): Cyberspace. Gemeinschaften, Virtuelle Kolonien, Öffentlichkeiten. München: W. Fink. 21-94.

Faßler, Manfred (1999): Cyber-Moderne. Medienevolution, globale Netzwerke und die Künste der Kommunikation. Wien, New York: Springer.

Faßler, Manfred (2001): Netzwerke. Einführung in die Realität verteilter Gesellschaftlichkeit. München: W. Fink.

Faßler, Manfred (2003): Was ist Kommunikation? 2. erweiterte Auflage, München: W. Fink. (1997)

Faßler, Manfred (2005): Erdachte Welten. Mediale Evolution globaler Kulturen, Wien New York: Springer.

Faßler, Manfred (2006): Communities of Projects. In: Ch. Reder (Hrsg.): Projekt Lesebuch, Wien, New York: Springer.

Faßler, Manfred/Ursula Hentschläger/Zelko Wiener (2003)/1: Webfictions. Zerstreute Anwesenheiten in elektronischen Netzen. Wien, New York: Springer

Favre-Bulle, Bernard (2001): Information und Zusammenhang. Informationsfluss in Prozessen der Wahrnehmung, des Denkens und der Kommunikation. Wien New York: Springer.

Fidler, Roger (1997): MediaMorphosis. Understanding New Media. Thousand Oaks, London, New Delhi: Pine Forge Press.

Flusser, Vilém (1994): Vom Subjekt zum Projekt. Menschwerdung. Bensheim und Düsseldorf.

Fontanel, Jaques (2005): La globalisation en „analyse" – Géoéconomie et stratégie des acteurs. Paris: L'Harmattan.

Gibbons, Michael/Limoges, Camille/Nowotny, Helga/Schwartzman, Simon/Scott, Peter/Trow, Martin (2000): The new production of knowledge –The dynamics of science and research in contemporary societies, London, Thousand Oaks, New Delhi: Sage.

Giddens, Anthony (1979): Die Klassenstruktur fortgeschrittener Gesellschaften, Frankfurt/M: Suhrkamp.

Goffman, Erving (1976): Frame Analysis. An Essay on the Organization of Experience. Cambridge, Mass: Harvard University Press.

Grabher, Gernot (2004): Die Nachbarschaft, die Stadt und der Club. In: Matthiesen, Ulf (Hrsg.): Stadtregion und Wissen. Analysen und Plädoyers für eine wissensbasierte Stadtpolitik. Wiesbaden: VS Verlag. 279 – 288.

Haggett, Peter (1991): Geographie – Eine moderne Synthese. Stuttgart: Ulmer.

Hartmann, Frank (2003): Mediologie. Ansätze einer Medientheorie der Kulturwissenschaften. Wien: Facultas Universitätsverlag.

Hettlage, Robert/Vogt, Ludgera (Hrsg.) (2000): Identitäten in der modernen Welt, Wiesbaden: Westdeutscher Verlag.

Heuser, Uwe J. (1996): Tausend Welten. Die Auflösung der Gesellschaft im digitalen Zeitalter, Berlin: Berlin Verlag.

Jammer, Max (1960): Das Problem des Raumes. Die Entwicklung der Raumtheorien, Darmstadt: Wiss. Buchges.

Kosko, Bart (2001): Die Zukunft ist fuzzy. Unscharfe Logik verändert die Welt. München, Zürich: Piper.

Kroehnert, Steffen (2003): Theorien der Migration. Berlin: Berlin-Institut für Weltbevölkerung und globale Entwicklung.

Kunzmann, Klaus R. (2004): Wissensstädte. In: Matthiesen, Ulf (Hrsg.): Stadtregion und Wissen. Analysen und Plädoyers für eine wissensbasierte Stadtpolitik. Wiesbaden: VS Verlag. 29-64.

Le Monde diplomatique, (2006): Atlas der Globalisierung. Berlin.

Lévy, Pierre (1997): Kollektive Intelligenz. Eine Anthropologie des Cyberspace, Mannheim: Bollmann.

Löw, Martina (2001): Raumsoziologie. Frankfurt: Suhrkamp.

Mainzer, Klaus (1999): Computernetze und virtuelle Realität. Leben in der Wissensgesellschaft. Berlin Heidelberg, New York: Springer.

Mittelstraß, Jürgen (1998): Die Häuser des Wissens, Frankfurt/M: Suhrkamp.

Münch, Richard (1984): Die Struktur der Moderne. Grundmuster und differentielle Gestaltung des institutionellen Aufbaus der modernen Gesellschaften, Frankfurt/M: Suhrkamp.

Mutius, Bernhard v. (2000): Die Verwandlung der Welt. Ein Dialog mit der Zukunft. Stuttgart: Klett-Cotta.

Osterhammel, Jürgen/Peterson, Niels P. (2003): Geschichte der Globalisierung. München: Beck.

Peter, Carsten (2004): Projektbasierte Kooperation zwischen Wissenschaft und Wirtschaft. Frankfurt/M: (Diplomarbeit, J.W. Goethe-Universität Frankfurt).

Pinker, Stefen (1998): Wie das Denken im Kopf entsteht. München: Kindler.

Piore, Michael J./Sabel, Charles (1985): Das Ende der Massenproduktion. Berlin: Wagenbach.

Polanyi, Michael (1958/1998): Personal Knowledge. Towards a Post-Critical Philosophy, London: University Of Chicago Press.

Preisig, Ueli (2003): Kooperative Wissensgenerierung in virtuellen Gemeinschaften zur Befriedigung von komplexen Informationsbedürfnissen am Beispiel Tourismus. Zürich: Diplomarbeit im Fach Informatik, Universität Zürich.

Priddat, Birger P. (2002): Das Verschwinden der langen Verträge. In: D. Baecker (Hrsg.): Archäologie der Arbeit. Berlin: Kulturverlag Kadmos. 65-88.

Raskin, Jef (2000): Das intelligente Interface. Neue Ansätze für die Entwicklung interaktiver Benutzerschnittstellen. München: Addison-Wesley.

Reinhard, Michael (2000): Absorptionsfähigkeit der Unternehmen. In: Schmoch, U./Licht, G. Reinhard, M. (Hg.): Wissens- und Technologieforschung in Deutschland. Stuttgart: Fraunhofer IRB Verlag. 243-258.

Ribeiro, Darcy (1983): Der zivilisatorische Prozeß. Frankfurt/M: Suhrkamp Insel.

Ridderstrale, Jonas/Nordström, Kjell A. (2000): Funky Business. Wie kluge Köpfe das Kapital zum Tanzen bringen. London: Financial Times Prentice Hall.

Rippl, Daniela/Ruhnau, Eva (Hrsg.) (2002): Wissen im 21. Jahrhundert. Komplexität und Reduktion, München: W. Fink

Rosa, Hartmut (2005): Beschleunigung. Die Veränderung der Zeitstrukturen in der Moderne, Frankfurt/M: Suhrkamp.

Schlögel, Karl (2006): Planet der Nomaden. Globalisierung und Migration. Berlin: Wjs.

Sennett, Richard (2005): Die Kultur des Neuen Kapitalismus. Berlin: Berlin Verlag.

Stalk, George/Hout, Thomas M. (1990): Zeitwettbewerb. Schnelligkeit entscheidet auf den Märkten der Zukunft. Frankfurt: Campus.

Stehr, Nico (2003): Wissenspolitik. Die Überwachung des Wissens. Frankfurt/M: Suhrkamp.

Treibel, Annette (1999): Migration in modernen Gesellschaften, Weinheim: Juventa.

Voßkamp, W. (Hrsg.) (1985): Utopieforschung, 3 Bde., Frankfurt: Suhrkamp.

Warnecke, Hans-Jürgen (1995): Aufbruch zum fraktalen Unternehmen. Praxisbeispiele für neues Denken und Handeln. Wien, New York: Springer.

Weingart, Peter (2001): Die Stunde der Wahrheit? Zum Verhältnis der Wissenschaft zu Politik, Wirtschaft und Medien in der Wissensgesellschaft. Göttingen: Velbrück Wissenschaft.

Wenzel, Harald (2003): Die Abenteuer der Kommunikation. Echtzeitmassenmedien und der Handlungsraum der Hochmoderne, Weilerswist: Velbrück Wissenschaft.

Wuppertal Institut (2005): Fair Future – Ein Report des Wuppertal Instituts. Begrenzte Ressourcen und globale Gerechtigkeit, München: Beck.

Young, Michael (1988): The Metronomic Society. Natural Rhythms and Human Timetables. London: Harvard University Press.

Einführende Literatur

Beck, Ulrich (1997): Was ist Globalisierung? Irrtümer des Globalismus – Antworten auf Globalisierung, Frankfurt/M: Suhrkamp.

Daub, Claus-Heinrich (2005): Globale wirtschaft – Globale Verantwortung. Basel: edition gesowip.

Osterhammel, Jürgen/Peterson, Niels P. (2003): Geschichte der Globalisierung. München: Beck.

Wuppertal Institut (2005): Fair Future – Ein Report des Wuppertal Instituts. Begrenzte Ressourcen und globale Gerechtigkeit. München: Beck.

Weiterführende Literatur

Behrens, Henning (2003): Global Enterprise – Panoramabild Globaler Zivilisation im 21. Jahrhundert. Berlin: Lithaus.

Cairncross, Frances (1997): The Death of Distance. How the Communications Revolution Will Change Our Lives. Boston: Harvard Buisness School Press.

Castells, Manuel (2005): Die Internet-Galaxie. Internet, Wirtschaft und Gesellschaft. Wiesbaden: VS Verlag.

Fontanel, Jaques (2005): La globalisation en „analyse" – Géoéconomie et stratégie des acteurs. Paris: L'Harmattan.

Hinweise zu den Autorinnen und Autoren

Heinz Abels (*1943), Professor für Soziologie, Fern Universität Hagen; Promotion 1970 in Bochum und 1972 in Essen; 1972-1973 University of California, Berkeley; 1975 Prof. für Soziologie, Universität Essen. Forschungsschwerpunkte: Identität, Interaktion, Sozialisation, Wissen. Ausgewählte Publikationen: Jugend vor der Moderne. Soziologische und psychologische Theorien des 20. Jahrhunderts, Opladen: 1993; Interaktion, Identität, Präsentation. Kleine Einführung in interpretative Theorien der Soziologie, Wiesbaden: 2007 (4. Aufl.); Einführung in die Soziologie. Band 1: Der Blick auf die Gesellschaft. Band 2: Die Individuen in ihrer Gesellschaft. Wiesbaden: 2007 (3. Aufl.); Identität, Wiesbaden: 2006.

Ruth Ayaß (*1964), Prof. Dr. rer. soc.; Institut für Kultur-, Literatur und Musikwissenschaft Alpen-Adria Universität Klagenfurt. Forschungsschwerpunkte: Qualitative Methoden; Kommunikation in, mit und über Medien; Kultur und Kommunikation; Konversationsanalyse; Gattungsanalyse. Ausgewählte Publikationen: Das Wort zum Sonntag. Fallstudie einer kirchlichen Sendereihe, Stuttgart: 1997; Qualitative Methoden der Medienforschung, J. Bergmann/ R. Ayaß (Hrsg.), Hamburg: 2006; Interaktion ohne Gegenüber? In: M. Jäckel/M. Mai (Hrsg.), Online-Vergesellschaftung. Mediensoziologische Perspektiven auf neue Kommunikationstechnologien. Wiesbaden: 2005, 33-49; Kein Vergnügen an den Medien? Moralkommunikation in der Medienrezeption, In: M. Klemml/E. M. Jakobs (Hrsg.): Das Vergnügen in und an den Medien. Interdisziplinäre Perspektiven. Frankfurt: 2006, 271-295; Kommunikation und Geschlecht. Eine Einführung. Stuttgart: In Vorbereitung.

Günter Burkart (*1950), Professor für Soziologie, Leuphana Universität Lüneburg; Studium der Soziologie, Universität Frankfurt/Main. Lehr- und Forschungstätigkeiten in Klagenfurt, Berlin, Freiburg, Mannheim und Philadelphia; Forschungsschwerpunkte: Familien-, Paar- und Geschlechterforschung; Kultur, Medien und Technik; Individualisierung und Selbstthematisierung. Neueste Publikationen: Handymania. Wie das Mobiltelefon unser Leben verändert hat. Frankfurt/Main: 2007; Die Ausweitung der Bekenntniskultur – neue Formen der Selbstthematisierung? Wiesbaden: 2006; Zaudernde Männer, zweifelnde Frauen, zögernde Paare: Wer ist schuld an der Kinderlosigkeit? In: P. A. Berger/H. Kahlert (Hrsg.): Der demographische Wandel. Chancen für die Neuordnung der Geschlechterverhältnisse. Frankfurt/M.: 2006, 111-135.

Petra Deger, PD, Dr. phil; Oberassistentin, Institut für Soziologie, Universität Regensburg. Forschungsschwerpunkte: Umweltsoziologie; Moderne soziologische Theorie; Europäisierung; Bildungssoziologie. Ausgewählte Publikation: Der Europäische Raum. Die Konstruktion europäischer Grenzen. P. Deger/R. Hettlage (Hrsg.),Wiesbaden: 2007.

Oliver Dimbath, Dr. rer. pol., Dipl.-Soziologe; Akademischer Rat a. Z., Lehrstuhl für Soziologie, Universität Augsburg. Forschungsschwerpunkte: Soziologische Theorien; Qualitative Methoden der empirischen Sozialforschung; Wissens- und Wissenschafts-, Bildungs-, Jugend-, Religionssoziologie; Soziologie der Arbeit und der Berufe; Evaluation und Evaluationsforschung. Ausgewählte Publikationen: Entscheidungen in der individualisierten Gesellschaft, Wiesbaden: 2003; Alles aus ,Spaß an der Freud'? Ein Versuch über die Deutung von ,Spaß' in der Jugendarbeit. In: Neue Praxis (Zeitschrift). Neuwied: 2005, 389-403; Partizipative Evaluation in der politischen Bildung. O. Dimbath/W. Schneider (Hrsg.), Zeitschrift für Evaluation. Jg.5 , 2006, 109-134; Die (Be-)Deutung schulischer Berufsorientierung. In: H. Kahlert/J. Mansel (Hrsg.): Bildung und Berufsorientierung. Der Einfluss von Schule und informellen Kontexten auf die berufliche Identitätsentwicklung, München/Weinheim: 2007, 163-183.

Daniela Eichholz (*1974), Dipl. Päd., Promotion (laufend, TU Dortmund) mit d. Titel: Popularisierung von Wissen(schaft) in der Wissensgesellschaft; seit 2002 Wissenschaftliche Mitarbeiterin am Lehrstuhl für Allgemeine Soziologie (TU Dortmund); Forschungs- und Arbeitsschwerpunkte: Wissenssoziologie, Wissenschaftssoziologie, Popularisierungsforschung (PUS-Research), Raumsoziologie, Szenenforschung (Mitarbeit in der Redaktion von www.jugendszenen.com), Bildungsforschung, Qualitative Methoden; Ausgewählte Publikationen: Museumspädagogik – Bildung ,light' für ,Jedermann'? In: K.-S. Rehberg (Hrsg.): Soziale Ungleichheit und kulturelle Unterschiede. Verhandlungen des 32. Kongresses der Deutschen Gesellschaft für Soziologie in München 2004. Wiesbaden: 2006 (CD-ROM); Bildungspotentiale kreativ-subversiver Raumaneignungsprozesse. Das Beispiel ,Skateboardfahrer'. In: D.-B. Gaedtke-Eckardt/B. S. Siebner/F. Kohn (Hrsg.): Raum – Bildung. Perspektiven (erscheint 2008).

Monika Falkenberg, M.A.; Mitarbeit in der DFG-Forschergruppe „Bildung und Schule im Transformationsprozess von SBZ, DDR und neuen Ländern"; Wissenschaftliche Mitarbeiterin am Arbeitsbereich Sportsoziologie, Carl von Ossietzky-Universität Oldenburg; seit 2006 Promotion zum Thema „Die Praxis schulischer Ungleichheit", Johannes Gutenberg Universität Mainz. Ausgewählte Publikationen: Einstellung und Wahrnehmung. Orientierungen von Lehrern vor der Organisationswirklichkeit der Schule. In: Institut für Bildungssoziologie und Schulpädagogik, Arbeitsbericht Nr. 13., Freie Universität Berlin: 2000.

Manfred Faßler, Univ. Prof. Dr. habil. Dipl. soz., Institut für Kulturanthropologie und Europäische Ethnologie, Johann Wolfgang Goethe-Universität. Lehrschwerpunkt: Medienevolution; Medienkulturen. Forschungsschwerpunkte: Kommunikations- und Medienwissenschaften; Netzwerkforschung; Wahrnehmungstheorien; Interaktionsforschung; Anthropologie des Medialen; Kulturelle Evolution;digitale Entwurfs- und Gestaltungsprozesse; Bild- und Visualisierungsforschung; Global Digital Culture und Wissenskulturen; Urbanität. Ausgewählte Publikationen: Der Infogene Mensch, Veröffentlichung: Herbst 2008; URBAN FICTIONs. Die Zukünfte des Städtischen, C. Terkowsky/M. Faßler (Hrsg.), München: 2006; Erdachte Welten. Die mediale Evolution globaler Kulturen, Wien/New York: 2005; Was ist Kommunikation? München: 2003 (2.Aufl.); WEB-FICTION. Ästhetische, künstlerische, wissenschaftliche, publizistische Webräume, U. Hentschläger/Z. Wiener/M. Faßler (Hrsg.), Wien/New York: 2003; Bildlichkeit. Navigationen durch das Repertoire der Sichtbarkeit, Wien: 2002; Netzwerke. Einführung in Netzstrukturen, Netzkulturen und die Realität verteil ter Gesellschaftlichkeit, München: 2000.

Michaela Goll, Dr., seit 2006 Studienrätin i. HD, Institut für Soziologie, Justus-Liebig-Universität Gießen; seit 1995 Wissenschaftliche Mitarbeiterin und Lehrbeauftragte; Mitarbeit in den DFG-Projekten „Moralische Kommunikation, Telekooperation, Sinnvermittlung" und „moralische Kommunikation in intermediären Institutionen" (Bertelsmann Wissenschaftsstiftung); Forschungsschwerpunkte: Neue Medien; Medienkommunikation. Ausgewählte Publikationen: Glück à la carte: Über die Machbarkeit des Glücks in der Ratgeberliteratur. In: A. Bellebaum/D. Herbers (Hrsg.): Glücksangebote in der Alltagswelt. Münster: 2006, 87-106; Die Organisation von Wissen in vernetzten Unternehmen, In: U. Thiedeke (Hrsg.): Soziologie des Cyberspace. Medien, Strukturen und Semantiken. Wiesbaden: 2004, 380-407; Arbeiten im Netz. Kommunikationsstrukturen, Arbeitsabläufe, Wissensmanagement. Wiesbaden: 2002.

Heiko Hausendorf, Dr., Professor für Deutsche Sprachwissenschaft an der Universität Zürich; davor Professor für Germanistische Linguistik an der Universität Bayreuth und Gast- und Vertretungsprofessuren an den Universitäten Wien und Dortmund. Forschungsschwerpunkte: Text- und Gesprächslinguistik; Soziolinguistik; Diskurserwerb; Kommunikation in Institutionen. Ausgewählte Publikationen: Gespräch als System. Opladen: 1992 (Neuaufl. 2004); Zugehörigkeit durch Sprache. Tübingen: 2000; Sprachentwicklung und Interaktion. U. Quasthoff/H. Hausendorf (Hrsg.), Opladen: 1996 (Neuaufl. 2005); Gespräch als Prozess (Hrsg.), Tübingen: 2007; Analysing Citizenship. A. Bora/H. Hausendorf (Hrsg.), Amsterdam/Philadelphia: 2006. Kommunikation in gesellschaftlichen Umbruchsituationen. P. Auer/ H. Hausendorf (Hrsg.), Tübingen: 2000.

Heinz Hengst, Professor für Sozial- und Kulturwissenschaft, Hochschule Bremen, Fachbereich Sozialwesen; Forschungsschwerpunkte: Kindheit, Kinderkultur und Generationenverhältnis, unter besonderer Berücksichtigung der Medien und des internationalen Vergleichs; zahlreiche Publikationen zu diesem Themenkomplex.

Robert Hettlage (*1943), Dr. rer. pol., Dr. phil., o. Prof.; Studien der Nationalökonomie, Philosophie und Soziologie in Fribourg/Schweiz; Dr. rer. pol. 1969; Dr. phil. 1971; 1978 Habilitation im Fach Soziologie an der Universität Basel; dort 1978-1981 Privatdozent; seit 1981 Lehrstuhl für Soziologie an der Universität Regensburg. Forschungsschwerpunkte und zahlreiche Veröffentlichungen im Bereich der Wirtschafts-, Kultur- und Entwicklungssoziologie, der Familiensoziologie, der Genossenschafts- und Migrationsforschung, der Europäischen Integration und des Grenzgebiets zwischen Sozialphilosophie und soziologischer Theorie. Ausgewählte Publikationen: Familienreport. Eine Lebensform im Umbruch. 2. erweiterte und aktualisierte Aufl. München: 1998; Identitäten in der modernen Welt. R. Hettlage/L. Vogt (Hrsg.), Wiesbaden: 2000; Verleugnen, Vertuschen, Verdrehen. Leben in der Lügengesellschaft (Hrsg.). Konstanz: 2003; Der europäische Raum. Die Konstruktion europäischer Grenzen. P. Deger/R. Hettlage (Hrsg.), Wiesbaden: 2007.

Barbara Hölscher (*1964), Dr.; Professorin für Soziologie, Christian-Albrechts-Universität zu Kiel. Forschungsschwerpunkte: Kultur- und Mediensoziologie; Soziale Ungleichheit; Wirtschafts-, Bildungsforschung. Ausgewählte Publikationen: Lebensstile durch Werbung? Zur Soziologie der Life-Style-Werbung. Wiesbaden: 1998; Advertising and the Russian Way of Media Reception. (mit R. Dittrich), In: Journal of Sociology and Social Anthropology 4, 2001, 116-144; Concepts of Social Inequality on the Condition of Cultural Changes. (mit R. Dittrich), In: J. Suchanek/B. Hölscher (Hrsg.): Sociological Problems Quarterly 35, 2002, 93-118. Wissenschaft und Hochschulbildung im Kontext von Wirtschaft und Medien. Wiesbaden: 2007.

Michael Jäckel, Dr. phil.; Professor für Soziologie, Universität Trier. Forschungsschwerpunkte: Medien- und Konsumsoziologie; Zeitbudgetforschung; Gesellschaftliche Bedeutung neuer Informations- und Kommunikationstechnologien. Ausgewählte Publikationen: Einführung in die Konsumsoziologie. Fragestellungen, Kontroversen, Beispieltexte. Wiesbaden: 2006 (2. erw. Aufl.); Ambivalenzen des Konsums und der werblichen Kommunikation (Hrsg.). Wiesbaden: 2007; Medienwirkungen. Ein Studienbuch zur Einführung. 4., überarbeitete und erweiterte Auflage, Wiesbaden: 2008. Mediensoziologie. Grundfragen und Forschungsfelder (Hrsg.). Wiesbaden: 2005; Time is Money and Money needs Time? A Secondary Analysis of Time-Budget Data in Germany (mit S. Wollscheid). In: Journal of Leisure Research 39, Number 1, 86-108. 2007.

Heike Kahlert, Dr. rer. soc.; Diplom-Soziologin, z. Zt. Gastprofessorin, Fachbereich Politikwissenschaft und Soziologie, Paris-Lodron-Universität Salzburg; Wissenschaftliche Assistentin, Institut für Soziologie und Demographie, Universität Rostock; seit 2002 Mitglied im Vorstand der Sektion Bildung und Erziehung, Deutsche Gesellschaft für Soziologie (DGS), von 2004 bis 2006 als Stellvertretende Sprecherin und Geschäftsführung. Forschungsschwerpunkte: Transformationen des Wissens in der Moderne; Geschlechterverhältnisse und sozialer Wandel im Wohlfahrtsstaat; Soziologie der Bildung und Erziehung; Gleichstellungsbezogene Organisationsentwicklung im Public-Profit-Bereich (vor allem Bildungswesen, Öffentliche Verwaltung).

Herbert Kalthoff, Prof. Dr.; Studium der Soziologie in Hannover, Paris (Diplom 1991); 1995 Promotion, Bielefeld; 2003 Habilitation, Frankfurt/Oder; seit 2006 a.o. Professur für Soziologie, Zeppelin University Friedrichshafen. Forschungsschwerpunkte: Bildungssoziologie; Finanzsoziologie; Qualitative Methoden. Ausgewählte Publikationen: Das Zensurenpanoptikum. Eine ethnographische Studie zur schulischen Bewertungspraxis. In: Zeitschrift für Soziologie Jg. 25, 1996, 106-124; Wohlerzogenheit. Eine Ethnographie deutscher Internatsschulen. Frankfurt/Main: 1997; Beobachtung und Ethnographie, In: R. Ayaß/J. Bergmann (Hrsg.): Qualitative Methoden der Medienforschung. Reinbek: 2006, 146-182.

Daniela Klimke (*1970), Dr.; Dipl.Soz.; Wissenschaftliche Mitarbeiterin, Institut für Sicherheits- und Präventionsforschung, Universität Hamburg; Lehrbeauftragte, Universität Bremen. Forschungsschwerpunkte: Kriminalsoziologie; Soziologie sozialer Probleme. Ausgewählte Publikationen: Exklusion in der Marktgesellschaft (Hrsg.). Wiesbaden: 2008; Die neoliberale Ethik und der Geist des Sexualstrafrechts (mit R. Lautmann), In: Zeitschrift für Sexualforschung, 2006; Punitivität (Mitherausgeberin), Weinheim: 2004. E-Mail: Klimke@uni-bremen.de.

Hubert Knoblauch, Professor für Allgemeine Soziologie, Technische Universität Berlin; Ausgewählte Publikation: Wissenssoziologie. Konstanz: 2005; Zur Kritik der Wissensgesellschaft. H. G. Soeffner/D. Tänzler/H. Knoblauch (Hrsg.), Konstanz: 2006; Neue Perspektiven der Wissenssoziologie. H. G. Soeffner/D. Tänzler/H. Knoblauch (Hrsg.), Konstanz: 2006.

Andreas Lange, Dr. rer. soc, apl. Professor für Soziologie, Universität Konstanz; Grundsatzreferent für Familienwissenschaften, Abteilung Familie und Familienpolitik des DJI, München. Forschungsschwerpunkte: Familiale Lebensführung, Familie und Bildungsprozesse. Ausgewählte Publikationen: Arbeiten ohne Ende? Neue Entwicklungen im Spannungsfeld von Erwerbs- und Familientätigkeit (mit P. Szymenderski.), In: F. Lettke/A. Lange (Hrsg.): Generationen und Familien. Frankfurt/Main: 2007, 223-248; Von der Fremd- zur Selbstsozi-

alisation? Chancen und Risiken der Entgrenzung von Kultur und Ökonomie für Kinder und Jugendliche seit 1960, In: M. Gebhardt/C. Wischermann (Hrsg.): Familiensozialisation seit 1933 – Verhandlungen über Kontinuität. Stuttgart: 2007, 183-203; Kindheit und Familie (mit F. Steiner), In: J. Ecarius (Hrsg.): Handbuch Familie. Wiesbaden: 2007; Bildungsprozesse in der frühen Kindheit. Neue Einsichten zur Bedeutung der Familie und ihre Relevanz für den KITA-Alltag (mit M. Xyländer und A. von der Hagen-Demszky), In: Bundesarbeitsgemeinschaft Kinder- und Jugendschutz, Bildung schützt! Kinder- und Jugendschutz als integraler Bestandteil von Bildungsprozessen in Tageseinrichtungen für Kinder. Berlin: 2007, 7-49.

Andreas Langenohl, PD Dr. rer. soc.; Leiter der Forschungsgruppe „Idiome der Gesellschaftsanalyse", Cluster EXC16 „Kulturelle Grundlagen von Integration", Universität Konstanz; Leiter des Forschungsprojekts „Professionelle Erinnerung an der Börse", SFB 434, „Erinnerungskulturen", Justus-Liebig-Universität Gießen. Forschungsschwerpunkte: Epistemologie und performative Dimensionen von Gesellschaftsanalysen; Soziologie der Finanzmärkte: Modernisierungstheorie; Organisationssoziologie; kollektive Erinnerungspraktiken; Transformation staatssozialistischer Gesellschaften. Ausgewählte Publikationen: Tradition und Gesellschaftskritik. Eine Rekonstruktion der Modernisierungstheorie, Frankfurt/M./New York: 2007; Finanzmarkt und Temporalität. Imaginäre Zeit und die kulturelle Repräsentation der Gesellschaft. K. Schmidt-Beck/A. Langenohl (Hrsg.), Stuttgart: 2007; Die Markt-Zeit der Finanzwirtschaft. Soziale, kulturelle und ökonomische Dimensionen, Marburg: 2007.

Rüdiger Lautmann (*1935), Dr. phil. Dr. jur.; Professor für Soziologie, Universität Bremen; Leiter des Instituts für Sicherheits- und Präventionsforschung (ISIP), Hamburg. Forschungsschwerpunkte: Soziologie von Kriminalität und Recht, von Geschlecht und Sexualität. Ausgewählte Publikationen: Soziologie der Sexualität. Erotischer Körper, intimes Handeln und Sexualkultur, Weinheim: 2002; Nationalsozialistischer Terror gegen Homosexuelle, Paderborn: 2002; Themenhefte des Kriminologischen Journals über den Septemberterror (2002), Körper und Verbrechen (2003) und Punitivität (2004). Lexikon zur Soziologie, Neubearbeitung 2007. E-Mail: LautmannHH@aol.com, http://www.lautmann.de.

Karl Lenz, Dr., Professor für Mikrosoziologie, TU Dresden. Forschungsschwerpunkte: Soziologie persönlicher Beziehungen; Soziologie der Geschlechter; Interaktion und Kommunikation sowie Qualitative Sozialforschung. Ausgewählte Publikationen: Soziologie der Zweierbeziehung. Eine Einführung. Wiesbaden: 2006 (3. Aufl.); Sexualitäten. Diskurse und Handlungsmuster. H. Funk/K. Lenz (Hrsg.), Weinheim: 2005; Frauen und Männer. Zur Geschlechtstypik persönlicher Beziehungen (Hrsg.). Weinheim: 2003; Erving Goffman – ein soziologischer Klassiker der zweiten Generation. R. Hettlage/K. Lenz (Hrsg.), Bern: 1991. Email: karl.lenz@tu-dresden.de. http://www.tu-dresden.de/phfis/lenz/

Thomas Lenz, M.A.; wissenschaftlicher Mitarbeiter im Fach Soziologie (Konsum- und Kommunikationsforschung), Universität Trier. Forschungsschwerpunkte: Historische Konsumsoziologie; Medienforschung. Ausgewählte Publikationen: Konsum und Großstadt. In: Jäckel, Michael (Hrsg.): Ambivalenzen des Konsums und der werblichen Kommunikation. Wiesbaden: 2007, 41-52; Visualisierte Wissenschaft. (mit N. Zillien), In: H. Mitterbauer/U. Tragatschnig (Hrsg.): Kulturwissenschaftliches Jahrbuch Moderne, 2. Jahrgang. Innsbruck: 2006; Konsumierende Frauen, produzierende Männer? Zum Zusammenhang von Konsumverhältnissen und Geschlechterzuschreibungen. In: K.Wolf/J. Reuter (Hrsg.): Geschlechter Leben im Wandel. Tübingen: 2006, 85-97; Medien und soziale Ungleichheit (mit N. Zillien), In: M. Jäckel (Hrsg.): Mediensoziologie. Grundfragen und Forschungsfelder. Wiesbaden: 2005, 237-252; Stadt-Land-Unterschiede der Internetnutzung – eine empirische Untersuchung der regionalen digitalen Spaltung (mit M. Jäckel/N. Zillien), In: Medien und Erziehung, Zeitschrift für Medienpädagogik 6, 2005, 17-28.

Thomas Loer, MA., Dr. phil.; Privatdozent, Universität Dortmund, Institut für Wirtschafts- und Sozialwissenschaften; Gastdozent, Universität Witten/Herdecke; Herausgeber von: „sozialer sinn. Zeitschrift für hermeneutische Sozialforschung". Forschungsschwerpunkte: Kultursoziologie; Allgemeine Soziologie; Objektive Hermeneutik; Klinische Soziologie. Ausgewählte Publikationen: Die Region. Eine Begriffbestimmung am Fall des Ruhrgebiets, Stuttgart, 2007; Krise der Kritik. Die Misere der Universität – eine Misere der Kollegialität (gemeinsam mit Sascha Liebermann), In: A. Franzmann/B. Wolbring (Hrsg.): Zwischen Idee und Zweckorientierung. Vorbilder und Motive von Hochschulreformen im 20. Jahrhundert, Berlin: 2007, 196-214; Eine Region als Fall. Exhaustive Beschreibung oder Rekonstruktion einer Totalität, In: K. Brede/G. Engel/S. Scholz/J. Süßmann (Hrsg.): Fallstudien: Theorie – Geschichte – Methode, Berlin 2007, 141-157; „Embeddedness" oder Einflussstruktur? Soziologische Reflexionen zur Kulturspezifität von Handeln, diskutiert am Verhältnis von Vergemeinschaftung und Vergesellschaftung in der industriellen Kultur des Ruhrgebiets, In: Sociologia internationalis, 45. Jg., 2007, H. 1, 1-35.

Jens Luedtke (*1962), PD Dr.; Oberassistent, katholische Universität Eichstätt-Ingolstadt; z. Zt. Vertretungsprofessur für Mikrosoziologie, Universität Kassel. Forschungsschwerpunkte: Abweichendes Verhalten; Gewalt in Schulen, in der Familie; Jugend; Modernisierung. Ausgewählte Publikationen: Globaler Wandel: Nationalstaaten und nationale Gesellschaften unter Druck. In: I. Bemerburg/A. Niederbacher, (Hrsg.): Die Globalisierung und ihre Kritik(er). Wiesbaden: 2007, 40-56; Tatort Familie. S. Lamnek/J. Luedke/R. Ottermann (Hrsg.), Wiesbaden: 2006 (2. erw. Aufl.); Gewalt an Schulen 1994 - 1999 – 2004. M. Fuchs/S. Lamnek/N. Baur/J. Luedke (Hrsg.), Wiesbaden: 2005.

Michael Meuser, Dr. phil.; Professor für Soziologie der Geschlechterverhältnisse, Universität Dortmund. Forschungsschwerpunkte: Soziologie der Geschlechterverhältnisse; Soziologie des Körpers; Wissenssoziologie; Politische Soziologie; Methoden qualitativer Sozialforschung. Ausgewählte Publikationen: Geschlecht und Männlichkeit. Soziologische Theorie und kulturelle Deutungsmuster, Wiesbaden: 2006 (2. Aufl.); Hauptbegriffe qualitativer Sozialforschung, R. Bohnsack/W. Marotzki/M. Meuser (Hrsg.), Opladen: 2006 (2. Aufl.); Gender Mainstreaming. Konzepte, Handlungsfelder, Instrumente. C. Neusüß/M. Meuser (Hrsg.), Bonn: 2004; Geschlechterforschung und qualitative Methoden. Qualitative Sozialforschung, C. Behnke/M. Meuser (Hrsg.), Opladen: 1999.

Thomas Müller-Schneider, Prof. Dr., Professur für Soziologie an der Universität Koblenz/Landau, Campus Landau. Forschungsschwerpunkte: Methoden der empirischen Sozialforschung; Lebensstile und sozialer Wandel. Ausgewählte Publikationen: Schichten und Erlebnismilieus. Der Wandel der Milieustruktur in der Bundesrepublik Deutschland. Wiesbaden: 1994; Zuwanderung in westliche Gesellschaften. Analyse und Steuerungsoptionen. Opladen: 2000; Glück, Vorlieben und Talente. Zur wachsenden soziokulturellen Relevanz der menschlichen Natur im innengerichteten Modernisierungsprozess, erscheint im Verhandlungsband des 33. Kongresses der DGS.

Rosemarie Nave-Herz, Prof. Dr. Dr. h.c.; 1971-1974 Lehrstuhl für Soziologie/Universität Köln; seit 1975 Professur für Soziologie mit dem Schwerpunkt Familie, Jugend, Freizeit; 1985 Gastprofessur, University of Sussex/England. Mitglied verschiedener wissenschaftlicher Beiräte und wissenschaftlicher Gesellschaften, Mitherausgeberin der Buchreihe: Familie und Gesellschaft, München. Forschungsschwerpunkte: Soziologie der Lebensformen; Kulturvergleichende Familien- und Bildungssoziologie; Geschlechterforschung. Ausgewählte Publikationen: Die Geschichte der Frauenbewegung in Deutschland. Hannover: 1997, (5. Aufl.); Geschwister – ausgewählte Aspekte ihrer möglichen gesamtgesellschaftlichen Bedeutung, In: ZSE, 2006, H.3, 282-295; Die Mehrgenerationen-Familie unter famylienzyklischem Aspekt, In: Steinbach, A. (Hrsg.): Generatives Verhalten und Generationenbeziehungen. Wiesbaden: 2005, 47-60; Handbuch der Familien- und Jugendforschung. M. Markefka/R. Nave-Herz (Hrsg.), Neuwied, 1989 (2. Aufl.).

Karola Pitsch (*1976), Dr.; PostDoctoral Resesarcher in der Work, Interaction and Technology Research Group, King's College London. Promotion: „Multimodalität der Interaktion im bilingualen Geschichtsunterricht" (2006, erscheint bei Lucius & Lucius), ausgezeichnet mit dem Dissertationspreis der Westfälisch-Lippischen Universitätsgesellschaft. Forschungsschwerpunkte: Interaktionslinguistik und Konversationsanalyse, Prämisse der multimodalen Organisation von Sprache und Interaktion, Settings wie Lehr-Lern-Szenarien, multilinguale Situationen, Workplace Settings, Human-Robot-Interaction.

Julia Reuter (*1975), Dr. phil.; 2001 Promotion mit d. Titel „Soziologie des Fremden", RWTH Aachen; seit 2004 Juniorprofessorin für Soziologie, Universität Trier. Forschungsschwerpunkte: Soziologische Theorien; Kultursoziologie; Religionssoziologie; Geschlechtersoziologie. Ausgewählte Publikationen: Ordnungen des Anderen. Zum Problem des Eigenen in der Soziologie des Fremden. Bielefeld: 2002; Doing Culture. Neue Positionen zum Verhältnis von Kultur und sozialer Praxis. K. H. Hörning/J. Reuter (Hrsg.), Bielefeld: 2004; Der Islam? Probleme und Perspektiven aktueller Islamforschung in Deutschland. In: Soziologische Revue. Heft 1, 2007, 37-49.

Rudolf Richter, Professor für Soziologie, Universität Wien. Gastprofessuren in den USA. Seit 2004 Dekan der Fakultät für Sozialwissenschaften, Universität Wien. Präsident des Research Committee für Family Research der International Sociological Association. Forschungsschwerpunkte: Allgemeine Soziologie; politische Soziologie; Familiensoziologie; Sozialstrukturforschung. Ausgewählte Publikationen: Die Lebensstilgesellschaft. Wiesbaden: 2005; Österreichische Lebensstile. Wien: 2006; The New Generations of Europeans. Demography and Families in the Enlarged European Union. W. Lutz/R. Richter/C. Wilson (Hrsg.), Earthscan, London and Sterling: 2006.

Matthias Rompel (*1973), Dr. rer. soc., M.A. Soziologie. 2000 - 2006 Wissenschaftlicher Mitarbeiter, Universität Gießen, Institut für Soziologie; Forschung und Lehre (u.a. in der Lehrerausbildung). Forschungsschwerpunkte: sozialpolitische Fragestellungen im nationalen und internationalen Kontext. Durchführung zahlreicher drittmittelfinanzierter Forschungsprojekte, u.a. DFG-Forschungsprojekt „Soziale Folgen von AIDS im südlichen Afrika." Seit 2006 Projektleiter in der Entwicklungszusammenarbeit (GTZ), Bereich Sozialpolitik. Lehrbeauftragter, Universität Gießen und Fachhochschule Wiesbaden.

Axel Schmidt (*1968), Dr.; nach Lehr- und Forschungstätigkeiten an den Universitäten Frankfurt/Main und Koblenz/Landau zurzeit Assistent am Institut für Medienwissenschaft der Universität Basel. Forschungsschwerpunkte: Erziehungssoziologie der Populärkultur; Medien- und Kommunikationssoziologie; Jugendkultur- und Jugendkommunikationsforschung; Methoden der qualitativen Sozialforschung. Ausgewählte Publikationen: Die Welt der Gothics. Spielräume düster konnotierter Transzendenz. K. Neumann-Braun/A. Schmidt (Hrsg.), Wiesbaden: 2004; Doing peer-group. Die interaktive Konstitution jugendlicher Gruppenpraxis. K. Neumann-Braun/M. Mai/A. Schmidt (Hrsg.) Frankfurt/Main: 2004. Popvisionen. Links in die Zukunft. Frankfurt/M: 2003.

Klaus R. Schroeter; PD Dr. phil. habil.; Privatdozent, Institut für Sozialwissenschaften, Universität Kiel. Forschungsschwerpunkte: Allgemeine Soziologie; Soziologische Theorien; Gerontosoziologie; Körpersoziologie. Ausgewählte Publikationen: Soziale Ungleichheiten und kulturelle Unterschiede in Lebenslauf und Alter. H. Künemund/K. R. Schroeter (Hrsg.), Wiesbaden: 2007; Altern in Gesellschaft. Ageing – Diversity – Inclusion. U. Pasero/G. M. Backes/K. R. Schroeter (Hrsg.), Wiesbaden: 2007; Das soziale Feld der Pflege, Weinheim: 2006; Altern und bürgerschaftliches Engagement. P. Zängl/K. R. Schroeter (Hrsg.), Wiesbaden: 2006; Soziologie der Pflege. T. Rosenthal/K. R. Schroeter (Hrsg.), Weinheim: 2005; Figurative Felder, Wiesbaden: 2004; Theoretische Beiträge zur Alternssoziologie. U. Dallinger/K. R. Schroeter (Hrsg.), Opladen: 2002; Entstehung einer Gesellschaft, Berlin: 1994.

Justine Suchanek; Dr. rer. soc.; z. Zt. Wissenschaftliche Assistentin, am Lehrstuhl für „Ökonomie und Politik des tertiären Bildungssystems", Fakultät für Wirtschaftswissenschaften, Universität Osnabrück; 2003-2005: Wiss. Mitarbeiterin am Lehrstuhl für „Methoden empirischer Sozialforschung" und im Praxisschwerpunkt Medien, Fakultät für Soziologie, Universität Bielefeld. 2001-2003: Graduiertenstipendiatin, Forschungsaufenthalte an der Universität Opole, Polen. 1994-2000: Studium der Soziologie an der Universität Bielefeld, der Université des Sciences Humaines de Strasbourg, Frankreich, Forschungsaufenthalt in West-Samoa, Südpazifik. Forschungsschwerpunkte: Hochschul- und Wissenschaftsforschung; Professions- und Organisationssoziologie; Soziologie sozialer Differenzierung; Gesellschaftsdiagnose und internationaler Vergleich; Mediensoziologie; Methoden empirischer Sozialforschung (quantitativ und qualitativ). Ausgewählte Publikationen: Wissenschaft und Hochschulbildung im Kontext von Wirtschaft und Medien. B. Hölscher/J. Suchanek (Hrsg.), Wiesbaden: 2007. Wissen-Inklusion-Karrieren. Zur Theorie und Empirie der Wissensgesellschaft. Göttingen: 2006.

Herbert Willems (*1956), Dr. phil., M.A. Soziologie, Dipl. Päd.; Professor für Soziologie an der Justus-Liebig-Universität Gießen. Arbeitsgebiete: Modernisierung; Massenmedien; Werbung; Interaktion; Geschlechter; allgemeine soziologische Theorie. Ausgewählte Veröffentlichungen: Psychotherapie und Gesellschaft. Voraussetzungen, Strukturen und Funktionen von Individual- und Gruppentherapien. Opladen: 1994; Rahmen und Habitus. Zum theoretischen und methodischen Ansatz Erving Goffmans. Frankfurt/M.: 1997; Identität und Moderne. H. Willems/A. Hahn (Hrsg.), Frankfurt/M.: 1999; Theatralität der Werbung (mit Y. Kautt). Berlin: 2003; Elemente einer Journalismustheorie nach Bourdieu, In: K.-D. Altmeppen/T. Hanitzsch/C. Schlüter (Hrsg.): Journalismustheorie: Next Generation. Soziologische Grundlegung und theoretische Innovation. Wiesbaden: 2007, 215-238; Weltweite Welten – Internet-Figurationen aus wissenssoziologischer Perspektive (Hrsg.). Wiesbaden: 2008 (im Druck); Theatralisierungen und Enttheatralisierungen in der Gegenwartsgesellschaft (Hrsg.). Wiesbaden: 2008 (im Erscheinen).

Christoph Wulf; Dr. phil.; Professor für Allgemeine und Vergleichende Erziehungs-wissenschaft; Mitglied des Interdisziplinären Zentrums für Historische Anthropologie, Sonder-forschungsbereich: Kulturen des Performativen; Mitglied des Graduiertenkollegs „InterArts", Freie Universität Berlin. Forschungsschwerpunkte: Historische Anthropologie; Pädagogische Anthropologie; Mimesis und Imaginationsforschung; Performativitäts- und Ritualforschung; ästhetische und interkulturelle Bildung. Ausgewählte Publikationen: Einführung in die Pädagogische Anthropologie. Weinheim: 2001; Anthropologie. Geschichte, Kultur, Philosophie. Stuttgart: 2004; Zur Genese des Sozialen. Bielefeld: 2005; Anthropologie kulturelle Vielfalt. Bielefeld: 2006; Bild und Einbildungskraft. B. Hüppauf/C. Wulf (Hrsg.), Paderborn: 2006.

Margret Xyländer; Dipl.-Soziologin; Promotionsstipendiatin, Zentralinstitut für Ehe und Familie in der Gesellschaft (ZFG) der Katholischen Universität Eichstätt-Ingolstadt zum Zu-sammenhang von Familie, Kultur und Religion. Forschungsschwerpunkte: Bildungs- und Familienforschung; Kindheits- und Jugendsoziologie; Ostdeutschlandforschung.

Nicole Zillien; Dr. rer. pol.; Wissenschaftliche Mitarbeiterin, Institut für Soziologie (Kon-sum- und Kommunikationsforschung), Universität Trier. Forschungsschwerpunkte: Medien und Techniksoziologie; Soziale Ungleichheit; Methoden der Onlineforschung. Ausgewählte Publikationen: Digitale Ungleichheit. Neue Technologien und alte Ungleichheiten in der In-formations- und Wissensgesellschaft. Wiesbaden: 2006; Medien und soziale Ungleichheit. (mit T. Lenz), In: Jäckel, Michael (Hrsg.): Mediensoziologie. Grundfragen und Forschungs-felder. Wiesbaden: 2005, 237-252; Stadt-Land-Unterschiede der Internetnutzung eine empi-rische Untersuchung der regionalen digitalen Spaltung (mit M. Jäckel/T. Lenz) In: merz | medien + erziehung | zeitschrift für medienpädagogik 6(merzWissenschaft - Die Rolle digi-taler Medien für gesellschaftliche Teilhabe). 2005, 17-28.

Lehrbücher

Heinz Abels

Identität
2006. 497 S. Br. EUR 26,90
ISBN 978-3-531-15138-0

Martin Abraham / Thomas Hinz (Hrsg.)

Arbeitsmarktsoziologie
Probleme, Theorien, empirische Befunde
2005. 374 S. Br. EUR 24,90
ISBN 978-3-531-14086-5

Klaus Feldmann

Soziologie kompakt
Eine Einführung
4. Aufl. 2006. 399 S. Br. EUR 19,90
ISBN 978-3-531-34188-0

Peter Imbusch / Ralf Zoll (Hrsg.)

Friedens- und Konfliktforschung
Eine Einführung
4., überarb. Aufl. 2006. 581 S.
Br. EUR 24,90
ISBN 978-3-531-34426-3

Stefan Immerfall

**Europa – politisches
Einigungswerk und gesell-
schaftliche Entwicklung**
Eine Einführung
2006. 128 S. Br. EUR 12,90
ISBN 978-3-531-14536-5

Walther Müller-Jentsch

**Strukturwandel der
industriellen Beziehungen**
‚Industrial Citizenship' zwischen Markt
und Regulierung
2007. 156 S. (Hagener Studientexte zur
Soziologie) Br. EUR 14,90
ISBN 978-3-531-15567-8

Armin Nassehi

Soziologie
Zehn einführende Vorlesungen
2008. 207 S. Geb. EUR 16,90
ISBN 978-3-531-15433-6

Bernhard Schäfers

Architektursoziologie
Grundlagen – Epochen – Themen
2., durchges. Aufl. 2006. 224 S.
Br. EUR 24,90
ISBN 978-3-531-15030-7

Bernhard Schäfers

Stadtsoziologie
Stadtentwicklung und Theorien –
Grundlagen und Praxisfelder
2006. 231 S. Br. EUR 24,90
ISBN 978-3-531-14658-4

Uwe Schimank

Die Entscheidungsgesellschaft
Komplexität und Rationalität der Moderne
2005. 492 S. Br. EUR 24,90
ISBN 978-3-531-14332-3

Erhältlich im Buchhandel oder beim Verlag.
Änderungen vorbehalten. Stand: Januar 2008.

www.vs-verlag.de

VS VERLAG FÜR SOZIALWISSENSCHAFTEN

Abraham-Lincoln-Straße 46
65189 Wiesbaden
Tel. 0611.7878 - 722
Fax 0611.7878 - 400

Theorie

Dirk Baecker (Hrsg.)
**Schlüsselwerke
der Systemtheorie**
2005. 352 S. Geb. EUR 24,90
ISBN 978-3-531-14084-1

Ralf Dahrendorf
Homo Sociologicus
Ein Versuch zur Geschichte,
Bedeutung und Kritik der Kategorie
der sozialen Rolle
16. Aufl. 2006. 126 S. Br. EUR 14,90
ISBN 978-3-531-31122-7

Shmuel N. Eisenstadt
**Die großen Revolutionen und
die Kulturen der Moderne**
2006. 250 S. Br. EUR 34,90
ISBN 978-3-531-14993-6

Shmuel N. Eisenstadt
Theorie und Moderne
Soziologische Essays
2006. 607 S. Geb. EUR 49,90
ISBN 978-3-531-14565-5

Axel Honneth /
Institut für Sozialforschung (Hrsg.)
**Schlüsseltexte der
Kritischen Theorie**
2006. 414 S. Geb. EUR 29,90
ISBN 978-3-531-14108-4

Niklas Luhmann
Beobachtungen der Moderne
2. Aufl. 2006. 220 S. Br. EUR 24,90
ISBN 978-3-531-32263-6

Uwe Schimank
**Differenzierung und Integration
der modernen Gesellschaft**
Beiträge zur akteurzentrierten
Differenzierungstheorie 1
2005. 297 S. Br. EUR 27,90
ISBN 978-3-531-14683-6

Uwe Schimank
**Teilsystemische Autonomie
und politische Gesellschafts-
steuerung**
Beiträge zur akteurzentrierten
Differenzierungstheorie 2
2006. 307 S. Br. EUR 29,90
ISBN 978-3-531-14684-3

Ilja Srubar / Steven Vaitkus (Hrsg.)
**Phänomenologie
und soziale Wirklichkeit**
Entwicklungen und Arbeitsweisen
2003. 240 S. Br. EUR 25,90
ISBN 978-3-8100-3415-1

Erhältlich im Buchhandel oder beim Verlag.
Änderungen vorbehalten. Stand: Januar 2008.

www.vs-verlag.de

VS VERLAG FÜR SOZIALWISSENSCHAFTEN

Abraham-Lincoln-Straße 46
65189 Wiesbaden
Tel. 0611.7878-722
Fax 0611.7878-400

Neu im Programm Soziologie

Hans Paul Bahrdt

Die moderne Großstadt
Soziologische Überlegungen
zum Städtebau
Hrsg. von Ulfert Herlyn
2. Aufl. 2006. 248 S. Br. EUR 34,90
ISBN 978-3-531-14985-1

Werner Fuchs-Heinritz / Rüdiger
Lautmann / Otthein Rammstedt /
Hanns Wienold (Hrsg.)

Lexikon zur Soziologie
4., grundl. überarb. Aufl. 2007. 748 S.
Geb. EUR 39,90
ISBN 978-3-531-15573-9

Jürgen Gerhards

**Kulturelle Unterschiede
in der Europäischen Union**
Ein Vergleich zwischen Mitgliedsländern,
Beitrittskandidaten und der Türkei
2., durchges. Aufl. 2006. 316 S.
Br. EUR 27,90
ISBN 978-3-531-34321-1

Andreas Hadjar / Rolf Becker (Hrsg.)

Die Bildungsexpansion
Erwartete und unerwartete Folgen
2006. 362 S. Br. EUR 27,90
ISBN 978-3-531-14938-7

Ronald Hitzler /
Michaela Pfadenhauer (Hrsg.)

Gegenwärtige Zukünfte
Interpretative Beiträge zur sozialwissenschaftlichen Diagnose und Prognose
2005. 274 S. Br. EUR 19,90
ISBN 978-3-531-14582-2

Andrea Mennicken /
Hendrik Vollmer (Hrsg.)

Zahlenwerk
Kalkulation, Organisation
und Gesellschaft
2007. 274 S. (Organisation und
Gesellschaft) Br. EUR 29,90
ISBN 978-3-531-15167-0

Gunter Schmidt / Silja Matthiesen /
Arne Dekker / Kurt Starke

Spätmoderne Beziehungswelten
Report über Partnerschaft und Sexualität
in drei Generationen
2006. 159 S. Br. EUR 21,90
ISBN 978-3-531-14285-2

Georg Vobruba

**Entkoppelung von Arbeit
und Einkommen**
Das Grundeinkommen in der
Arbeitsgesellschaft
2., erw. Aufl. 2007. 227 S. Br. EUR 24,90
ISBN 978-3-531-15471-8

Erhältlich im Buchhandel oder beim Verlag.
Änderungen vorbehalten. Stand: Januar 2008.

www.vs-verlag.de

VS VERLAG FÜR SOZIALWISSENSCHAFTEN

Abraham-Lincoln-Straße 46
65189 Wiesbaden
Tel. 0611.7878-722
Fax 0611.7878-400

Printed in Germany
by Amazon Distribution
GmbH, Leipzig

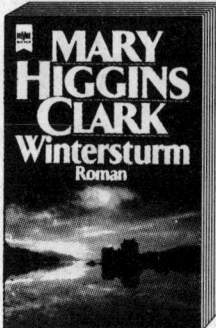
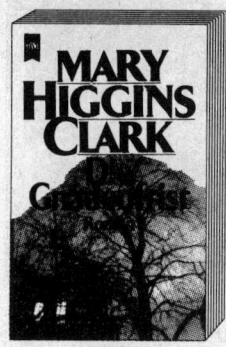